Cramer/Fuchs/Hirsch/Ritz
Sozialgesetzbuch IX

SGB IX – Kommentar zum Recht Schwerbehinderter Menschen

und Erläuterungen zum AGG und BGG

in 6., völlig neu bearbeiteter Auflage
des von

Karl Jung und Dr. Horst Cramer
begründeten Werkes

fortgeführt von

Dr. Harry Fuchs
Abteilungsdirektor a. D.

Stephan Hirsch
Geschäftsführer der Bundesarbeitsgemeinschaft der Werkstätten für behinderte Menschen

sowie

Dr. Hans-Günther Ritz
Behörde für Soziales, Familie, Gesundheit und Verbraucherschutz

VERLAG FRANZ VAHLEN MÜNCHEN 2011

Zitiervorschlag: Cramer/*Fuchs* § 3 Rn 5

Verlag Franz Vahlen im Internet:
vahlen.de

ISBN 978 3 8006 2953 4

Druck: fgb · freiburger graphische betriebe
Bebelstraße 11, 79108 Freiburg

Satz: Druckerei C. H. Beck Nördlingen

Gedruckt auf säurefreiem, alterungsbeständigem Papier
(hergestellt aus chlorfrei gebleichtem Zellstoff)

Die Autoren des Kommentars

Ass. jur. Friederike Dopatka,
LL. M., Referentin, Versorgungsanstalt des Bundes
und der Länder (VBL), Karlsruhe

Dr. Friedrich-Wilhelm Dopatka,
Rechtsanwalt, Staatssekretär a. D., Bremen

Dr. Harry Fuchs,
Abteilungsdirektor a. D., Düsseldorf

Dr. Peter Gitschmann,
Abteilungsleiter, Behörde für Soziales, Familie, Gesundheit
und Verbraucherschutz, Hamburg

Stephan Hirsch,
Geschäftsführer, Bundesarbeitsgemeinschaft der Werkstätten
für behinderte Menschen, Frankfurt a. M.

Carolin Huber,
Deutsche Rentenversicherung Westfalen, Münster

Dr. Hans-Günther Ritz,
Referatsleiter, Behörde für Soziales, Familie,
Gesundheit und Verbraucherschutz, Hamburg

Ass. jur. Marcus Schian,
Projektkoordinator, Bundesarbeitsgemeinschaft
für Rehabilitation e. V. (BAR)

Heiner Verhorst,
Leitender Verwaltungsdirektor,
Deutsche Rentenversicherung Westfalen, Münster

Michael Welsch,
Persönlicher Referent des Beauftragten der
Sächsischen Staatsregierung für die Belange
von Menschen mit Behinderung, Dresden

Im Einzelnen haben bearbeitet:

Einleitung	Ritz
SGB IX	
§§ 1–16	Fuchs
§ 17	Fuchs/Gitschmann
§ 18	Fuchs
§§ 19, 20	Fuchs/Gitschmann
§§ 21, 21a	Fuchs
§§ 22–25	Fuchs
§§ 26–32	Fuchs
§§ 33–38a	Verhorst
§§ 39–43	Ritz
§§ 44–54	Huber
§§ 55–59	Fuchs/Gitschmann
§§ 60–67	Fuchs
§§ 68–83	Ritz
§ 84	Ritz/Schian
§§ 85–92	Ritz/F.-W. Dopatka
§§ 93–97	Ritz/F. Dopatka
§§ 98–101	Ritz
§ 102	Ritz/Welsch
§§ 103–107	Ritz
§ 108	Ritz/Welsch
§§ 109–115	Ritz
§§ 116–121	Ritz/F. Dopatka
§§ 122–124	Ritz
§ 125	Ritz/ Welsch
§§ 126–160	Ritz
AGG	
Einleitung	Ritz/F. Dopatka
§§ 1–6, 8,13–16, 20–25, 30	Ritz/F. Dopatka
BGG	
Einleitung	Ritz
§§ 1–4	Ritz/F. Dopatka
§§ 5,6	Ritz
§ 7	Ritz/F. Dopatka
§§ 8–11	Ritz
§§ 12, 13	Ritz/F. Dopatka
§§ 14, 15	Ritz

Vorwort zur 6. Auflage

Die Ziele des SGB IX – Selbstbestimmung, gleichberechtigte Teilhabe und Nichtdiskriminierung – sind seit 2001 umfassend zu gesellschaftspolitischen Zielen fortentwickelt worden. Dies geschah zunächst mit der öffentlich-rechtlichen Gesetzgebung zur Nichtdiskriminierung und Barrierefreiheit durch das **Behindertengleichstellungsgesetz (BGG)** des Bundes (2002). Es folgte die zivilrechtliche Gesetzgebung zur Gleichstellung und Diskriminierung mit dem **Allgemeinen Gleichbehandlungsgesetz (AGG)** im Jahr 2006, das über seine arbeitsrechtlichen Vorschriften erheblich in den Teil 2 des SGB IX einwirkt. Mit der Ratifizierung der **UN-Behindertenrechtskonvention (BRK)**[1] durch die Bundesrepublik Deutschland wurden diese gesellschaftspolitischen Ziele umfassend wirksam auf praktisch alle staatlichen und zivilgesellschaftlichen Bereiche ausgedehnt. Anfang 2011 bereitete die Bundesregierung einen umfassenden Nationalen Aktionsplan vor. Nach dem Credo dieses Aktionsplanes sollen Menschen mit Behinderungen ihre Rechte im gleichen Umfang wahrnehmen können wie Menschen ohne Behinderungen. Sie sollen in der Gesellschaft selbstverständlich dazu gehören, sie sollen am gesellschaftlichen und kulturellen Leben uneingeschränkt teilnehmen können. Menschen mit und ohne Behinderung sollen gemeinsam leben, lernen und arbeiten können.

Mit dieser 6. Auflage des „Cramer" wird ein völlig neubearbeitetes Werk vorgelegt, das umfassend dieser aktuellen Rechtsentwicklung für behinderte Menschen Rechnung trägt. Es werden deshalb eigenständige Kommentierungen zum **SGB IX**, dem behindertenrechtlich relevanten Teil des **AGG** und dem **BGG** unter Einbeziehung der Behindertengleichstellungsgesetze aller Bundesländer bereit gestellt. Die einschlägigen leistungsrechtlichen Vorschriften anderer Sozialgesetzbücher, zahlreiche kleinere und speziellere bundes- und landesrechtlichen Vorschriften einschließlich aller Verordnungen zum SGB IX werden mit einbezogen. Die gesamte Kommentierung versucht systematisch die – oft erst vorläufige – Berücksichtigung der am 26. März 2009 in Deutschland in Kraft getretenen **UN-Behindertenrechtskonvention (BRK)** vorzunehmen.

Der Begriff der Inklusion ist ein Kernbegriff der Behindertenrechtskonvention. Es ist zu erwarten, dass dieser Begriff zukünftig die behindertenrechtliche Rechtsauslegung und Rechtsfortentwicklung zunehmend prägen wird. Dabei ist zu beachten, dass nach der Konvention individuelle Autonomie bzw. Selbstbestimmung und soziale Inklusion unauflöslich zusammen gehören. Es ist sicherlich schwierig, den rechtlichen und sachlichen Unterschied zwischen „Integration" und „Inklusion" genau zu bestimmen. Die UN-Behindertenrechtskonvention geht aber in jedem Falle deutlich

[1] Übereinkommen über die Rechte von Menschen mit Behinderungen der Vereinten Nationen.

über einen traditionellen Integrationsansatz hinaus. Es ist *Bielefeld* zuzustimmen, wenn er feststellt, dass es bei Inklusion nicht nur darum geht, innerhalb der bestehenden gesellschaftlichen Systeme (etwa innerhalb des Schulsystems) gleichsam die Türen zu öffnen, um nach Maßgabe des Möglichen für Menschen mit Behinderungen Platz zu schaffen. Vielmehr ist der Anspruch des UN-Konzeptes der Inklusion, die Gesellschaft und ihre Subsysteme so zu verstehen, dass Menschen mit Behinderungen von vornherein darin selbstverständlich zugehörig sind. Der neue Leitbegriff der Inklusion signalisiert den geforderten Wandel hin zu einer selbstverständlichen Zugehörigkeit.

Diese knappen Ausführungen zum Innovationspotential des UN-BRK zeigen, dass für die Zukunft Anlass zur Weiterentwicklung des SGB IX besteht – sei es durch Fortentwicklung der Anwendungspraxis, durch Rechtsprechung oder gesetzgeberische Maßnahmen. Am 1. Juli 2011 ist das **Sozialgesetzbuch Neuntes Buch – Rehabilitation und Teilhabe behinderter Menschen (SGB IX)** zehn Jahre in Kraft. Das SGB IX hat nach langjähriger Vorbereitung im deutschen Sozialrecht den Durchbruch des sogenannten behindertenpolitischen Paradigmenwechsels sozialrechtlich umfassend eingeleitet. Staatliche Fürsorge für behinderte Menschen wurde zur Förderung der Selbstbestimmung und gleichberechtigten Teilhabe von Menschen mit Behinderungen am Leben in der Gesellschaft fortentwickelt. Benachteiligungen sind zu vermeiden und bestehenden Benachteiligungen ist entgegenzuwirken. Den besonderen Bedürfnissen behinderter und von Behinderung bedrohter Frauen und Kindern ist Rechnung zu tragen. Im Lichte der UN-BRK dürfte dieses Programm weiteren Antrieb erhalten.

Zur sozialrechtlichen Umsetzung dieser programmatischen Ziele wurden mit Einführung des SGB IX ein Bündel von Verfahrensvorschriften, persönlichen Rechten der Menschen mit Behinderungen und eine Reihe neuer Rechtsinstitute und Leistungen eingeführt. Unter diesen Neuregelungen – die ihre Startprobleme mit unterschiedlicher praktischer Wirksamkeit im Laufe der Jahre überwunden haben – sind besonders die Neuordnung der Verfahrensregelung zur Zuständigkeitsklärung (§ 14 SGB IX) und ein Teil der damals neuen Rechtsansprüche behinderter Menschen (z. B. Anerkennung der Gebärdensprache, Anspruch auf Arbeitsassistenz) hervorzuheben. Innerhalb dieses Systems der Rehabilitationsleistungen (§ 5 SGB IX), das im Rahmen des gegliederten Systems der Sozialversicherungen und Sozialleistungsträger (§ 6 SGB IX) stattfindet, hat sich das Verfahren der Zuständigkeitsklärung zum Wohle der behinderten Menschen entwickeln und bewähren können. In diesem erfolgreichen Prozess wurden aber auch die Grenzen einer ausschließlich rehabilitationsrechtlichen Leistungsregelung klar: Schon die kombinierte Inanspruchnahme von Rehabilitationsleistungen mit anderen Leistungen der SGB, die keine Rehabilitationsleistungen sind, ist davon praktisch unbetroffen. Zuständigkeits- und Vorrang-/Nachrangfragen sind durch die Regelungen des SGB IX jedenfalls so nicht immer gelöst. Noch deutlicher wird dies oft bei Zusammenwirken von Leistungen zur Teilhabe mit Leistungen außerhalb des Sozialrechts, z. B. im Bereich der Förderung behinderter Kinder: Im Zusammenwirken von nach Schulrecht geregelten Leistungen mit Leistungen der Sozialgesetzbücher fehlt eine vergleichbare

Verfahrensregelung für den Zuständigkeitsstreitfall. Dies erschwert insbesondere die Umsetzung inklusiver Ansprüche behinderter Kinder trotz der mit der UN-Konvention entstandenen Aufbruchsstimmung im Bereich des Bildungswesens, zeigt aber auch deutlich den Fortschritt, den das SGB IX für die Koordinierung der rehabilitationsrechtlichen Leistungserbringung bedeutet.

Die hier vorgelegte Kommentierung versucht entsprechend der erheblichen Fortentwicklung der behindertenrechtlich relevanten nationalen und völkerrechtlichen Rechtsetzung in den letzten Jahren jeweils auch die relevanten rechtlichen Einwirkungen neuerer Vorschriften auf die Rechtsanwendung des SGB IX darzulegen. Zuerst zu nennen sind dabei die vielfältigen Rechtsänderungen im SGB selbst, insbesondere die Fortentwicklung des SGB III – Arbeitsförderung – und die Einführung des SGB II – Grundsicherung für Arbeitslose – sowie die diversen Rechtsänderungen bei SGB V – Gesetzliche Krankenversicherung – und SGB XI – Pflegeversicherung – . In den Jahren nach dem In-Kraft-Treten des SGB IX fand eine parallel gerichtete Gesetzgebung von BGG und AGG auch im öffentlich-rechtlichen Bereich[2] wie im zivilrechtlichen Bereich[3] statt.

Diese programmatischen Ziele des § 1 SGB IX wurden bereits in zahlreichen Einzelvorschriften des damals in Kraft getretenen SGB IX mit konkreten Handlungsaufträgen und –vollmachten unterlegt. Nachgehende Novellierungen, von denen das SGB IX zahlreiche erfahren hat, haben grundsätzlich diesen Weg weiter gestärkt – obwohl eine möglichst vollständige Umsetzung der Ziele weiter in vielen Einzelfragen im Vollzug oder auch im Bestreben um weitere rechtliche Fortentwicklung erkämpft werden müssen. In der praktischen Anwendung des SGB IX will dieser Kommentar Unterstützung leisten. Er geht dabei auch auf die eher desintegrierende Entwicklung im Schnittstellenbereich zu anderen Sozialleistungsgesetzen ein.

Die stark am Markt- und Wettbewerbsmodell orientierte Logik der Modernisierung des SGB III steht teilweise in einer erheblichen Spannung zu den institutionellen Strukturen des SGB IX. Der Aufbau und die Sicherung von Einrichtungen nach § 35 SGB IX und von Integrationsfachdiensten (§ 109 ff) stehen in einem aktuell sehr erheblichen Widerspruch zur diesbezüglichen aktuellen Geschäftspolitik der Bundesagentur für Arbeit. Auf Basis des SGB IX versuchen einige Rehabilitationsträger die Zusammenarbeit mit den genannten, SGB IX-basierten Einrichtungen, andere – insbesondere die Bundesagentur für Arbeit – setzen für alle Leistungserbringungen durch Dritte konsequent auf Vergabeverfahren, was die genannten SGB IX-basierten Institutionen im Ergebnis oft von der Leistungserbringung ausschließt.

Die Schaffung des SGB II und auf Nachhaltigkeit angelegte gesetzliche Kombination der Grundsätze von Fördern und Fordern hat sich auch Jahre

---

[2] Hierzu wird auf die Einleitung des Teils Gesetz zur Gleichstellung behinderter Menschen (Behindertengleichstellungsgesetz – BGG) S. 845 ff verwiesen, dort wird auch auf alle Landesgesetzes eingegangen.

[3] Hierzu wird auf die Einleitung des Teils Allgemeines Gleichbehandlungsgesetz (AGG) S. 801 ff verwiesen.

nach der gesetzlichen Einführung und einigen gesetzgeberischen Nachbesserungen noch längst nicht umfassend mit den Grundsätzen des SGB IX synchronisiert.

Auch im Bereich der neueren Gesetzgebung zum SGB IX und SGB XI ist das Zusammenwirken mit dem SGB IX keineswegs durchgängig optimiert worden.

Die Kommentierung der einschlägigen SGB IX-Vorschriften versucht hier praktische Antworten zu geben und zugleich unbefriedigende Rechtslagen klar herauszuarbeiten.

Düsseldorf/Frankfurt a. M./Hamburg im Februar 2011 *Die Verfasser*

Inhaltsverzeichnis

	Seite
Vorwort	V
Inhaltsverzeichnis	VII
Abkürzungsverzeichnis	XI
Literaturverzeichnis	XV

A. Sozialgesetzbuch (SGB) Neuntes Buch (IX) – Rehabilitation und Teilhabe behinderter Menschen

Teil 1. Regelungen für behinderte und von Behinderung bedrohte Menschen

Kapitel 1. Allgemeine Regelungen

	Vorbemerkung	1
§ 1	Selbstbestimmung und Teilhabe am Leben in der Gesellschaft	2
§ 2	Behinderung	8
§ 3	Vorrang von Prävention	16
§ 4	Leistungen zur Teilhabe	19
§ 5	Leistungsgruppen	27
§ 6	Rehabilitationsträger	28
§ 6 a	Rehabilitationsträger für Leistungen zur Teilhabe am Arbeitsleben nach dem Zweiten Buch Sozialgesetzbuch	32
§ 7	Vorbehalt abweichender Regelungen	38
§ 8	Vorrang von Leistungen zur Teilhabe	42
§ 9	Wunsch- und Wahlrecht der Leistungsberechtigten	46
§ 10	Koordinierung der Leistungen	61
§ 11	Zusammenwirken der Leistungen	70
§ 12	Zusammenarbeit der Rehabilitationsträger	73
§ 13	Gemeinsame Empfehlungen	81
§ 14	Zuständigkeitsklärung	93
§ 15	Erstattung selbstbeschaffter Leistungen	107
§ 16	Verordnungsermächtigung	111

Kapitel 2. Ausführung von Leistungen zur Teilhabe

§ 17	Ausführung von Leistungen, Persönliches Budget	112
§ 18	Leistungsort	128
§ 19	Rehabilitationsdienste und -einrichtungen	134
§ 20	Qualitätssicherung	144
§ 21	Verträge mit Leistungserbringern	151
§ 21 a	Verordnungsermächtigung	165

Kapitel 3. Gemeinsame Servicestellen

§ 22	Aufgaben	166
§ 23	Servicestellen	175
§ 24	Bericht	182
§ 25	Verordnungsermächtigung	184

Inhaltsverzeichnis

Kapitel 4. Leistungen zur medizinischen Rehabilitation — Seite

§ 26 Leistungen zur medizinischen Rehabilitation ... 185
§ 27 Krankenbehandlung und Rehabilitation ... 195
§ 28 Stufenweise Wiedereingliederung ... 200
§ 29 Förderung der Selbsthilfe ... 203
§ 30 Früherkennung und Frühförderung ... 206
§ 31 Hilfsmittel ... 216
§ 32 Verordnungsermächtigungen ... 234

Kapitel 5. Leistungen zur Teilhabe am Arbeitsleben

§ 33 Leistungen zur Teilhabe am Arbeitsleben ... 236
§ 34 Leistungen an Arbeitgeber ... 280
§ 35 Einrichtungen der beruflichen Rehabilitation ... 288
§ 36 Rechtsstellung der Teilnehmenden ... 291
§ 37 Dauer von Leistungen ... 293
§ 38 Beteiligung der Bundesagentur für Arbeit ... 295
§ 38 a Unterstützte Beschäftigung ... 297
§ 39 Leistungen in Werkstätten für behinderte Menschen ... 300
§ 40 Leistungen im Eingangsverfahren und im Berufsbildungsbereich ... 303
§ 41 Leistungen im Arbeitsbereich ... 306
§ 42 Zuständigkeit für Leistungen in Werkstätten für behinderte Menschen ... 310
§ 43 Arbeitsförderungsgeld ... 312

Kapitel 6. Unterhaltssichernde und andere ergänzende Leistungen

§ 44 Ergänzende Leistungen ... 315
§ 45 Leistungen zum Lebensunterhalt ... 322
§ 46 Höhe und Berechnung des Übergangsgelds ... 329
§ 47 Berechnung des Regelentgelts ... 335
§ 48 Berechnungsgrundlage in Sonderfällen ... 346
§ 49 Kontinuität der Berechnungsgrundlage ... 351
§ 50 Anpassung der Entgeltersatzleistungen ... 353
§ 51 Weiterzahlungen der Leistungen ... 356
§ 52 Einkommensanrechnung ... 366
§ 53 Reisekosten ... 372
§ 54 Haushalts- oder Betriebshilfe und Kinderbetreuungskosten ... 377

Kapitel 7. Leistungen zur Teilhabe am Leben in der Gemeinschaft

§ 55 Leistungen zur Teilhabe am Leben in der Gemeinschaft ... 381
§ 56 Heilpädagogische Leistungen ... 388
§ 57 Förderung der Verständigung ... 393
§ 58 Hilfen zur Teilhabe am gemeinschaftlichen und kulturellen Leben ... 395
§ 59 Verordnungsermächtigung ... 397

Kapitel 8. Sicherung und Koordinierung der Teilhabe

Titel 1. Sicherung von Beratung und Auskunft

§ 60 Pflichten Personensorgeberechtigter ... 398
§ 61 Sicherung der Beratung behinderter Menschen ... 400
§ 62 Landesärzte ... 407

Titel 2. Klagerecht der Verbände Seite

§ 63 Klagerecht der Verbände 409

Titel 3. Koordinierung der Teilhabe behinderter Menschen

§ 64 Beirat für die Teilhabe behinderter Menschen 412
§ 65 Verfahren des Beirats 418
§ 66 Berichte über die Lage behinderter Menschen und die Entwicklung ihrer Teilhabe 419
§ 67 Verordnungsermächtigung 422

Teil 2. Besondere Regelungen zur Teilhabe schwerbehinderter Menschen (Schwerbehindertenrecht)

Kapitel 1. Geschützter Personenkreis

§ 68 Geltungsbereich 425
§ 69 Feststellung der Behinderung, Ausweise 439
§ 70 Verordnungsermächtigung 459
§ 71 Pflicht der Arbeitgeber zur Beschäftigung schwerbehinderter Menschen 459
§ 72 Beschäftigung besonderer Gruppen schwerbehinderter Menschen 463
§ 73 Begriff des Arbeitsplatzes 465
§ 74 Berechnung der Mindestzahl von Arbeitsplätzen und der Pflichtarbeitsplatzzahl 469
§ 75 Anrechnung Beschäftigter auf die Zahl der Pflichtarbeitsplätze für schwerbehinderte Menschen 469
§ 76 Mehrfachanrechnung 471
§ 77 Ausgleichsabgabe 475
§ 78 Ausgleichsfonds 483
§ 79 Verordnungsermächtigungen 485

Kapitel 3. Sonstige Pflichten der Arbeitgeber; Rechte der schwerbehinderten Menschen

§ 80 Zusammenwirken der Arbeitgeber mit der Bundesagentur für Arbeit und den Integrationsämtern 487
§ 81 Pflichten des Arbeitgebers und Rechte schwerbehinderter Menschen 491
§ 82 Besondere Pflichten der öffentlichen Arbeitgeber 503
§ 83 Integrationsvereinbarung 507
§ 84 Prävention 514

Kapitel 4. Kündigungsschutz

§ 85 Erfordernis der Zustimmung 541
§ 86 Kündigungsfrist 548
§ 87 Antragsverfahren 549
§ 88 Entscheidung des Integrationsamtes 554
§ 89 Einschränkung der Ermessensentscheidung 558
§ 90 Ausnahmen 565
§ 91 Außerordentliche Kündigung 570
§ 92 Erweiterter Beendigungsschutz 575

Inhaltsverzeichnis

Kapitel 5. Betriebs-, Personal-, Richter-, Staatsanwalts- und Präsidialrat, Schwerbehindertenvertretung, Beauftragter des Arbeitgebers — Seite

§ 93 Aufgaben des Betriebs-, Personal-, Richter-, Staatsanwalts- und Präsidialrates 577
§ 94 Wahl und Amtszeit der Schwerbehindertenvertretung 580
§ 95 Aufgaben der Schwerbehindertenvertretung 591
§ 96 Persönliche Rechte und Pflichten der Vertrauenspersonen der schwerbehinderten Menschen 601
§ 97 Konzern-, Gesamt-, Bezirks- und Hauptschwerbehindertenvertretung 609
§ 98 Beauftragter des Arbeitgebers 615
§ 99 Zusammenarbeit 617
§ 100 Verordnungsermächtigung 620

Kapitel 6. Durchführung der besonderen Regelungen zur Teilhabe schwerbehinderter Menschen

§ 101 Zusammenarbeit der Integrationsämter und der Bundesagentur für Arbeit 620
§ 102 Aufgaben des Integrationsamtes 625
§ 103 Beratender Ausschuss für behinderte Menschen bei dem Integrationsamt 658
§ 104 Aufgaben der Bundesagentur für Arbeit 660
§ 105 Beratender Ausschuss für behinderte Menschen bei der Bundesagentur für Arbeit 664
§ 106 Gemeinsame Vorschriften 666
§ 107 Übertragung von Aufgaben 669
§ 108 Verordnungsermächtigung 670

Kapitel 7. Integrationsfachdienste

§ 109 Begriff und Personenkreis 676
§ 110 Aufgaben 681
§ 111 Beauftragung und Verantwortlichkeit 684
§ 112 Fachliche Anforderungen 685
§ 113 Finanzielle Leistungen 686
§ 114 Ergebnisbeobachtung 688
§ 115 Verordnungsermächtigung 689

Kapitel 8. Beendigung der Anwendung der besonderen Regelungen zur Teilhabe schwerbehinderter und gleichgestellter behinderter Menschen

§ 116 Beendigung der Anwendung der besonderen Regelungen zur Teilhabe schwerbehinderter Menschen 690
§ 117 Entziehung der besonderen Hilfen für schwerbehinderte Menschen 694

Kapitel 9. Widerspruchsverfahren

§ 118 Widerspruch 694
§ 119 Widerspruchsausschuss bei dem Integrationsamt 697
§ 120 Widerspruchsausschüsse bei der Bundesagentur für Arbeit 700
§ 121 Verfahrensvorschriften 701

Kapitel 10. Sonstige Vorschriften

§ 122 Vorrang der schwerbehinderten Menschen 703
§ 123 Arbeitsentgelt und Dienstbezüge 704

Seite

§ 124 Mehrarbeit ... 708
§ 125 Zusatzurlaub ... 710
§ 126 Nachteilsausgleich ... 716
§ 127 Beschäftigung schwerbehinderter Menschen in Heimarbeit ... 719
§ 128 Schwerbehinderte Beamte und Beamtinnen, Richter und Richterinnen, Soldaten und Soldatinnen ... 721
§ 129 Unabhängige Tätigkeit ... 723
§ 130 Geheimhaltungspflicht ... 724
§ 131 Statistik ... 726

Kapitel 11. Integrationsprojekte

§ 132 Begriff und Personenkreis ... 727
§ 133 Aufgaben ... 734
§ 134 Finanzielle Leistungen ... 734
§ 135 Verordnungsermächtigung ... 738

Kapitel 12. Werkstätten für behinderte Menschen

§ 136 Begriff und Aufgaben der Werkstatt für behinderte Menschen ... 746
§ 137 Aufnahme in die Werkstätten für behinderte Menschen ... 749
§ 138 Rechtsstellung und Arbeitsentgelt behinderter Menschen ... 751
§ 139 Mitwirkung ... 755
§ 140 Anrechnung von Aufträgen auf die Ausgleichsabgabe ... 758
§ 141 Vergabe von Aufträgen durch die öffentliche Hand ... 760
§ 142 Anerkennungsverfahren ... 763
§ 143 Blindenwerkstätten ... 764
§ 144 Verordnungsermächtigungen ... 765

Kapitel 13. Unentgeltliche Beförderung schwerbehinderter Menschen im öffentlichen Personenverkehr

§ 145 Unentgeltliche Beförderung, Anspruch auf Erstattung der Fahrgeldausfälle ... 768
§ 146 Persönliche Voraussetzungen ... 772
§ 147 Nah- und Fernverkehr ... 773
§ 148 Erstattung der Fahrgeldausfälle im Nahverkehr ... 776
§ 149 Erstattung der Fahrgeldausfälle im Fernverkehr ... 779
§ 150 Erstattungsverfahren ... 780
§ 151 Kostentragung ... 781
§ 152 Einnahmen aus Wertmarken ... 783
§ 153 Erfassung der Ausweise ... 784
§ 154 Verordnungsermächtigungen ... 785

Kapitel 14. Straf-, Bußgeld- und Schlussvorschriften

§ 155 Strafvorschriften ... 785
§ 156 Bußgeldvorschriften ... 788
§ 157 Stadtstaatenklausel ... 790
§ 158 Sonderregelung für den Bundesnachrichtendienst ... 791
§ 159 Übergangsregelung ... 792
§ 159 a Übergangsvorschrift zum Dritten Gesetz für moderne Dienstleistungen am Arbeitsmarkt ... 794
§ 160 Überprüfungsregelung ... 795

Inhaltsverzeichnis

B. Allgemeines Gleichbehandlungsgesetz (AGG)

Abschnitt 1. Allgemeiner Teil

Seite

Überblick ... 801
Einleitung ... 803
§ 1 Ziel des Gesetzes ... 809
§ 2 Anwendungsbereich ... 811
§ 3 Begriffsbestimmungen ... 816
§ 4 Unterschiedliche Behandlung wegen mehrerer Gründe ... 820
§ 5 Positive Maßnahmen ... 820

Abschnitt 2. Schutz der Beschäftigten vor Benachteiligung

§ 6 Persönlicher Anwendungsbereich ... 821
§ 7 Benachteiligungsverbot ... 822
§ 8 Zulässige unterschiedliche Behandlung wegen beruflicher Anforderungen 822
§ 9 Zulässige unterschiedliche Behandlung wegen der Religion oder Weltanschauung ... 824
§ 10 Zulässige unterschiedliche Behandlung wegen des Alters ... 824
§ 11 Ausschreibung ... 825
§ 12 Maßnahmen und Pflichten des Arbeitgebers ... 825
§ 13 Beschwerderecht ... 826
§ 14 Leistungsverweigerungsrecht ... 826
§ 15 Entschädigung und Schadensersatz ... 827
§ 16 Maßregelungsverbot ... 830
§ 17 Soziale Verantwortung der Beteiligten ... 831
§ 18 Mitgliedschaft in Vereinigungen ... 831

Abschnitt 3. Schutz vor Benachteiligung im Zivilrechtsverkehr

§ 19 Zivilrechtliches Benachteiligungsverbot ... 832
§ 20 Zulässige unterschiedliche Behandlung ... 833
§ 21 Ansprüche ... 834

Abschnitt 4. Rechtsschutz

§ 22 Beweislast ... 836
§ 23 Unterstützung durch Antidiskriminierungsverbände ... 837

Abschnitt 5. Sonderregelungen für öffentlich-rechtliche Dienstverhältnisse

§ 24 Sonderregelung für öffentlich-rechtliche Dienstverhältnisse ... 839

Abschnitt 6. Antidiskriminierungsstelle

§ 25 Antidiskriminierungsstelle des Bundes ... 840
§ 26 Rechtsstellung der Leitung der Antidiskriminierungsstelle des Bundes ... 840
§ 27 Aufgaben ... 841
§ 28 Befugnisse ... 842
§ 29 Zusammenarbeit mit Nichtregierungsorganisationen und anderen Einrichtungen ... 842
§ 30 Beirat ... 843

Abschnitt 7. Schlussvorschriften

§ 31 Unabdingbarkeit 843
§ 32 Schlussbestimmung 844
§ 33 Übergangsbestimmungen 844

C. Gesetz zur Gleichstellung behinderter Menschen

Abschnitt 1. Allgemeine Bestimmungen — Seite

Einleitung 845
§ 1 Gesetzesziel 863
§ 2 Behinderte Frauen 864
§ 3 Behinderung 866
§ 4 Barrierefreiheit 866
§ 5 Zielvereinbarungen 874
§ 6 Gebärdensprache und andere Kommunikationshilfen 879

Abschnitt 2. Verpflichtung zur Gleichstellung und Barrierefreiheit

§ 7 Benachteiligungsverbot für Träger öffentlicher Gewalt 881
§ 8 Herstellung von Barrierefreiheit in den Bereichen Bau und Verkehr 883
§ 9 Recht auf Verwendung von Gebärdensprache und anderen Kommunikationshilfen 885
§ 10 Gestaltung von Bescheiden und Vordrucken 890
§ 11 Barrierefreie Informationstechnik 892

Abschnitt 3. Rechtsbehelfe

§ 12 Vertretungsbefugnisse in verwaltungs- oder sozialrechtlichen Verfahren 895
§ 13 Verbandsklagerecht 896

Abschnitt 4. Beauftragte oder Beauftragter der Bundesregierung für die Belange behinderter Menschen

§ 14 Amt der oder des Beauftragten für die Belange behinderter Menschen 900
§ 15 Aufgabe und Befugnisse 901

Sachverzeichnis 903

Abkürzungsverzeichnis

a. A., aA	anderer Ansicht
a. F., aF	alte Fassung
aaO; a. a. O.	am angegebenen Ort
ABl.	Amtsblatt
Abs., Abs	Absatz
Abt.	Abteilung
abw	abweichend
aE	am Ende
AEG	Allgemeines Eisenbahngesetz
AHB	Anschlussheilbehandlung
ähnl	ähnlich
AiB	Arbeitsrecht im Betrieb (Zeitschrift)
allg. M., allgM	allgemeine Meinung
Alt	Alternative
amtl	amtlich, amtliche
Amtsbl	Amtsblatt
ANBA	Amtliche Nachrichten der Bundesanstalt für Arbeit
Anh	Anhang
Anm	Anmerkung
AO	Abgabenordnung
AReha	Anordnung des Verwaltungsrates der Bundesanstalt für Arbeit über die Arbeits- und Berufsförderung Behinderter
AR- Blattei	Arbeitsrechts- Blattei, Loseblatt
Arbeitsamt	Das Arbeitsamt später Arbeit, Beruf und Arbeitslosenhilfe Das Arbeitsamt (Zeitschrift)
ArbG	Arbeitsgericht
ArbGG	Arbeitsgerichtsgesetz
Art., Art	Artikel
ASP	Zeitschrift für Arbeits-, Sozial- und Präventivmedizin
AuA.	Arbeit und Arbeitsrecht (Zeitschrift)
Aufl.	Auflage
AuS	Ausschuss des Deutschen Bundestages für Arbeit und Sozialordnung
ausf	ausführlich
Az	Aktenzeichen
AZO	Arbeitszeitordnung
BA	Bundesagentur für Arbeit, Bundesanstalt für Arbeit
BAG	Bundesarbeitsgericht
BAGüS	Bundesarbeitsgemeinschaft überörtliche Träger der Sozialhilfe
BAG WfbM, BAG WfB	Bundesarbeitsgemeinschaft der Werkstätten für behinderte Menschen e. V.
BAGE	Sammlung „Entscheidungen des Bundesarbeitsgerichts“
BAGH	Bundesarbeitsgemeinschaft Hilfe für Behinderte e. V.
BAnz.	Bundesanzeiger

Abkürzungsverzeichnis

BAR	Bundesarbeitsgemeinschaft für Rehabilitation
BArbl.	Bundesarbeitsblatt (Zeitschrift)
BAT	Bundesangestelltentarifvertrag
BAU	Bundesanstalt für Arbeitsschutz und Unfallforschung
BAUA	Bundesanstalt für Arbeitsschutz und Arbeitsmedizin
BayBGG	Bayerisches Behindertengleichstellungsgesetz
BayBITV	Bayerische Barrierefreie Informationstechnik-Verordnung – BayBITV
BayDokZugV	Bayerische Verordnung zur Zugänglichmachung von Dokumenten für blinde, erblindete und sehbehinderte Menschen im Verwaltungsverfahren (BayDokZugV)
BayKHV	Bayerische Kommunikationshilfenverordnung – BayKHV
BayObLG	Bayerisches Oberstes Landgericht
BB	Betriebs- Berater (Zeitschrift)
BBG	Bundesbeamtengesetz
BbgBGG	Brandenburgisches Behindertengleichstellungsgesetz
BbgBITV	Brandenburgische Kommunikationshilfeverordnung – BbgBITV
BbgKHV	Brandenburgische Kommunikationshilfeverordnung – BbgKHV
BbgVBD	Brandenburgische Verordnung über barrierefreie Dokumente in der Landesverwaltung – BbgVBD
BBiG	Berufsbildungsgesetz
Bd., Bd	Band
BDA	Bundesvereinigung Deutscher Arbeitgeberverbände
BDVO M-V	Barrierefreie Dokumente-Verordnung Mecklenburg-Vorpommern – BDVO M-V
Begr., Begr	Begründung
BehindertenR	Behindertenrecht, München (Zeitschrift)
Beiträge	Die Beiträge zur Sozial- und Arbeitslosenversicherung (Zeitschrift)
Bek., Bek	Bekanntmachung
Bem., Bem	Bemerkung
betr., betr	betreffend
BetrVG	Betriebsverfassungsgesetz
BeurkG	Beurkundungsgesetz (BeurkG)
BfA	Bundesversicherungsanstalt für Angestellte
BFH	Bundesfinanzhof
BFHE	Amtliche Sammlung der Entscheidungen des Bundesfinanzhofs
BFW	Berufsförderungswerk
BG	Die Berufsgenossenschaft (Zeitschrift)
BGB	Bürgerliches Gesetzbuch
BGBl., BGBl	Bundesgesetzblatt
BGG	Behindertengleichstellungsgesetz (Bund 2002)
BGG NRW	Behindertengleichstellungsgesetz Nordrhein-Westfalen
BGH	Bundesgerichtshof
BGHZ	Amtliche Sammlung der Entscheidungen des Bundesgerichtshofes in Zivilsachen
BGStG LSA	Gesetz für Chancengleichheit und gegen Diskriminierung behinderter Menschen im Land Sachsen–Anhalt (Behindertengleichstellungsgesetz)

BHO	Bundeshaushaltsordnung
BITV	(Barrierefreie Informationstechnik-Verordnung – (BITV) (Bund)
BITV NRW	Barrierefreie Informationstechnik – Verordnung Nordrhein-Westfalen BITV NRW
BITVO M-V	Barrierefreie Informationstechnik-Verordnung Mecklenburg-Vorpommern – BITVO M-V
Bl	Blatt
bM	behinderter Mensch
BMA	Bundesministerium für Arbeit und Sozialordnung
BMF	Bundesministerium der Finanzen
BMFSFJ	Bundesministerium für Familie, Senioren, Frauen und Jugend
BMG	Bundesministerium für Gesundheit
BMGS	Bundesministerium für Gesundheit und Soziale Sicherung
BMI	Bundesministerium des Innern
BMJ	Bundesministerium der Justiz
BMV	Bundesministerium für Verkehr
BMVg	Bundesministerium der Verteidigung
BMWA	Bundesministerium für Wirtschaft und Arbeit
BMWi	Bundesministerium für Wirtschaft
BMZ	Bundesministerium für wirtschaftliche Zusammenarbeit und Entwicklung
BNotO	Bundesnotarordnung
BPersVG	Bundespersonalvertretungsgesetz
BR	Bundesrat
BR- Drucks	Bundesratsdrucksache
Br, BR	Betriebsrat
BReg	Bundesregierung
BremBGG	Bremisches Behindertengleichstellungsgesetz
BremBITV	Bremische Barrierefreie Informationstechnik-Verordnung – BremBITV
BremKHV	Bremische Kommunikationshilfenverordnung – BremKHV
BremVBD	Bremische Verordnung zur Schaffung barrierefreier Informationstechnik für behinderte Menschen– BremVBD
BRKG	Bundesreisekostengesetz
BSG	Bundessozialgericht
BSGE	Entscheidungen des Bundessozialgerichts
BSHG	Bundessozialhilfegesetz
bspw., bspw	beispielsweise
BT	Deutscher Bundestag
BT- Drucks., BT- Drs	Bundestagsdrucksache
BT- Prot.	Bundestagsprotokoll
BU	Berufsunfähigkeit
Buchst., Buchst	Buchstabe
BudgetV	Budgetverordnung
BUrlG	Bundesurlaubsgesetz
BV	Betriebsvereinbarung
BVA	Bundesversicherungsamt
BVerfG	Bundesverfassungsgericht
BVerfGE	Entscheidungen des Bundesverfassungsgerichts (Amtliche Sammlung)
BVerfGG	Bundesverfassungsgerichtsgesetz

BVersBl., BversBl	Bundesversorgungsblatt, Bonn
BVerwG	Bundesverwaltungsgericht
BVerwGE	Entscheidung des Bundesverwaltungsgerichts
BVG	Bundesversorgungsgesetz
BWO	Bundeswahlordnung (BWO)
bzgl., bzgl	bezüglich
bzw., bzw	beziehungsweise
DAG	Deutsche Angestelltengewerkschaft
DAngVers	Die Angestellten- Versicherung (Zeitschrift)
DB	Der Betrieb (Zeitschrift)
DBG	Deutsches Beamtengesetz
ders., ders	derselbe
DGB	Deutscher Gewerkschaftsbund
DG-KOFSchwbG	Durchführungsgesetz der Kriegsopferfürsorge und des Schwerbehindertengesetzes (NRW)
dgl	desgleichen
d. h., dh	das heißt
dimdi	Deutsches Institut für Medizinische Dokumentation und Information
dies.	dieselbe(n)
Diss.	Dissertation
DO	Dienstordnung
DRiG	Deutsches Richtergesetz
Drucks., Drs.	Drucksache
DRV	Deutsche Rentenversicherung
DRV	Deutsche Rentenversicherung (Zeitschrift)
DtZ	Deutsch-Deutsche Rechts-Zeitschrift
DV	Dienstvereinbarung
DVBl.	Deutsches Verwaltungsblatt (Zeitschrift)
DVfR	Deutsche Vereinigung für Rehabilitation
DVO	Durchführungsverordnung
E. Sch.	Entscheidungen zum Schwerbeschädigtengesetz 1927
e. V.	eingetragener Verein
EBO	Eisenbahn-Bau- und Betriebsordnung (EBO)
EFQM	European Foundation for Quality Management
EG	Europäische Gemeinschaft
EGV	Vertrag zur Gründung der europäischen Gemeinschaft
Einf	Einführung
Entw	Entwurf
Erl.	Erläuterung
EStG	Einkommenssteuergesetz
ESVGH	Entscheidungssammlung des Verwaltungsgerichtshofs
EU	Europäische Union
EuGH	Europäischer Gerichtshof
EuWO	Europawahlordnung (EuWO)
evtl., evtl	eventuell
EzA	Entscheidungssammlung zum Arbeitsrecht, Loseblatt
f	folgend(e)
FbJJ	Forum behinderter Juristinnen und Juristen
ff., ff	folgende

Fn	Fußnote
FStrG	Bundesfernstraßengesetzes
G	Gesetz
GBl	Gesetzblatt
GdB	Grad der Behinderung
GE	Gesetzentwurf
GE	Gemeinsame Empfehlungen
GE IFD	Gemeinsame Empfehlung: Integrationsfachdienste
gem., gem	gemäß
GG	Grundgesetz für die Bundesrepublik Deutschland
ggf	gegebenenfalls
GKPO	Gebärdensprachkursleiter-Prüfungsordnung – GKPO, Bayern
GKV-WSG	GKV-Wettbewerbsstärkungsgesetz
GmbH	Gesellschaft mit beschränkter Haftung
GmbHG	Gesetz betreffend die Gesellschaften mit beschränkter Haftung
GMBl.	Gemeinsames Ministerialblatt
GRG 2000	GKV-Gesundheitsreformgesetz 2000
GRG	Gesundheitsreformgesetz
GrSiG	Grundsicherungsgesetz
GV.NRW	Gesetz- und Verordnungsblatt NRW
GVBl.	Gesetz- und Verordnungsblatt
GVG	Gerichtsverfassungsgesetz
Halbs	Halbsatz
HessBGG	Hessisches Behinderten-Gleichstellungsgesetz
HKhV	Hessische Kommunikationshilfenverordnung – HKhV
h. M., hM.	herrschende Meinung
HmbBDVO	Hamburgische Verordnung über barrierefreie Dokumente
HmbBITVO	Hamburgische Barrierefreie Informationstechnik-Verordnung
HmbGGbM	Hamburgisches Gesetz zur Gleichstellung behinderter Menschen
HmbKHVO	Hamburgische Kommunikationshilfenverordnung
Hrsg.; hrsg.	Herausgeber; herausgegeben
HVbD	Hessische Verordnung über barrierefreie Dokumente
HVBG	Hauptverband der gewerblichen Berufsgenossenschaften
IbGM	Institut für barrierefreie Gestaltung und Mobilität
ICF	Internationale Klassifikation der Funktionsfähigkeit, Behinderung und Gesundheit
IFD	Integrationsfachdienst
IMO	Internationalen Seeschifffahrtsorganisation der UN
ISG	Institut für Sozialforschung und Gesellschaftspolitik
KfzHVO	Kraftfahrzeughilfe-Verordnung
KHG NRW	Krankenhausgesetz Nordrhein-Westfalen
KHV	Kommunikationshilfeverordnung (Bund)
KHV NRW	Kommunikationshilfenverordnung Nordrhein-Westfalen
KHVO M-V	Kommunikationshilfeverordnung Mecklenburg-Vorpommern

LBGG	Landesbehindertengleichstellungsgesetz
LBGG M-V	Landesbehindertengleichstellungsgesetz – Mecklenburg-Vorpommern
LFischG	Landesfischereigesetz (NRW)
LGBG	Landesgleichberechtigungsgesetz – Berlin
LGGBehM	Landesgesetz zur Gleichstellung behinderter Menschen
LKG Bbg	Landeskrankenhausgesetz Brandenburg
LKG RP	Landeskrankenhausgesetz Rheinland-Pfalz
LSG	Landessozialgericht
LuftVG	Luftverkehrsgesetz
MDK	Medizinischer Dienst der Krankenversicherung
MDS	Medizinischer Dienst der Spitzenverbände der Krankenversicherung
mWv	mit Wirkung vom
OLG	Oberlandesgericht
OPS	Operationen- und Prozessurenschlüssel zum Fallpauschalenkatalog
OVG	Oberverwaltungsgericht
PBefG	Personenbeförderungsgesetz
PfG NW	Landespflegegesetz Nordrhein-Westfalen
PflV	Pflegeversicherung
QS-RV	Qualitätssicherungsprogramm der Rentenversicherung
rd., rd	rund
RdErl	Runderlass
RdLH	Rechtsdienst der Lebenshilfe
RdSchr.	Rundschreiben
Reg. E.	Regierungsentwurf
Reg.Begr.	Regierungsbegründung
RegBl.	Regierungsblatt
RehaAnglG	Rehabilitations-Angleichungsgesetz
Rehabilitation	Die Rehabilitation (Zeitschrift)
RehaTr	Rehabilitationsträger
Reichsbund	Reichsbund der Kriegsopfer, Behinderten, Sozialrentner und Hinterbliebenen e. V.
RiA	Recht im Amt (Zeitschrift)
Richtl.	Richtlinie(n)
RMinBl.	Reichsministerialblatt
Rn	Randnummer
RPK	Rehabilitationseinrichtung für psychisch Kranke und Behinderte
RV	Rentenversicherung
RVA	Reichsversicherungsamt
RVO	Reichsversicherungsordnung
Rz	Randziffer
s. o., so	siehe oben
S., S	Satz, Seite
s., s	siehe

SächsIntegrG	Sächsisches Integrationsgesetz
SAM	Strukturanpassungsmaßnahmen
SB	Schwerbehinderter
SBGG	Saarländisches Behindertengleichstellungsgesetz
SBGVO	Saarländische Behindertengleichstellungsverordnung – SBG-VO
sbM	schwerbehinderter Mensch
SchulKommV	Schulkommunikationsverordnung (Berlin)
Schwb.	Schwerbehinderte(r)
SchwbÄndG	Schwerbehinderten-Änderungsgesetz
SchwbAV	Schwerbehinderten- Ausgleichsabgabeverordnung
SchwbAwV	Schwerbehindertenausweisverordnung
SchwbehG	Schwerbehindertengesetz
SchwbNV	Nahverkehrszügeverordnung
SchwbVW	Werkstättenverordnung Schwerbehindertengesetz
SchwbVWO	Wahlordnung Schwerbehindertenvertretung
SchwbWG	Gesetz zur Weiterentwicklung des Schwerbeschädigtenrechts
SchwbWO	Erste Verordnung zur Durchführung des Schwerbeschädigtengesetzes (Wahlordnung Schwerbehindertengesetz)
SF	Sozialer Fortschritt (Zeitschrift)
SG	Sozialgericht
SGB	Sozialgesetzbuch
SGb	Die Sozialgerichtsbarkeit (Zeitschrift)
SGB I	Sozialgesetzbuch – Erstes Buch – Allgemeiner Teil
SGB II	Sozialgesetzbuch – Zweites Buch – Grundsicherung für Arbeitssuchende
SGB III	Sozialgesetzbuch – Drittes Buch – Arbeitsförderung
SGB IV	Sozialgesetzbuch – Viertes Buch – Gemeinsame Vorschriften für die Sozialversicherung
SGB IX	Sozialgesetzbuch – Neuntes Buch – Rehabilitation und Teilhabe behinderter Menschen
SGB V	Sozialgesetzbuch – Fünftes Buch – Gesetzliche Krankenversicherung
SGB VI	Sozialgesetzbuch Sechstes Buch – Gesetzliche Rentenversicherung
SGB VII	Sozialgesetzbuch – Siebtes Buch- Gesetzliche Unfallversicherung
SGB VIII	Sozialgesetzbuch – Achtes Buch – Kinder- und Jugendhilfe
SGB X	Sozialgesetzbuch – Zehntes Buch – Sozialverwaltungsverfahren und Sozialdatenschutz
SGB XI	Sozialgesetzbuch – Elftes Buch – Soziale Pflegeversicherung
SGB XII	Sozialgesetzbuch – Zwölftes Buch – Sozialhilfe –
SGG	Sozialgerichtsgesetz
sog., sog	sogenannt
SozF	Sozialer Fortschritt (Zeitschrift)
SozR	Sozialrecht (Sammlung von Entscheidungen des BSG)
SozSich	Soziale Sicherheit
SozVers	Die Sozialversicherung
st. Rspr., stRspr	ständige Rechtsprechung
StPO	Strafprozessordnung (StPO),
str	strittig
SuP	Sozialrecht und Praxis (Zeitschrift)

Abkürzungsverzeichnis

SV	Schwerbehindertenvertretung
SVG	Soldatenversorgungsgesetz
SVR	Sachverständigenrat zur Begutachtung der Entwicklung im Gesundheitswesen
SVWO	Wahlordnung für die Sozialversicherung (SVWO)
ThürGIG	Thüringer Gesetz zur Gleichstellung und Verbesserung der Integration von Menschen mit Behinderungen (ThürGIG)
TzBfG	Gesetz über Teilzeit und befristete Arbeitsverhältnisse
u. a., ua	und andere, unter anderem
u. Ä., uÄ	und Ähnliches
u. U., uU	unter Umständen
umstr.	umstritten
UnbefG	Gesetz zur Erweiterung der unentgeltlichen Beförderung Schwerbehinderter im öffentlichen Personenverkehr
USK	Urteilssammlung für die gesetzliche Krankenversicherung, Loseblatt
UstUV	Umsatzsteuer- Durchführungsverordnung
usw., usw	und so weiter
UV	Unfallversicherung
UVNG	Unfallversicherungsneuregelungsgesetz
UVV	Unfallverhütungsvorschrift
v. H.	von Hundert
v.,v	vom, von
VBD	Verordnung über barrierefreie Dokumente in der Bundesverwaltung (VBD)
VBD NRW	Verordnung über barrierefreie Dokumente – VBD NRW
VdK	Verband der Kriegs- und Wehrdienstopfer, Behinderten und Sozialrentner Deutschlands e. V.
VDR	Verband Deutscher Rentenversicherungsträger
VersA(A)	Versorgungsamt (-ämter)
VersorgVerw	Die Versorgungsverwaltung (Zeitschrift)
VerwRspr.	Verwaltungsrechtsprechung, München
VerwVerfG	Gesetz über das Verwaltungsverfahren der Kriegsopferversorgung
VerwVorsch.	Verwaltungsvorschriften
VG	Verwaltungsgericht
VGH	Verwaltungsgerichtshof
Vgl	vergleiche
VO	Verordnung
VOBl.	Verordnungsblatt
Vorbem	Vorbemerkung
VV	Verwaltungsvorschrift
VVBIT	Verwaltungsvorschriften zur Schaffung Barrierefreier Informationstechnik (VVBIT), Berlin
VwGO	Verwaltungsgerichtsordnung
VwVG	Verwaltungsvollstreckungsgesetz
VwZVG	Verwaltungszustellungs- und -vollstreckungsgesetz
WahlO	Wahlordnung
WDR	Westdeutscher Rundfunk

WE/BAGüs	Werkstattempfehlung der Bundesarbeitsgemeinschaft der überörtlichen Träger der Sozialhilfe
WfB, WfbM	Werkstatt für behinderte Menschen
WfBl	Werkstatt für Blinde
WHO	Weltgesundheitsorganisation
WMVO	Werkstätten- Mitwirkungsverordnung
WO	Wahlordnung
WVO	Werkstättenverordnung
WzS	Wege zur Sozialversicherung (Zeitschrift, St. Augustin)
z B., zB	zum Beispiel
z. T., zT	zum Teil
Ziff	Ziffer
ZIP	Zeitschrift für Wirtschaftsrecht und Insolvenzpraxis, Köln
ZMV	Zugänglichmachungsverordnung (ZMV)
ZPO	Zivilprozessordnung
ZSR	Zeitschrift für Sozialreform
zust.	zustimmend
zutr.	zutreffend

Literaturverzeichnis

Beauftragte der Bundesregierung für die Belange behinderter Menschen, Empfehlungen für eine Teilhabeorientierte Pflege, 2006

Beck/Schuck, Zum Forschungsstand über mögliche Möglichkeiten und Grenzen der Integration aus Sicht der Heil- und Sonderpädagogik, in Igl/Welti: Die Verantwortung des sozialen Rechtsstaates für Personen mit Behinderung und für die Rehabilitation, 2001

Bihr/Fuchs/Krauskopf/Ritz, SGB-IX Kommentar und Praxishandbuch, 1. Auflage, 2006

Blank/von Voss, Abschlussbericht „konduktive Förderung nach Petö", VdAK Siegburg, 2002

Breitkopf, Helmut, Stärkung der Selbsthilfe chronisch kranker und behinderter Menschen, TuP, 2001

Cramer, Horst, Schwerbehindertengesetz, 5. Auflage, 1998

Cramer, Horst, Werkstätten für behinderte Menschen – SGB-Wekstättenrecht, WerkstättenVO, Werkstätten-MitwirkungsVO, G zur Einführung unterstützter Beschäftigung – Kommentar, 5. Auflage, 2009

Dau/Düwell/Haines, Rehabilitation und Teilhabe behinderter Menschen – Lehr- und Praxiskommentar (LPK-SGB IX), 2. Auflage, 2009

Davy, Ulrike, Das Verbot der Diskriminierung wegen einer Behinderung im deutschen Verfassungsrecht und im Gemeinschaftsrecht, SDSRV, 2004

Deutsche Vereinigung für Rehabilitation (DVfR), Lösungsoptionen der DVfR zur Überwindung von Problemen bei der Versorgung mit Hilfsmitteln, DVfR, 2009

dies., Früherkennung und Frühförderung behinderter und von Behinderung bedrohter Menschen – Weiterentwicklung durch das SGB IX, DVfR, 2010

Deinert/Neumann, Rehabilitation und Teilhabe behinderter Menschen, Handbuch SGB IX, 2. Auflage, 2009

Dornett/Rauch/Schubert/Behrens/Höhne/Zimmermann, Auswirkungen der Einführung des SGB II auf erwerbstätige hilfsbedürftige Personen mit gesundheitlichen Beeinträchtigungen, ZSR, 2008

Engelhardt, Dietrich von, 100 Jahre Rehabilitation, DRV, 1990

Engelmann, Klaus, Untergesetzliche Normsetzung im Recht der deutschen gesetzlichen Krankenversicherung, NZS, 2001

ders., Sozialrechtsweg in Streitigkeiten zwischen Institutionen der gesetzlichen Krankenversicherung und Leistungserbringern bei wettbewerbs- und kartellrechtlichem Bezug, NZS, 2001

Friedrichs, Anne, Die Rechtsprechung zu Umfang und Grenzen der Eingliederungshilfe für ältere und schwerstpflegebedürftige Behinderte, ZfSH/SGB, 2000

Fuchs, Harry, Reform von historischer Bedeutung, SozSich, 2001

ders., Rehabilitation vor Pflege, SozSich, 2002

Fuchs/Garms-Homolová/von Kardoff/Lüngen/Lauterbach, Entwicklung von Patientenklassifikationssystemen für die medizinische Rehabilitation, ASR, 2002

Fuchs, Harry, Konsequente Ziel- und Bedarfsorientierung der Leistungen zur medizinischen Rehabilitation, Praxis Klinische Verhaltensmedizin und Rehabilitation, 2003

ders., Medizinische Leistungen zur Rehabilitation und integrierte Versorgung, Die Rehabilitation, 2004

ders., Prävention und Rehabilitation bei Kindern und Jugendlichen durch die Träger der Kranken- und Rentenversicherung, 1. Auflage, 2004
ders., Frührehabilitation im Krankenhaus, SozSich, 2005
ders., Das Persönliche Budget – Sozialleistungen aus einer Hand, Betreuungsmanagement, 2006
ders., Der Präventionsgedanke des SGB IX als Herausforderung für die Rehabilitationsträger, Spektrum, 2007
ders., Pflege und Rehabilitation, in Igl/Naegele/Hamdorf, Reform der Pflegeversicherung, 2007
ders., Geriatrische Rehabilitation aus dem Blickwinkel des SGB IX, Die Rehabilitation, 2007
ders., Rechtliche Rahmenbedingungen für die geriatrische Rehabilitation, SozSich, 2007
ders., Auswirkungen der Gesundheitsreform 2007 auf die medizinische Rehabilitation, ASR, 2007
ders., Zur Zielvereinbarung nach § 4 BudgetV, Betreuungsmanagement, 2007
Fuchs/Welti/Köster, Das Leistungserbringungsrecht des SGB IX, Rechtsgutachten, DEGEMED, 2007
Fuchs, Harry, Vernetzung und Integration im Gesundheitswesen am Beispiel der medizinischen Rehabilitation, 1. Auflage, 2008
ders., Rehabilitation vor Pflege, Blätter der Wohlfahrtspflege, 2008
ders., SGB IX – Rehabilitation und Teilhabe behinderter Menschen, 6. Auflage, 2008
ders., Gesundheitsreform 2007 und Behindertenrecht, 1. Auflage, 2008
ders., Überwindung von Schnittstellen, Forum sozialarbeit + gesundheit, 2009
ders., Die Konvention der Vereinten Nationen über die Rechte behinderter Menschen – Bedeutung und Handlungsbedarfe, DVfR, 2009
ders., Inklusion – der neue Maßstab für die Lebenssituation behinderter Menschen, DVfR 2009
Feldes/Kothe/Stevens-Bartol, SGB IX Sozialgesetzbuch Neuntes Buch, 1. Auflage, 2009
Fuhrmann/Heine, Mitbestimmung im SGB IX – Auch: Zur Zertifizierungspflicht stationärer Reha-Einrichtungen, Die Rehabilitation, 2008
Gebera, Gutachten zur aktuellen und perspektivischen Situation der Einrichtungen im Bereich der Rehabilitation, DEGEMED, 2009
Hauck/Noftz, Sozialgesetzbuch IX, Loseblatt, 2009
Heine, Wolfgang, Folgt die Vergütung der Rehabilitation?, EUROFORUM, 2003
Hill, Hermann, Rechtsverhältnisse in der Leistungsverwaltung, NJW, 1986
Igl, Gerhard, Evidenzbasierte Rehabilitation und Pflege im Spiegel des Sozialrechts, ZaeFQ, 2005
Igl/Giese, Über den Begriff „unvertretbare Mehrkosten“ iSd § 3 Abs. 2 BSHG, ZfSH, 1982
Institut für Sozialforschung (ISG), Befragung gemeinsamer Servicestellen in Nordrhein-Westfalen, ISG, 2009
Jürgens, Andreas, Zielvereinbarungen nach dem Behindertengleichstellungsgesetz, ZfSH/SGB 2003, 2003
Klare, Henning, Erläuterungen zur Kraftfahrzeughilfe-Verordnung, 1993
Klie, Thomas, Der Vorrang von Rehabilitation vor Pflege – Rechtlicher Rahmen, ZSR, 2004
Klie/Krahmer, Soziale Pflegeversicherung Lehr- und Praxiskommentar LPK-SGB XI, 2. Auflage, 2003
Korsukéwitz/Klosterhuis/Winnefeld/Beckmann, Frauen sind anders – auch in der Rehabilitation?, DAngVers, 2001

Krasney, Otto Ernst, Zur Mitwirkung der Betroffenen bei der Rehabilitation, DOK, 1982

Kunze/Kreikebohm, Sozialrecht versus Wettbewerbsrecht – dargestellt am Beispiel der Belegung von Reha-Einrichtungen, NZS, 2003

Lachwitz/Schellhorn/Welti, HK-SGB IX Handkommentar zum Sozialgesetzbuch IX, 3. Auflage, 2010

Luthe, Ernst-Wilhelm/Bearbeiter, Rehabiliationsrecht, 1. Auflage, 2009

Masuch, Peter, Die Beeinträchtigung der Teilhabe in der Gesellschaft, Festschrift 50 Jahre BSG, 2004

Mrozynski, Peter, SGB IX, Teil 1, 1. Auflage, 2002

Müller-Fahrnow/Spyra, Qualitätssicherung in der medizinischen Rehabilitation in Bihr/Hekking/Krauskopf/Lang, Handbuch der Krankenhauspraxis, 1. Auflage, 2001

Neumann/Pahlen, Sozialgesetzbuch IX – Rehabilitation und Teilhabe behinderter Menschen – Kommentar, 11. Auflage, 2005

Nicolay, Werner, Zur Abgrenzung der Rehabilitation im Krankenhaus einerseits und in der Rehabilitation andererseits, Gutachten, 2003

Niemann, Frank, Die Kodifizierung des Behinderten- und Rehabilitationsrechts im SGB IX, ZNS, 2001

Perleth/Antes, Evidenzbasierte Medizin, MMV, 1998

Plantholz, Markus, Der Gesetzgeber im Dickicht untergesetzlicher Normensetzung: Richtlinien, Rahmenverträge, Rahmenempfehlungen, NZS, 2001

Ruland/Försterling/Autor, GK-SGB VI – Gemeinschaftskommentar zum Sozialgesetzbuch – Gesetzliche Rentenversicherung, Loseblatt, 2010

Schliehe, Ferdinand, Das Klassifikationssystem der ICF, Die Rehabilitation, 2006

Schmidt/Egner, Einweisungssteuerung im Rehabilitationsverfahren der BfA, DAngVers, 2002

Schuntermann, Michael F, Behinderung und Rehabilitation: Die Konzepte der WHO und des deutschen Sozialrechts, Die neue Sonderschule, 1999

ders., Einführung in die ICF, 1. Auflage, 2005

Stähler, Thomas, Servicestellen für Rehabilitation, DRV, 2001

Ulrich, Peter, Die (Nicht-)Weiterleitung des Teilhabeantrages und ihre Folgen – § 14 SGB IX als gesetzesübergreifende Nahtstelle, SGb, 2008

Wachholz, Kirsten, Geschlechtsbezogene Störungen im Schwerbehindertenrecht, br, 1993

Weber/Rochel, Konduktive Förderung für cerebral geschädigte Kinder, BMAS, Forschungsbericht Nr. 224, 1992

Welti/Felix, Das neue SGB IX – Recht der Teilhabe und Rehabilitation behinderter Menschen, NJW, 2001

ders., Das neue Recht der Teilhabe und Rehabilitation (SGB IX): Chance und Verpflichtung, SozSich, 2001

ders., Die individuelle Konkretisierung von Teilhabeleistungen und das Wunsch- und Wahlrecht behinderter Menschen, SGb, 2003

ders., Behinderung und Rehabilitation im sozialen Rechtsstaat, 1. Auflage, 2005

Welti/Fuchs, Leistungserbringungsrecht der Leistungen zur Teilhabe nach dem SGB IX, Die Rehabilitation, 2007

Welti/Sulek, Die individuelle Konkretisierung des sozialrechtlichen Anspruchs auf Rehabilitationsleistungen, VSSR, 2000

Zimmermann/Weber, Struktur- und systembedingte Grenzen und Möglichkeiten der Selbstbestimmung im Prozess der Rehabilitation in Deutschland, Schweden und der Schweiz, in Rische/Blumenthal, Selbstbestimmung und Rehabilitation, 2000

Kommentar

A. Sozialgesetzbuch (SGB) Neuntes Buch (IX) – Rehabilitation und Teilhabe behinderter Menschen

Vom 19. Juni 2001 (BGBl. I S. 1046)

Zuletzt geändert durch Art. 2 G zur Regelung des Assistenzpflegebedarfs im Krankenhaus vom 5. August 2010 (BGBl. I S. 1127)

FNA 860-9

Teil 1. Regelungen für behinderte und von Behinderung bedrohte Menschen

Vorbemerkung

Das SGB IX fasst erstmals in der Geschichte des Sozialrechts das gesamte Recht der Behinderten und der Rehabilitation behinderter Menschen in einem Buch des Sozialgesetzbuches zusammen. Es bindet zugleich auf bundesrechtlicher Ebene, das zuvor in einer Vielzahl von Gesetzen und Verordnungen zergliederte Behindertenrecht (ua. RehaAnglG, BSHG, Schwerbehindertengesetz) in das SGB IX ein, das deswegen an Stelle des Untertitels „Rehabilitation und Teilhabe behinderter Menschen" zu Recht auch den Untertitel „Das Recht behinderter Menschen" tragen könnte. Außerhalb des SGB IX findet sich Behindertenrecht nur noch in landesrechtlichen oder kommunalrechtlichen Vorschriften wie dem Recht der Sonderschulen, den Ausführungsgesetzen zum SGB XII, den Landesblindengesetzen, den Verordnungen über die Befreiung von der Rundfunkgebührenpflicht uä.

Das SGB IX soll ebenso bereichsübergreifend wirksam werden, wie die Regelungen des Ersten, des Vierten und des Zehnten Sozialgesetzbuches (BT-Drucks. 15/4575 S. 21; BT-Drucks. 14/5074 S. 94).

Teil 1 enthält in den Kapiteln 1 bis 3 trägerübergreifende Regelungen für alle Leistungsgruppen, in den Kapiteln 4 bis 7 trägerübergreifende Regelungen für einzelne Leistungsgruppen und in Kapitel 8 trägerübergreifende Regelungen zur Sicherung und Koordinierung der Teilhabe.

Kapitel 1. Allgemeine Regelungen

Vorbemerkung

Kapitel 1 enthält die trägerübergreifenden grundsätzlichen Regelungen mit Bedeutung für alle Leistungsgruppen und zwar

- in §§ 1 bis 7 zur Struktur der Teilhabeleistungen und ihre Einordnung in das Sozialgesetzbuch
- in §§ 8 bis 11 zur Erschließung der Leistungen sowie zur Feststellung des Leistungsbedarfs sowie zur Koordinierung der individuell erforderlichen Leistungen
- in §§ 12, 13 und 16 zur Koordination und Kooperation der Rehabilitationsträger sowie zur Herstellung der Konvergenz der Leistungen
- in §§ 14 und 15 zur Beschleunigung des Verwaltungsverfahrens zur Inanspruchnahme der Leistungen zur Teilhabe.

Kapitel 2 enthält erstmals ein für alle Rehabilitationsträger einheitliches und verbindliches Leistungserbringungsrecht zur Ausführung der Leistungen zur Teilhabe. Kapitel 3 verpflichtet zur Organisation eines trägerübergreifenden und gemeinsamen Case-Managements in gemeinsamen Servicestellen.

§ 1 Selbstbestimmung und Teilhabe am Leben in der Gesellschaft

[1]Behinderte oder von Behinderung bedrohte Menschen erhalten Leistungen nach diesem Buch und den für die Rehabilitationsträger geltenden Leistungsgesetzen, um ihre Selbstbestimmung und gleichberechtigte Teilhabe am Leben in der Gesellschaft zu fördern, Benachteiligungen zu vermeiden oder ihnen entgegenzuwirken. [2]Dabei wird den besonderen Bedürfnissen behinderter und von Behinderung bedrohter Frauen und Kinder Rechnung getragen.

1 **1. Sozialpolitischer Hintergrund.** Neben der Menschenwürde als übergeordnet bindende Norm entfalten in Deutschland die Grundrechte, insbesondere der Gleichheitssatz, das System der Freiheitsrechte sowie der Schutz von Leben und Gesundheit ethisch-moralische und rechtliche Maßstäbe für die Lebenssituation pflegebedürftiger, behinderter und chronisch kranker Menschen in Deutschland.

Die Gleichheitssätze, insbesondere das Benachteiligungsverbot, sichern diesen Menschen rechtliche und soziale Gleichheit. Ziel ist die gleichberechtigte Teilhabe sowie die Beseitigung von Benachteiligungen. Auf dem System der Freiheitsrechte basiert unter anderem die Zielsetzung – und zugleich Verpflichtung – der Sozialleistungsträger, pflegebedürftigen, behinderten und chronisch kranken Menschen zu helfen, trotz ihres Hilfebedarfs ein möglichst selbständiges und selbstbestimmtes Leben zu führen. Selbstbestimmung und selbstbestimmte Lebensführung sind nicht nur eine Frage rechtlicher Freiheit, dh der Anerkennung als Rechtsperson und der Tragweite der Einschränkungen grundrechtlicher Freiheiten. Selbstbestimmung ist vielmehr gerade für pflegebedürftige, behinderte und chronisch kranke Menschen davon abhängig, ob sie die tatsächlichen Voraussetzungen zur Freiheitsausübung haben und ob sie diese in ihrer Lebenssituation tatsächlich verwirklichen können (*Welti,* F. 2005: Behinderung und Rehabilitation im sozialen Rechtsstaat). Selbstbestimmung ist deswegen insbesondere die reale Möglichkeit, mit eigener Stimme zu sprechen, Freiheiten auszuüben und Entscheidungen zu treffen, mit denen das Leben kurzfristig und langfristig gestaltet wird.

Unter Teilhaberechten wird eine Wirkungsweise von Grundrechten verstanden, die über die abwehrrechtliche Garantie von Freiheiten hinaus Ansprüche vermittelt, die dem Ziel der tatsächlichen Freiheitsverwirklichung dienen.

Mit der Ratifizierung des „Übereinkommens der Vereinten Nationen über die Rechte von Menschen mit Behinderungen (UN-Behindertenrechtskonvention – BRK) hat die Bundesrepublik Deutschland die „Full and effective participation and inclusion in society“ als einen Grundsatz der Rechte behinderter Menschen anerkannt (Art. 3 Buchst c). Inklusion im Sinne der BRK entspricht dem im Neunten Sozialgesetzbuch verankerten, auf dem Grundgesetz basierenden Recht chronisch kranker, behinderter und pflegebedürftiger Menschen auf gleichberechtigte Teilhabe am Leben in der Gesellschaft, Förderung der Selbstbestimmung und der Pflicht zur Vermeidung von Benachteiligungen des Neunten Sozialgesetzbuches. Ziel des SGB IX ist die **gleichberechtigte Teilhabe** behinderter und von Behinderung bedrohter Menschen. Die Vorschrift bezieht sich auf die *Standard Rules on the Equalization of Opportunities for Persons with Disabilities* der Vereinten Nationen von 1994 und setzt diese in die nationale Gesetzgebung um. Das SGB IX zieht zur Konkretisierung dieser Rahmenbestimmungen für die Herstellung von Chancengleichheit von Personen mit Behinderungen die aus der *Internationalen Klassifikation der Funktionsfähigkeit und Behinderung (ICIDH)* von 1980 weiterentwickelte *Internationale Klassifikation der Funktionsfähigkeit, Behinderung und Gesundheit (ICF)* der Weltgesundheitsorganisation (WHO), die im Mai 2001 von der Vollversammlung der WHO verabschiedet wurde, heran und setzt auch diese in nationales Recht um (BT-Drucks. 14/5074 S. 98 zu § 2, dort noch als ICIDH-2 bezeichnet).

2. Entstehung der Norm. Die Vorschrift wurde durch Art. 1 SGB IX ab 1. 7. 2001 eingeführt und unverändert aus dem RegE (BT-Drucks. 5531 iVm 14/5074) übernommen. 2

3. Normzweck. Die Vorschrift formuliert die Ziele des Neunten Buches des Sozialgesetzbuches und hebt dabei das Ziel der Förderung der Selbstbestimmung und gleichberechtigten Teilhabe behinderter und von Behinderung bedrohter Menschen durch besondere Sozialleistungen (Leistungen zur Teilhabe) hervor **(Satz 1).** Die Regelung entfaltet zwar als Eingangsvorschrift keine unmittelbare Wirkung. Die Beschreibung der Ziele ist jedoch nicht bedeutungslos oder nur Deklamation. Die Ziele sind bei der Auslegung des gesamten Gesetzes zu berücksichtigen (ebenso Lachwitz-*Welti* § 1 SGB IX Rn 1). **Satz 2** stellt klar, dass dabei den Bedürfnissen behinderter und von Behinderung bedrohter Frauen und Kinder Rechnung zu tragen ist. 3

4. Normzusammenhang. Während die Zielsetzung der „Eingliederung“ nach bisherigem. Recht (§ 1 Abs. 1 RehaAnglG, Überschrift zu § 10 SGB I aF) von der Vorstellung der Anpassung der behinderten Menschen an die Anforderungen des Rests der Gesellschaft geprägt war, sieht der Begriff der gleichberechtigten Teilhabe behinderte und von Behinderung bedrohte Menschen als gleichberechtigte Teile der Gesellschaft. Er geht von der Notwendigkeit von gegenseitiger Annäherung Anpassung behinderter und nichtbehinderter Menschen aus. Die Teilhabe am Leben in der Gesellschaft 4 bezieht als umfassender Ansatz alle Lebensumstände behinderter und von Behinderung bedrohter Menschen ein, die für die Betroffenen den jeweils unmittelbaren Bezugsrahmen bilden. Dabei handelt es sich entsprechend der ICF um die Wechselwirkung zwischen dem Gesundheitszustand des Betroffenen und seiner sozialen und physikalischen Umwelt im Hinblick auf die Körperfunktionen und -strukturen der Person, auf die Durchführung von Tätigkeiten oder die Teilhabe an Lebensbereichen. Danach ist es auf der Basis des Bezugsrahmens ICF zentrale Aufgabe der Rehabilitation, über die Beeinflussung der Beeinträchtigungen der Funktionen und Strukturen des menschlichen Organismus hinaus die Wiederherstellung oder wesentliche Besserung der Funktionsfähigkeit insbesondere auf den Ebenen der Aktivitäten (Leistungsfähigkeit) und der Partizipation (Teilhabe an Lebensbereichen) zu erreichen. Um sicher zu stellen, dass die Anlehnung an die internationalen Bezugsrahmen nicht nur deklamatorische Bedeutung hat, sondern diese Bezugsrahmen zum Selbstverständnis des deutschen Rechts der Rehabilitation und Teilhabe werden und damit auch Inhalt des Leistungsrechts sind, hat der Gesetzgeber die bisher im deutschen Sozialrecht verwendeten Begriffe medizinische, berufsfördernde und soziale Rehabilitation konsequent durch den Begriff „Teilhabe“ ersetzt. Nur weil die deutsche Sprache keine gleichwertige Teilhabebezeichnung beinhaltet, ist es für die medizinische Rehabilitation bei dieser Bezeichnung geblieben.

5 **5.** Leistungsberechtigte nach dem SGB IX und den durch das SGB IX erfassten Leistungsgesetzen (§ 6) sind **Behinderte oder von Behinderung bedrohte Menschen.** Wann Menschen behindert oder von Behinderung bedroht sind, definiert § 2. Leistungen können auch zum (mittelbaren) Nutzen der primär Leistungsberechtigten an Dritte erbracht werden, sodass auch Arbeitgeber (§§ 34, 102 Abs. 3 Nr. 2), gemeinnützige Einrichtungen und Organisationen (§ 102 Abs. 3 Nr. 3), Integrationsprojekte (§ 134) oder Selbsthilfegruppen, -organisationen und -kontaktstellen (§ 29) anspruchsberechtigt sein können.

6 **6.** Die **Leistungen zur Teilhabe** nach dem SGB IX (§ 4) werden in den vier Leistungsgruppen des § 5 (medizinische Rehabilitation nach §§ 26–32, Leistungen zur Teilhabe am Arbeitsleben nach §§ 33–43, unterhaltssichernde und ergänzende Leistungen nach §§ 44–54 sowie Leistungen zur Teilhabe am Leben in der Gemeinschaft nach §§ 55–59) aufgelistet.

Anspruchsgrundlage dieser Leistungen kann eine Norm des SGB IX oder eine Norm der für die Rehabilitationsträger geltenden Leistungsgesetze in Verbindung mit dem SGB IX sein. Anspruchsgegner sind die in § 6 genannten Rehabilitationsträger oder das Integrationsamt nach § 102.

Die im Teil 2 des SGB IX genannten Leistungen (zB §§ 102 Abs. 3, 145) sind grundsätzlich einer der Leistungsgruppen des § 5 zuzuordnen. Die Leistungen zur Teilhabe sind Sozialleistungen (§ 11 Abs. 1), die in Form von Dienst-, Sach- oder Geldleistungen ausgeführt werden.

Im Übrigen begründet das SGB IX öffentlich-rechtliche oder zivilrechtliche Ansprüche der behinderten Menschen gegen Arbeitgeber (zB §§ 81, 84) oder Beförderungsunternehmen (§ 145) sowie Leistungsansprüche des Integrationsamts gegen Arbeitgeber (§ 77) oder der Beförderungsunternehmen gegen die Länder (§ 150). Dabei ist ein weiter Begriff der Leistungsverwaltung als die Teilhabe garantierender Daseinsvorsorge anzuwenden (vgl. *Badura,* DÖV 1966, 624, 627; Lachwitz-*Welti* § 1 Rn 9).

7. Ein grundlegendes Ziel des Gesetzes ist die **Förderung von Selbstbestimmung und gleichberechtigter Teilhabe** am Leben in der Gesellschaft. Leistungen zur Teilhabe können nur Angebot und Chance sein, die von behinderten und von Behinderung bedrohten Menschen aktiv genutzt werden müssen, um das Ziel dieser Leistungen zu erreichen. Dies setzt voraus, dass die Betroffenen fähig sind, darüber auch eigenverantwortlich zu entscheiden. Die Vorschrift zielt deshalb – wie darauf basierend alle übrigen Vorschriften des SGB IX – darauf ab, so weitgehend wie möglich die eigene Fähigkeit zur **Selbstbestimmung** – und damit auch zur Selbsthilfe – zu stärken, zu stützen und eine möglichst selbstständige Lebensführung zu ermöglichen. Dazu gehört auch, den Betroffenen soweit wie möglich unabhängig vom Bezug von Sozialleistungen zu machen. 7

Der Gesetzgeber trägt mit dieser Regelung nicht nur dem Sozialstaatsgebot Rechnung (Art. 20 Abs. 1 u 28 Abs. 1 Satz 1 GG), sondern erfüllt auch die Anforderungen, die sich aus dem absoluten Vorrang der Menschenwürde iSd Art. 1 Abs. 1 Satz 1 und 2 GG ergeben (BVerfG v. 8. 11. 2006 – 2 BvR 578/02 Rn 66).

Schutz der Menschenwürde im Sozialrecht heißt: Verhinderung des Ausgeliefertseins des Staatsbürgers an eine existentiell bedrückende Alternativlosigkeit im Falle seiner Hilfebedürftigkeit (*Klie/Kramer* § 2 SGB XI Rn 2). Die Förderung der Selbstbestimmung als gesetzliches Ziel bedeutet nicht nur, die Betroffenen bei der Ermöglichung gleichberechtigter Teilhabe in der Gesellschaft in ihrer Persönlichkeit zu achten und dementsprechend zu behandeln, sondern darüber hinausgehend auch, sie – ua. mit Leistungen zur Teilhabe – zu aktivieren und in die Lage zu versetzen, autonom darüber zu entscheiden, in welcher Weise die gleichberechtigte Teilhabe gesichert werden soll (*Stevens-Bartol* § 1 Rn 23). In diesem Sinne umfasst die Förderung der Selbstbestimmung die Realisierung des von Art. 2 Abs. 2 Satz 1 GG Geforderten ebenso, wie die Verwirklichung der konkreteren verfassungsrechtlichen Freiheitsrechte der Art. 5 und 12 GG. 8

Die Regelung verpflichtet die Rehabilitationsträgern zwingend zur Förderung der Selbstbestimmung und gleichberechtigten **Teilhabe am Leben in der Gesellschaft** der Berechtigten. Der Gesetzgeber definiert in § 2 Abs. 1, unter welchen Voraussetzungen er die Teilhabe am Leben in der Gesellschaft beeinträchtigt sieht. 9

Dabei handelt es sich um eine zusätzliche tatbestandliche Voraussetzung, an welche die Leistungen der Rehabilitationsträger geknüpft sind, während die in § 1 normierten Ziele den Inhalt der Ansprüche auf Leistungen zur Teilhabe auf der Seite der Rechtsfolgen beschreibt. Teilhabe ist nicht bereits schon dann erreicht, wenn die Ursachen für die Teilhabebeeinträchtigung (Krankheit, Behinderung) behoben sind, sondern erst dann, wenn die tatsächliche Beeinträchtigung der Teilhabe (Krankheitsfolgen) ausgeglichen ist (*Stevens-Bartol* § 1 Rn 24; Lachwitz-*Welti* § 1 Rn 11).

Die in dieser Regelung enthaltenen Maßstäbe sind von den Rehabilitationsträgern bei der **Ausübung ihres Ermessens** verpflichtend zu berücksichtigen. Sind mehrere Entscheidungsalternativen denkbar, so ist grund- 10 sätzlich derjenigen der Vorzug zu geben, die diesen Maßstäben am besten Rechnung trägt (*Stevens-Bartol* § 1 Rn 7). Sind die Maßstäbe bei einer Ermessensentscheidung gar nicht erst geprüft worden, ist sie schon deshalb rechtswidrig. Um die Rechtswidrigkeit eines Verwaltungsaktes zu vermeiden, muss in der Begründung die Berücksichtigung der Maßstäbe nach dieser Vorschrift ausgeführt werden (§ 35 Abs. 1 Satz 2 SGB X).

11 In der Rechtsprechung wird bisher die Verpflichtung der Rehabilitationsträger, mit den Leistungen zur Teilhabe Selbstbestimmung und Teilhabe am Leben in der Gesellschaft zu fördern, insbesondere im Bereich der Rechtsprechung zur Hilfsmittelerbringung noch nicht der gebotene Stellenwert eingeräumt (ua. BSG v. 23. 7. 02 – B 3 KR 66/01 R – Perücke für eine kahlköpfige Frau). In verschiedenen zweitinstanzlichen Urteilen zeichnet sich allerdings ein vorsichtiger Wandel ab (LSG Rheinland-Pfalz v. 3. 4. 08 – L 5 KR 115/06 – Verladerampe zum Elektrorollstuhl zu Teilhabe am Arbeitsleben; gleiches Gericht v. 21. 2. 08 L 5 KR 129/07 – Kraftknoten zum Rollstuhl auf Kosten der Krankenkasse, bestätigt durch das BSG v. 20. 11. 08 – B 3 KR 6/09 R).

12 Die in dieser Regelung enthaltenen Maßstäbe sind nicht nur bei der Ausübung des Ermessens, sondern auch bei der **Auslegung bestimmter Rechtsbegriffe** zu beachten. Im Zweifel ist die Auslegung die zutreffende, welche der Förderung der Selbstbestimmung und gleichberechtigten Teilhabe am besten Rechnung trägt (so SG Dresden v. 8. 5. 07 – S. 33 R 383/06, das den Rentenversicherungsträger verpflichtet, über den rentenrechtlichen Normalfall hinaus eine Hörgeräteversorgung zu gewähren, die den Zielen des § 33 Abs. 1 Rechnung trägt. Ähnlich LSG Niedersachsen-Bremen v. 15. 12. 05 – L 10 R 480/05 und v. 8. 3. 07 – L 10 R 247/05).

13 § 4 Abs. 1 und die einleitenden Vorschriften der leistungsrechtlichen Teile des SGB IX (§§ 26, 33, 44, 55) konkretisieren das Ziel des § 1: sowenig Behinderung wie möglich und so viel Selbstbestimmung trotz Behinderung wie möglich (vgl. Lachwitz-*Welti* § 1 Rn 10 bis 13).

14 **8.** Das Ziel, **Benachteiligungen zu vermeiden** oder ihnen entgegen zu wirken, setzt das 1994 mit Art. 3 Abs. 3 Satz 2 in das Grundgesetz eingefügte Benachteiligungsverbot *„Niemand darf wegen seiner Behinderung benachteiligt werden“* in das Sozialrecht um (BT-Drucks. 14/5074 S. 92). Weil dies zuvor nicht vollzogen wurde, forderte der Deutsche Bundestag die Bundesregierung mit seinem interfraktionellen Entschließungsantrag vom 22. 2. 2000 „Die Integration von Menschen mit Behinderungen ist eine dringende politische und gesellschaftliche Aufgabe“ (BT-Drucks. 14/2913) ua. dazu auf, das Recht der Rehabilitation von Menschen mit Behinderung in einem Sozialgesetzbuch IX zusammenzufassen und weiterzuentwickeln und „damit die Umsetzung des Benachteiligungsverbotes im Bereich der Sozialpolitik zu gewährleisten“. Grundlage dieser Entschließung ist die Überzeugung, dass der Sozialstaat mit seinen Regeln und Institutionen die Teilhabechancen in wichtigen gesellschaftlichen Bereichen ausformt und ihm hierbei durch das Benachteiligungsverbot iSe Optimierungsgebotes aufgegeben wird, Behinderungen zu vermeiden und durch sie erwachsende Benachteiligungen zu beseitigen (*Welti,* Soziale Sicherheit 2001, 146–150). Auf dem Hintergrund der übergeordneten Zielsetzung, durch ein Gesetz zur Gleich-

behandlung Behinderter das Benachteiligungsverbot des Art. 3 GG im gesamten Rechtsgefüge der Bundesrepublik zu verwirklichen, ist die Umsetzung im Rahmen des SGB IX der erste Teilschritt und das vorangestellte „Instrumentarium", mit dem das Benachteiligungsverbot zunächst im Sozialrecht durch konkrete Handlungspflichten und Leistungen zur gesellschaftlichen Wirklichkeit wird.

Zum Benachteiligungsverbot als Verfassungsprinzip, objektive Wertentscheidung und damit als Optimierungsgebot und zum europäischen und internationalen Kontext stärkerer rechtlicher Verankerung von Nichtdiskriminierung als Voraussetzung von Integration vgl. Lachwitz-*Welti* § 1 Rn 14, 15.

9. Satz 2 stellt klar, dass bei der Ausführung der nach Satz 1 zu gewährenden Leistungen den **besonderen Bedürfnissen** behinderter oder von Behinderung bedrohten **Frauen und Kindern** Rechnung zu tragen ist. Die Vorgaben des § 1 sollen in ähnlicher Weise wirken, wie dies für die im Allgemeinen Teil des Sozialgesetzbuches niedergelegten „sozialen Rechte" in § 2 Abs. 2 SGB I ausdrücklich bestimmt ist: die Vorgaben „sind bei der Auslegung der Vorschriften dieses Gesetzbuches und bei der Ausübung von Ermessen zu beachten; dabei ist sicherzustellen, dass die (Vorgaben) möglichst weitgehend verwirklicht werden (*Haines* in LPK-SGB IX § 1 Rn 17). 15

Zu den im Neunten Sozialgesetzbuch im Einzelnen enthaltenen spezifischen Regelung zur Berücksichtigung der besonderen Bedürfnisse von Frauen und Kindern vgl. Zusammenstellung bei *Haines* in LPK-SGB IX § 1 Rn 18 (für Frauen) sowie Rn 19 (für Kinder).

Die besonderen Bedürfnisse von behinderten **Frauen** beziehen sich nicht nur auf Familienpflichten und Erziehungsaufgaben, sondern auch auf die Berücksichtigung geschlechtsspezifischer Anforderungen an Art, Umfang und Durchführung von Leistungen sowie die Beachtung des Gleichberechtigungsgrundsatzes nach Art. 3 Abs. 2 GG zB bei der Feststellung der Eingliederungsziele usw. Den besonderen Bedürfnissen von Frauen wird zB dann nicht Rechnung getragen, wenn eine notwendige geschlechtsspezifische Betrachtung von Gesundheit und Beeinträchtigung vernachlässigt wird (*Wachholz,* br 1993, 25ff; *Härtel* in *Bengel/Koch,* 215ff; *Korsukewitz/Klosterhuis/Winnefeld/Beckmann,* DAngVers 2001, 7ff) oder die Ziele, Mittel und Rehabilitationskonzepte auf Teilhabeformen orientiert sind, die eher den männlichen Lebensrealitäten entsprechen und damit für Frauen das Ziel bestmöglicher Teilhabe verfehlen, weil zB Erziehungsaufgaben oder Familienpflichten nicht hinreichend bedacht werden (BT-Drucks. 14/5074 S. 98; *Stein,* br 1999, 153/154). 16

Angesprochen sind Frauen in weitem Verständnis, also nicht nur Hausfrauen und Mütter, sondern auch Mädchen jeglichen Alters und generell Personen weiblichen Geschlechts unabhängig von Alter, sozialer Stellung sowie sexueller Neigung oder Betätigung.

Die Verpflichtung, den besonderen Bedürfnissen von **Kindern** Rechnung zu tragen, beinhaltet nicht nur die alters- und entwicklungsgerechte Ausführung der Leistungen, sondern zB bei schulpflichtigen Kindern und Jugendlichen auch die Lösung des Problems der Vermittlung schulischer Inhalte bei längerfristigem Aufenthalt in einer stationären Rehabilitationseinrichtung. 17

Die besondere Berücksichtigung der Kinder besteht im SGB IX vor allem in einem Vorrang der Integration (vgl. *Beck/Schuck* in *Igl/Welti*, 91 ff). Deshalb sind die Beurteilung ihrer weiteren gesellschaftlichen Entwicklung (vgl. *Wiedebusch/Petermann/Warschburger* in Petermann, 477 ff), die Verpflichtung der §§ 4 Abs. 3 Satz 1, 19 Abs. 3, Leistungen für Kinder so zu planen, dass sie nach Möglichkeit nicht von ihrem sozialen Umfeld getrennt und mit nicht behinderten Kindern betreut werden sowie die Einbeziehung der Kinder in die Planung und Ausgestaltung der Leistungen (§§ 4 Abs. 3 Satz 2, 9 Abs. 1 Satz 3) hervorzuheben.

Obwohl der **Begriff des Kindes** im Sozialrecht wie im allgemeinen Sprachgebrauch nicht eindeutig ist (Abstammung von bestimmten Eltern im Familienlastenlastenausgleich nach §§ 6, 25 SGB I, BKGG, BErzGG; Menschen bis zu einem bestimmten Lebensalter im Leistungsrecht der Kinder- und Jugendhilfe §§ 8, 27 SGB I, zB 14. bzw. 18. Lebensjahr nach § 7 Abs. 1 und 2 SGB VIII), ist Satz 2 im Wesentlichen auf **Kinder als unter 18jährige Personen** zu beziehen (vgl. BT-Drucks. 14/5074 S. 99). Auf die gesonderte Erwähnung von Jugendlichen wurde (anders als im Achten Buch) verzichtet, weil Kinder entsprechend Artikel 1 der UN-Kinderrechtskonvention bis zur Vollendung des achtzehnten Lebensjahres rechnen (vgl. dazu auch Begründung des Regierungsentwurfs).

§ 2 Behinderung

(1) [1]**Menschen sind behindert, wenn ihre körperliche Funktion, geistige Fähigkeit oder seelische Gesundheit mit hoher Wahrscheinlichkeit länger als sechs Monate von dem für das Lebensalter typischen Zustand abweichen und daher ihre Teilhabe am Leben in der Gesellschaft beeinträchtigt ist.** [2]**Sie sind von Behinderung bedroht, wenn die Beeinträchtigung zu erwarten ist.**

(2) **Menschen sind im Sinne des Teils 2 schwerbehindert, wenn bei ihnen ein Grad der Behinderung von wenigstens 50 vorliegt und sie ihren Wohnsitz, ihren gewöhnlichen Aufenthalt oder ihre Beschäftigung auf einem Arbeitsplatz im Sinne des § 73 rechtmäßig im Geltungsbereich dieses Gesetzbuches haben.**

(3) **Schwerbehinderten Menschen gleichgestellt werden sollen behinderte Menschen mit einem Grad der Behinderung von weniger als 50, aber wenigstens 30, bei denen die übrigen Voraussetzungen des Absatzes 2 vorliegen, wenn sie infolge ihrer Behinderung ohne die Gleichstellung einen geeigneten Arbeitsplatz im Sinne des § 73 nicht erlangen oder nicht behalten können (gleichgestellte behinderte Menschen).**

1 **1. Sozialpolitischer Hintergrund.** Diese Regelung vollzieht den Paradigmenwechsel, nach dem sich der behinderte Mensch im deutschen Rechtsgefüge nicht mehr vorwiegend durch Art und Schwere einer Krankheit oder Behinderung, sondern durch Art und Ausprägung der Beeinträchtigung seiner Teilhabe am Leben in der Gesellschaft definiert, die als Folge von Krankheit oder Behinderung eingetreten ist. Der Begriff der Behinderung

des SGB IX geht über den Behinderungsbegriff des europäischen Gemeinschaftsrechts hinaus, nachdem eine Behinderung eine „Einschränkung (ist), die insbesondere auf physische, geistige oder psychische Beeinträchtigungen zurückzuführen ist und die ein Hindernis für die *Teilhabe* des Betreffenden *am Berufsleben* bildet" (EuGH v. 11. 7. 06 – C-13/05).

2. Entstehung der Norm. Die Vorschrift wurde mit Art. 1 SGB IX ab 1. 7. 2001 eingeführt und unverändert aus dem RegE (BT-Drucks. 14/5531 iVm 14/5074) übernommen. 2

3. Normzweck. Die Vorschrift benennt die Menschen, für die das SGB IX anzuwenden ist. **Abs. 1** regelt, unter welchen Voraussetzungen Menschen als behindert anzusehen sind bzw. eine Behinderung droht. **Abs. 2** nennt die Voraussetzungen, nach denen Menschen als schwerbehindert iSd Teils 2 (§§ 68 bis 160) anzusehen sind. **Abs. 3** beinhaltet, unter welchen Voraussetzungen jemand einem Schwerbehinderten gleich zu stellen ist. 3

4. Normzusammenhang. Absatz 1 baut auf § 1 RehaAnglG und § 3 SchwbG sowie dem Verständnis von Behinderung im Benachteiligungsverbot nach Artikel 3 Abs. 3 Satz 2 GG (vgl. Entscheidung des Bundesverfassungsgerichts vom 8. 10. 1997 – 1 BvR 9/97) auf und entwickelt sie entsprechend dem neuen Verständnis von Behinderung und unter Berücksichtigung des erweiterten Geltungsbereichs fort. Die Begriffsbestimmung orientiert sich nicht mehr an wirklichen oder vermeintlichen Defiziten, sondern rückt das Ziel der Teilhabe an verschiedenen Lebensbereichen in den Vordergrund. Die Absätze 2 und 3 übertragen inhaltsgleich und ohne Veränderungen die bisherigen Regelungen der §§ 1 und 2 Abs. 1 SchwbG. 4

5. Auch wenn **Abs. 1 Satz 1** auf den ersten Blick verbal ein hohes Maß an Übereinstimmung mit § 3 SchwbG aufzuweisen scheint, basiert er jedoch tatsächlich auf der **Internationalen Klassifikation der Funktionsfähigkeit, Behinderung und Gesundheit (ICF)** der WHO (so BT-Drucks. 14/5074 S. 98, zu § 2, dort noch als ICIDH-2 bezeichnet). Der Wortlaut „wenn ihre körperliche Funktion, geistige Fähigkeit oder seelische Gesundheit … abweichen und *daher* ihre Teilhabe am Leben in der Gesellschaft beeinträchtigt ist" umschreibt im Sinne der ICF die Beeinträchtigungen in den Bereichen der Funktionen und Strukturen des menschlichen Organismus und stellt sie zugleich in den Wirkungszusammenhang zu den daraus folgenden Beeinträchtigungen der Tätigkeiten (Aktivitäten) aller Art eines Menschen sowie zu den Beeinträchtigungen der Teilhabe (Partizipation) an Lebensbereichen (vgl. im Einzelnen § 10 Rn 14, 15). Ein Zusammenhang mit § 3 Abs. 1 SchwbG besteht nur insoweit, als es auch nach dieser Regelung bereits auf die Auswirkungen der Funktionsbeeinträchtigungen in den verschiedenen Bereichen des Lebens ankam (s Begründung zum SchwbG-ÄndG A II 1 – BT-Drucks. 10/3138; BSG vom 9. 10. 1987 = SozR 3870 § 3 SchwbG Nr. 26). 5

Das wichtigste Ziel der **ICF** ist es, eine gemeinsame Sprache für die Beschreibung der funktionellen Gesundheit zur Verfügung zu stellen. Sie stellt dazu ein systematisches Verschlüsselungssystem für Gesundheitsinformationssysteme bereit. Die ICF bietet eine **internationale Definition des Begriffs der Rehabilitation,** die jedoch sozial- und leistungsrechtlich in Deutschland keine unmittelbare Wirkung entfaltet. 6

Der Gesetzgeber hat das SGB IX zwar **an der ICF orientiert.** Die mit der ICF gegebene Definition von Rehabilitation der WHO ist aber **nicht identisch** mit der im SGB IX enthaltenen. Behinderung im Sinne der ICF kann definiert werden als das Ergebnis der negativen Wechselwirkung zwischen einer Person mit einem Gesundheitsproblem (dokumentiert mit dem ICD) und ihren Kontextfaktoren (Umweltfaktoren und personenbezogene bzw. persönliche Faktoren) auf ihre funktionale Gesundheit (allgemeiner Behindertenbegriff der ICF). Dieser Behinderungsbegriff dient als Oberbegriff für Beeinträchtigungen der funktionalen Gesundheit auf den Ebenen der Körperfunktionen/-strukturen, Aktivitäten und Teilhabe. Damit fällt jede Funktionsstörung oder jeder Strukturschaden, der weder mit einer Beeinträchtigung der Aktivitäten noch der Teilhabe einhergeht unter den Behinderungsbegriff der ICF. Dieser allgemeine Behinderungsbegriff der ICF ist wesentlich weiter gefasst als der Behinderungsbegriff des SGB IX. Selbst der spezielle Behinderungsbegriff der ICF, bei dem nur das Ergebnis der negativen Wechselwirkung zwischen einer Person mit einem Gesundheitsproblem und ihren Kontextfaktoren auf ihre Teilhabe an Lebensbereichen betrachtet wird, ist noch weiter gefasst als der Behinderungsbegriff des SGB IX (*Schuntermann* 2005).

7 Der Behinderungsbegriff des SGB IX enthält gegenüber der ICF einen Zeitbezug (länger als sechs Monate andauernd) sowie eine Altersinäquivalenz, wobei mit der Bezugnahme auf „einen nicht alterstypischen Funktionszustand" nach dem insoweit zweifelsfreien Wollen des Gesetzgebers keine Einschränkung des Behindertenbegriffs im Sinne der ICF verbunden sein soll. Das SGB IX erfasst danach einerseits Menschen mit Behinderung im Sinne der ICF nur zum Teil. So fallen zB Menschen mit einem Strukturschaden ohne Funktionsstörungen oder Beeinträchtigung der Aktivitäten oder Teilhabe nicht unter den Behinderungsbegriff des SGB IX. Andererseits geht das SGB IX über die ICF hinaus und erfasst auch Menschen mit einer drohenden Beeinträchtigung infolge eines Gesundheitsproblems (so auch *Schuntermann,* BAR, Reha-Info 2001, Heft 12).

8 Das SGB IX orientiert insbesondere die Ziele der Leistungen zur Rehabilitation und Teilhabe, aber auch die Feststellung des individuellen Leistungsbedarfs an der ICF. In diesem Zusammenhang können das **Verschlüsselungssystem und die gemeinsame Sprache der ICF** bei der Durchführung des deutschen Sozialrechts verwendet werden (wenn auch nicht ohne Anpassung, wie die laufenden Arbeiten des für die Implementierung in Deutschland verantwortlichen dimdi zeigen).

9 Die damit dokumentierten Sachverhalte können jedoch sozial- und leistungsrechtlich nicht unmittelbar aus der ICF heraus, sondern nur unter den durch die Sozialgesetzbücher, insbesondere das SGB IX vorgegebenen sozialrechtlichen Bedingungen gewertet werden. Das Missverständnis, die ICF könne unmittelbar Bewertungsgrundlage für Leistungsansprüche des deutschen Sozialrechts sein, ist zB die Ursache für die begründete Kritik an der Begutachtungsrichtlinie Vorsorge und Rehabilitation des MDS, in der dem SGB IX faktisch keine Bedeutung eingeräumt wird.

10 Können danach im Einzelfall Rehabilitations- und Teilhabeleistungen nach dem SGB IX in Verbindung mit dem für den zuständigen Rehabilita-

tionsträger geltenden Leistungsrecht beansprucht werden, so können bei der Ausführung von Leistungen der medizinischen Rehabilitation alle Konzepte der ICF umgesetzt werden. Das sich im Wesentlichen auf Selbstbestimmung und Lebensqualität des Rehabilitanden beziehende Teilhabekonzept wird praktisch umgesetzt, indem zB bei der Ausführung der Leistung insbesondere die Ziele aus der Sicht des Rehabilitanden berücksichtigt werden. Neben der Wiederherstellung oder Besserung von Leistungsfähigkeiten in den für den Rehabilitanden bedeutsamen Lebensbereichen – die schon zur Erreichung des Leistungszieles anzustreben sind – ist die Identifikation etwa bestehender Barrieren oder fehlender Förderfaktoren notwendig, um Maßnahmen zu ergreifen, diese Barrieren abzubauen und Förderfaktoren zu schaffen. Dies bezieht sich nicht nur auf Umweltfaktoren, sondern auch auf personenbezogene Faktoren (*Schuntermann* 2005).

Daran anknüpfend verpflichtet § 10 die Rehabilitationsträger dazu, die erforderlichen Rehabilitationsleistungen „funktionsbezogen" festzustellen und übernimmt so die Klassifikation der ICF in das deutsche Leistungsrecht. Das SGB IX basiert danach bezüglich Modell und Begrifflichkeit unmittelbar auf der ICF. 11

6. Die Voraussetzung für die Annahme einer Behinderung, dass die Beeinträchtigungen „mit hoher Wahrscheinlichkeit länger als sechs Monate **von dem für das Lebensalter typischen Zustand abweichen**", soll ausweislich der Begründung des Gesetzes unterschiedliche Wirkungen entfalten. Im Zusammenhang mit den Abs. 2 und 3 soll sie der Wirkung des § 3 SchwbG entsprechen, wonach ausdrücklich ausgeschlossen ist, dass normale Alterserscheinungen, körperliche und psychische Leistungseinschränkungen, die sich im Alter physiologisch entwickeln und nach ihrer Art und ihrem Umfang für das Alter typisch sind, Schwerbehinderung im Sinne der Abs. 2 und 3 begründen können, weil sie nicht Folge eines regelwidrigen Zustandes sind (*Cramer* § 3 SchwbG Rn 8). 12

Für die Gewährung von Teilhabeleistungen soll sie dagegen ausdrücklich nur eine Wirkung iSd § 4 EinglH-VO (BT-Drucks. 14/5074 S. 98) entfalten, der über diese Tatbestandsmerkmale in Anlehnung an die Verwaltungsvorschriften zu § 41 BVG das Vorliegen einer Behinderung von einer akuten, behandlungsbedürftigen Krankheit abgrenzt (*Schellhorn* et al § 4 EinglH-VO Rn 2 bis 5). Beide Wirkungen sind in der Sache unverzichtbar. Da der Gesetzgeber nicht die Absicht hatte, den Kreis der schwerbehinderten und gleichgestellten Personen nach Abs. 2 und 3 auszudehnen, kann es insoweit nur bei der engen Auslegung iSd § 3 SchwbG verbleiben. Würde man diese Auslegung auf die Anwendung des SGB IX insgesamt anwenden, hätte das zur Folge, dass Kinder und Jugendliche sowie ältere Menschen, deren Erkrankungen für das Lebensalter nicht untypisch sind, durch das SGB IX nicht erfasst wären. Danach würden zB Teilhabebeeinträchtigungen als Folge chronischer Erkrankungen wie Bewegungseinschränkungen durch rheumatisch entzündliche Prozesse, Arthrosen, Schmerzsyndrome bei degenerativen Wirbelsäulenveränderungen, Folgen arteriosklerotisch bedingter Organerkrankungen usw. nur dann als Behinderung durch diese Vorschrift erfasst werden, wenn sie einen Schweregrad aufweisen, der über das alterstypische Ausmaß der Beeinträchtigung durch diese Erkrankungen hinaus- 13 geht. Eine solche Auslegung würde in einem diametralen Gegensatz zu der gesamten Zielsetzung dieses Gesetzes im Sinne der frühest möglichen Einleitung und zügigen Durchführung von Teilhabeleistungen auf der Grundlage eines weitestgehend vereinheitlichten Leistungsrechts stehen und zugleich auch allen Koordinations-, Kooperations- und Konvergenzbestrebungen konterkarieren.

14 Zur Klarstellung, dass dies nicht gewollt ist, enthalten die für die einzelnen Rehabilitationsträger geltenden Leistungsgesetze Rück- und Querverweise auf die Bestimmungen des SGB IX. Zudem wurde in der Begründung klargestellt, dass unter dem „für das jeweilige Lebensalter untypischen Zustand" der Verlust oder die Beeinträchtigung von „normalerweise" – also unabhängig vom Alter – vorhandenen körperlichen Funktionen, geistigen Fähigkeiten oder seelischer Gesundheit verstanden werden soll und, dass diese Vorschrift ausdrücklich auch die chronisch Kranken erfasst (vgl. auch § 3 Rn 5), deren Rehabilitationsleistungen so früh wie im Einzelfall geboten zu erbringen. Diese Leistungen fallen auch deshalb unter das SGB IX, weil bei chronisch Kranken durchweg mindestens von einer drohenden Behinderung auszugehen ist.

Zusammenfassend ist festzustellen, dass das Merkmal des für das Lebensalter typischen Zustandes vorsichtig einschränkend auszulegen ist. ZB kann hohes Alter allein kein Argument gegen das Vorliegen einer Behinderung oder die Möglichkeit von Hilfe sein (vgl. *Friedrichs*, ZfSH/SGB 2000, 17, 18f). Da es sich um ein normatives Merkmal im Behinderungsbegriff handelt, sind die Normen des SGB IX und des Sozialrechts insgesamt zum Verständnis heranzuziehen. Funktionseinschränkungen, die zu einer Minderung der Erwerbsfähigkeit führen, sind entsprechend den Zielen aus §§ 4 Abs. 1 Nr. 2, 8, Abs. 2 nie als alterstypisch zu betrachten, jedenfalls nicht bis zum Zeitpunkt der Regelaltersrente nach § 35 Nr. 1 SGB VI (vgl. zum Problem *Gebauer*, MedSach 1994, 192ff). Einschränkungen, die zur Pflegebedürftigkeit führen, können in keinem Alter als alterstypisch angesehen werden (ebenso Lachwitz-*Welti* § 2 Rn 27, 28). Zum Zweifel daran, dass nur sogenannte „altersvorauseilende" Behinderungen Berücksichtigung finden können vgl. Bayerisches LSG v. 12. 12. 02 – L 18 SB 22/01, (*Breithaupt* 2003, 289).

15 Die Abweichung vom Lebensalter muss die Ursache für die Unfähigkeit sein, gleichberechtigt am Leben in der Gesellschaft teilhaben zu können (*Stevens-Bartol* § 2 Rn 14). Dabei gilt die sozialrechtliche Kausalitätsnorm, wonach alles Ursache ist, was wenigstens mit Wahrscheinlichkeit zu dem fraglichen Ergebnis geführt hat (BSG v. 22. 6. 88 9/9a RVg 3/87 und v. 2. 11. 99 – B 2 U 47/98 R).

16 **7. Körperliche Funktionen** sind nicht nur organisch, sondern umfassend zu verstehen. Sie schließen Störungen der Sinne (zB Seh-, Hörvermögen, Geruchs-, Geschmacks- und Tastsinn) und Empfindungen (zB Temperaturempfinden, Schmerz) ein, nicht jedoch Beeinträchtigungen in der Körperstruktur, die sich auf die Körperfunktionen nicht auswirken.

Geistige Fähigkeiten sind vor allem intellektuelle und kognitive wie Wahrnehmung, Erkennen, Denken, Vorstellen, Erinnern und Urteilen, aber auch Bewusstsein sowie mentale Funktion, Bewegungshandlungen durchzuführen.

Seelische Gesundheit bezieht sich nicht nur auf psychische Erkrankungen, sondern auch auf psychisch-funktionale Fähigkeiten wie Persönlichkeit (Selbstsicherheit und -vertrauen), psychische Energie, Antrieb, Psychomotorik, Belastbarkeit und Emotion).

Die ICF benennt neun Bereiche, in denen die Teilhabe als Folge von Behinderung beeinträchtigt sein kann: Lernen und Wissensanwendung, Allgemeine Aufgaben und Anforderungen, Kommunikation, Mobilität, Selbstversorgung, häusliches Leben, Interpersonelle Interaktion und Beziehungen, bedeutende Lebensbereiche und Gemeinschafts-, soziales und staatsbürgerliches Leben. Die ICF klassifiziert die Beeinträchtigung der Teilhabe, die Art der Beeinträchtigung und die beeinträchtigte Lebenssituation. Sie bietet zugleich eine gemeinsame und einheitliche Sprach- und Definitionsgrundlage.

8. Die geforderte voraussichtliche Dauer der Beeinträchtigung von mehr 17
als sechs Monaten war bisher in § 3 Abs. 1 Satz 3 SchwbG und § 4 EinglH-VO enthalten.

Diese rehabilitationswissenschaftlich nicht zu begründende Begrenzung soll die Leistungsgewährung von einem bestimmten Schweregrad der Störungen abhängig machen. Im Zusammenhang mit der Einbeziehung der von Behinderung bedrohten Personen in den Schutz und das Leistungsgeschehen des SGB IX (§§ 1 Abs. 1 Satz 1, 2 Abs. 1 Satz 2) erfordert diese Regelung eine pragmatische Handhabung ohne langwierige Prognoseentscheidungen über die Erfolgsaussicht. Das Ziel, eine drohende Behinderung durch geeignete Maßnahmen zu verhindern (§ 4 Abs. 1 Satz 1 Nr. 1), das Ziel, eine Behinderung – wenn möglich – zu beseitigen (§ 4 Abs. 2 Satz 1), aber auch die Anforderung des Gesetzgebers, dass Rehabilitationsleistungen zum gebotenen Zeitpunkt auf keinen Fall ausgeschlossen werden sollen (BT-Drucks. 14/5073 S. 98) gewährleisten, dass ein voraussichtlich erforderlicher Leistungsbedarf (§ 10 Abs. 1 Satz 1) jedenfalls nicht wegen einer unklaren Prognose bezogen auf die voraussichtliche Dauer der Beeinträchtigung versagt werden kann. Jede der Prognose nach länger als sechs Monate dauernde, aber grundsätzlich aufhebbare Behinderung fällt von ihrem Bestehen an (BSG, SozR 3–3870 § 3 Nr. 9) unter das SGB IX.

9. Nach **Abs. 1 Satz 2** sind Menschen als **„von Behinderung bedroht"** 18
anzusehen, wenn die Beeinträchtigung zu erwarten ist. Entsprechend dem Vorrang der Prävention (§ 3) stehen die Leistungen des SGB IX nach Abs. 1 Satz 1 nicht nur den behinderten Menschen, sondern auch denjenigen zu, denen die Behinderung droht.

Dies bedeutet jedoch keine generelle Gleichstellung der von Behinderung bedrohten mit den behinderten Menschen (BT-Drucks. 14/5074 S. 98).

Die früher in § 1 Abs. 2 RehaAnglG enthaltene generelle Gleichstellung der von Behinderung bedrohten mit den behinderten Menschen konnte im Rahmen des SGB IX nicht beibehalten werden, weil eine Reihe von Leistungen und Hilfen nur bei eingetretener Behinderung erbracht werden (insbesondere im Teil 2). Durch die Fassung der einschlägigen Vorschriften ist jedoch sichergestellt, dass sich die Rechtsposition der von Behinderung bedrohten Menschen im Verhältnis zum § 1 Abs. 2 RehaAnglG nicht ändert.

19 Abs. 1 Satz 2 ist an § 5 EinglH-VO aF angelehnt, der die „Erwartung“ des Eintritts einer Behinderung auf eine hohe Wahrscheinlichkeit des Eintretens sowie eine „allgemeine ärztliche oder sonstige fachliche Erkenntnis“ stützt. Nicht ausreichend für die Annahme einer drohenden Behinderung ist danach eine vage Wahrscheinlichkeit; andererseits wird auch keine an Sicherheit grenzende Wahrscheinlichkeit gefordert. Der Eintritt einer Behinderung muss auch nicht unmittelbar bevorstehen. Zwar ist einerseits eine bloße Vermutung nicht ausreichend; andererseits gestattet das auf eine rasche und möglichst umfassende Eingliederung in die Gesellschaft abzielende SGB IX keine zu enge Auslegung. Die ärztliche oder fachliche Erkenntnis muss auf dem jeweils aktuellen Stand der Wissenschaften basieren. Dabei kommt es mit Blick auf die umfassende Zielsetzung der Teilhabeleistungen gem. § 4 nicht allein auf die Meinung eines Arztes an (vgl. Schellhorn et al § 5 EinglH-VO Rn 2–4). Die Kompetenz und die Erfahrungen der am Eingliederungsverfahren Beteiligten, insbesondere die der Integrationsämter, aber auch die der Organisationen der Betroffenen, sind ggf. einzubeziehen.

20 Ob eine Behinderung oder eine drohende Behinderung vorliegt, ist – wie andere Anspruchsvoraussetzungen bei der Entscheidung über die Leistungen und sonstigen Hilfen, die aufgrund der (drohenden) Behinderung erbracht werden, – individuell durch den zuständigen Rehabilitationsträger festzustellen (vgl. Kommentierung zu §§ 10, 14 Abs. 5). Einbezogen sind damit auch chronisch Kranke sowie suchtkranke Menschen, soweit bei ihnen die jeweiligen Voraussetzungen gegeben sind. Soweit für einzelne Bereiche gesonderte Regelungen bei den Leistungsvoraussetzungen erforderlich sind (zB § 53 SGB XII), bauen sie auf dieser Vorschrift auf (BT-Drucks. 14/5074 S. 98).

21 **10. Recht pflegebedürftiger Menschen auf Teilhabe.** Krankheit, Behinderung oder Pflegebedürftigkeit sind Abweichungen der körperlichen Funktion, der geistigen Fähigkeit oder der seelischen Gesundheit von dem für das Lebensalter typischen Zustand.

Der Paradigmenwechsel, dass sich der behinderte Mensch im deutschen Rechtsgefüge nicht mehr vorwiegend durch das Vorliegen einer Krankheit oder Behinderung, sondern insbesondere über die durch Krankheit oder Behinderung verursachten Folgen definiert, nämlich die Beeinträchtigung der Teilhabe des Betroffenen am Leben in der Gesellschaft, ist erkennbar bisher nicht zum Selbstverständnis aller im Sozialleistungssystem Verantwortlichen und Handelnden geworden.

Krankheit und Behinderung sind Ursache sowohl der Pflegebedürftigkeit wie auch der Beeinträchtigung der Teilhabe am Leben in der Gesellschaft. Ist bei einem Menschen als Folge von Krankheit oder Behinderung bereits Pflegebedürftigkeit eingetreten, so ist er idR auch in seiner Teilhabe am Leben in der Gesellschaft beeinträchtigt. Pflegebedürftigkeit und Teilhabebeeinträchtigung schließen sich nicht aus. Im Gegenteil, sie bedingen sich, weil sie auf gemeinsamen Ursachen basieren.

Pflegebedürftigkeit ist – wie auch die Behinderung – das Ergebnis einer negativen Wechselwirkung: zwischen der Person mit ihrem Gesundheits-/Pflegeproblem auf der einen Seite und den Kontextfaktoren (Umfeld, gesellschaftliche Barrieren ua) auf der anderen Seite. Beide Aspekte wirken sich auf ihre Funktionsfähigkeit, dh auf die Integrität der Funktionen oder Strukturen des Organismus, die danach noch möglichen Aktivitäten der behinderten Person mit Pflegebedarf und/oder deren Partizipation an Lebensbereichen aus (*Fuchs* 2007).

Pflegebedürftige Menschen sind deshalb durchweg behinderte Menschen iSd § 2 SGB IX; häufig sogar besonders schwer behinderte Menschen. Sind sie in seltenen Ausnahmefällen als pflegebedürftige Menschen nicht unmittelbar in ihrer Teilhabe am Leben in der Gesellschaft beeinträchtigt, so ist allerdings in diesen Fällen immer eine Beeinträchtigung zu erwarten, sodass eine Behinderung droht.[1]

Behinderte Menschen mit Pflegebedarf sind danach nicht nur Behinderte, bei denen als Folge der Behinderung ein Pflegebedarf eingetreten ist, sondern auch alle pflegebedürftigen Menschen, die als Folge der Pflegebedürftigkeit in ihrer Teilhabe am Leben in der Gesellschaft beeinträchtigt sind oder denen eine solche Beeinträchtigung droht.

Diese Menschen haben als behinderte Menschen mit Pflegebedarf sowohl Anspruch auf Leistungen zur Pflege nach dem SGB XI als auch Anspruch auf Leistungen zur Teilhabe nach § 4 SGB IX (Arbeitskreis Teilhabeorientierte Pflege 2006).

Im SGB IX darf der Begriff der Pflegebedürftigkeit nicht auf der Grund- 22
lage der in den §§ 14 Abs. 4, 15 SGB XI festgelegten Leistungsvoraussetzungen nach dem SGB XI verstanden werden. Pflegebedürftigkeit iSd SGB IX liegt schon immer dann vor (zB für ein Tätigwerden der gemeinsamen Servicestellen nach § 22 Abs. 1 Satz 4), wenn Personen aufgrund einer Beeinträchtigung in erheblichem Masse der Hilfe nach den Maßstäben des § 14 SGB XI bedürfen, unabhängig davon, auf welchem Gebiet der Hilfebedarf besteht und ob das Ausmaß der Beeinträchtigungen zu einer Einstufung in die gesetzlichen Pflegestufen führt (*Stevens-Bartol* § 4 Rn 17).

11. Die **Abs. 2 und 3** regeln, unter welchen Voraussetzungen ein behin- 23
derter Mensch als **schwerbehindert** (Abs. 2) oder als einem schwerbehinderten Menschen **gleichgestellt** (Abs. 3) anzusehen ist. Die Regelungen sind inhaltsgleich mit den bisherigen §§ 1 und 2 Abs. 1 SchwbG, sodass frühere Feststellungsbescheide unbeschadet sprachlicher Änderungen („schwerbehinderter Menschen" statt „Schwerbehinderter") weiterhin wirksam bleiben. Ebenso die Rechtsprechung, dass gewöhnlicher Aufenthalt iSd Abs. 2 auch bei Asylbewerbern und geduldeten Ausländern vorliegt, wenn besondere Umstände ergeben, dass sie sich auf unbestimmte Zeit in Deutschland aufhalten werden.

Die begriffliche Abgrenzung der schwerbehinderten Menschen **in Abs. 2** 24
baut auf Abs. 1 auf, stellt jedoch zusätzlich auf eine erhebliche Schwere der Behinderung ab. Diese Regelung umfasst den Personenkreis, der den Schutz des Teils 2 kraft Gesetzes genießt. Demgegenüber tritt der Schutz für den in **Abs. 3** genannten Personenkreis nur durch den Verwaltungsakt der Gleichstellung ein. Vgl hierzu Kommentierung zu § 68.

[1] § 2 Abs. 2 Satz 2 SGB IX.

§ 3 Vorrang von Prävention

Die Rehabilitationsträger wirken darauf hin, dass der Eintritt einer Behinderung einschließlich einer chronischen Krankheit vermieden wird.

1 **1. Sozialpolitischer Hintergrund.** Im Interesse der behinderten Menschen und der in § 1 verankerten Ziele enthält diese Regelung ein Strukturprinzip des SGB IX: Die Verpflichtung der Rehabilitationsträger durch vorrangige Leistungen der Prävention den Eintritt von Behinderung und chronischen Krankheiten zu vermeiden. Der Gesetzgeber hat den Rehabilitationsträgern diese Pflicht bereits verbindlich auferlegt, bevor die Bundesregierung in ihrer Koalitionsvereinbarung vom 16. 10. 2002 beschloss, die Prävention zu einer eigenständigen Säule neben der Akutbehandlung, der Rehabilitation und der Pflege auszubauen. Bis ein Präventionsgesetz in Kraft tritt, das sich nach der bisherigen Entwicklung zudem noch auf die gesundheitliche Prävention beschränkt, bildet diese alle Sozialgesetze erfassende und über die gesundheitliche Prävention hinausgehend Präventionsverpflichtung die generelle gesetzliche Auftragsgrundlage für die Prävention aller Rehabilitationsträger.

2 **2. Entstehung der Norm.** Die Vorschrift ist mWv 1. 7. 2001 durch Art. 1 SGB IX eingeführt worden. Abweichend vom RegE (BT-Drucks. 14/5531 iVm 14/5074) stellte der AuS-Ausschusses klar, dass diese Regelung auch die Vermeidung einer chronischen Krankheit umfasst (BT-Drucks. 14/5786 S. 16, Bericht BT-Drucks. 14/5800 S. 30).

3 **3. Normzweck.** Die Vorschrift verdeutlicht, dass im Interesse der in § 1 genannten Ziele – soweit möglich – der Eintritt von Behinderung vermieden werden muss und dass die Rehabilitationsträger die Aufgabe haben, hierauf hinzuwirken.

4 **4. Normzusammenhang.** Die generelle Verpflichtung zur vorrangigen Prävention begründet keine über die in den für die Rehabilitationsträger geltenden Leistungsgesetzen verankerten Präventionsleistungen hinausgehenden Leistungsansprüche(zB § 20 SGB V, §§ 14ff SGB VII, § 5 SGB XI). Unabhängig davon verlagert das SGB IX die Leistungen zur Frühförderung und Früherkennung, soweit diese als Leistungen zur Rehabilitation erbracht werden, aus dem Leistungszusammenhang der Krankenbehandlung in die medizinische Rehabilitation und konkretisiert zugleich die Anspruchsgrundlagen als trägerübergreifende Komplexleistung in § 30. Die Verpflichtung zur Prävention im Arbeitsleben wird in § 84 weiter ausgebaut. Letztlich bindet das SGB IX das Verwaltungshandeln der Rehabilitationsträger durch die Verpflichtung zur Vereinbarung gemeinsamer Empfehlungen nach §§ 12 Abs. 1 Nr. 4 und 13 Abs. 2 Nr. 1.

5 **5.** Der Gesetzgeber verpflichtet die Rehabilitationsträger über die im SGB IX begründeten Rehabilitations- und Teilhabeleistungen hinaus aktiv darauf einzuwirken, dass der Eintritt einer Behinderung einschließlich einer chronischen Krankheit vermieden wird. Er stellt damit zugleich klar, dass der Behinderungsbegriff des SGB IX die **chronischen Krankheiten umfasst.** Die Vorschrift verpflichtet die Rehabilitationsträger, einerseits ent-

sprechend ihrem jeweiligen Auftrag Prävention mit den ihnen zur Verfügung stehenden Mitteln zu betreiben. Dazu enthält das SGB IX selbst ergänzende Konkretisierungen (§ 4 Abs. 1, § 30, § 84). Ziel ist es, den Eintritt der Ursachen von Behinderung und chronischen Erkrankungen sowie die dadurch verursachten Leistungen zur Teilhabe, Entgeltersatzleistungen und Renten möglichst zu vermeiden. Andererseits sollen die Rehabilitationsträger Prävention als gemeinsame Verantwortung wahrnehmen und deshalb deren Inhalte gemeinsam definieren und die Maßnahmen zur Prävention koordinieren (§ 12 Abs. 1 Nr. 5, § 13 Abs. 2 Nr. 1).

6. Der **Begriff der Prävention** bezieht sich auf Krankheiten und ihre Auswirkungen auf Körperfunktionen und Strukturen, Tätigkeiten einer Person und ihre Teilhabe an Lebensbereichen im Sinne der Internationalen Klassifikation der Funktionsfähigkeit, Behinderung und Gesundheit (ICF) der WHO. Die Träger haben danach ihre Präventionsleistungen auf das Ziel der Teilhabe am Leben in der Gesellschaft auszurichten und dürfen sich nicht auf gesundheitliche Ziele beschränken, wie dies 2004 im Entwurf eines Präventionsgesetzes der Bundesregierung vorgesehen war. Durch die ausdrückliche Bezugnahme auf den gesamten § 1 SGB IX ergibt sich die ausdrückliche Verpflichtung der Rehabilitationsträger, nicht nur dem Eintritt einer Behinderung, sondern auch einer drohenden Behinderung einschließlich einer chronischen Erkrankung entgegenzuwirken. 6

Nach einem Vorschlag der Commission on Chronic Illness der USA, der auch in Deutschland übernommen wurde, unterscheidet man folgende drei Stufen der Prävention: Primäre, sekundäre und tertiäre Prävention. 7

Unter **primärer Prävention** versteht man die Förderung der Gesundheit und die Verhütung von Krankheit durch Beseitigung eines oder mehrerer ursächlicher Faktoren, Erhöhung der Resistenz von Individuen und Veränderung von Umweltfaktoren, die ursächlich oder als Überträger an der Krankheitsentstehung beteiligt sind. Maßnahmen der primären Prävention werden in *unspezifische* (Förderung der Gesundheit des Einzelnen oder der Bevölkerung, ohne dass auf eine bestimmte Krankheit abgestellt wird, zB gute Ernährung, adäquate Kleidung, Hygiene, Verbesserung der Arbeitsverhältnisse, Gesundheitserziehung usw) und *spezifische* (krankheitsspezifische Vorsorgemaßnahmen wie zB Impfungen, Trinkwasserfluoridierung, Kochsalzjodierung, Einschränkungen des Rauchens und des Alkoholkonsums) unterteilt. 8

Unter **sekundärer Prävention** versteht man die Krankheitsfrüherkennung und nachfolgende Behandlung. Dh es bestehen noch keine oder nur sehr schwach ausgeprägte Symptome, so dass die häufig besseren Behandlungsaussichten von Krankheiten, die im Frühstadium erkannt werden, genutzt werden, ihre weitere Entwicklung zu begrenzen. 9

Unter **tertiärer Prävention** versteht man bei einer bereits eingetretenen Krankheit die Verhütung oder Verlangsamung des Forschreitens der Krankheit (z B Rezidivbildung, Re-Infarkt). Ist die Krankheit mit Einschränkungen der körperlichen, geistigen oder seelischen Funktionen oder mit Schäden der Körperstrukturen verbunden, dann umfasst die tertiäre Prävention auch die Verhütung oder Verlangsamung dieser Schädigungen, die möglicherweise zu Beeinträchtigungen von Tätigkeiten der Person zB in den 10

Bereichen Selbstversorgung, Mobilität, Kommunikation, Erwerbstätigkeit und/oder zu Beeinträchtigungen der Teilhabe in den genannten Bereichen führen können. Tertiäre Prävention überlappt zum Teil mit Rehabilitation, ist aber nicht mit ihr identisch, da Rehabilitation eine drohende oder bestehende Behinderung einschließlich chronischer Krankheiten voraussetzt. Eine Maßnahme der tertiären Prävention ist zB Frühmobilisation nach Herzinfarkt oder Schlaganfall.

11 **7.** Eine **sozialrechtliche Definition** der Prävention enthalten die Sozialgesetzbücher Teile V (§§ 10, 219), VII (§ 1) und XI (§ 5), die den Begriff Prävention verwenden, bisher nicht.

In § 20 SGB V wird „Primärprävention" dahingehend erläutert, dass die darauf bezogenen Leistungen den allgemeinen Gesundheitszustand verbessern und insbesondere einen Beitrag zur Verminderung sozial bedingter Ungleichheit von Gesundheitschancen erbringen sollen. § 1 SGB VII versteht unter Prävention die Verhütung von Arbeitsunfällen und Berufskrankheiten sowie arbeitsbedingter Gesundheitsgefahren. § 5 SGB XI verpflichtet zur frühzeitigen Einleitung von Präventionsmaßnahmen, um den Eintritt von Pflegebedürftigkeit zu vermeiden. Der Gesetzgeber verknüpft den Begriff in den genannten Gesetzbüchern regelmäßig mit dem Wort Rehabilitation und verwendet diese Verknüpfung im Zusammenhang mit der Beteiligung von Selbsthilfegruppen (§ 20 SGB V), Arbeitsgemeinschaften (§ 219 SGB IV) oder anderen Sozialleistungsträgern (§ 5 SGB XI). Prävention kann danach in diesen Gesetzen durchweg als Verhütungsstrategie verstanden werden, die auf die Vermeidung des Eintritts eines bestimmten Lebensrisikos abzielt.

12 Der Gesetzgeber hat mit dem SGB IX erneut nicht klargestellt, was sozialrechtlich unter Prävention zu verstehen ist, obwohl in der parlamentarischen Anhörung angeregt wurde, die Begriffe der Primär-, Sekundär- und Tertiärprävention im Gesetz zu verwenden (vgl. BT-Drucks. 14/5800 und Ausschussdrucksache 14/1299). Es bleibt deshalb Aufgabe der Selbstverwaltung der Rehabilitationsträger auf der Grundlage der jeweils für sie geltenden Leistungsgesetze (ua. Krankenversicherung – §§ 20 bis 26 SGB V, Rentenversicherung – § 31 SGB VI, Unfallversicherung – §§ 14ff SGB VII), die geeigneten Präventionskonzepte und Präventionsleistungen zu entwickeln und einzusetzen. Dabei haben sie diese Leistungen auf die Ziele nach dem SGB IX auszurichten und die nachfolgenden Vorgaben des SGB IX im Bereich des Verwaltungshandelns zu beachten. Die Selbstverwaltung der Rehabilitationsträger kann auf der Grundlage der §§ 3, 12 Abs. 1 Nr. 5, 13 Abs. 2 Nr. 1 in eigener Verantwortung fast vollständig die Regelungen vereinbaren, die im Entwurf des Präventionsgesetzes der Bundesregierung in der 16. Wahlperiode enthalten waren, und damit den Bedarf für ein solches Gesetz beseitigen (*Fuchs* 2007).

13 Die Verpflichtung der Rehabilitationsträger zur „Prävention vor Rehabilitation" und zur Ausführung der Präventionspflichten wird in folgenden Regelungen des SGB IX konkretisiert

- bei der Zusammenarbeit der Rehabilitationsträger in § 12 Abs. 1 Nr. 5
- bei den gemeinsamen Empfehlungen in § 13 Abs. 2 Nr. 6
- bei der Förderung der Selbsthilfegruppen in § 29 Satz 1

– bei den Berichten über die Lage behinderter Menschen und die Entwicklung ihrer Teilhabe nach § 66
– für die betriebliche Prävention in § 84
– in der Sache insbesondere auch durch § 4, die Einrichtung gemeinsamer Servicestellen nach §§ 22ff zur zeitnahen Einleitung von Leistungen zur Teilhabe sowie die Pflicht der Rehabilitationsträger nach § 13 Abs. 1 Nr. 8 und 9, gemeinsame Empfehlungen zu vereinbaren.

§ 4 Leistungen zur Teilhabe

(1) **Die Leistungen zur Teilhabe umfassen die notwendigen Sozialleistungen, um unabhängig von der Ursache der Behinderung**
1. **die Behinderung abzuwenden, zu beseitigen, zu mindern, ihre Verschlimmerung zu verhüten oder ihre Folgen zu mildern,**
2. **Einschränkungen der Erwerbsfähigkeit oder Pflegebedürftigkeit zu vermeiden, zu überwinden, zu mindern oder eine Verschlimmerung zu verhüten sowie den vorzeitigen Bezug anderer Sozialleistungen zu vermeiden oder laufende Sozialleistungen zu mindern,**
3. **die Teilhabe am Arbeitsleben entsprechend den Neigungen und Fähigkeiten dauerhaft zu sichern oder**
4. **die persönliche Entwicklung ganzheitlich zu fördern und die Teilhabe am Leben in der Gesellschaft sowie eine möglichst selbständige und selbstbestimmte Lebensführung zu ermöglichen oder zu erleichtern**

(2) [1]**Die Leistungen zur Teilhabe werden zur Erreichung der in Absatz 1 genannten Ziele nach Maßgabe dieses Buches und der für die zuständigen Leistungsträger geltenden besonderen Vorschriften neben anderen Sozialleistungen erbracht.** [2]**Die Leistungsträger erbringen die Leistungen im Rahmen der für sie geltenden Rechtsvorschriften nach Lage des Einzelfalls so vollständig, umfassend und in gleicher Qualität, dass Leistungen eines anderen Trägers möglichst nicht erforderlich werden.**

(3) [1]**Leistungen für behinderte oder von Behinderung bedrohte Kinder werden so geplant und gestaltet, dass nach Möglichkeit Kinder nicht von ihrem sozialen Umfeld getrennt und gemeinsam mit nicht behinderten Kindern betreut werden können.** [2]**Dabei werden behinderte Kinder alters- und entwicklungsentsprechend an der Planung und Ausgestaltung der einzelnen Hilfen beteiligt und ihre Sorgeberechtigten intensiv in Planung und Gestaltung der Hilfen einbezogen.**

1. Sozialpolitischer Hintergrund. Das SGB IX bindet den Anspruch auf Leistungen zur Teilhabe konsequent an die Erreichbarkeit gesetzlich vorgegebener und durch die Rehabilitationsträger für die Praxisanwendung zu konkretisierende Rehabilitationsziele (ua. §§ 1. 4, 26 Abs. 1). Können solche Ziele mit Leistungen zur Teilhabe mit rehabilitationswissenschaftlicher Wahrscheinlichkeit nicht erreicht werden (Teilhabeprognose), dürfen solche Leistungen nicht erbracht werden (§ 4 Abs. 2 Satz 1). Damit verfolgt der Gesetzgeber den konsequent ökonomischen Ansatz, Mittel für Rehabilita- 1 tions- und Teilhabeleistungen nur dann einzusetzen, wenn damit Teilhabziele voraussichtlich wirksam erreichbar erscheinen.

§ 4, insbesondere Abs. 3 Satz 2 setzt Artikel 7 Abs. 2 und 3 der UN-Behindertenrechtskonvention um.

2 **2. Entstehung der Norm.** Die Vorschrift ist durch Art. 1 SGB IX ab 1. 7. 2001 eingeführt worden. Abs. 1 Nrn. 1, 3 und 4 entsprechen der Fassung des RegE (BT-Drucks. 14/5531 iVm 14/5074). Abs. 1 Nr. 2 sowie Abs. 2 und 3 wurden aufgrund der Beschlussempfehlung des AuS-Ausschusses (BT-Drucks. 14/5800) geändert. In **Abs. 1 Nr. 2** wurde mit der Änderung der Formulierung „von Sozialleistungen" in „anderer Sozialleistung" eine redaktionelle Klarstellung vollzogen. In **Abs. 2 Satz 1** wird mit der Einfügung „zur Erreichung der in Abs. 1 genannten Ziele" verdeutlicht, dass die Leistungen zur Teilhabe iSd Abs. 1 zielgerichtet zu erbringen sind. **Abs. 3** wurde entsprechend dem Vorschlag des Bundesrates (BT-Drucks. 14/5639 S. 2) gegenüber dem RegE unter Einbeziehung der Standards des SGB III vollständig neu gefasst.

3 **3. Normzweck.** Die Vorschrift konkretisiert das „soziale Recht" behinderter Menschen auf Sozialleistungen zur Teilhabe am Leben in der Gesellschaft (§ 10 SGB I) in Leistungen nach dem SGB IX und verbindet diese mit den für die einzelnen Rehabilitationsträger geltenden besonderen Vorschriften. Zugleich gibt sie Ziele vor, die über die in § 10 SGB I enthaltenen grundsätzlichen Aufgabenstellungen und sozialen Rechte hinausgehend mit den Leistungen zur Teilhabe nach dem SGB IX erreicht werden sollen **(Abs. 1).** Diese Ziele erstrecken sich auf die Prävention, Beseitigung oder Minderung der Behinderung und ihrer Folgen **(Nr. 1),** die Vermeidung, Überwindung oder Minderung von Einschränkungen der Erwerbsfähigkeit oder Pflegebedürftigkeit sowie des vorzeitigen oder laufenden Bezuges von Sozialleistungen **(Nr. 2),** die dauerhafte Sicherung der Teilhabe am Arbeitsleben **(Nr. 3)** sowie die Förderung der ganzheitlichen persönlichen Entwicklung, der Teilhabe am Leben in der Gesellschaft und der Ermöglichung oder Erleichterung einer möglichst selbstständigen und selbstbestimmten Lebensführung **(Nr. 4). Abs. 2** verweigert Leistungen, wenn die mit ihnen verbundenen Ziele bereits durch die allgemeinen Sozialleistungen voll erreicht werden können **und** übernimmt die zuvor in § 5 Abs. 2 RehaAnglG enthaltene Verpflichtung des Leistungsträgers zur vollständigen und umfassenden Leistungserbringung. **Abs. 3** regelt die spezifischen Anforderungen an Leistungen zur Teilhabe für behinderte Kinder bis zur Vollendung des achtzehnten Lebensjahres (vgl. Art. 1 UN-Kinderrechtskonvention).

4 **4. Normzusammenhang.** Der Leistungsbegriff **„Leistungen zur Teilhabe"** übernimmt die schon im Untertitel des SGB IX (Rehabilitation und Teilhabe behinderter Menschen) enthaltene programmatische Zieldefinition, nach der entsprechend der Internationalen Klassifikation der Funktionsfähigkeit, Behinderung und Gesundheit (ICF) der WHO alle Bestrebungen auf die Teilhabe behinderter oder von Behinderung bedrohter Menschen an den verschiedenen Lebensbereichen auszurichten sind, in das materielle Recht aller Rehabilitationsträger. Danach ist die Wiederherstellung oder wesentliche Besserung der Funktionsfähigkeit insbesondere auf den Ebenen

der Aktivitäten (Leistungsfähigkeit) und der Partizipation (Teilhabe an Lebensbereichen) zentrale Aufgabe der Rehabilitation. In diesem Sinne sind die in Abs. 1 Nrn. 1 bis 4 aufgeführten Zielbestimmungen der Leistungen zur Teilhabe als Übertragung der Zieldefinition der ICF in das deutsche Sozialrecht zu verstehen.

Der RegE sah die Leistungsgewährung „an" behinderte oder von Behinderung bedrohte Kinder vor. Die Leistungen sollten zudem „auf deren besondere Bedürfnisse ausgerichtet sein und deren Entwicklung fördern". Mit der Neufassung des gesamten Abs. 3 durch den AuS-Ausschuss wurden auf Vorschlag des Bundesrates (BT-Drucks. 14/5531 S. 6) die auch die Rechtspositionen der Sorgeberechtigten einbeziehenden Standards des SGB III als Gestaltungsauftrag in das SGB IX übernommen (vgl. Gegenäußerung der Bundesregierung BT-Drucks. 14/5639 S. 2).

5. Gegenstand der Leistungen zur Teilhabe sind die für die Erreichung der 5
nachfolgend beschriebenen Zielsetzung **notwendigen Sozialleistungen.** Sozialleistungen sind nach § 10 SGB I als Gegenstand der sozialen Rechte die nachfolgend im SGB I vorgesehenen Dienst-, Sach- und Geldleistungen. § 29 SGB I enthält eine abschließende Aufzählung, welche Leistungen zur Rehabilitation und Teilhabe behinderter Menschen nach dem Recht der Rehabilitation und Teilhabe als Sozialleistungen in Anspruch genommen werden können (Abs. 1 Nrn. 1 bis 5) und stellt fest, welche Leistungsträger iSd SGB I neben den Integrationsämtern zuständig sind (Abs. 2). Notwendig sind alle Leistungen iSd § 29 SGB I, die erforderlich sind, um die in Abs. 1 genannten Ziele zu erreichen. Dabei ist mit Blick auf das Benachteiligungsverbot des Art. 3 Abs. 3 Satz 2 GG zu beachten, dass die Prüfung der Notwendigkeit zugleich das Ziel beinhalten muss, dem Betroffenen während der Gewährung von Leistungen zur Teilhabe und durch diese Maßnahmen die Führung eines menschenwürdigen Lebens zu ermöglichen.

Notwendig sind Leistungen dann nicht, wenn die in den Nummern 1 bis 4 angesprochenen Ziele auf anderen, sinnvolleren Wegen ebenso (wirksam und wirtschaftlich) erreicht werden können (zB durch andere Sozialleistungen oder die Bereitschaft eines Arbeitgebers, ein behindertes Kind auf seine Kosten und in seiner Verantwortung in ein in seinem Betrieb übliches Ausbildungsverhältnis zu integrieren). Solche alternativen Wege der Zielerreichung müssen konkret gangbar und tragfähig sein. Werden solche Alternativen genutzt, ist der Rehabilitationsträger dadurch auch dann seiner Gesamtverantwortung für die Erreichung des Rehabilitationszieles nicht enthoben, wenn er keine eigenen Leistungen zu erbringen hat. Er hat den Leistungsberechtigten bis zur Erreichung des Rehabilitationszieles zu begleiten und zu unterstützen.

Können die Rehabilitationsziele über mehrere unterschiedliche Wege wirksam erreicht werden, ist das Wunsch- und Wahlrecht des Betroffenen nach § 9 unter Berücksichtigung der allgemein geltenden Grundsätze der Wirtschaftlichkeit und Sparsamkeit (§ 69 Abs. 2 SGB IV) zu beachten.

Ohne dass dies im Wortlaut der Vorschrift nochmals ausdrücklich wie- 6
derholt wird, umfassen die Leistungen zur Teilhabe zur Verwirklichung des in § 1 enthaltenen Grundsatzes auch Maßnahmen der Familienentlastung und der Stützung des familiären Umfeldes. Damit wird dem Selbstverständ-

nis Rechnung getragen, dass der oft wichtigste Bezugsrahmen und Lebensraum der Betroffenen die Familie ist.

7 **6.** Das BSG betrachtete die Rehabilitation bereits vor dem SGB IX als den Prototyp der final ausgerichteten Leistungen der sozialen Sicherung (BSG 44, 234; 46, 234). Der Gesetzgeber nimmt das **Finalitätsprinzip** nunmehr als Rechtsgrundsatz in das SGB IX auf, nach dem die Leistungen zur Teilhabe ohne Rücksicht auf die Ursache der Behinderung ausgerichtet am Bedarf erbracht werden.

Nach dem Finalitätsprinzip sollen die Leistungen aller Träger ausreichen, um die Ziele des Gesetzes zu erreichen. Zudem sollen sie gleich oder zumindest gleichwertig sein. Niemand soll wegen der Ursachen seiner Behinderung die notwendigen Leistungen nicht erhalten. Da die Trägerschaft (§ 6 Abs. 1 Nr. 3 und 5) zT weiterhin an der Behinderungsursache anknüpft, schließt das bei diesen Trägern über das Notwendige hinausgehende Leistungen nicht aus, da sich diese über das SGB IX hinaus noch zusätzlich an der Kompensationsfunktion der für Arbeitsunfälle sozial hervorgehobenen Schädigungen orientieren können (vgl. Lachwitz-*Welti* § 4 Rn 4). Welche Leistungen erforderlich sind, richtet sich grundsätzlich nach dem im Einzelfall festgestellten Bedarf (BSG v. 20. 11. 05 – B 3 RK/04 und v. 24. 5. 06 – B 3 – RK 12/05 R). So kann zB auch der Integration in die Aktivitäten der Familie des Betroffenen besondere Bedeutung zukommen (LSG Rheinland-Pfalz v. 3. 3. 06 – L 1 KR 72/05). Trotz der Verpflichtung zur individuellen funktionsbezogenen Feststellung des Leistungsbedarfs (§ 10) wenden die Rehabilitationsträger gegen die Orientierung der Leistungen am Bedarf häufig die Gefahr einer Überversorgung ein. Die Gerichte lehnen diesen Einwand in den genannten Urteilen letztlich unter dem Gesichtspunkt der Förderung der Teilhabe am Leben in der Gesellschaft ab. Eine sparsamere Versorgung lasse den besonderen Gesichtspunkt der Integration außer Acht (LSG Saarbrücken v. 28. 11. 07 – L 2 KR 22/06).

8 **7.** Die nach **Abs. 1** mit den Leistungen zur Teilhabe **anzustrebenden Ziele** sind in den Nrn. 1 und 2 wortgleich sowie in den Nrn. 3 und 4 inhaltsgleich mit den in § 10 SGB I genannten Zielen. Damit soll verdeutlicht werden, dass alle Rehabilitationsträger – auch bei unterschiedlich bleibenden Zuständigkeiten und Leistungsvoraussetzungen – bei der Anwendung des SGB IX und der sonstigen für die jeweiligen Rehabilitationsträger geltenden Einzelregelungen zur Teilhabe behinderter und von Behinderung bedrohter Menschen ein gewachsenes, wenn auch in sich sehr differenziertes, in der Sache jedoch durchgängiges Gesamtsystem mit einer einheitlichen Zielsetzung für die Leistungen der Rehabilitation und Teilhabe bilden. Diese Regelung ist nicht als allgemeine Deklamation zu verstehen, sondern verpflichtet die Rehabilitationsträger, die in dieser Vorschrift genannten Ziele bei der Prüfung der Bedarfsgerechtigkeit, der Zielgerechtigkeit, der Wirksamkeit und Wirtschaftlichkeit der nach ihrem jeweiligen Leistungsrecht zu erbringenden Rehabilitations- und Teilhabeleistungen zu beachten. Danach ist zB die Frage, ob eine von der Krankenversicherung zu erbringende Rehabilitationsleistung „ausreichend" und „zweckmäßig" iSd § 12 SGB V erbracht wird, nach den Maßstäben dieser Vorschrift und den in dieser Vorschrift vorgegebenen Zielen zu beurteilen.

Die in **Nr. 1** genannte Zielsetzung überträgt den Rehabilitationsträgern einen umfassenden Auftrag zur Vermeidung, Minderung und Beseitigung von Behinderung und ihren Folgen. Damit wird der bisher nur im Leistungsrecht der Krankenversicherung (§ 11 Abs. 2 SGB V) verankerte Grundsatz des § 10 Nr. 1 SGB I aF als Bestandteil des Leistungsrechts auf alle Rehabilitationsträger ausgedehnt. Allein den Rentenversicherungsträgern wird in §§ 9, 10 SGB VI iVm § 7 SGB IX entsprechend ihrer Aufgabenstellung weiterhin das Recht eingeräumt, Leistungen zur Teilhabe nur dann zu erbringen, wenn die Behinderung sowie die Teilhabeleistungen sich auf die Erwerbsfähigkeit auswirken. Teilhabeleistungen erreichen eine Minderung der Behinderung, wenn mit ihnen eine vom Betroffenen noch als Verbesserung seiner Gesamtsituation anzusehende Erleichterung seiner behinderungsbedingten Lage erreicht werden kann. Unter Verhütung einer Behinderung wird die vollständige – wenn auch nur vorübergehende – Vermeidung, aber auch – nach Eintritt einer Behinderung – die Beschränkung des Ausmaßes der Behinderung auf einen möglichst geringen Umfang verstanden. 9

In **Nr. 2** wird der zuvor nur in den spezifischen Leistungsgesetzen enthaltene Grundsatz „*Rehabilitation vor Rente bzw. vor Pflege*" als grundsätzliche Zielsetzung aller Leistungen zur Teilhabe ausgedehnt. Darüber hinaus werden die Vermeidung des vorzeitigen Bezuges anderer Sozialleistungen bzw, die Minderung laufender Sozialleistungen als neue Ziele aufgenommen. Diese Regelung darf nicht als Verpflichtung zur Leistungseinsparung missverstanden werden, mit der etwa Sozialleistungen trotz Bedarfs versagt werden. Sie verfolgt vielmehr das Ziel, trotz Behinderung oder chronischer Erkrankung eine möglichst weitgehende Unabhängigkeit und eine weitgehend selbstständige Lebensführung zu gewährleisten, wozu auch die Unabhängigkeit von Sozialleistungen gehört. 10

Mit der Konkretisierung „anderer Sozialleistungen" werden alle Rehabilitationsträger einheitlich verpflichtet, die von ihnen zu gewährenden Rehabilitations- und Teilhabeleistungen nicht nur auf die Vermeidung der von ihnen selbst zu gewährenden Sozialleistungen, sondern auch auf die Vermeidung der Sozialleistungen anderer Träger auszurichten. Die besondere Bedeutung der in Nr. 2 beschriebenen Ziele ergibt sich im Übrigen aus § 8, der diese Ziele im Verwaltungsverfahren in konkrete Handlungs- und Prüfpflichten umsetzt.

In **Nr. 3** wird als Ziel der zuvor im RehaAnglG als berufsfördernde Leistungen zur Rehabilitation (§ 11 RehaAnglG) bezeichneten Hilfen zur Eingliederung in Arbeit und Beruf entsprechend der Diktion der ICF nunmehr die Teilhabe am Arbeitsleben genannt. Die Verpflichtung, dieses Ziel „entsprechend den Neigungen und Fähigkeiten dauerhaft zu sichern", beinhaltet qualitative Anforderungen an den Integrationsprozess. Das Ziel ist nämlich erst dann erreicht, wenn die Neigungen, Fähigkeiten und Fertigkeiten des Betroffenen in vollem Umfang ausgeschöpft wurden. Danach setzt auch in Zukunft allein die Behinderung die Grenzen für die möglichen und notwendigen Leistungen zur Teilhabe. 11

Die **Nr. 4** entspricht inhaltlich der zuvor in § 39 BSHG (jetzt § 53 SGB XII) enthaltenen Aufgabenstellung der Eingliederungshilfe für Behin- 12 derte, wobei entsprechend der heute üblichen, schon im RehaAnglG, im SchwbG und im BSHG verwendeten Ausdrucksweise das Ziel in der Teilhabe am Leben in der „Gesellschaft" und nicht mehr der „Gemeinschaft", einer enger gefassten Bezeichnung, gesehen wird. Das in § 1 SGB VIII verankerte Recht des jungen Menschen auf Förderung seiner Entwicklung wird mit dem Ziel der ganzheitlichen Förderung der persönlichen Entwicklung in das Rehabilitations- und Teilhaberecht übernommen. Es wirkt hier über den jungen Menschen hinaus unabhängig vom Alter für alle behinderten oder von Behinderung bedrohte Menschen, soweit ihre persönliche Entwicklung zB als Folge der Behinderung eingeschränkt und förderfähig ist.

13 Das Ziel, eine möglichst selbstständige oder selbstbestimmte Lebensführung zu ermöglichen oder zu erleichtern, war bisher bereits als Zielsetzung der Pflegeversicherung in § 2 Abs. 1 Satz 1 SGB XI verankert und wird nunmehr als Zielsetzung der Leistungen zur Teilhabe übernommen. Damit wird das als Programmsatz des Behindertenrechts in § 1 Satz 1 genannte Ziel der Selbstbestimmung als verbindliche Zielbestimmung und Aufgabenstellung in das Leistungsrecht übernommen. Oberster Grundsatz ist die Gewährleistung der freien Entfaltung der Persönlichkeit iSd Art. 2 GG. Das Recht auf Selbstbestimmung kann mit dem Ziel der Förderung der Selbstständigkeit in einem Spannungsverhältnis stehen, wenn der Betroffene kein Interesse an der Förderung seiner Selbständigkeit hat oder nur in Ruhe gelassen werden will. Das Selbstbestimmungsrecht ist auch dann zu respektieren, Hilfen dürfen nicht aufgenötigt werden (so auch *Klie/Krahmer* § 2 SGB XI Rn 5).

14 Die in Nr. 4 genannten Ziele beziehen sich nicht allein auf die Leistungen zur Teilhabe am Leben in der Gemeinschaft und haben deswegen nicht nur Bedeutung für die in § 6 Abs. 1 Nr. 3, 5 bis 7 genannten Rehabilitationsträger. Auch im Rahmen medizinischer Leistungen zur Rehabilitation (zB bei Kindern- und Jugendlichen oder lebensälteren Menschen, aber auch bei bestimmten Beeinträchtigungen im Bereich ua. neurologischer oder geriatrischer Erkrankungen) ist die ganzheitliche Förderung der persönlichen Entwicklung oder die Ermöglichung bzw. Erleichterung einer selbständigen oder selbstbestimmten Lebensführung Ziel der Leistung, das mit den Methoden und Verfahren der medizinischen Rehabilitation erreicht werden kann. Vergleichbares gilt für bestimmte Situationen im Rahmen der Leistungen zur Teilhabe am Arbeitsleben. Die Ziele der Nr. 4 sind deshalb von allen Rehabilitationsträgern (§ 6) mit allen Leistungen zur Teilhabe (§ 5) zu prüfen und anzustreben.

15 **8. Abs. 2 Satz 1** geht davon aus, dass – bei in grundsätzlich gleicher Weise geltenden Rechtsgrundlagen – behinderte und von Behinderung bedrohte Menschen wie jeder andere Bürger zunächst die gleichen Sozialleistungen und sonstigen Hilfen in Anspruch nehmen. Die Leistungen zur Teilhabe sind darüber hinausgehende Sozialleistungen, die gezielt auf die Teilhabe behinderter und von Behinderung bedrohter Menschen gerichtet sind und daher nur insoweit eingesetzt werden müssen, als die Ziele nicht oder nicht voll bereits durch die für alle Bürger wirksamen allgemeinen Sozialleistungen erreicht werden können. Der Verweis auf die in Abs. 1 genannten Ziele stellt klar, dass mit den im Verhältnis zu den allgemeinen Sozialleistungen

besonderen Leistungen zur Teilhabe behinderungsbedingte Benachteiligungen vermieden, ausgeglichen oder überwunden werden sollen.

Damit wird zugleich verdeutlicht, dass es für behinderte Menschen einen besonderen Bedarf gibt und die vorgesehenen Leistungen das Mittel sind, mit dem die in § 1 und Abs. 1 genannten Ziele erreicht werden sollen (BT-Drucks. 14/5800 S. 30). In der Praxis bedeutet diese **Zielorientierung der Teilhabeleistungen** zB für die Träger der medizinischen Rehabilitation, künftig im Rahmen der Rehabilitationskonzepte zu klären und festzulegen, inwieweit die in der medizinischen Rehabilitation eingesetzten Verfahren und Methoden tatsächlich wirksam und geeignet sind, diese Ziele zu erreichen oder zu fördern bzw. im Einzelfall zu prüfen, welche Leistungen für den Rehabilitanden mit Blick auf den Grad seiner Aktivitäten- bzw. Partizipationseinschränkung erfolgversprechend sind. Der Hinweis auf die für die zuständigen Leistungsträger geltenden besonderen Vorschriften schränkt die Verpflichtung der Rehabilitationsträger auf die in Abs. 1 genannten Ziele nicht ein, sondern gewährleistet, dass darüber hinaus iSd § 7 trägerspezifische Ziele (zB §§ 9, 10 SGB VI) wirksam werden können. 16

9. Abs. 2 Satz 2 übernimmt eine fortentwickelte Fassung des § 5 Abs. 2 RehaAnglG, der wegen der unterschiedlichen Zuständigkeitsregelungen im gegliederten System keine durchgreifende Wirkung erzeugte. Die Vorschrift betont den **Grundsatz der einheitlichen Trägerschaft.** Der Betroffene soll es während der gesamten Leistungsgewährung möglichst nur mit einem Rehabilitationsträger zu tun haben, der die Leistungen so umfassend erbringen soll, dass ein anderer Träger nicht tätig zu werden braucht. Eine Grenze für die vollständige, umfassende und in gleicher Qualität durch einen Träger zu erbringenden Leistungen bilden nur die für ihn geltenden Rechtsvorschriften; weder eine restriktive Leistungspraxis unter Vernachlässigung der Ziele des Absatzes 1 noch ein Verweis auf Leistungsmöglichkeiten anderer Träger sind zulässig (*Haines* in LPK-SGB IX § 4 Rn 22). 17

Der Grundsatz der einheitlichen Trägerschaft erfasst allerdings nur die Leistungsgruppen (§ 5) für die ein Träger eine Leistungsverpflichtung nach § 6 iVm den für ihn geltenden Leistungsgesetzen hat. Soweit neben den Leistungen, die ein Träger im Rahmen der für ihn geltenden Rechtsvorschriften umfassend zu erbringen hat, weitere Leistungen erforderlich sind, die nach § 6 nicht Gegenstand seines Leistungsauftrages, wohl aber des Auftrags eines anderen Trägers sind, ist er verpflichtet, die nahtlose und umfassende Leistungserbringung durch den dafür zuständigen Träger im Rahmen des Teilhabemanagements (§§ 10, 11, 22) mit den Mitteln der Koordination und Kooperation sicherzustellen. 18

Unter Berücksichtigung der für alle Rehabilitationsträger einheitlichen Zielsetzung der Rehabilitationsleistungen in Abs. 1, der Verpflichtung des Abs. 1 Nr. 2, die jeweiligen Rehabilitationsleistungen auch auf die Vermeidung von Sozialleistungen anderer Träger auszurichten, sowie die vielfältigen Koordinations-, Kooperations- und Konvergenzpflichten (ua. §§ 10 bis 17, 20, 22) der Rehabilitationsträger, setzt diese Vorschrift neue Rahmenbedingungen auch für die Zusammenarbeit der Träger und das Verwaltungsverfahren, die es ermöglichen, den Grundsatz der einheitlichen Trägerschaft im gegliederten System künftig zu verwirklichen und damit für die Betroffenen Schnittstellenprobleme und Beeinträchtigungen der Nahtlosigkeit ihrer Versorgung und des Verfahrens weitgehend auszuschließen.

Der Grundsatz der einheitlichen Trägerschaft erfasst ausdrücklich auch die Qualität der Teilhabeleistungen. Unter Qualität wird allgemein die Gesamtheit der Merkmale oder Merkmalswerte von Produkten oder Dienstleistungen bezüglich ihrer Eignung verstanden, festgelegte und vorausgesetzte Erfordernisse zu erfüllen (DIN 55350 = ISO 8402). Die in Abs. 1 definierten Ziele sind in diesem Sinne als festgelegte und vorausgesetzte Erfordernisse, dh als die Maßstäbe zu verstehen, nach denen die Gesamtheit der Merkmale der auszuführen Leistungen bzw. der ausführenden Rehabilitationseinrichtungen auszurichten und der Erfolg der Leistungen zu beurteilen ist (Ergebnisqualität). Vgl im Übrigen dazu die trägerübergreifenden Regelungen zur Sicherung der Qualität in § 20.

19 Aus dieser Regelung ergibt sich, dass jedwede Teilhabeleistung nicht deshalb nur eingeschränkt erbracht werden darf, weil ein anderer Träger ganz oder teilweise zuständig sein könnte. Kein Träger soll sich bei der Bewilligung einer Teilhabeleistung darauf berufen dürfen, dass er nur in beschränktem Umfang dafür zuständig ist. Das gegliederte System soll nicht dazu führen dürfen, dass Berechtigten wegen geteilter Zuständigkeit der Träger die notwendigen Leistungen nur eingeschränkt bewilligt werden. Diesem Grundsatz widerspricht zB die Ziffer 3.5. „Trägerspezifische Aufgaben“ der Gemeinsamen Empfehlung Einheitliche Begutachtung gem. §§ 12, 13, in der Aufgaben trägerspezifisch unterschieden und zugewiesen werden. Dies führt in der Praxis dazu, dass unverändert nicht der aktuell tätige Träger den individuellen funktionsbezogenen Leistungsbedarf trägerübergreifend feststellt (§ 10), sondern sich auf die Feststellungen beschränkt, die nach seinem spezifischen Leistungsrecht erforderlich sind. Dieses Verfahren ist rechtswidrig.

20 **10. Abs. 3** setzt den programmatischen Grundsatz des § 1 Abs. 1, dass den besonderen Bedürfnissen behinderter und von Behinderung bedrohter Frauen und Kinder Rechnung getragen wird, in verpflichtendes Leistungs- und Verfahrensrecht um. Der für erwachsene Behinderte selbstverständliche Anspruch auf Selbstbestimmung ist nicht ohne weiteres auf Kinder übertragbar und durch die Rechtspositionen des Sorgeberechtigten zu ergänzen. Der Bundesrat hatte zudem gefordert, die Standards des SGB VIII auch im SGB IX zu nennen. Für Kinder bis zum vollendeten achtzehnten Lebensjahr dienen die Leistungen zur Teilhabe nicht nur der „Rehabilitation“ im engeren Sinne, sondern unterstützen vielmehr auch die Entwicklung von Kindern und ihre Integration in die Gesellschaft. Sie verfolgen damit neben der Rehabilitation auch die für die Jugendhilfe im SGB VIII definierten Ziele.

21 Die Vorgabe des Abs. 3 besteht inhaltlich darin, die Kinder nicht von ihrem sozialen Umfeld zu trennen, Damit soll gewährleistet werden, dass behinderte Kinder und Jugendliche nicht durch die Zuordnung zu einem spezialisierten Versorgungssystem aus ihrem Lebensumfeld ausgegrenzt werden. Dies würde der auf Integration ausgerichteten Zielsetzung der Teilhabe und Rehabilitation diametral widersprechen. Des Weiteren verpflichtet die Regelung dazu, die notwendigen Hilfen im Interesse behinderter und nichtbehinderter Kinder möglichst integrativ, dh, gemeinsam mit nichtbe-

hinderten Kindern zu erbringen. Falls sich die Ziele widersprechen bzw. andere Hemmnisse bestehen, diesen Anforderungen gerecht zu werden, ist unter Berücksichtigung anderer Zielsetzungen des § 4 und anderer Vorschriften in dem in Abs 3 vorgesehenen Verfahren die individuell am besten geeignete Lösung zu finden.

Mit Blick auf die erhöhten Anforderungen bei der Wahrnehmung der Erziehungsverantwortung sind die Rehabilitationsträger verpflichtet, immer die Eltern, aber – alters- und entwicklungsentsprechend – auch die betroffenen Kinder in die Planung und Gestaltung der Hilfen einzubeziehen. Die Ausübung elterlicher Aufgaben ist ein wichtiger Bestandteil der gleichberechtigten Teilhabe am Leben in der Gesellschaft, der nach § 1 zu fördern ist (BSG v. 6. 6. 02 – B 3 KR 68/01 R, NZS 2003, 478). Die Betonung einer intensiven Beteiligung stellt klar, dass die Eltern ein über ein allgemeines Beteiligungs- oder Informationsrecht hinausgehendes Beteiligungsrecht haben, das im Rahmen ihrer Erziehungsverantwortung einem Mitentscheidungsrecht gleichkommt. Jedenfalls müssen sie keine Planung und Gestaltung der Teilhabeleistungen hinnehmen, die eine nicht zumutbare Beeinträchtigung ihrer Erziehungsverantwortung beinhaltet. 22

Die durch den Gesetzgeber ausdrücklich verpflichtend vorgesehene alters- und entwicklungsgerechte Beteiligung der Kinder an der Planung und Ausgestaltung muss ebenso in geeigneter Weise dokumentiert und nachvollziehbar sein, wie die Beteiligung der Eltern bzw. Erziehungsberechtigten.

§ 5 Leistungsgruppen

Zur Teilhabe werden erbracht
1. Leistungen zur medizinischen Rehabilitation,
2. Leistungen zur Teilhabe am Arbeitsleben,
3. unterhaltssichernde und andere ergänzende Leistungen,
4. Leistungen zur Teilhabe am Leben in der Gemeinschaft.

1. Sozialpolitischer Hintergrund. Der Gesetzgeber fasst die zuvor als medizinische, berufliche und soziale Leistungen der Rehabilitation bezeichneten Leistungen als Leistungen zur Teilhabe zusammen und ordnet diesen Leistungen die früher im Rahmen der Eingliederungshilfe nach dem BSHG erbrachten Leistungen zur Teilhabe am Leben in der Gemeinschaft zu. Dies korrespondiert mit der Einbeziehung der Sozialhilfeträger in den Kreis der Rehabilitationsträger. 1

2. Entstehung der Norm. Die Vorschrift wurde durch Art. 1 SGB IX ab 1. 7. 2001 eingeführt. Zur Normenklarheit wurden im RegE (BT-Drucks. 14/5531 iVm 14/5074) die Wörter „Als Leistungen“ gestrichen (Ausschussempfehlungen BT-Drucks. 14/5786 S. 17; Bericht BT-Drucks. 14/5800 S. 30). 2

3. Normzweck. Die Regelung gibt einen Überblick über die verschiedenen Leistungsgruppen zur Teilhabe behinderter und von Behinderung bedrohter Menschen, die als notwendige Sozialleistungen nach dem Sozialgesetzbuch erbracht werden. 3

4 **4.** Die Vorschrift stellt dar, welche Gruppen von Leistungen unter dem in § 4 Abs. 1 eingeführten Oberbegriff der Leistungen zur Teilhabe zusammengefasst sind. Der Begriff „Leistungsarten" ist bedingt durch § 11 Abs. 1 SGB I. Welche Leistungen als Sozialleistungen nach dem Recht der Rehabilitation und Teilhabe behinderter Menschen in Anspruch genommen werden können, wird durch die Neufassung des § 29 Abs. 1 SGB I dort umfassend geregelt. Deshalb kann der Gesetzgeber die Leistungsdefinition in § 5 auf die Wiederholung der sich aus den einleitenden Wörtern der Nrn. 1 bis 4 des § 29 Abs. 1 SGB I ergebenden Leistungsgruppen beschränken.

5 Die Reihenfolge der Leistungsgruppen in § 5 SGB IX entspricht einer Sachlogik, wie sie sich bei der Umsetzung der in § 4 Abs. 1 SGB IX enthaltenen Zieldefinitionen typischerweise ergibt

- Primär Ausschöpfung aller Möglichkeiten zur Besserung und Stabilisierung des Gesundheitszustandes im Rahmen der Krankenbehandlung (zB Herstellung von Rehabilitationsfähigkeit, Mobilität usw).
- Therapie der Teilhabebeeinträchtigungen mit den Methoden der medizinischen Rehabilitation.
- Auf dieser Grundlage Klärung und Ausführung der Möglichkeiten zur Teilhabe am Arbeitsleben.
- Ausschöpfung der unterhaltssichernden und anderen ergänzenden Leistungen im Zuge der medizinischen und berufsfördernden Leistungen.
- Erst nach Ausschöpfung aller Ansatzpunkte für medizinische, berufsfördernde und ergänzende Leistungen ist der Bedarf an Leistungen zur Teilhabe am Leben in der Gemeinschaft zu ermitteln und abzudecken (vgl. *Haines* in LPK-SGB IX, Rn 7 zu § 5).

Nach dieser sich aus dem Gesetz ergebenden Logik, haben Leistungen nach den Kapiteln 4 bis 6 des SGB IX Vorrang. Dabei kommt es auf die tatsächliche Leistungserbringung und nicht auf den Leistungsanspruch dem Grunde nach an. Danach kommen Leistungen nach Kapitel 7 nur in Betracht, soweit die umfassenden Zielsetzungen nach §§ 1, 4 Abs. 1 und 26 Abs. 1 SGB IX nicht durch sachlogisch vorrangige Leistungen zur medizinischen Rehabilitation oder zur Teilhabe am Arbeitsleben oder durch ergänzende Leistungen erreicht werden (*Haines* in LPK-SGB IX, Rn 7 zu § 55).

6 Der weitere Aufbau des SGB IX, Teil 1 folgt der Gliederung des § 5. So finden sich im Kapitel 4 (§§ 25 bis 32) die Leistungen zur medizinischen Rehabilitation im Kapitel 5 (§§ 33 bis 43) die Leistungen zur Teilhabe am Arbeitsleben im Kapitel 6 (§§ 44 bis 54) die unterhaltssichernden und anderen ergänzenden Leistungen sowie Im Kapitel 7 (§§ 55 bis 59) die Leistungen zur Teilhabe am Leben in der Gemeinschaft.

§ 6 Rehabilitationsträger

(1) **Träger der Leistungen zur Teilhabe (Rehabilitationsträger) können sein**

1. die gesetzlichen Krankenkassen für Leistungen nach § 5 Nr. 1 und 3,
2. die Bundesagentur für Arbeit für Leistungen nach § 5 Nr. 2 und 3,
3. die Träger der gesetzlichen Unfallversicherung für Leistungen nach § 5 Nr. 1 bis 4,

4. die Träger der gesetzlichen Rentenversicherung für Leistungen nach § 5 Nr. 1 bis 3, die Träger der Alterssicherung der Landwirte für Leistungen nach § 5 Nr. 1 und 3,
5. die Träger der Kriegsopferversorgung und die Träger der Kriegsopferfürsorge im Rahmen des Rechts der sozialen Entschädigung bei Gesundheitsschäden für Leistungen nach § 5 Nr. 1 bis 4,
6. die Träger der öffentlichen Jugendhilfe für Leistungen nach § 5 Nr. 1, 2 und 4,
7. die Träger der Sozialhilfe für Leistungen nach § 5 Nr. 1, 2 und 4.

(2) **Die Rehabilitationsträger nehmen ihre Aufgaben selbständig und eigenverantwortlich wahr.**

1 **1. Sozialpolitischer Hintergrund.** Das RehaAnglG (§ 2 Abs. 3) beauftragte die Bundesregierung, den gesetzgebenden Körperschaften bis zum 31. 12. 1975 über die Möglichkeiten einer Einbeziehung von Leistungen nach dem BSHG in das RehaAnglG zu berichten und Vorschläge für die danach zu treffenden Maßnahmen zu machen. Die Prüfung der Bundesregierung ergab konkrete Vorschläge für den Bereich der Eingliederungshilfe. Eine umfassende Einbeziehung der Sozialhilfeträger als Rehabilitationsträger wurde dagegen damals wegen des von den übrigen Rehabilitationsträgern abweichenden Leistungsprinzips der Sozialhilfeträger nicht ins Auge gefasst. (BR-Drucks. 83/76 vom 26. 1. 1976). Das SGB IX bezieht nunmehr mit dieser Regelung die Träger der Sozialhilfe und der öffentlichen Jugendhilfe in den Kreis der Rehabilitationsträger ein.

2 **2. Entstehung der Norm.** Die Vorschrift wurde durch Art. 1 SGB IX ab 1. 7. 2001 eingeführt. Sie wurde unverändert aus dem RegE (BT-Drucks. 14/5531 iVm 14/5074) übernommen und basiert auf § 2 des am 1. 10. 1974 in Kraft getretene RehaAnglG (BGBl. I S. 1881). Abs. 1 Nr. 2 ab 1. 1. 2004 geändert durch 3. Gesetz für moderne Dienstleistungen am Arbeitsmarkt vom 23. 12. 2003 (BGBl. I S. 2891).

3 **3. Normzweck. Abs. 1** regelt, welche der nach § 12 SGB I für Sozialleistungen zuständigen Körperschaften, Anstalten und Behörden (Sozialleistungsträger) Träger der Leistungen zur Teilhabe iSd SGB IX sind und bezeichnet sie als Rehabilitationsträger. **Abs. 2** betont die Selbstständigkeit und Eigenverantwortlichkeit der Rehabilitationsträger.

4 **4. Normzusammenhang.** Das Sozialgesetzbuch Allgemeiner Teil (SGB I) vom 11. 12. 1975 (BGBl. I S. 3015) regelt nicht, welche Sozialleistungsträger als Rehabilitationsträger anzusehen sind. Es stellte in § 12 lediglich fest, dass die nachfolgend in den §§ 18 bis 29 genannten Körperschaften, Anstalten und Behörden für die in diesen Vorschriften genannten Sozialleistungen als Leistungsträger zuständig sind. Es gibt in § 29 Abs. 1 vor, welche Leistungen zur Eingliederung Behinderter in Anspruch genommen werden können und dass dafür als Leistungsträger die in den §§ 19 bis 24, 27 und 28 genannten Leistungsträger, dh die Sozialversicherungsträger, die Träger der Versorgung, die Träger der Kinder und Jugendhilfe sowie die Sozialhilfeträger zuständig sind.

Bis zum In-Kraft-Treten des RehaAnglG am 1. 10. 1974 wurden auf der Grundlage der für sie geltenden Leistungsgesetze nur die Träger der Renten-

und Unfallversicherung, der Altershilfe für Landwirte, der Kriegsopferversorgung sowie der Arbeitsförderung als Rehabilitationsträger bezeichnet. § 2 Abs. 1 RehaAnglG fasste sie als die Träger zusammen, die nach Abs. 2 als Rehabilitationsträger gesetzlich verpflichtet wurden, Leistungen zur Rehabilitation zu erbringen. Dabei wurden die Träger der Krankenversicherung einbezogen, denen mit § 184a RVO die Möglichkeit eröffnet wurde, medizinische Maßnahmen in Kur- und Spezialeinrichtungen zu gewähren, wenn nach den Vorschriften anderer Sozialversicherungsträger solche Leistungen nicht erbracht werden konnten.

5 Das RehaAnglG bezog die Träger der Sozial- und Jugendhilfe nicht in den Kreis der Rehabilitationsträger ein. Nachdem auch der zugleich erteilte Prüfauftrag nicht zur Einbeziehung führte (vgl. Rn 1) blieb es bis 30. 6. 2001 dabei.

6 **5.** Die für die Leistungen zur Teilhabe zuständigen Leistungsträger werden in **Abs. 1** zusammenfassend genannt und entsprechend der bisherigen Terminologie weiterhin als **„Rehabilitationsträger"** bezeichnet.

Die **Träger der Sozial- und der öffentlichen Jugendhilfe** sind nunmehr ausdrücklich in den Kreis der Rehabilitationsträger einbezogen. Damit wird der Prüfauftrag nach § 2 Abs. 3 RehaAnglG positiv abgeschlossen. Zugleich wird klargestellt, dass zu einer vollen Teilhabe am Leben in der Gesellschaft neben medizinischen und beruflichen Leistungen zur Rehabilitation in vielen Fällen weitere Leistungen gehören. Deshalb werden Leistungen zur Teilhabe am Leben in der Gemeinschaft als *„soziale Leistungen"* in das SGB IX aufgenommen (§§ 55 bis 59), für die der Sozialhilfeträger **nicht mehr als Träger öffentlicher Fürsorge,** sondern als **Rehabilitationsträger** zuständig ist, soweit keine Zuständigkeit der Träger der Unfallversicherung, Kriegsopferversorgung oder Jugendhilfe gegeben ist.

7 Daneben bleibt die nachrangige Zuständigkeit des Sozialhilfeträgers als Träger der öffentlichen Fürsorge für die im Rahmen der Eingliederungshilfe zu erbringende medizinische Rehabilitation und Teilhabe am Arbeitsleben bestehen. Da unterschiedliche Chancen in der Rehabilitation von den Organisationen der Betroffenen als einer der wichtigsten Mängel des bisherigen Rechts herausgestellt wurden, beseitigt das SGB IX für diese Leistungen der Sozialhilfeträger einschließlich der Leistungen im Arbeitsbereich anerkannter Werkstätten für Behinderte die Bedürftigkeitsprüfung. Für diese Leistungen im Rahmen der Eingliederungshilfe nach dem SGB XII sind die Sozialhilfeträger auch weiterhin nicht leistungsverpflichtet, wenn ein anderer Rehabilitationsträger Leistungen zu erbringen hat (BT-Drucks. 14/5074 S. 94 Nr. 3). Im Übrigen wurden Änderungen hinsichtlich der sich nach dem SGB VIII richtenden sachlichen und örtlichen Zuständigkeit der Träger der Jugendhilfe nicht vorgenommen.

8 Letztlich wird durch die Einbeziehung der Sozial- und Jugendhilfeträger in die für alle Rehabilitationsträger geltenden Verfahrens- und Abstimmungsvorschriften im Interesse der behinderten Menschen, die zur Teilhabe am Leben in der Gesellschaft Leistungen und sonstige Hilfen mehrerer Träger benötigen, eine enge Zusammenarbeit aller Beteiligten ermöglicht.

9 **6.** Die **Sozialhilfe** ist geprägt durch bewährte **fürsorgerechtliche Grundsätze** wie die der Nachrangigkeit, der Orientierung an den Besonderheiten des Einzelfalles, des Eintretens von Amts wegen sowie dem Bedarfsde-

ckungsprinzip (vgl. *Schellhorn* et al Einführung Anm. 13, 14). Nicht unumstritten ist die Frage, ob und inwieweit der Nachranggrundsatz die Gestaltungsmöglichkeiten des Gesetzgebers einschränkt. Nach Auffassung des BVerwG, der das BSG ausdrücklich folgt (BVerwGE 20, 194, DÖV 1965, 237; BSG vom 24. 1. 1979, Breith. 1980, 489), behindert der Nachranggrundsatz den Gesetz- und Verordnungsgeber nicht, sondern greift vielmehr nur bei der Gesetzesanwendung ein. Diese Rechtsprechung ist im Hinblick darauf, dass der Nachrang mit zu den tragenden Prinzipien der Sozialhilfe gehört und auch Wesensbestandteil des die Gesetzgebungskompetenz des Bundes tragenden Begriffs der „öffentlichen Fürsorge“ in Art. 74 Nr. 7 GG ist, kritisiert worden (*Schellhorn* et al Anm. 32 aaO). Gleichwohl hat das BVerwG seinen grundsätzlichen Standpunkt aufrecht erhalten und betont, dass es dem Gesetzgeber jedenfalls in Einzelfällen freistehe, den Nachranggrundsatz der Sozialhilfe zu durchbrechen (BVerwG 41, 216; ZfSH 1973, 309). Bei der Übertragung der Aufgabe und Funktion des Rehabilitationsträgers auf die Träger der Sozialhilfe stützt der Bundesgesetzgeber deshalb seine Gesetzgebungskompetenz ausdrücklich nicht nur auf Art. 74 Abs. 1 Nr. 7, sondern auch auf Art. 74 Abs. 1 Nr. 10 und 12 GG und beruft sich darüber hinaus auf die Notwendigkeit zur Herstellung gleichwertiger Lebensverhältnisse im Bundesgebiet und die Wahrung der Rechtseinheit, die im gesamtstaatlichen Interesse eine bundesgesetzliche Regelung erforderlich mache (Art. 72 Abs. 2 GG). Die Harmonisierung unterschiedlichen Bundesrechts, das sich mit der Eingliederung Behinderter befasst sowie die Gewährleistung einer möglichst einheitlichen Leistungserbringung aller Rehabilitationsträger für das gesamte Bundesgebiet und damit die Herstellung gleichwertiger Lebensverhältnisse und die Wahrung der Rechtseinheit rechtfertigen nach der Begründung zum SGB IX (BT-Drucks. 14/5074 S. 93 Nr. 4) zugleich die mit der Zuordnung bestimmter Leistungsgruppen zu dem Rehabilitationsträger Sozialhilfe in § 6 Abs. 1 Nr. 7 verbundene Einschränkung des Nachranggrundsatzes. Im Übrigen werden die Eigenschaften der Sozialhilfeträger grundsätzlich nicht verändert. Sie werden – wie auch die Träger der Jugendhilfe – in den Kreis der Rehabilitationsträger einbezogen. Der Gesetzgeber ordnet ihnen die Eigenschaften eines Rehabilitationsträgers iSd SGB IX zu. Sie sind damit nicht mehr nur Träger der öffentlichen Fürsorge, sondern im Rahmen der Rehabilitation und Teilhabe behinderter Menschen in einem konkret bestimmten Umfang darüber hinaus Rehabilitationsträger, für den insoweit bestimmte Grundsätze des Sozialhilferechts eingeschränkt bzw. aufgehoben und durch die übergreifenden Bestimmungen des SGB IX ersetzt werden.

7. Den Trägergruppen der Rehabilitation werden in den Ziffern des Abs. 1 10
unterschiedliche Leistungsgruppen iSd § 5 zugeordnet. Damit wird einerseits die Beibehaltung des Grundsatzes des „gegliederten Systems“ dokumentiert, andererseits jedoch auch verdeutlicht, welche Leistungen die jeweiligen Rehabilitationsträgergruppen zu erbringen haben. Während die Unfallversicherungsträger und die Träger der Kriegsopferversorgung Träger aller in § 5 genannten Leistungen zur Teilhabe sind, können die Träger der Rentenversicherung nur Träger der Leistungen zur medizinischen Rehabilitation, der Leistungen zur Teilhabe am Arbeitsleben sowie der unterhaltssi-

chernden und anderen ergänzenden Leistungen (§ 5 Nrn. 1 bis 3), die Träger der Krankenversicherung nur Träger der Leistungen zur medizinischen Rehabilitation sowie der unterhaltssichernden und ergänzenden Leistungen, beide nicht jedoch der Leistungen zur Teilhabe am Leben in der Gemeinschaft (§ 5 Nr. 4) sein. Demgegenüber sind die Träger der Sozial- und öffentlichen Jugendhilfe Träger der Leistungen zur Teilhabe am Leben in der Gemeinschaft (§ 5 Nr. 4) sowie der Leistungen zur medizinischen Rehabilitation und der Leistungen zur Teilhabe am Arbeitsleben (§ 5 Nrn. 1 und 2), nicht jedoch der unterhaltssichernden und anderer ergänzenden Leistungen (§ 5 Nr. 3). Danach sind die Leistungen zur Teilhabe am Leben in der Gemeinschaft (§§ 55 bis 59) originäre Aufgabe der Träger der Sozial- und öffentlichen Jugendhilfe (wie auch der Träger der Unfallversicherung und Kriegsopferversorgung), während die Träger der Kranken- und Rentenversicherung diese Leistungen keinesfalls erbringen dürfen, weil sie für diese Leistungen nach § 5 nicht Rehabilitationsträger sind. Die Bundesagentur für Arbeit ist Rehabilitationsträger ausschließlich für die Leistungen zur Teilhabe am Arbeitsleben sowie der unterhaltssichernden und anderen ergänzenden Leistungen (§ 5 Nrn. 2 und 3). Die Leistungen zur Teilhabe wurden danach den jeweiligen Sozialleistungsträgern entsprechend ihrer spezifischen Aufgabenstellung im Sozialleistungssystem zugeordnet.

11 **8.** Parallel zur Regelung der Leistungszuständigkeit der Rehabilitationsträger fasst das SGB IX die Bestimmungen in **§ 29 Abs. 1 Abs. 2 SGB I** über die Wahrnehmung von **Verantwortung für diese Leistungen** neu. Im Rahmen der sich über die Leistungsgewährung hinausgehenden, auf die Verantwortung für die Eingliederung Behinderter beziehenden Zuständigkeitsregelung des Allgemeinen Teils des Sozialgesetzbuches werden neben den Rehabilitationsträgern ausdrücklich die **Integrationsämter** als verantwortliche Behörden genannt, denen eine eigene Zuständigkeit im Zusammenhang mit der Eingliederung Behinderter zukommt. Die Integrationsämter sind damit jedoch nicht Rehabilitationsträger. Rehabilitationsträger sind auch nicht die Pflegekassen, obwohl sie medizinische Leistungen zur Rehabilitation vorleisten können und sollen (§ 32 SGB IX). Rehabilitationsträger für pflegebedürftige Menschen sind die Träger der Krankenversicherung.

12 **9. Abs. 2** enthält die notwendige Klarstellung, dass sich aus der durch das SGB IX angestrebten Kooperation, Koordination und Konvergenz der Rehabilitationsträger keine Mitplanungs-, Mitverwaltungs- und Mitentscheidungsbefugnisse für andere Rehabilitationsträger und sonstige Stellen ergeben und ihre **Selbstständigkeit und Eigenverantwortlichkeit** der Aufgabenwahrnehmung unberührt bleibt. Die Entscheidung über die Leistung und ihre Ausführung trifft allein der jeweilige Rehabilitationsträger im Rahmen seiner Zuständigkeit.

§ 6 a Rehabilitationsträger für Leistungen zur Teilhabe am Arbeitsleben nach dem Zweiten Buch Sozialgesetzbuch

[1]Die Bundesagentur für Arbeit ist auch Rehabilitationsträger für die Leistungen zur Teilhabe am Arbeitsleben für behinderte erwerbsfähige

Hilfebedürftige im Sinne des zweiten Buches, sofern nicht ein anderer Rehabilitationsträger zuständig ist. [2]Die Zuständigkeit der gemeinsamen Einrichtung oder des zugelassenen kommunalen Trägers für die Leistungen zur beruflichen Teilhabe behinderter Menschen nach § 16 Abs. 1 des Zweiten Buches bleibt unberührt. [3]Die Bundesagentur für Arbeit unterrichtet die zuständige Arbeitsgemeinschaft oder den zugelassenen kommunalen Träger und den Hilfebedürftigen schriftlich über den festgestellten Rehabilitationsbedarf und ihren Eingliederungsvorschlag. [4]Die Arbeitsgemeinschaft oder der zuständige kommunale Träger entscheidet unter Berücksichtigung des Eingliederungsvorschlags innerhalb von drei Wochen über die Leistungen zur beruflichen Teilhabe.

1. Sozialpolitischer Hintergrund. Im Gesetzgebungsverfahren zum 1
Zweiten Buch – Grundsicherung für Arbeitssuchende – (SGB II) wurde die Wechselwirkung zum Rehabilitations- und Teilhaberecht des SGB IX weder hinreichend bedacht, noch geklärt. § 16 SGB II verweist zwar auf die Leistungspflichten für Leistungen zur Teilhabe am Arbeitsleben nach dem SGB III. Leistungen zur Teilhabe am Arbeitsleben haben auch im Anwendungsbereich des SGB II nach der Bestimmung des leistungsberechtigten Personenkreises (§ 8) und den Leistungszielen (Erhaltung, Verbesserung und Wiederherstellung der Erwerbsfähigkeit – § 1 Abs. 1 Satz 4 Nr. 2) erhebliche Bedeutung. Dennoch blieb die Verantwortung für diese Leistungen im Innenverhältnis der Organisationsstrukturen des SGB II zwischen Bundesagentur für Arbeit, Arbeitsgemeinschaften und zugelassenen kommunalen Trägern ungeklärt und ungeregelt. Infolge der nach Inkrafttreten des SGB II am 1. 1. 2005 bestehenden unklaren Verantwortung der beteiligten Institutionen wurden deutlich weniger Leistungen zur Teilhabe im Arbeitsleben für erwerbsfähige behinderte Menschen erbracht (FKS-SGB IX-*Kothe,* § 6 a, Rn 1; *Dornette/Rauch/Schubert/Behrens/Höhne/Zimmermann,* ZRS 2008, 79 ff). Der mit dem Gesetz zur Fortentwicklung der Grundsicherung für Arbeitssuchende eingefügte § 6 a soll die Verantwortung zwischen den beteiligten Institutionen des SGB II klarstellen. Die Norm regelt, dass die Träger der Grundsicherung nach den §§ 6 bis 6 b SGB II zwar nicht Rehabilitationsträger sind, gleichwohl aber Leistungsträger für Leistungen zur Teilhabe iSd SGB IX. Dies gilt allerdings nur für behinderte erwerbsfähige Hilfebedürftige, für die § 6 a ein besonderes Verfahren zur Feststellung des Leistungsbedarfs und der Entscheidung über die Leistungen einführt, das von den üblichen Verfahren für die Leistungen zur Teilhabe am Arbeitsleben deutlich abweicht. Durch die gesetzlich gespaltene Trägerschaft verlängert sich ua. die zulässige Bearbeitungs- und Entscheidungsfrist um drei Wochen. Das mit dieser Norm etablierte dogmatisch wenig plausible und unnötig komplizierte System ist ungeeignet, die vom Gesetzgeber postulierten Ziele des SGB IX und des SGB II zu erreichen (so auch *Ulrich,* SGb 2008, 452, 458; *Eicher* in Eicher/Spellbrink, SGB II, 2. Aufl. § 16 Rn 92; *Welti* in HK-SGB IX, 2. Aufl. § 6 a, Rn 1). Systemgerecht wäre es dagegen, entweder die Träger der Grundsicherung als Rehabilitationsträger zu benennen oder die Leistungsträgerschaft vollständig einem anderen Träger, zB der Bundesagentur, zu übertragen (so auch *Welti* aaO).

2 **2. Entstehung der Norm.** Die Vorschrift wurde durch Art. 5 des Gesetzes zur Fortentwicklung der Grundsicherung SGB IX eingefügt und rückwirkend zum 1. 1. 2005 in Kraft gesetzt. Abweichend vom RegE (BT-Drucks. 16/1410) fügte der AuS-Ausschuss die Sätze 2 bis 4 an (BT-Drucks. 16/1696 vom 31. 5. 2006).

3 **3. Normzweck.** Die Regelung stellt klar, dass die Bundesagentur für Arbeit auch für den Personenkreis der behinderten hilfsbedürftigen Personen nach dem SGB II Rehabilitationsträger für die Leistungen zur Teilhabe am Arbeitsleben ist, soweit kein anderer Rehabilitationsträger zuständig ist **(Satz 1).** Davon unberührt bleibt die Leistungsverantwortung der Träger der Grundsicherung **(Satz 2). Sätze 3 und 4** sollen das Verfahren beschleunigen und das Zusammenwirken der Träger klarer regeln.

4 **4. Zuständigkeit der Bundesagentur.** Die Vorschrift regelt abweichend von §§ 6 Nr. 2, 7 Satz 2 die Zuständigkeit des Rehabilitationsträgers für behinderte erwerbsfähige Hilfebedürftige iSd SGB II, dh für eine bestimmte Gruppe von Leistungsberechtigten.

5 Erwerbsfähiger Hilfebedürftiger ist nach § 8 Abs. 1 SGB II, wer wegen Krankheit oder Behinderung auf absehbare Zeit außerstande ist, unter den üblichen Bedingungen des allgemeinen Arbeitsmarktes mindestens drei Stunden täglich erwerbstätig zu sein. Dabei ist Behinderung hier nach § 2 Abs. 1 SGB IX iVm § 19 SGB III zu bestimmen (FKS-SGB IX-*Kothe,* § 6 a, Rn 6). Behinderten Menschen sind diejenigen gleichzustellen, denen eine Behinderung droht (§ 19 Abs. 2 SGB III). Nach § 7 Abs. 1 Satz 1 Nr. 1 SGB II müssen die betroffenen Personen das 15. Lebensjahr vollendet haben und dürfen die Altersgrenze nach § 7 a SGB II zwischen 65 und 67 Jahren noch nicht überschritten haben. Weiterhin müssen die Betroffenen ihren gewöhnlichen Aufenthalt in der Bundesrepublik Deutschland haben (§ 7 a Abs. 1 Nr. 4 SGB II) und die ausländer- und aufenthaltsrechtlichen Voraussetzungen nach § 7 a Abs. 1 Satz 2–4 SGB II erfüllen. Keine Voraussetzung ist, dass aktuell Leistungen zum Lebensunterhalt nach dem SGB II bezogen oder beansprucht werden, oder, dass Leistungen zur Teilhabe am Arbeitsleben vom Träger der Grundsicherung für Arbeitsuchende nach § 16 Abs. 1 Satz 3 SGB II beansprucht werden können. Voraussetzung ist nur, dass irgendeine Leistungsberechtigung gegenüber dem Träger der Grundsicherung für Leistungen zur Eingliederung (§ 16 SGB II) oder zur Beschäftigungsförderung (§ 16 a SGB II) bestehen kann, die Grundlage für den Eingliederungsvorschlag nach § 6 a Satz 3 SGB IX sein kann (so auch *Welti* in HK-SGB IX, 2. Aufl. § 6 a, Rn 5).

6 Die Bundesagentur bleibt nach dieser Vorschrift für diese Gruppe der behinderten erwerbsfähigen Leistungsberechtigten ausdrücklich Rehabilitationsträger **(Satz 1).** Sie ist in diesen Fällen jedoch nicht Rehabilitationsträger iSd § 6, der Rehabilitationsträger kennzeichnet, die zugleich der nach dem jeweiligen Leistungsgesetz zuständige (§ 7 Satz 2) Leistungsträger (§ 12 SGB I) sind. Demgegenüber begründet § 6 a eine gespaltene Zuständigkeit: Rehabilitationsträger ist die Bundesagentur für Arbeit, Leistungsträger der Träger der Grundsicherung für Arbeitsuchende.

7 Diese Konstellation der gespaltenen Zuständigkeit besteht nur im Innenverhältnis zwischen Bundesagentur und Träger der Grundsicherung für Ar-

beitssuchende. Ist für die Leistungen zur Teilhabe dagegen ein anderer Rehabilitationsträger zuständig (zB Unfall-, Rentenversicherungsträger), ist dieser jeweils umfassender Rehabilitationsträger iSd § 6. § 6a findet in diesen Fällen keine Anwendung.

5. Zuständigkeit der Träger der Grundsicherung für Arbeitssuchende. 8
Nach **Satz 2** bleibt die Zuständigkeit der Arbeitsgemeinschaft oder des zugelassenen kommunalen Trägers für die Leistungen zur beruflichen Teilhabe behinderter Menschen nach § 16 Abs. 1 SGB II unberührt. Das macht deutlich, dass die gespaltene Zuständigkeit nach Satz 1 gerade den Grundsatz von § 7 Satz 2 einschränkt, dass die Leistungsträgerschaft sich aus den speziellen Leistungsgesetzen, hier aus dem SGB II, ergibt. Der Begriff der beruflichen Teilhabe ist an keiner anderen Stelle im SGB IX oder SGB II gebräuchlich. Gemeint sind über die Leistungen zur Teilhabe am Arbeitsleben nach § 16 Abs. 1 Satz 3 SGB II hinaus alle Leistungen zur Eingliederung in Arbeit, die an die erwerbsfähigen behinderten Hilfebedürftigen erbracht werden können, einschließlich der in § 16a SGB II genannten Leistungen zur Beschäftigungsförderung, die bei Erlass von § 6a im Gesetz noch nicht vorgesehen waren.

Die Arbeitsgemeinschaft nach § 44b SGB II ist kein Leistungsträger, sondern eine Arbeitsgemeinschaft der in § 6 Abs. 1 Satz 1 SGB II benannten Leistungsträger, der Bundesagentur für Arbeit und der kreisfreien Städte und Kreise. Die Arbeitsgemeinschaft in der bisherigen Form ist vom BVerfG für verfassungswidrig erklärt worden (BVerfG, Urt v. 20. 12. 2007, 2 BvR 2433/04, BVerfGE 119, 331), eine Neuregelung ist bis zum 31. 12. 2010 geboten. Im Übrigen meint der Regelungsgehalt von § 6a Satz 2 ohnehin nicht die Arbeitsgemeinschaft der Leistungsträger, sondern den Leistungsträger Bundesagentur, dessen Geschäfte die Arbeitsgemeinschaft nach § 44b Abs. 3 Satz 1 SGB II führt. Leistungsträger für die Leistungen zur Teilhabe am Arbeitsleben als Leistungen zur Eingliederung in Arbeit nach § 16 Abs. 1 Satz 3 SGB II ist die Bundesagentur für Arbeit nach § 6 Abs. 1 Satz 1 Nr. 1 SGB II. Insoweit differenziert § 6a SGB IX in fast allen Fällen zwischen den Pflichten der Bundesagentur als Rehabilitationsträger und den Pflichten der Bundesagentur als Träger der Grundsicherung für Arbeitsuchende (so auch *Welti* in HK-SGB IX, 2. Aufl. § 6a, Rn 8). 9

Die zugelassenen Kommunalen Träger nach § 6b SGB II sind ausschließlich Leistungsträger der Grundsicherung für Arbeitsuchende und insoweit auch für Leistungen zur Teilhabe am Arbeitsleben als Leistungen zur Eingliederung in Arbeit zuständig. Sie haben zudem nach § 6b Abs. 1 Satz 2 SGB II diejenigen Rechte und Pflichten der Bundesagentur als Rehabilitationsträger, die nicht nach § 6a SGB IX übergehen können, weil sie an anderer Stelle des Verfahrens zu erfüllen sind. Dies betrifft insbesondere die Pflicht nach § 8 Abs. 1 SGB IX, bei jedem Leistungsantrag von Amts wegen zu prüfen, ob Leistungen zur Teilhabe voraussichtlicher erforderlich sein könnten, um dann die Bundesagentur oder einen anderen Rehabilitationsträger einschalten zu können (*Welti* in HK-SGB IX, 2. Aufl. § 6a, Rn 9). 10

Der zugelassene kommunale Träger ist nach § 44b Abs. 4 SGB II zur Mitteilung aller erheblichen Tatsachen an die Bundesagentur verpflichtet. Er hat die Rechte und Pflichten der Bundesagentur (§ 6b Abs. 1 Satz 2 SGB II).

Die Zulassung einer abweichenden Trägerstruktur darf nicht zu Lasten der Leistungsberechtigten gehen. Daher beginnt auch bei Antragsaufnahme bei diesen Trägern die Frist nach § 14 Abs. 1 SGB IX für die Bundesagentur als Rehabilitationsträger zu laufen (*Welti* in HK-SGB IX, 2. Aufl. § 6 a, Rn 15).

11 **6. Pflichten der Grundsicherungsträger.** Die Träger der Grundsicherung sind nach **Satz 4** verpflichtet, auf der Grundlage des Eingliederungsvorschlags innerhalb von drei Wochen über die Leistungen zur beruflichen Teilhabe zu entscheiden. Der Wortlaut „entscheidet unter Berücksichtigung" bedeutet, dass die Träger der Grundsicherung abweichend vom Eingliederungsvorschlag der Bundesagentur zusätzliche oder andere Leistungen bewilligen oder die Leistungen versagen können. Sie müssen sich jedoch mit dem Eingliederungsvorschlag befassen und stehen in der Begründungslast, wenn sie von dem Eingliederungsvorschlag abweichen. Sie entscheiden durch Verwaltungsakt, über den auch die Bundesagentur für Arbeit zu informieren ist.

12 **7. Vorläufige Leistungen.** Bei Überschreitung der in § 14 SGB IX und in § 6 a Satz 4 SGB IX genannten Fristen sind nach § 43 SGB I beim Träger der Grundsicherung zu beantragen und von diesem zu erbringen. Wahlweise müsste das Recht zur Selbstbeschaffung bei Fristüberschreitung nach § 15 Abs. 1 SGB IX anzuwenden sein (*Welti* in HK-SGB IX, 2. Aufl. § 6 a, Rn 16). Der Gesetzgeber hat bereits die Entscheidungsfrist zu Lasten der Leistungsberechtigten bei Zuständigkeit der Träger der Grundsicherung für Arbeitsuchende um drei Wochen verlängert. Im Gegenzug sollte wenigstens ein Wahlrecht zwischen vorläufiger Leistung und Selbstbeschaffung anerkannt werden (ebenso: FKS-SGB IX-*Kohte,* § 6 a, Rn 15). Auf § 43 SGB I kann auch ein Antrag auf einstweilige Anordnung nach § 86 b Abs. 2 SGG gestützt werden (*Ulrich,* SGb 2008, 452, 458).

Im Übrigen ist darauf hinzuweisen, dass der Leistungsbezug nach dem SGB II ergänzende Leistungen zur Teilhabe aller Leistungsgruppen nach dem SGB XII nicht ausschließt (BSG, Urt. v. 25. 6. 2008, B 11 b AS 19/07 R; LSG Sachsen-Anhalt v. 23. 3. 2007, L 8 B 41/06 SO ER). § 21 SGB XII dient nur der Abgrenzung der Leistungen zum Lebensunterhalt zwischen SGB II und SGB XII:

13 **8. Anwendung des SGB IX.** Die Bundesagentur für Arbeit – nicht die Träger der Grundsicherung für Arbeitssuchende – hat als Rehabilitationsträger alle Rechte und Pflichten nach dem SGB IX wahrzunehmen. Das bedeutet insbesondere, dass sie

- den Bedarf an weiteren Leistungen zur Teilhabe von Amts wegen prüfen (§ 8 Abs. 1 SGB IX) und den Antrag entsprechend dem festgestellten Bedarf ggf. anderen Träger weiterleiten muss (BT-Drucks. 16/1696 S. 32; § 14 Abs. 6 SGB IX);
- umfassend zu beraten hat und die flächendeckende Beratung durch gemeinsame Servicestellen zusammen mit den anderen Rehabilitationsträger sicherstellen muss (§ 12 Abs. 1 Nr. 3, 22 Abs. 2 Satz 2 SGB IX);
- die Zuständigkeit innerhalb von vierzehn Tagen zu klären, den Antrag weiterzuleiten oder die Leistung selbst zu erbringen hat (§ 14 Abs. 1 und 2 SGB IX) bzw. bei fälschlicher Weiterleitung die Kosten einem anderen Träger zu erstatten hat (§ 14 Abs. 4 Satz 1 SGB IX);

- das Wahlrecht zwischen drei Gutachtern gewährleisten (§ 14 Abs. 5 Satz 3 SGB IX) und die Frist zur Bedarfsfeststellung von drei bis maximal sieben Wochen einhalten muss (§ 14 Abs. 2 Satz 2–4, Abs. 5 Satz 5)
- den individuellen funktionsbezogenen Leistungsbedarf umfassend festzustellen, zu koordinieren und einen Teilhabeplan aufstellen hat (BT-Drucks. 16/1696 S. 32; § 10 Abs. 1 SGB IX);
- das Wunsch- und Wahlrecht zu beachten hat (BT-Drucks. 16/1696 S. 32; § 9 Abs. 1 SGB IX; dagegen *Luthe* in Luthe, Teil 3, Kapitel A, Rn 5);
- die gemeinsamen Empfehlungen zu beachten hat (§§ 12, 13 SGB IX).

Da durch Gesetz die Bundesagentur als Rehabilitationsträger bestimmt ist, spricht nichts dafür, dass die Leistungen zur Teilhabe am Arbeitsleben an erwerbsfähige Hilfebedürftige keine Leistungen zur Teilhabe sind, sondern „unechte Rehabilitation“ (so aber: *Luthe* in Luthe, Teil 3, Kapitel A, Rn 4, 5). Eine solche Ungleichbehandlung ist dem Gesetz nicht zu entnehmen (so auch *Welti* in HK-SGB IX, 2. Aufl. § 6a, Rn 6).

14 In der § 6a zu Grunde liegenden Konstellation ist besonders zu beachten, dass die Rechte der behinderten und von Behinderung bedrohten Menschen gewahrt werden: Beantragt ein behinderter oder von Behinderung bedrohter Mensch Leistungen zur Teilhabe am Arbeitsleben nach § 16 Abs. 1 Satz 3 SGB II beim Träger der Grundsicherung, so ist dieser weder Rehabilitationsträger nach §§ 6, 14 Abs. 1 SGB IX, noch unzuständiger Leistungsträger nach § 16 Abs. 2 SGB I. Der Träger der Grundsicherung kann die Pflichten des Rehabilitationsträgers nach dem SGB IX nicht erfüllen, weil er kein Rehabilitationsträger iSd § 6 ist. Zu der vom Gesetzgeber ausdrücklich gewollten Beschleunigung des Verfahrens (BT-Drucks. 16/1696 S. 32) muss er den Antrag entsprechend § 16 Abs. 2 SGB I (unverzügliche Weiterleitungspflicht) iVm § 17 Abs. 1 Nr. 1 SGB I (Hinwirkungspflicht auf zügige Leistungsgewährung) an die Bundesagentur für Arbeit weiterleiten (ebenso FKS-SGB IX-*Kothe*, § 6a Rn 12; *Welti* in HK-SGB IX, 2. Aufl. § 6a, Rn 14). Die Bundesagentur für Arbeit hat dann die Pflichten als erstangegangener Träger nach §§ 14, 10 SGB IX zu erfüllen und innerhalb der dort geregelten Fristen die Zuständigkeit zu klären und den individuellen funktionsbezogenen Leistungsbedarf festzustellen. An der Bedarfsfeststellung ist nach § 10 Abs. 1 Satz 1 der Berechtigte zu beteiligen. Die Feststellungen sind mit ihm abzustimmen. Das Ergebnis ist schriftlich zusammenzustellen. Nach der Gemeinsamen Empfehlung, Teilhabeplan“ vom 16. 12. 2004 handelt es sich dabei um den Teilhabeplan, der in schriftlicher, allgemeinverständlicher und barrierefreier Form (§ 2 Abs. 3 GE Teilhabeplan) unter Mitwirkung des behinderten oder von Behinderung bedrohten Menschen (§ 5 GE Teilhabeplan) aufzustellen ist.

15 Der Inhalt des Teilhabeplanes ist Grundlage des Eingliederungsvorschlages nach **Satz 3,** den die Bundesagentur für Arbeit aus dem Ergebnis der Bedarfsfeststellung zu entwickeln und dem Träger der Grundsicherung und dem Hilfebedürftigen schriftlich vorzulegen hat. Der Eingliederungsvorschlag ist kein Verwaltungsakt (FKS-SGB IX-*Kohte,* § 6a, Rn 7), sondern Instrument des Verwaltungshandelns, mit dem die Bundesagentur dem Träger der Grundsicherung die Grundlagen für seinen Verwaltungsakt übermittelt, dh Instrument zur Überwindung der mit § 6a geschaffenen Schnittenstellen zwischen den beteiligten Trägern.

Der Eingliederungsvorschlag ergibt sich aus dem festgestellten Teilhabebedarf und den leistungsrechtlichen Möglichkeiten des Trägers der Grundsicherung nach §§ 16, 16a SGB II. In den Fällen des § 6a ist die Bundesagentur damit verpflichtet, den Bedarf nicht nur anhand des Leistungsrechts aller Rehabilitationsträger, sondern auch anhand des Leistungsrechts der Träger der Grundsicherung festzustellen (*Welti* in HK-SGB IX, 2. Aufl. § 6a, Rn 10). Für den Eingliederungsvorschlag gilt § 14 Abs. 2 Satz 2 SGB IX: ist kein Gutachten zu erstellen, ist er spätestens drei Wochen nach Antragseingang (beim Träger der Grundsicherung) vorzulegen. Ist ein Gutachten zu erstellen, verlängert sich diese Frist um höchstens vier Wochen (§ 14 Abs. 2 Satz 4, Abs. 5 Satz 5 SGB IX. Die Fristen des § 14 beginnen bereits mit der Antragstellung beim Träger der Grundsicherung (ebenso *Welti* in HK-SGB IX, 2. Aufl. § 6a, Rn 14; anders: FKS-SGB IX-*Kohte*, § 6a, Rn 9: Eingang bei der BA). Hierfür spricht, dass der Träger der Grundsicherung in den meisten Fällen die Bundesagentur ist. Die gesetzliche Differenzierung zwischen der Bundesagentur als Träger der Grundsicherung und der Bundesagentur als Rehabilitationsträger ist den meisten Antragstellern unbekannt oder unverständlich und darf nicht zu ihren Lasten wirken. Es ist Sache der Bundesagentur die interne Kommunikation – auch zu den übrigen Trägern der Grundsicherung – zu optimieren.

§ 7 Vorbehalt abweichender Regelungen

[1]Die Vorschriften dieses Buches gelten für die Leistungen zur Teilhabe, soweit sich aus den für den jeweiligen Rehabilitationsträger geltenden Leistungsgesetzen nichts Abweichendes ergibt. [2]Die Zuständigkeit und die Voraussetzungen für die Leistungen zur Teilhabe richten sich nach den für den jeweiligen Rehabilitationsträger geltenden Leistungsgesetzen.

1 **1. Sozialpolitischer Hintergrund.** Der Gesetzgeber will am gegliederten deutschen Sozialleistungssystem festhalten und die damit verbundenen Schnittstellenprobleme durch die Verpflichtung der Rehabilitationsträger zur Kooperation und Koordination sowie zur Konvergenz der Leistungen und Leistungsausführung überwinden. Er begründet dies damit, dass die Lösung der vorhandenen Probleme bei zielgerichteter Zusammenarbeit der zuständigen Träger auf der Grundlage harmonisierter Rechtsvorschriften auch ohne grundsätzliche Änderungen am gegliederten System möglich ist und ein gegliedertes System den behinderten und von Behinderung bedrohten Menschen weitergehende und wirkungsvollere Möglichkeiten der Eingliederung sichert, als jede derzeit denkbare andere organisatorische Lösung dies könnte (BT-Drucks. 5074 S. 93). Die weltweit einmalige Organisation und Ausgestaltung der Leistungen zur der Eingliederung und Teilhabe Behinderter in Deutschland ist nicht zuletzt Ergebnis der Systemgliederung, die zwangsläufig auf unterschiedliche Ursachen und Bedarfe zielgerichtet und wirksam eingeht. Der Gesetzgeber verfolgt unter Beibehaltung des gegliederten Systems das Ziel der Weiterentwicklung des Rechts der Rehabili-

tation behinderter Menschen und der Zusammenfassung dieses Rechts in einem Buch des Sozialgesetzbuchs insbesondere durch die Beseitigung der Divergenz und Unübersichtlichkeit des alten Rechts (BT-Drucks. 14/5074 S. 92). Dazu werden die verschiedenen Rehabilitationsträger auf der Grundlage harmonisierter Rechtsvorschriften verpflichtet, zielgerichtet zusammenarbeiten.

Das SGB IX soll in ähnlicher Weise bereichsübergreifend wirksam werden, wie die Regelungen des Ersten, des Vierten und des Zehnten Sozialgesetzbuches (BT-Drucks. 15/4575 S. 21, BT-Drucks. 14/5074 S. 94). 2

2. Entstehung der Norm. Die Vorschrift wurde durch Art. 1 SGB IX ab 1. 7. 2001 eingeführt und unverändert aus dem RegE (BT-Drucks. 14/5531 iVm 14/5074) übernommen. 3

3. Normzweck. Die Bestimmungen des SGB IX sind von allen Rehabilitationsträgern für die von ihnen zu gewährenden Leistungen zur Teilhabe unmittelbar anzuwenden, soweit die für sie geltenden Leistungsgesetze keine abweichenden Vorschriften enthalten **(Satz 1).** Dagegen richten sich die Zuständigkeit und die Voraussetzungen für die Leistungsgewährung immer nach dem für den jeweiligen Rehabilitationsträger geltenden speziellen Recht **(Satz 2).** 4

4. Normzusammenhang. Das RehaAnglG enthielt mit § 9 Abs. 1 eine für das Leistungsrecht genau entgegengesetzt praktizierte Regelung. Die §§ 10 bis 20 RehaAnglG sollten nach der amtlichen Begründung zu § 9 Abs. 1 RehaAnglG (BT-Drucks. 7/1237) „als für alle Träger geltende Grundsätze eine **einheitliche Ausrichtung der Leistungen** gewährleisten". Der Wortlaut begründete jedoch keine Ansprüche der Rehabilitanden, die über die Pflichten der Träger nach den für sie geltenden spezifischen Gesetzen hinausgingen. Die Träger werteten diese Regelung „im Wesentlichen nur als zusammenfassende sozialpolitische Aussage und als Information der Behinderten" (vgl. *Kugler*, Rehabilitation in der Rentenversicherung, Hrsg BfA, 1984 S. 28), sodass sich die bereits mit dieser Regelung angestrebte Koordination, Kooperation und Konvergenz der Rehabilitationsträger bei der Leistungsgewährung in der Praxis nicht verwirklichte. Diese – von der Zielsetzung des Gesetzgebers abweichende – Praxis ist ursächlich dafür, dass § 7 nunmehr – im Gegensatz zum RehaAnglG – die Bestimmungen des SGB IX nicht mehr nur als Grundsatz, sondern als durch die Rehabilitationsträger unmittelbar anzuwendendes Recht versteht, soweit in den besonderen Regelungen für die einzelnen Leistungsbereiche nichts Abweichendes bestimmt ist. 5

Entsprechend den Grundregeln des gesamten Sozialgesetzbuches strebt das SGB IX eine **Vereinheitlichung gemeinsam geltenden Rechts** an. Regelungen, die für mehrere Sozialleistungsbereiche einheitlich sein können, sollen nur an einer Stelle getroffen werden. Um zu verdeutlichen, dass das gemeinsame Ziel – möglichst weitgehender Teilhabe behinderter und von Behinderung bedrohter Menschen am Leben der Gesellschaft – bei allen zuständigen Trägern in grundsätzlich gleicher Weise verfolgt wird, vereinheitlicht das SGB IX im Interesse der Betroffenen insbesondere die Regelungen zu den Zielen, den Inhalten und der Ausführung der Rehabilitations- und Teilhabeleistungen und bindet das Ermessen der Träger hinsichtlich des 6

Verwaltungsverfahrens durch Bestimmungen über ein einheitliches und gemeinsames Teilhabemanagement.

7 Ein Kernanliegen des SGB IX ist es, einen gemeinsamen Rahmen für das gesamte Recht der Leistungen zur Teilhabe durch Koordination, Kooperation und Konvergenz herzustellen. Der Gesetzgeber erwartet, dass auf der Basis des SGB IX ein gemeinsames Recht und eine einheitliche Praxis der Rehabilitation und Behindertenpolitik erreicht wird. Er geht dabei von einer weit gehenden Einheitlichkeit des Leistungsrechts aus (BT-Drucks. 14/5074 S. 100). Der behinderte, pflegebedürftige und chronisch kranke Mensch soll – völlig losgelöst von der Zuständigkeit eines Rehabilitationsträgers und der Ursache für den individuellen Rehabilitationsbedarf – aus gegebenem Anlass von jedem zuständigen Rehabilitationsträger die nach Art, Umfang sowie Struktur- und Prozessqualität gleich wirksame Rehabilitationsleistung erhalten. Diesem Zweck dient der gegenüber dem RehaAnglG erweiterte, in § 7 SGB IX beschriebene Anwendungsbereich des SGB IX.

8 Nach Satz 1 gelten für alle Rehabilitationsträger ausschließlich die Vorschriften des SGB IX, soweit sich aus den für sie geltenden Leistungsgesetzen nichts Abweichendes ergibt. Nach Satz 2 richten sich Zuständigkeit und Voraussetzungen nach den für den jeweiligen Rehabilitationsträger geltenden Leistungsgesetzen.

Mit dieser Gegenüberstellung des Rechts der Leistungen einerseits und des Rechts der Zuständigkeit und Leistungsvoraussetzungen andererseits hat der Gesetzgeber den Anwendungsbereich des Gesetzes abschließend bestimmt. Ein dritter ungeklärter Bereich von nicht in § 7 SGB IX geregeltem Recht der Rehabilitation und Teilhabe ist nicht vorgesehen. Kapitel 2 des SGB IX gilt danach jedenfalls soweit unmittelbar für das Leistungserbringungsrecht der einzelnen Rehabilitationsträger, wie dieses eine notwendige und dienende Funktion für deren Leistungsrecht hat und den Leistungsanspruch mitbestimmt (*Mrozynski,* Rn 8 zu § 7; *Bieritz-Harder,* RsdE Nr. 59 S. 42 (44); *Neumann,* Handbuch SGB IX, 2004, § 4 Rn 7).

9 **5.** Aus der Bezugnahme auf Abweichungen in dem für den jeweiligen Rehabilitationsträger geltenden Leistungsrecht in **Satz 1** darf nicht etwa geschlossen werden, dass damit das jeweilige Leistungsrecht ohne Einwirkungen durch das SGB IX weiterhin anzuwenden ist. Es ist zunächst immer zu prüfen, ob das spezifische Recht überhaupt zu der anstehenden Fragestellung eine Regelung enthält und ob es sich dabei tatsächlich im Verhältnis zum SGB IX um Abweichungen handelt. Mit Blick auf die durch das SGB IX zugleich vollzogene weitgehende Angleichung der spezifischen Leistungsgesetze sind Abweichungen in dem für die Träger geltenden spezifischen Recht tatsächlich eher die seltene Ausnahme. Der Vorrang des SGB IX vor den speziellen Leistungsgesetzen gilt grundsätzlich nicht nur für die Ansprüche auf Leistungen zur Teilhabe, sondern insbesondere auch für diejenigen Vorschriften, welche die Art der Ausführung der Leistungen zur Teilhabe bestimmen (*Stevens-Bartol* § 7 Rn 6), das den Trägern eingeräumte Verwaltungsermessen bei der Gestaltung der Verwaltungsverfahren zur Entscheidung über und die Ausführung von Teilhabeleistungen an ein bestimmtes gemeinsames Handeln binden oder die Träger zur Konvergenz der Leistungen verpflichten.

So enthielten und enthalten zB die für die Träger geltenden spezifischen Leistungsgesetze nur in geringem. Umfang Leistungserbringungsrecht, das für die Rehabilitations- und Teilhabeleistungen in dieser umfassenden Form erstmals durch das SGB IX für alle Rehabilitationsträger einheitlich und verbindlich eingeführt wurde. Soweit in den spezifischen Leistungsgesetzen der Rehabilitationsträger tatsächlich entsprechende bzw. vergleichbare Regelungen vorhanden waren (zB §§ 107 Abs. 2, 111 SGB V – unter anderem ein spezifisches Versorgungsvertragsrecht) oder abweichende Regelungen – zumeist aus organisationsrechtlichen Gründen – (zB § 275 SGB V – Begutachtungsmonopol des MDK vor Inkrafttreten des GKV-WSG) noch verblieben sind, müssen diese mit Blick auf die im SGB IX verankerten Kooperations-, Koordinations- und Konvergenzpflichten der Träger nunmehr im Lichte des SGB IX ausgelegt und angewendet werden. 10

Im Übrigen sind – abgesehen von der unterschiedlichen Höhe unterhaltssichernder Leistungen derzeit in dem für die Rehabilitationsträger jeweils geltenden leistungsrecht keine signifikanten Abweichungen iSv Satz 1 mehr enthalten, Der Gesetzgeber hat mit dem SGB IX die Vereinheitlichung des Rehabilitations- und Behindertenrechts konsequent vollzogen und viele der bisher abweichenden Regelungen gestrichen oder angepasst hat. Dass es derartige Abweichungen nicht geben kann und – auch durch die Auslegung in der Praxis nicht – soll, bewirken darüber hinaus die zur Klarstellung in dem für die jeweiligen Rehabilitationsträger geltenden Leistungsrecht verankerten Rückverweisungen auf die entsprechenden Vorschriften des SGB IX (zB §§ 11 Abs. 2 Satz 3 SGB V, 15 Abs. 1 SGB VI). Letztlich wird in der Begründung ausdrücklich festgestellt, dass die Vorschriften des SGB IX auch unmittelbar geltendes Recht für die Anwendung der spezifischen Leistungsgesetze durch die jeweiligen Rehabilitationsträger sowie der den Rehabilitationsträgern darin eingeräumten Ermessensausübung – zB bei der Bestimmung der Rehabilitationseinrichtung oder der Durchführung des in § 9 SGB IX geregelten Wunsch- und Wahlrechts der Leistungsberechtigten – sind. 11

Danach gelten die Vorschriften des SGB IX – trotz der für die jeweiligen Träger fortbestehenden Bestimmungen in den spezifischen Sozialgesetzbüchern – weitgehend unmittelbar für das gesamte Leistungs- und Leistungserbringungsrecht aller Rehabilitationsträger (so auch Neumann in Handbuch SGB IX, § 4 Rn 7). 12

6. Der Vorbehalt des Satzes 1 entfaltet teilweise Wirkungen im Bereich des Leistungserbringungsrechts des SGB XII. Dort bleiben insbesondere die Regelungen der §§ 93ff unberührt, die mit den darin enthaltenen Vereinbarungen die Leistungsgewährung an den Hilfeempfänger gestalten, soweit die Hilfen durch eine Einrichtung erbracht werden. 13

Unberührt bleiben auch die Besonderheiten in der gesetzlichen Unfallversicherung, die auf dem Prinzip des zivilrechtlichen Schadensersatzes (Arbeitsunfälle, Berufskrankheiten) beruhen. 14

Auch organisationsrechtliche Regelungen wie die des Kassenarztrechtes im SGB V bleiben unberührt. 15

7. Anknüpfend an die Darstellung der Leistungsgruppen in § 5 sowie der beteiligten Träger und Trägergruppen in § 6 Abs. 1 stellt **Satz 2** klar, 16 dass die Zuständigkeit und die Voraussetzungen für die Leistungsgewährung sich unverändert nach den besonderen Regelungen für die einzelnen Rehabilitationsträger richten, die im SGB IX weder zusammengefasst noch inhaltlich neu gestaltet werden. Danach ist die Rentenversicherung unverändert nur dann zuständig, wenn der Versicherte die persönlichen Voraussetzungen nach § 10 SGB VI erfüllt, dh mit den Leistungen der Rentenversicherungsträger zur medizinischen Rehabilitation voraussichtlich die beeinträchtigte Erwerbsfähigkeit des Versicherten positiv beeinflusst werden kann.

In der Verwaltungspraxis werden die persönlichen Voraussetzungen des § 10 SGB VI als spezifische Zielsetzung der Rentenversicherungsträger vergleichbar den Rehabilitationszielen der §§ 1, 4 Abs. 1 SGB IX diskutiert, aus der für die Rentenversicherungsträger nach Satz 1 das Recht auf abweichende Leistungsausgestaltung ableitet wird. Dabei wird jedoch übersehen, dass die Zielbeschreibungen des § 4 Abs. 1 die Ziele der Rehabilitationsleistungen der Rentenversicherung vollständig beinhalten und danach abweichende Regelungen im Recht der Rentenversicherung nicht gegeben sind. Die persönlichen Voraussetzungen des § 10 SGB VI gestatten keine Anwendung des Satzes 1. Es handelt sich um Kriterien, die die Zuständigkeit der Rentenversicherung begründen und deshalb im Rahmen der Durchführung des § 14 zu prüfen und zu beachten sind. Leistungen der Sozialhilfe kann auch nur derjenige erhalten, der deren Voraussetzungen erfüllt (§§ 2ff SGB XII).

17 Die Zuständigkeit und die Voraussetzungen für die Leistungen zur Teilhabe sind für in § 6 genannten Rehabilitationsträger wie folgt geregelt:
- gesetzlichen Krankenkassen nach §§ 11 und 40ff SGB V
- Bundesagentur für Arbeit nach §§ 97ff SGB III
- Träger der Unfallversicherung nach §§ 26ff SGB VII
- Träger der Rentenversicherung nach §§ 9ff SGB VI
- Träger der Alterssicherung der Landwirte nach § 7ff des Gesetzes über die Alterssicherung für Landwirte
- Träger der Kriegsopferversorgung und der Kriegsopferfürsorge im Rahmen des Rechts der sozialen Entschädigung bei Gesundheitsschäden nach §§ 10, 11 und 26 BVG
- Träger der öffentlichen Jugendhilfe nach § 35a SGB VIII
- Träger der Sozialhilfe nach §§ 53ff SGB XII.

§ 8 Vorrang von Leistungen zur Teilhabe

(1) **Werden bei einem Rehabilitationsträger Sozialleistungen wegen oder unter Berücksichtigung einer Behinderung oder einer drohenden Behinderung beantragt oder erbracht, prüft dieser unabhängig von der Entscheidung über diese Leistungen, ob Leistungen zur Teilhabe voraussichtlich erfolgreich sind.**

(2) [1] **Leistungen zur Teilhabe haben Vorrang vor Rentenleistungen, die bei erfolgreichen Leistungen zur Teilhabe nicht oder voraussichtlich erst zu einem späteren Zeitpunkt zu erbringen wären.** [2] **Dies gilt während des Bezuges einer Rente entsprechend.**

(3) **Absatz 1 ist auch anzuwenden, um durch Leistungen zur Teilhabe Pflegebedürftigkeit zu vermeiden, zu überwinden, zu mindern oder eine Verschlimmerung zu verhüten.**

1. Sozialpolitischer Hintergrund. Zwischen der Erreichung der Rehabilitationsziele, der Wirksamkeit der Leistungen und ihrer frühzeitigen Einleitung besteht ein signifikanter Zusammenhang. Die Effektivität und Effizienz der Kosten senkenden bzw. mindernden Wirkung von Rehabilitations- und Teilhabeleistungen ist wesentlich davon abhängig, dass diese Leistungen zum frühestmöglichen Zeitpunkt eingeleitet werden. Der Gesetzgeber verpflichtet die Rehabilitationsträger deswegen, von Amtswegen die Erfolgsaussichten von Teilhabeleistungen zu prüfen, dh das Vorliegen eines Leistungsbedarfs festzustellen und diese Leistungen ggf. einzuleiten. 1

2. Entstehung der Norm. Die Vorschrift ist mWv 1. 7. 2001 durch Art. 1 SGB IX eingeführt worden. Sie basiert auf § 7 RehaAnglG und hat unverändert die Fassung des RegE (BT-Drucks. 14/5531 iVm 14/5074). 2

3. Normzweck. Die Vorschrift betont den Vorrang von Leistungen zur Teilhabe vor oder während der Erbringung von Rentenleistungen **(Abs. 2)** oder einer Pflegebedürftigkeit **(Abs. 3).** Sie verpflichtet die Rehabilitationsträger darüber hinaus vor oder während einer von ihnen zu erbringenden Sozialleistung zur Prüfung der Erfolgsaussicht von Teilhabeleistungen **(Abs. 1).** 3

4. Die Vorschrift entspricht in fortentwickelter Fassung dem bisherigen § 7 RehaAnglG und ersetzt den bisherigen § 116 Abs. 1 SGB VI. Sie stellt entsprechend dem in § 3 festgelegten Vorrang der Prävention sowie den in § 4 enthaltenen Zielvorgaben klar, dass bei **allen Sozialleistungen** wegen einer Behinderung **alle Möglichkeiten** zu positiven Entscheidungsprozessen zu nutzen sind. 4

Abs. 1 verpflichtet die Rehabilitationsträger zu **aktivem Verwaltungshandeln im Sinne der Ziele des § 4 Abs. 1,** wenn bei ihnen eine Sozialleistung wegen oder unter Berücksichtigung einer Behinderung oder einer drohenden Behinderung beantragt oder erbracht wird. Die Verpflichtung, von Amts wegen tätig zu werden, wird nicht nur durch die Beantragung der in direktem Zusammenhang mit Krankheit oder Behinderung stehenden Leistungen (zB Heil- und Hilfsmittel, Rente wegen Erwerbsminderung) ausgelöst. Mit der ausdrücklichen Erwähnung der „unter Berücksichtigung" einer Behinderung erbrachten Sozialleistungen soll sichergestellt werden, dass diese Prüfung auch dann vorgenommen wird, wenn eine Sozialleistung ohne unmittelbaren Bezug zur Behinderung beantragt oder erbracht wird, gleichzeitig jedoch eine Behinderung vorliegt oder droht. Die Verpflichtung zur Prüfung beschränkt sich nicht auf die Betroffenen, bei denen die Voraussetzungen für die Gewährung einer Sozialleistung noch nicht erfüllt sind. Sie besteht auch, wenn die Voraussetzungen erfüllt sind oder die Leistung bereits gewährt wird. Die Regelung korrespondiert mit § 115 Abs. 4 SGB VI, wonach die Rentenversicherungsträger zur Beschleunigung des Verfahrens Teilhabeleistungen auch von Amts wegen erbringen können. Bei der gesetzlichen Unfallversicherung erfolgt die Prüfung und Leistungsgewährung ohnehin von Amts wegen (§ 26 SGB VII).

5 Die Verpflichtung beschränkt sich auf das Tätigwerden der **Rehabilitationsträger.** Obwohl die Rehabilitationsträger mit ihren Teilhabeleistungen nach § 4 Abs. 1 Nr. 2 auch das Ziel verfolgen müssen, den vorzeitigen Bezug anderer Sozialleistungen zu vermeiden, dh auch der Sozialleistungen von Trägern, die nicht zugleich Rehabilitationsträger sind, wird die Verpflichtung zur Prüfung nicht auf alle Sozialleistungsträger ausgedehnt. Für andere Sozialleistungsträger gelten unverändert die in ihrem jeweiligen Recht enthaltenen Regelungen (zB § 32 Abs. 1 SGB XI für die Pflegekassen, § 102 Abs. 2 Satz 2 SGB IX für die Integrationsämter, § 10 SGB I für alle übrigen Sozialleistungsträger).

6 Die Prüfpflicht wird durch jedweden wegen oder unter Berücksichtigung einer Behinderung gestellten Leistungsantrag (§ 18 SGB X) ausgelöst oder wenn von Amts wegen eine solche Leistung erbracht wird. Als wegen oder unter Berücksichtigung einer Behinderung erbrachte Leistungen können angesehen werden

- in der gesetzlichen Rentenversicherung die Renten wegen teilweiser oder voller Erwerbsminderung, wegen teilweiser Erwerbsminderung bei Berufsunfähigkeit, Witwen- oder Witwerrenten wegen Erwerbsminderung sowie die Altersrenten für schwerbehinderte Menschen
- in der gesetzlichen Unfallversicherung alle Renten nach §§ 56–62 SGB VII
- nach dem BVG Ausgleichsrenten und Ausgleichsrenten für Witwen und Witwer, nicht jedoch Beschädigten-Grundrenten
- bedarfsorientierte Grundsicherung für voll erwerbsgeminderte Personen (wobei der kommunale Träger bereits nach der Anspruchsvoraussetzung des SGB II zu prüfen hat, ob Teilhabeleistungen voraussichtlich erfolgreich sind)
- alle Sozialleistungen in Geld, wenn eine Behinderung vorliegt oder droht (Arbeitslosengeld I und II, Krankengeld, Hilfe zum Lebensunterhalt)
- mit Ausnahme der §§ 28 bis 30 SGB V bei allen Leistungen der Krankenversicherung nach dem Fünften Abschnitt des SGB V, insbesondere die zur Krankenbehandlung, Disease Management Programme usw.

Ob Sozialleistungen ohne eine Behinderung nicht erbracht würden (so *Haines* in LPK-SGB IX § 8 Rn 6) erscheint nicht als geeignetes Kriterium für die Klärung der Prüfpflicht, weil zB Leistungen der Krankenbehandlung auch ohne Behinderung erbracht werden, die Prüfpflicht jedoch gerade im Zusammenhang mit diesen Leistungen mit Blick auf eine drohende Behinderung als besonders wirksam anzusehen ist.

7 Die Prüfpflicht erstreckt sich nicht nur auf die Leistungen zur Teilhabe in eigener Zuständigkeit, sondern umfasst auch die Teilhabeleistungen aller übrigen Rehabilitationsträger, sodass der zur Prüfung verpflichtete Träger die nach allen in Betracht kommenden Sozialgesetzen in Frage kommenden Bedarfe und Leistungen Berücksichtigen muss (BSG v. 26. 10. 04 – B 7 AL 16/04 R).

8 Die Prüfung der Erfolgsaussicht von Teilhabeleistungen ist **unabhängig von der Entscheidung** über die beantragte Leistung und unabhängig davon vorzunehmen, ob der Rehabilitationsträger für die Leistung zuständig wäre. Danach besteht grundsätzlich die – nachfolgend durch Abs. 2 für Rentenleistungen allerdings eingeschränkte – Möglichkeit, die beantragte Sozialleis-

tungen trotz der erkannten Erfolgsaussicht einer Teilhabeleistung zu gewähren, um sie dann bei eingetretenem Erfolg der Teilhabeleistung ggf. ganz oder teilweise einzustellen. Dies trägt der Tatsache Rechnung, dass die nach § 4 Abs. 1 mit den Rehabilitationsmaßnahmen anzustrebenden Ziele wesentlich über die Vermeidung von Sozialleistungen hinausgehen und die Leistungen zur Teilhabe auch dann zu gewähren sind, wenn durch sie zwar das Ziel der Vermeidung von Sozialleistungen nicht mehr, wohl aber andere Ziele des § 4 Abs. 1 noch erreichbar sind. Umgekehrt ist die Prüfung auch vorzunehmen, wenn der die Prüfung auslösende Leistungsantrag (zB Antrag auf Erwerbsminderung) mangels vorliegender Leistungsvoraussetzungen abzulehnen ist.

Die Rehabilitationsträger werden nicht mehr dazu verpflichtet, nur ein 9
Verfahren einzuleiten oder dem zuständigen Träger Mitteilung zu machen (§ 4 Abs. 2 RehaAnglG). Sie haben darüber hinausgehend selbst konkret die Erfolgsaussicht einer Teilhabemaßnahme – und zwar bezogen auf alle Leistungsgruppen (§ 5) – zu klären. Es reicht danach – anders als nach § 4 RehaAnglG – nicht mehr aus, diese Prüfung nur bei dem zuständigen Leistungsträger zu veranlassen. Der die Sozialleistung erbringende Rehabilitationsträger muss die Erfolgsaussicht selbst prüfen, dazu ggf. den funktionsbezogenen individuellen Leistungsbedarf nach § 10 Abs. 1 feststellen und – falls sich dabei seine Unzuständigkeit iSd § 14 Abs. 2 herausstellt – unter Anwendung des § 14 Abs. 1 Satz 2 das Verfahren von Amts wegen an den zuständigen Rehabilitationsträger weiterleiten. Nach § 14 Abs. 3 tritt dabei an die Stelle des Tages der Antragstellung der Tag der Kenntnis des voraussichtlichen Rehabilitationsbedarfs. Ist der prüfende Sozialleistungsträger für die Rehabilitationsleistung selbst zuständig, muss er nach § 14 Abs. 1 darüber entscheiden.

Mit dieser Regelung wird der Untersuchungsgrundsatz des § 20 SGB X konkretisiert.

Entsprechend wird die Art und Weise der Prüfungen durch die §§ 21 bis 25 SGB X näher bestimmt (Mitwirkungspflicht der Beteiligten nach § 21 Abs. 2 SGB X, Anhörungsrecht nach § 24 Abs. 1 SGB X, Akteneinsichtsrecht nach § 25 Abs. 1 SGB X). Im Übrigen sind die Rechte nach § 9 zu beachten.

5. Abs. 2 begründet einen Vorrang von Leistungen zur Teilhabe vor Ren- 10
tenleistungen wegen Erwerbsminderung (vgl. Rn 6) Zudem konkretisiert er für Rentenleistungen die allgemeine, verfahrensmäßige Vorgabe des Absatz 1 abweichend von dem bisherigen § 116 Abs. 1 SGB VI als materiell-rechtlichen Vorgang, der für die Rentenversicherung auch in § 9 Abs. 1 Satz 2 SGB VI nochmals ausdrücklich hervorgehoben wird. Dabei handelt es sich nicht nur um eine auf die Rentenleistungen wegen Erwerbsminderung der gesetzlichen Rentenversicherung bezogene Regelung. Erfasst sind die Rentenleistungen wegen Erwerbsminderung aller Rehabilitationsträger. Nicht erfasst ist die Grundrente nach dem BVG, § 29 BVG bleibt unberührt.

Während § 7 Abs. 1 RehaAnglG den Grundsatz Rehabilitation vor Rente dahingehend beschränkte, dass Renten wegen Minderung der Erwerbsfähigkeit ausdrücklich erst dann bewilligt werden sollten, wenn zuvor Maßnahmen wegen Rehabilitation durchgeführt worden waren oder ein Erfolg solcher Maßnahmen nicht zu erwarten war, dehnt die jetzige Regelung des

Abs. 2 Satz 1 den Grundsatz auf alle Rentenarten wegen Erwerbsminderung aus, behält allerdings mit den Wörtern „bei erfolgreichen Leistungen" die Einschränkung bei, dass der Vorrang nur dann eintritt, wenn durch die Teilhabeleistungen objektiv eine begründete Erfolgsaussicht iSd § 4 Abs. 1 Nr. 2 – hier ausschließlich bezogen auf eine Rentenleistung, dh nicht auf den Bezug von sonstigen Sozialleistungen schlechthin – besteht. Besteht eine solche objektive Erfolgsaussicht, dürfen Rentenleistungen nicht bewilligt werden, solange die Leistungen zur Teilhabe nicht abgeschlossen sind.

11 **Abs. 2 Satz 2** betont, dass der Vorrang des Satzes 1 auch während des Bezuges einer Rente anzuwenden ist. Dies verpflichtet die Träger von Rentenleistungen dazu, auch während des Rentenbezuges – ggf. mit einer ausdrücklich für die Klärung dieser Frage anberaumten Nachuntersuchung – zu prüfen, ob die Rentenzahlung durch Leistungen zur Teilhabe vermieden oder verringert werden kann. Eine Pflicht zu regelmäßig wiederholten Nachuntersuchungen begründet Abs. 2 nicht. Ob, wann, aus welchem Anlass und mit welchen Mitteln der Rehabilitationsträger eine Prüfung vornimmt, entscheidet er nach pflichtgemäßem Ermessen.

12 **6.** In **Abs. 3** wird klargestellt, dass die Prüfpflichten der Rehabilitationsträger nach Abs. 1 sich ausdrücklich auch auf die Vermeidung, Überwindung, Minderung oder die Verhütung einer Verschlimmerung von **Pflegebedürftigkeit** erstrecken. Die Rehabilitationsträger mit Leistungen zur Pflege werden nach § 6 (Krankenkassen, Unfallversicherungsträger, Träger nach dem BVG, Sozialhilfeträger) damit verpflichtet, im Rahmen ihrer Leistungen wegen oder unter Berücksichtigung einer Pflegebedürftigkeit immer zugleich auch zu prüfen, ob diese durch Leistungen zur Teilhabe voraussichtlich positiv beeinflusst werden kann. Da die Pflegekassen keine Rehabilitationsträger sind, ist § 8 Abs. 3 nicht unmittelbar durch die Pflegekassen anwendbar. Die Pflichten der Medizinischen Dienste zur Feststellung der Eignung von Rehabilitationsleistungen nach § 18 Abs. 1 Satz 4 SGB XI bleiben unberührt.

Diese Regelung übernimmt im Übrigen die bereits in § 5 SGB XI enthaltene Verpflichtung der Präventions-, Krankenversicherungs- und Rehabilitationsträger, ihre Leistungen im Sinne dieser Zielsetzung „in vollem Umfange" einzusetzen.

13 Kommt der Rehabilitationsträger seinen Pflichten nach dieser Vorschrift nicht nach und entsteht dem Betroffenen dadurch ein Nachteil, kann dies einen **„Herstellungsanspruch"** auslösen, der im Wege einer Leistungsklage vor dem Sozialgericht durchgesetzt werden kann. In diesen Fällen sollten – mit dem Ziel einer vorläufigen Leistungsgewährung – der Erlass einer einstweiligen Anordnung geprüft (LSG Berlin-Brandenburg v. 11. 12. 07 – L 23 B 249/07 SO ER, juris; vgl. § 30 Rn 14) und die für die Gewährung von Teilhabeleistungen im Einzelfall in Frage kommenden Rehabilitationsträger beigeladen werden (BSG v. 26. 10. 04 – B 7 AL 16/04 R).

§ 9 Wunsch- und Wahlrecht der Leistungsberechtigten

(1) [1] **Bei der Entscheidung über die Leistungen und bei der Ausführung der Leistungen zur Teilhabe wird berechtigten Wünschen der Leistungsberechtigten entsprochen.** [2] **Dabei wird auch auf die persönliche Lebenssi-**

tuation, das Alter, das Geschlecht, die Familie sowie die religiösen und weltanschaulichen Bedürfnisse der Leistungsberechtigten Rücksicht genommen; im Übrigen gilt § 33 des Ersten Buches. [3]Den besonderen Bedürfnissen behinderter Mütter und Väter bei der Erfüllung ihres Erziehungsauftrages sowie den besonderen Bedürfnissen behinderter Kinder wird Rechnung getragen.

(2) [1]**Sachleistungen zur Teilhabe, die nicht in Rehabilitationseinrichtungen auszuführen sind, können auf Antrag der Leistungsberechtigten als Geldleistungen erbracht werden, wenn die Leistungen hierdurch voraussichtlich bei gleicher Wirksamkeit wirtschaftlich zumindest gleichwertig ausgeführt werden können. [2]Für die Beurteilung der Wirksamkeit stellen die Leistungsberechtigten dem Rehabilitationsträger geeignete Unterlagen zur Verfügung. [3]Der Rehabilitationsträger begründet durch Bescheid, wenn er den Wünschen des Leistungsberechtigten nach den Absätzen 1 und 2 nicht entspricht.**

(3) **Leistungen, Dienste und Einrichtungen lassen den Leistungsberechtigten möglichst viel Raum zu eigenverantwortlicher Gestaltung ihrer Lebensumstände und fördern ihre Selbstbestimmung.**

(4) **Die Leistungen zur Teilhabe bedürfen der Zustimmung der Leistungsberechtigten.**

1 **1. Sozialpolitischer Hintergrund.** Wunsch- und Wahlrechte sind unverzichtbare Regulative von Grundrechtskonflikten (*Krasney,* DOK 1982, 705ff; *Igl/Giese,* ZfSH 1982, 65ff; *Welti/Sulek,* VSSR 2000, 453, 455ff). Sie kennzeichnen die Tätigkeit der Rehabilitationsträger als kooperative Leistungsverwaltung (Hill, NJW 1986, 2602, 2609). Sie sind Instrumente zur Umsetzung der Ziele Selbstbestimmung und Teilhabe am Leben in der Gesellschaft (§ 1) sowie der selbständigen und selbstbestimmten Lebensführung (§ 4 Abs. 1 Nr. 4). Sie fördern die Selbstverantwortung und damit den Rehabilitationserfolg.

2 **2. Entstehung der Norm.** Die Vorschrift wurde ab 1. 7. 2001 durch Art. 1 SGB IX eingeführt. Der RegE (BT-Drucks. 14/5531 iVm 14/5074) wurde in den Abs. 1 bis 3 geändert (BT-Drucks. 14/5786 S. 18), Abs. 4 unverändert übernommen. In **Abs. 1** wurden der Satz 2 um das Alter und das Geschlecht ergänzt in Satz 3 die besonderen Bedürfnisse der Kinder aufgenommen. An den **Abs. 2** wurde Satz 3 – Begründungspflicht der Nichtberücksichtigung im Verwaltungsakt – angefügt. In **Abs. 3** wurden die Worte „weitgehenden Raum“ durch die Worte „viel Raum“ ersetzt.

3 **3. Normzweck.** Nach **Abs. 1** ist bei der Auswahl und Ausführung der Teilhabeleistungen berechtigten Wünschen zu entsprechen und auf persönliche und familiäre Bedürfnisse und Gegebenheiten Rücksicht, zu nehmen. **Abs. 2** räumt auf Antrag das Recht der Ausführung als Geldleistung ein. **Abs. 3** begründet den Anspruch auf eigenverantwortliche Gestaltung der Lebensumstände und Selbstbestimmung auch während der Leistungserbringung. Nach **Abs. 4** ist die Zustimmung des Berechtigten erforderlich.

4 **4. Normzusammenhang.** Bereits sei Inkrafttreten des SGB I am 1. 1. 1976 enthält dessen § 33 die Verpflichtung der Sozialleistungsträger, die per-

sönlichen Verhältnisse des Berechtigten, seinen Bedarf und seine Leistungsfähigkeit sowie die örtlichen Verhältnisse bei der Ausgestaltung zu berücksichtigen, soweit der Inhalt von Rechten oder Pflichten nach Art oder Umfang nicht im Einzelnen bestimmt ist. Dabei soll den Wünschen des Berechtigten entsprochen werden, soweit sie angemessen sind. § 33 SGB I will nach der Begründung des Regierungsentwurfs (BT-Drucks. 7/868 S. 27) mit der Berücksichtigung der persönlichen Verhältnisse und der Wünsche der Betroffenen sicherstellen, dass nicht nur die Menschenwürde und die Freiheit des Einzelnen gewahrt wird, sondern auch Gesichtspunkte der Effizienz zum Tragen kommen. „Denn unter mehreren objektiv gleichwertigen Versorgungsmöglichkeiten weiß der Betroffene im Zweifel besser als der Versicherungsträger, welches Mittel seinen Bedürfnissen am ehesten gerecht wird“ (BSG v. 3. 11. 1999 – B 3 KR 16/99 R).

Die Ausgestaltung dieser Rechte ist der Prozess der individuellen Konkretisierung. Die Rehabilitationsträger haben danach zunächst die zur Ausgestaltung ihrer Leistungen relevanten persönlichen Verhältnisse von Amts wegen, dh unabhängig davon zu erforschen, ob der Berechtigte Wünsche äußert oder nicht.

Der Individualisierungsgrundsatz des § 33 SGB I wird durch das SGB IX – unabhängig vom Wunschrecht nach § 9 SGB IX – insoweit berührt, als zu den persönlichen Verhältnissen nunmehr auch die mit der eigenverantwortlichen Gestaltung der Lebensumstände und der Förderung der Selbstbestimmung zusammen hängenden Aspekte nach § 9 Abs. 3 SGB IX gehören. Im Übrigen korrespondiert die Verpflichtung zur bedarfsgerechten Individualisierung der Leistungen mit der in § 10 SGB IX ausschließlich den Rehabilitationsträgern übertragenen Verpflichtung zur Feststellung des individuellen funktionsbezogenen (dh an der ICF orientierten) Leistungsbedarfs.

§ 33 SGB I gehört zu den Regelungen, die nach § 37 Satz 2 SGB I unbedingten Vorrang in allen Büchern des SGB haben. Entgegenstehendes Recht muss also explizit einer Individualisierung oder einer bestimmten Art der darauf gestützten Entscheidung entgegenstehen (*Welti* 2003).

Das SGB IX konkretisiert den Individualisierungsgrundsatz des § 33 SGB I für die Teilhabe- und Rehabilitationsleistungen, für die § 9 Abs. 1 Satz 1 SGB IX nunmehr die speziellere Regelung ist. § 9 Abs. 1 Satz 1 SGB IX geht im Verhältnis zu § 33 Satz 2 SGB I von „berechtigten“, statt von „angemessenen“ Wünschen aus und ist im Übrigen für den Bereich der Rehabilitations- und Teilhabeleistungen konkreter und genauer. Eine solche Konkretisierung und Abweichung zu Gunsten des Berechtigten sollte durch § 37 Satz 2 SGB I nicht ausgeschlossen werden (*Rüfner* in Wannagat Rn 5 zu § 33 SGB I; vgl. *Hauck* in Hauck/Noftz SGB I, K § 47 Rn 4).

5 Die Begründung geht auf den bisher schon im Bereich der Unfallversicherung zwischen den Pflichten nach § 33 SGB I und der Verpflichtung aus den §§ 26, 34 SGB VII, die Gesundheit mit allen geeigneten Mitteln wiederherzustellen, bestehenden Zielkonflikt ein (BT-Drucks. 14/5074 S. 100). Danach bleiben die in der Unfallversicherung entwickelten Möglichkeiten der aktiven Intervention zur raschen Wiederherstellung von Gesundheit und Arbeitskraft unberührt. Dies ergibt sich aus dem Vorbehalt abweichender Regelungen in § 7. Gleichwohl hat die Unfallversicherung auch bei diesen

Leistungen angemessenen Wünschen der Berechtigten nach § 33 Satz 2 SGB I Rechnung zu tragen, soweit dies ohne Einschränkung der Aufgabenerfüllung möglich ist.

Der Anwendungsbereich des § 9 wäre nur dann nach § 7 Satz 1 im Verhältnis zu den einzelnen Büchern des SGB eingeschränkt, wenn sich aus ihnen Abweichendes ergäbe. Von einer Abweichung ist nur dann auszugehen, wenn die Norm des Leistungsgesetzes nicht im Einklang mit dem SGB IX ausgelegt werden kann (*Welti* in HK-SGB IX, Rn 8 zu § 7), dh die spezifische Norm müsste explizit sein. 6

So kann und soll § 9 SGB IX zB § 13 Abs. 1 Satz 3 bis 6 SGB XII nicht außer Kraft setzen, weil dort explizit geregelt ist, wann einem Wunsch nicht entsprochen werden soll. Abgesehen davon können und müssen im Rehabilitationsrecht enthaltene Ermessensnormen wie zB §§ 40 Abs. 3 SGB V, 13 Abs. 1 SGB VI, 26 Abs. 5 SGB VII, 97 Abs. 2 SGB III im Einklang mit dem erweiterten Wunsch und Wahlrecht des § 9 SGB IX ausgelegt werden.

5. Das Wunschrecht ist auch ein **Element der Wirksamkeit und Wirtschaftlichkeit** der Leistungen, weil nach rehabilitationswissenschaftlichen Erkenntnissen die Motivation der Betroffenen und die Tragfähigkeit familiärer Bindungen für die erfolgreiche Ausführung der Leistungen zur Rehabilitation unverzichtbar sind. Deshalb soll das Wunschrecht des § 9 dazu beitragen, diese Erfolgsindikatoren einer wirksamen und wirtschaftlichen Leistungserbringung zu erschließen und nutzbar zu machen (*Haines* in LPK-SGB IX Rn 7 zu § 9). 7

Eine große Zahl rehabilitationswissenschaftlicher Studien belegt evident, dass Rehabilitationsleistungen, die nach ihrer Ausgestaltung vorwiegend passiv ausgeführt und/oder vom Berechtigten passiv entgegengenommen werden können, idR keine nachhaltige Wirksamkeit bezogen auf die mit den Leistungen angestrebten Rehabilitationsziele bewirken (*Zimmermann* 2000, *Schmid/Egner* 2002). Die Rehabilitationsforschung hat damit nachgerade als einen Schwachpunkt unseres Rehabilitationssystems herausgearbeitet, dass Leistungen oft unzureichend auf die individuellen Bedürfnisse und Fähigkeiten der Berechtigten abgestimmt sind.

Nach § 4 Abs. 2 Satz 1 SGB IX werden Leistungen zur Teilhabe/Rehabilitation (ausschließlich) zur Erreichung der in Absatz 1 genannten Ziele erbracht. Die Erreichung dieser Rehabilitationsziele ist ohne die Adaption dieser Ziele durch den Berechtigten und seine aktive, auf die Erreichung dieser Ziele ausgerichtete Mitwirkung nicht denkbar. Der Gesetzgeber trägt dieser Erkenntnis Rechnung, in dem er den Berechtigten – unabhängig von den Mitwirkungspflichten des § 60 SGB I – mit dem Anspruch aus § 9 Abs. 1 SGB IX, seinen berechtigten Wünschen Rechnung zu tragen, einen zusätzlichen rechtlichen Motivationsanreiz zur aktiveren Mitgestaltung und Mitarbeit gibt. 8

Korrespondierend damit haben die Leistungen, Dienste und Einrichtungen dem Berechtigten nach § 9 Abs. 3 SGB IX möglichst viel Raum zu eigenverantwortlicher Gestaltung ihrer Lebensumstände zu belassen und ihre Selbstbestimmung zu fördern Da sowohl die Auswahl einer Einrichtung, wie auch die Ausführung einer Leistung in der Einrichtung zur „Gestaltung der Lebensumstände“ der Berechtigten zählen, haben diese nach § 9 Abs. 3 9

SGB IX neben dem Wunschrecht nach § 9 Abs. 1 SGB IX, einen noch darüber hinausgehenden Anspruch darauf, dass die Rehabilitationsträger im Rahmen ihrer Aufgabenwahrnehmung das Selbstbestimmungsrecht der Berechtigten sowohl bei der Auswahl, wie auch bei der Ausführung der Leistungen beachten und fördern D.h. unter anderem auch, dass sie – vergleichbar der Regelung in § 4 Abs. 3 für die Rehabilitation von Kindern und Jugendlichen – die Berechtigten unter Berücksichtigung ihrer Selbstbestimmungsrechte an der Planung und Gestaltung der einzelnen Hilfen – zB der Aufstellung des Therapieplanes in der Rehabilitationseinrichtung – beteiligen und dabei sogar noch fördern müssen.

10 Individuelle Wünsche und Entscheidungen der Berechtigten sind danach keine Hemmnisse für den Rehabilitationsprozess oder gar Indikatoren gegen dessen Erfolg, die Wirksamkeit oder Wirtschaftlichkeit der Rehabilitationsleistungen. Die umfassende Berücksichtigung der Wünsche der behinderten Menschen und deren persönliche Lebenssituation ist kein Störfaktor im Leistungsgeschehen, sondern macht die individuelle personenzentrierte Leistungserbringung erst möglich (BT-Drucks. 15/5463 S. 3). Nach der Intention des SGB IX sind sie – ganz im Gegenteil – unverzichtbare Elemente für die Wirksamkeit sowie den Erfolg der Leistungen zur Rehabilitation und damit zur Erreichung der Rehabilitationsziele iSd § 4 Abs. 2 Satz 1 Voraussetzung für die Leistungsgewährung. Nach dem SGB IX folgt die Dienstleistung dem Menschen und nicht der Mensch der Dienstleistung. Die Berechtigten sind von den Rehabilitationsträgern nicht mehr nur als Kunden zu betrachten, sondern als Mitgestalter und Koproduzenten der Dienstleistung (BT-Drucks. 15/5463, aaO).

11 Soweit sozialgerichtliche Entscheidungen (ua. LSG Mainz vom 12. 1. 2006, L 2 RI 160/03) dem Verwaltungsermessen (§ 40 Abs. 3 SGB V, 13 Abs. 1 SGB VI) der Rehabilitationsträger bei der Entscheidung über Rehabilitationsleistungen einen Vorrang gegenüber der Selbstbestimmung der Versicherten durch das Wunschrecht einräumen, wird dies idR mit der Verantwortung der Rehabilitationsträger für die Wirksamkeit und Wirtschaftlichkeit der Leistungserbringung begründet. Dabei wird jedoch offensichtlich der vom Gesetzgeber mit den Regelungen in § 4 Abs. 2 Satz 1, 9 Abs. 1 und 3 SGB IX vorgegebene Zusammenhang zwischen Selbstbestimmungsrecht und Wirksamkeit bzw. Wirtschaftlichkeit der Leistungserbringung übersehen.

12 Das BSG hat im Zusammenhang mit § 9 SGB IX zu Recht angenommen, dass die „Berechtigung" von Wünschen in einem Zusammenhang mit der Prüfung steht, ob die maßgebenden Leistungsvoraussetzungen erfüllt sind (BSG vom 6. 6. 2002, B 3 KR 68/01 R). Wird den Selbstbestimmungsrechten der Berechtigten bei der Entscheidung über die Rehabilitationsleistungen, deren Ausgestaltung und Ausführung nicht Rechnung getragen, darf nämlich angenommen werden, dass nach den insoweit evidenten rehabilitationswissenschaftlichen Erkenntnissen die Rehabilitationsziele nicht oder nur eingeschränkt erreicht werden können und es damit an einer wesentlichen Leistungsvoraussetzung iSd § 4 Abs. 2 Satz 1 SGB IX mangelt.

Wird eine solche Leistung dennoch – gegen den Wunsch des Berechtigten, wenn auch letztlich mit seiner Zustimmung – ausgeführt, dürfte sie wegen der im Verhältnis zu der vom Berechtigten gewünschten Leistungsausführung eingeschränkten Erfolgsaussicht in vielen Fällen mit dem Grundsatz der wirtschaftlichen und sparsamen Leistungsausführung (§ 69 Abs. 2 SGB IV) gerade nicht vereinbar sein.

6. Abs. 1 Satz 1 stellt der nachfolgend in § 10 verankerten Zielgerichtetheit, Bedarfsgerechtigkeit, Wirksamkeit und Wirtschaftlichkeit der Teilhabeleistungen das früher bereits im BSHG verankerte **Individualisierungsprinzip** voran, nach dem die Leistungen nicht schematisch zu gewähren sind, sondern sich nach den Bedürfnissen des Einzelfalles zu richten haben. Er basiert demzufolge erkennbar auf § 3 Abs. 2 Satz 1 BSHG, der allerdings als Sollvorschrift ausgebildet war, während Satz 1 die Rehabilitationsträger zur Berücksichtigung der Wünsche verpflichtet, wenn sie berechtigt sind. 13

Da das Wunsch- und Wahlrecht des nur im Rahmen des Leistungsrechts ausgeübt werden kann, sind Subjekt dieses Rechts allein die Leistungsberechtigten. Die Ausübung des Wunschrechts setzt eine Leistungsberechtigung für Rehabilitations- und Teilhabeleistungen voraus. Leistungen der Akutversorgung sind nicht erfasst. 14

Kinder- und Jugendliche üben das Wunschrecht selbst aus, wenn sie das fünfzehnte Lebensjahr vollendet haben und nach § 36 Abs. 1 SGB I handlungsfähig sind. Vorher sind Kinder nach § 4 Abs. 3 Satz 2 SGB IX alters- und entwicklungsentsprechend an der Planung und Ausgestaltung der einzelnen Hilfen (Leistungen) beteiligt und ihre Sorgeberechtigten intensiv in die Planung und Gestaltung der Hilfen einzubeziehen (vgl. § 8 SGB VIII). 15

Stehen Berechtigte unter Betreuung und umfasst diese auch den Umgang mit Rehabilitationsträgern, Diensten und Einrichtungen, so ist der Betreuer nach § 1901 Abs. 3 BGB an die Wünsche der betreuten Person gebunden, soweit diese deren Wohl nicht zuwiderlaufen und es ihm zuzumuten ist. Dabei ist der Betreuer zusätzlich auf die Rehabilitation verpflichtet (§ 1901 Abs. 4 BGB) Lehnt die betreute Person Teilhabeleistungen ab, ist dieser Wille – der einer Verweigerung der Zustimmung iSd § 9 Abs. 4 SGB IX entspricht – im Regelfall zu akzeptieren (*Jürgens,* BtR, 2 A, Rn 7 zu § 1901 BGB). 16

7. Der **Ausübung des Wunschrechts** der Berechtigten ist im Rehabilitationsrecht sowohl bei der Entscheidung – idR über Art, Umfang und Ort der Leistungserbringung – wie auch bei der Ausführung der Leistungen – Art, Dauer, Umfang, Ort, Intensität und Qualität der eingesetzten diagnostischen und therapeutischen bzw. sonstigen Verfahren und Methoden – Rechnung zu tragen. Da die Entscheidung des Rehabilitationsträgers durch die Gemeinsamen Servicestellen umfassend vorzubereiten ist und diese ua. bei der Klärung des Rehabilitationsbedarfs, bei der Inanspruchnahme von Leistungen der Teilhabe sowie bei der Erfüllung der Mitwirkungspflichten zu helfen haben (§ 22 Abs. 1), ist das Wunschrecht auch Gegenstand der Aufgabenwahrnehmung der gemeinsamen Servicestellen. Sie müssen auf diese Rechte hinweisen und danach fragen (Ausdrücklich: § 5 Satz 3 SGB VII; § 2 Abs. 4 SGB XI). 17

Das **Wunschrecht wird** durch den unbestimmten Rechtsbegriff „berechtigten Wünschen" **eingeschränkt.** In der Literatur wird zT die Auffassung vertreten (*Mrozynski,* Skript Sozialrecht I, Ziffer 39, www.fh-muenchen.de), 18 dass das Wunschrecht des § 33 SGB I durch § 9 Abs. 1 SGB IX praktisch nicht abgeändert worden sei, obwohl die in § 33 SGB I (angemessen) und in § 9 Abs. 1 SGB IX (berechtigten) verwendeten Begriffe nicht identisch sind (*Mrozynski,* Kommentar SGB IX Teil 1, Rn 1 zu § 9 SGB IX). Nach der Rechtsprechung ist ein auf § 33 Abs. 2 SGB I basierter Wunsch dann unangemessen, wenn er zu einer ungeeigneten Form der Hilfe führen würde (BSG SozR 2200 § 1236 RVO Nr. 43). Ein Gesichtspunkt der Angemessenheit sind dabei auch evtl. entstehende Mehrkosten (BVerwGE 75 S. 34).

Nach den Gesetzesmaterialien zu § 9 Abs. 1 SGB IX ist demgegenüber ein Wunsch immer als berechtigt anzusehen, wenn er sich im Rahmen des Leistungsrechts, insbesondere der mit ihm verfolgten Ziele hält (BT-Drucks. 14/5074 S. 100).

Für die Berechtigung eines Wunsches iSd § 9 Abs. 1 SGB IX kommt es danach – wie bei § 33 SGB I – auf die Berücksichtigung der Besonderheiten des Einzelfalls und im Übrigen darauf an, dass der Wunsch der Erfüllung der Aufgabenstellung des Rehabilitationsträgers und der Beachtung der ihm vom Gesetzgeber vorgegebenen Zielsetzung der Teilhabeleistungen nicht entgegensteht.

19 Als nicht berechtigt müssen danach alle Wünsche angesehen werden, die die Zielgerichtetheit, die Bedarfsgerechtigkeit und die Wirksamkeit der Teilhabeleistungen einschränken oder gefährden. So kann zB der Wunsch nach einer wohnortnahen medizinischen Rehabilitation in der Krankenversicherung berechtigt sein, während er in der Renten- oder Unfallversicherung nicht berechtigt ist, weil das wohnortnahe Leistungsangebot mit seinen Struktur- und Prozessqualitäten zwar geeignet ist, ein Rehabilitationsziel der Krankenversicherung (zB Minderung einer Behinderung iSd § 4 Abs. 1 Nr. 1 SGB IX) zu erreichen, jedoch die spezifischen Rehabilitationsziele der Rentenversicherung (Abwendung der Minderung einer Erwerbsfähigkeit iSd § 10 Abs. 1 Nr. 2 Buchst a SGB VI) oder der Unfallversicherung (vollständiger Schadensausgleich iSd § 26 SGB VII) eine Qualität erfordern, die nur in einer überregionalen Rehabilitationseinrichtung vorgehalten wird.

In der GKV können danach berechtigte Wünsche bei der Auswahl der Rehabilitationseinrichtung jedenfalls dann berücksichtigt werden, wenn die gewünschte Einrichtung als Rehabilitationseinrichtung zugelassen ist (LSG Hessen vom 28. 8. 2008, L 1 KR 2/05). Mit der Zulassung hat die Einrichtung nämlich ihre Eignung iSd § 17 nachgewiesen.

Im Hinblick darauf, dass den örtlichen Verhältnissen bei der Auswahl einer Rehabilitationseinrichtung nach § 33 Satz 1 SGB I ebenso Rechnung getragen werden soll wie der persönlichen Lebenssituation sind einer Antragstellerin Belastungen, wie zB eine regelmäßige Anwesenheit des Ehemannes am Ort der Klinik für eine Dauer von sechs Wochen oder eine einfache Fahrstrecke von 200 KM und mehr pro Besuch nur zuzumuten, wenn sie durch Gründe von erheblichem Gewicht gerechtfertigt werden (LSG NRW v. 24. 10. 2008 – L 8 B 15/08 R ER), was jedoch regelmäßig nicht der Fall sein dürfte.

20 Kollidieren die Wünsche des Berechtigten nicht mit den Pflichten der Rehabilitationsträger aus den §§ 1, 4, 10 und 26 Abs. 2 SGB IX bzw. denen nach dem für sie jeweils geltenden spezifischen Leistungsrecht, **muss** den

Wünschen der Berechtigten Rechnung getragen werden – soweit wegen der damit ggf. verbundenen Mehrkosten nicht gegen den Grundsatz der Sparsamkeit und Wirtschaftlichkeit der Leistungserbringung verstoßen wird. Bei der Prüfung, ob die mit einem Wunsch verbundenen Mehrkosten noch mit diesen Grundsätzen vereinbar sind, ist auf die Verhältnismäßigkeit zu den vom Rehabilitationsträger üblicher Weise bei gleichwertiger Wirksamkeit und Qualität in vergleichbaren Fällen aufzubringenden Durchschnittskosten abzustellen. Das BVerwG hat dazu im Bereich der Sozialhilfe Feststellungen getroffen, die auch für die Ermessensentscheidungen im Rahmen dieser Regelung herangezogen werden können (vgl. *Schellhorn* et al, § 3 BSHG Rn 15ff). § 9 enthält zur Ausübung des Wunsch- und Wahlrechts keinen allgemeinen Finanzvorbehalt, sondern einen Bedarfsvorbehalt.

8. Der zuständige Rehabilitationsträger kann das Wunschrecht des Versicherten auch nicht mit dem Hinweis darauf ablehnen, Leistungen zur medizinischen Rehabilitation nur in Rehabilitationseinrichtungen ausführen zu dürfen, mit denen er einen **Versorgungsvertrag** eingegangen ist (§§ 111 SGB V, 15 SGB VI). Dieser Einwand könnte ohnehin nur bei Leistungen in stationären Einrichtungen erhoben werden, weil sich die Verpflichtungen aus den §§ 111 SGB V, 15 SGB VI nicht auf ambulante Leistungen erstreckt, bei denen sich die Entscheidung immer nach § 19 Abs. 2 iVm § 9 SGB IX richtet. 21

Der Gesetzgeber weist zwar in der Begründung ausdrücklich darauf hin, dass sich Wünsche auch im Rahmen sonstiger Vorgaben bewegen müssen, wie etwa der Pflicht, Leistungen nur in Einrichtungen zu erbringen, mit denen nach § 21 SGB IX ein Vertrag besteht. Danach kommt es nicht darauf an, dass der zur Leistung verpflichtete Rehabilitationsträger selbst mit der gewünschten Rehabilitationseinrichtung einen Versorgungsvertrag eingegangen ist, sondern nur darauf, dass die gewünschte Einrichtung über einen Versorgungsvertrag nach § 21 SGB IX verfügt. D.h., sie muss lediglich ihre Eignung iSd § 17 Abs. 1 SGB IX durch den Abschluss eines Versorgungsvertrages iSd § 21 SGB IX mit einem zur Erbringung von medizinischen Leistungen zuständigen Rehabilitationsträger iSd § 6 Abs. 1 SG IX nachgewiesen haben. Insoweit trägt auch die Entscheidung des LSG Rheinland-Pfalz v. 12. 1. 04 – L 2 RI 160/03 – nicht, in der eine Pflicht zum Abschluss eines Versorgungsvertrages aus Anlass der Ausübung des Wunschrechts im Einzelfall verneint wird, weil „dies letztlich dazu führen könnte, dass der Versicherungsträger mit einer Unzahl von Einrichtungen Verträge abschließen müsste, obwohl das entsprechende Leistungsangebot voll durch andere Einrichtungen abgedeckt werden könnte". Offenkundig wurde bei dieser Entscheidung übersehen, dass Rehabilitationseinrichtungen nach dem mit dem SGB IX eingeführten Leistungserbringungsrecht ausschließlich dann von den Rehabilitationsträgern in Anspruch genommen werden dürfen, wenn ihre Eignung durch einen Versorgungsvertrag festgestellt ist (§§ 17, 21) und sie deswegen durchweg über einen Versorgungsvertrag mit einem Rehabilitationsträger verfügen müssen, wenn sie in Anspruch genommen werden wollen.

Es kommt auch nicht nur darauf an, ob eine Rehabilitationsträger seiner Verpflichtung zum Abschluss eines Versorgungsvertrages nachgekommen 22 ist, sondern dass es sich um einen Versorgungsvertrag handelt, der den Anforderungen des § 21 SGB IX genügt. In der Praxis wird man feststellen, dass Rehabilitationseinrichtungen von den Rehabilitationsträgern auch ohne Abschluss eines Versorgungsvertrages für die Leistungsausführung in Anspruch genommen werden oder zwar ein Versorgungsvertrag besteht, der jedoch bis heute regelmäßig nicht den inhaltlichen Anforderungen genügt, die nach § 21 SGB IX an einen gesetzmäßigen Versorgungsvertrag zu stellen sind.

Wird eine Rehabilitationseinrichtung entgegen den gesetzlichen Pflichten auch ohne Abschluss eines Versorgungsvertrages zur Ausführung von Rehabilitationsleistungen in Anspruch genommen oder verfügt die Rehabilitationseinrichtungen über einen Versorgungsvertrag eines Rehabilitationsträgers, der nicht den materiellen Anforderungen des § 21 SGB IX gerecht wird, kommt es für die Prüfung der „Berechtigung“ eines Wunsches iSd § 9 Abs. 1 SGB IX darauf an, ob die gewünschte Einrichtung mit ihrem Leistungsangebot nach Zielorientierung, Bedarfsgerechtigkeit, Wirksamkeit und Qualität im Verhältnis zu den Rehabilitationseinrichtungen gleichwertig ist, mit denen der für die Entscheidung zuständige Rehabilitationsträger Versorgungsverträge nach § 21 SGB IX eingegangen ist.

23 Mit Blick darauf, dass derzeit faktisch keine Versorgungsverträge bestehen, die den materiellen Anforderungen des § 21 SGB IX genügen, muss der Wunsch nach Inanspruchnahme einer Rehabilitationseinrichtung dann als berechtigt angesehen werden, wenn diese zwar nicht mit dem für den Berechtigten zuständigen Rehabilitationsträger, wohl aber mit einem anderen Rehabilitationsträger einen nicht den Anforderungen des § 21 SGB IX genügenden Versorgungsvertrag geschlossen und damit ihre Eignung iSd § 17 Abs. 1 Nr. 3 SGB IX durch einen Versorgungsvertrag iSd SGB grundsätzlich nachgewiesen hat.

24 Im Bereich der Krankenversicherung ist es für die Inanspruchnahme von Einrichtungen nach § 40 SGB V an Stelle einer Einrichtung nach § 41 SGB V auch bedeutungslos, ob ein Versorgungsvertrag – wenn er denn abgeschlossen würde – nach § 111 a oder nach § 111 SGB zustande gekommen ist bzw. käme. Da die Verträge nach § 111 SGB V insgesamt umfassendere Anforderungen an die Struktur- und Prozessqualität einer Rehabilitationseinrichtung stellen, als die Verträge nach § 111 a SGB V (vgl. zB BAR-Rahmenempfehlungen, Anh. 9.13.1.2), kommt es für die Beurteilung der Eignung einer Einrichtung im Rahmen des Wunschrechts nach § 9 SGB IX zB bei Leistungen nach § 41 SGB V ausschließlich darauf an, ob in einer Einrichtung mit einem Vertrag nach § 111 SGB V auch die spezifischen, auf die besonderen Belange von Müttern, Vätern und Kindern ausgerichteten Therapieformen vorgehalten werden, wie sie in den Verträgen nach § 111 a SGB V nachgewiesen werden müssen.

Im Übrigen findet diese Regelung keine Anwendung auf medizinische Vorsorgeleistungen nach § 23 SGB V bzw. medizinische Vorsorgeleistungen für Mütter und Väter nach § 24 SGB V, weil es sich dabei nicht um medizinische Leistungen zur Rehabilitation iSd SGB IX handelt.

25 **9.** Der Rehabilitationsträger darf auch die **Unwirtschaftlichkeit** einer bisher nicht unter Vertrag stehenden Einrichtung im Verhältnis zu seinen Ver-

tragskliniken nicht prinzipiell unter Hinweis auf die nach seinen Verträgen zu belegenden Kapazitäten in seinen Vertragskliniken unterstellen, sondern muss aus gegebenem Anlass im Einzelfall prüfen, ob die gewünschte Einrichtung mit ihrem Kostengefüge unter Berücksichtigung der gebotenen Qualität tatsächlich weniger wirtschaftlich ist als die unter Vertrag stehende Einrichtung. Ein Hinweis auf zu belegende Vertragskapazitäten ist für sich gesehen auch deswegen schon bedeutungslos, weil der Rehabilitationsträger die Ausführung seiner Leistungen nach § 17 SGB IX, die Durchführung seines Sicherstellungsauftrages nach § 19 SGB IX und seine Versorgungsverträge nach § 21 SGB IX auch unter Berücksichtigung des Grundsatzes der Wirtschaftlichkeit und Sparsamkeit so organisieren bzw. gestalten muss, dass sich daraus kein grundsätzliches Hemmnis gegen die Wahrnehmung des gesetzlich zugesicherten Wunschrechts durch den Berechtigten ergibt. Das berechtigte Wunschrecht führt immer dann zu einer Reduzierung des Auswahlermessens der Kasse nach § 40 Abs. 3 Satz 1 SGB V „auf Null", wenn die Wunscheinrichtung über einen Versorgungsvertrag nach § 111 Abs. 1 SGB V verfügt und danach ihre Eignung iSd § 17 Abs. 1 SGB IX festgestellt ist (Hessisches LSG v. 28. 8. 20088 – L 1 KR 2/05, ZMGR 2008, 333 ff).

Im Übrigen kann sich die Krankenkasse nicht auf den Wirtschaftlichkeitsgrundsatz berufen, wenn der Versicherte eine Einrichtung mit Versorgungsvertrag, jedoch einem höheren Vergütung wählt und die Kasse auf eine Einrichtung mit einer geringeren Vergütung verweist. Die Kasse hat bei allen Versorgungsverträgen das Wirtschaftlichkeitsgebot nach § 12 Abs. 1 Satz 1 SGB V zu beachten, sodass auch die Einrichtung mit der höheren Vergütung grundsätzlich als wirtschaftlich anzusehen ist. Entscheidend ist in diesem Falle allein, ob sie auch bedarfsgerecht ist. Ähnliches gilt, wenn für die vom Betroffenen ausgewählte Einrichtung die Übernahme eines Eigenkostenanteils – etwa die Differenz zur Vergütung der ursprünglich vom Leistungsträger vorgeschlagenen Einrichtung – gefordert wird. Eine nach Anwendung des § 12 SGB V bei Abschluss des Versorgungsvertrages erneut vorgenommene Wirtschaftlichkeitsprüfung im Einzelfall ist unzulässig (*Stevens-Bartol* § 8 Rn 14). 26

10. Die ab 1. 4. 2007 wirksame Neufassung des § 40 Abs. 2 SGB V durch das **GKV-WSG** sieht vor, dass der Versicherte – ausschließlich bei Rehabilitationsleistungen der GKV – etwaige Mehrkosten zu tragen hat, wenn er abweichend von der vom Rehabilitationsträger vorgesehenen Einrichtung eine andere zertifizierte Einrichtung wählt, mit der kein Versorgungsvertrag nach § 111 SGB V besteht. 27

Das GKV-WSG räumt den Versicherten damit keineswegs ein uneingeschränktes Wunschrecht ein. Die leistungsrechtliche Beurteilung eines Wunsches richtet sich weiterhin nach § 9 Abs. 1 SGB IX und kann auch abgelehnt werden, wenn der Versicherte nicht belegen kann, dass die von ihm gewünschte Einrichtung die Rehabilitationsziele in gleicher Weise erreichen kann, wie die bei der Kasse unter Vertrag stehenden Einrichtungen. 28

Das GKV-WSG hat den Versicherten lediglich die Begründung ihres Wunschrechts nach § 9 SGB IX erleichtert. Durch die Anbindung des § 40 Abs. 2 Satz 2 SGB V an den Nachweis der Zertifizierung des internen Qualitätsmanagements der Rehabilitationseinrichtungen wird nämlich – ausschließlich für die Entscheidung über die Ausübung des Wunschrechts – kraft Gesetzes unterstellt, dass Rehabilitationseinrichtungen, die ihr internes Qualitätsmanagement zertifiziert haben, auch im Sinne der §§ 17, 19 SGB IX geeignet sind, die mit der Rehabilitationsleistung angestrebten Rehabilitationsziele durch die in der Einrichtung vorhandenen Struktur- und Prozessqualität zu erreichen. Dies unabhängig davon, ob die Eignung der vorgehaltenen Struktur- und Prozessqualität nach dem Ergebnis der vergleichenden Qualitätsanalysen der Rehabilitationsträger nach § 20 Abs. 1 SGB IX tatsächlich gegeben ist.

29 Hat die gewünschte Rehabilitationseinrichtung ihr internes Qualitätsmanagement zertifizieren lassen, muss die Krankenkasse grundsätzlich dem geäußerten Wunsch stattgeben, und die Leistung in dieser Einrichtung ausführen und zwar auch dann, wenn sie – und auch keine andere Krankenkasse – mit dieser Einrichtung keinen Versorgungsvertrag nach § 111 SGB V abgeschlossen hat. In diesem Fall muss der Versicherte die Mehrkosten nach § 40 Abs. 2 Satz 2 SGB V selbst tragen. Das kann zB, dazu führen, dass eine Rehabilitationseinrichtung mit einer durch die vergleichenden Qualitätsanalysen nach § 20 Abs. 1 SGB IX nachgewiesenen herausragenden Versorgungsqualität, die nur Versorgungsverträge mit den Renten-versicherungsträgern, aber keinen einzigen Vertrag nach § 111 SGB V mit einer Krankenkasse eingegangen ist, vom Versicherten bei seiner Krankenkasse nur dann gewünscht werden kann, wenn er bereit und in der Lage ist, evtl. Mehrkosten selbst zu tragen. Dabei entspricht es den Grundsätzen der Sparsamkeit und Wirtschaftlichkeit, wenn die Krankenkasse mindestens die „Sowiesokosten" trägt, die sie in einer Einrichtung mit einem Versorgungsvertrag nach § 111 SGB V zu zahlen gehabt hätte (LSG Baden-Württemberg v. 1. 8. 07 – L 4 KR 2071/05, ZMGR 2008, 330).

30 Hat eine gewünschte Rehabilitationseinrichtungen keinen Versorgungsvertrag nach § 111 SGB V, muss dennoch – völlig unabhängig von den Bestimmungen zum Wunschrecht – immer ihre grundsätzliche Eignung für die Ausführung von Rehabilitationsleistungen im Sinne der §§ 17, 19 SGB IX durch einen Versorgungsvertrag mit einem anderen Rehabilitationsträger, zB der Renten- oder Unfallversicherung, nachgewiesen sein. Ist dies nicht der Fall und verfügt die gewünschte Rehabilitationseinrichtung überhaupt nicht über einen Versorgungsvertrag, darf sie trotz einer etwaigen Zertifizierung des internen Qualitätsmanagements mangels nachgewiesener Eignung nach § 17 Abs. 1 Nr. 3 SGB IX von keinem Rehabilitationsträger belegt werden.

31 Bei § 40 Abs. 2 Satz 2 SGB V handelt es sich nämlich ausschließlich um trägerspezifisches Recht iSd § 7 Satz 1 zum Wunsch- und Wahlrecht nach § 9, nicht jedoch zum Leistungserbringungsrecht nach §§ 17, 19, das auch die Krankenkassen verpflichtet, Rehabilitationsleistungen ausschließlich in geeigneten Rehabilitationseinrichtungen ausführen zu lassen (§ 17 Abs. 1 Nr. 3 SGB IX).

32 **11.** Das mit dem GKV-WSG nur für den Bereich der Krankenversicherung geschaffene trägerspezifische Recht bewirkt im Verhältnis zu dem für die übrigen Rehabilitationsträger weiterhin geltenden Wunschrecht nach § 9 Abs. 1 eine Schlechterstellung des Versicherten. Im Bereich der GKV hat er

nunmehr etwaige, mit seinem Wunsch verbundene **Mehrkosten** ohne weitere Prüfung immer selbst zu tragen.

33 Problematisch ist dabei allerdings, wie sich etwaige Mehrkosten bestimmen und vergleichen lassen. Ob überhaupt vom Berechtigten zu tragende Mehrkosten angefallen sind, richtet sich danach, ob die vom Rehabilitationsträger zugewiesene Rehabilitationseinrichtung geeignet war, den individuellen funktionsbezogenen Rehabilitationsbedarf des Berechtigten iSd § 10 zu decken und die daraus abgeleiteten Rehabilitationsziele im Sinne der §§ 1, 4 Abs. 1, 26 Abs. 1 zu erreichen. Es wird danach im Einzelfall zu klären sein, welche Struktur- und Prozessqualität eine geeignete Rehabilitationseinrichtung gemessen an dem nach § 10 festgestellten individuellen funktionsbezogenen Rehabilitationsbedarf vorhalten muss, um die sich daraus ableitenden Rehabilitationszielen erreichen zu können. Nur die mit der Leistungsausführung in einer danach geeigneten Einrichtung (§§ 17, 19) verbundenen Kosten können Maßstab für die Beurteilung sein, ob tatsächlich durch die Inanspruchnahme der vom Berechtigten gewünschten Rehabilitationseinrichtung Mehrkosten angefallen sind. Die Rehabilitationsträger müssen dafür Sorge tragen, dass die Wirksamkeit und Wirtschaftlichkeit der Rehabilitationsleistung nachvollzogen werden kann (BSG 89 S. 294 (305), wonach die Vergleichbarkeit aller Preise mit denen der anderen Anbieter zu gewährleisten ist).

34 Soweit Krankenkassen Mehrkosten geltend machen, müssen sie nachweisen,

- dass sie den rehabilitativen individuellen Leistungsbedarf funktionsbezogen, dh orientiert an der ICF, vollständig erhoben haben,
- welche Rehabilitationsziele im Sinne der §§ 1, 4 Abs. 1, 26 Abs. 1 SGB IX sie daraus im Einzelfall abgeleitet und der Rehabilitationseinrichtung als Leistungsziel vorgegeben haben und
- worin die Struktur- und Prozessqualität der von zugewiesenen Rehabilitationseinrichtung besteht, die geeignet erscheint, diese Rehabilitationsziele zu erreichen und
- dass sie die damit verbundenen Kosten zum Maßstab der Mehrkostenforderung gemacht hat.

Da in vielen Fällen nach dem Inhalt der zur Feststellung des individuellen funktionsbezogenen Rehabilitationsbedarfs nach § 10 SGB IX von den Krankenkassen herangezogenen Begutachtungsrichtlinie Vorsorge und Rehabilitation des MDS schon bezweifelt werden kann, ob allein schon die Feststellung des Leistungsbedarfs den Anforderungen des geltenden Rehabilitations- und Teilhaberechts entspricht, können idR auch begründete Zweifel an der Eignung der von der Krankenkasse zugewiesenen Rehabilitationseinrichtung hinsichtlich der Erreichung der Rehabilitationsziele und damit auch zur Rechtmäßigkeit der geltend gemachten Mehrkostenforderungen erhoben werden.

35 Ein bloßer Vergleich der Vergütung der gewünschten Einrichtung etwa mit den Durchschnittskosten der von der oder den von Kasse belegten Einrichtungen gleicher Indikation ist jedenfalls keine geeignete Grundlage zur Ermittlung etwaiger Mehrkosten. Auch die Praxis einiger Krankenkassen, die Feststellung der Mehrkosten auf die Pauschalbeträge zu stützen, die sie

im Rahmen von Kostenerstattungstarifen zur Begleichung der Kosten von Rehabilitationsleistungen erstatten gewähren, entspricht nicht den gesetzlichen Anforderungen.

36 Alle übrigen Träger der medizinischen Rehabilitation haben dagegen weiterhin bei Ausübung des Wunschrechtes unter Berücksichtigung der Rechtsprechung bei gleicher Qualität und Wirksamkeit der gewünschten Leistungsausführung anfallende Mehrkosten in einem begrenzten Umfang zu übernehmen (vgl. Rn 20).

37 Letztlich sind die Rehabilitationsträger durch das Wunschrecht der Versicherten nicht daran gehindert, ihrer Verpflichtung zur wirtschaftlichen Leistungsgestaltung auch in der Weise nachzukommen, dass sie im Einzelfall mit der von dem Berechtigten gewünschten Einrichtung einen günstigeren Preis (zB in Anlehnung an die mit ihren Vertragskliniken vereinbarten Preise) vereinbaren, als den, den der Versicherte ohne diese Unterstützung durch den Träger als Einzelnachfrager erreichen kann, oder für den Einzelfall einen Versorgungsvertrag iSd § 21 einzugehen.

38 **12. Abs. 1 Sätze 2 und 3** heben Tatbestände und Lebenssituationen hervor, die **Wünsche** iSd Satz 1 als **besonders berechtigt** erscheinen lassen. Zunächst erfasst Satz 2 individuelle, in der Person des Berechtigten vorliegende Faktoren wie Alter, Geschlecht, Familie, religiöse und weltanschauliche Bedürfnisse oder persönliche Lebenssituationen, die Auswirkungen auf die Art, den Ort aber auch den Inhalt einer Leistung (Konzept, Struktur- und Prozessqualität) haben können. Dies trägt nicht nur dem Anspruch auf Selbstbestimmung und dem Selbstverständnis der behinderten und von Behinderung bedrohten Menschen, sondern auch der Erkenntnis Rechnung, dass die Motivation der Berechtigten und die Tragfähigkeit familiärer Bindungen einen wesentlichen Beitrag zu erfolgreicher Teilhabe leisten können. Darüber hinaus können aus diesen Faktoren auch grundsätzliche Anforderungen an Art, Inhalt und Qualität der Leistungen und ihre Konzepte ergeben. So dürften generelle qualitative Maßstäbe es bereits erfordern, die Anwendung bestimmter therapeutischer Verfahren und Methoden altersentsprechend auszuprägen, den sich aus der Ursache einer Behinderung ableitenden geschlechtsspezifischen Anforderungen an das therapeutische Konzept Rechnung zu tragen, den familiären Bedingungen mit einer Haushaltshilfe oder Begleitpersonen gerecht zu werden, den religiösen oder religiösen oder weltanschaulichen Bedürfnissen bei der Speisenversorgung zu entsprechen oder zB die besondere persönliche Lebenssituation Schichtdienstleistender (wegen seit Jahren extrem abweichender Schlafgewohnheiten) bei der Ausführung der Leistungen zu berücksichtigen. Im Übrigen stellt der Ausschussbericht (BT-Drucks. 14/5800 S. 30) klar, dass die gebotene Rücksichtnahme auf religiöse und weltanschauliche Bedürfnisse auch die Möglichkeit einschließt, die Inanspruchnahme anderer geeigneter Einrichtungen durch Pauschbeträge anstelle von Sachleistungen zu ermöglichen. Die **in Satz 3** enthaltene Verpflichtung, den besonderen Bedürfnissen behinderter Kinder sowie den besonderen Bedürfnissen behinderter Mütter und Väter bei der Erfüllung ihres Erziehungsauftrages Rechnung zu tragen, räumt den betroffenen Kindern und Eltern an dieser Stelle Rechte ein, die mit den Pflichten der Rehabilitationsträger nach § 4 Abs. 3 korrespondieren. Die Ausübung

elterlicher Aufgaben ist ein wichtiger Bestandteil der gleichberechtigten Teilhabe am Leben in der Gesellschaft, der nach § 1 zu fördern ist (BSG v. 6. 6. 02 – B 3 KR 68/01 R, NZS 2003, 478).

13. Abs. 2 räumt den Leistungsberechtigten unter bestimmten Voraussetzungen ein **Wahlrecht** zwischen Sachleistungen zur Teilhabe, die nicht in Rehabilitationseinrichtungen auszuführen sind, und Geldleistungen ein. Bei Sachleistungen handelt es sich um Leistungen, die dem Berechtigten vom Leistungsträger in Form der unmittelbaren Gewährung der Leistungsinhalte erbracht werden, wobei es unerheblich ist, dass der Rehabilitationsträger zur tatsächlichen Ausführung ggf. einen Dritten als Leistungserbringer einschaltet, ihm gegenüber als Vertragspartner auftritt und dessen Leistungen in Geld vergütet. Demgegenüber hat der Berechtigte sich bei der Leistungserbringung in Form der Übermittlung eines Geldbetrages die konkrete Ausführung der Leistung durch einen Dritten selbst zu beschaffen und tritt diesem gegenüber als Auftraggeber und Vertragspartner iSd Vertragsrechts nach dem BGB auf. 39

Das Wahlrecht schließt die in Rehabilitationseinrichtungen zu erbringenden Leistungen ausdrücklich aus. Zu den danach **ausgenommenen Rehabilitationseinrichtungen** iSd § 19 gehören neben den Einrichtungen zur Erbringung ambulanter und stationärerer Leistungen zur medizinischen Rehabilitation insbesondere auch Berufsförderungswerke, Berufsbildungswerke und Werkstätten für behinderte Menschen. Im Gegensatz zu den von den Trägern der medizinischen Rehabilitation während des Gesetzgebungsverfahrens geäußerten Befürchtungen dürfte diese Regelung gerade in diesem Bereich, in dem die Leistungen fast ausschließlich in Rehabilitationseinrichtungen erbracht werden, faktisch keine praktische Bedeutung erlangen. Nicht durch die Regelungen erfasst sind weiterhin Dienstleistungen, die nach § 11 SGB I eine besondere Leistungsart neben den Sachleistungen darstellen und in der Vermittlung von Dienst- und Werkleistungen (zB Wartung und Pflege im Heim, ärztliche Behandlung) bestehen (*Schellhorn* et al § 8 BSHG Rn 12). 40

Im Gegensatz dazu erbringen Rehabilitationsdienste iSd § 19 ua. Sachleistungen außerhalb von Einrichtungen der Rehabilitation und werden insoweit von dieser Regelung erfasst. Gegenstand des Wahlrechts sind danach ambulante medizinische Rehabilitationsleistungen, Leistungen zur Teilhabe am Arbeitsleben sowie am Leben in der Gesellschaft, soweit diese nicht in Rehabilitationseinrichtungen, sondern durch Rehabilitationsdienste ausgeführt werden. So sind zB schulische Einrichtungen, die von den Rehabilitationsträgern für bestimmte Teile der Leistungen zur Teilhabe am Arbeitsleben in Anspruch genommen werden keine Rehabilitationseinrichtungen, sodass die dort erbrachten Leistungsanteile durch das Wahlrecht im Sinne dieser Vorschrift erfasst werden. 41

14. Voraussetzung für die Ausübung des Wahlrechts ist nach **Abs. 2 Satz 1,** dass die Leistungen, die sich der Versicherte auf der Basis der Geldleistung selbst beschafft, bei gleicher Wirkung wirtschaftlich zumindest gleichwertig ausgeführt werden können. Die gleiche Wirksamkeit umfasst die Zielgerichtetheit iSd § 4 Abs. 1, die Bedarfsgerechtigkeit iSd § 10 Abs. 1 und die zur Zielerreichung erforderliche Qualität iSd § 20 Abs. 1 Satz 1. Ent- 42 spricht die vom Berechtigten vorgeschlagene Leistung nach den vorgelegten Unterlagen den dort genannten Anforderungen und ist danach eine gleiche Wirksamkeit überwiegend wahrscheinlich, kann das dem Rehabilitationsträger bei der Entscheidung eingeräumte Ermessen fehlerfrei nur durch Zustimmung zu dem gestellten Antrag ausgeübt werden, es sei denn, dass eine wirtschaftlich zumindest gleichwertige Ausführung nicht erreicht werden kann. Die wirtschaftlich zumindest gleichwertige Ausführung ist nach den Grundsätzen der Sparsamkeit und Wirtschaftlichkeit der Leistungserbringung (§§ 69 SGB IV iVm § 10 Abs. 1 Satz 3) unter Berücksichtigung des Grundsatzes der Verhältnismäßigkeit zu beurteilen (vgl. dazu Rn 20). Bei der Prüfung der Verhältnismäßigkeit sollten mit Blick auf die Zielerreichung und die dazu erforderliche Motivation und Mitwirkung des Berechtigten die Gesamtaufwendungen bis zur Eingliederung sowie die Vermeidung eines dauerhaften Sozialleistungsbezuges in die Beurteilung einbezogen werden.

43 **15.** Das Wahlrecht muss nach **Abs. 2 Satz 1** durch einen **Antrag** des Leistungsberechtigten ausdrücklich geltend gemacht werden. Rechtstechnisch handelt es sich deshalb nicht um ein echtes, dh unmittelbar wirksames Wahlrecht. Der Berechtigte kann mit seinem Antrag ein ernsthaftes Begehren vorbringen, das er nach **Satz 2** durch die Vorlage geeigneter Unterlagen über die Wirksamkeit der von ihm beabsichtigten Leistung zu begründen hat. Diese Unterlagen müssen eine hinreichende Transparenz und Aussagefähigkeit über die Leistungserbringung im Sinne der in Rn 13 genannten Kriterien besitzen. Der Rehabilitationsträger hat die ihm vom Berechtigten zur Beurteilung der Wirksamkeit vorgelegten Unterlagen zu prüfen und über den Antrag nach Satz 3 zu entscheiden. Bei der Entscheidung über den Antrag sind hinsichtlich der Voraussetzungen die Tatsachen unter die unbestimmten Rechtsbegriffe zu subsumieren. Wegen der Beurteilung der geforderten gleichen Wirtschaftlichkeit und Wirksamkeit („können") ist auf der Rechtsfolgeseite zusätzlich eine Ermessensentscheidung zu treffen (so auch HVBG/BUK/BLB, Erstkommentierung des SGB IX S. 37).

44 Da mit der Nichtberücksichtigung des Wunsches eine unmittelbare – gegen den Berechtigten gerichtete – Rechtswirkung nach außen verbunden ist, hat der Berechtigte bereits nach § 31 SGB X einen Anspruch auf Erlass eines rechtsbehelfsfähigen Verwaltungsaktes, der neben den wesentlichen rechtlichen und tatsächlichen Gründen – mit Blick auf den zu entscheidenden Ermessenstatbestand – nach § 35 Abs. 1 Satz 2 SGB X auch die Gesichtspunkte erkennen lassen muss, von denen der Rehabilitationsträger bei der Ausübung seines Ermessens ausgegangen ist.

Die während der Beratungen im Gesetzgebungsverfahren mit der Anfügung des **Satz 3** für den Fall der Ablehnung eines geltend gemachten Wahlrechts aufgenommenen besonderen Begründungspflicht durch Verwaltungsakt sollte klargestellt werden, dass den Berechtigten keine Beweislast trifft, sondern der Rehabilitationsträger mit Hilfe der ihm vom Leistungsberechtigten zur Beurteilung der Wirksamkeit der gewünschten Leistungen zur Verfügung gestellten Unterlagen seine Entscheidung vorzubereiten und zu begründen hat (BT-Drucks. 14/5800 S. 30).

45 Entgegen der in der Literatur zT vertretenen Auffassung (HVBG/BUK/BLB aaO S. 38) ist der Berechtigte vor dem Erlass des Verwaltungsaktes

nach § 24 Abs. 1 SGB X anzuhören, weil mit der Ablehnung seines Antrages zugleich in seine Mitgestaltungsrechte nach § 10 Abs. 1 (Abstimmung der erforderlichen Leistungen mit den Leistungsberechtigten) eingegriffen wird.

16. Durch **Abs. 3** werden die Rehabilitationsträger hinsichtlich der Ausgestaltung, insbesondere jedoch die Leistungserbringer dazu verpflichtet, den Leistungsberechtigten **viel Raum zu eigenverantwortlicher Gestaltung ihrer Lebensumstände** zu belassen und ihre Selbstbestimmung zu fördern Durch die Formulierung „möglichst viel" erkennt der Gesetzgeber an, dass die Ausführung von Teilhabeleistungen ohne Einschränkungen der eigenverantwortlichen Ausgestaltung der Lebensumstände nicht möglich ist (vgl. dazu auch Mitwirkungspflichten nach §§ 60ff SGB I). Gleichwohl unterstreicht er iSd Benachteiligungsverbots sowie des Selbstbestimmungsrechts (§§ 1, 4 Abs. 1 Nr. 4), dass diese Einschränkungen auf das unvermeidbare Maß beschränkt bleiben müssen. Die Rehabilitationsträger haben diesen Gestaltungsraum der Berechtigten ua. nach § 21 Abs. 1 Satz 1 Nr. 3 und 4 in den Verträgen mit den Leistungserbringern sicherzustellen. 46

17. Nach **Abs. 4** ist die Gewährung von Leistungen an die **Zustimmung des Leistungsberechtigten** gebunden. Diese Regelung wird aus § 4 Abs. 1 RehaAnglG übernommen. Mit diesem Erfordernis wird an die freiwillige Mitarbeit des Berechtigten als eine unabdingbare Leistungsvoraussetzung für eine erfolgreiche Leistungserbringung appelliert. Erteilt der Berechtigte seine Zustimmung – was regelmäßig Inhalt der formalisierten Antragsvordrucke der Rehabilitationsträger ist –, ist er nach besten Kräften zur weiteren Mitwirkung verpflichtet und kann sich ohne triftigen Grund einer vorgesehenen zumutbaren Teilhabeleistung nicht entziehen (vgl. Grenzen der Mitwirkung, § 65 SGB I). Anderenfalls greifen die Vorschriften über die Leistungsversagung (§§ 66ff SGB I). 47

Das BSG hat in einer Entscheidung zu § 4 Abs. 1 Satz 1 RehaAnglG vom 23. 4. 92 (13/5 RJ 12/90) ausgeführt: „Hierbei geht es nicht um die Erklärung eines Willens, das ... Verfahren in Gang zu setzen, sondern um die Bereitschaft, an den Maßnahmen zur Rehabilitation teilzunehmen, die der Rehabilitationsträger aus dem Katalog der in Betracht kommenden Maßnahmen ausgewählt hat. Ihrem Charakter nach stellt sie die Grundlage für eine Mitwirkung des Versicherten am Rehabilitationserfolg sicher. ... Aus dieser Bedeutung der Zustimmung folgt, dass sie nicht unbedingt vor der Maßnahme vorliegen muss, wohl aber während der Maßnahme und ihrerseits keinen Träger zu bestimmten Leistungen veranlasst, sondern nur dem Träger gegenüber, der eine Leistung erbringt, die Mitwirkungsbereitschaft manifestiert".

§ 10 Koordinierung der Leistungen

(1) [1]**Soweit Leistungen verschiedener Leistungsgruppen oder mehrerer Rehabilitationsträger erforderlich sind, ist der nach § 14 leistende Rehabilitationsträger dafür verantwortlich, dass die beteiligten Rehabilitationsträger im Benehmen miteinander und in Abstimmung mit den Leis-**

tungsberechtigten die nach dem individuellen Bedarf voraussichtlich erforderlichen Leistungen funktionsbezogen feststellen und schriftlich so zusammenstellen, dass sie nahtlos ineinander greifen. [2]Die Leistungen werden entsprechend dem Verlauf der Rehabilitation angepasst und darauf ausgerichtet, den Leistungsberechtigten unter Berücksichtigung der Besonderheiten des Einzelfalls die den Zielen der §§ 1 und 4 Abs. 1 entsprechende umfassende Teilhabe am Leben in der Gesellschaft zügig, wirksam, wirtschaftlich und auf Dauer zu ermöglichen. [3]Dabei sichern die Rehabilitationsträger durchgehend das Verfahren entsprechend dem jeweiligen Bedarf und gewährleisten, dass die wirksame und wirtschaftliche Ausführung der Leistungen nach gleichen Maßstäben und Grundsätzen erfolgt.

(2) **Absatz 1 gilt entsprechend auch für die Integrationsämter in Bezug auf Leistungen und sonstige Hilfen für schwerbehinderte Menschen nach Teil 2.**

(3) **Den besonderen Bedürfnissen seelisch behinderter oder von einer solchen Behinderung bedrohter Menschen wird Rechnung getragen.**

(4) **Die datenschutzrechtlichen Regelungen dieses Gesetzbuchs bleiben unberührt.**

1 **1. Sozialpolitischer Hintergrund.** § 4 Abs. 2 RehaAnglG regelte die Verpflichtung zur frühzeitigen Einleitung sowie zügigen Durchführung gebotener Rehabilitationsmaßnahmen und verpflichtete zur Information und Weiterleitung an den zuständigen Rehabilitationsträger, wenn der Rehabilitationsbedarf bei einem unzuständigen Träger festgestellt wurde. Dies führte trotz der in § 5 Abs. 1 RehaAnglG enthaltenen Verpflichtung der Träger, im Interesse einer raschen und dauerhaften Eingliederung eng zusammenzuarbeiten, immer wieder dazu, dass die notwendigen Leistungen unabgestimmt, häufig nicht zielgerichtet und wirksam, vor allem jedoch nicht nahtlos erbracht wurden. Ein Hauptkritikpunkt der Betroffenen am bisherigen Rehabilitationsrecht war die unzureichende Kooperation, Koordination und Konvergenz der Rehabilitationsträger und die daraus für den Betroffenen erwachsenden sog Schnittstellenprobleme.

Ein Kernziel des SGB IX Ziel ist es, diese Schnittstellenprobleme und die unterschiedlichen Versorgungsstandards im Sinne der Wahrung einheitlicher Lebensverhältnisse (Art. 72 Abs. 2 Nr. 3 GG) behinderter und von Behinderung bedrohter Menschen zu beseitigen. Dies soll durch Kooperation und Koordination der Rehabilitationsträger und die Verpflichtung zur Konvergenz der Leistungen erreicht werden. Diese Vorschrift operationalisiert diese Pflichten der Rehabilitationsträger.

Im Übrigen hielt der Bundesrat eine Namensänderung der Hauptfürsorgestellen „wegen der historischen Überlebtheit des Begriffs und seinem geringen Informationsgehalt hinsichtlich der tatsächlichen Aufgaben“ für angezeigt. Zu dem mit dem SchwbBAG eingeleiteten Paradigmenwechsel der Behindertenpolitik verhalte sich der Begriff „Hauptfürsorgestelle“ eher kontraproduktiv. Die Erfahrung zeige, dass selbst in anderen Bereichen der Behindertenhilfe und dem Bereich der Wirtschaft der Begriff nicht mehr geeignet sei, den Leistungskanon der Hauptfürsorgestellen hinreichend zu kommunizieren (BT-Drucks. 14/5531 S. 6).

2. Entstehung der Norm. Die Vorschrift wurde ab 1. 7. 2001 durch Art. 1 SGB IX eingeführt. Gegenüber dem RegE (BT-Drucks. 14/5531 iVm 14/5074) wurden die Abs. 1 und 2 geändert sowie ein neuer Abs. 3 eingefügt. Abs. 3 blieb als neuer Abs. 4 unverändert. Gegenüber dem RegE hat der leistende Rehabilitationsträger nach **Abs. 1 Satz 1** nicht nur auf die Koordination der Leistungen „hinzuwirken“, er ist „dafür verantwortlich“ Mit der neuen Bezeichnung „Integrationsamt“ statt „Hauptfürsorgestelle“ folgt die Bundesregierung in **Abs. 2** dem Bundesrat (BT-Drucks. 14/5639 S. 2). **Abs. 1 Satz 4** ab 1. 7. 2004 eingefügt durch Gesetz zur Einordnung des Sozialhilferechts in das SGB vom 23. 12. 2003 (BGBl. I S. 3056) und gelöscht ab 1. 7. 2004 durch Art. 8 Nr. 2 des Gesetzes zur Verwaltungsvereinfachung im Sozialrecht vom 21. 3. 2005 (BGBl. I S. 818). 2

3. Normzweck. Abs. 1 verpflichtet den nach § 14 leistenden Rehabilitationsträger zu einem umfassenden Teilhabemanagement sowie zur Sicherstellung der Zusammenarbeit der Träger. **Abs. 2** erstreckt diese Verpflichtung bezüglich der Leistungen und sonstigen Hilfen für schwb Menschen nach Teil 2 SGB IX auf die Integrationsämter. Nach **Abs. 3** ist den besonderen Bedürfnissen seelisch behinderter oder von einer solchen Behinderung bedrohter Menschen Rechnung zu tragen ist. **Abs. 4** regelt, inwieweit datenschutzrechtliche Regelungen berührt werden. 3

4. Die Rehabilitationsträger werden mit **Abs. 1** durch **Koordinierung der Leistungen** verpflichtet, gemeinsam und in Abstimmung mit dem Leistungsberechtigten die individuell erforderlichen Leistungen funktionsbezogen festzustellen, zusammenzustellen und entsprechend dem Verlauf der Rehabilitation anzupassen. Damit werden die Verpflichtungen des § 86 SGB X, bei der Erfüllung der Aufgaben eng zusammenzuarbeiten, und die aus § 16 SGB I zur unverzüglichen Weiterleitung eines Antrages an den zuständigen Leistungsträger bzw. die auf die Ausführung der Leistungen gerichteten Pflichten der Leistungsträger nach § 17 SGB I hinsichtlich der Besonderheiten bei der Teilhabe behinderter und von Behinderung bedrohter Menschen weiter konkretisiert. Die Rehabilitationsträger sollen die im Einzelfall notwendigen Rehabilitationsziele und -leistungen trägerübergreifend so bestimmen, dass die insgesamt erforderlichen Leistungen aus der Sicht des Leistungsberechtigten „wie aus einer Hand“ erscheinen und das dazu erforderliche Verfahren durchgehend sichern Die Vorschrift ergänzt die Pflicht des Rehabilitationsträgers, die erforderlichen Leistungen so frühzeitig wie möglich festzustellen und festzulegen (§ 8). Damit werden die Regelungen der §§ 4 Abs. 2, 5 Abs. 1 RehaAnglG fortentwickelt. 4

Zur Vermeidung eines unabgestimmten Nacheinander oder Nebeneinander der beteiligten Rehabilitationsträger, wird der nach § 14 Leistende verpflichtet, die notwendige Zusammenarbeit der verschiedenen beteiligten Rehabilitationsträger sicherzustellen und schriftlich zu dokumentieren. Bei der Pflicht zur Koordinierung handelt es sich um eine interne, wenn auch verpflichtende Form zur Zusammenarbeit, die keine gemeinsame Bescheidung oder gar eine inhaltliche Modifizierung der Einzelansprüche umfasst. Sind mehrere Rehabilitationsträger beteiligt, haben sie die Entscheidungen 5

„im Benehmen miteinander“ zutreffen. Das bedeutet im Verfahren gegenseitige Information und Stellungnahme, ferner eine Auseinandersetzung mit den Inhalten der Stellungnahme, jedoch keine Notwendigkeit des Einvernehmens (so auch *Haines* in LPK-SGB IX § 10 Rn 17).

Neben der Pflicht zur Koordinierung der Leistungen bindet der Gesetzgeber das den Trägern bei der Gestaltung ihres Verwaltungsverfahrens eingeräumte Ermessen an konkrete Anforderungen und Maßstäbe. Dies sind insbesondere in Abs. 1 Satz 1 die Orientierung der Leistungsfeststellung am individuellen Bedarf, die Bindung der Erforderlichkeit einer Leistung an die Funktionsbezogenheit, dh die ICF, sowie die funktionsbezogene Feststellung der Leistungen und letztlich die Verpflichtung zur schriftlichen Zusammenstellung.

6 **5.** Die Verpflichtung zur Durchführung eines umfassenden **Rehabilitations-, Eingliederungs- bzw. Teilhabemanagements** besteht nach Abs. 1 Satz 1, soweit Leistungen verschiedener Leistungsgruppen iSd § 5 oder mehrerer Rehabilitationsträger erforderlich sind. Damit wird die Koordination gewährleistet, wenn ein Rehabilitationsträger Teilhabeleistungen aus verschiedenen Leistungsgruppen oder mehrere Rehabilitationsträger Leistungen aus einer oder mehreren Leistungsgruppen zu erbringen haben.

7 Bei der Anwendung dieser Vorschrift ist zunächst festzustellen, ob unter Berücksichtigung der Ziele nach §§ 1, 4 Abs. 1 und Abs. 2 Satz 1 überhaupt ein Bedarf für Leistungen zur Teilhabe besteht, welche Leistungen der Leistungsgruppen des § 5 zur möglichst weitgehenden Erreichung dieser Ziele in Betracht kommen und welche Rehabilitationsträger dafür zuständig sind. Das Rehabilitations- bzw. Teilhabemanagement besteht aus der Wahrnehmung eines Teilhabeproblems, der Feststellung der funktionsbezogenen Teilhabebeeinträchtigung einschl. des darauf basierenden Rehabilitations- bzw. Teilhabebedarfs, der Festlegung der Rehabilitationsziele einschl. einer darauf ausgerichteten Erfolgsprognose, der funktionsbezogen Feststellung des Leistungsbedarfs, der Planung der Leistungsausführung einschl. der Auswahl einer geeigneten Rehabilitationseinrichtung, der Leistungsausführung, der Erfolgskontrolle einschl. einer ggf. notwendigen Anpassung der Ziele und Leistungen, der Kooperation und Koordination der Beteiligten sowie der Gewährleistung des nahtlosen Ineinandergreifens der Teilhabeleistungen. Der Gesetzgeber setzt damit erstmals Rahmenbedingungen und Maßstäbe für den komplexen Rehabilitationsprozess und die damit verbundenen Verwaltungsverfahren.

8 Streitig ist, ob diese Verpflichtung zum Teilhabemanagement auch dann besteht, wenn nur eine bestimmte Leistung durch einen bestimmten Rehabilitationsträger geboten erscheint. Der Gesetzgeber hat den Rehabilitationsträgern mit der Verpflichtung zur „funktionsbezogenen Feststellung der voraussichtlich erforderlichen Leistungen nach dem individuellen Bedarf“ allgemeingültige Mindestanforderungen für das Verwaltungsverfahren zur Entscheidung über Teilhabeleistungen vorgegeben, die nicht nur für die Koordinationsfälle iSd Abs. 1 Satz 1 zu beachten sind. Auch in den übrigen Fällen darf die Qualität des Einleitungs-, Feststellungs- und Entscheidungsprozesses diese Mindestanforderungen nicht außer Acht lassen bzw. unterschreiten.

Die Pflicht zur Koordination hat der nach § 14 leistende Rehabilitationsträger. Nach § 14 leistet entweder der tatsächlich zuständige Träger (Abs. 1 Satz 1) oder derjenige, der zunächst als zuständiger Träger erkannt wird, weil er die Leistung ohne Rücksicht auf die Ursache erbringen kann (Abs. 1 Satz 3). Daraus folgt, dass die Verpflichtung zur Koordination nicht einem Rehabilitationsträger allein obliegt – etwa dem zuerst angegangenen für das gesamte weitere Verfahren –, sondern dem jeweils gerade zuständigen für das derzeit laufende und künftige Leistungsgeschehen. Die Koordinationspflicht dieses Trägers endet erst mit dem Beginn dieser Pflichten bei dem nachfolgend zuständigen Träger. Der Wechsel der Koordinationsverantwortung ist gebunden an den Zuständigkeitswechsel. Die Zuständigkeit wechselt rechtlich jedoch erst mit Beginn der Leistung des nachfolgenden Rehabilitationsträgers, sodass die Koordinationsverantwortung des vorangehenden Rehabilitationsträgers erst mit Beginn der Leistungen des nachfolgend zuständigen Rehabilitationsträgers endet, der von diesem Zeitpunkt seinerseits die Koordinationsverantwortung nahtlos übernimmt. Weil die Koordinationsverantwortung erst mit Beginn der Leistungen des nachfolgenden Rehabilitationsträgers endet, ist auch das Hinwirken auf zeitnahe Entscheidungen und Leistungen bei den übrigen beteiligten Rehabilitationsträgern Bestandteil der Koordinationsaufgabe des aktuell zuständigen Rehabilitationsträgers nach § 10 und nicht nur Aufgabe der gemeinsamen Servicestellen nach § 22 Abs. 1 Satz 2 Nr. 7. 9

Der koordinierende Träger hat unverzüglich (§§ 14 Abs. 2 SGB IX, 121 BGB), dh ohne Verzögerung, trägerübergreifend den individuellen funktionsbezogenen Leistungsbedarf festzustellen. Diese Regelung steht in einem unmittelbaren Zusammenhang mit der Sachverständigenbegutachtung iSd § 14 Abs. 5, die idR das Instrument zur Bedarfsfeststellung bietet. Zudem ist auch die Klärung der Zuständigkeit nach § 14 Abs. 1, 2 idR nicht ohne Bedarfsfeststellung möglich. Der koordinierende Träger hat deshalb das Verfahren nach Abs. 1 innerhalb der Fristen des § 14 zu gewährleisten und in diesem Zeitrahmen die Kooperation mit den übrigen beteiligten Trägern zu organisieren. Hat sich der koordinierende Träger nicht mit den ggf. weiter zu beteiligenden Trägern ins „Benehmen" gesetzt, dh die vorgesehenen Maßnahmen mit ihnen erörtert und ihre Argumente in seine Überlegungen einbezogen, so ist eine daraufhin ergangene Entscheidung rechtswidrig, weil sie nicht auf einer Abwägung aller zu berücksichtigenden Gesichtspunkte beruht und sich das Ermessen nur auf unzureichende Voraussetzungen stützt (*Stevens-Bartol* § 10 Rn 9; BSG v. 8. 2. 96 – 13 RJ 65/95, SozR 3–1200 § 14 Nr. 19; BSG v. 16. 6. 94 – 13 RJ 79/93, BSGE 74, 240). 10

Der jeweils zur Koordination verpflichtete Träger hat die funktionsbezogenen Leistungen schriftlich zusammenzustellen (Teilhabeplan). Das früher in § 5 Abs. 2 RehaAnglG vorgesehene Aufstellen eines Gesamtplans wurde nicht in das SGB IX übernommen. Dass der Gesetzgeber davon ausgeht, dass die zu erstellende Dokumentation – wie zuvor der Gesamtplan – alle Maßnahmen enthält, die im Einzelfall erforderlich sind, um eine vollständige und dauerhafte Eingliederung zu erreichen, verdeutlicht der Hinweis auf die Gesamtplanregelung des BSHG (§ 46) in der Begründung (BT-Drucks. 14/5074 S. 101). Die Verpflichtung der Jugendhilfeträger zur Aufstellung eines 11

Hilfeplanes nach § 36 SGB VIII bleibt unberührt. Die gemeinsame Empfehlung „Einheitlichkeit/Nahtlosigkeit" iSd § 13 regelt, welchen Inhalt der Teilhabeplan ausweisen soll. Der Teilhabeplan ist kein Verwaltungsakt, dient aber der Vorbereitung von Verwaltungsakten (Lachwitz-*Welti* § 10 Rn 8).

12 Der Leistungsberechtigte ist in den Koordinationsprozess einzubeziehen. Dies trägt dem Selbstbestimmungsgrundsatz (§ 1), aber auch dem in § 9 geregelten Wunsch- und Wahlrecht der Leistungsberechtigten und dem Zustimmungserfordernis (§ 9 Abs. 4) Rechnung. Abgesehen davon ist die Beteiligung auch mit Blick auf die Grenzen der Mitwirkung nach § 65 Abs. 1 SGB I notwendig. Der Leistungsberechtigte ist nicht nur einzubeziehen, alle im Rahmen des § 10 zu treffenden Feststellungen einschließlich des nahtlosen Ineinandergreifens der Teilhabeleistungen sind mit ihm abzustimmen. Dies bedingt neben einer Unterrichtung auch die Prüfung abweichender Vorstellungen. Auch der Teilhabeplan ist ihm als Teil der Akten zugänglich (§ 25 SGB X).

13 **6. Funktionsbezogene Feststellung.** Der Gesetzgeber gibt ausdrücklich vor, dass die Rehabilitationsträger die nach dem individuellen Bedarf voraussichtlich erforderlichen Leistungen **funktionsbezogen** festzustellen haben. Funktionsbezogen bedeutet, dass nicht nur festzustellen ist, welchen Inhalt die Leistung haben soll, sondern auch, welche konkreten Ziele im Sinne der §§ 1, 4 Abs. 1, 26 Abs. 1, 33 Abs. 1 mit ihr erreicht werden sollen (*Stevens-Bartol* § 10 Rn 5).

14 Der Wortlaut „funktionsbezogen" orientiert die Feststellungspflicht der Träger an der ICF (vgl. § 2 Rn 5), mit der Merkmale der funktionalen Gesundheit klassifiziert werden. Eine Person ist funktional gesund, wenn ihre Körperfunktionen (einschließlich des geistig-seelischen Bereichs) und Körperstrukturen denen eines gesunden Menschen entsprechen (ICF-Konzept der Körperfunktionen und -strukturen), wenn sie das kann, was sie tun möchte (ICF-Konzept der Aktivitäten) und wenn sie ihr Dasein in für sie wichtigen Lebensbereichen entfalten kann (ICF-Konzept der Partizipation und Teilhabe). Funktionsfähigkeit ist ein Fachbegriff der ICF. Er umfasst alle Aspekte der funktionalen Gesundheit einer Person auf den Ebenen der Funktionen und Strukturen des Organismus, der Aktivitäten der Person und ihrer Partizipation (Teilhabe) an Lebensbereichen. Lebensbereiche sind Mengen von Aktivitäten. Funktionsfähigkeit ist definiert als das Ergebnis der (positiven) Wechselwirkung zwischen der Person mit einem Gesundheitsproblem und ihren Kontextfaktoren auf ihre Körperfunktion und -strukturen, auf ihre Aktivitäten oder auf ihre Partizipation an Lebensbereichen. Kontextfaktoren bilden den gesamten Lebenshintergrund einer Person. Sie setzen sich aus Umweltfaktoren (Faktoren der physikalischen und sozialen Umwelt) und personenbezogenen Faktoren (zB Lebensstil, Bildung, Alter, Geschlecht) zusammen. Kontextfaktoren können die Funktionsfähigkeit verbessern oder einschränken bzw. aufheben. Bei der Beurteilung der Funktionsfähigkeit einer Person sind also stets ihre Kontextfaktoren mit einzubeziehen (vgl. *Schuntermann*, BAR, Reha-Info 2001, Heft 12).

15 Mit der Bedarfsfeststellung orientiert an der ICF wird diese auch im Leistungsrecht zum Orientierungsmaßstab des deutschen Rehabilitations- und Behindertenrechts. Dies verpflichtet die Rehabilitationsträger, bei der Fest-

stellung des Erfordernisses von Leistungen, dh bei der Bemessung von Art, Umfang und Inhalt der Leistungen, alle Aspekte der funktionalen Gesundheit einer Person auf den genannten Ebenen einzubeziehen. Die Leistungen müssen demnach mit ihren Struktur- und Prozessqualitäten geeignet sein, über die bisher im Mittelpunkt (zB der Leistungen zur medizinischen Rehabilitation) stehenden Schädigungen von physischen, geistigen und seelischen Strukturen und Funktionen hinaus auch die Beeinträchtigung (nach bisheriger Diktion: die Folgen von Krankheit) in den Bereichen alltäglicher Verrichtungen und beruflich geforderter Leistungen sowie die Beeinträchtigung von Partizipation am gesellschaftlichen Leben im Sinne der Ziele des § 4 anzugehen.

7. Nach **Abs. 1 Satz 2** sind die **Leistungen entsprechend dem Verlauf** der Rehabilitation **anzupassen.** Damit werden einerseits nicht nur der koordinierende, sondern alle beteiligten Rehabilitationsträger verpflichtet, mit Blick auf die angestrebten Rehabilitationsziele die Wirksamkeit der laufenden Rehabilitation zu überprüfen und ggf. noch die Struktur- und Prozessqualität dieser Leistungen ggf. iSe Ausweitung wie auch einer Beschränkung anzupassen. Andererseits sind die nach Abs. 1 Satz 1 von dem koordinierenden Rehabilitationsträger bereits für die Zeit nach Beendigung der laufenden Maßnahme vorgesehenen weiteren Leistungen daraufhin zu überprüfen, ob sie nach dem Verlauf der Rehabilitation in der ursprünglich geplanten Form noch zielorientiert und geeignet sind. 16

Der Gesetzgeber betont in diesem Zusammenhang erneut (vgl. § 4) die zielgerichtete Ausrichtung der Leistungen und Leistungsinhalte. Die Leistungen sollen nämlich den Leistungsberechtigten unter Berücksichtigung der Besonderheiten des Einzelfalles die den Zielen der §§ 1 und 4 Abs. 1 entsprechende umfassende Teilhabe am Leben in der Gesellschaft zügig, wirksam, wirtschaftlich und auf Dauer ermöglichen. Dies beinhaltet neben der bisher schon in § 4 Abs. 2 RehaAnglG verankert gewesenen Verpflichtung zur frühzeitigen Einleitung und zügigen Durchführung der gebotenen Maßnahmen zugleich auch Vorgaben hinsichtlich der Qualität der Leistungen. Sie müssen nämlich nach Konzept, Art, Inhalt und Qualität geeignet sein, die nach §§ 1 und 4 Abs. 1 anzustrebenden Ziele zu erreichen, eine dauerhafte Teilhabe zu sichern sowie diese Ergebnisse wirksam und wirtschaftlich anstreben. 17

8. Neben der **Zielgerichtetheit** und der **Bedarfsgerechtigkeit** kommt der zügigen, wirksamen, wirtschaftlichen und dauerhafte Teilhabe besondere Bedeutung zu. Bereits § 69 Abs. 2 SGB IV verpflichtet die Sozialversicherungsträger, ihre Aufgaben unter Berücksichtigung der Grundsätze der **Wirtschaftlichkeit** und Sparsamkeit zu erfüllen. Das SGB IX ergänzt diese haushaltsrechtliche Regelung durch die weitere Verpflichtung zur **Wirksamkeit** der Leistungserbringung, die durch Bedarfsgerechtigkeit sowie Zielgerichtetheit definiert wird. Danach dürfen die Rehabilitationsträger aus ihren Mitteln keine Leistungen erbringen, die diese Anforderungen nicht erfüllen. 18

Als wirksam ist eine Teilhabeleistung dann anzusehen, wenn sie evidenzbasiert, dh nach dem Ergebnis entsprechender rehabilitationswissenschaftlicher Forschungsergebnisse oder anderem nachvollziehbarem Erfahrungs- 19 wissen voraussichtlich geeignet ist, im Einzelfall die sich aus dem individuellen Bedarf ableitenden Rehabilitationsziele nach §§ 1, 4 Abs. 1 mit überwiegender Wahrscheinlichkeit zu erreichen. Danach darf eine im Einzelfall wirtschaftliche, weil zB kostengünstig, erscheinende Leistung, deren Wirksamkeit aber zweifelhaft ist, nicht ausgeführt werden. Demgegenüber kann eine zunächst unwirtschaftlich, weil kostenaufwändiger erscheinende Leistung, deren Wirksamkeit aber evident ist, durchaus ausgeführt werden, weil sie wegen ihrer Wirksamkeit nicht als unwirtschaftlich angesehen werden kann, wenn keine wirtschaftlicheren Alternativen gegeben sind.

20 Wirtschaftlich im Sinne des § 10 Abs. 1 Satz 3 ist danach jede medizinische Rehabilitationsleistung, die wirksam ausgeführt wird. Dh, geeignet ist, die in § 26 Abs. 1 genannten Rehabilitationsziele zu erreichen. Das SGB V enthält kein eigenes Leistungserbringungsrecht, so dass für alle Fragen des Leistungserbringungsrechts (einschl. des Wirtschaftlichkeitsgebots) bei allen Rehabilitationsträgern einheitlich die Bestimmungen des SGB IX maßgeblich sind (§ 7 Satz 1). Unabhängig von der zT uneinheitlichen Literatur zum Anwendungsbereich des § 7 Satz 1 (vgl. § 7 Rn 8, 9) regelt das SGB IX ausdrücklich, dass die Wirtschaftlichkeit der Leistungen zur medizinischen Rehabilitation auch im Bereich der GKV immer unmittelbar nach den Bestimmungen des § 10 und damit im Lichte des SGB IX zu beurteilen ist (§§ 27, 19 Abs. 4 SGB IX, 11 Abs. 3 SGB V).

Nach § 27 SGB IX findet § 26 Abs. 1 SGB IX in der GKV ausdrücklich Anwendung. D.h., dass die nach der Feststellung des individuellen, funktionsbezogenen Rehabilitationsbedarfs iSd Abs. 1notwendige Leistung der Krankenkasse zur medizinischen Rehabilitation (nur) dann ausreichend und zweckmäßig im Sinne des § 12 SGB V ist, wenn mit ihr die in § 26 Abs. 1 SGB IX genannten Rehabilitationsziele erreicht werden können. Maßstab für die Beurteilung der Eignung der Einrichtung und Zweckmäßigkeit der Leistung ist danach auch in der GKV, ob in der Einrichtung voraussichtlich die in § 4 Abs. 1 Nr. 1 und 2 SGB IX (identisch mit § 26 Abs. 1) genannten Ziele erreicht werden können.

Im Gegensatz zur Praxis der GKV kann danach die Frage der Wirtschaftlichkeit von Rehabilitationsleistungen der GKV nicht allein aus dem Wortlaut des § 12 SGB V, sondern – wie zuvor ausgeführt – nur im Zusammenhang mit §§ 10, 26 Abs. 1 SGB IX beurteilt werden.

Nach § 17 Abs. 1 Nr. 3, der nach § 7 Satz 1 auch in der GKV maßgebend für die Leistungsausführung ist, weil das SGB V eine vergleichbare Regelung nicht enthält und er das den Kassen in § 40 Abs. 3 Satz 1 SGB V eingeräumte pflichtgemäße Entscheidungsermessen konkretisiert und bindet, dürfen Rehabilitationsleistungen nur in geeigneten Einrichtungen ausgeführt werden. Geeignet sind nur solche Einrichtungen, die im Einzelfall mit Ihrer Struktur- und Prozessqualität voraussichtlich die in § 26 Abs. 1 genannten Ziele erreichen können. Mit Blick auf die Rechtsprechung des BSG (BSGE 89, 294, 303) kommt es entscheidend auf diese Eignung der Einrichtung an (in gleicher Weise geeigneten – vgl. § 19 Abs. 4 Rn 20).

Zur Erfüllung dieser Vorgaben darf die von einer Kasse ausgewählte Klinik nicht nur billig sein oder irgendwelche (von der Kasse ihrer Leistungsentscheidung nach Beliebigkeit zu Grunde gelegten) diffusen Krankheitsziele erreichen können. Sie muss immer geeignet sein, die teilhabeorientierten Reha-Ziele des § 26 Abs. 1 zu erreichen. Dies ist insbesondere für evtl. Mehrkostenentscheidungen bei der Ausübung des Wunschrechts bedeutsam. Mehrkosten können danach nämlich nur anfallen, wenn die von der Kasse gewählte Einrichtung nach allen Auswahlkriterien des § 19 Abs. 4 – zu denen ua. auch die Kriterien des Wunschrechts nach § 9 Abs. 1 zählen – in „gleicher Weise" geeignet gewesen wäre wie die vom Berechtigten gewählte und die Kasse deshalb das ihr in § 19 Abs. 4 eingeräumte Auswahlermessen ausschließlich auf die im Verhältnis zu der vom Berechtigten gewählten Einrichtung niedrigeren Kosten stützen musste.

Die Leistungen sind **zügig** zu erbringen, dh von dem koordinierenden 21
und den übrigen beteiligten Rehabilitationsträgern so anzuordnen, dass sie nahtlos ineinander greifen. Dies gilt sowohl hinsichtlich der Abfolge von Leistungen aus unterschiedlichen Leistungsgruppen und von unterschiedlichen Trägern, aber auch hinsichtlich der Gewährleistung unterhaltssichernder bzw. ergänzender Leistungen. § 4 Abs. 2 Satz 2 ist zu beachten, wonach die Leistungen nach Lage des Einzelfalles im Rahmen der für den jeweiligen Träger geltenden Rechtsvorschriften so vollständig und umfassend zu erbringen sind, dass Leistungen eines anderen Trägers nicht erforderlich werden.

Nach **Abs. 1 Satz 3** haben die Rehabilitationsträger durchgehend das Ver- 22
fahren entsprechend dem jeweiligen Bedarf zu gewährleisten. Danach muss der aktuelle zuständige Träger mit der Rehabilitationseinrichtung, die seine Leistungen ausführt, sicherstellen, dass er im Verlauf der Leistung einen Bedarf zur Anpassung des Rehabilitationsbedarfs, der – ziele und der funktionsbezogen festgestellten Leistungen unverzüglich wahrnehmen kann, die sich daraus ergebende Änderung des Leistungsbedarfs vollziehen und mit den übrigen beteiligten Rehabilitationsträgern so abstimmen kann, dass diese noch während der laufenden Rehabilitationsleistungen ihre Verwaltungsverfahren durchführen und ihre Verwaltungsakte so erlassen, dass nach Beendigung der laufenden Leistung die – dem veränderten Bedarf angepasste Folgeleistung des folgenden Rehabilitationsträgers nahtlos beginnen und die Federführung für die weitere Kooperation auf diesen Träger übergehen kann.

Die wirksame und wirtschaftliche Ausführung der Leistung hat nach glei- 23
chen Maßstäben und Grundsätzen zu erfolgen. Damit verpflichtet der Gesetzgeber die Rehabilitationsträger zur Konvergenz und Kooperation bei der Leistungserbringung. Für die Betroffenen wird angestrebt, dass sie unabhängig von der Zuständigkeit und Leistungsverpflichtung der Rehabilitationsträger bei gleichartigem Schweregrad einer Behinderung und daraus abgeleitetem Rehabilitationsbedarf von allen Rehabilitationsträgern eine in gleicher Weise zielorientierte und wirksame Teilhabeleistung erhalten. Zur Operationalisierung dieser Verpflichtung haben die Rehabilitationsträger nach § 12 Abs. 1 Nr. 1 iVm § 13 Abs. 1 eine gemeinsame Empfehlung insbesondere über die nach Gegenstand, Umfang und Ausführung einheitliche Erbringung der Teilhabeleistungen zu vereinbaren. Desweiteren nach § 13 Abs. 2 Nr. 2 eine gemeinsame Empfehlung darüber, in welchen Fällen und in welcher Weise Teilhabeleistungen angeboten werden sollen.

24 **9.** Die Regelungen des Abs. 1 gelten nach **Abs. 2** gelten auch für die Leistungen nach Teil 2 des Gesetzes. Die **Integrationsämter** erhalten damit für ihre Aufgaben die gleichen Rechte und Pflichten, wie sie für die Kooperation der Rehabilitationsträger nach Abs. 1 festgelegt sind. Danach ist das Integrationsamt zur Einleitung und Durchführung des nach Abs. 1 vorgesschriebenen Abstimmungsverfahrens verpflichtet, wenn es zB bei der Bearbeitung eines Antrages auf Zustimmung zur Kündigung eines schwerbehinderten Menschen einen Bedarf an Teilhabeleistungen wahrnimmt.

25 **10. Abs. 3** stellt klar, dass den besonderen Bedürfnissen seelisch behinderter oder von einer solchen Behinderung bedrohter Menschen im Rahmen der Leistungserbringung und der Koordinierung der Leistungen Rechnung zu tragen ist. Damit entsprach der AuS-Ausschuss dem im Gesetzgebungsverfahren von den Verbänden der **seelisch Behinderten** vorgetragenen Anliegen, die ihre Situation durch den Behindertenbegriff des § 2, insbesondere jedoch bei der Ausformung der leistungsrechtlichen Vorschriften nicht hinreichend erfasst sahen.

26 **11.** Nach **Abs. 4** bleiben die **datenschutzrechlichen Regelungen** dieses Buches unberührt. Ausweislich der Begründung werden durch das SGB IX keine neuen Befugnisse zur Erhebung, Verarbeitung und Nutzung personenbezogener Daten begründet (BT-Drucks. 14/5074 S. 101). Gemeint ist, dass die datenschutzrechtlichen Regelungen des SGB X und die für die Rehabilitationsträger jeweils geltenden trägerspezifischen datenschutzrechtlichen Regelungen unberührt bleiben. Im Übrigen wurde durch Ergänzung des § 35 Abs. 1 Satz 4 klargestellt, dass die gemeinsamen Servicestellen nach §§ 22 ff und die Integrationsfachdienste nach §§ 109 in den Datenschutz einbezogen sind.

27 Zwischen den Rehabilitationsträgern, insbesondere mit Blick auf die Folgen bei der Anwendung des § 51 SGB V zwischen der GRV und der GKV, aber auch im Verhältnis zu Datenschutzbehörden, ist die Zulässigkeit der Weiterleitung des Entlassungsberichts nach einer medizinischen Leistung zur Rehabilitation an die Krankenkassen umstritten.

Die Krankenkassen können wesentliche Pflichten nach diesem Gesetz (§ 8, 10–12, 14, 15, 22) ohne Kenntnis der Inhalte der Entlassungsberichte nicht erfüllen. Die Übermittlung dieser Daten ist nach § 69 Abs. 1 Nr. 1 SGB X zur Erfüllung gesetzlicher Aufgaben der Krankenkassen nicht nur zulässig, sondern zur Durchführung des SGB IX unabdingbar. Im Übrigen enthalten die Antragsvordrucke der Rehabilitationsträger durchweg eine ausdrückliche Zustimmungserklärung der Berechtigten. Letztlich kommt man über die Bestimmungen zur Amtshilfe nach §§ 3 ff SGB X in der Sache zu keinem anderen Ergebnis.

§ 11 Zusammenwirken der Leistungen

(1) [1] **Soweit es im Einzelfall geboten ist, prüft der zuständige Rehabilitationsträger gleichzeitig mit der Einleitung einer Leistung zur medizinischen Rehabilitation, während ihrer Ausführung und nach ihrem Abschluss, ob durch geeignete Leistungen zur Teilhabe am Arbeitsleben die**

Erwerbsfähigkeit des behinderten oder von Behinderung bedrohten Menschen erhalten, gebessert oder wiederhergestellt werden kann. [2]Er beteiligt die Bundesagentur für Arbeit nach § 38.

(2) **Wird während einer Leistung zur medizinischen Rehabilitation erkennbar, dass der bisherige Arbeitsplatz gefährdet ist, wird mit den Betroffenen sowie dem zuständigen Rehabilitationsträger unverzüglich geklärt, ob Leistungen zur Teilhabe am Arbeitsleben erforderlich sind.**

(3) **Bei der Prüfung nach den Absätzen 1 und 2 wird zur Klärung eines Hilfebedarfs nach Teil 2 auch das Integrationsamt beteiligt.**

1. Sozialpolitischer Hintergrund. Die Zeit, die in einem gegliederten Sozialleistungssystem bis zur Integration behinderter Menschen erforderlich ist, steht in einem engen Zusammenhang mit der frühzeitigen Einleitung und nahtlosen Ausführung notwendiger Teilhabeleistungen sowie dem entsprechenden Zusammenwirken der beteiligten Rehabilitationsträger. Diese Vorschrift regelt das Zusammenwirken unterschiedlicher Leistungen mit dem Ziel, die Teilhabe am Arbeitsleben zu sichern. 1

2. Entstehung der Norm. Die Vorschrift wurde durch Art. 1 und 68 Abs. 1 SGB IX ab 1. 7. 2001 eingeführt. Abs. 1 und 2 wurden unverändert aus dem RegE übernommen (BT-Drucks. 14/5531 iVm 14/1574). In Abs. 3 wurde die Bezeichnung „Hauptfürsorgestellen" durch die Bezeichnung „Integrationsämter" ersetzt (BT-Drucks. 14/5786 S. 19). Abs. 1 Satz 2 ab 1. 1. 2004 geändert durch 3. Gesetz für moderne Dienstleistungen am Arbeitsmarkt vom 23. 12. 2003 (BGBl. I S. 2848). 2

3. Normzweck. Die Vorschrift verpflichtet die zuständigen Rehabilitationsträger während des gesamten Verfahrens der medizinischen Rehabilitation zur Prüfung, ob ein Bedarf an Leistungen zur Teilhabe am Arbeitsleben besteht **(Abs. 1).** Dies auch unverzüglich zu tun, wenn der Bedarf während der medizinischen Leistung erkennbar wird **(Abs. 2).** Bei diesen Prüfungen sind jeweils die Integrationsämter zu beteiligen **(Abs. 3).** 3

4. Normzusammenhang. Absatz 1 basiert auf § 4 Abs. 3 RehaAnglG, bindet jedoch darüber hinausgehend die Bundesagentur für Arbeit ein. 4

5. Abs. 1 verpflichtet die **zuständigen Rehabilitationsträger** während des gesamten Verfahrens der medizinischen Rehabilitation (beginnend mit der Einleitung, während der Ausführung und nach Abschluss) zu **prüfen, ob die Erwerbsfähigkeit** des Berechtigten durch Leistungen zur Teilhabe am Arbeitsleben nach §§ 33ff **erhalten, wesentlich gebessert oder wiederhergestellt werden** kann. Da während des Verfahrens der medizinischen Leistungen aktuell ein Träger der medizinischen Rehabilitation zuständig ist, wird idR dieser Träger diese Pflicht zu erfüllen haben (ebenso Lachwitz-*Welti* § 11 Rn 4; anders *Haines* in LPK-SGB IX § 11 Rn 5, nach dem der im Einzelfall für die Leistungen zur Teilhabe am Arbeitsleben als zuständiger Träger zur Prüfung verpflichtet ist). 5

Zu Prüfung sind jedoch nicht nur die Rehabilitationsträger verpflichtet, deren Leistungsrecht auch die Gewährung von Rentenleistungen wegen einer Erwerbsminderung umfasst, sondern alle Träger der medizinischen Rehabilitation. Die Prüfung bezieht sich ausdrücklich auf die Erwerbsfähig- 6 keit, sodass sie erst mit dem endgültigen Ausscheiden aus dem Erwerbsleben entfällt (Bezieher einer Altersrente oder, wenn die Erwerbsfähigkeit so eingeschränkt ist, dass eine Eingliederung in das Arbeitsleben objektiv unmöglich geworden ist).

7 Bei noch nicht in das Erwerbsleben eingetretenen Jugendlichen und Heranwachsenden erstreckt sich die Prüfung darauf, ob bei Erreichen des Alters, in dem üblicherweise eine Erwerbstätigkeit aufgenommen wird, die Teilhabe am Arbeitsleben eingeschränkt sein könnte.

8 Die Pflichten der Rehabilitationsträger umfassen nicht nur die Prüfung, ob Leistungen zur Teilhabe am Arbeitsleben notwendig sind, sondern auch die unverzügliche Einleitung des erforderlichen Rehabilitationsverfahrens. Die Regelung stellt sicher, dass die Rehabilitationsträger bereits während der medizinischen Leistungen zur Rehabilitation alsbald den weiteren Ablauf der Rehabilitations- und Teilhabeverfahren nach Beendigung der aktuellen Leistung klären und damit die gebotene Nahtlosigkeit der Versorgung sicherstellen. Letztlich trägt sie der Erfahrung Rechnung, dass eine Verbesserung des Gesundheitszustandes oft eine Verbesserung des Arbeitsumfeldes voraussetzt.

9 Die Prüfung soll nur erfolgen, soweit dies im Einzelfall geboten ist. Sie ist geboten, wenn unter Nutzung eigener Erkenntnisse, der Erkenntnisse der medizinischen Rehabilitationseinrichtung oder durch den betroffenen Leistungsberechtigten Hinweise für eine Gefährdung der Erwerbsfähigkeit gegeben sind. Die Prüfung muss dann zur Notwendigkeit, Art und Umfang von Leistungen unter Berücksichtigung arbeitsmarktlicher Zweckmäßigkeit Stellung nehmen (Lachwitz-*Welti* § 11 Rn 4).

10 Über den Wortlaut des § 4 Abs. 3 RehaAnglG hinausgehend wurde die Pflicht zur Beteiligung der Bundesagentur für Arbeit nunmehr im SGB IX verankert. Durch die Bezugnahme auf § 38 soll erreicht werden, dass die Bundesagentur bereits in diesem frühen Stadium Gelegenheit erhält, im Einzelfall die Auswirkungen einer Behinderung oder drohenden Behinderung auf die Integration in das Erwerbsleben zu prüfen und iSe gutachterlichen Stellungnahme gegenüber dem zu diesem Zeitpunkt aktuell zuständigen Rehabilitationsträger unter Berücksichtigung arbeitsmarktlicher Zweckmäßigkeit geeignete Vorschläge zur Vermeidung oder Besserung einer beruflichen Integrationsstörung vorzulegen. Dabei kann die Bundesagentur zugleich auch ihre Zuständigkeit für die Leistungen zur Teilhabe am Arbeitsleben klären.

11 **6.** Unabhängig davon, ob und inwieweit bereits eine Gefährdung oder Minderung der Erwerbsfähigkeit eingetreten oder zu befürchten und deswegen die Prüfung nach Abs. 1 in Gang zu setzen ist, löst **Abs. 2** auch dann schon die Klärung eines Leistungsbedarfs aus, wenn während einer medizinischen Rehabilitationsmaßnahme auch nur die **Gefährdung des bisherigen Arbeitsplatzes** erkennbar wird. Diese Verpflichtung zum frühzeitigen Tätigwerden ist auf den Erhalt des bestehenden Arbeitsverhältnisses ausgerichtet und steht ua. in einem Zusammenhang mit der Regelung des § 84 zur Prävention am Arbeitsplatz im Rahmen der besonderen Regelung zur Teilhabe für schwerbehinderte Menschen. Eine Gefährdung des Arbeitsplatzes ist nicht nur gegeben, wenn der bisherige Arbeitsplatz wegen des Gesund-

heitszustandes nach Abschluss der Leistungen entweder gar nicht mehr oder nur unter veränderten Bedingungen wahrgenommen werden kann. Auch andere Gefährdungen, wie zB eine bevorstehende Betriebsschließung lösen die Anwendung dieser Regelung aus.

Abgesehen davon, dass die Durchführung von Teilhabeleistungen immer der Zustimmung des Betroffenen bedarf(§ 9 Abs. 4), ist die vom Gesetzgeber an dieser Stelle betonte Beteiligung des Betroffenen schon deswegen zwingend, weil alle auf den Erhalt des bisherigen Arbeitsverhältnisses ausgerichteten Initiativen eine Beteiligung des Arbeitgebers erfordern, die ohne Abstimmung mit dem Betroffenen und dessen Zustimmung nicht möglich ist.

Aus dem Wortlaut der Vorschrift *(wird geklärt)* ergibt sich, dass der für 12
die medizinische Rehabilitation zuständige Träger – anders als in Abs. 1 – nicht nur eine Prüfverpflichtung iSd Vorliegens einer Teilhabebeeinträchtigung, sondern darüber hinaus auch konkret zu klären hat, ob Leistungen zur Teilhabe am Arbeitsleben erforderlich sind. Der Träger der Leistungen zur medizinischen Rehabilitation ist nämlich der zur Koordination nach § 10 Abs. 1 verpflichtete Träger, der nunmehr seiner dort verankerten Verantwortung für die Feststellung des individuellen Rehabilitationsbedarfs, die funktionsbezogene Feststellungen der Leistungen und die Koordination der Leistungen nachzukommen hat.

Die Vorschrift richtet sich demnach auch an die die medizinische Rehabilitation ausführenden Rehabilitationseinrichtungen und -dienste, die ihrerseits noch während der laufenden Ausführung der medizinischen Leistungen – und nicht erst mit einem evtl. Wochen später beim Träger eingehenden Entlassungsbericht – den Rehabilitationsträger von ihren Erkenntnissen über eine Gefährdung des bisherigen Arbeitsplatzes unterrichten müssen.

7. Mit Blick auf die Aufgaben der Integrationsämter im Rahmen der be- 13
sonderen Regelungen zur Teilhabe schwerbehinderter Menschen, insbesondere zB der begleitenden Hilfen im Arbeitsleben aber auch des Kündigungsschutzes (§ 102 Abs. 1 Nr. 2 und 3), ist die in **Abs. 3** enthaltene Verpflichtung, die Integrationsämter sowohl in den Fällen des Abs. 1 wie auch denen des Abs. 2 zu beteiligen, nur folgerichtig. Die Beteiligung erfolgt mit dem vom Gesetzgeber vorgegebenen Ziel, einen Hilfebedarf nach Teil 2 des SGB IX zu klären, was auch die Prüfung beinhaltet, ob der Betroffene die Voraussetzungen des § 68 erfüllt und ggf. ein Feststellungsverfahren nach § 69 durchzuführen ist.

§ 12 Zusammenarbeit der Rehabilitationsträger

(1) **Im Rahmen der durch Gesetz, Rechtsverordnung oder allgemeine Verwaltungsvorschrift getroffenen Regelungen sind die Rehabilitationsträger verantwortlich, dass**

1. **die im Einzelfall erforderlichen Leistungen zur Teilhabe nahtlos, zügig sowie nach Gegenstand, Umfang und Ausführung einheitlich erbracht werden,**
2. **Abgrenzungsfragen einvernehmlich geklärt werden,**

3. Beratung entsprechend den in §§ 1 und 4 genannten Zielen geleistet wird,

4. Begutachtungen möglichst nach einheitlichen Grundsätzen durchgeführt werden sowie

5. Prävention entsprechend dem in § 3 genannten Ziel geleistet wird.

(2) [1]**Die Rehabilitationsträger und ihre Verbände sollen zur gemeinsamen Wahrnehmung von Aufgaben zur Teilhabe behinderter Menschen insbesondere regionale Arbeitsgemeinschaften bilden.** [2]**§ 88 Abs. 1 Satz 1 und Abs. 2 des Zehnten Buches gilt entsprechend.**

1 **1. Sozialpolitischer Hintergrund.** Vor Inkrafttreten des SGB IX verpflichtete § 5 Abs. 1 Satz 1 RehaAnglG die Rehabilitationsträger im Interesse einer raschen und dauerhaften Eingliederung der Behinderten zur engen Zusammenarbeit. Nach § 5 Abs. 6 RehaAnglG hatten sie – durch den Abschluss von Gesamtvereinbarungen – darauf hinzuwirken, dass das Rehabilitationsverfahren nahtlos und zügig verläuft sowie die Leistungen dem Umfang nach einheitlich erbracht werden. Danach bestand eine Verpflichtung zur Zusammenarbeit nur bezogen auf die zeitnahe Zielerreichung (rasche und dauerhafte Eingliederung), während die Zusammenarbeit hinsichtlich der Rehabilitationsverfahren und der Leistungsgestaltung nicht zwingend, sondern als erstrebenswert anzusehen war. Zudem war von dieser Regelung nur der Umfang der Leistungen, nicht aber Art, Inhalt und Qualität oder gar die Zielgerichtetheit oder die Wirksamkeit erfasst. In der Praxis beschränkten sich die Rehabilitationsträger auf den Abschluss einiger Gesamtvereinbarungen, die in begrenztem Rahmen eine dem Umfang nach einheitliche Leistungserbringung (zB Übergangsgeld, Kraftfahrzeughilfen, Reisekosten) oder einheitliche Verfahren (zB Auskunft- und Beratung) bewirkten. Insgesamt wurde das Ziel, durch die Zusammenarbeit die Gleichbehandlung innerhalb des gegliederten Systems zu sichern und dessen Schnittstellenprobleme zu vermeiden, nicht erreicht, sodass beide Regelungen des § 5 RehaAnglG in diesem Sinne eher deklamatorische Bedeutung hatten. Deswegen geht die jetzige Regelung erheblich über die bisherige hinaus und verpflichtet die Rehabilitationsträger zu Kooperation, Koordination und Konvergenz sowohl hinsichtlich der Leistungen und ihre Inhalte wie auch des Einleitungs- und Ausführungsverfahren. Während die §§ 10 und 11 das Zusammenwirken der Rehabilitationsträger bezogen.

2 **2. Entstehung der Norm.** Die Vorschrift wurde durch Art. 1 SGB IX ab 1. 7. 2001 eingeführt. Abs. 1 entspricht – in den Nrn. 1 bis 3 sprachlich überarbeitet – dem RegE. Zu Abs. 2 Satz 1 folgte der AuS-Ausschuss der Forderung des Bundesrates, das Wort „können“ durch „sollen“ zu ersetzen (BT-Drucks. 14/5531 S. 7, BT-Drucks. 14/5800 S. 30).

3 **3. Normzweck.** Abs. 1 konkretisiert die gemeinsame Verantwortung der Träger für die Ausführung von Präventions- und Teilhabeleistungen (Nrn. 1 und 3) sowie das Verfahren zur Leistungserbringung (Nrn. 1 bis 4). Abs. 2 hält die Träger und ihre Verbände zur Bildung gemeinsamer regionaler Arbeitsgemeinschaften an.

4 **4.** Während die §§ 10 und 11 das Zusammenwirken der Rehabilitationsträger bezogen auf den Leistungsberechtigten regeln, gestalten die §§ 12 und

13 die allgemeine **Zusammenarbeit der Rehabilitationsträger.** Sie und ihre Verbände sowie die im SGB I genannten öffentlich-rechtlichen Vereinigungen sind schon gem. § 86 SGB X verpflichtet, bei der Erfüllung ihrer Aufgaben eng zusammenzuarbeiten. § 12 konkretisiert diese Pflicht zur Zusammenarbeit im Bereich der Rehabilitations- und Teilhabeleistungen. Die Rehabilitationsträger (§ 6) sind nach **Abs. 1** nicht nur zur Zusammenarbeit verpflichtet. Der Gesetzgeber überträgt ihnen **gemeinsam die Verantwortung** für die Ausgestaltung der in den Nrn. 1 bis 5 bezeichneten Regelungskomplexe. Sie haften damit dafür, dass diese Regelungen getroffen werden und haben die Pflicht, dafür zu sorgen, dass sie inhaltlich entsprechend den geltenden Gesetzen, Rechtsverordnungen oder allgemeinen Verwaltungsvorschriften gestaltet und durchgeführt werden. Die Überwachung der Erfüllung und Einhaltung dieser Pflichten ist Gegenstand der Aufsichtspflicht der Aufsichtsbehörden nach dem Vierten Sozialgesetzbuch.

5. Die Rehabilitationsträger haften nach **Nr. 1** dafür, dass in jedem Einzel- 5
fall die erforderlichen (bedarfsgerechten – §§ 1, 4, 10) **Teilhabeleistungen** (§ 5) nahtlos, zügig (zielgerichtet – §§ 4, 10, 11, 14, 22) sowie **nach Gegenstand, Umfang und Ausführung** (qualitativ, wirksam und wirtschaftlich – §§ 4, 10, 17, 20) **einheitlich** erbracht werden. Die Klammerhinweise auf die mit den einzelnen Tatbeständen verbundenen Bezugsvorschriften verdeutlichen, dass damit eine zwingende Verpflichtung geschaffen wurde, sowohl das Einleitungs- und Ausführungsverfahren wie auch Art, Umfang, Inhalt und Qualität der Leistungen einheitlich zu gestalten. Abweichende oder über die einheitliche Gestaltung hinausgehende trägerspezifische Leistungskomponenten sind nur noch insoweit zulässig, als die jeweilige Aufgabenstellung eines Rehabilitationsträgers dies nach dem für ihn jeweils geltenden Leistungsrecht erfordert und begründet (§ 7). Die Verpflichtung im Rahmen der Koordination nach § 10 Abs. 1 Satz 3, im Einzelfall die wirksame und wirtschaftliche Ausführung nach einheitlichen Grundsätzen zu gewährleisten, wird in dieser Regelung mit der Verpflichtung, diese einheitlichen Grundsätze in einer gemeinsamen Empfehlung (§ 13 Abs. 1) auch tatsächlich zu schaffen, flankiert. Die Definition „nach Gegenstand, Umfang und Ausführung" korrespondiert mit vergleichbaren Bezeichnungen im Rahmen der internationalen Leitliniendefinitionen für die medizinische Versorgung. Diese Regelung kann deshalb durchaus als Verpflichtung der Rehabilitationsträger zur Vereinbarung gemeinsamer Rehabilitations-Leitlinien verstanden werden.

Die Rehabilitationsträger haben den gesetzlichen Auftrag bisher mit der 6
„Gemeinsamen Empfehlung über die nahtlose, zügige und einheitliche Erbringung von Leistungen zur Teilhabe nach § 12 Abs. 1 Nr. 1 bis 3 iVm § 13 Abs. 1, Abs. 2 Nr. 5 SGB IX (Gemeinsame Empfehlung „Einheitlichkeit/Nahtlosigkeit")" vom 22. 3. 2004, in Kraft ab 1. 4. 2004, nur teilweise umgesetzt. Sie befasst sich in

§ 1 – mit dem Regelungsgegenstand, der ausdrücklich auch die einvernehmliche Klärung von Abgrenzungsfragen und Aspekte der Beratung und Fragen der Leistungskoordinierung nach § 10 einschließt

§ 2 – mit der Auskunft und Beratung, insbesondere durch die gemeinsamen Servicestellen unter Verweis auf die Rahmenempfehlung zur Einrichtung trägerübergreifender Servicestellen für Rehabilitation vom 24. 4. 2001

§ 3 – mit der frühzeitigen und gezielten Beachtung von Indizien zur Fallidentifikation, der Verpflichtung zur Zusammenarbeit mit anderen Beteiligten, insbesondere durch Verweis auf die gemeinsame Empfehlung zur Verbesserung der gegenseitigen Kooperation und Koordination

§ 4 – mit der funktionsbezogenen Feststellung des Leistungsbedarfs (§ 10) und der schriftlichen Zusammenfassung in einem Teilhabeplan, dessen Inhalt sowie seiner Anpassung

§ 5 – mit der Erforderlichkeit der Leistungen unter Beachtung der Ziele nach § 4, dem Verhalten der Rehabilitationsträger bei erkennbarem Bedarf sowie der aktiven Einbeziehung des Berechtigten

§ 6 – mit der zügigen Leistungserbringung, der einfachen und zweckmäßigen Gestaltung des Verwaltungsverfahrens, der barrierefreien Verfügbarkeit der Leistungen, der gegenseitigen und umfassenden Information, Begutachtung nach einheitlichen Grundsätzen unter Verweis auf die gemeinsame Empfehlung „Einheitliche Begutachtung" sowie der Vermeidung von Mehrfachbegutachtungen

§ 7 – mit der Nahtlosigkeit der Leistungen, der Koordination und nahtlose bzw. zügige Gewährleistung der Leistungen – auch bei offenen Zuständigkeitsfragen –, der Abstimmung der Leistungen durch Verweis auf bestehende Empfehlungsvereinbarungen (zB RPK), der Unterrichtung des Betroffenen und die Berücksichtigung arbeits- und berufsbezogener Fragestellungen bereits während der medizinischen Leistungen sowie der Beachtung des § 11

§ 8 – mit der Einheitlichkeit der Leistungen, insbesondere der Zusage, sich soweit wie möglich auf gemeinsame Rehabilitationskonzepte zu verständigen,

§ 9 – mit der Klärung von Abgrenzungsfragen, indem man feststellt, dass man durch Verfahren, Absprachen, unverzügliche Kontaktaufnahme und trägerübergreifende Besprechungen sicher stellen will, dass ungelöste Abgrenzungs- und Finanzierungsfragen nicht zu Lasten der betroffenen Menschen gehen.

§ 10 – mit dem Inkrafttreten.

Ziel des SGB IX ist es, Schnittstellenprobleme durch Koordination und Kooperation der Leistungserbringer und Konvergenz der Leistungen zu lösen. Der Gesetzgeber erwartet, dass die Rehabilitationsträger in den gemeinsamen Empfehlungen vereinbaren, durch welches konkrete Handeln und mit welchen konkreten Instrumenten und Verfahren die Schnittstellenprobleme künftig beseitigt sein sollen.

Die Gemeinsame Empfehlung „Einheitlichkeit/Nahtlosigkeit" stellt demgegenüber lediglich eine Synopse aller hierzu bestehenden gesetzlichen Pflichten der Rehabilitationsträger in gut lesbarer Fassung dar, ohne im Einzelnen aufzuzeigen, auf welche Weise und mit welchen Mitteln diese Pflichten konkret umgesetzt und erfüllt werden sollen.

Der weitergehende gesetzliche Auftrag des § 12 Abs. 1 Nr. 1, Gegenstand, Umfang und Ausführung der Leistungen zu definieren, ist damit jedenfalls nicht erledigt.

7 **Nr. 2** bezieht in die Abstimmungspflicht ausdrücklich auch **Fragen der Abgrenzung** zwischen einzelnen Leistungen – und damit auch die Zustän-

digkeiten verschiedener Rehabilitationsträger – ein (BT-Drucks. 14/5074 S. 101). Die Rehabilitationsträger haben nämlich dafür zu sorgen, dass Abgrenzungs- und Zuständigkeitsfragen, die in der Vergangenheit häufig nur über zT langwierige Rechtsstreitigkeiten geklärt werden konnten, künftig im Interesse der Berechtigten losgelöst von Einzelfällen im Rahmen der gemeinsamen Verantwortung bzw. der gemeinsamen Empfehlungen nach § 13 geklärt werden. Mit dieser Regelung wird § 7 Satz 2 dahingehend modifiziert, dass – trotz des für die Feststellung und Entscheidung über die Zuständigkeit unverändert anzuwenden spezifischen Leistungsrechts – damit verbundene Abgrenzungsfragen grundsätzlich einvernehmlich geregelt werden können und sollen (vgl. dazu und zur Frage der Beachtung des Wirtschaftlichkeitsgebots bei Abgrenzungsstreitigkeiten Lachwitz-*Welti* § 12 Rn 7).

Nr. 3 betont – in Ergänzung zu den §§ 22, 23 – die gemeinsame Haftung der Rehabilitationsträger für die Gewährleistung der **Beratung.** Durch die Bezugnahme auf die auf Integration und Teilhabe ausgerichteten Ziele der §§ 1 und 4 wird nochmals die Notwendigkeit der trägerübergreifenden, gemeinsamen Beratung herausgestellt. Die vom Gesetzgeber mit der Errichtung gemeinsamer Servicestellen (§§ 22, 23) verbundene Zielsetzung kann nur erreicht werden, wenn für diese Servicestellen gemeinsame Rahmenbedingungen und Arbeitsgrundlagen geschaffen werden, die die unterschiedlichen Anforderungen und Bedürfnisse der Rehabilitationsträger an die Servicestellen (zB bei der Vorbereitung der Entscheidung nach § 22 Abs. 1 Satz 2 Nr. 5, die ja unterschiedliche Organisation und Verfahren der Träger berücksichtigen muss) aufnehmen und reflektieren. Diese Regelung verpflichtet die Rehabilitationsträger, diese Voraussetzungen in einer gemeinsamen Empfehlung herzustellen. 8

In **Nr. 4** wird den Trägern die Sorge für eine **Begutachtung nach möglichst einheitlichen Grundsätzen** übertragen. Unter Begutachtung sind nicht nur förmlich erteilte medizinische Gutachtenaufträge zu verstehen, sondern alle zur Beurteilung des Rehabilitationsbedarfs, der Rehabilitationsziele und der danach gebotenen Teilhabeleistungen erforderlichen gutachterlichen Äußerungen, nicht nur von Medizinern, sondern auch anderen am Verfahren beteiligten Berufsgruppen wie zB Psychologen, Sozialarbeiter, Integrationsberater usw., aber auch Fachkundige für technische, sozialwissenschaftliche, berufskundliche und arbeitswissenschaftliche Fragen. Mit dem Wort „möglichst" lässt der Gesetzgeber erkennen, dass die Begutachtung in einem gegliederten System mit unterschiedlichen, trägerspezifischen Rehabilitationszielen nicht vollständig einheitlich sein kann. Die gemeinsame Verantwortung der Träger erstreckt sich deshalb auf die Bestandteile eines Begutachtungsverfahrens, die unterhalb der Ebene der nach der jeweiligen Aufgabenstellung trägerspezifischen Anforderungen einheitlich und gemeinsam sein können und – nach dieser Vorschrift – auch müssen. Dabei geht es über die rein fachlichen Anforderungen an die Gliederung und Inhalte einer Begutachtung hinaus, insbesondere um die Kriterien für die einheitliche und gemeinsame Erhebung und Feststellung des zur Teilhabe insgesamt und trägerübergreifend erforderlichen Hilfe- und Leistungsbedarfs (§ 10 Abs. 1 Satz 1), der daraus abzuleitenden Rehabilitationsziele (§ 4) so- 9 wie der danach erforderlichen Leistungen und Leistungsinhalte (§§ 10, 11). Dies muss nach § 13Abs. 1 Gegenstand gemeinsamer Begutachtungsgrundsätze sein.

10 Die „Gemeinsame Empfehlung nach § 13 Abs. 1 iVm § 12 Abs. 1 Nr. 4 SGB IX für die Durchführung von Begutachtungen möglichst nach einheitlichen Grundsätzen (Gemeinsame Empfehlung „Begutachtung")" wurde von der BAR am 22. 3. 2004 beschlossen und ist am 1. 4. 2004 in Kraft getreten. Die Gemeinsame Empfehlung „Begutachtung" enthält unter

Ziffer 1 – Ausführungen zur allgemeinen Zweckbestimmung von Begutachtungen
Ziffer 2 – Ausführungen zum Wesen des Gutachtens, Begutachtung nach Aktenlage, Eignung und Qualitätskriterien sowie zu den Beurteilungsgrundlagen und zu berücksichtigenden Aspekten
Ziffer 3 – Allgemeine inhaltliche Grundsätze für die Gutachtenerstellung, wie die Rehabilitationsziele, Teilhabepotenzialermittlung, Zugrundelegung des Konzepts der ICF, Berücksichtigung des ganzheitlichen Ansatzes, Rehabilitationsbedürftigkeit, Rehabilitationsfähigkeit und Rehabilitationsprognose im trägerübergreifenden Sinn sowie trägerspezifische Rehabilitationsziele
Ziffer 4 Ausführung zur Gliederung und zu den Anforderungsprofilen des Gutachtens mit Ausführungen zur Anamnese, Untersuchungsbefunden, Diagnosen, Epikrise sowie zur Sozialmedizinischen Beurteilung
Ziffer 5 Selbstauskunft
Ziffer 6 Inkrafttreten.

Die gemeinsame Empfehlung erfüllt die Anforderungen und Vorgaben des Gesetzgebers nur teilweise. Es fehlt zB jedwede Verbindlichkeit und Festlegung dazu, dass und bis zu welchem Zeitpunkt die Rehabilitationsträger ihre bisher sehr unterschiedlichen Begutachtungsverfahren auch tatsächlich nach Maßgabe der gemeinsamen Empfehlung umgestalten. Danach sind zB für den Bereich der Krankenversicherung weiterhin die „Begutachtungs-Richtlinien Vorsorge und Rehabilitation des Medizinischen Dienstes der Spitzenverbände der Krankenkassen (MDS) vom 12. 3. 2001, die ergänzende Begutachtungshilfe „Geriatrische Rehabilitation" sowie Richtlinie des Bundesausschusses Ärzte und Krankenkassen über Leistungen zur medizinischen Rehabilitation (Rehabilitations-Richtlinie) nach § 92 Abs. 1 Satz 2 Nr. 8 SGB V vom 1. 12. 2003 maßgebend, obwohl sie zT nicht unerheblich von der gemeinsamen Empfehlung abweichen. So gehen die Begutachtungsrichtlinien des MDS – entgegen den Vorgaben des SGB IX – weiterhin davon aus, dass es trägerspezifische Ziele der Rehabilitation gibt. Nach dem SGB IX soll aber die Erwerbsfähigkeit eines Menschen im erwerbsfähigen Alter genauso Ziel sein, wenn die Krankenkasse Trägerin der Leistung ist, als wenn es die Rentenversicherung wäre. Jede Rehabilitation gilt dem ganzen Menschen und damit allen Teilhabezielen, wenn dafür Bedarf besteht (so auch *Welti* aaO).

Materiell vermittelt der Anhang der gemeinsamen Empfehlung die sich aus der Orientierung an der ICF für die Begutachtung ergebenden Anforderungen zutreffend. Gleichwohl sieht die Empfehlung in den Ziffern 4.1

bis 4.4 im Wesentlichen nur die Erhebung der Indikatoren von Krankheit vor, obwohl Menschen mit Beeinträchtigungen der funktionellen Gesundheit nicht im engeren Sinne krank sein müssen. Demgegenüber fehlt die Erhebung von unverzichtbaren Indikatoren zur Beurteilung des positiven bzw. negativen Teilhabebildes und des positiven bzw. negativen Aktivitätenbildes, obwohl die Begutachtung zur Feststellung von Art und Ausmaß einer Teilhabestörung alle Beeinträchtigungen der körperlichen, seelischen und sozialen Integrität wie auch die der Aktivitäten und Partizipation im Sinne der ICF umfassen müsste, um auf dieser Grundlage den individuellen Rehabilitationsbedarf, die Rehabilitationsziele und den funktionalen Leistungsbedarf beurteilen zu können.

Zur Verdeutlichung, dass § 3 mehr als nur deklamatorische Bedeutung 11 hat, macht der Gesetzgeber in Nr. 5 die Rehabilitationsträger dafür verantwortlich, dass **Prävention** auch tatsächlich geleistet wird und die in den für die Rehabilitationsträger jeweils geltenden Leistungsgesetzen zur Prävention enthaltenen Leistungen und Gestaltungsmöglichkeiten ausgeschöpft und im Rahmen einer gemeinsamen Empfehlung ggf. gebündelt werden).

6. Abs. 2 Satz 1 regelt die **Bildung von regionalen Arbeitsgemeinschaften** der Rehabilitationsträger. Diese Regelung steht im Zusammenhang mit 12 der Durchführung des in § 19 Abs. 1 Satz 1 den Rehabilitationsträgern übertragenen Sicherstellungsauftrages für die Verfügbarkeit der erforderlichen Rehabilitationsdienste und -einrichtungen. Zudem sind die Arbeitsgemeinschaften als organisatorische Plattform der gemeinsamen Trägerschaft der „gemeinsamen örtlichen Servicestellen“ nach §§ 22, 23 gedacht. Der Bundesrat begründete das Erfordernis der „Sollvorschrift“ wie folgt: „In der Begründung zu § 12 Abs. 2 heißt es, dass die Rehabilitationsträger miteinander und mit anderen Stellen regionale Arbeitsgemeinschaften bilden sollen, um dem gemeinsamen Handeln der am Rehabilitationsgeschehen Beteiligten einen stabilen Rahmen zu geben. Zur Klarstellung des Gewollten ist der Gesetzestext entsprechend der in der Begründung zum Ausdruck gebrachten Verpflichtung der Rehabilitationsträger zur Bildung von regionalen Arbeitsgemeinschaften zu ändern“ (BT-Drucks. 14/5531 S. 7). Da der AuS-Ausschuss dem gefolgt ist, muss die Sollvorschrift iSe Verpflichtung der Rehabilitationsträger zur Bildung von regionalen Arbeitsgemeinschaften ausgelegt werden.

Dass der Gesetzgeber die Bildung regionaler Arbeitsgemeinschaften durchweg für geboten hält, verdeutlicht auch der Hinweis in der Begründung (BT-Drucks. 5074 S. 101), dass die zusätzlichen starren Aufsichtsregelungen der bisherigen Fassung des § 94 SGB X zugunsten der üblichen Aufsicht über die beteiligten Rehabilitationsträger aufgegeben werde, weil sie die Nutzung der Möglichkeiten zur Bildung von Arbeitsgemeinschaften verhindert habe. Obwohl die Bildung oder Nichtbildung einer regionalen Arbeitsgemeinschaft danach jedenfalls nicht im freien Ermessen der Rehabilitationsträger steht, wurde bundesweit keine Arbeitsgemeinschaft gebildet.

Nach Abs. 2 Satz 2 gelten § 88 Abs. 1 Satz 1 und Abs. 2 SGB X für die zu 13 bildenden regionalen Arbeitsgemeinschaften entsprechend. Die Arbeitsgemeinschaften können unter entsprechender Anwendung von § 67 SGB IV einen Haushaltsplan aufstellen (§ 94 Abs. 3 SGB X). Diese Berechtigung ist zB eine Voraussetzung für die Trägerschaft von gemeinsamen Servicestellen durch Arbeitsgemeinschaften.

Des weiteren stellt der Gesetzgeber mit dieser Regelung klar, dass es sich bei den der regionalen Arbeitsgemeinschaft zu übertragenden Aufgaben ausdrücklich um Auftragsverwaltung iSd § 88 Abs. 1 Satz 1 SGB X handelt, wobei – soweit der Auftrag nach Abs. 2 für Einzelfälle sowie für gleichgelagerte Fälle erteilt wird – allerdings ein wesentlicher Teil des gesamten Aufgabenbereichs beim Auftraggeber verbleiben muss. Da die Regelungen des § 89 SGB X über den Erlass von Verwaltungsakten durch Beauftragte ausdrücklich nicht für anwendbar erklärt werden, kann die Entscheidung über Anträge – anders als bei den in § 94 Abs. 1 SGB X genannten Arbeitsgemeinschaften – nicht Auftragsgegenstand nach § 88 Abs. 1 Satz 1 SGB X sein und den regionalen Arbeitsgemeinschaften auch nicht als Aufgabe übertragen werden.

14 **7. Übertragbare Aufgaben.** Den Arbeitsgemeinschaften können alle Inhalte der Zusammenarbeit der Rehabilitationsträger wie zB die gemeinsame Klärung des Versorgungsbedarfs, die Planung und Entwicklung der Versorgungsstrukturen nach § 19, aber auch andere gemeinsam wahrzunehmende Aufgaben wie die Trägerschaft der gemeinsamen Servicestellen nach §§ 22, 23, die Verhandlung und Vereinbarung gemeinsamer Versorgungsverträge mit gemeinsam in Anspruch genommenen Leistungserbringern nach § 21 oder die Zusammenarbeit und Durchführung der verschiedenen Beteiligungsrechte mit bzw. von Behinderten- und Selbsthilfeverbänden, die Koordination und Vernetzung der Präventions- und Rehabilitationskonzepte mit den regionalen Angeboten der Akutmedizin und der Pflege, die Regelung des konkreten Übergangs zwischen den Angebotsstrukturen von Akutversorgung, Rehabilitation und Pflege (Stichwort: Dreiseitige Verträge) in einer Versorgungsregion, letztlich die gesamte regionale Durchführung der sich aus den §§ 12, 13, 14, 17, 19, 20, 21, 22 ergebenden Aufgaben und Pflichten der Rehabilitationsträger übertragen werden. Dies verdeutlicht ua. § 13 Abs. 9, der ausdrücklich das Recht einräumt, die nach § 13 vereinbarten gemeinsamen Empfehlungen entsprechend den regionalen Erfordernissen durch die regionalen Rehabilitationsträger zu konkretisieren. Soweit damit nicht der Erlass von Verwaltungsakten verbunden ist, könnten den regionalen Arbeitsgemeinschaften auch Aufgaben übertragen werden, die als Einzelfallbearbeitung zu verstehen sind, wie zB die Steuerung eines zügigen und nahtlosen Rehabilitationsgeschehens oder die Wahrnehmung anderer Bestandteile des Rehabilitationsverfahrens von Einzelfällen oder Gruppen von Einzelfällen.

15 Die Absicht, die Aufsicht über die regionalen Arbeitsgemeinschaften zu vereinfachen und damit die Bildung solcher Arbeitsgemeinschaften zu fördern, wurde mit der Neufassung des § 94 Abs. 2 Satz 1, 1. HS SGB X verwirklicht. Die bisherige Aufsichtsregelung in § 94 Abs. 2 SGB X wurde damit aufgehoben, weil sie nach Auffassung des Gesetzgebers die Nutzung der Möglichkeiten zur Bildung von Arbeitsgemeinschaften verhindert hat (BT-Drucks. 14/5074 S. 101).Danach unterliegen die nach Abs. 2 errichteten regionalen Arbeitsgemeinschaften nunmehr der staatlichen Aufsicht, die sich

auf die Beachtung von Gesetz und sonstigem. Recht erstreckt, das für die Arbeitsgemeinschaften, die Leistungsträger und ihre Verbände maßgebend ist.

§ 13 Gemeinsame Empfehlungen

(1) Die Rehabilitationsträger nach § 6 Abs. 1 Nr. 1 bis 5 vereinbaren zur Sicherung der Zusammenarbeit nach § 12 Abs. 1 gemeinsame Empfehlungen.

(2) Die Rehabilitationsträger nach § 6 Abs. 1 Nr. 1 bis 5 vereinbaren darüber hinaus gemeinsame Empfehlungen,

1. **welche Maßnahmen nach § 3 geeignet sind, um den Eintritt einer Behinderung zu vermeiden, sowie über die statistische Erfassung der Anzahl, des Umfangs und der Wirkungen dieser Maßnahmen,**
2. **in welchen Fällen und in welcher Weise rehabilitationsbedürftigen Menschen notwendige Leistungen zur Teilhabe angeboten werden, insbesondere um eine durch eine Chronifizierung von Erkrankungen bedingte Behinderung zu verhindern,**
3. **in welchen Fällen und in welcher Weise die Klärung der im Einzelfall anzustrebenden Ziele und des Bedarfs an Leistungen schriftlich festzuhalten ist sowie über die Ausgestaltung des in § 14 bestimmten Verfahrens,**
4. **in welcher Weise die Bundesagentur für Arbeit von den übrigen Rehabilitationsträgern nach § 38 zu beteiligen ist,**
5. **wie Leistungen zur Teilhabe zwischen verschiedenen Trägern koordiniert werden,**
6. **in welcher Weise und in welchem Umfang Selbsthilfegruppen, -organisationen und -kontaktstellen, die sich die Prävention, Rehabilitation, Früherkennung und Bewältigung von Krankheiten und Behinderungen zum Ziel gesetzt haben, gefördert werden,**
7. *[aufgehoben]*
8. **in welchen Fällen und in welcher Weise der behandelnde Hausarzt oder Facharzt und der Betriebs- oder Werksarzt in die Einleitung und Ausführung von Leistungen zur Teilhabe einzubinden sind,**
9. **zu einem Informationsaustausch mit behinderten Beschäftigten, Arbeitgebern und den in § 83 genannten Vertretungen zur möglichst frühzeitigen Erkennung des individuellen Bedarfs voraussichtlich erforderlicher Leistungen zur Teilhabe sowie**
10. **über ihre Zusammenarbeit mit Sozialdiensten und vergleichbaren Stellen.**

(3) Bestehen für einen Rehabilitationsträger Rahmenempfehlungen auf Grund gesetzlicher Vorschriften und soll bei den gemeinsamen Empfehlungen von diesen abgewichen werden oder sollen die gemeinsamen Empfehlungen Gegenstände betreffen, die nach den gesetzlichen Vorschriften Gegenstand solcher Rahmenempfehlungen werden sollen, stellt der Rehabilitationsträger das Einvernehmen mit den jeweiligen Partnern der Rahmenempfehlungen sicher.

(4) Die Träger der Renten-, Kranken- und Unfallversicherung sowie der Alterssicherung der Landwirte können sich bei der Vereinbarung der gemeinsamen Empfehlungen durch ihre Spitzenverbände vertreten lassen.

(5) [1] An der Vorbereitung der gemeinsamen Empfehlungen werden die Träger der Sozialhilfe und der öffentlichen Jugendhilfe über die Bundesvereinigung der Kommunalen Spitzenverbände, die Bundesarbeitsgemeinschaft der überörtlichen Träger der Sozialhilfe, die Bundesarbeitsgemeinschaft der Landesjugendämter sowie die Integrationsämter in Bezug auf Leistungen und sonstige Hilfen für schwerbehinderte Menschen nach dem Teil 2 über die Bundesarbeitsgemeinschaft der Integrationsämter und Hauptfürsorgestellen, beteiligt. [2] Die Träger der Sozialhilfe und der öffentlichen Jugendhilfe orientieren sich bei der Wahrnehmung ihrer Aufgaben nach diesem Buch an den vereinbarten Empfehlungen oder können diesen beitreten.

(6) [1] Die Verbände behinderter Menschen einschließlich der Verbände der Freien Wohlfahrtspflege, der Selbsthilfegruppen und der Interessenvertretungen behinderter Frauen sowie die für die Wahrnehmung der Interessen der ambulanten und stationären Rehabilitationseinrichtungen auf Bundesebene maßgeblichen Spitzenverbände werden an der Vorbereitung der gemeinsamen Empfehlungen beteiligt. [2] Ihren Anliegen wird bei der Ausgestaltung der Empfehlungen nach Möglichkeit Rechnung getragen. [3] Die Empfehlungen berücksichtigen auch die besonderen Bedürfnisse behinderter oder von Behinderung bedrohter Frauen und Kinder.

(7) [1] Die beteiligten Rehabilitationsträger vereinbaren die gemeinsamen Empfehlungen im Rahmen der Bundesarbeitsgemeinschaft für Rehabilitation im Benehmen mit dem Bundesministerium für Arbeit und Soziales und den Ländern auf der Grundlage eines von ihnen innerhalb der Bundesarbeitsgemeinschaft vorbereiteten Vorschlags. [2] Der Bundesbeauftragte für den Datenschutz wird beteiligt. [3] Hat das Bundesministerium für Arbeit und Soziales zu einem Vorschlag aufgefordert, legt die Bundesarbeitsgemeinschaft für Rehabilitation den Vorschlag innerhalb von sechs Monaten vor. [4] Dem Vorschlag wird gefolgt, wenn ihm berechtigte Interessen eines Rehabilitationsträgers nicht entgegenstehen. [5] Einwände nach Satz 4 sind innerhalb von vier Wochen nach Vorlage des Vorschlags auszuräumen.

(8) [1] Die Rehabilitationsträger teilen der Bundesarbeitsgemeinschaft für Rehabilitation alle zwei Jahre ihre Erfahrungen mit den gemeinsamen Empfehlungen mit, die Träger der Renten-, Kranken- und Unfallversicherung sowie der Alterssicherung der Landwirte über ihre Spitzenverbände. [2] Die Bundesarbeitsgemeinschaft für Rehabilitation stellt dem Bundesministerium für Arbeit und Soziales und den Ländern eine Zusammenfassung zur Verfügung.

(9) Die gemeinsamen Empfehlungen können durch die regional zuständigen Rehabilitationsträger konkretisiert werden.

1 **1. Sozialpolitischer Hintergrund.** Nach den die Koalitionsvereinbarung der Regierungsparteien vom 20. 10. 1998 konkretisierenden „Eckpunkte(n)

zum Sozialgesetzbuch IX" der Koalitionsarbeitsgruppe Behindertenpolitik vom Oktober 1999 besteht ein Hauptziel des SGB IX darin, eine gemeinsame Plattform zu errichten, auf der durch Koordination, Kooperation und Konvergenz ein gemeinsames Recht und eine einheitliche Praxis der Rehabilitation und der Behindertenpolitik erreicht werden kann. Grundlage dafür war der Vierte Bericht über die Lage der Behinderten und die Entwicklung der Rehabilitation vom 18. 12. 97, nach dem die Hilfen zur Eingliederung behinderter und von Behinderung bedrohter Menschen ins Arbeitsleben und in die Gemeinschaft zwar insgesamt zu einem durchgängigen, in sich aber differenzierten System sozialrechtlicher und anderer Vorschriften ausgestaltet wurden (BT-Drucks. 13/95 S. 14, Textziffer 15.5). Nach Auffassung des Gesetzgebers (BT-Drucks. 14/5074 S. 92, 93) hatte dieses in der Sache durchgängige System von Leistungen und sonstigen Hilfen jedoch keinen angemessenen Ausdruck in der rechtlichen Ausgestaltung gefunden. Vielmehr bestände neben dem RehaAnglG, dem SchwbG und dem BSHG eine Vielzahl weiterer Vorschriften. Dies habe zur Folge, dass selbst innerhalb des Sozialrechts

- Leistungen und Hilfen zur Eingliederung behinderter Menschen zwar parallel und in der Sache gleichförmig und nach gleichen Kriterien erbracht werden (zB Hilfsmittel, Leistungen zur Eingliederung ins Arbeitsleben), die einschlägigen Vorschriften jedoch unterschiedlich gefasst sind,
- an den Nahtstellen der verschiedenen Leistungsbereiche und -zuständigkeiten nicht überall sachgerechte Abgrenzungs- und Verknüpfungsregelungen bestehen und
- die Zersplitterung der einschlägigen Rechtsvorschriften bei den einzelnen beteiligten Trägern und Stellen die Tendenz zu isolierter Betrachtung von Teilproblemen und Teillösungen fördert, während für behinderte oder von Behinderung bedrohte Menschen die Leistungen und sonstigen Hilfen zur Eingliederung vor allem in ihrem Zusammenwirken von Bedeutung sind.

Dadurch seien Rechtsauslegung, Rechtsanwendung und Nutzen der Vorschriften durch die Betroffenen erschwert.

Nach Auffassung des Gesetzgebers schafft und sichert ein gegliedertes 2
System bei zielgerichteter Zusammenarbeit der jeweils zuständigen Träger auf der Grundlage harmonisierter Rechtsvorschriften den behinderten und von Behinderung bedrohten Menschen weitergehende und wirkungsvollere Möglichkeiten der Eingliederung als jede denkbare andere organisatorische Lösung dies könnte. Das SGB IX enthält deshalb neben einem Plädoyer für die Beibehaltung des gegliederten Systems (§§ 6, 7) zur Verwirklichung der zielgerichteten Zusammenarbeit der Rehabilitationsträger verschiedene Vorschriften (§§ 10 bis 14, 17, 19 bis 24), von denen allerdings den §§ 12 und 13 hinsichtlich der Koordination und Kooperation der Rehabilitationsträger besondere Bedeutung beikommt.

2. Entstehung der Norm. Die Vorschrift wurde durch Art. 1 SGB IX ab 3
1. 7. 2001 eingeführt. Der RegE (BT-Drucks. 14/5074 iVm 14/5074) wurde wie folgt geändert: Abs. 2 Nr. 2 wurde um die Worte „eine durch eine Chronifizierung von Erkrankungen bedingte Behinderung (BT-Drucks. 14/5786 S. 20, 14/5800 S. 30) ergänzt; angefügt wurden Abs. 2 Nrn. 8 bis 10 (BT-Drucks. 14/5800 S. 31) und Abs. 9 (BT-Drucks. 5800 S. 31 sowie BR-

Drucks. 49/01); in Abs. 4 und 8 wurde die Alterssicherung der Landwirte auf- und in Abs. 7 Satz 5 die Bezugnahme auf Satz 4 aufgenommen; in Abs. 5 wurde die Bezeichnung „Hauptfürsorgestelle“ geändert BR-Drucks. 49/01), in Abs. 6 Satz 1 wurden die Spitzenorganisationen der Rehabilitationseinrichtungen und in Satz 3 die Berücksichtigung der frauen- und kinderspezifischen Bedürfnisse aufgenommen (BT-Drucks. 14/5800 S. 31); in Abs. 8 Satz 2 wurden die Länder einbezogen (BT-Drucks. 14/5800 S. 31 sowie BR-Drucks. 49/01). Abs. 2 Nr. 4 ab 1. 1. 2004 geändert durch 3. Gesetz für moderne Dienstleistungen am Arbeitsmarkt vom 23. 12. 2003 (BGBl. I S. 2891). Abs. 7 Satz 1 und 3, Abs. 8 Satz 2 ab 1. 1. 2003 geändert durch Gesetz zur Änderung von Fristen und Bezeichnungen im SGB IX und zur Änderung anderer Gesetze vom 3. 4. 2003 (BGBl. I S. 462). Abs. 5 Satz 1 geändert ab 1. 5. 2004 durch Gesetz zur Förderung der Ausbildung und Beschäftigung schwerbehinderter Menschen vom 23. 4. 2004 (BGBl. I 606).

4 **3. Normziel.** Die Vorschrift enthält mit der Verpflichtung zur Vereinbarung von gemeinsamen Empfehlungen das rechtliche Instrumentarium für die Verwirklichung des Zieles Koordination und Konvergenz der Leistungen sowie Kooperation der Rehabilitationsträger **(Abs. 1). Abs. 2** zählt die Regelungsgegenstände auf. **Abs. 3** verpflichtet zur Herstellung von Einvernehmen, wenn ein Rehabilitationsträger Rahmenempfehlungen vereinbart. **Abs. 4** beinhaltet ein Vertretungsrecht der Spitzenverbände. **Abs. 5** regelt die Beteiligung der Träger der Sozial- und Jugendhilfe und verpflichtet sie zur Orientierung an den gemeinsamen Empfehlungen. **Abs. 6** räumt den Verbänden behinderter Menschen und den Spitzenorganisationen der Leistungserbringer ein Beteiligungsrecht ein und verpflichtet zur Berücksichtigung der besonderen Bedürfnisse behinderter oder von Behinderung bedrohter Frauen und Kinder. **Abs. 7** überträgt der BAR Vorbereitung die Vorbereitung der Empfehlungen und beinhaltet die notwendigen Verfahrensregelungen. **Abs. 8** beinhaltet Berichtspflichten der Rehabilitationsträger. **Abs. 9** lässt die regionale Konkretisierung der Empfehlungen zu.

5 **4. Verpflichtung der Rehabilitationsträger.** Die Verpflichtung zur Vereinbarung gemeinsamer Empfehlungen erstreckt sich nur auf die Rehabilitationsträger nach § 6 Abs. 1 Nrn. 1 bis 5 (Abs. 1) und erfasst die Träger der Sozial- und Jugendhilfe nicht unmittelbar. Diese können jedoch nach Abs. 5 Satz 2 den Vereinbarungen beitreten. Ihren Belangen ist allerdings idR schon teilweise Rechnung getragen, weil die Empfehlungen nach Abs. 6 Satz 3 die besonderen Bedürfnisse behinderter oder von Behinderung bedrohter Frauen und Kinder zu berücksichtigen haben. Kommen die Rehabilitationsträger ihren Empfehlungspflichten nicht nach, ermächtigt § 16 das BMAS, unter bestimmten Voraussetzungen ersatzweise Regelungen durch Rechtsverordnungen zu treffen. Mit den gemeinsamen Empfehlungen soll im Rahmen des geltenden Rechts eine einheitliche und – bei Leistungen unterschiedlicher Rehabilitationsträger – koordinierte Leistungserbringung bewirkt werden, sodass die Leistungen aus der Sicht des Leistungsberechtigten insgesamt wie „aus einer Hand“ erscheinen, auch wenn sie von rechtlich selbstständigen Rehabilitationsträgern eigenverantwortlich erbracht werden.

6 Die Verpflichtung zur Vereinbarung gemeinsamer Empfehlungen richtet sich an die Rehabilitationsträger gemeinsam, kann aber je nach Thematik

oder Betroffenheit von einzelnen oder mehreren Rehabilitationsträgern oder Trägergruppen zu erfüllen sein. Beteiligen sich Rehabilitationsträger oder Trägergruppen nicht, obwohl sie der Sache nach betroffen sind (zB weil bei der Vorbereitung kein Einvernehmen zu erzielen ist), könnte dies ein Tätigwerden des BMAS nach Abs. 7 Satz 3 oder § 16 auslösen.

Der Leistungsberechtigte kann aus den gemeinsamen Empfehlungen keine Rechtsansprüche herleiten.

Die Vereinbarung gemeinsamer Empfehlungen ist bei den Rehabilitationsträgern, die Selbstverwaltungskörperschaften iSd SGB IV sind, Aufgabe von grundsätzlicher Bedeutung, sodass die Selbstverwaltungsorgane an der Vereinbarung zu beteiligen sind (Lachwitz-*Welti* § 13 Rn 10; *Stevens-Bartol* aaO Rn 7). 7

Das SGB IX regelt nicht, welche **Verbindlichkeit** den gemeinsamen Empfehlungen zukommt. Mit Blick auf die Formulierung, dass sie zu „vereinbaren" sind, kommt § 53 Abs. 1 Satz 1 SGB X in Betracht, wonach es sich um einen „öffentlich-rechtlichen Vertrag" handelt, wenn ein Rechtsverhältnis im Sozialrecht vertraglich begründet wird. Dem steht nicht entgegen, dass die Regelung von „Empfehlungen" und nicht explizit von Pflichten spricht. Dass es sich nicht nur um Unverbindliches handelt, folgt schon aus der Ersatzvornahmeermächtigung durch Rechtsverordnung nach § 16. Der verbindliche Rechtscharakter von gemeinsamen Empfehlungen, die durch eine Rechtsverordnung ersetzt werden können, unterliegt keinen Zweifeln (*Stevens-Bartol* § 13 Rn 4). 8

Der Gesetzgeber räumt der Verpflichtung der Rehabilitationsträger zu einer einheitlichen und koordinierten Verwaltungspraxis im SGB IX einen herausragenden Stellenwert ein. Die Selbstbindung der Rehabilitationsträger durch die gemeinsamen Empfehlungen ist daher stärker, als ihr Wortlaut („Empfehlungen") es vermuten lässt. Deswegen handelt es sich auch nicht um Empfehlungen an die jeweils anderen Rehabilitationsträger, sondern um solche, die sich auch an die Empfehlenden selbst richten. Da von den Rehabilitationsträgern als Träger öffentlicher Verwaltung grundsätzlich zu erwarten ist, dass sie nur eine Verwaltungspraxis empfehlen, die sie auch selbst anwenden und einhalten können, und alle Rehabilitationsträger zustimmen müssen, dh niemand gegen seine Willen (zB mit einer überstimmten Minderheitenmeinung) an der Empfehlung beteiligt ist, sind verfassungsrechtliche Probleme für die Gültigkeit und damit die Wirksamkeit der gemeinsamen Empfehlung bei allen beteiligten Trägergruppen (§ 6 Abs. 1 Nr. 1 bis 5) nicht ersichtlich. Ohne zwingende rechtliche Gründe (zB wenn die Ziele und Ansprüche des Gesetzes bei Anwendung der gemeinsamen Empfehlung in atypischen Einzelfällen nicht erreicht werden könnten) ist danach ein Abweichen der Rehabilitationsträger von den gemeinsamen Empfehlungen, die den Charakter von selbstbindenden Verwaltungsempfehlungen haben, nicht zulässig. (so auch *Welti* in Lachwitz/Schellhorn/Welti § 13 Rn 5 bis 8). 9

Die gemeinsamen Empfehlungen räumen dagegen den Leistungsberechtigten keine subjektiven Rechte ein. Die Leistungsansprüche der Berechtigten werden von den gemeinsamen Empfehlungen lediglich mittelbar über den Anspruch auf gleichmäßige Rechtsanwendung und Ermessensausübung beeinflusst, weil für Abweichungen von gemeinsamen Empfehlungen im

Einzelfall zumindest ein schwerwiegender rechtlicher oder sachlicher Grund vorliegen muss.

10 **5. Empfehlungen über die Zusammenarbeit.** Nach **Abs. 1** haben die Rehabilitationsträger iSd § 6 Abs. 1 Nrn. 1 bis 5 zur Sicherung der Zusammenarbeit für die in § 12 Abs. 1 genannten Sachverhalte gemeinsame Empfehlungen zu vereinbaren. Mit dieser Verpflichtung soll ausgeschlossen werden, dass es hinsichtlich der in § 12 Abs. 1 genannten Tatbestände zu unterschiedlicher Rechtsanwendung, zu unterschiedlichen Leistungsinhalten, Leistungsverfahren oder anderen Schnittstellenproblemen kommt. Zeichnen sich Schnittstellenprobleme oder Auslegungsunterschiede ab, sind die Rehabilitationsträger verpflichtet, diese durch die Vereinbarung gemeinsamer Empfehlungen zu vermeiden. Unabhängig davon sind die Träger nicht gehindert, unterschiedliche Auffassungen auf dem Rechtswege zu klären. Anders als in der Vergangenheit darf dies jedoch nicht mehr dazu führen, dass bis zur Klärung im Rechtsweg Leistungen ganz oder teilweise nicht oder nicht in der gebotenen Ausführung erbracht werden, dh die Abgrenzungs- und Anwendungsfragen zu Lasten der Berechtigten ausgetragen werden.

11 Nach § 12 Abs. 1 Nr. 1 verantworten die Rehabilitationsträger die im Einzelfall nahtlose, zügige sowie nach Gegenstand, Umfang und Ausführung einheitliche Erbringung der erforderlichen Leistungen zur Teilhabe. Sie haben dazu eine gemeinsame Empfehlung zur Konkretisierung der Ziele und Inhalte (Gegenstand, Umfang und Ausführung), aber auch über die nahtlose und zügige Erbringung der Rehabilitationsmaßnahmen zu vereinbaren. Auf der Grundlage des § 12 Abs. 1 sind weitere gemeinsame Empfehlungen zur Begutachtung nach einheitlichen Grundsätzen (Nr. 4), zur Sicherung der Beratung entsprechend den in §§ 1 und 4 genannten Zielen (Nr. 3), zur Prävention entsprechend den in § 3 genannten Zielen (Nr. 5) sowie zur einvernehmlichen Klärung von Abgrenzungsfragen (Nr. 2) zu vereinbaren.

12 **6. Weitere Empfehlungen. Abs. 2** konkretisiert über die sich aus § 12 ergebenden Vereinbarungsinhalte hinaus weitere Regelungstatbestände, zu denen die Rehabilitationsträger gemeinsame Empfehlungen vereinbaren müssen.

Zudem enthält das SGB IX über § 13 Abs. 1 und 2 hinaus die Verpflichtung zur Vereinbarung weiterer gemeinsamer Empfehlungen in § 20 Abs. 1 Satz 1 und Abs. 2 a (Qualitätssicherung), in § 30 Abs. 3 (Früherkennung und Frühförderung) sowie eine in das Ermessen der Träger gestellte Empfehlung in § 21 Abs. 2 Satz 1 (Rahmenverträge mit Leistungserbringern).

13 **Nr. 1** verpflichtet in Konkretisierung der bereits nach Abs. 1 iVm § 12 Abs. 1 Nr. 5 bestehenden Regelungspflicht zu einer Empfehlung darüber, welche Präventionsmaßnahmen (§ 3) zur Vermeidung des Eintritts einer Behinderung geeignet sind, sowie über die statistische Erfassung solcher Maßnahmen hinsichtlich ihrer Anzahl, des Umfangs und ihrer Wirkung. Damit legt der Gesetzgeber den Weg zu einer gemeinsamen, abgestimmten Umsetzung der in § 3 getroffenen Vorgaben zur Prävention fest.

14 **Nr. 2** verpflichtet die Träger, in einer gemeinsamen Empfehlung zu klären, für welche Zielgruppen („in welchen Fällen“) Rehabilitationsleistungen erforderlich erscheinen und in welcher Weise (Gegenstand, Umfang und Ausführung iSd § 12 Abs. 1 Nr. 1) diese insbesondere zur Verhinderung der

Chronifizierung von Erkrankungen angeboten werden sollen. Die Rehabilitationsträger haben damit den gesetzlichen Auftrag – vergleichbar den Leitlinien in der akutmedizinischen Versorgung – zielgruppenorientierte Rehabilitationsleitlinien/Rehabilitationskonzepte zu entwickeln.

Mit Blick auf die an der ICF orientierten Zielsetzung der Teilhabeleistungen müssen rehabilitative Leistungsbeschreibungen auf evidenz-basierter Health Care (EBHC) beruhen und dürfen sich nicht nur auf evidenz-basierte Medizin (EBM) beschränken (zur Terminologie vgl. *Perleth/Antes*, Evidenz-basierte Medizin S. 101). 15

Nr. 3 gebietet iVm § 12 Abs. 1 Nr. 4 eine Empfehlung zur gemeinsamen Ausgestaltung des Verfahrens zur Feststellung der Zuständigkeit, zur Beauftragung von Sachverständigen, zur Entscheidung über die Leistung und der Kostenerstattung nach § 14. Darüber hinaus ist zu regeln, in welchen Fällen und in welcher Weise die nach § 10 Abs. 1 Satz 1 vorzunehmende Klärung der im Einzelfall anzustrebenden Ziele und des Bedarfs an Leistungen schriftlich zu dokumentieren ist (Nachfolgeregelung für den Gesamtplan nach § 5 Abs. 3 RehaAnglG). 16

Nr. 4 sieht eine Empfehlung vor, in welcher Weise die Bundesagentur für Arbeit zu beteiligen ist, um zur Notwendigkeit, Art und Umfang von Leistungen unter Berücksichtigung arbeitsmarktlicher Zweckmäßigkeit gutachterlich Stellung zu nehmen (§ 38). Während die Bundesagentur nach § 5 Abs. 4 RehaAnglG nur vor der Einleitung berufsfördernder Maßnahmen zur Rehabilitation zur beteiligen war, dh wenn der Bedarf für eine solche Leistung dem Grunde nach geklärt war, ist sie nunmehr bereits bei der Einleitung medizinischer Leistungen zur Rehabilitation oder während deren Ausführung zu beteiligen (§ 11). Sie hat sich wie bisher zur Notwendigkeit, Art und Umfang von Leistungen zur Teilhabe am Arbeitsleben zu äußern und alle dazu die erforderlichen eigenen Feststellungen zu treffen (zB psychologische Begutachtung). Darüber hinaus ist auch eine Aussage zur arbeitsmarktlichen Zweckmäßigkeit zu machen. Nach dieser Vorschrift ist das dazu erforderliche Verfahren zwischen den Beteiligten zu vereinbaren. 17

Nr. 5 sieht eine Empfehlung darüber vor, wie die Teilhabeleistungen zwischen verschiedenen Trägern koordiniert werden. Diese Empfehlung setzt bei der Zuständigkeitsregelung nach § 14 an, beinhaltet jedoch schwerpunktmäßig die Systematisierung der Koordination der Leistungen nach § 10 und die dazu erforderlichen Verfahren. Dazu ergeben sich Ansätze aus dem Zusammenwirken der Träger nach § 11, die ebenfalls der Koordination bedürfen. Letztlich berührt diese Empfehlungsverpflichtung auch die Arbeit der gemeinsamen Servicestellen, die nach § 22 Abs. 1 Nr. 8 eine eigene Koordinations- und Vermittlungsaufgabe zwischen mehreren Rehabilitationsträgern und Beteiligten auch während der Leistungserbringung zugewiesen erhalten haben. Die Koordination im Sinne dieser Vorschrift erfasst die leistungsbezogene Koordination, nicht jedoch die im Zusammenhang mit der Entwicklung der Versorgungsstrukturen nach § 19 erforderliche Koordination, die sich unmittelbar aus der Vorschrift selbst ableitet (§ 19 Abs. 1 Satz 1). 18

Nr. 6 verpflichtet zu einer Empfehlung, in welcher Weise und in welchem Umfang Selbsthilfegruppen, -organisationen und -kontaktstellen gefördert 19 werden, die sich die Prävention, Rehabilitation, Früherkennung und Bewältigung von Krankheiten und Behinderung zum Ziel gesetzt haben. Für die gesetzlichen Krankenkassen und ihre Spitzenverbände gilt § 20 Abs. 4 SGB V, insbesondere Satz 5, für die übrigen Rehabilitationsträger § 29 SGB IX.

20 **Nr. 7** sah eine gemeinsame Regelung vor, wie während der Ausführung ambulanter Leistungen zur Teilhabe Leistungen zum Lebensunterhalt (§ 45) untereinander und von anderen Entgeltersatzleistungen abzugrenzen sind, soweit für diesen Zeitraum Anspruch auf mehrere Entgeltersatzleistungen besteht. Nr. 7 wurde aber mWv 11. 8. 2010 durch Art. 4 des Dritten Gesetzes zur Änderung des Vierten Buches Sozialgesetzbuch und anderer Gesetze v. 5. 8. 2010 (BGBl. 2010 I S. 1127) aufgehoben.

21 **Nr. 8** verpflichtet zu einer gemeinsamen Empfehlung, in welchen Fällen und in welcher Weise der behandelnde Haus- oder Facharzt und der Betriebs- oder Werksarzt in die Einleitung und Ausführung von Teilhabeleistungen einzubinden sind.

Während die bisherige Regelung des § 8 Abs. 3 Satz 3 RehaAnglG die Beteiligung dieser Ärzte nur auf Verlangen des Berechtigten oder bei Erfordernis vorsah, sieht diese Regelung nunmehr grundsätzlich deren Beteiligung vor. Diese grundsätzliche Beteiligung soll aber durch die gemeinsame Empfehlung entsprechend der bisherigen Erfordernisregel auf bestimmte Ziel- und Fallgruppen (in welchen Fällen) begrenzt werden. Zudem ist eine gemeinsame Beteiligungsform und ein einheitliches Beteiligungsverfahren („in welcher Weise“) festzulegen, was mit Blick auf das gegliederte System das Interesse der Ärzte an dieser Einbindung jedenfalls eher fördert als eine Vielzahl unterschiedlicher Verfahren.

22 Nach bisherigem Recht wirkten die Ärzte nur bei der Aufstellung des Gesamtplanes, dh bei der Einleitung, beratend mit. Nunmehr sind die Ärzte in die Einleitung und die Ausführung einzubinden, dh sie sind am gesamten Teilhabeverfahren zu beteiligen. „Einbinden“ beinhaltet auch weitergehende Beteiligungsrechte als nur beratendes Mitwirken. Danach sollten sich die einzubindenden Ärzte zum individuellen Bedarf, der funktionsbezogenen Zielgerichtetheit und Wirksamkeit einer beabsichtigten Leistung oder deren Anpassung iSd § 10 äußern können, zumal sie im Verhältnis zu sonstigen Sachverständigen (§ 14 Abs. 5) oftmals einen langjährigen Einblick in die beruflichen, familiären und gesellschaftlichen Verhältnisse des Berechtigten haben und deshalb die Auswirkungen von Schädigungen auf die Aktivitäten und die Partizipation, aber auch die Wirkung bestimmter Leistungen auf diese Lebensverhältnisse beurteilen können.

23 **Nr. 9** greift die Prävention im Arbeitsleben nach § 84 sowie die Integration der Schwerbehinderten in das Arbeitsleben (§ 83) auf und sieht eine gemeinsame Empfehlung zu einem Informationsaustausch mit behinderten Beschäftigten, Arbeitgebern, Schwerbehindertenvertretungen, Betriebs- und sonstigen Personalvertretungen sowie den Integrationsämtern zur möglichst frühzeitigen Erkennung des individuellen Bedarfs voraussichtlich erforderlicher Leistungen zur Teilhabe vor. In diesem Rahmen sollen die Verfahren und Entscheidungen der Rehabilitationsträger besser mit den Abläufen in den Betrieben und betrieblichen Entscheidungsprozessen verzahnt werden.

Nr. 10 erfordert eine gemeinsame Empfehlung zur Zusammenarbeit der Rehabilitationsträger mit Sozialdiensten und vergleichbaren Stellen. Neben der grundsätzlichen Bedeutung der Sozialdienste der Krankenhäuser für die frühzeitige Einleitung von Rehabilitationsleistungen ist die Beteiligung der Sozialdienste insbesondere für die Beurteilung der Ausprägung der Aktivitäten- und Partizipationsstörungen im Rahmen der Verpflichtung des § 10 zur „funktionsbezogenen" (im Sinne der ICF) Feststellung der bedarfsgerechten Leistung von besonderer Bedeutung. 24

Auf der Grundlage des § 13 wurden bisher folgende gemeinsame Empfehlungen vereinbart, die unter **www.bar-frankfurt.de** eingesehen werden können: 25

- Gemeinsame Empfehlung „Einheitlich/Nahtlosigkeit" (§ 12 Abs. 1 Nr. 1–3 iVm § 13 Abs. 1, Abs. 2 Nr. 5)
- Gemeinsame Empfehlung „Einheitliche Begutachtung" (§ 12 Abs. 1 Nr. 4 iVm § 13 Abs. 1)
- Gemeinsame Empfehlung „Prävention nach § 3 SGB IX" (§ 12 Abs. 1 Nr. 5 iVm § 13 Abs. 2 Nr. 1)
- Gemeinsame Empfehlung „Frühzeitige Bedarfserkennung" (§ 13 Abs. 2 Nr. 2)
- Gemeinsame Empfehlung „Teilhabeplan" (§ 13 Abs. 2 Nr. 3)
- Gemeinsame Empfehlung zur Förderung der Selbsthilfe (§ 13 Abs. 2 Nr. 6)
- Gemeinsame Empfehlung zur Verbesserung der gegenseitigen Information und Kooperation aller beteiligten Akteure (§ 13 Abs. 2 Nr. 8 und 9)
- Gemeinsame Empfehlung „Sozialdienste" (§ 13 Abs. 2 Nr. 10)
- Gemeinsame Empfehlung Qualitätssicherung (§ 20 Abs. 1)
- Gemeinsame Empfehlung „Integrationsfachdienste" (§ 113 Abs. 2).

An Stelle einer gemeinsamen Empfehlung nach § 12 Abs. 3 bzw. § 13 Abs. 2 Nr. 3 haben die Rehabilitationsträger zu §§ 22, 23 die Rahmenempfehlung zur Einrichtung trägerübergreifender Servicestellen vereinbart.

7. Einvernehmen der Rehabilitationsträger. Nach **Abs. 3** ist Einvernehmen mit den jeweiligen Partnern einer Rahmenempfehlung herzustellen, wenn für einen Rehabilitationsträger aufgrund gesetzlicher Vorschriften eine Rahmenempfehlung besteht (zB nach § 20c SGB V für die Selbsthilfeförderung der GKV) und von dieser auf gesetzlichen Grundlagen basierenden Rahmenempfehlung bei den gemeinsamen Empfehlungen nach dieser Vorschrift abgewichen werden soll. Damit wird klargestellt, dass bestehende gesetzliche Grundlagen zur Vereinbarung von Rahmenempfehlungen durch das SGB IX nicht berührt werden und beteiligte Rehabilitationsträger ihren entsprechenden Pflichten weiterhin nachkommen können. 26

Sollen in einer gemeinsamen Empfehlung nach dieser Vorschrift von bestehenden Rahmenempfehlungen abweichende Vereinbarungen getroffen werden, muss der Rehabilitationsträger bzw. dessen Spitzenverband, in dessen Verantwortung eine Rahmenempfehlung auf gesetzlicher Grundlage besteht, mit den Partnern dieser Rahmenempfehlung Einvernehmen herstellen. Ohne dieses Einvernehmen kann eine abweichende gemeinsame Empfehlung nicht wirksam vereinbart werden. Damit gewährt der Gesetzgeber den Partnern bestehender Rahmenvereinbarungen ausdrücklich eine Art Be- 27 standsschutz und Rechtssicherheit bezogen auf die Inhalte vorhandener Rahmenempfehlungen.

28 Die Verpflichtung, Einvernehmen herzustellen, wird zudem ausgedehnt auf die in einer gemeinsamen Empfehlung zu vereinbarenden Gegenstände, die nach den gesetzlichen Vorschriften zwar Gegenstand einer Rahmenempfehlung sein können, es bisher tatsächlich aber noch nicht sind.

29 **8. Vertretungsrecht.** Um auszuschließen, dass sich mehrere hundert Sozialversicherungsträger an der Entwicklung von gemeinsamen Empfehlungen beteiligen und allein deswegen schon kein vertretbarer und handlungsfähiger Rahmen gewährleistet ist, können sich die Träger der Renten-, Kranken- und Unfallversicherung sowie der Alterssicherung der Landwirte nach **Abs. 4** bei der Vereinbarung gemeinsamer Empfehlungen durch ihre Spitzenverbände vertreten lassen. Das BMG hat mit Erlass v. 28. 1. 10 klargestellt, dass zu den Aufgaben des GKV-Spitzenverbandes seit dem 1. 7. 2008 auch die Vertretung der Träger der GKV auf der Ebene der BAR nach Abs. 6 gehört.

30 **9. Beteiligung der Sozial- und Jugendhilfe sowie der Integrationsämter.** Nach **Abs. 5** sind die Bundesvereinigung der kommunalen Spitzenverbände und die Bundesarbeitsgemeinschaft der überörtlichen Träger der Sozialhilfe für die Träger der Sozialhilfe sowie die Bundesarbeitsgemeinschaft der Landesjugendämter für die Träger der öffentlichen Jugendhilfe an der Vorbereitung der gemeinsamen Empfehlungen zu beteiligen. Diese Träger können sich nach Satz 2 dafür entscheiden, den gemeinsamen Empfehlungen beizutreten. Auch wenn sie nicht beitreten, sind sie jedenfalls verpflichtet, sich bei der Wahrnehmung ihrer Aufgaben nach dem SGB IX an den Empfehlungen zu orientieren. Da sie nicht verpflichtet werden, die Empfehlungen uneingeschränkt anzuwenden, verbleiben den Sozial- und Jugendhilfeträgern im Einzelfall geringfügige Gestaltungsmöglichkeiten im Rahmen des für sie geltenden Rechts.

31 Die Bundesarbeitsgemeinschaft, der Integrationsämter und Hauptfürsorgestellen ist als Vertretung der Integrationsämter hinsichtlich der Leistungen und sonstigen Hilfen für schwb Menschen nach dem Teil 2 ebenfalls an der Vorbereitung zu beteiligen. Ein Beitrittsrecht haben die Integrationsämter dagegen nicht.

32 **10. Beteiligung der Verbände der Betroffenen und der Leistungserbringer.** An der Vorbereitung gemeinsamer Empfehlungen sind nach **Abs. 6 Satz 1** auch die Verbände behinderter Menschen einschließlich der Verbände der freien Wohlfahrtspflege, der Selbsthilfegruppen und der Interessenvertretungen behinderter Frauen zu beteiligen. Dazu gehören auch die Verbände der Angehörigen von behinderten Menschen. Die Verbände der freien Wohlfahrtsverbände sind ausdrücklich in der Eigenschaft der Interessenvertretung der Behinderten und nicht als Vertreter von Leistungserbringerinteressen zu beteiligen. Weitere Beteiligungsrechte der Interessenvertretungen behinderter Menschen sind bei der Planung von Rehabilitationsdiensten und Einrichtungen (§ 19 Abs. 1), im Rahmen der Qualitätssicherung (§ 20 Abs. 3), im Zusammenhang mit Beratungsleistungen der gemeinsamen Servicestellen (§ 22) und der Erstellung der Berichte der gemeinsamen Servicestellen (§ 24 Abs. 2) sowie im Beirat für die Teilhabe behinderter Menschen (§ 64) vorgesehen.

Weiterhin sind an der Vorbereitung gemeinsamer Empfehlungen die für die Wahrnehmung der Interessen der ambulanten und stationären Rehabilitationseinrichtungen auf Bundesebene maßgeblichen Spitzenverbände zu beteiligen. Der Gesetzgeber übernimmt hier – entgegen der Regelung in § 20 Abs. 3 – ausdrücklich die Terminologie des SGB V (ua. §§ 40 Abs. 3, 111b, 137a Abs. 1, 137e Abs. 5 aF), sodass Arbeitsgemeinschaften iSd § 19 Abs. 6 bei der Vorbereitung der gemeinsamen Empfehlung ausdrücklich nicht zu beteiligen sind. 33

Nach **Satz 2** ist den Anliegen der zu beteiligenden Verbände der Betroffenen und der Leistungserbringer bei der Ausgestaltung der Empfehlungen nach Möglichkeit Rechnung zu tragen. Den Beteiligten wird damit ein wesentlich stärkeres Mitwirkungsrecht eingeräumt als zB den Spitzenorganisationen der Leistungserbringer im Rahmen des § 137e Abs. 5 SGB V aF. Nach dem Wortlaut dieser Regelung kann die Berücksichtigung der Anliegen nur dann unterbleiben, wenn die Unmöglichkeit der Berücksichtigung objektiv begründbar ist. 34

11. Bundesarbeitsgemeinschaft (BAR). Nach **Abs. 7 Satz 1** bildet die Bundesarbeitsgemeinschaft für Rehabilitation (BAR) den organisatorischen Rahmen für die notwendigen Vorbereitungs- und Abstimmungsprozesse der jeweils beteiligten Rehabilitationsträger und der sonstigen Beteiligten. Ihr werden durch den Gesetzgeber in den Abs. 7 und 8 folgende Initiativ-, Steuerungs- und Berichtsaufgaben zugewiesen: 35

a) Die Entwicklung der Vorschläge für die gemeinsamen Empfehlungen nach Abs. 1 und 2 im Auftrag der Rehabilitationsträger (Satz 1) und die Durchführung der erforderlichen Beteiligungsverfahren (Abs. 5 und 6, Abs. 7 Satz 2).
b) Die eigenverantwortliche und – von den Rehabilitationsträgern – unabhängige Entwicklung von Empfehlungsvorschlägen im Auftrag des BMAS, wenn dieses die BAR dazu auffordert (Satz 3).
c) Die Sammlung der der BAR jährlich von den Rehabilitationsträgern mitzuteilenden Erfahrungen mit den gemeinsamen Empfehlungen und Übermittlung einer Zusammenfassung an das BMA und die Länder (Abs. 8).
d) Die Sammlung und Aufbereitung der von den Rehabilitationsträgern im Abstand von drei Jahren mitzuteilenden Erfahrungen über die Errichtung der gemeinsamen Servicestellen, die Durchführung und Erfüllung ihrer Aufgaben, die Einhaltung des Datenschutzes und möglicher Verbesserungen (§ 24).

Die BAR ist verpflichtet, die ihr vom Gesetzgeber zugewiesenen Aufgaben in der Sache neutral und unabhängig auszuführen, auch wenn sie nach ihrer Organisationsform und Finanzierung von den Rehabilitationsträgern abhängig ist. 36

Zur Vereinbarung gemeinsamer Empfehlung sind die Rehabilitationsträger verpflichtet (Abs. 7 Satz 1). Sie können sich dabei durch ihre Spitzenverbände vertreten lassen (Abs. 4). Seit Inkrafttreten des GKV-WSG ist der Spitzenverband Bund der Krankenkassen (§ 217a SGB V) allein vertretungsberechtigter Spitzenverband iSd Abs. 4. In der BAR sind jedoch weiterhin die früheren Spitzenverbände, jetzt Bundesverbände der Krankenkas- 37 sen (§ 212 SGB V) vertreten, die zunächst nach § 215 SGB V auch noch Aufgaben im Bereich der Rehabilitation übertragen bekommen hatten. § 215 SGB V ist durch G v. 26. 3. 07 BGBl. I S. 378 ab 1. 1. 09 weggefallen. Die privatrechtlich organisierten Bundesverbände haben danach keiner rechtliche Legitimation mehr, die Krankenkassen bei der Vereinbarung gemeinsamer Empfehlungen zu vertreten. Sollte der GKV-Spitzenverband weiterhin nicht selbst der BAR angehören, werden die dort gefassten Beschlüsse im Bereich der GKV erst wirksam, wenn der GKV Spitzenverband sie mit seiner Vertretungslegitimation nach Abs. 4 unterzeichnet hat (s. Rn 29).

38 **12. Benehmen mit dem BMAS und den Ländern.** Die Rehabilitationsträger vereinbaren die gemeinsamen Empfehlungen nicht miteinander, sondern im Rahmen der BAR. Danach ist nach außen die BAR Träger der Vereinbarung. Die BAR hat vor der Vereinbarung einer gemeinsamen Empfehlung das Benehmen mit dem BMAS und den Ländern herzustellen. Benehmen bedeutet lediglich Anhörung, nicht jedoch Einvernehmen. Mit Rücksicht darauf, dass der Bund und die Länder die Aufsicht über die Rehabilitationsträger führen, sind Einwände des BMAS und der Länder, die sich auf Gesetz und Recht beziehen auf jeden Fall zu beachten (§ 87 Abs. 1 Satz 2 SGB IV). Bei anderen Einwänden zB hinsichtlich der Zweckmäßigkeit eines Verfahrens usw. müssen die Rehabilitationsträger diesen Einwänden nicht folgen und können die gemeinsame Empfehlung auch gegen den Einwand des BMAS bzw. der Länder beschließen. In diesen – wie in allen anderen Fällen – kann das BMAS nach § 16 eine Frist von sechs Monaten zur Überarbeitung setzen und danach gegebenenfalls von seiner Verordnungsermächtigung Gebrauch machen.

39 **13. Verfahren.** Nach **Abs. 7 Satz 2** ist vor Abschluss einer Vereinbarung der Bundesbeauftragte für den Datenschutz zu beteiligen. Im Übrigen stellt die Begründung ausdrücklich fest, dass bei der Ausarbeitung der Empfehlungen auf die Besonderheiten der gesetzlichen Unfallversicherung Rücksicht zu nehmen ist (BT-Drucks. 14/5074 S. 102).

40 Unabhängig davon, ob die Initiative für die Vereinbarung einer gemeinsamen Empfehlung von den Rehabilitationsträgern bereits ergriffen wurde und sie – möglicherweise auch außerhalb der BAR – eine solche Empfehlung verhandeln, sieht **Satz 3** vor, dass das BMAS – unabhängig von seinen Möglichkeiten nach § 16 – die BAR – und nicht etwa die Rehabilitationsträger – unmittelbar dazu auffordern kann, zu einem bestimmten Gegenstand einen eigenen Vorschlag für eine gemeinsame Empfehlung zu erarbeiten und vorzulegen. Der BAR wird danach ausdrücklich das Recht eingeräumt, nach Aufforderung durch das BMAS – unabhängig von den sie tragenden Rehabilitationsträgern – eigenverantwortlich und eigenständig zu handeln In diesen Fällen hat die BAR **ihren** Vorschlag innerhalb von sechs Monaten vorzulegen.

41 Nach **Satz 4** ist diesen vom BMAS bei der BAR „in Auftrag gegebenen" eigenen Vorschlägen der BAR von allen übrigen Beteiligten (den Rehabilitationsträgern, den Ländern,) kraft Gesetzes ohne weiteres zu folgen, es sei denn, diesem Vorschlag würden berechtigte Interessen eines Rehabilitationsträgers entgegenstehen, die nicht innerhalb von 4 Wochen auszuräumen sind. Zur Vermeidung von Verfahren nach § 16 verpflichtet **Satz 5** dazu,

Einwände eines Rehabilitationsträgers innerhalb von vier Wochen nach Vorlage des Vorschlags auszuräumen. Gelingt dies oder werden Änderungen des Vorschlags der BAR von allen Beteiligten (dh auch vom BMAS und den Ländern) einvernehmlich getragen, ist die gemeinsame Empfehlung zustande gekommen. Der Gesetzgeber räumt damit dem BMAS auch unterhalb der Ermächtigung zum Erlass einer Rechtsverordnung nach § 16 weitgehende Initiativ- und Gestaltungsrechte ein. Können die geltend gemachten entgegenstehenden berechtigten Interessen des oder der Rehabilitationsträger innerhalb der Frist nicht ausgeräumt werden, ist das Zustandekommen der gemeinsamen Empfehlung auf Initiative des BMAS gescheitert und der Weg für den Erlass einer Rechtsverordnung nach § 16 eröffnet.

14. Berichtspflichten. Die Rehabilitationsträger teilen nach **Abs. 8** der BAR alle zwei Jahre ihre Erfahrungen mit den gemeinsamen Empfehlungen mit **(Satz 1).** Im Gegensatz zu der Berechtigung des einzelnen Rehabilitationsträgers nach Abs. 3, sich an der Vereinbarung einer Empfehlung unmittelbar beteiligen zu können, sind die Erfahrungsberichte der Sozialversicherungsträger über ihre Spitzenverbände der BAR zuzuleiten. Die BAR stellt dem BMAS sowie den Ländern eine Zusammenfassung dieser Berichte zur Verfügung (Satz 2). 42

15. Regionale Konkretisierung. Abs. 9 räumt ausdrücklich das Recht ein, gemeinsame Empfehlungen durch die regional zuständigen Rehabilitationsträger – gemeinsam – zu konkretisieren. Abweichungen von den gemeinsamen Empfehlungen sind dabei nicht zulässig. Die Vorschrift gestattet es jedoch, regionalen Besonderheiten Rechnung zu tragen, die wegen der auf die Aktivitäten und die Partizipation gerichteten Ziele der Teilhabeleistungen bei der Feststellung des funktionsbezogenen Leistungsbedarfs nach § 10 Bedeutung haben können, oder durch regional unterschiedliche gesellschaftliche Infra- oder Versorgungsstrukturen begründet sind. Diese Regelung korrespondiert mit § 12 Abs. 2, wonach die Rehabilitationsträger regionale Arbeitsgemeinschaften bilden sollen. Sie gibt den Rehabilitationsträgern insoweit ein Handlungsinstrument für die regionale Gestaltung, die auch dann zulässig ist, solange auf der Ebene der BAR zu einer der in Abs. 1 u. 2 genannten Pflichten noch keine Vereinbarung getroffen wurde. 43

§ 14 Zuständigkeitsklärung

(1) [1]Werden Leistungen zur Teilhabe beantragt, stellt der Rehabilitationsträger innerhalb von zwei Wochen nach Eingang des Antrages bei ihm fest, ob er nach dem für ihn geltenden Leistungsgesetz für die Leistung zuständig ist; bei den Krankenkassen umfasst die Prüfung auch die Leistungspflicht nach § 40 Abs. 4 des Fünften Buches. [2]Stellt er bei der Prüfung fest, dass er für die Leistung nicht zuständig ist, leitet er den Antrag unverzüglich dem nach seiner Auffassung zuständigen Rehabilitationsträger zu. [3]Muss für eine solche Feststellung die Ursache der Behinderung geklärt werden und ist diese Klärung in der Frist nach Satz 1 nicht möglich, wird der Antrag unverzüglich dem Rehabilitationsträger zugeleitet, der die Leistung ohne Rücksicht auf die Ursache erbringt. [4]Wird

der Antrag bei der Bundesagentur für Arbeit gestellt, werden bei der Prüfung nach den Sätzen 1 und 2 Feststellungen nach § 11 Abs. 2a Nr. 1 des Sechsten Buches und § 22 Abs. 2 des Dritten Buches nicht getroffen.

(2) [1]Wird der Antrag nicht weitergeleitet, stellt der Rehabilitationsträger den Rehabilitationsbedarf unverzüglich fest. [2]Muss für diese Feststellung ein Gutachten nicht eingeholt werden, entscheidet der Rehabilitationsträger innerhalb von drei Wochen nach Antragseingang. [3]Wird der Antrag weitergeleitet, gelten die Sätze 1 und 2 für den Rehabilitationsträger, an den der Antrag weitergeleitet worden ist, entsprechend; die in Satz 2 genannte Frist beginnt mit dem Eingang bei diesem Rehabilitationsträger. [4]Ist für die Feststellung des Rehabilitationsbedarfs ein Gutachten erforderlich, wird die Entscheidung innerhalb von zwei Wochen nach Vorliegen des Gutachtens getroffen. [5]Kann der Rehabilitationsträger, an den der Antrag weitergeleitet worden ist, für die beantragte Leistung nicht Rehabilitationsträger nach § 6 Abs. 1 sein, klärt er unverzüglich mit dem nach seiner Auffassung zuständigen Rehabilitationsträger, von wem und in welcher Weise über den Antrag innerhalb der Fristen nach den Sätzen 2 und 4 entschieden wird und unterrichtet hierüber den Antragsteller.

(3) [1]Die Absätze 1 und 2 gelten sinngemäß, wenn der Rehabilitationsträger Leistungen von Amts wegen erbringt. [2]Dabei tritt an die Stelle des Tages der Antragstellung der Tag der Kenntnis des voraussichtlichen Rehabilitationsbedarfs.

(4) [1]Wird nach Bewilligung der Leistung durch einen Rehabilitationsträger nach Absatz 1 Satz 2 bis 4 festgestellt, dass ein anderer Rehabilitationsträger für die Leistung zuständig ist, erstattet dieser dem Rehabilitationsträger, der die Leistung erbracht hat, dessen Aufwendungen nach den für diesen geltenden Rechtsvorschriften. [2]Die Bundesagentur für Arbeit leitet für die Klärung nach Satz 1 Anträge auf Leistungen zur Teilhabe am Arbeitsleben zur Feststellung nach § 11 Abs. 2a Nr. 1 des Sechsten Buches an die Träger der Rentenversicherung nur weiter, wenn sie konkrete Anhaltspunkte dafür hat, dass der Träger der Rentenversicherung zur Leistung einer Rente unabhängig von der jeweiligen Arbeitsmarktlage verpflichtet sein könnte. [3]Für unzuständige Rehabilitationsträger, die eine Leistung nach Absatz 2 Satz 1 und 2 erbracht haben, ist § 105 des Zehnten Buches nicht anzuwenden, es sei denn, die Rehabilitationsträger vereinbaren abweichendes.

(5) [1]Der Rehabilitationsträger stellt sicher, dass er Sachverständige beauftragen kann, bei denen Zugangs- und Kommunikationsbarrieren nicht bestehen. [2]Ist für die Feststellung des Rehabilitationsbedarfs ein Gutachten erforderlich, beauftragt der Rehabilitationsträger unverzüglich einen geeigneten Sachverständigen. [3]Er benennt den Leistungsberechtigten in der Regel drei möglichst wohnortnahe Sachverständige unter Berücksichtigung bestehender sozialmedizinischer Dienste. [4]Haben sich Leistungsberechtigte für einen benannten Sachverständigen entschieden, wird dem Wunsch Rechnung getragen. [5]Der Sachverständige nimmt eine umfassende sozialmedizinische, bei Bedarf auch psycho-

logische Begutachtung vor und erstellt das Gutachten innerhalb von zwei Wochen nach Auftragserteilung. [6]Die in dem Gutachten getroffenen Feststellungen zum Rehabilitationsbedarf werden den Entscheidungen der Rehabilitationsträger zugrunde gelegt. [7]Die gesetzlichen Aufgaben der Gesundheitsämter bleiben unberührt.

(6) **[1]Hält der leistende Rehabilitationsträger weitere Leistungen zur Teilhabe für erforderlich und kann er für diese Leistungen nicht Rehabilitationsträger nach § 6 Abs. 1 sein, wird Absatz 1 Satz 2 entsprechend angewendet. [2]Die Leistungsberechtigten werden hierüber unterrichtet.**

1. Sozialpolitischer Hintergrund. Die Behinderten und ihre Verbände, 1
jedoch auch andere an der Rehabilitation Beteiligte (vgl. Sachverständigenrat für die Konzertierte Aktion im Gesundheitswesen, Gutachten 2000/2001, Band III, 1 Ziff 143, 361, 370) haben immer wieder Schnittstellenprobleme beklagt, die sich in einer verspäteten Ausführung bzw. nicht nahtlosen und nicht durchgängigen Versorgung mit erforderlichen Teilhabemaßnahmen niederschlugen und auf das gegliederte System zurückgeführt wurden. Die zur Lösung dieser Probleme gedachten früheren Regelungen über Vorleistungspflichten (ua. § 43 SGB I, § 6 Abs. 2 iVm § 8 Abs. 1 Nr. 3 RehaAnglG) konnten die in sie gesetzten Erwartungen in der Praxis nicht erfüllen.

Diese Vorschrift enthält zur Lösung dieser Probleme im Bereich der Teilhabe behinderter Menschen eine für alle Rehabilitationsträger abschließende Regelung, die den allgemeinen Regelungen zur Vorleistungspflicht (§ 43 SGB I) und den Leistungsgesetzen der Rehabilitationsträger vorgeht. Sie erfasst alle Fälle der Feststellung der Leistungszuständigkeit – auch bei Sucht- oder chronischen Erkrankungen – und gilt auch für Personen, deren Bleiberecht noch nicht endgültig geklärt ist. Ziel ist es, die beklagten Schnittstellenprobleme durch ein ergebnisorientiertes, konsequentes, auf Beschleunigung gerichtetes Verfahren der Zuständigkeitsklärung auszuräumen und eine möglichst schnelle Leistungserbringung zu sichern Die zeitgerechte, zügige Erbringung von Leistungen zur Teilhabe liegt im Interesse der Leistungsberechtigten, jedoch auch der zuständigen Rehabilitationsträger, da eine verspätete Leistungserbringung idR mit einem höheren Aufwand verbunden ist.

2. Entstehung der Norm. Die Regelung wurde durch Art. 1 SGB IX ab 2
1. 7. 2001 mit verschiedenen Änderungen des RegE (BT-Drucks. 14/5531 iVm 14/5074) eingeführt. **Abs. 1 Satz 4** wurde um die Worte „und § 22 Abs. 2 des Dritten Buches“ ergänzt und das Wort „erfolgt“ durch „werden Feststellungen getroffen“ ersetzt. An **Abs. 4 Satz 2** wurde ein neuer Satz 3 angefügt. In **Abs. 5 Satz 1** wurden die Worte „und Kommunikationsbarrieren“ aufgenommen. In **Abs. 5 Satz 2** wurden das Wort „wenigstens“ durch „idR“ ersetzt und die Worte „unter Berücksichtigung bestehender sozialmedizinischer Dienste“ eingefügt. In **Abs. 5 Satz 5** wurden die Worte „bei Bedarf auch psychologische“ eingefügt. Abs. 1 Satz 4 und Abs. 4 Satz 2 ab 1. 1. 2004 geändert durch 3.Gesetz für moderne Dienstleistungen am Arbeitsmarkt vom 23. 12. 2003 (BGBl. I S. 2891). Abs. 2 Satz 5 angefügt sowie Abs. 4 Satz 3 und Abs. 5 Satz 5 ergänzt ab 1. 5. 2004 durch Gesetz zur Förderung der Ausbildung und Beschäftigung schwerbehinderter Menschen vom 23. 4. 2004 (BGBl. I S. 606).

3 **3. Normzweck.** Die Vorschrift enthält ein für alle Rehabilitationsträger verbindliches Zuständigkeitsklärungsverfahren, das die möglichst schnelle Leistungserbringung gewährleisten soll. **Abs. 1** verpflichtet den zuerst angegangenen Rehabilitationsträger zur Leistungserbringung oder bei Unzuständigkeit zur unverzüglichen Weiterleitung an den leistungsverpflichteten Rehabilitationsträger. **Abs. 2** verpflichtet zur unverzüglichen Feststellung des Rehabilitationsbedarf und setzt Fristen innerhalb derer über den Antrag zu entscheiden ist. Die in Abs. 1 und 2 genannten Fristen und das dort geregelte Verfahren gelten auch für die von Amts wegen zu erbringenden Leistungen **(Abs. 3). Abs. 4** regelt die Erstattung der Aufwendungen des unzuständigen Rehabilitationsträgers sowie die Weiterleitung der bei der Bundesagentur für Arbeit eingegangenen Anträge. **Abs. 5** enthält das Verfahren und die Fristen zur Einholung von Sachverständigengutachten. Das in dieser Vorschrift geregelte Verfahren ist nach **Abs. 6** auch anzuwenden, wenn ein Träger Teilhabeleistungen für erforderlich hält, für die er nach § 6 nicht Rehabilitationsträger sein kann.

4 **4. Feststellung der Zuständigkeit.** Die Vorschrift regelt ein Verfahren, durch das im Interesse behinderter Menschen ein Rehabilitationsträger rasch und ungeachtet der Frage, ob er auch der Sache nach der richtige Schuldner der Teilhabeleistung ist (BSG v. 14. 12. 06 – B4 R 19/96 R; BSG v. 26. 6. 07 – B 1 KR 34/06 R), als für das Rehabilitationsverfahren im Einzelfall zuständiger Träger bestimmt wird. Der Gesetzgeber hat die Fülle von Ansatzpunkten zur Überwindung von Zuständigkeitsproblemen im gegliederten Sozialsystem mit § 14 um eine weitere Variante ergänzt: Die Zuständigkeit als Folge von Nichtstun oder Weiterleitung.

5 Diese Zuständigkeiten erstrecken sich uneingeschränkt nur auf das Außenverhältnis, dh die Rechtsbeziehung zwischen dem Berechtigten und dem Rehabilitationsträger. Für das Innenverhältnis zwischen den Rehabilitationsträgern, das für die Frage der Kostenerstattung maßgebend ist, wirkt die Zuständigkeitsregelung des § 14 dagegen nicht in gleicher Weise (vgl. dazu Rn 27, 28).

6 Die Zuständigkeit nach dieser Vorschrift verpflichtet den im Außenverhältnis berufenen Rehabilitationsträger, dem Berechtigten Teilhabeleistungen aufgrund aller Rechtsgrundlagen zu erbringen, die überhaupt als Bedarfssituation für irgendeinen Rehabilitationsträger vorgesehen sind (BSG v. 26. 6. 07 – B 1 KR 34/06 R und 36/06 R).

7 Grundsätzlich soll der zuerst angegangene Rehabilitationsträger die Leistungen erbringen. Dazu verpflichtet **Abs. 1** alle Rehabilitationsträger, innerhalb von **zwei Wochen** nach Eingang eines Antrages auf Leistungen zur Teilhabe festzustellen, ob sie – unter Berücksichtigung vorrangiger Leistungszuständigkeiten anderer Rehabilitationsträger – für die Leistung zuständig sind **(Satz 1).** Nach § 7 Satz 2 richten sich die Zuständigkeit und die Voraussetzungen nach dem für den jeweiligen Rehabilitationsträger geltenden Leistungsgesetz.

8 Voraussetzung ist, dass ein Antrag auf Teilhabeleistungen vorliegt. Es reicht aus, wenn aus der Bekundung des Betroffenen ersichtlich ist, dass er Leistungen iSd § 5 begehrt, auch wenn eine bestimmte Leistungsart nicht benannt wird. Die Konkretisierung des Leistungsbedarfs ist Aufgabe des

Rehabilitationsträgers nach § 10. Bei Hilfeersuchen mit allgemeinen Problembeschreibungen hat der Rehabilitationsträger ggf. nach § 16 Abs. 3 SGB I auf die Stellung sachdienlicher Anträge hinzuwirken. Wird der Antrag bei einer Krankenkasse gestellt, erfasst die Prüfung innerhalb der Zweiwochenfrist nach dem zweiten HS auch die Feststellung, ob nach den für andere Sozialversicherungsträger geltenden Vorschriften mit Ausnahme des § 31 SGB VI Leistungen zu erbringen sind (§ 40 Abs. 4 SGB V). Die Regelungen nach § 139 SGB VII und die nach seinem Abs. 4 getroffenen Sonderregelungen gehen im Verhältnis zwischen mehreren Unfallversicherungsträgern vor. Da es sich bei den gemeinsamen Servicestellen unabhängig von der jeweiligen Trägerschaft um eine gemeinsame Funktion aller Rehabilitationsträger handelt, ist der Antragseingang bei der gemeinsamen Servicestelle auch als Antragseingang beim Rehabilitationsträger anzusehen (BMA, Fragen und Antworten, Nr. 23, *Welti* in HK-SGB IX Rn 21, *Haines* in LPK-SGB IX Rn 10 jeweils zu § 14).

Werden Anträge nach § 16 Abs. 1 Satz 2 und Abs. 2 SGB I von Leistungsträgern, die nicht Rehabilitationsträger sind, Gemeinden oder bei Personen, die sich im Ausland aufhalten, von den amtlichen Vertretungen der Bundesrepublik Deutschland im Ausland entgegen genommen, sind sie unverzüglich an den zuständigen Rehabilitationsträger weiterzuleiten. Für die Anwendung des § 14 gilt der Antrag zu dem Zeitpunkt als gestellt, in dem er bei der in Satz 1 genannten Stelle eingegangen ist (§ 16 Abs. 2 Satz 2 SGB I). Werden Leistungsberechtigte nach § 51 SGB V oder 125 SGB III durch eine Krankenkasse oder ein Arbeitsamt zur Antragstellung aufgefordert, sind nicht diese zur Antragstellung auffordernden Rehabilitationsträger erstangegangene Träger, sondern der Rehabilitationsträger, bei dem der Antrag gestellt werden soll.

Die Feststellung der Zuständigkeit umfasst die Prüfung des Trägers, ob er 9
überhaupt zuständig sein kann (zB §§ 6, 7 Satz 2) und die Prüfung, ob er unter Berücksichtigung vorrangiger Leistungsverpflichtungen (zB § 40 Abs. 4 SGB V) auch tatsächlich zuständig ist. Bei Feststellung der Unzuständigkeit ist zur Weiterleitung die Prüfung notwendig, bei welchem anderen Rehabilitationsträger (§ 6) die Voraussetzungen für Teilhabeleistungen gegeben sind. Hierzu sind nach dem Untersuchungsgrundsatz alle für den Einzelfall bedeutsamen Umstände zu ermitteln und zu berücksichtigen (§ 20 SGB X). Ein Antrag kann danach in der Sache nur dann noch abgelehnt werden, wenn keiner der in § 6 genannten Rehabilitationsträger Teilhabeleistungen zu erbringen hat, dh die Leistungsvoraussetzungen iSd SGB IX iVm den für die Träger geltenden Leistungsgesetzen nicht gegeben sind. Besteht dagegen wegen einer Teilhabebeeinträchtigung ein individueller Bedarf für Teilhabeleistungen, ist eine Ablehnung wegen Unzuständigkeit oder eine Erledigung durch Verweis auf die Teilhabeleistungen anderer Träger unzulässig. Der Träger hat den Antrag entweder weiterzuleiten (Abs. 1 Satz 2) oder die Leistungen zu bewilligen (Abs. 2 Satz 1).

Erklärt sich der zuerst angegangene Rehabilitationsträger nicht innerhalb 10
der Zwei-Wochen-Frist für zuständig, muss er den Antrag unverzüglich, dh innerhalb der Frist von zwei Wochen, spätestens jedoch mit Ablauf der Frist dem Rehabilitationsträger zuleiten, den er nach dem Ergebnis seiner Prü-

fung für zuständig hält **(Satz 2).** Unverzüglich bedeutet ohne schuldhaftes Zögern (§ 121 Abs. 1 BGB; BSGE 22, 187). Im Interesse der Betroffenen handelt es sich bei der Zweiwochenfrist um eine Ausschlussfrist, für deren Berechnung § 26 Abs. 1 SGB X gilt. Unabhängig davon, aus welchen Gründen die Frist nicht eingehalten werden konnte (Ausnahme: Gutachten nach Abs. 2), ist – auch im Falle von Versäumnissen und Versehen – die Leistung nach Abs. 2 Satz 1 festzustellen.

11 Nach **Satz 3** ist entsprechend zu verfahren, wenn die Zuständigkeit ohne die vorherige Klärung der Ursache der Behinderung nicht innerhalb der Zwei-Wochen-Frist des Abs. 1 festgestellt werden kann (zB wegen des in der Unfallversicherung oder nach dem Bundesversorgungsgesetz zu beachtenden Kausalitätsprinzips). Auch in diesen Fällen ist der Antrag unverzüglich dem für zuständig gehaltenen Rehabilitationsträger zuzuleiten, der die Leistung ohne Rücksicht auf die Ursache der Behinderung nach dem für ihn geltenden Recht zu erbringen hat.

12 Ein Überschreiten der Bearbeitungsfristen löst die Mitteilungspflicht nach § 15 Abs. 1 Satz 1 aus. Die Mitteilung ist zu begründen. Unterbleibt die Mitteilung über die Fristüberschreitung oder ist der Grund dafür nicht zureichend, löst dies das Selbstbeschaffungsrecht nach § 15 aus, wenn die dort genannten weiteren Voraussetzungen vorliegen.

13 Der Rehabilitationsträger, dem der Antrag nach Satz 2 oder 3 als zweitem Träger zugeleitet wird, hat nach Satz 3 letzter HS bzw. nach Abs. 2 Satz 3 – unabhängig von seiner tatsächlichen Zuständigkeit – auf jeden Fall nach § 10 den Rehabilitationsbedarf festzustellen, materiell über den Antrag zu entscheiden und die dem Berechtigten zustehenden Leistungen auszuführen. Mit der Weiterleitung vom zuerst angegangenen Rehabilitationsträger an den zweiten beteiligten Rehabilitationsträger wird mithin **kraft Gesetzes** dessen Zuständigkeit bestimmt, sodass für die Anwendung sonstiger Vorleistungspflichten (zB § 43 SGB I) faktisch kein Raum mehr bleibt. Danach muss zB ein Unfallversicherungsträger den bei ihm eingegangenen Antrag an einen von ihm für zuständig gehaltenen Rehabilitationsträger weiterleiten, wenn er innerhalb dieser Frist nicht klären kann, ob der Anspruch auf Teilhabeleistungen auf einem Arbeitsunfall oder einer Berufskrankheit beruht. Leitet er diesen Antrag an einen Träger der Krankenversicherung weiter, obwohl an sich die Zuständigkeit eines Trägers der Rentenversicherung gegeben wäre, kann der Träger der Krankenversicherung den Antrag nicht erneut weiterleiten, sondern muss über den Antrag entscheiden und die Leistung ausführen (BSG v. 14. 12. 06 – B 4 R 19/06 R).

14 Nach der Rechtssprechung (zB OVG Hamburg (9. 10. 2003, ZfSH/SGB 2004, S. 364ff; 2. 4. 2004, ZfSH/SGB 2004, S. 484ff, OVG Lüneburg, RdLH, 111f) schließt die vorrangige Zuständigkeitsklärung nach § 14 dennoch die Anwendung des § 43 SGB I dann nicht aus, wenn die Zuständigkeitsklärung nach § 14 ohne Erfolg bleibt. Die Vorleistungspflicht des erstangegangenen Trägers nach § 43 SGB I bleibt danach anwendbar, wenn zB

- die Leistung dringend ist und kein Träger rechtzeitig leistet
- einer oder mehrere Träger darüber streiten, ob überhaupt eine Teilhabeleistung vorliegt,

– sich zwei Krankenkassen oder zwei Sozialhilfeträger um die Zuständigkeit streiten.

Damit wird auch der Tatsache Rechnung getragen, dass die Selbstbeschaffung nach § 15 SGB IX bei mittellosen Antragstellern, bei ungeklärter Rechtslage und im stationären Sektor wenig geeignet ist, effektive Hilfe zu erreichen.

Da mit der Weiterleitung die Zuständigkeit gesetzlich bestimmt wird, 15 handelt es sich im Verhältnis zum Antragsteller um eine verbindliche Regelung des Einzelfalles, sodass die Weiterleitung als zu begründender Verwaltungsakt anzusehen ist (§ 31 SGB IX). Bei bestehenden Unterschieden im Leistungsrecht (zB Zuzahlung, Anrechnung von Einkommen oder Vermögen) kann die Weiterleitung im Einzelfalle eine Rechtsverletzung begründen (§ 42 Abs. 2 VwGO) und in diesen Fällen die Befugnis zur Einlegung des Rechtsbehelfs (Widerspruch gem. §§ 78, 83 SGG) auslösen (Lachwitz-*Welti* § 14 Rn 31). Da das Erstattungsverfahren ausreichend Rechtschutz bietet, ist der Rechtsweg zum Weiterleitungsakt im Verhältnis zwischen den Rehabilitationsträgern nicht gegeben.

Die Regelung in **Satz 4** gewährleistet eine Verfahrensbeschleunigung 16 bei der Bundesagentur für Arbeit, weil deren Zuständigkeit (§ 22 Abs. 2 SGB III) nicht mehr davon abhängig ist, dass zunächst durch die Rentenversicherungsträger festgestellt werden muss, ob ohne die Teilhabeleistungen Rente wegen verminderter Erwerbsfähigkeit (§ 11 Abs. 2a Nr. 1 SGB VI) zu leisten wäre. Die Bundesagentur für Arbeit soll die Teilhabeleistungen bei Vorliegen der Voraussetzungen bewilligen und nachträglich diese Feststellungen im Erstattungsverfahren nach Abs. 4 treffen.

5. Entscheidung über den Antrag. Erklärt sich der zuerst angegangene 17 Rehabilitationsträger für zuständig oder unterlässt er diese Feststellung nach Abs. 1 Satz 1, leitet aber den Antrag auch nicht gemäß Abs. 1 Satz 2 an einen anderen Rehabilitationsträger weiter, so hat er nach **Abs. 2** unverzüglich den individuellen Rehabilitationsbedarf festzustellen (Satz 1). Die Feststellung des Rehabilitationsbedarfs richtet sich nach § 10 Abs. 1 und umfasst – unabhängig von der eigenen Zuständigkeit – den gesamten trägerübergreifenden Bedarf, der zur Erreichung der Ziele nach §§ 1, 4 Abs. 1 erforderlich ist. Soweit Leistungen verschiedener Leistungsgruppen oder mehrere Rehabilitationsträger erforderlich sind, obliegen dem Träger iSd Abs. 2 Satz 1 auch die Koordinationspflichten nach § 10 (BSG v. 26. 6. 07 – B 1 KR 34/06 R und 36/06 R).

Der Rehabilitationsträger hat innerhalb von drei Wochen nach Eingang über den Antrag zu entscheiden (Satz 2), wenn für die Feststellung des Rehabilitationsbedarfs kein Gutachten eingeholt werden muss. Auch der Rehabilitationsträger, der einen Antrag nach Abs. 1 Satz 1 und 2 als Zweiter erhält, hat innerhalb von drei Wochen nach Eingang des Antrages bei ihm über diesen Antrag zu entscheiden (Satz 3). Er ist an die mit der Weiterleitung durch den zuerst angegangenen Rehabilitationsträger nach Abs. 1 erzeugte vorläufige gesetzliche Zuständigkeit (fiktive Zuständigkeit) gebunden, sodass eine zweite Weiterleitung unzulässig ist (BT-Drucks. 14/5074 S. 102).

Kann der als Zweiter angegangene Rehabilitationsträger nach § 6 Abs. 1 18 gar nicht zuständiger Rehabilitationsträger sein, weil die begehrte Leistung nicht Gegenstand seines gesetzlichen Leistungsauftrages ist (so können zB die Träger nach § 6 Abs. 1 Nr. 1, 2, und 4 keine Leistungen zur Teilhabe am Leben in der Gemeinschaft nach § 5 Nr. 4 erbringen), hat er mit dem nach seiner Auffassung zuständigen Rehabilitationsträger unverzüglich zu klären (Satz 5), von wem und in welcher Weise über den Antrag innerhalb der Fristen nach den Satz 2 und 4 entschieden wird und den Antragsteller hierüber zu unterrichten („Koordinationsrechtlicher Verwaltungsvertrag"– BSG v. 14. 12. 06 aaO). Der in diesen Ausnahmefällen als Dritter angegangene Träger ist ebenfalls noch zur Entscheidung innerhalb der gesetzlichen Fristen verpflichtet. Der Gesetzgeber hat damit klargestellt, dass die vor der Einführung des Satz 5 nicht zulässigen Drittweiterleitung in dem spezifischen Ausnahmefall nunmehr zwar zugelassen wird, die damit verbundenen Entscheidungsprozesse jedoch an die Einhaltung der gesetzlich vorgegebenen Fristen gebunden bleiben.

Kommt eine Vereinbarung nach Satz 5 nicht zustande, hat der zweitangegangene Träger endgültig selbst zu entscheiden, ob bzw. welches Recht auf Teilhabeleistungen dem Antragsteller zuzubilligen ist. Leistet er selbst, ist er „nachrangiger" Leistungsträger iSd § 104 SGB X. Lehnt er ab und hat er auch eine Vereinbarung nach Abs. 2 Satz 5 nicht versucht, verhält er sich rechtswidrig (vgl. dazu *Stevens-Bartol* § 14 Rn 16).

Auch der erstangegangene Träger hat die Leistungen zu erbringen, für die er nach § 6 Abs. 1 dem Grunde nach nicht zuständig sein kann, wenn er seine Pflichten nach Absatz 1 versäumt und nur deswegen zuständiger Träger ist (BSG v. 26. 6. 07 – B 1 KR 34/06 R und 36/06 R).

19 Für Integrationsämter gilt § 14 nach § 102 Abs. 6 Satz 1 entsprechend. Sie dürfen einen nach § 16 Abs. 2 SGB I weitergeleiteten Antrag nochmals weiterleiten, wenn sie nach Prüfung ihre Nichtzuständigkeit feststellen (§ 102 Abs. 6 Satz 2; § 3 Abs. 2 der Gemeinsamen Empfehlung zur Zuständigkeitsfeststellung).

20 Nach Satz 2 verlängert sich die Entscheidungsfrist von drei Wochen nach Antragseingang ausschließlich dann, wenn für die Feststellung des Rehabilitationsbedarfs ein Gutachten erforderlich ist. In diesen Fällen ist nach Satz 4 über den Antrag innerhalb von zwei Wochen nach Vorliegen (Eingang beim Rehabilitationsträger) des Gutachtens zu entscheiden. Die Pflicht, innerhalb einer bestimmten Frist über einen Antrag zu entscheiden, beinhaltet den Erlass des Verwaltungsaktes (§ 31 SGB X), nicht jedoch dessen Bekanntgabe (Zugang) an den Berechtigten (§ 37 SGB X). Die in dieser Vorschrift genannten Fristen beginnen am Tag nach Eintritt des Ereignisses (Antrags- oder Gutachteneingang) und enden mit dem Ablauf desjenigen Tages der letzten Woche, welcher durch seine Benennung dem Tag entspricht, auf den das Ereignis gefallen ist (§ 26 SGB X iVm §§ 187 bis 193 BGB).

21 **6. Verfahren von Amts wegen.** Die in dieser Vorschrift enthaltenen Bearbeitungsfristen für die Feststellung der Zuständigkeit und die Entscheidung über den Antrag sind nach **Abs. 3** auch dann einzuhalten, wenn ein Verfahren nicht durch Antrag des Berechtigten in Gang kommt, sondern von Amts wegen eingeleitet wird (Satz 1). Von Amts wegen können sich Verfahren aus der Anwendung des § 8 ergeben. Im Übrigen erbringen

die Träger der Unfallversicherung (§ 19 Satz 2 SGB IV), der sozialen Entschädigung, der Sozialhilfe und der Jugendhilfe Leistungen von Amts wegen.

Satz 2 enthält dafür eine „Antragsfiktion". In diesen Fällen tritt an die Stelle des Tages der Antragstellung der Tag, an dem der Rehabilitationsträger erstmals Kenntnis von dem voraussichtlichen Rehabilitationsbedarf hatte. „Kenntnis von dem voraussichtlichen Rehabilitationsbedarf" zu haben, bedeutet nicht, dass aus einer Unterlage bereits ein konkreter oder ein auf eine bestimmte Leistung ausgerichteter Rehabilitationsbedarf ersichtlich sein muss, da der Rehabilitationsträger nach § 10 Abs. 1 Satz 1 selbst dafür verantwortlich ist, die nach dem individuellen Rehabilitationsbedarf voraussichtlich erforderlichen Leistungen festzustellen.

„Kenntnis erhalten" bedeutet, dass eine bestimmte Information in den 22
Verantwortungsbereich des Rehabilitationsträgers, dh entweder an einen für den Rehabilitationsträger Handelnden oder in einen vom Rehabilitationsträger gestalteten und zu verantwortenden Verfahrensgang gelangt ist. Ein Rehabilitationsträger kann danach bereits Kenntnis haben, wenn die Information den Sitz des Rehabilitationsträgers oder das Gebäude, in dem er die Bearbeitung vornimmt, noch nicht erreicht hat. Sind seine Mitarbeiter in einer Servicestelle nach §§ 22, 23 tätig oder nehmen andere Mitarbeiter einer Servicestelle Aufgaben für einen Rehabilitationsträger wahr, erlangt er Kenntnis, wenn die Informationen seinen Mitarbeitern oder den von ihm Beauftragten oder in seinem Namen Tätigen zugehen.

7. Kostenerstattung. Abs. 4 sieht eine Kostenerstattungsregelung für den 23
Fall vor, dass nach Bewilligung einer Leistung durch einen Rehabilitationsträger nach Abs. 1 Satz 2 bis 4 festgestellt wird, dass ein anderer Rehabilitationsträger für die Leistung zuständig ist **(Satz 1).** In diesen Fällen hat der tatsächlich zuständige Rehabilitationsträger dem „quasi vorleistenden" dessen Aufwendungen in der Höhe zu erstatten, wie sie nach den für ihn geltenden Rechtsvorschriften angefallen sind. Es kommt also nicht darauf an, ob die erbrachten Leistungen den Anforderungen des zuständigen Trägers an die Bedarfsgerechtigkeit, Zielgerichtetheit und Wirksamkeit entsprochen haben oder den besonderen, auf die spezifische Aufgabenstellung eines Trägers gründenden Anforderungen gerecht werden. Es ist auch nicht bedeutsam, ob der zuständige Träger die Leistungen auf der Grundlage seiner mit den Leistungserbringern bestehenden Preisvereinbarungen bei gleicher Qualität kostengünstiger erbracht hätte. Er hat die tatsächlich entstandenen Aufwendungen im Rahmen des für ihn geltenden Rechts zu erstatten, weil ihn die vom leistenden Rehabilitationsträger getroffenen Entscheidungen binden. Ermessenserwägungen über die Leistungsgewährung sind ihm grundsätzlich verwehrt (BSG SoZR 2200 § 184a Nr. 5 zu § 6 Abs. 3 RehaAnglG). Da § 102 Abs. 2 SGB X für den Erstattungsumfang gleichlautend ist, können die hierfür geltenden Regelungen der §§ 107 bis 114 SGB X entsprechend angewandt werden (so auch Lachwitz-*Welti* § 14 Rn 45).

Um den Verwaltungsaufwand bei der Rentenversicherung auf ein Mini- 24
mum zu beschränken, sollen nach **Satz 2** nur solche Anträge von der Bundesagentur für Arbeit an die Rentenversicherungsträger zur Prüfung ihrer Zuständigkeit und einer Erstattungspflicht nach Satz 1 weitergeleitet wer-

den, bei denen nach den eigenen Feststellungen der Bundesagentur konkrete Anhaltspunkte dafür bestehen, dass unabhängig von der jeweiligen Arbeitsmarktlage eine Rentenzahlung aus gesundheitlichen Gründen möglich sein könnte.

25 Nach **Satz 3** besteht keine Kostenerstattungspflicht, wenn ein Rehabilitationsträger seine Zuständigkeit fahrlässig angenommen hat, obwohl er nach Abs. 1 Sätze 1 und 2 nicht zuständig ist. Diese Regelung iSe „Strafvorschrift" zu Lasten der fahrlässigen Annahme einer Zuständigkeit oder bei Versäumen der Zwei-Wochen-Frist zur Weiterleitung beschränkt die Erstattungspflicht auf die Fälle der rechtmäßigen Anwendung des § 14, die einer Vorleistung iSd § 102 Abs. 1 SGB X entsprechen.

26 In der Praxis hat diese stringente Regelung dazu geführt, dass eine Weiterleitung oftmals ohne hinreichende Prüfung der Zuständigkeit vorgenommen wird, um nicht auf „Kosten sitzen zu bleiben". In der Literatur (*Haines* in LPK-SGB IX § 14 Rn 24, *Mehrhoff*, BG 2001, 540, 542) wurde deshalb die Auffassung vertreten, dass § 14 Abs. 4 Satz 3 von den Rehabilitationsträgern durch abweichende Verwaltungsvereinbarungen „abbedungen" werden könnte. Der Gesetzgeber hat daraufhin durch das Gesetz vom 23. 4. 2004 (vgl. Rn 2) die Vereinbarung abweichender Regelungen gestattet (Satz 3, letzter HS). Nach der dazu von den Spitzenverbänden der Rehabilitationsträger getroffenen Verfahrensabsprache werden Kosten auch dann erstattet, wenn trotz geringer Zweifel an der eigenen Zuständigkeit Leistungsanträge nicht rein vorsorglich weitergeleitet werden, sondern die Leistung auch dann erbracht wird, wenn die Ursache der Behinderung noch nicht abschließend feststellbar ist.

27 Der 1. Senat des BSG hat zur Kostenerstattungspflicht am 26. 6. 07 festgestellt, dass für die Frage der Kostenerstattungspflicht der Träger untereinander weiterhin das gegliederte System mit seinen ausdifferenzierten Zuständigkeiten maßgebend ist (B 1 KR 34/06 R). Deshalb ist zunächst zu klären, ob der Erstattung begehrende Träger erst- oder zweitangegangener Träger ist. Der zweitangegangene Träger, der durch die bindende Weiterleitung kraft Gesetzes zuständig wurde, ist nach Auffassung des BSG schutzwürdig und erhält den speziellen Erstattungsanspruch nach § 14 Abs. 4 Satz 1, der die Regelungen der §§ 102ff SGB X verdrängt. Die Erstattung richtet sich entsprechend § 102 Abs. 2 SGB X nach den für den zweitangegangenen Träger geltenden Vorschriften, damit er einen vollständigen Ersatz seiner Aufwendungen erhält.

28 In allen übrigen Fällen richtet sich die Erstattungspflicht nicht nach § 14 Abs. 4 Satz 1, sondern wegen der im Innenverhältnis der Träger fort geltenden Zuständigkeitsregelungen des gegliederten Systems nach den Bestimmungen der §§ 102ff SGB X. Ist ein Träger durch Unterlassung (Nichtstun) nach § 14 Abs. 1 zuständig geworden, weil er alle gesetzlichen Pflichten nach §§ 14, 10 versäumt und deswegen den Antrag nicht fristgemäß an den zuständigen Träger weitergeleitet hat, ist er zur Leistung verpflichtet ohne einen Erstattungsanspruch zu bewirken.

29 **8. Beauftragung von Sachverständigen.** Der Rehabilitationsträger hat nach **Abs. 5** sicher zu stellen, dass er zur Feststellung des Rehabilitationsbedarfs Sachverständige beauftragen kann, bei denen Zugangsbarrieren nicht

bestehen **(Satz 1).** Zugangsbarrieren in diesem Sinne sind nicht nur räumliche oder bauliche, sondern auch Kommunikationsbarrieren (§ 17 SGB I). Zur Barrierefreiheit im Einzelnen vgl. §§ 4, 7–11 Behindertengleichstellungsgesetz vom 27. 4. 2002 (BGBl. I S. 1467).

Die Wortwahl „Sachverständige" anstatt „Gutachter" oder „ärztlicher Gutachter" trägt der Tatsache Rechnung, dass die Feststellung des Teilhabebedarfs und die Entscheidung über die funktionsbezogen bedarfsgerechten Teilhabeleistungen neben medizinischem Sachverstand auch den Sachverstand anderer Wissenschaften (zB Psychologie, Pädagogik, Sozialwissenschaften) erfordern kann. Ob ein Sachverständiger geeignet ist, richtet sich deshalb insbesondere nach den Anforderungen, die sich im Sinne der ICF zu dem zu klärenden Sachverhalt ergeben.

Der Sicherstellungsauftrag zur Feststellung des Rehabilitationsbedarfs obliegt jedem einzelnen Rehabilitationsträger. Die Inhalte der Begutachtung sind jedoch – mit Ausnahme spezifischer Anforderungen aus dem jeweiligen Leistungsrecht – von den Rehabilitationsträgern weitgehend einheitlich und gemeinsam festzulegen. Sie müssen den gesamten für die Beurteilung des vorliegenden Teilhabebedarfs erforderlichen Sachverhalt bezogen auf die körperliche, geistige und soziale Integrität, aber auch die der Aktivitäten und Partizipation erfassen, weil sie den Entscheidungen aller Rehabilitationsträger zugrunde gelegt werden sollen (BT-Drucks. 14/5074 S. 103). Die Regelung geht damit über § 96 SGB X hinaus. Die Rehabilitationsträger haben dazu die gemeinsame Empfehlungen „Einheitliche Begutachtung" (§ 12 Abs. 1 Nr. 4) vereinbart.

Mit Blick auf die für alle Rehabilitationsträger geltende Zielsetzung der Rehabilitation (§§ 1, 4) muss die Feststellung des Rehabilitationsbedarfs nicht nur auf die unmittelbar bevorstehende Leistungspflicht eines bestimmten Trägers, sondern auch auf die ggf. darüber hinaus gehenden Ziele des gleichen Trägers oder anderer Träger ausgerichtet sein (vgl. auch § 10 Rn 5 bis 11, § 12 Rn 5).

Mit der Gesundheitsreform 2007 wurde im Bereich der GKV der dort bis 30
dahin nach § 7 Satz 1 im Verhältnis zu § 14 Abs. 5 vorrangig anzuwendende § 275 Abs. 2 Nr. 1 SGB V dahingehend geändert, dass der MDK nicht mehr bei allen Anträgen auf Rehabilitationsleistungen, sondern nur noch stichprobenweise Begutachtungen vorzunehmen hat. Nach dem Wegfall dieses „Begutachtungsmonopols" des MDK's enthält das SGB V im Verhältnis zum SGB IX keine iSd § 7 Satz 1 spezifische Regelung mehr, sodass nunmehr auch im Bereich der GKV § 14 Abs. 5 anzuwenden ist und den Versicherten idR drei Sachverständige zur Auswahl anzubieten sind.

Ist für die Feststellung des Rehabilitationsbedarfs ein Gutachten erforder- 31
lich, beauftragt der Rehabilitationsträger unverzüglich einen geeigneten Sachverständigen **(Satz 2).** Ein Gutachten ist erforderlich, wenn die dem Rehabilitationsträger vorliegenden Erkenntnisse und Unterlagen über den individuellen Teilhabebedarf für die Entscheidung nicht ausreichen. Der Rehabilitationsträger ist verpflichtet, dem Leistungsberechtigten idR drei wohnortnahe Sachverständige unter Berücksichtigung bestehender sozialmedizinischer Dienste **(Satz 3)** zu benennen. Dazu haben die Rehabilitationsträger mit einer ausreichenden Anzahl von Sachverständigen vertrag-

liche Beziehungen zu unterhalten (BT-Drucks. 14/5074 S. 103). Anderenfalls kann eine Amtspflichtverletzung vorliegen und ggf. ein Herstellungsanspruch ausgelöst werden (*Haines* in LPG-SGB IX, § 14 Rn 31).

Haben sich Leistungsberechtigte für einen bestimmten Sachverständigen entschieden, wird diesem Wunsch Rechnung getragen **(Satz 4).** Für die Ausgestaltung des Sachverständigen-Wahlrechts können die zum Wunschrecht nach § 9 Abs. 1 entwickelten Grundsätze herangezogen werden, woraus auch ein Anspruch auf Erstattung der Kosten selbstbeschaffter Gutachten erwachsen kann (so auch *Haines* in LPK-SGB IX § 14 Rn 31). Der Rehabilitationsträger kann nur in Ausnahmefällen allein entscheiden, welcher Sachverständige die Begutachtung vorzunehmen hat. Da sich der Berechtigte nicht selbst einen Sachverständigen suchen, sondern nur zwischen drei vom Rehabilitationsträger Vorgeschlagenen zu wählen hat, kann der Rehabilitationsträger die grundsätzliche Eignung seiner Sachverständigen nicht in Frage stellen. Die Nichtberücksichtigung des Wunsches des Betroffenen kann demnach nur ausnahmsweise rechtmäßig sein, wenn Art und Schwere der Behinderung des Berechtigten oder die besonderen Umstände am Arbeitsplatz oder im gesellschaftlichen Umfeld einen Sachverständigen mit einer Fachkompetenz zur Beurteilung des Rehabilitationsbedarfs erfordern, über die die zur Auswahl gestellten Sachverständigen üblicher Weise nicht verfügen. Im Übrigen können nach der Begründung des Regierungsentwurfs entsprechend der zu § 200 SGB VII entwickelten Praxis auf Antrag des Leistungsberechtigten auch andere geeignete Sachverständige herangezogen werden, die nicht in der Vorschlagsliste des Rehabilitationsträgers enthalten sind (vgl. *Haines* in LPK-SGB IX § 14 Rn 29).

32 Der Bundesrat hatte im Gesetzgebungsverfahren daran erinnert, dass viele Rehabilitationsträger eigene medizinische Dienste oder sonstige Fachdienste unterhielten und es nicht zumutbar sei, diese nicht mehr vorrangig mit der Begutachtung zu beauftragen, vorausgesetzt die Wohnortnähe ist gegeben (BT-Drucks. 14/5531 S. 8). Der Gesetzgeber überlässt die Organisation der Sachverständigen völlig den Rehabilitationsträgern. Der Wortlaut „unter Berücksichtigung“ bestehender sozialmedizinischer Dienste stellt klar, dass Sachverständige nicht allein aus diesen Diensten vorgeschlagen werden können. Gehören allerdings zwei von drei vorgeschlagenen Sachverständigen demselben Dienst an, ist dies nicht zu beanstanden. Dabei können die aus den Diensten Vorgeschlagenen auch unterschiedlichen Diensten angehören (zB Untersuchungsstelle eines Rentenversicherungsträgers, MDK).

33 Der beauftragte Sachverständige nimmt eine umfassende sozialmedizinische – bei Bedarf auch psychologische – Begutachtung vor und erstellt das Gutachten innerhalb von zwei Wochen **(Satz 5).** Das Gutachten muss innerhalb der Zweiwochen-Frist erstellt, aber noch nicht dem Rehabilitationsträger zugestellt sein; die Postwege nach der Erstellung liegen außerhalb der vorgegebenen Frist. Da in der Literatur der Beginn der Frist mit dem Folgetag des Auftragseingangs beim Sachverständigen (Lachwitz-*Welti* § 14 Rn 37), aber auch mit dem Abschluss der Untersuchungen (*Mrozynski* § 14 Rn 43) angenommen wurde, hat der Gesetzgeber klargestellt, dass die Frist zur Erstellung mit der Auftragserteilung durch den Rehabilitationsträger

beginnt, sodass der Postweg von der Auftragserteilung bis zum Eingang beim Gutachter in der Frist enthalten ist.

Die in dem Gutachten getroffenen Feststellungen zum Rehabilitationsbedarf werden den Entscheidungen der Rehabilitationsträger zu Grunde gelegt **(Satz 6).** 34

Diese Regelungen verpflichten die Rehabilitationsträger nicht, ihre Entscheidung über die Teilhabeleistungen ausschließlich auf die Begutachtung nach dieser Vorschrift zu stützen. Der Gesetzgeber verfolgt mit dieser Regelung zwar das Ziel, verfahrensverzögernde und für die Betroffenen belastende Mehrfachbegutachtungen durch verschiedene Rehabilitationsträger soweit wie möglich auszuschließen (BT-Drucks. 14/5074 S. 102). Die Pflicht des zuständigen Rehabilitationsträgers, das Gutachten im Rahmen seiner Entscheidung in freier und gründlicher Beweiswürdigung im Hinblick auf Zuverlässigkeit und Rechtsgültigkeit zu beurteilen und notfalls ein zweites Gutachten einzuholen, wird dadurch nicht berührt (*Benz*, SGB 2001, 611, 614). 35

Erfordert die funktionsbezogene Feststellung der nach dem individuellen Bedarf voraussichtlich erforderlichen Leistungen (§ 10) eine über ärztliche und psychologische Leistungen hinausgehende Beurteilung und Stellungnahme anderer am Rehabilitationsverfahren beteiligter Berufsgruppen (Pädagogen, Sozialarbeiter usw.) oder Dienste (zB Integrationsdienste), sind diese gutachterlichen Stellungnahmen einzuholen und ebenfalls zur Grundlage der Entscheidung zu machen. Selbstverständlich findet die in Satz 6 postulierte Bindung ihre Grenzen in der Verwertbarkeit des Gutachtens. Werden von einem Gutachten die Störungen, die einen Rehabilitationsbedarf begründen, nicht, nicht mehr oder nicht vollständig erfasst, weil zB die Behinderung oder ihre Ausprägung, aber auch ihre Auswirkungen auf die Teilhabe sich verändert haben, endet auch die Bindung.

Letztlich stellt **Satz 7** fest, dass die gesetzlichen Aufgaben der Gesundheitsämter durch diese Vorschrift nicht berührt werden. 36

9. Einleitung beim zuständigen Träger. Die Verpflichtung des Rehabilitationsträgers nach Abs. 1 Satz 2, für den Fall der eigenen Unzuständigkeit den Antrag unverzüglich an einen für zuständig gehaltenen Rehabilitationsträger weiter zu leiten, besteht nach **Abs. 6** auch dann, wenn ein Rehabilitationsträger bereits Leistungen erbringt, aber weitere Leistungen für erforderlich hält, für die er nach § 6 Abs. 1 nicht Rehabilitationsträger sein kann. Abs. 6 beinhaltet nicht die Möglichkeit des zuständigen Rehabilitationsträgers, seine Zuständigkeit für weitere Leistungen in Frage zu stellen, die nach § 6 zu seinen Aufgaben gehören. Abs. 6 erfasst nur die Fälle, in denen ein bereits zuständiger Rehabilitationsträger andere, ebenfalls erforderliche Teilhabeleistungen deswegen objektiv nicht erbringen kann, weil ihm dafür die Zuständigkeit nach § 6 ausdrücklich nicht zugeordnet ist. Erkennen zB die Träger der Renten- und Krankenversicherung während der Ausführung von medizinischen Leistungen zur Rehabilitation einen Bedarf an Leistungen zur Teilhabe am Leben in der Gemeinschaft (§ 5 Nr. 4), so können sie diese Leistungen nicht erbringen, weil sie nicht Gegenstand ihrer Leistungsverpflichtung sind (§ 6 Nrn. 1 und 4 beinhalten Leistungen nach § 5 Nr. 4 ausdrücklich nicht). Sie haben deswegen nach Abs. 1 Satz 2 den für die Leis- 37 tungen zur Teilhabe an der Gemeinschaft zuständigen Träger einzuschalten **(Satz 1)** und den Leistungsberechtigten darüber zu informieren **(Satz 2).** Mit dieser Regelung wird das in § 10 Abs. 1 Satz 2 enthaltene Beschleunigungsgebot konkretisiert. Sie entspricht der bisher in § 4 Abs. 2 Satz 2 RehaAnglG enthaltenen Verpflichtung des unzuständigen Trägers, als notwendig erkannte Maßnahmen beim zuständigen Träger anzuregen.

38 Die Rehabilitationsträger sind nach § 13 Abs. 2 Nr. 3, letzter HS verpflichtet, eine gemeinsame Empfehlung über die Ausgestaltung des in § 14 bestimmten Verfahrens zu vereinbaren. Die Rehabilitationsträger haben dazu im Rahmen der BAR die „Gemeinsame Empfehlung über die Ausgestaltung des in § 14 SGB IX bestimmten Verfahrens (Gemeinsame Empfehlung zur Zuständigkeitsklärung)" am 27. 3. 2003) beschlossen und mit Wirkung vom 1. 5. 2003 in Kraft gesetzt. Im Einzelnen enthält die gemeinsame Empfehlung in

§ 1 – Regelungen über den Fristbeginn für die Zuständigkeitsklärung nach Eingang bei einem Rehabilitationsträger (Abs. 1),einem Träger Unfallversicherung, Sozialhilfe und Kriegsopferfürsorge (Abs. 2) sowie einer gemeinsamen Servicestelle (Abs. 3). Abweichend von Rn 5 soll dabei nach Abs. 1 ein Antrag erst vorliegen, wenn die zur Beurteilung der Zuständigkeit erforderlichen Unterlagen vorliegen und neben der Identität das konkrete Leistungsbegehren erkennbar ist.

§ 2 – Regelungen zur Weiterleitung von Anträgen spätestens am Tag nach Ablauf der Frist (Abs. 1; vgl. Rn 6 spätestens mit Ablauf der Frist), zur Begründung der Zuständigkeit durch Fristversäumnis (Abs. 2), zum erstangegangenen Träger, wenn lediglich ein Antrag für einen anderen Träger aufgenommen wurde (Abs. 3), zur Beurteilung von Anträgen nach §§ 51 SGB V, 125 SGB III (Abs. 4) sowie dazu, das Verfahrensabsprachen der Träger unberührt bleiben (Abs. 5).

§ 3 – Regelungen zur Behandlung weitergeleiteter Anträge darüber, dass die Weiterleitung nur einmal zulässig ist und der als Zweiter angegangene Träger unbeachtlich seines Leistungsrechts leistungspflichtig ist (Abs. 1), dass Integrationsämter einen weitergeleiten Antrag bei Nichtzuständigkeit nochmals weiterleiten dürfen (Abs. 2), dass eine zweite Weiterleitung (rechtswidrig vgl Rn 14) nochmals bei Beantragung einer nicht im Aufgabenspektrum nach § 6 enthaltenen Leistung zulässig sein soll (Abs. 3), dass Weiterleitungen innerhalb einer Trägergruppe nach § 6 auch auf der Grundlage separater Verfahrensabsprachen (Abs. 4) zulässig sein sollen. (Anmerkung: Abs. 3 und 4 sind nicht mit Abs. 2 Satz 5 vereinbar und müssten entsprechend der geänderten gesetzlichen Regelung überarbeitet werden).

§ 4 – Regelung über die Weiterleitung bei ungeklärter Behinderungsursache, wobei konkretisiert wird, bei welchen geltend gemachten Leistungen die Anträge welcher Trägergruppen nach § 6 zuzuleiten sind.

§ 5 – Regelung über die Erstattung, wobei Abs. 1 die gesetzliche Regelung (Abs. 4 Satz 1) referiert, Abs. 2 entgegen dem Wortlaut des Gesetzes einen Erstattungsanspruch unabhängig davon vorsieht, ob die Nichtzuständigkeit sich vor oder nach der Leistungsbewilligung herausstellt bzw. ob sich eine ursprünglich festgestellt positive Rehabilitationsprognose sich nicht

bestätigt. Abs. 3 äußert sich zum Umfang des Erstattungsanspruch und zu den anzuwendenden Vorschriften des SGB X.
§ 6 – die Feststellung, dass die Rehabilitationsträger bei der Begutachtung auf die Einhaltung der Fristen hinwirken
§ 7 – Ausführungen zum Inkrafttreten und zur Anpassungsbereitschaft.

Die Rehabilitationsträger haben zudem am 14. 1. 2002 eine – nicht in das Benehmensverfahren mit dem BMGS eingebrachte – „Verfahrensabsprache zu § 5 der Gemeinsamen Empfehlung zur Zuständigkeitsklärung" vereinbart, die mit Blick auf spezifische Zuständigkeitsregelungen in den für die Rehabilitationsträger geltenden Leistungsgesetzen verschiedene Zuständigkeitsvarianten insbesondere im Verhältnis der Unfallversicherungsträger zur Renten- und Krankenversicherung definiert und klärt.

§ 15 Erstattung selbstbeschaffter Leistungen

(1) [1]Kann über den Antrag auf Leistungen zur Teilhabe nicht innerhalb der in § 14 Abs. 2 genannten Fristen entschieden werden, teilt der Rehabilitationsträger dies den Leistungsberechtigten unter Darlegung der Gründe rechtzeitig mit. [2]Erfolgt die Mitteilung nicht oder liegt ein zureichender Grund nicht vor, können Leistungsberechtigte dem Rehabilitationsträger eine angemessene Frist setzen und dabei erklären, dass sie sich nach Ablauf der Frist die erforderliche Leistung selbst beschaffen. [3]Beschaffen sich Leistungsberechtigte nach Ablauf der Frist eine erforderliche Leistung selbst, ist der zuständige Rehabilitationsträger unter Beachtung der Grundsätze der Wirtschaftlichkeit und Sparsamkeit zur Erstattung der Aufwendungen verpflichtet. [4]Die Erstattungspflicht besteht auch, wenn der Rehabilitationsträger eine unaufschiebbare Leistung nicht rechtzeitig erbringen kann oder er eine Leistung zu Unrecht abgelehnt hat. [5]Die Sätze 1 bis 3 gelten nicht für die Träger der Sozialhilfe, der öffentlichen Jugendhilfe und der Kriegsopferfürsorge.

(2) Die Rehabilitationsträger erfassen, in wie vielen Fällen die Fristen nach § 14 nicht eingehalten wurden, in welchem Umfang sich die Verfahrensdauer vom Eingang der Anträge bis zur Entscheidung über die Anträge verringert hat, in wie vielen Fällen eine Kostenerstattung nach Absatz 1 Satz 3 und 4 erfolgt ist.

1. Sozialpolitischer Hintergrund. Die Vorschrift eröffnet den Leistungsberechtigten unter bestimmten Voraussetzungen – über die von der Rechtsprechung anerkannten Fallgestaltungen hinaus – die Möglichkeit, sich die Leistungen selbst zu beschaffen, soweit der zuständige Träger die Leistung trotz Fristsetzung nicht rechtzeitig erbringt. Damit wird die Selbstbestimmungsfähigkeit der Berechtigten gestärkt und – bei nicht sachgerechtem Handeln des Trägers – die Abhängigkeit vom Handeln des Rehabilitationsträgers verringert. 1

2. Entstehung der Norm. Die Vorschrift wurde mit mehreren Änderungen des RegE (BT-Drucks. 14/5531 iVm 14/5075) durch den AuS-Ausschusses durch Art. 1 SGB IX ab 1. 7. 2001 eingeführt. In **Abs. 1 Satz 3** 2 wurden die Worte „unter Beachtung der Grundsätze der Sparsamkeit und Wirtschaftlichkeit“ (BT-Drucks. 14/5800 S. 31) eingefügt und die Worte „bis zur Höhe der Aufwendungen, die er selbst zu tragen hätte“ gestrichen. In **Abs. 1 Satz 5** wurden entsprechend der Forderung des Bundesrates die Worte „Sätze1 bis 4“ durch „Die Sätze 1 bis 3“ ersetzt (BT-Drucks. 14/5531 S. 8). **Abs. 2** wurde angefügt (BT-Drucks. 14/5800 S. 31).

3 **3. Normzweck.** Die Vorschrift verpflichtet die Rehabilitationsträger unter bestimmten Voraussetzungen zur Erstattung der Kosten einer selbst beschafften Leistung. **(Abs. 1). Abs. 2** verpflichtet die Rehabilitationsträger zur Dokumentation der Häufigkeit verspäteter Leistungsgewährung.

4 **4. Fristgerechte Entscheidung.** Wenn der Rehabilitationsträger nicht innerhalb von drei Wochen nach Antragseingang bzw. innerhalb von zwei Wochen nach Eingang eines für die Feststellung des Rehabilitationsbedarfs erforderlichen Gutachtens (§ 14 Abs. 2) über einen Antrag auf Leistungen zur Teilhabe entscheiden kann, hat er dies den Leistungsberechtigten nach **Abs. 1 Satz 1** unter Darlegung der Gründe rechtzeitig mitzuteilen.

5 Der unbestimmte Rechtsbegriff „rechtzeitig“ bedingt, dass dem Berechtigten eine Mitteilung zugehen muss, sobald für den Träger erkennbar wird, dass er nicht innerhalb der in § 14 festgelegten Fristen entscheiden kann. Danach muss die Mitteilung spätestens zu dem Zeitpunkt zugegangen sein, zu dem der Träger anderenfalls den nach § 14 Abs. 2 zu erteilenden Verwaltungsakt hätte zustellen müssen.

6 Die Anwendung der Vorschrift setzt eine Leistungsverpflichtung des Rehabilitationsträgers voraus. Sind die Leistungsvoraussetzungen nicht erfüllt oder kann diese Frage nicht geklärt werden, weil der Berechtigte bei der Klärung des Rehabilitationsbedarfs (§ 14 Abs. 2 Satz 4) seinen Mitwirkungspflichten (§§ 60ff SGB I) nicht oder nicht ausreichend nachgekommen ist, liegt ein zureichender Grund für die Unterlassung der fristgerechten Entscheidung vor.

7 Nach Abs. 1 Satz 1 setzt die Anwendung der Vorschrift einen Leistungsantrag voraus. Sie ist jedoch auch für Verfahren anzuwenden, die von Amts wegen eingeleitet wurden (zB in der Unfallversicherung nach § 19 Satz 2 SGB IV). Obwohl die Leistungsgewährung durch die gesetzliche Kranken- und Rentenversicherung sowie durch die Bundesanstalt für Arbeit nach § 19 Satz 1 SGB IV einen Antrag voraussetzt, können auch bei diesen Trägern Teilhabeverfahren von Amts wegen eingeleitet werden (zB nach §§ 8 bis 11, 14 Abs. 3 SGB IX). Nach § 14 Abs. 3 sind dessen Abs. 2 und 3 sinngemäß anzuwenden, wenn der Rehabilitationsträger Leistungen von Amts wegen erbringt. Dabei tritt an die Stelle des Tages der Antragstellung der Tag der Kenntnis des voraussichtlichen Rehabilitationsbedarfs (§ 14 Abs. 3 Satz 2). Der Gesetzgeber hat mit dieser Antragsfiktion geklärt hat, welcher Zeitpunkt bei Leistungen von Amts wegen als Tag der Antragstellung anzunehmen ist. Dieser Zeitpunkt ist bei Leistungen von Amts wegen auch für die Anwendung des § 15 maßgebend.

8 **5. Nachfrist.** Unterlässt der Rehabilitationsträger die erforderliche Mitteilung über die nicht fristgerechte Entscheidung oder liegt kein hinreichender Grund für die Unterlassung der fristgerechten Entscheidung vor, können die Leistungsberechtigten dem Rehabilitationsträger nach **Abs. 1 Satz 2** eine

angemessene Frist setzen und dabei erklären, dass sie sich nach Ablauf dieser Frist die erforderlichen Leistungen selbst beschaffen werden. Die vom Leistungsberechtigten gesetzte Frist muss angemessen sein, dh so realistisch bemessen sein, dass der Rehabilitationsträger unter Berücksichtigung der Postwege und der notwendigen Bearbeitungszeit objektiv in der Lage ist, innerhalb dieser Frist eine fachlich fundierte Antwort zu erteilen. Danach dürften Fristen von weniger als 8 Tagen nicht angemessen sein, wobei die Bestimmung einer zu kurzen Frist in jedem Fall eine angemessene Frist in Lauf setzt (*Palandt-Heinrichs,* BGB, 57. A., Rn 17 zu § 326 BGB). Die dem Träger nach § 14 Abs. 2 Nr. 4 zur Bedarfsfeststellung eingeräumte Frist von zwei Wochen erscheint dagegen durchaus auch für diese Fälle angemessen.

Hat der Rehabilitationsträger es trotz ausreichender Gründe versäumt, 9 den Berechtigten zu unterrichten, löst die unterlassene Unterrichtung für sich allein die Berechtigung für eine Selbstbeschaffung nicht aus, weil dem Rehabilitationsträger innerhalb der vom Versicherten nach Satz 2 gesetzten Frist die Möglichkeit eingeräumt ist, durch einen negativen Verwaltungsakt bei nicht gegebenen Leistungsvoraussetzungen oder einem Verwaltungsakt iSd § 66 SGB I bei mangelnder Mitwirkung Rechtsklarheit herzustellen. Ist innerhalb der vom Versicherten gesetzten „Nachfrist" der Erlass eines Verwaltungsaktes nicht möglich, sollte der Rehabilitationsträger den Versicherten auf jeden Fall innerhalb der Frist darüber unterrichten, dass eine beantragte Leistung nicht erforderlich ist bzw. die Leistungsvoraussetzungen nicht gegeben sind, um das Kostenrisiko bzgl. der selbstbeschafften Leistung für den Behinderten möglichst gering zu halten (BT-Drucks. 5074 S. 103).

Beschafft der Berechtigte sich seine Leistung selbst, bevor die von ihm ge- 10 setzte Frist abgelaufen ist, entsteht ein Erstattungsanspruch nach Satz 3 nicht. Im Übrigen erscheint es mit Blick auf die vom Gesetzgeber erwartete Risikominderung über das nach dieser Vorschrift verpflichtende Handeln hinaus ohnehin geboten, dass die Rehabilitationsträger die Berechtigten während des gesamten Verfahrens sofort beraten und unterrichten, wenn für sie wahrnehmbar wird, dass die Berechtigten sich Leistungen selbst zu beschaffen beabsichtigen, die keine Erstattungspflicht nach dieser Vorschrift auslösen können.

6. Erstattungspflicht. Der zuständige Rehabilitationsträger ist unter Be- 11 achtung der Grundsätze der Sparsamkeit und Wirtschaftlichkeit nach **Abs. 1 Satz 3** zur Erstattung der Aufwendungen verpflichtet, wenn sich die Berechtigten die erforderlichen Leistungen nach Ablauf der von ihnen nach Satz 2 gesetzten Frist selbst beschaffen. Die selbst beschaffte Leistung muss erforderlich sein. Auch wenn die Voraussetzungen für die Leistungsgewährung gegeben sind, ist nach den Umständen des Einzelfalles nur die Leistung erforderlich, die bedarfsgerecht und im Sinne der Ziele der §§ 1, 4 geeignet sowie entsprechend den qualitativen Anforderungen des § 20 wirksam ist. Eine Maßnahme entspricht nur dann den Grundsätzen der Sparsamkeit und Wirtschaftlichkeit, wenn sie diesen Maßstäben gerecht wird. Nach dem Regierungsentwurf sollten den Berechtigten ursprünglich die Aufwendungen bis zur Höhe der Aufwendungen zu erstatten sein, wie sie der Rehabilitationsträger selbst zu tragen gehabt hätte. Die während des Gesetzgebungsverfahrens beschlossene geltenden Fassung orientiert demgegenüber die Erstattung an den Grundsätzen der Wirtschaftlichkeit und Sparsamkeit und stellt nach Auffassung des AuS-Ausschusses eine erweiterte, § 13 Abs. 3 SGB V entsprechende Erstattungspflicht dar, die finanzielle Verluste der Betroffenen vermeidet. Danach können dem Berechtigten auch die über den eigenen Aufwand des Rehabilitationsträgers hinausgehenden Aufwendungen erstattet werden, jedoch nur, wenn sie „erforderlich" (Satz 3) bzw. „notwendig" (§ 13 Abs. 3 SGB V) sind, dh nach Art, Inhalt und Ausführung den Anforderungen des SGB IX entsprechen.

12 **Satz 4** greift die nach der Rechtsprechung – und im Bereich der Krankenversicherung nach § 13 Abs. 3 SGBV – ohnehin bereits bestehende Verpflichtung auf und räumt die Erstattungspflicht auch ein, wenn der Rehabilitationsträger eine unaufschiebbare Leistung nicht rechtzeitig erbringen (Eilfälle) kann oder er eine Leistung zu Unrecht abgelehnt hat. Unaufschiebbar ist eine medizinische Rehabilitationsleistung idR nur dann, wenn Ziele im Sinne der §§ 1, 4 durch eine Verschiebung unwiederbringlich nicht mehr erreicht werden können oder die Wirksamkeit einer Maßnahme im Sinne dieser Ziele durch die Verschiebung dauerhaft beeinträchtigt wird. Soweit der Rehabilitationsträger eine Leistung zu Unrecht abgelehnt hat muss der Versicherte nicht das Ergebnis eines Streitverfahrens abwarten. Der notwendige Kausalzusammenhang ist gegeben, wenn der Versicherte vor dem Behandlungsbeginn mit dem Träger Kontakt aufgenommen und deren Entscheidung abgewartet hat (LSG Hessen vom 28. 8. 2008, L 1 KR 2/05).

13 **7. Träger der Sozial- und Jugendhilfe, Kriegsopferfürsorge.** Die Regelungen der Sätze 1 bis 3 gelten nach **Satz 5** nicht für die Träger der Sozial- und Jugendhilfe sowie der Kriegsopferfürsorge (Kollision mit dem Grundsatz „Keine Sozialhilfe für die Vergangenheit"). Diese sind demnach nicht zur Unterrichtung des Berechtigten bei nicht rechtzeitiger Entscheidung verpflichtet (Satz 1). Die Berechtigten können ihnen keine Nachfrist setzen (Satz 2) und es wird auch keine Erstattungspflicht für selbstbeschaffte Leistungen ausgelöst, wenn keine Mitteilung erfolgt oder kein zureichender Grund für die unterlassene Entscheidung vorliegt (Satz 3).

14 Dagegen findet Satz 4 nach der vom Bundesrat geforderten Änderung entgegen den Ausführungen in der amtlichen Begründung zu § 15 ausdrücklich auch auf die Träger der Sozial- und Jugendhilfe sowie der Kriegsopferfürsorge Anwendung., Danach sind auch sie zur Erstattung selbstbeschaffter Leistungen verpflichtet, wenn sie eine unaufschiebbare Leistung nicht rechtzeitig erbringen können oder eine Leistung zu Unrecht abgelehnt haben (BT-Drucks. 14/5800 S. 31; 14/5531 S. 8).

Die Bestimmungen über den Anspruch auf vorläufige Hilfeleistungen nach dem Sozialhilferecht sowie vorläufiges Tätigwerden des Jugendhilfeträgers (§ 86d SGB VIII) werden durch diese Regelung nicht berührt.

15 **8. Erfassungspflichten.** Alle Rehabilitationsträger einschließlich der Träger der Sozial- und Jugendhilfe sowie der Kriegsopferfürsorge haben nach **Abs. 2 Nr. 1** zu erfassen, in wie vielen Fällen sie die Fristen nach § 14 nicht eingehalten haben. Da keine Beschränkung für die Fristen nach § 14 Abs. 2 vorgenommen worden ist, bezieht sich diese Erfassungspflicht auf alle in § 14 genannten Fristen. Nach **Nr. 2** ist zu erfassen, in welchem Umfang sich die Verfahrensdauer vom Eingang der Anträge bis zur Entscheidung über

die Anträge verringert hat. Die Erfassung nach den Nrn. 1 und 2 macht entsprechend der Begründung des AuS-Ausschusses die Beurteilung möglich, „in welchem Umfang Betroffene Leistungen verspätet erhalten". Die nach **Nr. 3** vorzunehmende Erfassung der Kostenerstattungsfälle nach Abs. 1 Sätze 3 und 4 ergibt einen Überblick über die Durchführung dieser Vorschrift. Die Rehabilitationsträger sind im Rahmen ihrer Berichtspflicht nach § 24 Abs. 1 verpflichtet, die erfassten Daten über ihre Spitzenverbände der BAR mitzuteilen.

§ 16 Verordnungsermächtigung

Vereinbaren die Rehabilitationsträger nicht innerhalb von sechs Monaten, nachdem das Bundesministerium für Arbeit und Soziales sie dazu aufgefordert hat, gemeinsame Empfehlungen nach § 13 oder ändern sie unzureichend gewordene Empfehlungen nicht innerhalb dieser Frist, kann das Bundesministerium für Arbeit und Soziales Regelungen durch Rechtsverordnung mit Zustimmung des Bundesrates erlassen.

1. Entstehung der Norm. Die Vorschrift wurde mit Art. 1 SGB IX ab 1 1. 7. 2001 eingeführt und unverändert aus dem RegE (BT-Drucks. 14/5531 iVm 14/5074) übernommen. Satz 1 geändert und Satz 2 aufgehoben ab 1. 1. 2003 durch Gesetz zur Änderung von Fristen und Bezeichnungen im SGB IX und zur Änderung anderer Gesetze vom 3. 4. 2003 (BGBl. I S. 462).

2. Normzweck. Die Regelung enthält eine Verordnungsermächtigung für 2 die Ersatzvornahme durch das BMAS, wenn die Rehabilitationsträger auch nach Aufforderung ihren Pflichten nach § 13 nicht nachkommen.

3. Die Rehabilitationsträger – mit Ausnahme der Träger der Sozial- und 3 Jugendhilfe (Abs. 1) – sind nach § 13 verpflichtet, zu den dort in Abs. 1 und 2 genannten Regelungskomplexen gemeinsame Empfehlungen zu vereinbaren, die die BAR erarbeitet. Um dieser Verpflichtung Nachdruck zu verleihen, räumt der Gesetzgeber dem BMAS eine Verordnungsermächtigung ein. Voraussetzung für den Erlass einer Rechtsverordnung ist, dass das BMAS die Rehabilitationsträger aufgefordert hat, zu einem bestimmten Regelungskomplex des § 13 eine gemeinsame Empfehlung zu vereinbaren oder eine vorhandene, aber unzureichend gewordene Empfehlung zu ändern und die von den Rehabilitationsträgern getragene BAR ihrer durch die Aufforderung begründeten Pflicht, innerhalb von sechs Monaten einen Vorschlag zu erarbeiten und vorzulegen, nicht fristgerecht nachkommt. Das gilt auch, wenn wegen Nichteinigung binnen vier Wochen nach Vorlage des Vorschlages keine Vereinbarung zustande gekommen ist (§ 13 Abs. 7 Satz 5).

Die Feststellung, ob ein Regelungsbedarf besteht oder eine vorhandene 4 Regelung unzureichend geworden ist, liegt allein im Ermessen des BMAS. Die Befugnis zur Ersatzvornahme ist darauf gestützt, dass die Selbstverwaltung der Rehabilitationsträger innerhalb der gesetzten Frist keine eigene Regelung in Kraft gesetzt hat. Das Aufnehmen der gemeinsamen Arbeit an einer Empfehlung oder deren bloße Ankündigung beseitigt die Ermächtigungsbefugnis nicht. Die Rechtsverordnung bedarf der Zustimmung des

Bundesrates. Mit der Ersatzvornahmeermächtigung für gemeinsame Empfehlungen, die ua. auch die Definition der Leistungsinhalte (zB Gegenstand, Umfang und Ausführung, § 12 Abs. 1 Nr. 1) erfasst, geht der Gesetzgeber wesentlich über die bisherige Verordnungsbefugnis nach § 8 RehaAnglG hinaus, die sich auf die Regelung von Verfahrensfragen beschränkte. (Aufstellung des Gesamtplans, Beteiligung der Bundesanstalt für Arbeit, Verfahren der vorläufigen Leistungserbringung, Berücksichtigung der Grundsätze der Wirtschaftlichkeit und Sparsamkeit).

5 Die Verordnungen sind für die Rehabilitationsträger nach § 6 Abs. 1 Nr. 1 bis 5 verbindlich. Für die Träger Sozial- und Jugendhilfe gilt § 13 Abs. 5 Satz 2.

Kapitel 2. Ausführung von Leistungen zur Teilhabe

§ 17 Ausführung von Leistungen, Persönliches Budget

(1) [1] Der zuständige Rehabilitationsträger kann Leistungen zur Teilhabe

1. allein oder gemeinsam mit anderen Leistungsträgern,

2. durch andere Leistungsträger oder

3. unter Inanspruchnahme von geeigneten, insbesondere auch freien und gemeinnützigen oder privaten Rehabilitationsdiensten und -einrichtungen (§ 19)

ausführen. [2] Er bleibt für die Ausführung der Leistungen verantwortlich. [3] Satz 1 gilt insbesondere dann, wenn der Rehabilitationsträger die Leistung dadurch wirksamer oder wirtschaftlicher erbringen kann.

(2) [1] Auf Antrag können Leistungen zur Teilhabe auch durch ein Persönliches Budget ausgeführt werden, um den Leistungsberechtigten in eigener Verantwortung ein möglichst selbstbestimmtes Leben zu ermöglichen. [2] Bei der Ausführung des Persönlichen Budgets sind nach Maßgabe des individuell festgestellten Bedarfs die Rehabilitationsträger, die Pflegekassen und die Integrationsämter beteiligt. [3] Das Persönliche Budget wird von den beteiligten Leistungsträgern trägerübergreifend als Komplexleistung erbracht. [4] Budgetfähig sind auch die neben den Leistungen nach Satz 1 erforderlichen Leistungen der Krankenkassen und der Pflegekassen, Leistungen der Träger der Unfallversicherung bei Pflegebedürftigkeit sowie Hilfe zur Pflege der Sozialhilfe, die sich auf alltägliche und regelmäßig wiederkehrende Bedarfe beziehen und als Geldleistungen oder durch Gutscheine erbracht werden können. [5] An die Entscheidung ist der Antragsteller für die Dauer von sechs Monaten gebunden.

(3) [1] Persönliche Budgets werden in der Regel als Geldleistung ausgeführt, bei laufenden Leistungen monatlich. [2] In begründeten Fällen sind Gutscheine auszugeben. [3] Persönliche Budgets werden auf der Grundlage der nach § 10 Abs. 1 getroffenen Feststellungen so bemessen, dass der individuell festgestellte Bedarf gedeckt wird und die erforderliche Bera-

tung und Unterstützung erfolgen kann. [4]Dabei soll die Höhe des Persönlichen Budgets die Kosten aller bisher individuell festgestellten, ohne das Persönliche Budget zu erbringende Leistungen nicht überschreiten.

(4) **[1]Enthält das Persönliche Budget Leistungen mehrerer Leistungsträger, erlässt der nach § 14 zuständige der beteiligten Leistungsträger im Auftrag und im Namen der anderen beteiligten Leistungsträger den Verwaltungsakt und führt das weitere Verfahren durch. [2]Ein anderer der beteiligten Leistungsträger kann mit den Aufgaben nach Satz 1 beauftragt werden, wenn die beteiligten Leistungsträger dies in Abstimmung mit den Leistungsberechtigten vereinbaren; in diesem Fall gilt § 93 des Zehnten Buches[2] entsprechend. [3]Die für den handelnden Leistungsträger zuständige Widerspruchsstelle erlässt auch den Widerspruchsbescheid.**

(5) **§ 17 Abs. 3 in der am 30. Juni 2004 geltenden Fassung findet auf Modellvorhaben zur Erprobung der Einführung Persönlicher Budgets weiter Anwendung, die vor Inkraftreten dieses Gesetzes begonnen haben.**

(6) **[1]In der Zeit von 1. Juli 2004 bis zum 31. Dezember 2007 werden Persönliche Budgets erprobt. [2]Dabei sollen insbesondere modellhaft Verfahren zur Bemessung von budgetfähigen Leistungen in Geld und die Weiterentwicklung von Versorgungsstrukturen unter wissenschaftlicher Begleitung und Auswertung erprobt werden.**

1. Sozialpolitischer Hintergrund. Mit § 17 wird das Kapitel 2 des SGB IX mit den Vorschriften zur Ausführung der Rehabilitations- und Teilhabeleistungen eingeleitet. 1

Da die für die Rehabilitationsträger jeweils geltenden Leistungsgesetze mit Ausnahme der Regelungen zur Qualitätssicherung (§ 20 SGB IX, §§ 135 a, 137 d SGB V) durchweg keine Abweichungen zu diesem Kapitel enthalten, sind die Vorschriften dieses Kapitels für alle Rehabilitationsträger unmittelbar wirksames vorrangiges Leistungsrecht (§ 7 Satz 1). Dies wurde hinsichtlich der neuen Leistungsform des persönlichen Budgets unterstrichen, indem mit dem Gesetz zur Einordnung des Sozialhilferechts in das Sozialgesetzbuch vom 27. 12. 2003 die persönlichen Budgets in den Sozialgesetzbüchern mit jeweils eigenen Bestimmungen ausdrücklich verortet wurden (§ 103 Abs. 2 SGB III; §§ 2 Abs. 2 S. 2, 11 Abs. 1 Nr. 5 SBV; § 13 Abs. 1 S. 2 SGB VI; § 26 Abs. 1 S. 2 SGB VII; § 35 a SGB VIII iVm § 57 SGB XII; § 102 Abs. 7 SGB IX; §§ 28 Abs. 1 Nr. 12, 35 a SGB XI; § 57 SGB XII).

§ 17 regelt die Ausführung der Rehabilitations- und Teilhabeleistungen und schafft die Möglichkeit, die Leistungen – abweichend von der Norm – auch als Persönliches Budget auszuführen. Vor dem Inkrafttreten des SGB IX am 1. 7. 2001 war diese Form der Leistungserbringung nur in den Erprobungsregelungen für Pauschalierungen in § 101 a BSHG enthalten. In den **Niederlanden** wurde das „personengebundene Budget (PGN)“ bereits seit 1995 schrittweise (zunächst regional budgetiert) eingeführt; im Jahr 2003 wurde es durch entsprechende gesetzliche Regelungen landesweit als Leistungserbringungsform eingeführt, auf die nun ein Rechtsanspruch besteht.

[2] Nr. 10.

Im Jahr 2006 waren bereits 85 000 Budgetnehmerinnen und Budgetnehmer registriert. In **Großbritannien** gibt es die „Direct Payments" seit 1997, sofern die regionalen Behörden dies ermöglichten; die Inanspruchnahme war mit ca. 1% aller Leistungsberechtigten (ganz überwiegend körperbehinderte Menschen) zunächst sehr gering. 2003 wurden die rechtlichen Rahmenbedingungen verbessert; für 2011 wird ein allgemeiner Rechtsanspruch angestrebt. In **Schweden** sind persönliche Budgets (Geldleistungen zur Ermöglichung der Arbeitgeberrolle für die behinderten Menschen) bereits seit 1994 möglich; inzwischen sind dort 90 000 Budgetnehmerinnen und Budgetnehmer registriert.[3]

Ziel der Leistungsform des Persönlichen Budgets ist die Verbesserung der individuellen Selbstbestimmung der behinderten Menschen. Damit wird ein zentrales Ziel aus §§ 1, 4 Abs. 1 umgesetzt. Mit dieser Leistungsform kann die Koordination und Abstimmung der Leistungen vom behinderten Menschen als Experte in eigener Sache bedarfsgerecht verwirklicht werden. Sie ermöglicht den betroffenen Menschen, selbst als Arbeitgeber und Auftraggeber von Assistenzkräften aufzutreten. Durch die stärkere Gewichtung des individuellen Bedarfs soll auch die Entstehung neuer, individualisierter und bedarfsgerechterer Leistungen gefördert werden.

Die Leistungsberechtigten können durch das Persönliche Budget selbst entscheiden, welche Hilfen sie überhaupt und wann sie diese Hilfen in Anspruch nehmen. Sie verwalten ihr Persönliches Budget eigenverantwortlich. Der Budgetnehmer verfügt allein oder mit Assistenz und entscheidet darüber, in welcher Zeit, wann und wo sowie von wem die Leistungen ausgeführt werden. Mit dem Persönlichen Budget erhalten die Leistungsberechtigten über einen längeren Zeitraum idR eine Geldleistung, sodass für sie sachliche, zeitliche und soziale Dispositionsspielräume entstehen, die den maßgeblichen Anreiz der Inanspruchnahme des Persönlichen Budgets ausmachen (BT-Drucks. 15/1514 S. 72).

Der Bundesrat hatte im Gesetzgebungsverfahren zum Neunten Sozialgesetzbuch vorgeschlagen, die Träger der Kinder- und Jugendhilfe von der Ausführung der Leistungen zur Teilhabe durch ein persönliches Budget ausdrücklich auszunehmen. Die Regelungen des SGB VIII seien mit der Einführung eines persönlichen Budgets nicht vereinbar (BR-Drucks. 49/01). Die Bundesregierung hat diesen Vorschlag in ihrer Gegenäußerung (Drucks. 14/5639) zurückgewiesen. Die Möglichkeit, eine Leistung zur Teilhabe durch ein persönliches Budget auszuführen, sollte auch für die Kinder- und Jugendhilfe erhalten bleiben.

Außerdem hatte der Bundesrat zur Klarstellung vorgeschlagen, dass die Verantwortlichkeit des zuständigen Rehabilitationsträgers für die Ausführung der Leistungen nur insoweit bestehe, als sich aus dem jeweiligen Leistungsrecht nichts Abweichendes ergibt. Die Verantwortlichkeit im Bereich der Kinder- und Jugendhilfe sei differenziert geregelt. Die Bundesregierung ist diesem Vorschlag ebenfalls nicht gefolgt.

---

[3] Vgl zu den internationalen Erfahrungen insgesamt Bericht der Bundesregierung über die Ausführung der Leistungen des Persönlichen Budgets nach § 17 des Neunten Buches Sozialgesetzbuch; Bundestags-Drucksache 16/3983 vom 21. 12. 2006; S. 19ff.

2. Entstehung der Norm. Die Vorschrift wurde durch Art. 1 SGB IX bei Änderung des RegE (BT-Drucks. 14/5531 iVm 14/5074) ab 1. 7. 2001 eingeführt. Abs. 3 erhielt eine verpflichtende Fassung (BT-Drucks. 14/5786 S. 24 und 14/5800 S. 31). Abs. 1 Satz 1 Nr. 4 ab 1. 7. 2004 gestrichen sowie Abs. 2 bis 3 ersetzt durch Abs. 2 bis 6 durch Gesetz zur Einordnung des Sozialhilferechts in das SGB vom 23. 12. 2003 (BGBl. I S. 3057). Abs. 2 Satz 1 geändert, Satz 4 neu gefasst, Satz 5 aufgehoben sowie Abs. 3 Sätze 1 und 3 geändert jeweils ab 1. 7. 2004, Abs. 4 ab 30. 3. 2005 im Satz 1 geändert und Sätze 2 und 3 angefügt durch Art. 8 Nr. 3 des Gesetzes zur Vereinfachung der Verwaltungsverfahren im Sozialrecht vom 21. 3. 2005 (BGBl. I S. 818). 2

3. Normzweck. Die Vorschrift ordnet den Rehabilitationsträgern die Verantwortung für die Ausführung der Leistungen zu und gibt die zulässigen Formen der Leistungsausführung vor **(Abs. 1). Abs. 2** gestattet unter bestimmten Voraussetzungen die von der Norm abweichende Leistungsausführung in der Form des Persönlichen Budgets und regelt die Budgetfähigkeit von Leistungen. **Abs. 3** konkretisiert Bemessung und Ausführung des Persönlichen Budgets. **Abs. 4** regelt das Verfahren und den Erlass des Verwaltungsaktes. **Abs. 5** enthält das Übergangsrecht zu laufenden Modellverfahren. **Abs. 6** verpflichtet zur befristeten Erprobung insbesondere der Bemessungsverfahren sowie der Weiterentwicklung der Versorgungsstrukturen unter wissenschaftlicher Begleitung. 3

4. Ausführung der Leistungen. Abs. 1 Satz 1 enthält eine Aufzählung, auf welche Weise der zuständige Rehabilitationsträger die Rehabilitations- und Teilhabeleistungen ausführen kann: 4

1. allein oder gemeinsam mit anderen Leistungsträgern
2. durch andere Leistungsträger oder
3. unter Inanspruchnahme von geeigneten, insbesondere auch freien und gemeinnützigen oder privaten Rehabilitationsdiensten und -einrichtungen.

Diese Aufzählung bedeutet kein Rangverhältnis (BT-Drucks. 14/5074 S. 103). Die Entscheidung über die Auswahl zwischen den Formen der Ausführung trifft der Rehabilitationsträger nach pflichtgemäßem Ermessen, das allerdings durch §§ 1, 4 Abs. 1 und Abs. 2 Satz 1 iVm 33 Satz 1 SGB I, 10 Abs. 1, sowie 19 Abs. 2 und 4 sowie hinsichtlich persönlicher Budgets durch § 17 Abs. 2 gebunden ist.

Während die Ausführung der Leistungen der Akutversorgung nach dem SGB V im Bereich der GKV ausdrücklich Aufgabe der Leistungserbringer (Selbstverwaltung der niedergelassenen Ärzte im Rahmen der Kassenärztlichen Versorgung oder der Krankenhausträger im Rahmen ihres gemeinsamen Sicherstellungsauftrages mit den Ländern) ist, weist der Gesetzgeber die Ausführung der Rehabilitations- und Teilhabeleistung mit dieser Regelung ausschließlich den Rehabilitationsträgern selbst als Aufgabe zu.

Führt der Rehabilitationsträger die Leistungen allein, dh in **eigenen Rehabilitationseinrichtungen (Nr. 1)** aus, sind folgende Beschränkungen in den für die jeweiligen Rehabilitationsträger geltenden Leistungsgesetzen zu beachten 5

– im Bereich der Krankenversicherung § 140 Abs. 1 SGB V, wonach Leistungen nur in vor dem 1. 1. 1989 errichteten eigenen Einrichtungen er-

bracht werden dürfen, soweit die Aufgabe nicht auf andere Weise sichergestellt werden kann
- im Bereich der Bundesagentur § 250 SGB III, wonach die Bundesagentur eigene Einrichtungen der beruflichen Rehabilitation nur bei dringendem Bedarf errichten darf, wenn andere geeignet Einrichtungen nicht zur Verfügung stehen
- im Bereich der Kinder- und Jugendhilfe § 4 Abs. 2 SGB VII, der den Trägern der freien Jugendhilfe den Vorrang vor eigenen Maßnahmen der Jugendhilfeträger einräumt
- im Bereich der Sozialhilfeträger § 75 Abs. 2 SGB XII, wonach eigene Dienst und Einrichtungen nicht neugeschaffen werden sollen, wenn geeignete Einrichtungen anderer Träger vorhanden sind oder geschaffen werden können.

6 Die **Ausführung gemeinsam mit anderen Leistungsträgern (Nr. 1)** findet dann statt, wenn während einer Teilhabeleistung Leistungen verschiedener Leistungsgruppen (§ 5) von verschiedenen Rehabilitationsträgern (§ 6) erforderlich sind. Ein Beispiel dafür sind die Leistungen zur Frühförderung nach § 30. Hier kommen im Bedarfsfall Leistungen der gesetzlichen Krankenversicherung (zB ärztliche Behandlung, Heilmittel) in Verbindung mit Leistungen der Sozialhilfe (zB Heilpädagogik) in Betracht (Komplexleistung).

Der Gesetzgeber hat den Rehabilitationsträgern mit dieser Regelung – über die in § 30 spezifisch konkretisierten Leistungen der Frühförderung hinaus – die Möglichkeit eingeräumt, Teilhabeleistungen gemeinsam und damit auch „komplex" auszuführen, wenn dies zur Erreichung der in §§ 1, 4 Abs. 1 genannten Ziele geboten erscheint. Die gemeinsame Ausführung mit anderen Leistungsträgern ist geboten, wenn ein Rehabilitationsträger nach dem für ihn geltenden Leistungsrecht die erforderlichen Leistungen nicht so vollständig erbringen kann, dass Leistungen eines anderen Trägers möglichst nicht erforderlich werden. Bestimmte, die Teilhabeleistungen auslösende Krankheiten (zB im Bereich der Psychiatrie, Geriatrie, Neurologie, aber auch der Rehabilitation von Kindern und Jugendlichen) erfordern für eine wirksame Ausführung der Teilhabeleistung im Sinne der Ziele der §§ 1, 4 Abs. 2 einen abgestimmten Einsatz von wechselnden Teilleistungen der Leistungsgruppen 1, 2 und 5 des § 5, der nur bei gemeinsamer Leistungsausführung gewährleistet werden kann.

7 Die **Leistungsausführung durch andere Leistungsträger (Nr. 2)** erfasst nicht nur die Ausführung durch andere Rehabilitationsträger, sondern auch die Ausführung durch andere Sozialleistungsträger, die nicht Rehabilitationsträger sein müssen bzw. Rehabilitationsträger, die selbst gegenüber dem Berechtigten nicht zur Erbringung von Rehabilitationsleistungen verpflichtet sind. Danach kann zB eine Krankenkasse einen Rentenversicherungsträger unter Nutzung der dort vorhandenen Kompetenz bitten, eine Rehabilitationsleistung für die Krankenkasse auszuführen, obwohl der Berechtigte nicht Versicherter der gesetzlichen Rentenversicherung ist (zB Anschlussrehabilitation in einer Einrichtung der Rentenversicherung). Diese Regelung dehnt insoweit die Aufgabenstellung der jeweiligen Träger nach § 30 Abs. 1 SGB IV über die Erfüllung eigener Aufgaben hinaus auf die Ausführung von

Rehabilitationsleistungen anderer Träger aus. Es handelt sich um Auftragsleistungen, für die die Regelungen der §§ 88 bis 93 SGB X anzuwenden sind. Dabei wird die Ausnahme (Nichtanwendung) des § 88 Abs. 1 Satz 2 SGB X für Teilhabeleistungen der Kriegsopferfürsorge, Jugendhilfe- und Sozialhilfeträger durch § 17 Abs. 1 Nr. 2 als speziellerer Regelung verdrängt (§ 37 Abs. 1 SGB I).

Die Rehabilitationsträger sind nach **Nr. 3** berechtigt, im Rahmen ihrer Ausführung der Teilhabeleistungen **geeignete, insbesondere auch freie und gemeinnützige oder private Rehabilitationsdienste und -einrichtungen** (§ 19) in Anspruch zu nehmen. Im Gegensatz zur Stellung der Leistungserbringer im Rahmen der Akutversorgung nach dem SGB V werden die Rehabilitationsdienste und -einrichtungen iSv Erfüllungsgehilfen der Rehabilitationsträger tätig. Die Rehabilitationsträger bleiben selbst für die Ausführung der Leistungen (Satz 2) verantwortlich, dh auch zB für die Qualität (§ 20) und die daraus abgeleiteten Qualitätsanforderungen an die Ausführung der Leistungen, die allerdings nach § 21 Abs. 1 Nr. 1 in Verträgen mit den Leistungserbringern zu vereinbaren sind. 8

§ 19 enthält keine Definition der Rehabilitationsdienste und -einrichtungen. Zur Ausfüllung der Begriffe, insbesondere die Abgrenzung der beiden Begriffe voneinander, muss auf das Leistungsrecht der Rehabilitationsträger zurückgegriffen werden. Näheres zu den Diensten und Einrichtungen regeln die §§ 109 SGB III, 111, 111 b SGB V, 24 Abs. 3, 35 Abs. 4 SGB VII, 78 a bis g SGB VIII, 75 ff SGB XII. Bei den Rehabilitationsdiensten handelt es sich danach vor allem um ambulante soziale Hilfsdienste, Sozialstationen, mobile Rehabilitationsdienste etc. Zu den Rehabilitationseinrichtungen gehören neben den Einrichtungen zur Erbringung von ambulanten und stationären Leistungen der medizinischen Rehabilitation insbesondere Berufsförderungswerke, Berufsbildungswerke, stationäre Wohngruppen und Werkstätten für behinderte Menschen.

5. Nach **Absatz 1 Satz 2** bleibt der **Rehabilitationsträger** für die Ausführung seiner Leistungen auch dann **verantwortlich,** wenn er sie nicht allein ausführt, sondern mit oder durch andere Leistungsträger oder zur Ausführung Rehabilitationsdienste oder -einrichtungen heranzieht. Die Rehabilitationsträger sind nie bloße „Kostenträger". Soweit die Rehabilitationsträger Rehabilitationsdienste oder -einrichtungen an der Leistungsausführung beteiligen, haben sie die Auswahl nach pflichtgemäßem Ermessen vorzunehmen. Nicht geeignet sind Rehabilitationsdienste und -einrichtungen, von denen nach ihrer Struktur-, Prozess- und Ergebnisqualität nicht erwartet werden kann, dass sie im Einzelfall die aus dem individuellen Rehabilitationsbedarf des Berechtigten abgeleiteten Rehabilitationsziele der §§ 1, 4 Abs. 1 erreichen können. Weitere Voraussetzungen für die Eignung einer Rehabilitationseinrichtung sind neben der prognostizierten Erreichbarkeit von Rehabilitationszielen die in § 19 Abs. 2 bis 4 enthaltenen Anforderungen, die Beachtung der Grundsätze der Wirksamkeit und Wirtschaftlichkeit der Leistungserbringung, insbesondere aber auch die Anforderungen, die sich aus den Wunsch- und Wahlrechten der Berechtigten ableiten (§ 9). 9

Diese Regelung ist auch bei der Ausführung von medizinischen Leistungen zur Rehabilitation im Rahmen von Verträgen zur integrierten Versor- 10 gung nach §§ 140a ff SGB V zu beachten. Nach § 140b Abs. 4 Satz 1 können Verträge zur integrierten Versorgung zwar von den Vorschriften des 4.Kapitels des SGB V, des KHG und des KHEntgG abweichen bzw. auch Leistungen vorsehen, deren Erbringung vom Zulassungs- oder Ermächtigungsstatus des jeweiligen Leistungserbringers nicht gedeckt ist (Satz 3 aaO). Die Vorschriften des SGB IX werden von diesen Ausnahmetatbeständen jedoch nicht erfasst und sind deshalb uneingeschränkt zu beachten. Einrichtungen, die im Rahmen der Verträge über integrierte Versorgung medizinische Rehabilitationsleistungen erbringen sollen, müssen deshalb uneingeschränkt die Eignungsvoraussetzungen dieser Regelungen sowie die Gewährleistung der Qualitätsanforderungen nach § 20 nachweisen.

11 **6.** Nach **Absatz 1 Satz 3** sind die Ausführungsformen des Satz 1 Nr. 1 bis 3 insbesondere dann in Betracht zu ziehen, wenn der Rehabilitationsträger Leistungen dadurch wirksamer oder wirtschaftlicher erbringen kann. Diese Betonung der Grundsätze der **Wirksamkeit und Wirtschaftlichkeit** hat bindende Auswirkungen auf die Ausübung des Auswahlermessens im Einzelfall. Bei gleicher prognostizierter Wirksamkeit ist danach der Rehabilitationseinrichtung eines privaten Leistungserbringers der Vorzug vor der eigenen Einrichtung des Rehabilitationsträgers zu geben, wenn der Leistungserbringer die Rehabilitationsleistung wirtschaftlicher ausführt und umgekehrt. Voraussetzung ist jeweils, dass die Grundlagen für die Beurteilung von Wirksamkeit und Wirtschaftlichkeit der Leistungserbringung in den verschiedenen Einrichtungen evident sowie transparent und deshalb vergleichbar sind (vgl. dazu auch vergleichende Qualitätsanalysen (§ 20).

12 Das Auswahlermessen ist auf Null reduziert, wenn die einzig wirksame Maßnahme zur Erreichung der Teilhabeziele eine medizinische Maßnahme am Toten Meer ist (Bayerisches Landessozialgericht v. 26. 11. 08 – L 16 R 892/07). Voraussetzung ist, dass nach dem bisherigen Verlauf der Erkrankung und sachverständigem Urteil, Rehabilitationsleistungen im Inland nicht mit der gleichen Wirksamkeit durchzuführen sind. Vom Rehabilitationsträger im Verhältnis zu inländischen Einrichtungen gesehene Qualitätsmängel der ausländischen Rehabilitationseinrichtung müssen zurückstehen, wenn es keine andere Möglichkeit gibt, zB die Erwerbsfähigkeit wiederherzustellen oder zu bessern Bei dieser Konstellation kommt es auf das Wunschrecht nach § 9 nicht mehr an.

13 **7. Ausführung durch ein persönliches Budget. Absatz 2 Satz 1** räumt den Berechtigten das Recht ein, die Rehabilitations- und Teilhabeleistungen nicht in den in Abs. 1 Nr. 1 bis 3 genannten Formen, sondern stattdessen als Persönliches Budget auszuführen. Es handelt sich danach bei dem Persönlichen Budget nicht um eine eigenständige Leistungsart, sondern lediglich um eine andere Art der Ausführung der in § 5 genannten Leistungen. Daher ist das Persönliche Budget auch kein Einkommen iSd Steuerrechts oder von sozialrechtlichen Vorschriften.

14 Mit der Streichung des Wortes „monatlichen" durch das Verwaltungsvereinfachungsgesetz wurde geklärt, dass im Rahmen von Persönlichen Budgets auch Einzelleistungen erbracht werden können. „Im Rahmen … erbringen" meint, dass sie zeitgleich bzw. neben dem Budget ausgeführt werden. Nach der Begründung zu dieser Änderung soll § 9 Abs. 2 für einzelne Sachleistun-

gen zur Teilhabe, die nicht im Rahmen des persönlichen Budgets *beantragt* sind, Anwendung finden (BR-Drucks. 676/04 S. 60). Die zur Beurteilung der Budgetfähigkeit nach Satz 4 zu beachtenden Voraussetzungen werden dadurch nicht berührt.

15 Die Ausführung in Form eines Persönlichen Budgets setzt einen Antrag des Berechtigten voraus. Das Persönliche Budget kann nicht durch den Träger von Amts wegen als Leistungsform gewählt werden und zwar auch dann nicht, wenn dies wirtschaftlicher wäre oder die Koordination der erforderlichen Leistungen in dieser Ausführungsform besser zu gewährleisten wäre. Ebenso wenig besteht eine Pflicht zur Ausführung einer Leistung als Persönliches Budget. Eine Ablehnung des persönlichen Budgets erfordert dennoch objektive Gründe. Diese sind zB dann gegeben, wenn die dem Rehabilitationsträger vom Gesetzgeber auferlegten Pflichten (ua. Erreichung der in den §§ 1, 4 Abs. 1, 26 Abs. 1 genannten Teilhabeziele, Wirksamkeit und Wirtschaftlichkeit der Leistungserbringung) nicht oder im Verhältnis zu anderen Ausführungsformen nicht in gleichwertiger Form gewährleistet werden können.

16 Während der Erprobungsphase nach Abs. 6 entschied der Rehabilitationsträger über den Antrag auf Ausführung der Leistungen in Form eines persönlichen Budgets.

Nach der Erprobungsphase besteht nach § 159 Satz 5 seit dem 1. 1. 2008 ein Rechtsanspruch auf die Ausführung eines persönlichen Budgets (BT-Drucks. 15/1514 S. 73).

17 Voraussetzung für ein Persönliches Budget ist ein Anspruch auf Teilhabeleistungen nach § 5 Nr. 1, 2 und 4, dh dass die persönlichen und versicherungsrechtlichen Leistungsvoraussetzungen erfüllt sind. Der Budgetnehmer bleibt uneingeschränkt anspruchsberechtigte Person, der zwar als Kunde auf einem Markt von Teilhabeleistungen seinen Bedarf deckt, der jedoch zugleich als Bürger einen sozialstaatlichen Anspruch realisiert und dafür einen Gewährleistungsanspruch gegen seinen Rehabilitationsträger hat (so auch *Welti* in Lachwitz/Schellhorn/Welti § 17 Rn 20).

18 Budgetnehmer kann grundsätzlich jede leistungsberechtigte Person iSd Neunten Sozialgesetzbuches sein. Für Minderjährige können Erziehungsberechtigte, für betreute Personen die Betreuer die Verwaltung des Budgets übernehmen. Die mit der Verwaltung (Unterstützung) und Beratung des Berechtigten verbundenen Kosten sind Gegenstand des Budgets (Abs. 3 Satz3).

19 **Absatz 2 Satz 2** benennt als am Persönlichen Budget **beteiligte Leistungsträger** die Rehabilitationsträger, die Pflegekassen und die Integrationsämter. Damit werden zugleich die Leistungen definiert, aus denen sich das Persönliche Budget zusammensetzen kann. Über die in dieser Regelung genannten Leistungsträger hinaus können nach §§ 2 Abs. 2 iVm § 11 Abs. 1 Nr. 5 SGB V auch die Krankenkassen auf Antrag die in § 2 SGB V genannten Leistungen als Teil eines trägerübergreifenden persönlichen Budgets erbringen. Mit der Regelung des § 57 SGB XII wird behinderten Menschen nach § 53 SGB XII, mit dem in § 35a SGB VIII enthaltenen Verweis auf § 57 SGB XII wird Kindern- und Jugendlichen und mit § 35a SGB XI wird Pflegebedürftigen die Teilnahme an dem trägerübergreifenden Persönlichen Budget eröffnet, sodass auch die Sozialhilfe- sowie die Kinder- und Jugend-

hilfeträger in das Persönliche Budget einbezogen sein können (Neufassung des Satzes 4 durch das Verwaltungsvereinfachungsgesetz). Einbezogen sind allerdings nur die Leistungen der genannten Sozialleistungsträger bzw. des Integrationsamtes, die budgetfähig iSd Satzes 4 sind (vgl. Rn 20 bis 22).

20 **Absatz 2 Satz 3** bezeichnet das Persönliche Budget als **Komplexleistung.** Ziel der Komplexleistung ist eine zwischen den jeweils beteiligten Leistungsträgern abgestimmte Leistungserbringung, die bei den Leistungsberechtigten „aus einer Hand" ankommt, ohne die Zuständigkeit der Leistungsträger zu ändern. Weitergehende Leistungen, zB einmalige Geldleistungen oder Sachleistungen, werden neben den budgetfähigen Leistungen wie bisher erbracht (BT-Drucks. 15/1514 S. 72). Ein persönliches Budget kann auch dann ausgeführt werden, wenn nicht mehrere, sondern nur ein Leistungsträger in Betracht kommt (Begründung des Gesetzentwurfs BReg. Drucks. 767/04 S. 60).

21 **Absatz 2 Satz 4** regelt die **Budgetfähigkeit** der Leistungen der beteiligten Träger. Budgetfähig sind zunächst alle Rehabilitations- und Teilhabeleistungen aller Rehabilitationsträger einschließlich dieser Leistungen der Träger der Sozial- bzw. Kinder- und Jugendhilfe (Satz1). Budgetfähig sind auch alle Leistungen der Träger der Krankenversicherung sowie die Leistungen zur Pflege der Unfallversicherung und der Sozialhilfeträger. Die Leistungen der Pflegeversicherung sind nur mit den in § 35a SGB XI enthaltenen Einschränkungen budgetfähig. Voraussetzung für die Budgetfähigkeit aller genannten Leistungen ist, dass die Leistungen zur Deckung alltäglicher und regelmäßig wiederkehrender Bedarfe erbracht werden. Nach Art. 8 Nr. 3 B bb ist es seit dem 1. 7. 2004 bedeutungslos, ob sich die Leistungen über einen längeren Zeitraum regelmäßig wiederholen und sich auf regiefähige Bedarfe beziehen. Gelegentliche sowie einmalige Leistungen werden damit weiterhin ausgeschlossen, können jedoch neben dem Persönlichen Budget zusätzlich erbracht werden. Typische budgetfähige Leistungen können insbesondere die Hilfe zur Mobilität (SGB V, VII, IX und XI), Hilfen zur Teilhabe am Leben in der Gemeinschaft (SGB VII, IX, XII), Hilfen zur häuslichen Pflege und häuslichen Krankenpflege (SGB V, VII), regelmäßig wiederkehrend benötigte Hilfs- und Heilmittel (SGB V, VII, IX u XI, XII) sowie Hilfen zum Erreichen des Ausbildungs- oder Arbeitsplatzes (Fahrtkosten – SGB III, VI, VII, VIII) sein (BT-Drucks. 15/1514 S. 72).

22 Alltägliche Bedarfe sind solche, die mit dem Ziel der Beseitigung von Teilhabebeeinträchtigungen zur individuellen Bewältigung der Anforderungen in Arbeit, Familie und Gesellschaft sowie zur Gestaltung des eigenen Lebensumfeldes erforderlich sind und/oder die eigenen Ressourcen (persönlich, sozial, umweltbezogen) gewährleisten oder erweitern.

23 Leistungen zur Deckung des Lebensunterhaltes sowie Leistungen zur Deckung eines besonderen Mehrbedarfs, der Folge der Behinderung ist, sind nicht budgetfähig. Sie sind nach den entsprechenden gesetzlichen Vorschriften ebenso außerhalb des persönlichen Budgets zu erbringen, wie Leistungen zur Deckung eines behinderungsunabhängigen Mehrbedarfs.

24 Während die Bestimmungen zB der SGB V und VII hinsichtlich der Budgetfähigkeit auf diese Regelung verweisen, enthält § 35a Satz 1 SGB XI eine enumerative Aufzählung der Leistungen der **sozialen Pflegeversicherung,**

die budgetfähig sind. Es handelt sich hierbei um Leistungen bei häuslicher Pflege sowie um teilstationäre Leistungen, die sich auf alltägliche und regelmäßig wiederkehrende Bedarfe beziehen. Von der Pflegeversicherung werden bei Vorliegen der leistungsrechtlichen Voraussetzungen folgende Leistungen für das Persönliche Budget zur Verfügung gestellt: Pflegesachleistung (§ 36), Pflegegeld für selbstbeschaffte Pflegehilfen (§ 37), Kombination von Geldleistung und Sachleistung (§ 38), Kostenübernahme bei zum Verbrauch bestimmten Pflegehilfsmitteln (§ 40 Abs. 2) sowie Tages- und Nachtpflege (§ 41). Im Rahmen der Kombinationsleistung (§ 38) ist als Geldleistung nur das anteilige und betragsmäßig im Voraus bestimmte Pflegegeld budgetfähig, da die Budget-Geldleistung monatlich im Voraus an den Budgetnehmer ausgezahlt wird (§ 3 Abs. 4 der Budgetverordnung) und bei Unsicherheit über das genaue Verhältnis der Pflegesachleistung zum Pflegegeld das anteilige monatliche Pflegegeld nur nachträglich in der Höhe ermittelt und gezahlt werden kann. Sofern es sich bei den von der Pflegekasse für das Persönliche Budget zur Verfügung gestellten Leistungen um Sachleistungen handelt, die nur von zugelassenen Pflegeeinrichtungen erbracht werden können, ist eine Erbringung als Geldleistung nach dem Recht der Pflegeversicherung ausgeschlossen. Um diese Leistungen dennoch budgetfähig zu machen, können diese Leistungen ausschließlich in Form von Gutscheinen zur Verfügung gestellt werden, die zur Inanspruchnahme von Leistungen bei zugelassenen Leistungserbringern berechtigen (BT-Drucks. 15/1514 S. 63). Es handelt sich hierbei nicht um eine echte Budgetfähigkeit; alle erweiterten Dispositionsmöglichkeiten der Budgetnehmer im Rahmen der selbstbestimmten Zielverfolgung sind damit nicht mehr gegeben. Dabei hat die Begleitforschung der parallel zu den Persönlichen Budgets nach § 17 in 8 Modellregionen mit 874 Teilnehmern (2007) erprobten **Pflegebudgets** („personenbezogenes Budget") nach § 8 Abs. 3 SGB XI belegt, dass aus dieser Kombination echter Geldpauschalen verbunden mit einem obligatorischen Case-Management eine deutliche Verbesserung der häuslichen Pflegesituation einherging (Zunahme der Pflegezeit, Entlastung der Angehörigen, Entstehen neuer, flexiblerer Anbieter, zu Betreuung, Teilhabe und Wellness hin veränderte Leistungsprofile). Die in 2 Modellregionen mit allerdings nur 15 Teilnehmern (2007) erprobten **integrierten Budgets,** bei denen die Sachleistungsansprüche von Eingliederungshilfe und Pflege zusammengeführt werden konnten, belegen ähnliche Effekte, die mit der im § 17 vorgegebenen Gutscheinlösung nicht erreicht werde können.[4]

Obwohl das SGB V im Gegensatz zum SGB XI keine Einschränkung der Budgetfähigkeit der Leistungen enthält, haben die Spitzenverbände der Krankenkassen in einem Gemeinsamen Rundschreiben als Empfehlung zur Umsetzung des trägerübergreifenden Persönlichen Budgets gem. § 17 SGB IX vom 28. 6. 2004 Beschränkungen vorgenommen, die zumindest teilweise nicht durch geltendes Recht legitimiert sind. 25

Die Spitzenverbände sehen als **budgetfähig** zum Verbrauch bestimmte Hilfsmittel (zB Inkontinenzprodukte), Betriebskosten bei Hilfsmitteln (zB Stromkosten), Aufwendungsersatz für Blindenführhunde (Pauschale nach

[4] Vgl zu Pflegebudgets, integrierten Budgets www.pflegebudgets.de.

§ 14 BVG), Häusliche Krankenpflege, Haushaltshilfe, Fahrkosten (zB zur Dialysebehandlung), Reisekosten, Rehabilitationssport, Funktionstraining und Gebärdensprachendolmetscher an.

Ausdrücklich als **nicht budgetfähige** Leistungen werden insbesondere ärztliche/zahnärztliche Behandlung, Zahnersatz, Arzneimittel, Heilmittel, technische Hilfen und medizinische Rehabilitationsleistungen nach §§ 40, 41 SGB V und die Krankenhausbehandlung angesehen. Eine tragfähige Begründung enthält das gemeinsame Rundschreiben der Spitzenverbände dafür nicht. Demgegenüber sieht schon die Begründung des SGB IX regelmäßige benötigte Hilfsmittel und Heilmittel ausdrücklich ohne Einschränkung als budgetfähig an (BT-Drucks. 15/1514 S. 72).

So ist zB die zu den Heilmitteln zählende Ergotherapie, die bei einem mehrfach behinderten Kind zur ganzheitlichen Förderung der persönlichen Entwicklung (§ 4 Abs. 1 Nr. 4) erforderlich ist, als nichtstationäre Leistung der medizinischen Rehabilitation iSd § 26 Abs. 2 Nr. 4 budgetfähig. Über die Einbeziehung in das persönliche Budget entscheidet der Rehabilitationsträger ohne ärztliche Verordnung. Stattdessen ist der Bedarf für diese Leistung nach § 10 festzustellen.

26 Nach der Rahmenempfehlung der BAR v. 10. 9. 04 sind insbesondere budgetfähig:

Kosten der Blindenführhunde (§ 33 Abs. 1 SGB V), Häusliche Krankenpflege (§ 37 SGB V), Haushaltshilfe (§§ 38 SGB V, 44 SGB IX), Fahrkosten zur ärztlichen Behandlung (§ 60 SGB V); Reisekosten (§§ 44, 53), Rehabilitationssport/Funktionstraining (§ 43 Abs. 1);

Gebärdensprachdolmetscher (§ 17 Abs. 1 u 2 SGB I); Kfz-Hilfe einschl. Zusatzausstattung, Fahrerlaubnis usw. (§§ 33 Abs. 8 Nr. 1, 102 Abs. 3 Satz 1), Arbeitsassistenz (§§ 33 Abs. 8 Nr. 3, 102 Abs. 4 (vgl. § 2 BudgetV), Leistungen der Berufsvorbereitung, berufliche Anpassung und Weiterbildung (§ 33 Abs. 3 Nr. 2, 3), Wohnungshilfe (§§ 33 Abs. 8 Nr. 6, 102 Abs. 3 Satz 1 Nr. 1), Trennungskostenbeihilfe (§§ 53 Abs. 2, 54 Abs. 5), Kinderbetreuung (§§ 54 Abs. 3, 83 SGB III); Hilfen zu selbstbestimmtem Leben in betreuten Wohnmöglichkeiten (§ 55 Abs. 2 Nr. 6), Heilpädagogische Leistungen (§ 56), Leistungen zur Unterstützung der Mobilität (§§ 55, 58), Hilfen zum Erwerb praktischer Kenntnisse und Fähigkeiten (§ 55 Abs. 2 Nr. 3), Sonstige Hilfen zur Teilhabe am gemeinschaftlichen und kulturellen Leben (§§ 55 Abs. 2 Nr. 7, 58); Familienentlastende Dienste (§ 19 Abs. 2), Hilfen zum Besuch einer Hochschule (§ 54 Abs. 2 Nr. 1), Frühförderung (§ 30), Spezielle Leistungen im Arbeitsbereich (§ 41); Pflegesachleistungen (§ 26 SGB XI), Pflegegeld (§ 37 Abs. 1 SGB XI), Teilstationäre Pflege (§ 41 SGB XI), Pflegehilfsmittel (§ 40 Abs. 2 SGB XI): Stationäre Eingliederungshilfen (§ 53ff SGB XII); Die umfangreiche Palette der Leistungen des Integrationsamts an begleitenden Hilfen im Arbeitsleben (§ 102 Abs. 3).

27 Ambulante Rehabilitationsleistungen können budgetfähig sein, wenn sie regelmäßig wiederkehrend erforderlich sind. Die im Rundschreiben enthaltene Bindung der Budgetfähigkeit daran, dass die Leistungen voraussichtlich über einen Zeitraum von mindestens sechs Monaten erbracht werden, ist rechtlich nicht legitimiert. Die Zeitdauer des Budgets ist bedarfsabhängig durch den beauftragten Leistungsträger gemeinsam mit den weiteren betei-

ligten Leistungsträgern und dem Antragsteller festzustellen und kann auch weniger als sechs Monate betragen (§ 3 BudgetV).

Ebenfalls nicht haltbar ist die im Abschnitt I, Allgemeines, letzter Absatz des gemeinsamen Rundschreibens enthaltene Feststellung, dass nur solche Leistungen in das persönliche Budget einbezogen werden können, über deren Grundanspruch der zuständige Leistungsträger (bereits) positiv entschieden hat. Eine vorherige Leistungsentscheidung des zuständigen Leistungsträgers über Teilleistungen ist nach der Zielsetzung und dem Kontext der Regelungen bei Komplexleistungen gerade nicht erforderlich. Die beteiligten Leistungsträger stellen den Teilhabebedarf und die erforderlichen Teilbudgets innerhalb von einer Woche nach Abschluss des Bedarfsfeststellungsverfahrens gemeinsam fest (§ 3 Abs. 4 BudgetV) und der Beauftragte erlässt darüber den erforderlichen Verwaltungsakt, dh er entscheidet über den Antrag (Abs. 4 aaO).

Streitig ist, ob Leistungen in stationären Rehabilitationseinrichtungen 28 budgetfähig sein können, weil es sich dabei nicht um alltägliche und regelmäßig wiederkehrende Bedarfe handelt (anders Lachwitz-*Welti* § 17 Rn 19). Während Satz 4 vor Inkrafttreten des Verwaltungsvereinfachungsgesetzes allein die Voraussetzungen für die Budgetfähigkeit enthielt, entstand mit der Ausdehnung der Budgetfähigkeit auf Leistungen weiterer Träger (vgl. Rn 17) ein Wortlaut, der so ausgelegt werden kann, dass sich die Voraussetzung der Alltäglichkeit der Leistungen bzw. der regelmäßig wiederkehrenden Bedarfe nur auf die durch die Rechtsänderung hinzugetretenen Leistungen bezieht, während diese Voraussetzungen für die Leistungen nach Satz 1 nicht mehr gefordert sind, sodass alle Rehabilitations- und Teilhabeleistungen, dh auch die stationären, unabhängig davon budgetfähig wären, ob sie diese Voraussetzungen erfüllen oder nicht. Eine solche Absicht des Gesetzgebers ist nirgendwo ersichtlich und auch nicht aus der gegenteiligen Entwicklungsgeschichte der Regelung und den damit gemachten Erfahrungen begründet. Der Gesetzgeber hat die Änderung des Absatzes 2 Satz 1 durch das Verwaltungsvereinfachungsgesetzes (vgl. Rn 13) im Gegenteil ausdrücklich damit begründet, dass für einzelne Sachleistungen § 9 Abs. 2 Anwendung finden soll (BR-Drucks. 676/04 S. 60). § 9 Abs. 2 findet jedoch nach Satz 1 ausdrücklich nur auf Sachleistungen Anwendung, die nicht in Rehabilitationsleistungen auszuführen sind. Letztlich hatte die Streichung des vor dem 1. 7. 2004 geltenden Satzes 5, der sich mit der Pauschalierung von Einzelleistungen neben dem Budget befasste, nach der Begründung ausdrücklich nur redaktionelle Bedeutung (BT-Drucks. 15/4228 S. 31).

Absatz 2 Satz 5 (alt), der klarstellte, dass unabhängig von der Leistungs- 29 ausführung durch ein Persönliches Budget für weitere – ggf. daneben – zu gewährende Leistungen (zB nicht regiefähige, nicht alltägliche, nicht regelmäßig wiederkehrende Leistungen) eine Leistungspauschalierung ebenfalls zulässig ist, wurde durch Art. 8 Nr. 3 cc des Verwaltungsvereinfachungsgesetzes aufgehoben. Dabei handelt es sich um eine redaktionelle Korrektur im Gesetz zur Einordnung des Sozialhilferechts in das Sozialgesetzbuch (vgl. BT- Drucks. 15/4228 S. 31).

Absatz 2 Satz 5 eröffnet den Antragstellern die Möglichkeit, nach sechs 30 Monaten aus dem Budget „auszusteigen“. Das Gesetz sieht eine entsprechende Regelung für den „Ausstieg" des/der Rehabilitationsträger(s) nicht vor. Diese können die Leistung nur dann einstellen, wenn die mit der Leistung verfolgten Ziele erreicht sind, dh der Berechtigte in das Leben in der Gemeinschaft eingegliedert ist oder Ziele im Sinne der §§ 1, 4 Abs. 1 zweifelsfrei nicht mehr erreichbar sind (§ 4 Abs. 2 Satz 1) oder die in dieser Vorschrift enthaltenen Anforderungen an das Persönliche Budget nicht mehr erfüllt werden können. Die nicht bedarfsgerechte Bemessung des Budgets ist kein Anlass für einen vorzeitigen Ausstieg, weil das Bedarfsfeststellungsverfahren nach § 3 Abs. 6 BudgetV in begründeten Fällen auch vor Ablauf der Zweijahresfrist wiederholt und das Budget damit jederzeit erneut dem Bedarf angepasst werden kann.

31 **8. Bemessung des Budgets.** Nach **Absatz 3 Satz 1** handelt es sich beim Persönlichen Budget idR um eine in Geld bemessene, budgetierte Einzelleistung (BT-Drucks. 14/5074 S. 103, BT-Drucks. 15/1514 S. 72), die als Geldleistung monatlich zu erbringen ist. Aber auch Gutscheine **(Satz 2)** oder Sachleistungsanrechte bei Diensten und Einrichtungen bzw. eine Mischung dieser Varianten können Gegenstand sein, für deren Erbringung das Prinzip der monatlichen Leistungserbringung nicht gilt. Diese Alternativen sollen jedoch die begründete Ausnahme sein, wenn zB die dies zur Ausprägung einer Sachleistung oder zur Sicherung der Qualität der Leistung notwendig ist.

32 Nach **Satz 3** ist das Persönliche Budget so zu bemessen, dass der individuelle festgestellte Bedarf gedeckt wird und die erforderliche Beratung und Unterstützung erfolgern kann. Da das Persönliche Budget einer behinderten Person die Deckung des Bedarfs an Teilhabeleistungen in eigener Steuerung und Verantwortung ermöglichen soll, ist es grundsätzlich individuell nach den Grundsätzen der Sparsamkeit und Wirtschaftlichkeit zu bemessen. Dabei sind die dem Berechtigten verfügbaren Beschaffungsmöglichkeiten zu Grunde zu legen. Da die Gesamtverantwortung des Rehabilitationsträgers nach Abs. 1 Satz 2 auch bei Ausführung der Leistungen durch ein Persönliches Budget besteht, kann der Rehabilitationsträger den Budgetnehmer beim Zugang zu preisgünstigen und qualitätsgesicherten Leistungen – ggf. durch Abschluss von Verträgen nach § 21 – unterstützen, um die Wirtschaftlichkeit zu erhöhen. Ist das Budget nicht bedarfsdeckend, besteht der gegen den Rehabilitationsträger gegebene Anspruch auf Teilhabeleistungen in der nicht gedeckten Höhe fort.

33 Ob der individuelle Bedarf tatsächlich durch das Persönliche Budget gedeckt werden kann, hängt entscheidend von der Feststellung des Bedarfs ab. Der Gesetzgeber verpflichtet den zuständigen Rehabilitationsträger ausdrücklich dazu, entsprechend § 10 Abs. 1 den individuellen Bedarf funktionsbezogen festzustellen. Um auszuschließen, dass die mit der Budgetbildung verbundene Pauschalierung vorwiegend als Instrument zur Kostensenkung genutzt wird (so zB die Intention des Berichts der Rürup-Kommission, Abschnitt 5, Reformvorschläge zur Sozialen Pflegeversicherung, Ziffer 5.2.6, S. 199), bedarf es systematisierter Assessmentverfahren, die nach Abs. 6 Satz 2 währen der Erprobungsphase entwickelt werden sollten. Der über die Erprobungsphase gefertigte Bericht der Bundesregierung zeigt, dass es nicht gelungen ist, ein einheitliches Verfahren zur Feststellung des Bud-

getbedarfs zu entwickeln (BT-Drucks. 16/3983). Bis solche Assessmentverfahren eingeführt sind, haben alle Beteiligten darauf zu achten, dass der individuelle Bedarf unter Berücksichtigung der ICF möglichst umfassend und vollständig festgestellt und auf dieser Basis gemeinsam mit dem Betroffenen sein Ressourcen-Bedarf festgelegt sowie sein Budget bemessen wird (Bedarfsfeststellungsverfahren, vgl. § 3 BudgetV). In der Regel werden dazu die Hilfeplanverfahren der Sozialhilfeträger genutzt, wobei auf jeden Fall mindestens die Parameter der ICF-Checkliste (vgl. www.dimdi.de) einbezogen sein sollten.

Satz 4 legt grundsätzlich eine Obergrenze des Gesamtbudgets fest, um Leistungsausweitungen und damit unkalkulierbare Mehrkosten für die Leistungsträger zu vermeiden. Die Höhe des Gesamtbudgets soll danach im Einzelfall die Kosten aller ohne Budget zu erbringenden Leistungen nicht überschreiten. Von diesem Grundsatz kann in besonders begründeten Ausnahmefällen abgewichen werden. Dies könnte zB geboten sein, wenn den bisher stationär betreuten Leistungsberechtigten nur so ein Umsteigen auf ambulante Betreuung unter Inanspruchnahme des Persönlichen Budgets übergangsweise ermöglicht werden kann. 34

9. Verwaltungsakt. Nach **Absatz 4 Satz 1** hat bei mehreren beteiligten Leistungsträgern der nach § 14 zuständige Träger im Auftrag und im Namen aller anderen beteiligten Träger den Verwaltungsakt zu erlassen und das Verfahren durchzuführen. Zuständiger Träger ist der nach § 14 erstangegangene Träger, wenn er Leistungen im Rahmen des Persönlichen Budgets zu erbringen hat. Danach kann der Antrag auf ein persönliches Budget nicht bei irgendeinem Träger gestellt werden, dessen Recht budgetfähige Leistungen vorsieht, sondern nur bei einem Träger der auch für mindestens eine der Leistungen im Rahmen des beantragten Persönlichen Budgets zuständig ist (BT-Drucks. 15/4228 S. 31). Eine Weiterleitung des bei einem zuständigen Leistungsträger gestellten Antrages auf Ausführung der Leistungen als persönliches Budget an andere Leistungsträger ist nur zulässig, wenn der Leistungsträger, bei dem der Antrag zunächst gestellt wurde, weder für eine der beantragten Leistungen zuständig ist, noch eine solche bereits erbringt (BT-Drucks. 15/4228, aaO). Die durch das Verwaltungsvereinfachungsgesetz angefügten neuen **Sätze 2** und 3 ermöglichen es den Leistungsträgern, abweichend von der Regelung des Satzes 1 Ausnahmen zu vereinbaren, wenn dies im Interesse des Leistungsberechtigten liegt. Deswegen setzt eine Weiterleitung ausdrücklich die Abstimmung mit dem Leistungsberechtigten voraus und kann gegen seinen Willen nicht vollzogen werden. Ein Interesse des Leistungsberechtigten an der Weiterleitung kann gegeben sein, wenn sich die Beteiligung des Leistungsträgers nach Abs. 4 Satz 1 nur auf einen geringen Teil des zu erbringenden persönlichen Budgets oder nur auf Einzelleistungen begrenzt. Der neue **Satz 3** berücksichtigt im Interesse der Leistungsberechtigten und entsprechend der allgemeinen Regeln über das Vorverfahren, dass es auch in Fällen des Widerspruchs nicht zu wechselnden Beteiligten kommt. Soweit sich der Widerspruch auf Teilbudgets bezieht, die auf der Grundlage der für die übrigen beteiligten Leistungsträger geltenden Leistungsgesetze erbracht werden, ist der „Beauftragte" (Träger nach § 3 Abs. 1 und 2 BudgetV) bei der Entscheidung im Rahmen des gesetzlichen 35

Auftragsverhältnisses an die Auffassung der Auftraggeber gebunden (§ 89 Abs. 5 SGB X).

36 **10. Bestandsschutz. Absatz 5** stellt sicher, dass Modellvorhaben, die zur Erprobung der Einführung Persönlicher Budgets vor dem 1. 7. 2004 nach § 17 Abs. 3 in der am 30. Juni 2004 geltenden Fassung begonnen wurden (zB in Baden-Württemberg, Hamburg), zu Ende geführt werden können.

37 **11. Erprobungsphase. Absatz 6** bestimmt, dass während der Zeit eines Anspruchs auf Ermessen vom 1. Juli 2004 bis 31. Dezember 2007 Persönliche Budgets unter wissenschaftlicher Begleitung erprobt werden. Die Regelung greift die Forderung der Praxis nach einer Erprobungsphase von mindestens zwei Jahren auf. Deshalb wurde von den Leistungsträgern bis 31. Dezember 2007 über Anträge auf Ausführung von Teilhabeleistungen als Persönliches Budget nach pflichtgemäßem Ermessen entschieden (vgl. Rn 15). Ab 1. Januar 2008 hat der Antragsteller nach § 159 Satz 5 einen Rechtsanspruch auf die Ausführung von Leistungen als Persönliches Budget.

Die wissenschaftlich begleitete Erprobung persönlicher Budgets vom Oktober 2004 bis Juni 2007 in insgesamt 14 Modellregionen führte insbesondere zu der Erkenntnis, dass es bis zur quantitativ wirklich bedeutsamen Nutzung persönlicher Budgets als gleichwertige Leistungsform-Option in der Rehabilitation in Deutschland noch ein weiter Weg ist. In den gut 2½ Jahren Modelllaufzeit konnten in den Modellregionen lediglich 494 persönliche Budgets, dazu weitere 353 außerhalb der Modellregionen dokumentiert und ausgewertet werden. 42% der Budgetnehmerinnen und Budgetnehmer waren seelisch behindert, 31% geistig behindert und 19% körperbehindert. Bei 28% lag auch Pflegebedarf vor. 95% aller Budgets wurden von den Sozialhilfeträgern geführt, in nennenswertem Umfang kamen daneben nur noch die Bundesagentur für Arbeit und die Integrationsämter als Leistungsträger vor. Nur 5% aller Budgets waren trägerübergreifend; idR Eingliederungshilfe und Pflege (Gutschein). Die durchschnittliche Budgethöhe lag bei 1041,– €/Monat, die Streuung reichte von 36,– € bis zu 13 275,– €. Das Budgetverfahren wurde als zeitaufwändig und komplex erlebt (hoher Anteil kooperativer Aktivitäten), und litt unter dem Fehlen eines einheitlichen Bedarfsfeststellungsverfahrens bzw. -instruments. Dennoch wurden die Auswirkungen der Budgets bei 80% aller Nutzerinnen und Nutzer als positiv und zukunftsweisend erlebt.[5]

Auch der mit dem 1. 1. 2008 gemäß § 159 Abs. 5 gegebene Rechtsanspruch auf das trägerübergreifende persönliche Budget führte bisher nicht zu einer deutlichen Nachfragesteigerung.

38 **12. Budgetverordnung (BudgetV).** Das BMAS hat auf der Grundlage der in § 21a verankerten Ermächtigung am 27. 5. 2004 mit Wirkung zum 1. 7. 2004 diese Verordnung zur Durchführung des § 17 Abs. 2 bis 4 des SGB IX erlassen.

---

[5] Vgl H. Metzler ua., Begleitung und Auswertung der Erprobung trägerübergreifender Persönlicher Budgets. Abschlussbericht; Tübingen, Dortmund, Ludwigsburg, Juli 2007.

Damit werden die Ausführung von Leistungen in Form Persönlicher Budgets, der Inhalt Persönlicher Budgets sowie das Verfahren und die Zuständigkeit der beteiligten Leistungsträger verbindlich konkretisiert **(§ 1).**

§ 2 BudgetV bindet von den Krankenkassen auch Leistungen, die nicht Leistungen zur Teilhabe nach dem SGB IX sind (vgl. Rn 23) in das Persönliche Budget.

§ 3 Abs. 1 und 2 verpflichten den nach § 17 Abs. 4 zuständigen Leistungsträger oder den Träger der gemeinsamen Servicestelle (wenn der Antrag dort gestellt wird) als **Beauftragten (Träger),** die an der Komplexleistung beteiligten Leistungsträger unverzüglich zu beteiligen und von diesen Stellungnahmen zum Bedarf, der Höhe und zur Art des Budgets (Geldleistung oder Gutscheine), zum Inhalt der Zielvereinbarungen nach § 3 sowie zum Unterstützungs- und Beratungsbedarf einzuholen. Die Stellungnahme soll innerhalb von zwei Wochen abgegeben werden. Nach § 3 Abs. 3 hat insbesondere der Beauftragte die Ergebnisse der nach § 3 Abs. 1 BudgetV getroffenen Feststellungen sowie die Zielvereinbarung nach § 4 in einem trägerübergreifenden **Bedarfsfeststellungsverfahren** gemeinsam mit dem Berechtigten und ggf. einer Person seiner Wahl zu beraten. Auf dieser Grundlage stellen die beteiligten Leistungsträger nach **§ 3 Abs. 4** innerhalb einer Woche das auf sie entfallende **Teilbudget** fest. Nach **§ 3 Abs. 5** erlässt der **Beauftragte** nach Abschluss der Zielvereinbarung nach § 4 den **Verwaltungsakt** und erbringt die Leistung. Rechtsbehelfe richten sich allein gegen den Beauftragten. Geldleistungen sind monatlich im Voraus auszuzahlen, wobei die beteiligten Leistungsträger dem Beauftragten ihre Teilbudgets rechtzeitig zur Verfügung zu stellen haben. Mit der Auszahlung bzw. der Ausgabe von Gutacheinen gilt der gegen die Träger der Teilleistungsbudgets bestehende Anspruch insoweit als erfüllt. Nach **§ 3 Abs. 6** ist das Bedarfsfeststellungsverfahren idR im Abstand von zwei Jahren zu wiederholen, wobei in begründeten Fällen von dieser Frist abgewichen werden kann.

Nach **§ 4 Abs. 1** ist zwischen dem Antragsteller und dem Beauftragten eine **Zielvereinbarung** abzuschließen, die mindestens Regelungen über die Ausrichtung der **individuellen Förder- und Leistungsziele,** die Erforderlichkeit eines **Nachweises für die Deckung** des festgestellten individuellen Bedarfs sowie die **Qualitätssicherung** enthält. Die Zielvereinbarung kann von beiden Beteiligten aus wichtigem Grund mit sofortiger Wirkung schriftlich gekündigt werden, wenn ihnen die Fortsetzung nicht zumutbar ist **(§ 4 Abs. 2).** Nach Abs. 2 Satz 2 kann ein wichtiger Grund für den Antragsteller insbesondere in seiner persönlichen Lebenssituation liegen, wenn zB das bemessene Budget seinen Bedarf nicht deckt oder eine Veränderung des Bedarfs eingetreten ist. Für den Beauftragten kann ein wichtiger Kündigungsgrund die Nichtvorlage des Nachweises der Bedarfsdeckung (Zweckbindung der Mittel) oder der Qualitätssicherung (Satz 3) oder aber die Unwirksamkeit oder Unwirtschaftlichkeit der aus dem Budget finanzierten Leistungen sein. Im Falle der Kündigung wird der Verwaltungsakt aufgehoben (Satz 4). Die Zielvereinbarung wird nach **§ 4 Abs. 3** im Rahmen des Bedarfsfeststellungsverfahrens nach § 3 für die Dauer des Bewilligungszeitrahmens der Leistungen des Persönlichen Budgets abgeschlossen, soweit nichts Abweichendes vereinbart wird.

§ 18 Leistungsort

[1]Sachleistungen können auch im Ausland erbracht werden, wenn sie dort bei zumindest gleicher Qualität und Wirksamkeit wirtschaftlicher ausgeführt werden können. [2]Leistungen zur Teilhabe am Arbeitsleben können im grenznahen Ausland auch ausgeführt werden, wenn sie für die Aufnahme oder Ausübung einer Beschäftigung oder selbständigen Tätigkeit erforderlich sind.

1 **1. Sozialpolitischer Hintergrund.** Vor Inkrafttreten dieser Regelung enthielt nur das Recht der Rentenversicherung (§ 14 SGB VI) eine erheblich engere und im Verfahren wenig praktikable Regelung, nach der die Rentenversicherungsträger nach gutachterlicher Äußerung ihres Verbandes und mit Genehmigung der Aufsichtsbehörde Rehabilitationsleistungen im Ausland zulassen konnten, wenn diese dort aufgrund gesicherter medizinischer Erkenntnis einen besseren Rehabilitationserfolg erwarten ließen. Diese Regelung ersetzt die bisherige Regelung im Recht der Rentenversicherung und eröffnet allen Rehabilitationsträgern ausdrücklich die Möglichkeit, Leistungen zur Teilhabe unter bestimmten Voraussetzungen auch im Ausland auszuführen.

2 **2. Entstehung der Norm.** Die Vorschrift wurde durch Art. 1 SGB IX ab 1. 7. 2001 eingeführt. Die Fassung des RegE (BT-Drucks. 14/5531 iVm 14/5074) wurde bei völliger Neufassung des Satzes 2 übernommen BT-Drucks. 14/5786 S. 24, BT-Drucks. 14/5800 S. 31).

3 **3. Normzweck.** Die Vorschrift eröffnet die Möglichkeit, Sachleistungen bei zumindest gleicher Qualität und Wirksamkeit im Ausland auszuführen, wenn dies dort wirtschaftlicher möglich ist. Für Teilhabeleistungen am Arbeitsleben gilt das nur im grenznahen Ausland und wenn dies für die Aufnahme oder Ausübung einer Beschäftigung oder selbständigen Tätigkeit erforderlich ist.

4 **4. Grundsatz Rehabilitation im Inland.** Der Norm liegt – wie bisher in § 14 SGB VI – das Verständnis zu Grunde, dass Teilhabeleistungen grundsätzlich im Inland zu erbringen sind (BT-Drucks. 14/5074 S. 103).

Ob eine Teilhabeleistung im Ausland ausgeführt werden kann, ist im Übrigen weiterhin auch nach § 30 SGB I zu beurteilen, wonach Regelungen des über- und zwischenstaatlichen Rechts unberührt bleiben. Zu beachten ist danach das Recht der Europäischen Gemeinschaft für Leistungen in Staaten der Europäischen Gemeinschaften und des Europäischen Wirtschaftsraums, insbesondere zur Freizügigkeit der Arbeitnehmer (Art. 39 EG-Vertrag in der Fassung des Vertrags von Nizza), zur Warenverkehrsfreiheit (Art. 28 EG-Vertrag), zur Dienstleistungsfreiheit (Art. 49 EG-Vertrag) sowie die Verordnung EWG 1408/71 über die soziale Sicherheit der Wanderarbeitnehmer.

Nach Art. 4 Abs. 1 VO 1408/71 umfasst ihr Anwendungsbereich nur Leistungen bei Krankheit, Invalidität Arbeitsunfällen und Berufskrankheiten sowie Arbeitslosigkeit, sodass nicht alle Teilhabeleistungen nach dem SGB IX erfasst werden (zB nicht Leistungen zur Teilhabe am Leben in der

Gemeinschaft nach § 5 Nr. 4). Völlig ausgeschlossen sind nach Art. 4 Abs. 4 VO 1408/71 die Systeme der Sozialhilfe und der Kriegsopferversorgung.

5 Leistungen der medizinischen Rehabilitation sind im Rahmen der VO 1408/71 den Leistungen bei Krankheit (Art. 18 ff) zuzuordnen und zwar auch dann, wenn sie in der Trägerschaft der Rentenversicherung dem Schutz vor Invalidität dienen (EuGHE 1980, 2729; BSG SozR 3–2200 § 1241 Nr. 3). Obwohl das europäische Recht sich auf die Systeme der abhängig Beschäftigten beschränkt und die staatliche Fürsorge nicht erfasst, muss berücksichtigt werden, dass das SGB IX die Träger der Sozialhilfe im Rahmen des Behindertenrechts über die Eigenschaft eines Trägers der Fürsorge hinaus als Rehabilitationsträger mit den übrigen Rehabilitationsträgern gleichstellt (§ 6 Abs. 1 Nr. 7). Zudem übernehmen die Krankenkassen nach § 264 Abs. 2 SGB V seit dem Inkrafttreten des GMG am 1. 1. 2004 die Krankenbehandlung für Leistungsbezieher nach dem SGB XII, die wiederum als Hilfe bei Krankheit nach § 43 SGB XII Anspruch auf Leistungen zur Krankenbehandlung entsprechend dem Dritten Kapitel, Fünften Abschnitt, Ersten Titel des SGB V haben. Eine unterschiedliche Behandlung der Bezieher von Leistungen zur medizinischen Rehabilitation zwischen Krankenversicherung und Sozialhilfe ist danach nicht zu rechtfertigen.

6 Die Regelung erfasst alle Sachleistungen zur Teilhabe sowie Leistungen zur Teilhabe am Arbeitsleben im grenznahen Ausland. Unter einer Sachleistung versteht man nach der Rechtsprechung (BSG v. 4. 12. 97 – 7 Rar 24/96) die Hingabe eines körperlichen Gegenstandes iSv § 90 BGB. In Abgrenzung hierzu sind Dienstleistungen alle im SGB vorgesehenen Hilfen, die keine Geld- oder Sachleistungen sind (§ 11 SGB I). Bei stationären Leistungen zur medizinischen Rehabilitation handelt es sich regelmäßig um Dienstleistungen, auf die die Vorschrift des § 18 nach seinem Wortlaut nicht direkt anzuwenden ist (so auch *Brodkorb* in Hauck/Noftz § 18 Rn 3). Im Bereich der GRV besteht eine Regelungslücke, weil mit Inkrafttreten des SGB IX das Gebot, Leistungen zur Rehabilitation grundsätzlich im Inland zu erbringen (§ 14 SGB VI), aufgehoben wurde und es deswegen keine gem. § 7 Satz 1 SGB IX abweichende Regelung mehr gibt. Daher ist der Rechtsgedanke des § 18 auch bei Gewährung von stationären Leistung zur medizinischen Rehabilitation im Ausland anzuwenden (Bayerisches LSG v. 26. 11. 08 – L 16 R 892/07).

7 Die Möglichkeit, Teilhabeleistungen im Ausland zu gewähren, ist nicht auf Länder der Europäischen Gemeinschaft beschränkt. Für die Ausführung von Leistungen in Ländern der Europäischen Gemeinschaft ist das entsprechende Primär- und Sekundärrecht der Europäischen Gemeinschaft zu beachten (Rn 4). Für die Ausführung in Ländern außerhalb der Europäischen Gemeinschaften sind evtl. vereinbarte zwischenstaatliche Abkommen zu prüfen.

8 Nach der Begründung (BT-Drucks. 14/5074 S. 104) sollen auch die in den für die Rehabilitationsträger geltenden Leistungsgesetzen enthaltenen Vorschriften für die Leistungserbringung im Ausland unberührt bleiben (§ 88 SGB III, §§ 17, 18 SGB V und § 97 SGB VII und § 24 SGB XII; SGB VI, SGB VII und BVG enthalten keine Sonderregelungen).

9 **5. Voraussetzungen.** Voraussetzung für die Ausführung einer Teilhabeleistung im Ausland ist die gleiche Qualität, die gleiche Wirksamkeit sowie

eine im Verhältnis zur Ausführung im Inland erhöhte Wirtschaftlichkeit der auszuführenden Leistung. Die Ausführung im Ausland ist nicht dadurch gehindert, dass der Rehabilitationsträger bisher mit dem ausländischen Leistungsanbieter keine Verträge über die Leistungserbringung eingegangen ist. Ist eine Leistung zur medizinischen Rehabilitation im Ausland nach sachverständigem Urteil und bisherigem Krankheitsverlauf ersichtlich die einzige wirksame Leistung zur Erreichung der Teilhabeziele, hat der Berechtigte Anspruch darauf, dass der Rehabilitationsträger ggf. einen Einzelvertrag gem. § 21 mit einer geeigneten Einrichtung im Ausland abschließt (vgl. *Niesel* in KassKom § 15 SGB VI Rn 20, wonach dieser spätestens durch die tatsächliche Belegung abgeschlossen wird). Dabei können die Träger auf die nach ihrer Sicht notwendige Einhaltung der bestehenden Qualitätsanforderungen hinwirken. Ggfls müssen die Anforderungen der Qualität hinter den Aspekt der Wirksamkeit zurücktreten, wenn nur durch eine bestimmte Maßnahme eine ausreichende Wirksamkeit erreicht werden kann (Bayerisches LSG v. 26. 11. 08 – L 16 R 892/07 (vgl. § 17 Rn 12).

Die Rehabilitationsträger müssen ihre sonstigen im Zusammenhang mit der Ausführung der Leistungen (§ 17) bestehenden Pflichten (zB Verträge nach § 21) so wahrnehmen, dass sie die Anwendung des § 18 nicht hemmen.

10 Zum Nachweis der gleichen **Wirksamkeit** müssen evidenz-basierte Unterlagen vorliegen, nach denen die Einrichtung im Ausland mit ihrer Struktur-, Prozess- und Ergebnisqualität mit rehabilitationswissenschaftlicher Wahrscheinlichkeit geeignet ist, mit ihren Leistungen die Ziele der §§ 1, 4 Abs. 1 zu erreichen. Gleiche **Qualität** erfordert den Nachweis, dass die ausländische Einrichtung über ein gleichwertiges internes Qualitätsmanagements iSd § 20 Abs. 2 verfügt. Darüber hinaus müssen ihre Leistungen regelmäßig den in der gemeinsamen Empfehlung nach § 20 Abs. 1 sowie den Verträgen nach § 21 Abs. 1 Nr. 1, 3–5 geregelten Qualitätsanforderungen entsprechen, aus denen sich der Leistungsstandard vergleichbarer inländischer Einrichtungen ergibt.

11 Die Leistung im Ausland muss zudem wirtschaftlicher ausgeführt werden können als im Inland. Eine im Verhältnis zur Ausführung im Inland nur gleiche Wirtschaftlichkeit gestattet die Ausführung im Ausland nicht. Eine Leistung dürfte im Ausland dann wirtschaftlicher ausgeführt werden, wenn sie bei gleicher Qualität und Wirksamkeit mit geringeren Kosten verbunden ist. Dabei ist die Gesamtheit aller mit der Leistungsausführung verbundenen Kosten (einschl. Fahrkosten usw) zu würdigen. Sie ist aber auch dann wirtschaftlicher, wenn sie mit ihrer Ergebnisqualität trotz vertretbarer Mehrkosten wegen ihrer Nachhaltigkeit bezogen auf die Erreichung der Rehabilitationsziele im Vergleich zu Leistungen im Inland wirksamer ist (zB medizinische Leistungen zur Rehabilitation bei Atemwegserkrankungen im Hochgebirgsklima). Wirtschaftlicher ist auch die Leistung, deren Qualität bei gleichem oder geringerem Preis höher ist als im Inland.

Ein Wirtschaftlichkeitsvergleich erübrigt sich, wenn nur die Einrichtung im Ausland über die am besten geeignete Form der Leistung verfügt und im Inland Leistungen mit gleicher Qualität und Wirksamkeit nicht verfügbar sind.

Hinsichtlich des Kriteriums der Wirtschaftlichkeit wird im Übrigen auf die noch nach dem Reha-AnglG bei der BAR getroffenen Gesamtvereinbarungen verwiesen: 12

- Gesamtvereinbarung über die Berücksichtigung der Grundsätze der Wirtschaftlichkeit und Sparsamkeit bei der Durchführung der Maßnahmen zur beruflichen Rehabilitation vom 1. 9. 1983
- Gesamtvereinbarung über die Berücksichtigung der Grundsätze der Wirtschaftlichkeit und Sparsamkeit bei der Durchführung der Maßnahmen zur medizinischen Rehabilitation vom 1. 9. 1984.

Beide Gesamtvereinbarungen sind auch nach Inkrafttreten des SGB IX gültig.

6. Auswahlermessen des Rehabilitationsträgers. Auf die Ausführung von Teilhabeleistungen im Ausland besteht kein Rechtsanspruch. Es besteht lediglich Anspruch auf fehlerfreie Ermessensausübung iSd § 39 SGB I. Neben den genannten Leistungsvoraussetzungen sind die §§ 9 Abs. 1, 17 Abs. 1 Nr. 3 und 19 Abs. 4 Maßstab der Ermessensausübung. Danach muss die Rehabilitationseinrichtung zur Erreichung der Rehabilitationsziele iSd §§ 1, 4 Abs. 1 geeignet (§ 17 Abs. 1 Nr. 3) sein, dh die Leistung in der am besten geeigneten Form ausführen (§ 19 Abs. 4). 13

Die Wunschrechte des Berechtigten nach § 9 Abs. 1 werden durch diese Regelung insoweit eingeschränkt, als die in einer nicht wirtschaftlicheren Einrichtung im Ausland geltend gemachte Ausführung kein berechtigter Wunsch iSd § 9 Abs. 1 ist.

Dabei ist allerdings § 33 SGB I zu beachten, wonach im Einzelfall die gewünschte Ausführung im Ausland aus objektiven persönlichen Gründen die am besten geeignete Form der Ausführung (§ 19 Abs. 4) sein kann (zum Wunschrecht bei einer Maßnahme am Toten Meer vgl. § 17 Rn 12).

Des Weiteren schränkt diese Regelung auch das Recht nach § 9 Abs. 2 ein, an Stelle der Sachleistung eine Geldleistung zu erbringen. Diese Regelung lässt eine Abweichung vom Grundsatz der Leistungserbringung im Inland nämlich ausdrücklich nur für Sachleistungen, nicht jedoch für Geld- oder Dienstleistungen zu (anders Lachwitz-*Welti* § 18 Rn 8).

7. Ausführung in Ländern der Europäischen Gemeinschaft und des Europäischen Wirtschaftsraums. Im Anwendungsbereich der VO 1408/71 (Länder der Europäischen Gemeinschaft sowie des weiteren Europäischen Wirtschaftsraums) ist das nationale Recht – hier § 18 – europarechtskonform auszulegen, wobei insbesondere die in der VO enthaltenen Regelungen über die Sachleistungsaushilfe und die Rechtsprechung des EuGH zur Wahrenverkehrs- und Dienstleistungsfreiheit (EuGHE 1998, 1931 – *Kohll*, EuGHE 1998, 1831 – *Decker*) zu beachten sind. 14

Bei Leistungen zur medizinischen Rehabilitation ist die Sachleistungsaushilfe nach Art. 22 VO 1408/71 anzuwenden, soweit gegenständliche Sachleistungen oder einfache Dienstleistungen in dem betreffenden Staat bei einem nationalen Gesundheitssystem oder anderweitig als öffentlich-rechtliche Sachleistung oder privatwirtschaftlich zu beschaffen sind. Voraussetzung ist, dass im Vorwege eine Genehmigung des zuständigen Rehabilitationsträgers eingeholt wird (lit c) oder eine unverzüglich zu befriedigende Bedarfslage (zB Ersatzbeschaffung eines im Ausland zerstörten Hilfsmittels) 15 besteht (lit a). Die im Vorwege einzuholende Genehmigung darf nicht verweigert werden, wenn die betreffende Behandlung zu den Leistungen gehört, die in den Rechtsvorschriften des Mitgliedsstaates vorgesehen sind, in dessen Gebiet der Betreffende sich derzeit aufhält und er in Anbetracht seines derzeitigen Gesundheitszustandes und des voraussichtlichen Verlaufs der Krankheit diese Behandlung nicht in dem Zeitraum erhalten kann, der für diese Behandlungen in dem Staat, in dem er seinen Wohnsitz hat, normalerweise erforderlich ist (vgl. Art. 22 Abs. 1 Buchst c iVm Art. 22 Abs. 2 VO-EWG – Nr. 1408/71, hier Stellungnahme der Deutschen Verbindungsstelle Krankenversicherung – Ausland, DVKA, in BT-Drucks. 14/5508).

16 Die bei der Entscheidung über die im Vorwege einzuholende Genehmigung zu beachtenden Voraussetzungen des § 18 sind iSd Rechts der Europäischen Gemeinschaft diskriminierungsfrei. Dabei darf das Vorhandensein einer gleichen Qualität und Wirksamkeit nur diskriminierungsfrei ermittelt werden.

Eine Diskriminierung läge vor, wenn zB von der ausländischen Einrichtung die Zugehörigkeit zu einem deutschen Qualitätssicherungssystem iSd § 20 Abs. 1 verlangt würde. Die Gleichwertigkeit von Qualität und Wirksamkeit kann deshalb nur durch Vorlage geeigneter Unterlagen nachgewiesen werden, die die geforderte Gleichwertigkeit belegen (zB Konzeptbeschreibung, Verfahren nach Leitlinien bzw. evidenten Forschungsergebnissen usw.). Keine Diskriminierung stellt dagegen die Forderung nach einem Qualitätsmanagement (§ 20 Abs. 2) dar, weil die Vorhaltung eines Qualitätsmanagements weltweit wissenschaftlich belegte und international anerkannte Voraussetzung für die Gewährleistung bestimmter Qualitätsstandards ist (zB Total Quality Management – TQM –, European Foundation – EFQM –, Resident Assessment Instruments – RAI/RUG –).

17 Für Leistungen in Einrichtungen sind die zur Krankenhausbehandlung ergangenen Urteile des EugH in den Rechtssachen *Smits, Peereboms* und *Vanbaekel* bedeutsam (C-157/99, NJW 2001 S. 3391ff). Der EuGH hat darin ausdrücklich anerkannt, dass auch stationäre Leistungen unter die Dienstleistungsfreiheit des EG-Rechts fallen. Dabei können allerdings Einschränkungen, die durch das Interesse der Mitgliedsstaaten an der Planbarkeit und Ressourcensteuerung im stationären Sektor ihres Gesundheitswesens bedingt sind, gerechtfertigt sein. Auf diesem Hintergrund ist § 18 Für Leistungen in Einrichtungen als europarechtskonform anzusehen, weil der durch das Kriterium der höheren Wirtschaftlichkeit eingeräumte Vorrang der Leistungserbringung in Deutschland dem Schutz der Infrastruktur und ihrer Planbarkeit dient (so auch *Welti* in Lachwitz/Schellhorn/Welti § 18 Rn 12). Zudem besteht mit der Bindung der Leistungsgewährung an die Erreichbarkeit der Teilhabeziele in § 4 Abs. 2 Satz 1 ein unmittelbarer ökonomischer Zusammenhang zwischen Ressourcenbedarf, Ressourceneinsatz und Ressourcenaufwand (Rechtsprechung des EuGH unter „http://europa.eu.int./jurisp/cgi-bin/form.pl?lang-de").

18 Die im Recht der **gesetzlichen Krankenversicherung** (§§ 17, 18 SGB V) sowie dem Recht der Unfallversicherung (§ 97 SGB VII) für Leistungen im Ausland enthaltenen zusätzlichen Tatbestände bleiben unberührt (vgl. Rn 6). Dabei ist es bereits nach dem Wortlaut des § 18 Abs. 1 Satz 1 SGB V, der

sich ausschließlich mit der Kostenerstattung für eine „dem allgemeinen Stand der medizinischen Erkenntnisse entsprechenden Behandlung einer Krankheit außerhalb der Staaten der Europäischen Gemeinschaft“ befasst, zweifelhaft, dass sich diese Regelung überhaupt auf Teilhabeleistungen iSd SGB IX erstreckt.

Seit dem Inkrafttreten des GMG am 1. 1. 2004 dürfen die Krankenkassen nach § 13 Abs. 1 SGB V anstelle der Sach- und Dienstleistungen Kosten nur erstatten, soweit es das SGB V oder das SGB IX vorsieht. § 13 Abs. 4 SGB V konkretisiert nachfolgend die Berechtigung des Versicherten, Leistungserbringer in Staaten der Europäischen Gemeinschaft sowie des Europäischen Wirtschaftsraums anstelle der Sach- und Dienstleistungen im Wege der Kostenerstattung in Anspruch zu nehmen. Dabei wird in Abs. 5 nur noch für Krankenhausleistungen (§ 39 SGB V) die vorherige Zustimmung der Krankenkasse gefordert, die nur versagt werden darf, wenn bestimmte Qualitätsmerkmale nicht erfüllt sind (wirksame, dem allgemein anerkannten Stand der medizinischen Erkenntnisse entsprechende Krankenbehandlung). Nach dem sprachlichen und inhaltlichen Kontext der Regelung (Abs. 4 Satz 6, Abs. 2) wird damit ebenfalls nur die Kostenerstattung bei Krankenbehandlungen, nicht jedoch bei Inanspruchnahme von Teilhabeleistungen nach dem SGB IX konkretisiert. Da das SGB V somit keinerlei spezifische Regelungen für die Erstattung von Kosten für die im Ausland ausgeführten Teilhabe- und Rehabilitationsleistungen enthält, richtet sich die Kostenerstattung in diesen Fällen nach § 7 SGB IX sowie entsprechend dem in § 13 Abs. 1 SGB V enthaltenen Verweis auf das SGB IX, wie auch dem in Abs. 3 Satz 2 für die Kostenerstattung bei unaufschiebbaren Leistungen enthaltenen Verweis auf § 15 SGB IX, ausschließlich nach den Bestimmungen des SGB IX. 19

Dabei ist auch zu berücksichtigen, dass – im Gegensatz zu den Leistungen der Krankenbehandlung des SGB V, die insbesondere im Ausland durchweg den Charakter selbstbeschaffter Leistungen haben – Teilhabe- und Rehabilitationsleistungen nicht allein auf der Grundlage einer ärztlichen Verordnung, sondern nur nach einer umfassenden Feststellung der Teilhabebeeinträchtigungen (§ 10) vom Rehabilitationsträger und auch nur dann ausgeführt (§ 17) werden dürfen, wenn damit voraussichtlich die Ziele der §§ 1, 4 Abs. 1 erreicht werden können (§ 4 Abs. 2 Satz 1). Sie haben deswegen nur dann den Charakter einer selbstbeschafften Leistung, wenn der Rehabilitationsträger dem im Rahmen der Ausübung der Wunsch- und Wahlrechte (§ 9) zustimmt, oder der Rehabilitationsträger seinen Pflichten nicht nachkommt und der Betroffene dadurch zur Eigenbeschaffung berechtigt ist.

8. Leistungen zur Teilhabe am Arbeitsleben. Die Regelung des **Satz 2** wurde im Gesetzgebungsverfahren über Satz 1 und § 88 SGB III hinausgehend gefasst und soll Leistungen zur Teilhabe am Arbeitsleben auch für Tagespendler und für alle Nachbarstaaten im Ausland ermöglichen (BT-Drucks. 14/5074 S. 11; 14/5786 S. 24, 14/5800 S. 31). Im Gegensatz zu Satz 1 erfasst die Regelung nicht nur Sachleistungen, sondern alle Leistungen zur Teilhabe im Arbeitsleben nach §§ 33 bis 34. 20

Vom inländischen Rehabilitationsträger können danach Leistungen zur Teilhabe am Arbeitsleben immer dann auch im grenznahen Ausland ausgeführt werden, wenn sie für die Aufnahme oder Ausübung einer Beschäftigung oder selbständigen Tätigkeit im Inland oder im Ausland erforderlich sind. Von einer grenznahen Ausführung der Teilhabeleistungen kann unter Heranziehung von § 121 Abs. 4 SGB III (zumutbare Beschäftigung) bei Pendelzeiten von täglich zweieinhalb Stunden ausgegangen werden, bzw. bei einer Teilhabeleistung von weniger als sechs Stunden bei einer Pendelzeit von täglich zwei Stunden.

21 **9. Leistungerbringungsrecht.** Nach der Rechtsprechung des EugH können Anbieter von Rehabilitationsleistungen im europäischen Ausland grundsätzlich – wie Leistungserbringer im Inland – gem. § 21 Verträge mit den Rehabilitationsträgern abschließen. Sie müssen allerdings die Anforderungen zur Qualitätssicherung nach § 20 sowie die übrigen Voraussetzungen dieser Vorschrift erfüllen. Eine grundsätzliche Verweigerung eines Versorgungsvertrages allein mit der Begründung, dass es sich um einen ausländischen Leistungserbringer handelt und die Leistungen im Ausland ausgeführt werden sollen, ist unzulässig. Auch für den Abschluss eines Versorgungsvertrages kommt es darauf an, dass die in diesem Rahmen auszuführende Leistung den oben näher ausgeführten Anforderungen entspricht.

22 Krankenkassen dürfen zwar nach § 140e SGB V Verträge mit Leistungserbringern nach § 13 Abs. 4 Satz 2 SGB V in Staaten abschließen, in denen die Verordnung (EWG) Nr. 1408/71 des Rates vom 16. 6. 1971 anzuwenden ist. Wie ausgeführt (Rn 17) ist es jedoch fraglich, ob die Träger von Einrichtungen der Rehabilitation und Teilhabe von § 13 SGB V erfasst sind. Jedenfalls dürfen mangels abweichender spezifischer Regelungen im SGB V (§ 7 Satz 1) solche Verträge nur für Leistungen abgeschlossen werden, die die Voraussetzungen dieser Vorschrift erfüllen.

§ 19 Rehabilitationsdienste und -einrichtungen

(1) [1]**Die Rehabilitationsträger wirken gemeinsam unter Beteiligung der Bundesregierung und der Landesregierungen darauf hin, dass die fachlich und regional erforderlichen Rehabilitationsdienste und -einrichtungen in ausreichender Zahl und Qualität zur Verfügung stehen.** [2]**Dabei achten sie darauf, dass für eine ausreichende Zahl solcher Rehabilitationsdienste und -einrichtungen Zugangs- und Kommunikationsbarrieren nicht bestehen.** [3]**Die Verbände behinderter Menschen einschließlich der Verbände der Freien Wohlfahrtspflege, der Selbsthilfegruppen und der Interessenvertretungen behinderter Frauen sowie die für die Wahrnehmung der Interessen der ambulanten und stationären Rehabilitationseinrichtungen auf Bundesebene maßgeblichen Spitzenverbände werden beteiligt.**

(2) **Soweit die Ziele nach Prüfung des Einzelfalls mit vergleichbarer Wirksamkeit erreichbar sind, werden Leistungen unter Berücksichtigung der persönlichen Umstände in ambulanter, teilstationärer oder betrieblicher Form und gegebenenfalls unter Einbeziehung familienentlastender und -unterstützender Dienste erbracht.**

(3) **Bei Leistungen an behinderte oder von einer Behinderung bedrohte Kinder wird eine gemeinsame Betreuung behinderter und nichtbehinderter Kinder angestrebt.**

(4) [1]Nehmen Rehabilitationsträger zur Ausführung von Leistungen besondere Dienste (Rehabilitationsdienste) oder Einrichtungen (Rehabilitationseinrichtungen) in Anspruch, erfolgt die Auswahl danach, welcher Dienst oder welche Einrichtung die Leistung in der am besten geeigneten Form ausführt; dabei werden Dienste und Einrichtungen freier oder gemeinnütziger Träger entsprechend ihrer Bedeutung für die Rehabilitation und Teilhabe behinderter Menschen berücksichtigt und die Vielfalt der Träger von Rehabilitationsdiensten oder -einrichtungen gewahrt sowie deren Selbständigkeit, Selbstverständnis und Unabhängigkeit beachtet. [2]§ 35 Abs. 1 Satz 2 Nr. 4 ist anzuwenden.

(5) Rehabilitationsträger können nach den für sie geltenden Rechtsvorschriften Rehabilitationsdienste oder -einrichtungen fördern, wenn dies zweckmäßig ist und die Arbeit dieser Dienste oder Einrichtungen in anderer Weise nicht sichergestellt werden kann.

(6) Rehabilitationsdienste und -einrichtungen mit gleicher Aufgabenstellung sollen Arbeitsgemeinschaften bilden.

1. Sozialpolitischer Hintergrund. Das Recht der Rehabilitation und Teilhabe enthielt zuvor bis auf das Versorgungsvertragsrecht in der GKV kein spezifisches Leistungserbringungsrecht, das durch das SGB IX mit den §§ 17 bis 21 für alle Rehabilitationsträger verbindlich eingeführt wurde. Diese Vorschrift überträgt den Rehabilitationsträgern den Sicherstellungsauftrag für die regionale Gewährleistung eines qualitativ und quantitativ bedarfsgerechten, ausreichend barrierefreien Angebots an ambulanten, teilstationären, betrieblichen und stationären Rehabilitationsdiensten und -einrichtungen. 1

§ 19 setzt die in Artikel 26 der UN-Behindertenrechtskonvention eingegangene Verpflichtung um, umfassende Habilitations- und Rehabilitationsdienste und -programme, insbesondere auf dem Gebiet der Gesundheit, der Beschäftigung, der Bildung und der Sozialdienste zu organisieren, zu stärken und zu erweitern, und zwar so, dass diese Leistungen und Programme die Einbeziehung in die Gemeinschaft und die Gesellschaft in allen ihren Aspekten sowie die Teilhabe daran unterstützen, freiwillig sind und Menschen mit Behinderungen so gemeindenah wie möglich zur Verfügung stehen, auch in ländlichen Gebieten.

2. Entstehung der Norm. Die Vorschrift wurde durch Art. 1 SGB IX ab 1. 7. 2001 bei Änderung des RegE (BT-Drucks. 14/5531 iVm 14/5074) übernommen. In Abs. 1 Satz 1 wurde der Hinweis auf Kommunikationsbarrieren, in Abs. 1 Satz 2 der Hinweis auf die Spitzenverbände der Rehabilitationseinrichtungen sowie in Abs. 2 der Hinweis auf betriebliche Formen eingefügt. In Abs. 4 Satz 1 wurde die Berücksichtigung der Vielfalt der Träger von Einrichtungen sowie deren Selbständigkeit, Selbstverständnis und Unabhängigkeit angefügt (BT-Drucks. 14/5786 S. 24; 14/5800 S. 31). Abs. 4 Satz 2 geändert ab 1. 5. 2004 durch Gesetz zur Förderung der Ausbildung und Beschäftigung schwerbehinderter Menschen vom 23. 4. 2004 (BGBl. I 606). 2

3. Normzweck. Abs. 1 ordnet den Rehabilitationsträgern die Verantwortung für die Gewährleistung der Versorgungsangebote zu und verpflichtet sie zur Beteiligung von Bundes- und Landesregierungen sowie der Verbände der Betroffenen- und Leistungserbringer. **Abs. 2** präferiert bei vergleichbarer 3

Wirksamkeit die vorrangige Ausführung in nichtstationärer Form, bei Bedarf unter Einbeziehung familienentlastender Dienste. **Abs. 3** stärkt die Integrationsverpflichtung bei Leistungen für Kinder. **Abs. 4** setzt Maßstäbe für die Ausübung des Auswahlermessens nach § 17 Abs. 1 Nr. 3. **Abs. 5** ermöglicht die Förderung von Rehabilitationsdiensten und -einrichtungen. Nach **Abs. 6** sollen die Leistungserbringer Arbeitsgemeinschaften bilden.

4 **4. Sicherstellungsauftrag.** Nach **Absatz 1** wirken die Rehabilitationsträger gemeinsam darauf hin, dass die fachlich und regional erforderlichen Rehabilitationsdienste und -einrichtungen in ausreichender Zahl und Qualität sowie in ambulanter, teilstationärer, betrieblicher oder stationärer Form bedarfsgerecht zur Verfügung stehen **(Satz 1).** Der Gesetzgeber ordnet damit den Rehabilitationsträgern ordnungspolitisch die Verantwortung für die Entwicklung und für das Vorhandensein der für die Ausführung der Rehabilitations- und Teilhabeleistungen erforderlichen Versorgungsstrukturen zu. Die Vorschrift konkretisiert § 17 Abs. 1 Satz 2 SGB I für den Bereich der Rehabilitation und Teilhabe.

5 Stehen als Folge der Nichtumsetzung oder einer nicht ausreichenden Umsetzung der Regelung die erforderlichen Dienste und Einrichtungen nicht zur Verfügung, wird die Erfüllung der Ansprüche auf Leistungen zur Teilhabe erschwert oder vereitelt. Das kann sich in Mehrkosten (verlängerte Sozialleistungsansprüche, erhöhte Kosten später durchgeführter Teilhabeleistungen, Fahrkosten) niederschlagen und ist mit den Grundsätzen der wirtschaftlichen und sparsamen Aufgabenwahrnehmung nicht zu vereinbaren (§ 69 SGB IV). Die Regelung hat danach nicht nur deklamatorische Bedeutung, sondern überträgt den Rehabilitationsträgern auch ökonomisch wirksame Pflichten, deren Einhaltung aufsichtsrechtlich durchgesetzt werden kann. Ist mit der Nichterfüllung dieser Pflichten ein Schaden für den Berechtigten verbunden, weil sein Teilhabebedarf nicht zeitnah, sachgerecht und in optimaler Form befriedigt wurde, kann daraus ein Amtshaftungsanspruch oder Herstellungsanspruch erwachsen. (anders von der *Heide* in Kossens/von der Heide/Maß SGB IX-Kommentar Rn 5 zu § 19).

Ein Anspruch auf Kostenerstattung bei Selbstbeschaffung (§ 15 Abs. 1 Satz 4) kann entstehen, wenn das Fehlen geeigneter Dienste und Einrichtungen die Folge von Unterlassungen bei der Durchführung des Sicherstellungsauftrages ist (Systemversagen). Auch für andere Systembeteiligte können Schäden durch die nicht sachgerechte Umsetzung dieser Vorschrift entstehen, wenn zB geeignete Einrichtungen nicht in genügender Zahl vorhanden sind und dadurch längere Wartezeiten bis zum Beginn der Leistung bewirkt werden, für die ein Sozialleistungsträger länger als notwendig unterhaltssichernde Leistungen erbringen muss.

6 **Rehabilitationseinrichtungen** sind alle ambulanten, teilstationären und stationären Einrichtungen der medizinischen und der medizinisch-beruflichen Rehabilitation (§ 38 Satz 2), die Einrichtungen zur beruflichen Rehabilitation wie Berufsförderungswerke, Berufsbildungswerke und Werkstätten für behinderte Menschen (§ 35) sowie Einrichtungen zur Ausführung von Leistungen zur Teilhabe am Leben in der Gemeinschaft, insbesondere ambulant betreute stationäre Wohngruppen zum selbstbestimmten Leben (§§ 55 Abs. 2 Nr. 6).

Als **Rehabilitationsdienste** werden die Träger nichtstationärer Rehabilitations- und Teilhableistungen bezeichnet, insbesondere ambulante soziale Hilfsdienste, Sozialstationen, mobile Rehabilitationsdienste, Frühförderstellen etc (vgl. § 17 Rn 8). Die Ausführung ambulanter Rehabilitationsleistungen durch mobile Rehabilitationsdienste hatte danach bereits eine gesetzliche Grundlage, bevor diese Leistungsform durch das Gesundheitsreformgesetz 2007 in § 40 Abs. 1 SGB V aufgenommen wurde.

Der Sicherstellungsauftrag ist qualitativer wie quantitativer Natur. Die Träger haben zu gewährleisten, dass die fachlich erforderlichen Dienste und Einrichtungen in **ausreichender Zahl und Qualität zur Verfügung** stehen. Der Gesetzgeber gibt kein Verfahren vor, wie die Rehabilitationsträger den qualitativen und quantitativen Bedarf festzustellen haben. Es ist Aufgabe der Selbstverwaltung der beteiligten Sozialversicherungsträger bzw. der Ausübung des Verwaltungsermessens der übrigen beteiligten Sozialleistungsträger, gemeinsam geeignete Verfahren zu entwickeln und zu gestalten. International sind Patientenklassifikationsverfahren bekannt, die methodisch geeignet sind, auf der Grundlage des erhobenen individuellen Bedarfs auch Daten für die Infrastrukturplanung bereit zu stellen, indem die aggregierten Leistungsdaten in Bezug zu demographischen und epidemiologischen Erkenntnissen gesetzt werden. Auf dieser Grundlage können entsprechende Verfahren für die deutsche Anwendung entwickelt werden (vgl. *Fuchs* et. al, Arbeit und Sozialpolitik, 3/4, 2002, S. 22 ff). National bestehen für die Krankenhausplanung in den Ländern Verfahren zur Feststellung des quantitativen Bedarfs, die jedoch für die Feststellung des qualitativen und quantitativen Bedarfs an Rehabilitations- und Teilhabeeinrichtungen nicht geeignet sind (BSGE 89, S. 294 (299/300). Im Bereich der 23 überörtlichen Sozialhilfeträger sind für den großen Leistungsbereich des ambulant oder stationär betreuten Wohnens behinderter Menschen Bedarfsfeststellungsverfahren wie HBMV (sog. „Metzler-Verfahren“) oder – im Bereich der psychisch Kranken/seelisch Behinderten – das IBRP-Verfahren (Integrierter Behandlungs- und Rehabilitationsplan) eingeführt worden, mit denen auch die Kalkulation der zu vereinbarenden Leistungspreise nach Gruppen mit vergleichbarem Bedarf (§ 76 Abs. 2 Satz 3 SGB XII) ermöglicht wird. Allerdings ist hier keine bundeseinheitliche Praxis feststellbar, sondern je nach jeweiligem. Landesrahmenvertrag (§ 79 SGB XII) und Umsetzungspraxis der überörtlichen Sozialhilfeträger im Benehmen mit den Leistungserbringerverbänden kommen unterschiedliche Verfahren zur Anwendung, so dass auch keine einheitlichen, für Strukturplanungen nutzbaren Daten generiert werden können. 7

Mit Blick auf das SGB IX reichen auch die – inhaltlich teilweise überholten – bisherigen Grundlagen der Rehabilitationsträger, wie die „Gemeinsame Rahmenempfehlungen zur ambulanten Rehabilitation“ idF vom 1. 4. 2001 der BAR oder die „Gemeinsame Erklärung der Spitzenverbände der Krankenkassen und der Rentenversicherungsträger über eine Zusammenarbeit beim bedarfsgerechten Ausbau der ambulanten medizinischen Rehabilitation“ vom 18. 5. 2000 als Basis für die Durchführung des gemeinsamen Sicherstellungsauftrages nicht mehr aus.

Nach der Rechtsprechung des BSG haben die Krankenkassen nicht die Aufgabe und das Recht, Obergrenzen bei der flächendeckenden Versorgung 8 mit Einrichtungen festzulegen (BSGE 89, S. 294 (302). Der in dieser Vorschrift verankerte Sicherstellungsauftrag für die Entwicklung der erforderlichen Versorgungsstrukturen darf nicht mit einer Bedarfszulassung im Sinne der Rechtssprechung des BSG verwechselt werden, die einen rechtfertigungsbedürftigen Eingriff in die grundrechtlich nach Art. 12 GG geschützte Berufausübungsfreiheit darstellt. Das Recht der Rehabilitation kennt keine Bedarfszulassung in diesem Sinne. Der Sicherstellungsauftrag verpflichtet lediglich zur Gewährleistung der Voraussetzungen für die Ausführung der Rehabilitations- und Teilhabeleistungen (Mindestausstattung).

9 Zur Durchsetzung ihrer Strukturverantwortung stehen den Rehabilitationsträgern der Abschluss und die Versagung von Versorgungsverträgen nach § 21 (aber auch nach den für sie geltenden Leistungsgesetzen, insbesondere §§ 75ff SGB XII sowie §§ 111, 111a und b SGB V, 15 Abs. 2 Satz 1 SGB VI), die Ausübung ihres Auswahlermessens bei der Ausführung der Leistungen nach § 17 Abs. 1 Nr. 3 iVm Abs. 4 dieser Vorschrift sowie die unmittelbare Förderung von Rehabilitationsdiensten und -einrichtungen (§ 19 Abs. 5) zur Verfügung. Sie haben damit nicht nur einen Koordinations-, sondern auch einen unmittelbaren Gestaltungsauftrag und sind dafür mit wirksamen Instrumenten zur Durchsetzung ausgestattet.

10 Die zur Bedarfsdeckung erforderlichen Dienste und Einrichtungen müssen regional zur Verfügung stehen. Der Sicherstellungsauftrag ist – wie sich aus der Beteiligung von und Bund und Ländern ergibt – nicht nur bundesweiter, sondern insbesondere regionaler Natur. Nach der Begründung soll dabei auch die Einbringung kommunalen Sachverstandes gesichert werden (BT-Drucks. 49/01 S. 308). Danach sind unter Berücksichtigung von § 95 Abs. 1 SGB X örtliche (regionale) und überörtliche (bundesweite) Infrastrukturpläne über die erforderlichen Angebotsstrukturen zu entwickeln. Die Regelung korrespondiert mit der ebenfalls regional orientierten Strukturverantwortung für die Krankenhausplanung nach den Landeskrankenhausgesetzen) bzw. die Pflegeversorgung (Verantwortung der Länder nach § 8 Abs. 2 SGB XI) und der Versorgung behinderter Menschen mit Leistungen der Eingliederungshilfe (Sozialhilfeträger). Mit dem regionalen Sicherstellungsauftrag für die Rehabilitations- und Teilhabestrukturen ist eine leistungs- und systemübergreifende Koordination und Kooperation aller Elemente der gesundheitlichen und sozialen Versorgung auf regionaler Ebene problemfrei möglich.

Wird die Wahrnehmung des Sicherstellungsauftrages nicht regional organisiert, mangelt es auch an der Plattform für die Beteiligung der Behinderten- und Selbsthilfeorganisationen nach Satz 3.

Als administrativen Rahmen für die Durchführung des Sicherstellungsauftrages – insbesondere auf regionaler Ebene – sieht § 12 Abs. 2 die Bildung regionaler Arbeitsgemeinschaften der Rehabilitationsträger und ihrer Verbände vor.

11 Die Rehabilitationsträger haben bei der Durchführung des Sicherstellungsauftrages darauf zu achten, dass für eine ausreichende Zahl der Rehabilitationsdienste und -einrichtungen Zugangs und Kommunikationsbarrieren nicht bestehen **(Satz 2).** Die Rehabilitationsträger haben bereits nach § 17 Abs. 1 Nr. 4 SGB I darauf hinzuwirken, dass ihre Sozialleistungen in barriere-

freien Räumen und Anlagen ausgeführt werden. Nach § 19 Abs. 1 Satz 2 haben sie dafür den Bedarf zu ermitteln und – nicht etwa in allen Einrichtungen, sondern nur in ausreichender Zahl – durch die Vereinbarung entsprechender Struktur- und Prozessanforderungen in den Verträgen mit den Leistungserbringern nach § 21 Abs. 1 Nr. 1 (Qualitätsanforderungen für die Ausführung der Leistungen) die entsprechenden Rahmenbedingungen zu gewährleisten.

Für die Definition der Barrierefreiheit ist § 4 BBG heranzuziehen. Der 12 Begriff der Zugangs- und Barrierefreiheit erfasst jeden Umstand, der behinderten Menschen den Zugang zu oder die Kommunikation mit Diensten und Einrichtungen erschwert. Zu den an die Herstellung von Barrierefreiheit im Einzelnen zu stellenden Anforderungen vgl. §§ 7 bis 11 BBG. Danach sind alle Maßnahmen und Hilfen zur Beseitigung von Zugangsbarrieren für mobilitätseingeschränkte Personen sowie die Verwendung von Kommunikationshilfsmitteln für sehbehinderte, hörbehinderte und sprachbehinderte Menschen (zB Einsatz von Gebärdendolmetschern) zu ergreifen. Nach § 17 Abs. 2 Satz 2 SGB I sind die für die Verwendung der Gebärdensprache und andere Kommunikationshilfen während der Ausführung von Sozialleistungen entstehenden Kosten von dem für die Sozialleistung zuständigen Leistungsträger zu tragen. Die Kosten der übrigen Aufwendungen für die Herstellung von Barrierefreiheit sind Aufwendungen, die bei dem mit der Ausführung der Leistung beauftragten Leistungserbringer – im Rahmen von Pflegesatz- bzw. Vergütungsverhandlungen – nach § 91 Abs. 2 SGB X zu berücksichtigen sind.

Die Rehabilitationsträger haben die **Bundesregierung und die Landesre-** 13 **gierung zu beteiligen (Satz 3).** Die Kommunen sind einerseits über die Sozial- und Jugendhilfeträger beteiligt. Andererseits sollen die Länder dafür Sorge tragen, dass Aktivitäten und Bedarfslagen der kommunalen Ebene in den Prozess einfließen (BT-Drucks. 14/5074 S. 104). Die Regelung erfordert kein Einvernehmen mit den zu Beteiligenden. Die Beteiligung der Regierungen des Bundes und der Länder an der Bedarfsfeststellung und Infrastrukturplanung ermöglicht und erleichtert diesen, bei Bedarf und unter Berücksichtigung ihrer haushaltsrechtlichen Möglichkeiten – vorrangig vor der in Absatz 5 vorgesehenen Förderung der rehabilitationsträger – öffentliche Mittel zur Versorgungsstrukturentwicklung und -sicherung einzusetzen.

Darüber hinaus sind die Verbände behinderter Menschen einschließlich 14 der Verbände der feien Wohlfahrtspflege, der Selbsthilfegruppen und der Interessenvertretungen behinderter Frauen sowie die für die Wahrnehmung der Interessen der ambulanten und stationären Rehabilitationseinrichtungen auf Bundesebene maßgeblichen Spitzenverbände zu beteiligen. Damit soll gewährleistet werden, dass sowohl die Betroffenenverbände die Erfahrungen ihrer Mitglieder als Experten in eigener Sache wie auch die Spitzenverbände der Leistungserbringer ihre Kompetenz und ihre Erfahrungen bei der Entwicklung, Organisation und Ausführung der Leistungen in die Versorgungsstrukturentwicklung, insbesondere in die Feststellung des qualitativen Bedarfs einbringen können.

5. Nach **Absatz 2** sind die Teilhabeleistungen unter Berücksichtigung der 15 persönlichen Umstände in ambulanter, teilstationärer oder betrieblicher Form und gegebenenfalls unter Einbeziehung familienentlastender und -unterstützender Dienste auszuführen. Dieser Vorrang erfasst alle Leistungsformen, die keine mehrtätige Unterbringung und Verpflegung in Einrichtungen unter fachlicher Leitung beinhalten (stationäre Leistungen, vgl. § 15 Abs. 2 SGB VI). Die betrieblichen Ausführungsformen wurden erst während des Gesetzgebungsverfahrens aufgenommen (BT-Drucks. 14/5786 S. 24) und sollen vor allem bei Leistungen zur Teilhabe am Arbeitsleben vorrangig eingesetzt werden (BT-Drucks. 14/5800 S. 31).

16 Im Gegensatz zur Ausprägung des **Grundsatzes „ambulant vor stationär“** im Bereich der Krankenversorgung (§ 39 Abs. 1 Satz 2 SGB V) ist der Vorrang in dieser Regelung nicht strikt ausgeprägt (BT-Drucks. 14/5074 S. 104), sondern abhängig von der Prüfung des Einzelfalls sowie der vergleichbaren Wirksamkeit der Leistungsarten.

Ein vergleichbarer „bedingter Vorrang“ findet sich auch in dem für die Teilhabe am Leben in der Gemeinschaft besonders bedeutsamen Sozialhilferecht, in dem die Ausübung des Wunsch- und Wahlrechts (§ 9 SGB XII) im Hinblick auf eine ambulante Leistungsform allerdings dahingehend eingeschränkt ist, dass bei unverhältnismäßigen Mehrkosten der ambulanten Leistung und der Zumutbarkeit der stationären Maßnahme diese zu wählen ist (§ 13 SGB XII).

Unabhängig von der Frage der Wirtschaftlichkeit ist es nach der Gesetzesbegründung vor allem Ziel der Regelung, insbesondere Frauen den Zugang zu Teilhabeleistungen zu eröffnen (BT-Drucks. 14/5074 S. 104). Die Regelung ist deshalb auch bei der Planung der Versorgungsstrukturen nach Absatz 1 zu beachten. Bei der Prüfung des Einzelfalles ist der funktionsbezogene Leistungsbedarf (§ 10) mit den objektiven Umständen des Einzelfalles (§ 33 Satz 1 SGB I, das sind zT auch die in § 9 Abs. 1 Satz 2 aufgelisteten Kriterien) sowie den subjektiven Präferenzen des Berechtigten (Wunsch- und Wahlrecht) abzuwägen.

17 Kommen danach Leistungen in ambulanter, teilstationärer oder betrieblicher Form in Betracht, dürfen sie jedoch nur dann in dieser Form ausgeführt werden, wenn die mit der Leistung angestrebten Rehabilitationsziele – im Verhältnis zu stationären Leistungen – mit **vergleichbarer Wirksamkeit** erreichbar sind. Liegen gesicherte (wissenschaftlich evidenz-basiert oder auch als langjährige Erfahrungswerte) Erkenntnisse darüber vor, dass bei bestimmten Zielgruppen oder Ausprägungen einer Teilhabestörung oder auch bei einer bestimmten qualitativen Ausstattung der nichtstationären Einrichtungen die Ziele der Rehabilitation nicht mit vergleichbarer Wirksamkeit (dh auch in vergleichbarer Zeit oder auch Nachhaltigkeit) erreicht werden können, begründet diese Regelung keinen Vorrang der nichtstationären Leistungen. Allerdings gibt es in der entsprechend erforschten Rehabilitations-Leistungsrealität außer in Teilbereichen der medizinischen Rehabilitation nahezu keine belegten Leistungsbereiche, in denen eine stationäre Form der Leistungserbringung im o. g. Sinne zwingend ist, und insoweit den Vorrang ambulanter Erbringung durchbricht.

Die entgegenstehende Regelung des § 13 Abs. 1 Satz 3 SGB XII, wonach eine ambulante Hilfe nicht vorrangig sein soll, wenn eine stationäre Hilfe zumutbar ist und eine ambulante Hilfe mit unverhältnismäßigen Mehrkosten verbunden ist, bleibt unberührt.

Die Einbeziehung **familienentlastender und -unterstützender Dienste** zur Ermöglichung der Leistungen in nichtstationärer Form, unterstreicht sowohl leistungsrechtlich, aber auch hinsichtlich der Planung der Versorgungsstrukturen nach Abs. 1 nochmals die bereits in den §§ 1 Satz 2, 4, Abs. 3 und 9 Abs. 1 Satz 3 enthaltene Verpflichtung zur Ausführung einer integrativen, den besonderen Interessen und Bedingungen von Kindern und Eltern, aber auch dem verfassungsrechtlichen Rang der ungetrennten Familie nach Art. 6 Abs. 1 und 2 GG Rechnung tragenden Rehabilitations- und Teilhabeleistung. Die mit der Einbeziehung notwendiger familienentlastender und -unterstützender Dienste verbundenen Kosten sind Bestandteil der Teilhabeleistung. 18

Die in § 44 Abs. 1 Nr. 6 bei Leistungen zur medizinischen Rehabilitation und bei Leistungen am Arbeitsleben sowie in § 55 Abs. 1 bei Leistungen zur Teilhabe am Leben in der Gemeinschaft geregelten Leistungen zur Einbeziehung familienentlastender und -unterstützender Dienste sollen insbesondere Frauen den Zugang zu den Rehabilitations- und Teilhabeleistungen in nichtstationärer Form eröffnen.

6. Absatz 3 wiederholt für die Ausführung der Leistungen und die Entwicklung geeigneter Versorgungsstrukturen den bereits im Leistungsrecht (§ 4 Abs. 3) verankerten Grundsatz des **Vorranges des integrativen Ansatzes** bei allen Teilhabeleistungen für Kinder (§ 35 a Abs. 4 Satz 2 SGB VIII). Diese Regelung bindet die Ermessensentscheidungen der Rehabilitationsträger bei der Wahl der Art der Leistungsausführung nach § 17 Abs. 1, wie auch bei der Auswahl der Einrichtung mit der am besten geeigneten Leistungsform nach Absatz 4. 19

Im Rahmen der Versorgungsstrukturentwicklung nach Absatz 1 bindet dieser Grundsatz die Rehabilitationsträger im Rahmen ihrer Planung und Koordination.

Das Nichtvorhandensein eines integrativen Leistungsangebots für Kinder kann einen Selbstbeschaffungs- und Erstattungsanspruch nach § 15 Abs. 1 Satz 4 auslösen.

7. Absatz 4 Satz 1 bindet das mit der **Auswahl von Rehabilitationsdiensten und -einrichtungen** nach § 17 Abs. 1 Nr. 3 eingeräumte Auswahlermessen der Rehabilitationsträger an Merkmale der Leistungsfähigkeit der Einrichtungen, die Art der Trägerschaft sowie an die Ziele des SGB IX. Führen die Rehabilitationsträger die Leistungen nicht selbst oder gemeinsam mit oder durch andere(n) Leistungserbringer(n) (§ 17 Abs. 1 Nr. 1 und 2) aus, sondern nehmen sie stattdessen Rehabilitationsdienste oder -einrichtungen freier und gemeinnütziger oder privater Träger in Anspruch, so müssen diese bereits nach § 17 Abs. 1 Nr. 3 **geeignet** (vgl. § 17 Rn 8) sein. 20

Das von den Trägern pflichtgemäß auszuübende Auswahlermessen ist daran gebunden, dass die vom Träger gewählte Einrichtung „die Leistung in der am besten geeigneten Form" auszuführen vermag. Dazu ist im Einzelfall primär zu prüfen, ob die Struktur- und Prozessqualität voraussichtlich geeignet ist, die sich aus dem beim Berechtigten festgestellten individuellen funktionsbezogenen Leistungsbedarf (§ 10) ergebenden Rehabilitationsziele zu erreichen (§ 4 Abs. 2 Satz 1). Neben der Orientierung an den Rehabilitationszielen nach §§ 1, 4 Abs. 1 kommen als weitere Kriterien der Integra- 21 tionsvorrang nach §§ 4 Abs. 3 iVm 19 Abs. 3, die individuellen Verhältnisse des Berechtigten (§ 33 Abs. 1 SGB I), die Wünsche des Berechtigten (§ 9 Abs. 1), die Wirksamkeit und Wirtschaftlichkeit (§ 10 Abs. 1 Satz 2 und 3, 19 Abs. 4 Satz 2, 35 Abs. 2 Nr. 4), die geforderte Qualität (§§ 20 Abs. 1, 21 Abs. 1 Nr. 1) sowie der Vorrang der ambulanten Leistungen (§ 19 Abs. 2) in Betracht.

22 Bei der Auswahl zwischen mehreren geeigneten Einrichtungen kann der „günstigste Preis" (BSGE 89, 294, 303) für die Feststellung der „am besten geeignetesten Leistungsform" iSd § 19 Abs. 4 SGB IX nur dann ausschlaggebend sein, wenn alle anderen Auswahlkriterien (Struktur- und Prozessqualität zur Erreichbarkeit der Rehabilitationsziele, Aspekte des Wunschrechts – s. oben und § 10 Rn 20 –) wirklich gleich sind und eine Abgrenzung nur an Hand des Preises möglich ist. Ein ausschließliches Abstellen des Auswahlermessens auf den Preis ist danach nicht zulässig."

Erst wenn unter Berücksichtigung dieser Eignungskriterien zwei oder mehr Einrichtungen in gleicher Weise geeignet erscheinen, ist „grundsätzlich diejenige mit der Durchführung der Maßnahmen zu beauftragen, die die günstigsten Vergütungssätze anbietet. Das (…) Gebot der Gleichbehandlung kommt erst dann zur Geltung, wenn nicht nur die Leistungsangebote vergleichbar sind, sondern auch die zu vereinbarenden Vergütungssätze keine nennenswerten Unterschiede aufweisen" (BSG v. 23. 7. 02 B 3 KR 63/01 R).

Die Rehabilitationsträger haben dazu Grundsätze und Richtlinien aufgestellt, diese jedoch bisher nicht an die Anforderungen des SGB IX angepasst:

- Gemeinsame Rahmenempfehlung (der Krankenversicherung) für ambulante und stationäre Vorsorge- und Rehabilitationsleistungen auf der Grundlage des § 111 b SGB V
- Rahmenkonzept zur medizinischen Rehabilitation in der gesetzlichen Rentenversicherung idF vom 8. 2. 1996
- verschiedene – z.T. auch indikationsspezifischen – Rahmenempfehlungen der BAR –, die allerdings insbesondere im Bereich der Krankenversicherung von vielen Krankenkassen nicht als verbindliche Grundlage für die Ausübung des Auswahlermessens angewandt werden.

Die Sozialhilfeträger sind bei der Leistungserbringung durch beauftragte Dritte gehalten, mit diesen Leistungserbringern eine Leistungs-, Vergütungs- und Prüfungsvereinbarung abzuschließen, und nur solche Vertragspartner mit der Leistungserbringung zu beauftragen (§§ 75 ff. SGB XII). In den Vereinbarungen sind alle o.g. Vorgaben des SGB IX als vorrangiges Recht iSd § 7 SGB IX zu berücksichtigen, da der Sicherstellungsauftrag des § 19 Abs. 1 SGB IX einschließlich der Beteiligungsrechte der Leistungserbringer- und Betroffenenorganisationen in § 75 SGB XII keine Entsprechung findet. § 75 Abs. 2 SGB XII bindet allerdings die Sozialhilfeträger bei der Durchführung des Sicherstellungsauftrages, wobei Satz 1 und 2 mit § 17 Abs. 1 Satz 1 Nr. 3 SGB IX, Satz 3 mit § 19 Abs. 4 SGB IX korrespondieren, und im Verhältnis dazu jeweils spezifisches, also vorgehendes Recht beinhalten. § 75 Abs. 3 und 4 SGB XII wiederum korrespondieren mit § 21 Abs. 1 SGB IX, wobei dessen über § 75 Abs. 3 SGB XII hinausgehenden Anforderungen an die Inhalte der Vereinbarungen nicht mit abweichenden Bestimmungen des SGB XII kollidieren, und insoweit ebenfalls zu beachten sind.

Bei der Ausübung des Auswahlermessens sollen die Dienste und Einrichtungen freier oder gemeinnütziger Träger entsprechend ihrer Bedeutung für die Rehabilitation und Teilhabe sowie die Trägervielfalt berücksichtigt werden (§ 17 Abs. 3 Satz 1 SGB I. Die Rehabilitationsträger sind verpflichtet, ihrer Entscheidung zunächst die genannten sachlichen und gesetzlich vorgegebenen Kriterien zu Grunde zu legen. Die Berücksichtigung der Träger nach Bedeutung und Vielfalt verpflichtet nur dazu, alle geeigneten Träger diskriminierungsfrei in die Auswahlentscheidung einzubeziehen, zumal die Vielfalt der Träger aus sozialrechtlicher Sicht eine dienende Funktion zur Erfüllung der Ziele des Gesetzes hat (§ 97 Abs. 1 SGB X). 23

Bei der Beachtung von Selbständigkeit, Selbstverständnis und Unabhängigkeit handelt es sich um erst während des Gesetzgebungsverfahrens eingefügte (BT-Drucks. 14/5786 S. 24) Hilfskriterien für die Ermessensausübung, die bei gleicher Eignung der Dienste und Einrichtungen zu beachten sind und gewährleisten sollen, dass sich die Anforderungen der Rehabilitationsträger an die Leistungserbringer ausschließlich an der Verwirklichung der Ziele des SGB IX ausrichten.

Absatz 4 Satz 2 verpflichtet die Rehabiliationsträger dazu, die Leistungen nach den Grundsätzen der Wirtschaftlichkeit und Sparsamkeit, insbesondere zu **angemessenen Vergütungssätzen** auszuführen (§ 35 Abs 1 Satz 2 Nr 4). Bei der Vereinbarung der angemessenen Vergütung ist ein leistungsbezogenes Vergütungssystem anzustreben (BT-Drucks. 14/5074, S. 105). 24

8. Absatz 5 begründet keinen Rechtsanspruch auf **Förderung von Rehabilitationsdiensten und -einrichtungen,** sondern nur einen Anspruch auf ermessensfehlerfreie Entscheidung über ein Förderbegehren im Rahmen der für die Rehabilitationsträger jeweils geltenden Leistungsgesetze (§§ 248 SGB III, 31 SGB VI, 74 SGB VIII, 5 Abs. 5 SGB XII). Bei diesen Entscheidungen sind der Gleichheitssatz (Art. 3 Abs. 1 GG) und die Selbständigkeit der Dienste bzw. Einrichtungen zu beachten (§ 17 Abs. 3 Satz 2 SGB I). Diese Regelung ist als ein Instrument der Rehabilitationsträger bei der Ausführung des ihnen nach Abs. 1 übertragenen Sicherstellungsauftrages zur Gewährleistung der erforderlichen Versorgungsstrukturen anzusehen. Ein weiteres Instrument sind die in § 21 geregelten Verträge mit den Leistungserbringern. 25

Enthält das für einen Rehabilitationsträger geltende Leistungsrecht – zB das SGB V – kein spezifisches Förderrecht, kann eine Förderung gleichwohl nach dem allgemeinen Haushaltsrecht für die Sozialversicherungsträger zulässig sein. So gestattet zB § 83 Abs. 1 Nr. 7 SGB IV im Rahmen der Anlage des Rücklagevermögens ausdrücklich die Beteiligung an gemeinnützigen Einrichtungen bzw. die Vergabe von Darlehen für gemeinnützige Zwecke, soweit die Zweckbestimmung der Mittelhingabe vorwiegend den Aufgaben des Versicherungsträgers dient. Die Förderung kann institutionell oder als Projektförderung erfolgen. 26

Voraussetzung für die Förderung ist ihre Zweckmäßigkeit und, dass die Arbeit der Dienste oder Einrichtungen nicht auf andere Weise sichergestellt werden kann. Die Zweckmäßigkeit ist begründet, wenn der nach Absatz 1 festgestellte Bedarf an Versorgungsstrukturen für Teilhabeleistungen auf andere Weise nicht zu decken ist. Die Förderung ist danach grundsätzlich 27 möglich, um Infrastrukturen zu schaffen (zB in nicht ausreichend versorgten Gebieten oder zur Entwicklung von Angeboten für bestimmte Zielgruppen oder einer bestimmten Art – zB ambulant) oder um qualitativ und bedarfsgerecht vorhandene Angebote zu erhalten (die zB unter bestimmten fiskalischen Rahmenbedingungen ohne Förderung existentiell gefährdet wären).

Die Förderung durch Rehabilitationsträger ist absolut nachrangig zum Einsatz vorhandener Eigenmittel, der Beschaffung von Fremdkapital, zur Förderung durch Länder und Kommunen sowie zur Verbesserung der finanziellen Rahmenbedingungen durch Erhöhung der Qualität, Ausschöpfung von Rationalisierungsreserven oder anderen Möglichkeiten zur Verbesserung der Wirtschaftlichkeit.

28 **9.** Nach **Absatz 6** sollen Rehabilitationsdienste und -einrichtungen mit gleicher Aufgabenstellung **Arbeitsgemeinschaften** bilden. Im Gegensatz zu den in § 12 Abs. 2 enthaltenen Arbeitsgemeinschaften der Rehabilitationsträger und ihrer Verbände handelt es sich bei den Arbeitsgemeinschaften der Leistungserbringer um Organisationsformen des privaten Rechts. Damit soll insbesondere bei der Planung nach § 19 Abs. 1 und der Qualitätssicherung und -entwicklung nach § 20 die Koordination und Kooperation erleichtert werden (BT-Drucks. 14/5074 S. 104). Die Spitzenverbände der Träger von stationären Einrichtungen der medizinischen Rehabilitation haben 2008 eine solche Arbeitsgemeinschaft gebildet.

§ 20 Qualitätssicherung

(1) [1]**Die Rehabilitationsträger nach § 6 Abs. 1 Nr. 1 bis 5 vereinbaren gemeinsame Empfehlungen zur Sicherung und Weiterentwicklung der Qualität der Leistungen, insbesondere zur barrierefreien Leistungserbringung, sowie für die Durchführung vergleichender Qualitätsanalysen als Grundlage für ein effektives Qualitätsmanagement der Leistungserbringer.** [2]**§ 13 Abs. 4 ist entsprechend anzuwenden.** [3]**Die Rehabilitationsträger nach § 6 Abs. 1 Nr. 6 und 7 können den Empfehlungen beitreten.**

(2) [1]**Die Erbringer von Leistungen stellen ein Qualitätsmanagement sicher, das durch zielgerichtete und systematische Verfahren und Maßnahmen die Qualität der Versorgung gewährleistet und kontinuierlich verbessert.** [2]**Stationäre Rehabilitationseinrichtungen haben sich an dem Zertifizierungsverfahren nach Abs. 2 a zu beteiligen.**

(2 a) [1]**Die Spitzenverbände der Rehabilitationsträger nach § 6 Abs. 1 Nr. 1 und 3 bis 5 vereinbaren im Rahmen der BAR grundsätzliche Anforderungen an ein einrichtungsinternes Qualitätsmanagement nach Absatz 2 Satz 1 sowie ein einheitliches, unabhängiges Zertifizierungsverfahren, mit dem die erfolgreiche Umsetzung des Qualitätsmanagements in regelmäßigen Abständen nachgewiesen wird.** [2]**Den für die Wahrnehmung der Interessen der stationären Rehabilitationseinrichtung auf Bundesebene maßgeblichen Spitzenverbänden sowie den Verbänden der behinderten Menschen einschließlich der Verbände der Freien Wohl-**

fahrtspflege, der Selbsthilfegruppen und der Interessenvertretungen behinderter Frauen ist Gelegenheit zur Stellungnahme zu geben.

(3) **[1]Die Bundesarbeitsgemeinschaft für Rehabilitation bereitet die Empfehlungen nach Absatz 1 vor. [2]Sie beteiligt die Verbände behinderter Menschen einschließlich der Verbände der Freien Wohlfahrtspflege, der Selbsthilfegruppen und der Interessenvertretungen behinderter Frauen sowie die nach § 19 Abs. 6 gebildeten Arbeitsgemeinschaften und die für die Wahrnehmung der Interessen der ambulanten und stationären Rehabilitationseinrichtungen auf Bundesebene maßgeblichen Spitzenverbände. [3]Deren Anliegen wird bei der Ausgestaltung der Empfehlungen nach Möglichkeit Rechnung getragen.**

(4) **§ 13 Abs. 3 ist entsprechend anzuwenden für Vereinbarungen auf Grund gesetzlicher Vorschriften für die Rehabilitationsträger.**

1. Sozialpolitischer Hintergrund. Während nach § 135a Abs. 1 Satz 1 SGB V die Leistungserbringer zur Sicherung und Weiterentwicklung der Qualität ihrer Leistung verpflichtet sind, ordnet das SGB IX den Rehabilitationsträgern in § 17 Abs. 1 die Verantwortung für die Ausführung und damit auch die für die Qualität der Rehabilitations- und Teilhabeleistungen zu (so auch die in § 3 Abs. 2 Satz 1der gemeinsamen Empfehlung „Qualitätssicherung" enthaltene Selbstverpflichtung der Rehabilitationsträger). Im Rahmen dieser Verantwortung tragen sie nach dieser Vorschrift auch die Verantwortung für die Sicherung und Weiterentwicklung der Qualität, haben die Rahmenbedingungen für das Qualitätsmanagement und die Qualitätssicherung zu gestalten sowie letztere durchzuführen. 1

2. Entstehung der Norm. Die Vorschrift wurde durch Art. 1 SGB IX ab 1. 7. 2001 unter Änderung des RegE (BT-Drucks. 14/5531 iVm 14/5074) eingeführt. Der AuS-Ausschuss hat in Abs. 1 Satz 1 die Worte „insbesondere zur barrierefreien Leistungserbringung" eingefügt (BT-Drucks. 14/5800 S. 31). In Abs. 2 wurden die Worte „führen einrichtungsintern ein Qualitätsmanagement ein … und entwickeln dieses weiter" durch „stellen ein Qualitätsmanagement sicher" ersetzt und in Abs. 3 der Halbsatzes „und die für die Wahrnehmung der Interessen der ambulanten und stationären Rehabilitationsträger auf Bundesebene maßgeblichen Spitzenverbände" aufgenommen. 2

3. Normzweck. Die Rehabilitationsträger haben nach **Abs. 1** die Qualität der Leistungen durch gemeinsame Empfehlungen, sowie vergleichende Qualitätsanalysen zu gewährleisten. Nach **Abs. 2** haben die Leistungserbringer die Qualität der Versorgung durch ein Qualitätsmanagement zu gewährleisten und kontinuierlich zu verbessern und sich an dem Verfahren nach Abs. 2a zu beteiligen. **Abs. 2a** sieht im Rahmen der BAR eine gemeinsame Empfehlung zu den Anforderungen an das einrichtungsinterne Qualitätsmanagement sowie ein Zertifizierungsverfahren dazu vor. Nach **Abs. 3** sind die Empfehlungen nach Abs. 1 durch die BAR vorzubereiten. **Abs. 4** beinhaltet zur Herstellung von Einvernehmen die entsprechende Anwendung des § 13 Abs. 3. 3

4. Gemeinsame Empfehlungen zur Qualitätssicherung. Absatz 1 verpflichtet die Rehabilitationsträger – mit Ausnahme der Träger der Sozial- 4 und Jugendhilfe, die nach Satz 3 beitreten können, jedoch nicht müssen –, zur Sicherung und Weiterentwicklung der Qualität der Rehabilitationsleistungen, insbesondere zur barrierefreien Leistungserbringung gemeinsame Empfehlungen zu vereinbaren. Diese Empfehlungen sind solche iSd § 13, sodass § 13 Abs. 4 entsprechend anzuwenden ist, wonach sich die Rehabilitationsträger bei der Vereinbarung durch ihre Spitzenverbände vertreten lassen können.

Die Pflicht zur Vereinbarung solcher Empfehlungen erstreckt sich auf alle Leistungsgruppen iSd § 5 und nicht etwa nur auf die Leistungen der medizinischen Rehabilitation, für die aus der Vergangenheit die weitestgehenden Ansätze für die Qualitätssicherung vorliegen.

5 Unter Qualität wird allgemein die Gesamtheit der Merkmale oder Merkmalswerte von Produkten oder Dienstleistungen bezüglich ihrer Eignung verstanden, festgelegte und vorausgesetzte Erfordernisse zu erfüllen (DIN 55350 = ISO 8402). Die in § 4 Abs. 1 definierten Ziele sind in diesem Sinne als festgelegte und vorausgesetzte Erfordernisse, dh als die Maßstäbe zu verstehen, nach denen die Gesamtheit der Merkmale der auszuführen Leistungen bzw. der ausführenden Einrichtungen auszurichten und der Erfolg der Leistungen zu beurteilen ist (Ergebnisqualität).

Die im Rahmen der Qualitätssicherung der Teilhabeleistungen umzusetzenden, abzusichernden und weiterzuentwickelnden Anforderungen sind

- leistungsgruppenübergreifende inhaltliche Anforderungen, wie sie sich insbesondere aus §§ 1, 4 Abs. 1 ergeben,
- leistungsgruppenspezifische Anforderungen, wie sie sich insbesondere aus den §§ 26, 33 und 55 ergeben
- leistungsgruppenübergreifende- und spezifische Anforderungen, wie sie in den gemeinsamen Empfehlungen nach §§ 12 Abs. 1 Nr. 1 zu Gegenstand, Umfang und Ausführung der Leistungen oder nach § 13 Abs. 2 Nr. 2 dazu festgelegt werden, in welcher Weise Leistungen angeboten werden
- weitere Qualitätsmerkmale, die in gesetzlichen Regelungen (zB zur Barrierefreiheit in § 17 Abs. 1 SGB I bzw. §§ 4, 7 bis 11 BBG) vorgegeben oder in der gemeinsamen Empfehlung nach § 20 Abs. 1 festgelegt sind

(so teilw. auch Haines in LPK-SGB IX, § 20 Rn 6). Im Übrigen wird die Verpflichtung aus § 1 Satz 2, Leistungen zur Teilhabe auch für behinderte und von Behinderung bedrohte Frauen in der spezifisch gebotenen Qualität sicherzustellen, in der Begründung zum Regierungsentwurf ausdrücklich als leistungsgruppenübergreifende inhaltliche Anforderung der Qualitätssicherung genannt.

Die Qualitätssicherung zielt nicht nur auf die Qualität der einzelnen Leistung ab. Sie ist nach der Begründung des Regierungsentwurfs auch „unabdingbare Voraussetzung für die gemeinsame Bedarfsplanung (§ 19 Abs. 1), die Koordinierung der Leistungen und die Kooperation der Leistungsträger, insbesondere für ein trägerübergreifendes Rehabilitationsmanagement“ im Sinne der §§ 10, 11 (BR-Drucks. 49/01 S. 309). Die Bedeutung der Qualitätssicherung für die Durchführung des Sicherstellungsauftrages nach § 19 Abs. 1 unterstreicht der Sachverständigenrat für die Konzertierte Aktion im Gesundheitswesen, der die Rehabilitationsträger mit Blick auf die Auswirkungen der DRG-Einführung ausdrücklich aufruft, „beim Abschluss von

Versorgungsverträgen (§§ 111 SGB V, 15 Abs. 2 SGB VI, 21 SGB IX)“ mit an Akutkliniken angegliederten Rehabilitationseinrichtungen die rehabilitationsspezifischen Qualitätsmerkmale konsequent zu berücksichtigen (Gutachten 2002/2003, Kurzfassung, Tz 143). Dazu müssten die gemeinsamen Vereinbarungen zur Qualität baldmöglichst vollzogen werden (aaO, Tz 146). Es sei auch fraglich, ob eine Profil- bzw. Aufgabenänderung der Rehabilitationseinrichtungen hin zu akutstationären Aufgaben, wie sie vermutlich mit der Einführung von DRG im Krankenhaussektor einhergehen werde, mit Blick auf die Bedarfe chronisch Kranker mit den vom Gesetzgeber im SGB IX fixierten Aufgabenstellungen einer qualitätsgesicherten Rehabilitation vereinbar wäre. Eine partielle Verlagerung von akutstationären Routinen in die Rehabilitationskliniken sollte zwar nicht ausgeschlossen werden, sie dürfe aber nicht zu Lasten einer angemessenen rehabilitativen Versorgung gehen (Gutachten 2002/2003, Tz 609).

Die Rehabilitationsträger haben im Rahmen der BAR am 27. 3. 2003 die „Gemeinsame Empfehlung“ „Qualitätssicherung“ beschlossen und am 1. 7. 2003 in Kraft gesetzt. Sie soll dazu beitragen, das gemeinsame Anliegen umzusetzen, qualifizierte Leistungen zur Teilhabe bedarfsgerecht, zielgerichtet und an den Bedürfnissen der leistungsberechtigten behinderten und von Behinderung bedrohten Menschen auszurichten und in geeigneter Weise sicherzustellen. 6

Nach dem Grundsatz, dass man mit geeigneten Verfahren die Qualität einer Leistung nur dann wirksam sichern kann, wenn die mit den Leistungen anzustrebenden Ziele, die darauf ausgerichteten Merkmale der Leistungen und der daran anknüpfenden Qualitätsmerkmale als Maßstäbe und Grundlage der Qualitätssicherung definiert sind, hat die gemeinsame Empfehlung „Qualitätssicherung“ in wesentlichen Bereichen lediglich deklamatorische Bedeutung. 7

Sie knüpft weder an den vom Gesetzgeber vorgegebenen Rehabilitationszielen (§§ 1, 4 Abs. 1) an, noch legt sie zu Gegenstand, Umfang und Ausführung der Leistungen Qualitätsmaßstäbe fest. Wesentliche Grundlage der Qualitätssicherung müsste danach die in §§ 12 Abs. 1 Nr. 2 iVm 13 Abs. 1 geforderte gemeinsame Empfehlung zu den Leistungsinhalten und -konzepten (Rehabilitationsleitlinien) sein, für deren Vereinbarung es jedoch nicht einmal Ansätze gibt. § 4 Abs. 2 der gemeinsamen Empfehlung „Qualitätssicherung“ will Verfahren zur Operationalisierung des Qualitätsbegriffs entwickeln, für die bisher jedoch die wesentlichen Grundlagen fehlen und geht damit weitgehend ins Leere. Nach § 5 Abs. 4 und 5 sollen zwar Kriterienkataloge zur Ausstattung, zu Methoden und Verfahren sowie konzeptionellen Merkmalen der Einrichtungen sowie zu den Merkmalen der Prozessqualität entwickelt werden, die jedoch die gesetzliche Verpflichtung nach § 12 Abs. 1 Nr. 1 nicht ersetzen können. Im Übrigen sind vergleichbare Verpflichtungen im Rahmen des mit der Gesundheitsreform 2007 gestrichenen § 111 b SGB V (indikationsspezifische Anhänge zur gemeinsamen Rahmenempfehlung) von den Krankenkassen als Rehabilitationsträger bisher nicht umgesetzt worden.

Letztlich hat der Gesetzgeber mit der Bindung der Rehabilitationsleistungen an die Erreichbarkeit von individuellen Rehabilitationszielen (§ 4 Abs. 2 Satz 1 iVm §§ 1, 4 Abs. 1) klare Maßstäbe für die Beurteilung der Ergebnisqualität vorgegeben, die von der gemeinsamen Empfehlung nach § 20 weder aufgegriffen, noch zum Maßstab für die Beurteilung der Ergebnisqualität gemacht werden. Die gemeinsame Empfehlung entspricht insoweit nicht den Vorgaben des Gesetzgebers.

8 **5. Qualitätssicherungsprogramm der Rentenversicherungsträger.** Zur Sicherung der Qualität der Leistungen zur medizinischen Rehabilitation in allen Rehabilitationseinrichtungen der Rentenversicherungsträger sowie der federführend von ihnen belegten Rehabilitationseinrichtungen wird von den Rentenversicherungsträgern seit dem 1. 1. 94 in Gestalt eines „Fünf-Punkte-Programms für Qualitätssicherung in der stationären medizinischen Rehabilitation" systematisch ein Qualitätssicherungsprogramm durchgeführt (vgl. dazu im Einzelnen *Müller-Fahrnow/Spyra* in Bihr/Hekking et al Handbuch der Krankenhaus-Praxis S. 353 ff, 361 ff). Für den Bereich der Leistungen zur Teilhabe am Arbeitsleben besteht das „Rahmenkonzept Qualitätssicherung bei Leistungen zur Teilhabe am Arbeitsleben" (Hansmeyer/Raduschewski, DAngVers 2005, 371 ff).

9 **6. Qualitätssicherungsprogramm der Krankenversicherung (QS-GKV).** Auf der Grundlage entsprechender Vorarbeiten durch die Abteilung Qualitätsmanagement und Sozialmedizin am Universitätsklinikum Freiburg i Br und des Hochrheininstituts Bad Säckingen haben die Träger der Krankenversicherung das Programm „Qualitätssicherung durch die gesetzlichen Krankenkassen in der medizinischen Rehabilitation (QS-GKV)" eingeführt, das über das Verfahren der Rentenversicherung hinaus auch die Ergebnisqualität einbezieht.

10 Die Spitzenverbände der Krankenkassen und die für die Wahrnehmung der Interessen der Vorsorge- und Rehabilitationseinrichtungen maßgeblichen Spitzenorganisationen haben dazu die „Vereinbarung zu Qualitätssicherung" und Qualitätsmanagement in der stationären Vorsorge und Rehabilitation nach § 137 d Abs. 1 und 1 a SGB V abgeschlossen, die am 1. 4. 2004 in Kraft getreten ist.

11 **7. Qualitätssicherungsangebote der Leistungserbringerverbände.** Von der Deutschen Gesellschaft für Rehabilitation (DEGEMED) ist für den Bereich der medizinischen Rehabilitation ein eigenständiger Ansatz entwickelt worden. Wesentliche Elemente sind ein internes Qualitätsmanagement und ein Zertifizierungsverfahren (*Müller-Fahrnow/Spyra,* aaO S. 373 ff). Das System basiert auf der Philosophie des Qualitätssicherungsprogramms der Deutschen Rentenversicherung. Die Zertifizierung entspricht der Zertifizierung nach der ISO-DIN.

12 Das Institut für Qualitätsmanagement im Gesundheitswesen – IQMG, eine Gründung des Bundesverbandes Deutscher Privatkrankenanstalten (BDPK), bietet für das Qualitätsmanagement ein integriertes Verfahren (IQMP-Reha) an, das die Vorteile national (DIN-ISO) wie international (EFQM) anerkannter QM-Modelle mit den hohen inhaltlichen Qualitätsanforderungen der medizinischen Rehabilitation verbindet. Ausgangspunkt für das IQMP-Reha ist das EFQM-Modell für Excellence und dessen Version für den öffentlichen Dienst und soziale Einrichtungen aus dem Jahr 2000. Die inhaltliche Ausgestaltung des IQMP-Reha erfolgt durch die Übernahme rehabilitationsrelevanter Anforderungen aus folgenden Quellen:

- QM-Verfahren mit EFQM- bzw. DIN ISO-Fundierung, die bereits seit mehreren Jahren in Rehabilitationskliniken angewendet werden
- Veröffentlichte konzeptionelle Anforderungen der gesetzlichen Kranken- und Rentenversicherungsträger in Form ihrer jeweiligen QS-Programme unter Berücksichtigung der gesetzlichen Regelungen nach dem Fünften und Neunten Sozialgesetzbuch sowie der gemeinsamen Empfehlung nach § 20 SGB IX bzw. der Rahmenvereinbarung nach § 137d SGB V
- QM-Verfahren, die im gesamten Bereich der medizinischen Versorgung angewendet werden und in veröffentlichter Form vorliegen, dh auch Anforderungen aus dem Bereich der Krankenhausversorgung.

Den übergeordneten Rahmen bildet das EFQM mit seinen Kriterien, Teilkriterien und Anhaltspunkten, textlich und inhaltlich ausgerichtet auf die Einrichtungen des Gesundheitswesens. Die inhaltliche Ausrichtung der Teilkriterien erfolgt, anders als im EFQM-Modell, nicht durch zahlreiche Anhaltspunkte, sondern – praxisorientiert – durch eine deutlich reduzierte Anzahl von auf rehabilitationsrelevante Anforderungen fokussierte Indikatorenbereiche. Erweiterungen sind klinikindividuell und für indikationsspezifische Differenzierungen möglich.

8. Vergleichende Qualitätsanalysen. Die QS-Programme der Rehabilitationsträger beinhalten als Grundlage für ein effektives Qualitätsmanagement der Leistungserbringer die in Abs. 1, Satz 1 letzter HS vorgeschriebenen vergleichenden Qualitätsanalysen. Während die gesetzliche Krankenversicherung seit dem Inkrafttreten des GKV-GRG-2000 mit § 137d SGB V über eine Rechtsgrundlage für die Einführung von Qualitätssicherungsverfahren verfügte, fehlte eine solche für die übrigen Rehabilitationsträger vor Inkrafttreten des SGB IX. Der Gesetzgeber legitimiert danach mit § 20 Abs. 1 Satz 1, 2. HS die zuvor insbesondere von den Rentenversicherungsträgern bereits eingeführten Verfahren und schafft im Übrigen eine einheitliche Rechtsgrundlage für die Qualitätssicherung und die Durchführung vergleichender Qualitätsanalysen. Die Verpflichtung auf eine gemeinsame Empfehlung stellt sicher, dass die Leistungserbringer nicht mit unterschiedlichen und voneinander abweichenden Verfahren der Rehabilitationsträger konfrontiert werden. Die Zunächst nach Inkrafttreten des SGB IX im Verhältnis zum Qualitätssicherungsrecht des SGB V bestehenden Unterschiede (*Fuchs*, SozSich 2001, 150) wurden durch die Gesundheitsreform 2007 weitgehend beseitigt (Bihr-*Fuchs*, Band 2, Rn 384). 13

Die gemeinsamen Empfehlungen der Rehabilitationsträger, insbesondere jedoch die sich aus den vergleichenden Qualitätsanalysen der Rehabilitationsträger an die Rehabilitationseinrichtungen ergebenden Anforderungen sind einseitige Willenserklärungen der Rehabilitationsträger iSv Voraussetzungen für den Abschluss eines Belegungs- oder Versorgungsvertrages, die die Träger der Rehabilitationseinrichtungen nur binden, wenn sie sich in Verträgen nach § 21 dazu entsprechend verpflichten. Anders dagegen die Teilnahme am Zertifizierungsverfahren zum einrichtungsinternen Qualitätsmanagement, die in Abs. 2 Satz 2 gesetzlich verpflichtend geregelt ist. 14

9. Einrichtungsinternes Qualitätsmanagement. Nach **Absatz 2** haben die Leistungserbringer durch ein Qualitätsmanagement sicherzustellen, dass 15 durch zielgerichtete und systematische Verfahren und Maßnahmen die Qualität der Versorgung gewährleistet und verbessert wird.

16 Die Spitzenverbände der Rehabilitationsträger nach § 6 Abs. 1 Nr. 1 und 3 bis 5 – das sind allein die Träger der medizinischen Rehabilitation (BT-Drucks. 16/3100, 183f) – haben nach dem mit der Gesundheitsreform 2007 eingefügten **Absatz 2a** im Rahmen der BAR grundsätzliche Anforderungen an dieses einrichtungsinterne Qualitätsmanagement sowie ein einheitliches, unabhängiges Zertifizierungsverfahren zu vereinbaren, mit dem die erfolgreiche Umsetzung des Qualitätsmanagement in regelmäßigen Abständen nachgewiesen wird. Nach Satz 2 ist entsprechend § 13 Abs. 6 den nach § 19 Abs. 6 gebildeten Arbeitsgemeinschaften sowie den Spitzenorganisationen der Leistungserbringer und den Betroffenenverbänden Gelegenheit zur Stellungnahme zu geben.

17 Die BAR hat in einem ersten Schritt „Grundsätze an ein einrichtungsinternes Qualitätsmanagement" erarbeitet (BAR Reha-Info Nr. 1/2008 S. 5). Offensichtlich scheitert die Verabschiedung daran, dass die Rehabilitationsträger bei der Erarbeitung des zweiten Schrittes, nämlich des einheitlichen, unabhängigen Zertifizierungsverfahrens kein Einvernehmen erreichen konnten.

Obwohl § 137d Abs. 1 Satz 1 SGB V nur „auf der Grundlage einer Vereinbarung nach § 20 SGB IX" eine Vereinbarung nach § 137d SGB V mit den Leistungserbringern gestattet, sind die Spitzenverbände der Krankenkassen dennoch – ohne hinreichende Grundlage – vorab mit den Leistungserbringerverbänden die am 1. 6. 2008 in Kraft getretene „Vereinbarung zur Qualitätssicherung und zum einrichtungsinternen Qualitätsmanagement in der ambulanten und stationären Rehabilitation und der stationären Vorsorge" eingegangen.

Am 1. 10. 2009 wurde von der BAR die „Vereinbarung zum internen Qualitätsmanagement nach § 20 Abs. 2a SGB IX" einschl. eines „Manuals für ein einrichtungsinternes Qualitätsmanagement" in Kraft gesetzt. Das Manual enthält in Abschnitt D „Grundanforderungen an Zertifizierungsstellen nach § 20 SGB IX sowie an das Verfahren zur Bestätigung dieser Anforderungen durch die herausgebende Stelle" und in Abschnitt E Regelungen zur Umsetzung des Zertifizierungsverfahrens (vgl. im Einzelnen www.bar-frankfurt.de).

18 **Absatz 4** sieht zudem ausdrücklich die entsprechende Anwendung des § 13 Abs. 3 auch bei den Vereinbarungen nach Absatz 1 und 2a vor. Danach sind die Krankenkassen ausdrücklich verpflichtet, vor einer Vereinbarung nach § 137d SGB V über den Inhalt dieser Empfehlung Einvernehmen mit den Partnern der Empfehlungen nach § 20 herzustellen. Mit Blick auf diese Pflicht ist kein Grund ersichtlich, warum die gesetzliche Reihenfolge – zunächst Empfehlung nach § 20, dann die nach § 137d SGB V – nicht eingehalten wird. Ohne Einvernehmen entbehrt die Vereinbarung nach § 137d SGB V der gesetzlichen Legitimation und dürfte zumindest in Teilen unwirksam sein. Diese Vereinbarung, die die am 1. 4. 2004 in Kraft gesetzte Vereinbarung (vgl. Rn 10) ablöst, muss deshalb als Verstoß gegen die Verpflichtung der Rehabilitationsträger zur Kooperation und Koordination sowie zur Konvergenz angesehen werden.

10. Vorbereitung der gemeinsamen Empfehlungen. Die BAR bereitet nach **Absatz 3** die gemeinsamen Empfehlungen nach Abs. 1 vor. Entsprechend der Regelung in § 13 Abs. 6 Satz 1 soll die für die Erarbeitung von Qualitätsmerkmalen unverzichtbare Kompetenz und Erfahrung der Betroffenen durch die Beteiligung der Verbände behinderter Menschen einschließlich der Verbände der freien Wohlfahrtspflege, die in diesem Zusammenhang ausdrücklich nicht als Leistungserbringer angesprochen sind, der Selbsthilfegruppen sowie der Interessenvertretungen behinderter Frauen eingebunden werden **(Satz 2).** Da die Leistungserbringer die Anforderungen der gemeinsamen Empfehlungen bzw. der vergleichenden Qualitätsanalysen in ihren Einrichtungen sicherstellen sollen, sind ihre Spitzenorganisationen sowie auch evtl nach § 19 Abs. 6 gebildete Anbieter-Arbeitsgemeinschaften ebenfalls zu beteiligen. 19

Das Beteiligungsrecht beinhaltet zweifelsfrei über eine bloße Anhörung hinausgehende Rechte (Information, Gelegenheit zur Stellungnahme, Auseinandersetzung mit den Inhalten der Stellungnahme). Dies drückt auch **Satz 3** mit der Feststellung aus, dass den Anliegen der Beteiligten bei der Ausgestaltung der Empfehlung nach Möglichkeit Rechnung getragen wird. Damit wird den Beteiligten – wie in § 13 Abs. 6 – ein durchaus wirksames Mitwirkungsrecht eingeräumt. Ihre Stellungnahmen sind nämlich nicht nur „in die Entscheidung einzubeziehen“, ihnen ist vielmehr nach Möglichkeit Rechnung zu tragen. Danach kann die Berücksichtigung nur dann unterbleiben, wenn die Unmöglichkeit der Berücksichtigung objektiv begründbar ist. Dies trägt der Tatsache Rechnung, dass die Anforderungen des Qualitätssicherungsverfahrens nicht unerheblich die unternehmerische Gestaltungs- und Entscheidungshoheit tangieren und die Qualitätsanforderungen an die Ausführung der Leistungen nach § 21 Abs. 1 Nr. 1 vertraglich in den Versorgungsverträgen zu vereinbaren sind. 20

Dennoch ist die Wirksamkeit der Spitzenverbände der Leistungserbringer begrenzt, da ihre Mitwirkung bei der gemeinsamen Empfehlung nach dieser Vorschrift – abweichend von § 13 Abs. 6 – erst nach der vorbereitenden Erarbeitung durch die BAR einsetzt und auf der Leistungsträgerseite zu diesem Zeitpunkt schon weitgehende Festlegungen getroffen sind (vgl. zur Kritik am Beteiligungsverfahren *Fuhrmann/Heine,* Die Rehabilitation 2008, 112 ff).

§ 21 Verträge mit Leistungserbringern

(1) **Die Verträge über die Ausführung von Leistungen durch Rehabilitationsdienste und -einrichtungen, die nicht in der Trägerschaft eines Rehabilitationsträgers stehen, enthalten insbesondere Regelungen über**

1. **Qualitätsanforderungen an die Ausführung der Leistungen, das beteiligte Personal und die begleitenden Fachdienste,**
2. **Übernahme von Grundsätzen der Rehabilitationsträger zur Vereinbarung von Vergütungen,**
3. **Rechte und Pflichten der Teilnehmer, soweit sich diese nicht bereits aus dem Rechtsverhältnis ergeben, das zwischen ihnen und dem Rehabilitationsträger besteht,**

4. angemessene Mitwirkungsmöglichkeiten der Teilnehmer an der Ausführung der Leistungen,
5. Geheimhaltung personenbezogener Daten sowie
6. die Beschäftigung eines angemessenen Anteils behinderter, insbesondere schwerbehinderter Frauen.

(2) [1]**Die Rehabilitationsträger wirken darauf hin, dass die Verträge nach einheitlichen Grundsätzen abgeschlossen werden; sie können über den Inhalt der Verträge gemeinsame Empfehlungen nach § 13 sowie Rahmenverträge mit den Arbeitsgemeinschaften der Rehabilitationsdienste und -einrichtungen vereinbaren.** [2]**Der Bundesbeauftragte für den Datenschutz wird beteiligt.**

(3) [1]**Verträge mit fachlich nicht geeigneten Diensten oder Einrichtungen werden gekündigt.** [2]**Stationäre Rehabilitationseinrichtungen sind nur dann als geeignet anzusehen, wenn sie nach § 20 Abs. 2 Satz 2 zertifiziert sind.**

(4) **Absatz 1 Nr. 1 und 3 bis 6 wird für eigene Einrichtungen der Rehabilitationsträger entsprechend angewendet.**

1 **1. Sozialpolitischer Hintergrund.** Für alle Leistungsbereiche des Gesundheitswesens und der Pflegeversicherung enthalten die einschlägigen Bücher des Sozialgesetzbuchs eigenständige Kapitel über die Zusammenarbeit der Sozialleistungsträger mit den Leistungserbringern, in denen die gemeinsame Verantwortung, aber auch die zunehmend gleichberechtigte Handlungs- und Gestaltungskompetenz der Beteiligten für die Gestaltung und Ausführung der Leistungen geregelt ist. Abgesehen vom ausgeprägten Vereinbarungsrecht des Zehnten Kapitel des SGB XII enthielten vor dem Inkrafttreten des SGB IX weder das RehaAnglG noch die für die Sozialversicherungsträger geltenden Bücher des SGB für die Rehabilitations- und Teilhabeleistungen ein – etwa dem für die Akutversorgung im SGB V vergleichbares – Leistungserbringungsrecht. Lediglich die Verpflichtung, Versorgungsverträge einzugehen, war zB in den §§ 2 Abs. 2 Satz 2, 111 SGB V, 15 SGB VI, 34 Abs. 8 SGB VII durchgängig vorhanden. Das SGB IX enthält erstmals in den §§ 17–21 ein für die Rehabilitations- und Teilhabeleistungen aller Rehabilitationsträger einheitliches Leistungserbringungsrecht. Da nach § 4 Abs. 2 Satz 1 Leistungen zur Teilhabe nur erbracht werden dürfen, wenn damit Teilhabeziele iSd SGB IX erreichbar erscheinen, basiert es auf dem Gedanken, dass Leistungen nur in Einrichtungen ausgeführt werden dürfen, die die Struktur- und Prozessqualität für eine entsprechende Erfolgsaussicht vorhalten (§§ 17, 19, 20). Aufgabe des Versorgungsvertrages ist es, das Vorliegen dieser Voraussetzungen vor der erstmaligen Inanspruchnahme einer Einrichtung – und nachfolgend das Fortbestehen dieser Voraussetzungen durch vergleichende Qualitätsanalysen (§ 20) – zu prüfen und zu dokumentieren. § 21 konkretisiert dazu insbesondere die Anforderungen an den Inhalt dieser Versorgungsverträge.

2 **2. Entstehung der Norm.** Die Vorschrift wurde durch Art. 1 SGB IX ab 1. 7. 2001 eingeführt. Abs. 1 und 2 des RegE (BT-Drucks. 14/5531 iVm 14/5074) wurden durch einen Änderungsantrag der Koalitionsfraktionen

(Ausschussempfehlung BT-Drucks. 14/5786 S. 26) sprachlich zusammengefasst und ein neuer Abs. 4 angefügt (Begründung s. Ausschussbericht BT-Drucks. 14/5800 S. 31). Abs. 3 Satz 2 angefügt durch Gesetz vom 26. 3. 2007 (BGBl. I S. 378).

3. Normzweck. Die Regelung stellt sicher, dass nur solche Rehabilitationsdienste und -einrichtungen von den Rehabilitationsträgern in Anspruch genommen werden, die über die nach §§ 17, 19 gebotene Eignung verfügen **(Abs. 1, 3 Satz 2 und 4). Abs. 2** gebietet den Rehabilitationsträgern, die Abstimmung auch zum Vertragsrecht und gestattet, dies entweder in gemeinsamen Empfehlungen oder in Rahmenverträgen zu vollziehen. **Abs. 3** verpflichtet bei Wegfall der fachlichen Eignung zur Vertragskündigung. **Abs. 4** gewährleistet die Gleichbehandlung von Eigen- und Fremdeinrichtungen. 3

4. Leistungserbringerverträge. Die Leistungsträger können die Leistungen zur Teilhabe nach § 17 Abs. 1 Nr. 3 unter Inanspruchnahme *geeigneter* Rehabilitationsdienste und -einrichtungen ausführen. Sie haben nach § 19 Abs. 1 darauf hinzuwirken, dass die zur Ausführung von Rehabilitationsleistungen erforderlichen Rehabilitationsdienste und -einrichtungen in ausreichender Zahl und Qualität zur Verfügung stehen. Die Bestimmung des § 21 über die Verträge mit den Leistungserbringern dient ua. diesen Zielen. (Leistungsbeschaffungsverträge). Die Leistungsbeschaffungsverträge haben nicht nur die Aufgabe, Gegenstand, Umfang, Qualität und Ausführung der in den §§ 11 ff SGB I im Einzelnen aufgeführten sozialen Sach- und Dienstleistungen, die allgemeinen Bedingungen und das Verfahren über die Leistungserbringung und deren Kontrolle zu regeln, sie dienen insbesondere der Feststellung der Eignung einer Einrichtung im Sinne der §§ 17, 19. 4

Die Verpflichtung, Rehabilitations- und Teilhabeleistungen nur in Einrichtungen auszuführen, mit denen die Träger einen Versorgungsvertrag eingegangen sind, ist in den für die Träger jeweils geltenden Leistungsgesetzen enthalten (ua. §§ 2 Abs. 2 Satz 2, 111 SGB V, 15 SGB VI, 34 Abs. 8 SGB VII). Diese Vorschrift bestimmt in einer nicht abschließenden Aufzählung den zwingenden Vertragsinhalt, insbesondere über Qualitätsanforderungen an die Ausführung der Leistungen, Grundsätze zur Vereinbarung von Vergütungen sowie sonstige Rechte und Pflichten der Vertragsbeteiligten. Der Gesetzgeber will damit eine sachgerechte, die Rechte und Interessen der Betroffenen wahrende Ausführung der Leistungen sicherstellen. Der Sicherung eines Kernzieles des SGB IX, dass jeder Berechtigte *unabhängig von der jeweiligen Zuständigkeit die aus gegebenem Anlass erforderlichen Rehabilitations- und Teilhabeleistung entsprechend seinem individuellen Bedarf nach Gegenstand, Umfang und Ausführung einheitlich erhält,* dient die Verpflichtung zum Abschluss der Verträge nach einheitlichen Grundsätzen. Damit soll eine gleichmäßige Handhabung bei der Erbringung der Rehabilitationsleistungen sowie Rechtssicherheit sowohl für den Betroffenen (Rehabilitanden) als auch die Träger der Einrichtungen erreicht werden. Da indessen durch § 21 nur der gesetzliche Mindestinhalt der Beschaffungsverträge – und dies nur in allgemeiner Umschreibung – vorgegeben wird, ist es Ziel dieser Verträge auch, eine größere Flexibilität im Vertragsbereich iSe Wettbewerbs um höhere Qualität, größere Bedarfsgerechtigkeit und bessere 5

Anpassung an den individuellen funktionsbezogenen Leistungsbedarf des berechtigten (§ 10) zu erreichen (im Ergebnis *Brodkorb* in Hauck/Noftz SGB IX K § 21 Rn 6).

6 Die Regelung bestimmt vornehmlich die Anforderungen an den notwendigen Vertragsinhalt (zum Vertrags- und Leistungserbringungsrecht umfassend vgl. *Welti/Fuchs/Köster* 2009). Eine ausdrückliche Verpflichtung zum Vertragsschluss wurde – entgegen dem ursprünglichen Gesetzesentwurf (vgl. BT-Drucks. 14/5074 S. 105) – nicht in das Gesetz aufgenommen. Der Vertragsschluss liegt danach auf der Basis der Vereinbarungspflicht in den für sie jeweils geltenden Leistungsgesetzen (Rn 5) im Abschlussermessen des Rehabilitationsträgers, der den Gleichbehandlungsgrundsatz beachten muss und keine sachfremden Erwägungen anstellen darf. Dabei haben die Rehabilitationsträger, denen als Teil der mittelbaren und unmittelbaren Staatsverwaltung keine eigene Vertragsfreiheit zukommt (*Neumann/Bieritz-Harder*, RsDE 48, 1, 10; *Welti/Fuchs*, Die Rehabilitation 2007, 111, 113), alle geeigneten Dienste und Einrichtungen in die Auswahl möglicher Leistungserbringer einzubeziehen. Die Verträge sind abzuschließen, um die Leistungserbringer in die diskriminierungsfreie Auswahl einzubeziehen und an die Leistungsziele und Qualitätsstandards zu binden. Damit ist aber keine Belegungsgarantie verbunden, da über diese jeweils im Einzelfall entschieden wird (LSG Thüringen, B. v. 30. 1. 2004, L 6 RJ 914/03 ER).

Eine objektive Bedarfsprüfung findet nicht statt, da es für den damit verbundenen Eingriff in die Berufsfreiheit keine Rechtfertigung gibt (BSGE 89, 294; vgl. dazu § 19 Rn 8).

7 **5. Normenkonkurrenz.** Nach § 7 Satz 1 gelten die Vorschriften dieses Buches, soweit sich aus den für den jeweiligen Rehabilitationsträger geltenden Leistungsvoraussetzungen nichts Abweichendes ergibt.

8 Die **gesetzlichen Krankenkassen** haben nach § 2 Abs. 2 Satz 3 SGB V für die Erbringung von Sach- und Dienstleistungen Verträge nach den Bestimmungen des Vierten Kapitels des SGB V abzuschließen. Die Rechtsbeziehungen in diesen Verträgen sind durch § 69 SGB V als rein öffentlich-rechtlich qualifiziert (BT-Drucks. 14/141245 S. 68; Krauskopf, SGB V, § 69, Rn 1). Streitigkeiten über diese Verträge sind nach § 51 Abs. 2 SGG ausdrücklich den Sozialgerichten zugewiesen. § 69 Satz 1 SGB V dient der Abgrenzung von den Vorschriften des Bürgerlichen Rechts und Wettbewerbsrechts, nicht jedoch von den Regelungen des allgemeinen Sozialrechts im SGB X und SGB IX. § 21 ist daher neben dem vierten Kapitel des SGB V anwendbar, soweit dort nichts Abweichendes geregelt ist (*Welti* in HK-SGB IX, 2. Aufl. § 21 Rn 10).

9 Das Vierten Kapitel enthält im Dritten Abschnitt zunächst mit § 107 eine Bestimmung, die die Krankenhäuser (Abs. 1) von den Vorsorge- und Rehabilitationseinrichtungen (Abs. 2) abgrenzt. Während Krankenhäuser nach § 108 SGB V – ebenso wie die Vertragsärzte zur ambulanten Versorgung nach § 95 SGB V – einer Zulassung bedürfen, verwendet § 111 Abs. 4 Satz 2 SGB V für die Vorsorge- und Rehabilitationseinrichtungen zwar – im Kontext des SGB V – das Wort „zulassen". Im Gegensatz zum Recht der Akutversorgung enthält das SGB V aber keinerlei Regelungen und Maßstäbe für ein Zulasssungsverfahren. Schon die unterschiedlichen Anforderungen des

§ 107 SGB V belegen, dass das Zulassungsverfahren der Akutversorgung mangels vergleichbarer und gleichwertiger Indikatoren weder übertragen noch entsprechend angewandt werden können.

Nach § 111 Abs. 1 SGB V dürfen Krankenkassen Leistungen zur medizinischen Rehabilitation nur in Einrichtungen ausführen, mit denen ein Versorgungsvertrag nach Abs. 2 besteht. Abs. 2 gestattet den Abschluss eines Versorgungsvertrages nur mit Einrichtungen, die bestimmte qualitative Anforderungen nachgewiesen haben, dh geeignet sind. Danach entspricht § 111 Abs. 1 und 2 SGB V inhaltlich § 17 Abs. 1 SGB IX und enthält keine abweichenden Bestimmungen iSd § 7 Satz 1.

Der Abschluss eines Versorgungsvertrages nach § 111 SGB V kann auch nicht als Zulassung – vergleichbar der Zulassung von Ärzten und Krankenhäusern – verstanden werden. Das Zulassungsrecht wirkt für den zugelassenen Leistungserbringer Status begründend mit der Wirkung, dass er die von ihm im Rahmen des Vertragsrechts erbrachten Leistungen mit allen Krankenkassen ohne Weiteres abrechnen kann. Gerade dies ist nach § 111 Abs. 2 Satz 3 SGB V bei Vorsorge- und Rehabilitationseinrichtungen ausdrücklich nicht der Fall. Selbst wenn bereits ein Versorgungsvertrag mit einem Landesverband der Krankenkassen oder den Verbänden der Ersatzkassen besteht, müssen andere Landesverbände und Verbände der Krankenkassen erst dem bereits bestehenden Vertrag beitreten, damit die Voraussetzung des § 111 Abs. 1 erfüllt ist und die Kosten der Leistungen gegenüber einer Krankenkasse aus einem anderen Kassenverbandsbereich geltend gemacht werden können. 10

Die Statusbegründung nach dem Zulassungsrecht der Akutversorgung begründet auch das Recht des Versicherten, nach eigenem Ermessen jederzeit einen zugelassenen Vertragsarzt und mit dessen Verordnung ein zugelassenes Krankenhaus in Anspruch nehmen zu können. Unbeachtlich des mit § 9 auch im Bereich der GKV eingeführten Wunschrechts ist die Inanspruchnahme von Vorsorge- und Rehabilitationseinrichtungen jedoch von einer vorherigen Leistungsentscheidung durch die Krankenkasse abhängig (§ 40 SGB V). Auch insoweit enthält das SGB V kein im Verhältnis zum SGB IX abweichendes Recht. Das SGB IX begründet eine umfassende Verantwortung des Rehabilitationsträgers für die Qualität der Versorgung (§ 20), die Verfügbarkeit der bedarfsnotwendigen Einrichtungen (§ 19 Abs. 1), die Auswahl der geeigneten Einrichtung im Einzelfall (§ 19 Abs. 4) sowie für Gegenstand, Umfang und Ausführung die Leistungen (§§ 12 Abs. 1 Nr. 1, 13 Abs. 2 Nr. 2, 17 Abs. 1). Dazu enthält das SGB V weder entgegenstehendes noch abweichendes Recht iSd § 7 Satz 1; es fehlen jedwede spezifischen Regelungen für die Rehabilitationsleistungen, sodass die Bestimmungen des SGB IX unmittelbar anzuwenden sind. 11

Literatur und Rechtsprechung haben das Versorgungsvertragsrecht der GKV mangels spezifischer Regelungen im SGB V vor Inkrafttreten des SGB IX unter Heranziehung des Zulassungsrechts der Akutversorgung ausgelegt und auch die Verträge nach § 111 SGB V als statusbegründend angesehen (BSG, NZS 1998, 429; *Quaas,* Der Versorgungsvertrag nach dem SGB V mit Krankenhäusern und Rehabilitationseinrichtungen, 2000, Rn 177 ff). Für den Bereich der teilstationären Reha-Leistungen im Rahmen 12 der GKV hat das BSG entschieden, teilstationäre Reha-Einrichtungen seien als wohnortnahe Einrichtungen iSd § 40 Abs. 1 SGB V durch Verwaltungsakt zuzulassen, wenn sie die persönlichen und fachlichen Voraussetzungen des § 107 Abs. 2 Nr. 2 SGB V erfüllen und zu einer leistungsfähigen und wirtschaftlichen Versorgung der Versicherten in der Lage sind (BSG SozR 3–2500 § 40 Nr. 3).

13 Nachdem das SGB IX ein für die Rehabilitations- und Teilhabeleistungen für alle Rehabilitationsträger gemeinsames Leistungserbringungsrecht geschaffen und damit die zuvor im SGB V vorhanden gewesene Regelungslücke geschlossen hat, bedarf die Rechtsprechung für den Bereich der GKV einer Überprüfung im Lichte des SGB IX. Die bisherige uneingeschränkte Einordnung der Vorsorge- und Rehabilitationseinrichtungen in das übrige, insbesondere für die Akutversorgung bestehende Normensystem kann nicht aufrecht erhalten werden.

14 Die Voraussetzungen für den Abschluss von Versorgungsverträgen sind in den §§ 17, 19 SGB IX iVm §§ 111, 107 SGB V bundesweit einheitlich geregelt. Die Frage, wann ein Patient Krankenhaus- oder Rehabilitationspatient ist, richtet sich nach den Bestimmungen der §§ 39, 40 SGB V. Daraus folgt, dass für die Abgrenzung landesplanerische Belange oder die geübte Verwaltungspraxis unmaßgeblich sind. Ein Versorgungsvertrag nach § 111 SGB V kann von den Krankenkassen nur dann abgelehnt werden, wenn es an den im Gesetz genannten besonderen personellen und sachlichen Voraussetzungen (§ 111 Abs. 2 Nr. 1 iVm § 107 Abs. 2 und Nr. 2 SGB V) für einen Vertragsabschluß fehlt (BGH NVwZ-RR 2004, 804).

Ein Antrag auf Abschluss eines Versorgungsvertrages zur Behandlung aller Patienten der Phase B des Phasenmodells neurologische Rehabilitation der BAR (1995), die nicht mehr krankenhausbehandlungsbedürftig iSv § 39 SGB V sind, kann nicht mit der Begründung abgelehnt werden, dass die Behandlung der Phase B Patienten ausschließlich der Krankenhausbehandlung zuzuordnen sei. Ein solcher Antrag darf nur dann abgelehnt werden, wenn Patienten, die die Eingangskriterien der BAR erfüllen, ohne jede weitere Einzelfallbetrachtung ausnahmslos als krankenhausbehandlungsbedürftig einzustufen sind (OLG München v. 23. 7. 09 – 1 U 1863/08).

Da regelmäßig eine Gesamtschau unter Berücksichtigung der Verhältnisse des einzelnen Falles erforderlich ist, die jedoch nur nach objektiven Merkmalen und Kriterien erfolgen kann (BSG v. 20. 1. 05 – B 3 KR 9/03 R, Beck RS 999909915), kann die Phase B der BAR-Empfehlung nicht mit Krankenhausbehandlungsbedürftigkeit gleichgesetzt werden. Das Phasenmodell stellt allenfalls eine Orientierungshilfe dar, ob eine Krankenhausbehandlungsbedürftigkeit besteht bzw. wie die Abgrenzung einer Frührehabilitation iSv § 39 SGB V von einer Rehabilitation iSv § 40 SGB V vorzunehmen ist. Eine pauschale Gleichsetzung der Phase B mit Frührehabilitation kann jedoch nicht erfolgen.

Da Patienten, die der Phase B zuzuordnen sind, sowohl krankenhauspflegebedürftig als auch nicht mehr krankenhauspflegebedürftig sein können, muss die Krankenkasse für die Patienten, die nicht mehr krankenhauspflegebedürftig sind, innerhalb einer angemessenen Bearbeitungsfrist von drei Monaten nach Antragstellung einen Versorgungsvertrag nach § 111 SGB V abschließen. Trifft sie diese Entscheidung nicht, kann der Kasse eine schuldhafte Pflichtverletzung vorgeworfen werden. Für den dem Leistungserbringer aus der (vor)vertraglichen Pflichtverletzung entstehenden Schaden haften die Krankenkassen, die den Abschluss eines Versorgungsvertrages nach § 111 SGB V nur gemeinsam durchführen können, – ggf. die Mitglieder der dazu bestehenden Arbeitsgemeinschaft – gemeinsam als Gesamtschuldner (vgl. §§ 421, 427 BGB). Der Schaden beruht darauf, dass die Patienten der Phase B wegen der entsprechenden Mehrleistungen hätten höher vergütet werden müssen, wie die Patienten der Phase C. Weiter ist davon auszugehen, dass die Klinik bei Abschluss des Vertrages einen höheren Auslastungsgrad erzielt hätte (Oberlandesgericht München vom 23. 7. 2009 – 1 U 1863/08).

Das SGB III enthält für die **Bundesagentur für Arbeit** kein spezifisches Vertragsrecht, da sie ihre Leistungen idR in der Form der Übernahme der Teilnahmekosten (§ 109 SGB III) erbringt. Diese Leistungen werden auf der Grundlage von Vereinbarungen zwischen Arbeitsämtern und Diensten bzw. Einrichtungen (*Niesel*, SGB III, Rn 3 zu § 109) unmittelbar an die Maßnahmeträger ausgezahlt (§ 81 Abs. 2 SGB III). Werden diese Vereinbarungen einvernehmlich getroffen, handelt es sich um einen öffentlich-rechtlichen Vertrag (LSG Baden-Württemberg vom 26. 8. 1998 L 3 AL 3228/97). Der Rechtsweg ist zu den Sozialgerichten gegeben. 15

Im Bereich der **Unfallversicherung** werden die Beziehungen mit den Leistungserbringern im Bereich der Heilbehandlung nach § 34 Abs. 8 Satz 1 SGB VIII durch Verträge geregelt. Satz 2 verweist für die Ausführung von medizinischen Leistungen zur Rehabilitation ausdrücklich auf § 21. Eine vergleichbare Regelung für die übrigen Teilhabeleistungen enthält das SGB IX dagegen nicht. Hier muss jeweils bei jeder Leistungsart geprüft werden, ob iSd § 7 Satz 1 abweichende Regelungen vorhanden sind, ansonsten gilt auch für diese Teilhabeleistungen das Leistungserbringungsrecht des SGB IX. Der Rechtsweg besteht zu den Sozialgerichten. 16

Das Recht der **Rentenversicherung** enthält kein vom SGB IX abweichendes, eigenständiges Vertragsrecht. Der Rechtsweg ist zu den Sozialgerichten gegeben. Vor Inkrafttreten des SGB IX sah § 15 Abs. 2 Satz 1 SGB VI vor, dass die stationären und medizinischen Leistungen zur Rehabilitation einschließlich der erforderlichen Unterkunft und Verpflegung nur in Einrichtungen erbracht werden, die eigene Einrichtungen des Trägers der Rentenversicherung sind oder mit denen ein Vertrag besteht. Entsprechendes sah § 16 Abs. 3 Satz 1 SGB VI für die Erbringung von berufsfördernden Leistungen zur Rehabilitation vor. Dabei wurde in der tatsächlichen Belegung der Einrichtung der Abschluss eines Vertrages gesehen (*Niesel* in Kasseler Kommentar, SGB VI § 15 Rn 14). Die Bestimmungen wurden durch Art. 6 Nr. 13 und 14 SGB IX neu gefasst. Beim Abschluss von Verträgen ist jetzt nur noch § 21 anzuwenden. 17

Auch die Vorschriften über die **Versorgungsverwaltung** enthalten wegen der Bezugnahme auf das Recht der Krankenversicherung (§ 18c BVG) kein eigenes Vertragrecht. 18

Für die Eingliederungshilfe im Bereich der **Kinder-** und **Jugendhilfe** sind Vereinbarungen mit dem Charakter von öffentlich-rechtlichen Verträgen 19 nach den §§ 78a–g SGB VIII. abzuschließen. Nach § 78g SGB VIII sind bei Streitigkeiten zunächst Schiedsstellen und danach die Verwaltungsgerichte anzurufen.

20 Für die Eingliederungshilfe im Bereich der **Sozialhilfe** sind nach §§ 75ff SGB XII Vereinbarungen mit öffentlich-rechtlichem Vertragscharakter abzuschließen. Nach § 80 SGB XII sind zunächst Schiedsstellen und anschließend die Sozialgerichte anzurufen.

Die Regelungen im Bereich der Kinder- und Jugendhilfe sowie der Sozialhilfe enthalten iSd § 7 Satz 1 vorrangiges Recht. Allerdings fehlt in beiden Bereichen eine dem § 19 entsprechende Vorschrift.

21 **6. Anwendung des SGB X.** Die Vorschriften des der §§ 53–61 SGB X gelten, soweit die Verträge der Rehabilitationsträger mit Diensten und Einrichtungen als öffentlich-rechtliche Verträge anzusehen sind. Die Verträge der Rehabilitationsträger mit Diensten und Einrichtungen sind insgesamt als öffentlich-rechtliche Verträge anzusehen, auch wenn dies in Teilen der Literatur noch umstritten ist (vgl. dazu *Welti* in HK-SKB IX 1. Aufl. § 21 Rn 16; *Brodkorb* in Hauck/Noftz SGB IX K § 21 Rn 7ff; *Noftz* in Hauck SGB V K § 2 Rn 81ff uvm). Anders als § 69 SGB V im Bereich der GKV (hierzu *Engelmann,* NZS 2000, 213ff) enthält das SGB IX keine gesetzliche Klarstellung. Insbesondere die Änderung des § 69 SGB V und die in § 51 Abs. 2 Satz 1 Nr. 3 SGG getroffene Rechtswegzuweisung zeigen jedoch, dass der Gesetzgeber bei den Leistungsbeschaffungsverträgen – und damit auch bei § 21 – von der öffentlich-rechtlichen Rechtsnatur ausgeht. Die Abgrenzung zum privatrechtlichen Vertrag erfolgt gem. § 53 Abs. 1 Satz 1 SGB X nach dem Gegenstand der vertraglichen Regelung. Dabei kann auch der mit der Vereinbarung angestrebte Zweck berücksichtigt werden (GemSOGB SozR 1500 § 51 Rn 39, 48, 49; BVerfGE 97, 331, 335; *Engelmann* in von Wulffen SGB X § 53 Rn 7). Gegenstand der Verträge nach § 21 ist die Ausführung von Leistungen durch die Rehabilitationsdienste und -einrichtungen entsprechend dem durch § 21 Abs. 2 Nr. 1 bis 6 normierten Mindestinhalt. Vertragszweck ist (vgl. Rn 5) die Sicherstellung einer sachgerechten und dem Gleichbehandlungsgebot entsprechenden Aufgabenerfüllung durch die Rehabilitationsdienste und -einrichtungen. Zumindest der Schwerpunkt der vertraglichen Beziehungen ist damit im öffentlichen Recht begründet (*Quaas* in Bihr/Fuchs/Krauskopf/Lewering § 21, Rn 7).

Die Verträge nach dem SGB VI (SG Köln, RsDE 43 (1999), 123) und SGB VII (*Kater* in Kater/Leube, SGB VII, § 34, Rn 21)sowie die Vereinbarungen nach dem SGB VIII (*Schellhorn,* SGB VIII, § 77 Rn 19) und SGB XII (BverwGE 94, 202, BGHZ 116, 339) sind als öffentlich rechtliche Verträge anzusehen (*Welti* in HK-SKB IX 1. Aufl. § 21 Rn 17).

22 Bei öffentlich-rechtlichen Verträgen finden die Vorschriften der §§ 53ff SGB X, insbesondere über die Einhaltung der Schriftform (§ 56 SGB X) Anwendung (ggf. auch für die Kündigung, vgl. § 59 Abs. 2 SGB X). Im Übrigen gelten gem. § 61 Satz 2 SGB X die Vorschriften des BGB – auch die seit dem 1. 1. 2002 in Kraft getretene sog Schuldrechtsreform – subsidiär. Der Anwendbarkeit der §§ 53ff SGB X steht nicht entgegen, dass die Vereinbarungen nach § 21 Normsetzungsverträge sind (*Engelmann* aaO Rn 4b bis e; *Quaas* in Bihr/Fuchs/Krauskopf/Lewering § 21, Rn 8).

7. Vergabe- und Wettbewerbsrecht. Die Leistungen zur Teilhabe werden vom Rehabilitationsträger nicht kollektiv an einen Leistungserbringer „vergeben". Der Träger entscheidet vielmehr in jedem Einzelfall entsprechend dem nach § 10 festgestellten funktionsbezogenen Leistungsbedarf, welcher Leistungserbringer bezogenen auf die individuellen Teilhabeziele des Berechtigten die Leistung in der am besten geeigneten Form ausführen kann (§ 19 Abs. 4) und führt die Leistung dort aus (§ 17 Abs. 1 Satz 1). Das Vergaberecht (§§ 97ff GWB) ist deshalb nicht anzuwenden. (§ 33 SGB I; § 9; vgl. *Welti/Fuchs,* Die Rehabilitation 2007, 111, 114f.; *Kessler* in Neumann, Handbuch SGB IX, § 9, Rn 67; anders: *Kunze/Kreikebohm,* NZS 2003, 5, 8: analoge Anwendung des Vergaberechts). 23

Das übrige **Wettbewerbsrecht** ist ebenfalls nicht anzuwenden, da Rehabilitationsträger keine Unternehmen sind, die in einem Wettbewerb zueinander oder zu Dritten stehen, und insoweit auch keine Grundrechte im Verhältnis zueinander oder zu Dritten haben. Ihre Tätigkeit zielt nicht auf Gewinn, sondern auf die Herstellung eines solidarischen Systems (EuGH, Urt. v. 16. 3. 2004, C-264/01, C-306/01, C-354/01, C-355/01; BVerfG, B. v. 9. 6. 2004, 2 BvR 1248/03, 1249/03, NZS 2005, 139). Eine Ausnahme ist die durch § 69 Satz 2 SGB V angeordnete entsprechende Anwendung von §§ 19–21 GWB auf Verträge der gesetzlichen Krankenkassen mit Leistungserbringern (so auch *Welti* in HK-SGB IX, 2. Aufl. § 21 Rn 7a). 24

8. Vertragsparteien. Da § 21 Vorgaben für die Verträge über die Ausführung von Leistungen durch Rehabilitationsdienste und -einrichtungen macht, sind Vertragsparteien nach Sinn und Zweck auf der einen Seite die jeweiligen Rehabilitationsdienste und -einrichtungen, auf der anderen Seite der Rehabilitationsträger. Zu den Rehabilitationseinrichtungen, die Verträge nach § 21 mit den Rehabilitationsträgern nach § 6 Abs. 1 Nrn. 1 bis 5 schließen, gehören nach der Begründung ausdrücklich auch die Werkstätten für behinderte Menschen (§ 136). Soweit die Träger der Sozialhilfe Rehabilitationsträger sind, gelten die §§ 75ff SGB XII. 25

Abschlussberechtigt ist auf Seiten des Rehabilitationsdienstes bzw. der Reha-Einrichtung nur der juristisch handelnde Träger der Einrichtung oder sein Verband (vgl. zur Rechtslage nach § 93 Abs. 2 BSHG, *Mergler/Zink* BSHG § 93 Rn 31). Die Vereinbarung mit dem Verband setzt voraus, dass diese vom Träger der Einrichtung zum Abschluss der Vereinbarung ermächtigt ist oder der Träger der Einrichtung der getroffenen Vereinbarung zu stimmt (*Quaas* in Bihr/Fuchs/Krauskopf/Lewering § 21, Rn 11). 26

9. Vertragsinhalt. Die Aufzählung der Vertragsinhalte in **Absatz 1** ist nicht abschließend. Bei der Gestaltung der Verträge sollen jeweils die notwendigen Inhalte geregelt werden, damit die Einrichtungen den erweiterten Wunsch- und Wahlrechten der Leistungsberechtigten entgegenkommen und die Bedürfnisse besonderer Personengruppen berücksichtigt können; insbesondere ist den Bedürfnissen behinderter und von Behinderung bedrohter Frauen zB durch Ermöglichung von Teilzeitmaßnahmen Rechnung zu tragen (BT-Drucks. 14/5074 S. 105). 27

Die vom Gesetzgeber vorgegeben Mindestvertragsinhalte zeigen, dass es sich bei den Leistungsbeschaffungsverträgen um sog Normsetzungsverträge handelt, da durch sie nicht nur die Rechte und Pflichten der jeweiligen Ver- 28 tragspartner, sondern auch und vor allem Rechte und Pflichten von nicht am Vertrag beteiligten Dritten, insbesondere dem Rehabilitanden geregelt werden (*Quaas* in Bihr/Fuchs/Krauskopf/Lewering § 21, Rn 14). In und mit den Verträgen wird damit Recht gesetzt (*Sodan,* NZS 1998, 305 ff; *Axer,* Normsetzung der Exekutive in der Sozialversicherung, 1999, 60 ff; *Engelmann,* NZS 2000, 1 ff).

29 Vertragsinhalt müssen nach Abs. 1 Nr. 1 die **Qualitätsanforderungen** an die Ausführung der Leistungen, das beteiligte Personal und die begleitenden Fachdienste sein. Damit eröffnet sich für die Leistungserbringer die Möglichkeit, auf dem Vertragsweg die von den Rehabilitationsträgern in gemeinsamen Empfehlungen nach §§ 12, 13, 20 zu Gegenstand, Umfang, Ausführung und Qualität der Leistungen getroffenen Rahmenvereinbarungen bezogen auf das vorliegende Leistungsangebot des den Vertrag schließenden Anbieters zu konkretisieren. So wird den Leistungserbringern über ihre Mitwirkungsrechte bei der Gestaltung der gemeinsamen Empfehlungen nach §§ 13, 20 hinausgehend für ihr jeweiliges konkretes Leistungsangebot ein vertragliches Mitgestaltungsrecht eröffnet.

Eine Qualitätsanforderung ergibt sich aus dem Recht hörbehinderter Menschen, bei der Ausführung von Sozialleistungen die deutsche Gebärdensprache zu verwenden (§§ 17 Abs. 2 SGB I, 19 Abs. 1 Satz 2 SGB X. Die entstehenden Kosten trägt der zuständige Rehabilitationsträger (vgl. dazu auch Vertrag des Vdek mit dem Bundesverband der GebärdensprachdolmetscherInnen Deutschlands e. V. vom 1. 11. 2008, der den Umfang des Anspruchs, die Art der Bereitstellung und deren Vergütungen regelt – http: www.vdek.de/versicherte/Leistungen/gebaerdensprachdolmetscher/index.htm).

30 Weitere Anforderungen an die Qualität ergeben sich aus § 4 Abs. 3 Satz 2 (alters- und entwicklungsentsprechende Beteiligung von behinderten Kindern an der Planung und Ausgestaltung der einzelnen Hilfen), § 9 Abs. 1 Satz 3 (besondere Bedürfnisse behinderter Eltern), § 9 Abs. 3 (Raum zur eigenverantwortlichen Gestaltung der Lebensumstände), § 10 Abs. 3 (besondere Bedürfnisse seelisch Behinderter), § 19 Abs. 3 (gemeinsame Betreuung von Kindern), § 19 Abs. 1 Satz 2 (Vermeidung von Kommunikationsbarrieren) sowie aus den allgemeinen Zielen des Gesetzes (§§ 1, 3, 4 Abs. 1) und der jeweiligen Leistung (zB § 26 Abs. 1).

31 In die Verträge sind nach Abs. 1 Nr. 2 die **Grundsätze der Rehabilitationsträger zur Vereinbarung von Vergütungen** zu übernehmen. Diese Regelung soll auf der Grundlage des in §§ 19 Abs. 1 Satz 2 Nr. 4 eingeräumten Anspruchs auf eine „angemessene“ Vergütung nach der Begründung (BT-Drucks. 14/5074 S. 105) zu einem leistungsbezogenen Vergütungssystem führen. Dabei geht es nicht um Kostenerstattung, sondern um die Vereinbarung von Preisen, die unter unterschiedlichen Bedingungen eines ungestörten Wettbewerbs für vergleichbare Leistungen gezahlt werden (BSG, Urteil vom 14. 12. 2000 – B 3 P 18/00 R und 19/00 R). Andererseits muss die an den Leistungen der Einrichtung orientierte Vergütung angemessen sein und sämtliche Leistungen der Einrichtung berücksichtigen (vgl. zur Vergütungsvereinbarung einer Rehabilitationseinrichtung nach § 111 SGB V *Quaas* Der Versorgungsvertrag nach dem SGB V mit Krankenhäusern und Rehabili-

tationseinrichtungen, Rn 202ff). Das in der gesetzlichen Krankenversicherung bei der ambulanten ärztlichen Versorgung bestehende Festbetrags- und Fallpauschalensystem dürfte nicht geeignet sein (zutreffend *Brodkorb* in Hauck/Noftz SGB IX K § 21 Rn 12). Ebenso sind Analogieschlüsse zum Pflegeversicherungsrecht nicht angebracht (*Brodkorb* in Hauck/Noftz SGB IX K § 21 Rn 12).

Obwohl der Gesetzgeber nach der Begründung offensichtlich ein träger- 32
übergreifendes leistungsgerechtes Vergütungssystem anstrebt, macht er im Gesetz dazu keine konkreten Vorgaben. Der Gesetzgeber überlässt die Ausgestaltung der Vergütungsgrundsätze der Selbstverwaltung der Träger. Diese haben bisher die in dieser Regelung geforderten Grundsätze nicht vereinbart, sodass sie auch nicht Gegenstand der Versorgungsverträge werden.

Die Abgemessenheit der Vergütung steht in einem unmittelbaren Zusammenhang mit dem, was die Partner der gemeinsamen Empfehlungen zu Gegenstand, Umfang, Ausführung und Qualität in den gemeinsamen Empfehlungen nach §§ 13 Abs. 1, 12 Abs. 1 Satz 1 Nr. 1, § 20 Abs. 1 und § 13 Abs. 2 Nr. 2 sowie ggfls. in den Rahmenverträgen mit den Spitzenorganisationen der Leistungserbringer nach Absatz 2 an Anforderungen, Maßstäben und Indikatoren für den mit dem Versorgungsvertrag nach Absatz 1 begründeten Versorgungsauftrag der Rehabilitationseinrichtungen verbindlich vorgegeben haben. Diese bilden zugleich die Grundlage für die Grundsätze der Rehabilitationsträger zur Vereinbarung von Vergütungen.

Weitere Anknüpfungspunkte für die Angemessenheit der individuellen Vergütung einer Einrichtung ergeben sich aus den zur Konkretisierung des individuellen Versorgungsauftrages der Einrichtung im Versorgungsvertrag nach Absatz 1, insbesondere zur Leistungsausführung und deren Qualität (Abs. 1 Nr. 1), getroffenen spezifischen – die Rahmenregelungen in den gemeinsamen Empfehlungen bzw. Rahmenverträge für das Versorgungskonzept der Einrichtung ergänzenden bzw. konkretisierenden – spezifischen Anforderungen bzw. Indikatoren.

Maßstab für die Angemessenheit der Vergütung sind danach die Leistungsziele, Leistungsinhalte und qualitativen Anforderungen an die Leistungsausführung, die die Rehabilitationsträger entweder in den Gemeinsamen Empfehlungen vorgegeben oder den Rahmenverträgen nach Abs. 2 mit den Leistungserbringerverbänden vereinbart haben sowie die mit den Einrichtungen ergänzend dazu im Rahmen des jeweiligen Versorgungsauftrages vereinbarten spezifischen Anforderungen des individuellen Versorgungskonzeptes der Einrichtung.

Da die Rehabilitationsträger bisher weder die o.g. gemeinsamen Empfehlungen nach §§ 12, 13 oder Rahmenverträge nach Absatz 2 vereinbart haben bzw. eingegangen sind, fehlt es an allen Grundlagen für die in dieser Regelung vorgeschriebenen Grundsätze der Rehabilitationsträger zur Vereinbarung von Vergütungen, ebenso an den notwendigen übergreifenden Maßstäben für die Verhandlung leistungsangemessener Vergütungen. Da die Rehabilitationsträger mit den Rehabilitationseinrichtungen überwiegend auch keine den gesetzlichen Anforderungen nach Absatz 1 entsprechende Versorgungsverträge schließen oder etwa vorhandene Versorgungsverträge den jeweiligen Versorgungsauftrag nicht so differenziert konkretisieren, dass die für die Vereinbarung leistungsangemessener Vergütungen erforderlichen Indikatoren justitiabel nachvollziehbar konkretisiert sind, fehlt es an allen Grundlagen für eine dem geltenden Recht entsprechende Vereinbarung der Vergütungen (vgl. zur Vertiefung *Heine, W.* 2003; Gebera Gutachten 2009).

33 Nach Abs. 1 Nr. 3 sind in den Verträgen die **Rechte** und **Pflichten** der **Teilnehmer** und nach Nr. 4 ihre **angemessenen Mitwirkungsmöglichkeiten** zu regeln, soweit sich diese nicht bereits aus dem Rechtsverhältnis ergeben, das zwischen ihnen und dem Rehabilitationsträger besteht. Dazu ist die ausdrückliche Zustimmung der Teilnehmer trotz § 57 Abs. 1 SGB X nicht erforderlich, da diese Bestimmung auf Normsetzungsverträge keine Anwendung findet (BSGE 76, 48, 52; *Engelmann* in von Wulffen, SGB X § 53 Rn 4d). Die Regelung knüpft an das Wunschrecht nach § 9 Abs. 1 an, das sich auch auf die Leistungsausführung erstreckt (§ 9 Rn 38) sowie an das Recht behinderter Kinder, alters- und entwicklungsgerecht an der Planung und Ausgestaltung der einzelnen Hilfe beteiligt zu werden und das entsprechende Recht der Sorgeberechtigten in § 4 Abs. 3 Satz 2 (§ 4 Rn 20ff). Ebenso an die Verpflichtung des § 9 Abs. 3, den Leistungsberechtigten möglichst viel Raum zur eigenverantwortlichen Gestaltung ihrer Lebensumstände zu lassen (§ 9 Rn 46) und die Berücksichtigung der besonderen Bedürfnisse behinderter Kinder nach § 9 Abs. 1 Satz 3 (§ 9 Rn 38). Für die Berücksichtigung der Bedürfnisse behinderter und von Behinderung bedrohter Frauen ist insbesondere die Ermöglichung von Teilzeitmaßnahmen zu beachten (BT-Drucks. 14/5074, 105).

Bei den regelbaren Positionen handelt es sich um Pflichten der Leistungserbringer, die sich aus dem Verhältnis zwischen Leistungserbringern und Einrichtungen ergeben und im Rahmen dieses Verhältnisses einseitig regelbar sind (zB Hausordnung, Beschwerderechte), nicht um die Einschränkung der sozialrechtlichen Stellung und Rechte der Leistungsberechtigten gegenüber den Rehabilitationsträgern. Darüber hinausgehende oder die subjektiven öffentlichen Rechte der Berechtigten einschränkende vertragliche Regelungen wären unzulässige Verträge zu Lasten Dritter (*Welti* in HK-SGB IX § 21 Rn 24; *Schneider* in *Hauck/Noftz*, SGB IX, K § 21 Rn 11).

Die Pflichten der Teilnehmer ergeben sich aus §§ 60–65 SGB I. Darüber hinaus aus den Zielen der Leistungen nach §§ 1, 4 Abs. 2, zB 26 Abs. 1, die angestrebt werden müssen, da die Leistung sonst nicht erbracht werden dürfte und ggf. sogar vorzeitig beendet werden müsste (§ 4 Abs. 2 Satz 1 Satz 1). Zum Zusammenhang mit der Zustimmung nach § 9 Abs. 4 und den Mitwirkungspflichten nach §§ 60–65 SGB I vgl. § 9 Rn 17.

34 Die nach Abs. 1 Nr. 5 zum **Datenschutz** zu treffenden Vereinbarungen müssen sich im Rahmen der Grundsätze des Sozialgeheimnisses nach den §§ 35 SGB I, 67–85a SGB X bewegen. Die Rechte der Teilnehmer nach dem zweiten Kapitel des SGB X dürfen durch die Verträge weder ausgeschlossen noch beschränkt werden (§ 84a Abs. 1 SGB X). Zur Zulässigkeit der Übermittlung von Entlassungsberichten vgl. § 10 Rn 27.

Abs. 2 Satz 2 stellt wegen der vertraglichen Vereinbarung datenschutzrechtlicher Regelungen auch klar, dass der Bundesbeauftragte für den Datenschutz (§§ 22ff BDSG) beim Abschluss der Verträge zu beteiligen ist. Gemeint ist hier jedoch nicht Beteiligung an den Verträgen mit einzelnen Rehabilitationseinrichtungen, sondern an der Vereinbarung von gemeinsamen Empfehlungen bzw. von Rahmenverträgen mit Arbeitsgemeinschaften.

Die in Absatz 1 Nr. 6 enthaltene Verpflichtung, im Versorgungsvertrag Regelungen zur **Beschäftigung** eines angemessenen Anteils **behinderter, insbesondere schwerbehinderter Frauen** in den Einrichtungen zu treffen, dient der Erfüllung der Beschäftigungspflicht nach § 71 Abs. 1 Satz 1, der eine besondere Berücksichtigung schwerbehinderter Frauen vorsieht. Die Verpflichtung postuliert zugleich eine spezifische Anforderung an die Sicherung und Entwicklung der Strukturqualität, die im Rahmen der Eignungsfeststellung nach § 17 von den Rehabilitationsträgern zu prüfen ist. 35

10. Rahmenregelungen. Nach **Absatz 2** haben die Rehabilitationsträger darauf hinzuwirken, dass die Verträge mit den Leistungserbringern nach einheitlichen Grundsätzen abgeschlossen werden. Auch mit dieser Regelung wird das Ziel des SGB IX nach trägerübergreifender Gleichbehandlung der Berechtigten und Vereinheitlichung des Rehabilitationsrechts und der Rehabilitationspraxis durch Kooperation und Koordination der Träger umgesetzt. Die Regelung hat danach mehr als nur deklaratorische Bedeutung. Sie verpflichtet die Träger zum gemeinsamen Handeln im Verhältnis zu den Leistungserbringern. 36

Der Gesetzgeber überlässt es dem pflichtgemäßem Ermessen der Träger, ihrer Verpflichtung zur Kooperation und Koordination entweder durch die Vereinbarung einer gemeinsamen Empfehlung der Rehabilitationsträger untereinander (Mitwirkungsrechte der Leistungserbringer nach § 13 Abs. 6) oder durch Rahmenverträge mit den Arbeitsgemeinschaften der Leistungserbringer (19 Abs. 6) oder durch die Vereinbarung beider Möglichkeiten nachzukommen. Die bisherige Praxis der Rehabilitationsträger, weder untereinander eine gemeinsame Empfehlung, noch Rahmenverträge mit der Arbeitsgemeinschaft der Leistungserbringer zu vereinbaren, ist danach rechtswidrig. Nach Auffassung des BSG (v. 27. 10. 09 – B 1 KR 4/09 R – ua. zu den Befugnissen der Verbände der Heilmittelerbringer) können die Verbände der Leistungserbringer immer dann gerichtlichen Rechtsschutz in Anspruch nahmen, wenn ein Rehabilitationsträger (oder deren Verbände) in Bezug auf einen wesentlichen Kern eines Rahmenvertragsinhaltes eine Auslegung vornehmen, die möglicherweise rechtswidrig ist. Das gilt um so mehr, wenn bereits die Vereinbarung eines Rahmenvertrages – erkennbar rechtswidrig – verweigert wird. Es liegt damit an den Spitzenorganisationen der Leistungserbringer, ob sie zur Beseitigung des rechtswidrigen Zustands den Rechtsweg beschreiten. 37

Die Vereinbarung **Gemeinsamer Empfehlungen** ist auf der Basis der Bestimmungen des § 13 im Rahmen der Bundesarbeitsgemeinschaft für Rehabilitation zu treffen. Da die Vereinbarung gemeinsamer Empfehlungen wegen der gesetzlichen Alternativen der Rahmenverträge dem pflichtgemäßen Ermessen der Träger überlassen ist, sind das Einigungsverfahren nach § 13 Abs. 7 Satz 3–5 und die Verordnungsermächtigung nach § 16 für die erstmalige Vereinbarung einer solchen Empfehlung grundsätzlich nicht anzuwenden (ebenso: *Brodkorb* in Hauck/Noftz SGB IX K § 21 Rn 17). Sollten die Träger ihr Ermessen allerdings in der Weise ausüben, dass sie keine Rah- 38 menverträge eingehen bzw. solche verweigern, wie dies seit Jahren Praxis ist, haben sich die Träger ihres Ermessens begeben und ihr Handeln konkludent auf die Vereinbarung gemeinsamer Empfehlungen beschränkt, sodass die Voraussetzungen für das Einigungsverfahren nach § 13 Abs. 7 Satz 3–5 und die Verordnungsermächtigung nach § 16 durchaus gegeben sind. Für die Änderung unzureichend gewordener Empfehlungen sind die §§ 13 Abs. 7 Satz 3–5, 16 anzuwenden.

39 Die gemeinsamen Empfehlungen sind im Verhältnis zu den Leistungserbringern nicht verbindlich, sondern entfalten lediglich im Innenverhältnis zwischen den Rehabilitationsträgern und im Verwaltungsverfahren der Rehabilitationsträger eine Selbstbindung (vgl. § 13 Rn 6). Damit wird allerdings die einzelvertragliche Vereinbarung mit dem Leistungserbringer indiziert (*Plantholz,* NZS 2001, 177, 182).

40 **Rahmenverträge mit den Arbeitsgemeinschaften** der Leistungserbringer nach § 19 Abs. 6 bilden einen verbindlichen kollektiven Rahmen für einzelvertragliche Regelungen, wie sie im Krankenversicherungsrecht (ua. §§ 125, 129, 131 SGB V) und Jugendhilferecht (§§ 78f SGB VIII) üblich sind. Sie sind als öffentlich-rechtliche Verträge zu qualifizieren (vgl. Rn 20, 21). Durch sie wird der für den Einzelvertrag zwingend zu beachtende Rahmen rechtsverbindlich vorgegeben (vgl. zur Rechtsnatur solcher Rahmenverträge *Brodkorb* in Hauck/Noftz SGB IX K § 21 Rn 18).

41 **11. Kündigungspflicht.** Nach **Absatz 3 Satz 1** sind Verträge mit fachlich nicht geeigneten Diensten oder Einrichtungen zu kündigen sind. Fachlich nicht geeignet sind Einrichtungen und Dienste dann, wenn sie mit ihrer Struktur- und Prozessqualität die Teilhabeziele nach diesem Buch nicht mehr erreichen können oder die in Absatz 1 genannten vertraglichen Anforderungen nicht einhalten können. Es handelt sich um einen **wichtigen Kündigungsgrund** iSd § 92 Satz 3 SGB X und 59 Abs. 1 Satz 2 SGB IX, der nicht nur zur Kündigung mit sofortiger Wirkung berechtigt, sondern den Rehabilitationsträger bei Vorliegen der fachlichen Nichteignung der Einrichtung zur Kündigung verpflichtet. Die Norm macht deutlich, dass bestehende vertragliche Verpflichtungen und Bindungen für den Rehabilitationsträger weder im Einzelfall (zB Ausübung des Wunschrechts nach § 9) noch generell (zB Falschanwendung des Auswahlermessens nach § 19 Abs. 4, Konkurrentenklage) ein Grund sein können, Leistungen von fachlich nicht geeigneten Diensten und Einrichtungen ausführen zulassen. Ob eine Kündigung nach dieser Regelung gerechtfertigt war, unterliegt voller gerichtlicher Kontrolle ohne Beurteilungsermessen des kündigenden Trägers. Die Kündigungspflicht kann auch aufsichtsrechtlich überprüft werden.

42 Nach Satz 2 sind Rehabilitationseinrichtungen nur dann als geeignet anzusehen, wenn sie nach § 20 Abs. 2 Satz 2 zertifiziert sind (vgl. § 20, Rn 15–17). Diese Regelung ist wegen der existentiellen Auswirkungen auf die Unternehmen mit Blick auf die geringe Evidenz des internen Qualitätsmanagements bezogen auf die Gesamtqualität einer Rehabilitationseinrichtung bedenklich.

Mit der Zertifizierung nach § 20 Abs. 2 Satz 2 wird lediglich festgestellt, dass die Einrichtung über ein internes Qualitätsmanagement verfügt, das die Anforderungen nach § 20a erfüllt und darüber ein Zertifikat erhält. Damit ist keinerlei evidente Feststellung darüber getroffen, dass die Leistungsausführung den Anforderungen nach § 20 Abs. 1 SGB IX entspricht. Die Zertifizierung steht in Konkurrenz zu den „vergleichenden Qualitätsanalysen" der Rehabilitationsträger nach § 20 Abs. 1 Satz 1 SGB IX. Die vergleichenden Qualitätsanalysen bilden nach dem Wortlaut der Regelung ausdrücklich die Grundlage für ein effektives (internes) Qualitätsmanagement. Sie sind ein auf rehabilitationswissenschaftlicher Grundlage entwickeltes, hoch differenziertes und bewährtes Instrument zur Bewertung der Managementqualität der Einrichtung, aber auch zur Identifizierung von Defiziten des eingesetzten Konzeptes sowie der Struktur- und Prozessqualität der ausgeführten Leistungen und zu deren Weiterentwicklung. Die damit zur Qualität und zum Qualitätsmanagement einer Einrichtung gewonnenen differenzierten und detaillierten Erkenntnisse können Zertifizierungsverfahren auch nicht in annähernd gleichwertiger Form und Qualität bieten, sodass – abgesehen von der Unwirtschaftlichkeit sich überschneidender Verfahren mit vergleichbarer Zielsetzung – die Notwendigkeit für die gesetzliche Regelung einer Zertifizierung durchaus zu hinterfragen ist.

Die Veröffentlichung der Ergebnisse der vergleichenden Qualitätsanalysen würde den Leistungsberechtigten im Gegensatz zur Zertifizierung des internen Qualitätsmanagements genau die Informationen bieten, die sie iSd Wettbewerbs für ihre selbstbestimmte Entscheidung darüber benötigen, in welcher Einrichtung sie eine notwendige Leistung ausführen möchten oder nicht.

12. Eigeneinrichtungen. Absatz 4 verlangt die entsprechende Anwendung des Abs. 1 Nrn. 1 und 3 bis 6 auf eigene Einrichtungen des Rehabilitationsträgers, für die keine Verträge im Sinne dieser Regelung abzuschließen sind. Dadurch wird erreicht, dass die gesetzlichen Mindestanforderungen an die Qualität der Leistungen, des Personals, der Fachdienste, die Rechte und Pflichten der Teilnehmer sowie deren Mitwirkungsmöglichkeiten an der Ausführung der Leistungen, die Geheimhaltung personenbezogener Daten sowie die Beschäftigung eines angemessenen Anteils behinderter, insbesondere schwerbehinderter Frauen von den Eigeneinrichtungen der Rehabilitationsträger in gleicher Weise zu erfüllen sind, wie dies mit Einrichtungen in privater Trägerschaft oder von freien Diensten auf vertraglicher Grundlage erwartet wird. 43

§ 21a Verordnungsermächtigung

Das Bundesministerium für Arbeit und Soziale Sicherung wird ermächtigt, durch Rechtsverordnungen mit Zustimmung des Bundesrates Näheres zum Inhalt und Ausführung des Persönlichen Budgets sowie zur Zuständigkeit bei Beteiligung mehrer Leistungsträger zu regeln.

1. Entstehung der Norm. Die Vorschrift wurde durch Gesetz zur Einordnung des Sozialhilferechts in das SGB vom 23. 12. 2003 (BGBl. I S. 3057) mWv 24. 12. 2004 eingefügt. 1

2. Normzweck. Ermächtigung des Bundesministeriums für Gesundheit und Soziale Sicherung zum Erlass einer Rechtsverordnung zu § 17. 2

3 **3.** Die Bundesregierung hat von der ihr mit dieser Norm eingeräumten Ermächtigung Gebrauch gemacht und am 27. Mai 2004 die „Verordnung zur Durchführung des § 17 Abs. 2 bis 4 des Neunten Buches Sozialgesetzbuch" (Budgetverordnung – BugetV) erlassen. Die Rechtsverordnung ist am 1. 7. 2004 in Kraft getreten und gliedert sich in

§ 1 – Anwendungsbereich
§ 2 – Beteiligte Leistungsträger
§ 3 – Verfahren
§ 4 – Zielvereinbarung
§ 5 – Inkrafttreten.

Zum Inhalt im Einzelnen vgl. § 17.

Kapitel 3. Gemeinsame Servicestellen

§ 22 Aufgaben

(1) [1]Gemeinsame örtliche Servicestellen der Rehabilitationsträger bieten behinderten und von Behinderung bedrohten Menschen, ihren Vertrauenspersonen und Personensorgeberechtigten nach § 60 Beratung und Unterstützung an. [2]Die Beratung und Unterstützung umfasst insbesondere,

1. über Leistungsvoraussetzungen, Leistungen der Rehabilitationsträger, besondere Hilfen im Arbeitsleben sowie über die Verwaltungsabläufe zu informieren,
2. bei der Klärung des Rehabilitationsbedarfs, bei der Inanspruchnahme von Leistungen zur Teilhabe, bei der Inanspruchnahme eines Persönlichen Budgets und der besonderen Hilfen im Arbeitsleben sowie bei der Erfüllung von Mitwirkungspflichten zu helfen,
3. zu klären, welcher Rehabilitationsträger zuständig ist, auf klare und sachdienliche Anträge hinzuwirken und sie an den zuständigen Rehabilitationsträger weiterzuleiten,
4. bei einem Rehabilitationsbedarf, der voraussichtlich ein Gutachten erfordert, den zuständigen Rehabilitationsträger darüber zu informieren,
5. die Entscheidung des zuständigen Rehabilitationsträgers in Fällen, in denen die Notwendigkeit von Leistungen zur Teilhabe offenkundig ist, so umfassend vorzubereiten, dass dieser unverzüglich entscheiden kann,
6. bis zur Entscheidung oder Leistung des Rehabilitationsträgers den behinderten oder von Behinderung bedrohten Menschen unterstützend zu begleiten,
7. bei den Rehabilitationsträgern auf zeitnahe Entscheidungen und Leistungen hinzuwirken und
8. zwischen mehreren Rehabilitationsträgern und Beteiligten auch während der Leistungserbringung zu koordinieren und zu vermitteln.

[3]Die Beratung umfasst unter Beteiligung der Integrationsämter auch die Klärung eines Hilfebedarfs nach Teil 2 dieses Buches. [4]Die Pflegekassen

werden bei drohender oder bestehender Pflegebedürftigkeit an der Beratung und Unterstützung durch die gemeinsamen Servicestellen beteiligt. [5]Verbände behinderter Menschen einschließlich der Verbände der Freien Wohlfahrtspflege, der Selbsthilfegruppen und der Interessenvertretungen behinderter Frauen werden mit Einverständnis der behinderten Menschen an der Beratung beteiligt.

(2) [1]**§ 14 des Ersten Buches, § 10 Abs. 2 und § 11 Abs. 1 bis 3 und 5 des Zwölften Buches bleiben unberührt. [2]Auskünfte nach § 15 des Ersten Buches über Leistungen zur Teilhabe erteilen alle Rehabilitationsträger.**

1. Sozialpolitischer Hintergrund. Bereits § 5 Abs. 1 Satz 2 des RehaAnglG enthielt die Verpflichtung der Rehabilitationsträger, die umfassende Beratung (§ 3 RehaAnglG) der Behinderten durch die Einrichtung von anzustrebenden gemeinsamen Auskunfts- und Beratungsstellen zu gewährleisten. Dieser Verpflichtung sind die Rehabilitationsträger in der Vergangenheit nicht nachgekommen, stattdessen haben sie mit geringem Erfolg versucht, den hieraus resultierenden Mangel durch Absprachen und Zusammenarbeit zu kompensieren (vgl. *Stähler* 2001). Seit Inkrafttreten des SGB I vom 11. 12. 1975 haben die Betroffenen zudem nach § 14 gegen die Leistungsträger einen Anspruch auf Beratung über ihre Rechte und Pflichten. Darüber hinaus müssen die Leistungsträger nach § 16 Abs. 3 SGB I darauf hinwirken, dass unverzüglich klare und sachdienliche Anträge gestellt und unvollständige Angaben ergänzt werden. 1

Ziel des SGB IX ist es ua, den Zugang zu den Rehabilitations- und Teilhabeleistungen so zu organisieren, dass jeder behinderte oder von Behinderung bedrohte Mensch die nach seinem individuellen Bedarf erforderlichen funktionsbezogenen Leistungen so zeitnah, zügig und nahtlos erhält, dass seine Teilhabe am Leben in der Gemeinschaft alsbald und ohne Hemmnis durch die sich in einem gegliederten System der sozialen Sicherung ergebenden Probleme erreicht wird. Diese Zielsetzung wird durch den Grundsatz der „Zugänglichkeit“ in Art. 3 UN-Behindertenrechtskonvention nachhaltig unterstrichen.

Nach Auffassung des Gesetzgebers müssen die Betroffenen eine Anlaufstelle finden, bei der sie verlässlich beraten werden, weil bereits beim Zugang zur Rehabilitation Vorentscheidungen über Verlauf und Erfolg der Gesamtmaßnahme und ihrer einzelnen Phasen fallen. Eine umfassende und qualifizierte Beratung der Betroffenen in dieser Phase sowie ihre Unterstützung bei der Inanspruchnahme notwendiger Sozialleistungen liegt deshalb nicht nur im Interesse der Betroffenen, sondern ist auch für die Wirksamkeit der Leistungen von Bedeutung. Durch die Schaffung gemeinsamer Servicestellen werden nicht realisierte Zielsetzungen des RehaAnglG aufgegriffen und auf alle vom SGB IX erfassten Rehabilitationsträger und -trägergruppen erstreckt; zugleich werden sie inhaltlich ausgebaut, indem Unterstützungs- und Nachhaltepflichten statuiert und Verfahren festgelegt werden.

Damit soll die qualifizierte Beratung und Unterstützung unverzüglich, trägerübergreifend und zugleich verbindlich gewährleistet werden (BT-Drucks. 5074 S. 102).

Die Gemeinsamen Servicestellen sind das zentrale Instrument zur Gewährleistung des in § 10 geregelten Rehabilitations-(Teilhabe-)Managements. Ihre Aufgabenstellung enthält wesentliche Elemente des Case-Managements, wie sie in wissenschaftlichen Definitionen national wie international beschrieben sind (*Fuchs* 2009). Die gemeinsamen Servicestellen stärken damit nicht nur das Recht der Behinderten auf Auskunft und Beratung.

Ohne die gemeinsamen Servicestellen und ihre Aufgaben können die Rehabilitationsträger die in den §§ 4 Abs. 1, 10 Abs. 1, 11 und 12 enthaltenen leistungsrechtlichen Verpflichtungen nicht gewährleisten. Das Errichten trägerübergreifender Servicestellen ist danach eine unabdingbare Voraussetzung für die Umsetzung der genannten gesetzlichen Regelungen, dh eine zur Erfüllung der Ziele und des Konzepts des SGB IX notwendige Leistung und nicht nur eine – beliebige – Form der Organisation der Rehabilitationsträger.

2 **2. Entstehung der Norm.** Die Vorschrift wurde durch Art. 1 SGB IX ab 1. 7. 2001 aus dem RegE (BT-Drucks. 14/5531 iVm 14/5074)unter Einfügung des Satzes 4 sowie Ergänzung des Satzes 5 in Abs. 1 (BT-Drucks. 14/5786 S. 27; 14/5800 S. 35) übernommen. Abs. 1 Satz 1 Nr. 2 und Abs. 2 Satz 1 ab 1. 1. 2005 geändert durch Gesetz zur Einordnung des Sozialhilferechts in das SGB IX vom 23. 12. 2003 (BGBl. I S. 3075).

3 **3. Normzweck.** Die Vorschrift verpflichtet die Rehabilitationsträger zur Einrichtung trägerübergreifender, gemeinsamer Servicestellen, beschreibt deren wesentliche Aufgaben, regelt die Beteiligung weiterer Institutionen sowie der Behindertenorganisationen und verknüpft die Arbeit der Servicestellen mit anderen einschlägigen Regelungen.

4 **4.** Nach **Absatz 1 Satz 1** haben gemeinsame örtliche Servicestellen der Rehabilitationsträger **Beratung und Unterstützung** anzubieten. Diese Beratungs- und Unterstützungspflicht besteht nicht nur gegenüber dem behinderten oder von Behinderung bedrohten Menschen selbst, sondern zusätzlich auch gegenüber ihren Vertrauenspersonen sowie Personensorgeberechtigten. Als Vertrauenspersonen sind neben Partnern und Verwandten zB auch Freunde, Nachbarn, Betrieb- und Personalräte, Vertrauensleute der Schwerbehinderten iSd 2. Teils, aber auch Gewerkschaftssekretäre oder Rechtsanwälte anzusehen.

5 Des Weiteren besteht die Beratungs- und Unterstützungspflicht gegenüber Personensorgeberechtigten nach § 60. Dies sind Eltern, Vormünder, Pfleger und Betreuer, die bei ihrer Personensorge anvertrauten Menschen Behinderungen iSv § 1 Abs. 1 wahrnehmen oder durch die in § 61 genannten Personen (zB behandelnde Ärzte oder Therapeuten) darauf hingewiesen werden. Beide Personengruppen haben nach dieser Regelung einen Anspruch auf Beratung und Unterstützung, nicht nur für die von ihnen betreute behinderte oder von Behinderung bedrohte Person, sondern auch für sich selbst. Für die Inanspruchnahme der Beratung und Unterstützung durch die gemeinsame Servicestelle bedarf es außer der (nach Lage des Einzelfalles ggf. auch zu vermutenden) Zustimmung des Betroffenen (Abs. 1 Satz 5, § 9 Abs. 4) keiner weiteren Legitimation, etwa einer ausdrücklichen Vollmacht oä.

Die Zustimmung des Betroffenen ist auch für die Einschaltung der gemeinsamen Servicestelle durch die Schwerbehindertenvertretung nach § 84

Abs. 2 Sätze 2 und 3 bei Vorliegen der in § 84 Abs. 1 beschriebenen Sachverhalte erforderlich (vgl. § 84 Abs. 2).

6 Bei den nach § 22 von den Servicestellen wahrzunehmenden Aufgaben handelt es sich um wesentliche Aufgaben der Rehabilitationsträger selbst. Die gemeinsamen Servicestellen sind mit der ihnen gesetzlich vorgegebenen Organisationsstruktur nämlich (ua.) das Instrument, mit dem die Rehabilitationsträger das Ziel der Koordination der Leistungen und der Kooperation der Leistungsträger (§§ 10 bis 12) zu erfüllen haben. Sie sind nach § 12 Abs. 1 Nr. 3 gemeinsam dafür verantwortlich, dass Beratung entsprechend den in §§ 1 und 4 genannten Zielen geleistet wird und haben dazu eine gemeinsame Empfehlung zu vereinbaren (§§ 12 Abs. 1 Nr. 3 iVm 13 Abs. 1).

Die gemeinsamen Servicestellen sind lediglich Organisationseinheiten der Rehabilitationsträger bzw. der zu diesem Zweck von den Rehabilitationsträgern gegründeten Arbeitsgemeinschaften nach § 12 Abs. 2 ohne eigene Rechtspersönlichkeit und danach weder parteifähig noch prozessführungsbefugt. Aus einer unzutreffenden oder unvollständigen Auskunft oder Beratung kann deshalb ein sozialrechtlicher Herstellungsanspruch gegenüber dem die gemeinsame Servicestelle tragenden bzw. einen Mitarbeiter in eine gemeinsame Servicestelle entsendenden Rehabilitationsträger erwachsen. Der vom Handeln einer gemeinsamen Servicestelle berührte Rehabilitationsträger muss nämlich dieses Handeln gegen sich gelten lassen (BSGE 51, 88; 57, 179; 66 268; vgl. Nr. 5 der Durchführungshinweise zur Rahmenempfehlung der Rehabilitationsträger – § 23 Rn 14; so auch Lachwitz-*Welti* § 22 Rn 7).

7 Die Servicestellen ordnen sich einerseits in das vorhandene Beratungsnetz der Leistungsträger ein, sind jedoch andererseits zugleich ein zusätzliches, spezifisches Beratungsangebot für die Teilhabe und Rehabilitation behinderter Menschen, dass die vorhandenen Angebote vervollständigt. Bestehende Beratungsangebote anderer Institutionen (ua. Krankenhaussozialdienste, psychiatrische Dienste, Suchtberatungsstellen, Beratungsstellen und – dienste der Behinderten – und Selbsthilfeorganisationen bzw. der Verbände der Freien Wohlfahrtspflege) bleiben von der Errichtung der gemeinsamen Servicestellen unberührt. Allerdings erschließen sich für alle Beteiligten aus der konkreten Aufgabenstellung der Servicestellen neue und verbesserte Formen der Koordination und Kooperation.

8 Trotz der regionalen Organisation der Servicestellen (§ 23 Abs. 1) kann der in der Sozialverwaltung verbreitete Grundsatz der örtlichen Zuständigkeit (vgl. zB § 130 SGB VI) für die gemeinsamen Servicestellen nicht gelten. Es steht dem Betroffenen völlig frei, an welche Servicestelle er sich wendet. Die Beratung durch die gemeinsamen Servicestellen ist auch zeitlich nicht etwa nur auf die Phase des Zugangs zu den Leistungen beschränkt. Ausweislich des Aufgabenkatalogs nach Abs. 1 Satz 2 (zB Nr. 6 bis 7) kann der Betroffene die Servicestelle jederzeit während des gesamten Rehabilitations- und Teilhabeverfahren bis zu seiner Eingliederung in das Leben in der Gesellschaft in Anspruch nehmen. Die gemeinsamen Servicestellen haben danach für die Rehabilitation und Teilhabe die Stellung eines Case-Managers.

9 **5. Absatz 1 Satz 2** konkretisiert die Aufgaben der gemeinsamen Servicestellen in einer nicht abschließenden Aufzählung. Sie ist nicht beschränkt auf

leistungsrechtliche Fragen des Rehabilitations- und Teilhaberechts, sondern geht erheblich darüber hinaus. Die Aufgaben der gemeinsamen Servicestellen umfassen

- die Beratung über *alle* Sozialleistungen des die Stelle tragenden Rehabilitationsträgers
- unabhängig von der Leistungszuständigkeit die Beratung über alle im Einzelfall in Betracht kommenden Teilhabeleistungen (§ 5) anderer Rehabilitationsträger (§ 6)
- die Beratung über die sonstigen Sozialleistungen, die als allgemeine Leistungen vorrangig gegenüber Teilhabeleistungen zu erbringen sein können (zB allgemeine Leistungen der Bundsagentur für Arbeit, Leistungen der Krankenversorgung nach dem SGB V, Hilfen nach dem SGB XII bzw. spezifische Hilfen für Kinder nach dem SGB VIII usw.)
- Beratung über besondere Hilfen für schwb Menschen nach Teil 2 des SGB IX
- Beratungen über alle Sozialleistungen und sonstige Hilfen, die die Lebenssituation behinderter Menschen beeinflussen können
- Auskunftserteilung nach § 15 SGB I
- Beratung über die Verwaltungsabläufe und -verfahren
- Helfen und Mitwirken bei der Klärung des Rehabilitationsbedarfs, der Klärung der Zuständigkeiten und der Inanspruchnahme der Leistungen
- umfassende und entscheidungsreife Vorbereitung klarer und sachdienlicher Anträge
- unterstützende Begleitung des Betroffenen bis zur Entscheidung oder bis zur Leistung, Hinwirken auf zeitnahe Entscheidungen und Leistungen sowie Koordination und Vermittlung zwischen mehreren Trägern und Beteiligten auch während der Leistungserbringung.

Die Rehabilitationsträger können den gemeinsamen Servicestellen weitere Aufgaben übertragen, die jedoch in unmittelbarem Zusammenhang mit den ihnen selbst zugeordneten Aufgaben stehen (§ 30 Abs. 1 SGB IV) und den Grundsätzen der sparsamen und wirtschaftlichen Aufgabenerfüllung entsprechen müssen (§ 69 Abs. 2 SGB IV). Weitere den Servicestelle zu übertragende Aufgaben könnten zB die Einholung der Sachverständigengutachten nach § 14 Abs. 5 oder die Durchführung eines Rehabilitations-Screenings bzw. -Assessments sein. Auch die Übertragung von Entscheidungsaufgaben ist grundsätzlich zulässig.

10 Nach **Nr. 1** haben die gemeinsamen Servicestellen trägerübergreifend **Informationen** über Leistungsvoraussetzungen, **Leistungen** der Rehabilitationsträger, besondere Hilfen im Arbeitsleben gemäß §§ 33 ff und über **Verwaltungsabläufe** zu geben. Die Leistungsvoraussetzungen ergeben sich gemäß § 7 Satz 2 aus den für die Rehabilitationsträger geltenden Leistungsgesetzen. Die Leistungen bestimmen sich nach den Kapiteln 4 bis 7, soweit nicht in den jeweils geltenden Leistungsgesetzen Abweichendes bestimmt ist. Zur Erfüllung der Informationspflicht müssen den gemeinsamen Servicestellen die – bei den verschiedenen Rehabilitationsträgern durchaus unterschiedlich organisierten – Verwaltungsabläufe und -verfahren, insbesondere auch die der regional vertretenen Rehabilitationsträger bekannt sein. Dabei geht es nicht nur um das abstrakte Wissen über übliche Verfahrensab-

läufe, sondern auch die konkrete Kenntnis der Verfahren und Organisationsformen.

Gegenstand der Informationsleistung ist entsprechend dem individuellen Beratungsbedarf einerseits die abstrakt-grundsätzliche Unterrichtung über die Rechts- und Verfahrenslage, andererseits aber auch die konkrete Prüfung der Ansatzpunkte, wie dem individuellen Anliegen einer weitgehend normalen Teilhabe am Leben in der Gemeinschaft Rechnung getragen werden kann (so auch *Haines* in LPK-SGB IX § 22 Rn 10).

Nach **Nr. 2** helfen die gemeinsamen Servicestellen bei der **Klärung des** 11 **Rehabilitationsbedarfs,** bei der Inanspruchnahme von Leistungen und der besonderen Hilfen im Arbeitsleben sowie bei der Erfüllung von Mitwirkungspflichten.

Die Klärung des Rehabilitationsbedarfs erfordert die Feststellung von Art und Ausmaß der Beeinträchtigung der körperlichen, seelischen und sozialen Integrität sowie der Integrität der Aktivitäten und Leistungen der betroffenen Menschen im Sinne der ICF (vgl. § 10). Die gemeinsame Servicestelle hat dazu die vorhandenen Unterlagen (medizinische Atteste, Befundberichte und Gutachten, psychologische Begutachtungen, Sozialberichte der Sozialdienste der Krankenhäuser oder Suchtberatungsstellen ua.) zusammenzutragen, auszuwerten und festzustellen, ob zur Klärung – insbesondere zu den Kontextfaktoren im Sinne der ICF und den Teilhabebeeinträchtigungen, zu denen die eher krankheitsorientierten Unterlagen der Akutversorgung selten Feststellungen beinhalten – evtl. weitere Sachverständigengutachten erforderlich sind und ggf. darüber den Rehabilitationsträger zu informieren (Nr. 4), soweit sie vom Rehabilitationsträger nicht beauftragt ist, diese selbst einzuholen.

Die **Hilfe bei der Inanspruchnahme von Rehabilitationsleistungen** um- 12 fasst die Klärung, welche Art von Hilfen für den Betroffenen mit Blick auf seine spezifische Ausprägung der festgestellten Teilhabebeeinträchtigung nach allen Erfahrungen wirksam sind (Hilfebedarf und Eignung von Hilfen), wo solche Hilfen – möglichst im Umfeld des Betroffenen – erreichbar sind und welcher Leistungserbringer solche Hilfen in der gebotenen Qualität und Wirksamkeit anbietet. In diesem Zusammenhang können ggf. auch Betroffenenorganisationen mit der Ausführung von bestimmten Aufgaben der Servicestelle beauftragt werden (§ 97 SGB X).

Konkrete Hilfestellungen sind insbesondere bei den besonderen Hilfen im Arbeitsleben zB bei der Vermittlung geeigneter Rehabilitationsdienste und -einrichtungen, der Vermittlung geeigneter Bildungs- und Arbeitsplätze und bei der Organisation sinnvoller Abläufe möglich. Eine weitere wirksame Hilfe ist die frühzeitige Einschaltung von Integrationsfachdiensten nach § 109, insbesondere bei akuter Belastung/Gefährdung des Arbeitsverhältnisses, zur Klärung/Vorbereitung der betrieblichen Eingliederung/Wiedereingliederung/Rehabilitation (nach § 109 Abs. 4 auch für behinderte Menschen, die nicht schwerbehindert sind) sowie für die Ziele der Leistungen zur Teilhabe am Arbeitsleben nach § 33 Abs. 6 (so auch *Haines* in LPK-SGB IX § 22 Rn 13).

Mit den **Hilfen bei der Erfüllung der Mitwirkungspflichten** (§§ 60ff 13 SGB I) soll einerseits die erforderliche Zuarbeit der Leistungsberichtigten gesichert, ihnen andererseits aber auch die ggf. dazu erforderliche Unterstützung durch klientenzentrierte, psychologisch oder pädagogisch gestützte Beratungsgespräche oder auch durch die Einleitung von Leistungen nach § 26 Abs. 3 (ua. Nr. 5 Hilfen zur seelischen Stabilisierung und zur Förderung der sozialen Kompetenz oder Nr. 7 Anleitung und Motivation zur Inanspruchnahme von Leistungen der medizinischen Rehabilitation) bzw. § 33 Abs. 6 gewährleistet werden.

14 Nach **Nr. 3** hat die gemeinsame Servicestelle, die **Zuständigkeit zu klären,** nicht nur zur Klärung beizutragen. Des Weiteren hat sie auf klare und sachliche Anträge hinzuwirken und diese an den zuständigen Rehabilitationsträger weiterzuleiten, der nach § 14 Abs. 1 innerhalb von zwei Wochen feststellt, ob die gemeinsame Servicestelle die Zuständigkeit zutreffend geklärt hat. Diese Regelung sichert damit ergänzend die Unterstützung und Beratung bei den im gegliederten System üblichen Verwaltungsabläufen.

Anträge, die bei einer gemeinsamen Servicestelle gestellt werden, gelten unabhängig von der organisatorischen Trägerschaft der Servicestelle als beim zuständigen Rehabilitationsträger gestellt. Zur Wirkung der Antragstellung hinsichtlich der Fristen vgl. § 14.

15 Soweit die Klärung des Rehabilitationsbedarfs voraussichtlich ein **Gutachten** erfordert, hat die gemeinsame Servicestelle nach **Nr. 4** den zuständigen Rehabilitationsträger unverzüglich darüber zu informieren. Die Regelung geht davon aus, dass der Rehabilitationsträger – wenn er oder alle Rehabilitationsträger gemeinsam die gemeinsame Servicestelle nicht grundsätzlich mit der Einholung erforderlicher (Sachverständigen-)Gutachten (§ 14 Abs. 5) beauftragt hat/haben – sofort (noch während der Hilfe bei der Klärung des Rehabilitationsbedarfs nach Nr. 2 und der entscheidungsreifen Vorbereitung nach Nr. 5) Kenntnis von der Notwendigkeit der Gutachteneinholung erhält, damit er bereits parallel zur vorbereitenden Tätigkeit der gemeinsamen Servicestelle das erforderliche Gutachten selbst einholen oder die Servicestelle beauftragen kann, dies zu tun. Im Zusammenhang mit dem Wahlrecht nach § 14 Abs. 5 müssen der Servicestelle ohnehin Übersichten der Sachverständigen vorliegen, die in der Region der Servicestelle für einen Rehabilitationsträger tätig sind, damit der Betroffene aus mindestens drei Sachverständigen denjenigen auswählen kann, der zur Erstellung des Gutachtens beauftragt werden soll.

16 Ist nach Auffassung der gemeinsamen Servicestelle auf der Grundlage der nach Nr. 2 angestellten Ermittlungen ein **Rehabilitationsbedarf offenkundig,** hat sie nach **Nr. 5** die Entscheidung des Rehabilitationsträgers so umfassend vorzubereiten, dass diese unverzüglich getroffen werden kann. Diese Regelung korrespondiert mit der 14-Tagefrist des § 14 Abs. 2, innerhalb der der Rehabilitationsträger nach Eingang des Antrages zur Entscheidung verpflichtet ist und dazu eine entscheidungsreife Vorbereitung benötigt erfordert.

Entscheidungsreif vorbereiten bedeutet, dass alle relevanten Fragen geklärt und eigene Ermittlungen des Rehabilitationsträgers nicht mehr erforderlich sind. Dies setzt allerdings voraus, dass den gemeinsamen Servicestellen (zB iSe von den jeweiligen Rehabilitationsträgern zusammengestellten Anforderungs- bzw. Checkliste) geläufig ist, welche Unterlagen in welcher

Erstellungsqualität die Rehabilitationsträger mit Blick auf zT noch in den jeweiligen Leistungsgesetzen vorhandene Unterschiede, insbesondere jedoch die unterschiedlichen Organisations- und Verwaltungsverfahren, benötigen, um tatsächlich ohne weitere Eigenermittlungen entscheiden zu können.

Eine unmittelbare Entscheidung durch die gemeinsamen Servicestellen gehört nicht zu den Aufgaben nach § 22, kann ihnen aber – zB im Rahmen einer Arbeitsgemeinschaft – nach § 12 Abs. 2 übertragen werden.

Die Gemeinsame Servicestelle hat die Betroffenen nach **Nr. 6** bis zur Entscheidung oder Leistung des zuständigen Rehabilitationsträgers **unterstützend zu begleiten.** 17

Dabei geht es nicht nur um die notwendigen Unterrichtungen des Antragstellers über den Stand des Verfahrens. Dies ist eine der Servicestelle durch Gesetz zugewiesene originäre Aufgabe iSv Case-Management, zu deren Unterstützung das Leistungsrecht verschiedene Instrumente zur Verfügung stellt

- Begleitung durch Integrationsfachdienste nach § 109ff
- Leistungen nach § 26 Abs. 3 Nr. 7 (bei Leistungen zur medizinischen Rehabilitation) bzw. nach § 33 Abs. 6 Nr. 7 (bei Leistungen zur Teilhabe am Arbeitsleben)
- Hilfen zur seelischen Stabilisierung nach § 26 Abs. 3 Nr. 5 oder § 33 Abs. 6 Nr. 5,

die von der Servicestelle ggf. beim zuständigen Rehabilitationsträger angeregt bzw. vom Betroffenen beantragt werden können.

Nr. 7 verpflichtet die gemeinsamen Servicestellen, bei den Rehabilitationsträgern – ohne Rücksicht auf damit ausgelöste interne Irritationen und Reaktionen – auf **zeitnahe Entscheidungen und Leistungen** hinzuwirken. Sie erfüllen damit einen originäreren gesetzlichen Auftrag zur Beschleunigung der Verfahren. Anders als bei den in den Nummern 1 bis 5 enthalten Aufgaben handelt es sich bei den Aufgaben nach den Nrn. 6 bis 8 nicht um solche, die bereits den Rehabilitationsträgern selbst obliegen, sondern um eigenständige Aufgaben der Servicestellen. Sie werden insoweit gegenüber den Rehabilitationsträgern gleichsam als – amtlicher – Anwalt der Betroffenen tätig (so auch *Haines* in LPK-SGB IX § 22 Rn 20). 18

Nach **Nr. 8** haben die gemeinsamen Servicestellen zwischen mehreren Rehabilitationsträgern und Beteiligten auch während der Leistungserbringung zu **koordinieren und zu vermitteln.** Nach der Begründung soll die Beratung und Unterstützung der Leistungsberechtigten nicht mit der Bewilligung der beantragten Leistungen enden. Die Unterstützung durch die Servicestellen ist sowohl während der Leistungsausführung, als auch während evtl. Unterbrechungen und damit im Ergebnis – unabhängig von zu erbringenden Leistungen – bis zur erfolgreichen Eingliederung in die Gemeinschaft zu gewähren. 19

Mit der Verpflichtung zur Koordination und Vermittlung zwischen allen Beteiligten sind die gemeinsamen Servicestellen Bestandteil des Teilhabemanagements mit der Zielsetzung, neben der Vermeidung von kostspieligen Wartezeiten insbesondere für die Nahtlosigkeit der Leistungen sowie die inhaltliche Anpassung Sorge zu tragen, soweit dies nicht nach §§ 10, 11 bereits durch die Rehabilitationsträger selbst geschehen ist. Sie sind in diesen 20

Sinne auch als Controlling-Instrument zur Sicherung der Bedarfsgerechtigkeit und Nahtlosigkeit der Leistungen zu sehen.

21 **6.** Gegenstand der Beratung der gemeinsamen Servicestellen ist nach **Satz 3** ausdrücklich die Klärung des gesamten **Hilfebedarfs für schwb Menschen** nach dem Teil 2 des SGB IX. Dazu sind die **Integrationsämter** zu beteiligen. Das Zusammenwirken mit den Integrationsämtern, aber auch den Integrationsfachdiensten (§§ 102ff, 109ff), ist zwingenderforderlich, um im Rahmen der Prävention im Arbeitsleben (§ 84) frühzeitig bedrohte Arbeitsverhältnisse erkrankter und behinderter Arbeitnehmer durch geeignet Maßnahmen zu erhalten.

22 **7.** Nach **Satz 4** sind die **Pflegekassen** (§ 46 SGB XI) bei drohender oder bestehender Pflegebedürftigkeit an der Beratung und Unterstützung durch die gemeinsamen Servicestellen zu beteiligen. Die Pflegekassen sind zwar nicht Rehabilitationsträger iSd § 6, haben jedoch nach 32 SGB XI vorläufige Leistungen zur medizinischen Rehabilitation bei drohender oder bestehender Pflegebedürftigkeit zu erbringen und im Rahmen der Begutachtung nach § 18 SGB XI den individuellen Bedarf an Leistungen zur medizinischen Rehabilitation zu prüfen. Die Pflegekassen sind nur, aber immer auch dann zu beteiligen, wenn es bei einem Ratsuchenden um drohende oder schon vorhandene Pflegebedürftigkeit geht. Damit werden die Aufgaben der gemeinsamen Servicestellen auch auf die rehabilitativen Aufgaben und Leistungen der Pflegekassen und die damit verbundenen Verwaltungsverfahren erstreckt. Die Pflegeberatung ist nach § 7a Abs. 1 Satz 6 SGB XI verpflichtet, eine enge Zusammenarbeit mit anderen Koordinierungsstellen, insbesondere mit den gemeinsamen Servicestellen sicherzustellen.

23 **8.** Den **Verbänden behinderter Menschen einschließlich den Verbänden der freien Wohlfahrtspflege, den Selbsthilfegruppen und den Interessenvertretungen behinderter Frauen** räumt **Satz 5** über die ihnen bereits nach Abs. 1 gegebenen Vertretungsmöglichkeiten als Beauftragte, Bevollmächtigte oder Vertrauenspersonen der Betroffenen hinaus, noch ein eigenes unmittelbares Beteiligungsrecht als Organisation ein, wenn der behinderte Mensch dieser Beteiligung zustimmt. Diese Beteiligung kann nicht nur auf Initiative des Betroffenen, sondern auch auf Initiative einer der genannten Organisationen oder des Rehabilitationsträgers stattfinden. Die Regelung enthält keine Vorgabe dazu, in welcher Form der Betroffene sein Einverständnis zu erklären hat, sodass bereits eine entsprechende mündliche Bekundung seines Willens (§§ 182ff BGB) ausreicht.

24 Das SGB IX sieht eine **Kostenerstattung** für die Beteiligung der Organisationen der Betroffenen nicht vor. Werden sie von Rehabilitationsträgern beauftragt (§ 97 SGB X), für sie bestimmte Beratungsaufgaben auszuführen, haben sie die dabei entstehenden Aufwendungen nach § 91 Abs. 3 SGB IX zu erstatten. Die zulässige Beauftragung der Betroffenenorganisationen kann sogar zur Sicherung der Qualität der Beratungsleistungen geboten sein. Gegenstand des Beratungsauftrages der gemeinsamen Servicestellen ist nämlich nicht nur die Leistungserbringung durch Rehabilitationsträger (Finanzierung erforderlicher Hilfen), sondern auch die Beantwortung der nach Eintritt einer Behinderung bei den Betroffenen idR sehr früh auftretende Frage, welche Art von Hilfen mit Blick auf die spezifische Ausprägung einer

Teilhabebeeinträchtigung nach den Erfahrungen in gleicher Weise Betroffener wirksam sind (Hilfebedarf und Eignung von Hilfen), wo solche Hilfen im näheren Umfeld erreichbar sind und welcher Leistungserbringer solche Hilfen in der gebotenen Qualität und Wirksamkeit anbietet. Diese Beratungsgegenstände können (in bestimmten Fällen nur) von Angehörigen der Betroffenenorganisationen häufig umfassender und zutreffender beurteilt und beantwortet als von Mitarbeitern der Rehabilitationsträgern.

9. Nach **Absatz 2** Satz 1 bleiben die in § 14 SGB I sowie die im Sozialhilferecht (§ 11 SGB XII) geregelten Beratungspflichten unberührt. Nach § 14 Abs. 1 SGB I haben als **Auskunftsstellen** neben den nach Landesrecht zuständigen Stellen (idR Versicherungsämter oder -behörden der Kommunen) lediglich die Träger der Krankenversicherung sowie die der sozialen Pflegeversicherung über alle sozialen Angelegenheiten Auskünfte zu erteilen. Abs. 2 Satz 1 dehnt die Verpflichtung zur Auskunftserteilung iSd § 15 SGB I über Leistungen zur Teilhabe auf alle Rehabilitationsträger (§ 6) aus. Nach § 15 Abs. 2 SGB I erstreckt sich die Auskunftserteilung auf die Benennung der für die Sozialleistungen zuständigen Leistungsträger sowie auf alle Sach- und Rechtsfragen, die für die Auskunftsersuchenden von Bedeutung sein könnten und zu deren Beantwortung die Auskunftsstelle im Stande ist. Die Auskunftsstellen sind nach § 15 Abs. 3 SGB I weiterhin verpflichtet, untereinander und mit den anderen Leistungsträgern mit dem Ziel zusammenzuarbeiten, eine möglichst Auskunftserteilung durch eine Stelle sicherzustellen (vgl. auch BT-Drucks. 7/3786 S. 3 zu §§ 13 bis 15 SGB I). 25

§ 23 Servicestellen

(1) [1]Die Rehabilitationsträger stellen unter Nutzung bestehender Strukturen sicher, dass in allen Landkreisen und kreisfreien Städten gemeinsame Servicestellen bestehen. [2]Gemeinsame Servicestellen können für mehrere kleine Landkreise oder kreisfreie Städte eingerichtet werden, wenn eine ortsnahe Beratung und Unterstützung behinderter und von Behinderung bedrohter Menschen gewährleistet ist. [3]In den Ländern Berlin, Bremen und Hamburg werden die Servicestellen entsprechend dem besonderen Verwaltungsaufbau dieser Länder eingerichtet.

(2) Die zuständigen obersten Landessozialbehörden wirken mit Unterstützung der Spitzenverbände der Rehabilitationsträger darauf hin, dass die gemeinsamen Servicestellen unverzüglich eingerichtet werden.

(3) [1]Die gemeinsamen Servicestellen werden so ausgestattet, dass sie ihre Aufgaben umfassend und qualifiziert erfüllen können, Zugangs- und Kommunikationsbarrieren nicht bestehen und Wartezeiten in der Regel vermieden werden. [2]Hierfür wird besonders qualifiziertes Personal mit breiten Fachkenntnissen insbesondere des Rehabilitationsrechts und der Praxis eingesetzt. [3]§ 112 Abs. 3 ist sinngemäß anzuwenden.

(4) In den Servicestellen dürfen Sozialdaten nur erhoben, verarbeitet und genutzt werden, soweit dies zur Erfüllung der Aufgaben nach § 22 Abs. 1 erforderlich ist.

1 **1. Sozialpolitischer Hintergrund.** Obwohl § 5 Abs. 1 RehaAnglG die Rehabilitationsträger verpflichtete, gemeinsame Auskunfts- und Beratungsstellen anzustreben, haben sie diese gesetzliche Vorgabe nicht umgesetzt (vgl. Bericht der *Reha-Kommission* des VDR 1991, S. 114). Der Gesetzgeber sah darin eine der Ursachen für die Undurchlässigkeit, mangelnde Nahtlosigkeit und andere Schnittstellenprobleme nicht nur im Bereich der Rehabilitation, insbesondere auch bei der Vernetzung mit Leistungen der Krankenversorgung nach dem (SGB V).

Das SGB IX geht deshalb über die bisherigen Pflichten hinaus. Die gemeinsamen Servicestellen wurden als notwendige Funktion gestaltet, ohne die die Rehabilitationsträger die in den §§ 4 Abs. 1, 10 Abs. 1, 11 und 12 enthaltenen leistungsrechtlichen Verpflichtungen nicht gewährleisten können. Das Errichten trägerübergreifender Servicestellen ist danach eine unabdingbare Voraussetzung für die Umsetzung der genannten gesetzlichen Regelungen, dh eine zur Erfüllung der Ziele und des Konzepts des SGB IX notwendige Leistung. Diese Norm lässt im Gegensatz zu § 13 keine Ausnahme zu und erfasst alle Rehabilitationsträger nach § 6 einschl. der Träger der öffentlichen Jugendhilfe sowie der Sozialhilfeträger.

Der Gesetzgeber überträgt zwar der Selbstverwaltung der Rehabilitationsträger die Verantwortung für die Organisation der gemeinsamen Servicestellen. Mit Blick auf die mit der Umsetzung des RehaAnglG gemachten Erfahrungen enthält das SGB IX jedoch verschiedene Regelungen, die den Umsetzungsprozess begleiten und ggf. Grundlage gebotener Eingriffe sein können (Hinwirkungspflicht der oberen Landessozialbehörden nach Abs. 2, regelmäßige Berichte nach § 24, Verordnungsermächtigung nach § 25, gemeinsame Empfehlungen nach §§ 12 Abs. 1 Nr. 1 bis 4 iVm 13 Abs. 1 sowie der Verordnungsermächtigung nach § 16 und letztlich die wissenschaftliche Evaluation nach § 64 Abs. 1 Satz 2 Nr. 2 verbunden mit der Verpflichtung nach § 66, den gesetzgebenden Körperschaften mit dem Bundesbehindertenbericht Vorschläge über zu treffende Maßnahmen vorzulegen).

2 **2. Entstehung der Norm.** Die Vorschrift wurde durch Art. 1 SGB IX ab 1. 7. 2001 eingeführt und mit Änderungen aus dem RegE (BT-Drucks. 14/5531 iVm 14/5074) übernommen. In Abs. 1 Satz 1 wurden die Wörter „unter Nutzung bestehender Strukturen" eingefügt, Abs. 1 Satz 3 auf Vorschlag des BR angefügt sowie Abs. 3 Satz 1 mit den Worten „Zugangs und Kommunikationsbarrieren" klargestellt (BT-Drucks. 14/5786 S. 28; 14/5800 S. 35).

3 **3. Normzweck.** Gegenstand der Regelung sind Errichtung, Organisation, Standard und Betrieb der gemeinsamen Servicestellen.

4 4. Nach **Absatz 1 Satz 1** haben die Rehabilitationsträger sicher zu stellen, dass in allen Landkreisen und kreisfreien Städten gemeinsame Servicestellen bestehen **(Sicherstellungsauftrag).** Abweichungen sind zulässig, wenn diese gleichwertig oder besser geeignet sind, den gesetzlichen Auftrag zu erfüllen. **Satz 2** enthält eine gesetzliche Abweichung, wenn eine gemeinsame Servicestelle für mehrere kleinere Landkreise oder kreisfreie Städte eingerichtet werden soll. Voraussetzung dafür ist, dass damit eine ortsnahe Beratung und Unterstützung behinderter und von Behinderung bedrohter Menschen gewährleistet ist. Die gemeinsamen Servicestellen sind bedarfsgerecht, ortsnah und flächendeckend einzurichten. Maßstab sind zwar die

formalen Grenzen der kommunalen Gebietskörperschaften. Entscheidend sind jedoch die Bedarfsgerechtigkeit und die tatsächliche Erreichbarkeit der gemeinsamen Servicestellen. Ist die ortsnahe Beratung und Unterstützung, die Bedarfsgerechtigkeit und Erreichbarkeit des Beratungsangebots mindestens in gleicher Weise oder sogar besser gewährleistet, wenn die formalen Grenzen der Gebietskörperschaften überschritten werden (zB gemeinsame Servicestelle, die den Stadtteil einer Großstadt sowie die angrenzenden Gebiete des benachbarten Landkreises erfasst), ist dies zulässig. Danach muss nicht in jedem Landkreis und jeder kreisfreien Stadt eine Servicestelle vorhanden sein, wenn die ortsnahe Beratung und Unterstützung dennoch gesichert ist. Umgekehrt kann eine gemeinsame Servicestelle in einem Landkreis oder einer kreisfreien Stadt nicht ausreichend sein, wenn mit ihr die ortsnahe Beratung und Unterstützung nicht hinreichend gewährleistet ist (BT-Drucks. 14/5074 S. 106). Ob die Beratung und Unterstützung ortsnah gesichert ist, richtet sich auch nach dem Mobilitätsradius der betroffenen Menschen, der mit Blick auf die behinderungsbedingten Einschränkungen angemessen und vertretbar sein muss. Der auf Vorschlag des Bundesrates eingefügte **Satz 3** gestattet es den Stadtstaaten, die gemeinsamen Servicestellen entsprechend ihrem besonderen Verwaltungsaufbau einzurichten (zB Bezirksstrukturen). Auch hier gilt jedoch die Nutzbarkeit für die Betroffenen als Maßstab für die Organisationsentwicklung.

Die Vorschrift regelt nicht die Organisation im Einzelnen, sondern überlässt dies den Rehabilitationsträgern nach pflichtgemäßem Ermessen. Die gemeinsamen Servicestellen sind nicht Bundes- und Landesverwaltung zugleich, sondern Organisationseinheiten der Rehabilitationsträger. In der Begründung wird aus verfassungsrechtlichen Gründen (zur Verletzung zwingender Kompetenznormen des Grundgesetzes vgl. BVerfG 63 S. 32) darauf hingewiesen, dass Mischverwaltungen nicht gewollt sind (BT-Drucks. 14/5074 S. 106). Keine unzulässige Mischverwaltung stellen die vom Gesetzgeber in § 12 Abs. 2 ausdrücklich vorgesehenen regionalen Arbeitsgemeinschaften der Rehabilitationsträger dar, die mit entsprechenden Mitteln und der Befugnis zur Auftragsverwaltung ausgestattet werden können. Der Gesetzgeber hat damit eine zulässige Organisationsform für die gemeinsame Trägerschaft der Servicestellen aufgezeigt, von der die Rehabilitationsträger jedoch keinen Gebrauch gemacht haben, obwohl sie die Beratungskompetenz der Servicestellen verbessern könnten (*Mrozynski* § 22 Rn 6). 5

Der Gesetzgeber geht von der Errichtung **gemeinsamer** Servicestellen aus (Abs. 1 Satz 1 und 2, § 22 Abs. 1 Satz 1). Zudem können die Rehabilitationsträger die in § 22 Abs. 1 Satz 2 genannten Aufgaben schon der Sache nach notwendiger Weise nur kooperativ erfüllen. Geht man dazu nicht den Weg der institutionalisierten Gemeinsamkeit iSd § 12 Abs. 2, bleiben die in §§ 88 bis 93 SGB X beschriebenen Formen der Zusammenarbeit, insbesondere die gegenseitige Beauftragung der Rehabilitationsträger (BT-Drucks. 14/5074 S. 106). 6

Bei der Errichtung der gemeinsamen Servicestellen sollen die bei Inkrafttreten dieser Regelung vorhandenen Strukturen der Auskunfts- und Beratungsstellen der Rehabilitationsträger genutzt werden (Satz 1). Dies gebietet schon die Verpflichtung zur wirtschaftlichen und sparsamen Mittelverwen- 7 dung nach § 69 Abs. 2 SGB IV. Aus dieser Regelung kann jedoch weder ein Bestandsschutz bestehender Beratungsangebote, noch ein Verbot der Errichtung neuer oder zusätzlicher Beratungsangebote abgeleitet werden. Sind vorhandene Beratungsangebote nicht bedarfsgerecht (zB ortsnah, flächendeckend), so sind auch zusätzliche oder neue Servicestellen einzurichten und ggf. vorhandene Standorte aufzugeben. Sind vorhandene Beratungsangebote qualitativ nicht bedarfsgerecht (Abs. 3), sind sie entsprechend zu qualifizieren, was neben einer veränderten personellen Besetzung ggf. auch strukturelle Investitionen (Barrierefreiheit) einschließt. Insgesamt wird die Zahl der gemeinsamen Servicestellen nach dem SGB IX im Verhältnis zu den Auskunfts- und Beratungsstellen nach dem RehaAnglG kleiner, diese dafür aber kompetenter. Deshalb dürften mit der ggf. erforderlichen qualitativen und quantitativen Anpassung bestehender Strukturen keine signifikanten Mehrkosten verbunden sein (BT-Drucks. 14/5074 S. 106).

8 **5.** Die Rehabilitationsträger haben zur Umsetzung der gesetzlichen Vorgaben eine **„Rahmenempfehlung zur Einrichtung trägerübergreifender Servicestellen für Rehabilitation vom 24. 4. 2001“** sowie ergänzende **Durchführungshinweise** zu dieser Rahmenempfehlung vom 14. 5. 2001 vereinbart. Die Spitzenverbände der Rehabilitationsträger hatten sich während des Gesetzgebungsverfahrens bereit erklärt, bereits vorab den im SGB IX beschriebenen Anliegen und Zielen des Gesetzgebers in einer Gesamtvereinbarung nach § 5 Abs. 6 RehaAnglG Rechnung zutragen. Diese Gesamtvereinbarung scheiterte jedoch an der fehlenden Zustimmung der Länder als Träger der Versorgungsverwaltung. Die noch vor Inkrafttreten des SGB IX vereinbarte Rahmenempfehlung wurde ab 1. 1. 2009 neu gefasst. Sie entspricht den Vorgaben des SGB IX unverändert nur bedingt bzw. ist mit ihm in Teilen nicht zu vereinbaren. Trotz der verpflichtenden Einbindung der Träger der Jugend- und Sozialhilfe in den Sicherstellungsauftrag nach Absatz 1 geht die Rahmenempfehlung nur von einem Beitrittsrecht der Träger der Sozialhilfe und der Jugendhilfe aus.

9 In Ziffer 1 heben die Träger die „Optimierung und Beschleunigung von Verfahren, einschl. daraus resultierender möglicher Einsparungen in anderen Leistungsbereichen“ heraus und reduzieren die Rolle der Servicestellen im Kern unverändert auf die einer Stelle zur Entgegennahme und Weiterleitung von Anträgen. Die **Rahmenempfehlung** reflektiert damit ein auf die Leistungsberatung begrenztes und nicht auf die Integration der Betroffenen in die Gesellschaft ausgerichtetes Aufgabenverständnis der Rehabilitationsträger, das weder mit der Intention des Gesetzgebers übereinstimmt, noch den gesamten Aufgabenkatalog des § 22 erfasst.

10 Trotz sprachlicher Anpassung an den Gesetzestext wird organisatorisch mit einer Art Anlaufstelle (front-office), die erst durch Kontaktpersonen/Ansprechpartner in den Reha-Trägern fachlich qualifiziert wird (back-office) anstelle echter gemeinsamer Servicestellen weiterhin ein **„Kooperationsmodell“** gestaltet, das die bei den Rehabilitationsträgern vorhandenen Strukturen so vernetzt, dass jeder Servicestelle die Mitarbeiter anderer Rehabilitationsträger im Team fallweise und auch für Grundsatzfragen zur Verfügung stehen (*Reimann,* DRV-Schriften Bd. 31 S. 45). Danach arbeitet – wie vor Inkrafttreten des SGB IX – jeder Rehabilitationsträger als Teil der – virtuel-

len – gemeinsamen Servicestelle in eigener Zuständigkeit weiter (vgl. *Stähler:* 2001). Die Entscheidung über infrage kommende Reha-Leistungen wird nicht auf die Servicestellen übertragen, sondern verbleibt bei dem zuständigen Rehabilitationsträger. Die Einheit von Beratung, Sachbearbeitung und sozialmedizinischer Sachaufklärung bleibt unverändert erhalten (vgl. *Stähler* aaO S. 204).

Der in Ziffer 1 enthaltene Aufgabenkatalog schränkt den gesetzlichen Aufgabenkatalog zT erheblich ein (zB nur „Vorbereitung der Entscheidung", statt umfassende, entscheidungsreife Vorbereitung nach § 22 Abs. 1 Satz 2 Nr. 5) oder reduziert ihn (die originären Aufgaben der Nrn. 7 und 8 fehlen völlig). Die in der früheren Fassung – wenn auch nicht dem Gesetz entsprechend – enthalten gewesene Beteiligung behandelnder Ärzte iSd nach § 13 Abs. 2 Nr. 8 vorgesehenen *Einbindung* der Ärzte in das gesamte Rehabilitationsverfahren fehlt nunmehr völlig. 11

Der Abschnitt „Form und Ort der Beratung und Unterstützung" sieht in Abs. 1 die Beratung als persönliches Gespräch vor, das auch über „Service-Telefone" erfolgen können soll. Gerade solche Call-Center verbieten sich jedoch nach *Haines* (LPK-SGB IX § 23 Rn 23) wegen der idR unzureichenden Personalkompetenz. Die Dokumentation nach Ziffer 7 beschränkt sich in dem dazu entwickelten Dokumentationsbogen auf Kriterien für die Berichterstattung nach § 24. Eine Dokumentation der tatsächlich erbrachten Beratungsleistung iSd des gesamten trägerübergreifenden Rehabilitations- und Teilhabebedarfs iSv § 10 Abs. 1 Satz 1 ist dagegen nicht vorgegeben. 12

Die im Bundesbehindertenbericht 2004 sowie von den Verbänden und Organisationen der Betroffenen bis heute beklagte unzureichende Umsetzung des SGB IX in diesem Bereich ist auf die – hier nur mit einigen Beispielen angerissene – Divergenz der Rahmenempfehlungen einschl. der Durchführungshinweise im Verhältnis zu den Vorgaben und Pflichten der Rehabilitationsträger nach dem SGB IX zurückzuführen. Dass diese Defizite unverändert bestehen und bis heute faktisch keine gemeinsame Servicestelle alle Aufgaben entsprechend den gesetzlichen Vorgaben erfüllt, dokumentiert eine 2009 im Land NRW im Auftrag der Landesregierung durchgeführte Untersuchung (ISG 2009). 13

6. Nach **Absatz 2** haben die **obersten Landessozialbehörden** (nach dem Organisationsrecht der Länder idR die Sozialministerien bzw. Senatsverwaltungen für Soziales) in ihrem Verantwortungsbereich darauf hinzuwirken, dass die gemeinsamen Servicestellen unverzüglich eingerichtet werden. Die obersten Landessozialbehörden sollen nicht an Stelle der Rehabilitationsträger tätig werden. Um der **Hinwirkungspflicht** nachzukommen, haben sie das Recht, von den Rehabilitationsträgern und deren Verbänden über alle qualitativen und quantitativen Aspekte des Errichtungsprozesses unterrichtet zu werden und die damit verbundenen Unterlagen einzusehen. Sie haben darauf einzuwirken, dass die Rehabilitationsträger bei der Errichtung mit einander koordinieren und kooperieren, ggf. den Errichtungsprozess initiierend in Gang zu setzen und zwischen den Rehabilitationsträgern zu vermitteln. Die Hinwirkungspflicht umfasst auch die Einwirkung auf die Träger, dass nur gemeinsame Servicestellen errichtet werden, die in der Lage sind, die Aufgaben nach § 22 wahrzunehmen und dafür über die erforderliche 14

Kompetenz und Ausstattung verfügen (Abs. 3). Soweit sie zugleich Aufsichtsbehörden über die Rehabilitationsträger sind (§ 90 Abs. 2 SGB IV), können die Landessozialbehörden – falls nötig – auch die ihnen damit gegebenen Beratungs- und Eingriffsmöglichkeiten einsetzen, um die erforderliche Kompetenz und Qualität der gemeinsamen Servicestellen, wie auch das bedarfsgerechte ortsnahe Vorhandensein durchzusetzen.

15 Die Regelung bestimmt zwar keinen Zeitpunkt, wann die Landessozialbehörden ihrer Aufgabe nachgekommen sein müssen. § 25 nennt jedoch als spätesten Zeitpunkt, zu dem die gemeinsamen Servicestellen in der gebotenen Qualität errichtet sein müssen den 31. 12. 2002. Die Anwendbarkeit dieser Regelung und damit die darin bestimmten Pflichten der Landessozialbehörden enden nicht mit dem Ende der Errichtungsphase am 31. 12. 2002. Die Pflichten bestehen auch darüber hinaus, wenn später durch Veränderung des Beratungsbedarfs, durch Neuordnung kommunaler Gebietsgrenzen, aber auch aus den Berichten nach § 24 oder wegen unzureichender qualitativer Ausstattung der Servicestellen ein Veränderungsbedarf besteht.

16 Die Spitzenverbände der Rehabilitationsträger sind verpflichtet, die obersten Landessozialbehörden bei der Ausübung ihrer Hinwirkungspflicht zu unterstützen und haben deshalb das Recht, von den obersten Landessozialbehörden beteiligt zu werden. Durch die diese Beteiligung auf Bundes- wie auch auf Landesebene können sie auf möglichst bundeseinheitliche Lösungen hinwirken, ohne dadurch bedarfsnotwendige spezifische Lösungen auf Landes- oder kommunaler Ebene auszuschließen.

17 **7. Absatz 3 Satz 1** bindet das den Rehabilitationsträgern bei der administrativen Umsetzung der gemeinsamen Servicestellen eingeräumte Verwaltungsermessen an Maßstäbe der Struktur- und Prozessqualität, die gewährleisten, dass die gemeinsamen Servicestellen die Aufgaben nach § 22 umfassend und qualifiziert erfüllten können (Ergebnisqualität). Dabei sind insbesondere Zugangs- und Kommunikationsbarrieren auszuschließen und Wartezeiten zu vermeiden.

18 **Zugangsbarrieren** sind überwiegend in baulichen und sonstigen Anlagen (§ 8 Abs. 1 BBG), Verkehrsmitteln (§ 8 Abs. 2 BBG), technischen Gebrauchsgegenständen (§§ 8, 11 BBG), Systemen der Informationsverarbeitung (ua. Bescheide und Vordrucke § 10 BBG) und visuellen Informationsquellen (§ 11 BBG) zu finden (§ 4 BBG) und damit ein Merkmalen der Strukturqualität.

19 Die zur Vermeidung **baulicher Barrieren** einzuhaltenden Standards sind teilweise durch DIN-Standards [DIN 18024-18030, insbes. 18024 – Teil 2 (Barrierefreies Bauen/Öffentlich zugängliche Gebäude und Arbeitstätten)], insbesondere jedoch durch das Baurecht der Länder (Landesbauordnungen) definiert.

20 Von den Gemeinsamen Servicestellen zur Verfügung gestellte **visuelle Informationsquellen** wie Internet- oder Intranetseiten bzw. grafische Programmoberflächen im Bereich der elektronischen Datenverarbeitung sind technisch so zu gestalten, dass sie von behinderten Menschen grundsätzlich uneingeschränkt genutzt werden können. Die dafür vorgesehenen Standards [Leitlinien der WAI (Web Accessibility Initiative)] sind anzustreben (vgl. auch KommunikationshilfenVO).

Systeme zur Informationsverarbeitung, insbes. für Blinde und sehbehinderte Menschen, müssen für die Betroffenen ohne besonderen Aufwand nutzbar sein und kostenlos zur Verfügung gestellt werden. D. h. zB, dass die normalerweise in Schwarzschrift vermittelten Informationen für Berechtigte mit Computerausstattung mit Braille-Zeile oder Sprachausgabe digital oder als Diskette, als Braille-Druck oder Großdruck zugänglich zu machen sind. Verfügt der Berechtigte nicht über die für den Empfang notwendige Ausstattung, können die Informationen auch über Hörkassetten übermittelt werden. 21

Kommunikationsbarrieren erfordern die Verwendung von Gebärdensprache und anderen Kommunikationshilfen (§§ 9, 11 BBG) und sind ebenso Bestandteil der Prozessqualität der gemeinsamen Servicestellen wie das Vorhandensein qualifizierten Personals (Abs. 3 Satz 2). 22

Die Bereits nach § 17 Abs. 1 Nr. 4 sowie Abs. 2 SGB I bestehenden Pflichten der Rehabilitationsträger zur behindertengerechten qualitativen Ausstattung ihrer Verwaltungs- und Dienstgebäude werden mit dieser Regelung für die gemeinsamen Servicestellen nochmals unterstrichen und konkretisiert.

Als weiteres Merkmal der Prozessqualität wird die **Vermeidung unzumutbarer Wartezeiten** der Betroffenen gefordert, was insbesondere durch das Vorhandensein einer entsprechenden Anzahl von Beschäftigten gewährleistet werden kann (quantitativer Maßstab für die Personalausstattung). 23

Nach **Satz 2** sind die Rehabilitationsträger verpflichtet, besonders qualifiziertes Personal mit breiten Fachkenntnissen insbesondere des Rehabilitationsrechts und der Praxis (qualitativer Maßstab für die Personalausstattung) einzusetzen. Dabei sind nach **Satz 3** schwb Menschenbevorzugt zu berücksichtigen (§ 112 Abs. 3) und ein angemessener Anteil der Stellen mit schwerbehinderten Frauen zu besetzen (§ Abs. 3 Satz 3). Die damit verbundene Eigenkompetenz und -erfahrung erhöht nicht nur die Beratungsqualität, sondern trägt auch dem Prinzip Rechnung, Beratung und Unterstützung teilweise durch in gleicher Weise betroffene Personen anzubieten. 24

8. Absatz 4 gestattet den gemeinsamen Servicestellen die Erhebung, Verarbeitung und Nutzung von **Sozialdaten** ausschließlich im Rahmen der Aufgabenwahrnehmung nach § 22. Diese Regelung entspricht § 67a Abs. 1 Satz 1 SGB X und stellt klar, dass die Gemeinsamen Servicestellen datenschutzrechtlich eine eigene Einheit bilden, obwohl sie keine eigenständige Behörde oder Einrichtung, sondern nur einem Rehabilitationsträger als Organisationseinheit angegliedert sind. 25

Die einschlägigen Bestimmungen des Datenschutzes nach §§ 67–85a SGB X, insbesondere die über die Löschung nach § 84 Abs. 2 SGB X sind ebenso uneingeschränkt zu beachten wie die für die Beschäftigten geltenden Bestimmungen über die Geheimhaltungspflichten nach § 130 Abs. 1 SGB IX. Im Übrigen wurden die gemeinsamen Servicestellen durch eine Ergänzung des § 35 Abs. 1 Satz 4 SGB I generell in den Datenschutz mit einbezogen.

§ 24 Bericht

(1) [1]Die Rehabilitationsträger, die Träger der Renten-, Kranken- und Unfallversicherung über ihre Spitzenverbände, teilen der Bundesarbeitsgemeinschaft für Rehabilitation im Abstand von drei Jahren, erstmals im Jahre 2004, ihre Erfahrungen über die Einrichtung der gemeinsamen Servicestellen, die Durchführung und Erfüllung ihrer Aufgaben, die Einhaltung des Datenschutzes und mögliche Verbesserungen mit. [2]Personenbezogene Daten werden anonymisiert.

(2) Die Bundesarbeitsgemeinschaft für Rehabilitation bereitet die Mitteilungen der Rehabilitationsträger auf, beteiligt hierbei die zuständigen obersten Landessozialbehörden, erörtert die Mitteilungen auf Landesebene mit den Verbänden behinderter Menschen einschließlich der Verbände der Freien Wohlfahrtspflege, der Selbsthilfegruppen und der Interessenvertretungen behinderter Frauen und berichtet unverzüglich dem Bundesministerium für Arbeit und Soziales und den Ländern.

1 **1. Entstehung der Norm.** Die Vorschrift wurde durch Art. 1 SGB IX ab 1. 7. 2001 eingeführt. Abs. 1entspricht der Fassung des RegE (BT-Drucks. 14/5531 iVm 14/5074). Abs. 2 wurde um die Beteiligung der Verbände der Freien Wohlfahrtspflege und – entsprechend einem Vorschlag des Bundesrates – um die Zuleitung an die Länder ergänzt (BT-Drucks. 14/5786 S. 28; 14/5800 S. 32). Abs. 2 ab 1. 1. 2003 geändert durch Gesetz zur Änderung von Fristen und Bezeichnungen im SGB IX und zur Änderung anderer Gesetze vom 3. 4. 2003 (BGBl. I S. 462).

2 **2. Normzweck.** Die Regelung sieht in regelmäßigen Abständen einen Bericht über die Praxis der gemeinsamen Servicestellen sowie mögliche Verbesserungen vor und regelt dazu die Berichtspflichten.

3 **3.** Nach **Abs. 1, Satz 1** haben die Rehabilitationsträger über ihre Erfahrungen mit der Einrichtung der gemeinsamen Servicestellen zu berichten. Gegenstand der Berichterstattung sind die Erfahrungen über die Einrichtung, dh das Errichtungsverfahren, sowie die Durchführung und Erfüllung der Aufgaben sowie die Einhaltung des Datenschutzes. Die Rehabilitationsträger sind auch verpflichtet, zu diesen Inhalten mögliche Verbesserungen mitzuteilen. Nach der Begründung wird eine Berichterstattung erwartet, in welcher Weise die regionale Organisation erfolgt ist, in welchem Umfang bei der Stellenbesetzung schwb Menschen bevorzugt berücksichtigt und welcher Anteil der Stellen mit schwerbehinderten Frauen besetzt wurde. Gegenstand des Berichtes sind danach auch sämtliche anderen in §§ 22 und 23 angesprochenen Tatbestände sowie die Umsetzung der in diesem Gesetz enthaltenen Grundsätze zur Förderung der Teilhabe behinderter Frauen sowie der Teilhabe schwerbehinderter Menschen am Arbeitsleben bei der Errichtung der gemeinsamen Servicestellen (vgl. BT-Drucks. 14/5074 S. 106).

Die Mitteilungen der Rehabilitationsträger sind im Abstand von drei Jahren, erstmals im Jahre 2004 zu erstatten.

4 **Satz 2** verpflichtet die Rehabilitationsträger im Rahmen ihrer Berichterstattung zur Anonymisierung personenbezogener Daten.

4. Nach **Absatz 2** bereitet die BAR die Mitteilungen der Rehabilitationsträger auf. Sie hat an der Aufbereitung der Mitteilungen der Rehabilitationsträger – nicht an der erst nachfolgenden Berichtserstellung – die zuständigen obersten Landessozialbehörden zu beteiligen. Diese erhalten damit Gelegenheit, aus der Perspektive derjenigen, die nach § 23 Abs. 2 auf die unverzügliche Einrichtung der gemeinsamen Servicestellen einzuwirken hatten und dabei eigene Erfahrungen gesammelt haben, zu den Berichtsinhalten nach Satz 1 Stellung zu nehmen. 5

Die Verbände behinderter Menschen einschließlich der Verbände der Freien Wohlfahrtspflege, der Selbsthilfegruppen und der Interessenvertretungen behinderter Frauen sind bei der Aufbereitung der Mitteilungen der Rehabilitationsträger nicht zu beteiligen. Mit diesen Organisationen sind diese Mitteilungen auf Landesebene stattdessen zu erörtern. Die Erörterungspflicht liegt bei der BAR. Wie sie diese Erörterung administrativ vornimmt, bleibt in ihr Verwaltungsermessen gestellt. Da eine Erörterung nicht die einseitige Vermittlung von Tatbeständen oder Sachverhalten, sondern insbesondere auch den Gedankenaustausch darüber beinhaltet, müssen die Organisationen der Betroffenen in allen Bundesländern Gelegenheit erhalten, ihre Erfahrungen einzubringen und dabei auch länderspezifische Entwicklungen zu verdeutlichen. 6

Nach der Aufbereitung der Mitteilungen unter Beteiligung der Länder und der Erörterung der Mitteilungen mit den Organisationen der Betroffenen hat die BAR einen zusammenfassenden Bericht zu erstellen, der sich keinesfalls auf eine bloße formale Aufbereitung der Mitteilungen der Rehabilitationsträger beschränken darf. Der Bericht muss darüber hinaus umfassend sowohl die während der Beteiligung der obersten Landesbehörden, als auch während der Erörterung mit den Betroffenenorganisationen eingebrachten – ggf. im Verhältnis zu den übrigen Beteiligten abweichenden oder gegensätzlichen – Erfahrungen zu den in Abs. 1 Satz 1 definierten Berichtsinhalten aufzeigen. Soweit die BAR – unabhängig von den übrigen Beteiligten – über eigene Erfahrungen und Einschätzungen der Berichtsgegenstände verfügt, ist es ihr im Rahmen dieser gesetzlichen Aufgabenstellung unbenommen, diese – unabhängig von der ggf. abweichenden Auffassung der in ihren Organen als Vereinsmitglieder repräsentierten Rehabilitationsträger – in den Bericht einzubringen. 7

Die BAR hat den Bericht nach der Erstellung ohne Verzögerung dem Bundesministerium für Arbeit und Soziales sowie den Ländern vorzulegen. Diese Regelung verdeutlicht, dass die BAR mit der Berichtserstellung keine Aufgabe iSd Vereinsrechts, sondern eine ihr durch den Gesetzgeber übertragene öffentlich-rechtliche Aufgabe quasi iSe Auftragsverwaltung ausführt und sich insoweit auch gegenüber ihren Vereinsmitgliedern unabhängig zu verhalten hat.

Die Rehabilitationsträger haben keinen unmittelbaren Anspruch, den Bericht zu erhalten. Über die Verwendung des Berichts und damit auch über dessen Veröffentlichung und Verteilung entscheiden allein die Empfänger, dh das BMAS und die Länder.

§ 25 Verordnungsermächtigung

Sind gemeinsame Servicestellen nach § 23 Abs. 1 nicht bis zum 31. Dezember 2002 in allen Landkreisen und kreisfreien Städten eingerichtet, bestimmt das Bundesministerium für Arbeit und Soziales, durch Rechtsverordnung mit Zustimmung des Bundesrates das Nähere über den Ort der Einrichtung, den Rehabilitationsträger, bei dem die gemeinsame Servicestelle eingerichtet wird und der für die Einrichtung verantwortlich ist, den Zeitpunkt, zu dem die Einrichtung abgeschlossen sein muss, sowie über die Organisation, insbesondere entsprechend ihrem Anteil an den Leistungen zur Teilhabe über Art und Umfang der Beteiligung der Rehabilitationsträger in den gemeinsamen Servicestellen.

1 **1. Entstehung der Norm.** Die Vorschrift wurde durch Art. 1 SGB IX ab 1. 7. 2001 eingeführt und aus dem RegE (BT-Drucks. 14/5531 iVm 14/5074) ohne Änderungen übernommen. Ab 1. 1. 2003 geändert durch Gesetz zur Änderung von Fristen und Bezeichnungen im SGB IX und zur Änderung anderer Gesetze vom 3. 4. 2003 (BGBl. I S. 462).

2 **2. Normzweck.** Für den Fall, dass die Rehabilitationsträger bis zum 31. 12. 2002 ihrer Verpflichtung zur flächendeckenden Errichtung von Servicestellen nicht nachkommen, enthält diese Regelung eine Ermächtigung zur Ersatzvornahme durch das BMAS. und bestimmt Inhalt und Gegenstände, die dazu in einer Rechtsverordnung geregelt werden dürfen.

3 **3. Voraussetzung** für die Ausübung **der Verordnungsermächtigung** ist, dass die gemeinsamen Servicestellen nicht in allen Kreisen und kreisfreien Städten errichtet sind. Zur Beurteilung dieser Voraussetzung ist kein formaler Maßstab etwa idS anzulegen, dass zu diesem Zeitpunkt tatsächlich in jedem Kreis bzw. in jeder kreisfreien Stadt eine gemeinsame Servicestelle besteht. Die Regelung bezieht sich auf § 23 Abs. 1. Maßstab ist danach, dass die Servicestellen entsprechend dieser Regelung bedarfsgerecht, ortsnah und flächendeckend eingerichtet und zur Erfüllung der in § 22 zwingend vorgeschriebenen Aufgaben in der Lage sind (so auch Lachwitz-*Welti* § 25 Rn 4; *Haines* in LPK-SGB IX § 25 Rn 6).

Die Voraussetzungen für die Ausübung der Verordnungsermächtigung sind und bleiben auch dann gegeben, wenn zwar am 1. 1. 2003 in allen Kreisen oder kreisfreien Städten oder bedarfsgerecht, ortsnah und flächendeckend als gemeinsame Servicestellen bezeichnete Einrichtungen bestehen, ohne tatsächlich solche zu sein, weil sie nicht in der Lage sind, die in § 22 zwingend vorgeschriebenen Aufgaben zu erfüllen. Damit wären zwar die quantitativen Anforderungen des § 23 Abs. 1 erfüllt, nicht jedoch die qualitativen Anforderungen nach §§ 23 Abs. 3 iVm § 22 Abs. 1, sodass es sich nicht um gemeinsame Servicestellen im Sinne dieses Gesetzes handelt.

4 Den verfassungsrechtlichen Vorgaben gemäß Art. 80 Abs. 1 GG ist in der Verordnungsermächtigung ausreichend Rechnung getragen, da sowohl die Sachgebiete und Gegenstände (Inhalt), als auch der Zweck (das bei der Rechtsetzung zu verfolgende Ziel) und das Ausmaß (Direktiven und Grenzen der zu schaffenden Regelung) hinreichend bestimmt sind. Auch der mit

der Verordnung verbundene Eingriff in die Selbstverwaltungsautonomie der Rehabilitationsträger ist ausreichend bestimmt und damit verfassungskonform.

4. Der **Inhalt der Verordnungsermächtigung** umfasst nähere Regelungen über den Ort der Einrichtung, den die Einrichtung tragenden Rehabilitationsträger, den Zeitpunkt, zu dem die Errichtung abgeschlossen sein muss, sowie über die Organisation. Damit beinhaltet die Ermächtigung ausdrücklich auch die Regelung von Fragen der Verwaltungsorganisation der Rehabilitationsträger soweit diese dazu nicht in der Lage sind oder diese unterlassen. Die Ermächtigung, auch Fragen der Organisation zu regeln, stellt einen unmittelbaren Bezug zu §§ 23 Abs. 3, 22 her. Danach sind Servicestellen so auszustatten, dass sie ihre Aufgaben umfassend und qualifiziert erfüllen können, Zugangs- und Kommunikationsbarrieren nicht bestehen, Wartezeiten idR vermieden werden und besonders qualifiziertes Personal mit breiten Fachkenntnissen eingesetzt ist. Die Ermächtigung umfasst – auf der Grundlage der quantitativen Verteilung der Leistungen – auch die Regelung von Art und Umfang der Beteiligung der einzelnen Rehabilitationsträger, die sowohl als sachliche und personelle Beteiligung, aber auch als Verpflichtung zur Mitfinanzierung ausgestaltet sein kann. 5

Bei der Ausübung der Verordnungsermächtigung ist im Übrigen der Hinweis aus der Begründung zu beachten, wonach „ebenso wie bei der Einrichtung der Gemeinsamen Servicestellen durch die Rehabilitationsträger ...auch bei einer Einrichtung durch Verordnung keine unzulässige Mischverwaltung begründet werden (darf)".

Kapitel 4. Leistungen zur medizinischen Rehabilitation

§ 26 Leistungen zur medizinischen Rehabilitation

(1) Zur medizinischen Rehabilitation behinderter und von Behinderung bedrohter Menschen werden die erforderlichen Leistungen erbracht, um

1. Behinderungen einschließlich chronischer Krankheiten abzuwenden, zu beseitigen, zu mindern, auszugleichen, eine Verschlimmerung zu verhüten oder

2. Einschränkungen der Erwerbsfähigkeit und Pflegebedürftigkeit zu vermeiden, zu überwinden, zu mindern, eine Verschlimmerung zu verhüten sowie den vorzeitigen Bezug von laufenden Sozialleistungen zu vermeiden oder laufende Sozialleistungen zu mindern.

(2) Leistungen zur medizinischen Rehabilitation umfassen insbesondere

1. Behandlung durch Ärzte, Zahnärzte und Angehörige anderer Heilberufe, soweit deren Leistungen unter ärztlicher Aufsicht oder auf ärztliche Anordnung ausgeführt werden, einschließlich der Anleitung, eigene Heilungskräfte zu entwickeln,

2. Früherkennung und Frühförderung behinderter und von Behinderung bedrohter Kinder,

3. Arznei- und Verbandmittel,
4. Heilmittel einschließlich physikalischer, Sprach- und Beschäftigungstherapie,
5. Psychotherapie als ärztliche und psychotherapeutische Behandlung,
6. Hilfsmittel,
7. Belastungserprobung und Arbeitstherapie.

(3) **Bestandteil der Leistungen nach Absatz 1 sind auch medizinische, psychologische und pädagogische Hilfen, soweit diese Leistungen im Einzelfall erforderlich sind, um die in Absatz 1 genannten Ziele zu erreichen oder zu sichern und Krankheitsfolgen zu vermeiden, zu überwinden, zu mindern oder ihre Verschlimmerung zu verhüten, insbesondere**
1. Hilfen zur Unterstützung bei der Krankheits- und Behinderungsverarbeitung,
2. Aktivierung von Selbsthilfepotentialen,
3. mit Zustimmung der Leistungsberechtigten Information und Beratung von Partnern und Angehörigen sowie von Vorgesetzten und Kollegen,
4. Vermittlung von Kontakten zu örtlichen Selbsthilfe- und Beratungsmöglichkeiten,
5. Hilfen zur seelischen Stabilisierung und zur Förderung der sozialen Kompetenz, unter anderem durch Training sozialer und kommunikativer Fähigkeiten und im Umgang mit Krisensituationen,
6. Training lebenspraktischer Fähigkeiten,
7. Anleitung und Motivation zur Inanspruchnahme von Leistungen der medizinischen Rehabilitation.

1 **1. Sozialpolitischer Hintergrund.** Nach dem RehaAnglG stellten die leistungsrechtlichen Regelungen (§§ 10 ff) lediglich Grundsätze dar, während sich Voraussetzungen, Art und Umfang der Leistungen der Rehabilitationsträger im Einzelnen nach den jeweils für sie geltenden Rechtsvorschriften richteten. Nach § 7 richten sich nunmehr lediglich noch Zuständigkeit und Leistungsvoraussetzungen nach den spezifischen Rechtsvorschriften der jeweiligen Rehabilitationsträger. Art, Umfang und Ausführung der Leistungen richten sich dagegen nunmehr für alle Rehabilitationsträger einheitlich nach den Bestimmungen des SGB IX, es sei denn, der Gesetzgeber hätte für einen Rehabilitationsträger in den für ihn geltenden Rechtsvorschriften besondere (abweichende) Bestimmungen getroffen. Diese Regelung ist Voraussetzung für die mit dem SGB IX angestrebte Konvergenz der Leistungen zur medizinischen Rehabilitation. So enthält zB das SGB V keinerlei Regelung, was im Bereich der GKV unter medizinischer Rehabilitation zu verstehen ist. In Ermanglung einer spezifischen Definition ist deshalb die in dieser Vorschrift enthaltene Leistungsbeschreibung im Bereich der GKV unmittelbar anzuwenden.

2 **2. Entstehung der Norm.** Die Vorschrift wurde im Wesentlichen unverändert aus dem RegE (BT-Drucks 14/5531 iVm 14/5074) übernommen und durch Art. 1 SGB IX ab 1. 7. 2001 eingeführt. Zur Vereinheitlichung der Terminologie hat der AuS-Ausschuss in **Abs. 3 Nr. 5** das Wort „psychischen" durch „seelischen" ersetzt.

3. Normzweck. Die Vorschrift regelt Zielsetzung sowie Art und Umfang der Leistungen zur medizinischen Rehabilitation. **Abs. 1** bestimmt die Ziele, die mit den Leistungen erreicht werden sollen. **Abs. 2** regelt, welche Leistungsarten die medizinische Rehabilitation umfasst. **Abs. 3** stellt klar, dass und welche medizinischen, psychologischen und pädagogischen Hilfen Bestandteil der medizinischen Rehabilitation sein können. 3

4. Einheitliches Leistungsrecht. Durch die in die für die Rehabilitationsträger geltenden Leistungsgesetze aufgenommenen Rückverweise und Bezugnahmen auf das SGB IX (zB § 11 Abs. 2 Satz 3 SGB V, 15 Abs. 1 SGB VI) wurde sichergestellt, dass in keinem Sozialgesetzbuch mehr abweichende Regelungen hinsichtlich der in dieser Vorschrift enthaltenen Leistungsarten enthalten sind. Die für die Träger jeweils geltenden Gesetze enthalten lediglich noch über die in § 26 Abs. 1 beschriebenen Ziele der medizinischen Rehabilitation hinausgehende, zusätzliche trägerspezifische Rehabilitationsziele, die sich aus den spezifischen Aufgabenstellungen der jeweiligen Rehabilitationsträger ableiten (zB Beseitigung von Einschränkungen der Erwerbsfähigkeit in der Rentenversicherung, Schadensausgleich in der Unfallversicherung). 4

Für die Leistungen zur medizinischen Rehabilitation der GKV gelten nach § 27 hingegen ausdrücklich die Ziele nach § 26 Abs. 1. Die Auffassung des BSG (Urteil v. 26. 6. 07 – B 1 KR 36/07 R), dass das SGB V – im Gegensatz zu § 15 Abs. 1 Satz 1 SGB VI in der GRV – nicht pauschal auf die Leistungen zu medizinischen Rehabilitation in §§ 26 bis 31 SGB IX verweist, und deshalb in bestimmten Fällen GKV-spezifische Sichtweisen zulässig seien, überzeugt nicht, weil das BSG die ausdrückliche Verpflichtung und Bindung der Kassen auf und an die Bestimmungen des § 26 Abs. 1 in § 27 unberücksichtigt lässt. Das BSG konterkariert damit zweifelsfrei die Absicht des Gesetzgebers, eine einheitliche Praxis der Rehabilitationsträger bei der Anwendung des Rehabilitationsrechts zu erreichen. 5

Soweit in Rechtsprechung (ua. BSG v. 26. 3. 03 – B 3 KR 23/03) und Literatur (ua. jurisPK-SGB V-*Plageman* § 11 Rn 24) weiterhin die Auffassung vertreten wird, die medizinische Rehabilitation der GKV sei nur zur weitgehenden Wiederherstellung der Gesundheit und der Organfunktion einschließlich der Sicherung des Behandlungserfolges zu leisten, um ein selbständiges Leben führen und die Anforderungen des Alltages meistern zu können, wird die vom Gesetzgeber mit dem SGB IX verbindlich geregelte Konvergenz der Leistungen der Rehabilitationsträger (§ 4 Abs. 2 Satz 2 – vollständig, umfassend und in *gleicher Qualität;* § 4 Abs. 2 Satz 1 – zur Erreichung der Ziele nach dem SGB IX; § 10 Abs. 1 Satz 3 – Ausführung der Leistungen nach *gleichen Maßstäben und Grundsätzen;* § 12 Abs. 1 Nr. 1 – nach Gegenstand, Umfang und Ausführung *einheitliche Leistungserbringung*) völlig ausgeblendet. Übersehen wird auch, dass § 40 SGB V – im Gegensatz zu 41 SGB V – ausdrücklich keine Bezugnahme auf die Behandlungsziele des § 27 Abs. 1 Satz 1 SGB V enthält, sodass nach § 27 SGB IX iVm § 11 Abs. 2 SGB V die Ziele des § 26 Abs. 1 unmittelbar maßgebend sind (Danach trägt die sich darauf beziehende Begründung des BSG im Urteil v. 26. 6. 07, SGb 2007, 485 unter 2. lit. C der Gründe nicht). Gleiches gilt für die seit Inkrafttreten des SGB IX nur noch bedingt gerechtfertigte Unterscheidung zwischen Leistungen zur medizinischen Rehabilitation der GKV und der GRV (BSG v. 26. 6. 07 – B 1 KR 36/07 R, SGb 2007, 485; BSG v. 27. 2. 91 – 5 RJ 51/90, BSG 68, 169; Kreikebohm-*Kreikebohm,* SGB VI § 9 Rn 4).

6 Die vom Gesetzgeber erwartete einheitliche Praxis stellt allerdings hohe Anforderungen an die Kooperation und Koordination der Rehabilitationsträger hinsichtlich der Konvergenz der Leistungen. Diese müssen nämlich einerseits die Inhalte der Leistungen nach Art, Umfang, Intensität und Qualität der eingesetzten Methoden und Verfahren durch gemeinsame Empfehlungen nach §§ 12 Abs. 1 Nr. 1, 13 Abs. 2 Nr. 2 weitgehend einheitlich gestalten, andererseits aber darüber hinausgehende, trägerspezifische Leistungskomponenten definieren und vereinbaren, wenn die jeweilige Aufgabenstellung eines Rehabilitationsträgers dies nach den für ihn geltenden Leistungsgesetzen erfordert und begründet (zB GRV wegen § 10 SGB VI oder Schadensausgleich GUV).

7 **5. Ziele der medizinischen Leistungen zur Rehabilitation. Abs. 1** bestimmt, welche Rehabilitations- und Teilhabeziele mit den medizinischen Leistungen zur Rehabilitation erreicht werden sollen. Sie entsprechen im Wesentlichen den in § 4 Abs. 1 Nr. 1 und 2 genannten Zielen. Leistungen zur medizinischen Rehabilitation, insbesondere die nach Abs. 3, müssen jedoch zB bei Kindern und Jugendlichen, aber auch bei lebensälteren Menschen auch Ziele nach § 4 Abs. 1 Nr. 4 verfolgen und erreichen.

Mit den Worten „erforderlichen Leistungen" wird klargestellt, dass nach dieser Vorschrift umfassend alle Leistungen zu erbringen sind, die zur Erreichung der Ziele iS dieses Gesetzes geeignet und wirksam erscheinen, wirtschaftlich eingesetzt werden können und nach § 6 zur Aufgabenstellung des zuständigen Rehabilitationsträgers gehören.

8 Unter Berücksichtigung der Zuständigkeit des jeweiligen Rehabilitationsträgers stehen den Betroffenen alle nachfolgend in Absatz 2 und 3 genannten Leistungen der medizinischen Rehabilitation in ambulanter oder stationärer Form zur Verfügung, um die Bandbreite der Ziele von einer bloßen Minderung einer Behinderung bis zur vollständigen Integration durch Beseitigung oder Ausgleich einer Behinderung zu erreichen.

Die von den Trägern der medizinischen Rehabilitation nach Abs. 2 und 3 zu erbringenden Leistungen müssen nach ihrer Struktur- und Prozessqualität geeignet und wirksam sein, die in dieser Vorschrift beschrieben Ziele im Einzelfall zu erreichen. Welche Konzepte und Angebote nach Art, Umfang und Inhalt zur Erreichung dieser Ziele geeignet und wirksam sind und deshalb rehabilitationsbedürftigen Menschen als notwendige und bedarfsgerechte Teilhabeleistungen angeboten werden, haben die Rehabilitationsträger nach § 13 Abs. 1 iVm § 12 Abs. 1 Nr. 1 sowie § 13 Abs. 2 Nr. 2 in gemeinsamen Empfehlungen zu vereinbaren.

9 Nach **Nr. 1** ist es das Ziel der medizinischen Leistungen zur Rehabilitation, Behinderungen einschließlich chronischer Erkrankungen abzuwenden, zu beseitigen, zu mindern, auszugleichen sowie eine Verschlimmerung zu verhüten.

10 Die Regelung betont ausdrücklich, dass die Leistungen zur medizinischen Rehabilitation zielgerichtet auch zur Beseitigung der durch **chronische Er-**

krankungen verursachten Teilhabebeeinträchtigungen zu erbringen sind. Sie ist die trägerübergreifende, einheitliche Rechtsgrundlage der medizinischen Rehabilitation chronisch kranker Menschen. Da Menschen mit chronischen Erkrankungen idR behindert oder von einer Behinderung bedroht und damit iSd § 2 behindert sind (vgl. Begründung des Regierungsentwurfs, BT-Drucks. 14/5074 S. 98 und BT-Drucks. 14/5531 S. 5) bedurfte es dieser Klarstellung nur deswegen, weil mit Blick auf die Orientierung des Behinderungsbegriff des § 2 am Wortlaut des früheren Schwerbehindertenrechts während des Gesetzgebungsverfahrens die Gefahr gesehen wurde, dass bei der Durchführung des Gesetzes im Rahmen des für die einzelnen Rehabilitationsträger geltenden speziellen Rechts unterschieden werden könnte zwischen chronisch Kranken, die zugleich die Behinderungseigenschaft des § 2 nachweisen und solchen, die diese Voraussetzungen nicht erfüllen. Eine derartige Differenzierung hätte zur Folge gehabt, dass nur die chronisch Kranken, die zugleich behindert iSd § 2 sind, ihre Leistungen auf der Basis des SGB IX erhalten hätten. Ein solches Ergebnis hätte die Konvergenz-, Koordinations- und Kooperationsziele des SGB IX konterkariert.

Nr. 2 enthält die Ziele, Einschränkungen der Erwerbsfähigkeit und Pfle- 11
gebedürftigkeit zu vermeiden, zu überwinden, zu mindern, eine Verschlimmerung zu vermeiden sowie den vorzeitigen Bezug von laufenden Sozialleistungen zu vermeiden oder laufende Sozialleistungen zu mindern. Mit dieser Vorschrift werden die in § 4 Abs. 1 Nr. 1 und 2 für alle Leistungen zur Teilhabe genannten Ziele als spezifische Ziele der medizinischen Rehabilitation in das Leistungsrecht übernommen.

6. Leistungsarten. Abs. 2 enthält eine nicht abschließende Aufzählung 12
der wichtigsten Leistungsarten der medizinischen Rehabilitation, die weitgehend mit der des § 10 RehaAnglG übereinstimmt. Zusätzlich aufgenommen wurden die Leistungen zur Früherkennung und Frühförderung behinderter und von Behinderung bedrohter Kinder **(Nr. 2).** Mit der Herauslösung der Leistungen zur Frühförderung aus dem Recht der Akutversorgung und der Übernahme in das Recht der medizinischen Rehabilitation findet für diese Leistungsart das gesamte Leistungs- und Leistungserbringungsrecht der medizinischen Rehabilitation Anwendung. Zur Konkretisierung vgl. § 30; umfassende Darstellung der Ziele des Gesetzgebers, die Umsetzung und der noch vorhandenen Defizite vgl. DVfR 2010).

Abs. 2 Nr. 1 betont weiterhin die ärztliche Verantwortung, auch wenn die 13
medizinischen Leistungen zur Rehabilitation überwiegend von nichtärztlichem Personal ausgeführt werden und die Ziele über das Erreichen der bestmöglichen Gesundheit hinaus (Zielsetzung der Krankenbehandlung) auf die – zT über ärztlich und medizinisch Ziele weit hinausgehende – Teilhabe am Leben in der Gesellschaft ausgerichtet sind. Die Vorschrift stellt über § 10 Nr. 1 RehaAnglG hinausgehend klar, dass die Behandlung durch Angehörige anderer Heilberufe Gegenstand der medizinischen Rehabilitation ist, soweit deren Leistungen unter *ärztlicher Aufsicht oder auf ärztliche Anordnung* ausgeführt werden. Damit besteht für die medizinische Rehabilitation kein genereller Arztvorbehalt vergleichbar § 15 Abs. 1 SGB V (BSG v. 27. 2. 91 – 5 RJ 51/90 BSGE 68, 169; *Welti/Raspe* DRV 2004, 76, 83 unter Hinweis auf BSG v. 25. 9. 01 – B 3 KR 13/00 R, SozR 3–2500 § 124 Nr. 9). Damit

können Angehörige anderer Heilberufe auch ohne *ständige Aufsicht* durch einen Arzt allein auf der Grundlage einer ärztlichen Anordnung im Bereich der medizinischen Rehabilitation tätig sein. Insbesondere die in Abs. 3 genannten Leistungsanteile werden nur zu einem geringeren Teil von Ärzten erbracht. Die zur Ausführung dieser Leistungen erforderlichen Therapeuten (Psychologen, Sozialarbeiter, Sozial- und Rehabilitationspädagogen, Familientherapeuten usw.) tragen auf jeden Fall die fachliche Verantwortung für die von ihnen auszuführenden Leistungen bzw. Leistungsanteile selbst. In diesem Zusammenhang ist auf das Psychotherapeutengesetz vom 16. 6. 1998 (BGBl. I S. 1311) zu verweisen, nach dem die Psychotherapeuten die Psychotherapie nunmehr in eigener Verantwortung den Ärzten gegenüber gleichberechtigt ausführen.

14 Der Leistungskatalog umfasst in **Nr. 1** jede Form der auf die Beseitigung oder Überwindung einer Behinderung ausgerichteten Tätigkeit der hier genannten Berufsgruppen, also auch die diagnostische Untersuchung, die Beobachtung und die Feststellung der Ursachen und des Umfangs der Teilhabestörungen (Krankheitsfolgen).

15 Der Leistungskatalog enthält ausdrücklich die zahnärztliche Behandlung, nicht dagegen die Versorgung mit Zahnersatz. Die zahnärztliche und kieferorthopädische Behandlung einschließlich der Versorgung mit Zahnersatz sind zunächst Aufgabe der Krankenkassen nach dem SGB V bzw. der Träger der Sozialhilfe nach dem SGB XII. Gleichwohl können zB die Rentenversicherungsträger im Rahmen ihrer auf die Wiederherstellung der Erwerbsfähigkeit ausgerichteten Zielsetzung nach § 15 Abs. 1 Satz 2 SGB VI auch zahnärztliche Behandlung einschl. der Versorgung mit Zahnersatz als Leistungen der medizinischen Rehabilitation ausführen, soweit diese Leistungen unmittelbar und gezielt der Besserung oder Wiederherstellung der Erwerbsfähigkeit dienen und soweit die gesetzlichen Krankenkassen oder die Sozialhilfeträger die gebotene Behandlung nicht uneingeschränkt leisten oder zu leisten haben (so auch *Haines/Liebig* in LPK-SGB IX § 26 Rn 7).Gleiches muss in Ausnahmefällen auch gelten, wenn außerhalb der Rentenversicherung ohne geeignete – im Rahmen der kassenzahnärztlichen Versorgung nicht finanzierbare und damit nach § 48 Satz 1 SGB XII auch von den Trägern der Sozialhilfe nicht zu übernehmende – Zahnbehandlung oder Versorgung mit Zahnersatz eine angemessene Teilhabe am Leben in der Gesellschaft nicht möglich ist (zB nach Zahn- und Kiefererkrankungen mit erheblichen Knochendefekten und Verstümmelungen des Kopfes).

16 Mit der Betonung der „Anleitung, eigene Heilungskräfte zu entwickeln", hebt der Gesetzgeber die Gesundheitserziehung als ausdrückliche Aufgabe und Bestandteil der medizinischen Rehabilitation hervor. Gesundheitserziehung und Gesundheitstraining sollen die freiwillige Mitwirkung der Berechtigten fördern, indem sie in ihren Bemühungen zu einem gesundheitsgerechten Verhalten und zur Änderung ihres Lebensstils während und nach der Rehabilitation unterstützt werden. Diese Regelung ist deshalb bedeutsam, weil der Gesetzgeber wegen der damit verbundenen Sanktionsmöglichkeiten (Leistungsversagung und -entziehung) die die Motivation eher hemmende Vorschrift des § 4 RehaAnglG nicht übernommen hat, nach der die Betroffenen ausdrücklich zur aktiven Mitwirkung an ihrer Rehabilitation ver-

pflichtet waren. Die allgemeinen Mitwirkungspflichten (§§ 60 bis 67 SGB I) bleiben allerdings unberührt.

17 Während Arznei- und Verbandmittel **(Nr. 3)** sowie Heilmittel **(Nr. 4)** darauf ausgerichtet sind, die Ursachen der Behinderung zu beseitigen, zu mildern oder eine Verschlimmerung zu verhüten, dienen Körperersatzstücke, orthopädische und andere Hilfsmittel **(Nr. 6)** dazu, Funktionsverluste auszugleichen und damit die Behinderung zu mindern. Welche Hilfsmittel gewährt werden können, regelt nachfolgend § 31. Das geltende Recht kennt keine Einschränkung der Art, dass zB Heilmittel oder Hilfsmittel nicht als einzelne ambulante Leistung der medizinischen Rehabilitation auch außerhalb einer stationären Leistung erbracht werden könnten. Auch hier gilt der Grundsatz des § 19 Abs. 2 „ambulant vor stationär". Dies ist insbesondere für die Einbeziehung dieser Leistungsformen der medizinischen Rehabilitation in ein Persönliches Budget nach § 17 bedeutsam. Für Gegenstand, Umfang und Ausführung dieser Leistungen kommt es im Rahmen der medizinischen Rehabilitation nicht auf eine ärztliche Verordnung nach § 73 Abs. 2 SGB V und die Aufnahme in das Heil- bzw. Hilfsmittelverzeichnis, sondern darauf an, dass der Bedarf für diese Leistungsformen im Rahmen der Feststellungen des Rehabilitationsträgers nach § 10 erhoben wurde und das Heil- bzw. Hilfsmittel als nichtstationäre Leistung der medizinischen Rehabilitation geeignet ist bzw. dazu beiträgt, die Ziele nach diesem Gesetz zu erreichen.

18 Belastungserprobungen und Arbeitstherapie **(Nr. 7)** dienen im Wesentlichen der Feststellung, ob und welche weiteren Teilhabeleistungen – insbesondere zur dauerhaften Teilhabe am Arbeitsleben – benötigt werden. Für die Beurteilung, ob eine medizinische Leistung zur Rehabilitation vorliegt, ist nicht entscheidend, ob eine der in dieser Vorschrift beispielhaft aufgeführten Leistungen notwendig ist; ausschlaggebend ist vielmehr die Zielrichtung einer Maßnahme im Sinne der §§ 1, 4 (BSG Bd. 54, 54).

19 Die Psychotherapie wird als ärztliche und psychotherapeutische Behandlung jetzt in der Aufzählung ausdrücklich ausgewiesen **(Nr. 5),** wobei sich aus §§ 17 und 21 ergibt, dass für diese Leistungen nur geeignete Dienste und Einrichtungen in Anspruch genommen werden dürfen. Die Psychotherapie war bisher bereits als ärztliche Behandlung bzw. eine in Krankenhäusern, Kur- und Spezialeinrichtungen von Ärzten und Psychologen erbrachte Behandlungsmethode Gegenstand der medizinischen Rehabilitation nach § 10 RehaAnglG bzw. den entsprechenden Vorschriften in den für die Rehabilitationsträger geltenden Leistungsgesetzen. Es handelt sich im Verhältnis zum früheren Recht bei der Klarstellung um keine neue Leistung und damit auch um keine signifikante Leistungsausweitung.

20 **7. Psychosoziale und pädagogische Hilfen. Abs. 3** stellt über die Aufnahme der Nr. 5 in Abs. 2 hinaus klar, dass Bestandteil der Leistungen nach Abs. 1 auch die medizinischen, psychologischen und pädagogischen Hilfen im Sinne der nachfolgenden, konkretisierenden, nicht abschließenden Aufzählung sind, wenn diese zur Erreichung oder Sicherung der in Abs. 1 genannten Ziele, zur Vermeidung, Überwindung und Milderung der Krankheitsfolgen oder zur Verhütung einer Verschlimmerung erforderlich sind. Durch die Konkretisierung wird unmittelbar im Leistungsrecht verdeutlicht,

dass die Leistungen aller Rehabilitationsträger auch die Methoden und Verfahren beinhalten, die im Sinne der Internationalen Klassifikation der Funktionsfähigkeit, Behinderungen und Gesundheit (ICF) der WHO erforderlich sind, um über die Beeinträchtigung von Funktionen und Strukturen des menschlichen Organismus (Schädigung und/oder Beeinträchtigung der körperlichen und seelischen Integrität) hinaus auch die Beeinträchtigungen der Tätigkeiten aller Art einer Person (Beeinträchtigung der Integrität von Aktivitäten und Leistung) sowie die Beeinträchtigungen der Teilhabe an Lebensbereichen (zB Erwerbsleben – Beeinträchtigung der sozialen Integrität/Partizipation am gesellschaftlichen Leben) abzuwenden, zu beseitigen, zu mindern, auszugleichen oder deren Verschlimmerung zu verhüten.

21 Der Gesetzgeber ordnet die Leistungen nach § 26 Abs. 3 zwar nicht generell der medizinischen Rehabilitation zu. Soweit jedoch ein Bedarf an Leistungen zur medizinischen Rehabilitation im Rahmen der Feststellung des individuellen funktionsbezogenen Leistungsbedarf nach § 10 begründet wurde, sind die Leistungen nach § 26 Abs. 3 als ambulante Rehabilitationsleistungen oder im Rahmen stationärer Rehabilitationsleistungen zu erbringen, soweit dies zur Erreichung der Teilhabeziele erforderlich ist (*Haines/Liebig* in LPK-SGB IX Rn 15 zu § 27).

Während der Leistungen zur Teilhabe am Arbeitsleben sind diese Leistungen von den für die Leistungen zur Teilhabe am Arbeitsleben zuständigen Rehabilitationsträgern nach § 33 Abs. 6 Nr. 6 zu erbringen.

Besteht weder Bedarf an Leistungen zur medizinischen Rehabilitation, noch an Leistungen zur Teilhabe am Arbeitsleben, kommen diese Leistungen nach § 55 Abs. 2 in Betracht (BMA, Fragen & Antworten S. 31).

22 Daraus folgt, dass neben der klassischen Abgrenzung der Zuständigkeit der Rehabilitationsträger nach § 6 auch noch § 4 Abs. 2 Satz 2 zu berücksichtigen ist, wonach die Rehabilitationsträger die Leistungen im Rahmen des für sie geltenden Rechts nach Lage des Einzelfalles so vollständig, umfassend und in gleicher Qualität zu erbringen haben, dass Leistungen eines anderen Trägers nicht erforderlich werden. Bei sogen „Annexleistungen" – zu denen die nach § 26 Abs. 3 SGB IX jedenfalls zählen – korrespondiert die Zuständigkeit für die Annexleistung – unabhängig von den Leistungsmöglichkeiten anderer Träger – mit der Zuständigkeit für die Kernleistung.

Sind nach § 10 im Einzelfall Leistungen der medizinischen Rehabilitation geboten, ist auch das Training lebenspraktischer Fähigkeiten nach § 26 Abs. 3 Nr. 6 Bestandteil dieser Leistungen, unabhängig davon, ob die Rehabilitationsleistungen in ambulanter oder stationärer Form ausgeführt werden.

23 Die Hilfen zur Unterstützung bei der Krankheits- und Behinderungsverarbeitung **(Nr. 1)** sowie die Aktivierung von Selbsthilfepotentialen **(Nr. 2)** umfassen u.a verhaltensmedizinische Verfahren, indikationsspezifische Trainingsverfahren zur Krankheitsfolgenbewältigung, Hilfen zur Bewältigung psychosozialer Problemlagen oder Hippotherapie. Nach **Nr. 3** können mit Zustimmung des Leistungsberechtigten über die Angehörigen und Partner hinaus auch Vorgesetzte und Kollegen in die Information und Beratung einbezogen werden, wobei die Form der Beratung bedarfsgerecht und zielge-

richtet sein muss, dh zB auch in der Form von Seminaren ausgeführt werden kann. Die Vermittlung von Kontakten zu örtlichen Selbsthilfe- und Beratungsmöglichkeiten **(Nr. 4)** besteht nicht nur in einer Aufklärung oder der Vermittlung einer Anlaufadresse, sondern beinhaltet zB auch die Durchführung von Informations- und Beratungsveranstaltungen der Selbsthilfeorganisationen während stationärer medizinischer Rehabilitationsmaßnahmen oder die Organisation und Durchführung vergleichbarer Veranstaltungen am Wohnort des Berechtigten. Die Hilfen zur seelischen Stabilisierung und zur Förderung der sozialen Kompetenz, ua. durch Training sozialer und kommunikativer Fähigkeiten und den Umgang mit Krisensituationen **(Nr. 5)**, beinhalten ebenfalls verhaltensmedizinische Verfahren, aber auch zB Hirnleistungs-, Merkfähigkeits-, Orientierungs- und Sprachtraining.

Das Training lebenspraktischer Fähigkeiten **(Nr. 6)** ist neben dem allgemeinen Training zur Förderung der Mobilität oder der Teilnahme am Straßenverkehr auch auf die Fähigkeit zur Ausführung von Verrichtungen des täglichen Lebens ausgerichtet.

Die Anleitung und Motivation zur Inanspruchnahme von Leistungen der medizinischen Rehabilitation **(Nr. 7)** gestattet auch schon vor Beginn einer Maßnahme oder – bei mangelnder Ausübung der Mitwirkungspflichten – sogar vor der Entscheidung über eine Maßnahme die Teilnahme des Berechtigten an einem Angebot zur Herstellung der notwendigen Compliance. Die zT von einigen Rehabilitationseinrichtungen vor Beginn einer Maßnahme gewünschte Vorbereitung der Berechtigten auf die Maßnahme kann ebenfalls auf dieser Grundlage organisiert und finanziert werden.

Insbesondere die Krankenkassen leiten aus dem Wortlaut des Abs. 3 24
Satz 1 „sind die nachfolgend genannten Hilfe Bestandteil der Leistungen nach Abs. 1“ ab, dass die hier genannten Hilfen nur als Bestandteil einer „Komplexleistung“ der medizinischen Rehabilitation (iSd § 40 SGB V) ausgeführt werden dürfen. Würden die Hilfen als eigenständige Leistungsmodule der medizinischen Leistungen zur Rehabilitation ausgeführt, stelle dies eine erhebliche Ausweitung des Leistungskatalogs der gesetzlichen Krankenversicherung dar. Unter Komplexleistungen verstehen die Kassen dabei zeitlich durch die Regelbehandlungsdauer von 21 Tagen begrenzte, in sich abgeschlossene stationäre Leistungen.

Diese Auslegung übersieht, dass unter medizinischen Leistungen zur Rehabilitation alle in einem zeitlichen Zusammenhang stehenden, auf ein Ziel im Sinne der §§ 1, 4 Abs. 1 SGB IX ausgerichteten Hilfen nach § 26 zu verstehen sind. Medizinische Leistungen zur Rehabilitation sollen in der GKV zwar für längstens 20 Tage erbracht werden (§ 40 Abs. 3 Satz 2). Diese sogen. Regelbehandlungsdauer ist jedoch kein besonderes, die medizinische Rehabilitation kennzeichnendes und tragendes Element. Die Leistungen sind nach Gegenstand, Umfang und Ausführung so zu erbringen, dass die Ziele der §§ 1, 4 Abs. 1 wirksam und wirtschaftlich erreicht werden (§ 10 Abs. 1 Satz 3). Wirksamkeit und Wirtschaftlichkeit können durchaus eine andere zeitliche Ausgestaltung der Leistungszeiten erfordern, als die sogen. Regelbehandlungsdauer (zB Intervallbehandlung usw.). Deshalb sieht zB § 40 Abs. 3 Satz 3 SGB V die Vereinbarung von abweichenden Regeldauern in Leitlinien ausdrücklich vor.

Abs. 3 kann danach nur so verstanden werden, dass die dort genannten Hilfen insgesamt Bestandteil der im Einzelfall bedarfsgerechten Leistungen nach Abs. 1 sein müssen, nicht jedoch einer „Komplexleistung" mit einer bestimmten Regeldauer.

Dafür spricht auch, dass die in Abs. 3 genannten Hilfen entweder durchweg (zB Nr. 7 – Anleitung und Motivation zur Inanspruchnahme –) oder der Natur der Sache nach regelmäßig auch außerhalb einer Leistung mit Regelbehandlungsdauer ausgeführt werden müssen (zB Nr. 3, 4, 5 und 6).

25 In der Praxis sind weitere Probleme darauf zurückzuführen, dass die in § 26 Abs. 3 genannten Leistungen zT nicht nur als Leistungen der medizinischen Rehabilitation, sondern auch als Leistungen zur Teilhabe am Arbeitsleben oder zur Teilhabe am Leben in der Gemeinschaft erbracht werden können.

Beispielhaft ist das Training lebenspraktischer Fähigkeiten, das gleichlautend als Leistungsform der medizinischen Rehabilitation (§ 26 Abs. 3 Nr. 6) und der Leistungen zur Teilhabe am Arbeitsleben (§ 33 Abs. 6 Nr. 6) im Recht enthalten ist. Zudem enthält § 55 Abs. 2 Nr. 3 im Rahmen der Leistungen zur Teilhabe am Leben in der Gemeinschaft „Hilfen zum Erwerb praktischer Kenntnisse und Fähigkeiten, die erforderlich und geeignet sind, behinderten Menschen die für sie erreichbare Teilhabe am Leben in der Gemeinschaft zu ermöglichen".

In der Praxis setzen sich bei den Leistungen nach § 26 Abs. 3, insbesondere dem Training lebenspraktischer Fähigkeiten die Zuständigkeits- und Leistungsabgrenzungsstreitigkeiten fort, die durch das SGB IX ausgeschlossen sein sollten. Im Prinzip verweigern – entsprechend der Rechtslage vor Inkrafttreten des SGB IX – die Träger der Leistungen zur medizinischen Rehabilitation und die der Leistungen zur Teilhabe am Arbeitsleben wegen einer angeblich vorrangigen Leistungsverpflichtung des Sozialhilfeträgers als Träger der Leistungen zur Teilhabe am Leben in der Gemeinschaft ihre Leistungen nach §§ 26, 33 SGB IX.

Schon nach § 15 der Eingliederungshilfe-Verordnung waren vor Inkrafttreten des SGB IX die heute in 55 Abs. 2 Nr. 3 vorgesehenen Hilfen nur dann zu erbringen, wenn alle anderen Hilfen zur Teilhabe wie zB vorschulische, schulische oder berufliche Maßnahmen wegen Art und Schwere der Behinderung nicht in Betracht kamen. Es handelte sich um absolut nachrangige Leistungen, an deren Nachrangigkeit sich durch die Übernahme als § 55 Abs. 2 Nr. 3 nichts geändert hat. Damit sollte den Betroffenen das überhaupt im Einzelfall mögliche Maß an Teilhabe durch die Vermittlung eines gewissen Maßes an Kenntnissen und Fertigkeiten (Lt. Begründung des Regierungsentwurfs: ua. allein anziehen, ohne fremde Hilfe essen) bzw. einfache manuelle Tätigkeiten vermittelt werden. Nach der Begründung zur § 14 EinglHVO (BR-Drucks. 118/64 S. 10) bestand der Hauptzweck der Maßnahme darin, die „allgemeine Lebenstüchtigkeit" zu heben (*Meusinger* in Fichtner, BSHG, Rn 60 zu § 40).

26 **8. Rechtsfolgen/Rechtsweg/Handlungsmöglichkeiten.** Nach § 51 Sozialgerichtsgesetz (SGG) entscheiden bei öffentlich-rechtlichen Streitigkeiten der Rehabilitationsträger nach § 6 Abs. 1 mit Ausnahme der Träger der öffentlichen Jugendhilfe die Sozialgerichte. Der einstweilige Rechtsschutz

richtet sich für die Leistungen zur medizinischen Rehabilitation, Teilhabe am Arbeitsleben und Teilhabe am Leben in der Gemeinschaft nach § 86b SGG. Nach Abs. 1 der Vorschrift kann die aufschiebende Wirkung oder sofortige Vollziehung von Verwaltungsakten oder Widersprüchen wiederhergestellt werden. Hier ist § 86a Abs. 2 Nr. 3 zu beachten. Danach entfällt die aufschiebende Wirkung von Anfechtungsklagen in Angelegenheiten der Sozialversicherung bei Verwaltungsakten, die eine laufende Leistungen herabsetzen oder entziehen. In der Praxis dürfte die Einstweilige Anordnung nach § 86 Abs. 2 wichtiger sein. Siehe hierzu auch Urteil des BVerfG vom 25. 2. 2009, § 31 Rn 45.

§ 27 Krankenbehandlung und Rehabilitation

Die in § 26 Abs. 1 genannten Ziele sowie § 10 gelten auch bei Leistungen der Krankenbehandlung.

1. Sozialpolitischer Hintergrund. Die Vorschrift trägt einerseits dem Grundsatz des Vorrangs der Rehabilitation vor jedweder anderen Sozialleistung, andererseits jedoch auch der Erkenntnis Rechnung, dass der Erfolg der Rehabilitationsleistungen wesentlich davon abhängt, dass sie zum frühestmöglichen Zeitpunkt beginnen. 1

Die Notwendigkeit, dies insbesondere für den Bereich der GKV gesetzlich klarzustellen, basiert auch darauf, dass bis zum Inkrafttreten des SGB IX in der Literatur teilweise die Auffassung vertreten wurde, dass die Rehabilitation ein Bestandteil der Krankenbehandlung sei (vgl. *Schwartz/Arnold*, 1999). Die Regelung verdeutlicht für den Bereich der GKV insoweit den Paradigmenwechsel des SGB IX, dass bereits während jeder Form der Krankenbehandlung den darüber hinausgehenden und auf die Bewältigung der Folgen von Krankheit ausgerichteten Zielen der Rehabilitation durch den Einsatz rehabilitationstherapeutischer Methoden und Verfahren Rechnung zu tragen ist. Danach stehen die durchaus mit jeweils spezifischen und unterschiedlichen Verfahren bzw. Methoden ausgestatteten Ziele von Krankenbehandlung und Rehabilitation zueinander nicht in einem Über- oder Unterordnungs- bzw. Vor- und Nachrangigkeitsverhältnis, sondern völlig gleichberechtigt nebeneinander. Der in einer bestimmten Phase des Behandlungs- oder Integrationsverfahrens schwerpunktmäßig im Vordergrund stehende Leistungsbedarf hat die Ziele und Inhalte der gleichzeitig oder nachfolgend bestehenden Versorgungsbedarfe mit zu berücksichtigen. Deshalb hat die „Rehabilitationskette" zum frühestmöglichen Zeitpunkt, zB während der Akutbehandlung im Krankenhaus zu beginnen und sich nahtlos bis zur vollständigen Integration in das Leben in der Gemeinschaft fortzuentwickeln.

2. Entstehung der Norm. Die Vorschrift wurde mit Art. 1 SGB IX ab 1. 7. 2001 eingeführt und unverändert aus dem RegE (BT-Drucks. 14/5531 iVm 14/5704) übernommen. 2

3. Normzweck. Die Vorschrift verpflichtet dazu, die in § 26 Abs. 1 genannten Ziele sowie die Verpflichtung zur Koordinierung der Leistungen 3 nach § 10 auch bei allen Leistungen der Krankenbehandlung zu beachten und umzusetzen.

4 **4. Beginn der Rehabilitationskette zum frühestmöglichen Zeitpunkt.** Nach dieser Vorschrift ist den in § 26 Abs. 1 für die Leistungen zur medizinischen Rehabilitation genannten Zielen (Behinderungen einschließlich chronischer Krankheiten abzuwenden, zu beseitigen, zu mindern, auszugleichen, eine Verschlimmerung zu verhüten oder Einschränkungen der Erwerbsfähigkeit und Pflegebedürftigkeit zu vermeiden, zu überwinden, zu mindern, eine Verschlimmerung zu verhüten sowie den vorzeitigen Bezug von Sozialleistungen zu vermeiden oder laufende Sozialleistungen zu mindern), bei der Ausführung von **allen** Formen der Krankenbehandlung durch **alle** Träger von Krankenbehandlung (neben der Krankenversicherung – §§ 27ff SGB V – auch die Träger der Unfallversicherung – § 27 SGB VII –, die Träger der Kriegsopferversorgung – §§ 11, 12 BVG – sowie die Träger der Kinder- und Jugendhilfe – § 40 SGB VIII –) Rechnung zu tragen. Die sich aus § 10 ergebenden Pflichten zur Koordination der Leistungen sowie zu der mit den Berechtigten abgestimmten Feststellung des bedarfsgerechten, funktionsbezogenen und nach § 10 Abs. 1 Satz 2 zielgerichteten Leistungsbedarfs, zur schriftlichen Zusammenstellung dieses Leistungsbedarfs und zur Gewährleistung des nahtlosen Ineinandergreifens dieser Leistungen ist bei allen Leistungen der Krankenbehandlung nachzukommen. Diese Pflichten korrespondieren mit der Pflicht nach § 8, im Zusammenhang mit der Erbringung solcher zu prüfen, ob Leistungen zur Teilhabe voraussichtlich erfolgreich sind.

5 **5. Beginn der Rehabilitation im Krankenhaus.** Diese Vorschrift korrespondiert mit der zugleich vollzogenen Ergänzung des § 39 Abs. 1 Satz 3 SGB V nach der „die akutstationäre Behandlung auch die im Einzelfall erforderlichen und zum frühestmöglichen Zeitpunkt einsetzenden Leistungen zur Frührehabilitation umfasst." Um jeden Zweifel auszuschließen, betont die Begründung, dass es sich um Änderungen zur Anpassung an den Sprachgebrauch des SGB IX, nicht jedoch um eine geänderte Zuordnung von Aufgaben und Verantwortung handelt. Damit wird sichergestellt, dass die erforderlichen Leistungen zur medizinischen Rehabilitation, dh insbesondere das in § 26 Abs. 2 **und 3** SGB IX aufgezeigte Methodenspektrum, bereits während der Krankenhausbehandlung und damit zum frühestmöglichen Zeitpunkt einsetzen kann. Der Gesetzgeber ist damit der Intention der Spitzenorganisationen der Leistungserbringer und der Spitzenverbände der Krankenkassen gefolgt. Letztere hatten eine noch deutlichere Formulierung dahingehend vorgeschlagen, dass es sich bei den während der akutstationären Behandlung im Krankenhaus einsetzenden Leistungen zur Frührehabilitation um Leistungen handelt, die im Rahmen der originären Akutbehandlung das vorhandene Rehabilitationspotential bis zur Entlassung oder Verlegung in eine Rehabilitationseinrichtung nutzt (vgl. Ausschussdrucksache des AuS-Ausschusses 14/1248 Satz 21).

6 **6. Leistungen zur Frührehabilitation.** Der Wortlaut des § 39 Abs. 1 Satz 3 – einsetzende Leistungen zur Frührehabilitation – konkretisiert nicht, was unter Frührehabilitation zu verstehen ist. Auch in der Literatur und in der Diskussion über die Frührehabilitation ist dies häufig unklar. ZT besteht

der Eindruck, dass die notwendigen Rahmenbedingungen für die Frührehabilitation geschaffen werden, wenn die zur akutmedizinisch Versorgung erforderlichen Ressourcen eines Krankenhauses um das Methodenspektrum der Heil- und Hilfsmittelversorgung ergänzt werden. Die Leistungen zur medizinischen Rehabilitation umfassen nach § 26 Abs. 2 die Behandlungen durch Ärzte und Angehörige anderer Heilberufe, Arznei- und Verbandmittel, Heilmittel einschließlich physikalischer Therapie, Sprach- und Beschäftigungstherapie, Psychotherapie und Hilfsmittel. § 26 Abs. 3 SGB IX stellt zudem klar, dass Bestandteil der medizinischen Leistungen zur Rehabilitation auch medizinische, psychologische und pädagogische Hilfen sind, soweit diese im Einzelfall zur Erreichung oder Sicherung des Rehabilitationszieles bzw. zur Vermeidung. Überwindung, Minderung oder zur Verhütung einer Verschlimmerung der Krankheitsfolgen erforderlich sind. Vergleicht man diese Auflistung der rehabilitationstherapeutischen Verfahren und Methoden mit dem Methodenspektrum der Akutversorgung nach § 27 Abs. 1 SGB V, ergibt sich scheinbar eine weitgehende Übereinstimmung. Dabei handelt es sich jedoch nur um eine sprachliche Übereinstimmung. Die sprachlich einheitlich definierten therapeutischen Verfahren und Methoden treten inhaltlich (Art, Umfang und Intensität) jedoch in völlig unterschiedlichen Ausprägungen auf, je nachdem, ob man mit ihrem Einsatz Ziele der Krankenbehandlung, Rehabilitation oder Prävention erreichen soll. Diese Erkenntnis hatte das Bundessozialgericht bereits Ende der 70er Jahre, als es in mehreren Urteilen feststellte, dass eine Differenzierung zwischen Akutversorgung und Rehabilitation am ehesten danach erfolgen könnte, ob eine Maßnahme regelmäßig darauf ausgerichtet ist, unter der aktiven und fortdauernden Einwirkung des Arztes die Krankheit zu bekämpfen oder mit einem interdisziplinären Ansatz weitergehende Zustandsverbesserungen zu erreichen (BSG v. 15. 2. 1978 3 RK 26/77, 3 RK 25/77, 3 RK 30/77).

Danach sind nicht die in § 26 Abs. 2 und 3 genannten therapeutischen 7
Methoden und Verfahren für sich bereits Leistungen zur Rehabilitation, sondern sie können Bestandteil einer Leistung zur Rehabilitation sein, wenn sie in ihrer spezifisch auf die Krankheitsfolgenbewältigung ausgerichteten Ausformung (Art, Umfang und Intensität des Methodeneinsatzes) geeignet sind und gemeinsam mit anderen Leistungsbestandteilen in der Summe dazu beitragen können, die in § 26 Abs. 1 vorgegebenen Rehabilitationsziele zu erreichen. Deshalb wurde vor dem Inkrafttreten der Sozialgesetzbücher in den für die Rehabilitationsträger jeweils geltenden besonderen Gesetzen und auch im RehaAnglG nicht von Leistungen, sondern von „Maßnahmen zur (medizinischen) Rehabilitation“ gesprochen. Diese Leistungsdefinition drückte auch sprachlich aus, dass es sich bei Leistungen der medizinischen Rehabilitation idR nicht um den Einsatz einzelner therapeutischer Verfahren und Methoden, sondern um ein zielgerichtetes, komplexes, interdisziplinäres therapeutisches Angebot zur Überwindung oder Kompensation der durch Krankheit oder körperliche oder geistige Behinderung verursachten Funktions-, Aktivitäts- oder Partizipationsstörungen handelt. Folgerichtig spricht der Gesetzgeber nunmehr in § 39 Abs. 1 Satz 3 nicht davon, dass während der Akutbehandlung im Krankenhaus etwa *die* Rehabilitationsleistungen als komplexe Leistungen iSd § 26 erbracht werden, sondern davon,

dass diese Leistungen in dieser Zeit einsetzen, dh dass die Bestandteile der Leistungen – das sind rehabilitationsdiagnostische und -therapeutische Verfahren – nach § 26 Abs. 2 und 3, die unter Berücksichtigung des Zustandes des Berechtigten und zur Ausschöpfung des zu diesem Zeitpunkt bereits vorhandenen Rehabilitationspotentials überhaupt wirksam sein können, als Bestandteil der Krankenhausbehandlung eingesetzt werden. Dabei müssen diese Verfahren in der Prozessqualität eingesetzt werden, die im Sinne der Zielsetzung des § 26 Abs. 1 erforderlich ist und nicht in der Qualität, die im Sinne der Ziele der Krankenbehandlung ausreichend wäre.

8 **7. Rehabilitation im Krankenhaus.** Nach § 111 Abs. 6 SGB V ist ein Versorgungsvertrag zur Durchführung von Rehabilitationsleistungen der GKV im Krankenhaus nur mit wirtschaftlich und organisatorisch getrennten, gebietsärztlich geleiteten – dh indikationsspezifisch ausgerichteten – Rehabilitationseinrichtungen **am** Krankenhaus zulässig.

9 Dem Antrag des Bundesrates, diese Regelung für Verträge zur modellhaften Integration von Krankenbehandlung und Rehabilitation **im** Krankenhaus zu öffnen (BT-Drucks. 14/5531 S. 9), ist der AuS-Ausschuss trotz Zustimmung der Bundesregierung (BT-Drucks. 14/5639 S. 2) nicht gefolgt. Der Bundesrat begründete seine Forderung mit dem Anliegen, die Chance der Vernetzung von Krankenhaus und Rehabilitationsleistungen iSe integrativen Versorgungsleistung auf vertraglicher Grundlage eröffnen zu wollen. Genau das kann nach §§ 140a ff SGB V Gegenstand eines Vertrages zur integrierten Versorgung sein, so dass insoweit kein Regelungsbedarf mehr besteht. Da das Recht des 4.Kapitels des SGB V und das des KHG für die Verträge zur integrierten Versorgung ausdrücklich keine Anwendung finden, lässt die damit bewirkte Freiheit der Vertragsgestaltung eine Vielzahl von Kooperations- und Vernetzungsformen zu, die sich sehr viel unmittelbarer am Bedarf und den Leistungszielen ausrichten können, als die zT starren Organisationsstrukturen des Krankenhauses dies gestatten. Hätte der AuS-Ausschuss den vom Bundesrat vorgeschlagenen Wortlaut übernommen, wären die nach dem geltenden Recht vorhandenen Vernetzungsmöglichkeiten eher eingeschränkt worden. Dies hätte im Gegensatz zu dem auf bedarfs- und zielgerichtete Vernetzung der Versorgungsstrukturen ausgerichteten Grundtenor des SGB IX gestanden.

10 Die Begründung zu § 39 Abs. 1 Satz 3 SGB V (BT-Drucks. 14/5074 S. 117f) stellt klar, dass „das Erbringen von medizinischen Leistungen zur Rehabilitation ... im Rahmen der für die jeweiligen Akutbehandlung erforderlichen Verweildauer zu erfolgen“ hat, weil das Krankenhaus die Rehabilitationseinrichtung „nicht ersetzen kann und soll“. Das SGB IX hat nämlich die in § 107 SGB V geregelte Zuordnung von Aufgaben zu den Krankenhäusern einerseits und Rehabilitationseinrichtungen andererseits nicht geändert.

Nach der Rechtsprechung des BSG (vgl. BSG SozR § 184 RVO Nr. 28) ist eine Krankenhausbehandlung dann erforderlich, wenn die notwendige stationäre Behandlung nur mit den besonderen Mitteln eines Krankenhauses durchgeführt werden kann (*Maydell/Boecken*, 1999; *Nicolay*, 2003). Wesentlicher Inhalt der Krankenhausbehandlung und ihr „prägendes Kennzeichen“ (BSG NZS 1998 S. 428) ist die ärztliche Behandlung des Patienten (§ 107

Abs. 1 Satz 2 SGB V). Die pflegerischen sowie sonstige, funktionsorientierte Tätigkeiten des nicht-ärztlichen Personals – etwa in einer postoperativen Phase – sind deren bloßer Appendix (BSG aaO).

Mit Blick darauf, dass der in § 107 SGB V arbeitsteilige Versorgungsauftrag von Krankenhäusern und Rehabilitationseinrichtungen nicht verändert wurde, handelt es sich bei der Ergänzung des § 39 SGB V ausdrücklich nicht um eine Erweiterung des Versorgungsauftrages der Krankenhäuser etwa in Richtung neuer Geschäftsfelder aus dem Bereich der nach der Krankenhausbehandlung erforderlichen medizinischen Rehabilitation (zB der sog Anschlussheilbehandlung). 11

In den Rehabilitationseinrichtungen stehen hingegen insbesondere nach § 107 Abs. 2 Nr. 3 SGB V die funktionsorientierten Tätigkeiten des nichtärztlichen Personals im Vordergrund (vgl. BR-Drucks. 200/88 S. 196). Sie sind das prägende Kennzeichen der rehabilitativen Behandlung. Rehabilitations-Assessment, Rehabilitations-Zieldefinition und Rehabilitations-Konzepterstellung sind ihnen als typische Instrumente der Rehabilitation im Sinne der §§ 107 Abs. 2 SGB V, 4, 26 SGB IX und ihrer Durchführung zugeordnet (vgl. *Biefang, S., Schliehe, F., Potthoff, P,* 1999). 12

Die Kosten der Leistungen zur Frührehabilitation sind als Bestandteil der Krankenhausversorgung Gegenstand der Krankenhausvergütung. Da das pauschalierende Entgeltsystem auf der Grundlage der Diagnosis Related Groups (DRG) die Kosten der rehabilitativen Leistungsanteile des Krankenhauses nur unzureichend abbilden kann, sah das Fallpauschalenänderungsgesetz (FPÄndG) vom 17. 7. 2003 (BGBl. I S. 1461) vor, Krankenhäuser mit einer Häufung solcher Leistungen zeitlich befristet aus dem DRG-Vergütungssystem herauszunehmen und die Leistungen der Frührehabilitation weiterhin nach der Bundespflegesatzverordnung zu vergüten (§ 17b Abs. 1 Satz 15 KHG idF des FPÄndG). In der Praxis wurde davon jedoch kein Gebrauch gemacht. Stattdessen wurden mit der Fallpauschalenverordnung für besondere Einrichtungen 2004 (FPVBE 2004) vom 19. 12. 2003 (BGBl. I S. 2811) spezifische DRG-Ziffern definiert, die die Kosten des Aufwandes für die frührehabilitativen Leistungen enthalten. 13

Als Voraussetzung dafür fordert sie – im Krankenhaus weitgehend die nach § 107 Abs. 2 SGB V für eine Rehabilitationseinrichtung erforderlichen – Mindestmerkmale „Reha-Team unter fachlicher Leitung; standardisiertes Frühreha-Assessment zur Erfassung und Wertung der funktionellen Defizite in mindestens 5 Bereichen (Bewusstseinslage, Kommunikation, Kognition, Mobilität, Selbsthilfefähigkeit, Verhalten, Emotion); schriftlicher, wöchentlich zu aktualisierender Behandlungsplan mit Teambesprechung; Frührehabilitationspflege entsprechend den Kriterien zur Rehabilitations-Pflegefachkraft; Vorhandensein und Einsatz von mindestens vier Therapiebereichen (Physiotherapie, Ergotherapie, Physikalische Therapie, Neuropsychologie, Psychotherapie, Logopädie, Schlucktherapie, Kunsttherapie) in patientenbezogenen, unterschiedlichen Kombinationen und unterschiedlichem Zeitaufwand (OPS zum Fallpauschalenkatalog 2004, Kapitel 8.8–551).

Diese Ausweitung des Leistungsauftrages der Krankenhäuser wird durch keines der berührten Gesetze (SGB IX, SGB V) legitimiert. Sie verstößt im Übrigen zweifelsfrei gegen die in der Begründung zum SGB IX dokumentierte Absicht des Gesetzgebers, die Aufgaben des Krankenhäuser nicht zu erweitern.

§ 28 Stufenweise Wiedereingliederung

Können arbeitsunfähige Leistungsberechtigte nach ärztlicher Feststellung ihre bisherige Tätigkeit teilweise verrichten und können sie durch eine stufenweise Wiederaufnahme ihrer Tätigkeit voraussichtlich besser wieder in das Erwerbsleben eingegliedert werden, sollen die medizinischen und die sie ergänzenden Leistungen entsprechend dieser Zielsetzung erbracht werden.

1 **1. Sozialpolitischer Hintergrund.** Die Regelung korrespondiert mit den Regelungen zur Prävention im Arbeitsleben im 2. Teil (§§ 83, 84). Sie verfolgt ua. das Ziel, den bisherigen Arbeitsplatz zu erhalten und zu sichern Bei während oder nach einer medizinischen Leistung zur Rehabilitation fortdauernden Arbeitsunfähigkeit soll der Berechtigte unter Berücksichtigung seiner mit der Rehabilitationsleistung erreichten bzw. zu erreichenden individuellen Leistungsfähigkeit schonend an die Belastungen seines bisherigen Arbeitsplatzes herangeführt werden, obwohl er wegen der im Rechtssinne fortbestehenden Arbeitsunfähigkeit nicht zur Arbeit verpflichtet ist (so auch *Haines/Liebig* LPK-SGB IX Rn 5 zu § 28).

2 **2. Entstehung der Norm.** Die Vorschrift wurde durch Art. 1 SGB IX ab 1. 7. 2001 eingeführt und unverändert aus dem RegE (BT-Drucks. 14/5531 iVm 14/5074) übernommen.

3 **3. Normzweck.** Wenn bei Arbeitsunfähigkeit auf diesem Weg eine bessere Eingliederung erreichbar erscheint, soll die Zielsetzung der medizinischen Rehabilitation auf eine stufenweise Wiedereingliederung ausgerichtet werden.

4 **4. Erhalt des Arbeitsverhältnisses.** Die Vorschrift lehnt sich an § 74 SGB V an und erweitert die zuvor ausdrücklich nur in der GKV vorgesehene Möglichkeit der stufenweisen Wiedereingliederung auf alle Trägerbereiche der medizinischen Rehabilitation. Sie geht von der Überlegung aus, dass die Teilhabe am Arbeitsleben unter Nutzung der bisherigen Lebens- und Berufserfahrung des Berechtigten wirksamer und dauerhafter zu sichern ist, wenn es gelingt, den Verlust des bisherigen Arbeitsplatzes zu vermeiden und eine Reintegration in das bestehende Arbeitsverhältnis zu bewirken. Die Regelung konkretisiert deshalb die nach § 10 Abs. 1 Satz 2 bestehende Verpflichtung des Rehabilitationsträgers zur Anpassung der Leistungen entsprechend dem Verlauf der Rehabilitation dahingehend, dass in bestimmten Fällen die generelle Zielsetzung des § 4 Abs. 3 zur dauerhaften Sicherung der Teilhabe am Arbeitsleben zunächst über den Erhalt des vorhandenen Arbeitsverhältnisses anzustreben ist. Die wirksame Durchführung dieser Vorschrift im Sinne der dauerhaften Sicherung eines noch bestehenden Arbeitsverhältnisses setzt allerdings voraus, dass die Rehabilitationsträger entsprechend § 10 tatsächlich gewährleisten, dass während der Ausführung medizinischer Rehabilitationsleistungen konsequent Feststellungen im Sinne

der medizinisch-beruflichen Rehabilitation getroffen werden und ggf. notwendige Leistungen zur behindertengerechten Anpassung des Arbeitsplatzes zeitnah bereitstehen.

Nähere Einzelheiten enthalten die Grundsätze der stufenweisen Wiedereingliederung nach § 74 SGB V in den AU-Richtlinien des Gemeinsamen Bundesausschusses (BABl 1991, Heft 11 S. 30).

5. Voraussetzungen und Leistungsinhalt: Die Vorschrift betrifft aus- 5
schließlich arbeitsunfähige Berechtigte mit fortdauernder Arbeitsunfähigkeit. Voraussetzung für die Anwendung der Vorschrift ist die ärztliche Feststellung, dass die Berechtigten ihre bisherige Tätigkeit mindestens teilweise wieder verrichten können. Da der behandelnde Arzt den Arbeitsplatz seines Patienten idR nicht kennt und selten in der Lage ist, die Auswirkungen der Belastungen des Arbeitsplatzes hinsichtlich der dauerhaften Eingliederung in das Erwerbsleben zutreffend zu beurteilen, hat bereits § 74 SGB V die Beteiligung des Betriebsarztes bzw. die Einholung einer Stellungnahme des MDK vorgesehen. Mit Blick auf die – nicht ersetzte, sondern zunächst nur auf den Erhalt des noch vorhandenen Arbeitsplatzes orientierte – Zielsetzung des § 4, die Teilhabe am Arbeitsplatz dauerhaft zu sichern, wird idR die Stellungnahme eines Mediziners erforderlich sein, der nach seiner Ausbildung und Erfahrung die Auswirkungen der Belastungen am Arbeitsplatz des Berechtigten auf die Erwerbsfähigkeit zutreffend beurteilen kann. Diese Beurteilung ist unverzichtbar, weil die Anwendung des § 28 voraussetzt, dass nachvollziehbar geprüft worden ist, dass der Berechtigte durch die stufenweise Wiedereingliederung **besser** in das Erwerbsleben integriert werden kann. Besser ist im Sinne der Bedarfsgerechtigkeit, Zielgerichtetheit, Wirksamkeit und Wirtschaftlichkeit der Rehabilitationsleistungen so zu verstehen, dass die dem Bedarf entsprechenden Ziele nicht eine weitergehende Gewährung von Teilhabeleistungen erfordern oder andere Leistungsformen weniger wirksam geeignet erscheinen, die Rehabilitationsziele zu erreichen. Zudem sind die Grundsätze der sparsamen und wirtschaftlichen Leistungserbringung zu beachten.

Die Leistungen im Rahmen der stufenweisen Wiedereingliederung sind 5a
ausdrücklich auf die medizinischen und die sie ergänzenden Leistungen (zB Leistungen zum Lebensunterhalt – § 45 Abs. 1 – auch durch die Rentenversicherungsträger bei ambulanten Leistungen, Reisekosten – § 53 –, Haushaltshilfe – 54 Abs. 1, Kinderbetreuungskosten 54 Abs. 3 –, Übergangsgeld – § 51 Abs. 5 –) beschränkt. Die Rechtsprechung ordnet die stufenweise Wiedereingliederung auch zutreffend als Leistung der medizinischen Rehabilitation ein (BSG v. 29. 1. 08 – B 5 a/5 R 26/07 R, SGb 2008, 173; anders Knittel § 28 Rn 2, der sie als betriebsbezogene Maßnahme mit rehabilitativer Zielsetzung sieht).

Der Wortlaut lässt den Rehabilitationsleistungen hinsichtlich der Leistungen zwar einen breiten Gestaltungsspielraum (zB ambulant, Hilfen nach § 26 Abs. 3 usw), schließt jedoch Leistungen zur Teilhabe am Arbeitsleben und zur Teilhabe am Leben in der Gesellschaft ausdrücklich nicht ein. Gedacht ist an einen Stufenplan medizinischer, arbeitsphysiologischer und psychologischer ambulanter Rehabilitationsleistungen, der eine enge Abstimmung mit der Teilberufstätigkeit erfordert.

6 **6. Zustimmungserfordernisse.** Die stufenweise Wiedereingliederung setzt die Zustimmung des Berechtigten zu diesem Verfahren der Eingliederung voraus. In der Begründung des RegE zu § 74 SGB V wird darauf hingewiesen, dass dem Berechtigten die Entscheidung ausdrücklich überlassen bleibt, ob er auf der Grundlage einer entsprechenden ärztlichen Bescheinigung seine Arbeitskraft teilweise wieder einsetzen will (BT-Drucks. 11/2237 S. 92 zu § 82). Da diese Leistungsform den Berechtigten die Möglichkeit einräumt, die wider gewonnene berufliche Belastbarkeit zu erproben, Selbstsicherheit zu gewinnen sowie die Angst vor Überforderung und Krankheitsrückfall abzubauen, ist über die bloße Zustimmung hinaus auch eine aktive Mitwirkung in eigener Verantwortung erforderlich.

7 Die Möglichkeit der stufenweisen Wiedereingliederung hängt letztlich von der Entscheidung des Arbeitgebers ab. Dieser ist nicht verpflichtet, den nach wie vor arbeitsunfähigen Arbeitnehmer im Rahmen einer solchen Rehabilitationsmaßnahme mit eingeschränkter Funktion zu beschäftigten. Letztlich haftet der Arbeitgeber für die Schäden, die ggf. inner- oder außerbetrieblich durch die eingeschränkte Leistungsfähigkeit des Arbeitnehmers verursacht bzw. mitverursacht werden. Die stufenweise Wiedereingliederung erfordert deshalb eine vertrauensvolle Zusammenarbeit zwischen Arbeitnehmer, behandelndem Arzt, Arbeitgeber, Arbeitnehmervertretung, Betriebsarzt, Rehabilitationsträger sowie ggf. medizinischen Beratungsdiensten. Im Interesse aller Beteiligten sollte ggf. zunächst schon während der medizinischen Rehabilitation im Rahmen einer Belastungserprobung oder einer Arbeitstherapie geklärt werden, ob der Betroffene den Anforderungen gewachsen ist.

In der Praxis entstehen insbesondere bei psychisch kranken Berechtigten daraus Probleme, dass die Rehabilitationsträger ihren Pflichten zur Begleitung des Verfahrens bei den Arbeitgebern iSd Erhaltung des Arbeitsplatzes (§ 33 Abs. 3 Nr. 1) durch erfahrene Berater der Träger nicht nachkommen. Dieses Problem besteht auch dann fort, wenn die zudem zwischen den Trägern der GKV und der GRV bestehenden Streitigkeiten bei der Zahlung des Übergangsgeldes nach § 51 Abs. 5 durch die Einführung einer Ausschlussfrist von 14 Tagen gelöst würden, innerhalb der die stufenweise Wiedereingliederung beginnen muss, um einen Anspruch auf Übergangsgeld auszulösen (Bundesrechnungshof).

8 Während der stufenweisen Wiedereingliederung besteht zwischen dem Arbeitgeber und dem Betroffenen kein normales Arbeitsverhältnis, sondern ein Rechtsverhältnis eigener Art iSd § 305 BGB, das nur Fürsorge- und Informationspflichten begründet. Da der Betroffene wegen seiner Arbeitsunfähigkeit keine Arbeitsleistung erbringen kann, bietet er auch keine vertraglich geschuldete Arbeitsleistung an. Deswegen besteht gegen den Arbeitgeber keinerlei Anspruch auf Vergütung (so auch Haines in LPK-SGB IX § 28 Rn 6; ausführlich zu den arbeitsrechtlichen Auswirkungen sowie der Beteiligung der Arbeitnehmervertretung FKS-SGB IX-*Nebe* § 28 Rn 8–30, 33). Im Vordergrund steht die Rehabilitation, woraus sich der Anspruch auf Leistungen zum Lebensunterhalt nach § 44 Abs. 1 Satz 1 Nr. 1 ableitet.

§ 51 Abs. 5 ermöglicht auch den Trägern der Renten- und Unfallversicherung während der stufenweisen Wiedereingliederung Übergangsgeld zu zahlen, wenn diese unmittelbar an eine medizinische Leistung zur Rehabilitation anschließt.

Nach der Arbeitshilfe der BAR für die stufenweise Eingliederung in den Arbeitsprozess soll – soweit für den Betrieb keine Integrationsvereinbarung nach § 83 besteht – im Einzelfall eine Vereinbarung mit folgenden Inhalten getroffen werden

- Beginn und Ende des Wiedereingliederungsplanes
- Einzelheiten (Art und Dauer 9 der verschiedenen Stufen
- Höhe eines evtl. Arbeitsentgeltes (soweit der Arbeitgeber freiwillig dazu bereit ist)
- Rücktrittsrecht vor dem vereinbarten Ende
- Gründe für ein vorzeitiges Zurücktreten
- Ruhen der entgegenstehenden Bestimmungen des Arbeitsvertrages während des Wiedereingliederungsplanes.

Die Dauer der Wiedereingliederung kann mehrere Wochen bis zu mehreren Monaten betragen; die tägliche Einsatzzeit wird idR mit einer Stunde beginnen und sich steigern, bis die individuelle Grenze der Belastbarkeit erreicht ist.

7. Versicherungsrechtliche Folgen. Auch bei teilweiser Arbeitsaufnahme im Rahmen einer stufenweisen Wiedereingliederung bleibt der Versicherte arbeitsunfähig im Rechtssinne. Es gibt keine Teil-Arbeitsunfähigkeit (BSGE 47, 47 = SozR 2200 § 1237 Nr. 9; BSGE 57, 163 = SozR 2200 § 1255 Nr. 21; *Höfler* in KassKomm Rn 19 zu § 44 SGB V). Das durch die Arbeitsaufnahme erzielte Arbeitsentgelt wird nach § 49 Abs. 1 Nr. 1 SGB V auf den weiterhin vorhandenen Kranken- oder Übergangsgeldanspruch angerechnet. 9

War der Versicherte vor Eintritt seiner Arbeitsunfähigkeit arbeitslos und wird er im Rahmen seiner stufenweisen Wiedereingliederung an einem Arbeitsplatz beschäftigt, der mit seiner vorher ausgeübten Tätigkeit nicht vergleichbar ist, liegt hierin keine Lösung vom bisherigen Beruf (*Hess* Rn 4). Damit ist sichergestellt, dass nicht etwa die neue Tätigkeit den für die Beurteilung der Arbeitsunfähigkeit maßgeblichen Bezugspunkt bildet (BSGE 32, 18 = SozR Nr. 40 zu § 182 RVO; BSGE 5462 = SozR 2200 § 182 Nr. 84).

Da der Versicherte unbeschadet seiner teilweisen Beschäftigung nach wie vor als „wegen Krankheit arbeitsunfähig“ gilt, wird der Zeitraum der stufenweisen Wiedereingliederung in der Rentenversicherung als Anrechnungszeit nach § 58 Abs. 1 Nr. 1 SGB VI berücksichtigt.

§ 29 Förderung der Selbsthilfe

Selbsthilfegruppen, -organisationen und -kontaktstellen, die sich die Prävention, Rehabilitation, Früherkennung, Behandlung und Bewältigung von Krankheiten und Behinderungen zum Ziel gesetzt haben, sollen nach einheitlichen Grundsätzen gefördert werden.

1. Sozialpolitischer Hintergrund. Bereits vor der Verankerung gesetzlicher Pflichten haben einzelne Sozialleistungsträger gesundheitliche Selbsthilfegruppen auf freiwilliger Basis in geringem Umfang gefördert. 1

2 Die Krankenkassen wurden mit dem Gesundheitsstrukturgesetz vom 21. 12. 1992 ermächtigt, Selbsthilfegruppen und -kontaktstellen mit gesundheitsfördernder und rehabilitativer Zielsetzung nach pflichtgemäßem Ermessen zu fördern Ab 1. 1. 1997 wurde die Gesundheitsförderung und Prävention durch das Beitragsentlastungsgesetz aus dem Leistungskatalog der GKV gestrichen; dennoch blieb die Selbsthilfeförderung im Kern bestehen. Sie wurde auf solche Gruppen beschränkt, deren Ziel Prävention oder Rehabilitation bei einer jener Krankheiten ist, welche in einem besonderen Verzeichnis aufgeführt sind (§ 20 Abs. 3 SGB V idF des G vom 1. 11. 1996). Im Ergebnis bedeutete dies keine Einschränkung, weil das von den Spitzenverbänden der Krankenkassen unter Beteiligung der Kassenärztlichen Bundesvereinigung erstellte Verzeichnis so umfassend war, dass praktisch sämtliche Krankheitsbilder und Behinderungsarten, zu denen es Selbsthilfegruppen gab, erfasst wurden. Durch die Gesundheitsreform 2000 wurde die „Förderung von Selbsthilfeorganisationen" ab 1. 1. 2000 zur Pflichtleistung (§ 20 Abs. 4 Satz 1 SGB V) der Krankenkassen. Die Formulierung trägt den differenzierten Strukturen der Selbsthilfe mit Selbsthilfegruppen (meist auf örtlicher Ebene tätig), überregionalen Selbsthilfeorganisationen und -verbänden (meist landes- oder bundesweit engagiert) sowie der besondern Infrastruktur der Selbsthilfe (örtlich arbeitende Kontaktstellen) Rechnung (*Breitkopf/Wohlfahrt* aaO).

Mit der Gesundheitsreform 2007 wurde die Selbsthilfeförderung der GKV durch § 20c SGB V weiterentwickelt. Danach müssen Selbsthilfekontaktstellen für eine Förderung ihrer gesundheitsbezogenen Arbeit themen-, bereichs- und indikationsübergreifend tätig sein.

Die Ausgaben der Krankenkassen mussten nach § 20c Abs. SGB V für das Jahr 2006 für jeden Versicherten 0,55 € betragen. Dieser Betrag wird seitdem jährlich entsprechend der prozentualen Bezugsgröße nach § 18 Abs. 1 SGB IV angepasst. Dabei handelt es sich sowohl um eine Obergrenze als auch um eine Untergrenze (*Igl/Welti* aaO).

Die nach § 20c Abs. 2 SGB V vom Spitzenverband Bund der Krankenkassen zu beschließenden Grundsätze zu den Inhalten der Förderung der Selbsthilfe und zur Verteilung der Fördermittel auf die verschiedenen Förderebenen und Förderbereiche bestehen nach Beteiligung der KBV und der für die Wahrnehmung der Interessen der Selbsthilfe maßgeblichen Spitzenverbände in dem „Leitfaden zur Selbsthilfeförderung – Gemeinsame und einheitliche Grundsätze des GKV-Spitzenverbandes zur Förderung der Selbsthilfe nach § 20c SGB V" vom 10. 3. 2000 in der Fassung vom 6. 10. 2009. Für die Förderung der Bundesebene der Selbsthilfe ist auf das „Gemeinsame Rundschreiben 2009 zur Förderung der Bundesorganisationen der Selbsthilfe nach § 20c SGB V" vom 20. 10. 2008 hinzuweisen (http://www.vdek.com/vertragspartner/Selbsthilfe/Selbsthilfeförderung/Rundschreiben2009.pdf – Stand 20. 4. 2009).

3 Die gesetzliche Rentenversicherung kann als sonstige Leistungen nach § 31 Abs. 1 Satz 1 Nr. 5 und Abs. 3 SGB VI Zuwendungen für Einrichtungen erbringen, die auf dem Gebiet der Rehabilitation forschen oder die Rehabilitation fördern Die GRV kann danach nur Selbsthilfeorganisationen fördern, wenn ihre Tätigkeit oder Vorhaben einen Bezug zur Rehabilitation der Rentenversicherung aufweisen.

Grundlage der Förderung sind die „Muster-Richtlinien über Zuwendungen der Träger der gesetzlichen Rentenversicherung an Einrichtungen, die auf dem Gebiet der Rehabilitation forschen oder die Rehabilitation fördern, nach § 31 Abs. 1 Satz 1 Nr. 5 SGB VI (Zuwendungsrichtlinien)" vom 30. 9. 1991.

Die Vorschriften der gesetzlichen Unfallversicherung (SGBVII), der Jugendhilfe (SGB VIII), der Sozialhilfe (SGB XII) und das Bundesversorgungsgesetz (BVG) enthalten keine Regelungen zur Förderung der Selbsthilfe. Ggf kann einzelnen Berechtigten nach § 39 Abs. 1 SGB VII die Teilnahme an Angeboten der Selbsthilfe eröffnet werden. 4

2. Entstehung der Norm. Die Vorschrift wurde mit Art. 1 SGB IX ab 1. 7. 2001 eingeführt und unverändert aus dem RegE (BT-Drucks. 14/5531 iVm 14/5074) übernommen. 5

3. Normzweck. Die Träger der Rehabilitation fördern die Selbsthilfe auf der Grundlage der für sie jeweils geltenden gesetzlichen Bestimmungen. Sie sind durch diese Regelung gehalten, dafür einheitliche Grundsätze zu schaffen. 6

4. Geförderte Organisationen. Die Förderpraxis der Rehabilitationsträger umfasst finanzielle, personelle oder sächliche Unterstützung der Strukturen der Selbsthilfe, insbesondere der Selbsthilfegruppen, Selbsthilfeorganisationen und der Selbsthilfekontaktstellen. 7

Selbsthilfegruppen sind Zusammenschlüsse von Personen, die selbst von Gesundheitsgefährdungen, gesundheitlichen Problemen sowie deren Folgen in Familie, Beruf und Gesellschaft betroffen sind oder als Angehörige beteiligt sind. 8

Sie sind gekennzeichnet durch Laienhandeln, Gleichstellung, Ehrenamtlichkeit, fehlende Ertrags- oder Gewinnorientierung. Gemeinsames Ziel ist die Veränderung der persönlichen Lebensumstände und gegenseitige Hilfe bei der Bewältigung der Folgen der Behinderung. Angebote sind Gespräche, regelmäßige Gruppenarbeit, Gewinnung und Weitergabe von Informationen zu den Ursachen und der Behandlung der Behinderung einschl. chronischer Krankheiten, zu den Sozialleistungen und den Möglichkeiten sowie die Motivation zu ihrer Inanspruchnahme. Ziel ist aber auch die Information der Gesellschaft und das Einwirken auf die Politik.

Selbsthilfeorganisationen sind regionale und überregionale Zusammenschlüsse von Selbsthilfegruppen. Ziel ist die strukturierte Information der Gesellschaft und Öffentlichkeitsarbeit, insbesondere jedoch die Bündelung und Wahrnehmung der Interessen der Betroffenen gegenüber den gesellschaftlichen Institutionen (Sozialleistungsträger, Behörden, Politik) und dem professionellen System (Leistungserbringer, Berufsverbände usw.). Die meisten Selbsthilfeorganisationen sind in der Bundesarbeitsgemeinschaft Selbsthilfe (BAG Selbsthilfe) oder im Paritätischen Wohlfahrtsverband (der PARITÄTISCHE) zusammengeschlossen. 9

Selbsthilfekontaktstellen sind professionell arbeitende Beratungsstellen mit idR hauptamtlichen Mitarbeitern Träger sind idR Kommunen, Wohlfahrtsverbände oder Vereine. Zielgruppe sind insbesondere diejenigen, die noch nicht Mitglied einer Selbsthilfegruppe sind, die über die Möglichkeiten der Selbsthilfe beraten und zur Teilnahme an Selbsthilfegruppen motiviert 10 werden. Die Kontaktstellen unterstützen die Gründung von Selbsthilfegruppen und bieten strukturelle Hilfe durch Beratung. Sie sind somit Agenturen zur Stärkung der Selbsthilfe durch Eigenverantwortung und Verbesserung ihrer Infrastruktur.

11 **5. Förderung nach einheitlichen Grundsätzen.** Diese Regelung verpflichtet die Rehabilitationsträger, die Förderung – trotz unterschiedlicher Rechtsgrundlagen für die Förderleistungen in den für die Träger geltenden spezifischen Gesetzen – nach einheitlichen Grundsätzen durchzuführen.

12 Die Regelung korrespondiert mit § 13 Abs. 2 Nr. 6, der die Rehabilitationsträger iSd § 6 Abs. 1 Nrn. 1 bis 5 verpflichtet, gemeinsame Empfehlungen darüber zu verabschieden, in welcher Weise und in welchem Umfang die Selbsthilfe gefördert werden soll. Diese „Gemeinsame Empfehlung zur Förderung der Selbsthilfe gem. § 13 Abs. 2 Nr. 6 SGB IX“ vom 22. 3. 2004 ist am 1. 7. 2004 in Kraft getreten.

13 Im Rahmen der zweckgebundenen Förderung projektgebundene und/oder pauschaler Zuwendungen in Form finanzieller Zuschüsse gewährt. Die Förderung kann gezielte, zeitlich begrenzte Vorhaben und Aktionen erfassen, sich aber auch auf die gesundheitsbezogene Arbeit von Selbsthilfegruppen, -organisationen und -kontaktstellen in Form pauschaler Zuschüsse erstrecken.

14 Es wird auch strukturelle und sächliche Unterstützung gewährt, indem die an der gemeinsamen Empfehlung beteiligten Rehabilitationsträger ihre institutionellen Ressourcen zur Verfügung stellen (Räume, Büroinfrastruktur, Kopieren, Drucken, Beratung, Vorträge im Rahmen von Veranstaltungen usw.).

15 **6. Verordnungsermächtigung.** Die Ermächtigung des § 16 zum Erlass einer Rechtsverordnung zu § 13 Abs. 2 Nr. 6 erfasst auch die Grundsätze zur einheitlichen Förderung nach dieser Regelung.

§ 30 Früherkennung und Frühförderung

(1) [1]Die medizinischen Leistungen zur Früherkennung und Frühförderung behinderter und von Behinderung bedrohter Kinder nach § 26 Abs. 2 Nr. 2 umfassen auch

1. die medizinischen Leistungen der mit dieser Zielsetzung fachübergreifend arbeitenden Dienste und Einrichtungen,

2. nichtärztliche sozialpädiatrische, psychologische, heilpädagogische, psychosoziale Leistungen und die Beratung der Erziehungsberechtigten, auch in fachübergreifend arbeitenden Diensten und Einrichtungen, wenn sie unter ärztlicher Verantwortung erbracht werden und erforderlich sind, um eine drohende oder bereits eingetretene Behinderung zum frühestmöglichen Zeitpunkt zu erkennen und einen individuellen Behandlungsplan aufzustellen.

[2]Leistungen nach Satz 1 werden als Komplexleistung in Verbindung mit heilpädagogischen Leistungen (§ 56) erbracht.

(2) Leistungen zur Früherkennung und Frühförderung behinderter und von Behinderung bedrohter Kinder umfassen des Weiteren nicht-

ärztliche therapeutische, psychologische, heilpädagogische, sonderpädagogische, psychosoziale Leistungen und die Beratung der Erziehungsberechtigten durch interdisziplinäre Frühförderstellen, wenn sie erforderlich sind, um eine drohende oder bereits eingetretene Behinderung zum frühestmöglichen Zeitpunkt zu erkennen oder die Behinderung durch gezielte Förder- und Behandlungsmaßnahmen auszugleichen oder zu mildern.

(3) [1]**Zur Abgrenzung der in den Absätzen 1 und 2 genannten Leistungen und der sonstigen Leistungen dieser Dienste und Einrichtungen, zur Übernahme oder Teilung der Kosten zwischen den beteiligten Rehabilitationsträgern, zur Vereinbarung und Abrechnung der Entgelte sowie zur Finanzierung werden gemeinsame Empfehlungen vereinbart; § 13 Abs. 3, 4 und 6 gilt entsprechend.** [2]**Landesrecht kann vorsehen, dass an der Komplexleistung weitere Stellen, insbesondere die Kultusverwaltung, zu beteiligen sind.** [3]**In diesem Fall ist eine Erweiterung der gemeinsamen Empfehlungen anzustreben.**

1. Sozialpolitischer Hintergrund. Seit Jahrzehnten werden Wege gesucht, 1
einheitliche Rahmenbedingungen, insbesondere für die Finanzierung der Frühförderung zu schaffen. Zahlreiche Verhandlungsrunden, die auf verschiedenen Ebenen unter Beteiligung der Leistungserbringer, der Sozialhilfe, der gesetzlichen Krankenversicherung (GKV) und auch der Länder durchgeführt wurden, sind ohne greifbare Ergebnisse geblieben. Die teilweise nicht eindeutig formulierten gesetzlichen Grundlagen hatten dazu geführt, dass die Arbeit der Frühförderstellen und der Sozialpädiatrischen Zentren finanziell nicht abgesichert ist waren. Zudem gibt es erhebliche Unterschiede in den verschiedenen Bundesländern und Kommunen. Dies hat der Gesetzgeber aufgegriffen und mit den Vorschriften der §§ 26, 30, 55 und 56 des SGB IX versucht, die Defizite zu beheben, um die Frühförderung bestehend aus einem interdisziplinär abgestimmten System ärztlicher, medizinisch-therapeutischer, psychologischer, heilpädagogischer sowie sozialpädagogischer Leistungen weiter zu entwickeln.

2. Entstehung der Norm. Die Vorschrift wurde im Wesentlichen unver- 2
ändert aus dem RegE (BT-Drucks. 14/5531 iVm 14/5074) übernommen und durch Art. 1 SGB IX ab 1. 7. 2001 eingeführt. Der AuS-Ausschuss hat der Forderung des Bundesrates (BT-Drucks. 14/5531 S. 9) entsprochen und in Abs. 2 die Wörter „im interdisziplinären" durch die Wörter „durch interdisziplinäre" ersetzt. Einem Anliegen des Bundesrates zu Abs. 4 entsprechend wurde auf Vorschlag der Bundesregierung der HS 2 in Abs. 3 Satz 1 mit der Bezugnahme auf § 13 Abs. 3, 4 und 6 eingefügt (BT-Drucks. 14/5800 S. 32).

3. Normzweck. Abs. 1 regelt, dass die Leistungen zur Früherkennung 3
und Frühförderung behinderter Kinder nunmehr medizinische Leistungen zur Rehabilitation nach § 26 Abs. 2 Nr. 3 sind und verpflichtet dazu, die Leistungen im Zusammenhang mit heilpädagogischen Leistungen nach § 56 als Komplexleistungen zu erbringen. **Abs. 2** klärt, was Gegenstand der Leistungen zur Früherkennung und Frühförderung ist. **Abs. 3** verpflichtet die beteiligten Rehabilitationsträger zur Vereinbarung gemeinsamer Empfeh-

lungen nach § 13 über die Leistungsabgrenzung, Übernahme oder Teilung der Kosten sowie die Vereinbarung und Abrechnung der Entgelte. Soweit Landesrecht die Beteiligung weiterer Stellen an der Erbringung der Komplexleistung vorsieht, ist eine Erweiterung der gemeinsamen Empfehlung anzustreben.

4 **4. Begriffsbestimmung.** Frühe Hilfen – wie die Frühförderung auch genannt wird – sind eine Sammelbezeichnung für pädagogische und therapeutische Maßnahmen für behinderte oder von Behinderung bedrohte Kinder in den ersten Lebensjahren. Rechtsansprüche auf Finanzierung von Maßnahmen der Frühförderung sind im SGB XII, im Krankenversicherungsrecht (SGB V) und – für seelisch behinderte Kinder – im Kinder- und Jugendhilferecht (SGB VIII/KJHG) festgeschrieben. Leistungen der Frühförderung werden vor allem in (interdisziplinären) Frühförderstellen und Sozialpädiatrischen Zentren (SPZ) erbracht. Die beiden Einrichtungen stehen nicht in Konkurrenz zueinander, sondern ergänzen sich. Eine Darstellung der konkreten sozialpolitischen Strukturen zur Durchführung der Früherkennung und Frühförderung findet sich im Bericht der Bundesregierung über die Lage behinderter Menschen und die Entwicklung ihrer Teilhabe nach § 66 (BT-Drucks. 15/4575, Kapitel 2, S. 30ff; BR-Drucks. 993/04 vom 16. 12. 2004).

5 **5. Zuordnung zur medizinischen Rehabilitation.** Da die Dienste und Einrichtungen (SPZ und andere fachübergreifende Dienste wie interdisziplinäre Frühförderstellen), die Leistungen zur Früherkennung und Frühförderung behinderter oder von Behinderung bedrohter Kinder fachübergreifend durchführen, auch andere (zB pädagogische) Leistungen erbringen, stellt **Abs. 1** Nr. 1 zunächst klar, dass die dort erbrachten Leistungen zu denen der medizinischen Rehabilitation gehören. Die Vorschrift konkretisiert § 26 Abs. 2 Nr. 2. Ziel ist, dass medizinisch-therapeutische Leistungen und heilpädagogische Hilfen in Zukunft stärker verzahnt und auf der Grundlage zu entwickelnder Finanzierungsvereinbarungen stärker abgesichert erbracht werden. Sie verstärkt den in der Praxis bereits vorhandenen und bewährten ganzheitlichen, interdisziplinären und familienorientierten Hilfeansatz durch die Betonung nichtärztlicher sozialpädiatrischer, psychologischer, heilpädagogischer und psychosozialer Leistungen im Kontext der medizinischen Rehabilitation und führt interdisziplinäre Frühförderstellen als eigenständige Leistungserbringer neben den SPZ ein.

6 **6. Anspruchsberechtigte.** Anspruch auf Komplexleistungen der Frühförderung haben Kinder von der Geburt bis zum individuellen Schuleintritt. Das erfasst auch Kinder, die bereits im schulpflichtigen Alter, aber noch nicht eingeschult sind. Die gilt auch, wenn die Behandlungszeit durch den geplanten Schuleintritt kürzer als ein Jahr ist.

7 **7. Nichtärztliche Leistungen.** Abs. 1 Nr. 2 der Vorschrift ist an § 43 a SGB V angelehnt, nennt aber zusätzlich die Beratung der Erziehungsberechtigten. Die Leistungen sollen als Komplexleistungen in Verbindung mit heilpädagogischen Leistungen (§ 56) erbracht werden. **Abs. 2** ordnet den Leistungen zur Früherkennung und Frühförderung behinderter und von Behinderung bedrohter Kinder auch weitere nichtärztliche Leistungen der interdisziplinären Frühförderstellen zu. Die Leistungen werden **durch** in-

terdisziplinäre Frühförderstellen erbracht, dh neben der Behandlung **in** der Einrichtung ist auch die Leistungserbringung mobil (Hausfrühförderung) möglich. **Abs. 3** sieht vor, dass Einzelheiten – insbesondere zur Übernahme oder Teilung der aufgrund der jeweiligen Zuständigkeiten der Träger diesen entstehenden Kosten – in gemeinsamen Empfehlungen geregelt werden. Die Zuordnung der in Sozialpädiatrischen Zentren und in Interdisziplinären Frühförderstellen erbrachten nichtärztlichen Leistungen zu den Leistungen der medizinischen Rehabilitation wurde gewählt, um die Ganzheitlichkeit der Leistungserbringung zu gewährleisten. Unterschieden wird dabei zwischen nichtärztlichen Leistungen, die in SPZ erbracht werden (Abs. 1 Satz 2) von solchen die in Interdisziplinären Frühförderstellen zum Tragen kommen (Abs. 2). Die SPZ, die immer unter ärztlicher Leitung stehen, können bestimmte nichtärztliche Leistungen erbringen, wenn diese zur Diagnostik oder zur Behandlungsplanung notwendig sind. Die nichtärztlichen Leistungen der Frühförderstellen werden erbracht zur Diagnostik und/oder gezielten Behandlung und Förderung des Kindes mit Blick auf die Behinderung.

8. Leistungszugang. Basis für die Entscheidung über die Komplexleistung ist die sogen. Eingangsdiagnostik, die der Feststellung des individuellen funktionsbezogenen Leistungsbedarfs iSd § 10 entspricht. Die Diagnostik muss sicher stellen, dass alle und gleichzeitig nur diejenigen Kinder Zugang zu der Komplexleistung Frühförderung im Sinne der Definition erhalten, die sie aufgrund ihrer besonderen Bedarfslagen auch benötigen. 8

Nach § 8 Satz 1 FrühV arbeiten Interdisziplinäre Frühförderstellen (IFF) und Sozialpädiatrische Zentren (SPZ) zusammen. Die Inanspruchnahme beider Einrichtungen ist zulässig, weil sie sich nicht gegenseitig ausschließen, sondern durch ihre unterschiedlichen Leistungsschwerpunkte ergänzen. Die Diagnostik der SPZ soll dementsprechend für die Förderung in den IFF zugrunde gelegt werden und umgekehrt.

9. Komplexleistungen. Nach Abs. 1 Satz 2 sollen die medizinischen Leistungen der fachübergreifend arbeitenden Dienste als Komplexleistung erbracht werden. Der Begriff der Komplexleistung ist im Gesetz nicht näher definiert. Er bedeutet nicht zwangsläufig die Erbringung verschiedener Leistungen durch einen Träger, sondern kann auch eine koordinierte Leistungserbringung darstellen, wenn diese aufgrund fester Vereinbarungen durch unterschiedliche Träger stattfindet. Die Bundesregierung sieht eine Komplexleistung im Sinne diese Vorschrift als gegeben an, wenn für einen prognostisch festgelegten Zeitraum (idR ein Jahr) sowohl medizinisch-therapeutische als auch heilpädagogische Leistungen notwendig sind und durch eine Interdisziplinäre Frühförderstelle oder ein Sozialpädiatrisches Zentrum erbracht werden (Gemeinsames Schreiben der Staatssekretäre des BMAS und des BMG vom 24. 6. 09). 9

Die Rehabilitationsträger, die bislang nur Teile der Frühförderleistungen auf der Grundlage der für sie maßgebenden Leistungsgesetze übernehmen, die Notwendigkeit, müssen sich wegen der Verpflichtung zu gemeinsamen Empfehlungen (Abs. 3) um ein Finanzierungskonzept zu bemühen, das alle Leistungen erfasst und es dem Leistungsberechtigten ermöglicht, die für ihn erforderlichen Frühförderleistungen zu erhalten, ohne mit unterschiedlichen

Leistungsträgern einzelne (Teil-)Leistungen der Frühförderung abrechnen zu müssen (BAR 2001).

10 Der Umfang des Leistungsbedarfs ist für die Einordnung als Komplexleistung nicht bedeutsam. Medizinisch-therapeutische Leistungen bzw. Heilpädagogische Leistungen können gleichzeitig oder nacheinander sowie in unterschiedlicher und ggf. auch wechselnder Intensität ausgeführt werden.

11 Die Komplexleistung Frühförderung ist eine eigenständige Leistung, die sich nicht in der Addition der Leistungspflichten der beteiligten Träger nach ihren jeweiligen Leistungsgesetzen erschöpft. Zur Komplexleistung Frühförderung gehören auch die **Beratung, Unterstützung und Begleitung** der Erziehungsberechtigten (§ 5 Abs. 2 FrühV, der gem. § 6 zweiter HS für heilpädagogische Maßnahmen entsprechend gilt). Die Komplexleistung ist auch in Form **mobil aufsuchender Hilfen,** dh außerhalb von Interdisziplinären Frühförderstellen und Sozialpädiatrischen Zentren, zu erbringen (§ 3 Satz 2 FrühV und zwar sowohl in Form von heilpädagogischen, als auch medizinisch-therapeutischen Leistungen). Gründe für die Ausführung in mobiler Form können nicht nur medizinische, sondern sowohl fachlicher als auch organisatorischer Art sein (zB unzumutbare Anfahrtswege in ländlichen Gegenden). Als **interdisziplinäre Leistungen** beinhaltet die Komplexleistung auch den Austausch der beteiligten Fachrichtungen in Form von Teambesprechungen, die Dokumentation von Daten und Befunden, die Abstimmung und den Austausch mit anderen, das Kind betreuenden Institutionen und ggf. Fortbildung und Supervision. Zugang zu einem **offenen, niedrigschwelligen Beratungsangebot** sollen Eltern haben, die bei ihrem Kind ein Entwicklungsrisiko vermuten. Es soll anbieterunabhängig und wettbewerbsneutral in Interdisziplinären Frühförderstellen angeboten werden. Es sollte vor der Einleitung der Eingangsdiagnostik in Anspruch genommen werden und dient einerseits der Prävention und Früherkennung und verhindert andererseits unnötige diagnostische und therapeutische Maßnahmen.

Bei der Vereinbarung der Vergütungssätze sind diese Leistungen angemessen zu berücksichtigen.

12 **Heilmittel** werden im Rahmen der Komplexleistung Frühförderung nach Maßgabe und auf der Grundlage des Förder- und Behandlungsplanes erbracht. Ihre Erbringung als medizinisch-therapeutische Leistung richtet sich grundsätzlich nicht nach den Vorgaben der Heilmittelrichtlinien des Gemeinsamen Bundesausschusses. Die Heilmittel als Bestandteil der Komplexleistung werden nach Maßgabe der jeweiligen dreiseitigen Vergütungsvereinbarungen zwischen den Leistungserbringern und den Rehabilitationsträgern (entweder gesondert oder als einer Kostenpauschale je Fördereinheit) vereinbart. Diese Kosten sind nicht Gegenstand des Ausgabevolumens nach § 84 SGB V.

13 **10. Zulassung therapeutischer Methoden der Frühförderung.** Mit der Einordnung der Frühförderung in die medizinische Rehabilitation ist es Aufgabe der Rehabilitationsträger und nicht mehr des gemeinsamen Bundesausschusses (§ 91 SGB V) zu prüfen und zu entscheiden bzw. in einer gemeinsamen Empfehlung nach §§ 13, 30 zu vereinbaren, welche therapeutischen Verfahren und Methoden Gegenstand der Frühförderung sind. Bisher

wurde zB die konduktive Förderung cerebral geschädigter Kinder nach der Methode Petö nicht als Methode der Frühförderung anerkannt, weil sie der Gemeinsame Bundesausschuss nicht als Heilmittel anerkannte und in das im Rahmen der Krankenbehandlung zu § 32 SGB V bestehende Heilmittelverzeichnis (§ 125 SGB V) aufnahm. Da in umfassenden, bereits 1992 (*Weber/Rochel*) und 2002 *(Blank/von Voss)* abgeschlossenen wissenschaftlichen Studien evident belegt wurde, dass es sich bei der Methode Petö in der Tat nicht um ein Heilmittel, sondern um – durchaus wirksame – Methoden der medizinischen Rehabilitation handelt, haben nach Inkrafttreten des SGB IX nicht mehr der Gemeinsame Bundesausschuss, sondern die beteiligten Rehabilitationsträger im Rahmen ihres Leistungserbringungsrechts nach §§ 13, 17, 19 SGB IX darüber zu entscheiden, ob diese Methode Gegenstand der Rehabilitationsleistung Frühförderung ist (so auch SG Düsseldorf vom 24. 6. 2004, S. 4 KR 139/03, rechtskräftig).

11. Zuständigkeit. Hinsichtlich der Auslegung der maßgeblichen Bestimmungen des SGB IX zur Zuständigkeit für Früherkennung und Frühförderung nach § 26 Abs. 2 Nr. 2 iVm § 30 bestehen zT weiterhin Auffassungsunterschiede zwischen den Trägern der Sozialhilfe und der gesetzlichen Krankenversicherung. Dabei wird von Seiten der Sozialhilfe auf unterschiedlichen Ebenen die Auffassung vertreten, dass § 30 Abs. 1 und 2 SGB IX umfassende Leistungspflichten der Krankenkassen zur Früherkennung und Frühförderung enthalte, die sämtliche Bedarfe erfassen, die der Sozialhilfeträger nach § 55 Abs. 2 Nr. 2 SGB IX abzudecken habe. Für Leistungen des Sozialhilfeträgers bliebe daher nur Raum im Hinblick auf Hilfe Suchende, die nicht in der gesetzlichen Krankenversicherung versichert sind. 14

Die Interpretation der GKV, die sich auf den § 30 SGB IX iVm § 43 a SGB V stützt, weist den Versuch einer vollständigen Verschiebung der Heilpädagogik in die GKV zurück. Nach Auffassung der GKV enthält das SGB IX keine veränderte Zuordnung der Leistungen im Hinblick auf Zuständigkeiten einzelner Rehabilitationsträger, sodass es bei der bisherigen Kostenzuständigkeit bleibe.

Sowohl von Seiten des Bundes als auch von Seiten der Länder (NRW) wurden zu dieser Kontroverse Stellungnahmen vorgelegt. Sie besagen im Kern, dass in den für die Früherkennung und Frühförderung maßgeblichen Regelungen zwar eine über den bisherigen Status quo hinausgehende Leistungsverpflichtung der GKV im Rahmen der medizinischen Rehabilitation festgeschrieben ist. Dennoch wird der Rechtsauffassung nicht gefolgt, dass diese Leistungspflicht vollständig auch die vom Träger der Sozialhilfe zu erbringenden heilpädagogischen Leistungen nach § 56 SGB IX umfasst. Durch den Erlass der Frühförderungsverordnung (Rn 10) ist dazu eine grundsätzliche Entscheidung getroffen worden. Nach der bisher dazu vorliegenden Rechtsprechung bewirkt § 30 keine Erweiterung der Leistungsverpflichtung der zuständigen Leistungsträger (LSG Berlin-Brandenburg v. 11. 12. 07 – L 23 B 249/07 SO ER, juris; LSG Rheinland-Pfalz v. 19. 9. 06 – L 1 KR 65/04, *Breithaupt* 2007, 749–754).

12. Gemeinsame Empfehlungen. In **Abs. 3** werden die Beteiligten verpflichtet, Einzelheiten der Leistungsinhalte, der Vernetzung der Leistungen (Komplexleistung), des Leistungsverfahrens, der Kostenübernahme oder 15

Teilung sowie zur Vereinbarung und Abrechnung der Entgelte, insbesondere jedoch zur gemeinsamen Finanzierung und der Verteilung der jeweiligen Finanzierungsanteile auf die beteiligten Kostenträger in einer gemeinsamen Empfehlung nach § 13 zu vereinbaren. Der vom Bundesrat bewirkte Verweis auf die entsprechende Geltung der Abs. 3, 4 und 6 des § 13 stellt sicher, dass insbesondere der Sachverstand der Betroffenenverbände, aber auch der der Leistungserbringer einbezogen wird (BT-Drucks. 14/5800 S. 32). Diese Regelung trägt den bisher hinsichtlich der Kooperation, Koordination und Konvergenz der Beteiligten gemachten Erfahrungen ebenso Rechnung, wie den nach Inkrafttreten des SGB IX erneut festzustellenden Auseinandersetzungen über die Zuständigkeit (vgl. Rn 14). Um für die Zukunft eine möglichst umfassende Kooperation, Koordination und Konvergenz zu ermöglichen, sieht diese Regelung ausdrücklich eine Erweiterung des Kreises der an den gemeinsamen Empfehlungen Beteiligten für den Fall vor, dass sich nach Landesrecht weitere Stellen – zB die Kultusverwaltung – an der Komplexleistung beteiligen.

Auf der Ebene der Bundesarbeitsgemeinschaft für Rehabilitation (BAR) wurde von einer Expertengruppe, an der die betroffenen Institutionen (Leistungsträger, Leistungserbringer und Länder) mitwirkten, in über einjähriger Arbeit der Entwurf einer gemeinsamen Empfehlung erarbeitet, der neben der Beschreibung des Leistungsgeschehens Regelungen zur Kostenzuständigkeit und -aufteilung sowie zu den personellen, räumlichen und sächlichen Standards der Interdisziplinären Frühförderstellen und der Sozialpädiatrischen Zentren enthielt. Dieser Entwurf scheiterte im Dezember 2002 am Widerstand der Kostenträger (Sozialhilfeträger und Krankenkassen) hinsichtlich der Regelungen zur Zuständigkeit und Kostenteilung, insbesondere bei den heilpädagogischen Leistungen.

Für diese Situation sieht § 32 Nr. 1 eine Verordnungsermächtigung des BMA im Einvernehmen mit dem BMG und Zustimmung des Bundesrates vor.

16 **13. Frühförderverordnung (FrühV).** Nach dem Scheitern der gemeinsamen Empfehlung nach Abs. 3 hat das zuständige Ministerium auf der Grundlage von § 32 Nr. 1 SGB IX mit Zustimmung des Bundesrates am 24. 6. 2003 die Verordnung zur Früherkennung und Frühförderung behinderter und von Behinderung bedrohter Kinder (Frühförderungsverordnung – FrühV) erlassen, die am 1. 7. 2003 in Kraft trat.

Die Rechtsverordnung übernimmt im Wesentlichen die Positionen der bei der BAR tätigen Expertengruppe, die ihrerseits bereits einen Kompromiss der beteiligten Akteure bildeten.

Die Länder stellten in den beteiligten Ausschüssen des Bundesrates (AS-FJ-FS-G) zahlreiche Änderungsanträge. Neben zahlreichen redaktionellen Anträgen, lagen auch solche vor, die die Argumentation der Kommunen aufgriffen, und den sich in der Verordnung widerspiegelnden Kompromiss auf der BAR-Ebene in Frage stellten.

Inhaltlich sollten ua. neben den in der FrühV enthaltenen Einrichtungstypen (Interdisziplinäre Frühförderstellen und SPZ) auch andere Einrichtungen (zB Tageseinrichtungen für Kinder) berücksichtigt werden. Andere Anträge wollten die vorgesehene Kostenzuordnung zu Gunsten der Sozialhilfe und zu Lasten der GKV verschieben. Nachdem sich die Ausschüsse des Bundesrates vertagten, konnte in einem Unterausschuss „Frühförderungsverordnung“ am 28. 5. 2003 ein im Wesentlichen auf dem Entwurf des Ministeriums basierendes Ergebnis erzielt werden, dem sich sowohl die Ausschüsse des Bundesrates, wie auch der Bundesrat in seiner Sitzung am 20. 6. 2003 anschlossen. Nach Verkündung im Bundesgesetzblatt am 30. 6. 2003 trag die Rechtsverordnung am 1. 7. 2003 in Kraft.

Da die Ermächtigungsgrundlage (§ 32 Abs. 1) nur die Regelung von Teil- 17
bereichen erlaubt, beschränkt sich die Rechtsverordnung auf

- die Beschreibung des Anwendungsbereichs (§ 1). Danach sind nur Leistungen für noch nicht eingeschulte Kinder in SPZ und Interdisziplinäre Frühförderstellen (IFF) erfasst;
- die Nennung der Leistungen zur Früherkennung und Frühförderung (§ 2). Dabei wird der Paradigmenwechsel der Verlagerung der Frühförderung von der Krankenbehandlung zur medizinischen Rehabilitation nochmals klargestellt. In Landesrahmenempfehlungen (die den gemeinsamen Empfehlungen nach § 12 Abs. 1 Nr. 1 und 13 Abs. 2 Nr. 2 SGB IX über Gegenstand, Umfang und Ausführung der Rehabilitationsleistungen entsprechen) ist das Nähere zu den Anforderungen an die SPZ und IFF zu regeln;
- die Darstellung zu den Aufgaben und Funktionen der IFF und SPZ (§§ 3, 4);
- Ausführungen zu den medizinischen Leistungen zur Rehabilitation, die von der GKV zu finanzieren sind, sowie zu heilpädagogischen Leistungen (§§ 5, 6);
- Regelungen zum Förder- und Behandlungsplan, die der Verpflichtung der Träger nach § 10 Abs. 1 SGB IX zur individuellen funktionsbezogenen Leistungsfeststellung, deren Dokumentation und verlaufsbezogenen Anpassung entspricht. Der Plan regelt den Verlauf der Förderung im Detail (§ 7);
- die Beschreibung von Vorgaben, die bei der Erbringung von Komplexleistungen insbesondere hinsichtlich der Antragstellung, des Antragsverfahrens, der Entscheidungsfristen in Anlehnung an § 14 SGB IX, der Zuständigkeit und der Leistungsentscheidungen zu beachten sind (§ 8). Soweit in diesem Zusammenhang Leistungsvereinbarungen mit IFF und SPZ getroffen werden, haben diese den Charakter von Versorgungsverträgen iSd § 21 SGB IX;
- Bestimmungen über die Teilung der Kosten. Im Kern wird festgelegt, dass die Aufteilung der Entgelte pauschal erfolgen kann. Dabei soll der Anteil der Sozialhilfe in IFF 80 vH und in SPZ 20 vH nicht überschreiten.

Da die Rechtsverordnung für die finanzielle Beteiligung der Träger der Sozial- und Jugendhilfe Höchstgrenzen festlegt, ist zu befürchten, dass sich bei der notwendigen Konkretisierung auf Landes- bzw. kommunaler Ebene die Schwierigkeiten zT wiederholen, an denen die Verhandlungen im Rahmen der BAR letztlich gescheitert sind.

14. Umsetzungsprobleme. Fast zehn Jahre nach In-Kraft-Treten des § 30 18
SGB IX sowie fünf Jahre nach Erlass der Frühförderungs-Verordnung ist die Komplexleistung Frühförderung noch keineswegs angemessen in der

Praxis implementiert; der vom Gesetzgeber gerade auch hier beabsichtigte Systemwechsel ist noch nicht gelungen. Die im Zuge der gesetzlichen Regelungen nicht hinreichend vorgegebenen Weichenstellungen zur Frage der konkreten leistungsrechtlichen Gestaltung (Leistungsinhalte, Standards, Qualitätssicherung, Verträge Leistungsträger – Leistungserbringer) sowie zur Beziehung der Leistungsträger (Kostenteilung, Verwaltungsverfahren) haben eine Vielzahl überwiegend bis heute andauernder Übergangsregelungen und -vereinbarungen befördert, mit deren Hilfe faktisch die Leistungssituation vor dem SGB IX fortgesetzt wird. Auch sind länderspezifische Sonderwege feststellbar, die streng genommen die gesetzlichen Vorgaben nicht vollständig umsetzen (zB Bayern: rein additive „Komplexleistung" ohne echte Integration der Leistungsträger und der Leistungserbringung; Hessen mit direkter Landes-Subventionierung der Personalausstattung von Frühförderstellen ohne Beteiligung der Leistungsträger).

Die gesetzliche Vorgabe der Komplexleistung interdisziplinäre Frühförderung trifft auf Leistungsrealitäten in den Ländern, die durch ein breites Spektrum von bestehenden Behandlungs- und Förderungsangeboten gekennzeichnet sind. Zum einen sind in Zuständigkeit der Krankenkassen die ärztliche Behandlung, verschiedenen Heilmittel, Behandlung im sozialpädiatrischen Zentrum zu nennen. Daneben bieten die Sozial- und Jugendhilfeträger idR nicht interdisziplinäre, sondern fast ausschließlich heilpädagogische Frühförderung in ambulanter und mobiler Form ebenso an wie familienentlastende Betreuungs- und Fördermaßnahmen. Hinzu kommen die in der Kindertagesbetreuung angebotenen integrativen oder auf das einzelne Kind gerichteten Förderangebote mit heilpädagogischem, aber auch medizinisch-therapeutischen Charakter. Zu all diesen existierenden Leistungsoptionen ist beim Hinzutreten der Komplexleistung zu bestimmen, ob diese die bisherigen Leistungen vollständig oder teilweise ersetzt, oder als zusätzliches Angebot daneben tritt.

Auch die FrühV vom 24. Juni 2003 hat infolge weiterhin nicht gelöster Grundfragen nicht wirklich zur Beschleunigung der Implementierung beigetragen. Vielmehr führte die mit § 2 Satz 3 FrühV eingeräumte Möglichkeit der Vereinbarung von Landesrahmenempfehlungen zur näheren Bestimmung der Anforderungen an interdisziplinäre Frühförderstellen und sozialpädiatrische Zentren eher zu weiteren Verzögerungen, da nun anstelle der konkreten Umsetzung zunächst langwierigen Verhandlungen über die Empfehlungen aufgenommen wurden. Die schwierigsten Umsetzungsfragen, nämlich einerseits die Frage der vertragsrechtlichen Gestaltung der Komplexleistung mit den Leistungserbringern und andererseits die Frage der Kostenteilung zwischen den Leistungsträgern sind nicht Gegenstand von Landesrahmenempfehlungen, und werden in der FrühV äußerst knapp und unpräzise geregelt. Die vertragrechtliche Vorgabe besteht in gerade 2 allgemeinen Sätzen (§ 9 Abs. 1 FrühV), wonach die Entgelte für die Leistungen zwischen Leistungsträgern und Leistungserbringern zu vereinbaren sind, wobei Zuwendungen Dritter zu berücksichtigen sind. Auf der Basis dieses 47 Wörter umfassenden Vertragsrechts sollen nun die zwei verantwortlichen Leistungsträger mit diesbezüglich völlig unterschiedlicher Systemtradition (die Krankenkassen mit dem Mainstream der Zulassung zur Versorgung, die Sozialhilfeträger mit dem ausdifferenzierten, wettbewerbsorientierten Vertragsrecht des §§ 75 ff. SGB XII) die Erbringung der Komplexleistung gestalten. Die Hinweise zur Kostenteilung (§ 9 Abs. 2 u. 3 FrühV) geben nur Extremwerte der zu findenden Kostenteilung vor, ohne hinreichend klare Vorgaben zur inhaltlichen Bestimmung sachgerechter Kostenverteilung zu machen.

Der Anfang 2008 vorgelegte Abschlussbericht einer Untersuchung zu den Leistungs- und Vergütungsstrukturen in der Frühförderung[6] resümiert, dass lediglich 61% der 2007 registrierten „Frühförderstellen" auch interdisziplinär besetzt waren, und dass lediglich 23% dieser Frühförderstellen die Komplexleistung umsetzen, während sie für über 70% noch nicht in Sicht war. Bei den vorhandenen Leistungsvergütungen wurde eine extreme Streuung für die (scheinbar) gleiche Leistung (zB Eingangsdiagnostik: zwischen 142,– und 450,– Euro) sowie hinsichtlich der Kostenbeteiligung der Krankenkassen (zwischen 0 und 37%) festgestellt.

Seit Herbst 2008 ist im Bundesland Hamburg die erste flächendeckende, vollständig die gesetzlichen Vorgaben einlösende Implementierung der Komplexleistung vorzufinden. Eine Übergangsregelung zwischen den Leistungsträgern hatte seit 2002 die Versorgung der frühförderungsbedürftigen Kinder in Regie des Sozialhilfeträgers sichergestellt, wobei die Krankenkassen sich an den Kosten pauschal beteiligten. Im Mai 2005 trat die Hamburger Landesrahmenempfehlung in Kraft, die fachliche Standards für die Leistung und die Leistungserbringer formuliert. Die Frage der Kostenteilung sowie des Verwaltungsverfahrens und der Evaluierung des neuen Leistungsgeschehens wurde in einer Vereinbarung der Leistungsträger vom Juli 2006 geklärt. Im Ergebnis der sodann mit den interessierten Leistungserbringern geführten Vertragsverhandlungen konnten bis Ende 2008 dreiseitige Leistungs-, Vergütungs- und Prüfungsvereinbarungen mit einem sozialpädiatrischen Zentrum sowie 8 interdisziplinären Frühförderstellen abgeschlossen werden. Die Verträge regeln sowohl für die Eingangsdiagnostik/Aufstellung des Förder- und Behandlungsplans wie auch für die Durchführung der Komplexleistung in Anlehnung an die fachlichen Empfehlungen der BAR insbesondere die interdisziplinären personellen Anforderungen, die Rahmenstandards der Komplexleistung (Einheit kalkuliert auf 90 Minuten, davon 60 Minuten als face-to-face-Leistung vorgesehen), Leistungsdokumentation, Verlaufs- und Abschlussdiagnostik, Qualitätssicherung, Prüfung von Wirtschaftlichkeit und Qualität der Leistung, Leistungspreise, und werden zunächst für einen intensiv zu evaluierenden Einführungszeitraum von 2 Jahren abgeschlossen.

Die Einführung der Komplexleistung wird begleitet von einem breit angelegten Informationsangebot (Flyer, Internet) sowohl für beratende und vermittelnde Instanzen (Kinderärzte, -kliniken, Beratungsstellen) wie auch für die betroffenen Familien mit behinderten oder von Behinderung bedrohten Kindern.

---

[6] Institut f. Sozialforschung u. Gesellschaftspolitik, Datenerhebung zu den Leistungs- und Vergütungsstrukturen in der Frühförderung behinderter und von Behinderung bedrohter Kinder. Forschungsbericht im Auftrag des Bundesministeriums f. Arbeit u. Soziales. Abschlussbericht, Köln, Februar 2008.

19 Die vielfältigen Umsetzungsprobleme führen in der Praxis häufig dazu, dass Berechtigte die Ihnen zustehenden Leistungen entweder nicht, nicht vollständig, vor allen Dingen jedoch nicht zeitnah erhalten. Früherkennung und Frühförderung müssen so früh wie möglich stattfinden, um das Kind vor nachteiligen – häufig nicht rückholbaren – Veränderungen zu bewahren. Zur einstweiligen Sicherung der notwendigen Leistungen der medizinischen Rehabilitation kann das betroffene Kind durch seinen gesetzlichen Vertreter bereits vor einer Klageerhebung einen Antrag auf vorläufigen Rechtsschutz beim Sozialgericht stellen. Einstweilige Anordnungen zur vorläufigen Regelung eines streitigen Rechtsverhältnisses sind nach § 86b Abs. 2 Satz 2 SGG zulässig, wenn dies zur Abwendung wesentlicher Nachteile nötig erscheint. Die Notwendigkeit der vorläufigen Regelung (Anordnungsgrund) und der geltend gemachte Anspruch (Anordnungsanspruch) sind mit Blick auf die nicht rechtmäßige Anwendung des § 30 und die für das Kind dadurch drohenden bleibenden Schäden idR gut glaubhaft zu machen (§ 86b Abs. 2 Satz 3 SGG iVm 920 Abs. 2, 294 ZPO). Der Anordnungsgrund liegt in der Eilbedürftigkeit der gerichtlichen Entscheidung zur Abwendung wesentlicher Nachteile für das antragstellende Kind (LSG Berlin-Brandenburg v. 11. 12. 07 – L 23 B 249/07 SO ER, juris). Vergl. zur einstweiligen Anordnung Urteil des BVerfG v. 25. 2. 2009 § 31 Rn 13.

§ 31 Hilfsmittel

(1) Hilfsmittel (Körperersatzstücke sowie orthopädische und andere Hilfsmittel) nach § 26 Abs. 2 Nr. 6 umfassen die Hilfen, die von den Leistungsempfängern getragen oder mitgeführt oder bei einem Wohnungswechsel mitgenommen werden können und unter Berücksichtigung der Umstände des Einzelfalles erforderlich sind, um

1. einer drohenden Behinderung vorzubeugen,

2. den Erfolg einer Heilbehandlung zu sichern oder

3. eine Behinderung bei der Befriedigung von Grundbedürfnissen des täglichen Lebens auszugleichen, soweit sie nicht allgemeine Gebrauchsgegenstände des täglichen Lebens sind.

(2) [1]Der Anspruch umfasst auch die notwendige Änderung, Instandhaltung, Ersatzbeschaffung sowie die Ausbildung im Gebrauch der Hilfsmittel. [2]Der Rehabilitationsträger soll

1. vor einer Ersatzbeschaffung prüfen, ob eine Änderung oder Instandsetzung von bisher benutzten Hilfsmitteln wirtschaftlicher und gleich wirksam ist,

2. die Bewilligung der Hilfsmittel davon abhängig machen, dass die behinderten Menschen sie sich anpassen oder sich in ihrem Gebrauch ausbilden lassen.

(3) Wählen Leistungsempfänger ein geeignetes Hilfsmittel in einer aufwändigeren Ausführung als notwendig, tragen sie die Mehrkosten selbst.

(4) [1]Hilfsmittel können auch leihweise überlassen werden. [2]In diesem Fall gelten die Absätze 2 und 3 entsprechend.

1. Sozialpolitischer Hintergrund. Behinderte und von Behinderung bedrohte Menschen sollen die wegen ihrer Teilhabebeeinträchtigung erforderlichen Hilfsmittel als Leistungen der medizinischen Rehabilitation unabhängig von der Zuständigkeit des Trägers nach Gegenstand, Umfang und Ausführung einheitlich erhalten (§ 12 Abs. 1 Nr. 1). Diese Vorschrift fasst dazu die Grundsätze zusammen, die zur Versorgung behinderter Menschen mit Hilfsmitteln in den verschiedenen Leistungsbereichen (§§ 33 SGB V, 31 SGB VII, 13 BVG) geregelt sind, und für die bereits auf der Basis des RehaAnglG teilweise mit der „Gesamtvereinbarung über die Berücksichtigung der Grundsätze der Wirtschaftlichkeit und Sparsamkeit bei der Durchführung der Maßnahmen zur medizinischen Rehabilitation" vom 1. 9. 84 eine Grundlage für eine gemeinsame Verwaltungspraxis der Rehabilitationsträger bestand. Die Regelung konkretisiert deshalb einerseits die Ziele und Inhalte der Hilfsmittelversorgung nach § 26 Abs. 2 Nr. 6 im Rahmen der Leistungen zur medizinischen Rehabilitation (zu Hilfsmitteln im Rahmen anderer Teilhabeleistungen vgl. §§ 33, 55), ist jedoch insbesondere auch als Regelung zur Herstellung von Konvergenz der Teilhabeleistungen anzusehen. Soweit in den für die Träger geltenden Leistungsgesetzen Hilfsmittel mit anderen Leistungszielen (zB im Rahmen der Krankenbehandlung nach dem SGB V) oder weitergehende Bestimmungen zu den Hilfsmitteln (zB §§ 10 Abs. 1 Satz 1, 11 Abs. 3, 13 mit der Verordnungsermächtigung gem. 24a BVG oder die Verordnung über die orthopädische Versorgung Unfallverletzter) enthalten sind, bleiben diese erhalten (BT-Drucks. 14/5074 S. 107). 1

2. Entstehung der Norm. Die Vorschrift wurde mit Art. 1 SGB IX ab 1. 7. 2001 eingeführt. In Abs. 1 wurden gegenüber dem Regierungsentwurf (BT-Drucks. 14/5521 iVm 14/5074) vor dem Wort „Hilfen" das Adjektiv „technische" und in Abs. 1 Nr. 3 vor dem Wort „Behinderung" das Wort „körperliche" gestrichen (BT-Drucks. 14/5800 S. 31). 2

3. Normzweck. Die Vorschrift bestimmt und konkretisiert den Leistungsumfang der Versorgung mit Hilfsmitteln im Rahmen der medizinischen Rehabilitation nach § 26 Abs. 2 Nr. 6 **Abs. 1** regelt den Leistungsgegenstand. **Abs. 2** beinhaltet die Leistungen bei Änderung, Instandhaltung, Ersatzbeschaffung und der Ausbildung im Gebrauch der Hilfsmittel. **Abs. 3** enthält eine Mehrkostenregelung. **Abs. 4** gestattet die leihweise Überlassung von Hilfsmitteln. 3

4. Leistungsziele. Nach § 4 Abs. 2 Satz 1 dürfen Leistungen zur medizinischen Rehabilitation einschl. Hilfsmittel nur erbracht werden, wenn damit Ziele nach diesem Gesetz (ua. §§ 1, 4 Abs. 1, 26 Abs. 1) erreichbar erscheinen. Soweit Hilfsmittel im Rahmen der Leistungen zur medizinischen Rehabilitation erforderlich sind, müssen mit ihnen die in § 26 Abs. 1 genannten Ziele (identisch mit den Zielen nach § 4 Abs. 1 Nrn. 1, 2; ergänzt bzgl. Nr. 1 um die Klarstellung, dass auch chronisch Kranke erfasst sind) erreicht werden können, die nach § 27 ausdrücklich auch für den Bereich der GKV maßgebend sind. **Abs. 1** konkretisiert die Ziele des § 26 Abs. 1 dahingehend, dass mit den Hilfsmitteln einer drohenden Behinderung vorgebeugt (Nr. 1), der Erfolg einer Heilbehandlung gesichert (Nr. 2) oder eine Behinderung bei der Befriedigung von Grundbedürfnissen des täglichen Lebens ausgeglichen (Nr. 3) werden kann. Das letztgenannte Erfordernis geht über den Ausgleich 4 des Verlustes von Gliedmaßen und sonstigen Körperteilen hinaus und erstreckt die Regelung auch auf den Ausgleich anderer Ursachen von Behinderung und die durch Behinderung und chronische Erkrankung verursachten Funktionsdefizite.

5 Bei der Festlegung der Rehabilitationsziele und der Entscheidung über die Hilfsmittel sind stets die **Umstände des Einzelfalles** zu würdigen, dh insbesondere, die Kontextfaktoren im Sinne der ICF einzubeziehen. Das Hilfsmittel muss zudem – unter Berücksichtigung sowohl der individuellen (körperlichen und geistigen) Verhältnisse als auch der konkreten äußeren Umstände (Kontextfaktoren) – **geeignet** sein, die individuellen Ziele der Rehabilitationsleistung nach §§ 26 Abs. 1, 31 mit der gebotenen Qualität zu erreichen (so schon zur Hilfsmittelerbringung nach § 33 SGB V BSG SozR 2200 § 182b Nr. 34). Dies unterstreicht die vom AuS-Ausschuss vorgenommene Streichung des Wortes „körperliche" vor dem Wort „Behinderung" in Abs. 1 Nr. 3. Der Ausschuss begründet diese Streichung damit, dass verdeutlicht werden soll, dass bei der Beurteilung der Erforderlichkeit in jedem Fall die Umstände des Einzelfalles zu prüfen und auch andere als körperliche Behinderungen zu berücksichtigen sind (BT-Drucks. 14/5800 S. 32).

6 Ob Hilfsmittelmittel im Rahmen der medizinischen Leistungen zur Rehabilitation **erforderlich** sind, ist durch die Feststellung des individuellen funktionsbezogenen Leistungsbedarfs nach § 10 – orientiert an der ICF – zu ermitteln. Dies gilt nach § 27 ausdrücklich auch für die Hilfsmittel zur medizinischen Rehabilitation der GKV. Der Bedarf ergibt sich unter Berücksichtigung der Kontextfaktoren danach nicht nur aus der Beeinträchtigung der Körperstrukturen und -funktionen, sondern auch aus der Beeinträchtigung des Berechtigten im Bereich der Aktivitäten und Leistungen sowie der Beeinträchtigung seiner Partizipation. Die Entscheidung über die Leistung kann deshalb idR nicht auf eine bloße ärztliche Verordnung basiert werden. Erforderlich ist regelmäßig die Feststellung des Leistungsbedarfs, aber auch der Geeignetheit des vorgesehenen Hilfsmittels durch einen geeigneten Sachverständigen (§ 14 Abs. 5 Satz 2). Sachverständige können danach nicht nur Ärzte, sondern auch Angehörige anderer Berufsgruppen sein. Verfügen die sozialmedizinischen Dienste der Träger nicht über die erforderliche spezifische Eignung für die Feststellung des Hilfsmittelbedarfs, müssen geeignete externe Sachverständige beauftragt werden. Die Leistungsfeststellung durch das Gutachten eines geeigneten Sachverständigen muss sich nicht auf eine einmalige körperliche Untersuchung beschränken. Sie kann – wenn dies zur Feststellung des Bedarfs und der Eignung erforderlich ist – im Einzelfall auch in einer sogen. Beobachtung, dh in einem mehrtägigen Begutachtungsprozess in einer dafür geeigneten Einrichtung bestehen.

7 **5. Begriffsbestimmung.** Hilfsmittel iSd § 26 Abs. 2 Nr. 6 sind nach **Abs. 1** in Anlehnung an §§ 33 SGB V, 31 SGB VII und 13 BVG Körperersatzstücke sowie orthopädische und andere Hilfsmittel.

Der Begriff des **Hilfsmittels** ist vielschichtig und war bisher im Einzelnen stark umstritten. Es handelt sich idR um Sachen, die fehlende Körperteile ersetzen oder um solche, die beeinträchtigte oder ausgefallene Körperfunktionen ganz oder teilweise wiederherstellen, ermöglichen, ersetzen oder wesentlich erleichtern (BSG SozR § 182b Nr. 29, *Haines/Liebig* in LPK. SGB IX § 31 Rn 6). Heilmittel sind demgegenüber eher dazu geeignet, Behinderungen abzuwenden, zu vermeiden oder zu mildern Was im Einzelnen Hilfsmittel sein können, ist aus der Datenbank des EU-Projektes EASTIN (Europeen Assistive Technology Information Network – www,eastin.info; Lachwitz-*Stähler* § 31 Rn 1), den „Gemeinsamen Richtlinien der Verbände der Unfallversicherungsträger über Hilfsmittel" (abgedruckt bei *Hauck*, SGB VII, Anh. zu K § 31) oder dem Hilfsmittelverzeichnis des GKV-Spitzenverbandes gem. § 139 SGB V iVm § 4 der Richtlinien des Gemeinsamen Bundesausschusses über die Versorgung von Hilfsmitteln in der vertragsärztlichen Versorgung idF vom 16. 10. 08 BAnz Nr. 61 S. 462, in Kraft ab 7. 2. 09 zu ersehen.

Mit der Formulierung der nicht näher definierten „anderen Hilfsmittel" in den Leistungskatalog der Hilfsmittel im Rahmen der Leistungen zur medizinischen Rehabilitation verdeutlicht der Gesetzgeber, dass im Rahmen der Teilhabeleistungen von einem umfassenden Hilfsmittelbegriff auszugehen ist. Nach der Begründung (BT-Drucks. 14/5074 S. 107) gehören deshalb zu den Hilfsmitteln im Sinne dieser Vorschrift ausdrücklich auch Blindenführhunde sowie solche zur Wahrnehmung von Aufgaben der Familienarbeit (zur Hilfsmittelversorgung behinderter Eltern vgl. BSG vom 12. 10. 88 – 3/8 RK 36/87, *Breith* 1989, 363 = ZfS 1989, 17). Mit diesen Beispielen verdeutlicht der Gesetzgeber, dass die Ziele der Hilfsmittelversorgung im Rahmen der Rehabilitation „andere Hilfsmittel" erforderlich machen und zulassen können, als dies für die Hilfsmittel im Rahmen der Zielsetzung der Krankenbehandlung nach § 33 SGB V möglich ist. 8

Die in § 32 Nr. 2 enthaltene Ermächtigung zum Erlass einer Rechtsverordnung zielt darüber hinaus auf eine Vereinheitlichung der Leistungserbringung, sodass auch in diesem Leistungsbereich künftig eine einheitliche und gemeinsame Leistungsausführung unabhängig von der Zuständigkeit des jeweiligen Rehabilitationsträgers gewährleistet sein könnte, falls die ReVO erlassen wird (Konvergenz der Teilhabeleistungen). 9

Zur Abgrenzung von den Heilmitteln, die persönliche Dienstleistungen sind, handelt es sich bei den Hilfsmitteln um sächliche Gegenstände (BSG v. 28. 6. 01 – B 3 KR 3/00 R, BSG 88, 204). Während sich daraus im Bereich der Hilfsmittel im Rahmen der Krankenbehandlung nach § 33 SGB V für „andere Hilfsmittel" (zB Blindenhunde) eine Versorgungslücke ergeben könnte, ist dies für Hilfsmittel, mit der nach dieser Regelung Teilhabeziele anzustreben sind, nicht der Fall. Die Unterscheidung zwischen Heil- und Hilfsmittel ist mit Blick auf die Rechtsprechung zu § 73 Abs. 2 Nr. 7 SGB V von Bedeutung, weil ein Anspruch auf Hilfsmittelleistungen ohne ärztliche Verordnung besteht (BSG v. 28. 6. 01 – B 3 KR 3/00 R, SGb 2002, 401). 10

Hilfsmittel im Sinne dieser Vorschrift sind nur solche, die von den Leistungsempfängern **getragen** oder **mitgeführt** oder bei einem Wohnungswechsel **mitgenommen** werden können. Einrichtungen, die der behindertengerechten Ausstattung einer Wohnung dienen und nicht mitgenommen werden können, oder behindertengerechte Um- und Einbaumaßnahmen in der Wohnung sind keine Hilfsmittel (zB Auffahrrampe, Treppenlift, Einbauküche; BSG vom 6. 8. 1998 – B 3 KR 14/97 R zum Wohnungswechsel, 11

BSG vom 6. 8. 1998 – B 3 KR 14/97 R – zum Treppenlift), können jedoch einen Leistungsanspruch nach § 55 Abs. 2 Nr. 5 oder § 40 Abs. 4 SGB XI auslösen.

Die Treppenraupe als Zusatzgerät zum Rollstuhl ist dagegen als Hilfsmittel anzusehen (BSG SozR 2200 § 182b Nr. 29).

12 Nach Abs. 1 Satz 1 letzter HS sind **allgemeine Gebrauchsgegenstände** immer von der Leistungsgewährung ausgenommen und zwar auch dann, wenn die übrigen Voraussetzungen nach dieser Vorschrift gegeben sind oder der allgemeine Gebrauchsgegenstand erst wegen der Behinderung erforderlich wird (BSG SozR 2200 § 182b Nr. 6). Ob es sich um einen allgemeinen Gebrauchsgegenstand handelt, ist nach der tatsächlichen Verbreitung eines Gegenstandes zu beurteilen. Die Rechtsprechung sah zunächst einen Gebrauchsgegenstand als gegeben an, wenn er von einer großen Zahl von Personen verwendet wird oder einen bestimmten Verkaufspreis nicht überschreitet (BSG v. 14. 12. 82 – 8 RK 23/81, SGb 1983, 295). Um einen allgemeinen Gebrauchsgegenstand handelt es sich auch, wenn er für alle oder die meisten Menschen unabhängig von Krankheit oder Behinderung unentbehrlich ist (zB Bettwäsche, PC mit der üblichen Ausstattung, Standardtelefon – vgl. *Höfter* in K Rn 21, 23, BSG vom 23. 8. 1995 – 3 RK 7/95).

Nachdem diese Rechtsprechung aufgegeben wurde, kommt es für die Begriffsbestimmung nunmehr darauf an, ob das Hilfsmittel aus der Sicht des Herstellers oder des Benutzers insbesondere der Krankheitsbewältigung oder dem Behinderungsausgleich dient (FKS-SGB IX-*Nebe,* § 31 Rn 32). Damit zählen auch weit verbreitete Mittel (wie zB Brillen oder Hörgeräte) zu den Hilfsmitteln, wenn sie vorwiegend für Kranke oder behinderte Menschen konzipiert sind (BSG v. 16. 9. 99 – B 3 KR 1/99 R, BSGE 84, 266).

13 Nach der Rechtsprechung werden als Gebrauchsgegenstände des täglichen Lebens angesehen: Beheizter Fernsehsessel (BSG v. 22. 8. 01 – B 3 P 13/00 R, NZS 2002, 374); Standardschuhe (LSG Berlin v. 7. 3. 03 – L 9 B 3/03 KR, juris) oder Luftreinigungsgeräte, wenn sie nicht vorwiegend oder ausschließlich für Kranke/Behinderte konzipiert oder von diesen genutzt werden (FKS-SGB IX-*Nebe,* § 31 Rn 33).

Handelt es sich um Gegenstände, die sowohl die Funktion eines Gebrauchsgegenstandes als auch die eines Hilfsmittels erfüllen (zB PC-Lese-Sprechgerät), ist nach den durch die Rechtsprechung entwickelten Grundsätzen vom Rehabilitationsträger dann ein Kostenanteil zu übernehmen, wenn der Teil der Kosten überwiegt, der auf die Hilfsmittelfunktion entfällt, weil damit für den Betroffenen die Gebrauchsmittelfunktion in den Hintergrund tritt und er mit der alleinigen Kostentragung übermäßig belastet würde. In diesen Fällen werden die Kosten im Verhältnis des Herstellungsaufwandes für die jeweilige Funktion auf den Betroffenen und den Kostenträger aufgeteilt. Bei besonders aufwändigen Geräten kann auch dann eine volle Kostenübernahme durch den Rehabilitationsträger in Frage kommen, wenn die hilfsmittelrelevanten Kostenanteile zwar nicht überwiegen, dem Betroffenen jedoch die Kostentragung – zB wegen Art und Schwere seiner Behinderung – nicht zugemutet werden kann (BSG vom 23. 8. 1995 – 3 RK 7/95 und BSG vom 10. 5. 1995 – 1 RK 18/94; SGb 1996, 547).

14 Von der Rechtsprechung wurden nicht als Gebrauchsgegenstände des täglichen Lebens angesehen und die Leistung zugestanden: Echthaarperücke (BSG v. 23. 7. 02 – B 3 KR 66/01 R, *Breith* 2003, 6) Sitz und Stehhilfe (SG Frankfurt v. 22. 1. 2003 S. 20 KR 2240/02, RdLH 2003, 130), behinderungsgerechte Ausstattung eines PC, nicht jedoch der PC selbst (BSG v. 30. 1. 03 – B 3 KR 10/00 R, Breith 2001, 591) Rehabilitations-Kinderwagen für ein an übersteigertem Bewegungsdrang leidendes Kind (BSG v. 10. 11. 05 – B 3 KR 31/04, SozR 4–2500 § 33 Nr. 10).

15 **6. Inhalt des Anspruchs.** Der Anspruch umfasst nach **Abs. 2 Satz 1** über die Finanzierung des Hilfsmittels hinaus auch die Übernahme der Kosten der notwendigen **Änderung, Instandsetzung und Ersatzbeschaffung** von Hilfsmitteln sowie die Ausbildung im Gebrauch der Hilfsmittel. Der Rehabilitationsträger hat diese Kosten unabhängig davon zu übernehmen, aus welchen Gründen (Verschleiß, Defekt, behinderungsbedingte Veränderungen usw) diese Kosten anfallen. Er soll vor einer Ersatzbeschaffung prüfen, ob eine Änderung oder Instandsetzung von bisher genutzten Hilfsmitteln wirtschaftlicher und gleich wirksam ist. Folglich ist idR eine Instandsetzung ausreichend, wenn ein Hilfsmittel zwar defekt, nach der Instandsetzung aber uneingeschränkt weiterhin wirksam und gebrauchsfähig ist. Umgekehrt wird man eine Neubeschaffung vornehmen müssen, wenn die Wirksamkeit nach der Instandsetzung nicht in vollem Umfang gegeben ist oder aus wirtschaftlichen Gründen eine Instandsetzung ausscheidet, weil die Kosten der Instandsetzung die Kosten der Neubeschaffung übersteigen.

16 Bei schuldhafter Beschädigung oder Zerstörung durch den Leistungsberechtigten kann die Übernahme der Kosten allerdings versagt werden, sofern Vorsatz oder mindestens grobe Fahrlässigkeit (einfache oder mittlere Fahrlässigkeit genügt nicht) die Kosten verursachen (*Krauskopf-Wagner*, SGB V, § 33 Rn 36; BSGE 62, 85 = SozR 2200 § 182g Nr. 2). Unter Umständen besteht Anspruch auf eine Schutzvorrichtung (BSG v. 27. 11. 90 – 3 RK 31/89, *Breith* 1991, 446). Ein Ersatzbeschaffungsanspruch entsteht nicht automatisch, sondern muss jeweils geltend gemacht werden, obwohl für die Hilfsmittel regelmäßige Mindestgebrauchszeiten anerkannt sind. Er kann geltend gemacht werden, wenn eine Reparatur erforderlich, jedoch nicht möglich oder unwirtschaftlich ist (*Krauskopf-Wagner*, SGB V, § 33 Rn 36).

17 Die Hilfsmittel sind so zur Verfügung zustellen, dass von Ihnen bestimmungsgemäß Gebrauch gemacht und es seinem Zweck entsprechend verwendet werden kann. Deswegen schließt die Hilfsmittelgewährung die notwendigen **Betriebskosten** ein (BSG v. 18. 5. 78 – 3 RK 47/77, BSGE 46, 183, 185; BSG v. 27. 11. 90 – 3 RK 31/89, SozR 3–2200 § 182b Nr. 3; BSG v. 25. 10. 94 – 3/1 RK 57/93, SozR 3–2500 § 34 Nr. 4; BSG v. 22. 6. 04 – B 2 U 11/03, LSG Sachsen Anhalt v. 5. 2. 03 – L 6 U 95/00 jeweils bejahend zum Anspruch auf Ladestrom gem. § 31 SGB VII). Dazu zählen auch die zum Betrieb erforderlichen Batterien (Hauck-*Brodkorb,* K § 31 Rn 30). Zu den Betriebskosten zählen auch die Kosten von Nebenleistungen, wie die der Beratung und der Anpassung des Hilfsmittels, aber auch des Zubehörs, das den Gebrauch des Hilfsmittels erst ermöglicht.

18 Wegen § 7 Satz 1 ist auf gesetzliche Leistungseinschränkungen in den für die Rehabilitationsträger jeweils geltenden gesetzlichen Vorschriften (zB

§ 34 SGB V) zu achten (zB Ausschluss der Kostenübernahme der Pflegemittel für Kontaktlinsen nach § 33 Abs. 3 Satz 3 SGB V oder der Kosten der Energieversorgung von Hörgeräten bei Volljährigen nach § 34 Abs. 4 SGB V iVm § 2 Nr. 11 der KHilfsmV – BSG v. 25. 10. 94 – 3/1 RK 57–93; LSG Niedersachsen-Bremen v. 22. 3. 07 – L 8 SO 58/06 – oder Hilfsmittel von geringem. therapeutischen Nutzen oder geringem. Abgabepreis – § 34 Abs. 4 SGB V –). Im Bereich der GUV ist die Verordnung über die orthopädische Versorgung Unfallverletzter (OrthVersorgUVV v. 18. 7. 73 idF v. 7. 8. 96 BGBl. I S. 1254) zu beachten. Im Bereich der sozialen Entschädigung gilt dies für die Orthopädieverordnung (OrthV v. 4. 11. 89 idF v. 13. 12. 07 BGBl. I S. 2904).

19 **7. Pflichten und Rechte des Berechtigten.** Abgesehen von der Ausübung allgemeiner Sorgfaltspflichten beim Gebrauch des Hilfsmittels soll der Rehabilitationsträger die Bewilligung der Leistung nach **Abs. 2 Satz 2 Nr. 2** davon abhängig machen, ob die behinderten Menschen sich die Hilfsmittel anpassen oder sich in ihrem Gebrauch ausbilden lassen. Insoweit handelt es sich um einen gesetzlichen Leistungsvorbehalt. Die Berechtigten sind nach §§ 60ff SGB I zur Mitwirkung verpflichtet. Kommen sie dieser Verpflichtung nicht nach, kann die Leistung nach § 66 Abs. 1 SGB I versagt werden. Der Leistungsbescheid kann ggf. mit einer entsprechenden Auflage versehen werden (FKS-SGB IX-*Nebe,* § 31 Rn 45).

20 Das **Wunsch- und Wahlrecht** nach § 9 findet für die medizinische Rehabilitation und damit auch für die in diesem Rahmen zu erbringenden Hilfsmittel Anwendung (LSG Niedersachsen-Bremen v. 5. 5. 04 – L 4 KR 277/01, NZS 2005, 255 zum Wahlrecht zwischen einem Versehrtenfahrrad und einem Rollstuhl). Der Gesetzgeber sieht das Wunschrecht als Element der Wirtschaftlichkeit der Leistungen, die umso wirksamer sind, je mehr sie der Eigenkompetenz des Berechtigten Rechnung tragen (§ 9 Rn 7ff). Im Übrigen besteht auch nach § 33 Satz 2 SGB I ein Wahlrecht unter gleichermaßen geeigneten und wirtschaftlichen Hilfsmitteln (BSG v. 3. 11. 99 – B 3 KR 16/99 R SozSich 2000, 177). Das Wunsch – und Wahlrecht wird auch durch das Hilfsmittelverzeichnis nach § 139 SGB V oder die Gemeinsamen Richtlinien der Unfallversicherungsträger nicht eingeschränkt, die lediglich eine unverbindliche Auslegungshilfe und keine Positivliste darstellen (BSG v. 29. 9. 97 8 R/Kn 27/96, BehindertenR 99, 29).

21 Beansprucht werden können nur Leistungen zur medizinischen Rehabilitation, die notwendig (§ 4 Abs. 1), geeignet und erforderlich (§ 26 Abs. 1) sowie bedarfsgerecht und wirtschaftlich sind (§ 10 Abs. 1). **Abs. 3** eröffnet den Berechtigten die Möglichkeit, eine aufwändigere als die nur notwendige Ausführung des Hilfsmittels zu wählen und trägt damit dem Selbstbestimmungs- (§ 1) sowie dem Wunsch- und Wahlrecht (§ 9) Rechnung. Die Berechtigten haben dabei **Mehrkosten** selbst zu tragen. Darunter fallen nicht die Kosten, die sich daraus ergeben, dass der Hilfsmittelanspruch wegen der besonderen Umstände des Einzelfalles Leistungen umfasst, die andere behinderte oder von Behinderung bedrohte Menschen nicht erhalten können (BSG v. 6. 6. 02 – B 3 KR 68/01 R, SGb 2002, 494 zur Versorgung einer Mutter zweier Kinder mit einer technisch verbesserten Oberschenkelprothese anstatt der üblichen Versorgung). Danach dürfen wegen des Individuali-

sierungsanspruchs nach Abs. 1 entstehenden Kosten nicht als Mehrkosten nach Abs. 3 auf den Berechtigten abgewälzt werden.

22 Diese Regelung umfasst nicht nur die aufwändigere Ausführung, sondern auch die über den gesetzlichen Anspruch – zB über die Befriedigung der Grundbedürfnisse – hinausgehende Ausführung. Auch dieses Handeln des Berechtigten ist durch das Wahlrecht nach § 9 Abs. 2 Satz 1 gedeckt (dazu Hauck-*Brodkorb,* K § 31 Nr. 33). Die rechtmäßige Abgrenzung, ob Mehrkosten anfallen, dh ob die Ausführung tatsächlich aufwändiger ist oder über die Grundbedürfnisse hinausgeht, setzt eine konsequente und zutreffende Anwendung des § 10 voraus.

23 Häufig bieten die Träger – zB bei leihweiser Überlassung – Hilfsmittel an, die nicht den nach § 10 festgestellten Bedarf decken. Ähnliche Entwicklungen sind im Rahmen der Ausschreibungspraxis nach § 127 SGB V zu beobachten. In diesen Fällen ist zu prüfen, ob der Bedarf nach § 10 zutreffend festgestellt wurde (Rn 6) und ob das angebotene Hilfsmittel den individuellen funktionsbezogenen Leistungsbedarf tatsächlich deckt. Dabei sind – die sich aus den Zielen nach §§ 1, 4, 26 Abs. 1 erbebenden Kriterien zu berücksichtigen (vgl. Rn 4 bis 6). Wurde der Bedarf nicht rechtmäßig festgestellt oder deckt das vom Träger angebotene Hilfsmittel den Bedarf nicht, wohl aber das vom Berechtigten gewählte, ist ein selbst zu tragender Mehraufwand nicht entstanden, soweit das gewählte Hilfsmittel keine über den Bedarf nach § 10 hinausgehenden Bestandteile enthält.

24 Bei den Hilfsmitteln im Rahmen der Krankenbehandlung wird die **Wirtschaftlichkeit** angenommen (§ 12 SGB V), wenn das Hilfsmittel ausreichend, zweckmäßig, wirtschaftlich und notwendig ist. Diese im Wesentlichen durch die Ziele der Krankenbehandlung definierten Kriterien sind für die Anwendung dieser Vorschrift für Hilfsmittel im Rahmen der medizinischen Rehabilitation unter Berücksichtigung der Zielsetzung der §§ 1, 4, 26 Abs. 1 sowie den sich aus den Koordinationspflichten der Rehabilitationsträger nach § 10 ergebenden Anforderungen auf die Bedarfsgerechtigkeit, Zielgerichtetheit und Wirksamkeit der medizinischen Rehabilitation zu erstrecken.

25 Die Krankenkassen tragen der Bedarfsgerechtigkeit, Zielgerichtetheit und Wirksamkeit der Hilfsmittel zum Behinderungsausgleich iSd des SGB IX faktisch nicht Rechnung. Die „Gemeinsamen Empfehlungen gem. § 127 Abs. 1a SGB V zur Zweckmäßigkeit von Ausschreibungen" stützt die Zweckmäßigkeitskriterien für die Entscheidung darüber, welche Versorgungsleistungen bzw. Fallgestaltungen nicht über Verträge nach § 127 Abs. 1 SGB V – dh nicht über eine Ausschreibung – geregelt werden sollen, ausschließlich auf Kostenkriterien (zB Kosten-Nutzen-Relation von Ausschreibungen) bzw. darauf, dass eine Ausschreibung mangels eines ausreichend großen Anbieterkreises überhaupt tragfähig ist. Weitere Kriterien dafür, auf eine Ausschreibung zu verzichten, sind „nicht standarisierbare Leistungen", Versorgung mit einem hohen Dienstleistungsanteil, Gesundheitsrisiko für den Versicherten oder Störungen im Versorgungsablauf. Die nach dem Individualisierungsprinzip und der Zielorientierung des SGB IX entscheidenden Kriterien für die Entscheidung über Hilfsmittel zum Behinderungsausgleich, dass das Hilfsmittel im Einzelfall geeignet ist, den indivi-

duellen funktionsbezogenen Leistungsbedarf iSd § 10 SGB IX (der nach § 27 SGB IX auch im Bereich der GKV anzuwenden ist) zu decken und die Teilhabeziele iSd § 26 Abs. 1 SGB IX zu erreichen, sind in der Empfehlung keine Kriterien gegen ein nach einer Ausschreibung verfügbares Hilfsmittel und für eine individuelle Entscheidung ohne Ausschreibung nach § 127 Abs. 3 (vgl. Rn 37).

26 **8. Leihweise Überlassung.** Die Rehabilitationsträger sind nicht verpflichtet, das Hilfsmittel an die Berechtigten zu übereignen. Die Rehabilitationsträger erfüllen den Sachleistungsanspruch des Leistungsberechtigten im Regelfall durch die Übergabe des Hilfsmittels durch den als Erfüllungsgehilfen beteiligten Leistungserbringer. Mit der Übergabe des Hilfsmittels geht dieses nicht automatisch in das Eigentum des Berechtigten über. Die Entscheidung darüber, ob das Hilfsmittel durch Einigung und Übergabe nach § 929 BGB in das Eigentum des Leistungsberechtigten übergehen soll, trifft der Rehabilitationsträger nach pflichtgemäßem Ermessen. **Abs. 4 Satz 1** gestattet den Rehabilitationsträgern ausdrücklich die leihweise Überlassung der Hilfsmittel. Ist nach Art und Schwere der Behinderung sowie der Art des Hilfsmittels mit großer Wahrscheinlichkeit zu erwarten, dass vor allem bei haltbaren und über längere Zeit gebrauchsfähigen Gegenständen (zB größere und teure Hilfsmittel wie Fahr- und Rollstühle) das Hilfsmittel unverändert den Anforderungen dieser Vorschrift entspricht und anderweitig verwendbar ist, wenn der es zunächst entgegen nehmende Leistungsempfänger es nicht mehr benötigt oder verwenden kann, handelt der Rehabilitationsträger nicht ermessensfehlerhaft, wenn er das Hilfsmittel nur leihweise überlässt. Grundsätzlich gelten in diesen Fällen die Vorschriften des Leihvertrages nach §§ 598 ff BGB entsprechend, insbesondere § 603 über den vertragsgemäßen Gebrauch sowie § 604 BGB über die Rückgabepflicht (*Höfter* in K § 33 SGB V Rn 63).

Auch für den Fall der leihweisen Überlassung verpflichtet **Abs. 4 Satz 2** die Rehabilitationsträger zu der in Abs. 2 Satz 2 vorgeschriebenen Prüfung. Ebenso sind in diesen Fällen entstehende Mehrkosten (Abs. 3) vom Berechtigten allein zu tragen.

27 Die Abgabe von Hilfsmitteln über Depots bei Vertragsärzten wurde durch den am 1. 4. 2009 in Kraft getretenen § 128 Abs. 1 SGB V untersagt, soweit es sich nicht um die Abgabe in Notfällen, in Krankenhäusern oder anderen medizinischen Einrichtungen handelt (BT-Drucks. 16/10609 vom 15. 10. 08). Dieses Verbot setzt bestehende berufs-, wettbewerbs- und strafrechtliche Bestimmungen nicht außer Kraft; diese gelten vielmehr daneben fort und sind stets zu beachten. Das Verbot beruht auf der traditionellen Trennung der ärztlichen Tätigkeit einerseits und der sonstigen Leistungserbringer andererseits und soll merkantile Aspekte vom Heilauftrag des Arztes trennen und außerdem den Missbrauch des besonderen Vertrauens in den Arztberuf zur Verkaufsförderung von Hilfsmitteln verhindern (vgl. Hinweise des GKV-Spitzenverbandes zur Umsetzung des § 128 Abs. 1 SGB V v. 31. 3. 09).

28 **9. Zuständigkeitsabgrenzung.** Die nachfolgende Übersicht zeigt, dass das Hilfsmittelrecht über eine große Zahl von Bestimmungen über die Sozialgesetzbücher verteilt ist.

	Akut	Med Reha	LTA § 33	LTG § 55 SGB	Pflege
SGB V	§ 33	§ 33			
SGB VI		§ 15	§ 16		
SGB VII	§ 31	§ 31	§ 35	§ 39	§ 44
SGB III			§ 102		
SGB XII	§ 48	§ 54	§ 54	§ 54	§ 61
SGB		§ 35 a	§ 35 a	§ 35 a	
BVG	§ 13	§ 13	§ 26	§ 27 d	§ 26 c
SGB XI					§ 40

Quelle: Prof. Dr. Felix Welti, Universität Kassel

Daraus ergeben sich erhebliche Abgrenzungsfragen, zumal das SGB IX nur für die Hilfsmittel im Rahmen der medizinischen Rehabilitation, der Leistungen zur Teilhabe am Arbeitsleben (in der Tabelle als LTA gekennzeichnet) und der Leistungen zur Teilhabe am Leben in der Gemeinschaft (LTG) nicht jedoch im Bereich der Akutversorgung und der Pflege anzuwenden ist. Die Zuständigkeit eines Trägers kann durch Leistungsverpflichtung nach § 6 iVm den Zuständigkeitsregelungen in den für die Rehabilitationsträger geltenden Leistungsgesetzen, aber auch durch die Abgrenzung zwischen den Leistungsgruppen nach § 5 berührt werden.

Nach dem Kausalitätsprinzip sind für Leistungen zur medizinischen Rehabilitation einschl. der Hilfsmittelversorgung die Träger der **Unfallversicherung** (GUV) bzw. die Träger der **Kriegsopferversorgung** zuständig, wenn die gesundheitliche Schädigung auf einem Arbeitsunfall, einer Berufskrankheit oder einer Kriegsverletzung beruht und deshalb ein Hilfsmittel benötigt wird. Liegt eine dieser Ursachen vor, sind die Leistungen nach den für diese Träger geltenden Bestimmungen zu erbringen, wobei die Regelungen des SGB IX nach § 7 Satz 1 zu beachten sind, soweit in den für die Träger geltenden Vorschriften keine Abweichungen enthalten sind. Hinsichtlich des Leistungsumfanges bestehen gegenüber dem Recht der GKV wegen des Prinzips des Schadensausgleichs Besonderheiten. 29

Für die **GUV** ist anerkannt, dass den Teilhabeleistungen zum Leben in der Gemeinschaft eine gleichwertige Bedeutung neben anderen Zielen zukommt (LSG Rheinland-Pfalz v. 19. 8. 06 – L 3 U 73/06, NZS, 160). Die Beschränkung der Hilfsmittelgewährung auf die Befriedigung von Grundbedürfen iSv § 31 Abs. 1 Nr. 3 wird für diese Rehabilitationsträger allgemein abgelehnt (Hauck-*Brodkorb,* K § 31 Rn 16).

Die **Träger der Sozialhilfe** haben nachrangig im Rahmen der medizinischen Rehabilitation ebenfalls Hilfsmittel zu erbringen, die allerdings nach § 54 Abs. 1 Satz 2 SGB IX den Rehabilitationsleistungen der Träger der gesetzlichen Krankenversicherung entsprechen müssen. Für diese Leistungen gelten die Ausführungen zur GKV entsprechend. 30

Unanhängig davon haben sie als vorrangiger Rehabilitationsträger im Rahmen der Teilhabe am Leben in der Gemeinschaft Hilfsmittel nach § 55

Abs. 2 Nr. 1 zu erbringen. Dabei handelt es sich um Hilfsmittel, die nicht als Hilfsmittel gem. § 31 angesehen werden, weil es sich um Gebrauchsgegenstände des täglichen Lebens handelt oder weil die mit diesen Hilfsmitteln verbundenen Ziele sich nicht auf Grundbedürfnisse des täglichen Lebens erstrecken, sondern einzelne Lebensbereiche betreffen, die auch nicht zu den Feldern der beruflichen Teilhabe gehören (Lachwitz-*Lachwitz* § 55 Rn 18). Da eine über die elementare Schulbildung hinausgehende Ausbildung nicht zu den Grundbedürfnissen iSd des § 33 SGB V gezählt wird (zum Dissens mit der Teilhabeorientierung des SGB IX vgl. Rn 34 ff), kann ein Noteboock zu Studienzwecken im Rahmen der Eingliederungshilfe als Teilhabeleistung zu erbringen sein (BSG v. 30. 1. 01 – B 3 KR 10/00 R, *Breith* 2001, 592). Siehe im Übrigen Kommentierung zu § 55.

31 In der **Pflegeversicherung** gehen im **ambulanten Bereich** die Hilfsmittelansprüche gegen den Träger der medizinischen Rehabilitation (§ 6, idR die GKV) der Leistungspflicht der Pflegekassen nach § 40 Abs. 1 Satz 1 SGB XI vor. Der Anspruch auf Pflegehilfsmittel ist zudem auf die Erleichterung der Pflege, dh auf die Minderung des von der Pflegeperson zu tragenden Pflegeaufwands (BSG v. 15. 11. 07 – B 3 P 9/06 R, SGb 2008, 23) sowie die Linderung der Beschwerden oder die Ermöglichung einer selbständigeren Lebensführung des Berechtigten orientiert. Sie dienen ausdrücklich nicht dem Behinderungsausgleich, sodass sie nach § 40 Abs. 1 Satz 1, letzter HS im Verhältnis zu den Hilfsmitteln nach §§ 31 SGB IX, 33 SGB V nachrangig zu erbringen sind. Im **stationären Bereich** ist die erforderliche Ausstattung mit den für die pflegerische Versorgung üblichen Hilfsmittel nach § 33 Abs. 1 Satz 2 2. HS SGB V grundsätzlich durch die Pflegeeinrichtung sicherzustellen (BSG v. 27. 7. 04 – B 3 KR 5/03, NZS 2005, 533). Ein Anspruch auf Hilfsmittel im Rahmen der Krankenbehandlung oder der Leistungen zur medizinischen Rehabilitation besteht daneben nur, wenn es sich um ein individuell angepasstes und von der Pflegeeinrichtung nach dem Versorgungsvertrag nicht bereit zu haltendes Hilfsmittel handelt (vgl. Hauck-*Brodkorb*, K § 31 Rn 27, 28).

32 **10. Hilfsmittelversorgung der GKV.** Im Rahmen der Krankenbehandlung besteht Anspruch auf Hilfsmittel zur Sicherung des Erfolges einer Krankenbehandlung (§ 33 Abs. 1 Satz 1) nur, soweit diese aufgrund ihrer Eigenschaft spezifisch im Rahmen der ärztlichen verantworteten Krankenbehandlung eingesetzt werden und dort einen therapeutischen Erfolg erzielen können (BSG v. 19. 4. 07 – B 3 KR 9/06, SGb 2008, 112, 113). Diese Zielsetzung ist nicht Aufgabe der Hilfsmittel im Rahmen der medizinischen Rehabilitation nach § 26 Abs. 1 iVm § 27, nach der mit diesen Hilfsmitteln für chronisch kranke und behinderte Menschen die Ziele nach § 4 Abs. 1 Nr. 1 und 2 erreicht werden sollen. Die zweite Zielsetzung des § 33 Abs. 1 – einer drohenden Behinderung vorzubeugen – überschneidet sich dagegen mit der Aufgabenstellung der Hilfsmittel nach §§ 26 Abs. 1, 33 iVm 27 SBG IX. Die dritte Zielsetzung des § 33 Abs. 1 – eine Behinderung auszugleichen – deckt sich mit der Aufgabenstellung der Hilfsmittel nach §§ 26 Abs. 1, 33 iVm 27 SGB IX. Die Konflikte und Abgrenzungsprobleme im Bereich der GKV entstehen im Wesentlichen dadurch, dass mit den Hilfsmitteln nach §§ 26 Abs. 1, 2 Nr. 6, 31 – die nach §§ 27, 7 Satz 1 auch im Bereich der GKV

anzuwenden sind – die Teilhabeziele nach § 4 Abs. 1 Nrn. 1, 2 angestrebt werden müssen, während die Rechtsprechung für die Hilfsmittel nach § 33 SGB V verlangt, dass das zu leistende Hilfsmittel Auswirkungen der Behinderungen im Bereich des täglichen Lebens ausgleicht und damit ein Grundbedürfnis des täglichen Lebens betrifft. Durch diese zum § 33 SGB V entwickelte Rechtsprechung – nicht durch § 33 SGB V selbst – werden die nach § 27 auch für die Hilfsmittel der GVK geltenden Teilhabeziele des § 26 Abs. 1 (4 Abs. 1 Nr. 1, 2) wesentlich reduziert und damit der Leistungsanspruch verkürzt.

Zu den Grundbedürfnisse des täglichen Lebens zählt die Rechtsprechung 33 sowohl die körperlichen Grundfunktionen (Gehen, Stehen, Treppensteigen, Sitzen, Liegen, Greifen, Sehen, Hören, Tasten, Nahrungsaufnahme und Ausscheidung, dh die allgemeinen Verrichtungen des täglichen Lebens – ATL –) wie auch die elementare Körperpflege, das selbständige Wohnen einschl. der dazu erforderlichen Erschließung eines gewissen körperlichen und geistigen Freiraums, der auch die Aufnahme von Informationen, die Kommunikation mit anderen zur Vermeidung von Vereinsamung sowie das Erlernen eines lebensnotwendigen Grundwissens (Schulwissen) umfasst. Die Leistungen sind am gesunden Menschen auszurichten, zu dessen Qualität der Ausübung seiner Grundbedürfnisse kranke und behinderte Menschen durch Hilfsmittel und medizinische Rehabilitation wieder aufschließen sollen. Eingeschlossen sind das Bedürfnis, bei Krankheit oder Behinderung Ärzte und Therapeuten (nicht jedoch Selbsthilfegruppen) aufzusuchen, wobei der durch Hilfsmittel ermöglichte Bewegungsradius auf einen Nahbereich, wie ihn sich auch ein nicht behinderter Mensch erschließen kann, beschränkt sein. Obwohl Autofahren und der Besitz eines PKW heute zum normalen Lebensstandard zählten, müsse die Hilfsmittelgewährung durch die GKV einen entsprechenden Standard nicht für behinderte Menschen schaffen (BSG v. 19. 4. 07 – B 3 KR 9/06 R SGb 2008, 112 ff zum Anspruch eines MS-Erkrankten auf behindertengerechten Umbau seines PKW; krit. Hauck-*Brodkorb*, K § 31 Rn 10). Bei Jugendlichen erkennt die Rechtsprechung dagegen aus Integrationsgründen die Erweiterung des Nahbereiches auf einen mit dem Fahrrad erreichbaren Radius an (LSG NRW v. 12. 1. 06 – L 16 KR 163/04, juris). Das BSG führt selbst in jüngster Zeit noch erneut aus: „Das bezieht sich im Bereich der **Mobilität** auf den Bewegungsradius, den ein **Gesunder üblicherweise noch zu Fuß** erreicht. (…) Dagegen hat er – von besonderen qualitativen Momenten abgesehen – grundsätzlich keinen Anspruch darauf, in Kombination von Auto und Rollstuhl den Radius der selbstständigen Fortbewegung (erheblich) zu erweitern Dies gilt auch, wenn im Einzelfall die Stellen der Alltagsgeschäfte nicht im Nahbereich liegen (…). Besonderheiten des Wohnorts können nicht maßgeblich sein." (BSG vom 20. 11. 2008, Az. B 3 KR 6/08 R – Kraftknoten).

Noch problematischer ist das Urteil vom 22. 7. 2004, das behinderten Menschen im Rahmen der Basisversorgungstheorie mit der Formulierung „Die **Schulfähigkeit** ist aber nur insoweit als allgemeines Grundbedürfnis des täglichen Lebens anzusehen, als es um die Vermittlung von grundlegendem schulischen Allgemeinwissen an Schüler im **Rahmen der allgemeinen Schulpflicht oder der Sonderschulpflicht** geht" ein nur in Ausnahmefällen dem individuellen funktionsbezogenen Teilhabebedarf entsprechendes niedriges Bildungsniveau zuordnet. Dieses Urteil ist nicht nur im Sinne der Verpflichtung zur uneingeschränkten Förderung der Selbstbestimmung und gleichberechtigten Teilhabe iSd § 1 nicht tragfähig (BSG vom 22. 7. 2004, Az. B 3 KR 13/03 R – Notebook-PC für Blinde). Es ist mit der Inklusionsverpflichtung der UN-Behindertenrechtskonvention keinesfalls zu vereinbaren.

Demgegenüber sieht der 13. Senat durchaus ein weitergehendes Bildungsziel als mit den Grundbedürfnissen vereinbar an: „Zwar besteht eine Leistungspflicht der Krankenkassen nur für solche Hilfsmittel, die zur Ausübung eines elementaren Grundbedürfnisses erforderlich sind. Hierzu hat das BSG **auch die Ausübung einer sinnvollen beruflichen Tätigkeit** gezählt. (…) diese Rechtsprechung gilt weiterhin. Sie war damit begründet worden, dass es zu den elementaren Grundbedürfnissen des Menschen zählt, eine berufliche oder andere gleichwertige Tätigkeit auszuüben.“ (BSG vom 21. 8. 2008, Az. B 13 R 33/07 R – digitales Hörgerät).

Die früher vom 8. Senat des BSG vertretene Auffassung, dass ein Hilfsmittel auch dann zu gewähren sei, wenn bei einer Anhäufung von behinderungsbedingten Defiziten die Teilnahme am gesellschaftlichen Leben und damit vor allem die möglichst vollständige Einbindung in den familiären Verbund im Vordergrund stehe (BSG SozR 3–2500 § 33 Nr. 25 u 28) wurde von dem heute für das Hilfsmittelrecht der GKV ausschließlich zuständigen 3. Senat mit Urteil v. 12. 8. 09 – B 3 KR 11/08 R ausdrücklich aufgegeben. Er sah eine schwerstbehinderte 19jährige Klägerin im Nahbereich ihrer Wohnung als ausreichend versorgt an, die weder laufen, stehen, selbständig aufrecht sitzen, noch sprechen kann und die Umrüstung des vorhandenen Rollstuhls vom reinen Pedalbetrieb auf den Betrieb mit einem Elektro-Hilfsmotor beantragt hat, weil der Vater wegen eigener gesundheitlicher Einschränkungen den Rollstuhl immer weniger bedienen könne. Die Ermöglichung des Fahrradfahrens und die Wahrnehmung von Geschwindigkeit und Raum gehöre ebenso wenig zu den Grundbedürfnissen des täglichen Lebens wie der Wunsch, das bereits zur Verfügung stehende Rollfiets zur Realisierung von Familienaktivitäten zu nutzen bzw. den eigenen Aktionsradius durch Umrüstung auf einen elektrischen Antrieb auf Gebiete außerhalb des Nahbereichs der Wohnung zu erweitern Diese Entscheidung verletzt die vom BverfG aufgestellten Maßstäbe zur unbedingten Sicherung der Menschenwürde (Rn 45) und ist weder mit dem Anspruch auf Teilhabe am Leben in der Gesellschaft (§ 1 SGB IX), noch mit der von der Bundesrepublik Deutschland mit der Ratifizierung der UN-Behindertenrechtskonvention eingegangenen Pflicht zu vereinbaren, die volle und wirksame Teilhabe an der Gesellschaft und Einbeziehung in die Gesellschaft sowie die Zugänglichkeit zu gewährleisten (Artikel 3 Buchst c, f).

34 Bisher wurden von der Rechtsprechung folgende Hilfsmittel als solche zum Ausgleich von Behinderungen im Bereich der Grundbedürfnisse anerkannt:

- Baby-Rufanlage für eine hochgradig hörgeschädigte Mutter (BSG v. 12. 10. 88 – 3/8 RK 36/87)
- Speedy-Tandem für ein schwerbehindertes Kind (LSG NRW v. 27. 1. 05 – L 16 KR 137/03)

– Schwenkbarer Autositz zum Besuch von Ärzten und Therapeuten (BSG v. 16. 9. 05 – B 3 KR 19/03 R)
– Reha-Kinderwagen wegen übersteigertem Bewegungsdrang (BSG v. 10. 11. 05 – B 3 KR 31/04 R).

Ein Behinderungsausgleich im Bereich von Grundbedürfnissen wurde dagegen verneint für
– Notebook für Studienzwecke (BSG v. 30. 1. 01 – B 3 KR 10/00 R)
– Therapie-Tandem für schwerbehindertes Kind (BSG v. 21. 11. 02 – B 3 KR 8/02)
– Liegedreirad (LSG Baden-Württemberg v. 15. 2. 05 L – 11 KR 4607/04)
– Behindertengerechter Umbau eines PKW zum Besuch einer Selbsthilfegruppe (BSG v. 19. 4. 07 – B 3 KR 9/06 R).

Ist ein Versicherter nicht mehr in der Lage, den Nahbereich seiner Woh- 35
nung mit einem vorhandenen Aktivrollstuhl aus eigener Kraft zu erschließen, darf ein Elektrorollstuhl nicht unter Hinweis darauf verwehrt werden, er könne sich von seinen Verwandten schieben lassen (BSG v. 12. 8. 2009 – B 3 RK 8/08 R).

Siehe auch das die derzeitige Praxis der Hilfsmittelversorgung in der GKV zusammenfassende Empfehlungspapier „Lösungsoptionen der DVfR zur Überwindung von Problemen bei der Versorgung mit Hilfsmitteln vom Oktober 2009 (www.dvfr.de).

Die durch die Rechtssprechung vollzogene Beschränkung der Hilfsmittel nach § 33 SGB V auf einen Basisausgleich ist weder entstehungsgeschichtlich (*Davy* SGb 2004, 317), noch nach dem Wortlaut des § 33 SGB V gedeckt. Der Hinweis, dass § 31 Abs. 1 Nr. 3 ebenfalls eine Beschränkung des Behinderungsausgleichs auf die Grundbedürfnissee des täglichen Lebens enthalte, trägt nicht. Die Rechtsprechung hat den Basisausgleich ausdrücklich mit Blick auf die Aufgabenstellung des Hilfsmittels zur Sicherung des Erfolges einer Krankenbehandlung entwickelt (Rn 31). Die Grundbedürfnisse des täglichen Lebens nach § 31 Abs. 1 Nr. 3 sind demgegenüber deutlich weitergefasst, weil sie sich auf die Ziele nach § 26 Abs. 1 erstrecken, dh die in § 4 Abs. 1 Nrn. 1, 2 enthalten Ziele. Da der Gesetzgeber in § 27 die Anwendung des § 26 Abs. 1 – und damit gerade die dort genannten Ziele – ausdrücklich auch auf die Leistungen der Krankenbehandlung erstreckt hat, müssen die Hilfsmittel zum Behinderungsausgleich nach § 33 SGB V auch auf diese Ziele bezogen, dh die zur Erreichung dieser Ziele alltäglichen Grundbedürfnisse zum Maßstab der Leistungsentscheidung gemacht werden.

Da die Rechtsprechung insbesondere im Bereich der GKV seit dem Inkrafttreten der UN-Behindertenrechtskonvention am 26. 3. 2009 nicht mehr nur mit den Regelungen sowie Sinn und Zweck des SGB IX, sondern nunmehr auch mit der Konvention nicht mehr zu vereinbaren ist, besteht dringender gesetzgeberischer Handlungsbedarf.

Der Spitzenverband Bund der Krankenkassen kann gem. § 36 SGB V 36
Hilfsmittel bestimmen, für die Festbeträge festgesetzt werden Die Kassen übernehmen die Kosten der Hilfsmittelversorgung dann nur bis zu deren Höhe, sodass der Versicherte Mehrkosten zu tragen hat (Zur Verfassungsgemäßheit vgl. BVerfG v. 17. 12. 02 – Az. 1 BvL 28/95, 29/95, 30/95, NZS 2003, 1232). Die Regelung dient dazu, unter Berücksichtigung des Hilfsmit-

telverzeichnisses in ihrer Funktion gleichartige und gleichwertige Mittel in Gruppen zusammenzufassen und die Einzelheiten der Versorgung festzulegen (§ 36 Abs. 1 Satz 2 SGB V). Diese Regelung bildet die Grundlage für die in § 127 SGB V vorgesehene Ausschreibung der Verträge mit Leistungserbringern. Decken die auf diese Weise definierten, mit Festbeträgen versehenen (§ 127 Abs. 4 SGB V) und durch einen als Folge der Ausschreibung ermittelten Leistungserbringer auszuführenden Hilfsmittel den individuellen funktionsbezogenen Leistungsbedarf iSd § 10, entstehen auch für Hilfsmittel zum Behinderungsausgleich keine Probleme. Zudem hat das BVerfG in der o.g Entscheidung festgestellt: „Sollte sich **ergeben,** dass Versicherte die Hilfsmittel benötigen, diese (…) nicht mehr als Sachleistung ohne Eigenbeteiligung beziehen können (…), wären die Verbände ihren Aufgaben nach den §§ 35, 36 SGB V nicht gesetzeskonform nachgekommen. Unter diesem Aspekt gewinnt die gerichtliche Kontrolle der Festbetragsfestsetzung besondere Bedeutung. (…) Sie verhindert, dass der Festbetrag so niedrig festgesetzt wird, dass eine ausreichende Versorgung der Versicherten (…) nicht mehr gewährleistet ist."

Das BSG hat dies am 21. 8. 08 erneut bestätigt: „Dies ist grundsätzlich verfassungsgemäß, gilt jedoch in dieser Form nur, wenn eine sachgerechte Versorgung des Versicherten zu den festgesetzten Festbeträgen möglich ist. Der für ein Hilfsmittel festgesetzte Festbetrag begrenzt die Leistungspflicht der Krankenkasse nämlich dann nicht, wenn er für den Ausgleich der konkret vorliegenden Behinderung objektiv nicht ausreicht." (BSG vom 21. 8. 2008, Az. B 13 R 33/07 R – digitales Hörgerät).

Während das LSG Baden Württemberg „Eine **einzelfallbezogene Relativierung** der Maßgeblichkeit (rechtswirksam) festgesetzter Festbeträge" für nicht zulässig hält (LSG Baden-Württemberg vom 24. 9. 2008, Az. L 5 KR 1539/07 – digitales Hörgerät), hält das SG Neubrandenburg die Festbeträge bei einer von der Klägerin gewählten, zum Festbetrag nicht erhältlichen Versorgung für **unwirksam** (SG Neubrandenburg vom 10. 6. 2008, Az. S. 4 RA 114/03 – digitales Hörgerät).

37 Können die in den ausgeschriebenen Leistungsgruppen nach § 36 SGB V enthaltenen Hilfsmittel den individuellen funktionsbezogenen Leistungsbedarf im Einzelfall – zB wegen der Festbetragsregelung – nicht wirksam (§ 10 Abs. 1 Satz 3) decken, besteht ein Hilfsmittelbedarf, für den nach § 127 Abs. 3 SGB V keine Verträge bestehen, mit denen durch Vertragspartner eine Versorgung der Versicherten in einer für sie zumutbaren Weise möglich wäre. Diese Regelung wurde auf Veranlassung der Abgeordneten, die sich mit Behinderungspolitik befassen, während des Gesetzgebungsverfahrens zum GKV-WSK ausdrücklich in § 127 SGB V aufgenommen, um zu gewährleisten, dass auch nach der Einführung der Ausschreibungspflichten in § 127 Abs. 1–2 SGB V die Hilfsmittel der GKV zum Behinderungsaugleich iSv §§ 10, 27 SGB IX entsprechend dem individuellen funktionsbezogenen Bedarf (§ 10) und den Zielen des § 26 erbracht werden können. In diesen Fällen hat die Krankenkasse im Einzelfall eine Vereinbarung mit einem Leistungserbringer zu treffen. Dazu kann sie nach Satz 2 aaO bei anderen Leistungserbringern in anonymisierter Form Preisangebote einholen. Im Übrigen ist für diese Hilfsmittel das Leistungserbringsrecht des SGB IX zu

beachten (zB Ausführung nur durch geeignete Leistungserbringer – § 17 Abs. 1 –, Auswahlermessen nach der besten Eignung – § 19 Abs. 4 –). Zur Ausschreibung von Hilfsmitteln vgl. auch Rn 25.

11. Auswirkungen des SGB IX. Die Vorschriften dieses Buches gelten für die Leistungen zur Teilhabe, soweit sich aus den für den jeweiligen Rehabilitationsträger geltenden Leistungsgesetzen nichts abweichendes ergibt (§ 7 Satz 1) Nach dem Kontext des § 7 sind die Leistungsvoraussetzungen in den „Leistungsgesetzen" geregelt, während die Leistungsansprüche (auch) im SGB IX ausgestaltet werden. Für die Hilfsmittel der GKV nach § 33 SGB V ist Leistungsvoraussetzung die Mitgliedschaft bei einer Kasse. § 34 SGB V enthält keine weiteren Leistungsvoraussetzungen, sondern eine Beschreibung der Ziele, die mit den Hilfsmitteln erreicht werden müssen, um die Leistung gewähren zu können. 38

Das BSG hat nach Inkrafttreten des SGB IX entschieden, dass sich an der Zuständigkeit der GKV für die Hilfsmittelversorgung nichts ändere. Die von der GKV zu leistende medizinische Rehabilitation ziele wie bisher darauf ab, die Gesundheit und Organfunktion möglichst weitgehend wiederherzustellen und den Behandlungserfolg zu sichern, um ein selbständiges Leben zu führen und die Anforderungen des Alltags – definiert durch die Grundbedürfnisse des täglichen Lebens – meistern zu können. Eine darüber hinausgehende berufliche und soziale Rehabilitation bleibe Aufgabe anderer Sozialleistungssysteme (ua. BSG v. 26. 3. 2003 – B 3 KR 23 R, SGb 2004, 312). 39

Es trifft zwar zu, dass das SGB IX die Ausgabenstellung der GKV bezogen auf Leistungen zur medizinischen Rehabilitation nicht verändert hat. Die Krankenversicherung hat als Solidargemeinschaft unverändert die Aufgabe, die Gesundheit der Versicherten zu erhalten, wiederherzustellen oder ihren Gesundheitszustand zu verbessern Nach der WHO-Definition von Krankheit gehört zur Gesundheit nicht nur die Abwesenheit von Krankheit, sondern auch die Bewältigung der Folgen von Krankheit. Gerade dies ist das Ziel des SGB IX. Es regelt auf welche Weise und nach welchen Regeln Krankheitsfolgen zu bewältigen sind, nämlich durch die Förderung der Selbstbestimmung und gleichberechtigten Teilhabe am Leben in der Gesellschaft (§ 1) bzw. für die medizinische Rehabilitation konkretisiert durch die Erreichung der in § 26 Abs. 1 nannten Ziele. 40

Dagegen trifft die Feststellung des BSG, das SGB IX habe die Ziele der von der GKV zu erbringenden Leistungen zur medizinischen Rehabilitation nicht verändert, nicht zu. Das SGB V enthält keine spezifische Norm mit einer Zielbeschreibung der medizinischen Rehabilitation der GKV. Ebenso wenig eine Norm, die regelt, was in der GKV unter medizinischer Rehabilitation zu verstehen ist. Deshalb hat der Gesetzgeber mit § 27 ausdrücklich klargestellt, dass die Ziele des § 26 Abs. 1 – die ja identisch sind mit den Zielen nach § 4 Abs. 1 Nr. 1 und 2 – auch für die Leistungen der GKV und damit insbesondere für die Leistungen zur medizinischen Rehabilitation gelten. Zugleich wird die sich ua. auf die Teilhabeziele nach § 4 Abs. 1 Nr. 1 und 2 erstreckende Feststellung des individuellen funktionsbezogenen Leistungsbedarfs nach § 10 verpflichtend angeordnet. Für die im SGB V nicht geregelte Frage, was dort unter medizinischer Rehabilitation zu verstehen 41 ist, ergibt sich mangels abweichender Bestimmungen im SGB V nach § 7 Satz 1 die unmittelbare Anwendung des § 26.

Das BSG sollte auf diesem Hintergrund seine Rechtsprechung überdenken. Unter Berücksichtigung des § 27 ist allerdings künftig eine deutliche Zuordnung und Abgrenzung der Hilfsmittelgewährung nach §§ 26, 31 und § 55 Abs. 2 Nr. 1 erforderlich, zu der die Gerichte auf einer entsprechenden Vorarbeit der Rehabilitationsträger bestehen können.

42 Nach § 11 Abs. 2 Satz 3 SGB V werden die medizinischen Leistungen zur Rehabilitation unter Beachtung des SGB IX erbracht, soweit in diesem Buch nichts anderes bestimmt ist.

Reicht bei einem Versicherten ambulante Krankenbehandlung nicht aus, um die in § 11 Abs. 2 SGB V beschriebenen Ziele zu erreichen, erbringt die Krankenkasse aus medizinischen Gründen erforderliche **ambulante Rehabilitationsleistungen** und – wenn diese auch nicht ausreichen – stationäre Rehabilitation (§ 40 Abs. 1 und 2 SGB V).

Da das SGB V keine Ausführungen darüber enthält, was im Bereich der GKV unter medizinischer Rehabilitation zu verstehen ist, findet § 26 SGB nach § 7 Satz 1 unmittelbar Anwendung. Nach § 26 Abs. 2 Nr. 6 umfassen die medizinischen Leistungen zur Rehabilitation auch Hilfsmittel. Alle Leistungen zur Rehabilitation können entweder als stationäre Leistungen erbracht oder in ambulanter Form ausgeführt werden. Weder das SGB IX noch das SGB V enthält eine gegenteilige Regelung. Damit können Hilfsmittel auch als ambulante Leistung zur Rehabilitation – zB auch im Rahmen von persönlichen Budgets nach § 17 – ausgeführt werden.

43 **12. Abgrenzung der Leistungsgruppen.** Das BSG nimmt die Abgrenzung zwischen medizinischer, beruflicher und sozialer Rehabilitation (§ 5) für die Hilfsmittelversorgung unter Berücksichtigung der Zuständigkeit der GKV auf der Basis der Grundbedürfnisse vor.

Im Übrigen differenziert das BSG in ständiger Rechtsprechung nach dem **Schwerpunkt der Leistungserbringung.** Dient das Hilfsmittel der Erreichung der Ziele der medizinischen Rehabilitation, wird es dieser zugeordnet. Dient es dem Erlernen beruflicher Kenntnisse und Fähigkeit zur Förderung der teilhabe am Arbeitsleben, ist diese Leistungsart gegeben (BSG v. 24. 6. 80 – 1 RA 51/79; BSGE 50, 156; zusammenfassend SG Berlin v. 9. 1. 06 – S. 77 AL 3061/05, juris; vgl. weitere Beispiele bei FKS-SGB IX-*Nebe,* § 31 Rn 15).

44 Die Abgrenzung zwischen Hilfsmitteln zur Teilhabe am Arbeitsleben nach § 34 und solchen nach § 33 SGB V ist derzeit mit dem Nachteil einer möglichen Festbetrags Regelung nach § 36 SGB V verbunden (LSG Niedersachsen-Bremen v. 15. 6. 05 L 4 KR 147/03, NZS 2006, 204). Die auf den Grundsatz der Basisversorgung beschränkte Praxis der GKV sieht zB bei Hörgeräten nur eine Versorgung mit analogen Hörgeräten vor. Demgegenüber stellen die Anforderungen des Arbeitsplatzes häufig höhere Anforderungen an die Kommunikations- und Hörfähigkeit (zB Finanzbuchhalterin, Bürokauffrau, Gabelstaplerfahrer), die mit digitalen Hörgeräten mit verschiedenen Zusatzfunktionen bewältigt werden können. Erfordern die Bedingungen des Arbeitsplatzes (Kontextfaktoren) die Versorgung mit einem solchen Gerät, besteht über die Basisversorgung der GKV hinausgehend

nach §§ 33 Abs. 3 Nr. 6, Abs. 8 Satz 1 Nr. 4 SGB IX, 97ff SGB III oder 16 SGB VI ein entsprechender Versorgungsanspruch gegen die Träger der Leistungen zur Teilhabe am Arbeitsleben (LSG Niedersachsen-Bremen v. 15. 12. 05 – 10 R 480/05 sowie v. 8. 3. 07 L 10247/05, nicht rechtskräftig, SG Dresden v. 8. 5. 07 S. 33 R 383/06, jeweils gegen die GRV; SG Berlin v. 9. 1. 06 – S. 77 AL 3061/05 gegen die BA; alle in juris). In allen Fällen wurde ein originärer, dh umfassender, die Basisversorgung einschließender Leistungsanspruch der Träger der Teilhabe am Arbeitsleben festgestellt. Da das Gesetz keine subsidiäre Zuständigkeit der GRV/BA gegenüber der GKV kenne, komme es auf die bisher vom BSG vorgenommene Unterscheidung nach Grundbedürfnissen und der Frage, ob das Hilfsmittel ausschließlich für die berufliche Tätigkeit nutzbar sei, nicht an. Demgegenüber haben das LSG Niedersachsen in einer Entscheidung v. 14. 12. 06 – L 1 R 612/05 und das LSG NRW mit Urteil v. 14. 6. 07 – L 2 KN 209/05 KR, RdLH 2008, 13 (beide nicht rechtskräftig, in juris) an der vorrangigen Zuständigkeit der GKV für den Behinderungsausgleich im Zusammenhang mit der Befriedigung von Grundbedürfnissen festgehalten. Das BSG wird zu dieser Fragestellung nehmen müssen, weil die einander widersprechenden Entscheidungen des LSG Niedersachsen dort zu Entscheidung vorliegen. Falls es bei der originären Leistungsverpflichtung anderer Träger als der GKV bleibt, stellt sich noch die vom SG Dresden in seiner Entscheidung vom 8. 5. 07 aufgeworfene Frage der Zulässigkeit einer Aufstockung der zB wegen der Festbetragsregelung des § 36 SGB V zum Behinderungsausgleich nicht ausreichenden Leistung durch einen weiteren Rehabilitationsträger.

13. Einstweilige Anordnung. Das BVerfG hat mit Urteil v. 25. 2. 2009 – 1 BvR 120/09 – in einem Verfahren betreffend die Versorgung mit einem Elektrorollstuhl die Maßstäbe für den Erlass einer einstweiligen Anordnung im sozialgerichtlichen Verfahren klargestellt. Danach darf das Interesse an einer vorläufigen Regelung oder Sicherung der geltend gemachten Rechtsposition umso weniger zurückgestellt werden, je schwerer die Belastungen des Betroffenen wiegen. Art. 19 Abs. 4 GG verlangt auch bei Vornahmesachen jedenfalls dann vorläufigen Rechtsschutz, wenn ohne ihn schwere und unzumutbare, anders nicht abwendbare Nachteile entstünden, zu deren nachträglicher Beseitigung die Entscheidung in der Hauptsache nicht mehr in der Lage wäre. Die Gerichte sind, wenn sie ihre Entscheidung nicht an einer Abwägung der widerstreitenden Interessen, sondern an den Erfolgsaussichten in der Hauptsache orientieren, in solchen Fällen gem. Art. 19 Abs. 4 Satz 1 GG gehalten, die Versagung vorläufigen Rechtsschutzes auf eine eingehende Prüfung der Sach- und Rechtslage zu stützen. Ist dem Gericht dagegen eine vollständige Aufklärung der Sach- und Rechtslage im Eilverfahren nicht möglich, so ist anhand einer Folgenabwägung zu entscheiden. Auch in diesem Fall sind die grundrechtlichen Belange des Antragstellers umfassend in die Abwägung einzustellen Die Gerichte müssen sich schützend und fördernd vor die Grundrechte des Einzelnen stellen. Dies gilt ganz besonders, wenn es um die Wahrung der Würde des Menschen geht. Eine Verletzung dieser grundgesetzlichen Gewährleistung, auch wenn sie nur möglich erscheint oder nur zeitweilig andauert, haben die Gerichte zu verhindern. 45

Das BVerfG sah diese Maßstäbe bei der Ablehnung einer einstweiligen Anordnung für eine Rollstuhlfahrerin als verletzt an, die an der Krankheit ALS mit nahezu vollständiger Lähmung der Muskulatur leidet, wodurch sie komplett an den Rollstuhl gefesselt ist. Sie kommuniziert über einen Sprachcomputer; die Restfunktion im Bereich der Arme gestattet das Halten des Stifts, nicht aber den Betrieb des Rollstuhls. Der Elektrorollstuhl mit Joystick-Mundsteuerung wurde ihr von der Kasse abgelehnt, weil keine Fahrtauglichkeit für den Straßenverkehr bestehe und bei ihr wegen der Einschränkung der Mobilität und des Reaktionsvermögens eine Selbst- wie auch eine Fremdgefährdung nicht auszuschließen sei.

46 **14. Schadenersatzanspruch** bei verzögerter Entscheidung. Der Versicherte hat gegenüber seiner gesetzlichen Krankenkasse einen Schadenersatzanspruch aus Amtspflichtverletzung, wenn die Krankenkasse ihre Leistungspflicht nicht mit der gebotenen Sorgfalt überprüft hat und der Antrag des Versicherten auf Versorgung mit einem geeigneten Hilfsmittel dadurch erst verspätet positiv beschieden wird. Dem versicherten ist der Vermögensschaden, hier ua. Schadenersatz und Schmerzensgeld, zu erstatten (LG Ellwangen v. 13. 2. 09 – 3 O 97/08 – nicht rechtskräftig; ZMGR 2/2009, S. 114ff).

§ 32 Verordnungsermächtigungen

Das Bundesministerium für Arbeit und Soziales wird ermächtigt, durch Rechtsverordnung mit Zustimmung des Bundesrates

1. Näheres zur Abgrenzung der in § 30 Abs. 1 und 2 genannten Leistungen und der sonstigen Leistungen dieser Dienste und Einrichtungen, zur Übernahme oder Teilung der Kosten zwischen den beteiligten Rehabilitationsträgern, zur Vereinbarung und Abrechnung der Entgelte sowie zur Finanzierung zu regeln, wenn gemeinsame Empfehlungen nach § 30 Abs. 3 nicht innerhalb von sechs Monaten, nachdem die Bundesministerien dazu aufgefordert haben, vereinbart oder unzureichend gewordene Empfehlungen nicht innerhalb dieser Frist geändert worden sind,

2. Näheres zur Auswahl der im Einzelfall geeigneten Hilfsmittel, insbesondere zum Verfahren, zur Eignungsprüfung, Dokumentation und leihweisen Überlassung der Hilfsmittel sowie zur Zusammenarbeit der anderen Rehabilitationsträger mit den orthopädischen Versorgungsstellen zu regeln.

1 **1. Entstehung der Norm.** Die Vorschrift wurde unverändert aus dem RegE (BT-Drucks. 14/5531 iVm 14/5074) übernommen und ab 1. 7. 2001 durch Art. 1 SGB IX eingeführt. Geändert ab 1. 1. 2003 durch Gesetz zur Änderung von Fristen und Bezeichnungen im SGB IX und zur Änderung anderer Gesetze vom 3. 4. 2003 (BGBl. I S. 462).

2 **2. Normzweck.** Die Vorschrift ermächtigt das BMAS, unter bestimmten Voraussetzungen mit Zustimmung des Bundesrates Näheres zur Abgrenzung der Leistungen nach § 30 Abs. 1 und 2 sowie zu den nach § 30 Abs. 3

durch die Rehabilitationsträger zu treffenden Regelungen durch Rechtsverordnung **(Nr. 1)**, aber auch zur Auswahl der im Einzelfall geeigneten Hilfsmittel nach § 31 und zur Zusammenarbeit der Rehabilitationsträger mit den orthopädischen Versorgungsstellen zu regeln **(Nr. 2)**.

3. § 30 Abs. 3 verpflichtet die Rehabilitationsträger, auf der Grundlage des § 13 Abs. 3, 4 und 6 gemeinsame Empfehlungen zur Abgrenzung der in § 30 Abs. 1 und 2 genannten Leistungen und den sonstigen Leistungen der dort genannten Dienste und Einrichtungen, zur Übernahme oder Teilung der Kosten zwischen den beteiligten Rehabilitationsträgern, zur Vereinbarung und Abrechnung der Entgelte sowie zur Finanzierung der Komplexleistungen zu vereinbaren. Werden solche Empfehlungen innerhalb von sechs Monaten, nachdem das BMAS die Rehabilitationsträger dazu aufgefordert hat, von diesen nicht vereinbart oder unzureichend gewordene Vereinbarungen nicht innerhalb dieser Frist geändert, ermächtigt **Nr. 1** dieser Vorschrift das BMAS zur Ersatzvornahme durch Rechtsverordnung. Von dieser Regelung wurde mit der Verordnung zur Früherkennung und Frühförderung behinderter und von Behinderung bedrohter Kinder (Frühförderverordnung – FrühV) vom 24. 6. 2003 (BGBl. I S. 998) Gebrauch gemacht. 3

4. Nr. 2 ermächtigt das BMGS, Näheres zur Auswahl der nach § 31 im Einzelfall geeigneten Hilfsmittel, insbesondere zum Verfahren, zur Eignungsprüfung, Dokumentation und leihweisen Überlassung der Hilfsmittel sowie zur Zusammenarbeit der anderen Rehabilitationsträger mit den orthopädischen Versorgungsstellen durch Rechtsverordnung zu regeln. Wegen der besonderen Berührung des Rechts der Krankenversicherung im Bereich der Krankenbehandlung bedarf diese Verordnung der Zustimmung des Bundesrates. Die Versorgung mit Hilfsmitteln ist Bestandteil des Leistungsrechts fast aller Sozialleistungsträger. Während es im Bereich der Sozialversicherungsträger bisher Aufgabe der Selbstverwaltung war, die Leistungsinhalte und das Leistungsverfahren bedarfsgerecht in Verträgen mit den Leistungserbringern zu vereinbaren, wurden Art, Umfang und besondere Voraussetzungen der Versorgung mit Hilfsmitteln einschließlich Zubehör und Ersatzleistungen für Berechtigte nach dem BVG von der Bundesregierung durch Rechtsverordnung nach § 24a Buchst b BVG festgelegt. Mit Blick auf die fast einhundertjährige Erfahrung aus dem Bereich der Kriegsopferversorgung kam dabei der Prüfung der Eignung und Funktion eines Hilfsmittels in diesem Bereich immer eine besondere Bedeutung zu. Diese besondere Kompetenz und Erfahrung soll offensichtlich allen Sozialleistungsträgern durch eine engere Zusammenarbeit der Rehabilitationsträger mit den orthopädischen Versorgungsstellen verfügbar gemacht werden. 4

Die Ausübung des Verordnungsrechts wird nicht durch die Aufnahme der Arbeit an der Entwicklung einer gemeinsamen Empfehlung oder die Erklärung der Rehabilitationsträger, dass man beabsichtige eine Empfehlung zu vereinbaren, eingeschränkt oder beseitigt. Die Grundlage für die Ausübung des Verordnungsrechts entfällt nur, wenn die Träger innerhalb der gesetzten Frist eine zureichende gemeinsame Empfehlung in Kraft setzen. 5

Kapitel 5. Leistungen zur Teilhabe am Arbeitsleben

§ 33 Leistungen zur Teilhabe am Arbeitsleben

(1) Zur Teilhabe am Arbeitsleben werden die erforderlichen Leistungen erbracht, um die Erwerbsfähigkeit behinderter oder von Behinderung bedroher Menschen entsprechend ihrer Leistungsfähigkeit zu erhalten, zu verbessern, herzustellen oder wiederherzustellen und ihre Teilhabe am Arbeitsleben möglichst auf Dauer zu sichern.

(2) Behinderten Frauen werden gleiche Chancen im Erwerbsleben gesichert, insbesondere durch in der beruflichen Zielsetzung geeignete, wohnortnahe und auch in Teilzeit nutzbare Angebote.

(3) Die Leistungen umfassen insbesondere
1. Hilfen zur Erhaltung oder Erlangung eines Arbeitsplatzes einschließlich vermittlungsunterstützende Leistungen,
2. Berufsvorbereitung einschließlich einer wegen der Behinderung erforderlichen Grundausbildung,

2a. individuelle betriebliche Qualifizierung im Rahmen Unterstützter Beschäftigung,

3. berufliche Anpassung und Weiterbildung, auch soweit die Leistungen einen zur Teilnahme erforderlichen schulischen Abschluss einschließen,
4. berufliche Ausbildung, auch soweit die Leistungen in einem zeitlich nicht überwiegenden Abschnitt schulisch durchgeführt werden,
5. Gründungszuschuss entsprechend § 57 des Dritten Buches durch die Rehabilitationsträger nach § 6 Abs. 1 Nr. 2 bis 5,
6. sonstige Hilfen zur Förderung der Teilhabe am Arbeitsleben, um behinderten Menschen eine angemessene und geeignete Beschäftigung oder eine selbständige Tätigkeit zu ermöglichen und zu erhalten.

(4) [1] Bei der Auswahl der Leistungen werden Eignung, Neigung, bisherige Tätigkeit sowie Lage und Entwicklung auf dem Arbeitsmarkt angemessen berücksichtigt. [2] Soweit erforderlich, wird dabei die berufliche Eignung abgeklärt oder eine Arbeitserprobung durchgeführt; in diesem Fall werden die Kosten nach Absatz 7, Reisekosten nach § 53 sowie Haushaltshilfe und Kinderbetreuungskosten nach § 54 übernommen.

(5) Die Leistungen werden auch für Zeiten notwendiger Praktika erbracht.

(6) Die Leistungen umfassen auch medizinische, psychologische und pädagogische Hilfen, soweit diese Leistungen im Einzelfall erforderlich sind, um die in Absatz 1 genannten Ziele zu erreichen oder zu sichern und Krankheitsfolgen zu vermeiden, zu überwinden, zu mindern oder ihre Verschlimmerung zu verhüten, insbesondere
1. Hilfen zur Unterstützung bei der Krankheits- und Behinderungsverarbeitung,
2. Aktivierung von Selbsthilfepotentialen,

3. mit Zustimmung der Leistungsberechtigten Information und Beratung von Partnern und Angehörigen sowie von Vorgesetzten und Kollegen,
4. Vermittlung von Kontakten zu örtlichen Selbsthilfe- und Beratungsmöglichkeiten,
5. Hilfen zur seelischen Stabilisierung und zur Förderung der sozialen Kompetenz, unter anderem durch Training sozialer und kommunikativer Fähigkeiten und im Umgang mit Krisensituationen,
6. Training lebenspraktischer Fähigkeiten,
7. Anleitung und Motivation zur Inanspruchnahme von Leistungen zur Teilhabe am Arbeitsleben,
8. Beteiligung von Integrationsfachdiensten im Rahmen ihrer Aufgabenstellung (§ 110).

(7) Zu den Leistungen gehört auch die Übernahme
1. der erforderlichen Kosten für Unterkunft und Verpflegung, wenn für die Ausführung einer Leistung eine Unterbringung außerhalb des eigenen oder des elterlichen Haushalts wegen Art oder Schwere der Behinderung oder zur Sicherung des Erfolges der Teilhabe notwendig ist,
2. der erforderlichen Kosten, die mit der Ausführung einer Leistung in unmittelbarem Zusammenhang stehen, insbesondere für Lehrgangskosten, Prüfungsgebühren, Lernmittel, vermittlungsunterstützende Leistungen.

(8) [1]Leistungen nach Absatz 3 Nr. 1 und 6 umfassen auch
1. Kraftfahrzeughilfe nach der Kraftfahrzeughilfe-Verordnung,
2. den Ausgleich unvermeidbaren Verdienstausfalls des behinderten Menschen oder einer erforderlichen Begleitperson wegen Fahrten der An- und Abreise zu einer Bildungsmaßnahme und zur Vorstellung bei einem Arbeitgeber, einem Träger oder einer Einrichtung für behinderte Menschen durch die Rehabilitationsträger nach § 6 Abs. 1 Nr. 2 bis 5,
3. die Kosten einer notwendigen Arbeitsassistenz für schwerbehinderte Menschen als Hilfe zur Erlangung eines Arbeitsplatzes,
4. Kosten für Hilfsmittel, die wegen Art und Schwere der Behinderung zur Berufsausübung, zur Teilnahme an einer Leistung zur Teilhabe am Arbeitsleben oder zur Erhöhung der Sicherheit auf dem Weg vom und zum Arbeitsplatz und am Arbeitsplatz erforderlich sind, es sei denn, dass eine Verpflichtung des Arbeitgebers besteht oder solche Leistungen als medizinische Leistung erbracht werden können,
5. Kosten technischer Arbeitshilfen, die wegen Art oder Schwere der Behinderung zur Berufsausübung erforderlich sind und
6. Kosten der Beschaffung, der Ausstattung und der Erhaltung einer behindertengerechten Wohnung in angemessenem Umfang.

[2]Die Leistung nach Satz 1 Nr. 3 wird für die Dauer von bis zu drei Jahren erbracht und in Abstimmung mit dem Rehabilitationsträger nach § 6 Abs. 1 Nr. 1 bis 5 durch das Integrationsamt nach § 102 Abs. 4 ausgeführt. [3]Der Rehabilitationsträger erstattet dem Integrationsamt seine Aufwendungen. [4]Der Anspruch nach § 102 Abs. 4 bleibt unberührt.

1 **1. Sozialpolitischer Hintergrund.** Die in Kapitel 5 von Teil 1 des SGB IX geregelten Leistungen zur Teilhabe am Arbeitsleben stellen einen wichtigen Faktor bei den Bemühungen um die Eingliederung behinderter oder von Behinderung bedrohter Menschen dar. Deren (Wieder-)Eingliederung ist notwendig, wenn die Anforderungen des Arbeitslebens bzw. von Arbeitsplätzen einerseits und das dafür notwendige gesundheitlich bedingte Leistungsvermögen von Arbeitnehmern andererseits auseinanderfallen. Um diese Diskrepanz zu beseitigen, gibt es logisch zwei Möglichkeiten:
– Entweder wird das Leistungsvermögen von Arbeitnehmern erhöht
– oder die Anforderungen des Arbeitsplatzes werden verringert.
Diese Möglichkeiten greift der Gesetzgeber auf. Das gesundheitliche Leistungsvermögen soll durch die in Kapitel 4 (§§ 26 bis 32) geregelten Leistungen zur medizinischen Rehabilitation erhöht werden. Durch Inanspruchnahme der in Kapitel 5 (§§ 33 bis 43) geregelten Leistungen zur Teilhabe am Arbeitsleben erhalten Arbeitnehmer Zugang zu Arbeitsplätzen, denen sie auch unter Berücksichtigung ihrer Behinderungen gewachsen sind.

2 Mit dem In-Kraft-Setzen des SGB IX wurde das Ziel verfolgt, eine umfassende Regelung für die Leistungen im Rehabilitationsbereich zu schaffen. Dementsprechend wurden die bis dahin im Reha-Angleichungsgesetz und in den Leistungsgesetzen der einzelnen Träger niedergelegten Vorschriften zur beruflichen Rehabilitation zusammengefasst und als **Leistungen zur Teilhabe am Arbeitsleben** bezeichnet.

3 **2. Entstehung der Norm.** Die Vorschrift wurde durch Art. 68 Abs. 1 am 1. 7. 2001 in Kraft gesetzt und ohne wesentliche Veränderung aus dem Regierungsentwurf (BT-Drucks. 14/5531 iVm 14/5074) übernommen. Die Veränderungen aufgrund von Vorschlägen des 11. Ausschusses beziehen sich auf Abs. 2. Hier wurde eine Klarstellung hinsichtlich frauenspezifischer Angebote vorgenommen. In Abs. 6 wurde verdeutlich, dass zu den Leistungen zur Teilhabe auch die dafür notwendigen unterstützenden Hilfen medizinischer, psychologischer und pädagogischer Art gehören. In Abs. 6 Nr. 5 wurde zusätzlich klargestellt, dass zu den Leistungen auch die Förderung sozialer Kompetenz durch Training sozialer und kommunikativer Fähigkeiten gehört. In Abs. 7 Nr. 2 wurde erläutert, was zu den Lehrgangskosten zählt und in Abs. 8 wurden – ersatzweise für den bis dahin geltenden § 114 SGB III – die wichtigsten Leistungen zur Erhaltung oder Erlangung eines Arbeitsplatzes iSd Abs. 3 Nr. 1 für alle Rehabilitationsträger geregelt.

In Abs. 3 Nr. 5 wurde durch das Gesetz zur Fortentwicklung der Grundsicherung für Arbeitsuchende vom 20. 7. 2006 (BGBl. I S. 1706) das Wort „Überbrückungsgeld“ durch das Wort „Gründungszuschuss“ ersetzt.

Mit Wirkung ab 1. 1. 2009 wurde durch Gesetz vom 22. 12. 2008 (BGBl. I S. 2959) in Abs. 3 eine neue Ziffer 2a eingefügt. Dort ist die individuelle betriebliche Qualifizierung im Rahmen unterstützter Beschäftigung aufgeführt, die in § 38a näher geregelt ist.

Durch Art. 2 Nr. 1 des Gesetzes zur Regelung des Assistenzpflegebedarfs im Krankenhaus vom 4. 8. 2009 (BGBl. I S. 2495) wurde § 33 Abs. 3 Nr. 1 mit Wirkung zum 5. 8. 2009 neu gefasst:

Statt der Formulierung

„1. Hilfen zur Erhaltung oder Erlangung eines Arbeitsplatzes einschließlich Leistungen zur Beratung und Vermittlung, Trainingsmaßnahmen und Mobilitätshilfen" heißt es nunmehr:

„1. ... einschließlich vermittlungsunterstützende Leistungen,". In Absatz 7 Nummer 2 wurden die Wörter „Arbeitskleidung und Arbeitsgerät" durch die Wörter „vermittlungsunterstützende Leistungen" ersetzt.

Es handelt sich um eine Angleichung an die Begrifflichkeiten des SGB III in Folge der Neuregelung des Leistungskatalogs der Allgemeinen Leistungen zur Förderung der Teilhabe behinderter Menschen am Arbeitsleben nach § 100 SGB III aufgrund des Gesetzes zur Neuausrichtung der arbeitsmarktpolitischen Instrumente vom 21. 12. 2008 (BGBl. I S. 2917).

3. Normzweck. Mit der Vorschrift werden die Ziele von Leistungen zur Teilhabe am Arbeitsleben, ein – nicht abschließender – Katalog dieser Leistungen und die Kriterien für die Auswahl der Leistungen festgelegt. Mit In-Kraft-Treten des SGB IX haben alle für diese Leistungen zuständigen Reha-Träger eine gemeinsame Rechtsgrundlage für die Auswahl und Erbringung dieser Leistungen. 4

Die Vorschrift beschreibt 5

- in den Abs. 1 und 2 die **Ziele,** die mit Leistungen zur Teilhabe am Arbeitsleben verfolgt werden,
- in Abs. 3 überblickartig die **Leistungen,** die zur Erlangung einer vollen Teilhabe am Arbeitsleben erbracht werden können,
- in Abs. 4 die Gesichtspunkte, die bei der **Auswahl der Leistungen** im Einzelfall zu berücksichtigen sind,
- in Abs. 5 Verpflichtung zur Leistung auch während notwendiger **Praktika,**
- in Abs. 6 die **unterstützenden Hilfen** im medizinischen, psychologischen und pädagogischen Bereich, die zur Unterstützung der Eingliederung erbracht werden können,
- in Abs. 7 **ergänzende Leistungen** wie Unterkunft, Verpflegung, die bereitzustellen sind, soweit dies wegen Art und Schwere der Behinderung notwendig ist, sowie die Bereitstellung von Arbeitsmitteln und Unterrichtsmaterialien, die mit der Ausführung der Leistung unmittelbar verbunden sind,
- in Abs. 8 weitere Leistungen zur Teilhabe am Arbeitsleben, vor allem die Leistungen, die im Rahmen eines **bestehenden Arbeitsverhältnisses** erbracht werden können, wie
  - Kraftfahrzeughilfe
  - Arbeitsassistenz
  - Kosten für Hilfsmittel
  - Kosten technischer Arbeitshilfen
  - Wohnungskosten.

Vor In-Kraft-Treten des SGB IX gab es einen ausführlichen Katalog der Leistungen zur beruflichen Rehabilitation (heute: Teilhabe am Arbeitsleben) nur im AFG bzw. SGB III. Diese Leistungen wurden von den übrigen Reha-Trägern analog angewandt, (vgl. etwa die zwischen dem VDR und der BA getroffene **„Vereinbarung '93"**). Heute sind diese Vereinbarungen we- 6 gen der ausführlichen Regelungen in § 33 **gegenstandslos.** Zur Konkretisierung sind die im SGB III geregelten Definitionen und Ausführungsbestimmungen jedoch im Bedarfsfall weiterhin analog anzuwenden. Dies bezieht sich insbesondere auf den in den §§ 57, 58 SGB III geregelten Gründungszuschuss.

7 Im Verhältnis zu den Leistungen der **begleitenden Hilfen im Arbeitsleben** für Schwerbehinderte nach § 102 Abs. 1 Nr. 3 und § 103 Abs. 3 durch die Integrationsämter sind die **Leistungen zur Teilhabe am Arbeitsleben vorrangig** zu erbringen. Dies entspricht der Rechtsprechung vor In-Kraft-Treten des SGB IX und ergibt sich heute aus der Regelung des § 101 Abs. 2. Danach bleiben die den Rehabilitationsträgern nach den geltenden Vorschriften obliegenden Aufgaben unberührt (vgl. *Wiegand/Hohmann* § 33 Rn 16ff.). Die nach § 6 für Leistungen zur Teilhabe am Arbeitsleben zuständigen Rehabilitationsträger haben auf dieser Grundlage mit der Bundesarbeitsgemeinschaft der Integrationsämter eine „**Verwaltungsabsprache** über die Gewährung von Leistungen der Begleitenden Hilfen im Arbeitsleben nach dem zweiten Teil des SGB IX im Verhältnis zu den Leistungen zur Teilhabe am Arbeitsleben nach Teil 1 des SGB IX" getroffen (vgl. *Bihr/Fuchs* Anh. 11.3).

8 **4. Verfahren.** In der Regel ist das Verfahren zur Festlegung, ob und welche Leistungen zur Teilhabe ggf. erbracht werden, **dreistufig,** in Ausnahmefällen vierstufig.

- In einem ersten Schritt ist festzulegen, welcher der in § 6 genannten **Träger** für die Entscheidung über das „Ob" und ggf. über das „Wie" der Leistung **zuständig** ist.
- In einem zweiten Schritt hat dieser Träger festzulegen, ob **grundsätzlich Leistungen** zur Teilhabe am Arbeitsleben zu erbringen sind. Dies richtet sich gemäß § 7 nach den für ihn maßgebenden speziellen Vorschriften, die hinsichtlich des Leistungsumfangs teilweise ihrerseits auf die §§ 33ff. verweisen. Für die Bundesagentur für Arbeit sind es insbesondere die §§ 97ff. SGB III, für die Träger der Rentenversicherung §§ 10 und 11 SGB VI, für die Träger der gesetzlichen Unfallversicherung § 35 SGB VII, für die Jugendhilfe § 35a SGB VIII mit Verweisung auf die einschlägigen Vorschriften der Sozialhilfe, §§ 53, 54 SGB XII, für die Kriegsopferfürsorge § 26 BVG.
- In einem dritten Schritt ist zu entscheiden, welche LTA aus dem **Katalog** des § 33 Abs. 3, Abs. 6 und Abs. 8 zu auszuwählen ist, wenn zuvor festgestellt wurde, dass grundsätzlich LTA zu erbringen sind. Diese Entscheidung richtet sich primär nach den Regeln von § 33 Abs. 4. Diese Vorgaben hat der zuständige Träger seinen Erwägungen bei der Auswahl der richtigen Leistung(-en) zugrunde zu legen.
- In einem vierten Schritt ist in wenigen Spezialfällen über eine besondere Form der Leistungserbringung, etwa im Rahmen eines persönlichen Budgets nach § 17 Abs. 2 bis 4, zu entscheiden. Dies kommt etwa bei der Finanzierung von Hilfsmitteln nach Abs. 8 Nr. 4 in Betracht.

9 Die grundsätzliche Entscheidung über das Vorliegen der Voraussetzungen des jeweiligen Trägers (**Grundanspruch** des Betroffenen) ist eine **gebundene Entscheidung** ohne Ermessensspielraum (vgl. *Luthe/Masuch* Teil 2 Ka-

pitel F Rn 23, *Neumann/Pahlen* § 33 Rn 6). Häufig sind jedoch **unbestimmte Rechtsbegriffe** anzuwenden, so bei **Prognoseentscheidungen.**

Ein Beispiel hierfür ist die Formulierung in § 10 Abs. 1 Nr. 2 SGB VI „… bei denen voraussichtlich … eine Minderung der Erwerbsfähigkeit durch Leistungen zur … Teilhabe am Arbeitsleben abgewendet werden kann, …“. In diesen Fällen liegt regelmäßig **kein Beurteilungsspielraum** vor (vgl. BSG 27. 7. 1993 – 11/9b Rar 5/92, *SozR 3–4100 § 60 AFG,* so auch *Wiegand/Hohmann* § 33 Rn 48; aA *Mehrhoff/Kaiser* § 33 Rn 2). Beurteilungsspielräume betreffen höchstpersönliche Entscheidungen wie Prüfungsentscheidungen, Beurteilungen, Entscheidungen von nicht weisungsabhängigen Gremien u. Ä. Diese Entscheidungen unterliegen – ebenso wie Ermessensentscheidungen – nur beschränkt der gerichtlichen Überprüfbarkeit, vgl. dazu BSG aaO m. w. N., BVerwGE 70, 145; OVG NW, NVwZ 1992, 397, BVerwGE 80, 225f, BVerwGE 62, 330ff, BVerwGE 77, 75. Die Prognoseentscheidungen im Recht der Teilhabe behinderter Menschen sind demgegenüber **voll gerichtlich überprüfbar.** So kann die o. g. Prognoseentscheidung im Rahmen des § 10 SGB VI im Gerichtsverfahren – etwa durch Einschaltung medizinische Gutachter – überprüft werden. Diese Prognoseentscheidungen schreibt **auch § 33 Abs. 1** vor und nimmt mit Begriffen wie „… Erwerbsfähigkeit … zu erhalten, zu verbessern, herzustellen oder wiederherzustellen …“ teilweise die Formulierungen aus den Spezialgesetzen für die in § 6 genannten Rehabilitationsträger wieder auf.

Ausnahmsweise hat die Rechtsprechung in der Vergangenheit bei Prognoseentscheidungen über Entwicklungen, die über den Einzelfall hinausgehen, einen Beurteilungsspielraum zugelassen (vgl. dazu BSG 27. 7. 1993 – 11/9b Rar 5/92, SozR 3–4100 § 60 AFG S. 5, 6).

Prognoseentscheidungen sind gelegentlich nicht nur im Rahmen der 10
Grundentscheidungen, sondern auch im Rahmen von **§ 33 Abs. 4** zu treffen. So muss für den Beruf, der künftig ausgeübt werden soll, ua. die notwendige Eignung vorliegen. Hier ist die Entscheidung über die (gesundheitliche) Eignung jedoch nur ein Teil der insgesamt vorzunehmenden Prüfung. Diese muss sich auf weitere unbestimmte Rechtsbegriffe wie Neigung, bisherige Tätigkeit sowie Lage und Entwicklung auf dem Arbeitsmarkt beziehen. Außerdem sind die grundsätzlich vorgeschriebenen Prüfungen der Erforderlichkeit und Wirtschaftlichkeit und Sparsamkeit vorzunehmen. Diese Gesamtabwägungen unterliegen insgesamt dem **Ermessensspielraum** des Leistungsträgers, der nur eingeschränkt auf Ermessensfehlgebrauch und Ermessensnichtgebrauch überprüfbar ist (aA offenbar *Wiegand/Hohmann,* § 33 Rn 88, 97, der hier von einem Beurteilungsspielraum spricht).

Die **Benachteilungsverbote** der §§ 33c SGB I und 19a SGB IV sind bei 11
Leistungen zur Teilhabe am Arbeitsleben immer zu beachten. So ist es unzulässig, einem 45jährigen Versicherten Teilhabeleistungen unter Hinweis auf die schlechten Vermittlungschancen älterer Arbeitnehmer pauschal zu verweigern (LSG Baden-Württemberg 26. 7. 2007 – L 10 R 5394 – www.sozialgerichtsbarkeit.de; vgl. zum Gesamtkomplex FKS-SGB IX – *Busch* § 33 Rn 20ff m. w. N.).

5. Leistungsverpflichtete Rehabilitationsträger. In der Praxis kommt es 12
häufiger vor, dass Versicherte Wert darauf legen, LTA von einen bestimmten

Leistungsträger zu erhalten, weil sie sich davon eine großzügigere Ermessensausübung versprechen. Solche Anträge/Widersprüche sind wegen fehlenden Rechtsschutzbedürfnisses als unzulässig abzulehnen, da der Leistungskatalog für die Reha-Träger nach dem SGB IX identisch ist.

13 Bei der Zuständigkeitsklärung ist die Auffangzuständigkeit der Bundesagentur nach § 22 Abs. 2 SGB III zu beachten. Die zugelassenen kommunalen Träger nach § 6a, 6b SGB II sind nach § 6a nicht Träger von Leistungen zur Teilhabe am Arbeitsleben. Sie sind jedoch verpflichtet, den im Einzelfall vorliegenden Rehabilitationsbedarf von Amts wegen zu prüfen und den zuständigen Träger einzuschalten.

14 **6. Ziele der Leistungen zur Teilhabe am Arbeitsleben – LTA, Abs. 1.** Nach Abs. 1 werden die erforderlichen Leistungen zur Teilhabe am Arbeitsleben erbracht, um die Erwerbsfähigkeit behinderter oder von Behinderung bedrohter Menschen entsprechend ihrer Leistungsfähigkeit zu erhalten, zu verbessern, herzustellen oder wiederherzustellen und ihre Teilhabe am Arbeitsleben möglichst auf Dauer zu sichern.

15 LTA unterscheiden sich von Leistungen zur **medizinischen Rehabilitation** dadurch, dass sie nicht primär auf eine Besserung des Gesundheitszustands abzielen (vgl. dazu BSGE 54, 54). Vielmehr geht es bei ihnen vor allem um die Anpassung von Arbeitsplätzen oder um den Zugang zu neuen Arbeitsplätzen ua. durch Verbesserung der beruflichen Kompetenzen (vgl. *Wiegand/Hohmann* § 33 Rn 32, *Luthe/Masuch* aaO Rn 18ff).

16 Diese Unterscheidung ist vor allem für die **Abgrenzung der Zuständigkeit** für Leistungen zur Teilhabe zwischen den Trägern der gesetzlichen Rentenversicherung (GRV) einerseits und der Bundesagentur für Arbeit (BA) andererseits wichtig. Für Leistungen zur medizinischen Rehabilitation mit dem Ziel der Erhaltung oder Besserung der Erwerbsfähigkeit ist die Rentenversicherung nach § 11 SGB VI fast umfassend zuständig (vgl. aber die Ausschlusstatbestände in § 12 SGB VI). Für Leistungen zur Teilhabe am Arbeitsleben ist sie dagegen seltener zuständig. Die Rentenversicherung ist vor allem zuständig bei älteren Versicherten oder bei notwendigen LTA im Anschluss an Leistungen zur med. Reha; andernfalls greift die Auffangzuständigkeit der BA nach § 22 Abs. 2 SGB III (vgl. oben Rn 13; zu den Einzelheiten vgl. ebenfalls §§ 11, 12 SGB VI).

17 Ist bei der Bundesagentur für Arbeit ein Reha-Antrag gestellt, bevor oder während eine Leistung zur med. Reha durch den Rentenversicherung durchgeführt wird, bleibt die BA für die Bearbeitung auch dann zuständig, wenn sich in der medizinischen Rehabilitation die Notwendigkeit von Leistungen zur Teilhabe am Arbeitsleben ergibt.

18 **Erwerbsfähigkeit** ist die Fähigkeit des Versicherten, „seinen bisherigen Beruf oder seine bisherige Tätigkeit weiter ausüben zu können" (vgl. BSG 29. 3. 2006 – B 13 RJ 37/05 R, BSG 17. 10. 2006 – B 5 RJ 15/05 R, B 5 R 36/06 R m. w. N.).

- Bei einer Einschränkung der täglichen Arbeitszeit – des quantitativen Leistungsvermögens – kommen LTA nur ausnahmsweise in Betracht. Es handelt sich dann vor allem um Leistungen in Rehabilitationseinrichtungen für psychisch kranke Menschen (RPK) oder in Beruflichen Trainingszentren (BTZ). Ziel dieser Leistungen ist eine gesundheitliche Stabilisierung durch Training am Arbeitsplatz. Dadurch soll eine Rückkehr in eine ganztätige Tätigkeit – sei es im alten oder in einem neuen Beruf – erreicht werden.

- Schwerpunktmäßig dienen LTA jedoch dazu, gesundheitlich bedingte **Einschränkungen in der Art der Berufsausübung** – des qualitativen Leistungsvermögens – zu **kompensieren.** Hierzu bietet § 33 ein weites Leistungsspektrum, das aufgrund der offenen Formulierung „Hilfen zur Erhaltung oder Erlangung eines Arbeitsplatzes" in Abs. 3 Nr. 1 nicht abschließend ist.

Entscheidend für die Beurteilung, ob solche Einschränkungen vorliegen, ist die (Un-)Fähigkeit, den zuletzt ausgeübten Beruf mit seinen berufstypischen Ausprägungen auszuüben, sofern nicht ein anderer Beruf das Arbeitsleben geprägt hat (vgl. ua. *Luthe/Masuch* aaO Rn 16). Dies kann auch bei ungelernten Tätigkeiten der Fall sein (vgl. BSG aaO m.w.N. sowie BSGE 48, 74, 75 = SozR 2200 § 1237a Nr. 6 Satz 8; BSGE 50, 156, 157f = SozR 2200 § 1237 Nr. 15 Satz 19; BSGE 52, 123, 125f = SozR 2200 § 1237a Nr. 19 S. 54f).

Die **Erwerbsfähigkeit** muss **erhalten, verbessert oder wiederhergestellt** 19 werden. Ziel ist, das vorhandene Leistungspotential des Antragstellers zu sichern und auszuschöpfen, insbesondere bereits dann, wenn der konkrete Arbeitsplatz gefährdet ist (vgl. FKS-SGB IX-*Busch* § 33 Rn 10ff m.w.N.). Das setzt voraus, dass die beantragte oder in Aussicht genommene Einzelleistung ihrer Art nach überhaupt **geeignet ist, sich auf die Erwerbsfähigkeit auszuwirken.** Dies kann dann fraglich sein, wenn es um Leistungen geht, die sowohl im Alltagsleben als auch im Berufsleben nützlich sind. Entscheidend ist dann, ob der Schwerpunkt der Leistung in dem einen oder in dem anderen Bereich zu sehen ist. Diese Frage tritt **in der Praxis** vor allem in folgenden Bereichen auf:

- Abs. 7 Nr. 2: Welche als Lernmittel beantragten Leistungen (zB **Laptops**) 20 dienen primär der Ausbildung oder dem alltäglichen Bedarf?
- Abs. 8 Nr. 4: Welche Hilfsmittel (zB **Hörgeräte**) dienen primär der beruflichen Tätigkeit oder ihrer Sicherheit bzw. der Sicherheit auf dem Weg dorthin?
- Abs. 8 Nr. 6: Welche **Wohnungsausstattung** dient vorwiegend privaten Belangen; wann stehen berufliche Notwendigkeiten im Vordergrund?

Auf die Kommentierung zu den entsprechenden Vorschriften wird verwiesen.

Die vorgesehene **Einzelleistung** muss so **konkret bewilligt** sein, dass sie 21 sich tatsächlich auf die Erwerbsfähigkeit auswirken kann (vgl. *Wiegand/Hohmann* § 33 Rn 52). So reicht es nicht aus, wenn Kraftfahrzeughilfe zur Abwendung von Rente wegen Erwerbsminderung nicht bewilligt, sondern lediglich für den Fall einer Arbeitsaufnahme In-Aussicht-gestellt wird (vgl. Anlage Rn 44).

Mit Urt. v. 16. 6. 1994, 13 RJ 79/93 (SozR3 5090 § 5 Nr. 2) hat das BSG 22 die **Aufgaben der Rehabilitationsträger** definiert. Nicht der erfolgreiche Abschluss einer einzelnen LTA, etwa einer Bildungsleistung, ist entscheidend, sondern der Eingliederungserfolg. Der rehabilitative Auftrag des zuständigen Trägers besteht so lange fort, bis entweder der Rehabilitand

dauerhaft in das Erwerbsleben eingegliedert ist oder die mangelnde Erfolgsaussicht weiterer Leistungen zur Teilhabe am Arbeitsleben festgestellt wird. Die berufliche Eingliederung gilt mithin erst dann als vollendet, wenn eine Erwerbstätigkeit auf einem Dauerarbeitsplatz aufgenommen wird. Das BSG sieht hier eine Gesamtverantwortung des Rehabilitationsträgers. Dieser ist für das Gelingen der Rehabilitation – sowohl in seinem eigenen Zuständigkeitsbereich als auch in Bezug auf die reibungslose Verzahnung mit Leistungen anderer Träger – verantwortlich. Dabei ist § 4 Abs. 2 zu beachten, wonach jeder Träger im Rahmen seiner Zuständigkeit je nach Lage des Einzelfalles die erforderlichen Leistungen so vollständig und umfassend zu erbringen hat, dass Leistungen eines anderen Trägers nicht erforderlich werden. Dies hat zur Folge, dass nach bereits durchgeführten Leistungen, zB dem erfolgreichen Abschluss einer Weiterbildung, weitere Leistungen zur Teilhabe am Arbeitsleben erforderlich werden können. Deshalb muss der Rehabilitationsträger solange sein Ermessen über die Erbringung notwendiger Leistungen – etwa Angebot von Eingliederungszuschüssen – ausüben, bis dieser Erfolg eingetreten ist oder als nicht mehr möglich anzusehen ist (vgl. zu diesem Komplex FKS-SGB IX-*Busch* § 33 Rn 12 ff m. w. N.). Werden erneut Leistungen erbracht, ist es unzulässig, Kosten anzurechnen, die für frühere Leistungen erbracht wurden (vgl. BSG 20. 3. 2007 – B 2 U 18/05 – juris Rn 23 ff, m. Anm. *Bunge,* Forum A Diskussionsbeitrag Nr. 11/2007 – www.iqpr.de).

23 **7. Leistungen für behinderte Frauen, Abs. 2.** Nach Abs. 2 der Vorschrift sind behinderten Frauen gleiche Chancen im Erwerbsleben zu sichern, insbesondere durch in der beruflichen Zielsetzung geeignete, wohnortnahe und auch in Teilzeit nutzbare Angebote. Mit der Vorschrift soll erreicht werden, dass die typischen Problemlagen wie unterbrochene Erwerbsbiographien, die sich insbesondere aus Familienaufgaben und Kindererziehung ergeben, einer Eingliederung durch LTA nicht im Weg stehen.

24 Frauen haben nach der Vorschrift Anspruch darauf, dass ihre Belange im Rahmen der Ermessenserwägungen, welche Leistungen geeignet sind, angemessen berücksichtigt werden. In der **Praxis** geht es darum, individuelle, meist betriebliche Ausbildungsformen zu finden, die durch Internet basierte Lerneinheiten unterstützt werden und deshalb wohnortnah und in Teilzeitform – vor allem auch abends – angeboten werden können (zur Telearbeit vgl. *Neumann/Pahlen* § 33 Rn 27). Da Bildungsträger, insbesondere Berufsförderungswerke, solche Lernformen anbieten, kann sich das **Ermessen** des Leistungsträgers dann **auf Null** reduzieren, wenn solche auch sonst geeignete Angebote zu vertretbaren Preisen vorhanden sind (vgl. dazu: HK-SGB IX/*Bieritz-Harder* § 33 Rn 13 ff).

25 **8. Leistungsarten.** In Abs. 3 sind die Leistungen zur Teilhabe am Arbeitsleben aufgezählt. Aus der Formulierung „insbesondere“ wird deutlich, dass diese Aufzählung nicht umfassend ist.

26 Die **Hilfen zur Erhaltung oder Erlangung eines Arbeitsplatzes nach Abs. 3 Nr. 1** sind zum größten Teil in Abs. 8 aufgezählt. Auf die dortige Kommentierung wird verwiesen. Je nach Einzelfallgestaltung können weitere Leistungen notwendig werden. In der Praxis kommt dies jedoch kaum vor.

Die **vermittlungsunterstützenden Leistungen, Abs. 3 Nr. 1,** sind in den **§§ 45 bis 47 SGB III** geregelt. Nach § 46 Abs. 1 SGB III sind „Maßnahmen zur Aktivierung und beruflichen Eingliederung" vorgesehen. Diese sollen die berufliche Eingliederung durch 27

- Heranführung an den Ausbildungs- und Arbeitsmarkt,
- Feststellung, Verringerung oder Beseitigung von Vermittlungshemmnissen,
- Heranführung an eine selbständige Tätigkeit oder
- Stabilisierung einer Beschäftigungsaufnahme

unterstützen. Nach § 46 Abs. 2 SGB III muss die Dauer der Maßnahmen ihrem Zweck und Inhalt entsprechen. Wenn sie von oder bei einem Arbeitgeber durchgeführt werden, dürfen sie aber einen Zeitraum von vier Wochen nicht überschreiten. Haben sie die Vermittlung von beruflichen Kenntnissen zum Inhalt, dürfen sie maximal 8 Wochen dauern. Maßnahmen zur Förderung der Berufsausbildung sind ausgeschlossen. § 47 SGB III enthält eine Verordnungsermächtigung, von der bisher noch nicht Gebrauch gemacht worden ist. Ausnahmsweise kann bei den vermittlungsunterstützenden Leistungen ein Übergangsgeldanspruch bestehen, vgl. § 45 Rn 22.

Von den vermittlungsunterstützenden Leistungen ist die **Berufsberatung** für Versicherte zu unterscheiden, die die Bundesagentur nach §§ 29 bis 33 SGB III in eigener Zuständigkeit erbringt. Sie umfasst nach § 30 SGB III die Beratung die Erteilung von Auskunft und Rat 28

- zur Berufswahl, beruflichen Entwicklung und zum Berufswechsel,
- zur Lage und Entwicklung des Arbeitsmarktes und der Berufe,
- zu den Möglichkeiten der beruflichen Bildung,
- zur Ausbildungs- und Arbeitsplatzsuche sowie
- zu Leistungen zur Teilhabe am Arbeitsleben.

Nach § 31 Abs. 1 SGB III sind bei der Berufsberatung Neigung, Eignung und Leistungsfähigkeit des Rehabilitanden sowie die Beschäftigungsmöglichkeiten zu berücksichtigen.

Nach Feststellung der Zuständigkeit eines anderen Trägers für Leistungen zur Teilhabe am Arbeitsleben ist dieser nach § 12 Abs. 1 Nr. 3 vorrangig zur Beratung im Rahmen der Ermessenentscheidung nach § 33 Abs. 4 verpflichtet. Die Beratung und Unterstützung durch die Agenturen für Arbeit beschränkt sich dann auf die reinen Vermittlungsaktivitäten. Dazu dürften auch die Finanzierung von Bewerbungsunterlagen und von Fahrtkosten anlässlich von Bewerbungsgesprächen gehören. Zu den Inhalten der **Vermittlungs**aktivitäten vgl. i.ü. §§ 35, 36 SGB III. 29

Nach **Abs. 3 Nr. 2** umfassen die Leistungen **Berufsvorbereitung einschließlich einer wegen der Behinderung erforderlichen Grundausbildung.** Diese Leistungen sind vorgesehen für Rehabilitanden, die die Anforderungen für qualifizierte berufliche Leistungen trotz beruflicher Vorerfahrung nicht erfüllen. Zu ihnen gehören blindentechnische und vergleichbare Grundausbildungen (vgl. HK-SGB IX/*Bieritz-Harder* § 33 Rn 19) sowie Förderlehrgänge, wie das Rehabilitationsvorbereitungstraining (RVT) und Rehabilitationsvorbereitungslehrgänge (RVL). Die Leistungen dienen dazu, die anschließenden Leistungen beruflicher Anpassung, Weiterbildung und Ausbildung Erfolg versprechend durchführen zu können. Zu Förderungs- 30 würdigkeit und Zweck der Maßnahmen im Bereich der Förderung der Berufsausbildung nach SGB III vgl. dort § 61. Die Maßnahmen müssen berufsbezogen sein (HK-SGB IX/*Bieritz-Harder* aaO Rn 24). Ausgenommen sind deshalb Bildungsmaßnahmen, die den Schulgesetzen der Länder unterliegen und ausschließlich der Allgemeinbildung dienen. Dies gilt jedoch nicht, wenn allgemein bildende Fächer in angemessenem Umfang Bestandteil einer Berufsvorbereitung sind.

31 In der nach § 37 Abs. 2 vorgeschriebenen Dauer der Leistungen zur beruflichen Weiterbildung sind die Leistungen der Berufsvorbereitung/Grundausbildung nicht enthalten. Diese bezieht sich nur auf die Leistungen der beruflichen Anpassung und Weiterbildung.

32 Mit Einfügung des **Abs. 3 Nr. 2a** und des **§ 38a** durch Artikel 5 des Gesetzes zur Einführung Unterstützter Beschäftigung vom 22. 12. 2008 (BGBl. I S. 2959, 2960) wurde mit Wirkung zum 1. 1. 2009 auch die **individuelle betriebliche Qualifizierung im Rahmen Unterstützter Beschäftigung** in den Katalog der Leistungen zur Teilhabe am Arbeitsleben aufgenommen. Auf die Kommentierung zu § 38a wird verwiesen.

33 Nach **Abs. 3 Nr. 3** umfassen die Leistungen zur Teilhabe am Arbeitsleben auch die **berufliche Anpassung und Weiterbildung.** Dies gilt auch, soweit die Leistungen einen zur Teilnahme erforderlichen schulischen Abschluss einschließen. Der Begriff „Weiterbildung" schließt inhaltlich die im bis zum 31. 12. 1997 geltenden Recht aufgeführten Leistungen „Fortbildung" und „Umschulung" ein.

34 Durch die berufliche **Anpassung** sollen Kenntnisse, Fertigkeiten und Erfahrungen vermittelt werden, um

- berufliches Wissen wiederzuerlangen bzw. den technischen, wirtschaftlichen und gesellschaftlichen Erfordernissen und deren Entwicklung anzupassen oder
- eine andere Tätigkeit im erlernten Beruf auszuüben.

35 Teilnehmer, die wegen einer Erkrankung vorübergehend ihre Erwerbstätigkeit nicht ausüben konnten, können durch Anpassungsmaßnahmen berufliches Wissen oder Fertigkeiten, zB für eine andere Tätigkeit im erlernten Beruf, auffrischen bzw. wegen technischer Weiterentwicklung auf den aktuellen Stand bringen. Aber auch nach einer erfolgreich abgeschlossenen Weiterbildung kann eine Anpassungsmaßnahme folgen, wenn trotz Vermittlungsbemühungen ununterbrochene Arbeitslosigkeit vorliegt, die Leistung zur dauerhaften Eingliederung in Arbeit und Beruf notwendig und wegen der Behinderung erforderlich ist.

36 Leistungen zur **Weiterbildung** bauen auf bereits vorhandenen Kenntnissen und Fähigkeiten auf **(ehemals „Fortbildung").** Sie können eine weitere Qualifizierung im bisherigen Beruf beinhalten oder den Übergang in eine andere geeignete Tätigkeit mit neuen Inhalten ermöglichen (vgl. *Neumann/Voelzke* § 11 Rn 36 mwN).

37 Durch Weiterqualifizierungen sollen Kenntnisse und Fertigkeiten erweitert und ggf. ein **beruflicher Aufstieg** ermöglicht werden (vgl. *Neumann/Pahlen* § 33 Rn 13). Ein Beispiel ist die Fortbildung zum Meister, in der zu den bereits erworbenen Fachkenntnissen zusätzlich ua. berufs- und arbeitspädagogisches Wissen vermittelt wird. Da Weiterqualifizierungen als LTA

deshalb bewilligt werden, weil aufgrund einer Behinderung der bisherige Beruf nicht mehr ausgeübt werden kann, ist in solchen Fällen besonders sorgfältig zu prüfen, ob die **neue Tätigkeit behinderungsgerecht** ist. Nur dann kann die nach Abs. 1 notwendige Erfolgsprognose gestellt werden. So haben **Handwerksmeister** – von Sonderfällen in größeren Betrieben abgesehen – oft dieselben Arbeiten zu erledigen wie Gesellen. Deshalb ist es gerechtfertigt, dass ein Rehabilitationsträger die Finanzierung einer Weiterbildung zum Meister davon abhängig macht, dass eine Meisterstelle nachgewiesen wird, bei der ein anschließender gesundheitsgerechter Einsatz sichergestellt ist.

Bei der **Weiterbildung** mit dem Ziel des Übergangs in eine andere Tätigkeit **(ehemals „Umschulung")** haben die im bisherigen Beruf erlernten Fähigkeiten keine oder nur geringe Bedeutung. Die Weiterbildung soll mit einem qualifizierenden Abschluss enden und kann auch in schulischen Einrichtungen durchgeführt werden. Die vorgesehene Ausbildung ist komplett vom Reha-Träger zu finanzieren. Eine Ausnahme von diesem Grundsatz stellt § 35 Abs. 3 SGB VII für den Bereich der Unfallversicherung dar. Danach kann auch eine nicht angemessene Ausbildung – etwa ein Studium – in Höhe des angemessenen Teils gefördert werden. Der Rehabilitand muss die restlichen Kosten dann selbst tragen. 38

Bei der **betrieblichen Weiterbildung** kann der Lebensunterhalt während der Bildungsmaßnahme im Betrieb durch eine Ausbildungsvergütung oder durch Übergangsgeld nach §§ 45ff. sichergestellt werden. Aus nahe liegenden Gründen wird fast ausschließlich Übergangsgeld gewählt. Für Teilnehmer an betrieblichen Ausbildungen, die diese aus Altersgründen oder behinderungsbedingt nicht ohne weitere Hilfen erfolgreich beenden könnten, bieten Bildungsträger und Berufsförderungswerke die Möglichkeit der „innerbetrieblichen Rehabilitation durch Umschulung" (IRU). Hier führt der Rehabilitand eine betriebliche Weiterbildung durch. Da diese kürzer ist als bei eine betriebliche (Erst-)Ausbildung, erhält der Rehabilitand zur Kompensation – ggf. während der gesamten Umschulungsdauer – Stützunterricht durch einen Bildungsträger. Außerdem betreut der Bildungsträger den Teilnehmer durch regelmäßige Betriebsbesuche, um eine behinderungsgerechte Weiterbildung zu gewährleisten. Betriebliche Ausbildungen eröffnen den Teilnehmern gute Eingliederungschancen, da sich Ausbilder und Teilnehmer während der Ausbildung kennen lernen und ohne Zeitdruck entscheiden können, ob sie nach Abschluss der Weiterbildung weiter zusammenarbeiten wollen. 39

Die **überbetriebliche Weiterbildung** findet bei einem überbetrieblichen Bildungsträger statt. Dies kann eine private oder berufsständische Bildungseinrichtung oder auch eine Privatschule oder öffentliche Schule sein. Eine Sonderform der Bildungseinrichtung für Rehabilitanden sind die Berufsförderungswerke. Hierbei handelt es sich um **Einrichtungen der beruflichen Rehabilitation** nach § 35. Auf die dortige Kommentierung wird verwiesen. 40

Eine weitere Form der Weiterbildung ist der **Fernunterricht.** Hier werden Wissen und Fähigkeiten durch Übersendung von Lehrmaterial (Lehrbriefen) an die Teilnehmer vermittelt. Fernunterricht wird vorwiegend für 41 berufsvorbereitende Leistungen verwandt, gelegentlich auch für Weiterbildungen, wenn die Teilnahme an einer beruflichen Anpassung, Ausbildung oder Weiterbildung in der üblichen Form aus Gründen der Behinderung nicht zweckmäßig, nicht zumutbar oder nicht geeignet ist.

42 Zweck von **Integrationsmaßnahmen** ist die direkte Wiedereingliederung in Arbeitsverhältnisse. Sie sind geeignet für Rehabilitanden, die keine Weiterbildungen mit Abschluss durchführen möchten oder können. Hauptteil der Maßnahmen sind Praktika in geeigneten, einstellungsbereiten Betrieben. Vorab, im theoretischen Abschnitt soll der Teilnehmer seine beruflichen Fähig- und Fertigkeiten erkennen, auswerten und auffrischen sowie ggf. grundlegende Arbeitstugenden einüben.

43 Nach **Abs. 3 Nr. 4** umfassen die Leistungen **berufliche Ausbildung,** auch soweit die Leistungen in einem zeitlich nicht überwiegenden Abschnitt schulisch durchgeführt werden. Unter Ausbildung ist nur die erste zu einem Abschluss führende Maßnahme zu verstehen. Liegt bereits ein Abschluss vor, fallen alle weiteren Leistungen unter berufliche Anpassung oder Weiterbildung; dies gilt ebenfalls, wenn der Rehabilitand zwar noch keine Ausbildung absolviert, durch Berufserfahrung aber einen Status erlangt hat, der ihn zur verantwortlichen Ausübung des gewählten Berufs befähigt (vgl. BSG 27. 1. 1977 – 7/12/7 RAr 42/74, SozR 4100 § 40 AFG Nr. 12). Auf die Ausbildung behinderter Menschen sind die **Berufsbildungswerke** als Einrichtungen der beruflichen Rehabilitation nach § 35 spezialisiert. Auf die dortige Kommentierung wird verwiesen. Darüber hinaus können auch für diesen Personenkreis besondere Leistungen wie Rehabilitationsdienste nach § 19 eingesetzt werden.

44 Nach **Abs. 3 Nr. 5** umfassen die Leistungen **Gründungszuschüsse** entsprechend **§ 57 SGB III** durch die Bundesagentur für Arbeit, die Träger der gesetzlichen Unfallversicherung, der gesetzlichen Rentenversicherung sowie der Kriegsopferversorgung und der Kriegsopferfürsorge im Rahmen von Leistungen nach § 5 Nr. 1 bis 4.

45 Der Gründungszuschuss dient der finanziellen **Unterstützung der Aufnahme einer selbstständigen Tätigkeit.** Durch ihn soll die Bereitschaft von behinderten Menschen zu Existenzgründungen gefördert werden. Eine Existenzgründung liegt auch vor, wenn ein bestehender Betrieb von einem neuen Inhaber weitergeführt wird (vgl. *Wiegand/Hohmann* § 33 Rn 83). Aufgrund der ausdrücklichen Verweisung ist § 57 SGB III nur für die Rehabilitationsträger nach Nr. 2 bis 5 entsprechend anwendbar. Damit können die Träger der Jugendhilfe (§ 6 Abs. 1 Nr. 6) und die Träger der Sozialhilfe (§ 6 Abs. 1 Nr. 7) keine Gründungszuschüsse erbringen, obwohl sie ansonsten Träger von Leistungen zur Teilhabe am Arbeitsleben sein können.

46 Nach **§ 57 SGB III** haben Arbeitslose, die durch die Aufnahme einer selbstständigen, hauptberuflichen Tätigkeit die Arbeitslosigkeit beenden, zur sozialen Sicherung in der Zeit nach der Existenzgründung Anspruch auf einen **Gründungszuschuss.** Die selbstständige Tätigkeit wird insbesondere dann hauptberuflich ausgeübt, wenn sie den zeitlichen Schwerpunkt der beruflichen Tätigkeit bildet. Der Gründungszuschuss kann auch geleistet werden, wenn eine nebenberufliche in eine hauptberufliche selbstständige Tätigkeit umgewandelt wird.

Voraussetzung nach § 57 SGB III ist, dass der Arbeitnehmer 47

- bis zu der Aufnahme der selbstständigen Tätigkeit einen Anspruch auf Entgeltersatzleistungen nach dem SGB III hat oder eine Beschäftigung ausgeübt hat, die als Arbeitsbeschaffungsmaßnahme nach dem SGB III gefördert worden ist,
- bei Aufnahme der selbstständigen Tätigkeit noch über einen Anspruch auf Arbeitslosengeld von mindestens 90 Tagen verfügt,
- die Tragfähigkeit der Existenzgründung nachweist (durch Stellungnahme einer fachkundigen Stelle wie Industrie- und Handelskammer, Handwerkskammer, berufsständische Kammer, Fachverband, Kreditinstitut, Steuerberater, Wirtschaftsprüfer oder Fachanwalt) und
- seine Kenntnisse und Fähigkeiten zur Ausübung der selbstständigen Tätigkeit darlegt.

Die zweite Voraussetzung (Bestehen eines Anspruchs auf Arbeitslosengeld von mindestens 90 Tagen) kann für Rehabilitanden anderer Träger außerhalb der BA entfallen. Dann ist ausschließlich darauf abzustellen, ob durch den Gründungszuschuss eine dauerhafte Wiedereingliederung und damit der Erfolg der Leistung zur Teilhabe am Arbeitsleben erwartet werden kann. 48

Bestehen begründete Zweifel an den Kenntnissen und Fähigkeiten zur Ausübung der selbstständigen Tätigkeit, kann die Teilnahme an Maßnahmen zur Eignungsfeststellung oder zur Vorbereitung der Existenzgründung verlangt werden. Eine Kostenübernahme von Existenzgründerseminaren ist möglich. 49

Empfänger von **Arbeitslosengeld II** haben bei Existenzgründung keinen Anspruch auf Förderung der Aufnahme einer selbstständigen Tätigkeit nach § 57 SGB III. Für diesen Personenkreis kommt das Einstiegsgeld nach § 29 SGB II in Betracht, das sowohl bei Arbeitsaufnahme als auch bei Existenzgründung gewährt werden kann. Hierbei handelt es sich allerdings um eine Ermessensleistung. 50

Der Gründungszuschuss wird nach § 58 Abs. 1 SGB III für die Dauer von 9 Monaten geleistet und setzt sich zusammen aus einem Betrag, den der Arbeitnehmer als Arbeitslosengeld zuletzt bezogen hat oder bei Arbeitslosigkeit hätte beziehen können, und einem zur sozialen Sicherung vorgesehenen Betrag iHv 300 Euro. Nach § 58 Abs. 2 SGB III kann der Gründungszuschuss für **weitere 6 Monate** nach rechtzeitiger Antragstellung vor Ablauf der ersten Phase iHv monatlich 300 € geleistet werden, wenn die geförderte Person ihre Geschäftstätigkeit anhand geeigneter Unterlagen darlegt. Hat der Versicherte entsprechende Unterlagen vorgelegt, kann eine erneute Vorlage einer Stellungnahme einer fachkundigen Stelle verlangt werden. Als dem Lebensunterhalt dienende Leistung sollte der Gründungszuschuss in monatlichen Teilbeträgen ausgezahlt werden. Sobald die selbstständige Tätigkeit während des Zahlungszeitraumes aufgegeben wird, erlischt der Anspruch auf weitere Zahlung des Gründungszuschusses. 51

Nach § 57 Abs. 3 SGB III kann der Gründungszuschuss nicht gewährt werden, solange **Ruhenstatbestände** nach den §§ 142 bis 144 SGB III vorliegen. Die Anwendung von Ruhenstatbeständen bei Einsatz des Gründungszuschusses als LTA stünde aber dem Rehabilitationsziel der zügigen 52

Wiedereingliederung entgegen. Daher werden diese Ruhenstatbestände nicht von allen Rehabilitationsträgern angewandt.

53 Die gleichzeitige Ausübung einer **geringfügigen Beschäftigung** steht dem Bezug eines Gründungszuschusses nach Sinn und Zweck der Förderung nicht entgegen, da Betriebsinhaber in dieser Phase häufig zeitlich nicht voll in Anspruch genommen sind. Eine Anrechnung der Entgelte aus der geringfügigen Beschäftigung auf den Gründungszuschuss sollte nicht vorgenommen werden.

54 Nach § 57 Abs. 4 SGB III ist die Gewährung eines **weiteren Gründungszuschusses** ausgeschlossen, wenn nach Beendigung einer Förderung der Aufnahme einer selbstständigen Tätigkeit noch nicht 24 Monate vergangen sind. Von dieser Frist kann jedoch wegen besonderer in der Person des Arbeitnehmers liegender Gründe abgesehen werden.

55 Nach **Abs. 3 Nr. 6** umfassen die Leistungen **sonstige Hilfen zur Förderung der Teilhabe am Arbeitsleben, um behinderten Menschen eine angemessene und geeignete Beschäftigung oder eine selbständige Tätigkeit zu ermöglichen und zu erhalten.** Durch die Vorschrift soll verdeutlicht werden, dass der Katalog der Hilfen in § 33 nicht abschließend ist. Bei Vorliegen besonderer Ausnahmetatbestände besteht im Einzelfall die Möglichkeit von Förderungen, die über diesen Katalog hinausgehen. Ein Beispiel ist die sechssemestrige Förderung zur graduierten Betriebswirtin (vgl. BSG 24. 3. 1983 – 1 RA 61/82 – SozR 2200 § 1237a Nr. 23).

56 **9. Auswahl der Leistungen, Abs. 4.** Nach § 33 Abs. 4 sind bei der Auswahl der Leistungen Eignung, Neigung, bisherige Tätigkeit sowie Lage und Entwicklung auf dem Arbeitsmarkt angemessen zu berücksichtigen. Die Vorschrift legt die Kriterien für das Auswahlermessen des Rehabilitationsträgers fest, das nur eingeschränkt auf Ermessensfehler gerichtlich überprüfbar ist (vgl. dazu oben Rn 10). Ermessensfehler liegen etwa dann vor, wenn diese Auswahlkriterien in ihrer Gesamtheit nicht genügend berücksichtigt worden sind. Die Ermittlung der Tatsachen, die ihrerseits der Ermessensentscheidung im Einzelfall zugrunde liegen – etwa durch medizinische Gutachten zur gesundheitlichen Eignung –, ist demgegenüber gerichtlich voll überprüfbar (vgl. BSG 29. 7. 1993 – 11/9b Rar 5/92, SozR 3–4100 § 60 Nr. 1).

57 Bei Feststellung der **Eignung** sind die körperlichen und geistigen Fähigkeiten sowie die psychische Situation des Rehabilitanden in einer Gesamtschau zu bewerten. Einerseits sind dabei die Kenntnisse und Anforderungen der bisherigen beruflichen Tätigkeiten und die daraus resultierende Berufserfahrung zu berücksichtigen. Auf der anderen Seite ist zu beachten, inwieweit die Erwerbsfähigkeit durch Krankheit oder Behinderung eingeschränkt ist und welche sonstigen Probleme, etwa familiärer oder finanzieller Art, einem Wiedereintritt in das Erwerbsleben entgegenstehen. Mit der Leistung zur Teilhabe am Arbeitsleben ist eine Berufstätigkeit zu ermöglichen, deren Anforderungen trotz Einschränkungen der Leistungsfähigkeit möglichst vollständig und auf Dauer erfüllt werden können (vgl. BSG 18. 5. 2000, B 11 A 2 107/99 R). In der Praxis hat es sich als vorteilhaft erwiesen, wenn insbesondere bei älteren Rehabilitanden bei der beruflichen Neuausrichtung die Kenntnisse und Erfahrungen der Vergangenheit eingesetzt werden können.

Der **Neigung** des Rehabilitanden ist naturgemäß besonderes Gewicht beizumessen. Dies folgt schon aus § 9. Danach ist berechtigten Wünschen bei der Entscheidung über die Leistungen zu entsprechen. Leistungen zur Teilhabe am Arbeitsleben für einen Beruf, den der Betreffende in Wahrheit nicht will, sind gänzlich verfehlt. Bewegen sich die Wünsche des Rehabilitanden im Rahmen seiner Eignung, so sind diese zu beachten, sofern sie angemessen sind, und können das Ermessen im Einzelfall auf Null reduzieren (vgl. FKS-SGB IX-*Busch* § 33 Rn 47ff m.w.N.). Dabei ist auch die **bisherige Tätigkeit** einzubeziehen. Hiermit soll – soweit möglich – vermieden werden, dass eine Leistung gewählt wird, die unter dem bisherigen Berufsniveau des Rehabilitanden liegt. In diesem Rahmen kann auch ein beruflicher Aufstieg (zB Fortbildung) gefördert werden. Bei Frauen sind auch die Erfahrungen außerberuflicher Tätigkeiten zu berücksichtigen, etwa durch Kindererziehung erworbene Fähigkeiten bei Auswahl eines Berufs im pädagogischen Bereich. Andererseits sind auch **Lage und Entwicklung am Arbeitsmarkt** als Korrektiv angemessen zu beachten, vgl. Abs. 2. Dies kann ggf. im Rahmen des § 38 durch ein sog. „arbeitsmarktliches" Gutachten der Agentur für Arbeit abgeklärt werden. Fälle, in denen besonders aufwendige Ausbildungen angestrebt werden, sind abzulehnen, wenn sich bei Arbeitsmarktrecherchen herausstellt, dass der in Aussicht genommene Beruf nur geringe Vermittlungsaussichten bietet (vgl. auch *Neumann/Pahlen* § 33 Rn 23 m.w.N.). Ähnliches gilt, wenn die Neigung eines behinderten Menschen nicht mit seiner Eignung für einen Beruf in Übereinstimmung zu bringen ist. Nach feststehender Rechtsprechung (vgl. BSG 29.7. 1993 – 11/9b Rar 5/92, SozR 3–4100 § 60 Nr. 1) reicht es für die Ermessensentscheidung nicht aus, dass Eignung nur für Teilbereiche des angestrebten Berufes besteht. Vielmehr muss der Betroffene in der Lage sein, das Berufsbild in seiner gesamten Spannbreite auszufüllen. Etwas anderes kann nur dann gelten, wenn in sämtlichen in Betracht kommenden Berufsbildern nur eingeschränkte Fähigkeiten bestehen. 58

Eignung und Neigung werden idR durch intensive **Beratungsgespräche,** unterstützte berufskundliche Recherchen der behinderten Menschen, durch **psychologische Eignungsuntersuchungen** (PSU) sowie durch berufliche Eignungsabklärungen (Berufsfindungen) oder durch Arbeitserprobungen abgeklärt. Bei der Auswahl der Leistungen sind auch die **allgemeinen Ermessensgrundsätze** zu beachten. Neben der Erforderlichkeit (vgl. Abs. 1) gehören dazu die Grundsätze der Wirtschaftlichkeit und Sparsamkeit. In deren Rahmen sind auch haushaltsrechtliche Vorgaben wie etwa das Budget für Teilhabeleistungen der Rentenversicherungsträger nach § 220 SGB VI zu berücksichtigen. Durch die Anwendung dieser Grundsätze darf allerdings nicht die notwendige Qualität der beruflichen Rehabilitation im Einzelfall beeinträchtigt werden. 59

Nach **Abs. 4 Satz 2** wird dabei, soweit erforderlich, die **berufliche Eignung abgeklärt** oder eine **Arbeitserprobung** durchgeführt; in diesem Fall werden die Kosten nach Abs. 7, Reisekosten nach § 53 sowie Haushaltshilfe und Kinderbetreuungskosten nach § 54 übernommen. Die berufliche Eignungsabklärung und die Arbeitserprobung sind **keine eigenständigen Leistungen** zur Teilhabe am Arbeitsleben. Sie dienen vielmehr der Ermittlung 60 von geeigneten berufsfördernden Leistungen. Deshalb sind sie dem Verwaltungsverfahren zuzuordnen. Berufliche Eignungsabklärung und Arbeitserprobung werden idR in einem **Berufsförderungswerk** durchgeführt. Sie unterscheiden sich dadurch, dass sich die Eignungsabklärung auf mehrere Berufsfelder oder zumindest Berufe in einem Berufsfeld bezieht, während bei der Arbeitserprobung die Eignung in nur einem Berufsfeld oder Beruf praktisch erprobt wird. Im Vordergrund der Eignungsabklärung stehen Informationen über Berufe und allgemeine Fähigkeitstests. Während der meist vierzehntägigen Dauer ist Gelegenheit, in den Berufsfeldern, die in Betracht kommen, zumindest Kurzerprobungen durchzuführen. Nach § 45 Abs. 3 besteht während einer berufliche Eignungsabklärung (Berufsfindung) oder eine Arbeitserprobung Übergangsgeldanspruch, sofern wegen der Teilnahme kein oder ein geringeres Arbeitsentgelt oder -einkommen erzielt werden kann.

61 Eignungsabklärung und Arbeitserprobung **unterscheiden** sich grundsätzlich von der **Belastungserprobung und Arbeitstherapie** nach § 26 Abs. 2 Nr. 7:

- Belastungserprobung und Arbeitstherapie sind Leistungen zur medizinischen Rehabilitation.
- Die Belastungserprobung dient regelmäßig der Ermittlung des zeitlichen täglichen Einsatz- und Durchhaltevermögens, während bei Eignungsabklärung und Arbeitserprobung davon ausgegangen wird, dass dieses vorliegt und eine Berufsperspektive entwickelt wird.
- Die Arbeitstherapie ist kein diagnostisches Verfahren wie die drei genannten Leistungen, sondern ein spezielles therapeutisches Verfahren bei psychischen Erkrankungen und Abhängigkeitserkrankungen.

62 **10. Praktika, Abs. 5.** Nach Abs. 5 werden die Leistungen auch für Zeiten notwendiger Praktika erbracht. Praktika dienen der Arbeitsorientierung und Praxis bezogenen Berufskompetenz. Deshalb sind sie wichtige Bestandteile von Lehrplänen und Ausbildungsordnungen und wurden in die Leistungskataloge aller Träger von Leistungen zur Teilhabe am Arbeitsleben aufgenommen. Laut Gesetzesbegründung bezieht sich dies jedoch nur auf die Leistung selbst, nicht aber auf Beschäftigungszeiten im Anschluss an eine Leistung zur Teilhabe am Arbeitsleben, die der Erlangung der staatlichen Anerkennung oder staatlichen Erlaubnis zur Ausübung des Berufs dienen. Deshalb sind Anerkennungspraktika nicht Bestandteil der Leistungen zur Teilhabe am Arbeitsleben. Somit kann hier weder Übergangsgeld noch Verpflegungsgeld, Reisekosten etc. gewährt werden (BSG 29. 1. 2008 – B 5 a/5 R 20/06 R – juris). Etwas anderes kann dann gelten, wenn der Bewilligungsbescheid dahin auszulegen ist, dass ein Anerkennungspraktikum in der Bewilligung enthalten ist – etwa durch Bewilligung einer Bildungsmaßnahme zu einem Beruf mit staatlicher Ausbildung oder durch Bewilligung einer voraussichtlichen Ausbildungsdauer, in die regelmäßig ein Praktikum integriert ist (vgl. BSG aaO). Auslandspraktika können nach den allgemeinen Grundsätzen des § 18 S. 2 für LTA auch dann im grenznahen Ausland erbracht werden, wenn sie für die Aufnahme oder Ausübung einer Beschäftigung oder selbstständigen Tätigkeit erforderlich sind (zB Umschulungsmaßnahme des BFW Heidelberg zur Eurokauffrau/zum Eurokaufmann).

11. Unterstützende Hilfen, Abs. 6. Nach Abs. 6 umfassen die Leistungen auch medizinische, psychologische und pädagogische Hilfen, soweit diese Leistungen im Einzelfall erforderlich sind, um die in Abs. 1 genannten Ziele zu erreichen oder zu sichern und Krankheitsfolgen zu vermeiden, zu überwinden, zu mindern oder ihre Verschlimmerung zu verhüten, insbesondere 63

- Hilfen zur Unterstützung bei der Krankheits- und Behinderungsverarbeitung,
- Aktivierung von Selbsthilfepotentialen,
- mit Zustimmung der Leistungsberechtigten Information und Beratung von Partnern und Angehörigen sowie von Vorgesetzten und Kollegen,
- Vermittlung von Kontakten zu örtlichen Selbsthilfe- und Beratungsmöglichkeiten,
- Hilfen zur seelischen Stabilisierung und zur Förderung der sozialen Kompetenz, ua. durch Training sozialer und kommunikativer Fähigkeiten und im Umgang mit Krisensituationen,
- Training lebenspraktischer Fähigkeiten,
- Anleitung und Motivation zur Inanspruchnahme von Leistungen zur Teilhabe am Arbeitsleben,
- Beteiligung von **Integrationsfachdiensten** im Rahmen ihrer Aufgabenstellung (§ 110).

Zur Beteiligung von Integrationsfachdiensten wird auf die Kommentierung zu §§ 109ff. verwiesen.

Die in Abs. 6 aufgeführten medizinischen, psychologischen und pädagogischen Hilfen sind **keine eigenständigen Sachleistungen.** Sie ergänzen die Sachleistungen zur Teilhabe am Arbeitsleben. Die Hilfen gehören zum besonderen Leistungsangebot und -inhalt bestimmter beruflicher Bildungsträger, insbesondere der „Einrichtungen der beruflichen Rehabilitation“ iSd § 35 und sind mit deren Kostensatz abgegolten. Andere Elemente unterstützender Hilfen sind den begleitenden originären Dienstleistungen der Rehabilitationsträger im Rahmen eines Reha-Falles und Eingliederungsprozesses zuzuordnen. In geeigneten Fällen können hierfür Dritte (etwa auch Integrationsfachdienste – in diesem Fall auch bei nicht schwerbehinderten Menschen –) in Anspruch genommen werden. Die unterstützenden Leistungen sind nach § 3 Abs. 1 Nr. 7 SGB III auch durch die Bundesagentur für Arbeit zu erbringen (FKS-SGB IX-*Busch* § 33 Rn 57). 64

12. Kosten bei auswärtiger Unterbringung und Ausbildungskosten, Abs. 7. Nach Abs. 7 Nr. 1 gehört zu den Leistungen auch die Übernahme der erforderlichen Kosten für **Unterkunft und Verpflegung,** wenn für die Ausführung einer Leistung eine Unterbringung außerhalb des eigenen oder des elterlichen Haushalts wegen Art oder Schwere der Behinderung oder zur Sicherung des Erfolges der Teilhabe notwendig ist. Kosten für Unterkunft und Verpflegung fallen vor allem dann an, wenn 65

- für die vorgesehene Leistung zur Teilhabe am Arbeitsleben weder am Wohnort noch in einer für die tägliche Hin- und Rückfahrt zumutbaren Entfernung eine Bildungseinrichtung zur Verfügung steht, 66
- das Angebot der örtlichen oder ortsnahen Bildungseinrichtung nicht gleichwertig ist, weil die zum Ausgleich der Behinderung zu vermitteln-

den Spezialkenntnisse und -fertigkeiten nur in einer entsprechend ausgestatteten Einrichtung angeboten werden,
- der rechtzeitige Beginn der Leistung am Wohnort oder näherer Umgebung nicht sichergestellt ist,
- die ortsnahe Leistung wesentlich länger dauert als die auswärtige Leistung, oder
- angesichts der familiären oder häuslichen Situation eine Unterbringung außerhalb des eigenen oder elterlichen Haushalts erforderlich ist, um geeignete Lernverhältnisse zu schaffen und damit den Rehabilitationserfolg zu gewährleisten.

67 Bei **internatsmäßiger Unterbringung** werden die Aufwendungen für Unterkunft und Verpflegung regelmäßig mit dem Tageskostensatz abgerechnet. Sorgt der Bildungsträger für eine **internatsähnliche Unterbringung,** werden die Kosten übernommen. Sofern eine internatsmäßige oder internatsähnliche Unterbringung nicht möglich ist, können die Kosten für eine erforderliche **Unterkunft** am Ort des Bildungsträgers in angemessener Höhe übernommen werden. Behinderungsbedingte Mehraufwendungen sind entsprechend zu berücksichtigen. Voraussetzung hierfür ist, dass der bisherige eigene oder elterliche Haushalt aufrechterhalten und die Miete für die Hauptwohnung weitergezahlt werden muss. Die Höhe der angemessenen Kosten ist im Einzelfall unter Berücksichtigung der örtlichen Gegebenheiten festzustellen. Grundsätzlich ist die ortsübliche Miete zu übernehmen.

68 Rehabilitanden, die am Ort des Bildungsträgers zu Lasten des Rehabilitationsträgers zur Miete wohnen und nicht an der Gemeinschaftsverpflegung des Bildungsträgers teilnehmen können, erhalten ein **pauschaliertes Verpflegungsgeld.** Rehabilitanden, die täglich vom Wohnort/Aufenthaltsort zur Rehabilitationseinrichtung fahren und bei denen die unvermeidbare Abwesenheit vom Wohnort/Aufenthaltsort täglich mindestens acht Stunden beträgt, ist an Stelle von Verpflegungsgeld ein angemessener Zuschuss zu den Kosten jeder Mittagsmahlzeit zu zahlen.

69 Nach **Abs. 7 Nr. 2** gehört zu den Leistungen auch die Übernahme der erforderlichen **Kosten,** die **mit der Ausführung einer Leistung im unmittelbaren Zusammenhang** stehen, insbesondere für Lehrgangskosten, Prüfungsgebühren, Lernmittel, vermittlungsunterstützende Leistungen. Unter Beachtung der Grundsätze der Wirtschaftlichkeit und Sparsamkeit sind nur die Lernmittel etc. zu übernehmen, die für eine ordnungsgemäße Durchführung und einen erfolgreichen Abschluss der beruflichen Aus- bzw. Weiterbildung unerlässlich und nachgewiesen sind. Die Kosten stehen mit der Rehabilitationsleistung nicht im unmittelbaren Zusammenhang, wenn sie lediglich aus Anlass oder bei Gelegenheit der Teilnahme entstanden sind (vgl. *Wiegand/Hohmann* § 33 Rn 134). Davon sind die Fälle zu unterscheiden, in denen die Kosten im Rahmen der Maßnahme zwar unerlässlich waren, die daraus entstandenen Vorteile später aber auch privat genutzt werden können (zB Führerschein).

70 Kosten für zweckmäßige und erforderliche **Lernmittel** anlässlich von Leistungen zur Teilhabe am Arbeitsleben sind in voller Höhe zu übernehmen. Lernmittel umfassen auch die für die Ausbildung erforderlichen Materialkosten (zB Spezialminen, Hefte, Bücher, Software, Zeichenbedarf). Re-

gelmäßig sind die von der Ausbildungseinrichtung für notwendig erachteten Lernmittel zu übernehmen, soweit die Aufwendungen nicht vom Träger der Bildungsmaßnahme (Leistungserbringer) oder von anderer Seite getragen werden. Bei der Bemessung der Zuschusshöhe ist von einer behinderungsgerechten Standardausstattung auszugehen. Für laufend benötigte Materialien können monatliche Pauschalbeträge gezahlt werden.

Eine Beteiligung an den Kosten für **Studienfahrten** ist möglich, wenn die Veranstaltung Bestandteil des Lehrplanes ist und grundsätzlich im Inland durchgeführt wird, die Teilnahme für alle Lehrgangsteilnehmer verbindlich vorgeschrieben und für einen erfolgreichen Abschluss der Leistung zwingend erforderlich ist. 71

Aufwendungen für den allgemeinen, **im täglichen Leben üblichen Bedarf** (zB Kugelschreiber, Locher, Aktentasche) können als erforderliche Lernmittel **nicht** anerkannt werden (vgl. BSG 17. 1. 1996 – 3 RK 39/94 = BSGE 77, 209 = SozR 3–2500 § 33 Nr. 19). Deshalb können die Kosten für die Beschaffung eines Personalcomputers/Laptops grundsätzlich nicht übernommen werden (vgl. BSG 23. 8. 1985 – 3 RK 7/95 = SozR 3–2500 § 33 Nr. 16). 72

13. Kraftfahrzeughilfe, Abs. 8 Satz 1 Nr. 1. Nach Abs. 8 S. 1 Nr. 1 umfassen die Leistungen nach Abs. 3 Nr. 1 und 6 auch Kraftfahrzeughilfe nach der Kraftfahrzeughilfe-Verordnung (KfzHV) vom 28. 9. 1987 (BGBl. I S. 2251). Auf Text und Kommentierung in der **Anlage zu § 33** wird verwiesen. 73

14. Ausgleich von Verdienstausfall, Abs. 8 Nr. 2. Nach Abs. 8 S. 1 Nr. 2 umfassen die Leistungen nach Abs. 3 Nr. 1 und 6 auch den Ausgleich unvermeidbaren Verdienstausfalls des behinderten Menschen oder einer erforderlichen Begleitperson wegen Fahrten der An- und Abreise zu einer Bildungsmaßnahme und zur Vorstellung bei einem Arbeitgeber, einem Träger oder einer Einrichtung für behinderte Menschen durch die Rehabilitationsträger nach § 6 Abs. 1 Nr. 2 bis 5. 74

Ein Verdienstausfall bei **Reisen zu einer Bildungsmaßnahme** bezieht sich nicht nur auf berufliche Anpassungs- und Weiterbildungs- sowie Ausbildungsmaßnahmen iSv Abs. 3 Nr. 3 und 4, sondern auch auf Beratungs- und Trainingsmaßnahmen nach Abs. 3 Nr. 1 und Vorbereitungsmaßnahmen nach Nr. 2. 75

Ein Verdienstausfall im Rahmen von **Beschäftigungsverhältnissen** ist ebenfalls zu erstatten. Dies bezieht sich auf Beschäftigungsverhältnisse jeder Art, auch befristete Arbeitsverträge, Ausbildungsverhältnisse, von der Bundesagentur für Arbeit geförderte Beschäftigungsverhältnisse sowie Beschäftigungsverhältnisse in Werkstätten für behinderte Menschen (vgl. *Wiegand/Hohmann* § 33 Rn 158). Ein Verdienstausfall liegt nur dann vor, wenn sich aus dem Beschäftigungsverhältnis keinerlei rechtlicher Zahlungsanspruch – etwa aus § 629 BGB – sog. Freistellungsanspruch – für den Zeitraum ergibt, in dem der Rehabilitand wegen der Wahrnehmung eines Termins zur Klärung oder Durchführung von Teilhabeleistungen seine Arbeitsleistung nicht erbringen kann. Ist ein Freistellungsanspruch durch Tarifvertrag ausgeschlossen, besteht Anspruch auf Verdienstausfall. **Unvermeidbar** ist der Verdienstausfall dann, wenn eine Teilnahme an der Reha-Leistung während der Freizeit nicht möglich ist. 76

77 **15. Arbeitsassistenz, Abs. 8 Satz 1 Nr. 3.** Nach Abs. 8 S. 1 Nr. 3 umfassen die Leistungen nach Abs. 3 Nr. 1 und 6 auch die Kosten einer notwendigen Arbeitsassistenz für schwb Menschen als Hilfe zur Erlangung eines Arbeitsplatzes. Unter dem Begriff „Arbeitsassistenz" im Sinne dieses Gesetzes ist die persönliche Assistenz am Arbeitsplatz zu verstehen. Beim Assistenten handelt es sich um einen Mitarbeiter des Behinderten mit unterstützender Funktion. Dies kann zB eine Vorlesekraft für einen blinden Rehabilitanden sein. Wie sich das jeweilige Tätigkeitsfeld einer Arbeitsassistenz im Einzelfall ausgestaltet, hängt vom individuellen Unterstützungsbedarf des schwerbehinderten Menschen ab (vgl. *Neumann/Voelzke* § 11 Rn 74 f, HK-SGB IX/§ 33 Rn 37 f).

78 Nach **Abs. 8 Satz 2** wird die Leistung nach S. 1 Nr. 3 für die Dauer von **bis zu drei Jahren** erbracht und in Abstimmung mit dem Rehabilitationsträger nach § 6 Abs. 1 Nr. 1 bis 5 durch das Integrationsamt nach § 102 Abs. 4 ausgeführt.

79 Nach **Abs. 8 Satz 3 erstattet der Rehabilitationsträger dem Integrationsamt seine Aufwendungen.** Der Anspruch eines schwb Rehabilitanden gegen das Integrationsamt nach § 102 Abs. 4 bleibt unberührt. Die Integrationsämter stellen dann einen entsprechenden Erstattungsanspruch an den jeweiligen Rehabilitationsträger. Ist die Arbeitsassistenz über den 3-Jahres-Zeitraum hinaus notwendig, übernimmt das Integrationsamt als zuständiger Träger zur Erhaltung des Arbeitsplatzes die Kosten. Die Formulierung „in Abstimmung mit dem Reha-Träger" ist dahin auszulegen, dass das Integrationsamt die vorherige Zustimmung des jeweiligen Reha-Trägers zur Durchführung dieser Leistung einzuholen hat. Arbeitsassistenz kann sowohl als eigenständige Leistung als auch akzessorisch zu anderen LTA geleistet werden. Nach Ziff. 4 der Verwaltungsabsprache der Reha-Träger mit der Bundesarbeitsgemeinschaft der Integrationsämter und Hauptfürsorgestellen kommen Leistungen nach § 33 Abs. 8 Satz 2 bei Beschäftigungsverhältnissen auf Arbeitsplätzen iSd § 73 Abs. 1 ggf. iVm § 102 Abs. 2 Satz 3 in Betracht. Hierzu zählen auch Aus- und Weiterbildungsverhältnisse.

80 **16. Kosten für Hilfsmittel, Abs. 8 Satz 1 Nr. 4.** Nach Abs. 8 S. 1 Nr. 4 umfassen die Leistungen nach Abs. 3 Nr. 1 und 6 auch Kosten für Hilfsmittel, die wegen Art oder Schwere der Behinderung zur Berufsausübung, zur Teilnahme an einer Leistung zur Teilhabe am Arbeitsleben oder zur Erhöhung der Sicherheit auf dem Weg vom und zum Arbeitsplatz und am Arbeitsplatz erforderlich sind, es sei denn, dass eine Verpflichtung des Arbeitgebers besteht oder solche Leistungen als medizinische Leistung erbracht werden können.

81 Hilfsmittel können im Rahmen von Leistungen zur Teilhabe am Arbeitsleben übernommen werden, sofern folgende **Voraussetzungen** gegeben sind:

Das Hilfsmittel ist ausschließlich

- **für die Berufsausübung,**
- die Teilnahme an einer **Leistung zur Teilhabe am Arbeitsleben** oder
- zur Erhöhung der **Sicherheit** auf dem Weg vom und zum **Arbeitsplatz** erforderlich, es darf
- **keine Verpflichtung des Arbeitgebers** bestehen und

– solche Leistungen dürfen im konkreten Fall **nicht als medizinische Leistungen** erbracht werden können.

82 In der Praxis ist die Zuordnung von Hilfsmitteln zu den Leistungen zur Teilhabe am Arbeitsleben häufig strittig. Dabei ist zu klären, welche Hilfsmittel behinderungsbedingt für die Teilnahme am gesellschaftlichen Leben erforderlich sind (Zuständigkeit der Krankenversicherung) und ob darüber hinaus eine spezielle Ausstattung für die **Berufsausübung** notwendig ist (Zuständigkeit des Trägers der Leistungen zur Teilhabe am Arbeitsleben). In diesem Zusammenhang sind auch Verfahrens- und Erstattungsfragen zu klären. Das Verfahren richtet sich nach den jeweils anwendbaren **Rechtsgrundlagen für die Hilfsmittelversorgung.** Diese sind

– **§ 33 Abs. 1 Satz 1 SGB V** – danach haben Versicherte Anspruch auf Versorgung mit Hörhilfen, Körperersatzstücken, orthopädischen und anderen Hilfsmitteln, die im Einzelfall erforderlich sind, um den Erfolg der Krankenbehandlung zu sichern, einer drohenden Behinderung vorzubeugen oder eine Behinderung auszugleichen, soweit die Hilfsmittel nicht als allgemeine Gebrauchsgegenstände des täglichen Lebens anzusehen oder nach § 34 Abs. 4 SGB V ausgeschlossen sind.
– **§ 26 Abs. 2 Nr. 6** – danach umfassen Leistungen zur medizinischen Rehabilitation insbesondere (auch) Hilfsmittel.
– **§ 33 Abs. 8 Satz 1 Nr. 4 – Hilfsmittel als LTA.**

83 Im Bereich der Hilfsmittel, die nicht berufsspezifisch notwendig, sondern für die Teilnahme am gesellschaftlichen Leben erforderlich sind, ist die **Zuordnung** zwischen § 33 Abs. 1 S. 1 **SGB V** einerseits § 26 Abs. 2 Nr. 6 **SGB IX** andererseits wie folgt abzugrenzen: Dienen Hilfsmittel primär der Behebung einer gesundheitlichen Schädigung im Rahmen der kurativen Versorgung, sind sie der akutmedizinische Versorgung nach SGB V zuzuordnen. Sollen hingegen die durch die Krankheit verursachten Teilhabebeeinträchtigungen (Krankheitsfolgen) abgewendet, beseitigt, gemindert, ausgeglichen oder deren Verschlimmerung verhütet werden, handelt es sich um Teilhabeleistungen nach SGB IX (vgl. *Fuchs* Vernetzung und Integration S. 73, Kap. 5.3). Nach den Grundgedanken, die dem im Vergleich zum SGB V jüngeren SGB IX zugrunde liegen, muss **§ 26 SGB IX als Rechtsgrundlage** für die Versorgung von **chronisch kranken Menschen** mit Hilfsmitteln angesehen werden, wenn diese nicht aus Anlass einer akutmedizinischen Versorgung erbracht werden. Schließlich geht es in diesen Fällen um den Ausgleich der aus Behinderungen folgenden oft vielschichtigen Beeinträchtigungen durch komplexe, aus ICF-Sicht gestaltete Leistungen. Ob und inwieweit ein Hilfsmittel dem gesellschaftlichen Leben oder der Berufsausübung zuzuordnen ist, ist jeweils anhand des Einzelfalls und der **konkreten Situation am Arbeitsplatz** festzustellen.

84 Eine **Verpflichtung des Arbeitgebers iSv Abs. 8 Nr. 4** kann sich aus Arbeitsvertrag, Tarifverträgen oder Betriebsvereinbarungen ergeben (vgl. *Wiegand/Hohmann* § 33 Rn 182). In der Praxis spielt diese Vorschrift – soweit ersichtlich – nur eine untergeordnete Rolle. So hat der Arbeitgeber durch Kostenbeteiligung seine Verpflichtung zur Stellung eines (nichtorthopädischen) Arbeitssicherheitsschuhs auch dann zu erfüllen, wenn ein orthopädischer Arbeitssicherheitsschuh bewilligt wird.

85 Der Träger von Leistungen zur Teilhabe am Arbeitsleben ist nach **Abs. 8 Nr. 4** nur insoweit zur Leistungserbringung zuständig, als die beantragte Leistung **nicht als medizinische Leistung** erbracht werden kann (vgl. BSG 21. 8. 2008 – B 13 R 33/07 R – juris Rn 17). Hieraus folgert das BSG, dass bei Fallgestaltungen, in denen ein Hilfsmittel zum Ausgleich einer Behinderung für eine bestimmte Berufsausübung erforderlich ist, der Rentenversicherungsträger dieses Hilfsmittel als Leistung zur medizinischen Rehabilitation nach § 26 Abs. 2 Nr. 4 zu erbringen habe (BSG aaO juris Rn 17 bis 20). Hier wurde jedoch nicht in Betracht gezogen, dass die Träger der **Rentenversicherung** nach **§ 15 Abs. 1 Satz 1 SGB VI** Leistungen nach den §§ 26 bis 31 nicht isoliert, sondern **nur im Rahmen von** – meist dreiwöchigen – **Leistungen zur medizinischen Rehabilitation** zu erbringen haben. Damit ist gemeint, dass in § 26 nur solche Leistungen angesprochen werden, deren Notwendigkeit sich zwischen Beginn und Ende einer stationären oder ambulant-teilstationären medizinischen Rehabilitation iSd § 15 SGB VI ergibt; etwa bei einer Gehhilfe nach Hüft-OP (vgl. *Jahn/Jansen* § 15 Rn 6, 7; *Niesel* § 15 Rn 7 iVm § 13 Rn 16).

86 Die Fallgestaltungen mit Hilfsmitteln zur Ausübung einer bestimmten Berufstätigkeit sind von den Fällen zu unterscheiden, in denen ein Hilfsmittel notwendig ist, um überhaupt irgendeinen Beruf oder eine sinnvolle Tätigkeit ausüben zu können (vgl. BSG 12. 10. 1988 – 3 RK 29/87, SozR 2200 § 182b Nr. 36 – sog. Sitzschalenfall). Dann ist die Krankenversicherung immer zur Leistung verpflichtet. In der Praxis geht es meist um Hilfsmittel, die sowohl zu Hause als auch an jedwedem Arbeitsplatz benötigt werden, die aber derart sperrig sind, dass ein täglicher Transport nicht möglich ist.

87 Kosten für **Sitzhilfen,** etwa sog. Arthrodesenstühle, können übernommen werden, wenn sie im Einzelfall zur Ausübung einer bestimmten Tätigkeit an einem konkreten Arbeitsplatz notwendig sind.

88 Zu den Hilfsmitteln, deren Kosten übernommen werden können, zählen auch **orthopädische Arbeits- oder Arbeitssicherheitsschuhe** (BSG 26. 7. 1994 – 11 RAr 115/93, SozR 3–4100 § 56 Nr. 15). Von den Kosten ist der Preis für ein Paar Sicherheitsschuhe ohne orthopädische Ausstattung abzuziehen, weil der Arbeitgeber Sicherheitsschuhe zur Verfügung zu stellen hat. Zu prüfen ist darüber hinaus jeweils im Einzelfall, ob tatsächlich ein als Einzelstück angefertigter Maßschuh notwendig ist oder auf Serienschuhwerk zurückgegriffen werden kann, das zu einem Bruchteil der Kosten für einen Maßschuh individuell zugerichtet werden kann.

89 **Hörhilfen** können Hilfsmittel im Rahmen des § 33 Abs. 8 Nr. 4 sein. Die Leistungsvoraussetzungen richten sich nach den oben dargestellten allgemeinen Voraussetzungen der Hilfsmittelversorgung im Rahmen von LTA. Leistungsvoraussetzungen und Verfahrensfragen sind derzeit umstritten (vgl. oben Rn 85). Die notwendigen Feststellungen beinhalten folgende Fragestellungen, (BSG 21. 8. 2008 – B 13 R 33/07 R – juris Rn 41 ff.):

- Welche Anforderungen muss ein Hörgerät bei der individuellen Hörschädigung im Alltagsleben erfüllen?
- Werden solche Geräte zum Festbetrag nach SGB V angeboten?
- Wie hoch ist ggf. der Mehrpreis für ein notwendiges Gerät zur Teilhabe am Leben in der Gesellschaft?

– Welche weiteren Anforderungen an das Hörgerät gibt es ggf. zur Ausübung der konkreten beruflichen Tätigkeit – welche weiteren Zusatzausstattungen sind ggf. erforderlich?
– In welchem Preissegment sind Geräte dieser Art auf dem Markt?

Die derzeitige **Bewilligungspraxis** ist dadurch gekennzeichnet, dass der Krankenversicherungsträger idR als erstangegangener Leistungsträger einen Festbetrag im Verordnungswege finanziert, sich die ordnungsgemäße Versorgung bestätigen lässt und den Leistungsempfänger auf seine Selbstzahlungsverpflichtung für den ggf. nicht finanzierten Teil hinweist. Wählt der Leistungsempfänger ein hochwertigeres Gerät mit der Begründung, dieses sei zur Berufsausübung notwendig, stellt er in der Phase der Anpassung durch den Akustiker oder anschließend einen entsprechenden Antrag bei Träger der Rentenversicherung. Hier wird künftig zu prüfen sein, ob und inwieweit die Krankenkasse als erstangegangener Träger ggf. notwendige höhere Aufwendungen zu tragen hat, wenn sie bei entsprechenden Hinweisen des Leistungsempfängers diesen nicht rechtzeitig hinsichtlich notwendiger zusätzlicher (auch berufsbedingter) Aufwendungen beraten und den zuständigen Träger für Leistungen zur Teilhabe am Arbeitsleben eingeschaltet hat. 90

17. Technische Arbeitshilfen, Abs. 8 Satz 1 Nr. 5. Nach Abs. 8 Satz 1 Nr. 5 umfassen die Leistungen nach Abs. 3 Nr. 1 und 6 auch Kosten technischer Arbeitshilfen, die wegen Art oder Schwere der Behinderung zur Berufsausübung erforderlich sind. Auch diese Leistungen setzen voraus, dass sie sowohl aufgrund der Behinderung als auch zur Ausübung einer bestimmten beruflichen Tätigkeit erforderlich sind. Technische Arbeitshilfen idS gehen idR in das Eigentum des Rehabilitanden über. Sie sind abzugrenzen von Zuschüssen für Arbeitshilfen und Einrichtungen im Betrieb, die nach § 34 Abs. 1 Nr. 3 übernommen werden können. In Nr. 5 fehlt ein Ausschluss der Kostenübernahme, sofern eine Verpflichtung des Arbeitgebers besteht, wie in Nr. 4. Deshalb haben Rehabilitationsleistungen Vorrang vor Arbeitgeberpflichten, die sich aus einer (drohenden) Behinderung, oder Schwerbehinderung ergeben, vgl. auch § 101 Abs. 2 und Wiegand/Hohmann § 33 Rn 188. Dies führt jedoch nicht zu einer Entlastung des Arbeitgebers hinsichtlich der sich aus arbeitsvertraglichen Nebenpflichten, BG-Vorschriften oder arbeitsschutzrechtlichen Vorschriften ergebenden Pflicht, allen Mitarbeitern eine aktuelle ergonomischen Erkenntnissen entsprechende Arbeitsplatzausstattung zur Verfügung zu stellen. 91

18. Behinderungsgerechte Wohnung, Abs. 8 Satz 1 Nr. 6. Nach Abs. 8 Satz 1 Nr. 6 umfassen die Leistungen nach Abs. 3 Nr. 1 und 6 auch Kosten der Beschaffung, der Ausstattung und der Erhaltung einer behinderungsgerechten Wohnung in angemessenem Umfang. Die Kosten können übernommen werden, wenn die Notwendigkeit dieser Kosten mit der **Erlangung oder der Erhaltung eines Arbeitsplatzes** zusammenhängt und es notwendig ist, die Wohnung mit Rücksicht auf Art oder Schwere der Behinderung besonders auszustatten oder baulich zu verändern. Dem behinderten Menschen soll die Möglichkeit eröffnet werden, seinen **Arbeitsplatz möglichst barrierefrei und selbstständig zu erreichen.** Baumaßnahmen, die keinen Arbeitsbezug haben, sondern zum Bestandteil der persönlichen Lebensfüh- 92 rung eines behinderten Menschen gehören, die Verbesserung der Lebensqualität bewirken oder elementare Grundbedürfnisse befriedigen (zB behinderungsbedingter Umbau eines Badezimmers oder einer behinderungsgerechten Küche), können nicht gefördert werden. Diese Leistungen können ggf. als Leistungen zur Teilhabe am Leben in der Gemeinschaft und dann gemäß § 55 Abs. 2 Nr. 5 von den für diese Leistungen zuständigen Rehabilitationsträgern (zB Sozialhilfeträger) erbracht werden (vgl. BSG 26. 10. 2004 – B7 AL 16/04 R). Im Rahmen der Wohnungshilfe können zB auch Kosten für den Bau oder Umbau von behinderungsgerechten **Garagen,** Toreinfahrten, Einbau von Garagentüröffnern, Hebebühnen, **Aufzügen** und dergleichen übernommen werden, wenn die Prüfung ergeben hat, dass der Bau/Umbau/Einbau wegen der Behinderung und zum Erreichen des Arbeitsplatzes unbedingt erforderlich ist.

kommentierter Anhang zu § 33[7]

„Verordnung über Kraftfahrzeughilfe zur beruflichen Rehabilitation (Kraftfahrzeughilfe-Verordnung – KfzHV)“

vom 28. 9. 1987 (BGBl. I S. 2251)

zuletzt geändert durch Artikel 117 des Gesetzes vom 23. Dezember 2003 (BGBl. I S. 2848)

Eingangsformel

Auf Grund des § 9 Abs. 2 des Gesetzes über die Angleichung der Leistungen zur Rehabilitation vom 7. August 1974 (BGBl. I S. 1881), der durch Artikel 16 des Gesetzes vom 1. Dezember 1981 (BGBl. I S. 1205) geändert worden ist, auf Grund des § 27f in Verbindung mit § 26 Abs. 6 Satz 1 des Bundesversorgungsgesetzes in der Fassung der Bekanntmachung vom 22. Januar 1982 (BGBl. I S. 21) und auf Grund des § 11 Abs. 3 Satz 3 des Schwerbehindertengesetzes in der Fassung der Bekanntmachung vom 26. August 1986 (BGBl. I S. 1421) verordnet die Bundesregierung mit Zustimmung des Bundesrates:

§ 1 Grundsatz. Kraftfahrzeughilfe zur Teilhabe behinderter Menschen am Arbeitsleben richtet sich bei den Trägern der gesetzlichen Unfallversicherung, der gesetzlichen Rentenversicherung, der Kriegsopferfürsorge und der Bundesagentur für Arbeit sowie den Trägern der begleitenden Hilfe im Arbeits- und Berufsleben nach dieser Verordnung.

§ 2 Leistungen. (1) Die Kraftfahrzeughilfe umfaßt Leistungen
1. zur Beschaffung eines Kraftfahrzeugs,
2. für eine behinderungsbedingte Zusatzausstattung,
3. zur Erlangung einer Fahrerlaubnis.

(2) Die Leistungen werden als Zuschüsse und nach Maßgabe des § 9 als Darlehen erbracht.

§ 3 Persönliche Voraussetzungen. (1) Die Leistungen setzen voraus, daß
1. der behinderte Mensch infolge seiner Behinderung nicht nur vorübergehend auf die Benutzung eines Kraftfahrzeugs angewiesen ist, um seinen Arbeits- oder Ausbil-

[7] Zuletzt geändert durch Art. 117 G v. 23. 12. 2003 I 2848.

dungsort oder den Ort einer sonstigen Leistung der beruflichen Bildung zu erreichen, und
2. der behinderte Mensch ein Kraftfahrzeug führen kann oder gewährleistet ist, daß ein Dritter das Kraftfahrzeug für ihn führt.

(2) Absatz 1 gilt auch für in Heimarbeit Beschäftigte im Sinne des § 12 Abs. 2 des Vierten Buches Sozialgesetzbuch, wenn das Kraftfahrzeug wegen Art oder Schwere der Behinderung notwendig ist, um beim Auftraggeber die Ware abzuholen oder die Arbeitsergebnisse abzuliefern.

(3) Ist der behinderte Mensch zur Berufsausübung im Rahmen eines Arbeitsverhältnisses nicht nur vorübergehend auf ein Kraftfahrzeug angewiesen, wird Kraftfahrzeughilfe geleistet, wenn infolge seiner Behinderung nur auf diese Weise die Teilhabe am Arbeitsleben dauerhaft gesichert werden kann und die Übernahme der Kosten durch den Arbeitgeber nicht üblich oder nicht zumutbar ist.

(4) Sofern nach den für den Träger geltenden besonderen Vorschriften Kraftfahrzeughilfe für behinderte Menschen, die nicht Arbeitnehmer sind, in Betracht kommt, sind die Absätze 1 und 3 entsprechend anzuwenden.

§ 4 Hilfe zur Beschaffung eines Kraftfahrzeugs. (1) Hilfe zur Beschaffung eines Kraftfahrzeugs setzt voraus, daß der behinderte Mensch nicht über ein Kraftfahrzeug verfügt, das die Voraussetzungen nach Absatz 2 erfüllt und dessen weitere Benutzung ihm zumutbar ist.

(2) Das Kraftfahrzeug muß nach Größe und Ausstattung den Anforderungen entsprechen, die sich im Einzelfall aus der Behinderung ergeben und, soweit erforderlich, eine behinderungsbedingte Zusatzausstattung ohne unverhältnismäßigen Mehraufwand ermöglichen.

(3) Die Beschaffung eines Gebrauchtwagens kann gefördert werden, wenn er die Voraussetzungen nach Absatz 2 erfüllt und sein Verkehrswert mindestens 50 vom Hundert des seinerzeitigen Neuwagenpreises beträgt.

§ 5 Bemessungsbetrag. (1) Die Beschaffung eines Kraftfahrzeugs wird bis zu einem Betrag in Höhe des Kaufpreises, höchstens jedoch bis zu einem Betrag von 9500 Euro gefördert. Die Kosten einer behinderungsbedingten Zusatzausstattung bleiben bei der Ermittlung unberücksichtigt.

(2) Abweichend von Absatz 1 Satz 1 wird im Einzelfall ein höherer Betrag zugrundegelegt, wenn Art oder Schwere der Behinderung ein Kraftfahrzeug mit höherem Kaufpreis zwingend erfordert.

(3) Zuschüsse öffentlich-rechtlicher Stellen zu dem Kraftfahrzeug, auf die ein vorrangiger Anspruch besteht oder die vorrangig nach pflichtgemäßem Ermessen zu leisten sind, und der Verkehrswert eines Altwagens sind von dem Betrag nach Absatz 1 oder 2 abzusetzen.

§ 6 Art und Höhe der Förderung. (1) Hilfe zur Beschaffung eines Kraftfahrzeugs wird in der Regel als Zuschuß geleistet. Der Zuschuß richtet sich nach dem Einkommen des behinderten Menschen nach Maßgabe der folgenden Tabelle:

Einkommen bis zu v. H. der monatlichen Bezugsgröße nach § 18 Abs. 1 des Vierten Buches Sozialgesetzbuch	Zuschuß in v.H. des Bemessungsbetrags nach § 5
40	100
45	88
50	76
55	64

Einkommen bis zu v. H. der monatlichen Bezugsgröße nach § 18 Abs. 1 des Vierten Buches Sozialgesetzbuch	Zuschuß in v.H. des Bemessungsbetrags nach § 5
60	52
65	40
70	28
75	16

Die Beträge nach Satz 2 sind jeweils auf volle 5 Euro aufzurunden.

(2) Von dem Einkommen des behinderten Menschen ist für jeden von ihm unterhaltenen Familienangehörigen ein Betrag von 12 vom Hundert der monatlichen Bezugsgröße nach § 18 Abs. 1 des Vierten Buches Sozialgesetzbuch abzusetzen; Absatz 1 Satz 3 gilt entsprechend.

(3) Einkommen im Sinne der Absätze 1 und 2 sind das monatliche Netto-Arbeitsentgelt, Netto-Arbeitseinkommen und vergleichbare Lohnersatzleistungen des behinderten Menschen. Die Ermittlung des Einkommens richtet sich nach den für den zuständigen Träger maßgeblichen Regelungen.

(4) Die Absätze 1 bis 3 gelten auch für die Hilfe zur erneuten Beschaffung eines Kraftfahrzeugs. Die Hilfe soll nicht vor Ablauf von fünf Jahren seit der Beschaffung des zuletzt geförderten Fahrzeugs geleistet werden.

§ 7 Behinderungsbedingte Zusatzausstattung. Für eine Zusatzausstattung, die wegen der Behinderung erforderlich ist, ihren Einbau, ihre technische Überprüfung und die Wiederherstellung ihrer technischen Funktionsfähigkeit werden die Kosten in vollem Umfang übernommen. Dies gilt auch für eine Zusatzausstattung, die wegen der Behinderung eines Dritten erforderlich ist, der für den behinderten Menschen das Kraftfahrzeug führt (§ 3 Abs. 1 Nr. 2). Zuschüsse öffentlich-rechtlicher Stellen, auf die ein vorrangiger Anspruch besteht oder die vorrangig nach pflichtgemäßem Ermessen zu leisten sind, sind anzurechnen.

§ 8 Fahrerlaubnis. (1) Zu den Kosten, die für die Erlangung einer Fahrerlaubnis notwendig sind, wird ein Zuschuß geleistet. Er beläuft sich bei behinderten Menschen mit einem Einkommen (§ 6 Abs. 3)

1. bis 40 vom Hundert der monatlichen Bezugsgröße nach § 18 Abs. 1 des Vierten Buches Sozialgesetzbuch (monatliche Bezugsgröße) auf die volle Höhe,
2. bis zu 55 vom Hundert der monatlichen Bezugsgröße auf zwei Drittel,
3. bis zu 75 vom Hundert der monatlichen Bezugsgröße auf ein Drittel

der entstehenden notwendigen Kosten; § 6 Abs. 1 Satz 3 und Abs. 2 gilt entsprechend. Zuschüsse öffentlich-rechtlicher Stellen für den Erwerb der Fahrerlaubnis, auf die ein vorrangiger Anspruch besteht oder die vorrangig nach pflichtgemäßem Ermessen zu leisten sind, sind anzurechnen.

(2) Kosten für behinderungsbedingte Untersuchungen, Ergänzungsprüfungen und Eintragungen in vorhandene Führerscheine werden in vollem Umfang übernommen.

§ 9 Leistungen in besonderen Härtefällen. (1) Zur Vermeidung besonderer Härten können Leistungen auch abweichend von § 2 Abs. 1, §§ 6 und 8 Abs. 1 erbracht werden, soweit dies

1. notwendig ist, um Leistungen der Kraftfahrzeughilfe von seiten eines anderen Leistungsträgers nicht erforderlich werden zu lassen, oder
2. unter den Voraussetzungen des § 3 zur Aufnahme oder Fortsetzung einer beruflichen Tätigkeit unumgänglich ist.

Im Rahmen von Satz 1 Nr. 2 kann auch ein Zuschuß für die Beförderung des behinderten Menschen, insbesondere durch Beförderungsdienste, geleistet werden, wenn

1. der behinderte Mensch ein Kraftfahrzeug nicht selbst führen kann und auch nicht gewährleistet ist, daß ein Dritter das Kraftfahrzeug für ihn führt (§ 3 Abs. 1 Nr. 2), oder
2. die Übernahme der Beförderungskosten anstelle von Kraftfahrzeughilfen wirtschaftlicher und für den behinderten Menschen zumutbar ist;

dabei ist zu berücksichtigen, was der behinderte Mensch als Kraftfahrzeughalter bei Anwendung des § 6 für die Anschaffung und die berufliche Nutzung des Kraftfahrzeugs aus eigenen Mitteln aufzubringen hätte.

(2) Leistungen nach Absatz 1 Satz 1 können als Darlehen erbracht werden, wenn die dort genannten Ziele auch durch ein Darlehen erreicht werden können; das Darlehen darf zusammen mit einem Zuschuß nach § 6 den nach § 5 maßgebenden Bemessungsbetrag nicht übersteigen. Das Darlehen ist unverzinslich und spätestens innerhalb von fünf Jahren zu tilgen; es können bis zu zwei tilgungsfreie Jahre eingeräumt werden. Auf die Rückzahlung des Darlehens kann unter den in Absatz 1 Satz 1 genannten Voraussetzungen verzichtet werden.

§ 10 **Antragstellung.** Leistungen sollen vor dem Abschluß eines Kaufvertrages über das Kraftfahrzeug und die behinderungsbedingte Zusatzausstattung sowie vor Beginn einer nach § 8 zu fördernden Leistung beantragt werden. Leistungen zur technischen Überprüfung und Wiederherstellung der technischen Funktionsfähigkeit einer behinderungsbedingten Zusatzausstattung sind spätestens innerhalb eines Monats nach Rechnungstellung zu beantragen.

§ 11 –

§ 12 –

§ 13 **Übergangsvorschriften.** (1) Auf Beschädigte im Sinne des Bundesversorgungsgesetzes und der Gesetze, die das Bundesversorgungsgesetz für entsprechend anwendbar erklären, die vor Inkrafttreten dieser Verordnung Hilfe zur Beschaffung eines Kraftfahrzeugs im Rahmen der Teilhabe am Arbeitsleben erhalten haben, sind die bisher geltenden Bestimmungen weiterhin anzuwenden, wenn sie günstiger sind und der Beschädigte es beantragt.

(2) Über Leistungen, die bei Inkrafttreten dieser Verordnung bereits beantragt sind, ist nach den bisher geltenden Bestimmungen zu entscheiden, wenn sie für den behinderten Menschen günstiger sind.

(3) (weggefallen)

§ 14 **Inkrafttreten.** Diese Verordnung tritt am 1. Oktober 1987 in Kraft.

Nach **§ 33 Abs. 3 Nr. 1** und **Abs. 8 Satz 1 Nr. 1** umfassen die Leistungen nach Absatz 3 Nr. 1 und 6 auch **Kraftfahrzeughilfe** nach der Kraftfahrzeughilfe-Verordnung,

1. Inhalt. Mit der Verordnung wurden Voraussetzungen und Leistungen 1
der Kraftfahrzeughilfe bei allen Trägern von Teilhabeleistungen harmonisiert. Zu diesen Träger gehören

- die gesetzliche Unfallversicherung (§ 6 Abs. 1 Nr. 3),
- die gesetzlichen Rentenversicherung (§ 6 Abs. 1 Nr. 4),
- die Kriegsopferversorgung und der Kriegsopferfürsorge (§ 6 Abs. 1 Nr. 5),
- die Bundesagentur für Arbeit (§ 6 Abs. 1 Nr. 2),

- die Träger der Sozialhilfe (§ 6 Abs. 1 Nr. 7), der öffentlichen Jugendhilfe (§ 6 Abs. 1 Nr. 6),
- die Träger der begleitenden Hilfe im Arbeitsleben (Integrationsämter, § 102).

2 **2. Historie.** Auf Grund des § 9 Abs. 2 RehaAnglG vom 7. 8. 1974 (BGBl. I S. 1881), wurde die „Verordnung über die Kraftfahrzeughilfe zur beruflichen Rehabilitation (Kraftfahrzeughilfe-Verordnung – KfzHV)“ am 28. 9. 1987 erlassen (BGBl. I S. 2251). Durch Artikel 63 des Gesetzes zur Einführung des Euro im Sozial- und Arbeitsrecht sowie zur Änderung anderer Vorschriften (4. Euro-Einführungsgesetz) vom 21. 12. 2000 (BGBl. I S. 2018) wurde § 13 Abs. 3 KfzHV (Sonderregelung für die neuen Bundesländer) aufgehoben. Mit der Verabschiedung des SGB IX wurde die KfzHV gemäß Artikel 53 mit Wirkung ab 1. 7. 2001 an den Sprachgebrauch des SGB IX angepasst. Gleichzeitig entfiel das Rehabilitationsangleichungsgesetz als Ermächtigungsgrundlage für die Kraftfahrzeughilfeverordnung, ohne dass im SGB IX eine solche Ermächtigungsgrundlage neu aufgenommen worden wäre. Daher kann die Verordnung künftig nur durch Gesetz geändert werden (*Wiegand/Hohmann* § 33 Rn 140).

3 **3. Leistungen (§ 2 KfzHV).** Nach der umfassenden und abschließenden Aufzählung in § 2 Abs. 1 KfzHV umfasst die Kraftfahrzeughilfe Leistungen
- zur Beschaffung eines Kraftfahrzeuges,
- für eine behinderungsbedingte Zusatzausstattung,
- zur Erlangung einer Fahrerlaubnis.
- für Beförderungsdienste im Rahmen von Leistungen in besonderen Härtefällen.

Die Leistungen nach der Kraftfahrzeughilfe-Verordnung werden als Komplettförderung oder als Zuschuss erbracht. In Fällen einer besonderen Härte (§ 9 Kraftfahrzeughilfe-Verordnung) können Hilfen auch als Darlehen gewährt werden.

4 Laufende Hilfen zum Betrieb und zur Unterhaltung des Kraftfahrzeuges – zB Ersatz von Reparaturkosten für das Auto – sind grundsätzlich nicht vorgesehen. Das gleiche gilt für die Mietkosten eines Kraftfahrzeugstellplatzes (BSG-Urt. v. 8. 2. 2007 B 7 a AL 34/06 R). Betriebs- und Unterhaltungskosten stellen keinen behinderungsbedingten besonderen Bedarf dar, sondern betreffen behinderte Menschen und nicht behinderte Arbeitnehmer, die zur Erreichung des Arbeitsplatzes auf ein Kraftfahrzeug angewiesen sind, gleichermaßen. Es ist jedoch in jedem Einzelfall zu prüfen, ob ein Fall besonderer Härte nach § 9 Abs. 1 vorliegt. Reparaturkosten für behinderungsbedingte Zusatzausstattungen können nach § 7 Satz 1 übernommen werden, vgl. unten Rn 40.

5 Ob und ggf. in welcher Höhe **Zuschüsse** zur Beschaffung eines Kfz und zum Erwerb einer Fahrerlaubnis geleistet werden, ist von den **Einkommensverhältnissen** des behinderten Menschen abhängig. Kraftfahrzeuge gehören als Gebrauchsgegenstand des täglichen Lebens zur Standardausrüstung eines Haushaltes mit durchschnittlichem Einkommen. Deshalb haben auch nicht behinderte Menschen die damit verbundenen Kosten zu tragen. Sind sie dazu finanziell nicht in der Lage, können diese auf öffentliche Verkehrsmittel ausweichen. Können behinderte Menschen die für ein Kfz nöti-

gen Finanzmittel nicht aufbringen, und sind sie aufgrund ihrer Behinderung zusätzlich nicht in der Lage öffentliche Beförderungsmittel zu benutzen, sind sie auf Kfz-Hilfe angewiesen. An diese behinderten, einkommensschwachen Menschen richten sich die Zuschüsse der KfzHV.

Als zu fördernde Kraftfahrzeuge kommen neben Personenkraftwagen ausnahmsweise auch Krafträder in Betracht. Das **Kraftfahrzeug** ist auf den behinderten Menschen zuzulassen. Das gilt auch, wenn ein Dritter das Kraftfahrzeug für ihn führt (vgl. § 3 Abs. 1 Nr. 2 KfzHV). Da § 5 Abs. 1 KfzHV auf den „Kaufpreis" abstellt, können gemietete oder geleaste Fahrzeuge nicht gefördert werden (aA *Klare* § 2 Rn 1). Diese Auslegung folgt auch aus der Regelung über die Anrechnung des Verkehrswertes des Altwagens auf den förderungsfähigen Anschaffungspreis für das Neufahrzeug in § 5 Abs. 3 und aus der üblicherweise vorgesehenen Haltedauer von mindestens fünf Jahren nach § 6 Abs. 4 KfzHV. Der Halter des geförderten Kfz ist nicht zum Abschluss einer Vollkaskoversicherung verpflichtet. Eine erneute Förderung ist unter denselben Voraussetzungen möglich wie die Erstförderung. 6

Kosten für den Bau oder Umbau von behinderungsbedingten Garagen, Toreinfahrten, Einbau von Garagentoröffnungen können nicht im Rahmen der Kfz-Hilfe, sondern nur als **Wohnungshilfe** gemäß § 33 Abs. 8 Satz 1 Nr. 6 SGB IX gefördert werden (*Klare* aaO). 7

4. Finanzierungsarten. Nach § 2 Abs. 2 KfzHV sind die Leistungen nach der Kraftfahrzeughilfe-Verordnung im Regelfall als **Zuschuss** zu erbringen. Die Kosten für **behinderungsbedingte Zusatzausstattungen** werden idR **voll** übernommen. In Fällen besonderer Härte kommt auch eine Darlehensgewährung in Betracht. 8

5. Persönliche Voraussetzungen (§ 3 KfzHV). Eine Leistung nach der Kraftfahrzeughilfe-Verordnung setzt voraus, dass, der behinderte Mensch wegen Art oder Schwere der Behinderung nicht nur vorübergehend auf die Benutzung eines Kraftfahrzeuges zur Erreichung des Arbeits- oder Ausbildungsortes oder des Ortes einer sonstigen Leistung der beruflichen Bildung angewiesen ist und damit nur durch Kfz-Hilfe die Teilhabe am Arbeitsleben am Arbeitsleben sichergestellt werden kann. „Sonstige Leistungen zur beruflichen Bildung" sind nur Leistungen zur Teilhabe am Arbeitsleben iSd SGB IX. In diesem Rahmen kommen auch der Eingangs- und Berufsbildungsbereich einer WfbM nach § 40 SGB IX in Betracht, wenn die Werkstatt für behinderte Menschen keinen Beförderungsdienst zur Verfügung stellt. Für Teilnehmer im Arbeitsbereich einer Werkstatt für behinderte Menschen kommen Leistungen der Kraftfahrzeughilfte nur in Betracht durch die Träger der Unfallversicherung, der Kriegsopferfürsorge, der öffentlichen Jugendhilfe und der Sozialhilfe, vgl. § 42 Abs. 2 SGB IX. 9

Die persönlichen Voraussetzungen einer Kfz-Hilfe sind erfüllt, wenn der Antragsteller **wegen seiner Behinderung seinen Arbeits- oder Ausbildungsplatz nicht oder nicht zumutbar zu Fuß, mit öffentlichen Verkehrsmitteln oder anderweitig (zB Mitfahrgelegenheit, Fahrrad) erreichen kann.** Auch hierbei gilt der Grundgedanke, dass der behinderte Mensch dem nichtbehinderten Menschen gleichgestellt wird. Er soll ihm gegenüber weder Nachteile noch ungerechtfertigte Vorteile haben. Dieser 10

Grundgedanke prägt die Auslegung und ist jeder Einzelfallentscheidung zugrunde zu legen.

11 – Grundsätzlich können Arbeits- und Ausbildungsplatz nicht erreicht werden, wenn sie weder zu Fuß noch mit Hilfe öffentlicher, regelmäßig verkehrender Verkehrsmittel erreicht werden können.

– Bei der Erreichbarkeit zu Fuß sind die **Umstände des Einzelfalls,** also Art und Schwere der Behinderung und die Beschaffenheit des zurückzulegenden Fußweges, zu berücksichtigen (BSG-Urt. v. 21. 3. 2001 B 5 RJ 8/00 R).

– Öffentliche Verkehrsmittel können nicht benutzt werden, wenn entweder behinderten Menschen die Fahrt damit nicht möglich oder zumutbar ist (zB Klaustrophobie) oder, wenn dies zwar möglich wäre, jedoch die Fußwege von der Wohnung zur Haltestelle und von der Haltestelle zu seinem Arbeits- oder Ausbildungsort nicht zurückgelegt werden können. Auch hier hängt die mögliche Wegstrecke zu Fuß von den Umständen des Einzelfalles ab.

– Liegt ein Schwerbehindertenausweis mit dem **Merkzeichen „G"** vor, sind die persönlichen Voraussetzungen für **Kfz-Hilfe** gegeben, **es sei denn,** im Einzelfall kann **konkret** festgestellt werden, dass die **Wege** zwischen Arbeitsplatz pp. und Wohnung mit oder ohne öffentliche Verkehrsmittel **zurückgelegt werden können,** vgl. BSG vom 26. 8. 1992 (9b RAr 14/91 – in SozR 3–5765 § 3 Nr. 1). Zu den Einzelheiten vgl. § 146 Abs. 1 SGB IX.

– Schwerbehinderte Personen, die „außergewöhnlich gehbehindert" sind und die insbesondere wegen Parkerleichterungen (§ 6 Abs. 1 StVG) und Befreiung von der Kraftfahrzeugsteuer (§ 3a Abs. 1 KraftStG 2002 vom 26. 9. 2002, BGBl. I Satz 3819) einen Schwerbehindertenausweis mit dem **Merkzeichen aG** erhalten, erfüllen grundsätzlich die Voraussetzungen des § 3 KfzHV. Außergewöhnlich gehbehindert sind Personen, die sich wegen der Schwere ihres Leidens dauernd nur mit fremder Hilfe oder nur mit großer Anstrengung außerhalb ihres Kraftfahrzeuges bewegen können. Hierzu zählen vor allem querschnittsgelähmte, doppel-oberschenkelamputierte, doppel-unterschenkelamputierte sowie andere schwerbehinderte Personen, die nach versorgungsärztlicher Feststellung auch aufgrund von Erkrankungen dem vorstehend aufgeführten Personenkreis gleichzustellen sind. Für diesen Personenkreis sind Leistungen der Kfz-Hilfe nur dann ausgeschlossen, wenn diese trotz ihrer Behinderung nicht auf die Leistungen angewiesen sind, um den Arbeitsplatz oder den Ausbildungsort zu erreichen, beispielsweise weil sie auf dem Betriebsgelände wohnen oder während ihrer Ausbildung internatsmäßig untergebracht sind.

– Bei zwei häufig vorkommenden Fallgestaltungen liegen die persönlichen Voraussetzungen für Kfz-Hilfe **nicht** vor: Ist der Antragsteller nach den medizinischen Feststellungen in der Lage mehr als 2000 Meter in angemessener Zeit zurückzulegen, ist der Antrag abzulehnen, selbst wenn die Wege von der Wohnung zur Arbeitsstelle pp. bzw. zu den Haltestellen deutlich weiter sind als 2000 Meter und deshalb nicht zumutbar erscheinen. Hat der Antragsteller – etwa wegen Schicht- oder Nachtarbeit – zu Arbeitszeiten zu erscheinen, zu denen öffentliche Verkehrsmittel regelmäßig nicht mehr verkehren, ist der Antrag ebenfalls abzulehnen (aA wohl Ruland/Försterling/*Lueg* § 16 Rn 20).

In beiden Fallgestaltungen ist nicht die Behinderung ursächlich für das Unvermögen, den Arbeitsplatz zu erreichen. Auch ein nichtbehinderter Arbeitnehmer ist in diesen Fällen auf ein Kfz angewiesen. Bei der zweiten Fallgestaltung gilt jedoch eine Ausnahme für Inhaber von Schwerbehindertenausweisen mit dem Merkzeichen „G". Hier kann in diesen Fällen nicht konkret festgestellt werden, dass der Arbeitsplatz erreicht werden kann. Es genügt, dass die Behinderung so erheblich ist, dass sie allein und für sich gesehen den behinderten Menschen zwingt, ein Kraftfahrzeug zu benutzen. Andere Ursachen für das Angewiesensein auf ein Kraftfahrzeug sind bei Vorliegen des Merkzeichen „G" unbeachtlich (BSG Urt. v. 26. 8. 1992 – 9b RAr 14/91 – in SozR 3–5765 § 3 Nr. 1). Deshalb besteht Anspruch auf Kfz-Hilfe. Ob dann tatsächlich die Voraussetzungen der einzelnen beantragten Leistungsart (en) gegeben sind, ist jeweils gesondert festzustellen.

Ein behinderter Mensch ist nicht auf Kfz-Hilfe angewiesen, wenn er – 12
von öffentlichen Verkehrsmitteln abgesehen – sein Fahrziel auf eine andere, kostengünstigere und ihm zumutbare Weise erreichen kann, etwa mit einem **Beförderungsdienst** des Arbeitgebers. In wenigen Ausnahmefällen kann Kfz-Hilfe auch geleistet werden, wenn der behinderte Mensch zwar nicht gehbehindert ist, wenn er also insoweit **öffentliche Verkehrsmittel** benutzen kann, ihm dies jedoch wegen der Art seiner Behinderung, beispielsweise aufgrund einer besonders schweren Gesichtsentstellung, **nicht zuzumuten** ist. Hier sind besonders strenge Maßstäbe anzulegen.

Nach § 3 Abs. 1 Nr. 1 KfzHV muss der behinderte Mensch infolge seiner 13
Behinderung **„nicht nur vorübergehend"** auf die Benutzung eines **Kraftfahrzeuges** angewiesen sein, um seinen Arbeits- oder Ausbildungsort oder den Ort einer sonstigen Leistung der beruflichen Bildung zu erreichen. Durch die Kraftfahrzeughilfe soll der behinderte Mensch nicht nur vorübergehend, sondern möglichst auf Dauer eingegliedert oder der Arbeitsplatz erhalten werden. Unter „nicht nur vorübergehend" ist ein Zeitraum von wenigstens sechs Monaten zu verstehen, sofern eine Weiterbeschäftigung nicht von vornherein ausgeschlossen ist. Dieser Zeitraum stellt bei der Prüfung, ob Leistungen zur Beschaffung eines Kfz oder weniger aufwendige Leistungen nach der Kraftfahrzeughilfe-Verordnung in Betracht kommen, eine wichtige Orientierungshilfe dar. Bei der Entscheidung im Einzelfall sind auch Dauer, Art und Schwere der Behinderung zu berücksichtigen. Leistungen sind bei **befristeten Arbeitsverhältnissen** nicht generell ausgeschlossen, da nicht davon ausgegangen werden kann, dass ein Kraftfahrzeug nur vorübergehend benötigt wird, um den Arbeitsort zu erreichen (so auch Ruland/Försterling/*Lueg* Anhang 1 zu § 16 Rn 22, *Klare* KfzHV § 3 Rn 3). Das gilt auch für Zeitarbeitsverhältnisse, zB im Rahmen von Arbeitsbeschaffungsmaßnahmen. Eine dauerhafte Teilhabe am Arbeitsleben wird regelmäßig nur dann erreicht, wenn es sich nicht um eine **geringfügige Beschäftigung** iSv § 8 Abs. 1 Ziff. 1 SGB IV handelt.

Nach **§ 3 Abs. 1 Nr. 2 KfzHV** setzen die Leistungen nach der Kraftfahr- 14
zeughilfe-Verordnung voraus, dass der behinderte Mensch grundsätzlich in der Lage sein muss, ein (gegebenenfalls behinderungsbedingt umgerüstetes) **Kraftfahrzeug** selbst **zu führen.** An die Stelle des behinderten Menschen,

der selbst nicht in der Lage ist, ein Kraftfahrzeug zu führen, kann auch eine geeignete dritte Person treten, etwa ein Familienangehöriger. Dann muss sichergestellt sein, dass diese Person – oder mehrere Personen – für die erforderlichen Fahrten zuverlässig zur Verfügung steht bzw. stehen. Das Kraftfahrzeug ist grundsätzlich auf den behinderten Menschen zuzulassen, für den die Kfz-Hilfe nach der Kraftfahrzeughilfe-Verordnung bewilligt wird. Dies gilt auch, wenn ein Dritter das Kraftfahrzeug für den behinderten Menschen führt.

15 Nach **§ 3 Abs. 2 KfzHV** gilt die Kraftfahrzeughilfe auch für in Heimarbeit Beschäftigte iSd § 12 Abs. 2 SGB IV. Ihnen wird Kfz-Hilfe gewährt, wenn für die Abholung der Ware und Anlieferung der Produktionsergebnisse beim Auftraggeber die Benutzung eines Kraftfahrzeuges wegen der Art und Schwere der Behinderung erforderlich ist. Durch diese Regelung soll der Auftraggeber jedoch nicht entlastet werden. Sofern dieser auch bisher schon die Ware selbst angeliefert und die Arbeitserzeugnisse abgeholt hat, ist Kfz-Hilfe abzulehnen.

16 Nach **§ 3 Abs. 3 KfzHV** wird Kfz-Hilfe auch für behinderte Menschen geleistet, die das Kraftfahrzeug zur **Berufsausübung** im Rahmen eines Arbeitsverhältnisses benötigen, wenn infolge der Behinderung nur auf diese Weise die Teilhabe am Arbeitsleben dauerhaft gesichert werden kann und die Übernahme der Kosten durch den Arbeitgeber nicht üblich oder nicht zumutbar ist. Durch die Formulierung „… nur auf diese Weise" wird klargestellt, dass eine Förderung von einer **strengen Prüfung** der Voraussetzungen abhängt und ausscheidet, wenn die dauerhafte Teilhabe am Arbeitsleben auch anderweitig – etwa durch Vermittlung in ein Beschäftigungsverhältnis, das kein Kraftfahrzeug erfordert – erreicht werden kann. Die Übernahme der Kosten durch den Arbeitgeber ist nur dann nicht üblich oder nicht zumutbar, wenn für andere Arbeitnehmer – behindert oder nicht behindert – in ähnlicher oder vergleichbarer Stellung im Betrieb ebenfalls keine Kosten übernommen werden. Anhaltspunkte können auch der Inhalt eines Arbeitsvertrages sowie Vereinbarungen oder Verpflichtungen, zB aufgrund von Arbeitsschutzbestimmungen, sein. Von der **Kostenübernahme durch den Arbeitgeber** ist auszugehen, wenn der Arbeitnehmer für die berufliche Nutzung des privaten Kraftfahrzeuges eine angemessene Abgeltung (zB Kilometerpauschale nach § 5 Abs. 1 Bundesreisekostengesetz, derzeit 20 Cent) erhält. In solchen Fällen sind für die Anschaffung des Kraftfahrzeuges keine Hilfen zu leisten. Eine Kostenübernahme für behinderungsbedingte Zusatzausstattungen nach § 7 KfzHV ist jedoch möglich. Für **selbstständig erwerbstätige** behinderte Menschen gelten § 3 Abs. 1 und 3 KfzHV entsprechend.

17 **6. Hilfe zur Beschaffung eines Kraftfahrzeuges (§ 4 KfzHV).** Nach § 4 Abs. 1 setzt Hilfe zur Beschaffung eines Kraftfahrzeugs voraus, dass der behinderte Mensch nicht über ein Kraftfahrzeug verfügt, das die Voraussetzungen nach Abs. 2 erfüllt und dessen weitere Benutzung ihm zumutbar ist. Nach Abs. 2 muss das Kraftfahrzeug nach Größe und Ausstattung den Anforderungen entsprechen, die sich im Einzelfall aus der Behinderung ergeben und, soweit erforderlich, eine behinderungsbedingte Zusatzausstattung ohne unverhältnismäßigen Mehraufwand ermöglichen.

Ein Kraftfahrzeug ist als nicht **behindertengerecht** anzusehen, wenn es wegen Verschlechterung der Krankheit oder des Hinzukommens anderer Erkrankungen nicht mehr genutzt werden kann, zB wenn ein behinderter Mensch wegen Fortschreitens der Krankheit zum Rollstuhlfahrer wird. Dies gilt auch dann, wenn es bereits von einem Reha-Träger bezuschusst worden war. 18

Größe und Ausstattung des anzuschaffenden Kraftfahrzeuges sind nicht auf eine bestimmte Fahrzeugkategorie (zB untere Mittelklasse) oder einen bestimmten Hubraum begrenzt. Ebenso wenig sieht die Kraftfahrzeughilfe-Verordnung eine Obergrenze des Anschaffungspreises vor. Das Fahrzeug muss angemessen und zweckmäßig sein. Ein behinderter Mensch, der die Voraussetzungen der Kraftfahrzeughilfe erfüllt, ist bei der Auswahl seines Fahrzeuges grundsätzlich frei und darf bei der Auswahl private Belange einfließen lassen (so auch Ruland/Försterling/*Ebenhöch* § 16 Anhang 1 Rn 57, *Klare* KfzHV § 4 Rn 5). 19

Das Kraftfahrzeug muss den **Anforderungen** entsprechen, die sich aus der **Behinderung** ergeben. Private Belange (beispielsweise die Beförderung der Kinder) bleiben bei der Prüfung des Bedarfs, insbesondere für die Notwendigkeit einer Ersatzbeschaffung vor Ablauf der üblichen Haltungsdauer eines Kraftfahrzeuges, außer Betracht (vgl. BSG Urt. v. 26. 8. 1992 – 9b RAr 1/92 – in SozR 3–5765 § 4 Nr. 1 *Klare* KfzHV § 4 Rn 2). 20

Wird für ein nicht angemessenes Kraftfahrzeug eine behinderungsbedingte **Zusatzausstattung** benötigt, die einen **unverhältnismäßigen Mehraufwand** erfordern würde, können die Kosten für eine Zusatzausstattung nur in der Höhe übernommen werden, die dem behinderungsbedingten Bedarf in einem Kraftfahrzeug der unteren Mittelklasse entsprechen (vgl. Ruland/Försterling/*Lueg* aaO Rn 58ff., 114ff.). Dies gilt auch für eventuell anfallende Reparaturkosten und Ersatzbeschaffungen der Zusatzausstattung. Zweckmäßiges Zubehör, wie zB besondere Sicherheitsausstattungen, ist in den Kaufpreis nach § 5 Abs. 1 KfzHV einzubeziehen soweit es nicht ohnehin in der Standardausstattung enthalten ist. Dies gilt unabhängig von besonderen Erfordernissen aufgrund der Behinderung. 21

Nach **§ 4 Abs. 3 KfzHV** kann die Beschaffung eines **Gebrauchtwagens** gefördert werden, wenn er die Voraussetzungen nach § 4 Abs. 2 KfzHV erfüllt und sein Verkehrswert mindestens 50 v.H. des seinerzeitigen Neuwagenpreises entspricht. Bei unfallfreien Vorführwagen, Jahreswagen und Zweijahreswagen ist vom Vorliegen des 50%-Wertes auszugehen. In den übrigen Fällen kann der Verkehrswert anhand der Händlerverkaufspreise monatlich erscheinender Gebrauchtwagenpreislisten ermittelt werden. Dabei kommt es auf die Verhältnisse im Monat vor der Antragstellung an. Dasselbe gilt für die Ermittlung des seinerzeitigen Händlerverkaufspreises für den Neuwagen, sofern dieser nicht nachgewiesen ist. In Zweifelsfällen ist der Gebrauchtwagenwert durch einen Sachverständigen zu ermitteln. Verlangt der Rehabilitationsträger ein Sachverständigengutachten, so hat er die Kosten dieses Gutachtens zu übernehmen. 22

Anmietung oder Leasing eines Kraftfahrzeuges schließt die Gewährung von Kraftfahrzeug-Hilfen aus (aA *Klare* KfzHV § 2 Rn 1). Wird dem Versicherten jedoch beim Leasing nicht nur eine Kaufoption eingeräumt, sondern 23 ist er die Verpflichtung eingegangen, das Kfz nach Ablauf der Frist zu übernehmen, ist nicht von einem Leasing-Vertrag, sondern von einem verdeckten Abzahlungskauf auszugehen, vgl. SG Koblenz Urt. v. 20. 9. 1995, Az. S 10 A 205/94.

24 **7. Bemessungsbetrag, § 5 KfzHV.** Nach **§ 5 Abs. 1 Satz 1 KfzHV** wird die Beschaffung eines Kraftfahrzeugs bis zu einem Betrag in Höhe des Kaufpreises, höchstens jedoch bis zu einem Betrag von 9500 € gefördert. Nach **Satz 2** bleiben die Kosten einer behinderungsbedingten Zusatzausstattung bei der Ermittlung unberücksichtigt. Der **Bemessungsbetrag** ist eine Berechnungsgrundlage für die einkommensabhängige **Ermittlung des Zuschusses** zu den Anschaffungskosten eines Kraftfahrzeuges ohne behinderungsbedingte Zusatzausstattungen.

25 Nach **§ 5 Abs. 2** wird abweichend von Abs. 1 Nr. 1 im Einzelfall ein höherer Betrag zugrundegelegt, wenn **Art oder Schwere der Behinderung** ein Kraftfahrzeug mit höherem Kaufpreis zwingend erfordert. Diese Ausnahmeregelung kommt in erster Linie für Querschnittsgelähmte (Rollstuhlfahrer) und sonstige Behinderte in Betracht, die einen Schwerbehindertenausweis mit dem Vermerk „aG" – außergewöhnlich gehbehindert – besitzen. Beim **Kaufpreis** werden Überführungs- und Zulassungskosten sowie Preisnachlässe berücksichtigt. Kosten für nicht behinderungsbedingte Sonderausstattungen bleiben außer Ansatz. Behinderungsbedingte Zusatzausstattungen bleiben bei der Ermittlung des Zuschusses zum Kaufpreis ebenfalls außer Betracht, da die Kosten für behinderungsbedingte Zusatzausstattungen und ihren Einbau im Rahmen des § 7 KfzHV in voller Höhe übernommen werden.

26 Nach **§ 5 Abs. 3** sind Zuschüsse öffentlich-rechtlicher Stellen zu dem Kraftfahrzeug, auf die ein vorrangiger Anspruch besteht oder die vorrangig nach pflichtgemäßen Ermessen zu leisten sind, und der Verkehrswert eines Altwagens von dem Betrag nach Abs. 1 und Abs. 2 abzusetzen.

27 Bei den anzurechnenden **Zuschüssen öffentlich-rechtlicher Stellen** handelt es sich vor allem um Leistungen der orthopädischen Versorgung im Bereich der Kriegsopferversorgung und der gesetzlichen Unfallversicherung. Die Anrechnung erfolgt unabhängig davon, ob der behinderte Mensch sie auch tatsächlich in Anspruch nimmt.

28 Der **Verkehrswert des** auf den behinderten Menschen zum Zeitpunkt der Antragstellung zugelassenen **Altwagens** ist auf den Bemessungsbetrag anzurechnen. Für die Wertermittlung gelten die oben unter Rn 22 erläuterten Grundsätze. Maßgebend sind hier jedoch Händler**ein**kaufspreise. Der behinderte Mensch soll in diesem Punkt ebenso gestellt werden wie nichtbehinderte Kfz-Halter, die üblicherweise ihr Altfahrzeug zur Finanzierung des Neuwagens einsetzen. Um Manipulationen zu verhindern, wird nicht auf den tatsächlichen Verkaufserlös, sondern auf den Verkehrswert abgestellt. Ist das Fahrzeug vorher vom Versicherten **veräußert** worden, ist sein Verkehrswert dennoch anzurechnen, wenn die Veräußerung im Zusammenhang mit dem Erwerb des Kraftfahrzeuges erfolgt ist, zu dessen Beschaffung ein Zuschuss begehrt wird. Der Verkehrswert wird auch dann voll angerechnet, wenn die Beschaffung des Altwagens nicht gefördert worden war. Maßgebender **Zeitpunkt für die Wertermittlung** ist der Zeitpunkt der Antragstel-

lung. In Einzelfällen sind die Verhältnisse im Zeitpunkt des Verkaufs zugrunde zu legen, etwa dann, wenn der Altwagen erst nach einem für den behinderten Menschen positiv ausgegangenen Rechtsstreit über die Förderung der Neuwagenbeschaffung verkauft wird. Ausnahmsweise ist nicht der Listenwert, sondern der tatsächliche **Verkaufserlös** maßgebend, wenn die „Ist-Abweichung“ von der „Normalabweichung“ im Wesentlichen durch die Behinderung selbst bedingt ist (BSG v. 31. 3. 2004 B 4 RA 8/03 R). Liegt der Wert des Altwagens unfallbedingt unter dem Listenwert, ist auf den Wert vor dem **Unfall** abzustellen. Der Listenpreis bleibt auch dann maßgebend, wenn der behinderte Mensch einen höheren Erlös aus dem Verkauf des Altwagens erzielt. Für Fahrzeuge, die in Listen nicht aufgeführt sind, gilt der tatsächlich erzielte Erlös als Verkehrswert. Der Verkehrswert des Altwagens ist vom **Höchstbetrag** von 9500,– € oder vom ggf. niedrigeren Preis des anzuschaffenden Fahrzeugs abzusetzen. Behinderungsbedingte Zusatzausstattungen bleiben unberücksichtigt. Bei einem **Totalschaden** ist der Restwert (Schrottwert) des Wagens maßgebend. Bei bestehender Versicherung für das Fahrzeug ist die Ersatzleistung des Versicherungsunternehmens für ein durch Unfall beschädigtes oder zerstörtes Fahrzeug anzurechnen. Ggf. sind Ansprüche gegen die Versicherung an den Rehabilitationsträger bis zur Höhe des von diesem geleisteten Zuschusses abzutreten.

8. Art und Höhe der Förderung. Nach **§ 6 Abs. 1 Satz 1 KfzHV** wird Hilfe zur Beschaffung eines Kraftfahrzeugs idR als Zuschuss geleistet. Nach **Satz 2** richtet sich der Zuschuss nach dem Einkommen des behinderten Menschen nach Maßgabe der an dieser Stelle im Verordnungstext abgedruckten Tabelle. Nach **Abs. 3 Satz 1** sind Einkommen im Sinne der Absätze 1 und 2 das monatliche Netto-Arbeitsentgelt, Netto-Arbeitseinkommen und vergleichbare Lohnersatzleistungen des behinderten Menschen. Nach **Satz 2** richtet sich die **Ermittlung des Einkommens** nach den für den zuständigen Träger maßgeblichen Regelungen. 29

- Das **Nettoeinkommen** sind das monatliche Netto-Arbeitsentgelt, vgl. § 14 SGB IV, Netto-Arbeitseinkommen, vgl. § 15 SGB IV, und vergleichbare Lohnersatzleistungen, vgl. § 18a Abs. 3 Satz 1 Nr. 1 bis 8 SGB IV. Außer Betracht bleiben alle sonstigen Einkünfte, zB aus Kapitalvermögen oder aus Grundbesitz sowie Einkünfte von Angehörigen und Unterhaltszahlungen geschiedener Ehegatten. 30
- **Netto-Arbeitsentgelt** iSd § 14 SGB IV ist das um die gesetzlichen Abzüge (insbesondere Lohn- und Kirchensteuer sowie Pflichtbeiträge zur Sozialversicherung) verminderte Bruttoarbeitsentgelt einschließlich der Sachbezüge, ohne Arbeitnehmer-Sparzulage. Beträge, die der Arbeitgeber mit Einverständnis des Versicherten vom Nettolohn an andere Stellen abführt, gehören zum Nettoarbeitsentgelt (zB Beiträge zu Bausparkassen, Lebensversicherungen, Abtretungen), ebenso gepfändete Beträge.
- Maßgebender **Zeitraum** für die Feststellung der Höhe des monatlichen Netto-Arbeitsentgelts ist der letzte vor Antragstellung abgerechnete Lohnabrechnungszeitraum, mindestens jedoch sind es die letzten abgerechneten vier Wochen. Stellen die so ermittelten Werte nicht die tatsächlichen Entgeltverhältnisse dar (zB bei schwankenden Bezügen), ist der

Durchschnitt der letzten drei Monate oder dreizehn Wochen vor Antragstellung heranzuziehen.

- Das Netto-Arbeitsentgelt ist ohne Rücksicht auf **Steuerfreibeträge** zu ermitteln.
- **Einmalig gezahltes Arbeitsentgelt** (zB Weihnachtsgeld, Urlaubsgeld) ist bei der Bemessung der Zuschüsse nach §§ 6 und 8 KfzHV nicht zu berücksichtigen.
- **Arbeitseinkommen** ist der nach den allgemeinen Gewinnermittlungsvorschriften des Einkommenssteuerrechts ermittelte Gewinn aus einer selbstständigen Tätigkeit. Einkommen ist als Arbeitseinkommen zu werten, wenn es als solches nach dem Einkommenssteuerrecht zu bewerten ist. Der steuerliche Gewinn wird nach §§ 4 und 5 EStG ermittelt.
- Grundsätzlich ist das Einkommen maßgebend, das sich aus dem letzten zur Verfügung stehenden Einkommenssteuerbescheid oder bei Selbstständigen aus der Erklärung eines Steuerberaters über die Höhe der Einkünfte ergibt.
- Vergleichbare Netto- Lohnersatzleistungen **(Erwerbsersatzeinkommen)** sind die in § 18a Abs. 3 Satz 1 Nr. 1 bis 8 SGB IV aufgeführten Leistungen.
- Hinterbliebenenrenten, Kinderzuschüsse, Kinderzulagen und vergleichbare kindbezogene Leistungen bleiben ebenso außer Betracht wie **Blinden- und Pflegegeld.**

31 Nach **§ 6 Abs. 2 KfzHV** ist von dem Einkommen des behinderten Menschen für jeden von ihm unterhaltenen Familienangehörigen ein Betrag von 12 vom Hundert der monatlichen Bezugsgröße nach § 18 Abs. 1 des Vierten Buches Sozialgesetzbuch abzusetzen; Abs. 1 Satz 3 gilt entsprechend. **Familienangehörige** sind die in § 16 Abs. 5 SGB X genannten Personen. Dazu gehören Ehegatte, eheliche Kinder, Adoptivkinder, Eltern, Geschwister und Stiefkinder. Zu den „Angehörigen" zählen auch der geschiedene Ehegatte und das nicht eheliche Kind (§ 16 Abs. 5 Satz 2 Nr. 1 und 3 SGB X). Der Familienabschlag nach § 6 Abs. 2 berücksichtigt Mehrbelastungen des behinderten Menschen, die ihm durch **Unterhaltszahlungen** an Familienangehörige entstehen, die in seinem Haushalt leben und unterhaltsbedürftig sind oder außerhalb seines Haushalts leben und von ihm tatsächlich regelmäßige Unterhaltsleistungen erhalten. Die Höhe der Unterhaltsleistung, die den Familienabschlag auslöst, ist in der Verordnung nicht ausdrücklich geregelt. Zur Verwaltungserleichterung soll jeder Träger das Einkommen nach den für ihn maßgeblichen Regelungen, auch praxisbewährten Grundsätzen, ermitteln. So kann der Unterhaltsbeitrag etwa in Anlehnung an die Rechtsprechung des Bundessozialgerichts zum Rentenrecht, vgl. BSG Urt. v. 23. 8. 1966 – 4 RJ 173/65 – in BSGE 25, 157 bemessen werden, wobei davon ausgegangen wird, dass sich jeder Familienangehörige seine eigenen Einkünfte zur Deckung seines Unterhaltsbedarfs zurechnen lassen muss.

32 Nach **§ 6 Abs. 4 Satz 1** gelten die Absätze 1 bis 3 für die Hilfe zur **erneuten Beschaffung** eines Kraftfahrzeugs. Voraussetzung, Art und Umfang der Hilfe zur Beschaffung eines Ersatzfahrzeugs bestimmen sich also nach den Regelungen für die erstmalige Förderung. Nach **§ 6 Abs. 4 Satz 2** soll die Hilfe **nicht vor Ablauf von fünf Jahren** seit der Beschaffung des zuletzt

geförderten Fahrzeugs geleistet werden. Als „Beschaffung“ gilt der Tag der Zulassung des Kraftfahrzeuges auf den behinderten Menschen. Die Sollvorschrift des § 6 Abs. 4 Satz 2 KfzHV lässt in Einzelfällen im Rahmen der an den Bedürfnissen des behinderten Menschen einerseits und an Wirtschaftlichkeit und Sparsamkeit (vgl. die für alle Träger geltende Vorschrift des § 69 SGB IV) andererseits orientierten Ermessensabwägung eine Förderung auch in kürzeren oder längeren Zeitabständen zu.

- Ein **kürzerer Zeitrahmen** ist zwingend, wenn – etwa bei einer Verschlimmerung der Behinderung – das vorhandene Kraftfahrzeug nicht mehr geeignet ist. Eine frühere Förderung kommt in Betracht bei außergewöhnlich hoher Kilometer-Leistung, die überwiegend auf Fahrten von und zur Arbeitsstelle oder für die Ausübung des Berufes beruht. Wenn das Kraftfahrzeug durch einen Unfall so schwer beschädigt wurde, dass eine Reparatur wirtschaftlich nicht mehr sinnvoll ist, dürfte idR keine Kfz-Hilfe notwendig sein (aA *Klare* KfzHV § 6 Rn 14). Hier hätte auch ein nichtbehinderter Fahrer das Risiko zu tragen. Die Entscheidung, ob eine erneute Förderung in einem zeitlichen Abstand von weniger als fünf Jahren erfolgen kann, hat im Einzelfall unter Berücksichtigung der beruflichen Tätigkeit des behinderten Menschen sowie der Art und Schwere seiner Behinderung zu erfolgen. So ist zu berücksichtigen, ob der behinderte Mensch aufgrund seiner Behinderung (zB Rollstuhlfahrer) privat in besonderem Maße auf das Kraftfahrzeug angewiesen ist.
- Der Ablauf des Fünfjahreszeitraumes allein begründet die Notwendigkeit einer Ersatzbeschaffung dann nicht, wenn die weitere Nutzung des Altfahrzeugs technisch und wirtschaftlich zumutbar ist (BSG Urt. v. 4. 5. 1994 – 11 RAr 69/93 – in SozR 3–5765 § 6 Nr. 2). Ein längerer Zeitrahmen kann sich aus dem Grundsatz der Verhältnismäßigkeit unter Berücksichtigung von Wirtschaftlichkeit und Sparsamkeit ergeben. So dürfte es einem Antragsteller mit einem Gesamtweg von wenigen Kilometern zur Arbeitsstelle zumutbar sein, sein deutlich über fünf Jahre altes Fahrzeug mit relativ geringer Kilometerleistung weiterzunutzen. Selbst wenn sich hier kurzfristig ein Reparaturbedarf ergäbe, wäre die Nutzung eines Taxis oder Mietwagens zumutbar.

9. Behinderungsbedingte Zusatzausstattung (§ 7 KfzHV). Nach § 7 33
Satz 1KfzHV werden die Kosten für eine Zusatzausstattung, die wegen der Behinderung erforderlich ist, ihren Einbau, ihre technische Überprüfung und die Wiederherstellung ihrer technischen Funktionsfähigkeit **in vollem Umfang übernommen.** Bei den Hilfen für behinderungsbedingte Zusatzausstattungen kommt die Zielvorstellung der KfzHV, den behinderungsbedingten, unabweisbaren Bedarf zu decken, in besonderem Maße zum Ausdruck. Die notwendige Zusatzausstattung, d.h. ihre Beschaffung und Unterhaltung (Kauf, Einbau, TÜV-Abnahme und Reparatur) wird dem behinderten Menschen ähnlich wie ein orthopädisches Hilfsmittel kostenlos zur Verfügung gestellt. Sie ist – anders als die Hilfe zur Beschaffung eines Kraftfahrzeuges – **unabhängig vom Einkommen** des behinderten Menschen förderfähig. Behinderungsbedingte Zusatzausstattungen werden auch gefördert, wenn die Beschaffung des Kraftfahrzeuges selbst nicht bezuschusst werden kann, weil zB die Hilfe zur Beschaffung einkommensbe-

dingt ausscheidet. Auch die nachträgliche behinderungsgerechte Ausstattung eines bereits vorhandenen Fahrzeuges ist förderungsfähig, sofern die Umrüstung technisch möglich sowie wirtschaftlich sinnvoll und zweckmäßig ist. Die Auswahl behinderungsbedingter Zusatzausstattungen hängt von Art und Schwere der Behinderung des Versicherten ab. Es kommen zB in Betracht: automatisches Getriebe, Lenkhilfen, Pedalumrüstungen, Standheizung, behinderungsgerechte Sitzhilfen (verstellbare oder schwenkbare Sitze, Spezialsitze). Anhaltspunkte für eine erforderliche Zusatzausstattung sind Auflagen oder Beschränkungen, unter denen die Fahrerlaubnis erteilt worden ist.

34 In der Praxis wird häufig die Ausstattung eines Kraftfahrzeuges mit **Sitzhilfen** beantragt. Hier ist zu unterscheiden:

- Wird eine Sitzausstattung für die Fahrten zwischen **Wohnung und Arbeitsstelle** benötigt, ist die KfzHV die Rechtsgrundlage. Dann wird die Sitzausstattung im Fahrzeug des behinderten Menschen gefördert. Dasselbe kann gelten, wenn dieser nach § 3 Abs. 3 zur Berufsausübung auf ein Kraftfahrzeug angewiesen ist, vgl. oben Rn 16. Diese Fälle kommen jedoch selten vor.
- Häufig wird eine orthopädische Sitzausstattung zur Berufsausübung in einem **Firmenfahrzeug** beantragt. Der Sache nach handelt es sich dann um einen Sonderfall der Arbeitshilfen im Betrieb. Deshalb kommt für diese Fälle **nicht die KfzHV** in Betracht. Vielmehr richtet sich der Anspruch nach § 34 Abs. 1 Satz 1 Nr. 3 SGB IX. Nach dieser Vorschrift gehört zu den Leistungen zur Teilhabe am Arbeitsleben auch die Übernahme der Kosten technischer Arbeitshilfen, die wegen Art oder Schwere der Behinderung zur Berufsausübung erforderlich sind. Auf die Kommentierung zu § 34 Abs. 1 Satz 1 Nr. 3 SGB IX wird verwiesen. Mit der Gegenmeinung, die die Vorschriften der Kfz-Hilfe immer als lex spezialis anwenden will, wenn es um eine Kfz-Ausstattung geht, lässt sich ein Anspruch auf eine solche Sitzausstattung kaum begründen. Anspruchsgrundlage kann dann nur § 4 Abs. 2 KfzHV sein. Diese Vorschrift ist jedoch aufgrund ihres einschränkenden Wortlauts nur in eng begrenzten Ausnahmefällen anwendbar, vgl. oben Rn 21. Nach beiden Meinungen kommt eine Förderung im übrigen nur dann in Betracht, wenn die Übernahme der Kosten durch den Arbeitgeber nicht zumutbar ist. Dies kann nur ausnahmsweise bei einer speziellen orthopädischen Sitzausstattung wegen besonders gravierender gesundheitlicher Einschränkungen der Fall sein. In der Mehrzahl der Fälle ist zu beachten, dass Arbeitgeber aufgrund arbeitsvertraglicher Fürsorgepflichten verpflichtet sein dürften, Mitarbeitern, die ihre Arbeitszeit hauptsächlich hinter dem Steuer verbringen, Sitze zur Verfügung zu stellen, die neuesten ergonomischen Erkenntnissen entsprechen.

35 Nach § 7 Satz 2 KfzHV sind die Kosten für behinderungsbedingte **Zusatzausstattungen auch für Dritte** zu übernehmen, die für den leistungsberechtigten behinderten Menschen das Kraftfahrzeug führen. Die Zusatzausstattung darf keinen unverhältnismäßigen Mehraufwand verursachen. Dies ergibt sich zwar nicht aus dem Wortlaut des § 7 KfzHV, wird jedoch aus § 4 Abs. 2 KfzHV deutlich und ergibt sich aus dem allgemeinen Grundsatz der Verhältnismäßigkeit und speziell im Sozialversicherungsrecht aus

dem Gebot von **Wirtschaftlichkeit und Sparsamkeit** des § 69 Abs. 2 SGB IV. Daraus folgt, dass die Kosten für behinderungsbedingte Zusatzausstattungen, die vom Kfz-Hersteller im Rahmen des Zubehörangebots lieferbar sind (zB Getriebeautomatik, beheizbarer Sitz), nur in einer Höhe zu übernehmen sind, die dem behinderungsbedingten Bedarf bei einem Kraftfahrzeug der **unteren Mittelklasse** entsprechen, wenn wegen der Art und Schwere der Behinderung ein Kraftfahrzeug dieser Klasse ausreichend und zweckmäßig ist, der behinderte Mensch sich jedoch für ein Fahrzeug einer höheren Klasse entschieden hat (*Klare* KfzHV § 7 Rn 6, Ruland/Försterling/*Lueg* aaO Rn 117). Als Maßstab für eine an diesen Grundsätzen orientierte Kostenübernahme kann die Verordnung über die Versorgung mit Hilfsmitteln und über den Ersatz nach dem Bundesversorgungsgesetz (**Orthopädieverordnung** vom 4. 10. 1989 (BGBl. I S. 1834), geändert durch die zweite Verordnung zur Änderung der Orthopädieverordnung vom 26. 6. 2001 (BGBl. I S. 1352) – OrthV –) dienen. Die darin festgelegten Beträge entsprechen größenordnungsmäßig den Kosten für behinderungsbedingte Ausstattungen (vor allem automatische Getriebe) eines Kraftfahrzeuges der unteren Mittelklasse. Im Übrigen soll nach der Begründung zu § 7 der KfzHV dem behinderten Menschen die notwendige Zusatzausstattung „ähnlich wie ein orthopädisches Hilfsmittel" zur Verfügung gestellt werden. Selbstverständlich besteht Anspruch auf eine höhere Förderung, wenn Art und Schwere der Behinderung des Versicherten die Anschaffung eines größeren Kraftfahrzeuges zwingend erfordern. Die Kosten für spezielle, wegen außergewöhnlicher Gehbehinderungen (s. § 3 KfzHV) notwendige Zusatzausstattungen sind in vollem Umfang zu übernehmen, wenn diese nicht von Kfz-Herstellern, sondern von Spezialfirmen angeboten werden, wie zB Ein- und Ausstiegshilfen (Rollstuhllift u. Ä.). Ein automatisches Getriebe ist nicht zu fördern, wenn der vom behinderten Menschen gewählte Fahrzeugtyp nur damit erhältlich ist. Die Mehrkosten hierfür gelten dann mit dem Anschaffungspreis für das Kfz als abgedeckt. Dabei wird berücksichtigt, dass die Kostenvorteile einer Serienfertigung genutzt sind.

Auch beim Erwerb eines **Gebrauchtwagens** können Aufwendungen für **36**
behinderungsbedingte **Zusatzausstattungen** anerkannt werden, sofern diese noch nicht im Fahrzeug enthalten sind und zusätzlich beschafft werden müssen. Dabei ist besonders darauf zu achten, ob die nachträgliche Umrüstung gegenüber einem vergleichbaren Gebrauchtfahrzeug mit dieser Ausstattung wirtschaftlich ist. Das wird bei Automatikgetrieben regelmäßig nicht der Fall sein. Stellt es sich ausnahmsweise bei neuwertigen Gebrauchtwagen als wirtschaftlich dar, ist der Zuschuss für behinderungsbedingte Zusatzausstattungen prozentual nach der Höhe des Kaufpreises des Gebrauchtwagens im Verhältnis zum Händlerverkaufspreis für einen Neuwagen zu ermitteln. Nach § 7 Satz 1 werden auch die Kosten für den **Einbau,** die **technische Überprüfung** (TÜV-Abnahme) und die **Reparatur** einer behinderungsbedingten Zusatzausstattung übernommen. Auch hier ist nach den Grundsätzen von Wirtschaftlichkeit und Sparsamkeit im Einzelfall zu prüfen, ob eine Reparatur oder stattdessen eine Ersatzbeschaffung wirtschaftlich sinnvoller ist. Die Kosten für die regelmäßige **Wartung** sind vom Reha-Träger **nicht** zu übernehmen. Nach **§ 7 Satz 3 KfzHV** sind **Zuschüsse**

öffentlich-rechtlicher Stellen, auf die ein vorrangiger Anspruch besteht oder die vorrangig nach pflichtgemäßem Ermessen zu leisten sind, wie etwa vorrangige Leistungen der orthopädischen Versorgungsstelle, anzurechnen. Ob diese zustehenden Leistungen auch tatsächlich in Anspruch genommen werden, ist unbeachtlich.

37 **10. Fahrerlaubnis (§ 8 KfzHV).** Nach § 8 KfzHV wird zu den Kosten, die für die Erlangung einer Fahrerlaubnis notwendig sind, ein Zuschuss geleistet. Dieser errechnet sich durch Zuordnung des Nettoarbeitsentgelts (vgl. dazu oben Rn 30) zu einer der drei im Zeitpunkt der Antragstellung maßgebenden Einkommensstufen, die auf die Bezugsgröße nach § 18 Abs. 1 SGB 4 abstellen:

40% der mtl. Bezugsgröße nach § 18 Abs. 1 SGB 4	auf die volle Höhe
55% der mtl. Bezugsgröße nach § 18 Abs. 1 SGB 4	auf zwei Drittel
75% der mtl. Bezugsgröße nach § 18 Abs. 1 SGB 4	auf ein Drittel.

Grundsätzlich (auch für den Besuch einer „Ferienfahrschule") werden nur die unmittelbaren Führerscheinkosten bezuschusst. Ausnahmsweise können auch die Aufwendungen für eine auswärtige Unterbringung als notwendige Kosten anerkannt werden, wenn der Fahrunterricht nur an einer auswärts gelegenen speziellen Fahrschule für behinderte Menschen möglich ist. Auch hier sind nach § 8 Abs. 1 Satz 3 Zuschüsse öffentlich-rechtlicher Stellen für den Erwerb der Fahrerlaubnis, auf die ein vorrangiger Anspruch besteht oder die vorrangig nach pflichtgemäßem Ermessen zu leisten sind, wie bei den Hilfen zur Beschaffung eines Kraftfahrzeuges anzurechnen. Sofern der behinderte Mensch selbst kein Kraftfahrzeug führen kann, ist auch die Förderung zur Erlangung der Fahrerlaubnis eines Dritten möglich, der dem behinderten Menschen für Fahrten zur Verfügung steht. Die Höhe der Förderung bestimmt sich in diesen Fällen nach den Einkommensverhältnissen des behinderten Menschen. Nach § 8 Abs. 2 KfzHV werden Kosten für Untersuchungen, Ergänzungsprüfungen und Eintragungen in vorhandene Führerscheine in vollem Umfang übernommen.

38 **11. Leistungen in besonderen Härtefällen (§ 9 KfzHV).** Nach § 9 Abs. 1 Satz 1 können Leistungen zur Vermeidung besonderer Härten auch abweichend von § 2 Abs. 1, §§ 6 und 8 Abs. 1 erbracht werden, soweit dies

- notwendig ist, um Leistungen der Kraftfahrzeughilfe von Seiten eines anderen Leistungsträgers nicht erforderlich werden zu lassen, oder
- unter den Voraussetzungen des § 3 zur Aufnahme der Fortsetzung einer beruflichen Tätigkeit unumgänglich ist.

39 Mit der Vorschrift werden Härten berücksichtigt, die aufgrund der strengen Ausgestaltung der Regelförderung eintreten können. Diese Härten können sich vor allem aus den wirtschaftlichen Verhältnissen des behinderten Menschen oder aus unvorhergesehenen Ereignissen ergeben. Sie könnten dazu führen, dass der unabweisbare behinderungsbedingte Bedarf durch die vorgesehenen Leistungen nicht abgedeckt würde. Dies soll durch die Härtefallregelungen des § 9 KfzHV ausgeschlossen werden. Unter **engen Voraussetzungen,** d.h. nur in besonders begründeten Ausnahmefällen, kann von den Regelungen des § 2 Abs. 1 KfzHV (abschließend aufgezählte Leistungsarten), des § 6 KfzHV (Bemessung des Zuschusses für die Beschaffung eines

Kraftfahrzeuges) und des § 8 Abs. 2 KfzHV (Bemessung des Zuschusses für die Erlangung einer Fahrerlaubnis) abgewichen werden (BSG Urt. v. 29. 7. 1993 – 11/9b RAr 27/92 – in SozR 3–5765 § 9 Nr. 1). Ob ein Fall besonderer Härte vorliegt, ist nach pflichtgemäßem Ermessen zu prüfen. Dies kann der Fall sein, wenn es für den behinderten Menschen unter Berücksichtigung der Einkünfte unzumutbar ist, den verbleibenden, ungeförderten Teil des Bemessungsbetrages für eine Leistung nach § 5 KfzHV zu tragen. Dies ist anzunehmen, wenn durch Aufbringen des Eigenanteils Hilfsbedürftigkeit iSd SGB XII – **Sozialhilfe** – drohen würde. In solchen Fällen kann der nach § 6 KfzHV ermittelte Zuschusses für die Beschaffung eines Kraftfahrzeuges aufgestockt werden. Dasselbe gilt, wenn die Restfinanzierung des dem behinderten Menschen verbleibenden Eigenanteils durch Fremdkapital nicht möglich ist. Auch **unvorhergesehene Ereignisse** können die Annahme einer besonderen Härte begründen. Fälle dieser Art können zB vorliegen, wenn das Einkommen vorübergehend zur Befriedigung spezieller Bedürfnisse – wie zum Aufbau einer Erwerbstätigkeit, zur Beschäftigungsaufnahme nach langer Arbeitslosigkeit, Krankheitskosten für Familienangehörige – eingesetzt werden muss.

Zusätzlich zum Leistungskatalog des § 2 Abs. 1 KfzHV sind auch **sonstige Leistungen** – zB Hilfen zu den laufenden Kosten für **Betrieb und Unterhaltung** des Kraftfahrzeuges oder die Übernahme besonders hoher Reparaturkosten – möglich, wenn dies unter den Voraussetzungen des § 3 KfzHV „zur Aufnahme oder Fortsetzung einer beruflichen Tätigkeit unumgänglich ist". 40

Nach § 9 Abs. 1 Satz 2 Nr. 2 KfzHV kann auch ein Zuschuss für die Beförderung des behinderten Menschen, insbesondere durch **Beförderungsdienste,** geleistet werden, wenn 41

- der behinderte Mensch ein Kraftfahrzeug nicht selbst führen kann und auch nicht gewährleistet ist, dass ein Dritter das Kraftfahrzeug für ihn führt (§ 3 Abs. 1 Nr. 2) oder
- die Übernahme der Beförderungskosten anstelle von Kraftfahrzeughilfen wirtschaftlicher und für den behinderten Menschen zumutbar ist.

Die Übernahme von Beförderungskosten kann etwa dann **wirtschaftlicher** sein, wenn Anspruchsberechtigte aufgrund ihres Lebensalters in absehbarer Zeit Altersrentenbezieher werden können. Dasselbe gilt bei behinderten Menschen, die in einem befristeten Beschäftigungsverhältnis stehen oder die weniger als fünf Arbeitstage pro Woche beschäftigt sind. Bei der Wirtschaftlichkeitsberechnung ist der voraussichtliche Aufwand für Zuschüsse zu den Beförderungskosten der Summe des Zuschusses zu den Anschaffungskosten eines Kraftfahrzeuges und der Kosten für die Übernahme behinderungsbedingter Zusatzausstattungen, ggf. zuzüglich der Kosten für die Erlangung einer Fahrerlaubnis, gegenüberzustellen. Zeigt sich dann, dass die Hilfen für die Beschaffung eines Kraftfahrzeuges den voraussichtlichen Aufwand für Zuschüsse zu Beförderungskosten übersteigen, sind Zuschüsse zu Beförderungskosten zu leisten. Für Beförderungsdienste können Angebote privater Unternehmen (Taxi) ebenso wie die gemeinnütziger oder öffentlicher Einrichtungen in Anspruch genommen werden. Es muss gewährleistet sein, dass eine regelmäßige Beförderung in behindertengerechter

Form zwischen Wohnung und Arbeitsstätte stattfindet. Die entstehenden Kosten sind unter Berücksichtigung der **Zumutbarkeit** durch Kostenvergleich zu ermitteln.

42 Nach § 9 Abs. 1 Satz 2, zweiter HS KfzHV ist beim Zuschuss zu berücksichtigen, was der behinderte Mensch **als Kraftfahrzeughalter** bei Anwendung des § 6 für die Anschaffung und die berufliche Nutzung des Kraftfahrzeugs **aus eigenen Mitteln** aufzubringen hätte. Mit dieser Formulierung soll eine Besserstellung des behinderten Nutzers von Beförderungsdiensten gegenüber behinderten Menschen vermieden werden, die Hilfen zur Beschaffung von Kfz erhalten. Zur Festlegung des Eigenanteils kommen mehrere **Berechnungsmodelle** in Betracht, etwa eine pauschale Staffelung in Anlehnung an die Stufenregelung des § 6 Abs. 1 KfzHV, eine feste Pauschale je gefahrenen berufsbezogenen Kilometer oder eine individuelle Ermittlung nach den tatsächlichen Gegebenheiten (s. LSG Bayern vom 26. 6. 1991 – L 13 An 20/90 –). Dann sind für die Ermittlung des Eigenanteils folgende Berechnungselemente zugrunde zu legen:

- Eigenanteil des behinderten Menschen an den fiktiven Anschaffungskosten (Bemessungsbetrag gemäß § 5 Abs. 1 oder 2 KfzHV), der nach der Förderung nach § 6 Abs. 1 KfzHV verbleibt;
- Berücksichtigung einer fünfjährigen Nutzungsdauer für ein fiktives Kraftfahrzeug;
- Betriebskosten für die berufliche Nutzung eines Kfz der unteren Mittelklasse.

Kosten für behinderungsbedingte Zusatzausstattungen können nicht in die Berechnung einbezogen werden, weil bei bedarfsgerechter Kfz-Wahl kein Eigenanteil des behinderten Menschen anfällt. Die Höhe des Zuschusses ergibt sich aus der Differenz zwischen Beförderungskosten und Eigenanteil. Der Zuschuss ist bis zur vollen Höhe der Beförderungskosten aufzustocken, wenn Hilfsbedürftigkeit iSd SGB XII vorliegt oder durch Zahlung des Eigenanteils drohen würde.

43 Neben der Förderung durch einen **Zuschuss** können nach **§ 9 Abs. 2** KfzHV Leistungen nach Absatz 1 Satz 1 als zinsloses **Darlehen** erbracht werden, wenn die dort genannten Ziele auch durch eine Darlehen erreicht werden können. Das Darlehen darf zusammen mit einem Zuschuss nach § 6 den nach § 5 maßgebenden Bemessungsbetrag nicht übersteigen. Ein Darlehen wird am ehesten bei den Anschaffungskosten eines Kraftfahrzeuges neben einem Zuschuss nach § 6 KfzHV in Betracht kommen, ausnahmsweise auch dann, wenn die Ausschlussgrenze nach § 6 Abs. 1 KfzHV überschritten ist. Ein Darlehen kann vor allem dann möglich sein, wenn das Einkommen vorübergehend zur Befriedigung spezieller Bedürfnisse einzusetzen oder eine wesentliche Steigerung des Einkommens zu erwarten ist. Der behinderte Mensch sollte in der Lage sein, das Darlehen innerhalb von fünf Jahren bei zwei tilgungsfreien Jahren zurückzuzahlen und darüber hinaus Rücklagen für den Kauf eines (neuen) Kraftfahrzeuges zu schaffen.

44 Nach § 8 Abs. 2 SGB IX haben Leistungen zur Teilhabe **Vorrang vor Rentenleistungen,** die bei erfolgreichen Leistungen zur Teilhabe nicht zu erbringen wären. Mit den Leistungen der Kfz-Hilfe kommt die Abwendung einer Rente wegen Erwerbsminderung für Versicherte der gesetzlichen Ren-

tenversicherung in Betracht, die wegen Art und Schwere der Behinderung nicht auf dem Arbeitsmarkt tätig sein können. Dies betrifft auch Versicherte, die als **„wegeunfähig“** angesehen werden. Nach der Rechtsprechung des Bundessozialgerichts (vgl. ua. BSG Urt. v. 17. 12. 1991 – 13/5 RJ 73/90 – in SozR 3–2200 § 1247 Nr. 10) besteht **Erwerbsunfähigkeit,** wenn nicht täglich viermal eine Strecke von mindestens 500 Metern mit zumutbarem Zeitaufwand zu Fuß zurückgelegt werden kann und zweimal öffentliche Verkehrsmittel benutzt werden können. Nach aktueller Rechtsprechung (vgl. BSG Urt. v. 19. 11. 1997 – 5 RJ 16/97, in *Breithaupt* 1998 S. 579, BSG Urt. v. 21. 3. 2006 – B 5 RJ 51/04) kann die aufgrund der Wegeunfähigkeit bestehende volle Erwerbsminderung nicht allein durch die mit Bescheid erklärte Bereitschaft des beklagten Rentenversicherungsträgers zur Bewilligung von Leistungen nach der KfzHV behoben werden, sondern muss erst mit deren erfolgreicher Durchführung effektiv wiederhergestellt werden. Insbesondere reichen Zusagen nicht aus, die Raum für Ermessenserwägungen des Rentenversicherungsträgers gäben. Die Rentenversicherungsträger sind aufgrund dieser Rechtslage bestrebt, die Wegeunfähigkeit von arbeitslosen und anspruchsberechtigten Rentenantragstellern durch bedingte Bewilligungen der Übernahme von Fahrtkosten für Bewerbungen/Vorstellungsgespräche im Rahmen von § 33 Abs. 3 Nr. 1 SGB 9 (Leistungen zur Erhaltung oder Erlangung eines Arbeitsplatzes) zu beseitigen. Bedingung ist ausschließlich die Vorlage entsprechender Nachweise. Die bedingten Bewilligungen beziehen sich auch auf die notwendigen Fahrtkosten zwischen Wohn- und Arbeitsort nach Aufnahme eines Arbeits- oder Beschäftigungsverhältnisses, bis über andere zielführende Leistungen zur Teilhabe am Arbeitsleben – insbes. Leistungen nach der KfzHV – endgültig entschieden ist (so jetzt auch Hess. LSG L 5 R 28/09 vom 19. 3. 2010, www.sozialgerichtsbarkeit.de, vgl. zu diesem Komplex *Verhorst* DRV Nr. 1–2/99, 41, 45).

12. Vorherige Antragstellung. Nach **§ 10 Satz 1 KfzHV** sollen Leistun- 45
gen vor dem Abschluss eines Kaufvertrages über das Kraftfahrzeug und die behinderungsbedingte Zusatzausstattung sowie vor Beginn einer nach § 8 zu fördernden Leistung (Fahrerlaubnis) beantragt werden. Die Vorschrift bezieht sich auch auf Leistungen nach § 9 KfzHV (Härtefälle). Vor Abschluss des Kaufvertrages muss die Entscheidung des Leistungsträgers jedoch nicht abgewartet werden; entscheidend ist, dass dieser in der Lage ist, seine Ermessensentscheidung aufgrund rechtzeitiger Information pflichtgemäß zu treffen. **Ausnahmen in atypischen Fällen** (begründete Eilfälle) eines unaufschiebbaren Bedarfs sind möglich (BSG vom 16. 11. 1993 – 4 RA 22/93 – in SozR 3–5765 § 10 Nr. 1). Der Antrag muss dazu in entsprechender Anwendung des § 10 Satz 2 KfzHV „spätestens innerhalb eines Monats“ nach Ausstellung der Rechnung gestellt sein. Die Monatsfrist stellt eine gesetzliche Verfahrensfrist iSv § 27 Abs. 1 SGB X dar, bei deren unverschuldeter Versäumung Wiedereinsetzung in den vorigen Stand zu gewähren ist (BSG vom 16. 12. 1993 – 4 RA 16/93 – in SozR 3–5765 § 10 Nr. 2).

Nach **§ 10 Satz 2 KfzHV** sind Leistungen zur technischen Überprüfung 46
und Wiederherstellung der technischen Funktionsfähigkeit einer Zusatzausstattung spätestens **innerhalb eines Monats** nach Rechnungsstellung zu beantragen. Die Vorschrift bezieht damit beispielhaft auf zwei besonders

typische Fälle eines unaufschiebbaren Bedarfs. Sie gilt **entsprechend** für die in § 10 Satz 1 KfzHV erfassten atypischen Fallgestaltungen eines unaufschiebbaren Bedarfs. Auch hier besteht das öffentliche Interesse an einer möglichst zeitnahen Überprüfung der Notwendigkeit der selbst beschafften Leistung (vgl. BSG vom 16. 11. 1993 – 4 RA 22/93 – in SozR 3–5765 § 10 Nr. 1). Zunächst ist zu klären, ob ein Regelfall oder ein atypischer Fall vorliegt, der eine Ausnahme vom Grundsatz vorheriger Antragstellung rechtfertigt. Handelt es sich um einen Regelfall, so ist der Rehabilitationsträger hinsichtlich der Ablehnung des verspäteten Antrags gebunden, denn es handelt sich bei § 10 KfzHV nicht um eine bloße „Ordnungsvorschrift", sondern um eine verbindliche Norm (BSG aaO). Ein Ermessen ist nur bei einer atypischen Fallgestaltung eingeräumt. Ein atypischer Sachverhalt liegt vor, wenn die Bedarfsdeckung objektiv unaufschiebbar und eine rechtzeitige Einschaltung des Leistungsträgers aus vom Versicherten nicht zu vertretenden Gründen unmöglich oder unzumutbar ist. Dies scheidet aus, wenn der Bedarf vorhersehbar war. (vgl. BSG vom 16. 11. 1993 – 4 RA 22/93 – und vom 15. 12. 1994 – 4 RA 44/93). Wurde ein rechtzeitiger Antrag versäumt, obwohl er möglich und zumutbar war, sind Leistungen (und Aufwendungsersatz) für die Zeit vor dem Antrag nicht zu gewähren.

47 Eine atypische Fallgestaltung kommt zB in Betracht, wenn

- der begründete Antrag nicht rechtzeitig gestellt werden konnte, weil nach einem Unfall mit Totalschaden am Erstfahrzeug schnellstens ein Ersatzfahrzeug angeschafft werden musste;
- erst bei einer notwendigen Reparatur des Altwagens festgestellt wird, dass die Reparaturkosten zu hoch sind, sich also eine Reparatur nicht mehr lohnen würde, und der Anspruchberechtigte sich deshalb umgehend ein Ersatzfahrzeug angeschafft hat, statt den alten Wagen reparieren zu lassen;
- eine sofortige Kaufentscheidung notwendig war, um einen individuell besonders geeigneten oder preisgünstigen Gebrauchtwagen oder auch Neuwagen erwerben zu können;
- ein Bezieher einer Rente wegen verminderter Erwerbsfähigkeit das Kfz für die Aufnahme einer Beschäftigung angeschafft hat, die er kurzfristig erhalten hat und sofort antreten muss, wenn diese Berufsausübung die Erwerbsminderung beseitigt bzw. durch den Hinzuverdienst aus der Beschäftigung die Rente wegen Erwerbsminderung wegen Überschreitung der Hinzuverdienstgrenze als Teilrente wegen Erwerbsminderung zu leisten ist oder ganz wegfällt;
- ein arbeitsloser behinderter Mensch aufgrund einer kurzfristigen Arbeitsplatzvermittlung umgehend ein Kraftfahrzeug anschafft, um die Beschäftigung überhaupt aufnehmen zu können.

§ 34 Leistungen an Arbeitgeber

(1) [1]**Die Rehabilitationsträger nach § 6 Abs. 1 Nr. 2 bis 5 können Leistungen zur Teilhabe am Arbeitsleben auch an Arbeitgeber erbringen, insbesondere als**

1. Ausbildungszuschüsse zur betrieblichen Ausführung von Bildungsleistungen,
2. Eingliederungszuschüsse,
3. Zuschüsse für Arbeitshilfen im Betrieb,
4. teilweise oder volle Kostenerstattung für eine befristete Probebeschäftigung.

[2]Die Leistungen können unter Bedingungen und Auflagen erbracht werden.

(2) Ausbildungszuschüsse nach Absatz 1 Satz 1 Nr. 1 können für die gesamte Dauer der Maßnahme geleistet werden und sollen bei Ausbildungsmaßnahmen die von den Arbeitgebern im letzten Ausbildungsjahr zu zahlenden monatlichen Ausbildungsvergütungen nicht übersteigen.

(3) [1]Eingliederungszuschüsse nach Absatz 1 Satz 1 Nr. 2 betragen höchstens 50 vom Hundert der vom Arbeitgeber regelmäßig gezahlten Entgelte, soweit sie die tariflichen Arbeitsentgelte oder, wenn eine tarifliche Regelung nicht besteht, die für vergleichbare Tätigkeiten ortsüblichen Arbeitsentgelte im Rahmen der Beitragsbemessungsgrenze in der Arbeitsförderung nicht übersteigen; die Leistungen sollen im Regelfall für nicht mehr als ein Jahr geleistet werden. [2]Soweit es für die Teilhabe am Arbeitsleben erforderlich ist, können die Leistungen um bis zu 20 Prozentpunkte höher festgelegt und bis zu einer Förderungshöchstdauer von zwei Jahren erbracht werden. [3]Werden sie für mehr als ein Jahr geleistet, sind sie entsprechend der zu erwartenden Zunahme der Leistungsfähigkeit der Leistungsberechtigten und den abnehmenden Eingliederungserfordernissen gegenüber der bisherigen Förderungshöhe, mindestens um zehn Prozentpunkte, zu vermindern. [4]Bei der Berechnung nach Satz 1 wird auch der Anteil des Arbeitgebers am Gesamtsozialversicherungsbeitrag berücksichtigt. [5]Eingliederungszuschüsse werden zurückgezahlt, wenn die Arbeitsverhältnisse während des Förderungszeitraums oder innerhalb eines Zeitraums, der der Förderungsdauer entspricht, längstens jedoch von einem Jahr, nach dem Ende der Leistungen beendet werden; dies gilt nicht, wenn

1. die Leistungsberechtigten die Arbeitsverhältnisse durch Kündigung beenden oder das Mindestalter für den Bezug der gesetzlichen Altersrente erreicht haben oder
2. die Arbeitgeber berechtigt waren, aus wichtigem Grund ohne Einhaltung einer Kündigungsfrist oder aus Gründen, die in der Person oder dem Verhalten des Arbeitnehmers liegen, oder aus dringenden betrieblichen Erfordernissen, die einer Weiterbeschäftigung in diesem Betrieb entgegenstehen, zu kündigen.

[6]Die Rückzahlung ist auf die Hälfte des Förderungsbetrages, höchstens aber den im letzten Jahr vor der Beendigung des Beschäftigungsverhältnisses gewährten Förderungsbetrag begrenzt; ungeförderte Nachbeschäftigungszeiten werden anteilig berücksichtigt.

1. Sozialpolitischer Hintergrund. Die Vorschrift bestimmt die Leistun- 1
gen zur Teilhabe am Arbeitsleben, die an Arbeitgeber erbracht werden

können. Adressat dieser Leistungen ist primär der behinderte oder von Behinderung bedrohte Arbeitnehmer. Sein Arbeitsverhältnis soll durch die Leistungen gesichert oder neu begründet werden. Andererseits ist auch der Arbeitgeber Begünstigter dieser Leistung. Es handelt sich also um ein **Dreiecksverhältnis,** das im Fall der Bewilligung durch einen begünstigenden Bescheid an den Antrag stellenden Arbeitnehmer gekennzeichnet ist, in dem der Arbeitgeber als Drittbegünstigter bezeichnet ist (vgl. *Kaiser* in Mehrhoff/Laschet § 34 Rn 1, aA *Hohmann* in Wiegand § 34 Rn 21, der dem Arbeitgeber einen eigenen Anspruch auf fehlerfreie Ermessensentscheidung zubilligen will). Nach richtiger Ansicht besteht ein durch Verwaltungsakt zu regelndes hoheitliches Leistungsverhältnis nur zwischen dem Antragsteller und dem Leistungsträger. Dieses ergibt sich aus der bestehenden öffentlich-rechtlichen Beziehung als Versicherter oder Begünstigter gegenüber einem Rehabilitationsträgers iSd § 6 Abs. 1 Nr. 2, 3, 4 oder 5. Das Rechtsverhältnis zwischen dem Leistungsträger und dem Arbeitgeber als Drittbegünstigtem muss demgegenüber im Rahmen der Entscheidung über die Leistung zunächst noch begründet werden. Dieses Rechtsverhältnis bildet den „Rechtsgrund“ für die Leistung iSd Bereicherungsrechts. Es ist insbesondere bestimmend für den **in der Praxis häufig umstrittenen Rückerstattungsanspruch** des Leistungsträgers **gegenüber dem Arbeitgeber** nach Abs. 3 Sätze 5 und 6 der Vorschrift. Das – öffentlich-rechtliche – Rechtsverhältnis zwischen Arbeitgeber einerseits und dem Rehabilitationsträger andererseits kommt regelmäßig dadurch zustande, dass die im Vorfeld der Bescheiderteilung zwischen Arbeitgeber, Arbeitnehmer, Vertretern des Rehabilitationsträgers und Fachleuten ausgehandelten Einzelheiten Gegenstand eines öffentlich-rechtlichen Vertrages werden. Dieser kommt entweder durch förmliche Vereinbarung zustande oder (in der Praxis meist) dadurch, dass diese Einzelheiten in den Bescheid gegenüber dem Versicherten aufgenommen werden, dieser zur Kenntnis auch an den Arbeitgeber versandt wird (Angebot) und von diesem spätestens durch Entgegennahme von Sach- oder Geldleistungen bestätigt wird (Annahme es Angebots).

2 Angesichts von Mitnahmeeffekten, die die Vorläuferregelungen mit sich brachten, liegt die besondere Bedeutung der Neufassung in der Regelung der Rechtsfolgen aus fehlgeschlagenen Beschäftigungsverhältnissen, für die Eingliederungszuschüsse gezahlt worden waren. Werden Beschäftigungsverhältnisse früherer als geplant beendet, trägt der Arbeitgeber nunmehr nach Abs. 3 Satz 5 die **Beweislast** dafür, dass die Gründe dafür in der Sphäre des Arbeitnehmers lagen.

3 **2. Geltende Fassung und Entstehungsgeschichte.** Die Vorschrift wurde durch Art. 68 Abs. 1 am 1. 7. 2001 in Kraft gesetzt und mit einigen wesentlichen Änderungen in Abs. 3 Satz 5 Ziff. 1 und 2 aus dem Regierungsentwurf übernommen. Diese Änderungen betrafen den Ausschluss des Erstattungsanspruchs, wenn Leistungsberechtigte das Mindestalter für den Bezug der gesetzlichen Altersrente erreicht haben oder wenn eine Kündigung aus Gründen, die in der Person des Leistungsberechtigten liegen, bzw. aus dringenden betrieblichen Erfordernissen berechtigt ist. Entsprechend dem Einleitungssatz von Abs. 1 kommen die Leistungen nur in Betracht, soweit sie zur Teilhabe behinderter Menschen am Arbeitsleben erforderlich sind.

Abs. 3 verallgemeinert die für die Bundesanstalt für Arbeit geltenden Regelungen für Eingliederungszuschüsse.

3. Normzweck. Mit den Leistungen zur Teilhabe am Arbeitsleben **an Arbeitgeber** soll die Bereitschaft der Arbeitgeber gefördert werden, körperlich, geistig oder seelisch behinderte Versicherte einzustellen bzw. von einer Entlassung abzusehen. So soll dem in einem Beschäftigungsverhältnis stehenden Versicherten der Arbeitsplatz dauerhaft gesichert werden bzw. er soll durch einen neuen Arbeitsplatz dauerhaft wieder in das Erwerbsleben eingegliedert werden. Mit der Vorschrift wurden die bisherigen Regelungen zusammengefasst, die Leistungen zur Teilhabe behinderter und von Behinderung bedrohter Menschen am Arbeitsleben an Arbeitgeber vorsahen. Die früher für die jeweiligen Rehabilitationsträger geltenden speziellen Regelungen wurden verallgemeinert. Durch die in § 34 Abs. 1 Satz 2 ermöglichten Auflagen und Bedingungen soll der Arbeitgeber zu einer zweckentsprechenden Mittelverwendung veranlasst werden. Für den Fall der Nichtbefolgung kann er zur Rückzahlung der Zuschüsse verpflichtet werden. Dadurch sollen insbesondere sogenannte Mitnahmeeffekte vermieden werden. 4

4. Normzusammenhang. Um eine einheitliche Leistungserbringung sicherzustellen, sind die Definitionen und Ausführungsbestimmungen des SGB III für 5

- Eingliederungszuschüsse § 217 SGB III
- Ausbildungszuschüsse § 236 SGB III
- Arbeitshilfen § 237 SGB III
- Probebeschäftigung § 238 SGB III

im Rahmen des § 34 grundsätzlich analog anzuwenden.

5. Leistungen an Arbeitgeber (Abs. 1 Satz 1). Nach § 34 Abs. 1 Satz 1 können die Rehabilitationsträger nach § 6 Abs. 1 Nr. 2 bis 5 (Bundesagentur für Arbeit, Träger der gesetzlichen Unfallversicherung, Träger der gesetzlichen Rentenversicherung, Träger der Kriegsopferversorgung, -fürsorge) Leistungen zur Teilhabe am Arbeitsleben auch an Arbeitgeber erbringen, insbesondere als 6

- **Ausbildungszuschüsse** zur betrieblichen Ausführung von Bildungsleistungen,
- **Eingliederungszuschüsse,** **Zuschüsse für Arbeitshilfen** im Betrieb,
- teilweise oder volle **Kostenerstattung für** eine befristete **Probebeschäftigung.**

6. Ausbildungszuschüsse (Abs. 1 Satz 1 Nr. 1). Mit der Förderung von betrieblichen Bildungsleistungen durch Ausbildungszuschüsse kann der Personenkreis angemessen gefördert werden, der während der Leistung zur Teilhabe am Arbeitsleben in seinem bisherigen Lebenskreis verbleiben möchte. Die Zuschüsse können an den Arbeitgeber während der gesamten (vorgeschriebenen) Dauer eines Ausbildungs- oder Weiterbildungsverhältnisses geleistet werden, wenn der Versicherte in einem Betrieb aus- oder weitergebildet wird. Sie sollen Arbeitgeber veranlassen, gesundheitlich eingeschränkte Versicherte einzustellen, um diesen geeignete betriebliche Aus- oder Weiterbildungen zu ermöglichen. 7

8 **7. Eingliederungszuschüsse (Abs. 1 Satz 1 Nr. 2).** Eingliederungszuschüsse sind nach § 217 Satz 1 SGB III Zuschüsse, die Arbeitgeber zur Eingliederung von Arbeitnehmern mit Vermittlungshemmnissen zu den Arbeitsentgelten erhalten können, wenn deren Vermittlung wegen in ihrer Person liegender Umstände erschwert ist. Sie sollen einen Ausgleich darstellen für den erhöhten Aufwand bei der Einarbeitung des behinderten oder von Behinderung bedrohten Arbeitnehmers. Der Umfang wird in Abs. 3 näher bestimmt (vgl. dazu *Neumann/Pahlen* § 34 Rn 7 m.w.N.). In der Praxis haben Eingliederungszuschüsse eine **große Bedeutung.** Da die Teilhabe am Arbeitsleben durch die Leistungen dauerhaft gesichert werden soll, vgl. § 4 Abs. 1 Nr. 3, sollten grundsätzlich nur unbefristete Arbeitsverhältnis gefördert werden. Die Förderung einer befristeten Beschäftigung kommt dann in Betracht, wenn das Arbeitsverhältnis nach Auslaufen der Förderung noch mindestens über einen Zeitraum fortbesteht, der der Förderungsdauer entspricht. Bei Arbeitsverhältnissen, die mit Sachgrund befristet sind, zB Erledigung von Spezialaufträgen, Auftragsspitzen, Saisongeschäften, können Eingliederungszuschüsse nur dann ausnahmsweise bewilligt werden, wenn eine spürbare Verbesserung der Qualifizierung des Rehabilitanden im Einzelfall nachgewiesen werden kann (vgl. *Wiegand/Hohmann* § 34 Rn 32).

9 **8. Arbeitshilfen (Abs. 1 Satz 1 Nr. 3).** Arbeitshilfen für behinderte Menschen sind in § 237 SGB III definiert. Danach handelt es sich um Einrichtungen für die *behindertengerechte Ausgestaltung von Ausbildungs- oder Arbeitsplätzen,* für die Arbeitgebern Zuschüsse erbracht werden können, soweit dies erforderlich ist, um die dauerhafte Teilhabe am Arbeitsleben zu erreichen oder zu sichern. Der Begriff wird synonym mit dem Begriff der technischen Arbeitshilfe iSd § 33 Abs. 8 Nr. 5 gebraucht. Wesentlich ist, dass es sich um Vorrichtungen und Geräte handelt, die ausschließlich am Arbeitsplatz aufgestellt und benutzt werden (vgl. *Wiegand/Hohmann* § 34 Rn 35, 36 m.w.N.). Sie unterscheiden sich dadurch von den **Hilfsmitteln** nach § 33 Abs. 8 Nr. 4, dass sie nicht unmittelbar für den Körper bestimmt sind, sondern einen Teil der Betriebsausstattung darstellen. Damit ergibt sich hier nicht das bei den Hilfsmitteln relevante Abgrenzungsproblem, ob die Hilfe für den Alltagsgebrauch oder ausschließlich zur Berufsausübung notwendig ist, (vgl. oben § 33 Rn 82ff). In der Praxis kommen die technischen Arbeitshilfen vor allem in zwei Fallgestaltungen vor:

10 – Größere Umbauten im Betrieb für **schwerstbehinderte Arbeitnehmer,** etwa bei Blindheit oder Querschnittslähmung. Hier liegt idR auch eine Schwerbehinderung iSd §§ 68ff vor. Es kann sich um Ausstattungen handeln, die sich direkt auf den Arbeitsplatz des behinderten Menschen beziehen, oder um Umbauten, die einer größeren Zahl schwerbehinderter Arbeitnehmer zugute kommen. Dies können etwa Rampen, Aufzüge oder behinderungsgerecht eingerichtete Sanitäranlagen sein. Neben dem Arbeitgeber, der den Einbau der notwendigen Einrichtungen vornehmen lassen muss, kommen für deren Finanzierung der Rehabilitationsträger und das Integrationsamt in Betracht. Folgende **Rechtsnormen sind neben den §§ 33, 34** maßgebend:

11 **Arbeitgeber** sind nach § 81 Abs. 4 Nr. 4 gegenüber schwerbehinderten Menschen verpflichtet, für eine behinderungsgerechte Einrichtung und

Unterhaltung der Arbeitsstätten zu sorgen. Nach § 81 Abs. 4 Nr. 5 sind sie zudem verpflichtet, für die Ausstattung der Arbeitsplätze Schwerbehinderter mit den erforderlichen technischen Arbeitshilfen zu sorgen. Diese Verpflichtung ist grundsätzlich gegenüber derjenigen der Rehabilitationsträger nachrangig. Nur dann, wenn die Agentur für Arbeit zuständiger Rehabilitationsträger ist, hat die Verpflichtung des Arbeitgebers wegen § 237 SGB III Vorrang. Wegen der Einzelheiten wird auf die Kommentierung zu § 81 verwiesen.

Das **Integrationsamt** kann nach § 102 Abs. 3 Satz 1 Nr. 2a Geldleistungen an Arbeitgeber zur behinderungsgerechten Einrichtung von Arbeits- und Ausbildungsplätzen für schwb Menschen erbringen. Nach § 102 Abs. 5 Satz 1 werden Verpflichtungen anderer durch Absatz 3 nicht berührt. Nach § 102 Abs. 5 Satz 2 dürfen Leistungen der Rehabilitationsträger nicht deshalb versagt werden, weil nach den besonderen Regelungen für schwb Menschen entsprechende Leistungen vorgesehen sind. Dies gilt auch dann, wenn auf die Leistungen der Rehabilitationsträger kein Rechtsanspruch besteht. Zusätzlich verbietet die Vorschrift eine Aufstockung durch Leistungen des Integrationsamtes. 12

Aus der Zusammenschau dieser Vorschriften mit § 34 Abs. 1 Satz 1 Nr. 3 und § 33 Abs. 8 Nr. 5 (vgl. dort Rn 91 ff.) ergibt sich, dass **vorrangig der Rehabilitationsträger verpflichtet** ist, Zuschüsse für Arbeitshilfen zu leisten (Ausnahme: § 237 SGB III, s.o. Rn 11). Es besteht ein **Rechtsanspruch auf Zuschüsse,** (vgl. *Wiegand/Hohmann* § 33 Rn 185). Inhaber dieses Anspruchs ist der behinderte Mensch. Deshalb bezieht sich dieser Rechtsanspruch nur auf die Arbeitsplatzausstattung, die dieser benötigt. Das kann den **Arbeitsplatz** selbst oder die **Betriebsausstattung** betreffen, die nur diesem behinderten Arbeitnehmer zugute kommt. In welcher **Höhe** und in welcher Form die Zuschüsse gezahlt werden, ist Gegenstand pflichtgemäßer **Ermessen**sausübung. Dabei ist ua. zu berücksichtigen, ob und ggf. inwieweit die Zuschüsse beim Arbeitgeber zu einen Produktivitätszuwachs führen. Insoweit sollte er an den Kosten beteiligt werden, sofern die Realisierung für ihn nicht mit einem unzumutbaren oder unverhältnismäßigen Aufwand verbunden ist (zB Baumaßnahmen zur Schaffung behindertengerechter sanitärer Anlagen im Betrieb). Das pflichtgemäße Ermessen bezieht sich auf sämtliche Gesichtspunkte, die hinsichtlich der nachhaltigen Eingliederung des Arbeitnehmers und der Zumutbarkeit für den Arbeitgeber von Bedeutung sein können. So ist die Verpflichtung des AG nach § 81 Abs. 4 Satz 1 Nr. 4 zu in Rechnung zu stellen; ebenso kann zu berücksichtigen sein, ob der Arbeitgeber weitere Hilfen zur Eingliederung erhalten hat, ob er wirtschaftlich überhaupt in der Lage ist einen Eigenanteil zu tragen oä. Leitgedanke dabei sollte sein, dass ein Arbeitgeber, der einen behinderten Menschen beschäftigt, **nicht schlechter** gestellt werden darf, als wenn der Mitarbeiter nicht behindert wäre. Insgesamt muss ein **abgewogener Interessenausgleich** unter Berücksichtigung der Behinderung gefunden werden, vgl. dazu *Lachwitz/Schellhorn/Welti* § 34 Rn 6. 13

Vom Rehabilitationsträger nicht zu übernehmen sind Betriebsausstattungen, die tatsächlich mehreren behinderten Arbeitnehmern zugute kom- 14 men. Solche Ausstattungen sind **nicht Einzelfall bezogen** im Sinne der Ansprüche des behinderten oder von Behinderung bedrohten Menschen nach dem ersten Teil des SGB IX. Deshalb werden solche Leistungen bei Vorliegen der Voraussetzungen regelmäßig von den gegenüber den Rehabilitationsträgern nachrangig zuständigen **Integrationsämtern** nach § 102 Abs. 3 Satz 1 Nr. 2a erbracht. Diese übernehmen die Kosten von Arbeitshilfen regelmäßig auch bei schwerbehinderten Menschen, die keine Ansprüche gegen Rehabilitationsträger besitzen, wie **Beamte oder Selbstständige.**

15 Bei schwerstbehinderten Menschen sind die Zuschüsse zu Arbeitshilfen **abzugrenzen von Hilfsmitteln,** die ausschließlich im Betrieb benutzt werden und deshalb dort verbleiben. Wenn der behinderte Arbeitnehmer diese Hilfsmittel bei jeder Art von Tätigkeit benötigt, betreffen sie den alltäglichen Bedarf und sind nach § 26 Abs. 2 Nr. 6 von der zuständigen **Krankenkasse** zu tragen, vgl. dazu die Kommentierung zu § 33 Rn 82ff.

16 – Weniger umfangreiche Arbeitshilfen werden häufig beantragt. Es handelt sich vor allem um spezielle Ausstattungen an **Schreibtischarbeitsplätzen** und um **Sitze in Firmenfahrzeugen.** Hier ist genau zu prüfen, ob überhaupt ein behinderungsbedingter Bedarf besteht oder ob die beantragte Leistung eine nach modernen Erkenntnissen ergonomisch gestaltete Arbeitsplatzausstattung zum Inhalt hat. Bei Schreibtischarbeitsplätzen dürfte zur ergonomischen Ausstattung die Möglichkeit gehören, die Körperhaltung nach Wunsch zu wechseln. Bei Sitzen in Firmenfahrzeugen werden häufig mit entsprechenden ärztlichen Stellungnahmen orthopädische Sitzausstattungen beantragt. In einem ersten Schritt ist dann im Einzelfall sozialmedizinisch zu ermitteln, welche Sitzausstattung aufgrund der festgestellten Befunde konkret notwendig ist. Dabei sind ua. auch die tägliche Fahrstrecke und die Möglichkeit zu berücksichtigen, das Fahrzeug häufiger zu verlassen, etwa bei Kurierfahrern. Sodann ist festzustellen, ob das Firmenfahrzeug über die für den Antragsteller notwendige Sitzausstattung verfügt oder verfügen muss. Es dürfte zu den Nebenpflichten aus dem Arbeitverhältnis gehören, dass dem Arbeitnehmer zumindest die nach neuesten ergonomischen Erkenntnissen erstellte Mindestausstattung eines Fahrzeugherstellers zur Verfügung gestellt wird. Nur dann, wenn diese Ausstattung nicht ausreicht, kommt ein Zuschuss in Betracht. Im zweiten Schritt ist dann – ggf. aufgrund von Verhandlungen mit dem Arbeitgeber – nach pflichtgemäßen Ermessen über die Höhe des Zuschusses zu entscheiden.

17 **9. Befristete Probebeschäftigung (Abs. 1 Satz 1 Nr. 4).** Durch die Kostenerstattung für eine befristete Probebeschäftigung soll ein Anreiz für Arbeitgeber geschaffen werden, dauerhaft behinderte oder von Behinderung bedrohte Menschen einzustellen. In der Praxis spielen diese Kostenerstattungen nur eine untergeordnete Rolle. Stattdessen werden meist unentgeltliche Praktika gewählt. Zu den erstattungsfähigen Kosten der befristeten Probebeschäftigung zählen alle üblicherweise mit einem Arbeitsverhältnis zusammenhängenden Kosten. Die Dauer der Förderung soll idR drei Monate nicht überschreiten. Wird anschließend ein Eingliederungszuschuss ge-

zahlt, ist die Dauer der befristeten Probebeschäftigung auf die weitere Förderungsdauer anzurechnen.

10. Bedingungen und Auflagen (Abs. 1 Satz 2). Nach § 34 Abs. 1 Satz 2 können die Leistungen unter Bedingungen und Auflagen erteilt werden. Hierdurch soll eine zweckentsprechende Mittelverwendung und im Falle der Nichtbefolgung die Rückzahlung der Zuschüsse sichergestellt werden. Als Auflagen und Bedingungen in diesem Sinne kommen in Betracht die Vorlage eines Einarbeitungsplans, die Zusicherung eines Dauerbeschäftigungsverhältnisses oder ähnliches. Auflagen und Bedingungen sollen vorab zwischen Rehabilitationsträger und Arbeitgeber unter Beteiligung des Versicherten vereinbart werden. 18

11. Eingliederungszuschüsse (Abs. 3 Satz 1 bis 4). In § 34 Abs. 3 Sätze 1 bis 4 wird der Rahmen der zu vereinbarenden Eingliederungszuschüsse detailliert vorgegeben. Die Vereinbarungen sind zwischen dem Rehabilitationsträger und dem Arbeitgeber innerhalb dieses Rahmens unter Berücksichtigung der Besonderheiten des Einzelfalles auszuhandeln. Zum Arbeitsentgelt gehören Weihnachtsgeld und Urlaubsgeld, Sachbezüge, Erfolgsprämien, Akkordzuschläge, Hitze- und Gefahrenzuschläge, Schmutzzulagen, vermögenswirksame Leistungen, Fahrkostenerstattungen, Überstundenvergütungen. 19

12. Rückzahlung von Eingliederungszuschüssen § 34 Abs. 3 Satz 5. 20
Nach § 34 Abs. 3 Satz 5 werden Eingliederungszuschüsse zurückgezahlt, wenn die Arbeitsverhältnisse während des Förderungszeitraums oder innerhalb eines Zeitraums, der der Förderungsdauer entspricht, längstens jedoch von einem Jahr, nach dem Ende der Leistungen beendet werden; dies gilt nicht, wenn

- die Leistungsberechtigten die Arbeitsverhältnisse durch Kündigung beenden oder das Mindestalter für den Bezug der gesetzlichen Altersrente erreicht haben oder
- die Arbeitgeber berechtigt waren, aus wichtigem Grund ohne Einhaltung einer Kündigungsfrist oder aus Gründen, die in der Person oder dem Verhalten des Arbeitnehmers liegen, oder aus dringenden betrieblichen Erfordernissen, die einer Weiterbeschäftigung in diesem Betrieb entgegenstehen, zu kündigen.

Aus der Formulierung „werden zurückgezahlt" wird deutlich, dass dem Rehabilitationsträger kein Ermessen hinsichtlich der Rückforderung eingeräumt ist. Liegen die Voraussetzungen vor, **ist zurückzufordern.** § 34 Abs. 3 Satz 5 stellt eine eigenständige Rechtsgrundlage für die Rückforderung dar. Der dem Eingliederungszuschuss zugrundeliegende Bewilligungsbescheid kann bestehen bleiben (vgl. BSG, Urt. v. 21. 3. 2002 – B 7 AL 48/01 R – BSGE 89, 192). Zurückgefordert werden kann **nicht** mehr, wenn das Beschäftigungsverhältnis nach Ablauf des Bewilligungszeitraums länger als ein Jahr oder noch einmal ebenso lange wie der Förderzeitraum weiterbestanden hat. 21

In Abs. 3 Satz 5 Nr. 1 und 2 sind **Ausnahmetatbestände** enthalten, die eine Rückforderung ausschließen. Das Vorliegen dieser Tatbestände hat der **Arbeitgeber zu beweisen** (vgl. *Neumann-Pahlen* § 34 Rn 10). In der Praxis richtet sich der Ausgang von Rechtsstreitigkeiten über die Rückzahlungs- 22 verpflichtungen zumeist danach, ob dem Arbeitgeber der Beweis gelingt, dass ihm ein Kündigungsrecht nach Nr. 2 zustand.

23 – Ausgeschlossen ist die Rückforderung nach Abs. 3 Satz 5 Nr. 1, wenn der **Leistungsberechtigte** das Arbeitsverhältnis **gekündigt** hat oder dieses aufgrund seiner Initiative beendet wurde. Aufgrund des Ausnahmecharakters der Vorschrift ist diese eng auszulegen. So reicht ein passives Verhalten des Arbeitnehmers nicht für die Annahme aus, dass das Arbeitsverhältnis auf sein Betreiben beendet wurde (vgl. *LSG Nordrhein-Westfalen*, Urt. v. 6. 5. 2002 – L 12 AL 141/01).

– Der Ausschluss der Rückforderung wegen Erreichens des Mindestalters für den Bezug der gesetzlichen **Altersrente** kommt in der Praxis äußerst selten vor. Abzustellen ist konkret auf das Vorliegen die Voraussetzungen für den Bezug der Altersrente beim Leistungsempfänger. Dies gilt unabhängig vom tatsächlichen Bezug oder der Antragstellung.

– In Abs. 3 Satz 5 Nr. 2 sind verschiedene Ausnahmetatbestände aufgeführt, die ebenfalls die Rückforderung eines Eingliederungszuschusses ausschließen. Es handelt sich um Fallgestaltungen, in denen dem Arbeitgeber eine **Weiterbeschäftigung** aus in der Person des Leistungsempfängers liegenden oder betrieblichen Gründen **nicht zumutbar** war. Diese Tatbestände werden in der Praxis häufig gegen geltendgemachte Rückforderungsansprüche geltend gemacht. Die Rückzahlungsverpflichtung ist dann ausgeschlossen, wenn der Arbeitgeber zur fristlosen oder zur personenbezogenen, verhaltenbedingten oder betriebsbedingten ordentlichen Kündigung berechtigt war. Maßgebend ist eine Einschätzung nach arbeitsrechtlichen Vorschriften, insbesondere nach § 1 Abs. 2 bis 5 Kündigungsschutzgesetz (KSchG).

24 **13. Begrenzung des Rückforderungsbetrages (Abs. 3 Satz 6).** Nach § 34 Abs. 3 Satz 6 ist die Rückzahlung auf die Hälfte des Förderungsbetrages, höchstens aber den im letzten Jahr vor der Beendigung des Beschäftigungsverhältnisses gewährten Förderungsbetrag begrenzt. Dabei werden ungeförderte Nachbeschäftigungszeiten anteilig berücksichtigt. Die Rückforderung bezieht sich auch auf den anteilig geleisteten Arbeitgeberanteil zur Sozialversicherung. Bei der Prüfung ist in folgenden Schritten vorzugehen:

– Bei einer Auflösung des Arbeitsverhältnisses noch während des Förderzeitraums wird die Hälfte des Förderbetrages zurückgefordert.
– Bei einer Auflösung des Arbeitsverhältnisses nach Ablauf des Förderzeitraums wird der Gesamtförderbetrag zunächst halbiert. Das Ergebnis wird durch 12 geteilt und mit der Anzahl der Fördermonate im letzten Jahr multipliziert. Das Endergebnis ergibt die Höhe des Rückforderungsanspruchs des Leistungsträgers.

§ 35 Einrichtungen der beruflichen Rehabilitation

(1) [1] Leistungen werden durch Berufsbildungswerke, Berufsförderungswerke und vergleichbare Einrichtungen der beruflichen Rehabilitation ausgeführt, soweit Art oder Schwere der Behinderung oder die Sicherung des Erfolges die besonderen Hilfen dieser Einrichtungen erforderlich machen. [2] Die Einrichtung muss

1. nach Dauer, Inhalt und Gestaltung der Leistungen, Unterrichtsmethode, Ausbildung und Berufserfahrung der Leitung und der Lehrkräfte sowie der Ausgestaltung der Fachdienste eine erfolgreiche Ausführung der Leistung erwarten lassen,
2. angemessene Teilnahmebedingungen bieten und behinderungsgerecht sein, insbesondere auch die Beachtung der Erfordernisse des Arbeitsschutzes und der Unfallverhütung gewährleisten,
3. den Teilnehmenden und den von ihnen zu wählenden Vertretungen angemessene Mitwirkungsmöglichkeiten an der Ausführung der Leistungen bieten sowie
4. die Leistung nach den Grundsätzen der Wirtschaftlichkeit und Sparsamkeit, insbesondere zu angemessenen Vergütungssätzen, ausführen.

[3]Die zuständigen Rehabilitationsträger vereinbaren hierüber gemeinsame Empfehlungen nach den §§ 13 und 20.

(2) **[1]Werden Leistungen zur beruflichen Ausbildung in Einrichtungen der beruflichen Rehabilitation ausgeführt, sollen die Einrichtungen bei Eignung der behinderten Menschen darauf hinwirken, dass Teile dieser Ausbildung auch in Betrieben und Dienststellen durchgeführt werden. [2]Die Einrichtungen der beruflichen Rehabilitation unterstützen die Arbeitgeber bei der betrieblichen Ausbildung und bei der Betreuung der auszubildenden behinderten Jugendlichen.**

1. Geltende Fassung und Entstehungsgeschichte. Die Vorschrift wurde durch Art. 68 Abs. 1 am 1. 7. 2001 in Kraft gesetzt und bis auf Klarstellungen zu den Leitungsfunktionen und Fachdiensten unverändert aus dem Regierungsentwurf (BT-Drucks. 14/5531 und 14/5639 iVm 14/5074) übernommen. Durch das Gesetz zur Förderung der Ausbildung und Beschäftigung schwerbehinderter Menschen vom 2. 4. 2004 wurde Abs. 2 angefügt, der bisherige Wortlaut wurde zu Abs. 1. Die Vorschrift sieht in Weiterentwicklung des bisher in § 11 Abs. 2a RehaAngG und der entsprechenden Regelungen für die einzelnen Träger als zusätzliches Kriterium bei den Anforderungen an die Einrichtungen angemessene Mitwirkungsmöglichkeiten vor. Sie ergänzt für die Einrichtungen der beruflichen Rehabilitation die nach §§ 19 und 20 für die Rehabilitationsdienste und -einrichtungen generell geltenden Bestimmungen. Satz 1 nennt Berufsbildungs- und Berufsförderungswerke als die zwei Haupttypen von Einrichtungen der beruflichen Rehabilitation; daneben können entsprechend dem individuellen Bedarf Leistungen auch durch andere Arten von Einrichtungen ausgeführt werden. Satz 3 sieht die Vereinbarung gemeinsamer Empfehlungen der zuständigen Rehabilitationsträger vor. 1

2. Normzweck/Normzusammenhang. Mit der Vorschrift wurden die Regelungen des früheren § 11 Abs. 2a RehaAnglG weiterentwickelt. Als zusätzliches Kriterium sind die Sicherung der Qualität von Einrichtungen und angemessene Mitwirkungsmöglichkeiten auch der Betroffenen selbst vorgesehen werden. Die Vorschrift trifft in Abs. 1 Satz 2 Regelungen hinsichtlich der Leistungsinhalte, der Teilnahmebedingungen, der Mitwirkungsrechte von Teilnehmern sowie der Beachtung von Wirtschaftlichkeitsgrund- 2 sätzen. Satz 3 verpflichtet die zuständigen Rehabilitationsträger zur Vereinbarung gemeinsamer Empfehlungen (vgl. §§ 13 und 20). In Abs. 2 wird eine Verknüpfung hergestellt zwischen der Ausbildung in den Einrichtungen der beruflichen Rehabilitation und der betrieblichen Ausbildung. Dies dient der besseren Integration der von den Einrichtungen betreuten behinderten Menschen – speziell der jugendlichen Teilnehmer.

3 **3. Leistungen in Einrichtungen der beruflichen Rehabilitation (Abs. 1 Nr. 1).** Nach § 35 Abs. 1 Satz 1 werden Leistungen durch Berufsbildungswerke, Berufsförderungswerke und vergleichbare Einrichtungen der beruflichen Rehabilitation ausgeführt, soweit Art oder Schwere der Behinderung oder die Sicherung des Erfolges die besonderen Hilfen dieser Einrichtungen erforderlich machen.

4 **Berufsbildungswerke** sind überbetriebliche Einrichtungen. Ihre Aufgabe ist vor allem die Durchführung von Erstausbildungen behinderter Jugendlicher nach § 33 Abs. 3 Nr. 4 und der für eine Ausbildung notwendigen Vorbereitungsmaßnahmen iSd § 33 Abs. 3 Nr. 2 für diesen Personenkreis (vgl. *Lachwitz-Schellhorn/Bieritz-Harder* § 35 Rn 4, *Kossens/von der Heide/Maaß/Vogt* § 35 Rn 3).

5 In **Berufsförderungswerken** – ebenfalls überbetriebliche Einrichtungen – werden vor allem berufliche Anpassungs- und Weiterbildungsmaßnahmen iSd § 33 Abs. 3 Nr. 3 sowie die dazu notwendigen Vorbereitungsmaßnahmen nach § 33 Abs. 3 Nr. 2 durchgeführt. Diese Leistungen beziehen sich naturgemäß auf behinderte Erwachsene, die ihren bisherigen Beruf nicht mehr ausüben können (vgl. *Wiegand/Hohmann* § 35 Rn 17, *Lachwitz-Schellhorn/Bieritz-Harder, Kossens/von der Heide/Maaß/Vogt* aaO.

6 **Vergleichbare Einrichtungen der beruflichen Rehabilitation** sind überbetriebliche Einrichtungen, in denen ebenfalls Leistungen zur Teilhabe am Arbeitsleben erbracht werden, um behinderte Menschen in das Erwerbsleben (wieder-)einzugliedern. Hierzu gehören Berufliche Trainingszentren für seelisch erkrankte Menschen und die Werkstätten für behinderte Menschen nach § 136. Einrichtungen der medizinisch-beruflichen Rehabilitation (vgl. § 38 Satz 2) und medizinisch-berufliche Rehabilitationseinrichtungen (für seelisch erkrankte Menschen) – RPKen – gehören nicht zu den „vergleichbaren Einrichtungen der beruflichen Rehabilitation“ (aA *Kossens/von der Heide/Maaß/Vogt* § 35 Rn 6, 8; *Haines* in LPK-SGB IX § 35 Rn 6). Hier werden vielmehr Leistungen zur medizinischen Rehabilitation (wenn auch mit engem Arbeitsmarktbezug) erbracht. Deshalb kann die Bundesagentur für Arbeit nicht Träger von Leistungen in diesen Einrichtungen sein, vgl. § 6 Abs. 2.

7 Keine Einrichtungen idS sind Weiterbildungseinrichtungen nach SGB III (vgl. *Kossens/von der Heide/Maaß/Vogt* aaO Rn 11) oder Integrationsprojekte nach §§ 132–135 (vgl. *Haines,* aaO).

8 **Art und Schwere der Behinderung oder die Sicherung des Erfolges** der Leistung machen die besonderen Hilfen dieser Einrichtung erforderlich, wenn ohne diese Hilfen der Eingliederungserfolg nicht zu erwarten ist. Entscheidend für die Belegung ist neben der Möglichkeit der vollstationären (Übernachtung und Verpflegung) oder teilstationären (nur Verpflegung) vor allem, dass die Tatbestandsmerkmale des Satz 2 erfüllt sind.

4. Wesensmerkmale der Einrichtungen zur beruflichen Rehabilitation, § 35 Satz 2. Nach § 35 Abs. 1 Satz 2 Nr. 1 muss die Einrichtung nach Dauer, Inhalt und Gestaltung der Leistungen, Unterrichtsmethode, Ausbildung und Berufserfahrung der Leitung und der Lehrkräfte sowie der Ausgestaltung der Fachdienste eine erfolgreiche Ausführung der Leistung erwarten lassen. Maßgebend ist die erfolgreiche Ausführung der Leistung. Maßstab für den Erfolg ist nicht nur der erfolgreiche Abschluss einer Bildungsleistung, sondern vor allem die möglichst dauerhafte Sicherung der Teilhabe am Arbeitsleben, vgl. § 33 Abs. 1. Deshalb muss sich das ganzheitliche Konzept der Einrichtungen an diesem Ziel orientieren. Dazu gehört ua., dass die Potentiale und Aktivitäten des Teilnehmers durch das Team von Lehrkräften und Fachdiensten nachhaltig gefördert und in Richtung Arbeitsaufnahme gesteuert werden. Dabei ist zu berücksichtigen, dass die Dauer von beruflichen Weiterbildungsleistungen ist nach § 37 Abs. 2 idR auf 2 Jahre begrenzt ist. Einzelheiten zur Umsetzung der Anforderungen sind in der *Gemeinsamen Empfehlung Qualitätssicherung nach § 20 Abs. 1 SGB IX* der BAR vom 27. 3. 2003 (www.bar-frankfurt.de) definiert. 9

Nach § 35 Abs. 1 Satz 2 Nr. 2 muss die Einrichtung angemessene Teilnahmebedingungen bieten und behinderungsgerecht sein, insbesondere auch die Beachtung der Erfordernisse des Arbeitsschutzes und der Unfallverhütung gewährleisten. Die Vorschrift hat vor allem Bedeutung hinsichtlich angemessener Teilnahmebedingungen. In diesem Rahmen sind vor allem die Belange behinderter Frauen zu beachten, vgl. § 33 Abs. 2. So sind zB angemessene Lernsituationen für alleinerziehende Mütter zu schaffen wie Telelearning in den Abendstunden. Darüber hinaus wird sie durch Angebote von Spezialeinrichtungen für besondere Behinderungsarten umgesetzt, etwa für blinde und schwer sehbehinderte Menschen oder für Rollstuhlfahrer. 10

Nach § 35 Abs. 1 Satz 2 Nr. 3 muss die Einrichtung den Teilnehmenden und den von ihnen zu wählenden Vertretungen angemessene Mitwirkungsmöglichkeiten an der Ausführung der Leistungen bieten. 11

§ 36 Rechtsstellung der Teilnehmenden

[1] Werden Leistungen in Einrichtungen der beruflichen Rehabilitation ausgeführt, werden die Teilnehmenden nicht in den Betrieb der Einrichtungen eingegliedert. [2] Sie sind keine Arbeitnehmer im Sinne des Betriebsverfassungsgesetzes und wählen zu ihrer Mitwirkung besondere Vertreter. [3] Bei der Ausführung werden die arbeitsrechtlichen Grundsätze über den Persönlichkeitsschutz, die Haftungsbeschränkung sowie die gesetzlichen Vorschriften über den Arbeitsschutz, den Schutz vor Diskriminierungen in Beschäftigung und Beruf, den Erholungsurlaub und die Gleichberechtigung von Männern und Frauen entsprechend angewendet.

1. Sozialpolitischer Hintergrund. Die Einführung der Vorschrift ist vor dem Hintergrund von vorhergegangenen Rechtsstreitigkeiten im Zusammenhang mit der Stellung der Teilnehmer an längerfristigen Bildungsleistun- 1 gen in Einrichtungen der beruflichen Rehabilitation zu sehen. Entsprechend der Rechtsprechung des BSG ist nun festgelegt, dass die Teilnehmer keine Arbeitnehmer iSd Betriebsverfassungsgesetzes sind. Gleichwohl werden zu ihrem Schutz die meisten arbeitsrechtlichen Grundsätze entsprechend angewandt. Bedeutung hat die Vorschrift vor allem für Teilnehmer in Einrichtungen der beruflichen Rehabilitation in kirchlicher Trägerschaft. Da sie nicht Arbeitnehmer der Einrichtung sind, gelten für sie die spezifischen arbeitsrechtlichen Regelungen in Tendenzbetrieben nicht (vgl. *Wiegand/Hohmann* § 36 Rn 7).

2 **2. Geltende Fassung und Entstehungsgeschichte.** Die Vorschrift wurde durch Art. 68 Abs. 1 am 1. 7. 2001 in Kraft gesetzt und unverändert aus dem Regierungsentwurf (BT-Drucks. 14/5531 iVm 14/5074 übernommen. Durch Gesetz vom 14. 8. 2006 (BGBl. I S. 1897 – Antidiskriminierungsgesetz) wurde in Satz 3 die Formulierung „den Schutz vor Diskriminierungen in Beschäftigung und Beruf" eingefügt.

3 **3. Normzweck.** Die Vorschrift legt in Umsetzung der bisherigen Rechtsprechung die Rechtsstellung von Teilnehmern an Leistungen, die in Einrichtungen der beruflichen Rehabilitation ausgeführt werden, fest. Sie dient durch Bezugnahme auf wichtige arbeitsrechtliche Regelungen dem Schutz der Teilnehmer, die während der meist längeren dauernden Leistungen in den Betrieb der Einrichtungen eingegliedert sind. Gleichzeitig wird klargestellt, dass die Teilnehmer keinen Arbeitnehmerstatus haben. Rechtsgrundlage für den Teilnehmerschutz sind ausschließlich die Normen des SGB IX.

4 **4. Normzusammenhang.** Die Vorschrift ergänzt § 35 Abs. 1 Nr. 3, wonach den Teilnehmern und den von ihnen zu wählenden Vertretungen angemessene Mitwirkungsmöglichkeiten an der Ausführung der Leistungen zur Verfügung gestellt werden sollen. Die Norm gilt aufgrund von § 138 Abs. 4 auch im Bereich der Werkstatt für behinderte Menschen.

5 **5. Rechtstellung der Teilnehmer an Leistungen zur Teilhabe in Einrichtungen der beruflichen Rehabilitation, § 36.** Nach § 36 Satz 1 werden Teilnehmer an Leistungen in Einrichtungen der beruflichen Rehabilitation (vgl. § 35) nicht in den Betrieb der Einrichtung eingegliedert. Nach Satz 2 sind sie keine Arbeitnehmer iSd Betriebsverfassungsgesetzes. Gleichwohl wählen sie zu ihrer Mitwirkung besondere Vertreter. Die Vorschrift dient dazu, den Teilnehmern und den von ihnen zu wählenden Vertretungen angemessene Mitwirkungsmöglichkeiten an der Ausführung der Leistungen zur Verfügung zu stellen. Dieser Schutzzweck wird in Satz 3 durch Geltung arbeitsrechtlicher Grundsätze besonders verdeutlicht.

6 Es gelten vor allem folgende Regelungen (vgl. dazu *Haines* in LPG § 36 Rn 8 bis 16):

- Schutzpflichten aus Art. 2 Abs. 1 iVm Art. 1 Abs. 1 GG wie Datenschutz, Recht auf informelle Selbstbestimmung, Schutz vor rechtswidriger Behandlung durch Mitarbeiter der Einrichtung und andere Rehabilitanden,
- Haftungsbeschränkungen von Arbeitnehmern,
- Schutz vor Diskriminierungen in Beschäftigung und Beruf,
- Arbeitsschutz,

– sozialer Arbeitsschutz, wie Mutterschutz, Urlaubsanspruch Arbeitszeitgesetz pp., soweit sinngemäß auf das Rehabilitationsverhältnis anwendbar und
– Gleichberechtigung von Männern und Frauen sowie Schutz vor sexuellen Belästigungen.

§ 37 Dauer von Leistungen

(1) **Leistungen werden für die Zeit erbracht, die vorgeschrieben oder allgemein üblich ist, um das angestrebte Teilhabeziel zu erreichen; eine Förderung kann darüber hinaus erfolgen, wenn besondere Umstände dies rechtfertigen.**

(2) **Leistungen zur beruflichen Weiterbildung sollen in der Regel bei ganztägigem Unterricht nicht länger als zwei Jahre dauern, es sei denn, dass das Teilhabeziel nur über eine länger dauernde Leistung erreicht werden kann oder die Eingliederungsaussichten nur durch eine länger dauernde Leistung wesentlich verbessert werden.**

1. Sozialpolitischer Hintergrund. Auch mit § 37 wird der Zweck verfolgt, bisherige Spezialregelungen für die einzelnen Leistungsträger in einer allgemeinen Vorschrift zusammenfassen. Aus der Übernahme der bisherigen Regelung des § 101 Abs. 2 Satz 6 SGB III ist zu schließen, dass diese Regelung inhaltlich übernommen werden sollte. 1

2. Geltende Fassung und Entstehungsgeschichte. Die Vorschrift wurde durch Art. 68 Abs. 1 am 1. 7. 2001 in Kraft gesetzt. und unverändert aus dem Regierungsentwurf (BT-Drucks. 14/5531 iVm 14/5074) übernommen. Danach schreibt die Vorschrift die Regelungen des § 11 Abs. 3 RehaAnglG und der entsprechenden Vorschriften für die einzelnen Rehabilitationsträger fort und verallgemeinert dabei für länger dauernde Maßnahmen die Regelungen in § 101 Abs. 4 SGB III. Leistungen zur Teilhabe am Arbeitsleben in Teilzeit für behinderte Mütter und Väter fallen nicht unter die entsprechende Regelzeit von zwei Jahren (Absatz 2); hier gelten entsprechend der Teilzeit längere Fristen. 2

3. Normzweck. Die Vorschrift regelt in Abs. 1 allgemein die Dauer von Leistungen zur Teilhabe am Arbeitsleben. In Abs. 2 wird speziell die Dauer von Leistungen zur beruflichen Weiterbildung festgelegt. Eine mehr als 24-monatige Weiterbildung als Leistung zur beruflichen Rehabilitation soll nur in Ausnahmefällen in Betracht kommen. Damit wurden zum einen die Regelungen des bisherigen § 11 Abs. 3 Reha-Angleichungsgesetz und der entsprechenden Vorschriften für die einzelnen Rehabilitationsträger übernommen. Zu beachten ist der Zusammenhang mit § 33 Abs. 4 Satz 1. 3

4. Normzusammenhang. Vorläuferregelungen gab es in § 11 Abs. 3 RehaAnglG, in § 19 SGB VI für den Bereich der Rentenversicherung und in § 38 SGB VII für den Bereich der Unfallversicherung. Die für den Bereich Bundesagentur für Arbeit maßgebende Regelung des § 101 Abs. 2 SGB III gilt – angeglichen an das SGB IX durch Gesetz vom 19. 6. 2001 (BGBl. I S. 1046) – weiter. Leistungen zur Teilhabe am Arbeitsleben im Eingangsver- 4 fahren und im Berufsbildungsbereich von Werkstätten für behinderte Menschen sind von der Regelung nicht betroffen, da sich hierfür eine Spezialregelung in § 40 Abs. 2 und 3 findet.

5 **5. Dauer von Leistungen allgemein, § 37 Abs. 1.** Nach Abs. 1, 1. HS werden Leistungen für die Zeit erbracht, die vorgeschrieben oder allgemein üblich ist, um das angestrebte Teilhabeziel zu erreichen. Die Leistungsdauer hat also grundsätzlich dem Teilhabeziel zu entsprechen und ist entsprechend zu befristen. Vorgeschriebene Ausbildungszeiten finden sich vor allem in den Ausbildungsordnungen, die aufgrund des Berufsbildungsgesetzes und der Handwerksordnung erlassen worden sind. Spezielle Ausbildungsordnungen für behinderte Menschen aufgrund der §§ 48, 49 BBiG und 42b, 42c HandwO sind zu beachten (*Lachwitz/Bieritz-Harder* § 37 Rn 3).

6 Nach Abs. 1, 2. HS kann eine Förderung über die vorgeschriebene oder allgemein übliche Zeit hinaus erfolgen, wenn besondere Umstände dies rechtfertigen. Hier kommen etwa Fehlzeiten aufgrund von Erkrankungen oder die besonderen Bedürfnisse behinderter Frauen in Betracht. Die besonderen Umstände dürfen vom Leistungsempfänger nicht zu vertreten, also nicht schuldhaft herbeigeführt sein und müssen sich immer auf den konkreten Einzelfall beziehen, vgl. *Wiegand/Hohmann* § 33 Rn 11 u.H. auf BSGE 55, 53.

7 **6. Dauer von Leistungen zur beruflichen Weiterbildung, § 37 Abs. 2.** Nach § 37 Abs. 2 sollen Leistungen zur beruflichen Weiterbildung idR bei ganztägigem Unterricht nicht länger als zwei Jahre dauern, es sei denn, dass das Teilhabeziel nur über eine länger dauernde Leistung erbracht werden kann oder die Eingliederungsaussichten nur durch eine länger dauernde Leistung deutlich verbessert werden.

8 Die Vorschrift schreibt eine Regeldauer von max. 2 Jahren für Weiterbildungsleistungen vor. Damit verallgemeinert sie im Wesentlichen die Regelungen des § 101 Abs. 2 SGB III und der Vorläuferregelungen, ua. in § 11 Abs. 3 RehaAnglG in der bis zum 30. 6. 2001 geltenden Fassung. Deshalb sind die zu diesen außer Kraft getretenen Vorschriften entwickelten Grundsätze weiter anwendbar (vgl. *Lachwitz/Bieritz-Harder* § 37 Rn 4, *Neumann/Pahlen* § 33 Rn 5). Danach handelt es sich um *ein striktes Verbot mit nur einer gesetzlichen Ausnahmeregelung* (vgl. *Lachwitz/Bieritz-Harder* aaO u.H. auf BSGE 69, 128 [129]).

9 Bei Festlegung der Leistungsdauer ist nicht nur der Rahmen des § 37 zu berücksichtigen. Vielmehr müssen auch die Ermessensgesichtspunkte, die in § 33 Abs. 4 vorgeschrieben sind, also Eignung, Neigung, bisherige Tätigkeit und Lage und Entwicklung auf dem Arbeitsmarkt, in angemessener Weise in die Entscheidung mit einfließen. Angemessen einzubeziehen sind auch die Grundsätze von Wirtschaftlichkeit und Sparsamkeit (vgl. §§ 69 Abs. 2 SGB IV, 13 Abs. 1 SGB VI). Unter Berücksichtigung dieser Vorgaben hat die Rechtsprechung folgende Grundsätze entwickelt:

- Das Berufsziel darf nicht von vornherein auf Berufe beschränkt werden, deren Ausbildung innerhalb eines zweijährigen Zeitraums abgeschlossen werden kann (BSG Urt. v. 28. 3. 1990 – 9b/7 Rar 92/88 in SozR 3–4100 § 56 Nr. 1).

- Ein Anspruch auf „optimale“ Förderung die den Neigungen und Wünschen des Rehabilitanden voll entspricht, besteht nicht, (vgl. BSG Urt. v. 28. 1. 1993 – 2 RU 10/92 = BSGE 72, 77 [80]).
- Ein Berufsziel mit einer länger als zweijährigen Ausbildung darf – bei Vorliegen auch der übrigen Voraussetzungen – nur dann gewählt werden, wenn kein zumutbares Berufsziel mit zweijähriger Ausbildungszeit erkennbar ist (vgl. BSG Urt. v. 28. 1. 1993 – 2 RU 10/92 aaO).

§ 38 Beteiligung der Bundesagentur für Arbeit

[1] Die Bundesagentur für Arbeit nimmt auf Anforderung eines anderen Rehabilitationsträgers zu Notwendigkeit, Art und Umfang von Leistungen unter Berücksichtigung arbeitsmarktlicher Zweckmäßigkeit gutachterlich Stellung. [2] Dies gilt auch, wenn sich die Leistungsberechtigten in einem Krankenhaus oder einer Einrichtung der medizinischen oder der medizinisch-beruflichen Rehabilitation aufhalten.

1. Sozialpolitischer Hintergrund. Die Vorschrift regelt die Beteiligung 1 der Bundesagentur für Arbeit an der Erarbeitung der Ermessensentscheidung nach § 33 Abs. 4 über die im Einzelfall zu erbringenden Leistungen zur Teilhabe am Arbeitsleben. Anders als in früheren Fassungen der Vorgängervorschrift des § 5 Abs. 3 RehaAnglG wird die zuständige Arbeitsagentur nicht mehr obligatorisch eingeschaltet, sondern nur auf Antrag des zuständigen Rehabilitationsträgers, (vgl. dazu *Neumann/Pahlen* § 28 Rn 11 m. w. N.). Gegenstand der Beteiligung ist nur noch eine gutachterliche Stellungnahme, nicht mehr wie vor 1998 die Erarbeitung eines kompletten Eingliederungsvorschlages. Damit wurde der Einfluss der Bundesagentur für Arbeit auf die Ermessensentscheidung nach § 33 Abs. 4 deutlich eingeschränkt, die Verantwortlichkeit des zuständigen Trägers entsprechend erweitert. Dies entspricht der in § 4 Abs. 2 Satz 2 festgelegten weitgehenden Verantwortlichkeit des zuständigen Trägers für die Leistungen. Andererseits bleibt diesem die Möglichkeit, von den auf den Arbeitsmarkt bezogenen Erkenntnissen der Bundesagentur kurzfristig und aktuell zu profitieren. Den Abruf dieser Stellungnahme sollte der betroffene Rehabilitand beim zuständigen Träger anmahnen, wenn Zweifel über die auf den Arbeitsmarkt bezogene Zweckmäßigkeit einer geplanten Teilhabeleistung bestehen.

2. Geltende Fassung und Entstehungsgeschichte. Die Vorschrift wurde 2 durch Art. 68 Abs. 1 am 1. 7. 2001 in Kraft gesetzt und unverändert aus dem Regierungsentwurf (BT-Drucks. 14/5531 iVm 14/5074) übernommen. Danach entwickelt die Vorschrift die Regelungen des § 5 Abs. 4 RehaAnglG fort, um bei Leistungen zur Teilhabe am Arbeitsleben die Beteiligung der Bundesanstalt für Arbeit zu ermöglichen. Satz 2 dient der frühzeitigen Klärung und zügigen Ausführung der notwendigen Leistungen. Satz 1 wurde durch das 3. Gesetz für moderne Dienstleistungen am Arbeitsmarkt vom 23. 12. 2003 (BGBl. I S. 2891) redaktionell geändert.

3. Normzweck. Mit der Vorschrift wird die Verpflichtung der Bundes- 3 agentur für Arbeit normiert, nach Aufforderung eines anderen Rehabilitationsträgers zu Notwendigkeit, Art und Umfang von Leistungen unter Berücksichtigung arbeitsmarktlicher Zweckmäßigkeit Stellungnahmen in Form von Gutachten abzugeben.

4 **4. Normzusammenhang.** Die Stellungnahmen der Bundesagentur für Arbeit beziehen sich in der Praxis grundsätzlich auf die Ermessensentscheidung der zuständigen Reha-Träger über die konkreten Leistungen zur Teilhabe am Arbeitsleben gem. § 33 Abs. 4, nachdem diese die Grundentscheidung über die Notwendigkeit solcher Leistungen nach den für sie geltenden Vorschriften bereits getroffen haben. In Einzelfällen kann es jedoch auch sinnvoll sein, eine Stellungnahme der zuständigen Agentur für Arbeit zur grundsätzlichen Notwendigkeit von Leistungen zur Teilhabe am Arbeitsleben einzuholen. Dies kommt etwa in Betracht, wenn Zweifel über die Vermittlungsfähigkeit von gesundheitlich leicht eingeschränkten Antragstellern ohne Berufsausbildung auf dem allgemeinen Arbeitsmarkt bestehen.

5 **5. Stellungnahme der Bundesagentur für Arbeit in Gutachtenform (Satz 1).** Nach § 38 Satz 1 nimmt die Bundesagentur für Arbeit auf Anforderung eines anderen Rehabilitationsträgers zu Notwendigkeit, Art und Umfang von Leistungen unter Berücksichtigung arbeitsmarktlicher Zweckmäßigkeit gutachterlich Stellung. Ob die Bundesagentur für Arbeit zur Stellungnahme aufgefordert wird, ist in das Ermessen des zuständigen Rehabilitationsträgers gestellt. Diesem ist freigestellt – und das wird häufig praktiziert – seine Erkenntnisse aus anderen Quellen zu beziehen. In Betracht kommen Rehabilitationsberater oder private Anbieter mit Kenntnissen des Arbeitsmarktgeschehens.

6 Eine Anforderung des Leistungsberechtigten reicht nicht aus, (vgl. *Wiegand/Hohmann* § 33 Rn 12) jedoch dürfte der Rehabilitationsträger verpflichtet sein, auf Anregung des Leistungsberechtigten eine Stellungnahme anzufordern, um die eigene Entscheidung abzurunden und dem Leistungsberechtigten die Möglichkeit zu geben, sein Wunsch- und Wahlrecht nach § 9 qualifiziert auszuüben. Unbenommen bleibt selbstverständlich das Recht des Leistungsberechtigten, sich ohne Anforderung einer Stellungnahme iSd § 38 über die Möglichkeiten einer geplanten Rehabilitationsleistung bei der zuständigen Agentur für Arbeit zu informieren.

7 Die Anforderung des Rehabilitationsträgers kann formlos erfolgen, muss jedoch eine konkrete Fragestellung enthalten. Die verfügbaren, für die Beantwortung wichtigen Unterlagen sind beizufügen. Die gutachterliche Stellungnahme der Arbeitsagentur hat unverzüglich schriftlich zu erfolgen. Der Leistungsberechtigte sollte eine Kopie erhalten, da er ohnehin nach § 25 SGB X Anspruch auf Akteneinsicht hat. Für den Rehabilitationsträger sind Vorschläge der Agentur für Arbeit nicht verbindlich (vgl. zu dem Gesamtkomplex *Wiegand/Hohmann* § 38 Rn 20 bis 28).

8 **6. Stellungnahme während medizinischer Rehabilitation (Satz 2).** Nach § 38 Satz 2 gelten die Regelungen des Satzes 1 auch, wenn sich die Leistungsberechtigten in einem Krankenhaus oder einer Einrichtung der medizinischen oder der medizinisch-beruflichen Rehabilitation aufhalten. Mit der Vorschrift wird die frühzeitige Einleitung von Eingliederungsbemühungen auf dem Arbeitsmarkt zu einem Zeitpunkt bezweckt, in dem Leistungs-

berechtigte sich noch in einer Rehabilitationseinrichtung aufhalten. Auftraggeber für die Stellungnahme können vor allem Krankenversicherungen sein. Der betroffene Mensch ist immer einzubeziehen, damit ggf. sein Wunsch- und Wahlrecht nach § 9 berücksichtigt werden kann. Dasselbe gilt für den voraussichtlich zuständigen Träger der Leistungen zur Teilhabe am Arbeitsleben. Dieser hat darüber zu entscheiden, ob Rehabilitationsbedarf vorliegt, weil der maßgebende Beruf auf Dauer nicht mehr ausgeübt werden kann. Durch frühzeitige Einbeziehung des zuständigen Trägers wird vermieden, dass Betroffene bereits beginnen, sich beruflich umzuorientieren und sich später herausstellt, dass der frühere Beruf entgegen ersten Beurteilungen doch ausgeübt werden kann (vgl. dazu § 33 Rn 8ff.). Solche Fälle kommen in der Praxis nicht selten vor und sind dann mit unnötigen Enttäuschungen und überflüssigem Arbeitsaufwand verbunden.

§ 38 a Unterstützte Beschäftigung

(1) [1]Ziel der Unterstützten Beschäftigung ist, behinderten Menschen mit besonderem Unterstützungsbedarf eine angemessene, geeignete und sozialversicherungspflichtige Beschäftigung zu ermöglichen und zu erhalten. [2]Unterstützte Beschäftigung umfasst eine individuelle betriebliche Qualifizierung und bei Bedarf Berufsbegleitung.

(2) [1]Leistungen zur individuellen betrieblichen Qualifizierung erhalten behinderte Menschen insbesondere, um sie für geeignete betriebliche Tätigkeiten zu erproben, auf ein sozialversicherungspflichtiges Beschäftigungsverhältnis vorzubereiten und bei der Einarbeitung und Qualifizierung auf einem betrieblichen Arbeitsplatz zu unterstützen. [2]Die Leistungen umfassen auch die Vermittlung von berufsübergreifenden Lerninhalten und Schlüsselqualifikationen sowie die Weiterentwicklung der Persönlichkeit der behinderten Menschen. [3]Die Leistungen werden vom zuständigen Rehabilitationsträger nach § 6 Abs. 1 Nr. 2 und 5 für bis zu zwei Jahre erbracht, soweit sie wegen Art oder Schwere der Behinderung erforderlich sind. [4]Sie können bis zu einer Dauer von weiteren zwölf Monaten verlängert werden, wenn auf Grund der Art oder Schwere der Behinderung der gewünschte nachhaltige Qualifizierungserfolg im Einzelfall nicht anders erreicht werden kann und hinreichend gewährleistet ist, dass eine weitere Qualifizierung zur Aufnahme einer sozialversicherungspflichtigen Beschäftigung führt.

(3) [1]Leistungen der Berufsbegleitung erhalten behinderte Menschen insbesondere, um nach Begründung eines sozialversicherungspflichtigen Beschäftigung eines sozialversicherungspflichtigen Beschäftigungsverhältnisses die zu dessen Stabilisierung erforderliche Unterstützung und Krisenintervention zu gewährleisten. [2]Die Leistungen werden bei Zuständigkeit eines Rehabilitationsträgers nach § 6 Abs. 1 Nr. 3 und 5 von diesem, im Übrigen von dem Integrationsamt im Rahmen seiner Zuständigkeit erbracht, solange und soweit sie wegen Art oder Schwere der Behinderung zur Sicherung des Beschäftigungsverhältnisses erforderlich sind.

(4) Stellt der Rehabilitationsträger während der individuellen betrieblichen Qualifizierung fest, dass voraussichtlich eine anschließende Berufsbegleitung erforderlich ist, für die ein anderer Leistungsträger zuständig ist, beteiligt er diesen frühzeitig.

(5) [1]Die Unterstütze Beschäftigung kann von Integrationsfachdiensten oder anderen Trägern durchgeführt werden. [2]Mit der Durchführung kann nur beauftragt werden, wer über die erforderliche Leistungsfähigkeit verfügt, um seine Aufgaben entsprechend den individuellen Bedürfnissen der behinderten Menschen erfüllen zu können. [3]Insbesondere müssen die Beauftragten

1. über Fachkräfte verfügen, die eine geeignete Berufsqualifikation, eine psychosoziale oder arbeitspädagogische Zusatzqualifikation und ausreichend Berufserfahrung besitzen,
2. in der Lage sein, den Teilnehmern geeignete individuelle betriebliche Qualifizierungsplätze zur Verfügung zu stellen und ihre berufliche Eingliederung zu unterstützen,
3. über die erforderliche räumliche und sächliche Ausstattung verfügen und
4. ein System des Qualitätsmanagements im Sinne des § 20 Abs. 2 Satz 1 anwenden.

(6) [1]Zur Konkretisierung und Weiterentwicklung der in Absatz 5 genannten Qualitätsanforderungen vereinbaren die Rehabilitationsträger nach § 6 Abs. 1 Nr. 2 bis 5 sowie die Bundesarbeitsgemeinschaft der Integrationsämter und Hauptfürsorgestellen im Rahmen der Bundesarbeitsgemeinschaft für Rehabilitation eine gemeinsame Empfehlung. [2]Die gemeinsame Empfehlung kann auch Ausführungen zu möglichen Leistungsinhalten und zur Zusammenarbeit enthalten. [3]§ 13 Abs. 4, 6 und 7 und § 16 gelten entsprechend.

1 **1. Sozialpolitischer Hintergrund.** Die Vorschrift soll dazu beitragen, die Arbeitslosenquote schwerbehinderter Menschen zu verringern und möglichst vielen behinderten Menschen, für die bisher ausschließlich eine berufliche Perspektive in der Werkstatt für behinderte Menschen vorgezeichnet ist, eine Beschäftigung auf dem allgemeinen Arbeitsmarkt zu ermöglichen. Zu diesem Zweck sollen die bisher starren Abgrenzungen zwischen WfbM und allgemeinem Arbeitsmarkt flexibler gestaltet werden. Außerdem sollen die Möglichkeiten der Berufsbegleitung durch die Integrationsfachdienste ausgebaut werden, vgl. ua. Redeprotokoll des Abgeordneten Hubert Hüppe (CDU/CSU) zur abschließenden Beratung des Bundestages am 14. 11. 2008.

2 **2. Geltende Fassung und Entstehungsgeschichte.** Die Vorschrift wurde durch Art. 5 Nr. 3 des Gesetzes zur Einführung Unterstützter Beschäftigung vom 22. 12. 2008 (BGBl. 2959) am 1. 1. 2009 in Kraft gesetzt. Gegenüber dem Regierungsentwurf (BT-Drucks. 16/10487) wurden in Abs. 2 Satz 3 die zuständigen Träger konkretisiert und in Abs. 3 das Integrationsamt zusätzlich als Träger von Leistungen der Berufsbegleitung benannt. Anders als im Regierungsentwurf vorgesehen, begründen ausschließlich Art oder Schwere der Behinderung eine Verlängerung nach Abs. 2 Satz 4.

3. Normzweck. Im Rahmen der Flexibilisierung der Abgrenzung zwischen dem allgemeinen Arbeitsmarkt und der WfbM soll ermöglicht werden, dass die (vor allem jugendliche) behinderte Menschen ihr erworbenes Wissen sofort praktisch im Betrieb anwenden können und ihnen anschließend der Übergang in eine normale versicherungspflichtige Beschäftigung gelingt, die ggf. vom Integrationsfachdienst begleitet wird. 3

4. Normzusammenhang. Die Einführung der Norm steht im Zusammenhang mit dem gleichzeitig in Kraft getretenen Gesetz zur Neuausrichtung der arbeitsmarktpolitischen Instrumente (BGBl. I S. 2917) und bezieht sich speziell auf die Eingliederungsbemühungen für behinderte Menschen. 4

5. Ziel und Ausgestaltung der Unterstützten Beschäftigung (Abs. 1). Nach § 38 a Abs. 1 Satz 1 zielt die Unterstützte Beschäftigung darauf ab, behinderten Menschen mit besonderem Unterstützungsbedarf eine angemessene, geeignete und sozialversicherungspflichtige Beschäftigung zu ermöglichen und zu erhalten. Nach § 38 a Abs. 1 Satz 2 umfasst die Unterstützte Beschäftigung eine individuelle betriebliche Qualifizierung und bei Bedarf eine Berufsbegleitung. 5

6. Leistungen zur individuellen betrieblichen Qualifizierung (Abs. 2). In Abs. 2 sind die Leistungen zur individuellen betrieblichen Qualifizierung näher erläutert. 6

Nach Satz 1 erhalten behinderte Menschen sie insbesondere, um sie 7
- für geeignete betriebliche Tätigkeiten zu erproben,
- auf ein sozialversicherungspflichtiges Beschäftigungsverhältnis vorzubereiten
- bei der Einarbeitung und Qualifizierung auf einem betrieblichen Arbeitsplatz zu unterstützen.

In Abs. 2 Satz 2 wird klargestellt, dass die Leistungen nicht nur auf die Vermittlung beruflicher Kenntnisse am Arbeitsplatz im engeren Sinne beschränkt sind, sondern auch die Vermittlung von berufsübergreifenden Lerninhalten und Schlüsselqualifikationen sowie die Weiterentwicklung der Persönlichkeit der behinderten Menschen umfassen. 8

In Abs. 2 Satz 3 sind Zuständigkeit der Träger und Dauer der Leistung geregelt. Zuständig sind die Rehabilitationsträger nach § 6 Abs. 1 Nr. 2 bis 5, also die Bundesagentur für Arbeit, die Träger der gesetzlichen Unfallversicherung, der gesetzlichen Rentenversicherung und der Kriegsopferversorgung sowie Kriegsopferfürsorge. Leistungen werden für einen Zeitraum von bis zu zwei Jahren erbracht, eine Verlängerung um bis zu zwölf Monate ist möglich, wenn auf Grund der Art oder Schwere der Behinderung der gewünschte nachhaltige Qualifizierungserfolg im Einzelfall nicht anders erreichbar ist und hinreichend gewährleistet ist, dass eine weitere Qualifizierung zur Aufnahme einer sozialversicherungspflichtigen Beschäftigung führt. 9

7. Leistungen der Berufsbegleitung (Abs. 3). In Abs. 3 sind die Leistungen der Berufsbegleitung erläutert. Diese werden für behinderte Menschen insbesondere mit dem Ziel erbracht, nach Begründung eines sozialversicherungspflichtigen Beschäftigungsverhältnisses die zu dessen Stabilisierung erforderliche Unterstützung und Krisenintervention zu gewährleisten. Nach Satz 2 werden die Leistungen solange und soweit erbracht, als sie wegen Art 10 oder Schwere der Behinderung zur Sicherung des Beschäftigungsverhältnisses erforderlich sind. Zuständig sind die Rehabilitationsträger nach § 6 Abs. 1 Nr. 3 bis 5, also die oben unter Rn genannten Träger mit Ausnahme der Bundesagentur für Arbeit. Ist keiner dieser Träger zuständig, können die Leistungen auch vom Integrationsamt im Rahmen seiner Zuständigkeiten erbracht werden.

11 **8. Beteiligung des für die Berufsbegleitung zuständigen Trägers (Abs. 4).** Nach § 38a Abs. 4 hat der Träger, der die individuelle betriebliche Qualifizierung durchführt, den voraussichtlich für eine anschließende Berufsbegleitung zuständigen Träger zu beteiligen, wenn er feststellt, dass er selbst für die Berufsbegleitung nicht zuständig ist. Diese Fallkonstellation dürfte vor allem die Fälle betreffen, in denen die Bundesagentur für Arbeit für die individuelle betriebliche Qualifizierung zuständig ist. Für die anschließende Berufsbegleitung kann die BA nicht zuständig sein, vgl. oben Rn 8.

12 **9. Durchführung der Unterstützten Beschäftigung (Abs. 5).** Nach § 38a Abs. 5 Satz 1 kann die Unterstützte Beschäftigung von den Integrationsfachdiensten oder anderen Trägern durchgeführt werden. Als andere Träger kommen insbesondere Leistungserbringer im Rahmen von Leistungen zur Teilhabe am Arbeitsleben oder Träger in Betracht, die sich auf die Wiedereingliederung von Menschen mit bestimmten Krankheitsbildern spezialisiert haben. Nach Satz 2 können nur solche Leistungserbringer mit der Durchführung beauftragt werden, die über die erforderliche Leistungsfähigkeit verfügen, um ihre Aufgaben entsprechend den individuellen Bedürfnissen der behinderten Menschen erfüllen zu können. In Satz 3 sind Grundsätze zur Struktur- und Prozessqualität sowie zu den Anforderungen an ein Qualitätsmanagement geregelt.

13 **10. Gemeinsame Empfehlungen (Abs. 6).** Abs. 6 Satz 1 enthält die Verpflichtung der Rehabilitationsträger nach § 6 Abs. 1 Nr. 2 bis 5 sowie der Bundesarbeitsgemeinschaft der Integrationsämter und Hauptfürsorgestellen, im Rahmen der BAR eine gemeinsame Empfehlung zur Konkretisierung und Weiterentwicklung der in Abs. 5 genannten Qualitätsanforderungen zu erarbeiten. Nach Satz 2 kann diese Empfehlung auch Ausführungen zu möglichen Leistungsinhalten und zur Zusammenarbeit enthalten.

§ 39 Leistungen in Werkstätten für behinderte Menschen

Leistungen in anerkannten Werkstätten für behinderte Menschen (§ 136) werden erbracht, um die Leistungs- oder Erwerbsfähigkeit der behinderten Menschen zu erhalten, zu entwickeln, zu verbessern oder wiederherzustellen, die Persönlichkeit dieser Menschen weiterzuentwickeln und ihre Beschäftigung zu ermöglichen oder zu sichern.

1. Sozialpolitischer Hintergrund. S. Vorwort zu Kap. 12 (Teil 2) § 136.

1 **2. Geltende Fassung und Entstehungsgeschichte.** Die Vorschrift wurde mit Art. 1 SGB IX ab 1. 7. 2001 eingeführt und unverändert aus dem Regierungsentwurf (BT-Drucks. 14/5531 iVm 14/5074) übernommen. Die Norm ist seitdem unverändert.

3. Normzweck und Normzusammenhang. Die Norm beschreibt die Zielsetzungen der Leistungen zur Teilhabe am Arbeitsleben in anerkannten Werkstätten für behinderte Menschen (§ 136). Sie richtet sich an die Rehabilitationsträger. Sie korrespondiert mit den §§ 40 bis 42. An die Adresse der Werkstätten für behinderte Menschen (WfbM) richten sich die korrespondierenden Vorschriften des 12. Kapitels (§§ 136ff). Die §§ 39 bis 42 SGB IX enthalten die allgemeinen Grundsätze des Leistungsrechts der Werkstätten für behinderte Menschen. 2

Die Norm des § 39 modifiziert somit die allgemeine Zielsetzung der Leistungen zur Teilhabe am Arbeitsleben, wie sie in § 33 Abs. 1 festgelegt wird. Sie legt nicht nur Ziele im Bereich Teilhabe am Arbeitsleben fest (Förderung der Leistungs- oder Erwerbsfähigkeit der behinderten Menschen und die Ermöglichung oder Sicherung ihrer Beschäftigung) sondern darüber hinaus auch die Weiterentwicklung ihrer Persönlichkeit. Die hier normierten Leistungen haben also drei Zielschwerpunkte. 3

Die in § 39 generell normierten Leistungen sind für alle nach § 42 jeweils zuständigen Rehabilitationsträger unmittelbar im Sinne von § 7 Satz 1 verbindlich. Deren spezielle leistungsrechtliche Vorschriften enthalten keine abweichenden Regelungen, sondern sie verweisen lediglich auf das SGB IX, wie zB § 102 Abs. 2 SGB III, § 16 SGB VI und § 54 Abs. 1 Nr. 4 SGB XII (*Knittel* § 39, Rn 7; Adlhoch-*Kadoke* § 39, Rn 6). Somit wird die Vorschriften § 7 Abs. 1 wirksam, wonach SGB IX unmittelbar anzuwenden ist, soweit sich aus den für den jeweiligen Rehabilitationsträger geltenden Leistungsgesetzen nichts Abweichendes ergibt. 4

Das EU-Recht privilegiert Einrichtungen wie Werkstätten für behinderte Menschen im Beihilferecht (s. EU-beihilferechtliche Regelungen: **De-minimis-Verordnung:** Verordnung (EG) Nr. 1998/2006 der Kommission vom 15. Dezember 2006 über die Anwendung der Artikel 87 und 88 EG-Vertrag auf „De-minimis"-Beihilfen [ABl. L 379 vom 28. 12. 2006, S. 5]. Geltungsdauer bis 31. Dezember 2013, sowie insbesondere **Allgemeine Gruppenfreistellungsverordnung** (AGVO): Verordnung (EG) Nr. 800/2008 der Kommission vom 6. August 2008 zur Erklärung der Vereinbarkeit bestimmter Gruppen von Beihilfen mit dem Gemeinsamen Markt in Anwendung der Artikel 87 und 88 EG-Vertrag [ABl. L 214 vom 9. 8. 2008, S. 3]. Geltungsdauer bis 31. Dezember 2013. Die AGVO löste 2008 die bis dahin gültige Regelung ab: Verordnung (EG) Nr. 2204/2002 der Kommission vom 12. Dezember 2002 über die Anwendung der Artikel 87 und 88 EG-Vertrag auf Beschäftigungsbeihilfen, Amtsblatt der Europäischen Union, L 337/3 (DE) v. 13. 12. 2002). 5

4. Inhalt der Vorschrift im Einzelnen. Begriff und Leistungen der Werkstatt für behinderte Menschen sind näher festgelegt in den §§ 40, 41 sowie im 12. Kapitel (§§ 136ff) sowie in der zugehörigen WVO. 6

Der dieser Norm zugrunde liegende **Begriff des behinderten Menschen** ist nicht voll identisch mit dem Begriff der Behinderung des § 2 oder des § 68. Die rechtliche Definition dieser hier gemeinten behinderten Menschen ist wesentlich stärker präzisiert und umfasst ua. die volle Erwerbsminderung iSd § 43 Abs. 2 SGB VI. Sie erschließt den Zugang zu speziellen rentenrechtlichen Regelungen, insbesondere zur besonderen Wartezeit bei Rente wegen 7

Erwerbsminderung (§ 50 Abs. 2 SGB VI), zur besonderen Beitragstragung (§ 168 Abs. 2 SGB VI), zur Erstattung von Beitragsaufwendungen durch den Bund (§ 179 Abs. 1 SGB VI). Für WfbM-Beschäftigte bestehen gesonderte Zugangsregelungen als Pflichtversicherte zu sämtlichen Sozialversicherungen (zur Rentenversicherung: § 1 Nr. 2a SGB VI, aber auch § 5 Abs. 1 Nr. 7 SGB V Krankenversicherung, § 2 Abs. 1 Nr. 4 SGB VII Unfallversicherung und § 20 Abs. 1 Nr. 7 SGB XI Pflegeversicherung). Wesentlich für diesen Behinderungsbegriff ist das besondere Verfahren, das den Anspruch auf die WfbM-Leistung iSd § 39 feststellt und das in § 136 Abs. 2 und § 3 WVO näher geregelt ist. Es handelt sich um behinderten Menschen mit behinderungsbedingt besonders schwerwiegenden Teilhabebeschränkungen. Im Sozialhilferecht sind die Voraussetzungen des § 53 Abs. 1 SGB XII zu erfüllen. Die behinderten Menschen iSd § 39 erfüllen alle Definitionskriterien des § 2, sie sind der Regel schwerbehinderte Menschen iSd § 2 Abs. 3.

8 Die in der Werkstatt tätigen behinderten Menschen sind zudem stets gleichzeitig auch voll erwerbsgemindert im rentenrechtlichen Sinne. Die Aufnahme in Werkstätten für behinderte Menschen schließt die Erwerbsfähigkeit des behinderten Menschen aus. Dies ergibt sich dies sowohl aus dem Wortlaut des § 43 Abs. 2 Satz 3 Nr. 1 SGB VI wie auch aus dem Regelungszusammenhang in §§ 40, 41, 136, 137 SGB IX (s. Adlhoch-*Kadoke,* § 39; Rn 11).

9 **Leistungs- und Erwerbsfähigkeit behinderter Menschen und die Weiterentwicklung der Persönlichkeit:** Die Norm des § 39 legt gegenüber den Rehabilitationsträgern fest, von welcher Art und mit welcher Zielsetzungen Leistungen an behinderte Menschen zu erbringen sind, hierzu s. insbesondere die Erl. zu §§ 40, 41. Schon aus der Stellung der Norm im 5. Kapitel Leistungen zur Teilhabe am Arbeitsleben wird klar, dass es sich bei der WfbM um Einrichtungen handelt, in denen der im Einzelfall zuständige Rehabilitationsträger Leistungen zur Förderung der beruflichen Teilhabe erbringen lässt. Die ist allerdings in der WfbM nicht ausschließlich auf Arbeitsleben und Leistungsprinzip ausgerichtet ist (s.a. WE/BAGüS, Nr. 6.1, 6.2, S. 39f). Demnach hat die Werkstatt auch sozialpädagogische und sozialbetreuerische Aufgaben sowie begleitend auch medizinische und pflegerische Betreuung gemäß den besonderen Bedürfnissen der behinderten Menschen anzubieten. Dementsprechend umfassen die gem. § 39 SGB IX in der Werkstatt zu erbringenden Leistungen auch Maßnahmen zur Weiterentwicklung der Persönlichkeit. Dies ergibt sich auch aus § 41 Abs. 2 Nr. 2 SGB IX (s.a. § 136 Abs. 1 Nr. 2, § 4 Abs. 1 und 4 sowie § 5 Abs. 3 WVO). Die Praxis beklagt die Offenheit der Begrifflichkeit der Norm (s. WE/BAGüS, Nr. 6.1, 6.2, S. 39f).

10 Für den **Berufsbildungsbereich** finden sich in § 40 (s. Erl. zu § 40) auch Aussagen zu den durchzuführenden begleitenden Maßnahmen, die grundsätzlich auch auf den Arbeitsbereich übertragbar sind. Zur Erhaltung und Erhöhung der im Berufsbildungsbereich erworbenen Leistungsfähigkeit und zur Weiterentwicklung der Persönlichkeit gehören nach Auffassung der BAGüS (s.a. WE/BAGüS, Nr. 6.1, 6.2, S. 39f) zumindest, dass Fähigkeiten in den Bereichen
- Lesen, Schreiben, Rechnen,
- Mobilität und Orientierung,

- Kooperation und Kommunikation mit anderen behinderten Menschen, Vorgesetzten und dem sonstigen sozialen Umfeld,
- eigenverantwortliche Lebensbewältigung und
- Festigung des Selbstwertgefühls

in angemessenem Umfang durch geeignete Maßnahmen erhalten und erhöht bzw. entwickelt werden. Der enge Zusammenhang mit der Teilhabe am Arbeitsleben muss allerdings stets erkennbar und gewahrt sein.

Ermöglichung und Sicherung der Beschäftigung: Der dritte Zielschwerpunkt der Norm – „Beschäftigung zu ermöglichen oder zu sichern" – ist im Wortlaut etwas knapp gehalten. Er umfasst sowohl die Förderung des Übergangs in den ersten Arbeitsmarkt („ermöglichen") als auch die fortlaufende Sicherung der Weiterbeschäftigungsfähigkeit des behinderten Menschen in der WfbM, soweit ein Übergang in den ersten Arbeitsmarkt nicht oder noch nicht erreicht ist. Die Norm des § 39 umfasst somit die Aufgabe der Rehabilitationsträger, den Übergang geeigneter behinderter Menschen auf den allgemeinen Arbeitsmarkt zu fördern. Die Interpretation ergibt sich aus dem Normzusammenhang (vgl. § 41 Abs. 2 Nr. 3 SGB IX, § 136 Abs. 1 Satz 3 SGB IX, § 5 Abs. 4 WVO). Die Rehabilitationsträger sind zu einschlägigen Leistungen verpflichtet, deshalb haben die Werkstätten auch die Erwerbsfähigkeit der dort beschäftigten behinderten Menschen zu entwickeln oder wiederherzustellen. Falls im Einzelfall ein Übergang auf den allgemeinen Arbeitsmarkt ausgeschlossen ist, soll die Leistungsfähigkeit des Betroffenen soweit wie möglich entwickelt, verbessert oder wiederhergestellt werden, damit er wenigstens dauerhaft ein Mindestmaß wirtschaftlich verwertbarer Arbeitsleistung erbringt, welches für eine Beschäftigung im Arbeitsbereich einer Werkstatt ausreicht (§ 136 Abs. 2 SGB IX) (s. a. *Knittel,* § 39, Rn 14, 21; Adlhoch-*Kadoke,* § 39, Rn 13). 11

Rechtsanspruch auf die Leistung: Die Norm verpflichtet die Rehabilitationsträger nach § 42 zur Erbringung der beschriebenen Leistungen. Ein individueller Rechtsanspruch ergibt sich daraus eher nicht (anscheinend aA *Knittel* § 39 Rn 8). Allerdings ergeben sich entsprechende individuelle Rechtsansprüche nach den leistungsgesetzlichen Normen der in § 42 genannten Rehabilitationsträger iVm §§ 40, 41 und 43, für die dann der Klageweg möglich ist. Der Rechtsanspruch hat zur Voraussetzung die Anerkennung der WfbM nach § 142, die entsprechende Empfehlung des Fachausschusses nach § 2 Abs. 2 WVO, was das Erfüllen der individuellen Aufnahmevoraussetzungen nach § 136 Abs. 2 mit umschließt. Für die Erfüllung der Voraussetzungen sind u. U. bei Anwendung des persönlichen Budgets nach § 17 Abs. 2 bis 4 zusätzliche individuelle Ermessensspielräume erschließbar (s. Erl. zu § 40). 12

§ 40 Leistungen im Eingangsverfahren und im Berufsbildungsbereich

(1) **Leistungen im Eingangsverfahren und im Berufsbildungsbereich einer anerkannten Werkstatt für behinderte Menschen erhalten behinderte Menschen**

1. im Eingangsverfahren zur Feststellung, ob die Werkstatt die geeignete Einrichtung für die Teilhabe des behinderten Menschen am Arbeitsle-

ben ist sowie welche Bereiche der Werkstatt und welche Leistungen zur Teilhabe am Arbeitsleben für den behinderten Menschen in Betracht kommen, und um einen Eingliederungsplan zu erstellen,

2. im Berufsbildungsbereich, wenn die Leistungen erforderlich sind, um die Leistungs- oder Erwerbsfähigkeit des behinderten Menschen so weit wie möglich zu entwickeln, zu verbessern oder wiederherzustellen und erwartet werden kann, dass der behinderte Mensch nach Teilnahme an diesen Leistungen in der Lage ist, wenigstens ein Mindestmaß wirtschaftlich verwertbarer Arbeitsleistung im Sinne des § 136 zu erbringen.

(2) Die Leistungen im Eingangsverfahren werden für drei Monate erbracht. Die Leistungsdauer kann auf bis zu vier Wochen verkürzt werden, wenn während des Eingangsverfahrens im Einzelfall festgestellt wird, dass eine kürzere Leistungsdauer ausreichend ist.

(3) [1]Die Leistungen im Berufsbildungsbereich werden für zwei Jahre erbracht. Sie werden idR für ein Jahr bewilligt. [2]Sie werden für ein weiteres Jahr bewilligt, wenn auf Grund einer rechtzeitig vor Ablauf des Förderzeitraums nach Satz 2 abzugebenden fachlichen Stellungnahme die Leistungsfähigkeit des behinderten Menschen weiterentwickelt oder wiedergewonnen werden kann.

(4) [1]Zeiten der individuellen betrieblichen Qualifizierung im Rahmen einer Unterstützten Beschäftigung nach § 38a werden zur Hälfte auf die Dauer des Berufsbildungsbereichs angerechnet. [2]Allerdings dürfen die Zeiten individueller betrieblicher Qualifizierung und des Berufsbildungsbereichs insgesamt nicht mehr als 36 Monate betragen.

1 **1. Sozialpolitscher Hintergrund.** s. Vorwort zu Kap. 12 (Teil 2) §§ 136ff.

2 **2. Geltende Fassung und Entstehungsgeschichte.** Die Vorschrift wurde aus dem Regierungsentwurf (BT-Drucks. 14/5531 iVm 14/5074) mit einigen Änderungen übernommen (s. ausführlich: *Cramer* 2006, Erl. § 40), insbesondere wurde der Begriff Berufsbildungsbereich neu eingeführt (vorher: Arbeitstrainingsbereich). Rechtsänderungen erfolgten durch das Gesetz zur Förderung der Ausbildung und Beschäftigung schwerbehinderter Menschen vom 23. April 2004 (BGBl. I S. 606) mit Wirkung vom 1. Mai 2004 (ebenda).

3 **3. Normzweck und Normzusammenhang.** Nach § 40 Abs. 1 SGB IX können Leistungen im Eingangsverfahren und im Berufsbildungsbereich (früher: Arbeitstrainingsbereich) von Werkstätten für behinderte Menschen erbracht werden. Leistungen im Eingangsverfahren können nach Abs. 2 bis zu einer Dauer von drei Monaten bewilligt werden. Für den Berufsbildungsbereich wird in Abs. 3 ebenfalls die Dauer – bis zu zwei Jahre – und zusätzlich das Bewilligungsverfahren festgelegt.

4 **4. Inhalt der Vorschrift im Einzelnen.** Die **Leistung im Eingangsverfahren (Abs. 1 Nr. 1, Abs. 2)** ist insbesondere bei Schulabgängern der Aufnahme in die Werkstatt für behinderte Menschen regelmäßig vorgeschaltet. Erste Ansprechpartner sind regelmäßig die Mitarbeiter des Reha-Teams in den Agenturen für Arbeit. Die Agentur für Arbeit klärt, ob die behinderungsspezifischen Voraussetzungen gegeben sind.

Nach § 136 Abs. 2 SGB IX gelten keine Einschränkungen hinsichtlich der Art und Schwere der Behinderung, sofern erwartet werden kann, dass nach Teilnahme an den Maßnahmen im Berufsbildungsbereich ein Mindestmaß an wirtschaftlich verwertbarer Arbeitsleistung erbracht werden kann. Vorausgesetzt wird aber, dass kein außerordentliches Pflegebedürfnis besteht und keine Gefährdung anderer oder der eigenen Person zu befürchten ist. Zweck des Eingangsverfahrens ist die Feststellung, ob die Werkstatt die geeignete Einrichtung für die Teilhabe des behinderten Menschen am Arbeitsleben ist.

Im Eingangsverfahren ist ein Eingliederungsplan zu erstellen. Der Eingliederungsplan muss den Mitgliedern des Fachausschusses rechtzeitig vor der Sitzung am Ende des Eingangsverfahrens zugehen. 5

Die Werkstattempfehlungen (WE/BAGüS) schlagen in Nr. 4.1.3 vor, als Mindestinhalt Aussagen über das Ausmaß und die Auswirkungen der Behinderung, die schulische und berufliche Vorgeschichte, das Ergebnis der Berufsberatung, die individuelle Zielrichtung des Berufsbildungsbereichs, die gebotenen Fördermaßnahmen unter Berücksichtigung der Erkenntnisse des Eingangsverfahrens, erforderliche begleitende Maßnahmen im Berufsbildungsbereich und die Perspektiven im Hinblick auf den anzustrebenden Übergang auf den allgemeinen Arbeitsmarkt aufzunehmen. Das Eingangsverfahren ist obligatorisch. Anders als nach früherem Recht kann die Aufnahme eines behinderten Menschen in das Eingangsverfahren nicht bereits deshalb abgelehnt werden, weil von vornherein angenommen wird, dass er die Aufnahmevoraussetzungen nach § 136 Abs. 2 SGB IX nicht erfüllen könne. Das Eingangsverfahren soll dann zur Empfehlung führen, welche andere Einrichtung oder sonstigen Maßnahmen für ihn in Betracht kommen (*Knittel,* § 40, Rn 23). Der behinderte Mensch hat also in jedem Fall Anspruch auf Förderung (*Cramer* 2006, § 3 WVO Rn 15).

Beim Aufnahmeverfahren in den **Berufsbildungsbereich (Abs. 1 Nr. 2, Abs. 3)** wird der Fachausschuss beteiligt (§ 2 WVO). Kommt der Fachausschuss zu dem Ergebnis, dass im Einzelfall eine Aufnahme in die Werkstatt für behinderte Menschen nicht möglich ist, hat er andere geeignete Einrichtungen zu empfehlen. Vielen Werkstätten sind zu diesem Zweck eigene Einrichtungen für schwerst- und schwermehrfach behinderte Menschen oder aber Tagesförderstätten angegliedert (s. Erl. § 136 Rn 14). 6

Knittel verweist zutreffend darauf, dass Maßnahmen im Berufsbildungsbereich der Werkstatt für behinderte Menschen keine Berufsbildung im Rechtssinne darstellen (*Knittel* § 40, Rn 27). Sie stellen auch keine Berufsvorbereitung gem. § 33 Abs. 3 Nr. 2 SGB IX iVm § 61 Abs. 1 SGB III dar, weil sie nicht gezielt der Vorbereitung auf eine Tätigkeit als Arbeitnehmer auf dem allgemeinen Arbeitsmarkt dienen (Adlhoch-*Kadoke,* § 40, Rn 27; aA Schorn-*Mrozynski*, § 40, Rn 7). 7

Die Leistungen im Berufsbildungsbereich haben zum Ziel die Leistungs- oder Erwerbsfähigkeit des behinderten Menschen soweit wie irgend möglich zu entwickeln, zu verbessern oder wiederherzustellen. Die Leistungen hierfür müssen „erforderlich" sein. Im Zweifel ist zugunsten des behinderten Menschen zu entscheiden (Haines-*Jacobs;* § 40, Rn 11; Adloch-*Kadoke,* § 40, Rn 28). 8

9 **Leistungen in Form des Persönlichen Budgets.** Ab 1. 1. 2008 können Leistungen als Teil eines trägerübergreifenden Budgets beansprucht werden (§§ 17 Abs. 2 bis 4 iVm § 159 Abs. 5) (s. *Feldes-Ritz* § 40, Rn 11ff; *Deinert-Ritz,* § 22 Rn 25ff), sind grundsätzlich auch Leistungen in einer Werkstatt für behinderte Menschen (WfbM) nach §§ 40, 41 SGB IX budgetfähig. Die Diskussion hierzu ist allerdings breit und teilweise kontrovers (s. *Feldes-Ritz* § 40, Rn 11ff; *Deinert-Ritz*, § 22 Rn 26f). Die Bundesagentur für Arbeit praktiziert seit Inkrafttreten ihrer einschlägigen HEGA 06/2006 (inzwischen abgelöst durch HEGA 05/08) die Bewilligung der Leistungen nach § 40 Abs. 1 in Form des Persönlichen Budgets nach § 17 Abs. 2 bis 4. Die Bewilligung eines Persönlichen Budgets nach § 17 Abs. 2 bis 4 SGB IX setzt voraus, dass der Leistungsberechtigte, der das Persönliche Budget in Anspruch nehmen will, einen Rechtsanspruch gegen den Leistungsträger auf Erbringung der Reha-Leistung – also hier der Leistungen nach § 40 Abs. 1 – hat.

Es obliegt allein dem Budgetnehmer, den in der Zielvereinbarung festgelegten Bedarf mit dem zur Verfügung gestellten Budget zu realisieren und die vollständige Bedarfsdeckung nachzuweisen. Nicht verbrauchte Beträge verbleiben nach der HEGA der BA – anders als zB bei den Sozialhilfeträgern – vollständig beim Budgetnehmer.

10 Die **Sozialversicherung von Budgetnehmern nach § 40 SGB IX** regelt Ziff. 9.2.4 der HEGA 05/08, indem das Thema zur Privatsache der Budgetnehmer in der Zielvereinbarung erklärt wird.

11 Die BA hat 2007/2008 ein **neues Instrument zur Diagnose der Arbeitsmarktfähigkeit besonders betroffener behinderter Menschen (DIA-AM)** entwickelt, das inzwischen angewendet wird. Ziel des neuen Instruments DIA-AM ist es, durch eine auf jeden Teilnehmer ausgerichtete Orientierung und praxisorientierte Eignungsabklärung realistische und belastbare Aussagen zu erhalten, inwieweit Art oder Schwere der Behinderung einer Beschäftigung auf dem allgemeinen Arbeitsmarkt entgegenstehen und deshalb ggf. die WfbM für die jeweilige Person die notwendige Einrichtung zur Teilhabe am Arbeitsleben ist (§ 136 Abs. 1 Satz 2 SGB IX).

12 Hinsichtlich der 2009 neu eingeführten Rehabilitationsstatus **„Unterstützte Beschäftigung"** (§ 38a) wird auf die dortigen Erläuterungen verwiesen. Diese neue Rehabilitationsleistung richtet sich in den Zielraum beiderseits entlang der Grenze zwischen unterem Bereich des ersten Arbeitsmarktes und WfbM (s.a. *Deinert-Ritz,* § 22 Rn 16 bis 19, 30 bis 33).

§ 41 Leistungen im Arbeitsbereich

(1) Leistungen im Arbeitsbereich einer anerkannten Werkstatt für behinderte Menschen erhalten behinderte Menschen, bei denen
1. eine Beschäftigung auf dem allgemeinen Arbeitsmarkt oder
2. Berufsvorbereitung, berufliche Anpassung und Weiterbildung oder berufliche Ausbildung (§ 33 Abs. 3 Nr. 2 bis 4)
wegen Art oder Schwere der Behinderung nicht, noch nicht oder noch nicht wieder in Betracht kommen und die in der Lage sind, wenigstens

ein Mindestmaß an wirtschaftlich verwertbarer Arbeitsleistung zu erbringen.

(2) Die Leistungen sind gerichtet auf

1. **Aufnahme, Ausübung und Sicherung einer der Eignung und Neigung des behinderten Menschen entsprechenden Beschäftigung,**
2. **Teilnahme an arbeitsbegleitenden Maßnahmen zur Erhaltung und Verbesserung der im Berufsbildungsbereich erworbenen Leistungsfähigkeit und zur Weiterentwicklung der Persönlichkeit sowie**
3. **Förderung des Übergangs geeigneter behinderter Menschen auf den allgemeinen Arbeitsmarkt durch geeignete Maßnahmen.**

(3) [1]Die Werkstätten erhalten für die Leistungen nach Absatz 2 vom zuständigen Rehabilitationsträger angemessene Vergütungen, die den Grundsätzen der Wirtschaftlichkeit, Sparsamkeit und Leistungsfähigkeit entsprechen. [2]Ist der Träger der Sozialhilfe zuständig, sind die Vorschriften nach dem Zehnten Kapitel des Zwölften Buches anzuwenden. [3]Die Vergütungen, in den Fällen des Satzes 2 die Pauschalen und Beträge nach § 76 Abs. 2 des Zwölften Buches, berücksichtigen

1. **alle für die Erfüllung der Aufgaben und der fachlichen Anforderungen der Werkstatt notwendigen Kosten sowie**
2. **die mit der wirtschaftlichen Betätigung der Werkstatt in Zusammenhang stehenden Kosten, soweit diese unter Berücksichtigung der besonderen Verhältnisse in der Werkstatt und der dort beschäftigten behinderten Menschen nach Art und Umfang über die in einem Wirtschaftsunternehmen üblicherweise entstehenden Kosten hinausgehen.**

[4]Können die Kosten der Werkstatt nach Satz 3 Nr. 2 im Einzelfall nicht ermittelt werden, kann eine Vergütungspauschale für diese werkstattspezifischen Kosten der wirtschaftlichen Betätigung der Werkstatt vereinbart werden.

(4) Bei der Ermittlung des Arbeitsergebnisses der Werkstatt nach § 12 Abs. 4 der Werkstättenverordnung werden die Auswirkungen der Vergütungen auf die Höhe des Arbeitsergebnisses dargestellt. Dabei wird getrennt ausgewiesen, ob sich durch die Vergütung Verluste oder Gewinne ergeben. Das Arbeitsergebnis der Werkstatt darf nicht zur Minderung der Vergütungen nach Absatz 3 verwendet werden.

1. Sozialpolitscher Hintergrund. s. Vorwort zu Kap. 12 (Teil 2) §§ 136ff. 1

2. Geltende Fassung und Entstehungsgeschichte. Die historischen Wur- 2
zeln der Vorschrift sind komplex, hierzu wird auf *Cramer* 2006, Einleitung verwiesen. Die Vorschrift wurde mit Art. 1 SGB IX ab 1. 7. 2001 eingeführt und unverändert aus dem Regierungsentwurf (BT-Drucks. 14/5531 iVm 14/5074) übernommen. Die Norm ist seitdem unverändert.

3. Normzweck und Normzusammenhang. Die Norm regelt den Ar- 3
beitsbereich der WfbM. Abs. 1 definiert die Zielgruppe des WfbM-Arbeitsbereichs (wortgleich mit § 136 Abs. 1 Satz 2). Abs. 2 legt die Leistungen nach Zielsetzung, Inhalt, Dauer und hinsichtlich wichtiger Voraussetzungen fest. Der Kanon der Leistungsziele des Abs. 2 stellt in Ziff. 2 wiederum deutlich heraus, dass die **WfbM eine besondere Rehabilitationseinrichtung**

ist (s. Erl. § 39, § 136, Rn 5ff.), eben **nicht nur der beruflichen Rehabilitation, sondern auch umfassender der Förderung der Weiterentwicklung der Persönlichkeit verpflichtet ist.**

4 Bei den Leistungen kommt in der jüngeren politischen Diskussion der Frage des Übergangs von der WfbM auf den ersten Arbeitsmarkt als Auftrag und Ziel der WfbM besondere Beachtung zu. Diesem Ziel sind allerdings auch die in den §§ 109ff und §§ 132ff geregelten Institutionen der Integrationsfachdienst und Integrationsprojekte gewidmet. Die 2008 neu eingeführte Leistung der „Unterstützten Beschäftigung" (s. § 38a) ist ebenfalls im weiteren Sinne diesem Kontext zuzuordnen.

5 Abs. 3 regelt die Grundsätze der Vergütung durch die Rehabilitationsträger und bestimmte Einzelheiten für Leistungserbringung durch die Sozialhilfe als den wichtigsten Kostenträger des Arbeitsbereiches.

6 Abs. 4 regelt die Ermittlung und Verwendung des Arbeitsergebnisses und die Auswirkungen der Vergütung auf die Arbeitsergebnisse. Verlangt wird dort die Trennung der beiden Wirtschaftsbereiche – Vergütung durch die Rehabilitationsträger einerseits und Teilnahme am Markt und Erwirtschaften eines Arbeitsergebnisses anderseits (s. hierzu insbesondere *Cramer* 2006, Einleitung, sowie § 41 Rn 3ff).

7 **4. Inhalt der Vorschrift im Einzelnen.** Die **Zielgruppe der WfbM-Leistungen (Abs. 1)** wird wortgleich mit § 39 und § 136 Abs. 1 Satz 2 festgelegt (s. Erl. dort). Abs. 1 regelt die persönlichen Voraussetzungen der Leistungen im Arbeitsbereich einer Werkstatt für behinderte Menschen. Für diesen Personenkreis besteht ein **Rechtsanspruch** auf diese Leistungen gegen den nach § 42 Abs. 2 SGB IX zuständigen Rehabilitationsträger.

8 Der Personenkreis wird in negativer Hinsicht abgegrenzt (*Knittel,* § 41, Rn 13ff): Vor einer Übernahme in den Arbeitsbereich einer WfbM muss geklärt sein, dass der behinderte Mensch eine Beschäftigung auf dem allgemeinen Arbeitsmarkt nicht ausüben kann (Abs. 1 Ziff. 1). Dies muss auf die Art oder Schwere der Behinderung zurückzuführen sein. Es reicht deshalb für eine Aufnahme in die Werkstatt nicht aus, wenn ein behinderter Mensch zwar auf dem allgemeinen Arbeitsmarkt beschäftigt werden kann, er aber dort wegen der Lage des Arbeitsmarktes keine Beschäftigung findet. Allerdings dürfte in Grenzfällen die Feststellung schwierig zu treffen sein, ob die wesentliche Ursache für die fehlende Beschäftigungsmöglichkeit auf die Behinderung oder die Lage des Arbeitsmarktes zurückzuführen ist (*Schorn-Mrozynski,* Rn 3).

Eine Beschäftigung in einer WfbM können ebenfalls Menschen beanspruchen, bei denen Maßnahmen der beruflichen Rehabilitation im Sinne von § 33 Abs. 3 Nr. 2 bis 4 SGB IX wegen Art oder Schwere der Behinderung zumindest derzeit nicht in Betracht kommen (Abs. 1 Nr. 2).

9 Es lassen sich mit dieser Definition durchaus konkrete Personengruppen benennen, die **grundsätzlich nicht für die Beschäftigung im Arbeitsbereich einer WfbM** beschäftigt werden können (vgl. Nr. 10.4.1 der WE/BAGüS): **Lernbehinderte,** da diesen anderweitige berufsfördernde Instrumente zur Teilhabe am Arbeitsleben nach § 33 SGB IX zur Verfügung stehen, **arbeitslose schwerbehinderte Menschen**, da diese dem allgemeinen Arbeitsmarkt zur Verfügung stehen und für diesen Personenkreis besondere Förderund Integrationsmöglichkeiten nach §§ 33, 104, 132ff SGB IX iVm

dem SGB II oder SGB III bestehen, und **erwerbsfähige behinderte Menschen,** für die Leistungen zur Eingliederung in Arbeit nach § 16 SGB II oder Leistungen nach dem SGB III iVm § 33 SGB IX erbracht werden können. Nicht WfbM-bedürftig sind auch Personen, bei denen ausschließlich wegen besonderer sozialer Schwierigkeiten Hilfe nach § 67 SGB XII geboten ist, **Bezieher von Rente wegen teilweiser Erwerbsminderung nach § 43 SGB VI,** da sie nur für bestimmte Bereiche des allgemeinen Arbeitsmarktes nicht verfügbar sind und anderweitige Maßnahmen (zB Umschulung) vom zuständigen Rehabilitationsträger zu erbringen sind, und behinderte Menschen, die zum Zeitpunkt des beantragten Beschäftigungsbeginns das **65. Lebensjahr vollendet** haben, bzw. Bezieher von Altersrente.

Auch hinsichtlich der Leistungsfähigkeit nach grenzt sich die WfbM ab: 10
nicht aufgenommen werden behinderte Menschen, für die Betreuung und Förderung iSd § 136 Abs. 3 SGB IX geboten ist.

Als positives Abgrenzungsmerkmal für die Leistungsberechtigung ist also ein Mindestmaß an wirtschaftlich verwertbarer Arbeitsleistung zu erbringen (s.a. § 136 Abs. 2 Satz 1, § 40 Abs. 1 Nr. 2).

Abs. 2 legt **drei Zielsetzungen** der Leistungen zur Teilhabe im Arbeitsbe- 11
reich fest: Die Teilhabe am Arbeitsleben soll durch die Aufnahme, Ausübung und Sicherung einer der Eignung und den Neigungen entsprechenden Beschäftigung bewirkt werden. Diesem Ziel entspricht die Verpflichtung der Werkstätten, ein möglichst breites Spektrum an Arbeitsplätzen anzubieten (§ 136 und WVO); den besonderen Belangen der behinderten Menschen ist bei der Gestaltung der Arbeitsabläufe zu entsprechen zB durch die Aufteilung der Arbeitsabläufe in geeignete Arbeitsschritte.

Die Beschäftigung wird durch arbeitsbegleitende Maßnahmen zur Erhal- 12
tung der Leistungsfähigkeit und zur Weiterentwicklung der Persönlichkeit begleitet. Die erforderlichen Hilfen sind durch besondere Fachkräfte für die pädagogische, soziale, psychologische und medizinische Betreuung der behinderten Menschen in Werkstätten zu erbringen. Einzelheiten sind in der WVO geregelt. Die umfassende Ausgestaltung der arbeitsbegleitenden Hilfen macht deutlich, dass **in der Werkstatt für behinderte Menschen Teilhabe am Arbeitsleben und Teilhabe am Leben in der Gemeinschaft teilweise in einander übergehen** (Kossens-*Kossens,* § 41, Rn 4).

Zu den Aufgaben des WfbM-Arbeitsbereichs gehört auch die Förderung 13
des Übergangs auf den allgemeinen Arbeitsmarkt. Der Übergang kann auch durch die Probebeschäftigung in einem Betrieb oder einer Übergangs- oder Selbsthilfefirma, gegebenenfalls unter Einbeziehung eines Integrationsfachdienstes verbessert werden. Zahlreiche Beispiele und Hinweise finden sich auf der Homepage der BAG Unterstützte Beschäftigung (www.bagub.de) und in der Zeitschrift Impulse, die dort auch als download verfügbar ist.

Kossens (Kossens, § 41 Rn 6) weist darauf hin, dass durch das Gesetz zur Re- 14
form der Renten wegen verminderter Erwerbsfähigkeit sichergestellt wurde, dass behinderten Menschen am WfbM, die eine Eingliederung auf dem allgemeinen Arbeitsmarkt erfolglos versuchen, keine rentenrechtlichen Nachteile drohen. Nach § 43 Abs. 2 Satz 3 Nr. 2 SGB VI sind Zeiten eines erfolglosen Eingliederungsversuchs auf die 20-jährige Wartezeit nach § 43 Abs. 6 SGB VI anzurechnen; sie werden rentenrechtlich nicht als Unterbrechung gewertet.

15 Die Formulierung zur **Vergütung (Abs. 3)** ist der vorläufige Endpunkt längerer gesetzgeberischer Bemühungen, der komplexen Wirtschaftsstruktur – einem Mix aus sozialrechtlicher Vergütung bzw. Erstattung und privatwirtschaftlichem Markthandeln – gerecht zu werden. Die Norm etabliert einen Anspruch der WfbM auf angemessene Vergütung, unter der Wahrung der Grundsätze von Wirtschaftlichkeit, Sparsamkeit und Leistungsfähigkeit. Soweit der Träger der Sozialhilfe zuständiger Rehabilitationsträger ist, sind die Vorschriften des Zwölften Buches anzuwenden.

16 Das wirtschaftliche Handeln der WfbM soll sich dem Grundsatz nach über Markterlöse finanzieren, wobei in der Praxis die hierfür notwendigen Investitionen oft auch durch öffentliche Zuwendungen finanziert werden. Satz 3 regelt, welche Kosten des Wirtschaftsbetriebes auch von der Vergütung des zuständigen Rehabilitationsträger zu übernehmen sind. Es ist Kossens zuzustimmen, wenn er feststellt: In den Werkstätten entstehen regelmäßig dem betriebswirtschaftlichen Bereich zuzuordnende Mehrkosten (zB durch die kostensteigernde Aufteilung von Arbeitsabläufen in einzelne Arbeitsschritte), die mit den besonderen Verhältnissen in der Werkstatt, insbesondere mit der idR eingeschränkten Leistungsfähigkeit behinderter Menschen in Zusammenhang stehen, und in anderen Wirtschaftsunternehmen üblicherweise nicht entstehen (Nr. 2). Diese Kosten sind gesondert auszuweisen; ist dies nicht möglich, können sie pauschaliert abgegolten werden.

17 Abs. 4 regelt das Verfahren zur Ermittlung des Arbeitsergebnisses (Abs. 4), wobei die Auswirkungen der Vergütungen auf das Arbeitsergebnis darzustellen sind. Dieses Ziel verfolgt auch die Regelung des Satz 3, der die – nachträgliche – Minderung der Vergütungen durch Heranziehung von Teilen des Arbeitsergebnisses verbietet (Verbot der sog. Nettoerlösrückführung).

18 Auch die Leistung nach § 41 ist grundsätzlich budgetfähig iSd § 17 Abs. 2 bis 4. Eine gefestigte Rechtsmeinung, wie mit Problemen umzugehen ist, dass die Leistung in einer „anerkannten WfbMW" erbracht werden soll, fehlt allgemein noch. Das Bundesministerium für Arbeit und Soziales lehnt zwar eine außerinstitutionelle Form des BP wiederholt in Stellungnahmen und Leitungsreden ab, will aber innerhalb der WfbM-Beschäftigung das Persönliche Budget für individualisierte Teilleistungen fördern. Diesem Ziel soll auch das Projekt „WerkstattBudget" dienen. Seit September 2008 bis Frühjahr 2010 wurde es in zwei Komplexeinrichtungen in Westfalen-Lippe entwickelt und erprobt. Die „Komplexleistung Werkstatt" soll nach Vorgaben des Werkstättenrechts in sieben Einzelleistungen gegliedert werden. Diese wiederum werden in Module, Bausteine und Elemente zerlegt und mit Preisen versehen (www.bagwfbm.de Menupunkt: Persönliches Budget).

§ 42 Zuständigkeit für Leistungen in Werkstätten für behinderte Menschen

(1) Die Leistungen im Eingangsverfahren und im Berufsbildungsbereich erbringen

1. die Bundesagentur für Arbeit, soweit nicht einer der in den Nummern 2 bis 4 genannten Träger zuständig ist,

2. **die Träger der Unfallversicherung im Rahmen ihrer Zuständigkeit für durch Arbeitsunfälle Verletzte und von Berufskrankheiten Betroffene,**
3. **die Träger der Rentenversicherung unter den Voraussetzungen der §§ 11 bis 13 des Sechsten Buches,**
4. **die Träger der Kriegsopferfürsorge unter den Voraussetzungen der §§ 26 und 26a des Bundesversorgungsgesetzes.**

(2) **Die Leistungen im Arbeitsbereich erbringen**

1. **die Träger der Unfallversicherung im Rahmen ihrer Zuständigkeit für durch Arbeitsunfälle Verletzte und von Berufskrankheiten Betroffene,**
2. **die Träger der Kriegsopferfürsorge unter den Voraussetzungen des § 27d Abs. 1 Nr. 3 des Bundesversorgungsgesetzes,**
3. **die Träger der öffentlichen Jugendhilfe unter den Voraussetzungen des § 35a des Achten Buches,**
4. **im Übrigen die Träger der Sozialhilfe unter den Voraussetzungen des Zwölften Buches.**

1. Sozialpolitischer Hintergrund. S. Vorwort zu Kap. 12 (Teil 2) § 136.

2. Geltende Fassung und Entstehungsgeschichte. Die Vorschrift bestimmt die zuständigen Rehabilitationsträger (§ 6) für Leistungen in Werkstätten für behinderte Menschen. Hierzu wird zwischen den (befristeten) Leistungen im Eingangsverfahren und im Berufsbildungsbereich einerseits sowie auf der anderen Seite den (idR auch dauerhaft erbringbaren) Leistungen im Arbeitsbereich unterschieden. 1

3. Normzweck und Normzusammenhang. Die Vorschrift wurde unverändert aus dem Regierungsentwurf (BT-Drucks. 14/5531 iVm 14/5074) in das SGB IX übernommen. Die letzte Änderung erfolgte durch Art. 8 des Gesetzes zur Einordnung des Sozialhilferechts in das Sozialgesetzbuch vom 27. Dezember 2003 (BGBl. I S. 3022 Nr. 67/2003) mit Wirkung zum 1. 1. 2005. 2

4. Inhalt der Vorschrift im Einzelnen. Zuständigkeit im Eingangsverfahren und im Berufsbildungsbereich (Abs. 1): Für diese Leistungen an behinderte Menschen in anerkannten Werkstätten im Sinne von §§ 136ff. SGB IX können grundsätzlich alle in § 6 genannten Rehabilitationsträger mit Ausnahme der Krankenkassen zuständig sein. Die Träger der Unfallversicherung (§ 35 SGB VII) und der Träger der Kriegsopferfürsorge (§§ 26 und 26a BVG) haben praktisch nur geringe Bedeutung. Die Rentenversicherungszuständigkeit (§ 16 SGB VI) besteht aber nur „unter den Voraussetzungen der §§ 11 bis 13 SGB VI“, dh. vor allem nur unter den engen beitragsrechtlichen Voraussetzungen des § 11 Abs. 1 SGB VI oder wenn die besondere Fallgestaltung des § 11 Abs. 2a SGB VI gegeben ist. Die Hauptzielgruppen der WfbM erfüllen im Allgemeinen diese Voraussetzungen für eine Leistungspflicht des Trägers der Rentenversicherung nicht. Für die Mehrzahl der Maßnahmen nach Abs. 1 somit kommt regelmäßig die Zuständigkeit der Bundesagentur für Arbeit zum Zuge. Die Leistungsvorschriften für die BA finden sich in den §§ 97 bis 115, 116 Nr. 3 SGB III, insbesondere in § 102 Abs. 2 SGB III. 3

Zuständigkeiten über das **SGB II** sind – wegen der Begrenzung auf erwerbsfähige Hilfebedürftige – nur bedingt möglich, regeln sich dann aber 4 unter Beachtung der Vorschriften des § 6a SGB IX und § 16 SGB II. Zur Zuständigkeit der **Sozialhilfe** führen die WE/BAGüS 2005, Nr. 10.5, aus: *„Hat allerdings ein behinderter Mensch (zB dienstunfähige Beamte) dem Grunde nach keinen Anspruch auf Leistungen im Eingangsverfahren und im Berufsbildungsbereich gegenüber einem der vorgenannten Rehabilitationsträger, käme eine Leistungserbringung durch den Träger der Sozialhilfe nach § 54 Abs. 1 SGB XII iVm § 33 Abs. 1 und § 40 SGB IX in Betracht; § 42 Abs. 1 SGB IX hat also keine anspruchsausschließende Wirkung gegenüber dort nicht aufgeführten Rehabilitationsträgern. Ein Anspruch auf unterhaltssichernde und andere ergänzende Leistungen iSv § 5 Nr. 3 iVm §§ 44ff SGB IX (zB Ausbildungsgeld) besteht gegenüber dem Träger der Sozialhilfe jedoch nicht. § 6 Abs. 1 Nr. 7 iVm § 44 Abs. 1 SGB IX schließen den Träger der Sozialhilfe von der Verpflichtung zur Erbringung derartiger Leistungen ausdrücklich aus.“* Für **Beamte des Bundes** besteht seit 2008 allerdings in § 46 Abs. 4 BBG ein eigener Rehabilitationsanspruch, der nach der Gesetzesbegründung analog „in gleichem Umfang wie bei den sozialversicherungspflichtig Beschäftigen“ ausgestaltet werden soll (BT-Drucks. 16/10850 v. 12. 11. 2008). Für Beamte der Länder gelten eigene Regelungen bzw. keine derartige Regelung.

5 **Zuständigkeit im Arbeitsbereich (Abs. 2):** Als zuständige Rehabilitationsträger für Leistungen im Arbeitsbereich einer WfbM kommen die Träger der Unfallversicherung, der Kriegsopferfürsorge, der öffentlichen Jugendhilfe und der Sozialhilfe in Betracht. Eine Zuständigkeit der Bundesagentur für Arbeit besteht insoweit nicht, weil der Arbeitsbereich einer WfbM nicht zum allgemeinen Arbeitsmarkt rechnet. Für die zuständigen Rehabilitationsträger im Arbeitsbereich sind: Die Träger der Unfallversicherung (§ 35 Abs. 1 SGB VII) im Rahmen ihrer Zuständigkeit für durch Arbeitsunfälle Verletzte und von Berufskrankheiten Betroffene, die Träger der Kriegsopferfürsorge (§ 27d Abs. 1 Nr. 3 BVG), die Träger der öffentlichen Jugendhilfe (§ 35a SGB VIII), die Träger der Sozialhilfe im Rahmen der Eingliederungshilfe (§ 54 Abs. 1 Satz 1 SGB XII). Alle zuständigen Träger handeln jeweils iVm § 41 SGB IX. Soweit nach Landesrecht nichts anderes bestimmt ist, liegt nach § 97 Abs. 3 Nr. 1 SGB XII die sachliche Zuständigkeit für Leistungen der Eingliederungshilfe nach den §§ 53 bis 60 SGB XII beim überörtlichen Träger der Sozialhilfe.

§ 43 Arbeitsförderungsgeld

[1]Die Werkstätten für behinderte Menschen erhalten von dem zuständigen Rehabilitationsträger zur Auszahlung an die im Arbeitsbereich beschäftigten behinderten Menschen zusätzlich zu den Vergütungen nach § 41 Abs. 3 ein Arbeitsförderungsgeld. [2]Das Arbeitsförderungsgeld beträgt monatlich 26 Euro für jeden im Arbeitsbereich beschäftigten behinderten Menschen, dessen Arbeitsentgelt zusammen mit dem Arbeitsförderungsgeld den Betrag von 325 Euro nicht übersteigt. [3]Ist das Arbeitsentgelt höher als 299 Euro, beträgt das Arbeitsförderungsgeld monatlich den Unterschiedsbetrag zwischen dem Arbeitsentgelt und

325 Euro. [4]Erhöhungen der Arbeitsentgelte auf Grund der Zuordnung der Kosten im Arbeitsbereich der Werkstatt gemäß § 41 Abs. 3 des Bundessozialhilfegesetzes in der ab 1. August 1996 geltenden Fassung oder gemäß § 41 Abs. 3 können auf die Zahlung des Arbeitsförderungsgeldes angerechnet werden.

1. Sozialpolitscher Hintergrund. Die Entlohnung der behinderten Menschen in Werkstätten für behinderte Menschen (WfbM) wird langjährig als sozialpolitisches Anliegen gesehen. Im Zuge der parlamentarischen Behandlung des SGB IX im Jahr 2001 wurde – abweichend vom Entwurf der Bundesregierung – dann ein neuer Weg beschritten: Die zuständigen Rehabilitationsträger wurden verpflichtet, für alle WfbM-Beschäftigten, die bestimmte Verdienstgrenzen nicht überschreiten, zusätzlich zum Nettoerlös-gespeisten Entgelt ein Arbeitsförderungsgeld zu zahlen. Die Höhe von damals 50 DM (heute: 26,– €) sollte eigentlich nur einen Einstieg in ein neues System darstellen, wurde aber seit Einführung trotz in den letzen Jahren teilweise sinkenden WfbM-Entgelten nicht erhöht (s. zur Entgeltentwicklung: www.bagwfbm.de). Das durchschnittliche monatliche Entgelt im Arbeitsbereich der WfbM Betrug im Jahr 2007 €: 158,49 (www.bagwfbM.de Menupunkt Statistik). Die Entgelthöhe entspricht damit weniger als einem Viertel des steuerlichen Existenzminimums. Die BAG WfbM hält dementsprechend die deutliche Erhöhung der öffentlich finanzierten Zuwendung an WfbM-Beschäftigte auf das steuerliche Existenzminimum, dh derzeit monatlich 603,– € für angemessen (http://www.bagwfbm.de/page/101). 1

2. Geltende Fassung und Entstehungsgeschichte. Der Regierungsentwurf (BT-Drucks. 14/5531 iVm 14/5074) sah in § 43 eine Verordnungsermächtigung vor. Der BT-Ausschuss für Arbeit und Sozialordnung hat stattdessen die jetzige Gesetzesfassung eingefügt (BT-Drucks. 14/5800 S. 33). Die Norm wurde zweimal marginal geändert (Art. 66 Nr. 1 SGB IX des Gesetzes vom 19. 6. 2001 (BGBl. I S. 1046); Art. 48 des Gesetzes zur Gleichstellung behinderter Menschen und zur Änderung anderer Gesetze vom 27. 4. 2002 (BGBl. I S. 1467)). 2

3. Normzweck und Normzusammenhang. Ziel der Norm ist es, die Einkommenssituation der Beschäftigten im Arbeitsbereich der Werkstätten für behinderte Menschen (WfbM) iSd § 136 ff unabhängig vom Nettoerlös der WfbM zu erhöhen. 3

4. Inhalt der Vorschrift im Einzelnen. Erstattung des Rehabilitationsträgers an die WfbM (Satz 1): Die WfbM haben an den zuständigen Rehabilitationsträger einen unmittelbaren Anspruch auf Erstattung des an die im Arbeitsbereich beschäftigten Menschen ausgezahlten Arbeitsförderungsgeldes. Da die WfbM in dieser Weise Leistungen für den Rehabilitationsträger erbringt, hat diese Erstattung den Rechtscharakter einer Vergütung des Rehabilitationsträgers an die WfbM (s.a. WE/BAGüS, Nr. 8.2.3 S. 73, so auch Bihr-*Gerwinn* § 43 Rn 3; *Knittel* § 43, Rn 7; Kossens-*Vogt* § 43, Rn 3). Die Werkstatt hat das Arbeitsförderungsgeld in der gesetzlichen Höhe auszuzahlen und hat keinerlei Ermessen, die Höhe selbst zu gestalten. 4

Bezug des Arbeitsförderungsgeldes zum Arbeitsentgelt nach § 138 Abs. 2: Das Arbeitsförderungsgeld ist ein Teil der Entlohnung, die zusätz- 5 lich zum Arbeitsentgelt nach § 138 Abs. 2 gezahlt wird. Die Auszahlung des Arbeitsförderungsgeldes an den schwerbehinderten Menschen ist in Satz 2 und 3 geregelt. Bezugsberechtigt sind ausschließlich Beschäftigte im Arbeitsbereich einer anerkannten WfbM. Bis zu einem Entgelt in Höhe von 299,– € monatlich wird das Arbeitsförderungsgeld in voller Höhe fällig. Bei WfbM-Entgelten zwischen 300 und 325,– € findet eine Anrechnung der Differenz statt. Bei einem WfbM-Entgelt über 325,– € wird die Zahlung eingestellt. Die Feststellung der Höhe des Arbeitsförderungsgeldes und seine Auszahlung ist Aufgabe der WfbM. Die WE BAGüS empfiehlt die gesonderte Ausweisung in der Entgeltabrechnung (s. Nr. 8.2.3, S. 74). Beim Arbeitsförderungsgeld handelt sich um ein sozialversicherungspflichtiges Arbeitsentgelt (§ 14 SGB IV). Arbeitsentgelte im Sinne des § 14 Abs. 1 SGB IV sind immer Bruttoentgelte. Das Arbeitsentgelt der im Arbeitsbereich beschäftigten behinderten Menschen besteht somit aus Grundbetrag, Steigerungsbetrag und Arbeitsförderungsgeld und wird als Bruttoleistung gezahlt.

6 **Anrechnung des Arbeitsförderungsgelds:** Bezug des Arbeitsförderungsgeldes zu anderen Einkommenshilfen ist vor allem hinsichtlich der Sozialhilfeleistungen (SGB XII) und sozialhilfeähnlichen Leistungen von praktischer und rechtlicher Bedeutung. Einschlägig ist § 82 Abs. 2 Ziff. 5 SGB XII, wonach Arbeitsförderungsgeld vom sozialhilferelevanten Einkommen abzusetzen ist. Die Freistellung des Arbeitsförderungsgeldes von einer Einkommensanrechnung ist zwingend. Gem. § 82 Abs. 2 SGB XII bleibt das Arbeitsförderungsgeld bei der Berechnung der Kostenbeteiligung nunmehr vollständig unberücksichtigt und verbleibt den Heimbewohnern zur freien Verwendung. Auch ein Gutachten aus 2005 des Deutschen Vereins für öffentliche und private Fürsorge zu §§ 82 Abs. 3 Satz 2 und 88 Abs. 2 SGB XII zur Berechnung des Kostenbeitrags aus entgeltlicher Beschäftigung in einer Werkstatt für behinderte Menschen kommt zur Freistellung des Arbeitsförderungsgeldes aus der sozial-hilferechtlichen Einkommensberechnung (Deutscher Verein 2005).

7 Zum Verhältnis zwischen Grundsicherung für Vollerwerbsgeminderte (heute: §§ 41 ff SGB XII) und Arbeitsförderungsgeld liegt ein rechtskräftiges Urteil des Verwaltungsgerichts Kassel vom 8. 9. 2004 (VerwG Kassel – 8. 9. 2004 – 7 E 1664/03) vor, das die volle Anrechenbarkeit des Arbeitsförderungsgeldes auf die für dieses Verfahren notwendige Einkommensberechnung feststellt.

8 **Teilzeitbeschäftigung und Lohnfortzahlung im Krankheitsfall:** Die Beziehung zwischen der Höhe des Arbeitsförderungsgeldes und einer WfbM-Teilzeitbeschäftigung soll sich dann nicht mindernd auf die Höhe des Arbeitsförderungsgeldes auswirken, wenn sie gem. § 6 Abs. 3 WVO auf die Art und Schwere der Behinderung des Betroffenen zurückzuführen ist oder in der Erfüllung des Erziehungsauftrages liegt (s. a. WE/BAGüS, Nr. 8.2.3, S. 74, Nr. 8.4, S. 75 f; *Knittel,* Erl. zu § 43, Rn 12 bis 14). Eine Kürzung des Arbeitsförderungsgeldes wegen Teilzeitbeschäftigung ist dagegen gerechtfertigt, wenn die Verkürzung der Beschäftigungszeit zwischen dem behinderten Menschen und der Werkstatt nach Beratung im Fachausschuss und im Einvernehmen mit dem zuständigen Rehabilitationsträger in entsprechender **Anwendung des Teilzeit- und Befristungsgesetzes** vereinbart worden ist

und die Werkstatt das Arbeitsentgelt des behinderten Menschen entsprechend der verringerten Arbeitszeit zulässigerweise nach den in § 4 Abs. 1 Satz 2 Teilzeit- und Befristungsgesetz enthaltenen Grundsätzen reduziert hat (s. a. WE/BAGüS, Nr. 8.2.3, S. 74, Nr. 8.4, S. 76, Nr. 10.4.3; S. 87; Bihr-*Gerwinn*, Erl. zu § 43 Rn 3; *Knittel*, Erl. zu § 43, Rn 12; Kossens-*Vogt*, Erl. zu § 43, Rn 6). Auch bei Teilzeitbeschäftigung sind zur gesetzlichen Sozialversicherung die Mindestbeitragsbemessungsgrundlagen nach § 235 Abs. 3 SGB V, § 162 Nr. 2 SGB VI und § § 57 Abs. 1 SGB IX ungekürzt zugrunde gelegt (WE/BAGüS, Nr. 8.4, S. 76).

An Krankheits-, Urlaubs- und sonstigen begründeten Abwesenheitstagen ist das Arbeitsförderungsgeld im Rahmen der arbeitsrechtlichen bzw. werkstattvertraglichen Lohnfortzahlung ungekürzt zu zahlen (WE/BAGüS, Nr. 8.2.3, S. 74). Bei Krankengeldbezug nach Auslaufen der Lohnfortzahlung im Krankheitsfall ist auch die Arbeitsförderungsgeldzahlung einzustellen. 9

Anrechenbarkeit nach Satz 4: Der Satz greift auf gesetzgeberische Aktivitäten aus der Zeit vor dem SGB IX zurück und dürfte keine praktische Wirkung mehr haben (s. Erl. *Feldes-Ritz* § 43 Rn 14). 10

5. Verfahren. Die Auszahlung des Arbeitsentgeltes und die Gestaltung der Arbeitsentgeltbescheinigungen unterliegen der Mitwirkung der Werkstatträte (§ 5 Abs. 1 Nr. 3 b WMVO). Die Zahlung des Arbeitsförderungsgeldes ist über den Rechtsweg durch den behinderten Menschen erzwingbar. Rechtsmittel des behinderten Menschen können sich nur gegen die Werkstatt, nicht gegen den Rehabilitationsträger richten. 11

Kapitel 6. Unterhaltssichernde und andere ergänzende Leistungen

§ 44 Ergänzende Leistungen

(1) **Die Leistungen zur medizinischen Rehabilitation und zur Teilhabe am Arbeitsleben der in § 6 Abs. 1 Nr. 1 bis 5 genannten Rehabilitationsträger werden ergänzt durch**

1. Krankengeld, Versorgungskrankengeld, Verletztengeld, Übergangsgeld, Ausbildungsgeld oder Unterhaltsbeihilfe,

2. Beiträge und Beitragszuschüsse
   a) zur Krankenversicherung nach Maßgabe des Fünften Buches, des Zweiten Gesetzes über die Krankenversicherung der Landwirte sowie des Künstlersozialversicherungsgesetzes,
   b) zur Unfallversicherung nach Maßgabe des Siebten Buches,
   c) zur Rentenversicherung nach Maßgabe des Sechsten Buches sowie des Künstlersozialversicherungsgesetzes,
   d) zur Bundesagentur für Arbeit nach Maßgabe des Dritten Buches,
   e) zur Pflegeversicherung nach Maßgabe des Elften Buches,

3. ärztlich verordneten Rehabilitationssport in Gruppen unter ärztlicher Betreuung und Überwachung, einschließlich Übungen für behinderte oder von Behinderung bedrohte Frauen und Mädchen, die der Stärkung des Selbstbewusstseins dienen,

4. ärztlich verordnetes Funktionstraining in Gruppen unter fachkundiger Anleitung und Überwachung,
5. Reisekosten,
6. Betriebs- oder Haushaltshilfe und Kinderbetreuungskosten.

(2) [1] Ist der Schutz behinderter Menschen bei Krankheit oder Pflege während der Teilnahme an Leistungen zur Teilhabe am Arbeitsleben nicht anderweitig sichergestellt, können die Beiträge für eine freiwillige Krankenversicherung ohne Anspruch auf Krankengeld und zur Pflegeversicherung bei einem Träger der gesetzlichen Kranken- oder Pflegeversicherung oder, wenn dort im Einzelfall ein Schutz nicht gewährleistet ist, die Beiträge zu einem privaten Krankenversicherungsunternehmen erbracht werden. [2] Arbeitslose Teilnehmer an Leistungen zur medizinischen Rehabilitation können für die Dauer des Bezuges von Verletztengeld, Versorgungskrankengeld oder Übergangsgeld einen Zuschuss zu ihrem Beitrag für eine private Versicherung gegen Krankheit oder für die Pflegeversicherung erhalten. [3] Der Zuschuss wird nach § 207 a Abs. 2 des Dritten Buches berechnet.

1 **1. Sozialpolitischer Hintergrund.** § 44 gibt einen Überblick über diejenigen Leistungen, die von allen Rehabilitationsträgern ergänzend zu Leistungen zur Teilhabe in Form von
– Leistungen zur medizinischen Rehabilitation nach §§ 26ff. und
– Leistungen zur Teilhabe am Arbeitsleben nach §§ 33ff.
erbracht werden.

2 Von der Zuständigkeit für ergänzende Leistungen sind nach dem Wortlaut des Gesetzes lediglich die
– Träger der öffentlichen Jugendhilfe und
– Träger der Sozialhilfe
als Rehabilitationsträger nach § 6 Abs. 1 Nr. 6 und 7 ausgenommen (vgl. auch BT-Drucks. 14/5074 S. 109; BR-Drucks. 49/01 S. 324).

3 Damit kommen als Rehabilitationsträger für ergänzende Leistungen grundsätzlich die
– gesetzlichen Krankenkassen nach § 6 Abs. 1 Nr. 1,
– Bundesagentur für Arbeit nach § 6 Abs. 1 Nr. 2,
– Träger der gesetzlichen Unfallversicherung nach § 6 Abs. 1 Nr. 3,
– Träger der gesetzlichen Rentenversicherung nach § 6 Abs. 1 Nr. 4,
– Träger der Kriegsopferversorgung nach § 6 Abs. 1 Nr. 5,
– Träger der Kriegsopferfürsorge ebenfalls nach § 6 Abs. 1 Nr. 5
in Betracht.

4 **2. Entstehung der Norm.** Die Vorschrift wurde durch Art. 68 Abs. 1 am 1. 7. 2001 in Kraft gesetzt.

Die am 1. 7. 2001 in Kraft getretene und derzeit mit einer redaktionellen Änderungen in Abs. 1 Nr. 2 Buchst. d geltende Fassung entspricht im Wesentlichen dem Gesetzesentwurf (vgl. BT-Drucks. 14/5074 S. 109).

Demnach soll die Vorschrift einen Überblick geben über ergänzend zu den Leistungen zur medizinischen Rehabilitation und denen zur Teilhabe am Arbeitsleben in Betracht kommende Leistungen, die von allen Rehabilitationsträgern mit Ausnahme der Träger der Sozialhilfe und der öffentlichen Jugendhilfe erbracht werden.

Der ursprünglich vorgesehene Abs. 2 für den Bereich des Rehabilitationssportes und den besonderen Hilfebedarf behinderter oder von Behinderung bedrohter Frauen und Mädchen wurde im Rahmen der Abschlussberatung (vgl. BT-Drucks. 14/5786 S. 39f) in die Nr. 3 und 4 des Abs. 1 umgewandelt. Des Weiteren wurde im ursprünglich vorgesehenen Abs. 3 – nun Abs. 2 – ein Hinweis aufgenommen, dass der Versicherungsschutz bei einen privaten Krankenversicherungsunternehmen von Arbeitslosen nicht durch eine während der Arbeitslosigkeit durchgeführte Leistung zur medizinischen Rehabilitation mit Bezug von ergänzenden Leistungen zum Lebensunterhalt unterbrochen werden soll und daher vom zuständigen Rehabilitationsträger im gleichem Umfang wie zuvor die Bundesagentur für Arbeit Beiträge an ein privates Krankenversicherungsunternehmen übernommen werden sollen.

Die wesentlichen Regelungsinhalte der bis zum 30. 6. 2001 geltenden § 12 RehaAnglG, § 28 SGB VI und § 39 SGB VII wurden dabei fortgeführt. 5

Durch Art. 8 Nr. 1 des Dritten Gesetzes für moderne Dienstleistungen am Arbeitsmarkt vom 23. 12. 2003 erfolgte mit Wirkung zum 1. 1. 2004 (BGBl. I S. 2848) im Rahmen der Umbenennung der bisherigen „Bundesanstalt für Arbeit“ in „Bundesagentur für Arbeit“ in § 44 Abs. 1 Nr. 2 Buchst. d eine lediglich redaktionelle Änderung in der Gestalt, dass das Wort „Bundesanstalt“ durch „Bundesagentur“ ersetzt wurde. 6

3. Normzweck. § 44 hat zum einen deklaratorische Bedeutung, da die Anspruchgrundlagen für 7

- Leistungen zur Sicherung des Lebensunterhaltes nach Abs. 1 Nr. 1,
- Beiträge und Beitragszuschüsse nach Abs. 1 Nr. 2,
- Reisekosten nach Abs. 1 Nr. 5 und
- Haushalts- und Betriebshilfe sowie Kinderbetreuungskosten nach Abs. 1 Nr. 6

entweder in den jeweiligen Leistungsgesetzen der zuständigen Rehabilitationsträger oder in den folgenden Vorschriften des SGB IX geregelt sind.

Zum anderen bildet § 44 jedoch im Hinblick auf den Rehabilitationssport und das Funktionstraining nach Abs. 1 Nr. 3 und 4 eine eigenständige und unmittelbare Anspruchsgrundlage (vgl. dazu auch *Hauck/Noftz*, § 44 Rn 16). 8

Zu beachten ist, dass § 44 **abschließend** die Leistungen auflistet, die die zuständigen Rehabilitationsträger akzessorisch zu Leistungen zur medizinischen Rehabilitation und Leistungen zur Teilhabe am Arbeitsleben erbringen können (vgl. dazu auch *Lachwitz/Schellhorn/Welti*, § 44 Rn 5). 9

Die Akzessorität der Leistungen nach § 44 bedingt jedoch auch, dass die entsprechenden Leistungen nur in dem Maße und nur für die Dauer beansprucht werden können, wie sich dies aus der mit der mit ihnen zusammenhängenden Hauptleistung ergibt (*Bihr/Fuchs/Krauskopf/Ritz*, § 44 Rn 10). 10

§ 44 **Abs. 1** beinhaltet sog. „Muss-Leistungen“, auf die Berechtigte einen Anspruch haben, sofern sie die erforderlichen Voraussetzungen 11

- Teilnahme an einer Hauptleistung in Form einer Leistung zur medizinischen Rehabilitation oder Leistung zur Teilhabe am Arbeitsleben und
- Erfüllung der jeweiligen materiell-rechtlichen Voraussetzungen nach den Leistungsgesetzen der zuständigen Rehabilitationsträger bzw. den folgenden Vorschriften des SGB IX

erfüllen.

12 Im Unterschied zu den Leistungen nach Abs. 1 wird den zuständigen Rehabilitationsträgern bei den Leistungen nach **Abs. 2** (Übernahme von Beiträgen für eine freiwillige oder private Kranken- und Pflegeversicherung) ein Ermessen eingeräumt (sog. „Kann-Leistungen"), zu dessen pflichtgemäßer Ausübung sie nach § 39 SGB I verpflichtet sind.

13 Die Leistungen nach § 44 können als akzessorische Leistungen nur in Zusammenhang mit einer Hauptleistung in Form einer Leistung zur medizinischen Rehabilitation oder Leistung zur Teilhabe am Arbeitsleben erbracht werden (vgl. Rn 10).Zuständig für ergänzende Leistungen ist dabei immer derjenige Rehabilitationsträger, in dessen Zuständigkeit auch die Hauptleistung fällt.

14 Die Leistungen nach § 44 Abs. 1 Nr. 1 und 2 werden bei Vorliegen der Voraussetzungen von Amts wegen erbracht. Ob die Leistungen nach § 44 Abs. 1 Nr. 3 bis 6 und nach Abs. 2 im Einzelfall notwendig sind, ist dagegen aus den Verwaltungsakten nicht immer offensichtlich. Diese Leistungen bedürfen daher eines Antrags.

15 **4. Leistungen zur Sicherung des Lebensunterhaltes.** Nach **§ 44 Abs. 1 Nr. 1** werden Leistungen zur medizinischen Rehabilitation und zur Teilhabe am Arbeitsleben der zuständigen Rehabilitationsträger ergänzt durch Erwerbsersatzeinkommen in Form von Krankengeld, Versorgungskrankengeld, Verletztengeld, Übergangsgeld, Ausbildungsgeld oder Unterhaltsbeihilfe.

Nach der Intention des Gesetzgebers sollen Teilnehmer an entsprechenden Hauptleistungen für die Dauer ihrer Teilnahme an diesen Leistungen (in Fällen des § 51 auch darüber hinaus) grundsätzlich keinen wirtschaftlichen Nachteil durch einen Einkommensverlust erleiden. Daher haben sie bei Erfüllung der entsprechenden leistungsrechtlichen Voraussetzungen Anspruch auf finanzielle Leistungen zur Sicherung ihres Lebensunterhaltes in Form von

- Krankengeld,
- Versorgungskrankengeld,
- Verletztengeld,
- Übergangsgeld,
- Ausbildungsgeld oder
- Unterhaltsbeihilfe.

Zu den einzelnen Regelungen wird auf die Kommentierung zu § 45 verwiesen.

16 **5. Beiträge und Beitragszuschüsse.** Nach **§ 44 Abs. 1 Nr. 2** werden Leistungen zur medizinischen Rehabilitation und zur Teilhabe am Arbeitsleben ergänzt durch Beiträge und Beitragszuschüsse zur

- gesetzlichen Krankenversicherung nach Maßgabe des SGB V,
- gesetzlichen Unfallversicherung nach Maßgabe des SGB VII,
- gesetzlichen Rentenversicherung nach Maßgabe des SGB VI und des KSVG,
- Bundesagentur für Arbeit nach Maßgabe des SGB III und
- sozialen Pflegeversicherung nach Maßgabe des SGB XI.

17 Neben den finanziellen Leistungen nach § 44 Abs. 1 Nr. 1 zum Ausgleich eines Einkommensverlustes umfassen die Leistungen zur Sicherung des Lebensunterhaltes damit auch Leistungen, die den Fortbestand oder die Neugründung des Versicherungsschutzes der Teilnehmer in den gesetzlichen

Sozialversicherungszweigen sichern. Damit wird in einem zweiten Schritt die dauerhafte wirtschaftliche Sicherung der Leistungsberechtigten gewährleistet.

Dabei sind die materiell-rechtlichen Voraussetzungen und Regelungen nach den jeweils maßgebenden Sozialgesetzbüchern zu beachten. Maßgebend sind dabei für Beiträge und Beitragszuschüsse zur **18**

- gesetzlichen Krankenversicherung die §§ 5 Abs. 1 Nr. 6, 192 Abs. 2 Nr. 3, 235 Abs. 1 und 2 und 251 Abs. 1 SGB V,
- gesetzlichen Unfallversicherung der § 2 Abs. 1 Nr. 15 SGB VII,
- gesetzlichen Rentenversicherung die §§ 3 Nr. 3 und 170 Abs. 1 Nr. 2 Buchst. b SGB VI bzw. die §§ 2, 3 Abs. 2 Nr. 3, 25 Abs. 1 Nr. 2, 48 Abs. 2 KSVG
- Bundesagentur für Arbeit die § 26 Abs. 2 Nr. 1, 347 Nr. 1 und 5 SGB III
- sozialen Pflegeversicherung der § 20 Abs. 1 Nr. 6 SGB XI

(vgl. dazu auch *Hauck/Noftz*, § 44 Rn 13).

Zu beachten ist darüber hinaus, dass Leistungen nach § 44 Abs. 1 Nr. 2 eine **Pflichtversicherung** in den Zweigen der gesetzlichen Sozialversicherung fortsetzen oder gar neu begründen. Nur soweit dies nach den jeweils materiell-rechtlichen Leistungsgesetzen nicht möglich ist, kommen evtl. Leistungen nach Abs. 2 in Betracht (vgl. auch Rn 30). **19**

6. Rehabilitationssport und Funktionstraining. Nach **§ 44 Abs. 1 Nr. 3 und 4** werden Leistungen zur medizinischen Rehabilitation und zur Teilhabe am Arbeitsleben der zuständigen Rehabilitationsträger ergänzt durch ärztlich verordneten **Rehabilitationssport (Abs. 1 Nr. 3)** und ärztlich verordnetes **Funktionstraining (Abs. 1 Nr. 4).** **20**

Die Vorschriften des § 44 Abs. 1 Nr. 3 und 4 bilden für diese Leistungen eine eigenständige und unmittelbare Anspruchsgrundlage (vgl. auch Rn 8). Weitere materiell-rechtliche Anspruchsgrundlagen fehlen.

Um eine einheitliche Leistungserbringung des Rehabilitationssportes und des Funktionstrainings sicherzustellen, haben **21**

- die gesetzlichen Krankenkassen,
- die gesetzlichen Unfallversicherungsträger,
- die Träger der gesetzlichen Rentenversicherung und der Alterssicherung der Landwirte,
- die Träger der Kriegsopferversorgung,
- der Bundesselbsthilfeverband für Osteoporose e. V.,
- der Deutsche Behindertensportverband e. V., zugleich in Vertretung des Deutschen Olympischen Sportbundes,
- die Deutsche Gesellschaft für Prävention und Rehabilitation von Herz-Kreislauferkrankungen e. V.,
- die Deutsche Rheuma-Liga Bundesverband e. V.

unter Beteiligung

- des Weibernetzes e. V.

eine Rahmenvereinbarung über den Rehabilitationssport und das Funktionstraining vom 1. 1. 2011 geschlossen. Diese ist unter www.bar-frankfurt.de abrufbar. Ihren Beitritt haben außerdem erklärt:

- der Bundesverband Gesunde Knochen e. V.,
- die Deutsche Fibromyalgie Gesellschaft e. V.,

- die Deutsche Multiple Sklerose Gesellschaft e.V.,
- der Deutsche Verband für Gesundheitssport und Sporttherapie e.V.,
- die Deutsche Vereinigung Morbus Bechterew e.V.,
- der Osteoporose Selbsthilfegruppen Dachverband e.V.,
- RehaSport Deutschland e.V.

eine Rahmenvereinbarung über den Rehabilitationssport und das Funktionstraining vom 1. 10. 2003 idF vom 1. 1. 2007 geschlossen. Diese ist unter www.bar-frankfurt.de abrufbar.

22 Nach Ziffer 2.2 dieser Rahmenvereinbarung ist es Ziel des Rehabilitationssportes,
- die Ausdauer und Kraft sowie das Selbstbewusstsein zu stärken,
- die Koordination und Flexibilität zu verbessern und
- Hilfe zur Selbsthilfe zu bieten.

Rehabilitationssport findet regelmäßig in Übungsveranstaltungen in Gruppen statt.

23 Dem besonderen Hilfebedarf behinderter oder von Behinderung bedrohter Frauen und Mädchen wird dadurch Rechnung getragen, dass der Rehabilitationssport auch besondere Übungen umfasst, um das bei ihnen ggf. durch die (drohende) Behinderung eingeschränkte Selbstbewusstsein zu stärken.

24 Nach dem Wortlaut des § 44 Abs. 1 Nr. 3 ist Voraussetzung für einen Anspruch auf Rehabilitationssport, dass dieser
- ärztlich verordnet wurde und
- unter ärztlicher Betreuung und Überwachung
- in Gruppen

durchgeführt wird

25 Nach Ziffer 3.2 der o.a. Rahmenvereinbarung sind Ziele des Funktionstrainings
- der Erhalt und die Verbesserung von Funktionen,
- das Hinauszögern von Funktionsverlusten einzelner Organsysteme bzw. Körperteile,
- die Schmerzlinderung,
- die Beweglichkeitsverbesserung und
- die Hilfe zur Selbsthilfe.

Das Funktionstraining ist gekennzeichnet durch bewegungstherapeutische Übungen in der Gruppe.

26 Nach dem Wortlaut des § 44 Abs. 1 Nr. 4 ist Voraussetzung auf einen Anspruch auf Funktionstraining, dass dieses
- ärztlich verordnet wurde und
- unter fachkundiger Anleitung und Überwachung
- in Gruppen

durchgeführt wird.

27 **7. Reisekosten.** Nach **§ 44 Abs. 1 Nr. 5** werden Leistungen zur medizinischen Rehabilitation und zur Teilhabe am Arbeitsleben der zuständigen Rehabilitationsträger ergänzt durch die Übernahme von Reisekosten.

Auch diese Leistungen haben neben den Leistungen nach § 44 Abs. 1 Nr. 1 und 2 das Ziel, den Lebensunterhalt der Teilnehmer zu sichern und finanzielle Nachteile auszugleichen, die durch die Teilnahme an Teilhabeleistungen entstehen.

Zu den einzelnen Regelungen wird auf die Kommentierung zu § 53 verwiesen.

8. Betriebs- und Haushaltshilfe und Kinderbetreuungskosten. Nach **§ 44 Abs. 1 Nr. 6** werden Leistungen zur medizinischen Rehabilitation und zur Teilhabe am Arbeitsleben der zuständigen Rehabilitationsträger ergänzt durch Übernahme der Kosten für eine Betriebs- oder Haushilfe bzw. der Kinderbetreuungskosten. 28

Durch diese Vorschrift soll die Betreuung von Kindern und behinderten Verwandten der Teilnehmer an einer entsprechenden Hauptleistung sichergestellt werden. Die Leistung wird für die Zeiträume erbracht, in denen die Teilnehmer an der Hauptleistung diese Betreuungsaufgaben im Betrieb und Haushalt wahrgenommen hätten, wenn sie an der Hauptleistung nicht teilgenommen hätten.

Zu den einzelnen Regelungen wird auf die Kommentierung zu § 54 verwiesen.

9. Übernahme von Beiträgen und Beitragszuschüssen zur freiwilligen oder privaten Kranken- und/oder Pflegeversicherung. Nach **§ 44 Abs. 2 Satz 1** können Beiträge für eine freiwillige Krankenversicherung ohne Anspruch auf Krankengeld und Beiträge zur Pflegeversicherung bei einem Träger der gesetzlichen Kranken- oder Pflegeversicherung übernommen werden, wenn der Schutz der behinderten Menschen bei Krankheit oder Pflege während der Teilnahme an **Leistungen zur Teilhabe am Arbeitsleben** nicht anderweitig sichergestellt ist. Soweit dort im Einzelfall ein Schutz nicht gewährleistet ist, können auch Beiträge zu einem privaten Krankenversicherungsunternehmen erbracht werden. 29

Arbeitslose Teilnehmer an **Leistungen zur medizinischen Rehabilitation** nach **§ 44 Abs. 2 Satz 2** können für die Dauer des Bezuges von Verletztengeld, Versorgungskrankengeld oder Übergangsgeld einen Zuschuss zu ihrem Beitrag für eine private Versicherung gegen Krankheit oder für die Pflegeversicherung erhalten. Der Zuschuss wird dabei nach **§ 44 Abs. 2 Satz 3** nach § 204 a Abs. 2 SGB III berechnet.

Bei den Leistungen nach Abs. 2 handelt es sich um Ermessensleistungen der Rehabilitationsträger, die nur in Betracht kommen, soweit der Schutz der behinderten oder von Behinderung bedrohten Menschen gegen Krankheit und Pflege im Ausnahmefall nicht nach § 44 Abs. 1 Nr. 2 sichergestellt werden kann (vgl. auch Rn 16 bis 19). 30

Für die Ausübung des den zuständigen Rehabilitationsträgern in Abs. 2 eingeräumten Ermessens ist die Frage nach der Sicherstellung des Schutzes der behinderten oder von Behinderung bedrohten Menschen gegen Krankheit und Pflege maßgebend. Dabei ist zu berücksichtigen, ob die behinderten oder von Behinderung bedrohten Menschen bzw. die ihnen gegenüber unterhaltspflichtigen Angehörigen aus eigenen finanziellen Mitteln eine entsprechende Versorgung sicherstellen können (vgl. dazu auch *Lachwitz/Schellhorn/Welti* § 44, Rn 17). Sind sie dazu in der Lage, wird der Zuschuss nach § 44 Abs. 2 Satz 2 regelmäßig nicht erbracht.

§ 45 Leistungen zum Lebensunterhalt

(1) Im Zusammenhang mit Leistungen zur medizinischen Rehabilitation leisten

1. die gesetzlichen Krankenkassen Krankengeld nach Maßgabe der §§ 44 und 46 bis 51 des Fünften Buches und des § 8 Abs. 2 in Verbindung mit den §§ 12 und 13 des Zweiten Gesetzes über die Krankenversicherung der Landwirte,
2. die Träger der Unfallversicherung Verletztengeld nach Maßgabe der §§ 45 bis 48, 52 und 55 des Siebten Buches,
3. die Träger der Rentenversicherung Übergangsgeld nach Maßgabe dieses Buches und der §§ 20 und 21 des Sechsten Buches,
4. die Träger der Kriegsopferversorgung Versorgungskrankengeld nach Maßgabe der §§ 16 bis 16h und 18a des Bundesversorgungsgesetzes.

(2) Im Zusammenhang mit Leistungen zur Teilhabe am Arbeitsleben leisten Übergangsgeld

1. die Träger der Unfallversicherung nach Maßgabe dieses Buches und der §§ 49 bis 52 des Siebten Buches,
2. die Träger der Rentenversicherung nach Maßgabe dieses Buches und der §§ 20 und 21 des Sechsten Buches,
3. die Bundesagentur für Arbeit nach Maßgabe dieses Buches und der §§ 160 bis 162 des Dritten Buches,
4. die Träger der Kriegsopferfürsorge nach Maßgabe dieses Buches und des § 26a des Bundesversorgungsgesetzes.

(3) Behinderte oder von Behinderung bedrohte Menschen haben Anspruch auf Übergangsgeld wie bei Leistungen zur Teilhabe am Arbeitsleben für den Zeitraum, in dem die berufliche Eignung abgeklärt oder eine Arbeitserprobung durchgeführt wird (§ 33 Abs. 4 Satz 2) und sie wegen der Teilnahme kein oder ein geringeres Arbeitsentgelt oder Arbeitseinkommen erzielen.

(4) Der Anspruch auf Übergangsgeld ruht, solange die Leistungsempfängerin einen Anspruch auf Mutterschaftsgeld hat; § 52 Nr. 2 des Siebten Buches bleibt unberührt.

(5) Während der Ausführung von Leistungen zur erstmaligen beruflichen Ausbildung behinderter Menschen, berufsvorbereitenden Bildungsmaßnahmen und Leistungen zur individuellen betrieblichen Qualifizierung im Rahmen Unterstützter Beschäftigung sowie im Eingangsverfahren und im Berufsbildungsbereich von Werkstätten für behinderte Menschen leisten

1. die Bundesagentur für Arbeit Ausbildungsgeld nach Maßgabe der §§ 104 bis 108 des Dritten Buches,
2. die Träger der Kriegsopferfürsorge Unterhaltsbeihilfe unter den Voraussetzungen der §§ 26 und 26a des Bundesversorgungsgesetzes.

(6) Die Träger der Kriegsopferfürsorge leisten in den Fällen des § 27d Abs. 1 Nr. 3 des Bundesversorgungsgesetzes ergänzende Hilfe zum Lebensunterhalt nach § 27a des Bundesversorgungsgesetzes.

(7) *[aufgehoben]*

(8) **Das Krankengeld, das Versorgungskrankengeld, das Verletztengeld und das Übergangsgeld werden für Kalendertage gezahlt; wird die Leistung für einen ganzen Kalendermonat gezahlt, so wird dieser mit 30 Tagen angesetzt.**

1. Sozialpolitischer Hintergrund. § 45 gibt einen abschließenden Überblick über die finanziellen Leistungen, die im Zusammenhang mit der Ausführung von Leistungen zur medizinischen Rehabilitation und zur Teilhabe am Arbeitsleben die Sicherung des Lebensunterhaltes der Leistungsberechtigten und ihrer Familien gewährleisten sollen. 1

Die entsprechend anzuwendenden Vorschriften in den für die jeweils zuständigen Rehabilitationsträger maßgebenden Gesetzbüchern sind explizit im Gesetzeswortlaut genannt. 2

Die Regelungen des § 45 sind unmittelbar anzuwenden, es sei denn, dass die materiell-rechtlichen Vorschriften der jeweiligen zuständigen Rehabilitationsträger Abweichendes bestimmen (vgl. § 7 Satz 1). 3

Nach dem Wortlaut des Gesetzes sind Leistungen zur Teilhabe am Leben in der Gemeinschaft vom Regelungsinhalt des § 45 ausgenommen. 4

Zu beachten ist, dass mit den Leistungen zur Sicherung des Lebensunterhaltes iSd § 45 keinesfalls eine Versorgung der Leistungsberechtigten und ihrer Familien gemeint ist, die sich (ähnlich dem Arbeitslosengeld II) an ihrem tatsächlichem Bedarf orientiert. Vielmehr richtet sich die Höhe der entsprechenden Leistungen überwiegend nach den von den Leistungsberechtigten vor den Leistungen zur medizinischen Rehabilitation und zur Teilhabe am Arbeitsleben erwirtschafteten Arbeitsentgelt oder Arbeitseinkommen (vgl. dazu auch *Lachwitz/Schellhorn/Welti*, § 45 Rn 4). 5

2. Entstehung der Norm/Normzweck. Die Vorschrift wurde durch Art. 68 Abs. 1 am 1. 7. 2001 in Kraft gesetzt. 6

Die am 1. 7. 2001 in Kraft getretene und derzeit mit redaktionellen Änderungen in Abs. 2 Nr. 3 und Abs. 5 Nr. 1 geltende Fassung entspricht im Wesentlichen dem Gesetzesentwurf (vgl. BT-Drucks. 14/5074 S. 109f).

Danach soll § 45 einen Überblick über die Leistungen geben, die den Lebensunterhalt der behinderten Menschen und ihrer Familien während der Ausführung von Leistungen zur medizinischen Rehabilitation und zur Teilhabe am Arbeitsleben sicherstellen sollen.

In den Abs. 2 bis 5 und in den §§ 46 bis 52 wurden dabei die Regelungen zum Übergangsgeld, die bis zum 30. 6. 2001 im SGB III, SGB VII und BVG enthalten waren, zusammengefasst und vereinheitlicht. Diese Vorschriften sind nun im Unterschied zu § 13 Abs. 2 bis 9 und zu den §§ 14 bis 18 RehaAnglG unmittelbar anzuwenden, es sei denn, dass besondere Regelungen für die jeweiligen Rehabilitationsträger Abweichendes bestimmen.

Für die Teilnahme an einer Abklärung der beruflichen Eignung (bis 30. 6. 2001: Berufsfindung) oder einer Arbeitserprobung wurde in Abs. 3 im Unterschied zum bis zum 30. 6. 2001 geltenden Recht eine Rechtsgrundlage für einen Anspruch auf Übergangsgeld geschaffen, wenn aufgrund der Teilnahme kein oder ein geringeres Arbeitseinkommen erzielt werden kann.

Nach dem Gesetzesentwurf sollten des Weiteren künftig Teilnehmer an ambulanten Leistungen zur medizinischen Rehabilitation, die aufgrund ihrer Teilnahme an entsprechenden Leistungen einen Einkommensverlust erleiden, aber nicht grundsätzlich an der Ausübung einer ganztägigen Erwerbstätigkeit gehindert sind, wirtschaftlich ausreichend gesichert werden. Dies ist in Zusammenhang mit der Änderung des § 9 Entgeltfortzahlungsgesetz (EFZG) zu sehen, wonach nun ein Anspruch auf Entgeltfortzahlung auch bei einer Arbeitsverhinderung infolge ambulanter Leistungen zur medizinischen Rehabilitation vorgesehen ist.

Dies entspricht auch der bis zum 9. 8. 2010 in Abs. 7 aufgenommen Regelung, wonach die Rehabilitationsträger eine Gemeinsame Empfehlung zur Abgrenzung ihrer Leistungen nach § 13 Abs. 2 Nr. 7 vereinbaren wollten, soweit während der Ausführung von ambulanten Leistungen zur Teilhabe mehrer Ansprüche auf Entgeltersatzleistungen zusammentreffen. Bedarf für eine entsprechende Gemeinsame Empfehlung wurde jedoch weder von den Rehabilitationsträgern noch vom Bundesrechnungshof gesehen, da ambulante Leistungen zur medizinischen Rehabilitation nach der Rahmenempfehlung der Bundesarbeitsgemeinschaft für Rehabilitation erbracht werden und dadurch regelmäßig kein Anspruch auf mehrere Entgeltersatzleistungen entsteht.

Im Rahmen der Abschlussberatung (vgl. BT-Drucks. 14/5786 S. 40f) wurde in Abs. 1 Nr. 4 der Hinweis auf § 18a BVG und in Abs. 3 der Hinweis auf Behinderte und von Behinderung bedrohte Menschen aufgenommen sowie der Abs. 8 angefügt. Die Ergänzungen in Abs. 1 und Abs. 3 dienten dabei der Klarstellung des Gewollten, während mit der Einfügung des Abs. 8 die bisherigen Regelungen des § 13 Abs. 5 RehaAnglG übernommen wurden, um eine Harmonisierung der Berechnungsvorschriften für die verschiedenen Entgeltgeltersatzleistungen zu erreichen und eine Verfahrensvereinfachung zu bewirken (vgl. BT-Drucks. 14/5800 S. 28).

7 § 45 knüpft damit gesetzessystematisch an die bisherigen (bis 30. 6. 2001 geltenden) Regelungen der §§ 13 RehaAnglG, 160 SGB III, 20 SGB VI, 35 SGB VII und 26a BVG an und führt den Grundgedanken des Rehabilitationsangleichungsgesetzes – Angleichung und Vereinheitlichung der maßgebenden Vorschriften – weiter.

8 Durch Art. 8 Nr. 1 des Dritten Gesetzes für moderne Dienstleistungen am Arbeitsmarkt vom 23. 12. 2003 erfolgte mit Wirkung zum 1. 1. 2004 (BGBl. I S. 2848) im Rahmen der Umbenennung der bisherigen „Bundesanstalt für Arbeit“ in „Bundesagentur für Arbeit“ in § 45 Abs. 2 Nr. 3 und Abs. 5 Nr. 1 eine lediglich redaktionelle Änderung in der Gestalt, dass das Wort „Bundesanstalt“ durch „Bundesagentur“ ersetzt wurde.

9 Durch Art. 5 Nr. 5 des Gesetzes zur Einführung Unterstützter Beschäftigung vom 22. 12. 2008 wurde mit Wirkung zum 23. 12. 2008 (BGBl. I S. 2959) im Rahmen der Ergänzung des Katalogs der Leistungen zur Teilhabe am Arbeitsleben um Unterstützte Beschäftigung in Abs. 5 die Wörter „Menschen und berufsvorbereitende Bildungsmaßnahmen“ durch die Wörter „Menschen, berufsvorbereitende Bildungsmaßnahmen und Leistungen zur individuellen betrieblichen Qualifizierung im Rahmen Unterstützter Beschäftigung“ ersetzt. Durch Art. 4 Nr. 2 des Dritten Gesetzes zur Änderung

des Vierten Buches Sozialgesetzbuch und anderer Gesetze vom 5. 8. 2010 (BGBl. I S. 1131) wurde Abs. 7 mit Wirkung zum 6. 8. 2010 aufgehoben.

3. Leistungen zum Lebensunterhalt während Leistungen zur medizinischen Rehabilitation. Nach **§ 45 Abs. 1** leisten im Zusammenhang mit **Leistungen zur medizinischen Rehabilitation** 10

- die **gesetzlichen Krankenkassen** nach Maßgabe der §§ 44, 46 bis 51 SGB V und § 8 Abs. 2 iVm. §§ 12 und 13 KVLG 1989 **Krankengeld,**
- die **Träger der gesetzlichen Unfallversicherung** nach Maßgabe der §§ 45 bis 48, 52 und 55 SGB VII **Verletztengeld,**
- die **Träger der gesetzlichen Rentenversicherung** nach Maßgabe des SGB IX und der §§ 20 und 21 SGB VI **Übergangsgeld** und
- die Träger **der Kriegsopferversorgung** nach Maßgabe der §§ 16 bis 16h, 18a BVG **Versorgungskrankengeld.**

§ 45 verweist damit hinsichtlich eines Anspruchs auf finanzielle Leistungen zur Sicherung des Lebensunterhaltes dem Grunde und der Höhe nach auf die Leistungsgesetze der jeweils zuständigen Rehabilitationsträger. Eine Besonderheit gibt es beim Anspruch auf Übergangsgeld im Zusammenhang mit Leistungen zur medizinischen Rehabilitation der gesetzlichen Rentenversicherung. Dieser ist dem Grunde nach im Leistungsgesetz der gesetzlichen Rentenversicherung (§§ 20 und 21 SGB VI) geregelt, während sich der Anspruch der Höhe nach aus den §§ 46ff ergibt (vgl. dazu auch *Hauck/Noftz,* § 45 Rn 4). 11

Die Leistungen zur Sicherung des Lebensunterhaltes sind für den gesamten Zeitraum der Leistungen zur medizinischen Rehabilitation zu erbringen. Zeiten der Beurlaubung aus besonderem Anlass, Familienheimfahrten, etc. führen grundsätzlich nicht zu einem Ausschluss von Leistungen zur Sicherung des Lebensunterhaltes nach Abs. 1. 12

Sofern bei stationären Leistungen eine Anreise bereits am Vortrag zwingend erforderlich ist, besteht ab dem Tag der Anreise Anspruch auf Leistungen zur Sicherung des Lebensunterhaltes. Der Anspruch endet mit dem Tag der regulären Entlassung, im Falle einer vorzeitigen Beendigung jedoch mit diesem Tag. 13

Bei ambulanten Leistungen zur medizinischen Rehabilitation im Sinne der Rahmenempfehlungen zur ambulanten Rehabilitation der Bundesarbeitsgemeinschaft für Rehabilitation besteht grundsätzlich Anspruch auf Leistungen nach Abs. 1 für die Tage der Teilnahme sowie für von Behandlungstagen umschlossene Feiertage und Wochenenden. 14

Zu beachten sind des Weiteren die Regelungen des Abs. 8 (vgl. auch Rn 30) und der §§ 49 bis 51 (vgl. auch Kommentierung zu den §§ 49 bis 51). Hinsichtlich eines Anspruchs auf Übergangsgeld im Zusammenhang mit der Teilnahme an Leistungen zur medizinischen Rehabilitation der gesetzlichen Rentenversicherung ist auch § 52 zu beachten. 15

Zur Abgrenzung ihrer Zuständigkeit bei Erkrankungen, die während einer stationären medizinischen Rehabilitation auftreten und der sofortigen stationären Behandlung bedürfen (sog. Interkurrente Erkrankungen) haben die Spitzenverbände der gesetzlichen Krankenversicherung und die Rentenversicherungsträger eine Vereinbarung getroffen (vgl. Vereinbarung zwischen den Spitzendverbänden der gesetzlichen Krankenkassen und der Ren- 16 tenversicherungsträger zur Leistungsabgrenzung nach § 13 Abs. 4 SGB VI vom 21. 1. 1993). Danach ist für den Verlegungstag durch die zuständige Krankenkasse Krankengeld und für den Rückverlegungstag durch den zuständigen Rentenversicherungsträger Übergangsgeld zu zahlen. Bei einer sonstigen krankheitsbedingten Unterbrechung (ohne stationäre Behandlungsbedürftigkeit) ist das Übergangsgeld weiterzuzahlen, wenn die Unterbrechung nicht mehr als drei Kalendertage andauert. Ähnlich verhält es sich bei ganztägig ambulanten Angeboten im Rahmen von Leistungen zur medizinischen Rehabilitation. Anspruch auf Übergangsgelt bei einer krankheitsbedingten Unterbrechung besteht nur, sofern diese durch eine ärztliche Bescheinigung nachgewiesen ist und nicht länger als drei Tage andauert. Mehrere gesundheitliche Unterbrechungen begründen jeweils für sich einen Anspruch auf Übergangsgeld für drei Tage. Überschreiten die krankheitsbedinten Unterbrechungen einen Zeitraum von drei Tagen, besteht vom ersten Tag an kein Anspruch auf Übergangsgeld.

17 **4. Leistungen zum Lebensunterhalt während Leistungen zur Teilhabe am Arbeitsleben.** Nach Maßgabe des **§ 45 Abs. 2** leisten alle zuständigen Rehabilitationsträger im Zusammenhang mit **Leistungen zur Teilhabe am Arbeitsleben** zur finanziellen Sicherung des Lebensunterhaltes der Leistungsberechtigten **einheitlich Übergangsgeld.**

18 Die Voraussetzungen für einen **Anspruch auf Übergangsgeld dem Grunde nach** bestimmen sich dabei nach den für die jeweiligen Rehabilitationsträger geltenden Leistungsgesetzen. Maßgebend für einen entsprechenden Anspruch sind bei Leistungen zur Teilhabe am Arbeitsleben durch

– die Träger der gesetzlichen Unfallversicherung die §§ 49 bis 52 SGB VII,
– die Träger der gesetzlichen Rentenversicherung die §§ 20 und 21 SGB VI,
– die Bundesagentur für Arbeit die §§ 160 bis 162 SGB III und
– die Träger der Kriegsopferversorgung der § 26 a BVG.

19 **Der Höhe nach** bestimmt sich der **Anspruch auf Übergangsgeld** in Zusammenhang mit Leistungen zur Teilhabe am Arbeitsleben für alle zuständigen Rehabilitationsträger einheitlich nach den folgenden Vorschriften des SGB IX (insbesondere Abs. 8 und §§ 49 bis 51; Kommentierung zu den §§ 49 bis 52).

20 Ein Anspruch auf Übergangsgeld besteht bei Leistungen zur Teilhabe am Arbeitsleben grundsätzlich nur für die Tage der tatsächlichen Teilnahme an den Leistungen bzw. für entschuldigte Fehltage, nicht jedoch für unentschuldigte Fehltage (vgl. BSG, Urt. v. 21. 3. 2001 – B 5 RL 34/99R – SozR 3–2600 § 20 Nr. 1). Lediglich in den Fällen des § 51 kann darüber hinaus in Zusammenhang mit Leistungen zur Teilhabe am Arbeitsleben bei Vorliegen der entsprechenden Voraussetzungen ein Anspruch auf Übergangsgeld geltend gemacht werden; insoweit wird auf die Kommentierung zu § 51 verwiesen.

21 Der Anspruch auf Übergangsgeld endet – mit Ausnahme der Fälle des § 51 – regelmäßig mit der regulären Entlassung. Bei Leistungen zur Teilhabe am Arbeitsleben gilt dabei grundsätzlich der Tag, an dem die letzte (Abschluss-)Prüfung stattfindet, sofern an diesem Tag bereits das Prüfungsergebnis bekannt geben wird. Wird das Prüfungsergebnis erst zu einem späteren Zeitpunkt bekannt gegeben, gilt dieser Tag.

In Fällen eines vorzeitigen Abbruchs der Leistungen zur Teilhabe am Arbeitsleben endet der Anspruch auf Übergangsgeld mit diesem Tag.

Zu beachten ist des Weiteren, dass nur Leistungen zur Teilhabe am Arbeitsleben einen Anspruch auf Übergangsgeld iSd § 45 Abs. 2 bedingen, die in folgenden Formen erbracht werden: 22

- Berufsvorbereitung einschließlich einer wegen der Behinderung erforderlichen Grundausbildung nach § 33 Abs. 3 Nr. 2,
- individuelle betriebliche Qualifizierung im Rahmen unterstützter Beschäftigung nach § 33 Abs. 3 Nr. 2 a,
- beruflicher Anpassung und Weiterbildung, auch soweit die Leistungen einem zur Teilnahme erforderlichen schulischen Abschluss einschließen, nach § 33 Abs. 3 Nr. 3,
- beruflicher Ausbildung, auch soweit die Leistungen in einen zeitlich nicht überwiegenden Abschnitt schulisch durchgeführt werden, nach § 33 Abs. 3 Nr. 4,
- Leistungen im Eingangsverfahren in Werkstätten für behinderte Menschen nach §§ 39, 40 Abs. 1 sowie
- Leistungen im Berufsbildungsbereich in Werkstätten für behinderte Menschen nach §§ 39, 40 Abs. 2

Insoweit wird auf die Kommentierung zu den §§ 33, 39 und 40 verwiesen.

5. Abklärung der beruflichen Eignung oder Arbeitserprobung. Nach **§ 45 Abs. 3** haben Behinderte oder von Behinderung bedrohte Menschen Anspruch auf Übergangsgeld wie bei Leistungen zur Teilhabe am Arbeitsleben für den Zeitraum, in dem die berufliche Eignung abgeklärt oder eine Arbeitserprobung durchgeführt wird (§ 33 Abs. 4 Satz 2) und sie wegen der Teilnahme kein oder ein geringes Arbeitsentgelt oder Arbeitseinkommen erzielen. 23

Durch die Regelung des Abs. 3 soll damit insbesondere diejenigen Personen ein Anspruch auf Übergangsgeld ermöglicht werden, die ansonsten keinen Anspruch auf entsprechende Leistungen haben, zB selbstständig Tätige (vgl. BT-Drucks. 14/5074 S. 109). 24

Maßnahmen zur Abklärung der beruflichen Eignung (bis 30. 6. 2001: Berufsfindung) oder Arbeitserprobung gehören nicht zu den Leistungen zur Teilhabe am Arbeitsleben. Sie werden nach § 33 Abs. 4 Satz 2 dem Verwaltungsverfahren zur Auswahl einer solchen Leistung zugeordnet. 25

Daraus lässt sich ableiten, dass Teilnehmer an entsprechenden Maßnahmen grundsätzlich keinen Anspruch auf Übergangsgeld haben. Lediglich dann, wenn sie wegen der Teilnahme an einer Abklärung der beruflichen Eignung oder einer Arbeitserprobung kein oder geringeres Arbeitsentgelt oder Arbeitseinkommen erzielen, besteht Anspruch auf Übergangsgeld wie bei Leistungen zur Teilhabe am Arbeitsleben.

6. Ruhen des Anspruchs auf Übergangsgeld. Nach **§ 45 Abs. 4** ruht der Anspruch auf Übergangsgeld, solange die Rehabilitandin einen Anspruch auf Mutterschaftsgeld (§ 13 MuSchG) hat; die Vorschrift des § 52 Nr. 2 SGB VII bleibt davon unberührt. 26

Nach dem Wortlaut des Gesetzes („solange“) ruht ein Anspruch auf Übergangsgeld nach § 45 Abs. 4 auch für den Fall vollständig, wenn es höher ist als das Mutterschaftsgeld. 27

Verzichtet die Rehabilitandin auf Mutterschaftsgeld, so ist sie so zu behandeln, als ob sie tatsächlich Mutterschaftsgeld beziehen würde.

28 Da § 52 Nr. 2 SGB VII ausdrücklich von der Regelung des § 45 Abs. 4 unberührt bleibt, kann im Rahmen von Leistungen zur medizinischen Rehabilitation und zur Teilhabe am Arbeitsleben durch die gesetzliche Unfallversicherung durchaus ein Anspruch auf Verletzten- bzw. Übergangsgeld neben einem Anspruch auf Mutterschaftsgeld bestehen. Das Mutterschaftsgeld wird dabei jedoch auf das Verletzten- bzw. Übergangsgeld angerechnet.

29 **7. Ausbildungsgeld, Unterhaltsbeihilfe und ergänzende Hilfe zum Lebensunterhalt.** Nach **§ 45 Abs. 5** wird im Zusammenhang mit der Ausführung von Leistungen zur erstmaligen beruflichen Ausbildung behinderter Menschen, mit berufsvorbereitenden Bildungsmaßnahmen und mit Leistungen zur individuellen betrieblichen Qualifizierung im Rahmen unterstützter Beschäftigung sowie im Eingangsverfahren und im Berufsbildungsbereich von Werkstätten für behinderte Menschen von

- der Bundsagentur für Arbeit Ausbildungsgeld nach Maßgabe der §§ 104 bis 108 SGB III und
- den Trägern der Kriegsopferfürsorge Unterhaltbeihilfe unter den Voraussetzungen der §§ 26 und 26a BVG geleistet.

Nach § 45 Abs. 6 leisten die Träger der Kriegsopferfürsorge in den Fällen des § 27d Abs. 1 Nr. 3 BVG ergänzende Hilfen zum Lebensunterhalt nach § 27a BVG.

30 **8. Kostenerstattung.** Nach **§ 45 Abs. 7** können Rehabilitationsträger im Rahmen der nach § 13 Abs. 2 Nr. 7 vereinbarten Empfehlung eine Erstattung ihrer Aufwendungen verlangen, wenn bei ambulanter Ausführung von Leistungen zur medizinischen Rehabilitation Verletztengeld, Versorgungskrankengeld oder Übergangsgeld geleistet wurde. § 45 Abs. 7 wurde mit Wirkung zum 6. 8. 2010 aufgehoben.

31 **9. Zahlungsweise der Leistungen zum Lebensunterhalt.** Nach **§ 45 Abs. 8** werden

- Krankengeld,
- Versorgungskrankengeld,
- Verletztengeld und
- Übergangsgeld

für Kalendertage gezahlt; wird die Leistung für einen ganzen Kalendermonat gezahlt, so wird dieser mit 30 Tagen angesetzt.

In Abs. 8 werden damit die Regelungen des bis 30. 6. 2001 geltenden § 13 Abs. 5 RehaAnglG übernommen (vgl. auch Rn 14).

32 Dadurch, dass grundsätzlich auf Kalendertage abgestellt wird, besteht ein Anspruch auch auf die in Abs. 8 genannten Entgeltersatzleistungen auch für Samstage, Sonntage und Feiertage.

Ein Kalendermonat ist auch dann mit 30 Tagen anzusetzen, auch wenn er tatsächlich mehr oder weniger als 30 Tage umfasst (vgl. dazu auch *Lachwitz/Schellhorn/Welti,* § 45 Rn 18).

§ 46 Höhe und Berechnung des Übergangsgelds

(1) [1]Der Berechnung des Übergangsgelds werden 80 vom Hundert des erzielten regelmäßigen Arbeitsentgelts und Arbeitseinkommens, soweit es der Beitragsberechnung unterliegt (Regelentgelt) zugrunde gelegt, höchstens jedoch das in entsprechender Anwendung des § 47 berechnete Nettoarbeitsentgelt; hierbei gilt die für den Rehabilitationsträger jeweils geltende Beitragsbemessungsgrenze. [2]Bei der Berechnung des Regelentgelts und des Nettoarbeitsentgelts werden die für die jeweilige Beitragsbemessung und Beitragstragung geltenden Besonderheiten der Gleitzone nach § 20 Abs. 2 des Vierten Buches nicht berücksichtigt. [3]Das Übergangsgeld beträgt

1. für Leistungsempfänger, die mindestens ein Kind im Sinne des § 32 Abs. 1, 3 bis 5 des Einkommensteuergesetzes haben, oder deren Ehegatten oder Lebenspartner, mit denen sie in häuslicher Gemeinschaft leben, eine Erwerbstätigkeit nicht ausüben können, weil sie die Leistungsempfänger pflegen oder selbst der Pflege bedürfen und keinen Anspruch auf Leistungen aus der Pflegeversicherung haben, 75 vom Hundert; Gleiches gilt für Leistungsempfänger, die ein Stiefkind (§ 56 Absatz 2 Nummer 1 des Ersten Buches) in ihren Haushalt aufgenommen haben,

2. für die übrigen Leistungsempfänger 68 vom Hundert des nach Satz 1 oder § 48 maßgebenden Betrages. Bei Übergangsgeld der Träger der Kriegsopferfürsorge wird unter den Voraussetzungen von Satz 2 Nr. 1 ein Vomhundertsatz von 80, im Übrigen ein Vomhundertsatz von 70 zugrunde gelegt.

(2) [1]Für die Berechnung des Nettoarbeitsentgelts nach Absatz 1 Satz 1 wird der sich aus dem kalendertäglichen Hinzurechnungsbetrag nach § 47 Abs. 1 Satz 6 ergebende Anteil am Nettoarbeitsentgelt mit dem Vomhundertsatz angesetzt, der sich aus dem Verhältnis des kalendertäglichen Regelentgeltbetrages nach § 47 Abs. 1 Satz 1 bis 5 zu dem sich aus diesem Regelentgeltbetrag ergebenden Nettoarbeitsentgelt ergibt. [2]Das kalendertägliche Übergangsgeld darf das sich aus dem Arbeitsentgelt nach § 47 Abs. 1 Satz 1 bis 5 ergebende kalendertägliche Nettoarbeitsentgelt nicht übersteigen.

1. Sozialpolitischer Hintergrund. Gegenstand des § 46 sind die für alle zuständigen Rehabilitationsträger, einheitlich geltende Bemessungsgrundlage für das Übergangsgeld und die Regelungen über dessen Höhe. 1

Nach Abs. 1 Satz 3 sind bei Berücksichtigung der Höhe des Übergangsgeldes die persönlichen Lebensumstände der Leistungsberechtigten maßgebend. 2

2. Entstehung der Norm/Normzweck. Die Vorschrift wurde durch Art. 68 Abs. 1 am 1. 7. 2001 in Kraft gesetzt. 3

Die am 1. 7. 2001 in Kraft getretene und derzeit mit redaktionellen Änderungen und Ergänzungen in Abs. 1, Sätze 2 und 3 Nr. 1 geltende Fassung entspricht im Wesentlichen dem Gesetzesentwurf (vgl. BT-Drucks. 14/5074 S. 110f).

Danach enthält § 46 die gemeinsame Berechnungsgrundlage für das Übergangsgeld und bestimmt dessen Höhe in Abhängigkeit des in Abs. 1 Satz 3 Nr. 1 definierten, für alle Rehabilitationsträger einheitlich geltenden Begriffs des Kindes im steuerrechtlichen Sinne.

Im Rahmen der Abschlussberatung (vgl. BT-Drucks. 14/5786 S. 41 f) wurden in Abs. 1 lediglich geringfügige redaktionelle Änderungen vorgenommen, die der Klarstellung des Gewollten dienen (vgl. BT-Drucks. 14/5800 S. 28). Aufgrund der Ergänzung des § 45 um einen Abs. 8 wurde der ursprünglich vorgesehene Abs. 3 gestrichen (vgl. BT-Drucks. 14/5800 S. 28).

4 Durch das am 1. 8. 2001 in Kraft getretene Gesetz zur Beendigung der Diskriminierung gleichgeschlechtlicher Gemeinschaften (LPartG) wurde Abs. 1 Satz 3 Nr. 1 durch die Formulierung „oder Lebenspartner" mit der Folge ergänzt, dass Lebenspartner aus eingetragenen Lebenspartnerschaften verheirateten Ehepartnern bei der Ermittlung des erhöhten Übergangsgeldes gleichgestellt werden.

5 Durch Art. 4a des Zweiten Gesetzes für moderne Dienstleistungen am Arbeitsmarkt vom 23. Dezember 2002 (BGBl. I S. 4621) wurde eine sog Gleitzonenregelung für den Niedriglohnbereich eingeführt und in diesem Zusammenhang mit Wirkung ab 1. 4. 2003 in Abs. 1 ein neuer Satz 2 eingefügt. Der bisherige Satz 2 wurde damit zu Satz 3. Durch Art. 4 Nr. 3 des Dritten Gesetzes zur Änderung des Vierten Buches Sozialgesetzbuch und anderer Gesetze vom 5. 8. 2010 (BGBl. I S. 1131) wurde mit Wirkung zum 6. 8. 2010 in § 46 Abs. 1 Satz 3 Nr. 1 das Komma nach den Wörtern „vom Hundert" durch die Wörter „: Gleiches gilt für Leistungsempfänger, die ein Stiefkind (§ 56 Absatz 2 Nummer 1 des Ersten Buches) in ihren Haushalt aufgenommen haben," ersetzt.

6 Die wesentlichen Regelungsinhalte des bis zum 30. 6. 2001 geltenden § 13 Abs. 3 RehaAnglG, §§ 163 und 164 Abs. 1 SGB III, §§ 21 Abs. 1 Satz 1 und 24 Abs. 1 SGB VI, § 51 Abs. 1 und 2 SGB VII und § 26 a Abs. 2 Sätze 1 und 2 BVG wurden dabei übernommen.

7 **3. Höhe der Berechnungsgrundlage.** Nach **§ 46 Abs. 1 Satz 1** werden der Berechnung des Übergangsgeldes 80 v.H. des erzielten regelmäßigen Arbeitsentgeltes und Arbeitseinkommens, soweit es der Beitragsberechnung unterliegt (Regelentgelt) zugrunde gelegt, höchstens jedoch das in entsprechender Anwendung des § 47 berechnete Nettoarbeitsentgelt. Dabei ist die für den jeweils zuständigen Rehabilitationsträger geltende Beitragsbemessungsgrenze zu berücksichtigen.

8 Damit wird in Abs. 1 Satz 1 allgemein als Regelentgelt das erzielte regelmäßige Brutto-Arbeitsentgelt (§ 14 SGB IV) oder Brutto-Arbeitseinkommen (§ 15 SGB IV), soweit es der Beitragsberechnung unterliegt, festgelegt.

Bei Teilnehmern, die **Arbeitsentgelt** iSd **§ 14 SGB IV** beziehen, ist **§ 47 als einheitliche Grundlage für die Berechnung des Regelentgeltes** anzusehen. Wird jedoch **Arbeitseinkommen** iSd **§ 15 SGB IV** bezogen, bestimmt sich dessen Berücksichtigungsfähigkeit hinsichtlich der Berechnung des Regelentgeltes nicht nach dem SGB IX, sondern nach den für die jeweiligen zuständigen Rehabilitationsträger geltenden materiell-rechtlichen Bestimmungen. Maßgebend ist daher bei einer Zuständigkeit

- der gesetzlichen Rentenversicherung § 21 Abs. 2 SGB VI,
- der gesetzlichen Unfallversicherung § 47 Abs. 1 Satz 2 SGB VII iVm. § 50 SGB VII und
- der Träger der Kriegsopferfürsorge § 16b Abs. 2 BVG iVm. § 26a Abs. 1 BVG.

Bei Leistungen der Bundesagentur für Arbeit wird Arbeitseinkommen bei der Berechnung des Regelentgeltes Arbeitseinkommen nicht berücksichtigt, da selbständig Tätige nicht einer Versicherungspflicht nach dem SGB III unterliegen.

9 Von dem so berechneten Regelentgelt sind zunächst 80 v.H. zugrunde zu legen. Dieser Betrag ist gegebenenfalls auf die für den zuständigen Rehabilitationsträger geltende **Beitragsbemessungsgrenze** zu begrenzen. Dieser Betrag ist mit dem auf den Kalendertag umgerechneten zu **Nettoarbeitsentgelt nach § 47 vergleichen.**

10 Übersteigt der Betrag von 80 v.H. des Regelentgeltes das regelmäßige Nettoarbeitsentgelt nach § 47, ist für die weitere Berechnung von dem Nettoarbeitsentgelt als maßgebender Berechnungsgrundlage auszugehen. Durch diese Begrenzung wird erreicht, dass die Berechnungsgrundlage nicht höher ist als das im letzten Entgeltabrechnungszeitraum vor Beginn der Leistungen bezogene Nettoeinkommen aus einer versicherungspflichtigen Beschäftigung.

Hinsichtlich der Berechnung des Nettoarbeitsentgeltes wird auf die Kommentierung zu § 47 verwiesen.

11 **4. Berechnung des Übergangsgeldes bei Besonderheiten im Zusammenhang mit der Gleitzone.** Nach **§ 46 Abs. 1 Satz 2** werden bei der Berechnung des Regelentgeltes und des Nettoarbeitsentgelts die für die jeweilige Beitragsbemessung und Betragstragung geltenden Besonderheiten der Gleitzone nach § 20 Abs. 1 SGB IV nicht berücksichtigt.

12 Seit dem 1. 4. 2003 gelten für die Beitragsberechnung und Beitragstragung bei einer Beschäftigung (bzw. bei mehreren Beschäftigungen) mit einem regelmäßigen monatlichen Arbeitsentgelt (bzw. insgesamt erzielten Arbeitsentgelt) innerhalb der Gleitzone von 400,01 € bis 800,00 € in der Kranken-, Pflege-, Renten- und Arbeitslosenversicherung besondere Regelungen. Im Ergebnis haben die Arbeitgeber weiterhin ihren vollen Beitragsanteil zu den einzelnen Versicherungszweigen zu zahlen. Die Arbeitnehmer jedoch zahlen nur einen reduzierten Beitragsanteil am Gesamtsozialversicherungsbeitrag. Dazu wird auf das „Gemeinsame Rundschreiben zum Zweiten Gesetz für moderne Dienstleistungen am Arbeitsmarkt – Versicherungs-, beitrags- und melderechtliche Auswirkungen auf Beschäftigungsverhältnisse in der Gleitzone – vom 25. 2. 2003“ (abrufbar unter: www.deutsche-rentenversicherung-bund.de), der Spitzenverbänden der Krankenkassen, dem Verband Deutscher Rentenversicherungsträger und der Bundesagentur für Arbeit verwiesen.

13 Bei der Ermittlung der Berechnungsgrundlage für das Übergangsgeld für Rehabilitanden, deren **Bruttoarbeitsentgelt** sich in der **Gleitzone von 400,01 € bis 800,00 €** befindet, werden nach Satz 2 die für die jeweilige Beitragsbemessung und Beitragstragung geltenden Besonderheiten der Gleitzone nicht berücksichtigt. Deshalb ist das Übergangsgeld auf der Grundlage

eines fiktiven Nettoarbeitsentgeltes und nicht nach dem beitragspflichtigen Arbeitsentgelt zu berechnen.

Mit der Ergänzung in § 46 Abs. 1 soll eine Besserstellung beim Nettoarbeitsentgelt der in der Gleitzone beschäftigten Leistungsberechtigten verhindert werden.

14 **5. Höhe des Übergangsgeldes.** Nach **§ 46 Abs. 1 Satz 3 Nr. 1** beträgt das Übergangsgeld für Leistungsberechtigte,

- die mindestens ein **Kind** iSd § 32 Abs. 1, 3 bis 5 EStG haben oder
- deren Ehegatte oder Lebenspartner, mit dem sie in häuslicher Gemeinschaft leben, eine Erwerbstätigkeit nicht ausüben können, weil sie die Leistungsberechtigten pflegen oder selbst der **Pflege** bedürfen und keinen Anspruch auf Leistungen aus der Pflegeversicherung haben, **75 v.H.** (bei Übergangsgeld der Träger der Kriegsopferfürsorge 80 v.H.) des nach Satz 1 oder § 48 maßgebenden Betrages.

15 **Kinder** iSd § 46 Abs. 1 Satz 3 Nr. 1 iVm. § 32 Abs. 1, 3 bis 5 EStG sind

- leibliche Kinder (eheliche, nichteheliche Kinder),
- Adoptivkinder und
- Pflegekinder (Voraussetzungen: durch ein familiäres, auf längere Dauer berechnetes Band mit den Leistungsberechtigten verbunden; nicht zu Erwerbszwecken in den Haushalt der Leistungsberechtigten aufgenommen; Obhuts- und Pflegeverhältnis zu den Eltern besteht nicht mehr)
- Stiefkinder, soweit sie in den Haushalt des Leistungsempfängers aufgenommen sind

bis zur Vollendung des 18. Lebensjahres.

Das Kindschaftsverhältnis beginnt bei leiblichen Kindern mit der Geburt, bei Adoptivkindern mit dem Tag der Rechtskraft der Adoption und bei Pflegekindern mit dem Tag des Beginns des Pflegschaftsverhältnisses. Das Kindschaftsverhältnis endet mit dem Tag des Todes des Kindes; weiterhin bei leiblichen Kindern mit dem Tag der Adoption durch einen Dritten, bei Adoptivkindern mit der Rücknahme der Adoption und bei Pflegekindern mit dem Ende des Pflegschaftsverhältnisses.

Bei leiblichen Kindern und Adoptivkindern ist es nicht erforderlich, dass diese im Haushalt der Leistungsberechtigten leben. Eine Unterbringung außerhalb des Haushaltes der Leistungsberechtigten, zB bei dem getrennt lebenden oder geschiedenen Ehegatten, schließt die Zahlung des erhöhten Übergangsgeldes nicht aus.

16 Enkel oder Geschwisterkinder der Leistungsberechtigten werden den nach § 32 Abs. 1 EStG genannten Kindern nicht gleichgestellt. Das gilt selbst dann, wenn sie in deren Haushalt aufgenommen sind, ein familienähnliches, auf längere Dauer berechnetes Band besteht und von den Leistungsberechtigten zu wesentlichen Teilen der Unterhalt getragen wird.

17 Kinder, die das **18. Lebensjahr** vollendet haben, begründen einen erhöhten Übergangsgeldanspruch nur, wenn sie die Voraussetzungen des § 32 Abs. 4 und 5 EStG erfüllen. Danach werden Kinder längstens bis zur Vollendung des 21. Lebensjahres berücksichtigt, wenn sie arbeitslos sind und der Arbeitsvermittlung im Inland zur Verfügung stehen.

18 Kinder bis zum **25. Lebensjahr** begründen nur dann einen erhöhten Übergangsgeldanspruch, wenn sie sich zB in Berufsausbildung befinden

und bestimmte Einkommensgrenzen nicht überschreiten (vgl. § 32 Abs. 4 EStG) oder Wehr- oder Zivildienst oder ein freiwilliges soziales Jahr geleistet wird.

Die Altersgrenze von 21 bzw. 25 Jahren wird unter den Voraussetzungen des § 32 Abs. 5 EStG bei den nach § 32 Abs. 4 Satz 1 Nr. 1 oder Nr. 2 Buchst. a EStG berücksichtigungsfähigen Kindern verlängert. 19

Körperlich, geistig oder seelisch **behinderte Kinder,** die außerstande sind, sich selbst zu unterhalten, werden auch über das 25. Lebensjahr hinaus berücksichtigt, wenn die Behinderung vor Vollendung des 25. Lebensjahres eingetreten ist. 20

Die Anspruchsvoraussetzungen des § 32 Abs. 4 und 5 EStG werden regelmäßig als erfüllt angesehen, wenn für diese Kinder ein Anspruch auf **Kindergeld** nach dem Bundeskindergeldgesetz besteht. 21

Ändern sich während des Anspruches auf Übergangsgeld die maßgebenden Verhältnisse, wirkt sich dies im Zusammenhang mit der Berücksichtigung von Kindern vom Beginn des nächsten Kalendermonats bei einer Minderung und vom Beginn des Kalendermonats bei einer Erhöhung aus, da das erhöhte Übergangsgeld für jeden vollen Kalendermonat zu bewilligen ist, in dem für mindestens einen Tag ein zu berücksichtigendes Kindschaftsverhältnis vorliegt. 22

Sind Leistungsberechtigte **pflegebedürftig** und gehen ihre Ehegatten/Lebenspartner, mit denen sie in häuslicher Gemeinschaft leben, keiner Erwerbstätigkeit nach oder sind die Ehegatten/Lebenspartner pflegebedürftig und haben keinen Anspruch auf Leistungen aus der Pflegeversicherung, so ist das Übergangsgeld ebenfalls iHv 75 v.H. der Berechnungsgrundlage zu zahlen. 23

Nach § 14 SGB XI ist pflegebedürftig, wer wegen einer körperlichen, geistigen oder seelischen Krankheit oder Behinderung für die gewöhnlichen und regelmäßig wiederkehrenden Verrichtungen im Ablauf des täglichen Lebens auf Dauer, voraussichtlich für mindestens sechs Monate, in erheblichem oder höherem Maße der Hilfe bedarf.

Ob Pflegebedürftigkeit iSd § 14 SGB XI vorliegt, ist dabei in jedem Einzelfall zu prüfen und kann zB durch Vorlage eines Schwerbehindertenausweises mit den Zusätzen H („hilflos“) oder BL („blind“) oder Vorlage eines Bescheides über die Anerkennung von Pflegebedürftigkeit bzw. die Gewährung von Geld- oder Sachleistungen nach SGB VII, XI und XII, BVG und Beamtenversorgungsgesetz, nachgewiesen werden.

Unter dem Begriff **„in häuslicher Gemeinschaft leben“** ist zu verstehen, dass Ehegatten/Lebenspartner (rechtsgültige Ehe/eingetragene Lebenspartnerschaft, jedoch keine eheähnliche Gemeinschaft) grundsätzlich in einem Hausstand, also in einer Wohn- und Lebensgemeinschaft (tatsächlich und mit entsprechendem inneren Willen) zusammenleben (vgl. BSG vom 3. 6. 1981 – 3 RK 64/79 –). Dabei kommt es für die Annahme dieses Tatbestandes auf ein räumliches Zusammenleben im gemeinsamen Haushalt an, wobei dieses in gemeinsamer Wohnung oder in enger Betreuungsgemeinschaft im selben Haus stattfinden kann (vgl. BSG vom 16. 8. 1973 – 3 RK 63/71 –, BSGE 36, 119). Darüber hinaus muss es sich um eine über das bloße Zusammenwohnen hinaus dauerhaft bestehende wirtschaftliche Lebensgemeinschaft handeln. 24

25 Sind die Leistungsberechtigten pflegebedürftig, so ist das erhöhte Übergangsgeld nur zu zahlen, wenn sie der in häuslicher Gemeinschaft mit ihnen lebende Ehegatte/Lebenspartner pflegt und dieser deshalb keine Erwerbstätigkeit ausüben kann. Üben die Ehegatten/Lebenspartner keine Erwerbstätigkeit aus, so besteht eine tatsächliche Vermutung dafür, dass sie wegen der Pflege der Leistungsberechtigten nicht erwerbstätig sind. Dies kann in diesen Fällen grundsätzlich unterstellt werden. Werden die Leistungsberechtigten von einer anderen Person (zB ausgebildete Pflegekraft) gepflegt, besteht kein Anspruch auf erhöhtes Übergangsgeld.

Sind Ehegatten/Lebenspartner der Leistungsberechtigten pflegebedürftig, so genügt es, dass sie im gleichen Haushalt leben und keinen Anspruch auf Leistungen aus der Pflegeversicherung hat. Ohne Bedeutung ist dabei, durch wen die Pflege erfolgt.

26 Anders als beim erhöhten Übergangsgeld aufgrund der Berücksichtigung von Kindern werden **Änderungen in den Verhältnissen** ab dem Tag berücksichtigt, ab dem die Voraussetzungen für ein höheres Übergangsgeld vorliegen bzw. der auf den Tag folgt, an dem die Voraussetzungen für den höheren Betrag weggefallen sind.

27 **6. Höhe des Übergangsgeldes.** Nach **§ 46 Abs. 1 Satz 3 Nr. 2** beträgt das Übergangsgeld für Leistungsberechtigte, die nicht die Tatbestände des Abs. 1 Satz 3 Nr. 1 erfüllen, **68 v.H.** (bei Übergangsgeld der Träger der Kriegsopferfürsorge 70 v.H.) des nach Satz 1 oder § 48 maßgebenden Betrages.

28 **7. Hinzurechnungsbetrag aus Einmalzahlungen.** Nach **§ 46 Abs. 2 Satz 1** wird für die Berechnung des Nettoarbeitsentgelts nach Abs. 1 Satz 1 der sich aus dem kalendertäglichen Hinzurechnungsbetrag nach § 47 Abs. 1 Satz 6 ergebende Anteil am Nettoarbeitsentgelt mit dem Vomhundertsatz angesetzt, der sich aus dem Verhältnis des kalendertäglichen Regelentgeltbetrages nach § 47 Abs. 1 Satz 1 bis 5 zu dem sich aus diesem Regelentgeltbetrag ergebenden Nettoarbeitsentgelt ergibt.

Damit wird die Aufforderung des Bundesverfassungsgerichtes umgesetzt, eine verfassungsmäßige Regelung zur sozialversicherungsrechtlichen Behandlung von einmalig gezahltem Arbeitsentgelt zu schaffen.

Abs. 2 Satz 1 schreibt vor, dass das kalendertägliche Nettoarbeitsentgelt um einen sich nach § 47 Abs. 1 Satz 6 ergebenden, anteiligen kalendertäglichen Hinzurechnungsbetrag (netto) zu erhöhen ist, der sich aus dem Verhältnis des kalendertäglichen Regelentgelts aus laufendem Arbeitsentgelt zum kalendertäglichen Nettoarbeitsentgelt ermittelt.

Insoweit wird auf die Kommentierung zu § 47 verwiesen.

29 **8. Begrenzung des Übergangsgeldes auf das laufende Nettoarbeitsentgelt.** Nach **§ 46 Abs. 2 Satz 2** darf das kalendertägliche Übergangsgeld das sich aus dem Arbeitsentgelt nach § 47 Abs. 1 Satz 1 bis 5 ergebende, kalendertägliche Nettoarbeitsentgelt nicht übersteigen.

Damit soll ausgeschlossen werden, dass Übergangsgeldbezieher gegenüber arbeitsfähigen Arbeitnehmern einen Vorteil erlangen.

Der kalendertägliche Übergangsgeld-Zahlbetrag nach § 46 Abs. 1 ist daher mit dem laufenden kalendertäglichen Nettoarbeitsentgelt (ohne Einmalzahlungen) zu vergleichen und ggf. auf zuletzt Genanntes zu begrenzen.

Auf die Kommentierung zu § 47 wird hingewiesen.

§ 47 Berechnung des Regelentgelts

(1) [1]Für die Berechnung des Regelentgelts wird das von den Leistungsempfängern im letzten vor Beginn der Leistung oder einer vorangegangenen Arbeitsunfähigkeit abgerechneten Entgeltabrechnungszeitraum, mindestens das während der letzten abgerechneten vier Wochen (Bemessungszeitraum) erzielte und um einmalig gezahltes Arbeitsentgelt verminderte Arbeitsentgelt durch die Zahl der Stunden geteilt, für die es gezahlt wurde. [2]Das Ergebnis wird mit der Zahl der sich aus dem Inhalt des Arbeitsverhältnisses ergebenden regelmäßigen wöchentlichen Arbeitsstunden vervielfacht und durch sieben geteilt. [3]Ist das Arbeitsentgelt nach Monaten bemessen oder ist eine Berechnung des Regelentgelts nach den Sätzen 1 und 2 nicht möglich, gilt der 30. Teil des in dem letzten vor Beginn der Leistung abgerechneten Kalendermonat erzielten und um einmalig gezahltes Arbeitsentgelt verminderten Arbeitsentgelts als Regelentgelt. [4]Wird mit einer Arbeitsleistung Arbeitsentgelt erzielt, das für Zeiten einer Freistellung vor oder nach dieser Arbeitsleistung fällig wird (Wertguthaben nach § 7b des Vierten Buches), ist für die Berechnung des Regelentgelts das im Bemessungszeitraum der Beitragsberechnung zugrunde liegende und um einmalig gezahltes Arbeitsentgelt verminderte Arbeitsentgelt maßgebend; Wertguthaben, die nicht gemäß einer Vereinbarung über flexible Arbeitszeitregelungen verwendet werden (§ 23b Abs. 2 des Vierten Buches), bleiben außer Betracht. [5]Bei der Anwendung des Satzes 1 gilt als regelmäßige wöchentliche Arbeitszeit die Arbeitszeit, die dem gezahlten Arbeitsentgelt entspricht. [6]Für die Berechnung des Regelentgelts wird der 360. Teil des einmalig gezahlten Arbeitsentgelts, das in den letzten zwölf Kalendermonaten vor Beginn der Leistung nach § 23a des Vierten Buches der Beitragsberechnung zugrunde gelegen hat, dem nach den Sätzen 1 bis 5 berechneten Arbeitsentgelt hinzugerechnet.

(2) Bei Teilarbeitslosigkeit ist für die Berechnung das Arbeitsentgelt maßgebend, das in der infolge der Teilarbeitslosigkeit nicht mehr ausgeübten Beschäftigung erzielt wurde.

(3) Für Leistungsempfänger, die Kurzarbeitergeld bezogen haben, wird das regelmäßige Arbeitsentgelt zugrunde gelegt, das zuletzt vor dem Arbeitsausfall erzielt wurde.

(4) Das Regelentgelt wird bis zur Höhe der für den Rehabilitationsträger jeweils geltenden Leistungs- oder Beitragsbemessungsgrenze berücksichtigt, in der Rentenversicherung bis zur Höhe des der Beitragsbemessung zugrunde liegenden Entgelts.

(5) Für Leistungsempfänger, die im Inland nicht einkommensteuerpflichtig sind, werden für die Feststellung des entgangenen Nettoarbeitsentgelts die Steuern berücksichtigt, die bei einer Steuerpflicht im Inland durch Abzug vom Arbeitsentgelt erhoben würden.

1. Sozialpolitischer Hintergrund. In des § 47 sind die Einzelheiten zur Berechnung des Regelentgeltes festgelegt, das der Übergangsgeldberechnung 1 für abhängig gegen Arbeitsentgelt beschäftigte Arbeitnehmer nach § 46 Abs. 1 Satz 1 zugrunde liegt.

2 **2. Entstehung der Norm/Normzweck.** Die Vorschrift wurde durch Art. 68 Abs. 1 am 1. 7. 2001 in Kraft gesetzt.

Die am 1. 7. 2001 in Kraft getretene und derzeit mit redaktionellen Änderungen und Ergänzungen in Abs. 1 Satz 1 und Satz 4 sowie in Abs. 3 geltende Fassung entspricht in weiten Teilen dem Gesetzesentwurf (vgl. BT-Drucks. 14/5074 S. 110f).

In Abs. 1 wurden die bisher geltenden Regelungen der § 21 SGB VI und § 47 SGB VII jeweils iVm. § 47 SGB V zur Bestimmung der Berechnungsgrundlage übernommen. Gleichzeitig sollte damit sichergestellt werden, dass das Gesetz zur Neuregelung der sozialversicherungsrechtlichen Behandlung von einmalig gezahltem Arbeitsentgelt (Einmalzahlungs-Neuregelungsgesetz) und die Entscheidung des Bundesverfassungsgerichts vom 21. 5. 2000 – 1 BvL 1/98, 1 BvL 4/98, 1 BvL 15/99 – mit Wirkung ab 1. 1. 2001 im Rahmen der Übergangsgeldzahlungen durch die Bundesagentur für Arbeit, Träger der gesetzlichen Renten- und Unfallversicherung berücksichtigt werden.

Die folgenden Absätze der Vorschrift enthalten Regelungen zur Bestimmung der

- Berechnungsgrundlage bei bestehender Teilarbeitslosigkeit – Abs. 2,
- Berechnungsgrundlage bei Bezug von Kurzarbeitergeld – Abs. 3; bis 31. 12. 2006 umfasste Abs. 3 auch das Winterausfallgeld,
- Bemessungsgrenzen zur Ermittlung der Berechnungsgrundlagen der jeweils zuständigen Rehabilitationsträger – Abs. 4,
- Berechnungsgrundlage bei im Inland nicht einkommenssteuerpflichtigen Rehabilitanden – Abs. 5.

Die bis 30. 6. 2001 geltenden Bestimmungen wurden dabei übernommen.

Die im Rahmen der Abschlussberatung (vgl. BT-Drucks. 14/5786 S. 42f) vorgenommenen Änderungen dienen der Harmonisierung der Entgeltersatzleistungen und vermeiden, dass bei der Berechnung von Krankengeld und Übergangsgeld unterschiedliche Bemessungszeiträume zugrunde gelegt werden (vgl. BT-Drucks. 14/5800 S. 28).

3 Durch Art. 48 des Gesetzes zur Gleichstellung behinderter Menschen und zur Änderung anderer Gesetze vom 27. 4. 2002 (BGBl. I S. 1467) wurden mit Wirkung ab 1. 5. 2002 in Abs. 1 Satz 1 die Worte „Der Berechnung" durch die Worte „Für die Berechnung" ersetzt.

4 Durch Art. 7 des Gesetzes zur Förderung ganzjähriger Beschäftigung vom 24. 4. 2006 (BGBl. I S. 926) wurden mit Wirkung vom 1. 1. 2007 in Abs. 3 die Worte „Kurzarbeiter- oder Winterausfallgeld" durch das Wort „Kurzarbeitergeld" ersetzt. Dabei handelt es sich um eine redaktionelle Änderung im Zusammenhang mit der Umgestaltung des Systems der Förderung der ganzjährigen Beschäftigung und dem damit verbundenen Wegfall des bisherigen Winterausfallgeldes. Durch Art. 6 des Gesetzes zur Verbesserung der Rahmenbedingungen für die Absicherung flexibler Arbeitszeitregelungen und zur Änderung anderer Gesetze vom 21. 12. 2008 (BGBl. I S. 2947) wurde in Abs. 1 Satz 4 mit Wirkung zum 1. 1. 2009 die Angabe „7 Abs. 1a" durch die Angabe „§ 7b" ersetzt.

3. Berechnung des Regelentgeltes aus laufendem Arbeitsentgelt. Nach **§ 47 Abs. 1 Satz 1** wird für die Berechnung des Regelentgeltes das von den Leistungsberechtigten im letzten vor Beginn der Leistung oder einer vorangegangenen Arbeitsunfähigkeit abgerechneten Entgeltabrechnungszeitraum, mindestens jedoch das während der letzten abgerechneten vier Wochen (Bemessungszeitraum) erzielte und um einmalig gezahltes Arbeitsentgelt verminderte Arbeitsentgelt durch die Zahl der Stunden geteilt, für die es gezahlt wurde. 5

Anschließend wird das Ergebnis mit der Zahl der sich aus dem Inhalt des Arbeitsverhältnisses ergebenden regelmäßigen wöchentlichen Arbeitszeit multipliziert und durch Sieben geteilt **(Satz 2).** 6

Ist das Arbeitsentgelt nach Monaten bemessen oder ist eine Berechnung des Regelentgeltes nach den Sätze 1 und 2 nicht möglich, gilt der 30. Teil des in dem letzten vor Beginn der Leistung abgerechneten Kalendermonats erzielten und um einmalig gezahltes Arbeitsentgelt verminderten Arbeitsentgelts als Regelentgelt **(Satz 3).** 7

Wird mit einer Arbeitsleistung Arbeitsentgelt erzielt, das für Zeiten einer Freistellung vor oder nach dieser Arbeitsleistung fällig wird (Wertguthaben nach § 7b SGB IV), ist für die Berechnung des Regelentgelts das im Bemessungszeitraum der Beitragsberechnung zugrunde liegende und um einmalig gezahltes Arbeitsentgelt verminderte Arbeitsentgelt maßgebend; Wertguthaben, die nicht gemäß einer Vereinbarung über flexible Arbeitszeitregelungen verwendet werden (§ 23b Abs. 2 SGB IV), bleiben außer Betracht **(Satz 4).** 8

Nach **Abs. 1 Satz 5** gilt bei der Anwendung des Satz 1 als regelmäßige wöchentliche Arbeitszeit die Arbeitszeit, die dem gezahlten Arbeitsentgelt entspricht. 9

Demnach ist nach § 47 Abs. 1 für die Berechnung des Regelentgeltes zu unterscheiden zwischen 10
- Arbeitsentgelt, das nach Stunden – Sätze 1 und 2 und
- Arbeitsentgelt, das nach Monaten – Satz 3

bemessen ist.

Teilnehmer, deren Arbeitsentgelt sich weder einer Stundenzahl zuordnen lässt, noch nach Monaten bemessen ist, werden hinsichtlich der Berechnung des Regelentgeltes den Teilnehmern gleichgestellt, deren Arbeitsentgelt nach Monaten bemessen ist (Anwendung von Satz 3).

Bei Beschäftigungen mit flexibler Arbeitszeit kommen die Sätze 4 und 5 zur Anwendung.

Für die Berechnung des Regelentgeltes aus dem laufenden Arbeitsentgelt bei Zahlung von **Stundenlohn** ist nach Satz 1 als **Bemessungszeitraum** 11
- der zuletzt vor Beginn der Leistung oder einer nahtlos vorangegangenen Arbeitsunfähigkeit abgerechnete Entgeltabrechnungszeitraum,
- mindestens jedoch die zuletzt vor Beginn der Leistung oder einer nahtlos vorangegangenen Arbeitsunfähigkeit abgerechneten vier Wochen

maßgebend.

Durch das Abstellen auf den Bemessungszeitraum sollen der Lebensstandard der Leistungsberechtigten hinreichend repräsentiert und Zufallsergebnisse vermieden werden (vgl. BSGE 36, 55 = SozR Nr. 59 zu § 182 RVO).

Als **„abgerechnet"** gilt in diesem Zusammenhang der **Entgeltabrechnungszeitraum** dann, wenn dieser betriebsüblich hinsichtlich der Entgeltabrechnung abgeschlossen ist. Auf den tatsächlichen Zeitpunkt der Auszahlung des Arbeitsentgeltes bzw. die tatsächliche Bankgutschrift kommt es nicht an.

Darüber hinaus ist es unerheblich, ob im gesamten Bemessungszeitraum Anspruch auf Arbeitsentgelt besteht oder nicht, zB aufgrund von Arbeitsunfähigkeit ohne Anspruch auf Entgeltfortzahlung oder unbezahltem Urlaub. Es ist ausreichend, wenn mindestens für einen Tag Arbeitsentgelt im Bemessungszeitraum abgerechnet wurde.

12 Sofern bei Beginn der Leistung oder nach vorangegangener Arbeitsunfähigkeit ein abgerechneter Entgeltabrechnungszeitraum von mindestens vierwöchiger Dauer noch nicht vorliegt, zB weil die Teilnehmer die Beschäftigung gerade erst aufgenommen haben, ist grundsätzlich das vom Beginn des letzten Beschäftigungsverhältnisses an bis zum Tage vor Eintritt der Arbeitsunfähigkeit/Leistung erzielte Arbeitsentgelt der Berechnung des Regelentgeltes zugrunde zu legen.

13 Des Weiteren sind für die Berechnung des Regelentgeltes nach Abs. 1 die im Bemessungszeitraum erzielten laufenden Arbeitsentgelte zu berücksichtigen. Dazu zählen nach § 14 SGB IV iVm. mit der Sozialversicherungsentgeltverordnung (SvERV) ua.
- laufendes Arbeitentgelt aus einer abhängigen Beschäftigung in Form von Geld oder Sachbezügen,
- vermögenswirksame Leistungen,
- der vom Arbeitgeber ohne gesetzliche Verpflichtung übernommene Arbeitnehmeranteil am Sozialversicherungsbeitrag,
- das zur nachträglichen Vertragserfüllung zugeflossene Entgelt, etwa aufgrund eines arbeitsgerichtlichen Urteils oder Vergleichs, wenn sich dadurch die Verhältnisse rückwirkend zu Gunsten der Teilnehmer ändern.

Unberücksichtigt bleiben hingegen
- rückwirkende Erhöhungen des Arbeitsentgeltes, beispielsweise durch Abschluss eines höheren Tarifvertrages (Diese sind nur berücksichtigungsfähig, wenn bereits vor Beginn der Leistung oder einer vorangegangenen Arbeitsunfähigkeit ein Rechtsanspruch auf das höhere Arbeitsentgelt bestanden hat. Dieser ist jedoch nur dann gegeben, wenn beispielsweise der höhere Tarifvertrag bereits vor Beginn der Leistung oder einer vorangegangen Arbeitsunfähigkeit geschlossen worden ist – vgl. auch BSG vom 28. 6. 1995 – 7 RA r 20/94.),
- Aufwendungen des Arbeitgeber zur Zukunftssicherung seiner Arbeitnehmer, die er aufgrund einer gesetzlichen Verpflichtung erbringen muss, zB Arbeitgeberanteile zur Kranken-, Pflege-, Renten- und Arbeitslosenversicherung,
- Pensionsrückstellungen,
- einmalig gezahltes Arbeitsentgelt (zB Urlaubs- und Weihnachtsgeld) (vgl. Rn 5).

Das Arbeitsentgelt ist nur insoweit zu berücksichtigen, als es die für den jeweils zuständigen Rehabilitationsträger maßgebenden Beitragsbemessungsgrenzen nicht übersteigt.

Hinsichtlich der Zahl der zu **bezahlten Arbeitsstunden** iSv Satz 1, sind auch solche Arbeitsstunden zu berücksichtigen, für die ohne Arbeitsleistung Arbeitsentgelt gezahlt wurde. Dazu gehören beispielsweise 14
- bezahlter Urlaub,
- bezahlte Feiertage,
- bezahlte Freistunden,
- Zeiten der Entgeltfortzahlung.

Im Bemessungszeitraum tatsächlich geleistete Mehrarbeitsstunden sind ebenfalls zu berücksichtigen. Dies gilt unabhängig davon, ob diese auch zu einer Erhöhung der regelmäßigen wöchentlichen Arbeitzeit führen.

Unbezahlte entschuldigte oder unentschuldigte Fehlstunden sind hingegen nach dem Wortlaut des Gesetzes ausdrücklich nicht zu berücksichtigen („Stunden, für die es gezahlt wurde").

Ein weiterer, für die Regelentgeltberechnung maßgeblicher Faktor sind nach Satz 2 die **regelmäßigen wöchentlichen Arbeitsstunden.** Diese ergeben sich aus der im Arbeitvertrag vereinbarten wöchentlichen Arbeitszeit ggf. iVm. einer Betriebsvereinbarung oder einem Tarifvertrag. 15

Maßgeblich sind dabei die Arbeitszeitvereinbarungen, die für den Betrieb oder Betriebsteil gelten, in dem die Teilnehmer beschäftigt sind.

Besonderheiten hinsichtlich der regelmäßigen wöchentlichen Arbeitszeit ergeben sich für vollbeschäftigte Arbeitnehmer im **Baugewerbe.** Aufgrund einer mit Wirkung zum 1. 1. 2006 getroffenen Arbeitszeitregelung beträgt die regelmäßige Wochenarbeitszeit im Kalenderjahr grundsätzlich 40 Stunden. In der Zeit von Januar bis März und im Dezember beträgt die wöchentliche Arbeitszeit jedoch tatsächlich 38 Stunden. In der Zeit von April bis November beträgt die wöchentliche Arbeitszeit 41 Stunden. Bei der Berechnung des Regelentgeltes ist jedoch bei Arbeitnehmern im Baugewerbe die grundsätzliche regelmäßige wöchentliche Arbeitszeit von 40 Stunden zugrunde zu legen. 16

Grundsätzlich sind nur Änderungen der Arbeitszeit berücksichtigungsfähig, die vor Beginn der Leistung oder einer vorangegangenen Arbeitsunfähigkeit eingetreten sind. 17

Handelt es sich jedoch um eine Arbeitszeitverkürzung mit Entgeltausgleich, bleibt die Änderung der Arbeitszeit unberücksichtigt, wenn sie erst nach Ablauf des Entgeltabrechnungszeitraumes vorgenommen wurde. Ist die Änderung bereits während des Entgeltabrechnungszeitraumes eingetreten, so sind die neuen Berechnungsfaktoren zugrunde zu legen.

Weicht die tatsächliche wöchentliche Arbeitszeit regelmäßig von der vereinbarten Arbeitszeit ab oder ist **keine bestimmte Arbeitszeit** vereinbart, ist die Zahl der regelmäßigen wöchentlichen Arbeitsstunden anhand der tatsächlichen Verhältnisse zu ermitteln. Hierfür wird aus den tatsächlich geleisteten Arbeitsstunden der letzten drei Monate bzw. der letzten dreizehn Wochen (Ausgangszeitraum) der wöchentliche Durchschnitt festgestellt. Der aus dieser Berechnung ermittelte Durchschnittswert ist bei der Berechnung des Regelentgeltes als regelmäßige wöchentliche Arbeitszeit anzusetzen. 18

Enthält der Zeitraum der letzten drei Monate (13 Wochen = 91 Tage) **unbezahlte Fehltage** (zB Krankengeldbezugszeiten), sind die in diesem Zeitraum tatsächlich geleisteten Arbeitsstunden zu addieren. Danach ist zu er- 19 mitteln, an wie vielen Tagen die Arbeitsstunden geleistet wurden. Das geschieht in der Weise, dass von den 91 Tagen die Fehltage abzusetzen sind. Die Summe der im Drei-Monats-Zeitraum geleisteten Arbeitsstunden ist anschließend durch die Arbeitstage (91-Fehltage) im Ausgangszeitraum zu teilen. Das Ergebnis ist mit sieben zu vervielfältigen. Die sich dabei ergebende Summe ist für die weitere Berechnung des Übergangsgeldes als regelmäßige wöchentliche Arbeitsstunden zu berücksichtigen.

20 Hat das Arbeitsverhältnis noch keine drei Monate (13 Wochen) bei demselben Arbeitgeber bestanden, kann die Durchschnittsberechnung aus der kürzeren Arbeitszeit erfolgen, vorausgesetzt, dass bei der Zugrundelegung der kürzeren Entgeltabrechnungszeiträume die regelmäßigen Einkommensverhältnisse des Arbeitnehmers im Wesentlichen richtig wiedergegeben werden.

21 Zur regelmäßigen wöchentlichen Arbeitszeit iSd Abs. 1 Satz 2 gehören auch **Mehrarbeitsstunden,** sofern diese während der letzten abgerechneten drei Monate bzw. dreizehn Wochen regelmäßig geleistet wurden.

Ob die Rehabilitanden ohne den Beginn der Leistung oder den Eintritt einer vorangegangenen Arbeitsunfähigkeit auch weiterhin Mehrarbeit verrichtet hätten, ist dabei unerheblich. Die Mehrarbeitsstunden sind somit auch dann zu berücksichtigen, wenn das Beschäftigungsverhältnis vor Beginn der Leistung oder einer vorangegangenen Arbeitsunfähigkeit geendet hat (vgl. BSG v. 28. 11. 1979 – 3 RK 103/78 –, in *Breithaupt* 1980 S. 925).

22 An einer regelmäßigen Verrichtung von Mehrarbeitsstunden fehlt es, wenn in dem Ausgangszeitraum von drei Monaten bzw. dreizehn Wochen während eines Monats oder vier bzw. fünf Wochen nicht jeweils wenigstens eine volle Mehrarbeitsstunde geleistet worden ist (vgl. BSGE 35, 126 v. 23. 1. 1973, in *Breithaupt* 1973 S. 687). Eine volle Arbeitsstunde kann sich auch durch Zusammenrechnung von Stundenbruchteilen ergeben. Sofern in einem dieser Zeiträume von einem Monat oder mindestens vier Wochen nur deshalb keine Mehrarbeitsstunde(n) angefallen ist (sind), weil kein Arbeitsentgelt gezahlt wurde, ist dies für die Regelmäßigkeit unschädlich.

23 Schwankt die Zahl der in den einzelnen Abrechnungszeiträumen angefallenen Mehrarbeitsstunden, so ist von der durchschnittlichen Zahl der Mehrarbeitsstunden in der Woche auszugehen (vgl. BSG vom 23. 1. 1973 – 3 RK 22/70 –, BSGE 35, 126). Die durchschnittlichen wöchentlichen Mehrarbeitsstunden werden ermittelt, indem die Gesamtzahl der Mehrarbeitsstunden in den letzten drei Monaten durch 13 geteilt wird. Die durchschnittliche Zahl der wöchentlichen Mehrarbeitsstunden aus den letzten drei Monaten wird der regelmäßigen wöchentlichen Arbeitszeit hinzugerechnet. Sie erhöht somit die wöchentliche Arbeitszeit und damit das Übergangsgeld.

24 Sind neben den regelmäßigen Mehrarbeitsstunden in den letzten drei Monaten unbezahlte Fehltage angefallen, werden diese Fehlzeiten berücksichtigt. Die durchschnittlichen wöchentlichen Mehrarbeitsstunden werden dann ermittelt, indem die Summe der Mehrarbeitsstunden der letzten drei Monate bzw. 13 Wochen durch 91 Tage (abzüglich der Fehltage) geteilt wird. Das Ergebnis sind die durchschnittlichen wöchentlichen Mehrarbeitsstunden. Diese werden der regelmäßigen wöchentlichen Arbeitszeit hinzugerechnet.

Das laufende Bruttoarbeitsentgelt, das im letzten Entgeltabrechnungszeitraum erzielt worden ist, ist durch die Gesamtzahl der Stunden zu teilen, für die es gezahlt wurde. Das Ergebnis ist der durchschnittliche Stundenlohn. Dieser Stundenlohn ist mit der Anzahl der regelmäßigen wöchentlichen Arbeitsstunden zu multiplizieren und durch sieben zu teilen. Das Ergebnis ist das Regelentgelt. 25

In **Sonderfällen** gelten folgende Regelungen für die Berechnung des Übergangsgeldes:

- Beginnt die **Leistung oder eine vorausgegangene Arbeitsunfähigkeit während oder unmittelbar nach dem Ende des Mutterschaftsgeldbezuges,** ist das Regelentgelt aus dem laufenden Arbeitsentgelt des letzten vor Beginn der Leistung bzw. einer vorangegangenen Arbeitsunfähigkeit abgerechneten Entgeltabrechnungszeitraums, mindestens jedoch der letzten abgerechneten vier Wochen, zu ermitteln.
- Bei **Mehrfachbeschäftigten,** d.h. bei Personen, die vor Beginn der Leistung bzw. einer vorangegangenen Arbeitsunfähigkeit gleichzeitig bei mehreren Arbeitgebern versicherungspflichtig beschäftigt sind, ist das Regelentgelt grundsätzlich für das aus jeder Beschäftigung erzielte Arbeitsentgelt gesondert zu berechnen (vgl. BSG vom 21. 3. 1974 – 8 RU 81/73 –, BSGE 37, 189). Die unterschiedliche Ausgestaltung der Arbeitsverträge kann zur Folge haben, dass das Regelentgelt aus einem Beschäftigungsverhältnis nach § 47 Abs. 1 Sätze 1 und 2 (Stundenlohn), aus einem anderen Beschäftigungsverhältnis jedoch nach § 47 Abs. 1 Satz 3 (Monatslohn) zu berechnen ist. Das Regelentgelt ist aus jedem einzelnen Beschäftigungsverhältnis nach der jeweils zutreffenden Berechnungsart zu ermitteln. **Übersteigen die Regelentgelte** aus den einzelnen Beschäftigungsverhältnissen zusammen die für den jeweiligen Rehabilitationsträger geltende tägliche **Beitragsbemessungsgrenze,** sind die Beträge aus den einzelnen Regelentgeltberechnungen entsprechend ihrer Relation zu dem Gesamtregelentgelt zu kürzen.
- Auch bei Teilnehmern, die eine Altersteilzeitregelung unterschrieben haben, ist für die Bestimmung des letzten abgerechneten Entgeltabrechnungszeitraums grundsätzlich der letzte Status unmittelbar vor Beginn der Leistung bzw. einer vorangegangenen Arbeitsunfähigkeit maßgebend. Ändert sich der Status während der Leistung, hat dies keine Auswirkungen für die Berechnung des Übergangsgeldes.
- Beginnt die Leistung oder eine vorangegangene Arbeitsunfähigkeit bevor die Teilnehmer nach Wehr- oder Zivildienst wieder versicherungspflichtig beschäftigt waren, ist das Bruttoarbeitsentgelt in Anlehnung an § 166 Abs. 1 Nr. 1 SGB VI aus 60 v.H. der monatlichen Bezugsgröße nach § 18 SGB IV zu ermitteln. Als Bemessungszeitraum ist in diesen Fällen der letzte Kalendermonat vor Beginn der Leistung bzw. einer vorangegangenen Arbeitsunfähigkeit zugrunde zu legen.

Sofern das **Arbeitsentgelt nach Monaten** bemessen ist, bestimmt sich die Berechnung des Regelentgeltes nach § 47 Abs. 1 Satz 3. 26

Demnach ist gilt der 30. Teil des im letzten vor Beginn der Leistung abgerechneten Kalendermonat erzielten und um einmalig gezahltes Arbeitsentgelt vermindertes Arbeitsentgelts als Regelentgelt.

27 Das Arbeitsentgelt ist nach Monaten bemessen, wenn dessen Höhe nicht
– von den im Monat geleisteten Arbeitstagen bzw. Arbeitsstunden oder
– dem Ergebnis der Arbeit (zB Akkord)
abhängig ist.

Vergütungen, die zusätzlich zum festen Monatsentgelt, zB für Mehrarbeitsstunden, gezahlt werden, ändern nichts daran, dass die Bezüge nach Monaten bemessen werden.

28 Wenn das nach Stunden berechnete Entgelt lediglich monatlich ausgezahlt wird, erfolgt keine Berechnung nach § 47 Abs. 1 Satz 3, sondern nach § 47 Abs. 1 Satz 1 und 2.

29 Wenn eine Berechnung des Regelentgeltes nach Abs. 1 Satz 1 und 2 nicht möglich ist, weil das Arbeitsentgelt nach
– Stücken,
– Fällen (zB bei Heimarbeitern),
– sonstigen Einheiten oder
– dem Erfolg der Arbeit (zB Akkord, Provision)
bemessen wird und es sich einer Stundenzahl nicht zuordnen lässt, richtet sich die Berechnung des Regelentgeltes ebenfalls nach § 47 Abs. 1 Satz 3.

In diesen Fällen werden die Teilnehmer den Beziehern von Monatslohn gleichgestellt.

30 Wird das **Arbeitsentgelt nach Monaten** berechnet, wird der Berechnung des Regelentgeltes das im letzten vor Beginn der Arbeitsunfähigkeit/Leistung abgerechneten und abgelaufenen Kalendermonat erzielte und um einmalig gezahltes Entgelt verminderte Arbeitsentgelt zugrunde gelegt. Damit ist der Kalendermonat der **Bemessungszeitraum.** Wird das Arbeitsentgelt nicht für einen Kalendermonat, sondern für andere Zeitabschnitte (zB vier- oder fünfwöchentlich) oder in Abhängigkeit von der Arbeitsleistung abgerechnet, ist Bemessungszeitraum ebenfalls der letzte abgerechnete Entgeltabrechnungszeitraum bzw. der letzte abgerechnete Kalendermonat.

31 Das im Bemessungszeitraum erzielte, um einmalig gezahltes Arbeitsentgelt verminderte (Brutto-)Arbeitsentgelt ist das für die Berechnung des Regelentgeltes nach Abs. 1 Satz 3 zugrunde zu legende Arbeitsentgelt. Hinsichtlich des maßgebenden Arbeitsentgeltes wird auf die Ausführungen zu Abs. 1 Satz 1 und 2 (vgl. Rn 13) verwiesen.

32 Umfasst der Bemessungszeitraum einen ganzen Kalendermonat, so ist das im letzten vor Beginn der Leistung oder einer vorangegangenen Arbeitsunfähigkeit abgerechneten Kalendermonat erzielte laufende Arbeitsentgelt – unabhängig von der Anzahl der tatsächlichen Kalendertage des betreffenden Monats – durch 30 zu teilen. Das Ergebnis ist das **Regelentgelt.**

33 Bei gleichbleibendem Arbeitsentgelt sind die vereinbarten (vollen) Monatsbezüge auch dann der Berechnung des Regelentgeltes zugrunde zu legen, wenn nicht im gesamten Monat Arbeitsentgelt bezogen wurde (zB auf Grund von Fehlzeiten ohne Bezahlung oder wenn der Versicherte noch keinen vollen Monat gearbeitet hat); das Arbeitsentgelt ist durch 30 zu teilen. Ist kein festes monatliches Arbeitsentgelt vereinbart worden (zB schwankende Bezüge) und wurde nicht im gesamten Monat Arbeitsentgelt bezogen,

ist das abgerechnete Entgelt durch die Zahl der Kalendertage, in denen es erzielt wurde, zu teilen.

34 Das Übergangsgeld ist auch bei **schwankenden Bezügen** infolge von **Provisionszahlungen** oder **Mehrarbeit** ausschließlich aus dem letzten abgerechneten Entgeltabrechnungszeitraum vor Beginn der Leistung bzw. einer vorangegangenen Arbeitsunfähigkeit zu berechnen. Hierbei hat eine Prüfung, ob Mehrarbeit regelmäßig in den letzten drei abgerechneten Entgeltabrechnungszeiträumen vorgelegen hat, nicht zu erfolgen (vgl. BSG vom 28. 2. 1991 – 4/1 RA 71/90 –, USK 9109). Insoweit unterscheidet sich diese Berechnung von der für Bezieher von Stundenlohn, bei denen ggf. die vereinbarte wöchentliche Arbeitszeit erhöht wird.

35 Die Vorschriften der Sätze 4 und 5 treffen Detailregelungen über die Berechnung des Regelentgeltes für Fälle, in denen **flexible Arbeitszeiten** gelten.

Danach ist für die Berechnung des Regelentgeltes das im Bemessungszeitraum der Beitragsberechnung zugrunde liegenden und um einmalig gezahltes Arbeitsentgelt verminderte Arbeitsentgelt maßgebend, wenn mit einer Arbeitsleistung Arbeitsentgelt erzielt wird, das für Zeiten einer Freistellung vor oder nach dieser Arbeitsleistung fällig wird (Wertguthaben nach § 7b SGB IV). Wertguthaben, die nichtgemäß einer Vereinbarung über flexible Arbeitszeitregelungen verwendet werden (§ 23b Abs. 2 SGB IV) bleiben außer Betracht.

Im Rahmen tariflicher oder vertraglicher Arbeitszeitflexibilisierung werden während der effektiven Beschäftigungszeit angesammelte Arbeitszeit- und Arbeitsentgeltguthaben unter Fortbestehen des Beschäftigungsverhältnisses – je nach den Arbeitszeitmodellen – in längeren Freizeitphasen (Monate oder Jahre) abgebaut.

Durch das Gesetz zur sozialrechtlichen Absicherung flexibler Arbeitszeitregelungen vom 14. 4. 1998 gelten ab 1. 1. 1998 bestimmte Zeiträume ohne Arbeitsleistung unter den in § 7b SGB IV genannten Voraussetzungen als versicherungspflichtiges Beschäftigungsverhältnis, wenn der Arbeitnehmer während dieser Freistellungsphase Arbeitsentgelt erhält, das durch eine tatsächliche Arbeitsleistung vor oder nach der Freistellung erzielt wird.

Während der Freistellung wird das Arbeitsentgelt aus dem eigenen Wertguthaben fällig. Entsprechend der Verteilung der Beiträge zur Sozialversicherung bestimmt das im Bemessungszeitraum (der sich nicht verschiebt) der Beitragsentrichtung zugrunde liegende und um einmalig gezahltes Arbeitsentgelt verminderte Arbeitsentgelt das Regelentgelt.

36 **4. Berechnung des Regelentgelts unter Berücksichtigung des Hinzurechnungsbetrages aus Einmalzahlungen.** Nach **§ 47 Abs. 1 Satz 6** wird für die Berechnung des Regelentgeltes der 360. Teil des einmalig gezahlten Arbeitsentgelte, das in den letzten zwölf Monaten vor Beginn der Leistungen nach § 23a SGB IV der Beitragsberechnung zugrunde gelegen hat, dem nach den Sätze 1 bis 5 berechneten Arbeitsentgelt hinzugerechnet (= Hinzurechnungsbetrag).

37 Als einmalig gezahltes Arbeitsentgelt können dabei nach § 23a SGB IV ua.

– Weihnachtsgeld,
– Urlaubsgeld,

- Gratifikationen,
- Zusätzliche Monatsgehälter, soweit sie als Arbeitsentgelt im Sinne der Sozialversicherung zu werten sind,
- Zuwendungen in Heirats-, Geburts- oder Todesfällen

berücksichtigt werden.

38 Als Bemessungszeitraum für die Berücksichtigung der Einmalzahlungen sind damit immer die zwölf vollen Kalendermonate vor Beginn der Leistung oder einer vorangegangenen Arbeitsunfähigkeit zugrunde zu legen. Es handelt sich hierbei um einen festen Zeitraum ausgehend vom letzten abgerechneten Entgeltabrechnungszeitraum.

Beginnt oder endet der Bemessungszeitraum, in dem das laufende Arbeitsentgelt erzielt wurde, mitten in einem Monat, bestimmt sich das Ende des Zwölf-Kalendermonatszeitraum nach dem letzten vollständig abgerechneten Kalendermonat.

39 Bei der Berechnung des Regelentgeltes werden auch daher beitragspflichtige Einmalzahlungen mit einbezogen, die bei einem Arbeitgeberwechsel von einem vorherigen Arbeitgeber ausgezahlt wurden, soweit sie dem Bemessungszeitraum zuzuordnen sind.

Der Hinzurechnungsbetrag beträgt stets $^1/_{360}$ der vor Beginn der Leistung oder einer vorangegangenen Arbeitsunfähigkeit im Bemessungszeitraum insgesamt bezogenen beitragspflichtigen Einmalzahlungen.

40 **5. Berechnung bei Teilarbeitslosigkeit.** Nach **§ 47 Abs. 2** ist bei Teilarbeitslosigkeit für die Berechnung das Arbeitsentgelt maßgebend, das in der infolge der Teilarbeitslosigkeit nicht mehr ausgeübten Beschäftigung erzielt wurde.

Teilarbeitslos ist nach § 150 Abs. 2 Nr. 1 SGB III, wer eine versicherungspflichtige Beschäftigung verloren hat, die er neben einer weiteren versicherungspflichtigen Beschäftigung ausgeübt hat, und eine versicherungspflichtige Beschäftigung sucht.

Für diesen Personenkreis besteht unter den weiteren Voraussetzungen nach § 150 Abs. 1 SGB III Anspruch auf Teilarbeitslosengeld.

Voraussetzung für die Anwendung des § 47 Abs. 2 ist, dass unmittelbar vor Beginn der Leistung bzw. einer vorangegangenen Arbeitsunfähigkeit tatsächlich Teilarbeitslosengeld bezogen wurde.

Die Ermittlung der Berechnungsgrundlage für das Übergangsgeld bei Teilarbeitslosigkeit erfolgt nach § 47 Abs. 2 iVm. §§ 46, 47.

Das bedeutet, dass das im letzten Entgeltabrechnungszeitraum aus der nicht mehr ausgeübten Beschäftigung bezogene Arbeitsentgelt als Berechnungsgrundlage gilt. Zusätzlich ist gegebenenfalls aus dem weiter bestehenden Beschäftigungsverhältnis das Regelentgelt nach Abs. 1 zu ermitteln.

41 **6. Berechnung bei Bezug von Kurzarbeitergeld.** Nach **§ 47 Abs. 3** ist für Leistungsberechtigte, die Kurzarbeitergeld bezogen haben, das regelmäßige Arbeitsentgelt zugrunde zu legen, das zuletzt vor dem Arbeitsausfall erzielt wurde.

Der Bezug von Kurzarbeitergeld bestimmt sich grundsätzlich nach den §§ 169 bis 182 SGB III.

Auch bei Bezug von Kurzarbeitergeld ist hinsichtlich der Berechnung zwischen einem nach Stunden und einem nach Monaten bemessenen Arbeitsentgelt zu unterscheiden.

Des Weiteren ist zu unterscheiden, ob die Teilnehmer Kurzarbeitergeld
- im letzten abgerechneten Entgeltabrechnungszeitraum oder
- nach dem Ende des letzten abgerechneten Entgeltabrechnungszeitraums, aber vor Beginn der Leistung bezogen haben.

Sofern im letzten abgerechneten Entgeltabrechnungszeitraum Kurzarbeitergeld bezogen wurde, ist bei **Beziehern von Monatslohn** das **Arbeitsentgelt (Geldfaktor)** aus dem letzten abgerechneten Entgeltabrechnungszeitraum vor Beginn des Arbeitsausfalles zu ermitteln. **Bemessungszeitraum (Zeitfaktor)** bleibt der letzte Entgeltabrechnungszeitraum vor Beginn der Leistung bzw. einer vorangegangenen Arbeitsunfähigkeit.

Bei **Beziehern von Stundenlohn** ist das **Arbeitsentgelt (Geldfaktor)** ist aus dem letzten Entgeltabrechnungszeitraum vor Beginn der Leistung oder einer vorangegangenen Arbeitsunfähigkeit ohne Berücksichtigung von Arbeitsausfallstunden durch die Stunden der tatsächlichen Arbeitsleistung zu teilen. Dies gilt auch, wenn in diesem Entgeltabrechnungszeitraum Kurzarbeitergeld bezogen wurde. Die **regelmäßige wöchentliche Arbeitszeit** – einschließlich der Überstunden – **(Zeitfaktor)** ist hingegen aus dem letzten abgerechneten Entgeltabrechnungszeitraum vor Einsetzen des Arbeitsausfalles zu ermitteln. Das resultiert aus der Rechtsprechung, nach der der Rückgriff auf Zeiten vor dem Arbeitsausfall nur für die regelmäßige wöchentliche Arbeitszeit vorzunehmen ist (vgl. BSG vom 25. 6. 1975 – 5 Rkn 3/75 –, BSGE 40, 90).

Hat der Arbeitnehmer nicht im Bemessungszeitraum aber vor Beginn der Leistung Anspruch auf Kurzarbeitergeld, ergeben sich keine weiteren Besonderheiten bei der Regelentgeltberechnung.

Die Ermittlung der Berechnungsgrundlage erfolgt nach § 47 Abs. 3 iVm. Abs. 1 aus den Werten im Entgeltabrechnungszeitraum.

7. Beitragsbemessungsgrenzen. Nach **§ 47 Abs. 4** darf das Regelentgelt 42
aus laufendem Arbeitsentgelt und Hinzurechnungsbetrag, das für die weitere Berechnung des Übergangsgeldes maßgebend ist, die für die jeweiligen zuständigen Rehabilitationsträger Beitragsbemessungsgrenze nicht übersteigen.

Maßgebend ist die Beitragsbemessungsgrenze für das Kalenderjahr, in dem der nach Abs. 1 Satz 1 relevante Bemessungszeitraum liegt (vgl. BSG vom 29. 5. 1980 – 9 RV 6/79 –, SozR 3100 § 16 a Nr. 2). Es kommt auf den letzten zum Bemessungszeitraum gehörenden Tag an.

Ändert sich die Beitragsbemessungsgrenze nach dem Ende des Bemessungszeitraumes, hat dies keinen Einfluss auf die Berechnungsgrundlage des Übergangsgeldes. Dies gilt auch dann, wenn der Bemessungszeitraum im Vorjahr liegt und die Leistung zur Teilhabe erst im anschließenden Jahr begonnen hat (vgl. BSG v. 17. 3. 1983, – 11 RA 8/82 –, SozR 2200 § 1241 RVO Nr. 25). Hinsichtlich der Beitragsbemessungsgrenze bei Leistungsempfängern, die mehrere Beschäftigungen ausüben, s. Rn 25.

8. Ermittlung der Berechnungsgrundlage bei im Inland nicht einkommensteuerpflichtigen Leistungsempfängern. Nach **§ 47 Abs. 5** wer- 43
den für Leistungsberechtigte, die im Inland nicht einkommenssteuerpflichtig sind, für die Feststellung des entgangenen Nettoarbeitsentgeltes für

die nach § 46 Abs. 1 Satz 1 erforderliche Vergleichsberechnung (vgl. Kommentierung zu § 46, Rn 7ff) nach Abs. 5 die Steuern berücksichtigt, die bei einer Steuerpflicht im Inland durch Abzug vom Arbeitsentgelt erhoben würden.

Betroffen von dieser Vorschrift sind sog. Grenzgänger, die zwar in der Bundesrepublik Deutschland gegen Entgelt versicherungspflichtig beschäftigt, aber nicht einkommenssteuerpflichtig sind, weil sich die Steuerpflicht auf Grund der von der Bundesrepublik Deutschland mit verschiedenen Staaten geschlossenen Doppelbesteuerungsabkommen nach dem Steuerrecht des Wohnsitzstaates (Aufenthaltsort), also des Auslandes, richtet.

Diesen Personen wird in der Bundesrepublik Deutschland das volle Arbeitsentgelt lediglich vermindert um die Abgaben zur gesetzlichen Sozialversicherung ausgezahlt.

Die nicht dem deutschen Steuerrecht unterliegenden Leistungsberechtigten sind im Rahmen der Übergangsgeldberechnung so zu stellen, als ob sie im Inland steuerpflichtig wären.

Unabhängig von der Höhe der tatsächlich im Heimatland zu entrichtenden Steuern ist daher eine fiktive Ermittlung des Nettoarbeitsentgeltes nach den Verhältnissen, wie sie im Bundesgebiet maßgebend sind (ua. Familienstand, Kinder), vorzunehmen. Der Gesetzgeber will damit die im Inland Beschäftigten untereinander gleich behandeln.

§ 48 Berechnungsgrundlage in Sonderfällen

[1]Die Berechnungsgrundlage für das Übergangsgeld während Leistungen zur Teilhabe am Arbeitsleben wird aus 65 vom Hundert des auf ein Jahr bezogenen tariflichen oder, wenn es an einer tariflichen Regelung fehlt, des ortsüblichen Arbeitsentgelts ermittelt, das für den Wohnsitz oder gewöhnlichen Aufenthaltsort der Leistungsempfänger gilt, wenn

1. die Berechnung nach den §§ 46 und 47 zu einem geringeren Betrag führt,
2. Arbeitsentgelt oder Arbeitseinkommen nicht erzielt worden ist oder
3. der letzte Tag des Bemessungszeitraums bei Beginn der Leistungen länger als drei Jahre zurückliegt.

[2]Maßgebend ist das Arbeitsentgelt in dem letzten Kalendermonat vor dem Beginn der Leistungen bis zur jeweiligen Beitragsbemessungsgrenze für diejenige Beschäftigung, für die Leistungsempfänger ohne die Behinderung nach ihren beruflichen Fähigkeiten, ihrer bisherigen beruflichen Tätigkeit und nach ihrem Lebensalter in Betracht kämen. [3]Für den Kalendertag wird der 360. Teil dieses Betrages angesetzt.

1 **1. Sozialpolitischer Hintergrund.** Durch § 48 wird – im Unterschied zu Leistungen zur medizinischen Rehabilitation – sichergestellt, dass im Rahmen von Leistungen zur Teilhabe am Arbeitsleben immer ein Übergangsgeld berechnet werden kann, selbst dann, wenn die Leistungsberechtigten

vor Beginn der Leistungen weder Arbeitsentgelt oder Arbeitseinkommen noch Entgeltersatzleistungen bezogen haben.

2. Entstehung der Norm. Die Vorschrift wurde durch Art. 68 Abs. 1 am 1. 7. 2001 in Kraft gesetzt. 2

§ 48 entspricht im Wesentlichen dem Gesetzesentwurf (vgl. BT-Drucks. 14/5074 S. 110).

Demnach enthält die Vorschrift für alle Rehabilitationsträger einheitlich die Regelungen für die Ermittlung der Berechnungsgrundlage für das Übergangsgeld, für die Fälle, in denen eine Orientierung an den tatsächlichen Einkommensverhältnissen der Betroffenen vor Beginn der Leistung zu einer nicht angemessenen Höhe des Übergangsgeldes führt.

Im Rahmen der Abschlussberatung (vgl. BT-Drucks. 14/5786 S. 43) wurden lediglich kleine redaktionelle Änderungen vorgenommen.

Die wesentlichen Regelungen der bis zum 30. 6. 2001 geltenden §§ 14 RehaAnglG, 165 SGB III, 22 Abs. 2 SGB VI, 51 Abs. 3 SGB VII und 26a Abs. 4 BVG wurden übernommen. 3

Ebenso wie der bis zum 30. 6. 2001 geltende § 22 Abs. 2 SGB VI schreibt der Sondertatbestand des Satz 1 Nr. 1 vor, dass neben der Berechnung nach §§ 46 und 47 immer eine weitere Berechnung auf der Grundlage eines fiktiven tariflichen oder ortsüblichen Arbeitsentgeltes nach § 48 durchzuführen ist. Für die Bereiche der

- Arbeitslosenversicherung,
- gesetzlichen Unfallversicherung und
- der Kriegsopferversorgung

stellt dies eine Neuregelung dar, denn die bisher geltenden §§ 165 Nr. 3 SGB III, 51 Abs. 3 Nr. 3 SGB VII und 26a Abs. 4 Nr. 3 BVG stellten bis dahin auf das Vorliegen einer unbilligen Härte ab.

3. Normzweck. Nach § 48 wird im Zusammenhang mit Leistungen zur Teilhabe am Arbeitsleben als Berechnungsgrundlage für das Übergangsgeld 65 v.H. des auf ein Jahr bezogenen 4

- tariflichen Arbeitsentgelts

oder wenn es an einer tariflichen Regelung fehlt,

- des für den Wohnsitz oder gewöhnlichen Aufenthaltsort der Leistungsberechtigten geltenden Arbeitsentgelts (= ortsübliche Arbeitsentgelt)

ermittelt.

Voraussetzung dazu ist jedoch, dass 5

- eine Berechnung nach den §§ 46 und 47 zu einem geringen Betrag führt (Satz 1 Nr. 1),
- Arbeitsentgelt oder Arbeitseinkommen nicht erzielt worden ist (Satz 1 Nr. 2) oder
- der letzte Tag des Bemessungszeitraums bei Beginn der Leistungen länger als drei Jahre zurückliegt (Satz 1 Nr. 3).

Dabei ist das Arbeitsentgelt bis zur jeweils maßgebenden Beitragsbemessungsgrenze zugrunde zu legen, dass die Leistungsberechtigten im letzten Kalendermonat vor dem Beginn der Leistung unabhängig von ihrer Behinderung allein nach ihren beruflichen Fähigkeiten, ihrer bisherigen beruflichen Tätigkeit und nach ihrem Lebensalter erhalten würden. Für den Kalendertag ist der 360. Teil dieses Betrages anzusetzen.

6 Zu beachten ist, dass nur bestimmte Leistungen zur Teilhabe am Arbeitsleben einen Anspruch auf Übergangsgeld iSd § 45 Abs. 2 auslösen. Es handelt sich um folgende Leistungen:

- Berufsvorbereitung einschließlich einer wegen der Behinderung erforderlichen Grundausbildung nach § 33 Abs. 3 Nr. 2,
- individueller betrieblicher Qualifizierung im Rahmen unterstützter Beschäftigung nach § 33 Abs. 3 Nr. 2 a,
- beruflicher Anpassung und Weiterbildung, auch soweit die Leistungen einem zur Teilnahme erforderlichen schulischen Abschluss einschließen, nach § 33 Abs. 3 Nr. 3,
- beruflicher Ausbildung, auch soweit die Leistungen in einen zeitlich nicht überwiegenden Abschnitt schulisch durchgeführt werden, nach § 33 Abs. 3 Nr. 4,
- Leistungen im Eingangsverfahren in Werkstätten für behinderte Menschen nach §§ 39, 40 Abs. 1 sowie
- Leistungen im Berufsbildungsbereich in Werkstätten für behinderte Menschen nach §§ 39, 40 Abs. 2.

Wegen der Einzelheiten zu diesen Leistungen wird auf die Kommentierung zu den §§ 33, 39 und 40 verwiesen (vgl. auch § 45, Rn 21).

Werden mehrere aufeinander folgende Leistungen zur Teilhabe am Arbeitsleben durchgeführt, liegt ein einheitlicher Leistungsfall vor (zB Berufsvorbereitung – Weiterbildung). Sofern jedoch zunächst die berufliche Eignung abgeklärt wird und sich dann eine Weiterbildung anschließt, ist nicht von einem einheitlichen Leistungsfall auszugehen.

7 **4. Sondersachverhalte.** Als Berechnungsgrundlage für das Übergangsgeld in Zusammenhang mit Leistungen zur Teilhabe am Arbeitsleben werden nur dann 65 v. H. des jährlichen tariflichen oder ortsüblichen Arbeitsentgeltes zugrunde gelegt, wenn ein Sondersachverhalt nach Satz 1 Nr. 1 bis 3 vorliegt.

8 Die Regelung des **Satz 1 Nr. 1** impliziert, dass auch im Rahmen der Übergangsgeldberechnung bei Leistungen zur Teilhabe am Arbeitsleben regelmäßig zunächst die Berechnungsgrundlage wie bei Leistungen zur medizinischen Rehabilitation nach §§ 46 und 47 zu ermitteln ist, wenn der maßgebende Bemessungszeitraum innerhalb der Dreijahresfrist liegt.

Anschließend ist eine sog. Vergleichsberechnung nach § 48 Satz 1 vorzunehmen, bei der als Berechnungsgrundlage 65 v. H. des tariflichen oder ortsüblichen Arbeitsentgeltes zugrunde gelegt werden (vgl. dazu Rn 4).

Der jeweils höhere Betrag ist für die weitere Berechnung des Übergangsgeldes heranzuziehen.

9 Die Regelung von **Satz 1 Nr. 2** ist nur für Leistungsberechtigte heranzuziehen, die bisher zu keinem Zeitpunkt berufstätig gewesen sind. Andernfalls würde die Regelung von Satz 1 Nr. 3 gelten.

10 Die Regelung von **Satz 1 Nr. 3** greift immer dann, wenn der maßgebende Bemessungszeitraum bei Beginn der Leistungen bereits länger als drei Jahre zurückliegt.

Die Dreijahresfrist ist vom Tag des Beginns der Leistung zur Teilhabe am Arbeitsleben in die Vergangenheit zurückzurechnen. Sie beginnt mit dem Tag vor drei Jahren, der dem Tag des Leistungsbeginns nach Tag und Monat entspricht und endet am Tag vor Leistungsbeginn.

Das Vorliegen von Arbeitsunfähigkeit beeinflusst die Dreijahresfrist ausnahmslos nicht (vgl. BSG v. 20. 3. 1980 – 11 RA 56/79 –, USK 8059).

Sofern mehrere Leistungen zur Teilhabe am Arbeitsleben aufeinander folgen, ist für jede Leistung separat zu prüfen, ob der Bemessungszeitrum innerhalb von drei Jahren liegt. Etwas anderes gilt nur dann, wenn den aufeinanderfolgenden Leistungen zur Teilhabe am Arbeitsleben ein einheitlicher Leistungsfall zugrunde liegt (vgl. Rn 6). 11

Satz 1 Nr. 3 ist auch dann anzuwenden, wenn unmittelbar vor Beginn der Leistung zur Teilhabe am Arbeitsleben eine Sozialleistung iSd § 49 bezogen worden ist (vgl. BSG v. 9. 5. 1984 – 4 RJ 65/83 –) und das Ende des Bemessungszeitraums für die Sozialleistung, der nach § 49 weiterhin maßgebend bleibt, länger als drei Jahre zurückliegt.

Wenn sich die Einleitung einer Leistung zur Teilhabe am Arbeitsleben infolge pflichtwidriger Säumigkeit des jeweils zuständigen Rehabilitationsträger soweit verzögert, dass inzwischen die Frist von drei Jahren abgelaufen ist, ist Satz 1 Nr. 3 nach Rechtsprechung des BSG nicht anzuwenden. Vielmehr ist im Rahmen des sozialrechtlichen Herstellungsanspruches davon auszugehen, dass die Leistung zur Teilhabe am Arbeitsleben innerhalb der Dreijahresfrist eingeleitet worden wäre.

Hinsichtlich des maßgebenden Bemessungszeitraumes wird auf die Kommentierung zu § 47 verwiesen.

5. Tarifliches oder ortsübliches Arbeitsentgelt. Nach der ersten Alternative von Satz 1 ist bei Vorliegen der Sondersachverhalte iSv Satz 1 Nr. 1 bis 3 die Berechnungsgrundlage für das Übergangsgeld vorrangig aus 65 v.H. des auf ein Jahr bezogenen tariflichen Arbeitsentgelts zu ermitteln. Berücksichtigungsfähig sind dabei 12

- alle geltenden Tarifverträge, unabhängig von Tarifbindung oder Allgemeinverbindlichkeit
- auch sog. Haus- oder Firmentarifverträge.

Nach der zweiten Alternative des Satz 1, ist das ortsübliche Entgelt zugrunde zu legen, sofern eine tarifvertragliche Regelung fehlt. Ortsüblich ist eine Vergütung, die gleichartig oder ähnlich Beschäftigte von gleicher sozialer Stellung unter Beachtung der persönlichen Verhältnisse, insbesondere des Lebensalters, für entsprechende Arbeit an dem betreffenden Ort gewöhnlich erhalten. Lässt sich ein ortsübliches Entgelt nicht feststellen, muss gegebenenfalls auf Tarifverträge aus einem vergleichbaren Wirtschaftszweig zurückgegriffen werden.

Zum tariflichen oder ortsüblichen Entgelt gehören die Bezüge, die nach den §§ 14, 17 SGB IV und entsprechend der jeweils geltenden Fassung der Arbeitsentgeltverordnung als Arbeitsentgelt im sozialversicherungsrechtlichem Sinne anzusehen sind. 13

Sonderzuschläge ua. in Form von Zuschlägen für

- Mehrarbeit,
- Sonntagsarbeit
- Feiertagsarbeit und
- Nachtarbeit

sind bei der Festlegung des fiktiven tariflichen Arbeitsentgelts nicht zu berücksichtigen, da sie eine Tätigkeit abgelten, die über die tarifliche Arbeitszeit hinausgeht. Demgegenüber ist das tarifliche Arbeitsentgelt jedoch ein fiktives, der normalen Arbeitszeit und Arbeitsleistung entsprechendes Arbeitsentgelt.

Da nach dem Wortlaut des Gesetzes ausdrücklich auf das tarifliche Arbeitsentgelt abstellt wird, bleiben auch übertarifliche Zahlungen, selbst wenn sie branchenüblich sind, unberücksichtigt.

Sieht der Tarifvertrag Einmalzahlungen vor, sind diese hingegen als tarifliche Arbeitsentgelte zu berücksichtigen.

Bestehen im Einzelfall erhebliche Schwierigkeiten bei der Feststellung der tariflichen oder ortsüblichen Einmalzahlungen, ist das tarifliche Jahresentgelt pauschal um 10 v. H., höchstens jedoch bis zur jeweiligen Beitragsbemessungsgrenze zu erhöhen (analog § 301 a SGB VI).

14 **6. Maßgebendes Arbeitsentgelt.** Nach **§ 48 Satz 2** ist bei der Berechnung aus tariflichen oder ortsüblichen Arbeitsentgelt nach Satz 1 das Arbeitsentgelt bis zur jeweiligen Beitragsbemessungsgrenze maßgebend, dass den Leistungsberechtigten im letzten Kalendermonat vor Beginn der Leistungen zur Teilhabe am Arbeitsleben unabhängig von ihrer Behinderung allein aufgrund ihrer beruflichen Fähigkeiten, ihrer bisherigen beruflichen Tätigkeit und nach ihrem Lebensalter zugestanden hätte.

Bemessungszeitraum für das fiktive Arbeitsentgelt ist somit der letzt Kalendermonat vor Beginn der Leistung. Dies entspricht der Absicht des Gesetzgebers, möglichst das aktuelle Entgelt zu berücksichtigen und deswegen auf zeitnahe Verhältnisse abzustellen.

Zur Höhe der Bemessungsgrundlage kann regelmäßig die zuletzt ausgeübte berufliche Tätigkeit herangezogen werden. Wurde diese jedoch allein aus behinderungsbedingten Gründen aufgenommen, sind grundsätzlich die Tätigkeitsmerkmale maßgebend, die die Verhältnisse vor bzw. ohne Eintritt der Behinderung widerspiegeln.

Entsprechend der bisherigen Rechtslage ist es für die Berechnung des Übergangsgeldes nach § 48 auch weiterhin nicht von Bedeutung, in welchem zeitlichen Umfang (Teilzeit- oder Ganztagsbeschäftigung) die zuletzt bzw. früher verrichtete Tätigkeit ausgeübt worden. Bei Teilzeitbeschäftigungen ist das Übergangsgeld trotzdem aus dem vollen Tariflohn zu berechnen und ungekürzt auszuzahlen.

15 **7. Berechnungsmodus.** Das im Bemessungszeitraum erzielbare tarifliche oder ortsübliche Arbeitsentgelt für diejenige Beschäftigung, für die der Leistungsempfänger ohne die Behinderung nach seinen beruflichen Fähigkeiten und nach seinem Lebensalter in Betracht käme, ist auf ein Jahr hochzurechnen.

Diese Hochrechnung erfolgt bei einem nach Monaten bemessenen Entgelt durch Multiplikation mit der Zahl 12. Bei einem nach Stunden ausgelegtem Tarifentgelt ist zunächst der Stundenlohn mit der nach dem Tarifvertrag geltenden wöchentlichen Arbeitszeit und das Ergebnis anschließend mit 52 zu multiplizieren.

Die Rückrechnung auf den Kalendertag erfolgt schließlich durch die Teilung durch 360.

65 v. H. des errechneten Betrages ergibt die Berechnungsgrundlage.

Mit der Begrenzung des zugrunde zu legenden Entgeltes auf 65 v. H. wird fingiert, dass die gesetzlichen Lohnabzüge (Steuer, Sozialversicherungsbeiträge) eines vergleichbaren Arbeitnehmers 35 v. H. betragen.

Zu beachten ist nach § 48 Satz 2, dass auch das fiktive Bruttoarbeitsentgelt die Beitragsbemessungsgrenze nicht übersteigen darf.

§ 49 Kontinuität der Berechnungsgrundlage

Haben Leistungsempfänger Krankengeld, Verletztengeld, Versorgungskrankengeld oder Übergangsgeld bezogen und wird im Anschluss daran eine Leistung zur medizinischen Rehabilitation oder zur Teilhabe am Arbeitsleben ausgeführt, so wird bei der Berechnung der diese Leistungen ergänzenden Leistung zum Lebensunterhalt von dem bisher zugrunde gelegten Arbeitsentgelt ausgegangen; es gilt die für den Rehabilitationsträger jeweils geltende Beitragsbemessungsgrenze.

1. Sozialpolitischer Hintergrund. § 49 bestimmt, dass bei der Berechnung 1
eines im Anschluss an den Bezug von
- Krankengeld,
- Verletztengeld,
- Versorgungskrankengeld oder
- Übergangsgeld

zu gewährenden Übergangsgeldes nach §§ 46 und 47 auf die Berechnungsgrundlage und auf den Bemessungszeitraum zurückzugreifen ist, die der bisherigen Entgeltersatzleistung zugrunde lagen.

Damit soll verhindert werden, dass bei wiederholter Festsetzung und Aufeinanderfolge von unterschiedlichen Entgeltersatzleistungen verschiedener Rehabilitationsträger von unterschiedlichen Berechnungsgrundlagen ausgegangen wird.

Die Kontinuität der Entgeltersatzleistungen soll gewahrt bleiben. Eine erneute Ermittlung und Feststellung der Berechnungsgrundlage für die Entgeltersatzleistung wird dadurch entbehrlich. Der Verwaltungsaufwand wird eingeschränkt.

2. Entstehung der Norm. Die Vorschrift wurde durch Art. 68 Abs. 1 am 2
1. 7. 2001 in Kraft gesetzt.

Die am 1. 7. 2001 in Kraft getretene, derzeit geltende Fassung entspricht im Wesentlichen dem Gesetzesentwurf (vgl. BT-Drucks. 14/5074 S. 110).

Im Rahmen der Abschlussberatung (vgl. BT-Drucks. 14/5786 S. 44) ist die Reihenfolge der §§ 49 und 50 geändert worden. Nach der Begründung (vgl. BT-Drucks. 14/5800 S. 28) diene dies der Rechtssystematik. Der bisherige Regelungsinhalt des § 49 wird hinter dem des bisherigen § 50 eingeordnet, um klarzustellen, dass das nach dem jetzigen § 49 berechnete Übergangsgeld anzupassen ist. Die Anpassungsvorschrift gilt im Übrigen für die genannten Entgeltersatzleistungen generell, nicht nur im Rahmen der Rehabilitation.

Die wesentlichen im bisherigen (bis 30. 6. 2001 geltenden) Recht enthalte- 3
nen Kontinuitätsregelungen der §§ 16 RehaAnglG, 166 SGB III, 23 SGB VI und 51 Abs. 5 SGB VII wurden dabei übernommen.

3. Normzweck. Nach § 49 wird für die Berechnung von ergänzenden 4
Leistungen zum Lebensunterhalt im Rahmen von Leistungen zur medizini-

schen Rehabilitation und zur Teilhabe am Arbeitsleben vom bisherigen zugrunde gelegten Arbeitsentgelt ausgegangen, wenn die Leistungsberechtigten vor den Teilhabeleistungen
- Krankengeld,
- Verletztengeld,
- Versorgungskrankengeld oder
- Übergangsgeld

bezogen haben. Dabei sind die für die jeweils zuständigen Rehabilitationsträger maßgebenden Beitragsbemessungsgrenzen zu beachten.

Sofern die Leistungsberechtigten vor den Teilhabeleistungen Arbeitslosengeld oder Arbeitslosengeld II bezogen haben, sind die Regelungen des § 49 nach dem Wortlaut des Gesetzes hingegen nicht anzuwenden.

5 **4. Voraussetzungen.** Die Regelungen des § 49 sind daher nur anzuwenden, wenn
- den in der Vorschrift genannten Entgeltersatzleistungen unmittelbar („im Anschluss daran") ein Anspruch auf Übergangsgeld auslösende Leistung
  - zur medizinischen Rehabilitation im Sinne der §§ 26ff oder
  - zur Teilhabe am Arbeitsleben iSd §§ 33 Abs. 3 Nr. 2–4, Abs. 4 Satz 2 und 39ff vorangeht,
- und eine andere Berechnungsvorschrift dem nicht entgegensteht.

Die in § 49 genannten Entgeltersatzleistungen gelten in diesem Zusammenhang als „bezogen", sofern sie tatsächlich von den Teilnehmern bezogen worden sind. Dasselbe gilt auch, wenn zwar ein Anspruch auf entsprechende Entgeltersatzleistungen besteht, das anhängige Verwaltungsverfahren jedoch von den zuständigen Leistungsträgern noch nicht abgeschlossen wurde oder der Anspruch auf eine dieser Leistungen ruht.

6 Ein Anschluss des zu gewährenden Übergangsgeldes nach §§ 46, 48 an die vorangegangene Entgeltersatzleistung muss dabei nahtlos sein. Dies ist nur der Fall, wenn zwischen der zuvor bezogenen Entgeltersatzleistung und dem Übergangsgeld lediglich eine durch ein Wochenende oder einen Feiertag bedingte Unterbrechung liegt.

Das Übergangsgeld schließt auch dann an ein vorangegangenes Krankengeld im Sinne dieser Vorschrift an, wenn eine Leistungsunterbrechung nach § 48 Abs. 1 SGB V eingetreten ist (Aussteuerung) und die Arbeitsunfähigkeit weiterhin bis zum Beginn der Teilhabeleistung besteht.

7 Für den Bereich der Rentenversicherung gilt § 49 iVm. § 21 Abs. 3 SGB VI. Demnach werden die Voraussetzungen für die Anwendung der Regelungen des § 49 nur von Teilnehmern erfüllt,
- die zum Personenkreis der Arbeitnehmer mit einer rentenversicherten Beschäftigung gehören und
- bei denen sowohl die vorausgegangene Entgeltersatzleistung als auch das zustehende Übergangsgeld aus einem rentenversicherungspflichtigen Arbeitsentgelt zu berechnen ist.

8 **5. Anwendung.** Bei Vorliegen der Voraussetzungen, ist – soweit keine offenbaren Unrichtigkeiten iSd § 38 SGB X, zB Schreibfehler, Rechenfehler vorliegen – sowohl auf die Berechnungsgrundlage als auch auf den Bemes-

sungszeitraum (einschließlich Hinzurechnungsbeträge) zurückzugreifen, die der vorangegangenen Entgeltersatzleistung zugrunde lagen.

Eine Übernahme des Zahlbetrages der vorangegangen Entgeltersatzleistungen ist mit der Anwendung der Regelungen des § 49 jedoch ausdrücklich nicht vorgesehen und würde auch den Regelungsinhalten der §§ 46ff entgegenstehen.

Für die Feststellung der Höhe des Übergangsgeldes sind deshalb die maßgeblichen Vorschriften sowie die unterschiedlichen Beitragsbemessungsgrenzen nach § 47 Abs. 4 der jeweils zuständigen Rehabilitationsträger zu beachten. Da der aus der vorherigen Entgeltersatzleistung zu übernehmende Bemessungszeitraum uU längere Zeit zurückliegen kann, sind ggf. die nach § 50 vorgeschriebenen Anpassungen durchzuführen.

Bei Leistungen zur Teilhabe am Arbeitsleben kann eine Übernahme der vorangegangenen Entgeltersatzleistung nicht erfolgen, wenn der letzte Tag des Bemessungszeitraumes bei Beginn dieser Leistung länger als drei Jahre zurückliegt (vgl. Kommentierung zu § 48, Rn 10).

§ 50 Anpassung der Entgeltersatzleistungen

(1) **Die dem Krankengeld, Versorgungskrankengeld, Verletztengeld und Übergangsgeld zugrunde liegende Berechnungsgrundlage wird jeweils nach Ablauf eines Jahres seit dem Ende des Bemessungszeitraums entsprechend der Veränderung der Bruttolöhne und -gehälter je Arbeitnehmer (§ 68 Abs. 2 Satz 1 des Sechsten Buches) vom vorvergangenen zum vergangenen Kalenderjahr an die Entwicklung der Bruttoarbeitsentgelte angepasst.**

(2) **Der Anpassungsfaktor errechnet sich, indem die Bruttolöhne und -gehälter je Arbeitnehmer für das vergangene Kalenderjahr durch die entsprechenden Bruttolöhne und -gehälter für das vorvergangene Kalenderjahr geteilt werden; § 68 Abs. 7 und § 121 Abs. 1 des Sechsten Buches gelten entsprechend.**

(3) **Eine Anpassung nach Absatz 1 erfolgt, wenn der nach Absatz 2 berechnete Anpassungsfaktor den Wert 1,0000 überschreitet.**

(4) **Das Bundesministerium für Arbeit und Soziales gibt jeweils zum 30. Juni eines Kalenderjahres den Anpassungsfaktor, der für die folgenden zwölf Monate maßgebend ist, im Bundesanzeiger bekannt.**

1. Sozialpolitischer Hintergrund. § 50 trägt mit der Anpassung der Entgeltersatzleistung der allgemein wirtschaftlichen Entwicklung durch Berücksichtigung der Entgeltentwicklung Rechnung. 1

Damit wird sichergestellt, dass die Anpassung der Entgeltersatzleistungen aller Rehabilitationsträger einheitlich erfolgt. § 50 regelt daher, nach welcher Maßgabe und zu welchem Zeitpunkt die der Bewilligung des Krankengeldes, Versorgungskrankengeldes, Verletztengeldes und Übergangsgeldes zugrunde liegende Berechnungsgrundlage an die wirtschaftliche Entwicklung angepasst wird.

2 Dazu ist in Abs. 2 die Berechnung des Anpassungsfaktors geregelt.

3 Abs. 3 beinhaltet, dass der Anpassungsfaktor durch das Bundesministerium für Arbeit und Soziales jährlich zum 30. 6. eines Kalenderjahres festgelegt wird.

4 **2. Entstehung der Norm/Normzweck.** Die Vorschrift wurde durch Art. 68 Abs. 1 am 1. 7. 2001 in Kraft gesetzt.

Die am 1. 7. 2001 in Kraft getretene und derzeit mit redaktionellen Änderungen in Abs. 1 und 3 geltende Fassung entspricht im Wesentlichen dem Gesetzesentwurf (vgl. BT-Drucks. 14/5074 S. 110).

Demnach sieht die Vorschrift anstelle der bisherigen, für einzelne Trägergruppen im Ergebnis unterschiedlichen Anpassungssätze eine für alle Entgeltersatzleistungen einheitliche Anpassungsregelung entsprechend der Regelung zur Anpassung des Arbeitslosengeldes vor.

Im Rahmen der Abschlussberatung (vgl. BT-Drucks. 14/5786 S. 44) ist die Reihenfolge der §§ 49 und 50 geändert worden. Nach der Begründung (vgl. BT-Drucks. 14/5800 S. 28) diene dies der Rechtssystematik. Der bisherige Regelungsinhalt des § 49 wird hinter dem des bisherigen § 50 eingeordnet, um klarzustellen, dass das nach dem jetzigen § 49 berechnete Übergangsgeld anzupassen ist. Die Anpassungsvorschrift gilt im Übrigen für die genannten Lohnersatzleistungen generell, nicht nur im Rahmen der Rehabilitation.

Nach der Gesetzesbegründung zu den §§ 50 bis 52 SGB (vgl. BT-Drucks. 14/5074 S. 110) hatte der Gesetzgeber eine Vereinheitlichung bei der Anpassung aller Entgeltersatzleistungen eingeführt, so dass bis zum 31. 12. 2002 auch für die Übergangsgelder nach § 21 Abs. 4 SGB VI die Vorschrift des § 50 mit der Folge Anwendung fand, dass entsprechend der bisherigen Entgeltersatzleistung der Arbeitsverwaltung (Unterhaltsgeld, Arbeitslosengeld oder Arbeitslosenhilfe) anzupassen war. Das Übergangsgeld in Höhe der Leistung der Arbeitsverwaltung war am von der Arbeitsverwaltung bestimmten individuellen Anpassungszeitpunkt (Dynamisierungsstichtag) anzupassen.

5 Mit In-Kraft-Treten des „Ersten Gesetzes für moderne Dienstleistungen am Arbeitsmarkt“ zum 1. 1. 2003 (BGBl. I S. 4607) sind die Anpassungsvorschriften § 138 SGB III und § 47b Abs. 1 Satz 3 SGB V ersatzlos gestrichen worden. Damit waren nach der Entscheidung des damaligen Bundesministeriums für Gesundheit und Soziale Sicherung Übergangsgelder bei Leistungen zur medizinischen Rehabilitation gemäß § 21 Abs. 4 SGB VI ab dem 1. 1. 2003 ebenfalls nicht mehr anzupassen.

Durch Art. 1 Nr. 8 des Gesetzes zur Änderung von Fristen und Bezeichnungen im Neunten Buch Sozialgesetzbuch und zur Änderung anderer Gesetze vom 3. 4. 2003 (BGBl. I S. 462) wurde mit Wirkung zum 1. 1. 2003 die Bezeichnung des zuständigen Bundesministeriums in Abs. 3 von „Arbeit und Sozialordnung“ in „Gesundheit und Soziale Sicherung“ geändert; dabei handelte es sich um eine Anpassung an die entsprechende Zuständigkeitsregelung.

Durch Art. 261 Nr. 1 der Neunten Zuständigkeitsverordnung vom 31. 10. 2006 wurde erneut mit Wirkung zum 8. 11. 2006 (BGBl. I S. 2407) in Abs. 3 die Bezeichnung des zuständigen Bundesministeriums von „Gesundheit und Soziale Sicherung“ nun in „Arbeit und Soziales“ geändert; dabei handelt es sich wiederum um eine Anpassung an die entsprechende Zuständigkeitsregelung.

Durch Art. 6 Nr. 1 des Gesetzes zur Änderung des Betriebsrentengesetzes und anderer Gesetzes vom 2. 12. 2006 (BGBl. I S. 2742) wurden in Abs. 1 mit Wirkung zum 12. 12. 2006 die Wörter „Bruttolohn- und -gehaltssumme je durchschnittlich beschäftigten Arbeitnehmer“ durch „Bruttolöhne und -gehälter je Arbeitnehmer“ ersetzt und Abs. 2 neu gefasst.

Durch Art. 4 Nr. 4 dess Dritten Gesetzes zur Änderung des Vierten Buches Sozialgesetzbuch und anderer Gesetze vom 5. 8. 2010 (BGBl. I S. 1131) wurde § 50 rückwirkend zum 1. 7. 2010 um einen neuen Absatz 3 wie folgt ergänzt: „Eine Anpassung nach Absatz 1 erfolgt, wenn der nach Absatz 2 berechnete Anpassungsfaktor den Wert 1,0000 überschreitet.“ Der bisherige Absatz 3 wurde damit zu Absatz 4.

In § 50 werden im Wesentlichen die bisher (bis 30. 6. 2001) geltenden Re- 6
gelungen der §§ 15 RehaAnglG, 167 SGB III, 47 Abs. 5 SGB V, 26 SGB VI und 26a Abs. 6 BVG iVm. den jeweiligen Sonderregelungen für das Beitrittsgebiet übernommen.

3. Voraussetzungen und Zeitpunkt der Anpassung. Nach **§ 50 Abs. 1** 7
wird jeweils nach Ablauf eines Jahres seit dem Ende des Bemessungszeitraumes die dem Krankengeld, Versorgungskrankengeld, Verletztengeld und Übergangsgeld **zugrunde liegende Berechnungsgrundlage** entsprechend der Veränderung der Bruttolöhne und -gehälter je Arbeitnehmer (§ 68 Abs. 2 Satz 1 SGB VI) vom vorvergangenen zum vergangenen Kalenderjahr an die Nettoentwicklung der Bruttoarbeitsentgelte angepasst.

Die Anpassung der in der Vorschrift genannten Entgeltersatzleistungen ist 8
daher

- jeweils nach Ablauf eines Jahres seit dem Ende des Bemessungszeitraumes
- unabhängig vom Beginn der Leistung zur Teilhabe sowie
- vom Zahlungsbeginn der Entgeltersatzleistung

vorzunehmen.

Der maßgebende Bemessungszeitraum ergibt sich aus der für die jeweilige Entgeltersatzleistung maßgebenden Berechnungsvorschrift.

Zu den Einzelheiten wird auf die Kommentierung zu den §§ 46 bis 48 verweisen.

Das Jahr ist an dem Tag abgelaufen, der dem Tag des Endes des Bemes- 9
sungszeitraumes (letzter Tag des Bemessungszeitraumes) nach Tag und Mo nat entspricht, so dass sich die Veränderung der Berechnungsgrundlage von dem jeweils darauf folgenden Tag an auswirkt.

Eine Anpassung der maßgebenden Berechnungsgrundlage ist nicht nur bei einem bereits laufendem Bezug von Krankengeld, Versorgungskrankengeld, Verletztengeld und Übergangsgeld durchzuführen (Dynamisierung), sondern auch bei der erstmaligen Leistungsberechnung, wenn der Bemessungszeitraum schon ein Jahr oder länger zurückliegt (Aktualisierung). Die Anpassung setzt keinen Antrag voraus, sondern hat von Amts wegen zu erfolgen.

4. Anpassungsfaktor. Nach **§ 50 Abs. 2** errechnet sich der Anpassungs- 10
faktor, indem die Bruttolöhne und -gehälter je Arbeitnehmer für das vergangene Jahr durch die entsprechenden Bruttolöhne und -gehälter für das

vorvergangenen Kalenderjahr geteilt. Dabei gelten §§ 68 Abs. 7 und 121 Abs. 1 des SGB VI entsprechend.

Der Anpassungsfaktor wird nach Abs. 3 vom Bundesministerium für Arbeit und Soziales jeweils zum 30. 6. eines Kalenderjahres für die folgenden zwölf Monate im Bundesanzeiger bekannt gegeben.

Durch das rückwirkende Inkrafttreten des Art. 4 Nr. 4 des Dritten Gesetzes zur Änderung des Vierten Buches Sozialgesetzbuch und anderer Gesetze vom 5. 8. 2010 wurde mit Wirkung zum 1. 7. 2010 verhindert, dass die Übergangsgelder erstmalig negativ anzupassen gewesen wären.

Gültig ist der Anpassungsfaktor dann vom 1. 7. bis 30. 6. des daran anschließenden Jahres. Der zum 1. 7. eines Jahres festgestellte Anpassungsfaktor gilt auch dann, wenn der 1. 7. der maßgebende Anpassungszeitpunkt ist.

§ 51 Weiterzahlungen der Leistungen

(1) Sind nach Abschluss von Leistungen zur medizinischen Rehabilitation oder von Leistungen zur Teilhabe am Arbeitsleben weitere Leistungen zur Teilhabe am Arbeitsleben erforderlich, während derer dem Grunde nach Anspruch auf Übergangsgeld besteht, und können diese aus Gründen, die die Leistungsempfänger nicht zu vertreten haben, nicht unmittelbar anschließend durchgeführt werden, werden das Verletztengeld, das Versorgungskrankengeld oder das Übergangsgeld für diese Zeit weitergezahlt, wenn

1. die Leistungsempfänger arbeitsunfähig sind und keinen Anspruch auf Krankengeld mehr haben oder

2. ihnen eine zumutbare Beschäftigung aus Gründen, die sie nicht zu vertreten haben, nicht vermittelt werden kann.

(2) [1]Leistungsempfänger haben die Verzögerung insbesondere zu vertreten, wenn sie zumutbare Angebote von Leistungen zur Teilhabe am Arbeitsleben in größerer Entfernung zu ihren Wohnorten ablehnen. [2]Für die Beurteilung der Zumutbarkeit ist § 121 Abs. 4 des Dritten Buches entsprechend anzuwenden.

(3) Können Leistungsempfänger Leistungen zur Teilhabe am Arbeitsleben allein aus gesundheitlichen Gründen nicht mehr, aber voraussichtlich wieder in Anspruch nehmen, werden Übergangsgeld und Unterhaltsbeihilfe bis zum Ende dieser Leistungen, längstens bis zu sechs Wochen weitergezahlt.

(4) [1]Sind die Leistungsempfänger im Anschluss an eine abgeschlossene Leistung zur Teilhabe am Arbeitsleben arbeitslos, werden Übergangsgeld und Unterhaltsbeihilfe während der Arbeitslosigkeit bis zu drei Monate weitergezahlt, wenn sie sich bei der Agentur für Arbeit arbeitslos gemeldet haben und einen Anspruch auf Arbeitslosengeld von mindestens drei Monaten nicht geltend machen können; die Dauer von drei Monaten vermindert sich um die Anzahl von Tagen, für die Leistungsempfänger im Anschluss an eine abgeschlossene Leistung zur Teilhabe am Arbeitsleben einen Anspruch aus Arbeitslosengeld geltend machen können. [2]In diesem Fall beträgt das Übergangsgeld

1. bei Leistungsempfängern, bei denen die Voraussetzungen des erhöhten Bemessungssatzes nach § 46 Abs. 1 Satz 2 Nr. 1 vorliegen, 67 vom Hundert,
2. bei den übrigen Leistungsempfängern 60 vom Hundert
des sich aus § 46 Abs. 1 Satz 1 oder § 48 ergebenden Betrages.

(5) **Ist im unmittelbaren Anschluss an Leistungen zur medizinischen Rehabilitation eine stufenweise Wiedereingliederung (§ 28) erforderlich, wird das Übergangsgeld bis zu deren Ende weitergezahlt.**

1. Sozialpolitischer Hintergrund. Nach den für die jeweils zuständigen Rehabilitationsträger geltenden Leistungsgesetzten endet ein Anspruch auf Leistungen zum Lebensunterhalt grundsätzlich mit Beendigung der Hauptleistung. 1

§ 51 begründet jedoch einen eigenständigen Anspruch auf Weiterzahlung der zuvor gewährten Leistung zum Lebensunterhalt in den in
- Abs. 1 und 2 auf Verletztengeld, Versorgungskrankengeld und Übergangsgeld zwischen Leistungen zur medizinischen Rehabilitation oder Leistungen zur Teilhabe am Arbeitsleben und (weiteren) Leistungen zur Teilhabe am Arbeitsleben,
- Abs. 3 auf Übergangsgeld und Unterhaltsbeihilfe bei Unterbrechung von Leistungen zur Teilhabe am Arbeitsleben aus gesundheitlichen Gründen,
- Abs. 4 auf Übergangsgeld und Unterhaltsbeihilfe bei Arbeitslosigkeit nach Abschluss von Leistungen zur Teilhabe am Arbeitsleben und
- Abs. 5 auf Übergangsgeld bei Durchführung einer stufenweisen Wiedereingliederung genannten Fällen

und legt fest, unter welchen Voraussetzungen und für welche Zeiträume die Leistung zum Lebensunterhalt weitergezahlt wird.

Alle mit der Grundleistung nicht zeitlich zusammenfallenden Zahlungen nach § 51 haben bestimmte, in der folgenden Kommentierung genannte Zweckbestimmungen.

2. Entstehung der Norm/Normzweck. Die Vorschrift wurde durch Art. 68 Abs. 1 am 1. 7. 2001 in Kraft gesetzt. 2

Die am 1. 7. 2001 in Kraft getretene und derzeit mit redaktionellen Änderungen und Ergänzungen in Abs. 4 Satz 1 und 2 und Abs. 5 geltende Fassung entspricht dem Gesetzesentwurf (vgl. BT-Drucks. 14/5074 S. 110).

Demnach fasst auch die Vorschrift des § 51 die für die Rehabilitationsträger gemeinsam geltenden Regelungen zusammen. Hiervon abweichende Regelungen sind in den für die Rehabilitationsträger jeweils geltenden Leistungsgesetzes bestimmt.

Im Rahmen der Abschlussberatung (vgl. BT-Drucks. 14/5786 S. 44f) wurden keinerlei Veränderungen mehr vorgenommen.

Durch Art. 48 Nr. 3a des Gesetzes zur Gleichstellung behinderter Menschen vom 27. 4. 2002 (BGBl. I S. 1467) wurde mit Wirkung vom 1. 5. 2002 in Abs. 4 Satz 2 die Angabe „§ 47“ durch „§ 48“ ersetzt. Damit ist ein redaktioneller Fehler in der Ursprungsfassung der Vorschrift korrigiert worden. 3

Durch Art. 8 Nr. 10 des Dritten Gesetzes für moderne Dienstleistungen am Arbeitsmarkt vom 23. 12. 2003 erfolgte mit Wirkung zum 1. 1. 2004 (BGBl. I S. 2848) im Rahmen der Umbenennung der bisherigen „Bundesanstalt für Arbeit“ in „Bundesagentur für Arbeit“ in § 51 Abs. 4 Satz 1 eine lediglich redaktionelle Änderung in der Gestalt, dass die Worte „beim Arbeitsamt“ durch „bei der Agentur für Arbeit“ ersetzt wurde.

Durch Art. 1 Nr. 5 des Gesetzes zur Förderung der Ausbildung und Beschäftigung schwerbehinderter Menschen vom 23. 4. 2004 (BGBl. I S. 606) wurde mit Wirkung zum 1. 5. 2004 Abs. 5 angefügt. Die Ergänzung dient der Klarstellung, dass entsprechend den Vorgaben des § 28 neben den gesetzlichen Krankenkassen alle weiteren Träger der Leistungen zur medizinischen Rehabilitation durch ihre Leistungen die Möglichkeit der stufenweisen Wiedereingliederung unterstützen sollen (vgl. BT-Drucks. 15/1783 S. 13).

4 § 51 entspricht im Wesentlichen den (bis 30. 6. 2001) geltenden §§ 17 RehaAnglG, 160 Abs. 2 SGB III, 25 Abs. 3 SGB VI, 50 Abs. 2 SGB VII, 26a Abs. 7 und 8 BVG.

5 **3. Weiterzahlung der Leistungen zwischen Leistungen zur medizinischen Rehabilitation oder Leistungen zur Teilhabe am Arbeitsleben und (weiteren) Leistungen zur Teilhabe am Arbeitsleben.** Nach **§ 51 Abs. 1** werden das Verletztengeld, das Versorgungskrankengeld oder das Übergangsgeld weitergezahlt, wenn

- nach Abschluss von Übergangsgeld auslösenden Leistungen zur medizinischen Rehabilitation oder von Leistungen zu Teilhabe am Arbeitsleben (weitere) Leistungen zur Teilhabe am Arbeitsleben erforderlich sind, die ihrerseits dem Grunde nach einen Übergangsgeldanspruch auslösen, und
- ein unmittelbarer Anschluss aus Gründen, die die Teilnehmer nicht zu vertreten haben, nicht möglich ist, und
- die Teilnehmer arbeitsunfähig sind und keinen Anspruch auf Krankengeld haben oder
- ihnen eine zumutbare Beschäftigung aus Gründen, die sie nicht zu vertreten haben, nicht vermittelt werden kann.

Nach **Abs. 2** haben die Teilnehmer die Verzögerung insbesondere zu vertreten, wenn sie zumutbare Angebote von Leistungen zur Teilhabe am Arbeitsleben in größerer Entfernung zu ihrem Wohnort ablehnen. Für die Beurteilung der Zumutbarkeit ist dabei § 121 Abs. 4 SGB III entsprechend anzuwenden.

6 Ziel der Vorschrift ist es, Teilnehmer während einer Pause zwischen dem Abschluss einer ersten Leistung zur Teilhabe und dem Beginn einer (weiteren) Leistung zur Teilhabe am Arbeitsleben wirtschaftlich abzusichern. Die Regelung des § 51 Abs. 1 kommt jedoch nur für Teilnehmer zur Anwendung, die nicht aufgrund ihrer Arbeitsunfähigkeit durch Krankengeld oder als Arbeitsfähige durch Arbeitsentgelt abgesichert sind.

Die Verpflichtung der jeweils zuständigen Rehabilitationsträger im Rahmen des § 51 Abs. 1 über den Abschluss einer ersten Leistung zur Teilhabe auch bis zum Beginn einer (weiteren) Leistung zur Teilhabe am Arbeitsleben für die wirtschaftliche Sicherung der Teilnehmer Sorge zu tragen begründet sich auch dadurch, dass diese die Teilnehmer durch die Anordnung von weiteren Teilhabeleistungen an anderen Dispositionen hindert (vgl. BSG vom 27. 6. 1978 – 4 RJ 90/77 –, USK 768118).

Anspruchsauslösende **vorangegangene Leistungen** sind nach Abs. 1 abgeschlossene 7
- Leistungen zur medizinischen Rehabilitation nach §§ 26ff oder
- Leistungen zur Teilhabe am Arbeitsleben nach § 33.

Zu beachten ist, dass nur bestimmte Leistungen zur Teilhabe am Arbeitsleben einen Anspruch auf Übergangsgeld iSd § 45 Abs. 2 auslösen. Es handelt sich um folgende Leistungen:
- Berufsvorbereitung einschließlich einer wegen der Behinderung erforderlichen Grundausbildung nach § 33 Abs. 3 Nr. 2,
- individuelle betriebliche Qualifizierung im Rahmen unterstützter Beschäftigung nach § 33 Abs. 3 Nr. 2a,
- beruflicher Anpassung und Weiterbildung, auch soweit die Leistungen einem zur Teilnahme erforderlichen schulischen Abschluss einschließen, nach § 33 Abs. 3 Nr. 3,
- beruflicher Ausbildung, auch soweit die Leistungen in einen zeitlich nicht überwiegenden Abschnitt schulisch durchgeführt werden, nach § 33 Abs. 3 Nr. 4,
- Leistungen im Eingangsverfahren in Werkstätten für behinderte Menschen nach §§ 39, 40 Abs. 1 sowie
- Leistungen im Berufsbildungsbereich in Werkstätten für behinderte Menschen nach §§ 39, 40 Abs. 2.

Insoweit wird auf die Kommentierung zu den §§ 33, 39 und 40 verwiesen.

Während dieser Leistungen muss auf eine in Abs. 1 genannte Leistung zum Lebensunterhalt dem Grunde nach Anspruch bestanden haben, da das Verletztengeld, das Versorgungskrankengeld oder Übergangsgeld nur dann „weitergezahlt" werden kann, wenn es schon während der vorangegangenen Leistung bezogen wurden bzw. ein Anspruch darauf dem Grunde nach bestanden hat. 8

Eine weitere Voraussetzung ist, dass eine Leistung zur medizinischen Rehabilitation bzw. zur Teilhabe am Arbeitsleben abgeschlossen wurde. Die Bewilligung allein reicht nicht aus (vgl. Bay LSG vom 7. 8. 1980 – L 11 An 134/79 –).

Im Anschluss an eine erste Leistung muss eine (**weitere) Leistung zur Teilhabe am Arbeitsleben erforderlich** sein, die sich nicht nahtlos anschließen kann und für die ein Anspruch auf Übergangsgeld dem Grunde nach besteht. Nach dem eindeutigen Wortlaut des Abs. 1 muss eine Leistung zur Teilhabe am Arbeitsleben erforderlich sein. Abs. 1 kommt daher nicht zur Anwendung, wenn nach der Durchführung einer ersten Leistung zur Teilhabe eine weitere Leistung zur medizinischen Rehabilitation erforderlich wird (vgl. BSG vom 19. 4. 1978 – 4 RJ 21/77 – SozR 2200 § 1240 Nr. 1). 9

Die Erforderlichkeit (weiterer) Leistungen zur Teilhabe am Arbeitsleben muss im Zeitpunkt des Abschlusses der vorangegangenen Teilhabeleistung bereits objektiv feststehen. Andererseits ist es nicht notwendig, dass Art und Umfang der Leistung zur Teilhabe am Arbeitsleben bei Abschluss der vorangegangenen Leistung bereits feststehen (vgl. BSG vom 28. 11. 1978 – 4 RJ 61/77 –, USK 78167; BSG vom 29. 5. 1979 – 4 RJ 123/78, USK 79118). Entscheidend ist, dass rückschauend im Zeitpunkt der Beendigung der Leistungen die Notwendigkeit der Leistung zur Teilhabe am Arbeitsleben bestanden hat und der jeweils zuständige Rehabilitationsträger daher auf die Dauer der Zeit zwischen der ersten Leistung und dem Beginn der Folgeleistung Einfluss nehmen kann (vgl. BSG vom 20. 3. 1980 – 11 RA 56/79 –, USK 8059).

Eine Weiterzahlung der Leistungen zum Lebensunterhalt kommt hingegen nicht in Betracht, wenn sich erst auf Grund einer erneuten Antragstellung der Teilnehmer nach der Beendigung der ersten Leistung ergibt, dass (weitere) Leistungen zur Teilhabe am Arbeitsleben erforderlich sind. Etwas anderes gilt nur dann, wenn der Antrag noch innerhalb eines zeitlichen und ursächlichen Zusammenhangs mit der vorangegangenen Leistung steht. Es muss dabei davon ausgegangen werden können, dass die Notwendigkeit der Leistung zur Teilhabe am Arbeitsleben objektiv bei Abschluss der vorangegangenen Leistung feststand und der Rehabilitationsträger dies später, zurückbezogen auf den Zeitpunkt der Entlassung, feststellt (BSG vom 23. 4. 1980 – 4 RJ 25/79 –, SozR 2200 § 1241 e Nr. 11).

10 **Gründe** für einen nicht nahtlosen Anschluss weiterer erforderlicher Teilhabeleistungen, **die nicht von den Teilnehmer zu vertreten sind,** liegen beispielsweise in den begrenzten Ausbildungskapazitäten der Bildungseinrichtungen oder einem späteren Beginnzeitpunkt der Leistungen zur Teilhabe am Arbeitsleben.

Der Leistungsempfänger hat die Gründe für die Verzögerung zu vertreten, wenn er seine Mitwirkungspflicht verletzt und es ohne rechtfertigenden Grund unterlässt, auf eine Beendigung der Verzögerung hinzuwirken.

§ 51 Abs. 2 verpflichtet die Teilnehmer hinsichtlich der Zumutbarkeit des Anfahrtsweges ausdrücklich zur Inkaufnahme von Bildungsangeboten, die in größerer Entfernung zu ihrem Wohnort liegen, und verweist insoweit auf die Wegezeit bezogene Zumutbarkeitsregelung des § 121 Abs. 4 SGB III.

11 Intention des Abs. 1 ist es, die **wirtschaftliche Sicherung** der Teilnehmer,
- die arbeitsunfähig sind, aber keinen Krankengeldanspruch mehr haben (Abs. 1 Nr. 1) oder
- ohne dies vertreten zu müssen, nicht in eine zumutbare Beschäftigung zu vermittelt werden können (Abs. 1 Nr. 2)

zu gewährleisten.

Erfüllen die Teilnehmer eine dieser Voraussetzungen, haben sie Anspruch auf die Zwischenleistung nach Abs. 1.

Dabei ist zu beachten, dass die Verpflichtung zur Weiterzahlung der Leistung zum Lebensunterhalt nach Abs. 1 Nr. 2 im Verhältnis zur Leistungsverpflichtung der Bundesagentur für Arbeit vorrangig ist, da die Leistung zum Lebensunterhalt „weiter“ zu zahlen ist und nach § 142 Abs. 1 Nr. 2 SGB III der Anspruch auf Arbeitslosengeld während der Zeit ruht, für die Arbeitslosen ua. Versorgungskrankengeld, Verletztengeld oder Übergangsgeld zuerkannt wird.

12 Sind Teilnehmer **arbeitsunfähig,** so soll nach dem Wortlaut des Gesetzes zunächst vorrangig die Krankenversicherung mit Krankengeld eintreten. Nur wenn ein **Krankengeldanspruch nicht mehr** besteht, ist Übergangsgeld zu zahlen, um den Leistungsempfänger wirtschaftlich abzusichern.

Der Krankengeldanspruch darf nach dem Wortlaut der Vorschrift „nicht mehr“ bestehen. Die vom Gesetzgeber gewählte Formulierung setzt somit voraus, dass ein Anspruch auf Krankengeld einer gesetzlichen Krankenkasse zunächst bestanden haben muss, dieser aber durch Zeitablauf (zB Aussteuerung nach § 48 Abs. 1 SGB V) geendet hat.

Teilnehmer, die bei einer gesetzlichen Krankenkasse ohne Anspruch auf Krankengeld versichert sind, haben daher keinen Anspruch auf Weiterzahlung der Leistung zum Lebensunterhalt nach Abs. 1 Nr. 1.

Der Begriff der Arbeitsunfähigkeit iSd Abs. 1 Nr. 1 ist mit dem im Krankenversicherungsrecht identisch.

Arbeitsfähigen Teilnehmern ist es regelmäßig **zuzumuten,** zwischen einer abgeschlossenen Leistung und einer weiteren Leistung zur Teilhabe am Arbeitsleben **eine Beschäftigung aufzunehmen,** da sie objektiv und subjektiv der Arbeitsvermittlung zur Verfügung stehen müssen. 13

Die Feststellung, ob eine zumutbare Beschäftigung vermittelt werden kann, ist von der Agentur für Arbeit zu treffen. Ist dies nach Aussage der Agentur für Arbeit nicht möglich, so ist das Verletztengeld, Versorgungskrankengeld oder Übergangsgeld weiter zu zahlen, es sei denn, der Rehabilitationsträger kann den Teilnehmern eine zumutbare Beschäftigung vermitteln.

Beträgt die Dauer der Überbrückungszeit zwischen diesen Leistungen nicht mehr als sechs Wochen, kann allerdings unterstellt werden, dass eine zumutbare Beschäftigung nicht vermittelt werden kann. Diesen Teilnehmern sind in solchen Fällen nicht an die Arbeitsverwaltung zu verweisen.

Abklärungen der beruflichen Eignung und Arbeitserprobungen sind keine Leistungen zur Teilhabe am Arbeitsleben, sondern dem Verwaltungsverfahren, zuzuordnen. Sie lösen daher keinen Anspruch nach Abs. 1 aus, auch dann nicht, wenn während der beruflichen Eignung oder Arbeitserprobung Übergangsgeld nach § 45 Abs. 2 wie bei Leistungen zur Teilhabe am Arbeitsleben gezahlt wird (vgl. Kommentierung zu § 45 Rn 22 ff). 14

Im Anschluss an eine Abklärung der beruflichen Eignung oder Arbeitserprobung entfällt somit die Zahlung von Zwischenübergangsgeld.

Sind nach einer Leistung zur medizinischen Rehabilitation allerdings weitere Übergangsgeld auslösende Leistungen zur Teilhabe am Arbeitsleben erforderlich und wird vor deren Beginn zunächst eine Abklärung der beruflichen Eignung oder Arbeitserprobung durchgeführt, so besteht dennoch zunächst bis zum Ende der Abklärung der beruflichen Eignung oder Arbeitserprobung bei Vorliegen der übrigen Voraussetzungen ein Anspruch auf Weitergewährung der vorangegangenen Leistung.

Wenn zum Ende der Abklärung der beruflichen Eignung oder Arbeitserprobung das Erfordernis (weiterer) Übergangsgeld auslösende Leistungen zur Teilhabe am Arbeitsleben fortbesteht, ist die Zwischenleistung bis zum Beginn dieser weiteren Leistungen zur Teilhabe am Arbeitsleben zu zahlen. Stellt sich durch die Abklärung der beruflichen Eignung jedoch heraus, dass solche Leistungen nicht erforderlich oder möglich sind, ist die Übergangsgeldzahlung sofort einzustellen.

Zu beachten ist, dass für die Weiterzahlung der Leistungen zum Lebensunterhalt nach § 51 Abs. 1 immer nur der jeweils zuständige Rehabilitationsträger in Betracht kommt, der auch die vorangegangene Leistung zur Teilhabe erbracht hat. Da die Zwischenleistung der vorangegangenen Leistung zuzuordnen ist, ist auch die Berechnungsgrundlage der vorherigen Leistung für die Höhe der Zwischenleistung maßgebend.

15 **4. Weiterzahlung bei gesundheitsbedingter Unterbrechung einer Leistung zur Teilhabe am Arbeitsleben.** Nach **§ 51 Abs. 3** werden Übergangsgeld und Unterhaltsbeihilfe bis zum Ende der Leistungen zur Teilhabe am Arbeitslebens, längstens jedoch für sechs Wochen weitergezahlt, wenn die Teilnehmer allein aus gesundheitlichen Gründen an diesen Leistungen nicht mehr, aber voraussichtlich wieder teilnehmen können.

Damit wird der auch in § 12 Abs. 1 Nr. 1 gesetzlich festgelegten Einheitlichkeit der Leistungserbringung entsprochen. Auch für Teilnehmer an Leistungen zur Teilhabe am Arbeitsleben verbleibt es bei gesundheitsbedingten Unterbrechungen dieser Leistungen für längstens sechs Wochen bei der Zuständigkeit des bisher zuständigen Rehabilitationsträgers. Dieser hat die wirtschaftliche Absicherung der Teilnehmer in den ersten sechs einer Krankheit zu gewährleisten.

Zwingend zu beachten ist in diesem Zusammenhang, dass eine Weiterzahlung des Übergangsgeldes und der Unterhaltsbeihilfe **ausschließlich** nur in den Fällen in Betracht kommt, in denen

- die Teilnehmer **allein aus gesundheitliche Gründe** kurzfristig an der Fortführung der Leistungen zur Teilhabe am Arbeitsleben gehindert sind (= Unterbrechung),
- mittelfristig jedoch eine Fortführung wahrscheinlich ist („voraussichtlich wieder in Anspruch nehmen"). Dies setzt voraus, dass es bereits bei Beginn der gesundheitsbedingten Unterbrechung der Leistungen zur Teilhabe am Arbeitsleben wahrscheinlich ist, dass die zur Unterbrechung führenden gesundheitlichen Gründe wegfallen und die entsprechenden Leistungen fortgesetzt werden können.

Das Übergangsgeld und die Unterhaltsbeihilfe werden bei Vorliegen dieser Voraussetzungen für die Dauer der Unterbrechung, längstens jedoch für sechs Wochen (= 42 Kalendertage) weitergezahlt.

16 Bei mehrfachen gesundheitsbedingten Unterbrechungen der Leistungen zur Teilhabe am Arbeitsleben entsteht jeweils mit dem ersten Tag der gesundheitsbedingten Unterbrechung – bei Vorliegen der entsprechenden Voraussetzungen – ein einer neuer Anspruch auf Weiterzahlungen nach § 51 Abs. 3 für längstens sechs Wochen.

Beginnzeitpunkt des Anspruchs auf Weiterzahlung iSd § 51 Abs. 3 ist dabei immer der erste Tag der gesundheitsbedingten Unterbrechung. Der Anspruch endet entweder

- mit den Ende der gesundheitsbedingten Unterbrechung, soweit diese einen Zeitraum von sechs Wochen nicht überschritten hat,
- mit dem Ende des Zeitraums von sechs Wochen bei einer gesundheitsbedingten Unterbrechung von mehr als sechs Wochen,
- mit dem planmäßigen Ende der Leistungen zur Teilhabe am Arbeitsleben,
- mit Ablauf des Tages des vorzeitigem Abbruchs der Leistungen zur Teilhabe am Arbeitsleben. Das jeweils frühere Datum ist maßgebend.

Nach Ablauf der sechs Wochen besteht unter den Voraussetzungen der §§ 44ff. SGB V für die Zeit weiterer Arbeitsunfähigkeit Anspruch auf Krankengeld.

5. Weiterzahlung bei Arbeitslosigkeit nach Abschluss einer Leistung zur Teilhabe am Arbeitsleben. Nach **§ 51 Abs. 4 Satz 1** werden Übergangsgeld und Unterhaltsbeihilfe im Anschluss an eine abgeschlossene Leistung zur Teilhabe am Arbeitsleben bis zu drei Monate weitergezahlt, wenn die Teilnehmer 17

- arbeitslos sind,
- sich bei der Agentur für Arbeit arbeitslos gemeldet haben und
- keinen Anspruch auf Arbeitslosengeld von mindestens drei Monaten geltend machen können.

Die Weiterzahlung bis zu drei Monate ist bei Vorliegen der o.a. Voraussetzungen um die Tage zu mindern, für die die Teilnehmer einen Anspruch auf Arbeitslosengeld geltend machen können.

Nach **Abs. 4 Satz 2** beträgt das Übergangsgeld in diesen Fällen

- bei Teilnehmern, die die Voraussetzungen des § 46 Abs. 1 Satz 3 Nr. 1 erfüllen (Kinder, Pflegebedürftigkeit) **67 v.H.** (§ 51 Abs. 4 Satz 2 Nr. 1),
- bei den übrigen Teilnehmern **60 v.H.** (§ 51 Abs. 4 Satz 2 Nr. 2)

der Berechnungsgrundlage nach § 46 Abs. 1 Satz 1 oder nach § 48.

Ziel des § 51 Abs. 4 ist es damit, die wirtschaftliche Absicherung der Teilnehmer bis zu einer Dauer von drei Monaten sicherzustellen, da eine Arbeitsaufnahme unmittelbar nach dem Ende der Leistung zur Teilhabe am Arbeitsleben oft nicht möglich ist und das Ziel der Leistung zur Teilhabe am Arbeitsleben erst mit der Aufnahme einer Beschäftigung erreicht ist. Schwierigkeiten und Verzögerungen bei der Wiedereingliederung in Arbeit und Beruf im Anschluss an eine abgeschlossene Leistung zur Teilhabe am Arbeitsleben sollen somit nicht zu Lasten der Betroffenen gehen.

Der Anspruch setzt voraus, dass Leistungen erfolgreich abgeschlossen wurden, d.h. das Ausbildungsziel erreicht werden konnte; dies schließt eine erfolgreiche Teilnahme ein, soweit eine Prüfung nicht vorgesehen ist. 18

Ist das nicht der Fall (bei einer abgebrochenen, vorzeitig oder erfolglos beendeten Leistungen), besteht kein Anspruch auf Weiterzahlung des Übergangsgeldes oder der Unterhaltsbeihilfe nach § 51 Abs. 4. Dies folgt daraus, dass es nicht Aufgabe des jeweils zuständigen Rehabilitationsträgers ist, den Arbeitslosen über die Beendigung der bewilligten Leistungen hinaus zu unterstützen, wenn die Arbeitslosigkeit in keinem Zusammenhang zu den Leistungen zur Teilhabe am Arbeitsleben steht.

Bestehen die Leistungen zur Teilhabe am Arbeitsleben aus jeweils mehreren Abschnitten (einheitlicher Leistungsfall), ist das Übergangsgeld oder die Unterhaltsbeihilfe nur nach dem letzten Abschnitt der Leistung zur Teilhabe am Arbeitsleben bei erfolgreichem Abschluss zu zahlen.

Wird nach erfolgreichem Abschluss einer Leistung zur Teilhabe am Arbeitsleben eine bereits während dieser Leistung geplante Zusatzausbildung (Bestandteil der Maßnahme) durchgeführt, besteht nach der Hauptausbildung kein Anspruch auf Weiterzahlung iSd § 51 Abs. 4. Ggf. ist aber nach der Zusatzausbildung ein Übergangsgeld oder eine Unterhaltsbeihilfe weiter zu zahlen, da die insgesamt geplante Maßnahme erst dann beendet ist. Für den Zeitraum zwischen dem Ende der Hauptausbildung und dem Beginn der Zusatzausbildung besteht ggf. ein Anspruch auf Weiterzahlung nach § 51 **Abs. 1.**

19 Voraussetzung für die Weiterzahlung der Leistungen nach § 51 Abs. 4 ist weiterhin, das
- Arbeitslosigkeit iSd §§ 118 und 119 SGB II vorliegt und
- sich die Teilnehmer persönlich arbeitslos melden (§ 122 SGB III).

Da ein Anspruch auf Arbeitslosengeld erst ab dem Tag der Arbeitslosmeldung besteht, sollten sich die Teilnehmer möglichst **vor Abschluss** der Leistungen zur Teilhabe am Arbeitsleben, spätestens jedoch am Folgetag nach der abgeschlossenen Leistungen zur Teilhabe am Arbeitsleben bei der für Sie zuständigen Agentur für Arbeit **arbeitslos melden.** Bei verspäteter Arbeitslosmeldung besteht der Anspruch erst ab dem Tag der Arbeitslosmeldung. Der Anspruch auf Weiterzahlung nach § 51 Abs. 4 endet aber auch in diesem Fall spätestens drei Monate nach Abschluss der Leistungen zur Teilhabe am Arbeitsleben.

20 Kann ein Arbeitslosengeldanspruch im Anschluss an Leistungen zur Teilhabe am Arbeitsleben nicht geltend gemacht werden, so besteht für drei Monate Anspruch auf Weiterzahlung des Übergangsgeldes oder der Unterhaltsbeihilfe nach § 51 Abs. 4. Hierbei handelt es sich um eine Frist, die weder durch den Zeitpunkt der Arbeitslosmeldung noch durch andere Ereignisse verändert werden kann (starrer Zeitraum).

Besteht ein Restanspruch auf Arbeitslosengeld von weniger als drei Monaten, vermindert sich die Dauer der Weiterzahlung des Übergangsgelds oder der Unterhaltsbeihilfe um die Anzahl der Tage mit Anspruch auf „Rest"-Arbeitslosengeld. Im Anschluss an abgeschlossene Leistungen zur Teilhabe am Arbeitsleben ist vorrangig der Restanspruch auf Arbeitslosengeld zu befriedigen und erst anschließend das Übergangsgeld bzw. die Unterhaltsbeihilfe nach § 51 Abs. 4 zu zahlen (vgl. BSG vom 10. 10. 2002 – B 2 U 2/02 R).

Über die Anspruchsdauer des Arbeitslosengeldes entscheidet die zuständige Agentur für Arbeit (§ 127 SGB III).

Ein Anspruch auf Weiterzahlung nach § 51 Abs. 4 scheidet mangels des Merkmals „Arbeitslosigkeit" aus, wenn
- Teilnehmer eine von der Agentur für Arbeit angebotene Beschäftigung nicht angenommen oder nicht angetreten haben,
- Teilnehmer auf die Zahlung des Arbeitslosengeldes gegenüber der Agentur für Arbeit verzichtet haben,
- Ansprüche auf Arbeitslosengeld durch eine von der Agentur für Arbeit festgestellte Sperrzeit nach § 144 SGB III ruhen.

Damit entfällt in diesen Fällen auch der Anspruch auf Weiterzahlung nach § 51 Abs. 4.

21 Sofern Teilnehmer während des Bezuges von Arbeitslosengeld arbeitsunfähig werden, besteht zunächst der Anspruch auf Arbeitslosengeld nach § 126 Abs. 1 Satz 1 SGB III bis zu einer Dauer von sechs Wochen weiter, anschließend hat die Krankenkasse mit Krankengeld einzutreten (vgl. auch BSG vom 15. 11. 1984 – 7 RAr 52/84 –, SozR 4100 § 59d AFG Nr. 3). Anspruch auf Weiterzahlung nach § 51 Abs. 4 besteht in diesen Fällen nicht, da die Teilnehmer – bedingt durch die Arbeitsunfähigkeit – der beruflichen Eingliederung nicht zur Verfügung stehen.

Da nach § 46 Satz 1 Nr. 2 SGB V Anspruch auf Krankengeld – sofern nicht ein Fall der Krankenhausbehandlung (§ 46 Satz 1 Nr. 1 SGB V) vorliegt – erst ab dem Tag nach der ärztlichen Feststellung der Arbeitsunfähigkeit für den Versicherten (Wartetag) besteht, wird zur Vermeidung einer Versorgungslücke Übergangsgeld bzw. Unterhaltsbeihilfe bis zum Ablauf des Wartetages weiter gezahlt.

Fällt die Arbeitsunfähigkeit noch vor Ablauf des Anspruchs nach § 51 Abs. 4 weg, so ist das Übergangsgeld bzw. die Unterhaltsbeihilfe im Anschluss an den Wegfall der Arbeitsunfähigkeit bis zum Ende des dritten Monats weiterzuzahlen, sofern alle sonstigen Voraussetzungen des Abs. 4 noch gegeben sind.

Der Anspruch auf Weiterzahlung nach § 51 Abs. 4 endet mit Ablauf des Tages vor einer Arbeitsaufnahme.

Nehmen die Teilnehmer innerhalb der Drei-Monats-Frist eine Beschäftigung auf, die ausnahmsweise noch innerhalb dieser Frist beendet wird, so besteht für die noch nicht ausgeschöpfte Restzeit grundsätzlich **kein** Anspruch auf Weiterzahlung nach § 51 Abs. 4, es sei denn, bei der aufgenommenen und wieder beendeten Beschäftigung handelt es sich um eine von den jeweils zuständigen Rehabilitationsträger bewilligte Probebeschäftigung nach § 34 Abs. 1 Nr. 4. 22

Die **Höhe** bemisst sich nach den in Abs. 4 Satz 2 genannten Prozentsätzen. Danach beträgt das Anschlussübergangsgeld
- für Teilnehmer, die die Voraussetzungen für das erhöhte Übergangsgeld nach § 46 Abs. 1 Satz 3 Nr. 1 erfüllen **67 v.H.,**
- für die übrigen Teilnehmer **60 v.H.** der maßgebenden Berechnungsgrundlage.

6. Weiterzahlung im Anschluss an Leistungen zur medizinischen Rehabilitation bei stufenweiser Wiedereingliederung. Nach **§ 51 Abs. 5** wird das Übergangsgeld bei unmittelbarem Anschluss einer stufenweisen Wiedereingliederung (§ 28) an Leistungen zur medizinischen Rehabilitation bis zum Ende der stufenweisen Wiedereingliederung weitergezahlt. 23

§ 51 wurde erst mit Wirkung ab 1. 5. 2004 um den Abs. 5 ergänzt (vgl. Rn 3). Daher ist für die Anwendung der Vorschrift darauf abzustellen, ob der Antrag auf die Hauptleistung (= Leistung zur medizinischen Rehabilitation) nach dem 30. 4. 2004 gestellt wurde. Ein vor In-Kraft-Treten der Neuregelung gestellter Antrag auf Leistungen zur medizinischen Rehabilitation ist nach den bisherigen leistungsrechtlichen Vorschriften zu prüfen und führt somit nicht zur Anwendung des Abs. 5 (§ 301 SGB VI).

Durch diese Neuregelung wird erreicht, dass entsprechend den Vorgaben des § 28 neben den gesetzlichen Krankenkassen alle weiteren Rehabilitationsträger für Leistungen zur medizinischen Rehabilitation durch ihre Leistungen die stufenweise Wiedereingliederung unterstützen können.

Entsprechend dem Gebot der vollständigen und umfassenden Leistungserbringung (§ 4 Abs. 2 Satz 2) soll der primär zuständige Rehabilitationsträger auch für eine sich unmittelbar anschließende stufenweise Wiedereingliederung verantwortlich sein.

Voraussetzung für eine Weiterzahlung nach § 51 Abs. 5 ist, zum einen, dass sich die stufenweise Wiedereingliederung **unmittelbar** an die vorangegangene Leistung zur medizinischen Rehabilitation anschließt, d.h. in einem engen zeitlichen und sachlichen Zusammenhang mit der Leistung zur medi- 24 zinischen Rehabilitation steht. Da ein unmittelbarer, taggenauer Anschluss der stufenweisen Wiedereingliederung an eine zuvor durchgeführte Leistung zur medizinischen Rehabilitation kaum realistisch sein dürfte, ist der Begriff „unmittelbar" für die Rentenversicherung entsprechend der Regelung bei Anschlussheilbehandlungen (§ 32 Abs. 1 Satz 2 SGB VI) zurzeit mit zwei Wochen/14 Tagen auszulegen.

Des Weiteren muss die stufenweise Wiedereingliederung erforderlich sein. Erforderlich ist eine stufenweise Wiedereingliederung nicht schon dann, wenn sie während der vorangegangenen Leistung zur medizinischen Rehabilitation lediglich in Erwägung gezogen wird, zB durch eine Empfehlung im Entlassungsbericht. Vielmehr sind, um eine kontinuierliche Übergangsgeldzahlung zu sichern, nach Auffassung des Gesetzgebers die erforderlichen Feststellungen nach § 28 regelmäßig spätestens bis zum Abschluss der Leistungen zur medizinischen Rehabilitation zu treffen.

Das Übergangsgeld nach Abs. 5 wird bis zum Ende der stufenweisen Wiedereingliederung weitergezahlt. Die Weiterzahlung „im Anschluss" bedeutet, dass das Übergangsgeld auch für die Zeit zwischen Beendigung der Leistung zur medizinischen Rehabilitation und dem Beginn der stufenweisen Wiedereingliederung zu zahlen ist.

§ 52 Einkommensanrechnung

(1) Auf das Übergangsgeld der Rehabilitationsträger nach § 6 Abs. 1 Nr. 2, 4 und 5 werden angerechnet

1. **Erwerbseinkommen aus einer Beschäftigung oder einer während des Anspruchs auf Übergangsgeld ausgeübten Tätigkeit, das bei Beschäftigten um die gesetzlichen Abzüge und um einmalig gezahltes Arbeitsentgelt und bei sonstigen Leistungsempfängern um 20 vom Hundert zu vermindern ist,**
2. **Leistungen des Arbeitgebers zum Übergangsgeld, soweit sie zusammen mit dem Übergangsgeld das vor Beginn der Leistung erzielte, um die gesetzlichen Abzüge verminderte Arbeitsentgelt übersteigen,**
3. **Geldleistungen, die eine öffentlich-rechtliche Stelle im Zusammenhang mit einer Leistung zur medizinischen Rehabilitation oder einer Leistung zur Teilhabe am Arbeitsleben erbringt,**
4. **Renten wegen verminderter Erwerbsfähigkeit oder Verletztenrenten in Höhe des sich aus § 18 a Abs. 3 Satz 1 Nr. 4 des Vierten Buches ergebenden Betrages, wenn sich die Minderung der Erwerbsfähigkeit auf die Höhe der Berechnungsgrundlage für das Übergangsgeld nicht ausgewirkt hat,**
5. **Renten wegen verminderter Erwerbsfähigkeit, die aus demselben Anlass wie die Leistungen zur Teilhabe erbracht werden, wenn durch die Anrechnung eine unbillige Doppelleistung vermieden wird,**
6. **Renten wegen Alters, die bei Berechnung des Übergangsgelds aus einem Teilarbeitsentgelt nicht berücksichtigt wurden,**
7. **Verletztengeld nach den Vorschriften des Siebten Buches,**
8. **den Nummern 1 bis 7 vergleichbare Leistungen, die von einer Stelle außerhalb des Geltungsbereichs dieses Gesetzbuchs erbracht werden.**

(2) **Bei der Anrechnung von Verletztenrenten mit Kinderzulage und von Renten wegen verminderter Erwerbsfähigkeit mit Kinderzuschuss auf das Übergangsgeld bleibt ein Betrag in Höhe des Kindergeldes nach § 66 des Einkommensteuergesetzes oder § 6 des Bundeskindergeldgesetzes außer Ansatz.**

(3) **Wird ein Anspruch auf Leistungen, um die das Übergangsgeld nach Absatz 1 Nr. 3 zu kürzen wäre, nicht erfüllt, geht der Anspruch insoweit mit Zahlung des Übergangsgelds auf den Rehabilitationsträger über; die §§ 104 und 115 des Zehnten Buches bleiben unberührt.**

1. Sozialpolitischer Hintergrund. Grundsätzlich sollen Teilnehmer an Teilhabeleistungen von den jeweils zuständigen Rehabilitationsträgern durch die Zahlung von Übergangsgeld wirtschaftlich abgesichert und ein in Zusammenhang mit den Teilhabeleistungen entstehender Ausfall von Arbeitseinkünften soll ausgeglichen werden. 1

§ 52 sieht vor, dass durch Anrechnung bestimmter in Abs. 1 genannter Einkünfte die Zahlung von Übergangsgeld insoweit entfällt, als die wirtschaftliche Absicherung der Teilnehmer an Teilhabeleistungen bereits durch andere, dem Lebensunterhalt dienende Einkünfte sichergestellt ist.

2. Entstehung der Norm. Die Vorschrift wurde durch Art. 68 Abs. 1 am 1. 7. 2001 in Kraft gesetzt. 2

Die am 1. 7. 2001 in Kraft getretene und derzeit mit redaktionellen immer noch geltende Fassung entspricht dem Gesetzesentwurf (vgl. BT-Drucks. 14/5074 S. 110).

Demnach fasst auch die Vorschrift des § 52 die für die Rehabilitationsträger gemeinsam geltenden Regelungen zusammen. Hiervon abweichende Regelungen sind in den für die Rehabilitationsträger jeweils geltenden Leistungsgesetzes bestimmt. Für die Unfallversicherung gilt § 52 SGB VII.

Im Rahmen der Abschlussberatung (vgl. BT-Drucks. 14/5786 S. 45f) wurden keinerlei Veränderungen mehr vorgenommen. 3

§ 52 ersetzt im Wesentlichen die bis zum 30. 6. 2001 geltenden Regelungen der §§ 18 RehaAnglG, 168 SGB III, 27 und 235 SGB VI sowie §§ 26a Abs. 2 Satz 2, 16f BVG. 4

3. Normzweck. Nach dem Wortlaut des Gesetzes findet § 52 Anwendung auf Übergangsgeldzahlungen der in § 6 Abs. 1 Nr. 2, 4 und 5 genannten Rehabilitationsträger. Das sind die 5

- Bundesagentur für Arbeit,
- Träger der gesetzlichen Rentenversicherungsträger,
- Träger der Alterssicherung für Landwirte sowie
- Träger der Kriegsopferversorgung und der Kriegsopferfürsorge.

Daraus folgt, dass die Träger der gesetzlichen Unfallversicherung nach § 6 Abs. 1 Nr. 3 aus dem Anwendungsbereich des § 52 ausgenommen sind. Für sie gilt § 52 SGB VII (vgl. dazu auch Rn 2).

Die Einkommensanrechnung nach § 52 findet sowohl während Leistungen zur medizinischen Rehabilitation als auch während Leistungen zur Teilhabe am Arbeitsleben Anwendung.

4. Anrechnung von Erwerbseinkommen. Nach **§ 52 Abs. 1 Nr. 1** wird auf das Übergangsgeld der Rehabilitationsträger nach § 6 Abs. 1 Nr. 2, 4 6 und 5 Erwerbseinkommen aus einer Beschäftigung oder einer während des Anspruchs auf Übergangsgeld ausgeübten Tätigkeit angerechnet, das

- bei **Beschäftigten um die gesetzlichen Abzüge und um einmalig gezahltes** Arbeitsentgelt,
- bei **sonstigen Leistungsberechtigten** (= Selbständige) um **20 v.H.**

zu vermindern ist.

Die Regelung des § 52 Abs. 1 Nr. 1 findet damit Anwendung bei Arbeitnehmern und Selbständigen.

7 Das Erwerbseinkommen umfasst nach § 18a Abs. 2 SGB IV

- Arbeitsentgelt,
- Arbeitseinkommen und
- vergleichbares Einkommen.

Auf das Übergangsgeld ist jedoch nur Erwerbseinkommen iSd § 18a Abs. 2 SGB IV anrechenbar, das gleichzeitig mit Übergangsgeld erzielt worden ist.

Zum **Arbeitsentgelt** gehören dabei nach § 14 Abs. 1 SGB IV alle Einnahmen aus einer Beschäftigung, gleichgültig, ob ein Rechtsanspruch auf die Einnahmen besteht, unter welcher Bezeichnung oder in welcher Form sie geleistet werden und ob sie unmittelbar aus der Beschäftigung oder im Zusammenhang mit ihr erzielt werden.

Dazu gehört ua. auch

- der Anspruch auf Fortzahlung des Arbeitsentgeltes während der Teilnahme an Leistungen zur medizinischen Rehabilitation nach § 9 Entgeltfortzahlungsgesetz (EFZG) und
- das Insolvenzgeld nach den §§ 183ff SGB III.

Derartige Ansprüche sind daher bei der Anrechnung nach Abs. 1 Nr. 1 zu berücksichtigen.

8 Nicht zum Arbeitsentgelt iSv Abs. 1 Nr. 1 gehören insbesondere

- die Arbeitnehmer-Sparzulage,
- ein Krankengeldzuschuss nach TVöD oder vergleichbaren tariflichen Regelungen,
- der Arbeitgeberzuschuss zur freiwilligen Krankenversicherung nach § 257 Abs. 1 SGB V,
- Abfindungen bei vorzeitigem Ende des Beschäftigungsverhältnisses, soweit sie als Entschädigung für den Wegfall künftiger Verdienstmöglichkeiten durch Verlust des Arbeitsplatzes gezahlt werden,
- lohnsteuerfreie Zuschläge, die für tatsächlich geleistete Sonntags-, Feiertags- oder Nachtarbeit gezahlt werden (BSG vom 16. 2. 1989 – 4 RA 2/88 –, SozR 2200 § 1241f RVO Nr. 4),
- Urlaubsabgeltungen, die wegen Beendigung des Beschäftigungsverhältnisses als Barabgeltung des nicht in Anspruch genommenen Urlaubs gewährt werden (BSG vom 20. 3. 1984 – 8 RK 4/83 –, BSGE 56, 208),
- lohnsteuerfreie Zuwendungen des Arbeitgebers wie Gratifikationen und Prämien.

Dabei sind folgende Besonderheiten zu beachten:

- Bei **Mehrfachbeschäftigten** ist der Übergangsgeldanspruch und demzufolge auch die Kürzung des Übergangsgeldes für jedes Beschäftigungsverhältnis getrennt zu beurteilen (vgl. auch § 47 Rn 25).

- Anstelle der den Betriebsarbeitnehmern nach dem geltenden Arbeitsrecht zugebilligten Entgeltfortzahlung bei Arbeitsunfähigkeit besteht in § 10 EFZG für den Fall der Krankheit eines **Heimarbeiters** eine besondere gesetzliche Regelung. Diese sieht alternativ zwei Möglichkeiten der wirtschaftlichen Absicherung vor:
  - Heimarbeiter können für den Krankheitsfall einen Zuschlag zu ihrem regelmäßigen Arbeitsentgelt nach § 10 Abs. 1 EFZG erhalten, in diesem Fall haben sie keinen Anspruch auf Entgeltfortzahlung während der Leistung; **das Übergangsgeld wird ungekürzt gezahlt.**
  - **Nach § 10 Abs. 4 EFZG kann aber für Heimarbeiter durch Tarifvertrag bestimmt werden,** dass sie anstelle des Zuschlages nach § 10 Abs. 1 EFZG Entgeltfortzahlung im Krankheitsfall und während der Leistung erhalten. **In diesem Fall findet Abs. 1 Nr. 1 Anwendung.**

Arbeitseinkommen ist nach § 15 SGB IV der nach den allgemeinen Gewinnermittlungsvorschriften des Einkommenssteuerrechts ermittelte Gewinn aus einer selbständigen Tätigkeit. Bei der Ermittlung des Gewinns sind steuerliche Vergünstigungen unberücksichtigt zu lassen und Veräußerungsgewinne abzuziehen. 9

Für die Ermittlung des Einkommens ist der für das letzte Kalenderjahr vor Beginn der Teilhabeleistung erteilte Einkommenssteuerbescheid zugrunde zu legen. Liegt der Einkommenssteuerbescheid für das letzte Kalenderjahr noch nicht vor, so ist eine wahrheitsgemäße Erklärung über die Höhe bzw. voraussichtliche Höhe des während des Übergangsgeldanspruches erzielten Erwerbseinkommens von den Teilnehmern einzuholen.

5. Anrechnung von Arbeitgeberleistungen. Nach **§ 52 Abs. 1 Nr. 2** werden auf das Übergangsgeld der Rehabilitationsträger nach § 6 Abs. 1 Nr. 2, 4 und 5 Leistungen des Arbeitgebers zum Übergangsgeld angerechnet, soweit sie zusammen mit dem Übergangsgeld das vor der Arbeitsunfähigkeit oder vor Beginn der Leistung zur Teilhabe erzielte, um die gesetzlichen Abzüge verminderte Arbeitsentgelt (Nettoarbeitsentgelt) übersteigen. 10

Damit können Teilnehmer neben dem Übergangsgeld Einkünfte bis zur Höhe der Differenz zwischen dem früheren Nettoarbeitsentgelt und dem Übergangeld erzielen, ohne dass eine Anrechnung dieser Einkünfte auf das Übergangsgeld erfolgt.

Hierzu zählen finanzielle Leistungen des Arbeitgebers, die die Teilnehmer **zusätzlich** zum Übergangsgeld erhalten, insbesondere

- vermögenswirksamen Leistungen, die der Arbeitgeber während des Übergangsgeldbezuges weiterzahlt,
- Leistungen des Arbeitgebers, die dem Arbeitnehmer idR durch Tarif- oder Arbeitsvertrag zusätzlich zum Übergangsgeld zugesichert sind (sog. Zuschüsse zum Übergangsgeld).

Bei diesen Leistungen ist es unerheblich, ob hierauf ein Rechtsanspruch besteht oder ob sie freiwillig geleistet werden. Den Teilnehmern soll durch solche Bezüge ihr zuletzt tatsächlich erzieltes Nettoarbeitsentgelt erhalten bleiben, d. h., sie soll so gestellt bleiben, als ob sie weiter gearbeitet hätte.

Erhalten die Teilnehmer gleichzeitig mit dem Übergangsgeld sowohl vermögenswirksame Leistungen als auch einen Zuschuss zum Übergangsgeld, ist die Summe beider Leistungen anzurechnen, soweit sie zusammen mit dem Übergangsgeld das entgangene Nettoarbeitsentgelt übersteigt.

11 **6. Anrechnung von Geldleistungen öffentlich-rechtlicher Stellen im Zusammenhang mit Leistungen zur Teilhabe.** Nach **§ 52 Abs. 1 Nr. 3** sind gleichzeitig erzielte sonstige Geldleistungen öffentlich-rechtlicher Stellen im Zusammenhang mit Leistungen zur medizinischen Rehabilitation und Leistungen zur Teilhabe am Arbeitsleben auf das Übergangsgeld der Rehabilitationsträger nach § 6 Abs. 1 Nr. 2, 4 und 5 anzurechnen.

Damit soll verhindert werden, dass durch zusätzliche Geldleistungen öffentlich-rechtlicher Stellen eine unterschiedliche Behandlung der Teilnehmer eintritt. Im Hinblick auf die auch strukturell angeglichenen, einheitlichen öffentlich-rechtlichen Geldleistungen hat die Regelung im Allgemeinen ihre praktische Bedeutung verloren und findet nur noch in Einzelfällen Anwendung.

12 **7. Anrechnung einer Rente wegen verminderter Erwerbsfähigkeit oder einer Verletztenrente.** Nach **§ 52 Abs. 1 Nr. 4** werden auf das Übergangsgeld der Rehabilitationsträger nach § 6 Abs. 1 Nr. 2, 4 und 5 Renten wegen verminderter Erwerbsfähigkeit in Höhe des sich aus § 18a Abs. 3 Satz 1 Nr. 4 SGB IV ergebenden Betrages angerechnet, wenn sich die Minderung der Erwerbsfähigkeit auf die Höhe der Berechnungsgrundlage für das Übergangsgeld nicht ausgewirkt hat.

13 Voraussetzung für eine Anrechnung von Renten wegen verminderter Erwerbsfähigkeit und Verletztenrenten nach § 52 Abs. 1 Nr. 4 ist jedoch, dass sich die **Minderung der Erwerbsfähigkeit** auf die Höhe der Berechnungsgrundlage für das Übergangsgeld **nicht ausgewirkt** hat.

Eine **Anrechnung** hat daher zu nur erfolgen, wenn das Übergangsgeld aus einem noch unverminderten Entgelt **vor** dem Rentenbeginn zu berechnen ist, **nicht** jedoch, wenn das Übergangsgeld nach einem Entgelt aus einem Bemessungszeitraum **nach** Rentenbeginn berechnet wird.

14 Sofern eine Rente wegen verminderter Erwerbsfähigkeit nach § 52 Abs. 1 Nr. 4 anzurechnen ist, ist immer die Höhe der Netto-Rente in Abzug zu bringen.

Eine Verletztenrente ist hingegen nur in Höhe des sich aus § 18a Abs. 3 Satz 1 Nr. 4 SGB IV ergebenden Betrages auf das Übergangsgeld anzurechnen.

Um den Anrechnungsbetrag zu ermitteln, ist daher zunächst anhand des Verletztenrentenbescheides der Vomhundertsatz der Minderung der Erwerbsfähigkeit (MdE) festzustellen und aus der Tabelle zu § 31 Bundesversorgungsgesetz (BVG) der dieser MdE zugeordnete Grundrentenbetrag zu entnehmen. Die diesen Betrag übersteigende Verletztenrente ist nach § 52 Abs. 1 Nr. 4 anzurechnen.

15 **8. Anrechnung von Renten wegen verminderter Erwerbsfähigkeit bei unbilliger Doppelleistung.** Nach **§ 52 Abs. 1 Nr. 5** werden Renten wegen verminderter Erwerbsfähigkeit über die in Abs. 1 Nr. 4 getroffenen Regelungen hinaus auf das Übergangsgeld der Rehabilitationsträger nach § 6 Abs. 1 Nr. 2, 4 und 5 angerechnet, wenn sie aus demselben Anlass wie die Leistungen zur Teilhabe erbracht werden und die Anrechnung eine unbillige Doppelleistung vermeidet.

Von **„demselben Anlass"** iSd § 52 Abs. 1 Nr. 5 ist dann auszugehen, wenn die Krankheiten oder Behinderungen, die zur Rente wegen verminderter Erwerbsfähigkeit geführt haben, auch den Anlass zur Gewährung von Teilhabeleistungen geben.

Eine **„unbillige Doppelleistung"** von Renten wegen verminderter Erwerbsfähigkeit und von Übergangsgeld kommt etwa immer dann in Betracht, wenn Leistungen zur Teilhabe zunächst wegen fehlender Mitwirkung nicht durchgeführt, diese aber nach der Rentenbewilligung nachgeholt werden.

Durch die Regelung des Abs. 1 Nr. 5 soll vermieden werden, dass in solchen Fällen neben der Rente auch noch das volle Übergangsgeld gezahlt wird.

9. Anrechnung einer Altersrente. Nach **§ 52 Abs. 1 Nr. 6** werden Renten wegen Alters auf das Übergangsgeld der Rehabilitationsträger nach § 6 Abs. 1 Nr. 2, 4 und 5 angerechnet, die bei der Berechnung des Übergangsgeldes aus einen Teilarbeitsentgelt nicht berücksichtigt wurden. 16

Auch Bezieher einer Altersrente können bei Vorliegen der entsprechenden Voraussetzungen Leistungen zur Teilhabe erhalten, wenn sie weiterhin überwiegend erwerbstätig bleiben sind und deshalb eine Teilaltersrente iHv einem Drittel oder in Höhe der Hälfte der erreichten Vollaltersrente beziehen (vgl. § 42 SGB VI).

Leistungen zur Teilhabe werden hingegen an Bezieher von Renten wegen Alters von wenigstens zwei Dritteln der Vollrente nicht erbracht (vgl. § 12 Abs. 1 Nr. 2 SGB VI). Somit wird dieser Personenkreis von der Regelung nicht erfasst.

10. Anrechnung von Verletztengeld. Nach **§ 52 Abs. 1 Nr. 7** wird Verletztengeld nach den Vorschriften des SGB VII auf das Übergangsgeld der Rehabilitationsträger nach § 6 Abs. 1 Nr. 2, 4 und 5 angerechnet. 17

Bei Vorliegen dieser Fallgestaltung ist regelmäßig davon auszugehen, dass das anzurechnende Verletztengeld die Höhe des zustehenden Übergangsgeldes erreicht, so dass kein Übergangsgeld-Zahlbetrag verbleibt.

11. Anrechnung vergleichbarer Leistungen. Nach **§ 52 Abs. 1 Nr. 8** sind die von den ausländischen Trägern erbrachten Leistungen auf das Übergangsgeld der Rehabilitationsträger nach § 6 Abs. 1 Nr. 2, 4 und 5 anzurechnen, wenn sie mit denen der Nr. 1 bis 7 vergleichbar sind. 18

12. Anrechnung von Verletztenrenten mit Kinderzulage und von Erwerbsminderungsrenten mit Kinderzuschuss. Nach **§ 52 Abs. 2** bleibt bei der Anrechnung von Verletztenrenten mit Kinderzulage und von Renten wegen verminderter Erwerbsfähigkeit mit Kinderzuschuss auf das Übergangsgeldes der Rehabilitationsträger nach § 6 Abs. 1 Nr. 2, 4 und 5 ein Betrag in Höhe des Kindergeldes nach § 66 EStG oder nach § 6 BKGG außer Betracht. 19

Die Regelungen des § 52 Abs. 2 betreffen nur einen kleinen Personenkreis und sind daher nur in Einzelfällen anzuwenden.

13. Gesetzlicher Forderungsübergang. Nach **§ 52 Abs. 3** gehen der Anspruch auf Leistungen, um die das Übergangsgeld nach Abs. 1 Nr. 3 zu kürzen wäre, mit Zahlung des Übergangsgeldes auf den Rehabilitationsträger über, soweit diese Ansprüche nicht erfüllt werden. Die §§ 104 und 115 SGB X bleiben in diesem Zusammenhang ausdrücklich unberührt. 20

Die Regelung des § 52 Abs. 3 hat jedoch in der Praxis kaum noch Bedeutung und findet daher nur noch in Einzelfällen Anwendung.

§ 53 Reisekosten

(1) Als Reisekosten werden die im Zusammenhang mit der Ausführung einer Leistung zur medizinischen Rehabilitation oder zur Teilhabe am Arbeitsleben erforderlichen Fahr-, Verpflegungs- und Übernachtungskosten übernommen; hierzu gehören auch die Kosten für besondere Beförderungsmittel, deren Inanspruchnahme wegen Art oder Schwere der Behinderung erforderlich ist, für eine wegen der Behinderung erforderliche Begleitperson einschließlich des für die Zeit der Begleitung entstehenden Verdienstausfalls, für Kinder, deren Mitnahme an den Rehabilitationsort erforderlich ist, weil ihre anderweitige Betreuung nicht sichergestellt ist, sowie für den erforderlichen Gepäcktransport.

(2) [1]Während der Ausführung von Leistungen zur Teilhabe am Arbeitsleben werden Reisekosten auch für im Regelfall zwei Familienheimfahrten je Monat übernommen. [2]Anstelle der Kosten für die Familienheimfahrten können für Fahrten von Angehörigen vom Wohnort zum Aufenthaltsort der Leistungsempfänger und zurück Reisekosten übernommen werden.

(3) Reisekosten nach Absatz 2 werden auch im Zusammenhang mit Leistungen zur medizinischen Rehabilitation übernommen, wenn die Leistungen länger als acht Wochen erbracht werden.

(4) [1]Fahrkosten werden in Höhe des Betrages zugrunde gelegt, der bei Benutzung eines regelmäßig verkehrenden öffentlichen Verkehrsmittels der niedrigsten Klasse des zweckmäßigsten öffentlichen Verkehrsmittels zu zahlen ist, bei Benutzung sonstiger Verkehrsmittel in Höhe der Wegstreckenentschädigung nach § 5 Absatz 1 des Bundesreisekostengesetzes. [2]Bei nicht geringfügigen Fahrpreiserhöhungen hat auf Antrag eine Anpassung zu erfolgen, wenn die Maßnahme noch mindestens zwei weitere Monate andauert. [3]Kosten für Pendelfahrten können nur bis zur Höhe des Betrages übernommen werden, der bei unter Berücksichtigung von Art und Schwere der Behinderung zumutbarer auswärtiger Unterbringung für Unterbringung und Verpflegung zu leisten wäre.

1 **1. Sozialpolitischer Hintergrund.** Zur wirtschaftlichen Sicherung der Teilnehmer an Leistungen zur medizinischen Rehabilitation und zur Teilhabe Arbeitsleben gehört neben der finanziellen Unterstützung durch Zahlung von Entgeltersatzleistungen und der Aufrechterhaltung bzw. Neubegründung des Versicherungsschutzes bei Krankheit und Pflegebedürftigkeit auch der Ausgleich der in Zusammenhang mit den Teilhabeleistungen entstehenden Reisekosten.

Durch die Regelungen des § 53 ist der Anspruch der Teilnehmer auf Übernahme der Reisekosten, die in Zusammenhang mit Teilhabeleistungen entstehen, gesetzlich normiert. § 53 bestimmt, welche Kosten für

- Fahrten,
- Verpflegung,
- Übernachtung,
- Verdienstausfall

in Zusammenhang mit den Teilhabeleistungen von den jeweils zuständigen Rehabilitationsträgern ergänzend zu den Hauptleistungen zu übernehmen sind.

2 **2. Entstehung der Norm/Normzweck.** Die Vorschrift wurde durch Art. 68 Abs. 1 ist am 1. 7. 2001 in Kraft gesetzt.

Die am 1. 7. 2001 in Kraft getretene und derzeit geltende Fassung entspricht – abgesehen von dem nachträglich angefügten Abs. 4 – dem Gesetzesentwurf (vgl. BT-Drucks. 14/5074 S. 110).

Demnach dient die Vorschrift der Harmonisierung der von den Rehabilitationsträgern zu erbringenden Reisekosten und umfasst die Kosten, die im Zusammenhang mit einer Leistung zur medizinischen Rehabilitation oder zur Teilhabe am Arbeitsleben erbracht werden. Dabei ist als eine Form der Fahrkostenerstattung auch die Wegstreckenentschädigung anzusehen. Zu den Reisekosten zählt nach dem Gesetzesentwurf ausdrücklich auch der einer notwendigen Begleitperson infolge der Begleitung entstehende Verdienstausfall. Abs. 1 trägt insbesondere der Lebenssituation allein erziehender Mütter und Väter Rechnung, indem klargestellt wird, dass auch Reisekosten für Kinder zu übernehmen sind, wenn ihre Mitnahme an den Rehabilitationsort erforderlich ist.

Die im Rahmen der Abschlussberatung (vgl. BT-Drucks. 14/576 S. 46) vorgenommene redaktionelle Ergänzung in Abs. 2 dient nach der Begründung (vgl. BT-Drucks. 14/5800 S. 28) der Klarstellung des Gewollten.

3 Durch Art. 8 Nr. 11 des Dritten Gesetzes für moderne Dienstleistungen am Arbeitsmarkt vom 23. 12. 2003 wurde mit Wirkung zum 1. 1. 2004 (BGBl. I S. 2848) § 53 um Abs. 4 ergänzt. Nach der Begründung (vgl. BT-Drucks. 15/1515 S. 120) war Ziel der Ergänzung um Abs. 4, eine Vereinheitlichung der Kostenübernahme in Anlehnung an das Steuerrecht zu erreichen. Die Regelung des Abs. 1 hinsichtlich der Übernahme der Kosten, die aufgrund der Art und Schwere der Behinderung zwingend notwendigen Benutzung besonderer Beförderungsmittel entstehen, bleiben davon ausdrücklich unberührt.

Durch Art. 2 Nr. 2 des Gesetzes zur Regelung des Assistenzpflegebedarfs im Krankenhaus vom 4. 8. 2009 (BGBl. I S. 2495) wurde § 53 Abs. 4 mit Wirkung zum 5. 8. 2009 neu gefasst. Es handelt sich um eine Folge der Neuregelung der Fahrkostenerstattung im Rahmen der Förderung der beruflichen Weiterbildung nach § 81 Abs. 2 SGB III aufgrund des Gesetzes zur Neuausrichtung der arbeitsmarktpolitischen Instrumente vom 21. 12. 2008 (BGBl. I S. 2917).

4 Die wesentlichen Regelungen der bisher (bis 30. 6. 2001) geltenden § 19 RehaAnglG, §§ 83, 110 SGB III, § 30 SGB VI und §§ 60 Abs. 2, 40 und 41 SGB V wurden übernommen.

Zu beachten ist, dass für die Träger der gesetzlichen Unfallversicherung über die Regelungen des § 53 hinaus nach § 43 SGB VII eine weitergehende Übernahme von Reisekosten möglich sein kann.

5 **3. Übernahme von Fahr-, Verpflegungs- und Übernachtungskosten.** Nach **§ 53 Abs. 1** werden die in Zusammenhang mit einer Hauptleistung in Form von
- Leistungen zur medizinischen Rehabilitation oder
- Leistungen zur Teilhabe am Arbeitsleben

erforderlichen
- **Fahrkosten,**
- **Verpflegungskosten** und
- **Übernachtungskosten**

übernommen. Dazu gehören nach § 53 Abs. 1 2. HS ausdrücklich auch **Kosten**
- **für besondere Beförderungsmittel (Krankentransport, Taxi),** deren Inanspruchnahme wegen Art oder Schwere der Behinderung erforderlich ist,
- **für eine behinderungsbedingt erforderliche Begleitperson,** einschließlich des für die Zeit der Begleitung entstehenden Verdienstausfalls,
- **für Kinder,** deren Mitnahme an den Rehabilitationsort erforderlich ist, weil ihre anderweitige Unterbringung nicht sichergestellt ist,
- **für den erforderlichen Gepäcktransport.**

6 Als **Fahrkosten** werden grundsätzlich die erforderlichen Kosten übernommen, die den Teilnehmern durch die An- bzw. Abreise zum und vom Rehabilitationsort entstehen.

Erforderlich sind regelmäßig die Kosten, die bei Benutzung eines regelmäßig verkehrenden öffentlichen zweckmäßigsten Verkehrsmittel für die niedrigste Klasse unter Ausnutzung möglicher Fahrpreisvergünstigungen. In Anlehnung an das Bundesreisekostengesetz (BRKG) werden daher regelmäßig Kosten in Höhe des Tarifs der 2. Klasse übernommen.

Es besteht jedoch keine Verpflichtung der Teilnehmer an Teilhabeleistungen, die An- und Abreise zum und vom Rehabilitationsort mit öffentlichen Verkehrsmitteln zu bestreiten. Vielmehr sind sie in der Wahl des Verkehrsmittels frei. Damit kommt auch die Nutzung des eigenen Pkws in Betracht.

Hinsichtlich der Übernahme der erforderlichen Kosten bei Nutzung des privaten Pkws wird auch die Kommentierung zu Abs. 4 verwiesen (vgl. Rn 16).

7 Als **Verpflegungskosten** sind von dem jeweils zuständigen Rehabilitationsträger die Kosten zu übernehmen, die den Teilnehmern in Zusammenhang mit einer Hauptleistung im Rahmen der An- bzw. Abreise zum oder vom Rehabilitationsort entstehen. Analog zu den Regelungen des § 6 BRKG setzt dies jedoch eine Abwesenheit vom Wohn- bzw. Rehabilitationsort von wenigstens acht Stunden voraus. Die jeweilige Höhe der Übernahme der Verpflegungskosten richtet sich nach § 6 BRKG nach der tatsächlichen Abwesenheit vom Wohn- oder Rehabilitationsort in Zusammenhang mit der An- bzw. Abreise zum oder vom Rehabilitationsort. Demnach besteht bei einer Abwesenheit von
- wenigstens acht Stunden derzeit Anspruch auf 6,– €,
- wenigstens 14 Stunden aber weniger als 24 Stunden derzeit Anspruch auf 12,– €,
- 24 Stunden derzeit Anspruch auf 24,– €.

Als **Übernachtungskosten** im Zusammenhang mit der An- bzw. Abreise zum oder vom Rehabilitationsort werden den Teilnehmern an Teilhabeleistungen wiederum in Anlehnung an das Bundesreisekostengesetz nur dann Kosten erstattet, sofern eine Übernachtung tatsächlich notwendig geworden ist. Analog zu der Regelung des § 7 BRKG besteht unter dieser Voraussetzung derzeit Anspruch auf Übernahme von Übernachtungskosten iHv 20,– € ohne belegmäßigen Nachweis. 8

Sofern aufgrund der Art oder Schwere der Behinderung der Teilnehmer an Teilhabeleistungen sowohl die Benutzung öffentlicher Verkehrsmittel als auch die Nutzung eines eigenen Pkws nicht möglich ist, sind nach dem Wortlaut des Gesetzes ausdrücklich auch die **Kosten für besondere Beförderungsmittel** (Krankentransport, Taxi) zu übernehmen. Die in diesem Zusammenhang entstehenden Kosten sind von den Rehabilitationsträgern nicht auf einen bestimmten Betrag zu begrenzen, sondern in der Höhe zu übernehmen, in der sie tatsächlich entstehen und zwingend notwendig sind. 9

Die **Kosten für eine behinderungsbedingt erforderliche Begleitperson** sind zu übernehmen, wenn die Teilnehmer nicht in der Lage sind, die An- bzw. Abreise zum oder vom Rehabilitationsort selbstständig zurückzulegen. Sofern dies der Fall ist, werden neben den erforderlichen Fahr-, Verpflegungs- und Übernachtungskosten für die Teilnehmer selbst auch die erforderlichen Fahr-, Verpflegungs- und Übernachtungskosten für die Person übernommen, die die Teilnehmer wegen ihrer Behinderung begleiten muss. Dies schließt grundsätzlich auch den Ausgleich des Verdienstausfalles der Begleitperson ein, der für die Zeit der Begleitung entsteht. In besonders gelagerten Einzelfällen kann aufgrund der Behinderung der Teilnehmer gegebenenfalls auch für die gesamte Dauer der Teilhabeleistung eine Begleitung erforderlich sein (Dauerbegleitung). 10

Auch wenn die **Mitnahme von Kindern an den Rehabilitationsort** erforderlich ist, weil eine anderweitige Unterbringung nicht sichergestellt ist, sind Kosten, die in Zusammenhang mit der An- bzw. Abreise zum oder vom Rehabilitationsort entstehen, von den jeweils zuständigen Rehabilitationsträger nach § 53 zu übernehmen. 11

In Zusammenhang mit der Teilnahme an Leistungen zur medizinischen Rehabilitation und zur Teilhabe am Arbeitsleben sind schließlich Kosten für einen erforderlichen **Gepäcktransport** von den jeweils zuständigen Rehabilitationsträgern zu übernehmen. Regelmäßig wird der Transport von zwei Gepäckstücken als erforderlich angesehen. 12

4. Übernahme der Kosten für Familienheimfahrten in Zusammenhang mit Leistungen zur Teilhabe am Arbeitsleben. Nach **§ 53 Abs. 2 Satz 1** werden von den jeweils zuständigen Rehabilitationsträgern während der Ausführung von Leistungen zur Teilhabe am Arbeitsleben auch Reisekosten nach Abs. 1 für im Regelfall zwei Familienheimfahrten je Monat übernommen. Anstelle der Kosten für die Familienheimfahrten können dabei nach Satz 2 auch die Reisekosten für Fahrten von Angehörigen vom Wohnort zum Aufenthaltsort (= Rehabilitationsort) der Teilnehmer und zurück übernommen werden. 13

Teilnehmer an Leistungen zur Teilhabe am Arbeitsleben haben damit regelmäßig Anspruch auf Übernahme der erforderlichen Reisekosten nach

§ 53 Abs. 1 für zwei Familienheimfahrten pro Monat der Ausführung der Leistungen zur Teilhabe am Arbeitsleben.

Aus dem Wortlaut des Gesetzes („zum Aufenthaltsort und zurück“) ergibt sich, dass Voraussetzung für eine Übernahme der Kosten nach § 53 Abs. 2 eine auswärtige Unterbringung (Unterbringung außerhalb der Familien- oder elterlichen Wohnung) ist.

Familienheimfahrten sind Fahrten der Teilnehmer an Leistungen zur Teilhabe am Arbeitsleben zum Wohnort ihrer Familien und damit an den Ort, an dem der familiäre Lebensmittelpunkt auch während der Ausführung von Leistungen zur Teilhabe am Arbeitsleben besteht (vgl. auch *Huck/Noftz* § 53 Rn 15).

Ziel des Regelungsinhaltes des § 53 Abs. 2 ist es dabei, die Unterbrechung des Kontakts zwischen Teilnehmern und ihren Familien aufgrund der Teilnahme an Leistungen zur Teilhabe am Arbeitsleben auszugleichen und somit auch während entsprechender Leistungen eine weiterhin persönliche Verbundenheit zu ermöglichen.

Damit ist der Familienwohnort im Sinne dieser Regelung immer der Ort, an dem die Teilnehmer an Leistungen zur Teilhabe am Arbeitsleben gewöhnlich mit ihren Familien ihren Lebensmittelpunkt eingerichtet haben. In Abhängigkeit vom Alter der Teilnehmer kann dies der Ort des eigenen Haushaltes oder des Haushaltes der Eltern sein.

14 Anstelle der Familienheimfahrten können auch die Kosten übernommen werden, die Angehörigen aufgrund von Fahrten zum Aufenthaltsort der Teilnehmer und zurück entstehen. In diesem Zusammenhang ist jedoch zu beachten, dass Fahrpreisermäßigungen, die von den Teilnehmern persönlich hätten in Anspruch genommen werden können, nicht zu berücksichtigen sind.

15 **5. Übernahme der Kosten für Familienheimfahrten in Zusammenhang mit Leistungen zur medizinischen Rehabilitation.** Nach **§ 53 Abs. 3** werden auch im Zusammenhang mit Leistungen zur medizinischen Rehabilitation Reisekosten für Familienheimfahrten oder Besuchsfahrten von Angehörigen übernommen, frühestens jedoch nach einer Leistungsdauer von mehr als acht Wochen.

Im Übrigen wird auch die Ausführungen zu § 53 Abs. 2 verwiesen (vgl. Rn 13 und 14).

16 **6. Regelungen zur Übernahme von Fahrkosten.** Nach **§ 53 Abs. 4 Satz 1** werden Fahrkosten in Höhe des Betrages zugrunde gelegt, der bei Benutzung eines regelmäßig verkehrenden öffentlichen Verkehrsmittels zu zahlen ist, bei Benutzung sonstiger Verkehrsmittel in Höhe der Wegstreckenentschädigung nach § 5 Abs. 1 des Bundesreisekostengesetzes (BRKG). In analoger Anwendung des BRKG werden daher bei Benutzung eines privaten Pkws 0,20 € je Kilometer der zurückgelegten Strecke zwischen Wohnung und Rehabilitationseinrichtung erstattet, begrenzt auf einen Höchstbetrag von 130,– €.

Bei einer nicht geringfügigen Fahrpreiserhöhung hat nach § 53 Abs. 4 Satz 2 auf Antrag eine Anpassung zu erfolgen, wenn die Maßnahme noch mindestens zwei weitere Monate andauert.

Sofern die Teilnehmer zum Ort der Ausführung der Leistungen pendeln, werden die entstehenden Fahrkosten nach § 53 Abs. 4 Satz 3 nur bis zur

Höhe des Betrages übernommen, der bei einer unter Berücksichtigung von Art oder Schwere der Behinderung zumutbaren auswärtigen Unterbringung für Unterbringung und Verpflegung zu leisten wäre.

Für Pendelfahrten der Teilnehmer zum oder vom Rehabilitationsort ist nach Abs. 4 Satz 3 ausdrücklich eine Begrenzung auf die Höhe der Kosten einer zumutbaren auswärtigen Unterbringung und Verpflegung vorgesehen. Da sich zur Höhe dieser Kosten im SGB IX keine gesetzlichen Regelungen finden, wird hilfsweise auf die Regelung des § 111 SGB III zurückgegriffen. Diese sieht bei einer notwendigen auswärtigen Unterbringung der Teilnehmer eine Kostenübernahme für Unterbringung und Verpflegung bis zu einer Höhe von maximal 269,– € monatlich vor. 17

§ 54 Haushalts- oder Betriebshilfe und Kinderbetreuungskosten

(1) [1]Haushaltshilfe wird geleistet, wenn

1. den Leistungsempfängern wegen der Ausführung einer Leistung zur medizinischen Rehabilitation oder einer Leistung zur Teilhabe am Arbeitsleben die Weiterführung des Haushalts nicht möglich ist,

2. eine andere im Haushalt lebende Person den Haushalt nicht weiterführen kann und

3. im Haushalt ein Kind lebt, das bei Beginn der Haushaltshilfe das zwölfte Lebensjahr noch nicht vollendet hat oder das behindert und auf Hilfe angewiesen ist.

[2]§ 38 Abs. 4 des Fünften Buches ist sinngemäß anzuwenden.

(2) Anstelle der Haushaltshilfe werden auf Antrag die Kosten für die Mitnahme oder anderweitige Unterbringung des Kindes bis zur Höhe der Kosten der sonst zu erbringenden Haushaltshilfe übernommen, wenn die Unterbringung und Betreuung des Kindes in dieser Weise sichergestellt ist.

(3) [1]Kosten für die Betreuung der Kinder des Leistungsempfängers können bis zu einem Betrag von 130 Euro je Kind und Monat übernommen werden, wenn sie durch die Ausführung einer Leistung zur medizinischen Rehabilitation oder zur Teilhabe am Arbeitsleben unvermeidbar entstehen. [2]Leistungen zur Kinderbetreuung werden nicht neben Leistungen nach den Absätzen 1 und 2 erbracht. [3]Der in Satz 1 genannte Betrag erhöht sich entsprechend der Veränderung der Bezugsgröße nach § 18 Abs. 1 des Vierten Buches; § 77 Abs. 3 Satz 2 bis 5 gilt entsprechend.

(4) Abweichend von den Absätzen 1 bis 3 erbringen die landwirtschaftlichen Alterskassen und die landwirtschaftlichen Krankenkassen Betriebs- und Haushaltshilfe nach den §§ 10 und 36 des Gesetzes über die Alterssicherung der Landwirte und nach den §§ 9 und 10 des Zweiten Gesetzes über die Krankenversicherung der Landwirte, die landwirtschaftlichen Berufsgenossenschaften für die bei ihnen versicherten landwirtschaftlichen Unternehmer und im Unternehmen mitarbeitenden Ehegatten nach den §§ 54 und 55 des Siebten Buches.

1 **1. Sozialpolitischer Hintergrund.** Zur Sicherung des Erfolgs der Leistungen zur medizinischen Rehabilitation und zur Teilhabe am Arbeitsleben erbringen die jeweils zuständigen Rehabilitationsträger ergänzend auch Haushalts- oder Betriebshilfe und Kinderbetreuungskosten.

Inhalt des § 54 sind Reglungen
- zu den Voraussetzungen für einen Anspruch auf Haushalts- oder Betriebshilfe – Abs. 1,
- zu den Voraussetzungen für einen Anspruch auf Übernahme der Kosten für die Mitnahme oder anderweitige Unterbringung der Kinder – Abs. 2,
- zu den Kinderbetreuungskosten – Abs. 3,
- zur erweiterten Kostenübernahme für landwirtschaftliche Unternehmer und mitarbeitende Ehegatten – Abs. 4.

Ziel der Regelung des § 54 ist es, einen Ausgleich für den Ausfall der Teilnehmer in Haushalt, Betrieb und Kinderbetreuung zu ermöglichen, der erst aufgrund der Teilnahme an Leistungen zur medizinischen Rehabilitation und zur Teilhabe am Arbeitsleben eintritt. Damit wird verhindert, dass entsprechende Leistungen aufgrund familiärer und sozialer Verpflichtungen der Teilnehmer verhindert oder nicht erfolgreich abgeschlossen werden könnten.

2 **2. Entstehung der Norm/Normzweck.** Die Vorschrift wurde durch Art. 68 Abs. 1 am 1. 7. 2001 in Kraft gesetzt.

Die am 1. 7. 2001 in Kraft getretene und derzeit mit Änderungen in Abs. 3 geltende mit Fassung entspricht im Wesentlichen dem Gesetzesentwurf (vgl. BT-Drucks. 14/5074 S. 110).

Demnach dient die Vorschrift der Harmonisierung der von den Rehabilitationsträgern zu erbringenden ergänzenden Leistungen in den Fällen, in denen den Betroffenen aufgrund der Ausführung einer Leistung zur medizinischen Rehabilitation oder einer Leistung zur Teilhabe am Arbeitsleben die Weiterführung des Unternehmens oder des Haushaltes oder die Betreuung der Kinder nicht möglich ist. Um insbesondere allein erziehenden Müttern und Vätern Leistungen zur Teilhabe zu ermöglichen, bestimmt Abs. 3, dass die Kosten für die Betreuung der Kinder der Betroffenen bis zu der dort genannten Höhe übernommen werden können, wenn die Teilnahme an der Leistung ohne die Betreuung der Kinder nicht möglich ist; hierbei sind besondere Härten zu berücksichtigen.

Im Rahmen der Abschlussberatung (vgl. BT-Drucks. 14/5786 S. 47) wurde Abs. 3 um einen Hinweis ergänzt, dass sich die in Abs. 3 Satz 1 und 2 genannten Beträge entsprechend der Veränderung der monatlichen Bezugsgröße nach § 18 SGB IV erhöhen. Des Weiteren wurde Abs. 4 redaktionell angepasst.

Die vorgenommene Ergänzung des Abs. 3 diente dabei der Dynamisierung der Pauschalbeträge für Kinderbetreuung entsprechend der Entwicklung der Bezugsgröße. Die redaktionelle Änderung des Abs. 4 dient der Klarstellung, dass Arbeitnehmer in der Landwirtschaft wie nach dem bisherigen Recht Anspruch auf Haushaltshilfe nach den allgemeinen Vorschriften der Abs. 1 bis 3 haben; die Verweisung in Abs. 4 ist daher auf die bei den landwirtschaftlichen Berufsgenossenschaften versicherten Unternehmer und mitarbeitenden Ehegatten zu beschränken.

Durch Art. 5 Nr. 1 und 2 des Gesetzes zur Reform der arbeitsmarktpolitischen Instrumente (Job-AQTIV-Gesetz) vom 10. 12. 2001 (BGBl. I S. 3443) mit Wirkung zum 2. 1. 2002 wurde in Abs. 3 Satz 1 der Betrag „65 Euro" durch „130 Euro" ersetzt und der bisherige Satz 2 gestrichen. Als Konsequenz dieser Änderung der bisherige Satz 4 entsprechend der derzeitigen Formulierung angepasst. 3

Durch Art. 8 Abs. 1 des Gesetzes zur Modernisierung des Rechts der landwirtschaftlichen Sozialversicherung (LSVMG) vom 18. 12. 2007 (BGBl. I S. 2984) mit Wirkung zum 1. 1. 2008 wurde in Abs. 4 die Angabe „nach § 54" durch die Angabe „nach den §§ 54 und 55" ersetzt.

Die wesentlichen Regelungsinhalte der bisher (bis 30. 6. 2001) geltenden § 12 Nr. 6 RehaAnglG, § 112 SGB III, § 29 SGB VI und § 26 Abs. 3 Nr. 4 BVG wurden dabei übernommen. 4

3. Voraussetzungen für einen Anspruch auf Haushaltshilfe. Nach **§ 54 Abs. 1** wird Haushalthilfe geleistet, wenn 5

- den Teilnehmern wegen der Ausführung einer Leistung zur medizinischen Rehabilitation oder einer Leistung zur Teilhabe am Arbeitsleben die Weiterführung des Haushaltes nicht möglich ist – Nr. 1,
- eine andere im Haushalt lebende Person den Haushalt nicht weiterführen kann – Nr. 2 und
- im Haushalt ein Kind lebt, das bei Beginn der Haushaltshilfe das 12. Lebensjahr noch nicht vollendet hat oder das behindert und auf Hilfe angewiesen ist – Nr. 3.

§ 38 Abs. 4 SGB V ist dabei sinngemäß anzuwenden.

Ein Anspruch auf Haushaltshilfe kann daher bei Vorliegen der übrigen Voraussetzungen nur entstehen, wenn die Teilnehmer den Haushalt bisher selber geführt haben und die **Weiterführung allein aufgrund der Teilnahme an Hauptleistungen nun nicht mehr möglich** ist. Die Haushaltsführung beinhaltet in diesem Zusammenhang sowohl die Kinderbetreuung als auch anderweitige hauswirtschaftliche Tätigkeiten wie Einkaufen, Kochen und Putzen. 6

Darüber hinaus darf die **Weiterführung des Haushaltes** anstelle der Teilnehmer **durch andere im Haushalt lebende Personen nicht möglich** sein. Dabei gilt es zu beachten, dass ein Anspruch auf Haushaltshilfe nicht besteht, wenn es einer anderen im Haushalt lebenden Person aufgrund ihres Alters, ihres Gesundheitszustandes und ihrer schulischen/beruflichen Verpflichtungen tatsächlich möglich und zumutbar ist, den Haushalt anstelle der Teilnehmer weiterzuführen.

Um einen Anspruch auf Haushaltshilfe zu begründen muss des Weiteren im Haushalt der Teilnehmer mindestens ein **Kind** leben, **dass das 12. Lebensjahr bei Beginn der Haushaltshilfe noch nicht vollendet hat.** Ältere Kinder begründen nur einen Anspruch auf Haushaltshilfe, soweit sie behindert und auf Hilfe angewiesen sind. Hinsichtlich des Begriffs „behindert" wird auf § 2 und hinsichtlich der Hilfebedürftigkeit auf § 14 SGB XI als Orientierungshilfe verwiesen. 7

Die **Höhe** des Betrages der von den jeweils zuständigen Rehabilitationsträgern zu erbringenden Haushaltshilfe ergibt sich nach dem Wortlaut des Gesetzes aus der sinngemäßen Anwendung des § 38 Abs. 4 SGB V. Dem- 8 nach kann anstelle einer Haushaltshilfe (vgl. § 38 Abs. 1 bis 3 SGB V) von den zuständigen Rehabilitationsträgern den Teilnehmern die Kosten für eine selbstbeschaffte Ersatzkraft in angemessener Höhe erstattet werden. Für Verwandte und Verschwägerte bis zum 2. Grad (vgl. §§ 1589, 1590 BGB) werden jedoch keine Kosten, sondern lediglich die erforderlichen Fahrkosten und der entstandene Verdienstausfall übernommen, unter der Voraussetzung, dass diese in einem angemessenen Verhältnis zu den sonst für eine Ersatzkraft entstehenden Kosten stehen.

9 **4. Mitnahme oder anderweitige Unterbringung der Kinder.** Nach **§ 54 Abs. 2** werden von den jeweils zuständigen Rehabilitationsträgern anstelle der Haushaltshilfe auf Antrag die **Kosten für die Mitnahme oder anderweitige Unterbringung** des Kindes bis zur Höhe der Kosten der sonst zu erbringenden Haushaltshilfe übernommen, wenn die Unterbringung und Betreuung des Kindes in dieser Weise sichergestellt ist.

Nach dem Wortlaut des Gesetzes ist es für eine Übernahme der Kosten für die Mitnahme oder anderweitige Unterbringung der Kinder nach Abs. 2 jedoch erforderlich, dass die Voraussetzungen für einen Anspruch auf Haushaltshilfe vollständig vorliegen („anstelle der Haushaltshilfe").

Insoweit wird auf die Kommentierung zu Abs. 1 (vgl. Rn 5 bis 7) verwiesen.

10 **5. Kinderbetreuungskosten.** Nach **§ 54 Abs. 3 Satz 1** können von den jeweils zuständigen Rehabilitationsträgern für die Betreuung der Kinder der Teilnehmer Kosten iHv 130,– € je Kind und Monat übernommen werden, wenn sie durch die Ausführung einer Leistung zur medizinischen Rehabilitation oder zur Teilhabe am Arbeitsleben unvermeidbar entstehen. **Kinderbetreuungskosten** werden dabei ausdrücklich nicht neben Leistungen nach Abs. 1 und 2 erbracht (Satz 2). Des Weiteren ist nach Satz 3 eine Dynamisierung des in Satz 1 genannten Betrages entsprechend der Entwicklung der monatlichen Bezugsgröße nach § 18 SGB IV vorgesehen; § 77 Abs. 3 Sätze 2 bis 5 gilt entsprechend.

Kinderbetreuungskosten können für Kinder übernommen werden, die im Haushalt der Teilnehmer leben und ihr 18. Lebensjahr noch nicht vollendet haben.

Zu beachten ist, dass in diesem Rahmen von den jeweils zuständigen Rehabilitationsträgern keine Kosten für die Verpflegung der Kinder übernommen werden können, weil diese Kosten nicht allein in Zusammenhang mit den Hauptleistungen entstehen.

11 **6. Leistungen an landwirtschaftliche Unternehmer und mitarbeitende Ehegatten.** Nach **§ 54 Abs. 4** erbringen die landwirtschaftlichen Alterskassen und landwirtschaftlichen Krankenkassen abweichend von Abs. 1 bis 2 Betriebs- und Haushaltshilfe nach den §§ 10 und 36 des Gesetzes über die Alterssicherung der Landwirte (ALG), §§ 9, 10 des Zweiten Gesetzes über die Krankenversicherung der Landwirte (KVLG).

Die landwirtschaftlichen Berufsgenossenschaften erbringen Betriebs- und Haushaltshilfe für die bei ihnen versicherten landwirtschaftlichen Unternehmer und im Unternehmen mitarbeitenden Ehegatten nach §§ 54 und 55 SGB VII. Damit wurde vom Gesetzgeber für diese Personenkreise eine Sonderregelung geschaffen.

Kapitel 7. Leistungen zur Teilhabe am Leben in der Gemeinschaft

§ 55 Leistungen zur Teilhabe am Leben in der Gemeinschaft

(1) Als Leistungen zur Teilhabe am Leben in der Gemeinschaft werden die Leistungen erbracht, die den behinderten Menschen die Teilhabe am Leben in der Gesellschaft ermöglichen oder sichern oder sie so weit wie möglich unabhängig von Pflege machen und nach den Kapiteln 4 bis 6 nicht erbracht werden.

(2) Leistungen nach Absatz 1 sind insbesondere
1. Versorgung mit anderen als den in § 31 genannten Hilfsmitteln oder den in § 33 genannten Hilfen,
2. heilpädagogische Leistungen für Kinder, die noch nicht eingeschult sind,
3. Hilfen zum Erwerb praktischer Kenntnisse und Fähigkeiten, die erforderlich und geeignet sind, behinderten Menschen die für sie erreichbare Teilnahme am Leben in der Gemeinschaft zu ermöglichen,
4. Hilfen zur Förderung der Verständigung mit der Umwelt,
5. Hilfen bei der Beschaffung, dem Umbau, der Ausstattung und der Erhaltung einer Wohnung, die den besonderen Bedürfnissen der behinderten Menschen entspricht,
6. Hilfen zu selbstbestimmtem Leben in betreuten Wohnmöglichkeiten,
7. Hilfen zur Teilhabe am gemeinschaftlichen und kulturellen Leben.

1. Entstehung der Norm. Die Vorschrift wurde durch Art. 1 SGB IX ab 1. 7. 2001 eingeführt. Die Vorschrift wurde im Wesentlichen aus dem RegE (BT-Drucks. 14/5531 iVm. 14/5074) übernommen. Der AuS-Ausschuss hat **Abs. 1** sprachlich überarbeitet, in **Abs. 2 Nr. 2** den Begriff „Maßnahme" zur Anpassung an den Sprachgebrauch des SGB IX durch „Leistung" sowie die Worte „im schulpflichtigen Alter" durch „eingeschult" ersetzt und damit einen anderen und konkreteren Anlass für die zeitliche Begrenzung der Leistungen gesetzt (BT-Drucks. 14/5800 S. 34). Ferner hat er in **Abs. 2 Nr. 5** zur Klarstellung des Gewollten das Wort „Ausstattung" eingefügt sowie in **Abs. 2 Nr. 7** ebenfalls zur Klarstellung die Worte „zur Verselbständigung" durch „zu selbstbestimmtem Leben" ersetzt. Die ursprünglich als **Abs. 3** an dieser Stelle beabsichtigte Feststellung, dass den besonderen Bedürfnissen seelisch Behinderter Rechnung zu tragen ist, wurde für alle Leistungsgruppen in § 10 verallgemeinert und konnte hier entfallen. Abs. 2 Nr. 5 wurde ab 1. 1. 2003 geändert durch Gesetz zur Förderung der Ausbildung und Beschäftigung schwerbehinderter Menschen vom 2. 4. 2004 (BT-Drucks. 15/1514). 1

2. Normzweck. Abs. 1 erläutert zusammenfassend, welche Leistungen, die nicht bereits als Bestandteil anderer Teilhabe- und Rehabilitationsleistungen erbracht werden, nach ihrer Zweckbestimmung als Leistungen zur Teilhabe am Leben in der Gesellschaft erbracht werden können. Zweck der Leistung ist, diese Teilhabe zu ermöglichen, zu sichern und die Berechtigten 2 so weit wie möglich von Pflege unabhängig zu machen. Ebenso wie in § 26 und § 33 SGB IX wird auch hier die finale Ausrichtung der Leistungen unterstrichen. Es werden diejenigen Leistungen zur Teilhabe am Leben in der Gemeinschaft erbracht, die zur Erreichung der vorgegebenen Ziele erforderlich sind und nicht bereits durch Leistungen der medizinischen Rehabilitation oder der Teilhabe am Arbeitsleben abgedeckt sind. **Abs. 2** benennt beispielhaft die Leistungsarten, die von allen zuständigen Rehabilitationsträgern als Leistungen zur Teilhabe am Leben in der Gemeinschaft erbracht werden können.

3 **3. Eigenständige Leistungsgruppe, Nachrang.** Die Leistungen zur Teilhabe am Leben in der Gemeinschaft werden in Teil 1, Kapitel 7 des SGB IX als **neue, eigenständige Leistungsgruppe** (§ 5 Nr. 4) des Teilhabe- und Rehabilitationsrechts aufgenommen und geregelt. Sie greifen einen Teil der Leistungen auf, die im bisherigen Sprachgebrauch unter „sozialer Rehabilitation" verstanden wurden. Sie können ausdrücklich nicht als Leistungen zur medizinischen Rehabilitation nach Kapitel 4 (§§ 26 bis 32), zur Teilhabe am Arbeitsleben nach Kapitel 5 (§§ 33 bis 43) oder als unterhaltssichernde oder andere ergänzende Leistungen gem. Kapitel 6 (§§ 44 bis 54) erbracht werden (Abs. 1 letzter HS), sondern sind demgegenüber nachrangig. Primär zuständig für diese Leistungen sind nach § 6 die Träger der Sozialhilfe in ihrer neuen Aufgabenstellung als Rehabilitationsträger, soweit nicht die Träger der Jugendhilfe, der Kriegsopferversorgung oder der Unfallversicherung leistungsverpflichtet sind. Keinesfalls können diese Leistungen durch die Träger der Kranken- und Rentenversicherung oder die Bundesanstalt für Arbeit erbracht werden (vgl. § 6 Rn 9). Allerdings sind diese Rehabilitationsträger nach § 4 Abs. 2 Satz 2 SGB IX gehalten, diese Leistungen als notwendigen Teil der „Hauptleistungen" der medizinischen Rehabilitation und der Teilhabe am Arbeitsleben im Rahmen ihres speziellen Leistungsrechtes ggf. mit abzudecken, da so vollständig und umfassend geleistet werden soll, „dass Leistungen eines anderen Trägers möglichst nicht erforderlich werden". Sind Teilhabeleistungen, die isoliert betrachtet der Teilhabe am Leben in der Gemeinschaft zuzuordnen wären, nach dem spezifischen Leistungsrecht eines Trägers nicht ausdrücklich ausgeschlossen und werden diese Teilleistungen im Kontext mit Leistungen der medizinischen Rehabilitation oder der Teilhabe am Arbeitsleben benötigt, so sind sie auch von den für diese Leistungen zuständigen Rehabilitationsträgern zu erbringen.

4 **4. Leistungsziel.** Die Aufgabe, dem behinderten Menschen die Teilnahme am Leben in der Gemeinschaft zu ermöglichen oder zu erleichtern, war bis zur Einordnung des Bundessozialhilfegesetzes in das Sozialgesetzbuch nach § 39 Abs. 3 Satz 2 BSHG Bestandteil der Eingliederungshilfe. Nunmehr erhalten behinderte Menschen iSd § 2 SGB XI nach § 53 SGB XII Eingliederungshilfe mit dem Ziel, ihre Teilnahme am Leben in der Gesellschaft zu gewährleisten. Die Eingliederungshilfe ist in § 54 SGB XII geregelt und wird durch die Eingliederungshilfe- Verordnung nach § 60 SGB XII konkretisiert. Bereits die Aufgabenstellung nach dem BSHG umfasste alle Maßnahmen, die dem behinderten Menschen den Kontakt mit seiner Umwelt (nicht nur mit Familie und Nachbarschaft) sowie die Teilnahme am öffentlichen und kulturellen Leben ermöglichen und erleichtern (*Schellhorn* et al, § 39

BSHG Rn 38). **Abs. 1** übernimmt diese Ziele und erweitert sie in Übereinstimmung mit der besonderen Aufgabe der Eingliederungshilfe (§ 53 Abs. 3 Satz 2 SGB XII) dahingehend, die Berechtigten mit diesen Leistungen auch so weit wie möglich unabhängig von Pflege zu machen. Die weit gefasste Aufgabenstellung begründet die Aufzählung von Leistungen in Abs. 2, die bisher anderen Bereichen des Leistungsrechts zugeordnet waren (zB heilpädagogische Maßnahmen gem. § 40 Abs. 1 Nr. 2a BSHG – jetzt § 54 Abs. 1 Satz 1 SGB XII – oder Wohnraumhilfen gem. § 40 Abs. 1 Nr. 6a BSHG). **Abs. 2** nennt die Leistungen, die von allen zuständigen Rehabilitationsträgern (§ 6) zur Teilhabe am Leben in der Gemeinschaft erbracht werden können. Es handelt sich nicht um eine abschließende Aufzählung, sodass die Rehabilitationsträger im Einzelfall über diese Leistungen hinausgehende Leistungen bedarfsgerecht und zielgerichtet erbringen können.

Berechtigte im Sinne dieser Vorschrift, wie auch nach diesem Kapitel insgesamt, sind ausschließlich behinderte Menschen iSd § 2 Abs. 1 Satz 1, nicht jedoch Menschen iSd § 2 Abs. 1 Satz 2, bei denen eine Behinderung erst droht (Ausnahme Träger der Sozialhilfe vgl. Rn 7). 5

Im Übrigen sind nach der sich aus der Rangfolge der Leistungsgruppen in § 5 ergebenden Logik zunächst alle Ansatzpunkte für medizinische, berufsfördernde und ergänzende Leistungen auszuschöpfen, bevor der Bedarf an Leistungen zur Teilhabe am Leben in der Gemeinschaft zu ermitteln und abzudecken ist. Leistungen nach diesem Kapitel kommen danach nur in Betracht, soweit die umfassenden Zielsetzungen der §§ 1, 4 Abs. 1 nicht bereits durch vorrangige Leistungen zur medizinischen Rehabilitation oder zur Teilhabe am Arbeitsleben oder durch ergänzende Leistungen erreicht wurden. 6

5. Zusammenwirken mit der Eingliederungshilfe (§§ 53 ff. SGB XII). 7
Der mit Abstand größte Teil aller derzeit erbrachten Leistungen der Teilhabe am Leben in der Gemeinschaft entfällt auf die einschlägigen Leistungen der Sozialhilfeträger. Diese stellen mit ca. 56% aller Eingliederungshilfeausgaben sowie ca. 26% aller Rehabilitationsausgaben die finanziell bedeutsamste Leistungsgruppe der Rehabilitation dar.[8] Dabei fügt das SGB IX das „Rahmen-Leistungsrecht“ des § 55 in besonderer Weise mit dem speziellen Leistungsrecht des § 54 ff SGB XII zusammen. Gemäß § 7 SGB IX richten sich Zuständigkeit und Voraussetzungen für die Teilhabeleistungen nach den speziellen Leistungsgesetzen; die Vorschriften zu den Leistungen selbst gelten unmittelbar, soweit sich in den speziellen Leistungsgesetzen nichts Abweichendes ergibt. Somit gelten für Leistungen der Eingliederungshilfe zur Teilhabe am Leben in der Gemeinschaft zwar die besonderen Bestimmungen zu den Leistungsvoraussetzungen (Vorliegen einer wesentlichen Behinderung oder Bedrohung durch eine solche – § 53 Abs. 1 SGB XII, Bedürftigkeitserfordernis – §§ 2, 92 SGB XII, eingeschränktes Wunsch- und Wahlrecht – §§ 9, 13 SGB XII, Vorrang von persönlicher Hilfe und Geldleistungen – § 10 SGB XII, Vereinbarungserfordernis bei Leistungserbringung durch Dritte gemäß § 75 ff SGB XII), für die Leistungsinhalte hingegen sind

[8] Stand: 2006. Vgl. BAR-Rehabilitationsstatistik; BAR-Information Nr. 2/2007 v. 21. 12. 2007.

§§ 55–59 SGB IX durchgehend unmittelbar wirksam, da auf sie in § 54 Abs. 1 Satz 1 entsprechend Bezug genommen wird. Die Träger der Eingliederungshilfe finden damit ein Leistungsrecht zur Teilhabe am Leben in der Gemeinschaft vor, welches einerseits originär im SGB XII (§§ 53–59) sowie in der Verordnung nach § 60 SGB XII geregelt ist, jedoch im §§ 55–59 SGB IX verbindlich konkretisiert wird. Originäre Leistungen der Eingliederungshilfe, die nicht gleichzeitig Rehabilitationsleistungen gemäß SGB IX sind, werden folgerichtig im § 54 Abs. 1 SGB XII neben den Bezugnahmen auf §§ 26, 33, 41 und 55 SGB IX gesondert aufgezählt.

Die Bedürftigkeitsprüfung erstreckt sich in der Eingliederungshilfe seit Inkrafttreten des SGB IX nicht mehr auf Leistungen der medizinischen Rehabilitation, der Teilhabe am Arbeitsleben, der Hilfen für noch nicht eingeschulte Kinder sowie der Hilfen zur Schul- und Ausbildung (§ 92 Abs. 2 SGB XII); hier wird nur ersparter Lebensunterhalt angesetzt. Für die anderen Leistungen zur Teilhabe am Leben in der Gemeinschaft (nach §§ 57, 58 SGB IX) sowie für die verbleibenden originären Eingliederungshilfeleistungen bleibt das Fürsorgeprinzip jedoch gewahrt.

8 **6. Nr. 1** sieht die **Versorgung mit Hilfsmitteln** vor, die nicht bereits durch die Versorgung mit Körperersatzstücken sowie orthopädischen und anderen Hilfsmitteln nach § 31 oder durch die Leistungen zur Teilhabe am Arbeitsleben nach § 33 erfasst sind. Andere Hilfsmittel oder Hilfen sind danach solche, die über eine medizinische oder schulisch-berufliche Zweckbestimmung hinausreichen und dazu bestimmt sind, zum Ausgleich der durch die Behinderung bedingten Mängel und Einschränkungen beizutragen. Dazu gehören spezifische Hilfsmittel für Blinde, Hörbehinderte, Ohnhänder und solche behinderte Menschen, die wegen Art und Schwere der Behinderung auch im Alltag auf besondere technische Hilfen angewiesen sind. Soweit die weitergehende Zweckbestimmung eines Hilfsmittels in den vorrangigen Leistungsgruppen der medizinischen Rehabilitation und der Teilhabe am Arbeitsleben im Leistungsrecht der zuständigen Rehabilitationsträger nicht ausdrücklich ausgeschlossen ist, haben diese allerdings in Befolgung von § 4 Abs. 2 Satz 2 SGB IX so vollständig zu leisten, dass Leistungen eines anderen Trägers nicht erforderlich werden. Auf diesem Hintergrund stellen „originäre" Hilfsmittel zur Teilhabe am Leben in der Gemeinschaft seit Inkrafttreten des SGB IX eher eine Ausnahme und Restgröße dar. In Anlehnung an die Aufzählung in § 9 EinglHVO können dies danach Hilfsmittel im Rahmen der Verrichtungen des täglichen Lebens wie behindertengerechte Waschmaschinen, Küchenmaschinen, besondere Schalteinrichtungen für elektrische Geräte, besondere Haltevorrichtungen, aber auch behinderungsspezifische, nicht zur beruflichen Benutzung beschaffte Geräte wie Blindenuhren, besondere optische Hilfen wie Fernrohrlupenbrillen, Blindenführhunde, Tonbandgeräte für Blinde, Weckuhren für Hörbehinderte, besondere Bedienungseinrichtungen und Zusatzgeräte für Kraftfahrzeuge sein. Der behinderte Mensch muss das Hilfsmittel nicht nur zum Ausgleich der durch die Behinderung bedingten Mängel benötigen, sondern es auch bedienen können (§ 9 Abs. 3 EinglHVO). Nach der bisherigen Rechtsprechung des BVerwG (ZfSH 1973, 308 = FEVS 21, 81 = ZblSozV 1973, 128) zum Begriff der anderen Hilfsmittel iSd § 40 Abs. 1 Nr. 2 BSHG ist dieser

Begriff weit auszulegen. Die Qualität eines Hilfsmittels fehle einem Mittel nicht schon deshalb, weil es nicht oder nicht in erster Linie als Mittel zum Ausgleich von Behinderung entwickelt worden sei. Entscheidend sei lediglich, ob es im Einzelfall geeignet sei, eine drohende Behinderung zu verhüten oder eine drohende Behinderung oder deren Folgen zu beseitigen oder zu mildern Hilfsmittel seien deshalb auch Mittel, die die körperliche Regelwidrigkeit unbeeinflusst lassen und nur Hilfe gegen deren Auswirkungen bringen. Die Hilfsmittel müssen nicht ausschließlich zum Ausgleich der Behinderung dienen, sondern nur dazu beitragen.

Gegenstand dieser Vorschrift ist auch die **Kraftfahrzeughilfe,** die in der Unfallversicherung nach den durch das SGB IX neugefassten § 39 Abs. 1 und § 40 SGB VII auf der Grundlage der Kraftfahrzeughilfe- Verordnung auch als Leistung zur Teilhabe am Leben in der Gemeinschaft geleistet werden kann. Die Kriegsopferfürsorge erbringt Leistungen zur Beschaffung und Unterhaltung von Kraftfahrzeugen ebenfalls im Rahmen der Hilfen zur Teilhabe am Leben in der Gemeinschaft. In der Sozialhilfe gilt der durch das SGB IX neugefasste § 8 EinglHVO. 9

7. Nr. 2 sieht die **Gewährung heilpädagogischer Leistungen** für noch nicht eingeschulte Kinder vor. Sie basiert auf dem § 40 Abs. 1 Nr. 2a BSHG in der bis 31. 12. 2003 geltenden Fassung (jetzt § 54 Abs. 1 SGB XII). Der AuS-Ausschuss begründet die Umstellung des Endzeitpunktes der Hilfen vom schulpflichtigen Alter auf den Zeitpunkt der Einschulung damit, dass die Einschulung als zeitliche Begrenzung für die Gewährung heilpädagogischer Leistungen besser geeignet ist als das schulpflichtige Alter, weil der Zeitpunkt der Einschulung sowohl bei behinderten als auch bei nicht behinderten Kindern unterschiedlich ist. Somit könne bei der Hilfegewährung besser auf den individuellen Bedarf des Kindes eingegangen werden. Heilpädagogik bedeutet die spezialisierte Erziehung, Unterrichtung und Fürsorge in Bezug auf behinderte Kinder und Jugendliche (OVG Lüneburg FEVS 42, 22). Heilpädagogische Maßnahmen müssen nicht einer vom Leistungsträger gutgeheißenen wissenschaftlichen Auffassung entsprechen; wenn allerdings der Sozialhilfeträger die Leistung mit Hilfe eines Dritten = Leistungserbringers realisiert, ist mit diesem eine Vereinbarung gemäß § 75 ff. SGB XII erforderlich, in der Art, Inhalt und Umfang der Leistung, also auch das zugrundeliegende wissenschaftliche Konzept präzise zu bestimmen ist. Auch muss die Verantwortung für heilpädagogische Maßnahmen in einer Einrichtung nicht bei einer pädagogischen Fachkraft liegen, die eine Ausbildung an einer Hochschule erhalten hat (*Schellhorn* et al, § 40 BSHG Rn 20a); eine sachgerechte Personalausstattung der Einrichtung ist jedoch ebenfalls Gegenstand der Leistungsvereinbarung nach § 75 SGB XII. Die Gewährung von heilpädagogischen Maßnahmen für noch nicht eingeschulte Kinder geht von der Notwendigkeit aus, dass die Hilfe bei Kindern, die von Geburt oder der frühen Kindheit an behindert sind, so frühzeitig wie möglich einsetzen muss, damit der Behinderung und ihren Folgen entgegengewirkt werden kann. Deshalb betreffen die genannten Leistungen in erster Linie Maßnahmen im frühen Kindesalter sowie in den Fällen, in denen von vornherein damit gerechnet werden muss, dass eine Teilnahme am Schulbesuch nicht möglich sein wird. Infrage kommen insbesondere ambulante und 10 mobile heilpädagogische Behandlung, die Teilnahme an Gruppen- oder Einzelbehandlung sowie eine Betreuung in stationären oder teilstationären heilpädagogischen Sondereinrichtungen bzw. in entsprechend qualifizierten Kindertageseinrichtungen (vgl. *Schellhorn* et al, § 40 BSHG Rn 20).

11 **8. Nr. 3** basiert auf § 15 EinglHVO in der bis 30. 6. 2001 geltenden Fassung (seither dort entfallen) und gewährt **Hilfen zum Erwerb praktischer Kenntnisse und Fähigkeiten,** die erforderlich und geeignet sein müssen, behinderten Menschen die für sie erreichbare Teilnahme am Leben in der Gemeinschaft zu ermöglichen. Berechtigte sind idR behinderte Menschen, für die wegen Art oder Schwere der (insbesondere geistigen) Behinderung pädagogische oder schulische Maßnahmen nicht in Betracht kommen, denen jedoch durch den Erwerb praktischer Kenntnisse und Fähigkeiten die für sie erreichbare Teilhabe am Leben in der Gemeinschaft ermöglicht werden kann. Ziel ist es, dass sie möglichst selbständig Verrichtungen des täglichen Lebens ausführen oder einfache, idR manuelle Tätigkeiten ausüben können. Berechtigte nach dieser Vorschrift sind vor allem Menschen mit schweren und mehrfachen Behinderungen, die zB nicht als werkstattfähig gelten und deshalb unterhalb der Ebene der sozialversicherungspflichtigen Beschäftigung in einer Werkstatt für Behinderte (WfB) in Fördergruppen, in Tageseinrichtungen oder in Wohnstätten bzw. vollstationären Komplexeinrichtungen gefördert und betreut werden. Gestatten Art und Schwere der Behinderung das Leben außerhalb einer Einrichtung, können im Sinne möglichst selbstbestimmter und selbständiger Lebensführung bestimmte technische Hilfen (zB Blindenschrift- Bogenmaschine) oder Bildungs- und Trainingsmaßnahmen (zB Hauswirtschaftstraining, Mobilitätstraining, auch zur selbständigen Teilnahme am Verkehr) Gegenstand der Teilhabeleistungen sein, wobei stets zu beachten ist, ob diese Hilfen nicht bereits im vollständigen (§ 4 Abs. 2 Satz 2 SGB IX) Kontext der Leistungen nach § 26 Abs. 3 Nr. 6 bzw. § 33 Abs. 6 Nr. 6 SGB IX von vorrangigen Rehabilitationsträgern zu erbringen waren.

12 **9. Nr. 4** beinhaltet **Hilfen zur Förderung der Verständigung** mit der Umwelt. Zu diesen Leistungen gehören zum einen technische Hilfen wie Verständigungsgeräte für Taubblinde, Hörgeräte, Hörtrainer und Sprachübungsgeräte für Sprachbehinderte (vgl. § 9 Abs. 2 Nr. 2, 8 und 10 EinglHVO), zum anderen aber auch die Unterweisung im Gebrauch dieser Geräte. Zu den Hilfen der Förderung der Verständigung mit der Umwelt kann auch die Inanspruchnahme der „Dolmetscher"-Funktion eines anderen gehören (vgl. § 21 EinglH-VO in der bis 30. 6. 2001 geltenden Fassung, seither weggefallen). Für Gehörlose oder andere Personen mit besonders starker Beeinträchtigung der Hör- oder Sprachfähigkeit sehen § 19 Abs. 1 Satz 2 SGB X mit der Einführung der Gebärdensprache als Amtssprache im Sozialrecht die Verpflichtung der Sozialleistungsträger zur „Sprach-Barrierefreiheit" in ihren Verwaltungen und bei der Ausführung ihrer Leistungen in § 17 SGB I sowie § 57 ein umfassendes Bündel von Hilfen zur Verständigung vor. Hilfen zur Förderung der Verständigung können nicht nur Hörbehinderte beanspruchen, sondern auch behinderte Menschen, die aus anderen Gründen eine besondere Beeinträchtigung ihrer Sprachfähigkeit erlitten haben. Danach erfassen die Hilfen zB auch Geräte zur häuslichen Kommu-

nikation für Querschnittgelähmte und andere Behinderungen, die zur Kommunikation auf Geräte angewiesen sind. Auch bei diesen Hilfen ist stets zu beachten, ob diese Hilfen nicht bereits im vollständigen (§ 4 Abs. 2 Satz 2 SGB IX) Kontext der Leistungen nach § 26 Abs. 3 bzw. § 33 Abs. 6 SGB IX von vorrangigen Rehabilitationsträgern zu erbringen waren. Eine Hilfe zur Förderung der Verständigung nach § 57 scheidet regelmäßig aus, wenn Verfahren oder Leistungen anderer Sozialleistungsträger betroffen sind (§ 17 SGB I, § 19 SGB X).

10. Nr. 5 gewährt **Hilfen bei der Beschaffung, Ausstattung und Erhaltung einer Wohnung,** die den besonderen Bedürfnissen der behinderten Menschen entspricht. Diese Hilfen wurden bis 2004 in § 40 Abs. 1 Nr. 6a BSHG gesondert aufgeführt. Durch die Einbindung in die Teilhabeleistungen wird die Bedeutung unterstrichen, die die Beschaffung und Erhaltung einer Wohnung für den behinderten Menschen hat. Gegenstand der Hilfen ist vor allem die Beratung und Unterstützung bei der Suche einer geeigneten Wohnung oder eines Wohnheimplatzes Seit dem Inkrafttreten des SGB II im Jahre 2005 handelt es sich dabei um Kosten der Unterkunft. Die Hilfen zur Erhaltung einer Wohnung beinhalten ua. die behindertengerechte Umgestaltung einer bei Eintritt einer Behinderung vorhandenen Wohnung (zB durch fahrstuhlgerechte Änderungen wie die Verbreiterung der Türen, Beseitigung von Schwellen, der Umbau der sanitären Anlagen), aber auch die Anpassung einer behindertengerechten Wohnung an die sich entsprechend der Entwicklung der Behinderung verändernden Anforderungen an das Wohnumfeld (zB spätere Verbesserung der Zugangsmöglichkeiten zur Wohnung etwa durch eine Rampe, eine Hebebühne oder einen Treppenlift). Mit der Einfügung der Worte „dem Umbau“ hat der Gesetzgeber ab 1. 1. 2003 ausdrücklich alle bis dahin noch bestehenden Zweifel ausgeräumt. Durch die Einfügung des Wortes „Ausstattung“ ist klargestellt, dass auch die einmalige Beschaffung geeigneter Einrichtungsgegenstände wie etwa die Ausstattung mit einer behindertengerechten Küche oder anderen behindertengerechten Möbeln im Rahmen dieser Leistung finanziert werden kann, soweit die dem Leistungsberechtigten ggf. zustehenden laufenden Leistungen zur Unterkunft nach § 22 SGB II bzw. §§ 29, 42 SGB XII dies nicht abdecken. Einzelheiten der Leistungsgewährung haben die zuständigen Rehabilitationsträger im Rahmen einer gemeinsamen Empfehlung nach § 13 Abs. 2 („in welcher Weise notwendige Leistungen zur Teilhabe angeboten werden“) festzulegen. Dazu gehört zB die Klärung, ob entsprechend der bisherigen Regelung in § 18 Satz 2 EinglHVO in der bis 30. 6. 2003 geltenden Fassung Geldleistungen als Hilfe bei der Beschaffung und Erhaltung einer Wohnung auch als Beihilfe oder Darlehen gewährt werden können. Ggf sind diese Fragen in einer Verordnung nach § 59 durch das zuständige Bundesministerium zu beantworten. 13

11. Nr. 6 schafft für die **Hilfen zu selbstbestimmtem Leben in betreuten Wohnmöglichkeiten** eine eindeutige Rechtsgrundlage und verallgemeinert bei gleichzeitiger Konkretisierung die bisher für solche Hilfen herangezogenen Rechtsgrundlagen des § 40 Abs. 1 Nr. 8 BSHG iVm. § 19 EinglHVO in der bis 30. 6. 2001 geltenden Fassung (seither weggefallen). Zur Führung eines selbstbestimmten Lebens haben sich verschiedene Formen des betreu- 14 ten Wohnens in Wohngemeinschaften, Heimen oder gleichartigen Einrichtungen, aber auch in der Form der Versorgung durch ambulante Hilfsdienste in einer gemieteten Wohnung, entwickelt. Als Folge großer „Ambulantisierungsprogramme" (zB in Hamburg, NRW) übersteigt die Anzahl der ambulant betreuten geistig Behinderten die der psychisch Kranken in Einrichtungen bei weitem. Betreutes und begleitetes Wohnen verbunden mit Angeboten aufsuchender Hilfen, Beratung und Betreuung, hauswirtschaftlicher Versorgung, pädagogischer, sozialpädiatrischer und ggf. neuropsychologischer Begleitung hat diesen Enthospitalisierungsprozess für eine große Zahl behinderter Menschen bewirkt. Neuerdings bemühen sich zahlreiche überörtliche Sozialhilfeträger mit zunehmendem Erfolg, Fehlentwicklungen der Vergangenheit zu korrigieren, indem stationäre Einrichtungen zu ambulant betreutem Wohnen umgewandelt oder abgebaut werden.

15 **12. Nr. 7** sieht **Hilfen zur Teilhabe am gemeinschaftlichen und kulturellen Leben** vor. Sie unterstreichen einen besonders wichtigen Aspekt der Teilhaberechte behinderter Menschen, der bisher in § 40 Abs. 1 Nr. 8 BSHG iVm. § 19 EinglH-VO in der bis 30. 6. 2001 geltenden Fassung geregelt war (seither weggefallen). Welche Leistungen danach im Einzelnen zu gewähren sind, regelt § 58. Auf die dortigen Anmerkungen wird verwiesen.

§ 56 Heilpädagogische Leistungen

(1) [1]**Heilpädagogische Leistungen nach § 55 Abs. 2 Nr. 2 werden erbracht, wenn nach fachlicher Erkenntnis zu erwarten ist, dass hierdurch**

1. eine drohende Behinderung abgewendet oder der fortschreitende Verlauf einer Behinderung verlangsamt oder

2. die Folgen einer Behinderung beseitigt oder gemildert

werden können. [2]**Sie werden immer an schwerstbehinderte und schwerstmehrfachbehinderte Kinder, die noch nicht eingeschult sind, erbracht.**

(2) **In Verbindung mit Leistungen zur Früherkennung und Frühförderung (§ 30) und schulvorbereitenden Maßnahmen der Schulträger werden heilpädagogische Leistungen als Komplexleistung erbracht.**

1 **1. Sozialpolitischer Hintergrund.** Der Gesetzgeber hat im Rahmen des SGB IX zur Beseitigung der langjährigen Probleme bei der Früherkennung und Frührehabilitation insgesamt folgende Maßnahmen unternommen:

- Einbeziehung dieser Leistungen in den Katalog der Rehabilitationsleistungen (§ 26 Abs. 2 Nr. 2),
- Definition der Früherkennung und Frühförderung (§ 30) als medizinische Leistungen zur Rehabilitation,
- Definition der heilpädagogischen Leistungen als Leistungen zur Teilhabe am Leben in der Gemeinschaft,
- Klärung, dass Leistungen zur Teilhabe am Leben in der Gemeinschaft ua. Aufgabe der Sozialhilfeträger als Rehabilitationsträger und nicht Aufgabe der Kranken- oder Rentenversicherungsträger im Rahmen ihrer medizinischen Rehabilitation (§ 6) sind,

- Klarstellung, dass im Rahmen der den medizinischen Leistungen zur Rehabilitation zugeordneten Leistungen der Frühförderung auch nichtärztliche Leistungsbestandteile Gegenstand der Leistungen sein können,
- Verpflichtung dazu, Leistungen der Frühförderung und heilpädagogische Leistungen als Komplexleistungen zu erbringen, wenn sie verbunden werden, und über die Leistungsinhalte und die Kostentragung zwischen den beteiligten Rehabilitationsträgern Vereinbarungen zu treffen (§ 30 Abs. 1 Satz 2 und Abs. 3).

§ 56 stellt iVm. § 30 eine Fortentwicklung des Anspruchs von Familien und Kindern auf frühe Hilfen dar, die bis 2004 im BSHG geregelt waren (seither: SGB XII). ISd BSHG und auch des SGB XII sind frühe Hilfen Maßnahmen der Eingliederungshilfe nach §§ 53, 54 SGB XII iVm. § 12 der EinglH-VO (in der seit dem 27. 12. 2003 gültigen Fassung). Die Ziele der Leistungen zur Teilhabe bzw. der Eingliederungshilfe durch die Sozialhilfe sind in § 53 SGB XII definiert. Die Leistungen zur Teilhabe am Leben in der Gemeinschaft sind in § 54 SGB XII geregelt. Zu ihnen zählen auch heilpädagogische Leistungen für Kinder, die noch nicht eingeschult sind. § 56 SGB IX konkretisiert die heilpädagogischen Leistungen der Eingliederungshilfe für Kinder, die nach § 55 Abs. 2 als Leistungen zur Teilhabe am Leben in der Gemeinschaft zu erbringen sind.

2. Entstehung der Norm. Die Vorschrift wurde mit Art. 1 SGB IX ab 1. 7. 2001 eingeführt. Der AuS-Ausschuss hat gegenüber dem RegE (BT-Drucks. 14/5531 iVm. 14/5074) den Begriff „Heilpädagogische Maßnahmen" entsprechend dem Sprachgebrauch des SGB IX durch „Heilpädagogische Leistungen" ersetzt. Im Übrigen hatte der Bundesrat verlangt, die ursprüngliche Fassung des Abs. 1 Satz 2 zu streichen, nach der Leistungen „auch dann" erbracht werden sollten, „wenn die Behinderung eine spätere Schulbildung oder eine Ausbildung für einen Beruf oder eine sonstige Tätigkeit voraussichtlich nicht zulassen wird" (BT-Drucks. 14/5531 S. 9). Nachdem die Bundesregierung angekündigt hatte, eine diesem Anliegen Rechnung tragende Formulierung vorzuschlagen (BT-Drucks. 14/5639), hat der AuS-Ausschuss die jetzige Formulierung übernommen (BT-Drucks. 14/5800). 2

3. Normzweck. Die Vorschrift betont die Bedeutung heilpädagogischer Leistungen für noch nicht eingeschulte Kinder für die frühestmögliche Abwendung einer drohenden Behinderung, die Verlangsamung des fortschreitenden Verlaufs einer Behinderung oder die Milderung oder Beseitigung der Folgen. **Abs. 1** konkretisiert die Voraussetzungen für die Gewährung solcher Maßnahmen. **Abs. 2** verdeutlicht, dass diese Maßnahmen in Verbindung mit Leistungen zur Früherkennung und Frühförderung (§ 30) sowie schulvorbereitende Maßnahmen als Komplexleistungen zu erbringen sind. 3

4. Leistungsziel. Ziel der Vorschrift ist es, behinderten Kindern unabhängig von Art, Ausmaß und Schwere ihrer Behinderung durch die frühzeitige Erbringung heilpädagogischer Maßnahmen einen künftigen Schulbesuch zu ermöglichen. Die Regelung greift auch dann ein, wenn zunächst trotz bereits bestehender Schulpflicht der Besuch einer Schule wegen der Behinderung nicht möglich ist, aber Aussicht besteht, durch geeignete Maßnahmen den Besuch später doch noch zu ermöglichen (vgl. § 55 Rn 1, 10 zur Formulie- 4 rung „eingeschult“ bzw. „im schulpflichtigen Alter“ als Merkmal der Begrenzung der Leistung). Die Vorschrift erfasst danach ausschließlich den vorschulischen und außerschulischen Bereich. Zum Begriff und zu den Inhalten heilpädagogischer Leistungen vgl. § 55 Rn 10. Kinder iSd SGB IX sind alle jungen Menschen bis zur Vollendung des achtzehnten Lebensjahres (vgl. Haines in LPK-SGB IX, § 57 Rn 7).

5 **5. Leistungsvoraussetzungen für schwerst- und schwerstmehrfachbehinderte Kinder.** Die Leistungen erfassen ausschließlich Kinder, die noch nicht eingeschult sind, bei denen allerdings immer von einer Förderbarkeit auszugehen ist. Notwendige Leistungen für bereits eingeschulte und ältere Kinder und Jugendliche richten sich weiterhin nach den Bestimmungen des Kinder- und Jugendhilferechts (SGB VIII) bzw. des SGB XII (bis 2004 BSHG). Dass formal Schulpflicht bereits besteht, steht einer Leistungsgewährung nicht entgegen, solange keine Einschulung erfolgt ist (§ 55 Rn 1, 10). Nach Abs. 1 Satz 2 besteht für noch nicht eingeschulte schwerstbehinderte und schwerstmehrfachbehinderte Kinder „immer“ ein Leistungsanspruch, ohne dass es der Erfüllung weiterer Voraussetzungen bedarf. Somit besteht der Anspruch auch dann, wenn keine Aussicht auf Abwendung, Verlangsamung oder Milderung der Behinderung besteht. Der Gesetzgeber strebte dieses Ziel ursprünglich mit der Klarstellung in Satz 2 an, dass die Leistungen an schwerstmehrfachbehinderte Kinder auch dann zu erbringen seien, „wenn die Behinderung eine spätere Schulausbildung oder eine Ausbildung für einen Beruf oder eine sonstige Tätigkeit voraussichtlich nicht zulassen wird“. Der Bundesrat forderte die Streichung dieses Satzes 2 in dieser Fassung (BT-Drucks. 14/5531 S. 9) mit der Begründung, dass diese Fassung die damit verfolgte, begrüßenswerte Absicht konterkariere, weil heute grundsätzlich von einem uneingeschränkten schulischen Bildungsrecht für alle Kinder auszugehen sei. Schon in der Empfehlung der Ständigen Konferenz der Kultusminister der Länder (KMK) von 1980 werde ausgeführt, „dass grundsätzlich jeder Geistigbehinderte unabhängig von Art und Schwere seiner Behinderung in pädagogische Fördermaßnahmen einzubeziehen sei“. Die ursprüngliche Formulierung des Satzes 2 sei insoweit nicht mehr problem- und zeitgemäß. Die daraufhin von der Bundesregierung vorgeschlagene und vom AuS-Ausschuss übernommene endgültige Fassung des Satzes 2 wird damit begründet, dass sie die gefestigte Rechtsprechung aufgreift, die einen Anspruch nach dem SGB XII bereits dann bejaht, wenn Aussicht auf spürbare Besserung – sei es auch nur im Bereich einfachster lebenspraktischer Fähigkeiten – besteht. Die bei Kindern immer anzunehmende Förderbarkeit gelte auch in den Fällen, in denen Schwerbehinderungen oder Schwerstmehrfachbehinderung eines Kindes eine erhebliche Pflegebedürftigkeit zur Folge hat (zB apallisches Syndrom). Im Übrigen entspreche die Neufassung dem Vorschlag des Bundesrates, da heute grundsätzlich von einem uneingeschränkten schulischen Bildungsrecht für alle Kinder ausgegangen werde (mit der UN-Behindertenrechtskonvention besteht numehr eine Verpflichtung zur inklusiven Bildung, die mit Blick auf die anderenfalls vorhandene Diskriminierung behinderter Kinder auch im Einzelfall auf dem Rechtsweg durchgesetzt werden kann (vgl. *Fuchs* 2009)). Geht man allerdings davon aus, dass die Begründung die tatsächliche Praxis

der Träger der Kinder- und Jugendhilfe reflektiert, bedeutet die jetzige Fassung des Satzes 2 eine Veränderung iSe Erweiterung der Hilfeleistungen für schwerstbehinderte und schwerstmehrfachbehinderte Kinder.

6. Leistungsvoraussetzungen für behinderte oder von Behinderung bedrohte Kinder. Im Gegensatz zu den Erläuterungen in Rn 5 besteht für behinderte Kinder, die nicht schwerstbehindert oder schwerstmehrfachbehindert sind oder bei denen eine Behinderung erst droht, nach Abs. 1 Satz 1 nur dann ein Anspruch auf diese Leistungen, wenn zu erwarten ist, dass durch diese Leistungen eine drohende Behinderung abgewendet oder der fortschreitende Verlauf einer Behinderung verlangsamt oder die Folgen einer Behinderung beseitigt oder gemildert werden können. Die Voraussetzungen für die Gewährung heilpädagogischer Hilfen sind danach relativ niedrig festgesetzt, um gerade bei Säuglingen, Kindern und Jugendlichen notwendige Leistungen nicht auszuschließen. Es wird deshalb nicht einmal gefordert, dass durch die Leistungen eine drohende Behinderung verhütet oder beseitigt wird, es reicht vielmehr bereits eine Milderung. Außerdem muss das Eintreten einer Wirkung der Leistungen nicht einmal überwiegend wahrscheinlich sein, es reicht aus, dass eine Wirkung nach fachlicher Erkenntnis zu erwarten ist (so auch Schellhorn et al, § 11 EinglH-VO Rn 2, 3). Voraussetzung für Leistungen nach Abs. 1 Satz 1 ist deshalb die Vorlage einer gutachterlichen Stellungnahme einer fachlich befähigten Stelle oder eines Arztes mit einer entsprechenden prognostischen Aussage zur Erreichbarkeit der in den Nrn. 1 und 2 genannten Ziele. 6

7. Komplexleistung. Abs. 2 macht deutlich, dass mit den heilpädagogischen Leistungen nach dieser Vorschrift, den Leistungen zur Früherkennung und Frühförderung nach § 30 und den schulvorbereitenden Maßnahmen der Schulträger ein ganzes Maßnahmenbündel bereitgestellt wird, um behinderten oder von Behinderung bedrohten Kindern eine möglichst umfassende Integration und Teilhabe am Leben in der Gesellschaft iSd § 1 zu ermöglichen bzw. zu erleichtern. Um auszuschließen, dass erforderliche und mögliche Leistungen nur deswegen nicht, nicht vollständig oder verspätet erbracht werden und die Teilhabe eines Berechtigten dadurch gefährdet oder beeinträchtigt wird, weil in einem gegliederten System verschiedene Leistungsträger zuständig oder beteiligt sind bzw. sein können, verpflichtet der Gesetzgeber die Leistungsträger mit dieser Vorschrift ausdrücklich dazu, die heilpädagogischen Leistungen beim Zusammentreffen verschiedener Leistungen immer als „Komplexleistung“ gemeinsam zu erbringen. Damit sollen im Sinne umfassender Kooperation und Koordination der Beteiligten die bisher von den Betroffenen- und Elternverbänden beklagten gravierenden Schnittstellenprobleme beseitigt werden. Der Begriff „Komplexleistung“ beinhaltet jedoch auch das Erfordernis und die Verpflichtung der Leistungsträger, gemeinsam Rahmenregelungen zu schaffen, um über den Einzelfall hinaus die komplexe Leistungserbringung und eine bundesweite Gleichbehandlung der Berechtigten zu gewährleisten. Das Verfahren dafür ist in §§ 13 iVm. 30 Abs. 3 geregelt. In einer solchen Rahmenregelung sind für die Erbringung der Komplexleistungen gemeinsam die für die verschiedenen Bedarfsgruppen bedarfsgerecht und zielgerichtet idR erforderlichen Leistungen bzw. Leistungsanteile iSe „Interdisziplinären Regelförderplanes“ 7 festzulegen. Die im Einzelfall erforderlichen Leistungen sind auf dieser Basis bedarfsgerecht zu individualisieren und auszuführen. Zur Abgrenzung von heilpädagogischen Leistungen nach §§ 55 Abs. 2 Nr. 2, 56 zu den nichtärztlichen heilpädagogischen Leistungen nach § 30 Abs. 1 Nr. 2, Abs. 2 sowie der sich daraus ergebenden Kosten nach § 30 Abs. 3 sollten – koordiniert durch die Bundesarbeitsgemeinschaft Rehabilitation – gemeinsame Empfehlungen aller Beteiligten entwickelt werden (§ 30 Abs. 3 Satz 1), die jedoch wegen unterschiedlicher Auffassungen insbesondere der Kostenträger nicht zustande gekommen sind. Nach dem Scheitern dieser Bemühungen auf Ebene der BAR hat das BMAS auf der Grundlage von § 32 Nr. 1 mit Zustimmung des Bundesrates am 24. Juni 2003 die Verordnung zur Früherkennung und Frühförderung behinderter und von Behinderung bedrohter Kinder (Frühförderungsverordnung – FrühV) erlassen, die am 1. Juli 2003 in Kraft getreten ist (vgl. Näheres dazu § 30, Rn 13).

8 **8. Zuständigkeit.** Diese Vorschrift regelt danach nicht nur in Abs. 1 die Voraussetzungen für die Leistungserbringung, sondern schafft mit Abs. 3 auch die Grundlage dafür, die bisher aus den unterschiedlichen Zuständigkeiten der Sozialleistungsträger erwachsenen Probleme zu beseitigen. Neben den nach § 30 Abs. 1 Nr. 2 zu erbringenden heilpädagogischen Leistungen sind heilpädagogische Leistungen nach wie vor auch durch den Sozialhilfeträger nach dem SGB XII zu erbringen. Auch wenn der Träger der Sozialhilfe nunmehr in bestimmten Fällen heilpädagogische Leistungen nicht mehr auf der Grundlage des SGB XII als Sozialhilfeleistung, sondern – ohne Bedürftigkeitsprüfung – als Rehabilitationsträger gem. § 6 Abs. 1 Nr. 7 als Leistung zur Teilhabe am gesellschaftlichen Leben (§ 5 Nr. 4) zu erbringen hat, bleiben die Träger der Sozialhilfe insgesamt Hauptkostenträger der heilpädagogischen Leistungen, da sie vom Umfang für den größeren Teil der Leistungen verantwortlich sind.

9 Die Träger der Sozialhilfe können ihre Zuständigkeit nicht etwa unter Hinweis darauf verneinen, dass § 40 Abs. 1 Nr. 2 a BSHG gestrichen worden sei und nunmehr nach den §§ 26, 30 eine alleinige Leistungsverpflichtung der Krankenversicherung ua. auch deswegen gegeben sei, weil das in § 30 Abs. 1 Nr. 2 enthaltene Merkmal „unter ärztlicher Verantwortung stehend“ von den Frühförderstellen erfüllt werde, da jeglicher Frühfördermaßnahme die Diagnose und der Therapievorschlag durch den Arzt vorangehe. Bei dieser Auffassung wird übersehen, dass der Wortlaut des § 40 Abs. 1 Nr. 2 a BSHG in § 55 Abs. 2 Nr. 2 unverändert übernommen wurde. Abs. 3 dieser Vorschrift stellt zudem nochmals ausdrücklich klar, dass Leistungen zur Früherkennung und Frühförderung nicht identisch mit heilpädagogischen Leistungen sind, jeweils besondere Voraussetzungen und Inhalte aufweisen und die unterschiedlichen Leistungen koordiniert und in diesem Zusammenhang zu Komplexleistungen zusammengefasst werden müssen. Die Zuständigkeit für die Leistungserbringung richtet sich nach dem für den jeweiligen Rehabilitationsträger geltenden Recht. Für die bis 2004 in § 40 Abs. 1 Nr. 2 a BSHG geregelten heilpädagogischen Maßnahmen besteht – trotz Streichung dieser Vorschrift – uneingeschränkt die Zuständigkeit der Sozialhilfeträger fort, weil für diese nunmehr in §§ 55 Abs. 2 Nr. 2, 56 geregelten Leistungen nach §§ 5, 6 Abs. 1 Nr. 7 die alleinige Zuständigkeit der Sozial-

hilfeträger als Rehabilitationsträger besteht, soweit nicht eine Zuständigkeit der Kriegsopferversorgung, der Träger der öffentlichen Jugendhilfe oder der Unfallversicherung gegeben ist. Die Träger der Sozialhilfe sind hier nicht mehr – wie bisher nach dem Subsidiaritätsprinzip der Sozialhilfe – nachrangig, sondern in ihrer neuen Rolle als Rehabilitationsträger für die Ihnen nach § 6 Abs. 1 Nr. 7 zugewiesenen Leistungen zur Teilhabe am Leben in der Gemeinschaft zB im Verhältnis zu den Rehabilitationsträgern nach § 6 Abs. 1 Nr. 1, 2 und 4 vorrangig leistungsverpflichtet. Die Kranken- und Rentenversicherungsträger können diese Leistungen keinesfalls erbringen, weil sie – im Gegensatz zu den Trägern der Sozialhilfe – nach § 6 für Leistungen zur Teilhabe am Leben in der Gemeinschaft ausdrücklich nicht zuständig sind. Der Gesetzgeber hat demzufolge an der Leistungsverpflichtung der Sozialhilfeträger für die heilpädagogischen Leistungen nichts geändert. Er hat die Sozialhilfeträger mit ihrer neuen originären Verantwortung als Rehabilitationsträger – sieht man von Jugendhilfe, Kriegsopferversorgung und Unfallversicherung ab – zum Alleinverantwortlichen für diese Leistung gemacht.

Die Frage, ob Frühförderstellen „unter ärztlicher Verantwortung stehen" 10 ist danach für die Klärung der Zuständigkeit des Rehabilitationsträgers Sozialhilfeträger für seine Leistungen nach § 55 Abs. 2 Nr. 2 (bis 2004 § 40 Abs. 1 Nr. 2a BSHG) bedeutungslos. Im Übrigen sei angemerkt, dass das Vorliegen einer „Diagnose und eines Therapievorschlages" nicht ausreichen würde, das Tatbestandsmerkmal des § 30 Abs. 1 Nr. 2 zu erfüllen. Diese Unterlagen sind nämlich Ausdruck der Verordnungsverantwortung des Arztes, nicht jedoch auch der Durchführungsverantwortung. Unter ärztlicher Verantwortung stehend beinhaltet nach der entsprechenden Rechtsprechung zum Rehabilitationsrecht neben der Verordnungsverantwortung auch die volle Verantwortung für die Durchführung und damit eine wesentliche Verantwortung für die Qualität der Leistung.

§ 57 Förderung der Verständigung

Bedürfen hörbehinderte Menschen oder behinderte Menschen mit besonders starker Beeinträchtigung der Sprachfähigkeit auf Grund ihrer Behinderung zur Verständigung mit der Umwelt aus besonderem Anlass der Hilfe Anderer, werden ihnen die erforderlichen Hilfen zur Verfügung gestellt oder angemessene Aufwendungen hierfür erstattet.

1. Entstehung der Norm. Die Vorschrift wurde mit Art. 1 SGB IX ab 1 1. 7. 2001 eingeführt und aus dem RegE (BT-Drucks. 14/5531 iVm. 14/5074) übernommen. Der AuS-Ausschuss fügte die Worte „oder behinderte Menschen mit besonders starker Beeinträchtigung der Sprachfähigkeit" ein, um die Vorschrift inhaltlich an die bisherige Regelung des § 21 EinglH-VO in der bis 30. 6. 2003 geltenden Fassung anzupassen (BT-Drucks. 14/5800 S. 35).

2. Normzweck. Nach dieser Vorschrift sind hörbehinderten oder behin- 2 derten Menschen mit besonders starker Beeinträchtigung der Sprachfähigkeit die aus besonderem Anlass auf Grund ihrer Behinderung zur Verständigung mit der Umwelt erforderlichen Hilfen zur Verfügung zu stellen oder angemessene Aufwendungen hierfür zu erstatten.

3 **3.** Die Vorschrift entspricht weitgehend § 21 EinglH-VO in der bis 30. 6. 2003 geltenden Fassung, so dass weiterhin Leistungen zur Erhaltung der Kommunikationsfähigkeit möglich sind. Die Vorschrift wurde im Verhältnis zur bisherigen Regelung in § 21 EinglH-VO über die Gehörlosen hinaus auf andere Menschen mit besonders starker Beeinträchtigung der Hörfähigkeit ausgedehnt. Diese – auch ohne eine besonders starke Beeinträchtigung ihrer Sprachfähigkeit – sowie behinderte Menschen mit einer solchen Beeinträchtigung sind **Leistungsberechtigte.** Eine besondere Beeinträchtigung der Sprachfähigkeit kann sowohl die Wortfindung als auch das Artikulationsvermögen betreffen.

4 **Leistungsvoraussetzung** ist, dass die Berechtigten aus besonderem Anlass auf Grund ihrer Behinderung zur Verständigung mit der Umwelt der Hilfe anderer bedürfen. Die Kommunikationshilfen müssen wegen dieser Behinderung und nicht aus anderen Gründen erforderlich sein. Gleichwohl löst nicht jeder Kommunikationsbedarf im alltäglichen Leben eine Leistungsverpflichtung nach dieser Vorschrift aus. Die Regelung ist auf **„besonderen Anlass"** beschränkt. Der beispielhaften Erwähnung des Verkehrs mit den Behörden in dem bisherigen § 21 EinglH-VO bedurfte es in dieser Vorschrift nicht mehr, weil der Anspruch der Berechtigten und damit auch der besondere Anlass für den Sozialleistungsbereich durch Änderung von Einzelgesetzen geregelt wird.

5 **4.** Deshalb räumt § 19 Abs. 1 Satz 2 SGB X hörbehinderten Menschen für den gesamten Sozialleistungsbereich das Recht ein, zur **Verständigung in der Amtssprache** (§ 19 Abs. 1 Satz 1 SGB X) Gebärdensprache zu verwenden. Diese Vorschrift stellt zudem ausdrücklich fest, dass die damit verbundenen Aufwendungen für Dolmetscher von der Behörde oder dem für die Sozialleistungen zuständigen Leistungsträger zu tragen sind.

6 Nach der Regelung des § 17 SGB I über die Ausführung der Sozialleistungen haben die Sozialleistungsträger ua. darauf hinzuwirken, dass ihre Verwaltungs- und Dienstgebäude frei von **Kommunikationsbarrieren** sind und die Sozialleistungen in barrierefreien Räumen und Anlagen ausgeführt werden. Aus dieser Vorschrift ergibt sich für die Rehabilitations- und Teilhabeträger die Verpflichtung, diese Anforderung bei der Ausführung der Leistungen als ein Merkmal der Leistungsqualität sicherzustellen (§§ 17 bis 20). Diese Regelung ergänzt die Verpflichtung zur Gewährleistung von Barrierefreiheit aus §§ 4 bis 11 Behindertengleichstellungsgesetz für den Bereich des Sozialgesetzbuches. Barrierefrei sind nach § 4 BGG bauliche und sonstige Anlagen, Verkehrsmittel, technische Gebrauchsgegenstände, Systeme der Informationsverarbeitung, akustische und visuelle Informationsquellen und Kommunikationseinrichtungen sowie andere gestaltende Lebensbereiche, wenn sie für behinderte Menschen in der allgemein üblichen Weise, ohne besondere Erschwernis und grundsätzlich ohne fremde Hilfe zugänglich und nutzbar sind.

Zur Beseitigung von Kommunikationsbarrieren hat die Bundesregierung bisher folgende Rechtsverordnungen erlassen

– zu § 9 Abs. 2 BGG – Kommunikationshilfenverordnung (KHV)
– zu § 10 Abs. 2 BGG- Verordnung über barrierefreie Dokumente in der Bundesverwaltung (VBD
– zu § 11 Abs. 1 BGG-Verordnung zur Schaffung barrierefreier Informationstechnik nach dem Behindertengleichstellungsgesetz (BITV).

Diese Rechtsverordnungen konkretisieren zT mit allgemeiner Wirkung, zT mit Wirkung ausschließlich für die Bundesverwaltung, auf welche Weise die Verpflichtung zur Barrierefreiheit umgesetzt werden soll.

Zudem stellt § 17 Abs. 2 Satz 1 SGB I ausdrücklich klar, dass das Recht 7
nach § 19 Abs. 1 Satz 2 SGB X sich auch auf die Ausführung der Leistungen sowie die ärztlichen Untersuchungen und Behandlungen erstreckt. Die dabei für die Verwendung der Gebärdensprache und anderer Kommunikationshilfen entstehenden **Kosten** sind nach § 17 Abs. 2 Satz 2 SGB I von den für die Sozialleistungen zuständigen Leistungsträgern zu tragen, dh sie sind zB im Bereich der medizinischen Rehabilitation in vollem Umfang pflegesatz- bzw. erstattungsfähig. Für das zivil- und strafrechtliche Gerichts- und Beurkundungsverfahren werden entsprechende Regelungen in einem zivilrechtlichen Gleichstellungsgesetz getroffen.

5. Dem Berechtigten sind die Aufwendungen für von ihm selbstbeschaff- 8
ten Hilfen nur insoweit zu erstatten, als sie **angemessen** sind. Bei Inanspruchnahme fremder Personen (zB Gebärdensprachendolmetscher) werden die geforderten Kosten auf Grund objektiver Bewertungskriterien (Kostenordnung) regelmäßig als angemessen anzusehen sein. Bei Inanspruchnahme von Angehörigen und Nachbarn werden dagegen nur die objektiv nachgewiesenen Unkosten erstattet werden können (Fahrkosten, Verdienstausfall). Die Prüfung der Angemessenheit schließt auch die Feststellung ein, ob im Einzelfall überhaupt ein besonderer Anlass gegeben war und dieser Anlass die Einschaltung einer Person mit bestimmter Qualifikation oder Kompetenz für die Verständigung erforderte (vgl. *Schellhorn* et al § 21 EinglH-VO Rn 4).

§ 58 Hilfen zur Teilhabe am gemeinschaftlichen und kulturellen Leben

Die Hilfen zur Teilhabe am gemeinschaftlichen und kulturellen Leben (§ 55 Abs. 2 Nr. 7) umfassen vor allem
1. **Hilfen zur Förderung der Begegnung und des Umgangs mit nichtbehinderten Menschen,**
2. **Hilfen zum Besuch von Veranstaltungen oder Einrichtungen, die der Geselligkeit, der Unterhaltung oder kulturellen Zwecken dienen,**
3. **die Bereitstellung von Hilfsmitteln, die der Unterrichtung über das Zeitgeschehen oder über kulturelle Ereignisse dienen, wenn wegen Art oder Schwere der Behinderung anders eine Teilhabe am Leben in der Gemeinschaft nicht oder nur unzureichend möglich ist.**

1. Entstehung der Norm. Die Vorschrift wurde durch Art. 1 SGB IX ab 1
1. 7. 2001 eingeführt und unverändert aus dem RegE (14/5531 iVm. 14/5074) übernommen.

2 **2. Normzweck.** Die Vorschrift konkretisiert durch beispielhafte Aufzählung die nach § 55 Abs. 2 Nr. 7 zu gewährenden Hilfen zur Teilhabe am gemeinschaftlichen und kulturellen Leben.

3 **3.** Die Vorschrift entspricht weitgehend § 19 EinglH-VO (seither weggefallen). Sie beinhaltet Leistungen, die die Teilhabe am gemeinschaftlichen und kulturellen Leben gewährleisten sollen. Es handelt sich um Hilfen, die in Entsprechung zum Begriff „Arbeitsassistenz" im Bereich der Leistungen zur Teilhabe am Arbeitsleben auch als **Assistenzleistungen** zur Teilhabe am Leben in der Gemeinschaft bezeichnet werden könnten. Die Vorschrift enthält keine abschließende Aufzählung, sodass je nach den Verhältnissen und Bedürfnissen des Einzelfalls über die in der Vorschrift genannten Leistungen hinausgehende Hilfen gewährt werden können, die zur Teilhabe am gemeinschaftlichen und kulturellen Leben bedarfsgerecht und erforderlich erscheinen.

4 **4.** Nach **Nr. 1** sind Hilfen zur **Förderung der Begegnung** und des Umgangs mit nichtbehinderten Menschen zu gewähren. Dazu gehören Maßnahmen zur Vermittlung gesellschaftlicher Kontakte, zum Besuch von Veranstaltungen (soweit sie nicht unter Nr. 2 fallen), zur Mitwirkung in Vereinen, Teilnahme an Aktionen der Nachbarschaft und des Gemeinwesens. Dazu kann auch die Teilnahme an einem Ferienlager oder anderen Angeboten gehören, die mit speziellen Programmen und Inhalten dazu beitragen, behinderten Menschen die Erfahrung eines Lebens in der Gemeinschaft mit Nichtbehinderten als gleichberechtigte Partner zu vermitteln (vgl. dazu *Schellhorn* et al § 19 EinglH-VO Rn 1).

5 Der Begriff Förderung fasst alle Leistungen zusammen, die bisher in § 19 EinglH-VO unter „ermöglichen" oder „zu erleichtern" gesehen wurden. Dabei handelt es sich einerseits um Hilfen zur Herstellung von Kontakten und ggf. Aufklärung und Beratung der gewonnenen Kontaktpersonen. Dies können unter bestimmten Umständen auch therapeutische Maßnahmen sein, um als Kontaktbarrieren wirkende Hemmnisse oder ähnliche psychische oder seelische Barrieren zu beseitigen. Andererseits ist Gegenstand der Förderung die gezielte Unterstützung und Pflege bewirkter Kontakte durch persönliche Hilfen und materielle Leistungen. In Fällen besonders schwerer Behinderung, in denen ein Verlassen der Wohnung unmöglich ist, kann Gegenstand der Hilfe auch die Förderung der Kosten für einen Telefonanschluss sein (vgl. dazu *Schellhorn* et al § 19 EinglH-VO Rn 3).

6 **5. Nr. 2** gewährt Hilfen zum **Besuch von Veranstaltungen** oder Einrichtungen, die der Geselligkeit, der Unterhaltung oder kulturellen Zwecken dienen (zB Theateraufführungen, Konzerte, Sportveranstaltungen). Die Hilfen sind ausschließlich aus den in der Vorschrift genannten Anlässen, nicht dagegen für andere Zwecke (zB die Teilnahme an Bildungsveranstaltungen) zu gewähren. Die Hilfen können sich auf die Erreichbarkeit einer Veranstaltung oder auch die Voraussetzungen für den Zugang zu einer Veranstaltung erstrecken. Nach Auffassung des OVG Münster kann zur Herstellung der Erreichbarkeit bei einem Querschnittsgelähmten wegen der Schwere der Behinderung unter bestimmten Umständen die Hilfe für ein Kraftfahrzeug angebracht sein, wenn die Benutzung öffentlicher Verkehrsmittel, eines Taxis oder von Behinderten- Fahrdiensten ausscheidet (*Schellhorn* et al aaO

Rn 4). Setzt der Zugang zu einer Veranstaltung eine Eintrittskarte voraus, könnte als materielle Hilfe deren Erstattung in Frage kommen Die Träger der Sozialhilfe bestreiten dies, weil nach Ihrer Auffassung die Kosten der Eintrittskarte aus den empfangenen Grundsicherungsleistungen bzw. der Hilfe zum Lebensunterhalt zu bezahlen sind. Sind das Erreichen und die Teilnahme an einer Veranstaltung nur mit einer Begleitperson möglich und stehen dem behinderten Menschen in seinem persönlichen Lebensumfeld keine Hilfeleistenden zur Verfügung, könnte auch der Aufwand für eine von einem Hilfsdienst zur Verfügung gestellte Begleitperson finanziert werden.

6. Nr. 3 stellt die Hilfen für die Fälle bereit, in denen ein behinderter 7
Mensch wegen der Schwere seiner Behinderung nicht mehr oder nur unzureichend am Leben in der Gemeinschaft teilnehmen kann. Die Hilfen richten sich nach den individuellen Bedürfnissen und Lebensumständen des Behinderten. Sie sind entsprechend der in der Vorschrift enthaltenen Konkretisierung auf die Unterrichtung über Zeitgeschehen und kulturelle Ereignisse (heute in besonderem Maße auf die **Teilhabe an der sog „Medien- oder Informationsgesellschaft"**) ausgerichtet. Die Hilfen erstrecken sich deshalb insbesondere auf Informations- und Tele- Medien wie Zeitungen, Zeitschriften, Bücher, Rundfunk und Fernsehen sowie Internetzugang uä. Materielle Hilfen umfassen in diesem Zusammenhang die Kosten der Beschaffung, ggf. auch die Reparatur sowie die laufenden Kosten. Die Hilfen können aber auch in der Übernahme der Kosten einer Vorlesekraft, des Besuches von Tagungen oder der Teilnahme von tagesstrukturierenden Maßnahmen in Begegnungsstätten und Werkstätten bestehen.

§ 59 Verordnungsermächtigung

Die Bundesregierung kann durch Rechtsverordnung mit Zustimmung des Bundesrates Näheres über Voraussetzungen, Gegenstand und Umfang der Leistungen zur Teilhabe am Leben in der Gemeinschaft sowie über das Zusammenwirken dieser Leistungen mit anderen Leistungen zur Rehabilitation und Teilhabe behinderter Menschen regeln.

1. Entstehung der Norm. Die Vorschrift wurde mit Art. 1 SGB IX ab 1
1. 7. 2001 eingeführt und unverändert aus dem RegE (BT-Drucks. 14/5531 iVm. 14/5074) übernommen.

2. Normzweck. Durch diese Vorschrift wird die Bundesregierung er- 2
mächtigt, mit Zustimmung des Bundesrates Näheres über Voraussetzungen, Gegenstand und Umfang der Leistungen zur Teilhabe am Leben in der Gemeinschaft sowie über das Zusammenwirken dieser Leistungen mit anderen Leistungen zur Rehabilitation und zur Teilhabe zu regeln.

Die Vorschrift war an den – durch das SGB IX nur redaktionell angepass- 3
ten – § 47 BSHG angelehnt. Die Bundesregierung hat auf der Grundlage der Ermächtigung nach § 47 BSHG die Eingliederungshilfe- Verordnung vom 27. 5. 1964 (BGBl. I S. 339) erlassen, die in den §§ 11, 18, 19 und 21 Regelungen im Sinne der jetzt in den §§ 55 bis 58 enthaltenen Leistungstatbeständen enthielt, die mit Inkrafttreten des SGB IX aufgehoben wurden. Wie

auch in § 47 BSHG (seit 2005: § 60 SGB XII) zu den Einzelheiten der Eingliederungshilfe geht der Gesetzgeber bei der in dieser Vorschrift enthaltenen Ermächtigung davon aus, dass dem kontinuierlichen Wandel des Teilhabebedarfs und der sich daraus ergebenden Anforderungen an die Teilhabeleistungen im Interesse der Betroffenen wesentlich zielgerichteter und zeitnäher durch ein Verordnungsverfahren als durch Gesetzesänderungen Rechnung getragen werden kann.

4 Während sich die Ermächtigung des § 60 SGB XII auf Regelungen zur Abgrenzung des Personenkreises, Art und Umfang der Maßnahmen der Eingliederungshilfe sowie das Zusammenwirken mit anderen Stellen erstreckt, erfasst die Ermächtigung in dieser Vorschrift darüber hinausgehend das Recht, alle Voraussetzungen zur Leistungsgewährung zu konkretisieren. Die Ermächtigung beinhaltet weiterhin Regelungen über das Zusammenwirken der in Kapitel 7 definierten Leistungen zur Teilhabe am Leben in der Gemeinschaft mit – allen – anderen Leistungen zur Rehabilitation und Teilhabe (§ 5 Nrn. 1 bis 3). Demgegenüber beschränkt sich die Ermächtigung des § 60 SGB XII auf die Regelung über das Zusammenwirken mit anderen Stellen, die der Eingliederungshilfe **entsprechende** Maßnahmen durchführen. Mit Blick auf die allein schon mit den Leistungen zur Früherkennung und Frühförderung nach § 30 in Verbindung mit den heilpädagogischen Leistungen nach § 56 verbundenen Fragestellungen dürfte sich ein hinreichender Regelungsbedarf für den Erlass einer Rechtsverordnung nach dieser Vorschrift ergeben. Die Bundesregierung ist jedoch bisher hier nicht initiativ geworden.

Kapitel 8. Sicherung und Koordinierung der Teilhabe

Titel 1. Sicherung von Beratung und Auskunft

§ 60 Pflichten Personensorgeberechtigter

Eltern, Vormünder, Pfleger und Betreuer, die bei ihrer Personensorge anvertrauten Menschen Behinderungen (§ 2 Abs. 1) wahrnehmen oder durch die in § 61 genannten Personen hierauf hingewiesen werden, sollen im Rahmen ihres Erziehungs- oder Betreuungsauftrags die behinderten Menschen einer gemeinsamen Servicestelle oder einer sonstigen Beratungsstelle für Rehabilitation oder einem Arzt zur Beratung über die geeigneten Leistungen zur Teilhabe vorstellen.

1 **1. Sozialpolitischer Hintergrund.** Die Vorschrift soll die Anwendung der Bestimmungen des SGB IX auch für die Personen gewährleisten, die ihre Angelegenheiten noch nicht oder nicht mehr selbstbestimmt wahrnehmen können und deshalb der Sorge durch Eltern, Vormündern, Pflegern und Betreuern anvertraut sind. Die Reglung entspricht inhaltlich § 124 Abs. 1 BSHG in der am 30. 6. 2001 geltenden Fassung. Entsprechend der dortigen Verpflichtung sollten die Personensorgeberechtigten nach der Fassung des RegE im Rahmen des SGB IX entsprechend verpflichtet werden. Dagegen

wandte der Bundesrat ein: „Eine Einschränkung der Personensorge durch Schaffung einer Verpflichtung der Eltern etc. ist nicht angemessen und kann sich störend auf die Bereitschaft zur Inanspruchnahme von Hilfe auswirken. Vielmehr sollte ein Anspruch auf Beratung formuliert werden, der ohnehin entstehen würde, wenn die Verpflichtung geregelt würde" (BT-Drucks. 14/5531 S. 10). Nach Prüfung durch die Bundesregierung (BT-Drucks. 14/5639 S. 4), ersetzte der AuS-Ausschuss mit Blick auf den im Gesetzgebungsverfahren in den § 61 Abs. 2 aufgenommene Verweis auf die Pflichten nach § 60 die verpflichtende Regelung durch eine Sollvorschrift (BT-Drucks. 14/5786 S. 49; BT-Drucks. 14/5800 S. 29). Da § 124 BSHG durch das SGB IX aufgehoben wurde, ist unterschiedliches Recht mit unterschiedlichen Anforderungen an das Verhalten der Personensorgeberechtigten nicht entstanden.

2. Entstehung der Norm. Die Regelung wurde bei Ersetzen des Wortes „haben" durch „sollen" aus dem RegE (BT-Drucks. 14/5531 iVm. 14/5074) übernommen und mit Art. 1 SGB IX ab 1. 7. 2001 eingeführt. 2

3. Normzweck. Personensorgeberechtigte werden verpflichtet, die ihnen anvertrauten behinderten Menschen zur Beratung über geeignete Teilhabeleistungen einer gemeinsamen Servicestelle oder einer sonstigen Beratungsstelle oder einem Arzt vorzustellen, wenn sie bei den ihnen anvertrauten Menschen Behinderungen wahrnehmen. 3

4. Aufgaben Personensorgeberechtigter. Von der Vorschrift erfasst sind Eltern, Vormünder, Pfleger und Betreuer, denen Personensorgerechte gegenüber einem Menschen mit Behinderungen eingeräumt sind. Sie sollen die Initiative ergreifen, wenn sie als Eltern oder im Rahmen ihrer Aufgaben bei einem ihnen anvertrauten Menschen Behinderungen wahrnehmen. Durch den Hinweis auf § 2 Abs. 1 wird klargestellt, dass sich diese Erwartung auf eingetretene und drohende Behinderungen bezieht. Es kommt ausschließlich darauf an, dass Merkmale wahrnehmbar werden, die auf eine eingetretene oder drohende Behinderung hinweisen. Die Initiative muss erst Recht ergriffen werden, wenn Angehörige bestimmter Berufsgruppen, die dies mit ihrer Kompetenz in hohem Maße zutreffend beurteilen können, einen solchen Hinweis geben, der zur eigenen Wahrnehmung führt. Eine Pflicht, sich um entsprechende Wahrnehmungen oder Hinweise zu bemühen, sieht die Regelung nicht vor. 4

5. Vorstellung zur Beratung. Nehmen Personensorgeberechtigten Merkmale einer Behinderung oder drohenden Behinderung wahr oder erhalten sie entsprechende fachlich Hinweise, sollen sie den Betroffenen einer gemeinsamen Servicestelle oder sonstigen Beratungsstelle für Rehabilitation oder einem Arzt zur Beratung über Teilhabeleistungen vorstellen. Vorstellen heißt, persönlichen Kontakt zwischen dem Betroffen sowie einem Arzt oder einer Beratungsstelle herstellen. Unter den genannten Stellen können die Personensorgeberechtigten die aus *ihrer Sicht* (fachlich, örtlich) geeigneteste auswählen. Ergibt die Beratung Hinweise auf einen Bedarf an Teilhabeleistungen, können die Ärzte (Verordnung nach § 73 Abs. 2 Nr. 7 SGB V) oder die Service- und Beratungsstellen im Rahmen des für sie jeweils geltenden Rechts die notwendigen Verfahren in Gang setzen. Damit dies zum frühestmöglichen Zeitpunkt geschehen kann, sollten die Pflichten der Personensorgeberechtigten nach dieser Regelung unverzüglich erfüllt werden. 5

6 Unabhängig von dieser Vorschrift des Behindertenrechts besteht für Personensorgeberechtigte bereits unmittelbar nach dem Sorgerecht die Verpflichtung, im Sinne dieser Regelung tätig zu werden und ihnen anvertrauten Personen einem Arzt oder einer Beratungseinrichtung vorzustellen. Bereits die Begründung zum 2. BSHGÄndG legte dies zu § 124 Abs. 1 BSHG unter Hinweis auf §§ 1626 Abs. 1, 1800, 1900 BGB eingehend dar.

Im Übrigen gebietet es das Persönlichkeits- und Freiheitsrecht behinderter Kinder in Verbindung mit der Sozialstaatlichkeit, den Kindern über diese Verpflichtung der Eltern möglichst frühzeitig die Gelegenheit für Beratung und Behandlung zu verschaffen (vgl. *Schellhorn* et al § 124 Rn 3).

7 Die Regelung sieht für den Fall der Nichtbeachtung der auferlegten Pflichten keine spezifischen Sanktionen vor. Solche sind jedoch ggf. im Rahmen der allgemeinen Regelungen des Personensorgerechts möglich (vgl. *Haines* in LPK-SGB IX, § 60 Rn 9).

Die Grenzen der Pflichten ergeben sich u.a aus den Hinweisen des Bundesrates (vgl. Rn 1), aber auch dann, wenn zB bei unverändertem Sachverhalt von einer (erneuten) Vorstellung keine neuen Erkenntnisse zu erwarten sind oder wenn die Vorstellung den Betroffenen gesundheitlich schädigen oder den Personensorgeberechtigten unzumutbar belasten würde (so auch *Haines* in LPK-SGB IX, § 60 Rn 8).

§ 61 Sicherung der Beratung behinderter Menschen

(1) [1] **Die Beratung der Ärzte, denen eine Person nach § 60 vorgestellt wird, erstreckt sich auf die geeigneten Leistungen zur Teilhabe.** [2] **Dabei weisen sie auf die Möglichkeit der Beratung durch eine gemeinsame Servicestelle oder eine sonstige Beratungsstelle für Rehabilitation hin.** [3] **Bei Menschen, bei denen der Eintritt der Behinderung nach allgemeiner ärztlicher Erkenntnis zu erwarten ist, wird entsprechend verfahren.** [4] **Werdende Eltern werden auf den Beratungsanspruch bei den Schwangerschaftsberatungsstellen hingewiesen.**

(2) **Hebammen, Entbindungspfleger, Medizinalpersonen außer Ärzten, Lehrer, Sozialarbeiter, Jugendleiter und Erzieher, die bei Ausübung ihres Berufs Behinderungen (§ 2 Abs. 1) wahrnehmen, weisen die Personensorgeberechtigten auf die Behinderung und auf die Beratungsangebote nach § 60 hin.**

(3) **Nehmen Medizinalpersonen außer Ärzten und Sozialarbeiter bei Ausübung ihres Berufs Behinderungen (§ 2 Abs. 1) bei volljährigen Menschen wahr, empfehlen sie diesen Menschen oder den für sie bestellten Betreuern, eine Beratungsstelle für Rehabilitation oder einen Arzt zur Beratung über die geeigneten Leistungen zur Teilhabe aufzusuchen.**

1 **1. Sozialpolitischer Hintergrund.** Die Bestimmung zielt – wie § 60 – auf eine frühzeitige Beratung und Einleitung von Teilhabeleistungen ab. Dazu wird Ärzten und den Angehörigen anderer Medizinal-, Gesundheits- und Sozialberufe auferlegt, die Betroffen einer Gemeinsamen Servicestelle oder anderen Beratungsstelle zur Teilhabeberatung vorzustellen, sobald sie Hin-

weise auf eine Behinderung wahrnehmen. Es handelt sich um die Nachfolgeregelung zu dem durch das SGB IX aufgehobenen § 125 BSHG. Während § 125 BSHG die Beratungsinhalte und das Handeln der Ärzte (ua. Aushändigung von Merkblättern – Abs. 1 –, Unterrichtung des Gesundheitsamtes – Abs. 2 –) im Einzelnen, aber auch für den Fall regelte, dass Personensorgeberechtigte untätig geblieben sind (Abs. 3), beschränkt sich § 61 auf bestimmte Hinweispflichten. Die Bestimmung geht davon aus, dass die Inhalte der ärztlichen Beratung im Rahmen der ärztlichen Selbstverwaltung an anderer Stelle konkretisiert werden (zB in den Richtlinien der Bundesausschüsse nach § 92 Abs. 1 Satz 2 Nr. 8 SGB V über die Verordnung von im Einzelfall gebotenen Leistungen zur Rehabilitation und die **Beratung** über Leistungen zur medizinischen Rehabilitation, Leistungen zur Teilhabe am Arbeitsleben und ergänzende Leistungen zur Rehabilitation), was die Vereinbarungspartner der sogen Rehabilitations-Richtlinie nach § 92 SGB V allerdings nicht berücksichtigt haben.

2. Entstehung der Norm. Die Vorschrift wurde durch Art. 1 SGB IX ab 1. 7. 2001 eingeführt. **Abs. 1 und 3** wurden unverändert aus dem RegE (BT-Drucks. 14/5531 iVm. 14/5074) übernommen. Als Folgeänderung zu der Änderung in § 60 hat der AuS-Ausschuss in **Abs. 2** den Hinweis „auf ihre Beratungspflichten“ in einen Hinweis „auf die Beratungsangebote nach § 60“ abgeändert (BT-Drucks. 14/5786 S. 50). 2

3. Normzweck. Abs. 1 Satz 1 regelt korrespondierend mit § 60 die Beratungspflicht der Ärzte. Nach **Satz 2** haben sie auf die Beratungsmöglichkeiten der gemeinsamen Servicestellen oder sonstigen Beratungsstellen zur Rehabilitation hinzuweisen. **Satz 3** enthält entsprechende Pflichten bei drohender Behinderung. Nach **Satz 4** sind werdende Eltern auf den Beratungsanspruch bei Schwangerschaftsberatungsstellen hinzuweisen. **Abs. 2** verpflichtet sonstige Angehörige von Medizinalberufen, Personensorgeberechtigte auf Behinderungen und auf Beratungsangebote nach § 60 hinzuweisen. **Abs. 3** regelt die Pflichten, wenn bei volljährigen Personen Behinderungen wahrgenommen werden. 3

4. Beratung durch Ärzte. Abs. 1 regelt die Beratung durch Ärzte, denen eine behinderte oder von Behinderung bedrohte Person – zB nach § 60 – vorgestellt wird. Nach **Satz 1** hat der Arzt darüber zu beraten, welche Leistungen zur Teilhabe in diesem konkreten Fall geeignet sein könnten. Gegenstand der Beratung des Arztes ist lediglich die Eignung von Teilhabeleistungen bezogen auf die ersichtlichen Beeinträchtigungen der Teilhabe, nicht jedoch die Feststellung des individuellen funktionsbezogenen Leistungsbedarfs, die nach § 10 ausdrücklich Aufgabe des Rehabilitationsträgers ist. 4

Die dem Arzt in **Satz 2** auferlegte Pflicht, im Rahmen seiner Beratung auf die Beratungsmöglichkeiten der Servicestellen oder sonstigen Beratungsstellen für Rehabilitation hinzuweisen, soll den Betroffenen Kenntnis von diesen Beratungsmöglichkeiten gegeben, um ggf. auch unabhängig von einer ärztlichen Empfehlung oder Verordnung nach eigener Willensbildung Zugang zum Teilhabeverfahren zu erlangen (zB unmittelbare Antragstellung beim Rehabilitationsträger nach § 19 Abs. 1 SGB IV). **Satz 3** erstreckt die ärztlichen Pflichten nach dieser Bestimmung auch auf Personen, bei denen der Eintritt der Behinderung nach allgemeiner Erkenntnis bisher nur zu 5 erwarten war, dh droht. Die Beratungspflicht besteht danach nicht nur, wenn dem Arzt eine Person nach Abs. 1 Satz 1 vorgestellt wird, sondern auch dann, wenn der Arzt bei seinen Patienten selbst die Erkenntnis gewinnt, dass eine Behinderung droht.

6 Bestehen bereits während der Schwangerschaft Hinweise auf eine Behinderung des ungeborenen Kindes, sind die werdenden Eltern nach **Satz 4** auf den Beratungsanspruch bei einer Schwangerenberatungsstelle hinzuweisen, um zum frühestmöglichen Zeitpunkt mit zielgerichteter Beratung und ggf. auch mit Maßnahmen beginnen zu können.

7 **5. Beratung durch Angehörige anderer Medizinalberufe.** Die Regelung des **Abs. 2** beinhaltet die Nachfolgeregelung zu den Abs. 2 und 3 des § 124 BSHG. Während die Regelung des BSHG nur eine Hinweispflicht enthalten hat, wenn bei Personen, die geschäftsunfähig oder beschränkt geschäftsfähig sind, eine Behinderung wahrgenommen worden ist, besteht nach dieser Regelung die Verpflichtung, Personensorgeberechtigte auf eine wahrgenommene Behinderung unabhängig davon hinzuweisen, aus welchen Gründen – abgesehen von Kindern und Jugendlichen – der Betroffene seine Angelegenheiten nicht selbst wahrnehmen kann und ein Personensorgeberechtigter eingesetzt ist. Die Vorschrift benennt alle im Gesundheits- und Sozialwesen tätigen Personen, die der Hinweispflicht unterliegen. Zu den anderen Medizinalpersonen zählen zB Krankenschwestern, Krankenpfleger, Masseure, Bewegungstherapeuten, Ergotherapeuten, nicht dagegen Ärzte, deren Pflichten bereits in Abs. 1 abschließend geregelt sind. Die aus dem früher in § 124 Abs. 2 BSHG enthalten gewesenen Klammerzusatz „(Wohlfahrtspflege)“ abgeleitete Auslegung, dass die Pflichten nur Sozialarbeitern im engeren, berufsständischen Sinne und nicht nach den Merkmalen ihrer Tätigkeit auferlegt seien (vgl. *Schellhorn* et al § 124 Rn 9), dürfte nach Wegfall des Klammerzusatzes und mit Blick auf das mit der Regelung verfolgte Ziel, im Interesse des Betroffenen eine möglichst frühzeitige Einleitung gebotener Verfahren zu gewährleisten, nicht aufrecht zu halten sein. Die Hinweispflicht besteht nur, wenn eine Behinderung oder eine drohende Behinderung (§ 2 Abs. 1) bei der Ausübung des Berufes wahrgenommen wird. Die Hinweispflicht besteht gegenüber den Personensorgeberechtigten und erstreckt sich inhaltlich auf gemachte Wahrnehmungen iSd § 2 Abs. 1 und die nach § 60 bestehenden Beratungsangebote.

8 **6. Volljährige Personen.** Soweit Medizinalpersonen außer Ärzten und Sozialarbeitern bei volljährigen Menschen, für die keine Personensorgeberechtigten bestellt sind, Merkmale einer Behinderung oder einer drohenden Behinderung feststellen, sind sie nach **Abs. 3** verpflichtet, diese selbst über ihre Wahrnehmungen zu informieren und ihnen oder dem für sie bestellten Betreuer zu empfehlen, eine Beratungsstelle für Rehabilitation oder einen Arzt zur Beratung über geeignete Leistungen zur Teilhabe aufzusuchen. Im Gegensatz zu Abs. 2 sind von dieser Regelung nur die Medizinalpersonen außer Ärzten und Sozialarbeitern, nicht jedoch die anderen dort genannten Angehörigen von Berufen des Gesundheits- und Sozialwesens (Lehrer, Jugendleiter usw.) erfasst.

9 **7. Beratung und Verordnung durch Kassenärzte.** Der Gemeinsame Bundesausschuss hat am 1. 12. 2003 nach § 92 Abs. 1 Nr. 8 SGB V eine

Richtlinie über die Gewährung von im Einzelfall gebotenen Leistungen zur medizinischen Rehabilitation und die Beratung über Leistungen zur medizinischen Rehabilitation, Leistungen zur Teilhabe am Arbeitsleben und ergänzende Leistungen zur Rehabilitation beschlossen (Rehabilitations-Richtlinie). Die Richtlinie soll einerseits eine medizinisch notwendige, ausreichende, zweckmäßige und wirtschaftliche Versorgung der Versicherten auch mit im Einzelfall gebotenen Leistungen zur medizinischen Rehabilitation gewährleisten. Andererseits soll sie auch das frühzeitige Erkennen der Notwendigkeit von Leistungen der medizinischen Rehabilitation fördern und dazu führen, dass Maßnahmen der Rehabilitation rechtzeitig eingeleitet werden. Im Übrigen regelt sie die Beratungspflichten des niedergelassenen Arztes über Rehabilitations- und Teilhabeleistungen.

Geltungsbereich (§ 3). Die Richtlinie erfasst ausschließlich die Verordnung von medizinischen Rehabilitationsleistungen im Rahmen der vertragsärztlichen Versorgung, dh solche Leistungen, die von den gesetzlichen Krankenkassen zu bezahlen sind. Danach können im Rahmen dieser Richtlinie und des Verordnungsrechts nach § 73 Abs. 2 Nr. 7 SGB V keine medizinischen Leistungen zur Rehabilitation verordnet werden, für die ein anderer Rehabilitationsträger (gesetzliche Renten- und Unfallversicherung, Sozialhilfeträger, Kinder- und Jugendhilfe) zuständig ist. Da ca. 75 v.H. aller medizinischen Rehabilitationsleistungen von der Rentenversicherung und anderen Trägern finanziert werden, ist die Richtlinie nur für einen kleineren Teil der Rehabilitationsbedürftigen anzuwenden. 10

Weiterhin erfasst die Richtlinie auch nicht die Verordnung von Vorsorgeleistungen, Leistungen der Frühförderung sowie der Anschlussrehabilitation nach einem Krankenhausaufenthalt. Die Verordnung von stufenweiser Wiedereingliederung nach §§ 74 SGB V, 28 SGB IX richtet sich ebenfalls nicht nach dieser Richtlinie, sondern nach der Arbeitsunfähigkeits-Richtlinie.

Qualifikation der zur Verordnung berechtigter Ärzte (§ 11). Nach den Richtlinien dürfen nur noch solche Vertragsärzte medizinische Rehabilitation zu Lasten der Krankenversicherung verordnen, die ihre besondere rehabilitationsmedizinische Qualifikation (ua. die erforderlichen Kenntnisse in der Anwendung der ICF) nachgewiesen und eine entsprechende Genehmigung durch die Kassenärztliche Vereinigung erhalten haben. 11

Die Genehmigung ist zu erteilen, wenn der Vertragsarzt

- die Gebietsbezeichnung „Physikalische und Rehabilitative Medizin“ besitzt oder
- über eine der Zusatzbezeichnungen „Sozialmedizin“, „Rehabilitationswesen“ oder die fakultative Weiterbildung „Klinische Geriatrie“ verfügt oder
- eine mindestens einjährige Tätigkeit in einer stationären oder ambulanten Rehabilitationseinrichtung nachweist oder
- im Jahr vor der Erteilung der Genehmigung mind. 20 Rehabilitationsgutachten auch für andere Sozialleistungsträger (insbesondere Rentenversicherung) erstellt hat oder
- mit Erfolg mindestens 16 Stunden an einer von der KBV und den Spitzenverbänden der Krankenkassen anerkannten Fortbildung über die Grundlagen der ICF und der verordnungsfähigen Rehabilitationsleistungen sowie die Handhabung dieser Richtlinie teilgenommen haben.

12 **Beratungspflicht (§ 5).** Vor einer Verordnung von Rehabilitation hat der niedergelassene Arzt den Versicherten über die Leistungen zur medizinischen Rehabilitation, der Teilhabe am Arbeitsleben und ergänzende Leistungen zur Rehabilitation zu beraten, wobei er mit den Krankenkassen zusammenarbeiten soll. Die Beratung soll die Ziele, Inhalte, Abläufe und Dauer der Rehabilitation umfassen und vermitteln, warum die Maßnahmen der kurativen Versorgung nicht ausreichen. Der Vertragsarzt berät auch Personensorgeberechtigte und weist auf die Möglichkeit der Beratung durch eine gemeinsame Servicestelle hin.

Daneben besteht unverändert die gesetzliche Verpflichtung des Arztes nach § 61 Abs. 1 Satz 1 nicht nur allgemein über Leistungen zur medizinische Rehabilitation, sondern bezogen auf den individuellen Bedarf des Patienten zielgerichtet über „geeignete" Leistungen zur Teilhabe zu beraten.

Die Krankenkassen beraten darüber hinaus über Leistungen der Vorsorge und Rehabilitation sowie über alternative Leistungsangebote, über den voraussichtlich zuständigen Rehabilitationsträger und über die Notwendigkeit der Antragstellung.

13 **Verordnung von medizinischen Leistungen zur Rehabilitation (§§ 7–10) zu Lasten der GKV.** Der Vertragsarzt darf zu Lasten der Krankenkassen medizinische Rehabilitation nur verordnen, wenn zuvor iSe rehabilitationsmedizinischen Assessments die Rehabilitationsbedürftigkeit sowie die Rehabilitationsfähigkeit geklärt sind und eine positive Rehabilitationsprognose auf der Grundlage realistischer, für den Versicherten allgemein alltagsrelevanter Rehabilitationsziele festgestellt wurde. Unabhängig davon darf Rehabilitation nur verordnet werden, wenn das Rehabilitationsziel nicht durch Maßnahmen der kurativen Versorgung oder deren Kombination oder durch Vorsorgeleistungen erreicht werden kann.

Eine positive **Rehabilitationsprognose** ist anzunehmen, wenn nach dem bisherigen Verlauf durch geeignete Rehabilitationsmaßnahmen in einem notwendigen Zeitraum festgelegte Rehabilitationsziele mit begründeter Wahrscheinlichkeit erreichbar erscheinen. Da die **Rehabilitationsziele** in der Richtlinie nicht näher konkretisiert werden, sind die in §§ 1, 4 Abs. 1 SGB IX vom Gesetzgeber beschriebenen Rehabilitationsziele maßgebend (ua. Abwendung, Beseitigung, Minderung, Verhütung der Verschlimmerung einer Behinderung oder ihrer Folgen, Vermeidung des vorzeitigen Bezugs von Sozialleistungen oder Minderung einer bereits laufenden Sozialleistung, ganzheitliche Förderung der persönlichen Entwicklung und der Teilhabe am Leben in der Gesellschaft sowie Ermöglichung oder Erleichterung einer möglichst selbständigen und selbstbestimmten Lebensführung, wobei gerade die letztgenannten Zielsetzungen für die medizinische Rehabilitation von Kindern, Jugendlichen, lebensälteren Menschen und psychisch Kranken von besonderer Bedeutung sind).

Rehabilitationsbedürftigkeit ist nach der Richtlinie gegeben, wenn aufgrund einer körperlichen, geistigen oder seelischen Schädigung voraussichtlich nicht nur vorübergehend eine alltagsrelevante Beeinträchtigung der Aktivität vorliegt, durch die entweder eine Teilhabebeeinträchtigung oder Pflegebedürftigkeit droht oder bereits eingetreten ist und deswegen über die kurative Versorgung hinaus der mehrdimensionale und interdisziplinäre Ansatz der medizinischen Rehabilitation erforderlich ist.

14 **Verordnungsverfahren (§ 6).** Wenn sich aus dem Beratungsgespräch die Notwendig von Rehabilitationsleistungen ergibt, soll der Vertragarzt dies der Krankenkasse per Vordruck mitteilen, die auf dieser Grundlage prüft, ob sie zuständig ist und ob Gründe gegen eine Rehabilitationsleistung vorliegen. Sind die Voraussetzungen gegeben, soll der Versicherte einen Antrag stellen und der Vertragsarzt dann mit einem weiteren, umfangreichen, iSe Rehabilitations-Screenings gestalteten Vordruck medizinische Rehabilitationsleistungen verordnen.

15 **8. Probleme für die frühzeitige Einleitung.** Alle Beteiligten am Rehabilitationsverfahren sind nach §§ 8 bis 12 SGB IX verpflichtet, für eine frühzeitige Einleitung und nahtlose Durchführung erforderlicher Rehabilitationsleistungen Sorge zu tragen. Das in der Richtlinie nach § 92 Abs. 1 Nr. 8 SGB V enthaltene zweistufige Verordnungsverfahren führt demgegenüber häufig zu einer Verzögerung des Einleitungsverfahrens oder gar zur Unterlassung einer Verordnung. Da dieses Verfahren nur für die GKV anzuwenden ist (im Wesentlichen Bezieher von Altersrenten, Menschen die nicht im Arbeitsleben stehen und laufende Beiträge zur Rentenversicherung zahlen), sollten niedergelassene Ärzte alle Patienten, die noch im Arbeitsleben stehen, eine Erwerbsminderungsrente von der Rentenversicherung beziehen oder Leistungen von einer Berufsgenossenschaft erhalten, über die Notwendigkeit einer medizinischen Rehabilitationsleistung beraten und – wie bisher – nach Abs. 1 Satz 2 beim zuständigen Träger oder bei der gemeinsamen Service-Stelle iSd §§ 22, 23 SGB IX vorstellen, die unmittelbar einen Antrag auf Leistungen zur medizinischen Rehabilitation entgegen nehmen.

16 **9. Beratung und Einleitung von Rehabilitationsleistungen aus einem DMP.** Mit der Einführung strukturierter Behandlungsprogramme (Disease-Management-Programme – DMP –) soll die medizinische Versorgung chronisch Kranker qualitativ verbessert werden. Insbesondere sollen bei chronischen Erkrankungen Komplikationen und Folgeerkrankungen durch eine gut abgestimmte, kontinuierliche Betreuung und Behandlung vermieden oder im Zeitpunkt des Auftretens verzögert werden. Haus- und Fachärzte, Krankenhäuser, Rehabilitationseinrichtungen, Therapeuten, Pflegedienste und andere Leistungserbringer sollen bei der medizinischen Versorgung eines Patienten koordiniert zusammenarbeiten.

Die Anforderungen an die Ausgestaltung der DMP werden in Facharbeitsgruppen des Gemeinsamen Bundesausschusses nach § 91 SGB V nach dem Stand der wissenschaftlichen Erkenntnisse und unter Berücksichtigung der wissenschaftlich belegten Wirksamkeit (evidenzbasierte Medizin) erarbeitet und dem Bundesministerium für Gesundheit (BMG) empfohlen, das sie mit einer Rechtsverordnung (§§ 137f Abs. 2, 266 Abs. 7 SGB V) in Kraft setzt.

Derzeit liegen strukturierte Behandlungsprogramme für folgende Krankheitsbilder vor

- Diabetes mellitus Typ 1 und Typ 2
- Brustkrebs
- Koronare Herzkrankheiten (KHK)
- Asthma und chronisch obstruktive Atemwegserkrankungen (COPD).

Auf der Grundlage der in der Rechtsverordnung geregelten Anforderungen werden die strukturierten Behandlungsprogramme für die verschiedenen Indikationen von den Krankenkassen entwickelt, vom Bundesversicherungsamt geprüft und zugelassen und anschließend von niedergelassenen Ärzten durchgeführt, die sich in entsprechenden Verträgen verpflichtet haben, die in den Programmen geforderte Versorgungsqualität zu gewährleisten. Der Versicherte kann sich – muss sich aber nicht – in ein solches Programm einschreiben. Der Arzt legt dann mit ihm gemeinsam den Behandlungsverlauf auf der Grundlage des Programms fest und vereinbart mit ihm die Therapieziele.

17 Die Verknüpfung der durch strukturierte Behandlungsprogramme optimierten und qualifizierten medizinischen Akutversorgung mit der medizinischen Rehabilitation erfordert auch im Rahmen der DMP unverändert eine Verordnung des behandelnden Arztes nach § 73 Abs. 2 Nr. 7 SGB V bzw. den Rehabilitationsrichtlinien nach § 92 Abs. 1 Satz 2 Nr. 8 SGB V (für medizinische Rehabilitationsleistungen der Krankenkassen) oder einen vom behandelnden Arzt angeregten Antrag des Versicherten (bei medizinischen Rehabilitationsleistungen der Renten- und Unfallversicherungsträger).

Alle DMP enthalten deshalb die ausdrückliche Verpflichtung des Arztes, der das DMP durchführt, insbesondere bei Komplikationen und/oder Begleiterkrankungen zu prüfen, ob der in das DMP eingeschriebene Patient von einer Rehabilitationsleistung profitieren kann (idR Ziffer 1.7.4 bzw. 1.8.4 der Anforderungen an strukturierte Behandlungsprogramme).

Während im DMP für Diabetes mellitus Typ 1 Leistung zur Rehabilitation insbesondere dann erwogen werden soll, wenn durch diese Erkrankung und/oder seine Begleiterkrankungen die Erwerbsfähigkeit des Patienten gefährdet erscheint, werden in anderen DMP als Anlass für die Einleitung von medizinischen Rehabilitationsleistungen bestimmte Krankheitstatbestände und deren jeweiliger Schweregrad benannt.

In der Begründung zu Ziffer 1.8.4 des DMP Diabetes mellitus Typ 1 wird zu Recht darauf hingewiesen, dass der Prüfauftrag des Arztes im Rahmen der strukturierten Behandlungsprogramme keine eigenständigen rechtlichen Vorgaben für die Einleitung bzw. Verordnung von Rehabilitationsleistungen schafft. Durch die beispielhafte Nennung von einigen Indikationen werden andere mögliche Anlässe zur ambulanten oder stationären Durchführung einer Rehabilitationsleistung nicht ausgeschlossen. So kann beispielsweise die Veranlassung einer Rehabilitationsleistung grundsätzlich dann sinnvoll sein, wenn der Rehabilitationsbedarf bei einem Patienten unter Berücksichtigung von Rehabilitationsfähigkeit und Rehabilitationsprognose gleichzeitig mehrere multidisziplinäre und multimodale Interventionen umfasst.

18 **§ 61 Abs. 1 ist auch im Rahmen von DMP zu beachten.** Ist bei einem Patienten im Sinne der Ziele der §§ 1, 4 Abs. 1 SGB IX bereits eine Beeinträchtigung seiner Teilhabe am Leben in der Gesellschaft eingetreten oder droht eine solche Beeinträchtigung, ist der das strukturierte Behandlungsprogramm durchführende Arzt unanhängig von seinen Prüfpflichten im Rahmen des DMP und den sich daraus ableitenden Verordnungsmöglichkeiten auch bereits nach § 61 Abs. 1 SGB IX verpflichtet, den Patienten über geeignete Leistungen zur Teilhabe zu beraten und ihn auf die gemeinsamen

Servicestellen der Rehabilitationsträger hinzuweisen, die ggf. einen Antrag auf medizinische Rehabilitationsleistungen entgegen nehmen und an den zuständigen Rehabilitationsträger weiter leiten.

§ 62 Landesärzte

(1) In den Ländern können Landesärzte bestellt werden, die über besondere Erfahrungen in der Hilfe für behinderte und von Behinderung bedrohte Menschen verfügen.

(2) Die Landesärzte haben vor allem die Aufgabe,

1. **Gutachten für die Landesbehörden, die für das Gesundheitswesen und die Sozialhilfe zuständig sind, sowie für die zuständigen Träger der Sozialhilfe in besonders schwierig gelagerten Einzelfällen oder in Fällen von grundsätzlicher Bedeutung zu erstatten,**
2. **die für das Gesundheitswesen zuständigen obersten Landesbehörden beim Erstellen von Konzeptionen, Situations- und Bedarfsanalysen und bei der Landesplanung zur Teilhabe behinderter und von Behinderung bedrohter Menschen zu beraten und zu unterstützen sowie selbst entsprechende Initiativen zu ergreifen,**
3. **die für das Gesundheitswesen zuständigen Landesbehörden über Art und Ursachen von Behinderungen und notwendige Hilfen sowie über den Erfolg von Leistungen zur Teilhabe behinderter und von Behinderung bedrohter Menschen regelmäßig zu unterrichten.**

1. Sozialpolitischer Hintergrund. Die Länder sind in vielfältiger Weise 1
an der Gestaltung der Rahmenbedingungen für die Lebenssituation behinderter oder von Behinderung bedrohter Menschen verantwortlich beteiligt, so zB an der Koordinierung der Fragen der Teilhabe behinderter Menschen (§ 64 Abs. 1 Satz 1). Soweit es den Interessen mehrerer Länder dient, können Mittel der Ausgleichsabgabe für Einrichtungen iSd § 30 (zB Berufsbildungsstätten, Berufsförderungswerke, Werkstätten für Behinderte, Blindenwerkstätten ua) verwendet werden. Die Länder haben darüber hinaus eine originäre Eigenverantwortung für die Ausgestaltung der Lebenssituation behinderter Menschen in ihrem Einzugsbereich. Darüber hinaus sind sie gemeinsam mit dem Bund an der Durchführung des in § 19 Abs. 1 verankerten Sicherstellungsauftrages der Rehabilitationsträger für die Gewährleistung der fachlich und regional erforderlichen Rehabilitationsdienste und -einrichtungen beteiligt. Sie haben nach § 23 Abs. 2 darauf hinzuwirken, dass die Gemeinsamen Servicestellen unverzüglich eingerichtet werden. Letztlich sind die Länder als Träger der überörtlichen Sozialhilfe zugleich auch Rehabilitationsträger.

Diese nicht vollständige Aufzählung erhellt Art, Umfang und Kompetenz des Beratungsbedarfs, den die Länder bei der Wahrnehmung ihrer Verantwortung und der Durchführung ihrer Aufgaben im Rahmen des Behindertenrechts haben. Zur Deckung dieses Bedarfs ermächtigt § 62 die Länder, Landesärzte zu bestellen, die über besondere Erfahrungen in der Hilfe für behinderte und von Behinderung bedrohte Menschen verfügen.

2 **2. Entstehung der Norm.** Die Vorschrift wurde durch Art. 1 SGB IX ab 1. 7. 2001 eingeführt und unverändert aus dem RegE (BT-Drucks. 14/5531 iVm. 14/5074) übernommen. **Abs. 2 Satz 1** redaktionell geändert ab 1. 1. 2005 durch Gesetz zur Einordnung des Sozialhilferechts in das SGB vom 23. 12. 2003 (BGBl. I S. 3057).

3 **3. Normzweck. Abs. 1** ermächtigt zur Bestellung von Landesärzten mit besonderen Erfahrungen in der Behindertenhilfe. **Abs. 2** regelt die Aufgaben der Landesärzte. Nach **Nr. 1** erstellen sie in schwierigen Einzelfällen oder in Fällen von grundsätzlicher Bedeutung Gutachten. Nach **Nr. 2** beraten und unterstützen sie die zuständigen obersten Landesbehörden in konzeptionellen Fragen und ergreifen entsprechende Initiativen. **Nr. 3** verpflichtet sie zur Unterrichtung der zuständigen Landesbehörden über Art und Ursachen der Behinderung, notwendige Hilfen sowie den Erfolg von Teilhabeleistungen.

4 **4. Landesärzte. Abs. 1** ermächtigt die Länder, Landesärzte zu bestellen, die über besondere Erfahrungen in der Hilfe für behinderte und von Behinderung bedrohte Menschen verfügen. Die Bindung der Berufung an besondere Erfahrungen in der Behindertenhilfe soll die erforderliche Kompetenz und Qualität der Aufgabenwahrnehmung gewährleisten. Die Vorschrift lehnt sich an § 126a BSHG an, enthält allerdings im Gegensatz dazu keine Rechtspflicht zur Bestellung von Landesärzten.

5 Der Gesetzgeber gibt keine spezifischen qualitativen Maßstäbe für die Berufung von Landesärzten vor. Es muss sich lediglich um Ärzte im berufsrechtlichen Sinne (nicht etwa Vertragsärzte der Krankenversicherung oder Ärzte mit einer bestimmten Gebietsarztbezeichnung) handeln, die über besondere Erfahrungen in der Hilfe für behinderte und von Behinderung bedrohte Menschen verfügen müssen. Was unter besonderen Erfahrungen zu verstehen ist und wie diese Erfahrungen nachzuweisen sind, entscheiden die Länder ebenso in eigener Verantwortung wie die Frage, ob und in welchem Umfang Landesärzte berufen werden und welchen organisatorischen und dienstrechtlichen Status sie erhalten.

6 **5. Aufgabenstellung. Abs. 2** enthält keine abschließende Aufzählung der Aufgaben des Landesarztes. Es ist den Ländern danach unbenommen, dem Landesarzt mit der Berufung weitere Aufgaben zuzuordnen oder die nachfolgend in dieser Vorschrift aufgelisteten Aufgaben zu konkretisieren.

7 Nach **Abs. 2 Nr. 1** soll der Landesarzt in besonders schwierig gelagerten Einzelfällen oder in Fällen von besonderer Bedeutung Gutachten erstatten. Er wird insoweit als beratender Sachverständiger tätig. Auftraggeber dieser Gutachten können die Landsbehörden (nicht also Rehabilitationsträger, Integrationsämter usw.) sowie die zuständigen Sozialhilfeträger sein. Danach können die Landesärzte im Rahmen des Leistungsrechts nur für den Sozialhilfeträger innerhalb dieses Zuständigkeitsbereichs für die Rehabilitation gutachterlich tätig werden.

8 Nach **Abs. 2 Nr. 2** ist der Landesarzt Berater der zuständigen obersten Landesbehörden. Die Beratung erstreckt sich auf die zur Teilhabe behinderter und von Behinderung bedrohter Menschen erforderliche Konzeptentwicklung und -durchführung sowie Situations- und Bedarfsanalysen. Darüber hinaus berät der Landesarzt die Landesplanung zur Teilhabe behinderter Menschen. Damit kann der Landesarzt über die anlassbezogene

Beratung bei der Konzeptentwicklung hinaus auch als Berater an allen Fragen der Landesplanung für Behinderte umfassend beteiligt werden. Sein Auftrag erstreckt sich kraft Gesetzes dann nicht nur auf die Beratung. Er ist darüber hinaus verpflichtet, die obersten Landesbehörden bezogen auf die Beratungsgegenstände auch zu unterstützen, dh sich aktiv an der Verwirklichung zu beteiligen. Darüber hinaus räumt ihm der Gesetzgeber ausdrücklich ein Initiativrecht ein. Er kann deshalb zu allen in dieser Vorschrift genannten Sachverhalten (Konzepte, Situations-, Bedarfsanalysen, Landesplanung, Gesetzgebungsvorhaben) auch ohne Auftrag aus eigener Aufgabenstellung heraus Vorschläge erarbeiten und einbringen.

Abs. 2 Nr. 3 überträgt dem Landesarzt eine Informationspflicht. Er hat 9
danach die zuständigen Landesbehörden über Art und Ursachen von Behinderungen, notwendige Hilfen sowie den Erfolg der Leistungen zur Teilhabe zu unterrichten. Da diese Unterrichtungspflicht kontinuierlich (regelmäßig) auszuüben ist, trägt der Landesarzt wesentlich zur Sicherstellung der für die Aufgabenwahrnehmung des Landes erforderlichen Daten- und Informationsbasis bei. So können zB die Informationen über Art und Ursachen der Behinderung sowohl zur Entwicklung geeigneter Präventionsstrategien als auch als Datenbasis für die Prognose des Rehabilitationsbedarfs im Rahmen der Beteiligung am Sicherstellungsauftrag gem. § 19 Abs. 1 Satz 1 dienen. Die Unterrichtungspflicht zu den notwendigen Hilfen kann Hinweise zur Über- bzw. Unterversorgung im Lande geben und Anlass für entsprechende Aktivitäten des Landes sein und zB ebenfalls in die Gestaltungsprozesse nach § 19 einfließen.

Letztlich beinhaltet zB die Unterrichtung über den Erfolg von Teilhabeleistungen nicht nur Parameter über Wirksamkeit und Qualität der eingesetzten Leistungen. Damit auch verbundene Hinweise über erkennbare Wirksamkeits- oder Qualitätsdefizite können zB Grundlage für ein Tätigwerden der Rehabilitationsträger im Rahmen der §§ 17 bis 22 sein.

Titel 2. Klagerecht der Verbände

§ 63 Klagerecht der Verbände

[1]Werden behinderte Menschen in ihren Rechten nach diesem Buch verletzt, können an ihrer Stelle und mit ihrem Einverständnis Verbände klagen, die nach ihrer Satzung behinderte Menschen auf Bundes- oder Landesebene vertreten und nicht selbst am Prozess beteiligt sind. [2]In diesem Fall müssen alle Verfahrensvoraussetzungen wie bei einem Rechtsschutzersuchen durch den behinderten Menschen selbst vorliegen.

1. Sozialpolitischer Hintergrund. Weder das frühere Behindertenrecht 1
(ua. RehaAnglG) noch die für die Rehabilitationsträger geltenden Leistungsgesetze enthielten eine Prozessführungsbefugnis durch die Behindertenverbände. Das mit dieser Bestimmung eingeführte besondere Klagerecht der Behindertenverbände konkretisiert insoweit das grundgesetzlich normierte Benachteiligungsverbot nach Art. 3 Abs. 3 Satz 2 GG zur Stärkung

der prozessualen Durchsetzung der Rechte behinderter Menschen. Damit wird der Kreis bisheriger prozessstandschaftlicher Klagebefugnisse einzelner Reha-Träger (vgl. zu der Klagebefugnis des Sozialhilfe- bzw. Jugendhilfeträgers gem. § 91 a BSHG bzw. § 97 SGB VIII BSG SozR 3–5910 § 91 a S. 29, 31; BSGE 70, 72, 75 ff; Hess VGH Urteil vom 30. 4. 1996 in ZFSH-SGB 2001, 98, 100) erweitert.

Die Einführung geht auf die Richtlinie des Rates der Europäischen Union zur Festlegung eines allgemeinen Rahmens für die Verwirklichung der Gleichbehandlung in Beschäftigung und Beruf (Richtlinie 2000/78/EG des Rates) vom 27. 11. 2000 zurück. Die Arbeitgeberverbände haben die Umsetzung dieser Bestimmung der Richtlinie bei der Anhörung vor dem Ausschuss für Arbeit und Sozialordnung entschieden abgelehnt. Angesichts des breit gefächerten Schutzinstrumentariums mit Schwerbehindertenvertretungen und Integrationsämtern sei die Regelung nicht erforderlich. Sie bewirke für jeden Arbeitgeber ein erhöhtes Prozessrisiko.

Nach Art. 9 Abs. 2 iVm. Art. 18 der Richtlinie mussten die Mitgliedstaaten der Europäischen Union jedoch bis zum Ablauf der Umsetzungsfrist am 3. 12. 2003 sicherstellen, dass Verbände sich entweder im Namen der beschwerten Person oder zu deren Unterstützung an gerichtlichen Verfahren beteiligen können (*Düwell,* BB 2001, 1527, 1531).

2 **2. Entstehung der Norm.** Die Vorschrift wurde mit Art. 1 SGB IX ab 1. 7. 2001 eingeführt und unverändert aus dem RegE (BT-Drucks. 14/5531 iVm. 14/5074) übernommen.

3 **3. Normzweck.** Verbände, die behinderte Menschen vertreten, erhalten die Möglichkeit, an Stelle und mit dem Einverständnis dieser Menschen deren Rechte nach diesem Buch durch eine Prozessstandschaft gerichtlich geltend zu machen (BT-Drucks. 14/5074 S. 331).

4 **4. Klagerecht der Behindertenverbände.** Verbände, die nach ihrer Satzung behinderte Menschen auf Bundes- oder Landesebene vertreten, können nach dieser Vorschrift im Wege der Prozessstandschaft Rechtsverletzungen von behinderten Menschen gerichtlich geltend machen. Voraussetzung ist, dass ein behinderter Mensch in seinen Rechten nach diesem Buch verletzt wird, dass dieser mit der Klage einverstanden ist und alle Verfahrensvoraussetzungen wie bei einem Rechtsschutzsuchenden in der Person des behinderten Menschen selbst vorliegen.

D. h., eine individuelle Rechtsverletzung, die dem Betroffenen nach Art. 19 Abs. 4 GG und nach den einzelnen Prozessgesetzen (insbesondere SGG und VwGO, aber auch zB BverfGG) eine individuelle Klagemöglichkeit gibt. Deshalb müssen alle Verfahrensvoraussetzungen wie bei einer eigenen Klage des behinderten Menschen vorliegen (*Niemann* NZS 2001, 583, 586). Hat etwa der behinderte Mensch eine Rechtsbehelfsfrist versäumt, ist damit der Rechtsbehelf auch für den klagenden Verband ausgeschlossen, soweit nicht Wiedereinsetzung gewährt werden kann, weil die Frist von dem behinderten Menschen ohne sein Verschulden versäumt wurde (*Masuch* aaO K § 63 Rn 5). Ist andererseits der behinderte Mensch klagebefugt, bedarf es nicht zusätzlich einer Beschwer des klagenden Verbandes (BSGE 80, 93, 94).

5 Als Gerichte, vor denen die Verbände Klage nach dieser Vorschrift erheben können, kommen zumindest die Sozial-, Arbeits- und Verwaltungsge-

richte in Betracht. Mit Rücksicht auf Art. 3 Abs. 3 Satz 2 GG ist auch ein Klage- bzw. Beschwerderecht beim BVerfG und den Landesverfassungsgerichten denkbar (*Welti*, NJW 2001, 2210, 2214).

5. Prozessstandschaft. Zu den Sachentscheidungsvoraussetzungen gehört die Befugnis des Klägers bzw. Antragstellers, im eigenen Namen (dh nicht als Vertreter eines anderen) über das im Prozess streitige Recht einen Rechtsstreit zu führen (BVerwG, BayVBl. 1998, 67; Kopp/Schenke, VwGO Vorbem. § 40 Rn 23). Soweit kraft gesetzlicher Ermächtigung dieses Recht zur Geltendmachung fremder Rechte eingeräumt wird, handelt es sich um eine gesetzliche Prozessstandschaft. Davon ist die Möglichkeit abzugrenzen, die Prozessvertretung kraft Vollmacht wahrzunehmen. Behindertenverbände sind dazu ohne weiteres befugt (§§ 73 SGG, 67 VwGO, 78ff ZPO). Bei dem Verbandsklagerecht nach dieser Regelung klagt der Verband an Stelle des behinderten Menschen, während die Prozessvertretung nicht an Stelle, sondern für den Behinderten, dh in seinem Namen erfolgt. 6

6. Verbandsklage. Das Klagerecht der Verbände ist ein gesetzlich eingeschränktes Verbandsklagerecht, das nicht mit dem Verbandsklagerecht etwa der Natur- und Verbraucherschutzverbände zu verwechseln ist. 7

Mit der „altruistischen" Verbandsklage des Umwelt- und Verbraucherschutzrechts klagt ein Verband die Interessen seiner Mitglieder oder öffentliche Interessen, zB ökologische Anliegen ein (vgl. dazu ua. *Wahl/Schütz* in Schoch/Schmidt-Aßmann/Pietzner VwGO § 42 Abs. 2 Rn 228ff; *Krebs* in von Münch/Kunig GG Art. 19 Rn 58). Diese Form der Verbandsklage ermöglicht es den dort anerkannten Verbänden unter bestimmten Voraussetzungen, im Rahmen einer Anfechtungs- oder Verpflichtungsklage, die Verletzung von Normen des öffentlichen Rechts auch insoweit zu rügen, als diese Normen (jedenfalls dem klagenden Verband) keinen Drittschutz vermitteln. Sie stellt ein Mittel objektiver Rechtskontrolle dar: es soll vor allem eine Verletzung solcher (zB umweltrechtlicher) Normen von den Verbänden gerügt werden können, die nur öffentliche Interessen schützen oder fördern wollen (*Wahl/Schütz* aaO § 42 Abs. 2 Rn 235). 8

Demgegenüber eröffnet die unechte Verbandsklage im Sinne dieser Regelung dem hier anerkannten Verband die Möglichkeit, normativ geschützte Interessen seiner Mitglieder – für einzelne oder alle – im eigenen Namen und aus eigenem Recht gerichtlich zu verfolgen. Erforderlich ist, dass der Schutz bzw. die Förderung dieser Interessen zu den satzungsmäßigen Aufgaben des Verbandes gehört. Diese Art der Verbandsklage zielt darauf ab, die Interessen und Rechte von an sich klagebefugten Einzelpersonen zu bündeln. 9

Das Verbandsklagerecht nach dieser Regelung ist zu unterscheiden vom Verbandsklagerecht nach § 13 BGG. Danach kann ein vom BMAS anerkannter Verband Klage auf Feststellung eines Verstoßes gegen das BGG erheben, ohne in seinen eigenen Rechten verletzt zu sein und ohne dass ein Einverständnis des Betroffenen vorliegt. 10

7. Prozessvoraussetzungen. Das Verbandsklagerecht erfordert das Einverständnis des behinderten Menschen, an dessen Stelle die Klage erhoben und durchgeführt werden soll. Es handelt sich um eine vom Verband nachzuweisende Prozessvoraussetzung, die schriftlich oder zur Niederschrift bei 11

Gericht erklärt werden sollte (vgl. zur Schriftlichkeit der Prozessvollmacht § 73 Abs. 2 SGG, § 67 Abs. 3 VwGO). Auch bei Abwesenheit oder krankheitsbedingter Handlungsunfähigkeit darf das Einverständnis nicht aus der Interessenlage heraus unterstellt werden (Haines in LPK-SGB IX § 63, Rn 12). Mit der Entziehung des Einverständnisses entfällt die Klagebefugnis des Verbandes.

12 Mit der Formulierung „nicht selbst am Prozess beteiligt sind" wird klargestellt, dass die Verbandsklagebefugnis neben einer Prozessvertretung oder einer anderen Beteiligtenstellung am (identischen) Prozess ausgeschlossen ist. Damit sollen Interessenkollisionen verhindert werden, die auftreten können, wenn Verbände eine Doppelrolle einnehmen und unterschiedliche Prozessziele mit dem Rechtsschutzbegehren verfolgen (BT-Drucks. 14/5074 S. 111, 331; *Masuch* in Hauck/Noftz SGB IX K § 63 Rn 4). Eine Kollision liegt nicht schon dann vor, wenn der Verband durch das Klageverfahren selbst einen Vorteil erlangen könnte (BayVGH München, Beschl. v. 17. 11. 2004, Az. 12 CE 04 1580; Kocher JZ 2005, 517 ff).

13 Die Regelung beinhaltet keine besonderen Voraussetzungen für die Klagebefugnis des Verbandes. Der Verband muss lediglich nach seiner Satzung „behinderte Menschen auf Bundes- oder Landesebene" vertreten. Das Verbandsklagerecht steht damit allen Verbänden offen, die sich überwiegend der Interessen von behinderten Menschen annehmen, ohne dass sich die Vertretung nach der Satzung auf alle Behinderungsarten erstrecken muss (*Masuch* aaO K § 63 Rn 11).

14 Auch die Rechtsfähigkeit des klagenden Verbandes wird nicht vorausgesetzt. Grundsätzlich ist zwar nach § 50 Abs. 1 ZPO nur parteifähig, wer rechtsfähig ist. Ein nicht-rechtsfähiger Verein kann nur verklagt werden (§ 50 Abs. 2 ZPO). Da indessen in den Prozessordnungen der allgemeinen und der besonderen Verwaltungsgerichte die Beteiligtenfähigkeit auch der nicht rechtsfähigen Personen und Vereinigungen vom Gesetz anerkannt ist (§ 70 Nr. 2 SGG, § 58 Abs. 2 FGO, § 61 Nr. 2 VwGO), können im Rahmen des Verbandsklagerechts keine weitergehenden Anforderungen an die Klagebefugnis des klagenden Verbandes gestellt werden. Auch nicht rechtsfähige Verbände haben deshalb das Verbandsklagerecht (*Masuch* aaO K § 63 Rn 13 f).

Titel 3. Koordinierung der Teilhabe behinderter Menschen

§ 64 Beirat für die Teilhabe behinderter Menschen

(1) [1]**Beim Bundesministerium für Arbeit und Soziales wird ein Beirat für die Teilhabe behinderter Menschen gebildet, der es in Fragen der Teilhabe behinderter Menschen berät und bei Aufgaben der Koordinierung unterstützt.** [2]**Zu den Aufgaben des Beirats gehören insbesondere auch**

1. **die Unterstützung bei der Förderung von Rehabilitationseinrichtungen und die Mitwirkung bei der Vergabe der Mittel des Ausgleichsfonds,**
2. **die Anregung und Koordinierung von Maßnahmen zur Evaluierung der in diesem Buch getroffenen Regelungen im Rahmen der Rehabili-**

tationsforschung und als forschungsbegleitender Ausschuss die Unterstützung des Ministeriums bei der Festlegung von Fragestellungen und Kriterien.
[3]Das Bundesministerium für Arbeit und Soziales trifft Entscheidungen über die Vergabe der Mittel des Ausgleichsfonds nur auf Grund von Vorschlägen des Beirats.

(2) [1]Der Beirat besteht aus 48 Mitgliedern. [2]Von diesen beruft das Bundesministerium für Arbeit und Soziales
zwei Mitglieder auf Vorschlag der Gruppenvertreter der Arbeitnehmer im Verwaltungsrat der Bundesagentur für Arbeit,
zwei Mitglieder auf Vorschlag der Gruppenvertreter der Arbeitgeber im Verwaltungsrat der Bundesagentur für Arbeit,
sechs Mitglieder auf Vorschlag der Behindertenverbände, die nach der Zusammensetzung ihrer Mitglieder dazu berufen sind, behinderte Menschen auf Bundesebene zu vertreten,
16 Mitglieder auf Vorschlag der Länder,
drei Mitglieder auf Vorschlag der Bundesvereinigung der kommunalen Spitzenverbände,
ein Mitglied auf Vorschlag der Bundesarbeitsgemeinschaft der Integrationsämter und Hauptfürsorgestellen,
ein Mitglied auf Vorschlag des Vorstands der Bundesagentur für Arbeit,
zwei Mitglieder auf Vorschlag der Spitzenverbände der Krankenkassen,
ein Mitglied auf Vorschlag der Spitzenvereinigungen der Träger der gesetzlichen Unfallversicherung,
drei Mitglieder auf Vorschlag des Verbandes Deutscher Rentenversicherungsträger,
ein Mitglied auf Vorschlag der Bundesarbeitsgemeinschaft der überörtlichen Träger der Sozialhilfe,
ein Mitglied auf Vorschlag der Bundesarbeitsgemeinschaft der Freien Wohlfahrtspflege,
ein Mitglied auf Vorschlag der Bundesarbeitsgemeinschaft für Unterstützte Beschäftigung,
fünf Mitglieder auf Vorschlag der Arbeitsgemeinschaften der Einrichtungen der medizinischen Rehabilitation, der Berufsförderungswerke, der Berufsbildungswerke, der Werkstätten für behinderte Menschen und der Integrationsfirmen,
ein Mitglied auf Vorschlag der für die Wahrnehmung der Interessen der ambulanten und stationären Rehabilitationseinrichtungen auf Bundesebene maßgeblichen Spitzenverbände,
zwei Mitglieder auf Vorschlag der Kassenärztlichen Bundesvereinigung und der Bundesärztekammer.
[3]Für jedes Mitglied ist ein stellvertretendes Mitglied zu berufen.

1. Sozialrechtlicher Hintergrund. Die Regelung basiert auf § 35 SchwbG 1
(zu dessen Entstehungsgeschichte vgl. RegE BT-Drucks. 7/656 S. 14, 35; Ausschussbericht BT-Drucks. 7/1515 S. 14 und Erl. zu § 12). Nach dieser Regelung ist ein Beirat für die Teilhabe behinderter Menschen zu bilden, der das zuständige Ministerium in Fragen der Teilhabe berät und bei Koordinie-

rungsaufgaben unterstützt. Der Beirat unterstützt das Ministerium als forschungsbegleitender Ausschuss bei der Festlegung von Fragestellungen und Kriterien sowie durch die Anregung und Koordinierung von Maßnahmen zur Evaluierung der Regelungen des SGB IX im Rahmen der Rehabilitationsforschung. Ebenso bei der Förderung von Einrichtungen der Rehabilitation sowie durch die Mitwirkung bei der Vergabe der Mittel des Ausgleichsfonds auf der Grundlage eines Vorschlagsrechts (Abs. 2 Satz 3).

2 **2. Entstehung der Norm.** Die Vorschrift wurde durch Art. 1 SGB IX ab 1. 7. 2001 eingeführt. Gegenüber dem RegE (BT-Drucks. 14/5531 iVm. 14/5074) wurde in **Abs. 1** Nr. 2 die Koordination von Maßnahmen zur Evaluation der Regelungen des SGB IX als neue Aufgabe sowie die eines forschungsbegleitenden Ausschusses zur Unterstützung des BMAS aufgenommen. In **Abs. 2** wurde die Zahl der Mitglieder wegen der auf die gesamte Teilhabe, einschließlich der medizinischen Rehabilitation, erweiterte Aufgabenstellung zugunsten eines Vertreters der Leistungserbringer der medizinischen Rehabilitation von 47 auf 48 erhöht (BT-Drucks. 14/5800 S. 35). Abs. 1 Sätze 1 und 3 ab 1. 1. 2003 redaktionell geändert durch Gesetz zur Änderung von Fristen und Bezeichnungen im SGB IX vom 3. 4. 2003 (BGBl. I S. 462) und ab 8. 11. 2006 durch V vom 31. 10. 2006 (BGBl. I S. 2407). Abs. 2 Satz 2 redaktionell geändert ab 27. 3. 2002 durch Gesetz zur Vereinfachung der Wahl der Arbeitnehmervertreter in den Aufsichtsrat vom 23. 3. 2002 (BGBl. I S. 1130), ab 1. 1. 2003 durch Gesetz zur Änderung von Fristen und Bezeichnungen im SGB IX und zur Änderung anderer Gesetze vom 3. 4. 2003 (BGBl. I S. 462), ab 1. 1. 2004 durch 3. Gesetz für moderne Dienstleistungen am Arbeitsmarkt vom 23. 12. 2003 (BGBl. I S. 2891), ab 1. 5. 2004 durch Gesetz zur Förderung der Ausbildung und Beschäftigung schwerbehinderter Menschen vom 2. 4. 2004 (BT-Drucks. 15/1514) sowie ab 8. 11. 2006 durch V vom 31. 10. 2006 (BGBl. I S. 2407).

3 **3. Normzweck. Abs. 1** verpflichtet zur Bildung des Beirates für die Teilhabe behinderter Menschen beim BMAS, der das Ministerium in Fragen der Teilhabe berät und bei Koordinierungsaufgaben unterstützt. **Abs. 2** regelt die Zusammensetzung und das Berufungsverfahren für die 48 Mitglieder des Beirates.

3a **4. Stellung und Aufgaben des Beirats.** Der Beirat ist kein autonomes Organ mit eigener Rechtspersönlichkeit, sondern ein dem zuständigen Ministerium angegliederter Verwaltungsausschuss. Der Beirat hat das Ministerium in Fragen der Teilhabe behinderter Menschen zu beraten und bei den im Gesetz genannten Koordinierungsaufgaben zu unterstützen. Das BMAS hat seinerseits den Beirat verwaltungsseitig zu unterstützen und die damit verbundenen Kosten in den Bundeshaushalt einzustellen.

4 Während sich die **Aufgabenstellung** nach § 35 SchwbG auf die Beratung in Fragen der Arbeits- und Berufsförderung sowie die Koordinierung nach § 8a RehaAnglG beschränkte, überträgt **Abs. 1 Satz 1** dem Beirat nunmehr die umfassende Beratung des Ministeriums in **allen** Fragen der Teilhabe einschließlich der medizinischen Rehabilitation sowie die Unterstützung bei Koordinationsaufgaben. Die Aufgabenstellung bezieht sich auf den umfassenden Teilhabebegriff des § 1 und damit auf alle Lebensumstände behinderter und von Behinderung bedrohter Menschen. Der Beirat wird auf Bitten

des Ministeriums Stellungnahmen abgeben, kann aber auch von sich aus Beratungsgegenstände einbringen und auch Vorschläge für die Neufassung von Rechtsvorschriften unterbreiten. Satz 1 letzter HS enthält die bisher in § 8a RehaAnglG verankerte Unterstützung bei der Koordinierung, nach der das zuständige Ministerium unter Beteiligung der anderen Bundesministerien und obersten Landesbehörden darauf hinzuwirken hatte, dass die Maßnahmen der Arbeits- und Berufsförderung behinderter Menschen aufeinander abgestimmt wurden. Nunmehr ist die Aufgabe der Koordinierung ohne die Beschränkung auf die inzwischen aufgehobene Rechtsverordnung definiert. Der Beirat hat danach ua. das ausdrückliche Recht, Vorschläge für eine bessere Koordinierung und Kooperation der beteiligten Rehabilitationsträger und Integrationsämter einzubringen.

5. Förderung von Rehabilitationseinrichtungen. Abs. 1 Satz 2 Nr. 1 5
überträgt dem Beirat die über die Beratung hinausgehende Aufgabe der **Unterstützung** des Ministeriums bei der Förderung von Rehabilitationseinrichtungen aus Haushaltsmitteln des Bundes oder des Ausgleichsfonds. Die Förderung umfasst die Einrichtungen von Arbeits- und Werkstätten für Behinderte, die Entwicklung von Arbeitshilfen und andere Erleichterungen bei der Einstellung von Beschäftigten, die praktische Erprobung von Modellversuchen zur beruflichen Integration (*Neumann/Pahlen* § 35 SchwbG Rn 3), aber auch die Förderung von Einrichtungen der medizinisch-beruflichen Rehabilitation (Dritter Bericht der Bundesregierung über die Lage der Behinderten und die Entwicklung der Rehabilitation, BT-Drucks. 12/7184 Tz 3.14). Die Unterstützung des Beirates beinhaltet auch ein Vorschlagsrecht, ohne die Entscheidung über die Vergabe von Fördermitteln zu umfassen. Sie besteht in der Darlegung und Begründung des Bedarfs für entsprechende Versorgungsangebote, der Einbringung der Erfahrungen der Betroffenen im Zusammenhang mit der Gestaltung entsprechender Versorgungskonzepte sowie der Einbringung der Wünsche und Ziele der Betroffenen.

6. Mittel des Ausgleichsfonds. Abs. 1 Satz 2 Nr. 1 räumt dem Beirat ein 6
Mitwirkungsrecht bei der Vergabe der Mittel des Ausgleichsfonds ein, das über die Beratung und Unterstützung hinausgeht. Der BMAS verwaltet den nach § 78 bei ihm als zweckgebundene Vermögensmasse eingerichteten „Ausgleichsfonds für überregionale Vorhaben zur Teilhabe schwerbehinderter Menschen am Arbeitsleben". Dieser dient der besonderen Förderung der Einstellung und Beschäftigung schwerbehinderter Menschen auf Arbeitsplätzen sowie von Einrichtungen und Maßnahmen, die den Interessen mehrerer Länder auf dem Gebiet der Förderung der Teilhabe schwerbehinderter Menschen am Arbeitsleben dienen. Der Beirat hat – wie auch die Beratenden Ausschüsse für behinderte Menschen bei den Integrationsämtern nach § 103 Abs. 1 Satz 2 bei der Verwendung von Mitteln der Ausgleichsabgabe zur institutionellen Förderung – das Vorschlagsrecht für die Entscheidungen über die Vergabe der Mittel (Satz 2). Der BMAS darf ohne einen Vorschlag oder gegen einen Vorschlag des Beirats keine Entscheidung treffen. Obwohl das BMAS formal über die Vorschläge des Beirates entscheidet, ist es deswegen im Ergebnis an die Vorschläge des Beirats gebunden (Satz 2, ebenso *Cramer* § 35 SchwbG Rn 3, *Großmann* GK-SchwbG § 35 Rn 12, 23, 26;

Dörner § 12 Anm. IV 1). Die in Satz 1 enthaltene Unterstützung bei der **Koordinierung,** dh der Abstimmung aller dieser Aufgaben innerhalb des Bundes und der Länder unter Mitwirkung der Rehabilitationsträger, räumt dem Beirat darüber hinaus noch ein Beratungsrecht bei der institutionellen Förderung ein.

7 **7. Evaluation der Umsetzung des SGB IX. Abs. 1 Satz 2 Nr. 2** realisiert die Absicht der Bundesregierung, die Umsetzung der Regelungen des SGB IX im Rahmen der Rehabilitationsforschung zu evaluieren. Damit erhalten der Gesetzgeber und die Bundesregierung ein neues Instrument zur Beurteilung der tatsächlichen Entwicklung im Bereich der Teilhabe behinderter Menschen und der Untersuchung und Objektivierung des ggf. bestehenden Handlungsbedarfs. Der Gesetzgeber signalisiert damit, dass es – anders als in der Vergangenheit – keine Fehlentwicklung oder gar Stillstand im Bereich des Behindertenrechts mehr geben darf. Die Ergebnisse der Evaluationsforschung zum SGB IX sind auch Gegenstand der Berichterstattung nach § 66.

8 Nach dieser Vorschrift sind nur Maßnahmen zur Evaluation des SGB IX zulässig, die im Bereich der Rehabilitationsforschung, nicht dagegen in anderen Bereichen der Wissenschaften vergeben werden. Der Beirat kann solche Maßnahmen von sich aus anregen. Soweit die Forschungsmaßnahmen ganz oder teilweise aus Mitteln des Bundes finanziert werden, ist der BMAS Auftraggeber. Die entsprechenden haushaltsrechtlichen Bestimmungen und Vergaberichtlinien des Bundes sind zu beachten.

9 Unabhängig davon, wer die Anregungen zur Forschung gegeben hat, wird der Beirat als **forschungsbegleitender Ausschuss** tätig. Danach ist der Beirat bei der Frage zu beteiligen, ob und welche Forschungsaufträge überhaupt vergeben werden, aber auch bei der Konkretisierung der Forschungsinhalte oder, wenn sich während eines laufenden Forschungsauftrages zB aus Zwischenberichten erneut Fragen zu den Festlegungen und Kriterien eines Auftrages ergeben. Die Auseinandersetzung mit den Forschungsergebnissen ist bereits Gegenstand des allgemeinen Beratungsauftrages nach Satz 1.

10 **8. Zusammensetzung des Beirates. Abs. 2** regelt die Zusammensetzung abschließend. Entsprechend der Erweiterung der Aufgabenstellung auf alle Fragen der Teilhabe einschließlich der medizinischen Rehabilitation sind nunmehr alle wesentlichen mit der Rehabilitation und Teilhabe behinderter Menschen befassten Bereiche und Institutionen im Beirat vertreten. Dafür wurde der Beirat von 38 auf 48 Mitglieder erweitert. Nach Art und Anzahl unverändert geblieben ist die Vertretung der Behindertenverbände (6), der Länder (16), der Integrationsämter (1), der Bundesagentur für Arbeit (1), der Träger der gesetzlichen Renten- und Unfallversicherung (je 1), der Sozialhilfe, deren Vertreter nunmehr auf Vorschlag der Bundesarbeitsgemeinschaft der überörtlichen Träger der Sozialhilfe zu berufen ist, sowie der freien Wohlfahrtspflege, deren Vertreter auf Vorschlag der Bundesarbeitsgemeinschaft der freien Wohlfahrtspflege zu berufen ist. Die Zahl der Vertreter der kommunalen Selbstverwaltungskörperschaften wurde wegen der neuen Aufgabenstellung der Sozial- und Jugendhilfeträger als Rehabilitationsträger erhöht (3). Ebenfalls erhöht wurde die Zahl der Vertreter der Arbeitsgemeinschaften der Rehabilitations- und Teilhabeeinrichtungen (5), weil hier

neben den bisher schon vertretenen Arbeitsgemeinschaften im Bereich der Teilhabe am Arbeitsleben ergänzend die Vertreter von Arbeitsgemeinschaften von Integrationsfirmen sowie von Arbeitsgemeinschaften der Einrichtungen zur medizinischen Rehabilitation (§ 19 Abs. 6) aufgenommen wurden. Neu vertreten sind im Beirat ein Vertreter der Spitzenverbände der ambulanten und stationären medizinischen Einrichtungen zur Rehabilitation. Die Einrichtungen der medizinischen Rehabilitation können folglich sowohl über ihre Spitzenorganisationen oder – soweit sie einer solchen nicht angehören – über eine Arbeitsgemeinschaft (§ 19 Abs. 6) mit insgesamt zwei Vertretern beteiligt sein. Ebenfalls neu aufgenommen wurden Vertreter der gesetzlichen Krankenversicherung (2), die auf Vorschlag ihrer Spitzenverbände berufen werden (zur Frage der Vertretung durch den GKV Spitzenverband bzw. der Bundesverbände nach § 212 SGB V, vgl. Ausführungen zu § 13 Rn 29), ein Vertreter, der auf Vorschlag der Bundesarbeitsgemeinschaft für unterstützte Beschäftigung berufen wird sowie zwei Mitglieder, die auf Vorschlag der Kassenärztlichen Bundesvereinigung und der Bundesärztekammer berufen werden. Die Vertreter der Sozialpartner (Arbeitnehmer und Arbeitgeber jeweils zwei), die bisher unmittelbar auf Vorschlag ihrer Spitzenorganisationen berufen werden konnten, sind nunmehr auf Vorschlag der jeweiligen Gruppenvertreter im Verwaltungsrat der Bundesagentur für Arbeit zu berufen.

Bei den jeweils vorzuschlagenden Mitgliedern handelt es sich um Höchstzahlen. Werden von vorschlagsberechtigten Institutionen keine oder weniger Mitglieder vorgeschlagen, kann das Vorschlagsrecht nicht von anderen Institutionen wahrgenommen werden.

9. Berufungsverfahren. Nach **Abs. 2 Satz 2** beruft das BMAS die Mit- 11
glieder des Beirats. Nach **Satz 3** ist für jedes Mitglied ein Stellvertreter zu berufen. Da es sich um eine persönliche **Stellvertretung** handelt, vertritt der Stellvertreter das ordentliche Mitglied, für dessen Vertretung er berufen ist, bei vorübergehender oder dauerhafter Verhinderung mit allen Rechten und Pflichten des ordentlichen Mitglieds. Scheidet ein ordentliches Mitglied durch entsprechende Feststellung und Mitteilung der vorschlagsberechtigten Stelle aus, rückt der Stellvertreter nicht automatisch nach. Schlägt die vorschlagsberechtigte Stelle nur ein anderes ordentliches Mitglied vor, ohne die Stellvertretung zu berühren, bleibt diese unverändert bestehen.

Das BMAS ist grundsätzlich an die Vorschläge der vorschlagsberechtigten 12
Personen und Institutionen gebunden. Es kann jedenfalls keine Personen berufen, die nicht von der dazu allein berechtigten Stelle vorgeschlagen wurden. Das BMAS kann allerdings eine Berufung ablehnen, wenn zB in der Person liegende oder andere berechtigte Gründe gegen eine Berufung geltend gemacht werden können. Der zum Vorschlag Berechtigte hat dann nur die Möglichkeit, einen anderen Vorschlag einzubringen oder das Mandat nicht auszuüben. Die vorschlagsberechtigten Stellen sollten mit Blick auf die vom SGB IX besonders betonten Belange behinderter Frauen und Kinder (BT-Drucks. 14/5074 S. 111) darauf hinwirken, dass sich die Vertretung dieser Belange im Beirat zB auch durch das Verhältnis der Mitgliedschaft von Männern und Frauen niederschlägt (vgl. auch Bundesgremienbesetzungsgesetz vom 24. 6. 1994 – BGBl. I S. 1406, 1413).

Da es sich um ein Ehrenamt handelt, können Mitglieder und Stellvertreter eine Berufung ablehnen oder die Aufgabe jederzeit ohne Angabe von Gründen niederlegen, sofern sie nicht im Innenverhältnis gegenüber der vorschlagsberechtigten Stelle zur Ausübung des Amtes verpflichtet sind (FKS – SGB IX *Ritz* § 64 Rn 10).

§ 65 Verfahren des Beirats

[1] Der Beirat für die Teilhabe behinderter Menschen wählt aus den ihm angehörenden Mitgliedern von Seiten der Arbeitnehmer, Arbeitgeber und Organisationen behinderter Menschen jeweils für die Dauer eines Jahres einen Vorsitzenden oder eine Vorsitzende und einen Stellvertreter oder eine Stellvertreterin. [2] Im Übrigen gilt § 106 entsprechend.

1 **1. Entstehung der Norm.** Die Vorschrift wurde unverändert aus dem RegE (BT-Drucks. 5531 iVm. 14/5074) übernommen und ab 1. 7. 2001 durch Art. 1 SGB IX eingeführt.

2 **2. Normzweck.** Die Vorschrift regelt das Verfahren des Beirates für die Teilhabe behinderter Menschen nach § 64. **Satz 1** regelt die Wählbarkeit und die Amtsdauer des Vorsitzenden und seiner Stellvertreter. Nach **Satz 2** gilt für weitere Verfahrensregelungen § 106.

3 **3. Wahlen.** § 64 entspricht – iVm. § 106 – inhaltsgleich dem früheren § 36 SchwbG. Der 48 Mitglieder umfassende Beirat nach § 64 hat aus seiner Mitte einen Vorsitzenden bzw. eine Vorsitzende und einen Stellvertreter bzw. eine Stellvertreterin zu wählen. Für beide Funktionen sind ausdrücklich nicht alle 48 Mitglieder des Beirates **wählbar,** sondern nur die Mitglieder der Arbeitnehmer- und Arbeitgebervertreter sowie die der Organisationen behinderter Menschen, nicht dagegen die Vertreter der anderen dem Beirat angehörenden Institutionen oder Gruppen. Nach § 106 Abs. 1 Satz 2 dürfen Vorsitzender und Stellvertreter nicht derselben Gruppe angehören. § 106 Abs. 1 Sätze 3 und 4 schreiben zwingend vor, dass die genannten Gruppen in regelmäßig jährlich wechselnder Reihenfolge den Vorsitzenden oder den Stellvertreter stellen und dass die sich daraus ergebende Reihenfolge auch nicht durch die Beendigung der Amtszeit der Mitglieder unterbrochen wird. Es liegt danach nicht im Ermessen des Beirates festzulegen, ob eine Gruppe in einem bestimmten Jahr gerade den Vorsitz, den Stellvertreter oder keinen von beiden stellt. Die Reihenfolge der Aufgabenwahrnehmung ergibt sich für die jeweilige Gruppe bedingt durch den gleichmäßigen Wechsel je nach dem Ausgang der ersten Wahl (*Neumann/Pahlen* § 36 SchwbG Rn 2). Wird zunächst ein Arbeitnehmervertreter Vorsitzender und ein Vertreter der Arbeitgeber sein Stellvertreter, muss der Vertreter der Behindertenorganisation nach Ablauf des Amtsjahres Vorsitzender oder Stellvertreter werden (vgl. dazu im Einzelnen *Neumann/Pahlen* aaO). Aus dieser stringenten Festlegung der Reihenfolge ergibt sich, dass der bei Ausscheiden eines Vorsitzenden oder Stellvertreters nach § 106 Abs. 1 Satz 3 neu zu wählende, bis zum Ende des Amtsjahres tätige Nachfolger aus der gleichen Gruppe zu wählen ist, der der Ausgeschiedene angehört hat.

Wahlberechtigt sind nach Satz 1 alle Mitglieder des Beirates. Für die Wahl genügt nach § 106 Abs. 2 Satz 2 die einfache Stimmenmehrheit. An die Stelle verhinderter Mitglieder tritt das stellvertretende Mitglied. Falls auch dieses verhindert ist, bleibt die entsprechende Mitgliedschaft bei der Wahl unberücksichtigt. Bei Stimmengleichheit ist so lange zu wählen, bis ein Kandidat die Stimmenmehrheit erreicht (*Neumann/Pahlen* § 36 SchwbG Rn 5). 4

4. Verfahren. Die **Beschlussfähigkeit** des Beirates ist nach § 106 Abs. 2 Satz 1 gegeben, wenn die Hälfte seiner Mitglieder – oder bei Verhinderung deren Stellvertreter – das sind 24, anwesend sind. Nach § 106 Abs. 2 Satz 2 werden alle Beschlüsse und Entscheidungen des Beirates mit der einfachen Mehrheit, dh der Mehrheit der anwesenden Mitglieder getroffen. 5

Der Beirat kann seine Aufgaben als Plenum wahrnehmen, aber auch Aufgaben zur Vorbereitung oder zur abschließenden Erledigung auf Ausschüsse delegieren, die er aus seiner Mitte bildet. Zum Verfahren (ua. Teilnahmerecht, Einladung, Abstimmung, Bildung von Ausschüssen, Niederschriften) im Einzelnen vgl. die Geschäftsordnung des Beirates (abgedruckt unter Rn 3 zu § 67).

Die Mitglieder des Beirates üben ihre Tätigkeit nach § 106 Abs. 3 Satz 1 **ehrenamtlich** aus. Sie erhalten keine Vergütung, sondern Auslagenersatz (Fahrkosten, Tage- und Übernachtungsgelder, ggf. Verdienstausfall) nach den für das BMAS geltenden Grundsätzen und dem Reisekostenrecht des Bundes. 6

Die **Amtsdauer** der Mitglieder des Beirates beträgt nach § 106 Abs. 3 Satz 2 vier Jahre. Sie beginnt mit der Berufung und endet vier Jahre später mit dem Tag, der dem der Berufung entspricht (§ 188 Abs. 2 BGB iVm. § 187 Abs. 1 BGB). 7

Die **Geheimhaltungspflicht** ist für alle Mitglieder des Beirats in § 130 geregelt. 8

§ 66 Berichte über die Lage behinderter Menschen und die Entwicklung ihrer Teilhabe

(1) [1]Die Bundesregierung unterrichtet die gesetzgebenden Körperschaften des Bundes bis zum 31. Dezember 2004 über die Lage behinderter Frauen und Männer sowie die Entwicklung ihrer Teilhabe, gibt damit eine zusammenfassende Darstellung und Bewertung der Aufwendungen zu Prävention, Rehabilitation und Teilhabe behinderter Menschen im Hinblick auf Wirtschaftlichkeit und Wirksamkeit ab und schlägt unter Berücksichtigung und Bewertung der mit diesem Buch getroffenen Regelungen die zu treffenden Maßnahmen vor. [2]In dem Bericht wird die Entwicklung der Teilhabe am Leben in der Gesellschaft gesondert dargestellt. [3]Schlägt die Bundesregierung weitere Regelungen vor, erstattet sie auch über deren Wirkungen einen weiteren Bericht. [4]Die Träger von Leistungen und Einrichtungen erteilen die erforderlichen Auskünfte. [5]Die obersten Landesbehörden werden beteiligt. [6]Ein gesonderter Bericht über die Lage behinderter Menschen ist vor diesem Zeitpunkt nicht zu erstellen.

(2) [1]**Bei der Erfüllung der Berichtspflicht nach Absatz 1 unterrichtet die Bundesregierung die gesetzgebenden Körperschaften des Bundes auch über die nach dem Behindertengleichstellungsgesetz getroffenen Maßnahmen, über Zielvereinbarungen im Sinne von § 5 des Behindertengleichstellungsgesetzes sowie über die Gleichstellung behinderter Menschen und gibt eine zusammenfassende, nach Geschlecht und Alter differenzierte Darstellung und Bewertung ab.** [2]**Der Bericht nimmt zu möglichen weiteren Maßnahmen zur Gleichstellung behinderter Menschen Stellung.** [3]**Die zuständigen obersten Landesbehörden werden beteiligt.**

(3) [1]**Die Bundesregierung unterrichtet die gesetzgebenden Körperschaften des Bundes bis zum 31. Dezember 2006 über die Ausführung der Leistungen des Persönlichen Budgets nach § 17.** [2]**Auf der Grundlage des Berichts ist zu prüfen, ob weiterer Handlungsbedarf besteht; die obersten Landesbehörden werden beteiligt.**

1 **1. Sozialpolitischer Hintergrund.** Vor Inkrafttreten des SGB IX basierten die Berichte der Bundesregierung über die „Lage der Behinderten und die Entwicklung der Rehabilitation" auf einer 1982 gefassten Entschließung des Deutschen Bundestages (zu BT-Drucks. 9/1753).Darin wurde die Bundesregierung gebeten, dem Deutschen Bundestag „einmal in einer Legislaturperiode" einen entsprechenden Bericht vorzulegen. Mit der deutschen Einheit wurde diese Bitte in einer weiteren Entschließung vom 20. 2. 1992 (zu BT-Drucks. 12/1943) auf die besondere Situation der Behinderten in den neuen Bundesländern und die Herstellung gleicher Lebensverhältnisse für Behinderte in ganz Deutschland ausgedehnt. Mit dieser Vorschrift wird eine gesetzliche Berichtspflicht eingeführt, die 2003 um eine Berichtspflicht zum Persönlichen Budget erweitert wurde (Abs. 3).

2 **2. Entstehung der Norm.** Die Vorschrift wurde ab 1. 7. 2001 durch Art. 1 SGB IX eingeführt. Der RegE (BT-Drucks. 14/5531 iVm. 14/5074) wurde in **Abs. 1 Satz 1** dahingehend geändert, dass nicht der Bericht, sondern der Vorschlag für die zu treffenden Maßnahmen „unter Berücksichtigung und Bewertung der mit dem SGB IX getroffenen Regelungen" zu erstellen ist. Angefügt wurden die **Sätze 2 und 3,** nach denen im Bericht die Teilhabe am Leben in der Gesellschaft gesondert darzustellen ist. Die Vorschrift wurde ab 1. 5. 2002 durch Art. 48 Nr. 4 des Gesetzes zur Gleichstellung behinderter Menschen vom 27. 4. 2002 (BGBl. I S. 1467) um einen **Abs. 2** ergänzt. **Abs. 3** angefügt ab 1. 1. 2005 durch Gesetz zur Einordnung des Sozialhilferechts in das SGB vom 23. 12. 2003 (BT-Drucks. 15/1514).

3 **3. Normzweck. Abs. 1** verpflichtet die Bundesregierung, den gesetzgebenden Körperschaften des Bundes bis zum 31. 12. 2004 einen Bericht über die Lage behinderter Frauen und Männer sowie die Entwicklung ihrer Teilhabe zu erstatten. Sätze1 bis 3 enthalten konkrete Anforderungen an den Berichtsinhalt. Satz 4 verpflichtet die Leistungs- und Einrichtungsträger von Leistungen zur Auskunftserteilung. Satz 5 sieht die Beteiligung der obersten Landesbehörden vor. Nach Satz 6 ist vor dem 31. 12. 2004 kein Bericht mehr zu erstellen. **Abs. 2** dehnt die Berichtspflicht auf die Feststellung der Auswirkungen des Behindertengleichstellungsgesetzes aus. **Abs. 3** verpflichtet

zur Berichterstattung über die Wirkung der Neufassung der Regelungen zum Persönlichen Budget (§ 17) ab 1. 1. 2005 und zur Klärung eines evtl. weiteren Handlungsbedarfs.

4. Bundesbehindertenbericht. Der Bericht muss die Lage der behinderten Frauen und Männer sowie die Entwicklung ihrer Teilhabe widerspiegeln und damit eine zusammenfassende Darstellung und Bewertung der Aufwendungen, dh zugleich auch der Wirtschaftlichkeit und Wirksamkeit der Teilhabeleistungen iSd § 5 sowie der Präventionsleistungen enthalten. Die besondere Nennung behinderter Frauen und Männer drückt die Erwartung des Gesetzgebers hinsichtlich einer geschlechtsspezifischen Erfassung im Rahmen der erforderlichen Erhebungen aus. Soweit sich aus dem Bericht Handlungsbedarf – nicht nur für den Gesetzgeber – ableitet, sollen entsprechende Vorschläge unter ausdrücklicher Bewertung und Berücksichtigung der im SGB IX getroffenen Regelungen unterbreitet werden. Der Bericht soll die Lage und die Entwicklung zum 31. 12. 2004 nach den Maßstäben des SGB IX bewerten. Soweit bei der Umsetzung des SGB IX Diskrepanzen zum Gesetz und den Zielen des Gesetzgebers festgestellt werden, sollen Vorschläge vorgelegt werden, mit welchen Maßnahmen die durch das SGB IX gesetzten Maßstäbe erreicht werden können. In diesem Zusammenhang muss die in § 64 Abs. 1 Nr. 2 enthaltene Evaluation der Durchführung des SGB IX im Rahmen der Rehabilitationsforschung als ein Instrument verstanden werden, zu einer Objektivierung des Handlungsbedarfs zu kommen. 4

Der Bericht der Bundesregierung über die Lage behinderter Menschen und die Entwicklung ihrer Teilhabe gem. § 66 des Neunten Sozialgesetzbuches datiert vom 16. 12. 04 (BT-Drucks. 15/4575). Einen weiteren Behindertenbericht veröffentlichte das BMAS 2009 (www.bmas.de). Der AuS-Ausschuss des Bundestages befasste sich damit am 3. 5. 2010 (BT-Drucks. 16/13829 v. 17. 7. 2009).

Die in Satz 2 geforderte getrennte Darstellung der Entwicklung der Teilhabe am Leben in der Gesellschaft soll Transparenz darüber herstellen, ob und inwieweit es durch die Einbeziehung der Träger der Sozialhilfe in den Kreis der Rehabilitationsträger und der damit verbundenen Aufgabenzuweisung zwischen den Rehabilitationsträgern, insbesondere jedoch im Verhältnis zu den Sozialhilfeträgern zu Leistungsverschiebungen gekommen ist. 5

5. Behindertengleichstellungsgesetz. Abs. 2 erweitert die Berichtspflicht auf die Auswirkungen des am 28. 2. 2002 vom Deutschen Bundestag verabschiedeten BGG auf die Situation behinderter Menschen. Wegen des Sachzusammenhangs wird diese Berichtspflicht mit der nach Abs. 1 verbunden. Neben einer – nach Geschlecht und Alter differenzierten – Darstellung des Sachstandes soll der Bericht zu möglichen weiteren Maßnahmen zur Gleichstellung behinderter Menschen Stellung nehmen. Insbesondere darüber, ob der Abschluss von Zielvereinbarungen nach § 5 BGG zu ausreichenden Ergebnissen in den jeweiligen Regelungsbereichen geführt hat oder ob der Gesetzgeber zu weiteren, eingreifenden Maßnahmen aufgerufen ist. Die obersten Landesbehörden sind an den Berichten zu beteiligen. 6

6. Persönliches Budget. Abs. 3 idF des Gesetzes zur Einordnung des Sozialhilferechts, mit dem die Ausführung von Leistungen zur Teilhabe durch ein Persönliches Budget konkretisiert, auf die übrigen Sozialgesetzbücher 7 ausgedehnt und dazu um spezifische Zuständigkeits- und Verfahrensregelungen ergänzt wurde (§ 17 Abs. 2 bis 5), verpflichtet die Bundesregierung, bis zum 31. 12. 2006 einen Bericht über die bis dahin mit der Neuregelung gemachten Erfahrungen vorzulegen. Auf der Grundlage des Berichts soll geprüft werden, ob weiterer Handlungsbedarf besteht.

Der Bericht der Bundesregierung über die Ausführung der Leistungen des Persönlichen Budgets nach § 17 des Neunten Buches Sozialgesetzbuch datiert vom 21. 12. 2006 (BT-Drucks. 16/3983)

§ 67 Verordnungsermächtigung

Das Bundesministerium für Arbeit und Soziales kann durch Rechtsverordnung mit Zustimmung des Bundesrates weitere Vorschriften über die Geschäftsführung und das Verfahren des Beirats nach § 65 erlassen.

1 **1. Entstehung der Norm.** Die Vorschrift wurde unverändert aus dem RegE (BT-Drucks. 14/5531 iVm. 14/5074) übernommen und ab 1. 7. 2001 durch Art. 1 SGB IX eingeführt. Ab 1. 1. 2003 redaktionell geändert durch Gesetz zur Änderung von Fristen und Bezeichnungen im SGB IX und zur Änderung anderer Gesetze vom 3. 4. 2003 (BGBl. I S 462) sowie durch Verordnung vom 31. 10. 2006 (BGBl. I S. 2407) hinsichtlich der Bezeichnung des Ministeriums.

2 **2. Normzweck.** Die Vorschrift ermächtigt das BMAS, mit Zustimmung des Bundesrates durch Rechtsverordnung weitere Verfahrensregelungen für den Beirat nach § 65 zu erlassen.

3 **3.** Die Verordnungsermächtigung erstreckt sich auf weitere Vorschriften über die Geschäftsführung und das Verfahren des Beirates. Von dem Verordnungsrecht, das bereits in § 35 Abs. 4 SchwbG enthalten war, wurde kein Gebrauch gemacht, weil kein Regelungsbedarf gesehen wurde. Der Beirat hatte erforderliche Regelungen mit seiner Geschäftsordnung vom 2. 12. 1975 beschlossen, die nach In-Kraft-Treten des SGB IX zuletzt am 9. 12. 2009 folgende Fassung erhielt:

Geschäftsordnung des Beirates für die Teilhabe behinderter Menschen

§ 1 Teilnahmerecht an Sitzungen des Beirates. (1) [1] An den Sitzungen des Beirates nehmen die Mitglieder des Beirates oder ihre Vertreterinnen oder Vertreter sowie ausgewählte Vertreterinnen oder Vertreter des Bundesministeriums für Arbeit und Soziales (BMAS) teil. [2] An den Sitzungen des Beirates können Vertreterinnen oder Vertreter anderer Bundesministerien teilnehmen, deren Ressortzuständigkeit von den zur Beratung anstehenden Themen berührt wird, sowie ferner die oder der Beauftragte der Bundesregierung für die Belange behinderter Menschen oder eine von ihr oder ihm beauftragte Mitarbeiterin oder ein von ihr oder ihm beauaftragter Mitarbeiter.

(2) Zur Erfüllung seiner Aufgaben kann der Beirat nach Absprache mit dem BMAS Sachverständige hinzuziehen.

§ 2 Einberufung des Beirates. (1) a) [1] Der Beirates tagt zweimal im Jahr, im Frühjahr und im Herbst eines jeden Jahres. [2] Die oder der Vorsitzende lädt mindestens vier

Wochen – in Eilfällen mindestens zwei Wochen – vor der Sitzung unter Mitteilung der Tagesordnung sowie Beifügung der bis dahin vorliegenden Beratungsunterlagen schriftlich zu den Sitzungen des Beirates ein. [3]Dem Bundesministerium für Arbeit und Soziales (BMAS) erst später vorliegende Beratungsunterlagen können den Beiratsmitgliedern auch elektronisch übermittelt werden. [4]Die Einladung kann im Benehmen mit der oder dem Vorsitzenden auch vom BMAS ausgesprochen werden.

b) [5]Die oder der Vorsitzende bzw. das BMAS ist zur Einberufung des Beirates zu einer außerordentlichen Sitzung verpflichtet, wenn wenigstens acht Mitglieder dies unter Angabe des Beratungsgegenstandes und Darlegung der Gründe für die Notwendigkeit der außerordentlichen Sitzung schriftlich verlangen.

(2) [1]Das BMAS gibt den stellvertretenden Mitgliedern Einladung und die Tagesordnung sowie vorliegende Beratungsunterlagen parallel zu den Einladungen schriftlich zur Kenntnis. [2]Dem BMAS erst später vorliegende Beratungsunterlagen können den stellvertretenden Mitgliedern auch elektronisch übermittelt werden.

(3) Die Mitglieder unterrichten die Stellvertreter unverzüglich, wenn sie selbst nicht an der Sitzung teilnehmen können.

§ 3 Tagesordnung. In der Sitzung des Beirates können nur solche Angelegenheiten beraten werden, die bei der Einberufung der Sitzung in der Tagesordnung genannt worden sind oder die mit Zustimmung der Mehrheit der erschienenen Mitglieder oder ihrer Vertreterinnen oder Vertreter nachträglich auf die Tagesordnung gesetzt werden.

§ 4 Ergebnisprotokoll. [1]Über jede Sitzung des Beirates ist ein Ergebnisprotokoll zu fertigen. [2]Das Protokoll ist von der oder dem Vorsitzenden und der Protokollführerin oder dem Protokollführer zu unterzeichnen. [3]Das Protokoll ist den Mitgliedern des Beirates sowie ihren Stellvertreterinnen und Stellvertretern und den übrigen an den Sitzungen beteiligten Vertretern der Bundesministerien unverzüglich zu übersenden. [4]Wenn nicht spätestens auf der nächsten Sitzung des Beirates Einspruch erhoben wird, gilt das Protokoll als genehmigt.

§ 5 Abstimmungen. (1) Der Beirat ist beschlussfähig, wenn wenigstens die Hälfte seiner Mitglieder anwesend ist (§ 65 Satz 2 in Verbindung mit § 106 Abs. 2 Satz 1 SGB IX).

(2) Die Beschlüsse und Entscheidungen werden mit einfacher Stimmenmehrheit getroffen (§ 65 Satz 2 in Verbindung mit § 106 Abs. 2 Satz 2 SGB IX).

(3) Der Beirat stimmt offen ab, es sei denn, ein Mitglied beantragt geheime Abstimmung.

§ 6 Schriftliche Beschlussfassung. [1]Das BMAS kann in Ausnahmefällen einen Beschluss des Beirates, insbesondere bei besonderer Dringlichkeit und bei einfach gelagertem Sachverhalt, durch eine Vorlage schriftlich oder elektronisch herbeiführen, es sei denn, dass ein Mitglied widerspricht und sein Widerspruch gegen das gewählte Verfahren innerhalb von 15 Werktagen nach Absendung der Vorlage schriftlich oder elektronisch bei der/dem für die Geschäftsführung des Beirates zuständigen Beschäftigen im BMAS eingeht. [2]Die Vorlage muss auf die Möglichkeit des Widerspruchs hinweisen.

§ 7 Vorbereitender Ausschuss. (1) [1]Der Beirat wählt aus seiner Mitte einen ständigen Ausschuss, der die Beschlüsse des Beirates, insbes. dessen Vorschläge zur Vergabe der Mittel des Ausgleichsfonds vorbereitet (Vorbereitender Ausschuss). [2]Der Beirat kann dem Vorbereitenden Ausschuss weitere Aufgaben übertragen.

(2) [1] Der Vorbereitende Ausschuss besteht aus sieben Mitgliedern, und zwar aus je einer Vertreterin oder einem Vertreter der Arbeitnehmer, der Arbeitgeber, der Organisationen der behinderten Menschen, der Rehabilitationsträger, der freien Wohlfahrtspflege und zwei Vertreterinnen oder Vertretern der Bundesländer. [2] Die Mitgliedschaft im Vorbereitenden Ausschuss endet nach einem Jahr; die Wiederwahl ist zulässig.

(3) [1] Der Vorbereitende Ausschuss hat die ihm vom Beirat zugewiesenen Fragen zu beraten und über das Ergebnis der Beratungen dem Beirat zur Beschlussfassung zu berichten. [2] Auf Beschluss des Beirates ist der Bericht schriftlich vorzulegen.

(4) [1] Die oder der Vorsitzende des Beirates ist zugleich Vorsitzende oder Vorsitzender des Vorbereitenden Ausschusses. [2] Die oder der stellvertretende Vorsitzende ist berechtigt, an den Sitzungen des Vorbereitenden Ausschusses teilzunehmen.

§ 8 Geschäftsführung des Beirates. [1] Das BMAS führt die laufenden Geschäfte des Beirates und seines Vorbereitenden Ausschusses. [2] Es bestimmt für die Geschäftsführung eine Beschäftigte oder einen Beschäftigten. [3] Das Bundesministerium für Arbeit und Soziales leitet dem Beirat – von der Einladung abgesehen – Vorlagen einschließlich der Anlagen dazu nach Möglichkeit elektronisch zu und ist im Übrigen berechtigt, mit den Beiratsmitgliedern sowie ihren Stellvertreterinnen und Stellvertretern elektronisch zu korrespondieren.

§ 9 Reisekostenvergütung und Sitzungsentschädigung. (1) Die Mitglieder des Beirates erhalten bei Reisen, die sie zur Wahrnehmung ihrer Aufgaben durchführen, Reisekostenvergütung sowie eine Sitzungsentschädigung in Anwendung des Bundesreisekostengesetzes vom 26. 5. 2005 (BGBl I. S. 1418) und der sonstigen gesetzlichen Bestimmungen und Richtlinien – derzeit sind Rundschreiben des BMF vom 31. 10. 2001 (GMBl. 2002, S. 92) und 28. 9. 2005 beachtlich –

(2) Abs. 2 gilt auch für nach § 1 Abs. 2 hinzugezogene Sachverständige

(3) [1] Alle in Angelegenheiten des Beirates erforderlichen Reisen bedürfen der vorherigen Einwilligung des BMAS. [2] Für Sitzungen gilt diese mit der Einladung als ausgesprochen. [3] Die Reisekostenrechnungen sind dem BMAS innerhalb einer Ausschlussfrist von sechs Monaten nach Beendigung der Reise auf einem Vordruck, den das BMAS zur Verfügung gestellt wird, vorzulegen.

Teil 2. Besondere Regelungen zur Teilhabe schwerbehinderter Menschen (Schwerbehindertenrecht)

Kapitel 1. Geschützter Personenkreis

§ 68 Geltungsbereich

(1) Die Regelungen dieses Teils gelten für schwerbehinderte und diesen gleichgestellte behinderte Menschen.

(2) [1]Die Gleichstellung behinderter Menschen mit schwerbehinderten Menschen (§ 2 Abs. 3) erfolgt auf Grund einer Feststellung nach § 69 auf Antrag des behinderten Menschen durch die Bundesagentur für Arbeit. [2]Die Gleichstellung wird mit dem Tag des Eingangs des Antrags wirksam. [3]Sie kann befristet werden.

(3) Auf gleichgestellte behinderte Menschen werden die besonderen Regelungen für schwerbehinderte Menschen mit Ausnahme des § 125 und des Kapitels 13 angewendet.

(4) [1]Schwerbehinderten Menschen gleichgestellt sind auch behinderte Jugendliche und junge Erwachsene (§ 2 Abs. 1) während der Zeit einer Berufsausbildung in Betrieben und Dienststellen, auch wenn der Grad der Behinderung weniger als 30 beträgt oder ein Grad der Behinderung nicht festgestellt ist. [2]Der Nachweis der Behinderung wird durch eine Stellungnahme der Agentur für Arbeit oder durch einen Bescheid über Leistungen zur Teilhabe am Arbeitsleben erbracht. [3]Die besonderen Regelungen für schwerbehinderte Menschen, mit Ausnahme des § 102 Abs. 3 Nr. 2 Buchstabe c, werden nicht angewendet.

Rechtsprechung:

BAG mit Urt. v. 1. 3. 2007 – 2 AZR 217/06 Sonderkündigungsschutz für schwerbehinderte Menschen

BAG Urt. v. 13. 6. 2006 – 9 AZR 229/05 Stufenweise Wiedereingliederung schwerbehinderter Arbeitnehmer

BSG Urt. v. 19. 12. 2001 – B 11 AL 57/01 R – Keine Anfechtungsbefugnis des Arbeitgebers bei Gleichstellung von Behinderten

BSG Urt. v. 2. 3. 2000 – B 7 AL 46/99 R – Gleichstellung mit einem Schwerbehinderten bei anerkanntem GdB von 30

1. Sozialpolitischer Hintergrund. Die Norm regelt den personellen Geltungsbereich des Schwerbehindertenrechts (Abs. 1) und die beiden unterschiedlichen Formen der Gleichstellung behinderter Menschen mit schwerbehinderten Menschen (Abs. 2, Abs. 4). 1

Die Gleichstellung nach Abs. 2 ist ein Korrektiv zwischen behinderten Menschen und der Arbeitswelt, wenn die Behinderung unvertretbaren Einfluss auf das arbeitsmarktliche Schicksal zu nehmen droht und eine ursächliche Verknüpfung nachweisbar ist. Das Instrument wird von der BA eher restriktiv eingesetzt, weil es die Schaffung von Ausnahmetatbeständen gegenüber den Feststellungsmaßstäben für die Anerkennung einer Schwerbehinderung ist. Das Verständnis der Gleichstellung hat in der Geschichte des Schwerbehindertenrechts erhebliche Entwicklung erlebt, maßgeblich geprägt wurde es auch durch die beiden BSG-Urteile vom 1. 3. 2007 und vom 19. Dez. 2001. Heute ist ein Verständnis der Gleichstellung erreicht, das die Voraussetzungstatbestände „Erhaltung" und „Erlangung" als Elemente einer einheitlichen Entscheidung versteht.

Zum historischen Hintergrund führt das BSG Urt. v. 2. 3. 2000 aus: „In § 2 des Schwerbeschädigtengesetzes vom 14. 8. 1961 (BGBl. I S. 1233) war noch vorgesehen, dass die Gleichstellung (zur Erlangung und zum Behalten eines geeigneten Arbeitsplatzes) auf bestimmte Betriebe beschränkt werden solle. Diese Regelung wurde jedoch mit dem SchwbG idF vom 29. 4. 1974 (BGBl. I S. 1005) gestrichen, „weil sie die berufliche Beweglichkeit des Gleichgestellten zu sehr einschränke und der gesetzliche Schutz bei einem Wechsel des Betriebs automatisch verloren gehe und für den neuen Betrieb erst wieder beantragt werden müsse" (BT-Drucks. 7/656, Satz 25 zu Nr. 3). Diese Gesetzesbegründung erteilt damit der Forderung nach einem konkreten Arbeitsplatz für die Gleichstellung zur Erlangung eines geeigneten Arbeitsplatzes eine deutliche Absage. Ohne Bezug bleibt zumindest bisher die Gleichstellung nach Abs. 2 u. 3 zur BRK, obwohl hinsichtlich des Schutzes behinderter Menschen, die nicht schwerbehindert sind, in Deutschland noch Handlungsbedarf besteht (s. Rn 3).

2 **2. Geltende Fassung und Entstehungsgeschichte. Abs. 1** wurde durch Art. 1 SGB IX ab 1. 7. 2001 eingeführt. Die Absätze 2 und 3 übernehmen inhaltsgleich Regelungen des § 2 Abs. 1 und 2 SchwbG. Abs. 4 ist durch das Gesetz zur Förderung der Ausbildung und Beschäftigung schwerbehinderter Menschen vom 23. 4. 2004 (BGBl. I S. 606) eingefügt worden.

3 **3. Normzweck und Normzusammenhang. Abs. 1** Satz 1 trifft die grundlegende Regelung über den personellen Geltungsbereich des SGB IX Teil 2, die Ausnahme des personellen Geltungsbereichs, die § 84 Abs. 2 betrifft bleibt unerwähnt. Abs. 2 und 3 legen das antragsgestützte Verfahren und die rechtliche Wirkung der individuellen Gleichstellung behinderter Menschen mit einem GdB von mindestens 30 bis unter 50 GdB mit schwerbehinderten Menschen fest. Abs. 4 legt seit 1. 5. 2004 für behinderte Jugendliche und junge Erwachsene während der Zeit einer Berufsausbildung in Betrieben und Dienststellen eine eigene Form der Gleichstellung fest. Die Rechtsfolgen dieser Gleichstellung nach Abs. 4 sind allerdings auf die finanzielle Förderung nach § 102 Abs. 3 Nr. 2 c) beschränkt. Keine wirkliche Beziehung ist zwischen der UN-Konvention und dieser Norm bisher herstellbar. Düwell (2008) führt dazu aus: „Nach § 68 Abs. 1 SGB IX gelten die arbeits- und dienstrechtlichen Bestimmungen des SGB IX (Teil 2 des SGB IX) nur für Menschen mit Schwerbehinderungen (§ 2 Abs. 2 SGB IX: GdB ab 50) und für ihnen gleichgestellte behinderte Menschen (§ 2 Abs. 3 SGB IX: GdB 30 bis unter 50 mit Gleichstellungsbescheid der Agentur für Arbeit, § 68 Abs. 2 SGB IX). Demgegenüber ist der Behindertenbegriff des Übereinkommens weiter gefasst. Nach Art. 1 Abs. 2 des Übereinkommens

schließt er alle Menschen ein, die langfristige körperliche, seelische, geistige oder Sinnesbeeinträchtigungen haben, welche sie in Wechselwirkung mit verschiedenen Barrieren an der vollen, wirksamen und gleichberechtigten Teilhabe an der Gesellschaft hindern können. Nach deutschem Recht ist die Gruppe der einfachbehinderten Menschen bisher nur durch das allgemeine Benachteiligungsverbot in §§ 1, 7 AGG und durch das Gebot der Rücksichtnahme auf Behinderungen bei Weisungen in § 106 Satz 2 GewO vom Schutz des Gesetzes mit erfasst. Das sind keine ausreichenden Vorkehrungen iSd Übereinkommens. Hier besteht Bedarf, auch die einfachbehinderten Menschen stärker einzubeziehen."

Bemerkenswert ist eine bisher in Rechtsprechung und Verwaltungspraxis noch eher nur nachrangige Entwicklung im Bereich der Pflichten der Arbeitgeber und die Rechte schwerbehinderter Menschen nach § 81, insbes. Abs. 4 Satz 1 (s. Erl. § 81 Rn 7, Rn 26). Nach der BAG-Rechtsprechung vom 13. 6. 2006 zum Anspruch schwerbehinderter Menschen auf die Durchführung stufenweiser Wiedereingliederung – den nicht schwerbehinderte Menschen eben nach weiterbestehender Rechtsprechung zu § 74 SGB V und § 28 SGB IX nicht haben – könnte hier ein neuer Sachkomplex zur Begründung eines Gleichstellungsanspruchs nach § 68 Abs. 3 entstehen.

4. Inhalt der Vorschrift im Einzelnen. Abs. 1 legt den personellen Geltungsbereich des SGB IX Teil 2 (Abs. 1) fest. Es handelt sich hier um besondere Regelungen zur Teilhabe schwerbehinderter Menschen (Schwerbehindertenrecht), die die allgemeinen Regelungen leistungsrechtlichen Vorschriften der Rehabilitationsträger ergänzen. 4

Während im SGB IX Teil 1 es primär um Verpflichtungen der Rehabilitationsträger und die Rechte der behinderten Menschen geht, sind **zur Erfüllung der Vorschriften des zweiten Teils in erster Linie die Arbeitgeber angesprochen.** Wenn die Arbeitgeber nicht in freier Entschließung die Vorgaben des Schwerbehindertenrechts erfüllen bzw. wegen Unzumutbarkeit bzw. zu hoher Aufwendungen nicht erfüllen können (vgl. § 81 Abs. 4 Satz 2 SGB IX), sind die Integrationsämter bzw. die Bundesagentur für Arbeit zur Unterstützung der Arbeitgeber verpflichtet (§ 101 SGB IX). Der leistungsrechtliche Vorrang von Rehabilitationsleistungen nach Teil 1 bleibt unberührt (§§ 101 Abs. 2, 102 Abs. 5 SGB IX). 5

Die individuelle, antragsbedingte Gleichstellung (Abs. 2) behinderter Menschen (GdB 30 bis unter 50) mit schwerbehinderten Menschen erfolgt nur auf Antrag des behinderten Menschen durch die Agentur für Arbeit. Die Agentur für Arbeit soll nach § 2 Abs. 3 SGB IX gleichstellen, wenn die dort genannten Voraussetzungen vorliegen. Bei einem Antrag auf Gleichstellung ist rechtlich nicht zu unterscheiden, ob der Antrag zur Erhaltung oder zur Erlangung eines geeigneten Arbeitsplatzes gestellt worden ist. Bei Nicht-Vorliegen bzw. Verneinung einer Voraussetzung ist immer zu prüfen, ob die andere Voraussetzung gegeben bzw. erfüllt ist. Beispiel: Sollte der innegehabte Arbeitsplatz im Laufe des Gleichstellungsverfahrens entfallen und deshalb nicht mehr geschützt werden können, sind die AA gehalten zu prüfen, ob die Gleichstellung zur Erlangung eines neuen anderen Arbeitsplatzes beim selben oder einem anderen Arbeitgeber erforderlich ist. 6

7 Die Entscheidung der Agentur für Arbeit über den Gleichstellungsantrag erfolgt durch einen förmlichen Bescheid. Während Menschen nach § 2 Abs. 2 schwerbehindert sind, wenn die dort genannten Voraussetzungen vorliegen, wird die Gleichstellung erst durch die Entscheidung der Agentur für Arbeit begründet. Die **Gleichstellung ist damit ein konstitutiver, dh rechtsbegründender Verwaltungsakt.** Demgegenüber hat der **Feststellungsbescheid** des Versorgungsamtes für den Schwerbehindertenstatus **nur deklaratorische Bedeutung.** Durch die Gleichstellung wird der behinderte Mensch nicht zum schwerbehinderten Menschen (*Dau* in LPK-SGB IX Rn 10 zu § 68). Sie gibt ihm aber mit den in § 68 Abs. 3 genannten **Ausnahmen im Wesentlichen den vollen Schutz nach dem Teil 2 SGB IX.** Der Gleichstellungsbescheid entfaltet wie der Schwerbehindertenstatus gegenüber jedermann Wirkung, dem gegenüber Behinderte ihre Recht geltend machen können (BSGE 60, 284, 285 = SOZR 3870 § 3 Nr. 23).

8 Die Gleichstellung wird nach § 68 Abs. 2 Satz 2 mit dem **Tag des Eingangs des Antrags** wirksam. Dies bedeutet, dass die Gleichstellungsentscheidung auf den Zeitpunkt des Antragseingangs rückwirkt. Wichtige Ausnahmen bestehen für den Kündigungsfall. Hier gilt eine dreiwöchige Karenzzeit nach Antragstellung für den Kündigungsschutz analog § 69 Abs. 1 Satz 2 (s. Erl. zu § 90 Rn 21 mit Verweis auf BAG v. 6. 9. 2007).

9 Antragsberechtigt sind nur Menschen mit einem Grad der Behinderung von mindestens 30 und weniger als 50. Nachzuweisen ist dies der Agentur für Arbeit durch einen Feststellungsbescheid des Versorgungsamts oder der anderen Stellen nach § 69. Eine solche Entscheidung muss vorliegen, dh ein Feststellungsantrag nach § 69 Abs. 1 SGB IX reicht nach hM nicht aus (s. Runderlass 13/2002 vom 16. 4. 2002, Anh. 19.1, s.a. *Neumann* in Neumann/Pahlen/Majerski-Pahlen, SGB IX, 10. Auflage, Erl. § 68 Rn 48). *Neumann* verweist darauf, dass die Gleichstellung auch dann erfolgen kann, wenn die Feststellung noch nicht rechtskräftig ist (s.a. *Schorn* in Müller-Wenner/Schorn SGB IX Teil 2, Erl. § 68 Rn 44). Die hM wie auch die soweit bekannte Verwaltungspraxis führt in diesen Fällen zur Ablehnung des Gleichstellungsantrages, da die Voraussetzung des Feststellungsbescheides nicht erfüllt ist (s.a schon frühere Regelung im damaligen Runderlass 13/2002 vom 16. 4. 2002, Abschnitt: III. Nr. 1.2 u. IV. Verfahren Nr. 1). Dies ist auf den ersten Blick insofern erstaunlich, als die Behinderteneigenschaft nach § 2 Abs. 1 durch den Feststellungsbescheid nur deklariert und nicht konstituiert wird. Es wird aber offensichtlich § 2 Abs. 3 „Menschen mit einem Grad der Behinderung von weniger als 50, aber wenigstens 30" als technische Antragsvoraussetzung gelesen. Angesichts der aktuell herrschenden Praxis ist zum Beispiel einem Diabetiker mit einer GdB-Erwartung von 40 dringend anzuraten, rechtzeitig ein Feststellungsverfahren nach § 69 zu betreiben, damit er bei Gefährdung des Arbeitsplatzes entsprechend schnell einen Antrag auf Gleichstellung stellen kann.

10 Der Antrag ist formfrei, dh kann mündlich, telefonisch oder schriftlich gestellt werden. Insbesondere ist es zur Stellung eines wirksamen Antrages nicht notwendig, den Antragsvordruck der Arbeitsverwaltung zu verwenden, aus praktischen Gründen ist dies aber anzuraten. Nach § 16 SGB I ist der Antrag beim zuständigen Leistungsträger zu stellen. Zuständig ist die

Agentur für Arbeit am Wohnsitz oder gewöhnlichen Aufenthalt des Antragsstellers bzw. bei Grenzgängern die Agentur für Arbeit des Betriebssitzes.

Ausschließlich der behinderte Mensch bzw. sein gesetzlicher Vertreter ist berechtigt, die Gleichstellung zu beantragen. Weder Arbeitgeber noch die Schwerbehindertenvertretung oder der Betriebs- bzw. Personalrat haben ein eigenes Antragsrecht. Die Antragsbefugnis der Schwerbehindertenvertretung nach § 95 Abs. 1 Nr. 2 wie das Initiativrecht des Betriebsrates nach § 80 Abs. 1 Nr. 2 BetrVG und des Personalrats nach § 68 Abs. 1 Nr. 1 BPersVG gelten nicht für die Gleichstellung. Dies folgt aus dem Wortlaut von § 68 Abs. 2 (auf Antrag des behinderten Menschen). Der Behinderte kann den Antrag selbst oder durch Bevollmächtigte nach § 13 SGB X stellen. 11

Die Schwerbehindertenvertretung hat nach § 95 Abs. 1 Satz 3 SGB IX Beschäftigte bei dem Gleichstellungsantrag zu unterstützen. Gemeint ist hier vor allem die Beratung, ob ein Antrag in der konkreten Situation sinnvoll ist und wie er am zweckmäßigsten begründet werden kann. Rehabilitationsträger, Versorgungsämter, Integrationsämter und andere Sozialdienststellen haben nach § 14 SGB I die Verpflichtung, über die Möglichkeit einer Gleichstellung aufzuklären. Damit gilt nach SGB I auch verschuldensunabhängig der sozialrechtliche Herstellungsanspruch (s.a. *Schorn* in Müller-Wenner/Schorn SGB IX Teil 2, Erl. § 68 Rn 34; *Masuch* in Hauck/Noftz, SGB IX, Erl. § 68 Rn 12). *Neumann* verweist auf die Möglichkeit des schuldabhängigen Schadensersatzanspruchs bei Unterlassung des Hinweises auf die Gleichstellungsmöglichkeit gegen die Behörde, dies kann sowohl Integrationsamt, Rehabilitationsträger und Agentur für Arbeit als auch andere Ämter, etwa das Jugendamt, betreffen (*Neumann/Pahlen/Majerski-Pahlen*, SGB IX, 10. Auflage, Erl. § 68 Rn 12). 12

Schwerbehindertenvertretung Betriebsrat/Personalrat oder Arbeitgeber sind im Gleichstellungsverfahren nicht Beteiligte iSv § 12 SGB X. Sie können von der Agentur für Arbeit aber zur Aufklärung des Sachverhalts nach § 24 SGB X angehört werden. Die Anhörung setzt die vorherige Zustimmung des behinderten Menschen voraus. Wird die Zustimmung nicht erteilt kann die Agentur für Arbeit wegen fehlender Mitwirkung nach § 66 Abs. 1 SGB I uU die Gleichstellung ablehnen. Dies darf nicht pauschal geschehen, sondern setzt voraus, dass die Anhörung von Arbeitgeber bzw. Arbeitnehmervertretung jeweils zur Sachverhaltsaufklärung notwendig ist. 13

Bis zur Entscheidung des BSG vom 19. 12. 2001 ging die Arbeitsverwaltung von einer Beteiligtenstellung des Arbeitgebers im Gleichstellungsverfahren aus. Der Gleichstellungsbescheid richtet sich aber als begünstigender Verwaltungsakt nur an den behinderten Menschen. Die Gleichstellung erfolgt idR unbefristet. Sie kann nach § 68 Abs. 2 Satz 3 ausnahmsweise befristet werden, wenn zB der Feststellungsbescheid des Versorgungsamts befristet ist oder die Arbeitserlaubnis abläuft. 14

Der Arbeitgeber hat gegen eine Gleichstellungsentscheidung der Agentur für Arbeit keine Anfechtungsmöglichkeit (BSG vom 19. 12. 2001). 15

Auf die Gleichstellung besteht bei Vorliegen der sachlichen und rechtlichen Voraussetzungen ein **Rechtsanspruch** des behinderten Menschen, die Agentur für Arbeit hat insofern keine Ermessensentscheidung zu treffen, 16 sondern die Entscheidung ist durch die „Soll“-Vorschrift gebunden (*Neumann* aaO, Rn 7; *Schorn* aaO, Rn 45 vgl. auch bereits *Neumann/Pahlen*, SchwbG, 9. Aufl. 1999, Rn 24 zu § 2 m.w.N.; *Schimanski* in Gemeinschaftskommentar zum SchwbG, 1992, Rn 81f zu § 2; *Cramer*, SchwbG, 4. Aufl. 1992, Rn 9 zu § 2). Bei Vorliegen der Voraussetzungen muss die Agentur für Arbeit gleichstellen, sofern kein atypischer Fall vorliegt. Die Agentur für Arbeit hat nur dann die Möglichkeit zu einer anderen Entscheidung als der Gleichstellung, wenn außergewöhnliche Umstände vorliegen. Dies kann der Fall sein, wenn der Behinderte bereits Altersrente bezieht oder nachweisbar überhaupt nicht an der Erlangung eines Arbeitsplatzes interessiert ist.

17 **Voraussetzung der Gleichstellung:** Bei Feststellung der Schwerbehinderteneigenschaft kommt es auf die individuellen Umstände am Arbeitsplatz nicht an. Das SGB IX stellt die unwiderlegbare Vermutung auf, dass jeder schwerbehinderte Mensch nach § 2 Abs. 2 im Rahmen einer abstrakten Bewertung hinsichtlich seiner beruflichen Integration immer einer besonderen gesetzlichen Hilfe und eines besonderen Schutzes bedarf. Demgegenüber können Menschen mit einem GdB von 30 oder 40 diese besonderen Hilfen zur Teilhabe am Arbeitsleben nur erhalten, wenn sie im Rahmen einer konkreten Betrachtung der beruflichen Teilhabebeschränkungen **wegen ihrer individuellen Behinderung** besonders schutzwürdig und deshalb schwerbehinderten Menschen gleichzustellen sind, dh „wenn sie infolge ihrer Behinderung ohne die Gleichstellung einen geeigneten Arbeitsplatz iSd § 73 nicht erlangen oder nicht behalten können“ (§ 2 Abs. 3 SGB IX).

18 Das BSG Urt. v. 2. 3. 2000 hat den Agenturen für Arbeit eine doppelte Prüfungspflicht auferlegt. Wenn der bisherige Arbeitsplatz nicht mehr geeignet ist, muss die Gleichstellung zur Erlangung eines geeigneten Arbeitsplatzes beim gleichen oder einem anderen Arbeitgeber geprüft werden. In der Praxis der BA wird die Erlangung eines geeignet Arbeitsplatzes beim gleichen Arbeitgeber nur als Gleichstellungsgrund akzeptiert, wenn angenommen wird, dass es einen solchen Arbeitsplatz auch tatsächlich gibt. Wird in der Sachermittlung frestgestellt, dass es keine geeignete Umsetzungsmöglichkeit gibt, wird die Gleichstellung regelmäßig nicht ausgesprochen. Entscheidendes Kriterium ist die mangelnde Konkurrenzfähigkeit des Behinderten wegen seiner Behinderung auf dem Arbeitsmarkt, und zwar auf dem Arbeitsmarkt insgesamt, nicht etwa nur bezogen auf einen bestimmten Arbeitsplatz. Bei arbeitslosen behinderten Menschen soll die Wettbewerbsfähigkeit in der Konkurrenz um freie Arbeitsplätze verbessert werden. Die Gleichstellung kann hier als Vermittlungshilfe dienen. Durch die Gleichstellung werden besondere Förderleistungen im Rahmen der begleitenden Hilfe im Arbeitsleben eröffnet (s. Erl. §§ 79, 102). Bei beschäftigten behinderten Menschen soll das Beschäftigungsverhältnis erhalten bleiben. Hierzu gehört in erster Line, dass das bestehende Arbeitsverhältnis gesichert und gefestigt wird. Falls dies nicht möglich ist, soll durch eine Umsetzung ein neuer Arbeitsplatz beim gleichen Arbeitgeber erlangt werden.

19 Für die Prognose über das Behaltenkönnen des Arbeitsplatzes oder die Erlangung eines Arbeitsplatzes ist keine absolute Sicherheit erforderlich (BVerwGE 42, 189, 195). Das BSG begründet dies zu Recht mit der ungünstigen Konkurrenzsituation des behinderten Menschen am Arbeitsplatz und

auf dem Arbeitsmarkt sowie dem Umstand, dass die Gleichstellung wie die Anerkennung als Schwerbehinderter eine Rehabilitationsmaßnahme in einem weiten Sinne darstellt (BVerwGE aaO).

Diesen vom BSG hervorgehobenen **präventiven Ansatz der Gleichstellung** hat der Gesetzgeber durch die Einführung der Präventionspflicht des Arbeitgebers nach § 84 SGB IX deutlich verstärkt. Mit dem Gesetz zur Förderung der Ausbildung und Beschäftigung schwerbehinderter Menschen wurde diese zu einem betrieblichen Eingliederungsmanagement iSv „Rehabilitation statt Entlassung" ausgebaut. Im Rahmen des zum 1. 5. 2004 gesetzlich eingeführten **betrieblichen Eingliederungsmanagements** nach § 84 Abs. 2 u. 4 findet so die Gleichstellung einen zusätzlichen neuen Anwendungsbereich. 20

Voraussetzungen nach § 2 Abs. 2. Persönliche Voraussetzung für die Gleichstellung ist ein GdB von weniger als 50, mindestens aber 30. Der Grad der Behinderung muss durch einen Feststellungsbescheid nach § 69 Abs. 1 oder den Bescheid einer in § 69 Abs. 2 genannten Dienststelle belegt sein (s. o. Rn 9). Damit eingeschlossen sind auch „territoriale" Voraussetzungen. Der Wohnsitz oder gewöhnliche Aufenthalt oder die Beschäftigung auf einem Arbeitsplatz iSd § 73 muss rechtmäßig im Geltungsbereich des SGB liegen (s. zur Problematik des aufenthaltsrechtlichen Status bzw. der territorial definierten Voraussetzungen der Feststellung einer Behinderung bei Erl. § 69, § 126). 21

Voraussetzungen nach § 2 Abs. 3 – Erlangen oder Behalten eines geeigneten Arbeitsplatzes. Sachliche Voraussetzung der Gleichstellung ist nach § 2 Abs. 3, dass der behinderte Mensch infolge seiner Behinderung ohne die Gleichstellung einen geeigneter Arbeitsplatz iSd § 73 nicht erlangen oder nicht behalten kann. 22

Die Schwierigkeiten zur Erlangung oder Erhaltung eines geeigneten Arbeitsplatzes müssen bei wertender Betrachtung in der Behinderung, also gerade in ihrer Art und Schwere liegen (vgl. hierzu BVerwGE 42, 189, 193). Umstände, die nicht kausal auf die Behinderung zurückzuführen sind, können eine Gleichstellung nicht begründen. Nicht zu berücksichtigen sind deshalb betriebsbedingte Umstände wie Produktionsänderungen, Teilstilllegungen, Betriebseinstellungen, Rationalisierungsmaßnahmen oder Auftragsmangel oder persönliche Umstände wie höheres Alter, Defizite im Sozialverhalten, fehlende Qualifikation oder eine allgemein schwierige und ungünstige Arbeitsmarktlage. 23

Wenn die Konkurrenzfähigkeit am Arbeitsmarkt auch aus anderen Gründen gefährdet ist, müssen die behinderungsbedingten Gründe wesentlich Ursache sein. Eine Gleichstellung kommt nur in Bezug auf einen geeigneten Arbeitsplatz iSd § 73 Abs. 1 in Betracht, mit dem Verweis auf diese Regelung werden auch nur die Teilzeitplätze erreicht, auf denen der behinderte Menschen mindestens 18 Std. tätig ist. Geeignet ist ein Arbeitsplatz nur, wenn der behinderte Mensch unter Berücksichtigung von Art und Schwere seiner Behinderung die Tätigkeit auf diesem Arbeitsplatz auf Dauer ausüben kann. Geringfügigere behinderungsbedingte Beeinträchtigungen/Einschränkungen der Aktionsfähigkeit am Arbeitsplatz schließen die **Eignung des Arbeitsplatzes** nicht aus. Nicht geeignet ist ein Arbeitsplatz 24 immer dann, wenn bei einer Beschäftigung oder Weiterbeschäftigung die Behinderung sich wegen der Belastungen an diesem Arbeitsplatz zu verschlechtern droht. Beispielhaft kann hierfür der Busfahrer mit Rückleiden genannt werden; der Verbleib auf einen Fahrerarbeitsplatz wird regelmäßig nicht behinderungsgerecht herzustellen sein, somit wird idR die Eignung des Arbeitsplatzes verneint und die Gleichstellung zum Erhalt nicht ausgesprochen. Die Darlegung der Notwendigkeit oder wenigstens Sinnhaftigkeit der Gleichstellung zur Erlangung eines geeigneten Arbeitsplatzes beim gleichen Arbeitgeber würde dann eine Chance auf Gleichstellung eröffnen. Eine solche ähnlich gelagerte Entscheidung wird gelegentlich getroffen: Beispielsweise wurde im Widerspruchsverfahren ein Schlosser und Produktionsmitarbeiter mit einem GdB nach Herz-OP gleichgestellt um im Beschäftigungsunternehmen – einem größeren Baustoffhändler – einen geeigneten Arbeitsplatz zu erlangen, den er benannte, dem ihm der Arbeitgeber aber ohne Gleichstellung nicht zuweisen wollte. Bei arbeitslosen behinderten Menschen muss die Agentur für Arbeit iSd 1. Alternative prüfen, ob die Gleichstellung zur Erlangung eines geeigneten Arbeitsplatzes notwendig ist. Bei behinderten Menschen, die eine Ausbildungsstelle suchen, gelten gleiche Maßstäbe.

25 Bei einem arbeitslosen behinderten Menschen ist für eine Gleichstellung nach der BSG – Rechtsprechung ein **konkretes Arbeitsplatzangebot nicht erforderlich.** Die Praxis der BA sieht aber durchaus erheblichen Prüfbedarf für die Gleichstellung. So wird auch bei erheblicher, arbeitsmarktrelevanter – zB psychischer – Behinderung überwiegend nicht gleichstellt ohne dass sich in Form längerer Arbeitslosigkeit die besondere Hilfsbedürftigkeit des behinderten Menschen bzgl. Gleichstellung praktisch erwiesen hat. Das BSG sieht als entscheidendes Kriterium der Gleichstellung allein die mangelnde Konkurrenzfähigkeit auf dem Arbeitsmarkt insgesamt und stellt darauf ab, ob der behinderte Mensch infolge seiner Behinderungen – auch der nicht im Bescheid aufgeführten Behinderungen (BSG SozR 3–3870 § 4 Nr. 24 Satz 99) – bei wertender Betrachtung (iSe wesentlichen Bedingung) in seiner Wettbewerbsfähigkeit gegenüber den Nichtbehinderten in besonderer Weise beeinträchtigt und deshalb nur schwer vermittelbar ist. Nach dem BSG ist hierbei zu prüfen, welche Arbeitsplätze für den Behinderten nach seinen beruflichen Kenntnissen und Fertigkeiten und nach seinen gesundheitlichen Voraussetzungen zumutbar in Betracht kommen, ob und inwieweit hierfür (geeignete) Arbeitsplätze vorhanden sind und inwieweit der Behinderte im Hinblick auf diese Arbeitsplätze gegenüber Nichtbehinderten bzw. Behinderten mit einem GdB von weniger als 30 bei der bestehenden Arbeitsmarktlage konkurrenzfähig ist. Die Konkurrenzfähigkeit misst sich dabei nicht allein an den früheren Tätigkeit und den beruflichen Wünschen, sondern auch an den Tätigkeiten, auf die die Agentur für Arbeit Vermittlungsbemühungen erstrecken darf (Zumutbarkeit).

26 **Gleichzeitige andere Arbeitsplatzgefährdungsgründe als Ablehnungsgrund der Gleichstellung.** Die sachliche Voraussetzung des § 2 Abs. 3 – Gleichstellung zum Erlangen oder zum Erhalt eines geeigneten Arbeitsplatzes – wird von Verwaltung und Rechtsprechung so ausgelegt, dass die Gleichstellung nur dann in Frage kommt, wenn sie tatsächlich infolge der

Behinderung in Frage kommt. Sobald der Gleichstellungsantrag mit weiteren Gründen – zB Abwehr von wirtschaftlich begründeten Gefährdungen des Arbeitsplatzes oder besserer Lebensqualität wegen eines kürzeren Arbeitsweges zu einem bestimmten Arbeitsplatz usw. – „gestützt" wird aus dem Vortrag des Antragstellers, sinken die Chancen der Gleichstellung. In der Verwaltungspraxis wird sehr strikt auf die Begrenzung der Gleichstellung auf praktisch ausschließlich behinderungsbedingte Gefährdungs- und Benachteiligungslagen abgestellt. Allein das Vorhandensein weiterer Gefährdungsumstände kann in der Entscheidungspraxis der AA und der Widerspruchsausschüsse (§ 120) zur Ablehnung beitragen, weil dann oftmals angenommen wird, dass die Rolle der Behinderung für die Gefährdung des Arbeitsverhältnisses nachrangig sei. Insofern sind Stellungnahmen der Vertretung nach § 93 oder SBV, die die AA für Arbeit regelmäßig im Verwaltungsverfahren einholt, in den oft in antragsunterstützender Absicht auf die sonstigen Gefährdungslagen hingewiesen wird, regelmäßig kritisch. Die Darlegung weiterer Gefährdungspotentiale führt zur Frage, welche Rolle der behinderungsbedingten Wirkung zukommt. Wenn die anderen Gefährdungsgründe als wesentlich erachtet werden, kommt nach gängiger Praxis die Gleichstellung nicht mehr in Betracht. Gelegentlich wird auch angesichts zusätzlicher Gefährdungsgründe die Sichtweise eingenommen, die Gleichstellung sei ungeeignet zur Sicherung des Arbeitsplatzes wegen dessen absehbaren Wegfalls aufgrund der anderen Gründe. Damit käme dann die Gleichstellung auch nicht mehr in Frage. Damit wird sich auf § 2 Abs. 3 bezogen.

Zusammenfassend kann festgehalten werden, dass insbes. allgemeine Hinweise für eine Begründung der behinderungsbedingten Gefährdung und für die Nachvollziehbarkeit der Unsicherheit des Arbeitsplatzes nicht ausreichen. Beispielhaft sind zu nennen: 27

- Gleichstellung als Ausgleich von Wettbewerbsnachteilen gegenüber Nichtbehinderten
- Produktionsänderungen, Rationalisierungsmaßnahmen, Teilstilllegungen, Betriebseinstellungen sowie ähnliche Maßnahmen, von denen behinderte und nichtbehinderte Menschen in gleicher Weise betroffen sind
- geplante Umstrukturierungen
- befürchtete Verschlimmerungen des Leidens
- allgemeine Erleichterungen für die Integration in das Arbeitsleben bzw. im bestehenden Beschäftigungsverhältnis.

Für den Fall der Gleichstellung ist bisher gerichtlich nicht geklärt, ob eine anstehende, mit dem Arbeitgeber absehbar strittige stufenweise Wiedereingliederung nach § 74 SGB V oder § 28 SGV IX eine ausreichende Begründung für die Gleichstellung zur Erlangung eines neuen geeigneten Arbeitsplatz beim bisherigen Arbeitgeber hergibt. Nach der BAG-Rechtsprechung ist diese Frage allerdings ausdrücklich von der Sache her zu bejahen (s. zur schwerbehindertenrechtlichen Anspruchsgrundlage auf stufenweise Wiedereingliederung § 81 Rn 7, 26).

Gleichstellung von SGB II-Beziehern. Die Regelungen des SGB IX und des SGB II nennen keine Sondergesichtspunkte bei der Gleichstellung von behinderten SGB II-Leistungsbeziehern. Somit werden SGB II-Leistungs- 28 bezieher aufgrund eines eigenen Antrags mit anderen Antragstellern gleichbehandelt. Die erweiterten Verweismöglichkeiten – dh der Wegfall jeglicher berufsbezogener Verweisbarkeitsbegrenzung – nach § 10 SGB II steht in einer gesetzlich nicht zweifelsfrei geregelten Spannung zum Anspruch des SGB IX Teil 2, wie in § 102 Abs. 2 Satz 2 als Ziel der begleitenden Hilfe im Arbeitsleben definiert. Nach § 10 Abs. 1 SGB II ist jede Arbeit zumutbar. Die dort genannten gesetzlichen Einschränkungen beziehen sich nicht auf Förderziele iSd § 102 Abs. 2 Satz 2, wonach die Begleitende Hilfe dahin wirken soll, „dass die schwerbehinderten Menschen in ihrer sozialen Stellung nicht absinken, auf Arbeitsplätzen beschäftigt werden, auf denen sie ihre Fähigkeiten und Kenntnisse weiterentwickeln können". Nach der hier vertretenen Auffassung ist es für den Ausspruch der Gleichstellung als rechtlicher Voraussetzung ausreichend, dass ein behinderter Mensch vorrangig oder auch sogar ausschließlich zur Erlangung eines derartigen, persönlichkeitsförderlichen Arbeitsplatzes die Gleichstellung benötigt. Die Gleichstellung darf nicht verweigert werden, weil uU ein weniger persönlichkeitsförderlicher Arbeitsplatz für einen behinderten Menschen auch ohne Gleichstellung erlangt werden kann.

29 **Anhaltspunkte für Arbeitsplatzgefährdung.** Als Anhaltspunkte für eine behinderungsbedingte Gefährdung sieht die Arbeitsverwaltung insbes (früherer Runderlass 13/2002 III Ziff. 2.2.2.):
- wiederholte bzw. häufige behinderungsbedingte Fehlzeiten
- verminderte Arbeitsleistung, auch bei behinderungsbedingt ausgestattetem Arbeitsplatz
- dauernde verminderte Belastbarkeit
- Abmahnungen oder Abfindungsangebote im Zusammenhang mit behinderungsbedingt verminderter Leistungsfähigkeit
- auf Dauer notwendige Hilfeleistungen anderer Mitarbeiter und
- eingeschränkte berufliche und/oder regionale Mobilität aufgrund der Behinderung.

30 Im Urteil des BSG vom 2. 3. 2000 wird dazu ausgeführt: „Da der Behinderte insoweit in seiner ungünstigen Konkurrenzsituation am Arbeitsplatz und auf dem Arbeitsmarkt zu sehen ist und die Gleichstellung wie die Anerkennung als Schwerbehinderter eine Rehabilitationsmaßnahme in einem weiten Sinne darstellt (BVerwGE aaO), ist bei der erforderlichen Prognose über das Behaltenkönnen des Arbeitsplatzes keine absolute Sicherheit erforderlich. Es genügt vielmehr, dass durch eine Gleichstellung der Arbeitsplatz sicherer gemacht werden kann (BVerwGE 42, 189, 195). Dies ist bereits durch den besonderen Kündigungsschutz des § 15 SchwbG (heute: § 85 SGB IX) der Fall. War der Kläger mithin auf seinem früheren Arbeitsplatz gegenüber Nichtbehinderten nicht mehr konkurrenzfähig, so würde diese ungünstige Konkurrenzsituation durch eine Gleichstellung verbessert und somit der Arbeitsplatz sicherer gemacht. Den gesetzlichen Anforderungen des „Nichtbehaltenkönnens eines geeigneten Arbeitsplatzes ohne die Gleichstellung" wäre dann genügt".

31 Das BSG lehnt in seinem Urt. v. 2. 3. 2000 die bis dahin mehrheitlich vertretene Auffassung ab, „dass eine Gleichstellung nach der 1. Alt des § 2 Abs. 1 Satz 1 SchwbG ein konkretes Arbeitsplatzangebot voraussetzt, also

eine Gleichstellung nur mit Rücksicht auf die Erlangung eines konkreten Arbeitsplatzes möglich sei. Schon der Wortlaut der Norm bietet – entgegen der Ansicht der Beklagten – für eine derartige Auslegung keinerlei Anhaltspunkte; sie verstieße zudem gegen Sinn und Zweck der Regelung unter Berücksichtigung ihrer historischen Entwicklung und systematischen Stellung im Rahmen des SchwbG."

Einer besonderen Prüfung bedarf es bei Personengruppen mit einem „sicheren Arbeitplatz". Hierzu gehören insbes. **Beamte und Richter auf Lebenszeit** sowie Arbeitnehmer mit besonderem Kündigungsschutz aufgrund von Gesetz, Tarifvertrag oder einzelvertraglicher Regelung. Besonderer Kündigungsschutz besteht zB auch nach tarif- oder einzelvertraglicher Regelung für **unkündbare Arbeitnehmer** wie Angestellte im öffentlichen Dienst. Auch bei diesen Personengruppen können die allgemeinen Voraussetzungen der Gleichstellung vorliegen. Besonderer Begründung bedarf es hier, warum trotz Kündigungsschutz der Arbeitsplatz nachvollziehbar unsicherer ist als bei einem nichtbehinderten Kollegen. Dies ist immer dann der Fall, wenn behinderungsbedingt die Versetzung in den Ruhestand oder eine außerordentliche Kündigung bzw. eine Kündigung aus wichtigem Grund nach § 15 Abs. 1 und 2 KSchG drohen. Wann hier der Arbeitsplatz wegen der Auswirkungen der Behinderung nicht mehr geeignet ist, muss zur Erlangung eines Arbeitsplatzes beim gleichen Arbeitgeber bzw. Dienstherrn die Gleichstellung geprüft werden. Neben dem drohenden Verlust des Arbeitsplatzes rechtfertig auch eine drohende behinderungsbedingte Versetzung oder Umsetzung auf einen anderen nicht gleichwertigen Arbeitsplatz eine Gleichstellung. Bei Beamten und unkündbaren Tarifangestellten kann unter besonderen Umständen zur Erhaltung des Arbeitsplatzes eine Gleichstellung ausgesprochen werden. Dabei muss grundsätzlich die Voraussetzung für die Gleichstellung zur Erhaltung des Arbeitsplatzes vorliegen. Bei Beamten bezieht sich die Gleichstellung allerdings nicht auf den Arbeitsplatz, sondern auf das Dienstverhältnis und die Wahrung von Rahmenbedingungen wie der Erfüllung der Fürsorgepflicht und den Anspruch auf adäquate Beschäftigung. Beispielhaft könne folgende Konstellationen genannt werden, die eine Gleichstellung begründen können: 32

- Die drohende Versetzung eines Beamten bei Auflösung seiner Dienststelle in ein anders Amt derselben oder einer gleichwertigen Laufbahn mit geringerem Endgrundgehalt, wenn dadurch der bisherige Status erhalten werden kann.
- Die drohende Versetzung aus behinderungsbedingten Gründen auf einen andere nicht gleichwertigen oder der Behinderung entsprechenden Arbeitsplatz.
- Die drohende außerordentliche Kündigung auf Grund wiederholter bzw. häufiger Fehlzeiten.
- Die drohende Kündigung aus behinderungsbedingten Gründen bei unkündbaren Angestellten zu Zwecke der Herabgruppierung.

Gerade im Bereich des öffentlichen Dienstes und in Großbetrieben mit entwickeltem internem Regelwerk (Integrationsvereinbarung nach § 83, Betriebsvereinbarungen, Dienstanweisungen oä.) eröffnet die Gleichstellung oft deutlich verbesserte Möglichkeiten zur Erlangung und zum Erhalt eines 33 geeigneten Arbeitsplatzes. **Beispiel:** Ein Beamter der Bundespolizei kann seine bisherige Dienstaufgabe im Streifendienst der Küstenwache behinderungsbedingt nicht mehr ausüben. Es droht die dienstherrenseitig veranlasste Überprüfung der Polizeidiensttauglichkeit, was bei negativem Ergebnis zur Versetzung in den vorzeitigen Ruhestand führen kann. Ein landseitiger Innendienstposten wird zeitgleich frei und soll nach besetzt werden. Dieser geeignete Arbeitsplatz ist aufgrund der klar geregelten Verfahren hinsichtlich der vorrangigen Berücksichtigung von schwerbehinderten und gleichgestellten Bewerbern mit Hilfe einer Gleichstellung zu erreichen. Durch entsprechende Stellungnahme der SBV kann im Widerspruchsverfahren der Nachweis geführt werden, dass auch für den behinderten Beamte auf Lebenszeit zur Erlangung eines geeigneten Arbeitsplatzes die Gleichstellung notwendig ist. Nur so kann der behinderte Beamte sich im Lichte des bundespolizeiinternen Regelwerkes und mit Unterstützung der SBV bei der Stellenbesetzung durchsetzen. Damit wird die zwangsweise Versetzung in den vorzeitigen Ruhestand, die mit erheblichen Einkommenseinbußen verbunden wäre, abgewehrt und ein neuer, geeigneter Arbeitsplatz erlangt.

34 **Zusicherung einer Gleichstellung zur Erlangung eines geeigneten Arbeitsplatzes.** Zur Umsetzung der im o.g. BSG-Urt. v. 2. 3. 2000 genannten relativ weit gefassten Kriterien der Gleichstellung zur Erlangung eines geeigneten Arbeitsplatzes hat die Bundesagentur für Arbeit in dem Runderlass 13/2002 vom 16. 4. 2002 das Instrument der bescheidmäßigen Zusicherung der Gleichstellung angeboten. In Ziff. III Nr. 2.1.2 heißt es unter der Überschrift „Zusicherung“: „Zu prüfen ist immer auch, inwieweit mit dem Instrument der Zusicherung einer Gleichstellung (§ 34 SGB X) die Eingliederungschancen des behinderten Menschen günstiger gestaltet werden können (zB Zusicherung der Gleichstellung für den Fall, dass im Zuge der Vermittlungsbemühungen bzw. der Eigensuche eine Einstellung konkret von einer Gleichstellung abhängig gemacht wird). Mit einer insoweit besonders marktnahen und flexiblen Vorgehensweise könnte insbes. solchen Fällen angemessen Rechnung getragen werden, in denen die Anhaltspunkte für behinderungsbedingte Eingliederungsprobleme vergleichsweise schwach ausgeprägt sind. Wird die Gleichstellung zugesichert, ist der Gleichstellungsbescheid unterschriftsreif vorzubereiten. Der Gleichstellungsbescheid ist unverzüglich zu erteilen, wenn das Eintreten der in der Zusicherung genannten Umstände entsprechend belegt wird (zB Einstellungszusage eines Arbeitgebers mit der Maßgabe, dass Gleichstellung erfolgt).“ Nach § 34 Abs. 1 Satz 1 SGB X bedarf eine von der zuständigen Behörde erteilte schriftliche Zusage, einen bestimmten Verwaltungsakt – also hier die Gleichstellung – später zu erlassen.

35 Inzwischen wird von der BA die Auffassung vertreten, dass ein Arbeitnehmer auch ein sofortige Gleichstellung ohne die Erteilung einer vorherigen Zusicherung verlangen kann und dann diesem Kundenwunsch entsprochen werden soll.

36 **5. Rechtsfolgen der individuellen Gleichstellung (Abs. 3).** Gleichgestellte behinderte Menschen nach Abs. 3 sind nahezu vollständig in den Regelungsbereich der für schwerbehinderte Menschen geltenden Vorschriften

einbezogen. So wird nach Abs. 2 Satz 2 die Gleichstellung mit dem Tag des Eingangs des Antrags wirksam. Abweichende Regelungen für den Kündigungsfall stellt das BAG-Urt. v. 1. 3. 2007 – 2 AZR 217/06 – auf (s. Erl. § 90 Rn 21f).

Ausnahmen gelten nach Abs. 3 für den Anspruch auf **Zusatzurlaub** nach § 125 und bei den Vorschriften über die „**Unentgeltliche Beförderung** schwerbehinderter Menschen im öffentlichen Personenverkehr" nach dem 13. Kapitel. Gleichgestellte Menschen haben keinen Anspruch auf die **Altersrente** für schwerbehinderte Menschen nach § 37 SGB VI. 37

6. Gesetzliche Gleichstellung für behinderte Jugendliche und junge Erwachsene nach Abs. 4. In § 68 Abs. 4 ist ein Sondergleichstellungstatbestand für behinderte Jugendliche und junge Erwachsene seit dem 1. 5. 2005 durch das Gesetz zur Förderung der Ausbildung und Beschäftigung schwerbehinderter Menschen vom 23. 4. 2004 (BGBl. I S. 606) geregelt. Danach sind Kraft Gesetzes, dh ohne konstitutive Begründung durch die Entscheidung einer Behörde, behinderte Jugendliche und junge Erwachsene während der Zeit einer Berufsausbildung in Betrieben gleichgestellt. Die Feststellung eines Grades der Behinderung nach § 69 SGB IX ist nicht erforderlich. Bezogen wird sich faktisch auf § 19 SGB III. Behindert iSd § 19 Abs. 1 SGB III sind Menschen, deren Aussichten, am Arbeitsleben teilzuhaben oder weiter teilzuhaben, wegen Art oder Schwere ihrer Behinderung iSv § 2 Abs. 1 des Neunten Buches nicht nur vorübergehend wesentlich gemindert sind und die deshalb Hilfen zur Teilhabe am Arbeitsleben benötigen. Der Begriff umfasst auch lernbehinderter Menschen. 38

Vorliegen einer Behinderung iSd § 2 Abs. 1 wird die besondere Schutzwürdigkeit dieses Personenkreises unwiderlegbar vermutet. Nach der amtlichen Begründung bei Einführung des Abs. 4 ist diese andere Art der Gleichstellung erforderlich, um den Arbeitgebern für diesen Personenkreis Leistungen zu gewähren, auch wenn der Grad der Behinderung weniger als 30 beträgt oder ein Grad der Behinderung nicht festgestellt ist (BT-Drucks. 15/1783). Hierdurch soll die Ausbildungsbereitschaft der Betriebe gestärkt und deren finanzielle Belastung verringert werden (vgl. allgemeiner Teil der Begründung zu den inhaltlichen Schwerpunkten des Gesetzes BT-Drucks. 15/1783 Satz 11). 39

Nachgewiesen wird die Behinderung durch eine Stellungnahme der Agentur für Arbeit bzw. einen Bescheid über Leistungen zur Teilhabe am Arbeitsleben. Das Gesetz macht über den Inhalt der Stellungnahme der Agentur für Arbeit keine näheren Angaben. 40

Seit dem 1. 5. 2004 gibt es also neben den auf Antrag gem. Abs. 2 Gleichgestellten eine neue Gruppe von Gleichgestellten gem. Abs. 4. Nach dem mit dem Gesetz zur Förderung der Ausbildung und Beschäftigung schwerbehinderter Menschen vom 23. 4. 2004 (BGBl. I S. 606) neu eingefügten § 68 Abs. 4 sind auch behinderte Jugendliche und junge Erwachsene während der Zeit einer Berufsausbildung in Betrieben und Dienststellen schwerbehinderten Menschen gleichgestellt. Diese neue Gruppe gleichgestellter junger behinderter Menschen hat also praktisch keinen eigenen Antragsaufwand für die Gleichstellung. Sie werden von Gesetzes wegen gleichgestellt. Allerdings – anders bei den bisherigen, nur auf eigenen Antrag gleichgestellten Men- 41 schen – stehen den neuen jugendlichen Gleichgestellten **nicht** sämtliche Leistungen für schwerbehinderte Menschen zur Verfügung. Sie werden auch nicht auf die Beschäftigungsquote angerechnet. Es wurde lediglich eine neue Leistung für Arbeitgeber dieser neuen Gleichgestellten in § 102 Abs. 2 Buchst c) iVm § 26b SchwbAV geschaffen. Danach sollen lediglich Prämien und Zuschüsse zu den Kosten der Berufsausbildung behinderter Jugendlicher und junger Erwachsener, die auf Rechtsgrundlage § 68 Abs. 4 gleichgestellt sind, durch die Integrationsämter gewährt werden können. Nach der Empfehlung der Bundesarbeitsgemeinschaft der Integrationsämter und Hauptfürsorgestellen (BIH) vom 17. 11. 2004 soll sich diese Leistung wie folgt gestalten:

42 *„Die Leistungen der Agenturen für Arbeit, die sich auf Zuschüsse zu den Personalkosten des Auszubildenden beschränken (§ 236 SGB III), sind vorrangig. Bei den verbleibenden Kosten des Ausbildungsbetriebes handelt es sich um folgende Kostenarten*

- *Personalkosten der Ausbilder*
- *Lehr- und Lernmaterial bzw. -medien*
- *Gebühren der Kammern*
- *Berufs- und Schutzkleidung*
- *Externe Ausbildung*
- *Ausbildungsverwaltung.*

Leistungen

Zuschüsse zu den Ausbildungskosten (ohne Gebühren) ***können pauschal bis zur Höhe von 2000,– € für jedes Ausbildungsjahr*** *erbracht werden. Maßgeblich ist die tatsächliche Ausbildungsdauer; jede zulässige Wiederholung von Ausbildungsabschnitten bis zur Abschlussprüfung ist förderungsfähig. Die Zahlung des Zuschusses wird vom Nachweis der tatsächlichen Beschäftigung abhängig gemacht. …* ***Weitere Leistungen nach der SchwbAV sind nicht zulässig****“*

43 In der Wirkung handelt es sich allenfalls um eine Gleichstellung zweiter Klasse. Es wird noch nicht annähernd der Schutz der Gleichstellung nach § 68 Abs. 3 gewährt. Nach der ausdrücklichen Regelung in § 68 Abs. 4 Satz 3 gelten die besonderen Regelungen für schwerbehinderte Menschen, was die eigentliche Gleichstellung ausmacht, gerade nicht. Insbesondere erfolgt bei diesem Personenkreis keine Anrechnung auf Beschäftigungsquote, auch besteht kein besonderer Kündigungsschutz und es dürfte eigentlich auch keine Betreuung durch die Schwerbehindertenvertretung erfolgen. Anwendbar ist lediglich § 102 Abs. 3 Nr. 2c. Nach dieser Vorschrift kann das Integrationsamt im Rahmen der begleitenden Hilfe zum Arbeitsleben lediglich an den Arbeitgeber Prämien und Zuschüsse zu den Kosten der Berufsausbildung behinderter Jugendlicher und junger Erwachsener, die für die Zeit der Berufsausbildung schwerbehinderten Menschen nach § 68 gleichgestellt worden sind, leisten.

44 **7. Rechtsweg.** Lehnt die Agentur für Arbeit die Gleichstellung nach Abs. 3 ab, kann der Antragssteller Widerspruch einlegen (Widerspruchsausschuss bei der Regionaldirektion nach § 118 Abs. 2 SGB IX). Klage beim Sozialgericht ist zulässig. Im Übrigen wird auf die Ausführungen bei § 69 Rn 37 verwiesen.

§ 69 Feststellung der Behinderung, Ausweise

(1) [1]Auf Antrag des behinderten Menschen stellen die für die Durchführung des Bundesversorgungsgesetzes zuständigen Behörden das Vorliegen einer Behinderung und den Grad der Behinderung fest. [2]Beantragt eine erwerbstätige Person die Feststellung der Eigenschaft als schwerbehinderter Mensch (§ 2 Abs. 2), gelten die in § 14 Abs. 2 Satz 2 und 4 sowie Abs. 5 Satz 2 und 5 genannten Fristen sowie § 60 Abs. 1 des Ersten Buches entsprechend. [3]Das Gesetz über das Verwaltungsverfahren der Kriegsopferversorgung ist entsprechend anzuwenden, soweit nicht das Zehnte Buch Anwendung findet. [4]Die Auswirkungen auf die Teilhabe am Leben in der Gesellschaft werden als Grad der Behinderung nach Zehnergraden abgestuft festgestellt. [5]Die Maßstäbe des § 30 Abs. 1 des Bundesversorgungsgesetzes und der auf Grund des § 30 Abs. 17 des Bundesversorgungsgesetzes erlassenen Rechtsverordnung gelten entsprechend. [6]Eine Feststellung ist nur zu treffen, wenn ein Grad der Behinderung von wenigstens 20 vorliegt. [7]Durch Landesrecht kann die Zuständigkeit abweichend von Satz 1 geregelt werden.

(2) [1]Feststellungen nach Absatz 1 sind nicht zu treffen, wenn eine Feststellung über das Vorliegen einer Behinderung und den Grad einer auf ihr beruhenden Erwerbsminderung schon in einem Rentenbescheid, einer entsprechenden Verwaltungs- oder Gerichtsentscheidung oder einer vorläufigen Bescheinigung der für diese Entscheidungen zuständigen Dienststellen getroffen worden ist, es sei denn, dass der behinderte Mensch ein Interesse an anderweitiger Feststellung nach Absatz 1 glaubhaft macht. [2]Eine Feststellung nach Satz 1 gilt zugleich als Feststellung des Grades der Behinderung.

(3) [1]Liegen mehrere Beeinträchtigungen der Teilhabe am Leben in der Gesellschaft vor, so wird der Grad der Behinderung nach den Auswirkungen der Beeinträchtigungen in ihrer Gesamtheit unter Berücksichtigung ihrer wechselseitigen Beziehungen festgestellt. [2]Für diese Entscheidung gilt Absatz 1, es sei denn, dass in einer Entscheidung nach Absatz 2 eine Gesamtbeurteilung bereits getroffen worden ist.

(4) Sind neben dem Vorliegen der Behinderung weitere gesundheitliche Merkmale Voraussetzung für die Inanspruchnahme von Nachteilsausgleichen, so treffen die zuständigen Behörden die erforderlichen Feststellungen im Verfahren nach Absatz 1.

(5) [1]Auf Antrag des behinderten Menschen stellen die zuständigen Behörden auf Grund einer Feststellung der Behinderung einen Ausweis über die Eigenschaft als schwerbehinderter Mensch, den Grad der Behinderung sowie im Falle des Absatzes 4 über weitere gesundheitliche Merkmale aus. [2]Der Ausweis dient dem Nachweis für die Inanspruchnahme von Leistungen und sonstigen Hilfen, die schwerbehinderten Menschen nach Teil 2 oder nach anderen Vorschriften zustehen. [3]Die Gültigkeitsdauer des Ausweises soll befristet werden. [4]Er wird eingezogen, sobald der gesetzliche Schutz schwerbehinderter Menschen erlo-

schen ist. [5]Der Ausweis wird berichtigt, sobald eine Neufeststellung unanfechtbar geworden ist.

Gliederung

1. Sozialpolitischer Hintergrund ... 1–5
2. Geltende Fassung und Entstehungsgeschichte ... 6
3. Normzweck und Normzusammenhang ... 7, 8
4. Zuständige Behörden, Antragsberechtigung (Abs. 1) ... 9–13
5. Feststellungsbescheid (Abs. 1 Satz 1) ... 14
6. Grad der Behinderung (GdB) (Abs. 1 Satz 1, 4, 6) ... 15
7. Versorgungsmedizinische Grundsätze vormals Anhaltspunkte für die ärztliche Gutachtertätigkeit ... 16–24
8. Feststellung des Grades der Behinderung durch andere Stellen (Abs. 2) ... 25–27
9. Gesamtgrad bei mehreren Behinderungen (Abs. 3) ... 28–38
10. Nachteilsausgleiche (Abs. 4) und Merkzeichen im Ausweis (§ 3 SchwbAwV) ... 39, 40
11. Ausweis (Abs. 5) ... 41–44
12. Rücknahme, Aufhebung und Widerruf von Feststellungsbescheiden ... 45
13. Rechtsweg ... 46

1 **1. Sozialpolitischer Hintergrund.** Die Feststellung der Behinderung bildet einen wichtigen Eckstein des Rechtssystems der besonderen Hilfen für schwerbehinderte Menschen. Die Feststellung der Behinderung durch die gesetzlich zuständigen Stellen eröffnet für viele Bereiche des Schwerbehindertenrechts den Zugang zu staatlichen Leistungen und staatlichem Schutz. Die Feststellung eröffnet allerdings keinen unmittelbaren Zugang zu Einkommensleistungen oder Renten. Im Mittelpunkt dieses Verfahrens steht historisch die Feststellung des Grades der Behinderung (heutige Bezeichnung) mit Hilfe der sogenannten Anhaltspunkte (AHP) für die ärztliche Begutachtung (heute überführt in die Anlage „Versorgungsmedizinische Grundsätze" (Anlageband zum BGBl. I Nr. 57 vom 15. 12. 2008 der VersMedV).

2 Die ersten AHP wurden 1916 zur gleichmäßigen Beurteilung von Heeresangehörigen erstellt („Anhaltspunkte für die militärärztliche Beurteilung der Frage der Dienstbeschädigung oder Kriegsbeschädigung bei den häufigsten psychischen und nervösen Erkrankungen der Heeresangehörigen"). Diese älteste Begutachtungsrichtlinie, die den Namen „Anhaltspunkte" trägt, wurde 1916 „auf Grund von Beratungen des wissenschaftlichen Senats bei der Kaiser-Wilhelm-Akademie" verfasst, 1920 erweitert und seither vom jeweiligen für Arbeit bzw. Soziales zuständigen Bundesministerium herausgegeben. Zunächst waren die Anhaltspunkte nur auf „das Versorgungswesen", dh vor allem auf die Begutachtung von Kriegsopfern anzuwenden, seit 1974 galten sie auch für die Begutachtungen nach dem Schwerbehindertengesetz und trugen seit 1983 den Titel „Anhaltspunkte für die ärztliche Gutachtertätigkeit im sozialen Entschädigungsrecht und nach dem Schwerbehindertenrecht" (AHP).

3 Grundlage der AHP waren die Beschlüsse und Empfehlungen des Ärztlichen Sachverständigenbeirats Versorgungsmedizin beim BMAS. Nach der

Rechtsprechung handelte es sich bei den AHP um antizipierte Sachverständigengutachten. Ihre darüber hinausgehende Beachtlichkeit ergab sich zum einen daraus, dass sie eine dem allgemeinen Gleichheitsgrundsatz entsprechende Rechtsanwendung gewährleisteten und zum anderen daraus, dass sie ein geeignetes und auf jahrzehntelanger Erfahrung der Verwaltung und der medizinischen Wissenschaft beruhendes Beurteilungsgefüge darstellten. Allerdings hatte die Rechtsprechung wiederholt gerügt, dass die AHP nicht demokratisch legitimiert wären (BSG, Urt. v. 23. 6. 1993 – 9/9a RVs 1/91 – BSGE 72, 285 = SozR 3–3870 § 4 Nr. 6; BVerfG, Beschl. v. 6. 3. 1995 – 1 BvR 60/95 – SozR 3–3870 § 3 Nr. 6). Weder für die AHP selbst noch für die Organisation, das Verfahren und die Zusammensetzung des beratenden Expertengremiums gab es eine Rechtsgrundlage iSe materiellen Gesetzes.

Durch das Gesetz zur Änderung des Bundesversorgungsgesetzes vom 13. 12. 2007 (BGBl. I S. 2904) wurde § 30 Absatz 17 BVG eingefügt und damit die geforderte Ermächtigungsgrundlage geschaffen. Inzwischen ist die Verrechtlichung der AHP durch die VO zur Durchführung des § 1 Abs. 1 und 3, des § 30 Abs. 1 und des § 35 Abs. 1 des Bundesversorgungsgesetzes (Versorgungsmedizin-Verordnung – VersMedV) mit der Anlage zu § 2 der Versorgungsmedizin-Verordnung vom 10. 12. 2008 abgeschlossen (BGBl. I S. 2412, Anlageband zum BGBl. I Nr. 57 vom 15. 12. 2008). Inhaltlich wurden in den Anlagenband – von einigen Kürzungen abgesehen – die AHP übernommen. 4

Im Rechtsetzungsverfahren zur VersMedV hat die Bundesregierung eine umfassende Überarbeitung der Anhaltspunkte angekündigt (BR-Drucks. 767/08 v. 17. 10. 08). Im Einzelnen wird ausgeführt: „Während der Beirat bisher aus erfahrenen Versorgungsärzten und -ärztinnen bestand, deren Fachwissen vorwiegend auf Erfahrung in der Anwendung der AHP beruht, wird der neue Sachverständigenbeirat zur Hälfte von wissenschaftlich besonders ausgewiesenen Fachärzten und -ärztinnen aus Hochschule und Kliniken gebildet. Dies ist dringend erforderlich, um insbes. bei der grundlegenden Überarbeitung der AHP kontinuierlich und zeitnah den aktuellen Stand der medizinisch-wissenschaftlichen Erkenntnisse berücksichtigen zu können. Die weiteren Mitglieder sind versorgungsmedizinisch besonders qualifizierte Ärztinnen und Ärzte. Dadurch wird die Berücksichtigung einer sachgerechten und praxisnahen Gestaltung und Anwendung gewährleistet. Aus dem gleichen Grund wird auch das bisher erprobte Verfahren der Fortentwicklung beibehalten: Änderungsvorschläge von Bürgerinnen und Bürgern, von Verbänden, von Gutachterinnen und Gutachtern sowie Vorschläge aus den Ländern und aus der Wissenschaft werden dem Beirat vorgelegt, der bei Bedarf andere Sachverständige hinzuzieht oder Arbeitsgruppen bildet. Es hat sich bewährt, zu speziellen Themen das Fachwissen der Verbände mit einzubeziehen. Daher wird in § 3 Abs. 3 VersMedV bestimmt, dass durch Beschluss des Beirats sachkundige ärztliche Vertreter der Verbände zu einzelnen Beiratssitzungen eingeladen werden können. Bei der Vielzahl der im Beirat zu behandelnden Themen ist so eine effektive Beteiligung der Verbände möglich.“ 5

2. Geltende Fassung und Entstehungsgeschichte. Der Wortlaut der Norm wurde im Wesentlichen durch das SGB IX vom 19. 6. 2001 (BGBl. I 6

S. 1046) mWv 1. 7. 2001 eingeführt. Die Regelung überträgt weitgehend inhaltsgleich den damaligen § 4 SchwbG. Die bis dahin in Abs. 6 enthaltenen Verfahrensvorschriften wurden inhaltlich unverändert in § 51 Abs. 1 Nr. 7 SGG übernommen. Der Bundesrat (BT-Drucks. 14/5531 Satz 10) hatte die Einfügung folgenden Satzes 2 in Abs. 1 herbeigeführt: „Das Gesetz über das Verwaltungsverfahren der Kriegsopferversorgung ist entsprechend anzuwenden, soweit nicht das Zehnte Buch Anwendung findet." Dies wurde für notwendig angesehen, da im Feststellungsverfahren nach § 69 SGB IX einige Regelungen des Gesetzes über das Verwaltungsverfahren der Kriegsopferversorgung weiterhin von Bedeutung sind, wie beispielsweise § 3 Abs. 1, § 12 Abs. 2 und § 31 Abs. 2 (BT-Drucks. 14/5800 Satz 35). Nennenswerte Änderungen fanden durch das Gesetz zur Förderung der Ausbildung und Beschäftigung schwerbehinderter Menschen v. 23. 4. 2004 (BGBl. I S. 606), in Kraft mWv 1. 5. 2004, statt. Es wurden Abs. 1 Satz 2 und 7 neu eingefügt. In Abs. 2 Satz 1, Abs. 4 sowie Abs. 5. Satz 1 und 3 wurden dementsprechende Folgeänderungen eingefügt (s. a. oben Rn 4).

7 **3. Normzweck und Normzusammenhang.** Die Norm regelt das gesamte Feststellungsverfahren für die Anerkennung schwerbehinderter Menschen. Dieses Feststellungsverfahren ist im Wesentlichen Voraussetzung für die Inanspruchnahme von Leistungen aus dem SGB IX Teil 2 sowie weiterer Nachteilsausgleiche (s. a. Erl. § 126 Rn 7 ff, § 146). Es wird durch Verweis auf das Bundesversorgungsgesetz sowie das Gesetz über das Verwaltungsverfahren der Kriegsopferversorgung (Abs. 1 Satz 3) in wesentlichen Teilen näher geregelt. Über den Bezug zu § 30 Abs. 1 BVG wird auch der fachliche Maßstab für das Feststellungsverfahren gesetzt. Alle Versorgungsämter und die Rechtsprechung haben in der Vergangenheit die Anhaltspunkte für ärztliche Begutachtung im Feststellungsverfahren angewendet, wobei die Rechtsprechung anders als die Verwaltung nicht an die Anhaltspunkte gebunden war (s. BSG – Urt. v. 24. 4. 2008 – B 9/9a SB 10/06 R – Bewertungsvorgaben der AHP für den Diabetes Mellitus sind unwirksam; Thüringer LSG v. 7. 3. 2002 – Az.: L 5 SB 768/00 – Die Anhaltspunkte entsprachen 1994 hinsichtlich der Heilungsbewährung schon nicht mehr der Stand der Wissenschaft). Seit Inkrafttreten der VersMedV wird mit deren Anlage „Versorgungsmedizinische Grundsätze" gearbeitet. Als Verwaltungsverfahren nach dem SGB gilt für das Feststellungsverfahren neben den vorgenannten Gesetzen insbes. auch SGB I und SGB X, die die wesentlichen Grundsätze der Bescheiderteilung, Anhörung oder Mitwirkung ebenso wie die Rücknahme oder Änderung festlegen. Mit der Einfügung von Abs. 1 Satz 2 wollte der Gesetzgeber im Jahr 2004 das Verfahren wenigstens für die erwerbstätigen Menschen beschleunigen und die feststellenden Behörden an gesetzliche Bearbeitungsfristen binden. Der antragstellende Arbeitgeber hat zumindest bei aussichtslosen Anträgen auf Feststellung der Schwerbehinderteneigenschaft jetzt nur noch eine relativ geringe zeitliche Verzögerung seiner Kündigungsabsicht hinzunehmen (s. Erl. § 90 Rn 21 f).

8 Die Norm korrespondiert mit dem **Zuwanderungsgesetz** vom 30. 7. 2004, BGBl. I S. 1950 vom 5. 8. 2004, da der aufenthaltsrechtliche Status als persönliche Antragsvoraussetzung gem. § 2 Abs. 2 SGB IX bei ausländischen Antragstellern relevant ist. Das **Justizvergütungs- und -entschädi-**

gungsgesetz (JVEG) führte zum 1. 7. 2004 zur Abkehr vom bisherigen Entschädigungsprinzip hin zu einem leistungsgerechten Vergütungsmodell. Dies hat Folgen im Bereich der Honorar- und Entschädigungsfestsetzung für im Feststellungsverfahren beteiligte Ärzte, §§ 9, 10 JVEG (BGBl. I Nr. 24 v. 12. 5. 2004, 776).

4. Zuständige Behörden, Antragsberechtigung (Abs. 1). Die Feststellung einer Behinderung und die Festsetzung eines Grades der Behinderung einschließlich der Zuerkennung von Merkzeichen sowie die Ausstellung der Schwerbehindertenausweise erfolgt durch die für die Durchführung des BVG zuständigen Behörden (Abs. 1 Satz 1). 9

Die örtliche Zuständigkeit wird in §§ 3, 4 VfG-KOV geregelt. Danach ist die Dienststelle für die Feststellung zuständig, in deren Bezirk der Antragsteller zur Zeit der Antragstellung seinen Wohnsitz oder gewöhnlichen Aufenthalt hat. Mit dem Wechsel des Wohnorts bzw. des Orts des gewöhnlichen Aufenthalts ändert sich auch die Zuständigkeit. Zu beachten ist die aufenthaltsrechtliche bzw. territoriale Regelung des § 2 Abs. 2 SGB IX. Einschlägig ist auch § 2 Abs. 2 SGB X. 10

Die Rechtswirkung der Mitwirkungspflicht nach § 60 Abs. 1 SGB I im Feststellungsverfahren ist zu unterscheiden von einer unbeschränkten Anwendung der §§ 60ff SGB I wie bei Sozialleistungen üblich. Die ausdrückliche gesetzliche Regelung, die Norm des § 60 Abs. 1 SGB I für das Feststellungsverfahren zur Geltung zu bringen, beinhaltet zugleich, dass die Normen §§ 60 Abs. 2ff SGB I, insbes. auch § 66, zu den Folgen fehlender Mitwirkung und § 67 zur Nachholung der Mitwirkung, nicht anzuwenden sind. Die unmittelbare Sanktion für fehlende Mitwirkung tritt eigentlich nur im Falle eines Antrags auf Zustimmung zur Kündigung nach §§ 85ff SGB IX, insbes. in bestimmter Falllage des § 90 Abs. 2a SGB IX, ein. Hier werden Antragsteller bei fehlender Mitwirkung von jeglichen besonderen Schutzrechten gem. §§ 85ff SGB IX ausgeschlossen, eine Nachholung derartiger Mitwirkung analog § 67 SGB I ist vom Gesetzgeber hier gerade nicht vorgesehen. Verwiesen wird auch auf § 21 SGB X. Schwierig ist die praktische Eingrenzung der Mitwirkungspflicht bei erwerbstätigen Antragstellern, die der Anwendung des § 60 Abs. 1 SGB I seit 1. 5. 2004 unterliegen. Die sonstigen Antragsteller unterliegen im Verwaltungsverfahren der nach SGB gem. § 21 Abs. 2 SGB X üblichen Mitwirkungspflicht, wobei der Amtsermittlungsgrundsatz bisher weit ausgelegt wird. Sie haben im Gegenzug zT erhebliche Bearbeitungszeiten ihrer Anträge hinzunehmen, die in Teilbereichen weit über 6 Monaten liegen. Die Aufforderung der Behörde, für die Antragstellung Unterlagen bei ärztlichen Stellen selbst zu beschaffen und einzureichen, ist durch diese Norm nicht mit umfasst. Es gilt für alle Antragsteller § 21 Abs. 2 SGB X. Diese Norm regelt, dass Beteiligte bei der Ermittlung des Sachverhalts mitwirken sollen. Sie sollen insbes. ihnen bekannte Tatsachen und Beweismittel angeben. Eine weitergehende Pflicht, bei der Ermittlung des Sachverhalts mitzuwirken, insbes. eine Pflicht zum persönlichen Erscheinen oder zur Aussage, besteht nur, soweit sie durch Rechtsvorschrift besonders vorgesehen ist. Dies ist in dem Verfahren nach § 69 der Fall. Es sind für das Feststellungsverfahren die Allgemeinen Vorschriften über das Verwaltungsverfahren §§ 8ff SGB X, insbes. auch § 20 11

SGB X, anzuwenden, der als Untersuchungsgrundsatz festlegt, dass im Verwaltungsverfahren nach dem gesamten Sozialgesetzbuch die Behörde den Sachverhalt von Amts wegen ermittelt. Sie bestimmt demnach auch Art und Umfang der Ermittlungen; an das Vorbringen und an die Beweisanträge der Beteiligten ist sie nicht gebunden. Die Behörde hat alle für den Einzelfall bedeutsamen, auch die für die Beteiligten günstigen Umstände zu berücksichtigen. Diese Grundsätze des Verfahrens werden durch den Bezug auf § 60 Abs. 1 SGB I nicht aufgehoben. Die im § 21 SGB X etablierte Mitwirkungspflicht unterscheidet sich von der Formulierung des § 60 Abs. 1 SGB I vor allen Dingen durch die Pflicht zur unverzüglichen Mitteilung und die Pflicht, Beweismittel zu bezeichnen und auf Verlangen des zuständigen Leistungsträgers Beweisurkunden vorzulegen oder ihrer Vorlage zuzustimmen. Speziell für das Verfahren nach dem BVG – also auch nach § 69 SGB IX – regelt § 12 des Gesetzes über das Verwaltungsverfahren der Kriegsopferversorgung die Beiziehung von ärztlichen Unterlagen. Danach kann mit Einverständnis oder auf Wunsch des Antragstellers die Verwaltungsbehörde von öffentlichen, freien gemeinnützigen und privaten Krankenanstalten sowie Krankenanstalten öffentlich-rechtlicher Körperschaften und Trägern der Sozialversicherung Krankenpapiere, Aufzeichnungen, Krankengeschichten, Sektions- und Untersuchungsbefunde sowie Röntgenbilder zur Einsicht beiziehen. Die Verwaltungsbehörde hat für die Wahrung des ärztlichen Berufsgeheimnisses Sorge zu tragen. Unter denselben Voraussetzungen kann die Verwaltungsbehörde von privaten Ärzten, die den Antragsteller behandeln oder behandelt haben, Auskünfte einholen und Untersuchungsunterlagen zur Einsicht beiziehen. Die Anwendung des § 60 Abs. 1 SGB I auf das Feststellungsverfahren nach § 69 für erwerbstätige Antragsteller ist vor allem als zusätzliche terminliche Verpflichtung der unverzüglichen Herbeischaffung geforderter Auskünfte zu werten. Der Kanon der Mitwirkungspflichten wird bestenfalls minimal verändert, insbes. bleibt der Amtsermittlungsgrundsatz des § 20 SGB X für die Behörde bindende Grundlage, die durch die 2004 etablierte besondere Mitwirkungspflicht erwerbstätiger Antragsteller nicht aufgehoben wird.

12 Die Feststellung nach § 69 ist antragsgebunden. Ob der Schwerbehindertenstatus festgestellt werden soll, entscheidet somit ausschließlich der behinderte Mensch selbst. Knittel (§ 69 Rn 9) sieht darin einen Ausfluss des grundrechtlich geschützten allgemeinen Persönlichkeitsrechts gem. Art. 2 Abs. 1 iVm Art. 1 Abs. 1 GG (BSGE 66, 120 = SozR 3870 § 4 Nr. 4). Er verweist auf die BSG – Auffassung, dass der auf Feststellung gerichtete Anspruch ein höchstpersönliches Recht darstellt; es kann nicht auf Dritte übergehen und es erlischt mit dem Tode des Berechtigten (BSG aaO). Der Antragsteller kann sich nach § 13 SGB X durch einen Bevollmächtigten vertreten lassen. Dies kann zB die Schwerbehindertenvertretung nach § 94 SGB IX, der Betriebs- und Personalrat wie auch der behandelnde Arzt oder Arbeitgeber sein. Im Einzelfall ist eine Vollmacht des Vertretenen notwendig. Das Tätigwerden eines Bevollmächtigten darf nicht gegen das Rechtsberatungsgesetz verstoßen.

13 Aus der Dispositionsbefugnis des schwerbehinderten Menschen über die Feststellung seines Status folgt auch, dass er auf diese Rechtsposition ganz

oder teilweise verzichten kann (BSGE 60, 11/14 = SozR 3870 § 3 Nr. 21). Deshalb darf die Versorgungsbehörde eine bestimmte Behinderung nicht feststellen, wenn der Behinderte erklärt, er beantrage die Feststellung nicht. Diese Behinderung bleibt dann aber bei der Festsetzung der MdE bzw. des GdB außer Betracht (BSG aaO). Bei ausländischen schwerbehinderten Menschen und auch in bestimmten Falllagen bei im Ausland lebenden schwerbehinderten Menschen mit deutscher Staatsangehörigkeit (s. § 126) spielt im Feststellungsverfahren die aufenthaltsrechtliche Formulierung aus § 2 Abs. 2 SGB IX eine Rolle. Auch die **Niederlassungserlaubnis nach § 9 AufenthG** – die unbefristet ist und zur Erwerbstätigkeit berechtigt – erfüllt die Voraussetzungen nach § 2 Abs. 2 SGB IX und es muss auf Antrag ein Feststellungsverfahren von der zuständigen Behörde betrieben werden. Ein Schwerbehindertenausweis kann bei Vorliegen der Voraussetzungen des § 6 Abs. 2 SchwbAwV auch unbefristet erteilt werden. Die **Aufenthaltserlaubnis nach § 7 AufenthG** wird befristet, kann aber verlängert werden. Sie berechtigt i.d.R. zur Erwerbstätigkeit. Das Verfahren wird analog wie bei in Deutschland lebenden Deutschen geführt. Ein Schwerbehindertenausweis wird gem. § 6 Abs. 5 SchwbAwV bis zum Ablauf des Monats befristet, in dem die Befristung der Aufenthaltserlaubnis endet. Die **Aufenthaltsgestattung nach § 55 AsylVfG** wird befristet für die Dauer des Asylverfahrens erteilt. Eine Erwerbstätigkeit kann nach einer Aufenthaltsdauer von 1 Jahr erlaubt werden. In diesen Fällen wird die Durchführung des Feststellungsverfahrens abhängen von der Bewertung der Erfolgschancen des Asylantrages. Für Fälle der **Duldung nach § 60a AufenthG ist** eine Feststellung nur bei Vorliegen einer längerfristigen Aufenthaltsberechtigung möglich.

5. Feststellungsbescheid (Abs. 1 Satz 1). Der Antrag des schwerbehinderten Menschen bewirkt die Feststellung der zuständigen Behörde über das **Vorliegen einer Behinderung** iSv § 2 Abs. 1 SGB IX sowie den **Grad der Behinderung.** Diese erlässt einen Verwaltungsakt mit Dauerwirkung per Feststellungsbescheid, in dem sowohl die festgestellten Behinderungen als auch der Grad der Behinderung aufgeführt sind. Die Feststellung der Schwerbehinderteneigenschaft wirkt lediglich deklaratorisch (BSGE 48, 167 = SozR 2200 § 176c Nr. 1; BSG SozR 2200 § 176c Nr. 9 = Breithaupt 1989, 189). Damit unterscheidet sich der Feststellungsbescheid von der Gleichstellung nach § 68 SGB IX (s. Erl. 68, insbes. Rn 8). Die Feststellungsentscheidung der Versorgungsverwaltung wirkt bis zum Zeitpunkt der Antragstellung zurück (vgl. § 40 Abs. 1 SGB I iVm § 69 Abs. 1 SGB IX). 14

6. Grad der Behinderung (GdB) (Abs. 1 Satz 1, 4, 6). Die Normen des Abs. 1 Satz 1, 4 u. 6 legen fest, dass bei einer Feststellung der Behinderung auch der Grad der Behinderung (GdB) festgestellt wird. Dieser wird nach Zehnergraden zwischen 20 und 100 abgestuft. Praktische sozialrechtliche Bedeutung hat besonders eine Behinderung ab GdB 50, diese Schwelle definiert die Schwerbehinderteneigenschaft und stellt damit den besonderen Schutz des SGB IX Teil 2 her, aber auch die rentenrechtliche Sonderstellung schwerbehinderter Menschen (s. Erl. 126). Bezug auf den GdB wird bei vielfältigen Nachteilsausgleichen genommen, am detailliertesten im § 33b EstG, wo steuerliche jährliche Pauschbeträge nach GdB zugewiesen werden (s. Erl. 15

§ 126). Im SGB IX Teil 2 wird lediglich bei der Gleichstellung nach § 68 Abs. 3 auf den GdB 30 bis unter 50 expliziter Bezug genommen.

16 **7. Versorgungsmedizinische Grundsätze vormals Anhaltspunkte für die ärztliche Gutachtertätigkeit.** Die Norm des Abs. 1 Satz 5 verweist für das Feststellungsverfahren auf § 30 Abs. 1 BVG. Danach ist der Grad der Behinderung nach der körperlichen und geistigen Beeinträchtigung im allgemeinen Erwerbsleben zu beurteilen; seelische Begleiterscheinungen und Schmerzen sind zu berücksichtigen. Für die Beurteilung ist maßgebend, um wie viel die Befähigung zur üblichen, auf Erwerb gerichteten Arbeit und deren Ausnutzung im wirtschaftlichen Leben durch die als Folgen einer Schädigung anerkannten Gesundheitsstörungen beeinträchtigt sind. Vorübergehende Gesundheitsstörungen sind nicht zu berücksichtigen. Als vorübergehend gilt ein Zeitraum bis zu sechs Monaten. Bei Jugendlichen ist die Minderung der Erwerbsfähigkeit nach dem Grad zu bemessen, der sich bei Erwachsenen mit gleicher Gesundheitsstörung ergibt. Für erhebliche äußere Körperschäden können Mindestvomhundertsätze festgesetzt werden (zur jüngeren Entwicklung s. o. Rn 1–5).

17 Das Feststellungsverfahren nach § 30 Abs. 1 BVG wie auch das nach § 69 SGB IX richtete sich in der Praxis langjährig nach den „Anhaltspunkten für die ärztliche Gutachtertätigkeit im sozialen Entschädigungsrecht und nach dem Schwerbehindertenrecht", die zuletzt mit Stand 2008 vom BMAS veröffentlicht wurden. Bereits die „Anhaltspunkte" hatten den Wechsel zum bio-psycho-sozialen Modell der „Internationalen Klassifikation der Funktionsfähigkeit, Behinderung und Gesundheit (ICF)" vor Erscheinen des SGB IX schon 1983 – in Kenntnis der Diskussionen auf internationaler Ebene und zu den Vorarbeiten zum SGB IX – vollzogen bzw. weitgehend eingeleitet. Allerdings war es auf Grund besonderer gesetzlicher Vorgaben bis heute nicht möglich, dieses Modell in den Anhaltspunkten überall konsequent umzusetzen. Dies ist Aufgabe des neuen Beirats nach § 3 VersMedV. Inzwischen ist das Regelwerk der AHP im Wesentlichen in die „Versorgungsmedizischen Grundsätze" überführt worden, die Anlage zur VersMedV sind („Versorgungsmedizin-Verordnung" vom 10. 12. 2008 (BGBl. I S. 2412) mit der Anlage zu § 2 der Versorgungsmedizin-Verordnung vom 10. 12. 2008 (Anlage „Versorgungsmedizinische Grundsätze") (Anlageband zum BGBl. I Nr. 57 vom 15. 12. 2008)). (download: www.bmas.de). Der Bezug der AHP bzw. der versorgungsmedizinischen Grundsätze zur internationalen Entwicklung des Begriffs der Behinderung (ICF) ist in der wissenschaftlichen und rechtspolitischen Diskussion. Nach *Knickrehm* (Dt. Sozialrechtsverband Mitteilungsblatt 28/08, download: www.sozialrechtsverband.de) hat das hinter dem „modernen" Behinderungsbegriff des § 2 SGB IX stehende Teilhabekonzept zur Folge, dass – anders als noch nach § 3 SchwbG – nur solche Auswirkungen von Funktionsstörungen als Behinderung anzusehen sind, die zu einer Beeinträchtigung der Teilhabe am Leben in der Gesellschaft führen. Dies mache eine Änderung der Spruchpraxis der Gerichte in Bezug auf die Feststellung einer Behinderung nach § 69 SGB IX jedoch nicht erforderlich. Das BSG und ihm folgend die Gerichte der Sozialgerichtsbarkeit hätten bereits unter der Geltung des SchwbG mit dem medizinisch-pathologischen Behinderungsbegriff bei der

Feststellung einer Behinderung auf die Auswirkungen der Funktionsbeeinträchtigung in Arbeit, Beruf und Gesellschaft abgestellt. Auf diese Feststellungspraxis hat nach *Knickrehm* auch ein ggf. weiter gehender europäischer Behinderungsbegriff, der möglicherweise nicht auf das Abweichen vom alterstypischen Zustand abstellt, keine Auswirkungen. *Knickrehm* stellt anhand der Teilhabebeeinträchtigung durch Diabetes mellitus und der sich hier stellenden Frage, ob allein der Therapieaufwand Maßstab für die Höhe des Grades der Behinderung (GdB) sein kann, eingängig dar, dass der Behinderungsbegriff durch das „moderne" Teilhabekonzept durchaus enger geworden ist. Die Diskussion um die Weiterentwicklung der Versorgungsmedizinischen Grundsätze wird vermutlich noch erhebliche Kreise ziehen, da durchaus qualifizierte Darstellungen der Abweichung des Behinderungsbegriffs des § 2 Abs. 1 SGB IX vom Begriff des ICF bestehen. Die Entwicklung weiterer rechtsdogmatisch beherrschbarer und entscheidungsfähiger Kriterien für das Merkmal der gesellschaftlichen Teilhabe wird nicht einfach werden (s. *Luther, Ernst-Wilhelm*, Die Behinderung nach § 2 Abs. 1 SGB IX, ihr Gesellschaftsbegriff und die ICF, SGb 10/09, 569).

Hinsichtlich der vielfältigen Spezialfragen zur Bewertungen bei der Feststellung spezieller Behinderungen liegt inzwischen diverse – teilweise auch kritische – Spezialliteratur vor, die auch die umfängliche Rechtsprechung systematisch einbezieht. Verwiesen sei insbes. auf *Hausmann/Schillings/Schörning* bzw. die Kommentierung dieser Autoren, die vom Sozialverband VdK (Buch und CD) herausgegeben wird. Dieses Werk kommentiert ausführlich die „Anhaltspunkte" bzw. obwohl eine überfällige Namensänderung noch aussteht – die Versorgungsmedizinischen Grundsätze und die einschlägige Rechtsprechung (siehe dies. a. auf der Website www.anhaltspunkte.de). Wie im vorstehenden Rechsprechungsnachweis deutlich wird, liegt umfängliche, teilweise sehr spezialisierte Rechtsprechung des BSG zum Feststellungsverfahren und den Anhaltspunkt vor, darüber hinaus auch sehr umfängliche Rechtsprechung der LSG und SG, die hier nicht dokumentiert wurde um den Rahmen eines allgemeinen behindertenrechtlichen Kommentars nicht zu sprengen. Die genannten Verweise führen eben zu dieser spezialisierten Befassung, die insbes. im Rechtsstreit um Feststellung in vielen Fällen unausweichlich ist. 18

Auch das Thema Alter und Behinderung war Gegenstand der Rechtsprechung (Bayerisches LSG – Az.: L 18 SB 22/01 – Urt. v. 12. 12. 2002). Hohes Alter rechtfertigt danach nicht einen niedrigeren GdB. 19

Vielfältige BSG-Rechtsprechung liegt auch vor zu Einzelfragen im Kontext der Merkzeichen (BSG Urt. v. 28. 6. 2000 Az.: B 9 SB 2/00 R). Zur Befreiung von der Rundfunkgebührenpflicht, BSG Urt. v. 10. 12. 2002 – Az.: B 9 SB 7/01 R Voraussetzungen für die Zuerkennung von „aG", BSG – Urt. v. 24. 4. 2008 – Az.: B 9/9a SB 7/06 R – „G" unter Berücksichtigung einer Adipositas, BSG – Beschluss vom 10. 12. 2003 – Az. B 9 SB 15/03 B Zur „Verzahnung" der Nachteilsausgleiche „G" und „B", BSG – Urt. v. 24. 11. 2005 – Az.: B 9a SB 1/05 R – Nachteilsausgleich „H" für Gehörlose nach Abschluss der Berufsausbildung, BSG – Urt. v. 10. 12. 2003 – B 9 SB 4/02 R – Zum Nachteilsausgleich „H" bei Gehörlosen, BSG Urt. v. 10. 12. 2002 – Az.: B 9 V 3/01 R – Zum Nachteilsausgleich „H" bei einem Umfang der 20

Hilfeleistungen zwischen einer und zwei Stunden, BSG – Urt. v. 12. 2. 2003 – Az.: B 9 SB 1/02 R – Zu Bereitschaftszeiten bei Hilflosigkeit, BSG – Urt. v. 12. 2. 2003 – Az.: B 9 V 13/01 R Hilflosigkeit erfordert Hilfe bei mindestens drei Verrichtungen.

21 Ein wesentliches neueres Urteil findet sich zur Frage der territorialen Voraussetzung einer Feststellung der Schwerbehinderung (BSG – Urt. v. 5. 7. 2007 – B 9/9a SB 2/06 R Schwerbehinderung auch im Ausland). Dort wird ausgeführt, dass zwar § 69 SGB IX keine ausdrücklichen Ausnahmebestimmungen zu dem in § 30 Abs. 1 SGB I verankerten Territorialitätsprinzip enthält. Nach Auffassung des BSG ergibt sich jedoch aus dem Sinn und Zweck dieser Vorschrift etwas Abweichendes iSv § 37 Satz 1 SGB I. Die Feststellung des GdB hat eine dienende Funktion. Sie gewinnt erst dadurch Bedeutung, dass sie als Statusfeststellung auch für Dritte verbindlich ist (vgl. BSGE 52, 168, 172 = SozR 3870 § 3 Nr. 13 Satz 31; BSGE 69, 14, 17 = SozR 3–1300 § 44 Nr. 3 Satz 9) und die Inanspruchnahme von sozialrechtlichen, steuerrechtlichen, arbeitsrechtlichen, straßenverkehrsrechtlichen und anderen Vorteilen ermöglicht. Soweit es derartige rechtliche Vorteile gibt, die nicht an einen Wohnsitz oder gewöhnlichen Aufenthalt im Inland, sondern an einen andersartigen Inlandsbezug anknüpfen, erfordert es schon der Grundsatz der Gleichbehandlung und der Einheit der Rechtsordnung, dass die betreffenden Personen eine Feststellung iS von § 69 SGB IX beanspruchen können. Allerdings kann ein im Ausland wohnender Behinderter das Feststellungsverfahren nach § 69 SGB IX nur zur Ermöglichung konkreter inländischer Rechtsvorteile in Anspruch nehmen. Eine Durchbrechung des Territorialitätsprinzips (§ 30 Abs. 1 iVm § 37 Satz 1 SGB I) lässt nach Auffassung des BSG sich nur rechtfertigen, wenn dem behinderten Menschen trotz seines ausländischen Wohnsitzes aus der Feststellung seines GdB in Deutschland konkrete Vorteile erwachsen können. Im Falle eines Antragstellers, der sich dauerhaft außerhalb des Geltungsbereiches des SGB IX aufhält und bei dem deshalb ein für die (weitere) Feststellung seines GdB ausreichender Inlandsbezug nicht ohne weiteres gegeben ist, kommen nach diesen Grundsätzen mehrere innerstaatliche Vergünstigungen in Betracht, die eine Einschränkung des Territorialitätsprinzips rechtfertigen können, insbes. die Anwartschaft auf eine gesetzliche Rente. Dann wäre ein für das Feststellungsverfahren nach § 69 SGB IX erforderlicher Inlandsbezug gegeben, wenn bei ihm eine Altersrente für schwerbehinderte Menschen (§ 37 SGB VI) in Betracht käme. Über den hierfür erforderlichen GdB von 50 kann – auch für den Rentenversicherungsträger bindend – nur im Verfahren nach § 69 SGB IX entschieden werden (BSGE 52, 168, 172 = SozR 3870 § 3 Nr. 13 Satz 31; *Masuch* in Hauck/Noftz, § 69 SGB IX Rn 15). Zwar setzt § 37 Nr. 2 SGB VI wegen des Verweises auf § 2 Abs. 2 SGB IX grundsätzlich einen Arbeitsplatz, Wohnsitz oder gewöhnlichen Aufenthalt im Inland voraus. Dem steht jedoch der Wohnsitz in der EU und bestimmten anderen Staaten aus Gründen des vorrangigen europäischen Gemeinschaftsrechts gleich. Im Fall der Klage war das nach dem Abkommen vom 21. 6. 1999 zwischen der Europäischen Gemeinschaft und ihren Mitgliedstaaten einerseits und der schweizerischen Eidgenossenschaft andererseits über die Freizügigkeit (Amtsbl. EG 2002 Nr. L 114/6 = BGBl. II 2001, 810) zu entschei-

den (s. BSG Urt. v. 5. 7. 2007 – B 9/9a SB 2/06 R, m.w.N. Ziff. 30). Einen Feststellungsanspruch im vorgenannten Sinne ohne Erfüllung der territorialen Voraussetzungen kann auch die Inanspruchnahme des in seiner Höhe vom GdB abhängigen Schwerbehindertenpauschbetrages nach § 33b Abs. 1 bis 3 Einkommensteuergesetz (EStG) in Betracht, sofern der Kläger im Inland unbeschränkt steuerpflichtig iS von § 1 Abs. 2, 3 EStG ist. Das wäre der Fall, wenn er Einkommen im Inland, zB in Form von Einnahmen aus Vermietung, Verpachtung oder Kapitalanlagen, erzielte.

Zum Merkzeichen RF – Befreiung von der Rundfunkgebührenpflicht-, 22
liegt ua. ein Urteil des Hess. LSG – L 4 SB 33/07 – vom 22. 11. 2008 vor, das keine rückwirkende Feststellung von „RF" zulässt. Die Feststellung von RF richtet sich nach § 6 RGebStV (Rundfunkgebührenstaatsvertrag, HmbGVBl. 1991, S. 425). Eine rückwirkende Gebührenbefreiung durch die Landesrundfunkanstalten bzw. die von ihnen beauftragten Stellen ist nämlich kraft Gesetzes ausgeschlossen. Ausgehend vom Zeitpunkt des Befreiungsantrags bei der GEZ kann eine Befreiung von der Gebührenpflicht nur für die Zukunft gewährt werden.

Im Kontext der gerichtlichen Überprüfung von Einzelentscheidungen 23
sind gelegentlich auch BSG-Urteile ergangen, die nicht die Anwendung der AHP (heute Versorgungsmedizinische Grundsätze), deren Zutreffendheit im Lichte des herrschenden Kenntnisstandes der sozialmedizinischen Wissenschaft vornahmen. Beispielhaft stellte das BSG – Urt. v. 24. 4. 2008 – B 9/9a SB 10/06 R –, dass die damaligen Bewertungsvorgaben der AHP für den Diabetes Mellitus unwirksam seinen: Die Vorgaben der AHP zur Bewertung des GdB des Diabetes mellitus entsprechen nicht dem herrschenden Kenntnisstand der sozialmedizinischen Wissenschaft. Bei der GdB-Bewertung ist neben der Einstellungsqualität auch der Therapieaufwand zu berücksichtigen, soweit er sich auf die Teilhabe des behinderten Menschen am Leben in der Gesellschaft nachteilig auswirkt. Allerdings ist nicht ausschließlich auf die Anzahl der Insulininjektionen pro Tag abzustellen. Zu berücksichtigen ist aber das Ergebnis der therapeutischen Maßnahmen, insbes. die erreichte Stoffwechsellage. Ist diese bei geringem Therapieaufwand ausgeglichen, ist ein niedriger GdB festzustellen. Mit wachsendem Therapieaufwand und/oder abnehmendem Therapieerfolg – zB instabilere Stoffwechsellage – ist der GdB höher einzuschätzen. Nach teilweiser vorläufiger Änderung der AHP in diesem Punkt (Rundschreiben des Bundesministeriums für Arbeit und Soziales vom 22. 9. 2008 – IV C 3–48064 – 3 – an die zuständigen obersten Landesbehörden als download: www.bmas.bund.de) stellt ein weiteres BSG – Urt. v. 11. 12. 2008 – B 9/9a SB 4/07 R – fest, dass die vorläufigen Bewertungsvorgaben für den Diabetes mellitus in den AHP bzw. VMG sind nicht zu beanstanden seinen: „Die Bewertungsvorgaben für den Diabetes mellitus in der vorläufigen Neufassung der AHP bzw. VMG sind grundsätzlich nicht zu beanstanden. Allerdings stellen sie nur auf die Einstellungsqualität ab, obwohl zudem auch der die Teilhabe beeinträchtigende Therapieaufwand zu berücksichtigen ist. Möglicherweise durch den Diabetes hervorgerufene Gesundheitsstörungen sind wie davon unabhängig entstandene zu behandeln, dh nach den Vorgaben der Nr. 19 AHP bzw. des Teil A 3 VMG zu berücksichtigen (Hamburger Fall). Mit seinem Urt. v.

24. 4. 2008 (aaO) hat der erkennende Senat nach Beweisaufnahme zu den allgemeinen medizinischen Erkenntnissen über die Auswirkungen des Diabetes mellitus auf die Fähigkeit zur Teilhabe am Leben in der Gesellschaft entschieden, dass die diese Krankheit betreffenden Nr. 26.15 der AHP 1996 und 2004 nur mit gewissen Maßgaben dem höherrangigen Recht und dem Stand der medizinischen Wissenschaft entsprechen. Bei der dort geregelten GdB-Bewertung ist neben der Einstellungsqualität auch der Therapieaufwand zu berücksichtigen, soweit er sich auf die Teilhabe des behinderten Menschen am Leben in der Gesellschaft nachteilig auswirkt. Der GdB wird relativ niedrig anzusetzen sein, wenn mit geringem Therapieaufwand eine ausgeglichene Stoffwechsellage erreicht wird. Mit (in beeinträchtigender Weise) wachsendem Therapieaufwand und/oder abnehmendem Therapieerfolg (instabilerer Stoffwechsellage) wird der GdB höher einzuschätzen sein. Dabei sind jeweils – im Vergleich zu anderen Behinderungen – die Auswirkungen auf die Teilhabe am Leben in der Gesellschaft in Betracht zu ziehen (aaO, Rn 40). Dagegen kommt es für die GdB-Bewertung auf die Unterscheidung nach dem Typ I und dem Typ II des Diabetes mellitus nicht an (aaO, Rn 36). Angesichts dieser Entscheidung des BSG ist der Ärztliche Sachverständigenbeirat „Versorgungsmedizin“ beim Bundesministerium für Arbeit und Soziales inzwischen in eine erneute Expertenanhörung eingetreten und empfiehlt bis zur abschließenden Klärung die Anwendung der folgenden Tabelle (s. Rundschreiben des Bundesministeriums für Arbeit und Soziales vom 22. 9. 2008 – IV C 3–48064 – 3 – an die zuständigen obersten Landesbehörden): **Zuckerkrankheit (Diabetes mellitus)** mit Diät allein (ohne blutzuckerregulierende Medikamente) 0; mit Medikamenten eingestellt, die die Hypoglykämieneigung nicht erhöhen 10 mit Medikamenten eingestellt, die die Hypoglykämieneigung erhöhen 20; unter Insulintherapie, auch in Kombination mit anderen blutzuckersenkenden Medikamenten, je nach Stabilität der Stoffwechsellage (stabil oder mäßig schwankend) 30–40; unter Insulintherapie instabile Stoffwechsellage einschließlich gelegentlicher schwerer Hypoglykämien 50. Häufige, ausgeprägte oder schwere Hypoglykämien sind zusätzlich zu bewerten. Schwere Hypoglykämien sind Unterzuckerungen, die eine ärztliche Hilfe erfordern. Diese vorläufige Neufassung der AHP hat die Nr. 26.15 der AHP in den Ausgaben seit 1996 ersetzt, die Gegenstand des Senatsurteils vom 24. 4. 2008 (aaO) waren. Sie dienen somit als Beurteilungsgrundlage auch für den hier ab 1. 2002 umstrittenen GdB. Dabei ist zu berücksichtigen dass die vorläufige Neufassung allein die Einstellungsqualität und – noch – nicht den die Teilhabe beeinträchtigenden Therapieaufwand berücksichtigt.

Die Notwendigkeit seiner Berücksichtigung ergibt sich indes zwingend aus § 69 Abs. 1 Satz 3 SGB IX (ab 1. 5. 2004: Satz 4). Er kann je nach Umfang dazu führen, dass der allein anhand der Einstellungsqualität des Diabetes beurteilte GdB auf den nächst höheren Zehnergrad festzustellen ist. Im Übrigen sind die Vorschläge des Sachverständigenbeirates – soweit es den vorliegenden Streitgegenstand betrifft – aus revisionsgerichtlicher Sicht nicht zu beanstanden.“

24 Kritisch ging die Rechtsprechung gelegentlich auch mit dem Institut der Heilungsbewährung um (zB Thüringer LSG v. 7. 3. 2002 – Az.: L 5 SB

768/00 –). Demnach entsprachen die Anhaltspunkte schon 1994 hinsichtlich der Heilungsbewährung nicht mehr der Stand der Wissenschaft:

„Leitsatz: 1. Liegt mangels Heilungsbewährung bereits bei Erl. des ursprünglichen Verwaltungsaktes ein rechtswidriger begünstigender Verwaltungsakt vor, kann der Eintritt der angenommenen, tatsächlich aber nicht existierenden Heilungsbewährung nicht zu einer Änderung der tatsächlichen Verhältnisse iSd § 48 SGB X führen. 2. Tatsächliche Verhältnisse können nur die Verhältnisse sein, die für die Entscheidung objektiv erheblich sind, nicht aber die nach der Vorstellung der Behörde existieren, jedenfalls dann nicht, wenn sie in der Entscheidung nicht objektiviert werden. 3. Die AHP können für die Zeitdauer ihrer Geltung nur insoweit als Maßstab von Verwaltungsentscheidungen anerkannt werden, als sie dem medizinischen Kenntnisstand entsprechen. 4. Es steht den Gerichten grundsätzlich frei, von den Anhaltspunkten abweichende, eigene Beurteilungskriterien aufzustellen und anzuwenden.“

8. Feststellung des Grades der Behinderung durch andere Stellen (Abs. 2). Eine eigenständige Feststellung des GdB durch das Versorgungsamt bzw. die nach Landesrecht festgelegte Behörde ist dann nicht zu treffen, wenn bereits in einer Verwaltungs- oder Gerichtsentscheidung eine anderweitige Feststellung über den Grad der MdE getroffen ist. Dies gilt insbes. für Bescheide über Renten, Kapitalabfindungen und sonstige Versorgungs- oder Entschädigungsleistungen, in denen der jeweilige Leistungsträger einen bestimmten MdE- bzw. MdS-Grad zugrunde gelegt hat. Die Feststellungen binden insoweit, als das Versorgungsamt zuungunsten des behinderten Menschen hiervon nicht abweichen darf (s. a. *Schorn* in Müller-Wenner/Schorn Erl. § 69 Rn 52). Ist in einem Festsetzungsverfahren nach dem Recht der Unfallversicherung eine unfallbedingte MdE rechtsverbindlich festgesetzt worden, ist für eine niedrigere Festsetzung des GdB nach dem SGB IX kein Raum mehr (SG Karlsruhe *Breithaupt* 1995, 275 = HVBG-INFO 1995, 1170). Von Bedeutung ist diese Bindung des Feststellungsverfahrens nach § 69 Abs. 1 insbes. auch hinsichtlich von Entscheidungen der Unfallversicherungsträger, eine evtl. höherer MdE gilt dann auch für die Feststellung nach § 69 SGB IX (s. *Knittel* Erl. 68; *Schorn* aaO; Rn 51–54). Dieser Grundsatz ist aber unter bestimmten Bedingungen, nämlich wenn ein neues Feststellungsverfahren auf Antrag des behinderten Menschen dort vorgenommen werden muss, nicht unbedingt bindend. 25

Die Rentenbescheide der Rentenversicherungsträger nach dem SGB VI zur Erwerbsunfähigkeit/Berufsunfähigkeit bzw. Erwerbsminderung können dagegen keine solche Bindungswirkung haben, da in ihnen kein GdB/MdE-Grad festgestellt wird. Ob eine Person einen GdB von 50 aufweist und somit schwerbehindert ist, steht mit der Frage, ob bei ihr nach dem SGB VI a. F. Erwerbsunfähigkeit oder nach dem SGB VI nF volle Erwerbsminderung besteht, in keinerlei Wechselwirkung, weil die jeweiligen gesetzlichen Voraussetzungen völlig unterschiedlich sind (s. a. *Knittel* Rn 19; *Schorn* aaO, Rn 52). Die Frage nach dem Vorliegen einer Schwerbehinderung ist für die Feststellung der Erwerbsfähigkeit bzw. vollen Erwerbsminderung auch nicht entscheidungserheblich (BSG Beschluss vom 9. 12. 1987 – 5 b BJ 156/87; Beschluss vom 8. 8. 2001 – B 9 SB 5/01 R). Gleiches gilt für Entscheidungen 26 nach § 8 Abs. 1 SGB II, auch hier besteht zum GdB keine definierte Beziehung, es lässt sich also weder aus dem GdB auf die Erwerbsfähigkeit nach SGB II noch aus dem Fehlen der Erwerbsfähigkeit auf einen bestimmten GdB schließen. *Knittel* ebenso wie *Schorn* verweisen darauf, dass auch umgekehrt die Bescheide der Versorgungsverwaltung über den GdB nicht den Rentenversicherungsträger binden.

27 Allerdings haben die Versorgungsämter eine eigenständige Feststellung des GdB dann zu treffen, wenn der behinderte Mensch hieran ein Interesse glaubhaft macht. Die Vorschrift des § 69 Abs. 2 SGB IX soll einen doppelten Verwaltungsaufwand lediglich für die Wiederholung einer bereits getroffenen Feststellung entbehrlich machen. Muss aber das Versorgungsamt wegen des glaubhaft gemachten Interesses des behinderten Menschen ohnehin tätig werden und eine verbindliche Feststellung treffen, so liegt kein Grund für eine Bindung des Versorgungsamtes an die anderweitige Feststellung vor (Niedersächs. LSG Urt. v. 26. 5. 2000 – L 9 SB 247/98).

28 **9. Gesamtgrad bei mehreren Behinderungen (Abs. 3).** Die Regeln für die Bildung eines Gesamtgrades fanden sich unter den Gemeinsamen Grundsätzen in den Versorgungsmedizinischen Grundsätzen (A3) (bzw. vormals Anhaltspunkten unter Nr. 19): Liegen mehrere Funktionsbeeinträchtigungen vor, so sind zwar Einzel-GdS (im Schwerbehindertenrecht: GdB) anzugeben; bei der Ermittlung des Gesamt-GdS (im Schwerbehindertenrecht: GdB) durch alle Funktionsbeeinträchtigungen dürfen jedoch die einzelnen Werte nicht addiert werden. Auch anderen Rechenmethoden sind für die Bildung eines Gesamt-GdS (GdB) ungeeignet. Maßgebend sind die Auswirkungen der einzelnen Funktionsbeeinträchtigungen in ihrer Gesamtheit unter Berücksichtigung ihrer wechselseitigen Beziehungen zueinander. Um die Auswirkungen der Funktionsbeeinträchtigungen in ihrer Gesamtheit unter Berücksichtigung ihrer wechselseitigen Beziehungen zueinander beurteilen zu können, muss aus der ärztlichen Gesamtschau beachtet werden, dass die Beziehungen der Funktionsbeeinträchtigungen zueinander unterschiedlich sein können:

29 Die Auswirkungen der einzelnen Funktionsbeeinträchtigungen können von einander unabhängig sein und damit ganz verschiedene Bereiche im Ablauf des täglichen Lebens betreffen. Beispiel: Beim Zusammentreffen eines insulinpflichtigen Diabetes mit einer Hörbehinderung und einer Gehbehinderung ist der behinderte Mensch in drei verschiedenen Bereichen des täglichen Lebens betroffen, wobei jeder Bereich der Schwere der einzelnen Gesundheitsstörung entsprechend bei der Gesamt-Beurteilung zu beachten ist.

30 Eine Funktionsbeeinträchtigung kann sich auf eine andere besonders nachteilig auswirken. Dies ist vor allem der Fall, wenn Funktionsbeeinträchtigungen an paarigen Gliedmaßen oder Organen – also zB an beiden Armen oder beiden Beinen oder beiden Nieren oder beiden Augen – vorliegen.

31 Die Auswirkungen von Funktionsbeeinträchtigungen können sich überschneiden. Beispiel: Neben einem Herzschaden mit schwererer Leistungsbeeinträchtigung liegen ein Lungenemphysem und ein leichterer Schaden an einem Fuß vor. Die Gehfähigkeit und gesamte Leistungsfähigkeit wird schon durch den Herzschaden sehr eingeschränkt, sodass sich die anderen beiden Gesundheitsschäden nur noch wenig auswirken können.

Die Auswirkungen einer Funktionsbeeinträchtigung werden durch eine hinzutretende Gesundheitsstörung gar nicht verstärkt. Beispiel: Peronäuslähmung und Versteifung des Fußgelenks in günstiger Stellung an demselben Bein. 32

Von Ausnahmefällen (zB hochgradige Schwerhörigkeit eines Ohres bei schwerer beidseitiger Einschränkung der Sehfähigkeit) abgesehen führen zusätzliche leichte Gesundheitsstörungen, die nur einen GdB/MdE-Grad von 10 bedingen, nicht zu einer Zunahme des Ausmaßes der Gesamtbeeinträchtigung, die bei der Gesamtbeurteilung berücksichtigt werden könnte, auch dann nicht, wenn mehrere derartige leichte Gesundheitsstörungen nebeneinander bestehen. Auch bei leichten Funktionsbeeinträchtigungen mit einem GdB/MdE-Grad von 20 ist es vielfach nicht gerechtfertigt, auf eine wesentliche Zunahme des Ausmaßes der Behinderung zu schließen. 33

Die **Rechtsprechung des BSG** hat sich zu den Regeln der Bewertung beim Zusammentreffen mehrerer Behinderungen geäußert (BSG, Urt. v. 13. 12. 2000 – B 9 V 8/00 R – Ein Einzel-GdB von 10 führt regelmäßig nicht zu einer Erhöhung des Gesamt-GdB; BSG Urt. v. 18. 12. 1996 Az.: 9 RV 17/95 Zur Bildung des GdBl). 34

Zur Bildung der Gesamt GdB sei abschließend auszugsweise das LSG NRW – L 6 SB 110/08 – Urt. v. 31. 3. 2009 zitiert (s. i. vollen Wortlaut: www.Anhaltspunkte.de Menüpunkt Schwerhindertenrecht): Stehen die Auswirkungen von drei Gesundheitsstörungen, die einen GdB von 30 und 2 mal einen „mittleren" GdB von 20 bedingen, unabhängig nebeneinander, so ist ein Gesamt-GdB von 50 angemessen. Festgestellt wurden zunächst Funktionsstörung der Kniegelenke durch Verschleiß, Meniskusoperation bds., operierter Kreuzbandriss links und Bluthochdruck sowie zu einem späteren Zeitpunkt Schlafapnoe mit Maskenpflichtigkeit. 35

Das Knieleiden des Klägers ist nach den vorliegenden ärztlichen Befunden mit einem GdB von 30 zu bewerten. Nach den seit dem 1. 1. 2009 geltenden Versorgungsmedizinischen Grundsätzen (im Folgenden: VMG –, Anlage zu § 2 der Versorgungsmedizin-Verordnung vom 10. 12. 2008, Anlageband zum Bundesgesetzblatt Teil I Nr. 57 vom 15. 12. 2008, vormals: Anhaltspunkte für die ärztliche Gutachtertätigkeit im sozialen Entschädigungsrecht und nach dem Schwerbehindertengesetz) sind ausgeprägte Knorpelschäden eines Kniegelenks je nach Stadium (II–IV) mit einem GdB von 10–30 zu bewerten, wenn Bewegungseinschränkungen hinzukommen mit einem GdB von 20–40 (VMG Teil B Nr. 18.14, S. 100). Bei dem Kläger bestehen ausweislich der Sachverständigengutachten ausgeprägte Knorpelschäden (Grad IV), die mit von ihm regelmäßig beklagten Schmerzen am Knie einhergehen. Das linke Kniegelenk weist eine deutliche Konturvergröberung auf und es zeigen sich Wulstungen der Gelenkkanten und Kapselverdickungen als Ausdruck eines chronischen Reizzustandes. Die Beweglichkeit ist mäßiggradig eingeschränkt (0–5–110). Hinzu kommen eine Instabilität nach Kreuzbandruptur, Ödembildung, Senk-Spreizfußdeformität und diskrete sensible Restbeschwerden nach traumatischer Peronaeusparese rechts. In der Gesamtheit rechtfertigt dies die Feststellung eines Einzel-GdB von 30.

Das Lungenleiden des Klägers ist mit einem GdB von 20 zu bewerten. 36
Der Kläger leidet an einer chronisch-obstruktiven Atemwegserkrankung

(COPD oder COLD). Bei der Lungenfunktionsuntersuchung war eine kombiniert zentrale und periphere Atemwegsobstruktion festzustellen. Die periphere Obstruktion hat dabei auch unter medikamentöser Bronchospasmolyse persistiert. Eine Erkrankung der Atemorgane mit dauernder Einschränkung der Lungenfunktion wie hier vom Sachverständigen festgestellt, ist mit einem GdB von 20 bis 40 zu bewerten (VMG Teil B Nr. 8.3, S. 44). Im Hinblick auf die festgestellte Minderung der Lungenfunktion ist ein GdB von 20 angemessen.

37 Die nunmehr beim Kläger festgestellte Schlafapnoe mit Maskenpflichtigkeit seit 11. 2008 ist nach Teil B, Nr. 8.7, S. 45 der VMG ab diesem Zeitpunkt mit einem GdB von 20 zu bewerten.

In der Gesamtheit sind die Leiden seit Feststellung der Schlafapnoe im 11. 2008 mit 50 zu bemessen. Zu dem mit einem GdB von 30 bewerteten Knieleiden sind durch das Atemwegsleiden und die Schlafapnoe jeweils 10 Punkte hinzuzufügen, so dass sich ein Gesamt-GdB von 50 ergibt. Einer Anhebung des Gesamtmaßes des Leidens durch die Atemwegserkrankung und die Schlafapnoe steht nicht Teil A Nr. 3 d) ee), S. 10 der VMG (vormals Nr. 19 (4) der Anhaltspunkte) entgegen. Nach dieser Vorschrift ist es bei leichten Funktionsbeeinträchtigungen mit einem Einzel-GdB von 20 vielfach nicht gerechtfertigt, auf eine Zunahme des Ausmaßes der Behinderung zu schließen. Diese Regelung ist nach ständiger Rechtsprechung des Senats (vgl. auch schon Urt. v. 18. 5. 2004, L 6 SB 130/03) so auszulegen, dass Leiden, die mit einem GdB von „gerade eben“ 20, also einem „schwachen“ GdB von 20 bewertet werden, grundsätzlich nicht in die Gesamt-GdB-Bildung einfließen. Vorliegend sind jedoch sowohl das Atemwegsleiden als auch die Schlafapnoe unter Berücksichtigung der erhobenen ärztlichen Befunde und der Bewertung der VMG als „mittlere“ 20er Werte anzusehen. Leiden, die mit einem „mittleren“ oder „hohen“ GdB von 20 bewertet werden, sind dann geeignet, das Gesamtmaß der Beeinträchtigung zu erhöhen, wenn sie unabhängig nebeneinander und neben der Hauptbeeinträchtigung stehen oder sich untereinander oder mit dem Hauptleiden verstärken bzw. besonders nachteilig aufeinander auswirken. Sie sind hingegen dann nicht zu bewerten, wenn sich in den Auswirkungen im täglichen Leben Überschneidungen ergeben (vgl. Teil A Nr. 3 d VMG). Derartige Überschneidungen ergeben sich bei den Leiden des Klägers nicht. Vielmehr stehen die Atemwegserkrankung und die Schlafapnoe unabhängig nebeneinander und neben der Schädigung der unteren Extremitäten. Die Gesundheitsschädigung beider unterer Extremitäten führt zu Funktionsstörungen insbes. im Hinblick auf die Bewegungsfähigkeit betreffend lange Gehstrecken, häufiges Treppensteigen, Knien und Hocken. Die Atemwegserkrankung verbietet Expositionen gegenüber inhalativen Noxen wie Gasen, Stäuben, Dämpfen und Rauch sowie gegen ausgeprägte Nässe, Kälte, Zugluft und Klimaschwankungen. Darüber hinaus ist die Atmung eingeschränkt und eine Medikamenteneinnahme zur Normalisierung von Atemwegsobstruktionen erforderlich. Die Schlafapnoe schließlich erfordert nachts das Tragen einer Maske bzw. führt ohne diese zu Müdigkeit und Leistungsminderung im Tagesverlauf. Die Auswirkungen der Funktionsbeeinträchtigungen im Alltag überschneiden sich somit nicht, sondern summieren sich vielmehr, so dass das Ausmaß der

Behinderungen in der Gesamtschau ab 11. 2008 einen Gesamt-GdB von 50 rechtfertigt.

Besondere Probleme sowohl bei der GdB-Einzelbewertung als bei der Bildung einer Gesamt GdB treten bei solchen Behinderungen auf, deren subjektive Komponente der Teilhabebeeinträchtigung hoch ist. Beispielsweise zu nennen sind psychische Behinderungen, Multiple Sklerose und Zustände nach Krebsbehandlungen (Beispielhaft für derartige Probleme der Begutachtung: *Hausotter, W.*, Die Begutachtung der MS-Fatigue, VersMed 2009, 15; *Regenauer, A.*, Die Herausforderung bei der Multiplen Sklerose, VersMed 2005, 115; *Lorscheid, A/Stolle, I./Apfelbach,* J. Neurologische Erkrankungen, VersMed 2007, 51; alle als download über **www.juris.de**). Hier ist bei Antragstellung und Rechtsstreit die Glaubhaftmachung der behinderungsbedingten Teilhabebeschränkung besonders gefordert. Besondere Schwierigkeiten treten immer auf, wenn derartige subjektive Komponenten mit dem Institut der Heilungsbewährung zusammen treffen (s. dazu allgemeine Erläuterungen in dem Abschnitt Gemeinsame Grundsätze der Versorgungsmedizinischen Grundsätze). 38

10. Nachteilsausgleiche (Abs. 4) und Merkzeichen im Ausweis (§ 3 SchwbAwV). Für eine Reihe von Nachteilsausgleichen sind für die Inanspruchnahme neben dem Vorliegen einer Behinderung weitere gesundheitliche Merkmale Voraussetzung für die Inanspruchnahme. Die Zuständigkeit für die Feststellung auch dieser gesundheitlichen Merkmale liegt bei der nach Abs. 1 zuständigen Behörde. Es besteht ein Zuständigkeitsmonopol auch für diese Feststellungen. Die über die Inanspruchnahme der jeweiligen Nachteilsausgleiche entscheidenden Behörden (zB die Finanzämter bei Steuerfreibeträgen oder die Straßenverkehrsbehörden bei Parkerleichterungen) sind an diese Feststellung gebunden. 39

Die meisten der weiteren gesundheitlichen Merkmale sind insbes. in § 3 SchwbAwV geregelt. Sie werden im Ausweis auf der Rückseite als sogenannte Merkzeichen einzutragen:

1. **aG** wenn der schwerbehinderte Mensch außergewöhnlich gehbehindert iSd § 6 Abs. 1 Nr. 14 des Straßenverkehrsgesetzes oder entsprechender straßenverkehrsrechtlicher Vorschriften ist,
2. **H** wenn der schwerbehinderte Mensch hilflos iSd § 33 b des Einkommensteuergesetzes oder entsprechender Vorschriften ist,
3. **Bl** wenn der schwerbehinderte Mensch blind iSd § 75 Abs. 5 des Zwölften Buches Sozialgesetzbuch oder entsprechender Vorschriften ist,
4. **Gl** wenn der schwerbehinderte Mensch gehörlos iSd § 145 des Neunten Buches Sozialgesetzbuch ist,
5. **RF** wenn der schwerbehinderte Mensch die gesundheitlichen Voraussetzungen für die Befreiung von der Rundfunkgebührenpflicht erfüllt (s. a. hierzu Rn 21, 32)
6. **1. Kl.** wenn der schwerbehinderte Mensch die im Verkehr mit Eisenbahnen tariflich festgelegten gesundheitlichen Voraussetzungen für die Benutzung der 1. Wagenklasse mit Fahrausweis der 2. Wagenklasse erfüllt.

Nur im Ausweis mit orangefarbenem Flächenaufdruck sind folgende Eintragungen vorgedruckt:

1. auf der Vorderseite das Merkzeichen **B** und der Satz: „Berechtigung zur Mitnahme einer Begleitperson ist nachgewiesen".
2. auf der Rückseite im ersten Feld das Merkzeichen **G.** Das Merkzeichen **G** erhält ein schwerbehinderter Mensch, der in seiner Bewegungsfähigkeit im Straßenverkehr erheblich beeinträchtigt iSd § 146 Abs. 1 Satz 1 des Neunten Buches Sozialgesetzbuch oder entsprechender Vorschriften ist.

Hinsichtlich der Merkzeichen und der umfangreichen Rechtsprechung hierzu wird auf die Erl. zu § 126, 146 hier verwiesen sowie auch die og Internetfundstellen, insbes. www.anhaltspunkte.de.

40 Hinsichtlich des Merkzeichens RF wird auf das Rundschreiben BMAS vom 12.3. 2008 – Az. IVc6–48065–3 – (siehe im Wortlaut: http://www.bmas.de/portal/21230/aenderungen_der_anhaltspunkte_aerztliche_gutachtertaetigkeit.html) verwiesen: Seit Inkrafttreten des 8. Rundfunkänderungsvertrags entscheidet die GEZ im Auftrag der Länder über Rundfunkgebührenbefreiungen. Gleichzeitig traten die Rundfunkgebührenbefreiungsverordnungen der Länder außer Kraft. Da die GEZ länderübergreifend eine einheitliche Verwaltungspraxis gewährleistet, erfolgt folgende Änderung der „Anhaltspunkte": In der Nummer 27 S. 135 bis 136 wird der Absatz 5 ersatzlos gestrichen. In der Nummer 33 S. 141 bis 142 der „Anhaltspunkte" wird der bisherige Text bis auf die Überschrift komplett gestrichen und statt dessen folgender neuer Text eingefügt: „Der Achte Staatsvertrag zur Änderung rundfunkrechtlicher Staatsverträge (Achter Rundfunkänderungsstaatsvertrag), in Kraft getreten zum 1. 4. 2005, regelt in Artikel 5 § 6 die Gebührenbefreiung natürlicher Personen. Gleichzeitig sind die Rundfunkbefreiungsverordnungen der Länder außer Kraft getreten. Mit dieser Änderung obliegt die Befreiung von der Rundfunkgebührenpflicht seit dem 1. 4. 2005 nicht mehr den Sozialbehörden, sondern den Landesrundfunkanstalten, die ihrerseits die GEZ beauftragt haben, das Verfahren in ihrem Auftrag zentral durchzuführen. Die Feststellung gesundheitlicher Merkmale als Voraussetzung für die Inanspruchnahme von Nachteilsausgleichen trifft nach wie vor die zuständige Behörde nach § 69 Absatz 4 SGB IX. Die Befreiung von der Rundfunkgebührenpflicht wird durch die Gebühreneinzugszentrale (GEZ) ausgesprochen. Die unter Nummer 33 Absatz 2 Buchst c AHP genannten Erläuterungen und Hinweise wurden den Rundfunkgebührenbefreiungsverordnungen der Länder entnommen, die mit in Kraft treten des 8. Rundfunkgebührenstaatsvertrags 2005 aufgehoben wurden. Deshalb entfiel die Grundlage zur Veröffentlichung in den Anhaltspunkten. Eine Neugestaltung von Befreiungsvoraussetzungen liegt alleine in der Verantwortung der Länder; die Bundesregierung hat keine Einwirkungsmöglichkeiten auf die Inhalte des zwischen den Ländern abgeschlossenen Staatsvertrags. Der Ärztliche Sachverständigenbeirat Versorgungsmedizin hat empfohlen, die bisher geltenden Vorgaben für die ärztliche Begutachtung zu Merkzeichen RF weiter anzuwenden.

41 **11. Ausweis (Abs. 5).** Der Ausweis, der auf Antrag des schwerbehinderten Menschen idR befristet von der feststellenden Stelle ausgestellt wird, dient zum Nachweis der Eigenschaft als schwerbehinderter Mensch gegenüber allen privaten und öffentlichen Stellen. Es besteht grundsätzlich kein An-

spruch Dritter auf Einsicht des Feststellungsbescheides, da hier anders als im Ausweis die festgestellten Behinderungen vermerkt sind. Der Feststellungsbescheid muss lediglich in Rechtsstreitigkeiten um das Feststellungsverfahren vorgelegt werden. Auch da, wo der Nachweis einer festgestellten Behinderung notwendig ist – zB nach § 72 Abs. 1 Nr. 1d. Es ist i.Ü. verbreitet, dass bei Leistungsanträgen nach § 102 Abs. 3 vom Integrationsamt die Vorlage des Feststellungsbescheides verlangt wird. Dies verlangt aber zumindest beim Verwaltungshandeln des Integrationsamtes entsprechende Datenschutzvorkehrungen, die sicherstellen, dass keine Dritten – insbes. nicht der Arbeitgeber – den Inhalt des Feststellungsbescheides zK ohne Einwilligung des schwerbehinderten Menschen erhalten.

Der Ausweis wird geregelt in der SchwbAwV. Er ist in der Grundfarbe grün, für schwerbehinderte Menschen, die das Recht auf unentgeltliche Beförderung im öffentlichen Personenverkehr in Anspruch nehmen können, wird dies durch einen halbseitigen orangefarbenen Flächenaufdruck gekennzeichnet. Der Ausweis enthält neben Angaben zur Person und einem Lichtbild auch den GdB sowie gegebenenfalls sogenannte Merkzeichen und gegebenenfalls ein Beiblatt für Nutzer der unentgeltlichen Beförderung. 42

Die förmliche Feststellung und ihr Nachweis sind keine gesetzlichen Voraussetzungen für die Eigenschaft als schwerbehinderter Mensch. Denn nach § 2 Abs. 2 SGB IX folgt diese Eigenschaft allein daraus, dass ein nicht nur vorübergehender GdB von mindestens 50 vorliegt. Ein behinderter Mensch kann sich also auch schon vor Feststellung des GdB und vor Ausstellung eines entsprechenden Ausweises nach Abs. 5 auf seine Eigenschaft als Schwerbehinderter berufen. Im Streitfall muss er nur nachweisen, dass tatsächlich ein GdB von wenigstens 50 vorliegt (*Schimanski* in GK-SGB IX Rn 250 zu § 69). Bei Regelungen über die gesundheitlichen Voraussetzungen eines Nachteilsausgleichs wird zT unmittelbar an das Vorliegen eines Ausweises angeknüpft (zB § 145 Abs. 1 und § 65 DV zum EStG), dies gilt idR auch für den besonderen Kündigungsschutz nach §§ 85ff und die Leistungen der begleitenden Hilfe nach § 102 Abs. 3 u. 4. Der Nachweis muss auf diese Art auch im Rentenrecht geführt werden. 43

Inhalt und Gültigkeitsdauer sowie weitere Einzelheiten über die Eintragungen in den Ausweis, seine Gültigkeitsdauer und das Verwaltungsverfahren sind in der Ausweisverordnung Schwerbehindertengesetz (SchwbAwV) geregelt (s. Erl. § 70). Die Gültigkeitsdauer war nach der bis zum 30. 4. 2004 gültigen Fassung auf regelmäßig fünf, in Fallagen des § 6 Abs. 2 Satz 2 SchwbAwV auf höchstens 15 Jahre zwingend zu befristen. Im Vermittlungsverfahren zum Gesetz vom 23. 4. 2004 wurde auf Vorschlag des Vermittlungsausschusses die zwingende Vorgabe, dass der Ausweis zu befristen sei, durch eine Soll-Vorschrift ersetzt und die Möglichkeit des unbefristeten Ausweises in den Fällen, in denen eine Neufeststellung wegen einer wesentlichen Änderung in den gesundheitlichen Verhältnissen, die für die Feststellung maßgebend gewesen sind, nicht zu erwarten ist, zugelassen. Ist der gesetzliche Schutz schwerbehinderter Menschen erloschen, wird der Ausweis eingezogen. Dies ist aber erst dann der Fall, wenn die Schutzfrist nach § 116 Abs. 1 SGB IX abgelaufen ist. Falls eine Neufeststellung unanfechtbar geworden ist, wird der Ausweis berichtigt. 44

45 **12. Rücknahme, Aufhebung und Widerruf von Feststellungsbescheiden.** Wird eine bestimmte Höhe des GdB nach § 69 Abs. 1 bis 3 SGB IX festgestellt, stellt der entsprechende Bescheid einen begünstigenden Verwaltungsakt mit Dauerwirkung dar (BSGE 79, 223 = SozR 3–1300 § 48 Nr. 57 m. w. N.), Gleiches gilt für Feststellungsbescheide, mit denen das Vorliegen der gesundheitlichen Voraussetzungen für einen Nachteilsausgleich nach § 69 Abs. 4 SGB IX festgestellt wird (BSGE 60, 287 = Breithaupt 1987, 86) (s. *Knittel,* Erl. § 69). *Schorn* (aaO, Erl. § 69 Rn 19) verweist darauf, dass es sich um einen begründungsbedürftigen Verwaltungsakt iSv § 31 SGB X handelt. Die Änderung eines solchen Feststellungsbescheids richtet sich nach den Vorschriften der §§ 44, 45, 48 SGB X (vgl. *Knittel* aaO mit Hinweis auf BSGE 60, 287 = BehindertenR Nr. 1987, 86; BSGE 69, 14 = SozR 3–1300 § 44 Nr. 3; *Schorn* aaO, Rn 66ff; *Neumann* in Neumann/Pahlen/Majerski-Pahlen Erl. 69, Rn 24ff). Die Rücknahme zugunsten des Betroffenen bei zulässigem Wiederaufgreifen des Verwaltungsverfahrens ist entsprechend § 51 VwVfG, dh bei neuen günstigen Beweismitteln oder bei Vorliegen eines Wiederaufnahmegrundes nach § 580 ZPO (BSGE 88, 75 SozR 3–2200 § 1265 Nr. 20) uneingeschränkt möglich. Erhebliche Beschränkungen ergeben sich dagegen aus § 45 SGB X für die Rücknahme eines Feststellungsbescheides oder aus § 48 SGB X bei dessen Aufhebung zum Nachteil des behinderten Menschen. Hinsichtlich der Bestandsfristen, innerhalb derer die Änderung eines begünstigenden Bescheides zulässig sind, und der zulässigen Änderungsgründe sind die Vorschriften des § 48 SGB X einschlägig. Je nach Fallkonstellation sind demnach nach einer Bestandsfrist von zwei bzw. zehn Jahren Änderungen zu Lasten des behinderten Menschen nicht mehr zulässig, Ausnahmen von diesen Regeln werden dort definiert. Zur umfänglichen Rechtsprechung hierzu s. *Hausmann/Schillings et al,* 2002 und www.anhaltspunkte.de sowie *Schorn* aaO, Rn 66ff; *Neumann* aaO, Rn 24ff).

46 **13. Rechtsweg.** Gegen einen Bescheid nach § 69 Abs. 1 oder Abs. 4 ist Widerspruch zulässig. Das Widerspruchsverfahren richtet sich nach § 62 SGB X iVm §§ 78ff SGG. Bei Aufnahme einer korrekten Rechtsbehelfsbelehrung ist binnen eines Monats der Widerspruch einzulegen, fehlt diese oder ist sie fehlerhaft, so gilt gem. § 36 SGB IX eine Widerspruchsfrist von einem Jahr. Die Erfahrung lehrt, dass in aller Regel nur eine sehr konkrete Widerspruchsbegründung zu Bescheidänderungen führt. Dabei empfiehlt es sich, die jeweilige behinderungsbedingte Teilhabebeschränkung am Leben in der Gesellschaft darzulegen (s. a. *Schorn* aaO Rn 119). Das Widerspruchsverfahren ist Prozessvoraussetzung für die Klage vor dem Sozialgericht (§ 78 Abs. 1 Satz 1 SGG). Nach *Schorn* (aaO, Rn 121, 122) ist in Widerspruchsverfahren zu § 69 SGB IX die Heranziehung eines Bevollmächtigten regelmäßig als notwenig anzusehen, was bei erfolgreichem Widerspruchsverfahren zum Erstattungsanspruch der notwendigen Aufwendungen führt. Die Klage muss binnen eines Monats nach Bekanntgabe des Widerspruchsbescheides erhoben werden. Die Sozialgerichte sind hier nach § 51 Abs. 1 Nr. 7 SGG zuständig. Zum Verfahren s. ausführliche Erläuterungen bei *Schorn* aaO, Rn 123ff, und *Hausmann/Schillings* aaO.

§ 70 Verordnungsermächtigung

Die Bundesregierung wird ermächtigt, durch Rechtsverordnung mit Zustimmung des Bundesrates nähere Vorschriften über die Gestaltung der Ausweise, ihre Gültigkeit und das Verwaltungsverfahren zu erlassen.

1 **1. Geltende Fassung.** Die Vorschrift wurde unverändert aus dem Regierungsentwurf (BT-Drucks. 14/5531 iVm 14/5074) übernommen. Die Norm übernimmt die Formulierung des früheren § 4 Abs. 5 Satz 5 SchwbG. Während die Norm des § 70 SGB IX keine Änderungen erfuhr,

2 **2. Normzweck und Überblick.** Die Vorschrift ermächtigt die Bundesregierung, durch Rechtsverordnung mit Zustimmung des Bundesrates die Gestaltung der Ausweise, ihre Gültigkeit und das Verwaltungsverfahren näher zu regeln. Sie steuert damit das Verwaltungsverhandeln der zuständigen Verwaltungsbehörden der Länder iSd § 69 Abs. 1. Von dieser Ermächtigung hat die Bundesregierung durch Erl. der SchwbAwVO Gebrauch gemacht.

3 Die VO-Ermächtigung wird genutzt für die „Schwerbehindertenausweisverordnung (SchwbAwV)“ in der Fassung der Bekanntmachung vom 25. 7. 1991 (BGBl. I S. 1739), die zuletzt durch Artikel 20 Absatz 8 des Gesetzes vom 13. 12. 2007 (BGBl. I S. 2904) geändert worden ist. Mit dem Sozialgesetzbuch – Neuntes Buch – (SGB IX) Rehabilitation und Teilhabe behinderter Menschen vom 19. 6. 2001 (BGBl. I S. 1046) wurden durch Artikel 56 „Änderung der Ausweisverordnung Schwerbehindertengesetz“ die Überschrift der Verordnung sowie erhebliche Textpassagen neu gefasst. Seitdem gilt als neue Bezeichnung der Begriff „Schwerbehindertenausweisverordnung“ (SchwbAwV).

§ 71 Pflicht der Arbeitgeber zur Beschäftigung schwerbehinderter Menschen

(1) [1]**Private und öffentliche Arbeitgeber (Arbeitgeber) mit mindestens 20 Arbeitsplätzen im Sinne des § 73 haben auf wenigstens 5 Prozent der Arbeitsplätze schwerbehinderte Menschen zu beschäftigen.** [2]**Dabei sind schwerbehinderte Frauen besonders zu berücksichtigen.** [3]**Abweichend von Satz 1 haben Arbeitgeber mit jahresdurchschnittlich monatlich weniger als 40 Arbeitsplätzen jahresdurchschnittlich je Monat einen schwerbehinderten Menschen, Arbeitgeber mit jahresdurchschnittlich monatlich weniger als 60 Arbeitsplätzen jahresdurchschnittlich je Monat zwei schwerbehinderte Menschen zu beschäftigen.**

(2) *(aufgehoben)*

(3) **Als öffentliche Arbeitgeber im Sinne des Teils 2 gelten**

1. **jede oberste Bundesbehörde mit ihren nachgeordneten Dienststellen, das Bundespräsidialamt, die Verwaltungen des Deutschen Bundestages und Bundesrates, das Bundesverfassungsgericht, die obersten Gerichtshöfe des Bundes, der Bundesgerichtshof jedoch zusammengefasst mit dem Generalbundesanwalt, sowie das Bundeseisenbahnvermögen,**

2. jede oberste Landesbehörde und die Staats- und Präsidialkanzleien mit ihren nachgeordneten Dienststellen, die Verwaltungen der Landtage, die Rechnungshöfe (Rechnungskammern), die Organe der Verfassungsgerichtsbarkeit der Länder und jede sonstige Landesbehörde, zusammengefasst jedoch diejenigen Behörden, die eine gemeinsame Personalverwaltung haben,
3. jede sonstige Gebietskörperschaft und jeder Verband von Gebietskörperschaften,
4. jede sonstige Körperschaft, Anstalt oder Stiftung des öffentlichen Rechts.

1 **1. Sozialpolitischer Hintergrund und geltende Fassung.** Die seit 1919 im Kern bestehende Beschäftigungspflicht – seiner Zeit auf Kriegsbeschädigte begrenzt – war vor Inkrafttreten des SGB IX in § 5 SchwbG fixiert (zur historischen Genese s. GK-*Großmann,* § 5 Rn 5ff) und stellt weiterhin den zentralen Bestandteil des Schutzsystems des Gesetzes dar.

2 Mit dem SchwbBAG und dem SGB IX erführ die Norm des § 5 SchwbG einige Änderungen, die sich auch danach weiter Fortsetzten. Abs. 1 Satz 1 wurde geändert u. Satz 3 angefügt durch G.z.Änd. v. Fristen u. Bezeichnungen im SGB IX u.z.Änd. and. Gesetze v. 3. 4. 2003 (BGBl. I S. 462). Mit dem Gesetz zur Förderung der Ausbildung und Beschäftigung schwerbehinderter Menschen vom 23. 4. 2004 (BGBl. I S. 606) wurde in Abs. 1 Satz 3 die Formulierung „weniger als 40" und „weniger als 60" eingefügt. Abs. 2, der die bedingte Befristung der 5% Quote regelte, wurde mit dem Gesetz zur Förderung der Ausbildung und Beschäftigung schwerbehinderter Menschen vom 23. 4. 2004 (BGBl. I S. 606) zum 1. 1. 2004 aufgehoben.

3 **2. Normzweck und Normzusammenhang.** In § 71 Abs. 1 regelt der Gesetzgeber die Beschäftigungspflicht der Arbeitgeber gegenüber schwerbehinderten Menschen. Abs. 1 legt die tatbestandlichen Voraussetzungen sowie die Höhe der Pflichtplatzquote mit 5% fest. Weiterhin sind nach Abs. 1 Satz 2 Frauen bei der Besetzung von Pflichtplätzen besonders zu berücksichtigen. In Satz 3 wird gesondert die faktisch geringere Beschäftigungspflicht von Arbeitgebern mit weniger als 40 bzw. 60 Arbeitsplätzen festgelegt.

Die Vorschrift in Abs. 3 definiert den Begriff des öffentlichen Arbeitgebers, der als spezifischer Rechtsbegriff des SGB IX und des Systems der Ausgleichsabgabe zu gelten hat.

4 Teilhabe und Selbstbestimmung iSd § 1 SGB IX werden wesentlich gefördert durch die Beschäftigungspflicht des § 71. Ziel der Norm ist die gleichmäßige Beteiligung aller Arbeitgeber mit mindestens 20 Arbeitsplätzen iSd § 73. Die Quote präzisiert die Zielvorgabe zur messbaren und berichtsfähigen Größe. Die Beschäftigungspflicht wird somit zur konkret bestimmten Rechtspflicht der Arbeitgeber.

5 Die Beschäftigungspflicht steht in besonderem Norm- und Funktionszusammenhang mit den Regelungen zur Ausgleichsabgabe (§ 77), Kündigungsschutz (§§ 85–92), Pflichten der Arbeitgeber, Rechte der Schwerbehinderten gegenüber den Arbeitgebern (§§ 81, 82), Integrationsvereinbarung (§ 83) und Prävention (§ 84).

3. Beschäftigungspflicht (Abs. 1). Die Beschäftigungspflicht ist eine **öffentlich-rechtliche Naturalleistungspflicht** und trifft einschränkungslos alle Arbeitgeber mit mindestens 20 Arbeitsplätzen. Aus der Beschäftigungspflicht des Arbeitgebers gem. § 71 ergibt sich für die schwerbehinderten Menschen weder ein subjektiv öffentliches Recht gegenüber dem Staat noch ein individueller Einstellungsanspruch gegenüber dem Arbeitgeber; das Verhältnis zum Arbeitgeber regelt als lex specialis die Vorschrift des § 81. 6

Der Verstoß gegen die Pflichten aus § 71 ist sanktionsbewährt als Ordnungswidrigkeit (§ 156 Abs. 1 Nr. 1), was praktisch aber kaum Bedeutung hat.

Das BVerfG hat in seinem Urt. v. 26. 5. 1981 (BVerfGE 57, 139, 159) die Verfassungsmäßigkeit der Beschäftigungspflicht ausdrücklich bejaht. Danach darf der Gesetzgeber grundsätzlich aufgrund seiner Zuständigkeit für die Schwerbehindertenfürsorge (Art. 74 Nr. 7 und 10 GG) Arbeitgeber zur Einstellung von Schwerbehinderten verpflichten. Die Beschäftigungspflicht ist durch vernünftige Gründe des Gemeinwohls gerechtfertigt. Die Zweckmäßigkeit der Beschäftigungspflicht ergibt sich vor allem aus dem Umstand, dass allein die Arbeitgeber über die Möglichkeit verfügen, Schwerbehinderte in Arbeit und Beruf einzugliedern (BVerfGE 57, 139, 170). Bedenken, dass die Beschäftigungspflicht eine unzulässige Sonderbelastung der Arbeitgeber darstellt, entfallen heute erst recht, da die damals dem Gericht vorgelegten Regelungen in der Folgezeit durch den Gesetzgeber insbes. durch Änderungen bei der Pflichtplatzberechnung, der Anrechnung auf die Pflichtplätze und der Mehrfachanrechnungen differenziert worden sind, so dass durch die insgesamt abgesenkte Pflichtquote (5% statt damals 6%) und weitere Erleichterungen für Arbeitgeber die gesetzesinduzierten Belastungen spürbar abgenommen haben. 7

Die Beschäftigungspflicht erstreckt sich auf Schwerbehinderte iSd § 2 Abs. 2 sowie Gleichgestellte nach § 2 Abs. 3 iVm § 68 Abs. 2 und 3 SGB IX. Die Forderung nach besonderer Berücksichtigung schwerbehinderter Frauen gem. § 71 Abs. 1 Satz 2 nimmt den Programmsatz von § 1 Satz 2 auf und richtet sich an die Akteure arbeitsmarktbezogener und betrieblicher Schwerbehindertenpolitik. Rechtlich hat die Norm nicht nur den Charakter eines Appells (so aber *Hauck-Noftz* § 71 Rn 7), sondern ist zugleich eine Auslegungsmaxime für Konfliktfälle. Die Formulierung wirkt auch in förderrechtlicher Weise, da sie auch in § 15 SchwbAV aufgenommen wurde (s. Erl. § 79). 8

4. Begriff des „Arbeitgebers" und des „öffentlichen Arbeitgebers" (Abs. 3). Das SGB IX definiert seinen eigenen Arbeitgeberbegriff. Arbeitgeber gem. § 71 ist derjenige, der Personen in einem privatrechtlichen Arbeitsverhältnis oder in einem öffentlich-rechtlichen Dienstverhältnis auf Arbeitsplätzen iSv § 73 Abs. 1 beschäftigt (hM, s. nur *Kossens/von der Heide/Maaß* § 71 Rn 10). 9

Mit der Regelung in Abs. 3 hat der Gesetzgeber den Begriff des öffentlichen Arbeitgebers an den Organisationseinheiten der öffentlichen Verwaltung sowie alternativ an der öffentlich-rechtlichen Organisationsform (Abs. 3 Nr. 4) ausgerichtet. Hiervon abweichend werden auf Bundesebene (Abs. 3 Nr. 1) der Bundesgerichtshof mit dem Generalbundesanwalt und auf 10

Länderebene (Abs. 3 Nr. 2) diejenigen Behörden, die eine gemeinsame Personalvertretung besitzen, als besondere Zähleinheiten zu einem öffentlichen Arbeitgeber zusammengefasst. Dienststelle iSd Vorschrift bestimmt sich gem. § 87 Abs. 1 nach dem jeweiligen Personalvertretungsrecht. Sonstige Gebietskörperschaften iSv § 71 Abs. 3 Nr. 3 sind zB die Gemeinden. Als Verbände von Gebietskörperschaften sind beispielsweise die Landkreise (Art. 28 Abs. 1 und 2 Satz 2 GG) zu nennen. Unter § 71 Abs. 3 Nr. 4 fallen alle anderen juristischen Personen des öffentlichen Rechts, denen hoheitliche Befugnisse übertragen worden sind oder die öffentlichen Aufgaben zu erfüllen haben. Zu den „öffentlichen Arbeitgebern" nach Nr. 4 gehören zB auch die Kirchen iSd Art. 140 GG, Industrie- und Handelskammern, Handwerkskammern ua (vgl. a. § 82).

11 **5. Bestimmung der Pflichtplatzzahl.** Für die Bestimmung der Pflichtplatzzahl ist die Gesamtzahl der Arbeitsplätze eines Arbeitgebers, nicht einzelner Betriebe, maßgebend. Die Arbeitsplätze des Arbeitgebers in allen Betriebsstätten sind zu addieren und hiervon die Pflichtplätze zu berechnen. Zu berücksichtigen sind hierbei auch Betriebe, die über weniger als 20 Arbeitsplätze verfügen. Dagegen bleiben Arbeitsplätze, die der Unternehmer im Ausland unterhält, außer Betracht. Eine Ausnahme muss dort gelten, wo diese Arbeitsplätze einem inländischen Betrieb zuzurechnen sind, wie etwa auf zeitweiligen Auslandsbaustellen einer deutschen Baufirma. Sonderregelungen für bestimmte Dienststellen des Bundes finden sich in § 159 Abs. 1.

12 **6. Bestimmung der gesetzlichen Beschäftigungsquote (Quotenhöhe).** Der Gesetzgeber kann die Quotenhöhe bestimmen, sondern er hat sich an den objektiven Maßstäben des GG entsprechend der Rechtsprechung des BVerfG zu orientieren. Die Bestimmung der Quotenhöhe richtet sich nach dem BVerfG allein am tatsächlichen Bedarf (BVerfGE 57, 139). Dieser Bedarf ist dabei aus der Zahl der besetzten Pflichtarbeitsplätze plus Zahl der arbeitslos gemeldeten Schwerbehinderten plus 12,5% (Vermittlungsreserve) zu ermitteln.

13 Die Beschäftigungsquote ergibt sich, indem man den tatsächlichen Bedarf durch die Gesamtzahl der Zählarbeitsplätze iSd §§ 73 und 74 dividiert.

Die dem Gesetzgeber vom BVerfG (BVerfGE 57, 139, 162) zugebilligte Vermittlungsreserve von 12,5% dürfte heute möglicherweise höher ausfallen. Es spricht für die Erhöhung der Vermittlungsreserve die große regionale Disparität der Arbeitsmarktlage schwerbehinderter Menschen, die jedenfalls nicht praktikabel in eine regional ungleiche Vermittlungsreserve eingehen kann.

14 **7. Verfahrensfragen.** Der Arbeitgeber hat nach § 80 Abs. 2 die zur Berechnung des Umfangs der Beschäftigungspflicht, zur Überwachung ihrer Erfüllung und der Ausgleichsabgabe notwendigen Daten einmal jährlich bis spätestens 31. 3. für das vorausgegangene Jahr dem zuständigen Arbeitsamt anzuzeigen. Kommt der Arbeitgeber dieser Anzeigepflicht bis zum 30. 6. nicht, nicht richtig oder nicht vollständig nach, erlässt das Arbeitsamt nach § 80 Abs. 3 einen Feststellungsbescheid über die zur Berechnung notwendigen Daten. Gegen diesen Feststellungsbescheid ist der Widerspruch nach § 118 Abs. 2 SGB IX zulässig, gegen den Widerspruchsbescheid (§§ 118 Abs. 2, 120 SGB IX, § 85 SGG) die Klage zum Sozialgericht, § 51 Abs. 1

SGG. Die Nichtbeschäftigung von schwb Menschen kann eine Ordnungswidrig nach § 156 Abs. 1 Nr. 1 sein.

§ 72 Beschäftigung besonderer Gruppen schwerbehinderter Menschen

(1) **Im Rahmen der Erfüllung der Beschäftigungspflicht sind in angemessenem Umfang zu beschäftigen**

1. **schwerbehinderte Menschen, die nach Art oder Schwere ihrer Behinderung im Arbeitsleben besonders betroffen sind, insbes. solche,**
   a) **die zur Ausübung der Beschäftigung wegen ihrer Behinderung nicht nur vorübergehend einer besonderen Hilfskraft bedürfen oder**
   b) **deren Beschäftigung infolge ihrer Behinderung nicht nur vorübergehend mit außergewöhnlichen Aufwendungen für den Arbeitgeber verbunden ist oder**
   c) **die infolge ihrer Behinderung nicht nur vorübergehend offensichtlich nur eine wesentlich verminderte Arbeitsleistung erbringen können oder**
   d) **bei denen ein Grad der Behinderung von wenigstens 50 allein infolge geistiger oder seelischer Behinderung oder eines Anfallsleidens vorliegt oder**
   e) **die wegen Art oder Schwere der Behinderung keine abgeschlossene Berufsbildung im Sinne des Berufsbildungsgesetzes haben, schwerbehinderte Menschen, die das 50. Lebensjahr vollendet haben.**

(2) [1]**Arbeitgeber mit Stellen zur beruflichen Bildung, insbes. für Auszubildende, haben im Rahmen der Erfüllung der Beschäftigungspflicht einen angemessenen Anteil dieser Stellen mit schwerbehinderten Menschen zu besetzen.** [2]**Hierüber ist mit der zuständigen Interessenvertretung im Sinne des § 93 und der Schwerbehindertenvertretung zu beraten.**

1. Sozialpolitischer Hintergrund und geltende Fassung. Die Regelung überträgt inhaltsgleich den § 6 SchwbG. S 2 in Abs. 2 wurde mit dem Gesetz zur Förderung der Ausbildung und Beschäftigung schwerbehinderter Menschen im Zuge des Vermittlungsverfahrens eingefügt (s. kritisch: *von Seggern,* Drei Jahre SGB IX – Was aus der grundlegenden Reform zur Rehabilitation wurde, Soziale Sicherheit, 4/2004, S. 110). 1

2. Normzweck und Normzusammenhang. § 72 definiert die besondere Beschäftigungspflicht der Arbeitgeber, die iSd § 71 beschäftigungspflichtig sind, gegenüber besonders betroffenen Gruppen schwerbehinderter Menschen. Diese Gruppen werden unter Ziff 1 Buchst a–e und in Ziff 2 näher beschrieben und nicht abschließend aufgezählt. Die gesetzliche Aufforderung an die Arbeitgeber ist allerdings anders als die Beschäftigungspflicht nach § 71 unbestimmt – es wird lediglich die Berücksichtigung der aufgezählten besonderen Gruppen in angemessenem Umfang verlangt. Die Norm ist nicht mit direkten Sanktionen bewehrt, insbes. ist der Verstoß kein Bußgeldtatbestand nach § 156 Abs. 1. Allerdings ist die Norm im Katalog der 2

§§ 93 und 95 Abs. 1 Nr. 1 als eine der Vorschriften aufgeführt, deren Einhaltung die jeweilige Interessenvertretung überwachen soll. Es ist bisher für den Fall des Verstoßes gegen § 72 keine Rechtsprechung bekannt. Einschlägige Rechtsprechung bezieht sich idR auf Falllagen des § 81. Mit Art. 23 des SGB IX wurde auch diesbzgl. das Arbeitsgerichtsgesetz als § 2a Abs. 1 Nr. 3a „Angelegenheiten aus den §§ 94, 95, 139 des Neunten Buches Sozialgesetz" gefasst. Damit unterliegen die Angelegenheiten der besonderen Überwachungspflicht der Schwerbehindertenvertretung dem arbeitsgerichtlichen Beschlussverfahren. Rechtsprechung ist aber hierzu nicht bekannt.

3 Die definierte Personengruppe erfährt bei den Eingliederungszuschüssen nach § 219 SGB III (Eingliederungszuschuss für besonders betroffene schwerbehinderte Menschen) besondere Förderung (s.a. Verweis in § 104 Abs. 1 Nr. 3 Buchst a): § 219 Eingliederungszuschuss für besonders betroffene schwerbehinderte Menschen. Es darf die Förderung bis zu 70 Prozent des berücksichtigungsfähigen Arbeitsentgelts sowie 36 Monate betragen. Die Förderdauer darf bei besonders betroffenen älteren schwerbehinderten Menschen, die das 50. Lebensjahr vollendet haben, 60 Monate und bei besonders betroffenen älteren schwerbehinderten Menschen, die das 55. Lebensjahr vollendet haben, 96 Monate nicht übersteigen.

4 **Besondere Betroffenheit** iSd Norm liegt vor, wenn sich besondere Schwierigkeiten bei der Erlangung eines Arbeitsplatzes durch einen arbeitslosen schwerbehinderten oder gleichgestellten Menschen zeigen (s.a. *Knittel* aaO Rn 7). *Großmann* sieht die besondere Betroffenheit in jedem Fall bei mindestens einjähriger Arbeitslosigkeit als regelmäßig gegeben an (*Großmann* GK-SchwbG § 6 Rn 47). Dies würde heute fast identisch sein mit dem Bezug von Leistungen nach SGB II. Der in Abs. 1 Buchst a verwendete Begriff **„nicht nur vorübergehend"** ist wohl iSd § 2 Abs. 1 SGB IX mit mindestens 6 Monaten anzusetzen (s.a. *Knittel* § 72 Rn 8 m.w.N.). Es wird dabei aber ausreichen, wenn man von der begründeten Annahme auszugehen hat, dass dieses Merkmal sich erfüllen wird. Die in Abs. 1 Buchst b getroffene Formulierung „außergewöhnliche Aufwendungen für den Arbeitgeber" fasst vielfältige Aufwendungen abstrakt zusammen. In der Literatur findet sich eine Reihe von Beispielen, die alle verdeutlichen, dass damit besondere Aufwendungen mit letztlich finanzieller Belastung zu verstehen sind. Dazu gehört auch die Notwendigkeit besonderer organisatorischer Maßnahmen für den schwerbehinderten Menschen, nach hiesiger Auffassung selbst dann, wenn nicht dauerhafte Mehraufwendungen, sondern nur einmaliger Umstellungsaufwand damit verbunden ist.

5 Die in der Norm selbst getroffene Definition besonders benachteiligter schwerbehinderter Menschen wird im SGB IX als Referenznorm auch für Leistungen der Integrationsämter (s. § 15 Abs. 1 Nr. 1 Buchst b SchwbAV-IX) verwendet. Die Norm ist zudem Bezugsgröße für die Mehrfachanrechnung nach § 76 Abs. 1. Bei den Verweisungen ist zu beachten, dass die Formulierung des § 71 Abs. 1 der Liste der Buchstn a bis e den Begriff „insbes." voranstellt. Die Aufzählung ist somit nicht als abschließend zu verstehen. Nicht ausdrücklich erwähnte, aber vergleichbare schwerbehinderte Menschen mit besonderer Betroffenheit sind in den genannten Förderbereichen

gleich zu behandeln (so auch *Knittel* § 72 Rn 7, der von Beispielfällen spricht).

Hinsichtlich der Formulierung des Abs. 1 Nr. 1 Buchst a fällt auf, dass der traditionelle Begriff **„Hilfskraft"** unverändert beibehalten wurde. Dieser umfasst iSd Vorschrift natürlich auch eine Arbeitsassistenz iSd §§ 33 Abs. 8 und 102 Abs. 4. 6

Nicht wörtlich aufgegriffen wird die Formulierung des § 72 Abs. 1 in den mit dem SchwbBAG neu geschaffenen und im SGB IX weitergeführten Förderinstituten des Integrationsfachdienstes gem. § 109 und der Integrationsprojekte nach § 132. Sowohl in § 109 Abs. 2 und 3 als auch in § 132 Abs. 2 werden jeweils zumindest sprachlich abweichende, dh allgemeiner gefasste Formulierungen der jeweiligen Zielgruppen verwendet. 7

Nach § 76 Abs. 1 Satz 1 kann ein schwerbehinderter Mensch iSd § 72 Abs. 1 auf mehr als einen Pflichtplatz angerechnet werden. Dieser Anreiz wirkt nur für beschäftigungspflichtige Arbeitgeber, die ihre besondere Beschäftigungspflicht aus § 71 Abs. 1 noch nicht voll erfüllt haben. Für Arbeitgeber unter 2% bzw. unter 3% Anteil schwerbehinderter Menschen und mindestens 60 Arbeitsplätzen iSd §§ 73 und 74 können bei Neueinstellung eines solchen schwerbehinderten Menschen aus der Gruppe iSd § 72 Abs. 1 oder 2 bei Mehrfachanrechnung erhebliche Einsparungseffekte bei der Ausgleichsabgabe eintreten, wenn die relevanten Schwellenwerte von 2 oder 3% Beschäftigungsquote erreicht werden (s. Erl. § 76). 8

In Abs. 2 wird festgelegt, dass Arbeitgeber mit Stellen zur beruflichen Bildung, insbes. für Auszubildende, im Rahmen der Erfüllung der Beschäftigungspflicht einen angemessenen Anteil dieser Stellen mit schwerbehinderten Menschen zu besetzen haben. Die Regelungen für Mehrfachanrechnungen iSd § 76 Abs. 2 – wonach schwerbehinderte Menschen auf diesen Plätzen immer auf zwei Pflichtplätze, in besonderen Fällen auch auf drei angerechnet werden – gelten zur Förderung der Umsetzung dieser Norm. 9

§ 73 Begriff des Arbeitsplatzes

(1) **Arbeitsplätze im Sinne des Teils 2 sind alle Stellen, auf denen Arbeitnehmer und Arbeitnehmerinnen, Beamte und Beamtinnen, Richter und Richterinnen sowie Auszubildende und andere zu ihrer beruflichen Bildung Eingestellte beschäftigt werden.**

(2) **Als Arbeitsplätze gelten nicht die Stellen, auf denen beschäftigt werden**

1. **behinderte Menschen, die an Leistungen zur Teilhabe am Arbeitsleben nach § 33 Abs. 3 Nr. 3 in Betrieben oder Dienststellen teilnehmen,**
2. **Personen, deren Beschäftigung nicht in erster Linie ihrem Erwerb dient, sondern vorwiegend durch Beweggründe karitativer oder religiöser Art bestimmt ist, und Geistliche öffentlich-rechtlicher Religionsgemeinschaften,**
3. **Personen, deren Beschäftigung nicht in erster Linie ihrem Erwerb dient und die vorwiegend zu ihrer Heilung, Wiedereingewöhnung oder Erziehung erfolgt,**

4. **Personen, die an Arbeitsbeschaffungsmaßnahmen und Strukturanpassungsmaßnahmen nach dem Dritten Buch teilnehmen,**
5. **Personen, die nach ständiger Übung in ihre Stellen gewählt werden,**
6. *(aufgehoben),*
7. **Personen, deren Arbeits-, Dienst- oder sonstiges Beschäftigungsverhältnis wegen Wehr- oder Zivildienst, Elternzeit, unbezahltem Urlaub wegen Bezuges einer Rente auf Zeit oder bei Altersteilzeitarbeit in der Freistellungsphase (Verblockungsmodell) ruht, solange für sie eine Vertretung eingestellt ist.**

(3) **Als Arbeitsplätze gelten ferner nicht Stellen, die nach der Natur der Arbeit oder nach den zwischen den Parteien getroffenen Vereinbarungen nur auf die Dauer von höchstens acht Wochen besetzt sind, sowie Stellen, auf denen Beschäftigte weniger als 18 Stunden wöchentlich beschäftigt werden.**

1 **1. Sozialpolitischer Hintergrund und geltende Fassung.** Der relativ komplizierte Begriff des Arbeitsplatzes entstand aus der langjährigen Überzeugung des Gesetzgebers, dass hier im Detail zusätzliche Anreize gesetzt oder unerwünschte Nebenwirkungen vermeiden werden könnten. Die Regelung übernahm im Wesentlichen inhaltsgleich § 7 SchwbG.

2 **2. Normzweck und Normzusammenhang.** Die Vorschrift enthält eine eigene für den Teil 2 des SGB IX gültige **Legaldefinition** des Begriffs **„Arbeitsplatz“.** Auf diese wird an vielen anderen Stellen des SGB IX Bezug genommen: in § 71 Abs. 1 Pflicht der Arbeitgeber zur Beschäftigung schwerbehinderter Menschen, § 74 Berechnung der Mindestzahl von Arbeitsplätzen und der Pflichtarbeitsplatzzahl, § 75 Anrechnung Beschäftigter auf die Zahl der Pflichtarbeitsplätze für schwerbehinderte Menschen und in § 77 – insbes. auch bei der Regelung für Kleinbetriebe in Abs. 2 Satz 2 Nr. 1 und 2.

3 Der hier formulierte Begriff des Arbeitsplatzes wird nicht vollständig im SGB IX durchgehalten, so abweichend teilweise in § 81 bei den Arbeitgeberpflichten zur behinderungsgerechten Gestaltung der Arbeitsplätze, die mit schwerbehinderten Menschen besetzt sind. Hier wird sich entsprechend dem EU-rechtlichen Hintergrund (s. § 81) zweifelsfrei nicht auf den Begriff des § 73 Abs. 1, sondern auf den gesamten Bereich von Beschäftigung und Beruf bezogen. Diese Begrifflichkeit ist auch die des AGG. Die Regelungen des § 81 Abs. 1 und § 82 dürften sich dagegen auf den Arbeitsplatzbegriff des § 73 beziehen. § 82 verwendet ausdrücklich den Hinweis auf § 73.

4 Für die Anwendung und Auslegung der **leistungsrechtlichen Normen** des § 102 Abs. 2 und 3 (begleitende Hilfe im Arbeitsleben), §§ 109ff (Integrationsfachdienste) und §§ 132ff (Integrationsprojekte) und zugehörigen Vorschriften der SchwbAV (s. § 79) wird in der Praxis und in den entsprechenden Richtlinien und Empfehlungen der Bundesarbeitsgemeinschaft der Integrationsämter und Hauptfürsorgestellen (BIH) idR ausdrücklich, manchmal über das rechtlich zwingend erscheinende Maß eine Bindung an den Arbeitsplatzbegriff des § 73 Abs. 1 vorgenommen.

3. Begriff des Arbeitsplatzes (Abs. 1). Arbeitsplätze im Sinne SGB IX Teil 2 sind alle Stellen, auf denen Arbeitnehmer und Arbeitnehmerinnen, Beamte und Beamtinnen, Richter und Richterinnen sowie Auszubildende und andere zu ihrer beruflichen Bildung Eingestellte beschäftigt werden. Ausnahmen regeln Abs. 2 und Abs. 3. Nach *Cramer* bestimmt sich die Zahl der „Arbeitsplätze" nach der Zahl der Beschäftigten (*Cramer* § 7 Rn 4, *Knittel* Rn 6). Der Begriff ist also nicht funktional oder gegenständlich, sondern setzt an die bestehende arbeitsvertragliche Beziehung eines abhängig Beschäftigten an (s. *Cramer* aaO, *Knittel* aaO, *Kuhlmann* in Ernst/Alhoch/Seel § 73 Rn 3, *Schneider* in Hauck/Noftz § 73 Rn 4). 5

Der Begriff der **Arbeitnehmer und Arbeitnehmerinnen** entspricht dem arbeitsrechtlichen Begriff, der der **Beamten und Beamtinnen** dem staatsrechtlichen. Sonstige öffentlich-rechtliche Dienstverhältnisse wie Wahlbeamte, Zivildienstleistende und Soldaten sind nicht eingeschlossen (s. § 73 Abs. 2 Nr. 5, Erl. § 128). Der Begriff des **Auszubildenden** bezieht sich auf das BBiG. Allerdings wird in § 74 Abs. 1 eine Sonderregelung hinsichtlich der Nichteinbeziehung dieser Stellen in die Berechnung der Pflichtplatzzahl getroffen. Gleichwohl gelten diese Plätze als Arbeitsplätze iSd Norm. Sie werden auf die Erfüllung der Beschäftigungspflicht angerechnet (s. § 76). SchwbM auf diesen Plätzen werden voll in das Leistungsrecht einbezogen. 6

Ruhende Arbeitsverhältnisse – zB wegen Wehr- oder Ersatzdienst, Elternzeit, unbezahltem Urlaub oder zeitweiligem Rentenbezug – wirken so wie ein normales Arbeitsverhältnis, dies gilt lediglich nicht für die Ausnahme des § 73 Abs. 2 Nr. 7. **Inländische Stellen** ausländischer Firmen mit inländischen Zweigniederlassungen zählen als Arbeitsplätze. Inländische Arbeitgeber unterliegen nicht dem Begriff des Arbeitsplatzes, wenn dieser sich im **Ausland** befindet (*Schneider* in Hauck/Noftz § 73 Rn 3, *Kuhlmann* § 73 Rn 9 mHa BT-Drucks. 7/656, Satz 27). 7

Ohne Bedeutung für die Anrechnung als Arbeitsplatz sind die **Befristung** des Arbeitsvertrages – sofern entsprechend Abs. 3 die Achtwochenfrist überschritten wird. Die zeitliche Dauer der **Wochenarbeitszeit** ist mit mindestens 18 Std in Abs. 3 festgelegt. Bei **Schichtarbeit** in Zwei- oder Mehrschichtbetrieben zählt jeder Arbeitsvertrag, sofern er die vorgenannten Kriterien zur Befristung und Wochenarbeitszeit erfüllt. 8

4. Ausnahmen (Abs. 2). Der Abs. 2 listet einen Ausnahmekatalog vom Begriff der Arbeitsplätze iSd SGB IX Teil 2 auf. Der Ausnahmekatalog ist seit Schaffung des SchwbG 1974 fortentwickelt worden und trägt teilweise sehr partiziellen Interessen Rechnung. In den Normen der §§ 74–76 stehen weitere Ausnahmeregelungen zur Anrechnung von besetzten Pflichtplätzen. Es gibt somit beschäftigte schwerbehinderte Menschen, die nicht auf Arbeitsplätzen iSd § 73 SGB IX beschäftigt werden, aber trotzdem einfach oder sogar mehrfach auf die Erfüllung der Beschäftigungspflicht angerechnet werden (s. §§ 74, 75, 76). 9

Behinderte Menschen, die an Leistungen zur Teilhabe am Arbeitsleben nach § 33 Abs. 3 Nr. 3 in Betrieben oder Dienststellen teilnehmen, werden nicht als Arbeitsplätze iSd § 73 Abs. 3 gezählt. Die Ausnahme der Stellen, 10 auf denen Leistungen zur Teilhabe am Arbeitsleben nach § 33 Abs. 3 Nr. 3 in Betrieben oder Dienststellen durchgeführt werden, soll Arbeitgebern die Einrichtung solcher Stellen erleichtern. Bemerkenswerter Weise hat der Gesetzgeber Praktikumsplätze im Rahmen der neuen Rehabilitationsmaßnahme Unterstützte Beschäftigung (§ 38 a) auch nicht zu Anrechnung auf die Erfüllung der Pflicht vorgesehen.

11 Personen, deren Beschäftigung nicht in erster Linie ihrem Erwerb dient, sondern vorwiegend durch Beweggründe karitativer oder religiöser Art bestimmt ist, und Geistliche öffentlich-rechtlicher Religionsgemeinschaften, werden nicht als Arbeitsplätze iSd § 73 Abs. 3 gezählt. Es werden in diesen Falllagen allerdings auch bei Besetzung mit einem schwerbehinderten oder gleichgestellten Menschen diese nicht auf die Erfüllung der Beschäftigungspflicht angerechnet. Das Privileg kann nur von Kirchen iSd Art. 140 GG in Anspruch genommen werden. Andere Religions- oder Glaubensgemeinschaften – auch sogenannte Sekten – sind von diesem Privileg ausgenommen (OVG Hamburg-Beschluss v. 4. 3. 1996, ZFSH/SGB 1997, 96 ff). Von der Vorschrift erfasst werden aber Ordensschwestern oder Entwicklungshelfer, die nicht Arbeitnehmer sind (*Schneider* aaO, Rn 6). Die Norm entspricht § 5 Abs. 2 Nr. 3 BetrVG.

12 Personen, die nach ständiger Übung in ihre Stellen gewählt werden, werden nicht als Arbeitsplätze iSd § 73 Abs. 3 gezählt. Dabei ist zu beachten, dass darunter nicht ehrenamtliche Interessenvertreter, auch nicht freigestellte Interessenvertreter iSd § 93 oder § 95 SGB IX gemeint sind. Betriebs- und Personalräte wie auch Schwerbehindertenvertretungen werden nicht in ihre Stellen iSd Norm gewählt. Sie haben idR Arbeitsplätze iSd § 73 Abs. 1 inne und werden lediglich voll oder teilweise von ihren Arbeitsaufgaben freigestellt. Ihr Arbeitsplatz zählt – auch wegen des fortbestehenden Arbeitsvertrages oder Dienstverhältnisses – weiter als Arbeitsplatz iSd des § 73 Abs. 1. Insofern findet sich über § 73 auch kein Argument, diese Interessenvertretungen von arbeitsplatzbezogenen Leistungen iRd begleitenden Hilfe auszuschließen (in diesem Sinne auch *Schneider* aaO Rn 7 m. w. N.).

13 Grundsätzlich werden auch ruhende Beschäftigungsverhältnisse als Arbeitsplätze gezählt. Ausnahmen gelten für Personen, deren Arbeits-, Dienst- oder sonstiges Beschäftigungsverhältnis wegen Wehr- oder Zivildienst, Elternzeit, unbezahltem Urlaub oder wegen Bezuges einer Rente auf Zeit ruht, solange für sie eine Vertretung eingestellt ist. Mit dem Gesetz zur Förderung der Ausbildung und Beschäftigung schwerbehinderter Menschen vom 23. 4. 2004 (BGBl. I S. 606) wurde auch Altersteilzeit in der Vertretungsphase in die vorgenannte Ausnahmeliste aufgenommen. Voraussetzung ist jeweils – so auch bei der Altersteilzeit – dass eine Vertretung eingestellt ist.

14 **5. Kurzfristig, vorübergehend oder mit geringer Wochenstundenzahl besetzte Stellen (Abs. 3).** Die Norm schließt geringfügige und kurzfristige Arbeitsverhältnisse aus der Definition des Arbeitsplatzes aus. Die Norm ist zusammen mit Abs. 2 Nr. 7 und § 76 Abs. 1 als abschließende Aufzählung solcher Ausnahmen zu verstehen (s. a. *Kuhlmann* aaO Rn 4, *Cramer* § 7 Rn 3).

§ 74 Berechnung der Mindestzahl von Arbeitsplätzen und der Pflichtarbeitsplatzzahl

(1) [1]Bei der Berechnung der Mindestzahl von Arbeitsplätzen und der Zahl der Arbeitsplätze, auf denen schwerbehinderte Menschen zu beschäftigen sind (§ 71), zählen Stellen, auf denen Auszubildende beschäftigt werden, nicht mit. [2]Das Gleiche gilt für Stellen, auf denen Rechts- oder Studienreferendare und – referendarinnen beschäftigt werden, die einen Rechtsanspruch auf Einstellung haben.

(2) Bei der Berechnung sich ergebende Bruchteile von 0,5 und mehr sind aufzurunden, bei Arbeitgebern mit jahresdurchschnittlich weniger als 60 Arbeitsplätzen abzurunden.

Die Regelung übertrug inhaltsgleich § 8 SchwbG. 1

Die Norm nimmt die Auszubildenden iSd BBiG von der Zahl der Arbeitsplätze iSd § 73 Abs. 1 aus, die für die Berechnung der Pflichtplätze zugrunde gelegt werden. **Auszubildende** sind iSd BBiG zur Berufsbildung Eingestellte (s.a. *Cramer* § 7 Rn 9, *Kuhlmann* in Ernst/Adlhoch/Seel § 74 Rn 2, *Knittel* § 73 Rn 8). Sie müssen tatsächlich im Betrieb eingegliedert sein. Es wird nicht zwischen öffentlich-rechtlichen und privat-rechtlichen Ausbildungsverhältnissen unterschieden. Ebenso werden **Rechts- und Studienreferendare** von der Berechnung ausgenommen. 2

Die Norm regelt darüber hinaus die **Rundungsregel,** die praktisch allerdings noch über die Formularbindung der Anzeige nach § 80 Abs. 2 und 6 präzisiert wird. Indirekt wird mit dieser Regelung zur Rundung für Arbeitgeber mit weniger als 60 Arbeitsplätzen in gewissen Beschäftigungsbereichen die Pflichtquote faktisch spürbar unter die 5% gesenkt. 3

Für Arbeitgeber mit weniger als 60 Arbeitsplätzen im Jahresdurchschnitt gilt dann die allgemeine Rundungsregelung. Ein Arbeitgeber mit 60 bis unter 70 Arbeitsplätzen im Jahresdurchschnitt hat somit 3 Pflichtplätze zu besetzen. Es ergibt sich nach den Regelungen zur Rundung (Berechnung auf Basis der Monatsbeschäftigung iSd § 73 und § 80 Abs. 2, 6) zB bei 20 bis unter 40 Arbeitsplätzen ein Pflichtplatz, bei 60 bis unter 70 drei Pflichtplätze. 4

§ 75 Anrechnung Beschäftigter auf die Zahl der Pflichtarbeitsplätze für schwerbehinderte Menschen

(1) Ein schwerbehinderter Mensch, der auf einem Arbeitsplatz im Sinne des § 73 Abs. 1 oder Abs. 2 Nr. 1oder 4 beschäftigt wird, wird auf einen Pflichtarbeitsplatz für schwerbehinderte Menschen angerechnet.

(2) [1]Ein schwerbehinderter Mensch, der in Teilzeitbeschäftigung kürzer als betriebsüblich, aber nicht weniger als 18 Stunden wöchentlich beschäftigt wird, wird auf einen Pflichtarbeitsplatz für schwerbehinderte Menschen angerechnet. [2]Bei Herabsetzung der wöchentlichen Arbeitszeit auf weniger als 18 Stunden infolge von Altersteilzeit gilt Satz 1 ent-

sprechend. [3]Wird ein schwerbehinderter Mensch weniger als 18 Stunden wöchentlich beschäftigt, lässt das Arbeitsamt die Anrechnung auf einen dieser Pflichtarbeitsplätze zu, wenn die Teilzeitbeschäftigung wegen Art oder Schwere der Behinderung notwendig ist.

(2a) **Ein schwerbehinderter Mensch, der im Rahmen einer Maßnahme zur Förderung des Übergangs aus der Werkstatt für behinderte Menschen auf den allgemeinen Arbeitsmarkt (§ 5 Abs. 4 Satz 1 der Werkstättenverordnung) beschäftigt wird, wird auch für diese Zeit auf die Zahl der Pflichtarbeitsplätze angerechnet.**

(3) **Ein schwerbehinderter Arbeitgeber wird auf einen Pflichtarbeitsplatz für schwerbehinderte Menschen angerechnet.**

(4) **Der Inhaber eines Bergmannsversorgungsscheins wird, auch wenn er kein schwerbehinderter oder gleichgestellter behinderter Mensch im Sinne des § 2 Abs. 2 oder 3 ist, auf einen Pflichtarbeitsplatz angerechnet.**

1 **1. Geltende Fassung.** Die Regelung übernahm § 9 SchwbG. Die komplizierten Vorschriften sind im Einzelnen anlässlich verschiedener Gesetzesänderungen des SchwbG entstanden, die Norm des Abs. 3 – Anrechnung von schwerbehinderten Arbeitgebern auf einen Pflichtplatz – geht bereits auf das SchwbeschG 1953 zurück (*Cramer* § 9 Rn 8).

2 **2. Normzweck und Normzusammenhang.** Die Norm regelt den **Grundsatz und Sondertatbestände,** wie schwb Menschen auf die **Beschäftigungspflicht** nach § 73 Abs. 1 **angerechnet** werden. Für die vollständige Berechnung der besetzten Pflichtplätze in einem Unternehmen ist der Normzusammenhang zur Berechnung der Mindestzahl von Arbeitsplätzen und der Pflichtplatzzahl nach § 74 sowie zur Mehrfachanrechnung nach § 76 und zum Verzeichnis und Anzeigeverfahren nach § 80 Abs. 1, 2 zu beachten. Die Norm bezieht sich explizit auf die SGB IX-spezifische Begrifflichkeit des Arbeitsplatzes in § 73. Die Norm des § 75 sowie der korrespondierenden vorgenannten dienen der Umsetzung der gesetzlichen Beschäftigungspflicht nach § 71.

3 **3. Grundsatz der Anrechnung (Abs. 1 und 2).** Grundsätzlich werden schwb Menschen nur auf die Erfüllung der Beschäftigungspflicht nach § 71 angerechnet, wenn sie auf Arbeitsplätzen iSv § 73 Abs. 1 oder Abs. 2 Nr. 1oder 4 beschäftigt werden. Es erfolgt regelmäßig die Anrechnung eines schbM auf einen Pflichtplatz. Teilzeit beschäftigte werden nach Abs. 2 bei Erfüllung der dort genannten Kriterien ebenfalls auf einen vollen Pflichtplatz angerechnet. In den Absätzen 2a–3 werden Sondertatbestände für zusätzliche Anrechnungsmöglichkeiten auf Pflichtplätze genannt.

4 **4. Teilzeitbeschäftigung (Abs. 2).** Im Einzelfall hat die zuständige Agentur für Arbeit auf formlosen Antrag des schwerbehinderten Menschen oder des Arbeitgebers einen schwerbehinderten oder gleichgestellten Beschäftigten mit einer wöchentlichen Arbeitszeit unter 18 Std auf einen vollen Arbeitsplatz anzurechnen. Hierbei besteht bei Vorliegen der tatsächlichen Voraussetzungen kein Ermessen (s.a. *Cramer* § 9 Rn 6, *Knittel* § 75 Rn 10). Der Nachweis der behinderungsbedingten Notwendigkeit ist zu führen, er wird idR als ärztliches Gutachten zu erbringen sein. Auch besteht offensichtlich

keine Regelung, ob der ärztliche Dienst der Bundesagentur oder ein ärztlicher Dienst einer anderen Sozialversicherung oder ein beliebiger Gutachter eingeschaltet werden kann. Zulässig sind demnach alle Möglichkeiten, auch ein betriebsärztliches Gutachten. Die Anwendbarkeit der Regelung von § 102 Abs. 2 Satz 3, die für Leistungen der begleitenden Hilfe eine wöchentliche Arbeitszeit von 15 Std voraussetzt, ist erst mit dem SchwbBAG 2000 eingeführt worden und es ist der Bezug zu dieser Norm nicht ausdrücklich hergestellt.

5. Förderung des Übergangs aus der WfbM (Abs. 2a). Mit dem Gesetz zur Förderung der Ausbildung und Beschäftigung schwerbehinderter Menschen vom 23. 4. 2004 (BGBl. I S. 606) wurde die Norm des Abs. 2a eingefügt. Danach sind schwerbehinderte Menschen, die im Rahmen einer Maßnahme nach § 5 Abs. 4 Satz 1 Werkstättenverordnung (WVO) bei einem beschäftigungspflichtigen Arbeitgeber beschäftigt werden, für die Zeit der dortigen Beschäftigung auf die Pflichtquote anzurechnen. Die Regelung findet auch ihre Abbildung im Meldeverfahren nach § 80 Abs. 2 und kompliziert dieses weiter. Im Meldeverfahren für das Meldejahr 2004 werden zur Umsetzung dieser Vorschrift die zusätzlichen Kategorien „SBW = schwerbehinderter WfbM-Beschäftigter (in Übergangsmaßnahme)" und „GLW = gleichgestellter WfbM-Beschäftigter (in Übergangsmaßnahme)" eingeführt. 5

6. Schwerbehinderte Arbeitgeber (Abs. 3). Die erstmals 1953 eingeführte Vorschrift der Anrechnung schwerbehinderter Arbeitgeber hat eine wechselhafte Entwicklung hinter sich. Die Anwendung der sozialpolitisch heute bei einer Pflichtquote von 5% eher marginalen Vorschrift wird auf natürliche Personen begrenzt (BSG Urt. v. 30. 9. 1992 – 11 RAr 79/91 – NZA 1993, 432). Die Geschäftsführer von GmbH – auch sogenannte Fremdgeschäftsführer ohne eigene GmbH-Beteiligung – und Gesellschafter von GmbH und nicht rechtsfähigen Personengesellschaften wollen die von der Bundesarbeitsgemeinschaft der Integrationsämter und Hauptfürsorgestellen (BIH) mehrheitlich vertretene Rechtsauffassung unter Bezug auf einschlägige Rechtsprechung von der Regelung ausnehmen (s.a. *Kuhlmann* in Ernst/Adlhoch/Seel § 75 Rn 5–7 m.w.N.). Es handelt sich nach hM um ein ausdrückliches Privileg der Einzelunternehmer oder Alleininhaber. GmbH-Geschäftsführer werden diesen auch dann nicht gleichgestellt, wenn sie Gesellschafter mit einem nicht unerheblichen Anteil sind. Eine Gleichstellung nach § 68 Abs. 3 des Arbeitgebers für den Zweck dieser Vorschrift ist nach dem Wortlaut des § 2 Abs. 3 SGB IX ausgeschlossen. 6

7. Bergmannversorgungsschein (Abs. 4). In den Ländern NRW, Niedersachsen und dem Saarland bestehen besondere Vorschriften zum Schutz der im Bergbau tätigen Arbeitnehmer. Inhaber sogenannter Bergmannversorgungsscheine, die in diesen Landesgesetzen geregelt sind, sind unabhängig vom schwerbehindertenrechtlichen Status auf die Beschäftigungspflicht anzurechnen. 7

§ 76 Mehrfachanrechnung

(1) [1]**Die Bundesagentur für Arbeit kann die Anrechnung eines schwerbehinderten Menschen, besonders eines schwerbehinderten Menschen im**

Sinne des § 72 Abs. 1 auf mehr als einen Pflichtarbeitsplatz, höchstens drei Pflichtarbeitsplätze für schwerbehinderte Menschen zulassen, wenn dessen Teilhabe am Arbeitsleben auf besondere Schwierigkeiten stößt. [2]Satz 1 gilt auch für schwerbehinderte Menschen im Anschluss an eine Beschäftigung in einer Werkstatt für behinderte Menschen und für teilzeitbeschäftigte schwerbehinderte Menschen im Sinne des § 75 Abs. 2.

(2) **[1]Ein schwerbehinderter Mensch, der beruflich ausgebildet wird, wird auf zwei Pflichtarbeitsplätze für schwerbehinderte Menschen angerechnet. [2]Satz 1 gilt auch während der Zeit einer Ausbildung im Sinne des § 35 Abs. 2, die in einem Betrieb oder einer Dienststelle durchgeführt wird. [3]Die Bundesagentur für Arbeit kann die Anrechnung auf drei Pflichtarbeitsplätze für schwerbehinderte Menschen zulassen, wenn die Vermittlung in eine berufliche Ausbildungsstelle wegen Art oder Schwere der Behinderung auf besondere Schwierigkeiten stößt. [4]Bei Übernahme in ein Arbeits- oder Beschäftigungsverhältnis durch den ausbildenden oder einen anderen Arbeitgeber im Anschluss an eine abgeschlossene Ausbildung wird der schwerbehinderte Mensch im ersten Jahr der Beschäftigung auf zwei Pflichtarbeitsplätze angerechnet; Absatz 1 bleibt unberührt.**

(3) **Bescheide über die Anrechnung eines schwerbehinderten Menschen auf mehr als drei Pflichtarbeitsplätze für schwerbehinderte Menschen, die vor dem 1. 8. 1986 erlassen worden sind, gelten fort.**

1 **1. Geltende Fassung.** Die Norm übertrug inhaltsgleich § 10 SchwbG. Kleinere Änderungen erbrachte das Gesetz zur Förderung der Ausbildung und Beschäftigung schwerbehinderter Menschen vom 23. 4. 2004 (BGBl. I S. 606).

2 **2. Normzweck.** Die Norm regelt die Mehrfachanrechnung eines schwerbehinderten Menschen auf mehr als einen Pflichtplatz iSd § 71 Abs. 1 SGB IX. Außer bei der gesetzlichen Doppelanrechnung der schwerbehinderten Auszubildenden (Abs. 2) setzt die Mehrfachanrechnung eine entsprechende Einzelanerkennung der zuständigen Agentur für Arbeit voraus. Es wird die Doppel- oder Dreifachanrechnung zugelassen.

3 Strukturell ist das Instrument der Mehrfachanrechnung als besonderes Teilelement zur Entfaltung der Anreizfunktion der Ausgleichsabgabe anzusehen. Gegenüber beschäftigungspflichtigen Arbeitgebern, die ihre Pflichtplätze noch nicht vollständig besetzt haben, wirkt die Mehrfachanrechnung eines schwerbehinderten Menschen, dessen Teilhabe am Arbeitsleben auf besondere Schwierigkeiten stößt, als zusätzlicher Wettbewerbsausgleich. Der strukturelle Nachteil dieser Methode des Wettbewerbsausgleichs ist der ersatzlose Wegfall der Anreizwirkung bei Erfüllung der Beschäftigungspflicht. Dies kann auch ohne direkte Steuerungsmöglichkeit des Arbeitgebers eintreten, wenn aus dem laufenden Beschäftigungsverhältnis andere Arbeitnehmer des Arbeitgebers zusätzlich als schwerbehinderte Menschen anerkannt werden oder wenn wegen sinkender Zahl an Gesamtarbeitsplätzen iSd § 73 Abs. 1 die mit schwerbehinderten Menschen zu besetzende Pflichtplatzzahl gem. § 71 Abs. 1 soweit sinkt, dass sich auf diese Weise die

betriebliche Beschäftigungspflicht erfüllt. Die Mehrfachanrechnung kann insbes. bei Betrieben mit besonders niedriger Erfüllungsquote als relativ einfach handhabbarer und kalkulierbarer Anreiz zusätzlich zu Lohnkostenförderung der Bundesagentur für Arbeit und Leistungen der begleitenden Hilfe nach § 102 Abs. 3 u. 4 wirken. Bundesagentur für Arbeit und Integrationsamt sind bei der Ausübung ihres Ermessens bei der Entscheidung über finanzielle Förderung gehalten, die Anerkennung einer Mehrfachanrechnung mit in ihre Ermessensausübung einzubeziehen.

3. Mehrfachanrechnung (Abs. 1). Schwerbehinderte Menschen, insbes. solche iSd § 72 Abs. 1, können von der Bundesagentur für Arbeit auf zwei oder drei Pflichtplätze angerechnet werden, wenn deren Teilhabe am Arbeitsleben auf besondere Schwierigkeiten stößt. Die Regelung über die Anrechnung von teilzeitbeschäftigten schwerbehinderten Menschen des § 75 Abs. 1, die diese auf einen vollen Pflichtplatz anrechnen lässt, wird in Satz 2 erweitert. Es ist demnach auch möglich, einen Teilzeitbeschäftigten wegen seiner besonderen Schwierigkeiten, eine Teilhabe am Arbeitsleben zu erreichen, auf mehr als einen Pflichtplatz anzurechnen. Das Instrument der Mehrfachanrechnung ist der Notwendigkeit und Angemessenheit des jeweiligen Einzelfalles anzupassen. Gleichgestellte sind entsprechend der Norm des § 68 Abs. 3 in die Regelung einzubeziehen, auch hier gilt der Grundsatz der Angemessenheit im Einzelfall. 4

Das im Gesetz genannte entscheidende Kriterium der „besonderen Schwierigkeiten“ bei der Teilhabe am Arbeitsleben ist im Gesetz selbst nicht näher bestimmt. Die Feststellung im Einzelfall ist nach pflichtgemäßem Ermessen von der Bundesagentur für Arbeit zu treffen (idS auch *Knittel* aaO Rn 10; *Feldes ua* aaO Rn 4, *Kuhlmann* in Ernst/Adlhoch/Seel aaO Erl. § 76 Rn 12). *Großmann* sieht die „besondere Schwierigkeit“ in jedem Fall bei einer Arbeitslosigkeit von mindestens einem Jahr als gegeben an. Dem ist zuzustimmen. Sie ist aber idR auch dann gegeben, wenn die sonstigen im § 72 Abs. 1 genannten Merkmale objektiv erfüllt sind. Es besteht aber auch in diesen Fällen kein automatischer Anspruch auf Mehrfachanrechnung. Aus § 76 Abs. 1 Satz 1 ergibt sich aus der Formulierung des Wortes „kann“ der Ermessenscharakter der Leistung. Der HS mit dem Hinweis auf die „besondere Schwierigkeit“ muss so verstanden werden, dass nur bei Notwendigkeit und Eignung des Instruments zur möglichst dauerhaften Sicherung der beruflichen Eingliederung die Mehrfachanrechnung ausgesprochen werden kann. 5

Die tatsächliche Praxis der Anwendung des Instruments zeigt, dass der denkbare Personenkreis nur zu einem geringen Anteil einer Mehrfachanrechnung tatsächlich bedarf. Die Mehrfachanrechnung ist auf die Zukunft gerichtet (*Knittel* aaO Rn 10). Die Mehrfachanrechnung kann ohne Antrag – zB als Vermittlungshilfe – oder auf Antrag des Arbeitgebers wie des Arbeitnehmers ausgesprochen werden. Antragsteller ist der Arbeitgeber. Ein förmlicher Antrag ist nicht erforderlich. Über die Mehrfachanrechnung entscheidet die Agentur für Arbeit am Sitz des Betriebes (**www.arbeitsagentur.de** Mehrfachanrechnung). Auch vom Integrationsamt kann der Anstoß zur Mehrfachanrechnung ausgehen. 6

Kuhlmann (in Ernst/Adlhoch/Seel aaO § 76 Rn 8) sieht es als zweifelhaft an, ob die Mehrfachanrechnung eines unkündbaren Arbeitnehmers und Be- 7 amten möglich sei. *Kuhlmann* verweist zu Recht darauf, dass eine Mehrfachanrechnung trotzdem in Einzelfällen sachlich gerechtfertigt sein kann. Dies gilt zum Beispiel dann, wenn damit ein vorzeitiges Ausscheiden aus dem Berufsleben in Frührente oder Frühpension verhindert werden kann.

8 **4. Schwerbehinderte Menschen, die beruflich ausgebildet werden (Abs. 2).** Die Norm legt fest, dass ohne weiteres Verfahren jeder schwerbehinderte Mensch, der beruflich ausgebildet wird, auf zwei Pflichtplätze für schwerbehinderte Menschen angerechnet wird. Die notwendigen Schritte hierfür werden vom Arbeitgeber im Rahmen der Selbstveranlagung der Ausgleichsabgabe unmittelbar vorgenommen. Dies geschieht dadurch, dass bei der nach § 80 Abs. 2 notwendigen jährlichen Abgabe der Anzeige und des Verzeichnisses der beschäftigten schwerbehinderten und gleichgestellten Menschen der schwerbehinderte Auszubildende entsprechend aufgenommen, ausgewiesen und in der Berechnung der zu zahlenden Ausgleichsabgabe berücksichtigt wird (s. § 80 Rn 5, 15). Einer besonderen Entscheidung der Bundesagentur für Arbeit bedarf es, um einen schwerbehinderten Auszubildenden auf 3 Pflichtplätze anzurechnen, weil dessen Vermittlung in eine berufliche Ausbildungsstelle wegen Art oder Schwere der Behinderung auf besondere Schwierigkeiten stößt. *Großmann* (GK-SchwbG Rn 56) und *Knittel* sehen als notwendige Voraussetzung für die Dreifachanrechnung die vorherige Arbeitslosigkeit an. Dies ergibt sich aus der gesetzlichen Norm nach hier vertretener Auffassung nicht. Auch bei Auszubildenden ist die Entscheidung über die Dreifachanrechnung aus der individuellen Situation – also der Notwendigkeit und Angemessenheit im konkreten Fall – heraus zu treffen. Vorliegende Arbeitslosigkeit ist jedenfalls dafür keine zwingende Voraussetzung, die im Gesetz genannten besonderen Schwierigkeiten können sich auch anders ausdrücken. Im Übrigen verbietet sich diese Definition einer zwingenden Voraussetzung schon allein deshalb, weil es Ziel der Bundesagentur für Arbeit sein muss, den Übergang von der Schule in das betriebliche Ausbildungsverhältnis möglichst ohne zwischenzeitliche Arbeitslosigkeit zu gestalten.

9 Bei den zuvor in Werkstätten beschäftigten schwerbehinderten Menschen kann davon ausgegangen werden, dass ihre Teilhabe am Arbeitsleben auf besondere Schwierigkeiten stößt und eine Mehrfachanrechnung somit geboten ist. Die Regelung in Satz 4 soll die Bereitschaft der Arbeitgeber zur Übernahme schwerbehinderter Auszubildender in ein Arbeits- oder Beschäftigungsverhältnis erhöhen. Daher wird bei Übernahme eines schwerbehinderten Auszubildenden in ein Beschäftigungsverhältnis die Mehrfachanrechnung fortgeführt. Im ersten Jahr nach der Übernahme erfolgt eine Anrechnung auf zwei Pflichtarbeitsplätze für schwerbehinderte Menschen. Diese Mehrfachanrechnung erfolgt auch dann, wenn der schwerbehinderte Jugendliche nach Abschluss seiner Ausbildung von einem anderen Betrieb übernommen wird. Die Möglichkeit einer weitergehenden Anrechnung nach Absatz 1 bleibt unberührt. Nur eine anschließende Übernahme eines schwerbehinderten Menschen in ein Beschäftigungsverhältnis führt zu einer Mehrfachanrechnung. Es muss also ein zeitlicher Zusammenhang (Anschluss) zwischen dem Ende der Berufsausbildung und der Beschäftigung bestanden haben. Der zeitliche Zusammenhang ist gewahrt, wenn die Be-

schäftigung bis zum Ablauf des Kalendermonats beginnt, der dem Kalendermonat der Beendigung der Ausbildung folgt. Die Bundesagentur für Arbeit setzt in ihren Verlautbarungen diese Darlegung der Gesetzbegründung (BT-Drucks. 15/1783) in aktuelle Verwaltungspraxis um.

5. Rechtsweg. Die Entscheidung über die Mehrfachanrechnung steht im Ermessen der Bundesagentur für Arbeit. Die Entscheidung ist mit Widerspruch beim Widerspruchsausschuss der Bundesagentur für Arbeit nach § 120 SGB IX angreifbar. Per Klage vor dem Sozialgericht kann die Entscheidung auf Ermessensfehlerhaftigkeit überprüft werden. 10

§ 77 Ausgleichsabgabe

(1) [1]Solange Arbeitgeber die vorgeschriebene Zahl schwerbehinderter Menschen nicht beschäftigen, entrichten sie für jeden unbesetzten Pflichtarbeitsplatz für schwerbehinderte Menschen monatlich eine Ausgleichsabgabe. [2]Die Zahlung der Ausgleichsabgabe hebt die Pflicht zur Beschäftigung schwerbehinderter Menschen nicht auf. [3]Die Ausgleichsabgabe wird auf der Grundlage einer jahresdurchschnittlichen Beschäftigungsquote ermittelt.

(2) [1]Die Ausgleichsabgabe beträgt je Monat und unbesetzten Pflichtarbeitsplatz
1. **105 Euro bei einer jahresdurchschnittlichen Beschäftigungsquote von 3 Prozent bis weniger als dem geltenden Pflichtsatz,**
2. **180 Euro bei einer jahresdurchschnittlichen Beschäftigungsquote von 2 Prozent bis weniger als 3 Prozent,**
3. **260 Euro bei einer jahresdurchschnittlichen Beschäftigungsquote von weniger als 2 Prozent.**

[2]Abweichend von Satz 1 beträgt die Ausgleichsabgabe je Monat und unbesetzten Pflichtarbeitsplatz für schwerbehinderte Menschen
1. **für Arbeitgeber mit jahresdurchschnittlich weniger als 40 zu berücksichtigenden Arbeitsplätzen bei einer jahresdurchschnittlichen Beschäftigung von weniger als einem schwerbehinderten Menschen 105 Euro und**
2. **für Arbeitgeber mit jahresdurchschnittlich weniger als 60 zu berücksichtigenden Arbeitsplätzen bei einer jahresdurchschnittlichen Beschäftigung von weniger als zwei schwerbehinderten Menschen 105 Euro und bei einer jahresdurchschnittlichen Beschäftigung von weniger als einem schwerbehinderten Menschen 180 Euro.**

(3) [1]Die Ausgleichsabgabe erhöht sich entsprechend der Veränderung der Bezugsgröße nach § 18 Abs. 1 des Vierten Buches. [2]Sie erhöht sich zum 1. 1. eines Kalenderjahres, wenn sich die Bezugsgröße seit der letzten Neubestimmung der Beträge der Ausgleichsabgabe um wenigstens 10 Prozent erhöht hat. [3]Die Erhöhung der Ausgleichsabgabe erfolgt, indem der Faktor für die Veränderung der Bezugsgröße mit dem jeweiligen Betrag der Ausgleichsabgabe vervielfältigt wird. [4]Die sich ergebenden Beträge sind auf den nächsten durch fünf teilbaren Betrag abzurunden. [5]Das Bundesministerium für Arbeit und Sozialordnung gibt den

Erhöhungsbetrag und die sich nach Satz 3 ergebenden Beträge der Ausgleichsabgabe im Bundesanzeiger bekannt.

(4) [1]Die Ausgleichsabgabe zahlt der Arbeitgeber jährlich zugleich mit der Erstattung der Anzeige nach § 80 Abs. 2 an das für seinen Sitz zuständige Integrationsamt. [2]Ist ein Arbeitgeber mehr als drei Monate im Rückstand, erlässt das Integrationsamt einen Feststellungsbescheid über die rückständigen Beträge und zieht diese ein. [3]Für rückständige Beträge der Ausgleichsabgabe erhebt das Integrationsamt nach dem 31. 3. Säumniszuschläge nach Maßgabe des § 24 Abs. 1 des Vierten Buches; für ihre Verwendung gilt Absatz 5 entsprechend. [4]Das Integrationsamt kann in begründeten Ausnahmefällen von der Erhebung von Säumniszuschlägen absehen. [5]Widerspruch und Anfechtungsklage gegen den Feststellungsbescheid haben keine aufschiebende Wirkung. [6]Gegenüber privaten Arbeitgebern wird die Zwangsvollstreckung nach den Vorschriften über das Verwaltungszwangsverfahren durchgeführt. [7]Bei öffentlichen Arbeitgebern wendet sich das Integrationsamt an die Aufsichtsbehörde, gegen deren Entscheidung es die Entscheidung der obersten Bundes- oder Landesbehörde anrufen kann. [8]Die Ausgleichsabgabe wird nach Ablauf des Kalenderjahres, das auf den Eingang der Anzeige bei der Bundesagentur für Arbeit folgt, weder nachgefordert noch erstattet.

(5) [1]Die Ausgleichsabgabe darf nur für besondere Leistungen zur Förderung der Teilhabe schwerbehinderter Menschen am Arbeitsleben einschließlich begleitender Hilfe im Arbeitsleben (§ 102 Abs. 1 Nr. 3) verwendet werden, soweit Mittel für denselben Zweck nicht von anderer Seite zu leisten sind oder geleistet werden. [2]Aus dem Aufkommen an Ausgleichsabgabe dürfen persönliche und sächliche Kosten der Verwaltung und Kosten des Verfahrens nicht bestritten werden. [3]Das Integrationsamt gibt dem Beratenden Ausschuss für behinderte Menschen bei dem Integrationsamt (§ 103) auf dessen Verlangen eine Übersicht über die Verwendung der Ausgleichsabgabe.

(6) [1]Die Integrationsämter leiten den in der Rechtsverordnung nach § 79 bestimmten Prozentsatz des Aufkommens an Ausgleichsabgabe an den Ausgleichsfonds (§ 78) weiter. [2]Zwischen den Integrationsämtern wird ein Ausgleich herbeigeführt. [3]Der auf das einzelne Integrationsamt entfallende Anteil am Aufkommen an Ausgleichsabgabe bemisst sich nach dem Mittelwert aus dem Verhältnis der Wohnbevölkerung im Zuständigkeitsbereich des Integrationsamtes zur Wohnbevölkerung im Geltungsbereich dieses Gesetzbuches und dem Verhältnis der Zahl der im Zuständigkeitsbereich des Integrationsamtes in den Betrieben und Dienststellen beschäftigungspflichtiger Arbeitgeber auf Arbeitsplätzen im Sinne des § 73 beschäftigten und der bei den Arbeitsämtern arbeitslos gemeldeten schwerbehinderten und diesen gleichgestellten behinderten Menschen zur entsprechenden Zahl der schwerbehinderten und diesen gleichgestellten behinderten Menschen im Geltungsbereich dieses Gesetzbuchs.

(7) [1]Die bei den Integrationsämtern verbleibenden Mittel der Ausgleichsabgabe werden von diesen gesondert verwaltet. [2]Die Rechnungslegung und die formelle Einrichtung der Rechnungen und Belege regeln

sich nach den Bestimmungen, die für diese Stellen allgemein maßgebend sind.

(8) **Für die Verpflichtung zur Entrichtung einer Ausgleichsabgabe (Absatz 1) gelten hinsichtlich der in § 71 Abs. 3 Nr. 1 genannten Stellen der Bund und hinsichtlich der in § 71 Abs. 3 Nr. 2 genannten Stellen das Land als ein Arbeitgeber.**

Gliederung

1. Sozialpolitischer Hintergrund und geltende Fassung 1–3
2. Normzweck 4
3. Ausgleichsabgabe und Ermittlung der Beschäftigungsquote (Abs. 1) 5–7
4. Höhe und Berechnung der Abgabe (Abs. 2) 8
5. Dynamisierung der Ausgleichsabgabe über § 18 Abs. 1 SGB IV (Abs. 3) 9
6. Zahlung, Säumniszuschlag, Feststellungsbescheid (Abs. 4) 10–12
7. Zweckbindung (Abs. 5) 13, 14
8. Mittelverteilung auf Bund und Länder (Abs. 6) 15–17
9. Mittelverwaltung durch die Integrationsämter (Abs. 7) 18, 19
10. Besonderer Arbeitgeberbegriff im öffentlichen Dienst (Abs. 8) 20
11. Verfahrensfragen 21

1. Sozialpolitischer Hintergrund und geltende Fassung. Die Norm des § 77 bildet eine notwendige Ergänzung zur Pflichtquote gem. § 71 – sie gibt die Antwort auf die Frage, was zu geschehen hat, wenn die Pflichtplatzquote nicht erfüllt wird. Historisch stand neben der Ausgleichsabgabe die Möglichkeit der sog Zwangseinstellung; hiernach war die HFSt befugt, durch Hoheitsakt ein Arbeitsverhältnis zwischen (einstellungsunwilligem) Arbeitsgeber und (arbeitssuchendem) schwerbehindertem Arbeitnehmer herzustellen (vgl. die Darstellung bei GK-*Großmann*, § 5 Rn 6ff). Dieses Instrument wurde durch eine Abgabe ersetzt, nicht nur wegen des Wandels ordnungspolitischer Vorstellungen, sondern auch weil es sich als nicht praktikabel erwiesen hat. Die Ausgleichsabgabe als relativ effektives Mittel der Durchsetzung des Gesetzeszweckes war bereits im SchwbeschG 1953 und SchwbG 1974 normiert; ihre endgültige Akzeptanz fand es durch das Urteil des BVerfG vom 26. 5. 1981 (BVerfGE 57, 139). Diese bejahende Rechtsprechung wird seitdem aufrechterhalten (BVerfG Beschluss vom 1. 10. 2004 – 1 BvR 2221/03). 1

Die Norm wurde mit der Einführung des SGB IX im Wesentlichen inhaltsgleich von § 11 SchwbG übernommen. § 11 SchwbG war allerdings mit dem am 1. 10. 2000 in Kraft getretenen Gesetz zur Bekämpfung der Arbeitslosigkeit Schwerbehinderter (SchwbBAG) v. 29. 9. 2000 (BGBl. I S. 1349ff) wesentlich verändert worden. Das Neue an dieser Fassung der Norm über die Ausgleichsabgabe (§ 11 SchwbG bzw. § 77 SGB IX) war, dass die Vorschrift nunmehr die Abgabenhöhe hinsichtlich Klein- und Großbetrieben und hinsichtlich des arbeitgeberseitigen Erfüllungsgrades der Anstellungspflicht von schwerbehinderten Arbeitnehmern differenziert. 2

3 Änderungen erfuhr die Norm in Abs. 1 Satz 1 u. 3, Abs. 2 und Abs. 3 Satz 5 durch das G. z. Änd. v. Fristen u. Bezeichnungen im SGB IX u. z. Änd. anderer Gesetze v. 3. 4. 2003 (BGBl. I S. 462), in Kraft mWv 1. 1. 2003. Das Gesetz zur Förderung der Ausbildung und Beschäftigung schwerbehinderter Menschen vom 23. 4. 2004 (BGBl. I S. 606) änderte erneut die Regelungen zur Ausgleichsabgabe und zu Kleinbetrieben (Abs. 2 Satz 2 Nr. 1 u. 2, Abs. 3). Hinsichtlich der Abführung an den Ausgleichsfonds wurde Abs. 6 Satz 1 geändert.

4 **2. Normzweck.** § 77 SGB IX regelt die bei Nichterfüllung der Beschäftigungspflicht zu zahlende Ausgleichsabgabe der Höhe und dem Grunde nach, ihre Verwendung und Verwaltung sowie ihre Festsetzung, den Einzug und die gegen die Festsetzung möglichen Rechtsmittel. Die Vorschrift steht mit den vorhergehenden §§ 71–76 sowie mit § 80 in engem Zusammenhang.

5 **3. Ausgleichsabgabe und Ermittlung der Beschäftigungsquote (Abs. 1).** Rechtlich handelt es sich bei der Ausgleichsabgabe um eine Sonderabgabe (vgl. BVerfGE 57, 139, 166). Ihr Aufkommen wird zweckgebunden verwaltet und fällt keinem öffentlichrechtlichen Gemeinwesen zu. Durch die Abgabe wird eine homogene Gruppe, nämlich die der Arbeitgeber, belastet. Die Ausgleichsabgabe hat Antriebs- und Ausgleichsfunktion. Zum einen sollen die Arbeitgeber angehalten werden, schwerbehinderte Menschen einzustellen; zum anderen sollen die Belastungen zwischen denjenigen Arbeitgebern, die dieser Verpflichtung genügen, und denjenigen, die diese Verpflichtung – aus welchen Gründen auch immer – nicht erfüllen, ausgeglichen werden (BVerfGE 57, 139, 167). Da die Ausgleichsabgabe damit zumindest nicht primär der Finanzierung einer vom Gesetz bestimmten Aufgabe dient, ergibt sich nach Ansicht des BVerfG auch nicht die Pflicht, das Aufkommen der Abgabe allein im Interesse der Gruppe der Abgabepflichtigen „gruppennützig" zu verwenden (vgl. BVerfGE 57, 139, 167).

6 Das Bundesverfassungsgericht hat in einem Beschluss vom 1. 10. 2004 – 1 BvR 2221/03 seine damalige Rechtsauffassung voll aufrechterhalten und ausdrücklich die Verfassungsmäßigkeit der Ausgleichsabgabe auch vor dem Kontext verschärfter internationaler Konkurrenz bestätigt. Der Beschluss erging zu einer Verfassungsbeschwerde eines Transportunternehmers, der zu einer Ausgleichsabgabe für unbesetzte Pflichtarbeitsplätze herangezogen worden war. Die Beschwerde wurde von nicht zur Entscheidung angenommen worden.

7 Nach Auffassung des Bundesverfassungsgerichts wird die bereits 1981 festgestellte Verfassungsmäßigkeit der angegriffenen Regelungen nicht mit Erfolg in Frage gestellt. Die Ausgleichsabgabe sei auch nicht überhöht. Ein niedrigerer Satz würde sowohl deren Antriebs- als auch Ausgleichsfunktion weiter schwächen. Die Arbeitgeber waren und sind durch die Beschäftigungspflicht sowie die Ausgleichsabgabe nicht unverhältnismäßig belastet. Der damit verbundenen wirtschaftlichen und organisatorischen Last steht das Interesse schwerbehinderter Menschen gegenüber, durch eigene Arbeit den Lebensunterhalt zu sichern. Der Bf ist auch **im Verhältnis zu ausländischen Unternehmern nicht in seinen Gleichheitsrechten verletzt.** Eine Benachteiligung ist nicht ersichtlich. Eine Pflicht zur Be-

schäftigung Behinderter besteht in mindestens neun weiteren Mitgliedsstaaten der Europäischen Union, darunter Frankreich, Großbritannien und Italien.

4. Höhe und Berechnung der Abgabe (Abs. 2). Seit der Neuregelung 2001 durch SchwBAG besteht bzgl. der Abgabenhöhe ein gestaffeltes System, das hinsichtlich des Grades der Nichterfüllung der Beschäftigungsquote differenziert: Für eine Beschäftigungsquote von mindestens 3% bis 5% beträgt die Ausgleichsabgabe je Monat und unbesetzten Pflichtarbeitsplatz 105,– €; bei weniger als 3%, aber zumindest 2% 180,– €; unter 2%, so erhöht sich die Abgabenhöhe auf 260,– €. Für Kleinbetriebe ist in Satz 2 eine zweistufige Sonderregelung vorgesehen. Die Einführung des gestaffelten Systems führt bei größeren Arbeitgebern zu einer Stärkung der Antriebsfunktion gegenüber der Ausgleichsfunktion. Je schlechter die Erfüllung der Beschäftigungspflicht, desto höher ist die zu zahlende Ausgleichsabgabe. Arbeitgeber, die ihrer Beschäftigungspflicht im größeren Umfang nicht nachkommen, soll durch das gestaffelte System ein verstärkter Anreiz zur Beschäftigung schwerbehinderter Menschen gegeben werden. Um Arbeitgebern die Umstellung der auf den ersten Blick kompliziert wirkenden neuen Berechnungsregelungen zu erleichtern, hat REHADAT in Abstimmung mit der Bundesanstalt für Arbeit und den Integrationsämtern die Software REHADAT-Elan entwickelt. Mit diesem Computerprogramm kann nunmehr jeder Arbeitgeber die nötigen Dokumente zur Anzeige nach § 80 Abs. 2 selbst erstellen. Ein Download der Software wird unter **http://www.rehadat.de** angeboten. 8

5. Dynamisierung der Ausgleichsabgabe über § 18 Abs. 1 SGB IV (Abs. 3). Mit dieser Regelung wurde 2001 eine Dynamisierung der Ausgleichsabgabe entsprechend der Lohnentwicklung eingeführt. Nach der in Abs. 3 geregelten Koppelung ändert sich die Höhe der einzelnen Staffelbeiträge in Abs. 2 zum 1. 1. eines Kalenderjahres, wenn sich die Bezugsgröße für die Sozialversicherung nach § 18 Abs. 1 SGB IV seit der letzten Neubestimmung um 10% oder mehr erhöht hat. Die letzte Neufestsetzung der Ausgleichsabgabe erfolgte mit der Einführung der gestaffelten Ausgleichsabgabe durch das SchwbBAG für das Erhebungsjahr 2001. Damals betrug die Bezugsgröße nach § 18 Abs. 1 SGB IV 53 760 DM (= 27 487,– €). Die Veränderungsrate der Bezugsgröße wird bei einer Erhöhung um 10% oder mehr auf die einzelnen Staffelbeträge aufgeschlagen, wobei die sich ergebenden Beträge auf den nächsten durch fünf teilbaren Betrag abgerundet werden. Die neuen Beträge sowie die Erhöhungsbeträge werden vom BMA im Bundesanzeiger bekannt gegeben. 9

6. Zahlung, Säumniszuschlag, Feststellungsbescheid (Abs. 4). Die Ausgleichsabgabe ist jährlich und zugleich mit der Anzeige nach § 80 Abs. 2, also spätestens bis zum 31. 3. des Folgejahres an das für den Arbeitgeber zuständige Integrationsamt zu zahlen. Zuständig ist dasjenige Integrationsamt, in dessen Bereich der Arbeitgeber seinen Verwaltungs- bzw. Unternehmenssitz hat. Gem § 80 Abs. 2 hat der Arbeitgeber die zur Berechnung des Umfangs der Beschäftigungspflicht sowie zur Überwachung ihrer Erfüllung und der Ausgleichsabgabe notwendigen Daten anzuzeigen. Die Anzeige ist jedoch, anders als der Wortlaut von § 77 Abs. 4 Satz 1 vermuten 10 lässt, nicht an das zuständige Integrationsamt, sondern an das zuständige Arbeitsamt zu richten (s. Erl. § 80).

Bei einem Zahlungsrückstand von mehr als drei Monaten, also ab dem 1. 7. eines jeden Jahres, erlässt das Integrationsamt einen Feststellungsbescheid und zieht die fälligen Beträge ein. Hinsichtlich des Feststellungsbescheids handelt es sich um einen Verwaltungsakt, für den die Regelungen über das Verwaltungsverfahren nach dem SGB X gelten; für die Einziehung der Beträge gilt gem. § 66 Abs. 3 SGB X das Verwaltungsvollstreckungsrecht des Landes, in dem das Integrationsamt seinen Sitz hat.

11 Gem Abs. 4 Satz 3 erhebt das Integrationsamt nach dem 31. 3. Säumniszuschläge. Die Höhe der Zuschläge richtet sich nach § 24 Abs. 1 SGB IV und beträgt für jeden angefangenen Monat der Säumnis 1% des rückständigen, auf 50,– € nach unten abgerundeten Betrages. Bei einem rückständigen Betrag von unter 100,– € ist der Säumniszuschlag nicht zu erheben, wenn dieser gesondert schriftlich anzufordern wäre. Die Fälligkeit der Ausgleichsabgabe als Voraussetzung für die Erhebung von Säumniszuschlägen entsteht dabei Kraft Gesetzes. Für die Verwendung der Säumniszuschläge gilt die in Abs. 5 geregelte Zweckbindung entsprechend. In begründeten Ausnahmefällen kann das Integrationsamt von der Erhebung von Säumniszuschlägen absehen (S 4).

12 Nach Satz 5 haben Widerspruch und Anfechtungsklage keine aufschiebende Wirkung. Die aufschiebende Wirkung kann jedoch durch das Gericht im Rahmen des einstweiligen Rechtsschutzes gem. § 80 Abs. 5 VwGO angeordnet werden. Die Zwangsvollstreckung gegenüber privaten Arbeitgebern richtet sich nach den Vorschriften über das Verwaltungszwangsverfahren (S 6). Der Feststellungsbescheid des Integrationsamtes ist gegenüber privaten Arbeitgebern Vollstreckungstitel. Gem § 66 Abs. 3 SGB X ist das Vollstreckungsrecht des Landes, in dem das Integrationsamt seinen Sitz hat, zuständig. Gegenüber öffentlichen Arbeitgebern hat sich das Integrationsamt wegen der Zwangsvollstreckung an die zuständige Aufsichtsbehörde zu wenden (S 7). Gegen deren Entscheidung wiederum kann das Integrationsamt die oberste Bundes- oder Landesbehörde anrufen. Satz 8 enthält eine Ausschlussfrist für Nachforderungen und Erstattungen der Ausgleichsabgabe. Die Frist beginnt mit dem Eingang der Anzeige nach § 80 Abs. 2 an zu laufen und endet mit Ablauf des darauffolgenden Kalenderjahres. Die Verjährungsfrist beträgt vier Jahre (hM vgl. *Kossens/von der Heide/Maaß*, § 77 Rn 19 m. w. N.).

13 **7. Zweckbindung (Abs. 5).** In Abs. 5 Satz 1 und 2 wird die rechtlich zulässige Verwendungsmöglichkeit der Ausgleichsabgabe für die drei verfügungsberechtigten Einrichtungen, also Integrationsamt, Bundesagentur für Arbeit und Ausgleichsfonds des Bundes samt ihrer Gremien erheblich eingeschränkt. Mit umfasst von dieser Zweckbindung sind auch die nach § 77 Abs. 4 Satz 2 erhobenen und erhaltenen Säumniszuschläge. Verwendet werden darf die Ausgleichsabgabe nur für besondere Leistungen zur Förderung der Teilhabe schwerbehinderter Menschen am Arbeitsleben einschließlich begleitender Hilfe im Arbeitsleben gem. § 102 Abs. 1 Nr. 3.

14 Zusätzlich gilt der Grundsatz der Subsidiarität; danach dürfen Mittel aus der Ausgleichsabgabe nur dann fließen, wenn für denselben Zweck nicht

von anderer Seite Mittel hierfür zu gewähren sind oder gewährt werden. Weiterhin dürfen persönliche (gemeint ist: personelle) und sächliche Verwaltungs- sowie Verfahrenskosten nicht aus dem Aufkommen der Ausgleichsabgabe bestritten werden.

Nähere Vorschriften über die Verwendung der Ausgleichsabgabe sind in den §§ 14 bis 34 SchwbAV zu finden. Die Ermächtigungsgrundlage für den Erl. dieser Rechtsverordnung ist § 79 Nr. 2. Nach Abs. 5 Satz 3 hat das Integrationsamt dem Beratenden Ausschuss (§ 103) auf dessen Verlangen eine Übersicht über die Verwendung der Ausgleichsabgabe zu geben. Die Aufgaben des Integrationsamtes und die des Beratenden Ausschusses sind in den §§ 102 und 103 nähernormiert.

8. Mittelverteilung auf Bund und Länder (Abs. 6). Nach Abs. 6 Satz 1 15
haben die Integrationsämter den Anteil des Aufkommens an den Ausgleichsfonds (§ 78) des Bundes abzuführen, der in der Verordnung festgelegt ist. Diese Regelungen finden sich in §§ 36, 46 SchwbAV. Nähere Vorschriften, die das Vergabe- und Verwaltungsverfahren des Ausgleichsfonds betreffen, finden sich in den §§ 35 bis 45 SchwbAV. Bezüglich der verbleibenden Mittel regelt Abs. 6 Satz 2 und 3 den Finanzausgleich der Integrationsämter der Länder untereinander. Notwendig ist diese Regelung eines ausgleichsabgaberechtlichen Finanzausgleichs, weil die Erhebung der Ausgleichsabgabe dem Firmensitz-Prinzip folgt. Allein dies führt bereits bei der unterschiedlichen regional-wirtschaftlichen Struktur der Bundesrepublik zu Ungleichgewichtigkeiten zwischen den Integrationsämtern.

Die Berechnung der einzelnen Ausgleichszahlungen geschieht wie folgt: 16
Zunächst wird das Verhältnis gebildet zwischen der Wohnbevölkerung innerhalb des Zuständigkeitsbereiches des jeweiligen Integrationsamtes zur Wohnbevölkerung aller Integrationsämter. Sodann wird eine weitere Relation zwischen der Zahl der schwerbehinderten Arbeitnehmer und Gleichgestellten innerhalb des Zuständigkeitsbereiches des jeweiligen Integrationsamtes und der Vergleichszahl aller Integrationsämter gebildet. Berücksichtigt werden hierbei aber nur schwerbehinderte Arbeitnehmer und Gleichgestellte, die bei einem beschäftigungspflichtigen Arbeitgeber beschäftigt oder bei der BA arbeitslos gemeldet sind.

Der Ausgleichsanspruch eines Integrationsamtes richtet sich gegen die 17
Gesamtheit der ausgleichspflichtigen Integrationsämter. Kommt es nicht zu einer einverständlichen Regelung, so kann das Land, dessen Behörde das Integrationsamt ist, den Rechtsweg beschreiten, der gem. § 50 Abs. 1 Nr. 1 VwGO zum BVerwG gegeben ist, da es sich um eine öffentlichrechtliche Streitigkeit nicht-verfassungsrechtlicher Art zwischen Bundesländern handelt.

9. Mittelverwaltung durch die Integrationsämter (Abs. 7). Die Integra- 18
tionsämter haben die ihnen verbleibenden Mittel der Ausgleichsabgabe gesondert zu verwalten. Die Regelung soll die Einhaltung der strengen Zweckbestimmung gem. Abs. 5 Satz 1 absichern. Gem Satz 1 iVm Abs. 5 sind persönliche (gemeint sind: personelle), sächliche und Verfahrenskosten des Integrationsamtes aus Haushaltsmitteln des Trägers zu bestreiten (entweder Haushaltsmittel des Landes oder des zuständigen Kommunalverbandes). Für die Mittel der Ausgleichsabgabe gelten gem. Abs. 7 Satz 2 für

Rechnungslegung, Rechnungen und Belege die üblichen landesrechtlichen Bestimmungen. Es handelt sich hierbei um technische Rechtsbegriffe des Haushaltsrechts. Rechnungslegung erfolgt gem. § 37 HGrG durch Haushalts- und Vermögensrechnung unter Zugrundelegung derjenigen Verwaltungsvorschriften, die gem. VV zu § 109 BHO in Kraft sind. Für die Rechnungs- und Belegpflicht ist § 33 HGrG maßgeblich. Rechenschaft wird den vorgeordneten Gremien geschuldet, also beim Integrationsamt dem Beratenden Ausschuß gem. § 103, beim Ausgleichsfonds dem Beirat gem. § 64. Abs. 7 regelt nicht die Frage, nach welchen Rechtsgrundlagen Ausgleichsfonds und Integrationsamt die Mittel der Ausgleichsabgabe verausgaben. Für den Ausgleichsfonds ist dies in § 37 SchwbAV normiert, als dort bestimmt ist, dass die BHO und damit das Zuwendungsrecht gilt, soweit sich nichts anderes aus der SchwbAV ergibt. Hieraus ergibt sich, dass Zuwendungsrecht gem. §§ 14, 26 HGrG und §§ 23, 44 BHO anzuwenden ist. Dies ist sachlich auch gerechtfertigt, weil der Ausgleichsfonds gem. § 42 SchwbAV nur bestimmte, idR gemeinnützige Zuwendungsempfänger kennt.

19 Für die Integrationsämter gilt § 32 SchwbAV als Spezialnorm für die institutionelle Förderung gem. §§ 30, 31 SchwbAV, die im Einzelfall der weiteren Auslegung bedarf. Das Verwaltungsverfahren richtet sich nach dem SGB X. Eine schlichte Anwendung des Zuwendungsrechts iSd §§ 14, 26 HGrG sowie §§ 23, 44 BHO und der entsprechenden Landesbestimmungen scheidet demnach aus (so schon die Stellungnahme des BMA vom 27. 2. 1996 gegenüber den HfSt Berlin). Die Förderung außerhalb des Regelwerks der §§ 23, 44 BHO bzw. der LHO ist schon deswegen notwendig, da es sich bei der individuellen Förderung nach § 102 Abs. 3 Nr. 1 und 2 um eine völlig andere Grundkonstellation handelt. Es fehlt an der grundlegenden Voraussetzung des Zuwendungsrechts gem. § 14 HGrG, nämlich dass die Verwaltung bei der Verwendung der Ausgleichsabgabe die Wahl hat, ob sie anstelle der Förderung der Arbeitgeber selbst tätig werden und behindertengerechte Arbeitsplätze nur bei sich schaffen will. Entsprechend § 101 Abs. 1 sind durch das SGB IX vor allem die Arbeitgeber zur Erfüllung der Regelungen zur Teilhabe schwerbehinderter Menschen aufgerufen, erst wo dies nicht erfolgt werden Integrationsämter und BA in enger Zusammenarbeit tätig. Es sind die (privaten) Arbeitgeber, die über das Gros der Arbeitsplätze verfügen und damit über die Chance der Integration schwerbehinderter Arbeitnehmer ins Arbeitsleben (so schon: BVerfG, Urt. v. 26. 5. 1981, 1 BvL 56/78). Die Ausgleichsabgabe ist deshalb auch prinzipiell arbeitgeberorientiert einzusetzen. Sie stellt keine beliebig zu verwendende Steuer dar. In der Praxis erweist sich i.Ü. auch das Instrumentarium des Zuwendungsrechts mit seiner Zuwendungssystematik (Projektfinanzierung und Institutionelle Förderung) und seinen Finanzierungsarten (Anteilsfinanzierung, Fehlbedarfs-, Festbetrags- und Vollfinanzierung) samt der dazu erlassenen Verwaltungsvorschriften und der dazu wiederum geltenden Nebenbestimmungen als überkomplex und damit nicht sachgerecht für die Zusammenarbeit von Integrationsämtern und Arbeitgebern. Mithin kommt es für Förderbescheide und Förderverträge auf die Regeln des allgemeinen Sozialverwaltungsrechts und nicht auf das spezifische Zuwendungsrecht nach der jeweiligen LHO an.

10. Besonderer Arbeitgeberbegriff im öffentlichen Dienst (Abs. 8). 20
Abs. 8 regelt hinsichtlich der Verpflichtung zur Entrichtung einer Ausgleichsabgabe, dass der Bund und die einzelnen Länder jeweils als ein Arbeitgeber gelten. So kann eine Untererfüllung der Pflichtquote bei einer Bundesbehörde durch eine Übererfüllung bei einer anderen Bundesbehörde kompensiert werden. Dies gilt für die einzelnen Behörden eines Bundeslandes entsprechend.

11. Verfahrensfragen. Für den Feststellungsbescheide des Integration- 21
samtes ist Widerspruchsbehörde nach § 118 Abs. 1 der Widerspruchsausschuss beim Integrationsamt (§§ 119, 121). Gegen den Widerspruchsbescheid ist nach den Vorschriften der VwGO Klage vor dem Verwaltungsgericht zulässig. Die örtliche Zuständigkeit liegt bei dem Verwaltungsgericht, in dessen Bezirk das Integrationsamt seinen Sitz hat.

§ 78 Ausgleichsfonds

[1]Zur besonderen Förderung der Einstellung und Beschäftigung schwerbehinderter Menschen auf Arbeitsplätzen und zur Förderung von Einrichtungen und Maßnahmen, die den Interessen mehrerer Länder auf dem Gebiet der Förderung der Teilhabe schwerbehinderter Menschen am Arbeitsleben dienen, ist beim Bundesministerium für Gesundheit und Soziale Sicherung als zweckgebundene Vermögensmasse ein Ausgleichsfonds für überregionale Vorhaben zur Teilhabe schwerbehinderter Menschen am Arbeitsleben gebildet. [2]Das Bundesministerium für Gesundheit und Soziale Sicherung verwaltet den Ausgleichsfonds.

Literatur: *Ritz,* Rechts- und Organisationsstrukturen zur beruflichen Eingliederung von behinderten Menschen in der Republik Korea, Recht und Organisation der Korean Employment Promotion Agency for the Disabled (KEPAD), in: von Maydell/Pitschas/Schulte (Hrsg.), Teilhabe von Menschen mit Behinderung an der Bürgergesellschaft in Asien und Europa: Eingliederung im Sozial- und Rechtsvergleich, 2002]; *ders.,* Beschäftigungspflicht und Ausgleichsfonds als internationaler Sozialstaatsstandard in der Behindertenpolitik Gedanken im Nachgang zur ILO-Konferenz „Policies and Management of National Rehabilitation Funds" in Warschau vom 27. 2.–1. 3. 1997 – in MittAB 2/1997, S. 455–473 (im Internet unter: www.drritz.de).

1. Geltende Fassung. Die Regelung übertrug § 12 Abs. 1 SchwbG Die in 1
§ 12 Abs. 2 SchwbG enthaltene Verordnungsermächtigung findet sich jetzt in § 79 Nr. 1 SGB IX (s. a. dort Erläuterungen).

2. Inhalt der Vorschrift. Die Norm legt in Satz 1 die Bildung eines „Aus- 2
gleichsfonds für überregionale Vorhaben zur Teilhabe schwerbehinderter Menschen am Arbeitsleben" fest und bestimmt seine Verwendungszwecke. Die Festlegung der Verwendungszwecke erfolgt einerseits sachlich und anderseits hinsichtlich des Merkmals überregional, womit länderübergreifende Interessen verstanden werden.

Die Verwaltung der Mittel lag nach Satz 2 bis zu seiner Auflösung im 3
10. 2002 beim Bundesministerium für Arbeit und Sozialordnung und ging

danach über auf das Bundesministerium für Gesundheit und Soziale Sicherung (s. Organisationserlass des Bundeskanzlers v. 22. 10. 2002, BGBl. I Nr. 76 v. 25. 10. 2002 S. 4206). Der Fonds bildet gem. § 35 SchwbAV ein nicht rechtsfähiges Sondervermögen des Bundes mit eigener Wirtschafts- und Rechnungsführung, das der Zweckbindung des § 77 Abs. 5 unterliegt. Es wird für jedes Kalenderjahr (Wirtschaftsjahr) ein Wirtschaftsplan gem. § 38 SchwbAV aufgestellt, den gem. § 39 SchwbAV das zuständige Bundesministerium im Einvernehmen mit dem Bundesminister für Finanzen und dem Beirat nach § 64 SBGB IX feststellt. Vergabeentscheidungen über Mittel des Ausgleichsfonds werden nach § 64 Abs. 1 Satz 3 vom zuständigen Bundesministerium nur aufgrund von Vorschlägen des Beirats für die Teilhabe behinderter Menschen getroffen. Die Rechte des Beirats sind somit deutlich stärker ausgeprägt bei der Verwaltung des Ausgleichsfonds als die der Beratenden Ausschüsse bei den Integrationsämtern (§ 103).

4 Es wird aber nur ein Teil der Mittel des Ausgleichsfonds in dieser Weise vergeben. Das Verfahren und die Einzelheiten der Vergabebedingungen sind in §§ 35–45 SchwbAV geregelt (s. Anh. 3.1 sowie Erl. § 79). Hinsichtlich der Förderung von Einrichtungen gelten die §§ 30–34 SchwbAV. Hinsichtlich der Mittelzuweisung an die Bundesagentur für Arbeit findet sich in § 41 SchwbAV eine besondere Regelung, die mit dem am 1. 10. 2000 in Kraft getretenen Gesetz zur Bekämpfung der Arbeitslosigkeit Schwerbehinderter (SchwbBAG) v. 29. 9. 2000 (BGBl. I S. 1349ff) eingeführt wurde. Demnach werden für die besondere Lohnkostenförderung für schwerbehinderte Menschen – also die **Eingliederungszuschüsse nach §§ 219, 235a SGB III** – für die Jahre 1999 bis 2003 feste Beträge in der Norm des § 41 Abs. 1 Nr. 1 festgelegt. Diese Norm regelt auch im letzten Satz für die Jahre ab 2003 das Verfahren zur Festlegung der jährlichen Veränderungsrate und koppelt damit die Mittelzuweisung für die Bundesanstalt für Arbeit an die Einnahmeentwicklung des Ausgleichsfonds. Neben dieser Mittelzuweisung an die Bundesagentur für Arbeit für §§ 219 und 235a SGB III sind gem. § 41 Abs. 1 Nr. 2 SchwbAV zusätzlich **befristete überregionale Arbeitsmarktprogramme** zum Abbau der Arbeitslosigkeit schwerbehinderter Menschen, besonderer Gruppen von schwerbehinderten Menschen (§ 72 SGB IX) oder schwerbehinderter Frauen sowie zur Förderung des Ausbildungsplatzangebots für schwerbehinderte Menschen rechtlich möglich. In den Jahren 2001 bis 2004 wurde von dieser Fördermöglichkeit kein Gebrauch gemacht. Hierzu bedarf es der gesonderten Beschlussfassung des Beirats.

5 Im internationalen Vergleich finden sich in einer Vielzahl von Ländern vergleichbare, zweckgebundene Fonds (*Ritz* 1997, *ders.* 2002).

6 Die Mittel des Ausgleichsfonds werden durch die Änderung von § 77 Abs. 6 Satz 1 iVm durch die SchwbAV (§ 79) geregelt. Einzelheiten der Weiterleitung sind in §§ 36 u. 46 SchwbAV geregelt.

7 **3. Einsatz der Mittel des Ausgleichsfonds.** In der Vergangenheit sind die Mittel des Fonds primär für die Förderung der Eingliederung gem. § 33 Abs. 2 SchwbG, also für besondere Lohnkostenförderung für schwerbehinderte Menschen, und für die institutionelle Förderung – insbes. für Werkstätten für behinderte Menschen iSd § 136 SGB IX – verausgabt worden. In geringerem Umfang fand die Förderung von Forschungs- und Modellvor-

haben statt. Einschlägig ist § 41 SchwbAV, der durch die Dritte VO z. Änd. d. SchwbAV vom 16. 1. 2004 (BGBl. I S. 77) (s. Anh. 3.1), in Kraft ab 1. 1. 2004, durch das Gesetz zur Förderung der Ausbildung und Beschäftigung schwerbehinderter Menschen vom 23. 4. 2004 (BGBl. I S. 606 v. 23. 4. 2004 (BGBl. I S. 606), in Kraft rückwirkend ab 1. 1. 2004 seine heutige Fassung erhielt. Im Wesentlichen wurde die bis dahin auch finanziell gewichtige Förderung von Wohn- und Werkstätten aus dem Katalog der Verwendungszwecke des Ausgleichsfonds heraus genommen.

§ 79 Verordnungsermächtigungen

Die Bundesregierung wird ermächtigt, durch Rechtsverordnung mit Zustimmung des Bundesrates

1. **die Pflichtquote nach § 71 Abs. 1 nach dem jeweiligen Bedarf an Arbeitsplätzen für schwerbehinderte Menschen zu ändern, jedoch auf höchstens 10 Prozent zu erhöhen oder bis auf 4 Prozent herabzusetzen; dabei kann die Pflichtquote für öffentliche Arbeitgeber höher festgesetzt werden als für private Arbeitgeber,**
2. **nähere Vorschriften über die Verwendung der Ausgleichsabgabe nach § 77 Abs. 5 und die Gestaltung des Ausgleichsfonds nach § 78, die Verwendung der Mittel durch ihn für die Förderung der Teilhabe schwerbehinderter Menschen am Arbeitsleben und das Vergabe- und Verwaltungsverfahren des Ausgleichsfonds zu erlassen,**
3. **in der Rechtsverordnung nach Nummer 2**
   a) **den Anteil des an den Ausgleichsfonds weiterzuleitenden Aufkommens an Ausgleichsabgabe entsprechend den erforderlichen Aufwendungen zur Erfüllung der Aufgaben des Ausgleichfonds und der Integrationsämter,**
   b) **den Ausgleich zwischen den Integrationsämtern auf Vorschlag der Länder oder einer Mehrheit der Länder abweichend von § 77 Abs. 6 Satz 3 sowie**
   c) **die Zuständigkeit für die Förderung von Einrichtungen nach § 30 der Schwerbehinderten-Ausgleichsabgabeverordnung abweichend von § 41 Abs. 2 Nr. 1 dieser Verordnung und von Integrationsbetrieben und – abteilungen abweichend von § 41 Abs. 1 Nr. 3 dieser Verordnung zu regeln,**
4. **die Ausgleichsabgabe bei Arbeitgebern, die über weniger als 30 Arbeitsplätze verfügen, für einen bestimmten Zeitraum allgemein oder für einzelne Bundesländer herabzusetzen oder zu erlassen, wenn die Zahl der unbesetzten Pflichtarbeitsplätze für schwerbehinderte Menschen die Zahl der zu beschäftigenden schwerbehinderten Menschen so erheblich übersteigt, dass die Pflichtarbeitsplätze für schwerbehinderte Menschen dieser Arbeitgeber nicht in Anspruch genommen zu werden brauchen.**

1. Geltende Fassung. Die Norm des § 79 wurde mit dem SGB IX durch 1
Zusammenfassung von einzelnen Vorschriften des SchwbG und zusätzliche

sachliche Ergänzungen geschaffen. Die Regelungen zu den Nummern 1, 2 und 4 übertragen inhaltsgleich die vorherigen Regelungen der § 5 Abs. 2, § 11 Abs. 3 und 6 und § 12 Abs. 2 SchwbG. Die Regelung zu der Nummer 3 ist neu eingefügt.

Durch das Gesetz zur Förderung der Ausbildung und Beschäftigung schwerbehinderter Menschen vom 23. 4. 2004 (BGBl. I S. 606) wurde Nr. 3a geändert, in Kraft mWv 1. 1. 2005. Nr. 4 wurde geändert durch das 4. G.f. moderne Dienstleistungen am Arbeitsmarkt v. 24. 12. 2003 (BGBl. I S. 2980), in Kraft mWv 1. 1. 2005.

2 **2. Normzweck.** Die Norm ermächtigt die Bundesregierung mit Zustimmung des Bundesrates, **Rechtsverordnungen** zu den Bereichen **Pflichtquote** und **Ausgleichsabgabe** zu erlassen.

3 Die **Nrn. 3a, 3b und 3c** delegieren zumindest teilweise politisch im Gesetzgebungsverfahren nicht lösbare offene Fragen in die Verordnung. Hinsichtlich der Thematik der Nr. 3c – der Änderung von Förderzuständigkeiten bei Einrichtungen iSd § 30 SchwbAV und Integrationsabteilungen/-betriebe – wurde die SchwAV mit der Zweiten Verordnung zur Änderung der Schwerbehindertenausgleichsabgabeverordnung vom 24. 6. 2003 – BGBl. I S. 1000, und der Dritten Verordnung zur Änderung der Schwerbehindertenausgleichsabgabeverordnung vom 16. 1. 2004 – BGBl. I S. 77 – verändert.

4 Im Bereich der **Pflichtquote** wird die Höhe **(Nr. 1)** als Regelungsgegenstand möglicher Verordnungen festgelegt. Es wird zugelassen die Pflichtquote in den Grenzen zwischen 4% bis 10% per Rechtsverordnung zu ändern und für öffentliche Arbeitgeber eine höhere Pflichtquote als für Private festzulegen. Diese Verordnungsermächtigung besteht seit der Schaffung des SchwbG 1974 (vgl. BT-Drucks. 7/656, S. 28). Diese Regelung wurde bisher niemals angewendet. Die Absenkung der Pflichtquote auf 5% erfolgte im Gesetz (s. § 71 Abs. 1).

5 Der veränderte Bedarf an Pflichtplätzen wäre entsprechend den Grundsätzen des Bundesverfassungsgerichts 1981 (BVerfGE 57, 139) festzustellen (s. § 71 Rn 11). Eine höhere Pflichtquote ist bisher nur durch die Selbstverpflichtung des Bundes für Teilbereiche eingegangen worden (§ 159).

6 Durch die Regelung der **Nr. 2** wird die Bundesregierung ermächtigt, mit Zustimmung des Bundesrates in einer Rechtsverordnung die Förderung der Teilhabe schwerbehinderter Menschen mit den Mitteln der Ausgleichsabgabe näher zu regeln. Die gültige **Schwerbehinderten-Ausgleichsabgabeverordnung (SchwbAV)** findet in dieser Norm ihre gesetzliche Grundlage. Die mit Nr. 2 vorgesehene Verordnung regelt auch die Gestaltung und das Verwaltungsverfahren des **Ausgleichsfonds** (§ 78). Die Mittel der Ausgleichsabgabe können für Leistungen an Arbeitgeber zur Förderung des Arbeits- und Ausbildungsplatzangebots, für Arbeitsmarktprogramme für schwerbehinderte Menschen, für Leistungen an schwerbehinderte Menschen zur begleitenden Hilfe im Arbeitsleben, für sonstige Leistungen, darunter auch Leistungen an Integrationsfachdienste und Integrationsprojekte, und für Leistungen für Einrichtungen zur Teilhabe schwerbehinderter Menschen am Arbeitsleben verwendet werden. Für die Verwendung der Ausgleichsabgabe finden sich weitere relevante Vorschriften bzw. Verordnungsermächtigungen

an anderer Stelle des Gesetzes. Zu nennen sind weitere – bisher nicht genutzte – Verordnungsermächtigungen in § 108 (Arbeitsassistenz), § 115 (Integrationsfachdienste) und § 135 (Integrationsprojekte). In diesen Fällen hat der Gesetzgeber Verordnungsermächtigungen für die Bundesregierung so gestaltet, dass fachliche Definitionen und Finanzierungsregelungen in einer Verordnung für die jeweiligen mit dem SchwbBAG im 10. 2000 neu geschaffenen Förderinstrumente geregelt werden sollen.

Die Verordnungsermächtigung für die Verwendung der Ausgleichabgabe 7 findet sich in Nr. 2. Die Verwendung durch die Integrationsämter wird in den §§ 14 bis 29 SchwbAV geregelt. Der 3. Unterabschnitt des zweiten Abschnitts der SchwbAV regelt „Leistungen an Einrichtungen zur Teilhabe schwerbehinderter Menschen am Arbeitsleben" (§§ 30–34 SchwbAV, s. § 78). Die genannten Normen der Verordnung stehen neben den im Gesetz selbst getroffenen Regelungen zur Verwendung der Ausgleichsabgabe, insbes. § 102 Abs. 3 (Begleitende Hilfe durch das Integrationsamt), § 102 Abs. 4 (Arbeitsassistenz), § 113 (Integrationsfachdienste) und § 134 (Integrationsprojekte).

Die Nr. 2 der Verordnungsermächtigung benennt die Gestaltung des Aus- 8 gleichsfonds nach § 78, die Verwendung der Mittel durch ihn und das Vergabe- und Verwaltungsverfahren des Ausgleichsfonds (s. § 78 Rn 3–9). Die Norm steht in einem rechtlichen Zusammenhang mit §§ 69, 106 (s. dort).

Kapitel 3. Sonstige Pflichten der Arbeitgeber; Rechte der schwerbehinderten Menschen

§ 80 Zusammenwirken der Arbeitgeber mit der Bundesagentur für Arbeit und den Integrationsämtern

(1) **Die Arbeitgeber haben, gesondert für jeden Betrieb und jede Dienststelle, ein Verzeichnis der bei ihnen beschäftigten schwerbehinderten, ihnen gleichgestellten behinderten Menschen und sonstigen anrechnungsfähigen Personen laufend zu führen und dieses den Vertretern oder Vertreterinnen der Bundesagentur für Arbeit und des Integrationsamtes, die für den Sitz des Betriebes oder der Dienststelle zuständig sind, auf Verlangen vorzulegen.**

(2) [1] **Die Arbeitgeber haben der für ihren Sitz zuständigen Agentur für Arbeit einmal jährlich bis spätestens zum 31. 3. für das vorangegangene Kalenderjahr, aufgegliedert nach Monaten, die Daten anzuzeigen, die zur Berechnung des Umfangs der Beschäftigungspflicht, zur Überwachung ihrer Erfüllung und der Ausgleichsabgabe notwendig sind.** [2] **Der Anzeige sind das nach Absatz 1 geführte Verzeichnis sowie eine Kopie der Anzeige und des Verzeichnisses zur Weiterleitung an das für ihren Sitz zuständige Integrationsamt beizufügen.** [3] **Dem Betriebs-, Personal-, Richter-, Staatsanwalts- und Präsidialrat, der Schwerbehindertenvertretung und dem Beauftragten des Arbeitgebers ist je eine Kopie der Anzeige und des Verzeichnisses zu übermitteln.**

(3) Zeigt ein Arbeitgeber die Daten bis zum 30. 6. nicht, nicht richtig oder nicht vollständig an, erlässt die Bundesagentur für Arbeit nach Prüfung in tatsächlicher sowie in rechtlicher Hinsicht einen Feststellungsbescheid über die zur Berechnung der Zahl der Pflichtarbeitsplätze für schwerbehinderte Menschen und der besetzten Arbeitsplätze notwendigen Daten.

(4) Die Arbeitgeber, die Arbeitsplätze für schwerbehinderte Menschen nicht zur Verfügung zu stellen haben, haben die Anzeige nur nach Aufforderung durch die Bundesagentur für Arbeit im Rahmen einer repräsentativen Teilerhebung zu erstatten, die mit dem Ziel der Erfassung der in Absatz 1 genannten Personengruppen, aufgegliedert nach Bundesländern, alle fünf Jahre durchgeführt wird.

(5) Die Arbeitgeber haben der Bundesagentur für Arbeit und dem Integrationsamt auf Verlangen die Auskünfte zu erteilen, die zur Durchführung der besonderen Regelungen zur Teilhabe schwerbehinderter und ihnen gleichgestellter behinderter Menschen am Arbeitsleben notwendig sind.

(6) [1] Für das Verzeichnis und die Anzeige des Arbeitgebers sind die mit der Bundesarbeitsgemeinschaft der Integrationsämter und Hauptfürsorgestellen abgestimmten Vordrucke der Bundesagentur für Arbeit zu verwenden. [2] Die Bundesagentur für Arbeit soll zur Durchführung des Anzeigeverfahrens in Abstimmung mit der Bundesarbeitsgemeinschaft ein elektronisches Übermittlungsverfahren zulassen.

(7) Die Arbeitgeber haben den Beauftragten der Bundesagentur für Arbeit und des Integrationsamtes auf Verlangen Einblick in ihren Betrieb oder ihre Dienststelle zu geben, soweit es im Interesse der schwerbehinderten Menschen erforderlich ist und Betriebs- oder Dienstgeheimnisse nicht gefährdet werden.

(8) Die Arbeitgeber haben die Vertrauenspersonen der schwerbehinderten Menschen (§ 94 Abs. 1 Satz 1 bis 3 und § 97 Abs. 1 bis 5) unverzüglich nach der Wahl und ihren Beauftragten für die Angelegenheiten der schwerbehinderten Menschen (§ 98 Satz 1) unverzüglich nach der Bestellung der für den Sitz des Betriebes oder der Dienststelle zuständigen Agentur für Arbeit und dem Integrationsamt zu benennen.

Elektronische Formulare: http://www.rehadat.de/
Bundesagentur für Arbeit: http://www.arbeitsagentur.de/

1 **1. Geltende Fassung.** Die Vorschrift insgesamt geht mit rechtlichen und redaktionellen Änderungen zurück auf § 13 SchwbG. Der frühere Absatz 9 wurde mit dem Gesetz zur Einführung Unterstützter Beschäftigung vom 22. 12. 2008, (BGBl. I Nr. 64, S. 2959, vom 29. 12. 2008) gestrichen.

2 **2. Normzweck und Normzusammenhang.** Die Norm richtet sich überwiegend an die Arbeitgeber und regelt deren Pflichten im Zusammenwirken mit Integrationsämtern und der Bundesagentur für Arbeit beim Vollzug des SGB IX Teil 2. Dabei wird den Arbeitgebern insbes. die Pflicht der **fortlaufenden Führung eines Verzeichnisses (Abs. 1)** aller beschäftigten

schwerbehinderten und gleichgestellten Menschen auferlegt. Dieses Verzeichnis dient einerseits als Nachweis der Erfüllung der Beschäftigungspflicht und als Grundlage der rechtmäßigen Selbstveranlagung bei der Zahlung der Ausgleichsabgabe iSd § 77. Insgesamt werden in den Abs. 1 bis 3 und 5 bis 8 unterschiedliche **Handlungs-, Informations- und Duldungspflichten** für beschäftigungspflichtige Arbeitgeber als öffentlich-rechtliche Verpflichtungen festgelegt.

Daneben regelt die Norm in Abs. 3 und 6 die Zusammenarbeit der gem. § 101 mit der Durchführung des SGB IX Teil 2 beauftragten Dienststellen – der Bundesagentur für Arbeit und den Integrationsämtern – im Bereich der Erhebung der Ausgleichsabgabe teilweise neu. Die vormalige Rechtsprechung des Bundessozialgerichtes – zuletzt B 7 AL 26/99 R v. 20. 1. 2000 – wurde damit gegenstandslos, es erfolgte eine klare Abgrenzung der Zuständigkeiten von Bundesagentur für Arbeit und Integrationsamt. 3

3. Inhalt der Norm. Abs. 1: Das Verzeichnis ist fortlaufend gesondert für jeden Betrieb bzw. jede Dienststelle zu führen. Obwohl in Abs. 1 das Verzeichnis nur sehr allgemein bzgl. der zu erfassenden Personenkreise normiert ist, empfiehlt es sich in der Praxis auch bei einer fortlaufenden Führung des Verzeichnisses gem. Abs. 1, an der von der Bundesagentur für Arbeit verlangten Formularstruktur für dessen Abgabe gem. Abs. 2 zu orientieren (s. **www.arbeitsagentur.de** Erläuterungen zum Anzeigeverfahren, jährliche Neufassung). Zum Begriff des Betriebes und der Dienststelle sind nach der Norm des § 87 Abs. 1 Satz 2 die Begriffe des Betriebsverfassungsgesetzes und des Personalvertretungsrechts anzuwenden. Auf Kopien von Anzeige und Verzeichnis haben Schwerbehindertenvertretung und Vertretungen nach § 93 einen gesetzlichen Anspruch. Zum Datenschutz s. Erl. § 130. Der Verstoß gegen diese Verzeichnispflicht durch den Arbeitgeber ist in den Katalog der Ordnungswidrigkeiten aufgenommen. (s. § 156 Abs. 1 Nr. 2). 4

Abs. 2: Das SGB IX hat zum 1. 7. 2001 das Anzeigeverfahren mit dem Ziel der Vereinfachung begrenzt neu geregelt. Die Anzeige ist mit dem SGB IX nur noch pro Arbeitgeber abzugeben und nicht mehr für jeden Betrieb einzeln plus Gesamtanzeige. Das Verzeichnis der beschäftigten schwerbehinderten und gleichgestellten Menschen (s. Rn 15) ist jedoch weiterhin gesondert für jeden Betrieb/jede Dienststelle aufzustellen und der Anzeige beizufügen. Diese Daten wertet die BA seit 2003 regional und fachlich aufgegliedert ausgewertet (**http://www.pub.arbeitsagentur.de/hst/services/statistik/detail/b.html** Menüpunkt: Beschäftigung – Schwerbehinderte Menschen in Beschäftigung (Anzeigeverfahren SGB IX)). Diese Analyse ist nicht nur für statistische und politikberatende Berichte (s. zB ANBA Arbeitsstatistik – Jahreszahlen aaO) notwendig, sondern diese regional differenzierten Daten bilden eine Grundlage für den Finanzausgleich zwischen den Integrationsämtern gem. § 77 Abs. 6 Satz 2. Das Nichtbeachten der Anzeigepflicht nach dieser Norm des Abs. 2 Satz 1 ist in § 156 Abs. 1 Nr. 3 in den Katalog der Ordnungswidrigkeiten aufgenommen. 5

Abs. 3: Bei Versäumnis der Abgabe der Anzeige bis 30. 6. oder bei deren Unvollständigkeit bzw. Unrichtigkeit erlässt die Bundesagentur für Arbeit einen Feststellungsbescheid. Aus den darin enthaltenen Angaben kann das 6

Integrationsamt die fällige Ausgleichsabgabe feststellen. Der Bundesagentur für Arbeit werden die Prüfrechte der Anzeige in tatsächlicher und rechtlicher Hinsicht mit der Neufassung des Wortlautes der Norm zugewiesen, womit jahrelange Rechtsstreitigkeiten erledigt werden, die zu mehreren BSG-Entscheidungen geführt haben (s. Rn 3, sowie die sehr ausführlichen Darlegungen bei *Adlhoch* aaO Rn 2 bis 5, 23, 27, 28). Wird der Arbeitgeber bei Fehlern oder Mängeln der Anzeige zur Abgabe bzw. Korrektur angemahnt und wird er daraufhin entsprechend tätig, so darf kein Feststellungsbescheid ergehen (*Adlhoch* aaO Rn 28, mHa BSG v. 20. 1. 2000, Breithaupt 2000, 853, 856f). Gegen einen Feststellungsbescheid der Bundesagentur für Arbeit stehen dem Arbeitgeber gem. § 118 Abs. 2 SGB IX der Widerspruch beim Landesarbeitsamt sowie die nachfolgende Klage beim Sozialgericht als **Rechtsmittel** zur Verfügung. Gesondert vom Feststellungsbescheid der Bundesagentur für Arbeit nach § 80 Abs. 3 ergeht ggf. wegen der Zahlung der Ausgleichsabgabe ein Feststellungsbescheid des Integrationsamtes gem. § 77 Abs. 4 (s. § 77 Rn 7).

7 **Abs. 4;** Für nichtbeschäftigungspflichtige Arbeitgeber gilt die Regelung des Abs. 4, wonach nur auf Aufforderung eine Anzeige zu erfolgen hat. In der Regel wird dies nur für eine Stichprobe der Arbeitgeber verlangt. Das Nichtbeachten dieser Norm ist in § 156 Abs. 1 Nr. 3 in den Katalog der Ordnungswidrigkeiten aufgenommen. Die Daten dienen Zwecken der statistischen Arbeitsmarktbeobachtung.

8 **Abs. 5:** Die Mitwirkungspflicht der Arbeitgeber bei Amtshandlungen jeglicher Art der Integrationsämter und Bundesagentur für Arbeit – unabhängig vom Grund der Einleitung der Amtshandlung – ist als Auskunftspflicht der Arbeitgeber normiert. Für die Mitarbeiter der Bundesagentur für Arbeit und Integrationsämter gilt § 130 sowie das übrige anzuwendende Datenschutzrecht, womit Belange der Arbeitgeber in dieser Hinsicht gewahrt werden (im Einzelnen s. § 130). Das Nichtbeachten der Norm des Abs. 5 durch die Arbeitgeber ist in § 156 Abs. 1 Nr. 4 in den Katalog der Ordnungswidrigkeiten aufgenommen.

9 **Abs. 6:** Diese Norm legt die Arbeitgeber auf die Abgabe der Anzeige auf Vordrucken oder durch elektronische Übermittlungsverfahren fest. Das elektronische Übermittlungsverfahren wurde erstmals für die Abgabe der Anzeige im Jahr 2003 von der Bundesagentur für Arbeit angewendet. Erläuterungen zum Anzeigeverfahren stehen auch über das Internet auch bei **www.rehadat.de/elan** zur Verfügung. Es wird darauf hingewiesen, dass mit der Anzeige und dem Verzeichnis auch gegebenenfalls eine Aufstellung der im Anzeigenjahr abgewickelten Aufträge anerkannter Werkstätten gem. § 140 SGB IX beigefügt werden muss, sofern derartige Anrechnung beansprucht werden soll.

10 Durch die Regelung des Verfahrens der Erstellung der Vordrucke durch die Bundesagentur für Arbeit in Abstimmung mit der Arbeitsgemeinschaft der Integrationsämter etabliert diese Norm ein teilweise rechtsaufsichtsfreies Verfahren von erheblicher praktischer Bedeutung. Es muss – wie die Erfahrung des Jahres 2001/2002 gezeigt hat – nicht immer unproblematisch sein, wenn das Verwaltungshandeln der Bundesagentur für Arbeit an die Abstimmung mit einer Arbeitsgemeinschaft ohne gesetzliche Grundlage und

ohne geregelte Rechtsaufsicht gebunden wird (s. weitere Erläuterungen Bihr-*Ritz* § 80 Rn 11).

Abs. 7: Das Einblicksrecht der Bundesagentur für Arbeit und der Integrationsämter umfasst insbes. das Recht zur Ortsbesichtigung, soweit dies für die Beurteilung und Beratung von betrieblichen Situationen schwb Menschen notwendig ist. Das Nichtbeachten dieser Norm ist in § 156 Abs. 1 Nr. 5 in den Katalog der Ordnungswidrigkeiten aufgenommen. Auf die Geheimhaltungspflicht nach § 130 wird verwiesen. 11

Abs. 8: Die Arbeitgeber werden hier zur unverzüglichen Übermittlung des Namens von Schwerbehindertenvertretungen und Arbeitgeberbeauftragten verpflichtet. Der Begriff unverzüglich bezieht sich auf den Zeitpunkt der Wahl bzw. Benennung. Das Nichtbeachten dieser Norm ist in § 156 Abs. 1 Nr. 6 in den Katalog der Ordnungswidrigkeiten aufgenommen. 12

§ 81 Pflichten des Arbeitgebers und Rechte schwerbehinderter Menschen

(1) [1]**Die Arbeitgeber sind verpflichtet zu prüfen, ob freie Arbeitsplätze mit schwerbehinderten Menschen, insbes. mit bei der Agentur für Arbeit arbeitslos oder arbeitsuchend gemeldeten schwerbehinderten Menschen, besetzt werden können.** [2]**Sie nehmen frühzeitig Verbindung mit der Agentur für Arbeit auf.** [3]**Die Bundesagentur für Arbeit oder ein Integrationsfachdienst schlägt den Arbeitgebern geeignete schwerbehinderte Menschen vor.** [4]**Über die Vermittlungsvorschläge und vorliegende Bewerbungen von schwerbehinderten Menschen haben die Arbeitgeber die Schwerbehindertenvertretung und die in § 93 genannten Vertretungen unmittelbar nach Eingang zu unterrichten.** [5]**Bei Bewerbungen schwerbehinderter Richter und Richterinnen wird der Präsidialrat unterrichtet und gehört, soweit dieser an der Ernennung zu beteiligen ist.** [6]**Bei der Prüfung nach Satz 1 beteiligen die Arbeitgeber die Schwerbehindertenvertretung nach § 95 Abs. 2 und hören die in § 93 genannten Vertretungen an.** [7]**Erfüllt der Arbeitgeber seine Beschäftigungspflicht nicht und ist die Schwerbehindertenvertretung oder eine in § 93 genannte Vertretung mit der beabsichtigten Entscheidung des Arbeitgebers nicht einverstanden, ist diese unter Darlegung der Gründe mit ihnen zu erörtern.** [8]**Dabei wird der betroffene schwerbehinderte Mensch angehört.** [9]**Alle Beteiligten sind vom Arbeitgeber über die getroffene Entscheidung unter Darlegung der Gründe unverzüglich zu unterrichten.** [10]**Bei Bewerbungen schwerbehinderter Menschen ist die Schwerbehindertenvertretung nicht zu beteiligen, wenn der schwerbehinderte Mensch die Beteiligung der Schwerbehindertenvertretung ausdrücklich ablehnt.**

(2) [1]**Arbeitgeber dürfen schwerbehinderte Beschäftigte nicht wegen ihrer Behinderung benachteiligen.** [2]**Im Einzelnen gelten hierzu die Regelungen des Allgemeinen Gleichbehandlungsgesetzes.**

(3) [1]**Die Arbeitgeber stellen durch geeignete Maßnahmen sicher, dass in ihren Betrieben und Dienststellen wenigstens die vorgeschriebene Zahl schwerbehinderter Menschen eine möglichst dauerhafte behinderungs-**

gerechte Beschäftigung finden kann. [2]Absatz 4 Satz 2 und 3 gilt entsprechend.

(4) [1]Die schwerbehinderten Menschen haben gegenüber ihrem Arbeitgeber Anspruch auf

1. **Beschäftigung, bei der sie ihre Fähigkeiten und Kenntnisse möglichst voll verwerten und weiterentwickeln können,**
2. **bevorzugte Berücksichtigung bei innerbetrieblichen Maßnahmen der beruflichen Bildung zur Förderung ihres beruflichen Fortkommens,**
3. **Erleichterungen im zumutbaren Umfang zur Teilnahme an außerbetrieblichen Maßnahmen der beruflichen Bildung,**
4. **behinderungsgerechte Einrichtung und Unterhaltung der Arbeitsstätten einschließlich der Betriebsanlagen, Maschinen und Geräte sowie der Gestaltung der Arbeitsplätze, des Arbeitsumfeldes, der Arbeitsorganisation und der Arbeitszeit, unter besonderer Berücksichtigung der Unfallgefahr,**
5. **Ausstattung ihres Arbeitsplatzes mit den erforderlichen technischen Arbeitshilfen**

unter Berücksichtigung der Behinderung und ihrer Auswirkungen auf die Beschäftigung. [2]Bei der Durchführung der Maßnahmen nach Nummern 1, 4 und 5 unterstützt die Bundesagentur für Arbeit und die Integrationsämter die Arbeitgeber unter Berücksichtigung der für die Beschäftigung wesentlichen Eigenschaften der schwerbehinderten Menschen. [3]Ein Anspruch nach Satz 1 besteht nicht, soweit seine Erfüllung für den Arbeitgeber nicht zumutbar oder mit unverhältnismäßigen Aufwendungen verbunden wäre oder soweit die staatlichen oder berufsgenossenschaftlichen Arbeitsschutzvorschriften oder beamtenrechtliche Vorschriften entgegenstehen.

(5) [1]Die Arbeitgeber fördern die Einrichtung von Teilzeitarbeitsplätzen. [2]Sie werden dabei von den Integrationsämtern unterstützt. [3]Schwerbehinderte Menschen haben einen Anspruch auf Teilzeitbeschäftigung, wenn die kürzere Arbeitszeit wegen Art oder Schwere der Behinderung notwendig ist; Absatz 4 Satz 3 gilt entsprechend.

1 **1. Sozialgeschichtlicher Hintergrund, Normzweck und geltende Fassung.** Die Norm ist hinsichtlich Inhalt und Adressatenkreis relativ heterogen. Abs. 1 trifft Verfahrensregeln, die bei der Besetzung freier Arbeitsplätze die Chancen schwb Menschen auf Einstellung unterstützen sollen. In Abs. 2 findet sich seit 2000 ein Diskriminierungsverbot gegenüber schwb Menschen. In Abs. 3 werden die beschäftigungspflichtigen Arbeitgeber zu Maßnahmen verpflichtet, den Betrieb bzw. die Dienststelle so zu organisieren, dass mindestens in dem Umfang der gesetzlichen Beschäftigungspflicht schwb Menschen eine möglichst dauerhafte Beschäftigung finden. In den Abs. 4 und 5 werden insbes. die Rechte der schwerbehinderten Menschen gegenüber ihren Arbeitgebern bzgl. der Arbeitsbedingungen, der Arbeitszeit und betrieblichen Förderung festgelegt. In Abs. 4 wird zudem die Unterstützungspflicht der BA und der Integrationsämter bei der Umsetzung der Rechtsansprüche normiert.

Einer der wesentlichen Inhalte dieser Vorschrift ist die Festlegung von qualitativen Grundsätzen für Arbeitsangebote der Arbeitgeber (Abs. 3–5). Dieser Grundsätze gehen in Teilen bereits zurück auf § 12 SchwbeschG (v. 16. 6. 1953, BGBl. I S. 389), wo sich unter dem Titel „Sonstige Pflichten der Arbeitgeber“ in Abs. 1 und 4 inhaltlich sehr ähnlichen Formulierungen zu den heutigen Abs. 4 Nr. 1, 4 u. 5 finden. Diese Vorschriften verpflichteten bereits damals die Arbeitgeber, allerdings noch nicht in der Formulierung als Rechtsanspruch der schbM (s.u. Rn 4). Die Begründung des damaligen Gesetzentwurfes (BT-Drucks. 3430 zu § 12) verweist auf § 10 Abs. 1 SchwbeschG 1920/1923 (Gesetz über die Beschäftigung Schwerbeschädigter vom 6. 4. 1920 (RGBl. S. 458) idF der Bekanntmachung vom 12. 1. 1923 (RGBl. I S. 58). Die Norm verfolgte demnach den „doppelten Zweck, dass die Schwerbeschädigten in der Arbeit ihre Befriedigung finden und die ihnen verbliebene Arbeitskraft im Interesse der Volkswirtschaft und auch zum Nutzen der Arbeitgeber voll ausgewertet wird.“ (zitiert nach *Rohwer-Kahlmann/Schröder-Printzen,* Schwerbeschädigtengesetz, Kommentar und Rechtsprechung, Walter Stutz Verlag, München 1953ff). Die rechtliche Regelung ist dergestalt, dass der Kern der unternehmerischen Freiheiten gewahrt bleibt (s.u. Rn 13 sowie Erl. § 101). 2

Die Norm ist ein rechts- und sozialgeschichtliches Musterbeispiel der Entwicklung des Schwerbehindertenrechts in einer Zeit, die geprägt ist durch die Überlagerung und Neudefinition der traditionellen ordnungs- und sozialpolitischen Strukturen durch Modernisierungsgesetzgebung auf Grundlage einer Antidiskriminierungs- und Menschrechtspolitik. Die wesentlichen Impulse sind dabei der internationalen Entwicklung zu verdanken. Da sind einerseits die EU-Richtlinien zur Gleichbehandlung (s.h. Überblick über das AGG, Rn 3, Erl. zu § 2 AGG, Rn 9) zu nennen, die durch das Allgemeine Gleichbehandlungsgesetz (AGG) vom 14. 8. 2006 (BGBl. I S. 1897) (siehe Erl. zum AGG in diesem Band) mit erheblichen Bezügen zu dieser Norm einfachgesetzlich umgesetzt wurden. Neuerdings sind auch weitere – derzeit noch eher nur schwierig konkret benennbare – Einwirkungen zu erwarten durch die BRK – das Übereinkommen der Vereinten Nationen vom 13. 12. 2006 über die Rechte von Menschen mit Behinderungen sowie zu dem Fakultativprotokoll vom 13. 12. 2006 zum Übereinkommen der Vereinten Nationen über die Rechte von Menschen mit Behinderungen vom 21. 12. 2008 (BGBl. II Nr. 35, vom 31. 12. 2008, 1419). Die BRK trat in Deutschland am 26. 3. 2009 in Kraft. 3

Mit dem SchwbBAG (2000) und dem SGB IX (2001) wurden die Verfahrensvorschriften bei Einstellung in Abs. 1 detailliert, Es erfolgte auch die Normierung von Rechtsansprüchen der schwb Menschen gegenüber ihren Arbeitgebern (Abs. 4 u. 5). Zudem wird für schwerbehinderte Menschen ein Diskriminierungsschutz eingeführt (Abs. 2 aF). 4

Diese Antidiskriminierungsnorm – § 81 Abs. 2 aF – war im Wesentlichen in ihrer damaligen Fassung die gesetzliche Umsetzung der europäischen Richtlinie 2000/78/EG des Rates v. 27. 11. 2000 zur Festlegung eines allgemeinen Rahmens für die Verwirklichung der Gleichbehandlung in Beschäftigung und Beruf (ABl EG Nr. L 303 v. 2. 12. 2000, S. 16) hinsicht- 5 lich der Gruppe der schwerbehinderten Menschen (s. a. Überblick über das AGG, Rn 3).

6 *Schulte* bewertet diese EU-Richtlinie wie folgt: „Die Bedeutung dieser Europäischen Rechtsakte kann nicht überschätzt werden, denn anders als andere Rechtsordnungen hat sich beispielsweise das deutsche Arbeitsrecht nicht am Diskriminierungsschutz kristallisiert. Der Europäische Gesetzgeber bedient sich dieses Ansatzes, um immer weitere Bereiche des Arbeitsrechts zu ordnen" (ebenda S. 506). Der Diskriminierungsschutz überlagert den „Quotenschutz" (*Schulte* aaO). Die in §§ 71, 77 SGB IX vorgesehenen Quotenregelungen greifen nicht umfassend – bei kleinen Betrieben oder bei Betrieben mit erfüllter Beschäftigungspflicht wirken allein umfassende Nichtdiskriminierungsvorschriften. Im Jahr 2006 wird dieser Diskriminierungsschutz des § 81 Abs. 2 in das AGG überführt. Es bleibt nur ein allgemeines Diskriminierungsverbot und der Verweis auf das AGG in § 81 Abs. 2 SGB IX.

7 Wesentliche Klärungen der rehabilitationspolitischen Bedeutung der Norm erbrachte die Rechtsprechung des BAG im Jahr 2006: Das Institut der stufenweise Wiedereingliederung (s. Erl. § 81 Rn. 28) wird unter bestimmten Voraussetzungen nun auch unter die Prüf- und Beschäftigungsverpflichtung der Arbeitgeber nach § (81 Abs. 1 Satz 1 und Abs. 4 Satz 1 Nr. 1) gefasst. Damit besteht für schwb Menschen je nach Lage des Einzelfalls ein Anspruch auf Durchführung der stufenweise Wiedereingliederung (§ 74 SGB V, § 28 SGB IX), Voraussetzung ist ein Wiedereingliederungsplan mit Prognose des erreichbaren Erfolges (BAG v. 13. 6. 2006 – 9 AZR 229/ 05 –; *Gagel,* Stufenweise Wiedereingliederung schwerbehinderter Arbeitnehmer, jurisPR-Arb 6/2007 Anm. 1; *Rose/Gilberger,* Wiedereingliederung: Schrankenloser Anspruch schwerbehinderter Menschen, Der Betrieb, 37/2009, 1986).

8 **2. Normzweck und Normadressaten. Abs. 1** legt die Prüf- und Beteiligungspflichten bei der **Besetzung freier Stellen** fest. Die Norm richtet sich an alle Arbeitgeber mit Differenzierung nach der Erfüllung der Beschäftigungspflicht. D. h. das Verfahren nach Abs. 1 Satz 7–9 gilt nur für Arbeitgeber, die ihre Beschäftigungspflicht nicht erfüllen. Dieser verschärft gefassten Pflicht der Arbeitgeber stehen in § 104 Abs. 1 Nr. 1 und 2, Abs. 5 verbesserte Unterstützungs- und Servicepflichten der Bundesagentur für Arbeit gegenüber (s. § 104).

9 **Abs. 2** verbietet die **Diskriminierung** wegen der Behinderung und verweist ansonsten auf das AGG. Nach § 7 AGG gilt der Diskriminierungsschutz für einen deutlich erweiterten Beschäftigtenbegriff (s. Erl. dort). In jedem Falle haben alle Arbeitgeber iSd § 71 SGB IX – unabhängig davon ob sie der Beschäftigungspflicht unterliegen – diesen Diskriminierungsschutz nach AGG zu beachten.

10 **Abs. 3** ist eine pauschale Verpflichtung, durch geeignete Maßnahmen die Erfüllung der Beschäftigungspflicht nach § 71 sicherzustellen, die Norm richtet sich also nur an beschäftigungspflichtige Arbeitgeber.

11 **Abs. 4 und Abs. 5** räumen den schwb Menschen Rechtsansprüche gegenüber ihren Arbeitgebern ein. Die Normen sind damit aber auch konkretisierende Verpflichtung aller Arbeitgeber für verschiedene Felder der Arbeits-

und Betriebsorganisation bzw. konkreter Ausgestaltung des Arbeitseinsatzes schwb Menschen. Die Pflichten und diesbzgl. Rechtsansprüche werden im Abs. **4 Satz 3** bedingt: Ihre Erfüllung muss zumutbar sein, nicht mit **unverhältnismäßigen Aufwendungen** für den Arbeitgeber verbunden sein und es dürfen ihnen keine Rechtsvorschriften entgegenstehen. Der Gesetzgeber verpflichtet in Abs. 4 Satz 2 und Abs. 5 Satz 2 die Bundesagentur für Arbeit und Integrationsämter zur **Unterstützung der Arbeitgeber** bei der Durchführung von Maßnahmen nach Abs. **3 Nr. 1, 4 und 5** (Fähigkeiten und Kenntnisse voll verwerten, behinderungsgerechte Einrichtung und Unterhaltung der Arbeitsstätte, Ausstattung des Arbeitsplatzes mit den erforderlichen Hilfsmitteln) sowie bei der Einrichtung von Teilzeitarbeitsplätzen nach **Abs. 5.**

3. Besetzung freier Stellen (Abs. 1). Die Norm des § 81 Abs. 1 etabliert für die Arbeitgeber **Prüfpflichten und Zusammenarbeitsregelungen** mit den Agenturen für Arbeit und den Integrationsfachdiensten sowie **Beteiligungs- und Erörterungspflichten** mit den betrieblichen Interessenvertretungen und dem schwerbehinderten Bewerber. Dies hat unmittelbare Rechtsfolgen, traditionell im Bereich des Betriebsverfassungsrechts (s.u. Rn 11ff) und seit einigen Jahren noch zusätzlich im Antidiskrimierungsrecht, also über das AGG bzw. zuvor über § 81 Abs. 2 aF. 12

Ein Verstoß gegen diese Rechtspflicht kann von den Betriebsräten oder den Personalräten mit einer Zustimmungsverweigerung zu einer anderweitigen Besetzung ausdrücklich sanktioniert werden. Der hierzu vorliegende BAG-Beschluss aus 1989 (v. 14. 11. 1989 – 1 ABR 88/88 – BAGE 63, 226, br 1990, 111, AP Nr. 77 zu § 99 BetrVG 1972) stellt fest: Unterlässt der Arbeitgeber die nach § 14 Abs. 1 Satz 1 SchwbG (heute § 81 Abs. 1 Satz 1 SGB IX) vorgeschriebene Prüfung, ob ein freier Arbeitsplatz mit bei der Bundesagentur für Arbeit gemeldeten Schwerbehinderten besetzt werden kann, ist dies ein Gesetzesverstoß, der den Betriebsrat berechtigen kann, der beabsichtigten Einstellung eines nicht schwerbehinderten Arbeitnehmers die Zustimmung zu verweigern (§ 99 Abs. 2 Nr. 1 BetrVG) (s.a. Feldes-*Faber* § 81, Rn 21, 25). 13

Auch *Düwell* (LPK – SGB IX § 81 Rn 15) vertritt ausdrücklich diese Auffassung und verweist auf eine weitere gleichgerichtete BAGE aus 1992 (v. 10. 11. 1992 – 1 ABR 21/92 – § 99 BetrVG 1972 Nr. 100). *Feldes ua* (§ 81 Rn 18), *Knittel* (§ 81 Rn 10), Kossens-*Kossens* § 81 Rn 14 und *Schröder* (in Hauck/Noftz § 81 Rn 6) sehen sämtlich bei Verstoß gegen die Prüfpflicht ein Zustimmungsverweigerungsrecht des Betriebs- bzw. Personalrates auf den genannten Rechtsgrundlagen als gegeben an. *Knittel* verweist auf die Grenze des Zustimmungsverweigerungsrechts, das sich nicht auf die Auswahlentscheidung des Arbeitgebers bei vorher einwandfreier Prüfung bezieht (*Knittel* § 81 Rn 30 ff mit Hinweisen auf einschlägige Rechtsprechung). Feldes-*Faber* § 81 Rn 25 sieht unter Bezug auf einer neuen Entscheidung des BAG (BAG – 17. 6. 2008 – 1 ABR 20/07) wonach die Zustimmungsverweigerung im Falle einer innerbetrieblichen Versetzung unbeachtlich sei eine „bedenkliche Verkürzung des Schutzzwecks des § 81 Abs. 1 Satz 1 und 2.“ 14

Die Einstellungsfreiheit des Arbeitgebers im Einzelfall bleibt trotz der engen Regelung des Stellenbesetzungsverfahrens unangetastet (s. *Düwell* in 15

LPK – SGB IX § 81 Rn 13). Es bleibt so auch an dieser Stelle des Schwerbehindertenrechts bei der Hervorhebung der freien Entschließung der Arbeitgeber, die § 101 Abs. 1 formuliert. Es entsteht durch die Norm des § 81 kein individueller Einstellungsanspruch eines schwerbehinderten Bewerbers, zu beachten ist allerdings das Diskriminierungsverbot des Abs. 2 bzw. des AGG; zur Lage im öffentlichen Dienst s. § 82.

16 Die Verpflichtung der Arbeitgeber aus § 81 Abs. 1 bedeutet nach der hier vertretenen Rechtsauffassung auch, dass die Bundesagentur für Arbeit sich auf die Stellenmitteilung eines Arbeitgebers in kurzer Zeit rückäußern muss (s. ausführlich Bihr-*Ritz*, § 81 Rn 13f). Eine Möglichkeit der schnellen Bearbeitung ist die Übermittlung der Stelle im Rahmen der Stellen- und Bewerberbörse unter **www.arbeitsagentur.de.** Dazu wird über die genannte Homepage der Bundesagentur für Arbeit (Suchwort: Jobbörse) der Zugriff auf die Bewerber für die Unternehmen online möglich. In der Datenbank ist ein hoher Anteil der arbeitsuchenden schwerbehinderten Menschen mit personalwirtschaftlich relevanten Daten aufgenommen. Es ist die Suche nur nach sb Bewerbern möglich durch Setzen eines Filters. Der Arbeitgeber kann sich so sehr schnell über die Verfügbarkeit sb Bewerber mit Eignung für die freie Stelle informieren. Die Bewerbsunterlagen können online angefordert werden.

17 Entsprechend dem Wortlaut des Gesetzes ist auch die Zusammenarbeit des Arbeitgebers mit einem Integrationsfachdienst iSd §§ 109ff vorgesehen (s. dort). Die Liste der Integrationsfachdienste findet sich ebenfalls im Internet unter www.bag-ub.de.

18 Die Vorschriften des § 81 Abs. 1 gelten grundsätzlich auch für öffentliche Arbeitgeber iSd § 71 Abs. 2. Allerdings werden die hieraus sich ergebenden Arbeitgeberpflichten durch die Norm des § 82 deutlich ausgeweitet (s. § 82).

19 **4. Benachteiligungsverbot (Abs. 2).** Mit Art. 3 Abs. 10 des Gesetzes zur Umsetzung europäischer Richtlinien zur Verwirklichung des Grundsatzes der Gleichbehandlung vom 14. 8. 2006 (BGBl. I S. 1897, Nr. 39/2006) wurde die heutige Fassung von Abs. eingeführt. Nach Satz 1 muss jede arbeitsrechtliche Vereinbarung oder Maßnahme diskriminierungsfrei gegenüber dem schwerbehinderten Arbeitnehmer sein. Einschlägig sind insbes. §§ 7, 8 AGG sowie zur Entschädigung und Schadensersatz §§ 15, 22. Für den öffentlichen Dienst ist § 24 zu beachten (s. Erl. in diesem Band Teil: AGG).

20 **5. Pflichten der Arbeitgeber nach Abs. 3 und Rechte der schwerbehinderten Menschen (Abs. 4, 5). Abs. 3** betont die besonderen Fürsorgepflichten der Arbeitgeber gegenüber schwb Menschen. Die Vorschrift des Abs. 4, 5 stärken die Individualrechte der schwerbehinderten Menschen und die Rechtsposition gegenüber dem Arbeitgeber, indem konkrete Rechtsansprüche arbeitsgerichtlich einklagbar gestaltet sind.

21 Rechtsprechung zu Abs. 3–5 liegt vor. Hervorzuheben ist ein Urteil des LAG Schleswig-Holstein (vom 8. 6. 2005 – 3 Sa 30/05 –), das feststellt, dass der Arbeitgeber aufgrund seiner gesteigerten Fürsorgepflicht gegenüber dem schwerbehinderten Menschen nach § 81 Abs. 4 Satz 1 Ziff. 1 SGB IX (SGB IX) verpflichtet ist, die dem schwerbehinderten Menschen verbliebenen körperlichen und geistigen Fähigkeiten und damit seine behindertengerechten Einsatzmöglichkeiten feststellen zu lassen, bevor er weiterreichende

personalwirtschaftliche Maßnahmen – insbes. eine behinderungsbedingte Kündigung – vornimmt. Der Arbeitgeber trägt, soweit er sich dabei auf das Fehlen einer behindertengerechten Einsatzmöglichkeit beruft, ohne seiner Feststellungspflicht nachgekommen zu sein, die Darlegungs- und Beweislast über den Umfang der real beim schwerbehinderten Menschen verbliebenen körperlichen und geistigen Fähigkeiten und die sich daraus ergebenden Auswirkungen für eine behindertengerechte Beschäftigung sowie ggf. deren Unzumutbarkeit und Nichterfüllbarkeit. Der Arbeitgeber muss nach dieser Auffassung versuchen, den Anspruch des schwerbehinderten Menschen auf eine behindertengerechte Beschäftigung ggf. auch durch Umorganisation zu erfüllen. Insoweit kann der Arbeitgeber auch verpflichtet sein, durch Umorganisation einen behindertengerechten Arbeitsplatz zu schaffen, an dem der vertragliche Beschäftigungsanspruch erfüllt werden kann (mit BAG vom 29. 1. 1997 – 2 AZR 9/96 – AP Nr. 32 zu § 1 KSchG 1969 Krankheit; LAG Niedersachsen vom 1. 7. 2003 – 13 Sa 1853/02). Wenn klar ist, dass eine sinnvolle Beschäftigung an sich möglich ist, muss der Arbeitgeber konstruktiv und ernsthaft prüfen, ob und wie er ggf. bis zur abschließenden Abklärung der langfristigen Einsatzfähigkeit oder bis zu einer angestrebten Beendigung des Arbeitsverhältnisses unter Einschaltung des Integrationsamtes durch eine Umorganisation zumindest vorübergehend eine behindertengerechte Beschäftigung ermöglicht. Verstößt der Arbeitgeber gegen seine diesbzgl. Feststellungs- und Erkundigungspflicht, und/oder ist er zu keinerlei an sich zumutbaren ggf. nur vorübergehenden Umorganisationsmaßnahmen bereit und schickt statt dessen den schwerbehinderten Menschen, der keinen Annahmeverzug auslösen kann, nach Hause, macht sich der Arbeitgeber ggf. schadensersatzpflichtig. Hintergrund dieser Entscheidung war der Fall eines gleichgestellten Busfahrers, der behinderungsbedingt nicht mehr als Busfahrer, aber als Fahrkartenkontrolleur arbeiten konnte und seine Leistung diesbzgl. anbot. Das Unternehmen hatte ca. 500 Beschäftigte, darunter auch über zehn Arbeitsplätze für Mitarbeiter, die dauerhaft oder vorübergehend aus einer vorherigen Busfahrertätigkeit herauswechseln mussten.

Zutreffend hatte das Arbeitsgericht festgestellt, dass dem Kläger kein Lohnanspruch aus dem Gesichtspunkt des Annahmeverzuges (§§ 615, 296 BGB) zusteht. Voraussetzung für den Annahmeverzug des Arbeitgebers ist, dass der Arbeitnehmer die vertraglich geschuldete Leistung, so wie sie zu bewirken ist (§ 294 BGB), auch tatsächlich anbietet und zur Bewirkung der vertraglich geschuldeten Leistung auch im Stande ist (§ 297 BGB). Nach dem unstreitigen Vorbringen beider Parteien hat der Kläger unter Bezugnahme auf eine ärztliche Bescheinigung gerade nicht die vertraglich geschuldete Leistung als Busfahrer angeboten. Er war als Busfahrer eingestellt, hatte jedoch die Tätigkeit als Fahrscheinprüfer angeboten. Damit hat er den Arbeitgeber nicht in Annahmeverzug versetzt. Wegen der Ablehnung dieser Leistung und Kündigung hat der gleichgestellte Mensch hat jedoch gegenüber dem Arbeitgeber einen Schadensersatzanspruch in Höhe der arbeitsvertraglich geschuldeten Vergütung als Busfahrer abzgl. erhaltenen Arbeitslosengeldes. 22

Nach Auffassung des LAG hatte es der Arbeitgeber schuldhaft versäumt, die Beschäftigung eines schwerbehinderten Menschen nach § 81 Abs. 4 23

Satz 1 Ziff. 1 SGB X zu ermöglichen. Nach Auffassung des Gerichts kam wegen der dem Arbeitnehmer entgangenen Vergütung ein Schadensersatzanspruch unter dem Gesichtspunkt der positiven Forderungsverletzung sowie aus § 823 Abs. 2 BGB iVm § 81 Abs. 4 Satz 1 SGB IX eine Schadensersatzpflicht in Betracht. § 81 Abs. 4 Satz 1 Ziff. 1 SGB IX ist ein Schutzgesetz iSd § 823 Abs. 2 BGB. Daneben konkretisiert die Norm die Fürsorgepflicht des Arbeitgebers gegenüber den schwerbehinderten Menschen (BAG v. 3. 12. 2002 – 9 AZR 462/01 – m. w. N. – zit. nach Juris).

24 Zu § 81 Abs. 4 Satz 1 Ziff. 1 SGB IX führt das LAG aus, dass die schwerbehinderten Menschen gegenüber ihren Arbeitgebern einen Anspruch auf Beschäftigung haben, bei der sie ihre Fähigkeiten und Kenntnisse möglichst voll verwerten und weiterentwickeln können. Diese Vorschrift gibt dem Schwerbehinderten im bestehenden Arbeitsverhältnis einen klagbaren Anspruch darauf, im Rahmen der betrieblichen Möglichkeiten so beschäftigt zu werden, dass er entsprechend seiner Vorbildung und seines Gesundheitszustandes seine Fähigkeiten und Kenntnisse möglichst voll verwerten und weiterentwickeln kann. Diese Norm beinhaltet auch und vor allem eine privatrechtlich gesteigerte Fürsorgepflicht gegenüber dem schwerbehinderten Menschen (BAG v. 10. 7. 1991 – 5 AZR 383/90 = AP Nr. 1 zu § 14 SchwbG 1986 – zu dem wörtlich identischen § 14 Abs. 2 Satz 1 SchwbG aF).

25 Diese gesteigerte Fürsorgepflicht ergibt sich auch aus § 81 Abs. 3 Satz 1 SGB IX. Danach sind die Arbeitgeber verpflichtet, den Betrieb so zu regeln, dass eine möglichst große Anzahl schwerbehinderter Menschen in ihren Betrieben dauernde Beschäftigung finden können. Die Norm begründet im bestehenden Arbeitsverhältnis mit den Schwerbehinderten eine Erweiterung der im Arbeitsverhältnis begründeten Fürsorgepflicht und gewährt dem schwerbehinderten Menschen ebenso wie § 81 Abs. 4 Satz 1 Ziff. 1 SGB IX (vormals § 14 Abs. 2 Satz 1 SchwbG) einen klagbaren Anspruch. Seine Grenzen findet diese Pflicht nach § 81 Abs. 4 Satz 3 SGB IX dort, wo ihre Erfüllung mit unverhältnismäßig hohen Aufwendungen verbunden und daher unzumutbar ist (vgl. BAG v. 10. 7. 1991 – AP Nr. 1 zu § 14 SchwbG 1996).

26 Die gesteigerte Fürsorgepflicht führt dazu, dass der Arbeitgeber auf die körperliche Konstitution des schwerbehinderten Menschen Rücksicht nehmen muss. Dazu gehört es auch, die dem schwerbehinderten Menschen verbliebenen körperlichen und geistigen Fähigkeiten festzustellen (BAG v. 3. 12. 2002 – 9 AZR 462/01 –). Arbeitgeber können sich hierzu gem. § 81 Abs. 4 Satz 2 SGB IX der Unterstützung der Arbeitsämter und der Integrationsämter bedienen. Nach Auffassung des LAG sind sie dazu im Zweifelsfall sogar verpflichtet (LAG Schleswig-Holstein, Urt. v. 8. 6. 2005, Rn 28). Die nach § 81 Abs. 4 Satz 1 Ziff. 1 SGB IX geschuldete besondere Fürsorge verpflichtet den Arbeitgeber, seine Erkenntnismöglichkeiten zu nutzen und insbes. auch mit den schwerbehinderten Menschen dessen Einsatzmöglichkeiten konstruktiv zu erörtern (vgl. BAG v. 3. 12. 2002 – 9 AZR 462/01 zu § 14 Abs. 2 Satz 1 SchwbG aF).

27 Schwerbehinderte Menschen können nach der Vorschrift Abs. 4 Nr. 1 von ihrem Arbeitgeber eine Beschäftigung verlangen, bei der sie ihre Fähigkeiten und Kenntnisse möglichst voll verwerten und weiter entwickeln können. Im

Prinzip wird hier das verlangt, was in der Arbeitswissenschaft meist als persönlichkeitsförderliche Beschäftigung bezeichnet wird. Es geht also nicht darum, für schwerbehinderte Menschen irgendeine Tätigkeit zu finden, vielmehr soll die Tätigkeit den körperlichen und geistigen Fähigkeiten und den persönlichen Neigungen entsprechen. SchbM haben einen einklagbaren privatrechtlichen Anspruch auf eine ihren Kenntnissen und Fähigkeiten angepasste Beschäftigung (st. Rspr. seit BAGE 68, 141 = NZA 1992, 27; DB 1991, 2488; AP Nr. 1 zu § 14 SchwbG; *Knittel* § 81 Rn 21). Die Änderung in der Formulierung des Gesetzestextes, nicht nur Pflichten der Arbeitgeber, sondern Rechtsansprüche schwb Menschen zu formulieren, stellte bereits 2000/2001 insofern die Bestätigung langjähriger Rechtsprechung klar.

Eine wichtige Auslegung des § 81 Abs. 4 Nr. 1 hat das BAG hinsichtlich der stufenweise Wiedereingliederung mit seinem Urt. v. 13. 6. 2006 vorgenommen (so. Rn 7 und die dortigen Zitierungen). *Gagel* bewertet die Entscheidung des BAG vom 13. 8. 2006 – 9 AZR 229/05 – als „bedeutsam“ (Fundstelle s. Rn 7). Das Urteil stellt fest, dass dem schwerbehinderten Kläger aus § 81 Abs. 4 Satz 1 Nr. 1 SGB IX ein Beschäftigungsanspruch zustehen kann und hierunter auch eine stufenweise Wiedereingliederungen fallen kann. Der Begriff „Beschäftigung“ sei weit zu fassen; er setze nicht notwendig die Leistung von Arbeit in einem Arbeitsverhältnis voraus. Vor Inkrafttreten des SGB IX habe zwar weitgehend Einigkeit bestanden, dass stufenweise Wiedereingliederungen für beide Vertragspartner freiwillig seien (BAG, zuletzt Urt. v. 28. 7. 1999 – 4 AZR 192/98 – BAGE 92, 140). Durch die auf alle Träger ausgedehnte Verpflichtung zur Stützung der stufenweise Wiedereingliederung (§ 28 SGB IX) und die Präventionspflichten des Arbeitgebers nach § 84 SGB IX werde aber deutlich, dass eine Mitwirkung des Arbeitgebers an dem Ziel gefordert ist, der Ausgrenzung behinderter Menschen aus dem Arbeitsleben entgegenzuwirken. Bis zu diesem Urteil hat die BAG-Rechtsprechung die Tätigkeit im Rahmen der Wiedereingliederung von arbeitsunfähigen Personen als ein „aliud“ zur Erfüllung der vertraglich geschuldeten Tätigkeit. Der Arbeitnehmer bietet nicht die vertraglich geschuldete Leistung an, sondern eine andere, die dann der Arbeitgeber auch ablehnen konnte. Diese Position wurde vom BAG bis zum zitierten Urt. v. 13. 6. 2006 nicht differenziert nach Behinderung (s. *Rose/Gilberger,* Der Betrieb, 37/2009, 1986). Grundlage der Position war die allseitige Freiwilligkeit der therapeutischen Maßnahme nach § 74 SGB V, auf deren Umsetzung kein Rechtsanspruch besteht (s. *Gagel* aaO; *Rose/Gilberger* aaO). Das BAG knüpft nun mit seiner neuen Sichtweise an die Formulierung des § 81 Abs. 4 Satz 1 SGB IX an, wonach schwb Menschen einen Rechtsanspruch auf Beschäftigung haben, bei der sie ihre Fähigkeiten und Kenntnisse voll verwerten können. Das BAG folgert daraus für schwerbehinderte Menschen, dass sofern es ihnen nicht mehr möglich ist, die vertraglich vereinbarte Tätigkeit auszuüben, sie einen Anspruch auf eine anderweitige Beschäftigung haben (BAG Urt. v. 13. 6. 2006, Rn 23, 24, 25). Dort wird weiter in Rn 28 ausgeführt: „Kann der Schwerbehinderte wegen Art oder Schwere seiner Behinderung (§ 2 Abs. 1 SGB IX) die vertraglich geschuldete Arbeit nicht oder nur noch teilweise leisten, so hat er Anspruch auf entsprechende Vertragsänderung (Senat 28. 4. 1998 – 9 AZR 348/97 – AP SchwbG 1986 § 14 Nr. 2 =

EzA SchwbG § 14 Nr. 5). Da der schwerbehindertenrechtliche Beschäftigungsanspruch unmittelbar bei Vorliegen der gesetzlichen Voraussetzungen entsteht, kann er auch ohne vorherige Vertragsänderung gerichtlich verfolgt werden (Senat 10. 5. 2005 – 9 AZR 230/04 – AP SGB IX § 81 Nr. 8 = EzA SGB IX § 81 Nr. 7, auch zur Veröffentlichung in der Amtlichen Sammlung vorgesehen; vgl. auch BAG 19. 9. 1979 – 4 AZR 887/77 – BAGE 32, 105). Das gilt auch für den Anspruch auf Verringerung der Arbeitszeit nach § 81 Abs. 4 Satz 1 Nr. 1 iVm Abs. 5 Satz 3 SGB IX; der Arbeitgeber muss nicht vorab auf Zustimmung verklagt werden (Senat 14. 10. 2003 – 9 AZR 100/03 – BAGE 108, 77). Anknüpfungspunkt für die Beschäftigungspflicht sind stets die Fähigkeiten und Kenntnisse des schwerbehinderten Menschen (so auch *Kohte* in jurisPR-ArbR 21/2006 Anm. Nr. 4). Sie soll dem schwerbehinderten Menschen eine Betätigung ermöglichen, auch wenn sie hinter den vertraglichen Festlegungen quantitativ oder qualitativ zurückbleibt.“

29 Entsprechend dem Beschäftigungsziel der Nr. 1 wird konsequent in **Nr. 2** und auch **Nr. 3** ein besonderer, bevorzugter Anspruch schwb Menschen bei der Berücksichtigung in **innerbetrieblichen Fortbildungsmaßnahmen** etabliert. Der gesetzliche Begriff der Maßnahmen der beruflichen Bildung ist nach einhelliger Auffassung der Kommentarliteratur weit zu fassen. Schwerbehinderte Menschen haben in zumutbarem Umfang auch Anspruch auf Erleichterungen zur Teilnahme an **außerbetrieblichen Maßnahmen** der beruflichen Bildung, die vom Betrieb veranlasst oder finanziert werden. Dies gilt auch gegenüber Klein- und Mittelbetrieben, die selbst keine innerbetrieblichen Bildungsmaßnahmen durchführen. Die Zumutbarkeitsbegrenzung des Abs. 4 Satz 3 gilt auch hier. Obwohl Abs. 4 Satz 3 nicht auf Nr. 3 verweist, bestehen im Rahmen der SchwbAV Möglichkeiten, inner- und außerbetriebliche Berufsbildungsmaßnahmen auf Grundlage des § 24 SchwbAV zu fördern. In Betracht kommen Leistungen des Integrationsamtes allerdings nur dann, wenn es sich nicht um Rehabilitationsmaßnahmen in der Zuständigkeit eines Rehabilitationsträgers handelt.

30 In Nr. 4 wird in Form individueller Rechte festgelegt, dass schwerbehinderte Menschen umfassende Rechte auf die **behinderungsgerechte Gestaltung ihres Arbeitsumfeldes,** der Arbeitsorganisation und der Arbeitszeit haben (zur Arbeitszeit s. a. § 124). Damit sind die Arbeitgeber verpflichtet, die räumlichen, sächlichen, technischen und organisatorischen Voraussetzungen für eine dauerhafte Beschäftigungsmöglichkeit schwb Menschen zu schaffen. Die Zumutbarkeitsbegrenzung des Abs. 4 Satz 2 und die Hilfsverpflichtung des Satz 3 gelten ebenfalls. Die Hilfe des Integrationsamtes umfasst hier auch umfängliche Beratungen. Im Übrigen kann sich jeder Arbeitgeber mit anderen Beratungsangeboten für besonders wichtige Bereiche sachkundig machen. Es wird hier auf die Datenbanken von www.rehadat.de verwiesen. Wenn die Informationen dort nicht ausreichen, um in komplexen Situationen handlungsfähig zu werden, so werden sie doch den Fachleuten der Arbeitsvorbereitung in den Betrieben eine Vielzahl von Anregungen geben können. Bei spezifischen Behinderungen, zB Anfallskranken, Gehörlosen, Blinden und Sehbehinderten, sind teilweise umfängliche Arbeitsgestaltungsmaßnahmen notwendig. Hinsichtlich der finanziellen Fördermöglichkeiten wird auf die Ausführungen bei § 79 Rn 15ff verwiesen. Auch die

behinderungsgerechte Gestaltung der Pausen- und Erholungsräume sowie der Sanitärbereiche gehört zu den Pflichten der Arbeitgeber gem. dieser Norm.

Als technische Arbeitshilfen iSd Norm kommen zum Beispiel einfache Stehhilfen für Geh- und Stehbehinderung in Betracht, aber auch Hebehilfen für Rückengeschädigte oder Lesehilfen für stark Sehbehinderte (vgl. *Knittel* aaO Rn 26; *Feldes ua.* aaO Rn 48, 49). Rein technisch ist die Unterscheidung zwischen Hilfsmittel und Arbeitsplatzgestaltung oft gestaltbar. Fördertechnisch ergeht die Förderung für die Gestaltung des Arbeitsplatzes immer auf Rechtsgrundlage von § 26 SchwbAV als Leistung an den Arbeitgeber, die Förderung für die Arbeitshilfe kann auf gleicher Rechtsgrundlage an den Arbeitgeber erfolgen oder auf Rechtsgrundlage von § 19 SchwbAV an den schwerbehinderten Menschen. Auch hier sind die vorrangigen Leistungen der Rehaträger zu beachten (s. Erl. § 33, § 102). 31

Entsprechend Satz 2 und Satz 3 steht die Verpflichtung der Arbeitgeber unter Vorbehalt und Unterstützungsanspruch gegenüber Integrationsamt und Bundesagentur für Arbeit. 32

Die Norm des Abs. 4 Satz 3 – obwohl entstehungsgeschichtlich schon viel älter – wird heute auch getragen von Art. 7 der einschlägigen EU-Richtlinie, wonach positive und spezifische Maßnahmen zulässig sind. Dort heißt es: „Der Gleichbehandlungsgrundsatz hindert die Mitgliedstaaten nicht daran, zur Gewährleistung der völligen Gleichstellung im Berufsleben spezifische Maßnahmen beizubehalten oder einzuführen, mit denen Benachteiligungen wegen eines in Artikel 1 genannten Diskriminierungsgrunds verhindert oder ausgeglichen werden. Im Falle von Menschen mit Behinderung steht der Gleichbehandlungsgrundsatz weder dem Recht der Mitgliedstaaten entgegen, Bestimmungen zum Schutz der Gesundheit und der Sicherheit am Arbeitsplatz beizubehalten oder zu erlassen, noch steht er Maßnahmen entgegen, mit denen Bestimmungen oder Vorkehrungen eingeführt oder beibehalten werden sollen, die einer Eingliederung von Menschen mit Behinderung in die Arbeitswelt dienen oder diese Eingliederung fördern" (s. RL 2000/78/EG des Rates v. 27. 11. 2000 zur Festlegung eines allgemeinen Rahmens für die Verwirklichung der Gleichbehandlung in Beschäftigung und Beruf, ABl EG Nr. L 303 v. 2. 12. 2000).

Die Teilzeitbeschäftigung und deren Förderpflicht durch den Arbeitgeber sind im Rahmen von § 1 – Förderung von Selbstbestimmung und gleichberechtigte Teilhabe am Leben in der Gemeinschaft und hier im Arbeitsleben – zu sehen. Die Förderpflicht des Arbeitgebers soll also nicht die schwerbehinderten Arbeitnehmer auf Teilzeitarbeitsplätze abdrängen, sondern ein zusätzliches Angebot für diejenigen sein, die Teilzeitarbeitsplätze bevorzugen. Die Motivation der betroffenen schwerbehinderten Arbeitnehmer kann sich dabei sowohl – wie auch bei allen anderen nicht behinderten Arbeitnehmern – aus der persönlichen Lebensgestaltung speisen als auch aus Gründen der spezifischen Behinderung. Die Teilzeitarbeit auf dieser Anspruchsgrundlage muss aber stets aus Gründen der Behinderung geboten sein. Die Förderung von Teilzeitarbeitsplätzen durch das Integrationsamt kann erfolgen gem. § 15 Abs. 3 SchwbAV und § 26 SchwbAV, sie wird insbes. durch finanzielle Beihilfe gewährleistet. 33

34 S 3 gibt den Schwerbehinderten einen Anspruch auf Teilzeitarbeit, wenn die kürzere Arbeitszeit wegen Art oder Schwere der Behinderung notwendig ist. Anders als im TzBfG gilt hier keine betriebliche Mindestgröße. Anspruchsvoraussetzung ist, dass die kürzere Arbeitszeit aufgrund der Behinderung notwendig und für den Arbeitgeber nicht unzumutbar ist. Die Nachweispflicht hierzu liegt beim schwerbehinderten Menschen und kann zB durch ärztliches Attest erfolgen. Formvorschriften für die Nachweisführung bestehen nicht. Falls ein schwerbehinderter Mensch gem. § 43 Abs. 1 SGB VI eine Rente wegen teilweiser Erwerbsminderung erhält, so kann die Bewilligung dieser Rente als Nachweis für die Notwendigkeit der Teilzeit wegen Art und Schwere der Behinderung iSd Abs. 5 angesehen werden. Dies ergibt sich aus der gesetzlichen Definition des SGB VI. Teilweise erwerbsgemindert sind demnach Versicherte, die wegen Krankheit oder Behinderung auf nicht absehbare Zeit unter den üblichen Bedingungen des allgemeinen Arbeitsmarktes mindestens drei und höchstens unter sechs Stunden täglich erwerbstätig sein können. Tarifliche Sonderregelungen in diesem Fall sind zu beachten.

35 Gegenüber der Regelung des § 8 des Teilzeit- und Befristungsgesetzes besteht der Vorteil der Regelung des Abs. 5 für den schwerbehinderten Menschen darin, dass die Ablehnungsgründe des Arbeitgebers enger gefasst sind.

36 Abs. 5 ist insoweit eine besondere gesetzliche Regelung, die nach § 23 Teilzeit- und Befristungsgesetz dem allgemeinen Arbeitsrecht vorgeht. Allerdings kann ein schwerbehinderter Arbeitnehmer, der seine Arbeitszeit bereits nach § 81 Abs. 5 Satz 3 SGB IX verringert hat, eine zusätzliche Reduzierung auf der Basis des § 8 Teilzeit- und Befristungsgesetz auch vor Ablauf der 2-Jahresfrist des § 8 Abs. 6 Teilzeit- und Befristungsgesetzes verlangen.

37 Im SGB IX finden sich keine ausdrücklichen Regelungen, wie eine evtl. **Erhöhung der Arbeitszeit** bei Wegfall der behinderungsbedingten Teilzeitgründe vonstatten geht. Solche Falllagen sind bei bestimmten Behinderungen allerdings regelmäßig zu erwarten – zB bei Krebserkrankungen oder postoperativen Zuständen nach Ablauf der sogenannten Heilungsbewährung. Es sind zunächst einmal evtl. im Einzelfall bestehende einschlägige tarifliche Regelungen und die Regelungen des § 9 Teilzeit- und Befristungsgesetzes anwendbar. § 9 TzBfG legt fest, dass der Arbeitgeber einen teilzeitbeschäftigten Arbeitnehmer, der ihm den Wunsch nach einer Verlängerung seiner vertraglich vereinbarten Arbeitszeit angezeigt hat, bei der Besetzung eines entsprechenden freien Arbeitsplatzes bei gleicher Eignung bevorzugt zu berücksichtigen hat, es sei denn, dass dringende betriebliche Gründe oder Arbeitszeitwünsche anderer teilzeitbeschäftigter Arbeitnehmer entgegenstehen. Im Übrigen ist bei schwerbehinderten Menschen auch die Regelung des § 81 Abs. 1 bei derartigen Verfahren wirksam. Es ist arbeitsrechtlich auch ohne weiteres zulässig, die Arbeitszeitreduktion befristet zu vereinbaren und so nach Ablauf dieser vereinbarten Frist wieder auf Vollzeit zurückzukehren.

38 Auf die mögliche Beziehung zwischen der Teilzeitregelung des § 81 Abs. 5 SGB IX und der Norm des § 42 SGB VI, insbes. des Abs. 3, im Einzelfall ist hinzuweisen. Nach dieser rentenrechtlichen Vorschrift können Versicherte

eine Rente wegen Alters auch als Teilrente in Anspruch nehmen. Die Teilrente beträgt wahlweise ein Drittel, die Hälfte oder zwei Drittel der erreichten Vollrente. Versicherte, die wegen der beabsichtigten Inanspruchnahme einer Teilrente ihre Arbeitsleistung einschränken wollen, können von ihrem Arbeitgeber verlangen, dass er mit ihnen die Möglichkeiten einer solchen Einschränkung erörtert. Macht der Versicherte hierzu für seinen Arbeitsbereich Vorschläge, hat der Arbeitgeber zu diesen Vorschlägen Stellung zu nehmen. Entsprechend § 95 Abs. 2 ist hierbei die Schwerbehindertenvertretung zu beteiligen. Es sind ohne weiteres Fallkonstellationen vorstellbar, wo ein 60 jähriger schwerbehinderter Mensch – der die Anwartschaften für die Altersrente als schwerbehinderter Mensch gem. § 37 SGB VI erfüllt – diese Rente nur als Teilrente bezieht und teilzeitlich weiterarbeitet. Es ist im Einzelfall durchaus möglich, dass gerade bei diesen älteren schwerbehinderten Menschen die Teilzeit wegen der Art und Schwere der Behinderung notwendig ist, und somit die Reduktion der Arbeitszeit auf Grundlage des Abs. 5 beim Arbeitgeber begehrt wird.

6. Geltung für Beamte, Richter und Soldaten. Entsprechend der Norm 39
des § 123 Abs. 1 und 3 gelten die Grundsätze des § 81 auch für Beamte und Richter. Im Übrigen wird auf die Sondernorm des § 82 verwiesen, die Arbeitgeberpflichten nach § 81 Abs. 1 noch deutlich ausbaut (s. § 82). Die besondere beamtenrechtliche Fürsorgepflicht der Dienstherren führt in einem Teil der Fälle der Anwendung des § 81 Abs. 4 Satz 3 möglicherweise zu höheren Anforderungen an den Dienstherren als bei sonstigen Arbeitgebern. Für schwerbehinderte Soldaten regelt die Norm des § 123 Abs. 4 die persönliche Rechtsstellung. Die Rechte nach § 81 Abs. 4 und 5 sind in den dortigen Katalog nicht aufgenommen.

7. Rechtsweg für Ansprüche aus Abs. 4 und 5. Rechtsansprüche aus § 81 40
Abs. 4 und 5 können jederzeit vom schwerbehinderten Menschen aus seinem Arbeitsverhältnis heraus geltend gemacht werden. Im Klagefall ist das Arbeitsgericht zuständig. Im Rahmen innerbetrieblicher Auseinandersetzung kann sich der schwerbehinderte Mensch an die Schwerbehindertenvertretung, den Arbeitgeberbeauftragten, den Betriebs- oder Personalrat und auch an das Integrationsamt wenden, das beratend, vermittelnd und gegebenenfalls auf Antrag auch finanziell fördernd tätig werden kann. Hinsichtlich der Unzumutbarkeit einer verlangten Maßnahme nach Abs. 4 oder 5 liegt die Beweislast beim Arbeitgeber (s.a. LAG Schleswig-Holstein Urt. vom 8. 6. 2005 – 3 Sa 30/05 –). Bei Anträgen auf Teilzeit nach Abs. 5 hat der schwerbehinderte Mensch die notwendigen Nachweise zu erbringen (s. *Schröder* in Hauck/Noftz § 81 Rn 48). Wegen Rechtsstreitigkeiten nach Abs. 2 s. a. Erl. zum AGG in diesem Band, insbes. zu §§ 7, 15, 22, 24 AGG.

§ 82 Besondere Pflichten der öffentlichen Arbeitgeber

[1]Die Dienststellen der öffentlichen Arbeitgeber melden den Agenturen für Arbeit frühzeitig frei werdende und neu zu besetzende sowie neue Arbeitsplätze (§ 73). [2]Haben schwerbehinderte Menschen sich um einen solchen Arbeitsplatz beworben oder sind sie von der Bundesagentur für

Arbeit oder einem von dieser beauftragten Integrationsfachdienst vorgeschlagen worden, werden sie zu einem Vorstellungsgespräch eingeladen. [3]Eine Einladung ist entbehrlich, wenn die fachliche Eignung offensichtlich fehlt. [4]Einer Integrationsvereinbarung nach § 83 bedarf es nicht, wenn für die Dienststellen dem § 83 entsprechende Regelungen bereits bestehen und durchgeführt werden.

1 **1. Sozialpolitischer Hintergrund und geltende Fassung.** Die Regelung hebt die Vorbildfunktion der öffentlichen Arbeitgeber hervor. Sie erhielt ihre jetzige Form mit dem SGB IX. Sie geht zurück auf eine analoge Regelung ausschließlich für die Arbeitgeber des Bundes in § 14a SchwbG (s. zum Reformpaket des Jahres 2000 Erl. § 83 Rn 1–3). Mit dem SGB IX wurden alle öffentlichen Arbeitgeber gem. § 71 Abs. 3 in die Verpflichtung einbezogen, frei werdende und neu zu besetzende sowie neue Arbeitsplätze den Agenturen für Arbeit frühzeitig zu melden und alle nicht offensichtlich ungeeigneten schwerbehinderten Bewerberinnen und Bewerber zum Vorstellungsgespräch einzuladen.

2 **2. Normzweck und Normzusammenhang.** § 82 sieht zusätzliche besondere Pflichten für alle öffentlichen Arbeitgeber iSd § 71 Abs. 3 bei der Neubesetzung von Arbeitsplätzen vor, insbes. etabliert sie einen Bewerbungsverfahrensanspruch (BAG vom 21. 7. 2009, Rn 42) schwb Menschen. Die Norm muss heute auch im Kontext von Art. 27 BRK (Arbeit und Beschäftigung) gesehen und verstanden werden, was aber eher zu keiner sachlichen Neuinterpretation führen wird, sondern die bisherige Sicht lediglich stützen dürfte. Die BRK bezieht sich aber ausdrücklich auch auf den Zugang zu Beschäftigung (Art. 27 Abs. 1 Buchst a) und die Beschäftigung im öffentlichen Sektor (Art. 27 Abs. 1 Buchst g). Die Norm steht damit hinsichtlich der Zielsetzung der Übergangsvorschrift des § 159 Abs. 1 SGB IX nahe. Die Vorschrift des § 82 trifft **uneingeschränkt alle öffentlichen Arbeitgeber,** unabhängig von der Rechtsform. Diese haben in Erweiterung der allgemeinen Arbeitgeberpflichten der §§ 80 und 81 frühzeitig freiwerdende und neu zu besetzende sowie neue Arbeitsplätze den Agenturen für Arbeit zu melden. Darüber hinaus sind die schwerbehinderten Bewerber zu einem Vorstellungsgespräch einzuladen, wenn sie nicht offensichtlich für die zu besetzende Stelle fachlich ungeeignet sind.

3 **3. Inhalt der Vorschrift.** Es wird zu Grunde gelegt der Begriff des öffentlichen Arbeitgebers, den § 71 Abs. 3 detailliert und abschließend definiert. Durch Nr. 4 der Vorschrift werden auch alle Körperschaften, Anstalten oder Stiftungen des öffentlichen Rechts erfasst. Die Norm ist damit idR auch auf Kirchen, Kammern, Sozialversicherungen, Innungen und Betriebe nach BHO/LHO ua. anzuwenden (vgl. § 71 Rn 9).

4 Die Formulierung des § 82 korrespondiert inhaltlich mit der für alle Arbeitgeber geltenden Vorschrift des § 81 Abs. 1, ist aber konkreter und damit weitergehend. Während der § 81 Abs. 1 jeden Arbeitgeber verpflichtet zu prüfen, ob freie Arbeitsplätze mit schwerbehinderten Menschen, insbes. mit bei der Agentur für Arbeit arbeitslos oder Arbeit suchend gemeldeten schwerbehinderten Menschen besetzt werden können, verlangt § 82 von den öffentlichen Arbeitgebern, dass sie in jedem Falle alle frei werdenden und

neu zu besetzenden sowie neuen Arbeitsplätze frühzeitig der Agentur für Arbeit melden. Diese Formulierung lässt dem öffentlichen Arbeitgebern grundsätzlich kein Ermessen bei der Vorabprüfung, ob eine Stelle mit schwerbehinderten Menschen besetzt werden kann. Die Formulierung des § 81 „frühzeitige Verbindung mit der Agentur für Arbeit" wird im § 82 zusätzlich präzisiert durch die technischere und konkretere Formulierung der frühzeitigen Meldung der Stelle an die Agentur für Arbeit. Dies heißt idR, dass mindestens der Text der Ausschreibung der Agentur für Arbeit frühzeitig zu übermitteln ist.

Der Begriff der frei werdenden und neu zu besetzenden sowie neuen Arbeitsplätze bezieht sich im Gesetzeswortlaut hinsichtlich des **Begriffs des Arbeitsplatzes** auf § 73 SGB IX. Somit sind von dem im § 82 verlangten Verfahren Arbeits- und Ausbildungsplätze iSd § 73 Abs. 1 gemeint. Arbeitsplätze sind danach alle Stellen, auf denen Arbeitnehmer und Arbeitnehmerinnen, Beamte und Beamtinnen, Richter und Richterinnen sowie Auszubildende und andere zu ihrer beruflichen Bildung Eingestellte beschäftigt werden. Die in den Abs. 2 und 3 genannten Stellen und Beschäftigungsverhältnisse sind nach dem Verständnis des SGB IX keine Arbeitsplätze iSd Gesetzes. Zu klären ist zudem die **Begriffsdefinition „frei werdend", „neu zu besetzen"** sowie **„neu" iSd Vorschrift.** „Freiwerdend" und „neu zu besetzen" muss im Wortsinn verstanden werden, dh jeder Wechsel des Stelleninhabers erfüllt dem Begriff nach die Voraussetzung für das Verfahren nach § 82. Dies gilt genauso für „neue" und damit erstmals zu besetzende Stellen (s.a. *Kossens-Kossens,* § 82 Rn 2 mHa *Gagel* Diskussionsforum B, Beitrag 12/2008, **www.iqpr.de** bzw. seit 2010 www.reha-recht.de und die aA LAG Saarbrücken v. 13. 2. 2008, 1TaBV 15/07, Meldepflicht nur bei externer Ausschreibung). Auch im Kontext des § 81 Abs. 1 wird diese Auffassung vertreten, obwohl an und für sich auch in der Praxis des öffentlichen Dienstes eben gerade oft anders gelebt wird. In einem Beschluss des LAG Köln vom 14. 11. 2007 – 7 TaBV 50/07 – heißt es: „Ein freier Arbeitsplatz iSd § 81 Abs. 1 Satz 1 SGB IX liegt dann nicht vor, wenn der zu besetzende Tätigkeitsposten aus einem beim Arbeitgeber bestehenden Personalüberhang heraus besetzt werden kann und soll und eine Besetzung der freien Stelle durch einen Bewerber des allgemeinen Arbeitsmarktes von vorneherein nicht in Betracht kommt." 5

4. Bewerbervorschlag der Agentur für Arbeit oder eines beauftragten Integrationsfachdienstes. Die Bundesagentur für Arbeit ist nach § 104 Abs. 5 verpflichtet, durch die eigene Vermittlung und/oder einen Integrationsfachdienst dem Arbeitgeber zur Besetzung von Arbeitsplätzen geeignete arbeitslose oder Arbeit suchende schwerbehinderte Menschen unter Darlegung der Leistungsfähigkeit und der Auswirkungen der jeweiligen Behinderung auf die angebotene Stelle vorzuschlagen (vgl. auch § 81 Abs. 1). Die personenbezogenen Fördermöglichkeiten sind aufzuzeigen, so weit wie möglich und erforderlich auch die entsprechenden Hilfen der Rehabilitationsträger und der begleitenden Hilfe im Arbeitsleben durch die Integrationsämter. 6

5. Einladung zum Vorstellungsgespräch (Satz 2 u. 3). In deutlicher Weiterung der Vorschrift des § 81 Abs. 1 Satz 2 werden alle schwerbehinderten 7

Bewerber bei öffentlichen Arbeitgebern zum Vorstellungsgespräch eingeladen, sofern sie nicht offensichtlich fachlich ungeeignet sind. Allerdings führt auch die schuldhafte Verletzung der Pflichten nach § 82 nicht zu einem Einstellungsanspruch des schwerbehinderten Menschen. Rechtsprechung (BAG Urt. v. 21. 7. 2009 – 9 AZR 431/08 –) stellt die Saktionierung auf Grundlage § 15 Abs. 2 AGG klar. Dabei führt das BAG aus: Zur Erhöhung seiner Chancen im Auswahlverfahren ist ein schwerbehinderter Bewerber nach § 82 Satz 2 SGB IX von einem öffentlichen Arbeitgeber regelmäßig zu einem Vorstellungsgespräch einzuladen. Diese Pflicht besteht nach § 82 Satz 3 SGB IX nur dann nicht, wenn dem schwerbehinderten Menschen die fachliche Eignung offensichtlich fehlt. Ein schwerbehinderter Bewerber muss nach diesem BAG-Urteil bei einem öffentlichen Arbeitgeber die Chance eines Vorstellungsgesprächs auch bekommen, wenn seine fachliche Eignung zweifelhaft, aber nicht offensichtlich ausgeschlossen ist. Selbst wenn sich der öffentliche Arbeitgeber aufgrund der Bewerbungsunterlagen schon die Meinung gebildet hat, ein oder mehrere andere Bewerber seien so gut geeignet, dass der schwerbehinderte Bewerber nicht mehr in die nähere Auswahl komme, muss er den schwerbehinderten Bewerber nach dem Gesetzesziel einladen. Der schwerbehinderte Bewerber soll den öffentlichen Arbeitgeber im Vorstellungsgespräch von seiner Eignung überzeugen können. Wird ihm diese Möglichkeit genommen, liegt darin eine weniger günstige Behandlung, als sie das Gesetz zur Herstellung gleicher Bewerbungschancen gegenüber anderen Bewerbern für erforderlich hält (BAG vom 27. 7. 09, Rn 42). Der Ausschluss aus dem weiteren Bewerbungsverfahren ist eine Benachteiligung, die in einem ursächlichen Zusammenhang mit der Behinderung steht (BAG vom 16. 9. 2008 – 9 AZR 791/07 – Rn 44, AP SGB IX § 81 Nr. 15 = EzA SGB IX § 81 Nr. 17; BAG vom 12. 9. 2006 – 9 AZR 807/05 – Rn 24, BAGE 119, 262). Das BAG wertet in seinem Urt. diesen Ausschluss als unmittelbare Benachteiligung des schwerbehinderten Menschen iSv § 3 Abs. 1 Satz 1 AGG.

8 Ob die fachliche Eignung offensichtlich fehlt, ist nach dem gleichen Urteil vom 21. 7. 2009 an dem vom öffentlichen Arbeitgeber mit der Stellenausschreibung bekannt gemachten Anforderungsprofil zu messen.

9 Die notwendige fachliche Eignung beurteilt sich nach den Ausbildungs- oder Prüfungsvoraussetzungen für die zu besetzende Stelle und den einzelnen Aufgabengebieten (BAG v. 16. 9. 2008 – 9 AZR 791/07 – Rn 45 und 48, AP SGB IX § 81 Nr. 15 = EzA SGB IX § 81 Nr. 17; BAG vom 12. 9. 2006 – 9 AZR 807/05 – Rn 25, BAGE 119, 262). Diese Erfordernisse werden von den in der Stellenausschreibung geforderten Qualifikationsmerkmalen konkretisiert. Nach Art. 33 Abs. 2 GG hat jeder Deutsche nach seiner Eignung, Befähigung und fachlichen Leistung gleichen Zugang zu jedem öffentlichen Amt. Durch die Bestimmung des Anforderungsprofils für einen Dienstposten legt der Dienstherr die Kriterien für die Auswahl der Bewerber fest (vgl. BAG v. 12. 9. 2006 – 9 AZR 807/05 – Rn 32 f). Das Anforderungsprofil muss die objektiven Anforderungen der Stelle abbilden. Die Ausschreibung dient der Absicherung des Bewerbungsverfahrensanspruchs potenzieller Bewerber. Für das Auswahlverfahren bleibt die Dienstpostenbeschreibung verbindlich. Die Funktionsbeschreibung des Dienstpostens bestimmt objektiv

die Kriterien, die der Inhaber erfüllen muss (BAG v. 15. 3. 2005 – 9 AZR 142/04 – zu III 2b aa der Gründe, BAGE 114, 80).

Beweist ein schwerbehinderter Beschäftigter oder Bewerber Indizien, die eine Benachteiligung wegen seiner Behinderung vermuten lassen, trägt der Arbeitgeber nach § 22 AGG die Beweislast dafür, dass kein Verstoß gegen die Bestimmungen zum Schutz vor Benachteiligungen vorliegt. Entsprechendes gilt für unstreitige Hilfstatsachen. Die Vermutung eines Verstoßes gegen das Verbot der Benachteiligung schwb Menschen aus § 81 Abs. 2 Satz 1 SGB IX leitet sich aus der Hilfstatsache der unterbliebenen Einladung zum Vorstellungsgespräch entgegen § 82 Satz 2 SGB IX ab (BAG v. 21. 7. 09, Rn 33). 10

Der Entschädigungsanspruch setzt einen Verstoß gegen das in § 81 Abs. 2 Satz 1 SGB IX geregelte Verbot der Benachteiligung schwerbehinderter Beschäftigter voraus. Die Behinderung muss (mit-)ursächlich für die benachteiligende Handlung sein. Das ist immer dann ausgeschlossen, wenn der Arbeitgeber beweist, dass ausschließlich andere Gründe erheblich waren. Diesen Beweis kann er auch mit solchen Gründen führen, die die Benachteiligung nicht ohne weiteres objektiv sachlich rechtfertigen (BAG v. 21. 7. 09, Rn 38). 11

Die Bestimmungen in § 81 Abs. 2 Satz 1, § 82 Satz 2 SGB IX iVm § 15 Ab Abs. 2 AGG schützen das Recht des Bewerbers auf ein diskriminierungsfreies Bewerbungsverfahren (vgl. BAG vom 3. 4. 2007 – 9 AZR 823/06 = BAGE 122, 54). Im BAG – Urt. v. 21. 7. 2009 findet sich dazu in Rn 42 folgende Ausführung: Die bessere Eignung von Mitbewerbern schließt eine Benachteiligung nicht aus. Das folgt schon aus § 15 Abs. 2 Satz 2 AGG. Danach ist selbst dann eine Entschädigung zu leisten, wenn der schwerbehinderte Bewerber auch bei benachteiligungsfreier Auswahl nicht eingestellt worden wäre. Daran zeigt sich, dass die Bestimmungen in § 81 Abs. 2 Satz 1, § 82 Satz 2 SGB IX iVm § 15 Abs. 2 AGG das Recht des Bewerbers auf ein diskriminierungsfreies Bewerbungsverfahren schützen (vgl. BAG vom 3. 4. 2007 – 9 AZR 823/06 – Rn 33, BAGE 122, 54). Unter das Benachteiligungsverbot fallen auch Verfahrenshandlungen. Sind die Chancen eines Bewerbers bereits durch ein diskriminierendes Verfahren beeinträchtigt worden, kommt es nicht mehr darauf an, ob die (Schwer-)Behinderung bei der abschließenden Einstellungsentscheidung noch eine nachweisbare Rolle gespielt hat. Für den Bewerbungsverfahrensanspruch gelten deshalb andere Kriterien als für die Bestenauslese nach Art. 33 Abs. 2 GG. 12

6. Entbehrlichkeit einer Integrationsvereinbarung (Satz 4). Bei öffentlichen Arbeitgebern kann die förmliche Integrationsvereinbarung (§ 83) entfallen, wenn entsprechende Regelungen bereits bestehen und durchgeführt werden. Derartige Regelungen können zB Fürsorgeerlasse oder Betriebsvereinbarungen sein. Damit eine Integrationsvereinbarung entbehrlich wird, müsste eine derartige Regelung allerdings tatsächlich die mit dem SGB IX geschaffene Rechtslage ausreichend berücksichtigen. 13

§ 83 Integrationsvereinbarung

(1) [1] **Die Arbeitgeber treffen mit der Schwerbehindertenvertretung und den in § 93 genannten Vertretungen in Zusammenarbeit mit dem Beauf-**

tragten des Arbeitgebers (§ 98) eine verbindliche Integrationsvereinbarung. [2] Auf Antrag der Schwerbehindertenvertretung wird unter Beteiligung der in § 93 genannten Vertretungen hierüber verhandelt. [3] Ist eine Schwerbehindertenvertretung nicht vorhanden, steht das Antragsrecht den in § 93 genannten Vertretungen zu. [4] Der Arbeitgeber oder die Schwerbehindertenvertretung können das Integrationsamt einladen, sich an den Verhandlungen über die Integrationsvereinbarung zu beteiligen. [5] Der Agentur für Arbeit und dem Integrationsamt, die für den Sitz des Arbeitgebers zuständig sind, wird die Vereinbarung übermittelt.

(2) [1] Die Vereinbarung enthält Regelungen im Zusammenhang mit der Eingliederung schwerbehinderter Menschen, insbes. zur Personalplanung, Arbeitsplatzgestaltung, Gestaltung des Arbeitsumfelds, Arbeitsorganisation, Arbeitszeit sowie Regelungen über die Durchführung in den Betrieben und Dienststellen. [2] Bei der Personalplanung werden besondere Regelungen zur Beschäftigung eines angemessenen Anteils von schwerbehinderten Frauen vorgesehen.

(2a) In der Vereinbarung können insbes. auch Regelungen getroffen werden

1. zur angemessenen Berücksichtigung schwerbehinderter Menschen bei der Besetzung freier, frei werdender oder neuer Stellen,
2. zu einer anzustrebenden Beschäftigungsquote, einschließlich eines angemessenen Anteils schwerbehinderter Frauen,
3. zu Teilzeitarbeit,
4. zur Ausbildung behinderter Jugendlicher,
5. zur Durchführung der betrieblichen Prävention (betriebliches Eingliederungsmanagement) und zur Gesundheitsförderung,
6. über die Hinzuziehung des Werks- oder Betriebsarztes auch für Beratungen über Leistungen zur Teilhabe sowie über besondere Hilfen im Arbeitsleben.

(3) In den Versammlungen schwerbehinderter Menschen berichtet der Arbeitgeber über alle Angelegenheiten im Zusammenhang mit der Eingliederung schwerbehinderter Menschen.

1 **1. Sozialpolitischer Hintergrund und geltende Fassung.** Die Integrationsvereinbarung ist eines der neueren Instrumente zur Förderung der betrieblichen Eingliederung schwerbehinderter Menschen. Die Integrationsvereinbarung wurde eingeführt mit § 14b SchwbG durch das am 1. 10. 2000 in Kraft getretene Gesetz zur Bekämpfung der Arbeitslosigkeit Schwerbehinderter (SchwbBAG) vom 29. 9. 2000 (BGBl. I S. 1349ff). Die Regelung gehört somit zu dem Reformpaket des Jahres 2000, mit dem das SchwbG novelliert wurde um dann im Jahr 2001 als Teil 2 des SGB IX übernommen zu werden. Mit der Schaffung des SGB IX wurden Änderungen hinsichtlich der deutlicheren Formulierung der Rolle des Integrationsamtes vorgenommen. Bereits die Regierungsbegründung des SchwbBAG-Gesetzentwurfs (BT-Drucks. 14/3372 vom 16. 5. 2000) formuliert die Erwartung, dass die Weiterleitung der Vereinbarungen an die Agentur für Arbeit dort Hinweise für gezielte Vermittlungs- und Unterstützungstätigkeit erschließen würde.

Ergänzend wird die Integrationsvereinbarung auch dem Integrationsamt zugeleitet (Abs. 1 Satz 5). Abs. 2a wurde eingefügt durch das Gesetz zur Förderung der Ausbildung und Beschäftigung schwerbehinderter Menschen vom 23. 4. 2004 (BGBl. I S. 606) in Kraft mWv 1. 5. 2004.

Das Konzept „Integrationsvereinbarung" wurde 1998/99 in Deutschland in den Vorbereitungsprozess des Gesetzes zur Bekämpfung der Arbeitslosigkeit schwerbehinderter Menschen (SchwbBAG) unter der Bezeichnung „Integrationsplan" in die sozialpolitische Diskussion eingebracht. Die Vorschläge kamen unter dieser Bezeichnung von der IG Metall. Inhalt und Name „Integrationsplan" lösten einige sozialpolitische Kontroversen aus. Unter dem weniger emotional besetzten Begriff „Integrationsvereinbarung" wurde das neue Rechtsinstitut als § 14b SchwbG zum 1. 10. 2000 eingeführt, ließ aber hinsichtlich der betrieblichen Durchsetzbarkeit einige Fragen offen. Das Modell orientierte sich letztlich am Leitbild einer betrieblichen Personalpolitik, die planend, verantwortlich und mitbestimmt – oder zumindest an einer angemessen Arbeitnehmerbeteiligung orientiert – durchgeführt wird. Für das neue betriebliche Instrument bestand erheblicher Moderationsbedarf im Gesetzgebungsverlauf und bei Inkrafttreten durch die Politik. Das Konzept Integrationsvereinbarung korrespondiert mit dem Paradigmenwechsel in der Sozialpolitik hin zu mehr gesellschaftlicher Verantwortung. Nicht zuletzt ist die gesetzliche Einführung der Integrationsvereinbarung als Wegbereiter zur Etablierung eines betrieblichen Eingliederungsmanagements zu verstehen, so dass sie ihre Wirkung in Kombination mit betrieblichen Anstrengungen zur Prävention, Rehabilitation und Integration entfalten kann (*Niehaus, Mathilde/Bernhard, Dörte* (2008), Betriebliche Integrationsvereinbarungen, Forschungsbericht zur Implementierung am Beispiel der Deutschen Automobilindustrie im Auftrag des Bundesministeriums für Arbeit und Soziales. Köln, S. 111; download: www.bmas.de). 2

Die Norm ist eine **Modernisierung des Systems** der Förderung betrieblicher Beschäftigung schwerbehinderter Menschen, weil die Integrationsvereinbarung im Rahmen der weit gefassten gesetzlichen Ziel- und Verfahrensvorgaben der Abs. 1 und 2 den betrieblichen Parteien die Konkretisierung der Ziele und die Regelung der betrieblichen Durchführung in eigener gemeinsamer Verantwortung überlässt. Damit wird auch versucht, in das Aufgabenfeld der betrieblichen Schwerbehindertenpolitik eine Erfahrung anderer betrieblicher Systeme – zum Beispiel des allgemeinen Arbeits- und Gesundheitsschutzes – zu übertragen. Anspruchvolle Ziele solch komplexer sozialpolitischer Systeme können nicht allein mit zusätzlichen Vorschriften und Regelwerken erreicht werden; vielmehr kommt es darauf an, Verfahren der Reduzierung rechtlicher Komplexität zu finden. Die Integrationsvereinbarung soll also der Verbesserung der innerbetrieblichen Kooperation, der Optimierung der Schnittstelle zwischen öffentlicher und betrieblicher Schwerbehindertenpolitik sowie zugleich der effektiven Entbürokratisierung des Politikfeldes dienen. Sie führen damit aber auch zur Diversifizierung betrieblichen Umgangs mit schwb Menschen. 3

2. Normzweck und Normzusammenhang. Die Norm will die Kooperation zwischen Arbeitgeber, Betriebs-/Personalräten und Schwerbehinder- 4 tenvertretung verbessern und schafft dafür das neue Instrument einer Integrationsvereinbarung, das als **Planungs- und Steuerungsinstrument der betrieblichen Maßnahmen zur Eingliederung schwerbehinderter Menschen** zu verstehen ist (*Feldes* in AiB 2000, 371, 374; ebenso *Düwell* § 83 Rn 7). Die Literatur zum Thema ist deshalb auch überwiegend eine Mischung aus rechtlichen und planungs- bzw. steuerungsbezogenen Überlegungen. Die Norm definiert zugleich in neuer Weise die betrieblichen Gestaltungsmöglichkeiten der Schnittstelle zwischen öffentlichen und betrieblichen Integrationsmaßnahmen für schwerbehinderte Menschen und schafft damit die Chance zur Optimierung auch dieser Zusammenarbeit (vgl. *Ritz, H.-G.* (2004). Integrationsvereinbarungen – Geschichte, Anspruch und (rechts)politische Bewertung. In *A. Huber, D. Kossack & R. Stegmann* (Hrsg). Integrationsvereinbarungen. Zeit für ein erstes Fazit und Perspektiven. Tagungsdokumentation (S. 6–19). Frankfurt: Kooperationsprojekt Teilhabe behinderter Menschen und betriebliche Praxis, download: **http://www.teilhabepraxis.de/Serv/serv_info3.php**). Es handelt sich um ein Rechtsinstitut eigener Art, das es den betrieblichen Vertragspartnern ermöglicht, Ziele und Durchführungsregelungen im Zusammenhang mit der Eingliederung schwerbehinderter Menschen verbindlich im Rahmen einer vertraglichen Regelung – der Integrationsvereinbarung – festzulegen. Bei der Vereinbarung von Durchführungsregelungen können auch Einzelheiten und Verantwortlichkeiten bei der Gestaltung der Beziehungen zu den zuständigen öffentlichen Stellen (Agentur für Arbeit, Integrationsamt, Servicestellen nach § 22 SGB IX) festgelegt werden. Durch die Norm des § 83 Abs. 1 Satz 5 ist die Übermittlung der Integrationsvereinbarung an die Agentur für Arbeit und Integrationsamt verpflichtend, so dass sie dort bei Verwaltungsentscheidungen herangezogen werden kann. Die Norm steht in deutlichem Sachkontext zum Verfahren bei der Besetzung freier Stellen (§§ 81 Abs. 1, 82) und zum betrieblichen Eingliederungsmanagement/Prävention (§ 84, insbes. Abs. 2 und 4 SGB IX). Dies eröffnet den Funktionsträgern des 5. Kapitels (§§ 93 ff) zusätzliche und teilweise neuartige Handlungsoptionen und Handlungspflichten.

5 **3. Rechtscharakter der Integrationsvereinbarung.** Die Integrationsvereinbarung als Planungs- und Steuerungsinstrument für die betriebliche Eingliederung schwerbehinderter Menschen wirft als Rechtsinstitut eine Reihe von Grundsatzfragen auf, die in der Literatur recht unterschiedlich, ja kontrovers behandelt wurden. So wurde die Integrationsvereinbarung in der Literatur häufig auch als Betriebsvereinbarung besonderer Art verstanden, die allerdings nicht oder nur in Teilen ihres möglichen Inhalts dem Verfahren der Einigungsstelle unterworfen ist, es sei denn, die Vertragpartner vereinbaren dies ausdrücklich. Es kommt also wenn überhaupt nur das freiwillige Einigungsstellenverfahren nach § 76 Abs. 6 BetrVG in Betracht (s.a. *Steck* in Kossens/von der Heide/Maaß (2. Auflage) § 83 Rn 6; *Seel* in Ernst/Adlhoch/Seel § 83 Rn 38).

6 Auf die Aufnahme der Verhandlungen besteht nach einhelliger Auffassung ein Rechtsanspruch. Strittig ist die Frage, **ob der Abschluss arbeitsgerichtlich erzwungen werden kann.** Dies wird teilweise bejaht (*Schell* in Jahn § 83 Rn 4; *Feldes* § 83 Rn 3; aA *Schröder* in Hauck/Noftz § 83 Rn 22,

Seel in Ernst/Adlhoch/Seel § 83 Rn 39; *Steck* in Kossens/von der Heide/Maaß (2. Auflage) § 83 Rn 5, aber: kritisch: *Kossens* in Kossens/von der Heide/Maaß (3. Auflage) § 83 Rn 5). Vorliegende Rechtsprechung ist hierzu allerdings ablehnend (LArbG Hamm, Beschluss vom 19. 1. 2007 – 13 TaBV 58/06). *Gagel* (jurisPR-ArbR 33/2007 Anm. 6) stimmt dem Urteil im Ergebnis zu. Er verweist allerdings darauf, dass die vom LArbG Hamm entschiedene Frage nach wie vor heftig umstritten sei. Einen Kontrahierungszwang bejahen zB *Feldes/Kamm/Peiseler,* Schwerbehindertenrecht, 8. Aufl., § 83 SGB IX Rn 3; *Laskowski/Welti,* ZESAR 2003, 215, 218; *Schröder* in Hauck/Noftz, SGB IX, § 83 Rn 6; *Seel,* br 2001, 61, 63; *von Seggern,* AiB 2000, 717, 724; *Worsek,* br 2003, 136, 138f; *Ritz,* Teilhabe behinderter Menschen und betriebliche Praxis, 2004, S. 6, 15; Dagegen sprechen: *Düwell,* LPK-SGB IX, § 83 Rn 4; *Neumann* in Neumann/Pahlen/Majerski-Pahlen, SGB IX, 11. Aufl., § 83 Rn 4 und 9; *Kohte,* www.iqpr.de, Diskussionsforum Teilhabe und Prävention, Beitrag B-9–2006, mit Anlagen; LArbG Köln, Urt. v. 3. 5. 2005 – 9 TaBV 76/04 – NZA-RR 2006, 580, 581.

Gagel trägt vor, dass gegen die Abschlussverpflichtung das Fehlen einer besonderen Bestimmung über eine Konfliktregelung spreche. Im Übrigen sei mit Rechts- oder Verwaltungszwang der Sinn der Vorschrift nicht zu erfüllen. In § 83 SGB IX sei lediglich vorgeschrieben, dass der Arbeitgeber eine Integrationsvereinbarung abzuschließen habe (Abs. 1), welche Inhalte zu regeln sind (Abs. 2) und welche Bereiche außerdem (insbes.) geregelt werden können (Abs. 2a). „Die geregelten Inhalte zeigen auf, dass der Sinn der Integrationsvereinbarung darin zu sehen ist, Planungen festzuschreiben und Leitlinien für die Umsetzung des Schwerbehindertenrechts aufzustellen, an denen sich die betrieblichen Akteure orientieren sollen. Daraus folgt, dass es sich hier nicht um die Festsetzung von Normen handelt, die den Inhalt der Arbeitsverhältnisse gestalten, sondern um die gestaltende Festlegung von Verpflichtungen zwischen Arbeitgeber und Schwerbehindertenvertretung/Betriebsrat … Diese Fragen können nicht im Rechtswege entschieden werden. Sie können letztlich nur auf der Grundlage von Einverständnissen gut funktionieren." (*Gagel,* Kein Anspruch der Schwerbehindertenvertretung auf Abschluss einer Integrationsvereinbarung, Anmerkung zu LArbG Hamm, Beschluss vom 19. 1. 2007 – 13 TaBV 58/06, in jurisPR-ArbR 33/2007 Anm. 6). 7

4. Rahmenintegrationsvereinbarungen. Integrationsvereinbarungen sind zunächst und zuerst **einzelbetriebliche Integrationsvereinbarungen,** mit denen auf den jeweiligen Betrieb/Dienststelle zugeschnittene Integrations- und Rehabilitationsziele vereinbart und verwirklicht werden sollen. Nach § 97 Abs. 6 Satz 1 (letzter HS) ist die Gesamtschwerbehindertenvertretung auch zum Abschluss von Integrationsvereinbarungen berechtigt. Diese Bestimmung kann auch als Abschlussvollmacht für **Rahmen-Integrationsvereinbarungen** auf der übergeordneten Unternehmens- bzw. Behördenebene gesehen werden, die so ausdrücklich nicht im Gesetz enthalten ist. In der Tat dürften in der Mehrzahl der Großunternehmen und größeren Behörden inzwischen überwiegend zunächst Rahmen-Integrationsvereinbarungen abgeschlossen worden sein. Diese Rahmen-Integrationsvereinbarungen engen die direkte Ebene allerdings nicht ein, eigene Integrationsvereinbarungen ergän- 8 zend abzuschließen, die den Besonderheiten der jeweiligen nachgeordneten Unternehmen oder Dienststellen Rechnung tragen. Vernünftigerweise wird im Interesse der Klarstellung der Rechtslage eine Rahmenvereinbarung auch eine – an sich rechtlich nicht zwingend notwendige – Öffnungsklausel aufnehmen.

9 Man muss also die Zulässigkeit der Integrationsvereinbarungen auf höheren Organisationsebenen bejahen. Konzern-, Gesamt-, Bezirks- und Hauptschwerbehindertenvertretungen können demnach zumindest iSd § 97 Abs. 6 Integrationsvereinbarungen treffen. Diese Norm bezieht sich auf Angelegenheiten, die das Gesamtunternehmen oder mehrere Betriebe oder Dienststellen des Arbeitgebers betreffen und von den Schwerbehindertenvertretungen der einzelnen Betriebe oder Dienststellen nicht geregelt werden können sowie die Interessen der schwerbehinderten Menschen, die in einem Betrieb oder einer Dienststelle tätig sind, für die eine Schwerbehindertenvertretung nicht gewählt ist. Die Einbeziehung weitergehender Inhalte ist zumindest bedingt möglich.

10 **5. Regelungsgegenstände der Integrationsvereinbarung (Abs. 2 u. 2a).** Nach Abs. 2 enthält die Integrationsvereinbarung Regelungen über Personalplanung, Arbeitsplatzgestaltung, Gestaltung des Arbeitsumfeldes, Arbeitsorganisation, Arbeitszeit sowie Regelungen über die Durchführung in den Betrieben und Dienststellen. Bei der Personalplanung ist ein angemessener Anteil schwerbehinderter Frauen vorzusehen. Das Wort „insbes.“ ist der Aufzählung vorausgestellt und bedeutet somit, dass es sich um **keine abschließende Aufzählung** handelt. Dem Grundsatz nach drückt die Formulierung aber aus, dass die im Gesetz genannte Aufzählung auch als sachliche Mindestreichweite verstanden werden soll. Die Regierungsbegründung zum SchwbBAG stützt diese Lesart, dort hieß es lapidar zu § 14b SchwbG (heute § 83 SGB IX): „In Abs. 2 werden diejenigen Sachverhalte aufgelistet, die insbes. Gegenstand einer Integrationsvereinbarung sein müssen.“ Trotz dieser Formulierung im Gesetz und in der Regierungsbegründung kann aber nicht ausnahmslos der Abschluss von Integrationsvereinbarungen mit dem sogenannten Mindestkatalog verlangt werden. In Fällen der Einigung zwischen den Vereinbarungspartnern auf einen zunächst sachlich schmaleren Regelungsbereich – insbes. im Interesse eines zeitlich eingegrenzten Verhandlungsaufwandes oder bei Vereinbarung späterer Erweiterung – ist sicherlich die selektive Abarbeitung der gesetzlichen Themenliste im Interesse der Entwicklung des Planungs- und Steuerungsinstruments „Integrationsvereinbarung“ zulässig. Dies gilt insbes. für kleinere und mittlere Unternehmen. In der Praxis verbreitet ist auch die rein formale Aufnahme dieses Mindestkatalogs, ohne dass tatsächlich konkrete betriebliche Regelungen zu allen Punkten getroffen werden. Mit dem durch das Gesetz zur Förderung der Ausbildung und Beschäftigung schwerbehinderter Menschen zum 1. 5. 2004 eingefügten Abs. 2a werden nach der Begründung des Gesetzentwurfes (zu Nummer 18 (§ 81)) zu „obligatorisch zu vereinbarenden Inhalte … weitere sinnvolle Regelungsgegenstände genannt, die die Verhandlungen über die Inhalte von Integrationsvereinbarungen erleichtern sollen.“ Tatsächlich werden insbes. mit den unter Abs. 2a Nr. 4 u. 5 Themen genannt, die an sich nicht so ohne weiteres zum Gegenstand einer Integrationsverein-

barung zugerechnet würden, die nach Abs. 2 Satz 1 aus Regelungen im Zusammenhang mit der Eingliederung schwerbehinderter Menschen besteht. Die Ziff. 4 bezieht sich auf (alle) behinderten Jugendlichen unter Einschluss der Gruppe des § 68 Abs. 4. Ziff. bezieht sich auch auf alle Arbeitnehmer i.S.d. § 84 Abs. 1.

6. Externe Unterstützung der Verhandlungen: Integrationsamt und Dritte. Die Norm des Abs. 1 sieht vor, dass sowohl der Arbeitgeber als auch die Schwerbehindertenvertretung das Integrationsamt einladen können, sich an den Verhandlungen über die Integrationsvereinbarung zu beteiligen (Abs. 1 Satz 4). Das Integrationsamt hat damit seinerseits eine Unterstützungspflicht, wenn die Aufforderung wie im Gesetz vorgesehen hierzu ergeht. Dabei kann sicherlich nicht erwartet werden, dass das Integrationsamt zu jedem möglichen Themenfeld, das eine Integrationsvereinbarung regeln darf, abschließende oder gar verbindliche Rechts- und Sachauskünfte erteilt. Verwaltungsmäßige Kompetenz ergibt sich aus der Zuständigkeit und deshalb sind Integrationsämter für eine Reihe von Themen, die Integrationsvereinbarungen zugänglich sind, ausdrücklich keine Experten. Dies bezieht sich nicht nur auf Fragen des BetrVG, Tarifrechts oder Rentenübergangs- und Versorgungsfragen, sondern auch auf weitere Themen bis hin zu speziellen Fragen der Erfordernisse einzelner Behinderungsarten oder speziellen Fragen der Arbeitsorganisation, des Arbeitszeitmanagements, der Teilzeitarbeit und Verschiedenem mehr. Für solche speziellen Fragen ziehen die Integrationsämter – falls derartige Aufgaben überhaupt wahrgenommen werden – bei anderen Anlässen auch selbst externe Experten hinzu. Somit ist zumindest in wichtigen Teilbereichen die Beratungskompetenz des Integrationsamtes eher lückenhaft, somit kann im Einzelfall durchaus ein ausreichender Anlass bestehen, dass der Betriebsrat sich auf Rechtsgrundlage des § 111 Satz 2 BetrVG einen Sachverständigen hinzuzieht. Das Integrationsamt kann auch keine Anordnungen oä über die Inhalte der Integrationsvereinbarung treffen, ihm stehen keinerlei Zwangsmittel zur Erwirkung des Abschlusses zur Verfügung, es kann sich aber vermittelnd beteiligen. 11

7. Verfahren und Einigungsstelle. Streitigkeiten im Kontext des § 83 steht der Rechtsweg der Arbeitsgerichtsbarkeit offen. Nicht zugänglich ist das Thema Abschluss einer Integrationsvereinbarung der Einigungsstelle. Die Entscheidungsbefugnis der Einigungsstelle ist in § 87 Abs. 2 BetrVG geregelt. Sie bezieht sich auf Gegenstände des Abs. 1 (Mitbestimmung in sozialen Angelegenheiten). Die dortige Aufzählung ist abschließend. Regelmäßig wird die Inhalte einer Integrationsvereinbarung zumindest teilweise unter § 87 Abs. 1 Nr. 7 BetrVG fallen. Generalklauseln wie § 120a Gewerbeordnung, § 618 BGB, § 3 Arbeitsstättenverordnung ua. unterliegen hinsichtlich ihrer Durchführung der Mitbestimmungspflicht. Da der Arbeitgeber gem. § 81 Abs. 3, 4 zur behindertengerechten Einrichtung und Unterhaltung der Arbeitsstätten, der Arbeitsorganisation und der Arbeitszeit unter besonderer Berücksichtigung von Unfallgefahren verpflichtet ist, ergeben sich auch insoweit gleichgerichtete Gesetzesziele zwischen den Vorschriften des SGB IX und den Mitbestimmungsregelungen des BetrVG. Dies gilt schließlich auch für die Arbeitszeitregelung iSd § 87 Abs. 1 Nr. 2 und 3 BetrVG. Aus alledem folgt, dass die Mitbestimmungsrechte des Be- 12 triebsrates aus den Regelungen des BetrVG wesentliche Teile einer Integrationsvereinbarung nach § 83 umfassen können.

13 **8. Fundstellen für praktische Hilfen.** Praktische Hilfen für die Erarbeitung einer Integrationsvereinbarung bietet die Bundesarbeitsgemeinschaft Integrationsämter und Hauptfürsorgestellen unter www.Integrationsaemter.de. Sie bestehen ua. aus – Fragebogen zur Vorbereitung einer Integrationsvereinbarung für den öffentlichen Dienst,

– Fragebogen zur Vorbereitung einer Integrationsvereinbarung für die private Wirtschaft,
– Analyse der Ist-Situation,
– Entwurf einer Präambel,
– Überblick „Integrationsvereinbarung Schritt für Schritt",
– Tipps und Hinweise aus der Praxis.

Weitere Beispiele finden sich zB unter www.schwbv.de, www.unternehmensforum.org/service/s_best_practice_clariant_integrationsvereinbarung.pdf und bei www.rehadat.de. Prominente Einzelvereinbarungen siehe zB Opel AG www.sozialportal.de/IntegrVereinb/IV_Opel.htm www.sozialportal.de/IntegrVereinb/IV-hessischer_Rundfunk.htm.

§ 84 Prävention

(1) **Der Arbeitgeber schaltet bei Eintreten von personen-, verhaltens- oder betriebsbedingten Schwierigkeiten im Arbeits- oder sonstigen Beschäftigungsverhältnis, die zur Gefährdung dieses Verhältnisses führen können, möglichst frühzeitig die Schwerbehindertenvertretung und die in § 93 genannten Vertretungen sowie das Integrationsamt ein, um mit ihnen alle Möglichkeiten und alle zur Verfügung stehenden Hilfen zur Beratung und mögliche finanzielle Leistungen zu erörtern, mit denen die Schwierigkeiten beseitigt werden können und das Arbeits- oder sonstige Beschäftigungsverhältnis möglichst dauerhaft fortgesetzt werden kann.**

(2) **[1] Sind Beschäftigte innerhalb eines Jahres länger als sechs Wochen ununterbrochen oder wiederholt arbeitsunfähig, klärt der Arbeitgeber mit der zuständigen Interessenvertretung im Sinne des § 93, bei schwerbehinderten Menschen außerdem mit der Schwerbehindertenvertretung, mit Zustimmung und Beteiligung der betroffenen Person die Möglichkeiten, wie die Arbeitsunfähigkeit möglichst überwunden werden und mit welchen Leistungen oder Hilfen erneuter Arbeitsunfähigkeit vorgebeugt und der Arbeitsplatz erhalten werden kann (betriebliches Eingliederungsmanagement). [2] Soweit erforderlich wird der Werks- oder Betriebsarzt hinzugezogen. [3] Die betroffene Person oder ihr gesetzlicher Vertreter ist zuvor auf die Ziele des betrieblichen Eingliederungsmanagements sowie auf Art und Umfang der hierfür erhobenen und verwendeten Daten hinzuweisen. [4] Kommen Leistungen zur Teilhabe oder begleitende Hilfen im Arbeitsleben in Betracht, werden vom Arbeitgeber die örtlichen gemeinsamen Servicestellen oder bei schwerbehinderten Beschäftigten das Integrationsamt hinzugezogen. [5] Diese wirken darauf hin, dass die erforderlichen Leistungen oder Hilfen unverzüglich beantragt und**

innerhalb der Frist des § 14 Abs. 2 Satz 2 erbracht werden. [6]Die zuständige Interessenvertretung im Sinne des § 93, bei schwerbehinderten Menschen außerdem die Schwerbehindertenvertretung, können die Klärung verlangen. [7]Sie wachen darüber, dass der Arbeitgeber die ihm nach dieser Vorschrift obliegenden Verpflichtungen erfüllt.

(3) **Die Rehabilitationsträger und die Integrationsämter können Arbeitgeber, die ein betriebliches Eingliederungsmanagement einführen, durch Prämien oder einen Bonus fördern.**

Berichte, Lehr- und Handbücher:

Britschgi, Krankheit und Betriebliches Eingliederungsmanagement, Köln 2006;

Hetzel/Flach/Mozdzanowski; Mitarbeiter krank – was tun!?, Wiesbaden 2007;

Eggerer/Kaiser et al., Abschlussbericht des EIBE-Projektes, Nürnberg/Köln 2007, BMAS-Forschungsbericht, Nr. f 372, **http://www.bmas.de/;**

Hahn/Baumeister, Betriebliches Eingliederungsmanagement im Unternehmen, Berlin 2008

Hummel, Krankheit und Kündigung, Frankf./M. 2001;

DRV Bund (Hrsg.), Regionale Initiative Betriebliches Eingliederungsmanagement, Abschlussbericht, Berlin 2008

Niehaus et al., Betriebliches Eingliederungsmanagement, Köln 2008, BMAS-Forschungsbericht, Nr. f 374, http://www.bmas.de

Lepke, Kündigung bei Krankheit, 12. Auflage, Berlin 2006

LVR/LWL (Hrsg.), Handlungsempfehlungen zum Betrieblichen Eingliederungsmanagement, Münster/Köln 2008

Aufsätze:

Baumeister/Richter, Das betriebliche Eingliederungsmanagement und die krankheitsbedingte Kündigung, ZfA 41. Jg./2010, 3–26;

Brose, Die Auswirkungen des § 84 Abs. 1 SGB IX auf den Kündigungsschutz bei verhaltensbedingten, betriebsbedingten und personenbedingten Kündigungen, RdA 2006, 149ff;

Flach/Hetzel/Mozdzanowski/Schian, Standard des betrieblichen Eingliederungsmanagements und der Auditierung, Die Rehabilitation 2006, 316f;

Gagel, Betriebliches Eingliederungsmanagement, NZA 2004, 1359ff;

Gagel/M. Schian, Anmerkung zum Urteil des Landesarbeitsgerichts Berlin vom 27. 10. 2005 – 10 Sa 783/05 –, Behindertenrecht 2006, 165ff;

Gundermann/Oberberg, Datenschutzkonforme Gestaltung des Betrieblichen Eingliederungsmanagements und Beteiligung des Betriebsrats, AuR 2007, 19ff;

Joussen, Verhältnis von Betrieblichem Eingliederungsmanagement und krankheitsbedingter Kündigung, DB 2009, 286ff;

Leuchten, Das betriebliche Eingliederungsmanagement in der Mitbestimmung, DB 2007, 2482ff;

Müller, Die Rechtsprechung der Arbeitsgerichte zum Betrieblichen Eingliederungsmanagement, FA 2009, 98ff;

Richter/Gamisch, Das betriebliche Eingliederungsmanagement im öffentlichen Dienst, Recht im Amt, 6/2009, 241–247

Schimanski, Prävention bei Gefährdung eines Arbeitsplatzes, BehindertenR 2002, 121ff;

Steiner, Das betriebliche Eingliederungsmanagement nach § 84 II SGB IX in der öffentlichen Verwaltung, PersV 2006, 417ff;

Stippel, Präventionsbericht der GKV, Die Krankenversicherung, 02/201, 50–52

Stück, Betriebliches Eingliederungsmanagement (BEM) im Spiegel aktueller Rechtsprechung, BehindertenR 2007, 181 ff;

Timmermann, Information des Personalrats beim betrieblichen Eingliederungsmanagement, Der Personalrat 2009, 149 ff;

Tschöpe, Krankheitsbedingte Kündigung und Betriebliches Eingliederungsmanagement, NZA 2008, S. 389 ff;

Welti, Das betriebliche Eingliederungsmanagement nach § 84 Abs. 2 SGB IX – sozial- und arbeitsrechtliche Aspekte, NZS 2006, 623 ff;

Wetzling/Habel, Betriebliches Eingliederungsmanagement und Mitwirkung des Mitarbeiters, NZA 2007, 1129 ff;

Wortmann, Krankheitsbedingte Kündigung und betriebliches Eingliederungsmanagement, ArbRB 2009, 16 ff.

Internetfundstellen:

Gagel/Schian (Hrsg.), Diskussionsforum Teilhabe und Prävention, Forum B – Betriebliches Gesundheitsmanagement und Schwerbehindertenrecht – auf www.iqpr.de, seit 2010 www.reha.recht.de, Köln 2009, Umfassende Sammlung von Beiträgen zahlreicher Autoren zu vielen rechtlichen Facetten des BEM, zit. Bearbeiter in Diskussionsforum Teilhabe und Prävention, Forum B.

http://www.faw-biha.de/flughafen_hamburg.html
Betriebliches Eingliederungsmanagement am Hamburger Flughafen – ein Verfahren, das alle überzeugt

http://www.faw-biha.de/veranstaltungsreihe_runder_tisch.html
Runder Tisch zum Betrieblichen Eingliederungsmanagement und zur Beschäftigung schwerbehinderter Menschen – Die vom Integrationsamt Hamburg – derzeit in Kooperation mit dem ESF-finanzierte Beratungsinitiative und Integrationsfachdienst Hamburg (BIHA) ist ein Projekt der Fortbildungsakademie der Wirtschaft (FAW) gGmbH, das in enger Zusammenarbeit mit dem Vereinigung der Unternehmensverbände in Hamburg und Schleswig-Holstein e. V., (UVNord) durchgeführt wird.

http://www.disability-manager.de/d/pages/index.html
Homepage zum Disability Manager des Hauptverbandes der Gewerblichen Berufsgenossenschaften: Ein Disability Manager sorgt für die optimale Wiedereingliederung langzeiterkrankter Arbeitnehmer in den Betrieb. Er bringt alle Beteiligten, die dabei helfen können, an einen Tisch, fungiert als zentrale Schaltstelle und kümmert sich selbst um die Beschäftigten. Die Berufsbezeichnung ist noch neu: Erst seit 2004 gibt es in Deutschland geprüfte (zertifizierte) Disability Managerinnen und Manager – Hunderte solcher Spezialisten mit wesentlichen Kompetenzen im Arbeits- und Sozialversicherungsrecht, in der Medizin sowie Psychologie.

www.eibe-projekt.de
Homepage eines vom BMAS aus Mitteln des Ausgleichsfonds geförderten Projektes, dass die Implementierung eines BEM in kleineren und mittleren Betrieben aus der (Bildungs)dienstleistungsbranche durchgeführt und evaluiert hat.

Gliederung

1. Sozialpolitischer Hintergrund 1, 2
2. Geltende Fassung und Entstehungsgeschichte 3
3. Normzweck und Überblick 4
4. Der Begriff „Prävention" und § 84 SGB IX 5–8
5. Bedeutung des § 84 für den Kündigungsschutz 9
6. Geltung im öffentlichen Dienst und für Beamte 10, 11

7. Geltungsbereich (Abs. 1) 12
8. Pflichten des Arbeitgebers nach Abs. 1 .... 13, 14
9. Andere Verfahrensbeteiligte nach Abs. 1 15–17
10. Einzelheiten zur Bedeutung des § 84 Abs. 1 für den Kündigungsschutz 18
11. Geltungsbereich Abs. 2 19–22
12. Pflichten des Arbeitgebers nach Abs. 2 .... 23, 24
13. Zeitpunkt und Verfahren des Tätigwerdens (Abs. 2) 25–33
14. Betroffene Arbeitnehmerinnen und Arbeitnehmer (Abs. 2) 34
15. Interessenvertretung nach § 93 SGB IX und SBV (Abs. 2) .. 35, 36
16. Sonstige Verfahrensbeteiligte nach Abs. 2 37–40
17. Einzelne Rechtsfragen bei der Organisation eines BEM (Abs. 2) 41–47
18. BEM-Team/Disability Manager 48
19. Einzelheiten zur Bedeutung des Abs. 2 für den Kündigungsschutz 49
20. BEM im öffentlichen Dienst 50
21. BEM und Schadensersatz für Sozialversicherungsträger 51
22. § 84 Abs. 3 SGB IX 52
23. Rechtsfolgen/Rechtsweg 53

1. Sozialpolitischer Hintergrund. Die Vorschrift des Abs. 1 über die Arbeitgeberverpflichtung zur rechtzeitigen Einschaltung von betriebsinternen und -externen Stellen bei Gefährdung von Beschäftigungsverhältnissen schwb Menschen wiederholt und präzisiert Vorschriften des Schwerbehindertenrechts, die sich auch anderer Stelle finden. 1

Die Vorschrift der Abs. 2 und 3 über allgemeine Prävention entstammt den an anderer Stelle erfolglosen Bemühungen der 14. und 15. Legislaturperiode, dieses Thema im Kontext der Erhöhung des Renteneintrittsalters parallel zu bearbeiten. Die Vorschrift steht trotz dieser allgemeinen, alle Arbeitnehmerinnen und Arbeitnehmer betreffenden Zielsetzung im SGB IX. Damit verlässt das Gesetz mit Abs. 2 und 3 seinen sonstigen Wirkungs- und Adressatenkreis. 2

2. Geltende Fassung und Entstehungsgeschichte. § 84 Abs. 1 übernimmt im Wesentlichen inhaltsgleich die Vorschrift § 14c des Schwerbehindertengesetzes (SchwbG) in der Fassung des am 1. 10. 2000 in Kraft getretenen Gesetzes zur Bekämpfung der Arbeitslosigkeit Schwerbehinderter (SchwbAG) vom 29. 9. 2000 (BGBl. I S. 1349ff). Abs. 2 der Vorschrift kam im Rahmen der Übernahme des SchwbG in das Sozialgesetzbuch als Teil 2 des neu geschaffenen SGB IX (BGBl. I v. 19. 6. 2001, S. 1046ff) hinzu. Durch das Gesetz zur Förderung der Ausbildung und Beschäftigung Schwerbehinderter (BGBl. I S. 606ff) wurde Abs. 2 mWv 1. 5. 2004 völlig neu gefasst, ein Abs. 4 ergänzt. Mit dem Verwaltungsvereinfachungsgesetz (BGBl. I S. 818ff) wurde die Nummerierung des Abs. 4 in Abs. 3 geändert. 3

3. Normzweck und Überblick. Das Ziel der Vorschrift ist frühzeitige Hilfe bei Problemen im Arbeitsverhältnis bereitzustellen um dieses zu erhalten. Prävention ist hier iSd Vermeidung des Beschäftigungsverlustes zu verstehen. Für die genannten Zielsetzungen wird durch § 84 SGB IX in erster Linie der Arbeitgeber in Dienst genommen. Es obliegt ihm, die ent- 4 sprechende Hilfe zu organisieren. Auch der Schwerbehindertenvertretung (SBV) und der Interessenvertretung nach § 93 SGB IX werden Pflichten und Aufgaben auferlegt. Ebenso haben die Integrationsämter nach einem entsprechendem Hinweis auf Schwierigkeiten ggf. gem. ihrem gesetzlichen Auftrag (§ 102 SGB IX) von Amts wegen tätig zu werden. Schließlich haben die gemeinsamen Servicestellen (§§ 22f SGB IX) auf Anforderung durch den Arbeitgeber ihren Beratungsaufgaben nachzukommen (FKS-SGB IX-*Feldes*, § 84 Rn 55f, *Trenk-Hinterberger* in HK SGB IX, § 84 Rn 26f).

Nach Abs. 1 ist der Arbeitgeber bei Auftreten personen-, verhaltens-, oder betriebsbedingter Schwierigkeiten im Arbeitsverhältnis schwerbehinderter Beschäftigter, die zu einer Gefährdung dieses Verhältnisses führen können, verpflichtet, SBV, BR/PR sowie das Integrationsamt einzuschalten, um Hilfemöglichkeiten zu erörtern.

Anders ist die Regelung des Abs. 2 konzipiert. Die große Besonderheit der Vorschrift ist, dass entsprechend der Zielsetzung alle Beschäftigten, nicht nur die schwb Menschen erfasst werden, ohne Rücksicht auf eine vorliegende oder drohende (Schwer-)Behinderung. Der Adressatenkreis des SGB IX wird hier also erheblich ausgeweitet. Die Art der Schwierigkeit, bei deren Auftreten ein Tätigwerden verlangt wird, ist hingegen klar eingegrenzt. Immer und nur wenn innerhalb eines Jahres Arbeitsunfähigkeitszeiten (AU-Zeiten) von mehr als sechs Wochen aufgelaufen sind, muss der Arbeitgeber, überwacht und unterstützt durch die SBV und BR/PR, die Initiative ergreifen und ein im Gesetz ausdrücklich so bezeichnetes „betriebliches Eingliederungsmanagement“ (BEM) zur Überwindung der Probleme anbieten. Auf das Vorliegen einer konkreten Gefährdung des Beschäftigungsverhältnisses kommt es hingegen nicht an. Besondere Erwähnung verdient weiterhin die ausdrückliche Einbindung der Servicestellen, die das BEM als Verbindungsstelle zu den Rehabilitationsträgern unterstützen müssen.

Abs. 3 flankiert die Einführung der neuen Pflicht zum BEM iSe modernen Gesetzes, das sich auch Anreizsystemen gegenüber offen zeigt. Die Vorschrift bietet die Grundlage für die einzelnen Rehabilitationsträger bzw. die Integrationsämter, Arbeitgebern die Entscheidung für die Einführung eines BEM durch Prämien und Boni zu erleichtern.

5 **4. Der Begriff „Prävention“ und § 84 SGB IX.** Der Begriff der Prävention wird im SGB IX in verschiedenen Bedeutungen benutzt. In § 3 SGB IX bezieht sich der Begriff auf die Verhinderung des Eintritts einer Behinderung oder chronischen Erkrankung. Auf den so verstandenen Begriff „Prävention“ verweisen die Regelungen der §§ 12 Abs. 3 und 13 Abs. 2 Nr. 6 SGB IX, die den Trägern die entsprechende Verantwortung und die Pflicht zum Abschluss gemeinsamer Empfehlungen dazu auferlegen. In etwas weiterem Zusammenhang ist der Begriff in § 29 SGB IX gefasst, hier geht es auch um die Prävention von Krankheiten. Unspezifisch ist die Verwendung des Begriffs in § 66 Abs. 1 Satz 1 SGB IX, der allgemein von Aufwendungen zur Prävention spricht, ohne diese genauer einzugrenzen. In der Vorschrift des § 84 SGB IX ist der Begriff lediglich in der Überschrift erwähnt. Aus dem Wortlaut der Vorschrift ergibt sich jedoch, dass hier die Zielrichtung in erster Linie die Beseitigung von das Beschäftigungsverhältnis gefährdenden Schwierigkeiten und somit der Beschäftigungserhalt ist. Abs. 2 nimmt zwar

ebenfalls die Vermeidung zukünftiger Arbeitsunfähigkeit und somit auch die Vermeidung zukünftiger gesundheitlicher Probleme in den Blick, jedoch verknüpft er dieses Ziel durch das Wort „und" mit dem Ziel des Erhalts des Arbeitsplatzes. Das Ziel der Vermeidung künftiger Arbeitsunfähigkeit dient also auch hier letztlich dem Ziel des Beschäftigungserhalts. Insgesamt ist somit die Bedeutung des Begriffs „Prävention" in der Überschrift des § 84 SGB IX wegen seines Beschäftigungsbezugs ein anderer als der in den vorgenannten Vorschriften, die überwiegend die Vermeidung gesundheitlicher Schwierigkeiten unabhängig von den Auswirkungen auf ein ggf. bestehendes Beschäftigungsverhältnis in den Vordergrund stellen. Diese eigenständige Bedeutung des Begriffs „Prävention" in § 84 SGB IX findet auch in § 83 Abs. 2a Nr. 5 SGB IX ihren Niederschlag. Dort wird iVm einem etwas unklaren Klammerhinweis auf das „betriebliche Eingliederungsmanagement" des § 84 Abs. 2 SGB IX der Begriff „betriebliche Prävention" verwendet. Die gleiche Formulierung findet sich in § 160 Abs. 2 SGB IX. Auch wenn dort kein ausdrücklicher Bezug zu § 84 SGB IX besteht, darf davon ausgegangen werden, dass ebenfalls diese Vorschrift gemeint ist (vgl. auch den Bericht der Bundesregierung über die Wirkungen der Instrumente zur Sicherung von Beschäftigung und zur betrieblichen Prävention, BT-Drucks. 16/6044 vom 2. 7. 2007). Im Zuge des im durch die Neuwahlen am 18. 9. 2005 der Diskontinuität verfallenen Gesetzesentwurfs für ein Präventionsgesetz (BT-Drs. 15/4833) war vorgesehen, die Überschrift des § 84 SGB IX klarstellend in „betriebliche Prävention" zu ändern. Dies sollte die Eigenständigkeit dieser Art der Prävention gegenüber den bereits bestehenden (zB der §§ 20c, 65a SGB V, § 31 SGB VI, §§ 14ff SGB VII) bzw. im Rahmen des Präventionsgesetzes geplanten Regelungen zur im letztgenannten Entwurf so bezeichneten „gesundheitlichen Prävention" klarstellen. Der Begriff „betriebliche Prävention" sollte insgesamt daher trotz der unklaren Verwendung in § 83 Abs. 2a Nr. 5 SGB IX auch für beide Absätze des § 84 SGB IX benutzt werden.

Der Charakter der betrieblichen Prävention als grundsätzlich ergebnisoffenes Suchverfahren (vgl. Rn 25ff) führt dazu, dass in ihrem Rahmen auch andere Bereiche der Prävention und das Handlungsfeld Rehabilitation berührt werden. Teilweise bestehen hier schon gesetzliche und untergesetzliche Vorschriften. Die betriebliche Prävention beeinflusst diese Vorschriften inhaltlich nicht. Sie bietet aber einen Rahmen, in dem die Verpflichtungen und Möglichkeiten dieser anderen Vorschriften geprüft werden können. Zunächst können dies Regelungen sein, die die Prävention von gesundheitlichen Beeinträchtigungen zum Gegenstand haben (zB § 20 SGB V, §§ 14ff SGB VII, ArbschG, ASiG LastenhandhabungsVO und andere untergesetzliche Vorschriften des Arbeitsschutzes). Im Rahmen der betrieblichen Prävention sind aber abhängig von der Fallkonstellation auch Vorschriften aus dem Recht der Rehabilitation (SBG IX und Recht der Rehabilitationsträger) berührt. Schließlich kann auch der Schutz vor Diskriminierung nach dem Allgemeinen Gleichbehandlungsgesetz (AGG), und den europäischen Richtlinien, insbes. der RL 2000/78 EG berührt sein. 6

Die betriebliche Prävention ist nach der Konzeption des § 84 SGB IX als Pflicht des Arbeitgebers zur Durchführung eines Verfahrens ausgelegt, in 7 dem die Möglichkeiten zur Überwindung der auftretenden Schwierigkeiten und zum Erhalt des Beschäftigungsverhältnisses – mit den in Abs. 1 und 2 unterschiedlichen Primärzielsetzungen – geprüft werden. Wichtig ist, dass die Initiative ergriffen wird. Ergebnisse können bei der Vielzahl der beteiligten Akteure, der jeweils unterschiedlichen Bedingungen des Einzelfalls und der Vielfältigkeit möglicher Maßnahmen in aller Regel nicht von vorn herein feststehen. Wichtig ist zudem die Beteiligung der im Gesetz genannten Stellen und Gremien, damit diese ihre Kompetenz zur Behebung der aufgetauchten Probleme koordinieren und somit die Chance des Beschäftigungserhalts steigern können. Ebenfalls zu beachten ist das in den beiden Absätzen des § 84 SGB IX unterschiedlich nuancierte Selbstbestimmungsrecht des/der Betroffenen sowie seine grundsätzliche Entscheidungshoheit über die im Rahmen der betrieblichen Prävention verwendeten persönlichen Daten.

8 Die betriebliche Prävention ist nach ganz überwiegender Meinung eine Rechtspflicht des Arbeitgebers und damit kein unverbindlicher Programmsatz. Dass sich im Wortlaut der Vorschrift kein ausdrücklicher Normbefehl findet, sondern eine Indikativformulierung, steht dem nicht entgegen (vgl. Beschlussempfehlung des Ausschusses für Arbeit und Soziale Sicherung, BT-Drucks. 14/5800 S. 30). Diese Regelungstechnik findet in vielen Pflichten normierenden Vorschriften des Sozialgesetzbuchs seinen Niederschlag und ist anerkannt. Es handelt sich um eine Konkretisierung der Fürsorgepflichten des Arbeitgebers, die insbes. gegenüber schwerbehinderten, aber auch gegenüber erkrankten Mitarbeitern besteht.

Gleichzeitig liegt eine Indienstnahme des Arbeitgebers für öffentliche Zwecke iSe öffentlich-rechtlichen Pflicht vor, die aber auch Auswirkungen im Privatrechtsverhältnis zwischen Arbeitgeber und Beschäftigtem hat (vgl. LAG Hamm, Urt. v. 24. 1. 2007 – 2 Sa 991/06 –, *Gagel,* Diskussionsforum Teilhabe und Prävention, Forum B, Beiträge B 3–, B 4– und B 5–2004 auf **www.iqpr.de**).

Allerdings ist bei einem Verstoß gegen diese Pflicht keine unmittelbare Sanktion vorgesehen, insbes. wäre ein Unterlassen keine Ordnungswidrigkeit iSd § 156 SGB IX. Ein Verstoß kann aber mittelbare Folgen zeitigen und zumindest die Pflicht nach Abs. 2 kann auch durchgesetzt werden, wie sich aus dem Wortlaut des Satzes 6 ergibt. Da sich diese Folgen und Durchsetzungsmöglichkeiten in den Verfahren nach Abs. 1 und 2 unterscheiden, wird auf die Einzelheiten bei den spezifischen Erläuterungen eingegangen. Das gleiche gilt für das Verhältnis der betrieblichen Prävention zu anderen Arbeitgeberpflichten.

9 **5. Bedeutung des § 84 für den Kündigungsschutz.** Eine Frage, die insbes. für das Interesse von Arbeitgebern an der Erfüllung ihrer ansonsten sanktionslos normierten Pflicht nach § 84 SGB IX von Bedeutung ist, ist die Bedeutung der betrieblichen Prävention für den Kündigungsschutz. Fest steht, dass die betriebliche Prävention keine Wirksamkeitsvoraussetzung für eine Kündigung ist (*Schian,* Diskussionsforum Teilhabe und Prävention, Forum B, Beitrag B 5–2006 auf **www.iqpr.de,** BAG Urt. v. 7. 12. 2006 – 2 AZR 182/06 –; aA *Brose* RdA 2006, 149–159; *Schimanski* BehindertenR 2002, 121). Nach ganz überwiegender Ansicht, die inzwischen auch höchst-

richterlich bestätigt wurde, ist sie jedoch eine Ausprägung des dem Kündigungsschutz innewohnenden ultima-ratio-Prinzips (BAG aaO, BAG Urt. v. 12. 7. 2007 – 2 AZR 716/06 –; *Gagel*, Diskussionsforum Teilhabe und Prävention, Forum B, Beitrag B 4–2006 auf **www.iqpr.de,** *Schian* aaO Beitrag B 13–2007, *Tschöpe*, NZA 2008, 389 ff, *Müller*, FA 2009, 98 ff, *Joussen*, DB 2009, 286 ff). Danach darf die Kündigung immer nur das letzte Mittel sein. Dh, sie ist erst dann sozial gerechtfertigt iSd § 1 Abs. 1 und 2 KSchG, wenn mildere Maßnahmen wie beispielsweise die leidensgerechte Umgestaltung des Arbeitplatzes oder die Umsetzung auf einen leidensgerechten Arbeitsplatz nicht möglich oder unzumutbar ist. Auch die Änderungskündigung gilt dabei als milderes Mittel. Diese Voraussetzungen muss der Arbeitgeber darlegen und beweisen (*Düwell* in LPK-SGB IX, § 84 Rn 5 ff, *Stähler/Schian*, Diskussionsforum Teilhabe und Prävention, Forum B, Beitrag B 16–2009 auf www.iqpr.de, *Gagel/Schian* Behindertenrecht 2006 S. 165–170, *Wortmann*, ArbRB 2009, S. 16 ff, *Schian* aaO, Beitrag B 13–2007, BAG, Urt. v. 7. 12. 2006 – 2 AZR 182/06 –; BAG, Urt. v. 12. 7. 2009 – 2 AZR 716/06 –; ArbG Lübeck Urt. v. 24. 11. 2005 – 1 Ca 1738/05 –).

Es ist nun gerade Sinn und Zweck der betrieblichen Prävention nach § 84, das Beschäftigungsverhältnis zu erhalten. Erfüllt der Arbeitgeber seine Pflicht, bietet ihm die betriebliche Prävention einen Rahmen, in dem er sich der aufgetauchten Schwierigkeiten, egal ob sie schon zur konkreten Gefährdung des Beschäftigungsverhältnisses geführt haben (Abs. 1) oder nicht (Abs. 2), mit Hilfe einer Vielzahl weiterer Akteure und in enger Abstimmung mit dem Betroffenen annehmen kann.

Will der Arbeitgeber kündigen, ohne zuvor eine je nach den Umständen des Einzelfalls verpflichtende betriebliche Prävention durchgeführt zu haben, so wird es schwierig sein, darzulegen und zu beweisen, dass die Kündigung das letzte Mittel war. Denn wenn der Arbeitgeber nicht pflichtgemäß mit allen Akteuren, die bei Schwierigkeiten Hilfe anbieten könnten, in Kontakt getreten ist und die Situation ggf. mit dem Betroffenen erörtert hat, wird in aller Regel die Möglichkeit nicht ausgeschlossen werden können, dass nicht vielleicht doch einer der nicht angesprochenen Akteure zu einer Behebung der Schwierigkeiten hätte beitragen können. Höchstens in Ausnahmefällen kann dies von vornherein schlüssig dargelegt und im Zweifel auch bewiesen werden.

Weitere Einzelheiten der Auswirkungen des § 84 SGB IX auf den Kündigungsschutz sind für die konkreten Pflichten aus den Abs. 1 und 2 weiter unten eingehender (vgl. Rn 18 bzw. Rn 49) erläutert.

6. Geltung im öffentlichen Dienst und für Beamte. § 84 SGB IX gilt 10 grundsätzlich auch für Tarifbeschäftigte im öffentlichen Dienst und für Beamte. Die gegenlautende Ansicht (vgl. zB *Steiner*, PersV 2006, 417, 419 ff) beruft sich darauf, dass der öffentliche Arbeitgeber in § 84 SGB IX nicht ausdrücklich als Normadressat genannt ist. Angesichts des Wortlauts des § 71 Abs. 1 SGB IX, der iSe Legaldefinition klarstellt, dass unter den Begriff „Arbeitgeber“ im SGB IX sowohl private als auch öffentliche Arbeitgeber zu fassen sind, vermag diese Auffassung indes höchstens zu überraschen, nicht aber zu überzeugen. In Bezug auf Beamte verfängt auch der Hinweis nicht, eine evtl. aus Problemen resultierende zur-Ruhe-Setzung führe ja nicht zur Aufhebung des Beamtenverhältnisses und insofern sei für den Sinn und Zweck der betrieblichen Prävention, das Beschäftigungsverhältnis zu erhalten, kein Raum. Diese Argumentation verkennt, dass es nur sekundär um den Erhalt einer formalen Rechtsbeziehung zwischen Dienstherrn und Beamtem geht. In erster Linie soll die Teilnahme am produktiven Arbeitsprozess, mit dem der eigene Lebensunterhalt bestritten wird und der ein wesentliches Merkmal der Teilhabe an der Gesellschaft ist, gesichert werden. Deren Herstellung und Erhaltung ist vorrangiges Ziel des SGB IX, vgl. § 1 SGB IX. Eine zur-Ruhe-Setzung kommt trotz der überwiegend vorgesehenen Reaktivierungsmöglichkeiten mit Blick auf die Teilhabe am Arbeits- und Gesellschaftsleben einer Ausgliederung gleich. Es fehlt auch jeglicher Anhaltspunkt dafür, dass der Begriff „Beschäftigte" nicht auch Beamte umfasst. Insgesamt kann der öffentliche Dienst daher nicht aus dem Geltungsbereich des § 84 ausgenommen werden (wie hier *Neumann* in Neumann/Pahlen/Majerski-Pahlen, SGB IX, § 84, Rn 10; *Bauschke*, RiA 2006, 97, 104; *Klaesberg*, PersR 2005, 427, 429; *Gagel*, aaO Beiträge B 4–2007 und B 3–2007; Hess. VGH, Beschluss vom 6. 3. 2008 – 1 TG 2730/07 –; aA: OVG Niedersachsen, Beschluss vom 29. 1. 2007 – 5 ME 61/07 –).

11 Für Beamte des Bundes wurde mit dem Gesetz zur Neuordnung und Modernisierung des Bundesdienstrechts (Dienstrechtsneuordnungsgesetz – DNeuG) vom 5. 2. 2009 (BGBl. I S. 160, Nr. 7/2009) verkündet am 11. 2. 2009 mit Art. 1 in § 46 Abs. 4 BBG (Bundesbeamtengesetz) die ausdrückliche Regelung eingefügt, dass zur Abwehr und Überwindung von Dienstunfähigkeit Leistungen in gleichem Umfang wie für sozialversicherungspflichtig Beschäftigte systemkonform in das Beamtenrecht und in Abgrenzung zu den Leistungen der Beihilfe eingeführt werden. Der Dienstherr ist nach § 46 Abs. 4 Satz 4 BBG verpflichtet, die Kosten für die gesundheitliche und berufliche Rehabilitation zu tragen. Die Pflicht erstreckt sich auf die erforderlichen Rehabilitationsmaßnahmen im Einzelfall. Die Änderung würde erst in der Ausschussbehandlung eingebracht (BT-Drucks. 16/10850 vom 12. 11. 2008, Beschlussempfehlung und Bericht des Innenausschusses (4. Ausschuss)) Dort wird ausgeführt zu Nummer 7 (§ 46 Abs. 4 Satz 4): „Um die Leistungen in gleichem Umfang wie bei den sozialversicherungspflichtig Beschäftigen systemkonform in das Beamtenrecht und in Abgrenzung zu den Leistungen der Beihilfe anzupassen, wird § 46 Abs. 4 um einen Satz 4 ergänzt, wonach der Dienstherr zur Tragung der Kosten für die gesundheitliche und berufliche Rehabilitation verpflichtet wird, sofern keine anderen Ansprüche (Beihilfe) bestehen. Diese Pflicht erstreckt sich auf die erforderlichen Rehabilitationsmaßnahmen im Einzelfall und wird damit ausdrücklich gesetzlich geregelt und nicht nur in der Gesetzesbegründung erläutert." In wie weit vergleichbare Regelungen für Landesbeamte nachfolgend eingeführt werden, bleibt abzuwarten.

12 **7. Geltungsbereich (Abs. 1).** § 84 Abs. 1 SGB IX richtet sich an alle Arbeitgeber, die schwerbehinderte Menschen beschäftigen und gilt auch für öffentliche Arbeitgeber (vgl. Rn 10). Er erfasst nur die Beschäftigungsverhältnisse von schwerbehinderten Menschen

Das Präventionsverfahren nach Abs. 1 ist immer dann durchzuführen, wenn Schwierigkeiten im Beschäftigungsverhältnis zwischen dem Arbeitgeber und schwerbehindertem Menschen auftauchen, die das Beschäftigungsverhältnis gefährden können. Anders als in Abs. 2 ist die Art und Weise der Schwierigkeiten, die Anlass zur betrieblichen Prävention geben können, nicht begrenzt. Es kann sich sowohl um betriebsbedingte Probleme, als auch um verhaltensbedingte Schwierigkeiten (zB dauerhaftes Zuspätkommen), als auch um personenbedingte Gründe (zB weit unterdurchschnittliche Leistung) handeln. Als Gefährdung ist es dabei auch anzusehen, wenn sich „nur" die konkrete Form des Beschäftigungsverhältnisses zum Nachteil des Beschäftigten ändert, das Grundverhältnis selbst allerdings noch nicht gefährdet ist (vgl. Rn 50 f).

8. Pflichten des Arbeitgebers nach Abs. 1. Der Arbeitgeber muss, sobald er Schwierigkeiten iSd § 84 Abs. 1 SGB IX identifiziert hat, sich mit der Schwerbehindertenvertretung, der Interessenvertretung nach § 93 SGB IX (idR Betriebs-/Personalrat) und dem Integrationsamt in Verbindung setzen. In einigen Integrationsvereinbarungen (vgl. die Erläuterungen zu § 83) finden sich diesem Gesetzeswortlaut ähnliche Formulierungen, die eine Kontaktaufnahme mit dem Integrationsamt aber nicht vorsehen. Dieses Vorgehen genügt der gesetzlichen Pflicht nicht und ist in aller Regel auch nicht sinnvoll, da gerade das Integrationsamt eine Fülle von Leistungen zur Beseitigung von Schwierigkeiten erbringen kann und entsprechende Detailkenntnisse bei SBV und Interessenvertretung nach § 93 SGB IX oft nicht vorliegen werden. 13

Mit den genannten Akteuren muss der Arbeitgeber alle Möglichkeiten klären, die Schwierigkeiten zu beseitigen und das Beschäftigungsverhältnis möglichst dauerhaft fortzusetzen. Dazu kommen neben vielen betriebsinternen Möglichkeiten insbes. die seitens der Integrationsämter nach § 102 Abs. 2 und 3 SGB IX iVm der Schwerbehindertenausgleichsabgebenverordnung (SchwbAV) erbringbaren begleitenden Hilfen im Arbeitsleben in Betracht.

Die betriebliche Prävention nach § 84 Abs. 1 SGB IX ist eine gesetzlich vorgegebene Möglichkeit, die Einzelheiten der Ansprüche des schwerbehinderten Arbeitnehmers nach § 81 Abs. 4 SGB IX genauer zu erörtern. Insbesondere kann im Rahmen des Präventionsverfahrens geklärt werden, ob und ggf. welche Maßnahmen dem Arbeitgeber zumutbar iSd § 81 Abs. 4 Satz 3 SGB IX sind und wie die Rehabilitationsträger und das Integrationsamt unterstützend eingreifen können. 14

Unmittelbare Bezüge zum AGG sind nicht gegeben. Eine besondere Rolle spielt allerdings der bei der Auslegung des AGG heranzuziehende Art. 5 der RL 78/2000 EG. Diese Vorschrift besagt, dass der Arbeitgeber zumutbare Maßnahmen ergreifen muss, um den Menschen mit Behinderung den Zugang zur Beschäftigung, die Ausübung eines Berufes, den beruflichen Aufstieg und die Teilnahme an Aus- und Weiterbildungsmaßnahmen zu ermöglichen. § 84 Abs. 1 SGB IX ist als solche Maßnahme zu werten.

Die Abs. 2 betreffenden Ausführungen zu Einzelheiten des Präventionsverfahrens in Rn 25 ff gelten grundsätzlich auch im Präventionsverfahren nach Abs. 1 mit der Maßgabe, dass dem Datenschutz nicht immer soviel Aufmerksamkeit gewidmet werden muss wie im Rahmen des BEM beim und der Kreis der von Gesetzes wegen zu beteiligenden Akteure kleiner ist.

15 **9. Andere Verfahrensbeteiligte nach Abs. 1.** Es besteht keine Pflicht des Beschäftigten, an dem Präventionsverfahren nach Abs. 1 aktiv teilzunehmen. Da es um den Erhalt seines Beschäftigungsverhältnisses geht, ist er/sie aber natürlich gut beraten, dies unter und zur Wahrung seiner berechtigten Interessen zu tun. Anders als in Abs. 2 ist die Durchführung der Klärung nach Abs. 1 nicht der Zustimmung des Betroffenen unterworfen, sein Einfluss auf die Klärung also geringer als im BEM. Dies gilt insbes. im Hinblick auf die Teilnahme der anderen im Gesetz genannten Akteure. Aus der Zusammenschau mit § 1 SGB IX ergibt sich jedoch, dass sein Selbstbestimmungsrecht in jedem Zeitpunkt der Klärung zu berücksichtigen ist.

16 Auch die Interessenvertretung nach § 93 und die SBV werden durch die Indikativformulierung des Gesetzes zur Teilnahme an dem vom Arbeitgeber zu initiierenden Klärungsverfahren verpflichtet. Darüber hinausgehende konkrete inhaltliche Handlungsaufträge ergeben sich aus der Vorschrift selbst nicht. Im Einzelnen gilt folgendes:

Eine Pflicht zur Mitwirkung der SBV an dem der Integration schwerbehinderter Beschäftigter dienenden Präventionsverfahren nach § 84 Abs. 1 SGB IX ergibt sich nicht nur aus der Vorschrift selbst, sondern auch aus den Aufgaben der Schwerbehindertenvertretung nach § 95 SGB IX. Durch Verankerung der betrieblichen Prävention in dem ebenfalls zum 1. 5. 2004 eingeführten § 83 Abs. 2a SGB IX hat die Schwerbehindertenvertretung kraft ihres in § 83 Abs. 1 SGB IX festgeschriebenen Initiativrechts die Möglichkeit, Regelungen zu § 84 Abs. 1 SGB IX in einer Integrationsvereinbarung anzuregen (vgl. dazu *Gagel* aaO, Beitrag B 2–2005; *Großmann/Schimanski*, Diskussionsforum Teilhabe und Prävention, Forum B, Beitrag B 8–2005 auf **www.iqpr.de;** *Seel* in Ernst/Adlhoch/Seel, SGB IX, § 83, Rn 25a; FKS-SGB IX-*Feldes,* § 83 Rn 25f, 33ff; *Schröder* in Hauck/Noftz SGB IX K, § 83, Rn 5; LAG Hamm Beschluss v. 19. 1. 2007 – 13 TaBV 58/06 –, dazu *Winkler,* Diskussionsforum Teilhabe und Prävention, Forum B, Beitrag B 19–2007 auf **www.iqpr.de**).

Die Förderung der Eingliederung Schwerbehinderter gehört nach § 80 Abs. 1 Nr. 4 BetrVG zu den Aufgaben des Betriebsrats. Auch aus dieser Vorschrift ergibt sich also eine Pflicht zur Mitwirkung des Betriebsrats am Präventionsverfahren nach Abs. 1. Ein Mitbestimmungsrecht des Betriebsrats aus § 87 Abs. 1 BetrVG in Bezug auf § 84 Abs. 1 SGB IX ist anders als bei Abs. 2 nicht naheliegend, kann aber auch nicht ausgeschlossen werden.

Allerdings hat der Betriebsrat ebenfalls die Möglichkeit, Regelungen zum Umgang mit der betrieblichen Prävention nach § 84 Abs. 1 SGB IX in einer Integrationsvereinbarung mit zu gestalten bzw., sofern eine Schwerbehindertenvertretung nicht vorhanden ist, anzuregen, vgl. § 83 Abs. 1 Satz 2 SGB IX.

17 Das Integrationsamt muss an der Klärung nach Abs. 1 mitwirken. Dies ergibt sich auch aus seinen Aufgaben aus § 102 SGB IX sowie den Regelungen der SchwbAV. Innerhalb des Verfahrens muss das Integrationsamt von Amts wegen seine Möglichkeiten zur begleitenden Hilfe im Arbeitsleben (vgl. § 102 SGB IX iVm der SchwbAV) prüfen und mit dem Arbeitgeber, der SBV und der Interessenvertretung nach § 93 SGB IX abstimmen.

Eine besondere Rolle spielen die Aufgaben des Integrationsamts im besonderen Kündigungsschutz der §§ 85ff SGB IX. Da es zu den Aufgaben des Integrationsamtes gehört, die Eingliederung schwerbehinderter Beschäftigter zu fördern, muss das Integrationsamt nach hier vertretener Auffassung im Rahmen seiner Zustimmungsentscheidung immer auch prüfen, ob die betriebliche Prävention nach § 84 Abs. 1 SGB IX durchgeführt wurde. Denn dieses Verfahren dient gerade dem Beschäftigungserhalt und eine Missachtung kann die Chancen des Beschäftigungserhalts vermindern. Wurde die betriebliche Prävention nach Abs. 1 nicht durchgeführt, muss das Integrationsamt deren Durchführung grundsätzlich anregen (vgl. *Gagel/Schian*, Behindertenrecht 2007, S. 123ff, anders *Steiner*, PersV 2006, S. 417–423). Natürlich ist dies dann nicht erforderlich, wenn die Prävention nach Abs. 1 aussichtslos gewesen wäre. In der Praxis wird daher zu beachten sein, dass sowohl Betriebsrat als auch Schwerbehindertenvertretung idR bereits im Vorfeld einer evtl. anstehenden Kündigung angehört wurden, die Möglichkeiten des Integrationsamtes können uU auch im Zustimmungsverfahren erörtert werden. Die Einschätzung, ob angesichts der dem Integrationsamt bei seiner Entscheidung vorliegenden Informationen die Nachholung/Durchführung einer betrieblichen Prävention Aussicht auf Erfolg hat, ist dem Integrationsamt angesichts des engeren beteiligten Personenkreises ggf. leichter möglich, als dies im BEM nach Abs. 2 der Fall ist. Dies gilt allerdings nur bei nicht gesundheitsrelevanten Schwierigkeiten, denn für die Prognose von deren Entwicklung wird dem Integrationsamt in aller Regel die Sachkunde fehlen. Diese unterfallen zudem grundsätzlich immer den Regelungen nach Abs. 2 (vgl. Rn 21).

10. Einzelheiten zur Bedeutung des § 84 Abs. 1 für den Kündigungsschutz. Das BAG geht in seiner zu § 84 Abs. 1 ergangenen Entscheidung im Kontext einer außerordentlichen verhaltensbedingten Kündigung davon aus, dass das Präventionsverfahren nach § 84 Abs. 1 SGB IX nur insoweit durchgeführt werden muss, wie die zur Kündigung berechtigende Situation noch gar nicht eingetreten ist (vgl. BAG Urt. v. 7. 12. 2006 – 2 AZR 182/06). Dem kann in dieser Allgemeinheit nicht gefolgt werden, denn in der Konsequenz würde dies bedeuten, dass ein zur Kündigung entschlossener Arbeitgeber einfach unter Verstoß gegen die Pflichten aus § 84 Abs. 1 SGB IX auf das endgültige Vorliegen einer zur Kündigung berechtigenden Situation warten könnte, um sodann die Überflüssigkeit eines Präventionsverfahrens geltend zu machen. Dies würde aber die Zielsetzung des Präventionsverfahrens ad absurdum führen. Die Position des BAG ist also insoweit zu ergänzen, als ein Präventionsverfahren nach § 84 Abs. 1 SGB IX dann nicht durchgeführt werden muss, wenn bereits eine zur Kündigung berechtigende Situation entstanden ist, ohne dass zuvor ein Präventionsverfahren hätte durchgeführt werden können, oder aber ein Verfahren von vornherein aussichtslos ist. 18

Die betriebliche Prävention nach Abs. 1 ist bei Auftauchen jeder denkbaren das Arbeitsverhältnis gefährdenden Schwierigkeit durchzuführen. Sie spielt also auch eine Rolle für alle Arten möglicher Kündigungen. Nach Sinn und Zweck der Regelung muss sie bei verhaltensbedingten Kündigungen grundsätzlich vor Abmahnung erfolgen (vgl. auch *Brose*, Diskussionsforum Teilhabe und Prävention, Forum B, Beiträge B–5 und B 6–2005 auf www.reha-recht.de). Eine Ausnahme gilt nach hier vertretener Ansicht allerdings in Anlehnung an die Rechtsprechung des BAG (aaO) für die Fälle, in denen eine Abmahnung selbst entbehrlich ist. Es ist davon auszugehen, dass wenn das Vertragsverhältnis derart gestört ist, dass die Warnfunktion der Abmahnung schon nicht mehr als erforderlich erachtet wird, das zeitlich vorgelagerte Instrument der betriebliche Prävention erst Recht entbehrlich ist (vgl. auch *Wolf*, Diskussionsforum Teilhabe und Prävention, Forum B, Beitrag 18–2007 auf www.reha-recht.de)

Auch für Beamte ist in bestimmten Fallkonstellationen bereits entschieden worden, dass negative Laufbahnentscheidungen schwerbehinderter Beschäftigter idR einer vorherigen betrieblichen Prävention nach Abs. 1 bedürfen (OVG Mecklenburg-Vorpommern, Beschluss vom 9. 10. 2003, Az.: 2 M 105/03; BGH – Dienstgericht des Bundes – Urt. v. 20. 12. 2006 – RiZ (R) 2/06).

19 **11. Geltungsbereich Abs. 2.** Mit der Regelung des § 84 Abs. 2 SGB IX im SGB IX wurde für den Bereich der gesundheitlichen Schwierigkeiten im Beschäftigungsverhältnis erstmals ausdrücklich eine Pflicht des Arbeitgebers, aktiv zu werden, gesetzlich normiert. Die Regelung wurde zum 1. 5. 2004 entscheidend erweitert.

Eine unmittelbar nach Novellierung des § 84 Abs. 2 SGB IX zum 1. 5. 2004 sehr kontrovers diskutierte Streitfrage war die nach dem persönlichen Geltungsbereich des neuen Abs. 2. Einige Stimmen in der rechtswissenschaftlichen Literatur und auch in der Verbandslandschaft versuchten unter Hinweis auf den Standort des § 84 im zweiten Teil des SGB IX, der mit „Schwerbehindertenrecht“ überschrieben ist, den persönlichen Geltungsbereich auf schwerbehinderte Beschäftigte und ihre Arbeitgeber einzugrenzen. Sogar einige Arbeitsgerichte schlossen sich dieser Meinung an (vgl. ArbG Oldenburg, Urt. v. 14. 2. 2006 – 2 Ca 400/05 –, ausdrücklich offen gelassen in LAG Hamm, Urt. v. 29. 3. 2006 – 18 Sa 2104/05 –).

Auch wenn diese Ansicht zu Recht den Finger auf nach wie vor bestehendes Verbesserungspotential bei der Regelung der betrieblichen Prävention legt, so ist doch aufgrund von Wortlaut, innerer Systematik, Entwicklungsgeschichte und schließlich Sinn und Zweck des Abs. 2 eindeutig von einem umfassenden Geltungsbereich für alle Arbeitgeber und alle Beschäftigten auszugehen. Die mit der Neufassung des Abs. 2 verfolgte Absicht, die Prävention weiter auszubauen (vgl. BT-Drucks. 15/1783, S. 2), berechtigt dazu, dem Gesetzgeber die absichtliche Erweiterung des Geltungsbereichs zu unterstellen. Gestützt wird dies auch durch die Tatsache, dass das Gesetz (BGBl. 2004 Teil I S. 606) in Kenntnis einer diese Fragestellung thematisierenden Stellungnahme der Bundesvereinigung der Deutschen Arbeitgeberverbände (vgl. Drucks. 0398 des Ausschusses für Gesundheit und Soziale Sicherung v. 11. 11. 2003) und entsprechenden Ausführungen des Bundesrates (BT-Drucks. 15/2318, S. 16) beschlossen wurde. Der Gesetzgeber hielt also trotz entsprechenden Hinweises an der Gesetzesformulierung fest. Nach der jüngsten, mittlerweile gefestigten Rechtsprechung des BAG ist jeglicher Streit um den persönlichen Geltungsbereich als erledigt anzusehen (vgl. Urteile vom 12. 7. 2007 – 2 AZR 716/06 – und vom 23. 4. 2008 – 2 AZR

1012/06 –). Das BEM gilt demnach für alle – auch die nicht schwerbehinderten – Beschäftigten.

§ 84 Abs. 2 regelt den Bereich gesundheitlicher Schwierigkeiten im Beschäftigungsverhältnis. Immer wenn ein Beschäftigter innerhalb von 12 Monaten mehr als sechs Wochen ununterbrochen oder wiederholt arbeitsunfähig erkrankt ist, muss der Arbeitgeber aktiv werden (Einzelheiten vgl. Rn 25ff). Anders als in Abs. 1 kommt es auf eine konkrete Gefährdung des Beschäftigungsverhältnisses nicht an. Die sechs-Wochen-Grenze ist dabei aber im Hinblick auf die Regelungen zur Entgeltfortzahlung und Erkenntnissen zur Wahrscheinlichkeit einer Rückkehr ins Erwerbsleben bei dauerhafter Erkrankung so gewählt, dass zu diesem Zeitpunkt durchaus von einer abstrakten Gefährdung des Arbeitsverhältnisses ausgegangen werden kann. 20

Das Ziel des folgenden Klärungsverfahrens ist dementsprechend auch ein Doppeltes: die Arbeitsunfähigkeit soll überwunden bzw. erneuter Arbeitsunfähigkeit vorgebeugt und dadurch der Arbeitsplatz erhalten werden. Die Verwendung des Begriffs „Arbeitsplatz“ lässt nach hier vertretener Auffassung deutlich werden, dass es in erster Linie um den Erhalt des konkreten Arbeitsplatzes geht. Erst wenn dies nicht möglich erscheint, ist das Ziel, den Zwecken der Regelung entsprechend, auf den Erhalt des Beschäftigungsverhältnisses zu erweitern.

Die in den Absätzen 1 und 2 geregelten Voraussetzungen der Arbeitgeberpflicht zur Durchführung eines Klärungsverfahrens überschneiden sich sowohl hinsichtlich des erfassten Personenkreises (schwerbehinderte Beschäftigte) als auch hinsichtlich des sachlichen Anwendungsbereichs. Zu den in Abs. 1 ausdrücklich benannten personenbedingten Schwierigkeiten ist in Anlehnung an die Terminologie des Kündigungsschutzgesetzes nämlich auch die krankheitsbedingte Arbeitsunfähigkeit zu zählen, zu der sich in Abs. 2 detaillierte Regelungen finden. Im Übrigen sind Details zu den Voraussetzungen und vorrangigen Zielsetzungen der Klärungsverfahren, den konkreten Ausprägungen der Arbeitgeberpflicht und den zu beteiligenden Akteuren zwar ähnlich aber doch unterschiedlich ausgestaltet. Eine Klärung des Verhältnisses beider Vorschriften zueinander ist daher notwendig. 21

Nach hier vertretener Auffassung ist davon auszugehen, dass Abs. 1 für schwerbehinderte Beschäftigte die lex generalis der betrieblichen Prävention darstellt, während Abs. 2 für die Sachverhalte, in denen binnen 12 Monaten eine insgesamt länger als sechs Wochen dauernde Arbeitsunfähigkeit vorliegt, eine in ihrem Anwendungsbereich den Abs. 1 grundsätzlich verdrängende Spezialregelung bildet.

Sobald die sechs-Wochen-Grenze überschritten ist, hat der Arbeitgeber also grundsätzlich ein wegen der erforderlichen Zustimmung, dem Datenschutz und der Überwachungs- und Durchsetzungsmöglichkeiten durch die Interessenvertretung iSv § 93 SGB IX bzw. die Schwerbehindertenvertretung komplexes, BEM nach Abs. 2 durchzuführen. Lehnt der schwerbehinderte Beschäftigte allerdings die Durchführung eines BEM ab, so lebt nach hiesiger Ansicht die Pflicht zum Vorgehen nach Abs. 1 wieder auf. Denn zum einen ist dieses Klärungsverfahren von der Zustimmung der betroffenen Person unabhängig, zum anderen kann es durchaus Gründe geben, ein BEM abzulehnen. Dies kommt beispielsweise in Betracht, wenn zwischen der betroffenen Person und den anderen am BEM beteiligten betriebsinternen Akteuren kein Vertrauensverhältnis besteht bzw. hergestellt werden kann. Im Sinne eines möglichst umfassenden Schutzes schwerbehinderter Menschen muss der Arbeitgeber dann gleichwohl nach Abs. 1 vorgehen. Der Einfluss der betroffenen Person ist in diesem Verfahren zwar geringer, dennoch kann von einer Sachwalterschaft des nach Abs. 1 zwingend einzuschaltenden Integrationsamtes für die Interessen des schwerbehinderten Beschäftigten ausgegangen werden, gerade wenn ein für das BEM erforderliches Vertrauensverhältnis bei den innerbetrieblichen Akteuren nicht besteht (vgl. auch *Brose*, RdA 2006, 149–159).

22 Wie das BEM im einzelnen Betrieb organisiert wird, bleibt grundsätzlich dem Arbeitgeber und dem Betriebsrat (vgl. Rn 25) unter Beachtung der Expertise der Schwerbehindertenvertretung überlassen. Es sind indes eine Fülle von Rechten und Pflichten (zB Rn 23 f) der Beteiligten zu beachten, deren Koordinierung und Einhaltung bei der Organisation wiederum besondere Fragen (Rn 25 ff) aufwirft.

23 **12. Pflichten des Arbeitgebers nach Abs. 2.** Abs. 2 verpflichtet den Arbeitgeber zur Durchführung eines Klärungsverfahrens mit Zustimmung des Betroffenen unter Beteiligung verschiedener betrieblicher und betriebsexterner Akteure. Aus dem Charakter des Verfahrens und anderen in § 84 Abs. 2 SGB IX enthaltenen Vorschriften ergeben sich jedoch mittelbar und unmittelbar folgende Minimalanforderungen an das BEM im Einzelfall, auf deren Einhaltung der Arbeitgeber zu achten hat. Zu beachten ist, dass diese Schritte nicht alle durch den Arbeitgeber selbst durchgeführt werden müssen. In manchen Punkten verbietet sich dies sogar vor dem Hintergrund des Datenschutzes.

24 Das betriebliche Eingliederungsmanagement nach Abs. 2 ist eine (weitere) Konkretisierung der Fürsorgepflicht des Arbeitgebers, die für schwerbehinderte Beschäftigte im SGB IX bereits ausgeformt wurde (vgl. *Seel* in Ernst/Adlhoch/Seel, SGB IX, § 84, Rn 3 ff, FSK-SGB IX-*Feldes,* § 84, Rn 1 ff, Zipprich in Diskussionsforum Teilhabe und Prävention, Forum B, Beitrag B 7–2007 auf www.reha-recht.de). Es verdrängt aber nicht andere gesetzlich gefasste Konkretisierungen der Fürsorgepflicht des Arbeitgebers, sondern bildet ebenso wie das Verfahren nach Abs. 1 den Rahmen, innerhalb dessen die Möglichkeiten und Grenzen der ansonsten bestehenden Pflichten ausgelotet werden können.

Im Einzelnen sind beispielhaft zu nennen: § 81 Abs. 4 SGB IX, Art. 5 RL 2000/78 EG (vgl. Erläuterungen zu § 2 AGG Rn 9) und § 618 BGB samt den Vorschriften des Arbeitsschutzes. § 618 BGB ist die gesetzliche Fassung der allgemeinen Fürsorgepflicht des Arbeitgebers für Leben und Gesundheit des Arbeitnehmers. § 618 BGB wird weiterhin konkretisiert durch die Regelungen des Arbeitsschutzes (vgl. *Zipprich,* „Prävention arbeitsbedingter Erkrankungen durch manuelles Handhaben von Lasten“ Nomos Verlag, Baden-Baden, 2004).

25 **13. Zeitpunkt und Verfahren des Tätigwerdens (Abs. 2).** Der Arbeitgeber kann seine Pflicht zur Durchführung eines BEM nur durchführen, wenn er in der Lage ist, den im Gesetz vorgeschriebenen Zeitpunkt des Tätigwerdens – Auflaufen von insgesamt sechs Wochen krankheitsbedingter Arbeits-

unfähigkeit innerhalb von zwölf Monaten (zusammenhängend oder „wiederholt" iSe Summe mehrerer einzelner AU-Zeiten) – zu bestimmen. Dies ist ihm nur dann möglich, wenn er im Ablauf der Personalverwaltung Routinen etabliert, die eine kontinuierliche Erfassung und Auswertung von Fehlzeiten der Mitarbeiter ermöglichen. Diese denknotwendige praktische Voraussetzung für die wirksame Implementierung eines BEM in der betrieblichen Realität ist natürlich in Einklang zu bringen mit den Anforderungen des Datenschutzes.

Der Arbeitgeber muss tätig werden, sobald innerhalb von zwölf Monaten – gerechnet vom jeweils letzten Tag der Arbeitsunfähigkeit – insgesamt sechs Wochen krankheitsbedingte Arbeitsunfähigkeit angefallen sind. Dass damit nicht ein Kalenderjahr gemeint ist, versteht sich jedoch aus der Zwecksetzung der Vorschrift von selbst. Es handelt sich bei dieser Regelung um eine Frist im Rechtssinne da den Arbeitgeber die Pflicht zum Tätigwerden sofort nach Ablauf des genannten Zeitraums trifft (vgl. auch Palandt-*Heinrichs* 64. Auflage, § 186 Rn 3; *Staudinger*, 2001, § 186, Rn 2). Aus organisatorischer Sicht liegt darin eine Art gesetzlich verankerten Frühwarnsystems. 26

In der Praxis stellt sich das Problem, dass in den Fällen wiederholten krankheitsbedingten Ausfalls der Zeitpunkt, in dem insgesamt sechs Wochen AU aufgelaufen sind, nicht leicht zu berechnen ist (vgl. zum Ganzen *Schian*, Diskussionsforum Teilhabe und Prävention, Forum B, Beitrag B-10–2005 www.iqpr.de, und *Hillmann/Gagel* aaO Beitrag B 1–2009).

Wird die Notwendigkeit des Tätigwerdens deutlich, muss der Arbeitgeber Kontakt mit dem Betroffenen aufnehmen. In welcher Form das geschieht, ist nicht vorgeschrieben, vgl. auch Rn 41. Grundsätzlich ist es dem Arbeitgeber auch unbenommen, bei der Organisation des BEM einen Dienstleister einzuschalten (vgl. dazu die Hilfestellung für Arbeitgeber bei der Auswahl von Dienstleistern auf **www.bar-frankfurt.de**).

Besonders kontrovers diskutiert wird derzeit die Frage, ob die Information, dass ein Beschäftigter innerhalb von 12 Monaten insgesamt sechs Wochen arbeitsunfähig erkrankt war, auch an die betriebliche Interessenvertretung nach § 93 SGB IX und im Falle schwerbehinderter Beschäftigter auch an die Schwerbehindertenvertretung weitergegeben werden dürfen. Aus Gründen des Datenschutzes darf ausschließlich die Tatsache des Auflaufens von insgesamt sechs Wochen AU innerhalb von 12 Monaten. auch ohne Zustimmung des Betroffenen weitergegeben werden (wie hier für den öffentlichen Dienst VG Hamburg, Urt. v. 10. 11. 2006 – 23 FB 17/06 –). 27

Das Gesetz spricht ausdrücklich davon, dass der Beschäftigte auf die Ziele des BEM „hinzuweisen" ist. Das Erfordernis der Aufklärung über ein BEM ergibt sich rechtlich gesehen aber auch schon aus der Notwendigkeit der Zustimmung des Beschäftigten (Abs. 2 Satz 1), die ohne vorherige Aufklärung kaum angenommen werden könnte. Auch aus praktischen Gründen ist eine vorherige Aufklärung für den notwendigen Vertrauensaufbau unerlässlich (*Hetzel et al.*, Mitarbeiter krank – was tun?, Kap. 3).

Der Charakter des BEM nach § 84 Abs. 2 SGB IX als Suchverfahren drückt sich unter anderem darin aus, dass es sich über eine gewisse Zeit erstrecken kann und viele Maßnahmen unter Beteiligung einer Vielzahl von Akteuren erwogen, geplant und durchgeführt werden können. Dies vor Au- 28 gen ergibt sich von selbst, dass es in rechtlicher – aber auch in praktischer – Hinsicht nicht reicht, wenn der Beschäftigte zu Beginn des BEM aufgrund einer abstrakten Aufklärung einmal zustimmt und im weiteren Verlauf des Vorgehens nur zum passiven Objekt anderer Akteure wird. Seine Zustimmung ist zu jedem Zeitpunkt des BEM sicherzustellen. Erteilt er diese Zustimmung nicht, sind im zumutbaren Umfang andere Alternativen und oder Vorgehensweisen zu suchen.

29 Die Klärung von Möglichkeiten zur Beendigung gegenwärtiger und Vermeidung neuer AU sowie zum Erhalt des Arbeitplatzes ist nur möglich, wenn die beteiligten Akteure im möglichen Umfang Informationen über die Ausgangssituation haben. Daher ist das Erfassen dieser Ausgangssituation denknotwendiger Bestandteil eines BEM. Zu beachten ist dabei aber, dass berechtigte Interessen des Beschäftigten gegen eine umfassende Informationssammlung sprechen können. Nicht zuletzt weil es idR um besonders sensible Daten iSd § 3 Abs. 9 BDSG geht, gehört zu den Pflichten des Arbeitgebers auch die Beachtung des Datenschutzes.

30 Die Beachtung des Datenschutzes ist in Abs. 2 zwar verklausuliert, aber dennoch ausdrücklich vorgeschrieben. Ihre Notwendigkeit ergibt sich zudem aus dem besonderen Spannungsfeld der in wesentlichen Teilen auch schon rechtlich geregelten Interessen, in dem das betriebliche Eingliederungsmanagement notwendig angesiedelt ist. Dies sind insbes. das Erkenntnisinteresse des Arbeitgebers an allen für die Leistungsfähigkeit des Beschäftigten relevanten Informationen und das Interesse des Beschäftigten am Erhalt seines Arbeitplatzes auch bei gesundheitlicher Einschränkung. Auch ganz allgemein ist die Einhaltung datenschutzrechtlicher Anforderungen für eine vertrauensvolle und effektive Zusammenarbeit im Rahmen des BEM unerlässlich. Zu den Einzelheiten vgl. Rn 44 ff.

31 Der Betriebsarzt ist als Akteur ausdrücklich im Gesetz erwähnt und kann eine besondere Rolle im BEM spielen. Anders als bei den anderen genannten betriebsinternen Akteuren, wird seine Teilnahme am BEM aber nicht als Regelfall vorausgesetzt. Er wird nur „bei Bedarf" hinzugezogen. Diese schwächere Verankerung des Betriebsarztes im BEM führt vor dem Hintergrund des Zustimmungserfordernisses dazu, dass der Betroffenen seine Teilnahme im BEM jederzeit ausschließen kann, soweit nicht gesetzlich zwingende Aufgaben des Betriebsarztes berührt sind. **Zur Bedeutung ärztlichen Sachverstandes im BEM vgl. auch** LAG Rheinland-Pfalz vom 10. 1. 2008, Az.: 11 Sa 579/07.

32 Besondere Beachtung verdient, dass der Gesetzgeber den Arbeitgeber ausdrücklich zur Einschaltung der Servicestellen iSd § 22 SGB IX bzw. des Integrationsamtes verpflichtet, wenn Leistungen zur Teilhabe/begleitende Hilfen im Arbeitsleben in Betracht kommen. Wann genau der Zeitpunkt erreicht ist, in dem der Arbeitgeber die Servicestellen bzw. das Integrationsamt einzuschalten hat, weil Leistungen zur Teilhabe/begleitende Hilfen im Arbeitsleben „in Betracht" kommen, wird in der Praxis aber schwierig zu beurteilen sein. Der Arbeitgeber bzw. der von ihm beauftragte Akteur (zB BEM-Team) hat unter Nutzung der vorhandenen und befugt erreichbaren Informationen und seines Kenntnisstandes eine Einschätzung zu treffen, ob externe Hilfe sinnvoll ist.

Eine Frage, die sich bei der konkreten Durchführung eines BEM immer wieder stellt, ist die nach der Zumutbarkeit bestimmter im Rahmen des BEM vorgeschlagener Maßnahmen für Arbeitgeber und Arbeitnehmer. 33

Was zumutbar ist, ist im Einzelfall zu entscheiden und richtet sich grundsätzlich nach Vorschriften und Maßstäben außerhalb des BEM. Dieses dient nur dazu, die Möglichkeiten aufzuzeigen, nicht aber, die Zumutbarkeit zu bewerten. In allen Situationen wird sich die Zumutbarkeitsfrage erst dann stellen, wenn die Unterstützungsmöglichkeiten durch die Rehabilitationsträger geklärt sind. Diese wiederum unterliegen meist deren Ermessen, so dass allgemeingültige Aussagen nicht getroffen werden können. Stehen die Unterstützungsmöglichkeiten fest, wird die Zumutbarkeitsfrage nach den auch unabhängig von § 84 Abs. 2 geltenden Maßstäben beurteilt werden (vgl. auch *Seel* in Ernst/Adlhoch/Seel, SGB IX, § 84 Rn 58, FSK-SGB IX-*Feldes,* § 84, Rn 28).

Geht es um konkrete Maßnahmen, ist bei schwerbehinderten Beschäftigten in der Praxis wegen der größeren Unterstützungsmöglichkeiten durch die Rehabilitationsträger und das Integrationsamt sowie vor dem Hintergrund des § 81 Abs. 4 SGB IX idR von einer höheren Zumutbarkeitsschwelle für den Arbeitgeber als bei nicht schwerbehinderten Beschäftigten auszugehen.

14. Betroffene Arbeitnehmerinnen und Arbeitnehmer (Abs. 2). Der Betroffene muss nicht am BEM teilnehmen. Dies ergibt sich zum einen aus der ausdrücklich normierten Abhängigkeit des BEM von seiner Zustimmung, zum anderen aus dem das SGB IX bestimmenden Selbstbestimmungsrecht des Betroffenen (hier sog. „Freiwilligkeitsprinzip" des BEM). 34

In der Praxis wird immer wieder die Frage aufgeworfen, ob der Rechtspflicht des Arbeitgebers zur Durchführung eines BEM nicht zumindest eine Obliegenheit des Betroffenen zur Teilnahme dergestalt gegenübersteht, als dass eine krankheitsbedingte Kündigung bei Verweigerung des BEM leichter begründet werden kann. Insbesondere diskutiert, ob bei Verweigerung eines BEM dem Arbeitnehmer im Falle einer krankheitsbedingten Kündigung im Kündigungsschutzprozess Einwände wie der, es gebe leidensgerechte Arbeitsplätze, abgeschnitten werden könnten (idS wohl auch LAG Hannover, Urt. v. 2. 2. 2009 – 6 Sa 62/09 –; vgl. auch *Wetzling/Habel,* NZA 2007, 1129). Teilweise wird eine Mitwirkungspflicht dahingehend konstruiert, dass gesundheitsbezogene Informationen preisgegeben bzw. eine Schweigepflichtsentbindungserklärung abgegeben werden müsse (*Wetzling/Habel* aaO, *Seel* in Ernst/Adlhoch/Seel, SGB IX, § 84, Rn 76 ff). Diesen Bestrebungen ist eine Absage zu erteilen. Sie finden weder im Wortlaut des § 84 Abs. 2 SGB IX, noch in seiner Entstehungsgeschichte, Systematik oder Teleologie einen Ansatzpunkt. Vielmehr ist das Gegenteil der Fall. Jede Art von Obliegenheit würde das im Gesetz ausdrücklich verankerte Freiwilligkeitsprinzip ad absurdum führen (so auch *Kossens/von der Heide/Maaß,* SGB IX, § 84 Rn 20 f). Selbstverständlich ist indes, dass ein Beschäftigter, der ein ordnungsgemäßes BEM verweigert oder abgebrochen hat, in einem evtl.en Kündigungsschutzprozess nicht geltend machen kann, es sei kein BEM durchgeführt worden.

In der Praxis des BEM besteht angesichts des Freiwilligkeitsprinzips des BEM häufig Unsicherheit darüber, bis zu welchem Punkt der Betroffene seine Zustimmung zu einzelnen Schritten verweigern kann, ohne dass dies zugleich mit einer Ablehnung des BEM-Angebotes insgesamt gleichzusetzen ist. Auch diese Frage kann nur unter Berücksichtigung aller Umstände des Einzelfalls beantwortet werden.

35 **15. Interessenvertretung nach § 93 SGB IX und SBV (Abs. 2).** Anders als in Abs. 1 werden in Abs. 2 der Interessenvertretung nach § 93 SGB IX und der Schwerbehindertenvertretung konkrete Aufgaben zugewiesen. Sie haben die Einhaltung der Pflichten des Arbeitgebers zu überwachen. Sie können die Durchführung eines BEM vom Arbeitgeber sogar verlangen, was in der Formulierung einem eigenen Anspruch dieser Gremien gegen den Arbeitgeber gleichkommt (vgl. § 194 Abs. 1 BGB). Die Interessenvertretung kann diesen Anspruch im Beschlussverfahren nach § 2a, Nr. 1 iVm 80 BetrVG ArbGG durchsetzen. Auch hier ist wieder zu bemerken, dass ein vor Gericht für den Einzelfall erzwungenes BEM idR keine guten Erfolgsaussichten haben wird.

Daneben ist die Interessenvertretung nach § 93 als einer der am Klärungsverfahren zu beteiligenden Akteure genannt. Dies führt in der Praxis mitunter zu der Frage, was geschieht, wenn der Betroffene einem BEM grundsätzlich offen gegenüber steht, die Beteiligung des Betriebsrats aber verweigert. Nach hier vertretener Auffassung kann der Betroffene, da alle Schritte des BEM von seiner Zustimmung abhängig sind, die Mitwirkung des Betriebsrats grundsätzlich verweigern. Die Mitteilung der Arbeitsunfähigkeitszeiten an die Interessenvertretung (vgl. Rn 47) erfolgt indes unabhängig von der Zustimmung. Zudem muss der Betroffene an den Punkten, an denen aus anderen Rechtsgründen eine Beteiligung des Betriebsrats erforderlich wird, zB wenn als Maßnahme eine nach § 99 BetrVG mitbestimmungspflichtige Versetzung geplant wird, sie in dem dafür erforderlichen Umfang akzeptieren, will er nicht das gesamte BEM in Frage stellen (zum Mitbestimmungsrecht des Betriebsrats vgl. unten Rn 42f).

36 Die Schwerbehindertenvertretung hat in § 84 Abs. 2 SGB IX die gleichen Rechte und Pflichten wie die Interessenvertretung nach § 93 zugewiesen bekommen, soweit schwerbehinderte Beschäftigte betroffen sind. Die eigene arbeitsgerichtliche Durchsetzung der Rechte wird nhM von§ 2a Nr. 3a ArbGG. Die Schwerbehindertenvertetung ist im Beschlussverfahren vor dem Arbeitsgericht nicht beteiligtenfähig, da der insoweit einschlägige § 10 ArbGG keinen expliziten Hinweis auf die die SBV betreffenden Normen des SGB IX enthält. Anders als bei der Interessenvertretung kann der betroffene Beschäftigte die Teilnahme der Schwerbehindertenvertretung am BEM umfassend ablehnen, ohne das BEM insgesamt in Frage zu stellen.

37 **16. Sonstige Verfahrensbeteiligte nach Abs. 2.** Der Betriebsarzt ist dem Wortlaut der Vorschrift nach „bei Bedarf" hinzuzuziehen. Wann genau dieser Bedarf eintritt, bleibt offen. Wegen seiner Kenntnis der betrieblichen Gegebenheiten und besonderen medizinischen Sachkunde kann er jedenfalls auch ein bedeutender Akteur des BEM sein. Es ist ohnehin seine gesetzlich geregelte Aufgabe (vgl. § 3 ASiG), den Arbeitgeber beim Arbeitschutz und Gesundheitsschutz bei der in allen Fragen des Gesundheitsschutzes zu bera-

ten. Da er zur Wahrung ihm offenbarter Informationen – strafrechtlich sanktioniert verpflichtet ist (vgl. § 8 Abs. 1 Satz 3 ASiG, § 203 StGB), und er zudem im Umgang mit sensiblen Daten geübt ist, sind auch datenschutzrechtliche Belange grundsätzlich gut gewahrt. Dies prädestiniert den Betriebsarzt für eine zentrale Rolle im BEM, solange er das Vertrauen des Arbeitgebers und des Betroffenen genießt. Gerade in kleineren Unternehmen, in denen betriebsinterne BEM-Strukturen sich nur schwer umsetzen lassen, bietet es sich an, den externen Betriebsarzt mit einer solchen Aufgabe zu betrauen.

Seine Einbindung ins BEM kann der Betroffene aber auch jederzeit ablehnen, ohne das BEM als Ganzes in Frage zu stellen, solange nicht zwingende gesetzliche Aufgaben des Betriebsarztes tangiert sind.

Darüber hinaus wird der Betroffene zwar eine betriebsärztlichen Untersuchung außerhalb des BEM (anders *Seel* in Ernst/Adlhoch/Seel § 84 Rn 91), wenn überwiegende Belange des Arbeitgebers ausnahmsweise dafür sprechen sollten, für sich genommen nicht verweigern können. Doch ist dann besonders streng auf den Datenschutz und vor Allem darauf zu achten, dass die Daten dieser Untersuchung nicht in die Diskussionen im Rahmen des BEM einfließen können.

§ 84 Abs. 2 Satz 5 SGB IX verpflichtet die Servicestellen nach entsprechender Anforderung durch den Arbeitgeber darauf hinzuwirken dass die im Einzelfall erforderlichen Leistungen beantragt und in der Frist des § 14 Abs. 2 Satz 2 SGB IX erbracht werden. Durch diese Regelung wurden die ansonsten in § 22 SGB IX geregelten Pflichten der gemeinsamen Servicestellen entscheidend erweitert. Denn zuvor hatten diese ihre Beratung und Unterstützung nur behinderten bzw. von Behinderung bedrohten Menschen und ihren Vertrauenspersonen und Personensorgeberechtigten anzubieten. Nunmehr ist die Servicestelle verpflichtet, auch auf Anfrage des Arbeitgebers tätig zu werden (FKS-SGB IX-*Feldes* § 84, Rn 55 f, *Trenk-Hinterberger* in HK SGB IX, § 84 Rn 26 ff, *Seel* in Ernst/Adlhoch/Seel, SGB IX, § 84, Rn 94; zum Handlungsspektrum der Gemeinsamen Servicestellen vgl. das Handbuch der BAR für Mitarbeiter/innen der Gemeinsamen Servicestellen für Rehabilitation sowie die entsprechende Rahmenvereinbarung der Rehabilitationsträger auf www.bar-frankfurt.de). 38

Rehabilitative Maßnahmen, die sich im Rahmen des BEM als möglicherweise sinnvoll anbieten, können sowohl Leistungen der medizinischen Rehabilitation, als auch Leistungen zur Teilhabe am Arbeitsleben sein. Einzelheiten zu diesen Leistungen sind in den §§ 5 ff, 27 ff, 33 ff SGB IX, für schwerbehinderte Menschen zudem in § 102 SGB IX geregelt. Die Voraussetzungen der Leistungserbringung finden sich in den Vorschriften der einschlägigen Leistungsgesetze (zB: §§ 97 ff SGB III, 11 ff SGB V, 9 ff SGB VI, 27 ff SGB VII). Häufig wird beispielsweise gesundheitlichen Problemen am Arbeitsplatz durch den Einsatz von Hilfsmitteln (höhenverstellbarer Tisch etc.) begegnet oder eine stufenweise Wiedereingliederung (§§ 28 SGB IX, 74 SGB V) durchgeführt. 39

Im Falle schwerbehinderter Beschäftigter treffen das Integrationsamt die gleichen Pflichten wie die gemeinsamen Servicestellen. Allerdings bedeutet diese Aufgabenzuweisung keine Erweiterung des von den Integrationsämtern ohnehin zu erbringenden Leistungsspektrums (vgl. §§ 102 ff SGB IX 40 und die Vorschriften der SchwbAV). Es wird lediglich ein weiterer Zugangsweg eröffnet, auf dem die Unterstützungsmöglichkeiten des Integrationsamtes erörtert werden können.

Ebenso wie bei Abs. 1 sind auch bei Abs. 2 die Aufgaben des Integrationsamts im besonderen Kündigungsschutz der §§ 85ff SGB IX zu beachten. Da es zu den Aufgaben des Integrationsamtes gehört, die Eingliederung schwerbehinderter Beschäftigter zu fördern, muss das Integrationsamt nach hier vertretener Auffassung im Rahmen seiner Zustimmungsentscheidung immer auch prüfen, ob ein BEM durchgeführt wurde (vgl. *Gagel/Schian*, Behindertenrecht 2007, S. 123ff, anders *Steiner*, PersV 2006, S. 417–423, nach BVerwG, Beschluss vom 29. 8. 2007, NJW 2008, 166, ist die Durchführung eines BEM bei der Ermessensentscheidung des Integrationsamts zu berücksichtigen). Denn dieses Verfahren dient gerade dem Beschäftigungserhalt und seine Missachtung kann die Chancen des Beschäftigungserhalts vermindern. Wurde ein BEM nicht durchgeführt, muss das Integrationsamt seine Durchführung grundsätzlich anregen. Natürlich ist dies dann nicht erforderlich, wenn das BEM aussichtslos gewesen wäre. Die entsprechende Einschätzung ist für die Integrationsämter jedoch noch schwieriger als im Rahmen der betrieblichen Prävention nach Abs. 1. jedoch Für die Prognose der Entwicklung gesundheitsbedingter Schwierigkeiten wird dem Integrationsamt nämlich häufig die Sachkunde fehlen, Es wird auch häufig ebenso wenig in der Lage sein, das Verhalten des im Unterschied zu Abs. 1 ausdrücklich als wesentlicher Akteur des BEM vorgesehenen Betroffenen einzuschätzen, so dass in aller Regel ein BEM nachzuholen sein wird.

41 **17. Einzelne Rechtsfragen bei der Organisation eines BEM (Abs. 2).** Die oben genannten Rechte, Pflichten und Handlungsoptionen aller Akteure in einen Ablauf einzubinden, der nicht überproportional viele Ressourcen in Anspruch nimmt, gehört zu den großen Herausforderungen des BEM. Die Organisation selbst wirft wieder weitere Rechtsfragen auf, die hier nur ausschnittsweise behandelt werden können. Entscheidend ist, dass die Organisationsform des BEM den betrieblichen Gegebenheiten angepasst werden muss und nicht einheitlich für alle Betriebe vorgeschrieben werden kann. Gewisse Mindeststandards sind indes einzuhalten (vgl. zB *Eggerer/Kaiser et al.*, EIBE-Forschungsbericht, S. 65ff unter **http://www.bmas.de/portal/25022/f372**__forschungsbericht.html, LVR/LWL (Hrsg.), Handlungsempfehlungen zum BEM, **http://www.faw-biha.de/flughafen_hamburg.html,**).

41a In seinem Urt. v. 10. 12. 2009 – 2 AZR 198/09 – hat das BAG die bereits beschriebene grundsätzliche Offenheit des BEM-Verfahrens ausdrücklich bestätigt. Diesem Urteil zu Folge ist maßgeblich, dass die zu beteiligenden Personen und Stellen – ggf. abhängig von ihrer Zustimmung – einbezogen werden. Ein formalisiertes Verfahren zur Erreichung der gesetzlich benannten Ziele wird vom Gesetz nicht gefordert, die je nach Einzelfall erforderlichen konkreten Schritte sind nicht gesetzlich beschrieben. Diese Rechtsprechung verdeutlicht, dass Rechtsfragen im Zusammenhang mit der Umsetzung des BEM sich weniger aus § 84 Abs. 2 selbst ergeben, als vielmehr aus seiner Einbettung in bereits bestehende normative Kontexte, die bei der Umsetzung berührt sind.

Das BEM unterliegt der betrieblichen Mitbestimmung. Beispielhaft sei dies hier anhand der Regelungen des Betriebsverfassungsrechts (§ 87 Abs. 1 BetrVG) dargelegt, entsprechende Vorschriften gelten aber auch im öffentlichen Dienst: Das BEM ist als Regelung zum Arbeits- und Gesundheitsschutz iSv § 87 Abs. 1 Nr. 7 BetrVG zu verstehen, der nach der Rechtsprechung des BAG (Beschluss vom 8. 6. 2004 – 1 ABR 4/03 –, NZA 2005, 227ff m. w. N.) weit auszulegen ist (*Stück,* BehindertenR 2007, 181, *Kossens/von der Heide/Maaß,* SGB IX, § 84, Rn 28; aA *Leuchten,* DB 2007, 2482). Insoweit es um allgemeine Abläufe und Verhaltensregeln innerhalb des BEM geht, handelt es sich um Regelungen zur Ordnung des Betriebs, die nach § 87 Abs. 1 Nr. 1 BetrVG der Mitbestimmung unterfallen. Werden schließlich zur Beobachtung der AU-Zeiten technische Systeme eingesetzt, ist eine Mitbestimmungspflichtigkeit entsprechender Regelungen nach § 87 Abs. 1 Nr. 6 BetrVG gegeben. 42

Bei der Verankerung des BEM im Betrieb kommen insbes. betriebliche Vereinbarungen (Betriebsvereinbarung nach § 77 Abs. 2 BetrVG, Integrationsvereinbarung nach § 83 SGB IX) und einseitige Anweisungen des Arbeitgebers (Dienstanweisung, Richtlinie etc.) in Betracht. 43

Ist ein Betriebsrat vorhanden, ist hinsichtlich wesentlicher Elemente des BEM nur die Variante einer betrieblichen Vereinbarung möglich, da dem Betriebsrat diesbzgl. ein Mitbestimmungsrecht zusteht (vgl. Rn 42). Dieses Mitbestimmungsrecht kann der Betriebsrat auch durch Zustimmung zu einer Integrationsvereinbarung ausüben, die einen geringeren Verbindlichkeitsgrad als eine Betriebsvereinbarung hat (keine normative Wirkung, für Einzelheiten vgl. die Erläuterungen zu § 83). Einzelheiten, die über die Mitbestimmungstatbestände hinausgehen, können aber auch einseitig durch den Arbeitgeber geregelt werden, ohne dass es einer Vereinbarung bedarf.

Wesentlich für die Akzeptanz und den Erfolg des BEM ist auch die Beachtung des Datenschutzes (vgl. dazu auch *Lepke,* Kündigung bei Krankheit, 12. Auflage, Erich Schmidt Verlag, Berlin 2006, S. 196ff; *Dieter Hummel,* Krankheit und Kündigung, BUND Verlag, Frankf./M. 2001). Dieser bewegt sich in einem Spannungsfeld verschiedener Interessenlagen, die nur teilweise verrechtlicht sind. Auch die jüngste Novelle des Datenschutzrechts (Gesetz zur Änderung des Bundesdatenschutzgesetzes (BDSGÄndG), G. v. 29. 7. 2009 BGBl. I S. 2254) hat sich dieses Problems nicht angenommen. Beschäftigte haben ein besonders hohes Interesse daran, dass Daten bzgl. Ihrer Gesundheit nicht an den Arbeitgeber gelangen, der sie – so die Befürchtung – evtl. zu anderen Zwecken als dem des BEM nutzen könnte. Der Arbeitgeber hat wiederum idR ein Interesse daran, die Arbeitskraft des länger bzw. öfter erkrankten Beschäftigten wieder zum Wohl des Unternehmens einsetzen zu können und den Umfang von Entgeltfortzahlungen nach dem EntgeltfortzahlungsG zu minimieren. Bezogen auf seine Rechtspflicht zum BEM hat er natürlich auch ein Interesse daran, die Einhaltung seiner Pflicht zu dokumentieren. Für Beamte und teilweise auch Tarifbeschäftigte im öffentlichen Dienst gelten hinsichtlich der Dokumentation von und des Zugriffs auf gesundheitsbezogene Informationen Sonderregelungen, vgl. zB § 48 Abs. 2 Satz 2 BBG. 44

Nach hier vertretener Auffassung sind bei der Organisation des Datenschutzes folgende Leitlinien einzuhalten (vgl. auch *Dalitz*, Diskussionsforum Teilhabe und Prävention, Forum B, Beitrag B 3–2006 auf **www.iqpr.de,** *Schian/Faber* aaO Beiträge B 3– und B 7–2008; Abschlussbericht des EIBE-Projektes, **www.eibe.de;** *Gundermann/Oberberg* AuR 2007, S. 19–26; FKS-SGB IX-*Feldes*, § 84, Rn 45f):

45 Der Arbeitgeber – und in Anlehnung an den Rechtsgedanken des § 35 Abs. 1 Satz 3 SGB I jede andere Person, die Personalentscheidungen treffen kann – darf ohne ausdrückliche Zustimmung des Betroffenen Zugang nur zu solchen Daten haben, die für den Nachweis der Erfüllung der Pflicht zum BEM erforderlich sind oder ohne die er seine Zustimmung zu geplanten Maßnahmen etc nicht erteilen kann. Diagnosen und ähnlich sensible Daten dürfen dem Arbeitgeber ohne ausdrückliche schriftliche Zustimmung des Betroffenen nicht zugänglich sein. Manche Stimmen in der Literatur halten im Arbeitsverhältnis auch eine schriftliche Zustimmung für nicht ausreichend und wollen sensible Daten dieser Art dem Zugriff des Arbeitgebers generell entziehen. Diese Ansicht vermittelt den maximalen Schutz, greift allerdings für die Fälle, in denen tatsächlich ein gutes Vertrauensverhältnis besteht, zu kurz.

Um diesen Anforderungen gerecht zu werden, bietet sich an, dass der Arbeitgeber statt selbst das BEM in der Hand zu behalten, eine Person oder ein Team beauftragt, das ihm gegenüber zur Verschwiegenheit verpflichtet ist. Für Betriebe, die entsprechende Strukturen nicht aufweisen, bleibt der Datenschutz die größte Herausforderung, lässt sich aber ggf. durch die Einbindung des externen Betriebsarztes pragmatisch lösen.

46 Die im Rahmen des BEM erhobenen Daten dürfen ausschließlich zum Zwecke des BEM verwendet werden. Eine Nutzung zu anderen Zwecken, beispielsweise zur Begründung arbeitsrechtlicher Maßnahmen ist unzulässig. Der Schutz vor zweckwidriger Verwendung wird erleichtert, wenn der Zugang des Arbeitgebers zu Daten generell im oben beschriebenen Umfang limitiert wird. Auch hier stehen insbes. kleine Betriebe vor einer großen Herausforderung.

47 Der Arbeitgeber darf nur die Informationen dokumentieren, die entweder zum Nachweis seiner Pflicht zum BEM erforderlich sind oder sich auf Aktivitäten beziehen, die seiner unmittelbaren Zustimmung bedürfen. Diagnosen und ähnlich sensible Daten dürfen nicht für den Arbeitgeber zugänglich dokumentiert werden. Eine darüber hinausgehende Dokumentation beispielsweise durch eine gesondert mit der Durchführung des BEM beauftragte betriebsinterne oder externe Person ist grundsätzlich möglich und mit Blick auf den Informationsbedarf beim BEM auch sinnvoll. Dann müssen jedoch klare Regelungen zur Löschung der so gespeicherten Daten festgelegt sein (vgl. *Eggerer, Kaiser et al.* 2007, Abschlussbericht des Projektes EIBE, S. 84ff, zu beziehen unter **www.eibe.de;** *Schian/Faber,* Diskussionsforum Teilhabe und Prävention, Forum B, Beiträge B 3–2008 und B 7–2008 auf www.iqpr.de).

Da die Interessenvertretung nach § 93 und die SBV in der Lage sein müssen, ihren in § 84 Abs. 2 Satz 6 und 7 gesetzlich normierten Auftrag zur Überwachung der Arbeitgeberpflicht zum BEM wahrzunehmen, ist die

Weitergabe der Information, dass ein Beschäftigter die Voraussetzungen des BEM erfüllt trotz des Gesundheitsbezugs der Daten (§ 3 Abs. 9 BDSG) auch ohne Einwilligung kraft gesetzlicher Erlaubnis zulässig (wie hier *Seel* in Ernst/Adlhoch/Seel, SGB IX, § 84, Rn 83; *Timmermann,* Der Personalrat 2009, 149ff; für den öffentlichen Dienst VG Berlin, Beschluss v. 4. 4. 2007, PersR 2007, 323; aA *Kossens/von der Heide/Maaß,* SGB IX, § 84 Rn 18).

18. BEM-Team/Disability Manager. In der Praxis hat sich – auch angesichts der vorgenannten datenschutzrechtlichen Fragen – gezeigt, dass es sinnvoll ist, die Ressourcen des Betriebs dergestalt zu bündeln, dass mit Fragen der Integration und des BEM ein eigenes betriebsinternes Team befasst wird. Entsendet der Arbeitgeber einen eigenen ihm nur eingeschränkt berichtspflichtigen Beauftragten in dieses Team oder delegiert die Aufgabe des BEM an ein Mitglied dieses Teams, können Fragen des Datenschutzes leichter gelöst werden. Das BEM-Team ist in seiner Zusammensetzung in Abhängigkeit von der Zustimmung des Betroffenen Änderungen unterworfen. Ohne ausdrückliche Zustimmung können nur BR, SBV und Arbeitgeber teilnehmen, wobei auch die Teilnahme des BR eingeschränkt (vgl. oben Rn 35ff), die der SBV gar ganz ausgeschlossen werden kann. An sonstigen Akteuren bieten sich beispielsweise an: Betriebsarzt, Sicherheitsfachkraft, Betriebspsychologe. Eine besondere Qualifikation für die am BEM beteiligten Akteure bietet die von den gewerblichen Berufsgenossenschaften in Deutschland eingeführte Fortbildung zum Disability Manager. Im Rahmen des Curriculums werden sämtliche im BEM und auch darüber hinaus für die Eingliederung gesundheitlich beeinträchtigter Menschen in Arbeit relevanten Themenfelder behandelt (vgl. auch **www.disability-manager.de**). 48

19. Einzelheiten zur Bedeutung des Abs. 2 für den Kündigungsschutz. Da das BEM für alle Beschäftigten gilt, ist auch der Kreis der Normadressaten wesentlich größer als bei Abs. 1, was der Diskussion zur Bedeutung des Abs. 2 für den Kündigungsschutz zusätzliches Gewicht verleiht. Spätestens seit den diesbzgl. Urteilen des Bundesarbeitsgerichts (BAG Urt. v. 12. 7. 2007 – 2 AZR 716/06 – und vom 23. 4. 2008 – 2 AZR 1012/06 –) ist nunmehr anerkannt, dass das BEM nach Abs. 2 ebenso wie die betriebliche Prävention nach Abs. 1 eine Ausprägung des dem Kündigungsschutz innewohnenden ultima-ratio-Prinzips ist. § 84 Abs. 2 SGB IX gibt dem Arbeitgeber dasjenige Maß an Prüfung vorgibt, das er zum Erhalt des Arbeitplatzes zur Geltung zu bringen hat (vgl. LAG Hamm, Urt. v. 29. 3. 2006 – 18 Sa 2104/05 –; LAG Berlin, Urt. v. 27. 10. 2005 – 10 Sa 783/05 –; für Geltung auch bei außerordentlicher Kündigung ArbG Naumburg, Urt. v. 6. 9. 2007 – 1 Ca 967/07 –). 49

Hat der Arbeitgeber kein BEM durchgeführt, muss er im Kündigungsschutzprozess darlegen und beweisen, dass der Arbeitsplatz auch mit BEM nicht hätte erhalten werden können (BAG, aaO). Denn nur wenn ein BEM von vornherein aussichtslos war, braucht der Arbeitgeber es nicht durchzuführen. Eine besonders kontrovers diskutierte Frage, ist, wie der Arbeitgeber diesen Nachweis führen kann. Laut LAG Hamm (Urt. v. 29. 3. 2006 – 18 Sa 2104/05 –) genügt für den Nachweis ein einfacher Sachverständigenbeweis. Im konkreten Fall erfolgte dies durch Gutachten eines Arztes für Arbeits- und Umweltmedizin. Dem kann so nicht gefolgt werden. Selbst wenn man die Möglichkeit eines Sachverständigenbeweises überhaupt in Betracht zieht. An den Sachverständigen sind zumindest besondere Anforderungen zustellen. So muss er nicht nur über medizinische Sachkunde verfügen sondern auch mit dem Handlungsspektrum aller Beteiligten Akteure, insbes. der Rehabilitationsträger vertraut sein. Sein Gutachten muss sich mit allen Handlungsmöglichkeiten auseinandersetzen und deren Erfolgsaussichten nachvollziehbar darstellen. Dies erscheint für den Regelfall jedoch unmöglich, da im Recht der Leistungen zur Teilhabe den Trägern häufig Ermessenspielräume eingeräumt sind. Wie die Träger diese handhaben, wird sich nur im Ausnahmefall zuverlässig prognostizieren lassen. Auch das Verhalten einzelner Akteure wird sich in aller Regel einer verlässlichen Vorhersage entziehen. Festzuhalten bleibt, dass ein Nachweis der Aussichtslosigkeit und daher Entbehrlichkeit eines BEM – mit oder ohne Sachverständigen – nur in besonders gelagerten Ausnahmefällen gelingen wird (vgl. auch *Hillmann-Stadtfeld,* Diskussionsforum Teilhabe und Prävention, Forum B, Beitrag B 15–2009 aus www.iqpr.de, *Wolf,* aaO, Beitrag B 17–2008).

Nach der jüngsten Revisionsentscheidung des BAG (Urt. v. 23. 4. 2008 – 2 AZR 1012/06 –) und des daraufhin ergangenen Urteils der Berufungsinstanz (LAG Hannover, Urt. v. 2. 2. 2009 – 6 Sa 62/09 –) ist neuerdings unklar, ob die Verschiebung der Darlegungs- und Beweislast zuungunsten des Arbeitgebers erst dann eintritt, wenn überhaupt die Möglichkeit des Arbeitsplatzerhalts durch ein BEM gegeben ist (widersprüchlich dazu BAG aaO, Rn 26 des Urteils einerseits, Rn 29 andererseits). Dies ist im Ergebnis jedoch abzulehnen. Denn auch für eine entsprechende neue (Zwischen)prüfungsstufe, wäre wiederum die Darlegungs- und Beweislast zu klären, was aufgrund der besonders ausführlichen Parteivorträge in dem den genannten Entscheidungen zu Grunde liegenden Rechtsstreit nicht mehr erforderlich war. Entsprechend dem vom BAG in vorangegangenen Urteilen entwickelten Gedanken, dass sich der Arbeitgeber durch Nichterfüllung einer Klärungspflicht keine beweisrechtlichn Vorteile verschaffen darf (vgl. BAG, Urt. v. 4. 10. 2005 – 9 AZR 632/04 – BAGE 116, 121 unter Hinweis auf § 81 Abs. 4 Satz 3 SGB IX; vgl. auch *Kohte,* jurisPR-ArbR 27/2006, Anm. 2) kann diese nicht auf den Arbeitnehmer abgewälzt werden. Somit ist durch eine weitere Zwischenprüfung der Erfolgsaussichten eines BEM nichts gewonnen; im Ergebnis ebenso: *Baumeister/Richter,* ZfA 2010, S. 3–26; in diesem Sinne jüngst auch wieder BAG, Urt. v. 20. 12. 2009 – 2 AZR 198/09.

50 **20. BEM im öffentlichen Dienst.** § 84 Abs. 2 SGB IX gilt ebenso wie die gesamte Vorschrift auch für Beamte (vgl. Rn 10f).

Noch kontrovers diskutiert wird Verhältnis des BEM zu den im Falle längerer Dienstunfähigkeit einschlägigen beamtenrechtlichen Regelungen (vgl. §§ 44ff BBG und entsprechende landesrechtliche Vorschriften.)

Nach hier vertretener Ansicht ist das auf Freiwilligkeit der Teilnahme und Wahrung des Datenschutzes beruhende BEM durchzuführen, bevor die in den einschlägigen Regelungen vorgesehenen beamtenrechtlichen Maßnahmen ergriffen werden. Insbesondere gilt dies für die Weisung zur amtsärztlichen Untersuchung. Denn zum einen begründet diese Weisung, sofern sie berechtigt ist, eine Verpflichtung des Beamten, sich der Untersuchung zu unterziehen (vgl. auch den Wortlaut des § 44 Abs. 6 Satz 3 BBG), was dem Freiwilligkeitsprinzip des BEM (vgl. Rn 33) widerspricht. Zum anderen geht es in dieser amtsärztlichen Untersuchung gerade um eine Frage zu hochsensiblen Gesundheitsdaten. Es gehört nun zu den wesentlichen Elementen eines BEM, dass diese Daten nur einem möglichst engen Personenkreis zugänglich sind, dass sie ohne Zustimmung des Betroffenen nicht verarbeitet werden dürfen und dass sie nur zum Zwecke des BEM verwendet werden dürfen. Die Vorschriften des Beamtenrechts sehen demgegenüber vor, dass insbes. der Dienstherr Zugriff auf die Daten hat, diese auch ohne Zustimmung des Beamten verarbeiten darf (vgl. zB § 111 BBG), und insbes. die Daten auch zur Vorbereitung sämtlicher in den §§ 44ff BBG behandelter Maßnahmen nutzen kann (§ 48 BBG). Hier wird der Beamte also insgesamt im diametralen Widerspruch zu konstitutiven Elementen des BEM zu einem Objekt der durch den Dienstherrn geführten Klärung mit nur geringen eigenen Einflussmöglichkeiten und muss insbes. die Verwendung seiner hochsensiblen Daten dulden.

Bei einer Beuteilung der Rechtslage ist natürlich zu bedenken, dass das BEM die geltenden beamtenrechtlichen Regelungen nicht derogiert. Eine vorbehaltslose Anwendung würde aber wie gezeigt dazu führen, dass für das BEM nach § 84 Abs. 2 SGB IX im Beamtenrechtsverhältnis faktisch kein Raum mehr bleiben würde. Soll beiden Regelungskomplexen zur Geltung verholfen werden, kann diesem Widerspruch insgesamt aus hiesiger Sicht nur dadurch vorgebeugt werden, dass ein Stufenverhältnis zwischen BEM nach § 84 Abs. 2 SGB IX und den Vorschriften des Beamtenrechts zur Dienstunfähigkeit angenommen wird. Es ist also zuerst ein BEM durchzuführen und erst nach dessen Erfolglosigkeit können Maßnahmen des Beamtenrechts ergriffen werden (vgl. auch *Schian,* Diskussionsforum Teilhabe und Prävention, Forum B, Beitrag B 10–2007 auf www.iqpr.de; anders als hier: *Seel* in Ernst/Adlhoch/Seel, SGB IX, § 84, Rn 91, OVG Niedersachsen, Beschluss vom 29. 1. 2007 – 5 ME 61/07 –; aA: OVG Niedersachsen, Beschluss vom 29. 1. 2007 – 5 ME 61/07 –; zur Frage der Auswirkung im Beamtenverhältnis vgl. BGH Dienstgericht des Bundes Urt. v. 20. 12. 2006 – RiZ (R) 2/06 –). Auf die 2009 neu eingeführten gesetzlichen Rehabilitationsansprüche von Bundesbeamten nach § 46 Abs. 4 BBG (Dienstrechtsneuordnungsgesetz – DNeuG) vom 5. 2. 2009 (BGBl. I S. 160, Nr. 7/2009) wird verwiesen (vgl. Rn 10f).

21. BEM und Schadensersatz für Sozialversicherungsträger. Ob die Verletzung der Pflicht, ein BEM durchzuführen, einen Schadensersatzanspruch auslösen kann, gehört ebenfalls zu den Fragen dieser Vorschrift, die zwar ungeklärt sind, denen bisher jedoch keine große praktische Bedeutung zukam. Selbst wenn man von der grundsätzlichen Möglichkeit eines solchen Schadensersatzanspruches ausgeht, wird die Durchsetzung in aller Regel wegen Beweisschwierigkeiten scheitern. Denn der Betroffene oder ggf. auch der infolge längerer Erkrankung des Betroffenen leistungspflichtige Sozialversicherungsträger müsste nachweisen, dass sich bei rechtzeitiger Durchführung eines BEM beispielsweise der Gesundheitszustand des Betroffenen 51 besser entwickelt hätte als ohne BEM. Dabei steht er – unter umgekehrten Vorzeichen – vor dem gleichen Problem, wie der Arbeitgeber bei dem Nachweis einer von vorn herein bestehenden Aussichtslosigkeit eines BEM. Er müsste das Gericht überzeugen, dass ein Prozess mit vielen Faktoren, deren einzelne Ausprägung sich in aller Regel nicht sicher prognostizieren lässt, genau so verlaufen wäre, wie es zur Begründung seines Anspruchs erforderlich wäre. Ein in aller Regel aussichtsloses Unterfangen, dass höchstens mit den unter Rn 49 bezeichneten Mitteln in Ausnahmefällen gelingen kann (im Ergebnis wie hier: LAG R-P, 19. 7. 2007 – 11 Sa 235/07, LAG S-H, 6. 9. 2007 – 4 Sa 204/07 –; ablehnend zum Schadensersatz des Arbeitnehmers: Wolf in Diskussionsforum Teilhabe und Prävention, Forum B, Beitrag B 6–2008 auf www.iqpr.de).

52 **22. § 84 Abs. 3 SGB IX.** Abs. 3 sollte helfen, die flächendeckende Einführung eines BEM durch die Arbeitgeber zu befördern, indem den Rehabilitationsträgern und Integrationsämtern die gesetzliche Grundlage geschaffen wurde, aus ihren Mitteln entsprechende Prämien (iSe Preises) und Boni (im Sinne regelmäßiger Leistungen wie etwa Beitragsnachlässen) auszuloben. Die Umsetzung dieses modernen Anreizansatzes ist jedoch bislang nur wenig vorangeschritten. Rehabilitationsträger und Integrationsämter sind überwiegend konfrontiert mit immer strengeren Budgetvorgaben. Die Förderung eines Instruments wie dem BEM, dessen positive Auswirkung auf die jeweilige Kassenlage nur angenommen, aber noch nicht nachgewiesen werden kann, wird dementsprechend mit geringer Priorität angegangen. Soweit ersichtlich haben bislang nur die Integrationsämter konkrete Vorschläge für Maßstäbe zur Förderung einzelner Unternehmen für die Einführung eines BEM iSe Prämiensystems unterbreitet (vgl. *Seel* in Ernst/Adlhoch/Seel, SGB IX, § 84, Anhang 2). Dabei wird folgerichtig verlangt, dass das im Unternehmen eingeführte BEM über die im Gesetz geregelten Mindestanforderungen hinausgeht (vgl. auch *Trenk-Hinterberger* HK-SGB IX, § 84 Rn 39, *Welti* NZS 2006, S. 623 ff).

Boni für die Einführung eines BEM wurden soweit bekannt bisher nur von einzelnen Berufsgenossenschaften auf Basis des § 162 Abs. 2 SGB VII für Ihre Mitgliedsunternehmen eingeführt. Krankenversicherungen finanzieren teilweise unter Rückgriff auf § 65 a SGB V die Ausbildung zum Disability Manager, im Bereich der DRV Bund wird teilweise eine aufsuchende Beratung als Sonderleistung des Trägers iSv § 84 Abs. 2 SGB IX angeboten (vgl. *Eggerer, Kaiser et al.*, Abschlussbericht des EIBE II-Projekts, zu beziehen unter www.eibe-projekt.net, Kapitel 9).

53 **23. Rechtsfolgen/Rechtsweg.** Hinsichtlich der Rechtsfolgen im Kontext Kündigungsschutz wird auf die obigen Ausführungen Rn 9, 18, 49 verwiesen. Für Streitfragen um den Datenschutz (s. Rn 43 f) liegt die Zuständigkeit nach § 2 Abs. 1 Nr. 3 ArbGG bei den Arbeitsgerichten (vgl. zB BAG, Urt. v. 26. 8. 2008 – 1 ABR 16/07 –), Auch Streitfragen um die Umsetzung und sonstige Durchführung des BEM sind den Arbeitsgerichten zuzuordnen. Entschieden wird nach § 2a ArbGG bei Beteiligung der Interessenvertretung iSd § 93 im Beschlussverfahren, das Urteilsverfahren gem. § 2 Abs. 1 Nr. 3 lit. a) ArbGG ist insbes. bei Rechtsstreitigkeiten zwischen Arbeitnehmer und Arbeitgeber denkbar.

Kapitel 4. Kündigungsschutz

§ 85 Erfordernis der Zustimmung

Die Kündigung des Arbeitsverhältnisses eines schwerbehinderten Menschen durch den Arbeitgeber bedarf der vorherigen Zustimmung des Integrationsamtes.

Literatur: *Braasch,* Bestandsschutz des Arbeitsverhältnisses, in Neumann (Hrsg.), Rehabilitation und Teilhabe behinderter Menschen, Handbuch SGB IX, Baden-Baden 2004, S. 500 ff; *Cramer,* Kommentar zum SchwbG, 5. Aufl., München 1998; *Däubler/Bertzbach,* Kommentar zum AGG, 2. Aufl., Baden-Baden 2008; *Düwell,* § 188 ff, in Dau/Düwell/Haines (Hrsg.), Lehr- und Praxiskommentar (LPK SGB IX), Baden-Baden 2002; *Eisemann,* BetrVG (s. *Rolfs*); *Etzel,* §§ 85 ff SGB IX, in Becker ua., KR-Gemeinschaftskommentar zum Kündigungsschutzgesetz ua., 9. Aufl., Neuwied 2009; *Griebeling,* §§ 85 ff SGB IX, in Hauck/Noftz, Sozialgesetzbuch IX, Köln 2004; *Kiel,* KSchG, Erfurter Kommentar, 9. A., München 2009; *Kayser,* Das Zusammenwirken von erweitertem Beendigungsschutz nach dem SGB IX und tariflichen Beendigungsregelungen bei Erwerbsminderung, BR 2008, 153 ff; *Kiel,* KSchG (s. *Rolfs*); *Kossens,* §§ 85 ff, in Kossens ua., Praxiskommentar zum Behindertenrecht (SGB IX), München 2002; *Lampe,* § 85 ff, in Großmann/Schimanski, GK zum SGB IX, Neuwied 2008; *Neumann,* §§ 85 ff, in Neumann ua., Kommentar zum SGB IX, 11. Aufl., München 2005; *Rolfs,* §§ 85 ff SGB IX, Erfurter Kommentar, 9. Aufl., München 2009; *Müller-Wenner,* §§ 85 ff, in Müller-Wenner/Schorn, SGB IX Teil 2, Schwerbehindertenrecht, Kommentar, München 2003; *Oetker,* KSchG (s. *Rolfs*); *Schiek,* Kommentar zum AGG, 2007; *Schmitz,* § 85 ff, in Feldes ua., Kommentar SGB IX, Frankfurt a. M. 2009; *Steinbrück,* §§ 85 ff, in Großmann/Schimanski ua., GK-SGB IX, Neuwied 2002; *Vossen,* §§ 85 ff SGB IX, in Ascheid ua., Kündigungsrecht, 3. Aufl., München 2007; *ders.,* in *Stahlhacke* ua. (Hrsg.) Kündigung und Kündigungsschutz, 10. Aufl., München 2010; *v. Wulffen,* Kommentar zum SGB X, 7. Aufl., München 2010; *Zwanziger/Deinert,* § 85 SGB IX, in Kittner/Däubler/Zwanziger, Kündigungsschutzrecht, 7. Aufl., Frankfurt/Main 2008.

1. Sozialpolitischer Hintergrund. Die Teilhabe am Erwerbsleben ist ein 1 zentrales Ziel des Behindertenrechts, weil das Erwerbsleben ein wichtiges Element der sozialen Integration ist und weil Erwerbsarbeit zugleich die materielle Existenz sowie die an der Menschenwürde iSd Art. 1 Abs. 1 GG orientierten Selbstbestimmung sichern kann. Den Zugang für Behinderte zur Erwerbsarbeit will das Rehabilitationsrecht eröffnen und die rechtlichen Regelungen des BGB, AGG und SGB IX über faire Stellenausschreibung, diskriminierungsfreies Einstellungsverfahren von behinderten Arbeitnehmern, kompensatorische betriebliche Behindertenpolitik uä. sollen die Chancen für die behinderten Menschen gewährleisten, den angestrebten individuellen Arbeitsplatz zu erlangen und zu erhalten – dies wird insbes. durch die Vorschriften der §§ 80 ff normiert. Der besondere Kündigungsschutz, der in den §§ 85–92 geregelt ist, soll die Sicherheit des Arbeitsplatzes, den der Schwerbehinderte inne hat, erhöhen und das Risiko, arbeitslos zu werden, mindern. Das Gesetz bedient sich durch die §§ 85 ff der Mittel des allgemeinen Verwaltungsrechts, als es die Kündigung unter ein Verbot mit Erlaubnisvorbehalt stellt – die Kündigung ist unzulässig, es sei denn die zuständige Behörde hat zuvor zugestimmt. Dieses Lösungskonzept hat der Gesetzgeber von Anfang an verfolgt und es hat sich auch ausweislich der rechtspolitischen Debatten der letzten Jahrzehnte als konsensfähig erwiesen. Zuletzt belegen dies die Ergänzungen in § 1 Abs. 3 Satz 1 und § 4 Satz 4 KSchG, die die Verbindung zwischen dem allgemeinen Arbeitsrecht und dem öffentlichrechtlichen Schwerbehindertenschutz ausgebaut haben.

2 **2. Geltende Fassung und Entstehungsgeschichte.** Kündigungsschutzrechtliche Bestimmungen für Schwerbeschädigte kannten bereits das Schwerbeschädigtengesetz von 1923 sowie dessen Vorläufer. Die Normen wurden im Schwerbeschädigtengesetz von 1953 fortgeführt und ins SchwbG 1974 mit der Maßgabe transferiert, dass sowohl die ordentliche als auch die außerordentliche Kündigung der vorherigen Zustimmung der Hauptfürsorgestelle, das heutige Integrationsamt, bedürfen und dass die Kündigungsfrist mithin erst mit dem Ausspruch der Kündigung gegenüber dem Schwerbehinderten zu laufen beginnt (*Steinbrück,* § 15 Rn 9ff m. w. N.).

3 **3. Normzweck.** Der Normzweck liegt darin, dass die Zustimmung des Integrationsamtes eine öffentlich-rechtliche Wirksamkeitsvoraussetzung präventiver Art ist, die die Ausübung des Kündigungsrechts durch den Arbeitgeber einer vorherigen staatlichen Überprüfung hinsichtlich der besonderen Schutzinteressen Schwerbehinderter unterzieht (*Rolfs,* § 85 Rn 1). Die schwerbehinderten Arbeitnehmer genießen nach den §§ 85ff SGB IX eine kündigungsrechtliche Sonderstellung; diese Regelung ist nicht abschließend, sondern tritt neben die sonstigen kündigungsschutzrechtlichen Vorschriften anderer Gesetze. Es gilt also zB der Kündigungsschutz nach §§ 1ff KSchG, ebenso ist im Falle der Kündigung eines schwerbehinderten Arbeitnehmers nach § 102 Abs. 1 Satz 1 und 2 BetrVG der Betriebsrat zu hören oder der Personalrat nach den Vorschriften der einschlägigen Personalvertungsgesetzen des Bundes und der Länder zu beteiligen (*Vossen* in Stahlhacke, Rn 1523).

4 **4. Normzusammenhang.** Materiellrechtlich geht es hier um besonderes Arbeitsrecht, das sich in öffentlichrechtlicher Form nicht etwa auf eine bestimmte Branche – wie etwa das Recht der Beamten – bezieht, sondern das eine Personengruppe als Adressaten hat, die durch gesundheitliche Defizite (Behinderungen) gekennzeichnet ist. Rechtssystematisch ist es also erforderlich, das allgemeine Kündigungsrecht zugrunde zu legen und sodann ergänzend die besonderen Regelungen des Schwerbehindertenrechts heranzuziehen.

5 Der allgemeine Kündigungsschutz differenziert nach Größe der Betriebe und Verwaltungen; § 23 Abs. 1 Satz 2ff KSchG lautet:

„Die Vorschriften des ersten Abschnitts gelten nicht für Betriebe und Verwaltungen, in denen idR fünf oder weniger Arbeitnehmer ausschließlich der zu ihrer Berufsausbildung Beschäftigten beschäftigt werden. In Betrieben und Verwaltungen, in denen idR zehn oder weniger Arbeitnehmer ausschließlich der zu ihrer Berufsausbildung Beschäftigten beschäftigt werden, gelten die Vorschriften des Ersten Abschnitts mit Ausnahme der §§ 4 bis 7 und des § 13 Abs. 1 Satz 1 und 2 nicht für Arbeitnehmer, deren Arbeitsverhältnis nach dem 31. 12. 2003 begonnen hat; diese Arbeitnehmer sind bei der

Feststellung der Zahl der beschäftigten Arbeitnehmer nicht zu berücksichtigen. Bei der Feststellung der beschäftigten Arbeitnehmer nach den Sätzen 2 und 3 sind teilzeitbeschäftigte Arbeitnehmer mit einer regelmäßigen wöchentlichen Arbeitszeit von nicht mehr als 20 Stunden mit 0,5 und nicht mehr als 30 Stunden mit 0,75 zu berücksichtigen."

Der Kündigungsschutz nach dem Ersten Abschnitt des KSchG verlangt 6 vom Arbeitgeber eine sozial gerechtfertigte Kündigung und unterwirft die Kündigung der vollen arbeitsgerichtlichen Überprüfung, schließlich sieht er ggfs eine Entschädigung für den Verlust des Arbeitsplatzes vor. § 1 Abs. 3 Satz 1 KSchG ua. aus, dass die Kündigung eines Arbeitnehmers aus dringlichen betrieblichen Gründen dann sozial ungerechtfertigt ist, wenn die Schwerbehinderung des Arbeitnehmers nicht oder nicht ausreichend berücksichtigt ist (*Oetker*, § 1 KSchG, Rn 334 m. w. N.). Gem § 1 Abs. 3 Satz 1 KSchG ist eine Kündigung, auch wenn sie auf dringlichen betrieblichen Erfordernissen beruht, trotzem sozial ungerechtfertigt, wenn der Arbeitgeber bei der Auswahl des Arbeitnehmers ua. die Schwerbehinderung nicht oder nicht ausreichend berücksichtigt hat (Näheres bei *Oetker* Rn 337). Hinsichtlich des Bezuges zum AGG siehe Erl. dort zu § 2 AGG Rn 6–9.

In Kleinbetrieben ist der Kündigungsschutz rechtlich wesentlich schwä- 7 cher ausgeprägt, weil er sich nur auf Generalklauseln wie die Vorschriften der §§ 138 BGB („Sittenwidrigkeit") und 242 BGB („Treu und Glauben") oder besondere arbeitgeberseitige Rechtsverstöße, die etwa gegen die Grundrechtspositionen des Gekündigten verstoßen, stützen kann (vgl. *Preis*, APS Grundlagen J, Rn 29 ff). Wegen dieser Differenzierung des Kündigungsschutzes nach Betriebsgröße kommt den §§ 85 ff SGB IX in Kleinbetrieben besondere Bedeutung zu.

Ein problematisches Spezifikum des Kündigungsschutzes für schwerbe- 8 hinderte Arbeitnehmer ist seine rechtssystematische Mehrgleisigkeit. Eine Kündigung ist grundsätzlich nur dann rechtmäßig, wenn zuvor das Integrationsamt zugestimmt hat (§§ 85 und 86). Diese Zustimmung ist ein Verwaltungsakt, der öffentlich-rechtlicher Natur ist und für den die Rechtsmittel des Widerspruchs und der verwaltungsgerichtlichen Klage gegeben sind. Die nachfolgende arbeitgeberseitige Kündigung des schwerbehinderten Arbeitnehmers ist arbeitsrechtlicher Natur und kann deshalb vor den Arbeitsgerichten angefochten werden. Im Einzelfall mag darüber hinaus noch die Anerkennung des betroffenen Arbeitnehmers als Schwerbehinderter gem. § 69 oder seine Gleichstellung durch die Agentur für Arbeit gem. § 68 anstehen; die letztgenannten beiden Fälle wiederum sind sozialrechtlicher Natur, und insofern kann es hier erforderlich sein, ein Widerspruchsverfahren und ein sozialgerichtliches Verfahren durchzuführen. Der Gesetzgeber hat diese vielfältige und daher umständliche Rechtskonstruktion bei Erl. des SGB IX beibehalten, „de lege ferenda" besteht aber Änderungsbedarf. Es liegt nahe, die gerichtliche Überprüfung der Entscheidung des Integrationsamtes und das Kündigungsschutzverfahren vor den Arbeitsgerichten zusammenzuführen. Das traditionelle Dogma von der Trennung von öffentlichem und privatem (hier: Arbeits-)Recht überzeugt nicht, schließlich werden auch auf anderen Rechtsgebieten Verwaltungsakte durch die ordentliche Justiz überprüft; verwiesen sei etwa darauf, dass behördliche Vergabeentscheidungen gem.

§ 116 GWB vor dem Oberlandesgericht beklagt werden. Rechtspolitisch ist vor allem anzumerken, dass wichtige sozialstaatliche Regelungen an Legitimation verlieren, wenn sie durch Umständlichkeit und Komplexität des Verfahrens beim unvoreingenommenen Betrachter den Eindruck erwecken, eine zügige Entscheidung sei gar nicht Regelungsziel und Verzögerung des Konfliktlösung unerheblich.

9 **5. Die Regelung im Einzelnen. a) Der räumliche Geltungsbereich** des besonderen Kündigungsschutzes für schwerbehinderte Arbeitnehmer bezieht sich auf Arbeitsverhältnisse im Inland und solche Arbeitsverhältnisse im Ausland, bei denen der Arbeitnehmer bei vorübergehender Entsendung dem inländischen Betrieb zugeordnet bleibt (Ausstrahlung). Dagegen soll es nicht ausreichen, dass die Parteien lediglich die Anwendung deutschen Arbeitsrechts im Ausland vereinbart haben (*Rolfs,* Rn 2); hierfür spricht, dass die Zuständigkeit einer Behörde, in diesem Fall des Integrationsamtes, nicht einer Parteivereinbarung unterliegt.

10 **b) Der persönliche Geltungsbereich** bezieht sich mit den in § 90 genannten Ausnahmen auf alle Arbeitnehmer unabhängig von der Größe des Betriebes. Vom Schutzbereich der Norm sind ebenfalls Auszubildende gem. § 3 Abs. 2 BBiG sowie gem. § 127 Abs. 2 Satz 2 Heimarbeiter und diesen gleichgestellte schwerbehinderte Menschen umfasst (BAG, AP SchwbG § 18 Nr. 11). Nicht umfasst sind hingegen freie Dienstverträge. Bei arbeitnehmerähnlichen Personen kommt es auf die konkrete Ausgestaltung des Rechtsverhältnisses und seine Nähe zum Arbeitsrecht an (aA *Neumann,* § 85 Rn 26 m. w. N.).

11 Daneben gehört zum persönlichen Geltungsbereich die Schwerbehinderteneigenschaft bzw. die Gleichstellung. Hier gilt Folgendes: Die Anerkennung und die Feststellung des Grades des GdB haben zwar gem. § 69 nur deklaratorische Bedeutung; für den Konfliktsfall der Kündigung durch den Arbeitgeber mit dem Schutzinteresse des noch nicht amtlich beschiedenen Schwerbehinderten haben sich aber hM und BAG (Nachweise bei *Etzel* Rn 53 a ff) für eine verfahrensmäßige Betrachtung entschieden und einen Lösungsansatz zugunsten des schwerbehinderten Arbeitnehmers verworfen. Vor der Einfügung von § 90 Abs. 2 a) verlangte die Rechtsprechung des BAG, dass der Antrag auf Anerkennung als Schwerbehinderter im Zeitpunkt des Kündigungszuganges gestellt worden sein musste. Das BAG sieht von diesem Erfordernis nur im Falle der offenkundigen Schwerbehinderung ab (BAG 18. 10. 2000, AP BGB § 23 Nr. 59). In der Literatur wurde dies kritisiert (s. *Zwanziger,* § 85 Rn 23).

12 Auch nach der Einführung des § 90 Abs. 2 a) bleibt unstrittig, dass der Nachweis bei offenkundiger Schwerbehinderung eben infolge der Offenkundigkeit von Kleinwüchsigkeit, der Blindheit, der fehlenden Extremität etc. geführt ist.

13 Die rechtlich schwierigeren Konstellationen hat der Gesetzgeber durch die Novelle vom 28. 4. 2004 – Einführung des neuen § 90 Absatz 2 a – geregelt. Danach ist der besondere Kündigungsschutz für behinderte Arbeitnehmer nicht gegeben ist, wenn zum Zeitpunkt der Kündigung die Eigenschaft des schwerbehinderten Menschen nicht nachgewiesen ist (1. Alternative). Mehr Probleme schafft die 2. Alternative: Hier sagt die Norm, dass

der Schwerbehindertenschutz fehlt, wenn das Versorgungsamt nach Ablauf der Frist des § 69 Abs. 1 Satz 2 eine Feststellung wegen fehlender Mitwirkung seitens des schwerbehinderten Menschen nicht treffen konnte. Diese Vorschrift nimmt auf die Fristen von § 14 Abs. 2 Satz 2 und 4 sowie Abs. 5 Satz 2 und 5 Bezug nimmt. Im Ergebnis schließt das BAG (1. 3. 2007 EzA § 90 SGB IX Nr. 1; NZA 2008, 302) hieraus, dass der Schutz des § 85 nur dann in Anspruch genommen werden kann, wenn der schwerbehinderte Arbeitnehmer mindestens 3 Wochen vor Erhalt der Kündigung den Antrag auf Anerkennung als Schwerbehinderter beim Versorgungsamt gestellt hat. Praktisch heißt dies, dass der Arbeitnehmer nicht in Reaktion auf eine drohende Kündigung, sondern unabhängig von seiner spezifischen Lage im Betrieb den Antrag auf Anerkennung als Schwerbehinderter stellen muss. Im Einzeln s. dazu die näheren Ausführungen bei § 90 Abs. 2a.

Indessen überzeugt die 3-Wochen-Lösung des BAG – und noch weniger die *Etzelsche* 7-Wochen-Lösung, s. dazu ebenfalls die Erläuterungen bei § 90 Abs. 2a) – nicht, weil sie sich nicht aus der Regelung des § 90 Abs. 2a ergibt; vielmehr sagt die Norm des § 90 Abs. 2a, 2. HS lediglich, dass mangelnde Mitwirkung, d.i. Verfahrensverzögerung, dem Schwerbehinderten nicht zugute kommt, i.Ü. aber ist auf den Tag der Antragstellung abzustellen – von hier an gilt der Schwerbehindertenschutz. So hat das Gesetz dies auch für die **Gleichgestellten** geregelt, **gem.** § 68 Abs. 2 Satz 2 wird die Gleichstellung mit dem Tag des Antragseingangs beim Versorgungsamt wirksam. 14

Hinsichtlich der **Kenntnis des Arbeitgebers** geht das BAG (EzA § 4 KSchG nF Nr. 83) davon aus, dass innerhalb einer Regelfrist von 3 Wochen der Arbeitnehmer den Arbeitgeber von seiner Schwerbehinderteneigenschaft in Kenntnis setzen muss (zum Ganzen m.w.N. *Etzel*, Rn 25). Wahrt der Arbeitnehmer diese Frist, ist die Kündigung gem. § 85 unwirksam. Lässt er die Frist hingegen ungenutzt verstreichen, kann die Schwerbehinderteneigenschaft bzw. Gleichstellung nurmehr im Rahmen der Interessenabwägung gem. § 1 KSchG bzw. § 626 BGB berücksichtigt werden (*Rolfs* Rn 9). 15

c) Hinsichtlich des **sachlichen Geltungsbereichs** kommt es darauf an, dass ein Arbeitsverhältnis gekündigt werden soll. Voraussetzung des besonderen Kündigungsschutzes ist also zunächst einmal das Vorliegen eines Arbeitsverhältnisses. Nach der Rechtsprechung des BAG kommt es insoweit darauf an, dass ein Arbeitnehmer, der seine Arbeit im Rahmen einer von Dritten bestimmten Arbeitsorganisation erbringt, dies in persönlicher Abhängigkeit sowie in Eingliederung in eine fremde Betriebsorganisation macht; zugleich gehört zum Arbeitsverhältnis, dass die Arbeit vergütet wird (vgl. BAG 12. 9. 1996 EZA § 611 BGB). 16

Nach dem klaren Wortlaut der Norm bezieht sich der Schutzzweck der Vorschrift auf arbeitgeberseitige Kündigungen und nicht auf die kündigungsmäßige Beendigung eines Arbeitsverhältnisses durch den behinderten Menschen. Dessen arbeitsrechtliche Dispositionsfreiheit will der Gesetzgeber grundsätzlich nicht einschränken. Allerdings kann die Kündigung durch den Schwerbehinderten die Sanktionen des § 117 ebenso nach sich ziehen wie das Verhängen einer Sperrzeit seitens der Agentur für Arbeit gem. § 144 SGB III. 17

18 Keine Anwendung findet § 85 im Fall der Berufung auf die Nichtigkeit des Arbeitsverhältnisses, seiner Anfechtung, den Ablauf einer Befristung oder den Eintritt einer auflösenden Bedingung.

Der besondere Kündigungsschutz setzt eine Kündigung, dh eine einseitige empfangsbedürftige Willenserklärung voraus, durch die ein auf Dauer angelegtes Arbeitsverhältnis für die Zukunft aufgehoben werden soll. Ob es sich um eine ordentliche oder außerordentliche Kündigung (s. dazu § 91) handelt und was die Begründung der Kündigung ist, spielt keine Rolle. Gemäß § 623 BGB bedarf die Kündigung der Schriftform. Kommt das Integrationsamt zu der Auffassung, dass eine beabsichtigte Kündigung rechtsgrundlos ist, so muss es gleichwohl seine Entscheidung gem. § 85 treffen. Denn die Rechtsgültigkeit der Kündigung wird abschließend erst vom Arbeitsgericht überprüft.

Auch die Änderungskündigung ist eine Kündigung und unterliegt den Restriktionen der §§ 85 ff. Anders liegt der Fall, wenn es um die Ausübung des Direktionsrechts des Arbeitgebers geht. Der schwerbehinderte Arbeitnehmer unterliegt wie jeder andere Arbeitnehmer diesem Direktionsrecht, das allerdings durch den Arbeitsvertrag und den TV gebunden ist.

19 Der besondere Kündigungsschutz für schwerbehinderte Arbeitnehmer kann weder arbeitsvertraglich noch tarifvertraglich abbedungen werden (allg. Auffassung, vgl. *Braasch,* § 19 Rn 91 m. w. N.).

Der Verzicht auf die Zustimmung seitens des schwerbehinderten Arbeitnehmers ist mit *Hoff* Rn 22 aus Rechtsgründen nicht möglich. Da die fehlende Zustimmung des Integrationsamtes die Kündigungserklärung nicht nur schwebend unwirksam, sondern nichtig macht, kann die spätere Erklärung des Schwerbehinderten, er verzichte auf die Zustimmung, die Kündigungserklärung nicht heilen.

20 Keine Kündigung liegt vor, wenn das Arbeitsverhältnis gem. § 41 Satz 2 SGB VI endet; hiernach geht es um eine Vereinbarung, die die Beendigung des Arbeitsverhältnisses eines Arbeitnehmers ohne Kündigung zu einem Zeitpunkt vorsieht, in dem der Arbeitnehmer vor Vollendung des 65. Lebensjahres eine Rente wegen Alters beantragen.

Anders verhält es sich gem. § 92 hinsichtlich der Beendigung des Arbeitsverhältnisses wegen Erwerbsminderung (früher: Berufsunfähigkeit oder Erwerbsunfähigkeit) auf Zeit. *Neumann* § 85 Rn 48 weist zu Recht darauf hin, dass § 15 Abs. 3 TzBfG die Gestaltungsmöglichkeit einräumt, dass trotz Befristung eine Kündigung notwendig ist. Hier bedarf es deshalb der Zustimmung des Integrationsamtes, soll das Arbeitsverhältnis rechtswirksam beendet werden.

21 Nicht gehindert sind der schwerbehinderte Arbeitnehmer und der Arbeitgeber an einer einvernehmlichen Aufhebung des Arbeitsverhältnisses. Allerdings gibt es hier insoweit einen besonderen Schutz des Arbeitnehmers, als dieser ggf. wegen unangemessener Benachteiligung gem. §§ 307 Abs. 2, 310 Abs. 3 BGB den Aufhebungsvertrag anfechten kann. Im Übrigen entspricht es den Anforderungen von Treu und Glauben gem. § 242 BGB im Arbeitsrecht, dass der Arbeitgeber auf die negativen Folgen für den schwerbehinderten Arbeitnehmer, insbes. die Sanktion des § 117 ausdrücklich hinweist.

d) Vorherige Zustimmung des Integrationsamtes. Das Zustimmungserfordernis besteht nach Ablauf der 6-monatigen Wartefrist des § 90 Abs. 1 Nr. 1 und mit den sich aus § 90 weiter ergebenden Ausnahmen für jede ordentliche und außerordentliche Kündigung, und zwar sowohl für die Beendigungs- als auch für die Änderungskündigung (allgemeine Meinung). Diese Regel ist gem. § 89 Abs. 3 auch vom Insolvenzverwalter zu beachten, der wie alle anderen Arbeitgeber die Zustimmung des Integrationsamtes einzuholen hat. 22

Ohne vorherige Zustimmung ist die Kündigung gem. § 134 BGB nichtig. Die Zustimmung ist ein Verwaltungsakt, dessen Wirksamkeit sich nach den Vorschriften des SGB X richtet. Ein Verwaltungsakt ist wirksam, solange er nicht nichtig ist. Das bedeutet, dass auch eine rechtswidrige Zustimmung des Integrationsamtes dazu führt, dass der Arbeitgeber wirksam kündigen kann. Erst wenn die rechtswidrige Zustimmung etwa durch das Widerspruchsverfahren oder die erfolgreiche Klage vor dem VG beseitigt ist, fehlt es am Zustimmungserfordernis des § 85. 23

Die Zustimmung des Integrationsamtes bedarf als Verwaltungsakt zur Wirksamkeit der Bekanntgabe durch förmliche Zustellung nach §§ 13 Abs. 3, 65 Abs. 2 SGB X. Zugestellt werden muss die Entscheidung des Integrationsamtes sowohl dem Arbeitgeber als Antragsteller als auch dem Schwerbehinderten gem. § 88 Abs. 2. Umstritten ist, ob die Zustellung an beide erfolgen muss, damit der Verwaltungsakt seine Wirksamkeit entfaltet oder ob es genügt, dass sie an den Antragsteller ergeht (für letzteres die herrschende Meinung, Nachweise bei *Hoff* Rn 20). § 88 Abs. 3 spricht für die Lesart der herrschenden Meinung, da ansonsten der Arbeitgeber verpflichtet wäre nachzuforschen, ob und wann die Entscheidung auch dem schwerbehinderten Arbeitnehmer zugestellt wurde. Es geht bei der Zustimmung des Integrationsamtes mithin um einen Verwaltungsakt mit Doppelwirkung gem. § 80a VwGO. Hierbei ist das Erfordernis der Zustellung an den Schwerbehinderten wegen dessen Widerspruchsfrist von Bedeutung. 24

Im Übrigen kann den schwerbehinderten Arbeitnehmer die Sanktion des § 117 treffen, wenn er, ohne hierfür einen berechtigten Grund zu haben, den besonderen Kündigungsschutz im Rahmen eines Aufhebungsvertrages aufgibt. 25

6. Rechtsfolgen/Rechtsweg/Handlungsmöglichkeiten. Gegen die Entscheidung des Integrationsamtes können je nach Ergebnis der Arbeitgeber oder der Schwerbehinderte Widerspruch einlegen. Die zuständige Widerspruchsstelle ist der Widerspruchsausschuss des Integrationsamtes, wie in § 118 und § 119 geregelt ist. Gegen die Entscheidung ist die Anfechtungsklage vor den Verwaltungsgerichten möglich. Die Kündigungserklärung kann der Arbeitnehmer durch Kündigungsschutzklage vor dem Arbeitsgericht anfechten. Soweit es für die Frage der Wirksamkeit einer Kündigung allein darauf ankommt, ob die Zustimmung des Integrationsamtes wirksam erteilt wurde und deshalb das Widerspruchsverfahren beim Integrationsamt oder aber die Anfechtungsklage vor dem VG – samt einstweiligem Rechtsschutz – noch nicht abgeschlossen sind, ist das arbeitsgerichtliche Verfahren auszusetzen (BAG 25. 11. 1980, NJW 1981, 2023). 26

§ 86 Kündigungsfrist

Die Kündigungsfrist beträgt mindestens 4 Wochen.

Literatur: siehe bei § 85

1 **1. Entstehung und Zweck der Norm.** Die Vorschrift entspricht wörtlich § 16 SchwBG vom 26. 8. 1986. Sie normiert eine Mindestkündigungsfrist von 4 Wochen und berührt weitergehende arbeitsrechtliche Regelungen nicht. Da § 622 Abs. 1 BGB die Kündigungsfrist ebenfalls auf 4 Wochen und zusätzlich mit einem Kündigungszeitpunkt zum 15. oder zum Ende eines Kalendermonats festlegt, schafft die Vorschrift des § 86 insoweit keine spezifischen Vorteile für schwerbehinderte Arbeitnehmer und deshalb wird sie in der Literatur als weitgehend bedeutungslos bewertet (*Steinbrück,* § 16 Rn 1).

2 **2. Anwendungsbereich.** § 86 gilt für diejenigen Arbeitsverhältnisse, für die § 85 bei der Kündigung das Erfordernis der vorhergehenden Zustimmung des Integrationsamtes vorschreibt. Arbeitsverhältnisse, die von den Ausnahmen des § 90 umfasst sind, werden mithin von § 86 nicht umfasst – erst nach einem mindestens sechsmonatigen Bestand des Arbeitsverhältnisses beträgt die Frist für alle ordentlichen Kündigungen mindestens 4 Wochen; die fristlosen Kündigungen nimmt § 91 von der Regelung des § 86 ausdrücklich aus. Für die in Heimarbeit Beschäftigten gilt § 127 Abs. 2.

3 Die Vorschrift des § 113 Abs. 1 Satz 2 InsO schreibt vor, dass die Kündigungsfrist bei Insolvenz des Arbeitgebers 3 Monate beträgt, wenn nicht eine kürzere Kündigungsfrist maßgeblich ist. Auch der Insolvenzverwalter hat die Frist des § 86 zu beachten.

4 Da das SGB IX ein Arbeitnehmerschutzrecht normiert, gilt auch § 86 nur für die Kündigung, die der Arbeitgeber ausspricht. Es ist dem schwerbehinderten Arbeitnehmer unbenommen, seinerseits ohne Einhaltung der Kündigungsfrist des § 86 das Arbeitsverhältnis zu beenden (hM: *Müller-Wenner,* § 86 Rn 4, aA *Neumann/Pahlen* SGB IX, § 86 Rn 4); dass ein solches Verhalten die Sanktion des § 117 nach sich ziehen kann, ist dabei allerdings zu bedenken.

5 **3. Die Regeln im Einzelnen.** § 622 Abs. 1 BGB legt fest, dass die Kündigungsfrist für alle Arbeitsverhältnisse 4 Wochen zum 15. oder zum Ende eines Kalendermonats beträgt.

Gemäß § 90 Abs. 1 Nr. 1 gilt das Sonderkündigungsrecht nach SGB IX und damit auch § 86 für schwerbehinderte Menschen nicht, wenn das Arbeitsverhältnis zum Zeitpunkt des Zuganges der Kündigung ohne Unterbrechung noch nicht länger als 6 Monate bestanden hat. Dies bedeutet in Bezug auf die Kündigungsfrist in der Probezeit, dass § 86 die Regelung des § 622 Abs. 3 BGB nicht abändert; denn dort hat der Gesetzgeber festgelegt, dass eine längstens 6-monatige Probezeit durch eine Kündigung mit einer Frist von 2 Wochen beendet werden kann. § 622 Abs. 3 BGB wird also von § 90 Abs. 1 Nr. 1 iVm § 86 nicht tangiert. Dasselbe gilt hinsichtlich der Regelungen von § 622 Abs. 5 Nr. 1 BGB, die einzelvertragliche kürzere Fristen bei Aushilfsarbeitsverhältnissen mit der Dauer von bis zu 3 Monaten betrifft.

Anders verhält es sich bei § 622 Abs. 5 Nr. 2 BGB, wonach in Kleinbetrieben mit nicht mehr als 20 Arbeitnehmern zwar von den sonstigen Kündigungsfristen einzelvertraglich abgesehen werden kann, aber die Kündigungsfrist von 4 Wochen nicht unterschritten werden darf. Da § 622 Abs. 1 und Abs. 5 Nr. 2 rechtssystematisch zusammengehören, verbleibt es bei der Fixierung des Kündigungszeitraumes auf den 15. bzw. das Monatsende. Auch insoweit kommt § 86 nicht zum Tragen.

§ 622 Abs. 4 BGB sieht abweichende Regelungen gegenüber §§ 622 Abs. 1ff BGB per Tarifvertrag vor. Hier kann also § 86 arbeitsrechtliche Bedeutung iSe Mindeststandards haben. 6

Wegen der Berechnung der Frist wird auf die Regeln der Vorschriften der §§ 186, 187, 193 BGB verwiesen. Wird die Frist nicht eingehalten, so gilt nach allgemeinem Kündigungsrecht, dass die Kündigung zum nächst zulässigen Zeitpunkt wirksam wird. 7

4. Rechtsfolgen/Rechtsweg. Wird die Kündigungsfrist nicht eingehalten, so hat das Integrationsamt die Zustimmung gem. § 85 zu versagen. 8

§ 87 Antragsverfahren

(1) [1]**Die Zustimmung zur Kündigung beantragt der Arbeitgeber bei dem für den Sitz des Betriebes oder der Dienststelle zuständigen Integrationsamt schriftlich.** [2]**Der Begriff des Betriebes und der Begriff der Dienststelle iSd Teils 2 bestimmen sich nach dem Betriebsverfassungsgesetz und dem Personalvertretungsrecht.**

(2) **Das Integrationsamt holt eine Stellungnahme des zuständigen Arbeitsamtes, des Betriebsrates oder Personalrates oder der Schwerbehindertenvertretung ein und hört den schwerbehinderten Menschen an.**

(3) **Das Integrationsamt wirkt in jeder Lage des Verfahrens auf eine gütliche Einigung hin.**

Literatur: siehe bei § 85

1. Sozialpolitischer Hintergrund. Das Verfahren des besonderen Kündigungsschutzes, für dessen öffentlichrechtlichen Teil das Integrationsamt zuständig ist, bedarf der Ausgestaltung nach rechstaatlichen Grundsätzen wie Unbefangenheit der Amtswalter, rechtlichem Gehör, Untersuchungsgrundsatz ua. Da das SchwbG vor dem SGB X kodifiziert wurde, musste es eigene Verfahrensfestlegungen treffen, die dann in das SGB IX aufgenommen wurden, auch wenn nun – im Rahmen des SGB – eine stärkere Bezugnahme auf das SGB X möglich gewesen wäre. 1

2. Geltende Fassung, Entstehungsgeschichte, Normzweck, Normzusammenhang. § 17 SchwbG war inhaltsgleich und wurde nur redaktionell bearbeitet. Die Vorschrift ist im Zusammenhang des Verwaltungsverfahrens, das im Wesentlichen im SGB I und X geregelt ist, zu lesen. Das SGB X normiert Anwendungsbereich, Zuständigkeit und Amtshilfe des Verwaltungsverfahrens (§§ 1–7), die Verfahrensgrundsätze von der Beteiligtenfähigkeit bis zur Akteneinsicht (§§ 8–25), Fristen, Termine und Wiedereinset- 2 zung (§§ 26–28), die Lehre vom Verwaltungsakt und seiner Bestandskraft (§§ 31–52), die Zulässigkeit und Ausgestaltung öffentlich-rechtlicher Verträge (§§ 53–61), die Rechtsbehelfe gegen Verwaltungsakte und die Kostenerstattung im Vorverfahren (§§ 62, 63) sowie Kosten, Zustellung und Vollstreckung (§§ 64–66). Diese Vorschriften gelten alle für das Verfahren vor dem Integrationsamt.

3 **3. Die Regeln im Einzelnen. a) Antrag auf Zustimmung des Integrationsamtes.** Der Antrag ist zwingendes Verfahrenserfordernis. Das Integrationsamt hat keine Befugnis, im Rahmen des Kündigungsschutzverfahrens von sich aus initiativ zu werden.

Gemäß § 18 Satz 2 Nr. 2 SGB X entscheidet die Behörde über den Beginn des Verfahrens nicht aus eigenem Ermessen, wenn sie nur auf Antrag tätig werden darf und ein Antrag nicht vorliegt. Die Einleitung des Verwaltungsverfahrens liegt also nicht im Ermessen der Behörde. Vielmehr bedarf es des Antrags, der das an die Verwaltungsbehörde gerichtete Begehren zum Gegenstand hat, dass die Behörde in bestimmter Weise tätig werden soll. Fehlt es hieran, bleibt die Behörde untätig.

Die Befugnis zur Antragstellung liegt beim Arbeitgeber selbst oder bei von ihm hierzu bevollmächtigten Personen oder bei dem gesellschaftsrechtlich oder satzungsrechtlich handelnden Organ (GmbH-Geschäftsführer ua.).

4 Der Antrag muss nach dem Wortlaut des Gesetzes schriftlich gestellt sein. Nach allgemeiner Auffassung ist das Schrifterfordernis auch bei Übermittlung per Telefax oder bei telegrafischer Antragstellung erfüllt. Eine mündliche oder telefonische Antragstellung genügt hingegen dem gesetzlichen Erfordernis nicht. Ein Formmangel des Antrages kann nicht durch Zustimmung des Integrationsamtes zur Kündigung geheilt werden (*Cramer,* § 17 Rn 2).

Der Antrag muss gem. § 126 Abs. 1 BGB unterschrieben sein, die Übersendung von beglaubigten Abschriften genügt (*Steinbrück,* § 17 Rn 32).

Inhaltlich muss der Antrag folgende Punkte umfassen:

- Antragstellender Arbeitgeber
- Name und Anschrift des schwerbehinderten Menschen
- Tätigkeit des betroffenen schwerbehinderten Menschen
- Dauer des Beschäftigungsverhältnisses
- Kündigungstermin
- Kündigungsfrist.

5 Die Arbeitsgemeinschaften der Integrationsämter haben ein Muster hierzu erstellt (Kontakt: www.integrationsaemter.de).

Die Angabe der Gründe, die die Kündigung rechtfertigen, ist kein Wirksamkeitserfordernis für den Antrag. Sinnvollerweise lässt sich aber nur ein Antrag seitens des Integrationsamtes bearbeiten, wenn die Einzelheiten dargestellt sind.

Das örtlich zuständige Integrationsamt ergibt sich ebenfalls aus der Übersicht www.integrationsaemter.de.

6 **b) Begriff des Betriebes/der Dienststelle.** Der Begriff des Betriebes bzw. der Dienststelle ergibt sich aus § 6 BPersVG und aus § 1 BetrVG. § 6 BPersVG spricht davon, dass die einzelnen Behörden, Verwaltungsstellen und Betriebe des Bundes und der bundesunmittelbaren Körperschaften,

Anstalten des öffentlichen Rechts sowie die Gerichte sind. Des Weiteren folgt eine Definition des Begriffs der Behörde der Mittelstufe. Schließlich wird festgelegt, dass Nebenstellen und Teile einer Dienststelle, die räumlich weit von dieser entfernt sind, als selbständige Dienststellen gelten, wenn die Mehrheit ihrer wahlberechtigten Beschäftigten dies in geheimer Abstimmung beschließt. Die Regelungen der Landespersonalvertretungsgesetze lauten entsprechend.

Gemäß § 1 BetrVG werden in Betrieben mit idR mindestens 5 wahlberechtigten Arbeitnehmern, von denen 3 wählbar sind, Betriebsräte gewählt. Ein gemeinsamer Betrieb mehrerer Unternehmen wird vermutet, wenn zur Verfolgung arbeitstechnischer Zwecke die Betriebsmittel sowie die Arbeitnehmer von den Unternehmen gemeinsam eingesetzt werden oder die Spaltung eines Unternehmens zur Folge hat, dass von einem Betrieb ein oder mehrere Betriebsteile einem an der Spaltung beteiligten anderen Unternehmen zugeordnet werden, ohne dass sich dabei die Organisation des betroffenen Betriebes wesentlich ändert; der betriebsverfassungsrechtliche Betriebsbegriff geht dahin, dass auch Betriebsteile als selbständige Betriebe gelten können (vgl. § 4 Abs. 1 BetrVG). Entscheidend für den Betrieb als betriebsverfassungsrechtliche Einheit ist der einheitliche Leitungsapparat, die Einheit der Entscheidung in mitbestimmungspflichtigen Angelegenheiten (*Eisemann,* § 1 BetrVG, RN 10 m. w. N.). 7

c) Einholung von Stellungnahmen/Rechtliches Gehör der Beteiligten. 8
Gemäß § 87 Abs. 2 hat das Integrationsamt im Rahmen seiner Amtsermittlungspflicht – § 20 SGB X – Stellungnahmen der Agentur für Arbeit, des Betriebsrates bzw. Personalrates und der Schwerbehindertenvertretung einzuholen. Die Vorschrift macht die genannten Institutionen nicht zu Beteiligten gem. § 12 Abs. 1 SGB X, die etwa im Verfahren Anträge stelen oder Rechtsmittel einlegen können. Die Norm des § 87 Abs. 2 ist allerdings zwingend und ihre Umsetzung im Rahmen des Verwaltungsverfahrens kann das Integrationsamt deshalb nicht davon abhängig machen, ob es die Sachlage auch ohne diese Stellungnahmen für hinreichend geklärt hält.

Gem § 9 SGB X normiert für das Verwaltungsverfahren, dass es nicht an bestimmte Formen gebunden ist, sondern dass es einfach und zweckmäßig sowie zügig durchzuführen ist. 9

Gemäß § 24 Abs. 1 SGB X ist dem Beteiligten – also schwerbehindertem Arbeitnehmer und Arbeitgeber – Gelegenheit zu geben, sich zu den für die Entscheidung erheblichen Tatsachen zu äußern, bevor der Verwaltungsakt erlassen wird, der in die Rechte eben dieses Beteiligten eingreift. Diese Regelung des SGB X wird durch § 87 Abs. 2 am Ende konkretisiert. Es ist die verfahrensrechtliche Umsetzung des rechtsstaatlichen Grundsatzes vom rechtlichen Gehör analog Art. 103 Abs. 1 GG. 10

Die Kündigung greift in die Rechte des schwerbehinderten Menschen ein, weil er einen Anspruch auf Nichtdiskriminierung gem. § 81 Abs. 2 ebenso hat wie darauf, dass der Arbeitgeber seine präventiven Pflichten bei Gefährdung des Beschäftigungsverhältnisses gem. § 84 einhält. Bei der Zustimmung zur Kündigung seitens des Integrationsamtes geht es um einen den schwerbehinderten Arbeitnehmer belastenden Verwaltungsakt. Den Beteiligten ist also gem. § 24 Abs. 1 SGB X Gelegenheit zu geben, sich zu den für die Ent- 11 scheidung erheblichen Tatsachen zu äußern. Die Anhörung ist kein besonderes Verfahren innerhalb des Verwaltungsverfahrens und wie dieses auch kein förmliches Verfahren. Daher kann die Anhörung sowohl mündlich als auch schriftlich erfolgen. Eine dem Betroffenen gesetzte Äußerungsfrist darf idR zwei Wochen nicht unterschreiten, bei der Fristbestimmung sind Postlaufzeiten zusätzlich zu berücksichtigen (BSGE 71, 104, 105, 106). Eine zu kurze Äußerungsfrist wird nicht nachträglich angemessen, wenn die Verwaltung nach deren Ablauf stillschweigend abwartet (BSG, aaO). Die ordnungsgemäße Gewährung rechtlichen Gehörs erfordert, dass den Beteiligten die für die Entscheidung erheblichen Tatsachen mitgeteilt werden oder ihnen jedenfalls die Möglichkeit gegeben wird, diese Tatsachen in Erfahrung zu bringen – insbes. durch einen geeigneten Hinweis auf die Möglichkeit der Akteneinsicht gem. § 25 SGB X.

Erheblich sind diejenigen Tatsachen, auf die die Behörde ihre Entscheidung auch stützen will.

Mit Sinn und Zweck der Anhörung ist es vereinbar, die Anhörung spätestens im Widerspruchsverfahren nachzuholen, weil das Verfahren so lange noch im Verantwortungsbereich der Verwaltung liegt. Auch die Nachholung der Anhörung erfordert prinzipiell, dass die Behörde dem Betroffenen die entscheidungserheblichen Tatsachen so unterbreitet, dass er sie als solche erkennen und sich zu ihnen sachgerecht äußern kann (BSGE 69, 247, 251, 252).

12 Die unterlassene Anhörung des schwerbehinderten Arbeitnehmers stellt einen wesentlichen Verfahrensmangel dar.

13 Gemäß § 42 Satz 2 SGB X hat die unterlassene Anhörung die Folge, dass die Anfechtung allein auf den Verfahrensfehler gestützt werden kann mit der weiteren rechtlichen Konsequenz, dass das Gericht den Verwaltungsakt aufhebt und dadurch die Verwaltung die Gelegenheit erhält, die unterbliebene Anhörung nachzuholen und einen neuen Bescheid zu erlassen. Die Verletzung der Anhörungspflicht führt also zur Rechtswidrigkeit des Verwaltungsaktes und ist deshalb bei der Entscheidung des Gerichts auch dann zu berücksichtigen, wenn der Betroffene sich hierauf nicht berufen hat (BSGE 70, 133, 135). Da die Bedeutung des Rechts auf Anhörung über eine bloße Verfahrensvorschrift hinausgeht, kann der Rechtsfehler bei der Anfechtungsklage geltend gemacht werden (*von Wulffen,* § 24 Rn 18).

14 Ansonsten führt die Unterlassung einer Beteiligung zur Fehlerhaftigkeit und Anfechtbarkeit der Entscheidung des Integrationsamtes in den Grenzen des § 42 und des § 42 SGB X; hiernach kann die Aufhebung eines Verwaltungsaktes nicht allein deshalb beansprucht werden, weil er ua. unter Verletzung von Vorschriften des Verfahrens zustande gekommen ist, wenn eine andere Entscheidung in der Sache nicht hätte getroffen werden können; nicht erforderlich ist, dass der Fehler die Entscheidung nachweisbar beeinflusst hat (*Schütze,* in *von Wulffen ua.,* § 42 Rn 10, aA offenbar *Steinbrück,* § 17 Rn 85 m. w. N.).

15 **d) Gütliche Einigung.** § 87 Abs. 3 verpflichtet das Integrationsamt, in jeder Lage des Verfahrens auf eine gütliche Einigung hinzuwirken. Die gütliche Einigung ist eine allgemeine Maxime des Verfahrensrechts (vgl. § 278 Abs. 1 ZPO, § 54 Satz 1 und 57 Abs. 2 ArbGG, § 101 Abs. 1 SGG und § 106

VwGO). Gütliche Einigungen haben insbes. den Vorteil, dass sie dem Rechtsfrieden dienen und auf praktische Art und Weise, dh auch möglicherweise mit weniger Sachaufwand, den Streit beenden.

Die Maxime der gütlichen Einigung gilt für jede Lage des Verfahrens. Die gütliche Einigung ist also nicht davon abhängig, ob das Verwaltungsverfahren oder das Widerspruchsverfahren läuft, sie ist ebenfalls nicht davon abhängig, ob die Behörde bereits eine schriftliche Entscheidung entworfen hat. Sie darf jedoch nicht durch den Hinweis auf die bereits fixierte Verwaltungsentscheidung Druck auf die Parteien ausüben (vgl. Anfechtbarkeit wegen Drohung, BGH NJW 66, 2399).

Der Inhalt der gütlichen Einigung ist nur im rechtlich vorgegebenen Rahmen des SGB IX zu finden. Dieses Gesetz dient dem Schutz des schwerbehinderten im Arbeitsverhältnis stehenden Menschen, und jeder Versuch einer gütlichen Einigung muss sich mit diesem Gesetzesziel auseinandersetzen. Hier mag die Vereinbarung der Fortsetzung des Arbeitsverhältnisses unter Änderung der Arbeitsbedingungen in Betracht kommen, eine verbesserte und behindertengerechtere Ausstattung des Arbeitsplatzes oder aber der Wechsel zu einem anderen Arbeitgeber. Denkbar ist auch die Einschaltung der Bundesagentur für Arbeit mit ihren Möglichkeiten zu finanzieller Unterstützung des Arbeitgebers oder der Weiterqualifikation des schwerbehinderten Arbeitnehmers. Der Verlust des Arbeitsplatzes mit Zustimmung des schwerbehinderten Arbeitnehmers gegen Entschädigung – die nach geltendem Kündigungsschutzrecht §§ 9 und 10 KSchG übliche Regelung bei sonstigen Arbeitsverhältnissen – ist wegen der Regelung des § 117 sowie der Verhängung einer Sperrzeit gem. § 144 SGB III bzw. § 31 SGB II und der Erstattungspflicht des Arbeitgebers gem. § 147 a SGB III nur nach besonders sorgfältiger Erörterung mit allen Beteiligten Gegenstand einer gütlichen Einigung iSd SGB IX – grundsätzlicher Gesetzeszweck ist eben der Erhalt des Schwerbehinderten-Arbeitsplatzes.

Der Abschluss eines Verfahrens durch gütliche Einigung betrifft nach *Steinbrück*, § 17 SchwBG Rn 136 ca. 66% der Verwaltungsverfahren.

e) **Verfahrensfragen.** Verstöße gegen § 87 führen nicht automatisch zur Nichtigkeit des Bescheides des Integrationsamtes, sondern machen diesen anfechtbar, so dass er im Widerspruchsverfahren gem. §§ 68 ff VwGO und §§ 62 f SGB X angefochten werden kann. Der Widerspruchsbescheid wiederum kann gem. §§ 44 ff VwGO beklagt werden. Im Übrigen wird auf § 40 Abs. 1 und 2 SGB X verwiesen. 16

Die Kündigung ist nachträglich unwirksam und nichtig, wenn die Zustimmung des Integrationsamtes durch Rechtsmittel aufgehoben ist. Das arbeitsgerichtliche Verfahren hat dies zu berücksichtigen. 17

Gem § 90 Abs. 2 a findet der besondere Schutz des Schwerbehinderten mit dem Erfordernis der Zustimmung des Integrationsamtes bei Kündigung keine Anwendung, wenn zum Zeitpunkt der Kündigung die Eigenschaft des schwerbehinderten Menschen nicht nachgewiesen ist oder das Versorgungsamt nach Ablauf der Frist des § 69 Abs. 1 Satz 2 eine Feststellung wegen fehlender Mitwirkung nicht treffen konnte (vgl. die Erläuterungen bei § 90 Abs. 2 a). Ansonsten bleibt es dabei, dass bei laufendem Anerkennungsverfahren wegen Schwerbehinderteneigenschaft oder der Gleichstellung das

Zustimmungsverfahren vor dem Integrationsamt auszusetzen ist (vgl. *Steinbrück*, § 17 Rn 138).

§ 88 Entscheidung des Integrationsamtes

(1) Das Integrationsamt soll die Entscheidung, falls erforderlich aufgrund mündlicher Verhandlung, innerhalb eines Monats vom Tage des Eingangs des Antrages treffen.

(2) [1]Die Entscheidung wird dem Arbeitgeber und dem schwerbehinderten Menschen zugestellt. [2]Dem Arbeitsamt wird eine Abschrift der Entscheidung übersandt.

(3) Erteilt das Integrationsamt Zustimmung zur Kündigung, kann der Arbeitgeber die Kündigung nur innerhalb eines Monats nach Zustellung erklären.

(4) Widerspruch und Anfechtungsklage gegen die Zustimmung des Integrationsamtes zur Kündigung haben keine aufschiebende Wirkung.

(5) [1]In den Fällen des § 89 Abs. 1 Satz 1 und Satz 3 gilt Abs. 1 mit der Maßgabe, dass die Entscheidung innerhalb eines Monats vom Tage des Eingangs des Antrages an zu treffen ist. [2]Wird innerhalb dieser Frist eine Entscheidung nicht getroffen, gilt die Zustimmung als erteilt. [3]Die Absätze 3 und 4 gelten entsprechend.

1 **1. Sozialpolitischer Hintergrund, geltende Fassung, Entstehungsgeschichte, Normzweck.** Die Vorschrift handelt von der Entscheidung des Integrationsamtes nur, soweit es um förmliche Regeln geht und äußert sich nicht zu den inhaltlichen Anforderungen, die in der Verwirklichung des Gesetzeszweckes zu sehen sind.

2 Inhaltlich entspricht die Vorschrift § 18 SchwbG. Durch das Gesetz zur Förderung der Ausbildung und Beschäftigung schwerbehinderter Menschen v. 28. 4. 2004 wurde Abs. 5 mit seinen Fristsetzungen neu eingefügt.

3 Der Zweck der Norm geht dahin, ein möglichst zügiges Verfahren anzuordnen, das aber zugleich sorgfältig, ggf. mit mündlicher Verhandlung, den Streitstand aufbereitet und die Verfahrensrechte der Betroffenen sichert. Allerdings erscheint es mehr als bedenklich, dass – bei Untätigkeit des Integrationsamtes – eine Entscheidung durch Fristablauf zu Lasten des schwerbehinderten Arbeitnehmers gesetzlich angeordnet wird, ohne dass dieser sich hiergegen wehren kann.

4 **2. Normzusammenhang, die Regeln im Einzelnen. a) Mündliche Verhandlung.** Das Verfahrensrecht der Entscheidung des Integrationsamtes ist das des SGB X. § 8 SGB X – die Vorschrift definiert den Begriff des Verwaltungsverfahrens – schreibt eine mündliche Verhandlung nicht vor, lässt sie aber selbstverständlich zu, zumal sie unter Umständen zweckmäßig ist, weil sie der Herbeiführung des Rechtsfriedens in erheblichem Maße dadurch dient, dass die Betroffenen (schon) im Verwaltungsverfahren zu Wort gekommen sind (vgl. *v. Wulffen*, § 8 Rn 5).

Hier ist auf § 87 Abs. 3 Bezug zu nehmen, demzufolge das Integrationsamt in jeder Lage des Verfahrens auf eine gütliche Einigung hinwirkt. Eine solche ausgleichende Verhandlungsführung kann auch im schriftlichen Verfahren in der Form praktiziert werden, dass das Integrationsamt einen Vergleichsvorschlag formuliert, indessen wird es zum Vergleichsabschluss in vielen Fällen nur dadurch kommen, dass der Verhandlungsleiter mit beiden Parteien spricht und die Vorzüge einer gütlichen Einigung nachvollziehbar schildern kann.

b) Rechtsförmlichkeit des Bescheides. Die Entscheidung des Integrationsamtes ist ein Verwaltungsakt mit Doppelwirkung gem. § 80a VwGO (vgl. *Griebeling*, § 88 Rn 7 m.w.N.). Auch hier ist das Verfahrensrecht des SGB anzuwenden, §§ 31ff SGB X. Der Bescheid ergeht schriftlich. Insofern wird von § 33 Abs. 2 SGB X im Verfahrensrecht des Integrationsamtes abgewichen. Die schriftliche Form folgt aus dem Umstand, dass gem. § 88 Abs. 2 die Entscheidung dem Arbeitgeber und dem schwerbehinderten Menschen zugestellt wird. Gem. § 35 Abs. 1 SGB X muss ein schriftlicher Bescheid auch schriftlich begründet sein. In der Begründung sind die wesentlichen tatsächlichen und rechtlichen Aspekte mitzuteilen, die die Behörde zu ihrer Entscheidung bewogen haben. Die Begründung von Ermessensentscheidungen muss auch die Gesichtspunkte erkennen lassen, von denen die Behörde bei der Ausübung ihres Ermessens ausgegangen ist. Fehlt die Begründung oder ist sie unzureichend, ist der Bescheid bei Widerspruch grundsätzlich aufzuheben. Gem. § 41 Abs. 1 Nr. 2, Abs. 2 SGB X ist es aber zulässig, dass die Begründung im Widerspruchsbescheid „nachgeschoben“ wird. 5

Wie Abs. 2 ausdrücklich sagt, wird die Entscheidung dem Arbeitgeber, der den Antrag auf Zustimmung zur Kündigung gestellt hat, und dem schwerbehinderten Menschen, der der betroffene Arbeitnehmer ist, zugestellt. Die Zustellung hat, über den Beginn der Widerspruchsfrist hinaus, eine doppelte Bedeutung: 6

Für den schwerbehinderten Arbeitnehmer läuft gem. § 4 Satz 4 KSchG ab Bekantgabe der Entscheidung des Integrationsamtes die 3-Wochenfrist für die Kündigungsklage vor dem ArbG – hier wird also zugunsten des Arbeitnehmers von § 4 Abs. 1 KSchG abgewichen (Nachweise bei *Kiel*, § 4 Rn 22), weil das arbeitsgerichtlich Verfahren ohnehin ausgesetzt werden muss, solange das Zustimungsverfahren vor dem Integrationsamt nicht abgeschlossen ist, und weil für den Fall der Antragsablehnung ohnehin keine rechtsgültige Kündigung zustande kommt. 7

Für den Arbeitgeber löst die Frist gem. Abs. 3 aus, innerhalb derer er dem schwerbehinderten Arbeitnehmer gegenüber die Kündigung erklären kann. 8

Für die Form der Zustellung gilt § 65 Abs. 2 SGB X; hiernach sind die jeweiligen landesrechtlichen Vorschriften über das Zustellungsverfahren anzuwenden. 9

§ 36 SGB X schreibt vor, dass der Bescheid mit einer Rechtsbehelfsbelehrung zu versehen ist. Dies konkretisiert § 70 Abs. 1 VwGO, wonach der Widerspruch innerhalb eines Monats, nachdem der Verwaltungsakt dem Beschwerten bekannt gegeben worden ist, schriftlich oder zur Niederschrift bei der Behörde zu erheben ist, die den Verwaltungsakt erlassen hat. Die Frist wird auch durch Einlegung bei der Behörde, die den Widerspruchsbe- 10 scheid zu erlassen hat, gewahrt. § 58 Abs. 1 VwGO legt fest, dass die Frist für das Rechtsmittel nur zu laufen beginnt, wenn der Beteiligte über den Rechtsbehelf, die Verwaltungsbehörde (oder das Gericht), bei denen der Rechtsbehelf anzubringen ist, den Sitz und die einzuhaltende Frist schriftlich belehrt worden ist. Gem § 58 Abs. 2 VwGO ist die Einlegung des Rechtsbehelfs, sofern die Belehrung unterblieben ist oder unrichtig erteilt wurde, nur innerhalb eines Jahres seit Zustellung, Eröffnung oder Verkündung zulässig, außer, wenn die Einlegung vor Ablauf der Jahresfrist infolge höherer Gewalt unmöglich war oder eine schriftliche Belehrung dahin erfolgt ist, dass ein Rechtsbehelf nicht gegeben sei.

11 Der zugestellte Bescheid erlangt Bestandskraft, sofern er nicht angefochten wird. Dies gilt nur dann nicht, wenn ein offensichtlicher, evidenter Verfahrensmangel gegeben ist, so dass gem. § 40 Abs. 1 SGB X Nichtigkeit vorliegt. Die Bindungswirkung entfaltet sich gegenüber dem Arbeitsgericht, wenn es anschließend zu einem Kündigungsschutzverfahren kommt; die Bindungswirkung gilt allerdings auch gegenüber dem Integrationsamt selbst, da es nur unter den Voraussetzungen der §§ 44–49 SGB X seinen Bescheid abändern kann.

12 § 45 SGB X regelt die **Rücknahme eines begünstigenden rechtswidrigen Verwaltungsaktes.** Auch eine solche Regelung unterliegt dem Vertrauensschutz, es sei denn, der Begünstigte hat durch arglistige Täuschung, vorsätzlich falsche Angaben oder in Kenntnis der Rechtswidrigkeit des Verwaltungsaktes gehandelt. Das Nähere ist bei *Schütze in* von Wulffen, § 45 Rn 34ff erläutert.

§ 47 SGB regelt den **Widerruf eines rechtmäßigen begünstigenden Verwaltungsaktes.** Hier ist naturgemäß der Vertrauensschutz größer. Auf Vertrauen kann sich der Begünstigte nur dann nicht berufen, soweit er die Umstände kannte oder infolge grober Fahrlässigkeit nicht kannte, die zum Widerruf des Verwaltungsaktes geführt haben. Auf § 45 Abs. 4 Satz 2 SGB X wird Bezug genommen.

13 **c) Entscheidungsfristen des Integrationsamtes.** § 88 Abs. 1 bestimmt darüber hinaus, dass das Integrationsamt die Entscheidung innerhalb eines Monats vom Tage des Eingangs des Antrages treffen „soll". Will das Integrationsamt diese Frist überschreiten, müssen hierfür sachliche Gründe vorliegen. § 88 Abs. 5 erhöht die Anforderungen an die fristgemäße Erledigung der Bescheiderteilung. Ist bei dem Antrag auf Kündigung wegen Auflösung des Betriebes bzw. der Dienststelle (§ 89 Abs. 1 Satz 1) und bei Kündigung des schwerbehinderten Arbeitnehmers im Rahmen des Insolvenzverfahrens und bei Erfüllung der sonstigen Voraussetzungen des § 89 Abs. 3 die Entscheidung des Integrationsamtes nicht innerhalb der Monatsfrist erfolgt, so gilt die Zustimmung als erteilt. Diese fingierte Entscheidung unterliegt den weiteren Verfahrensregeln von § 88 Abs. 3 und Abs. 4. Hier ist allerdings Gesetzeskritik am Platze – die Entscheidung durch Fristablauf, also bei zu langsamer Arbeitsweise des Integrationsamtes geht zu Lasten des betroffnen Schwerbehinderten, ohne dass sein Verhalten als vorwerfbar bewertet werden kann. Dies ist nicht mit dem Gesetzeszweck der Erhaltung von Arbeitsplätzen für Schwerbehinderte vereinbar, es liegt mithin ein Wertungswiderspruch im Gesetz vor (aA *Rolfs*, § 88 Rn 5). Deshalb bedarf es hier der

restriktiven Auslegung von § 88 Abs. 5 Satz 2, als eine Entscheidung durch Fristablauf dann nicht zulässig ist, wenn der Schwerbehinderte dem Zustimmungsantrag des Arbeitgebers bzw. Insolvenzverwalters mit Gründen widersprochen hat.

Gem. § 75 VwGO kann Klage bei Untätigkeit einer Behörde erhoben werden. Wenn das Gesetz, wie im vorliegenden Fall § 88 Abs. 1 und Abs. 5, Fristen für das Tätigwerden der Behörden vorschreibt, so ist davon auszugehen, dass bei Überschreiten dieser Frist ohne zureichenden Grund das angerufene Verwaltungsgericht die Behörde verurteilt. Zwar ist in § 75 Satz 2 VwGO die Regelfrist von 3 Monaten seit dem Antrag auf Vornahme des Verwaltungsaktes festgelegt, jedoch steht dies unter dem Vorbehalt der besonderen Umstände des Falles, wegen derer eine kürzere Frist geboten ist. Da gem. § 88 Abs. 1 und Abs. 5 der Gesetzgeber die Frist kurz angesetzt hat, hat die Behörde sich hieran zu halten und läuft bei Überschreiten der Frist Gefahr, gem. § 75 VwGO verurteilt zu werden. Darüber hinaus kann in diesem Fall auch ein Schadenersatzanspruch gem. § 839 BGB iVm Art. 34 GG aus Amtshaftung gegeben sein. 14

d) Kündigungsfrist des Arbeitgebers. Die Kündigungsfrist gem. Abs. 3 gilt für die ordentliche Kündigung. Wegen der außerordentlichen Kündigung kommt es auf § 91 Abs. 5 an, wonach unverzüglich nach Erteilung der Zustimmung des Integrationsamtes zu kündigen ist. § 88 Abs. 3 ist eine materiell-rechtliche Ausschlussfrist, deren Missachtung die Kündigung unwirksam macht. Eine Wiedereinsetzung ist nicht möglich. Vielmehr muss der Arbeitgeber bei Fristversäumnis einen erneuten Antrag auf Zustimmung des Integrationsamtes stellen (hM, Nachweise bei *Müller-Wenner*, § 88 Rn 21 f). 15

Innerhalb der Frist des Abs. 3 hat der Arbeitgeber auch die ggf. erforderliche Zustimmung des Betriebsrates oder Personalrats beizubringen, soll die Kündigung wirksam ausgesprochen werden. Die Erklärungsfrist wird durch die Beteiligung der betrieblichen Interessenvertretung nicht gehemmt (*Müller-Wenner*, aaO, Rn 24). Für die Berechnung der Frist gelten die §§ 186 ff BGB. 16

3. Rechtsfolgen, Rechtsweg, Handlungsmöglichkeiten. Die Entscheidung des Integrationsamtes stellt sich gem. § 80 a VwGO als Verwaltungsakt mit Doppelwirkung dar. In der Regel ist ein Verwaltungsakt nach dem für die Verwaltungsgerichte geltenden Recht gem. § 88 Abs. 1 durch Widerspruch und Anfechtungsklage in seiner Wirkung aufzuschieben (Suspensiveffekt). Allerdings normiert § 80 Abs. 2 Nr. 3 VwGO, dass das Bundesrecht die aufschiebende Wirkung entfallen lassen kann. Ein solcher Fall liegt hier gem. § 88 Abs. 4 vor. Deshalb ist es nur möglich, mit Hilfe des angerufenen Gerichtes die aufschiebende Wirkung zu erreichen; § 80 Abs. 5 VwGO schreibt nämlich vor, dass auf Antrag das Gericht der Hauptsache die aufschiebende Wirkung ganz oder teilweise anordnen kann. Weiter heißt es im Gesetz, dass der Antrag vor Erhebung der Anfechtungsklage zulässig ist und dass die Wiederherstellung der aufschiebenden Wirkung von der Leistung einer Sicherheit oder von anderen Auflagen abhängig gemacht werden kann; auch die Befristung ist zulässig. Diese besonderen Regelungen des Verwaltungsverfahrensrechts werden in den Erläuterungen zu § 88 Abs. 4 zuweilen 17 übersehen (s. etwa *Düwell,* § 88 Rn 24; richtig aber *Vossen,* § 88 Rn 11 sowie zuletzt OVG Bautzen BehR 2004, 81).

§ 89 Einschränkung der Ermessensentscheidung

(1) [1]Das Integrationsamt erteilt die Zustimmung bei Kündigungen in Betrieben und Dienststellen, die nicht nur vorübergehend eingestellt oder aufgelöst werden, wenn zwischen dem Tage der Kündigung und dem Tage, bis zu dem Gehalt oder Lohn gezahlt wird, mindestens drei Monate liegen. [2]Unter der gleichen Voraussetzung soll es die Zustimmung auch bei Kündigungen in Betrieben und Dienststellen erteilen, die nicht nur vorübergehend wesentlich eingeschränkt werden, wenn die Gesamtzahl der weiterhin beschäftigten schwerbehinderten Menschen zur Erfüllung der Beschäftigungspflicht nach § 71 ausreicht. [3]Die Sätze 1 und 2 gelten nicht, wenn eine Weiterbeschäftigung auf einem anderen Arbeitsplatz desselben Betriebes oder derselben Dienststelle oder auf einem freien Arbeitsplatz in einem anderen Betrieb oder einer anderen Dienststelle desselben Arbeitgebers mit Einverständnis des schwerbehinderten Menschen möglich und für den Arbeitgeber zumutbar ist.

(2) Das Integrationsamt soll die Zustimmung erteilen, wenn dem schwerbehinderten Menschen ein anderer angemessener und zumutbarer Arbeitsplatz gesichert ist.

Literatur: siehe § 85

1 **1. Sozialpolitischer Hintergrund.** Das Gesetz gibt dem Integrationsamt in dieser Vorschrift nicht explizite materiale Entscheidungskriterien an die Hand, diese sind vielmehr durch die Rechtsdogmatik zu entwickeln; das BVerwG beschreibt die Ermessenslage der Behörde dahin, dass sie das Interesse des Arbeitgebers an der Erhaltung seiner Gestaltungsmöglichkeiten gegen das Interesse des schwerbehinderten Menschen an der Erhaltung seines Arbeitsplatzes abzuwägen habe (vgl. Näheres unten bei 4b). Diese offene Entscheidungssituation bedarf der Ausfüllung durch die Entwicklung von rechtlichen Entscheidungskriterien.

2 **2. Geltende Fassung und Entstehungsgeschichte.** Bereits die §§ 15 und 16 SchwbeschG 1923 trafen die Regelung, dass die Zustimmung zur Kündigung bei Verfügbarkeit eines alternativen Arbeitsplatzes zu erteilen war. Abs. 3 der Vorschrift ist durch die Einführung der Insolvenzordnung hinzugefügt worden.

3 § 89 regelt die Ermessensentscheidung des Integrationsamtes gleichsam negativ, indem das Gesetz lediglich die Fälle ausführlich beschreibt, die eine Ermessenreduktion vorsehen. In Fällen der betriebsbedingten Kündigung und der Verfügbarkeit eines alternativen Arbeitsplatzes sowie im Fall der Insolvenz hat das Integrationsamt zuzustimmen bzw. reduziert sich die Ermessensausübung auf eine „Soll-Zustimmung". Alle übrigen Konstellationen lässt § 89 hinsichtlich der Ermessensentscheidung des Integrationsamtes offen.

3. Normzweck und Normzusammenhang. Hier ist nach dem Zweck der Norm zu fragen und der liegt zum einen in der Regulierung der Sonderfälle der Auflösung von Arbeitsstätten bzw. der dauerhaften Einschränkung der Tätigkeit von Betrieben und Behörden; hier schränkt das Gesetz die Ermessensausübung zugunsten der Arbeitgeber ein, postuliert allerdings auch den Grundsatz „Umsetzung und Versetzung gehen vor Kündigung". Zum Anderen bindet das Gesetz die Ermessensausübung zugunsten des Arbeitgebers nicht, sondern lässt vielmehr für die Interessen der schwerbehinderten Arbeitnehmer Raum, so dass die normativen Maßstäbe des Diskriminierungsverbots Behinderter gem. Art. 3 Ab. 2 Satz 3 GG, der Prävention entsprechend § 84 und des Fürsorgegebotes in seiner sozialstaatlichen Ausprägung gem. Art. 20 Abs. 1, 28 Abs. 1 GG sowie § 81 Abs. 3 und 4 und schließlich der Menschenwürde gem. Art. 1 Abs. 1 GG und ihrer rechtlichen Bedeutung am Arbeitsplatz sowie des Rechts auf freie Entfaltung der Persönlichkeit gem. Art. 2 Abs. 1GG herangezogen werden können. Diese rechtssystematischen Zusammenhänge sind zwingend aufzunehmen, wenn rechtlich nachvollziehbare Maßstäbe für die Ermessensausübung gewonnen werden sollen. 4

4. Die Regeln im Einzelnen. a) Ermessensbegriff. Der Ermessensbegriff gehört systematisch zum allgemeinen Verwaltungsrecht. § 39 Abs. 1 SGB I führt dazu aus, dass bei der Entscheidung über Sozialleistungen Sozialleistungsträger, soweit sie nach ihrem Ermessen handeln, das Ermessen entsprechend dem Zweck der Ermächtigung auszuüben und die gesetzlichen Grenzen des Ermessens einzuhalten haben; auf pflichtgemäße Ausübung des Ermessens besteht ein Anspruch. Hierüber haben auf entsprechende Klage die Verwaltungsgerichte zu achten; § 114 VwGO normiert, dass, soweit eine Verwaltungsbehörde ermächtigt ist, nach ihrem Ermessen zu handeln, das Gericht auch nachprüft, ob der Verwaltungsakt oder die Ablehnung oder Unterlassung des Verwaltungsaktes rechtswidrig ist, weil die gesetzlichen Grenzen des Ermessens überschritten sind oder von dem Ermessen in einer dem Zweck der Ermächtigung nicht entsprechenden Weise Gebrauch gemacht wurde. Mit der Gewährung von Ermessen verleiht der Gesetzgeber der Verwaltung – hier dem Integrationsamt – einen Spielraum zu eigener und eigenverantwortlicher Wahl und Entscheidung. Innerhalb dieses Spielraums können mehrere unterschiedliche, ja gegensätzliche Verhaltensweisen in gleicher Weise als zulässig und rechtmäßig zu erachten sein (*Ossenbühl,* Allgemeines Verwaltungsrecht, 6. A., S. 209ff). Die Wahlfreiheit ermächtigt die Verwaltung zur Setzung der Rechtsfolge im Einzelfall. Die Einräumung von Ermessen ermöglicht, den besonderen Umständen und Gegebenheiten des Einzelfalles Rechnung zu tragen und ihn dadurch in seiner Eigenart zweckmäßig und gerecht zu entscheiden. Dazu bedarf es stets einer Besinnung auf Sinn und Zweck des ermächtigenden Gesetzes und einer Abwägung der in concreto auf dem Spiel stehenden, häufig kollidierenden Interessen. Die Ermessensausübung ist weder Handeln nach Belieben noch nach Willkür, unterliegt vielmehr einer ganzen Reihe verwaltungsrechtlicher und auch verfassungsrechtlicher Bindungen. Die typischen Fehler der Ermessensbetätigung sind Ermessensunterschreitung oder Ermessensmangel; in diesem Fall hält die Behörde sich irrig für rechtlich gebunden. Rechtswidrig 5 wird eine Ermessensentscheidung auch dadurch, dass das Ermessen unrichtig gebraucht wird (Ermessensfehlgebrauch); hiervon ist etwa zu sprechen, wenn die Erwägungen sachlich unrichtig sind oder wenn rechtliche Bindungen, die bei der Entscheidung zu berücksichtigen sind, übersehen werden. Dies gilt insbes. für Prinzipien der Rechtstaatlichkeit und der Sozialstaatlichkeit oder bei Verstößen gegen den Grundsatz der Verhältnismäßigkeit. Hervorzuheben sind die grundrechtlichen Schranken des Verwaltungsermessens, insbes. diejenigen, die sich aus Konkretisierungen des allgemeinen Gleichheitssatzes – im Falle des Schwerbehindertenrechtes also aus Art. 3 Abs. 3 Satz 3 GG – ergeben. Die Ermessensüberschreitung schließlich verkennt den Umfang der Ermächtigung und verlässt den rechtsstaatlich zugewiesenen Entscheidungsraum.

6 **b) Konkretisierung des Ermessens.** Rechtsprechung und Literatur gehen davon aus, dass die Ermessensentscheidung des Integrationsamtes in Bindung durch den Sachverhalt und in Bindung durch das Recht erfolgt und dass sodann die Frage zu beantworten ist, ob sich ein Spielraum bei der Ermessensentscheidung ergibt und wie dieser ggf. zu füllen ist (vgl. *Grossmann,* § 19 Rn 18ff, *Zwanziger* § 89 Rn 9c).

Die Rechtsprechung führt dazu aus, dass die Entscheidung des Integrationsamtes den schwerbehinderten Menschen vor besonderen Gefahren, denen er wegen seiner Behinderung auf dem Arbeitsmarkt ausgesetzt ist, bewahren soll; sie hat sicherzustellen, dass die Betroffenen gegenüber den nicht schwerbehinderten Menschen nicht ins Hintertreffen geraten (BVerwG vom 2. 7. 1992, E 90, 287 (293)). Abzuwägen ist das Interesse des Arbeitgebers an der Erhaltung seiner Gestaltungsmöglichkeiten gegen das Interesse des schwerbehinderten Menschen an der Erhaltung seines Arbeitsplatzes (BVerwG vom 19. 10. 1995, E 99, 336 (338)). Dabei gewinnt die Schutzwürdigkeit des Interesses des schwerbehinderten Menschen am Fortbestand seines Arbeitsplatzes an Gewicht, wenn die Kündigung seines Arbeitsverhältnisses auf Gründe gestützt wird, die in der Behinderung selbst ihre Ursachen haben. In diesem Fall sind an die im Rahmen der Interessen abwägenden Ermessensentscheidung zu berücksichtigende Zumutbarkeitsgrenze besonders hohe Anforderungen zu stellen (BVerwG, aaO, 339).

6a Um das ihm eingeräumte Ermessen ordnungsgemäß ausüben zu können, muss das Integrationsamt den entscheidungserheblichen Sachverhalt von Amts wegen ermitteln (§ 20 SGB X). Es darf sich nicht damit begnügen, das im Rahmen von § 85 zu berücksichtigende Vorbringen des Arbeitgebers nur auf seine Schlüssigkeit hin zu überprüfen. Vielmehr unterliegen sämtliche Umstände, die materiellrechtlich für die Entscheidung von Bedeutung sind, der behördlichen Aufklärungspflicht. Maßgebend für die je nach Lage des Einzelfalles zu berücksichtigenden Umstände ist ihr Bezug zu der Behinderung des Arbeitnehmers und zu der Zweckrichtung des behinderungsrechtlichen Sonderkündigungsschutzes (BVerwG, aaO, 338f).

7 Das OVG Bautzen (vom 25. 8. 2003, br 2004, 81 (83)) hat in einem Einzelfall hinsichtlich der vor der Ermessensentscheidung liegenden Amtsermittlung festgestellt, das Integrationsamt habe bei dem Argument der drohenden Geschäftsaufgabe seitens des Arbeitgebers sicherzustellen, dass eine Betriebsschließung nicht lediglich behauptet wird, um beanstandungslos

schwerbehinderte Mitarbeiter zu entlassen, ohne dass im Zeitpunkt der Zustimmungsentscheidung nachvollziehbare Anhaltspunkte für eine tatsächlich beabsichtigte Geschäftseinstellung vorlägen. Pauschale Behauptungen seitens des Arbeitgebers müssten unbeachtlich bleiben.

Über die dargelegten Grundsätze hinaus sind die Rechtspositionen, die in die Abwägung einzustellen sind, nochmals hervorzuheben. Von Verfassungs wegen kann der Unternehmer sich auf die Art. 12 Abs. 1 und 14 Abs. 1 GG berufen. Für den behinderten Arbeitnehmer kommen je nach Fallgestaltung die Art. 1 Abs. 1 Satz 1, Art. 2 Abs. 1 und Art. 3 Abs. 3 Satz 2 GG in Betracht; darüber hinaus ist die Staatszielbestimmung des Sozialstaates gem. Art. 20 Abs. 1 und 28 Abs. 1 GG zu berücksichtigen. Eine systematisierte rechtliche Betrachtung ergibt folgende Ermächtigungszwecke für die Ermessensausübung (3-Stufen-Prüfung): 8

c) Diskriminierungsverbot: Das gesamte Sozialrecht hat den Zweck, eine Risikolage – sei sie bereits eingetreten, sei sie zu befürchten – unter Berücksichtigung und auch unter Einsatz des eigenen Entwicklungspotenzials des betroffenen Menschen aufzufangen. Nicht anders verhält es sich mit dem Schwerbehindertenrecht, dass die durch die Behinderung indizierte negative Lage korrigieren möchte. Rechtlich ist dieses Verfassungspostulat der Sozialstaatlichkeit gem. Art. 20 Abs. 1 und Art. 28 Abs. 1 GG dadurch konkretisiert, dass der Verfassungsgeber die subjektivrechtliche Norm des Art. 3 Abs. 2 Satz 3 GG als Anspruchsnorm ausgekleidet hat. Bei der Frage, wie das Integrationsamt sein Ermessen ausüben soll, bildet dieses Diskriminierungsverbot die 1. Prüfungstufe. Das Integrationsamt muss sich nämlich der Prüfung unterziehen, ob das Kündigungsbegehren des Arbeitgebers eines ist, das den betroffenen behinderten Menschen diskriminiert oder, mit anderen Worten, ob eine solche Kündigung auch gegenüber jedem nicht behinderten Arbeitnehmer ausgesprochen worden wäre. 9

d) Präventionsgebot: Das Sozialstaatsgebot gem. Art. 20 Abs. 1 und 28 Abs. 1 GG und seine einfach gesetzliche Konkretisierung fordert, präventiv sozialen Problemlagen entgegenzuwirken – 2. Prüfungsstufe –. Bei der Ermessensentscheidung hat das Integrationsamt deshalb auch das Prüfungsbegehren des Arbeitgebers daraufhin zu würdigen, ob gem. § 84 Abs. 1 seitens des Arbeitgebers zumutbare Anstrengungen unternommen worden sind, um alle Möglichkeiten und alle zur Verfügung stehenden Hilfen zu erörtern, mit denen die Schwierigkeiten beseitigt werden konnten, um das Arbeits- und sonstige Beschäftigungsverhältnis mit dem betroffenen Arbeitnehmer möglichst unbeschadet zu lassen. Hat der Arbeitgeber seiner Präventionspflicht nicht genügt, so wird die Ermessensentscheidung zu seinen Lasten gehen. 10

e) Förderungsgebot: Die 3. Prüfungsstufe schließlich, die das Integrationsamt zu beachten hat, ist das Fürsorgegebot. Hier ist zu beachten, dass das SGB IX in dem § 81 Abs. 3 und Abs. 4 ganz spezifische Hilfen des Arbeitgebers gegenüber dem schwerbehinderten Arbeitnehmer formuliert. Diese Hilfen bestehen zum einen darin, dass der schwerbehinderte Arbeitnehmer besonders anzuleiten ist, zum anderen darin, dass materielle Verbesserungen am Arbeitsplatz technischer Art bereit zu halten sind. Darüber hinaus soll der Arbeitgeber mit der betrieblichen Schwerbehindertenvertretung gem. 11

§ 83 eine Integrationsvereinbarung abschließen, die insbes. das Fürsorgegebot transparent macht. In diesem Rechtszusammenhang gehört auch der Schutz der Menschenwürde gem. Art. 1 Abs. 1 GG und das Recht auf freie Entfaltung der Persönlichkeit gem. Art. 2 Abs. 1 GG. Diese verfassungsrechtlichen Fundamentalnormen stehen unter dem Vorbehalt, dass sie, wie das BVerfG sagt, nicht ohne Berücksichtigung des „einfachen Rechts" angewandt werden können, also im vorliegenden Fall nicht ohne rechtliche Würdigung der Regeln des Arbeitsrechts. In der Konkretisierung des Einzelkonfliktes zwischen Arbeitgeber und behindertem Arbeitnehmer kann sich ergeben, dass Art. 1 Abs. 1 und Art. 2 Abs. 1 GG „durchschlagen" oder jedenfalls den Rechtsgrund für eine verfassungskonforme Auslegung des „einfachen Rechts" liefern.

12 **f) Prüfungsumfang:** Wird von dem Prüfungsmaßstab des Diskriminierungsverbotes, des Präventionsgebotes sowie des Fürsorgegebotes ausgegangen, so bilden diese drei Begriffe auch den Maßstab für den Prüfungsumfang. Allgemeiner Auffassung nach soll die Prüfung des Integrationsamtes einerseits und des Arbeitsgerichtes bei nachfolgendem Arbeitsgerichtsverfahren andererseits nicht identisch sein; vielmehr soll das Kündigungsschutzrecht nach BGB und KSchG sowie anderen arbeitsrechtlichen Vorschriften vor den Arbeitsgerichten überprüft werden, während die besonderen Nachteile von schwerbehinderten Menschen vom Integrationsamt rechtlich zu bewerten sind. Zutreffend wird dazu festgestellt, dass sich diese Bereiche „nicht trennscharf unterscheiden" lassen, sondern dass es auf die Umstände des Einzelfalles ankommt. Evidente Rechtsverstöße, welcher Art auch immer, hat das Integrationsamt selbstverständlich zu würdigen (auch zum Ganzen: *Müller-Wenner,* § 89 Rn 4 ff).

13 **g) Kündigungsgründe.** § 1 KSchG unterscheidet zwischen personen- und verhaltsbedingten sowie betriebsbedingten Kündigungen. All diese Kündigungen sind iSd § 89 ordentliche Kündigungen; außerordentliche Kündigungen werden im Gesetz unter § 91 rubriziert.

14 **h) Personenbezogene Gründe** sind solche, die sich auf persönliche Eigenschaften und Fähigkeiten des Arbeitnehmers beziehen. Da sich diese Umstände auch im Verhaltensbereich des Arbeitnehmers niederschlagen können, ist eine eindeutige Grenzziehung gegenüber verhaltensbedingten Gründen oft nur schwer möglich. Maßgeblich für die rechtliche Beurteilung einer Kündigung als personenbedingt ist die Frage, ob die primäre „Störquelle" für den Bestand des Arbeitsverhältnisses ihre Ursache in den persönlichen Eigenschaften und Fähigkeiten des Arbeitnehmers (zB Erfüllung gesundheitlicher Anforderungen nach Grundsätzen der Berufsgenossenschaften) hat. Bei der personenbedingten Kündigung sind strenge Maßstäbe nach der Rechtsprechung des BAG anzulegen, dies gilt insbes. für Kündigungsgründe wie Krankheit und krankheits- oder altersbedingte Leistungsschwäche. Insoweit ist ein erhöhtes soziales Schutzbedürfnis des Arbeitnehmers beachtlich (*Becker,* KR, § 1 KSchG, Rn 187 f). Hier sieht es die Rechtsprechung als wichtig an, in eine Interessenabwägung einzutreten und vor Ausspruch der Kündigung Versetzungsmöglichkeiten seitens des Arbeitgebers ebenso zu prüfen wie die Weiterbeschäftigung zu geänderten Bedingungen.

i) **Verhaltensbedingte Kündigungen** beziehen sich wesentlich auf Störungen im Leistungsbereich und verlangen insoweit eine vorangegangene Abmahnung des Arbeitgebers. Im Unterschied zur personenbedingten Kündigung sind bei einer verhaltensbedingten Kündigung weniger strenge Maßstäbe an die Interessensabwägung zwischen Arbeitgeberposition und Belangen des Arbeitnehmers anzulegen. Verglichen mit der Schutzbedürftigkeit des Arbeitnehmers hinsichtlich seiner Person verhält es sich bei Pflichtwidrigkeiten des Arbeitnehmers anders. Hier beruht die Kündigung auf unmittelbar zurechenbarem Verhalten und Vertragsverletzungen. 15

j) Die **betriebsbedingte Kündigung** ist nach dem KSchG dann sozial ungerechtfertigt, wenn sie nicht durch dringende betriebliche Erfordernisse, die einer Weiterbeschäftigung des Arbeitnehmers in diesem Betrieb entgegenstehen, bedingt ist. Die dringenden betrieblichen Erfordernisse stellen sich als unbestimmter Rechtsbegriff dar, der zu konkretisieren und gerichtlich dann auch zu überprüfen ist. Das BAG geht in ständiger Rechtsprechung von dem Grundsatz der freien Unternehmerentscheidung aus, in dem es darauf hinweist, dass die Gerichte nicht befugt seien, unternehmerische Entscheidungen auf ihre Zweckmäßigkeit und Notwendigkeit hin zu prüfen. Gleichwohl gelten Willkürverbot und Grenzen der sachlichen Nachvollziehbarkeit. Voll nachprüfbar ist etwa die Frage, ob und ggf. in welchem Umfang durch eine technologische Rationalisierungsmaßnahme Arbeitsplätze ganz oder teilweise fortgefallen sind (*Becker,* aaO, Rn 298). 16

Gem § 1 Abs. 3 Satz 1 KSchG ist die Kündigung aus dringlichen betrieblichen Erfordernissen trotzdem sozial ungerechtfertigt, wenn der Arbeitgeber bei der Auswahl ua. die Schwerbehinderung des Arbeitnehmers nicht oder nicht ausreichend berücksichtigt hat. Üblich ist hier in der arbeitsrechtlichen Praxis ein tabellarische, nach einem Punkteschema, das Dauer der Betriebszugehörigkeit, Alter usw., aber eben auch die Schwerbehinderung umfasst, eine geordnete Abwägung vorzunehmen, die der arbeitsgerichtlichen Kontrolle unterliegt (vgl. *Oetker* § 1 Rn 334 ff). 17

Zugleich ist darauf hinzuweisen, dass außerhalb des Anwendungsbereichs des KSchG, also in Kleinbetrieben, die Kündigung den Maßstäben von Treu und Glauben gem. § 242 BGB, dem arbeitsrechtlichen Fürsorgegrundsatz, dem Willkürverbot und anderen allgemeinen Rechtssätzen genügen muss. 18

k) Einschränkung des Ermessens. Betriebseinstellung und -auflösung: § 89 Abs. 1 Satz 1 erlegt dem Integrationsamt per Gesetz die Zustimmung zum Kündigungsantrag auf, wenn der Betrieb oder die Dienststelle nicht nur vorübergehend aufgelöst werden bzw. ihren Betrieb einstellen; die Zusatzbestimmung besteht lediglich darin, dass zwischen dem Tag der Kündigung und dem Tag, bis zu dem Lohn oder Gehalt gezahlt werden, mindestens drei Monate liegen. Die Fristberechnung hinsichtlich der Kündigung beginnt mit Zustellung beim betroffenen Arbeitnehmer. 19

Betriebseinschränkung: Bei Betriebseinschränkungen normiert der Gesetzgeber gem. § 89 Abs. 1 Satz 2, dass das Ermessen auf eine „Soll-Zustimmung" reduziert wird, wenn die Gesamtzahl der schwerbehinderten Beschäftigen zur Erfüllung der Beschäftigungspflicht nach § 71 ausreicht. Der Begriff der nicht nur vorübergehenden wesentlichen Einschränkung wird 20 nach der Staffelung gem. § 17 KSchG definiert; danach liegt eine Betriebseinschränkung vor, wenn

Betriebe bis 50–59 Arbeitnehmern mehr als 5 Arbeitnehmer
Betriebe mit 40–499 Arbeitnehmern 10% oder mehr als 25 Arbeitnehmer
Betriebe mit mehr als 500 Arbeitnehmern md 30 Arbeitnehmer entlassen.

Die Betriebseinschränkung darf nicht nur vorübergehend, wie etwa bei Saisonbetrieben oder bei Durchführung von Kurzarbeit, sein (s. *Kossens*, § 89 Rn 8).

21 **Umsetzung oder Versetzung vor Kündigung:** Sofern gem. § 89 Abs. 1 Satz 3 eine Weiterbeschäftigung des betroffenen schwerbehinderten Arbeitnehmers durch Umsetzung oder Versetzung mit Zustimmung des Betroffenen möglich und für den Arbeitgeber zumutbar ist, entfällt die Einschränkung der Ermessensentscheidung wegen betriebsbedingter Kündigung. In diesem Fall ist die Ermessensentscheidung des Integrationsamtes nicht vom Gesetzgeber eingeschränkt und richtet sich nach den allgemeinen oben dargelegten Kriterien (Abs. 1).

22 l) **Alternatives Arbeitsplatzangebot:** Gem. § 89 Abs. 2 soll das Integrationsamt die Zustimmung zur vorm Arbeitgeber beantragten Kündigung erteilen, wenn ein angemessenes, zumutbares alternatives Arbeitsplatzangebot für den schwerbehinderten Arbeitnehmer besteht. Die „Soll-Entscheidung" stellt in diesem Fall darauf ab, dass der spezifische Schutz des schwerbehinderten Arbeitnehmers idR seitens des Integrationsamtes entfällt, wenn die Erwerbstätigkeit des Betroffenen gesichert bleibt. Diese gesetzliche Wertung macht einmal mehr deutlich, wie wichtig dem Gesetzgeber das Verbleiben der Schwerbehinderten in Arbeit ist. Dieser Aspekt legt auch den umgekehrten Schluss nahe: Ist zu befürchten, dass der gekündigte schwerbehinderte Arbeitnehmer nicht wieder auf dem allgemeinen Arbeitsmarkt Fuß fassen kann, müssen für die zustimmende Entscheidung des Integrationsamtes die Belange des Arbeitgebers erheblich gewichtiger sein als das Integrationsinteresse.

23 **m)** § 89 Abs. 3 normiert die Folgen der **Kündigung aus Insolvenzverfahren:** Hier schreibt der Gesetzgeber eine „Soll-Zustimmung" des Integrationsamtes vor, wenn das Insolvenzverfahren über das Vermögen des Arbeitgebers eröffnet worden ist und der schwerbehinderte Mensch in einem Interessenausgleich nach BetrVG namentlich als einer der zu entlassenden Arbeitnehmer bezeichnet ist (§ 89 Abs. 3 Nr. 1), die Schwerbehindertenvertretung beim Zustandekommen des Interessenausgleichs gem. § 95 Abs. 2 beteiligt war (Abs. 3 Nr. 2), die nach dem Interessenausgleich anteilsmäßige Zahl der entlassenen Schwerbehinderten in Relation zur Gesamtzahl nicht größer ist als die anteilige Anzahl der sonstigen Arbeitnehmer zur Beschäftigtenzahl (Abs. 3 Nr. 3) sowie die Pflichtquote erfüllt ist (Abs. 3 Nr. 4). Der Gesetzgeber versucht mit dieser Regelung, den Grundsatz der Nichtdiskriminierung auch im Falle der Insolvenz aufrecht zu erhalten.

24 **6. Rechtsfolgen, Rechtsweg, Handlungsmöglichkeiten.** Bei sämtlichen Rechtsproblemen, die § 89 aufwirft, geht es zunächst um die Frage, inwieweit die Entscheidung des Integrationsamtes, die vom Arbeitgeber wegen der Kündigung beantragt wird, allein dem durch die allgemeine Ermächtigungsnorm bestimmten Ermessen der Behörde unterliegt oder ob das Er-

messen durch Spezialnormen eingeschränkt ist. Sodann ist zu konkretisieren, welche materialen Kriterien für die Entscheidungsfindung rechtlich maßgeblich sein sollen; hier ist der Platz für die 3-Stufen-Prüfung.

Verfahrensrechtlich unterliegt die Entscheidung des Integrationsamtes dem Rechtsmittel des Widerspruchs, den sowohl der Arbeitgeber (im Falle der Ablehnung der Zustimmung) als auch der schwerbehinderte Arbeitnehmer (im Falle der erteilten Zustimmung) bei einlegen können; darüber hinaus kommt auch ein Antrag auf Wiederherstellung der aufschiebende Wirkung gem. § 80 VwGO für den Arbeitnehmer in Betracht (vgl. Näheres bei § 88 Anm. 3). 25

§ 90 Ausnahmen

(1) Die Vorschriften dieses Kapitels gelten nicht für schwerbehinderte Menschen,
1. deren Arbeitsverhältnis zum Zeitpunkt des Zugangs der Kündigungserklärung ohne Unterbrechung noch nicht länger als sechs Monate besteht oder
2. die auf Stellen im Sinne des § 73 Abs. 2 (bis 31. 12. 2004: Nr. 2 bis 6) (ab 1. 1. 2005: Nr. 2 bis 5) beschäftigt werden oder
3. deren Arbeitsverhältnis durch Kündigung beendet wird, sofern sie
a) das 58. Lebensjahr vollendet haben und Anspruch auf eine Abfindung, Entschädigung oder ähnliche Leistung auf Grund eines Sozialplanes haben oder
b) Anspruch auf Knappschaftsausgleichsleistung nach dem Sechsten Buch oder auf Anpassungsgeld für entlassene Arbeitnehmer des Bergbaus haben,

wenn der Arbeitgeber ihnen die Kündigungsabsicht rechtzeitig mitgeteilt hat und sie der beabsichtigten Kündigung bis zu deren Ausspruch nicht widersprechen.

(2) Die Vorschriften dieses Kapitels finden ferner bei Entlassungen, die aus Witterungsgründen vorgenommen werden, keine Anwendung, sofern die Wiedereinstellung der schwerbehinderten Menschen bei Wiederaufnahme der Arbeit gewährleistet ist.

(2a) Die Vorschriften dieses Kapitels finden ferner keine Anwendung, wenn zum Zeitpunkt der Kündigung die Eigenschaft als schwerbehinderter Mensch nicht nachgewiesen ist oder das Versorgungsamt nach Ablauf der Frist des § 69 Abs. 1 Satz 2 eine Feststellung wegen fehlender Mitwirkung nicht treffen konnte.

(3) Der Arbeitgeber zeigt Einstellungen auf Probe und die Beendigung von Arbeitsverhältnissen schwerbehinderter Menschen in den Fällen des Absatzes 1 Nr. 1 unabhängig von der Anzeigepflicht nach anderen Gesetzen dem Integrationsamt innerhalb von vier Tagen an.

Literatur: siehe bei § 85

1 **1. Sozialpolitischer Hintergrund.** Die Diskussion um Arbeitsmarktregulierungen und Schwerbehindertenpolitik dreht sich auch um die Frage der

Zielgenauigkeit der Intervention. In der Auseinandersetzug mit Vorwurf der „wahllosen Begünstigung“ entwirft der Gesetzgeber dann eine kleinteilige Kasuistik, die für die Kodifizierung des Arbeits- und Sozialrecht typisch ist und die gleichwohl von Rechtsprechung und Literatur auf Diskriminierungsfreiheit und willkürfreie Gleichbehandlung zu überprüfen ist.

2 **2. Entstehung, Normzweck und Normzusamenhang.** Bereits das SchwbeschG 1923 enthielt Ausnahmevorschriften für vorübergehende und atypische Beschäftigungsverhältnisse. Diese Regelungen wurden von dem SchwbeschG 1953 über das SchwbG 1974 bis zuletzt durch die Novellierung durch das Gesetz zur Förderung der Ausbildung und Beschäftigung schwerbehinderter Menschen vom 28. 4. 2004 (BGBl. I S. 606) hinsichtlich des nunmehr neu eingefügten Absatzes 2a fortlaufend weiter differenziert. Nachweise im Einzelnen hierzu bei Grossmann, § 20 Rn 5. Abs. 1 Nr. 2 wurde geändert durch G. z. Förderung der Ausbildung und Beschäftigung schwerbehinderter Menschen v. 23. 4. 2004 (BGBl. I S. 606). Abs. 2a wurde eingefügt durch G. z. Förderung der Ausbildung und Beschäftigung schwerbehinderter Menschen v. 23. 4. 2004 (BGBl. I S. 606). Der Zweck der Norm liegt darin, den personellen Geltungsbereich des Kündigungsschutzes definieren.

3 Soweit es um Fallkonstellationen geht, die kasuistisch konstruiert sind, ist als Normzusammenhang neben dem allgemeinen Verfassungsrecht auch das AGG zu beachten.

4 **3. Die Regeln im Einzelnen. a) Einschränkungen des Personenkreises der geschützten schwerbehinderten Arbeitnehmer. aa) Wartezeit.** Innerhalb der ersten 6 Monate des Arbeitsverhältnisses – bis zur Novelle vom 28. 4. 2004 6 Monate – besteht gem. § 90 Abs. 1 Ziff. 1 kein Kündigungsschutz entsprechend §§ 85ff.

Die Frist beginnt mit dem verabredeten Datum der Arbeitsaufnahme und ihr Ende wird gem. § 188 Abs. 2 BGB errechnet. Die Kündigung ist ohne Zustimmung des Integrationsamtes gültig, wenn die Wartezeit von 5 Monaten noch nicht im Zeitpunkt des Kündigungszuganges verstrichen ist (BAG AP – Nr. 2 zu § 17 SchwbG). Da entsprechend § 622 Abs. 3 BGB die Probezeit regelmäßig 6 Monate beträgt und auch § 1 Abs. 1 KSchG an die 6-Monatsfrist anknüpft, gelten die dort entwickelten Rechtsgrundsätze (*Rolfs*, § 69 Rn 1).

5 Zur Erfüllung der Wartezeit sind Zeiten eines Ausbildungsverhältnisses anzurechnen, sofern keine Unterbrechung dazwischen liegt (BAG NZA 2000, 529). Dasselbe gilt für Arbeitsbeschaffungsmaßnahmen (BAG AP – Nr. 1 zu § 5 BAT). Da durch Eingliederungsvertrag gem. §§ 231ff SGB III kein Arbeitsverhältnis begründet wird, sondern gem. § 234 Abs. 2 SGB III Vorschriften des allgemeinen Arbeitsrechts nur entsprechend angewandt werden, sollen diese Beschäftigungszeiten nicht anrechnungsfähig sein (BAG DB 2001, 2354, zustimmend *Müller-Wenner*, § 90 Rn 11); diese Auffassung ist überzeugt nicht, da derartigen Maßnahmen durchaus ein anschließendes Arbeitsverhältnis anbahnen können – jedenfalls in einer solchen Konstellation sind die Maßnahmezeiten als Wartezeiten zu bewerten.

6 Unterbrechungen führen dazu, dass die Wartezeit neu zu laufen beginnt. Allerdings muss unter Berücksichtigung des Schutzzweckes der Regelungen

von §§ 85ff bei einem engen sachlichen Zusammenhang zwischen beiden Arbeitsverhältnissen die Unterbrechung unbeachtlich sein (*Müller-Wenner*, § 90 Rn 15 m. w. N.).

bb) Beschäftigte ohne Arbeitsverhältnis. § 90 Abs. 1 Satz 1, Ziff. 2. verweist auf den Personenkreis von § 73 Abs. 2 Nr. 2–6 und schließt diesen aus dem besonderen Kündigungsschutz aus. Es handelt sich hierbei 7

- um Beschäftigte, die nicht erwerbstätig sind im arbeitsrechtlichen Sinne
- um Personen, die in Reha-Maßnahmen in Arbeit integriert werden
- um an Arbeitsbeschaffungsmaßnahmen Beteiligte nach SGB III
- um Personen, die gewählt werden (kommunale Wahlbeamte)

Ob dieser Personenkreis rechtlich zutreffend und systematisch überzeugend ausgewählt ist, erscheint fraglich. Insbesondere bei den Personen gem. § 73 Abs. 2 Nr. 4 (ABM) erscheint der besondere Schutz, den Schwerbehinderte ansonsten genießen, keineswegs überflüssig und definitionsmäßig auch angebracht, weil das Arbeitsrecht zumindest entsprechend gilt. Sicherlich kommt es bei diesen Beschäftigungsverhältnissen besonders auf die Bereitschaft der Betroffenen zur Mitwirkung an; es wäre aber lebensfremd anzunehmen, in Maßnahmen gem. § 73 Abs. 2 Nr. 4 wären Diskriminierung und mangelnde betriebliche Bedachtnahme auf Belange von schwerbehinderten Arbeitnehmern ausgeschlossen. Soweit dem der Zweck der AB-Maßnahme entgegen gehalten wird, so bleibt doch zu sehen, dass die §§ 85ff SGB IX keinen absoluten Kündigungsschutz dekretieren, sondern lediglich einen spezifischen Kündigungsschutz durch das Integrationsamt vorschalten. 8

cc) Ältere schwerbehinderte Arbeitnehmer. Schwerbehinderte Arbeitnehmer, die das 58. Lebensjahr vollendet und Anspruch auf eine Abfindung, Entschädigung oder ähnliche Leistung nach Sozialplan haben, gehören gem. § 90 Abs. 1 Ziff. 3 nicht zum Kreis der gem. § 85 SGB IX geschützten Arbeitnehmer. Hier soll die finanzielle Leistung den vom Gesetzgeber festgelegten Verzicht auf den besonderen Kündigungsschutz rechtfertigen. Dies ist insofern nachvollziehbar, als dass dem eine Vereinbarung zwischen Betriebsrat und Arbeitgeber oder eine Gerichtsentscheidung zugrunde liegt. Die Regelung gehört damit zu dem Bündel von Sozialnormen über den Vorruhestand, die vorzeitiges Ausscheiden aus dem Erwerbsleben für ältere Arbeitnehmer regeln. 9

Desgleichen umfasst § 90 Abs. 1 Nr. 3b einen besonderen Kreis der anspruchsberechtigten Bergleute. 10

Die Altergrenze von 58 Jahren knüpft an den Vorruhestandsregelungen des SGB III an und ist zunächst einsichtig; allerdings stellt sich doch die Frage nach der Altersdiskriminierung; §§ 1, 7 und 10 AGG, weil es um ein Ausscheiden aus dem Erwerbsleben geht und der vom Gesetz angeordnete Verzicht auf den besonderen Kündigungsschutz nur für die älteren, nämlich über 58-jährigen Schwerbehinderten gilt. Allerdings schließt § 2 Abs. 4 AGG eine Anwendung des Gesetzes auf den arbeitsrechtlichen Kündigungsschutz aus (vgl. kritisch hierzu *Däubler*, AGG, § 2 Rn 256ff); klärungsbedürftig bleibt der gesetzgerische Ansatz sicherlich (s. etwa *Schieck*, § 10 Rn 23ff). 11

Zu beachten ist, dass der Arbeitgeber die Kündigungsabsicht rechtzeitig mitzuteilen hat und der schwerbehinderte Arbeitnehmer der beabsichtigten 12

Kündigung nicht bis zu deren Ausspruch nicht widerspricht. Der Betroffene muss entsprechend dieser Regelung Zeit und Gelegenheit haben, sich über die Art und Höhe der Leistungen zu informieren und ggfs. Erkundigungen über Lohnersatzleistungen einzuziehen (*Großmann,* § 20 Rn 44). Hierfür wird in Literatur und Rechtsprechung dem schwerbehinderten Arbeitnehmer entsprechend §§ 4, 7 KSchG eine Frist von 3 Wochen eingeräumt (*Rolfs* § 90 Rn 3 m. w. N.).

13 **dd) Vorübergehende Entlassung.** Gem. Abs. 2 ist bei witterungsbedingten Entlassungen ist der Kündigungsschutz nicht gegeben, wenn nach Tarifvertrag, Betriebsvereinbarung oder einzelvertraglichem Recht der Arbeitgeber verpflichtet ist, nach Ende der Schlechtwetterperiode den Arbeitnehmer erneut zu beschäftigen. Bereits im Zeitpunkt des Kündigungszugangs muss hierfür ein Rechtsanspruch bestehen.

Die Branchen, in denen witterungsbedingte Entlassung bzw. Wiedereinstellung tarifvertraglich eine Rolle spielen, sind Land- und Forstwirtschaft, Tagebergbau, Binnenschifffahrt, bestimmte Montagetätigkeiten der Metall- und Elektroindustrie (*Müller-Wenner,* § 90 Rn 30 m. w. N.).

14 **b) Antragstellung und Anerkennung der Schwerbehinderteneigenschaft zum Zeitpunkt der Kündigung, Mitwirkungspflicht.** In der Rechtsprechung und Literatur ist seit langem umstritten, ob die Schwerbehinderteneigenschaft im Zeitpunkt der Kündigung beantragt bzw. nachgewiesen sein muss. Nach der Rechtsprechung war bisher anerkannt, dass auch Personen, die vor Ausspruch der Kündigung beim zuständigen Versorgungsamt einen Antrag auf Anerkennung bzw. bei der zuständigen Agentur für Arbeit einen Antrag auf Gleichstellung mit den schwerbehinderten Menschen gestellt haben, den Sonderkündigungsschutz bis zum bestands- bzw. rechtskräftigen Abschluss dieses Verfahrens genießen; des weiteren schützt auch diejenigen der Sonderkündigungsschutz, deren Schwerbehinderung offensichtlich ist (zum Ganzen zum Meinungsstand nach altem Recht *Großmann,* § 15 Rn 70 ff).

15 Nunmehr hat der Gesetzgeber durch Erl. des Abs. 2 a) eine neue Rechtslage geschaffen. **Gemäß § 90 Abs. 2 a) (a), 1. HS** gilt der besondere Kündigungsschutz, soweit die Eigenschaft als schwerbehinderter Mensch oder die Gleichstellung zum Zeitpunkt der Kündigung nachgewiesen ist.

16 Auch nach der Einführung des § 90 Abs. 2 a) bleibt unstrittig der Nachweis bei offenkundiger Schwerbehinderung eben infolge der Offenkundigkeit von Kleinwüchsigkeit, der Blindheit, der fehlenden Extremität etc.

17 In der Begründung zum entsprechenden Gesetzentwurf vom 16. 1. 2004 (BT-Drucks. 15/2357, S. 28) ist ausgeführt, dass die Eigenschaft als schwerbehinderter Mensch nicht nachgewiesen ist, wenn sie nicht offenkundig ist und der Nachweis über die Eigenschaft als schwerbehinderter Mensch weder durch einen Feststellungsbescheid nach § 69 Abs. 1 noch der Nachweis durch eine Feststellung nach § 69 Abs. 2 erbracht ist. Die Formulierung „nachgewiesen" verlangt nicht die vorherige Vorlage des entsprechenden Bescheides beim Arbeitgeber. Die insoweit eindeutige Wortwahl des Vorschlages des Bundesrates (BR-Drucks. 646/2/03): „In § 85 wird nach Satz 1 folgender Satz 2 eingefügt: „Einer vorherigen Zustimmung bedarf es nicht, wenn der behinderte Mensch dem Arbeitgeber vor der Kündigung den

Ausweis über die Eigenschaft als schwerbehinderter Mensch (§ 69 Abs. 5) oder den Gleichstellungsbescheid nicht vorgelegt hat ...," hat der Gesetzgeber nicht aufgegriffen.

Nach § 90 Abs. 2a), 2. HS finden die Vorschriften über den Sonderkündigungsschutz keine Anwendung, wenn zum Zeitpunkt der Kündigung das Versorgungsamt nach Ablauf der Frist des § 69 Abs. 1 Satz 2 eine Feststellung wegen fehlender Mitwirkung nicht treffen konnte. § 69 Abs. 1 Satz 2 regelt, dass für den Antrag einer erwerbstätigen Person wegen Feststellung der Eigenschaft als Schwerbehinderter Mensch die in § 14 Abs. 2 Satz 2 und 4 sowie Abs. 5 Satz 2 und 5 genannten Fristen ebenso gelten wie die Mitwirkungspflicht gem. § 60 Abs. 1 SGB I. 18

§ 60 Abs. 1 SGB I schreibt vor, dass derjenige, der Sozialleistungen beantragt oder erhält, alle Tatsachen, die für die Leistung erheblich sind, anzugeben hat; hierzu muss er auch die notwendigen Beweismittel bezeichnen und schließlich hat er die Änderungen in den Verhältnissen, die für die Leistung erheblich sind, unverzüglich mitzuteilen. Die rechtliche Bedeutung der Mitwirkungspflichten wird durch ihre Kennzeichnung als Obliegenheiten klargestellt; es handelt sich um verbindliche Verhaltenspflichten, deren Verletzung nicht eine Schadenersatzpflicht, sondern grundsätzlich den Rechtsnachteil des § 66 SGB I nach sich zieht. 19

Gemäß § 66 Abs. 1 SGB I kann demjenigen, der eine Sozialleistung beantragt oder erhält und seiner Mitwirkungspflicht gem. § 60 Abs. 1 SGB I nicht genügt, die Sozialleistung versagt oder entzogen werden. § 90 Abs. 2a), 2. HS konkretisiert zum einen die Regelungen des § 60 Abs. 1 und § 66 Abs. 1 SGB I, muss zum anderen aber im Lichte der Ermessensregelung des § 66 Abs. 1 ausgelegt werden. Der Rechtsbegriff der Mitwirkung und damit die Sanktion der Nichtanwendung des Sonderkündigungsschutzes muss deshalb auch die Gründe reflektieren, die ggf. den Betroffenen daran gehindert haben, seiner Mitwirkungspflicht zu genügen; sind hier Entschuldigungsgründe vorhanden, so müssen diese auch zu Gunsten des Betroffenen gewürdigt werden. 20

Probleme schafft § 90 Abs. 2a), 2. HS hinsichtlich der Frage, ob oder ab wann der Antrag nach Eingang beim Versorgungsamt definitiv den Sonderkündigungsschutz für den schwerbehinderten Arbeitnehmer bringt. Das Versorgungsamt arbeitet entsprechend der Frist des § 69 Abs. 1 Satz 2; diese Vorschrift nimmt Bezug auf die Fristen von § 14 Abs. 2 Satz 2 und 4 sowie Abs. 5 Satz 2 und 5 – somit entscheidet das Versorgungsamt binnen drei Wochen über den Antrag; bedarf es eines Gutachtens, binnen zwei Wochen nach dessen Vorliegen. Die Beauftragung des Gutachters erfolgt unverzüglich; der Gutachter erstellt sein Gutachten binnen zwei Wochen nach Beauftragung. Die Mitwirkungspflicht gem. § 90 Abs. 2a, zweite Alternative, greift also nach drei Wochen bzw. bei zweiwöchiger Erstellung eines Gutachtens weitere zwei Wochen nach dessen Erstellung, mithin nach 7 Wochen. Hieraus schließt das BAG, dass der Kündigungsschutz für Schwerbehinderte, die noch nicht beschieden sind, dann gegeben ist, wenn sie 3 Wochen vor der Zustellung der Kündigung den Antrag auf Anerkennung als Schwerbehinderte gestellt haben (BAG v. 6. 9. 2007 EzA § 90 SGB IX Nr. 4). Dem hält nicht ohne nachvollziehbare formale Ableitung *Etzel* (aaO, 21

Rn 53dff) entgegen, dass für den Fall, dass eine Begutachtung im Anerkennungsverfahren erforderlich ist, der Antrag 7 Wochen vor Zugang der Kündigung gestellt sein muss, soll der Schwerbehindertenschutz in Kraft treten (3 + 2 + 2 = 7; Argumente gem. § 14 Abs. 2 und 5).

22 Indessen überzeugen weder die 3-Wochen-Lösung des BAG noch die Etzelsche 7-Wochen-Lösung, die den Schwerbehindertenschutz von einem völlig außerhalb der Späre des Schwerbehinderten liegendem Umstand – Erfordernisses eines (medizinischen) Gutachtens – abhängig machen will. § 90 Abs. 2a), 2. HS ist demgegenüber dahin zu verstehen, dass lediglich die mangelnde Mitwirkung gem. § 60ff SGB I sanktioniert werden soll; derjenige Schwerbehinderte, der einen Antrag beim Versorgungsamt stellt, aber diesen nicht korrekt betreibt, soll hiervon keinen Vorteil haben.

Einen weiteren Rechtssatz enthält die Norm nicht. Deshalb kommt es auf den Zeitpunkt der Antragstellung an – von hier an gilt der Schwerbehindertenschutz (ebenso *Lampe*, § 90 Rn 27). Für diese Lösung spricht auch der rechtssystematische Verweis auf die **Gleichgestellten;** gem. § 68 Abs. 2 Satz 2 wird die Gleichstellung mit dem Tag des Antragseingangs beim Versorgungsamt wirksam – und eine Besserstellung der Gleichgestellten gegenüber den Schwerbehinderten ist rechtlich nicht begründbar.

23 Hinsichtlich der **Kenntnis des Arbeitgebers** geht das BAG (EzA § 4 KSchG nF Nr. 83) davon aus, dass innerhalb einer Regelfrist von 3 Wochen der Arbeitnehmer den Arbeitgeber, der von der versorgungsamtlich anerkannten Schwerbehinderung nichts weiß, von seiner Schwerbehinderteneigenschaft in Kenntnis setzen muss (zum Ganzen m.w.N. *Etzel*, Rn 25). Wahrt der Arbeitnehmer diese Frist, ist die Kündigung gem. § 85 unwirksam. Lässt er die Frist hingegen ungenutzt verstreichen, kann die Schwerbehinderteneigenschaft bzw. Gleichstellung nurmehr im Rahmen der Interessenabwägung gem. § 1 KSchG bzw. § 626 BGB berücksichtigt werden (*Rolfs* Rn 9).

24 **c) Anzeigepflicht.** Gem. Absatz 3 hat der Arbeitgeber dem Integrationsamt binnen 4 Tagen mitzuteilen, dass er gem. § 90 Abs. 1 innerhalb der Wartezeit gekündigt hat.

25 **4. Rechtsfolgen, Rechtsweg.** Ob die Einschränkungen des besonderen Kündigungsschutzes gem. § 90 vorliegen oder nicht, entscheidet das Integrationsamt im Rahmen seiner Überprüfung gem. § 85. Die Entscheidung kann auch darin bestehen, dass das Integrationsamt das sog. Negativattest ausstellt und damit dem Arbeitgeber mitteilt, §§ 85ff seien nicht anzuwenden. Auch in diesem Fall handelt es sich wieder um einen Bescheid mit Doppelwirkung gem. § 80a VwGO, gegen den der betroffene schwerbehinderte Arbeitnehmer zunächst Widerspruch und sodann, falls erforderlich, Klage vorm Verwaltungsgericht erheben kann.

§ 91 Außerordentliche Kündigung

(1) **Die Vorschriften dieses Kapitels gelten mit Ausnahme von § 86 auch bei außerordentlicher Kündigung, soweit sich aus den folgenden Bestimmungen nichts Abweichendes ergibt.**

(2) [1]**Die Zustimmung zur Kündigung kann nur innerhalb von 2 Wochen beantragt werden; maßgebend ist der Eingang des Antrages bei dem Integrationsamt.** [2]**Die Frist beginnt mit dem Zeitpunkt, in dem der Arbeitgeber von den für die Kündigung maßgebenden Tatsachen Kenntnis erlangt.**

(3) [1]**Das Integrationsamt trifft die Entscheidung innerhalb von 2 Wochen vom Tage des Eingangs des Antrages an.** [2]**Wird innerhalb dieser Frist eine Entscheidung nicht getroffen, gilt die Zustimmung als erteilt.**

(4) **Das Integrationsamt soll die Zustimmung erteilen, wenn die Kündigung aus einem Grunde erfolgt, der nicht im Zusammenhang mit der Behinderung steht.**

(5) **Die Kündigung kann auch noch nach Ablauf der Frist des § 626 Abs. 2 Satz 1 BGB erfolgen, wenn sie unverzüglich nach Erteilung der Zustimmung erklärt wird.**

(6) **Schwerbehinderte Menschen, denen lediglich aus Anlass eines Streiks oder einer Aussperrung fristlos gekündigt worden ist, werden nach Beendigung des Streiks oder der Aussperrung wieder eingestellt.**

1. Sozialpolitischer Hintergrund, Entstehung und Zweck der Norm 1
Die Vorschrift entspricht § 21 SchwbG, der den Kündigungsschutz gegenüber den vorangegangenen Regelungen auf die außerordentliche Kündigung ausgeweitet hat. Die vorherigen Normen machten die Zustimmungsbedürftigkeit der außerordentlichen Kündigung davon abhängig, ob ein Zusammenhang mit der Behinderung gegeben war.

§ 91 normiert den auch für die außerordentliche Kündigung geltenden 2
Grundsatz, dass die Kündigung eines schwerbehinderten Arbeitnehmers der Zustimmung durch das Integrationsamt erfordert. Dazu bedarf es besonderer Regelungen, weil die außerordentliche Kündigung gem. § 626 BGB an enge Fristen gebunden ist. § 626 BGB lautet wie folgt:

„(1) Das Dienstverhältnis kann von jedem Vertragsteil aus wichtigem Grund ohne Einhaltung einer Kündigungsfrist gekündigt werden, wenn Tatsachen vorliegen, aufgrund derer dem Kündigenden unter Berücksichtigung aller Umstände des Einzelfalles und unter Abwägung der Interessen beider Vertragsteile die Fortsetzung des Dienstverhältnisses bis zum Ablauf der Kündigungsfrist oder bis zu der vereinbarten Beendigung des Dienstverhältnisses nicht zugemutet werden kann.

(2) Die Kündigung kann nur innerhalb von 2 Wochen erfolgen. Die Frist beginnt mit dem Zeitpunkt, in dem der Kündigungsberechtigte von den für die Kündigung maßgebenden Tatsachen Kenntnis erlangt. Der Kündigende muss dem anderen Teil auf Verlangen den Kündigungsgrund unverzüglich schriftlich mitteilen."

2. Die Regelungen im Einzelnen. a) Geltungsbereich. Auf § 85 wird Be- 3
zug genommen, weil der persönliche, räumliche und sachliche Geltungsbereich entsprechend gilt – der geschützte Arbeitnehmer muss schwerbehindert sein; der Fall der offensichtlichen Schwerbehinderung bedarf keiner gesonderten Erörterung; auch i.Ü. kommt es auf § 90 Abs. 2a an (vgl. die dortige Kommentierung).

4 **b) Mitteilung des schwerbehinderten Arbeitnehmers.** Die Kenntnis des Arbeitgebers von der Schwerbehinderteneigenschaft bzw. Gleichstellung ist Voraussetzung dafür, dass dieser sich an die Regeln des § 91 halten kann. Nach der Rechtsprechung des BAG gilt auch im Falle der außerordentlichen Kündigung, dass der schwerbehinderte Arbeitnehmer binnen eines Monats von seinem behindertenrechtlichen Status Mitteilung machen muss (BAG AP – Nr. 4 zu § 18 SchwbG; AP – Nr. 14 zu § 12 SchwbG). In der Literatur wird dies kontrovers diskutiert; *Grossmann,* § 21 Rn 20 und ebenso *Etzel* § 91 Rn 4 halten hier die 2-Wochen-Frist für angemessen, aus § 626 BGB und der Regelung des § 91 Abs. 2 und 3 ergebe sich eine entsprechende Mitteilungsfrist des schwerbehinderten Arbeitnehmers; es folgt der inzwischen wegen der neuen Regelung des § 90 Abs. 2a) überholte Hinweis, allerdings könne sich der Betroffene auf die Schwerbehinderteneigenschaft auch dann berufen, wenn er erst noch einen Antrag auf Feststellung nachhole. Demgegenüber verweist *Müller-Wenner,* § 91 Rn 4 darauf, dass die Frist einheitlich für alle Kündigungsarten gelte und dass die Kündigungsarten auch nicht immer klar voneinander zu trennen seien. Systematisch erscheint es überzeugend, bei der fristlosen Kündigung von der 2-Wochen-Frist auszugehen; ein schutzwürdiges Interesse auf Seiten des schwerbehinderten Arbeitnehmers steht dem auch nicht entgegen.

5 **c) Antragsfrist des Arbeitgebers.** Die außerordentliche Kündigung ist gem. § 626 BGB binnen zwei Wochen auszusprechen. § 91 Abs. 2 folgt dem insofern, als er dem Arbeitgeber auferlegt, binnen zwei Wochen beim Integrationsamt den Zustimmungsantrag zu stellen. Für die Fristbemessung kommt es entscheidend darauf an, dass die für die Kündigung maßgebenden Tatsachen bekannt sind. Die Frist ist so lange gehemmt, als der Arbeitgeber den Sachverhalt aufklärt und mit der gebotenen Eile Ermittlungen anstellt. Diese sind abgeschlossen, wenn die Umstände, die der Arbeitgeber für die Kündigung für wesentlich hält, aufgeklärt sind (BAG NZA 1994, 171; *Müller-Wenner* m.w.N. § 91 Rn 7).

6 Bei der Kenntnisnahme kommt es auf den Kündigungsberechtigten an. Bei juristischen Personen sind dies das gesetzlich zuständige Vertretungsorgan (BAG NZA 1998, 747), aber auch Mitarbeiter, die die Befugnis haben, selbständig Personalentscheidungen und Entlassungen vorzunehmen.

Wenn der Arbeitgeber erst nach Ausspruch der Kündigung von der Schwerbehinderteneigenschaft bzw. der Antragstellung erfährt, beginnt nach hM die Frist gem. § 626 Abs. 2 BGB mit der Kenntnis über die Schwerbehinderteneigenschaft bzw. die Antragstellung zu laufen, da es sich auch insoweit um eine für die Kündigung maßgebliche Tatsache handelt (BAG AP-Nr. 4 zu § 8 SchwbG). Hiergegen wendet *Müller-Wenner,* § 91 Rn 9, ein, dass § 626 Abs. 2 BGB gilt – geht der Arbeitgeber von Zustimmungsfreiheit gem. § 85 aus, so muss er die BGB-Frist von 2 Wochen einhalten. Hat der Arbeitgeber diese versäumt, dürfe ihm es nicht zum Vorteil gereichen, dass er später von der Schwerbehinderteneigenschaft des Arbeitnehmers erfahre. Dies sei eine Diskriminierung gem. § 81 Abs. 2 Nr. 1. Der Arbeitgeber solle vielmehr nur dann keinen Schaden von der Fristversäumung haben, wenn er erst später davon unterrichtet wird, dass die Kündigung zustimmungspflichtig ist (BAG NZA 2002, 971 (973)). Die Frist beginnt daher nur in den Fällen ab Kenntnis von der Schwerbehinderteneigenschaft, in denen die ursprüngliche Kündigung unter Beachtung der Frist des § 626 Abs. 2 BGB gültig war, zu laufen (so überzeugend *Müller-Wenner*, aaO).

Hält der Arbeitgeber das Verfahren von § 91 Abs. 1 und 2 ein, erlangt der Arbeitnehmer letztlich aber nicht die beantragte Schwerbehinderteneigenschaft, so kann der Arbeitnehmer sich nicht auf einen Verstoß gegen das Fristerfordernis des § 626 Abs. 2 BGB berufen. Das BAG geht hier von Treuwidrigkeit aus (BAG NZA 1988, 429). Allerdings beginnt sodann das Fristenreglement zu Lasten des Arbeitgebers gem. § 91 Abs. 5. 7

Die Frist des § 91 Abs. 2 ist von Amts wegen seitens des Integrationsamtes zu prüfen. Wiedereinsetzung ist ausgeschlossen (hM). 8

d) Kündigungsfrist des Arbeitgebers. § 626 Abs. 2 BGB normiert, dass die fristlose Kündigung nur innerhalb von 2 Wochen erfolgen kann und dass die Frist ab Kenntnis der maßgebenden Tatsachen zu laufen beginnt. Wenn nun zunächst dem Arbeitgeber aufgegeben ist, binnen 2 Wochen die Entscheidung über die Kündigung beim Integrationsamt zu beantragen, so ist offensichtlich, dass idR die 2-Wochen-Frist des § 626 Abs. 2 BGB nicht mehr einzuhalten ist. Deshalb muss der Gesetzgeber hier die Sonderregelung des Abs. 5 schaffen, die darin besteht, dass der Arbeitgeber die 2-Wochen-Frist des § 626 Abs. 2 überschreiten darf, wenn die Kündigung unverzüglich nach Erteilung der Zustimmung durch das Integrationsamt erklärt wird. 9

Unverzüglich ist nach der Legaldefinition des § 121 Abs. 1 Satz 1 BGB ein Vorgehen, das ohne schuldhaftes Zögern die erforderliche Rechtshandlung gegenüber dem schwerbehinderten Arbeitnehmer umsetzt. Das BAG hält dazu fest, dass eine angemessene Überlegensfrist, die auch die Entscheidungsfähigkeit des Arbeitgebers berücksichtigt, noch im gesetzlichen Rahmen liegt. In der Regel wird von 2–3 Tagen ausgegangen (BAG vom 3. 7. 1980, AP-Nr. 2 zu § 18 SchwbG). 10

Die Frist setzt mit der Bekanntgabe der Zustimmungserteilung durch das Integrationsamt gegenüber dem Arbeitgeber gem. § 88 Abs. 2 oder aber mit dem Zeitpunkt der Zustimmungsfiktion gem. § 91 Abs. 3 Satz 2 ein. Für Form und Bekanntgabe der Entscheidung gilt nicht § 88 Abs. 2, wonach die Entscheidung schriftlich abgefasst und dem Arbeitgeber sowie dem schwerbehinderten Arbeitnehmer zugestellt wird. Eine mündliche oder gar fernmündliche Unterrichtung reicht aus (*Müller-Wenner*, § 91 Rn 26). Im Übrigen kommt es für die Berechnung der Frist auf den Zugang des Kündigungsschreibens an, das der Arbeitgeber dem schwerbehinderten Arbeitnehmer zur Kenntnis bringt (BAG Nr. 9 zu § 18 SchwbG). 11

Die Beteiligung des Betriebsrates gem. § 102 BetrVG ist Sache des Arbeitgebers. In der Regel wird der Arbeitgeber unverzüglich nach Zustimmungserteilung durch das Integrationsamt das betriebsverfassungsrechtliche Verfahren einleiten. Liegt das Votum des Betriebsrates vor bzw. hat der Betriebsrat die 3-Tage-Frist gem. § 102 Abs. 2 Satz 3 ungenutzt gelassen, so muss der Arbeitgeber sodann die außerordentliche Kündigung dem schwerbehinderten Arbeitnehmer am Folgetag zustellen (BAG AP-Nr. 24 zu § 103 BetrVG sowie Nr. 12 zu § 12 SchwbG und AP-Nr. 2 zu § 18 SchwbG). 12

13 **e) Entscheidung des Integrationsamtes. aa) Fristenregelung.** Das Integrationsamt entscheidet binnen 2 Wochen vom Tage des Eingangs des Antrages an, § 91 Abs. 3 Satz 1. Wird innerhalb dieser Frist eine Entscheidung nicht getroffen, gilt die Zustimmung als erteilt, § 91 Abs. 3 Satz 2. Die Regelung stellt sich als verfahrensmäßige Parteinahme des Gesetzgebers zugunsten des Arbeitgebers dar und begegnet deshalb Bedenken. Auch die fiktive Zustimmung unterliegt den Rechtsmitteln von Widerspruch und Klage. Das strenge Fristenregiment führt dazu, dass die Grundsätze der fristlosen Kündigung mit ihrer strikten zeitlichen Bindung nicht wesentlich durch das Integrationsamt verändert werden können. Dass die Intensität einer Prüfung durch kurze Fristen beeinträchtigt werden kann, nimmt der Gesetzgeber demgegenüber offensichtlich in Kauf. Gleichwohl sind gem. § 87 Abs. 2 die Stellungnahmen von Betriebsrat und Schwerbehindertenvertretung einzuholen sowie der Betroffene anzuhören. Dass dabei elektronische Kommunikation einzuschalten ist, entspricht der allgemeinen Auffassung.

14 Die Zustimmungsfiktion gem. Abs. 3 Satz 2 greift ein, wenn die Behörde nicht innerhalb der 2-Wochen-Frist eine Entscheidung getroffen hat. Aus diesem Wortlaut der Norm geht eindeutig hervor, dass die 2-Wochen-Frist für die interne Willensbildung der Behörde und die Ausfertigung der Entscheidung gilt. Der Postweg ist zu der 2-Wochen-Frist hinzuzurechnen. § 88 Abs. 2 Satz 1 spricht von der Zustellung der Entscheidung, § 91 Abs. 3 Satz 1 davon, dass das Integrationsamt eine Entscheidung trifft. Hieraus folgert die Rechtsprechung und hM, dass jede Art der Bekanntgabe gem. § 33 Abs. 2 SGB X ausreicht; hiernach kann ein Verwaltungsakt schriftlich, elektronisch, mündlich oder in anderer Weise erlassen werden und in § 39 Abs. 1 SGB X heißt es, dass der Verwaltungsakt gegenüber demjenigen, für den er bestimmt ist, in dem Zeitpunkt wirksam wird, in dem er ihm bekannt gegeben wird. Dies entspricht dem Beschleunigungsgrundsatz des Zustimmungsverfahrens gem. § 91 (*Cramer* SchwbG, § 21 Rn 6). Die Entscheidung des Integrationsamtes durch Fristablauf ist auf Verlangen durch den Arbeitgeber bzw. den schwerbehinderten Arbeitnehmer schriftlich zu bestätigen.

15 **bb) Ermessensausübung.** Gem § 91 Abs. 4 soll das Integrationsamt der fristlosen Kündigung Zustimmung erteilen, wenn die Kündigung aus einem Grunde erfolgt, der nicht im Zusammenhang mit der Behinderung steht. Die gesetzliche Strukturierung der Ermessensentscheidung besteht darin, dass zum einen inhaltlich ein Überprüfungsgrund für das Integrationsamt nur in dem Konnex zwischen fristloser Kündigung und Behinderung durch das Gesetz angeordnet wird; zum anderen ist in diesem Fall eine „Soll-Zustimmung“ angeordnet, wenn kein Zusammenhang zwischen fristloser Kündigung und Behinderung vorliegt. Es fehlt an einer Ermessensbindung durch § 91, wenn ein Zusammenhang zwischen der Kündigung und der Behinderung existiert; das Integrationsamt muss seine Entscheidung entsprechend den Grundsätzen ausrichten, die oben bei § 89 mit dem 3-Stufen-Schema erläutert sind.

16 Die „Soll-Zustimmung“ bei Fehlen eines Zusammenhanges von Kündigung und Behinderung kann nach den allgemeinen Regeln des Verwaltungsrechts versagt werden, wenn die besondere Konstellation des Einzelfalles

dies rechtfertigt. Ansonsten hat der Gesetzgeber durch die Regelung des § 91 Abs. 4 das Ermessen des Integrationsamtes reduziert, und die Entscheidung ist zugunsten des Arbeitgebers zu treffen. Diese verfahrensmäßige Wertung entspricht im Grunde auch der Regelung des § 91 Abs. 3 Satz 2 mit der fiktiven Zustimmung bei Überschreiten der 2-Wochen-Frist. Auch hier ist aber wieder zu bedenken, dass die Fiktion der Zustimmung zu Lasten des betroffenen Arbeitnehmers geht; bei dessen begründeter Gegenwehr ist die fiktive Entscheidung nicht zulässig. Für den anderen Fall des Zusammenhanges zwischen Kündigung und Behinderung gelten die Erwägungen, die unter § 88 Abs. 5 Satz 2 dargestellt sind.

In Rechtsprechung und Literatur wird vertreten, dass eine Entscheidung 17 des Integrationsamtes zugunsten des Arbeitnehmers nur möglich ist, wenn für ihn die Kündigung eine Sonderbelastung im Vergleich zu anderen Schwerbehinderten bedeute; als Prüfungsmaßstab dürfe nicht das Arbeitsrecht herangezogen werden, auch nicht bei offenkundiger Unwirksamkeit der Kkündigung (so *Rolfs* m.w.N.). Diese Auffasung überzeugt schon deshalb nicht, weil es keine Vermutung für die Richtigkeit der fristlosen Kündigung gegenüber der fristgemäßen Kündigung gibt. Der Schutz der Schwerbehinderten muss – bei unstreitiger Berechtigung beider Rechtsinstitutionen – gleichermaßen gewährleistet sein. Das Gesetz sieht ein striktes Fristenregime vor, nicht aber weitere Einschränkungen der Tätigkeit des Integrationsamtes.

3. Rechtsfolgen, Rechtsweg. Die Entscheidung des Integrationsamtes un- 18 terliegt Widerspruch bei der Behörde gem. §§ 118ff und Anfechtungsklage vor den Verwaltungsgerichten. Dies gilt selbstverständlich auch für die Entscheidungsfiktion bei Überschreiten der 2-Wochen-Frist durch das Integrationsamt. Auch in diesem Fall kann der betroffene schwerbehinderte Arbeitnehmer Widerspruch einlegen bzw. Anfechtungsklage vor den Verwaltungsgerichten erheben und – da es hier um kurze Fristen geht – auch stets prüfen, ob ein Eilverfahren aussichtsreich ist.

§ 92 Erweiterter Beendigungsschutz

[1]Die Beendigung des Arbeitsverhältnisses eines schwerbehinderten Menschen bedarf auch dann der vorherigen Zustimmung des Integrationsamtes, wenn sie im Falle des Eintritts einer teilweisen Erwerbsminderung, der Erwerbsminderung auf Zeit, der Berufsunfähigkeit oder der Erwerbsunfähigkeit auf Zeit ohne Kündigung erfolgt. [2]Die Vorschriften dieses Kapitels über die Zustimmung zur ordentlichen Kündigung gelten entsprechend.

1. Sozialpolitischer Hintergrund, Entstehung und Zweck der Norm. 1 Die Vorschrift regelt die Ausnahme von dem Grundsatz, dass eine Zustimmung des Integrationsamtes nur bei Beendigung des Arbeitsverhältnisses durch Kündigung erforderlich ist.

Das Schwerbehindertengesetz 1974 hat den erweiterten Beendigungs- 2 schutz eingeführt, zuletzt war die Regelung in § 22 SchwbG platziert.

3 Der Zweck der Norm liegt darin, dass arbeitsrechtliche Vorschriften sozialversicherungsrechtliche Tatbestände zum Anlass nehmen, das Arbeitsverhältnis zu beenden, ohne dass eine Kündigung ausgesprochen wird. Diese arbeitgeberseitige Beendigung des Arbeitsverhältnisses soll nicht Bestand, ohne dass das Integrationsamt sie genehmigt.

4 **2. Normzusammenhang und Anwendungsbereich. a) Sozial- und tarifrechtliche Anknüpfung.** Die Vorschrift nimmt Bezug auf die Versicherungsfälle der verminderten Erwerbsfähigkeit nach den §§ 43, 45, 240ff SGB VI; ausgenommen ist aber die volle und unbefristete Erwerbsminderung, weil diese Lohnersatzleistung das grundsätzliche Ausscheiden aus dem Erwerbsleben als Leistungsgrund hat (*Rolfs* § 92 Rn 1) und deshalb eine Einschaltung des Integrationsamtes funktionslos wäre.

5 Der persönliche Anwendungsbereich ist identisch mit dem des § 85. Die schwerbehinderten und diesen gleichgestellten Arbeitnehmer sind durch § 92 geschützt, sofern ihr Status im Zeitpunkt bei Eintritt der Berufsunfähigkeit oder der Erwerbsunfähigkeit auf Zeit feststeht. Dasselbe gilt für arbeitnehmerähnliche Personen.

6 Aus der Praxis der Integrationsämter wird mitgeteilt, dass das rechtssystematische Zusammenwirken von § 92 und tariflichen Beendigungsregelungen nach § 33 TVöD ein häufiger Anwendungsfall sind (*Kayser,* S. 153ff); hiernach verhält es sich so, dass die „teilweise Erwerbsminderung auf Dauer" gem. § 33 Abs. 2 Satz 1, Fall 2 TVöD das Arbeitsverhältnis beendet und deshalb ein Fall von § 92 ist – es sei denn der wird gem. § 33 Abs. 3 TVöD weiter beschäftigt. Bei „teilweiser Erwerbsminderung auf Zeit" ruht das Arbeitsverhältnis oder es wird fortgeführt (§§ 33 Abs. 2 Satz 5, 6 und Abs. 3 TVöD), hier liegt ein Fall von § 92 nicht vor, ebenso wenig bei „voller Erwerbsminderung auf Zeit" und „voller Erwerbsminderung auf Dauer", weil hier das Arbeitverhältnis ruht bzw. der schwerbehinderte Arbeitnehmer auf Dauer aus dem Erwerbsleben ausscheidet.

7 Die Regelung des § 92 ist auch auf arbeitsvertragliche Vereinbarungen anwendbar, denen zufolge das Arbeitsverhältnis bei Berufsunfähigkeit oder Erwerbsunfähigkeit enden soll. Anders verhält es sich, wenn die Beendigung durch Aufhebungsvertrag zustande kommt; die einvernehmliche Auflösung des Arbeitsverhältnisses ist durch den Genehmigungsvorbehalt des Integrationsamtes gem. § 92 nicht zu überprüfen (zum Ganzen: *Schimanski,* in Großmann/Schimanski, § 22 Rn 27/28).

8 **b) Ermessen des Integrationsamtes.** Das Integrationsamt muss die verfahrensmäßigen Regeln des SGB X auch im Falle der Überprüfung nach § 92 einhalten. Sachverhaltsfeststellungen, Anhörung des Betroffenen, Beiziehung der Stellungnahmen der sonstigen Beteiligten usw. richten sich nach den allgemeinen Regeln der §§ 85ff. In der Sache geht es um eine prognostische Entscheidung, die unter der Fragestellung steht, ob bei Eintritt einer teilweisen Erwerbsminderung, der Erwerbsminderung auf Zeit, der Berufsunfähigkeit oder der Erwerbsunfähigkeit auf Zeit die Beendigung des Arbeitsverhältnisses mit Zustimmung des Integrationsamtes erfolgen soll oder nicht.

9 Antragsteller ist der Arbeitgeber. Er hat ein Interesse an der Beendigung des Arbeitsverhältnisses, weil der schwerbehinderte oder gleichgestellte Ar-

beitnehmer nicht mehr die gesundheitlichen Voraussetzungen (teilweise Erwerbsminderung, Berufsunfähigkeit) erfüllt oder weil er jedenfalls vorübergehend gehandicapt ist (Erwerbsminderung auf Zeit, Erwerbsunfähigkeit auf Zeit).

Die Prognose geht dahin, ob zum einen der schwerbehinderte oder gleichgestellte Arbeitnehmer wieder volle Erwerbsfähigkeit erlangen kann und ob zum anderen dem Arbeitgeber zuzumuten ist, den bis zu 3 Jahre umfassenden Zeitraum zu überbrücken, um danach den Betroffenen wieder an seinen angestammten Platz zurückzubringen. Folgende Konstellationen sind zu unterscheiden:

3. Verfahrensfragen. Die Entscheidung des Integrationsamtes unterliegt 10 dem Widerspruchsverfahren. Der Widerspruchsbescheid kann vor dem Verwaltungsgericht angefochten werden. Hinsichtlich der aufschiebenden Wirkung von Widerspruch und Klage vorm Verwaltungsgericht wird auf § 88 Abs. 4 und die dazu niedergelegten Erläuterungen verwiesen.

Kapitel 5. Betriebs-, Personal-, Richter-, Staatsanwalts- und Präsidialrat, Schwerbehindertenvertretung, Beauftragter des Arbeitgebers

§ 93 Aufgaben des Betriebs-, Personal-, Richter-, Staatsanwalts- und Präsidialrates

[1] Betriebs-, Personal-, Richter-, Staatsanwalts- und Präsidialrat fördern die Eingliederung schwerbehinderter Menschen. [2] Sie achten insbes. darauf, dass die dem Arbeitgeber nach den §§ 71, 72 und 81 bis 84 obliegenden Verpflichtungen erfüllt werden; sie wirken auf die Wahl der Schwerbehindertenvertretung hin.

1. Sozialpolitischer Hintergrund. Die Aufgabe, die Eingliederung Schwb 1 zu fördern, obliegt der SBV in gleicher Weise wie den kollektiven Interessenvertretungen der Beschäftigten (Betriebs-, Personalrat, Richtervertretung, Staatsanwaltsrat usw.).

2. Geltende Fassung und Entstehungsgeschichte. § 93, in Kraft seit 1. 7. 2 2001, entspricht bis auf geringfügige sprachliche Änderungen § 23 SchwbG.

3. Normzweck und Normzusammenhang. Die Betriebs-, Personal- und 3 Richterräte sind schon nach § 80 Abs. 1 Nr. 4 BetrVG, § 68 Abs. 1 Nr. 4 und 5 BPersVG und § 52 DRiG zur Förderung der Integration schwb Menschen verpflichtet. § 93 S. 1 erstreckt diese Pflicht auch auf Staatsanwalts- und Präsidialräte sowie Landesbeamte (Bihr ua.-*Dusel/Hoff,* § 93 Rn 2).

4. Inhalt der Vorschrift im Einzelnen. Die Vorschrift verpflichtet in **S. 1** 4 die genannten kollektiven Interessenvertretungen zur Förderung der Integration schwerbehinderter Menschen. **S. 2** konkretisiert diese Aufgabe durch Beispiele. Förderungsvoraussetzung ist, dass die jeweiligen Vertretungsorgane auch tatsächlich errichtet sind (Kossens ua.-*Kossens,* § 93 Rn 2; Neumann ua.-*Pahlen,* § 93 Rn 2). Die Vorschrift stellt klar, dass die genannten Interessenvertretungen auch dann zur Integrationsförderung verpflichtet sind, wenn eine SBV, die gem. § 95 ebenfalls die Integration schw Menschen fördert, besteht (Bihr ua.-*Dusel/Hoff,* § 93 Rn 3). Der jeweiligen kollektiven Interessenvertretung der Beschäftigten obliegt die Verantwortung *auch* für die *schwb* Beschäftigten im Betrieb bzw. in der Dienststelle; die SBV ist nicht etwa der Betriebs- oder Personalrat der im Betrieb bzw. in der Dienststelle beschäftigten schwb Menschen (*Cramer,* § 23 Rn 2).

5 **5. Förderpflicht (S. 1).** Die Pflicht der kollektiven Interessenvertretungen der Beschäftigten zur **Förderung der Eingliederung** schwb Menschen nach **S. 1** beinhaltet zugleich die Pflicht, die SBV zu fördern (FKS-SGB IX-*Schmitz,* § 93 Rn 3). Der Förderung der Eingliederung schwb Menschen kommt besondere Bedeutung zu in Betrieben bzw. Dienststellen, in denen eine SBV nicht gewählt worden ist bzw. nicht gewählt werden kann, weil weniger als 5 schwb Menschen, schwb Staatsanwälte oder schwb Richter beschäftigt werden (vgl. § 94 Abs. 1 Satz 1 bis 3; Bihr ua.-*Dusel/Hoff,* § 93 Rn 3).

6 Zur Förderung der Eingliederung zählen alle Maßnahmen, die der Integration der schwb Menschen in den Betrieb bzw. die Dienststelle sowie ihrer Einstellung und Beschäftigung dienen; sie ist nicht auf den Schutz der schon im Betrieb bzw. in der Dienststelle beschäftigten schwb Menschen beschränkt. Darüber hinaus zählen zur Integrationsförderung sämtliche Maßnahmen, die der Wahrung der Interessen der schwb Menschen im Betrieb oder in der Dienststelle dienen (Kossens *ua.-Kossens,* § 93 Rn 10; *Cramer,* § 93 Rn 4).

7 **6. Überwachungspflicht (S. 2, 1. HS). S. 2, 1. HS** normiert die Pflicht der kollektiven Interessenvertretungen, die Anwendung des SGB IX in Betrieben und Dienststellen – insbes. der dem Arbeitgeber nach §§ 71, 72 und 81 bis 84 obliegenden Pflichten – zu überwachen. Die Betonung der genannten Vorschriften („insbes.") verdeutlicht, dass die Integrationsförderungspflicht sich auch auf arbeitsplatz- oder ausbildungsstellensuchende schwb Menschen bezieht (*Cramer,* § 23 Rn 4). Im Einzelnen ist die Einhaltung folgender Arbeitgeberpflichten zu überwachen: Einhaltung der Pflichten des ArbG zur Beschäftigung (§§ 71 und 72), Prüfung der Besetzung freier Arbeitsplätze (iSd § 73 Abs. 1) mit schwb Menschen (§ 81 Abs. 1 Satz 1), Beteiligung der SBV an dieser Prüfung (§ 81 Abs. 1 Satz 6), Unterrichtung der SBV und der kollektiven Interessenvertretungen über Bewerbungen schwb Menschen (§ 81 Abs. 1 Satz 4), Einsatz der schwb Menschen entsprechend ihren Fähigkeiten und Kenntnissen (§ 81 Abs. 4 Satz 1 Nr. 1), Förderung des beruflichen Fortkommens (§ 81 Abs. 4 Satz 1 Nr. 2), behindertengerechte Ausstattung der Arbeitsplätze (§ 81 Abs. 4 Satz 1 Nr. 4).

8 **7. Hinwirken auf die Wahl der Schwerbehindertenvertretung (S. 2, 2. HS). S. 2, 2. HS** verpflichtet die kollektiven Interessenvertretungen der Beschäftigten ausdrücklich, auf die **Wahl einer SBV** hinzuwirken. Dieser Pflicht können sie zum einen dadurch nachkommen, dass sie den ArbG zur Zusammenfassung von Betrieben bzw. Dienststellen zwecks Wahl einer SBV (§ 94 Abs. 1 Satz 4) anregen und das Integrationsamt um Einladung zu einer Versammlung zwecks Wahl eines Wahlvorstandes bitten (§ 94 Abs. 6). Zum

anderen können die Interessenvertretungen selbst die schwb Menschen zur Wahl eines Wahlvorstands einladen (§ 1 Abs. 2 Satz 2 SchwbVWO). Weitergehende, auf die Wahl einer SBV gerichtete Rechte – zB die Bestellung eines Wahlvorstandes – stehen der kollektiven Interessenvertretung der Beschäftigten im Betrieb bzw. in der Dienststelle nicht zu (vgl. §§ 1 Abs. 2 Satz 2, 19 Abs. 2, 24 Abs. 2 Satz 1 SchwbWO; Kossens ua.-*Kossens,* § 93 Rn 16f; FKS-SGB IX-*Schmitz,* § 93 Rn 5).

Die **Rechte und Möglichkeiten,** die die **kollektiven Interessenvertretungen der Beschäftigten** zur Durchführung ihrer Aufgabe im Interesse der schwb Menschen im Einzelnen haben, ergeben sich aus den einschlägigen Vorschriften des BetrVG (insbes. §§ 99ff), des BPersVG (insbes. §§ 75ff), den entsprechenden Länder-PersVG, dem DRiG und den entsprechenden Landes-RiG (Bihr ua. *Dusel/Hoff,* Rn 7). Nach diesen Bestimmungen ist die kollektive Interessenvertretung der Beschäftigten uU berechtigt, ihre Zustimmung zur Einstellung eines ArbN zu versagen, wenn der ArbG seine Beschäftigungspflicht nach §§ 71 und 72 noch nicht erfüllt hat und die kollektive Interessenvertretung die Einstellung eines schwb Menschen wünscht (§ 99 Abs. 2 Nr. 1 BetrVG, § 77 Abs. 2 Nr. 1 BPersVG). Denn die Einstellung eines nicht schwb ArbN ohne vorherige arbeitgeberseitige Prüfung nach § 81 Abs. 1 Satz 1 verstößt gegen eine gesetzliche Vorschrift iSv § 99 Abs. 2 Nr. 1 BetrVG (*Cramer,* § 23 Rn 6 mVa BAG v. 14. 11. 1989 – 1 ABR 88/88 – AP Nr. 77 zu § 99 BetrVG 1972; aA VGH Baden-Württemberg v. 23. 10. 1990 – 15 Satz 254/89 – PersR 1990, 150). 9

In Konkretisierung des allgemeinen Unterrichtungsrechts nach § 80 Abs. 2 BetrVG, § 68 Abs. 2 BPersVG und § 52 DRiG gewährt § 80 Abs. 2 Satz 3 der kollektiven Interessenvertretung darüber hinaus einen Anspruch auf **Übermittlung** einer Kopie **der Anzeige** des ArbG an die zuständige Agentur für Arbeit und **des Verzeichnisses der schwb und ihnen gleichgestellten Menschen sowie sonstiger anrechnungsfähiger Personen** im Betrieb oder in der Dienststelle (§ 80 Abs. 1). Das Recht auf **Unterrichtung über Bewerbungen** schwb Menschen ergibt sich aus § 81 Abs. 1 Satz 4.

Die kollektiven Interessenvertretungen der Beschäftigten sind zudem zur engen Zusammenarbeit zum Zwecke der Eingliederung schwb Menschen mit dem ArbG, dem Beauftragten des ArbG und der SBV verpflichtet (§ 99 Abs. 1) sowie zur Unterstützung der Bundesagentur für Arbeit und der Integrationsämter als den mit der Durchführung des Teils 2 beauftragten Stellen (§ 99 Abs. 2). Sie haben die SBV an allen Sitzungen – auch ihrer Ausschüsse – zu beteiligen (§ 95 Abs. 4). Der SBV ist die Mitbenutzung von Räumen und Geschäftsbedürfnissen zu gestatten (§ 96 Abs. 9). 10

Im Rahmen von Kündigungsschutzverfahren hat das Integrationsamt eine Stellungnahme des Betriebs- oder Personalrats bzw. der zuständigen Stufenvertretung einzuholen (§ 87 Abs. 2).

§ 93 gilt auch für die **Stufenvertretungen** im Rahmen ihrer jeweiligen Zuständigkeit (zB für den Gesamtbetriebsrat – §§ 47, 50 BetrVG –, den Konzernbetriebsrat – §§ 54, 58 BetrVG –, den Gesamtpersonalrat – §§ 55, 56 BPersVG – und den Bezirks- und Hauptpersonalrat – §§ 53ff BPersVG –). Die personelle Zusammensetzung richtet sich nach den einschlägigen Vorschriften; die Anhörung einer unzuständigen Stelle kann nachträglich nicht 11 geheilt werden (BVerwG v. 25. 10. 1968 – VI C 3.66 – BVerwGE 30, 344; Bihr ua.-*Dusel/Hoff,* § 93 Rn 6).

§ 94 Wahl und Amtszeit der Schwerbehindertenvertretung

(1) [1]In Betrieben und Dienststellen, in denen wenigstens 5 Schwerbehinderte nicht nur vorübergehend beschäftigt sind, werden eine Vertrauensperson und wenigstens ein stellvertretendes Mitglied gewählt, das die Vertrauensperson im Falle der Verhinderung durch Abwesenheit oder Wahrnehmung anderer Aufgaben vertritt. [2]Ferner wählen bei Gerichten, denen mindestens 5 schwerbehinderte Richter oder Richterinnen angehören, diese einen Richter oder eine Richterin zu ihrer Schwerbehindertenvertretung. [3]Satz 2 gilt entsprechend für Staatsanwälte oder Staatsanwältinnen, soweit für sie eine besondere Personalvertretung gebildet wird. Betriebe oder Dienststellen, die die Voraussetzungen des Satzes 1 nicht erfüllen, können für die Wahl mit räumlich naheliegenden Betrieben des Arbeitgebers oder gleichstufigen Dienststellen derselben Verwaltung zusammengefasst werden; soweit erforderlich, können Gerichte unterschiedlicher Gerichtszweige und Stufen zusammengefasst werden. [4]Über die Zusammenfassung entscheidet der Arbeitgeber im Benehmen mit dem für den Sitz der Betriebe oder Dienststellen einschließlich Gerichten zuständigen Integrationsamt.

(2) Wahlberechtigt sind alle in dem Betrieb oder der Dienststelle beschäftigten schwerbehinderten Menschen.

(3) [1]Wählbar sind alle in dem Betrieb oder der Dienststelle nicht nur vorübergehend Beschäftigten, die am Wahltage das 18. Lebensjahr vollendet haben und dem Betrieb oder der Dienststelle seit 6 Monaten angehören; besteht der Betrieb oder die Dienststelle weniger als ein Jahr, so bedarf es für die Wählbarkeit nicht der sechsmonatigen Zugehörigkeit. [2]Nicht wählbar ist, wer kraft Gesetzes dem Betriebs-, Personal-, Richter-, Staatsanwalts- oder Präsidialrat nicht angehören kann.

(4) Bei Dienststellen der Bundeswehr, bei denen eine Vertretung der Soldaten nach dem Bundespersonalvertretungsgesetz zu wählen ist, sind auch schwerbehinderte Soldaten und Soldatinnen wahlberechtigt und auch Soldaten und Soldatinnen wählbar.

(5) [1]Die regelmäßigen Wahlen finden alle 4 Jahre in der Zeit vom 1. 10. bis 30. 11. statt. [2]Außerhalb dieser Zeit finden Wahlen statt, wenn
1. **das Amt der Schwerbehindertenvertretung vorzeitig erlischt und ein stellvertretendes Mitglied nicht nachrückt,**
2. **die Wahl mit Erfolg angefochten worden ist oder**
3. **eine Schwerbehindertenvertretung noch nicht gewählt ist.**

[3]Hat außerhalb des für die regelmäßigen Wahlen festgelegten Zeitraumes eine Wahl der Schwerbehindertenvertretung stattgefunden, wird die Schwerbehindertenvertretung in dem auf die Wahl folgenden nächsten Zeitraum der regelmäßigen Wahlen neu gewählt. [4]Hat die Amtszeit der Schwerbehindertenvertretung zum Beginn des für die regelmäßigen

Wahlen festgelegten Zeitraumes noch nicht ein Jahr betragen, wird die Schwerbehindertenvertretung im übernächsten Zeitraum für regelmäßige Wahlen neu gewählt.

(6) [1]**Die Vertrauensperson und das stellvertretende Mitglied werden in geheimer und unmittelbarer Wahl nach den Grundsätzen der Mehrheitswahl gewählt.** [2]**Im übrigen sind die Vorschriften über die Wahlanfechtung, den Wahlschutz und die Wahlkosten bei der Wahl des Betriebs-, Personal-, Richter-, Staatsanwalts- oder Präsidialrates sinngemäß anzuwenden.** [3]**In Betrieben und Dienststellen mit weniger als 50 wahlberechtigten schwerbehinderten Menschen wird die Vertrauensperson und das stellvertretende Mitglied im vereinfachten Wahlverfahren gewählt, sofern der Betrieb oder die Dienststelle nicht aus räumlich weit auseinander liegenden Teilen besteht.** [4]**Ist in einem Betrieb oder einer Dienststelle eine Schwerbehindertenvertretung nicht gewählt, so kann das für den Betrieb oder die Dienststelle zuständige Integrationsamt zu einer Versammlung schwerbehinderter Menschen zum Zwecke der Wahl eines Wahlvorstandes einladen.**

(7) [1]**Die Amtszeit der Schwerbehindertenvertretung beträgt 4 Jahre. Sie beginnt mit der Bekanntgabe des Wahlergebnisses oder, wenn die Amtszeit der bisherigen Schwerbehindertenvertretung noch nicht beendet ist, mit deren Ablauf.** [2]**Das Amt erlischt vorzeitig, wenn die Vertrauensperson es niederlegt, aus dem Arbeits-, Dienst- oder Richterverhältnis ausscheidet oder die Wählbarkeit verliert.** [3]**Scheidet die Vertrauensperson vorzeitig aus dem Amt aus, rückt das mit der höchsten Stimmenzahl gewählte stellvertretende Mitglied für den Rest der Amtszeit nach; dies gilt für das stellvertretende Mitglied entsprechend. Auf Antrag eines Viertels der wahlberechtigten schwerbehinderten Menschen kann der Widerspruchsausschuss bei dem Integrationsamt (§ 119) das Erlöschen des Amtes einer Vertrauensperson wegen grober Verletzung ihrer Pflichten beschließen.**

Literatur: Frankfurt a. M. 2009; *Fitting/Engels/Schmidt/Trebinger/Linsenmaier,* BetrVG, 24. Auflage, München 2008; *Richardi,* BetrVG, 11. Auflage, München 2008; *Richardi/Dörner/Weber,* PerSBVR, 3. Auflage, München 2008; *Sieg,* Wahl der Schwerbehindertenvertretung, NZA 2002, 1064.

1. Sozialpolitischer Hintergrund. Die Institution der Schwerbehindertenvertretung geht letztlich zurück auf die Institution des Vertrauensmannes der Schwerbeschädigten des „Gesetzes über die Beschäftigung Schwerbeschädigter“ vom 6. 4. 1920 (RGBl. S. 458). Mit der Novellierung 1923 wurde diese Institution fortgeführt. Die Institution wurde sowohl im SchwbeschG (1953) (BGBl. I S. 389) als auch im „Gesetz zur Weiterentwicklung des Schwerbeschädigtengesetzes“ vom 24. 4. 1974 (BGBl. I S. 981) beibehalten. Seit dem 1. 8. 1986 hat die SBV eine erweiterte Aufgabe und Zuständigkeit. Sie hat, von der schon davor bestehenden Ausnahme (§ 11 Abs. 1 Satz 2 SchwbG idF vor dem 1. 8. 1986) abgesehen, nicht nur die Interessen der im Betrieb bzw. in der Dienststelle beschäftigten schwb Menschen zu wahren, sondern *auch die Interessen* dem Betrieb bzw. der Dienststelle nicht angehö- 1 render sbM, also *arbeitsloser*, arbeitsuchender, ausbildungsstellensuchender *Schwerbehinderter*, und zwar nicht nur einzelner, die eingestellt werden wollen und/oder sich beworben haben, sondern auch der sozialen Gruppe der schwb Menschen allgemein, um deren berufliche Eingliederung (im weiten Sinne) es geht, wenn ein Bezug zum Betrieb bzw. zu der Dienststelle gegeben ist. Die SBV hat danach auch und vor allem die Aufgabe, darüber zu wachen, dass die zugunsten der (dem Betrieb bzw. der Dienststelle nicht angehörenden) schwb Menschen bestehenden Pflichten zur Einstellung erfüllt werden.

Die Aufgabe, die Eingliederung schwb Menschen zu fördern, obliegt der SBV in gleicher Weise wie den kollektiven Interessenvertretungen der Beschäftigten (Betriebs-, Personalrat, Richtervertretung, Staatsanwaltsrat usw.).

2 **2. Geltende Fassung und Entstehungsgeschichte.** § 94 gibt im Wesentlichen den Inhalt des ehemaligen § 24 SchwbG wieder. Die in § 24 Abs. 7 SchwbG geregelte Verordnungsermächtigung findet sich nun in § 100. § 23 Abs. 8 SchwbG wurde zu § 93 Abs. 7, § 23 Abs. 9 SchwbG, der die Bezeichnung „Vertrauensfrau" für eine Frau als SBV sowie „Vertrauensmann" für einen Mann als SBV normierte, ist durch die Einführung des Begriffs der „Vertrauensperson" (VP) entfallen.

3 **3. Normzweck.** Die Vorschrift regelt die Wahl und Amtszeit der SBV. In Betrieben und Dienststellen mit mindestens 5 nicht nur vorübergehend beschäftigten schwb oder gleichgestellten Menschen werden eine VP und mindestens ein stellvertretendes Mitglied gewählt. § 94 gilt entsprechend für die Gerichte. Besteht bei Staatsanwaltschaften ein eigener Personalrat, wird hier ebenfalls eine eigene SBV gewählt.

4 **4. Normzusammenhang.** Die Einzelheiten zum aktiven und passiven Wahlrecht sind in der Wahlordnung SBV (SchwbVWO) vom 19. 6. 2001 geregelt.

5 **5. Wahl der SBV.** Die Wahl der SBV ist in Abs. 1 bis 6 umfassend geregelt, die Amtszeit der SBV in Abs. 7.

6 **Abs. 1 Satz 1** legt fest, dass eine SBV – bestehend aus einer Vertrauensperson und wenigstens einem stellvertretenden Mitglied – **in** allen **Betrieben und Dienststellen** zu wählen ist, **in denen wenigstens 5 schwb** Menschen und/oder Gleichgestellte (§ 68 Abs. 3; s.a. § 1 Abs. 2 SchwbVWO) **nicht nur vorübergehend beschäftigt sind** (zu der Sonderregelung für Soldaten s. Abs. 4). Erzwingen lässt sich die Wahl jedoch nicht; die Entscheidung obliegt letztendlich allein den Wahlberechtigten (ebenso nach § 1 BetrVG; *Fitting ua.* § 1 Rn 286ff; Richardi-*Richardi* § 1 Rn 103ff; ebenso zum BPersVG Richardi ua.-*Dörner* § 1 Rn 2).

Liegt ein gültiger Vorschlag zur Wahl des stellvertretenden Mitglieds nicht vor, *kann* auch **allein die SBV** gewählt werden. Die gleichzeitige Wahl eines stellvertretenden Mitglieds ist keine Wirksamkeitsvoraussetzung für die Wahl der SBV (vgl. § 7 Abs. 1 Satz 2 und Abs. 3 SchwbVWO; vgl. Neumann ua.-*Pahlen*, § 94 Rn 19 m. w. N.).

Eine *Pflicht* zur Wahl **allein des stellvertretenden Mitglieds** besteht, wenn in einem Betrieb oder einer Dienststelle mit wenigstens 5 schwb Menschen (oder Gleichgestellten) nur eine SBV, nicht aber auch wenigstens ein stellvertretendes Mitglied vorhanden ist, zB weil es insoweit an einem gültigen Wahlvorschlag fehlte, die Stimmabgabe für das stellvertretende Mitglied ungültig war, das gewählte stellvertretende Mitglied die Wahl nicht angenommen hat (s. dazu § 14 SchwbVWO) oder das einzig gewählte oder beim Nachrücken in das Amt der SBV allein übriggebliebene stellvertretende Mitglied vorzeitig ausgeschieden ist. Die Pflicht zur alleinigen Wahl des stellvertretenden Mitglieds ergibt sich auch aus §§ 17, 21 SchwbVWO, die im Wesentlichen die Vorschriften zur SBV-Wahl für entsprechend anwendbar erklären: Im förmlichen Wahlverfahren hat die SBV unverzüglich einen Wahlvorstand zur Leitung der Nachwahl des stellvertretenden Mitglied für den Rest der Amtszeit zu bestellen, im vereinfachten Wahlverfahren unverzüglich zu einer Wahlversammlung zwecks Nachwahl des stellvertretenden Mitglieds einzuladen.

Die Begriffe des **„Betriebs"** und der **„Dienststelle"** bestimmen sich gem. 7
§ 87 Abs. 1 Satz 2 für den gesamten Teil 2 nach dem BetrVG und dem PerSBVR. Auch in Betriebsteilen und Nebenbetrieben bzw. Teilen einer Dienststelle und Nebenstellen, die als selbständige Betriebe bzw. Dienststellen iSd § 4 BetrVG, § 6 Abs. 3 BPersVG (sowie den entsprechenden landesrechtlichen Bestimmungen) gelten, sind somit eine SBV und wenigstens ein stellvertretendes Mitglied zu wählen.

Die erforderliche Mindestzahl von fünf schwb Menschen ist erreicht, 8
wenn *am Wahltag* im Betrieb bzw. in der Dienststelle fünf schwb Menschen bzw. ihnen Gleichgestellte abhängig beschäftigt sind. Zu berücksichtigen sind alle nach Abs. 2 Wahlberechtigten (dazu Rn 15) mit Ausnahme der im Betrieb oder in der Dienststelle nur vorübergehend Beschäftigten. Vorübergehend beschäftigt sind schwb Menschen, die iSd § 73 Abs. 3 1. Alt. nach der Natur der Arbeit oder nach den zwischen den Vertragsparteien getroffenen Vereinbarungen für höchstens acht Wochen, nicht aber für längere, wenn auch von vornherein begrenzte, Zeit (zB eine Probezeit oder eine Aushilfe von sechs Monaten) eingestellt sind (aA Neumann ua.-*Pahlen,* § 94 Rn 7 m.w.N.). In Heimarbeit beschäftigte schwb Menschen oder Gleichgestellte zählen – unabhängig von der in § 127 vorgesehenen Anrechnung von Heimarbeitern auf die Pflichtplatzzahl – nicht zu den im Betrieb des Auftraggebers Beschäftigten (Bihr ua.-*Dusel/Hoff,* § 94 Rn 4). Auch der schwb ArbG selbst ist – trotz der in § 75 Abs. 3 vorgesehenen Anrechnung auf die Pflichtplatzzahl – bei der Berechnung der Mindestzahl nicht zu berücksichtigen ist (Neumann ua.-*Pahlen,* § 94 Rn 23).

Das **stellvertretende Mitglied** vertritt die VP im Falle der **Verhinderung,** 9
die sowohl tatsächliche Gründe (Urlaub, Krankheit, sonstige Abwesenheit, Verhinderung durch einen gleichzeitigen Termin) als auch rechtliche (persönliche Betroffenheit der VP von einer Angelegenheit) haben kann. Scheidet die VP vorzeitig aus (Abs. 7 Satz 3 sowie – analog – S. 5), ist sie nicht verhindert iSd § 94 Abs. 1 Satz 1; vielmehr rückt das erste stellvertretende Mitglied für den Rest der Amtszeit der bisherigen VP in das Amt der SBV nach (Abs. 7 Satz 4). Das stellvertretende Mitglied hat **während der Vertretung** die **volle Rechtsstellung einer VP** (Kossens ua.-*Kossens,* § 94 Rn 18); es gelten ua. die Vorschriften zum **Kündigungs-** sowie zum **Versetzungs- und Abordnungsschutz.**

10 Die VP und ihr(e) Stellvertreter üben die Aufgaben der SBV weder als Kollegialorgan aus noch werden sie gemeinsam tätig. Unabhängig von der Betriebsgröße und der Zahl der zu betreuenden schwb Menschen vertritt – vom Fall der Heranziehung nach § 25 Abs. 1 Satz 4 abgesehen – nach der gesetzlichen Konzeption *eine* VP die Interessen der schwb Menschen, nicht aber ein mehrköpfiges Gremium (Bihr ua.-*Dusel/Hoff*, § 94 Rn 2).

11 Die **Amtszeit des stellvertretenden Mitglieds** endet grundsätzlich mit der der SBV. Etwas anderes gilt beim vorzeitigen Ausscheiden der VP aus dem Amt (Abs. 7 Satz 3 sowie – analog – S. 5). In diesen Fällen rückt das erste stellvertretende Mitglied für den Rest der Amtszeit der bisherigen VP nach (Abs. 7 Satz 4). Scheidet das erste stellvertretende Mitglied vorzeitig aus, rückt das mit der nächst höheren Stimmenzahl gewählte stellvertretende Mitglied in das Amt des stellvertretenden Mitglieds nach. Ist kein stellvertretendes Mitglied (mehr) vorhanden, ist nachzuwählen (Bihr ua.-*Dusel/Hoff*, § 94 Rn 11).

12 Die Einzelheiten zur **Wahl mehrerer stellvertretender Mitglieder** ergeben sich aus der SchwbVWO: Beim förmlichen Wahlverfahren beschließt der Wahlvorstand die Zahl der zu wählenden stellvertretenden Mitglieder (§ 2 Abs. 4 SchwbVWO). Im vereinfachten Wahlverfahren (§§ 18ff SchwbVWO) obliegt diese Entscheidung der Wahlversammlung. Die Wahl der stellvertretenden Mitglieder der SBV der schwb Richter ist in Abs. 1 Satz 2 – anders als in § 97 Abs. 5 iVm Abs. 4 – nicht ausdrücklich vorgesehen; insoweit gilt Abs. 1 Satz 1 entsprechend. Zur Wahl der stellvertretenden Mitglieder der SBV der schwb Staatsanwälte s. § 23 SchwbVWO.

13 Zu den Dienststellen iSd § 94 zählen auch die Gerichte (§ 6 Abs. 1 BPersVG); gehören einem Gericht mindestens 5 schwb Richter und Richterinnen an, wählen sie **S. 2** zufolge einen Richter oder eine Richterin zu ihrer SBV. Erreichen sie jeweils die Mindestzahl von 5 nicht nur vorübergehend beschäftigten schwb Menschen oder Gleichgestellten, haben damit die Richter und Richterinnen einer- und die „sonstigen Beschäftigten" andererseits eine eigene SBV, bestehend aus einer VP und mindestens einem stellvertretenden Mitglied (zum Verhältnis der beiden SBV untereinander bei der Amtsausübung s. § 95 Abs. 7; Kossens ua.-*Kossens,* § 94 Rn 8; aA Neumann ua.-*Pahlen,* § 94 Rn 8f). Die Vertretung der Interessen schwb Richter bei Gerichten mit weniger als fünf schwb Richtern wird sichergestellt durch Zusammenfassung nach S. 4 und 5 sowie die Mitvertretung durch Stufenvertretungen nach § 97 Abs. 4.

14 Eine **eigene SBV** und mindestens ein stellvertretendes Mitglied wählen nach **S. 3** auch die **schwb Staatsanwälte,** sofern das Landesrecht – so zB in Hessen (§ 78a HRiG), Niedersachsen (§§ 111ff NPersVG), Nordrhein-Westfalen (§§ 93f LPVG), Bayern (Art. 86a BayPVG), Baden-Württemberg (§§ 88f LRiG) – solch eine eigenständige Personalvertretung vorsieht. Eine Zusammenfassung mit den übrigen Bediensteten ist nicht möglich (dazu Rn 7).

15 Beschäftigt ein Betrieb (bzw. eine Dienststelle) weniger als 5 schwb Menschen und/oder Gleichgestellte nicht nur vorübergehend, ermöglicht das Gesetz in **S. 4** die Zusammenfassung mit räumlich naheliegenden Betrieben desselben ArbG bzw. anderen gleichstufigen Dienststellen derselben Ver-

waltung zwecks Wahl einer SBV, wenn durch die **Zusammenfassung** die Mindestzahl erreicht wird. Der Zusatz „räumliche Nähe“ bezieht sich nach Wortlaut, Sinn und Zweck der Vorschrift auch auf Dienststellen (Neumann ua.-*Pahlen,* § 94 Rn 10).

Der Zusammenfassung steht nicht entgegen, dass in dem „anderen Betrieb“ (bzw. der Dienststelle) bereits wenigstens 5 schwb Menschen beschäftigt sind (Kossens ua.-*Kossens,* § 94 Rn 9; Bihr ua.-*Dusel/Hoff,* § 94 Rn 6; *Feldes ua.,* § 94 Rn 8). Auch mehrere Betriebe bzw. Dienststellen können zusammengefasst werden, wenn auf diese Weise die erforderliche Mindestzahl schwb Beschäftigter erreicht wird (Neumann ua.-*Pahlen,* § 94 Rn 13).

Die Dienststellen müssen grundsätzlich derselben Verwaltung und der gleichen Stufe angehören; Gerichte dagegen können verschiedenen Gerichtszweigen und Stufen zuzuordnen sein (Abs. 1 Satz 4, 2. HS). Die stufenübergreifende Zusammenfassung kommt sowohl zwecks Wahl der SBV der schwb Richter und Staatsanwälte als auch derjenigen der sonstigen Bediensteten in Betracht (*Cramer,* § 24 Rn 4).

Beschäftigt ein Gericht wenigstens 5 nichtrichterliche, nicht aber wenigstens 5 schwb oder gleichgestellte richterliche Bedienstete, können Gerichte ausschließlich für die Wahl der SBV der schwb Richter zusammengefasst werden (*Cramer,* § 24 Rn 4).

Über die Zusammenfassung zum Zweck der Wahl sowie ihre Änderung oder Beendigung für künftige Wahlen entscheidet gem. **S. 5** der ArbG (§ 71 Abs. 1 Satz 1) im Benehmen mit dem/den für den Sitz der Betriebe oder Dienststellen (einschl. Gerichten) zuständigen Integrationsamt/ämtern. Der ArbG hat seine Entscheidung über die Zusammenfassung denjenigen, denen die Einleitung der Wahl der SBV obliegt – in Betracht kommen die SBV, der Betriebs-, Personal-, Richter- und Präsidialrat sowie die Integrationsämter –, mitzuteilen (Bihr ua.-*Dusel/Hoff,* § 94 Rn 8).

Entfällt eine der Voraussetzungen nachträglich, ist dies für die Rechtsstellung der gewählten SBV grundsätzlich ohne Belang; sie bleibt für die Zeit und für die Betriebe bzw. Dienststellen, für die sie gewählt ist, zuständig und im Amt (Neumann ua.-*Pahlen,* § 94 Rn 17).

6. Aktives Wahlrecht. Abs. 2 regelt das **aktive Wahlrecht** zur SBV, das alle am Wahltag im Betrieb bzw. in der Dienststelle abhängig beschäftigten schwb Menschen und Gleichgestellten (vgl. § 1 Abs. 2 SchwbVWO) haben. Nicht zu berücksichtigen sind insbes. ihre Staatsangehörigkeit, ihr Alter (auch Jugendliche unter 18 Jahren), die Dauer ihrer Betriebszugehörigkeit (auch am Wahltag neu Eingestellte oder unmittelbar nach dem Wahltag Ausscheidende), ihre Arbeitszeit (auch Teilzeitbeschäftigte mit kurzzeitiger Beschäftigung von unter 18 Wochenstunden iSd § 73 Abs. 3 2. Alt.), ihre Stellung im Betrieb bzw. in der Dienststelle (auch leitende Angestellte iSd § 5 Abs. 3 BetrVG oder Behördenleiter iSd § 7 BPersVG) oder die Art ihres Beschäftigungsverhältnisses. Wahlberechtigt sind diejenigen, die einen Arbeitsplatz iSd § 73 Abs. 1 besetzen sowie die in den Anwendungsbereich des § 73 Abs. 2 und 3 fallenden schwb Menschen und Gleichgestellten (zB ABM- oder Teilzeitkräfte, deren wöchentliche Arbeitszeit weniger als 18 Stunden beträgt). Auch zur Dienststelle Abgeordneten steht das aktive Wahlrecht zu (§ 13 Abs. 2 Satz 1 und 3 BPersVG). Da der Ort, an dem die 16

Arbeitsleistung erbracht wird, ohne Belang ist, sind Außendienstmitarbeiter ebenfalls wahlberechtigt. Die tatsächliche Nicht-Beschäftigung zum Wahltermin aufgrund von Krankheit, Kur, (Erziehungs-)Urlaub, ruhenden Arbeitsverhältnisses (uU auch länger als 6 Monate; vgl. dagegen § 13 Abs. 1 Satz 2 BPerSBVG) ist hinsichtlich des Wahlrechts bedeutungslos (*Neumann* ua., § 94 Rn 23 f; FKS-SGB IX-*Pohl*, § 94 Rn 25; Kossens ua.-*Kossens*, § 94 Rn 19).

Nicht wahlberechtigt – da nicht abhängig beschäftigt – ist der schwb ArbG. Kein Wahlrecht haben ferner die in Heimarbeit beschäftigten schwb Menschen und ihnen Gleichgestellte, selbst wenn sie in der Hauptsache für den Betrieb arbeiten und deshalb nach § 75 Abs. 1 auf einen Pflichtplatz angerechnet werden können (Bihr ua.-*Dusel/Hoff*, § 94 Rn 12; Kossens ua.-*Kossens*, § 94 Rn 20). **Nicht wahlberechtigt** ist außerdem derjenige, der beim förmlichen Wahlverfahren (zu den Wahlverfahren s. Rn 22) am Tag vor der Stimmabgabe nicht über einen Schwerbehindertenausweis (§ 69 Abs. 5) verfügt, sowie derjenige, dessen Antrag auf Gleichstellung am Tag vor der Stimmabgabe noch nicht positiv beschieden ist; die Rückwirkung der Gleichstellung auf den Tag des Antragseingangs (§ 68 Abs. 2 Satz 2) ist insoweit ohne Belang. Beim vereinfachten Wahlverfahren genügt die Vorlage des Ausweises oder Feststellungsbescheides in der Wahlversammlung. Über das Fehlen des Schwerbehindertenausweises bzw. des Gleichstellungsbescheides hilft die Offensichtlichkeit der Schwerbehinderung hinweg (*Cramer*, § 24 Rn 10; Neumann ua.-*Pahlen*, § 94 Rn 23; FKS-SGB IX-*Pohl*, § 94 Rn 20 f). Sind die Voraussetzungen der Schwb-Eigenschaft nach § 2 Abs. 2 am Wahltag weggefallen, richtet sich das Wahlrecht als Teil des gesetzlichen Schutzes schwb Menschen nach § 116. Hat sich der GdB auf weniger als 50 verringert und das Versorgungsamt einen entsprechenden Feststellungsbescheid erlassen, ist der behinderte Mensch bis zum Ende des 3. Kalendermonats nach Eintritt der Unanfechtbarkeit dieses Bescheids wahlberechtigt.

Die Ausübung des aktiven Wahlrechts setzt zudem Geschäftsfähigkeit voraus. Die Stimmabgabe eines nachweislich iSd § 104 BGB Geschäftsunfähigen ist ungültig (Cramer 1998, § 24 Rn 10).

17 **7. Passives Wahlrecht. Abs. 3: Passiv wahlberechtigt sind** alle im Betrieb bzw. in der Dienststelle am Wahltag nicht nur vorübergehend (s. Rn 8) in Voll- oder Teilzeit – auch kurzzeitig iSd § 73 Abs. 3 2. Alt. – Beschäftigten, die am Wahltag 18 Jahre alt sind und dem Betrieb bzw. der Dienststelle mindestens sechs Monate angehören. Das Erfordernis der sechsmonatigen Betriebs- bzw. Dienststellenzugehörigkeit entfällt, wenn der Betrieb bzw. die Dienststelle weniger als ein Jahr besteht (*Feldes ua.* § 94 Rn 13). Das passive Wahlrecht beschränkt sich damit nicht auf schwb Menschen und Gleichgestellte. Mitglieder der kollektiven Interessenvertretung können daher ebenso zur VP gewählt werden wie der Beauftragte des ArbG. Auch Mitglieder des Wahlvorstands (§ 1 SchwbVWO) sind wählbar (FKS-SGB IX-*Pohl*, § 94 Rn 28; Neumann ua.-*Pahlen*, § 94 Rn 25 ff). SBV der Richter kann jedoch nur ein Richter sein (Abs. 1 Satz 2), SBV der behinderten Staatsanwälte im Falle des Abs. 1 Satz 3 nur ein Staatsanwalt (Neumann ua.-*Pahlen*, § 94 Rn 30).

Nicht wählbar ist, wer kraft Gesetzes kein Mitglied der jeweiligen kollektiven Interessenvertretung (Betriebs-, Personal-, Richter-, Staatsanwaltschafts- und Präsidialrat) sein kann (s. insbes. § 8 Abs. 1 iVm § 5 Abs. 1 bis 3 BetrVG; § 14 Abs. 1 bis 3 iVm § 4 BPerSBVG und die entsprechenden Bestimmungen der Länder-PerSBVG; § 59 Abs. 2 DRiG und die entsprechenden Vorschriften der Landesrichtergesetze [dazu Neumann ua.-*Pahlen*, § 94 Rn 25 ff]). Dies sind ua. Personen, die weder in einem Arbeits- noch einem Ausbildungsverhältnis stehen, noch als ArbN gelten, weil ihre Beschäftigung nicht in erster Linie ihrem Erwerb dient, sondern vorwiegend ihrer beruflichen Rehabilitation (§ 5 Abs. 2 Nr. 4 BetrVG). Dazu zählen Rehabilitanden in Berufsbildungs- oder Berufsförderungswerken oder sonstigen Rehabilitationseinrichtungen, selbst dann, wenn sie ArbN iSd § 5 Abs. 1 BetrVG sind. Nicht wählbar sind zudem die in Heimarbeit Beschäftigten (anders als in § 8 Abs. 1 BetrVG; Neumann ua.-*Pahlen*, § 94 Rn 28).

8. Sonderregelung für Soldaten. Abs. 4 trifft eine Sonderregelung für das **aktive und passive Wahlrecht von Soldaten und Soldatinnen** bei Dienststellen der Bundeswehr, bei denen eine Vertretung der Soldaten nach dem BPerSBVG zu wählen ist (§ 35 a iVm § 35 Abs. 1 und 2 des Soldatengesetzes). Aktiv wahlberechtigt sind auch schwb Soldaten, wählbar auch nicht schwb oder gleichgestellte Soldaten (nicht nur Zivilbedienstete). Abs. 4 ist im Zusammenhang mit § 128 Abs. 4 zu sehen. Danach gelten §§ 93 bis 99 – und damit das gesamte 5. Kapitel mit den Vorschriften über die SBV und die Stufenvertretungen. 18

9. Einheitlicher Wahltermin. Abs. 5 bestimmt in **S. 1** einen **einheitlichen Termin für die regelmäßigen Wahlen** der SBV. Sie finden – in Anbetracht der Amtszeit von vier Jahren (Abs. 7 Satz 1) – alle vier Jahre statt in der Zeit vom 1. 10. bis 30. 11. 19

S. 2 beschränkt die Wahl der SBV außerhalb der Zeit der regelmäßigen Wahlen auf folgende Fälle: 20

1. wenn das Amt der SBV vorzeitig erlischt (Abs. 7 Satz 3 und 5) und kein stellvertretendes Mitglied nachrückt,
2. die Wahl mit Erfolg angefochten worden ist (vgl. § 13 Abs. 2 Nr. 4 BetrVG) oder
3. eine SBV noch nicht gewählt worden ist (vgl. § 13 Abs. 2 Nr. 6 BetrVG).

Gem. **S. 3** ist die SBV *grundsätzlich* in dem auf die Wahl folgenden nächsten Zeitraum der regelmäßigen Wahlen neu zu wählen, wenn die Wahl außerhalb der regelmäßigen Wahlzeit stattfindet. Die Amtszeit endet in diesem Fall am 30. 11.

S. 4 bestimmt, dass – falls die Amtszeit der SBV zum Beginn des für die regelmäßigen Wahlen der SBV festgelegten Zeitraumes noch nicht ein Jahr betragen hat – die Wahl der SBV ausnahmsweise erst in dem auf die Wahl folgenden übernächsten Zeitraum der regelmäßigen Wahl stattfindet. In diesem Fall verlängert sich die Amtszeit auf mehr als vier Jahre, endet aber ebenfalls am 30. 11. (Kossens ua.-*Kossens*, § 94 Rn 28; *Cramer*, § 24 Rn 12 c). Eine ausdrückliche Regelung entsprechend § 21 S. 4 BetrVG fehlt. 21

Auch die gesonderte **Nachwahl des stellvertretenden Mitglieds** für den Fall, dass das Amt des stellvertretenden Mitglieds vorzeitig erlischt, aber kein stellvertretendes Mitglied nachrückt, die Wahl des stellvertretenden 22

Mitglieds erfolgreich angefochten wird, die Wahl des stellvertretendes Mitglieds mangels Bewerbern (§ 7 Abs. 3 Satz 1 SchwbVWO) nicht durchgeführt wird oder das gewählte stellvertretende Mitglied die Annahme der Wahl verweigert, ist nicht explizit geregelt. Eine solch isolierte Nachwahl des Stellvertreters ist in sinngemäßer Anwendung des S. 2 zulässig und geboten, wenn kein stellvertretendes Mitglied (mehr) vorhanden ist, da das Gesetz in Abs. 1 Satz 1 von der Wahl wenigstens eines stellvertretenden Mitglieds ausgeht (aA für die isolierte Wahl eines Ersatzmitgliedes einer einköpfigen Jugend- und Auszubildendenvertretung und eines einköpfigen Betriebsrates LAG Hamm v. 22. 8. 1990 – DB 1990, 2531 = BB 1990, 2190). §§ 17, 21 und 26 SchwbVWO unterstellen ebenfalls die Zulässigkeit und Pflicht der Nachwahl der SBV in den genannten Fällen und regeln Einzelheiten zu ihrer Vorbereitung und Durchführung (*Cramer,* § 24 Rn 12 d). Hat eine gesonderte Nachwahl des stellvertretenden Mitglieds (außerhalb des für die regelmäßigen Wahlen der SBV festgelegten Zeitraums) stattgefunden, endet die Amtszeit mit derjenigen der SBV. Wegen der zwischen dem Amt des stellvertretenden Mitglieds und dem Amt der SBV bestehenden Akzessorietät wird auch das stellvertretende Mitglied nur „für den Rest der Amtszeit der SBV" gewählt (§ 94 Abs. 7 Satz 4 2. HS, §§ 17, 21 und 26 SchwbVWO). Gleiches gilt für die Amtszeit des nachgewählten stellvertretenden Mitglieds. Hat die Amtszeit des nachgewählten stellvertretenden Mitglieds zu Beginn des für die regelmäßigen Wahlen der SBV festgelegten Zeitraums noch nicht ein Jahr betragen hat, ist das stellvertretende Mitglied dennoch in dem auf die Wahl folgenden *nächsten* Zeitraum der regelmäßigen Wahlen zu wählen. S. 4 ist auf das nachgewählte stellvertretende Mitglied nicht entsprechend anwendbar. Findet eine gesonderte Nachwahl des stellvertretenden Mitglieds statt, hat der Wahlvorstand (§ 2 Abs. 4 SchwbVWO) bzw. die Wahlversammlung (§ 20 Abs. 2 SchwbVWO) über die Zahl der zu wählenden stellvertretenden Mitglieder zu beschließen (*Cramer,* § 24 Rn 12 d).

23 **10. Wahlgrundsätze und -verfahren. Abs. 6** enthält **Wahlvorschriften.** Gem. **S. 1** ist die Wahl **geheim,** darf also nicht durch Zuruf oder öffentliche Abstimmung erfolgen. Sie ist **unmittelbar;** der Grundsatz der Unmittelbarkeit verbietet die Einschaltung von Wahlmännern. Sie erfolgt nach den Grundsätzen der **Mehrheitswahl;** gewählt ist damit, wer die meisten Stimmen auf sich vereinigt. Im Einzelnen ist die Vorbereitung und Durchführung der Wahl gem. § 100 in der „Wahlordnung Schwerbehindertenvertretungen idF der Bekanntmachung v. 23. 4. 1990 (BGBl. I S. 811), geändert durch Artikel 54 des Gesetzes v. 19. 6. 2001 (BGBl. I S. 146) – Wahlordnung Schwerbehindertenvertretung – SchwbVWO" geregelt. Danach wird zwischen einem förmlichen und einem vereinfachten Wahlverfahren unterschieden. Gem **S. 3** sind die SBV und das stellvertretende Mitglied im **vereinfachten Wahlverfahren** gem. §§ 18ff SchwbVWO zu wählen, sofern der Betrieb bzw. die Dienststelle nicht aus räumlich weit auseinanderliegenden Teilen besteht und über weniger als 50 wahlberechtigte schwb Menschen (einschließlich Gleichgestellten) verfügt. Das vereinfachte Verfahren gilt auch, wenn ein Wahlberechtigter das **förmliche Wahlverfahren** (§§ 1–17 SchwbWO) beantragt. Ein solcher Antrag ist bei der Wahl in den genannten Betrieben und Dienststellen **unzulässig.**

Im Übrigen sind gem. **S. 2** die Vorschriften über die **Wahlanfechtung,** den **Wahlschutz** (Verbot der Wahlbehinderung und unerlaubten Wahlbeeinflussung, Schutz der Mitglieder des Wahlvorstandes und der Wahlbewerber vor Kündigungen, Versetzungen, Abordnungen [§ 20 Abs. 1 und 2, § 103 BetrVG, § 15 Abs. 3 KSchG, § 24 Abs. 1, § 47, § 99 Abs. 1, § 100 Abs. 2, § 108 BPerSBVG sowie die entsprechenden Vorschriften des Landesrechts]) und die **Wahlkosten** (auch Fahrtkosten von Wahlberechtigten zur Teilnahme an der Versammlung zur Wahl des Wahlvorstands [§ 1 Abs. 2 SchwbVWO] oder an der Wahlversammlung [§ 19 Abs. 1 SchwbVWO]) einschließlich Lohnfortzahlung für die Zeit der Ausübung des Wahlrechts und der Betätigung im Wahlvorstand (§ 20 Abs. 3 Satz 2 BetrVG, § 24 Abs. 2 Satz 2, § 100 Abs. 3 BPersVG) bei der Wahl der kollektiven Interessenvertretung der Beschäftigten sinngemäß anzuwenden.

Anfechtungsberechtigt sind drei oder mehr Wahlberechtigte, der ArbG bzw. Dienststellenleiter, hingegen nicht die im Betrieb bzw. in der Dienststelle vertretenen Gewerkschaften (Kossens ua.-*Kossens,* § 94 Rn 36).

Die Wahlanfechtung ist im Bereich des BetrVG gem. § 19 Abs. 2 nur binnen einer Frist von 2 Wochen, im Bereich des BPersVG gem. § 25 binnen 12 Arbeitstagen – jeweils vom Tage der Bekanntgabe des Wahlergebnisses an – zulässig. Anfechtungsgründe sind Verstöße gegen wesentliche Vorschriften über das Wahlrecht, die Wählbarkeit und das Wahlverfahren (§ 19 BetrVG, § 25 BPerSBVG; vgl. *Sieg,* NZA 2002, 1064 (1069)). Die Nichtigkeit der Wahl – gegeben bei offensichtlichen und gröblichen Verstößen gegen wesentliche Grundsätze des Wahlrechts – kann von jedermann geltend gemacht werden, der ein berechtigtes Interesse an der Feststellung der Nichtigkeit vortragen kann. Sie ist nicht fristgebunden (Bihr ua.-*Dusel/Hoff,* § 94 Rn 27).

Die **Kündigung** eines Mitglieds des Wahlvorstands ist unzulässig vom Zeitpunkt seiner *Bestellung* (§ 1 SchwbVWO), die Kündigung eines Wahlbewerbers vom Zeitpunkt der Aufstellung des *Wahlvorschlags* an. Der Kündigungsschutz endet mit Ablauf von sechs Monaten nach Bekanntgabe des Wahlergebnisses. Etwas anderes gilt nur, wenn die Voraussetzungen einer arbeitgeberseitigen fristlosen Kündigung aus wichtigem Grund erfüllt sind und die nach § 103 BetrVG, § 47 BPersVG oder dem sonstigen Personalvertretungsrecht erforderliche Zustimmung vorliegt bzw. durch eine gerichtliche Entscheidung ersetzt wird (FKS-SGB IX-*Pohl,* § 94 Rn 52). Seit Inkrafttreten des „Gesetzes zur Reform des BetrVG" am 26. 7. 2001 erfasst der besondere Kündigungsschutz auch Personen, die zu einer Betriebsversammlung zur Einrichtung eines Betriebsrats einladen oder die Bestellung des Wahlvorstands einleiten. Gem. § 15 Abs. 3a KSchG gilt der Kündigungsschutz für die ersten drei in der Einladung oder im Antrag auf Bestellung des Wahlvorstands aufgeführten ArbN. Wird ein Betriebsrat nicht gebildet, gilt der Kündigungsschutz vom Zeitpunkt der Einladung bzw. Antragstellung drei Monate (§ 15 Abs. 3a S. 2 KSchG).

S. 4 sieht ein **Initiativrecht des Integrationsamtes** vor. Ist in dem Betrieb 24
oder der Dienststelle eine SBV nicht gewählt oder aus sonstigen Gründen nicht mehr vorhanden, kann das Integrationsamt an Stelle der Wahlberechtigten oder des Betriebs- bzw. Personalrats (s. § 1 Abs. 2 Satz 2 Schwb-

VWO) zu einer Versammlung der schwb Menschen und Gleichgestellten zum Zwecke der Wahl eines Wahlvorstandes (und dessen Vorsitzenden) einladen.

25 **11. Amtszeit. Abs.** 7 regelt in **S. 1** die regelmäßige **Amtszeit der SBV.** Sie beträgt vier Jahre und **beginnt** gem. **S. 2 mit** der **Bekanntgabe des Wahlergebnisses** oder, wenn zu diesem Zeitpunkt noch eine SBV besteht, mit Ablauf von deren Amtszeit (Kossens ua.-*Kossens,* § 94 Rn 38). Bekannt gegeben ist das Wahlergebnis zu dem Zeitpunkt, in dem es gem. § 15 bzw. § 20 Abs. 4 iVm § 5 Abs. 2 SchwbVWO im Betrieb bzw. in der Dienststelle ausgehängt ist. Das Amt **endet** auch in Fällen, in denen eine neue SBV (noch) nicht gewählt worden ist, **mit** dem **Ablauf der Amtszeit oder vorzeitig (S. 3)** mit der Niederlegung des Amtes (vgl. Nds. OVG v. 9. 10. 1994 – Der PersR 1994, 564), dem Ausscheiden der VP aus dem Beschäftigungsverhältnis oder dem Verlust der Wählbarkeit iSd Abs. 3. Die Wählbarkeit geht verlustig mit Ausgliederung von Teilen einer Dienststelle als selbständige Dienststelle aus einer anderen Dienststelle, nicht jedoch dem Absinken der zur Wahl einer VP nach Abs. 1 erforderlichen Mindestzahl von 5 schwb Menschen im Laufe der Amtszeit oder der erfolgreichen Anfechtung der Wahl; diese erfasst auch das Amt des stellvertretenden Mitglieds, es bedarf der Neuwahl (OVG Münster v. 19. 4. 1993 – I A 3466/91. PVL – br 1993, 172; Kossens ua.-*Kossens,* § 94 Rn 39). Auch im Fall des **S. 5** sowie bei Verlust der organisatorischen Selbständigkeit einer Dienststelle wegen Eingliederung in eine andere oder ihrer Auflösung erlischt das Amt vorzeitig (s. unten Rn 26).

In diesen Fällen des vorzeitigen Ausscheidens **rückt** nach **S. 4** – wie im BetrVG und Personalvertretungsrecht die Ersatzmitglieder – das **1. stellvertretende Mitglied für den Rest der Amtszeit nach,** nicht dagegen der Bewerber um das Amt der SBV, der bei der Wahl der VP mit dem zweitbesten Ergebnis unterlegen ist (Neumann ua.-*Pahlen,* § 94 Rn 47).

26 Nach **S. 5** erlischt die Amtszeit vorzeitig mit der Bekanntmachung des Beschlusses über das Erlöschen des Amtes durch den Widerspruchsausschuss beim Integrationsamt (§ 119). Der Beschluss kann auf Antrag ergehen, wenn sich die VP eine **grobe Verletzung der Amtspflichten** hat zuschulden kommen lassen. Eine solche Verletzung liegt vor, wenn sie objektiv schwerwiegend und subjektiv schuldhaft ist, also auf Vorsatz oder Fahrlässigkeit beruht (vgl. BVerwGE 31, 298; Bihr ua.-*Dusel/Hoff,* § 94 Rn 25). Der Antrag ist von – mindestens – einem Viertel der wahlberechtigten schwb Menschen oder Gleichgestellten zu stellen. Ein dem Antrag stattgebender Beschluss des Widerspruchsausschusses setzt voraus, dass die VP zum Zeitpunkt des Beschlusses noch im Amt ist. Ist die Amtszeit der VP zum Zeitpunkt der Beschlussfassung bereits abgelaufen, kommt eine Amtsenthebung nicht mehr in Betracht. Gegen die Entscheidung des Widerspruchsausschusses sind Widerspruch und Klage zum VG möglich, sie haben aufschiebende Wirkung (§ 80 VwGO). Die sofortige Vollziehung richtet sich nach § 80 Abs. 2 Nr. 4 VwGO.

Eine **Abwahl der VP** ist nicht vorgesehen.

27 **12. Verfahrensfragen.** Für Streitigkeiten bzgl. Wahl und Amtszeit der SBV sowohl in der Privatwirtschaft wie der Verwaltung sind gem. § 2a

Abs. 1 Nr. 3a ArbGG die ArbG zuständig (BAG v. 11. 11. 2003, BehindertenR 2004, 12; Kossens ua.-*Kossens* § 94 Rn 46 m. w. N.). Die ArbG entscheiden im Beschlussverfahren. Streitfragen können daher auch schon während des Verfahrens gerichtlich geklärt werden, uU durch Antrag auf einstweilige Verfügung gem. § 85 Abs. 2 ArbGG.

§ 95 Aufgaben der Schwerbehindertenvertretung

(1) [1]Die Schwerbehindertenvertretung fördert die Eingliederung schwerbehinderter Menschen in den Betrieb oder die Dienststelle, vertritt ihre Interessen in dem Betrieb oder der Dienststelle und steht ihnen beratend und helfend zur Seite. [2]Sie erfüllt ihre Aufgaben insbes. dadurch, dass sie

1. **darüber wacht, dass die zugunsten schwerbehinderter Menschen geltenden Gesetze, Verordnungen, Tarifverträge, Betriebs- oder Dienstvereinbarungen und Verwaltungsanordnungen durchgeführt, insbes. auch die dem Arbeitgeber nach den §§ 71, 72 und 81 bis 84 obliegenden Verpflichtungen erfüllt werden,**
2. **Maßnahmen, die den schwerbehinderten Menschen dienen, insbes. auch präventive Maßnahmen, bei den zuständigen Stellen beantragt,**
3. **Anregungen und Beschwerden von schwerbehinderten Menschen entgegennimmt und, falls sie berechtigt erscheinen, durch Verhandlung mit dem Arbeitgeber auf eine Erledigung hinwirkt; sie unterrichtet die schwerbehinderten Menschen über den Stand und das Ergebnis der Verhandlungen.**

[3]Die Schwerbehindertenvertretung unterstützt Beschäftigte auch bei Anträgen an die nach § 69 Abs. 1 zuständigen Behörden auf Feststellung einer Behinderung, ihres Grades und einer Schwerbehinderung sowie bei Anträgen auf Gleichstellung an die Agentur für Arbeit. [4]In Betrieben und Dienststellen mit idR mehr als 100 schwerbehinderten Menschen kann sie nach Unterrichtung des Arbeitgebers das mit der höchsten Stimmenzahl gewählte stellvertretende Mitglied zu bestimmten Aufgaben heranziehen, in Betrieben und Dienststellen mit mehr als 200 schwerbehinderten Menschen, das mit der nächsthöchsten Stimmzahl gewählte weitere stellvertretende Mitglied. [5]Die Heranziehung zu bestimmten Aufgaben schließt die Abstimmung untereinander ein.

(2) [1]Der Arbeitgeber hat die Schwerbehindertenvertretung in allen Angelegenheiten, die einen einzelnen oder die schwerbehinderten Menschen als Gruppe berühren, unverzüglich und umfassend zu unterrichten und vor einer Entscheidung anzuhören; er hat ihr die getroffene Entscheidung unverzüglich mitzuteilen. [2]Die Durchführung oder Vollziehung einer ohne Beteiligung nach Satz 1 getroffenen Entscheidung ist auszusetzen, die Beteiligung ist innerhalb von 7 Tagen nachzuholen; sodann ist endgültig zu entscheiden. [3]Die Schwerbehindertenvertretung hat das Recht auf Beteiligung am Verfahren nach § 81 Abs. 1 und beim Vorliegen von Vermittlungsvorschlägen der Bundesagentur für Arbeit

nach § 81 Abs. 1 oder von Bewerbungen schwerbehinderter Menschen das Recht auf Einsicht in die entscheidungsrelevanten Teile der Bewerbungsunterlagen und Teilnahme an Vorstellungsgesprächen.

(3) [1]Der schwerbehinderte Mensch hat das Recht, bei Einsicht in die über ihn geführte Personalakte oder ihn betreffende Daten des Arbeitgebers die Schwerbehindertenvertretung hinzuzuziehen. [2]Die Schwerbehindertenvertretung bewahrt über den Inhalt der Personalakte Stillschweigen, soweit sie der schwerbehinderte Mensch nicht von dieser Verpflichtung entbunden hat.

(4) [1]Die Schwerbehindertenvertretung hat das Recht, an allen Sitzungen des Betriebs-, Personal-, Richter-, Staatsanwalts- oder Präsidialrates und deren Ausschüssen sowie des Arbeitsschutzausschusses beratend teilzunehmen; sie kann beantragen, Angelegenheiten, die einzelne oder die schwerbehinderten Menschen als Gruppe besonders betreffen, auf die Tagesordnung der nächsten Sitzung zu setzen. [2]Erachtet sie einen Beschluss des Betriebs-, Personal-, Richter-, Staatsanwalts- oder Präsidialrates als eine erhebliche Beeinträchtigung wichtiger Interessen schwerbehinderte Menschen oder ist sie entgegen Absatz 2 Satz 1 nicht beteiligt worden, wird auf ihren Antrag der Beschluss für die Dauer von einer Woche vom Zeitpunkt der Beschlussfassung an ausgesetzt; die Vorschriften des Betriebsverfassungsgesetzes und des Personalvertretungsrechtes über die Aussetzung von Beschlüssen gelten entsprechend. [3]Durch die Aussetzung wird eine Frist nicht verlängert. [4]In den Fällen des § 21e Abs. 1 und 3 des Gerichtsverfassungsgesetzes ist die Schwerbehindertenvertretung, außer in Eilfällen, auf Antrag eines betroffenen schwerbehinderten Richters oder einer schwerbehinderten Richterin vor dem Präsidium des Gerichtes zu hören.

(5) Die Schwerbehindertenvertretung wird zu Besprechungen nach § 74 Abs. 1 des Betriebsverfassungsgesetzes, § 66 Abs. 1 des Bundespersonalvertretungsgesetzes sowie den entsprechenden Vorschriften des sonstigen Personalvertretungsrechtes zwischen dem Arbeitgeber und den in Absatz 4 genannten Vertretungen hinzugezogen.

(6) [1]Die Schwerbehindertenvertretung hat das Recht, mindestens einmal im Kalenderjahr eine Versammlung schwerbehinderter Menschen im Betrieb oder in der Dienststelle durchzuführen. [2]Die für Betriebs- und Personalversammlungen geltenden Vorschriften finden entsprechende Anwendung.

(7) Sind in einer Angelegenheit sowohl die Schwerbehindertenvertretung der Richter und Richterinnen als auch die Schwerbehindertenvertretung der übrigen Bediensteten beteiligt, so handeln sie gemeinsam.

(8) Die Schwerbehindertenvertretung kann an Betriebs- und Personalversammlungen in Betrieben und Dienststellen teilnehmen, für die sie als Schwerbehindertenvertretung zuständig ist, und hat dort ein Rederecht, auch wenn die Mitglieder der Schwerbehindertenvertretung nicht Angehörige des Betriebes oder der Dienststelle sind.

1. Sozialpolitischer Hintergrund. S. § 94 Rn 1. 1

2. Geltende Fassung und Entstehungsgeschichte. § 95 ist weitgehend inhaltsgleich mit § 25 SchwbG. Neu eingefügt wurde Abs. 2 Satz 3; zudem ist die Grenze, ab der das mit der höchsten Stimmzahl gewählte stellvertretende Mitglied zu bestimmten Aufgaben herangezogen werden kann, von 200 auf 100 gesenkt und Abs. 8 neu angefügt worden. 2

3. Normzweck. Die Vorschrift normiert im Detail die Aufgaben der SBV und die ihr bei der Erfüllung dieser Aufgaben gegenüber dem ArbG und den kollektiven Interessenvertretungen der Beschäftigten zustehenden Rechte. 3

4. Inhalt der Vorschrift im Einzelnen. Die Vorschrift regelt die **Aufgaben der SBV und** die ihr bei der Erfüllung dieser Aufgaben gegenüber dem ArbG und der kollektiven Interessenvertretung der Beschäftigten zustehenden **Rechte.** 4

5. Aufgaben der SBV (Abs. 1). Gem. **Abs. 1** ist es **Aufgabe der SBV,** die Eingliederung schwb Menschen (und Gleichgestellter gem. § 2 Abs. 3) in den Betrieb bzw. die Dienststelle zu fördern, die Interessen einzelner schwb Menschen im Betrieb bzw. in der Dienststelle sowie diejenigen der Gruppe der schwb Beschäftigten insgesamt gegenüber dem Arbeitgeber und der kollektiven Interessenvertretung zu vertreten und den schwb Menschen in Angelegenheiten der beruflichen Eingliederung (Einstellung, Beschäftigung, beruflichen Bildung, Entwicklung ua.) beratend und helfend zu Seite zu stehen. 5

Die Interessenvertretung beschränkt sich nicht auf die im Betrieb bzw. in der Dienststelle beschäftigten schwb Menschen. Sie erstreckt sich vielmehr auch auf einzelne schwb Menschen, die sich um einen Ausbildungs- oder Arbeitsplatz beworben haben sowie allgemein die soziale Gruppe der schwb Menschen, sofern ein Bezug zum Betrieb bzw. zu der Dienststelle gegeben ist (Bihr ua.-*Dusel/Hoff*, § 95 Rn 3f). IdS verdeutlicht S. 2 Nr. 1, dass die SBV insbes. die Aufgabe hat, über die Erfüllung der zugunsten der (dem Betrieb bzw. der Dienststelle nicht angehörenden) schwb Menschen bestehenden Einstellungspflichten (§§ 71, 72, 81 bis 84) zu wachen (*Cramer*, § 25 Rn 3). Die Aufgabe, die Eingliederung schwb Menschen zu fördern, obliegt der SBV in gleicher Weise wie den kollektiven Interessenvertretungen der Beschäftigten (Neumann ua.-*Pahlen*, § 95 Rn 2, 5). 6

S. 2 konkretisiert die in S. 1 genannten Aufgaben durch eine nicht abschließende Aufzählung von Pflichten entsprechend dem Pflichtenkatalog des § 80 Abs. 1 BetrVG, § 68 BPersVG und § 52 DRiG, die für Betriebs-, Personalrat bzw. Richtervertretung gelten:

Nr. 1 verpflichtet die SBV zur **Überwachung der Durchführung der zugunsten schwb Menschen geltenden Bestimmungen.** Erfasst werden nicht nur spezifisch schwerbehindertenrechtliche Vorschriften, sondern allgemein alle Regelungen, die zugunsten schwb Menschen wirken und mit der beruflichen Eingliederung im Betrieb bzw. in der Dienststelle zusammenhängen (FKS-SGB IX, *Schmitz*, § 95 Rn 7). Aufgabe der SBV ist es dagegen nicht, über die vorschriftsmäßige Erbringung von Leistungen zur medizinischen und sozialen Rehabilitation oder Versorgungs-, Fürsorge- oder Rentenleistungen seitens der Sozialleistungsträger zu wachen. 7

Da es sich bei der Verpflichtung gem. Nr. 1 um eines der Regelbeispiele der allgemeinen Aufgabe der Eingliederungsförderung schwb Menschen in Betriebe und Dienststellen handelt, beschränkt sich die Verpflichtung zur Überwachung nach S. 2 Nr. 1 nicht auf in Betrieb oder Dienststelle bereits beschäftigte schwb Menschen, sondern gilt insbes. auch im Hinblick auf diejenigen Pflichten des ArbG, die die (künftige) Einstellung schwb Menschen betreffen (§§ 71, 72 und 81 bis 84 [*Cramer,* § 25 Rn 3]).

8 **Nr. 2** verpflichtet die SBV, **Maßnahmen, die schwb Menschen** bei der betrieblichen Eingliederung (S. 1) **dienen,** bei den zuständigen Stellen zu beantragen. Hierzu zählen personelle oder soziale Maßnahmen, die mit der beruflichen Eingliederung (Einstellung, Beschäftigung im Betrieb bzw. in der Dienststelle) zusammenhängen. Zuständige Stellen sind neben dem ArbG (auf den sich § 80 Abs. 1 Nr. 2 BetrVG beschränkt) und den innerbetrieblichen kollektiven Interessenvertretungen auch außerbetriebliche Stellen, zB die hauptsächlich mit der Durchführung des Gesetzes Beauftragten (§ 101) deren Verbindungsleute die VP sind (§ 99 Abs. 2 Satz 2), also die Agenturen für Arbeit, die Integrationsämter und Versorgungsämter im Antragsverfahren nach § 69, die Träger der beruflichen Rehabilitation sowie die Berufsgenossenschaften und die Gewerbeaufsichtsämter (Kossens ua.-*Kossens,* § 95 Rn 7; Bihr ua.-*Dusel/Hoff,* § 95 Rn 8).

Die Handlungspflicht der SBV hängt nicht von einer entsprechenden Anregung oder Beschwerde eines betroffenen schwb Menschen ab. Sie muss vielmehr von sich aus tätig werden und ist verpflichtet, die Integration schwb Menschen aktiv zu fördern (Bihr ua.-*Dusel/Hoff,* § 95 Rn 8; FKS-SGB IX-*Schmitz,* § 95 Rn 10).

9 **Nr. 3** (vgl. § 80 Abs. 1 Nr. 3, § 85 Abs. 1, § 84 Abs. 2 BetrVG, § 68 Abs. 1 Nr. 3 BPersVG) betrifft **Anregungen und Beschwerden schwb Menschen** im Zusammenhang mit der betrieblichen Eingliederung, die diese nicht (nur) unmittelbar an den ArbG oder dessen Beauftragten in Angelegenheiten der schwb Menschen (§ 98) richten wollen. Die SBV hat sie entgegenzunehmen, zu prüfen und – wenn sie berechtigt erscheinen – mit dem ArbG über eine sachgerechte Erledigung zu verhandeln. Die schwb Menschen, die die Anregung gegeben oder die Beschwerde geführt haben, sind über den jeweiligen Sachstand sowie das Ergebnis der Verhandlungen zu unterrichten (Bihr ua.-*Dusel/Hoff,* § 95 Rn 9; Kossens ua.-*Kossens,* § 95 Rn 8; FKS-SGB IX-*Schmitz,* § 95 Rn 15).

10 Nach **S. 3** hat die SBV die Beschäftigten auch bei Anträgen auf Feststellung einer Behinderung, ihres Grades und einer Schwerbehinderung an die nach § 69 Abs. 1 zuständigen Behörden sowie auf Gleichstellung an die Agentur für Arbeit zu unterstützen. Im Unterschied zu Abs. 1 Satz 2 Nr. 2 ist Antragsteller der Beschäftigte, nicht aber die SBV.

S. 4 ermächtigt die SBV nach Unterrichtung des ArbG zu ihrer Entlastung in Betrieben und Dienststellen mit idR mehr als 100 schwb Menschen (einschließlich Gleichgestellten), das mit der höchsten Stimmzahl gewählte stellvertretende Mitglied, in Betrieben und Dienststellen mit idR mehr als 200 schwb Menschen das mit der nächsthöchsten Stimmzahl gewählte weitere stellvertretende Mitglied zur Erfüllung bestimmter Aufgaben heranzuziehen. Die Heranziehung als solche steht ebenso im Ermessen der SBV wie die

Aufgaben, die dem stellvertretenden Mitglied aufgegeben werden (FKS-SGB IX-*Schmitz,* § 95 Rn 20; Kossens ua.-*Kossens,* § 95 Rn 9). In Betracht kommen zB die Betreuung bestimmter schwb Menschen und die Teilnahme an bestimmten Ausschüssen. Die SBV muss den Arbeitgeber über die beabsichtigte Heranziehung lediglich unterrichten; seine Zustimmung ist nicht erforderlich (FKS-SGB IX-*Schmitz,* § 95 Rn 21; Kossens ua.-*Kossens,* § 95 Rn 11). Soweit erforderlich, ist das stellvertretende Mitglied gem. § 96 Abs. 4 Satz 4 von der Arbeit zu befreien. Bei vorübergehender Verhinderung des stellvertretenden Mitglieds hat die VP die ihr obliegenden Aufgaben allein zu erfüllen, im Fall der endgültigen Verhinderung des ersten Stellvertreters kann derjenige mit der nächsthöchsten Stimmenzahl herangezogen werden (FKS-SGB IX-*Schmitz,* § 95 Rn 21).

6. Recht auf Unterrichtung und Anhörung (Abs. 2). Abs. 2 gewährt der SBV zur Erfüllung ihrer Aufgabe nach Abs. 1 ein umfassendes **Unterrichtungs- und Anhörungsrecht gegenüber dem ArbG** in allen Angelegenheiten, in denen eine Entscheidung zugunsten oder zu Lasten eines einzelnen schwb Menschen oder der Gruppe der schwb Menschen insgesamt getroffen werden soll **(S. 1).** Der SBV ist – nach Wahl der SBV in mündlicher oder schriftlicher Form – Gelegenheit zur Stellungnahme zu geben (vgl. § 24 Abs. 1 SGB X). Die Frist zur Stellungnahme beträgt analog § 102 Abs. 2 Satz 1 BetrVG eine Woche (FKS-SGB IX-*Schmitz,* § 95 Rn 27; Kossens ua.-*Kossens,* § 95 Rn 17 m.w.N.). Der ArbG hat die Stellungnahme der SBV in seinen Willensbildungsprozess einzubeziehen, ist aber nicht verpflichtet, ihr zu folgen (Kossens ua.-*Kossens,* § 95 Rn 18). 11

Aus Abs. 1 Satz 1 folgt, dass sich das Informations- und Anhörungsrecht auf sämtliche Angelegenheiten der beruflichen Eingliederung schwb Menschen – nicht nur im Betrieb bzw. in der Dienststelle Beschäftigter – erstreckt. Es gilt also auch hinsichtlich arbeits- und ausbildungsstellensuchender schwb Menschen, die Bezug zum Betrieb bzw. der Dienststelle haben – erfasst werden insoweit ua. Prüfungen nach § 81 Abs. 1 Satz 1, Bewerbungen, Einstellungen, Umsetzungen, Abordnungen, Versetzungen, Entlassungen, Kündigungen (auch solche, die nicht der Zustimmung des Integrationsamtes bedürfen) und mit diesen in Zusammenhang stehende Anträge auf Zustimmung des Integrationsamtes, sowie Auflösungs-/Aufhebungsverträge. Die Maßnahmen müssen die schwb Menschen nicht notwendigerweise direkt betreffen; es genügt vielmehr, dass sie sich auf diese „auswirken", sie „berühren" (Bihr ua.-*Dusel/Hoff,* § 95 Rn 15; Kossens ua. *Kossens,* § 95 Rn 13). 12

Die Beteiligungspflicht steht, auch wenn der schwb Mensch die Beteiligung der SBV ablehnt, grundsätzlich **nicht zur Disposition** des Arbeitgebers; etwas anderes gilt nur im Falle des § 81 Abs. 1 Satz 10, s.a. Abs. 3 Satz 1.

Zum Informations- und Anhörungsrecht im Falle eines noch schwebenden Gleichstellungsantrages nach § 2 VGH Baden-Württemberg v. 22. 2. 1995 – 4 Satz 2359/94 – VGHBW RSp Dienst 1995, Beilage 5, B 8: Hinweis auf gestellten Gleichstellungsantrag (*Cramer,* § 25 Rn 6).

Die Verpflichtung zur Unterrichtung und Anhörung der SBV besteht **unabhängig von der Beschäftigungspflicht des ArbG** nach §§ 71 ff, dem etwaigen Vorhandensein unbesetzter Pflichtplätze oder der **Erfüllung der Beschäftigungspflicht seitens des ArbG** (*Cramer,* § 25 Rn 6).

Hinsichtlich der **Beteiligung** der SBV **bei Bewerbungen** schwb Menschen sowie an der **Prüfung der Besetzung freier Arbeitsplätze** mit schwb Menschen gilt Folgendes:

§ 81 Abs. 1 Satz 4 verpflichtet den Arbeitgeber zur Unterrichtung der SBV sowie der in § 93 genannten kollektiven Interessenvertretungen über Bewerbungen schwb Menschen.

Die Pflicht zur Beteiligung der SBV im Rahmen des § 81 Abs. 1 besteht auch bei Bewerbungen bereits im Betrieb bzw. in der Dienststelle beschäftigter schwb Menschen um **interne Umsetzung** sowie Initiativbewerbungen schwb Menschen (Neumann ua.-*Pahlen,* § 95 Rn 10 m. w. N.).

Bei der Prüfung, ob freie Arbeitsplätze mit schwb Menschen besetzt werden können (§ 81 Abs. 1 Satz 1), hat der ArbG gem. § 81 Abs. 1 Satz 6 die SBV nach § 95 Abs. 2 zu beteiligen. Die SBV ist rechtzeitig vor der Besetzung des freien Arbeitsplatzes umfassend zu unterrichten und vor einer Entscheidung zu hören. Das Prüfungsergebnis ist der SBV unverzüglich mitzuteilen. Nach § 81 Abs. 1 Satz 10 ist die SBV bei Bewerbungen schwb Menschen nicht zu beteiligen, wenn der schwb Mensch die Beteiligung der SBV ausdrücklich ablehnt.

Bei zustimmungsbedürftigen Kündigungen schwb Menschen folgt das Recht auf Unterrichtung und Anhörung nicht nur aus Abs. 2 Satz 1. Auch § 87 Abs. 2 verlangt, dass das Integrationsamt, bei dem der Arbeitgeber die Zustimmungserteilung beantragt hat, eine Stellungnahme der SBV einholt, bevor es über den Antrag entscheidet.

13 Die Durchführung oder Vollziehung einer ohne Beteiligung der SBV getroffenen Entscheidung ist gem. § 95 Abs. 2 **Satz 2** auszusetzen und binnen 7 Tagen nachzuholen. Auf die Aussetzung hat die SBV einen einklagbaren Anspruch, durchsetzbar im Wege der einstweiligen Verfügung bzw. der einstweiligen Anordnung vor den ArbG bzw. VG (Bihr ua.-*Dusel/Hoff,* § 95 Rn 21; aA *Klare* br 1993, 73, 75 bei Anträgen des Arbeitgebers auf Zustimmung zur Kündigung ohne vorherige Anhörung der SBV; er lehnt eine Aussetzung der Antragsbearbeitung des Integrationsamtes als außerbetrieblicher Stelle ab).

Das Durchführungs- und Vollziehungsverbot gilt unbefristet bis zur tatsächlichen Nachholung der Beteiligung. Der Fristenregelung ist nicht zu entnehmen, dass seine Wirksamkeit auf sieben Tage beschränkt ist und das Beteiligungsgebot nach Ablauf von sieben Tagen endet (ebenso Neumann ua.-*Pahlen* § 95 Rn 11 a).

Holt der Arbeitgeber die Beteiligung gem. S. 1 nach, ist unter Berücksichtigung der Stellungnahme der SBV erneut und endgültig zu entscheiden (Neumann ua.-*Pahlen,* § 95 Rn 11 a).

Auch die Durchführung bzw. Vollziehung einer ohne Anhörung getroffenen Entscheidung ist wirksam; sie verstößt auch nicht gegen ein gesetzliches Verbot nach § 134 BGB (LAG Hamm v. 4. 10. 1990 – 17 Sa 316/90 – DB 1991, 1468; LAG Rheinland-Pfalz v. 18. 8. 1993 – 10 Sa 332/93 – NZA 1993, 1133). Die SBV hat keinen Anspruch auf Rückgängigmachung der Entscheidung (h. M. Kossens ua.-*Kossens,* § 95 Rn 22 m. w. N.). In der Auswahl der Stellenbewerber bleibt der Arbeitgeber somit frei (*Cramer,* § 25 Rn 6). Die Einstellung eines Nicht-Schwb ist dem Arbeitgeber auch nicht verboten, falls er die Prüfung unterlassen oder der Arbeitsplatz sich als für die Besetzung mit einem schwb Menschen geeignet erwiesen hat. Dies gilt nicht für Verwaltungsakte; diese sind, wenn die erforderliche Unterrichtung oder Anhörung unterblieben ist, anfechtbar (Bihr ua.-*Dusel/Hoff,* § 95 Rn 22; BVerwG v. 17. 9. 1981 – 2 C 4/79 – DVBl. 1982, 584; v. 27. 4. 1983 – 2 WDB 2/83 – DVBl. 1983, 1104). Zur weiteren Sanktionierung s. Abs. 4 Satz 2.

Gem. **Abs. 2 Satz 3** ist die SBV zur Beteiligung am Verfahren nach § 81 Abs. 1 sowie zur **Einsicht in die** entscheidungsrelevanten Teile der **Bewerbungsunterlagen** und zur **Teilnahme an Vorstellungsgesprächen** berechtigt. Da die SBV zur Abgabe einer begründeten Stellungnahme nur dann in der Lage ist, wenn sie die Eignung des schwb Bewerbers mit derjenigen nichtbehinderter Bewerber vergleichen kann, hat die SBV zudem das Recht, die Bewerbungsunterlagen der nichtbehinderten Mitbewerber einzusehen (Kossens ua.-Kossens, § 95 Rn 23). Ein Recht auf Einsichtnahme in die Bewerbungsunterlagen sämtlicher Bewerber steht der SBV nicht zu (BAG v. 21. 9. 1989 – 1 AZR 465/88 – NZA 1990, 362). 14

7. Einsicht in die Personalakte (Abs. 3). Nach **Abs. 3** kann der schwb Mensch die SBV auch zur **Einsichtnahme in** über ihn geführte **Personalakte** hinzuziehen – neben oder anstelle eines Mitglieds der kollektiven Interessenvertretung der Beschäftigten (vgl. § 83 Abs. 1 Satz 2 BetrVG, § 68 Abs. 2 BPersVG). Die SBV hat über den Inhalt der Personalakten Stillschweigen zu bewahren, wenn und soweit der schwb Mensch sie nicht von der Schweigepflicht entbindet (einschränkend Bihr ua.-*Dusel/Hoff,* § 95 Rn 30). Die Geheimhaltungspflicht geht über die des § 96 Abs. 7 hinaus. Die SBV ist nicht berechtigt, von sich aus Einblick in die Personalakten der im Betrieb bzw. in der Dienststelle beschäftigten schwb Menschen oder Gleichgestellten zu nehmen (FKS-SGB IX-*Schmitz,* § 95 Rn 37, 40). 15

8. Teilnahmerecht an Sitzungen und Aussetzung von Beschlüssen (Abs. 4). Abs. 4 beinhaltet das Recht der SBV zur **Teilnahme an** *allen* **Sitzungen** der verschiedenen **kollektiven Interessenvertretungen** der Beschäftigten mit beratender Stimme. Die Teilnahme der SBV soll die Berücksichtigung der besonderen Belange der schwb Beschäftigten bei der Willensbildung und Entscheidungsfindung der kollektiven Interessenvertretungen der Beschäftigten *sicherstellen.* Die Berechtigung beschränkt sich nicht auf diejenigen Sitzungen, in denen ausweislich der Tagesordnung die Erörterung behindertenrechtlich relevanter Fragen zu erwarten ist (Neumann ua.-*Pahlen,* § 95 Rn 14). Das Beteiligungsrecht der SBV in der Privatwirtschaft ist in der Parallelvorschrift des § 32 BetrVG, das der SBV im öffentlichen Dienst des Bundes durch § 40 BPersVG geregelt. Mittels **S. 1** ist das Teilnahmerecht – über § 95 Abs. 3 BPersVG hinaus – auch der SBV im öffentlichen Dienst der Länder gewährt worden. 16

Die SBV kann zu allen Fragen das Wort ergreifen (Rederecht). Die Teilnahmeberechtigung umfasst – trotz fehlenden Stimmrechts der SBV – auch diejenigen Sitzungsphasen, in denen Abstimmungen stattfinden (Bihr ua.-*Dusel/Hoff,* § 95 Rn 31; Kossens ua.-*Kossens,* § 95 Rn 28). Die Vorschrift erstreckt das Teilnahmerecht ferner auf **Sitzungen der Ausschüsse** der kollektiven Interessenvertretung der Beschäftigten sowie des **Arbeitsschutzausschusses.**

17 **„Sitzung"** iSd § 95 ist ein Zusammenfinden der Mitglieder der kollektiven Interessenvertretungen der Beschäftigten unter Leitung des Vorsitzenden, des Stellvertreters oder eines anderen bestimmten Mitglieds zur gemeinsamen Beratung oder ggf. Beschlussfassung (BAG v. 19. 1. 1984 – 6 ABR 19/83 – AP Nr. 4 zu § 74 BetrVG). Keine Sitzung idS ist die Betriebsräteversammlung (§ 53 BetrVG), so dass die VP nicht zur Teilnahme an der Betriebsräteversammlung berechtigt ist.

„Ausschüsse des Betriebsrats" sind der Betriebsausschuss nach § 27 BetrVG sowie die gem. § 28 Abs. 1 und 2 BetrVG fakultativ zu bildenden Ausschüsse, nach Ansicht des BAG auch der Wirtschaftsausschuss nach § 106 BetrVG (FKS-SGB IX-*Schmitz,* § 95 Rn 43 m. w. N.). Dieser sei keine besondere, neben dem Betriebsrat bestehende Institution der Belegschaft, sondern dessen Hilfsorgan und diene letztlich nur der Erfüllung der Betriebsratsaufgaben. Eine Teilnahmeberechtigung muss folglich erst recht vorliegen bei Übertragung der Aufgaben des Wirtschaftsausschusses auf einen Betriebsratsausschuss (§ 107 Abs. 3 BetrVG), für den gem. § 108 Abs. 6 BetrVG die für den Wirtschaftsausschuss geltenden Bestimmungen des § 108 Abs. 1 bis 5 BetrVG entsprechend anzuwenden sind (*Cramer* 1998 § 95 Rn 10).

Im Personalvertretungsrecht sind „Ausschüsse" nicht vorgesehen. Ein **Teilnahmerecht der SBV an** den **Vorstandssitzungen des Personalrats** dürfte in Anbetracht des § 32 Abs. 1 Satz 3 BPersVG zu bejahen sein. Anders als dem Betriebsausschuss (§ 27 Abs. 2 Satz 2 BetrVG) können dem Personalratsvorstand zwar keine Aufgaben zur selbständigen Erledigung übertragen werden. Dennoch erfolgt die Willensbildung des Personalrats zu wesentlichen Teilen im Vorstand, so dass dem Normzweck von § 95 Abs. 4 SGB IX nur dann hinreichend gedient ist, wenn die Beteiligung der SBV bereits bei der umfangreichen Vorbereitung der Personalratsbeschlüsse durch den Vorstand gewährleistet ist (Richardi ua.-*Jacobs,* § 32 Rn 68).

18 Die SBV ist nicht verpflichtet, von ihrem Teilnahmerecht Gebrauch zu machen (*Cramer,* § 25 Rn 10 mVa BAG v. 10. 7. 1979 – 6 AZR 325/77 – GW 6/80 S. 22). Sie entscheidet insoweit nach pflichtgemäßem Ermessen unter Heranziehung der Tagesordnung, die ihr für jede Sitzung zusammen mit der Ladung gem. § 29 Abs. 2 Satz 4 BetrVG bzw. § 34 Abs. 2 Satz 4 BPersVG mitzuteilen ist.

Berechtigt, die Anberaumung einer **Sitzung** zu **beantragen** und die Aufnahme eines bestimmten Gegenstandes auf die Tagesordnung zu verlangen ist nach § 34 Abs. 3 BPersVG nur die VP im öffentlichen Dienst des Bundes in Angelegenheiten, die besonders schwb Beschäftigte betreffen (vgl. § 29 Abs. 3 BetrVG). Die SBV kann beantragen, **Angelegenheiten,** die einzelne **Schwb** oder die Schwb als Gruppe besonders betreffen, **auf die Tagesordnung** der nächsten Sitzung des Betriebs-, Personal-, Richter-, Staatsanwalts- oder Präsidialrats zu setzen (Abs. 4 Satz 1 **2. HS**) zu setzen.

19 Bei der Vorschrift des Abs. 4 Satz 1 handelt es sich um zwingendes Recht, das als Bundesrecht Landesrecht auch dann bricht, wenn Bestimmungen

einzelner Landes-PersVG – zB im Hinblick auf das Stimmrecht anstelle des Rechts zur Teilnahme mit beratender Stimme – günstigere Regelungen enthalten sollten (*Cramer* 1998 § 25 Rn 12).

Nach **S. 2** hat die SBV das Recht, die **Aussetzung eines Beschlusses der kollektiven Interessenvertretung** der Beschäftigten auf die Dauer von 1 Woche vom Zeitpunkt der Beschlussfassung an zu beantragen, wenn sie den Beschluss als eine erhebliche Beeinträchtigung wichtiger Interessen der schwb Menschen erachtet oder entgegen Abs. 2 Satz 1 nicht beteiligt wurde (vgl. § 35 Abs. 1 BetrVG, § 39 Abs. 3 BPersVG, der eine längere Frist [6 Arbeitstage] vorsieht, aber – trotz der diesbzgl. günstigeren Regelung – insoweit durch das SGB IX als lex posterior ersetzt ist [Neumann ua.-*Pahlen,* § 95 Rn 18]). 20

Der Aussetzungsantrag *kann* bis zum Ablauf der mit der Beschlussfassung beginnenden Frist von 1 Woche beim Vorsitzenden der kollektiven Interessenvertretung oder im Falle seiner Verhinderung bei dessen Stellvertreter werden. Da aber ein einmal vollzogener Beschluss in aller Regel nicht mehr rückgängig gemacht – und damit auch nicht mehr ausgesetzt werden – kann, empfiehlt es sich, den Antrag möglichst sofort – dh noch in der Sitzung – zu stellen (Neumann ua.-*Pahlen,* § 95 Rn 16; FKS-SGB IX-*Schmitz,* § 95 Rn 46). Enthält der Antrag eine schlüssige Begründung, inwiefern der Beschluss eine erhebliche Beeinträchtigung wichtiger Interessen der schwb Menschen bedeutet, ist ihm stattzugeben; auf das tatsächliche Vorliegen der Beeinträchtigung kommt es nicht an (Kossens ua.-*Kossens,* § 95 Rn 33; einschränkend Bihr ua.-*Dusel/Hoff,* § 95 Rn 34). Der Antragsbefugnis der SBV steht es nicht entgegen, dass die Beeinträchtigung von Interessen schwb Menschen offensichtlich ausgeschlossen ist (OVG Saarlouis v. 21. 9. 1977 – VI W 112/77). Gegen die Zurückweisung des Antrags durch die kollektive Interessenvertretung der Beschäftigten steht der SBV der Rechtsweg offen; zuständig sind das ArbGer oder das VG (s. Rn 27).

Nach Ablauf der Wochenfrist, die der Verständigung – ggf. mit Hilfe der im Betrieb bzw. in der Dienststelle vertretenen Gewerkschaften – dient, ist erneut über die Angelegenheit zu beschließen. Im Fall der Bestätigung oder nur unerheblichen Änderung des „alten" Beschlusses ist ein erneuter Aussetzungsantrag ausgeschlossen (Neumann ua.-*Pahlen,* § 95 Rn 19).

S. 2 gilt auch für Beschlüsse von Ausschüssen der kollektiven Interessenvertretung (*Cramer,* § 25 Rn 15).

S. 3 stellt klar, dass die Aussetzung den Ablauf von Fristen, die die kollektive Interessenvertretung der Beschäftigten nach anderen Vorschriften einzuhalten hat, nicht hemmt oder unterbricht. 21

S. 4 räumt der SBV der Richter (vgl. § 94 Rn 3) zusätzlich zur Teilnahmeberechtigung an den Sitzungen des Richter- und des Präsidialrates ein Recht zur **Anhörung vor dem Präsidium des Gerichts** auf Antrag des betroffenen schwb Richters in den Fällen des § 21 e Abs. 1 und 3 GVG (Ausnahme: Eilfälle) ein. Ein (weitergehendes) Recht zur Teilnahme an den Sitzungen des Präsidiums des Gerichts entsprechend Abs. 4 hat die SBV nicht. Der betroffene schwb Richter hat die Anhörung zu beantragen; angehört wird die SBV der Richter, nicht die der sonstigen schwb Beschäftigten (*Cramer,* § 25 Rn 19; Bihr ua.-*Dusel/Hoff,* § 95 Rn 36). 22

23 **9. Teilnahme an Besprechungen (Abs. 5). Abs. 5** begründet das Recht der SBV auf **Teilnahme an den Besprechungen zwischen** dem **Arbeitgeber und** der jeweiligen **kollektiven Interessenvertretung** der Beschäftigten. Die Hinzuziehung der SBV steht nicht zur Disposition der kollektiven Interessenvertretung der Beschäftigten bzw. des Arbeitgebers. Ebenso wie die Teilnahmeberechtigung nach Abs. 4 (vgl. Rn 16) beschränkt sich die Berechtigung gem. Abs. 5 nicht auf diejenigen Besprechungen zwischen ArbG und kollektiver Interessenvertretung, in denen ausweislich der Tagesordnung die Erörterung behindertenrechtlich relevanter Fragen zu erwarten ist (Bihr ua.-*Dusel/Hoff,* § 95 Rn 37; FKS-SGB IX-*Schmitz,* § 95 Rn 49).

24 **10. Versammlung der schwb Menschen (Abs. 6).** Nach **Abs. 6** hat die SBV das Recht, mindestens einmal pro Kalenderjahr **Versammlungen der schwb Menschen** des Betriebs bzw. der Dienststelle durchzuführen **(S. 1).** Die für Betriebs- und Personalversammlungen geltenden Vorschriften – v. a. §§ 42 ff BetrVG und §§ 48 ff BPersVG über Einberufung, Leitung, Nichtöffentlichkeit, Teilnahmerecht, Zeitpunkt, Regelung des Verdienstausfalls, Aufgaben der Versammlung sowie Teilversammlungen – sind entsprechend anwendbar **(S. 2).** Die SBV ist nicht verpflichtet, von ihrem Recht auf Einberufung einer Versammlung der schwb Menschen Gebrauch zu machen. In der wiederholten Unterlassung der Einberufung kann aber eine grobe Pflichtverletzung iSv § 94 Abs. 7 liegen (Kossens ua.-*Kossens,* § 95 Rn 36; Bihr ua.-*Dusel/Hoff,* § 95 Rn 38; *Cramer,* § 25 Rn 20).

Die „entsprechende Anwendung“ des § 52 Abs. 1 BPersVG berechtigt den Beauftragten aller in der Dienststelle vertretenen Gewerkschaften und Arbeitgeberverbände sowie den Arbeitgeber oder dessen Beauftragten (§ 98) mit beratender Stimme an der Versammlung der schwb Menschen teilzunehmen. Die Beauftragten sind daher von der SBV über die Einberufung der Versammlung der schwb Menschen zu informieren. Wahlhelfer (§ 2 Abs. 1 SchwbVWO) haben – auch ohne wahlberechtigt zu sein – ebenso das Recht an der Schwb-Versammlung zur Wahl der SBV und/oder des stellvertretenden Mitglieds teilzunehmen wie Bewerber für diese Ämter solange sie von der Wahlversammlung zur Vorstellung und Personaldiskussion gewünscht werden. Die Teilnahmeberechtigung des Beauftragten des Integrationsamtes sowie der Mitglieder des Betriebs- bzw. Personalrats beschränkt sich auf den Fall des § 19 Abs. 2 SchwbVWO. Beauftragte der Behindertenverbände können aus der „entsprechenden Anwendung“ des § 52 BPersVG kein Teilnahmerecht herleiten (*Cramer,* 1998 § 25 Rn 20).

25 **11. Zusammenarbeit gerichtlicher Schwerbehindertenvertretungen (Abs. 7). Abs. 7** regelt das Verhältnis der SBV der Richter und Richterinnen sowie der SBV der übrigen bei Gerichten Beschäftigten. Vergleichbar mit §§ 99 und 101 Abs. 1 verpflichtet die Vorschrift zu enger Zusammenarbeit in Angelegenheiten, die sowohl die schwb Richter als auch die übrigen schwb Bediensteten am Gericht betreffen, schließt aber getrenntes Handeln im Einzelfall nach entsprechenden Bemühungen um eine gemeinsame Linie nicht aus (Neumann ua.-*Pahlen* § 95 Rn 22; aA FKS-SGB IX-*Schmitz,* § 95 Rn 53).

Die Vorschrift gilt sinngemäß für die SBV der Staatsanwälte gem. § 94 Abs. 1 Satz 3 (*Cramer,* § 25 Rn 21).

12. Teilnahme an Betriebs- und Personalversammlungen (Abs. 8). 26
Abs. 8, in Kraft seit 1. 5. 2008, gewährt der SBV das Recht, an den Betriebs- und Personalversammlungen der Betriebe, für die sie zuständig ist, teilzunehmen. Die Regelung betrifft Betriebe und Dienststellen, die zwecks Wahl einer SBV nach § 94 Abs. 1 Satz 4 zusammengefasst wurden: Die SBV gehört zwar nur einem Betrieb bzw. einer Dienststelle an, ist aber gem. Abs. 8 auch als betriebsfremde Person zur Teilnahme an den Betriebs- und Personalversammlungen anderer Betriebe und Dienststellen berechtigt (FSK-SGB IX-*Schmitz,* § 95 Rn 54).

13. Verfahrensfragen. Zuständig für Streitigkeiten über Aufgaben und 27
Rechte der SBV sowohl in Dienststellen als auch Betrieben sind die ArbG (§ 2a Abs. 1 Nr. 3a ArbGG); sie entscheiden im Beschlussverfahren. Die Aussetzung einer Arbeitgebermaßnahme wegen unterbliebener Anhörung der SBV gem. Abs. 2 Satz 2 kann im Wege der einstweiligen Verfügung durchgesetzt werden (§ 85 Abs. 2 ArbGG).

Die Rechte und Pflichten der VP der SBV sind dagegen in § 96 geregelt.

§ 96 Persönliche Rechte und Pflichten der Vertrauenspersonen der schwerbehinderten Menschen

(1) Die Vertrauenspersonen führen ihr Amt unentgeltlich als Ehrenamt.

(2) Die Vertrauenspersonen dürfen in der Ausübung ihres Amtes nicht behindert oder wegen ihres Amtes nicht benachteiligt oder begünstigt werden; dies gilt auch für ihre berufliche Entwicklung.

(3) [1]Die Vertrauenspersonen besitzen gegenüber dem Arbeitgeber die gleiche persönliche Rechtsstellung, insbesondere den gleichen Kündigungs-, Versetzungs- und Abordnungsschutz wie ein Mitglied des Betriebs-, Personal-, Staatsanwalts- oder Richterrates. [2]Das stellvertretende Mitglied besitzt während der Dauer der Vertretung und der Heranziehung nach § 95 Abs. 1 Satz 4 die gleiche persönliche Rechtsstellung wie die Vertrauensperson, im übrigen die gleiche Rechtsstellung wie Ersatzmitglieder der in Satz 1 genannten Vertretungen.

(4) [1]Die Vertrauenspersonen werden von ihrer beruflichen Tätigkeit ohne Minderung des Arbeitsentgelts oder der Dienstbezüge zu befreien, wenn und soweit es zur Durchführung ihrer Aufgaben erforderlich ist. [2]Sind in den Betrieben und Dienststellen in der Regel wenigstens 200 schwerbehinderte Menschen beschäftigt, wird die Vertrauensperson auf ihren Wunsch freigestellt; weiter gehende Vereinbarungen sind zulässig. [3]Satz 1 gilt entsprechend für die Teilnahme an Schulungs- und Bildungsveranstaltungen, soweit diese Kenntnisse vermitteln, die für die Arbeit der Schwerbehindertenvertretung erforderlich sind. [4]Satz 3 gilt auch für das mit der höchsten Stimmenzahl gewählte stellvertretende Mitglied, wenn wegen

1. ständiger Heranziehung nach § 95,
2. häufiger Vertretung der Vertrauensperson für längere Zeit,

3. absehbaren Nachrückens in das Amt der Schwerbehindertenvertretung in kurzer Frist

die Teilnahme an Schulungs- und Bildungsveranstaltungen erforderlich ist.

(5) [1] Freigestellte Vertrauenspersonen dürfen von inner- oder außerbetrieblichen Maßnahmen der Berufsförderung nicht ausgeschlossen werden. Innerhalb eines Jahres nach Beendigung ihrer Freistellung ist ihnen im Rahmen der Möglichkeiten des Betriebes oder der Dienststelle Gelegenheit zu geben, eine wegen der Freistellung unterbliebene berufliche Entwicklung in dem Betrieb oder der Dienststelle nachzuholen. [2] Für Vertrauenspersonen, die 3 volle aufeinanderfolgende Amtszeiten freigestellt waren, erhöht sich der genannte Zeitraum auf 2 Jahre.

(6) Zum Ausgleich für ihre Tätigkeit, die aus betriebsbedingten oder dienstlichen Gründen außerhalb der Arbeitszeit durchzuführen ist, haben die Vertrauenspersonen Anspruch auf entsprechende Arbeits- oder Dienstbefreiung unter Fortzahlung des Arbeitsentgelts oder der Dienstbezüge.

(7) [1] Die Vertrauenspersonen sind verpflichtet,

1. über ihnen wegen ihres Amtes bekannt gewordene persönliche Verhältnisse und Angelegenheiten von Beschäftigten im Sinne des § 73, die ihrer Bedeutung oder ihrem Inhalt nach einer vertraulichen Behandlung bedürfen, Stillschweigen zu bewahren und
2. ihnen wegen ihres Amtes bekannt gewordene und vom Arbeitgeber ausdrücklich als geheimhaltungsbedürftig bezeichnete Betriebs- oder Geschäftsgeheimnisse nicht zu offenbaren und nicht zu verwerten.

[2] Diese Pflichten gelten auch nach dem Ausscheiden aus dem Amt. [3] Sie gelten nicht gegenüber der Bundesagentur für Arbeit, den Integrationsämtern und den Rehabilitationsträgern, soweit deren Aufgaben den schwerbehinderten Menschen gegenüber es erfordern, gegenüber den Vertrauenspersonen in den Stufenvertretungen (§ 97) sowie gegenüber den in § 79 Abs. 1 des Betriebsverfassungsgesetzes und den in den entsprechenden Vorschriften des Personalvertretungsrechtes genannten Vertretungen, Personen und Stellen.

(8) Die durch die Tätigkeit der Schwerbehindertenvertretung entstehenden Kosten trägt der Arbeitgeber. Das gleiche gilt für die durch die Teilnahme des mit der höchsten Stimmenzahl gewählten stellvertretenden Mitglieds an Schulungs- und Bildungsveranstaltungen nach Absatz 4 Satz 3 entstehenden Kosten.

(9) Die Räume und der Geschäftsbedarf, die der Arbeitgeber dem Betriebs-, Personal-, Richter-, Staatsanwalts- oder Präsidialrat für dessen Sitzungen, Sprechstunden und laufende Geschäftsführung zur Verfügung stellt, stehen für die gleichen Zwecke auch der Schwerbehindertenvertretung zur Verfügung, soweit ihr hierfür nicht eigene Räume und sächliche Mittel zur Verfügung gestellt werden.

Literatur: *Cramer*, SchwbG, 5. Auflage, München 1998; *Feldes/Kohte/Stevens-Bartol*, SGB IX, Frankfurt a. M. 2009; *Fitting/Engels/Schmidt/Trebinger/Linsenmaier*, BetrVG, 24. Auflage, München 2008; *Kossens/von der Heide/Maaß*, SGB IX, 2. Auflage, München 2006; *Neumann/Pahlen/Majerski-Pahlen*, SGB IX, 12. Auflage, München 2010.

Gliederung

	Rn
1. Sozialpolitischer Hintergrund	1
2. Geltende Fassung und Entstehungsgeschichte	2
3. Normzweck	3
4. Inhalt der Vorschrift im Einzelnen	4
5. Verfahrensfragen	29

1. Sozialpolitischer Hintergrund. Siehe hierzu Erläuterungen zu § 94. 1

2. Geltende Fassung und Entstehungsgeschichte. Die Vorschrift entspricht im Wesentlichen § 26 SchwbG. 2

3. Normzweck. In Ergänzung zu § 95 legt § 96 die der VP und den stellvertretenden Mitgliedern zur Wahrnehmung ihrer Aufgaben zustehenden Rechte sowie die Kostentragungspflichten, die dem ArbG im Zusammenhang mit der Tätigkeit der SBV obliegen, fest. 3

4. Inhalt der Vorschrift im Einzelnen. Die Vorschrift regelt weitere, über § 95 hinausgehende **Rechte der VP**. 4

Abs. 1 beinhaltet den Grundsatz der **unentgeltlichen Ausübung des Amtes** (vgl. § 37 Abs. 1 BetrVG, § 46 Abs. 1 BPersVG). Die Unentgeltlichkeit dient der inneren Unabhängigkeit der VP und ist dementsprechend eng auszulegen (BAG v. 20. 10. 1993 – 7 AZR 581/92 – AP Nr. 90 zu § 37 BetrVG 1972). Die Unentgeltlichkeit erstreckt sich auf sämtliche Formen des Entgelts; auch eine mittelbare oder versteckte Vergütung ist ausgeschlossen. Die VP hat lediglich Anspruch auf Erstattung der ihr durch die Ausübung des Amtes entstehenden Kosten (Abs. 8). Die Erstattung der regelmäßig anfallenden Auslagen und baren Aufwendungen durch einen Pauschbetrag ist mit dem Grundsatz der Unentgeltlichkeit vereinbar, soweit die Pauschale im wesentlichen dem Durchschnitt der tatsächlich angefallenen Auslagen und Aufwendungen entspricht, sie also keine versteckte Vergütung darstellt (Bihr u. a.-Dusel/*Hoff*, § 96 Rn 3; zum BetrVG *Fitting* u. a. § 37 Rn 10; § 40 Rn 3). 5

Abs. 2 verbietet zum einen die **Behinderung der Tätigkeit** der VP, zum anderen die **Benachteiligung und Begünstigung** wegen der Tätigkeit als VP (vgl. § 78 S. 2 BetrVG, § 8 BPersVG) und erstreckt sich ausdrücklich auf die berufliche Entwicklung. Der weit auszulegende Begriff der Behinderung erfasst jede direkte Erschwerung, Störung oder Verhinderung der Arbeit der SBV; auf ein Verschulden kommt es nicht an (Kossens u. a.-*Kossens*, § 96 Rn 5). Benachteiligt wird die VP, wenn sie indirekt behindert, nämlich im schlechter als vergleichbare Arbeitnehmer gestellt wird (FKS-SGB IX-*Schmitz*, § 96 Rn 12). Begünstigungen sind z. B. die Zahlung eines höheren Arbeitsentgelts oder sonstige finanzielle Sonderzuwendungen. Gegen Abs. 2 verstoßende Weisungen des Arbeitgebers sind unwirksam nach § 134 BGB 6 und können Schadensersatzansprüche gem. § 823 Abs. 2 BGB auslösen (Kossens u. a.-*Kossens*, § 96 Rn 6ff).

7 **Abs. 3** gewährt der VP in **S. 1** die **gleiche persönliche Rechtsstellung** gegenüber dem Arbeitgeber wie den Mitgliedern der kollektiven Interessenvertretungen der Beschäftigten (Betriebs-, Personal-, Richter-, Staatsanwaltsrat). Die vollständige Gleichstellung sämtlicher VP untereinander ist dagegen nicht zu gewährleisten; die Gleichstellung mit den Mitgliedern der kollektiven Interessenvertretungen führt zur Anwendung verschiedener Gesetze (BPersVG, BetrVG, Landespersonalvertretungsgesetze [*Cramer*, § 26 Rn 4]).

8 Zum **Kündigungsschutz** – auch bei Änderungskündigungen – s. §§ 15, 16 KSchG, § 47 Abs. 1 BPersVG: Die Kündigung während der Amtszeit und innerhalb eines Jahres nach Beendigung der Amtszeit ist grundsätzlich unzulässig, sofern nicht Tatsachen vorliegen, die den Arbeitgeber zur fristlosen Kündigung aus wichtigem Grund berechtigen und die Zustimmung der kollektiven Interessenvertretung der Beschäftigten – ersatzweise die des ArbG bzw. VG nach § 103 BetrVG bzw. § 47 Abs. 1 BPersVG – vorliegt. Zur Zulässigkeit der Kündigung bei Stillegung des gesamten Betriebes oder einzelner Abteilungen s. § 15 Abs. 4 und 5 KSchG. Zur Zulässigkeit der Kündigung bei Beendigung des Amtes gem. § 94 Abs. 7 s. § 15 Abs. 1 und 2 letzter Halbsatz KSchG.

Eine unzulässige Kündigung ist unwirksam; zur Geltendmachung der Unwirksamkeit vgl. § 4 KSchG, im Fall der außerordentlichen Kündigung i.V.m. § 13 Abs. 1 S. 2 KSchG. Zur Nichtigkeit einer ohne vorherige Zustimmung des Betriebsrats ausgesprochenen außerordentlichen Kündigung *Cramer*, § 26 Rn m. Verweis auf BAG v. 1. 12. 1977 – 2 AZR 426/76 – SAE 1978, 291.

Ist die VP – wie im Regelfall – selbst schwb, treten neben die Kündigungsschutzregelungen zugunsten der VP diejenigen zugunsten schwb Menschen nach §§ 85ff (Bihr u. a.-Dusel/*Hoff*, § 96 Rn 7).

9 Zum **Versetzungs- und Abordnungsschutz** s. § 47 Abs. 2 BPersVG: Versetzung und Abordnung – nicht aber Umsetzung – sind gegen den Willen der VP nur zulässig bei Unvermeidbarkeit aus wichtigen dienstlichen Gründen auch unter Berücksichtigung des Amtes der SBV sowie Zustimmung des Personalrats. Im BetrVG fehlt es an einer ausdrücklichen Regelung des Versetzungsschutzes, eine Versetzung ist aber als verbotene Störung oder Behinderung der Amtstätigkeit (i. S. des § 78 BetrVG) unzulässig, sofern nicht die Versetzung durch dringende sachliche, insbesondere betriebliche Gründe auch unter Berücksichtigung des Amtes geboten ist. Im Fall der Unzulässigkeit kann der Betriebsrat die Zustimmung nach § 99 BetrVG verweigern (*Cramer*, § 26 Rn 7; im Ergebnis ebenso Bihr u. a.-Dusel/*Hoff*, § 96 Rn 8; Neumann u. a.-*Pahlen*, § 96 Rn 9).

10 Auf Grund der nicht abschließenden Verweisung in Abs. 3 S. 1 (BAG v. 14. 8. 1986 – 6 AZR 622/85 – AP Nr. 2 zu § 23 SchwbG = NZA 1987, 277; *Dörner* § 26 Anm. III 1.; *Schareck* AuR 1991, 74), gelten zugunsten der VP auch das **Verbot, der geringeren Bemessung des Arbeitsentgelts** als bei vergleichbaren Beschäftigten mit betriebsüblicher beruflicher Entwicklung (§ 37 Abs. 4 BetrVG) und die **Verpflichtung der Zuweisung einer**

gleichwertigen Tätigkeit (§ 37 Abs. 5 BetrVG [FKS-SGB IX-*Schmitz*, § 96 Rn 13]).

11 Zur **Aufwandsentschädigung** freigestellter VP im öffentlichen Dienst des Bundes entsprechend derjenigen freigestellter Personalratsmitglieder s. Rn 18.

12 **Abweichend** vom allgemeinen Grundsatz der gleichen persönlichen Rechtsstellung nach dem BetrVG und dem BPersVG ist die **Freistellung** in Abs. 4 und 5 geregelt. Ein Anspruch auf Freistellung ab einer bestimmten Anzahl zu betreuender schwb Menschen (s. §§ 38 Abs. 1 BetrVG, 46 Abs. 4 BPersVG) besteht nur insoweit, als in Betrieben und Dienststellen mit in der Regel wenigstens 200 schwb Menschen die VP auf ihren Wunsch freigestellt wird und weiter gehende Vereinbarungen für zulässig erklärt werden (s. Rn 16f). Auch einen Anspruch auf bezahlte Freistellung zur Teilnahme an Schulungs- und Bildungsveranstaltungen, die über den Anspruch nach Abs. 4 S. 2 hinausgeht, hat die VP nicht; § 37 Abs. 7 BetrVG und § 46 Abs. 7 BPersVG sind nicht anwendbar (ebenso Neumann u. a.-*Pahlen* § 96 Rn 15).

13 **S. 2** regelt die Rechtsstellung der **stellvertretenden Mitglieder** der SBV. Diese haben in der Vertretungszeit (s. § 94 Rn 9) sowie bei Heranziehung zur Erledigung bestimmter Aufgaben (§ 95 Rn 10) die gleiche persönliche Rechtsstellung wie die VP, insbesondere den gleichen Kündigungs-, Versetzungs- und Abordnungsschutz sowie Anspruch auf Arbeitsbefreiung (s. Rn 8ff., 16ff).

14 **Außerhalb der Vertretungszeiten** („im Übrigen") und der Erfüllung von Aufgaben, zu der das stellvertretende Mitglied gem. § 95 herangezogen wird, entspricht seine Rechtsstellung derjenigen der **Ersatzmitglieder** der jeweiligen kollektiven Interessenvertretung nach § 25 BetrVG, den entsprechenden Vorschriften im BPersVG, dem Landespersonalvertretungsrecht und dem DRiG (*Cramer*, § 26 Rn 9c).

15 **Abs. 4 S. 1** gewährt der VP einen Anspruch auf **Befreiung von der Verpflichtung zur Arbeitsleistung**, soweit dies **zur Durchführung der** ihr in § 95 oder sonstigen spezialgesetzlichen Bestimmungen übertragenen **Aufgaben** oder **zur Teilnahme an** den in **S. 3** genannten **Schulungs- und Bildungsveranstaltungen** (z.B. § 102 Abs. 2 S. 6, 2. HS) erforderlich ist (vgl. § 37 Abs. 2 und Abs. 6 S. 1 BetrVG, § 46 Abs. 2 S. 1, Abs. 3 S. 1 und Abs. 6 BPersVG; s. auch oben Rn 13). Gem. **S. 2** *wird* die VP auf ihren Wunsch freigestellt, wenn im Betrieb bzw. der Dienststelle in der Regel wenigstens 200 schwb Menschen beschäftigt sind. Anhaltspunkte für den erforderlichen Freistellungsumfang bieten im Übrigen insbesondere die Zahl der zu betreuenden schwb Menschen (v.a. auch i.S.d. § 72), das Ausmaß ihrer Behinderung, die Art und Lage ihrer Arbeitsplätze, die Größe und Struktur des Betriebs oder der Dienststelle sowie die Möglichkeit, das 1. stellvertretende Mitglied zur Erfüllung der Aufgaben der SBV gem. § 95 Abs. 1 S. 4 heranzuziehen. Lässt sich die ordnungsgemäße Erfüllung der Aufgaben der SBV anderweitig nicht gewährleisten, ist die VP von ihren Arbeitnehmerpflichten gänzlich zu befreien (*Cramer*, § 96 Rn 10 m. Verweis auf BAG v. 14. 8. 1986 – 6 AZR 622/85 – DB 1986, 2682).

Die Darlegungs- und Beweislast bezüglich der Erforderlichkeit obliegt der VP (Bihr u. a.-Dusel/*Hoff*, § 96 Rn 11; Kossens u. a.-*Kossens*, § 96 Rn 21).

Die Durchführung der Aufgaben der SBV hat Vorrang vor den Pflichten der VP als Arbeitnehmer bzw. Bedienstetem aus dem Arbeits- bzw. Dienstverhältnis. Die VP hat sich vor Verlassen ihres Arbeitsplatzes beim unmittelbaren Vorgesetzten unter Nennung des Grundes rechtzeitig abzumelden (vgl. BAG v. 15. 3. 1995 – 7 AZR 643/94 – DB 1995, 1514). Der Zustimmung des ArbG bzw. des Dienststellenleiters bedarf es nicht (Kossens u. a.-*Kossens*, § 96 Rn 19).

Hat die VP einen Anspruch auf Freistellung, ist § 38 Abs. 3 BetrVG gemäß Abs. 3 S. 1 anwendbar.

16 Während der Arbeits- bzw. Dienstbefreiung behält die VP ihren **Anspruch auf** das volle **Arbeitsentgelt** bzw. die Dienstbezüge einschließlich der bei der Arbeitsleistung anfallenden Nebenbezüge (Zuschüsse, Zulagen, Zuschläge [Kossens u. a.-*Kossens*, § 96 Rn 23; Bihr u. a.-Dusel/*Hoff*, § 96 Rn 13]). Die Qualifizierung des zu leistenden Betrages als Arbeitsentgelt oder Dienstbezüge einer- und als Aufwendungsersatz – der nur zu gewähren ist, wenn die Aufwendungen tatsächlich entstanden sind – andererseits ist im Einzelfall vorzunehmen (*Cramer*, § 26 Rn 11).

17 Der Anspruch **Aufwandsentschädigung** für die ganz oder teilweise freigestellten VP im öffentlichen Dienst des Bundes bemisst sich ebenso wie für die freigestellten Mitglieder der Personalvertretung nach BPersVG (§ 46 Abs. 5, § 54 Abs. 1 und § 56; Kossens u. a.-*Kossens*, § 96 Rn 24; BAG v. 14. 8. 1986 – 6 AZR 622/85 – DB 1986, 2682 = AP Nr. 2 zu § 23 SchwbG). Entsprechende personalvertretungsrechtliche Regelungen auf Länderebene fehlen zumeist. Ein Anspruch auf Zahlung einer Aufwandsentschädigung an freigestellte VP in Betrieben im Bereich des BetrVG besteht nicht (*Cramer*, § 26 Rn 12 a).

18 Die pauschale **Erstattung der** im Einzelfall nachgewiesenen **Aufwendungen** aufgrund von § 96 Abs. 8 aus Gründen der Vereinfachung begegnet keinen Bedenken (*Cramer*, § 26 Rn 12 b).

19 Eine Schulungs- und Bildungsveranstaltung vermittelt Kenntnisse, die für die Arbeit der SBV erforderlich sind, wenn sie einen konkreten Bezug zu den Aufgaben der SBV – nicht aber notwendig eine behindertenspezifische Thematik – aufweisen (FKS-SBG IX-*Schmitz*, § 96 Rn 25; Kossens u. a.-*Kossens*, § 96 Rn 25). Führt das Integrationsamt eine Veranstaltung durch, ist generell von der **Erforderlichkeit** auszugehen (Kossens u. a.-*Kossens*, § 96 Rn 27). Im Regelfall beträgt die jährliche Schulungs- und Bildungsdauer 2 Tage zuzüglich An- und Abreise. Sachlich gerechtfertigte Ausnahmen von dieser Regeldauer, z. B. auch die Zusammenfassung der 2 Tage für mehrere Jahre der laufenden Wahlperiode im vor- oder nachhinein bei der Durchführung von ausnahmsweise landes- oder bundeszentralen Schulungs- und Bildungsmaßnahmen sind möglich. Bei neugewählten SBV ist im 1. Jahr eine Dauer von fünf Tagen vorgesehen (*Cramer*, § 26 Rn 18).

20 **S. 4** erstreckt den **Freistellungsanspruch** wegen der Teilnahme an Schulungs- und Bildungsveranstaltungen i. S. d. S. 3 auch auf das mit der höchsten Stimmenzahl gewählte **stellvertretende Mitglied**, wenn die Teilnahme wegen ständiger Heranziehung nach § 95, häufiger Vertretung der Vertrauensperson für längere Zeit und absehbaren Nachrückens in das Amt der SBV in

kurzer Frist erforderlich ist. Abweichende, für das stellvertretende Mitglied günstigere Vereinbarungen sind zulässig.

Abs. 5 S. 1 verbietet den **Ausschluss der VP von** für die Beschäftigten innerhalb oder außerhalb des Betriebs bzw. der Dienststelle durchgeführten **Schulungs- und Bildungsmaßnahmen für** (völlig) **freigestellte VP** entsprechend § 38 Abs. 4 BetrVG (vgl. auch § 46 BPersVG). Die Vorschrift konkretisiert das Benachteiligungsverbot des Abs. 2 (Bihr u. a.-Dusel/*Hoff*, § 96 Rn 21). Die in **S. 2 und 3** genannten Fristen beginnen mit dem Ende der Freistellung zu laufen (Kossens u. a.-*Kossens*, § 96 Rn 30). 21

Abs. 6 begründet den Anspruch auf entsprechende **Befreiung von der Verpflichtung zur Arbeitsleistung für Aufgaben**, die aus betriebsbedingten oder dienstlichen Gründen, d. h. aus Gründen des Arbeitsablaufs, **außerhalb der Arbeitszeit** zu erledigen sind (vgl. § 37 Abs. 3 S. 1 BetrVG und § 46 Abs. 2 S. 2 BPersVG). Abweichend von § 37 Abs. 3 BetrVG gewährt Abs. 6 keine Arbeitsbefreiung bzw. die Vergütung der aufgewendeten Zeit wie Mehrarbeit im Fall der Unmöglichkeit der Arbeitsbefreiung aus betriebsbedingten Gründen vor Ablauf eines Monats. Ein Rückgriff auf § 37 Abs. 3 BetrVG wird einhellig abgelehnt (Kossens u. a.-*Kossens*, § 96 Rn 33 m. w. N.). Der VP steht kein Anspruch auf bezahlten Freizeitausgleich für die Teilnahme an außerhalb ihrer Arbeitszeit stattfindenden Schulungs- und Bildungsveranstaltungen zu; die Teilnahme an solchen Veranstaltungen ist keine Tätigkeit i. S. des Abs. 6 (BAG v. 14. 3. 1990 – 7 AZR 147/89 – DB 1990, 1623; Kossens u. a.-*Kossens*, § 96 Rn 32). Einen Ausgleichsanspruch lösen aber aus betriebsbedingten oder dienstlichen Gründen außerhalb der Arbeitszeit aufgewandte erforderliche Reise- oder Wegezeiten aus (*Cramer*, § 26 Rn 14). 22

Abs. 7 betrifft die **Geheimhaltungspflicht** der VP sowie das **Verbot der Verwertung** geheimhaltungsbedürftiger Betriebs- oder Geschäftsgeheimnisse. Nach **S. 1 Nr. 1** (vgl. § 99 Abs. 1 S. 3 BetrVG und § 10 BPersVG) sind aus Gründen des Schutzes der Intimsphäre persönliche Verhältnisse und Angelegenheiten von im Betrieb Beschäftigten und Bewerbern geheim zu halten, die den VP wegen ihres Amtes bekannt geworden sind und die nach ihrer Bedeutung oder ihrem Inhalt einer vertraulichen Behandlung bedürfen. Nicht erforderlich ist, dass sie ausdrücklich als geheimhaltungsbedürftig bezeichnet werden. 23

S. 1 Nr. 2 regelt – entsprechend § 79 BetrVG – die Geheimhaltungspflicht von Betriebs- und Geschäftsgeheimnisse (insbesondere i. S. d. § 17 UWG), die vom ArbG im Einzelfall ausdrücklich als geheimhaltungsbedürftig bezeichnet worden sind. Ihre Verwertung – zu welchem Zweck auch immer – ist verboten.

Die Geheimhaltungspflicht besteht sowohl während der Amtszeit der SBV als auch nach Beendigung dieser Tätigkeit **(S. 2)** und gilt gem. **S. 3** nicht gegenüber der BA, den Integrationsämtern und den Rehabilitationsträgern, soweit deren Aufgaben den schwb Menschen gegenüber es erfordern, gegenüber den VP in den Stufenvertretungen (§ 97) sowie gegenüber den in § 79 Abs. 1 BetrVG und den in den entsprechenden Vorschriften des PersVR genannten Vertretungen, Personen und Stellen. „Erforderlichkeit" i.S.d S. 3, 1. HS, liegt vor, wenn im Einzelfall die Kenntnis über persönliche

Verhältnisse des schwb Menschen entscheidungsrelevant für die genannten Stellen ist (Kossens u.a.-*Kossens*, § 96 Rn 35).

Abs. 7 ist auf das stellvertretende Mitglied, das als VP tätig wird, entsprechend anzuwenden (Neumann u.a.-*Pahlen*, § 96 Rn 22).

Zur strafrechtlichen Relevanz von Verstößen gegen Abs. 7 vgl. § 155. Der Verstoß gegen Abs. 7 kann zudem eine grobe Pflichtverletzung i.S.d. § 94 Abs. 7 oder die schadensersatzpflichtige Verletzung eines Schutzgesetzes nach § 823 Abs. 2 BGB darstellen (*Cramer*, § 26 Rn 15).

24 **Abs. 8**: Der Arbeitgeber hat nach **S. 1** die **Kosten der Geschäftsführung der SBV** zu tragen (vgl. § 40 Abs. 1 BetrVG, § 44 Abs. 1 S. 1 BPersVG). Hierzu zählen sämtliche Aufwendungen, die nach Art, Höhe und Ausmaß zur Erfüllung der Aufgaben der SBV erforderlich sind, z.B. Fahrt-, Reise- und Telefonkosten. Kosten für die Anschaffung notwendiger Gesetzestexte und Kommentare werden ebenfalls erfasst, sofern die SBV nicht gem. Abs. 9 auf diese Materialien zurückgreifen kann, weil sie auch der kollektiven Interessenvertretung der Beschäftigten nicht zur Verfügung stehen. Unabhängig von der Art und Größe des Betriebs oder Dienststelle ist der SBV bei Beschäftigungspflicht des ArbG gem. § 71 bzw. Beschäftigung schwb Menschen (einschließlich Gleichgestellter) zumindest ein Kommentar zum SGB IX und den Durchführungs-VO zur Verfügung zu stellen; die Auswahl steht der SBV zu (FKS-SGB IX-*Schmitz*, § 96 Rn 33; Kossens u.a.-*Kossens*, § 96 Rn 37f).

25 Der ArbG hat auch diejenigen Kosten zu tragen, die durch die **Teilnahme der VP an Schulungs- und Bildungsveranstaltungen anfallen,** soweit sie Kenntnisse vermitteln, die für die Arbeit der VP erforderlich sind (vgl. § 96 Abs. 4 S. 1). Kosten i.d.S. sind auch Fahrt-, Verpflegungs-, Übernachtungs- sowie Teilnahmekosten (Bihr u.a.-Dusel/*Hoff*, § 96 Rn 29).

Führt das Integrationsamt entsprechend der gesetzlichen Verpflichtung gem. § 102 Abs. 2 S. 6, 2. HS Schulungs- und Bildungsveranstaltungen durch, fallen i.d.R. lediglich Fahrt-, Verpflegungs- und Übernachtungskosten an, da die weitergehenden Kosten – für die Bereitstellung von Räumen, Arbeitsmaterial sowie die Honorierung von Referenten und deren Reisekosten – aus Mitteln der Ausgleichsabgabe gem. § 29 Abs. 1 S. 1 SchwbAV vom Integrationsamt getragen werden. Gleiches gilt im Fall der Durchführung der Veranstaltung von einem *anderen Träger,* z.B. Gewerkschaften oder Behindertenverbänden, sofern das Integrationsamt maßgeblich an der Gestaltung und Durchführung teil hat, § 29 Abs. 1 S. 2 SchwbAV (Bihr u.a.-Dusel/*Hoff*, § 96 Rn 15, 29; FKS-SGB IX-*Schmitz*, § 96 Rn 27; *Cramer*, § 26 Rn 17).

Führt ein anderer Träger eine Schulungs- und Bildungsveranstaltung allein durch, ist der ArbG unter dem Gesichtspunkt der Verhältnismäßigkeit – insbesondere der Erforderlichkeit – zur Übernahme *weiterer* Kosten nur dann verpflichtet, wenn eine gleichwertige, kostengünstigere Veranstaltung des Integrationsamtes oder von ihm geförderter Träger nicht zur Verfügung stand (*Cramer*, § 26 Rn 17 m. Verweis auf LAG Düsseldorf v. 1. 4. 1981–22 Sa 39/81 – BehindR 1981, 70; a.A. Neumann/*Pahlen* § 96 Rn 15).

26 Im **öffentlichen Dienst des Bundes** erhält die VP für die Teilnahme an Schulungs- und Bildungsveranstaltungen, die von einem Integrationsamt

oder einem anderen Träger unter ihrer maßgeblichen Beteiligung durchgeführt werden, Reisekostenvergütung gem. § 96 Abs. 3 S. 1 in entsprechender Anwendung des § 44 Abs. 1 S. 2 BPersVG nach dem Bundesreisekostengesetz (BRKG). Die Eingruppierung der VP erfolgt insoweit in die Besoldungsgruppe A 15; bei Schulungs- und Bildungsmaßnahmen anderer Träger wird u. U. ein pauschaler Teilnehmerbeitrag erstattet, wenn die Sachkosten nicht aus Mitteln der Ausgleichsabgabe getragen werden (*Cramer*, § 26 Rn 19).

Nach **S. 2** hat der ArbG die **Kosten** zu tragen, die **durch** die **Teilnahme des stellvertretenden Mitglieds,** das unter Inanspruchnahme seines Anspruchs aus Abs. 4 S. 4 an einer Schulungs- und Bildungsveranstaltung i.S. des Abs. 4 S. 3 teilnimmt. Zu den Teilnahmevoraussetzungen der stellvertretenden Mitglieds s. Rn 21. Nimmt ein stellvertretendes Mitglied in Vertretung für die VP an der Schulungs- oder Bildungsveranstaltung teil, gilt für die Kostenübernahme S. 1. 27

Abs. 9 ermächtigt die SBV zur **Mitbenutzung** der **Räume** und des **Geschäftsbedarfs** (Schreibmaterialen, sächliche Büroausstattung einschl. Telefon, Kopiergerät, Gesetzestexten, Kommentaren usw.), die der ArbG dem Betriebs-, Personal-, Richter-, Staatsanwalts- und Präsidialrat zwecks Erfüllung seiner Aufgaben zur Verfügung stellt (§ 40 BetrVG, § 44 BPersVG usw.), soweit sie nicht eigene Räume und Mittel erhält. Einen Anspruch auf Bereitstellung *eigener* Räume und sächlicher Mittel hat die SBV nicht. Stellt der ArbG weder Räume und Geschäftsbedarfe zur Mitbenutzung, noch zum alleinigen Gebrauch durch die SBV zur Verfügung, kann die SBV hierfür entsprechende Mittel aufwenden und diese nach Abs. 8 ersetzt verlangen (Kossens u. a.-*Kossens*, § 96 Rn 37 f.; *Cramer*, § 26 Rn 22). 28

5. Verfahrensfragen. Das Gesetz enthält keine ausdrückliche Regelung zum für **Rechtsstreitigkeiten zwischen** der SBV **und** dem **Arbeitgeber** einschlägigen Rechtsweg. Nach der bisherigen Rspr. des BAG ist das VG zuständig, wenn die SBV einer Dienststelle betroffen ist und das ArbG, wenn es sich um die SBV eines Betriebes handelt (BAG v. 30. 3. 1994 – 7 ABR 45/93 – DB 1994, 2295; a. A. LAG Nürnberg – 22. 10. 2007 – 6 Ta 155/07, ZTR 2008, 116). Unstreitig ist, dass Rechtsstreitigkeiten über die Behinderung oder Begünstigung der Amtstätigkeit der SBV im Beschlussverfahren durchzuführen sind (FKS-SGB IX-*Schmitz*, § 96 Rn 34; Kossens u. a.-*Kossens*, § 96 Rn 39). Über Streitigkeiten zu Fragen der Fortzahlung des Arbeitsentgelts, der Freistellung, der Gewährung von Freizeitausgleich oder bei Angelegenheiten nach den Abs. 5 und 6 entscheiden die Gerichte im Urteilsverfahren. 29

§ 97 Konzern-, Gesamt-, Bezirks- und Hauptschwerbehindertenvertretung

(1) [1]Ist für mehrere Betriebe eines Arbeitgebers ein Gesamtbetriebsrat oder für den Geschäftsbereich mehrerer Dienststellen ein Gesamtpersonalrat errichtet, wählen die Schwerbehindertenvertretungen der einzelnen Betriebe oder Dienststellen eine Gesamtschwerbehindertenvertre-

tung. [2]Ist eine Schwerbehindertenvertretung nur in einem der Betriebe oder in einer der Dienststellen gewählt, nimmt sie die Rechte und Pflichten der Gesamtschwerbehindertenvertretung wahr.

(2) [1]Ist für mehrere Unternehmen ein Konzernbetriebsrat errichtet, wählen die Gesamtschwerbehindertenvertretungen eine Konzernschwerbehindertenvertretung. [2]Besteht ein Konzernunternehmen nur aus einem Betrieb, für den eine Schwerbehindertenvertretung gewählt ist, hat sie das Wahlrecht wie eine Gesamtschwerbehindertenvertretung.

(3) [1]Für den Geschäftsbereich mehrstufiger Verwaltungen, bei denen ein Bezirks- oder Hauptpersonalrat gebildet ist, gilt Absatz 1 sinngemäß mit der Maßgabe, dass bei den Mittelbehörden von deren Schwerbehindertenvertretung und den Schwerbehindertenvertretungen der nachgeordneten Dienststellen eine Bezirksschwerbehindertenvertretung zu wählen ist. [2]Bei den obersten Dienstbehörden ist von deren Schwerbehindertenvertretung und den Bezirksschwerbehindertenvertretungen des Geschäftsbereichs eine Hauptschwerbehindertenvertretung zu wählen; ist die Zahl der Bezirksschwerbehindertenvertretungen niedriger als 10, sind auch die Schwerbehindertenvertretungen der nachgeordneten Dienststellen wahlberechtigt.

(4) [1]Für Gerichte eines Zweiges der Gerichtsbarkeit, für die ein Bezirks- oder Hauptrichterrat gebildet ist, gilt Absatz 3 entsprechend. [2]Sind in einem Zweig der Gerichtsbarkeit bei den Gerichten der Länder mehrere Schwerbehindertenvertretungen nach § 94 zu wählen und ist in diesem Zweig kein Hauptrichterrat gebildet, ist in entsprechender Anwendung von Absatz 3 eine Hauptschwerbehindertenvertretung zu wählen. [3]Die Hauptschwerbehindertenvertretung nimmt die Aufgabe der Schwerbehindertenvertretung gegenüber dem Präsidialrat wahr.

(5) Für jede Vertrauensperson, die nach den Absätzen 1 bis 4 neu zu wählen ist, wird wenigstens ein stellvertretendes Mitglied gewählt.

(6) [1]Die Gesamtschwerbehindertenvertretung vertritt die Interessen der schwerbehinderten Menschen in Angelegenheiten, die das Gesamtunternehmen oder mehrere Betriebe oder Dienststellen des Arbeitgebers betreffen und von den Schwerbehindertenvertretungen der einzelnen Betriebe oder Dienststellen nicht geregelt werden können, sowie die Interessen der schwerbehinderten Menschen, die in einem Betrieb oder einer Dienststelle tätig sind, für die eine Schwerbehindertenvertretung nicht gewählt ist; dies umfasst auch Verhandlungen und den Abschluss entsprechender Integrationsvereinbarungen. [2]Satz 1 gilt entsprechend für die Konzern-, Bezirks- und Hauptschwerbehindertenvertretung sowie für die Schwerbehindertenvertretung der obersten Dienstbehörde, wenn bei einer mehrstufigen Verwaltung Stufenvertretungen nicht gewählt sind. [3]Die nach Satz 2 zuständige Schwerbehindertenvertretung ist auch in persönlichen Angelegenheiten schwerbehinderter Menschen, über die eine übergeordnete Dienststelle entscheidet, zuständig; sie gibt der Schwerbehindertenvertretung der Dienststelle, die den schwerbehinderten Menschen beschäftigt, Gelegenheit zur Äußerung. [4]Satz 3 gilt nicht

in den Fällen, in denen der Personalrat der Beschäftigungsbehörde zu beteiligen ist.

(7) **§ 94 Abs. 3 bis 7, § 95 Abs. 1 Satz 4, Abs. 2, 4, 5 und 7 und § 96 gelten entsprechend, § 94 Abs. 5 mit der Maßgabe, dass die Wahl der Gesamt- und Bezirksschwerbehindertenvertretungen in der Zeit vom 1. 12. bis 31. 1., die der Konzern- und Hauptschwerbehindertenvertretungen in der Zeit vom 1. 2. bis 31. 3. stattfindet.**

(8) **§ 95 Abs. 6 gilt für die Durchführung von Versammlungen der Vertrauens- und der Bezirksvertrauenspersonen durch die Gesamt-, Bezirks- oder Hauptschwerbehindertenvertretung entsprechend.**

1. Sozialpolitischer Hintergrund. Siehe Erl. zu § 94 Rn 1. 1

2. Geltende Fassung und Entstehungsgeschichte. § 97 ist inhaltsgleich mit der aufgehobenen Vorschrift des § 27 SchwbG; seit Inkrafttreten des Gesetzes zur Förderung und Beschäftigung schwb Menschen vom 23. 4. 2004 zum 1. 5. 2004 sind zudem auch die Stufenvertretungen zum Abschluss von Integrationsvereinbarungen ermächtigt. 2

3. Normzweck und Normzusammenhang. Die Vorschrift enthält Regelungen zu Wahl, Rechtsstellung und Aufgaben der Stufenvertretungen. 3

§ 97 zeigt den engen Zusammenhang zwischen dem Recht der SBV und dem des Betriebs- sowie des Personalrates insofern auf, als er auf den Ebenen, die über eine Stufenvertretung verfügen, auch die Wahl einer SBV anordnet. Die dadurch entstehende Symmetrie zwischen Stufenvertretung und VP soll die Berücksichtigung der Interessen schwb Menschen auf allen Ebenen sicherstellen (Birh ua.-*Dusel/Hoff*, § 97 Rn 2). 4

4. Gesamtschwerbehindertenvertretung (Abs. 1). Die Vorschrift regelt **Wahl, Aufgaben und Rechtsstellung der Stufenvertretungen.** Das Gesetz kennt neben der aus einer VP und wenigstens einem stellvertretenden Mitglied bestehenden SBV die **Konzern-, Gesamt-, Bezirks- und Haupt-SBV.** 5

Abs. 1 Satz 1 sieht für mehrere Betriebe, für die ein Gesamtbetriebsrat errichtet ist (§ 47 BetrVG), sowie für mehrere Dienststellen, die über einen Gesamtpersonalrat verfügen (§ 55 BPersVG), die Wahl einer **Gesamt-SBV** vor. Der Gesamtbetriebs- bzw. -personalrat muss bereits zum Zeitpunkt der Wahl bestehen; löst er sich im Laufe der Amtszeit der Gesamt-SBV auf, bleibt die gewählte Gesamt-VP dennoch im Amt (Abs. 7 iVm § 94 Abs. 7; Neumann ua.-*Pahlen,* § 97 Rn 2; Kossens ua.-*Kossens,* § 97 Rn 2). 6

Wahlberechtigt sind die SBV der Betriebe bzw. Dienststellen, nicht die schwb Menschen selbst (vgl. demgegenüber § 53 Abs. 2 BPersVG). Im Vertretungsfall hat das stellvertretende Mitglied der VP das Wahlrecht inne (§ 94 Abs. 1 Rn 9). Wählbar ist jeder Betriebs- bzw. Dienststellenangehörige, der zur SBV gewählt werden kann (§ 94 Abs. 3; Neumann ua.-*Pahlen,* § 97 Rn 4).

Ist eine SBV nur in *einem* der Betriebe bzw. *einer* der Dienststellen errichtet, nimmt diese gem. **S. 2** die Aufgaben der SBV wahr; eine Gesamt-SBV wird nicht gewählt.

Zur Bildung der Gesamt-SBV bei nur zwei Wahlberechtigten s. § 22 Abs. 2 SchwbVWO. Hieraus folgt, dass das Wahlverfahren der SBV nicht an die Zahl der wahlberechtigten schwb Beschäftigten geknüpft ist (FKS-SGB IX-*Schmitz,* § 93 Rn 6).

Für die Freie- und Hansestadt Hamburg gilt die Stadtstaatenklausel des § 157, demzufolge der Senat ermächtigt ist, die SBV für Angelegenheiten, die mehrere oder alle Dienststellen betreffen, in der Weise zu regeln, dass die SBV aller Dienststellen eine Gesamt-SBV wählen.

7 **5. Konzernschwerbehindertenvertretung (Abs. 2). Abs. 2 Satz 1** ermächtigt die Gesamt-SBV bei Bestehen eines Konzernbetriebsrates zur Wahl einer **Konzern-SBV.** Ist nur *eine* SBV gebildet, weil das Konzernunternehmen lediglich aus einem Betrieb besteht, erhält diese gem. **Satz 2** das einer Gesamt-SBV entsprechende Wahlrecht.

8 **6. Bezirks- und Hauptschwerbehindertenvertretung (Abs. 3). Abs. 3 Satz 1** ordnet die Wahl von **Bezirks-SBV** in der Mittelbehörde **mehrstufiger Verwaltungen** und deren nachgeordneten Dienststellen im Falle der Errichtung eines Bezirkspersonalrats (§ 53 Abs. 1 BPersVG) an. **Wahlberechtigt** sind die SBV der Mittelbehörde sowie der nachgeordneten Dienststellen, nicht dagegen die Gesamt-SBV der nachgeordneten Dienststellen, da dies zur doppelten Repräsentanz der Dienststellen, in denen eine SBV errichtet ist, und ihren schwb Beschäftigten führte (*Cramer,* § 27 Rn 3). Auch im Rahmen der Interessenvertretung schwb Menschen, in deren Dienststelle keine SBV gebildet worden ist (§ 97 Abs. 6 Satz 1, 1. HS, 2. Alt.), hat die Gesamt-SBV kein Wahlrecht. Zur Errichtung der Bezirks-SBV bei 2 Wahlberechtigten s. § 22 Abs. 2 SchwbWO. Zur **Wählbarkeit** s. Rn 15.

Die Wahl zur Bezirks-VP geht nicht automatisch mit dem Wechsel des Dienstortes einher; Dienstort auch der freigestellten Bezirks-VP ist nur im Fall der – allein unter den einschränkenden Voraussetzungen des § 27 Abs. 6 iVm § 26 Abs. 3 und § 47 Abs. 2 BPersVG bzw. den entsprechenden Vorschriften der Länder-PersVG zulässigen – Versetzung oder Abordnung der Sitz der Mittelbehörde (*Cramer,* § 27 Rn 3).

9 **S. 2** sieht bei mehrstufigen Verwaltungen die Wahl einer **Haupt-SBV** bei der obersten Dienstbehörde durch deren SBV sowie die Bezirks-SBV des Geschäftsbereichs vor, sofern ein Hauptpersonalrat besteht (§ 53 Abs. 1 BPersVG).

Gibt es weniger als zehn Bezirks-SBV, sind zusätzlich die SBV der nachgeordneten Dienststellen wahlberechtigt. Ist eine Bezirks-VP zugleich VP einer nachgeordneten Dienststelle, steht ihr bei der Wahl der Haupt-VP das doppelte Stimmrecht zu. Die Einbindung der SBV nachgeordneter Dienststellen in die Wahl der Haupt-SBV bei weniger als zehn Bezirks-SBV soll verhindern, dass nur wenige Bezirks-VP von Bündelungsbehörden nahezu alle Haupt-SBV bei den obersten Dienstbehörden wählen. Auch im Bereich der zweistufigen Verwaltung, bei der die Mittelstufe (mit Bezirkspersonalrat und Bezirks-SBV) fehlt, ist in sinngemäßer Anwendung des Abs. 3 eine Haupt-SBV zu wählen (*Cramer,* § 27 Rn 4). Die SBV einer der obersten Dienstbehörde ohne Zwischenschaltung einer Mittelbehörde unmittelbar unterstellten Dienststelle ist zur Wahl der Haupt-SBV nicht berechtigt, wenn die Zahl der Bezirks-SBV zehn übersteigt (OVG Münster v. 19. 4. 1993 – 1 A 3466/91 PVL – br 1993, 172).

Zum Dienstort der Haupt-VP vgl. Rn 8.

7. Sonderregelung für Gerichte (Abs. 4). Abs. 4 regelt die Wahl der **Bezirks- und Haupt-SBV der Richter** für Zweige der Gerichtsbarkeit, in denen ein Bezirks- und Hauptrichterrat gebildet ist, entsprechend Abs. 3 **(S. 1).** Ausnahmsweise **(S. 2)** wird eine Haupt-SBV der Richter auf Landesebene auch dann gewählt, wenn kein Hauptrichterrat besteht. Die Wahl einer Haupt-SBV in diesem Fall soll sicherstellen, dass jedem Präsidial- und Richterrat eine SBV der Richter und Richterinnen als Interessenvertretung der schwb Richter und Richterinnen in diesen Gremien gegenübersteht (Neumann ua.-*Pahlen,* § 97 Rn 8). Die Aufgaben entsprechen denen des Abs. 6 (*Cramer,* § 27 Rn 5); zusätzlich hat die Haupt-SBV der Richter auf Landesebene die Interessen der schwb Richter auch gegenüber dem für jeden Gerichtszweig bestehenden Präsidialrat wahrzunehmen **(S. 3).** 10

Abs. 4 betrifft nur die Richter; für sonstige Gerichtsbedienstete gelten die übrigen Absätze von § 97 (*Cramer,* § 27 Rn 5; Neumann ua.-*Pahlen,* § 97 Rn 8).

8. Stellvertretung (Abs. 5). Abs. 5 sieht die Wahl wenigstens eines **stellvertretenden Mitglieds** für jede Konzern-, Gesamt-, Bezirks- und Haupt-SBV vor (vgl. hierzu § 94 Rn 9ff). Zur isolierten Nachwahl des stellvertretenden Mitglieds s. § 94 Abs. 1 und § 17 SchwbWO. 11

9. Zuständigkeit der Stufenvertretungen (Abs. 6). Abs. 6 Satz 1 und 2 regelt die **Aufgaben der Gesamt-, Konzern-, Bezirks- und Haupt-SBV** sowie der **SBV oberster Dienstbehörden.** Die jeweilige Stufenvertretung ist für die „Vertretung der Interessen der schwb Menschen" (§ 95 Rn 1ff) nur insoweit zuständig, als Angelegenheiten betroffen sind, die für das Gesamtunternehmen oder mehrere Dienststellen oder Betriebe von Belang sind und die nicht von der SBV der einzelnen Betriebe bzw. Dienststellen als der nächst niedrigeren Stufenvertretung wahrgenommen werden können **(Satz 1 1. HS, 1. Alt.).** Die Zuständigkeit der Stufenvertretung ist nicht erst bei objektiver Unmöglichkeit einer Regelung durch die einzelnen SBV gegeben; ausreichend ist bereits das zwingende Erfordernis der betriebs- oder unternehmensübergreifenden einheitlichen Regelung eines Sachverhalts (Kossens ua.-*Kossens,* § 97 Rn 9). 12

In Betrieben oder Dienststellen, in denen eine SBV nicht besteht, hat die Gesamt-SBV als nächsthöhere Stufenvertretung auch die Interessen der dort tätigen schwb Menschen wahrzunehmen **(Satz 1 1. HS, 2. Alt.).** Sie nimmt insoweit die Rechtsstellung der SBV ein, an deren Stelle sie tätig wird und ist beispielsweise nach § 95 Abs. 6 zur Durchführung einer Versammlung der schwb Menschen der Dienststelle oder des Betriebes berechtigt. Ein gemeinsame Versammlung mit den schwb Menschen mehrerer Dienststellen oder Betriebe, in denen eine SBV fehlt, in einer der Dienststellen oder an einem dritten Ort durchzuführen, steht der Gesamt-SBV nicht ausdrücklich zu, erscheint aber unbedenklich, sofern kein höherer Kosten- und Zeitaufwand entsteht. 13

Die Gesamt-SBV ist nicht zur Bestellung eines Wahlvorstandes zur SBV-Wahl gem. § 1 Abs. 1 SchwbVWO berechtigt; vielmehr gilt in diesem Fall § 1 Abs. 2 SchwbVWO (*Cramer,* § 27 Rn 8).

Gem. Satz **1, 2. HS** umfasst die Interessenvertretung der Gesamt-SBV auch Verhandlungen und den Abschluss entsprechender Integrationsvereinbarungen.

14 **Satz 3** bestimmt, dass die nach S. 2 verantwortliche Konzern-, Bezirks- oder Haupt-SBV bzw. die SBV der obersten Dienstbehörde auch bei **persönlichen Angelegenheiten** schwb Menschen, über die eine übergeordnete Dienststelle einscheidet, zuständig ist. Der SBV der den schwb Menschen beschäftigenden Dienststelle ist insoweit Gelegenheit zur Äußerung zu geben; die Anhörung ist formfrei (Bihr ua.-*Dusel/Hoff*, § 97 Rn 11).

Gem. **Satz 4** ist in persönlichen Angelegenheiten, über die eine übergeordnete Dienststelle entscheidet, abweichend von S. 3 nicht die bei der zuständigen Dienststelle gebildete Stufenvertretung zuständig, wenn der Personalrat der Beschäftigungsbehörde zu beteiligen ist. Die Vorschrift bezweckt eine Symmetrie der Beteiligungsverhältnisse – ist der Personalrat der Beschäftigungsbehörde beteiligt, soll auch die SBV der Beschäftigungsbehörde zuständig sein und nicht die übergeordnete Stufenvertretung (Bihr ua.-*Dusel/Hoff*, § 97 Rn 11).

Eine entsprechende Beteiligung zwischen der SBV der Beschäftigungsbehörde und der Stufenvertretung bei der übergeordneten Dienststelle ist im Gesetz nicht ausdrücklich vorgeschrieben, aber zweckmäßig (*Cramer*, § 27 Rn 8a).

15 **10. Wahl, Aufgaben und Amtszeit der Stufenvertretung (Abs. 7). Abs. 7** normiert die entsprechende Geltung der für Wahl, Aufgaben und Amtszeit der SBV aufgestellten Grundsätze in §§ 94 Abs. 3 bis 7, 95 Abs. 1 Satz 4, Abs. 2, 4, 5 und 7 sowie 96; § 94 Abs. 5 gilt mit der Maßgabe, dass **die regelmäßige Wahl** der Gesamt- und Bezirks-SBV in der Zeit vom 1. 12. bis 31. 1., die der Konzern- und Haupt-SBV zwischen dem 1. 2. und dem 31. 3. stattfindet.

16 **11. Versammlungen (Abs. 8). Abs. 8,** der die entsprechende Anwendung von § 95 Abs. 6 normiert, verleiht den Gesamt-, Bezirks- und Haupt-VP das Recht, mindestens einmal im Kalenderjahr eine **Versammlung der VP bzw. Bezirks-VP** durchzuführen. Einzuladen sind die jeweiligen VP bzw. Bezirks-VP. Die Beteiligung der Gesamt-VP (Abs. 1) ist nicht vorgesehen. Dies ist problematisch in Fällen, in denen nicht eine VP, sondern ein anderer Angehöriger aus einem der Betriebe bzw. einer der Dienststellen zur Gesamt-SBV gewählt wurde. Denn weder berechtigt die „entsprechende" Anwendung des § 95 Abs. 6, der seinerseits auf die für Betriebs- und Personalversammlungen geltenden Vorschriften verweist, Außenstehende zur Teilnahme an der Versammlung, noch kommt eine „entsprechende" Anwendung des § 52 Abs. 1 BPersVG in Betracht (*Cramer*, § 27 Rn 10).

Nicht berechtigt ist die Gesamt-, Bezirks- und Haupt-SBV dazu, mindestens einmal im Kalenderjahr eine Versammlung der schwb Menschen der Betriebe und Dienststellen durchzuführen. Sie hat auch nicht das Recht, an einer Versammlung der schwb Menschen in einer nachgeordneten Dienststelle teilzunehmen (*Cramer*, § 97 Rn 10).

Der Wortlaut des Abs. 8 erstreckt das Recht zur Durchführung der Versammlungen nicht auch auf die **Konzern-VP;** es ist ihr dennoch zuzugestehen (Kossens ua.-*Kossens*, § 97 Rn 12; FKS-SGB IX-*Schmitz*, § 97 Rn 25).

Zur Wahl der Gesamt-, Bezirks- oder Haupt-SBV in einer Versammlung der (Bezirks-)VP s. § 22 Abs. 3 SchwbVWO.

12. Verfahrensfragen. Die gerichtlichen Durchsetzungsmöglichkeiten der Konzern-, Gesamt-, Bezirks- und Haupt-SBV entsprechen denen einer SBV (§ 95 Rn 27). 17

§ 98 Beauftragter des Arbeitgebers

[1]Der Arbeitgeber bestellt einen Beauftragten, der ihn in Angelegenheiten schwerbehinderter Menschen verantwortlich vertritt; falls erforderlich, können mehrere Beauftragte bestellt werden. [2]Der Beauftragte soll nach Möglichkeit selbst ein schwerbehinderter Mensch sein. [3]Der Beauftragte achtet vor allem darauf, dass dem Arbeitgeber obliegende Verpflichtungen erfüllt werden.

Literatur: *Düwell,* 2002, Bestellen eines Beauftragen ist Arbeitgeberpflicht; AuA 2002, 254–256; *Braun, Stefan,* 2003, Der Beauftragte des Arbeitgebers iSd § 98 SGB IX; ZTR 2003, 18–21.

1. Sozialpolitischer Hintergrund. Die Institution des Arbeitgeberbeauftragten ist hinsichtlich Pflichten und Rechtstellung deutlich weniger präzise normiert als die Institution der Schwerbehindertenvertretung. Sie ist als „sozialpartnerschaftliches Gegenüber" der SBV konzipiert. 1

2. Geltende Fassung und Entstehungsgeschichte. Die geltende Fassung wurde mit sprachlichen Änderungen aus dem SchwbG übernommen. Sie ist inhaltsgleich mit § 28 SchwG. 2

3. Normzweck. Die Vorschrift sieht, wie schon § 28 SchwbG, die Bestellung eines **Beauftragten des ArbG für die Angelegenheiten der sbM** vor. 3

4. Normzusammenhang. Die Norm muss im Kontext der Normen zu den Arbeitgeberverpflichtungen nach dem SGB IX Teil 2, insbes. dem 2. Kapitel (§§ 71, 72, 77) sowie dem 3. Kapitel (§ 80, 81, bei öffentlichen Arbeitgebern auch § 82, § 83, § 84) und dem 4. Kapitel (Kündigungsschutz). Hinsichtlich der Art der Aufgabenwahrnehmung und des Datenschutzes sind die §§ 99, 155, 156 von besonderer Relevanz. 4

5. Inhalt der Vorschrift im Einzelnen. Grundsätzlich ist jeder ArbG, der Schwb oder Gleichgestellte (s. § 2 Abs. 2) beschäftigt, zur Bestellung eines Beauftragten in Angelegenheiten der Schwb verpflichtet, unabhängig davon, ob er beschäftigungspflichtig ist oder nicht und ob eine SV gewählt ist oder nicht, selbst dann, wenn er – obwohl beschäftigungspflichtig – gerade keine(n) Schwb oder Gleichgestellte(n) beschäftigt (vgl. *Schimanski* in GK-SchwbG § 28 SchwbG Rn 12 a. E.). 5

Bestellung des Beauftragten: Das Bestellungsverfahren ist nicht näher geregelt. Es handelt sich um eine einseitige Erklärung des Arbeitgebers, die Annahme der Aufgabe durch den Benannten kann u. U. bereits im Arbeitsvertrag geregelt werden (s. FKS-SGB IX-*Schmitz,* § 93 Rn 8). Nach **S. 1 2. HS** *kann* der ArbG *mehrere* Beauftragte bestellen, falls dies erforderlich ist, wie viele und für welche Bereiche (Dienststellen, Betriebe), ist seinem 6

Ermessen überlassen. Als Ausnahme ist die Bayerische Regelung für öffentliche Arbeitgeber zu benennen: Im Art. 76 Abs. 1 Bayerisches Personalvertretungsgesetz (BayPVG) wird festgelegt, dass der Personalrat mitwirkt in sozialen und persönlichen Angelegenheiten. In der anschließenden Aufzählung findet sich unter Ziff. 9 auch die Bestellung und Abberufung von Beauftragten nach § 98 des Neunten Buches Sozialgesetzbuch.

7 **Personenidentität zwischen ArbG und Beauftragtem** ist ausgeschlossen. Der ArbG kann sich nicht selbst zum Beauftragten bestellen. Nach dem Sinn und Zweck der Vorschrift wird eine Ausnahme hiervon lediglich bei solchen Kleinbetrieben zu machen sein, in denen die Aufgabe der Personalverwaltung von dem Inhaber des Betriebs selbst oder von nahen Angehörigen wahrgenommen wird.

8 Nicht bestimmt ist durch das Gesetz, wen der ArbG zu seinem Beauftragten in Angelegenheiten der Schwb bestellen kann. Die Bestellung von VL oder eines Mitglieds des Betriebs- oder Personalrats zum Arbeitgeberbeauftragten erscheint mit der Aufgabenstellung dieser Funktionsträger als Vertreter der Interessen der ArbN und öffentlichen Bediensteten nicht recht vereinbar. Zweckmäßig ist es, wenn der ArbG den Personalleiter oder sonst im Personalwesen Verantwortliche zum Beauftragten in Angelegenheiten der Schwb bestellt. Im Übrigen hat der Arbeitgeber auch durch die Regelung Satz 2 zu beachten, die als weiche Norm sich jedoch wirklicher Nachprüfbarkeit entzieht.

9 Die Bestellung – auf unbestimmte Dauer oder befristet – erfolgt durch einseitige Willenserklärung des ArbG. Sie ist mit der Bevollmächtigung zur Vertretung des ArbG in allen Angelegenheiten der schwb Menschen verbunden. Im Innenverhältnis kann der ArbG seinen Beauftragten durch entsprechende Weisungen in der Ausübung der Vertretungsmacht binden. Ob und inwieweit der Beauftragte von seiner Vertretungsmacht in Angelegenheiten schwb Menschen Gebrauch macht, steht i.Ü. in seinem pflichtmäßigen Ermessen. Er ist nicht etwa nur Abwesenheitsvertreter. Der Beauftragte ist dem Arbeitgeber verantwortlich, nicht den schwb Menschen oder dem Integrationsamt (Bihr ua. -*Dusel/Hoff* § 98 Rn 8).

10 Die **Aufgabe des Beauftragten** ist §§ 98, 99 zu entnehmen. Sie ist im Einzelnen eben so wenig gesetzlich definiert wie seine Rechtsstellung. Der Beauftragte soll „Anlaufstelle" für die sbM, den bzw. die SBV und den bzw. die Betriebs-, Personalräte usw. sowie die Stufenvertretungen in Angelegenheiten schwb Menschen und Verbindungsmann zum AA und zum Integrationsamt sein. Für diese besteht aber keine Verpflichtung, sich statt an den ArbG an dessen Beauftragten zu wenden. Der Beauftragte hat sich mit den Anliegen der Schwb auseinanderzusetzen. Er hat insbes. darauf zu achten, dass die Verpflichtungen des ArbG aus dem SGB IX, insbes. gegenüber den schwb Menschen und gegenüber den durchführenden Behörden, erfüllt werden.

11 Die **Abberufung** des Beauftragten und damit der Entzug der Vertretungsmacht ist – ebenso wie die Bestellung und Bevollmächtigung – jederzeit durch einseitige Willenserklärung des ArbG zulässig. Zur Niederlegung des Amtes ist der Beauftragte nur mit Einverständnis des ArbG berechtigt. Ein Recht der Schwerbehindertenvertretung oder Personalvertretung, die

Abberufung verlangen zu können (*Düwell,* in LPK-SGB IX, § 98, Rn 8), wird abgelehnt, wie auch bei *Kossens* (Kossens ua.-*Kossens,* § 98 Rn 8).

Auf die Einhaltung der Verpflichtung zur Bestellung des Beauftragten haben Betriebs- bzw. Personalrat und SBV zu achten und hinzuwirken. Die Bestellung kann von ihnen ebensowenig wie die Abberufung erzwungen werden. Die schuldhafte Nichterfüllung der Verpflichtung zur Bestellung kann nicht als Owi geahndet werden (vgl. § 156) (Ausnahme in Bayern, s. Rn 3). 12

Zur Verpflichtung des ArbG, den bzw. die Beauftragten für die Angelegenheiten der Schwb – sie sind gem. § 99 Abs. 2 Satz 2 Verbindungsleute zur BA und zu den Integrationsämtern – der AA und dem Integrationsamt zu benennen, s. § 80 Abs. 5; 13

zur Pflicht des ArbG, dem bzw. den Beauftragten je eine Abschrift der Anzeige nach § 80 Abs. 2 und des Verzeichnisses nach § 80 Abs. 1 auszuhändigen, s. § 80 Abs. 2 Satz 3;

zur Pflicht der Integrationsämter zur Berücksichtigung von Beauftragten des ArbG für die Angelegenheiten der schwb Menschen bei Schulungs- und Bildungsmaßnahmen s. § 102 Abs. 2 Satz 6.

6. Verfahrensfragen. Die Berufung des Beauftragten des Arbeitgebers kann rechtlich nicht erzwungen werden, da hierzu ein Anspruchsberechtigter im Gesetz nicht benannt ist (s. FKS-SGB IX-*Schmitz,* § 93 Rn 12). Die nicht oder nicht rechtzeitige Benennung des Beauftragten des Arbeitgebers an die zuständige Stellen (Agentur für Arbeit, Integrationsamt) ist gem. § 80 Abs. 8 ist nach § § 156 Abs. 1 Nr. 6 mit Bußgeld bedroht. 14

§ 99 Zusammenarbeit

(1) **Arbeitgeber, Beauftragter des Arbeitgebers, Schwerbehindertenvertretung und Betriebs-, Personal-, Richter-, Staatsanwalts- oder Präsidialrat arbeiten zur Teilhabe schwerbehinderter Menschen am Arbeitsleben in dem Betrieb oder der Dienststelle eng zusammen.**

(2) **Die in Absatz 1 genannten Personen und Vertretungen, die mit der Durchführung des Teils 2 beauftragten Stellen und die Rehabilitationsträger unterstützen sich gegenseitig bei der Erfüllung ihrer Aufgaben. Vertrauensperson und Beauftragter des Arbeitgebers sind Verbindungspersonen zur Bundesagentur für Arbeit und zu dem Integrationsamt.**

1. Sozialpolitischer Hintergrund. Die Norm mit ihrer eher ziel- und auftragsbezogenen Formulierung – statt kleinteiliger Verfahrens- und Pflichtenregelungen – steht in der historischen Tradition des Schwerbehindertengesetzes, das gerne als Gesetz des guten Willens bezeichnet wurde. 1

2. Geltende Fassung und Entstehungsgeschichte. Die Vorschrift entspricht § 29 SchwbG, sie wurde inhaltlich unverändert aus dem Regierungsentwurf (BT-Drucks. 14/5531 iVm 14/5074) übernommen. 2

3. Normzweck. Die genannten Amtsträger und Vertretungen haben nicht nur Aufgaben im Interesse der im Betrieb bzw. in der Dienststelle beschäftigten schwb Menschen (vgl. § 95 Abs. 1), sondern auch die Aufgabe einer 3 umfassenden und dauerhaften Eingliederung Schwb in die Betriebe und Dienststellen (Reg. Begr. zu Art. 1 Nr. 24 Buchst a – BT-Drucks. 10/3138 S. 24). Hierzu wird eine innerbetriebliche und überbetriebliche Zusammenarbeitsverpflichtung allgemein postuliert.

4 Die Norm verpflichtet die in Abs. 1 genannten zur Zusammenarbeit zum Zwecke der Förderung der Teilhabe schwb Menschen im Betrieb oder der Dienststelle. Sie werden zur gegenseitigen Unterstützung verpflichtet, ohne dass hierzu Einzelheiten festgelegt werden. Mit der Benennung des Beauftragten des Arbeitgebers und der SBV als Verbindungspersonen zur BA und dem Integrationsamt werden einerseits für diese Behörden direkte innerbetriebliche Ansprechpartner benannt und andererseits deren direkte Kommunikation zu diesen Stellen auf eine gesetzliche Grundlage gestellt.

5 **4. Normzusammenhang.** Die Norm steht aufgrund ihres generalappellhaften Charakters in einem sehr weitgefassten Normzusammenhang mit vielen Normen des SGB IX, insbes. solchen, die Pflichte und Recht von Arbeitgebern (insbes. § 71, 80–84, 98) und Schwerbehindertenvertretungen (§§ 95, 97) festlegen. Bezüge bestehen aber auch zu § 102 (Aufgaben des Integrationsamtes) und § 104 (Aufgaben der Bundesagentur für Arbeit). Explizit bestehen natürlich auch Bezüge den Vorschriften §§ 5, 6 SGB IX, sowie zum Kapitel 5 (Leistungen zur Teilhabe am Arbeitsleben) des Teil 1, hier insbes. §§ 33–38 a.

6 **5. Inhalt der Vorschrift im Einzelnen.** Die **Verpflichtung** zur Zusammenarbeit ist zwingend formuliert (Reg. Begr. zu Art. 1 Nr. 24 Buchst a – BT-Drucks. 10/3138 S. 24). Die Beteiligten sollen also nicht unabhängig voneinander und nebeneinander tätig werden, sondern zusammenarbeiten; in welcher Form, ist im Einzelnen nicht vorgeschrieben, sondern der Initiative der Beteiligten und den Erfordernissen des Einzelfalles überlassen. Die Verpflichtung gilt auch für die jeweiligen Stufenvertretungen.

7 **Abs. 2 Satz 1** normiert das Verhältnis des ArbG und der innerbetrieblichen Funktionsträger nach §§ 93, 98 zu den überbetrieblichen Aufgabenträgern, die mit der Durchführung des Gesetzes beauftragt sind, insbes. BA, Integrationsamt und Versorgungsämtern und auch das **Verhältnis** dieser Stellen **zu den Rehabilitationsträgern iSd § 6: Bundesanstalt für Arbeit als Rehabilitationsträger,** Die Vorschrift verpflichtet zur gegenseitigen Unterstützung, dh gegenseitige Unterrichtungen, Auskünfte und Hinweise, die der Eingliederung der im Betrieb bzw. der Dienststelle beschäftigten Schwb dienen (s. so zB auch *Knittel,* § 99, Rn 15 ff).

8 In Abs. 2 Satz 2 werden die Schwerbehindertenvertretung und der Beauftragte des Arbeitgebers „Verbindungspersonen" zum Integrationsamt und zur Bundesagentur für Arbeit bestimmt. Nach *Knittel* (§ 99 Rn 16) ermächtigt diese Norm diese Funktionsträger sich direkt „ohne Einhaltung eines Dienstweges" an diese beiden Ämter zu wenden, wenn es um Fragen geht, welche die schwerbehinderten Menschen des Betriebes oder der Dienststelle betreffen. Das gilt selbstverständlich auch umgekehrt; Arbeitsagentur und Integrationsamt haben von Gesetzes wegen in der Schwerbehindertenvertretung und den Beauftragten des Arbeitgebers Ansprechpartner, an die sie sich unmittelbar wenden können (*Knittel* ebenda). Vertrauensperson und der Beauftragte des Arbeitgebers sind zudem innerbetriebliche Anlaufstelle für

den Kontakt mit den für die Durchführung des zweiten Teils des SGB IX zuständigen Behörden. Kossens (Kossens ua.-*Kossens* Rn 6) verweist zu Recht darauf, dass eine wechselseitige Kontaktaufnahme zwischen schwerbehinderten Menschen und diesen Behörden natürlich auch direkt und nicht nur über die Vertrauensperson bzw. den Beauftragten des Arbeitgebers zulässig ist (so auch *Knittel* § 99, Rn 17). *Knittel* (§ 99 Rn 17, 18) und *Düwell* (in LPK-SGB IX, § 99, Rn 5) sehen Verbindungsfunktion von Schwerbehindertenvertretung und Beauftragtem des Arbeitgebers auch zu anderen Stellen, die mit der Durchführung des Gesetzes beauftragt sind bzw. Belange von schwerbehinderten Menschen zu beachten haben, insbes. auch zu den Versorgungsämtern. Knittel will die Verbindungsfunktion sogar auf die für Arbeitssicherheit zuständigen Stellen wie die Gewerbeaufsichtsämter, Bergämter usw. soweit sie mit Fragen schwerbehinderter Menschen befasst sind, ausweiten. Richtig ist, dass insbes. über das betriebliche Eingliederungsmanagement nach § 84 sich erhebliche Weiterungen des institutionellen Umfeldes ergeben können.

Die SBV sind bei der Ausübung ihres Amtes unabhängig; sie sind weder dem ArbG noch der kollektiven Interessenvertretung (Betriebs-, Personalrat usw.) noch den Dienststellen der BA oder IntA untergeordnet. Diese können ihnen keine Weisungen erteilen. Die SBV sind ihnen gegenüber nicht rechenschaftspflichtig. Die Darlegungs- und Beweislast ihnen gegenüber obliegt den SBV nur, wenn und soweit sie ihnen gegenüber zustehende Rechte nach diesem Gesetz geltend machen. Dann müssen sie die anspruchsbegründenden Tatsachen darlegen und beweisen. 9

6. Rechtsfolgen – ausgewählte Rechtsprechung. Missachtung der Zusammenarbeit kann im Kontext materieller Rechtsstreite aus dem Aufgabenbereich insbes. der SBV und bei Fragen des diskriminierungsfreien betrieblichen Umgangs mit schwb Menschen iSd AGG eine den Prozessverlauf mitbestimmende Rolle spielen. So beruft sich zB das BAG in seinem Beschluss (BAG 7. Senat Beschluss vom 16. 4. 2003 – 7 ABR 27/02) auf die Norm. Der einschlägige Orientierungssatz lautet: „Der Arbeitgeber ist nach § 99 Abs. 1 SGB IX verpflichtet, der Schwerbehindertenvertretung die bei ihm in Ausbildung befindlichen schwerbehinderten Rehabilitanden namentlich zu benennen." 10

In einem anderen BAG-Urt. v. 3. 12. 2002 – 9 AZR 481/01 – (Beschäftigungsanspruch nach SGB IX und Rechte des Betriebsrats) spielt bei der Abwägung ebenfalls § 99 Abs. 1 SGB IX eine gewisse Rolle. In Ziff. 32 führt das Gericht aus: „Dies wird durch § 99 Abs. 1 SGB IX bestätigt. Danach ist die Beklagte verpflichtet, eng mit dem Betriebsrat zusammenzuarbeiten, um die Teilhabe des Klägers am Arbeitsleben in ihren Betrieben sicherzustellen. Aus dieser den Betriebsparteien gesetzlich zugewiesenen gemeinsamen Verantwortung wird ein Arbeitgeber nicht schon dann entlassen, wenn der Betriebsrat eines aufnehmenden Betriebes Vorbehalte gegen die Versetzung eines schwerbehinderten Menschen äußert." 11

Das LAG Rheinland-Pfalz – Urt. v. 8. 6. 2006 – 6 Sa 853/05 – legt in einem Rechtsstreit um den Beschäftigungsanspruch einer schwerbehinderten der Arbeitgeberin das Unterlassen der Information der SBV als Verstoß gegen § 99 Abs. 1 aus. Es schlussfolgert daraus, dass man nicht „davon ausge- 12 hen könnte, dass die Beklagte sich mit dem gesetzlich vorgesehenen Aufwand um eine Lösung der anstehenden Probleme im Hinblick auf das Arbeitsverhältnis mit der Klägerin bemüht hat." (Rn 60) Das LAG bezieht sich auch auf das oben in Rn 10 erwähnte BAG-Urteil.

13 Im Bereich der Bußgeldvorschriften (§ 156) sind Abs. 1 Ziff. 7–9 als relevant anzusehen.

§ 100 Verordnungsermächtigung

Die Bundesregierung wird ermächtigt, durch Rechtsverordnung mit Zustimmung des Bundesrates nähere Vorschriften über die Vorbereitung und Durchführung der Wahl der Schwerbehindertenvertretung und ihrer Stufenvertretungen zu erlassen.

1 Die Vorschrift wurde unverändert aus dem Regierungsentwurf (BG-Drucks. 14/5531 iVm 14/5074) in das SGB IX übernommen, sie geht zurück auf § 24 Abs. 7 SchwbG.

2 Die Norm ermächtigt die Bundesregierung Einzelheiten zur Vorbereitung und Durchführung der Wahl der Schwerbehindertenvertretungen (§ 95) und der Stufenvertretungen (§ 97) durch Rechtsverordnung mit Zustimmung des Bundesrates zu regeln. Die Ermächtigung ist Grundlage der geltenden Wahlordnung Schwerbehindertenvertretungen (SchwbVWO), Wahlordnung Schwerbehindertenvertretungen in der Fassung der Bekanntmachung vom 23. 4. 1990 (BGBl. I S. 811), geändert durch Art. 54 des G. vom 19. 6. 2001 (BGBl. I S. 1046). Diese geht zurück auf die Ersten Verordnung zur Durchführung des Schwerbehindertengesetzes, (Wahlordnung Schwerbehindertengesetz – SchwbWO) vom 22. 7. 1975 (BGBl. I S. 1965) in der Fassung der Bekanntmachung von 23. 4. 1990 (BGBl. I S. 811).

Kapitel 6. Durchführung der besonderen Regelungen zur Teilhabe schwerbehinderter Menschen

§ 101 Zusammenarbeit der Integrationsämter und der Bundesagentur für Arbeit

(1) Soweit die besonderen Regelungen zur Teilhabe schwerbehinderter Menschen am Arbeitsleben nicht durch freie Entschließung der Arbeitgeber erfüllt werden, werden sie
1. in den Ländern von dem Amt für die Sicherung der Integration schwerbehinderter Menschen im Arbeitsleben (Integrationsamt) und
2. von der Bundesagentur für Arbeit
in enger Zusammenarbeit durchgeführt.

(2) Die den Rehabilitationsträgern nach den geltenden Vorschriften obliegenden Aufgaben bleiben unberührt.

Internetadressen:

www.arbeitsagentur.de Bundesagentur für Arbeit

http://www.integrationsaemter.de Bundesarbeitsgemeinschaft der Integrationsämter und Hauptfürsorgestellen (BIH)

www.deutsche-rentenversicherung.de Deutsche Rentenversicherung

http://www.basb.bmsg.gv.at Bundessozialämter in Österreich

http://www.kepad.or.kr Informationen auch in englischer Sprache über und von Korean Employment Promotion Agency for the Disabled (Koreanische Agentur für die Beschäftigungsförderung behinderter Menschen),

http://www.jeed.or.jp/english Japan Organization for Employment of the Elderly and Persons with Disabilities (Informationen in englischer Sprache)

http://www.agefiph.asso.fr Fonds pour l'insertion professionnelle des personnes handicapées. Association régie par la loi de 1901, agrée par le ministère du Travail, de l'Emploi et de la Formation professionnelle Fonds für die berufliche Eingliederung behinderter Menschen in Frankreich (Kurzinformationen auch in englischer Sprache

www.pfron.org.pl PFRON (Państwowy Fundusz Rehabilitacji Osób Niepełnosprawnych – Staatlicher Fonds für Rehabilitation Behinderter in Polen) (Informationen auch in englischer Sprache)

1. Sozialrechtlicher Hintergrund und geltende Fassung. Die Regelungen übertragen mit der Ausnahme der Bezeichnung der zuständigen Dienststellen in den Ländern inhaltsgleich den § 30 SchwbG. 1

In der Regelung ersetzt wurde entsprechend einem Vorschlag des Bundesrates die vorherige Bezeichnung „Hauptfürsorgestellen" durch eine Bezeichnung, die die Aufgaben besser verdeutlicht. Die ursprüngliche Formulierung im SGB IX idF vom 19. 6. 2001 (BGBl. I S. 1046) lautete nur „Integrationsamt". Diese Bezeichnung wird im gesamten SGB IX und den zugehörigen Rechtsverordnungen anstelle des bisherigen Begriffs „Hauptfürsorgestelle" verwendet. Im Bundesrat wurde die Namensänderung mit der historischen Überlebtheit des Begriffs Hauptfürsorgestelle und seinem geringen Informationsgehalt hinsichtlich der tatsächlichen Aufgaben der damaligen „Hauptfürsorgestellen" begründet. Zu dem bereits mit dem SchwbBAG eingeleiteten Paradigmenwechsel der Behindertenpolitik verhielt sich nach der Auffassung des Bundesrates der Begriff „Hauptfürsorgestelle" eher kontraproduktiv. Seit dem 1. 7. 2001 wird er nur noch für die Durchführungsorganisationen der Länder im Bereich Kriegsopferfürsorge verwendet. Im Übrigen – so die Auffassung des Bundesrates – habe die Erfahrung gezeigt, dass selbst in anderen Bereichen der Behindertenhilfe und im Bereich der Wirtschaft der Begriff nicht mehr geeignet sei, den Leistungskanon der (damaligen) Hauptfürsorgestellen hinreichend zu kommunizieren. Mit Art. 48 Nr. 6 des Gesetzes zur Gleichstellung behinderter Menschen und zur Änderung anderer Gesetze vom 27. 4. 2002 (BGBl. I S. 1467) wurde dann die heutige Formulierung des § 101 Abs. 1 Nr. 1 mit der Begründung „Redaktionsversehen" eingefügt. Im SGB IX findet sich nur in § 101 Abs. 1 die Formulierung „Amt für die Sicherung der Integration schwerbehinderter Menschen im Arbeitsleben (Integrationsamt)". Ansonsten wurde die Formulierung „Integrationsamt" in allen Vorschriften des 2

SGB IX beibehalten (Adressen und Websites der 24 deutschen Integrationsämter s. www.integrationsaemter.de).

3 **2. Normzweck.** Die Norm betont in Abs. 1 in einem **Programmsatz** noch einmal, dass die besonderen Regelungen zur Teilhabe schwerbehinderter Menschen durch **freie Entschließung der Arbeitgeber** erfüllt werden sollen, und nur insoweit dies nicht geschieht, werden die Aufgaben nach diesem Teil 2 von den Ländern (Integrationsämtern) und der Bundesagentur für Arbeit durchgeführt. Nicht erwähnt werden hier an dieser Stelle die Versorgungsämter, die in fast allen Bundesländern das Anerkennungsverfahren nach § 69 Abs. 1 SGB IX durchführen. Der programmatische Appell an die Arbeitgeber korrespondiert mit den Vorschriften des § 81 Abs. 4 Satz 2, wonach die Integrationsämter und die Bundesagentur für Arbeit ausdrücklich verpflichtet sind, unter bestimmten Bedingungen die Erfüllung der Arbeitgeberpflichten auch finanziell zu unterstützen. Hierzu werden von den Integrationsämtern ausschließlich Mittel der Ausgleichsabgabe eingesetzt, die so auch als Ausgleich der Wettbewerbsbedingungen zwischen Arbeitgebern mit unterschiedlicher Umsetzung der Beschäftigungspflicht wirkt.

4 Die Norm legt einerseits die **Integrationsämter** der Länder und die Bundesagentur für Arbeit als **zuständige durchführende Stellen** fest und verpflichtet sie zur **Zusammenarbeit,** was an anderer Stelle im Gesetz näher geregelt ist (insbes. für das Integrationsamt § 102 Abs. 2, allgemein §§ 10–23). Im Übrigen wird in Abs. 2 die Unbetroffenheit der Rehabilitationsträger hinsichtlich ihrer Aufgaben festgelegt. Mit dieser Feststellung wird der Nachrang der Leistungen nach dem SGB IX Teil 2 gegenüber Leistungen der Rehabilitationsträger festgehalten. Dies gilt aber nicht hinsichtlich einschlägiger Leistungen für die Sozialhilfe, die nach § 6 Abs. 1 Nr. 7 SGB IX zwar ab 1. 7. 2001 Rehabilitationsträger ist, aber für die durch den Fortbestand der Vorschrift des § 2 SGB XII eine Ausnahme hinsichtlich der sonstigen Rangfolge gilt. Auf diesen Nachrang der Sozialhilfe verweist i. Ü. § 18 Abs. 1 Satz 2 SchwbAV als allgemeine Leistungsvoraussetzung für Leistungen aus Ausgleichsabgabe ausdrücklich.

5 **3. Freie Entschließung der Arbeitgeber.** Die Formulierung „Freie Entschließung der Arbeitgeber" erinnert an den Grundsatz des Gesetzes in seiner „zentralen Vorschrift" (*Schneider* in Hauck/Nofz § 71 Rn 1), der Beschäftigungspflicht gegenüber schwerbehinderten Menschen. Dort wird den Arbeitgebern fast völlige Freiheit beim „Wie" der Umsetzung gelassen. Der Grundsatz der Umsetzung des Gesetzes durch freie Entschließung der Arbeitgeber gehört zum historischen Kern der besonderen Beschäftigungspflicht der Arbeitgeber gegenüber schwerbehinderten Menschen in Deutschland. Schon zum Schwerbeschädigtengesetz 1923 schreiben *Rohwer-Kahlmann/Schröder-Printzen:* „Dazu (zur beruflichen Eingliederung der Kriegsbeschädigten) bedurfte es der Mitwirkung der Wirtschaft, weil die verfügbaren Arbeitsplätze der öffentlichen Verwaltung nicht ausreichen konnten. Andererseits musste man dem Lebensprinzip der Wirtschaft, der *Initiative des freien Unternehmers,* gerecht werden, da diese die Art und den Umfang sowie den Zweck des Betriebes bestimmt. So zeichnet sich als Aufgabe des Gesetzes ab, eine echte Synthese zwischen Ordnung und Freiheit,

zwischen sozialer Verpflichtung und Entscheidungsfreiheit des Arbeitgebers zu suchen.“ (in *Rohwer-Kahlmann/Schröder-Printzen,* Einleitung Rn 9). Diese Grundüberlegung trifft heute noch auch wesentlich für den schwerbehindertenrechtlichen Teil des SGB IX zu.

4. Normzusammenhang. Entsprechend dieser Logik sind Sanktionen bei Nichterfüllung der gesetzlichen Beschäftigungspflicht relativ gering ausgeprägt, die Ausgleichsabgabe ist vor allem als Instrument des Wettbewerbsausgleichs zwischen Unternehmen, die schwerbehinderte Menschen beschäftigen und solchen, die diese Beschäftigungspflicht nicht erfüllen, verfasst (vgl. § 77, insbes. Rn 4). Dahinter steht auch heute noch die Überzeugung des Gesetzgebers, dass das sozialpolitische Ziel der beruflichen Eingliederung schwerbehinderter Menschen besser mit Appellen an den guten Willen und die Einsicht, denn mit bloßem Druck zu erreichen ist. Tatsächlich werden in das SGB IX Teil 2 allerdings parallel zu dieser Überzeugung und dem Handlungsauftrag an die in dieser Vorschrift benannten zuständigen Verwaltungsstellen auch ein Netz von weiteren materiell-rechtlich und verfahrensmäßig regulierenden Einzelvorschriften eingebunden. Zu nennen sind vor allem die Rechte der schwerbehinderten Menschen (§ 81 Abs. 4), Verfahrensvorschriften für die Beteiligung der betrieblichen Interessenvertretung und der Bundesagentur für Arbeit bei Besetzung freier Stellen (§ 81 Abs. 1), ein spezielles arbeitsrechtliches Diskriminierungsverbot (§ 81 Abs. 2), die Pflicht zur Prävention bei Gefährdung des Arbeitsplatzes eines schwerbehinderten Menschen (§ 84), die Pflicht zum Abschluss einer betrieblichen Integrationsvereinbarung (§ 83), die umfassenden Konsultierungs- und Beteilungsrechte der Schwerbehindertenvertretung (§§ 94ff) sowie der besondere Kündigungsschutz (§§ 85ff). Beeinflusst werden kann die freie Entschließung der Arbeitgeber in bestimmten Fallkonstellationen auch von den allgemeinen Mitbestimmungsrechten der Betriebs- und Personalräte. Insofern ist die Formulierung „freie Entschließung der Arbeitgeber“ vor allem noch immer richtig hinsichtlich der programmatischen Würdigung ihrer Bedeutung für die berufliche Eingliederung. Dies wird auch von den Arbeitgebern so weiterhin programmatisch mitgetragen, aber hinsichtlich vieler Details durchaus kritisiert [vgl. *Hundt/Wuttke* in Der Arbeitgeber 10/2000; Bundesvereinigung der Deutschen Arbeitgeberverbände (Hrsg.), 2001; sowie Stellungnahme der Bundesvereinigung der Deutschen Arbeitgeberverbände zum Gesetzentwurf der Fraktionen SPD und Grüne/Bündnis 90 – Drucks. 15/1783 zur Förderung der Ausbildung und Beschäftigung schwerbehinderter Menschen als Anh. 73.5.2.]. In früheren Jahren wurde oft auf ein Zitat von Henry Ford (*Ford,* Satz 245) hingewiesen, wonach es in einer arbeitsteiligen Industrie mehr Arbeitsplätze gebe, „die von Blinden ausgefüllt werden könnten, als Blinde vorhanden seien, und mehr Stellen für Krüppel, als Krüppel auf der Welt.“ In Anlehnung an *Rohwer-Kahlmann/ Schröder-Printzen* (Einleitung Rn 12) könnte man also dementsprechend auch heute sagen: Es gilt also, die geeigneten schwerbehinderten Menschen an die geeigneten Arbeitsplätze heranzuführen. Die mit der Durchführung des Gesetzes beauftragten Verwaltungen sind darüber hinaus aufgerufen, kontinuierlich neue Arbeitsplätze für schwerbehinderte Menschen in individueller Beratung der Betriebe zu erschließen. Seit der Einführung des 6

SGB IX können die Verwaltungen – insbes. die Integrationsämter – die Integrationsfachdienste (s. Vorbem. zu 109–115 sowie Erl. § 110) einbeziehen.

7 **5. Integrationsämter.** Historisch gehen die Integrationsämter unmittelbar auf die Hauptfürsorgestellen aus der Zeit des Endes des ersten Weltkrieges zurück. Die damalige Rechtsgrundlage, das Schwerbeschädigtengesetzes 1920/1923 – gilt das als eines der erfolgreichsten Sozialpolitikgesetze der Weimarer Republik (s. BT-Drucks (1952) Nr. 4292 Rn 3). Zu weiteren historischen, organisationsrechtlichen und ordnungspolitischen Ausführungen vgl. ausführlich Bihr-*Ritz* Erl. 101.

8 Blick in andere Länder mit ähnlichen Systemen zur beruflichen Eingliederung schwerbehinderter Menschen zeigt, dass andere Organisationsformen denkbar und auch erfolgreich sind. In **Frankreich,** dessen System zur beruflichen Eingliederung schwerbehinderter Menschen dem deutschen System in vielem, besonders hinsichtlich Ausgleichsabgabe und Beschäftigungsquote, sehr ähnlich ist, wird seit 1989 mit einer landesweiten selbstständigen Organisation gearbeitet (vgl. *Ritz* 1997). Die **AGEFIPH** (Association de Gestion du Fonds pour l'Insertion Professionelle des Personnes Handicapées http://www.agefiph.asso.fr) ist ein national einheitlicher Fonds mit relativ starken und entscheidungsbefugten regionalen Niederlassungen. Der Fonds wird von einem Verwaltungsrat, der aus zwanzig Mitgliedern besteht, verwaltet. Auch in **Österreich,** dessen System noch näher am deutschen liegt, hat mit den **Bundessozialämtern** eine Organisationsform gewählt, die etwas einheitlicher und teilweise auch aufgabenorientierter ist als die diversifizierte deutsche Organisationslösung (*Ernst/Haller,* Bundessozialämter in Österreich: http://www.basb.bmsg.gv.at/). Interessant sind auch die sehr selbständigen Organisationslösungen in **Japan** und der **Republik Korea** (*Son* 2001; *Ritz* 2002 und http://www.kepad.or.kr/). Im internationalen Vergleich ist die deutsche Organisationslösung also eher submodern und wenig aufgabenspezifisch. Gerade bei den Organisationslösungen innerhalb der eigentlichen Landesverwaltungen – also in 13 von 16 Ländern – wird der wirtschaftsnahe und arbeitsmarktorientierte Sozialleistungsträger „Integrationsamt" zwischen und neben völlig andersartigen Aufgaben in oft sehr enger bürokratischer Einbindung placiert. Auch die Anbindung in höheren Kommunalverbänden kann unter dem Gesichtspunkt der Kommunikation mit den Sozialpartnern eher noch nicht als optimal gelten. Ergebnis dieser organisatorischen Lage ist die ausgeprägte und langjährige Tendenz zum Eingrenzen von gesetzlich vorgesehenem, für die Aufgabenbewältigung an sich notwendigem Ermessen durch bundesweite „Richtlinien" und „Empfehlungen". Diese werden überwiegend rechtlich als Selbstbindungen der Verwaltung per verwaltungsinterne Vorschriften oder durch länderministerielle Erlasse wirksam, führen aber in vielen Einzelfällen zu einer spürbaren Bürokratisierung. Kompensiert werden diese organisationsbedingten Schwachpunkte in gewisser Weise an anderer Stelle des Gesetzes: Nur in Deutschland (und bedingt in Österreich) wird in so ausgeprägter Weise durch Schwerbehindertenvertretungen, Betriebs- und Personalräte und die Arbeitgeberbeauftragten (§ 98) sowie in meist größeren Betrieben auch die Integrationsvereinbarungen (§ 83) in den innerbetrieblichen Meinungsbildungsprozess

durch arbeitsrechtliche Verfahrensregelungen und innerbetriebliche Vereinbarung eingewirkt.

Für die Integrationsämter gelten als **rechtlich selbständig agierende Sozialleistungsträger** sowohl die Vorschriften des Verwaltungsrechts wie auch des Verwaltungsverfahren. SGB X ist anzuwenden (*Großmann* in GK-SchwbG § 31 Rn 17). Die Aufgaben der Integrationsämter finden sich nicht abschließend aufgezählt in § 102 Abs. 1. Die Gewährung von finanziellen Leistungen aus Mitteln der Ausgleichsabgabe durch die Integrationsämter ist im Wesentlichen in §§ 14 bis 34 SchwbAV näher geregelt. 9

Die Aufgaben der Bundesagentur für Arbeit sind nach diesem Gesetz detailliert in § 104, insbes. nach § 104 Abs. 1, festgelegt. Die Bundesagentur für Arbeit handelt als bundesunmittelbare Körperschaft iSd Art. 86 GG. 10

Eine gewisse Problematik besteht langjährig in der relativ schwierigen **Abgrenzung der Zuständigkeiten des Integrationsamtes gegenüber den Rehabilitationsträgern.** Das Problem selbst wird schon lange beklagt, es wurden auch langjährig immer wieder Reformvorschläge unternommen (zB *Stork* 1998). Die Frage wurde in sehr begrenztem Umfang auch mit dem SGB IX aufgegriffen. Eine umfassend bürgerfreundliche, weil leicht nachvollziehbare Regelung wurde allerdings nicht gefunden. Nur im Sonderfall der Regelungen für die **Arbeitsassistenz** (§ 33 Abs. 8 Satz 1 Nr. 3 und Satz 2, § 102 Abs. 4, § 108) wurde mit dem SGB IX die Ausführung der Bescheide grundsätzlich in die Zuständigkeit des Integrationsamtes gelegt, auch bei abweichender Kostenträgerschaft. Ansonsten lebt das **Nachrangprinzip** der Leistungen des Integrationsamtes fort. Die **Zuständigkeitsklärung** nach § 14 wird sinngem. per § 102 Abs. 6 angewendet. Die Beteiligung an den Servicestelle nach § 22 SGB IX ist vorgesehen gem. § 22 Abs. 1 Satz 3. Seit 1. 8. 2002 ist eine **Verwaltungsabsprache** der Deutschen Rentenversicherung, der damaligen Bundesanstalt für Arbeit, der gesetzlichen Unfallversicherung und der Bundesarbeitsgemeinschaft der Integrationsämter und Hauptfürsorgegestellen (BIH) über die Gewährung von Leistungen der Begleitenden Hilfen im Arbeitsleben nach dem zweiten Teil des SGB IX im Verhältnis zu den Leistungen zur Teilhabe am Arbeitsleben gem. Teil 1 des SGB IX in Kraft. 11

§ 102 Aufgaben des Integrationsamtes

(1) [1] **Das Integrationsamt hat folgende Aufgaben:**

1. **die Erhebung und Verwendung der Ausgleichsabgabe,**
2. **den Kündigungsschutz,**
3. **die begleitende Hilfe im Arbeitsleben,**
4. **die zeitweilige Entziehung der besonderen Hilfen für schwerbehinderte Menschen (§ 117).**

[2] **Die Integrationsämter werden so ausgestattet, dass sie ihre Aufgaben umfassend und qualifiziert erfüllen können.** [3] **Hierfür wird besonders geschultes Personal mit Fachkenntnissen des Schwerbehindertenrechts eingesetzt.**

(2) [1]Die begleitende Hilfe im Arbeitsleben wird in enger Zusammenarbeit mit der Bundesagentur für Arbeit und den übrigen Rehabilitationsträgern durchgeführt. [2]Sie soll dahin wirken, dass die schwerbehinderten Menschen in ihrer sozialen Stellung nicht absinken, auf Arbeitsplätzen beschäftigt werden, auf denen sie ihre Fähigkeiten und Kenntnisse voll verwerten und weiterentwickeln können sowie durch Leistungen der Rehabilitationsträger und Maßnahmen der Arbeitgeber befähigt werden, sich am Arbeitsplatz und im Wettbewerb mit nichtbehinderten Menschen zu behaupten. [3]Dabei gelten als Arbeitsplätze auch Stellen, auf denen Beschäftigte befristet oder als Teilzeitbeschäftigte in einem Umfang von mindestens 15 Stunden wöchentlich beschäftigt werden. [4]Die begleitende Hilfe im Arbeitsleben umfasst auch die nach den Umständen des Einzelfalls notwendige psychosoziale Betreuung schwerbehinderter Menschen. [5]Das Integrationsamt kann bei der Durchführung der begleitenden Hilfen im Arbeitsleben Integrationsfachdienste einschließlich psychosozialer Dienste freier gemeinnütziger Einrichtungen und Organisationen beteiligen. [6]Das Integrationsamt soll außerdem darauf Einfluss nehmen, dass Schwierigkeiten im Arbeitsleben verhindert oder beseitigt werden; es führt hierzu auch Schulungs- und Bildungsmaßnahmen für Vertrauenspersonen, Beauftragte der Arbeitgeber, Betriebs-, Personal-, Richter-, Staatsanwalts- und Präsidialräte durch. [7]Das Integrationsamt benennt in enger Abstimmung mit den Beteiligten des örtlichen Arbeitsmarktes Ansprechpartner, die in Handwerks- sowie in Industrie- und Handelskammern für die Arbeitgeber zur Verfügung stehen, um sie über Funktion und Aufgaben der Integrationsfachdienste aufzuklären, über Möglichkeiten der begleitenden Hilfe im Arbeitsleben zu informieren und Kontakt zum Integrationsfachdienst herzustellen.

(3) [1]Das Integrationsamt kann im Rahmen seiner Zuständigkeit für die begleitende Hilfe im Arbeitsleben aus den ihm zur Verfügung stehenden Mitteln auch Geldleistungen erbringen, insbesondere

1. an schwerbehinderte Menschen
   a) für technische Arbeitshilfen,
   b) zum Erreichen des Arbeitsplatzes,
   c) zur Gründung und Erhaltung einer selbständigen beruflichen Existenz,
   d) zur Beschaffung, Ausstattung und Erhaltung einer behinderungsgerechten Wohnung,
   e) zur Teilnahme an Maßnahmen zur Erhaltung und Erweiterung beruflicher Kenntnisse und Fertigkeiten und
   f) in besonderen Lebenslagen,
2. an Arbeitgeber
   a) zur behinderungsgerechten Einrichtung von Arbeits- und Ausbildungsplätzen für schwerbehinderte Menschen,
   b) für Zuschüsse zu Gebühren, insbesondere Prüfungsgebühren, bei der Berufsausbildung besonders betroffener schwerbehinderter Jugendlicher und junger Erwachsener,

c) für Prämien und Zuschüsse zu den Kosten der Berufsausbildung behinderter Jugendlicher und junger Erwachsener, die für die Zeit der Berufsausbildung schwerbehinderten Menschen nach § 68 Abs. 4 gleichgestellt worden sind,
d) für Prämien zur Einführung eines betrieblichen Eingliederungsmanagements und
e) für außergewöhnliche Belastungen, die mit der Beschäftigung schwerbehinderter Menschen im Sinne des § 72 Abs. 1 Nr. 1 Buchstabe a bis d, von schwerbehinderten Menschen im Anschluss an eine Beschäftigung in einer anerkannten Werkstatt für behinderte Menschen oder im Sinne des § 75 Abs. 2 verbunden sind, vor allem, wenn ohne diese Leistungen das Beschäftigungsverhältnis gefährdet würde,

3. an Träger von Integrationsfachdiensten einschließlich psychosozialer Dienste freier gemeinnütziger Einrichtungen und Organisationen sowie an Träger von Integrationsprojekten.

[2]Es kann ferner Leistungen zur Durchführung von Aufklärungs-, Schulungs- und Bildungsmaßnahmen erbringen.

(3 a) Schwerbehinderte Menschen haben im Rahmen der Zuständigkeit des Integrationsamtes aus den ihm aus der Ausgleichsabgabe zur Verfügung stehenden Mitteln Anspruch auf Übernahme der Kosten einer Berufsbegleitung nach § 38 a Abs. 3.

(4) Schwerbehinderte Menschen haben im Rahmen der Zuständigkeit des Integrationsamtes für die begleitende Hilfe im Arbeitsleben aus den ihm aus der Ausgleichsabgabe zur Verfügung stehenden Mitteln Anspruch auf Übernahme der Kosten einer notwendigen Arbeitsassistenz.

(5) Verpflichtungen anderer werden durch die Absätze 3 und 4 nicht berührt. Leistungen der Rehabilitationsträger nach § 6 Abs. 1 Nr. 1 bis 5 dürfen, auch wenn auf sie ein Rechtsanspruch nicht besteht, nicht deshalb versagt werden, weil nach den besonderen Regelungen für schwerbehinderte Menschen entsprechende Leistungen vorgesehen sind; eine Aufstockung durch Leistungen des Integrationsamtes findet nicht statt.

(6) [1]§ 14 gilt sinngemäß, wenn bei dem Integrationsamt eine Leistung zur Teilhabe am Arbeitsleben beantragt wird. [2]Das Gleiche gilt, wenn ein Antrag bei einem Rehabilitationsträger gestellt und der Antrag von diesem nach § 16 Abs. 2 des Ersten Buches an das Integrationsamt weitergeleitet worden ist. [3]Ist die unverzügliche Erbringung einer Leistung zur Teilhabe am Arbeitsleben erforderlich, so kann das Integrationsamt die Leistung vorläufig erbringen. [4]Hat das Integrationsamt eine Leistung erbracht, für die ein anderer Träger zuständig ist, so erstattet dieser die auf die Leistung entfallenden Aufwendungen.

(7) [1]Das Integrationsamt kann seine Leistungen zur begleitenden Hilfe im Arbeitsleben auch als persönliches Budget ausführen. [2]§ 17 gilt entsprechend.

1. Sozialpolitischer Hintergrund. Die heute von den IntÄ wahrzuneh- 1
menden Aufgaben haben eine lange Tradition, die bis in die Zeit des 1. Welt-

krieges zurückreicht. Je länger der Krieg dauerte und je größer die Zahl der Kriegsbeschädigten wurde, desto mehr wuchs die allgemeine Erkenntnis, dass diesen Opfern des Krieges nicht nur mit einer Rente geholfen werden konnte, dass es vielmehr erforderlich sei, sie soweit wie möglich wieder in den Arbeitsprozess einzugliedern. Zu den Konzept gehört wesentlich die Überlegung, die Arbeitgeber – insbes. im Rahmen deren „freier Entschließung" unter der Vorgabe einer Beschäftigungsquote – vorrangig in die Umsetzung dieses Ziels der beruflichen Eingliederung in den ersten Arbeitsmarkt einzubinden (s. zur historischen und internationalen Perspektive dieses schwerbehindertenrechtlichen Grundgedankens die Ausführungen zu § 101 insbes. Rn 5–9). Das Selbstverständnis der Integrationsämter darf vor diesem Hintergrund nicht verkürzt werden auf einen „Sozialleistungsträger mit Sondervermögen", das Integrationsamt hat im Rahmen seiner Schulungs- und Aufklärungsarbeit regelmäßig die Arbeitgeber für die Erfüllung dieser gesetzlichen Aufgabe zu bewerben. Es kann dafür auch IFD (§§ 109ff) beteiligen. Diese – wie es im Europäischen Sprachgebrauch oft heißt – „Sensibilisierung" von Arbeitgebern durch geeignete Maßnahmen, also die Werbung für die Erhöhung der Beschäftigungsbereitschaft der Arbeitgeber gegenüber Menschen mit Behinderungen gehört langjährig zu einer der wichtigen Aktivitäten der Integrationsämter. Seit 3. 2009 sind derartige Maßnahmen auch als Umsetzung des Art. 27 Abs. 1 Buchst h) BRK (UN-Behindertenrechtskonvention) zu verstehen: „Die Vertragsstaaten anerkennen das gleiche Recht von Menschen mit Behinderungen auf Arbeit; dies beinhaltet das Recht auf die Möglichkeit, den Lebensunterhalt durch Arbeit zu verdienen, die in einem offenen, integrativen und für Menschen mit Behinderungen zugänglichen Arbeitsmarkt und Arbeitsumfeld frei gewählt oder angenommen wird. Die Vertragsstaaten sichern und fördern die Verwirklichung des Rechts auf Arbeit, einschließlich für Menschen, die während der Beschäftigung eine Behinderung erwerben, durch geeignete Schritte, einschließlich des Erl. von Rechtsvorschriften, um unter anderem ... (h) die Beschäftigung von Menschen mit Behinderungen im privaten Sektor durch geeignete Strategien und Maßnahmen zu fördern, wozu auch Programme für positive Maßnahmen, Anreize und andere Maßnahmen gehören können; ..."

2 Die historischen Anfänge der Hauptfürsorgestellen gehen auf das Jahr 1915 zurück. Damals kam es zunächst zum Zusammenschluss der auf private Initiative der freien Wohlfahrtspflege hin entstandenen „Hauptfürsorgeorganisationen für Kriegsbeschädigte" zum „Reichsausschuss für Kriegsbeschädigtenfürsorge". Im Dezember 1917 stellte der Reichsausschuss Leitlinien für die Unterbringung Schwerbeschädigter auf. Danach sollte in erster Linie versucht werden, Schwerbeschädigten ohne gesetzlichen Zwang Arbeit zu verschaffen, namentlich bei Behörden. Mit der „Verordnung über die soziale Kriegsbeschädigten- und Kriegshinterbliebenenfürsorge" vom 8. 2. 1919 (RGBl. I S. 187) wurden die (noch heute als Träger der Kriegsopferfürsorge existierenden) Hauptfürsorgestellen, die Vorläufer der IntÄ, errichtet. Die Kriegsbeschädigten (und Arbeitsunfallopfer) sollten eine berufliche Aufgabe haben, ihre Kräfte und Fähigkeiten einsetzen, erhalten und entfalten können, eine Zielsetzung, die im Rahmen der begleitenden Hilfe

im Arbeitsleben auch heute noch aktuell ist, wenn auch für einen breiteren Personenkreis.

Die begleitende Hilfe im Arbeitsleben als wichtigste Förderungstätigkeit ist ein wesentliches Moment der Ausgleichsfunktion der Ausgleichsabgabe. Mit diesem Instrument findet die Umverteilung finanzieller Mittel von Unternehmen, die ihren gesetzlichen Verpflichtungen in Bezug auf schwb Menschen nicht nachkommen hin zu Unternehmen statt, die diese Verpflichtungen erfüllen oder ohne Verpflichtung zur Teilhabe schwb Menschen am Arbeitsleben beitragen bzw. an schwb Menschen selbst. 3

Gerade das Miteinander von finanziellen Leistungsmöglichkeiten und Beratungsangeboten, ergänzt von Geboten (Beschäftigungspflicht) und Zwangsmaßnahmen (Ausgleichsabgabe), eröffnen den IntÄ nicht zu unterschätzende Gestaltungsspielräume bei der Umsetzung der nach § 102 zugewiesenen Aufgaben. Gekennzeichnet ist diese Umsetzung von einem engen Zusammenarbeitsgebot mit der BA und den übrigen Rehabilitationsträgern. 4

Obwohl die Norm des § 102 im Sachkern wesentlich älter ist als die Grundgesetznorm des Benachteiligungsverbotes gem. Art. 3 Abs. 2 Satz 3 GG, wonach niemand wegen seiner Behinderung benachteiligt werden darf, müssen die Leistungen der begleitenden Hilfe nach Art und Weise so erbracht werden, dass sie ein Höchstmaß an Selbstbestimmung, Mitbestimmung und Mitwirkung gewährleisten, vgl. *Matzeder*, br 2002, 40. 5

2. Entstehungsgeschichte. Die Norm hat sehr weit zurück reichende Vorgängernormen (bis zum 30. 4. 1974 § 21 Schwerbeschädigtengesetz (SchwbeschG) vom 16. 6. 1953 (BGBl. I S. 389), bis zum 31. 7. 1986 § 28 Schwerbehindertengesetz (SchwbG) vom 29. 4. 1974 (BGBl. I S. 1005) und bis zum 30. 6. 2001 § 31 SchwbG). 6

Die Norm des § 102 hat mit dem SGB IX einige wichtige Änderungen gegenüber der Vorgängernorm des § 31 SchwbG erfahren. Abs. 1 und Abs. 2 der Norm sind inhaltsgleich mit § 31 Abs. 1 und 2 SchwbG. Wie im gesamten Text des SGB IX wurde auch hier der Begriff „Hauptfürsorgestelle" durch den neuen Begriff „Integrationsamt" ersetzt, der als Kurzfassung für die Bezeichnung „Amt für die Sicherung der Integration schwerbehinderter Menschen im Arbeitsleben" (vgl. § 101, Rn 1) steht. Abs. 3 der Vorschrift war mit dem SGB IX ursprünglich fast inhaltsgleich mit § 31 Abs. 3 SchwbG. Mit dem Gesetz zur Förderung der Ausbildung und Beschäftigung schwerbehinderter Menschen vom 23. 4. 2004 (BGBl. I S. 606) wurden förderrechtliche Ergänzungen mit Nr. 2 b)–d) vorgenommen. Nr. 2 e) und Nr. 3 wurden geändert. Abs. 4 formuliert die Zuständigkeit der Integrationsämter für die Förderung notwendiger Arbeitsassistenz und lehnt sich dabei eng an den § 31 Abs. 3 a des Schwerbehindertengesetzes an, der diesen Fördertatbestand erstmalig einführte. Abs. 5 der Norm regelt, dass durch Leistungsmöglichkeiten des Integrationsamtes Verpflichtungen anderer Leistungsträger nicht berührt werden. Allerdings bleibt weiterhin für das Integrationsamt das Aufstockungsverbot von Leistungen der Rehabilitationsträger bestehen. In der Sache wurde somit § 31 Abs. 5 SchwbG übernommen. In Abs. 6 wird ua. die sinngemäße Anwendung des § 14 SGB IX (Zuständigkeitsklärungsverfahren) festgelegt: Es handelte sich um eine Neuregelung mit erheblicher praktischer Bedeutung. Abs. 7 wurde mit 7 dem Gesetz zur Förderung der Ausbildung und Beschäftigung schwerbehinderter Menschen vom 23. 4. 2004 (BGBl. I S. 606) eingefügt und korrespondiert mit der Regelung in § 17 Abs. 2–4.

8 Durch das Gesetz zur Einführung Unterstützter Beschäftigung (UBeschEG) vom 22. 12. 2008 (BGBl. I S. 2959) wurde Abs. 3 a eingefügt, der für schwb Menschen im Rahmen der Zuständigkeit des IntA aus dem ihm aus der Ausgleichsabgabe zur Verfügung stehenden Mitteln einen Anspruch auf Übernahme der Kosten einer Berufsbegleitung nach § 38 a Abs. 3 einräumt.

9 **3. Normzweck.** Die Norm des § 102 nennt wichtige Aufgaben der IntÄ. Zudem statuiert die Vorschrift Ermessensleistungen und bedingte Rechtsansprüche für behinderte Menschen, erstere auch für deren Arbeitgeber.

10 In den Abs. 5–7 werden wesentliche Verfahrensregelungen für das Verwaltungshandeln der Integrationsämter benannt.

11 **4. Normzusammenhang.** Die heterogene und komplexe Vorschrift steht in vielfältigem Zusammenhang mit anderen Vorschriften des SGB IX. Aus der nicht abschließenden Aufgabenaufzählung in Abs. 1 werden die §§ 77 (Ausgleichsabgabe), 85 ff (besonderer Kündigungsschutz) und 117 (zeitweilige Entziehung der besonderen Hilfen für schwb Menschen) angesprochen.

12 Abs. 2 spricht die Zusammenarbeit mit der BA und die Leistungen der Rehabilitationsträger an (§§ 33 ff, 102, 104), die Arbeitgeberpflichten (§ 81), die psychosoziale Betreuung und Beteiligung der Integrationsfachdienste (§§ 109 ff) und im Kontext mit Abs. 3 das Spektrum der begleitenden Hilfe im Arbeitsleben nach der SchwbAV (§§ 14, 17 bis 34) an. Abs. 3 a korrespondiert mit den Regelungen zur Unterstützten Beschäftigung nach § 38 a, Abs. 4 mit den Regelungen zur Arbeitsassistenz in § 33 Abs. 8 Satz 1 Nr. 3, S. 2 bis 4.

13 Abs. 5 berührt in einem weiten Zusammenhang das Leistungsspektrum der Rehabilitationsträger nach § 6 Abs. 1 Nr. 1 bis 5 nicht nur im Bereich des SGB IX, sondern ebenso in den für die einzelnen Rehabilitationsträger geltenden Leistungsgesetzen. Abs. 6 steht im Zusammenhang mit den Verpflichtungen nach §§ 16 Abs. 2 SGB I, § 14 SGB IX und dem Erstattungsrecht nach §§ 102 ff SGB X, Abs. 7 schließlich mit § 17 SGB IX.

14 Darüber hinaus sind die gemeinsamen Empfehlungen der Bundesarbeitsgemeinschaft für Rehabilitation (BAR), Verwaltungsabsprachen (so jene zwischen der BIH und dem Verband Deutscher Rentenversicherungsträger) sowie Verwaltungsvorschriften der einzelnen Bundesländer bedeutsam. Die von den zuständigen Landesministerien in Kraft gesetzten Verwaltungsvorschriften zur Durchführung des § 102 Abs. 3–4 orientieren sich idR an den Empfehlungen der BIH und/oder an von Arbeitsgruppen der Länder erarbeiteten Vorschlägen, es gibt allerdings Ausnahmen, zB in Sachsen. Diese BIH-Empfehlungen haben an sich keinen bindenden Charakter für die IntÄ, die Bindungswirkung wird aber idR hergestellt durch Selbstbindung der Verwaltung oder durch Erl. oä. des zuständigen Landesministeriums.

15 **5. Aufgabenzuweisung (Abs. 1).** In Nr. 1, 2 und 4 werden Aufgaben genannt, die im Gesetz bereits an anderer Stelle eingehend geregelt sind: Nr. 1 – Erhebung und Verwendung der Ausgleichsabgabe – § 77 Abs. 2 bis 7, Nr. 2 – besonderer Kündigungsschutz – §§ 85 ff und Nr. 4 – zeitweilige Entziehung der besonderen Hilfen für schwerbehinderte Menschen –

§ 117. In der Bestimmung der Nr. 3 wird den IntÄ die Aufgabe der begleitenden Hilfe im Arbeitsleben zugewiesen. Diese stellt den eigentlichen Regelungsinhalt der Norm dar. Die Aufzählung in Nr. 1 bis 4 ist nicht abschließend.

Sie wird ergänzt durch die Aufgabenzuweisungen in einzelnen Bestimmungen des Gesetzes (zB § 10 Abs. 2 – Verantwortlichkeit für die Koordinierung von Leistungen nach Teil 2, § 11 Abs. 3 – Mitwirkung bei der Klärung des Hilfebedarfs nach Teil 2, dto. nach § 22 Abs. 1 Satz 3 im Rahmen der Gemeinsamen Servicestellen, § 81 Abs. 4 Satz 2 – Unterstützung der ArbG; § 83 Abs. 1 Satz 4 – Mitwirkung bei Verhandlungen zu einer Integrationsvereinbarung, § 84 Abs. 1 und 2 – Beteiligung im Rahmen der Prävention und beim betrieblichen Eingliederungsmanagement; § 94 Abs. 6 S. 4 – Einladung zu einer Versammlung der schwb Menschen zum Zwecke der Wahl eines Wahlvorstandes in Vorbereitung der Wahl einer SV; § 94 Abs. 7 Satz 5 – Beschluss des Widerspruchsausschusses bei dem IntA über das Erlöschen des Amtes einer Vertrauensperson wegen grober Pflichtverletzung). In §§ 109ff (IFD) und §§ 132ff (Integrationsprojekte) sind weitere Aufgaben der Integrationsämter normiert. Die Bundesarbeitsgemeinschaft der Integrationsämter und Hauptfürsorgestellen (BIH) legt alljährlich einen Bericht über die Tätigkeit der IntÄ vor (zuletzt Jahresbericht 2008/2009, download http://www.integrationsaemter.de).

Aus Abs. 1 lassen sich allein noch keine Rechtsansprüche der schwb Men- 16
schen gegen die IntÄ herleiten. Die schwb Menschen können zB aus Nr. 3 keinen Anspruch auf Leistungen zur begleitenden Hilfe im Arbeitsleben herleiten. Ob und welche Maßnahmen ergriffen, ob und welche Leistungen im Rahmen der begleitenden Hilfe im Arbeitsleben gewährt werden, steht – abgesehen vom Rechtsanspruch auf Übernahme der Kosten einer Berufsbegleitung im Rahmen der Unterstützten Beschäftigung nach § 38 Abs. 3a sowie vom Rechtsanspruch auf Übernahme der Kosten einer notwendigen Arbeitsassistenz, vgl. Abs. 3a und 4 – im pflichtgemäßen Ermessen der IntÄ, die durch SGB IX und SchwbAV gebunden sind. Für die Ausübung des Ermessens gelten die allgemeinen Grundsätze (§§ 39 und 40 Abs. 2 SGB I, 35 Abs. 1 Satz 3 SGB X).

Die begleitende Hilfe im Arbeitsleben umfasst entsprechend dem Zweck 17
des Gesetzes, die Teilhabe am Arbeitsleben auf dem allgemeinen Arbeitsmarkt zu sichern und zu fördern. Begleitende Hilfe im Arbeitsleben setzt nicht voraus, dass Leistungen zur medizinischen Rehabilitation, Leistungen der Rehabilitationsträger zur Teilhabe am Arbeitsleben oder ergänzende Maßnahmen durchgeführt worden sind (Reg.Begr. zum SchwbWG Begr. zu Nr. 1; ebenso Reg. Begr. zur SchwbAV zu § 4).

Welche Leistungen im Rahmen der begleitenden Hilfe im Arbeitsleben an schwb Menschen sowie an ArbG und Sonstige durch die IntÄ aus der Ausgleichsabgabe gewährt werden können, ist in § 14 Abs. 1 Nr. 2 SchwbAV sowie §§ 17 bis 29 SchwbAV im einzelnen und abschließend geregelt. §§ 17 bis 29 SchwbAV folgen im Aufbau und der Begrifflichkeit der Fördertatbestände exakt den Benennungen in § 102 Abs. 3, 3a und 4 SGB IX. § 29 SchwbAV hat seinen gesetzlichen Bezug in § 102 Abs. 3 Satz 2 und auch in Abs. 2 Satz 2.

18 In Gesetz und SchwbAV nicht besonders geregelt ist die örtliche Zuständigkeit der IntÄ für die Gewährung von Leistungen zur begleitenden Hilfe im Arbeitsleben aus der Ausgleichsabgabe. Im Rahmen der BIH wurde die Zuständigkeit dem IntA zugewiesen, in dessen Bereich der ArbG seinen Sitz hat bzw. der Arbeitsplatz liegt.

19 **6. Grundsätze der begleitenden Hilfe im Arbeitsleben (Abs. 2).** Im Rahmen der begleitenden Hilfe im Arbeitsleben haben sich die IntÄ gem. Abs. 2 Satz 1 und 2 von Amts wegen um alle Probleme zu kümmern, die mit der beruflichen Eingliederung schwb Menschen, insbes. der Beschäftigung schwb Menschen in Betrieben oder Dienststellen zusammenhängen und die Erreichung des Ziels einer optimalen dauerhaften Teilhabe am Arbeitsleben im Einzelfall gefährden (zB Arbeitsbedingungen, Arbeitsentgelt, tarifliche Einstufung, Arbeitszeit, Arbeitsablauf, ausbildungsadäquater, behinderungsgerechter Arbeitsplatz, Arbeitsumwelt, berufliche Entwicklung, Weg zur Arbeitsstelle usw.). Sie haben dazu ihre Rechte auf Einblick in die Betriebe und Dienststellen und auf Auskunft (§ 80 Abs. 5 und 7) zu nutzen, Betriebsbesuche zu machen, um die Verhältnisse an Ort und Stelle zu überprüfen. Sie haben sich mit dem ArbG und den innerbetrieblichen Aufgabenträgern über notwendige Hilfe für schwb Menschen sowie den zuständigen Rehabilitationsträgern (hier insbes. der Agentur für Arbeit als zuständiger Träger für die berufsfördernden und ergänzenden Leistungen nach §§ 97ff SGB III) in Verbindung zu setzen, zu beraten, Auskünfte zu erteilen und Empfehlungen zu geben. Die IntÄ haben den schwb Menschen in diesem Rahmen ideelle und materielle Hilfe einzelfallbezogen zu gewähren; das Gleiche gilt gegenüber den ArbG von schwb Menschen. Insoweit beinhalten die begleitende Hilfe im Arbeitsleben nach wie vor nicht zu unterschätzende fürsorgerische Gesichtspunkte.

20 Die begleitende Hilfe verfolgt die Ziele, dass schwb Menschen in ihrer sozialen Stellung nicht absinken, auf Arbeitsplätzen beschäftigt werden, auf denen sie ihre Fähigkeiten und Kenntnisse voll verwerten und weiterentwickeln können sowie durch Leistungen der Rehabilitationsträger und Maßnahmen der Arbeitgeber befähigt werden, sich am Arbeitsplatz und im Wettbewerb mit nicht behinderten Menschen zu behaupten (vgl. hierzu auch die entsprechenden Arbeitgeberpflichten des § 81).

21 Abweichend von der Definition des Arbeitsplatzes in § 73 Abs. 1 und 3 wurden mit dem Gesetz zur Bekämpfung der Arbeitslosigkeit Schwerbehinderter ab 1. 10. 2000 auch Teilzeitbeschäftigungsverhältnisse im Umfang von mindestens 15 Wochenstunden durch S. 3 in den Anwendungsbereich der begleitenden Hilfe im Arbeitsleben einbezogen. Die Regelung geht für diesen Bereich § 73 vor. Für befristete Beschäftigungsverhältnisse gilt mangels konkreter Quantifizierung in der Praxis das Erfordernis einer mindestens achtwöchigen Dauer entsprechend § 73, um den Anwendungsbereich der begleitenden Hilfe zu eröffnen.

22 Die übrigen Voraussetzungen des Arbeitsplatzbegriffes nach § 73 hinsichtlich der Ausschlussregelung des Abs. 2 brauchen bei Leistungen an schwb Menschen im Rahmen der begleitenden Hilfe im Arbeitsleben nicht zwingend erfüllt sein, vgl. beispielsweise für Geistliche BVerwG vom 14. 11.

2003, BVerwGE 119, 200 und für Soldaten OVG Schleswig-Holstein vom 25. 4. 2001, 2 L 35/01.

7. Psychosoziale Betreuung. Abs. 2 Satz 4 und 5 wurden im Kern 1986 durch das SchwbGÄndG eingefügt. Die Vorschrift geht von der Erfahrung in der Praxis aus, dass schwb Menschen, insbes. mit psychischer Behinderung, häufig auch einer speziellen arbeitsbegleitenden Betreuung bedürfen. Sie betont deshalb, dass es zur Aufgabe der IntÄ gehört, im Rahmen der begleitenden Hilfe im Arbeitsleben auch psychosoziale Betreuung zu gewähren, und zwar die, die nach den Umständen des Einzelfalles notwendig ist. 23

Diese Aufgabe können die IntÄ entweder selbst durchzuführen oder aber auf die Integrationsfachdienste (vgl. §§ 109ff) einschließlich psychosozialer Dienste freier und gemeinnütziger Einrichtungen und Organisationen zurückgreifen. Die zuletzt genannte Option stellt dabei den Regelfall dar. Zum einen sind die IntÄ nach ihrer Personalausstattung vielfach hierzu nicht oder jedenfalls nicht in vollem Umfang in der Lage, zum anderen besteht bei der Beteiligung der genannten Integrationsfachdienste die Finanzierungsmöglichkeit aus Mitteln der Ausgleichsabgabe nach Abs. 3 Nr. 3. Denkbar ist auch die Beteiligung öffentlicher Stellen. Eine diesbzgl. Regelung im SGB IX ist überflüssig, vielmehr bestimmt sich diese Form der Beteiligung nach den Regeln der Amtshilfe gem. SGB X.

Mit der Einführung des SGB IX zum 1. 7. 2001 wurde in S. 5 klargestellt, dass die Möglichkeit der Beteiligung der genannten Dienste nicht nur für die notwendige psychosoziale Betreuung von schwb Menschen besteht, sondern allgemein für die Durchführung der begleitenden Hilfe. Insbesondere bei der Einschätzung, ob und in welchem Umfang ArbG außergewöhnliche Belastungen im Zusammenhang mit der Beschäftigung schwb Menschen entstehen oder in welchem Ausmaß eine Arbeitsassistenz notwendig ist, stellt die Beteiligung des Integrationsfachdienstes für die IntÄ eine wesentliche Hilfe dar. Eine nicht zu unterschätzende Komponente ist die Beratung der ArbG durch die IFD in Fragen der Beschäftigungssicherung, ebenso Aussprachen mit dem ArbG und/oder Arbeitskollegen des schwb Menschen zur Beseitigung von Schwierigkeiten bei der Ausübung der Beschäftigung, vgl. hierzu *Heuser*, br 1997, 1 (s. Erl. § 109ff). 24

8. Schulungs- und Bildungsmaßnahmen. Abs. 2 Satz 6 2. HS hebt besonders die Aufgabe der Durchführung von Schulungs- und Bildungsmaßnahmen für die innerbetrieblichen Aufgabenträger, die mit der Teilhabe schwb Menschen am Arbeitsleben befasst sind, hervor (s. dazu auch Abs. 3 Satz 2, im einzelnen § 29 Abs. 1 SchwbAV). Die Durchführung von Schulungs- und Bildungsmaßnahmen für Vertrauenspersonen der schwb Menschen (ebenso wie Gesamt-, Bezirks- und Hauptvertrauenspersonen), Beauftragte der ArbG in Angelegenheiten schwb Menschen, Betriebs-, Personal-, Richter-, Staatsanwalts- und Präsidialräte sowie deren Stufenvertretungen ist den IntÄ als Pflichtaufgabe zugewiesen. Diese Veranstaltungen sollen die vorgenannten Akteure befähigen, die ihnen nach §§ 93, 95, 98 und 99 und anderen Vorschriften des SGB IX und anderer Gesetze im Interesse schwb Menschen obliegenden Aufgaben wahrzunehmen. Der Inhalt der Schulungen ist entsprechend dem umfassenden Auftrag der Adressaten hin- 25 sichtlich der fachlichen und der rechtlichen Materie weit zu fassen. Auch die Umsetzung der UN-Konvention (BRK) gehört zweifelsfrei zum Themenkreis. Der den IntÄ durch Abs. 2 Satz 6 erteilte gesetzliche Auftrag schließt es nicht aus, dass auch andere Träger Schulungs- und Bildungsveranstaltungen durchführen, an denen sich das IntA finanziell beteiligen kann, vgl. Abs. 3 Satz 2, zB solcher von Gewerkschaften und Arbeitsgemeinschaften der Vertrauenspersonen. Eine Verpflichtung der IntÄ, alle Kosten für von ihr durchgeführte Schulungs- und Bildungsveranstaltungen zu tragen, kann aus Abs. 2 Satz6 oder § 29 SchwbAV nicht hergeleitet werden.

26 **9. Leistungen der begleitenden Hilfe im Arbeitsleben nach Abs. 3, 3 a und 4.** Die vielfältigen und jeweils auf die Lage des Einzelfalles abzustellenden Maßnahmen und Leistungen im Rahmen der begleitenden Hilfe im Arbeitsleben können bzw. müssen (vgl. Abs. 3 a und 4) die IntÄ aus den ihr zur Verfügung stehenden Mitteln der Ausgleichsabgabe (vgl. 77 Abs. 5 Satz 1) erbringen. Die nähere Ausgestaltung der Leistungen erfolgt in der auf der Ermächtigungsgrundlage von § 79 Abs. 2 erlassenen SchwbAV. Dort finden sich wesentliche Regelungen in §§ 14–29 SchwbAV. Die Verwendungszwecke definieren §§ 14, 17 SchwbAV – in teilweiser Wiederholung des Abs. 3, aber mit Verweis auf die einschlägige Verordnungsnorm.

27 In § 14 SchwbAV finden sich die allgemeineren Regelungen wie folgt formuliert: Die Integrationsämter haben die ihnen zur Verfügung stehenden Mittel der Ausgleichsausgabe einschließlich der Zinsen, der Tilgungsbeträge aus Darlehen, der zurückgezahlten Zuschüsse sowie der unverbrauchten Mittel des Vorjahres zu verwenden für folgende Leistungen:

1. Leistungen zur Förderung des Arbeits- und Ausbildungsplatzangebots für schwerbehinderte Menschen,
2. Leistungen zur begleitenden Hilfe im Arbeitsleben, einschließlich der Durchführung von Aufklärungs-, Schulungs- und Bildungsmaßnahmen,
3. Leistungen für Einrichtungen zur Teilhabe schwerbehinderter Menschen am Arbeitsleben und
4. Leistungen zur Durchführung von Forschungs- und Modellvorhaben auf dem Gebiet der Teilhabe schwerbehinderter Menschen am Arbeitsleben, sofern ihnen ausschließlich oder überwiegend regionale Bedeutung zukommt oder beim Bundesministerium für Arbeit und Soziales beantragte Mittel aus dem Ausgleichsfonds nicht erbracht werden konnten. Die Mittel der Ausgleichsabgabe sind vorrangig für die Förderung nach Absatz 1 Nr. 1 und 2 zu verwenden. Die Integrationsämter können sich an der Förderung von Vorhaben nach § 41 Abs. 1 Nr. 3 bis 6 SchwbAV durch den Ausgleichsfonds beteiligen.

28 Die Vorschrift zählt in Abs. 1 abschließend die Zwecke auf, für die die IntÄ die nach § 77 Abs. 7 SGB IX iVm § 36 bei ihnen verbleibenden 80 v.H. des Aufkommens an Ausgleichsabgabe verwenden dürfen und müssen.

29 Die sogenannte individuelle Förderung – also die Geldleistungen im Rahmen der begleitenden Hilfe an Arbeitgeber und schwerbehinderte Menschen – sind in §§ 19–27 SchwbAV näher geregelt. Sie bilden das rechtliche und faktische Kerngeschäft der begleitenden Hilfe.

30 Daneben können solche Leistungen unter besonderen Umständen an Träger sonstiger Maßnahmen erbracht werden, die dazu dienen und geeignet

sind, die Teilhabe schwerbehinderter Menschen am Arbeitsleben auf dem allgemeinen Arbeitsmarkt (Aufnahme, Ausübung oder Sicherung einer möglichst dauerhaften Beschäftigung) zu ermöglichen, zu erleichtern oder zu sichern.

In den Abs. 1 a des § 17 SchwbAV werden die gesetzlichen Rechtsansprüche schwerbehinderte Menschen im Rahmen der Zuständigkeit des Integrationsamtes für die begleitende Hilfe im Arbeitsleben und begrenzt aus den ihm aus der Ausgleichsabgabe zur Verfügung stehenden Mitteln auf Übernahme der Kosten einer notwendigen Arbeitsassistenz benannt. 31

In den Abs. 1 b des § 17 SchwbAV werden die gesetzlichen Rechtsansprüche schwerbehinderte Menschen auf Übernahme der Kosten einer Berufsbegleitung nach § 38 a Abs. 3 des Neunten Buches Sozialgesetzbuch im Rahmen der Zuständigkeit des Integrationsamtes wiederholt, die ebenfalls begrenzt werden auf die zur Verfügung stehenden Mittel der Ausgleichsabgabe. 32

Die in Betracht kommenden Leistungen an schwb Menschen zur begleitenden Hilfe im Arbeitsleben sind in Abs. 1 Satz 1 Nr. 1 lit. a) bis g) sowie Abs. 1 a und 1 b erschöpfend dargestellt. Die möglichen Leistungen an ArbG zur begleitenden Hilfe im Arbeitsleben sind in Abs. 1 Nr. 2 Buchst lit. a) bis e) erschöpfend aufgezählt und in §§ 26 bis 27 näher geregelt. Die Regelung folgt dem Katalog in § 102 Abs. 3 SGB IX. Als erläuternde Literatur und einschlägige weitere Verwaltungsvorschriften wird verwiesen auf ausgewählte Verwaltungsvorschriften und -regelungen der Länder zur Durchführung des § 102 Abs. 3–4 iVm §§ 19–29 SchwbAV. 33

Einige dieser Verwaltungsvorschriften – allerdings nicht vollständig – finden sich im Wortlaut in der Förderdatenbank – Förderprogramme und Finanzhilfen des Bundes, der Länder und der EU des BM für Wirtschaft und Technologie (www.foerderdatenbank.de) Einzelne Fundstellen werden in Rn 35–40 genannt: 34

Bundesarbeitsgemeinschaft der Integrationsämter und Hauptfürsorgestellen im Zusammenwirken mit der Bundesagentur für Arbeit; ZB info 9. 2009: (Sonderdruck der ZB – Zeitschrift: Behinderte Menschen im Beruf mit umfassender Darstellung der finanziellen Förderung und Beratungsleistungen der Integrationsämter und der BA auf Grundlage des SGB III und SGB IX sowie zugehörigem untergesetzlichem Recht) (Redaktionsschluss: 8. 2009) download: http://www.integrationsaemter.de/files/599/ZB_Info_12S_BIH.pdf. 35

Landschaftsverband Rheinland LVR-Integrationsamt (Hg.): Leistungen zur Teilhabe am Arbeits- und Berufsleben und Nachteilsausgleiche, Köln, Stand: 8. 2009; download: http://www.lvr.de/soziales/service/lvr_teilhabe09_barrierefrei.pdf. 36

Zentrum Bayern Familie und Soziales – Integrationsamt, Begleitende Hilfen im Arbeitsleben – http://www.zbfs.bayern.de/integrationsamt/hilfen/index.html. 37

Empfehlungen der Bundesarbeitsgemeinschaft der Integrationsämter und Hauptfürsorgestellen (BIH) für die Erbringung finanzieller Leistungen zur Arbeitsassistenz schwerbehinderter Menschen gem. § 102 Abs. 4 SGB IX 38

Arbeitsassistenz (download: http://www.integrationsamt-hessen.de/webcom/show_article.php/_c-300/_nr-10/i.html).

39 Freie und Hansestadt Hamburg, Behörde für Soziales, Familie, Gesundheit und Verbraucherschutz, Grundsätze zur Gewährung von Leistungen des Integrationsamtes an Arbeitgeber zur Abgeltung außergewöhnlicher Belastungen gem. § 27 SchwbAV vom 23. 2. 2004, Amtlicher Anzeiger der Freien und Hansestadt Hamburg Nr. 42 vom 7. 4. 2004, S. 731; download: http://www.foerderdatenbank.de/Foerder-DB/Navigation/Foerderrecherche/inhaltsverzeichnis.html?get=233af8ed95b9d8d3049d4386e2382010;views;document&doc=8929.

40 Saarland: Empfehlungen des Ministeriums für Justiz, Gesundheit und Soziales zur Gewährung von Leistungen des Integrationsamtes an Arbeitgeber zur Abgeltung außergewöhnlicher Belastungen vom 31. 1. 2007, download: http://www.foerderdatenbank.de/Foerder-DB/Navigation/Foerderrecherche/inhaltsverzeichnis.html?get=233af8ed95b9d8d3049d4386e2382010;views;document&doc=9582&typ=RL.

41 Die Arbeitsassistenz muss notwendig sein, dh, alle anderen Maßnahmen, die eine möglichst selbständige Erbringung der arbeitsvertraglich geschuldeten Tätigkeit durch den schwb Menschen befördern (insbes. Maßnahmen des Arbeitgebers einschl. einer personellen Unterstützung, Leistungen der Rehabilitationsträger, behinderungsgerechte Arbeitsplatzausstattung, andere Leistungen im Rahmen der begleitenden Hilfe im Arbeitsleben), müssen ausgeschöpft worden sein. Zu beachten ist in diesem Zusammenhang allerdings das Wunsch- und Wahlrecht nach § 9 SGB IX. Die BIH hat Empfehlungen zur Leistungsgewährung bei Arbeitsassistenz ausgesprochen (s. Rn 38, sowie die Erl. § 108 mit Kommentierung der Empfehlung). Nicht zur Arbeitsassistenz sind Zuschüsse zu den Kosten eines einzustellenden Fahrers für die Beförderung eines Sehbehinderten zur Arbeit (sog. Wegeassistenz) zu rechnen, vgl. VG Meiningen vom 18. 9. 2003, 8 K 691/02.Me (vgl. zur Arbeitsassistenz im Einzelnen § 108 SGB IX).

42 § 102 Abs. 3 a iVm § 17 Abs. 1 b SchwbAV regelt den Rechtsanspruch auf die Übernahme der Kosten einer Berufsbegleitung im Rahmen der Unterstützten Beschäftigung nach § 38 a Abs. 3 SGB IX. Die Berufsbegleitung stellt die zweite Stufe des zweistufigen Systems der Unterstützten Beschäftigung dar. In der ersten Phase, der individuellen betrieblichen Qualifizierung (§ 38 a Abs. 2 SGB IX), die dem Prinzip „Erst platzieren, dann qualifizieren" folgt, werden behinderte Menschen für geeignete betriebliche Tätigkeiten erprobt, auf ein sozialversicherungspflichtiges Beschäftigungsverhältnis vorbereitet und bei der Einarbeitung und Qualifizierung auf einem betrieblichen Arbeitsplatz unterstützt (s. Erl. § 38 a).

43 Die Gewährung von Leistungen zur begleitenden Hilfe im Arbeitsleben kommt wegen der Zuständigkeit der Rehabilitationsträger für Leistungen zur Teilhabe am Arbeitsleben nach dem SGB IX und ggf. abweichend geltender Leistungsgesetze (§§ 5 bis 7, 33 ff SGB IX) und dem Subsidiaritätsprinzip des §§ 77 Abs. 5 Satz 1, 102 Abs. 5 SGB IX idR erst nach Abschluss von Maßnahmen und Leistungen dieser und nach Vermittlung des schwb Menschen auf einen Dauerarbeitsplatz in Betracht, im Einzelfall allerdings auch schon davor (vgl. Reg. Begr. zum SchwbWG zu Nr. 27, Bericht b) III.

zu Nr. 27). Die IntÄ können Leistungen zur begleitenden Hilfe im Arbeitsleben nur gewähren, soweit der durch die Leistung zu deckende behinderungsbedingte Bedarf nicht von anderer Seite (von einem Rehabilitationsträger mit Ausnahme des Trägers der Sozialhilfe, dem ArbG oder von Dritten) zu decken ist oder gedeckt wird.

Eine einheitliche Grenze zwischen der Zuständigkeit der IntÄ zur Gewährung von Leistungen zur begleitenden Hilfe im Arbeitsleben aus der Ausgleichsabgabe und der Zuständigkeit der Rehabilitationsträger zur Gewährung von Leistungen zur Teilhabe am Arbeitsleben ist nicht leicht zu ziehen. Dies ergibt sich schon aus dem weiten Spektrum des Leistungszwecks der begleitenden Hilfe im Arbeitsleben, nämlich die Teilhabe am Arbeitsleben zu ermöglichen, zu erleichtern oder zu sichern, vgl. § 18 Abs. 2 Nr. 1 SchwbAV. Eindeutig gesetzlich fixierte Abgrenzungen bestehen im Bereich der Arbeitsassistenz (vgl. § 33 Abs. 8 Satz 2 SGB IX) und der Unterstützten Beschäftigung (vgl. § 38 a Abs. 2 und 3 SGB IX). 44

10. Leistungsabgrenzung zu den Rehabilitationsträgern und Aufstockungsverbot (Abs. 3, 4 und 5). Die Leistungen zur begleitenden Hilfe im Arbeitsleben kommen auch nach der Vermittlung in Arbeit auf einen Dauerarbeitsplatz nicht in Betracht, soweit einzelne Rehabilitationsträger (zB die Träger der gesetzlichen Unfallversicherung oder die Träger der Kriegsopferversorgung/-fürsorge) ihre Maßnahmen und Leistungen nach den für sie geltenden Leistungsgesetzen nicht als abgeschlossen ansehen und infolgedessen auch nach diesem Zeitpunkt noch Leistungen zur Teilhabe am Arbeitsleben erbringen, die der Sache nach Leistungen der begleitenden Hilfe sein könnten. Solche Leistungen der Rehabilitationsträger gehen den Leistungen der IntÄ vor. Solche von den Rehabilitationsträgern erbrachten Leistungen dürfen nach § 102 Abs. 5 Satz 2 letzter HS SGB IX auch nicht durch Leistungen der IntÄ aufgestockt werden. 45

§ 18 Abs. 2 Nr. 1 SchwbAV räumt den IntÄ zur Gewährung von Leistungen an schwb Menschen zur begleitenden Hilfe im Arbeitsleben breite Möglichkeiten ein. Es kommt nur darauf an, dass die Teilhabe am Arbeitsleben auf dem allgemeinen Arbeitsmarkt (keine Leistungen zur begleitenden Hilfe im Arbeitsleben durch die IntÄ sind an in WfbM beschäftigte schwb Menschen, Werkstattgänger, möglich, VGH München v. 2. 2. 1989, 12 B 86.01364 in br 1989, 115) unter Berücksichtigung von Art und Schwere der Behinderung auf besondere, bei Nichtbehinderten nicht bestehende Schwierigkeiten, stößt und durch die Leistungen nach § 17 Abs. 1 bis 1b ermöglicht, erleichtert oder gesichert werden kann. 46

Damit sind die Leistungsvoraussetzungen weitaus weniger eng als die Voraussetzungen von Leistungen der Rehabilitationsträger zur Teilhabe am Arbeitsleben.

11. Leistungen an schwb Menschen (Abs. 3 Nr. 1 iVm § 18 SchwbAV). 47 Nach der Regelung § 18 Abs. 2 Nr. 2 1. HS SchwAV ist für die Frage der Selbstbeteiligung schwb Menschen zunächst entscheidend, ob die Leistungen zur Teilhabe am Arbeitsleben auf dem allgemeinen Arbeitsmarkt wegen der Behinderung (oder aber aus anderen Gründen) erforderlich sind. Ist das im Einzelfall der Fall, ist der Bedarf also behinderungsbedingt, ist es dem schwb Menschen (ausnahmslos) nicht zumutbar, die erforderlichen Mittel selbst aufzubringen. Werden Leistungen erbracht, sind sie in vollem Umfang ohne Berücksichtigung sonstiger Umstände zu erbringen (vgl. Begr. in BR-Drucks. 482/87, S. 61; *Adlhoch* br 1988, 73, 108: Dem schwb Menschen könne der Einsatz eigener Mittel im Regelfall nicht zugemutet werden, wenn die fragliche Hilfe behinderungsbedingt notwendig sei).

48 Stößt die Teilhabe am Arbeitsleben auf dem allgemeinen Arbeitsmarkt (in erster Linie) aus anderen Gründen als wegen der Behinderung auf Schwierigkeiten und kann die Teilhabe durch Leistungen ermöglicht, erleichtert oder gesichert werden, sind Leistungen der IntÄ gem. § 18 Abs. 2 Nr. 1 SchwbAV dem Grunde nach möglich, in diesen Fällen sind dann aber bei der Frage der Höhe der zu gewährenden Leistungen die Einkommens- (nicht auch die Vermögens-)Verhältnisse des schwb Menschen zu berücksichtigen (aber nicht auch die seiner Angehörigen), § 18 Abs. 2 Nr. 2 2. HS SchwbAV.

49 Unter welchen Voraussetzungen im Einzelnen diese Berücksichtigung erfolgen soll, ist in der SchwbAV bundesrechtlich nicht näher geregelt. Dies ist in das Ermessen der IntÄ gestellt. Sie kommt insbes. in Betracht, soweit auch ein Nichtbehinderter in der gleichen Situation Kosten selbst aufzubringen hätte, vgl. VG Koblenz vom 14. 6. 2006, 5 K 2375/05.KO.

50 § 18 Abs. 3 SchwbAV stellt für alle den IntÄ möglichen Leistungen zur begleitenden Hilfe im Arbeitsleben, nicht nur für Leistungen an schwb Menschen klar, dass außer einmaligen Leistungen auch laufende Leistungen gewährt werden können (S. 1). Werden laufende Leistungen gewährt, sind sie aber idR zu befristen. Sie können idR nicht auf unbestimmte Dauer gewährt werden. Denn Ausgleichsabgabemittel stehen nur und insoweit zur Verfügung, als ArbG der Beschäftigungspflicht nach § 71 SGB IX nicht in vollem Umfang nachkommen. Ein gleichmäßig hohes Aufkommen, das Voraussetzung für die Erbringung laufender, unbefristeter Leistungen zur begleitenden Hilfe im Arbeitsleben wäre, ist nicht garantiert. Das Aufkommen aus der Ausgleichsabgabe ist beschränkt, von Jahr zu Jahr unterschiedlich und muss für eine ganze Reihe notwendiger Leistungen zur Verfügung stehen. Es soll mit dem Befristungsgrundsatz vermieden werden, dass Dauerleistungen, die unter Umständen einen äußerst hohen Anteil des Aufkommens aus der Ausgleichsabgabe binden, die Erfüllung der sonstigen, von Gesetz und SchwbAV vorgesehenen Aufgaben aus Mitteln der Ausgleichsabgabe gefährden (so Begr. in BR-Drucks. 482/87, S. 62). Eine wiederholte (befristete) Leistungsbewilligung ist jedoch zulässig (§ 18 Abs. 3 Satz 2 SchwbAV). Voraussetzung ist, dass zum Zeitpunkt der erneuten Leistungsbewilligung die allgemeinen und besonderen Leistungsvoraussetzungen gegeben sind.

51 Ein Antrag als Leistungsvoraussetzung für die Gewährung von Leistungen zur begleitenden Hilfe im Arbeitsleben ist anders als grundsätzlich bei den Leistungen der Rehabilitationsträger und anders als bei den Leistungen der Kraftfahrzeughilfe nach § 20 iVm § 10 S. 1 KfzHVO nicht vorgeschrieben (BVerwG v. 2. 7. 1997, 5 C 126/83, BVerwGE 78, 13). Leistungen zur begleitenden Hilfe im Arbeitsleben können also (Ausnahme: Kraftfahrzeughilfe) unter Umständen auch dann noch gewährt werden, wenn der Antrag erst nach Beginn der Maßnahme gestellt wird (Schleswig-Holsteinisches OVG vom 27. 8. 1997, 5 L 19/97).

12. Kommentierung der §§ 19–25 SchwbAV – Leistungen an schwb Menschen. In der nachfolgenden auszugsweisen Kommentierung der §§ 19–29 SchwbAV wird jeweils der Wortlaut des Vorordnungstextes in kursiver Schrift vorgestellt. 52

§ 19 SchwbAV Technische Arbeitshilfen 53

Für die Beschaffung technischer Arbeitshilfen, ihre Wartung, Instandsetzung und die Ausbildung des schwerbehinderten Menschen im Gebrauch können die Kosten bis zur vollen Höhe übernommen werden. Gleiches gilt für die Ersatzbeschaffung und die Beschaffung zur Anpassung an die technische Weiterentwicklung.

Den Arbeitsplatz mit den erforderlichen technischen Arbeitshilfen auszustatten, ist gem. § 81 Abs. 4 Satz 1 Nr. 5 SGB IX im Regelfall Pflicht des ArbG, die zu erfüllen durch finanzielle Förderleistungen (hier allerdings an den schwb Menschen) erleichtert werden kann. 54

Ist der ArbG im Einzelfall zur Ausstattung des Arbeitsplatzes mit technischen Arbeitshilfen nicht verpflichtet und sind Leistungen auch nicht von dritter Seite, beispielsweise der BA oder einem anderen Rehabilitationsträger, zu gewähren und werden sie, auch im Falle des Fehlens einer rechtlichen Verpflichtung, nicht von dritter Seite gewährt (§ 18 Abs. 1), sind Leistungen der IntÄ unter den allgemeinen Voraussetzungen des § 18 möglich. Wenn die technische Arbeitshilfe wegen der Behinderung erforderlich ist, ist eine Kostenbeteiligung des schwb Menschen unzumutbar. Ein Anspruch auf diese Leistung besteht nicht. Weiterhin ist beachtlich, dass der SchwbM ständig, also nicht nur gelegentlich, auf die technische Arbeitshilfe angewiesen ist, vgl. Niedersächsisches OVG vom 14. 10. 1992, 4 L 520/92. 55

Es können Geldleistungen an den schwb Menschen nach § 19 S. 1 SchwbAV zur Beschaffung von Gegenständen gewährt werden, die in sein Eigentum oder das des IntA (zur späteren Weiterverwendung der beschafften Gegenstände bei anderen schwb Menschen) übergehen. Desgleichen können Geldleistungen zur Wartung oder Instandsetzung solcher Gegenstände, die gefördert worden sind oder hätten gefördert werden können, sowie zur Ausbildung im Gebrauch gewährt werden. Bei der Wartung der technischen Arbeitshilfe geht es um Arbeiten, die die ständige Gebrauchstüchtigkeit sichern, Instandsetzungsarbeiten (Beseitigung technischer Defekte) vermeiden, die Lebensdauer der technischen Arbeitshilfe verlängern und eine frühzeitige Ersatzbeschaffung verhindern sollen. Das Spektrum der technischen Arbeitshilfen ist sehr breit und spiegelt die Vielschichtigkeit der in Anlage 1 zur VersMedV aufgeführten Funktionseinschränkungen wieder. Es reicht von behinderungsgerechten Bürostühlen über spezielle Werkzeuge bis hin zu speziellen EDV-Hardwarekomponenten. Unter engen Voraussetzungen kann auch eine (meist höherwertige, in Anbetracht dessen, was mit dem von der GKV gewährten Festbetrag erworben werden kann) arbeitsplatzbezogene Hörgeräteversorgung auf der Basis von § 19 in Frage kommen. Wenn von der gesetzlichen Krankenkasse des schwb Menschen dabei ein Festbetrag übernommen wird, verstößt eine Leistungsübernahme durch das IntA nicht gegen das Aufstockungsverbot nach § 102 Abs. 5 letzter HS SGB IX. Insoweit deckt die Leistung der GKV die Privatsphäre ab, die Leistung des IntA dagegen den arbeitsplatzbezogenen Anteil. Gleichwohl kann 56 wegen der auch privaten Nutzung unter Beachtung der insgesamt verbesserten Kommunikationsfähigkeit eine Eigenbeteiligung vom schwb Menschen verlangt werden, vgl. VG Freiburg (Br.) vom 15. 9. 2005, 5 K 949/05.

57 Mit Urt. v. 17. 12. 2009 hat das BSG (B 3 KR 20/08 R) eine erhebliche Neuinterpretation der Leistungszuständigkeiten hinsichtlich der Krankenkasse für den Personenkreis der fast vollständig Ertaubten und der Versorgung mit hochwertigen digitalen Hörgeräten unvorgenommen. Zum Ausgleich von Hörbehinderungen haben nach diesem Urteil die Krankenkassen für die Versorgung mit solchen Hörgeräten aufzukommen, die nach dem Stand der Medizintechnik die bestmögliche Angleichung an das Hörvermögen Gesunder erlauben und gegenüber anderen Hörhilfen erhebliche Gebrauchsvorteile im Alltagsleben bieten. Eine Beschränkung der Krankenkassenleistung auf einen hierfür unzulänglichen Festbetrag wird als nicht zulässig erklärt. Die Beklagte musste an den hörbehinderten Menschen die Festbetragsleistung iHv 987,31 € um 3073,– € aufstocken. Das Integrationsamt bleibt zuständig, wenn der beschäftigte Schwerhörige, einen Ausgleich benötigt, der über den notwendigen Bedarf im Alltagsleben hinausgeht. Das gilt zB für Lehrer (Beamte), die mit besonders belastenden Unterrichtssituationen zu tun haben. Sofern der Reha-Träger nicht zuständig ist, kann eine Förderung durch das Integrationsamt auch bei Gefährdungssituationen oder bei Arbeitsplätzen, die ein sehr empfindliches Hörvermögen erfordern, erfolgen. In diesen Fällen sollte weiterhin der Differenzbetrag zwischen der erforderlichen Krankenkassenfinanzierung und dem tatsächlichen Endpreis des Hörgerätes vom Integrationsamt bewilligt werden.

58 Nach S. 2 können auch Leistungen zur Ersatzbeschaffung gewährt werden, darüber hinaus Leistungen zur Beschaffung zur Anpassung an die technische Weiterentwicklung, also nicht nur dann, wenn die bisher benutzte technische Arbeitshilfe irreparabel geworden ist und aus technischen Gründen nicht mehr benutzt werden kann, sondern auch dann, wenn der Gebrauch einer weiterentwickelten technischen Arbeitshilfe möglich und zweckmäßig ist, zB bei elektronischen Arbeitshilfen für Blinde oder Hörbehinderte. Die Geldleistungen sind nur als Zuschüsse vorgesehen. Eine Beschränkung der Zuschüsse auf einen Höchstbetrag ist nicht vorgesehen. Die Bemessung der Höhe des Zuschusses richtet sich nach den Umständen des Einzelfalles, insbes. auch nach den verfügbaren Mitteln. Eine Vollfinanzierung ist möglich. Die Berücksichtigung der Einkommensverhältnisse des schwb Menschen ist unzulässig, wenn die technische Arbeitshilfe wegen der Behinderung erforderlich ist (§ 18 Abs. 2 Nr. 2 Satz 2 SchwbAV).

59 Die Hilfen nach § 19 SchwbAV sind zu jenen nach § 26 Abs. 1 Satz 1 Nr. 3 SchwbAV (im Rahmen der inhaltsgleichen Leistungen an Arbeitgeber zur behinderungsgerechten Einrichtung von Arbeits- und Ausbildungsplätzen für schwb Menschen) abzugrenzen. In der Regel wird bei den technischen Hilfen, die der schwb Menschen im Falle eines Arbeitsplatzwechsels mitnehmen und ohne Weiteres an einem neuen Arbeitsplatz verwenden kann (zB behinderungsgerechter Bürostuhl, Einhandtastatur) eine Förderung nach § 19 SchwbAV erfolgen, anderenfalls nach § 26 SchwbAV. Auch Fragen der Fördereffizienz können bei der Vornahme der Abgrenzung eine Rolle spielen.

§ 20 SchwbAV Hilfen zum Erreichen des Arbeitsplatzes 60

Schwerbehinderte Menschen können Leistungen zum Erreichen des Arbeitsplatzes nach Maßgabe der Kraftfahrzeughilfe-Verordnung vom 28. 9. 1987 (BGBl. I S. 2251) erhalten.

Zu den Leistungen zur begleitenden Hilfe im Arbeitsleben, die an schwb Menschen erbracht werden, gehören auch Leistungen zum Erreichen des Arbeitsplatzes (so der Begriff in § 102 Abs. 3 Satz 1 Nr. 1 lit. b) SGB IX gegenüber dem Begriff Kraftfahrzeughilfe im Bereich der Rehabilitationsträger. 61

Die Leistungen zum Erreichen des Arbeitsplatzes bestimmen sich nach Voraussetzungen, Art, Höhe usw. nach der KfzHV (so ausdrücklich BReg. BR-Drucks. 482/87 S. 62). Ebenso § 1 KfzHV, wonach sich Kraftfahrzeughilfe zur Teilhabe behinderter Menschen am Arbeitsleben wie bei allen Trägern der Leistungen zur Teilhabe am Arbeitsleben, so auch bei den Trägern der begleitenden Hilfe im Arbeitsleben, nach dieser Verordnung richtet. 62

Die Kfz-Hilfe umfasst Leistungen zur Beschaffung eines Kfz, für eine behinderungsbedingte Zusatzausstattung und zur Erlangung einer Fahrerlaubnis (§ 2 Abs. 1 KfzHV). Dazu gehören aber auch Leistungen für die Beförderung insbes. durch Beförderungsdienste (§ 9 KfzHV). 63

Die Voraussetzungen der Kfz-Hilfe sind enger als die sonst für die Leistungen zur begleitenden Hilfe im Arbeitsleben geltenden Voraussetzungen: Die Kfz-Hilfe-Leistungen setzen voraus, dass der behinderte Mensch infolge seiner Behinderung nicht nur vorübergehend auf die Benutzung eines Kfz angewiesen ist, um seinen Arbeits- oder Ausbildungsort oder den Ort einer sonstigen Leistung der beruflichen Bildung zu erreichen (§ 3 Abs. 1 Nr. 1 KfzHV), während es nach § 18 Abs. 2 Nr. 1 SchwbAV sonst nur darauf ankommt, dass die Teilhabe am Arbeitsleben auf dem allgemeinen Arbeitsmarkt unter Berücksichtigung von Art oder Schwere der Behinderung auf besondere Schwierigkeiten stößt und durch die Leistungen ermöglicht, erleichtert oder gesichert werden kann. 64

Auch die Regelungen über die Berücksichtigung des Einkommens (§ 6, § 8 Abs. 1 KfzHV) sind ungünstiger als die nach § 18 Abs. 2 Nr. 2 SchwbAV. Nach der KfzHV wird nicht jeder behinderungsbedingte Bedarf einkommensunabhängig erbracht.

Die Beschaffung des Kfz selbst (ohne behinderungsbedingte Zusatzausstattung) wird abhängig vom Einkommen mit einem Höchstbetrag von 9500,– € bezuschusst. Ein darüber liegender tatsächliche Kaufpreis ist unerheblich. Im Einzelfall kann ein höherer Betrag zugrunde gelegt werden, wenn Art und Schwere der Behinderung ein Kfz mit höherem Kaufpreis zwingend erfordern (§§ 5, 6 KfzHV).

Die Voraussetzungen der Hilfe sind erfüllt, wenn der schwb Menschen den Weg zwischen Wohnung und Arbeitsstelle nicht zu Fuß oder mit dem Fahrrad zurücklegen kann und öffentliche Verkehrsmittel objektiv nicht genutzt werden können. Zudem müssen diese Voraussetzungen in ursächlichem Zusammenhang mit Art und Schwere der Behinderung stehen. Ist beim schwb Menschen das Vorliegen der gesundheitlichen Voraussetzungen 65 für das Merkzeichen „aG“ (außergewöhnliche Gehbehinderung) festgestellt, kann idR ohne weitere Prüfung davon ausgegangen werden, dass die persönlichen Voraussetzungen erfüllt sind. In allen anderen Fällen ist eine Einzelfallprüfung vorzunehmen. Die Feststellung einer erheblichen Beeinträchtigung der Bewegungsfähigkeit im Straßenverkehr (Merkzeichen „G“) allein reicht für eine Förderung nicht aus. Andererseits kann eine Förderung auch ohne das Vorliegen einer Gehbehinderung indiziert sein.

Zur Auslegung des Satzteils „infolge der Behinderung“ iSd § 3 Abs. 1 Nr. 1 KfzHV hat sich aber das BSG (v. 26. 8. 1992 – 9 b RAr 14/91 – br 1993, 21) auf den von der bis dahin geübten Praxis abweichenden Standpunkt gestellt, dass Kfz-Hilfen nicht nur dann zu erbringen seien, wenn nur die Behinderung und kein anderer Umstand Ursache für das Angewiesensein auf ein Kfz sei. Andere Ursachen dürften nicht die Wirkung haben, dass sie die sich aus der Behinderung ergebende Notwendigkeit verdrängten. Vielmehr müsse die Behinderung nur so erheblich sein, dass sie allein geeignet sei, den Behinderten zur Benutzung eines Kfz zu zwingen. Infolgedessen sei bei schwb Menschen mit dem Merkzeichen „G“ nur zu prüfen, ob sie auf ein Kfz angewiesen seien, um ihren Arbeitsplatz zu erreichen, was aber im Umkehrschluss nicht das Merkzeichen „G“ zur Leistungsvoraussetzung macht.

In der Regel wird für eine objektive Beurteilung auf eine gutachtliche Stellungnahme eines Amtsarztes abzustellen sein.

66 Soweit in unmittelbarer Nähe der Wohnung bzw. der Arbeitsstelle des schwb Menschen öffentliche Verkehrsmittel nicht zur Verfügung stehen, ist fiktiv zu prüfen, ob ihm die Benutzung öffentlicher Verkehrsmittel zumutbar wäre, wenn diese vorhanden wären. Wird dies im Ergebnis der fiktiven Prüfung bejaht, scheiden Leistungen nach der KfzHV aus.

67 Eine zweifelsfreie Zuständigkeit der IntÄ ist nur bei Beamten (BVerwG vom 30. 6. 1983, 2 C 36 u. 37/81, in br 1984, S. 19) und bei Selbständigen, die nicht (freiwillig) der gesetzlichen Rentenversicherung angehören, gegeben. Im Übrigen gilt streng das Subsidiaritätsprinzip des § 18 SchwbAV.

68 Bei selbständig tätigen schwb Menschen, die schon wegen der Art ihrer Tätigkeit (zB als Handelsvertreter) auf die Benutzung eines Kfz angewiesen sind, nicht jedoch, um ihre Firmenräume zu erreichen bzw. die Tätigkeit von zu Hause aus durchführen, können keine Leistungen nach § 20 SchwbAV gewährt werden. Förderfähig ist dann allenthalben eine behinderungsbedingte Zusatzausstattung auf der Basis von § 19 SchwbAV bzw. eine Darlehensgewährung nach § 21 SchwbAV. Die Konstellation, dass der selbständig tätige schwb Mensch nur infolge seiner Behinderung auf ein Kfz angewiesen ist, um die selbständige Tätigkeit überhaupt erst ausüben zu können, ist kaum vorstellbar.

69 Kosten für behinderungsbedingte Untersuchungen (§ 8 Abs. 2 KfzHV) werden auch erbracht, wenn sie wiederholt anfallen.

70 § 9 Abs. 1 Satz 1 Nr. 2 und Satz 2 KfzHV lässt unter Umständen die Übernahme von Beförderungskosten zu. In Frage kommen zwei Fallgestaltungen: der schwb Menschen kann ein eigenes Kfz nicht führen und es steht auch kein Dritter zur Verfügung, der das Kfz für ihn führt und zum zweiten der Fall, dass die Übernahme der Beförderungskosten wirtschaftlicher ist als

die Gewährung der Kfz-Hilfe selbst. Der zweite Fall, der noch zusätzlich die Zumutbarkeit für den schwb Menschen beinhaltet, gestattet insbes. bei befristeten Beschäftigungsverhältnissen die Vornahme einer Wirtschaftlichkeitsprüfung (Vergleichsrechnung) zugunsten einer sparsamen Verwendung der zur Verfügung stehenden finanziellen Mittel.

Für andere, in der KfzHV nicht genannte Zwecke, können keine Leistungen gewährt werden. Zu Leistungen zum behinderungsgerechten Ausbau einer Garage s. BSG v. 22. 4. 1987 – 1 RAr 13/86 – n.v. Vgl. i.Ü. zu § 20 Zanter, br 1994, S. 104. 71

§ 21 SchwbAV Hilfen zur Gründung und Erhaltung einer selbständigen beruflichen Existenz 72

(1) Schwerbehinderte Menschen können Darlehen oder Zinszuschüsse zur Gründung und zur Erhaltung einer selbständigen beruflichen Existenz erhalten, wenn

1. sie die erforderlichen persönlichen und fachlichen Voraussetzungen für die Ausübung der Tätigkeit erfüllen,
2. sie ihren Lebensunterhalt durch die Tätigkeit voraussichtlich auf Dauer im Wesentlichen sicherstellen können und
3. die Tätigkeit unter Berücksichtigung von Lage und Entwicklung des Arbeitsmarkts zweckmäßig ist.

(2) Darlehen sollen mit jährlich 10 vom Hundert getilgt werden. Von der Tilgung kann im Jahr der Auszahlung und dem darauffolgenden Kalenderjahr abgesehen werden. Satz 2 gilt, wenn Darlehen verzinslich gegeben werden, für die Verzinsung.

(3) Sonstige Leistungen zur Deckung von Kosten des laufenden Betriebs können nicht erbracht werden.

(4) Die §§ 17 bis 20 und die §§ 22 bis 27 sind zugunsten von schwerbehinderten Menschen, die eine selbständige Tätigkeit ausüben oder aufzunehmen beabsichtigen, entsprechend anzuwenden.

Eine solche Hilfe kann nach § 21 Abs. 1 SchwbAV sowohl zur Gründung als auch zur Erhaltung einer selbständigen beruflichen Existenz gewährt werden. Die Vorstellung des Gesetzgebers des SchwbWG war es, dass die IntÄ schwb Menschen vornehmlich bei der Gründung einer wirtschaftlichen Existenz helfen sollen und hierbei auch Mittel der Ausgleichsabgabe einsetzen können, idR aber nicht mehr dann, wenn der schwb Menschen eine selbständige Existenz bereits erlangt hat. Dann bedürfe er der Hilfen idR nicht mehr. Solche Hilfen würden ihn sogar in der Mehrzahl der Fälle gegenüber seinen nichtbehinderten Konkurrenten in ungerechtfertigter Weise bevorzugen (vgl. Reg. Begr. zum SchwbWG zu Nr. 44). Gleichwohl sind Leistungen auch zur Erhaltung einer selbständigen beruflichen Existenz vorgesehen, um behinderungsbedingte Nachteile auch in diesem Bereich ausgleichen zu können. Die gesellschaftliche Wirklichkeit hat sich zwischenzeitlich allerdings erheblich verändert, so dass eine Vielzahl von Selbständigen nur marktmarginal tätig ist. Diese können zwar noch gerade ihre Existenz durch ihre Selbständigkeit sichern, aber es treten immer wieder wirtschaftliche Lagen auch – zB bei Ersatzbeschaffungen von Arbeitsmitteln – die ohne Hilfen als behinderter Mensch nicht bewältigt werden können. Insofern ist im Interesse einer auch Art. 27 Abs. 1 BRK entsprechenden 73

Förderung der Arbeitsintegration behinderter Menschen eine zumindest maßvolle Aufweichung der historischen Ausgangsposition geboten.

74 Zur Deckung von Kosten des laufenden Betriebs sind einmalige oder laufende Leistungen über die in Abs. 1 genannten Darlehen und Zinszuschüsse hinaus jedoch nach der ausdrücklichen Bestimmung in Abs. 3 nicht möglich.

75 Voraussetzung für die Gewährung einer Hilfe ist, dass der schwb Menschen die erforderlichen persönlichen und fachlichen Voraussetzungen für die Ausübung der betreffenden Tätigkeit erfüllt. Hierzu gehören erforderliche Qualifikationen für die Ausübung bestimmter Tätigkeiten und zum Teil Zuverlässigkeitserfordernisse (zB im Gastgewerbe). Weiterhin ist es erforderlich, dass die Tätigkeit eine ausreichende Lebensgrundlage für ihn auf Dauer erwarten lässt. In diesem Zusammenhang ist ein schlüssiges betriebswirtschaftliches Konzept einschließlich einer Rentabilitätsvorschau unerlässlich für die Beurteilung der Förderwürdigkeit, die IntÄ werden für eine objektive Beurteilung dieses Aspektes regelmäßig auf externen betriebswirtschaftlichen Sachverstand zurückgreifen. Im Übrigen muss die Aufnahme bzw. Weiterführung der Tätigkeit unter Berücksichtigung von Lage und Entwicklung des Arbeitsmarkts zweckmäßig sein. Eine entsprechende Einschätzung der zuständigen Agentur für Arbeit ist hierzu angezeigt. Ergänzend sollte zu den genannten Gesichtspunkten, soweit vorhanden, die zuständige berufsständische Vertretung gehört werden. Wie sich die IntÄ die Überzeugung von der Förderungswürdigkeit verschaffen, bestimmen sie letztlich im Rahmen des Untersuchungsgrundsatzes selbst nach ihrem Ermessen. Aus alldem ergibt sich, dass nicht jedwede selbständige berufliche Existenz gefördert werden soll, sondern dem Aspekt der Nachhaltigkeit auch in diesem Bereich eine zentrale Bedeutung zukommt.

76 Als Leistungsart war ursprünglich nur das Darlehen zugelassen, seit 1988 ist ausdrücklich auch der Zinszuschuss vorgesehen. Darlehen können nach § 21 Abs. 3 SchwbAV verzinslich oder zinslos gewährt werden. Höhe, Tilgung und Verzinsung bestimmen sich nach den Umständen des Einzelfalles. Die Tilgung soll idR 10 v.H. der Darlehenssumme jährlich betragen. Ausnahmen sind in Einzelfällen möglich. Von der Tilgung und Verzinsung im Jahr der Auszahlung und des darauffolgenden Kalenderjahres kann abgesehen werden. Die Gewährung eines Zinszuschusses hat den Vorteil, dass in diesen Fällen anderweitige Darlehensgeber, idR Banken, mit ihrem Sachverstand bereits die Erfolgsaussichten des betriebswirtschaftlichen Konzeptes geprüft haben werden. Zudem ist es für die IntÄ wesentlich einfacher, bei einem Scheitern der Existenz die Zahlung von Zinszuschüssen einzustellen, als noch offene Darlehensforderungen beizutreiben. Zur Rechtmäßigkeit von Sicherheiten im Rahmen der Darlehensgewährung vgl. VG Karlsruhe vom 29. 10. 2002, 5 K 1325/00.

77 Nach Abs. 4 können alle Leistungen zur begleitenden Hilfe im Arbeitsleben nach § 17 Abs. 1 Satz 1 Nr. 1 und 2 und Abs. 1 a und 1 b SchwbAV nicht nur dann erbracht werden, wenn es um die Teilhabe am Arbeitsleben in abhängiger Beschäftigung geht, sondern auch dann, wenn der schwb Mensch selbständig tätig ist oder sein will. Ausdrücklich einbezogen sind dabei auch die Leistungen an ArbG. Infolgedessen steht das gesamte Spektrum der be-

gleitenden Hilfe im Arbeitsleben auch selbständig tätigen schwb Menschen zur Verfügung. Vgl. zu § 21 auch *Seidel,* SuP 2001, S. 377.

§ 22 SchwbAV Hilfen zur Beschaffung, Ausstattung und Erhaltung einer behinderungsgerechten Wohnung 78

(1) Schwerbehinderte Menschen können Leistungen erhalten
1. zur Beschaffung von behinderungsgerechtem Wohnraum iSd § 16 des Wohnraumförderungsgesetzes,
2. zur Anpassung von Wohnraum und seiner Ausstattung an die besonderen behinderungsbedingten Bedürfnisse und
3. zum Umzug in eine behinderungsgerechte oder erheblich verkehrsgünstiger zum Arbeitsplatz gelegene Wohnung.

(2) Leistungen können als Zuschüsse, Zinszuschüsse oder Darlehen erbracht werden. Höhe, Tilgung und Verzinsung bestimmen sich nach den Umständen des Einzelfalls.

(3) Leistungen von anderer Seite sind nur insoweit anzurechnen, als sie schwerbehinderten Menschen für denselben Zweck wegen der Behinderung zu erbringen sind oder erbracht werden.

Abs. 1 nennt abschließend drei Fälle, in denen schwb Menschen (nicht 79 Bauträger) Förderleistungen erhalten können:

Nr. 1: die Beschaffung von behinderungsgerechtem Wohnraum, wobei sowohl die Förderung von Eigenheimen oder Eigentumswohnungen als auch die Förderung von Mietwohnungen in Frage kommt,

Nr. 2: die Anpassung vorhandenen Wohnraums und seiner Ausstattung an die sich aus einer Behinderung ergebenden besonderen Bedürfnisse, wobei Leistungen nur für diejenigen Maßnahmen in Frage kommen, die erforderlich sind, dass der schwb Menschen seinen Arbeitsplatz ohne fremde Hilfe erreichen kann, nicht aber jene, die der persönlichen Lebensführung dienen (zB behinderungsgerechte Küchen oder Bäder) und

Nr. 3: den Umzug in eine Wohnung, die – anders als die bisherige – der Behinderung Rechnung trägt oder erheblich verkehrsgünstiger zum Arbeitsplatz gelegen ist.

Werden Leistungen für denselben Zweck von einem Rehabilitationsträger 80 gewährt oder besteht eine entsprechende Verpflichtung zur Gewährung, können Leistungen der IntÄ nach den allgemeinen Vorschriften (§ 77 Abs. 5 iVm § 102 Abs. 5 letzter HS SGB IX, § 18 Abs. 1 SchwbAV) nicht gewährt werden, auch nicht zur Aufstockung.

Die BIH hat in diesem Bereich „Empfehlungen für Hilfen zur Beschaf- 81 fung, Ausstattung und Erhaltung einer behinderungsgerechten Wohnung nach § 102 Abs. 3 Satz 1 Nr. 1 Buchst d) SGB IX iVm § 22 SchwbAV" ausgesprochen. Vgl. i. Ü. *Seidel,* br 2002, S. 67.

§ 24 Hilfen zur Teilnahme an Maßnahmen zur Erhaltung und Erweiterung beruflicher Kenntnisse und Fertigkeiten 82

Schwerbehinderte Menschen, die an inner- oder außerbetrieblichen Maßnahmen der beruflichen Bildung zur Erhaltung und Erweiterung ihrer beruflichen Kenntnisse und Fertigkeiten oder zur Anpassung an die technische Entwicklung teilnehmen, vor allem an besonderen Fortbildungs- und Anpassungsmaßnahmen, die nach Art, Umfang und Dauer den Bedürfnissen dieser schwerbehinderten Menschen entsprechen, können Zuschüsse bis zur Höhe der ihnen durch die Teilnahme an diesen Maßnahmen entste-

henden Aufwendungen erhalten. Hilfen können auch zum beruflichen Aufstieg erbracht werden.

83 Mit ihr sollte einem Bedürfnis der Praxis in den Fällen Rechnung getragen werden, in denen schwb Menschen unter Berücksichtigung, nicht ausschließlich wegen ihrer Behinderung nicht in der Lage sind, ihre beruflichen Kenntnisse und Fähigkeiten im Rahmen allgemeiner Fort- und Weiterbildungsmaßnahmen auf dem Laufenden zu halten oder der technischen Entwicklung anzupassen. Ein Bedürfnis für solche Maßnahmen hat sich insbes. bei Hör- und Sprachgeschädigten gezeigt. Sie sind behinderungsbedingt nur sehr eingeschränkt in der Lage, ihre beruflichen Kenntnisse und Fertigkeiten den sich verändernden Anforderungen auf dem Arbeitsmarkt anzupassen. Insbesondere im Zusammenhang mit der technischen Entwicklung sind sie auf besondere, ihren Bedürfnissen Rechnung tragende Anpassungsmaßnahmen angewiesen.

Mit Förderung durch den Ausgleichsfonds beim BMAS wurden Modellmaßnahmen für Hör- und Sprachgeschädigte aus Mitteln der Ausgleichsabgabe durchgeführt. Sie haben bestätigt, dass auf diese Weise Beschäftigungssicherheit und Beschäftigungschancen für diesen Personenkreis wesentlich verbessert werden können.

84 Leistungen durch die IntÄ setzen voraus, dass kein anderer Träger Leistungen zu erbringen hat oder erbringt (§ 77 Abs. 5 SGB IX, § 18 Abs. 1 SchwbAV). Als vorrangiger Träger kommt insbes. die BA in Betracht. Es ist stets darauf zu achten, dass die Mehrkosten, die durch die behinderungsbedingte Ausgestaltung und Durchführung der Maßnahme entstehen, besonders ausgewiesen werden.

Zur Pflicht des ArbG, die Teilnahme an inner- und außerbetrieblichen Maßnahmen zu ermöglichen, s. § 81 Abs. 4 Satz 1 Nr. 2 und 3.

85 Die BIH hat „Empfehlungen für Hilfen zur Teilnahme an Maßnahmen zur Erhaltung und Erweiterung beruflicher Kenntnisse und Fertigkeiten gem. § 102 Abs. 3 Nr. 1 Buchst e) SGB IX iVm § 24 SchwbAV“ ausgesprochen. Vgl. auch *Seidel,* SuP 2007, S. 161.

86 *§ 25 SchwbAV Hilfen in besonderen behinderungsbedingten Lebenslagen*

Andere Leistungen zur begleitenden Hilfe im Arbeitsleben als die in den §§ 19 bis 24 geregelten Leistungen können an Schwerbehinderte erbracht werden, wenn und soweit sie unter Berücksichtigung von Art oder Schwere der Behinderung erforderlich sind, um die Eingliederung in das Arbeits- und Berufsleben auf dem allgemeinen Arbeitsmarkt zu ermöglichen, zu erleichtern oder zu sichern.

87 Die Vorschrift, bis zum 8. 4. 1988 § 10, enthält eine Generalklausel mit einem Auffangtatbestand. Sie ermöglicht es, auch andere als die in §§ 19 bis 24 SchwbAV geregelten Leistungen zur begleitenden Hilfe im Arbeitsleben an schwb Menschen zu gewähren.

88 „Andere“ als die in §§ 19 bis 24 SchwbAV geregelten Leistungen sind nur andersartige als die in den einzelnen Vorschriften der §§ 19 bis 24 SchwbAV genannten und geregelten Leistungen, nicht – nach Höhe oder Dauer – weitergehende Leistungen, auch nicht in anderer Zuwendungsart als in §§ 19 bis 24 SchwbAV vorgesehen (BReg. BR-Drucks. 482/87 S. 65). Vor-

aussetzungen auch von Leistungen nach § 25 SchwbAV ist es, dass die Leistungen unmittelbar – nicht nur mittelbar – der Teilhabe schwb Menschen am Arbeitsleben auf dem allgemeinen Arbeitsmarkt dienen. Leistungen, die der Arbeits- und Berufsförderung schwb Menschen nicht oder nur mittelbar dienen, können nicht erbracht werden. Insbesondere können Leistungen für medizinische Maßnahmen (zB Kuren, Sanatoriumsaufenthalte usw.) sowie für Urlaubs-, Freizeit-, soziale, fürsorgerische oder sportliche Maßnahmen nicht erbracht werden, Insoweit gelten auch hier § 17 Abs. 2 und § 18 Abs. 2 SchwbAV (ebenso VG Köln v. 22. 1. 1992 – Nr. 21 K 2757/90 – GW 1992, 22 – Ablehnung der Übernahme von Kosten für die Beschäftigung einer Haushaltshilfe). Nach Streichung der Erholungshilfen (zuvor § 23 SchwbAV) kann ein solcher Bedarf nicht über § 25 SchwbAV abgegolten werden, so VG Arnsberg vom 15. 7. 2003, 11 K 2955/02.

Es darf sich nicht um Leistungen handeln, deren Gewährung mit dem Charakter und dem begrenzten Aufkommen der Ausgleichsabgabe nicht vereinbar wäre. Infolgedessen gehören nicht zu den „anderen“ Leistungen laufende individuelle Leistungen zur Übernahme der Kosten, die bei der Benutzung besonderer Fahrdienste für Behinderte auf dem Weg von und zur Arbeit entstehen (so VGH Baden-Württemberg v. 23. 9. 1981 – 6 S 2264/80 – BehR 1983, 64). Das gleiche gilt für laufende individuelle Leistungen zur Übernahme von Kosten, die schwb Menschen bei der Benutzung eines Taxis auf dem Weg von und zur Arbeit entstehen. 89

Leistungen nach § 25 SchwbAV sind nur möglich an schwb Menschen, die im Arbeits- und Berufsleben stehen, es ist nicht notwendig, dass sie gerade in einem ungekündigten Arbeitsverhältnis oder sonstigen Beschäftigungsverhältnis stehen; auch arbeitslose schwb Menschen können unter engen Voraussetzungen gefördert werden. 90

Leistungen an ArbG sind nach § 25 SchwbAV nicht möglich, vgl. für diese jedoch den ähnlichen Auffangtatbestand des § 26 Abs. 1 Satz 1 Nr. 4 SchwbAV, nach dem „sonstige Maßnahmen“ gefördert werden können, durch die eine möglichst dauerhafte behinderungsgerechte Beschäftigung schwb Menschen in Betrieben oder Dienststellen ermöglicht, erleichtert oder gesichert werden kann.

Die Zuwendungsart ist nicht vorgeschrieben. Es sind Darlehen und Zuschüsse möglich. Darlehen konnen verzinslich oder zinslos gewährt werden. Höhe, Tilgung und Verzinsung bestimmen sich nach den Umständen des Einzelfalls. 91

13. Kommentierung der §§ 26–27 SchwbAV – Leistungen an Arbeitgeber 92

§ 26 Leistungen zur behinderungsgerechten Einrichtung von Arbeits- und Ausbildungsplätzen für schwerbehinderte Menschen

(1) Arbeitgeber können Darlehen oder Zuschüsse bis zur vollen Höhe der entstehenden notwendigen Kosten für folgende Maßnahmen erhalten:

1. *die behinderungsgerechte Einrichtung und Unterhaltung der Arbeitsstätten einschließlich der Betriebsanlagen, Maschinen und Geräte,*
2. *die Einrichtung von Teilzeitarbeitsplätzen für Schwerbehinderte, insbes. wenn eine Teilzeitbeschäftigung mit einer Dauer auch von weniger als 18 Stunden, wenigs-*

tens aber 15 Stunden wöchentlich wegen Art oder Schwere der Behinderung notwendig ist,

3. *die Ausstattung von Arbeits- oder Ausbildungsplätzen mit notwendigen technischen Arbeitshilfen, deren Wartung und Instandsetzung sowie die Ausbildung des schwerbehinderten Menschen im Gebrauch der nach den Nummern 1 bis 3 geförderten Gegenstände,*
4. *sonstige Maßnahmen, durch die eine möglichst dauerhafte behinderungsgerechte Beschäftigung schwerbehinderter Menschen in Betrieben oder Dienststellen ermöglicht, erleichtert oder gesichert werden kann.*

Gleiches gilt für Ersatzbeschaffungen oder Beschaffungen zur Anpassung an die technische Weiterentwicklung.

(2) Art und Höhe der Leistung bestimmen sich nach den Umständen des Einzelfalls, insbes. unter Berücksichtigung, ob eine Verpflichtung des Arbeitgebers zur Durchführung von Maßnahmen nach Absatz 1 gemäß § 81 Abs. 3 Satz 1, Abs. 4 Satz 1 Nr. 4 und 5 und Abs. 5 Satz 1 des Neunten Buches Sozialgesetzbuch besteht und erfüllt wird sowie ob schwerbehinderte Menschen ohne Beschäftigungspflicht oder über die Beschäftigungspflicht hinaus (§ 71 des Neunten Buches Sozialgesetzbuch) oder im Rahmen der Erfüllung der besonderen Beschäftigungspflicht gegenüber bei der Teilhabe am Arbeitsleben besonders betroffenen schwerbehinderten Menschen (§ 71 Abs. 1 Satz 2 und § 72 des Neunten Buches Sozialgesetzbuch).

(3) § 15 Abs. 2 Satz l und 2 gilt entsprechend.

93 Nach § 102 Abs. 3 Satz 1 Nr. 2 SGB IX können auch ArbG im Rahmen der begleitenden Hilfe im Arbeitsleben Geldleistungen erhalten. Von großer Bedeutung in der Praxis sind vor allem lit. a) und e),

a) zur behinderungsgerechten Einrichtung von Arbeits- und Ausbildungsplätzen für schwb Menschen und
e) für Leistungen bei außergewöhnlichen Belastungen, die mit der Beschäftigung schwb Menschen verbunden sind, vor allem, wenn ohne diese Leistungen das Beschäftigungsverhältnis gefährdet würde.

Mit den Maßnahmen zu a) sind die gemeint, die die SchwbAV seit 1978 in Abs. 1 Nr. 1 bis 3 aufzählte und die nach § 81 Abs. 4 Satz 1 Nr. 4 und 5 SGB IX im Interesse der Teilhabe schbM am Arbeitsleben auf dem allgemeinen Arbeitsmarkt erforderlich sind. Das Nähere dazu ist seit 8. 4. 1988 in § 26 (sowie in § 27, soweit es um Maßnahmen zu e) geht) geregelt, der weitgehend dem früheren § 11 SchwbAV 1978 entspricht. Der Katalog der Förderungsmöglichkeiten ist insbes. durch Abs. 1 Satz 1 Nr. 4 und S. 2 erweitert worden. Die Durchführung solcher Maßnahmen kann abweichend von § 18 Abs. 1 Satz 1 auch dann gefördert werden, wenn der ArbG zu den entsprechenden Maßnahmen verpflichtet ist, die Förderung aber dem ArbG bei der Erfüllung seiner Verpflichtungen unterstützt (§ 81 Abs. 4 Satz 2 SGB IX). Die mit dem SGB IX vom 19. 6. 2001 vorgenommene Änderung in Abs. 1 Satz 1 Nr. 2 „wenigstens aber 15 Stunden" diente der Klarstellung im Hinblick darauf, dass die IntÄ Leistungen der begleitenden Hilfe im Arbeitsleben für Teilzeitarbeitsverhältnisse ab mindestens 15 Stunden wöchentlich erbringen können.

94 Zu den Maßnahmen gehören:

- die behinderungsgerechte Einrichtung und Unterhaltung von Arbeitsstätten einschl. der Betriebsanlagen, Maschinen und Geräte, die mit dem Ziel vorgenommen werden, wenigstens die vorgeschriebene Zahl schwb Menschen zu beschäftigen. Nicht genannt sind Maßnahmen zur Organisation des Arbeitsablaufs, die in § 81 Abs. 3 Satz 1 SGB IX als „geeignete Maßnahmen" bezeichnet werden. Sie können unter Umständen nach Abs. 1 Satz 1 Nr. 4 gefördert werden. Der Sprachgebrauch (Arbeitsstätten) erfasst nicht nur die Arbeitsräume (zB Werkhallen, Büros) selbst, sondern bezieht auch Pausen- und Sanitärräume mit ein (BReg. BR-Drucks. 482/87 S. 66). Zur behinderungsgerechten Einrichtung der Arbeitsplätze gehört auch das Umfeld des Arbeitsplatzes, also Zugänge, Schaffung besonderer Parkmöglichkeiten, Sozialräume uä.

- die Einrichtung (und entsprechend auch die Unterhaltung) von Teilzeitarbeitsplätzen, gerade auch für solche Schwb, die wegen Art oder Schwere der Behinderung nur einer Teilzeitbeschäftigung von weniger als 18, aber mindestens 15 Stunden wöchentlich nachgehen können; dazu gehören keineswegs nur Aufwendungen für die technische Einrichtung, sondern ebenso (Mehr-)Kosten, die zB durch „Teilung" eines vollen Arbeitsplatzes entstehen,
- die Ausstattung des Arbeitsplatzes mit den erforderlichen technischen Arbeitshilfen (zu den technischen Arbeitshilfen an schwb Menschen, die nicht in das Eigentum des ArbG übergehen, s. § 19); die Wartung und Instandsetzung solcher technischer Arbeitshilfen; dazu weist die BReg. (BR-Drucks. 482/87 S. 66) ausdrücklich darauf hin, dass es im Ermessen der IntÄ steht, ob sie solche Leistungen von weiteren Voraussetzungen, zB dem Umfang der Kosten usw., abhängig macht, sowie die Ausbildung des schwb Menschen im Gebrauch von Gegenständen, die das IntA nach § 26 Nr. 1 bis 3 gefördert hat,
- sonstige Maßnahmen, durch die eine möglichst dauerhafte behinderungsgerechte Beschäftigung schwb Menschen ermöglicht, erleichtert oder gesichert werden kann. Nach dieser Generalklausel können ArbG Zuschüsse zu entsprechenden notwendigen Kosten, vergleichbar mit der Regelung des § 25 zugunsten von schwb Menschen, erhalten. Nach der RegBegr. (BR-Drucks. 482/87 S. 65) soll durch die Förderungsmöglichkeit nach Abs. 1 Satz 1 Nr. 4 künftigen, bei Erl. der Verordnung im Jahre 1988 noch nicht absehbaren Förderungsnotwendigkeiten Rechnung getragen werden können.

Zu diesen Maßnahmen ist der ArbG verpflichtet, es sei denn, die Durchführung dieser Maßnahmen wäre für den ArbG nicht zumutbar oder mit unverhältnismäßig hohen Aufwendungen verbunden bzw. es stehen staatliche oder berufsgenossenschaftliche Arbeitsschutzvorschriften oder beamtenrechtliche Vorschriften entgegen, vgl. § 81 Abs. 3 Satz 3 SGB IX. 95

Um den ArbG bei der Erfüllung dieser weitgehenden Verpflichtungen oder der Durchführung freiwillig getroffener Maßnahmen zu unterstützen, können Leistungen bis zur vollen Höhe der entstehenden notwendigen Kosten in Form von Darlehen und/oder Zuschüssen gewährt werden. Art und Höhe der Leistungen bestimmen sich gem. Abs. 2 nach den Umständen des Einzelfalls. Die Möglichkeiten der IntÄ zur Übernahme entstehender notwendiger Kosten sind, auch was die Höhe angeht, 1986 gegenüber dem früheren § 11 Abs. 1 und 2 SchwbAV 1978 erheblich erweitert und möglichst flexibel gestaltet worden. Die Festsetzung der Höhe der Übernahme liegt 96 nunmehr im Ermessen der IntÄ, wobei die in Abs. 2 genannten Verhältnisse und Umstände zu berücksichtigen sind, also, ob eine Verpflichtung des ArbG zur Durchführung von Maßnahmen gem. § 81 Abs. 3 Satz 1, Abs. 4 Satz 1 Nr. 4 und 5 und Abs. 5 Satz 1 SGB IX besteht und erfüllt wird sowie ob schwb Menschen ohne Beschäftigungspflicht nach § 71 SGB IX oder über die Beschäftigungspflicht hinaus oder zur Erfüllung der besonderen Beschäftigungspflicht nach §§ 71 Abs. 1 Satz 2, 72 SGB IX beschäftigt werden. Nach der bis zum 8. 4. 1988 geltenden Fassung des Abs. 2 konnten die Kosten nur dann bis zur vollen Höhe erstattet werden, wenn eine Verpflichtung des ArbG zu den vorgenannten Maßnahmen gem. § 81 SGB IX entweder nicht bestand oder zwar bestand, der ArbG aber ohne gesetzliche Verpflichtung oder über die gesetzliche Verpflichtung hinaus schwb Menschen beschäftigte.

97 Abs. 3 verweist darauf, dass Leistungen nur erbracht werden sollen, wenn sich der ArbG in einem angemessenen Verhältnis an den Gesamtkosten beteiligt. Das „sollen“ ist dabei nicht dahingehend misszuverstehen, das mit einer angemessenen Beteiligung des Arbeitgebers an den Gesamtkosten neben dem Vorliegen der übrigen Leistungsvoraussetzungen für den Regelfall quasi ein Rechtsanspruch auf die Leistung erwächst, vielmehr sagt „sollen“ in diesem Fall iVm „nur“, dass ohne Eigenbeteiligung des ArbG im Regelfall eine Förderung ausgeschlossen ist. Leistungen können i. Ü. nur erbracht werden, soweit Mittel für denselben Zweck nicht von anderer Seite zu erbringen sind oder erbracht werden, was sich bereits aus § 18 Abs. 1 Satz 1 ergibt.

98 *§ 26 a SchwbAV*

Zuschüsse zu den Gebühren bei der Berufsausbildung besonders betroffener schwerbehinderter Jugendlicher und junger Erwachsener Arbeitgeber, die ohne Beschäftigungspflicht (§ 71 Abs. 1 des Neunten Buches Sozialgesetzbuch) besonders betroffene schwerbehinderte Menschen zur Berufsausbildung einstellen, können Zuschüsse zu den Gebühren, insbes. Prüfungsgebühren bei der Berufsausbildung, erhalten.

99 Die Vorschrift geht auf das SchwbFöG vom 23. 4. 2004 zurück. Entsprechend des Berichtes der Bundesregierung über die Beschäftigungssituation schwb Menschen war bestätigt worden, dass es zur Verbesserung der Teilhabe schwb Menschen am Arbeitsleben wichtig ist, gut und möglichst betriebsnah auszubilden. Mit der Verringerung der finanziellen Belastungen insbes. kleinerer Ausbildungsbetriebe sollen deshalb die Chancen behinderter und schwerbehinderter junger Menschen bei der Teilhabe am Arbeitsleben erhöht werden und die Ausbildungsbereitschaft der Unternehmen gestärkt werden. Allerdings war sich der Gesetzgeber bewusst, dass diese Ziele durch die Änderung gesetzlicher Regelungen allein nicht erreicht werden können und vielmehr eine Fortführung des Zusammenwirkens aller, die Verantwortung für die Teilhabe schwb Menschen am Arbeitsleben tragen, erforderlich ist, vgl. Gesetzesbegründung in BT-Drucks. 15/1783, S. 11. Die Regelung ergänzt die Vorschriften (insbes.) nach § 235 a SGB III zur Gewährung von Zuschüssen zur Ausbildungsvergütung einschließlich der Sozialversicherungsbeiträge.

Durch die Vorschrift werden Arbeitgeber begünstigt, die ohne Beschäftigungspflicht im Sinne § 71 Abs. 1 SGB IX schwb Menschen zur Ausbildung einstellen, dh solche, deren Beschäftigtenzahl im Jahresdurchschnitt unter 20 liegt. Eine Förderung ist jedoch auch bei größeren Arbeitgebern möglich, wenn diese bereits vor der Einstellung des Auszubildenden ihre Beschäftigungspflicht iSv § 71 Abs. 1 SGB IX erfüllt haben, vgl. *Westers* in br 2005, S. 74. Bei den zur Berufsausbildung eingestellten schwb Menschen muss es sich um besonders betroffene schwb Menschen iSv § 72 Abs. 1 Nr. 1 SGB IX handeln. Darunter fällt das gesamte Spektrum der Nr. 1 einschl. lit. e), nämlich schwb Menschen die wegen Art oder Schwere der Behinderung (noch) keine abgeschlossene Berufsbildung iSd BBiG haben. Insgesamt stellt § 26 a auf Ausbildungen iSd BBiG und Ausbildungen im Rahmen eines Beamtenverhältnisses im Vorbereitungsdienst ab. Entsprechend der Definition des § 7 SGB VIII für junge Erwachsene sind schwb Menschen bis zur Vollendung des 27. Lebensjahres von der Regelung erfasst. Maßgeblich ist das Lebensalter bei Einstellung. Die Norm nennt beispielhaft Prüfungsgebühren, für die Zuschüsse gewährt werden können. Hierunter fallen zB Gebühren für Zwischen- und Abschlussprüfungen, die an die Handwerkskammern entrichtet werden müssen. An anderen Gebühren als Prüfungsgebühren sind beispielhaft solche für die Eintragung des Ausbildungsvertrages bei der Handwerkskammer bzw. Gebühren für überbetriebliche Ausbildungsabschnitte zu nennen. Letztere fallen nicht bei allen Ausbildungsberufen an. In den Bereichen, wo dies zutrifft, weichen sie abhängig vom Ausbildungsberuf zum Teil stark voneinander ab. Überbetriebliche Ausbildungsabschnitte im Rahmen einer betrieblichen Ausbildung sind nicht mit überbetrieblichen Ausbildungen (die nach SchwbAV nicht förderfähig sind) zu verwechseln. 100

Die BIH hat eine „Empfehlung zur Erbringung von Zuschüssen zu den Gebühren bei der Berufsausbildung besonders betroffener schwerbehinderter Jugendlicher und junger Erwachsener“ ausgesprochen, vgl. hierzu auch *Westers*, br 2005, S. 74. 101

§ 26 b Prämien und Zuschüsse zu den Kosten der Berufsausbildung behinderter Jugendlicher und junger Erwachsener 102

Arbeitgeber können Prämien und Zuschüsse zu den Kosten der Berufsausbildung behinderter Jugendlicher und junger Erwachsener erhalten, die für die Zeit der Berufsausbildung schwerbehinderten Menschen nach § 68 Abs. 4 gleichgestellt sind.

Auch diese Vorschrift geht auf das SchwbFöG vom 23. 4. 2004 zurück. Die Intentionen des Gesetzgebers entsprechen im Wesentlichen denen des § 26 a SchwbAV. Durch die Vorschrift werden Arbeitgeber (unabhängig davon, ob sie ihre Beschäftigungspflicht iSv § 71 Abs. 1 SGB IX erfüllen oder nicht) begünstigt, die behinderte Jugendliche bzw. junge Erwachsene zur Ausbildung einstellen, die für die Zeit der Berufsausbildung schwerbehinderten Menschen nach § 68 Abs. 4 SGB IX gleichgestellt sind (zum Personenkreis vgl. Ausführungen bei § 68 Abs. 4 SGB IX). Insgesamt stellt auch § 26 b SchwbAV auf Ausbildungen iSd BBiG und Ausbildungen im Rahmen eines Beamtenverhältnisses im Vorbereitungsdienst ab. 103

104 Entsprechend der Definition des § 7 SGB VIII für junge Erwachsene sind nach § 68 Abs. 4 SGB IX gleichgestellte Auszubildende bis zur Vollendung des 27. Lebensjahres von der Regelung erfasst. Maßgeblich ist das Lebensalter bei Einstellung. Zu den Kosten der Ausbildung zählen zunächst auch hier die Gebühren, insbes. Prüfungsgebühren, wie unter § 26 a dargestellt. Da die Kosten der Berufsausbildung (für Zuschüsse zur Ausbildungsvergütung einschließlich der Sozialversicherungsbeiträge besteht wegen Leistungen der BA nach § 236 SGB III allerdings kein Raum) über die Gebühren hinausgehen, sind weitere Kostenbestandteile zuschussfähig, zB Personalkosten der Ausbilder, Lehrmaterial, Verwaltungsaufwand uä., die pauschaliert gefördert werden können. Hinzu kommen Prämien, die im Ermessen der IntÄ zB für den Abschluss des Ausbildungsvertrages und/oder nach bestandener Abschlussprüfung gewährt werden können.

105 Die BIH hat eine „Empfehlung zur Erbringung von Prämien und Zuschüssen zu den Kosten der Berufsausbildung behinderter Jugendlicher und junger Erwachsener“ ausgesprochen, vgl. *Westers,* br 2005, S. 74.

106 *§ 26 c SchwbAV Prämien zur Einführung eines betrieblichen Eingliederungsmanagements*

Arbeitgeber können zur Einführung eines betrieblichen Eingliederungsmanagements Prämien erhalten.

107 Die Norm geht ebenfalls auf das SchwbFöG vom 23. 4. 2004 zurück. Unter dem betrieblichen Eingliederungsmanagement (kurz: BEM) sind nach § 84 Abs. 2 Satz 1 SGB IX Regelungen zu verstehen, nach denen bei Beschäftigten (allgemein, nicht nur bei schwb Menschen), die innerhalb eines Jahres länger als sechs Wochen ununterbrochen oder wiederholt arbeitsunfähig sind, der ArbG mit der zuständigen Interessenvertretung iSd § 93 SGB IX, bei schwb Menschen außerdem mit der Schwerbehindertenvertretung, mit Zustimmung und Beteiligung der betroffenen Person die Möglichkeiten klärt, wie die Arbeitsunfähigkeit möglichst überwunden werden und mit welchen Leistungen oder Hilfen erneuter Arbeitsunfähigkeit vorgebeugt und der Arbeitsplatz erhalten werden kann. Kommen Leistungen der begleitenden Hilfe im Arbeitsleben dabei in Betracht, wird vom ArbG bei schwb Menschen das IntA hinzugezogen. Es geht somit um die Erhaltung der Arbeitsfähigkeit und Gesundheit aller Mitarbeiter von Unternehmen und Dienststellen und damit auch um Maßnahmen der betrieblichen Prävention. In Bezug auf schwb Menschen können die Regelungen zum BEM Bestandteil einer Integrationsvereinbarung nach § 83 SGB IX sein, vgl. § 83 Abs. 2 a Nr. 5 SGB IX.

108 Die Norm korrespondiert mit § 84 Abs. 3 SGB IX, wonach ArbG die ein BEM einführen, von den Rehabilitationsträgern bzw. dem IntA durch Prämien oder einen Bonus gefördert werden können. Die Gewährung von Prämien nach § 26 c SchwbAV durch das IntA als ausschließlich für schwb Menschen zuständige Behörde setzt voraus, dass die Belange von schwb Menschen bei der betrieblichen Regelung besondere Berücksichtigung finden müssen. Die BIH hat eine „Empfehlung zur Erbringung von Prämien zur Einführung eines betrieblichen Eingliederungsmanagements“ ausgesprochen, vgl. *Westers,* br 2005, S. 74.

§ 27 SchwbAV Leistungen bei außergewöhnlichen Belastungen 109

(1) Arbeitgeber können Zuschüsse zur Abgeltung außergewöhnlicher Belastungen erhalten, die mit der Beschäftigung eines schwerbehinderten Menschen verbunden sind, der nach Art oder Schwere seiner Behinderung im Arbeits- und Berufsleben besonders betroffen ist (§ 72 Abs. 1 Nr. 1 Buchst a bis d des Neunten Buches Sozialgesetzbuch) oder im Anschluss an eine Beschäftigung in einer anerkannten Werkstatt für behinderte Menschen oder in Teilzeit (§ 75 Abs. 2 des Neunten Buches Sozialgesetzbuch) beschäftigt wird, vor allem, wenn ohne diese Leistungen das Beschäftigungsverhältnis gefährdet würde. Leistungen nach Satz 1 können auch in Probebeschäftigungen und Praktika erbracht werden, die ein in einer Werkstatt für behinderte Menschen beschäftigter schwerbehinderter Mensch im Rahmen von Maßnahmen zur Förderung des Übergangs auf den allgemeinen Arbeitsmarkt (§ 5 Abs. 4 der Werkstättenverordnung) absolviert, wenn die dem Arbeitgeber entstehenden außergewöhnlichen Belastungen nicht durch die in dieser Zeit erbrachten Leistungen der Rehabilitationsträger abgedeckt werden.

(2) Außergewöhnliche Belastungen sind überdurchschnittlich hohe finanzielle Aufwendungen oder sonstige Belastungen, die einem Arbeitgeber bei der Beschäftigung eines schwerbehinderten Menschen auch nach Ausschöpfung aller Möglichkeiten entstehen und für die die Kosten zu tragen für den Arbeitgeber nach Art oder Höhe unzumutbar ist.

(3) Für die Zuschüsse zu notwendigen Kosten nach Absatz 2 gilt § 26 Abs. 2 entsprechend.

(4) Die Dauer des Zuschusses bestimmt sich nach den Umständen des Einzelfalls.

Nach § 102 Abs. 3 Satz 1 Nr. 2 lit. e) SGB IX können ArbG im Rahmen 110
der begleitenden Hilfe im Arbeitsleben Geldleistungen für außergewöhnliche Belastungen gewährt werden, die mit der Beschäftigung schwb Menschen iSd § 72 Abs. 1 Nr. 1 lit.) a) bis d) SGB IX, von schwb Menschen im Anschluss an eine Beschäftigung in einer anerkannten WfbM oder iSd § 75 Abs. 2 SGB IX verbunden sind, vor allem, wenn ohne diese Leistungen das Beschäftigungsverhältnis gefährdet würde. Das Nähere dazu ist seit 8. 4. 1988 in § 27 geregelt, der aus dem früheren § 11 Abs. 1 Nr. 4 SchwbAV 1978 hervorgegangen ist. Diese Vorschrift sah die Übernahme von Kosten nur insoweit vor, als ein außergewöhnlicher Betreuungsaufwand gegeben war. Seit 1988 können auch andere außergewöhnliche Aufwendungen und Belastungen, die ArbG bei der Beschäftigung von schwb Menschen entstehen, die nach Art oder Schwere ihrer Behinderung im Arbeitsleben besonders betroffen sind (schwb Menschen iSd § 72 Abs. 1 Nr. 1 lit. a) bis d) SGB IX, nicht jedoch i.S. von § 72 Abs. 1 Nr. 1 lit. e), Abs. 1 Nr. 2 und Abs. 2 SGB IX), bzw. schwb Menschen, die in Teilzeit gem. § 75 Abs. 2 SGB IX beschäftigt werden, gefördert werden.

Es muss sich um außergewöhnliche Belastungen handeln. Darunter sind 111
nach Abs. 2 überdurchschnittlich hohe finanzielle Aufwendungen oder sonstige Belastungen zu verstehen, die einem ArbG bei der Beschäftigung eines schwb Menschen auch nach Ausschöpfung aller Möglichkeiten (zur Verringerung solcher Belastungen) entstehen und für die die Kosten zu tragen für den ArbG nach Art oder Höhe unzumutbar ist.

Zu den Aufwendungen gehören nicht nur Aufwendungen zur personellen 112
Unterstützung während der Arbeitszeit, sondern auch Aufwendungen für

eine besondere Hilfskraft (zB Vorlesekraft für einen Blinden), sofern sie vom ArbG gestellt wird oder eine Ersatzkraft. Vgl. zur besonderen Hilfskraft die Abgrenzung/Überschneidung zum Instrument der Arbeitsassistenz nach § 17 Abs. 1 a SchwbAV.

113 Sonstige Belastungen können insbes. dadurch entstehen, dass der schwb Mensch vollen tariflichen oder betriebsüblichen Lohn erhält, obwohl seine Arbeitskraft aus behinderungsbedingten Gründen nicht nur vorübergehend offensichtlich wesentlich gemindert (Minderleistung) ist, dh erheblich unter dem Durchschnitt zurückbleibt. Als erheblich unter dem Durchschnitt liegend wird dabei eine um ca. 30 v.H. geminderte Leistung verstanden. Darüber hinaus sind außergewöhnliche Belastungen auch anderer Natur denkbar, beispielsweise für die Sicherstellung einer innerbetrieblichen psychosozialen Betreuung.

114 Es muss sich um notwendige Kosten handeln. Zunächst müssen alle Möglichkeiten ausgeschöpft werden, um entstehende Kosten zu verringern oder zu vermeiden, den schwb Menschen also von fremder Hilfe unabhängig zu machen bzw. ihn zu einer seinem tariflichen Arbeitsentgelt entsprechenden Arbeitsleistung zu befähigen. Dazu zählen Maßnahmen der Arbeitsorganisation ebenso wie die Möglichkeiten der Förderung von technischen Arbeitshilfen im Rahmen der begleitenden Hilfe im Arbeitsleben nach §§ 19 bzw. 26 Abs. 1 Satz 1 Nr. 3 SchwbAV. Als Leistungsart ist nur der Zuschuss vorgesehen. Die Höhe des Zuschusses bestimmt sich nach den Umständen des Einzelfalles unter Berücksichtigung der Gesichtspunkte, die § 26 Abs. 2 nennt. Der Zuschuss muss nicht so bemessen sein, dass die besondere Belastung voll abgedeckt wird. Auch die Dauer des Zuschusses bestimmt sich gem. Abs. 4 nach den Umständen des Einzelfalles. Darüber hat das IntA nach pflichtgemäßem Ermessen zu entscheiden. Leistungen können idR nur befristet bewilligt werden, sie können aber wiederholt bewilligt werden (§ 18 Abs. 3 Satz 2 und 3). Leistungen auf unbestimmte Dauer können in aller Regel nicht gewährt werden. Denn ein gleichmäßig hohes Aufkommen, das Voraussetzung für die Gewährung laufender Leistungen zur begleitenden Hilfe im Arbeitsleben auf unbestimmte Dauer wäre, ist nicht garantiert, das Aufkommen aus der Ausgleichsabgabe ist beschränkt, von Jahr zu Jahr unterschiedlich und muss für eine ganze Reihe notwendiger begleitender Hilfen im Arbeitsleben zur Verfügung stehen. Dauerleistungen können uU einen derartig hohen Anteil des Aufkommens aus der Ausgleichsabgabe binden, dass die Erfüllung der sonstigen, von Gesetz und SchwbAV vorgesehenen Aufgaben aus Mitteln der Ausgleichsabgabe nicht sichergestellt ist (so auch VG Regensburg v. 29. 9. 1981 – RO 4 K 81 A. 0247).

115 Zur Gewährung von Leistungen an ArbG zur Abdeckung außergewöhnlicher Belastungen bei der Beschäftigung besonders betroffener schwb Menschen hat die BIH „Empfehlungen zur Gewährung von Leistungen des Integrationsamtes an Arbeitgeber zur Abgeltung außergewöhnlicher Belastungen – Empfehlungen zu § 27 SchwbAV“ ausgesprochen.

Vgl. zu § 27 *Seidel*, SuP 1997, S. 379. In Fn 39, 40 sind zwei Fundstellen nachgewiesen für die Umsetzung dieser Empfehlung in untergesetzliches Landesrecht.

14. Das Verhältnis zu den Rehabilitationsträgern. Zur begleitenden Hilfe im Arbeitsleben in der Zuständigkeit der IntÄ weisen die von den Rehabilitationsträgern iSv § 6 Abs. 1 Nr. 1 bis 5 zu erbringenden Leistungen zur Teilhabe am Arbeitsleben nach Kapitel 5 eine große Nähe auf, ohne dass sie selbst Rehabilitationsleistungen darstellen. 116

Auch wenn sich die begleitende Hilfe im Arbeitsleben in erster Linie an im Arbeitsleben auf dem allgemeinen Arbeitsmarkt stehenden schwb Menschen richtet, endet die Leistungszuständigkeit der Rehabilitationsträger zur Gewährung von Leistungen zur Teilhabe am Arbeitsleben nach den für sie geltenden Vorschriften nicht schon, wenn der schwb Mensch eine Beschäftigung aufnimmt und er nach Ablauf der Probezeit oder nach dem Einsetzen des besonderen Kündigungsschutzes sechs Monate nach Beginn des Beschäftigungsverhältnisses einen Dauerarbeitsplatz erlangt hat. Denn auch damit ist die dauerhafte Sicherung der Teilhabe am Arbeitsleben noch nicht abgeschlossen. Auch danach können bei bestehendem Beschäftigungsverhältnis behinderungsbedingte Leistungen erforderlich sein, die in der Zuständigkeit des Rehabilitationsträgers liegen. 117

Die Leistungszuständigkeit der Rehabilitationsträger zur Gewährung von Leistungen zur Teilhabe am Arbeitsleben kann auch dann gegeben sein, wenn zuvor bei der Erlangung des Arbeitsplatzes zunächst keine Leistungen zur Teilhabe am Arbeitsleben in Frage gekommen sind. Die IntÄ haben im Rahmen der begleitenden Hilfe im Arbeitsleben gem. Abs. 2 Satz 2 darauf hinzuwirken, dass die Rehabilitationsträger die ihnen obliegenden Leistungen gewähren. 118

Abs. 5 befasst sich mit der Nachrangigkeit der Leistungen der begleitenden Hilfe im Arbeitsleben und dem damit verbundenen Problem der Abgrenzung der Zuständigkeiten zwischen IntÄ und den Rehabilitationsträgern. Diese Bestimmung ist im Zusammenhang mit § 77 Abs. 5 Satz 1 2. HS und § 18 Abs. 1 Satz 1 SchwbAV zu sehen. Die IntÄ dürfen danach Leistungen zur begleitenden Hilfe im Arbeitsleben nur gewähren, soweit Leistungen für denselben Zweck nicht von einem Rehabilitationsträger iSv § 6 Abs. 1 Nr. 1 bis 5 (also den gesetzlichen Krankenkassen, der Bundesagentur für Arbeit, der Träger der gesetzlichen Unfallversicherung, der Träger der gesetzlichen Rentenversicherung und der Alterssicherung der Landwirte sowie den Trägern der Kriegsopferversorgung und der Kriegsopferfürsorge, nicht jedoch der Träger der Sozialhilfe und der öffentlichen Jugendhilfe), vom ArbG oder von anderer Seite zu gewähren sind oder, auch ohne dass auf sie ein Rechtsanspruch besteht, gewährt werden. Dies bedeutet, dass die Rehabilitationsträger (mit Ausnahme der Träger der Sozialhilfe und der öffentlichen Jugendhilfe) vorrangig, die IntÄ subsidiär zuständig sind. Dieser Vorrang gilt für die Fälle, in denen eine gesetzliche Leistungspflicht besteht, auch wenn sie für den Einzelfall noch nicht durch einen Leistungsbescheid anerkannt oder wirksam festgestellt worden ist, oder wenn eine Leistung verbindlich zugesichert worden ist; desgleichen, wenn eine Leistung, auch wenn eine gesetzliche Leistungspflicht nicht besteht, in Ausübung bestehenden Ermessens tatsächlich gewährt worden ist bzw. eine Gewährung geboten wäre. Danach und in Anbetracht des gegenüber den Rehabilitationsträgern bestehenden Aufstockungsverbots sind die IntÄ zur Gewährung 119 begleitender Hilfen im Arbeitsleben nur zuständig, wenn sie von den Rehabilitationsträgern nicht gewährt werden und auch keine Verpflichtung zur Gewährung besteht. Sie kommen insbes. in Frage bei betriebsbedingten Maßnahmen aufgrund von Modernisierung bzw. technischer Weiterentwicklung, der Verbesserung der Beschäftigungsbedingungen, der betrieblichen Innovation sowie bei Veränderungen des beruflichen Umfelds bei Unternehmensentscheidungen aller Art. Darüber hinaus bei Arbeitgeberwechseln auf eigene Initiative des schwb Menschen, wenn dies behinderungsunabhängig erfolgt.

120 Das gegliederte System der sozialen Sicherung der Bundesrepublik Deutschland fordert auch nach Inkrafttreten des SGB IX eine zielgerichtete Zusammenarbeit der zuständigen Träger, um den schwb Menschen eine umfassende Teilhabe an allen Lebensbereichen zu ermöglichen. Nach § 12 sind die Rehabilitationsträger zu dieser Zusammenarbeit aufgerufen, § 13 verpflichtet die Rehabilitationsträger zur Vereinbarung gemeinsamer Empfehlungen zur Klarstellung für die Praxis, an deren Vorbereitung im Hinblick auf die Leistungen der begleitenden Hilfe im Arbeitsleben auch die BIH zu beteiligen war. Eine solche Vereinbarung ist zu Stande gekommen, vgl. Ausführungen zu § 13. Die Abgrenzungsproblematik lässt sich letztlich nur im Einzelfall bestimmen. Solange eine generelle Abgrenzung zwischen den Leistungen der Rehabilitationsträger und den IntÄ nicht möglich ist, haben die IntÄ also in jedem Einzelfall, in dem die Gewährung einer Leistung zur begleitenden Hilfe im Arbeitsleben bei ihnen beantragt ist, ihre Zuständigkeit zu prüfen.

121 Die bereits genannten Rehabilitationsträger dürfen nach Abs. 4 Satz 2 1. HS Leistungen, auch wenn auf sie ein Rechtsanspruch nicht besteht, nicht deshalb versagen, weil Leistungen aus der Ausgleichsabgabe nach §§ 77 Abs. 5, 102 Abs. 1 Nr. 3, Abs. 2 und 3 sowie der SchwbAV vorgesehen sind und zu erwarten ist, dass das IntA solche Leistungen gewähren wird, wenn der zuständige Rehabilitationsträger sie nicht gewährt. Lehnt ein Rehabilitationsträger dennoch eine in den für ihn maßgeblichen Vorschriften vorgesehene Ermessensleistung im Hinblick auf die Möglichkeit der Leistungsgewährung durch die IntÄ aus der Ausgleichsabgabe ab, ist die Ablehnung fehlerhaft.

122 Kein Vorrang-/Nachrangverhältnis sondern Gleichrangigkeit besteht in Bezug auf die Aufgaben der BA nach § 104, dort insbes. nach Abs. 1 Nr. 3. Insoweit wird die BA nicht als Rehabilitationsträger tätig. Die Abgrenzung lässt sich wie folgt vornehmen: Nach der Vorstellung des Gesetzgebers (vgl. BT-Drucks. 7/1515, S. 13) liegt der Schwerpunkt der begleitenden Hilfe im Arbeitsleben bei der Förderung bestehender Arbeitsverhältnisse, während § 104 auf die Förderung der Einstellung selbst abzielt.

123 Gewährt ein Träger der Rehabilitation Teilhabeleistungen, so findet gem. Abs. 5 Satz 2 letzter HS eine Aufstockung durch Leistungen der IntÄ, also durch Leistungen zur begleitenden Hilfe im Arbeitsleben nach §§ 17ff SchwbAV, nicht statt. Dies gilt nicht auch für Leistungen der IntÄ nach §§ 77 Abs. 5 Satz 1 1. Alt., 15f SchwbAV, also für Leistungen „zur Förderung des Arbeits- und Ausbildungsplatzangebots für schwb Menschen". Solche Leistungen der IntÄ sind als ergänzende Förderung nicht ausgeschlossen.

Das Aufstockungsverbot (s.a. § 18 Abs. 1 Satz 2 SchwbAV) soll es dem schwb Menschen ersparen, sich den zu deckenden Bedarf „stückweise" von verschiedenen Trägern zusammenholen zu müssen. Die Vorschrift über das Aufstockungsverbot verstärkt das Subsidiaritätsprinzip des § 77 Abs. 5 in Bezug auf die Rehabilitationsträger iSd § 6 Abs. 1 Nr. 1 bis 5 und bekräftigt den Grundsatz der Einheit der Rehabilitationsleistungen.

Die Berechtigung des Aufstockungsverbots wurde bei den Beratungen des SchwbGÄndG im Jahre 1986 erneut diskutiert und im Ergebnis bejaht: Unterschiedliche Rehabilitationsleistungen müssen harmonisiert, einander angeglichen werden. Es kann nicht Sache der IntÄ sein, Unzulänglichkeiten in diesem Bereich durch Aufstockung von Leistungen aus Mitteln der Ausgleichsabgabe auszugleichen.

Eine quasi verpflichtende Vorleistungsklausel, wie zuletzt in § 31 Abs. 5 124 SchwbG enthalten, hielt der Gesetzgeber im Zuge der Einführung des SGB IX mit Blick auf § 14 für überflüssig und hatte diese Klausel daher gestrichen.

Mit dem SchwbFöG wurde die Klausel nun als Vorleistungsmöglichkeit 125 wieder im Rahmen von Abs. 6 Satz 3 eingeführt. Begründet wurde dies damit, dass in den Fällen, in denen eine unverzügliche Erbringung der Leistung zur Teilhabe am Arbeitsleben erforderlich ist, diese auch tatsächlich ohne Zeitverzögerung erbracht werden kann, vgl. Gesetzesbegründung in BT-Drucks. 15/1783, S. 17. Während § 31 Abs. 5 SchwbG als soll-Vorschrift ausgestaltet war und daher den damaligen Hfst beim Vorliegen der Voraussetzungen für den Regelfall eine Leistungsverpflichtung aussprach, steht es nunmehr im pflichtgemäßen Ermessen des IntA, von der Vorleistungsmöglichkeit Gebrauch zu machen. Ausweislich der Gesetzesbegründung erstreckt sich die Vorleistungsmöglichkeit (im Gegensatz zur früheren Regelung in § 31 Abs. 5 SchwbG) auch nicht auf die Fälle, in denen unklar ist, welcher Träger für die Erbringung der Leistung zuständig ist. Dies ist auch nicht erforderlich, da der Hintergrund dieses Aspektes, nämlich einen Zuständigkeitsstreit nicht auf dem Rücken des schwb Menschen auszutragen, bereits durch § 14 ausgeschlossen ist, wonach die ungeklärte Zuständigkeit zumindest kein Hemmnis darstellen sollte, dass der schwb Menschen die Teilhabeleistung tatsächlich erhält.

Die Vorleistungsmöglichkeit besteht daher nur idF, wenn zwar die Zu- 126 ständigkeit zur Leistungsgewährung (oder eben zumindest die Pflicht zur Leistungserbringung auf der Basis von § 14) feststeht, die unverzugliche Erbringung einer Leistung zur Teilhabe am Arbeitsleben aber erforderlich ist. Es müssen also Verzögerungen in der Sphäre des zuständigen Trägers bestehen, die die hinter der Teilhabeleistung stehenden Maßnahmen gefährden. Entschließt sich das IntA, von der Vorleistungsmöglichkeit Gebrauch zu machen, ist eine unverzügliche Leistungserbringung angezeigt. In der Praxis dürfte der Anwendungsbereich des Abs. 6 Satz 3 eher gering sein.

Die mit der Vorleistungsmöglichkeit korrespondierende Erstattungsrege- 127 lung findet sich in Abs. 6 Satz 4. Hat das IntA vorläufig Leistungen erbracht, für die ein anderer Träger zuständig ist, so erstattet dieser die auf die Leistung entfallenden Aufwendungen. Diese Regelung entspricht § 102 Abs. 1 SGB X. §§ 102ff, insbes. 111, SGB X sind für den Erstattungsanspruch der IntA maßgeblich. Der Erstattungsanspruch verjährt in vier Jahren. Die abweichende frühere Regelung in § 31 Abs. 5 Satz 3 SchwbG mit einer zweijährigen Verjährungsfrist wurde bei der Wiederaufnahme der Vorleistung ins SGB IX nicht übernommen.

128 **15. Leistungsausführung als persönliches Budget.** Nach Abs. 7 kann das IntA seine Leistungen zur begleitenden Hilfe im Arbeitsleben in entsprechender Anwendung von § 17 auch als persönliches Budget ausführen. Potenziell budgetfähig sind die Leistungen an schwb Menschen nach Abs. 3 Satz 1 Nr. 1 und Abs. 3a und 4. Insbesondere die beiden letztgenannten, auf Rechtsansprüchen beruhenden Leistungsarten, die Kosten einer notwendigen Arbeitsassistenz und die Kosten einer Berufsbegleitung nach § 38a Abs. 3 eigenen sich für eine Leistungsgewährung in Form des persönlichen Budgets. Die Kosten einer notwendigen Arbeitsassistenz werden seit Anbeginn der entsprechenden Leistungsmöglichkeit nach den entsprechenden BIH-Empfehlungen als monatliche Budgets ausgereicht.

129 Die entsprechende Anwendung von § 17 erfasst auch das trägerübergreifende persönliche Budget nach § 17 Abs. 4 mit der Konsequenz, dass auch die IntÄ als verantwortliche bzw. beauftragte Träger in Frage kommen.

§ 103 Beratender Ausschuss für behinderte Menschen bei dem Integrationsamt

(1) [1]Bei jedem Integrationsamt wird ein Beratender Ausschuss für behinderte Menschen gebildet, der die Teilhabe der behinderten Menschen am Arbeitsleben fördert, das Integrationsamt bei der Durchführung der besonderen Regelungen für schwerbehinderte Menschen zur Teilhabe am Arbeitsleben unterstützt und bei der Vergabe der Mittel der Ausgleichsabgabe mitwirkt. [2]Soweit die Mittel der Ausgleichsabgabe zur institutionellen Förderung verwendet werden, macht der Beratende Ausschuss Vorschläge für die Entscheidungen des Integrationsamtes.

(2) Der Ausschuss besteht aus zehn Mitgliedern, und zwar aus

zwei Mitgliedern, die die Arbeitnehmer und Arbeitnehmerinnen vertreten,

zwei Mitgliedern, die die privaten und öffentlichen Arbeitgeber vertreten,

vier Mitgliedern, die die Organisationen behinderter Menschen vertreten,

einem Mitglied, das das jeweilige Land vertritt,

einem Mitglied, das die Bundesagentur für Arbeit vertritt.

(3) [1]Für jedes Mitglied ist ein Stellvertreter oder eine Stellvertreterin zu berufen. [2]Mitglieder und Stellvertreter oder Stellvertreterinnen sollen im Bezirk des Integrationsamtes ihren Wohnsitz haben.

(4) [1]Das Integrationsamt beruft auf Vorschlag

der Gewerkschaften des jeweiligen Landes zwei Mitglieder,

der Arbeitgeberverbände des jeweiligen Landes ein Mitglied,

der zuständigen obersten Landesbehörde oder der von ihr bestimmten Behörde ein Mitglied,

der Organisationen behinderter Menschen des jeweiligen Landes, die nach der Zusammensetzung ihrer Mitglieder dazu berufen sind, die behinderten Menschen in ihrer Gesamtheit zu vertreten, vier Mitglieder. [2]Die zuständige oberste Landesbehörde oder die von ihr bestimmte Behörde und die Bundesagentur für Arbeit berufen je ein Mitglied.

1. Sozialpolitischer Hintergrund und geltende Fassung. Die Norm geht zurück auf § 32 SchwbG. Abs. 2 und Abs. 4 Satz 2 wurden durch 4. G.f. moderne Dienstleistungen am Arbeitsmarkt v. 24. 12. 2003 (BGBl. I S. 2980) geändert. Historisch geht die Norm bereits auf die Beiräte im Schwerbehindertenrecht von 1974 zurück und ist Ausdruck des damaligen Konzeptes der vom Fürsorgegedanken geleiteten Einbeziehung der Zivilgesellschaft. Mit der klaren organisatorischen Trennung von Beirat und Widerspruchsausschuss wurde sich von der damaligen Rechtslage der Beiräte in der Kriegsopferfürsorge abgegrenzt. 1

2. Normzweck und Normzusammenhang. Die Integrationsämter führen insbes. entsprechend §§ 83 Abs. 1, 84, 85ff, 101, 102, 109ff u 132ff Aufgaben zur Umsetzung des SGB IX Teil 2 in enger Zusammenarbeit mit der Bundesagentur für Arbeit und den Rehabilitationsträgern durch, soweit diese Regelungen zur Teilhabe schwerbehinderter Menschen am Arbeitsleben nicht durch freie Entschließung der Arbeitgeber (s. Erl. zu § 101) erfüllt werden. Der Beratende Ausschuss bei jedem der 24 Integrationsämter soll die Teilhabe der behinderten Menschen am Arbeitsleben fördern, das Integrationsamt bei der Durchführung der besonderen Regelungen für schwerbehinderte Menschen zur Teilhabe am Arbeitsleben unterstützen und bei der Vergabe der Mittel der Ausgleichsabgabe mitwirken. Seine zehn Mitglieder repräsentieren die Organisationen der Arbeitnehmer, der Arbeitgeber (öffentliche und private) und die Behindertenverbände. Land und Bundesagentur für Arbeit sind vertreten. In Abs. 3 und 4 sind Stellvertretung und Berufungsverfahren der Mitglieder geregelt. Für alle Verfahrens- und Organisationsfragen werden wichtige Einzelheiten in § 106 „Gemeinsame Vorschriften" normiert. Diese Gemeinsamen Vorschriften gelten im Wesentlichen für alle derartigen Ausschüsse und Widerspruchsausschüsse nach diesem Gesetz (§§ 64, 65, 69, 103, 105, 119, 120). 2

3. Inhalt der Vorschrift. Die umfassenden Aufgaben des Ausschusses sind überwiegend sehr allgemein gefasst. Der Name des Ausschusses verweist auf „behinderte Menschen", nicht „schwerbehinderte Menschen". Angesichts der Zuständigkeit der Integrationsämter kann hierin aber nur derselbe Personenkreis gesehen werden, auf den sich auch die Zuständigkeit des Integrationsamtes erstreckt. Der gesetzliche Auftrag will eine angemessene Beteiligung der Zivilgesellschaft an der beruflichen Integration schwerbehinderter Menschen durch die Mitglieder des Ausschusses. Die Einbeziehung von Vertretern des Landes und der Bundesagentur für Arbeit ist als eine gesetzliche Umsetzung der Zusammenarbeitsverpflichtung zu sehen. 3

Die Rechte der Ausschüsse bei der Vergabe der Mittel der Ausgleichsabgabe sind ausschließlich beratender Art. Das Integrationsamt ist nicht an Beschlüsse des Beratenden Ausschusses gebunden, aber es kann die Auffassung des Ausschusses nicht unbeachtet lassen, sondern muss diese in seine 4

Überlegungen einbeziehen und eine abweichende Entscheidung ggf. dem Ausschuss gegenüber oder bei Förderentscheidungen in der Förderakte begründen.

5 Der Beratende Ausschuss kann von sich aus oder auf Verschlag des Integrationsamtes sich auch um übergeordnete oder unmittelbar dem SGB IX Teil 2 benachbarte Rechtsvorschriften und deren Umsetzung kümmern. Hierzu wird die UN-Konvention über die Rechte behinderter Menschen (BRK) – insbes. Art. 27 – in näherer Zukunft eine hervorgehobene Rolle spielen.

6 Die Mitgliedschaft im Ausschuss erfolgt ehrenamtlich (s. § 106 Rn 5), das heißt es werden keine Vergütungen für die Tätigkeit, sondern lediglich eine angemessene Aufwands- und Fahrtkostenerstattung gezahlt.

7 In Fragen des Verfahrens wird auf § 106 und die GO des Beirats nach § 64 (s. dort) verwiesen, jeder Beratende Ausschuss kann sich allerdings auch selbst eine eigene GO geben.

§ 104 Aufgaben der Bundesagentur für Arbeit

(1) Die Bundesagentur für Arbeit hat folgende Aufgaben:

1. die Berufsberatung, Ausbildungsvermittlung und Arbeitsvermittlung schwerbehinderter Menschen einschließlich der Vermittlung von in Werkstätten für behinderte Menschen Beschäftigten auf den allgemeinen Arbeitsmarkt,

2. die Beratung der Arbeitgeber bei der Besetzung von Ausbildungs- und Arbeitsplätzen mit schwerbehinderten Menschen,

3. die Förderung der Teilhabe schwerbehinderter Menschen am Arbeitsleben auf dem allgemeinen Arbeitsmarkt, insbes. von schwerbehinderten Menschen,

a) die wegen Art oder Schwere ihrer Behinderung oder sonstiger Umstände im Arbeitsleben besonders betroffen sind (§ 72 Abs. 1),

b) die langzeitarbeitslos im Sinne des § 18 des Dritten Buches sind,

c) die im Anschluss an eine Beschäftigung in einer anerkannten Werkstatt für behinderte Menschen oder einem Integrationsprojekt eingestellt werden,

d) die als Teilzeitbeschäftigte eingestellt werden oder

e) die zur Aus- oder Weiterbildung eingestellt werden,

4. im Rahmen von Arbeitsbeschaffungsmaßnahmen die besondere Förderung schwerbehinderter Menschen,

5. die Gleichstellung, deren Widerruf und Rücknahme,

6. die Durchführung des Anzeigeverfahrens (§ 80 Abs. 2 und 4),

7. die Überwachung der Erfüllung der Beschäftigungspflicht,

8. die Zulassung der Anrechnung und der Mehrfachanrechnung (§ 75 Abs. 2, § 76 Abs. 1 und 2),

9. die Erfassung der Werkstätten für behinderte Menschen, ihre Anerkennung und die Aufhebung der Anerkennung,

(2) [1]Die Bundesagentur für Arbeit übermittelt dem Bundesministerium für Gesundheit und Soziale Sicherung jährlich die Ergebnisse ihrer

Förderung der Teilhabe schwerbehinderter Menschen am Arbeitsleben auf dem allgemeinen Arbeitsmarkt nach dessen näherer Bestimmung und fachlicher Weisung. [2]Zu den Ergebnissen gehören Angaben über die Zahl der geförderten Arbeitgeber und schwerbehinderten Menschen, die insgesamt aufgewandten Mittel und die durchschnittlichen Förderungsbeträge. [3]Die Bundesagentur für Arbeit veröffentlicht diese Ergebnisse.

(3) [1]Die Bundesagentur für Arbeit führt befristete überregionale und regionale Arbeitsmarktprogramme zum Abbau der Arbeitslosigkeit schwerbehinderter Menschen, besonderer Gruppen schwerbehinderter Menschen, insbes. schwerbehinderter Frauen, sowie zur Förderung des Ausbildungsplatzangebots für schwerbehinderte Menschen durch, die ihr durch Verwaltungsvereinbarung gemäß § 368 Abs. 2 Satz 2 und Abs. 3 Satz 1 des Dritten Buches unter Zuweisung der entsprechenden Mittel übertragen werden. [2]Über den Abschluss von Verwaltungsvereinbarungen mit den Ländern ist das Bundesministerium für Arbeit und Soziales zu unterrichten.

(4) Die Bundesagentur für Arbeit richtet zur Durchführung der ihr in Teil 2 und der ihr im Dritten Buch zur Teilhabe behinderter und schwerbehinderter Menschen am Arbeitsleben übertragenen Aufgaben in allen Agenturen für Arbeit besondere Stellen ein; bei der personellen Ausstattung dieser Stellen trägt sie dem besonderen Aufwand bei der Beratung und Vermittlung des zu betreuenden Personenkreises sowie bei der Durchführung der sonstigen Aufgaben nach Absatz 1 Rechnung.

(5) Im Rahmen der Beratung der Arbeitgeber nach Absatz 1 Nr. 2 hat die Bundesagentur für Arbeit

1. dem Arbeitgeber zur Besetzung von Arbeitsplätzen geeignete arbeitslose oder arbeitssuchende schwerbehinderte Menschen unter Darlegung der Leistungsfähigkeit und der Auswirkungen der jeweiligen Behinderung auf die angebotene Stelle vorzuschlagen,
2. ihre Fördermöglichkeiten aufzuzeigen, so weit wie möglich und erforderlich, auch die entsprechenden Hilfen der Rehabilitationsträger und der begleitenden Hilfe im Arbeitsleben durch die Integrationsämter.

1. Sozialpolitischer Hintergrund. Nach § 101 führen BA und Integrationsämter die Regelungen nach SGB IX Teil 2 gemeinsam durch. Die Bundesagentur agiert hier als Träger der Arbeitsvermittlung iSd SGB III, nicht eigentlich als Rehabilitationsträger, der sie natürlich nach § 6 SGB IX auch ist. Die Geschichte des Schwbrechts zeigt die seit Jahrzehnten durchaus schwierige Aufgabenabgrenzung, die durch Installation von entsprechenden Gremien und Verfahren durchaus weiter immer wieder Diskussion und Kontroverse auslöst. Tatsächlich ist die Zusammenarbeit sachlich geboten. Sie basiert meist auf in einander greifenden Regelungen diverser Rechtsgrundlagen, insbes. SGB III und SGB IX. Die BA hat in ihrem umfänglichen Verwaltungsvorschriften die Zusammenarbeit meist im Detail normiert. Eine Zusammenstellung dieser Geschäftsanweisungen, Arbeitshilfen uä. und die Volltexte als Dateiformat finden sich unter dem Titel „Informationen über die aktuellen Richtlinien der Bundesagentur für Arbeit. Dazu gehören 1 unter anderem Aktenpläne, Durchführungsanweisungen, Geschäftsanweisungen, Handlungsempfehlungen" auf der Homepage der BA (http://www.arbeitsagentur.de/nn_165870/Navigation/zentral/Veroeffentlichungen/Weisungen/Arbeitnehmer/Arbeitnehmer-Nav.html).

2 Die Anteile der BA bei der Durchführung des Schwerbehindertenrechts wurden zum 1. 1. 2005 mit der Veränderung der Zuständigkeit für die Finanzierung und Steuerung der Integrationsfachdienste (s. §§ 109ff) wesentlich verändert. Insgesamt lag die größte Bedeutung der BA bei der Durchführung des Schwerbehindertenrechts in den 80 und 90er Jahren bei der Durchführung von den insgesamt vier Sonderprogrammen des Bundes und der Länder zur Vermittlung besonders betroffener schwerbehinderter Arbeitsloser und ab Ende der 90er bei der Durchführung der Modellprojekte Integrationsprojekte und Integrationsfachdienste (s. Bihr-*Ritz* Vorbem. zu §§ 109ff und §§ 132ff) In den Jahren 2000 bis 2002 wurde – unter Einbeziehung der IFD – das Programm 50000 neue Jobs durchgeführt. In 2001 und 2002 war die Vermittlung arbeitsloser schwerbehinderter Menschen geschäftspolitischer Schwerpunkt der BA.

3 Nach 2005 hat – auch im Zuge der Organisationsreform der BA und der Einführung des SGB II – das geschäftspolitische Gewicht der Leistungen für schwb Menschen innerhalb der Gesamtaufgaben zwar deutlich abgenommen, gleichwohl handelt es bei der BA sowohl in der Eigenschaft als Rehabilitationsträger als auch als Träger der Arbeitsförderung als den wichtigsten schwerbehindertenrechtlichen Akteur neben Integrationsämtern und Versorgungsämtern.

4 **2. Geltende Fassung und Entstehungsgeschichte.** Sie geht zurück auf die Norm des § 33 SchwbG (im SchwbG bis zum 30. 4. 1974 § 22, bis zum 31. 7. 1986 § 30), die wesentliche Änderungen mit dem am 1. 10. 2000 in Kraft getretenen Gesetz zur Bekämpfung der Arbeitslosigkeit Schwerbehinderter (SchwbBAG) v. 29. 9. 2000 (BGBl. I S. 1349ff) erfuhr. Mit der damaligen Rechtsänderung wurden die Ausgliederung und Fortentwicklung der früheren **Lohnkostenförderung für besonders betroffene Gruppen** von arbeitslosen schwerbehinderten Menschen und Übergängern aus der WfB in den ersten Arbeitsmarkt aus dem vormaligen § 33 Abs. 2 SchwbG nach den damals **neu geschaffenen §§ 222a (heute: 219), 235a SGB III** vorgenommen. Die Voraussetzungen für solche Lohnkostenzuschüsse nach § 33 Abs. 2 SchwbG wurden zudem geändert, dh vor allem für alle Arbeitgeber unabhängig von der Erfüllung der Beschäftigungspflicht grundsätzlich zugänglich gemacht. Die Förderung hängt dem Grunde nach nur noch von persönlichen Voraussetzungen des geförderten schwerbehinderten oder gleichgestellten Menschen ab. Es wurden auch die Aufgaben der Bundesanstalt bzgl. der Vermittlung von in Werkstätten für behinderte Menschen Beschäftigten auf den allgemeinen Arbeitsmarkt in den Wortlaut des Gesetzes zur Klarstellung in Abs. 1 Nr. 1 eingefügt. Hinweise auf Aufgaben der Bundesanstalt für Arbeit bei der Schaffung, Finanzierung und Steuerung der mit dem SchwbBAG neu geschaffenen **Integrationsfachdienste** wurden ebenfalls in diese Norm aufgenommen, diese wurde mit dem Gesetz zur Förderung der Ausbildung und Beschäftigung schwerbehinderter Menschen zum 1. 1. 2005 wieder gestrichen. Präzisiert wurden die **Servicepflich-**

ten der damaligen Bundesanstalt für Arbeit gegenüber den Arbeitgebern bei der Vermittlung (Abs. 5) und die **Statistik- und Berichtspflichten** der damaligen Bundesanstalt für Arbeit (Abs. 2). In Abs. 4 erfolgt der Hinweis, dass die **besonderen Stellen** der Bundesagentur für die Durchführung der Aufgaben nach SGB IX Teil 2 und den Teilhabeleistungen des SGB III personell so auszustatten sind, dass dem besonderen Aufwand der Aufgabe Rechnung getragen wird. Nicht geändert wurde die Vorschrift mit den sogenannten **Hartz-Gesetzen,** insbes. auch nicht anlässlich der Einführung des SGB II oder dessen Änderung durch das sogenannte Optionsgesetz.

3. Normzweck und Normzusammenhang. Die Vorschrift regelt die 5 Aufgaben der Bundesagentur für Arbeit. Während in § 102 die wichtigsten Aufgaben aufgezählt werden, die den Integrationsämtern in ihrer Funktion als einer der das SGB IX Teil 2 durchführenden Verwaltungen obliegen, nennt § 104 die **Aufgaben der BA aufgrund dieses Gesetzes.** Diese Aufzählung wird ergänzt durch die Aufgabenzuweisung in einzelnen Bestimmungen des Gesetzes für die BA. In diesen einzelnen Vorschriften ist auch für die meisten Fälle vorgesehen, welche Dienststelle der BA – AA, RD oder Hauptstelle in Nürnberg – sachlich zuständig ist.

Die Norm des § 104 legt in nicht abschließender Aufzählung die Pflichten 6 der Bundesagentur für Arbeit bei der Durchführung des Teil 2 SGB IX fest, für die Einführung des SGB II sind hier keine speziellen neuen Regelungen getroffen worden (kritisch: *Lachwitz*).

Die Norm des § 104 wird verständlich, wenn man sich die drei unter- 7 schiedlichen rechtlichen Hintergründe und Aufgabenbereiche der Bundesagentur für Arbeit verdeutlicht:

Für Arbeitslose, Arbeitssuchende und Menschen, die Berufsberatungs- 8 dienstleistungen nachsuchen, tritt die Bundesagentur für Arbeit als **Träger der Arbeitsförderung** („Arbeitslosenversicherung") auf. Alle allgemeinen Leistungen dieses Leistungsbereiches, der im SGB III seine rechtliche Grundlage findet, sind grundsätzlich auch für schwerbehinderte Menschen zugänglich. Nach § 6 SGB II ist die Bundesagentur für Arbeit **ab 1. 1. 2005 auch Träger der Grundsicherung für Arbeitssuchende,** die Durchführung der Aufgaben liegt bei den Agenturen für Arbeit, die diese Aufgaben in Job-Centern gemeinsam mit den kommunalen Trägern als **Arbeitsgemeinschaft nach § 44 b SGB II** erbringen.

Die Bundesagentur für Arbeit führt **gem. § 101 SGB IX** zusammen mit 9 den Integrationsämtern der Länder die besonderen Regelungen des zweiten Teils des SGB IX für schwerbehinderte Menschen aus, sofern dies nicht durch „freie Entschließung der Arbeitgeber erfüllt wird." Aus dieser Zuständigkeit nach Sozialgesetzbuch – Neuntes Buch – (SGB IX) Rehabilitation und Teilhabe behinderter Menschen ergeben sich für die Agenturen für Arbeit zusätzliche Aufgaben, die in § 104 Abs. 1 SGB IX zusammen mit den Aufgaben nach SGB III aufgezählt sind

Die Bundesagentur für Arbeit ist auch **Rehabilitationsträger iSd § 6** 10 **SGB IX** und erbringt als solcher Leistungen zur Teilhabe am Arbeitsleben. Sie leistet dies auf Rechtsgrundlage des SGB IX und auf Grundlage des SGB III Arbeitsförderung. Nur wenn sie als Rehabilitationsträger tätig ist, gilt der Nachrang und das Aufstockungsverbot für die Leistungen der begleitenden Hilfe nach § 102 Abs. 5.

11 In die Norm des § 104 einbezogen werden also auch die mit dem SGB III übertragenen Aufgaben bei der Förderung der Teilhabe behinderter Menschen am Arbeitsleben. Die Norm muss in engem Zusammenhang mit § 101 gesehen werden, wo die gemeinsame Durchführung der Aufgaben nach dem SGB IX mit dem Integrationsamt verlangt wird, soweit die besonderen Regelungen zur Teilhabe schwerbehinderter Menschen am Arbeitsleben nicht durch freie Entschließung der Arbeitgeber erfüllt werden. An anderer Stelle im SGB IX werden die Aufgaben der Bundesagentur für Arbeit (Stellungnahme im Kündigungsschutz gem. § 87 Abs. 2, Servicestellen nach § 22 SGB IX, Bußgeldverfahren nach § 156 SGB IX) weiter festgelegt.

12 **4. Aufgaben der BA.** In Abs. 1 werden unter Nr. 1–10 die Aufgaben der Bundesagentur für Arbeit bei der Durchführung des SGB IX und der für behinderte Menschen relevanten Aufgaben nach dem SGB III aufgezählt. Darunter sind die Ziff. 1–4 den Aufgaben nach dem SGB III und die Ziff. 5–10 den Aufgaben nach dem SGB IX gewidmet (so *Knittel* § 104 Rn 7). Die mit dem SchwbBAG zum 1. 10. 2000 vorgenommene Umstellung der Lohnkostenförderung auf die damals neu geschaffenen Rechtsgrundlagen in §§ 219, 235 a SGB III hat gegenüber der früheren parallelen Förderung auf der Rechtsgrundlage des § 33 Abs. 2 SchwbG und anderen vorrangigen Rechtsgrundlagen zu Verwaltungs- und Verfahrensvereinfachungen geführt.

In Abs. 2 werden die Berichts- und Statistikpflichten gegenüber dem zuständigen Bundesministerium benannt.

13 In Abs. 3 wird die Zuständigkeit der Bundesagentur für Arbeit bei der Durchführung von **befristeten regionalen und überregionalen Arbeitsmarktprogrammen** festgelegt.

Abs. 4 regelt die innerorganisatorische Durchführung der Aufgaben nach dem SGB IX und SGB III zur Förderung der Teilhabe am Arbeitsleben in der Bundesagentur für Arbeit und verpflichtet regelmäßig zur Einrichtung besonderer Stellen.

In Abs. 5 werden zusätzliche Qualitätsvorgaben und Leistungsmerkmale für die Beratung der Arbeitgeber und die Vermittlung festgelegt.

§ 105 Beratender Ausschuss für behinderte Menschen bei der Bundesagentur für Arbeit

(1) Bei der Zentrale der Bundesagentur für Arbeit wird ein Beratender Ausschuss für behinderte Menschen gebildet, der die Teilhabe der behinderten Menschen am Arbeitsleben durch Vorschläge fördert und die Bundesagentur für Arbeit bei der Durchführung der in Teil 2 und im Dritten Buch zur Teilhabe behinderter und schwerbehinderter Menschen am Arbeitsleben übertragenen Aufgaben unterstützt.

(2) Der Ausschuss besteht aus elf Mitgliedern, und zwar aus

zwei Mitgliedern, die die Arbeitnehmer und Arbeitnehmerinnen vertreten,

zwei Mitgliedern, die die privaten und öffentlichen Arbeitgeber vertreten,

fünf Mitgliedern, die die Organisationen behinderter Menschen vertreten,

einem Mitglied, das die Integrationsämter vertritt,

einem Mitglied, das das Bundesministerium für Gesundheit und Soziale Sicherung vertritt.

(3) **Für jedes Mitglied ist ein Stellvertreter oder eine Stellvertreterin zu berufen.**

(4) [1]**Der Vorstand der Bundesagentur für Arbeit beruft die Mitglieder, die Arbeitnehmer und Arbeitgeber vertreten, auf Vorschlag ihrer Gruppenvertreter im Verwaltungsrat der Bundesagentur für Arbeit.** [2]**Er beruft auf Vorschlag der Organisationen behinderter Menschen, die nach der Zusammensetzung ihrer Mitglieder dazu berufen sind, die behinderten Menschen in ihrer Gesamtheit auf Bundesebene zu vertreten, die Mitglieder, die Organisationen der behinderten Menschen vertreten.** [3]**Auf Vorschlag der Bundesarbeitsgemeinschaft der Integrationsämter und Hauptfürsorgestellen beruft er das Mitglied, das die Integrationsämter vertritt, und auf Vorschlag des Bundesministeriums für Gesundheit und Soziale Sicherung das Mitglied, das dieses vertritt.**

Die Norm geht zurück auf § 35 SchwbG. Seit dem Jahr 2002 war sie lediglich mehrfach von redaktionellen oder technischen Folgeänderungen betroffen (s. Bihr-*Ritz* § 106 Rn 1). 1

Die Bundesagentur für Arbeit führt entsprechend §§ 101, 104 Aufgaben zur Umsetzung des SGB IX Teil 2 in enger Zusammenarbeit mit den Integrationsämtern durch, soweit diese Regelungen zur Teilhabe schwerbehinderter Menschen am Arbeitsleben nicht durch freie Entschließung der Arbeitgeber erfüllt werden. Der Beratende Ausschuss soll nach dieser Norm die Teilhabe der behinderten Menschen am Arbeitsleben durch Vorschläge fördern und die Bundesagentur für Arbeit bei der Durchführung der in Teil 2 und im SGB III zur Teilhabe behinderter und schwerbehinderter Menschen am Arbeitsleben übertragenen Aufgaben unterstützen. In Abs. 3 und 4 der Norm werden Berufung und Stellvertretung der Mitglieder geregelt. 2

Die Norm muss in engem Zusammenhang mit § 106 „Gemeinsame Vorschriften" gesehen werden. 3

Die Aufgaben des Beratenden Ausschusses sind in Abs. 1 relativ abstrakt mit ausdrücklichen Verweisen auf gesetzliche Aufgaben der Bundesagentur für Arbeit nach SGB IX und SGB III beschrieben. Damit beziehen sich die Beratungsaufgaben auf das Aufgabenspektrum des § 104 sowie auch auf die Leistungen zur Teilhabe behinderter Menschen nach dem SGB III. Es handelt sich um Leistungen nach §§ 97 ff SGB III, § 219 und § 235 a SGB III, §§ 236 ff SGB III und um die Leistungen an Träger nach §§ 248 ff SGB III. Der Ausschuss hat ausschließlich beratende und keine beschließende Funktion. Er besteht neben der Selbstverwaltung der Bundesagentur für Arbeit. 4

5 Die Mitglieder des Ausschusses sind abschließend und verbindlich in Abs. 2 benannt. Es sollen die Organisationen der Sozialpartner, der behinderten Menschen wie auch die einschlägigen staatlichen Organisationen vertreten sein.

§ 106 Gemeinsame Vorschriften

(1) [1]Die Beratenden Ausschüsse für behinderte Menschen (§§ 103, 105) wählen aus den ihnen angehörenden Mitgliedern von Seiten der Arbeitnehmer, Arbeitgeber oder Organisationen behinderter Menschen jeweils für die Dauer eines Jahres einen Vorsitzenden oder eine Vorsitzende und einen Stellvertreter oder eine Stellvertreterin. [2]Die Gewählten dürfen nicht derselben Gruppe angehören. [3]Die Gruppen stellen in regelmäßig jährlich wechselnder Reihenfolge den Vorsitzenden oder die Vorsitzende und den Stellvertreter oder die Stellvertreterin. [4]Die Reihenfolge wird durch die Beendigung der Amtszeit der Mitglieder nicht unterbrochen. [5]Scheidet der Vorsitzende oder die Vorsitzende oder der Stellvertreter oder die Stellvertreterin aus, wird er oder sie neu gewählt.

(2) [1]Die Beratenden Ausschüsse für behinderte Menschen sind beschlussfähig, wenn wenigstens die Hälfte der Mitglieder anwesend ist. [2]Die Beschlüsse und Entscheidungen werden mit einfacher Stimmenmehrheit getroffen.

(3) [1]Die Mitglieder der Beratenden Ausschüsse für behinderte Menschen üben ihre Tätigkeit ehrenamtlich aus. [2]Ihre Amtszeit beträgt vier Jahre.

1 **1. Geltende Fassung, Normzweck und Normzusammenhang.** Die Regelung beruht auf dem früheren § 36 SchwbG. Die Norm regelt für den nach § 103 beim Integrationsamt und nach § 105 bei der Hauptstelle der Bundesagentur für Arbeit gebildeten Beratenden Ausschuss für behinderte Menschen **Verfahrens- und Geschäftsordnungsfragen.**

2 Entsprechend § 121 Abs. 1 gelten § 106 Abs. 1 und 2 auch für die Widerspruchsausschüsse beim Integrationsamt (§ 119) und bei der Bundesagentur für Arbeit (§ 120). Das in § 106 festgelegte Wahlverfahren für Vorsitz und Stellvertretung gilt somit in allen Ausschüssen, die nach diesem Gesetz gebildet werden: Für die Beratenden Ausschüsse nach §§ 103 und 105, für die Widerspruchsausschüsse nach §§ 119, 120 und für den Beirat beim BMGS (§§ 64, 65, 67).

3 Die Begrenzung des passiven Wahlrechts auf die Vertreter der Organisationen der Arbeitnehmer, der Arbeitgeber und der behinderten Menschen unterstreicht die besondere Verantwortung dieser Organisationen für die Durchführung des SGB IX. Die in §§ 64 Abs. 1, 103 Abs. 1 und § 105 Abs. 1 festgelegten Zielansprüche an die Arbeit dieser Ausschüsse sind nach dem Verständnis des SGB IX – wie auch bereits schon nach dem SchwbeschG und dem SchwbG – auch besondere Ziele der genannten Verbände. Diese gesetzlichen Ziele können nur bei besonderem Rückhalt und aktiver Unterstützung in der Bürgergesellschaft erreicht werden. Die historische Erfah-

rung hat gezeigt, dass die genannten Organisationen sich hier in unterschiedlicher Weise engagiert haben, es hat aber im Grundsatz – trotz mancher Auseinandersetzung im Detail – zumindest einen Zielkonsens in Deutschland gegeben (vgl. *Hundt* in Der Arbeitgeber 10/2000 editorial). Die Schaffung des SGB IX – und seines Vorläufers SchwbBAG – haben in besonderer Weise dazu beigetragen, die gesellschaftliche Diskussion um die Fragen der beruflichen Eingliederung schwerbehinderter Menschen zu bewegen.

Die detaillierte Festlegung der wichtigsten Verfahrensfragen in dieser Ge- 4
setzesnorm machen idR eine eigene Geschäftsordnung für diese Ausschüsse entbehrlich. Sie sind aber zulässig. In Zweifelsfällen kann die **Geschäftsordnung des Beirats** für die Teilhabe behinderter Menschen beim BMA (§ 64) sinngemäß Anwendung finden (s. §§ 64, 67 SGB IX).

2. Wahl des Vorsitzenden und stellvertretenden Vorsitzenden. Für die 5
Wahl des Vorsitzenden und Stellvertretenden Vorsitzenden sind alle Mitglieder der Ausschüsse nach §§ 103, 105 mit aktivem Wahlrecht ausgestattet, wählbar sind in diese Funktion aber nur die ihnen angehörenden Mitglieder von Seiten der Arbeitnehmer, Arbeitgeber oder Organisationen behinderter Menschen. Diese Gruppen stellen nach fester Regel wechselnd jeweils für die Dauer eines Jahres einen Vorsitzenden oder eine Vorsitzende und einen Stellvertreter oder eine Stellvertreterin. Die Gewählten dürfen nicht derselben Gruppe angehören. Die Reihenfolge wird durch die Beendigung der Amtszeit der Mitglieder nicht unterbrochen. Scheidet der Vorsitzende oder die Vorsitzende oder der Stellvertreter oder die Stellvertreterin aus, wird er oder sie neu gewählt. Aus der Vorschrift des jährlichen Wechsels ergibt sich, dass Nachwahlen nur für die Restzeit der Amtsperiode erfolgen können (s. Bihr-*Ritz* § 106 Rn 3ff). Da der Nachgewählte weiterhin aus der gleichen Gruppe kommen muss, gibt es allerdings praktisch keine andere Möglichkeit als die Wahl auf die Restamtszeit zu beschränken. Ist der Einstieg in die Verteilung der rollierenden Aufgaben des Vorsitzenden und stellvertretenden Vorsitzenden erst einmal festgelegt, muss das gewählte Muster stets fortgeführt werden, damit die gesetzlichen Anforderungen erfüllt werden.

6

Beispiel für eine mögliche Umsetzung der Norm des § 106 Abs. 1		
Wahlperiode	**Vorsitz**	**Stellvertretender Vorsitz**
2010	Arbeitgeber	Arbeitnehmer
2011	Arbeitnehmer	Behindertenverbände
2012	Behindertenverbände	Arbeitgeber
2013	Arbeitgeber	Arbeitnehmer
2014	Arbeitnehmer	Behindertenverbände

3. Beschlussfähigkeit und Beschlussfassung. Da jedes Mitglied des Aus- 7
schusses einen **persönlichen** Stellvertreter hat, der ebenfalls die gleiche vorschlagsberechtigte Gruppe wie das Mitglied selbst vertritt, bleibt der Platz im Ausschuss unbesetzt, wenn beide – Mitglied und Stellvertreter – verhindert sind. Die Beschlussfähigkeit ist gegeben, wenn – wie in der Norm selbst festgelegt – die Hälfte der Mitglieder bzw. ihrer Stellvertreter anwesend sind. In dieser Zahl muss allerdings auch der Vorsitzende oder der stellvertretende

Vorsitzende enthalten sein, damit eine ordnungsgemäße Leitung der Sitzung stattfinden kann (so auch *Knittel* aaO Rn 11 m. w. N.). Beim Ausschuss nach § 103 ist demnach die Mindestzahl 5, beim Ausschuss nach § 105 beträgt diese 6 Teilnehmer. Die Beschlussfassung der Ausschüsse erfolgt mit einfacher Mehrheit der Anwesenden, das Abstimmungsverfahren legt der Ausschuss selbst fest. Es sollte hier auch die Geschäftsordnung des Beirats nach § 64 angewendet werden, wonach in § 5 der GO festgelegt ist, dass auf Verlangen eines Mitgliedes geheim abgestimmt wird. In Ausnahmefällen, insbes. bei besonderer Dringlichkeit und bei einfach gelagerten Sachverhalten, kann die Beschlussfassung in Anlehnung an das Verfahren der GO des Beirats auch schriftlich erfolgen, sofern eine eigene GO des Ausschusses keine andere Regelung getroffen hat.

8 **4. Amtsdauer, Abberufung und Ehrenamtlichkeit.** Die Amtsdauer ist mit vier Jahren festgelegt. Die Fristen berechnen sich nach den Regelungen des BGB (*Knittel* aaO Rn 15). Die Abberufung ist möglich auf Rechtsgrundlage entsprechender Anwendung des § 59 SGB IV (vgl. *Knittel* aaO Rn 17), dh bei grober Pflichtverletzung, aus wichtigem Grund oder bei Wegfall oder Nichtvorliegen der Voraussetzungen der Berufbarkeit. Dies gilt insbes. dann, wenn ein Mitglied nicht mehr der Gruppe zuzurechnen ist, von der es vorgeschlagen wurde (so *Knittel* aaO Rn 17; *Seidel* in Hauck/Noftz § 106 Rn 15). Dies gilt vor allem für die Gruppe der Arbeitnehmer oder Arbeitgeber, wenn das Mitglied den entsprechenden Status nicht mehr hat. Die Abberufung erfolgt durch die berufende Stelle. Die Möglichkeiten der vorschlagenden Organisation sind in der Literatur umstritten. *Knittel* begrenzt deren Möglichkeiten auf die Veranlassung zur Amtsniederlegung, *Steck* sieht mit Hinweis auf diverse Kommentare des SchwbG auch die Möglichkeit der Abberufung durch die vorschlagenden Verbände (*Steck* in Kossens/v. d. Heide/Maaß § 106 Rn 6). Aus hiesiger Sicht kann eine Abberufung nur durch die berufende Stelle erfolgen. Für die Vertreter aus Behörden stellt sich die Frage insoweit praktisch und rechtlich anders, da die entsendende Dienststelle ja auch qua Vorgesetztenanweisung die Umbesetzung steuern kann. Das Amt kann ohne Wahrung von Fristen – als Erklärung gegenüber dem Vorsitzenden, dem Gremium oder der berufenden Stelle – niedergelegt werden.

9 Die Ehrenamtlichkeit der Mitglieder bedeutet, dass ihnen kein Entgelt zusteht. Es dürfen jedoch nach den einschlägigen Vorschriften des Trägers des Integrationsamtes oder der Bundesagentur für Arbeit Auslagen, Fahrtkosten, Tagesgelder und Verdienstausfall erstattet werden. Mittel der Ausgleichsabgabe dürfen gem. § 77 Abs. 3 Satz 2 SGB IX nicht verwendet werden. *Knittel* verweist auf die sinngemäße Anwendbarkeit der Regelungen des SGB III über die Mitglieder der Selbstverwaltung der Bundesagentur für Arbeit (vgl. *Knittel* aaO Rn 13 mit Bezug auf *Spiolek* in GK-SchwbG § 36 Rn 12).

10 **5. Geheimhaltungspflichten der Mitglieder und stellvertretenden Mitglieder.** Hingewiesen wird auf die Anwendung der Norm des § 130, die die Geheimhaltungspflichten auch für die Mitglieder in Gremien nach diesem Gesetz regelt. Die Geheimhaltungsvorschrift des § 130 SGB IX hat allerdings nur ergänzenden Charakter zu den Leitbestimmungen des § 35 SGB I (Sozialgeheimnis) und den Vorschriften der §§ 67ff SGB X (Schutz der So-

zialdaten), diese Vorschriften sind ebenfalls voll zu erfüllen (vgl. s.a. *Masuch* in Hauck/Noftz § 130, insbes Rn 1 und 3). Mitglieder dürfen schutzwürdige Informationen weder offenbaren noch verwerten. Diese Pflichten gelten auch nach dem Ausscheiden aus dem Amt. Sie gelten nicht gegenüber der Bundesagentur für Arbeit, den Integrationsämtern und den Rehabilitationsträgern, soweit deren Aufgaben gegenüber schwerbehinderten Menschen es erfordern, gegenüber der Schwerbehindertenvertretung sowie gegenüber den in § 79 Abs. 1 des Betriebsverfassungsgesetzes und den in den entsprechenden Vorschriften des Personalvertretungsrechts genannten Vertretungen, Personen und Stellen.

6. Geschäftsführung der Ausschüsse. *Seidel* sieht die laufende Geschäfts- 11
führung des Ausschusses beim Vorsitzenden (*Seidel* in Hauck/Noftz § 106 Rn 11). Dieser Auffassung ist bedingt zuzustimmen. Die Geschäftsordnung des Beirats nach § 64 nennt in § 8 für den Beirat das Bundesministerium für Gesundheit und Soziale Sicherung als zuständig (s. Anh. 18.2). Protokolle, Beschlüsse, Mitteilungen und Einladungen ergehen unter dem Namen des Ausschusses. Sie sind vom Vorsitzenden oder in seinem Auftrag zu unterzeichnen. Protokolle werden vom Schriftführer aus der geschäftsführenden Verwaltung erstellt und vom Vorsitzenden und dem Protokollanten unterzeichnet. Protokolle haben die üblichen formalen Feststellungen zu beinhalten, die den ordnungsgemäßen Sitzungsablauf dokumentieren und zudem wichtige Inhalte der Sitzungsdiskussionen, Beschlüsse und Empfehlungen – ggf. knapp – festhalten. Das Protokoll ist vom Gremium zu genehmigen bzw. es muss zumindest eine Einspruchsmöglichkeit für die Mitglieder sichergestellt sein. Es ist auch möglich, sich an der GO des Beirates nach § 64 zu orientieren (s. Anh. 18.2, § 4 Ergebnisniederschrift).

§ 107 Übertragung von Aufgaben

(1) [1]**Die Landesregierung oder die von ihr bestimmte Stelle kann die Verlängerung der Gültigkeitsdauer der Ausweise nach § 69 Abs. 5, für die eine Feststellung nach § 69 Abs. 1 nicht zu treffen ist, auf andere Behörden übertragen.** [2]**Im Übrigen kann sie andere Behörden zur Aushändigung der Ausweise heranziehen.**

(2) **Die Landesregierung oder die von ihr bestimmte Stelle kann Aufgaben und Befugnisse des Integrationsamtes nach Teil 2 auf örtliche Fürsorgestellen übertragen oder die Heranziehung örtlicher Fürsorgestellen zur Durchführung der den Integrationsämtern obliegenden Aufgaben bestimmen.**

(3) *(aufgehoben)*

Die Regelung übertrug inhaltsgleich § 37 SchwbG. Der frühere Abs. 3 1
wurde aufgehoben durch 4. G.f. moderne Dienstleistungen am Arbeitsmarkt v. 24. 12. 2003 (BGBl. I S. 2981).

Die Norm regelt die Übertragungsmöglichkeiten von Aufgaben der Ver- 2
sorgungsämter (Abs. 1) und der Integrationsämter (Abs. 2) auf andere Dienststellen. Die Delegationsmöglichkeiten sind in der Vergangenheit nur in einem Teil der Länder angewendet worden.

3 Die Zuständigkeit für die Ausstellung von Schwerbehindertenausweisen wird gem. § 69 Abs. 5 von den Versorgungsämtern wahrgenommen, dies gilt auch für den Fall der Verlängerung, die regelmäßig notwendig wird, weil die Mehrzahl der Ausweise auf 5 bis maximal 15 Jahre befristet ausgestellt wurde. Für Fälle der reinen Verlängerung der Ausweise – also wo keine Feststellung nach § 69 Abs. 1 vorgenommen werden muss – darf die Landesregierung oder die von ihr bestimmte Stelle die Zuständigkeit auf andere Behörden übertragen. Mit der durch das Gesetz zur Förderung der Ausbildung und Beschäftigung schwerbehinderter Menschen vom 23. 4. 2004 (BGBl. I S. 606) eingeführten Ergänzung des § 69 Abs. 1 um Satz 7, in dem festgelegt wird, dass Landesrecht die Zuständigkeiten nach § 69 insgesamt abweichend von der Regelung in § 69 Abs. 1 Satz 1 bestimmen kann, wird § 107 eigentlich hinsichtlich der Versorgungsverwaltung gegenstandslos. Allerdings ist in dieser Norm nur eine Bestimmung durch die Landesregierung und nicht eine landesgesetzliche Regelung verlangt. Die Norm des § 107 verlangt ausdrücklich die Übertragung auf eine „Behörde“, schließt also somit eine Beauftragung Privater aus. Nach *Knittel* (§ 107, Rn 4 m. w. N.) und *Kossens* (aaO § 107 Rn 2) haben von dieser Möglichkeit die Länder Baden-Württemberg, Nordrhein-Westfalen, Saarland und Schleswig-Holstein Gebrauch gemacht. Die dort zitierten einschlägigen Verordnungen datieren aus den Jahren 1975–1977.

4 Die Aushändigung von Schwerbehindertenausweisen kann auf jede geeignete Behörde des Landes oder im Land übertragen werden. Die Entscheidung liegt bei der Landesregierung oder der von ihr mit dieser Entscheidung beauftragten Stelle.

5 Die Landesregierung oder die von ihr mit dieser Entscheidung beauftragten Stelle können nach Abs. 2 die Übertragung von Aufgaben des Integrationsamtes auf die örtlichen Fürsorgestellen oder deren Heranziehung festlegen. Die Heranziehung lässt dem Integrationsamt die Möglichkeit, auch in Einzelfällen einzugreifen (*Seidel/Masuch* aaO Rn 10). Im Grundsatz könnten als örtliche Fürsorgestellen auch private Einrichtungen beauftragt werden. Sie wären allerdings zB auf die Geheimhaltungspflichten des § 130 SGB IX und den Sozialdatenschutz des SGB X zu verpflichten. Der Abs. 2 lässt grundsätzlich zu, dass jede Art von Aufgaben und Befugnissen des Integrationsamtes in diese Delegationsentscheidung einbezogen wird. Eine schwerbehindertenrechtliche Ausnahme wird nicht festgelegt. Insgesamt hat sich mit der zunehmenden Einbindung der Integrationsämter in Landesämter für diverse Soziale Dienste (Soziale Entschädigung/Versorgungsamt, Jugendhilfe, Soziales usw) auch die Nutzung der jeweiligen landestypischen Regionalisierungen dieser landesamtlichen Strukturen entwickelt. In den meisten Flächenstaaten verfügen die Integrationsämter inzwischen über Nebenstellen.

§ 108 Verordnungsermächtigung

Die Bundesregierung wird ermächtigt, durch Rechtsverordnung mit Zustimmung des Bundesrates das Nähere über die Voraussetzungen des

Anspruchs nach § 33 Abs. 8 Nr. 3 und § 102 Abs. 4 sowie über die Höhe, Dauer und Ausführung der Leistungen zu regeln.

1 **1. Entstehungsgeschichte und geltende Fassung.** Mit dem SchwbBAG vom 29. 9. 2000 (BGBl. I S. 1349) wurde der damalige § 31 SchwbG um einen Abs. 3a (inzwischen § 102 Abs. 4) erweitert. Im Rahmen der Zuständigkeit der Hauptfürsorgestellen für die begleitende Hilfe im Arbeitsleben wurde damit das Instrument der Arbeitsassistenz in deren Leistungskatalog eingestellt. Mit dem Anspruch auf die Übernahme der Kosten einer notwendigen Arbeitsassistenz (die dem schwb Menschen entstehen), allerdings begrenzt auf die der jeweiligen Hauptfürsorgestelle aus der Ausgleichsabgabe zur Verfügung stehenden Mittel, wurde erstmals eine Leistung, auf die ein Rechtsanspruch besteht, in den Leistungskatalog der Hauptfürsorgestellen eingestellt. Die Formulierung dieses bedingten Rechtsanspruchs wurde Ende 2008 auch für den Anspruchspruch auf Übernahme der Kosten zur Berufsbegleitung nach § 38a Abs. 3 übernommen (s. § 102 Abs. 3a). Nach der Gesetzesbegründung (BT-Drucks. 14/3372, S. 27) war der Erl. einer VO zur Regelung von Einzelheiten zur Inanspruchnahme von Arbeitsassistenz „unverzüglich beabsichtigt". Gleichwohl stellte die Gesetzesbegründung im Weiteren klar, dass die Geltendmachung des Anspruchs unabhängig vom Erl. der VO ist.

2 Die Bundesregierung hat eine Verordnung nach § 108 bisher nicht erlassen. Ein funktional entsprechender Regelungsvorschlag wurde indes in Weiterentwicklung der „Vorläufigen Empfehlungen" von der BIH ausgesprochen, zuletzt mit Stand vom 16. 10. 2007. Diese haben, wie der Name „Empfehlung" zum Ausdruck bringt, empfehlenden Charakter für den Vollzug der Arbeitsassistenz für die Integrationsämter (download: http://www.integrationsaemter.de).

3 **2. Normzusammenhang.** Die Ermächtigung bezieht sich auf den Anspruch auf Arbeitsassistenz nach §§ 33 Abs. 8 Nr. 3 und 102 Abs. 4 und beinhaltet damit sowohl die Arbeitsassistenz zur Erlangung eines Arbeitsplatzes in der Zuständigkeit der Rehabilitationsträger als auch die Arbeitsassistenz in der Zuständigkeit der IntÄ im Rahmen der begleitenden Hilfe im Arbeitsleben.

4 Besondere Bedeutung kommt § 27 SchwbAV zu, welcher gegenüber dem Arbeitgeber zur Abgeltung außergewöhnlicher Belastungen im Zusammenhang mit der Beschäftigung schwb Menschen als Komponente die „personelle Unterstützung" beinhaltet, welche vom Grundgedanken der Arbeitsassistenz nahe liegt. Stellt der ArbG eine solche „Assistenzkraft" zur Verfügung, so gilt nach dem Willen des Gesetzgebers (BT-Drucks. 14/3372, S. 27) § 27 SchwbAV ausdrücklich.

5 Mangels einer auf der Grundlage der Ermächtigung erlassenen Verordnung kommt den einschlägigen BIH-Empfehlungen zur Ausgestaltung des Anspruchs auf Arbeitsassistenz eine umfassende praktische Bedeutung zu.

6 **3. Anspruch auf Arbeitsassistenz.** Der Rechtsanspruch auf die Übernahme der Kosten einer notwendigen Arbeitsassistenz ist auf die zur Verfügung stehenden Mittel aus der Ausgleichsabgabe beschränkt. Die Arbeitsassistenz muss notwendig sein, dh, alle anderen Maßnahmen, die eine

möglichst selbständige Erbringung der arbeitsvertraglich geschuldeten Tätigkeit durch den schwb Menschen befördern (insbes. Maßnahmen des Arbeitgebers einschl. einer personellen Unterstützung iSv § 27 SchwbAV, Leistungen der Rehabilitationsträger, behinderungsgerechte Arbeitsplatzausstattung, andere Leistungen im Rahmen der begleitenden Hilfe im Arbeitsleben), müssen zuvor ausgeschöpft worden sein. Zu beachten ist in diesem Zusammenhang allerdings das Wunsch- und Wahlrecht nach § 9 SGB IX.

7 Unter Arbeitsassistenz versteht man nach den BIH-Empfehlungen „die über gelegentliche Handreichungen hinausgehende, zeitlich wie tätigkeitsbezogen regelmäßig wiederkehrende Unterstützung von schwb Menschen bei der Arbeitsausführung in Form einer von ihr beauftragten Assistenzkraft im Rahmen der Erlangung oder Erhaltung eines Arbeitsplatzes auf dem allgemeinen Arbeitsmarkt. Die Leistung setzt voraus, dass der schwerbehinderte Mensch in der Lage ist, den das Beschäftigungsverhältnis inhaltlich prägenden Kernbereich der arbeitsvertraglich geschuldeten Arbeitsaufgaben selbständig zu erledigen.“, vgl. dort Punkt 1.1. Es werden also unterstützende Tätigkeiten bzw. Hilfstätigkeiten erfasst, die behinderungsbedingt vom schwb Menschen nicht erbracht werden können, zB durch Vorlesekräfte für Blinde, Gebärdensprachdolmetscher oder Handreicher. Nicht zur Arbeitsassistenz sind Zuschüsse zu den Kosten eines einzustellenden Fahrers für die Beförderung eines Sehbehinderten zur Arbeit (sog. Wegeassistenz) zu rechnen, vgl. VG Meiningen vom 18. 9. 2003, 8 K 691/02.Me.

8 **4. BIH-Empfehlungen zur Arbeitsassistenz.** Die Empfehlung wird nachstehend auszugsweise im Wortlaut wiedergegeben (s.a. download: http://www.integrationsaemter.de):

9 – ***1. Begriffsbestimmungen und Voraussetzungen***

1.1 Arbeitsassistenz ist die über gelegentliche Handreichungen hinausgehende, zeitlich wie tätigkeitsbezogen regelmäßig wiederkehrende Unterstützung von schwerbehinderten Menschen (Assistenznehmern) bei der Arbeitsausführung in Form einer von ihnen beauftragten Assistenzkraft im Rahmen der Erlangung oder Erhaltung eines Arbeitsplatzes auf dem allgemeinen Arbeitsmarkt.

Die Leistung setzt voraus, dass der schwerbehinderte Mensch in der Lage ist, den das Beschäftigungsverhältnis inhaltlich prägenden Kernbereich der arbeitsvertraglich/dienstrechtlich geschuldeten Arbeitsaufgaben selbständig zu erledigen. Das Austauschverhältnis Arbeit gegen Entgelt muss im Wesentlichen gewahrt bleiben.

1.2 Die Akquise der Assistenzkraft, die Vertragsgestaltung sowie die Organisations- und Anleitungskompetenz obliegen dem Assistenznehmer.

1.3 Arbeitsassistenzkräfte bieten insbes. unterstützende Tätigkeiten bei der Erbringung der vom schwerbehinderten Menschen arbeitsvertraglich/dienstrechtlich geschuldeten Arbeitsleistung. Dazu zählen auch Vorlesekräfte für Blinde und hochgradig sehbehinderte sowie für hörgeschädigte Menschen – bei kontinuierlichem, umfangreicheren Bedarf – der Einsatz von Gebärden- bzw. Schriftsprachdolmetschern. Gelegentliche bzw. anlassbezogene Gebärdensprachdolmetschereinsätze hingegen werden nach den „Empfehlungen der BIH zur Bezuschussung von Kosten für Gebärdensprachdolmetscherlnnen-Leistungen" in der jeweils aktuellen Fassung gefördert.

1.4 Bei der Festsetzung des Bedarfs können nur die unterstützenden Tätigkeiten zugrunde gelegt werden, die der Assistenznehmer behinderungsbedingt nicht selbst erledigen kann, nicht jedoch solche Arbeiten, die üblicherweise im Rahmen einer abhängigen oder selbstständigen Beschäftigung durch Mitarbeiter (Assistenzkräfte) erledigt werden, zB Sekretariatstätigkeiten.

1.5 Notwendig ist die Arbeitsassistenz, wenn dem Assistenznehmer erst durch diese Leistung eine wettbewerbsfähige Erbringung der jeweils arbeitsvertraglich/dienstrechtlich geschuldeten Tätigkeit(en) möglich wird.
Im Interesse einer selbstständigen Arbeitsausführung sollen alle anderen Möglichkeiten nach dem SGB IX sowie die vorrangigen Leistungen (s. dazu Ziff. 3.) ausgeschöpft werden. Dazu gehören insbes.

- *die dem Fähigkeitsprofil der schwerbehinderten Menschen entsprechende Auswahl des Arbeitsplatzes (ggf. Umsetzung auf einen anderen Arbeitsplatz),*
- *die behinderungsgerechte Organisation, Einrichtung und Ausgestaltung des Arbeitsplatzes,*
- *die auf die individuellen Fähigkeiten abgestimmte berufliche Ausbildung und Einarbeitung sowie*
- *innerbetriebliche Maßnahmen der beruflichen Qualifizierung*
- *Leistungen zur personellen Unterstützung durch Arbeitgeber (ggf. unter Inanspruchnahme von § 27 SchwbAV).*

Das Integrationsamt wirkt in Abstimmung mit dem schwerbehinderten Menschen bei Arbeitgebern und den vorrangigen Leistungsträgern sowie im Rahmen seiner eigenen Leistungsmöglichkeiten darauf hin, dass die zuvor genannten Maßnahmen geprüft und durchgeführt werden. …

– ***4. Persönliches Arbeitsassistenzbudget, Regelförderung***

4.1 Für die notwendige Arbeitsassistenz werden dem Assistenznehmer – abhängig von seinem individuellen Unterstützungsbedarf – monatliche Budgets zur Verfügung gestellt. Diese betragen bei einem durchschnittlichen arbeitstäglichen Unterstützungsbedarf von

- *weniger als 1 Stunde = bis zu 275,– €*
- *1 Stunde bis unter 2 Stunden = bis zu 550,– €*
- *2 Stunden bis unter 3 Stunden = bis zu 825,– €*
- *mindestens drei Stunden = bis zu 1100,– €.*

Sofern Umsatzsteuerpflicht besteht, ist die Umsatzsteuer zusätzlich zu erstatten.
Als Aufwandspauschale für Regiekosten (zB Meldung zur Sozialversicherung, Entgeltberechnung, Lohnbuchhaltung, Abführung von Sozialversicherungsbeiträgen und Steuern) können die vorgenannten Beträge bei einer Fremdvergabe an Dritte um einen Betrag von 30,– € pro Monat erhöht werden.
Wenn neben dem eigentlichen Unterstützungsbedarf am Arbeitsplatz zB Bereitschaftszeiten oder Reisekosten der Assistenzkraft anfallen, die auch

bei Ausschöpfen der vom Arbeitgeber bereitgestellten Unterstützungsmaßnahmen unvermeidlich sind, kann im Einzelfall der Leistungsrahmen erhöht werden.
Hörbehinderte Menschen, die zur Kommunikation im Arbeitsverhältnis auf eine regelmäßig wiederkehrende Unterstützung durch Gebärden- bzw. Schriftsprachdolmetscher iSd Ziff. 2.1 angewiesen sind, erhalten unter Berücksichtigung des durchschnittlichen zeitlichen Umfangs des monatlichen Bedarfs bei Vollzeitbeschäftigung ein persönliches Arbeitsassistenzbudget von bis zu 1100,– € pro Monat für Dolmetschereinsätze, die nach den „Empfehlungen der BIH zur Bezuschussung von Kosten für Gebärdensprachdolmetscherinnen-Leistungen" abgewickelt werden.

4.2 Soweit in einzelnen Monaten persönliche Arbeitsassistenzbudgets nicht in Anspruch genommen werden, können sie innerhalb des Bewilligungszeitraums auf andere Monate übertragen werden. Liegen die notwendigen tatsächlichen Ausgaben zum Ende des Bewilligungszeitraums unter dem bewilligten Budget, sind zuviel gezahlte Beträge zurückzuerstatten bzw. mit der nächsten Vorauszahlung zu verrechnen.

4.3 Bei Erkrankung des Assistenznehmers können die Leistungen bei bestehender arbeitsvertraglicher Verpflichtung höchstens bis zum Ende des Bewilligungszeitraums erbracht werden.

4.4 Bei Erkrankung der Assistenzkraft wird im Einzelfall die Möglichkeit der Finanzierung einer Ersatzkraft geprüft.

10 **5. Anmerkungen zu den BIH-Empfehlungen.** Die rechtliche Wirksamkeit gewinnen die Empfehlungen jeweils erst durch Inkraftsetzen in der für das jeweilige Integrationsamt üblichen bzw. notwendigen Weise durch das zuständige Landesministerium.

11 Aus sachlich zutreffender Sicht der Selbsthilfeverbände gehört zum Wesensmerkmal der Arbeitsassistenz unabdingbar die Selbstbestimmung des schwerbehinderten Menschen hinsichtlich der Anleitung und Organisation der Arbeitsassistenz, vgl. *Blesinger/Schulz,* Impulse, 2002/23, S. 12ff (download: www.bag-ub.de). Dieser Anspruch findet in Punkt 1.2 der Empfehlungen seinen vollinhaltlichen Niederschlag.

12 Die BIH stellt in der Empfehlung im Grundsatz zu Recht fest, dass der Leistungsanspruch für die Kosten notwendiger Arbeitsassistenz erst entsteht, wenn alle anderen Hilfen ausgeschöpft sind. Die Formulierung in Punkt 3.3 macht die vorrangige Nutzung aller auf Arbeitsplatzwahl, behinderungsgerechte Organisation, Einrichtung und Ausgestaltung des Arbeitsplatzes und auf Qualifikation ausgerichteter Hilfen notwendig. Die Argumentation der Empfehlung ist aber unter dem Aspekt der Gesetzesziele insoweit nicht völlig widerspruchsfrei, insbes. im Hinblick auf die §§ 1 und 9. Maßnahmen der Arbeitgeber zur Arbeitsassistenz sehen die Rechte der schwerbehinderten Menschen gegenüber ihrem Arbeitgeber, die in § 81 Abs. 4 aufgezählt sind, ausdrücklich nicht vor. Arbeitgeber sind also nur im Rahmen ihrer Pflicht nach § 72 Abs. 1 Nr. 1 lit. a) gehalten, im Rahmen der Erfüllung der Beschäftigungspflicht in angemessenem Umfang auch schwb Menschen, die nach Art oder Schwere ihrer Behinderung im Arbeitsleben

besonders betroffen sind, zu beschäftigen, zB auch solche, die zur Ausübung der Beschäftigung wegen ihrer Behinderung nicht nur vorübergehend einer besonderen Hilfskraft bedürfen. Die das wirtschaftlich zumutbare Maß übersteigenden Kosten hierfür erstattet idR das IntA auf der Grundlage des § 27 SchwbAV als außergewöhnliche Belastungen, die mit der Beschäftigung eines schwerbehinderten Menschen verbunden sind. Wieso ein Rechtsanspruch des schwerbehinderten Menschen nachrangig sein soll gegenüber einer Adressierung der Leistung an den Arbeitgeber ist zumindest seit dem Inkrafttreten des SGB IX nicht darstellbar. Die vorgesehene Kombination von Leistungen zur Arbeitsassistenz und nach § 27 SchwbAV ist rechtsdogmatisch sicherlich vorstellbar, praktisch aber wohl eher eine Komplizierung der Hilfestruktur, vgl. zu diesem Komplex auch *Ritz* in Bihr/Fuchs/Krauskopf/Ritz, § 108, Rn 7 bis 9. Im Rahmen seiner Aufgaben, insbes. auch der Verpflichtung nach § 102 Abs. 2 Satz 2, obliegt es dem einzelnen IntA, hier wohl austarierte Lösungen zu finden.

Eine Besonderheit stellt die in Punkt 4.1 Abs. 5 der Empfehlungen darge- 13
stellte Arbeitsassistenz für hörbehinderte Menschen durch Gebärdensprachdolmetscher in Form individueller Budgets dar. Da die BIH-Empfehlungen zur Bezuschussung von Kosten für GebärdensprachdolmetscherInnen-Leistungen in der BIH-Jahreshauptversammlung im 10. 2008 aufgehoben worden sind, orientiert sich die Ermittlung des individuellen Budgets im Zweifel an den im JVEG vorgesehenen Sätzen. Hierbei ist zu beachten, dass auch diese Art der Budgetbildung (wie die Bestimmung der Budgethöhe im Einzelfall generell) den allgemeinen Anforderungen, die das SGB IX in § 17 an die Ausführung von Leistungen als persönliche Budgets stellt, voll gerecht werden muss. Persönliche Budgets nach § 17 Abs. 1 Satz 1 Nr. 4 werden so bemessen, dass eine Deckung des festgestellten Bedarfs unter Beachtung der Grundsätze der Wirtschaftlichkeit und Sparsamkeit möglich ist, vgl. hierzu *v. d. Heide* in Kossens/v. d. Heide/Maaß, § 17, Rn 6, wonach persönliche Budgets dadurch gekennzeichnet sind, dass der individuelle Bedarf des Leistungsempfängers ermittelt und der entsprechende Geldbetrag zur persönlichen Verwendung ausgezahlt wird. Der Empfänger selbst, so weiter *v. d. Heide* (und dies gilt für das Instrument der Arbeitsassistenz generell), beschäftigt Personen für seine persönliche Assistenz (Arbeitgebermodell) oder nimmt Agenturen als Dienstleister in Anspruch. Vgl. hierzu auch *Haines* in LPK-SGB IX, § 17, Rn 9.

Bei der Inanspruchnahme von Gebärdensprachdolmetscherleistungen können im Bedarfsfall auch spezifische Bildtelefonieangebote wie TeleSign oder (als länderspezifisches Angebot im Freistaat Sachsen) SaxoniaDeafCall Bestandteil des Arbeitsassistenzbudgets sein.

Besondere Bedeutung kommt auch der Öffnungsklausel in Punkt 4.1 14
Abs. 4 der Empfehlungen zu. Eine willkürliche Kappung des Bedarfs durch letztlich nicht näher begründete Budgetobergrenzen wäre mit dem Rechtsanspruch auf Kosten der notwenigen Arbeitsassistenz jedenfalls dann unvereinbar, wenn man sich an dem Budgetbegriff des § 17 SGB IX orientiert. So wie im Falle der Gebärdensprachdolmetscher im Grundsatz bedarfsgerechte Stundensätze für die Definition des individuellen Budgets zugrunde gelegt werden, so muss auch bei anderen individuellen Budgets eine marktgerechte

Kostenannahme für die Budgetbildung Eingang finden. Die Förderhöhe darf letztlich nicht derart gestaltet werden, dass dem schwb Menschen kein Entscheidungsspielraum verbleibt, ob er sich für das Arbeitgeber- oder das Dienstleistungsmodell bei der Akquise der Assistenzkraft entscheidet. Die Regelungen zur Umsatzsteuer und zu Regiekosten in den aktuellen Empfehlungen werden diesem Ansatz gerecht. Im Einzelfall wird es vertretbar sein, wenn auch bei einem mtl. Budget, was über dem vom schwb Menschen erzielten mtl. Arbeitseinkommen liegt, noch von einem vertretbaren Verhältnis iSv Punkt 1.8 der Empfehlungen ausgegangen wird.

15 Ausdrücklich ist auch auf die entsprechende Anwendung der Empfehlungen und von § 17 Abs. 1 a SchwbAV überhaupt für selbständig tätige schwb Menschen hinzuweisen (vgl. Punkt 1.10 der Empfehlungen), wobei in diesem Bereich bei der Ermittlung des Assistenzbedarfs für die strikte Trennung von üblichen Assistenztätigkeiten (zB Schreibarbeiten, Buchhaltung uä.) zu behinderungsbedingten Assistenztätigkeiten Sorge zu tragen ist.

16 **6. Rechtsprechung.** Nachdem das Instrument der Arbeitsassistenz bereits vor einem knappen Jahrzehnt (Inkrafttreten des SchwbBAG am 1. 10. 2000) gesetzlich verankert worden ist, fehlt es bisher an höchstrichterlichen Entscheidungen. Dies spricht für die Praxistauglichkeit der BIH-Empfehlungen als quasi-Surrogat für eine Verordnung nach § 108.

17 Sowohl was den Begriff der „notwendigen Arbeitsassistenz" als auch die pauschalierten Bedarfsstufen iSv Punkt 4.1 der Empfehlungen betrifft, haben sich die BIH-Empfehlungen bisher im Wesentlichen als gerichtsfest erwiesen, vgl. OVG Bremen vom 15. 10. 2003, 2 B 304/03; VG 5. Mainz v. 23. 3. 2006, 1 K 269/05.MZ; VG Minden vom 22. 7. 2004, 7 K 7681/03; VG Hamburg vom 9. 7. 2002, 5 VG 3700/2001; Schleswig-Holsteinisches VG vom 27. 8. 2003, 15 A 267/01 und VG Bremen vom 9. 5. 2003, 7 K 2496/01.

18 Das angesprochene Urteil des VG Hamburg stellt dabei im Hinblick auf die pauschalierten Sätze nach Punkt 4.1 der Empfehlungen klar, das eine Teilzeitbeschäftigung (etwa der hälftigen tariflichen Arbeitszeit) aus Sicht des Gerichtes bei entsprechendem individuellen Assistenzbedarf offensichtlich nicht zu Leistungskürzungen des Budgets führt. Maßgeblich für die Bemessung des Budgets ist demnach der tägliche zeitliche Assistenzbedarf und nicht ein etwaiges Herunterrechnen der pauschalierten Sätze im Verhältnis zum arbeitstäglichen Beschäftigungsvolumen.

Kapitel 7. Integrationsfachdienste

§ 109 Begriff und Personenkreis

(1) Integrationsfachdienste sind Dienste Dritter, die bei der Durchführung der Maßnahmen zur Teilhabe schwerbehinderter Menschen am Arbeitsleben beteiligt werden.

(2) Schwerbehinderte Menschen im Sinne des Absatzes 1 sind insbes.

1. schwerbehinderte Menschen mit einem besonderen Bedarf an arbeitsbegleitender Betreuung,

2. schwerbehinderte Menschen, die nach zielgerichteter Vorbereitung durch die Werkstatt für behinderte Menschen am Arbeitsleben auf dem allgemeinen Arbeitsmarkt teilhaben sollen und dabei auf aufwändige, personalintensive, individuelle arbeitsbegleitende Hilfen angewiesen sind sowie

3. schwerbehinderte Schulabgänger, die für die Aufnahme einer Beschäftigung auf dem allgemeinen Arbeitsmarkt auf die Unterstützung eines Integrationsfachdienstes angewiesen sind.

(3) **Ein besonderer Bedarf an arbeits- und berufsbegleitender Betreuung ist insbes. gegeben bei schwerbehinderten Menschen mit geistiger oder seelischer Behinderung oder mit einer schweren Körper-, Sinnes- oder Mehrfachbehinderung, die sich im Arbeitsleben besonders nachteilig auswirkt und allein oder zusammen mit weiteren vermittlungshemmenden Umständen (Alter, Langzeitarbeitslosigkeit, unzureichende Qualifikation, Leistungsminderung) die Teilhabe am Arbeitsleben auf dem allgemeinen Arbeitsmarkt erschwert.**

(4) **[1]Der Integrationsfachdienst kann im Rahmen der Aufgabenstellung nach Absatz 1 auch zur beruflichen Eingliederung von behinderten Menschen, die nicht schwerbehindert sind, tätig werden. [2]Hierbei wird den besonderen Bedürfnissen seelisch behinderter oder von einer seelischen Behinderung bedrohter Menschen Rechnung getragen.**

1. Sozialpolitischer Hintergrund. Das fachliche Konzept „Integrationsfachdienste" entstand parallel zu den Integrationsprojekten (s. Bihr-*Ritz* Vorbem. zu §§ 109–115 sowie Vorbem. zu §§ 132–135) Ende der 90er Jahre. Mit dem SchwbBAG wurde dann das Rechtsinstitut im Jahr 2001 gesetzlich geregelt. Die IFD wurden zunächst flächendeckend von der Bundesanstalt für Arbeit aufgebaut und aus Mitteln der Ausgleichsabgabe (des Ausgleichsfonds) bis Ende 2004 finanziert. Sie standen aber auch von Anfang an in besonderer fachlicher und organisatorischer Nähe zu den Integrationsämtern. 1

Die Integrationsfachdienste sollen als Dienste Dritter bei der Durchführung der Maßnahmen zur Teilhabe schwerbehinderter Menschen am Arbeitsleben sowohl im Auftrag des Integrationsamtes wie auch der Rehabilitationsträger beteiligt werden. Die Integrationsfachdienste können zur Förderung der Teilhabe schwerbehinderter Menschen am Arbeitsleben (Aufnahme, Ausübung und Sicherung einer möglichst dauerhaften Beschäftigung) beteiligt werden, indem sie die schwerbehinderten Menschen beraten, unterstützen und auf geeignete Arbeitsplätze vermitteln und die Arbeitgeber informieren, beraten und ihnen Hilfe leisten. Die Leistungen der IFD richten sich also sowohl an die Arbeitgeber wie auch an die schwerbehinderten Menschen. Mit den Rechtsänderungen des Gesetzes zur Förderung der Ausbildung und Beschäftigung schwerbehinderter Menschen vom 23. 4. 2004 (BGBl. I S. 606) wurde die Rolle der Bundesagentur für Arbeit zum 1. 1. 2005 deutlich zurückgenommen. Die Aufgaben der Prävention, der Unterstützung des betrieblichen Eingliederungsmanagements, der Sicherung der Teilhabe am Arbeitsleben sowie die Unterstützung ju- 2 gendlicher behinderter Menschen beim Übergang von der Schule in das Arbeitsleben sollten deutlich mehr Gewicht im Tätigkeitsprofil der IFD neben der Unterstützung der Vermittlung arbeitsloser schwerbehinderter Menschen erhalten.

3 Mit dem Programm Job 4000 (s. Bekanntmachung der Richtlinie für „Job 4000" – Programm zur besseren beruflichen Integration besonders betroffener schwerbehinderter Menschen vom 26. 7. 2006, Bundesanzeiger Nr. 145 vom 4. 8. 2006, S. 5427) wurden in Art. 3 den Integrationsfachdiensten über die Länder Geld des Ausgleichsfonds für spezielle Aufträge zugewiesen.

4 Eine hinsichtlich des Themas „Strukturverantwortung und Finanzierung" sehr einseitig parteiliche, aber hinsichtlich der statistischen Informationen sehr aufschlussreiche Arbeit hat die Bundesarbeitsgemeinschaft der Integrationsämter und Hauptfürsorgestellen (BIH) als Herausgeber des Berichts „Entwicklung der Integrationsfachdienste 2005 bis 2009 – stetig wachsende Fallzahlen trotz schwieriger Auftragslage – Strukturverantwortung und Finanzierungsgrundlagen dringend regelungsbedürftig" im Oktober 2009 vorgelegt (download: www.integrationsaemter.de). Der Bericht schließt zeitlich an BT-Drucks. 16/6044 vom 2. 7. 2007 (s. Erl. § 160 Rn 2 ff) an.

5 **2. Geltende Fassung.** Die Regelung übertrug inhaltsgleich den § 37 a SchwbG. Die Novellierung des SGB IX mit dem Gesetz zur Förderung der Ausbildung und Beschäftigung schwerbehinderter Menschen vom 23. 4. 2004 (BGBl. I S. 606) verfolgte hinsichtlich der IFD vor allem zwei Ziele: die Verbesserung der Vermittlung schwerbehinderter Menschen in den allgemeinen Arbeitsmarkt und den weiteren Ausbau der Integrationsfachdienste (s. BT Drucks. 15/1783).

6 Die Übertragung der sogenannte „Strukturverantwortung" auf die Integrationsämter erwies sich seit 2004 als hochstrittiger Vorgang: Der Begriff „Strukturverantwortung" kommt lediglich einmal in der allgemeinen Begründung des Gesetzentwurfs zur Förderung der Ausbildung und Beschäftigung schwerbehinderter Menschen vor (s. BT-Drucks. 15/1783). Er wird im Gesetz selbst allerdings nicht verwendet, die diesbzgl. Praxis der Integrationsämter ist nicht einheitlich.

7 **3. Normzweck.** Die Norm regelt den Begriff Integrationsfachdienst, den Kreis der Auftraggeber und den Personenkreis, der von diesen Integrationsfachdiensten betreut, vermittelt und unterstützt werden soll. Integrationsfachdienste nehmen Beratungs- und Unterstützungsaufgaben gegenüber schwerbehinderten Menschen und Arbeitgebern wahr. Das Ziel des Gesetzgebers war es, einen einheitlichen Dienstleister für alle Behindertengruppen und alle Kostenträger für Leistungen zur Teilhabe am Arbeitsleben mit direktem Bezug zur Vermittlung und Sicherung bestehender Arbeitsverhältnisse neu zu schaffen (s. a. Aufgabenliste § 110).

8 **4. Normzusammenhang.** Die weitgefasste, bedarfsbezogene Definition des Handlungsfeldes der Integrationsfachdienste findet seine rechtliche Abbildung auch im allgemeinen Teil des SGB IX, § 33 Abs. 6 Nr. 8 (s. Erl. § 33). Untergesetzlich wird auf die GE nach § 113 Abs. 2 verwiesen (Fundstelle siehe dort). In § 38 a Abs. 5 Satz 1 findet sich eine eher nur formale Benennung der IFD als möglicher Durchführungsträger für Maßnahmen der Unterstützten Beschäftigung. In § 421 g Abs. 3 Nr. 4 SGB III findet sich die

Privilegierung der IFD für die Annahme von Vermittlungsgutscheinen. In § 4 Satz 1 Nr. 16 Buchst e UStG findet sich die Regelung zur bedingten Umsatzsteuerbefreiung.

5. Integrationsfachdienste als Dienste Dritter (Abs. 1 Satz 1). Nach Abs. 1 Satz 1 sind Integrationsfachdienste Dritter, dh es handelt sich aus Sicht der Rehabilitationsträger und der Integrationsämter um externe Dienste. Dies ist auch Voraussetzung für den rechtlich zulässigen Einsatz von Ausgleichsabgabe (s. § 77 Abs. 5 Satz 2). Nur allgemein ist die Aufgabenverteilung zu eigenen internen Stellen der Rehabilitationsträger geregelt – wie zB den Berufshelfern der Berufsgenossenschaften, den Reha-SB-Stellen der Bundesagentur für Arbeit und den Mitarbeitern der Begleitenden Hilfe nach § 102 Abs. 2 und 3 der Integrationsämter. Die Auftraggeber haben ein weites Ermessen, für welche konkreten Aufgaben der Aufgabenliste des § 110 sie eigene Kräfte oder Integrationsfachdienste einsetzen. Gewisse Konkretisierungen ergeben sich aus der GE IFD (Fundstelle siehe Erl. § 115). 9

6. Maßnahmen zur Teilhabe schwerbehinderter Menschen am Arbeitsleben (Abs. 1 HS 2). Die Aufgaben der Integrationsfachdienste umfassen Maßnahmen zur Teilhabe schwerbehinderter Menschen am Arbeitsleben (Abs. 1 HS 2), womit die begleitende Hilfe im Arbeitsleben (§ 102 Abs. 2 und 3) durch das Integrationsamt mit eingeschlossen ist. Andererseits entspricht der Aufgabenkatalog des § 110 Abs. 2 Nr. 1–7 nur einem Ausschnitt der Leistungen zur Teilhabe am Arbeitsleben, wie sie in § 33 Abs. 3 und 6 festgelegt sind. Die Hilfen durch Integrationsfachdienste können somit nur als spezielle Maßnahmen zur Teilhabe schwerbehinderter Menschen am Arbeitsleben verstanden werden. 10

7. Personenkreis (Abs. 2, 4). In **Abs. 2** wird der **Personenkreis** definiert, für den die Integrationsfachdienste Leistungen erbringen sollen. Der Personenkreis wird hier originär definiert, es wird nur teilweise auf Definitionselemente besonderer Personenkreise nach SGB III und SGB IX – insbes. § 72 – mit gewissen Formulierungsähnlichkeiten zurückgegriffen. Es erfolgt kein expliziter Verweis auf Definitionen an anderer Stelle, die Definition stellt zunächst einmal wesentlich auf den besonderen Bedarf an arbeitsbegleitender Betreuung der Zielgruppe in Abs. 2 Nr. 1 ab. Nach dem Wortlaut des Abs. 2 – mit der Nutzung des Wortes „insbes." – ist allerdings noch nicht einmal dieses weit gefasste Kriterium des besonderen Bedarfs an arbeitsbegleitender Betreuung zwingende Voraussetzung für die Einbeziehung eines Integrationsfachdienstes durch den zuständigen Rehabilitationsträger oder das Integrationsamt. Nr. 1 des Abs. 1 eröffnet den beauftragenden Stellen somit ein sehr weites Ermessen bei der Definition des für die Integrationsfachdienste als Zielgruppe vorzusehenden Personenkreises. Zudem kann für jeden Einzelfall oder für jede Personengruppe auch ein spezieller Ausschnitt des Aufgabenkatalogs nach § 110 Abs. 2 von der beauftragenden Stelle zum Gegenstand der Zusammenarbeit mit den Integrationsfachdiensten definiert werden. Die in Nr. 2 und 3 speziell genannten Personenkreise sind durch diese Benennung im Gesetz besonders hervorgehoben. Es handelt sich aber dabei im rechtlichen Sinne nicht um die „eigentliche Zielgruppe" der Integrationsfachdienste. Die Leistungsträger 11 sollten sich aber schon gehalten sehen, diese Gruppen bedarfsgerecht mit einzubeziehen. Allerdings sind die rechtlichen Argumente für ein solches Auftragsverhalten nicht zwingend. Es fehlt auch für diese Gruppen an einem Rechtsanspruch der behinderten Menschen auf Leistungen eines Integrationsfachdienstes. Es besteht auch keine Rechtspflicht der Leistungsträger, Integrationsfachdienste überhaupt zu beauftragen. Die Beauftragung steht im Ermessen der Leistungsträger. Der individuelle Zugang wird teilweise nicht als individuelle Zuweisung. sondern allgemein definiert, zB für schwerbehinderte Inhaber von Vermittlungsgutscheinen nach § 421 g SGB III (beispielsweise so in Hamburg). Zu beachten ist jedoch der Rechtscharakter der Beauftragung, der in § 111 Abs. 1 Satz 2 nochmals ausdrücklich klargestellt wird.

12 **8. Besonderer Bedarf an arbeits- und berufsbegleitender Betreuung (Abs. 3).** In **Abs. 3** wird der **Begriff des besonderen Bedarfs** an arbeits- und berufsbegleitender Betreuung definiert. Satz 2 hebt die besondere Aufgabenstellung gegenüber seelisch behinderten oder von einer seelischen Behinderung bedrohten Menschen, die fachlich auch die Aufgaben der psychosozialen Dienste (§ 102 Abs. 2 Satz 5) umfasst. Die Vorschrift ist aber im Vergleich zu den Anforderungen des § 28 SchwbAV hinsichtlich der Qualifikationsanforderungen an das Personal in psycho-sozialen Fachdiensten eher sehr allgemein gehalten.

13 Besonderen Bedarf an arbeits- und berufsbegleitender Betreuung ist insbes. gegeben bei schwerbehinderten Menschen mit geistiger oder seelischer Behinderung oder mit einer schweren Körper-, Sinnes- oder Mehrfachbehinderung, die sich im Arbeitsleben besonders nachteilig auswirkt. Die nachteilige Arbeitsmarktwirkung kann sowohl in Form einer besonderen Vermittlungserschwernis für einen Arbeitslosen als auch in Form einer besonderen Arbeitsplatzgefährdung bei bestehendem Arbeitsverhältnis auftreten. Insofern kann hier ausdrücklich – wie auch § 110 Abs. 2 Nr. 6 zeigt – das Aufgabenspektrum der psycho-sozialen Fachdienste iSd § 28 SchwbAV mit eingeschlossen werden und dementsprechend natürlich auch die dortige besondere Zielgruppe. Die Behinderung kann allein oder zusammen mit weiteren vermittlungshemmenden Umständen (Alter, Langzeitarbeitslosigkeit, unzureichende Qualifikation, Leistungsminderung), die Teilhabe am Arbeitsleben auf dem allgemeinen Arbeitsmarkt erschweren, eine Indikation für die Beteiligung eines Integrationsfachdienstes darstellen.

14 **9. Umsatzsteuerbefreiung der Integrationsfachdienste.** Durch die Neufassung des § 4 Nr. 16 UStG vom 1. 1. 2009 (Jahressteuergesetz 2009 – JStG 2009 – vom 19. 12. 2009 BGBl. I Nr. 63 v. 24. Dez. 2009, 2794) erhält diese Norm folgende Fassung: Einrichtungen, mit denen eine Vereinbarung nach § 111 SGB IX besteht werden ... sind von der Umsatzsteuer befreit, soweit es sich ihrer Art nach um Leistungen handelt, auf die sich die Anerkennung, der Vertrag oder die Vereinbarung nach Sozialrecht oder die Vergütung jeweils bezieht (§ 4 Satz 1 Nr. 16 Buchst e und Satz 2 UStG) Die steuerliche Privilegierung stellt also auf das Vorhandensein der Vereinbarung nach § 111 ab. Im Einführungsschreiben (Bundesministerium der Finanzen – Umsatzsteuer – Einführungsschreiben zu § 4 Nr. 16 UStG in der ab dem 1. 1. 2009

geltenden Fassung vom 20. 7. 2009, IV B 9 – Satz 7172/09/10002, dort Absatz 3.5) wird erläutert: Die Inanspruchnahme der Steuerbefreiung setzt voraus, dass der Integrationsfachdienst im Auftrag der Integrationsämter oder der Rehabilitationsträger werden und mit ihnen eine Vereinbarung nach § 111 SGB IX besteht. Für die Inanspruchnahme der Steuerbefreiung nach § 4 Nr. 16 Satz 1 Buchst e UStG kommt es ausschließlich darauf an, dass das Integrationsamt mit dem Integrationsfachdienst eine Vereinbarung geschlossen hat, in der dieser als Integrationsfachdienst benannt wird. Wenn diese (Grund-)Vereinbarung besteht, sind alle Tätigkeiten des Integrationsfachdienstes im Rahmen des gesetzlichen Auftrages (§ 110 SGB IX) steuerbefreit. Dabei ist es unerheblich, wer den konkreten Auftrag im Einzelfall erteilt (zB Integrationsamt, Rehabilitationsträger oder Träger der Arbeitsverwaltung).

§ 110 Aufgaben

(1) Die Integrationsfachdienste können zur Teilhabe schwerbehinderter Menschen am Arbeitsleben (Aufnahme, Ausübung und Sicherung einer möglichst dauerhaften Beschäftigung) beteiligt werden, indem sie die schwerbehinderten Menschen beraten, unterstützen und auf geeignete Arbeitsplätze vermitteln, die Arbeitgeber informieren, beraten und ihnen Hilfe leisten.

(2) Zu den Aufgaben des Integrationsfachdienstes gehört es,

1. die Fähigkeiten der zugewiesenen schwerbehinderten Menschen zu bewerten und einzuschätzen und dabei ein individuelles Fähigkeits-, Leistungs- und Interessenprofil zur Vorbereitung auf den allgemeinen Arbeitsmarkt in enger Kooperation mit den schwerbehinderten Menschen, dem Auftraggeber und der abgebenden Einrichtung der schulischen oder beruflichen Bildung oder Rehabilitation zu erarbeiten,

1a. die Bundesagentur für Arbeit auf deren Anforderung bei der Berufsorientierung und Berufsberatung in den Schulen einschließlich der auf jeden einzelnen Jugendlichen bezogenen Dokumentation der Ergebnisse zu unterstützen,

1b. die betriebliche Ausbildung schwerbehinderter, insbes. seelisch und lernbehinderter Jugendlicher zu begleiten,

2. geeignete Arbeitsplätze (§ 73) auf dem allgemeinen Arbeitsmarkt zu erschließen,

3. die schwerbehinderten Menschen auf die vorgesehenen Arbeitsplätze vorzubereiten,

4. die schwerbehinderten Menschen, solange erforderlich, am Arbeitsplatz oder beim Training der berufspraktischen Fähigkeiten am konkreten Arbeitsplatz zu begleiten,

5. mit Zustimmung des schwerbehinderten Menschen die Mitarbeiter im Betrieb oder in der Dienststelle über Art und Auswirkungen der Behinderung und über entsprechende Verhaltensregeln zu informieren und zu beraten,

6. eine Nachbetreuung, Krisenintervention oder psychosoziale Betreuung durchzuführen,

7. als Ansprechpartner für die Arbeitgeber zur Verfügung zu stehen, über die Leistungen für die Arbeitgeber zu informieren und für die Arbeitgeber diese Leistungen abzuklären,

8. in Zusammenarbeit mit den Rehabilitationsträgern und den Integrationsämtern die für den schwerbehinderten Menschen benötigten Leistungen zu klären und bei der Beantragung zu unterstützen.

1 **1. Geltende Fassung.** Die Regelung übertrug im Wesentlichen inhaltsgleich § 37a. In Abs. 2 Nr. 5 wurde mit dem SGB IX der Wortlaut des Gesetzes dahingehend verändert, daß als Voraussetzung für das Tätigwerden des Integrationsfachdienstes die Zustimmung des schwerbehinderten Menschen ausdrücklich verlangt wird. Das Gesetz zur Förderung der Ausbildung und Beschäftigung schwerbehinderter Menschen vom 23. 4. 2004 (BGBl. I S. 606) fügte neu ein Abs. 2 Nr. 1a, 1b u. 8, es änderte Nr. 7.

2 **2. Normzweck.** Die Norm präzisiert die Aufgaben der Integrationsfachdienste gegenüber schwerbehinderten Menschen und Arbeitgebern mit dem Ziel, die Aufnahme, Ausübung und Sicherung einer möglichst dauerhaften Beschäftigung zu fördern. Die Norm wird durch die GE IFD (Fundstelle s. § 115) präzisiert. Die Norm stellt klar, dass in jedem Beschäftigungsstatus – also sowohl bei Arbeitslosigkeit als auch in einem bestehenden Beschäftigungsverhältnis – bei Bedarf nach arbeitsbegleitender Betreuung ein Integrationsfachdienst beauftragt werden kann. Ziel ist die Aufnahme, Ausübung und Sicherung einer möglichst dauerhaften Beschäftigung. Die Formulierung dieser Norm lässt auch die direkte Einschaltung des Integrationsfachdienstes durch den schwerbehinderten Menschen oder den Arbeitgeber zu, verpflichtet den zuständigen Auftraggeber aber nicht zur Kostenzusage. Der Aufgabenkatalog hat Überschneidungen zu den älteren Vorschriften des § 102 Abs. 2. Darüber hinaus können die Integrationsämter weiterhin unter besonderen Umständen auf Rechtsgrundlage des § 17 Abs. 1 Satz 2 SchwbAV Aufträge an Dritte erteilen und dafür Kosten erstatten. Diese Pluralität der Fördermöglichkeiten wird zwar gelegentlich kritisiert, aber sie erlaubt in hohem Maße, auf regionale Bedürfnisse eingehen und regional unterschiedliche Handlungsmöglichkeiten nutzen zu können. Die Transparenz des Leistungsangebots lässt sich durch entsprechende Informationsangebote auch bei pluralistischer Struktur zufriedenstellend regeln. Die jetzige offene Regelungsstruktur bewirkt gesunden Wettbewerb und erlaubt flexible Einbeziehung verschiedenster gesellschaftlicher Organisationen – je nach regionalen Unterschiedlichkeiten – in die externe Unterstützungsstruktur (zB Wirtschaftskammern, privatrechtliche Organisationen, Verbände, Wohlfahrtsverbände). Insofern gibt der Leistungskanon des Abs. 2 Nr. 1 bis 8 eine Orientierung und einen rechtlichen Rahmen, nicht jeder Integrationsfachdienst wird tatsächlich allerdings das Vollspektrum erbringen wollen oder erbringen können. Klar gestellt wird in der Norm – ähnlich wie für die psychosozialen Fachdienste in § 28 SchwbAV – dass die Adres-

saten der Leistungen der Integrationsfachdienste sowohl schwerbehinderte Menschen als auch Arbeitgeber sind. Hinsichtlich der Leistungen für Arbeitgeber wird auf den Normzusammenhang zu § 81 Abs. 1 und für öffentliche Arbeitgeber zusätzlich auf § 82 verwiesen. Die Aufzählung des Abs. 2 ist nicht abschließend. Leistungen, die zur Erfüllung der Ziele des Abs. 1 und § 109 Abs. 1 beitragen, können deswegen ergänzend wahrgenommen werden.

3. Leistungen im Einzelnen (Abs. 2). In Nr. 1 wird den Integrationsfachdiensten die Aufgabe zugewiesen, die Fähigkeiten der zugewiesenen schwerbehinderten Menschen zu bewerten und einzuschätzen. Dabei soll ein individuelles Fähigkeits-, Leistungs- und Interessenprofil zur Vorbereitung auf den allgemeinen Arbeitsmarkt in enger Kooperation mit den schwerbehinderten Menschen, dem Auftraggeber und der abgebenden Einrichtung der schulischen oder beruflichen Bildung oder Rehabilitation erarbeitet werden. Der Begriff des Fähigkeitsprofils ist in der Fachliteratur ausgiebig bearbeitet und definiert (s. Internetadressen zur Profilmethode: http://www.baua.de/ (Bundesanstalt für Arbeitschutz und Arbeitsmedizin), http://www.melba.de/; http://www.imba.de/]. 3

Die Integrationsfachdienste sind zwar nicht zwingend auf diese Methoden verpflichtet, zur Professionalisierung und zur Qualitätssicherung (s. § 111 Abs. 4) ist aber die Anwendung dieser Methoden sicherlich zumindest in geeigneten Fällen geboten. 4

Das Erschließen geeigneter Arbeitsplätze (§ 73) gehört ebenfalls zu den ausdrücklichen Aufgaben der Integrationsdienste (Nr. 2). Eine Einschränkung auf bestimmte Arbeitsweisen oder auf ausschließlich bewerberorientierte Verfahren ist nicht vorgesehen. 5

Nach Nr. 3 können die IFD die schwerbehinderten Menschen auf die vorgesehenen Arbeitsplätze vorbereiten. 6

Nach Nr. 4 gehört es zu den ausdrücklichen Aufgaben der IFD, schwerbehinderte Menschen am Arbeitsplatz zu begleiten. Dabei ist die Geheimhaltungspflicht nach § 130 einschlägig. 7

Nr. 5 erlaubt auch, dass die IFD mit Zustimmung des schwerbehinderten Menschen die Mitarbeiter im Betrieb oder in der Dienststelle über Art und Auswirkungen der Behinderung und über entsprechende Verhaltensregeln informieren und beraten. 8

Nr. 6 regelt in sehr deutlicher Überschneidung mit § 28 SchwbAV die Möglichkeit der Auftraggeber, die IFD mit Nachbetreuung, Krisenintervention oder psychosozialer Betreuung zu beauftragen. Dies setzt aber eine den Anforderungen des § 28 SchwbAV entsprechende Fachlichkeit voraus. Näheres ist in § 112 geregelt. 9

Nr. 7 erlaubt, die IFD als Ansprechpartner für die Arbeitgeber festzulegen. Für die Integrationsämter werden Verbesserungsmöglichkeiten der diesbzgl. Aktivitäten über den Weg der Beauftragung von IFD eröffnet. Dies wird zB in Hamburg intensiv genutzt (http://www.faw-biha.de/). Die Finanzierung durch Ausgleichsabgabe ist ausdrücklich zulässig, die Norm des § 77 Abs. 5 Satz 2 – Verbot der Übernahme von Kosten der Verwaltung und des Verfahrens durch Ausgleichsabgabe – ist wegen der Spezialnorm des § 110 iVm § 113 Satz 2 nicht einschlägig. 10

§ 111 Beauftragung und Verantwortlichkeit

(1) [1]Die Integrationsfachdienste werden im Auftrag der Integrationsämter oder der Rehabilitationsträger tätig. [2]Diese bleiben für die Ausführung der Leistung verantwortlich.

(2) Im Auftrag legt der Auftraggeber in Abstimmung mit dem Integrationsfachdienst Art, Umfang und Dauer des im Einzelfall notwendigen Einsatzes des Integrationsfachdienstes sowie das Entgelt fest.

(3) Der Integrationsfachdienst arbeitet insbes. mit
1. den zuständigen Stellen der Bundesagentur für Arbeit,
2. dem Integrationsamt,
3. dem zuständigen Rehabilitationsträger, insbes. den Berufshelfern der gesetzlichen Unfallversicherung,
4. dem Arbeitgeber, der Schwerbehindertenvertretung und den anderen betrieblichen Interessenvertretungen,
5. der abgebenden Einrichtung der schulischen oder beruflichen Bildung oder Rehabilitation mit ihren begleitenden Diensten und internen Integrationsfachkräften oder -diensten zur Unterstützung von Teilnehmenden an Leistungen zur Teilhabe am Arbeitsleben,
5a. den Handwerks-, den Industrie- und Handelskammern sowie den berufsständigen Organisationen,
6. wenn notwendig auch mit anderen Stellen und Personen,

eng zusammen.

(4) [1]Näheres zur Beauftragung, Zusammenarbeit, fachlichen Leitung, Aufsicht sowie zur Qualitätssicherung und Ergebnisbeobachtung wird zwischen dem Auftraggeber und dem Träger des Integrationsfachdienstes vertraglich geregelt. [2]Die Vereinbarungen sollen im Interesse finanzieller Planungssicherheit auf eine Dauer von mindestens drei Jahren abgeschlossen werden.

(5) Die Integrationsämter wirken darauf hin, dass die berufsbegleitenden und psychosozialen Dienste bei den von ihnen beauftragten Integrationsfachdiensten konzentriert werden.

1 **1. Geltende Fassung.** Die Vorschrift geht auf § 37c SchwbG. Das Gesetz zur Förderung der Ausbildung und Beschäftigung schwerbehinderter Menschen vom 23. 4. 2004 (BGBl. I S. 606) fügte Abs. 2 Nr. 5a neu ein. Es strich in Abs. 4 und 5 die ehemaligen Vorschriften zur Mustervereinbarung und zum Aufbauauftrag der Bundesagentur für Arbeit für ein flächendeckendes Netz (s. Bihr-*Ritz* Vorbem.en zu §§ 109–115 Rn 5).

2 **2. Normzweck.** Die Norm des § 111 enthält **Regelungen zur Beauftragung** der Integrationsfachdienste. Damit werden insbes. auch die Rechtsbeziehungen zwischen Integrationsfachdienst, Auftraggeber und schwerbehindertem Menschen strukturiert (Abs. 1 und 2).

3 **3. Regelungen zur Beauftragung (Abs. 1 und 2).** Die Integrationsfachdienste werden für ihre Auftraggeber ausschließlich im Auftrag tätig – *Bieritz-Harder* spricht von Verwaltungsauftrag (in Lachwitz § 111 Rn 3). Es

entsteht kein sozialrechtliches Dreiecksverhältnis. Die Rechtsbeziehung zwischen Integrationsfachdienst und Auftraggeber sowie behindertem Menschen und Sozialleistungsträger sind getrennt voneinander konstruiert. Sofern es sich um Vermittlungsaufgaben mit der Absicht den Vermittlungsgutschein nach § 421g SGB III einzulösen handelt, wird zB der IFD direkte Verträge mit den arbeitslosen schwerbehinderten Menschen gem. den Rechts- und Verwaltungsvorschriften aus dem SGB III – Bereich abschließen müssen. Damit entspricht die Rechtsbeziehung der Integrationsfachdienste zu ihren Auftraggebern derjenigen, die bereits zwischen den Integrationsämtern und deren psycho-sozialen Fachdiensten auf der Rechtsgrundlage des § 102 Abs. 2 iVm § 28 SchwbAV besteht. Mit dieser Rechtskonstruktion unterliegen die Integrationsfachdienste der Aufsicht der Auftraggeber und sind an ihre Weisungen gebunden. Die konkrete Ausgestaltung dieser Rechtsbeziehung erfolgt in der Auftragserteilung, die allerdings beim Vermittlungsgutschein untypischerweise nicht durch die BA erfolgt, sondern durch den arbeitslosen schwerbehinderten Menschen selbst. Ansonsten bleibt der jeweilige Auftraggeber für die Ausführung der Leistung gegenüber dem behinderten Menschen rechtlich verantwortlich.

Einschlägig ist § 17 Abs. 1 Nr. 1 SGB I. Die Weitergabe von Daten und der Umgang mit diesen im Integrationsfachdienst unterliegt der Norm der §§ 67ff SGB X und § 130 SGB IX. 4

Für schwerbehinderte Menschen wird weder in den §§ 109–115 noch an anderer Stelle im SGB IX ein ausdrücklicher **Rechtsanspruch** der Zielgruppenangehörigen auf Leistungen eines Integrationsfachdienstes formuliert. Das verwundert umso mehr, als bereits mit dem Job-AQTIV-Gesetz vom 10. 12. 2001 (BGBl. I S. 3443), in Kraft ab 1. 1. 2002, nach § 37a SGB III für Arbeitslose ein Anspruch auf Einschaltung Dritter nach mindestens sechsmonatiger Dauer eingeführt wurde (s.a. den heutigen § 421g SGB III). 5

Bei der Frage, ob Integrationsfachdienste an der Leistungserbringung zu beteiligen sind, sieht *Bieritz-Harder* (aaO) unter Bezug auf § 33 Satz 2 SGB I die Pflicht der Leistungsträger, auf angemessene Wünsche der behinderten Menschen einzugehen. Diese Auffassung ist zutreffend, allerdings ist darauf zu verweisen, dass dies somit kein Anwendungsfall des Wunsch- und Wahlrechts nach § 9 SGB IX ist. 6

§ 112 Fachliche Anforderungen

(1) Die Integrationsfachdienste müssen

1. **nach der personellen, räumlichen und sächlichen Ausstattung in der Lage sein, ihre gesetzlichen Aufgaben wahrzunehmen,**
2. **über Erfahrungen mit dem zu unterstützenden Personenkreis (§ 109 Abs. 2) verfügen,**
3. **mit Fachkräften ausgestattet sein, die über eine geeignete Berufsqualifikation, eine psychosoziale oder arbeitspädagogische Zusatzqualifikation und ausreichende Berufserfahrung verfügen, sowie**
4. **rechtlich oder organisatorisch und wirtschaftlich eigenständig sein.**

(2) [1]Der Personalbedarf eines Integrationsfachdienstes richtet sich nach den konkreten Bedürfnissen unter Berücksichtigung der Zahl der Betreuungs- und Beratungsfälle, des durchschnittlichen Betreuungs- und Beratungsaufwands, der Größe des regionalen Einzugsbereichs und der Zahl der zu beratenden Arbeitgeber. [2]Den besonderen Bedürfnissen besonderer Gruppen schwerbehinderter Menschen, insbes. schwerbehinderter Frauen, und der Notwendigkeit einer psychosozialen Betreuung soll durch eine Differenzierung innerhalb des Integrationsfachdienstes Rechnung getragen werden.

(3) [1]Bei der Stellenbesetzung des Integrationsfachdienstes werden schwerbehinderte Menschen bevorzugt berücksichtigt. [2]Dabei wird ein angemessener Anteil der Stellen mit schwerbehinderten Frauen besetzt.

1 Die Vorschrift geht zurück auf § 37d SchwbG.

2 Die Norm des § 112 enthält Regelungen zu den fachlichen Anforderungen der Integrationsfachdienste.

3 Die Abs. 2 und 3 die angemessene Beteilung schwerbehinderter Menschen, insbes. auch schwerbehinderter Frauen, rechtlich sicher.

§ 113 Finanzielle Leistungen

(1) [1]Die Inanspruchnahme von Integrationsfachdiensten wird vom Auftraggeber vergütet. [2]Die Vergütung für die Inanspruchnahme von Integrationsfachdiensten kann bei Beauftragung durch das Integrationsamt aus Mitteln der Ausgleichsabgabe erbracht werden.

(2) [1]Die Bundesarbeitsgemeinschaft der Integrationsämter und Hauptfürsorgestellen vereinbart mit den Rehabilitationsträgern nach § 6 Abs. 1 Nr. 2 bis 5 unter Beteiligung der maßgeblichen Verbände, darunter der Bundesarbeitsgemeinschaft, in der sich die Integrationsfachdienste zusammengeschlossen haben, eine gemeinsame Empfehlung zur Inanspruchnahme der Integrationsfachdienste durch die Rehabilitationsträger, zur Zusammenarbeit und zur Finanzierung der Kosten, die dem Integrationsfachdienst bei der Wahrnehmung der Aufgaben der Rehabilitationsträger entstehen. [2]§ 13 Abs. 7 und 8 gelten entsprechend.

1 **1. Geltende Fassung.** Die Regelung des heutigen Abs. 1 geht zurück auf § 37e SchwbG. Durch das G. z. Förderung der Ausbildung und Beschäftigung schwerbehinderter Menschen v. 23. 4. 2004 (BGBl. I S. 606) erhielt die Norm ihre heutige Fassung.

2 **2. Normzweck. Abs. 1** bestimmt eine Vergütung der IFD-Leistungen durch die Auftraggeber. Damit ist grundsätzlich auch festgelegt, dass diese Leistungen sowohl für die betreuten schwerbehinderten Menschen und für die Arbeitgeber ohne eigene Kostenbeteiligung erhältlich sind.

3 Die Integrationsämter sind ermächtigt für ihre Beauftragungen die Leistungen aus Mitteln der Ausgleichsabgabe zu finanzieren. Die Norm ist rechtssystematisch eigentlich überflüssig, da Maßnahmen der begleitenden

Hilfe sowieso aus der Ausgleichsabgabe finanziert werden dürfen und in § 102 Abs. 3 Nr. 3 sich auch eine explizite diesbzgl. Regelung findet.

4 Die Norm schafft auch in Abs. 2 die Rechtsgrundlage für eine GE IFD (s. näheres Erl. § 115).

5 **3. Finanzielle Leistungen. Die Integrationsämter** können gem. § 109 Abs. 1 iVm § 113 und § 102 Abs. 3 Nr. 3 iVm § 27a SchwbAV Mittel der Ausgleichsabgabe für die Vergütung von Integrationsfachdiensten einsetzen, wenn sie diese an ihren Maßnahmen zur Teilhabe schwerbehinderter Menschen am Arbeitsleben im Rahmen der begleitenden Hilfe beteiligen. Seit dem Jahr 2004 ist es zwischen Bund, BA und Ländern heftig umstritten, wie weit sich die Integrationsämter an den Kosten der Vermittlung beteiligen sollten. Die rechtliche Zulässigkeit der Finanzierung oder Mitfinanzierung von besonderen Vermittlungsunterstützungen für arbeitslose schwerbehinderte Menschen ist aber zweifelsfrei aus dem gesetzlichen Auftrag des § 102 Abs. 2 und 3 gedeckt. Die dort gesetzlich normierte Begleitende Hilfe soll darauf hinwirken, dass die schwerbehinderten Menschen in ihrer sozialen Stellung nicht absinken, auf Arbeitsplätzen beschäftigt werden, auf denen sie ihre Fähigkeiten und Kenntnisse voll verwerten und weiterentwickeln können sowie durch Leistungen der Rehabilitationsträger und Maßnahmen der Arbeitgeber befähigt werden, sich am Arbeitsplatz und im Wettbewerb mit nichtbehinderten Menschen zu behaupten (§ 102 Abs. 2 Satz 2). Aus der nicht aufgabenbeschränkten, sondern allgemein formulierten Fördermöglichkeit der IFD aus Mitteln der Ausgleichsabgabe durch die Integrationsämter (§ 102 Abs. 3 Nr. 3) kann jedenfalls kein Verbot der Finanzierung der Vermittlungsanstrengungen der IFD durch das örtlich zuständige Integrationsamt festgestellt werden. Umgekehrt besteht aber auch keine Verpflichtung für die Integrationsämter, Vermittlungsleistungen der IFD ganz oder teilweise zu finanzieren. Das jeweilige Ausmaß des finanziellen Engagements der Integrationsämter für die einzelnen in § 110 Abs. 1 und 2 festgelegten Aufgaben der IFD unterliegt der freien Ermessensentscheidung.

6 Dies wird in der GE IFD allerdings anders gesehen. Es wird eine Rechtspflicht zur Einrichtung und Förderung der IFD gesehen. So lautet § 5 Abs. 1: „Die IFD werden für die Zielgruppe der schwerbehinderten Menschen durch die Integrationsämter flächen- und bedarfsdeckend eingerichtet, ausgestattet und nach einheitlichen Kriterien leistungsabhängig finanziert."

7 Die Bundesagentur für Arbeit hat seit dem 1. 1. 2005 nur noch auf Rechtsgrundlage des SGB III IFD an der Vermittlung beteiligt. Bis zum 31. 12. 2008 waren die wesentlichste Rechtsgrundlage § 37 SGB III, die aber zu diesem Termin aufgehoben wurde, und der Vermittlungsgutschein nach § 421g SGB III, den ein Teil der Integrationsämter aber als ungeeignet kritisiert.

8 Seit 1. 1. 2009 steht der BA neben dem Vermittlungsgutschein ein weiteres Instrument mit § 46 SGB III (Maßnahmen zur Aktivierung u. Eingliederung) zur Verfügung. Neue Norm enthält Elemente verschiedener Leistungen (zB § 37 SGB III – alte Fassung, ehemalige Trainingsmaßnahmen nach §§ 48ff SGB III), die bisher getrennt voneinander für die Unterstützung von Arbeitsuchenden oder Ausbildungsuchenden eingesetzt wurden.

9 Vermittlungsgutscheinschein nach § 412g SGB III sind noch zum 31. 12. 2010 im Prinzip für die schwerbehinderten Menschen sehr selbstbestimmungsförderliche Möglichkeiten zur (Teil-)Finanzierung der Inanspruchnahme von IFD-Dienstleistungen verfügbar. Bei Langzeitarbeitslosen und behinderten Menschen nach § 2 Abs. 1 des Neunten Buches kann der Vermittlungsgutschein bis zu einer Höhe von 2500,– € ausgestellt werden. Er kann eingelöst werden bei einem Vermittler, der die Arbeitsvermittlung als Gegenstand seines Gewerbes angezeigt hat oder nach den gesetzlichen Regelungen zur Teilhabe schwerbehinderter Menschen am Arbeitsleben beteiligt worden ist. Unter letztere Formulierung fallen die IFD.

10 Der Vermittlungsgutschein gilt entsprechend der Regelung § 16 Abs. 1 **SGB II** als „Kann"-Leistung auch für Leistungsbezieher nach §§ 19ff SGB II.

11 Die Finanzierung der Inanspruchnahme der IFD-Leistungen durch die Rehabilitationsträger iSd § 6 Abs. 1 Nr. 2–5 wird gem. § 113 Abs. 2 durch die GE geregelt. In § 5 Abs. 2–6 GE IFD wird die Vergütung für die Inanspruchnahme der IFD durch die Rehabilitationsträger nach § 33 Abs. 6 Nr. 8 SGB IX festgelegt. Danach wird die Leistung dem Integrationsfachdienst pro Einzelfall vergütet.

§ 114 Ergebnisbeobachtung

(1) [1]Der Integrationsfachdienst dokumentiert Verlauf und Ergebnis der jeweiligen Bemühungen um die Förderung der Teilhabe am Arbeitsleben. [2]Er erstellt jährlich eine zusammenfassende Darstellung der Ergebnisse und legt diese den Auftraggebern nach deren näherer gemeinsamer Maßgabe vor. [3]Diese Zusammenstellung soll insbes. geschlechtsdifferenzierte Angaben enthalten zu

1. den Zu- und Abgängen an Betreuungsfällen im Kalenderjahr,
2. dem Bestand an Betreuungsfällen,
3. der Zahl der abgeschlossenen Fälle, differenziert nach Aufnahme einer Ausbildung, einer befristeten oder unbefristeten Beschäftigung, einer Beschäftigung in einem Integrationsprojekt oder in einer Werkstatt für behinderte Menschen.

(2) [1]Der Integrationsfachdienst dokumentiert auch die Ergebnisse seiner Bemühungen zur Unterstützung der Bundesagentur für Arbeit und die Begleitung der betrieblichen Ausbildung nach § 110 Abs. 2 Nr. 1a und 1b unter Einbeziehung geschlechtsdifferenzierter Daten und Besonderheiten sowie der Art der Behinderung. [2]Er erstellt zum 30. 9. 2006 eine zusammenfassende Darstellung der Ergebnisse und legt diese dem zuständigen Integrationsamt vor. [3]Die Bundesarbeitgemeinschaft der Integrationsämter und Hauptfürsorgestellen bereitet die Ergebnisse auf und stellt sie dem Bundesministerium für Arbeit und Soziales zur Vorbereitung des Berichtes nach § 160 Abs. 2 bis zum 31. 12. 2006 zur Verfügung.

1 Die Regelung überträgt § 37f Abs. 1 wurde geändert durch G.z. Förderung der Ausbildung und Beschäftigung schwerbehinderter Menschen v.

23. 4. 2004 (BGBl. I S. 606). Abs. 2 wurde neu angefügt durch G. z. Förderung der Ausbildung und Beschäftigung schwerbehinderter Menschen v. 23. 4. 2004 (BGBl. I S. 606).

Die Norm verpflichtet die Integrationsfachdienste zur Dokumentation von Verlauf und Ergebnis der jeweiligen Bemühungen um die Förderung der Teilhabe am Arbeitsleben. In Abs. 1 Satz 2 und 3 werden Einzelheiten der Datenerhebung und der Berichtspflicht geregelt. Die Norm greift so in das Sozialgeheimnis iSd § 35 SGB I ein, zu dessen Wahrung auch die Integrationsfachdienste gem. § 35 Abs. 1 Satz 4 SGB I ausdrücklich verpflichtet sind. Die Norm des § 114 entspricht den Voraussetzungen des Zweiten Kapitels des Zehnten Buches. Die Berichtspflicht der IFD gegenüber den Auftraggebern besteht unbefristet jährlich wiederkehrend. 2

Die Norm hat für den Bericht Abs. 2 die Integrationsfachdienste sowohl zur statistischen Berichterstattung wie in Abs. 1 Satz 3 Nr. 1 bis 3 aufgelistet als auch zur „qualitativen" Berichterstattung verpflichtet. 3

Die statistische Berichtspflicht ist durch Fristablauf des Abs. 2 Satz 2 erledigt (s. Erl. § 160). 4

§ 115 Verordnungsermächtigung

(1) Das Bundesministerium für Arbeit und Soziales wird ermächtigt, durch Rechtsverordnung mit Zustimmung des Bundesrates das Nähere über den Begriff und die Aufgaben des Integrationsfachdienstes, die für sie geltenden fachlichen Anforderungen und die finanziellen Leistungen zu regeln.

(2) Vereinbaren die Bundesarbeitsgemeinschaft der Integrationsämter und Hauptfürsorgestellen und die Rehabilitationsträger nicht innerhalb von sechs Monaten, nachdem das Bundesministerium für Arbeit und Soziales sie dazu aufgefordert hat, eine gemeinsame Empfehlung nach § 113 Abs. 2 oder ändern sie die unzureichend gewordene Empfehlung nicht innerhalb dieser Frist, kann das Bundesministerium für Arbeit und Soziales Regelungen durch Rechtsverordnung mit Zustimmung des Bundesrates erlassen.

Die Regelung überträgt wortgleich § 37g, wurde mit dem SGB IX neu der Abs. 2 eingefügt. 1

Die Verordnungsermächtigung wurde bisher vom zuständigen Bundesministerium nicht genutzt. Das Verwaltungsverfahren ist nicht Gegenstand der Verordnungsermächtigung (*Kossens* § 115 Rn 2 mit Hinweis auf BT-Drucks. 14/3372 Begründung Satz 23). 2

Auf Rechtsgrundlage von Abs. 2 ist eine GE vereinbart (Gemeinsame Empfehlung nach § 113 Abs. 2 SGB IX zur Inanspruchnahme der Integrationsfachdienste durch die Rehabilitationsträger, zur Zusammenarbeit und zur Finanzierung der Kosten, die dem Integrationsfachdienst bei der Wahrnehmung der Aufgaben der Rehabilitationsträger entstehen (Gemeinsame Empfehlung „Integrationsfachdienste") vom 16. 12. 2004, zuletzt geändert am 25. 6. 2009 download: www.bar-frankfurt.de). 3

4 Die Vermittlung von arbeitslosen schwerbehinderten Menschen bleibt außerhalb des Regelungsbereiches der GE.

Kapitel 8. Beendigung der Anwendung der besonderen Regelungen zur Teilhabe schwerbehinderter und gleichgestellter behinderter Menschen

§ 116 Beendigung der Anwendung der besonderen Regelungen zur Teilhabe schwerbehinderter Menschen

(1) **Die besonderen Regelungen für schwerbehinderte Menschen werden nicht angewendet nach dem Wegfall der Voraussetzungen nach § 2 Abs. 2; wenn sich der Grad der Behinderung auf weniger als 50 verringert, jedoch erst am Ende des dritten Kalendermonats nach Eintritt der Unanfechtbarkeit des die Verringerung feststellenden Bescheides.**

(2) [1]**Die besonderen Regelungen für gleichgestellte behinderte Menschen werden nach dem Widerruf oder der Rücknahme der Gleichstellung nicht mehr angewendet.** [2]**Der Widerruf der Gleichstellung ist zulässig, wenn die Voraussetzungen nach § 2 Abs. 3 iVm § 68 Abs. 2 weggefallen sind.** [3]**Er wird erst am Ende des dritten Kalendermonats nach Eintritt seiner Unanfechtbarkeit wirksam.**

(3) **Bis zur Beendigung der Anwendung der besonderen Regelungen für schwerbehinderte Menschen und ihnen gleichgestellte behinderte Menschen werden die behinderten Menschen dem Arbeitgeber auf die Zahl der Pflichtarbeitsplätze für schwerbehinderte Menschen angerechnet.**

1 **1. Geltende Fassung und Entstehungsgeschichte.** Die Regelungen übertragen mit einigen sprachlichen Änderungen inhaltsgleich § 38 SchwbG idF des am 1. 10. 2000 in Kraft getretenen Gesetzes zur Bekämpfung der Arbeitslosigkeit Schwerbehinderter (SchwbBAG) v. 29. 9. 2000 (BGBl. I S. 1349ff). Die heutige Regelung geht sachlich zurück auf die Novellierung des SchwbG 1986 (vgl. ausführlich m. w. N.: *Schimanski* § 38 Rn 4–9; *Cramer* § 38 Rn 1 und 2; BT-Drucks. 10/3138). Die Rechtsänderung von 1986 verkürzte die Nachwirkungsfrist.

2 **2. Normzweck und Normzusammenhang.** Die Norm regelt die Konditionen der Beendigung der Anwendung der besonderen Regelungen zur Teilhabe für schwerbehinderte Menschen (Abs. 1) und auch für gleichgestellte behinderte Menschen (Abs. 2). In Abs. 1 wird für schwerbehinderte Menschen festgelegt, dass bei Wegfall der Voraussetzungen gem. § 2 Abs. 2 die besonderen Regelungen für schwerbehinderte Menschen nicht mehr angewendet werden. Nur für eine Falllage der Voraussetzungen des § 2 Abs. 2, der Unterschreitung des GdB von mindestens 50, wird eine Nachwirkungsfrist von mindestens drei Monaten nach Eintritt der Unanfechtbarkeit des beendenden Bescheides in Abs. 1 festgelegt. Ansonsten tritt der Wegfall der Anwendungen sofort in Kraft.

In Abs. 2 werden die Konditionen der Beendigung der Anwendung der besonderen Regelungen für gleichgestellte behinderte Menschen unter der Voraussetzung des Widerrufs oder Rücknahme der Gleichstellung geregelt. Die mindestens dreimonatige Nachwirkungsfrist bezieht sich ebenfalls auf den Eintritt der Unanfechtbarkeit des Widerrufs oder der Rücknahme. 3

In Abs. 3 wird festgelegt, dass auch in der Nachwirkungsfrist der Abs. 1 und 2 der behinderte Mensch weiterhin von seinem Arbeitgeber in die Erfüllung der Beschäftigungspflicht gem. § 71 Abs. 1 einbezogen wird. 4

Die Voraussetzungen für die Anerkennung der Schwerbehinderteneigenschaft in § 2 Abs. 2 differenzieren sich in die **behinderungsbezogenen und die örtlichen Voraussetzungen.** Die örtlichen Voraussetzungen beziehen sich alternativ auf den Wohnsitz, den gewöhnlichen Aufenthalt oder eine Beschäftigung auf einem Arbeitsplatz iSd § 73 rechtmäßig im Geltungsbereich des SGB. Bei Wegfall einer dieser Voraussetzungen ergibt sich als unabdingbare Rechtsfolge der unmittelbare, durch keine Nachwirkungsfrist geregelte Wegfall der Schwerbehinderteneigenschaft. Zu den diesbzgl. Besonderheiten zB wenn aus dem Ausland heraus ein Rentenantrag nach § 37 SGB VI auf Altersruhegeld gestellt wird s. § 126. 5

Absinken des Grades der Behinderung unter 50 dürfte der häufigste Grund sein für den Wegfall der Schwerbehinderteneigenschaft. Dies ist schon in der Struktur der „im Rahmen des § 30 Abs. 1 des Bundesversorgungsgesetzes festgelegten Maßstäbe“ angelegt, die dem Feststellungsverfahren nach § 69 Abs. 1 zugrunde liegen. Diese Versorgungsmed. Grundsätze (s. Erl. § 69) kennen zB an vielfältiger Stelle das Konzept der befristeten Heilungsgewährung nach medizinischen Eingriffen bzw. Behandlungen (vgl. hierzu ausführlich und kritisch m.w.N. *Schimanski* § 38 Rn 37–39). In dieser sogenannten Heilungsbewährung wird für einen idR mehrjährigen Zeitraum ein GdB anempfohlen, der nach gesundheitlich unbeschadetem Ablauf der Frist regelmäßig per Neufestsetzung abgesenkt wird. Insbesondere in Fällen des gleichzeitigen Auftretens von mehreren Behinderungen und bei der Bewertung der tatsächlichen behinderungsbedingten Einschränkungen kommt es deshalb häufiger zu rechtlichen Auseinandersetzungen um die Neufestsetzung der GdB. In diesen und anderen Fällen der Neufestsetzung wirkt – sofern der neue GdB unter 50 liegt – die Nachwirkungsfrist der Norm ab Eintritt der Unanfechtbarkeit des die Verringerung feststellenden Bescheides. 6

Nach §§ 37 und 236a SGB VI können **schwerbehinderte Menschen vorzeitig in Altersrente** eintreten, wenn sie neben anderen Voraussetzungen eine Wartezeit von 35 Jahren erfüllen (s.a. Erl. § 126). Rentenrechtlich kommt es dabei darauf an, dass zum Zeitpunkt des Beginns der Altersrente ein noch rechtswirksamer Feststellungsbescheid iSd § 69 Abs. 1 SGB IX vorliegt, der eine Schwerbehinderung iSd § 2 Abs. 2 SGB IX feststellt. Der Anspruch auf Rente besteht auch dann, wenn „bei Beginn der Altersrente zwar ein rechtswirksamer, aber noch nicht unanfechtbar gewordener Änderungsbescheid vorliegt, wonach ein GdB von weniger als 50 festgestellt worden ist. Hingegen besteht der Anspruch nach § 37 SGB VI nicht, wenn der GdB bei Beginn der Altersrente bereits unanfechtbar auf weniger als 50 festgestellt ist, auch wenn dieser Zeitpunkt noch innerhalb der dreimonati- 7 gen Schonfrist liegt" (*Cramer* § 38 Rn 2a). Der Auffassung von *Cramer* ist zuzustimmen. Die andere Auffassung bei *Schimanski* (§ 38 Rn 80) übersieht, dass die Nachwirkungsfrist sich nur auf die besonderen Regelungen zur Teilhabe schwerbehinderter Menschen nach SGB IX bzw. vorher SchwbG bezieht. Das SGB VI bezieht sich zwar auf den Begriff des schwerbehinderten Menschen des SGB IX, übernimmt damit aber nicht die Nachwirkungsfrist des § 116 Abs. 1. Dies müsste sonst dort geregelt werden. Gleichgestellte sind entsprechend den rentenrechtlichen Normen des § 37 SGB VI zu dem vorzeitigen Eintritt in Altersrente nicht berechtigt. Auch die Norm des § 68 Abs. 3 SGB IX erschließt nur die dort genannten Regelungen des SGB IX (vgl. idS auch *Cramer* § 38 Rn 2a).

8 a) **Widerruf oder Rücknahme der Gleichstellung.** Der Widerruf der Gleichstellung durch die Bundesagentur für Arbeit ist gem. § 47 Abs. 1 Nr. 1 SGB X gesetzlich zugelassen, falls die Voraussetzungen des Abs. 2 entfallen. Auch hier ist analog den Regelungen des Abs. 1 für schwerbehinderte Menschen zwischen den örtlichen und behinderungsmäßigen Voraussetzungen zu unterscheiden. Hinzu kommt als weitere rechtliche Voraussetzung für das Aussprechen der Gleichstellung der besondere arbeitsplatzbezogene Hilfebedarf nach § 2 Abs. 3. Gleichstellung wird nur ausgesprochen, wenn infolge der Behinderung ohne Gleichstellung ein geeigneter Arbeitsplatz iSd § 73 nicht erlangt oder erhalten werden kann. Die Nachwirkungsfrist bei Wegfall der Voraussetzungen wird in gleicher Weise wie bei dem Schwerbehindertenstatus eingeräumt. Es wird generell für den Fall des Widerrufs eine Nachwirkungsfrist eingeräumt. Diese gilt so nicht bei befristeter Gleichstellung.

9 b) **Anrechung auf die Beschäftigungspflicht nach § 71 Abs. 1.** Die Norm des Abs. 3 regelt die Anrechnung der schwerbehinderten oder gleichgestellten Person auf die Beschäftigungspflicht des Arbeitgebers nach § 71 Abs. 1 während der Nachwirkungsfrist. Dementsprechend werden diese Personen auch bis Ende der Nachwirkungsfrist, die immer auf den letzten Kalendertag des dritten Monats nach Unanfechtbarkeit des beendenden Bescheids terminiert ist, in dem Verzeichnis nach § 80 Abs. 1 geführt. Aus der Anrechnungsmöglichkeit ergibt sich gegebenenfalls ein Anspruch des Arbeitgebers auf geeignete Nachweise durch den Arbeitnehmer. Dieser Anspruch erschließt aber aus Datenschutzgründen keinen Anspruch auf den vollständigen Wortlaut des beendenden Bescheides – zB auf Ausführungen, die sich auf die Behinderung und deren Veränderung beziehen.

10 **3. Bezug zum Verfahrensrecht des SGB X und Rechtsweg.** Der Feststellungsbescheid nach § 69 gilt als Verwaltungsakt mit Dauerwirkung (BSG v. 22. 10. 1986 – 9 a RVs 55/85 –), dessen Aufhebung, Widerruf oder Rücknahme nur unter den besonderen Voraussetzungen der §§ 45 ff SGB X möglich ist (so *Feldes ua.* § 116 Rn 2; *Masuch* in Hauck/Noftz § 69 Rn 17 m.w.N., § 116 Rn 15, 18 und 19; *Schimanski* in GK-SchwbG § 38 Rn 16–23 und 61). Die Vorschrift des § 116 korrespondiert quasi negativ zum Anerkennungsverfahren auf der Rechtsgrundlage der §§ 2 und 69. Die Regelung über die Beendigung des § 116 hat eine erhebliche praktische Bedeutung, da es insbes. bei Neufestsetzung des GdB immer wieder vorkommt, dass durch diesen Verwaltungsakt der Schwerbehindertenstatus beendet wird (vgl. aus-

führliche verfahrensrechtliche Ausführungen bei *Schimanski* in GK-SchwbG § 38, Rn 29–34, 40–52). Die Norm des § 116 Abs. 2 SGB IX schließt die rückwirkende Aufhebung eines rechtskräftigen Feststellungsbescheides nach § 69 SGB IX auf Rechtsgrundlage des § 45 Abs. 1 SGB X aus, da in jedem Falle eine Nachwirkungsfrist gewährleistet wird und die Schwerbehinderteneigenschaft wie auch die Gleichstellung wegen der Bestandskraft des sie konstituierenden Verwaltungsaktes gem. § 77 SGG erst mit der Wirksamkeit des die Beendigung feststellenden Verwaltungsaktes entfällt (vgl. *Masuch* aaO § 116 Rn 8, 10, 12, 19; *Schimanski* in GK-SchwbG § 38 Rn 16f). Ausführliche Auseinandersetzungen mit dem Ineinandergreifen des SGB X und der Norm des 116 SGB IX finden sich bei *Schimanski* aaO mit zahlreichen Literaturverweisen und deutlich knapper auch bei *Masuch* aaO und *Feldes ua.* aaO.

Die statusbeendenden Verwaltungsakte im Falle des Abs. 1 oder der Bundesagentur für Arbeit im Falle des Abs. 2 sind im Streitfall vor der Sozialgerichtsbarkeit anzufechten. In beiden Fällen ist zuvor das jeweilige Widerspruchsverfahren zu durchlaufen. Über Widersprüche gegen Bescheide der Agentur für Arbeit wird vom Widerspruchsausschuss beim Landesarbeitsamt (vgl. § 120) entschieden. 11

Der Begriff der besonderen Regelungen zur Teilhabe schwerbehinderter Menschen des Abs. 1 bezieht sich auf alle Hilfen nach dem Teil 2 – ein Begriff, der im Teil 1 des SGB IX an verschiedener Stelle so oder wortähnlich gebraucht wird (vgl. Erl. §§ 10, 11 und 22). Zu nennen sind vor allem die Einbeziehung in die Beschäftigungspflicht nach §§ 71ff, die Rechte der Schwerbehinderten nach § 81 einschließlich des arbeitsrechtlichen Diskriminierungsverbotes (§ 81 Abs. 2) und des Rechtsanspruchs auf behinderungsbedingt notwendige Teilzeitarbeit (§ 81 Abs. 5), die Einbeziehung in die Regelungen einer betrieblichen Integrationsvereinbarung gem. § 83, der Anspruch auf präventive Hilfe nach § 84, der Kündigungsschutz gem. §§ 85ff, die besondere Vertretung und Hilfe durch die Interessenvertretung nach § 93 und § 95 einschließlich des Wahlrechts hierzu, die besonderen Leistungen der Integrationsämter (§ 102 Abs. 2, 3 und 4) und der Agentur für Arbeit (§ 104 Abs. 1 und 3), die sonstigen Vorschriften gem. §§ 122–129 sowie die Vorschriften des 11. Kapitels (§§ 132ff) über Integrationsprojekte und über die unentgeltliche Beförderung im öffentlichen Nahverkehr (§§ 145ff). Hinzu kommen sämtliche Nachteilsausgleiche, die in anderen Gesetzen geregelt sind (vgl. § 126). Hier sind besonders die einschlägigen rentenrechtlichen Regelungen des SGB VI zu nennen (vgl. zum Inhalt des Begriffs „gesetzlicher Schutz“ auch *Cramer* Rn 38, Rn 2a). Die Regelungen des SGB IX können sämtlich entsprechend der Regelung über die Nachwirkungsfristen in Abs. 1 und 2 bis zu deren Ende in Anspruch genommen werden. Die Inanspruchnahme der Regelungen in anderen Gesetzen ist üblicherweise an die wirksame Feststellung der Schwerbehinderteneigenschaft oder der Gleichstellung gebunden, in der Nachwirkungsfrist können somit diese Nachteilsausgleiche nicht mehr beansprucht werden. Der Gesetzgeber hat diesen Effekt ebenso wie das Fehlen einer Nachwirkungsfrist bei Wegfall der nichtgesundheitlichen Voraussetzungen des § 2 Abs. 2, also wenn der schwerbehinderte Mensch weder seinen Wohnsitz noch seinen gewöhn- 12 lichen Aufenthalt oder seine Beschäftigung auf einem Arbeitsplatz iSd § 73 rechtmäßig im Geltungsbereich dieses Gesetzbuches innehat, bei der Novellierung des SchwbG 1986 durchaus zur Kenntnis genommen, aber keinen alternativen Regelungsbedarf gesehen (vgl. BT-Drucks. 10/3138 Satz 25).

§ 117 Entziehung der besonderen Hilfen für schwerbehinderte Menschen

(1) [1]Einem schwerbehinderten Menschen, der einen zumutbaren Arbeitsplatz ohne berechtigten Grund zurückweist oder aufgibt oder sich ohne berechtigten Grund weigert, an einer Maßnahme zur Teilhabe am Arbeitsleben teilzunehmen, oder sonst durch sein Verhalten seine Teilhabe am Arbeitsleben schuldhaft vereitelt, kann das Integrationsamt im Benehmen mit der Bundesagentur für Arbeit die besonderen Hilfen für schwerbehinderte Menschen zeitweilig entziehen. [2]Dies gilt auch für gleichgestellte behinderte Menschen.

(2) [1]Vor der Entscheidung über die Entziehung wird der schwerbehinderte Mensch gehört. [2]In der Entscheidung wird die Frist bestimmt, für die sie gilt. [3]Die Frist läuft vom Tage der Entscheidung an und beträgt nicht mehr als sechs Monate. [4]Die Entscheidung wird dem schwerbehinderten Menschen bekannt gegeben.

1 Das Integrationsamt kann im Benehmen mit der Bundesagentur für Arbeit zeitweilig die besonderen Hilfen für schwerbehinderte Menschen entziehen, sofern der schwerbehinderte Mensch seine Teilhabe am Arbeitsleben ohne berechtigten Grund schuldhaft vereitelt. Abs. 2 regelt das Verfahren. Die Vorschrift wird allgemein als eine Vorschrift bezeichnet, für die es „kein sachliches Bedürfnis“ gebe, „da das zur Entziehung des Schwerbehindertenschutzes führende Verhalten auch noch anderweitig mit Sanktionen belegt sei“ (*Feldes ua.*). Von Praktikern der Integrationsämter wird die Anwendung als selten oder nie vorkommend bezeichnet, für die Zukunft wird diesbzgl. keine Änderung erwartet (s. a *Groß* in Ernst/Adlhoch/Seel § 117 Rn 7). *Masuch* sieht den praktischen Nutzen der Vorschrift für fraglich an (in Hauck/Noftz § 117 Rn 1).

2 Die Regelung überträgt mit sprachlichen Änderungen inhaltsgleich den bisherigen § 39 SchwbG idF des am 1. 10. 2000 in Kraft getretenen Gesetzes zur Bekämpfung der Arbeitslosigkeit Schwerbehinderter (SchwbBAG) v. 29. 9. 2000 (BGBl. I S. 1349 ff).

Kapitel 9. Widerspruchsverfahren

§ 118 Widerspruch

(1) [1]Den Widerspruchsbescheid nach § 73 der Verwaltungsgerichtsordnung erlässt bei Verwaltungsakten der Integrationsämter und bei Verwaltungsakten der örtlichen Fürsorgestellen (§ 107 Abs. 2) der Widerspruchsausschuss bei dem Integrationsamt (§ 119). [2]Des Vorverfahrens

bedarf es auch, wenn den Verwaltungsakt ein Integrationsamt erlassen hat, das bei einer obersten Landesbehörde besteht.

(2) **Den Widerspruchsbescheid nach § 85 des Sozialgerichtsgesetzes erlässt bei Verwaltungsakten, welche die Bundesagentur für Arbeit auf Grund des Teils 2 erlässt, der Widerspruchsausschuss der Bundesagentur für Arbeit.**

1. Sozialpolitischer Hintergrund. Die Regelungen für ein eigenes Widerspruchsverfahren für Angelegenheiten des SGB IX Teil 2 rühren aus den historischen Ursprüngen des Schwerbehindertenrechts im Schwerbeschädigtenrecht (Kriegsopferfürsorge) her. 1

2. Geltende Fassung und Entstehungsgeschichte. Die Vorschrift ist inhaltsgleich mit dem bisherigen § 40 SchwbG; lediglich die geänderten Begrifflichkeiten des SGB IX wurden angepasst. 2

3. Normzweck. § 118 regelt die Zuständigkeiten im Widerspruchsverfahren bei Verwaltungsakten, deren Rechtsgrundlage das SGB IX ist. 3

4. Normzusammenhang. Das Widerspruchs- bzw. Klagverfahren im Anwendungsbereich des SGB IX bemisst sich grundsätzlich nach den einschlägigen allgemeinen Vorschriften der VwGO (§§ 68ff) und des SGG (§§ 77ff) sowie den verwaltungsverfahrensrechtlichen Grundsätzen des SGB X (§§ 31ff, 62f SGB X). Abweichungen ergeben sich aus § 121. Das allgemeine Verwaltungsrecht des VwVfG gilt nach § 2 Abs. 2 Nr. 4 VwVfG für Verfahren nach dem SGB nicht. § 118 modifiziert – in nach §§ 68 Abs. 1, 73 Abs. 2 VwGO und § 85 Abs. 2 SGG zulässiger Weise – die allgemein durch das Prozessrecht bestimmten Zuständigkeiten für den Erl. von Widerspruchsbescheiden. 4

Entscheidungen der Integrationsämter bzw. Widerspruchsausschüsse, die wirksam iSd § 39 SGB X sind, binden die Arbeitsgerichte in Rechtsstreitigkeiten zwischen Arbeitgebern und Arbeitnehmern. So kann – bei Vorliegen einer Zustimmungserklärung des Integrationsamtes bzw. des Widerspruchsausschusses – einer Kündigungsschutzklage nicht aufgrund des Vortrags stattgegeben werden, die Zustimmung sei rechtswidrig. Keine Präjudizwirkung kommt der Zustimmung hinsichtlich der Frage der sozialen Rechtfertigung einer Kündigung nach § 1 KSchG zu. Umgekehrt bindet ein die Kündigungsschutzklage abweisendes arbeitsgerichtliches Urteil Widerspruchsausschuss und VG bei Überprüfung einer Zustimmung nach §§ 85ff nicht. Wegen der anerkannten Möglichkeit einer auf Wiedereinstellung gerichteten Restitutionsklage vor den ArbG besteht auch nach einem solchen Urteil ein Rechtsschutzbedürfnis im Hinblick auf die Überprüfung der Zustimmungsentscheidung fort (FKS-SGB IX-*Faber*, § 118 Rn 2f).

§ 118 findet keine Anwendung auf Verwaltungsakte der Versorgungsämter über die Feststellung eines GdB gem. § 69. Für diese ist nach § 51 Abs. 1 Nr. 7 SGG allein der Rechtsweg zu den Sozialgerichten eröffnet.

5. Inhalt der Vorschrift im Einzelnen. § 118 regelt die Zuständigkeiten im Widerspruchsverfahren. Ein solches ist in den Fällen des § 68 Abs. 1 Satz 1 und Abs. 2 VwGO sowie § 78 Abs. 1 Satz 1 und Abs. 3 SGG vor Erhebung von Anfechtungs- und Verpflichtungsklagen durchzuführen- und 5 damit auch obligatorisch in allen das SGB IX betreffenden Fällen (Bihr ua.-Quaas, § 118 Rn 3).

Die Vorschrift ist Ausdruck der **„Zweigleisigkeit des Rechtsschutzes"** im Schwerbehindertenrecht (Kossens ua.-*Kossens,* § 118 Rn 1; FKS-SGB IX-*Faber,* § 118 Rn 1): Verwaltungsakte der Integrationsämter und der örtlichen Fürsorgestellen (§ 107 Abs. 2) werden durch Widerspruch und anschließende Klage zu den Verwaltungsgerichten angefochten **(Abs. 1),** Verwaltungsakte der Arbeitsverwaltung durch Widerspruch und anschließende Klage zu den Sozialgerichten **(Abs. 2).**

6 **a) Widerspruchsbescheide nach § 73 VwGO (Abs. 1). Abs. 1 Satz 1** bestimmt, dass Widersprüche gegen Verwaltungsakte der Integrationsämter vom Widerspruchsausschuss bei dem Integrationsamt erlassen werden. Gleiches gilt für Verwaltungsakte der örtlichen Fürsorgestellen, denen nach Maßgabe von § 107 Abs. 2 Aufgaben und Befugnisse des Integrationsamtes übertragen worden sind. Die Bildung von Widerspruchsausschüssen auch bei der Behörde, die den Ausgangs-VA erlassen hat, ist in § 73 Abs. 2 Satz 2 VwGO ausdrücklich vorgesehen.

7 **Verwaltungsakt** ist jede Verfügung, Entscheidung oder andere hoheitliche Maßnahme, die eine Behörde zur Regelung eines Einzelfalles auf dem Gebiet des öffentlichen Rechts trifft und die auf unmittelbare Rechtswirkung nach außen gerichtet ist (§ 31 SGB X). Mitwirkungsakte des Integrationsamtes und der BA (Anhörung, Stellungnahme) an den Entscheidungen der jeweils anderen Stelle, die auf Grund der „engen Zusammenarbeit dieser beiden bei Durchführung des Teils 2 erfolgen, sind keine Verwaltungsakte. Ebenso wenig zählen Bußgeldbescheide nach § 156 dazu; ihre Anfechtbarkeit richtet sich nicht nach dem SGG, sondern nach dem OwiG (Bihr ua.-*Quaas,* § 118 Rn 6; Neumann ua.-*Pahlen,* § 118 Rn 17).

8 **Abs. 1 Satz 2** bestimmt, dass es der Durchführung eines **Widerspruchsverfahrens** auch dann bedarf, wenn der **Verwaltungsakt** von **einem Integrationsamt** erlassen worden ist, das **bei einer obersten Landesbehörde** besteht. Abs. 1 Satz 2 ist insoweit eine „gesetzliche Bestimmung" iSd § 68 Abs. 1 Satz 2 Nr. 1, 2. HSVwGO (FKS-SGB IX-*Faber,* § 118 Rn 6). Der spezifische Regelungsgehalt von § 118 Abs. 1 liegt damit darin, dass bei Verwaltungsakten der Integrationsämter bzw. der örtlichen Fürsorgestellen stets ein Widerspruchsverfahren durchzuführen ist. Über den Widerspruch entscheiden die bei den Integrationsämtern gebildeten Widerspruchsausschüsse (FKS-SGB-IX-*Faber,* § 118 Rn 6).

9 **b) Widerspruchsbescheide nach § 85 SGG (Abs. 2).** Nach **Abs. 2** ist für **Widerspruchsbescheide** nach § 85 SGG bei Verwaltungsakten, die die **BA** aufgrund des Teils 2 erlässt, der Widerspruchsausschuss bei der BA zuständig. Widersprüche gegen Verwaltungsakte, deren Rechtsgrundlage im ersten Teil des SGB IX liegt, erlässt folglich nicht der Widerspruchsausschuss bei der BA; es gilt die allgemeine Regelung des § 55 Abs. 2 Satz 1 Nr. 3 SGG (FKS-SGB IX-*Faber,* § 118 Rn 8 m.w.N.). Widerspruch und Anfechtungsklage gegen Entscheidungen der BA haben gem. § 86a Abs. 2 Nr. 2 SGG keine aufschiebende Wirkung.

10 Hilft der Widerspruchsausschuss dem Widerspruch nicht ab, ist, soweit es sich um **Verwaltungsakte des Integrationsamtes** handelt, der **Rechtsweg**

zu den VG nach den allgemeinen Bestimmungen der VwGO (§§ 40 ff), soweit es sich um **Verwaltungsakte der BA** handelt, der **Rechtsweg zu den SG** nach §§ 51 ff SGG gegeben.

§ 119 Widerspruchsausschuss bei dem Integrationsamt

(1) Bei jedem Integrationsamt besteht ein Widerspruchsausschuss aus 7 Mitgliedern, und zwar aus
2 Mitgliedern, die schwerbehinderte Arbeitnehmer oder Arbeitnehmerinnen sind,
2 Mitgliedern, die Arbeitgeber sind,
1 Mitglied, das das Integrationsamt vertritt,
1 Mitglied, das die Bundesagentur für Arbeit vertritt,
1 Vertrauensperson schwerbehinderter Menschen.

(2) Für jedes Mitglied wird ein Stellvertreter oder eine Stellvertreterin berufen.

(3) [1] Das Integrationsamt beruft
auf Vorschlag der Organisationen behinderter Menschen des jeweiligen Landes die Mitglieder, die Arbeitnehmer sind,
auf Vorschlag der jeweils für das Land zuständigen Arbeitgeberverbände die Mitglieder, die Arbeitgeber sind, sowie
die Vertrauensperson.
[2] Die zuständige oberste Landesbehörde oder die von ihr bestimmte Behörde beruft das Mitglied, das das Integrationsamt vertritt. [3] Die Bundesagentur für Arbeit beruft das Mitglied, das sie vertritt. [4] Entsprechendes gilt für die Berufung des Stellvertreters oder der Stellvertreterin des jeweiligen Mitglieds.

(4) [1] In Kündigungsangelegenheiten schwerbehinderter Menschen, die bei einer Dienststelle oder in einem Betrieb beschäftigt sind, der zum Geschäftsbereich des Bundesministeriums der Verteidigung gehört, treten an die Stelle der Mitglieder, die Arbeitgeber sind, Angehörige des öffentlichen Dienstes. [2] Dem Integrationsamt werden ein Mitglied und sein Stellvertreter oder seine Stellvertreterin von den von der Bundesregierung bestimmten Bundesbehörden benannt. [3] Eines der Mitglieder, die schwerbehinderte Arbeitnehmer oder Arbeitnehmerinnen sind, muss dem öffentlichen Dienst angehören.

(5) [1] Die Amtszeit der Mitglieder der Widerspruchsausschüsse beträgt 4 Jahre. [2] Die Mitglieder der Ausschüsse üben ihre Tätigkeit unentgeltlich aus.

1. Sozialpolitischer Hintergrund. Der eigene Widerspruchsausschuss des Integrationsamtes rührt aus den historischen Ursprüngen des Schwerbehindertenrechts im Schwerbeschädigtenrecht (Kriegsopferfürsorge) her. 1

2. Geltende Fassung und Entstehungsgeschichte. Die Vorschrift entspricht inhaltlich § 41 SchwbG; im Rahmen der Reorganisation der Arbeitsverwaltung erfolgten redaktionelle Anpassungen an geänderte Begrifflichkeiten. 2

3 **3. Normzweck.** § 119 regelt die Zusammensetzung des Widerspruchsausschusses bei dem Integrationsamt, die Amtszeit seiner Mitglieder sowie die Unentgeltlichkeit ihrer Tätigkeit.

4 **4. Normzusammenhang.** Gem. der Zuweisung in § 118 Abs. 1 ist der Widerspruchsausschuss v. a. zuständig für die Bescheidung von Widersprüchen gegen Verwaltungsakte des Integrationsamtes bzw. der örtlichen Fürsorgestellen. Zudem hat der Ausschuss über das Erlöschen des Amtes der VP schwb Menschen wegen grober Pflichtverletzung nach § 94 Abs. 7 zu entscheiden. Die einschlägigen Verfahrensregeln sind in §§ 121, 106 Abs. 1 und 2 normiert.

5 **5. Inhalt der Vorschrift im Einzelnen. Abs. 1 und 2** regeln die Zusammensetzung des Widerspruchsausschusses, **Abs. 3** betrifft die Berufung der Mitglieder. Gegenstand von **Abs. 4** sind Besonderheiten für Kündigungsangelegenheiten schwb Menschen im öffentlichen Dienst. **Abs. 5** behandelt Rechtsstellung und Amtszeit der Ausschussmitglieder.

6 **a) Zusammensetzung des Ausschusses (Abs. 1 und 2).** Nach **Abs. 1** besteht der Ausschuss grundsätzlich aus **7 ordentlichen Mitgliedern:**
- 2 schwb Arbeitnehmer oder Arbeitnehmerinnen,
- 2 Arbeitgeber,
- 1 Vertreter des Integrationsamtes
- 1 Vertreter der BA
- 1 VP der schwb Menschen.

Mitglieder des Widerspruchsausschusses bei dem Integrationsamt können zugleich Mitglied des Widerspruchsausschusses bei der BA bzw. des Beratenden Ausschusses bei dem Integrationsamt (§ 103) oder der Zentrale der BA (§ 105) sein (Neumann ua.-*Pahlen,* § 119 Rn 23).

7 Für jedes Mitglied ist gem. **Abs. 2** ein **Stellvertreter** zu berufen. Zum Berufungsverfahren vgl. Abs. 3. Die Ausübung der Stellvertretung ist personengebunden, dh nur der Stellvertreter, der für das verhinderte ordentliche Mitglied berufen ist, kann die Vertretung ausüben. Im Fall der Stellvertretung hat der Stellvertreter die Rechte und Pflichten eines ordentlichen Mitglieds (Bihr ua.-*Quaas,* § 119 Rn 4; FKS-SGB IX-*Faber,* § 119 Rn 3).

8 Besondere persönliche oder fachliche Voraussetzungen, die über die Anforderungen des § 119 Abs. 1 hinausgehen, müssen weder die ordentlichen Ausschussmitglieder noch ihre Stellvertreter erfüllen (FKS-SGB IX-*Faber,* § 119 Rn 3; Kossens ua.-*Kossens,* § 119 Rn 3).

9 **b) Berufung der Ausschussmitglieder (Abs. 3).** Gem. **Abs. 3 beruft** das **Integrationsamt** je 5 der 7 Mitglieder und Stellvertreter des Ausschusses: die Vertreter der Arbeitnehmer, die Arbeitgeber und die VP schwb Menschen sowie deren Stellvertreter. Der Vertreter des Integrationsamtes wird von der **zuständigen obersten Landesbehörde** – bzw. der von ihr bestimmten Behörde –, der Vertreter der **BA** von dieser selbst **berufen.**

Die Berufung der Arbeitnehmervertreter erfolgt **auf Vorschlag** der Landesbehindertenverbände, die der Arbeitgeber auf Vorschlag der zuständigen Landesarbeitgeberverbände. Als Arbeitnehmervertreter kommen aktiv im Erwerbsleben stehende schwb Menschen oder Gleichgestellte in Betracht; die Arbeitgeber müssen Arbeitgeber im arbeitsrechtlichen Sinne sein – hierzu kann auch der Geschäftsführer eines Arbeitgeberverbandes zählen (Bihr ua.-*Quaas,* § 119 Rn 8; *Cramer,* § 41 Rn 6 mVa BVerwG, Urt. v. 2. 7. 1992 in br 1993, 15). Die Vorschläge sind für das Integrationsamt grundsätzlich bindend. Gehen Vorschläge verschiedener Behindertenverbände ein, steht dem Integrationsamt ein Auswahlermessen zwischen des Vorschlagslisten zu (Bihr ua.-*Quaas,* § 121 Rn 9, FKS-SGB IX-*Faber,* § 119 Rn 5).

Die Berufung ist ein **konstitutiver Verwaltungsakt;** sie stattet den Vorgeschlagenen mit allen Rechten und Pflichten eines Ausschussmitgliedes aus (FKS-SGB IX-*Faber,* § 119 Rn 4; Kossens ua.-*Kossens,* § 119 Rn 8).

c) Besonderheiten bei Kündigungsangelegenheiten schwb Menschen im öffentlichen Dienst (Abs. 4). Abs. 4 sieht eine **besondere Zusammensetzung** des Widerspruchsausschusses im Fall von **Kündigungsangelegenheiten schwb Menschen** (sowie Gleichgestellter) vor, die bei einer Dienststelle beschäftigt sind oder die bei einem zum Geschäftsbereich des Bundesministeriums der Verteidigung gehörenden öffentlichen Betrieb beschäftigt sind. In solchen Widerspruchsverfahren treten nach **Satz 1** an die Stelle der privaten Arbeitgeber iSd Abs. 1 Angehörige des öffentlichen Dienstes. Gem. **Satz 2** werden die Arbeitgebervertreter von einer von der Bundesregierung bestimmten Bundesbehörde benannt und vom Integrationsamt berufen; Bundesbehörde idS ist seit 1962 das Bundesministerium des Innern (Kossens ua.-*Kossens,* § 119 Rn 10). **S. 3** bestimmt zudem, dass einer der beiden Arbeitnehmervertreter dem öffentlichen Dienst angehören muss. Die Zusammensetzung soll den Interessen des öffentlichen Dienstes Rechnung tragen (Bihr ua.-*Quaas,* § 119 Rn 9). 10

Als **Dienststelle** gelten Dienststellen der Verwaltung des Bundes, der Länder, der Gemeinden sowie der sonstigen Körperschaften, Stiftungen und Anstalten des öffentlichen Rechts (*Cramer,* § 41 Rn 7; Kossens ua.-*Kossens,* § 119 Rn 9). 11

Widersprüche in Kündigungsangelegenheiten schwb Menschen und Gleichgestellter, die in öffentlichen Betrieben außerhalb des Geschäftsbereichs des Bundesministerium der Verteidigung beschäftigt sind, bescheidet der Widerspruchsausschuss in der Besetzung des Abs. 1 (Kossens ua.-*Kossens,* § 119 Rn 10: aA FKS-SGB IX-*Faber,* § 119 Rn 12: § 119 Abs. 4 soll der besonderen Situation des öffentlichen Dienstes und der dort beschäftigten schwb Menschen Rechnung tragen; die Anwendung auf die spezifische Situation des öffentlichen Dienstes bzgl. des Verteidigungsbereiches zu begrenzen, sei wenig plausibel; ebenso Bihr ua.-*Quaas,* § 119 Rn 9). 12

d) Rechtsstellung und Amtszeit der Ausschussmitglieder (Abs. 5). Gem. **Abs. 4 Satz 1** werden die Ausschussmitglieder und ihre Stellvertreter für vier Jahre berufen. Die Tätigkeit ist personenabhängig, zur Vermeidung uneinheitlicher Abläufe der Amtszeiten ist aber – sofern das betreffende neue Mitglied zustimmt – eine Verkürzung der Amtszeit auf den Rest derjenigen des ausscheidenden Mitglieds möglich (FKS-SGB IX-*Faber,* § 119 Rn 11). Nach **Satz 2** handelt es sich bei der Tätigkeit im Widerspruchsausschuss um ein Ehrenamt (Bihr ua.-*Quaas,* § 119 Rn 10; Neumann ua.-*Pahlen,* § 119 Rn 24). Ansprüche der Ausschussmitglieder auf finanziellen Ausgleich der mit der Tätigkeit verbundenen Aufwendungen bleiben unberührt (FKS-SGB IX-*Faber,* § 119 Rn 10). 13

§ 120 Widerspruchsausschüsse bei der Bundesagentur für Arbeit

(1) Die Bundesagentur für Arbeit richtet Widerspruchsausschüsse ein, die aus 7 Mitgliedern bestehen, und zwar aus

2 Mitgliedern, die schwerbehinderte Arbeitnehmer oder Arbeitnehmerinnen sind,

2 Mitgliedern, die Arbeitgeber sind,

1 Mitglied, das das Integrationsamt vertritt,

1 Mitglied, das die Bundesagentur für Arbeit vertritt,

1 Vertrauensperson schwerbehinderter Menschen.

(2) Für jedes Mitglied wird ein Stellvertreter oder eine Stellvertreterin berufen.

(3) [1] Die Bundesagentur für Arbeit beruft

die Mitglieder, die Arbeitnehmer oder Arbeitnehmerinnen sind, auf Vorschlag der jeweils zuständigen Organisationen behinderter Menschen, der im Benehmen mit den jeweils zuständigen Gewerkschaften, die für die Vertretung der Arbeitnehmerinteressen wesentliche Bedeutung haben, gemacht wird,

die Mitglieder, die Arbeitgeber sind, auf Vorschlag der jeweils zuständigen Arbeiteberverbände, soweit sie für die Vertretung von Arbeitgeberinteressen wesentliche Bedeutung haben, sowie

das Mitglied, das die Bundesagentur für Arbeit vertritt und

die Vertrauensperson.

[2] Die zuständige oberste Landesbehörde oder die von ihr bestimmte Behörde beruft das Mitglied, das das Integrationsamt vertritt. [3] Entsprechendes gilt für die Berufung des Stellvertreters oder der Stellvertreterin des jeweiligen Mitglieds.

(4) § 119 Abs. 5 gilt entsprechend.

1 **1. Sozialpolitischer Hintergrund.** Der eigene Widerspruchsausschuss für Angelegenheiten nach dem SGB IX – praktisch insbes. für Gleichstellungsverfahren nach § 2 Abs. 3 – rührt aus den historischen Ursprüngen des Schwerbehindertenrechts im Schwerbeschädigtenrecht (Kriegsopferfürsorge) her.

2 **2. Geltende Fassung und Entstehungsgeschichte.** Die Vorschrift entspricht weitestgehend dem früheren § 42 SchwbG, der im Zuge der Reorganisation der Arbeitsverwaltung lediglich begrifflich geändert wurde.

3 **3. Normzweck.** § 120 regelt Einrichtung und Zusammensetzung der Widerspruchsausschüsse bei der BA sowie Berufung, Rechtsstellung und Amtszeit der Ausschussmitglieder.

4 **4. Normzusammenhang.** Die für die Widerspruchsausschüsse maßgeblichen Verfahrensregeln finden sich in § 121, § 106 Abs. 1 und 2 sowie der VwGO, dem SGG und dem SGB IX (vgl. Erl. zu § 121 Rn 4).

5 **5. Inhalt der Vorschrift im Einzelnen. Abs. 1 und 2** behandeln die personelle Besetzung der Widerspruchsausschüsse bei der BA, **Abs. 3** regelt deren Berufung. **Abs. 4** betrifft Amtszeit und Rechtsstellung der Ausschussmitglieder.

a) **Zusammensetzung der Widerspruchsausschüsse bei der BA (Abs. 1 und 2).** Wie der Widerspruchsausschuss bei dem Integrationsamt (§ 119) bestehen gem. **Abs. 1** auch die Widerspruchsausschüsse bei der BA aus **7 ordentlichen Mitgliedern** sowie deren **Stellvertretern (Abs. 2).** § 120 Abs. 1 und 2 entsprechen der Regelung des § 119 Abs. 1 und 2; auf die dortige Kommentierung wird verwiesen. 6

b) **Berufung der Ausschussmitglieder (Abs. 3).** Gem. **Abs. 3 Satz 1** beruft die BA die Mitglieder und Stellvertreter des Ausschusses mit Ausnahme des Vertreters des Integrationsamtes und seines Stellvertreters. Die Verbände behinderter Menschen, die das Vorschlagsrecht hinsichtlich der Ausschussmitglieder innehaben, die Arbeitnehmer und Arbeitnehmerinnen sind, sind angehalten mit den zuständigen Gewerkschaften, die „wesentliche Bedeutung" haben, zu kooperieren. Abs. 3 Satz 1 verlangt insoweit, dass die Vorschläge *im Benehmen* mit den Gewerkschaften gemacht werden. Vor Einreichung eines Vorschlags haben daher die Behindertenorganisationen die zuständigen Gewerkschaften mit dem Willen, eine Einigung zu erzielen, zu kontaktieren; eine Bindung an deren Vorschlag besteht jedoch nicht (Bihr ua.-*Quaas*, § 120 Rn 3; FKS-SGB IX-*Faber*, § 120 Rn 4; Kossens ua.-*Kossens*, § 120 Rn 4). 7

Den Vertreter des Integrationsamtes und seinen Stellvertreter beruft gem. **Sätze 2 und 3** die zuständige oberste Landesbehörde oder die von ihr bestimmte Behörde. Oberste Landesbehörde ist das Innen-, das Sozial- oder das Arbeitsministerium (Neumann ua.-*Pahlen*, § 120 Rn 12).

c) **Rechtsstellung und Amtszeit der Ausschussmitglieder (Abs. 4).** Gem. **Abs. 4** gilt § 119 Abs. 5 entsprechend; die Ausschussmitglieder üben ihre Tätigkeit daher ehrenamtlich und für eine Amtszeit von vier Jahren aus. Im Übrigen wird auf die Kommentierung zu § 119 verwiesen. 8

§ 121 Verfahrensvorschriften

(1) **Für den Widerspruchsausschuss bei dem Integrationsamt (§ 119) und die Widerspruchsausschüsse bei der Bundesagentur für Arbeit (§ 120) gilt § 106 Abs. 1 und 2 entsprechend.**

(2) **Im Widerspruchsverfahren nach Teil 2 Kapitel 4 werden der Arbeitgeber und der schwerbehinderte Mensch vor der Entscheidung gehört; in den übrigen Fällen verbleibt es bei der Anhörung des Widerspruchsführers.**

(3) [1]**Die Mitglieder der Ausschüsse können wegen Besorgnis der Befangenheit abgelehnt werden.** [2]**Über die Ablehnung entscheidet der Ausschuss, dem das Mitglied angehört.**

1. **Sozialpolitischer Hintergrund.** Es wird auf die entsprechenden Ausführungen bei § 119 und § 129 verwiesen. 1

2. **Geltende Fassung und Entstehungsgeschichte.** Die Vorschrift entspricht im Wesentlichen § 43 SchwbG; dessen Abs. 2 wurde insoweit eingeschränkt, als die Anhörung sowohl des Arbeitgebers als auch des schwb 2

Menschen nur noch im Widerspruchsverfahren des Kündigungsschutzverfahrens nach §§ 85ff vorgeschrieben ist.

3 **3. Normzweck.** Zweck der Abs. 1 und 3 ist es, den Besonderheiten kollektiver Entscheidungen, wie sie in den Widerspruchsausschüssen zu treffen sind, Rechnung zu tragen (FKS-SGB IX-*Faber,* § 121 Rn 1); Abs. 2 stellt klar, dass in Widerspruchsverfahren nach §§ 85ff sowohl der Arbeitgeber als auch der schwb Mensch anzuhören sind.

4 **4. Normzusammenhang.** § 121 enthält *ergänzende* Verfahrensvorschriften für die Widerspruchsausschüsse bei dem Integrationsamt sowie der BA. Im Übrigen gelten für das Widerspruchsverfahren die einschlägigen Regelungen der VwGO, des SGG und des SGB X (vgl. § 118 Rn 4; Bihr ua.-*Quaas,* § 121 Rn 2; FKS-SGB IX-*Faber,* § 121 Rn 1). Abs. 2 ist zudem Ausdruck des verfassungsrechtlich gewährleisteten Anspruchs auf rechtliches Gehör nach Art. 103 GG (FKS-SGB IX-*Faber,* § 121 Rn 9).

5 **5. Inhalt der Vorschrift im Einzelnen. Abs. 1** verweist zur Regelung einiger Fragen der **inneren Organisation der Widerspruchsausschüsse** (§§ 119 und 120) auf § 106 (vgl. im Einzelnen die Erl. zu dieser Vorschrift), **Abs. 2 und 3** behandeln als besonderes Verwaltungsverfahrensrecht Aspekte des **Verwaltungsverfahrens** vor den Widerspruchsausschüssen.

6 **a) Ausschussvorsitz (Abs. 1 iVm § 106 Abs. 1).** Entsprechend den Beratenden Ausschüssen (§§ 103, 105) wählen die Widerspruchsausschüsse bei Integrationsämtern und BA jährlich ihren Vorsitzenden und seinen Stellvertreter. **Wahlberechtigt** sind die stimmberechtigten Mitglieder des jeweiligen Ausschusses, **wählbar** diejenigen, die Arbeitgeber bzw. schwb Arbeitnehmer sind. Vorsitzender und Stellvertreter müssen unterschiedlichen Gruppen angehören – ist der Vorsitzende Vertreter der schwb Arbeitnehmer, muss der Stellvertreter die Arbeitgeber vertreten, hat den Vorsitz ein Arbeitgeber inne, muss der Vertreter der Gruppe der schwb Arbeitnehmer angehören. § 106 Abs. 1 verlangt den jährlichen Wechsel von Vorsitz und Stellvertretung zwischen den Gruppen (Neumann ua.-*Pahlen,* § 121 Rn 3ff; FKS-SGB IX-*Faber,* § 121 Rn 3).

7 **b) Beschlussfassung (Abs. 1 iVm § 106 Abs. 2).** § 106 Abs. 2 regelt Fragen der Beschlussfassung. **Beschlussfähig** sind die Ausschüsse, wenn wenigstens die **Hälfte der Mitglieder** – dh vier – anwesend ist; erforderlich ist die Anwesenheit des Vorsitzenden oder seines Stellvertreters (Neumann ua.-*Pahlen,* § 121 Rn 9; FKS-SGB IX-*Faber,* § 121 Rn 4). Beschlüsse werden mit **einfacher Mehrheit** gefasst; eine Stimmenthaltung ist unzulässig (Neumann ua.-*Pahlen,* § 121 Rn 7).

8 **c) Anhörung im Verfahren (Abs. 2).** Nach **Abs. 2** sind Arbeitgeber und schwb Mensch (bzw. Gleichgestellter) in Kündigungsangelegenheiten nach §§ 85ff zu hören. Die **Anhörung** auch des Arbeitgebers kommt praktisch nur im „zweiseitigen" Verwaltungsverfahren des besonderen Kündigungsschutzes in Betracht (Kossens ua.-*Kossens,* § 121 Rn 4; Bihr ua.-*Quaas,* § 121 Rn 6). Dem Anzuhörenden ist jedenfalls Gelegenheit zu schriftlicher Stellungnahme zu geben – auf sein Verlangen hin auch zu mündlichem Gehör (*Cramer,* § 43 Rn 2; Neumann ua.-*Pahlen,* § 121 Rn 12). Verstöße gegen die Anhörungspflicht führen zur Anfechtbarkeit des Widerspruchsbescheids (§ 41 Abs. 1 Nr. 3 SGB X); eine Heilung des Verstoßes ist bis zur

letzten Tatsacheninstanz des sozial- oder verwaltungsgerichtlichen Verfahrens möglich (§ 41 Abs. 2 SGB X). Zur Anfertigung einer Niederschrift im Fall der mündlichen Anhörung ist der Widerspruchsausschuss nicht verpflichtet (*Cramer,* § 43 Rn 2 mVa BVerwG v. 1. 7. 1993 – 5 B 73/93 – br 1994, 22 = ZfS 1994, 50).

Eine **Vertretung durch Bevollmächtigte** ist zulässig, soweit der schwb Mensch bzw. der Arbeitgeber Beteiligte sind (§ 12 Abs. 1 Nr. 1 und 2 und Abs. 3, § 13 SGB X).

Zum **Recht auf Akteneinsicht** vgl. § 25 SGB X.

d) Ablehnung wegen Besorgnis der Befangenheit (Abs. 3). Arbeitgeber 9
und schwb Mensch können einzelne Mitglieder der Ausschüsse **wegen Besorgnis der Befangenheit ablehnen.** Besorgnis der Befangenheit besteht, wenn Tatsachen vorliegen, die bei objektiver Würdigung des Sachverhaltes Zweifel an einer unparteiischen Amtsausübung aufkommen lassen (FKS-SGB IX-*Faber,* § 121 Rn 6; Kossens ua.-*Kossens,* § 121 Rn 6).

Über den Ablehnungsantrag entscheidet der Ausschuss, dem das abgelehnte Mitglied angehört; das abgelehnte Mitglied selbst ist nicht stimmberechtigt, §§ 17, 16 Abs. 4 SGB X. Der Beschluss über das Ablehnungsgesuch ist nicht isoliert anfechtbar, sondern kann erst in einem auf das Widerspruchsverfahren folgenden gerichtlichen Verfahren als Verfahrensfehler geltend gemacht werden (FKS-SGB IX-*Faber,* § 121 Rn 8; Bihr ua.-*Quaas,* § 121 Rn 8.

Kapitel 10. Sonstige Vorschriften

§ 122 Vorrang der schwerbehinderten Menschen

Verpflichtungen zur bevorzugten Einstellung und Beschäftigung bestimmter Personenkreise nach anderen Gesetzen entbinden den Arbeitgeber nicht von der Verpflichtung zur Beschäftigung schwerbehinderter Menschen nach den besonderen Regelungen für schwerbehinderte Menschen.

1. Sozialpolitischer Hintergrund und geltende Fassung. Die Norm 1
wurde nach dem Zweiten Weltkrieg als § 31 Abs. 1 SchwbeschG 1953 mit der Begründung eingeführt, sie sei notwendig, damit „die Kriegs- und Arbeitsopfer mit ihren schweren gesundheitlichen Dauerschäden gegenüber den zahlreichen durch die Kriegs- und Nachkriegsereignisse in Not geratenen Menschen, denen durch andere Gesetze ein Anspruch auf bevorzugte oder anteilsmäßige Wahrnehmung vorhandener Arbeitsmöglichkeiten zugebilligt worden ist, nicht zurückstehen“ (Begr des RegE, BT-Drucks. 3430, Nr. 104). Die Norm entspricht § 44 SchwbG

2. Normzweck. Die Vorschrift hebt den Vorrang des Schwerbehinderten- 2
schutzes vor anderen Schutzgesetzen hervor. Sie begründet aber keinen individuellen Einstellungsanspruch schwerbehinderter Menschen. Sie verweist lediglich die Arbeitgeber auf ihre Pflicht nach dem Schwerbehindertengesetz, die nicht ausgehebelt wird durch Beschäftigungspflichten nach anderen

Gesetzen. Sie verbietet dem Arbeitgeber die Zurücksetzung von Pflichten gegenüber schwerbehinderten Menschen – insbes. nach § 71 SGB IX – aus Anlass von Verpflichtungen gegenüber anderen Personenkreisen (*Knittel* § 122 Rn 3; aA *Feldes ua.* § 122 Rn 1). *Masuch* (in Hauck/Noftz § 122 Rn 4 bis 6) sieht ebenfalls, dass die Norm nicht als Vorrang der schwerbehinderten Menschen gegenüber anderen schutzbedürftigen Personengruppen zu interpretieren sei, sondern eher nur iSe Benachteiligungsverbots schwerbehinderter Menschen in Ansehung anderer schutzbedürftiger Personen. In dieser Auslegung ergibt sich ein Bezug zu § 7 AGG, allerdings dort in Abwägung mit anderen als u. in Rn 3 genannten Personengruppen, nämlich den geschützten Personenkreisen § 1 AGG.

3 **3. Bevorzugte Einstellung und Beschäftigung nach anderen Gesetzen.** Gesetze, die iSd Vorschrift bevorzugte Einstellungs- und Beschäftigungsverpflichtungen für andere bestimmte Personenkreise enthalten, sind historisch folgende **Bundesgesetze:** Bundesentschädigungsgesetz (BEG), Bundesgesetz zur Regelung der Wiedergutmachung nationalsozialistischen Unrechts für Angehörige des öffentlichen Dienstes (BWGöD), Heimkehrergesetz (HkG), Bundesvertriebenengesetz (BVFG), Bundesevakuiertengesetz (BevG) sowie **Landesgesetze** für Inhaber von Bergmannversorgungsscheinen in Niedersachsen, Nordrhein-Westfalen und dem Saarland. Zu Recht verweist *Knittel* (§ 122 Rn 6ff) auf die überwiegend nur noch historische Bedeutung dieser Gesetze hinsichtlich des Arbeitsmarktes. Aktuell relevant sind das **Gesetz zur Anpassung der Eingliederungsleistungen für Aussiedler und Übersiedler** vom 22. 12. 1989 (BGBl. I S. 2398). *Kossens* (§ 122 Rn 3) nennt zusätzlich das **Gesetz zur Durchführung der Gleichberechtigung von Frauen und Männer** v. 24. 6. 1994 (BGBl. I S. 1406).

Masuch verweist darauf, dass „weitere Personengruppen ohne Vorliegen einer ausdrücklichen gesetzlichen Regelung aus **Rechtsgründen** Ansprüche auf Wiedereinstellung oder Wiederaufnahme der Arbeit geltend machen können" (§ 122 Rn 3). Er nennt dort beispielhaft den Wiedereinstellungsanspruch bei Rehabilitation nach Verdachtskündigung, den Wegfall der dringenden betrieblichen Erfordernisse nach Kündigung nach § 1 KSchG, nach Aussperrung und bei Einstellungsanspruch aus § 33 Abs. 2 GG. Auch er sieht einen Bezug zur **Frauenförderung** und nennt § 7 des Frauenfördergesetzes im Bereich des öffentlichen Bundesdienstes.

§ 123 Arbeitsentgelt und Dienstbezüge

(1) [1]Bei der Bemessung des Arbeitsentgelts und der Dienstbezüge aus einem bestehenden Beschäftigungsverhältnis werden Renten und vergleichbare Leistungen, die wegen der Behinderung bezogen werden, nicht berücksichtigt. [2]Die völlige oder teilweise Anrechnung dieser Leistungen auf das Arbeitsentgelt oder die Dienstbezüge ist unzulässig.

(2) Absatz 1 gilt nicht für Zeiträume, in denen die Beschäftigung tatsächlich nicht ausgeübt wird und die Vorschriften über die Zahlung der Rente oder der vergleichbaren Leistung eine Anrechnung oder ein Ruhen vorsehen, wenn Arbeitsentgelt oder Dienstbezüge gezahlt werden.

1. Sozialpolitischer Hintergrund und geltende Fassung. Die Norm des § 122 SGB IX entspricht § 45 SchwbG idF des SchwbBAG v. 29. 9. 2000 (BGBl. I S. 1349ff). Historisch geht die Norm auf das SchwbeschG 1953 zurück. Noch weiter zurückliegende, auf gleichen Zweck gerichtete Normen finden sich bereits in § 83 BVG, § 98 Reichsversorgungsgesetz und § 19 der Vorläufigen Landarbeitsverordnung v. 24. 1. 1919 (RGBl I S. 111). Mit Art. 6 des 2. Haushaltsstrukturgesetzes v. 22. 12. 1981 (BGBl. I S. 1527) wurde seit 1. 1. 1982 das Anrechnungsverbot auf Ansprüche aus bestehenden Arbeits- und Beschäftigungsverhältnissen begrenzt (s. ausführlich zur Geschichte und dem rechtsgeschichtlichen Kontext *Großmann* § 45 Rn 2 bis 9). Letztlich will die Norm leistungsrechten Lohn für die geschützten schwerbehinderten Menschen durchsetzten bzw. sicherstellen. 1

2. Normzweck und Überblick. Die Vorschrift verbietet die Anrechnung von Renten und vergleichbaren Leistungen wegen der Behinderung bei der Bemessung des Arbeitsentgelts bzw. der Dienstbezüge. Es ist somit verboten, diese anderen Bezüge wegen der Behinderung ganz oder teilweise auf das Arbeitsentgelt oder die Dienstbezüge anzurechnen. Zugrunde liegt dieser Vorschrift die Annahme, dass aus der Tatsache einer Behinderung nicht ohne weiteres der Schluss gezogen werden darf, dass der schwerbehinderte Mensch für die ihm vertraglich übertragene Arbeit entsprechend dem Grad der Behinderung minderleistungsfähig sei. Nicht zuletzt vor dem Hintergrund der Arbeitgeberpflichten des § 81 Abs. 3 bis 5 unterstellt der Gesetzgeber, dass auf einem geeigneten Arbeitsplatz schwerbehinderte Menschen auch die tarifvertragliche Leistung regelmäßig erbringen. Wegen dieser vollwertigen Leistungserbringung haben schwerbehinderte Menschen grundsätzlich Anspruch auf ungekürztes Arbeitsentgelt (*Masuch* in Hauck/Noftz § 123 Rn 3). Das Einkommen schwerbehinderter Menschen hat sich nicht nach den anderen Einkünften, sondern nach den tariflichen Merkmalen der ausgeübten Tätigkeit zu richten (*Feldes ua.* § 123 Rn 1). 2

3. Ausnahmen vom Anrechnungsverbot. Ausgenommen vom Anrechungsverbot sind Einkünfte aus Tätigkeiten, die nicht tatsächlich ausgeübt werden. Darunter fallen sowohl das **Übergangsgeld** nach tariflichen Regelungen (früher zB § 62 BAT) als auch **Krankengeld.** Eine Ausnahme nur für schwerbehinderte Menschen von tariflichen Anrechnungsregelungen hat seit 1. 1. 1982 keine Rechtsgrundlage mehr (s. zB BAG 27. 11. 1986 – 6 AZR 558/84 – DB 1987, 2049). **Leistungen nach dem BVG** werden entsprechend § 83 BVG Satz 2 abweichend behandelt (s. Rn 6). **Tarifliche Minderleistungsklauseln,** die nicht auf individuelle Feststellung der Minderleistung, sondern auf Anknüpfung an vorliegende Behinderteneigenschaft abstellen, können gegen § 123 verstoßen (*Masuch* aaO Rn 3; *Kossens* aaO Rn 8, 9). 3

4. Bezug zu § 134 BGG. Das **Verbot der Anrechung** stellt eine **Vorschrift iSd § 134 BGB** dar und kann weder durch Tarifvertrag, Individualvereinbarung (Arbeitsvertrag) noch durch Verzichtserklärung des schwerbehinderten Menschen aufgehoben werden. 4

Die Ausnahmen des Abs. 2 sollen bei tariflich vorgesehenen Leistungsanrechnungen eine alleinige Besserstellung schwerbehinderter Menschen gegenüber nicht behinderten Menschen verhindern (*Knittel* aaO Rn 13, 14; *Cramer* aaO Rn 5 bis 8; *Masuch* aaO Rn 15ff).

5 **5. Begriff der Rente und vergleichbarer Leistungen.** Der Begriff der Rente und vergleichbarer Leistungen, die wegen der Behinderung bezogen werden, ist weit zu fassen (*Cramer* aaO Rn 4; *Knittel* § 123 Rn 7). Es kann sich zum Beispiel um Renten nach dem **BVG,** die wegen der Behinderung bewilligt wurden, um **Unfallrenten, Renten wegen Erwerbsminderung,** aber auch um **Altersrente für schwerbehinderte Menschen** handeln.

6 Für das **Bundesversorgungsgesetz,** das auch zB im OEG für Verbrechensopfer und im SVG für Wehrdienstopfer angewendet wird, findet sich im Leistungsgesetz selbst ein **weitergehendes Anrechnungsverbot** der dortigen Renten auf Arbeitsentgelte. In § 83 BVG wird ausgeführt: „Bei der Bemessung des Arbeitsentgelts von Beschäftigten, die Versorgungsbezüge nach diesem Gesetz erhalten, dürfen diese Bezüge nicht zum Nachteil der Beschäftigten berücksichtigt werden; insbes. ist es unzulässig, die Versorgungsbezüge ganz oder teilweise auf das Entgelt anzurechnen. Das gilt auch für Leistungen, die mit Rücksicht auf eine frühere Tätigkeit an den ehemals Erwerbstätigen oder seine Hinterbliebenen zur Erfüllung eines Rechtsanspruchs oder freiwillig erbracht werden.“ Satz 2 dieser Vorschrift vollzieht also § 123 Abs. 2 nicht mit und ist als lex specialis vorrangig anzuwenden.

7 **Begriff des Arbeitsentgelts oder der Dienstbezüge.** Auch der Begriff des Arbeitsentgelts oder der Dienstbezüge ist weit auszulegen. Unter Arbeitsentgelt oder Dienstbezügen sind alle geldwerten Leistungen und Geldleistungen zu fassen, die im Zusammenhang mit dem Arbeits- und Beschäftigungsverhältnis als Gegenleistung für die Arbeitsleistung vom Arbeitgeber oder Dienstherrn erbracht werden. Mit dem Zweiten Haushaltsstrukturgesetz sind seit dem 1. 1. 1982 Leistungen wie zB das Übergangsgeld nicht mehr unter den Schutz der Norm gestellt. Sie beziehen sich nicht auf ein noch bestehendes Beschäftigungsverhältnis. Bestehende tarifliche Anrechnungsregelungen für solche Leistungen gelten somit auch für schwerbehinderte Menschen ohne Einschränkung.

8 **6. Abweichendes Leitbild des Gesetzgebers in anderen Vorschriften des SGB IX.** Das Prinzip, dass schwerbehinderte Menschen auf einem geeigneten Arbeitsplatz eine tarifgerechte Leistung erbringen und es Aufgabe der Arbeitgeber ist, die Arbeitsplätze entsprechend zu gestalten, prägt wesentlich das Leitbild des Gesetzgebers. In der Norm des § 81 Abs. 3 bis 5 wird diese Pflicht der Arbeitgeber ergänzt um gleichgerichtete Rechtsansprüche schwerbehinderter Menschen. In § 81 Abs. 4 Satz 2 wird zudem die Hilfeverpflichtung der Bundesagentur für Arbeit und der Integrationsämter gesetzlich festgelegt, sofern die Belastungen dem Arbeitgeber nicht zumutbar sind (s. § 81 Rn 4, 28, 37). Die Norm des § 72 Abs. 1 Nr. 1 Buchst c regelt auch die (ausnahmsweise) Pflicht der Arbeitgeber in angemessenem Umfang solche schwerbehinderten Menschen zu beschäftigen, die „infolge ihrer Behinderung nicht nur vorübergehend offensichtlich nur eine wesentlich verminderte Arbeitsleistung erbringen können“. Auch für diese schwerbehinderten Menschen gilt grundsätzlich das Anrechnungsverbot des § 123. Ein anderes Leitbild vertritt der Gesetzgeber und insbes. die Verwaltungspraxis in den Fällen des Minderleistungsausgleichs (§ 102 Abs. 3 Nr. 2 Buchst e

iVm § 27 SchwbAV s. Erl. dort Rn 170ff) zur Entlastung der Arbeitgeber unter Aufrechterhaltung des ungeschmälerten Entgeltbezuges des schwerbehinderten Menschen. Damit erfolgt zumindest indirekt eine recht deutliche Abweichung vom Leitbild bzgl. der Arbeitsverhältnisse schwerbehinderter Menschen, wie es der Gesetzgeber in der Norm des § 123 vertritt. Bewirkt wird dies über die verbreitete Praxis der Anwendung der Norm des § 102 Abs. 3 Nr. 2 Buchst e iVm § 27 SchwbAV. Diese Norm regelt die finanzielle Hilfe an Arbeitgeber bei **außergewöhnlichen und unzumutbaren Belastungen,** die im Zusammenhang mit der Beschäftigung eines schwerbehinderten Menschen entstehen. Es werden in den von der Bundesarbeitsgemeinschaft der Integrationsämter und Hauptfürsorgestellen (BIH) im Jahr 2002 entwickelten „Richtlinien zur Gewährung von Leistungen des Integrationsamtes an Arbeitgeber zur Abgeltung außergewöhnlicher Belastungen“ (Richtlinien zu § 27 SchwbAV) Grundregeln für die finanzielle Förderung von solchen „außergewöhnlichen Belastungen“ festgelegt. Diese werden von praktisch allen Ländern – meist in Form der Übernahme als Verordnung oder eigene Richtlinie – angewendet (siehe für Hamburg Grundsätze zur Gewährung von Leistungen des Integrationsamtes an Arbeitgeber zur Abgeltung außergewöhnlicher Belastungen gem. § 27 SchwbAV, Amt. Anzeiger Nr. 42 vom 7. 4. 2004, Satz 731; inhaltlich wesentlich identisch: Richtlinie zur Gewährung von Leistungen des Integrationsamtes an Arbeitgeber zur Abgeltung außergewöhnlicher Belastungen – RL zu § 27 SchwbAV (Erl. des Ministeriums für Wirtschaft und Arbeit des Landes Nordrhein-Westfalen v. 19. 12. 2003, Ministerialblatt für das Land Nordrhein-Westfalen – Nr. 5 v. 28. 1. 2003, inhaltsgleich Erl. des Hessischen Sozialministeriums v. 17. 12. 2002, Staatsanzeiger für das Land Hessen v. 6. 1. 2003 Satz 19) Volltext aller oder der meisten Länderregelungen recherchierbar bei: www.foerderdatenbank.de). Die Richtlinie kennt auch den Fall einer „Minderleistung“, die definiert wird als „eine gegenüber der betrieblichen Normalleistung auf einem vergleichbaren Arbeitsplatz nicht nur vorübergehend wesentlich verminderte Arbeitsleistung des schwerbehinderten Menschen (Minderleistung)“ Es können nach dieser Richtlinie hier je nach prozentual gemessenem Grad der Minderleistung und Höhe des Gehaltes laufende Ausgleichszahlungen von monatlich bis zu 650,– € gezahlt werden. Wenn auf dieser Basis langjährig ein Lohnkostenzuschuss gezahlt wird, wird gegen das Zielbild der Eingliederung schwerbehinderter Menschen insofern verstoßen, als hier in der Lohnfindung und der Arbeitseinsatzgestaltung nur noch eingeschränkt der Grundsatz des Austauschs von Lohn und Leistung angewendet wird. Auch bei der Förderung der Integrationsprojekte gem. § 132 kann zumindest ein vergleichbarer Zielkonflikt auftreten.

7. Rechtswege. Streitigkeiten bei Ansprüchen auf Arbeitsentgelt werden vor dem Arbeitsgericht ausgetragen (§ 2 Abs. 1 Nr. 3 Buchst a ArbGG). 9
Entsprechende Streitigkeiten um Dienstbezüge von Beamten fallen in die Zuständigkeit der Verwaltungsgerichte (§ 40 Abs. 1 VwGO). Anrechnungsbestimmungen mit Blick auf Arbeitsentgelt oder Dienstbezüge bei Renten und ähnlichen Leistungen sind auf dem Sozialgerichtsweg einklagbar (§ 51 SGG; s. a. *Masuch* aaO Rn 18).

§ 124 Mehrarbeit

Schwerbehinderte Menschen werden auf ihr Verlangen von Mehrarbeit freigestellt.

1 **1. Sozialpolitischer Hintergrund und geltende Fassung.** Die Norm will ähnlich wie die Vorschrift des § 125 die dauerhafte Sicherung der beruflichen Eingliederung schwerbehinderter Menschen unterstützen als Maßnahme des vorbeugenden Gesundheitsschutzes. Es soll die Leistungsfähigkeit schwerbehinderter Menschen erhalten und vor Überbeanspruchung geschützt werden (Bericht des AuS-Ausschuss, BT-Drucks. 7/1515 zu Nr. 41 a S. 16). Die Norm wurde in das SGB IX wortgleich aus der vorher geltenden Regelung des § 46 SchwbG übernommen. Diese arbeitsschutzrechtliche Norm geht letztlich auf weit zurückliegende Vorläufer zurück. Bis zum 30. 4. 1974 fand sie sich in der Freizeitanordnung des Reichsarbeitsministeriums vom 22. 10. 1943 (RArBl I S. 508). Ab 1. 5. 1974 bis zum 31. 7. 1986 war diese Vorschrift als § 43 Teil des SchwbG, seitdem bis zum Inkrafttreten des SGB IX als § 46 SchwbG in Kraft.

2 **2. Normzweck.** Schwerbehinderte Menschen können deshalb auf ihr Verlangen von Mehrarbeit freigestellt werden. Die Norm beinhaltet weder ein generelles Mehrarbeitsverbot noch ein Verbot des Dienstes zu ungünstigen Zeiten.

3 **3. Inhalt der Vorschrift.** In den Schutz des § 124 sind **schwerbehinderte Menschen** und auch **gleichgestellte Menschen** einbezogen, wie sich aus der Vorschrift des § 68 Abs. 3 eindeutig ergibt. Teilzeitbeschäftigte stehen ebenfalls im Schutz der Norm, allerdings bezieht sich auch hier die Freistellungsmöglichkeit von Mehrarbeit auf die gesetzliche Tagesarbeitszeit. Durch die mit dem SchwbBAG neu formulierten Rechte der schwerbehinderten Menschen auf behinderungsbedingt notwendige Teilzeit stellt sich für einen Teil der teilzeitarbeitenden Menschen auch unter dieser Norm des § 81 Abs. 5 eine neue rechtliche Perspektive hinsichtlich der Zulässigkeit von Mehrarbeitsbegehren des Arbeitgebers. In § 81 Abs. 5 wird von den Arbeitgebern verlangt, dass sie die Einrichtung von Teilzeitarbeitsplätzen für schwerbehinderte Menschen fördern.

4 Die Vorschrift gilt für **alle Arbeitgeber,** auch für solche, die nicht der Beschäftigungspflicht nach diesem Gesetz unterliegen.

5 Der Anwendungsbereich ist allerdings auf Mehrarbeit beschränkt und umfasst keine Freistellungsmöglichkeit von Diensten zu ungünstigen Zeiten wie **Sonntagsarbeit, Feiertagsarbeit oder Nachtarbeit** (vgl. *Kossens/v. d. Heide/Maaß* § 124 Rn 6 mit Verweis auf *Großmann* § 45 Rn 28). Unter **Mehrarbeit** ist nach mehrheitlicher Meinung der Kommentarliteratur nicht die über die individuelle tarifvertraglich oder einzelvertraglich vereinbarte tägliche Arbeitszeit des schwerbehinderten Menschen hinausgehende tatsächliche Arbeitszeit zu verstehen, sondern eine Arbeitszeit über die werktägliche Arbeitszeit von 8 Stunden entsprechend dem Arbeitszeitgesetz (AZG) vom 6. 6. 1994 (BGBl. I S. 1170) hinaus. Hierzu liegt ein entspre-

chendes Urteil des BAG vom 8. 11. 1989 vor (5 AZR 642/88, NZA 1990, 309, RdA 1990, 126, DB 1990, 889).

Auch ein BAG Urt. v. 21. 11. 2006 – 9 AZR 176/06 – bestätigt unter Einbezug weiterer Detailfragen diese Auffassung erneut. Gemäß § 124 SGB IX haben schwerbehinderte Arbeitnehmer einen Anspruch, auf ihr Verlangen hin von dem Arbeitgeber nicht mehr als acht Stunden werktäglich beschäftigt zu werden (ebenda Rn 18). Mehrarbeit iSd § 124 SGB IX ist jede über acht Stunden hinausgehende werktägliche Arbeitszeit (ebenda Rn 20). Als Arbeitszeit iSd § 2 Abs. 1 Satz 1 ArbZG gilt seit der Neufassung des Arbeitszeitgesetzes durch Art. 4b des Gesetzes zu Reformen am Arbeitsmarkt vom 24. 12. 2003 mit Wirkung ab 1. 1. 2004 auch der Bereitschaftsdienst. Bei der Ableistung sogenannter „Nachtbereitschaft" einer Heilerziehungspflegerin handelt es sich um Bereitschaftsdienst, der auf die gesetzliche Höchstarbeitszeit iSd § 3 Satz 1 ArbZG anzurechnen ist (Rn 22). Die Regelung (vgl. § 7 Abs. 1 der Anlage 5 zu den AVR (juris DCVArbVtrRL) und §§ 8 und 9 der Anlage 5 zu den AVR) (Rn 23) der DCVArbVtrRL, dass Bereitschaftsdienst keine Arbeitszeit darstellt, ist wegen Verstoßes gegen § 3 Satz 1 ArbZG nichtig (§ 134 BGB), soweit dadurch die gesetzliche Arbeitszeit iSd § 3 Satz 1 ArbZG verlängert wird (ebenda Rn 24). 6

Ist eine tägliche Arbeitszeit von 7 Stunden tariflich, betrieblich oder per Arbeitsvertrag vereinbart, kann der schwerbehinderte Mensch die Ableistung einer weiteren Arbeitsstunde nicht mit Hinweis auf § 124 SGB IX verweigern. Hier handelt es sich nicht um Mehrarbeit iSd § 124, sondern um eine „Überarbeit" oder „Überstunde". Erst eine über 8 Stunden hinaus zu leistende Arbeit kann als Mehrarbeit abgelehnt werden (auch dieser Auffassung: *Kossens/v. d. Heide/Maaß* aaO Rn 7 bis 9; *Cramer* s.u. Rn 6; *Groß* in Ernst/Adlhoch/Seel § 124 Rn 8 bis 10; auch sehr eindeutig und ausführlich: *Großmann* § 46 insbes. Rn 1 letzter Satz, Rn 25 bis 27). 7

Die Freistellung von Mehrarbeit erfolgt auf **Verlangen** des schwerbehinderten Menschen. Die Form hierfür ist nicht geregelt; es wird sich in der Praxis aber anbieten, das Verlangen in geeigneter und im Zweifel nachweisbarer Form vorzutragen. Der Arbeitgeber kann das **Verlangen nicht mit Verweis auf betriebsbedingte Gründe ablehnen** (so auch *Feldes* § 124 Rn 1) Der bei *Masuch* (in Hauck/Noftz § 124 Rn 8, 9) vertretenen Begrenzung der Ablehnung von Mehrarbeit bei Notlagen des Betriebes kann vor diesem Hintergrund ebenfalls nicht gefolgt werden. Das Verlangen des schwerbehinderten Menschen ist von diesem nicht zu begründen (so auch *Feldes* § 124 Rn 1; *Kossens/v. d. Heide/Maaß* § 124 Rn 11). Ohne ein entsprechendes Verlangen ist die Verweigerung der Mehrarbeit nicht zulässig; dies gilt auch für den Fall, dass der Arbeitgeber mit Zustimmung des Betriebsrates (§ 87 Abs. 1 Nr. 3 BetrVG) die Mehrarbeit einseitig auf Grundlage arbeitsvertraglicher Regelungen einer Betriebsvereinbarung oder eines Tarifvertrages anordnet (vgl. *Kossens/v. d. Heide/Maaß* § 124 Rn 10, 11). Die Auffassung von *Cramer* (§ 46 Rn 3), dass das Verlangen auf Freistellung von Mehrarbeit von dem schwerbehinderten Menschen rechtzeitig mitgeteilt werden soll, damit der Arbeitgeber sich darauf einstellen kann, ist weiterhin zutreffend (s.a. *Kossens/v. d. Heide/Maaß* § 124 Rn 11). Das Verlangen begründet nach Auffassung von *Kossens* ein Leistungsverweigerungsrecht nach 8

§ 273 BGB (vgl. aaO Rn 12). Einschlägig hierzu sind noch immer die Ausführungen von *Cramer* (§ 46 Rn 3) zum wortgleichen § 46 SchwbG: „Ein Schwerbehinderter kann also, wenn er individualrechtlich zur Leistung von Überarbeit verpflichtet ist, diese nach § 46 nur ablehnen, wenn oder soweit sie zugleich Mehrarbeit ist, also die gesetzlich vorgeschriebene normale Arbeitszeit überschreitet, nicht jedoch, wenn oder soweit sie sich im Rahmen der normalen gesetzlichen Arbeitszeit hält. Ordnet der ArbG Überarbeit an, muss also im Einzelfall zunächst geprüft werden, ob er aufgrund des Direktionsrechts dazu berechtigt ist. Ist dies nicht der Fall, ist zu prüfen, ob die Berechtigung hierzu insoweit besteht, als sich die Überarbeit als (nach öffentlich-rechtlichen Arbeitszeitvorschriften zulässige) Mehrarbeit darstellt. In diesem Falle kann der betreffende schwerbehinderte Mensch unter Berufung auf seine Schwerbehinderteneigenschaft (BVerwG vom 9. 6. 1993 – 1 D 4/92 – nv) die Befreiung von der geforderten Mehrarbeit verlangen. Dies kann auch für unbestimmte Zeit verlangt werden (Kossens-*Kossens* § 125, Rn 13 mit Verweis auf BAG v. 3. 12. 2002).

9 Die besondere Fürsorgepflicht des Arbeitgebers gegenüber schwerbehinderten Menschen kann den Arbeitgeber verpflichten kann, im Einzelfall einen schwerbehinderten Arbeitnehmer von Mehrarbeit freizustellen (BAG Urt. v. 3. 12. 2002 – 9 AZR 462/01 –).

10 Das Verlangen auf Freistellung von Mehrarbeit führt weder zu einem Anspruch auf die 5-Tage-Woche noch auf Befreiung von Nachtarbeit (BAG v. 3. 12. 2002). Etwas anderes kann sich allerdings im Einzelfall aus § 81 Abs. 4 Nr. 4 SGB IX ergeben, wenn dies zur behinderungsgerechten Gestaltung der Arbeitszeit erforderlich ist. Die Erfüllung darf für den Arbeitgeber aber nicht unzumutbar oder mit unverhältnismäßigen Aufwendungen verbunden sein.

§ 125 Zusatzurlaub

(1) [1]Schwerbehinderte Menschen haben Anspruch auf einen bezahlten zusätzlichen Urlaub von fünf Arbeitstagen im Urlaubsjahr; verteilt sich die regelmäßige Arbeitszeit des schwerbehinderten Menschen auf mehr oder weniger als fünf Arbeitstage in der Kalenderwoche, erhöht oder vermindert sich der Zusatzurlaub entsprechend. [2]Soweit tarifliche, betriebliche oder sonstige Urlaubsregelungen für schwerbehinderte Menschen einen längeren Zusatzurlaub vorsehen, bleiben sie unberührt.

(2) [1]Besteht die Schwerbehinderteneigenschaft nicht während des gesamten Kalenderjahres, so hat der schwerbehinderte Mensch für jeden vollen Monat der im Beschäftigungsverhältnis vorliegenden Schwerbehinderteneigenschaft einen Anspruch auf ein Zwölftel des Zusatzurlaubs nach Absatz 1 Satz 1. [2]Bruchteile von Urlaubstagen, die mindestens einen halben Tag ergeben, sind auf volle Urlaubstage aufzurunden. [3]Der so ermittelte Zusatzurlaub ist dem Erholungsurlaub hinzuzurechnen und kann bei einem nicht im ganzen Kalenderjahr bestehenden Beschäftigungsverhältnis nicht erneut gemindert werden.

(3) **Wird die Eigenschaft als schwerbehinderter Mensch nach § 69 Abs. 1 und 2 rückwirkend festgestellt, finden auch für die Übertragbarkeit des Zusatzurlaubs in das nächste Kalenderjahr die dem Beschäftigungsverhältnis zugrunde liegenden urlaubsrechtlichen Regelungen Anwendung.**

1. Geltende Fassung. Mit dem SGB IX vom 19. 6. 2001 wurde für die Zeit ab 1. 7. 2001 der bisherige § 47 SchwbG inhaltsgleich als § 125 SGB IX übernommen. Mit Inkrafttreten des SchwbFöG am 1. 5. 2004 wurde § 125 um die Abs. 2 und 3 ergänzt. Neben der in Abs. 2 Satz 1 behandelten anteiligen Zusatzurlaubsgewährung soll Abs. 2 Satz 2 Bruchteile von Urlaubstagen vermeiden. Durch Abs. 3 wird eine Kumulation von Ansprüchen auf Zusatzurlaub aus vorangegangenen Urlaubsjahren ausgeschlossen. Auch wenn die Feststellung der Eigenschaft als schwb Menschen deklaratorischen und nicht konstitutiven Charakter hat, soll auch in den Fällen eines länger andauernden Feststellungsverfahrens und einer in ein oder unter Umständen auch mehreren vorangegangenen Urlaubsjahren rückwirkenden Feststellung der Eigenschaft im laufenden Urlaubsjahr ein Zusatzurlaub aus den vorangegangenen Jahren nicht unbegrenzt beansprucht werden können. Dies wird durch die Anwendung urlaubsrechtlicher Regelungen gewährleistet, vgl. Gesetzesbegründung BT-Drucks. 15/1783, S. 18. 1

2. Normzweck. SchwbM erhalten einen zusätzlichen Mindesturlaub von grundsätzlich fünf Arbeitstagen im Urlaubsjahr als Ausgleich für die erhöhte Beanspruchung im Arbeitsleben. Abs. 1 regelt den Rechtsanspruch auf Zusatzurlaub, wie dies zuvor in § 47 SchwbG geregelt war. Der Anspruch ist unabhängig von einem individuellen Erholungsbedürfnis des schwb Menschen, BAG vom 21. 2. 1995, BAGE 79, 211 (215). 2

Abs. 2 bestimmt, dass der Anspruch auf Zusatzurlaub bei Eintritt oder Wegfall der Eigenschaft als schwb Menschen im Verlauf des Urlaubsjahres nicht in vollem Umfang, sondern nur anteilig bestehen soll. 3

Durch Abs. 3 wird eine Kumulation von Ansprüchen auf Zusatzurlaub aus vorangegangenen Urlaubsjahren ausgeschlossen. 4

3. Normzusammenhang. Wesentlicher Normzusammenhang besteht zum BUrlG, die Lücken im Gesetzestext sind durch Anwendung der dortigen Vorschriften zu schließen (BAG vom 26. 6. 1986, 8 AZR 75/83). 5

4. zu Abs. 1. Anspruchsberechtigt sind schwb Menschen iSd § 2 Abs. 2, nicht gleichgestellte behinderte Menschen. Diese werden durch § 68 Abs. 3 von der Anwendung des § 125 ausdrücklich ausgenommen. 6

Der Anspruch besteht unabhängig davon, ob der schwb Menschen als Arbeiter, Angestellter, Beamter, Richter, Soldat, in Heimarbeit Beschäftigter oder Auszubildender beschäftigt wird, ob auf einem „Arbeitsplatz“ iSd § 73 Abs. 1 oder einer Stelle iSd § 73 Abs. 2 und 3, einem Pflichtplatz oder über die Pflichtzahl hinaus, ob in Voll- oder Teilzeit und, wenn in Teilzeit, ob mit einer Beschäftigung von mindestens 18 Stunden wöchentlich oder (aus welchen Gründen auch immer) einer geringeren Stundenzahl. 7

Der Anspruch auf Zusatzurlaub entsteht aufgrund der Eigenschaft als schwb Mensch, ohne Rücksicht darauf, ob und wann sie uU rückwirkend 8 gem. § 6 Nr. 1 S. 2 SchwbAwVO behördlich festgestellt und ob, wann und mit welchem Datum ein Ausweis über die Eigenschaft als schwb Mensch ausgestellt wird (BAG v. 28. 1. 1982 – 6 AZR 636/79 – BAGE 37, 379 = AP Nr. 3 zu § 44 SchwbG = DB 1982, 1329; v. 26. 6. 1986 – 8 AZR 266/84 – BAGE 52, 258 = AP Nr. 6 zu § 44 SchwbG; v. 26. 6. 1986 – 8 AZR 75/83 – NZA 1986, 558; v. 26. 4. 1990 – 8 AZR 517/89 – BAGE 65, 122). Dem Grunde nach kann der schwb Menschen den Zusatzurlaub also auch ohne entsprechende Feststellung verlangen, er wird hier aber regelmäßig Nachweisschwierigkeiten haben.

9 Der Umfang des Zusatzurlaubes beträgt regelmäßig fünf Urlaubstage und erhöht oder vermindert sich, wenn die regelmäßige Arbeitszeit auf mehr oder weniger als fünf Arbeitstage in der Kalenderwoche verteilt ist.

10 Hat der schwb Menschen eine unregelmäßige wöchentliche Arbeitszeit, ist die durchschnittliche Arbeitszeit pro Woche in dem maßgeblichen Jahr und dann die sich daraus ergebende Dauer des Zusatzurlaubs zu errechnen (zu Beschäftigung in einem rollierenden Arbeitszeitsystem BAG v. 22. 10. 1991 – 9 AZR 373/90 – BAGE 68, 362; in flexibler Arbeitszeit [Freischichtenmodell] BAG v. 30. 5. 1994 – 9 AZR 165/91 – BAGE 76, 395; v. 8. 11. 1994 – 9 AZR 576/90 – BAGE 78, 188; v. 8. 11. 1994 – 9 AZR 477/91 – BAGE 78, 213; 9 AZR 118/92 – BAGE 78, 200).

11 Der personenbezogene Begriff des Arbeitstags führt bei teilzeitbeschäftigten schwb Menschen dazu, dass sie ebenso wie vollzeitbeschäftigte schwb Menschen einen Anspruch auf Zusatzurlaub je nach dem haben, an wie vielen Tagen sie zu arbeiten haben, ohne Rücksicht auf den Umfang und die tägliche Dauer der Teilzeit. Bei einer Teilzeitbeschäftigung von zB 20 Stunden ist für die Frage der Dauer des Zusatzurlaubs entscheidend, auf wieviel Arbeitstage sich die 20 Stunden verteilen. Ist die Teilzeitbeschäftigung auf drei Tage verteilt, beträgt die Dauer des Zusatzurlaubs drei Arbeitstage; ist sie trotz gleicher Wochenarbeitszeit auf mehr als drei Arbeitstage verteilt, ist auch die Dauer des Zusatzurlaubs entsprechend höher.

12 Der Zusatzurlaub ist ein bezahlter zusätzlicher Urlaub. Die Berechnung des Urlaubsentgelts (das für die Dauer der Arbeitsbefreiung fortzuzahlende Arbeitsentgelt) richtet sich nach den allgemeinen Grundsätzen (s. § 11 BUrlG), wenn eine andere Regelung fehlt (BAG v. 23. 1. 1996 – 9 AZR 891/94 – DB 1996, 1345 = NZA 1996, 831).

13 Der Zusatzurlaub teilt das rechtliche Schicksal des Grundurlaubes. Er folgt den gleichen Regeln, die für den Grundurlaub des jeweiligen schwb Menschen gelten (vgl. BAG v. 10. 2. 1956 – 1 AZR 76/54 – AP Nr. 1 zu § 33 SchwbeschG und vom 18. 10. 1957 – 1 AZR 437/56 – AP Nr. 2 zu § 33 SchwbeschG m.w.N.). Die für den Grundurlaub geltenden Regeln sind maßgebend für die Bestimmung des Urlaubsjahres, das Entstehen des Urlaubsanspruchs im ersten Beschäftigungsjahr (vgl. § 4 BUrlG analog nach 6 Monaten der Beschäftigung) und in den folgenden Jahren, die Gewährung, zeitliche Festlegung und Teilung des Urlaubs, die Bemessung des Urlaubsentgelts, die Übertragung (BAG v. 21. 2. 1995 – 9 AZR 746/93 – NZA 1995, 1008 m.w.N.), die Abgeltung (BAG v. 25. 6. 1996 – 9 AZR 182/95 – NZA 1996, 1153; dazu *Dörner* DB 1995, 1174, 1178 unter VI), das Erlöschen (BAG v. 21. 2. 1995 – 9 AZR 746/93 – NZA 1995, 1008; v. 26. 4. 1990 – 8

AZR 517/89 – NZA 1990, 940; s. dazu aber auch die Modifikationen aufgrund §§ 116 und 117 und die Verwirkung (s. dazu *Dersch-Neumann*, BUrlG, 8. Aufl., 1997, Anhang II § 47 Anm. 13ff). Liegen betriebs- und berufstypische Einschränkungen in der Wahl der Urlaubszeit vor (zB bei Lehrern), so gilt diese Einschränkung idR auch für den Zusatzurlaub, vgl. *Dalitz* in Bihr/Fuchs/Krauskopf/Ritz, § 125, Rn 11. Auch der Zusatzurlaub muss bis zum Ende des Urlaubsjahres oder des Übertragungszeitraumes genommen und gewährt werden. Macht der schwb Mensch den ihm zustehenden Anspruch auf Zusatzurlaub nicht rechtzeitig gegenüber seinem ArbG geltend, geht der Anspruch grundsätzlich mit Ablauf des Urlaubsjahres (§ 7 Abs. 3 BUrlG) oder am Ende des Übertragungszeitraums unter (BAG v. 28. 1. 1982 – 6 AZR 636/79 – AP Nr. 3 zu § 44 SchwbG = BAGE 37, 379, 381; v. 13. 6. 1991 – 8 AZR 360/90 – ArbuR 1991, 248).

Eine Abgeltung des Zusatzurlaubes kommt nach ständiger Rechtsprechung (so BAG vom 25. 6. 1996, 9 AZR 182/95, vom 21. 2. 1995, 9 AZR 675/93 und vom 17. 1. 1995, 9 AZR 664/93) dann in Frage, wenn er wegen Beendigung des Arbeitsverhältnisses nicht gewährt werden kann, vgl. auch *Knittel,* § 125, Rn 53. 14

Die Frage der Abgeltung von nicht gewährtem Urlaub nach § 7 Abs. 4 BUrlG ist nach dem zugrunde gelegten Normzweck des Zusatzurlaubes nicht ohne weiteres zu bejahen. Durch die Abgeltung des Zusatzurlaubes kann das Ziel, Sicherung der dauerhaften Arbeitsfähigkeit durch längere bzw. mehr Erholung, nicht erreicht werden. Eine analoge Anwendung des § 7 Abs. 4 BUrlG erscheint aufgrund dessen zweifelhaft, so kritisch *Dalitz* in Bihr/Fuchs/Krauskopf/Ritz, § 125, Rn 19.

Bei einem Ausscheiden des schwb Mensch aus dem Arbeitsverhältnis in der zweiten Jahreshälfte besteht Anspruch auf den vollen Jahresurlaub, vgl. BAG vom 17. 1. 1995, 9 AZR 664/93 und somit, soweit die Eigenschaft als schwb Mensch vorliegt, auch auf den vollen Zusatzurlaub. In allen anderen Fällen (Ausscheiden vor Erfüllung der Wartezeit nach § 4 BUrlG bzw. in der ersten Jahreshälfte) ist der Zusatzurlaub für jeden vollen Monat der Beschäftigung zu zwölfteln und nach § 5 Abs. 1 BUrlG aufzurunden. Eine Abrundung findet nicht statt. 15

5. zu Abs. 2. Besteht die Eigenschaft als schwb Mensch nur für einen Teil des Urlaubsjahres, ist eine anteilige Berechnung vorzunehmen. Die Zwölftelung des Zusatzurlaubs wegen Nichtbestehen der Eigenschaft als schwb Mensch im vollen Kalenderjahr folgt damit anderen Grundsätzen als bei Nichtbestehen des Arbeitsverhältnisses im vollen Kalenderjahr. 16

Der Anspruch auf Zusatzurlaub erlischt mit der Beendigung der Anwendung der besonderen Regelungen zur Teilhabe schwM, vgl. § 116 Abs. 1. 17

Nicht geregelt ist, ob bei Bruchteilen von weniger als einem halben Tag abzurunden ist. Nach der Gesetzesbegründung sollte vermieden werden, Bruchteile von Urlaubstagen zu gewähren. 18

Besteht sowohl die Eigenschaft als schwb Mensch als auch das Arbeitsverhältnis nicht während des ganzen Kalenderjahres, so findet zwar eine Minderung des Zusatzurlaubes nach § 125 Abs. 2, aber keine erneute Minderung entsprechend § 5 BUrlG statt, vgl. *Dalitz* in Bihr/Fuchs/Krauskopf/Ritz, § 125, Rn 10 und i.Ü. den Wortlaut von § 125 Abs. 2 Satz 3. 19

20 Der Zusatzurlaub ist schon entsprechend der Formulierung „zusätzlich" zu gewähren, er verlängert also den im Einzelfall zustehenden Erholungsurlaub gem. Gesetz, Tarifvertrag, Betriebsvereinbarung, Betriebsübung oder Einzelarbeitsvertrag entsprechend. Es findet in diesen Fällen nicht nur eine Aufstockung des gesetzlichen Mindesturlaubs von 24 Werktagen nach § 3 BUrlG statt, vgl. BAG vom 24. 10. 2006, 9 AZR 669/05 in NJW 2007, S. 1083.

21 **6. zu Abs. 3. Abs. 3** ordnet für den Fall einer rückwirkenden Feststellung der Eigenschaft als schwb Menschen nach § 69 Abs. 1 und 2 die Anwendung des BUrlG an, die im Allgemeinen für die Übertragbarkeit des Zusatzurlaubes ohnehin gelten. Eine rückwirkende Feststellung soll damit insoweit nicht zu Belastungen des ArbG führen.

22 Auch der Zusatzurlaub muss bis zum Ende des Urlaubsjahres oder des Übertragungszeitraumes genommen und gewährt werden. Macht der schwb Mensch den ihm zustehenden Anspruch auf Zusatzurlaub nicht rechtzeitig gegenüber seinem ArbG geltend, geht der Anspruch grundsätzlich mit Ablauf des Urlaubsjahres (§ 7 Abs. 3 BUrlG) oder am Ende des Übertragungszeitraums unter (vgl. BAG vom 28. 1. 1982, 6 AZR 636/79 und vom 13. 6. 1991, 8 AZR 360/90 in ArbuR 1991, S. 248). Die bloße Erklärung des ArbN, er mache den Zusatzurlaub nur vorsorglich geltend oder er wolle ihn anmelden, ist nicht ausreichend (vgl. insoweit BAG vom 26. 6. 1986, 8 AZR 266, 8 AZR 75/83 in NZA 1986, S. 558). Der vierwöchige Mindesturlaubsanspruch verfällt nicht, wenn ein Arbeitnehmer bis zum Ende des Übertragungszeitraums arbeitsunfähig erkrankt ist (vgl. EuGH vom 20. 1. 2009 – C-350/06 und C-520/06 – *Schultz-Hoff*). Es steht in der Freiheit der Arbeits- oder Tarifvertragsparteien, den Verfall eines darüber hinausgehenden arbeits-, tarifvertrag- oder gesetzlichen zusätzlichen Erholungsurlaubs mit oder nach dem 31. 3. des Folgejahres zu bestimmen (vgl. BAG vom 24. 3. 2009 – 9 AZR 983/07), soweit nicht Sonderbestimmungen wie § 17 Abs. 2 BEEG gelten. Ob eine arbeitsvertragliche Verfallklausel übergesetzliche Urlaubsansprüche auch im Fall durchgehender Arbeitsunfähigkeit erfassen soll, ist durch Auslegung zu ermitteln (BAG, aaO). Eine arbeitsvertraglich in Bezug genommene tarifvertragliche Urlaubsfristenregelung gilt im Fall durchgehender Arbeitsunfähigkeit nicht für den vierwöchigen Mindesturlaub (BAG, aaO). Darüber hinausgehende tarifliche Urlaubsansprüche verfallen im Regelfall wie bisher. Es bedarf keiner Anhaltspunkte für eine tarifvertragliche Differenzierung zwischen gesetzlichen und übergesetzlichen Erholungsurlaubsansprüchen (entgegen BAG vom 24. 3. 2009 – 9 AZR 983/07). Im Zweifel ist in einer tarifvertraglichen Verfallsregelung für Urlaubsansprüche eine Gleichbehandlung arbeitsfähiger und arbeitsunfähiger Arbeitnehmer gewollt (mit BAG vom 7. 9. 2004 – 9 AZR 587/03), soweit dies gesetzlich zulässig ist. Dies gilt auch für den über § 3 Abs. 1 BUrlG hinausgehenden zusätzlichen Erholungsurlaub nach § 125 SGB IX (ArbG Berlin Urt. v. 22. 4. 2009 – 56 Ca 21 280/08 –, aA LArbG Düsseldorf vom 2. 2. 2009 – 12 Sa 486/06).

23 Seit 23. März 2010 liegt ein BAG-Urteil zum Schwerbehindertenzusatzurlaub bei Krankheit vor, das den Schwerbehindertenzusatzurlaub nach § 125 dem gesetzlichen Mindesturlaub gleichstellt. Der vierwöchige gesetzliche Mindesturlaub muss bei Beendigung des Arbeitsverhältnisses nach der

neueren Rechtsprechung des BAG auch dann finanziell abgegolten werden, wenn der Arbeitnehmer bis zum Ende des Übertragungszeitraums arbeitsunfähig krank ist. Der Anspruch auf Abgeltung des Schwerbehindertenzusatzurlaubs besteht bei Arbeitsunfähigkeit ebenso wie der Anspruch auf Abgeltung des Mindesturlaubs weiter. Die Tarifvertragsparteien können dagegen bestimmen, dass der über den gesetzlichen Mindesturlaub hinausgehende tarifliche Urlaubsabgeltungsanspruch erlischt, wenn der Urlaubsanspruch wegen der Krankheit des Arbeitnehmers nicht erfüllt werden kann. Der schwerbehinderte Kläger war seit 1971 im Außendienst für die Beklagte tätig. Für das Arbeitsverhältnis galt der Manteltarifvertrag für die Angestellten der Bundesversicherungsanstalt für Angestellte. Der Kläger war von Anfang September 2004 bis zum Ende des Arbeitsverhältnisses am 30. September 2005 wegen eines schweren Bandscheibenleidens arbeitsunfähig erkrankt. Im Mai 2005 verlangte er erfolglos, ihm den Urlaub für das Jahr 2004 zu gewähren. Der Kläger hat mit seiner im November 2005 zugestellten Klage Ansprüche auf Abgeltung des gesetzlichen Mindesturlaubs, des Schwerbehindertenzusatzurlaubs und des tariflichen Mehrurlaubs für die Jahre 2004 und 2005 verfolgt. Die Parteien haben in der Revision nur noch über die Abgeltung des Schwerbehindertenzusatzurlaubs und des übergesetzlichen Tarifurlaubs gestritten. Die Beklagte hat die Verurteilung zur Abgeltung der Mindesturlaubsansprüche in zweiter Instanz hingenommen. Die Klage auf Abgeltung des Schwerbehindertenzusatzurlaubs hatte im Unterschied zu der Klage auf Abgeltung des tariflichen Mehrurlaubs Erfolg. Der Anspruch auf Schwerbehindertenzusatzurlaub teilt das rechtliche Schicksal des Mindesturlaubsanspruchs. Beide Ansprüche sind am Ende des Arbeitsverhältnisses auch dann abzugelten, wenn der Arbeitnehmer arbeitsunfähig ist. Die Ansprüche auf Abgeltung des tariflichen Mehrurlaubs gingen demgegenüber nach dem erkennbaren Willen der Tarifvertragsparteien am Ende des tariflichen Übertragungszeitraums unter. (Bundesarbeitsgericht, Urteil vom 23. März 2010 – 9 AZR 128/09 – Vorinstanz: Landesarbeitsgericht Düsseldorf, Urteil vom 2. Februar 2009 – 12 Sa 486/06 –).

Für den in Abs. 3 geregelten Sonderfall, dass nach § 69 Abs. 1 u. 2 die Schwerbehinderteneigenschaft rückwirkend festgestellt wird, finden die dem Beschäftigungsverhältnis zugrunde liegenden urlaubsrechtlichen Regelungen für die Übertragbarkeit des Zusatzurlaubs in das nächste Kalenderjahr Anwendung. Hierdurch soll vermieden werden, dass es zu einer Kumulation von Ansprüchen auf Zusatzurlaub aus vorangegangenen Urlaubsjahren kommt (vgl. Gesetzesbegründung BT-Drucks. 15/1783, S. 18). Wenn der schwerbehinderte Mensch um die Feststellung der Eigenschaft als schwb Menschen streitet, muss er bei seinem Arbeitgeber den Zusatzurlaub nichtsdestotrotz einfordern. Der Arbeitgeber hat dann die Möglichkeit, dem Arbeitnehmer den Zusatzurlaub zu gewähren. Gewährt der Arbeitgeber daraufhin den Zusatzurlaub nicht, so trägt er das Risiko des Unmöglichwerdens der Urlaubsgewährung im Kalenderjahr. Er ist dem Arbeitnehmer dann unter Umständen zum Schadensersatz verpflichtet ist, wenn sich rückwirkend herausstellt, dass der Anspruch auf den Zusatzurlaub berechtigt war, so *Dalitz* in Bihr/Fuchs/Krauskopf/Ritz, § 125, Rn 18. vgl. hierzu i.Ü. BAG vom 26. 6. 1986, 8 AZR 75/83. 24

§ 126 Nachteilsausgleich

(1) **Die Vorschriften über Hilfen für behinderte Menschen zum Ausgleich behinderungsbedingter Nachteile oder Mehraufwendungen (Nachteilsausgleich) werden so gestaltet, dass sie unabhängig von der Ursache der Behinderung der Art oder Schwere der Behinderung Rechnung tragen.**

(2) **Nachteilsausgleiche, die auf Grund bisher geltender Rechtsvorschriften erfolgen, bleiben unberührt.**

1 **1. Sozialpolitischer Hintergrund und geltende Fassung.** Die Vorschrift wurde im Zuge der Reform 1974 mit der finalen Betrachtungsweise – dh keine Unterscheidung von Nachteilsausgleichen und Schutzvorschriften nach Ursache der Behinderung eingefügt. Sie entspricht § 48 SchwbG. Der Begriff Nachteilsausgleich wird seit 1. 8. 1986 verwendet, er löste mit der damaligen Novellierung des SchwbG den vorherigen Begriff „Vergünstigungswesen“ ab. Die Vorschrift wurde 1974 durch den Ausschuss für Arbeit und Sozialordnung eingefügt.

2 **2. Normzweck.** Die Norm entstammt der Entstehungszeit des SchwbG und will eigentlich sicherstellen, dass rechtlich geregelte Nachteilsausgleiche so gestaltet werden, dass sie ausschließlich nach der Art und Schwere der Behinderung, nicht jedoch nach der Ursache der Behinderung differenziert werden. Heute noch bestehende abweichende Regelungen entstammen der Zeit vor In-Kraft-Treten des SchwbG. Beispielhaft für einen derartigen, aus älterer Zeit stammenden Nachteilsausgleich, der den Anforderungen der Norm nicht entspricht, aber durch Abs. 2 geschützt ist, ist die 1. Klasse Fahrtberechtigung für Kriegsbeschädigte. Die Norm richtet sich somit auch heute noch nur an die Rechtsetzung. Es ergibt sich aus ihr kein individueller Anspruch eines schwerbehinderten Menschen. Es wird auch keine Verpflichtung für rechtsetzende Stellen zur Schaffung von Nachteilsausgleichen festgelegt. Sämtliche im SGB IX geregelten Nachteilsausgleiche für schwerbehinderte Menschen sind nach den Grundsätzen dieser Norm organisiert (zB §§ 85 ff, 124, 125, 129).

3 **3. Besonderheiten des Behinderungsbegriffs im Bereich der Nachteilsausgleiche.** Der Behinderungsbegriff im Bereich der Nachteilsausgleiche ist nicht zwingend identisch mit dem Begriff des schwerbehinderten Menschen iSd § 2 Abs. 2 SGB IX, sondern er kann in Abhängigkeit von dem konkreten jeweiligen Nachteilsausgleich bzgl. des GdB wie auch bzgl. der territorialen Voraussetzungen des § 2 Abs. 2 abweichen. Der Begriff des schwerbehinderten Menschen ist in § 2 Abs. 2 an zwei unterschiedliche Vorvoraussetzungen – die gesundheitlichen und die territorialen – geknüpft, bezieht sich damit aber ausdrücklich auf den Teil 2 des SGB IX. Das Feststellungsverfahren für eine Behinderung/Schwerbehinderung ist in § 69 Abs. 2 geregelt; dort fehlt der Bezug auf die territoriale Dimension des § 2 Abs. 2 (siehe zur aktuellen Rechtsprechung hierzu: Erl. § 69 Rn 20, sowie zur älteren BSG-Rechtsprechung (BSG v. 28. 2. 2002 – B 9 SB 8/01) Bihr-*Ritz* § 126 Rn 4 ff).

4. Übersicht über wichtige Nachteilsausgleiche. Die Liste der Nachteilsausgleiche ist relativ lang und über eine Vielzahl von Rechtsgebieten und Lebensbereiche gestreut. Es wird nachfolgend nur eine Auswahl wichtiger Nachteilsausgleiche mit Rechtsquellen benannt. Nur zum Bereich des Einkommenssteuerrechts (Rn 5) und der Altersrente wegen Schwerbehinderung (Rn 12) werden auch einige knappe weitergehende Erläuterungen angefügt. 4

5. Einkommensteuerrecht. Im Einkommenssteuerrecht sind verschiedene Nachteilsausgleiche vorgesehen. Nach § 33b EStG stehen schwerbehinderten Menschen in Abhängigkeit vom GdB jährliche Pauschbeträge zwischen 310,– und 1420,– € zu. Für behinderte Menschen ab GdB 25 bis unter 50 wird dieser nur gewährt, wenn das Versorgungsamt eine dauerhafte Einbuße der körperlichen Beweglichkeit (zB auch als Folge einer inneren Erkrankung oder einer Sinnesschädigung) bescheinigt oder die Behinderung Folge einer Berufskrankheit ist oder wenn die Behinderung zu einer Rente berechtigt. 5

Für blinde Menschen (Ausweismerkzeichen Bl) und hilflose Menschen (Ausweismerkzeichen H) sowie für behinderte Menschen in der Pflegestufe III erhöht sich der Pauschbetrag auf 3700,– € unabhängig davon, ob eine Pflegekraft beschäftigt wird. Gehbehinderte (Ausweismerkzeichen G) oder Menschen mit einem GdB von wenigstens 80 können in angemessenem Umfang auch die Kraftfahrzeugkosten für Privatfahrten geltend machen. Weitere Regelungen für den Gebrauch von Kraftfahrzeugen bestehen. 6

6. Kraftfahrzeugsteuer. Schwerbehinderte Menschen mit dem Merkzeichen G (gehbehindert) und gehörlose Menschen mit dem Merkzeichen Gl (gehörlos) mit dem orangefarbigen Flächenaufdruck im Ausweis erhalten Ermäßigung von 50% auf die Kfz-Steuer (§ 3a Abs. 2 Satz 1 Kraftfahrzeugsteuergesetz). Dieser Personenkreis muss allerdings zwischen dieser Ermäßigung der Kfz-Steuer und der unentgeltlichen Beförderung im öffentlichen Personennahverkehr gem. § 145 SGB IX wählen. Nach § 3a Abs. 1 können schwerbehinderte Menschen mit den Merkzeichen H (hilflos), Bl (blind) oder aG (außergewöhnliche Gehbehinderung) sowie Kriegsbeschädigte (VB, EB) von der Kfz-Steuer befreit werden. Diese Befreiung kann neben der unentgeltlichen Beförderung beansprucht werden. 7

7. Öffentliche Verkehrsmittel. Wesentliche Rechtsgrundlagen für Nachteilsausgleiche bei öffentlichen Verkehrsmitteln sind §§ 145ff SGB IX. Auf Grundlage von nicht rechtlich normierten Regelungen bieten zB auch Fluggesellschaften teilweise Rabatte für behinderte Menschen an. 8

8. Mietrecht und Wohnungswesen. Im Bereich des Wohngeldes bestehen eng gefasste Sonderregelungen (Wohngeldgesetz), ebenso im Bereich der Wohnungsbauförderung. In letzterem Bereich bestehen landesspezifische Regelungen. In den neu gefassten §§ 556a, 564b BGB finden sich Regelungen zur Wohnungskündigung und zum behinderungsgerechten Umbau einer gemieteten Wohnung. 9

9. Rentenrechtlicher Nachteilsausgleich. Im Rentenrecht bestehen Nachteilsausgleiche für schwerbehinderte Menschen, die an das Vorliegen einer Schwerbehinderung, an versicherungsrechtliche und an altersmäßige Voraussetzungen gebunden sind (vgl. Anlage 22 SGB VI, §§ 37 und 236a SGB VI). 10

11 **10. Merkzeichenabhängige Nachteilsausgleiche.** Nachstehend werden die merkzeichenabhängigen Nachteilsausgleiche – geordnet nach Merkzeichen, gelistet:

B – Berechtigung zur Mitnahme einer Begleitperson ist nachgewiesen

Unentgeltliche Beförderung im öffentlichen Nahverkehr nach Erwerb einer Wertmarke (§§ 145–147 SGB IX), Kraftfahrzeugsteuerbefreiung (§ 3a Abs. 1 KraftStG), Anerkennung der Kfz-Kosten für behinderungsbedingte Privatfahrten als außergewöhnliche Belastung: bis zu 15000 km × 0,30 € = 4500,– € (§ 33 EStG), Kostenloser Fahrdienst in vielen Gemeinden und Landkreisen mit unterschiedlichen kommunalen Regelungen, Parkerleichterungen, Parkplatzreservierung (§ 46 Abs. 1 StVO), Unentgeltliche Beförderung der Begleitperson im öffentlichen Nah- und Fernverkehr (§§ 145–147 SGB IX), Unentgeltliche Beförderung der Begleitperson bei innerdeutschen Flügen der Lufthans. a. und der Regionalverkehrsgesellschaften. Details regeln die Tarife der Fluggesellschaften, Unentgeltliche Beförderung von Begleitpersonen blinder Menschen im internationalen Eisenbahnverkehr (Internat. Personen und Gepäcktarif TCV)

12 **Bl – Blind**

Unentgeltliche Beförderung im öffentlichen Nahverkehr (§§ 145–147 SGB IX), Kraftfahrzeugsteuerbefreiung gem. (§ 3a Abs. 1 KraftStG, Befreiung von der Rundfunkgebührenpflicht (§ 6 Abs. 1 RGebStV), Sozialtarif beim Telefon je nach Anbieter, Pauschbetrag als außergewöhnliche Belastung bei der Einkommenssteuererklärung: 3700,– € (§ 33b EStG) Parkerleichterungen, Parkplatzreservierung (§ 46 Abs. 1 StVO), Gewährung von Blindengeld (Landesblindengeldgesetze), Befreiung von der Hundesteuer gem. vieler Ortssatzungen.

13 **G – erheblich gehbehindert**

Unentgeltliche Beförderung im öffentlichen Nahverkehr nach Erwerb einer Wertmarke (§§ 145–147 SGB IX) oder Kraftfahrzeugsteuerermäßigung (§ 3a Abs. 2 Satz 1 KraftStG); Abzugsbetrag für behinderungsbedingte Privatfahrten bei einem GdB ab 70 und dem Merkzeichen „G“: bis zu 3000 km × 0,30 € = 900,– €, (§ 33 EStG) Mehrbedarfserhöhung bei der Sozialhilfe von 17% (§ 30 SGB XII)

14 **Gl – Gehörlos**

Unentgeltliche Beförderung im öffentlichen Nahverkehr nach Erwerb einer Wertmarke (§§ 145–147 SGB IX) oder Kraftfahrzeugsteuerermäßigung (§ 3a Abs. 2 Satz 1 KraftStG), Sozialtarif beim Telefon je nach Anbieter, Befreiung von der Rundfunkgebührenpflicht (§ 6 Abs. 1 RGebStV).

15 **H – Hilflos**

Unentgeltliche Beförderung im öffentlichen Nahverkehr (§§ 145–147 SGB IX), Kraftfahrzeugsteuerbefreiung nach § 3a Abs. 1 KraftStG, Pauschbetrag als außergewöhnliche Belastung bei der Einkommenssteuer: 3700,– € (§ 33b EStG), Befreiung von der Hundesteuer gem. vieler Ortssatzungen

16 **RF – Befreiung von der Rundfunkgebührenpflicht**

Befreiung von der Rundfunkgebührenpflicht gem. § 6 Abs. 1 RGebStV für behinderte Menschen, deren Grad der Behinderung nicht nur vorübergehend wenigsten 80 vom Hundert beträgt und die wegen ihres Leidens an öffentlichen Veranstaltungen ständig nicht teilnehmen können, Sozialtarif beim Telefon je nach Anbieter (siehe auch: http://www.betanet.de/download/tab1-merkzeichen-pdf.pdf).

§ 127 Beschäftigung schwerbehinderter Menschen in Heimarbeit

(1) Schwerbehinderte Menschen, die in Heimarbeit beschäftigt oder diesen gleichgestellt sind (§ 1 Abs. 1 und 2 des Heimarbeitsgesetzes) und in der Hauptsache für den gleichen Auftraggeber arbeiten, werden auf die Arbeitsplätze für schwerbehinderte Menschen dieses Auftraggebers angerechnet.

(2) [1]Für in Heimarbeit beschäftigte und diesen gleichgestellte schwerbehinderte Menschen wird die in § 29 Abs. 2 des Heimarbeitsgesetzes festgelegte Kündigungsfrist von zwei Wochen auf vier Wochen erhöht; die Vorschrift des § 29 Abs. 7 des Heimarbeitsgesetzes ist sinngemäß anzuwenden. [2]Der besondere Kündigungsschutz schwerbehinderter Menschen im Sinne des Kapitels 4 gilt auch für die in Satz 1 genannten Personen.

(3) [1]Die Bezahlung des zusätzlichen Urlaubs der in Heimarbeit beschäftigten oder diesen gleichgestellten schwerbehinderten Menschen erfolgt nach den für die Bezahlung ihres sonstigen Urlaubs geltenden Berechnungsgrundsätzen. [2]Sofern eine besondere Regelung nicht besteht, erhalten die schwerbehinderten Menschen als zusätzliches Urlaubsgeld 2 Prozent des in der Zeit vom 1. 5. des vergangenen bis zum 30. 4. des laufenden Jahres verdienten Arbeitsentgelts ausschließlich der Unkostenzuschläge.

(4) [1]Schwerbehinderte Menschen, die als fremde Hilfskräfte eines Hausgewerbetreibenden oder eines Gleichgestellten beschäftigt werden (§ 2 Abs. 6 des Heimarbeitsgesetzes) können auf Antrag eines Auftraggebers auch auf dessen Pflichtarbeitsplätze für schwerbehinderte Menschen angerechnet werden, wenn der Arbeitgeber in der Hauptsache für diesen Auftraggeber arbeitet. [2]Wird einem schwerbehinderten Menschen im Sinne des Satzes 1, dessen Anrechnung die Bundesagentur für Arbeit zugelassen hat, durch seinen Arbeitgeber gekündigt, weil der Auftraggeber die Zuteilung von Arbeit eingestellt oder die regelmäßige Arbeitsmenge erheblich herabgesetzt hat, erstattet der Auftraggeber dem Arbeitgeber die Aufwendungen für die Zahlung des regelmäßigen Arbeitsverdienstes an den schwerbehinderten Menschen bis zur rechtmäßigen Beendigung seines Arbeitsverhältnisses.

(5) Werden fremde Hilfskräfte eines Hausgewerbetreibenden oder eines Gleichgestellten (§ 2 Abs. 6 des Heimarbeitsgesetzes) einem Auftraggeber gemäß Absatz 4 auf seine Arbeitsplätze für schwerbehinderte Menschen angerechnet, erstattet der Auftraggeber die dem Arbeitgeber nach Absatz 3 entstehenden Aufwendungen.

(6) Die den Arbeitgeber nach § 80 Abs. 1 und 5 treffenden Verpflichtungen gelten auch für Personen, die Heimarbeit ausgeben.

1 **1. Sozialpolitischer Hintergrund und geltende Fassung.** Beschäftigung schwerbehinderter Menschen in Heimarbeit wird vom SGB IX geschützt. Der Gesetzgeber geht davon aus, dass es sich bei den Heimarbeitern, Hausgewerbetreibenden und ihnen gleich gestellten Personen iSd § 1 Abs. 2 Satz 1 Heimarbeitsgesetz (HAG) um Personenkreise handelt, die den Schutz arbeitsrechtlicher Gesetze benötigen. Es wird deswegen im Grundsatz der Kündigungsschutz und der Sonderurlaub für diese für anwendbar erklärt. Die Norm des § 127 SGB IX entspricht der aufgehobenen Vorschrift des § 47 SchwbG. Historisch geht die Norm bis auf das SchwbeschG 1923 zurück. Abs. 4 Satz 2 wurde durch 4. G.f. moderne Dienstleistungen am Arbeitsmarkt v. 24. 12. 2003 (BGBl. I S. 2981), in Kraft mWv 1. 1. 2004 redaktionell angepasst.

2 **2. Normzweck.** Es werden die Arbeitgeberpflichten in reduzierter Weise auf den Kreis der Auftraggeber und teilweise die Zwischenmeister ausgeweitet. Eine Besonderheit stellt die Norm des Abs. 4 dar, wonach der Auftraggeber einen vorwiegend für ihn arbeitenden schwerbehinderten Heimarbeiter auf einen Pflichtplatz im Rahmen seiner eigenen Beschäftigungspflicht nach § 71 SGB IX anrechnen kann. Hier wird also die ausnahmsweise Möglichkeit vom Gesetz bereitgestellt, dass Pflichtplätze ohne Eingehen einer vollen arbeitsvertraglichen Bindung besetzt werden.

3 **3. Inhalt der Vorschrift.** Es ergibt sich also aus Heimarbeitsvergabe, ähnlich wie bei Ausbildungsplätzen iSd § 74 Abs. 1, keine zusätzliche Beschäftigungspflicht nach § 71 Abs. 1.

4 Es wird ausdrücklich darauf verwiesen, dass die Norm zwei **unterschiedliche, zwei verschiedenen Gesetzen entspringende Gleichstellungsbegriffe** verwenden. Zum einen wird die Norm hinsichtlich ihrer Anwendbarkeit für Gleichgestellte iSd § 2 Abs. 3 SGB IX erläutert. Zum anderen bezieht sich die Norm selbst ausdrücklich in Abs. 1, 2, 3, 4 und 5 auf den Gleichstellungsbegriff des Heimarbeitsgesetzes (§ 1 Abs. 1 und 2 HAG). Auf Erläuterung im Einzelnen wird hier verzichtet. Der Kündigungsschutz gem. §§ 85ff wird sinngem. angewendet. Die Regelung des Abs. 3 stellt sicher, dass der hier geschützte Personenkreis in spezieller Weise an der Zusatzurlaubsregelung des § 125 SchwbG partizipiert. Die Kosten des Urlaubs werden gem. Abs. 5 in bestimmten Falllagen durchgereicht. Der Begriff des Gesetzes „Urlaubsgeld“ ist iSv Urlaubsentgelt zu verstehen. Es handelt sich jedenfalls nicht um ein im tarifvertraglichen Sinne zusätzliches Urlaubsgeld, sondern die Entgeltfortzahlung für den Zeitraum, ohne dass dafür zeitgleich eine Arbeitsleistung erbracht werden muss. Die in § 80 Abs. 1 und 5 normierten Melde-, Anzeige- und Auskunftspflichten der Arbeitgeber gelten für Personen, die Heimarbeit ausgeben. Dies trifft somit Auftraggeber und Zwischenmeister (§ 2 Abs. 3 HAG).

5 Die § 6 Abs. 1 Nr. 3 und Abs. 2 AGG getroffene Regelung des persönlichen Anwendungsbereichs des AGG umfassen auch Heimarbeiterinnen und Heimarbeiter.

6 **4. Rechtsweg.** Auch im Rahmen dieser Norm kommen zur Klärung von Streitigkeiten unterschiedliche Verfahrenswege bzw. Gerichtswege in Frage. Für die Feststellung der Schwerbehinderteneigenschaft oder der Gleichstellung gelten die üblichen Regeln des Verfahrens im Streitfall. Diese sind in den

Kommentierungen zu den Vorschriften des Kündigungsschutzes (§§ 85ff) und der Gleichstellung (§ 68) benannt. Lehnt die Bundesagentur für Arbeit die Anrechnung ab, so ist gegen den Verwaltungsakt der Widerspruch zulässig. Einschlägige Stelle ist der Widerspruchsausschuss gem. § 120. Gegen den Widerspruchsbescheid ist die Klage beim Sozialgericht zulässig (§ 51 Abs. 1 SGG). Klageberechtigt ist nicht nur der Auftraggeber, sondern auch der beschäftigte Schwerbehinderte (*Großmann* aaO Rn 71). Bei Streitigkeiten um die Erhebung der Ausgleichsabgabe gem. § 77 sind Klagen beim Verwaltungsgericht nach Widerspruch zulässig. Unter Umständen muss sowohl der Feststellungsbescheid der Bundesagentur für Arbeit als auch der Erhebungsbescheid des Integrationsamtes angefochten werden. Hinsichtlich von Streitigkeiten bzgl. der Kündigungsfrist für Heimarbeiter sind die Arbeitsgerichte zuständig (§ 3 Abs. 1 Satz 1 ArbGG). Im Übrigen gelten Gerichtswege und Gerichtszuständigkeiten analog dem Verfahren im Kündigungsschutz nach §§ 85ff SGB IX. Zuständig für Fragen der Urlaubsgewährung und der Erstattung von Urlaubsentgelt sind gem. ArbGG die Arbeitsgerichte.

§ 128 Schwerbehinderte Beamte und Beamtinnen, Richter und Richterinnen, Soldaten und Soldatinnen

(1) **Die besonderen Vorschriften und Grundsätze für die Besetzung der Beamtenstellen sind unbeschadet der Geltung des Teils 2 auch für schwerbehinderte Beamte und Beamtinnen so zu gestalten, dass die Einstellung und Beschäftigung schwerbehinderter Menschen gefördert und ein angemessener Anteil schwerbehinderter Menschen unter den Beamten und Beamtinnen erreicht wird.**

(2) *(aufgehoben)*

(3) **Die Vorschriften des Absatzes 1 finden auf Richter und Richterinnen entsprechende Anwendung.**

(4) [1]**Für die persönliche Rechtsstellung schwerbehinderter Soldaten und Soldatinnen gelten § 2 Abs. 1 und 2, §§ 69, 93 bis 99, 116 Abs. 1 sowie §§ 123, 125, 126 und 145 bis 147.** [2]**Im Übrigen gelten für Soldaten und Soldatinnen die Vorschriften über die persönliche Rechtsstellung der schwerbehinderten Menschen, soweit sie mit den Besonderheiten des Dienstverhältnisses vereinbar sind.**

1. Sozialpolitischer Hintergrund und geltende Fassung. Die Vorschrift 1
gehört zu den wenigen, insofern untypischen Normen im SGB IX Teil 2, die auf die Lage erwerbstätiger Schwerbehinderte gerichtet ist, die nicht als Arbeitnehmer oder Arbeitnehmerin auf Arbeitsplätzen iSd § 73 beschäftigt sind. Die Regelungen übertragen inhaltsgleich § 50 SchwbG. Die Norm geht zT bereits auf das SchwbschG 1923 und das SchwbeschG 1953 zurück. Abs. 2 wurde aufgehoben durch G. z. Förderung der Ausbildung und Beschäftigung schwerbehinderter Menschen v. 23. 4. 2004 (BGBl. I S. 606). Abs. 3 wurde redaktionell geändert durch G. z. Förderung der Ausbildung und Beschäftigung schwerbehinderter Menschen v. 23. 4. 2004 (BGBl. I S. 606), in Kraft mWv 1. 5. 2004.

2 **2. Normzweck.** Es werden Teilvorschriften des SGB IX Teil 2 für anwendbar auf den Kreis der schwerbehinderten Beamten und Beamtinnen, Richter und Richterinnen, Soldaten und Soldatinnen erklärt. Die Norm des § 128 steht neben der sog besonderen Fürsorgepflicht der Dienstherren für ihre schwerbehinderten Beamten und Beamtinnen. Die öffentlichen Dienstherren insbes. des Bundes und der Länder regeln überwiegend in sogenannten **Schwerbehindertenrichtlinien,** Schwerbehindertenfürsorgeerlassen oder Schwerbehinderten-Verwaltungsvorschriften ihren internen Umgang mit schwerbehinderten Bediensteten. Teilweise werden die hier geregelten Fragen auch in Integrationsvereinbarungen einzelner Dienstherren aufgegriffen.

3 **3. Inhalt.** Zwar rekurriert die Regelung zur **begleitenden Hilfe in § 102 Abs. 2** noch auf Arbeitsplätze iSd § 73, bezieht sich also wegen dieser Orientierung auch mit auf Beamte und Beamtinnen, Richter und Richterinnen. In den Vorschriften zum **besonderen Kündigungsschutz der §§ 85ff** fehlt aber deren Einbeziehung völlig. Aus verfassungsrechtlichen Gründen darf bei Beamten und Beamtinnen sowie Richtern und Richterinnen die Zustimmung des Integrationsamtes nicht zur Voraussetzung der Entlassung/Versetzung gemacht werden (s. *Masuch* in Hauck/Noftz § 128 Rn 14 mit Hinweis auf BVerfGE 9, 268). Es wurde mit dem Gesetz zur Förderung der Ausbildung und Beschäftigung schwerbehinderter Menschen der vormalige Abs. 2 ersatzlos aufgehoben. Es ist dabei der Auftrag des Abs. 1 umzusetzen, die besonderen Vorschriften und Grundsätze für die Besetzung der Beamtenstellen auch für schwerbehinderte Beamte und Beamtinnen so zu gestalten, dass die Einstellung und Beschäftigung schwerbehinderter Menschen gefördert wird. Es soll ein angemessener Anteil schwerbehinderter Menschen unter den Beamten und Beamtinnen erreicht werden. Die Norm korrespondiert hier mit § 81, § 82 und § 159 Abs. 1. Insbesondere im Kontext der genannten Normen muss der **Abs. 1** des § 128 als Aufforderung des Gesetzgebers zu besonderer Anstrengung bei der Beschäftigung schwerbehinderter Menschen auf Stellen als Beamte und Beamtinnen gesehen werden (s. weitgehende Auslegung des Auftrages des Abs. 1 auch bei *Masuch* in Hauck/Noftz § 128 Rn 6–13).

4 In **Abs. 3** wird die Anwendung für **Richter und Richterinnen** geregelt. Danach wird Abs. 1 auch für diese Gruppe angewendet.

5 Deutlich eingeschränkter ist die Anwendung des Schwerbehindertenrechts auf die **Soldaten und Soldatinnen.** In **Abs. 4** wird ein Kanon von Vorschriften genannt, der uneingeschränkt für diese Gruppe gilt. Die dortige Aufzählung ist allerdings nicht abschließend, denn die übrigen Vorschriften gelten nur, soweit sie mit der Besonderheit des Dienstverhältnisses der Soldaten vereinbar sind. Zu diesen Vorschriften gehören nach *Kossens* (aaO Rn 13) zum Beispiel § 122 SGB IX (Bevorzugte Einstellung und Beschäftigung) und § 124 SGB IX (Mehrarbeit). Bei *Knittel* (aaO Rn 23) findet sich eine Liste der Normen, die ausdrücklich nicht angewendet werden können, wie § 2 Abs. 3 SGB IX (Gleichstellung), §§ 71ff SGB IX (Beschäftigungspflicht der Arbeitgeber), §§ 101ff SGB IX (Förderung der Einstellung durch Bundesagentur für Arbeit und Integrationsamt).

6 Während für Beamtinnen und Beamten das AGG mit einigen Sonderungen (s. zB Erl. § 24 AGG) anzuwenden ist, fallen Soldatinnen und Soldaten nicht unter das AGG. Für sie ist das Gesetz über die Gleichbehandlung der Soldatinnen und Soldaten (Soldatinnen- und Soldaten-Gleichbehandlungsgesetz – SoldGG) vom 14. 8. 2006 (BGBl. I S. 1897, 1904) zuletzt geändert durch Artikel 4 des Gesetzes vom 31. 7. 2008 (BGBl. I S. 1629) einschlägig, das entsprechend dem Status der Gruppe reduzierte Anwendungen vorsieht und nur den Schutz von schwerbehinderten und gleichgestellten Soldatinnen und Soldaten umfasst. Diese Beschränkung ist EU-rechtlich zulässig.

§ 129 Unabhängige Tätigkeit

Soweit zur Ausübung einer unabhängigen Tätigkeit eine Zulassung erforderlich ist, soll schwerbehinderten Menschen, die eine Zulassung beantragen, bei fachlicher Eignung und Erfüllung der sonstigen gesetzlichen Voraussetzungen die Zulassung bevorzugt erteilt werden.

1 **1. Sozialpolitischer Hintergrund und geltende Fassung.** Die Regelung überträgt § 51 SchwbG. Die Norm geht auf das SchwbschG 1953 (BT-Drucks. 3430) zurück und wurde mehrfach geändert Die Vorschrift gehört zu den wenigen, insofern untypischen Normen im Schwerbehindertenrecht des SGB IX Teil 2, die auf die Lage erwerbstätiger Schwerbehinderte gerichtet ist, die nicht auf Arbeitsplätzen iSd § 73 beschäftigt sind. Der Begriff der unabhängigen Tätigkeit ist weit gefasst und praktisch identisch mit selbstständiger Tätigkeit, dh iSd Legaldefinition des § 84 Abs. 1 Satz 2 HGB eine im Wesentlichen frei zu gestaltende Tätigkeit, die nicht weisungsgebunden ist. Der Begriff der Tätigkeit ist weiter als der Begriff des Berufs zu fassen (Großmann u.a. – *Dopatka* § 51 Rn 5–10). Die Vorschrift will schwerbehinderten Menschen bevorzugte Zulassungserteilung bei unabhängiger Tätigkeit gewährleisten unter der Bedingung der Erfüllung sämtlicher Zulassungsvoraussetzungen. Für gleichgestellte Menschen ist § 68 Abs. 3 anzuwenden, dh sie sind von der zulassenden Stelle wie schwerbehinderte Menschen zu behandeln (s. gleiche Auffassung *Knittel* § 129 Rn 10; *Cramer* § 51 Rn 2; Grossmann u.a. – *Dopatka* § 51 Rn 2; *Groß* in Ernst/Adlhoch/Seel § 129). Nicht möglich ist die Gleichstellung zur Erlangung der Bevorzugung gem. dieser Vorschrift, da die Gleichstellung gem. § 2 Abs. 3 ausdrücklich nur auf Arbeitsplätze iSd § 73 bezogen ist.

2 **2. Erläuterung des Inhalts der Norm.** Der Begriff der unabhängigen Tätigkeit ist weit zu fassen, er schließt auch temporäre Aufgaben mit ein. Rechtsprechung und Literatur haben eine recht vielfältige Sammlung von eher ungewöhnlichen Falllagen zusammengetragen, auf die die Vorschrift des § 129 auch anzuwenden ist (Großmann u. a. – *Dopatka* § 51 Rn 9; *Knittel* § 129, Rn 4, 5).

3 Nach der Norm des § 129 kommt die bevorzugte Zulassung nur in Frage, wenn alle Eignungsvoraussetzungen für die angestrebte Zulassung erfüllt sind. Nach allgemeiner Auffassung gewährt § 129 keinen individuellen Rechtsanspruch auf Zulassung. Die bevorzugte Zulassung liegt im **gebun-**

denen Ermessen der zulassenden Stelle. In der Regel hat die zulassende Behörde bei Erfüllung der Zulassungsvoraussetzungen allerdings die Bevorzugung des schwerbehinderten Menschen zu erfüllen (*Knittel* § 129 Rn 9 m. w. N.). Bei Nichtbevorzugung ist die Entscheidung im Einzelnen zu begründen (ebenda m. w. N.). Die schon gesicherte Existenz eines schwerbehinderten Bewerbers ist kein Ablehnungsgrund (BGHZ 47, 84, 86). Die Bewerber haben beim Antrag auf Zulassung die Bevorzugung gem. § 129 mit dem Nachweis der Schwerbehinderteneigenschaft oder Gleichstellung vorzutragen.

4 Die § 6 Abs. 3 AGG getroffene Regelung des persönlichen Anwendungsbereichs des AGG umfassen auch den Zugang zur Erwerbstätigkeit und den beruflichen Aufstieg für Selbständige entsprechend. Dies führt auch zur Anwendbarkeit für den Geltungsbereich dieser Norm des SGB IX.

§ 130 Geheimhaltungspflicht

(1) Die Beschäftigten der Integrationsämter, der Bundesagentur für Arbeit, der Rehabilitationsträger einschließlich ihrer Beschäftigten in gemeinsamen Servicestellen sowie der von diesen Stellen beauftragten Integrationsfachdienste und die Mitglieder der Ausschüsse und des Beirates für die Teilhabe behinderter Menschen (§ 64) und ihre Stellvertreter oder Stellvertreterinnen sowie zur Durchführung ihrer Aufgaben hinzugezogene Sachverständige sind verpflichtet,

1. über ihnen wegen ihres Amtes oder Auftrages bekannt gewordene persönliche Verhältnisse und Angelegenheiten von Beschäftigten auf Arbeitsplätzen für schwerbehinderte Menschen, die ihrer Bedeutung oder ihrem Inhalt nach einer vertraulichen Behandlung bedürfen, Stillschweigen zu bewahren, und

2. ihnen wegen ihres Amtes oder Auftrages bekannt gewordene und vom Arbeitgeber ausdrücklich als geheimhaltungsbedürftig bezeichnete Betriebs- oder Geschäftsgeheimnisse nicht zu offenbaren und nicht zu verwerten.

(2) [1]Diese Pflichten gelten auch nach dem Ausscheiden aus dem Amt oder nach Beendigung des Auftrages. [2]Sie gelten nicht gegenüber der Bundesagentur für Arbeit, den Integrationsämtern und den Rehabilitationsträgern, soweit deren Aufgaben gegenüber schwerbehinderten Menschen es erfordern, gegenüber der Schwerbehindertenvertretung sowie gegenüber den in § 79 Abs. 1 des Betriebsverfassungsgesetzes und den in den entsprechenden Vorschriften des Personalvertretungsrechts genannten Vertretungen, Personen und Stellen.

Literatur: *Bryde* JZ 1998, 115; *Kloepfer,* Informationsrecht, 2002; *Rohwer-Kahlmann/Ströer,* SGB I, 1979; *Schlink* NVwZ 1986, 253; *Schroeder-Printzen/Engelmann/Schmalz/Wiesner/v. Wulfen,* SGB X.

1 **1. Sozialpolitischer Hintergrund und geltende Fassung.** Bereits im SchwbschG von 1923 hatte der Gesetzgeber ansatzweise formuliert, dass die

Daten der Betroffenen sowie die Betriebs- oder Geschäftsgeheimnisse von Arbeitgebern geschützt sein sollten. In § 30 SchwbschG 1953 heißt es, dass die Mitglieder der Ausschüsse des Landesarbeitsamtes und der Hauptfürsorgestelle verpflichtet sind, über die ihnen wegen ihrer Zugehörigkeit zu den Ausschüssen bekannt gewordenen persönlichen Verhältnissen und den Gesundheitszustand der Geschädigten sowie über vertrauliche Angaben und Geschäftsgeheimnisse des Arbeitgebers Stillschweigen zu wahren.

Das SchwbG 1974 fügte die Geheimhaltungspflichten der verschiedenen Funktionsträger in § 50 zusammen. Zugleich wurde der verpflichtete Personenkreis neu definiert.

2 Der Sozialdatenschutz erhielt durch § 35 SGB I eine allgemeine Dimension, die durch die Rechtsprechung des Bundesverfassungsgerichtes vom „informationellen Selbstbestimmungsrecht" (E 15. 12. 1983, 65, 43ff) auf der Ebene des Verfassungsrechtes verstärkt wurde.

3 **2. Normzweck und Normzusammenhang.** Die Vorschrift des § 130 soll zum einen die schützenswerte Sphäre der Betroffenen vor Kenntnis Außenstehender wahren, sie soll zum anderen die Durchführung des Gesetzes ermöglichen. Die Norm steht einerseits in engem Zusammenhang mit § 35 SBG I und den einschlägigen Vorschriften des 2. Kapitels des SGB X. § 35 SGB I regelt die wichtigsten Grundsätze des Sozialgeheimnisses und ist ausdrücklich auch an die Einrichtungen des SGB IX adressiert. Das SGB X weist in seinem 2. Kapitel, §§ 67ff, Regelungen über Datenerhebung, Zulässigkeit der Datenverarbeitung und Datenspeicherung, Übermittlung für die Erfüllung sozialer Aufgaben ua. auf. Die Zweckbindung und Geheimhaltungspflicht der Empfänger ist ebenso festgehalten wie die Rechte des Betroffenen und der Datenschutzbeauftragten; hierzu zählen auch die Sanktionen, die vom Schadenersatz bis zu Strafvorschriften reichen. § 130 SGB IX ist Ausdruck des bereichsspezifischen, historisch gewachsenen Datenschutzes, der sich im Zusammenhang mit den allgemeinen Regeln auf die Verwaltung des SGB IX bezieht.

4 **3. Verpflichteter und geschützte Personenkreise (Abs. 1).** Der Vorschrift unterliegen enumerativ aufgeführt die Beschäftigten der Integrationsämter, der Bundesagentur für Arbeit, der Rehabilitationsträger einschließlich ihrer Beschäftigten in gemeinsamen Servicestellen, der Integrationsfachdienste, sowie die Mitglieder der Ausschüsse und des Beirates für Teilhabe behinderter Menschen (§§ 64, 103, 105, 119, 120).

5 Geschützt werden nach Abs. 1 Nr. 1d für schwerbehinderte Menschen die Informationen über ihre persönlichen Verhältnisse und sonstigen Angelegenheiten, soweit sie ihrer Bedeutung oder ihrem Inhalt nach einer vertraulichen Behandlung bedürfen. Es bedarf nicht einer besonderen Erklärung über Geheimhaltungspflichten, die Verpflichteten haben die Vertraulichkeit von sich aus zu wahren.

Des Weiteren werden nach der Regelung von Abs. 1 Nr. 2 die Betriebs- oder Geschäftsgeheimnisse vom Arbeitgeber nur geschützt, wenn sie ausdrücklich als geheimhaltungsbedürftig bezeichnet sind. Hier gilt dann der gleiche Schutz wie bei Abs. 1 Nr. 1.

6 **4. Geheimhaltungspflicht.** Das Sozialgeheimnis gem. § 35 Abs. 1 SGB I beinhaltet in seiner Ausformung gem. §§ 67ff SGB X ein subjektives öffent-

liches Recht, das darauf gerichtet ist, den verpflichteten Personen zu untersagen, das Geheimnis unbefugt zu offenbaren (BSG 25. 10. 1978, E 47, 118ff m.w.N.). Sozialdaten sind gem. § 67 Abs. 1 Satz 1 SGB X „Einzelangaben über persönliche oder sachliche Verhältnisse einer bestimmten oder bestimmbaren natürlichen Person (Betroffener)". Die Regelung hebt auf die Identifizierbarkeit der einzelnen Personen ab und unter diesem Gesichtspunkt sind auch vermeintlich unerhebliche Daten geschützt. Die Geheimhaltungspflicht wirkt nach; sie gilt gem. Abs. 2 Satz 1 auch für die Zeit nach.

7 **5. Ausnahmen von der Geheimhaltungspflicht (Abs. 2 Satz 2). Abs. 2** Satz 2 regelt ausdrücklich Ausnahmen von der Geheimhaltungspflicht. Diese werden bzgl. der der Bundesagentur für Arbeit, den Integrationsämtern und Rehaträgern, den Schwerbehindertenvertretungen, den in § 79 BetrVG genannten Vertretungen, Personen und Stellen und den in den entsprechenden Vorschriften der Personalvertretungsgesetze des Bundes und der Länder genannten Vertretungen, Personen und Stellen.

8 Die so bezeichneten Personen sind zur Offenbarung berechtigt und ggf. verpflichtet, wenn und soweit eine Einwilligung des Betroffenen vorliegt (§ 67b SGB X), sie für Aufgaben der Polizeibehörden, der Staatsanwaltschaft ua. zur Gefahrenabwehr oder Durchsetzung öffentlich-rechtlicher Ansprüche zulässig ist (§ 68 SGB X), sie für die Erfüllung sozialer Aufgaben erforderlich sind (§ 69 SGB X), eine Notwendigkeit für die Durchführung des Arbeitsschutzes besteht (§ 70 SGB X), eine besondere gesetzliche Mitteilungspflicht zu erfüllen ist (§ 71 SGB X), sie dem Schutz der inneren und äußeren Sicherheit dient (§ 72 SGB X), sie durch einen Richter zur Durchführung eines gesetzlichen Strafverfahrens angeordnet ist (§ 73 SGB X), sie bei Verletzung der Unterhaltspflicht oder beim Versorgungsausgleich (§ 74 SGB X) oder für die wissenschaftliche Forschung oder Planung im Sozialleistungsbereich erforderlich ist (§ 75 SGB X).

Die Aufzählung ist abschließend und nur unter Berücksichtigung der Zweckbindung der Mitteilung und Geheimhaltungspflicht des Informationsempfängers und unter den Einschränkungen der §§ 76ff SGB X auszulegen.

9 **6. Verfahrensfragen.** § 155 sieht eine strafrechtliche Sanktion für Verletzung des Sozialgeheimnisses nach § 130 vor. Das entsprechende Vergehen wird mit Freiheitsstrafe bis zu einem Jahr oder Geldstrafe bestraft, in besonderen Fällen nach § 155 Abs. 2 mit einer Freiheitsstrafe bis zu 2 Jahren oder Geldstrafe. Es handelt sich um ein Antragsdelikt. Im Übrigen gelten das allgemeine Datenschutzrecht, Unterlassungsansprüche, Schadenersatz- und Folgenbeseitigungsansprüche, die Abberufung von Ausschussmitgliedern und das allgemeine Sanktionsinstrumentarium des Arbeits- und Beamtenrechts.

§ 131 Statistik

(1) [1] **Über schwerbehinderte Menschen wird alle zwei Jahre eine Bundesstatistik durchgeführt.** [2] **Sie umfasst folgende Tatbestände:**

1. die Zahl der schwerbehinderten Menschen mit gültigem Ausweis,
2. persönliche Merkmale schwerbehinderter Menschen wie Alter, Geschlecht, Staatsangehörigkeit, Wohnort,
3. Art, Ursache und Grad der Behinderung.

(2) [1]**Für die Erhebung besteht Auskunftspflicht.** [2]**Auskunftspflichtig sind die nach § 69 Abs. 1 und 5 zuständigen Behörden.**

Die Regelung überträgt inhaltsgleich den früheren § 53 SchwbG. Die Norm regelt den Inhalt und die Zulieferungspflicht der nach § 69 Abs. 1 und 5 zuständigen Behörden für die Erstellung einer im Zweijahresrhythmus zu erstellenden Bundesstatistik. Die Bundesstatistik wird zum Stichtag des 31. 12. vom Statistischen Bundesamt, zuletzt für 2007, erstellt. Die Veröffentlichung erfolgt auch in der Zeitschrift Wirtschaft und Statistik (zB für 2005: *Heiko Pfaff* und Mitarbeiterinnen, Schwerbehinderte Menschen 2005, Wirtschaft und Statistik 7/2007, 712). Die Statistik nutzt ausschließlich Daten aus dem Geschäftsprozess des Verfahrens nach § 69 Abs. 1 und 5, verknüpft also diese Daten nicht mit arbeitsmarktrelevanten Merkmalen (vgl. kritisch *Feldes ua.* § 131 Rn 1). Diese Daten werden in anderen Geschäftsprozessen, vorrangig der der Bundesanstalt für Arbeit und der Integrationsämter erhoben. 1

Kapitel 11. Integrationsprojekte

§ 132 Begriff und Personenkreis

(1) **Integrationsprojekte sind rechtlich und wirtschaftlich selbständige Unternehmen (Integrationsunternehmen) oder unternehmensinterne oder von öffentlichen Arbeitgebern im Sinne des § 71 Abs. 3 geführte Betriebe (Integrationsbetriebe) oder Abteilungen (Integrationsabteilungen) zur Beschäftigung schwerbehinderter Menschen auf dem allgemeinen Arbeitsmarkt, deren Teilhabe an einer sonstigen Beschäftigung auf dem allgemeinen Arbeitsmarkt auf Grund von Art oder Schwere der Behinderung oder wegen sonstiger Umstände voraussichtlich trotz Ausschöpfens aller Fördermöglichkeiten und des Einsatzes von Integrationsfachdiensten auf besondere Schwierigkeiten stößt.**

(2) **Schwerbehinderte Menschen nach Absatz 1 sind insbes.**
1. schwerbehinderte Menschen mit geistiger oder seelischer Behinderung oder mit einer schweren Körper-, Sinnes- oder Mehrfachbehinderung, die sich im Arbeitsleben besonders nachteilig auswirkt und allein oder zusammen mit weiteren vermittlungshemmenden Umständen die Teilhabe am allgemeinen Arbeitsmarkt außerhalb eines Integrationsprojekts erschwert oder verhindert,
2. schwerbehinderte Menschen, die nach zielgerichteter Vorbereitung in einer Werkstatt für behinderte Menschen oder in einer psychiatrischen Einrichtung für den Übergang in einen Betrieb oder eine Dienststelle auf dem allgemeinen Arbeitsmarkt in Betracht kommen und auf diesen Übergang vorbereitet werden sollen, sowie

3. schwerbehinderte Menschen nach Beendigung einer schulischen Bildung, die nur dann Aussicht auf eine Beschäftigung auf dem allgemeinen Arbeitsmarkt haben, wenn sie zuvor in einem Integrationsprojekt an berufsvorbereitenden Bildungsmaßnahmen teilnehmen und dort beschäftigt und weiterqualifiziert werden.

(3) [1]**Integrationsunternehmen beschäftigen mindestens 25 Prozent schwerbehinderte Menschen im Sinne von Absatz 1.** [2]**Der Anteil der schwerbehinderten Menschen soll idR 50 Prozent nicht übersteigen.**

1 **1. Sozialpolitischer Hintergrund.** Das Konzept der Integrationsfirmen entstand in den achtziger und neunziger Jahren. Ende der 90er Jahre förderte dann auch der BMA aus Mitteln des Ausgleichsfonds 16 Modellvorhaben. Mit dem Gesetzes zur Bekämpfung der Arbeitslosigkeit Schwerbehinderter (SchwbBAG) v. 29. 9. 2000 (BGBl. I S. 1349 ff) wurden dann die Integrationsprojekte schwerbehindertenrechtlich geregelt. Mit den Änderungen des Schwerbehindertenrechts durch §§ 53 a bis 53 d bzw. des SGB IX §§ 132 bis 135 wurde zwischen den Einrichtungen der beruflichen Rehabilitation – also insbes. den heutigen WfbM iSd §§ 136 ff SGB IX – und dem allgemeinen Arbeitsmarkt eine Brücke geschlagen (vgl. BT-Drucks. 14/3372 Satz 24). Allerdings ist dieses Bild insofern etwas irreführend, als die Integrationsprojekte arbeitsrechtlich eindeutig dem allgemeinen Arbeitsmarkt zugeordnet sind (vgl. Bihr-*Ritz* Vorbem. zu §§ 132–135, Rn 4, 10, 14). Gleichwohl ist ein besonderes Förderrecht für diesen speziellen Rand des allgemeinen Arbeitsmarktes in das SGB IX eingebunden, das die übliche individuelle Förderung gem. § 102 Abs. 3 Nrn. 1 und 2 teils ersetzt, teils ergänzt. Die Beziehung zwischen individueller Förderung und Förderung der Integrationsprojekte wäre an sich näher zu klären, dies ist bisher jedenfalls nur sehr pragmatisch erfolgt.

2 Im strengen Sinne verlassen die Integrationsprojekte – zumindest in der empirisch dominierenden Variante der Integrationsunternehmen – das klassische Konzept des Schwerbehindertenrechts in Deutschland. Grundsätzlich verfolgt das Schwerbehindertenrecht das Konzept, dass bestehende Unternehmen – unter weitestgehender Wahrung ihrer unternehmerischen Direktionsfreiheit – mit einer pauschalen Beschäftigungspflicht belastet werden. Der wirtschaftliche Zweck des Unternehmens bleibt davon völlig unberührt. Mit dem 11. Kapitel Integrationsprojekte hat im Jahr 2000 der Gesetzgeber eine Rechtsfigur geschaffen, deren Förderung neben das wirtschaftliche Ziel der Unternehmen auch ein gemeinwirtschaftlich-zweckbetriebliches Ziel stellt: das besondere Beschäftigungsangebot für die Zielgruppe besonders betroffner schwerbehinderter Menschen mit besonderem arbeitspädagogischem Förderbedarf.

3 Integrationsprojekte gelten als Teil des allgemeinen Arbeitsmarktes – es ist allgemeines und spezielles Arbeitsrecht anzuwenden. Gleichwohl haben sie zugleich auch eine erkennbare Nähe zur WfbM. Arbeits- und schwerbehindertenrechtlich werden an die Integrationsprojekte durchaus besondere Anforderungen gestellt:

Das LAG Rheinland-Pfalz hat mit Urt. v. 4. 8. 2005 – SA 412/05 – festgestellt, dass in einem Integrationsunternehmen die Betriebspartner rechtswirksam in einer Betriebsvereinbarung festlegen können, dass die schwerbehinderten und gleichgestellten Mitarbeiter regelmäßig von einer Sozialauswahl ausgenommen werden. 4

Das VG Frankfurt hat mit Urt. v. 23. 2. 2005 – 7 E 1771/04 – festgestellt, die Zustimmung des Integrationsamtes zur Kündigung einer schwerbehinderten Arbeitnehmerin eine besonders sorgfältige Aufklärung des Sachverhalts erfordert (Wiedergabe beider Urteile bei www.rehadat.de Menu Recht > Schlagwort Integrationsprojekte). 5

Trotz regelmäßiger hoher laufender Förderung durch die Integrationsämter und entsprechende investive Hilfen ist zugleich die **Anerkennung der Gemeinnützigkeit** – obwohl schwerbehindertenrechtlich nicht notwendig – idR von hoher wirtschaftlicher Bedeutung. Die zur Sicherung der Wirtschaftlichkeit der Integrationsprojekte getroffene Regelung im SGB IX, wonach der Anteil der schwerbehinderten Mitarbeiter idR 50 Prozent nicht übersteigen soll, stand bis vor In-Kraft-Treten des Gesetzes zur Förderung der Ausbildung und Beschäftigung schwerbehinderter Menschen vom 23. 4. 2004 (BGBl. I S. 606) den steuerrechtlichen Regelungen über die Gemeinnützigkeit entgegen. Die **Änderung der Abgabenordnung (AO)** hat existenzbedrohende Steuernachforderungen gegenüber seit Jahren bestehenden Integrationsprojekten verhindert und den Gemeinnützigkeitsstatus erhalten (siehe BIH-Jahresbericht 2003/2004). Durch das Gesetz zur Förderung der Ausbildung und Beschäftigung Schwerbehinderter Menschen vom 23. 4. 2004 wurde ua. der § 68 Nr. 3 AO neu gefasst. 6

Danach legt § 68 Nr. 3 Buchst c) AO nun fest, dass Integrationsprojekte iSd § 132 Abs. 1 des Neunten Buches Sozialgesetzbuch gemeinnützig sind, wenn mindestens 40 vom H. der Beschäftigten besonders betroffene Schwerbehinderte Menschen iSd § 132 Abs. 1 des Neunten Buches Sozialgesetzbuch sind. Während Integrationsprojekte nach § 132 Abs. 3 SGB IX also mindestens 25 vom H. und max. 50 vom H. schwerbehinderte Menschen aus der Zielgruppe beschäftigen sollen, um sozialversicherungsrechtlich als Integrationsprojekt anerkannt werden zu können, bedarf es für die steuerliche Eignung als Zweckbetrieb nach § 68 Nr. 3c AO einer Beschäftigungsquote von mindestens 40 vom H. Es ist somit durchaus möglich, dass ein Projekt zwar die Anforderungen des § 132 SGB IX erfüllt, dieses Integrationsprojekt gleichwohl nicht zur Annahme eines Zweckbetriebs iSd § 68 Nr. 3c AO führt, insbes. weil die übrigen rechtlichen Anforderungen der AO, insbes. § 55, erfüllt sein müssen. 7

Die OFD Düsseldorf regelt in einer Anweisung vom 23. 4. 2004 auch die Frage der Ermittlung der Zielgruppenquote wie folgt: Für die Berechnung der Beschäftigungsquote wird sinngem. auf die Regelung in § 75 SGB IX abgestellt werden. Ein Schwerbehinderter kann danach nur dann als ganze Arbeitskraft angerechnet werden, wenn seine Wochenarbeitszeit mindestens 18 Stunden beträgt. Bei einer Beschäftigung von unter 18 Stunden wöchentlich ist zur Berechnung der 40 vom H.-Quote nur eine quotale Berücksichtigung des betreffenden Arbeitnehmers möglich (OFD Düsseldorf 14. 6. 2004, S. 0187 – 20 – St 133 – K/S 2729 A – St 13 Anweisung zur Gemeinnüt- 8 zigkeit der durch das Gesetz zur Förderung der Ausbildung und Beschäftigung schwer behinderter Menschen vom 23. 4. 2004 in § 68 Nr. 3 AO aufgenommenen Integrationsprojekte iSd § 132 Abs. 1 SGB IX, Wiedergabe auch bei Bihr-*Ritz* Vorbem. zu §§ 132–135 Rn 9). Zur Frage der Gemeinnützigkeit – bereits vor der AO-Änderung 2004 positiv entschieden – siehe auch BFH Urt. v. 4. 6. 2003 – IR 25/02 (Wiedergabe bei www.rehadat.de Menu Recht > Schlagwort Integrationsprojekte).

9 Konzeptionell und rechtlich klar abgegrenzt sind die **Integrationsprojekte von den Werkstätten für behinderte Menschen gem. §§ 136ff.** Hervorzuheben ist ua. die ausschließliche Beschäftigung auf Grundlage eines Arbeits- oder Ausbildungsvertrages im Integrationsprojekt, mit der Ausnahme geeigneter Maßnahmen zur Vorbereitung auf eine Beschäftigung in einem Integrationsprojekt (§ 133). Integrationsprojekte sollen sich wesentlich aus Markteinnahmen und nur zum deutlich kleineren Teil aus öffentlicher Förderung finanzieren. Sie sind Teil des allgemeinen Arbeitsmarktes. Wesentliches Merkmal der WfbM-Beschäftigungsverhältnisse ist dagegen die gesetzliche Fiktion des § 43 Abs. 2 Satz 3 SGB VI iVm § 1 Nr. 2 SGB VI, wonach Beschäftigte in WfbM im rechtlichen Sinne dauerhaft voll erwerbsgemindert sind. Sie unterliegen damit weiteren bestimmten besonderen rentenrechtlichen Regelungen, sie fallen auch unter die Vorschriften der beitragsunabhängigen, bedarfsorientierten Grundsicherung, die sich heute in §§ 41ff SGB XII findet (Anh. 90.9). Für die Beschäftigten in Integrationsprojekten gilt diese Regelung der Grundsicherung ausdrücklich nicht, da sie nicht als erwerbsgemindert im rentenrechtlichen Sinne gelten.

10 Rentenrechtlich sind Regelungen getroffen worden, die den Übergang aus der WfbM in ein Arbeitsverhältnis in einem Integrationsbetrieb attraktiv machen. Vor allem zu nennen sind die Möglichkeiten, die sich aus den speziellen **rentenrechtlichen Regelungen** hinsichtlich der Beitragsentrichtung und der Höhe der zu erwerbenden Rentenansprüche ergeben. In der Regelung des § 162 Nr. 2a SGB VI id Neufassung v. 19. 2. 2002 (BGBl. I S. 754) über beitragspflichtige Einnahmen Beschäftigter wird festgehalten: „*Beitragspflichtige Einnahmen sind … bei Behinderten, die im Anschluss an eine Beschäftigung in einer nach dem Schwerbehindertengesetz anerkannten Werkstatt für Behinderte in einem Integrationsprojekt (§ 132 SGB IX) beschäftigt sind, das Arbeitsentgelt, mindestens 80 vom Hundert der Bezugsgröße.*“

Die Vorschrift des § 165 Abs. 1 Nr. 2a SGB VI lautet: „*Die Beiträge werden getragen bei Behinderten, die im Anschluss an eine Beschäftigung in einer nach dem Schwerbehindertengesetz anerkannten Werkstatt für Behinderte in einem Integrationsprojekt beschäftigt sind, von den Trägern der Integrationsprojekte für den Betrag zwischen dem monatlichen Arbeitsentgelt und 80 vom Hundert der monatlichen Bezugsgröße, wenn das monatliche Arbeitsentgelt 80 vom Hundert der monatlichen Bezugsgröße nicht übersteigt, i. Ü. von den Versicherten und den Trägern der Integrationsprojekte je zur Hälfte.*“

11 Auch die Kostenerstattungsregelung an den Träger durch den Bund in § 179 Abs. 1 SGB VI wird entsprechend angewendet, so dass für Wechsler

aus WfbM in Integrationsbetriebe eine analoge Aufstockung der Rentenbeiträge aus Bundesmitteln erfolgt wie bei WfbM-Beschäftigten. Angesichts der bisherigen Erfahrungen mit Wechslern aus der WfbM in den allgemeinen Arbeitsmarkt muss damit gerechnet werden, dass auch zukünftig eher nur selten ein Einkommen in Höhe von 80% der Bezugsgröße auf dem allgemeinen Arbeitsmarkt erreicht wird. Die zitierte SGB VI-Regelung sichert somit bei Wechsel aus der WfbM evtl. spätere Rentenansprüche der Höhe nach. Es würden auf dieser Bemessungsgröße Rentenansprüche erwachsen, die unter bestimmten persönlichen Konstellationen spätere Sozialhilfeabhängigkeit mildern oder überwinden können. Das **Erstattungsverfahren des Bundes** muss mit dem fehlenden förmlichen Anerkennungsverfahren bei Integrationsprojekten – im Unterschied zu WfbM – umgehen. Dies ist in einem Schreiben des zuständigen Bundesversicherungsamts vom 29. 6. 2004 (Az.: Z 3–3316.0/2003) geregelt. Darüber hinaus hat das Bundesministerium für Gesundheit und Soziale Sicherung zur weiteren Voraussetzung – im Anschluss an eine Beschäftigung in einer anerkannten Werkstatt für behinderte Menschen – ausgeführt (s. ebenda):

„Im Gesetz wurde bewusst keine nähere Definition vorgenommen, um im Einzelfall unbillige Ergebnisse zu vermeiden. So wird beispielsweise eine Beschäftigung „im Anschluss" auch vorliegen, wenn der Tätigkeit in einem Integrationsprojekt eine monatelange Arbeitssuche vorangegangen ist. Entscheidend in der Einzelfallbeurteilung sollte immer das Ziel des Gesetzgebers sein, mit der Regelung in § 179 Abs. 1 Satz 3 SGB VI den Übergang von in Werkstätten beschäftigten schwerbehinderten Menschen in Integrationsprojekte und damit auf den allgemeinen Arbeitsmarkt zu fördern. Daher ist im Zweifel eine weite Auslegung des Begriffs „im Anschluss an eine Beschäftigung" vorzugswürdig."

Die Finanzierung der Integrationsprojekte ist seit ihrem Bestehen unter- 12
optimal überwiegend bei den Integrationsämtern angebunden (s. Näheres Erl. § 134 Rn 1–3).

2. Geltende Fassung. Die Regelung geht auf § 53 a SchwbG zurück. 13

3. Normzweck. In § 132 Abs. 1 werden die Integrationsprojekte definiert. 14
Sie sind sowohl als rechtlich und wirtschaftlich selbstständige Unternehmen als auch als unternehmensinterne Betriebe und Abteilungen möglich. Die Integrationsprojekte bieten Arbeitsverhältnisse des allgemeinen Arbeitsmarktes für schwerbehinderte Menschen, deren Eingliederung in den allgemeinen Arbeitsmarkt trotz Ausschöpfens aller Fördermöglichkeiten voraussichtlich auf besondere Schwierigkeiten stößt. Um welche Gruppen von Schwerbehinderten es sich dabei handelt, wird in Abs. 2 aufgeführt. Nach Abs. 3 müssen die Integrationsunternehmen mindestens 25 vom Hundert Schwerbehinderte beschäftigen. Zur Sicherung der Wirtschaftlichkeit und Wettbewerbsfähigkeit der Integrationsunternehmen ist eine „Höchstgrenze" des Anteils schwerbehinderter Menschen von 50% bestimmt. Die 2004 geänderte Norm des § 68 Abs. 3 AO (siehe Rn 9 Vorbem. zu §§ 132–135) setzt für die Gemeinnützigkeit im steuerrechtlichen Sinne eine zusätzliche Mindestgrenze von 40% Zielgruppenangehöriger.

4. Begriff der Integrationsprojekte. Integrationsprojekte sind als Teil des 15
allgemeinen Arbeitsmarktes konzipiert, dh sie wenden auch allgemeines

Arbeitsrecht für die bei ihnen bestehenden Arbeitsverhältnisse an. Sie finanzieren sich hauptsächlich aus Einnahmen, die sie aus ihrer Wirtschaftstätigkeit erzielen. Lediglich die in § 134 benannten Aufgabenbereiche dürfen aus Mitteln der Ausgleichsabgabe gefördert werden. Integrationsprojekte bieten Beschäftigung auf Arbeits- und Ausbildungsplätzen für die in Abs. 1 und 2 definierten Zielgruppen. Für die rechtlich und wirtschaftlich selbstständigen Integrationsunternehmen gelten besondere Regelungen zur Sicherung von deren Wirtschaftskraft (Abs. 3). Für ihre Förderung sind ausschließlich die Integrationsämter auf der Rechtsgrundlage § 102 Abs. 3 Nr. 3 iVm § 28a SchwbAV zuständig. Integrationsabteilungen und Integrationsbetriebe sind rechtlich nicht selbständig, sondern innerhalb eines Unternehmens oder eines öffentlichen Arbeitgebers iSd § 71 Abs. 3 eingegliedert.

16 Ein förmliches Anerkennungsverfahren – zB analog dem WfbM-Anerkennungsverfahren nach § 142 SGB IX – ist für Integrationsprojekte nicht vorgesehen. Die Gemeinnützigkeit regelt sich nach § 68 Nr. 3 Buchst c) AO (s. o. Rn 6–8, 14).

17 **5. Rechtlich und wirtschaftlich selbstständige Unternehmen.** Die rechtliche Selbstständigkeit der Integrationsunternehmen verlangt einen einheitlichen Rechtsträger, dh in erster Linie die Form einer juristischen Person des Privatrechts (*Schröder* in Hauck/Noftz § 132 Rn 10). Vorschriften bzgl. der genauen Rechtsform bestehen nicht (s. a. *Adlhoch*, 2001).

18 **6. Zielgruppe. Abs. 2** werden drei Gruppen als Zielgruppen beschrieben, die i. Ü. mit der Zielgruppenbeschreibung für Integrationsfachdienste (§ 109 Abs. 2) teilweise korrespondiert. **Zielgruppe** sind schwerbehinderte Menschen, deren Teilhabe an einer sonstigen Beschäftigung auf dem allgemeinen Arbeitsmarkt auf Grund von Art oder Schwere der Behinderung oder wegen sonstiger Umstände voraussichtlich trotz Ausschöpfens aller Fördermöglichkeiten und des Einsatzes von Integrationsfachdiensten auf besondere Schwierigkeiten stößt. In Abs. 2 Nrn. 1 bis 3 wird diese Zielgruppe noch spezifizierter festgelegt. Erstaunlicherweise erfährt diese gesetzliche Zielgruppenbestimmung keinerlei weitergehende Regelung in den Vorläufigen Empfehlungen.

19 **7. Mindestanteil 25% Zielgruppe.** Jede Förderung an jegliche Form von Integrationsunternehmen hat rechtlich die Beschäftigung von mindestens 25% Zielgruppenangehörigen iSd § 132 Abs. 1 zur absolut zwingenden Voraussetzung. Ungeregelt ist, welche Rechtsfolgen ein kurzfristiges Unterschreiten dieser Mindestzahl hat. Das Zuwendungsrecht bietet die Möglichkeiten, teilweise sogar die Verpflichtung, für den Zuwendungsgeber hier mit erheblichen Sanktionen zu arbeiten. Dies ist allerdings nicht unbedingt in den Fällen opportun, wo durch diese Sanktionen die übrigen Arbeitsplätze, insbes. die der Zielgruppenmitglieder, gefährdet würden. Pragmatisch lässt sich solchen förderrechtlichen Notlagen sicherlich am ehesten und konfliktärmsten begegnen, indem von vornherein ein höherer Zielgruppenanteil eingeplant und beschäftigt wird, so dass bei gewissen Schwankungen die Unterschreitung der 25%-Marke eher nicht riskiert wird. In jedem Falle ist den Trägern von Integrationsunternehmen anzuraten, Vorsorge für evtl. kurzfristig notwendige Nachbesetzungen im Zielgruppenbe-

reich zu treffen. Für Integrationsabteilungen/-betriebe gilt die 25%-Regelung gesetzlich nicht ausdrücklich. Die Empfehlungen machen in Ziff. 6.2 den 25%-Anteil Zielgruppenbeschäftigte zur zwingenden Fördervoraussetzung.

8. Höchstanteil 50% schwerbehinderte Menschen für Integrationsunternehmen. Die Vorschrift des § 132 Abs. 3 Satz 2 bestimmt einen **Höchstanteil 50%** schwerbehinderte Menschen; sie ist **ausschließlich für Integrationsunternehmen anzuwenden.** Sie umfasst nicht den Bereich der rechtlich unselbstständigen Integrationsbetriebe und Integrationsabteilungen, hier gilt also keine Begrenzung des Höchstanteils schwerbehinderter Menschen. 20

Danach soll der Anteil beschäftigter Schwerbehinderter idR 50 vom Hundert nicht überschreiten. In Ausnahmefällen, in denen zB bestehende „Integrations"- oder „Selbsthilfefirmen" in der Praxis bewiesen haben, dass **wirtschaftliche Ergebnisse** auch mit einem höheren Anteil an beschäftigten Schwerbehinderten erreicht werden kann, soll auch ein höherer Anteil möglich sein (BT-Drucks. 14/3372 Satz 24). Befremdlich ist die Höchstgrenze des Schwerbehindertenanteils insofern, als hiermit pauschal unterstellt wird, dass ein zu hoher Anteil an schwerbehinderten Beschäftigten die Wirtschaftskraft eines Unternehmens senkt. Die Integrationsämter sollten deshalb die Prüfung der Zulassung einer Ausnahme von dieser Höchstgrenze vor allem im Lichte der Wirtschaftlichkeitskriterien vornehmen. Unter Umständen kann ja die Beschäftigung eines zusätzlichen hohen Schwerbehindertenanteils neben der Zielgruppe sogar bei entsprechender Eignung dieser schwerbehinderten Menschen und hoher und/oder lang laufender Lohnkostenförderung sogar die Wirtschaftlichkeit eines Integrationsprojektes in den ersten Jahren erhöhen. Sicherlich sollte neben dem Gesichtspunkt der Wirtschaftlichkeit auch der **Aspekt der Teilhabe** (§ 1 SGB IX) geprüft werden, bevor eine Förderung mit einem höheren Schwerbehindertenanteil bewilligt wird. Wenn Teilhabe als Gegenteil von Sonderbehandlung verstanden wird, so hat das bewilligende Integrationsamt die Teilhabequalität der so geförderten Beschäftigung insgesamt zu bewerten. Hierzu gehört nicht nur der Kontakt mit Arbeitskollegen und Vorgesetzten, sondern auch weitere Kontakte, die sich aus der Ausübung der Tätigkeit – zB im Kontakt mit Kunden oder Geschäftspartnern – ergeben. 21

9. Fehlende Legaldefinition einer Mindestgröße für Integrationsprojekte. In den gesetzlichen Vorschriften findet sich an keiner Stelle eine Mindestgröße für Integrationsprojekte. Auch die Empfehlungen (Anh. 18.1.7–BIH2004) weisen dazu keine Vorgaben aus. In der Förderpraxis des BMA bzw. BMGS für unternehmensinterne Integrationsabteilungen wurden auch Förderanträge dem Beirat gem. § 64 SGB IX zur Befassung zugeleitet, die lediglich 3–4 Arbeitsplätze für Zielgruppenmitglieder aufweisen. 22

10. Rechtsprechung zum besonderen arbeitsrechtlichen Status der Zielgruppe. Obwohl sich explizit in den §§ 132ff keine arbeitsrechtliche Sonderung findet, legt vereinzelte diesbzgl. Rechtsprechung vor s.o. Rn 4 und 5. 23

§ 133 Aufgaben

Die Integrationsprojekte bieten den schwerbehinderten Menschen Beschäftigung und arbeitsbegleitende Betreuung an, soweit erforderlich auch Maßnahmen der beruflichen Weiterbildung oder Gelegenheit zur Teilnahme an entsprechenden außerbetrieblichen Maßnahmen und Unterstützung bei der Vermittlung in eine sonstige Beschäftigung in einem Betrieb oder einer Dienststelle auf dem allgemeinen Arbeitsmarkt sowie geeignete Maßnahmen zur Vorbereitung auf eine Beschäftigung in einem Integrationsprojekt.

1 Die Regelung geht zurück auf §§ 53b SchwbG.

2 Die Norm definiert als gesetzliche Aufgaben der Integrationsprojekte Beschäftigung und arbeitsbegleitende Betreuung anzubieten. Darüber hinaus können in Einzelfällen Maßnahmen der beruflichen Weiterbildung oder Möglichkeiten zur Teilnahme an entsprechenden außerbetrieblichen Maßnahmen erforderlich sein.

3 Der Begriff der arbeitsbegleitenden Betreuung umfasst wesentlich Hilfestellung iSv Anleitung, Begleitung sowie beruflicher und persönlicher Förderung. Er unterscheidet sich damit wesentlich vom Begriff der „Arbeitsassistenz" gem. §§ 33 Abs. 3 Nr. 8 und 102 Abs. 4. In den Fällen, in denen dies möglich ist, wird nicht eine Dauerbeschäftigung in dem Integrationsprojekt, sondern die Vorbereitung der in § 132 Abs. 1 und Abs. 2 Nr. 1 bis 3 genannten Schwerbehinderten auf eine Beschäftigung auf dem allgemeinen Arbeitsmarkt angestrebt.

4 Die im letzten HS genannten **„geeigneten Maßnahmen zur Vorbereitung** auf eine Beschäftigung in einem Integrationsprojekt" dürfen jedenfalls dann, wenn noch kein Arbeitsvertrag besteht, nicht aus Mitteln der Ausgleichsabgabe getragen werden, weil die Voraussetzungen des Vorliegens eines Arbeitsplatzes iSd § 73 Abs. 1 und § 102 Abs. 2 Satz 2 nicht erfüllt sind.

§ 134 Finanzielle Leistungen

Integrationsprojekte können aus Mitteln der Ausgleichsabgabe Leistungen für Aufbau, Erweiterung, Modernisierung und Ausstattung einschließlich einer betriebswirtschaftlichen Beratung und für besonderen Aufwand erhalten.

1 **1. Sozialpolitischer Hintergrund.** Das Konzept der wesentlichen Finanzierung der Integrationsprojekte aus der Ausgleichsabgabe wirft einige ordnungspolitische Fragen auf (s. Erl. § 132 Rn 2, sowie Erl. § 101). Die Leistungen nach § 134 sind der Sache nach auf Dauer ausgelegt, die Vorschrift des § 18 Abs. 3 SchwbAV über die grundsätzliche Befristung von Leistungen aus der Ausgleichsabgabe ist aber anzuwenden. Damit können die laufenden Leistungen idR auch nur befristet erbracht werden, Leistungen können aber wiederholt erbracht werden. Unbefristete Leistungsbewilligungen kommen

schon wegen der Finanzierung aus Ausgleichsabgabemitteln auch aus haushaltsrechtlichen Gründen nicht in Frage. Die Integrationsprojekte sind aber konzeptionell so ausgelegt, dass sie auf Dauer betrieben werden und zur wirtschaftlichen Sicherung dauerhaft öffentliche Förderung erhalten. Hierbei sind vor allem die Förderungen erheblich, die nach §§ 102 Abs. 3 iVm §§ 26, 27 u. 28a sowie nach § 77 Abs. 5 iVm § 15 SchwbAV ergehen. Daneben treten als empirisch zweitwichtigste Förderung Egz – insbes. nach § 219 SGB III. Leistungen zur Beschäftigungsförderung nach § 16e SGB II sind denkbar, nach der vertretenen Auffassung auch rechtlich zulässig, werden aber bisher nur in kleinem Umfang in Anspruch genommen, setzen wie die Egz jeweils die Neueinstellung einer leistungsbedürftigen Person voraus. Die Leistungen der Integrationsämter setzten dagegen grundsätzlich bei Sicherung des Beschäftigungsstandes und in kleinerem Umfang bei der Schaffung von neuen zusätzlichen Arbeitsplätzen an.

Für 508 bundesweit bestehende Integrationsprojekte haben die Integrationsämter im Jahr 2008 ca. 46 Mio € aufgewendet. Damit wurde die Beschäftigung von 5824 schwerbehinderten Menschen iSd § 132 Abs. 2, darunter allerdings nur 336 Übergänger aus WfbM (§ 132 Abs. 2 Nr. 3), gesichert und gefördert (BIH Jahresbericht 2008/2009 – download: www.integrationsaemter.de). 2

Es ist dem BIH-Jahresbericht zuzustimmen wenn dort ausgeführt wird: „Auch bei den Integrationsprojekten mussten die Integrationsämter ihre Förderpraxis an die Finanzsituation anpassen. Somit war es unausweichlich, die Zahl der geförderten Projekte begrenzt zu halten, da sie Haushaltsmittel in erheblichem Umfang über viele Jahre hinweg binden. Einige Bundesländer haben daher einen völligen Förderstopp für neue Integrationsprojekte vorgenommen, da der Erhalt bestehender Integrationsprojekte Vorrang hat“ (ebenda, S. 23). Die Durchschnittsfallkosten pro Jahr und Zielgruppenbeschäftigtem in einem Integrationsprojekt haben 2008 bundesweit ca. 7900,– € betragen. 3

2. Geltende Fassung und Normzweck. Die Regelung entspricht § 53c SchwbG. Die Vorschrift bildet neben § 102 Abs. 3 SGB IX iVm §§ 26, 27 u. 28a SchwbAV die Rechtsgrundlage für den **Einsatz von Mitteln der Ausgleichsabgabe** zur Förderung des Aufbaus und des laufenden besonderen Aufwands beim Betrieb von Integrationsprojekten. Sie wird insbes. mit § 28a SchwbAV verordnungsrechtlich präzisiert. Im Wesentlichen umfasst die Vorschrift im Gesetz selbst nur eine schlichte Aufzählung der **förderfähigen Leistungsbereiche: Investitionsförderung** kommt für Aufbau, Erweiterung, Modernisierung und Ausstattung in Frage, **einmalige Förderung für betriebswirtschaftliche Beratung** und **laufende Förderung** für besonderen Aufwand. Der Wortlaut des Gesetzes stellt nicht klar, ob es sich ausschließlich um eine **Geldleistung** handelt. 4

3. Förderung als Ermessensleistung. Auf die Förderung besteht **kein Rechtsanspruch** wie auch für die schwerbehinderten Menschen, die die Voraussetzungen zur Aufnahme in ein Integrationsprojekt erfüllen, kein Rechtsanspruch auf Beschäftigung in einem Integrationsprojekt besteht (vgl. Bihr-*Ritz* Erl. § 102 Abs. 3). Die Integrationsämter orientieren in der Praxis an der „Empfehlungen der Bundesarbeitsgemeinschaft der Integrationsäm- 5 ter und Hauptfürsorgestellen (BIH) zur Förderung von Integrationsprojekten nach §§ 132ff SGB IX (Stand: 16. 10. 2007)“ (Fundstelle s.u. Erl. § 135 Rn 3).

6 **4. Förderung als Leistung der begleitenden Hilfe im Arbeitsleben.** Nach § 102 Abs. 3 Ziff. 3 wird die finanzielle Förderung der Integrationsprojekte als Maßnahme der begleitenden Hilfe im Arbeitsleben vom Integrationsamt durchgeführt. Die förderungsfähigen Arbeitsplätze in Integrationsprojekten müssen damit den allgemein an Leistungen der begleitenden Hilfe zu stellenden Anforderungen entsprechen. Es können somit grundsätzlich nur Arbeitsplätze iSd § 73 Abs. 1 gefördert werden, der Ausnahmekatalog des § 73 Abs. 2 und 3 ist zu beachten. Unter bestimmten Konstellationen kann es zulässig sein, Leistungen für schwerbehinderte Menschen auf Arbeitsplätzen iSd § 73 Abs. 2 Nr. 1, 4 oder 6 zu fördern. Einschlägig ist in jedem Falle die Vorschrift des § 102 Abs. 2 Satz 3: „Dabei gelten als Arbeitsplätze auch Stellen, auf denen Beschäftigte befristet oder als Teilzeitkräfte in einem Umfang von mindestens 15 Std. wöchentlich beschäftigt werden.“

7 Diese allgemeinen Grundsätze der finanziellen Förderung als Teil der Begleitenden Hilfe im Arbeitsleben schließen auch die Finanzierung für „geeignete Maßnahmen zur Vorbereitung auf eine Beschäftigung in einem Integrationsprojekt“ (letzter HS des § 133) aus. Der 11. Ausschuss verweist aber in seiner Empfehlung darauf, dass er sich für diesen Bereich die Finanzierung durch die Rehabilitationsträger vorstellt (BT-Drucks. 14/5800).

8 Eine wichtige praktische Frage scheint die Beziehung des Förderrechts der Integrationsprojekte nach §§ 132–135 SGB IX zum institutionellen Förderrecht der §§ 30ff SchwbAV bzw. nach SGB III zu sein. Bei den Integrationsämtern besteht eine gewisse Tendenz, die Integrationsprojekte teilweise sehr dicht an die institutionelle Förderung gem. §§ 30ff SchwbAV zu rücken. Diese Auffassung wird hier ausdrücklich nicht vertreten (s. ausführlich Bihr-*Ritz* Erl. § 134).

9 **5. Leistungen für Aufbau, Erweiterung, Modernisierung und Ausstattung.** Integrationsprojekte können aus Mitteln der Ausgleichsabgabe Leistungen für Aufbau, Erweiterung, Modernisierung und Ausstattung einschließlich einer betriebswirtschaftlichen Beratung und für besonderen Aufwand erhalten. Die Finanzierungsvorschrift des § 134 SGB IX bezieht sich – mit Ausnahme der betriebswirtschaftlichen Beratung, die sich logischerweise auf das Gesamtprojekt erstrecken muss – nur auf die Arbeitsplätze der im Projekt beschäftigten schwerbehinderten Menschen iSd § 132 Abs. 1 und 2 SGB IX. In geeigneten Fallkonstellationen – wenn sich Kosten zB für Großgeräte nicht einzelnen Arbeitsplätzen zurechnen lassen – ist eine anteilige Förderung im Verhältnis der Zahl der schwerbehinderten Menschen iSd § 132 Abs. 1 und 2 zur Zahl der sonstigen beschäftigten Arbeitnehmer denkbar.

10 Nicht förderbar durch Ermessensleistungen der Ausgleichsabgabe sind somit zB die Arbeitsplatzausstattungen der Arbeitnehmer im Betrieb, die nicht zu den Zielpersonen gehören. Es ist nach hiesiger Auffassung allerdings zulässig, dass bei Aufbau oder Erweiterung eines Integrationsprojektes solche Leistungen nach § 15 oder § 26 SchwbAV aus Praktikabilitäts-

gründen in die Förderung nach § 134 bescheidmässig eingebunden werden, ohne dass dies dem Betrag nach gesondert ausgewiesen wird.

Die Arbeitsplätze von schwerbehinderten Arbeitnehmern, welche nicht die Voraussetzungen des Abs. 1 und 2 des § 132 SGB IX erfüllen, sind nur nach §§ 15, 26, 27 SchwbAV förderbar, wenn die jeweiligen Voraussetzungen vorliegen. 11

6. Leistungen für betriebswirtschaftliche Beratung. Die Norm sieht die Förderung von betriebswirtschaftlicher Beratung vor. Diese kann als Geld- oder auch als Sachleistung gewährt werden. Die Bundesarbeitsgemeinschaft der Integrationsämter und Hauptfürsorgestellen (BIH) hat in ihren Vorläufigen Empfehlungen relativ detaillierte Regelungen in getroffen und dort auch Obergrenzen für die Erstattung von Beratungskosten genannt (s. § 135 Rn 3). Die Art der Festlegung dieser Beratungskosten lässt keine allzu ausgeprägte Orientierung an wirtschaftsüblichen Beratungshonoraren erkennen. 12

7. Leistungen für besonderen Aufwand. Leistungen für besonderen Aufwand sollen nach den Empfehlungen Ziff. 4.3 (s. § 135 Rn 3) pauschaliert werden. Eine Differenzierung nach den Zielgruppen des § 132 Abs. 2 ist bisher nicht vorgesehen, kann aber für bestimmte Lagen natürlich sinnvoll sein. Die Bemessung des monatlichen Förderbetrages pro Zielgruppenbeschäftigtem auf 205,– € ergibt sich nach Mitteilung der Integrationsämter aus den bundesweiten bisherigen Erfahrungen. Inzwischen werden mancherorts aber auch höhere Beträge in Aussicht gestellt. Bei längerer betrieblicher Abwesenheit der betreuten Zielperson soll der Betrag entfallen. Zusätzlich zur Pauschale zum besonderen Aufwand soll noch eine weitere, dann idR auch höhere Pauschale nach § 27 SchwbAV gezahlt werden. 13

8. Bezug zur individuellen Förderung, insbes. § 27 SchwbAV und § 102 Abs. 4 SGB IX (Arbeitsassistenz). Die Empfehlungen (s. § 135 Rn 3) sehen im Grundsatz die Möglichkeit des parallelen Einsatzes von Förderung nach § 134 und individueller Förderung nach § 102 Abs. 2 vor. In Ziff. 1.2 wird als Grundsatz definiert: „Die Erbringung individueller Leistungen an Arbeitgeber und schwerbehinderte Menschen nach § 102 Abs. 3 Satz 1 Nr. 1 und 2 SGB IX bleibt unberührt." Die investiven Förderungen nach § 15 und 26 SchwbAV will man vorrangig und soweit praktisch möglich in den Bescheid nach § 134 einbeziehen und die individuelle Leistung so ablösen. Soweit dies praktisch nicht möglich ist, sollen die Anträge nach den üblichen Regeln behandelt und bewilligt werden. 14

Die laufenden Leistungen nach § 27 SchwbAV sind parallel mit Leistungen für besonderen Aufwand nach § 134 möglich. Für die Leistungsvoraussetzungen dem Grunde nach gelten die Richtlinien der einzelnen Bundesländer zu § 27 SchwbAV (s. zB für Hamburg: Grundsätze zur Gewährung von Leistungen des Integrationsamtes an Arbeitgeber zur Abgeltung außergewöhnlicher Belastungen gem. § 27 SchwbAV, Amtl. Anzeiger Nr. 42/2004 Überarbeitung 2010 ist). Für Integrationsprojekte sollen diese Leistungen auch pauschaliert erbracht werden. Damit entsteht eine zweite Pauschale neben der nach § 134, die sich an der tatsächlichen Lohnsumme der Zielpersonen orientieren wird. Diese zweite Pauschale kann nach Sta- 15 bilisierung der Leistung des schwerbehinderten Mitarbeiters und längerer Beschäftigungszeit auch degressiv gestaffelt werden.

16 Bezüglich der neuen Regelungen zur **Gemeinnützigkeit** von Integrationsprojekten wird auf Erl. § 132 Rn 6ff verwiesen.

§ 135 Verordnungsermächtigung

Das Bundesministerium für Gesundheit und Soziale Sicherung wird ermächtigt, durch Rechtsverordnung mit Zustimmung des Bundesrates das Nähere über den Begriff und die Aufgaben der Integrationsprojekte, die für sie geltenden fachlichen Anforderungen, die Aufnahmevoraussetzungen und die finanziellen Leistungen zu regeln.

1 Die Regelung entspricht § 53d SchwbG.

2 Durch § 135 wird das Bundesministerium für Arbeit und Soziales ermächtigt, durch Rechtsverordnung mit Zustimmung des Bundesrates das Nähere über den Begriff und die Aufgaben der Integrationsprojekte, die für sie geltenden fachlichen Anforderungen, die Aufnahmevoraussetzungen sowie die finanziellen Leistungen zu regeln. Die VO wurde bisher nicht erlassen.

3 In der Praxis orientieren sich die Integrationsämter an den „Empfehlungen der Bundesarbeitsgemeinschaft der Integrationsämter und Hauptfürsorgestellen (BIH) zur Förderung von Integrationsprojekten nach §§ 132ff SGB IX“ (download: http://www.faf-gmbh.de). Ein Teil der Länder hat diese Empfehlung – teilweise mit einigen Anpassungen – als untergesetzliches Landesrecht in Kraft gesetzt (s. zB – Hamburg – Förderung von Integrationsprojekten nach §§ 132ff SGB IX, Stand 5. 2004, Amtl. Anzeiger Nr. 77 vom 5. 7. 2004, 1344 Überarbeitung 2010 läuft).

Kapitel 12. Werkstätten für behinderte Menschen

Vorbemerkung

1 **1. WfbM – beruflichen Rehabilitation und Persönlichkeitsförderung.** In der Bundesrepublik Deutschland gibt es etwa 700 Werkstätten für behinderte Menschen (WfbM), die nach Angaben des BMAS bereits im Jahr 2006 insgesamt ca. 268000 Menschen beschäftigten. WfbM erbringen eine Integrationsleistung, die komplex und auf Integration ausgelegt ist und somit weit über eine reine „Beschäftigung“ hinausreicht.

2 Seit Beginn der 70er Jahre kommt auch den Werkstätten für behinderte Menschen ein besonderer Stellenwert zu (Bihr-*Baur,* Vorbem. zu §§ 136 bis 144 Rn 3). Das seinerzeit formulierte Ziel, im Rahmen eines umfassenden Systems von Einrichtungen für alle Bereiche der Rehabilitation ein bundesweit lückenloses Netz leistungsfähiger Werkstätten für behinderte Menschen zu schaffen, ist seit geraumer Zeit erreicht (vgl. dazu: *Schell/Cleavenger* 2001, S. 22), obwohl die WfbM weiter wachsen.

2. Rechtsbeziehungen Menschen mit Behinderung, Rehabilitationsträger und WfbM. Das Rechtsverhältnis zwischen dem Menschen mit Behinderung und der WfbM (Träger) ist Teil eines sog. Dreiecksverhältnisses zwischen dem Menschen mit Behinderung, der WfbM (Träger) und dem Rehabilitationsträger (iSd § 6). Zu diesem **Dreiecksverhältnis** gehören: 3

- das Rechtsverhältnis zwischen dem Behinderten und dem Sozialleistungsträger,
- das Rechtsverhältnis zwischen dem Sozialleistungsträger und der Werkstatt (Träger) und
- das Rechtsverhältnis zwischen dem Behinderten und der WfbM (Träger).

Die einschlägigen Regelungen sind im Sozialgesetzbuch an verschiedener Stelle festgelegt. Die **Kernregelungen** finden sich schwerpunktmäßig in folgenden Rechtsvorschriften: 4

- Im 5. Kapitel (Leistungen zur Teilhabe am Arbeitsleben) des SGB IX Teil 1 (§§ 39–43) werden die Leistungen, die Zuständigkeit der Rehabilitationsträger und das Arbeitsförderungsgeld definiert.
- Im 12. Kapitel (Werkstätten für behinderte Menschen) des SGB IX Teil 2 (§§ 136–144) werden die Institution, die Aufnahme in die WfbM, die Rechtsstellung und Mitwirkung der dort tätigen behinderten Menschen, die Anrechnung der WfbM – Aufträge auf die Ausgleichsabgabeschuld der beauftragenden Unternehmen, die Vergabe von öffentlichen Aufträgen an WfbM, das Anerkennungsverfahren der WfbM, die Regelungen für Blindenwerkstätten und die Rechtsgrundlage für die Werkstättenverordnung (WVO) und die Werkstättenmitwirkungsverordnung (WMVO) definiert.
- Die Werkstättenverordnung (WVO) regelt die maßgebliche Einzelfragen zu den fachlichen Anforderungen an die Werkstatt für behinderte Menschen (§§ 1–16 WVO) und zum Verfahren zur Anerkennung als Werkstatt für behinderte Menschen (§§ 17, 18 WVO).
- In der Werkstättenmitwirkungsverordnung (WMVO) findet sich quasi das „Personalvertretungsrecht“ für die in arbeitnehmerähnlichem Status gem. § 138 SGB IX beschäftigten behinderten Menschen.
- Im 6. Kapitel (Eingliederungshilfe) des SGB XII (§§ 53–60) mit zugehöriger Rechtsverordnung werden ua. die persönlichen, behinderungsbezogenen Leistungsvoraussetzungen („wesentlich behindert“ iSd § 53 SGB XII) für den Arbeitsbereich der WfbM als Leistung der Eingliederungshilfe festgelegt.
- Im SGB III wird die BA für das Eingangsverfahren und den Berufsbildungsbereich im Siebenten (§§ 97–111 SGB III) Leistungsverpflichtet. Vorrangiger Leistungsträger können allerdings sein die Rentenversicherung (§ 16 SGB VI), die Träger der gesetzlichen Unfallversicherungen nach § 35 SGB VII oder die Träger der Kriegsopferfürsorge, § 26 BVG.
- In § 138 Abs. 3 SGB IX wird die Rechtsstellung der behinderten Menschen in der WfbM als arbeitnehmerähnlicher Status festgelegt, was zur Anwendung der arbeitsrechtlichen Vorschriften und Grundsätze über Arbeitszeit einschließlich Teilzeitregelungen, Urlaub, Entgeltfortzahlung bei Krankheit und an Feiertagen, Elternzeit, Mutterschutz, Persönlichkeitsschutz und Haftungsbeschränkungen führt.

- Im Vorfeld der WfbM wurden neues Recht mit § 38a SGB IX (Unterstützte Beschäftigung) und neue Verfahren mit der Diagnosemethode DIA-AM im Jahr 2008 eingeführt.
- Im Bereich des Übergangs aus der WfbM in den ersten Arbeitsmarkt haben sich mit der Arbeitsassistenz (§ 102 Abs. 4 SGB IX), den Integrationsprojekten (§§ 132ff SGB IX) und den Integrationsfachdiensten (§§ 109ff SGB IX) neben der Verpflichtung der WfbM nach § 136 Abs. 1 Satz 3 SGB IX weitere Optionen rechtlich herausgebildet.
- Noch nicht völlig geklärt ist die Beziehung zwischen § 16e (früher § 16a) SGB II und WfbM-Bedürftigkeit.
- In allen Sozialversicherungsbüchern (SGB III, SGB V, SGB VI, SGB VIII, das SGB XI verweist auf SGB V) finden sich eigene Regelungen für die Sozialversicherung, teilweise auch für die Leistungsvoraussetzungen (SGB VI) von WfbM-Beschäftigten.
- Zur Stärkung der Wettbewerbsstellung von Produkten der WfbM auf den Märkten (Anrechnung von Aufträgen auf die Ausgleichsabgabe, Vergabe von Aufträgen durch die öffentliche Hand) finden sich Regelungen in den bereits genannten §§ 140f SGB XI.

5 Das 12. Kapitel ist adressiert an die Träger der Werkstätten für behinderte Menschen. Das Kapitel korrespondiert mit den §§ 39–43 im 5. Kapitel des Teil 1 – Leistungen zur Teilhabe am Arbeitsleben. Dort werden – an die Rehabilitationsträger adressiert – die **allgemeinen Grundsätze für die Erbringung von Leistungen in Werkstätten** festgelegt, insbes. die Leistungsziele und die Zuständigkeiten für die Leistungserbringung durch die Rehabilitationsträger.

6 Die Werkstätten haben bestimmte Mindestanforderungen an die Organisation, Struktur, personelle Ausstattung, Größe, Wirtschaftsführung ua. zu erfüllen. Dies ist wesentlicher Regelungsgegenstand des 12. Kapitels (§§ 136–144 SGB IX). Dort werden die **institutionellen Rahmenbedingungen der Werkstätten definiert.**

7 **3. Die Situation im europäischen Vergleich.** Bereits im **Amsterdamer Vertrag** von 1997 haben sich die EU-Staaten in Art. 13 verpflichtet, *„geeignete Vorkehrungen zu treffen, um Diskriminierungen aus Gründen (…) einer Behinderung (…) zu bekämpfen.“* Die Mitgliedstaaten legen seit 2000 nationale Aktionspläne der Europäischen Kommission vor, in denen die jeweiligen nationalen Aktivitäten zur Bekämpfung von Armut und sozialer Ausgrenzung gefährdeter Bevölkerungsgruppen in den Folgejahren darzustellen sind (s. ausführlich: *Ritz, H.-G.*, § 22 Werkstätten für behinderte Menschen und alternative Leistungen für die Zielgruppe, in Deinert, O./Neumann, V., Rehabilitation und Teilhabe behinderter Menschen, Handbuch SGB IX, 2. Auflage, Baden-Baden 2009, 695–739, Rn 48–51 m.w.N.). Im europäischen Beihilfe-Recht sind die WfbM auch in der Neufassung der Gruppenfreistellungsverordnung noch immer so gestellt, dass die Kosten für den Bau, die Ausstattung oder Erweiterung der Betriebsstätte sowie die Verwaltungs und Beförderungskosten, die direkt aus der Beschäftigung behinderter Arbeitnehmer entstehen, bis zur vollen Höhe beihilfefähig sind (VERORDNUNG (EG) Nr. 800/2008 DER KOMMISSION vom 6. 8. 2008 zur Erklärung der Vereinbarkeit bestimmter Gruppen von Beihilfen

mit dem Gemeinsamen Markt in Anwendung der Artikel 87 und 88 EG-Vertrag (allgemeine Gruppenfreistellungsverordnung), Amtsblatt der Europäischen Union L 214/3 vom 9. 8. 2008, insbesonder Art. 42 Abs. 3 Buchst d) iVm Art. 7 Abs. 4).

4. Arbeitnehmerähnlicher Status und Pflichtversicherung in den Sozialversicherungen. Behinderte Menschen, die in einer anerkannten WfbM beschäftigt sind, werden über diesen arbeitnehmerähnlichen Status pflichtversichert in der gesetzlichen Krankenversicherung, der sozialen Pflegeversicherung, der gesetzlichen Rentenversicherung und der gesetzlichen Unfallversicherung (§ 5 Abs. 1 Nr. 7 SGB V; § 20 Abs. 1 Satz 2 Nr. 7 SGB XI; § 1 Satz 1 Nr. 2 Buchst a SGB VI; § 2 Abs. 1 Nr. 2 und 4 SGB VII). Pflichtversicherte in den genannten Sozialversicherungen sind danach behinderte Menschen, die in anerkannten Werkstätten für behinderte Menschen tätig sind (so formuliert in § 5 Abs. 1 Nr. 7 SGB V, § 1 Nr. 2a SGB VI und § 2 Abs. 1 Nr. 4 SGB VII und § 20 Abs. 1 Satz 1 Nr. 7 SGB XI). Die Versicherungspflicht in der Arbeitslosenversicherung entfällt, da WfbM-Beschäftigte idR eben nicht auf dem ersten Arbeitsmarkt vermittelt werden können, da sie voll erwerbsgemindert sind. 8

Zusätzlich zu der Pflichtversicherung finden sich in SGB V und SGB VI noch besondere Regelungen für die Beschäftigten in der WfbM zur Beitragsbemessung, Beitragstragung und Beitragserstattung. Der Berechnung der Beiträge in der gesetzlichen Krankenversicherung, der sozialen Pflegeversicherung, die auf die Beitragsregelungen des SGB V zurückgreift, und der gesetzlichen Rentenversicherung sind Mindestentgelte zugrunde gelegt. Diese betragen in der Kranken- und Pflegeversicherung 20 v.H. der monatlichen Bezugsgröße nach § 18 SGB IV (§ 235 Abs. 3 SGB V; § 57 Abs. 1 SGB XI). In der Rentenversicherung werden 80 Prozent der Bezugsgröße nach § 162 Nr. 2 SGB VI zugrunde gelegt, dies gilt auch für Teilzeitbeschäftigte (s. WE/BAGüS Tz. 84). Hier erstattet der Bund wesentliche Beitragsanteile (§ 179 Abs. 1 Satz 1 SGB VI).

Zur Erstattung der Rentenversicherungsbeiträge sowie zur Sozialversicherung bei in Werkstätten beschäftigten behinderten Menschen stellte mit Schreiben vom 11. 9. 2009 das Bundesversicherungsamt (BVA) Grundsätzliches klar. Die wesentlichen Auszüge hat die BAG-WfbM in ihrem internen Informationsdienst Werkstatt: Telgramm Nr. 6/2009 vom 29. 9. 2009 zusammengestellt (siehe leicht gekürzte Wiedergabe Rn 10–14). 9

Die Neufassung des § 179 Abs. 1 SGB VI (vom 19. 12. 2007) hat mit den Sätzen 4ff im Zusammenhang mit der Erstattung von Rentenversicherungsbeiträgen weitere Prüfrechte der zuständigen Stellen geschaffen: Die zuständigen Stellen, die Erstattungen des Bundes nach Satz 1 oder 3 durchführen, können auch nach erfolgter Erstattung bei den davon umfassten Einrichtungen, Integrationsprojekten oder bei deren Trägern die Voraussetzungen der Erstattung prüfen. Soweit es im Einzelfall erforderlich ist, haben die von der Erstattung umfassten Einrichtungen, Integrationsprojekte oder deren Träger den zuständigen Stellen auf Verlangen über alle Tatsachen Auskunft zu erteilen, die für die Prüfung der Voraussetzungen der Erstattung erforderlich sind. Sie haben auf Verlangen die Geschäftsbücher, Listen oder andere Unterlagen, aus denen die Angaben über die der Erstattung zu Grunde liegende 10

Beschäftigung hervorgehen, während der Betriebszeit nach ihrer Wahl entweder in ihren eigenen Geschäftsräumen oder denen der zuständigen Stelle zur Einsicht vorzulegen. Dieses Wahlrecht entfällt, wenn besondere Gründe eine Prüfung in den Geschäftsräumen der Einrichtungen, Integrationsprojekte oder deren Trägern gerechtfertigt erscheinen lassen. Vor dem Hintergrund dieser Prüfrechte weist das BVA noch einmal auf die Erstattungspraxis hin, die sich aus dem Gesetz ergibt und die jederzeit geprüft werden kann... Wenn dort jedoch von Werkstätten als „Arbeitgeber" gegenüber den Beschäftigten die Rede ist, ist zu ergänzen, dass Werkstätten hier „wie Arbeitgeber" in der Pflicht sind. Werkstätten sind gegenüber Werkstattbeschäftigten keine Arbeitgeber, haben in diesem Fall jedoch gleiche Pflichten.

11 **Arbeitsentgelt:** Um eine korrekte Erstattung vornehmen zu können, ist das jeweilige Arbeitsentgelt der Werkstattbeschäftigten zu Grunde zu legen (Bemessungsgrundlage): Die Kostenträger erstatten den Teil der RVBeiträge, der auf das tatsächliche Arbeitsentgelt entfällt; der Bund (die Länderstellen) die Differenz zwischen dem tatsächlichen Arbeitsentgelt und 80 v.H. der Bezugsgröße. (Beispiel: Arbeitsentgelt 150,– € Bezugsgröße 2009: 2016,– € (West), 1708,– € (Ost). Die Kostenträger erstatten den Betrag, der auf 150,– € entfällt, die Länderstellen die übrigen Kosten. Zum Arbeitsentgelt zählen der Grundbetrag, der Steigerungsbetrag, das AföG (sofern Anspruch besteht) sowie auch einmalige Einnahmen (vgl. § 14 SGB IV). Jede auch einmalige Zahlung (Zuwendung, Prämie, etc.) ist also dem Arbeitsentgelt zuzurechnen und maßgeblich für die Erstattung durch den Kostenträger. Nach § 14 SGB IV gibt es hier keine Ausnahmen. Das bedeutet, dass sich bei Veränderungen des Arbeitsentgelts auch jeweils die Beitragsbemessungsgrundlage ändert. Das o.g. Prüfungsrecht erlaubt hier tatsächlich genauere Nachforschungen. Das BVA fordert die zuständigen Länderstellen auf, bei entdeckter „Überzahlung" die überbezahlten Beträge mit laufenden Erstattungsleistungen zu verrechnen.

12 **Verkürzte Beschäftigungszeit/Teilzeit:** Der Grundbetrag ist dabei in jedem Fall auszuzahlen und darf nicht unterschritten werden (einzige Ausnahme ist ein nicht hinreichendes Arbeitsergebnis, das die volle Zahlung nicht zulässt). Gekürzt werden darf der Grundbetrag auch nicht wegen verkürzter Beschäftigungszeit (Teilzeitarbeit) aus Gründen, die in § 6 WVO dargestellt sind. Das BVA schreibt unmissverständlich: „Wir gehen in Abstimmung mit dem BMAS weiterhin davon aus, dass bei jeder Teilzeitbeschäftigung das ungekürzte fiktive Mindestentgelt (= 80 v.H. der Bezugsgröße, s.o.) zu berücksichtigen ist. Hinsichtlich des Arbeitsentgeltes bei Teilzeitbeschäftigung ist das BVA ebenfalls der Auffassung, dass Grundbetrag und AföG nicht kürzbar sind. Bei einer Teilzeitbeschäftigung kann lediglich der leistungsangemessene Steigerungsbetrag der Entlohnung gemindert werden. Für die Minderung des Grundbetrages sowie des AföG gibt es keine Rechtsgrundlage." Unklar ist die Situation jedoch bei Teilzeitbeschäftigung „aus sonstigen Gründen" (außer den in § 6 WVO genannten) also: Teilzeitbeschäftigung aufgrund des Wunsch- und Wahlrechtes. Die Prüfungsämter vertreten die Auffassung, dass in diesen Fällen die Beitragsbemessungsgrundlage anteilig zu kürzen sei. Die BAG:WfbM sieht hier jedoch noch keine rechtliche, vor allem keine einheitliche Grundlage. Hier

steht offensichtlich eine Klärung noch aus. Dort wo es (in Übereinstimmung mit dem Leistungsträger) gekürzt wird, muss sich diese Praxis jedoch auf jedem Fall im Erstattungsanspruch widerspiegeln.

Altersrente: Behinderte Menschen können nach §§ 35f und 235f SGB VI frühestens im Alter von 63 Jahren, schwerbehinderte Menschen (mit dem entsprechenden Nachweis der Schwerbehinderung) nach §§ 37 und 236a SGB VI frühestens im Alter von 60 Jahren Altersrente in Anspruch nehmen. Sie müssen diesen Anspruch jedoch nicht realisieren: Bis zum Erreichen der rentenversicherungsrechtlichen Altersgrenze haben sie einen Recht auf Leistungen zur Teilhabe am Arbeitsleben (in der Werkstatt). Derzeit liegt die Grenze bei 65 Jahren. Danach stellen die Leistungsträger idR die Zahlung des Leistungsentgelts ein, und das Werkstattverhältnis endet. Es ist jedoch zu bedenken, dass das „Rentenversicherungs-Altersgrenzen-Anpassungsgesetz“ mit seiner schrittweisen Anhebung der Altersgrenze auch behinderte und schwerbehinderte Werkstattbeschäftigte umfasst und somit auch deren Altersgrenze in Zukunft ansteigen wird. Letztlich besteht dadurch ein längerer Anspruch auf Leistungen zur Teilhabe am Arbeitsleben. Werden jedoch, wenn (Alters-)Rentenansprüche bestehen, Rentenleistungen (Altersrente) bezogen, und wird dennoch das Beschäftigungsverhältnis in der Werkstatt fortgesetzt, sind auf das Arbeitsentgelt weder vom Beschäftigten noch vom Träger der Einrichtung Rentenversicherungsbeiträge zu leisten: Personen, die eine Vollrente wegen Alters beziehen, sind versicherungsfrei in der RV. Diese Konstellation dürfte nach unserem Kenntnisstand jedoch kaum der Fall sein, da die Leistungsträger das Leistungsentgelt einstellen, wenn die Regelaltersgrenze erreicht ist und somit das Werkstattverhältnis beendet ist. Ungeachtet dessen ist es für Werkstattbeschäftigte bei Rentenbezug möglich, einer Beschäftigung nachzugehen, ohne dass die Hinzuverdienstgrenze greift, da nach § 96a SGB VI das Arbeitsentgelt in Werkstätten nicht als Arbeitsentgelt im Sinne dieses Gesetzes gilt. In diesem Fall (Weiterbeschäftigung bei Bezug von Altersrente, sofern dies vorkommt) sind keine Beträge zur RV zu entrichten. 13

Fehltage: Werden – was kaum der Fall sein dürfte – unentschuldigte Fehltage eingetragen und im Zusammenhang damit das Arbeitsentgelt gekürzt, muss im gleichen Zuge auch die Beitragsbemessungsgrundlage anteilig gekürzt und jeweils neu berechnet und angegeben werden. Es werden dann geringere RV-Beiträge fällig, aber auch geringere Beträge erstattet! Es ist genau zu prüfen, ob es in Werkstätten sogenannte „Bummeltage“ tatsächlich gibt (s.a. BSG-Urt. v. 10. 5. 1990 – 12 RK 38/87). 14

Krankheitstage – Entgeltfortzahlung im Krankheitsfall: Wie für Arbeitnehmer gilt – aufgrund des arbeitnehmerähnlichen Rechtsverhältnisses – auch für Werkstattbeschäftigte die Entgeltfortzahlung im Fall derselben fortdauernden Erkrankung; idR sechs Wochen. Eine Verkürzung ist nicht rechtens, hingegen kann die Entgeltfortzahlung durch die Werkstatt auch länger als sechs Wochen erfolgen. Der Bund – über die Länderstellen – erstattet nach Rechtslage jedoch nur für den Zeitraum Beiträge zur RV, in dem Arbeitsentgelt gezahlt wurde. Nach Ablauf der Entgeltfortzahlung können Erstattungsansprüche gegen die Kostenträger geltend gemacht werden. Wie bei Arbeitgebern muss die Werkstatt feststellen, ob die Fortdauer einer Ar- 15 beitsunfähigkeit oder eine neue Arbeitsunfähigkeit auf derselben Krankheit beruht. Beruht die Arbeitsunfähigkeit auf derselben Krankheit, entfällt die Entgeltfortzahlung. Bezieht jedoch ein Werkstattbeschäftigter eine Rente wegen voller Erwerbsminderung, hat er keinen Anspruch mehr auf Krankengeld. Problematisch ist hier jedoch, dass die Krankenkassen für Personen ohne Krankengeldanspruch Informationen über Art und Dauer der Erkrankungen nicht vorhalten und daher nicht eindeutig entschieden werden kann, ob die gleiche oder eine neue Erkrankung Grund der Arbeitsunfähigkeit ist. Dies kann zu Benachteiligung von Beschäftigten führen – aber auch zu überhöhten Erstattungen aus dem Bundeshaushalt. So lange die Krankenkassen jedoch so verfahren, kann es nach Einschätzung der WfbM nicht Aufgabe der Werkstätten sein, eine grundsätzliche Klärung herbei zuführen.

16 **5. Reform der Eingliederungshilfe und Recht der WfbM.** Die 86. Arbeits- und Sozialministerkonferenz (ASMK) in Berchtesgarden befasste sich am 25. und 26. 11. 2009 mit einer Beschlussvorlage, die Vorstellungen und Grundsätze zur Reform der Eingliederungshilfe beinhaltet und die Forderung nach gesetzlicher Neuregelung umfasst. In der Vorbereitung dieses Beschlusses hatte eine Bund-Länder-Arbeitsgruppe reformleitende Grundsätze zusammengestellt, über deren tatsächliche gesetzgeberische Umsetzung nun möglicherweise im Laufe der 17. Legislaturperiode entschieden wird. Zur Vorbereitung und Begleitung dieser ASMK-Befassung – zu der bereits ein gleichgerichteter Beschluss der 85. ASMK 2008 in Hamburg vorlag – wurden diverse Aktivitäten entfaltet, die insbes. auch von der Bundesarbeitsgemeinschaft der überörtlichen Träger der Sozialhilfe (www.lwl.org/LWL/Soziales/BAGues) und den Landesministerien getragen wurden. Im Sommer 2009 fanden durch die ASMK-Bund-Länder-Arbeitsgruppe zB auch Verbändeanhörungen statt. Zu den Vorschlägen der BAGüS siehe „Reformvorschläge 2009 zur Weiterentwicklung des Leistungsrechts für Menschen mit Behinderungen und pflegerischem Bedarf" Münster (Stand 21. 9. 2009) (download: http://www.lwl.org/spur-download/bag/reformvorschlaege%202009%20-%2021092009.pdf).

17 Hinsichtlich der Forderungen an eine Reform des Rechts der WfbM sei auf die Zusammenfassung bei Gitschmann (2009) verwiesen: „Gerade das deutsche Werkstättenrecht ist – im Vergleich zu anderen Rehabilitationsrechtsgebieten und gemessen an dem Grundanliegen von Selbstbestimmung und Teilhabe – in besonderer Weise „überreguliert" und geradezu klassisch institutionenbezogen:

- Alle für die Menschen mit Behinderungen gedachten Leistungen und Vergünstigungen (zB Sozialversicherungsbeiträge, daraus resultierendes Sicherungsniveau) hängen strikt von der Zugehörigkeit zur Institution WfbM ab, können also nicht zB im Rahmen eines persönlichen Budgets von den Leistungsberechtigten selbst erschlossen, und in Beauftragung anderer geeigneter Leistungserbringer in gleicher Weise gesichert werden.
- Ein Wettbewerb über Leistungsqualität, Zielerreichung, Preise kann nicht stattfinden, da die WfbM mit ihrem Einzugsbereich, der Aufnahmeverpflichtung und den gebundenen Privilegien (s. o.) faktisch ein Angebotsmonopol haben.

- Der Übergang Schule – Beruf wirkt gelegentlich als Einbahnstraße hinein in die Werkstatt, in der dann mit hoher Wahrscheinlichkeit das gesamte Erwerbsleben „arbeitnehmerähnlich" verbracht wird. Die Integrationsquoten aus WfbM in den allgemeinen Arbeitsmarkt sind absolut unbefriedigend.
- Der Berufsbildungsbereich der WfbM führt ebenfalls mit hohen Quoten in den Arbeitsbereich, zu selten hingegen in den allgemeinen Arbeitsmarkt oder arbeitsmarktnähere Beschäftigungsoptionen."

Zusammenfassend kann zur aktuellen Lage festgehalten werden, dass vielfältig diskutierte Reformvorschläge zur Eingliederungshilfe und zum Recht der WfbM im Raume stehen, deren Weiterentwicklung und Umsetzung abzuwarten bleiben.

6. Steuerliche Behandlung von WfbM. Wichtige Regelungen zur Umsatzsteuerbefreiung der WfbM finden sich in § 68 Nr. 3 Buchst a AO. Die diesbzgl. Erläuterungen finden sich im Rundschreiben des BMF zum Jahressteuergesetz 2007. (Bundesministerium der Finanzen, Rundschreiben an die Oberste Finanzbehörde der Länder v. 9. 2. 2007 – IV A5-S 7242 – a/07/0001, Umsatzsteuer; Ermäßigter Steuersatz für Leistungen der Zweckbetriebe von Kärperschaften, die ausschließlich und unmittelbar steuerbegünstigte Zwecke verfolgen (§§ 51–68 AO); Änderung von § 12 Abs. 2 Nr. 8 Buchst a UStG durch Artikel 7 Nr. 5 Buchst a des Jahressteuergesetzes 2007; download: http://www.bundesfinanzministerium.de Menuepunkt: BMF-Schreiben). Demnach gehört der Verkauf von Waren, die in einer WfbM selbst hergestellt werden, zum Zweckbetrieb. Aus Vereinfachungsgründen kann davon ausgegangen werden, dass der Zweckbetrieb WfbM mit dem Verkauf dieser Waren sowie von zum Zwecke der Be- und Verarbeitung zugekaufter Waren nicht in erster Linie der Erzielung zusätzlicher Einnahmen dient, wenn die Wertschöpfung durch die Werkstatt für behinderte Menschen mehr als 10% des Nettowerts (Bemessungsgrundlage) der Waren beträgt. Im Übrigen ist der Verkauf anderer Waren nach dem Anwendungserlass zur AO Nr. 5 zu § 68 Nr. 3 AO ein gesonderter steuerpflichtiger wirtschaftlicher Betrieb des Trägers der Werkstatt; der ermäßigte Steuersatz kommt insoweit nicht zur Anwendung. 18

Mit sonstigen Leistungen, die keine Werkleistungen sind, werden die steuerbegünstigten Zwecke der Einrichtung im Allgemeinen nicht verwirklicht, da ihnen das dem Begriff einer Werkstatt innewohnende Element der Herstellung oder Be-/Verarbeitung fehlt. Sofern sonstige Leistungen ausnahmsweise von einem Zweckbetrieb iSd § 68 Nr. 3 Buchst a AO ausgeführt werden, sowie bei Werkleistungen gelten hinsichtlich der Anwendung des ermäßigten Steuersatzes die folgenden Ausführungen für Zweckbetriebe nach § 68 Nr. 3 Buchst c AO entsprechend. Die genannten Grundsätze waren anzuwenden für alle bei Erl. dieses Schreibens noch offenen Fälle. Das BMFT-Schreiben trat an die Stelle des Schreibens vom 2. 3. 2006 IV A5 – S 7242 a – 3/06 (BStBl I S. 242). 19

Durch die Neufassung des § 4 Nr. 16 UStG vom 1. Jan. 2009 mit dem Jahressteuergesetz 2009 (JStG 2009) vom 19. 12. 2009 (BGBl. I Nr. 63 v. 24. Dez. 2009, 2794) wird die umsatzsteuerliche Lage der WfBM ebenfalls betroffen. Im Einführungsschreiben (Bundesministerium der Finanzen 20

– Umsatzsteuer-Einführungsschreiben zu § 4 Nr. 16 UStG in der ab dem 1. Jan. 2009 geltenden Fassung vom 20. 7. 2009, IV B 9 – Satz 7172/09/10002, dort Absatz 3.6 –, veröffentlicht im BStBl I sowie download: www.bundesfinanzministerium.de Menuepunkt: BMF-Schreiben) wird dazu ausgeführt (Rn 25, 26): Die nach dem Sozialgesetzbuch an Werkstätten für behinderte Menschen und deren angegliederten Betreuungseinrichtungen gezahlten Pflegegelder sind als Entgelte für die Betreuungs-, Beköstigung-, Beherbergungs- und Beförderungsleistungen dieser Werkstätten anzusehen (vgl. Abschnitt 103 Abs. 11 Umsatzsteuer-Richtlinien – UStR). Diese Leistungen sind nach § 4 Nr. 16 Satz 1 Buchst f UStG befreit, wenn sie von Werkstätten bzw. deren Zusammenschlüssen erbracht werden, die nach § 142 SGB IX anerkannt sind. Zur umsatzsteuerlichen Behandlung der Umsätze im Werkstattbereich wird auf Abschnitt 170 Abs. 4 Nr. 4 UStR hingewiesen.

§ 136 Begriff und Aufgaben der Werkstatt für behinderte Menschen

(1) [1]Die Werkstatt für behinderte Menschen ist eine Einrichtung zur Teilhabe behinderter Menschen am Arbeitsleben im Sinne des Kapitels 5 des Teils 1 und zur Eingliederung in das Arbeitsleben. [2]Sie hat denjenigen behinderten Menschen, die wegen Art oder Schwere der Behinderung nicht, noch nicht oder noch nicht wieder auf dem allgemeinen Arbeitsmarkt beschäftigt werden können,

1. eine angemessene berufliche Bildung und eine Beschäftigung zu einem ihrer Leistung angemessenen Arbeitsentgelt aus dem Arbeitsergebnis anzubieten und

2. zu ermöglichen, ihre Leistungs- oder Erwerbsfähigkeit zu erhalten, zu entwickeln, zu erhöhen oder wiederzugewinnen und dabei ihre Persönlichkeit weiterzuentwickeln.

[3]Sie fördert den Übergang geeigneter Personen auf den allgemeinen Arbeitsmarkt durch geeignete Maßnahmen. [4]Sie verfügt über ein möglichst breites Angebot an Berufsbildungs- und Arbeitsplätzen sowie über qualifiziertes Personal und einen begleitenden Dienst. [5]Zum Angebot an Berufsbildungs- und Arbeitsplätzen gehören ausgelagerte Plätze auf dem allgemeinen Arbeitsmarkt. [6]Die ausgelagerten Arbeitsplätze werden zum Zwecke des Übergangs und als dauerhaft ausgelagerte Plätze angeboten.

(2) [1]Die Werkstatt steht allen behinderten Menschen im Sinne des Absatzes 1 unabhängig von Art oder Schwere der Behinderung offen, sofern erwartet werden kann, dass sie spätestens nach Teilnahme an Maßnahmen im Berufsbildungsbereich wenigstens ein Mindestmaß wirtschaftlich verwertbarer Arbeitsleistung erbringen werden. [2]Dies ist nicht der Fall bei behinderten Menschen, bei denen trotz einer der Behinderung angemessenen Betreuung eine erhebliche Selbst- oder Fremdgefährdung zu erwarten ist oder das Ausmaß der erforderlichen Betreuung und Pflege die Teilnahme an Maßnahmen im Berufsbildungsbereich oder sonstige Umstände ein Mindestmaß wirtschaftlich verwertbarer Arbeitsleistung im Arbeitsbereich dauerhaft nicht zulassen.

(3) **Behinderte Menschen, die die Voraussetzungen für eine Beschäftigung in einer Werkstatt nicht erfüllen, sollen in Einrichtungen oder Gruppen betreut und gefördert werden, die der Werkstatt angegliedert sind.**

1. Sozialgeschichtlicher Hintergrund. (S. Vorbem. zu §§ 136 ff.)

2. Normzweck. Die Vorschrift definiert die WfbM nach Aufgabe, Zielsetzung und Personenkreis. Sie bestimmt damit zugleich wesentliche Elemente der Anforderungen, die eine Einrichtung erfüllen muss, um als WfbM anerkannt zu werden (s. *Cramer* 2009, § 136 Rn 3, Bihr-*Bauer,* § 136 Rn 1). 1

Die gesetzliche Regelung der WfbM wurde 1974 in das SchwbG aufgenommen (s. zur Rechtsgeschichte detailliert: *Cramer* 2009, Einleitung, sowie Erl. § 136 Rn 1–9). Mit Art. 5 des Gesetzes zur Einführung Unterstützter Beschäftigung vom 22. 12. 2008 (BGBl. I S. 2959 Nr. 64/2008) wurden Abs. 1 ergänzt und die Sätze 5 und 6 eingefügt. Damit wurden die Werkstätten zur Einrichtung von Außenarbeitplätzen verbindlich verpflichtet und zugleich die dauerhaft Tätigkeit dort zugelassen. 2

Die **Definition der WfbM** in dieser Norm gilt im gesamten Sozialrecht und weiteren Rechtsgebieten wie zB dem Steuerrecht (s. Vorbem. Rn 11, Erl. § 142). Hinsichtlich der Beschreibung der Aufgaben der Werkstatt in Abs. 1 besteht eine hohe sachliche Korrespondenz mit der Festlegung der Leistungen in der WfbM in § 39. 3

3. Begriff und Aufgabe der Werkstatt für behinderte Menschen (Abs. 1). Die WfbM ist „keine allgemeine Sammeleinrichtung für alle behinderten Menschen" (*Cramer* 2009, Rn 10). Vielmehr hat die WfbM ihren Platz als „das letzte Glied in der Kette dieser beruflichen Einrichtungen", dh der beruflichen Rehabilitationseinrichtungen in der Aufzählung des § 30 SchwbAV (ebenda). Die WfbM ist insofern eine besondere berufliche Rehabilitationseinrichtung, da sie im Arbeitsbereich (§ 41) die unbefristete Dauer der Leistung regelmäßig zulässt. Zusätzlich hat sie auch die Aufgabe der Persönlichkeitsförderung und Bildung im Recht der WfbM ein anderes Gewicht als bei den übrigen Rehabilitationseinrichtungen (s. Erl. § 39). 4

Nach *Baur* (in Bihr-Baur, § 136 Rn 3) hat die Werkstatt denjenigen behinderten Menschen, die wegen Art und Schwere der Behinderung nicht, noch nicht oder noch nicht wieder auf dem allgemeinen Arbeitsmarkt beschäftigt werden können, eine angemessene berufliche Bildung und eine Beschäftigung zu einem ihrer Leistung angemessenen Arbeitsentgelt aus dem Arbeitsergebnis anzubieten und zu ermöglichen, ihre Leistungsfähigkeit zu entwickeln, zu erhöhen oder wiederzugewinnen und dabei ihre Persönlichkeit weiterzuentwickeln. Ferner hat die Werkstatt den Übergang geeigneter behinderter Menschen auf den allgemeinen Arbeitsmarkt durch geeignete Maßnahmen zu fördern. Darüber hinaus hat sie über ein möglichst breites Angebot an Berufsbildungs- und Arbeitsplätzen sowie qualifiziertes Personal und einen begleitenden Dienst zu verfügen. Die einheitliche Werkstatt wird rechtlich über die Schaffung von allgemeinen Mindeststandards sichergestellt. Diese finden sich detailliert in den §§ 1 bis 16 WVO (s. a. Erl. § 144). 5

Die Werkstatt beschäftigt entsprechend behinderte Menschen unabhängig von Art oder Schwere der Behinderung, sofern erwartet werden kann, dass 6 sie spätestens nach Teilnahme an Maßnahmen im Berufsbildungsbereich wenigstens ein Mindestmaß wirtschaftlich verwertbarer Arbeitsleistung erbringen. Es reicht die Erwartung eines Mindestmaßes aus, das spätestens nach Abschluss des Berufsbildungsbereichs erbracht werden muss. Nach Baur reicht hierfür ein Minimum an Arbeitsleistung aus; an dieses Minimum werden außerordentlich geringe Ansprüche gestellt, es muss lediglich noch messbar sein. Es kommt demnach auf einen höheren Grad der Arbeitsleistung und ihrer Wirtschaftlichkeit nicht an (so auch BSG – 26. 1. 1994 – 9 RVg 3/93, NZS 1994, 524; *Cramer* 1998, § 54 Rn 8).

7 Abs. 1 Satz 4 verlangt, dass die Werkstatt für behinderte Menschen über qualifiziertes Personal verfügt. Näheres ist in den §§ 9 bis 11 WVO geregelt. Die Qualifikationserfordernisse des übrigen Fachpersonals sind in der „Verordnung über die Prüfung zum anerkannten Abschluss Geprüfte Fachkraft zur Arbeits- und Berufsförderung in Werkstätten für behinderte Menschen“ vom 25. 6. 2001 (BGBl. I S. 1239) geregelt. § 9 Abs. 3 Satz 2 WVO bestimmt das Zahlenverhältnis von Fachkräften zu behinderten Menschen im Berufsbildungsbereich auf 1 : 6 und im Arbeitsbereich auf 1 : 12. Zusätzlich zu den Gruppenkräften haben die WfbM weiteres Fachpersonal nach § 10 WVO vorzuhalten für die sozialpädagogische, soziale und medizinische Betreuung der behinderten Menschen. Nach § 10 Abs. 2 WVO sollen für 120 behinderte Menschen idR ein Sozialpädagoge oder ein Sozialarbeiter zur Verfügung stehen. Darüber hinaus muss die besondere ärztliche Betreuung der behinderten Menschen sichergestellt werden (§ 10 Abs. 3 WVO).

8 **4. Zugang zur WfbM (Abs. 2).** Die Entscheidung über den Zugang fällt beim zuständigen Rehabilitationsträger (s. § 42) auf Grundlage einer Empfehlung des Fachausschusses nach § 2 WVO. Der reguläre Zugang zur WfbM erfolgt über das Eingangsverfahren und den Berufsbildungsbereich (§ 40). Der direkte Zugang in den Arbeitsbereich (§ 41) ist allerdings zulässig. Das Eingangsverfahren führt die WfbM im Benehmen mit dem zuständigen Rehabilitationsträger (§ 42 Abs. 1) durch (§ 3 Abs. 1 Satz 1 WVO).

9 **5. Angegliederte Einrichtungen (Abs. 3).** Behinderte Menschen, für die die für WfbM-Beschäftigung genannte persönliche Leistungserwartung nicht begründet werden kann, können nicht in die Werkstatt aufgenommen werden oder dort verbleiben. Sie werden dann nicht mehr im „letzten Glied der Kette beruflicher Rehabilitationseinrichtungen“ (*Cramer*, § 136 Rn 4) platziert, sondern in anderen Einrichtungen. *Baur* (in Bihr-Baur, § 136 Rn 6) beschreibt diese Alternative wie folgt – wobei seine Erläuterungen wohl insbes. die Verhältnisse und Konzepte in NRW mit weiteren „Einrichtungen unter dem Dach der Werkstatt“ – zutreffen: *„Maßnahmen können etwa stattfinden in Förder- und Betreuungsstätten wie Schwerstbehindertengruppen, Tagesförderstätten, Tagespflegestätten, Altengruppen uä. Derartige Förder- und Betreuungsstätten haben das Ziel der Förderung praktischer Kenntnisse und Fähigkeiten, die erforderlich und geeignet sind, dem behinderten Menschen die für ihn erreichbare Teilhabe am Leben in der Gemeinschaft zu ermöglichen. Sie bereiten in geeigneten Fällen auf Maßnahmen der Teilhabe am Arbeitsleben, vor allen Dingen in Werkstätten, vor. Sie stellen die pflegerische Versorgung der behinderten Menschen sicher und bieten angemessene tagesstrukturierende Hilfen für die aus der Werkstatt ausgeschiedenen behin-*

derten Personen an. Derartige Förder- und Betreuungsstätten sollen vorrangig im räumlichen oder organisatorischen Zusammenhang mit einer anerkannten Werkstatt eingerichtet werden (sog. verlängertes Dach der Werkstatt)."

Vater (in HK-SGB IX, § 136 Rn 30–34) verweist darauf, dass solche Einrichtungen mit den unterschiedlichen Bezeichnungen wie Förder- und Betreuungsgruppe, Schwerstbehindertengruppe, Tagesförderstätte, Tagespflegestätte oä. den Werkstätten ur organisatorisch, nicht aber rechtlich angegliedert sind. Die Eingliederungshilfe in diesen Einrichtungen sei keine Leistung zur Teilhabe am Arbeitsleben nach § 54 Abs. 1 SGB XII iVm § 33 SGB IX, sondern eine Hilfe zur Teilhabe am Leben in der Gemeinschaft nach § 54 Abs. 3 SGB XII iVm § 55 SGB IX. Diese Sicht hat eine Reihe von sozialrechtlichen Folgen: die Altersgrenze 65 Jahre gilt für diese Hilfeart nicht (anders für WfbM s. Vorbem. Rn 12, sowie Bay. VG, Urt. v. 27. 12. 2005, 12 B 03.2609, s.a. u. Erl. § 137 Rn 4 m.w.N.). Ebenso gelten nach dieser Sicht nicht die Vorschriften für die WfbM, auch nicht die Sozialversicherungspflicht (*Vater* in HK-SGB IX, § 136 Rn 32, mHa *Cramer* 2006, § 136 Rn 29). 10

6. Steuerliche Behandlung der Werkstatt. Der besondere Auftrag und die komplexe Zwecksetzung der Werkstatt führt zu relativ komplizierten steuerlichen Regelungen (s. Vorbem. Rn 17–19). Es wird die Ausführungen des BMF im Rundschreiben an die Obersten Finanzbehörden der Länder vom 9. Feb. 2007 zum Jahressteuergesetz 2007 und vom 20. 7. 2009 zum Jahressteuergesetz 2009 verwiesen (Fundstellen s. Vorbem. Rn 17, 19). 11

§ 137 Aufnahme in die Werkstätten für behinderte Menschen

(1) [1]**Anerkannte Werkstätten nehmen diejenigen behinderten Menschen aus ihrem Einzugsgebiet auf, die die Aufnahmevoraussetzungen gemäß § 136 Abs. 2 erfüllen, wenn Leistungen durch die Rehabilitationsträger gewährleistet sind; die Möglichkeit zur Aufnahme in eine andere anerkannte Werkstatt nach Maßgabe des § 9 des Zwölften Buches oder entsprechender Regelungen bleibt unberührt.** [1]**Die Aufnahme erfolgt unabhängig von**

1. **der Ursache der Behinderung,**
2. **der Art der Behinderung, wenn in dem Einzugsgebiet keine besondere Werkstatt für behinderte Menschen für diese Behinderungsart vorhanden ist, und**
3. **der Schwere der Behinderung, der Minderung der Leistungsfähigkeit und einem besonderen Bedarf an Förderung, begleitender Betreuung oder Pflege.**

(2) **Behinderte Menschen werden in der Werkstatt beschäftigt, solange die Aufnahmevoraussetzungen nach Absatz 1 vorliegen.**

1. Normzweck und Normzusammenhang. Die Norm basiert auf § 54a SchwbG. 1

Normadressat ist die WfbM. Behinderte Menschen werden von der WfbM bei Vorliegen der in Abs. 1 genannten Voraussetzung beschäftigt. Es 2 wird im Wortlaut eine Rechtspflicht der WfbM auf Aufnahme derjenigen behinderten Menschen festgelegt, die die gesetzlichen Aufnahmevoraussetzungen erfüllen und im Einzugsgebiet der WfbM wohnen. Diese behinderten Menschen haben somit einen **Anspruch** auf **Aufnahme** in die WfbM sowie auf **Weiterbeschäftigung,** solange die Aufnahmevoraussetzungen erfüllt sind (Neumann-*Pahlen,* § 137 Rn 3; Kossens-*Kossens,* § 137 Rn 1; Bihr-*Baur*, § 137 Rn 2, so auch bereits *Cramer*, § 54a, Rn 2). § 137 ist im Wesentlichen inhaltsgleich zu der Vorgängerregelung des § 54a SchwbG, die erst 1996 mit dem Gesetz zur Reform des Sozialhilferechts vom 23. 7. 1996 (BGBl. I S. 1088) in das SchwbG eingefügt wurde. Die Norm steht in Zusammenhang mit den einschlägigen leistungsrechtlichen Vorschriften (s. Erl. zu § 42). Die Norm sichert den analogen Individualanspruch nach SGB XII der behinderten Personen nach § 54 Abs. 1 SGB XII institutionell ab (Bihr-*Baur,* § 137 Rn 2). Durch eine entsprechende Änderung des Sozialhilferechts (§ 92 SGB XII) werden diese Leistungen nunmehr einkommens- und vermögensunabhängig erbracht.

3 **2. Aufnahmepflicht (Abs. 1).** WfbM sind verpflichtet, wesentlich behinderte Personen aus ihrem Einzugsgebiet aufzunehmen, die die Aufnahmevoraussetzungen nach § 136 Abs. 2 erfüllen. Hierfür muss die Vergütungsübernahme durch den Rehabilitationsträger gesichert sein. Die Träger der Sozialhilfe sind aus § 54 Abs. 1 SGB XII zur Leistung bei Vorliegen der persönlichen Voraussetzugen verpflichtet, die Leistung unterliegt hinsichtlich der Bedürftigkeitsprüfung § 92 Abs. 2 Satz 4u 5 SGB XII (*Lachwitz* in HK-SGB IX Anhang 2 Rn 57; *Ritz* in Deinert/Neumann § 22 Rn 54–63). Die Aufnahmeverpflichtung der Werkstatt stellt den **Rechtsanspruch auf Leistungen** in der Werkstatt nach §§ 39ff auch in jedem Einzelfall sicher. Das regionale Einzugsgebiet der Werkstatt wird im Rahmen des Anerkennungsverfahrens (§§ 1, 8 Abs. 3 WVO) festgelegt, begründete Abweichungen sind in Entsprechung des § 9 SGB XII möglich (siehe Bihr-*Baur,* § 137 Rn 4).

4 **3. Weiterbeschäftigungspflicht (Abs. 2).** Bei fortbestehenden Aufnahmevoraussetzungen wandelt sich der Aufnahmeanspruch in einen **Weiterbeschäftigungsanspruch** gem. § 137 Abs. 2. Die Werkstatt hat insofern gegenüber dem beschäftigten Behinderten auch kein Recht zur Kündigung (*Hauck-Götze,* § 137 Rn 12). Ohne dass dies im Gesetz besondere Erwähnung erhält, endet die Beschäftigung allerdings spätestens mit dem Erreichen der rentenversicherungsrechtlichen Altersgrenze von 65 Jahren (s. Bihr-*Baur,* § 136 Rn 9, dort mit Hinweis auf VGH Mannheim – 15. 5. 1991 – 6 S. 888/90, s. a. o. Erl. § 136 Rn 9 m. w. N.) Im hier einschlägigen Urteil des BVerwG – 21. 12. 2005 – 5 C 26/04 lautet der Leitsatz: „*Mit Erreichen des Ruhestandsalters entfällt zwar grundsätzlich nicht der Anspruch auf Gewährung von Eingliederungshilfe, doch kann deren Zweck nicht mehr darin bestehen, den behinderten Menschen in das Arbeitsleben zu integrieren bzw. ihm die Tagesstruktur einer im Arbeitsprozess integrierten Person zu vermitteln. Soweit aus therapeutischen Gesichtspunkten eine Beschäftigung im organisatorischen Zusammenhang einer Werkstatt auch über das 65. Lebensjahr hinaus als geboten erscheint, kann dies im Wege der Eingliederungshilfe nur unter einem Konzept erfolgen, das dem Charakter einer (unentgeltlichen) Ruhestandsbeschäftigung Rechnung trägt.*“

4. Rechtsmittel und Verfahren. In bestimmten Entscheidungssituationen ist der Fachausschuss nach § 2 WVO zu hören. Baur (s. Bihr-*Baur*, § 137 Rn 6, 7) charakterisiert den Fachausschuss wie folgt: „*Die Normierung seiner Aufgaben findet sich verstreut in verschiedenen Vorschriften der WVO und auch an einer Stelle überraschend in der WMVO: § 3 Abs. 3 und 4, § 4 Abs. 6, § 5 Abs. 5 WVO; § 7 Abs. 2 Satz 2 WMVO. Seinem Charakter nach ist der Fachausschuss ein* ***beratendes Gremium,*** *das auf der Grundlage eines Vorschlages des Trägers der Werkstatt oder auch des zuständigen Rehabilitationsträgers (§ 5 Abs. 5 Satz 2 WVO) Stellungnahmen gegenüber dem zuständigen Rehabilitationsträger abzugeben oder Empfehlungen auszusprechen hat. Die Stellungnahmen und Empfehlungen haben keinen bindenden Charakter.*“. Der Fachausschuss wird ua. angehört zum Abschluss des Eingangsverfahrens zur Klärung der Frage, ob die Werkstatt die geeignete Einrichtung ist und welche Bereiche der Werkstatt in Betracht kommen. § 3 Abs. 3 WVO regelt, dass der Fachausschuss seine Stellungnahme auf der Grundlage eines vom Träger der Werkstatt zu erarbeitenden Vorschlages nach **Anhörung des behinderten Beschäftigten** und unter Würdigung aller Umstände des Einzelfalles gegenüber dem zuständigen Rehabilitationsträger, nicht gegenüber der Werkstatt, abgibt. 5

Bei Ablehnung der Aufnahme in die WfbM oder bei Streitigkeit über die Beendigung des Werkstattverhältnisses ist Klage gegen die WfbM zulässig. Zuständig sind die Arbeitsgerichte (§ 2 Nr. 10 AGG). 6

§ 138 Rechtsstellung und Arbeitsentgelt behinderter Menschen

(1) Behinderte Menschen im Arbeitsbereich anerkannter Werkstätten stehen, wenn sie nicht Arbeitnehmer sind, zu den Werkstätten in einem arbeitnehmerähnlichen Rechtsverhältnis, soweit sich aus dem zugrunde liegenden Sozialleistungsverhältnis nichts anderes ergibt.

(2) [1]Die Werkstätten zahlen aus ihrem Arbeitsergebnis an die im Arbeitsbereich beschäftigten behinderten Menschen ein Arbeitsentgelt, das sich aus einem Grundbetrag in Höhe des Ausbildungsgeldes, das die Bundesagentur für Arbeit nach den für sie geltenden Vorschriften behinderten Menschen im Berufsbildungsbereich zuletzt leistet, und einem leistungsangemessenen Steigerungsbetrag zusammensetzt. [2]Der Steigerungsbetrag bemisst sich nach der individuellen Arbeitsleistung der behinderten Menschen, insbes. unter Berücksichtigung von Arbeitsmenge und Arbeitsgüte.

(3) Der Inhalt des arbeitnehmerähnlichen Rechtsverhältnisses wird unter Berücksichtigung des zwischen den behinderten Menschen und dem Rehabilitationsträger bestehenden Sozialleistungsverhältnisses durch Werkstattverträge zwischen den behinderten Menschen und dem Träger der Werkstatt näher geregelt.

(4) Hinsichtlich der Rechtsstellung der Teilnehmer an Maßnahmen im Eingangsverfahren und im Berufsbildungsbereich gilt § 36 entsprechend.

(5) Ist ein volljähriger behinderter Mensch gemäß Absatz 1 in den Arbeitsbereich einer anerkannten Werkstatt für behinderte Menschen im Sinne des § 136 aufgenommen worden und war er zu diesem Zeitpunkt geschäftsunfähig, so gilt der von ihm geschlossene Werkstattvertrag in Ansehung einer bereits bewirkten Leistung und deren Gegenleistung, soweit diese in einem angemessenen Verhältnis stehen, als wirksam.

(6) War der volljährige behinderte Mensch bei Abschluss eines Werkstattvertrages geschäftsunfähig, so kann der Träger einer Werkstatt das Werkstattverhältnis nur unter den Voraussetzungen für gelöst erklären, unter denen ein wirksamer Vertrag seitens des Trägers einer Werkstatt gekündigt werden kann.

(7) Die Lösungserklärung durch den Träger einer Werkstatt bedarf der schriftlichen Form und ist zu begründen.

1 **1. Sozialpolitischer Hintergrund und Entstehungsgeschichte.** Die Norm basiert auf § 54b SchwbG. Durch Art. 30 des OLG Veränderungsgesetzes (BGBl. I 2002, 2850) wurden die Abs. 5–7 mit Wirkung ab dem 1. 8. 2002 angehängt. Durch das Dritte Gesetz für moderne Dienstleistungen am Arbeitsmarkt (BGBl. I 2003, 2848) wurde die Norm ab 1. 1. 2004 sprachlich angepasst. Zum sozialpolitschen Hintergrund s.a. Vorbem. zum Kapitel.

2 **2. Normzweck und Normzusammenhang.** Die Vorschrift definiert die Rechtsposition der im Arbeitsbereich beschäftigten behinderten Personen als „arbeitnehmerähnlichen Rechtsstatus". Zudem wird der Anspruch auf ein angemessenes Arbeitsentgelt (§ 136 Abs. 1 Satz 2 Nr. 1) konkretisiert. bezweckt § 138 bewirkt eine Stärkung der allgemeinen Rechtsposition der behinderten Beschäftigten und der Verbesserung der Entlohnung der behinderten Beschäftigten (*Schell/Cleavenger,* S. 24). *Götze* (*Hauck-Götze,* § 138 Rn 1) sieht in dieser Norm die grundlegende Schutzvorschrift zugunsten dieses Personenkreises.

3 Abs. 5 bis 7 schließen für Werkstattträger und für geschäftsunfähige Werkstattbesucher bei Unwirksamkeit des Werkstattvertrages gegenseitige Rückforderungen aus. Geschäftsunfähige Werkstattbesucher werden vor sofortiger Entlassung aus der Werkstatt geschützt. Insgesamt wird hier also umfassend die arbeitnehmerähnliche Rechtsposition der behinderten WfbM-Beschäftigten geregelt.

4 **3. Arbeitnehmerähnliches Rechtsverhältnis (Abs. 1).** Seit Inkrafttreten des § 54b SchwbG am 1. 8. 1996 stehen die beschäftigten schwerbehinderten Menschen in einem arbeitnehmerähnlichen Rechtsverhältnis zur WfbM (*Cramer,* Einf. Rn 84) Seitdem finden bestimmte Arbeitnehmerrechte auch auf die Beschäftigungsverhältnisse in der WfbM Anwendung. *Baur* führt dazu aus: „*Nach arbeitsrechtlichen Grundsätzen sind arbeitnehmerähnliche Personen solche, die wirtschaftlich abhängig und vergleichbar einem Arbeitnehmer sozial schutzbedürftig sind (§ 12a Abs. 1 TVG). Die im Arbeitsbereich beschäftigten behinderten Personen sollen auf diese Weise in den Genuss* ***arbeits- und arbeitsschutzrechtlicher Vorschriften*** *kommen. Hierzu gehören die Vorschriften über die Arbeitszeit, Teilzeitbeschäftigung,*

Urlaub, Erziehungsurlaub und Mutterschutz, Persönlichkeitsschutz, Haftungsbeschränkung sowie die Gleichstellung von Männern und Frauen. Unmittelbar zu beachten sind auch die Erfordernisse des Arbeitsschutzes und der Unfallverhütung sowie die Erfordernisse zur Vermeidung baulicher und technischer Hindernisse, § 8 Abs. 1 Satz 2 WVO." (Bihr-*Baur,* § 138 Rn 3). *Cramer* verweist zusätzlich auf Entgeltfortzahlung im Krankheitsfall und Entgeltfortzahlung an Feiertagen (*Cramer,* § 138 Rn 14).

4. Arbeitsentgelt und Arbeitsförderungsgeld (Abs. 2). Die WfbM hat den im Arbeitsbereich beschäftigten behinderten Menschen aus dem Arbeitsergebnis der Werkstatt ein Arbeitsentgelt zu zahlen (§ 136 Abs. 1 Satz 2 Nr. 1 iVm § 138 Abs. 2). Das Arbeitsentgelt besteht aus zwei Komponenten: einem leistungsunabhängigen, einheitlichen **Grundbetrag** und einem leistungsbezogenen **Steigerungsbetrag** (s.a. Erl. zu § 43). Die Höhe des Grundbetrages entspricht dem Ausbildungsgeld, das die Bundesagentur für Arbeit nach § 107 SGB III im zweiten Jahr des Berufsbildungsbereiches zu leisten hat. Für das Arbeitsentgelt hat die Werkstatt idR mindestens 70 Prozent des Arbeitsergebnisses einzusetzen, § 12 Abs. 5 Nr. 1 WVO. Als **Arbeitsergebnis** wird die Differenz aus **Erträgen** und **notwendigen Kosten des laufenden Betriebs** definiert. 5

Eine **Rücklage** für Ertragsschwankungen darf bis zu einem Betrag des sechsfachen monatlichen Gesamtarbeitsentgeltes der behinderten Beschäftigten gebildet werden. Der verbleibende Teil des Arbeitsergebnisses kann für Ersatz- und Modernisierungsinvestitionen verwandt werden, soweit sie nicht aus Abschreibungen oder von Dritten zu decken sind. Zusätzlich erhält jeder behinderte Beschäftigte mit einem Entgelt unterhalb einer bestimmten Grenze ein **Arbeitsförderungsgeld** nach § 43 von monatlich 26,– € (siehe Erl. zu § 43). 6

5. Wirtschaftsführung. In § 12 WVO finden sich Regelungen zur Wirtschaftsführung, die Transparenz für die Anerkennungsbehörden (BA, überörtlicher Sozialhilfeträger) herstellen sollen. Hiermit soll die Erzielung eines wirtschaftlichen Ergebnisses der WfbM gefördert werden, die Grundlage des Arbeitsentgelts darstellt. 7

Eng mit der Wirtschaftsführung zusammen hängen letzlich die eher komplizierten einschlägigen steuerrechtlichen Vorschriften (s. Vorbem. zu §§ 136ff Rn 18ff).

6. Werkstattvertrag (Abs. 3, 4). Die Norm wird in § 13 Abs. 1 WVO näher konkretisiert. Die Werkstatt muss mit den im Arbeitsbereich beschäftigten behinderten Personen Werkstattverträge in schriftlicher Form abzuschließen. Der behinderte Beschäftigte hat darauf einen durchsetzbaren Rechtsanspruch (*Hauck-Götze,* § 138 Rn 10). Die Werkstattverträge treffen zu folgenden Punkten Regelungen: Beginn und Ende des arbeitnehmerähnlichen Rechtsverhältnisses, Pflichten der Werkstatt und des behinderten Beschäftigten, Arbeitszeit, Entlohnung, Urlaubsregelung, Entgeltfortzahlung, Mutterschutz, Persönlichkeitsschutz, Haftungsbeschränkung. Werkstattverträge werden nur mit den im Arbeitsbereich beschäftigten Personen geschlossen; für die Rechtsstellung der Teilnehmer an Maßnahmen im Eingangsverfahren und im Berufsbildungsbereich verweist § 138 Abs. 4 auf § 36. 8

9 **7. Spezielle Sozialversicherungspflichtregelungen.** Die Beschäftigten einer WfbM unterliegen entsprechend den Regelungen der einzelnen Sozialversicherungen der Versicherungspflicht. Hinsichtlich Beitragshöhe, Beitragsabführung und teilweise Beitragserstattung und -tragung bestehen relativ komplexe Spezialregelungen (s. Vorbem. zu Kap. 12, Rn 7–14). Im Ergebnis besteht für Beschäftigte in einer anerkannten WfbM umfassender Sozialversicherungsschutz, der sich allerdings nicht auf die Arbeitslosenversicherung erstreckt, sondern nur Krankenversicherung, Rentenersicherung, Pflegeversicherung und Unfallversicherung umfasst (ausführlich siehe *Cramer,* Einf. Rn 176–195). Als weitere Besonderheit der Sozialversicherungsregelungen für die WfbM besteht nach § 179 Abs. 1 SGB VI eine Erstattung der wesentlichen Beitragsanteile durch den Bund, was die Beitragsregelung nach § 168 Abs. 1 Nr. 2 SGB VI ergänzt. Zu den Prüfrechten des Bundes im Rahmen dieses Erstattungsverfahrens s. Vorbem. zu Kap. 12, Rn 9.

10 **8. Geschäftsunfähigkeit (Abs. 5, 6).** Die Rechtswirksamkeit des Werkstattvertrages setzt die Geschäftsfähigkeit des behinderten Menschen voraus. Der mit dem OLG-Vertretungsänderungsgesetz vom 23. 7. 2002 (BGBl. I S. 2860) eingefügte Abs. 5 fingiert die Wirksamkeit des Werkstattvertrages für die Fälle, in welchen ein angemessener Austausch von Arbeitsleistung und Arbeitsentgelt trotz Geschäftsunfähigkeit bei Abschluss des Vertrages vorliegt. Mit der Fiktion sollen gegenseitig Rückforderungen ausgeschlossen werden (BT-Drucks. 14/9266, Begründung, S. 53). Die Frage der „Angemessenheit" von Leistung und Gegenleistung bestimmt sich nach § 138 Abs. 2 (Kossens-*Kossens,* § 139 Rn 16ff; ausführlich unter Bezug auf die einschlägigen Normen §§ 104, 105, 105a BGB sowie das Recht der Betreuers: Bihr-*Baur,* § 139 Rn 9ff).

11 Der ebenfalls mit Gesetz vom 23. 7. 2002 eingefügte Abs. 6 soll sicherstellen, dass der Träger einer Werkstatt bei Abschluss eines Werkstattvertrages mit einem Geschäftsunfähigen für den Fall der Vertragslösung nicht besser gestellt ist, als wenn sein Geschäftspartner geschäftsfähig gewesen wäre.

12 **9. Lösung des Werkstattvertrages (Abs. 7).** Die 2002 (s. Rn 4) eingefügte Regelung dient der Rechtssicherheit, Beweiserleichterung bei strittigen Trennungen und der Normalisierung (siehe auch Kossens-*Kossens,* § 138 Rn 19). Die Schriftformerfordernis ist wie bei § 623 BGB Wirksamkeitsvoraussetzung (Kossens-*Kossens,* § 138 Rn 19) Die Lösungserklärung muss begründet werden (*Cramer,* § 138 Rn 86). Eine differenzierte Auffassung vertritt Baur (Bihr-*Baur,* § 139 Rn 12): *„An die Stelle der Kündigung (eines wirksamen Werkstattvertrages) tritt nach Abs. 6 bei nichtigen Werkstattverträgen die sog „Lösungserklärung". Sie bedarf der Schriftform und ist zu begründen, Abs. 7. Diese Regelung verschärft die allgemeinen arbeitsrechtlichen Regelungen; dort ersetzt bei „faktischen Arbeitsverhältnissen" eine form- und fristlose Beendigungserklärung die Kündigung (Palandt, BGB, 61. A., Rn 29 vor § 611). Mangelnde Schriftform hat Nichtigkeit der Lösungserklärung zur Folge, § 125 BGB; mangelnde Begründung wohl ebenfalls (LAG Bremen – 2. 9. 1953 – Sa 123/53, AP § 125 Nr. 1). Demgegenüber ist die Kündigung eines wirksamen Werkstattvertrages mangels entsprechender Regelung an keine Form gebunden, unterliegt also geringeren Beschränkungen als die Beendigung eines unwirksamen Werkstattvertrages.* Kündi-

gung und Lösungserklärung sind nur unter den engen Voraussetzungen des § 137 (Wegfall der Aufnahmevoraussetzungen) zulässig sind. Eine Kündigung oder Lösungserklärung etwa aus verhaltensbedingten Gründen, die die Werkstattfähigkeit des Betroffenen nicht berühren, scheidet daher in jedem Fall aus (*Dau-Haines-Jacobs*, § 138 Rn 36)".

Die Handlungsmöglichkeiten der Werkstatträte in Fragen des Werkstattvertrages, des Arbeitsentgelts und der Lösungserklärung werden in der WMVO (s. Erl. zu §§ 139, 144) näher geregelt. 13

10. Rechtsweg. Bei Streitigkeiten zwischen der WfbM und dem behinderten Menschen sind die **Arbeitsgerichte** zuständig (§ 2 Abs. 1 Nr. 10 ArbGG). Für Streitigkeiten zwischen dem behinderten Menschen und dem Sozialleistungsträger ist der Rechtsweg zu den Sozial- bzw. den Verwaltungsgerichten eröffnet, denn es handelt sich um ein öffentlich-rechtliches Rechtsverhältnis (MünchArbR-*Cramer*, § 237 Rn 41). 14

§ 139 Mitwirkung

(1) [1]**Die in § 138 Abs. 1 genannten behinderten Menschen wirken unabhängig von ihrer Geschäftsfähigkeit durch Werkstatträte in den ihre Interessen berührenden Angelegenheiten der Werkstatt mit.** [2]**Die Werkstatträte berücksichtigen die Interessen der im Eingangsverfahren und im Berufsbildungsbereich der Werkstätten tätigen behinderten Menschen in angemessener und geeigneter Weise, solange für diese eine Vertretung nach § 36 nicht besteht.**

(2) **Ein Werkstattrat wird in Werkstätten gewählt; er setzt sich aus mindestens drei Mitgliedern zusammen.**

(3) **Wahlberechtigt zum Werkstattrat sind alle in § 138 Abs. 1 genannten behinderten Menschen; von ihnen sind die behinderten Menschen wählbar, die am Wahltag seit mindestens sechs Monaten in der Werkstatt beschäftigt sind.**

(4) [1]**Die Werkstätten für behinderte Menschen unterrichten die Personen, die behinderte Menschen gesetzlich vertreten oder mit ihrer Betreuung beauftragt sind, einmal im Kalenderjahr in einer Eltern- und Betreuerversammlung in angemessener Weise über die Angelegenheiten der Werkstatt, auf die sich die Mitwirkung erstreckt, und hören sie dazu an.** [2]**In den Werkstätten kann im Einvernehmen mit dem Träger der Werkstatt ein Eltern- und Betreuerbeirat errichtet werden, der die Werkstatt und den Werkstattrat bei ihrer Arbeit berät und durch Vorschläge und Stellungnahmen unterstützt.**

1. Entstehungsgeschichte und Normzweck. Die Vorschrift geht zurück auf § 54c SchwbG, der durch Art. 5 Nr. 5 des Ges. z. Reform des Sozialhilferechts v. 23. 7. 1996 (BGBl. I S. 1088) mit Wirkung v. 1. 8. 1996 (Art. 17 S. 2 SHRG) in das SchwbG eingefügt wurde. 1

Die Norm begründet eine Teilhabe der behinderten Beschäftigten iSd § 138 Abs. 1 unabhängig von ihrer Geschäftsfähigkeit an den Werkstattangelegenheiten. Sie regelt Wahl und Zusammensetzung des Werkstattrates als 2

Gremium. Abs. 4 stärkt die Informationsrechte der Personen, die behinderte Menschen (Beschäftigte der WfbM) gesetzlich vertreten. Mit dem SGB IX wurde die Begrifflichkeit der gesamten Norm umfassend modernisiert.

3 **2. Werkstattrat (Abs. 2). Abs. 2** schreibt eine Mindestgröße von 3 Mitgliedern vor, nähres regelt § 3 WMVO. Im Gesetz findet sich nur die Regelung des passiven Wahlrechtes, das an eine Mindestbeschäftigungsdauer in der WfbM von 6 Monaten geknüpft ist. Die Einzelheiten der Wahl sind in den Abschnitten 2 und 4 der WMVO geregelt (s. a. Erl. zu § 144).

4 **3. Unterrichtungspflicht der Werkstatt (Abs. 4). Abs. 4** bestimmt eine Unterrichtungs- und Anhörungspflicht der Werkstatt – also der Geschäftsführung – zur Unterrichtung derjenigen Personen, die die behinderten Beschäftigten gesetzlich vertreten oder mit ihrer Betreuung beauftragt sind. Gegenstand sind die Angelegenheiten der Werkstatt, auf die sich die Mitwirkung erstreckt. Die Unterrichtung findet mindestens einmal im Kalenderjahr im Rahmen einer Eltern- und Betreuerversammlung statt. Es können (und sollen) auch die Eltern und Vertreter des Eingangs- und Berufsbildungsbereichs in die Unterrichtungspflicht einbezogen werden (so Bihr-*Bauer*, § 139 Rn 6).

5 Aufgabe der Eltern- und Betreuerbeiräte (S 2) ist es, die Werkstatt und den Werkstattrat bei ihrer Arbeit zu unterstützen, Stellungnahmen abzugeben und Vorschläge zu unterbreiten.

6 **4. Aufgaben des Werkstattrates nach WMVO.** Die Aufgaben und Mitwirkungspflichten des Werkstattrates sind im Einzelnen in der §§ 4–9 WMVO (s. Erl. § 144 Rn 6–8) geregelt.

Die Kernaufgaben werden in § 4 WMVO festgelegt:

§ 4 WMVO Allgemeine Aufgaben des Werkstattrats

(1) Der Werkstattrat hat folgende allgemeine Aufgaben:

1. darüber zu wachen, dass die zugunsten der Werkstattbeschäftigten geltenden Gesetze, Verordnungen, Unfallverhütungsvorschriften und mit der Werkstatt getroffenen Vereinbarungen durchgeführt werden, vor allem, dass
   a) die auf das besondere arbeitnehmerähnliche Rechtsverhältnis zwischen den Werkstattbeschäftigten und der Werkstatt anzuwendenden arbeitsrechtlichen Vorschriften und Grundsätze insbes. über Beschäftigungszeit einschließlich Teilzeitbeschäftigung sowie der Erholungspausen und Zeiten der Teilnahme an Maßnahmen zur Erhaltung und Erhöhung der Leistungsfähigkeit und zur Weiterentwicklung der Persönlichkeit des Werkstattbeschäftigten, Urlaub, Entgeltfortzahlung im Krankheitsfall, Entgeltzahlung an Feiertagen, Mutterschutz, Elternzeit, Persönlichkeitsschutz und Haftungsbeschränkung,
   b) die in dem besonderen arbeitnehmerähnlichen Rechtsverhältnis aufgrund der Fürsorgepflicht geltenden Mitwirkungs- und Beschwerderechte und c) die Werkstattverträge von der Werkstatt beachtet werden;
2. Maßnahmen, die dem Betrieb der Werkstatt und den Werkstattbeschäftigten dienen, bei der Werkstatt zu beantragen;
3. Anregungen und Beschwerden von Werkstattbeschäftigten entgegenzunehmen und, falls sie berechtigt erscheinen, durch Verhandlungen mit der Werkstatt auf eine Erledigung hinzuwirken; er hat die betreffenden Werkstattbeschäftigten über den Stand und das Ergebnis der Verhandlungen zu unterrichten. Dabei hat er vor allem die Interessen besonders betreuungs- und förderungsbedürftiger Werkstattbe-

schäftigter zu wahren und die Durchsetzung der tatsächlichen Gleichstellung von Frauen und Männern zu fördern.

(2) Werden in Absatz 1 Nr. 1 genannte Angelegenheiten zwischen der Werkstatt und einem oder einer Werkstattbeschäftigten erörtert, so nimmt auf dessen oder deren Wunsch ein Mitglied des Werkstattrats an der Erörterung teil. Es ist verpflichtet, über Inhalt und Gegenstand der Erörterung Stillschweigen zu bewahren, soweit es von dem oder der Werkstattbeschäftigten im Einzelfall nicht von dieser Verpflichtung entbunden wird.

(3) Der Werkstattrat berücksichtigt die Interessen der im Eingangsverfahren und im Berufsbildungsbereich tätigen behinderten Menschen in angemessener und geeigneter Weise, solange für diese eine Vertretung nach § 36 des Neunten Buches Sozialgesetzbuch nicht besteht.

Die Werkstatträte arbeiten im Grundsatz wie andere Interessenvertretungen (s. § 7 WMVO Unterrichtungsrechte des Werkstattrates, § 8 WMVO Zusammenarbeit). § 9 WMVO legt eine mindestens einmal jährlich stattfindende Werkstattversammlung fest.

§ 5 WMVO legt die Mitwirkungsrechte des Werkstattrates fest, die Norm hat folgenden Wortlaut: 7

§ 5 WMVO Mitwirkungsrechte des Werkstattrats

(1) Der Werkstattrat hat in folgenden Angelegenheiten der Werkstattbeschäftigten mitzuwirken:

1. Fragen der Ordnung im Arbeitsbereich der Werkstatt und des Verhaltens der Werkstattbeschäftigten einschließlich der Aufstellung und Änderung einer sogenannten Werkstattordnung zu diesen Fragen;
2. Beginn und Ende der täglichen Beschäftigungszeit einschließlich der Erholungspausen und Zeiten der Teilnahme an Maßnahmen zur Erhaltung und Erhöhung der Leistungsfähigkeit und zur Weiterentwicklung der Persönlichkeit des Werkstattbeschäftigten, Verteilung der Arbeitszeit auf die einzelnen Wochentage und die damit zusammenhängende Regelung des Fahrdienstes, vorübergehende Verkürzung oder Verlängerung der üblichen Beschäftigungszeit;
3. a) Darstellung und Verwendung des Arbeitsergebnisses, insbes. Höhe der Grund- und der Steigerungsbeträge, unter Darlegung der dafür maßgeblichen wirtschaftlichen und finanziellen Verhältnisse;
   b) Fragen der Gestaltung der Arbeitsentgelte, insbes. die Aufstellung von Entlohnungsgrundsätzen und die Einführung und Anwendung von neuen Entlohnungsmethoden sowie deren Änderung, Festsetzung der Grund- und der Steigerungsbeträge und vergleichbarer leistungsbezogener Entgelte, Zeit, Ort und Art der Auszahlung der Arbeitsentgelte sowie Gestaltung der Arbeitsentgeltbescheinigungen;
4. Aufstellung allgemeiner Urlaubsgrundsätze und des Urlaubsplans sowie die Festsetzung der zeitlichen Lage des Urlaubs für einzelne Werkstattbeschäftigte, wenn zwischen der Werkstatt und den beteiligten Werkstattbeschäftigten kein Einverständnis erzielt wird;
5. Einführung und Anwendung von technischen Einrichtungen, die dazu bestimmt sind, das Verhalten oder die Leistung der Werkstattbeschäftigten zu überwachen;
6. Regelungen über die Verhütung von Arbeitsunfällen und Berufskrankheiten sowie über den Gesundheitsschutz im Rahmen der gesetzlichen Vorschriften oder der Unfallverhütungsvorschriften;
7. Fragen der Fort- und Weiterbildung einschließlich der Maßnahmen zur Erhaltung und Erhöhung der Leistungsfähigkeit und zur Weiterentwicklung der Persönlichkeit sowie zur Förderung des Übergangs auf den allgemeinen Arbeitsmarkt;

8. Fragen der Verpflegung;
9. Planung von Neu-, Um- und Erweiterungsbauten sowie von neuen technischen Anlagen, Einschränkung, Stilllegung und Verlegung der Werkstatt oder wesentlicher Teile der Werkstatt, grundlegende Änderungen der Werkstattorganisation und des Werkstattzwecks;
10. Gestaltung von Arbeitsplätzen, Arbeitsablauf und Arbeitsumgebung sowie von Sanitär- und Aufenthaltsräumen, Einführung von neuen technischen Arbeitsverfahren;
11. Mitgestaltung sozialer Aktivitäten für die Werkstattbeschäftigten.

(2) Soweit Angelegenheiten iSd Absatzes 1 nur einheitlich für Arbeitnehmer und Werkstattbeschäftigte geregelt werden können und soweit sie Gegenstand einer Vereinbarung mit dem Betriebs- oder Personalrat oder einer sonstigen Mitarbeitervertretung sind oder sein sollen, haben die Beteiligten auf eine einvernehmliche Regelung hinzuwirken. Die ergänzende Vereinbarung besonderer behindertenspezifischer Regelungen zwischen Werkstattrat und Werkstatt bleibt unberührt.

(3) Die Werkstatt hat den Werkstattrat in den Angelegenheiten, in denen er ein Mitwirkungsrecht hat, rechtzeitig, umfassend und in angemessener Weise zu unterrichten und ihn vor Durchführung einer Maßnahme anzuhören. Beide Seiten haben darauf hinzuwirken, dass Einvernehmen erreicht wird. Lässt sich Einvernehmen nicht herstellen, so kann jede Seite die Vermittlungsstelle anrufen.

(4) Weitergehende, einvernehmlich vereinbarte Formen der Beteiligung in den Angelegenheiten des Absatzes 1 bleiben unberührt.

8 Die Werkstatträte sind iSd § 10 AGG parteifähig.

9 **5. Rechtsweg.** Rechtsstreitigkeiten über Fragen werden vor den Arbeitsgerichten (§§ 2a Abs. 1 Nr. 3a, 83 Abs. 3 ArbGG) ausgetragen. Die Arbeitsgerichte entscheiden im Beschlussverfahren (§ 2 Abs. 1 Nr. 3a ArbGG). Im Verfahren sind der Arbeitgeber, die Arbeitnehmer und der Werkstattrat als beteiligte Stellen anzuhören (s.a. Kossens-*Kossens,* § 139 Rn 13 m.w.N: Neumann-*Pahlen,* § 139 Rn 16; Schorn-*Schorn,* § 139 Rn 3).

§ 140 Anrechnung von Aufträgen auf die Ausgleichsabgabe

(1) [1]Arbeitgeber, die durch Aufträge an anerkannte Werkstätten für behinderte Menschen zur Beschäftigung behinderter Menschen beitragen, können 50 vom Hundert des auf die Arbeitsleistung der Werkstatt entfallenden Rechnungsbetrages solcher Aufträge (Gesamtrechnungsbetrag abzüglich Materialkosten) auf die Ausgleichsabgabe anrechnen. [2]Dabei wird die Arbeitsleistung des Fachpersonals zur Arbeits- und Berufsförderung berücksichtigt, nicht hingegen die Arbeitsleistung sonstiger nichtbehinderter Arbeitnehmerinnen und Arbeitnehmer. [3]Bei Weiterveräußerung von Erzeugnissen anderer anerkannter Werkstätten für behinderte Menschen wird die von diesen erbrachte Arbeitsleistung berücksichtigt. [4]Die Werkstätten bestätigen das Vorliegen der Anrechnungsvoraussetzungen in der Rechnung.

(2) Voraussetzung für die Anrechnung ist, dass
1. die Aufträge innerhalb des Jahres, in dem die Verpflichtung zur Zahlung der Ausgleichsabgabe entsteht, von der Werkstatt für behinderte

Menschen ausgeführt und vom Auftraggeber bis spätestens 31. 3. des Folgejahres vergütet werden und

2. es sich nicht um Aufträge handelt, die Träger einer Gesamteinrichtung an Werkstätten für behinderte Menschen vergeben, die rechtlich unselbständige Teile dieser Einrichtung sind.

(3) **Bei der Vergabe von Aufträgen an Zusammenschlüsse anerkannter Werkstätten für behinderte Menschen gilt Absatz 2 entsprechend.**

1. Sozialpolitischer Hintergrund, Normzweck und Normzusammenhang. Die Vorschrift will die Auftragslage der Werkstatt und damit der Beschäftigung und Entlohnung der behinderten Personen fördern (Bihr-*Baur,* § 140 Rn 1; *Cramer,* § 55 Rn 3; *Hauck-Götze,* § 140 Rn 1, Kossens-*Kossens,* § 140 Rn 1). Die Anrechnung der Aufträge auf die Ausgleichsabgabe als (finanzielle) Anreize zur Vergabe von Aufträgen an Werkstätten für behinderte Menschen erreicht nur die Arbeitgeber, die die gesetzliche Beschäftigungsquote nicht voll erfüllen. 1

Die Vorschrift entspricht § 55 SchwbG. Durch das Gesetz zur Reform des Sozialhilferechts vom 23. 7. 1996 (BGBl. I S. 1088) wurde die Ausgleichsabgabeanrechnung von Aufträgen an Werkstätten für Behinderte auf 50% des auf die Arbeitsleistung der WfbM entfallenden Rechnungsbetrags festgelegt. S. 2 des Abs. 1 erläutert „deklaratorisch“, dass nur die Arbeitsleistung der behinderten Beschäftigten und des sie betreuenden Fachpersonals berücksichtigt wird (Bihr-*Baur,* § 140 Rn 1). Die Norm wurde seitdem inhaltlich nicht wieder verändert. 2

2. Anrechnungsgrundsätze (Abs. 1). Die Regelung des Abs. 1 soll sicherstellen, dass Werkstätten ihre per Ausgleichsabgabeanrechnung gestützten Erlösanteile nicht durch Handelsgeschäfte, sondern ausschließlich durch die Arbeitsleistung der Werkstatt erwirtschaften. Als **Arbeitsleistung der Werkstatt** wird definiert der Gesamtrechnungsbetrag abzüglich Materialkosten. Eine Anrechnung auf die Ausgleichsabgabe erfolgt nur, soweit die Arbeitsleistung von den behinderten Beschäftigten einschließlich des Fachpersonals zur Arbeits- und Berufsförderung erbracht wird. Alle nicht dazugehörigen Rechnungsanteile sind daher abzuziehen. Die Anrechnung ist jährlich im Rahmen des Verfahrens nach § 80 geltend zu machen, Beratung hierzu erfolgt durch die Agentur für Arbeit bzw. das Integrationsamt. 3

Es besteht ein enger Normzusammenhang zum Verfahren der Ausgleichsabgabeberechnung und -abführung (§ 80 Abs. 2). 4

3. Inhalt der Norm. Die im Gesetz genannten Fristen der Auftragsausführung und Rechnungszahlung an die WfbM entsprechen den Bezugszeiträumen (Kalenderjahr) und Erklärungs- und Zahlungsfristen des § 80 Abs. 2. In-sich-Geschäfte eines Arbeitgebers, der als rechtlich unselbständigen Einrichtungsteil auch eine WfbM unterhält, werden für nicht anrechnungsfähig erklärt. 5

Die Anrechnungsregelung greift auch für Aufträge an Zusammenschlüsse anerkannter Werkstätten (§ 142 S. 4). Ziel solcher Zusammenschlüsse ist es, die Auftragslage insgesamt zu verbessern und damit die Beschäftigung der behinderten Personen zu sichern, indem bei der Werbung, der Beschaffung, 6 der Abwicklung von Aufträgen und beim Einkauf von Rohstoffen kooperiert wird (Bihr-*Baur*, Erl. § 140 Rn 5; *Cramer* 1998, § 55 Rn 10a).

§ 141 Vergabe von Aufträgen durch die öffentliche Hand

Aufträge der öffentlichen Hand, die von anerkannten Werkstätten für behinderte Menschen ausgeführt werden können, werden bevorzugt diesen Werkstätten angeboten. Die Bundesregierung erlässt mit Zustimmung des Bundesrates hierzu allgemeine Verwaltungsvorschriften.

1 **1. Entstehungsgeschichte, Normzweck und Normzusammenhang.** Die Vorschrift entspricht § 56 SchwbG, die 1974 auf Vorschlag des Bundesrates in das SchwbG eingefügt worden (BT-Drucks. 7/656, S. 46).

2 Die Vorschrift soll die WfbM wirtschaftlich Verbesserung des Zugangs zu öffentlichen Aufträgen stärken und damit die Zahlung der Entgelte an die WfbM-Beschäftigten verbessern. Die Vorschrift muss im Kontext der anderen Vorschriften zur Entgeltverbesserung für die WfbM-Beschäftigten gesehen werden (s. Erl. § 43 Rn 1, FKS-SGB IX-*Ritz,* § 43 Rn 1–4; *Vater* in HK-SGB IX, § 43 Rn 1–3, 12; *Ritz, H.-G.*, § 22 Werkstätten für behinderte Menschen und alternative Leistungen für die Zielgruppe, in Deinert, O./Neumann, V., Rehabilitation und Teilhabe behinderter Menschen, Handbuch SGB IX, 2. Auflage, Baden-Baden 2009, 695–739, Rn 83–86). Sie setzt strategisch aber bei der Wettbewerbsfähigkeit der WfbM an. Der Ansatz unterscheidet sich somit von der „Mindestlohnregelung" des § 138 Abs. 2, wo ein bestimmter Grundbetrag für alle WfbM-Beschäftigten vorgeschrieben wird. Er umfasst auch keine Entgeltsubventionierung aus Mitteln der zuständigen Sozialleistungsträger wie die Regelung des § 43 (Arbeitsförderungsgeld). Die Norm ist auch zu unterscheiden von der Auftragsanrechnung auf die Ausgleichsabgabeschuld nach § 140. Die Handhabung dieser Norm muss heute zunehmend auch europäisches Vergaberecht und nationales Wettbewerbsrecht beachten.

3 *Cramer* (2006, § 141 Rn 7) verweist darauf, dass Satz 2 die Bundesregierung verpflichtet, eine Verwaltungsvorschrift zum bevorzugten Angebot von Aufträgen der öffentlichen Hand zu erlassen. Der Vorteil dieser Verwaltungsvorschrift mit BR-Zustimmung – die bisher nicht erlassen ist – wäre auch die Einbeziehung der Länder und Kommunen. Bis zum Erl. einer VV ist die Übergangsregelung des § 159 Abs. 4 anzuwenden.

4 **2. Normzusammenhang: EU-Vergaberecht.** Das Europäische Wettbewerbsrecht gilt grundsätzlich auch im Sozialbereich und kann somit auch im Behindertenrecht Bedeutung erlangen (s. ausführlich *Schulte* 2008, S. 140ff). Insbesondere gelten auch die gemeinschaftlichen Vergaberegeln für öffentliche Aufträge, deren Ziele sind Transparenz, Verhältnismäßigkeit und Gleichbehandlung (*Schulte,* S. 142). Soziale Vergabekriterien sind in bestimmtem Umfang trotzdem zulässig. Sie betreffen zB die Förderung bestimmter benachteiligter Gruppen auf dem Arbeitsmarkt, zB Frauen, auch Menschen mit Behinderungen, Langzeitarbeitslose, Berufsanfänger, ältere

Arbeitslose sowie die Förderung von Betrieben, die Angehörige dieser Problemgruppen, zB Auszubildende oder Menschen mit Behinderungen, beschäftigen (ebenda).

Die wesentlichen EU-rechtlichen Regelungen finden sich in Art. 19u 26 RL 2004/18/EG. Die Regelung des Art. 19 erscheint allerdings eher die privilegierten wirtschaftlichen Teilhabemöglichkeiten der WfbM auf ausgewählte Geschäftsfelder einzuschränken. Auf dieser Basis eine Verwaltungsvorschrift iSd Satz 2 zu erlassen, würde gegenüber dem heutigen Status quo, der durch die Richtlinie der Bundesregierung vom 10. 5. 2001 iVm § 159 Abs. 4 geregelt ist, keinerlei wirtschaftliche Vorteile für die Zielgruppe und die WfbM erbringen. 5

3. Begriff der Öffentlichen Hand (Satz 1). Nach der Literatur (s. beispielhaft für die neueren Kommentierungen: *Vater* in HK-SGB IX, § 142 Rn 3; Kossens-*Kossens,* § 141 Rn 3 u. 4; auch bereits *Cramer,* 1998, § 56 Rn 3) ist der Begriff der „öffentlichen Hand" inhaltsgleich mit dem eigenen SGB IX-Begriff des öffentlichen Arbeitgebers (§ 71 Abs. 3). Demnach fallen hierunter insbes. die obersten Bundesbehörden mit ihren nachgeordneten Dienststellen, die Verwaltungen des Bundestages und des Bundesrates, das Bundesverfassungsgericht, die obersten Gerichtshöfe des Bundes, die obersten Landesbehörden mit ihren nachgeordneten Dienststellen, die Verwaltungen der Landtage, die Rechnungshöfe und die sonstigen Landesbehörden, die sonstigen Gebietskörperschaften, die Verbände von Gebietskörperschaften sowie die sonstigen Körperschaften, Anstalten und Stiftungen des öffentlichen Rechts. Nicht unter diesen Begriff der „öffentlichen Hand" fallen demnach ehemals staatliche, inzwischen privatisierte Unternehmen. Ebenfalls nicht unter den Anwendungsbereich fallen private Betriebe und Unternehmen, deren Anteile sich ganz oderüberwiegend in staatlichem Besitz befinden (Neumann-*Pahlen,* § 141 Rn 3; *Hauck-Götze,* § 141 Rn 5; Kossens-*Kossens,* § 141 Rn 4; *Vater* in HK-SGB IX, § 141 Rn 3). 6

4. Begriff des Bevorzugten Anbietens (Satz 1). Die öffentliche Hand ist durch Wettbewerbs- und Haushaltsrecht verpflichtet, fachkundige, leistungsfähige Unternehmer zu angemessenen Preisen unter Beachtung des Grundsatzes der Gleichbehandlung der Anbieter zu beauftragen. Die Norm des § 141 Satz 1 modifiziert dieser Grundsatz. Parallel heißt es in § 2 Nr. 4 VOL/A, dass die Rechts- und Verwaltungsvorschriften des Bundes und der Länder maßgebend sind, wenn bei Bewerbern Umstände besonderer Art vorliegen. Im Jahr 2009 traten hier im Zuge der Überarbeitung der VOL/A Irritationen auf, ob sich WfbM als öffentlich geförderte Einrichtungen weiterhin an allgemeinen Vergabeverfahren in Konkurrenz mit nicht öffentlich geförderten Bewerbern bewerben dürfen. Diese Irritation wurde aber wieder ausgräumt, die Wettbewerbsbeteiligung von WfbM bleiben zulässig (s. Reform der Verdingungsordnung, in Werkstatt: Dialog 3/2009, S. 07; DEUTSCHER BUNDESTAG Ausschussdrucksache 16(11)1285, Ausschuss für Arbeit und Soziales 2. 2. 2009, Unterrichtung durch das Bundesministerium für Arbeit und Soziales zum Bericht zu den Auswirkungen der Reform des Vergaberechts auf soziale Dienstleistungen sowie auf die weitere Ausgestaltung der Vergabeverordnungen und Verdingungsordnungen). 7

8 Eine Abweichung von dem Grundsatz der Gleichbehandlung kommt für „bevorzugte Bewerber" dann in Frage, wenn es sich um Bewerbergruppen handelt, die durch besondere Erschwernisse in ihren Lebensverhältnissen förderungswürdig sind. Darunter sind auch WfbM zu fassen. Alle von einem Arbeitgeber der öffentlichen Hand an Dritte vergebenen Aufträge, gleich welcher Art, die von Werkstätten ausgeführt werden können, sind diesen also bevorzugt anzubieten (§ 141 SGB IX). Bevorzugung zielt dabei auf die zeitliche Reihenfolge, aber auch auf die besondere Berücksichtigung im Rahmen der Vergaberichtlinien. Die Bevorzugung bei Aufträgen des Bundes ist in den „Richtlinien für die Berücksichtigung von Werkstätten für Behinderte und Blindenwerkstätten bei der Vergabe von öffentlichen Aufträgen" geregelt. Einige Bundesländer verfügen über eigene Bevorzugungsrichtlinien (siehe Nachweis bei *Kossens* aaO). Wo keine eigenen Richtlinien vorliegen, wird die Bundesrichtlinie auch für Länder und Kommunen angewendet.

9 *Cramer* 1998, § 56 Rn 4, führt aus, dass die Vorschrift alle von einem ArbG der öffentlichen Hand vergebenen Aufträge betrifft, gleich welcher Art, die an Dritte vergeben werden sollen und von einer anerkannten WfbM ausgeführt werden können. Welche Arbeiten die einzelnen WfbM ausführen können, ist dem von der BA laufend veröffentlichten Verzeichnis gem. § 142 S. 3 zu entnehmen (s. Wiedergabe bei www.rehadat.de). Darüber hinaus können geeignete Werkstätten bei den Landesauftragsstellen (Auftragsberatungsstellen) erfragt werden, die in der Anlage zu den nachstehend genannten Richtlinien aufgeführt sind (Bundesanzeiger Nr. 109 vom 16. 6. 2001, S. 11773).

10 **5. Richtlinie 2001 (Satz 2).** Die Vergabe von Aufträgen des Bundes an WfbM werden in den „Richtlinien für die Berücksichtigung von Werkstätten für Behinderte und Blindenwerkstätten bei der Vergabe öffentlicher Aufträge" vom 10. 5. 2001 (BAnz. 2001, Nr. 109, S. 11773), die noch auf Grundlage des § 56 Abs. 2 SchwbG erlassen wurde, geregelt. Die Norm des § 159a Abs. 4. bildet die gesetzliche Grundlage für ihre – übergangsweise – Weitergeltung bis zum noch heute ausstehenden Erl. einer Verwaltungsvorschrift auf Grundlage § 141 Satz 2.

11 Die öffentliche Hand hat nach § 3 Nr. 1 der Richtlinien die WfbM in angemessenem Umfang zur Angebotsabgabe aufzufordern. Nach § 3 Nr. 4 der Richtlinien soll dem Angebot der WfbM der Zuschlag für den Auftrag erteilt werden, wenn ihr Angebotspreis den des wirtschaftlichsten Bieters um nicht mehr als 15% übersteigt.

12 Von der bestehenden Richtlinie des Bundes werden Länder und Gemeinden nicht verpflichtet. In der Mehrzahl der Länder bestehen allerdings eigene, mit der Bundesrichtlinie vergleichbare oder sogar identische Richtlinien. Eine Verwaltungsvorschrift gem. Satz 2 würde die Länder und Gemeinden binden.

13 **6. Rechtsweg.** Werkstätten für behinderte Menschen können nur das bevorzugte Angebot von Aufträgen beanspruchen. Ein einklagbarer Anspruch auf Erteilung von Aufträgen durch die öffentliche Hand besteht nicht (allg. M., vgl. Neumann-*Pahlen,* § 141 Rn 6; *Vater* in HK-SGB IX, § 141 Rn 5; Schorn-*Schorn,* § 141 Rn 5). Es besteht allerdings ein Anspruch auf

eine fehlerfreie Ermessensentscheidung, die ggf. im Klageverfahren durchgesetzt werden kann (BVerwG – 26. 11. 1969 – BVerwGE 34, 213).

Die Vorschrift befreit nach einem teilweise einschlägigen Urteil des BGH 14
die öffentlichen Auftraggeber nicht von der Beachtung vergaberechtlicher Grundregeln: „*Die Anwendung des § 141 Satz 1 SGB IX macht daher eine Ausschreibung nicht überflüssig. Denn erst anhand des günstigsten Angebots lässt sich ermitteln, ob einer anerkannten Werkstätte für behinderte Menschen der Vorzug zu geben ist. Den Wettbewerbern verbleibt unter diesen Umständen die Möglichkeit, die Vergabeentscheidung durch günstige Angebote zu ihren Gunsten zu beeinflussen.*“ (BGH – 7. 11. 2006 – KZR 2/06, Bevorzugung einer Behindertenwerkstatt).

§ 142 Anerkennungsverfahren

[1]Werkstätten für behinderte Menschen, die eine Vergünstigung im Sinne dieses Kapitels in Anspruch nehmen wollen, bedürfen der Anerkennung. [2]Die Entscheidung über die Anerkennung trifft auf Antrag die Bundesagentur für Arbeit im Einvernehmen mit dem überörtlichen Träger der Sozialhilfe. [3]Die Bundesagentur für Arbeit führt ein Verzeichnis der anerkannten Werkstätten für behinderte Menschen. [4]In dieses Verzeichnis werden auch Zusammenschlüsse anerkannter Werkstätten für behinderte Menschen aufgenommen.

1. Entstehungsgeschichte, Normzweck und Normzusammenhang. 1
§ 142 ist wortgleich mit § 57 Abs. 1 SchwbG. Die Vorschrift bestimmt, dass Werkstätten für behinderte Menschen der Anerkennung bedürfen. Die Anerkennung ist auch Voraussetzung für die Vergünstigungen des 12. Kapitels des SGB IX, womit insbes. § 140, 141 gemeint sind. Darüber hinaus wird aber auch die Leistung für behinderte Menschen nach §§ 40, 41 SGB IX nur in anerkannten WfbM erbracht (Abweichend: Persönliches Budget nach § 40, 41, wozu allerdings noch eine Reihe von strittigen Fragen besteht). Auch die Sozialversicherungspflicht der behinderten Menschen knüpft an die Beschäftigung in einer anerkannten WfbM an (s. Vorbem., Rn 7 ff).

Das Anerkennungsverfahren regelt auch den Zugang der Anbieter dieser 2
Leistung zu den Kostenträgern. Der Wortlaut der Norm ist mit der Formulierung „Vergünstigungen im Sinne dieses Kapitels“ eigentlich zu eng gefasst, die Formulierung kann somit nicht als abschließende Bedeutung der Anerkennung interpretiert werden.

Auch die Förderfähigkeit einer WfbM aus Mitteln der Ausgleichsabgabe 3
knüpft in der Leistungsnorm des § 30 Abs. 1 Ziff. 4 SchwbAV an die WfbM-Definition des § 136 an, und somit zumindest indirekt an § 140. Auch die steuerlichen Privilegierungen der WfbM in der AO knüpfen an die Anerkennung an (s. Vorbem. Rn 17 ff).

2. Anerkennungsverfahren. Die fachlichen und rechtlichen Vorausset- 4
zungen einer Anerkennung als WfbM sind im Dritten Abschnitt (§§ 17, 18) der WVO (s. Erl. § 144 Rn 9) näher geregelt. Als Werkstätten können demnach nur solche Einrichtungen anerkannt werden, die die im § 136 des

Neunten Buches Sozialgesetzbuch und im Ersten Abschnitt dieser Verordnung (§§ 1–16 WVO; siehe auch Erl. § 144 Rn 8) gestellten Anforderungen erfüllen.

5 Satz 2 verlangt Einvernehmen der BA mit dem zuständigen überörtlichen Sozialhilfeträger, wenn dies nicht hergestellt werden kann, so muss die BA die Anerkennung ablehnen (s. a. *Cramer* 2006, § 142 Rn 7).

6 Nach § 18 Abs. 1 WVO ist die Anerkennung vom Träger der Werkstatt schriftlich zu beantragen. Die Entscheidung der BA über den Antrag bedarf der Schriftform. Eine Entscheidung soll innerhalb von 3 Monaten seit Antragstellung getroffen werden.

7 Die Bekanntmachung durch die Bundesagentur für Arbeit erfolgt aktuell auf der Homepage www.arbeitsagentur.de. Das Verzeichnis findet sich auch bei www.rehadat.de und bei www.bag-wfbm.de. In diesem Verzeichnis ist auch ein Überblick über das jeweilige Leistungsangebot der WfbM enthalten. Im Anhang zu diesem Verzeichnis werden auch die Blindenwerkstätten iSv § 143 aufgeführt.

8 **3. Rechtsweg.** Bei Ablehnung der Anerkennung durch die BA kann der Sozialgerichtsweg beschritten werden, sofern die Bundesagentur für Arbeit als Hauptstelle tätig geworden ist. Ist dagegen die Anerkennung als WfbM durch die Regionaldirektion versagt worden, kann der Klageweg erst nach Durchführung des Widerspruchverfahrens bei der Bundesagentur für Arbeit beschritten werden (Kossens-*Kossens,* § 142 Rn 11). Die Klage ist auch gegen die BA zu führen, wenn die Anerkennung wegen des fehlenden Einvernehmens mit dem überörtlichen Träger der Sozialhilfe nicht erteilt wurde, (Kossens-*Kossens,* § 142 Rn 11; Schorn-*Schorn,* § 142 Rn 12; aA Neumann-*Pahlen,* § 142 Rn 4, Klage auch gegen den überörtlichen Träger der Sozialhilfe und Aussetzung des Klageverfahrens gegen die BA).

§ 143 Blindenwerkstätten

Die §§ 140 und 141 sind auch zugunsten von auf Grund des Blindenwarenvertriebsgesetzes anerkannten Blindenwerkstätten anzuwenden.

1 Die Norm soll der Sicherung der Beschäftigung von blinden Menschen in nach dem inzwischen aufgehobenen Blindenwarenvertriebsgesetz (BliwaG) vom 9. 4. 1965 (BGBl. I S. 311) dienen. Das BliwaG wurde allerdings mWv 14. 9. 2007 aufgehoben durch Art. 30 Abs. 2 Nr. 1 des Zweiten Gesetzes zum Abbau bürokratischer Hemmnisse insbes. in der mittelständischen Wirtschaft vom 7. 9. 2007 (BGBl. I S. 2246). Da heute mangels gesetzlicher Grundlage (vormals: § 5 BliwaG) keine Neuanerkennungen von Blindenwerkstätten mehr stattfinden können, werden von der Norm lediglich die bei Aufhebung des BliwaG anerkannten und seitdem fortbestehenden Blindenwerkstätten gestützt. Diese Fortdauer der wirtschaftlichen Unterstützung der bestehenden Blindenwerkstätten durch die Einbeziehung in die Regelungen der §§ 140, 141 ist der fortbestehende Normzweck.

2 Blindenwerkstätten sind Betriebe, in denen ausschließlich Blindenwaren hergestellt und andere Personen als Blinde nur mit Hilfs- oder Nebenarbei-

ten beschäftigt werden. Blindenwaren sind Waren, die in ihren wesentlichen Arbeiten von Blinden hergestellt sind. Sie werden in der VO vom 11. 8. 1965 (BGBl. I S. 807) im Einzelnen aufgezählt: Bürsten, Besen, Körbe, Matten, Web-, Strick-, Knüpf- und Häkelwaren, Töpfer- und Keramikwaren, Wäscheklammern, Arbeitsschürzen.

Die Liste der anerkannten Blindenwerkstätten wurde zuletzt in ANBA 4/1997 veröffentlicht. Im Internet findet sich unter http://www.bdsab.de/mitglieder.html eine Liste der Mitglieder des Bundesverbands staatlich anerkannter Blindenwerkstätten e. V. (BsaB). 3

§ 144 Verordnungsermächtigungen

(1) Die Bundesregierung bestimmt durch Rechtsverordnung mit Zustimmung des Bundesrates das Nähere über den Begriff und die Aufgaben der Werkstatt für behinderte Menschen, die Aufnahmevoraussetzungen, die fachlichen Anforderungen, insbes. hinsichtlich der Wirtschaftsführung sowie des Begriffs und der Verwendung des Arbeitsergebnisses sowie das Verfahren zur Anerkennung als Werkstatt für behinderte Menschen.

(2) [1]Das Bundesministerium für Arbeit und Soziales bestimmt durch Rechtsverordnung mit Zustimmung des Bundesrates im Einzelnen die Errichtung, Zusammensetzung und Aufgaben des Werkstattrats, die Fragen, auf die sich die Mitwirkung erstreckt, einschließlich Art und Umfang der Mitwirkung, die Vorbereitung und Durchführung der Wahl, einschließlich der Wahlberechtigung und der Wählbarkeit, die Amtszeit sowie die Geschäftsführung des Werkstattrats einschließlich des Erlasses einer Geschäftsordnung und der persönlichen Rechte und Pflichten der Mitglieder des Werkstattrats und der Kostentragung. [2]Die Rechtsverordnung kann darüber hinaus bestimmen, dass die in ihr getroffenen Regelungen keine Anwendung auf Religionsgemeinschaften und ihre Einrichtung finden, soweit sie eigene gleichwertige Regelungen getroffen haben.

1. Normzweck und Normzusammenhang. Die Norm schafft die gesetzlichen Grundlagen für wichtiges Verordnungsrecht im Bereich der WfbM. Es werden die Ermächtigungen für zwei verschiedene Rechtsverordnungen des zuständigen Bundesministeriums mit Zustimmung des Bundesrates geschaffen. Genutzt werden beide Verordnungsermächtigungen. Abs. 1 ist Grundlage für die die Werkstättenverordnung (WVO) vom 13. 8. 1980 (BGBl. I S. 1365), Abs. 2 für die Werkstättenmitwirkungsverordnung (WMVO) vom 25. 6. 2001 (BGBl. I S. 1297). 1

Beide Rechtsverordnungen haben weit gefasste Regelungsbereiche mit erheblicher praktischer Bedeutung. Ihre Abgrenzung gegenüber den korrespondierenden gesetzlichen Regelungen §§ 136 ff SGB IX ist auch in einigen wichtigen Bereichen durchaus so gezogen, dass wichtige Fragen allein in der Verordnung geregelt werden. 2

3 **2. Abs. 1 – Werkstattverordnung (WVO).** Die Regelungen WVO sind wesentlich für die Gestaltung der einheitlichen WfbM. Sie regelt Einzelheiten für das Verfahrens-, Organisations- und Leistungsgeschehen für die Institution der WfbM iSd §§ 136 ff und die dortige Erbringung der Leistungen nach §§ 40, 41 SGB IX und dem einschlägigen Leistungsrecht der zuständigen Rehabilitationsträger (s. Erl. zu § 42 [§ 42 Rn 1 ff]). Die VO umfasst 19 Paragrafen, die in drei Abschnitten gegliedert sind.

4 Der erste Abschnitt regelt die fachlichen Anforderungen an die Werkstatt für behinderte Menschen (§ 1 Grundsatz der einheitlichen Werkstatt, § 2 Fachausschuss, § 3 Eingangsverfahren, § 4 Berufsbildungsbereich, § 5 Arbeitsbereich, § 6 Beschäftigungszeit, § 7 Größe der Werkstatt, § 8 Bauliche Gestaltung, Ausstattung, Standort, § 9 Werkstattleiter, Fachpersonal zur Arbeits- und Berufsförderung, § 10 Begleitende Dienste, § 11 Fortbildung, § 12 Wirtschaftsführung, § 13 Abschluss von schriftlichen Verträgen, § 14 Mitwirkung, § 15 Werkstattverbund, § 16 Formen der Werkstatt). Hervorzuheben ist, dass mit dem Fachausschuss nach § 2 auch der wesentliche fachliche Teil des Aufnahmeverfahrens in die WfbM in der WVO organisiert wird. Hierzu wird auf die Gemeinsamen Arbeitshilfen für die Arbeit des Fachausschusses in Werkstätten für behinderte Menschen der Bundesarbeitsgemeinschaft der Werkstätten für behinderte Menschen (BAG WfbM), der Bundesagentur für Arbeit (BA) und der Bundesarbeitsgemeinschaft der überörtlichen Träger der Sozialhilfe (BAGüS 42/2004 vom 2. 12. 2004), abgedruckt als Anlage 2 der Werkstattempfehlungen – WE/BAGüS (2005 und 2009) verwiesen. Im Übrigen wird auch auf die ausführliche Kommentierung bei *Cramer* 2006 (Erl. zu § 2 WVO) und die einschlägigen praxisbezogenen Erläuterungen in der WE/BAGüS (2009) verwiesen. Der Fachausschuss nach § 2 WVO, in dem je ein Vertreter von WfbM, BA und Sozialhilfeträger Mitglied sind, steuert den Zugang zur WfbM durch seine zwingend vor Aufnahmeentscheidung abzugebende Stellungnahme zur WfbM-Bedürftigkeit eines Bewerbers wesentlich mit. Insbesondere die Vorschriften der §§ 6–13 sind sehr detaillierte Vorgaben für den Bau und Betrieb von WfbM, die man durchaus in erheblichen Teilen als deregulierungsbedürftig bezeichnen kann.

5 **3. Abs. 2 – Werkstättenmitwirkungsverordnung (WMVO).** Die Regelungen der WMVO sind in den Abschnitten 2 und 4 wesentlich den Regelungen über die Schwerbehindertenvertretung (§§ 94–96) und der zugehörigen Wahlordnung nachgebildet, die sich wiederum an den Regelungen über den Betriebsrat im BetrVG anlehnen.

Die WMVO ist in fünf Abschnitte gegliedert. Abschnitt 1 regelt Anwendungsbereich, Errichtung, Zusammensetzung und Aufgaben des Werkstattrats (§§ 1–9 WMVO).

Abschnitt 2 bestimmt die Regelungen zur Wahl des Werkstattrats (§§ 10–28 WMVO). In Abschnitt 3 finden sich die Vorschriften zur Amtszeit des Werkstattrats (§§ 29–30 WMVO). Abschnitt 4 (§§ 31–39 WMVO) betrifft die Geschäftsführung des Werkstattrats, womit ua. insbes. der Tatsache der spezifischen Behinderungen der in der WfbM typischerweise beschäftigten Menschen Rechnung getragen werden soll. Abschnitt 5 umfasst die Schlussvorschriften ua. mit Regelungen zur Amtszeit der bestehenden Werkstatträte (§§ 40, 41 WMVO).

Zu weiteren Ausführungen zur WMVO sei auf Erl. § 139 Rn 3, 6f verwiesen. Dort werden Vorschriften der WMVO auszugsweise wiedergegeben. 6

Kapitel 13. Unentgeltliche Beförderung schwerbehinderter Menschen im öffentlichen Personenverkehr

Vorbemerkung

Das 13. Kapitel regelt die Unentgeltliche Beförderung schwerbehinderter Menschen, gleichgestellte Menschen fallen nicht unter diese Regelungen (s. § 68 Abs. 3). Festgelegt werden hier die bereitgestellten Leistungen und der berechtigte Personenkreis (§ 145 Abs. 1, 2; § 146). In den übrigen Vorschriften des Kapitels wird geregelt: 1

- die gesetzliche Definition des öffentlichen Personenverkehrs unter Bezug auf das Personenbeförderungsgesetz (§ 147),
- die Erstattung der durch die Regelungen induzierten Fahrgeldausfälle an die Verkehrsträger (§§ 148–150),
- die Übernahme der dabei anfallenden Kosten durch die Länder und den Bund (§ 151)
- die Verwendung der Erlöse aus dem Wertmarkenverkauf (§ 152)
- die statistische Erfassung der Wertmarkenausgabe (§ 153) und
- zwei Verordnungsermächtigungen für das Bundesministerium für Arbeit und Soziales mit Zustimmung des Bundesrates, die durch die Schwerbehindertenausweisverordnung (SchwbAwV) und die Nahverkehrszügeverordnung (SchwbNV) genutzt werden.

In den ersten Paragraphen werden also persönliche Rechte, Leistungen und Verfahren geregelt, in denen der schwerbehinderte Mensch tätig werden muss, wenn er an dieser Leistung partizipieren will. Die Inanspruchnahme dieser Nachteilsausgleiche kann nach § 95 Abs. 1 Nr. 2 von der Schwerbehindertenvertretung für den von ihr betreuten Kundenkreis unterstützt werden. In den nachfolgenden Vorschriften des Kapitels werden die Begriffsdefinitionen zum dem in die Regelung einbezogenen ÖPNV, die Erstattungen von Fahrgeldausfällen und die zugehörigen Verwaltungsverfahren festgelegt.

Die Regelungen des 13. Kapitels stellen für drei Gruppen von schwerbehinderten Menschen auf Antrag unentgeltliche Beförderung im öffentlichen Personennahverkehr bereit (§ 145 Abs. 1 Satz 1, § 146 Abs. 1), 2

- die infolge ihrer Behinderung in ihrer Bewegungsfähigkeit im Straßenverkehr iSd § 146 Abs. 1 erheblich beeinträchtigt sind,
- die gehörlos sind sowie
- den infolge ihrer Behinderung Hilflosen.

Zusätzlich werden neben dem persönlichen Transport des schwerbehinderten Menschen noch weitere Leistungen in das System der unentgeltlichen Beförderung eingebunden (§ 145 Abs. 2)

Außergewöhnlich Gehbehinderte, Hilflose, Blinde, Versorgungs- bzw. Entschädigungsberechtigte sind nach § 3a Abs. 1 Kraftfahrzeugsteuergesetz von der Kfz-Steuer befreit. Dieser Nachteilsausgleich schließt nicht ihren 3 gleichzeitigen Anspruch auf unentgeltliche Beförderung im öffentlichen Personennahverkehr aus.

4 Die Inanspruchnahme der Leistungen setzt grundsätzlich seit 1986 auch eine Eigenbeteiligung in Form des Erwerbs einer sogenannten Werkmarke voraus (§ 145 Abs. 1). Wirklich unentgeltlich – also ohne Eigenbeteiligung – befördert werden nur diejenigen berechtigten behinderten Menschen,

- die blind oder hilflos im Sinne einschlägiger Vorschriften sind (§ 145 Abs. 1 Nr. 1) oder
- die Arbeitslosenhilfe oder Hilfe zum Lebensunterhalt nach dem SGB XII, dem SGB VIII oder dem BVG beziehen (§ 145 Abs. 1 Nr. 2) oder
- die bereits am 1. 10. 1979 als Kriegs- und Wehrdienstbeschädigte und Verfolgte anerkannt waren bzw. einen Anspruch auf Versorgung nach dem BVG allein infolge ihres Wohnsitzes in der damaligen DDR nicht hatten (§ 145 Abs. 1 Nr. 3).

An diese Personenkreise wird auf Antrag von den zuständigen Stellen nach § 69 Abs. 1 die sogenannte Wertmarke kostenlos ausgegeben (§ 145 Abs. 1). Diese Wertmarke ist in den Ausweis einzufügen. Alle sonstigen berechtigten schwerbehinderten Menschen müssen jährlich oder halbjährlich Wertmarken bei der zuständigen Stelle nach § 69 Abs. 1 zum Preis von 120,– bzw. 60,– € kaufen. Die zuständigen Stellen sind entweder die Dienststellen der Versorgungswaltung oder andere nach Landesrecht bestimmte Stellen wie zB in Baden-Württemberg und Sachsen die Landkreise bzw. Kreisfreien Städte.

5 Hinsichlich einer ausführlichen kritischen Bewertung des 13. Kapitels hinsichtlich Einbindung in eine Politik der Barrierefreiheit s. *Feldes-Ritz* Vorbem. zum 13. Kapitel. Dort wird dargelegt, dass das 13. Kapitel zwar durchaus Regelungen für die Unterstützung der Mobilität schwerbehinderter Menschen geschaffen hat, aber trotz erheblichem Mitteleinsatz sich jeder Steuerungschance enthält, die Entwicklung des Systems des öffentlichen Personennahverkehrs in Richtung Barrierefreiheit zu beschleunigen.

§ 145 Unentgeltliche Beförderung, Anspruch auf Erstattung der Fahrgeldausfälle

(1) [1] Schwerbehinderte Menschen, die infolge ihrer Behinderung in ihrer Bewegungsfähigkeit im Straßenverkehr erheblich beeinträchtigt oder hilflos oder gehörlos sind, werden von Unternehmern, die öffentlichen Personenverkehr betreiben, gegen Vorzeigen eines entsprechend gekennzeichneten Ausweises nach § 69 Abs. 5 im Nahverkehr im Sinne des § 147 Abs. 1 unentgeltlich befördert; die unentgeltliche Beförderung verpflichtet zur Zahlung eines tarifmäßigen Zuschlages bei der Benutzung zuschlagpflichtiger Züge des Nahverkehrs. [2] Voraussetzung ist, dass der Ausweis mit einer gültigen Wertmarke versehen ist. [3] Sie wird gegen Entrichtung eines Betrages von 60 Euro für ein Jahr oder 30 Euro für ein halbes Jahr ausgegeben. [4] Wird sie vor Ablauf der Gültigkeitsdauer zurückgegeben, wird auf Antrag für jeden vollen Kalendermonat ihrer

Gültigkeit nach Rückgabe ein Betrag von 5 Euro erstattet, sofern der zu erstattende Betrag 15 Euro nicht unterschreitet; entsprechendes gilt für jeden vollen Kalendermonat nach dem Tod des schwerbehinderten Menschen. [5]Auf Antrag wird eine für ein Jahr gültige Wertmarke, ohne dass der Betrag nach Satz 3 zu entrichten ist, an schwerbehinderte Menschen ausgegeben,

1. die blind im Sinne des § 72 Abs. 5 des Zwölften Buches oder entsprechender Vorschriften oder hilflos im Sinne des § 33b des Einkommensteuergesetzes oder entsprechender Vorschriften sind oder
2. Leistungen zur Sicherung des Lebensunterhalts nach dem Zweiten Buch oder für den Lebensunterhalt laufende Leistungen nach dem Dritten und Vierten Kapitel des Zwölften Buches, dem Achten Buch oder den §§ 27a und 27d des Bundesversorgungsgesetzes erhalten oder
3. die am 1. 10. 1979 die Voraussetzungen nach § 2 Abs. 1 Nr. 1 bis 4 und Abs. 3 des Gesetzes über die unentgeltliche Beförderung von Kriegs- und Wehrdienstbeschädigten sowie von anderen Behinderten im Nahverkehr vom 27. 8. 1965 (BGBl. I S. 978), zuletzt geändert durch Artikel 41 des Zuständigkeitsanpassungsgesetzes vom 18. 3. 1975 (BGBl. I S. 705), erfüllten, solange ein Grad der Schädigungsfolgen von mindestens 70 festgestellt ist oder von mindestens 50 festgestellt ist und sie infolge der Schädigung erheblich gehbehindert sind; das Gleiche gilt für schwerbehinderte Menschen, die diese Voraussetzungen am 1. 10. 1979 nur deshalb nicht erfüllt haben, weil sie ihren Wohnsitz oder ihren gewöhnlichen Aufenthalt zu diesem Zeitpunkt in dem in Artikel 3 des Einigungsvertrages genannten Gebiet hatten.

[6]Die Wertmarke wird nicht ausgegeben, solange der Ausweis einen gültigen Vermerk über die Inanspruchnahme von Kraftfahrzeugsteuerermäßigung trägt. [7]Die Ausgabe der Wertmarken erfolgt auf Antrag durch die nach § 69 Abs. 5 zuständigen Behörden. [8]Die Landesregierung oder die von ihr bestimmte Stelle kann die Aufgaben nach Absatz 1 Satz 3 bis 5 ganz oder teilweise auf andere Behörden übertragen. [9]Für Streitigkeiten im Zusammenhang mit der Ausgabe der Wertmarke gilt § 51 Abs. 1 Nr. 7 des Sozialgerichtsgesetzes entsprechend.

(2) Das Gleiche gilt im Nah- und Fernverkehr im Sinne des § 147, ohne dass die Voraussetzung des Absatzes 1 Satz 2 erfüllt sein muss, für die Beförderung

1. einer Begleitperson eines schwerbehinderten Menschen im Sinne des Absatzes 1, wenn die Berechtigung zur Mitnahme einer Begleitperson nachgewiesen und dies im Ausweis des schwerbehinderten Menschen eingetragen ist, und
2. des Handgepäcks, eines mitgeführten Krankenfahrstuhls, soweit die Beschaffenheit des Verkehrsmittels dies zulässt, sonstiger orthopädischer Hilfsmittel und eines Führhundes; das Gleiche gilt für einen Hund, den ein schwerbehinderter Mensch mitführt, in dessen Ausweis die Berechtigung zur Mitnahme einer Begleitperson nachgewiesen ist und der ohne Begleitperson fährt.

(3) **Die durch die unentgeltliche Beförderung nach den Absätzen 1 und 2 entstehenden Fahrgeldausfälle werden nach Maßgabe der §§ 148 bis 150 erstattet.**

1 **1. Normzweck.** § 145 regelt in Abs. 1 und 2 den Anspruch schwerbehinderter Menschen auf unentgeltliche Beförderung. In Abs. 3 wird der Erstattungsanspruch der Personenverkehrsunternehmen grundsätzlich festgelegt.

2 **2. Sachlicher Geltungsbereich (Abs. 1 Satz 1).** Die in Abs. 1 Satz 1 genannte unentgeltliche Beförderung umfasst persönliche Transportleistungen im Nahverkehr und erheblich eingeschränkte Leistungen – nur für Begleitpersonen bestimmter schwerbehinderter Menschen und Handgepäck etc. im Fernverkehr des öffentlichen Personenverkehrs. Voraussetzung für den Anspruch auf die unentgeltliche Beförderung ist das Vorzeigen eines entsprechend gekennzeichneten und mit einer gültigen Wertmarke versehenen Ausweises (§ 69 Abs. 5). Die Kennzeichnung besteht in einem orangefarbenen Flächenaufdruck (§ 1 Abs. 2 SchwbAwV). Nur wenn der schwerbehinderte Mensch den Ausweis vorzeigen kann, hat er Anspruch auf unentgeltliche Beförderung. Das gilt auch in Fällen einer offenkundigen Behinderung. Wird der Ausweis vergessen oder verloren oder ist er zur Zeit der Beförderung nicht auffindbar, muss das Fahrgeld entrichtet werden. Es besteht kein Anspruch darauf, das Fahrgeld später nach Vorlage des Ausweises erstattet zu erhalten (*Knittel,* § 145 Rn 14; *Cramer* 1998, § 59 SchwbG Rn 7).

3 **3. Wertmarke (Abs. 1 Satz 2, 3 und 4).** Der Ausweis muss mit einer gültigen Wertmarke versehen sein (Abs. 1 Satz 2). Diese wird gegen ein Entgelt von 60,– € für ein Jahr oder 30,– € für ein halbes Jahr von der nach § 69 Abs. 5 SGB IX zuständigen Behörden ausgegeben (Abs. 1 Satz 3 und 7). Der Gültigkeitsbeginn wird im Antrag vom schwerbehinderten Menschen bestimmt. Für Streitigkeiten im Zusammenhang mit der Ausgabe der Wertmarke sind die Sozialgerichte zuständig (§ 51 Abs. 4 SGG).

4 **4. Persönlicher Geltungsbereich (Abs. 1 Satz 1).** Die Norm regelt für drei in Satz 1 festgelegte Gruppen von schwerbehinderten Menschen das Recht auf unentgeltliche Beförderung im öffentlichen Personennahverkehr.

5 Die Voraussetzungen des Merkmals „in seiner Bewegungsfähigkeit im Straßenverkehr erheblich beeinträchtigt" werden in § 146 Abs. 1 SGB IX näher beschrieben. Danach kann der Nachweis der erheblichen Beeinträchtigung in der Bewegungsfähigkeit im Straßenverkehr nur von schwerbehinderten Menschen mit einem Grad der Behinderung von wenigsten 80 und mit einem Ausweis mit halbseitigem orangefarbenem Flächenaufdruck und eingetragenem Merkzeichen G geführt werden.

6 Der im EStG und im BVG übereinstimmend gebrauchte Begriff der Hilflosigkeit (vgl. § 33b Abs. 3 Satz 2, Abs. 6 Satz 2 und 3 EStG und § 35 Abs. 1 Satz 2 und 3 BVG) wird durch § 3 Abs. 1 Nr. 2 SchwbAwV auch im Anwendungsbereich von § 145 SGB IX für maßgebend erklärt. Hilflos iSd Vorschrift ist demnach, wer auf Dauer die gewöhnlichen und regelmäßig wiederkehrenden Verrichtungen, wie sie der Ablauf des täglichen Lebens erfordert, ohne fremde Hilfe und Pflege nicht bewältigen kann. Das trifft auch dann zu, wenn die Hilfe in Form einer Überwachung oder einer Anleitung zu den genannten Verrichtungen erforderlich ist oder wenn die Hilfe

zwar nicht dauernd geleistet werden muss, jedoch eine ständige Bereitschaft zur Hilfeleistung erforderlich ist.

5. Persönlicher Geltungsbereich ohne Eigenbeteiligung (Abs. 1 Satz 5). 7
Anspruch auf eine unentgeltliche Werkmarke haben wiederum drei Gruppen von schwerbehinderten Menschen: die blind oder hilflos im Sinne einschlägiger Vorschriften sind oder die Arbeitslosenhilfe oder Hilfe zum Lebensunterhalt nach dem SGB XII, dem SGB VIII oder dem BVG beziehen oder die bereits am 1. 10. 1979 als Kriegs- und Wehrdienstbeschädigte und Verfolgte anerkannt waren bzw. einen Anspruch auf Versorgung nach dem BVG allein infolge ihres Wohnsitzes in der damaligen DDR nicht hatten. Auf Antrag wird eine für ein Jahr gültige Wertmarke ohne Entrichtung des Entgelts an die drei genannten Gruppen schwerbehinderter Menschen des Abs. 1 Satz 5 ausgegeben.

Der Begriff der Blindheit richtet sich nach SGB XII. Blind ist ein schwer- 8
behinderter Mensch, dem das Augenlicht vollständig fehlt oder dessen Sehschärfe auf keinem Auge und auch nicht bei beidäugiger Prüfung mehr als $1/_{50}$ beträgt oder wenn andere Störungen des Sehvermögens von einem solchen Schweregrad vorliegen, dass sie dieser Beeinträchtigung der Sehschärfe gleichkommen.

Empfänger bestimmter Sozialleistungen: Obwohl sozialpolitisch hinter dieser Regelung, die mit dem Haushaltsbegleitgesetz 1986 entstand (s. Vorbem. zum 13. Kapitel, Rn 4) die Absicht steht, wirtschaftlich bedürftigen freifahrtberechtigten schwb Menschen die Leistung kostenlos zugänglich zu machen, ist keine andere als die im Gesetz abschließend genannte Form des Bedürftigkeitsnachweises möglich. Nur die Bezieher dieser Leistungen erhalten die Wertmarke kostenlos.

6. Kfz-Steuerbefreiung und Unentgeltliche Beförderung (Abs. 1 Satz 6). 9
Außergewöhnlich Gehbehinderte, Hilflose, Blinde, Versorgungs- bzw. Entschädigungsberechtigte sind nach § 3 a Abs. 1 Kraftfahrzeugsteuergesetz von der Kfz-Steuer befreit. Hingegen können in ihrer Bewegungsfähigkeit im Straßenverkehr erheblich beeinträchtigte schwerbehinderte Menschen sowie Gehörlose nur eine 50%ige Kfz-Steuerermäßigung beanspruchen (§ 3 a Abs. 2 Kraftfahrzeugsteuergesetz). Schwerbehinderte Menschen haben zu wählen, ob sie das Recht zur unentgeltlichen Beförderung oder die Kraftfahrzeugsteuerermäßigung um 50 v.H. in Anspruch nehmen wollen. An diese Entscheidung sind sie nicht auf Dauer gebunden. Sie können vielmehr später ohne weiteres von der einen Art des Nachteilsausgleichs zur anderen wechseln. Die Klagemöglichkeit besteht erst nach Abschluss des Widerspruchsverfahren, die Zuständigkeit des SG ergibt sich nach § 51 Abs. 1 Nr. 7 SGG.

7. Erstattung der Fahrgeldausfälle (Abs. 3). Unternehmen des öffent- 10
lichen Personenverkehrs haben einen öffentlich-rechtlichen Anspruch auf Erstattung ihrer durch die sozialpolitische Regelung der unentgeltlichen Beförderung induzierten Fahrgeldausfälle (s. BVerwG Urt. v. 5. 4. 2006 – 9 C 1/05 sowie 9 C 2/05 sowie Erl. § 150 Rn 1 ff).

Die Vorschrift legt den Grundsatz fest, nach dem alle aus Abs. 1 und 2 entstehenden Fahrgeldausfälle erstattet werden. Die Einzelheiten normieren §§ 148–151. Für das Erstattungsverfahren gelten das Verwaltungsverfahrensgesetz und die entsprechenden Gesetze der Länder. Bei Streitigkeiten über die Erstattungen und die Vorauszahlung ist der Verwaltungsrechtsweg gegeben (§ 150 Abs. 7).

11 **8. Rechtsweg.** Für Streitigkeiten um die Indienstnahme von Verkehrsbetrieben und die Erstattung von Fahrgeldausfällen ergibt sich über § 40 Abs. 1 VwGO und in Ermangelung einer Zuweisung an einen anderen Gerichtszweig die Zuständigkeit der Verwaltungsgerichtsbarkeit (Schorn-*Schorn,* Erl. § 145 Rn 43). Die Klage schwerbehinderter Menschen gegen ein Verkehrsunternehmen auf Transportleistung iSd § 145 Abs. 1 ist beim Verwaltungsgericht einzureichen (VG Köln – 19. 4. 1989 – 21 K2969/87, br 1989, 141).

§ 146 Persönliche Voraussetzungen

(1) [1]In seiner Bewegungsfähigkeit im Straßenverkehr erheblich beeinträchtigt ist, wer infolge einer Einschränkung des Gehvermögens (auch durch innere Leiden oder infolge von Anfällen oder von Störungen der Orientierungsfähigkeit) nicht ohne erhebliche Schwierigkeiten oder nicht ohne Gefahren für sich oder andere Wegstrecken im Ortsverkehr zurückzulegen vermag, die üblicherweise noch zu Fuß zurückgelegt werden. [2]Der Nachweis der erheblichen Beeinträchtigung in der Bewegungsfähigkeit im Straßenverkehr kann bei schwerbehinderten Menschen mit einem Grad der Behinderung von wenigstens 80 nur mit einem Ausweis mit halbseitigem orangefarbenen Flächenaufdruck und eingetragenem Merkzeichen G geführt werden, dessen Gültigkeit frühestens mit dem 1. 4. 1984 beginnt, oder auf dem ein entsprechender Änderungsvermerk eingetragen ist.

(2) [1]Zur Mitnahme einer Begleitperson sind schwerbehinderte Menschen berechtigt, die bei der Benutzung von öffentlichen Verkehrsmitteln infolge ihrer Behinderung regelmäßig auf Hilfe angewiesen sind. [2]Die Feststellung bedeutet nicht, dass die schwerbehinderte Person, wenn sie nicht in Begleitung ist, eine Gefahr für sich oder für andere darstellt.

1 § 146 ist inhaltsgleich mit § 60 SchwbG. Die Norm des Abs. 1 definiert die persönlichen Voraussetzungen für die größte Gruppe der nach dem 13. Kapitel berechtigten schwerbehinderten Menschen. Eine erhebliche Beeinträchtigung der Bewegungsfähigkeit im Straßenverkehr begründet grundsätzlich den idR wahlweisen Anspruch auf unentgeltliche Beförderung oder auf Steuerermäßigung. Die Vorschrift ist nur auf schwerbehinderte Menschen, nicht aber auf Gleichgestellte anwendbar (s. § 68 Abs. 3). In Abs. 2 wird als Voraussetzung für die unentgeltliche Beförderung einer Begleitperson im Nah- und Fernverkehr (§ 145 Abs. 2 Nr. 1 SGB IX) festgestellt.

2 Die Voraussetzungen, unter denen das Merkzeichen G (erheblich beeinträchtigt in der Bewegungsfähigkeit im Straßenverkehr) vergeben wird, sind in Punkt 30 der Versorgungsmedizinischen Grundsätze (Fundstelle s. Erl. § 69 Rn 4, sowie Rn 17, 30ff, 37) festgelegt. Dies sind die Maßstäbe, die bei allen versorgungsärztlichen Begutachtungen zu beachten sind.

Eine erhebliche Einschränkung der Bewegungsfähigkeit im Straßenverkehr besteht bei Personen, die infolge einer Einschränkung des Gehvermögens auch durch innere Leiden oder infolge von Anfällen oder von Störungen der Orientierungsfähigkeit nicht ohne erhebliche Schwierigkeiten oder nicht ohne Gefahren für sich oder andere Wegestrecken im Ortsverkehr zurückzulegen vermögen, die üblicherweise noch zu Fuß zurückgelegt werden können. Der Nachweis der erheblichen Beeinträchtigung der Bewegungsfähigkeit im Straßenverkehr kann bei schwerbehinderten Menschen mit einem Grad der Behinderung von wenigstens 80 mit einem Merkzeichen G im Ausweis erbracht werden. Die Legaldefinition des § 146 Abs. 1 Satz 1 kann nur so verstanden werden, dass von einem Durchschnittswert auszugehen ist, der üblicherweise noch zu Fuß zurückgelegt werden kann (LSG Rheinland-Pfalz – 19. 6. 2002 – L 4 SB 112/01) (s. a. Rspr. Erl. § 69 Rn 19). 3

Auch bei älteren Schwerbehinderten Menschen sind die in den AHP genannten Voraussetzungen für eine erhebliche Beeinträchtigung der Bewegungsfreiheit (Merkzeichen G) anzuwenden. Nicht maßgeblich ist, ob andere Menschen in dem betroffenen Lebensalter üblicherweise ohnehin nur kurze Wegstrecken zu Fuß gehen können, wenn beim behinderten Menschen die nach den Anhaltspunkten erforderlichen Voraussetzungen vorliegen (LSG Rheinland-Pfalz – 19. 6. 2002 – L 4 SB 112/01). Die üblicherweise im Ortsverkehr zurückgelegte Strecke beträgt zwei Kilometer bzw. 30 Minuten (LSG Rheinland-Pfalz – 19. 6. 2002 – L 4 SB 112/01; BSG – 10. 12. 1987, SozR 3870 § 60 Nr. 2; SG Berlin – 31. 8. 2000 – Satz 48 SB 2293/98, Breit 2002, 25; Schorn-*Schorn,* § 146 Rn 10). Ausführliche Rechtsprechungsnachweise finden sich bei www.anhaltspunkte.de. 4

Die Voraussetzungen, unter denen das Merkzeichen B (Berechtigung zur Mitnahme einer Begleitperson ist nachgewiesen) vergeben wird, ist in den Nr. 32 der Versorgungsmedizinischen Grundsätze geregelt. 5

Nach § 69 Abs. 4 treffen die Versorgungsämter oder die nach Landesrecht benannten zuständigen Stellen die Feststellung, ob die Voraussetzungen für eine unentgeltliche Beförderung vorliegen. Dagegen ist Widerspruch und danach gegebenenfalls Klage vor dem Sozialgericht möglich. Bei Streitigkeiten zwischen den schwerbehinderten Menschen und den Verkehrsunternehmen über die Frage der Unentgeltlichkeit der Beförderung entscheiden die Verwaltungsgerichte, da es sich um eine öffentlich-rechtliche Streitigkeit handelt (VG Köln – 19. 4. 1989 – 21 K 2969/87, br 1989, 141, Kossens-*Kossens,* § 145 Rn 31). 6

§ 147 Nah- und Fernverkehr

(1) Nahverkehr im Sinne dieses Gesetzes ist der öffentliche Personenverkehr mit

1. **Straßenbahnen und Obussen im Sinne des Personenbeförderungsgesetzes,**
2. **Kraftfahrzeugen im Linienverkehr nach den §§ 42 und 43 des Personenbeförderungsgesetzes auf Linien, bei denen die Mehrzahl der Beförderungen eine Strecke von 50 Kilometer nicht übersteigt, es sei**

denn, dass bei den Verkehrsformen nach § 43 des Personenbeförderungsgesetzes die Genehmigungsbehörde auf die Einhaltung der Vorschriften über die Beförderungsentgelte gemäß § 45 Abs. 3 des Personenbeförderungsgesetzes ganz oder teilweise verzichtet hat,

3. S-Bahnen in der 2. Wagenklasse,

4. Eisenbahnen in der 2. Wagenklasse in Zügen und auf Strecken und Streckenabschnitten, die in ein von mehreren Unternehmern gebildetes, mit den unter den Nummern 1, 2 oder 7 genannten Verkehrsmitteln zusammenhängendes Liniennetz mit einheitlichen oder verbundenen Beförderungsentgelten einbezogen sind,

5. Eisenbahnen des Bundes in der 2. Wagenklasse in Zügen, die überwiegend dazu bestimmt sind, die Verkehrsnachfrage im Nahverkehr zu befriedigen (Züge des Nahverkehrs), im Umkreis von 50 Kilometer um den Wohnsitz oder gewöhnlichen Aufenthalt des schwerbehinderten Menschen,

6. sonstigen Eisenbahnen des öffentlichen Verkehrs im Sinne des § 2 Abs. 1 und § 3 Abs. 1 des Allgemeinen Eisenbahngesetzes in der 2. Wagenklasse auf Strecken, bei denen die Mehrzahl der Beförderungen eine Strecke von 50 Kilometer nicht überschreiten,

7. Wasserfahrzeugen im Linien-, Fähr- und Übersetzverkehr, wenn dieser der Beförderung von Personen im Orts- und Nachbarschaftsbereich dient und Ausgangs- und Endpunkt innerhalb dieses Bereiches liegen; Nachbarschaftsbereich ist der Raum zwischen benachbarten Gemeinden, die, ohne unmittelbar aneinander grenzen zu müssen, durch einen stetigen, mehr als einmal am Tag durchgeführten Verkehr wirtschaftlich und verkehrsmäßig verbunden sind.

(2) Fernverkehr im Sinne dieses Gesetzes ist der öffentliche Personenverkehr mit

1. Kraftfahrzeugen im Linienverkehr nach § 42 des Personenbeförderungsgesetzes,

2. Eisenbahnen, ausgenommen den Sonderzugverkehr,

3. Wasserfahrzeugen im Fähr- und Übersetzverkehr, sofern keine Häfen außerhalb des Geltungsbereichs dieses Gesetzbuchs angelaufen werden, soweit der Verkehr nicht Nahverkehr im Sinne des Abs. 1 ist.

(3) Die Unternehmer, die öffentlichen Personenverkehr betreiben, weisen im öffentlichen Personenverkehr nach Abs. 1 Nr. 2, 5, 6 und 7 im Fahrplan besonders darauf hin, inwieweit eine Pflicht zur unentgeltlichen Beförderung nach § 145 Abs. 1 nicht besteht.

1 Die Vorschrift entspricht in den Abs. 1–3 des § 61 SchwbG. Sie definiert unter Bezug auf das Personenbeförderungsgesetz in den Abs. 1 und 2 für den Bereich des SGB IX, was unter „Nah-“ und „Fernverkehr“ zu verstehen ist. Diese Abgrenzung dient der Anspruchsdefiniton schwerbehinderter Menschen nach § 145 Abs. 1 auf unentgeltliche Beförderung und der Kostenteilung zwischen Bund und Ländern.

2 Nahverkehr ist nach Abs. 1 Nr. 1 zunächst der öffentliche Personenverkehr mit Straßenbahnen und Obussen iSd PBefG (vgl. §§ 4 Abs. 1 bis 3, 9

Abs. 1 Nrn. 2 und 3 und §§ 37, 41 PBefG). Eine Bindung des Anspruchs an den Wohnsitz oder gewöhnlichen Aufenthalt des schwerbehinderten Menschen kennt Nr. 1 anders als Nr. 5 nicht. Dies gilt auch für Verkehr mit Kraftfahrzeugen im Linienverkehr (Nr. 2).

Obwohl die Sonderlinienverkehre nach § 43 PBefG besonderen Fahrgastgruppen gewidmet sind (Schüler, Berufstätige, Markt- und Theaterbesucher) und andere Fahrgäste von der Beförderung ausgeschlossen sind, gilt diese Beschränkung nicht für den unentgeltlich zu Befördernden und seine Begleitperson (s. zu den bes. Abgrenzungsproblemen im Nahverkehr Bihr-*Zuck*, § 147 Rn 4f). 3

Nahverkehr ist sodann nach Abs. 1 Nr. 4 der öffentliche Personenverkehr mit Eisenbahnen in der 2. Wagenklasse in Zügen und auf Strecken und Streckenabschnitten, die in ein von mehreren Unternehmern gebildetes, mit den unter den Nrn. 1, 2 oder 7 genannten Verkehrsmitteln zusammenhängendes Liniennetz mit einheitlichen oder verbundenen Beförderungsentgelten einbezogen sind. Eine Bindung des Anspruchs an den Wohnsitz oder gewöhnlichen Aufenthalt des schwerbehinderten Menschen kennt Nr. 4 anders als Nr. 5 nicht (Bihr-*Zuck*, § 147 Rn 6). Statt in der 2. in der 1. Wagenklasse kann der schwerbehinderte Mensch befördert werden, wenn er das tariflich vorgesehene Aufgeld für den Übergang in die 1. Wagenklasse zahlt (vgl. Bihr-*Zuck*, § 145 Rn 17). In Eisenbahnen des Bundes in der 2. Wagenklasse (Nr. 5), die als Züge des Nahverkehrs im Umkreis von 50 km um den Wohnsitz oder gewöhnlichen Aufenthalt des schwerbehinderten Menschen verkehren, ist die unentgeltliche Beförderung an den Wohnort oder gewöhnlichen Aufenthalt des schwerbehinderten Menschen gebunden. Maßgeblich ist insoweit das Streckenverzeichnis der Eisenbahn nach Muster 5 zur SchwbAwV gem. § 154. Für Beförderungen, die über den 50-km-Umkreis hinausgehen, ist daher ein entgeltlicher Fahrausweis zu lösen. Dies gilt nicht, wenn es sich nicht um einen S-Bahn-Verkehr nach Abs. 1 Nr. 3 handelt oder die darüber hinausgehende Beförderung innerhalb eines Verkehrsverbundes nach Abs. 1 Nr. 4 stattfindet (Bihr-*Zuck*, § 147 Rn 7). 4

Welche Zuggattungen von Eisenbahnen des Bundes i. Ü. unentgeltlich benutzt werden dürfen, bestimmt sich nach der § 1 Nahverkehrszügeverordnung: Regionalbahn (RB), Stadtexpress (SE), Regionalexpress (RE) und Schnellzug (D). Nahverkehr ist sodann der öffentliche Personenverkehr mit sonstigen Eisenbahnen des öffentlichen Verkehrs (Nr. 6) in der 2. Wagenklasse auf Strecken, bei denen die Mehrzahl der Beförderungen eine Strecke von 50 km nicht überschreitet. Diese können sich im Eigentum von Ländern, kommunalen Gebietskörperschaften oder privaten Wirtschaftsunternehmen befinden (Bihr-*Zuck*, § 147 Rn 9). Nahverkehr ist auch der öffentliche Personenverkehr mit Wasserfahrzeugen im Linien-, Fähr- und Übersetzverkehr, wenn dieser der Beförderung von Personen im Orts- und Nachbarschaftsbereich dient und Ausgangs- und Endpunkt innerhalb dieses Bereiches liegen (Bihr-*Zuck*, § 147 Rn 10). 5

Fernverkehr ist nach Abs. 2 der öffentliche Personenverkehr mit Kraftfahrzeugen im Linienverkehr nach § 42 PBefG, mit Eisenbahnen, ausgenommen den Sonderzugverkehr wie zB Autoreisezüge, und mit Wasserfahrzeugen im Fähr- und Übersetzverkehr, sofern keine Häfen außerhalb des 6

Geltungsbereiches dieses Gesetzes angelaufen werden, und soweit der Verkehr nicht Nahverkehr iSv Abs. 1 ist. Im Fernverkehr besteht Anspruch auf unentgeltliche Beförderung gem. § 145 Abs. 2 nur für eine Begleitperson, das Handgepäck, Hilfsmittel und einen Führhund bzw. uU auch einen sonstigen Hund. In den Fernverkehr damit nicht einbezogen ist der Luftverkehr, der schon bei Verabschiedung des Gesetz über die unentgeltliche Beförderung Schwerbehinderter im öffentlichen Personenverkehr" vom 9. 7. 1979 (BGBl. I S. 989) aus Kostengründen nicht das System der unentgeltlichen Beförderung einbezogen wurde (siehe zur Entstehungsgeschichte *Cramer* 1998, Einf. zum 11. Abschnitt, Rn 27).

7 In Abs. 3 verpflichtet Verkehrsunternehmer zu einem besonderen Hinweis im Fahrplan auch im Aushang an der jeweiligen Station oder Haltestelle iSe negativen Kennzeichnung in den Fällen, in denen eine Pflicht zur unentgeltlichen Beförderung nicht besteht. Zuck verweist darauf, dass die Informationspflicht nach Abs. 3 nur ihren Zweck erfüllt, wenn der schwerbehinderte Mensch vom Nichtbestehen der unentgeltlichen Beförderung aus **allen** Fahrplaninformationsquellen erfahren kann. Dies durchzusetzen ist Aufgabe der Aufsichtsbehörden nach §§ 11, 54 PBefG und § 5 AEG (Bihr-*Zuck*, § 147 Rn 12).

§ 148 Erstattung der Fahrgeldausfälle im Nahverkehr

(1) Die Fahrgeldausfälle im Nahverkehr werden nach einem Prozentsatz der von den Unternehmern nachgewiesenen Fahrgeldeinnahmen im Nahverkehr erstattet.

(2) Fahrgeldeinnahmen im Sinne dieses Kapitel sind alle Erträge aus dem Fahrkartenverkauf zum genehmigten Beförderungsentgelt; sie umfassen auch Erträge aus der Beförderung von Handgepäck, Krankenfahrstühlen, sonstigen orthopädischen Hilfsmitteln, Tieren sowie aus erhöhten Beförderungsentgelten.

(3) Werden in einem von mehreren Unternehmern gebildeten zusammenhängenden Liniennetz mit einheitlichen oder verbundenen Beförderungsentgelten die Erträge aus dem Fahrkartenverkauf zusammengefasst und dem einzelnen Unternehmer anteilmäßig nach einem vereinbarten Verteilungsschlüssel zugewiesen, so ist der zugewiesene Anteil Ertrag im Sinne des Absatzes 2.

(4) [1]Der Prozentsatz im Sinne des Absatzes 1 wird für jedes Land von der Landesregierung oder der von ihr bestimmten Behörde für jeweils ein Jahr bekannt gemacht. [2]Bei der Berechnung des Prozentsatzes ist von folgenden Zahlen auszugehen:

1. der Zahl der in dem Land in dem betreffenden Kalenderjahr ausgegebenen Wertmarken und der in dem Land am Jahresende in Umlauf befindlichen gültigen Ausweise im Sinne des § 145 Abs. 1 Satz 1 von schwerbehinderten Menschen, die das sechste Lebensjahr vollendet haben und bei denen die Berechtigung zur Mitnahme einer Begleitperson im Ausweis eingetragen ist; Wertmarken mit einer Gültigkeits-

dauer von einem halben Jahr werden zur Hälfte, zurückgegebene Wertmarken für jeden vollen Kalendermonat vor Rückgabe zu einem Zwölftel gezählt,

2. der in den jährlichen Veröffentlichungen des Statistischen Bundesamtes zum Ende des Vorjahres nachgewiesenen Zahl der Wohnbevölkerung in dem Land abzüglich der Zahl der Kinder, die das sechste Lebensjahr noch nicht vollendet haben, und der Zahlen nach Nr. 1.

[3] Der Prozentsatz ist nach folgender Formel zu berechnen:

$$\frac{\text{Nach Nummer 1 errechnete Zahl}}{\text{Nach Nummer 2 errechnete Zahl}} \times 100$$

[4] Bei der Festsetzung des Prozentsatzes sich ergebende Bruchteile von 0,005 und mehr werden auf ganze Hundertstel aufgerundet, im Übrigen abgerundet.

(5) [1] Weist ein Unternehmen durch Verkehrszählung nach, dass das Verhältnis zwischen den nach diesem Kapitel unentgeltlich beförderten Fahrgästen und den sonstigen Fahrgästen den nach Absatz 4 festgesetzten Prozentsatz um mindestens ein Drittel übersteigt, wird neben dem sich aus der Berechnung nach Absatz 4 ergebenden Erstattungsbetrag auf Antrag der nachgewiesene, über dem Drittel liegende Anteil erstattet. [2] Die Länder können durch Rechtsverordnung bestimmen, dass die Verkehrszählung durch Dritte auf Kosten des Unternehmens zu erfolgen hat.

Die Norm regelt die Erstattung der Fahrgeldausfälle, die rechnerisch aufgrund gesetzlicher Verpflichtungen unentgeltlicher Beförderung von schwerbehinderten Menschen, Begleitpersonen sowie deren Handgepäck usw. entstehen. Die Vorschrift entsprach SchwbG zunächst § 62, inzwischen erfolgten Rechtsänderungen zur Erstattungsreduzierung. 1

Abs. 4 Satz 1 Nr. 2 wurde geändert durch das Gesetz zur Förderung der Ausbildung und Beschäftigung schwerbehinderter Menschen v. 23. 4. 2004 (BGBl. I S. 606 Nr. 18/2004). Damit wurde der sogenannte Häufigkeitszuschlag („zuzüglich 20 Prozent“) aus der Berechung im Erstattungsverfahren herausgenommen. 2

Regelmäßig findet hier ein pauschaliertes Erstattungsverfahren Verwendung, welches einen Prozentsatz der von den Unternehmern nachgewiesenen Summe der eigenen Fahrgeldeinnahmen im Abrechnungszeitraum zugrunde legt (Abs. 1). Hierbei sind Fahrgeldeinnahmen alle Erträge aus dem Fahrkartenverkauf zum genehmigten Beförderungsentgelt nach Maßgabe des Abs. 2. Strittig war die Bewertung bestimmter moderner Fahrscheinkonzepte, wie zB der sogenannten Kombitickets, dh der verbundene Verkauf von Eintrittskarten zB zu Sport- oder Kulturveranstaltungen mit gleichzeitigem Nahverkehrstickets. Hierzu liegt aber inzwischen Rechtsprechung vor, die die Einbeziehung auch dieser Einnahmen verlangt. In einem Verkehrsverbund ist der zwischen dem Unternehmen vereinbarte Verteilungsschlüssel am Ertrag maßgebend (Abs. 3). Den Prozentsatz als Maßstab der Erstattung legt jede Landesregierung bzw. eine von ihr bestimmte Be- 3 hörde für jeweils ein Jahr fest (Abs. 4 Satz 1). Er wird nach der in Abs. 4 Satz 2–4 bestimmten Formel berechnet. Er entspricht dem Quotienten aus anspruchsberechtigten Personen zur Wohnbevölkerung.

4 Abs. 5 enthält die verfassungsrechtlich gebotene Härteklausel (Bihr-*Zuck*, § 148 Rn 8). Nach Abs. 5 kann ein Unternehmer durch Verkehrszählung nachweisen, dass das Verhältnis zwischen den von ihm unentgeltlich beförderten Fahrgästen und den sonstigen Fahrgästen den nach Abs. 4 festgesetzten Prozentsatz um mindestens ein Drittel übersteigt. Für das anzuwendende Verfahren haben die Länder idR eigene Durchführungsbestimmungen getroffen (siehe als Beispiel für eine Durchführungsrichtlinie der Länder Richtlinie des Ministeriums für Soziales, Familie und Gesundheit des Freistaates Thüringen zur Erstattung der Fahrgeldausfälle im Nahverkehr nach § 148 Sozialgesetzbuch – Neuntes Buch – SGB IX, in Thüringer Staatsanzeiger Nr. 27/2003 S. 1279). Wählt das Verkehrsunternehmen dieses Verfahren, wird der Berechnung des Erstattungsbetrages auf Antrag der nachgewiesene Prozentsatz zugrunde gelegt. Von der weitergehenden Regelung, die Verkehrsunternehmen zur Zählung durch Dritte zu verpflichten, (Abs. 5 Satz 2) wird bisher nur in Sachsen-Anhalt Gebrauch gemacht (Runderlass des MS vom 4. 4. 2005 – 34.5 – 43023/1.39125, veröffentlicht im Ministerialblatt für das Land Sachsen-Anhalt Nr. 26/2006 vom 26. 6. 2006, zuletzt geändert durch Runderlass des MS vom 19. 4. 2007, veröffentlicht im Ministerialblatt für das Land Sachsen-Anhalt Nr. 21 vom 11. 6. 2007). Die Richtlinie zur Erstattung von Fahrgeldausfällen wurde in Sachsen-Anhalt mit Erl. vom 19. 4. 2007 dahingehend geändert, dass Verkehrszählungen ausschließlich durch externe, vom Unternehmen unabhängige Zähler, durchzuführen sind. In Sachsen-Anhalt machen ca. 1/3 der Antrag stellenden Verkehrsunternehmen von der Möglichkeit des § 148 Abs. 5 SGB IX Gebrauch. Die vorgeschriebenen Verkehrszählungen führen Dritte auf Kosten der Unternehmen durch. Im Kalenderjahr 2008 gingen bei den Verkehrsunternehmen, die eine Verkehrszählung durchgeführt hatten, gegenüber dem Vorjahr die Erstattungen insgesamt um 19% zurück. Von 8 Unternehmen war bei 5 Verkehrsunternehmen eine Absenkung und bei 3 eine Erhöhung zu verzeichnen.

5 Die 2005 mit Art. 8 des Gesetzes zur Vereinfachung der Verwaltungsverfahren im Sozialrecht (Verwaltungsvereinfachungsgesetz [BGBl. I Nr. 18 v. 29. 3. 2005]) bewirkte Änderung des Abs. 5 Satz 1, wonach die ein Drittel den Prozentsatz nach Abs. 4 übersteigende Zahl der schwerbehinderten, unentgeltlich beförderten Fahrgäste nicht entschädigt wird, hat zu Klagen von Verkehrsträgern geführt, die aber mit einem Beschluss des OVG für das Land Nordrhein-Westfalen vom 9. Nov. 2007 – 12 A 2057/07 zurück gewiesen werden. Das OVG NRW führt aus: „Der damit bewirkte sog. Selbstbehalt in Höhe eines Anteils von bis zu einem Drittel des jeweiligen Landessatzes ist entgegen der Auffassung der Klägerin schon bei einer isolierten Betrachtung der Erstattungsregelungen in § 148 Abs. 1, 4 und 5 SGB IX verfassungsgemäß. Das Bundesverfassungsgericht hat im Senatsbeschluss (BVerfG – 17. 10. 1984 – 1 BvL 18/82, 1 BvL 46/83, 1 BvL 2/84, BVerfGE 68, 155) klargestellt, dass die gesetzliche Beförderungspflicht und ihre Verknüpfung mit einer pauschalen Erstattung der Fahrgeldausfälle als Berufsausübungsregelung den Anforderungen des Art. 12 Abs. 1 GG genügt

und eine Erfassung und Anrechnung der tatsächlichen Fahrgeldausfälle von Verfassungswegen nicht geboten ist, der Gesetzgeber sich vielmehr auf eine typisierende Abgeltung der Fahrgeldeinbußen beschränken kann (vgl. BVerfG – 17. 10. 1984 – 1 BvL 18/82, 1 BvL 46/83, 1 BvL 2/84). Hieraus folgt, dass der Gesetzgeber auch bei einem überdurchschnittlichen Anteil unentgeltlich zu befördernder Fahrgäste nicht verpflichtet ist, den vollen Fahrpreisausfall zu erstatten (vgl. BVerwG – 17. 1. 2003 – 5 B 261/02, NVwZ 2003, 866ff). Die dadurch ggf. verbleibende Unterdeckung ist Ausdruck der Gemeinwohlbindung des im öffentlichen Personennahverkehr tätigen Unternehmers.“

Die Erstattungszahlungen gehören zur Bemessungsgrundlage der Umsatzsteuer nach § 10 Abs. 1 Satz 3 UStG (BFH – 26. 6. 1986 – V R 93/77, BGHE 147, 79 = BStBl II 1986, 723) (Bihr-*Zuck,* § 148, Rn 9). 6

§ 149 Erstattung der Fahrgeldausfälle im Fernverkehr

(1) Die Fahrgeldausfälle im Fernverkehr werden nach einem Prozentsatz der von den Unternehmern nachgewiesenen Fahrgeldeinnahmen im Fernverkehr erstattet.

(2) [1]Der maßgebende Prozentsatz wird vom Bundesministerium für Arbeit und Soziales im Einvernehmen mit dem Bundesministerium der Finanzen und dem Bundesministerium für Verkehr, Bau und Stadtentwicklung für jeweils zwei Jahre bekannt gemacht. [2]Bei der Berechnung des Prozentsatzes ist von folgenden, für das letzte Jahr vor Beginn des Zweijahreszeitraumes vorliegenden Zahlen auszugehen:

1. **der Zahl der im Geltungsbereich dieses Gesetzes am Jahresende in Umlauf befindlichen gültigen Ausweise nach § 145 Abs. 1 Satz 1, auf denen die Berechtigung zur Mitnahme einer Begleitperson eingetragen ist, abzüglich 25 Prozent,**
2. **der in den jährlichen Veröffentlichungen des Statistischen Bundesamtes zum Jahresende nachgewiesenen Zahl der Wohnbevölkerung im Geltungsbereich dieses Gesetzes abzüglich der Zahl der Kinder, die das vierte Lebensjahr noch nicht vollendet haben, und der nach Nr. 1 ermittelten Zahl.**

[3]Der Prozentsatz ist nach folgender Formel zu berechnen:

$$\frac{\text{Nach Nummer 1 errechnete Zahl}}{\text{Nach Nummer 2 errechnete Zahl}} \times 100$$

[4]§ 148 Abs. 4 letzter Satz gilt entsprechend.

Die Norm regelt die Erstattung der Fahrgeldausfälle im Fernverkehr, sie unterscheidet sich gegenüber der der Regelung für den Nahverkehr in § 148 vor allem durch das Fehlen einer Härtefallregelung analog § 148 Abs. 5. Die Vorschrift entspricht § 63 SchwbG. Der für die Erstattung maßgebende Prozentsatz wird vom Bundesministerium für Arbeit und Soziales im Einvernehmen mit dem Bundesfinanzministerium und Bundesverkehrsministerium jeweils für zwei Jahre bekannt gemacht. 1

2 Bei der Berechnung des Prozentsatzes wird ein Quotient gebildet (S 2), für den einige im Gesetz festgelegte Abweichungen gegenüber der Regelung des § 148 gelten. *Knittel* (*Knittel*, § 149 Rn 3) formuliert diese, dass über den Nahbereich hinausgehende Fahrten für schwerbehinderte und begleitungsbedürftige Menschen eine besondere Erschwernis darstellen und daher weniger in Anspruch genommen werden. Der Gesetzgeber legt zugrunde, dass sie nur zu 75 Prozent beansprucht werden und zieht deshalb pauschal 25 Prozent von der Gesamtzahl der einschlägigen Ausweise ab. Ferner werden Kinder unter vier Jahren in der Bevölkerungsstatistik unberücksichtigt gelassen, weil diese nach den Bestimmungen der Deutschen Bahn-AG und ihrer Tochtergesellschaften kostenfrei befördert werden.

§ 150 Erstattungsverfahren

(1) [1]Die Fahrgeldausfälle werden auf Antrag des Unternehmers erstattet. [2]Bei einem von mehreren Unternehmern gebildeten zusammenhängenden Liniennetz mit einheitlichen oder verbundenen Beförderungsentgelten können die Anträge auch von einer Gemeinschaftseinrichtung dieser Unternehmer für ihre Mitglieder gestellt werden. [3]Der Antrag ist bis zum 31. 12. für das vorangegangene Kalenderjahr zu stellen, und zwar für den Nahverkehr nach § 151 Abs. 1 Satz 1 Nr. 1 und für den Fernverkehr an das Bundesverwaltungsamt, für den übrigen Nahverkehr bei den in Absatz 3 bestimmten Behörden.

(2) [1]Die Unternehmer erhalten auf Antrag Vorauszahlungen für das laufende Kalenderjahr in Höhe von insgesamt 80 Prozent des zuletzt für ein Jahr festgesetzten Erstattungsbetrages. [2]Die Vorauszahlungen werden je zur Hälfte am 15. 7. und am 15. 11. gezahlt. [3]Der Antrag auf Vorauszahlungen gilt zugleich als Antrag im Sinne des Abs. 1. [4]Die Vorauszahlungen sind zurückzuzahlen, wenn Unterlagen, die für die Berechnung der Erstattung erforderlich sind, nicht bis zum 31. 12. des auf die Vorauszahlung folgenden Kalenderjahres vorgelegt sind.

(3) [1]Die Landesregierung oder die von ihr bestimmte Stelle legt die Behörden fest, die über die Anträge auf Erstattung und Vorauszahlung entscheiden und die auf den Bund und das Land entfallenden Beträge auszahlen. [2]§ 11 Abs. 2 bis 4 des Personenbeförderungsgesetzes gilt entsprechend.

(4) Erstreckt sich der Nahverkehr auf das Gebiet mehrerer Länder, entscheiden die nach Landesrecht zuständigen Landesbehörden dieser Länder darüber, welcher Teil der Fahrgeldeinnahmen jeweils auf den Bereich ihres Landes entfällt.

(5) Die Unternehmen im Sinne des § 151 Abs. 1 Satz 1 Nr. 1 legen ihren Anträgen an das Bundesverwaltungsamt den Anteil der nachgewiesenen Fahrgeldeinnahmen im Nahverkehr zugrunde, der auf den Bereich des jeweiligen Landes entfällt; für den Nahverkehr von Eisenbahnen des Bundes im Sinne des § 147 Abs. 1 Satz 1 Nr. 5 bestimmt sich dieser Teil nach dem Anteil der Zugkilometer, die von einer Eisenbahn des Bundes mit Zügen des Nahverkehrs im jeweiligen Land erbracht werden.

(6) [1]Hinsichtlich der Erstattungen gemäß § 148 für den Nahverkehr nach § 151 Abs. 1 Satz 1 Nr. 1 und § 149 sowie der entsprechenden Vorauszahlungen nach Abs. 2 wird dieses Kapitel in bundeseigener Verwaltung ausgeführt. [2]Die Verwaltungsaufgaben des Bundes erledigt das Bundesverwaltungsamt nach fachlichen Weisungen des Bundesministeriums für Arbeit und Soziales in eigener Zuständigkeit.

(7) [1]Für das Erstattungsverfahren gelten das Verwaltungsverfahrensgesetz und die entsprechenden Gesetze der Länder. [2]Bei Streitigkeiten über die Erstattungen und die Vorauszahlungen ist der Verwaltungsrechtsweg gegeben.

Die Norm regelt das Erstattungsverfahren für Fahrgeldausfälle bei den Verkehrsträgern infolge der Pflicht zur unentgeltlichen Beförderung nach § 145 SGB IX. Die Kosten der Erstattung werden aus Steuermitteln des Bundes bzw. der Länder getragen, zur Rolle der Einnahmen aus dem Wertmarkenverkauf s. Erl. § 152. 1

§ 150 ist im Wesentlichen inhaltsgleich mit § 64 SchwbG. Die Erstattung findet auf Antrag des Verkehrsträgers statt, der bis zum 31. 12. für das vorangegangene Kalenderjahr zu stellen ist (Abs. 1 Satz 1 und 3). Dies ist eine Ausschlussfrist, die bei Nichteinhaltung den Anspruch auf Erstattung zum Erlöschen bringt. Ein Antrag auf Vorauszahlungen gilt zugleich als Erstattungsantrag (Abs. 2 Satz 1). Im Fall eines Verkehrsverbundes aus mehreren Unternehmern kann auch deren Gemeinschaftseinrichtung den Antrag für ihre Mitglieder stellen (Abs. 1 Satz 2). 2

Für den Fernverkehr ist der Antrag an das Bundesverwaltungsamt zu stellen. Dieses ist auch zuständig für den Nahverkehr in der Hand des Bundes oder eines mehrheitlich dem Bund gehörenden Unternehmens (auch in Verkehrsverbünden). Für den übrigen Nahverkehr ist der Antrag bei den nach Landesrecht bestimmten Behörden zu stellen (Abs. 1 Satz 3 iVm Abs. 3). Diese Landesbehörden teilen bei länderübergreifendem Nahverkehr die Fahrgeldeinnahmen jeweils auf die betroffenen Länder auf (Abs. 4). 3

Auf Antrag erhalten die Unternehmer Vorauszahlungen für das laufende Kalenderjahr in Höhe von insgesamt 80 Prozent des zuletzt für ein Jahr festgesetzten Erstattungsbetrages, und zwar je zur Hälfte am 15. 7. und am 15. 11 (Abs. 2 Satz 1 und 2). 4

Für das Erstattungsverfahren sind das Verwaltungsverfahrensgesetz und die entsprechenden Landesgesetze anzuwenden. Streitigkeiten über Erstattungen und Vorauszahlungen sind im Verwaltungsrechtsweg auszutragen (Abs. 7). 5

§ 151 Kostentragung

(1) [1]Der Bund trägt die Aufwendungen für die unentgeltliche Beförderung

1. im Nahverkehr, soweit Unternehmen, die sich überwiegend in der Hand des Bundes oder eines mehrheitlich dem Bund gehörenden Un-

ternehmens befinden (auch in Verkehrsverbünden), erstattungsberechtigte Unternehmer sind,

2. im übrigen Nahverkehr für

a) schwerbehinderte Menschen im Sinne des § 145 Abs. 1, die auf Grund eines Grades der Schädigungsfolgen von mindestens 50 Anspruch auf Versorgung nach dem Bundesversorgungsgesetz oder nach anderen Bundesgesetzen in entsprechender Anwendung der Vorschriften des Bundesversorgungsgesetzes haben oder Entschädigung nach § 28 des Bundesentschädigungsgesetzes erhalten,

b) ihre Begleitperson im Sinne des § 145 Abs. 2 Nr. 1,

c) die mitgeführten Gegenstände im Sinne des § 145 Abs. 2 Nr. 2 sowie

3. im Fernverkehr für die Begleitperson und die mitgeführten Gegenstände im Sinne des § 145 Abs. 2.

[2]Die Länder tragen die Aufwendungen für die unentgeltliche Beförderung der übrigen Personengruppen und der mitgeführten Gegenstände im Nahverkehr.

(2) [1]Die nach Abs. 1 Satz 1 Nr. 2 auf den Bund und nach Abs. 1 Satz 2 auf die einzelnen Länder entfallenden Aufwendungen für die unentgeltliche Beförderung im Nahverkehr errechnen sich aus dem Anteil der in dem betreffenden Kalenderjahr ausgegebenen Wertmarken und die Hälfte der am Jahresende in Umlauf befindlichen gültigen Ausweise im Sinne des § 145 Abs. 1 Satz 1 von schwerbehinderten Menschen, die das sechste Lebensjahr vollendet haben und bei denen die Berechtigung zur Mitnahme einer Begleitperson im Ausweis eingetragen ist, der jeweils auf die in Abs. 1 genannten Personengruppen entfällt. [2]Wertmarken mit einer Gültigkeitsdauer von einem halben Jahr werden zur Hälfte, zurückgegebene Wertmarken für jeden vollen Kalendermonat vor Rückgabe zu einem Zwölftel gezählt.

(3) [1]Die auf den Bund entfallenden Ausgaben für die unentgeltliche Beförderung im Nahverkehr werden für Rechnung des Bundes geleistet. [2]Die damit zusammenhängenden Einnahmen werden an den Bund abgeführt. Persönliche und sächliche Verwaltungskosten werden nicht erstattet.

(4) Auf die für Rechnung des Bundes geleisteten Ausgaben und die mit ihnen zusammenhängenden Einnahmen wird § 4 Abs. 2 des Ersten Überleitungsgesetzes in der im Bundesgesetzblatt Teil III, Gliederungsnummer 603-3, veröffentlichten bereinigten Fassung, das zuletzt durch Artikel 2 des Gesetzes vom 20. 12. 1991 (BGBl. I S. 2317) geändert worden ist, nicht angewendet.

1 § 151 regelt die Kostenverteilung zwischen Bund und Ländern. Die Vorschrift entspricht § 65 SchwbG.

2 Abs. 2 trifft eine Kostaufteilungsregelung zwischen Bund und Ländern im Nahverkehr. Maßstab ist der Anteil der in dem betreffenden Kalenderjahr ausgegebenen Wertmarken und der am Jahresende in Umlauf befindlichen gültigen Ausweise iSd § 145 Abs. 1 Satz 1 SGB IX von schwerbehinderten

Menschen über sechs Jahren mit dem Eintrag über die nachgewiesene Notwendigkeit ständiger Begleitung.

Der Bund trägt die Aufwendungen für die unentgeltliche Beförderung schwerbehinderter Menschen, ihrer notwendigen Begleitpersonen und mitgeführten Gegenstände iSd § 145 Abs. 2 Nr. 2 SGB IX im Nahverkehr, soweit dies durch „Bundesunternehmen“ (Abs. 1 Satz 1 Nr. 1) geschieht. Soweit andere als Bundesunternehmen einen schwerbehinderten Menschen unentgeltlich befördern, trägt der Bund die Kosten, wenn der Fahrgast versorgungsberechtigt nach dem BVG oder anderen Bundesgesetzen in entsprechender Anwendung des BVG ist. Schließlich trägt der Bund im Fernverkehr die Kosten für die unentgeltliche Beförderung der notwendigen Begleitperson und der mitgeführten Gegenstände iSd § 145 Abs. 2 SGB IX (siehe Abs. 1 Satz 1 Nr. 3 der Norm des § 151). Hingegen tragen die Länder die Aufwendungen für die unentgeltliche Beförderung der übrigen Personengruppen und der mitgeführten Gegenstände im Nahverkehr (Abs. 1 Satz 2). 3

In Abs. 3 wird festgelegt, dass die auf den Bund entfallenden Ausgaben für die unentgeltliche Beförderung im Nahverkehr, soweit sie von den zuständigen Landesbehörden (§ 150 Abs. 3 SGB IX) ausgezahlt werden, auf Rechnung des Bundes zu leisten sind. Damit zusammenhängende Einnahmen sind an den Bund abzuführen. Verwaltungskosten werden nicht erstattet. 4

Die Regelung in Abs. 4 erklärt bei der Bewirtschaftung von Haushaltsmitteln des Bundes durch Dienststellen der Länder die jeweiligen landesrechtlichen Haushaltsvorschriften Anwendung für anwendbar. 5

§ 152 Einnahmen aus Wertmarken

[1] Von den durch die Ausgabe der Wertmarken erzielten jährlichen Einnahmen sind an den Bund abzuführen:

1. die Einnahmen aus der Ausgabe von Wertmarken an schwerbehinderte Menschen im Sinne des § 151 Abs. 1 Satz 1 Nr. 2,

2. ein bundeseinheitlicher Anteil der übrigen Einnahmen, der vom Bundesministerium für Arbeit und Soziales im Einvernehmen mit dem Bundesministerium der Finanzen und dem Bundesministerium für Verkehr, Bau und Stadtentwicklung für jeweils ein Jahr bekannt gemacht wird. Er errechnet sich aus dem Anteil der nach § 151 Abs. 1 Satz 1 Nr. 1 vom Bund zu tragenden Aufwendungen an den Gesamtaufwendungen von Bund und Ländern für die unentgeltliche Beförderung im Nahverkehr, abzüglich der Aufwendungen für die unentgeltliche Beförderung der in § 151 Abs. 1 Satz 1 Nr. 2 genannten Personengruppen.

[2] Die durch Ausgabe von Wertmarken an schwerbehinderte Menschen im Sinne des § 151 Abs. 1 Satz 1 Nr. 2 erzielten Einnahmen sind zum 15. 7. und zum 15. 11. an den Bund abzuführen. [3] Von den eingegangenen übrigen Einnahmen sind zum 15. 7. und zum 15. 11. Abschlagszahlungen in Höhe des Prozentsatzes, der für das jeweilige Vorjahr nach Satz 1 Nr. 2

bekannt gemacht wird, an den Bund abzuführen. [4]Die auf den Bund entfallenden Einnahmen sind für jedes Haushaltsjahr abzurechnen.

1 Die Norm regelt die Verteilung der Einnahmen aus dem Verkauf von Wertmarken iSv § 145 Abs. 1 Satz 2 SGB IX zwischen Bund und Ländern. Die Vorschrift entspricht § 66 SchwbG.

2 Diese Einnahmen fallen bei den Ländern an und sind teilweise an den Bund abzuführen, sofern sie von schwerbehinderten Menschen stammen, für die der Bund die Fahrgelderstattungen nach § 151 Abs. 1 Satz 1 Nr. 2 SGB IX zu tragen hat. Die übrigen Einnahmen aus der Ausgabe von Wertmarken werden zwischen Bund und Ländern nach den Grundsätzen über die Kostentragung in § 151 SGB IX aufgeteilt. Die Aufwendungen für die in § 151 Abs. 1 Satz 1 Nr. 2 SGB IX genannten Personengruppen bleiben außerhalb dieses Verfahrens.

3 Von den Einnahmen aus der Ausgabe von Wertmarken nach Nr. 1 sind zum 15. 7. und zum 15. 11. Abschlagszahlungen in Höhe des Prozentsatzes, der für das jeweilige Vorjahr bekannt gemacht wurde, an den Bund abzuführen.

§ 153 Erfassung der Ausweise

[1]Die für die Ausstellung der Ausweise nach § 69 Abs. 5 zuständigen Behörden erfassen

1. die am Jahresende in Umlauf befindlichen gültigen Ausweise, getrennt nach
   a) Art,
   b) besonderen Eintragungen und
   c) Zugehörigkeit zu einer der in § 151 Abs. 1 Satz 1 genannten Gruppen,

2. die im Kalenderjahr ausgegebenen Wertmarken, unterteilt nach der jeweiligen Gültigkeitsdauer, und die daraus erzielten Einnahmen, getrennt nach Zugehörigkeit zu einer der in § 151 Abs. 1 Satz 1 genannten Gruppen

als Grundlage für die nach § 148 Abs. 4 Nr. 1 und § 149 Abs. 2 Nr. 1 zu ermittelnde Zahl der Ausweise und Wertmarken, für die nach § 151 Abs. 2 zu ermittelnde Höhe der Aufwendungen sowie für die nach § 152 vorzunehmende Aufteilung der Einnahmen aus der Ausgabe von Wertmarken. [2]Die zuständigen obersten Landesbehörden teilen dem Bundesministerium für Arbeit und Soziales das Ergebnis der Erfassung nach Satz 1 spätestens bis zum 31. 3. des Jahres mit, in dem die Prozentsätze festzusetzen sind.

1 Die Norm regelt die Erfassung der Ausweise, der ausgegebenen Wertmarken und der aus der Ausgabe entgeltlich abgegebener Wertmarken erzielten Einnahmen durch die Versorgungsämter bzw. durch die durch Landesrecht abweichend benannten zuständigen Stellen (s. § 69 Abs. 1). Diese Erfassung dient für die Ermittlung der Prozentsätze bei der Fahrgeldausfall-Erstattung

nach § 148 Abs. 4 Nr. 1 bzw. § 149 Abs. 2 Nr. 1 SGB IX und für die Abgrenzung der Kostentragung zwischen Bund und Ländern nach § 151 Abs. 2 SGB IX.

Die Vorschrift entspricht § 67 SchwbG. 2

§ 154 Verordnungsermächtigungen

(1) **Die Bundesregierung wird ermächtigt, in der Rechtsverordnung aufgrund des § 70 nähere Vorschriften über die Gestaltung der Wertmarken, ihre Verbindung mit dem Ausweis und Vermerke über ihre Gültigkeitsdauer zu erlassen.**

(2) **Das Bundesministerium für Arbeit und Soziales und das Bundesministerium für Verkehr, Bau und Stadtentwicklung werden ermächtigt, durch Rechtsverordnung festzulegen, welche Zuggattungen von Eisenbahnen des Bundes zu den Zügen des Nahverkehrs im Sinne des § 147 Abs. 1 Nr. 5 und zu den zuschlagspflichtigen Zügen des Nahverkehrs im Sinne des § 145 Abs. 1 Satz 1 zweiter HS zählen.**

Die VO-Ermächtigungen schaffen die Grundlage für zum 13. Kapitel zugehöriges Verordnungsrecht, das mit Zustimmung des Bundesrats erlassen wird. 1

Die Verordnungsermächtigung zu Abs. 1 greift hinsichtlich bestimmter Teile der **Schwerbehindertenausweisverordnung (SchwbAwV),** deren eigentliche Rechtsgrundlage sich in § 70 findet. Diese Ermächtigung, die früher in § 59 Abs. 1 Satz 9 SchwbG enthalten war, hat die Bundesregierung durch entsprechende Änderung der Schwerbehindertenausweisverordnung (SchwbAwV), namentlich in § 3 SchwbAwV, ausgeschöpft. 2

In Abs. 2 werden die Bundesministerien für Arbeit und Soziales und für Verkehr, Bau und Stadtentwicklung ermächtigt, durch Rechtsverordnung festzulegen, welche Zuggattungen von Eisenbahnen des Bundes zu den Zügen des Nahverkehrs iSv § 147 Abs. 1 Nr. 5 SGB IX und zu den zuschlagspflichtigen Zügen des Nahverkehrs iSd § 145 Abs. 1 Satz 1, HS 2 SGB IX zählen. Diese Verordnungsermächtigung fand sich bereits in § 61 Abs. 4 SchwbG, von der mit der 5. Verordnung zur Durchführung des SchwbG **(Nahverkehrszügeverordnung – SchwbNV)** vom 30. 9. 1994 (BGBl. I S. 2962) Gebrauch gemacht wurde. 3

Kapitel 14. Straf-, Bußgeld- und Schlussvorschriften

§ 155 Strafvorschriften

(1) **Wer unbefugt ein fremdes Geheimnis, namentlich ein zum persönlichen Lebensbereich gehörendes Geheimnis oder ein Betriebs- oder Geschäftsgeheimnis, offenbart, das ihm als Vertrauensperson schwerbehinderter Menschen anvertraut worden oder sonst bekannt geworden ist, wird mit Freiheitsstrafe bis zu einem Jahr oder mit Geldstrafe bestraft.**

(2) [1]**Handelt der Täter gegen Entgelt oder in der Absicht, sich oder einen anderen zu bereichern oder einen anderen zu schädigen, so ist die Strafe Freiheitsstrafe bis zu zwei Jahren oder Geldstrafe.** [2]**Ebenso wird bestraft, wer unbefugt ein fremdes Geheimnis, namentlich ein Betriebs- oder Geschäftsgeheimnis, zu dessen Geheimhaltung er nach Absatz 1 verpflichtet ist, verwertet.**

(3) **Die Tat wird nur auf Antrag verfolgt.**

1 **1. Sozialpolitischer Hintergrund und Normzweck.** Die Norm soll für schwerbehinderte Menschen die Vertraulichkeit der Beratung durch Vertrauenspersonen der schwerbehinderten Menschen sicherstellen. Die gleiche Wirkung soll hinsichtlich der weitgehenden Informationspflichten der Arbeitgeber gegenüber den SGV erreicht werden. Die Norm flankiert somit die sachgemäße Arbeit der SBV strafrechtlich. Der Geheimnisverrat wird mit Strafe bedroht. Abs. 2 regelt einen besonders schweren Fall des Geheimnisverrates, nämlich den Geheimnisverrat in Bereicherungsabsicht, in Schädigungsabsicht und mit Verwertungserfolg.

2 **2. Geltende Fassung und Entstehungsgeschichte.** § 155 wurde eingeführt durch Art. 1 SGB IX ab 1. 7. 2001. Er entspricht § 69 SchwbG.

3 Diese Strafvorschrift (vgl. bis zum 30. 4. 1974 § 40 SchwbeschG, bis zum 30. 9. 1979 § 58 SchwbG, bis zum 31. 7. 1986 § 66 SchwbG) wurde geändert durch Art. 251 EGStGB, der seinerseits mWv 1. 1. 1975 durch § 1 Nr. 13 des Gesetzes zur Änderung des Einführungsgesetzes zum Strafgesetzbuch vom 15. 8. 1974 (BGBl. I S. 1942) geändert wurde. Seitdem betraf § 69 SchwbG wie heute § 155 SGBIX nur noch die SBV. Die davor geltende Fassung des § 58 SchwbG v. 29. 4. 1974 erfasste auch alle sonstigen Personen, die Aufgaben oder Befugnisse nach dem Schwerbehindertenrecht wahrnahmen, also auch die Mitglieder der Ausschüsse, des Beirats für die Rehabilitation der Behinderten und die Vertreter der Hfst und der BA. Für sie gilt nunmehr § 130 SGB IX.

4 **3. Normzusammenhang.** Aus Art. 2 Abs. 1 GG folgt nach BVerfGE 65, 41 ff zwar auch ein verfassungsrechtlich gesichertes Recht auf informationelle Selbstbestimmung. Geschützt werden aber auch Geschäfts- und Betriebsgeheimnisse, die nicht grundrechtlich geschützt sind. Innerhalb des SGB IX muss die Norm im Kontext von §§ 130 und 156 gesehen werden, die mit den Mitteln des Strafrechts und des Bußgeldes den äußeren Rahmen der im SGB IX aufgerufenen Akteure sichern sollen.

5 **4. Rechtsfolgen/Rechtsweg.** Die Verfolgung von Verstößen liegt bei den allgemeinen Strafverfolgungsbehörden. Zuständig sind die Strafgerichte. Die Tat wird nur auf Antrag des Verletzten verfolgt. Verletzter ist der Geheimnisgeschützte, nicht auch der Anvertrauende. Die Antragsfrist, die mit dem Tag der Kenntniserlangung des Berechtigten von der Tat und der Person des Täters zu laufen beginnt, beträgt 3 Monate (§ 77 StGB). Die Verjährungsfrist, nach deren Ablauf die Ahndung der Tat ausgeschlossen ist, beträgt 3 Jahre im Falle des Abs. 1 (§ 78 Abs. 3 Nr. 5 StGB), 5 Jahre im Falle des Abs. 2 (§ 78 Abs. 3 Nr. 4 StGB). Wird der VM/die VF zu einer Freiheitsstrafe von mindestens einem Jahr verurteilt, verliert er/sie für die Dauer von

5 Jahren die Fähigkeit, öffentliche Ämter zu bekleiden und Rechte aus öffentlichen Wahlen, auch Wahlen zur S V, zu erlangen. Mit dem Verlust der Fähigkeit, öffentliche Ämter zu bekleiden, verliert der VM/die VF zugleich die entsprechende Rechtsstellung und die Rechte, die er/sie innehat. Mit dem Verlust der Fähigkeit, Rechte aus öffentlichen Wahlen zu erlangen, verliert der Verurteilte die entsprechende Rechtsstellung und die Rechte, die er innehat, soweit das Gesetz nichts anderes bestimmt, also sein Amt als VM/VF (§ 45 Abs. 1, 3 und 4 StGB iVm § 24 Abs. 3 Satz 2 und iVm § 8 Abs. 1 Satz 3 BetrVG bzw. § 14 BPersVG). Wird der VM/VF zu einer geringeren Strafe verurteilt, bedarf es des Verfahrens nach § 24 Abs. 8 Satz 2. Für die Bemessung der Geldstrafe ist § 40 StGB maßgeblich; obwohl § 69 von Freiheits- oder Geldstrafe spricht, ist gem. § 41 StGB im Falle des Abs. 2 eine Geldstrafe auch neben einer Freiheitsstrafe möglich.

In Abs. 3 ist der HS über die Zulässigkeit der Zurücknahme des Antrages gestrichen. Gleichwohl ist die Zurücknahme gem. der allgemeinen Vorschrift des § 77d StGB zulässig.

6 In Ermangelung weitergehender Bestimmungen gelten die Vorschriften des Strafgesetzbuches, insbes. des allgemeinen Teils, auch für § 155. Danach gilt Folgendes: Der Geheimnisverrat ist strafbar, wenn er vorsätzlich erfolgt, da fahrlässiges Handeln nicht ausdrücklich mit Strafe bedroht ist, § 15 StGB. Es handelt sich um ein Vergehen, da die Tat nicht im Mindestmaß mit Freiheitsstrafe von einem Jahr bedroht ist, § 12 Abs. 1 StGB. Deshalb ist der Versuch des Geheimnisverrates nicht strafbar, § 23 Abs. 1 StGB.

7 **Unbefugt** bezieht sich auf die fehlende Zustimmung des Verfügungsberechtigten. Die Unbefugtheit ist tatbestandsbeschränkend. Wer mit Zustimmung des Verfügungsberechtigten ein Geheimnis offenbart, ist gerechtfertigt.

8 **Fremde Geheimnisse** sind die andere natürliche oder juristische Personen betreffende Geheimnissse. Der betroffene Lebensbereich auf den sich das Geheimnis bezieht ist für den Tatbestand unerheblich. Betriebs- und Geschäftsgeheimnisse sind solche des Geschäftsbetriebes, an deren Geheimhaltung der Unternehmer ein wirtschaftliches Interesse hat.

9 Täter des Vergehens nach § 155 können nur Vertrauenspersonen sein. Das Geheimnis muss dem Täter in seiner Eigenschaft als Vertrauensperson anvertraut worden oder sonst bekannt geworden sein. Hierbei genügt das bloße Mithören von Geheimnissen im Rahmen der Teilnahme an Betriebsrats- oder Personalratssitzungen. Der Täter muss vorsätzlich handeln. Eine fahrlässige Begehung ist nicht strafbar, § 15 StGB. Vorsätzlich handelt nicht nur, wer ein Geheimnis in dem Bewusstsein, es zu verraten, offenbart. Vorsätzlich handelt bereits, wer zB sorglos vertrauliche Dokumente am Arbeitsplatz herumliegen läßt. Der Nachweis der billigenden Inkaufnahme der Kenntnisnahme durch Dritte wird allerdings schwer zu führen sein. Die Vertrauensperson wird regelmäßig behaupten, sie habe gehofft, kein anderer werde von dem Geheimnis erfahren.

10 Den besonders schweren Fall bedroht das Gesetz mit höherer Strafe. Dies ist der Fall, wenn der Täter in Bereicherungsabsicht oder Schädigungsabsicht handelt. Der Täter muss nicht die Absicht haben, sich selbst zu bereichern (§ 11 Abs. 1 Nr. 9 StGB). Die Schädigungsabsicht setzt nicht die Ab-

sicht voraus, einem anderen einen Vermögensschaden zuzufügen. Es genügt die ideelle Schädigung.

11 Der Qualifikationstatbestand der **Verwertung** eines Betriebs- oder Geschäftsgeheimnisses (Abs. 2 Satz 2) umfasst jede Verwertung, auch die durch den SBV selbst.

§ 156 Bußgeldvorschriften

(1) Ordnungswidrig handelt, wer vorsätzlich oder fahrlässig

1. entgegen § 71 Abs. 1 Satz 1, auch in Verbindung mit einer Rechtsverordnung nach § 79 Nr. 1 oder § 71 Abs. 1 Satz 3 schwerbehinderte Menschen nicht beschäftigt,

2. entgegen § 80 Abs. 1 ein Verzeichnis nicht, nicht richtig, nicht vollständig oder nicht in der vorgeschriebenen Weise führt oder nicht oder nicht rechtzeitig vorlegt,

3. entgegen § 80 Abs. 2 Satz 1 oder Abs. 4 eine Anzeige nicht, nicht richtig, nicht vollständig, nicht in der vorgeschriebenen Weise oder nicht rechtzeitig erstattet,

4. entgegen § 80 Abs. 5 eine Auskunft nicht, nicht richtig, nicht vollständig oder nicht rechtzeitig erteilt,

5. entgegen § 80 Abs. 7 Einblick in den Betrieb oder die Dienststelle nicht oder nicht rechtzeitig gibt,

6. entgegen § 80 Abs. 8 eine dort bezeichnete Person nicht oder nicht rechtzeitig benennt,

7. entgegen § 81 Abs. 1 Satz 4 oder 9 eine dort bezeichnete Vertretung oder einen Beteiligten nicht, nicht richtig, nicht vollständig oder nicht rechtzeitig unterrichtet,

8. entgegen § 81 Abs. 1 Satz 7 eine Entscheidung nicht erörtert, oder

9. entgegen § 95 Abs. 2 Satz 1 die Schwerbehindertenvertretung nicht, nicht richtig, nicht vollständig oder nicht rechtzeitig unterrichtet oder nicht oder nicht rechtzeitig hört.

(2) Die Ordnungswidrigkeit kann mit einer Geldbuße bis zu 10000 Euro geahndet werden.

(3) Verwaltungsbehörde im Sinne des § 36 Abs. 1 Nr. 1 des Gesetzes über Ordnungswidrigkeiten ist die Bundesagentur für Arbeit.

(4) § 66 des Zehnten Buches gilt entsprechend.

(5) [1]Die Geldbuße ist an das Integrationsamt abzuführen. [2]Für ihre Verwendung gilt § 77 Abs. 5.

Literatur: BAG Urt. v. 15. 8. 2006 – 9 AZR 656/05; *Neumann,* Die unterlassene Beteiligung der Agentur für Arbeit bei der Stellenbesetzung schwerbehinderter Menschen, Behindertenrecht 2004, 103–107.

1 **1. Geltende Fassung und Entstehungsgeschichte.** Die Vorschrift wurde aus dem Regierungsentwurf (BT-Drucks. 14/5531 iVm 14/5074) in das SGB IX übernommen. Sie entspricht im wesentlichen § 68 SchwbG.

Geändert wurde die Norm seitdem mehrfach, durch Art. 8 des Gesetzes zur Vereinfachung der Verwaltungsverfahren im Sozialrecht (BGBl. I S. 818 Nr. 18/2005) mit Wirkung zum 1. 1. 2005; durch Art. 8 des Gesetzes zur Einordnung des Sozialhilferechts in das Sozialgesetzbuch (BGBl. I S. 3022 Nr. 67/2003). Die wichtigste Änderung erfolgte durch Art. 1 des Gesetzes zur Förderung der Ausbildung und Beschäftigung schwerbehinderter Menschen vom 23. 4. 2004 (BGBl. I S. 606) mWv 1. 5. 2004: Ua. wurde mit dieser Änderung in Abs. 2 die Zahl „2500" durch die Zahl „10000" ersetzt. In des Beschlussempfehlung hierzu heißt es (BT-Drucks. 15/2357 S. 26): „Um Verstöße von Arbeitgebern gegen ihre Verpflichtungen im Zusammenhang mit der Beschäftigung schwerbehinderter Menschen und der Beteiligung der Schwerbehindertenvertretung wirksam ahnden zu können, wird der Bußgeldrahmen auf bis zu 10000,– € erhöht. Dieser Betrag entspricht dem Bußgeldrahmen des § 121 Betriebsverfassungsgesetz. Der Bußgeldrahmen bietet ausreichend Möglichkeiten, im Rahmen der einzelnen Ordnungswidrigkeitentatbestände das konkret zu verhängende Bußgeld der Schwere des jeweiligen Verstoßes entsprechend festzusetzen."

2. Normzweck und Normzusammenhang. Die Norm setzt Bußgeld fest 2 zur Durchsetzung ausgewählter Pflichten der Arbeitgeber. Es handelt sich insgesamt neun Einzeltatbestände, drei unterschiedlichen Bereichen des SGB IX Teil 2 zuzuweisen sind: Die Verletzung der Beschäftigungspflicht sowie die Verletzung bestimmter Arbeitgeberpflichten aus dem SGB IX gegenüber Behörden (der Beschäftigungs, Anzeige- und Nachweispflichten des Arbeitgebers) und Verstöße des Arbeitgebers gegen die ordnungsgemäße Beteiligung der Schwerbehindertenvertretung (Abs. 1). Die einzelne Ordnungswidrigkeit kann mit einer Geldbuße bis zu 10000,– € geahndet werden (Abs. 2). Das Ordnungswidrigkeitenverfahren einschließlich der Festsetzung der Geldbuße wird durch die Regionaldirektionen der Bundesagentur für Arbeit als zuständiger Verwaltungsbehörde vorgenommen (Abs. 3). Rechtskräftige Bußgeldbescheide sind nach dem Verwaltungsvollstreckungsgesetz zu vollstrecken (Abs. 4). Die Geldbuße wird an das Integrationsamt abgeführt, welches die eingehenden Zahlungen für Zwecke der Arbeits- und Berufsförderung schwerbehinderter Menschen und für Leistungen der begleitenden Hilfe verwendet (Abs. 5).

3. Inhalt der Norm im Einzelnen. Eine Ordnungswidrigkeit ist eine 3 rechtswidrige Handlung, die den Tatbestand eines Gesetzesverstoßes verwirklicht, die die Ahndung mit einer Geldbuße zulässt (§ 1 OWiG). Die Norm des § 156 legt in Abs. 1 neun Arbeitgeberverstöße aus dem Pflichtenkatalog des SGB IX Teil 2 für Arbeitgeber fest, die als Ordnungswidrigkeiten geahndet werden können. Die Liste dieser Verstöße ist abschließend. Zur Auslegung und Anwendung der Norm sind die allgemeinen gesetzlichen Regelungen über Ordnungswidrigkeiten anzuwenden. Angesichts des übergeordneten Grundsatzes der freiwilligen Pflichterfüllung durch die Arbeitgeber in diesem Gesetz – s. § 101 Abs. 1 – sollte die Verhängung einer Geldbuße eher eine Ausnahmemaßnahme sein. Tatsächlich werden Bußgelder nach wie vor eher zurückhaltend verhängt, i.Ü. vorzugsweise bei Nichterfüllung von Pflichten gegenüber der Bundesagentur für Arbeit.

4 Bußgeldandrohungen richten sich an Arbeitgeber, weil diese die sanktionsbewehrten gesetzlichen Pflichten zu erfüllen haben. Zwischen privaten und öffentlichen Arbeitgebern wird nicht unterschieden. Den Arbeitgebern gleichgestellt sind nach § 9 OWiG Geschäftsführer, Betriebsleiter und andere leitende Personen, die Arbeitgeberfunktionen wahrnehmen (vgl. OLG Hamm – 4. 11. 1977 – 4 Ss OWi 1737/77, MDR 1978, 598 und OLG Hamm – 25. 6. 1992 – 3 Ss OWi 59/92). § 68 SchwbG – die Vorläuferbestimmung des § 156 SGB IX – erfuhr diese wesentliche Ausweitung seines Anwendungsbereichs durch § 9 OWiG, zuletzt geändert durch Art. 2 des 2. Ges. zur Bekämpfung der Wirtschaftskriminalität (2. WiKG – BGBl. I S. 721). Durch ihn wird der Anwendungsbereich des § 68 SchwbG bzw. § 156 SGB IX über den ArbG hinaus auf Personen erweitert, die für den ArbG handeln (s. *Cramer*, § 68 Rn 4).

5 Unter den Voraussetzungen des § 30 OWiG ist auch die Festsetzung einer Geldbuße gegen eine juristische Person oder Personenvereinigung zulässig. Durch diese Regelung wird eine Besserstellung von juristischen Personen bzw. Personenvereinigungen gegenüber natürlichen Personen ausgeschlossen (*Hauck-Oppermann,* § 156 Rn 30).

6 Die Geldbuße beträgt nach § 17 Abs. 1 OWiG iVm § 156 Abs. 2 SGB IX mindestens 5,– € und höchstens 10000,– €. Grundlage für die Zumessung der Geldbuße ist nach § 17 OWiG die Bedeutung der Ordnungswidrigkeit und der den Handelnden treffende Vorwurf. Die Regionaldirektionen haben bei der Festsetzung der Höhe des Bußgeldes einen Ermessensspielraum.

7 Die Verfolgung von Ordnungswidrigkeiten verjährt in den Fällen des § 156 Abs. 1 SGB IX nach zwei Jahren (§ 27 Abs. 2 OWiG). Die Verjährung beginnt mit dem Tag, an dem die Handlung begangen wurde. Die Behörde kann die Verjährung durch bestimmte Maßnahmen unterbrechen (§§ 28ff OWiG). Die Vollstreckungsverjährung richtet sich nach § 34 OWiG. Diese Verjährungsfrist beträgt fünf Jahre bei einer Geldbuße von mehr als eintausend Euro, drei Jahre bei einer Geldbuße bis zu eintausend Euro.

8 **4. Verfahren.** Der Bußgeldbescheid muss nach § 66 OWiG die Angaben zur Person und von Beteiligten, der Tat, der Beweismittel, die Buße und etwaige Nebenfolgen enthalten. Bescheiderteilung erfolgt durch die zuständige Regionaldirektion.

§ 157 Stadtstaatenklausel

(1) [1]Der Senat der Freien und Hansestadt Hamburg wird ermächtigt, die Schwerbehindertenvertretung für Angelegenheiten, die mehrere oder alle Dienststellen betreffen, in der Weise zu regeln, dass die Schwerbehindertenvertretungen aller Dienststellen eine Gesamtschwerbehindertenvertretung wählen. [2]Für die Wahl gilt § 94 Abs. 2, 3, 6 und 7 entsprechend.

(2) § 97 Abs. 6 Satz 1 gilt entsprechend.

§ 157 wurde aus § 70 SchwbG in das SGB IX am 1. 7. 2001 übernommen. 1
Sie wird nur in der Freien und Hansestadt Hamburg mit ihrem einstufigen Verwaltungsaufbau benötigt, weil die unmittelbare Anwendung der Vorschriften über die Gesamt-, Bezirks- und Hauptschwerbehindertenvertretung dort nicht möglich ist. Stattdessen wird in Hamburg auf Grundlage entsprechender Regelung des § 157 SGB IX und eigenem Landesrecht eine Gesamtschwerbehindertenvertretung gewählt. Für diese gelten die Vorschriften des § 97 entsprechend. Der Senat der Freien und Hansestadt Hamburg hat von der Ermächtigung des § 157 durch die Verordnung über die Einführung eines Gesamtvertrauensmannes vom 10. 4. 1979 (Hamb. GVBl. S. 111) Gebrauch gemacht. Nach dieser Verordnung wählen für Angelegenheiten, die mehrere oder alle Dienststellen und Behörden der Freien und Hansestadt Hamburg betreffen, die Schwerbehinderten eine Gesamtschwerbehindertenvertretung. Abweichend von § 97 Abs. 1 wird in Hamburg die Gesamtschwerbehindertenvertretung von allen beschäftigten Schwerbehinderten gewählt. Die Wahlordnung Schwerbehindertenvertretungen (SchwbVWO) ist anzuwenden. Nach Abs. 2 gilt § 97 Abs. 6 Satz 1 entsprechend.

§ 158 Sonderregelung für den Bundesnachrichtendienst

Für den Bundesnachrichtendienst gilt dieses Gesetz mit folgenden Abweichungen:

1. Der Bundesnachrichtendienst gilt vorbehaltlich der Nummer 3 als einheitliche Dienststelle.

2. [1]Für den Bundesnachrichtendienst gelten die Pflichten zur Vorlage des nach § 80 Abs. 1 zu führenden Verzeichnisses, zur Anzeige nach § 80 Abs. 2 und zur Gewährung von Einblick nach § 80 Abs. 7 nicht. [2]Die Anzeigepflicht nach § 90 Abs. 3 gilt nur für die Beendigung von Probearbeitsverhältnissen.

3. [1]Als Dienststelle im Sinne des Kapitels 5 gelten auch Teile und Stellen des Bundesnachrichtendienstes, die nicht zu seiner Zentrale gehören. [2]§ 94 Abs. 1 Satz 4 und 5 sowie § 97 sind nicht anzuwenden. [3]In den Fällen des § 97 Abs. 6 ist die Schwerbehindertenvertretung der Zentrale des Bundesnachrichtendienstes zuständig. [4]Im Falle des § 94 Abs. 6 Satz 4 lädt der Leiter oder die Leiterin der Dienststelle ein. [5]Die Schwerbehindertenvertretung ist in den Fällen nicht zu beteiligen, in denen die Beteiligung der Personalvertretung nach dem Bundespersonalvertretungsgesetz ausgeschlossen ist. [6]Der Leiter oder die Leiterin des Bundesnachrichtendienstes kann anordnen, dass die Schwerbehindertenvertretung nicht zu beteiligen ist, Unterlagen nicht vorgelegt oder Auskünfte nicht erteilt werden dürfen, wenn und soweit dies aus besonderen nachrichtendienstlichen Gründen geboten ist. [7]Die Rechte und Pflichten der Schwerbehindertenvertretung ruhen, wenn die Rechte und Pflichten der Personalvertretung ruhen. [8]§ 96 Abs. 7 Satz 3 ist nach Maßgabe der Sicherheitsbestimmungen des Bundesnachrichtendienstes anzuwenden. [9]§ 99 Abs. 2 gilt nur für die in § 99

Abs. 1 genannten Personen und Vertretungen der Zentrale des Bundesnachrichtendienstes.

4. [1]Im Widerspruchsausschuss bei dem Integrationsamt (§ 119) und im Widerspruchsausschuss bei der Bundesagentur für Arbeit (§ 120) treten in Angelegenheiten schwerbehinderter Menschen, die beim Bundesnachrichtendienst beschäftigt sind, an die Stelle der Mitglieder, die Arbeitnehmer oder Arbeitnehmerinnen und Arbeitgeber sind (§ 119 Abs. 1 und § 120 Abs. 1), Angehörige des Bundesnachrichtendienstes, an die Stelle der Schwerbehindertenvertretung die Schwerbehindertenvertretung der Zentrale des Bundesnachrichtendienstes. [2]Sie werden dem Integrationsamt und der Bundesagentur für Arbeit vom Leiter oder der Leiterin des Bundesnachrichtendienstes benannt. [3]Die Mitglieder der Ausschüsse müssen nach den dafür geltenden Bestimmungen ermächtigt sein, Kenntnis von Verschlusssachen des in Betracht kommenden Geheimhaltungsgrades zu erhalten.

5. Über Rechtsstreitigkeiten, die auf Grund dieses Buches im Geschäftsbereich des Bundesnachrichtendienstes entstehen, entscheidet im ersten und letzten Rechtszug der oberste Gerichtshof des zuständigen Gerichtszweiges.

1 § 158 wurde eingeführt durch Art. 1 SGB IX ab 1. 7. 2001. Er entspricht § 71 SchwbG. Die Bestimmung entspricht der Regelung für den Bundesnachrichtendienst im BPersVG, dort § 86. Die Einschränkungen und Sonderregelungen orientieren sich an den besonderen Aufgaben und der Organisationsform des Bundesnachrichtendienstes. Den Schwerbehindertenvertretungen werden deswegen nicht dieselben Befugnisse eingeräumt wie in den übrigen Verwaltungen. Es soll vermieden werden, dass Unbefugte Einblick in personelle und organisatorische Strukturen des BND erhalten können. Gemäß § 86 Nr. 8 BPersVG können die Beschäftigten des Bundesnachrichtendienstes keine Stufenvertretungen bilden. Es gibt deshalb auch keine Bezirks- und Hauptschwerbehindertenvertretungen.

2 Die getroffenen Regelungen betreffen weder die Rechtstellung der beim BND beschäftigten schwerbehinderten Menschen noch die Verfahrenspflichten des BND als öffentlicher Arbeitgeber bei der Besetzung von freien Stellen (§§ 81, 82). Die Beschäftigungspflichten nach §§ 71, 72 SGB IX gelten uneingeschränkt.

§ 159 Übergangsregelung

(1) **Abweichend von § 71 Abs. 1 beträgt die Pflichtquote für die in § 71 Abs. 3 Nr. 1 und 4 genannten öffentlichen Arbeitgeber des Bundes weiterhin 6 Prozent, wenn sie am 31. 10. 1999 auf mindestens 6 Prozent der Arbeitsplätze schwerbehinderte Menschen beschäftigt hatten.**

(2) **Auf Leistungen nach § 33 Abs. 2 des Schwerbehindertengesetzes in Verbindung mit dem Ersten Abschnitt der Schwerbehinderten-Ausgleichsabgabeverordnung jeweils in der bis zum 30. 9. 2000 geltenden Fassung sind die zu diesem Zeitpunkt geltenden Rechtsvorschriften weiter**

anzuwenden, wenn die Entscheidung über die beantragten Leistungen vor dem 1. 10. 2000 getroffen worden ist.

(3) Eine auf Grund des Schwerbehindertengesetzes getroffene bindende Feststellung über das Vorliegen einer Behinderung, eines Grades der Behinderung und das Vorliegen weiterer gesundheitlicher Merkmale gelten als Feststellungen nach diesem Buch.

(4) Die nach § 56 Abs. 2 des Schwerbehindertengesetzes erlassenen allgemeinen Richtlinien sind bis zum Erlass von allgemeinen Verwaltungsvorschriften nach § 141 weiter anzuwenden.

(5) § 17 Abs. 2 Satz 1 ist vom 1. 1. 2008 an mit der Maßgabe anzuwenden, dass auf Antrag Leistungen durch ein Persönliches Budget ausgeführt werden.

(6) Auf Erstattungen nach Teil 2 Kapitel 13 ist § 148 für bis zum 31. 12. 2004 entstandene Fahrgeldausfälle in der bis zu diesem Zeitpunkt geltenden Fassung anzuwenden.

1. Sozialpolitischer Hintergrund. Die Norm ist eine wenig systematische Sammelvorschrift, die keinen einheitlichen sozialpolitischen Hintergrund aufweist. Alle Normen haben einen Bezug zu materiellen Normen des SGB IX. Hinsichtlich des sozialpolitischen Hintergrundes wird auf die Ausführungen bei den dort genannten Normen verwiesen. 1

2. Geltende Fassung und Entstehungsgeschichte. § 159 wurde durch Art. 1 SGB IX zum 1. 7. 2001 eingeführt. Die Vorschrift wurde gegenüber dem Regierungsentwurf (BT-Drucks. 14/5531 iVm 14/5074) wesentlich verändert bzw. ergänzt (siehe ausführlich: *Knittel*, Erl. § 159 Rn 5ff). Abs. 5 wurde angefügt durch das 3. Gesetz für moderne Dienstleistungen am Arbeitsmarkt vom 23. 12. 2003 (BGBl. I S. 2892) Abs. 6 wurde mit dem Verwaltungsvereinfachungsgesetz (BGBl. I Nr. 18, v. 29. 3. 2005, 827) eingeführt. Die letzte Änderung erfolgte mit Artikel 8 des Gesetzes zur Einordnung des Sozialhilferechts in das Sozialgesetzbuch vom 27. 12. 2003 (BGBl. I S. 3022 Nr. 67/2003). 2

3. Normzweck und Normzusammenhang. Es handelt sich um ein SGB IX-spezifisches Bündel unterschiedlicher und im Zeitverlauf seitdem teilweise geänderter bzw. neu eingefügter Vorschriften. Der Normzweck und Normzusammenhang ist für die Abs. 1 bis 6 jeweils unterschiedlich. Abs. 1 – abweichende Pflichtquote für Teile des öffentlichen Dienstes des Bundes als Sonderregelung zu § 71 – und Abs. 5 – Rechtsanspruch auf die Leistungsform des Persönlichen Budgets ab 1. 1. 2008 – sind eigentlich keine Übergangsregelungen, sondern Sondervorschrift (Abs. 1) bzw. eine dauerhafte Ergänzung (Abs. 5) der Bezugsnorm des § 17. Die Normen der Abs. 2 und 6 haben sich inzwischen historisch überlebt. 3

4. Inhalt der Vorschrift im Einzelnen. a) Abweichende Pflichtquote im öffentlichen Dienst (Abs. 1). § 159 Abs. 1 bestimmt, dass abweichend von § 71 Abs. 1 die Pflichtquote für die in § 71 Abs. 3 Nr. 1 und 4 genannten öffentlichen Arbeitgeber des Bundes weiterhin 6% beträgt. Die Vorgängernorm war bereits in § 5 Abs. 1 SchwbG enthalten. Sie richtete sich an öffentliche Arbeitgeber des Bundes, wenn sie am 31. 10. 1999 auf mindestens 6% 4 der Arbeitsplätze schwerbehinderte Menschen beschäftigt hatten. In der von der Bundesagentur für Arbeit jährlich für den Monat 10. geführten und im Internet veröffentlichten Statistik aus dem Anzeigeverfahren gem. § 80 Abs. 2 SGB IX – Arbeitgeber mit 20 und mehr Arbeitsplätzen – (download: http://www.pub.arbeitsamt.de/hst/services/statistik/000000/html/start/detail.shtml) werden diejenigen Arbeitgeber, die der Norm des § 159 Abs. 1 unterliegen, mit einigen Kennzahlen ausgewiesen (Tabelle T 1). Demnach unterlagen in 2006 insgesamt 161 öffentliche Arbeitgeber dieser Vorschrift, die ca. 11600 Pflichtplätze besetzten. Die Gruppe dieser öffentlichen Arbeitgeber erfüllte die Beschäftigungspflicht mit durchschnittlich 8,2%.

5 **b) Eingliederungszuschüsse nach § 33 Abs. 2 SchwbG (Abs. 2).** Die Übergangsvorschrift des Abs. 2 ist heute sachlich bedeutungslos und könnte aufgehoben werden.

6 **c) Fortgelten der Feststellungsbescheide (Abs. 3).** Die Feststellungsbescheide nach dem SchwbG zur Feststellung einer Behinderung bzw. Schwerbehinderung werden in das System des SGB IX nach dieser Regelung unverändert übernommen, auch der Erl. der VersmedV (s. Erl. § 69) berührt diese Vorschrift nicht.

7 **d) Richtlinie Vergabe von Aufträgen an WfbM durch die öffentliche Hand (Abs. 4).** Die Vorschrift ist heute noch die rechtliche Grundlage für die auch nach in Kraft treten des SGB IX im Jahr 2001 geltende Richtlinie des Bundesministerium für Wirtschaft und Technologie für die Berücksichtigung von Werkstätten für Behinderte und Blindenwerkstätten bei der Vergabe von öffentlichen Aufträgen vom 10. 5. 2001 (Bundesanzeiger Nr. 109 vom 16. 6. 2001, S. 11773) s. hierzu auch Erl. zu § 141.

8 **e) Rechtsanspruch auf die Leistungsform des Persönlichen Budgets (Abs. 5).** Der Rechtsanspruch auf die Leistungsform des persönlichen Budgets ab 1. 1. 2008 wurde eingefügt durch Artikel 8 des Gesetzes zur Einordnung des Sozialhilferechts in das Sozialgesetzbuch vom 27. 12. 2003 (BGBl. I S. 3022 Nr. 67/2003). Hinsichtlich der Kommentierung wird verwiesen auf die Erl. zu § 17. Die Stellung der Norm im Gesetzestext ist eher als unglücklich zu werten.

9 **f) Regelung bzgl. der Erstattung von Fahrgeldausfällen (Abs. 6).** Die Vorschrift hat in zwischen keine praktische Bedeutung mehr und sollte aufgehoben werden.

§ 159a

Übergangsvorschrift zum Dritten Gesetz für moderne Dienstleistungen am Arbeitsmarkt § 73 Abs. 2 Nr. 4 ist in der bis zum 31. 12. 2003 geltenden Fassung weiter anzuwenden, solange Personen an Strukturanpassungsmaßnahmen nach dem Dritten Buch teilnehmen.

1 Die Vorschrift wurde durch 3. G.f. moderne Dienstleistungen am Arbeitsmarkt v. 23. 12. 2003 (BGBl. I S. 2892) eingeführt. Sie stellte sicher, dass die genannte Vorschrift § 73 Abs. 2 Nr. 4 für nach dem 31. 12. 2003 noch in Strukturanpassungsmaßnahmen beschäftigte schwerbehinderte Menschen weiter gilt. Dies hatte insofern praktische Bedeutung bei entsprechender Fallkonstellation, als auf diese Norm die Vorschrift des § 75 Abs. 1 zugreift.

§ 160 Überprüfungsregelung

(1) **Die Bundesregierung berichtet den gesetzgebenden Körperschaften des Bundes bis zum 30. 6. 2005 über die Situation behinderter und schwerbehinderter Frauen und Männer auf dem Ausbildungsstellenmarkt und schlägt die danach zu treffenden Maßnahmen vor.**

(2) [1] **Sie berichtet den gesetzgebenden Körperschaften des Bundes bis zum 30. 6. 2007 über die Wirkungen der Instrumente zur Sicherung von Beschäftigung und zur betrieblichen Prävention.** [2] **Dabei wird auch die Höhe der Beschäftigungspflichtquote überprüft.**

Literatur: Unterrichtung durch die Bundesregierung: Bericht der Bundesregierung nach § 160 des Neunten Buches Sozialgesetzbuch (SGB IX) über die Beschäftigungssituation schwerbehinderter Menschen BT-Drucks. 15/1295 vom 26. 6. 2003; Unterrichtung durch die Bundesregierung: Bericht der Bundesregierung über die Situation behinderter und schwerbehinderter Frauen und Männer auf dem Ausbildungsstellenmarkt, BT-Drucks. 15/5922 bzw. BR-Drucks. 570/05 vom 14. 7. 2005; Unterrichtung durch die Bundesregierung: Bericht der Bundesregierung über die Wirkungen der Instrumente zur Sicherung von Beschäftigung und zur betrieblichen Prävention BT-Drucks. 16/6044 vom 2. 7. 2007; weitere Literatur siehe bei § 160 sowie dort Rn 14 mit einer tabellarischen Übersicht über ausgewählte BT- und BR-Drs., die dem Berichtswesen zur Lage der behinderten Menschen zuzuordnen sind.

1. Sozialpolitischer Hintergrund. Die Norm ist sozialpolitisch im Kontext diverser anderer im SGBIX, BBG, AGG und BRK geregelter Berichtspflichten (zB § 66 SGB IX) als Ausdruck einer Gesetzesstrategie zu sehen, die das Thema der gesellschaftlichen und beruflichen Eingliederung behinderter Menschen durch öffentliche Auseinandersetzung zu fördern. Die Norm aF legte die berichtsmäßigen Grundlagen für die Entfristung der zunächst nur befristet eingeführten 5%-Quote (s. u. Rn 6 ff). 1

2. Geltende Fassung und Entstehungsgeschichte. § 160 wurde durch Art. 1 SGB IX ab 1. 7. 2001 eingeführt. Die Norm geht zurück auf § 73 Schwerbehindertengesetz idF vom 1. 10. 2000 nach dem Gesetz zur Bekämpfung der Arbeitslosigkeit Schwerbehinderter vom 29. 9. 2000 (BGBl. I S. 1394). In seiner ursprünglichen Fassung verlangte die Norm die Vorlage eines Berichts über die Beschäftigungssituation schwerbehinderter Menschen mit Maßnahmevorschlägen bis zum 30. 6. 2003. In der Begründung zum Regierungsentwurf (BT-Drucks. 14/5074) ist zu der Vorschrift ausgeführt: 2

„In dem zum 30. 6. 2003 zu erstattenden Bericht wird auch auf die Neuverteilung der Ausgleichsabgabe zwischen Bund und Ländern (§ 79 Nr. 3) einzugehen und werden Vorschläge zur Änderung zu machen sein. Im Rahmen dieses Gesetzes ist eine Neuverteilung des Aufkommens an Ausgleichsabgabe noch nicht sinnvoll, weil die finanziellen Auswirkungen der Neuordnung der Ausgleichsabgabe durch das Gesetz zur Bekämpfung der Arbeitslosigkeit Schwerbehinderter (SchwbBAG), das am 1. 10. 2000 in Kraft

getreten ist, erst Ende des Jahres 2002 abgeschätzt werden können, ebenso die Auswirkungen der Verbesserung der konjunkturellen Lage und der Arbeitsmarktsituation auf die maßgebliche Zahl der Arbeitsplätze sowie die Ausgaben für den flächendeckenden Auf- und Ausbau von Integrationsfachdiensten sowie der durch eine Erhebung noch festzustellende Bedarf an weiteren Plätzen vor allem in Werkstätten für behinderte Menschen.“ (zur Umsetzung der diesbzgl. Änderungen siehe Erl. § 77).

3 Diese Berichtspflicht wurde mit Vorlage der Unterrichtung durch die Bundesregierung: Bericht der Bundesregierung nach § 160 des Neunten Buches Sozialgesetzbuch (SGB IX) über die Beschäftigungssituation schwerbehinderter Menschen BT-Drucks. 15/1295 bzw. BR-Drucks. 472/03 vom 26. 6. 2003 termingerecht erfüllt. Darauf hin wurde durch Gesetz zur Förderung der Ausbildung und Beschäftigung schwerbehinderter Menschen v. 23. 4. 2004 (BGBl. I S. 606), in Kraft mWv 1. 5. 2004, die Norm des Abs. 1 in die heutige Fassung geändert.

4 Abs. 2 wurde neu angefügt mit dem Gesetz v. 23. 4. 2004 (BGBl. I S. 606). Auch dieser Bericht wurde termingemäß vorgelegt (BT-Drucks. 16/6044 vom 2. 7. 2007). Obwohl seitdem das SGB IX geändert wurde, wurde auf die Fortschreibung der Norm verzichtet, was darauf schließen lässt, dass zumindest aktuell keine aktive Weiterverfolgung des Konzeptes „lernendes Gesetz“ durch die Bundesregierung und die Mehrheit des Deutschen Bundestages an dieser Stelle zu erwarten ist.

5 **3. Normzweck und Normzusammenhang.** Die Norm verpflichtet die Bundesregierung, dem Bundestag und dem Bundesrat bestimmte Berichte zur Umsetzung der genannten SGB IX-Vorschriften vorzulegen. Die beiden in Abs. 1 und 2 genannten Berichte stehen neben ähnlichen Berichtspflichten nach § 66. Die steht im Kontext anderer Berichtsnormen und BT-Beschlüssen zum einschlägigen Berichtswesen (s. Tabellarische Übersicht Rn 14, s.a. ausführliche Erl. Feldes-*Ritz* Erl. § 66 und § 160).

6 **4. Tabellarische Übersicht über die Berichte der Bundesregierung.** Auf Grundlage diverser Einzelvorschriften (im SGB IX insbes. §§ 66, 160) in SGB IX, BGG, AGG und BRK werden regelmäßig Berichte der Bundesregierung vorgelegt. Zuletzt wurde am der Behindertenbericht 2009 vorgelegt.

7 **Übersicht über ausgewählte Berichte der Bundesregierung zur Teilhabe behinderter Menschen auf Grundlage div. Entschließungen und nach §§ 66, 160 SGB IX**

Jahre	Rechtsgrundlage	Titel	BT-Drucks./ BR-Drucks.
1984	BT-Drucks. 9/1753 vom 17. 6. 1982*	Unterrichtung durch die Bundesregierung: 1. Bericht der Bundesregierung über die **Lage der Behinderten und die Entwicklung der Rehabilitation**	BT-Drucks. 10/1233 vom 4. 4. 1984

Jahre	Rechtsgrundlage	Titel	BT-Drucks./ BR-Drucks.
1989	BT-Drucks. 9/1753 vom 17. 6. 1982*	Unterrichtung durch die Bundesregierung: 2. Bericht der Bundesregierung über die **Lage der Behinderten und die Entwicklung der Rehabilitation**	BT-Drucks. 11/4455 vom 2. 5. 1989
1994	BT-Drucks. 9/1753 vom 17. 6. 1982*	Unterrichtung durch die Bundesregierung: 3. Bericht der Bundesregierung über die **Lage der Behinderten und die Entwicklung der Rehabilitation**	BT-Drucks. 12/7149 vom 24. 3. 1994
1997	BT-Drucks. 9/1753 vom 17. 6. 1982*	Unterrichtung durch die Bundesregierung: Vierter Bericht der Bundesregierung über die **Lage der Behinderten und die Entwicklung der Rehabilitation**	BT-Drucks. 13/9514 vom 18. 12. 1997
2002	Beschlüsse des BT aus 1959 und 1964**	Bericht der Bundesregierung über die Beschäftigung **schwerbehinderter Menschen im öffentlichen Dienst des Bundes,** (1. Nov. 2000–31. Okt. 2001)	BT-Drucks. 15/227 vom 18. 12. 2002
2003	§ 160 Abs. 1 a. F.	Bericht der Bundesregierung nach § 160 des Neunten Buches Sozialgesetzbuch (SGB IX) über die **Beschäftigungssituation schwerbehinderter Menschen**	BT-Drucks. 15/1295 und BR-Drucks. 472/03 vom 26. 6. 2003
2004	§ 66 Abs. 1	Bericht der Bundesregierung über die **Lage behinderter Menschen und die Entwicklung ihrer Teilhabe** nach	BT-Drucks. 15/4575 und BR-Drucks. 993/04 vom 16. 12. 2004

Jahre	Rechtsgrundlage	Titel	BT-Drucks./ BR-Drucks.
		§ 66 des Neunten Buches Sozialgesetzbuch***	
2005	Beschlüsse des BT aus 1959 und 1964*	Bericht der Bundesregierung über die Beschäftigung **schwerbehinderter Menschen im öffentlichen Dienst des Bundes** (1. Nov. 2002–31. Okt. 2003)	BT-Drucks. 15/5921 vom 14. 7. 2005
2005	§ 160 Abs. 1 n.F.	Bericht der Bundesregierung über die Situation behinderter und schwerbehinderter Frauen und Männer auf dem **Ausbildungsstellenmarkt**	BT-Drucks. 15/5922 bzw. BR-Drucks. 570/05 vom 14. 7. 2005
2006	Beschlüsse des BT aus 1959 und 1964*	Bericht der Bundesregierung über die Beschäftigung **schwerbehinderter Menschen im öffentlichen Dienst des Bundes** (1. Nov. 2003–31. Okt. 2004)**	BT-Drucks. 16/1100 vom 28. 3. 2006
2006	§ 66 Abs. 3	Bericht der Bundesregierung über die Ausführung der Leistungen des **Persönlichen Budgets** nach § 17 des Neunten Buches Sozialgesetzbuch	BT-Drucks. 16/3983 und BR-Drucks. 941/06 vom 21. 12. 2006
2007	§ 160 Abs. 2	Bericht der Bundesregierung über die Wirkungen der Instrumente zur **Sicherung von Beschäftigung** und zur **betrieblichen Prävention**	BT-Drucks. 16/6044 vom 2. 7. 2007

Jahre	Rechtsgrundlage	Titel	BT-Drucks./ BR-Drucks.
2009	Beschlüsse des BT aus 1959 und 1964,* sowie** BT 16/2840	Bericht der Bundesregierung über die Lage behinderter Menschen und die Entwicklung ihrer Teilhabe **(Behindertenbericht 2009)**	BT-Drucks. 16/13 829 vom 17. 7. 2009

* Entschließung zur Vorlage eines Berichts über die Lage der Behinderten und die Entwicklung der Rehabilitation, BT-Drucks. 9/1753 vom 17. 6. 1982, S. 3.

** BT-Drucks. 16/2840 vom 29. 9. 2006 (Beschlussempfehlung und Bericht): Abschaffung der jährlichen Berichte über die Beschäftigung **schwerbehinderter Menschen im öffentlichen Dienst des Bundes**, Einbindung in die Berichte über die **Lage behinderter Menschen und die Entwicklung ihrer Teilhabe** einmal in der Legislaturperiode siehe auch Beschlüsse des Deutschen Bundestages hierzu: BT-Drucks. 9/1753 vom 17. 6. 1982 und BT-Drucks. 12/1943 v. 20. 2. 1992 siehe Hinweis in BT-Drucks. 16/2840 vom 29. 9. 2006, S. 3.

*** Hierzu siehe auch BR-Drucks. 993/04 (Beschluss): Deutliche Abgrenzung des Bundesrates von der Sichtweise der Integration behinderte Kinder und Jugendlicher im Schulbereich durch den Bericht, Anmahnung des Ausgleichs nicht kompensierter finanzieller Mehraufwendung der Sozial- und Jugendhilfeträger, die auf Regelungen des SGB IX zurück gehen (Bezug auf BR-Drucks. 278/01).

B. Allgemeines Gleichbehandlungsgesetz (AGG)

vom 14. 8. 2006 (BGBl. I S. 1897)

zuletzt geändert durch Artikel 15 Absatz 66 des Gesetzes vom 5. 2. 2009 (BGBl. I S. 160)

Inhaltsübersicht

Überblick Rdnr.

Quellennachweise ... 1
Literatur ... 1
Rechtsprechung ... 2
Internetangebote ... 3
Institutionen ... 4

Rdnr.

Einleitung ... 1

I. Überblick über das AGG ... 1
II. Völkerrechtliche Stärkung des menschenrechtsbasierten Diskriminierungsschutzes durch die UN-Behindertenrechtskonvention ... 5
III. Entwicklung des AGG ... 8
IV. Inhalt des AGG ... 9

Auszugsweise Kommentierung des AGG unter dem Aspekt der behindertenrechtlichen Relevanz

Überblick

I. Quellennachweise:

1. Literatur: 1

Kommentarliteratur zum AGG:

Bauer/Göpfert/Krieger, AGG, 2. Auflage, München 2008;
Däubler/Bertzbach, AGG, 2. Auflage, Baden-Baden 2008;
Erfurter Kommentar zum Arbeitsrecht, 10. Auflage, München 2010;
Flohr/Ring, Das neue Gleichbehandlungsgesetz, Münster 2006;
Gaier/Wendtland, AGG, München 2006;
Rust/Falke, AGG, Berlin 2007;
Schiek, AGG, Regensburg 2007;
Wisskirchen, AGG, 2. Auflage, Frechen 2006

sonstige Literatur:

Adomeit, Klaus, Mohr, Jochen, Die Rechtsgrundlagen und Reichweite des Schutzes vor diskriminierenden Kündigungen, NJW, 31/2009, 2255–2258;

Bayreuther; Frank, Die Rechtsprechung des Bundesarbeitsgerichts 2007, ZfA, 1/2009, 1 ff;

Behindertenbericht 2009 – Bericht der Bundesregierung über die Lage von Menschen mit Behinderungen für die 16. Legislaturperiode (BT.-Drucks. 16/13 829 vom 17. 7. 2009) auch als Broschüre des BMAS und download dort: www.bmas.bund.de;

Bihr/*Fuchs/Krauskopf/Ritz*, SGB IX, München 2006;

Feldes/Kohte/Stevens-Bartol, SGB IX, Frankfurt 2009;

Fischer, Hans-Georg, Die Rechtsprechung zum Allgemeinen Gleichbehandlungsgesetz bei öffentlich-rechtlichen Dienstverhältnissen – ein Überblick, Recht im Amt 1/2009, 9–16;

Lindner, Die Ausweitung des Diskriminierungsschutzes durch den EuGH, NJW 2006, 2750;

Medem, Andreas von, Beweis und Vermutung bei Diskriminierender Einstellung, NZA, 10/2007, 545–548

Mohr, Jochen, Die Sozialauswahl gem. § 1 Abs. 3 KSchG zwischen Kündigungs- und Diskriminierungsschutz, ZfA, 4/2007, 361–390;

ders., Der Diskriminierungsschutz (schwer-)behinderter Arbeitnehmer nach AGG und dem SGB IX, Behindertenrecht, 2/2008, S. 34–60

Steinmeyer, Heinz-Dietrich, Das Allgemeine Gleichbehandlungsgesetz und die betriebliche Altersversorgung, ZfA, 1/2007, 27–41;

Ritschel, Der gemeinschaftsrechtliche Begriff der Behinderung, Forum B – Schwerbehindertenrecht und betriebliches Gesundheitsmanagement – Diskussionsbeitrag Nr. 2/2007;

Schiefer, Berns, Zwei Jahre Allgemeines Gleichstellungsgesetz, ZfA, 4/2008, S. 493–525

Theben, Bettina/Becker, Klaus W. (Hrsg.), Rechtshandbuch für Behindertenbeauftragte und Schwerbehindertenvertretungen, 2005;

2. Rechtsprechung:

2 EuGH, Urt. v. 17. 7. 2008 – Rs. C-303/06 *(Coleman)*; EuGH, Urt. v. 11. 7. 2006 – Rs. C-13/05 *(Chacón Navas)*; EuGH, Urt. v. 22. 11. 2005 – Rs. C-144/04 *(Mangold)*; BVerfGE 73, 261, 269; BAG, Urt. v. 3. 4. 2007, Az.: 9 AZR 823/06; BAG, Urt. v. 6. 11. 2008, Az.: 2 AZR 523/07; LAG Hamburg, Urt. v. 9. 11. 2007, Az.: H 3 Sa 102/07; LAG München, Urt. v. 8. 7. 2008, Az.: 8 Sa 112/08; ArbG Berlin, Urt. v. 10. 9. 2008, Az.: Ca 10703/08; VG Wiesbaden, Urt. v. 1. 4. 2008, Az.: 8 E 735/07; VG Gelsenkirchen, Urt. v. 12. 3. 2008, Az.: 1 K 6980/03.

3. Internetangebote:

3 **Leitfaden für Arbeitgeber**

Ein Leitfaden für Arbeitgeber und Arbeitgeberinnen mit Antworten zu den wichtigsten Fragen zum AGG ist auf der Webseite der Antidiskriminierungs – stelle des Bundes abrufbar unter

http://www.antidiskriminierungsstelle.de/bmfsfj/generator/ADS/tipps-fuer-unternehmen.html

Rechtsprechungsübersicht

Eine Übersicht mit einer Auswahl an bundesdeutscher Rechtsprechung (nicht nur) zum Diskriminierungsmerkmal der Behinderung bietet die Antidiskriminierungsstelle des Landes Berlin auf ihrer Webseite unter

http://www.berlin.de/lb/ads/agg/urteile/index.html

iqpr – Institut für Qualitätssicherung in Prävention und Rehabilitation GmbH an der Deutschen Sporthochschule Köln

Diskussionsforum Teilhabe und Prävention

Vor dem Hintergrund der Institutsarbeit werden seit 2003 im iqpr Diskussionsforen zu Rechts- und Sachfragen aus verschiedenen Bereichen der Themenfelder Teilhabe und Prävention gepflegt.

http://www.iqpr.de/iqpr/seiten/diskussionsforen/diskussionsforen-de.asp bzw. ab 2010 www.reha-recht.de

Informationen zum AGG, die für Menschen mit Behinderungen von Interesse sind, gibt es (auch in leichter Sprache) in einer Broschüre der Bundesbeauftragten der Bundesregierung für die Belange behinderter Menschen (www.behindertenbeauftragte.de)

Einleitung

I. Überblick über das AGG

In der Arbeitswelt wurden schwerbehinderte Beschäftigte durch die Regelungen im SGB IX vor Diskriminierung wegen der Behinderung geschützt. Das AGG stellt rechtstechnisch diesen Diskriminierungsschutz um und weitet ihn auf alle behinderten Menschen aus – dh eine Schwerbehinderung oder Gleichstellung nach § 2 SGB IX ist für diesen Diskriminierungsschutz nicht mehr Voraussetzung. Behinderte Menschen dürfen weder bei der Bewerberauswahl noch bei der Berufsausübung, bei der Weiterbildung oder bei Beförderungen wegen ihrer Behinderung benachteiligt werden. Verstöße gegen dieses Verbot lösen einen Anspruch auf Schadensersatz aus, der allerdings vom Diskriminierten im Rahmen der diesbzgl. Verfahrensregelungen des AGG geltend gemacht werden muss. 1

Ein Anspruch auf eine Einstellung oder auf beruflichen Aufstieg besteht nach dem AGG jedoch nicht. Es wird lediglich ein Anspruch auf Entschädigung mit speziellen prozessualen Regelungen konstituiert. Die Arbeitgeber und Arbeitgeberinnen sind verpflichtet, das AGG und seine Bestimmungen in allgemeiner Form bekannt zu geben, Diskriminierungen vorzubeugen und aktiv und effektiv gegen Benachteiligungen vorzugehen. 2

Das „Allgemeine Gleichbehandlungsgesetz – AGG" ist am 18. 8. 2006 als Artikel 1 des „Gesetzes zur Umsetzung europäischer Richtlinien zur Verwirklichung des Grundsatzes der Gleichbehandlung" in Kraft getreten. Es dient der Umsetzung vierer auf Grundlage von Art. 13 bzw. 141 EGV erlassenen Richtlinien, nämlich 3

- der RL 2000/43/EG des Rates vom 29. 6. 2000 zur Anwendung des Gleichbehandlungsgrundsatzes ohne Unterschied der Rasse oder der ethnischen Herkunft,
- der RL 2000/78/EG des Rates vom 27. 11. 2000 zur Festlegung eines allgemeinen Rahmens für die Verwirklichung der Gleichbehandlung in Beschäftigung und Beruf,
- der RL 2002/73/EG des Europäischen Parlaments und des Rates vom 23. 9. 2002 zur Änderung der Richtlinie 76/207/EWG des Rates zur Verwirklichung des Grundsatzes der Gleichbehandlung von Männern und Frauen hinsichtlich des Zugangs zur Beschäftigung, zur Berufsbildung

und zum beruflichen Aufstieg sowie in Bezug auf die Arbeitsbedingungen sowie
- der RL 2004/113/EG des Rates vom 13. 12. 2004 zur Verwirklichung des Grundsatzes der Gleichbehandlung von Männern und Frauen beim Zugang zu und bei der Versorgung mit Gütern und Dienstleistungen.

Der Geltungsbereich des AGG umfasst auch den öffentlichen Dienst. Für Klagen von Beamten und Richtern – zB auf Schadensersatz oder Entschädigung nach § 15 Abs. 1, 2 AGG – ist der Verwaltungsgerichtsweg nach § 40 Abs. 2 VwGO eröffnet (s. *Fischer* 2009, S. 12 mit Rechtsprechungsnachweisen). Das AGG gilt jedoch nicht für Soldaten. Für sie ist das Gesetz über die Gleichbehandlung der Soldatinnen und Soldaten (Soldatinnen- und Soldaten-Gleichbehandlungsgesetz – SoldGG) vom 14. 8. 2006 (BGBl. I S. 1897, 1904), zuletzt geändert durch Artikel 4 des Gesetzes vom 31. 7. 2008 (BGBl. I S. 1629) anzuwenden, das entsprechend dem Status der Gruppe reduzierte Anwendungen vorsieht und nur den Schutz von schwerbehinderten und gleichgestellten Soldatinnen und Soldaten umfasst. Diese Beschränkung ist EU-rechtlich zulässig (s. *Fischer* 2009, S. 12).

4 Das AGG gibt dem deutschen (Schwer-)Behindertenrecht eine zusätzliche europarechtliche Prägung. Deutschland hat mit dem Allgemeinen Gleichbehandlungsgesetz (AGG) nach allgemeiner Auffassung durchaus einen wichtigen Schritt getan, Diskriminierungen behinderter Menschen verstärkt gegenüber dem status quo ante rechtlich entgegen zu treten. Das Gesetz schützt und stärkt aber nicht nur die Rechte von behinderten Menschen, sondern auch von Menschen, die wegen ihrer Rasse oder ethnischen Herkunft, ihrer Religion oder Weltanschauung, wegen ihres Geschlechts oder ihrer sexuellen Orientierung oder wegen ihres Alters diskriminiert werden. Erfasst sind Benachteiligungen in der Arbeitswelt und im Alltagsleben. Grundlage des AGG sind europäische Richtlinien, die sich rechtlich auf Art. 13 EUV stützen.

II. Völkerrechtliche Stärkung des menschenrechtsbasierten Diskriminierungsschutzes durch die UN-Behindertenrechtskonvention (BRK)

5 Weiter ausgebaut wurde am Ende der 16. Legislaturperiode diese Antidiskriminierungspolitik für behinderte Menschen auf Basis eines menschenrechtsorientierten Gesamtkonzeptes durch die Ratifizierung des Übereinkommens der Vereinten Nationen über die Rechte von Menschen mit Behinderungen (BRK) in deutsches Recht. Die BRK setzt mit ihrem Konzept der Inklusion wichtige Impulse für mehr Selbstbestimmung und Teilhabe. Die Bundesregierung erklärt in ihrem Behindertenbericht 2009, dass sie die BRK nutzen und neue Entwicklungen in der Behindertenpolitik stärken und fördern will, um die selbstbestimmte und diskriminierungsfreie Teilhabe in Deutschland weiter voranzubringen. Dabei will die Bundesregierung – voraussichtlich im Rahmen eines nationalen Aktionsplanes – die Akteure, die im Bereich der Politik für behinderte Menschen Verantwortung tragen, beteiligen (Behindertenbericht 2009, BT-Drucks. 16/13829 v. 17. 7. 2009).

Die Wirkung des AGG tritt entgegen vielen anderslautenden Befürchtungen nicht über eine Flut von AGG-gestützten Klagen ein. *Bayreuther* (ZfA, 1/2009, S. 17ff) kommt für das Jahr 2007 zur Einschätzung, dass das AGG relativ geringen Einfluss auf das arbeitsgerichtliche Geschehen hatte. Das Institut der Deutschen Wirtschaft hat im 12. 2008 darüber informiert, dass die von den Unternehmen befürchtete Klagewelle vor den Arbeitsgerichten aufgrund des AGG ausgeblieben ist. Im August 2008 waren erst 251 Entscheidungen zum AGG bei den Arbeitsgerichten registriert, dies ist gemessen an den jährlich insgesamt 615 000 arbeitsgerichtlichen Klagen (2006) eine sehr geringe Anzahl (Behindertenbericht 2009, S. 25). 6

Die Rechtsprechung des BAG hat allerdings bereits im Jahr 2007 – obwohl es sich in seinen zwei Entscheidungen noch auf das Vorgängerrecht (§§ 611a und b, 612 Abs. 3 BGB aF bzw. § 81 SGB IX aF). bezog, zumindest in der behindertenrechtlich relevanten Entscheidung (BAG v. 3. 4. 2007 – 9 AZR 823/06. NZA 2007, 1098) deutlich „dogmatisches Neuland" (*Bayreuther*, ZfA, 1/2009; S. 19) beschritten. In der Sache hatte beim zitierten Urteil das BAG nicht zu entscheiden, allerdings hat es zu den Grundsätzen der gemeinschaftsrechtskonformen heutigen Auslegung der inzwischen durch das AGG aufgehoben Norm des § 81 Abs. 2 SGB IX sich geäußert. Es wurde entschieden, dass für die Zeit nach Ablauf der Umsetzungsfrist der Antidiskriminierungsrichtlinie 2000/78/EG (Gleichbehandlung in Beschäftigung und Beruf, ABl. EG Nr. I 303, S. 16) bis zum Inkrafttreten des AGG das Benachteiligungsverbot des § 81 Abs. aF ohne Einschränkung für alle behinderten Menschen – und nicht nur schwerbehinderte Menschen – anzuwenden sei. Dabei geht das BAG von einer unmittelbaren Direktwirkung der Richtlinie für den genannten Zeitraum aus. Dies wird von *Bayreuther* als eine Position bezeichnet, die weitergehe als der EUGH die Direktwirkung auf das nationale Recht bisher sehe (*Bayreuther* ZfA, 1/2009; S. 20). Grundsätzliche Bedeutung könnte diese Entscheidung auch in anderer Hinsicht erhalten: Die Sache wurde an das LAG zurückverwiesen, um prüfen zu lassen, ob die vom Beklagten vorgebrachten beruflichen Anforderungen geeignet seien, die weniger günstige Behandlung zu rechtfertigen. Zu prüfen war, ob dem Kläger eine bestimmte körperliche Funktion fehle, die wesentliche und entscheidende berufliche Anforderung für die in Frage stehende Stelle in der Parkraumbewirtschaftung sei. „Diese Aussage kann in Kündigungsschutzprozessen noch große Bedeutung erlangen, nämlich dann, wenn sich eine Krankheit so intensiviert hat, dass sie als Behinderung iSd AGG zu qualifizieren ist. Arbeitgebern könnte in diesem Fall der Nachweis, dass durch die Krankheit betriebliche Interessen beeinträchtigt werden, erheblich erschwert werden." (ebenda) 7

III. Entwicklung des AGG

Bereits mit Verabschiedung des SGB IX im Jahr 2001 war für die Teilgruppe der schwerbehinderten Menschen ein besonderer arbeitsrechtlicher Schutz für diesen Personenkreis mit mehr Grundstruktur der Sank- 8 tionen und Verfahren als in § 81 Abs. 2 SGB IX eingeführt worden. Der erste Entwurf eines Antidiskriminierungsgesetzes zur Umsetzung der europäischen Antidiskriminierungsrichtlinien insgesamt – also für alle Zielgruppen der Richtlinien und ohne Begrenzung geschützten behinderten Menschen ohne Begrenzung auf anerkannte schwerbehinderte und gleichgestellte Menschen – datiert bereits vom 5. 2004. Vorgesehen war zum damaligen Zeitpunkt ein Artikelgesetz, das sowohl ein „arbeitsrechtliches" sowie ein „zivilrechtliches" Antidiskriminierungsgesetz enthielt. Entsprechend der auf Regierungsebene getroffenen Entscheidung, ein einheitliches Antidiskriminierungsgesetz auszuarbeiten, fasste der zweite Entwurf die beiden Artikel zu einem einheitlichen „Antidiskriminierungsgesetz – ADG" zusammen. Wegen des vorzeitigen Endes der 15. Legislaturperiode konnte das Gesetzgebungsverfahren jedoch nicht mehr abgeschlossen werden. Im 5. 2006 brachte die neue Bundesregierung einen Gesetzesentwurf ein, der zwar die Gesetzesbezeichnung in „Allgemeines Gleichbehandlungsgesetz – AGG" änderte, i.Ü. aber weitgehend dem ADG-Entwurf der vorangegangen Legislaturperiode entsprach. Am 18. 8. 2006 trat das AGG in Kraft (*Däubler/Bertzbach*, AGG, 2. Auflage, Baden-Baden 2008, Überbl. Rn 9ff; *Bauer/Göpfert/Krieger*, AGG, 2. Auflage, München 2008, Einl. Rn 31).

IV. Inhalt des AGG

9 Ziel des AGG ist es gem. § 1 „Benachteiligungen aus Gründen der Rasse oder wegen der ethnischen Herkunft, des Geschlechts, der Religion oder Weltanschauung, einer Behinderung, des Alters oder der sexuellen Identität zu verhindern oder zu beseitigen". Dem AGG liegt der sogenannte horizontale Diskriminierungsschutz als Interventionskonzept zugrunde. Der Begriff horizontal bezieht sich auf die in § 1 genannten Diskriminierungsmerkmale und versteht die verschiedenen Merkmale als gleichermaßen. Eine Hierarchisierung der Diskriminierungsmerkmale bzw. Betroffenengruppen wird nicht vorgenommen. Grundlage des horizontalen Ansatzes sind die Menschenrechte, deren volle Anwendung für alle Menschen durchgesetzt und geschützt werden soll. Mit dieser Herangehensweise soll die Tatsache berücksichtigt werden, dass jeder Mensch über mehrere Merkmale – beispielsweise Alter und Geschlecht – verfügt. Daher können sich Diskriminierungen, die an den Merkmalen des § 1 ansetzen, überschneiden oder ganz spezifische Formen annehmen. In diesem Fall handelt es sich um so genannte Mehrfachdiskriminierungen. Dieser Begriff wird im Hinblick auf rechtlichen Diskriminierungsschutz und Diskriminierungsbekämpfung verwendet.

10 Die Antidiskriminierungsstelle (§ 25 AGG) des Bundes (www.antidiskriminierungsstelle.de) bewertet diesen Ansatz in Bezug auf das in Deutschland traditionell vorherrschende gruppenspezifisch ausgerichtete Antidiskriminierungskonzept wie folgt: Den Fokus auf diese Gemeinsamkeiten der Merkmale zu legen, bedeutet aber nicht, dass die Spezifika von Diskriminierungsformen und -erfahrungen der einzelnen Betroffenengruppen nicht

mehr deutlich wahrgenommen werden. Der Ansatz muss daher als Ergänzung, nicht als Ersatz zur notwendigen zielgruppenspezifischen Antidiskriminierungsarbeit gesehen werden. Organisatorisch bedeutet dies gleichwohl eine zumindest teilweise Dopplung der Institutionen, die in den Normen §§ 25 ff auf staatlich-politischer Ebene geordnet werden. Analoge Gremienvermehrung bewirkt die Norm des § 13 hinsichtlich betrieblichen Beschwerdestellen und Arbeitnehmervertretungen, deren Rechte unberührt bleiben.

Das AGG findet Anwendung im Arbeitsleben sowie in weiten Teilen des allgemeinen Zivilrechtsverkehrs. Es gliedert sich in sieben Abschnitte: **11**

- Abschnitt 1 – Allgemeiner Teil, §§ 1 bis 5
- Abschnitt 2 – Schutz der Beschäftigten vor Benachteiligung, §§ 6 bis 18
- Abschnitt 3 – Schutz vor Benachteiligungen im Zivilrechtsverkehr, §§ 19 bis 21
- Abschnitt 4 – Rechtsschutz, §§ 22 und 23
- Abschnitt 5 – Sonderregelungen für öffentlich-rechtliche Dienstverhältnisse, § 24
- Abschnitt 6 – Antidiskriminierungsstelle, §§ 25 bis 30
- Abschnitt 7 – Schlussvorschriften, §§ 31 bis 33.

Kernstück des AGG ist das Benachteiligungsverbot, das in § 7 für das Arbeitsrecht, in § 19 für den allgemeinen Zivilrechtsverkehr verankert ist. Definitionen des Begriffs der Benachteiligung finden sich in § 3. Das Benachteiligungsverbot gilt hinsichtlich der arbeitsrechtlichen Vorschriften für Arbeitgeber, hinsichtlich der zivilrechtlichen Vorschriften für Anbieter von Waren und Dienstleistungen des Massenverkehrs. Bei Verstößen gegen das Benachteiligungsverbot gewähren §§ 15 und 21 dem Diskriminierten Entschädigungsansprüche, die allerdings im dort geregelten Verfahren geltend gemacht werden müssen. **12**

Die vorliegende Kommentierung beschränkt sich auf die unter behindertenrechtlichen Gesichtspunkten relevanten Bestimmungen des AGG. **13**

Eine wesentliche Ausweitung des persönlichen Anwendungsbereichs der RL 2000/78/EG – und damit auch des AGG – nahm der EuGH im Rahmen eines Vorabentscheidungsverfahrens vor. Mit Urt. v. 17. 7. 2008 entschied der Gerichtshof, dass die Richtlinie auch Arbeitnehmer schütze, die nicht wegen eigener Behinderung, sondern wegen Behinderung ihres Kindes diskriminiert würden. Denn der in Richtlinie 2000/78/EG verankerte Gleichbehandlungsgrundsatz gelte nicht für eine bestimmte Kategorie von Personen, sondern in Bezug auf die in ihrem Art. 1 genannten Gründe (EuGH, Urt. v. 17. 7. 2008, Rs. C-303/06 (Coleman), Rn 34–38; vgl. die Kommentierung bei § 3 Rn 3 ff). Nach dem EuGH verlangt die Anwendung der RL 2000/78/EG damit keine Personenidentität von Diskriminiertem und Behindertem. Demgegenüber zielt das deutsche (Schwer-)Behindertenrecht allein ab auf die Person des Behinderten und gewährt ausschließlich diesem Schutz vor Diskriminierung. Ist die diskriminierte Person nicht gleichzeitig (schwer-)behindert, kommt die Anwendung der nationalen Diskriminierungsvorschriften – bislang – nicht in Betracht. **14**

Auszugsweise Kommentierung des AGG unter dem Aspekt der behindertenrechtlichen Relevanz

Allgemeines Gleichbehandlungsgesetz (AGG) vom 14. 8. 2006 (BGBl. I S. 1897)

Zuletzt geändert durch Artikel 15 Absatz 66 des Gesetzes vom 5. 2. 2009 (BGBl. I S. 160)

Inhaltsübersicht

(mit * gekennzeichnete Vorschriften sind kommentiert, für die übrigen ist lediglich der Wortlaut der Norm wiedergegeben.)

Abschnitt 1. Allgemeiner Teil §§

*Ziel des Gesetzes ... 1
*Anwendungsbereich ... 2
*Begriffsbestimmungen ... 3
Unterschiedliche Behandlung wegen mehrerer Gründe ... 4
*Positive Maßnahmen ... 5

Abschnitt 2. Schutz der Beschäftigten vor Benachteiligung

Unterabschnitt 1. Verbot der Benachteiligung

*Persönlicher Anwendungsbereich ... 6
Benachteiligungsverbot ... 7
*Zulässige unterschiedliche Behandlung wegen beruflicher Anforderungen ... 8
Zulässige unterschiedliche Behandlung wegen der Religion oder Weltanschauung ... 9
Zulässige unterschiedliche Behandlung wegen des Alters ... 10

Unterabschnitt 2. Organisationspflichten des Arbeitgebers

Ausschreibung ... 11
Maßnahmen und Pflichten des Arbeitgebers ... 12

Unterabschnitt 3. Rechte der Beschäftigten

*Beschwerderecht ... 13
*Leistungsverweigerungsrecht ... 14
*Entschädigung und Schadensersatz ... 15
*Maßregelungsverbot ... 16

Unterabschnitt 4. Ergänzende Vorschriften

Soziale Verantwortung der Beteiligten ... 17
Mitgliedschaft in Vereinigungen ... 18

Abschnitt 3. Schutz vor Benachteiligung im Zivilrechtsverkehr

Zivilrechtliches Benachteiligungsverbot ... 19
*Zulässige unterschiedliche Behandlung ... 20
*Ansprüche ... 21

Abschnitt 4. Rechtsschutz

*Beweislast ... 22
*Unterstützung durch Antidiskriminierungsverbände ... 23

Abschnitt 5. Sonderregelungen für öffentlich-rechtliche Dienstverhältnisse §§
*Sonderregelung für öffentlich-rechtliche Dienstverhältnisse ... 24

Abschnitt 6. Antidiskriminierungsstelle
*Antidiskriminierungsstelle des Bundes ... 25
Rechtsstellung der Leitung der Antidiskriminierungsstelle des Bundes ... 26
Aufgaben ... 27
Befugnisse ... 28
Zusammenarbeit mit Nichtregierungsorganisationen und anderen Einrichtungen ... 29
*Beirat ... 30

Abschnitt 7. Schlussvorschriften
Unabdingbarkeit ... 31
Schlussbestimmung ... 32
Übergangsbestimmungen ... 33

Abschnitt 1. Allgemeiner Teil

§ 1 Ziel des Gesetzes

Ziel des Gesetzes ist, Benachteiligungen aus Gründen der Rasse oder wegen der ethnischen Herkunft, des Geschlechts, der Religion oder Weltanschauung, einer Behinderung, des Alters oder der sexuellen Identität zu verhindern oder zu beseitigen.

Ziel des am 18. 8. 2006 in Kraft getretenen Allgemeinen Gleichbehandlungsgesetzes (AGG) ist es den Schutz vor „Benachteiligungen" iSd § 3 AGG aus den in § 1 AGG genannten Gründen, im Rahmen des durch § 2 Abs. 1 AGG definierten Anwendungsbereichs zu verhindern oder zu beseitigen. 1

Das AGG selbst enthält keine Bestimmung des Begriffs „Behinderung". Eine Definition enthält auch RL 2000/78/EG nicht. Ebenso wenig verweist sie zur Begriffsbestimmung auf die nationalen Rechtsordnungen der Mitgliedstaaten. Nach der Rechtsprechung des EuGH ist der Begriff „Behinderung" iSd RL 2000/78/EG daher autonom gemeinschaftsrechtlich und einheitlich auszulegen. Mit Urt. v. 11. 7. 2006 (Rs. C-13/05 *(Chacón Navas)*) entschied der EuGH für den Beschäftigungsbereich, dass er Einschränkungen erfasse, die insbes. auf physische, geistige oder psychische Beeinträchtigungen zurückzuführen seien und die ein Hindernis für die Teilhabe des Betreffenden am Berufsleben bildeten (siehe Einleitung zu AGG Rn 14). Damit die Einschränkung unter den Behinderungsbegriff der Richtlinie falle, müsse wahrscheinlich sein, dass sie – anders als Krankheiten – von langer Dauer sei. Für Krankheiten gelte das Benachteiligungsverbot nicht; der Begriff der Behinderung bedarf deshalb im Einzelfall der Abgrenzung zu dem der Krankheit (EuGH, aaO, *Faber* in Feldes/Kohte/Stevens-Bartol, SGB IX, 2

Frankfurt 2009, § 81 Rn 77). Die Richtlinie gewährt damit Behinderten Schutz unabhängig von einer öffentlich-rechtlichen Feststellung der Behinderteneigenschaft; nach dem SGB IX wirkt zumindest die Feststellung der Gleichstellung Behinderter nach § 68 Abs. 2 SGB IX konstitutiv (*Rust* in Rust/Falke, AGG, 2007 § 1 Rn 79; *Backendorf/Ritz* in Bihr/Fuchs/Krauskopf/Ritz, SGB IX, 2006, § 68 Rn 8). Maßgebend für das Vorliegen einer Behinderung ist der „gesunde Mensch"; ohne Belang ist daher das nach der Behinderungsdefinition des § 2 Abs. 1 SGB IX erforderliche Abweichen von dem für das Lebensalter typischen Zustand (*Rust* in Rust/Falke, § 1 Rn 79). Nach der Gesetzesbegründung (BT-Drucks. 16/1780 S. 31) entspricht der Behinderungsbegriff des AGG der gesetzlichen Definition in § 2 Abs. 1 Satz 1 SGB IX sowie in § 3 BGG: „Menschen sind behindert, wenn ihre körperliche Funktion, geistige Fähigkeit oder seelische Gesundheit mit hoher Wahrscheinlichkeit länger als sechs Monate von dem für das Lebensalter typischen Zustand abweichen und daher ihre Teilhabe am Leben in der Gesellschaft beeinträchtigt ist."

3 Der Diskriminierungsschutz nach dem AGG beschränkt sich damit nicht auf anerkannt schwerbehinderte oder ihnen gleichgestellte Menschen nach § 2 Abs. 2 und 3 SGB IX, sondern erfasst alle nach der o.g. Definition Betroffenen (*Bauer/Göpfert/Krieger,* AGG, 2. Auflage 2008, § 1 Rn 39; § 1 AGG Rn 9; *Ritschel,* Der gemeinschaftsrechtliche Begriff der Behinderung, Forum B – Schwerbhindertenrecht und betriebliches Gesundheitsmanagement – Diskussionsbeitrag Nr. 2/2007 – S. 4). Das AGG bringt damit erhebliche Verbesserungen insbes. im Bereich Beschäftigung mit sich, da das arbeitsrechtliche Benachteiligungsverbot, das bis dato in § 81 Abs. 2 SGB IX aF geregelt war, lediglich zugunsten anerkannter schwerbehinderter oder ihnen gleichgestellten Menschen galt. Auch die Beschränkung auf Beeinträchtigungen der Teilhabe von mindestens sechsmonatiger Dauer dürfte – obwohl der EuGH insoweit nur von „langer Dauer" spricht – dem gemeinschaftsrechtlichen Behinderungsbegriff entsprechen, da es sich hierbei lediglich um ein Merkmal handelt, das im sozialrechtlichen Kontext der Abgrenzung zum Risiko Krankheit dient und i.Ü. geringfügige Behinderungen ausschließen soll (*Welti* in Schiek, AGG, 2007, § 1 Rn 41). Auch beim Merkmal des „Abweichens vom für das Lebensalter typischen Zustand" dürfte es sich um eine statthafte Einschränkung des europarechtlichen Behinderungsbegriffs handeln (*Welti* in Schiek, § 1 Rn 42). Die dem AGG seitens des Gesetzgebers zugrunde gelegte Definition der Behinderung erfasst nach dessen Ansicht die meisten Sachverhalte einer „ungerechtfertigten Benachteiligung Behinderter" im Anwendungsbereich des AGG (*Ring/Siebeck/Woitz* in Flohr/Ring, Das neue Gleichbehandlungsgesetz, 2006, § 1 Rn 65 mit Verweis auf BT-Drucks. 16/1780 S. 31). Für die Anknüpfung an die sozial- und behindertengleichstellungsrechtliche Definition des Behindertenbegriffs spreche zudem die damit einhergehende Förderung der Einheit der Rechtsordnung sowie die auf den bisherigen Erfahrungen basierende Rechtssicherheit.

4 Trotz der nahezu gleich lautenden Definition des Begriffs „Behinderung" unterscheiden sich das SGB IX, das BGG und das AGG in ihren Regelungszielen und damit auch -inhalten (*Welti* in Schiek, § 1 Rn 38ff). Das SGB IX

will ausweislich § 1 SGB IX im Wege der Leistungsvergabe die Selbstbestimmung und gleichberechtigte Teilhabe behinderter Menschen am Leben in der Gemeinschaft fördern. Ziel des BGG und der entsprechenden Landesgesetze ist es, im Bereich des öffentlichen Rechts die Benachteiligung behinderter Menschen zu beseitigen und zu verhindern sowie ihnen die gleichberechtigte Teilhabe am Leben in der Gesellschaft zu gewährleisten und eine selbst bestimmte Lebensführung zu ermöglichen. Damit stellt das öffentlich-rechtliche Gleichstellungsrecht auf die Erlangung der sogenannten Barrierefreiheit ab, vgl. § 4 BGG (*Welti*, a.a.O.).

Ziel des AGG – unter behindertenrechtlichen Aspekten – ist dagegen das 5 Einwirken auf vorhandene oder drohende Barrieren mit zivilrechtlichen Mitteln. Zum einen soll das AGG also präventiven Diskriminierungen entgegenwirken, zum anderen einen rechtlichen Rahmen zur angemessenen Reaktion auf verbotene Benachteiligungen bereitstellen (*Faber* in Feldes/Kohte/Stevens-Bartol, § 81 Rn 73). Zwar kann nach der Rechtsprechung des BVerfG eine Benachteiligung wegen der Behinderung (Art. 3 Abs. 3 Satz 2 GG) auch darin liegen kann, dass ein Ausschluss behinderter Menschen von Entfaltungs- und Betätigungsmöglichkeiten in öffentlich gestalteten Bereichen nicht durch hinreichende Förderung kompensiert wird (*Welti* in Schiek, § 1 Rn 39 mit Verweis auf BVerfGE 96, 288, 303). Jedoch sind nicht alle für die Persönlichkeitsentfaltung und Teilhabe relevante Lebensbereiche staatlich gestaltet. Die im Zivilrechtsbereich anerkannte mittelbare Wirkung der Grundrechte (BVerfGE 73, 261, 269) wiederum ist im Falle einer sachlich nicht gerechtfertigten Benachteiligung schwer durchsetzbar. Einen effektiven Schutz gab es bislang kaum. Denn der entsprechende Schutzauftrag richtet sich hier allein an den Zivilrichter, der bei der Auslegung und Konkretisierung der privatrechtlichen Normen, insbes. der zivilrechtlichen Generalklauseln in §§ 138, 226, 242, 315, 826 BGB, die Werteordnung des Grundgesetzes zu Grunde zu legen hat (*Wendtland* in Gaier/Wendtland, AGG, 2006, § 1 Rn 2ff mit Verweis auf BVerfGE 73, 261, 268; 7, 198, 205, 42, 143, 148). Wird nun mit dem AGG dem Benachteiligungsverbot auch im Zivilrecht zur unmittelbaren Geltung verholfen, ist dies im sozialen Rechtsstaat konsequent und gesellschaftlicher Integration förderlich (*Welti* in Schiek, § 1 Rn 39).

Neben dem allgemeinen Diskriminierungsverbot des AGG besteht das 6 spezielle Diskriminierungsverbot für schwerbehinderte Menschen in § 81 Abs. 2 SGB IX fort. Dies ist insbes. im Bezug auf die Rechtsdurchsetzung von Belang, denn auch nach Inkrafttreten des AGG bleibt damit das Verbandsklagerecht des § 63 SGB IX erhalten (*Faber* in Feldes/Kohte/Stevens-Bartol, § 81 Rn 80).

§ 2 Anwendungsbereich

(1) **Benachteiligungen aus einem in § 1 genannten Grund sind nach Maßgabe dieses Gesetzes unzulässig in Bezug auf:**

1. die Bedingungen, einschließlich Auswahlkriterien und Einstellungsbedingungen, für den Zugang zu unselbstständiger und selbstständiger

Erwerbstätigkeit, unabhängig von Tätigkeitsfeld und beruflicher Position, sowie für den beruflichen Aufstieg,

2. die Beschäftigungs- und Arbeitsbedingungen einschließlich Arbeitsentgelt und Entlassungsbedingungen, insbes. in individual- und kollektivrechtlichen Vereinbarungen und Maßnahmen bei der Durchführung und Beendigung eines Beschäftigungsverhältnisses sowie beim beruflichen Aufstieg,

3. den Zugang zu allen Formen und allen Ebenen der Berufsberatung, der Berufsbildung einschließlich der Berufsausbildung, der beruflichen Weiterbildung und der Umschulung sowie der praktischen Berufserfahrung,

4. die Mitgliedschaft und Mitwirkung in einer Beschäftigten- oder Arbeitgebervereinigung oder einer Vereinigung, deren Mitglieder einer bestimmten Berufsgruppe angehören, einschließlich der Inanspruchnahme der Leistungen solcher Vereinigungen,

5. den Sozialschutz, einschließlich der sozialen Sicherheit und der Gesundheitsdienste,

6. die sozialen Vergünstigungen,

7. die Bildung,

8. den Zugang zu und die Versorgung mit Gütern und Dienstleistungen, die der Öffentlichkeit zur Verfügung stehen, einschließlich von Wohnraum.

(2) [1] **Für Leistungen nach dem Sozialgesetzbuch gelten § 33c des Ersten Buches Sozialgesetzbuch und § 19a des Vierten Buches Sozialgesetzbuch.** [2] **Für die betriebliche Altersvorsorge gilt das Betriebsrentengesetz.**

(3) [1] **Die Geltung sonstiger Benachteiligungsverbote oder Gebote der Gleichbehandlung wird durch dieses Gesetz nicht berührt.** [2] **Dies gilt auch für öffentlich-rechtliche Vorschriften, die dem Schutz bestimmter Personengruppen dienen.**

(4) **Für Kündigungen gelten ausschließlich die Bestimmungen zum allgemeinen und besonderen Kündigungsschutz.**

1 § 2 Abs. 1 AGG erklärt – iVm den Vorschriften der Abschnitte 2–5 AGG – zum einen „Benachteiligungen“ im Bereich Beschäftigung und Beruf für unzulässig. Erfasst werden die Arbeitsplatzdiskriminierung (Nr. 1), Diskriminierungen bei den Arbeitsbedingungen im Rahmen eines Beschäftigungsverhältnisses (Nr. 2), Einstellungsentscheidungen privater Arbeitgeber hinsichtlich der Berufsausbildung sowie Vertragsschlüsse privater Träger beruflicher (Weiter-)Bildungsmaßnahmen (Nr. 3) und die Mitgliedschaft in Koalitionen und Berufsvereinigungen (Nr. 4). Zum anderen verbietet die Norm „Benachteiligungen“ in Bezug auf Sozialschutz (Nr. 5), soziale Vergünstigungen (Nr. 6) und Bildung (Nr. 7). Unzulässig sind ferner Benachteiligungen hinsichtlich des Zugangs zu und der Versorgung mit öffentlich verfügbaren Gütern und Dienstleistungen einschließlich des Wohnraums (Nr. 8).

2 Im Hinblick auf das Diskriminierungsmerkmal der Behinderung hat das BAG entschieden, dass es einem öffentlichen Arbeitgeber in gemein-

schaftsrechtskonformer Auslegung des § 81 Abs. 2 Satz 1 SGB IX aF *schon vor Inkrafttreten des AGG* verwehrt war, einen Bewerber um eine Stelle im öffentlichen Dienst wegen seiner Behinderung zu benachteiligen, da § 81 Abs. 2 SGB IX aF keine gemeinschaftsrechtskonforme Umsetzung der RL 2000/78/EG des Rates vom 27. 11. 2000 darstellte (s. Einleitung zum AGG Rn 7). Denn Art. 2 Abs. 1 der Richtlinie gebe ein Diskriminierungsverbot für alle Fälle einer Behinderung iSd Gemeinschaftsrechts vor und nicht nur für Behinderungen, die einen bestimmten Grad überschritten. Nach Art. 3 Abs. 1 Buchst a der Richtlinie gelte diese für alle Personen im öffentlichen und privaten Bereich, einschließlich öffentlicher Stellen, in Bezug auf die Bedingungen – einschließlich Auswahlkriterien und Einstellungsbedingungen – für den Zugang zu unselbständiger und selbständiger Erwerbstätigkeit, unabhängig von Tätigkeitsfeld und beruflicher Position, einschließlich des beruflichen Aufstiegs. Nach Art. 5 der Richtlinie müsse der Mitgliedstaat zudem angemessene Vorkehrungen treffen, dass die Anwendung des Gleichbehandlungsgrundsatzes „für Menschen mit Behinderung“ gewährleistet werde (BAG, Urt. v. 3. 4. 2007, Az.: 9 AZR 823/06).

Das Diskriminierungsverbot zugunsten Beschäftigter ist ausweislich § 7 Abs. 1, 2. HS AGG bereits verletzt, wenn der Benachteiligende das *Vorliegen* eines der Diskriminierungsmerkmale bei der Benachteiligung nur annimmt. Nach LAG München geht der Schutz des AGG jedoch nicht so weit, dass ein nicht genommener Bewerber davor geschützt werden soll, dass Basis der ablehnenden Entscheidung die Annahme des Stellenbesetzers ist, der Bewerber könne *in Zukunft* das Stadium der Behinderung erreichen. Insofern könnte aus Fragen nach Erkrankungen wie Depressionen nicht ohne weiteres geschlossen werden, dass der Fragende das Vorliegen einer Behinderung annehme (LAG München, Urt. v. 8. 7. 2008, Az.: 8 Sa 112/08; wegen grundsätzlicher Bedeutung des Rechtsstreits im Hinblick auf den Schutz des AGG bei vermuteter Behinderung bzw. künftig möglichem Eintreten der Behinderung Zulassung der Revision, (anhängig BAG, Az.: 8 AZR 670/08, Termin 2009–12–17). 3

Eine Benachteiligung im Bereich Beschäftigung und Beruf ist zudem dann zu verneinen, wenn ein behinderter Bewerber zu einem Vorstellungsgespräch deshalb nicht eingeladen wird, weil ihm wegen fehlender Erfüllung eines zwingenden Merkmals des Anforderungsprofils offensichtlich die fachliche Eignung fehlt (VG Wiesbaden, Urt. v. 1. 4. 2008, Az.: 8 E 735/07). Diese Falllage regelt i. Ü. näher § 82 SGB IX. 4

§ 2 Abs. 2–4 AGG normieren Ausnahmetatbestände und Sondervorschriften. Abs. 2 trifft eine Ausnahmeregelung für Leistungen nach dem SGB; die sozialrechtliche Leistungserteilung ist danach ausschließlich an den Benachteiligungsverboten der § 33c SGB I und § 19a SGB IV zu messen. Des weiteren legt die Norm fest, dass hinsichtlich der betrieblichen Altersvorsorge das Betriebsrentengesetz anzuwenden ist. Abs. 3 Satz 1 AGG stellt klar, dass das AGG die Geltung sonstiger Benachteiligungsverbote oder Gleichbehandlungsgebote nicht berührt. Dies gilt auch für öffentlich-rechtliche Vorschriften, die dem Schutz bestimmter Personengruppen dienen, Abs. 3 Satz 2 AGG. Soweit Benachteiligungsverbote und Gleichstellungsge- 5 bote auf anderen Rechtsvorschriften als dem AGG beruhen, berührt es diese also nicht.

6 Abs. 4 schließlich regelt den Vorrang des Kündigungsschutzgesetzes (KSchG) vor dem AGG im Falle einer Kündigung. Es liegt zwar keine BAG – Entscheidung für den Fall der diskriminierenden Kündigung eines behinderten Menschen vor, aber hinsichtlich der Frage der Altersdiskriminierung. Die dabei niedergelegten allgemeinen Festlegungen des BAG sind auch auf andere durch § 1 AGG geschützte Gruppen zu übertragen, so auch auf behinderte Menschen. In seinem Urt. v. 6. 11. 2008 hat das BAG (– 2 AZR 523/07, NZA 2009, 361= NJW 2009, 2326 L) die Gelegenheit genutzt, zum Verhältnis zwischen dem durch das KSchG gewährten allgemeinen Kündigungsschutz und dem Schutz vor Diskriminierungen durch das AGG Stellung zu nehmen. Die Entscheidung war mit Spannung erwartet worden, da bis dahin auf Grund des ungenau formulierten § 2 Abs. 4 AGG Unsicherheit über Rechtsgrundlagen und Reichweite des Diskriminierungsschutzes im Kündigungsfall bestand (s.u. Literatur Rn 9). Diese Unsicherheit ist noch verstärkt worden durch mehrere überregional bekannt gewordene Urteile des ArbG Osnabrück vom Beginn des Jahres 2007, in denen eine altersgruppenbezogene Sozialauswahl i.S. von § 1 Abs. 1 Satz 2 KSchG als altersdiskriminierend eingestuft wurde. Das BAG hat die Zulässigkeit einer Altersgruppenbildung nach § 1 Abs. 3 Satz 2 KSchG in seinem Urt. v. 6. 11. 2008 nunmehr bestätigt. Die Entscheidung enthält auch grundlegende Ausführungen zum Verständnis von § 2 Abs. 4 AGG, zur Berücksichtigung des Lebensalters bei der Sozialauswahl gem. § 1 Abs. 3 Satz 1 KSchG sowie zu den Folgen einer verbotenen Diskriminierung für die Wirkungen eines Interessenausgleichs mit Namensliste gem. § 1 Abs. 5 KSchG. Das BAG gibt dadurch nicht nur der Praxis die notwendige Rechtsklarheit zurück, sondern entkräftet auch die von der Europäischen Kommissioin auf Grund der vorbenannten Urteile des ArbG Osnabrück mit Schreiben vom 31. 1. 2008 geäußerte Befürchtung, das deutsche Recht würde Personen bei diskriminierenden Kündigungen schutzlos lassen. Die Klarstellungen sind so formuliert, dass sie auch für Menschen mit Behinderungen und die anderen Geschützten anwendbar scheinen.

7 Wesentlich an dem BAG-Urt. v. 6. 11. 2008 ist auch die Klarstellung der Rechtsfolgen einer diskriminierenden Kündigung. Demnach bleibt „der allgemeine Grundsatz des Kündigungsrechts, demzufolge rechtswidrige Kündigungen als unwirksam angesehen werden, und dass diese Unwirkseinkeit aber gerichtlich nach Maßgabe des Kündigungsschutzes, also innerhalb der Drei-Wochen-Klagefrist der §§ 4, 7 KSchG geltend zu machen sind, unangetastet“. Hieran ändert § 2 Abs. 4 GG nichts. Es tritt also keine „Diskriminierungsklage“ neben die Kündigungsschutzklage. Ebenso wenig ändern die besonderen Beschwerderechte nach § 13 AGG „irgendetwas an der kündigungsrechtlichen Dogmatik“. Noch nicht entschieden hat das BAG, ob und inwieweit von § 2 Abs. 4 AGG „andere Rechte, von durch Kündigung diskriminierten Beschäftigten — vgl. §§ 13, 14, 15, 16 AGG — ausgeschlossen“ sind, also insbes. Ansprüche auf Schadensersatz und Entschädigung gem. § 15 AGG. Unter Bezug auf Art. 15 der RL 2000/43/EG und Art. 17 der RL 2000/78/EG muss keine Entschädigungs- oder Schadenser-

satzregelung getroffen werden, da in Deutschland „die Sanktion der Unwirksamkeit einer diskriminierenden Kündigung getroffen sei.

Adomeit/Mohr bewerten das BAG-Urt. v. 6. 11. 2008 sehr positiv (*Adomeit/Mohr,* 2009, 2258): Das BAG habe die schwierige Aufgabe des Ausgleichs zwischen Kündigungs- und Diskriminierungsschurz bei betriebsbedingten Kündigungen beachtlich gemeistert. Diese Entscheidung gebe der Praxis ein gutes Stück Rechtsklarheit zurück, welche seit Inkrafttreten des AGG erschüttert worden sei (s. dazu auch NJOZ 2008, 1954). 8

Die diesbzgl.e Diskussion vor dem Urteil war relativ vielfältig. *Bauer/Göpfert/Krieger* wollen § 2 Abs. 4 AGG im Fall einer nach dem KSchG objektiv gerechtfertigten, aber gegen das Benachteiligungsverbot verstoßenden Kündigung richtlinienkonform dahingehend auslegen, dass § 15 Abs. 2 AGG anwendbar sei, § 2 Abs. 4 i.Ü. aber eine Anwendung des AGG ausschließe und sich die Beendigung eines Arbeitsverhältnisses allein nach kündigungsrechtlichen Grundsätzen beurteile (*Bauer/Göpfert/Krieger,* § 2 Rn 66ff). Für eine Unanwendbarkeit der Vorschrift wegen Europarechtswidrigkeit sprechen sich dagegen *Wisskirchen* und *Schieck* aus (*Wisskirchen,* AGG, 2. Auflage 2006, S. 41; *Schieck,* AGG, 2007, § 2 Rn 12f). Spätestens seit der Mangold-Entscheidung des EuGH (EuGH C-144/04, Slg. 2005, 1–9981, 167, Rn 78) unterliege die Vorschrift einem Anwendungsverbot. Diese Auffassung dürfte allerdings mit dem BAG-Urteil vom 6. 11. 2008 erledigt sein. Da das AGG diskriminierende Kündigungen untersage, während die kündigungsschutzrechtlichen Vorschriften die Unzulässigkeit von Kündigungen aus anderen Gründen beträfen, könnten sämtliche Regelungen nebeneinander angewendet werden – eine Berücksichtigung der Wertungen des AGG bei Abwägungsprozessen nach kündigungsschutzrechtlichen Vorschriften sei damit allerdings nicht ausgeschlossen (*Schiek,* § 3 Rn 12f). Auch das ArbG Berlin plädiert für eine richtlinienkonforme Auslegung des § 2 Abs. 4 dergestalt, dass das AGG auch bei Kündigungen anzuwenden sei. In diesem Zusammenhang stelle ein absoluter Vorrang von Mitarbeitern, die betriebsbedingt ihren Arbeitsplatz verloren haben, vor Mitarbeitern, die krankheitsbedingt ihrer vertraglich geschuldeten Arbeit nicht nachgehen können, bei der Vergabe freier Stellen systemimmanent eine mittelbare, iSd § 3 Abs. 2 AGG nicht gerechtfertigte Benachteiligung schwerbehinderter Menschen dar (ArbG Berlin, Urt. v. 10. 9. 2008, Az.: Ca 10703/08). 9

Zu beachten ist, dass Art. 5 S. 1 der RL 2000/78/EG staatlicherseits das Treffen „angemessener Vorkehrungen" verlangt, um die Anwendung des Gleichbehandlungsgrundsatzes auf behinderte Menschen zu gewährleisten. Arbeitgeber müssen nach Satz 2 die geeigneten und im konkreten Fall erforderlichen Maßnahmen ergreifen, um Menschen mit Behinderung den Zugang zu Beschäftigung, die Ausübung eines Berufs, den beruflichen Aufstieg und die Teilnahme an Aus- und Weiterbildungsmaßnahmen zu ermöglichen. Art. 5 begründet damit die Rechtspflicht des Arbeitgebers zur Ergreifung konkret-individueller Maßnahmen zwecks Förderung und Sicherung der Teilhabe behinderter Menschen. Trifft der Arbeitgeber ihm zumutbare „angemessene Vorkehrungen" nicht, verstößt er gegen das Benachteiligungsverbot (*Faber* in Feldes/Kohte/Stevens-Bartol, § 81 Rn 108 m.w.N.; *Schiek* § 3 Rn 80). Nach der Rechtsprechung des EuGH ist es 10 dementsprechend unzulässig, das Arbeitsverhältnis mit einem behinderten Menschen wegen dessen Behinderung zu beenden, wenn angemessene Vorkehrungen des Arbeitgebers die Weiterbeschäftigung an einem dem gewandelten Leistungsvermögen des behinderten Menschen angepassten Arbeitsplatz ermöglichten (*Faber* in Feldes/Kohte/Stevens-Bartol, § 81 Rn 77 mVa EuGH, Urt. v. 11. 7. 2006, Rs. C-13/05 *(Chacón Navas)*). Eine Umsetzung des Art. 5 der RL 2000/78/EG in das AGG ist nicht erfolgt. Lediglich das – allerdings nur für schwerbehinderte und ihnen gleichgestellte Menschen geltende – SGB IX enthält Vorschriften zur Förderung und Sicherung von Teilhabe am Arbeitsleben. Diese den gemeinschaftsrechtlichen Vorgaben nicht genügende Umsetzung des Art. 5 der RL 2000/78/EG hat auch die EU-Kommission förmlich gerügt; bis zur entsprechenden „Nachbesserung" seitens des deutschen Gesetzgebers ist das geltende Recht richtlinienkonform dahingehend auszulegen, dass den Vorgaben des Art. 5 der RL 2000/78/EG möglichst weitgehende Geltung verschafft wird (*Faber* in Feldes/Kohte/Stevens-Bartol, § 81 Rn 109, 113).

§ 3 Begriffsbestimmungen

(1) [1]Eine unmittelbare Benachteiligung liegt vor, wenn eine Person wegen eines in § 1 genannten Grundes eine weniger günstige Behandlung erfährt, als eine andere Person in einer vergleichbaren Situation erfährt, erfahren hat oder erfahren würde. [2]Eine unmittelbare Benachteiligung wegen des Geschlechts liegt in Bezug auf § 2 Abs. 1 Nr. 1 bis 4 auch im Falle einer ungünstigeren Behandlung einer Frau wegen Schwangerschaft oder Mutterschaft vor.

(2) Eine mittelbare Benachteiligung liegt vor, wenn dem Anschein nach neutrale Vorschriften, Kriterien oder Verfahren Personen wegen eines in § 1 genannten Grundes gegenüber anderen Personen in besonderer Weise benachteiligen können, es sei denn, die betreffenden Vorschriften, Kriterien oder Verfahren sind durch ein rechtmäßiges Ziel sachlich gerechtfertigt und die Mittel sind zur Erreichung dieses Ziels angemessen und erforderlich.

(3) Eine Belästigung ist eine Benachteiligung, wenn unerwünschte Verhaltensweisen, die mit einem in § 1 genannten Grund in Zusammenhang stehen, bezwecken oder bewirken, dass die Würde der betreffenden Person verletzt und ein von Einschüchterungen, Anfeindungen, Erniedrigungen, Entwürdigungen oder Beleidigungen gekennzeichnetes Umfeld geschaffen wird.

(4) Eine sexuelle Belästigung ist eine Benachteiligung in Bezug auf § 2 Abs. 1 Nr. 1 bis 4, wenn ein unerwünschtes, sexuell bestimmtes Verhalten, wozu auch unerwünschte sexuelle Handlungen und Aufforderungen zu diesen, sexuell bestimmte körperliche Berührungen, Bemerkungen sexuellen Inhalts sowie unerwünschtes Zeigen und sichtbares Anbringen von pornographischen Darstellungen gehören, bezweckt oder bewirkt, dass die Würde der betreffenden Person verletzt wird, insbes. wenn ein

von Einschüchterungen, Anfeindungen, Erniedrigungen, Entwürdigungen oder Beleidigungen gekennzeichnetes Umfeld geschaffen wird.

(5) [1]**Die Anweisung zur Benachteiligung einer Person aus einem in § 1 genannten Grund gilt als Benachteiligung.** [2]**Eine solche Anweisung liegt in Bezug auf § 2 Abs. 1 Nr. 1 bis 4 insbes. vor, wenn jemand eine Person zu einem Verhalten bestimmt, das einen Beschäftigten oder eine Beschäftigte wegen eines in § 1 genannten Grundes benachteiligt oder benachteiligen kann.**

§ 3 AGG enthält Begriffsbestimmungen im Hinblick auf die Tatbestandsmerkmale unmittelbare Benachteiligung (Abs. 1), mittelbare Benachteiligung (Abs. 2), Belästigung (Abs. 3) und sexuelle Belästigung (Abs. 4). Zudem fingiert § 3 Abs. 5 AGG die „Anweisung zur Benachteiligung einer Person“ aus einem der in § 1 AGG genannten Gründe als Benachteiligung. 1

Abs. 1 Satz 1 enthält die Legaldefinition des Begriffs der **„unmittelbaren Benachteiligung“.** Diese liegt vor, wenn eine Person wegen eines in § 1 AGG genannten Grundes eine weniger günstige Behandlung als eine andere Person in einer vergleichbaren Situation erfährt, erfahren hat oder erfahren würde. Die Benachteiligung kann hierbei sowohl in einem Tun als auch in einem Unterlassen liegen (*Ring/Siebeck/Woitz* in Flohr/Ring, Das neue Gleichbehandlungsgesetz, § 3 Rn 102; *Bauer/Göpfert/Krieger,* AGG, 2. Auflage 2008, § 3 Rn 9). Anknüpfungspunkt für die Schlechterstellung muss – mindestens – *eines* der Diskriminierungsmerkmale des § 1 AGG sein. Das tatsächliche Vorliegen des fraglichen Merkmals bei der benachteiligten Person ist nicht erforderlich; auch auf ein Verschulden des Benachteiligenden kommt es nicht an (*Ring/Siebeck/Woitz,* Rn 103). Auch wenn es an einem Vertretenmüssen der Benachteiligung fehlt, kann damit eine Benachteiligung iSd Abs. 1 Satz 1 vorliegen. Ein Schadensersatzanspruch nach § 15 Abs. 1 AGG ist in diesem Fall allerdings ausgeschlossen; dieser ist verschuldensabhängig (*Bauer/Göpfert/Krieger,* § 3 Rn 10; *Schrader/Schubert* in Däubler/Bertzbach, AGG, 2. Auflage 2008, § 3 Rn 38). Hinsichtlich des Zeitpunkts der ungünstigeren Behandlung genügt eine in der Vergangenheit liegende ebenso wie eine künftige. Die bloß abstrakte Gefahr einer potenziellen Benachteiligung begründet jedoch noch keine Ansprüche. Es bedarf vielmehr einer hinreichend konkreten Gefahr, dass die Benachteiligung unmittelbar eintreten wird (*Ring/Siebeck/Woitz* in Flohr/Ring, § 3 Rn 105). 2

Eine nicht unerhebliche Ausweitung des Anwendungsbereichs der RL 2000/78/EG hat der EuGH mit Urt. v. 17. 7. 2008 vorgenommen. Nach der Entscheidung *Coleman,* Rs. C-303/06, schützt die Richtlinie auch Arbeitnehmer, die nicht wegen eigener Behinderung, sondern wegen Behinderung ihres Kindes diskriminiert werden. 3

Die betroffene Arbeitnehmerin *Coleman* arbeitete seit 2001 als Anwaltssekretärin für eine Londoner Kanzlei. Im Jahre 2002 gebar sie ein behindertes Kind, das wegen seines Gesundheitszustandes spezialisierter, besonderer Pflege bedarf, die im Wesentlichen von der Mutter geleistet wird. Anfang 2005 stimmte sie einer freiwilligen Entlassung zu, die den Vertrag mit ihrem Arbeitgeber beendete. Im 8. 2005 reichte Frau *Coleman* beim Londoner Arbeitsgericht Klage ein mit der Begründung, dass sie, weil sie Betreuerin eines behinderten Kindes sei, Opfer einer erzwungenen sozialwidrigen Kündigung wurde und eine weniger günstige Behandlung als die anderen Arbeitnehmer erfahren habe. Diese Behandlung habe sie gezwungen, ihr Arbeitsverhältnis zu beenden. Frau *Coleman* stützte ihre Klage auf mehrere Vorkommnisse, die eine Diskriminierung oder Belästigung darstellten, weil Eltern nicht behinderter Kinder unter vergleichbaren Umständen anders behandelt worden seien. So seien ihr ua. nach der Rückkehr aus dem Mutterschaftsurlaub keine flexiblen Arbeitszeiten gewährt worden, auch habe es unangemessene und verletzende Bemerkungen sowohl in Bezug auf sie selbst als auch auf ihr Kind gegeben.

4 Der Gerichtshof entschied, dass Zweck der Richtlinie 2000/78 nach deren Art. 1 die Schaffung eines allgemeinen Rahmens zur Bekämpfung der Diskriminierung wegen der Religion oder Weltanschauung, einer Behinderung, des Alters oder der sexuellen Ausrichtung in Beschäftigung und Beruf sei. Gem. Art. 2 Abs. 2 Buchst a der Richtlinie liege eine unmittelbare Diskriminierung vor, wenn eine Person ua. wegen einer Behinderung in einer vergleichbaren Situation eine weniger günstige Behandlung erfahre, als eine andere Person erfährt, erfahren hat oder erfahren würde. Gem. Art. 3 Abs. 1 Buchst c gilt die RL 2000/78 (…) für alle Personen in öffentlichen und privaten Bereichen, einschließlich öffentlicher Stellen, in Bezug auf die Beschäftigungs- und Arbeitsbedingungen, einschließlich der Entlassungsbedingungen und des Arbeitsentgelts. Der Gleichbehandlungsgrundsatz, den die Richtlinie gewährleisten solle, beschränke sich daher nicht auf Personen, die selbst eine Behinderung iSd Richtlinie hätten. Ihr Zweck sei vielmehr, in Beschäftigung und Beruf jede Form der Diskriminierung aus Gründen einer Behinderung zu bekämpfen. Der in RL 2000/78/EG verankerte Gleichbehandlungsgrundsatz gelte nicht für eine bestimmte Kategorie von Personen, sondern in Bezug auf die in ihrem Art. 1 genannten Gründe (EuGH, Urt. v. 17. 7. 2008, Rs. C-303/06 *(Coleman),* Rn 34–38). Die Ziele der Richtlinie und ihre praktische Wirksamkeit würden gefährdet, wenn sich ein Arbeitnehmer in der Situation von Frau *Coleman* nicht auf das Verbot der unmittelbaren Diskriminierung in Art. 2 Abs. 2 Buchst a der Richtlinie berufen könne, sofern er nachweise, dass er wegen der Behinderung seines Kindes in einer vergleichbaren Situation eine weniger günstige Behandlung erfahren habe, als ein anderer Arbeitnehmer erfährt, erfahren hat oder erfahren würde. Dies gelte auch, wenn der Arbeitnehmer nicht selbst behindert sei (EUGH, aaO, Rn 48). Die dargestellten Grundsätze wendet der EuGH auch auf das Verbot der Belästigung an (EuGH, aaO, Rn 57 ff; vgl. unten).

5 Nach *Lindner* (Die Ausweitung des Diskriminierungsschutzes durch den EuGH, NJW 2006, 2750) hat das Urteil für die Entwicklung des europäischen wie des mitgliedschaftlichen Diskriminierungsschutzes grundsätzliche Bedeutung. Denn es füge dem bis dato primär konkret-individuellen Diskriminierungsschutz eine weitere Dimension hinzu. Der Diskriminierungsschutz habe nicht mehr nur die Benachteiligung des Einzelnen wegen eines ihm selbst „anhaftenden“ Kriteriums im Fokus, sondern blicke über die individuelle Dimension hinaus, transzendiere sie gleichsam. Zwar werde die Ebene des konkret diskriminierten Individuums (Frau *Coleman*) beibehal-

ten, jedoch werde das Benachteiligungskriterium – die Behinderung – insofern transindividualisiert, als nicht das benachteiligte Individuum selbst behindert sein müsse. Eine Benachteiligung liege vielmehr bereits dann vor, wenn an das Kriterium „Behinderung“ angeknüpft werde und dieses bei einer anderen Person vorliege.

Gem. Abs. 2 liegt eine **mittelbare Benachteiligung** vor, wenn scheinbar 6 neutrale Vorschriften, Kriterien oder Verfahren Personen(-gruppen) wegen eines Merkmals des § 1 AGG gegenüber anderen Personen(-gruppen), bei denen dieses Merkmal nicht vorliegt, in besonderer Weise benachteiligen können, sofern nicht die betreffenden Vorschriften durch ein rechtmäßiges Ziel sachlich gerechtfertigt und die Mittel zur Erreichung dieses Ziels angemessen und erforderlich sind. Dem Anschein nach neutrale Vorschriften etc. knüpfen nicht an die unzulässigen Differenzierungsmerkmale des § 1 AGG an, sondern an vermeintlich unschädliche Alternativkriterien, die aber von den betreffenden Gruppenmitgliedern erheblich häufiger erfüllt werden als von anderen Personen (*Ring/Siebeck/Woitz* in Flohr/Ring, § 3 Rn 108f). Die nachteilige Wirkung trifft typischer Weise also überwiegend gruppenangehörige Personen. In diesem Falle ist zu vermuten, dass gerade die Gruppenzugehörigkeit maßgebend für die Benachteiligung war.

Die mittelbare Benachteiligung nach Abs. 2 ist nachrangig gegenüber der 7 unmittelbaren Benachteiligung nach Abs. 1 (*Bauer/Göpfert/Krieger*, § 3 Rn 23).

Der Wortlaut der Norm ergibt, dass eine nur marginale Beeinträchtigung 8 nicht genügt – erforderlich ist eine Benachteiligung „in besonderer Weise“. Jedoch verlangt § 20 AGG lediglich, dass die angegriffenen Maßnahmen eine derartige Benachteiligung auslösen „können“. Maßgebend ist mithin eine hypothetische Betrachtungsweise. Ebenso wie bei der unmittelbaren Gefährdung bedarf es aber des Vorliegens einer hinreichend konkreten Gefahr. Auf ein Verschulden des Benachteiligenden kommt es ebenfalls nicht an (*Ring/Siebeck/Woitz* in Flohr/Ring, § 3 Rn 110f; *Schrader/Schubert* in Däubler/Berztbach, § 3 Rn 63).

Eine mittelbare Benachteiligung ist nicht gegeben bei sachlicher Rechtfer- 9 tigung der benachteiligenden Vorschriften durch ein rechtmäßiges Ziel, das mit angemessenen und erforderlichen Mitteln angestrebt wird. Gesetzestechnisch handelt es sich bei den möglichen sachlichen Gründen nicht um Rechtfertigungsgründe, sondern um einen Teil des Tatbestandes. Liegt also ein „Rechtfertigungsgrund“ vor, ist schon der Tatbestand des § 3 Abs. 2 AGG nicht erfüllt (*Schrader/Schubert* in Däubler/Bertzbach, § 3 Rn 52). Auf das Vorliegen der spezifischen Rechtfertigungsgründe der §§ 5, 8–10, 20 AGG kommt es in diesem Fall nicht an (*Wisskirchen*, S. 13).

Eine **Belästigung** ist gem. Abs. 3 eine Benachteiligung, wenn uner- 10 wünschte Verhaltensweisen, die mit einem in § 1 AGG genannten Merkmal in Zusammenhang stehen, bezwecken oder bewirken, dass die Würde der betreffenden Person durch das Schaffen eines von Einschüchterungen, Anfeindungen, Erniedrigungen, Entwürdigungen oder Beleidigungen gekennzeichneten Umfeldes verletzt wird.

Die unerwünschte Verhaltensweise muss zum einen geeignet sein, die 11 Würde der betreffenden Person zu verletzen – dies setzt eine gewisse Eingriffsintensität voraus. Zum anderen ist es erforderlich, dass die unerwünschte Verhaltensweise ein von Einschüchterungen usw. gekennzeichnetes Umfeld schafft. Die unerwünschte Verhaltensweise bedarf also eines bestimmten Gewichts (*Eggert-Weyand* in Rust/Falke, AGG 2007, § 3 Rn 57). Ob eine Verhaltensweise unerwünscht ist, ist aus Sicht eines objektiven Beobachters zu beurteilen. Der tatsächliche Eintritt der Verletzung der Würde kann dahinstehen, sofern der Handelnde sie zumindest billigend in Kauf nahm. Wenn die Verletzung aber eingetreten ist, kommt es auf die Frage eines fahrlässigen bzw. vorsätzlichen Verhaltens nicht an. In diesem Fall bedarf es keines zusätzlichen subjektiven Elements beim Handelnden (*Eggert-Weyand* in Rust/Falke, § 3 Rn 60f).

12 Die Belästigung kann sowohl verbal als auch nonverbal erfolgen. Maßgebend ist lediglich, ob sie in Zusammenhang steht mit einem der in § 1 AGG genannten Differenzierungsmerkmale (*Eggert-Weyand* in Rust/Falke, § 3 Rn 44ff; *Ring/Siebeck/Woitz* in Flohr/Ring, § 3 Rn 123).

13 Im Hinblick auf Belästigungen wegen des Merkmals der Behinderung kam der EuGH im *Coleman*-Urteil (s.o.) auch zu dem Ergebnis, dass das Verbot der Belästigung nicht nur für Arbeitnehmer gelte, die selbst behindert seien. „Es wirke ebenso zugunsten von Arbeitnehmern, die Opfer eines unerwünschten Verhaltens, das eine Belästigung darstellt, seien, das mit der Behinderung ihres Kindes zusammenhänge, für das der Arbeitnehmer selbst im Wesentlichen die Pflegeleistungen erbringe, die der Zustand des Kindes erfordere (EuGH, aaO, Rn 57)."

§ 4 Unterschiedliche Behandlung wegen mehrerer Gründe

Erfolgt eine unterschiedliche Behandlung wegen mehrerer der in § 1 genannten Gründe, so kann diese unterschiedliche Behandlung nach den §§ 8 bis 10 und 20 nur gerechtfertigt werden, wenn sich die Rechtfertigung auf alle diese Gründe erstreckt, derentwegen die unterschiedliche Behandlung erfolgt.

§ 5 Positive Maßnahmen

Ungeachtet der in den §§ 8 bis 10 sowie in § 20 benannten Gründe ist eine unterschiedliche Behandlung auch zulässig, wenn durch geeignete und angemessene Maßnahmen bestehende Nachteile wegen eines in § 1 genannten Grundes verhindert oder ausgeglichen werden sollen.

1 § 5 AGG ermöglicht eine unterschiedliche Behandlung, wenn durch geeignete und angemessene Maßnahmen bestehende Nachteile wegen eines in § 1 AGG genannten Grundes verhindert oder ausgeglichen werden sollen. Die „Verhinderung bestehender Nachteile" betrifft – missverständlich formuliert – die Verhinderung *künftiger* Nachteile, also das Ergreifen von Fördermaßnahmen zum Zwecke der Prävention (BT-Drucks. 16/1780 S. 34). Fördermaßnahme iSd § 5 AGG sind zB das BGG oder die im SGB IX vorgesehenen Leistungen zur Förderung von schwerbehinderten Arbeit-

nehmern, vgl. §§ 26ff, 33ff, 44ff, 55ff (*Bauer/Göpfert/Krieger*, § 5 Rn 7). Gezielte Fördermaßnahmen sind jedoch nicht allein dem Gesetzgeber gestattet, sondern ebenso den Tarifvertrags- und Betriebspartnern, den Arbeitsvertragsparteien oder dem Arbeitgeber.

Die jeweilige Maßnahme muss – bezogen auf den Zweck – geeignet und angemessen sein, mithin im Hinblick auf das erstrebte Ziel den Anforderungen des Verhältnismäßigkeitsgrundsatzes genügen. Eine Maßnahme ist hiernach geeignet iSd § 5 AGG, wenn sie den fraglichen Nachteil ausgleicht oder – objektiv – wahrscheinlich verhindern kann. Sie ist angemessen, wenn sie das mildeste, zur Zielerreichung geeignete Mittel darstellt. Ferner ist sie angemessen im engeren Sinn, wenn sie in die Belange der von der Begünstigung ausgenommenen Personen nicht übermäßig eingreift: die Maßnahme darf nicht geförderte Personen von der in Frage stehenden Vergünstigung nicht gänzlich ausschließen und keine zu deren Lasten entscheidenden Automatismen enthalten. Damit ist ein absoluter Vorrang der zu fördernden Gruppe ausgeschlossen (*Bauer/Göpfert/Krieger*, § 5 Rn 12ff). Die Maßnahme ist zudem zeitlich zu befristen und darf nur bis zur Erreichung des betreffenden Ziels Wirksamkeit entfalten (*Ring/Siebeck/Woitz* in Ring/Flohr, § 5 Rn 144). 2

Positive Maßnahmen zugunsten Behinderter sind in weiterem Umfang zulässig als zugunsten anderer Gruppen iSd § 1 AGG, da sich „Nichtbehinderte" nicht auf besondere Diskriminierungsverbote berufen können (*Schlachter* in Erfurter Kommentar, § 5 Rn 4). 3

Abschnitt 2. Schutz der Beschäftigten vor Benachteiligung

Unterabschnitt 1. Verbot der Benachteiligung

§ 6 Persönlicher Anwendungsbereich

(1) Beschäftigte im Sinne dieses Gesetzes sind

1. **Arbeitnehmerinnen und Arbeitnehmer,**
2. **die zu ihrer Berufsbildung Beschäftigten,**
3. **Personen, die wegen ihrer wirtschaftlichen Unselbstständigkeit als arbeitnehmerähnliche Personen anzusehen sind; zu diesen gehören auch die in Heimarbeit Beschäftigten und die ihnen Gleichgestellten. Als Beschäftigte gelten auch die Bewerberinnen und Bewerber für ein Beschäftigungsverhältnis sowie die Personen, deren Beschäftigungsverhältnis beendet ist.**

(2) Arbeitgeber (Arbeitgeber und Arbeitgeberinnen) im Sinne dieses Abschnitts sind natürliche und juristische Personen sowie rechtsfähige Personengesellschaften, die Personen nach Absatz 1 beschäftigen. Werden Beschäftigte einem Dritten zur Arbeitsleistung überlassen, so gilt auch dieser als Arbeitgeber im Sinne dieses Abschnitts. Für die in Heimarbeit Beschäftigten und die ihnen Gleichgestellten tritt an die Stelle des Arbeitgebers der Auftraggeber oder Zwischenmeister.

(3) Soweit es die Bedingungen für den Zugang zur Erwerbstätigkeit sowie den beruflichen Aufstieg betrifft, gelten die Vorschriften dieses Abschnitts für Selbstständige und Organmitglieder, insbes. Geschäftsführer oder Geschäftsführerinnen und Vorstände, entsprechend.

1 Der Schutzbereich des AGG ist im Arbeitsrecht bezogen auf behinderte Menschen weiter gezogen als im SGB IX. Der diesbzgl. geschützte Personenkreis unterscheidet sich bzgl. der relativ komplizierten Definition im SGB IX Teil 2. In der Praxis hat sich hier die Anwendung des § 76 SGB IX, der eigentlich nur für die Feststellung von besetzten Pflichtarbeitsplätzen formuliert ist, als Begrenzung der persönlichen Voraussetzungen von Sozialleistungen (s. insbes. Erl. zu § 102 Rn 21) und Schutzrechte entwickelt. Hinsichtlich des besonderen Kündigungsschutzes finden sich sowieso noch weitere Einzelregelungen in §§ 90, 92 SGB IX.

2 Insbesondere für den Bereich der in Abs. 3 genannten Personenkreise gelten im SGB IX deutliche Einschränkungen (s. Erl. zu § 102 Rn 21, 22, 72ff sowie §§ 122, 128, 129).

3 Hinsichtlich der sachlichen Abgrenzung – insbes. im Falle der Beendigung eines Arbeitsverhältnisses durch arbeitgeberseitige Kündigung – wird auf die Erl. zu § 2 AGG Rn 6–9 verwiesen.

§ 7 Benachteiligungsverbot

(1) Beschäftigte dürfen nicht wegen eines in § 1 genannten Grundes benachteiligt werden; dies gilt auch, wenn die Person, die die Benachteiligung begeht, das Vorliegen eines in § 1 genannten Grundes bei der Benachteiligung nur annimmt.

(2) Bestimmungen in Vereinbarungen, die gegen das Benachteiligungsverbot des Absatzes 1 verstoßen, sind unwirksam.

(3) Eine Benachteiligung nach Absatz 1 durch Arbeitgeber oder Beschäftigte ist eine Verletzung vertraglicher Pflichten.

§ 8 Zulässige unterschiedliche Behandlung wegen beruflicher Anforderungen

(1) Eine unterschiedliche Behandlung wegen eines in § 1 genannten Grundes ist zulässig, wenn dieser Grund wegen der Art der auszuübenden Tätigkeit oder der Bedingungen ihrer Ausübung eine wesentliche und entscheidende berufliche Anforderung darstellt, sofern der Zweck rechtmäßig und die Anforderung angemessen ist.

(2) Die Vereinbarung einer geringeren Vergütung für gleiche oder gleichwertige Arbeit wegen eines in § 1 genannten Grundes wird nicht dadurch gerechtfertigt, dass wegen eines in § 1 genannten Grundes besondere Schutzvorschriften gelten.

§ 8 AGG Abs. 1 erklärt im Bereich Beschäftigung die unterschiedliche Behandlung wegen beruflicher Anforderungen aus einem in § 1 AGG genannten Grund für zulässig. Voraussetzung ist, dass dieser Grund wegen der Art der auszuübenden Tätigkeit oder der Bedingungen ihrer Ausübung eine wesentliche und entscheidende berufliche Anforderung darstellt, sofern der verfolgte Zweck rechtmäßig und die Anforderung angemessen ist. Eine Anforderung ist wesentlich, wenn sie für das jeweilige Berufsbild prägend ist; abzustellen ist insofern auf einen objektiven Maßstab. Sie ist entscheidend, wenn nach wertender Betrachtung das vom Arbeitgeber zulässiger Weise vorgegebene Anforderungsprofil für die eigentliche Aufgabe des Arbeitnehmers maßgeblich ist (*Bauer/Göpfert/Krieger,* § 8 Rn 21 ff). Die Geringfügigkeitsgrenze muss mithin deutlich überschritten sein. Nicht zulässig ist damit eine Ungleichbehandlung wegen bloßer Zweckmäßigkeitserwägungen (*Falke* in Rust/Falke, § 8 Rn 13). Vielmehr muss die an den Beschäftigten gestellte Anforderung erforderlich sein und bei der vorzunehmenden Abwägung zwischen beruflichem Zweck und Schutz vor Benachteiligung den Verhältnismäßigkeitsgrundsatz wahren (Gesetzesbegründung, BT-Drucks. 16/1780 S. 35). 1

Die unterschiedliche Behandlung behinderter und nicht behinderter Menschen kann damit im Einzelfall zulässig sein, wenn die konkret betroffene Tätigkeit bestimmte körperliche Funktionen, geistige Fähigkeiten oder die seelische Gesundheit wesentlich und unverzichtbar voraussetzt und der Behinderte diese Ansprüche behinderungsbedingt nicht sinnvoll zu erfüllen vermag (*Bauer/Göpfert/Krieger,* § 8 Rn 33). Im Hinblick auf schwerbehinderte Beschäftigte gilt grundsätzlich die Regelung des § 81 Abs. 1 SGB IX, derzufolge Arbeitgeber schwerbehinderte Beschäftigte nicht wegen ihrer Behinderung benachteiligen dürfen. Das AGG kommt über die Verweisung in § 81 Abs. 2 SGB IX zur Anwendung; dementsprechend gilt auch § 8 Abs. 1 AGG mit den obigen Ausführungen. Ein Arbeitgeber kann sich jedoch dann nicht auf die eine unterschiedliche Behandlung rechtfertigende Vorschrift des § 8 Abs. 1 AGG berufen, wenn er es entgegen § 81 Abs. 3 und 4 SGB IX versäumt hat, angemessene Vorkehrungen zur Behebung der Einschränkung der Arbeitsmöglichkeit für behinderte Menschen zu treffen (*Falke* in Rust/Falke, § 8 Rn 29). 2

Das AGG ist gem. § 24 Nr. 1 – „unter Berücksichtigung ihrer besonderen Rechtsstellung" – auch bei Beamten anzuwenden. Daher gehört auch die Ausgestaltung des Beschäftigungsverhältnisses mit den Anforderungen des Art. 33 Abs. 2 und 5 GG zu den „Bedingungen ihrer Ausübung" iSd § 8 Abs. 1 AGG. Die gesundheitlichen Eignungsanforderungen des Art. 33 Abs. 2 GG und die aus dem Lebenszeit- und Alimentationsprinzip folgenden Belange des Art. 33 Abs. 5 GG stellen eine zulässige Anforderung iSd § 8 Abs. 1 AGG mit einem rechtmäßigen Zweck dar und sind auch verhältnismäßig (VG Gelsenkirchen, Urt. v. 12. 3. 2008, Az.: 1 K 6980/03). 3

Zu den im Hinblick auf behinderte Menschen vom Arbeitgeber zu treffenden „angemessenen Vorkehrungen", die den behinderten Menschen den Zugang zu Beschäftigung, die Ausübung eines Berufs, den beruflichen Aufstieg und die Teilnahme an Aus- und Weiterbildungsmaßnahmen ermög- 4 lichen sollen, vgl. die Ausführungen zu § 2 AGG, § 81 SGB IX Rn 21 ff, § 84 Rn 14).

§ 9 Zulässige unterschiedliche Behandlung wegen der Religion oder Weltanschauung

(1) Ungeachtet des § 8 ist eine unterschiedliche Behandlung wegen der Religion oder der Weltanschauung bei der Beschäftigung durch Religionsgemeinschaften, die ihnen zugeordneten Einrichtungen ohne Rücksicht auf ihre Rechtsform oder durch Vereinigungen, die sich die gemeinschaftliche Pflege einer Religion oder Weltanschauung zur Aufgabe machen, auch zulässig, wenn eine bestimmte Religion oder Weltanschauung unter Beachtung des Selbstverständnisses der jeweiligen Religionsgemeinschaft oder Vereinigung im Hinblick auf ihr Selbstbestimmungsrecht oder nach der Art der Tätigkeit eine gerechtfertigte berufliche Anforderung darstellt.

(2) Das Verbot unterschiedlicher Behandlung wegen der Religion oder der Weltanschauung berührt nicht das Recht der in Absatz 1 genannten Religionsgemeinschaften, der ihnen zugeordneten Einrichtungen ohne Rücksicht auf ihre Rechtsform oder der Vereinigungen, die sich die gemeinschaftliche Pflege einer Religion oder Weltanschauung zur Aufgabe machen, von ihren Beschäftigten ein loyales und aufrichtiges Verhalten im Sinne ihres jeweiligen Selbstverständnisses verlangen zu können.

§ 10 Zulässige unterschiedliche Behandlung wegen des Alters

[1]Ungeachtet des § 8 ist eine unterschiedliche Behandlung wegen des Alters auch zulässig, wenn sie objektiv und angemessen und durch ein legitimes Ziel gerechtfertigt ist. [2]Die Mittel zur Erreichung dieses Ziels müssen angemessen und erforderlich sein. [3]Derartige unterschiedliche Behandlungen können insbes. Folgendes einschließen:

1. die Festlegung besonderer Bedingungen für den Zugang zur Beschäftigung und zur beruflichen Bildung sowie besonderer Beschäftigungs- und Arbeitsbedingungen, einschließlich der Bedingungen für Entlohnung und Beendigung des Beschäftigungsverhältnisses, um die berufliche Eingliederung von Jugendlichen, älteren Beschäftigten und Personen mit Fürsorgepflichten zu fördern oder ihren Schutz sicherzustellen,
2. die Festlegung von Mindestanforderungen an das Alter, die Berufserfahrung oder das Dienstalter für den Zugang zur Beschäftigung oder für bestimmte mit der Beschäftigung verbundene Vorteile,
3. die Festsetzung eines Höchstalters für die Einstellung auf Grund der spezifischen Ausbildungsanforderungen eines bestimmten Arbeitsplatzes oder auf Grund der Notwendigkeit einer angemessenen Beschäftigungszeit vor dem Eintritt in den Ruhestand,

4. die Festsetzung von Altersgrenzen bei den betrieblichen Systemen der sozialen Sicherheit als Voraussetzung für die Mitgliedschaft oder den Bezug von Altersrente oder von Leistungen bei Invalidität einschließlich der Festsetzung unterschiedlicher Altersgrenzen im Rahmen dieser Systeme für bestimmte Beschäftigte oder Gruppen von Beschäftigten und die Verwendung von Alterskriterien im Rahmen dieser Systeme für versicherungsmathematische Berechnungen,
5. eine Vereinbarung, die die Beendigung des Beschäftigungsverhältnisses ohne Kündigung zu einem Zeitpunkt vorsieht, zu dem der oder die Beschäftigte eine Rente wegen Alters beantragen kann; § 41 des Sechsten Buches Sozialgesetzbuch bleibt unberührt,
6. Differenzierungen von Leistungen in Sozialplänen im Sinne des Betriebsverfassungsgesetzes, wenn die Parteien eine nach Alter oder Betriebszugehörigkeit gestaffelte Abfindungsregelung geschaffen haben, in der die wesentlich vom Alter abhängenden Chancen auf dem Arbeitsmarkt durch eine verhältnismäßig starke Betonung des Lebensalters erkennbar berücksichtigt worden sind, oder Beschäftigte von den Leistungen des Sozialplans ausgeschlossen haben, die wirtschaftlich abgesichert sind, weil sie, gegebenenfalls nach Bezug von Arbeitslosengeld, rentenberechtigt sind.

Unterabschnitt 2. Organisationspflichten des Arbeitgebers

§ 11 Ausschreibung

Ein Arbeitsplatz darf nicht unter Verstoß gegen § 7 Abs. 1 ausgeschrieben werden.

§ 12 Maßnahmen und Pflichten des Arbeitgebers

(1) [1]Der Arbeitgeber ist verpflichtet, die erforderlichen Maßnahmen zum Schutz vor Benachteiligungen wegen eines in § 1 genannten Grundes zu treffen. [2]Dieser Schutz umfasst auch vorbeugende Maßnahmen.

(2) [1]Der Arbeitgeber soll in geeigneter Art und Weise, insbes. im Rahmen der beruflichen Aus- und Fortbildung, auf die Unzulässigkeit solcher Benachteiligungen hinweisen und darauf hinwirken, dass diese unterbleiben. [2]Hat der Arbeitgeber seine Beschäftigten in geeigneter Weise zum Zwecke der Verhinderung von Benachteiligung geschult, gilt dies als Erfüllung seiner Pflichten nach Absatz 1.

(3) Verstoßen Beschäftigte gegen das Benachteiligungsverbot des § 7 Abs. 1, so hat der Arbeitgeber die im Einzelfall geeigneten, erforderlichen und angemessenen Maßnahmen zur Unterbindung der Benachteiligung wie Abmahnung, Umsetzung, Versetzung oder Kündigung zu ergreifen.

(4) Werden Beschäftigte bei der Ausübung ihrer Tätigkeit durch Dritte nach § 7 Abs. 1 benachteiligt, so hat der Arbeitgeber die im Einzelfall

geeigneten, erforderlichen und angemessenen Maßnahmen zum Schutz der Beschäftigten zu ergreifen.

(5) [1]**Dieses Gesetz und § 61b des Arbeitsgerichtsgesetzes sowie Informationen über die für die Behandlung von Beschwerden nach § 13 zuständigen Stellen sind im Betrieb oder in der Dienststelle bekannt zu machen.** [2]**Die Bekanntmachung kann durch Aushang oder Auslegung an geeigneter Stelle oder den Einsatz der im Betrieb oder der Dienststelle üblichen Informations- und Kommunikationstechnik erfolgen.**

Unterabschnitt 3. Rechte der Beschäftigten

§ 13 Beschwerderecht

(1) [1]**Die Beschäftigten haben das Recht, sich bei den zuständigen Stellen des Betriebs, des Unternehmens oder der Dienststelle zu beschweren, wenn sie sich im Zusammenhang mit ihrem Beschäftigungsverhältnis vom Arbeitgeber, von Vorgesetzten, anderen Beschäftigten oder Dritten wegen eines in § 1 genannten Grundes benachteiligt fühlen.** [2]**Die Beschwerde ist zu prüfen und das Ergebnis der oder dem beschwerdeführenden Beschäftigten mitzuteilen.**

(2) **Die Rechte der Arbeitnehmervertretungen bleiben unberührt.**

1 Nach § 13 AGG darf, wer sich im Zusammenhang mit dem Beschäftigungsverhältnis vom Arbeitgeber, von Vorgesetzten, anderen Beschäftigten oder Dritten wegen eines der Diskriminierungsmerkmale des § 1 AGG benachteiligt fühlt, sich bei den zuständigen Stellen des Betriebs, des Unternehmens oder der Dienststelle beschweren. Zur Benennung dieser Stellen ist der Arbeitgeber verpflichtet; im AGG sind sie nicht geregelt (*Bücker* in Rust/Falke, § 13 Rn 3). Um die Mitbestimmungsrechte des Betriebsrates bei der Einrichtung dieser Beschwerdestellen gab es eine strittige Auseinandersetzung, vorliegende LAG-Rechtsprechung lehnt diese ab.

2 Nach dem Wortlaut der Vorschrift genügt das Gefühl einer Benachteiligung. Maßgebend ist also die subjektive Betrachtungsweise des jeweiligen Beschäftigten; ob der fragliche Vorfall ihn tatsächlich benachteiligt, ist für das Beschwerderecht ohne Belang (*Bauer/Göpfert/Krieger,* § 13 Rn 4).

§ 14 Leistungsverweigerungsrecht

[1]**Ergreift der Arbeitgeber keine oder offensichtlich ungeeignete Maßnahmen zur Unterbindung einer Belästigung oder sexuellen Belästigung am Arbeitsplatz, sind die betroffenen Beschäftigten berechtigt, ihre Tätigkeit ohne Verlust des Arbeitsentgelts einzustellen, soweit dies zu ihrem Schutz erforderlich ist.** [2]**§ 273 des Bürgerlichen Gesetzbuchs bleibt unberührt.**

§ 14 AGG gibt den Beschäftigten ein Leistungsverweigerungsrecht bei Untätigkeit bzw. dem Ergreifen offensichtlich ungeeigneter Maßnahmen seitens des Arbeitgebers hinsichtlich der Unterbindung von Belästigungen am Arbeitsplatz, soweit dies zu ihrem Schutz erforderlich ist. Der Anspruch auf Zahlung des Arbeitsentgelts bleibt bestehen. Die Vorschrift gilt allein für Belästigungen nach § 3 Abs. 3 sowie sexuelle Belästigungen nach § 3 Abs. 4, nicht aber für unmittelbare und mittelbare Benachteiligungen iSd § 3 Abs. 1 und Abs. 2. 1

Wegen des eindeutigen Wortlauts ist eine analoge Anwendung ausgeschlossen; sofern mit der Leistungsverweigerung aber die Erfüllung vertraglicher Verbindlichkeiten durchgesetzt werden soll, kommt ein Rückgriff auf § 273 BGB in Betracht (*Bauer/Göpfert/Krieger*, § 14 Rn 5). Die Eignung ergriffener Maßnahmen ist objektiv zu bestimmen; die bloß subjektive Einschätzung des betroffenen Beschäftigten genügt insoweit nicht. Das Recht auf Einstellen der Tätigkeit unterliegt dem Verhältnismäßigkeitsgrundsatz und ist daher nur zulässig, wenn andere, weniger einschneidende Schutzmaßnahmen nicht gegeben sind (*Ring/Siebeck/Woitz* in Ring/Flohr, § 14 Rn 281). 2

Das hier normierte Recht auf Leistungsverweigerung als Eigenhilfemöglichkeit des Diskriminierten ist seitens der Rechtsprechung noch nicht so durchinterpretiert wie das Ablehnungsrecht schwerbehinderter Menschen auf Mehrarbeitsanforderungen, das sich aus § 124 SGB IX (s. Erl. dort) ergibt. 3

§ 15 Entschädigung und Schadensersatz

(1) [1]Bei einem Verstoß gegen das Benachteiligungsverbot ist der Arbeitgeber verpflichtet, den hierdurch entstandenen Schaden zu ersetzen. [2]Dies gilt nicht, wenn der Arbeitgeber die Pflichtverletzung nicht zu vertreten hat.

(2) [1]Wegen eines Schadens, der nicht Vermögensschaden ist, kann der oder die Beschäftigte eine angemessene Entschädigung in Geld verlangen. [2]Die Entschädigung darf bei einer Nichteinstellung drei Monatsgehälter nicht übersteigen, wenn der oder die Beschäftigte auch bei benachteiligungsfreier Auswahl nicht eingestellt worden wäre.

(3) Der Arbeitgeber ist bei der Anwendung kollektivrechtlicher Vereinbarungen nur dann zur Entschädigung verpflichtet, wenn er vorsätzlich oder grob fahrlässig handelt.

(4) [1]Ein Anspruch nach Absatz 1 oder 2 muss innerhalb einer Frist von zwei Monaten schriftlich geltend gemacht werden, es sei denn, die Tarifvertragsparteien haben etwas anderes vereinbart. [2]Die Frist beginnt im Falle einer Bewerbung oder eines beruflichen Aufstiegs mit dem Zugang der Ablehnung und in den sonstigen Fällen einer Benachteiligung zu dem Zeitpunkt, in dem der oder die Beschäftigte von der Benachteiligung Kenntnis erlangt.

(5) Im Übrigen bleiben Ansprüche gegen den Arbeitgeber, die sich aus anderen Rechtsvorschriften ergeben, unberührt.

(6) **Ein Verstoß des Arbeitgebers gegen das Benachteiligungsverbot des § 7 Abs. 1 begründet keinen Anspruch auf Begründung eines Beschäftigungsverhältnisses, Berufsausbildungsverhältnisses oder einen beruflichen Aufstieg, es sei denn, ein solcher ergibt sich aus einem anderen Rechtsgrund.**

1 § 15 AGG gewährt Beschäftigten bei Verstoß gegen das Benachteiligungsverbot einen Schadensersatz – sowie Entschädigungsanspruch. Der Schadensersatzanspruch des Abs. 1 dient zum Ausgleich sämtlicher aus der Benachteiligung resultierender materieller Schäden, eine Obergrenze ist gesetzlich nicht festgelegt. Höhe und Art des Schadensersatzes bemessen sich nach §§ 249ff BGB. Abs. 1 begründet jedoch keinen Anspruch auf Einstellung oder Beförderung, vgl. Abs. 6. Schadensersatz in Form der Naturalrestitution gem. § 249 Abs. 1 BGB ist insoweit grundsätzlich ausgeschlossen (*Bauer/Göpfert/Krieger*, § 15 Rn 23). Etwas anderes gilt nur, wenn der Anspruch aus anderen Gründen besteht (für Behinderte im Einzelfall vom BAG anerkannt, vgl. *Schlachter* in Erfurter Kommentar, § 15 Rn 13 mVa 28. 4. 1998 AP SchwbG 1986, § 14 Nr. 2). Unklarheiten bestehen hinsichtlich der Bemessung der Höhe des zu leistenden Schadensersatzes. Die Anwendung der § 249 BGB zugrunde liegenden Differenzhypothese würde den Arbeitgeber im Falle einer Nichteinstellung zum Ersatz von Einkommenseinbußen bis ins Rentenalter verpflichten. Eine solche weitreichende Ersatzpflicht wird wegen Unverhältnismäßigkeit überwiegend abgelehnt (*Faber* in Felder/Kohte/Stevens-Bartol, § 81 Rn 123). Der Anspruch ist verschuldensabhängig; das Verschulden des Arbeitgebers wird ausweislich Abs. 1 Satz 2 aber vermutet. Zu vertreten sind danach gem. § 276 BGB Vorsatz und Fahrlässigkeit (*Schlachter* in Erfurter Kommentar, § 15 Rn 4; *Faber* in Felder/Kohte/Stevens-Bartol, § 81 Rn 124).

2 Abs. 2 betrifft den Ausgleich immaterieller Schäden. Der Entschädigungsanspruch setzt kein Verschulden des Arbeitgebers voraus und legt wie die frühere schwerbehindertenrechtliche Regelung des § 81 Abs. 2 Satz 2 Nr. 3 S. 1 SGB IX aF eine Obergrenze für den Entschädigungsanspruch fest, sofern der Betroffene auch ohne die Benachteiligung nicht eingestellt worden wäre (*Bücker* in Rust/Falke, § 15 Rn 32; (*Ring/Siebeck/Woitz* in Flohr/Ring, § 15 Rn 296; *Faber* in Felder/Kohte/Stevens-Bartol, § 81 Rn 126). Abs. 2 sanktioniert damit auch den verfahrensmäßigen Verstoß gegen das Diskriminierungsverbot (*Dopatka/Ritz* in Bihr/Fuchs/Krauskopf/Ritz, SGB IX, Sankt Augustin 2006, § 81 Rn 26). Die nach Abs. 2 Satz 2 maximal zu zahlende Summe entspricht drei Bruttomonatsgehältern. An einer gesetzlichen Höchstgrenze fehlt es dagegen, wenn die Benachteiligung kausal für die Nichteinstellung ist – in diesem Fall soll die Entschädigung „angemessen" sein (*Bauer/Göpfert/Krieger*, § 15 Rn 34ff). Die Festlegung dieser „Angemessenheit" steht im Ermessen des Gerichts; bei der Schadensbemessung sind insbes. die Art und Schwere der Diskriminierung sowie die Folgen für den diskriminierten behinderten Menschen zu berücksichtigen (*Faber* in Felder/Kohte/Stevens-Bartol, § 81 Rn 127). Nach der Rechsprechung des BAG liegt in der Diskriminierung wegen einer Behinderung stets eine Verletzung des Persönlichkeitsrechts des behinderten Menschen (*Faber* in

Felder/Kohte/Stevens-Bartol, § 81 Rn 125 mVa BAG, Urt. v. 15. 2. 2005, Az.: 9 AZR 635/03).

Abs. 1 und 2 werden ergänzt von Regelungen betreffend Benachteiligungen im Zusammenhang mit kollektivrechtlichen Vereinbarungen (Abs. 3), Fristen (Abs. 4) sowie das Konkurrenzverhältnis zu nach anderen Vorschriften bestehenden Ansprüchen (Abs. 5 und 6). 3

Abweichend von Abs. 2 bestimmt Abs. 3, dass der Arbeitgeber bei der Anwendung kollektiv-rechtlicher Vereinbarungen nur im Fall von vorsätzlichem oder grob fahrlässigem Verhalten entschädigungspflichtig ist. Die Vorschrift mildert also den Haftungsmaßstab zugunsten des Arbeitgebers – bei bloß einfacher Fahrlässigkeit scheidet eine Haftung aus (*Ring/Siebeck/Woitz* in Flohr/Ring, § 15 Rn 303). Abs. 3 ist keine eigenständige Anspruchsgrundlage, sondern eine Einwendung des Arbeitgebers gegen Entschädigungsansprüche aus Abs. 2. Mithin obliegt die Darlegungs- und Beweislast für das Vorliegen der Tatbestandsvoraussetzungen des Abs. 3 dem Arbeitgeber (*Kocher* in Schieck, § 15 Rn 51; *Ring/Siebeck/Woitz* in Flohr/Ring, § 15 Rn 305). Von der Regelung des Abs. 3 werden insbes. Tarifverträge sowie Betriebs- und Dienstvereinbarungen erfasst (*Kocher* in Schieck, § 15 Rn 50; *Ring/Siebeck/Woitz* in Flohr/Ring, § 15 Rn 304). 4

Abs. 4 Satz 1 legt fest, dass die Ansprüche der Abs. 1 und 2 – vorbehaltlich abweichender tarifvertraglicher Vereinbarung – binnen zwei Monaten schriftlich geltend zu machen sind. Der Fristbeginn bemisst sich im Fall einer Bewerbung bzw. eines beruflichen Aufstiegs mit dem Zugang der Ablehnung, im Fall einer sonstigen Benachteiligung nach dem Zeitpunkt, in dem der oder die Beschäftigte von der Benachteiligung Kenntnis erlangt. 5

Hinzuweisen ist im Zusammenhang mit § 15 Abs. 2 auf § 61 b Abs. 1 ArbGG, der für Entschädigungsansprüche nach § 15 AGG eine Klagefrist normiert. Für schwerbehinderte Menschen stellt sich die Ablösung des § 81 Abs. 2 Satz 2 Nr. 4 SGB IX aF insoweit als Verschlechterung dar, als § 81 Abs. 2 Satz 2 Nr. 4 SGB IX aF lediglich verlangte, dass der Entschädigungsanspruch innerhalb von zwei Monaten schriftlich geltend zu machen war. Die Klageerhebung war dagegen nicht an eine Frist gekoppelt (*Faber* in Feldes/Kohte/Stevens-Bartol, § 15 Rn 129). Gem. § 61 b Abs. 1 AGG ist nach geltender Rechtslage die Klage innerhalb einer Frist von drei Monaten nachdem der Anspruch schriftlich geltend gemacht wurde zu erheben. Der Lauf der Frist des § 61 b beginnt mit dem Zugang des Anspruchsschreibens beim Arbeitgeber, der Fristbeginn für die Entschädigungsansprüche bemisst sich dagegen nach § 15 Abs. 4 Satz 2. Es ist insoweit zu beachten, dass die Fristen für § 61 b Abs. 1 und § 15 Abs. 4 nicht schlicht addiert werden können (*Faber* in Feldes/Kohte/Stevens-Bartol, § 15 Rn 139; *Ring/Siebeck/Woitz* in Flohr/Ring, § 15 Rn 309 ff; *Kocher* in Schieck, § 15 Rn 59, 62).

§ 15 Abs. 5 stellt klar, dass Ansprüche gegen den Arbeitgeber aus anderen Rechtsvorschriften unberührt bleiben. In Betracht kommen ua. Unterlassungsansprüche nach § 1004 BGB sowie vertragliche oder deliktische Schadensersatzansprüche nach §§ 280 Abs. 1, 241 Abs. 2 BGB bzw. §§ 823, 826 BGB (*Kocher* in Schieck, § 15 Rn 65 f; *Ring/Siebeck/Woitz* in Flohr/Ring, § 15 Rn 312). 6

7 Ausweislich Abs. 6, 1. HS. schließlich begründet ein arbeitgeberseitiger Verstoß gegen das Benachteiligungsverbot des § 7 Abs. 1 grundsätzlich keinen Anspruch auf Begründung eines Beschäftigungs- oder Berufsausbildungsverhältnisses oder einen beruflichen Aufstieg. Damit schließt die Regelung zB den grundsätzlich denkbaren Anspruch auf Begründung eines Beschäftigungsverhältnisses als Schadensersatz in Form der Naturalrestitution nach § 249 Abs. 1 BGB in Fällen, in denen die Benachteiligung zur Nichteinstellung führte, aus (*Ring/Siebeck/Woitz* in Flohr/Ring, § 15 Rn 313 f; vgl. insoweit bereits Rn 1). „Andere Rechtsgründe" iSd Abs. 6, 2. HS. sind beispielsweise vertraglich gesondert vereinbarte Einstellungsansprüche oder tarifliche Bewährungsaufstiege (*Ring/Siebeck/Woitz* in Flohr/Ring, § 15 Rn 315; *Kocher* in Schieck, § 15 Rn 71).

§ 16 Maßregelungsverbot

(1) [1]Der Arbeitgeber darf Beschäftigte nicht wegen der Inanspruchnahme von Rechten nach diesem Abschnitt oder wegen der Weigerung, eine gegen diesen Abschnitt verstoßende Anweisung auszuführen, benachteiligen. [2]Gleiches gilt für Personen, die den Beschäftigten hierbei unterstützen oder als Zeuginnen oder Zeugen aussagen.

(2) [1]Die Zurückweisung oder Duldung benachteiligender Verhaltensweisen durch betroffene Beschäftigte darf nicht als Grundlage für eine Entscheidung herangezogen werden, die diese Beschäftigten berührt. [2]Absatz 1 Satz 2 gilt entsprechend.

(3) § 22 gilt entsprechend.

1 § 16 Abs. 1 AGG begründet ein Maßregelungsverbot, demzufolge der Arbeitgeber Beschäftigte wegen der Inanspruchnahme von Rechten aus §§ 6–18 AGG oder der Weigerung, eine gegen diese verstoßende Anweisung auszuführen, nicht benachteiligen darf. Gleiches gilt für Personen, die die Beschäftigten unterstützen oder als Zeugen aussagen. Abs. 2 enthält das Verbot die Zurückweisung oder die Duldung benachteiligender Verhaltensweisen durch diesen Personenkreis zur Grundlage einer sie berührenden Entscheidung zu machen.

2 Inanspruchnahme von Rechten ist nicht allein die gerichtliche Geltendmachung von Ansprüchen. Erfasst werden vielmehr alle Formen der unmittelbaren und mittelbaren Berufung auf ein Recht, zB Behauptungen von Benachteiligungen gegenüber Kollegen oder betriebliche Beschwerden (*Kocher* in Schiek, § 16 Rn 7). Das Recht ist in zulässiger Weise geltend zu machen und darf beispielsweise nicht in beleidigender oder benachteiligender Weise erhoben werden (*Kocher* in Schiek, § 16 Rn 9).

3 Der Begriff der Anweisung entspricht der Legaldefinition in § 3 Abs. 5. Geschützt sind Personen, die eine Anweisung zu einer verbotenen Benachteiligung nicht ausführen. Ob die Weigerung ausdrücklich erklärt wird oder der Angewiesene schlicht untätig bleibt, ist ohne Belang (*Bauer/Göpfert/Krieger,* § 16 Rn 9). Die Unterstützung eines Beschäftigten bei der Inanspruchnahme von Rechten ist anzunehmen bei einer konkreten Hilfeleistung von einigem Gewicht. Der Unterstützende muss die Inanspruchnahme

von Rechten objektiv fördern (*Bauer/Göpfert/Krieger,* § 16 Rn 10f). Zeugen sind Personen, die in einem formalisierten Verfahren über eigene Wahrnehmungen berichten und damit zur Aufklärung eines Sachverhaltes beitragen; idR werden derartige Verfahren von staatlichen Behörden geführt (*Bauer/Göpfert/Krieger,* § 16 Rn 13).

Der Begriff der Benachteiligung iSd § 16 Abs. 1 AGG umfasst jede nachteilige Folge, die in einem Kausalzusammenhang mit der Inanspruchnahme von Rechten steht. Eine Benachteiligung kann auch in der Verweigerung von Vorteilen liegen, die anderen Beschäftigten gewährt werden (*Kocher* in Schiek, § 16 Rn 4; *Bauer/Göpfert/Krieger,* § 16 Rn 15; *Bücker* in Rust/Falke, § 16 Rn 10). 4

Ausweislich § 16 Abs. 2 darf der Arbeitgeber keine Folgen aus der Duldung oder Zurückweisung einer Benachteiligung durch den benachteiligten Beschäftigten herleiten. Unzulässig sind damit sowohl Benachteiligungen als auch die Gewährung von Vorteilen an Arbeitnehmer, die Benachteiligungen hingenommen haben (*Bauer/Göpfert/Krieger,* § 16 Rn 17; *Bücker* in Rust/Falke, § 16 Rn 17ff). 5

Die Bezugnahme des § 16 Abs. 3 AGG auf die Beweiserleichterung des § 22 AGG bedeutet, dass es für die Geltendmachung einer verbotenen Maßregelung ausreicht, Indizien zu beweisen, die eine Maßregelung vermuten lassen. Der Benachteiligte muss also nur Tatsachen beweisen, die es als überwiegend wahrscheinlich ansehen lassen, dass der Beschäftigte wegen eines der in § 16 Abs. 1 und 2 AGG genannten Umstände benachteiligt wurde. Für das Vorliegen der Benachteiligung bleibt er dagegen voll beweispflichtig (*Bauer/Göpfert/Krieger,* § 16 Rn 22). 6

Unterabschnitt 4. Ergänzende Vorschriften

§ 17 Soziale Verantwortung der Beteiligten

(1) **Tarifvertragsparteien, Arbeitgeber, Beschäftigte und deren Vertretungen sind aufgefordert, im Rahmen ihrer Aufgaben und Handlungsmöglichkeiten an der Verwirklichung des in § 1 genannten Ziels mitzuwirken.**

(2) **In Betrieben, in denen die Voraussetzungen des § 1 Abs. 1 Satz 1 des Betriebsverfassungsgesetzes vorliegen, können bei einem groben Verstoß des Arbeitgebers gegen Vorschriften aus diesem Abschnitt der Betriebsrat oder eine im Betrieb vertretene Gewerkschaft unter der Voraussetzung des § 23 Abs. 3 Satz 1 des Betriebsverfassungsgesetzes die dort genannten Rechte gerichtlich geltend machen; § 23 Abs. 3 Satz 2 bis 5 des Betriebsverfassungsgesetzes gilt entsprechend. Mit dem Antrag dürfen nicht Ansprüche des Benachteiligten geltend gemacht werden.**

§ 18 Mitgliedschaft in Vereinigungen

(1) **Die Vorschriften dieses Abschnitts gelten entsprechend für die Mitgliedschaft oder die Mitwirkung in einer**

1. Tarifvertragspartei,
2. Vereinigung, deren Mitglieder einer bestimmten Berufsgruppe angehören oder die eine überragende Machtstellung im wirtschaftlichen oder sozialen Bereich innehat, wenn ein grundlegendes Interesse am Erwerb der Mitgliedschaft besteht,

sowie deren jeweiligen Zusammenschlüssen.

(2) Wenn die Ablehnung einen Verstoß gegen das Benachteiligungsverbot des § 7 Abs. 1 darstellt, besteht ein Anspruch auf Mitgliedschaft oder Mitwirkung in den in Absatz 1 genannten Vereinigungen.

Abschnitt 3. Schutz vor Benachteiligung im Zivilrechtsverkehr

§ 19 Zivilrechtliches Benachteiligungsverbot

(1) Eine Benachteiligung aus Gründen der Rasse oder wegen der ethnischen Herkunft, wegen des Geschlechts, der Religion, einer Behinderung, des Alters oder der sexuellen Identität bei der Begründung, Durchführung und Beendigung zivilrechtlicher Schuldverhältnisse, die

1. typischerweise ohne Ansehen der Person zu vergleichbaren Bedingungen in einer Vielzahl von Fällen zustande kommen (Massengeschäfte) oder bei denen das Ansehen der Person nach der Art des Schuldverhältnisses eine nachrangige Bedeutung hat und die zu vergleichbaren Bedingungen in einer Vielzahl von Fällen zustande kommen oder
2. eine privatrechtliche Versicherung zum Gegenstand haben,

ist unzulässig.

(2) Eine Benachteiligung aus Gründen der Rasse oder wegen der ethnischen Herkunft ist darüber hinaus auch bei der Begründung, Durchführung und Beendigung sonstiger zivilrechtlicher Schuldverhältnisse im Sinne des § 2 Abs. 1 Nr. 5 bis 8 unzulässig.

(3) Bei der Vermietung von Wohnraum ist eine unterschiedliche Behandlung im Hinblick auf die Schaffung und Erhaltung sozial stabiler Bewohnerstrukturen und ausgewogener Siedlungsstrukturen sowie ausgeglichener wirtschaftlicher, sozialer und kultureller Verhältnisse zulässig.

(4) Die Vorschriften dieses Abschnitts finden keine Anwendung auf familien- und erbrechtliche Schuldverhältnisse.

(5) [1]Die Vorschriften dieses Abschnitts finden keine Anwendung auf zivilrechtliche Schuldverhältnisse, bei denen ein besonderes Nähe- oder Vertrauensverhältnis der Parteien oder ihrer Angehörigen begründet wird. [2]Bei Mietverhältnissen kann dies insbes. der Fall sein, wenn die Parteien oder ihre Angehörigen Wohnraum auf demselben Grundstück nutzen. [3]Die Vermietung von Wohnraum zum nicht nur vorübergehenden Gebrauch ist idR kein Geschäft im Sinne des Absatzes 1 Nr. 1, wenn der Vermieter insgesamt nicht mehr als 50 Wohnungen vermietet.

Hinsichtlich Abs. 5 wird für den Bereich der Wohung auf die Regelungen zur Barrierefreiheit im Mietrecht verwiesen. § 554a BGB legt fest, dass der Mieter BGB kann vom Vermieter die Zustimmung zu baulichen Veränderungen oder sonstigen Einrichtungen verlangen kann, die für eine behindertengerechte Nutzung der Mietsache oder den Zugang zu ihr erforderlich sind, wenn er ein berechtigtes Interesse daran hat. Der Vermieter kann seine Zustimmung verweigern, wenn sein Interesse an der unveränderten Erhaltung der Mietsache oder des Gebäudes das Interesse des Mieters an einer behindertengerechten Nutzung der Mietsache überwiegt. Dabei sind auch die berechtigten Interessen anderer Mieter in dem Gebäude zu berücksichtigen. Generelle Schutzbereiche für Vermieter wie nach Abs. 5 werden nicht festgelegt. Der Vermieter kann aber seine Zustimmung von der Leistung einer angemessenen zusätzlichen Sicherheit für die Wiederherstellung des ursprünglichen Zustandes abhängig machen. § 551 Abs. 3 und 4 BGB gilt entsprechend. Eine zum Nachteil des Mieters von Absatz 1 abweichende Vereinbarung ist unwirksam. 1

§ 20 Zulässige unterschiedliche Behandlung

(1) [1]Eine Verletzung des Benachteiligungsverbots ist nicht gegeben, wenn für eine unterschiedliche Behandlung wegen der Religion, einer Behinderung, des Alters, der sexuellen Identität oder des Geschlechts ein sachlicher Grund vorliegt. [2]Das kann insbes. der Fall sein, wenn die unterschiedliche Behandlung

1. der Vermeidung von Gefahren, der Verhütung von Schäden oder anderen Zwecken vergleichbarer Art dient,
2. dem Bedürfnis nach Schutz der Intimsphäre oder der persönlichen Sicherheit Rechnung trägt,
3. besondere Vorteile gewährt und ein Interesse an der Durchsetzung der Gleichbehandlung fehlt,
4. an die Religion eines Menschen anknüpft und im Hinblick auf die Ausübung der Religionsfreiheit oder auf das Selbstbestimmungsrecht der Religionsgemeinschaften, der ihnen zugeordneten Einrichtungen ohne Rücksicht auf ihre Rechtsform sowie der Vereinigungen, die sich die gemeinschaftliche Pflege einer Religion zur Aufgabe machen, unter Beachtung des jeweiligen Selbstverständnisses gerechtfertigt ist.

(2) [1]Eine unterschiedliche Behandlung wegen des Geschlechts ist im Falle des § 19 Abs. 1 Nr. 2 bei den Prämien oder Leistungen nur zulässig, wenn dessen Berücksichtigung bei einer auf relevanten und genauen versicherungsmathematischen und statistischen Daten beruhenden Risikobewertung ein bestimmender Faktor ist. [2]Kosten im Zusammenhang mit Schwangerschaft und Mutterschaft dürfen auf keinen Fall zu unterschiedlichen Prämien oder Leistungen führen. [3]Eine unterschiedliche Behandlung wegen der Religion, einer Behinderung, des Alters oder der sexuellen Identität ist im Falle des § 19 Abs. 1 Nr. 2 nur zulässig, wenn diese auf anerkannten Prinzipien risikoadäquater Kalkulation beruht,

insbes. auf einer versicherungsmathematisch ermittelten Risikobewertung unter Heranziehung statistischer Erhebungen.

1 Unterschiedliche Behandlung im Rahmen des Zivilrechtsverkehrs ist zulässig nach Maßgabe des § 20 AGG. Die Norm ist ausgestaltet als Rechtfertigungsgrund – dem Grunde nach verstößt der betroffene Vertrag gegen das Benachteiligungsverbot des § 19 Abs. 1 Satz 1 AGG, ist aber dennoch rechtmäßig wegen der Einschlägigkeit von § 20 Abs. 1 AGG (*Flohr* in Flohr/Ring, § 20 Rn 400).

2 Gem. § 20 Abs. 1 Satz 1 ist das Benachteiligungsverbot nicht verletzt, wenn für die unterschiedliche Benachteiligung aus einem der in § 1 AGG genannten Gründe ein sachlicher Grund vorliegt. Das Vorliegen eines sachlichen Grundes ist im Einzelfall nach den Grundsätzen von Treu und Glauben (§ 242 BGB) festzustellen (*Flohr* in Flohr/Ring, § 20 Rn 403). Bei den in Abs. 1 Satz 2 Nr. 1–4 genannten Gründen handelt es sich lediglich um Regelbeispiele; als sachliche Gründe iSd Vorschrift kommen alle nicht willkürlichen Differenzierungsgründe des Vertragspartners in Betracht, sofern sie ein den Regelbeispielen vergleichbares Gewicht haben (*Schiek* in Schiek, § 20 Rn 3; *Bauer/Göpfert/Krieger*, § 20 Rn 5; *Flohr* in Flohr/Ring, § 20 Rn 404 f).

3 § 20 Abs. 2 enthält besondere Rechtfertigungsgründe für private Versicherungsverträge iSd § 19 Abs. 1 Nr. 2 AGG. Eine Ungleichbehandlung wegen Behinderung ist gem. Abs. 2 Satz 3 zulässig, wenn sie auf anerkannten Prinzipien risikoadäquater Kalkulation beruht. Dies erfordert eine versicherungsmathematische und auf statistische Erhebungen gestützte Risikobewertung. Die Beweislast für die Einhaltung der Grundsätze einer solchen anerkannten Risikobewertung trägt im Streitfall der private Versicherer, der sich auf einen Rechtfertigungsgrund nach § 20 Abs. 2 AGG beruft (*Wendtland* in Gaier/Wendtland, § 2 Rn 120). Im Zusammenhang mit § 20 Abs. 2 AGG ist § 33 Abs. 4 AGG zu beachten, demzufolge die Vorschriften des AGG auf Schuldverhältnisse, die eine privatrechtliche Versicherung zum Gegenstand haben, erst Anwendung finden, wenn diese nach dem 22. 12. 2007 begründet worden sind, sofern nicht der Versicherungsvertrag nach dem 22. 12. 2007 geändert wurde.

§ 21 Ansprüche

(1) [1]**Der Benachteiligte kann bei einem Verstoß gegen das Benachteiligungsverbot unbeschadet weiterer Ansprüche die Beseitigung der Beeinträchtigung verlangen.** [2]**Sind weitere Beeinträchtigungen zu besorgen, so kann er auf Unterlassung klagen.**

(2) [1]**Bei einer Verletzung des Benachteiligungsverbots ist der Benachteiligende verpflichtet, den hierdurch entstandenen Schaden zu ersetzen.** [2]**Dies gilt nicht, wenn der Benachteiligende die Pflichtverletzung nicht zu vertreten hat.** [3]**Wegen eines Schadens, der nicht Vermögensschaden ist, kann der Benachteiligte eine angemessene Entschädigung in Geld verlangen.**

(3) **Ansprüche aus unerlaubter Handlung bleiben unberührt.**

(4) **Auf eine Vereinbarung, die von dem Benachteiligungsverbot abweicht, kann sich der Benachteiligende nicht berufen.**

(5) [1]**Ein Anspruch nach den Absätzen 1 und 2 muss innerhalb einer Frist von zwei Monaten geltend gemacht werden.** [2]**Nach Ablauf der Frist kann der Anspruch nur geltend gemacht werden, wenn der Benachteiligte ohne Verschulden an der Einhaltung der Frist verhindert war.**

§ 21 AGG betrifft die Ansprüche Benachteiligter im Zivilrechtsverkehr bei Verstößen gegen das zivilrechtliche Benachteiligungsverbot aus § 19 Abs. 1 und 2 AGG. Neben einem Beseitigungs- sowie einem Unterlassungsanspruch gem. Abs. 1 steht dem Betroffenen ein verschuldensabhängiger Anspruch auf den Ersatz materieller und immaterieller Schäden nach Abs. 2 zu. Sämtliche Ansprüche sind ausweislich Abs. 5 innerhalb einer Frist von zwei Monaten geltend zu machen. Abs. 3 legt fest, dass Ansprüche aus unerlaubter Handlung von den spezialgesetzlichen Ansprüchen der Abs. 1 und 2 unberührt bleiben. Abs. 4 stellt klar, dass die Vorschriften des AGG kein dispositives Recht sind – der Schuldner kann sich nicht auf eine Vereinbarung berufen, die zum Nachteil des Gläubigers von dem Benachteiligungsverbot abweicht. 1

Der Beseitigungsanspruch des § 21 Abs. 1 wird bereits durch einen objektiven Verstoß gegen das Benachteiligungsverbot begründet (*Bittner* in Rust/Falke, § 21 Rn 2; *Gaier* in Gaier/Wendtland, § 4 Rn 187). Er ist verschuldensunabhängig (*Bittner* in Rust/Falke, § 21 Rn 6; Gaier in Gaier/Wendtland, § 4 Rn 189). Besteht Wiederholungs- oder Erstbegehungsgefahr, kann der Benachteiligte außerdem Unterlassung zukünftiger Beeinträchtigungen verlangen. Erforderlich ist insoweit die konkrete Gefahr einer künftigen Benachteiligung; der Eintritt der Beeinträchtigung ist im Rahmen von § 21 Abs. 1 Satz 2 AGG nicht erforderlich (*Bauer/Göpfert/Krieger,* § 21 Rn 5; *Gaier* in Gaier/Wendtland, § 4 Rn 196ff; *Bittner* in Rust/Falke, § 21 Rn 10). 2

Die Beseitigung der Beeinträchtigung erfolgt im Wege der Naturalrestitution. Der Benachteiligte ist also so zu stellen, wie er ohne die Benachteiligung stehen würde (*Bauer/Göpfert/Krieger,* § 21 Rn 6). Die Benachteiligung ist grundsätzlich vollständig zu beseitigen; die hierfür erforderlichen Kosten trägt der Benachteiligende (*Bittner* in Rust/Falke, § 21 Rn 8).

Der verschuldensabhängige Schadensersatzanspruch des § 21 Abs. 2 umfasst den gesamten aus der Benachteiligung entstandenen materiellen Schaden; eine Haftungshöchstgrenze ist nicht vorgesehen (*Bauer/Göpfert/Krieger,* § 21 Rn 10f). Der Entschädigungsanspruch ist verschuldensunabhängig und in der Höhe nicht begrenzt. Die Entschädigung muss „angemessen" sein; im Einzelfall sind insoweit die von der Rechtsprechung entwickelten Grundsätze zum Ersatz immaterieller Schäden bei Verletzungen des Allgemeinen Persönlichkeitsrechts heranzuziehen (*Bauer/Göpfert/Krieger,* § 21 Rn 12f; *Bittner* in Rust/Falke, § 21 Rn 22). Der Schadensersatzanspruch und der Entschädigungsanspruch bestehen neben dem Beseitigungs- und Unterlassungsanspruch einer benachteiligten Person (*Bittner* in Rust/Falke, § 21 Rn 19). 3

4 Ansprüche aus unerlaubter Handlung stehen gem. § 21 Abs. 3 in Anspruchskonkurrenz; die Benachteiligungsverbote des AGG sind nicht Schutzgesetze iSd § 823 Abs. 2 (*Bauer/Göpfert/Krieger*, § 21 Rn 14; aA *Gaier* in Gaier/Wendtland, § 4 Rn 241). Als Schutzgesetze kommen aber strafrechtliche Normen in Betracht, zB §§ 185 ff StGB (*Gaier* in Gaier/Wendtland, § 4 Rn 241; *Flohr* in Flohr/Ring, § 21 Rn 438).

5 Nach § 21 Abs. 4 AGG ist das zivilrechtliche Benachteiligungsverbot nach § 19 AGG unabdingbar, ebenso die Rechtfertigungsgründe nach § 20 AGG und die Rechtsfolgen einer verbotenen Benachteiligung nach § 21 AGG (*Bauer/Göpfert/Krieger*, § 21 Rn 15).

Abschnitt 4. Rechtsschutz

§ 22 Beweislast

Wenn im Streitfall die eine Partei Indizien beweist, die eine Benachteiligung wegen eines in § 1 genannten Grundes vermuten lassen, trägt die andere Partei die Beweislast dafür, dass kein Verstoß gegen die Bestimmungen zum Schutz vor Benachteiligung vorgelegen hat.

1 Gem. § 22 AGG trägt im Streitfall diejenige Partei, deren diskriminierendes Verhalten gerügt wird, die Beweislast dafür, dass ein Verstoß gegen das Benachteiligungsverbot nicht vorliegt, sofern die andere Partei Indizien beweist, die eine solche Benachteiligung vermuten lassen.

2 Abweichend von dem allgemeinen Grundsatz der Beweislastverteilung, nachdem jede Partei diejenigen Tatsachen zu beweisen hat, aus denen sie Rechte herleiten möchte, gewährt die Norm dem Benachteiligungskläger damit eine Beweiserleichterung (*Falke* in Rust/Falke, § 22 Rn 3; *Bauer/Göpfert/Krieger*, § 22 Rn 6). Die an das Beweismaß gestellten Anforderungen werden zugunsten des Klägers dergestalt gesenkt, dass er zwar das Vorliegen der Benachteiligung selbst beweisen muss (*Schlachter* in Erfurter Kommentar, § 22 Rn 2; *Falke* in Rust/Falke, § 22 Rn 43 f). Hinsichtlich des Kausalzusammenhangs zwischen eingetretenem Nachteil und Gruppenzugehörigkeit iSd § 1 AGG aber genügt es, wenn er Indizien – also tatbestandsfremde Tatsachen, die den Schluss auf das fragliche Tatbestandsmerkmal rechtfertigen („Hilfstatsachen") – beweist, die den Kausalzusammenhang vermuten lassen. Die Indizien müssen nach Auffassung des Gerichts hinreichend wahrscheinlich sein und die Schlussfolgerung zulassen, dass der Kläger gerade wegen eines Merkmals aus § 1 AGG benachteiligt wurde (*Bauer/Göpfert/Krieger*, § 22 Rn 6). Im Fall des erbrachten Indizienbeweises verlagert sich die Beweislast auf den Benachteiligungsbeklagten. Dieser hat nun den vollen Beweis dafür zu erbringen, dass ein Verstoß gegen das Benachteiligungsverbot nicht vorliegt (*Falke* in Rust/Falke, § 22 Rn 76 ff).

3 Die zu § 81 Abs. 2 Satz 2 Nr. 1 SGB IX aF – der die *Glaubhaftmachung von Tatsachen*, die eine Benachteiligung wegen der Behinderung vermu-

ten lassen, verlangte – ergangene Rechtsprechung soll ausweislich der Gesetzesbegründung auch im Rahmen von § 22 AGG herangezogen werden (BT-Drucks. 16/1780 S. 47; *Schlachter* in Erfurter Kommentar, § 22 Rn 1).

Inwieweit § 22 AGG einen Auskunftsanspruch enthält, wird kontrovers diskutiert; überwiegend wird ein solcher jedoch abgelehnt. Der Gesetzgeber habe einen derartigen Anspruch bewusst nicht geregelt, sondern sich mit der Beweiserleichterung in § 22 AGG für einen anderen Weg zur Durchsetzung von Ansprüchen bei unklaren Sachverhalten entschieden (*Falke* in Rust/Falke, AGG, § 22 Rn 107ff; aA *Bertzbach* in Däubler/Bertzbach, AGG, § 22 Rn 28f). 4

§ 23 Unterstützung durch Antidiskriminierungsverbände

(1) [1]**Antidiskriminierungsverbände sind Personenzusammenschlüsse, die nicht gewerbsmäßig und nicht nur vorübergehend entsprechend ihrer Satzung die besonderen Interessen von benachteiligten Personen oder Personengruppen nach Maßgabe von § 1 wahrnehmen.** [2]**Die Befugnisse nach den Absätzen 2 bis 4 stehen ihnen zu, wenn sie mindestens 75 Mitglieder haben oder einen Zusammenschluss aus mindestens sieben Verbänden bilden.**

(2) [1]**Antidiskriminierungsverbände sind befugt, im Rahmen ihres Satzungszwecks in gerichtlichen Verfahren als Beistände Benachteiligter in der Verhandlung aufzutreten.** [2]**Im Übrigen bleiben die Vorschriften der Verfahrensordnungen, insbes. diejenigen, nach denen Beiständen weiterer Vortrag untersagt werden kann, unberührt.**

(3) **Antidiskriminierungsverbänden ist im Rahmen ihres Satzungszwecks die Besorgung von Rechtsangelegenheiten Benachteiligter gestattet.**

(4) **Besondere Klagerechte und Vertretungsbefugnisse von Verbänden zu Gunsten von behinderten Menschen bleiben unberührt.**

Es werden in dieser Norm Rechte von Antidiskriminierungsverbänden bei der rechtlichen Vertretung von Diskriminierten der in § 1 genannten Gruppen normiert. 1

Die rechtlichen Voraussetzungen sind abschließend in Abs. 1 genannt und werden nicht in einem gesonderten Verwaltungsverfahren festgestellt. Insofern unterscheiden sich hier die Voraussetzungen von denen, die Verbände behinderter Menschen nach SGB IX und BGG für Klage- und Vertretungsrechte erfüllen müssen. Dementsprechend kann es sein, dass einzelnen Verbänden behinderter Menschen zwar nicht die Rechte aus SGB IX und BGG zustehen, sie aber trotzdem nach dieser Vorschrift agieren können. 2

Beim Deutschen Institut für Menschenrechte (www.institut-fuer-menschenrechte.de) wird ab Anfang 2009 das auf drei Jahre angelegte Projekt „Diskriminierungsschutz: Handlungskompetenz für Verbände“ durchge- 3 führt, das die Handlungskompetenz von Verbänden als Akteuren des Diskriminierungsschutzes stärken und eine menschenrechtliche Kultur der Chancengleichheit und Nichtdiskriminierung fördern will. Ziel ist es, Verbände für den Diskriminierungsschutz zu sensibilisieren, ihr Selbstverständnis in diesem Bereich zu fördern, zur Entwicklung entsprechender verbandsinterner Maßnahmen beizutragen und insbes. die Anwendung verbandsspezifischer Rechte in Gerichts- und Beschwerdeverfahren zum Diskriminierungsschutz zu erhöhen.

4 Das Projekt verfolgt dabei einen horizontalen Ansatz und beschäftigt sich gleichermaßen mit rassistischen Diskriminierungen sowie Diskriminierungen aufgrund des Geschlechts, der sexuellen Identität oder Orientierung, des Alters, der Religion und Weltanschauung oder einer Behinderung.

5 Einbezogen in dieses Fortbildungsprojekt für Verbände werden Verfahren nach dem Allgemeinen Gleichbehandlungsgesetz (AGG): In Verfahren nach dem AGG können Verbände beratend tätig werden sowie betroffene Personen als Beistände bei der Durchsetzung des Diskriminierungsschutzes unterstützen. Verbraucherschutzverbände haben zudem die Möglichkeit einer Verbandsklage aus dem Unterlassungsklagegesetz und dem Gesetz gegen den unlauteren Wettbewerb.

6 Einbezogen werden auch die Verbandsrechte aus dem Behindertengleichstellungsgesetz (BGG) und dem Sozialgesetzbuch IX (SGB IX). Danach können Verbände gem. § 13 BGG Verbandsklage erheben, also die Verletzung bestimmter Rechte von Menschen mit Behinderungen im eigenen Namen geltend machen, ohne dass es hierfür einer unmittelbar betroffenen Person bedarf. Auch können sie in Prozessstandschaft, also in Vertretung einer betroffenen Person, Rechtsschutz gegen Diskriminierung durchsetzen. Die Möglichkeit einer Prozessstandschaft besteht für Verbände auch nach dem SGB IX.

7 Weiterer Themenbereich des Projektes sind internationale menschenrechtliche Beschwerdeverfahren zu den UN-Fachausschüssen und zum Europäischen Gerichtshof für Menschenrechte (EGMR). So können Verbände Beschwerden beim Europäischen Gerichtshof für Menschenrechte sowie bei dem UN-Menschenrechtsausschuss, UN-Anti-Rassismus-Ausschuss, UN-Frauenrechtsausschuss oder dem UN-Ausschuss für die Rechte von Menschen mit Behinderungen betreiben.

8 Hintergrund ist die Beobachtung, dass der gesellschaftspolitische Auftrag des Diskriminierungsschutzes für die deutsche Verbandslandschaft noch relativ neu ist. Das Diskriminierungsverbot hat eine besondere Bedeutung als Strukturmerkmal der Menschenrechte, bei dessen Durchsetzung Verbände eine wesentliche Rolle spielen können. Ihre Möglichkeiten, sich für den Diskriminierungsschutz einzusetzen, sind bei weitem noch nicht ausgeschöpft. Das Projekt richtet sich an Selbsthilfeorganisationen der von Diskriminierung betroffenen Personen, Antidiskriminierungsverbände, Wohlfahrts- und Sozialverbände, Verbraucherschutz- und Mieterverbände, Gewerkschaften sowie Arbeitgeber- und Wirtschaftsverbände. Das Projekt ist auf drei Jahre angelegt und wird im ersten Jahr durch das Bundesministerium für Arbeit und Soziales gefördert.

Abschnitt 5. Sonderregelungen für öffentlich-rechtliche Dienstverhältnisse

§ 24 Sonderregelung für öffentlich-rechtliche Dienstverhältnisse

Die Vorschriften dieses Gesetzes gelten unter Berücksichtigung ihrer besonderen Rechtsstellung entsprechend für

1. **Beamtinnen und Beamte des Bundes, der Länder, der Gemeinden, der Gemeindeverbände sowie der sonstigen der Aufsicht des Bundes oder eines Landes unterstehenden Körperschaften, Anstalten und Stiftungen des öffentlichen Rechts,**
2. **Richterinnen und Richter des Bunds und der Länder,**
3. **Zivildienstleistende sowie anerkannte Kriegsdienstverweigerer, soweit ihre Heranziehung zum Zivildienst betroffen ist.**

§ 24 erklärt die Vorschriften des AGG entsprechend anwendbar für öffentlich-rechtliche Dienstverhältnisse – unter Berücksichtigung der besonderen Rechtsstellung der genannten Personengruppen. Die besondere Rechtsstellung der Beamtinnen und Beamten ergibt sich aus Art. 33 GG bzw. den entsprechenden Vorgaben der Landesverfassungen, diejenige der Richterinnen und Richter folgt sich aus Art. 98 GG. Sie kommt insbes. im Hinblick auf das Leistungsverweigerungsrecht des § 14 AGG zum Tragen, das für die genannten Personengruppen im Einzelfall wegen entgegenstehender dienstlicher Belange eingeschränkt sein kann (*Ring/Siebeck/Woitz* in Flohr/Ring, § 24 Rn 515; *Welti* in Schieck, § 24 Rn 5). 1

In Bezug auf Bundesbeamte ergänzt das nach § 24 entsprechend anwendbare AGG das Bundesbeamtengesetz (BBG), in Bezug auf Zivildienstleistende das Zivildienstgesetz (ZDG). Für Richterinnen und Richter des Bundes enthält das AGG Ergänzungen zum Deutschen Richtergesetz (DRiG). Auf Landes- und Kommunalebene können seit Inkrafttreten des GGÄndG 2006 (Gesetz vom 28. 8. 2006, BGBl. I S. 2034) die Statusrechte und -pflichten der Beamtinnen und Beamten sowie der Richterinnen und Richter mit Ausnahme der Laufbahnen, Besoldung und Versorgung von den Ländern geregelt werden. Der noch auf Grundlage der im Zuge der Reform der bundesstaatlichen Ordnung entfallenen Art. 98 Abs. 3 Satz 2 und 74a Abs. 4 GG ergangene § 24 gilt gem. Art. 125a Abs. 1 GG als Bundesrecht fort, kann aber durch Landesrecht ersetzt werden (*Welti* in Schieck, § 24 Rn 2f). 2

Das AGG gilt nicht für Soldaten. Hier ist lediglich für schwerbehinderte Sodatinnen und Soldaten das Gesetz über die Gleichbehandlung der Soldatinnen und Soldaten (Soldatinnen- und Soldaten-Gleichbehandlungsgesetz – SoldGG) vom 14. 8. 2006 (BGBl. I S. 1897, 1904) zuletzt geändert durch Artikel 4 des Gesetzes vom 31. 7. 2008 (BGBl. I S. 1629) anzuwenden (s. Vorb AGG Rn 3). 3

Abschnitt 6. Antidiskriminierungsstelle

§ 25 Antidiskriminierungsstelle des Bundes

(1) Beim Bundesministerium für Familie, Senioren, Frauen und Jugend wird unbeschadet der Zuständigkeit der Beauftragten des Deutschen Bundestages oder der Bundesregierung die Stelle des Bundes zum Schutz vor Benachteiligungen wegen eines in § 1 genannten Grundes (Antidiskriminierungsstelle des Bundes) errichtet.

(2) [1] Der Antidiskriminierungsstelle des Bundes ist die für die Erfüllung ihrer Aufgaben notwendige Personal- und Sachausstattung zur Verfügung zu stellen. [2] Sie ist im Einzelplan des Bundesministeriums für Familie, Senioren, Frauen und Jugend in einem eigenen Kapitel auszuweisen.

1 Die Antidiskriminierungsstelle des Bundes ist eingerichtet mit Sitz in Berlin.

2 Einzelheiten zur Besetzung und zur Tätigkeit können unter www.antidiskrimierungstelle.de abgerufen werden.

§ 26 Rechtsstellung der Leitung der Antidiskriminierungsstelle des Bundes

(1) [1] Die Bundesministerin oder der Bundesminister für Familie, Senioren, Frauen und Jugend ernennt auf Vorschlag der Bundesregierung eine Person zur Leitung der Antidiskriminierungsstelle des Bundes. [2] Sie steht nach Maßgabe dieses Gesetzes in einem öffentlichrechtlichen Amtsverhältnis zum Bund. [3] Sie ist in Ausübung ihres Amtes unabhängig und nur dem Gesetz unterworfen.

(2) Das Amtsverhältnis beginnt mit der Aushändigung der Urkunde über die Ernennung durch die Bundesministerin oder den Bundesminister für Familie, Senioren, Frauen und Jugend.

(3) [1] Das Amtsverhältnis endet außer durch Tod

1. mit dem Zusammentreten eines neuen Bundestages,

2. durch Ablauf der Amtszeit mit Erreichen der Altersgrenze nach § 51 Abs. 1 und 2 des Bundesbeamtengesetzes,

3. mit der Entlassung.

[2] Die Bundesministerin oder der Bundesminister für Familie, Senioren, Frauen und Jugend entlässt die Leiterin oder den Leiter der Antidiskriminierungsstelle des Bundes auf deren Verlangen oder wenn Gründe vorliegen, die bei einer Richterin oder einem Richter auf Lebenszeit die Entlassung aus dem Dienst rechtfertigen. [3] Im Falle der Beendigung des Amtsverhältnisses erhält die Leiterin oder der Leiter der Antidiskriminierungsstelle des Bundes eine von der Bundesministerin oder dem Bundesminister für Familie, Senioren, Frauen und Jugend vollzogene Urkunde. [4] Die Entlassung wird mit der Aushändigung der Urkunde wirksam.

(4) Das Rechtsverhältnis der Leitung der Antidiskriminierungsstelle des Bundes gegenüber dem Bund wird durch Vertrag mit dem Bundesministerium für Familie, Senioren, Frauen und Jugend geregelt. Der Vertrag bedarf der Zustimmung der Bundesregierung.

(5) [1]Wird eine Bundesbeamtin oder ein Bundesbeamter zur Leitung der Antidiskriminierungsstelle des Bundes bestellt, scheidet er oder sie mit Beginn des Amtsverhältnisses aus dem bisherigen Amt aus. [2]Für die Dauer des Amtsverhältnisses ruhen die aus dem Beamtenverhältnis begründeten Rechte und Pflichten mit Ausnahme der Pflicht zur Amtsverschwiegenheit und des Verbots der Annahme von Belohnungen oder Geschenken. [3]Bei unfallverletzten Beamtinnen oder Beamten bleiben die gesetzlichen Ansprüche auf das Heilverfahren und einen Unfallausgleich unberührt.

§ 27 Aufgaben

(1) Wer der Ansicht ist, wegen eines in § 1 genannten Grundes benachteiligt worden zu sein, kann sich an die Antidiskriminierungsstelle des Bundes wenden.

(2) [1]Die Antidiskriminierungsstelle des Bundes unterstützt auf unabhängige Weise Personen, die sich nach Absatz 1 an sie wenden, bei der Durchsetzung ihrer Rechte zum Schutz vor Benachteiligungen. [2]Hierbei kann sie insbes.

1. über Ansprüche und die Möglichkeiten des rechtlichen Vorgehens im Rahmen gesetzlicher Regelungen zum Schutz vor Benachteiligungen informieren,
2. Beratung durch andere Stellen vermitteln,
3. eine gütliche Beilegung zwischen den Beteiligten anstreben.

[3]Soweit Beauftragte des Deutschen Bundestages oder der Bundesregierung zuständig sind, leitet die Antidiskriminierungsstelle des Bundes die Anliegen der in Absatz 1 genannten Personen mit deren Einverständnis unverzüglich an diese weiter.

(3) Die Antidiskriminierungsstelle des Bundes nimmt auf unabhängige Weise folgende Aufgaben wahr, soweit nicht die Zuständigkeit der Beauftragten der Bundesregierung oder des Deutschen Bundestages berührt ist:

1. Öffentlichkeitsarbeit,
2. Maßnahmen zur Verhinderung von Benachteiligungen aus den in § 1 genannten Gründen,
3. Durchführung wissenschaftlicher Untersuchungen zu diesen Benachteiligungen.

(4) [1]Die Antidiskriminierungsstelle des Bundes und die in ihrem Zuständigkeitsbereich betroffenen Beauftragten der Bundesregierung und des Deutschen Bundestages legen gemeinsam dem Deutschen Bundestag alle vier Jahre Berichte über Benachteiligungen aus den in § 1 genannten Gründen vor und geben Empfehlungen zur Beseitigung und Vermei-

dung dieser Benachteiligungen. [2]Sie können gemeinsam wissenschaftliche Untersuchungen zu Benachteiligungen durchführen.

(5) Die Antidiskriminierungsstelle des Bundes und die in ihrem Zuständigkeitsbereich betroffenen Beauftragten der Bundesregierung und des Deutschen Bundestages sollen bei Benachteiligungen aus mehreren der in § 1 genannten Gründe zusammenarbeiten.

1 Siehe Erläuterungen nach § 29.

§ 28 Befugnisse

(1) Die Antidiskriminierungsstelle des Bundes kann in Fällen des § 27 Abs. 2 Satz 2 Nr. 3 Beteiligte um Stellungnahmen ersuchen, soweit die Person, die sich nach § 27 Abs. 1 an sie gewandt hat, hierzu ihr Einverständnis erklärt.

(2) [1]Alle Bundesbehörden und sonstigen öffentlichen Stellen im Bereich des Bundes sind verpflichtet, die Antidiskriminierungsstelle des Bundes bei der Erfüllung ihrer Aufgaben zu unterstützen, insbes. die erforderlichen Auskünfte zu erteilen. [2]Die Bestimmungen zum Schutz personenbezogener Daten bleiben unberührt.

1 Siehe Erläuterungen nach § 29.

§ 29 Zusammenarbeit mit Nichtregierungsorganisationen und anderen Einrichtungen

Die Antidiskriminierungsstelle des Bundes soll bei ihrer Tätigkeit Nichtregierungsorganisationen sowie Einrichtungen, die auf europäischer, Bundes-, Landes- oder regionaler Ebene zum Schutz vor Benachteiligungen wegen eines in § 1 genannten Grundes tätig sind, in geeigneter Form einbeziehen.

1 Der Zusammenarbeitsauftrag der Antidiskriminierungsstelle umfasst auch die Zusammenarbeit mit Verbänden, die behinderte Menschen vertreten oder in denen sich behinderte Menschen zur eigenen Interessenvertretung zusammengeschlossen haben. Dies sind vor allem die im Deutschen Behindertenrat vertretenen Organisationen (www.deutscherbehindertenrat.de, s.a. Erl. zu §§ 103, 105 SGB IX). Unter Einrichtungen i.S.d. § 29 sind auch die Behindertenbeauftragten des Bundes, der Länder und sonstigen Gebietskörperschaften (www.behindertenbeauftragte.de, s.a. Erl. zu §§ 14f BGG) zu verstehen.

2 Ob der Begriff der Einrichtungen auch die betrieblichen Schwerbehindertenvertretungen mit umfasst, wird nach der hier vertretenen Auffassung für nicht verpflichtend gehalten. Eine Zusammenarbeit kann durchaus sinnvoll sein, insbes. wenn es sich um spezielle Vertretungsfragen von behinderten Menschen mit weiteren persönlichen Merkmalen aus der Liste des § 1 AGG

handelt – zB ältere, schwerbehinderte Beschäftigte mit Migrationshintergrund. Eindeutig ist in jedem Falle, dass die Schwerbehindertenvertretungen von sich aus mit allen betrieblichen Beschwerdestellen (§ 13 AGG) in Verbindung treten können.

§ 30 Beirat

(1) [1]Zur Förderung des Dialogs mit gesellschaftlichen Gruppen und Organisationen, die sich den Schutz vor Benachteiligungen wegen eines in § 1 genannten Grundes zum Ziel gesetzt haben, wird der Antidiskriminierungsstelle des Bundes ein Beirat beigeordnet. [2]Der Beirat berät die Antidiskriminierungsstelle des Bundes bei der Vorlage von Berichten und Empfehlungen an den Deutschen Bundestag nach § 27 Abs. 4 und kann hierzu sowie zu wissenschaftlichen Untersuchungen nach § 27 Abs. 3 Nr. 3 eigene Vorschläge unterbreiten.

(2) [1]Das Bundesministerium für Familie, Senioren, Frauen und Jugend beruft im Einvernehmen mit der Leitung der Antidiskriminierungsstelle des Bundes sowie den entsprechend zuständigen Beauftragten der Bundesregierung oder des Deutschen Bundestages die Mitglieder dieses Beirats und für jedes Mitglied eine Stellvertretung. [2]In den Beirat sollen Vertreterinnen und Vertreter gesellschaftlicher Gruppen und Organisationen sowie Expertinnen und Experten in Benachteiligungsfragen berufen werden. [3]Die Gesamtzahl der Mitglieder des Beirats soll 16 Personen nicht überschreiten. [4]Der Beirat soll zu gleichen Teilen mit Frauen und Männern besetzt sein.

(3) Der Beirat gibt sich eine Geschäftsordnung, die der Zustimmung des Bundesministeriums für Familie, Senioren, Frauen und Jugend bedarf.

(4) [1]Die Mitglieder des Beirats üben die Tätigkeit nach diesem Gesetz ehrenamtlich aus. [2]Sie haben Anspruch auf Aufwandsentschädigung sowie Reisekostenvergütung, Tagegelder und Übernachtungsgelder. [3]Näheres regelt die Geschäftsordnung.

Der Beirat ist inzwischen berufen. Die Liste der Mitglieder und stellvertretenden Mitglieder ist im Internet auf der Homepage veröffentlicht (www.antidiskriminierungsstelle.de). 1

An gleicher Stelle finden sich auch einige Grundinformationen zum Aufgabenverständnis des Beirats und seiner Aufgabenwahrnehmung. Bemerkenswerte behindertenpolitisch relevante Aktivitäten werden bisher nicht berichtet. 2

Abschnitt 7. Schlussvorschriften

§ 31 Unabdingbarkeit

Von den Vorschriften dieses Gesetzes kann nicht zu Ungunsten der geschützten Personen abgewichen werden.

§ 32 Schlussbestimmung

Soweit in diesem Gesetz nicht Abweichendes bestimmt ist, gelten die allgemeinen Bestimmungen.

§ 33 Übergangsbestimmungen

(1) Bei Benachteiligungen nach den §§ 611a, 611b und 612 Abs. 3 des Bürgerlichen Gesetzbuchs oder sexuellen Belästigungen nach dem Beschäftigtenschutzgesetz ist das vor dem 18. 8. 2006 maßgebliche Recht anzuwenden.

(2) [1]Bei Benachteiligungen aus Gründen der Rasse oder wegen der ethnischen Herkunft sind die §§ 19 bis 21 nicht auf Schuldverhältnisse anzuwenden, die vor dem 18. 8. 2006 begründet worden sind. [2]Satz 1 gilt nicht für spätere Änderungen von Dauerschuldverhältnissen.

(3) [1]Bei Benachteiligungen wegen des Geschlechts, der Religion, einer Behinderung, des Alters oder der sexuellen Identität sind die §§ 19 bis 21 nicht auf Schuldverhältnisse anzuwenden, die vor dem 1. 12. 2006 begründet worden sind. [2]Satz 1 gilt nicht für spätere Änderungen von Dauerschuldverhältnissen.

(4) [1]Auf Schuldverhältnisse, die eine privatrechtliche Versicherung zum Gegenstand haben, ist § 19 Abs. 1 nicht anzuwenden, wenn diese vor dem 22. 12. 2007 begründet worden sind. [2]Satz 1 gilt nicht für spätere Änderungen solcher Schuldverhältnisse.

C. Gesetz zur Gleichstellung behinderter Menschen (Behindertengleichstellungsgesetz – BGG)

vom 27. 4. 2002

(BGBl. I 2002, 1467, 1468), zuletzt geändert durch Artikel 12 des Gesetzes zur Änderung des Vierten Buches Sozialgesetzbuch und anderer Gesetze vom 19. 12. 2007 (BGBl. I S. 3024)

Kommentierung Behindertengleichstellungsgesetz (BGG) unter Einbeziehung weiterer Gleichstellungsvorschriften insbes. der Landesgleichstellungsgesetze

Inhaltsübersicht

Einleitung Seite

I. Literatur und Rechtsprechung ... 845

II. Fundstellen des Bundesrechts und der Landesgleichstellungsgesetze mit zugehörigen Verordnungen ... 849

III. Vorbemerkung zur Kommentierung des BGG ... 854

IV. Gliederung des BGG ... 862

V. Kommentierung der einzelnen Vorschriften des BGG ... 863

Einleitung

I. Literatur und Rechtsprechung

Bundesverwaltungsamt, Info 1725, 12/2002, Neues Themenheft zum Behindertengleichstellungsgesetz (auch als download: www.bva.bund.de); *dass.,* Info 1738, Sondernewsletter, 3/2003, Einsatz von Gebärdensprachdolmetscherinnen und -dolmetschern (auch als download: www.bva.bund.de); *dass.,* INFO 1751, 4/2003, PDF können Sie auch hören (auch als download: www.bva.bund.de); *dass.,* INFO 1752, 4/2003. Es geht auch in Blindenschrift, im Internetangebot www.wissen-im-inter.net; *dass.,* INFO 1847, 2/2005, Behindertengleichstellungsgesetze der Bundesländer – ein Überblick (auch als download: www.bva.bund.de); *Bericht der Bundesregierung* über die Lage behinderter Menschen und die Entwicklung ihrer Teilhabe nach § 66 des Neunten Buches Sozialgesetzbuch, BT-Drucks. 15/4575 und BR-Drucks. 993/04 v. 16. 12. 2004; *Bericht der Bundesregierung* über die Lage behinderter Menschen und die Entwicklung ihrer Teilhabe (Behindertenbericht 2009), BT-Drucks. 16/13829 vom 17. 7. 2009; *Braun, Stefan,* Überblick über die Regelungen des Bundesgleichstellungsgesetzes für behinderte Menschen, ZTR 2003, 117; *ders.,* Der Entwurf eines Antidiskriminierungsgesetzes, Recht im Amt 2/2005, 72; Bundeskompetenzzentrum Barrierefreiheit e. V. (BKB), Finanzielle Förderung für einen barrierefreien Verkehrsraum in den Kommunen, Die Nachrfolgeregelungen der Bundesländer zum Gemeindefinanzierungsgesetz (GVFG), Feb. 2010 – www.barrierefreiheit.de –; *Castendiek, Jan/Hoffmann, Günther,* Das Recht der behinderten Menschen, 2. Aufl. Baden-Baden, 2004; *Deutsche Bahn AG,* Programm der Deutschen Bahn AG, 6/2005 (als download: www.bahn.de

Menüpunkt handicap); *Deutsche Vereinigung für Rehabilitation e. V. – DVfR –:* Stellungnahme zur schulischen Integration behinderter Kinder (v. 25. 6. 2007) download: www.dvfr.; *Deutscher Behindertenrat*, Schulische Integration behinderter Kinder muss Standard werden, Presseerklärung des Deutschen Behindertenrates vom 23. 3. 2007, http://www.deutscher-behindertenrat.de/ID57217; *Drewes, Alexander,* Zum Begriff der Barrierefreiheit im Internet für behinderte Menschen – juristische Aspekte, JurPC Web-Dok. 252/2004, Abs. 1–31 (www.jurpc.de); *Dujmovits, Elisabeth,* Integrative oder „besondere" Beschulung von Schülern mit sonderpädagogischem Förderbedarf? Landesbericht Österreich, in Becker/Graser 2004, S. 125–149; *Graser, Alexander,* Integration aus rechtlicher Perspektive, in Becker, Ulrich/Graser Alexander, Perspektiven der schulischen Integration von Kindern mit Behinderungen – Interdisziplinäre und vergleichende Betrachtungen, (Studien aus dem Max-Planck-Institut für ausländisches und internationales Sozialrecht Bd. 33), Nomos-Verlag, Baden-Baden 2004, S. 63–92; *Evers-Meyer, Karin;* Gleichberechtigt in der Schule – Integration behinderter Menschen in das allgemeine Bildungssystem (Redebeitrag der Beauftragten der Bundesregierung für die Belange behinderter Menschen), Europäischen Konferenz zur Integration behinderter Menschen (Veranstaltet vom Bundesministerium für Arbeit und Soziales im Rahmen der deutschen EU-Präsidentschaft) Berlin 11.–12. 6. 2007, download: http://www.bmas.de/coremedia/generator/2976/2007_06_12_rede_evers_meyer.html (Zugriff am 1. 4. 2008); *Forum behinderter Juristinnen und Juristen,* Entwurf für ein Landesgesetz zur Gleichstellung behinderter Menschen und zur Änderung anderer Gesetze (LBGG), Ein Vorschlag des Forums behinderter Juristinnen und Juristen unterstützt durch das Büro des Beauftragten der Bundesregierung für die Belange behinderter Menschen; *Frehe, Horst,* Die Zielvereinbarungen aus juristischer Sicht, Referat, gehalten anlässlich der Mitgliederversammlung des DVBS am 11. 5. 2002 in Marburg, in Horus online 5/2002 (download: http://www.dvbs-online.de/horus/2002–5–3077.htm); *Internationale Klassifikation der Funktionsfähigkeit, Behinderung und Gesundheit, ICF* der Weltgesundheitsorganisation (WHO) Entwurf der deutschsprachigen Fassung 4/2002 (Konsensusentwurf) – Korrektur-Version v. 24. 9. 2002 (www.dimdi.de); *Jürgens, A.,* Zielvereinbarungen nach dem Behindertengleichstellungsgesetz, ZfSH/SGB 42/2003, 589ff; *Jürgens-Pieper, Renate,* Keynote „Perspektiven für die inklusive Schule", Senatorin für Bildung und Wissenschaft, Bremen anlässlich der Preisverleihung des Jakob-Muth-Preises für inklusive Schule am 31. 8. 2009, download: http://www.bertelsmann-stiftung.de/cps/rde/xbcr/SID-BADB9212-3933B806/bst/xcms_bst_dms_29350_29351_2.pdf; *Klemm, Klaus/Preuss-Lausitz, Ulf,* Gutachten zum Stand und zu den Perspektiven der sonderpädagogischen Förderung in den Schulen der Stadtgemeinde Bremen; Essen und Berlin, 7. 2008 (download:) *Kommission der Europäischen Gemeinschaft,* Grünbuch der Kommission der Europäischen Gemeinschaften: Gleichstellung sowie Bekämpfung von Diskriminierung in einer erweiterten Europäischen Union, KOM (2004) 379 endg., Ratsdok. 10212/04 (auch als BR-Drucks. 501/04 v. 11. 6. 2004); *Körner, Ingrid,* Gleichberechtigt in der Schule – Inklusion in das allgemeine Bildungssystem, Europäischen Konferenz zur Integration behinderter Menschen (Veranstaltet vom Bundesministerium für Arbeit und Soziales im Rahmen der deutschen EU-Präsidentschaft) Berlin 11.–12. 6. 2007, download: http://www.eu2007.bmas.de/EU2007/Navigation/Deutsch/veranstaltungen,did=171938.html; *Kossens, Michael,* Gesetz zur Gleichstellung behinderter Menschen, Gemeinsam leben, 2002, 23ff; *ders./Maaß, Michael/Steck, Brigitte/Wollenschläger, Frank,* Grundzüge des neuen Behindertenrechts, SGB IX und Gleichstellungsgesetz, 2003; *Krebber/Calliess/Ruffert,* Kommentar EU-Vertrag, 1999; Kultusministerkonferenz, Statistische Veröffentlichungen – Dokumentation Nr. 185 – Sonderpädagogische Förderung in Schulen, 1997 bis 2006, Bonn, 4. 2008 (download: http://www.kmk.org/statist/home.htm), *Ministerium für Arbeit, Soziales, Gesundheit und Familie des Landes Brandenburg,* Das Brandenburgische Behindertengleichstellungsgesetz – BbgBGG, 2004; *Neumann/Pahlen/Majerski-Pahlen,* SGB IX – Rehabilitation und Teilhabe behinderter Menschen, (berücksichtigt und kommentiert ist auch das Gesetz zur Gleichstellung behinderter Menschen), 11. Aufl., 2005; *Pätzold/Wittenberg/Heinrichs/Mittmann,* Kommentar zur EBO, 4. Aufl., 2001; *Powell, Justin,* Schulische Integration als Bürgerrecht in den USA, in Becker/Graser 2004, S. 93–124; *Poscher, Ralf/Rux, Johannes/Langer,Thomas,* Von der Integration zur Inklusion, Das Recht auf Bildung aus der Behindertenrechtskonvention der Vereinren Nationen und seine innerstaatliche Umsetzung, Nomos, Baden-Baden 2008; *Reimann, Johannes,* Die Sicherstellung des Schulbesuches behinderter Kinder mit den Mitteln des Schul- und Hochschulrechts, Eine Untersuchung am Beispiel der Länder Hamburg und Schleswig-Holstein, LIT Verlag Münster-Hamburg-London, 2007; *Reimann, Johannes,* „Schul- und Sozialrechtliche Leistungen behinderter Schüler in der Integration", Vortrag vor dem Sonderausschuss des Bundeselternrates am 21. 9. 2002 in Wesseling, http://www.bundeselternrat.de/index.php?id=112&type=123; *Sieger, Volker,* Kleine und große Schritte in eine barrierefreie Umwelt, SuP 2003, 216; *ders.,* Instrumente des BGG für öffentlichen Personenverkehr, SuP 2003, 351; *Sieger, Volker:* Mobilität für alle – Eine Herausforderung für Europa, Vortrag auf der Europäischen Konferenz zur Integration behinderter Menschen (Veranstaltet vom Bundesministerium für Arbeit und Soziales im Rahmen der deutschen EU-Präsidentschaft) Berlin 11.–12. 6. 2007, download: http://www.eu2007.bmas.de/EU2007/Navigation/Deutsch/veranstaltungen,did=171 938.html; *Schulte, Bernd,* Behindertenpolitik und Behindertenrecht in der Europäischen Union als Gemeinschaftsprojekt, in von Maydell/Pitschas/Schulte (Hrsg.): Behinderung in Asien und Europa im Politik- und Rechtsvergleich: mit einem Beitrag zu den USA, 2002, S. 479; *Schulz-Nieswandt, Frank,* Behindertenhilfe im Wandel – zwischen Europarecht, neuer Steuerung und Empowerment, LIT Verlag Dr. W. Hopf, Zürich und Berlin, 2007; *Sozialverband Deutschland,* Das SoVD-Bildungsbarometer Inklusion Fortschritte auf dem Weg zur inklusiven Bildung in den Bundesländern, vorgestellt auf der Pressekonferenz am 20. 8. 2009 in Berlin (download: http://www.sovd.de/fileadmin/downloads/pdf/positionspapiere/SoVD-Bildungsbarometer_Inklusion.pdf); *Theben, Bettina/Becker, Klaus W.* (Hrsg.), Rechtshandbuch für Behindertenbeauftragte und Schwerbehindertenvertretungen, 2005; *Wagner, Rainer/Kaiser, Daniel,* Einführung in das Behindertenrecht, Berlin-Heidelberg-New York, 2004; *Winkler, Sandra,* Gibt es ein barrierefreies Web (Diplomarbeit mit ausführlichen Literaturverweisen) http://www.sandra-winkler.de/barrierefrei/literat.htm, *Zielvereinbarung: Standardisierte Erfassung, Bewertung und Darstellung barrierefreier Angebote in Hotellerie und Gastronomie* vom 12. 3. 2005 (Abschluss Deutscher Hotel- und Gaststättenverband e. V. und Hotelverband (IHA) e. V. mit Sozialverband VdK Deutschland e. V. ua. Behindertenverbänden) downloads bei: http://www.vdk.de. siehe auch im Zielvereinbarungsregister des Bundes: www.bmgs. bund.de/datenbanken/zielvereinbarung/dokumente/36.doc.

Rechtsprechung

BVerwG, Urt. v. 5. 4. 2006, Az.: 9 C 1/05, Behindertenverbandsklage gegen eisenbahnrechtlichen Planfeststellungsbeschluss; barrierefreie Zuwegung zu Bahnanlagen (§ 4 BGG, § 8 BGG, § 13 BGG, Art. 3 Abs. 3 Satz 2 GG, § 18 Abs. 2 Satz 4 AEG)

VGH Baden-Württemberg, Beschl. v. 6. 12. 2004, Az.: 5 Satz 1704/04 Vorhabenbezogene Verbandsfeststellungsklage und vorläufiger Rechtsschutz (zu §§ 12, 13 Abs. 1 Satz 1, 13 Abs. 2, 13 Abs. 3 BGG)

OVG des Saarlandes, Beschl. v. 9. 2. 2004, Az.: 3 Q 16/03 Einschulung behinderter Schüler, Regelschule – Sonderschule (zu Art. 3 Abs. 3 Satz 2 GG);

BVerwG, Urt. v. 28. 4. 2005 – BVerwG 5 C 20.04 Anspruch auf Eingliederungshilfe durch Übernahme der Kosten eines Integrationshelfers für den Besuch einer integrativ unterrichtenden Grundschule (zu § 40 Abs. 1 Nr. 4 BSHG, § 12 Nr. 1 EinglHVO).

Internet:

Einfach teilhaben: Das Webportal für Menschen mit Behinderungen, ihre Angehörigen, Verwaltungen und Unternehmen (BMAS), www.einfach-teilhaben.de

Internet-Zielvereinbarungsregister und Verzeichnis zugelassener Verbände gem. §§ 5 und 13 Abs. 3 BGG: www.bmas.bund.de Menüpunkt: Teilhabe behinderter Menschen → Zielvereinbarungen → Zielvereinbarungsregister

Beauftragte oder Beauftragter der Bundesregierung für die Belange behinderter Menschen gem. § 14 BGG: www.bmas.bund.de

Gehörlose Menschen: www.deutsche-gesellschaft.de

PDF-/RTF-Dokumente aller Landesbehindertengesetze als downloads: www.dgsd.de

Bundesverband der **Gebärdensprachdolmetscher:** www.bgsd.de

BIK – barrierefrei informieren und kommunizieren: http://www.bik-online.info

W3C (2002) World Wide Web Consortium (Hrsg.): **Zugänglichkeitsrichtlinien für Web-Inhalte** 1.0: http://www.w3.org/Consortium/Offices/Germany/Trans/WAI/webinhalt.html

Umsetzung des Behindertengleichstellungsgesetzes NRW:

http://www.barrierefrei.nrw.de/

http://www.ab-nrw.de/

Inklusion im Schulsystem:

siehe Links zum einschlägigen Schulrecht (Förderschulen, sonderpädagogischem Förderbedarf) aller Länder auf www.einfach-teilhaben.de

http://www.bertelsmann-stiftung.de/cps/rde/xchg/SID BADB9212-3933B806/bst/hs.xsl/91621_91 646.htm

Bericht über den Jakob-Muth-Preis für inklusive Schule

www.eine-schule-fuer-alle.info

http://www.sovd.de/fileadmin/downloads/pdf/positionspapiere/SoVD-Bildungsbarometer_Inklusion.pdf

Bestandsaufnahme des SoVD über den Umgang mit Art. 24 BRK – Inklusion in der Schule – in der Schulpolitik der Bundesländer.

Diskriminierungsschutz:

http://www.institut-fuer-menschenrechte.de/de/projekt-diskriminierungsschutz-handlungskompetenz-fuer-verbaende/

Projekt „Diskriminierungsschutz: Handlungskompetenz für Verbände“

Mit dem Projekt „Diskriminierungsschutz: Handlungskompetenz für Verbände“ soll die Handlungskompetenz von Verbänden als Akteuren des Diskriminierungsschutzes gestärkt und eine menschenrechtliche Kultur der Chancengleichheit und Nichtdiskriminierung gefördert werden. Ziel ist es, Verbände für den Diskriminierungsschutz zu sensibilisieren, ihr Selbstverständnis in diesem Bereich zu fördern, zur Entwicklung entsprechender verbandsinterner Maßnahmen beizutragen und insbes. die Anwendung verbandsspezifischer Rechte in Gerichts- und Beschwerdeverfahren zum Diskriminierungsschutz zu erhöhen. Das Projekt verfolgt dabei einen horizontalen Ansatz und beschäftigt sich gleichermaßen mit rassistischen Diskriminierungen sowie Diskriminierungen aufgrund des Geschlechts, der sexuellen Identität oder Orientierung, des Alters, der Religion und Weltanschauung oder einer Behinderung.

II. Fundstellen des Bundesrechts und der Landesgleichstellungsgesetze mit zugehörigen Verordnungen

Die nachfolgende Fundstellensammlung zum Recht der öffentlich-rechtlichen Gleichstellung behinderter Menschen im Bund und den Ländern ist mit Redaktionsschluss 31. 8. 2009 zusammengestellt worden. Die Wiedergabe der Rechtsvorschriften erfolgt getrennt in drei Abschnitten. Im Abschnitt 1 finden sich die Vorschriften des Bundes. Im Abschnitt 2 werden die einschlägigen Vorschriften des Bundes zur Sicherung der Barrierefreiheit im Bereich der Justiz dokumentiert. Im dritten Abschnitt werden die Vorschriften der Länder (Landesbehindertengleichstellungsgesetze und zugehörige Rechtsverordnungen der Länder) aufgelistet. Die Vorschriften eines jeden Landes werden zusammenhängend ausgegeben.

1. Recht des Bundes zur öffentlich-rechtlichen Gleichstellung. (In Klammern Hinweise auf die einschlägigen Einzelnormen)

Gesetz zur Gleichstellung behinderter Menschen (BGG) vom 27. 4. 2002 (BGBl. I 2002, S. 1467, 1468) zuletzt geändert durch Art. 14b des Gesetzes zur Vereinfachung der Verwaltungsverfahren im Sozialrecht (Verwaltungsvereinfachungsgesetz) vom 21. 3. 2005 (BGBl. I S. 818)

Kommunikationshilfeverordnung (KHV) Verordnung zur Verwendung von Gebärdensprache und anderen Kommunikationshilfen im Verwaltungsverfahren nach dem Behindertengleichstellungsgesetz (Kommunikationshilfeverordnung – KHV) vom 17. 7. 2002 (BGBl. I S. 2650–2651)

Verordnung über barrierefreie Dokumente in der Bundesverwaltung (VBD) Verordnung zur Zugänglichmachung von Dokumenten für blinde und sehbehinderte Menschen im Verwaltungsverfahren nach dem Behindertengleichstellungsgesetz (Verordnung über barrierefreie Dokumentation in der Bundesverwaltung – VBD) vom 17. 7. 2002 (BGBl. I S. 2652–2653)

Verordnung zur Schaffung barrierefreier Informationstechnik nach dem Behindertengleichstellungsgesetz **(Barrierefreie Informationstechnik-Verordnung – BITV)** vom 17. 7. 2002 (BGBl. I S. 2654–2662)

Sozialgesetzbuch Erstes Buch (SGB I) Allgemeiner Teil vom 11. 12. 1975 (BGBl. I S. 3015) zuletzt geändert durch Artikel 2 des Gesetzes vom 19. 12. 2007 (BGBl. I S. 3024, 3305) (§ 17)

Zehntes Buch Sozialgesetzbuch – Sozialverwaltungsverfahren und Sozialdatenschutz – (SGB X) in der Fassung der Bekanntmachung vom 18. 1. 2001 (BGBl. I S. 130) zuletzt geändert durch Artikel 263 der Verordnung vom 31. 10. 2006 (BGBl. I S. 2407) (§ 19)

Bundesagentur für Arbeit – HEGA 04/2007, lfd. Nr. 44 – Kommunikationshilfen für hör- und sprachbehinderte Menschen, gültig ab: 20. 4. 2007

Bundeswahlordnung (BWO) in der Fassung der Bekanntmachung vom 19. 4. 2002 (BGBl. I S. 1376) zuletzt geändert durch die Verordnung vom 30. 6. 2005 (BGBl. I S. 1951) (§§ 45 Abs. 5 Satz 1, 46 Abs. 1 Satz 2 u. 3, 57)

Bürgerliches Gesetzbuch (BGB), In der Fassung der Bekanntmachung vom 2. 1. 2002 (BGBl. I S. 42, 2909, 2003 I S. 738) zuletzt geändert durch Artikel 4 Absatz 10 des Gesetzes vom 11. 8. 2009 (BGBl. I S. 2713) (Mietrecht: § 554 a Barrierefreiheit)

Europawahlordnung (EuWO) in der Fassung der Bekanntmachung vom 2. 5. 1994 (BGBl. I S. 957) zuletzt geändert durch Artikel 51 des Gesetzes vom 21. 6. 2005 (BGBl. I S. 1818) (§§ 38, Abs. 5 Satz 1, 39 Abs. 1, S. 3 u. 4, 50)

Wahlordnung für die Sozialversicherung (SVWO) vom 28. 7. 1997 (BGBl. I S. 19) zuletzt geändert durch Artikel 451 der Verordnung vom 31. Okt. 2006 (BGBl. I S. 2407) (§ 54)

Eisenbahn-Bau- und Betriebsordnung (EBO) vom 8. 5. 1967 (BGBl. 1967 II S. 1563), zuletzt geändert durch Artikel 499 der Verordnung vom 31. 10. 2006 (BGBl. I S. 2407) (§ 2 Abs. 3)

Luftverkehrsgesetz (LuftVG) in der Fassung der Bekanntmachung vom 10. 5. 2007 (BGBl. I S. 698) geändert durch Artikel 2 des Gesetzes vom 1. 6. 2007 (BGBl. I S. 986) (§§ 19 d, 20 b)

2. Vorschriften für den Justizbereich. (In Klammern Hinweise auf die einschlägigen Einzelnormen).

Gerichtsverfassungsgesetz (GVG) in der Fassung der Bekanntmachung vom 9. 5. 1975 (BGBl. I S. 1077) zuletzt geändert durch Artikel 3 des Gesetzes vom 22. 12. 2006 (BGBl. I S. 3416) (§§ 12 f, 186, 191 a)

Verordnung zur barrierefreien Zugänglichmachung von Dokumenten für blinde und sehbehinderte Personen im gerichtlichen Verfahren **(Zugänglichmachungsverordnung – ZMV)** vom 26. 2. 2007 (BGBl. I S. 215)

Strafprozessordnung (StPO) in der Fassung der Bekanntmachung vom 7. 4. 1987 (BGBl. I S. 1074, 1319) zuletzt geändert durch Artikel 2 des Gesetzes vom 13. 4. 2007 (BGBl. I S. 513) (§§ 66 e, 259)

Zivilprozessordnung (ZPO) in der Fassung der Bekanntmachung vom 5. 12. 2005 (BGBl. I S. 3202, 2006 I S. 431) zuletzt geändert durch Artikel 1 des Gesetzes vom 26. 3. 2007 (BGBl. I S. 368) (§ 483)

Beurkundungsgesetz (BeurkG) vom 28. 8. 1969 (BGBl. I S. 1513) zuletzt geändert durch Artikel 25 Abs. 4 des Gesetzes vom 23. 7. 2002 (BGBl. I S. 2850) (§§ 22–24)

3. Vorschriften der Länder (Landesbehindertengleichstellungsgesetze und zugehörige Rechtsverordnungen der Länder)

Baden-Württemberg:

Landesgesetz zur Gleichstellung von Menschen mit Behinderungen und zur Änderung anderer Gesetze vom 20. 4. 2005, Gesetzblatt für Baden-Württemberg, Nr. 7/2005, S. 327 ff

Bayern:

Bayerisches Gesetz zur Gleichstellung, Integration und Teilhabe von Menschen mit Behinderung und zur Änderung anderer Gesetze (Bayerisches Behindertengleichstellungsgesetz und Änderungsgesetze – BayBGG und ÄndG) vom 9. 7. 2003, Bayerisches Gesetz- und Verordnungsblatt Nr. 15/2003, S. 419–426

Bayerische Verordnung zur Verwendung der Deutschen Gebärdensprache und anderer Kommunikationshilfen im Verwaltungsverfahren und in der Kommunikation mit der Schule (Bayerische Kommunikationshilfenverordnung – BayKHV) vom 24. 7. 2006 (GVBl S. 432)

Bayerische Verordnung zur Zugänglichmachung von Dokumenten für blinde, erblindete und sehbehinderte Menschen im Verwaltungsverfahren (BayDokZugV) vom 24. 7. 2006 (GVBl S. 434)

Bayerische Verordnung zur Schaffung barrierefreier Informationstechnik (Bayerische Barrierefreie Informationstechnik-Verordnung – BayBITV) 805–9-4-I vom 24. 10. 2006 (GVBl S. 801)

Verordnung über die Anerkennung der Prüfung für Gebärdensprachkursleiterinnen und Gebärdensprachkursleiter (Gebärdensprachkursleiter-Prüfungsordnung – GKPO) vom 17. 10. 2006 (GVBl S. 796)

Berlin:

Gesetz über die Gleichberechtigung von Menschen mit und ohne Behinderung (Landesgleichberechtigungsgesetz – LGBG) vom 17. 5. 1999, Gesetz- und Verordnungsblatt für Berlin, Nr. 21/1999, S. 178–182, aktualisiert mit dem Ersten Gesetz zur Änderung vom 20. 11. 2002, zuletzt geändert am 29. 9. 2004 verkündet im GVBl für Berlin, Nr. 42. S. 433

Verwaltungsvorschriften zur Schaffung Barrierefreier Informationstechnik (VVBIT), Amtsblatt von Berlin (ABl. 2005 S. 4020)

Brandenburg:

Gesetz zur Gleichstellung behinderter Menschen des Landes Brandenburg (Brandenburgisches Behindertengleichstellungsgesetz – BbgBGG) vom 20. 3. 2003, Gesetz- und Verordnungsblatt für das Land Brandenburg, Teil I, Nr. 4/2003, S. 42–46

Verordnung zur Verwendung von Gebärdensprache und anderen Kommunikationshilfen im Verwaltungsverfahren nach dem Brandenburgischen Behindertengleichstellungsgesetz – Brandenburgische Kommunikationshilfeverordnung – BbgKHV vom 24. 5. 2004

Verordnung zur Zugänglichmachung von Dokumenten für blinde und sehbehinderte Menschen im Verwaltungsverfahren nach dem Brandenburgischen Behindertengleichstellungsgesetz – Brandenburgische Verordnung über barrierefreie Dokumente in der Landesverwaltung – BbgVBD vom 24. 5. 2004

Verordnung zur Schaffung barrierefreier Informationstechnik nach dem Brandenburgischen Behindertengleichstellungsgesetz – Brandenburgische Kommunikationshilfeverordnung – BbgBITV vom 24. 5. 2004

Bremen:

Bremisches Gesetz zur Gleichstellung von Menschen mit Behinderung (Bremisches Behindertengleichstellungsgesetz – BremBGG) vom 9. 12.

2003, Gesetzblatt der Freien Hansestadt Bremen, Nr. 50/2003, S. 414ff zuletzt geändert durch Artikel 2 des Bremischen Gesetzes zur Neuordnung des Gaststättenrechts vom 24. 2. 2009 (Brem.GBl., Nr. 11/2009, S. 45)

Verordnung zur Verwendung von Gebärdensprache und anderen Kommunikationshilfen im Verwaltungsverfahren nach dem Bremischen Behindertengleichstellungsgesetz (Bremische Kommunikationshilfenverordnung – BremKHV) Gesetzblatt der Freien Hansestadt Bremen, Nr. 46/2005, S. 542

Verordnung zur Gestaltung von Dokumenten für blinde und sehbehinderte Menschen im Verwaltungsverfahren nach dem Bremischen Behindertengleichstellungsgesetz (Bremische Verordnung zur Schaffung barrierefreier Informationstechnik für behinderte Menschen – BremVBD) Gesetzblatt der Freien Hansestadt Bremen, Nr. 46/2005, S. 541

Verordnung für die Gestaltung barrierefreier Informationstechnik nach dem Bremischen Behindertengleichstellungsgesetz (Bremische Barrierefreie Informationstechnik-Verordnung – BremBITV) vom 27. 9. 2005 (Brem.GBl. S. 531)

Hamburg:

Hamburgisches Gesetz zur Gleichstellung behinderter Menschen (HmbGGbM) vom 30. 3. 2005, (HmbGVBl Nr. 10/2005, S. 75–79)

Verordnung zur Verwendung von Gebärdensprache und anderen Kommunikationshilfen im Verwaltungsverfahren (Hamburgische Kommunikationshilfenverordnung – HmbKHVO) vom 14. 11. 2006 (HmbGVBl. S. 540)

Verordnung zur barrierefreien Zugänglichmachung von Dokumenten für blinde und sehbehinderte Menschen im Verwaltungsverfahren (Hamburgische Verordnung über barrierefreie Dokumente – HmbBDVO) vom 14. 11. 2006 (HmbGVBl. S. 551)

Verordnung zur Schaffung barrierefreier Informationstechnik für behinderte Menschen (Hamburgische Barrierefreie Informationstechnik-Verordnung – HmbBITVO) vom 14. 11. 2006 (HmbGVBl. S. 543)

Hessen:

Hessisches Gesetz zur Gleichstellung von Menschen Behinderungen und zur Änderung anderer Gesetze (Hessisches Behinderten-Gleichstellungsgesetz – HessBGG) vom 20. 12. 2004, Gesetz- und Verordnungsblatt für das Land Hessen, Teil I, Nr. 23/2004 v. 23. 12. 2004, 482–487

Verordnung zur Verwendung von Gebärdensprache und anderen Kommunikationshilfen im Verwaltungsverfahren nach dem Hessischen Behinderten-Gleichstellungsgesetz (Hessische Kommunikationshilfenverordnung – HKhV) vom 29. 3. 2006 (GVBl. I S. 99)

Verordnung zur Zugänglichmachung von Dokumenten für blinde und sehbehinderte Menschen im Verwaltungsverfahren nach dem Hessischen Behinderten-Gleichstellungsgesetz (Hessische Verordnung über barrierefreie Dokumente – HVbD) GVBl. II 34–52, vom 29. 3. 2006 (GVBl. I S. 98)

Mecklenburg-Vorpommern:

Gesetz zur Gleichstellung, gleichberechtigten Teilhabe und Integration von Menschen mit Behinderungen (Landesbehindertengleichstellungsgesetz – LBGG M-V) vom 10. 7. 2006 (GVOBl. M-V S. 539)

Verordnung zur Verwendung von Gebärdensprache und anderen Kommunikationshilfen in Verwaltungsverfahren nach dem Landesbehindertengleichstellungsgesetz (Kommunikationshilfeverordnung Mecklenburg-Vorpommern – KHVO M-V), GS Meckl.-Vorp. Gl. Nr. 860–9 – 3, vom 17. 7. 2007 (GVOBl. M-V S. 269)

Verordnung zur Zugänglichmachung von Dokumenten für blinde und sehbehinderte Menschen in Verwaltungsverfahren nach dem Landesbehindertengleichstellungsgesetz (Barrierefreie Dokumente-Verordnung Mecklenburg-Vorpommern – BDVO M-V), GS Meckl.-Vorp. Gl. Nr. 860–9 – 2, vom 17. 7. 2007 (GVOBl. M-V S. 267)

Verordnung zur Schaffung barrierefreier Informationstechnik nach dem Landesbehindertengleichstellungsgesetz (Barrierefreie Informationstechnik-Verordnung Mecklenburg-Vorpommern – BITVO M-V), GS Meckl.-Vorp. Gl. Nr. 860–9 – 1, vom 17. 7. 2007 (GVOBl. M-V S. 260)

Niedersachsen:

Gesetz zur Gleichstellung von Menschen mit Behinderungen (Niedersächsisches Behindertengleichstellungsgesetz – NBGG) vom 25. Nov. 2007, Nds. GVBl. S. 661)

Nordrhein-Westfalen:

Gesetz des Landes Nordrhein-Westfalen zur Gleichstellung von Menschen mit Behinderung (Behindertengleichstellungsgesetz Nordrhein-Westfalen – BGG NRW) vom 11. 12. 2003, Gesetz- und Verordnungsblatt für das Land Nordrhein-Westfalen, 2003, S. 766

Verordnung zur Verwendung von Gebärdensprache und anderen Kommunikationshilfen im Verwaltungsverfahren nach dem Behindertengleichstellungsgesetz Nordrhein-Westfalen (Kommunikationshilfenverordnung Nordrhein-Westfalen – KHV NRW) vom 15. 6. 2004, Gesetz- und Verordnungsblatt für das Land Nordrhein-Westfalen, Nr. 21/2004, S. 201 ff

Verordnung zur Zugänglichmachung von Dokumenten für blinde und sehbehinderte Menschen im Verwaltungsverfahren nach dem Behindertengleichstellungsgesetz Nordrhein-Westfalen (Verordnung über barrierefreie Dokumente – VBD NRW) vom 15. 6. 2004, Gesetz- und Verordnungsblatt für das Land Nordrhein-Westfalen, 2004, S. 388 ff

Verordnung zur Schaffung barrierefreier Informationstechnik nach dem Behindertengleichstellungsgesetz Nordrhein-Westfalen (Barrierefreie Informationstechnik – Verordnung Nordrhein-Westfalen BITV NRW vom 24. 6. 2004, Gesetz- und Verordnungsblatt für das Land Nordrhein-Westfalen, Nr. 21 vom 30. 6. 2004, S. 201

Verordnung zum Landesbeirat für die Belange der Menschen mit Behinderungen in Nordrhein-Westfalen (VO Behindertenbeirat NRW) vom 24. 6. 2004, Gesetz- und Verordnungsblatt für das Land Nordrhein-Westfalen, 2004, S. 339

Rheinland-Pfalz:

Landesgesetz zur Gleichstellung behinderter Menschen (LGGBehM) vom 16. 12. 2002 (GVBl. S. 481)

Saarland:

Gesetz Nr. 1541 – zur Gleichstellung von Menschen mit Behinderungen im Saarland (Saarländisches Behindertengleichstellungsgesetz – SBGG) vom 26. 11. 2003, Amtsblatt des Saarlandes, 2003, S. 2987 ff

Verordnung zum Gesetz zur Gleichstellung von Menschen mit Behinderungen im Saarland (Saarländische Behindertengleichstellungsverordnung – SBGVO) vom 19. 9. 2006 (Amtsbl. S. 1698)

Sachsen:

Gesetz zur Verbesserung der Integration von Menschen mit Behinderungen im Freistaat Sachsen (Sächsisches Integrationsgesetz – SächsIntegrG) vom 28. 5. 2004 (SächsGVBl. S. 196–200)

Verordnung der Sächsischen Staatsregierung über die Verwendung von Gebärdensprache und anderen Kommunikationshilfen im Verwaltungsverfahren (Sächsische Kommunikationshilfenverordnung – SächsKhilfVO) vom 20. 10. 2007, SächsGVBl. S. 499 Nr. 13/2007

Sachsen-Anhalt:

Behindertengleichstellungsgesetz vom 20. 11. 2001. Artikel 1 Gesetz für Chancengleichheit und gegen Diskriminierung behinderter Menschen im Land Sachsen–Anhalt (Behindertengleichstellungsgesetz – BGStG LSA), Gesetz- und Verordnungsblatt des Landes Sachsen-Anhalt, Nr. 20/2001, S. 457–462

Schleswig-Holstein:

Gesetz zur Gleichstellung behinderter Menschen des Landes Schleswig-Holstein (Landesbehindertengleichstellungsgesetz – LBGG) vom 16. 12. 2002, Gesetz- und Verordnungsblatt Schleswig-Holstein, 2002, S. 264 f

Thüringen:

Thüringer Gesetz zur Gleichstellung und Verbesserung der Integration von Menschen mit Behinderungen (ThürGIG) vom 16. 12. 2005 (GVBl. S. 383)

III. Vorbemerkung zur Kommentierung des BGG

1 Das BGG ist im Jahr 2002 in Kraft getreten, seitdem wurden eine Reihe von gesetzlichen Änderungen vorgenommen, die aber sämtlich nicht als wesentlich bezeichnet werden können.

2 **Schlüsselbegriffe** des BGG sind **Barrierefreiheit** und **Benachteiligungsverbot.** Wesentliche **Instrumente,** die das Gesetz festlegt, sind **Zielvereinbarungen, Verbandsklagerecht** und die gesetzliche Begründung des **Amtes des Beauftragten oder der Beauftragten** der Bundesregierung für die Belange behinderter Menschen.

3 Das BGG zeichnet sich aus durch eine **sehr verständliche Legaldefinition des Begriffs der Barrierefreiheit,** der als der wesentliche neue Schlüs-

selbegriff des Gesetzes anzusehen ist. Der Begriff wird in weiteren Gesetzen bedeutungsgleich aufgriffen. Zu verweisen ist auf verschiedene Wahlordnungen des Bundes, das Hochschulrecht, Gerichtsgesetze und Gerichtsordnungen, das Sozialgesetzbuch (SGB), das Bundesfernstraßengesetz, das Personenbeförderungsgesetz und das Luftverkehrsgesetz. Auch die im BGG gesetzlich geregelten Instrumente Zielvereinbarung (§ 5) und Verbandsklagerecht (§ 13) beziehen sich wesentlich auf das Ziel der Barrierefreiheit. Barrierefreiheit wird im BGG weit gefasst. Die Norm des § 4 BGG kennt keine Einschränkung auf bestimmte Teilgruppen behinderter Menschen. In den konkretisierenden Vorschriften zur Barrierefreiheit (s. Erl. §§ 6, 8–11) konzentriert sich das Gesetz aber letztlich auf Schwerpunkte bzw. Zielgruppen.

Das BGG **verzichtet erfreulicherweise auf einen eigenen Begriff des behinderten Menschen** und lehnt sich sehr eng an den diesbzgl. Begriff des SGB IX und den des ICF an, **ohne dass die förmliche Anerkennung der Behinderung vorausgesetzt** würde. 4

Die Schwierigkeiten dieses Gesetzes liegen dagegen in der **für den Bürger eher schwer zu durchschauenden Festlegung seines Anwendungs- und Geltungsbereiches,** was letztlich zurück geht auf die Verteilung der Gesetzgebungszuständigkeit im förderalen System der Bundesrepublik Deutschland. Anzuwenden ist das BGG von den Dienststellen und sonstigen Einrichtungen der Bundesverwaltung, einschließlich der bundesunmittelbaren Körperschaften, Anstalten und Stiftungen des öffentlichen Rechts. Es gilt auch für Landesverwaltungen, einschließlich der landesunmittelbaren Körperschaften, Anstalten und Stiftungen des öffentlichen Rechts, soweit sie Bundesrecht ausführen. Sofern die genannten Stellen allerdings auf Grundlage eines Sozialgesetzbuches handeln, sind zugleich die Vorschriften des § 17 Abs. 1 und 2 (Ausführung von Sozialleistungen) und des § 19 Abs. 1 (Amtssprache) hinsichtlich von Teilaspekten der im BGG umfassender geregelten Barrierefreiheit einschlägig (siehe ausführlich: Kossens-*Ritz* BGG-Vorb, insbes. Rn 5 ff). 5

Im **Bereich der Justiz** gilt das BGG ebenso wenig wie die entsprechenden Behindertengleichstellungsgesetze der Länder. Hier ist barrierefreie Kommunikation seit 1. 8. 2002 bundesrechtlich geregelt (Gesetz zur Änderung des Rechts der Vertretung durch Rechtsanwälte vor den Oberlandesgerichten (OLG-Vertretungsänderungsgesetz – OLGVertrÄndG) vom 23. 7. 2002 (BGBl. I S. 2850), § 483 ZVO (Eidesleistung sprach- und hörbehinderter Personen), §§ 66 e und 259 StPO (Eidesleistung sprach- und hörbehinderter Personen, Regelung der Gerichtssprache für hör- und sprachbehinderte Menschen), §§ 186, 191 a GVG (Gerichtssprache, Verständigung mit dem Gericht). 6

Für bestimmte Bereiche hat der Bundesgesetzgeber weitgehend auf materielle, öffentlich-rechtliche Regelungen zur Barrierefreiheit verzichtet und deren Schaffung und weitergehende Ausgestaltung dem neu geschaffenen Instrument der **Zielvereinbarung** überlassen. Wie weit diese besondere Form der Privatisierung der Herstellung von Barrierefreiheit im privat organisierten öffentlichen Raum mit Art. 9 BRK (Zugänglichkeit) vereinbar ist, wäre noch zu prüfen. Art. 9 BRK verlangt, dass die Vertragsstaaten geeignete Maßnahmen treffen, mit dem Ziel, für Menschen mit Behinderungen den 7 gleichberechtigten Zugang zur physischen Umwelt, zu Transportmitteln, Informationen, und Kommunikation, einschließlich Informations- und Kommunikationstechnologien und -systemen, sowie zu anderen Einrichtungen und Diensten, die der Öffentlichkeit in städtischen und ländlichen Gebieten offenstehen oder für sie bereitgestellt werden. Nach dieser völkerrechtlichen Verpflichtung haften die Vertragsstaaten für den Erfolg. Im deutschen System der Zielvereinbarungen garantiert der Staat nur das Instrument, er haftet gerade nicht für den Erfolg. In Zielvereinbarungen sollen Unternehmen und/oder deren Verbände mit den nach diesem Gesetz zugelassenen Verbänden behinderter Menschen über Gegenstände und Standards der Barrierefreiheit iSd § 4 BGG verbindliche Vereinbarungen – auch iSv Mindeststandards – treffen. Neben dem Institut der Zielvereinbarung, das im BGG selbst seine rechtliche Grundlage hat, ändert das BGG auch die **Eisenbahn-Bau- und Betriebsordnung (EBO)** und schreibt **Programme** vor, in denen die Eisenbahnunternehmen Planungen zur Umsetzung der gesetzlichen Vorschriften zur Herstellung von Barrierefreiheit bei den Bahnanlagen und den Fahrzeugen erstellen müssen.

8 Die Behindertengleichstellungsgesetze der Länder regeln die öffentlich-rechtlichen Bereiche, die ausschließlich der Gesetzgebungskompetenz der Länder unterliegen. Es ist also eine komplexe **Aufsplitterung der landes- und bundesgesetzlichen öffentlich-rechtlichen Regelungen** zur Verhinderung von Benachteiligung, Förderung der gesellschaftlichen Teilhabe und Selbstbestimmung behinderter Menschen in Deutschland entstanden. Daneben steht zusätzlich gesondert die zivilrechtliche Problematik, die im Allgemeinen Gleichbehandlungsgesetz (AGG) vom 14. 8. 2006 (BGBl. I S. 1897) geregelt ist (siehe Erl. zum AGG in diesem Band). Neue Ansprüche können zumindest in Teilbereichen sich seit 26. März 2009 zusätzlich ergeben aus der BRK – dem Übereinkommen der Vereinten Nationen vom 13. 12. 2006 über die Rechte von Menschen mit Behinderungen sowie zu dem Fakultativprotokoll vom 13. 12. 2006 zum Übereinkommen der Vereinten Nationen über die Rechte von Menschen mit Behinderungen vom 21. 12. 2008 (BGBl. II Nr. 35, vom 31. 12. 2008, 1419).

9 In zahlreichen Lebensbereichen sind mit dem BGG und anderen Gesetzen **klare Rechtsansprüche behinderter Menschen geschaffen** worden. Es ist damit ein Wandel der gesellschaftlichen Wirklichkeit für viele behinderte Menschen erreicht oder zumindest eingeleitet worden. Die Umsetzung des Gesetzes hat seit seinem Inkrafttreten im Jahr 2002 zwar langsame, aber durchaus spürbare Wirkung für die betroffenen behinderten Menschen. So sind bei der Barrierefreiheit der modernen Informationsmedien – insbes. bei den Angeboten der öffentlichen Hand – deutliche Fortschritte erzielt worden; behinderte Menschen werden also an einer wichtigen Entwicklung der modernen Gesellschaft teilhaben können. Zu verweisen ist im Bereich des öffentlichen Personennahverkehrs auf das Programm der Deutschen Bahn AG vom 6. 2005, aber auch auf einschlägige Nahverkehrspläne auf regionaler Ebene. Erhebliche Defizite sind allerdings für den Bereich **der öffentlichen Erziehung von Kindern** in Kindertagesstätten, Schulen und Hochschulen festzustellen (siehe auch: Kossens-*Ritz*, BGG Vorb, Rn 11 ff, ausführliche Untersuchung bei: *Poscher/Rux/Langer* 2008, sowie Literatur Erl.

§ 4 Rn 15). Als wesentliche Ursachen für das Beharrungsvermögen des deutschen Förderschul-Systems gegenüber Inklusiver Bildung für alle Kinder werden die überkommene Gesetzgebung und das komplizierte Finanzierungssystem mit den verschiedenen Verantwortlichkeiten auf Kreis-, Landes- und Bundesebene angesehen (www.bertelsmann-stiftung.de Menüpunkt: Jakob-Muth-Preis 2009, Zugriff 6. 9. 2009).

Auswirkungen insbes. auf die gesellschaftliche Akzeptanz der heutigen WfbM werden von den zu erwartenden Veränderungen des Schulrechts ausgehen. Art. 24 BRK (Bildung) wird vermutlich erhebliche Auswirkungen auf das in Deutschland im internationalen Vergleich sehr ausgeprägte Sonderschulwesen für Kinder mit Behinderungen haben. Derzeit liegt im Bundesdurchschnitt der Anteil der Schüler mit sonderpädagogischem Förderbedarf in allgemeinen Schulen bei 16%, die Autoren der UN BRK halten 80–90% für möglich. Die schulische Integration prägt aber nach allen Erfahrungen auch den Anspruch und die Orientierung der Menschen mit Behinderungen im Berufsleben. Die zukünftige Nachfrage nach Beschäftigungsalternativen zur WfbM dürfte also mit der Zunahme von Regelschulbesuchen behinderter Kinder ansteigen. 10

Zur Förderung des Regelschulbesuches in diesem Kontext sind erste vorsichtige Schritte eingeleitet. „Das Präsidium der Konferenz der Kultusministerinnen und Kultusminister hat am 12. 6. 2008 beschlossen, eine Arbeitsgruppe einzurichten, die die Empfehlungen zur sonderpädagogischen Förderung in den Schulen der Bundesrepublik Deutschland vom 6. 5. 1994 fortschreibt und aktuellen Entwicklungen damit Rechnung tragen wird.“ (BR-Drucks. 760/08, S. 58) Der schulrechtliche Überarbeitungsbedarf wird nach Ländern unterschiedlich ausfallen (s.a. die Analyse von *Poscher/Rux/Langer,* 2008, insbes. S. 120–122), ist aber insgesamt deutlich vorhanden. Insbesondere wäre die Quote der behinderten Schülerinnen und Schüler – die im Schulrecht als Schüler mit sonderpädagogischem Hilfebedarf benannt werden – in Regelschulen deutlich anzuheben. *Jürgens-Pieper* (2009) fasst dies wie folgt in der Keynote anlässlich der Jakob-Muth-Preis 2009 zusammen: „Gegen den internationalen Trend werden in Deutschland laut KMK-Statistik rund 84% der Schülerinnen und Schüler mit sonderpädagogischem Förderbedarf im Erhebungsjahr 2006 getrennt unterrichtet. Während andere Länder Schülerinnen und Schüler mit Lernproblemen weitgehend gemeinsam mit allen anderen unterrichten, ist der Ausschluss aus dem Regelschulsystem für diese Gruppe in Deutschland fast überall die Regel. Fast 90% dieser Schüler/innen gehören zur untersten sozialen Schicht. Das allein ist mehr als beunruhigend! Es geht in dieser Frage nicht nur um Lerndefizite, sondern auch um geringen Chancen unterer sozialer Gruppen.“ Eine maßgebliche schulische Veränderung würde die heute dominierende Förderkette Förderschule – WfbM deutlich in Frage stellen. Die diesbzgl. Umsetzung der UN-Behindertenrechtskonvention – vermutlich im Laufe des nächsten Jahrzehnts – wird bei den Schülerinnen und Schülern, die inklusiv unterrichtet wurden, verstärkte Erwartungen und Ansprüche auf eine inklusive Teilhabe am Arbeitsleben entstehen lassen. Dies wird erhebliche Veränderungen im Bereich der heutigen WfbM-Leistungen zur Folge haben. Für sehr unterschiedliche Rechts- und Lebensbereiche können Fortentwicklungen erwar- 11 tet werden. Es können also Verbesserungen der Verhältnisse im Schulbereich erwartet werden. Der einschlägige Art. 24 BRK lautet in der deutschen Übersetzung:

12 *Artikel 24 Bildung*

(1) Die Vertragsstaaten anerkennen das Recht von Menschen mit Behinderungen auf Bildung. Um dieses Recht ohne Diskriminierung und auf der Grundlage der Chancengleichheit zu verwirklichen, gewährleisten die Vertragsstaaten ein integratives Bildungssystem auf allen Ebenen und lebenslanges Lernen mit dem Ziel,

a) die menschlichen Möglichkeiten sowie das Bewusstsein der Würde und das Selbstwertgefühl des Menschen voll zur Entfaltung zu bringen und die Achtung vor den Menschenrechten, den Grundfreiheiten und der menschlichen Vielfalt zu stärken;

b) Menschen mit Behinderungen ihre Persönlichkeit, ihre Begabungen und ihre Kreativität sowie ihre geistigen und körperlichen Fähigkeiten voll zur Entfaltung bringen zu lassen;

c) Menschen mit Behinderungen zur wirklichen Teilhabe an einer freien Gesellschaft zu befähigen.

(2) Bei der Verwirklichung dieses Rechts stellen die Vertragsstaaten sicher, dass

a) Menschen mit Behinderungen nicht aufgrund von Behinderung vom allgemeinen Bildungssystem ausgeschlossen werden und dass Kinder mit Behinderungen nicht aufgrund von Behinderung vom unentgeltlichen und obligatorischen Grundschulunterricht oder vom Besuch weiterführender Schulen ausgeschlossen werden;

b) Menschen mit Behinderungen gleichberechtigt mit anderen in der Gemeinschaft, in der sie leben, Zugang zu einem integrativen, hochwertigen und unentgeltlichen Unterricht an Grundschulen und weiterführenden Schulen haben;

c) angemessene Vorkehrungen für die Bedürfnisse des Einzelnen getroffen werden;

d) Menschen mit Behinderungen innerhalb des allgemeinen Bildungssystems die notwendige Unterstützung geleistet wird, um ihre erfolgreiche Bildung zu erleichtern;

e) in Übereinstimmung mit dem Ziel der vollständigen Integration wirksame individuell angepasste Unterstützungsmaßnahmen in einem Umfeld, das die bestmögliche schulische und soziale Entwicklung gestattet, angeboten werden.

(3) Die Vertragsstaaten ermöglichen Menschen mit Behinderungen, lebenspraktische Fertigkeiten und soziale Kompetenzen zu erwerben, um ihre volle und gleichberechtigte Teilhabe an der Bildung und als Mitglieder der Gemeinschaft zu erleichtern. Zu diesem Zweck ergreifen die Vertragsstaaten geeignete Maßnahmen; unter anderem

a) erleichtern sie das Erlernen von Brailleschrift, alternativer Schrift, ergänzenden und alternativen Formen, Mitteln und Formaten der Kommunikation, den Erwerb von Orientierungs- und Mobilitätsfertigkeiten sowie die Unterstützung durch andere Menschen mit Behinderungen und das Mentoring;

b) erleichtern sie das Erlernen der Gebärdensprache und die Förderung der sprachlichen Identität der Gehörlosen;

c) stellen sie sicher, dass blinden, gehörlosen oder taubblinden Menschen, insbes. Kindern, Bildung in den Sprachen und Kommunikationsformen und mit den Kommunikationsmitteln, die für den Einzelnen am besten geeignet sind, sowie in einem Umfeld vermittelt wird, das die bestmögliche schulische und soziale Entwicklung gestattet.

(4) Um zur Verwirklichung dieses Rechts beizutragen, treffen die Vertragsstaaten geeignete Maßnahmen zur Einstellung von Lehrkräften, einschließlich solcher mit Behinderungen, die in Gebärdensprache oder Brailleschrift ausgebildet sind, und zur Schulung von Fachkräften sowie Mitarbeitern und Mitarbeiterinnen auf allen Ebenen des Bildungswesens. Diese Schulung schließt die Schärfung des Bewusstseins für Behinderungen und die Verwendung geeigneter ergänzender und alternativer Formen,

Mittel und Formate der Kommunikation sowie pädagogische Verfahren und Materialien zur Unterstützung von Menschen mit Behinderungen ein.

(5) Die Vertragsstaaten stellen sicher, dass Menschen mit Behinderungen ohne Diskriminierung und gleichberechtigt mit anderen Zugang zu allgemeiner Hochschulbildung, Berufsausbildung, Erwachsenenbildung und lebenslangem Lernen haben. Zu diesem Zweck stellen die Vertragsstaaten sicher, dass für Menschen mit Behinderungen angemessene Vorkehrungen getroffen werden.

Von der zitierten Norm wird erheblicher zusätzlicher Änderungsbedarf in 13 der deutschen Schulpolitik ausgehen. Dabei ist insbes. zu beachten, dass die Formulierung des Abs. 1 Satz 1 in der deutschen Fassung „gewährleisten die Vertragstaaten ein integratives Bildungssystem auf allen Ebenen" im englischen Text von „**inclusive** education system" an der entscheidenden Stelle spricht. Man kann die Bedeutung des Wortes Inklusion nicht besser erläutern, als es Karl-Herrmann Haak, der frühere Beauftragte der Bundesregierung für die Belange behinderter Menschen, formuliert hat: Inklusion bedeutet, Kinder mit Behinderung in der Schule zu erziehen, die sie besuchen würden, wenn sie keine Behinderung hätten. Die Position der Kultusministerkonferenz (KMK) seit 1994, nämlich Integration (im Schulwesen) zu ermöglichen, jedoch das Sonderschulsystem vollständig – ggf. mit Zusammenfassungen einzelner Förderschularten – zu erhalten, ist mit der Konvention nicht (mehr) in Übereinstimmung und müsste entsprechend angepasst werden. Schulgesetzlich herrscht in den meisten Bundesländern ein Doppelsystem (Förderschularten und GU) vor." (*Klemm/Preuss-Lausitz* 2008, S. 5) Über die Ergebnisse führen *Klemm/Preuss-Lausitz* (2008, S. 6) aus: „Mit dem doppelten Förderort-System sind in Deutschland aufgrund des bisherigen Zuweisungsverfahrens steigende Förderkinder-Anteile und damit Kosten verbunden. … Unabhängig von diesem Problem müssten die Bundesländer … ihre bisherige Position korrigieren. Mit der Annahme der Convention entstünde mindestens ein Rechtsanspruch auf gemeinsamen Unterricht, und zwar unabhängig von einem Haushaltsvorbehalt…, aber auch unanhängig von anderen Vorbehalten, etwa einer grundsätzlichen Ablehnung von Sinnesbehinderten in allgemeinen Schulen, wenn Lehrer sich überfordert fühlen würden. Die Rechtslage würde dann erfordern, dass die personellen und sächlichen Voraussetzungen zu schaffen sind."

Schülerinnen und Schüler mit sonderpädagogischem Förderbedarf nach Förderschwerpunkten und Lernorten in 2002 14

Förderschwerpunkt	in allen Schulen	in allgemeinen Schulen	in Sonderschulen
Lernen	262389	31251	231138
Sehen	6613	1852	4761
Hören	14518	3419	11099
Sprache	44891	9646	35245
körperliche und motorische Entwicklung	26483	4297	22186
geistige Entwicklung	70451	1981	68470

Förderschwerpunkt	in allen Schulen	in allgemeinen Schulen	in Sonderschulen
emotionale und soziale Entwicklung	41 012	11 762	29 250
übergreifend/ ohne Zuordnung	19 295	1 430	17 865
Kranke	9 592	166	9 426
Gesamt	495 244	65 804	429 440

Quelle: Kultusministerkonferenz „Sonderpädagogische Förderung in Schulen 1993 bis 2002“ zitiert nach BT-Drucks. 15/4575, S. 93.

15 **Schüler mit sonderpädagogischem Förderbedarf Verteilung auf Förderschulen und allgemeine Schulen Verteilung in %**

	2003		2006	
	Förderschulen	allgemeine Schulen	Förderschulen	allgemeine Schulen
	in %	in %	in %	in %
Schüler insgesamt	87,2	12,8	84,3	15,7
– Förderschwerpunkt Lernen	88,5	11,5	84,4	15,6
– Sonstige Förderschwerpunkte	85,7	14,3	84,1	15,9
– Sehen	76,8	23,2	73,5	26,5
– Hören	80,3	19,7	77,4	22,6
– Sprache	78,6	21,4	74,6	25,4
– Körperliche und motorische Entwicklung	83,9	16,1	82,6	17,4
– Geistige Entwicklung	97,2	2,8	97,2	2,8
Emotionale und soziale Entwicklung	71,7	28,3	67,6	32,4
– Förderschwerpunkt übergreifend bzw. ohne Zuordnung	94,2	5,8	97,7	2,3
– Kranke	98,3	1,7	99,1	0,9

Quelle: Kultusministerkonferenz, Statistische Veröffentlichungen – Dokumentation Nr. 185 – Sonderpädagogische Förderung in Schulen, 1997 bis 2006, Bonn, 4. 2008 (download: http://www.kmk.org/statist/home.htm) Tab.: 1.1.4.2

16 *Theben* (2005) verweist zu Recht darauf, dass behinderte Kinder und Jugendliche noch immer mehrheitlich eine institutionell verfestigte Ausson-

derung erfahren, die für andere Gruppen mit schulbezogenen relevanten Merkmalen – wie zB fehlenden Kenntnissen der deutschen Sprache – eben traditionell nicht vorgesehen ist und tatsächlich auch nicht stattfindet. Aus Gründen der grundgesetzlich festgelegten Gesetzgebungszuständigkeit fehlen im BGG jegliche Regelungen für die Bereiche Kindergarten und Schule.

Der SoVD hat im 8. 2009 ein „SoVD-Bildungsbarometer Inklusion" vorgelegt, das nicht nur die schulrechtliche Lage (vgl. dazu ausführlich *Poscher/Rux/Langer* 2008), sondern auch die laufende politische Diskussion in den Ländern und die empirische Wirklichkeit einbezieht. Bewertet werden auch hier wieder die Entwicklungen in den Bundesländern in Sachen inklusiver Bildung als nicht zufrieden stellend. Nur in zwei Bundesländern – in Bremen und Schleswig-Holstein – sind überhaupt konkrete Schritte zur Umsetzung der inklusiven Bildung eingeleitet worden. In einigen Bundesländern ist eine Debatte in Gang gekommen und der politische Handlungsbedarf erkannt worden. Doch die Mehrheit der Bundesländer geht nach diesem Monitor zögerlich, reserviert oder sogar ablehnend an die Umsetzung der UN-Konvention heran. 17

Die Konferenz der Kultusminister (KMK) hat im Frühjahr 2009 den Schulausschuss beauftragt, die UN-BRK schulrechtlich in ihren Wirkungen auf die Länder im Schulbereich zu bewerten. Diese Bewertung liegt inzwischen vor und befasst sich mit der Verpflichtung zur Einbeziehung von Kindern und Jugendlichen mit Behinderungen in das allgemeine Bildungssystem, dem Wahlrecht der Eltern, der Interpretation des englischen Begriffs „inclusive education", dem wohnortnahen Zugang, den zu gewährenden Unterstützungsmaßnahmen und der Ausbildung sowie Einstellung von Lehrkräften. Die Kultusministerkonferenz wird sich wahrscheinlich im 10. 2009 mit dieser rechtlichen Bewertung und einer daraus resultierenden Überarbeitung der Empfehlungen zur sonderpädagogischen Förderung von 1994 beschäftigen. Die Bewertung und Empfehlung bildeten die Grundlage für eine wissenschaftliche Länder-Fachtagung, die das Thema am 21. Juni 2010 in Bremen weiter aufarbeitete und Wege zur Umsetzung der UN-Konvention beschrieb (*Jürgens-Pieper* 2009); www.bildung.bremen.de dort Menüpunkte Aktuelles → Inklusion → Entwicklungsplan Inklusion hier findet sich das Papier „Pädagogische und rechtliche Aspekte der Umsetzung des Übereinkommens der Vereinten Nationen vom 13. Dezember 2006 über die Rechte von Menschen mit Behinderungen (Behindertenrechtskonvention – VN-BRK) in der schulischen Bildung (Stand: 29. 4. 2010) – Diskussionspapier der Kultusministerkonferenz für die Fachtagung der Kultusministerkonferenz am 21./22. 6. 2010, Bremen, sowie alle dortigen Fachvorträge). 18

Als Zusammenfassung der bisherigen Wirkungen der öffentlich-rechtlichen Behindertengleichstellungsgesetzgebung im Bund und in den Ländern kann man festhalten: 19

- BGG und LBGG sind insbes. als symbolisch-programmatische Gesetze wirksam.
- Die Rechtsstreitigkeiten vor Gericht sind sehr selten.
- Die Zuständigkeitsabgrenzungen sind sehr komplex. Die Normflut ist erheblich – 17 Gesetze und 26 Rechtsverordnungen wurden seit 1999/2002 neu geschaffen.

- Das Thema Barrierefreiheit hat auch einen sehr ausgeprägten sachlichen Bezug zur Bewältigung der demografischen Entwicklung. Dies wird das Thema zusätzlich zum behindertenpolitischen Paradigmenwechsel auch zukünftig bewegen.
- Barrierefreiheit in Bau- und Verkehrsbereich wird seit Jahren mit teilweise durchaus beachtlichen Zwischenerfolgen geschaffen. Es muss aber kontinuierlich an der Lösung weiter gearbeitet werden.
- Die Beteiligung behinderter Menschen und ihrer Organisationen an der Herstellung von Barrierefreiheit ist wegen der begrenzten Handlungspotentiale der Verbände mit erheblichen Hürden und Begrenzungen bestückt.
- Die neuen Instrumente Zielvereinbarung und Verbandsklage greifen eher nur schlecht und symbolisch.
- Die neuen Instrumente Beauftragte und Regelberichterstattung haben dagegen eher gut eingeschlagen und halten das Thema im politischen Alltag als Gesprächspunkt und Politikfeld.
- Der schwerwiegendste Defizitpunkt der Behindertenpolitik findet sich derzeit im Bereich mangelhafter Integration behinderter Kinder in die allgemeinen Schulen.

Insgesamt werden mit dem SGB IX, dem BGG und den LBGG, dem AGG und BRK rechtlich der behindertenpolitische Paradigmenwechsel umgesetzt. Die Wirksamkeit der Gesetze hinsichtlich ihrer Zielerreichung bedarf weiterer fortlaufender Beobachtung, kritischer Diskussion und teilweise auch rechtsetzender Nachsteuerung.

IV. Gliederung des BGG

Inhaltsübersicht

Abschnitt 1. Allgemeine Bestimmungen §§

Gesetzesziel 1
Behinderte Frauen 2
Behinderung 3
Barrierefreiheit 4
Zielvereinbarungen 5
Gebärdensprache und andere Kommunikationshilfen 6

Abschnitt 2. Verpflichtung zur Gleichstellung und Barrierefreiheit

Benachteiligungsverbot für Träger öffentlicher Gewalt 7
Herstellung von Barrierefreiheit in den Bereichen Bau und Verkehr 8
Recht auf Verwendung von Gebärdensprache und anderen Kommunikationshilfen 9
Gestaltung von Bescheiden und Vordrucken 10
Barrierefreie Informationstechnik 11

Abschnitt 3. Rechtsbehelfe

Vertretungsbefugnisse in verwaltungs- oder sozialrechtlichen Verfahren 12
Verbandsklagerecht 13

Abschnitt 4. Beauftragte oder Beauftragter der Bundesregierung für die Belange behinderter Menschen §§
Amt der oder des Beauftragten für die Belange behinderter Menschen 14
Aufgabe und Befugnisse 15

V. Kommentierung der einzelnen Vorschriften des BGG

Abschnitt 1. Allgemeine Bestimmungen

§ 1 Gesetzesziel

[1]Ziel dieses Gesetzes ist es, die Benachteiligung von behinderten Menschen zu beseitigen und zu verhindern sowie die gleichberechtigte Teilhabe von behinderten Menschen am Leben in der Gesellschaft zu gewährleisten und ihnen eine selbstbestimmte Lebensführung zu ermöglichen. [2]Dabei wird besonderen Bedürfnissen Rechnung getragen.

Satz 1 der Norm legt den durch das Gesetz zuschützenden Personenkreis 1 als den der behinderten Menschen fest. Eine Legaldefinition dieses Begriffes erfolgt dann in § 3 (s. dort). In Satz 2 wird auf „besondere Bedürfnisse" hingewiesen, die direkt im Gesetz an dieser Stelle nicht erläutert werden. Darunter sind einerseits die behinderungsbedingten besonderen Bedürfnisse zur Ermöglichung bzw. individuellen Wahrnehmung der Gesetzesziele zu verstehen, anderseits wohl auch die gesetzlich genannten diesbzgl. besonderen Bedürfnisse hervorgehobener Gruppen. Im BGG selbst sind ausdrücklich genannt behinderte Frauen, in §§ 3, 7 Abs. 1; hörbehinderte Menschen (Gehörlose, Ertaubte und Schwerhörige, § 6 Abs. 1, § 9); sprachbehinderte Menschen (§ 6 Abs. 3, § 9), über das Gebot der barrierefreien Gestaltung in den Bereichen Bau und Verkehr (§ 8) auch motorisch behinderte Menschen und blinde und sehbehinderte Menschen (§§ 10, 11).

Es handelt sich bei der Norm um einen Programmsatz, aus dem unmittel- 2 bar keine individuellen Rechte hergeleitet werden können (s.a. *Majerski-Pahlen* § 1 BGG Rn 1, in Neumann ua. 2005). Hierfür bedarf es zusätzlich spezieller gesetzlicher Anspruchsgrundlagen, wie zB §§ 7–11 BGG (siehe zu weiteren Gesetzen § 4 Rn 7ff). In § 7 Abs. 3 wird ergänzend zu § 1 auf besondere Benachteiligungsverbote in anderen Rechtsvorschriften, insbes. im SGB IX, verwiesen.

Das Gesetzesziel wird in § 1 BGG breit normiert und ist der Zielsetzung 3 des § 1 SGB IX sehr ähnlich (s. Erl. dort). Dabei wird in § 1 SGB IX den besonderen Bedürfnissen behinderter und von Behinderung bedrohter Frauen und Kinder Rechnung getragen. Der im BGG benutzte Begriff der besonderen Bedürfnisse ist umfassend zu verstehen.

Der Begriff der Benachteiligung ist bereits in Art. 3 Abs. 3 GG seit 1994 4 aufgenommen. Dort heißt es: „Niemand darf wegen seiner Behinderung benachteiligt werden". Das BGG ist einfachgesetzlicher Ausfluss dieses Verfassungsanspruchs und setzt diesen Grundsatz öffentlich-rechtlich für die Träger der öffentlichen Gewalt des Bundes und derjenigen Landesverwaltungen, die Bundesrecht ausführen, um (s. § 7 Abs. 1). Der Begriff der Benachteiligung ist näher definiert in § 7 Abs. 2. Es wird dort in Abs. 3 auch auf andere ähnlich gerichtete Vorschriften verwiesen. Das Ziel des Abbaus und der Vermeidung von Benachteiligungen soll – so die Begründung des Regierungsentwurfs (BR-Drucks. 928/01 S. 89) – vorbildhaft dort umgesetzt werden, wo der Bund dieses unmittelbar in eigener Zuständigkeit vornehmen kann. Andere Vorschriften des BGG, insbes. §§ 4, 6–11, setzen durch konkrete Vorschriften zur Barrierefreiheit und Benachteiligungsverbote diesen hier formulierten Anspruch konkret um (vgl. zur Umsetzung auch Bundesverwaltungsamt, 12/2002, 3/2003, 4/2003).

5 Die Ermöglichung einer **gleichberechtigten Teilhabe am Leben in der Gesellschaft** soll – so die Begründung des Regierungsentwurfs (BR-Drucks. 928/01 S. 90) – vor allem durch diesen Abbau von Barrieren erreicht werden. Ermöglicht werden soll die barrierefreie Nutzung von Verkehrsmitteln und akustischen und visuellen Informationen (s. Näheres bei §§ 4, 8, 9, 10, 11).

6 Ältere Hilfestrukturen für behinderte Menschen waren regelmäßig geprägt vom Geist des Besonderen und der karitativen Bevormundung. In expliziter Abgrenzung hiervon ist es ein zentrales Ziel des Gesetzes, die Selbstbestimmung behinderter Menschen zu unterstützen und ihnen eine selbstbestimmte Lebensgestaltung zu ermöglichen. Es sollen die **Bürgerrechte für behinderte Menschen** sichergestellt und verwirklicht werden (BR-Drucks. 928/01 S. 89).

7 Die Gesetzesziele haben einen ausgeprägten **inter- und supranationalen Bezug** (s. zusammenfassend *Schulte* 2002 sowie Begründung zum Gesetzentwurf der Bundesregierung, BR-Drucks. 928/01 v. 9. 11. 2001 bzw. BT-Drucks. 14/8043 v. 23. 1. 2002). Ab 2009 wird für die Auslegung und gegebenenfalls auch rechtliche Fortentwicklung des BGG die UN-Konvention über die Rechte behinderter Menschen einen maßgeblichen zusätzlichen Hintergrund abgeben (weitere Hinweise zum Internationalen Kontext siehe Kossens-*Ritz* Erl. § 1 Rn 7).

8 Der **Geltungsbereich der Norm** – sofern bei einem derartigen Programmsatz überhaupt von einem Geltungsbereich gesprochen werden kann – wird insbes. in § 7 Abs. 1 festgelegt.

§ 2 Behinderte Frauen

[1] Zur Durchsetzung der Gleichberechtigung von Frauen und Männern sind die besonderen Belange behinderter Frauen zu berücksichtigen und bestehende Benachteiligungen zu beseitigen. [2] Dabei sind besondere Maßnahmen zur Förderung der tatsächlichen Durchsetzung der Gleichberechtigung von behinderten Frauen und zur Beseitigung bestehender Benachteiligungen zulässig.

1 Die Zielsetzung, die besonderen Belange behinderter Frauen zu berücksichtigen und die besondere Benachteiligung behinderter Frauen abzubauen, gilt auch bei Maßnahmen zur Förderung der tatsächlichen Durchsetzung der Gleichberechtigung behinderter Frauen. Diese Vorschrift kann als Abwä-

gungskriterium zB im Beamtenrecht zum Tragen kommen, wenn verschiedene Bewerber oder Bewerberinnen Träger von Benachteiligungsmerkmalen sind.

Mit dieser Norm sollen geschlechtsspezifische Belastungssituationen für behinderte und von Behinderung bedrohte Frauen abgefangen werden. Mit der Vorschrift wird sowohl dem Art. 3 Abs. 2 Satz 2 GG – Förderung der Durchsetzung der Gleichberechtigung von Frauen und Männern – als auch Art. 3 Abs. 3 Satz 2 GG – Verbot der Benachteiligung behinderter Menschen bei gleichzeitiger Zulässigkeit von Maßnahmen zugunsten behinderter Menschen zum Abbau von Benachteiligungen – gleichermaßen Rechnung getragen. Zu verweisen ist auch auf die konkretisierende Norm des § 7 Abs. 1 Satz 4. Eine Konkurrenzsituation zwischen einer behinderten und einer nicht behinderten Frau kann nun zugunsten der behinderten Frau entschieden werden. 2

Wagner/Kaiser (2004, 101 f) verweisen mit Bezug auf *Kossens* 2002 darauf, dass bei gleicher Qualifikation eine nur leicht behinderte Frau nicht automatisch einem schwerstbehinderten Mann vorzuziehen ist. *Majerski-Pahlen* zitiert diesen Satz ebenfalls mit Hinweis auf die Rechtsprechung des EuGH, wonach es insbes. auf die Umstände des Einzelfalles mit ankommt (*Majerski-Pahlen*, Erl. § 2 BGG Rn 5, in Neumann ua. 2005 mit Hinweis auf *Steck*, in Der Arbeitgeber 2002, S. 10, und auf EuGH-Entscheidung vom 17. 10. 1995 – C-450/93 „*Kalanke*" und EuGH-Entscheidung v. 11. 11. 1997 C-409/95 „*Marschall*"). Im Übrigen wird dies auch in der Begründung des Gesetzentwurfes (BT-Drucks. 928/01, S. 90 f) so ausgeführt. 3

Rechtliche und politische Grundlage für § 2 ist neben den genannten Verfassungsaufträgen des Art. 3 GG (s. Rn 2) auch das Recht der Europäischen Union (s. Rn 5, 6). Die insoweit erforderlichen Maßnahmen zur Förderung der Gleichstellung behinderter Frauen qualifiziert das BGG als zulässig und eröffnet damit dem Staat die Möglichkeit, auch positive Diskriminierungen ins Behindertenrecht aufzunehmen. 4

§ 2 BGG setzt auch gemeinschaftsrechtliche Regelungen um, deren Ziel der Abbau bestehender Benachteiligungen ist. So heißt es in Art. 141 Abs. 4 EG, dass im Hinblick auf die effektive Gewährleistung der vollen Gleichstellung von Männern und Frauen im Arbeitsleben Mitgliedstaaten nicht gehindert sind, zur Erleichterung der Berufstätigkeit des unterrepräsentierten Geschlechts und zur Verhinderung bzw. zum Ausgleich von Benachteiligungen in der beruflichen Laufbahn spezifische Vergünstigungen festzusetzen. Das Gemeinschaftsrecht räumt also den Mitgliedsstaaten die Möglichkeit ein, sowohl zugunsten der Gruppe der Frauen als auch zugunsten der Gruppe der behinderten Menschen Regelungen zu treffen. 5

§ 2 BGG greift den Gedanken des „Gender Mainstreaming" auf. Darunter wird verstanden der Prozess und die Vorgehensweise, die Geschlechterperspektive durch Berücksichtigung der unterschiedlichen Interessen und Lebenssituationen von Frauen und Männern von vornherein in die Gesamtpolitik aufzunehmen um das Ziel der Gleichstellung von Frauen und Männern verwirklichen zu können. § 2 BGG beinhaltet dabei den Gesichtspunkt der Durchsetzung der Gleichberechtigung von Männern und Frauen als auch den Aspekt der Teilhabe behinderter Menschen (*Braun*, 2003). Vor diesem 6

Hintergrund wird die Selbstverpflichtung des Bundes, Gender-mainstreaming als Querschnittsaufgabe bei allen politischen, normgebenden und verwaltenden Maßnahmen zu beachten, für die Anwendung des gesamten BGG als durchgängiges Leitprinzip festgeschrieben.

§ 3 Behinderung

Menschen sind behindert, wenn ihre körperliche Funktion, geistige Fähigkeit oder seelische Gesundheit mit hoher Wahrscheinlichkeit länger als sechs Monate von dem für das Lebensalter typischen Zustand abweichen und daher ihre Teilhabe am Leben in der Gesellschaft beeinträchtigt ist.

1 Das BBG übernimmt die in § 2 SGB IX festgelegte Definition der Behinderung wort- und bedeutungsgleich. Eine förmliche Feststellung der Behinderung ist nicht gefordert, da dies im BGG nicht ausdrücklich verlangt und auch kein rechtlicher Verweis auf § 69 SGB IX vorgenommen wird. Im Übrigen wird auf die Erl. zu §§ 2, 69 SGB IX verwiesen.

§ 4 Barrierefreiheit

Barrierefrei sind bauliche und sonstige Anlagen, Verkehrsmittel, technische Gebrauchsgegenstände, Systeme der Informationsverarbeitung, akustische und visuelle Informationsquellen und Kommunikationseinrichtungen sowie andere gestaltete Lebensbereiche, wenn sie für behinderte Menschen in der allgemein üblichen Weise, ohne besondere Erschwernis und grundsätzlich ohne fremde Hilfe zugänglich und nutzbar sind.

1 **1. Begriff der Barrierefreiheit.** Die Vorschrift stellt eine zentrale Bestimmung des Gesetzes dar. Mit der allgemeinen gesetzlichen Definition der Barrierefreiheit wird deutlich, dass nicht nur die physischen Barrieren wie Treppen, zu schmale Gänge, Stolperstufen usw. gemeint sind, sondern auch die kommunikativen Schranken erfasst werden. Die Regierungsbegründung (BR-Drucks. 928/01, S. 93) führt ausdrücklich aus, dass auch den besonderen Belangen seelisch- und geistig- sowie lernbehinderter Menschen Rechnung zu tragen sei. Praktisch dürfte dies jedoch deswegen nicht oder nur in sehr geringem Maße durch diese Norm erreicht werden, weil aus § 4 selbst keinerlei unmittelbare Rechtsansprüche hergeleitet werden können (s.a. *Drewes* 2004, S. 3).

2 Die emanzipatorischen Absichten des Gesetzgebers erschließen sich aus der Regierungsbegründung. Die Definition „barrierefrei“ löst die Begriffe „behindertengerecht“ und „behindertenfreundlich“ ab, die in der Kombination von „behindert“ und „gerecht“ oder „freundlich“ falsche Assoziationen der besonderen Zuwendung zu behinderten Menschen auslösen können. Vielmehr geht es iSe „universal design“ um eine allgemeine Gestaltung des Lebensumfeldes für alle Menschen, die möglichst niemanden ausschließt und von allen gleichermaßen genutzt werden kann. Während Sonderlösungen häufig mindere Standards bieten, kostenintensiv zu verwirklichen sind

und nur begrenzte Spielräume eröffnen, ermöglichen allgemeine Lösungen eher eine gleiche und uneingeschränkte Teilhabe ohne oder mit geringen zusätzlichen Kosten. Dieser Ansatz berücksichtigt auch die internationale behindertenpolitische Diskussion, die auf „Einbeziehung" in die allgemeine soziale Umgebung („inclusion") statt auf spezielle Rehabilitations- und Integrationsbemühungen setzt, die bereits begrifflich die vorherige Ausgliederung und Besonderung voraussetzen.

Die in der Vorschrift beispielhaft aufgezählten gestalteten Lebensbereiche 3
sollen deutlich machen, dass vollständige Barrierefreiheit grundsätzlich einen umfassenden Zugang und eine uneingeschränkte Nutzung aller Lebensbereiche voraussetzt. Welche Anforderungen in den Bereichen Verkehr, Bauen – einschließlich Arbeitsstätten –, Produktgestaltung – einschließlich Dienstleistungsautomaten –, Signalgebung und Informationsverarbeitung an die Barrierefreiheit im Einzelnen gestellt werden, wird in den speziellen Rechtsvorschriften geregelt und ausgeführt. Dabei ist zwar auf eine grundsätzlich selbstständige Nutzungsmöglichkeit behinderter Menschen ohne fremde Hilfe abzustellen. Das schließt aber nicht aus, dass behinderte Menschen dennoch wegen ihrer Beeinträchtigung auch bei optimaler Gestaltung der Lebensbereiche auf Hilfen angewiesen sein können. Die BRK hat verwendet in diesem Bereich der Barrierefreiheit eine etwas andere Begrifflichkeit. In Art. 2 wird bei der Festlegung von Begrifflichkeiten der Begriff „universelles Design" definiert als „ein Design von Produkten, Umfeldern, Programmen und Dienstleistungen in der Weise, dass sie von allen Menschen möglichst weitgehend ohne eine Anpassung oder ein spezielles Design genutzt werden können. „Universelles Design" schließt Hilfsmittel für bestimmte Gruppen von Menschen mit Behinderungen, soweit sie benötigt werden, nicht aus."

Artikel 9 BRK Zugänglichkeit lautet:

(1) Um Menschen mit Behinderungen eine unabhängige Lebensführung und die volle Teilhabe in allen Lebensbereichen zu ermöglichen, treffen die Vertragsstaaten geeignete Maßnahmen mit dem Ziel, für Menschen mit Behinderungen den gleichberechtigten Zugang zur physischen Umwelt, zu Transportmitteln, Information und Kommunikation, einschließlich Informations- und Kommunikationstechnologien und -systemen, sowie zu anderen Einrichtungen und Diensten, die der Öffentlichkeit in städtischen und ländlichen Gebieten offenstehen oder für sie bereitgestellt werden, zu gewährleisten. Diese Maßnahmen, welche die Feststellung und Beseitigung von Zugangshindernissen und -barrieren einschließen, gelten unter anderem für

a) Gebäude, Straßen, Transportmittel sowie andere Einrichtungen in Gebäuden und im Freien, einschließlich Schulen, Wohnhäusern, medizinischer Einrichtungen und Arbeitsstätten;

b) Informations-, Kommunikations- und andere Dienste, einschließlich elektronischer Dienste und Notdienste.

(2) Die Vertragsstaaten treffen außerdem geeignete Maßnahmen,

a) um Mindeststandards und Leitlinien für die Zugänglichkeit von Einrichtungen und Diensten, die der Öffentlichkeit offenstehen oder für sie bereitgestellt werden, auszuarbeiten und zu erlassen und ihre Anwendung zu überwachen;

b) um sicherzustellen, dass private Rechtsträger, die Einrichtungen und Dienste, die der Öffentlichkeit offen stehen oder für sie bereitgestellt werden, anbieten, alle Aspekte der Zugänglichkeit für Menschen mit Behinderungen berücksichtigen; ....“

(BGBl. II, Nr. 35 v. 31. 12. 2008, 1428)

4 Die einzufordernden Standards der Barrierefreiheit sind einem ständigen Wandel unterworfen und werden spezifisch für die einzelnen Regelungsbereiche teils durch DIN-Normen (siehe zB Behindertenbericht 2009, Abschnitt: 7.3.1 Barrierefreies Bauen; oder www.ab-nrw.de), teils durch allgemeine technische Standards und teils über Programme, Pläne oder Zielvereinbarungen festgelegt. Die Liste der einschlägigen DIN-Normen ist lang: DIN 1998 – Unterbringung von Leitungen und Anlagen in öffentlichen Flächen – Richtlinien für die Planung (1978); DIN 5035 Beleuchtung mit künstlichem Licht (1990); DIN 13 240–3, Ausgabe: 1994–08 Rollstühle – Maße; DIN 13 249, Ausgabe: 1993–01 Behindertengerechte Personenkraftwagen; Anforderungen (1993); DIN EN 13 816, Ausgabe: 2002–07, Transport – Logistik und Dienstleistungen – Öffentlicher Personenverkehr; Definition, Festlegung von Leistungszielen und Messung der Servicequalität; Deutsche Fassung EN 13 816: 2002; DIN 18 024–1, Ausgabe: 1998–01 Barrierefreies Bauen – Teil 1: Straßen, Plätze, Wege, öffentliche Verkehrs- und Grünanlagen sowie Spielplätze; Planungsgrundlagen; DIN 18 024–2, Ausgabe: 1996–11 Barrierefreies Bauen – Teil 2: Öffentlich zugängige Gebäude und Arbeitsstätten, Planungsgrundlagen (1996, 1998); DIN 18 025–1, Ausgabe: 1992–12; Barrierefreie Wohnungen – Teil 1: Barrierefreie Wohnungen; Wohnungen für Rollstuhlbenutzer; Planungsgrundlagen DIN 18 025–2, Ausgabe: 1992–12 Barrierefreie Wohnungen – Teil 2: Barrierefreie Wohnungen; Planungsgrundlagen; DIN 18 030 (Norm-Entwurf, als Ersatz für DIN 18 024/18 025) Barrierefreies Bauen, Planungsgrundlagen, Entwurf, 1. 2006; DIN 18 034 Spielplätze und Freiräume zum Spielen – Anforderungen und Hinweise für die Planung und den Betrieb (1999); DIN 18 065, Ausgabe: 2000–01 Gebäudetreppen – Definitionen, Meßregeln, Hauptmaße (2000); DIN 24 970, Ausgabe: 1998–05 Dienstleistungsautomaten – Fahrausweisautomaten – Begriffe (1998); DIN 24 972, Ausgabe: 1998–08 Dienstleistungsautomaten – Fahrausweisautomaten – Anforderungen an Betätigungs- und Anzeigeelemente (1998); DIN 24 974, Ausgabe: 1998–08 Dienstleistungsautomaten – Fahrausweisautomaten – Anforderungen an Identifizierungsmerkmale, Information, Aufstellungskriterien (1998); DIN 32 975 (Norm-Entwurf), Ausgabe: 2004–05 Optische Kontraste im öffentlich zugänglichen Bereich (2002); DIN 32 977–1, Ausgabe: 1992–07 Behinderungsgerechtes Gestalten; Begriffe und allgemeine Leitsätze; DIN 32 981, Ausgabe: 2002–11 in Vorbereitung Zusatzeinrichtungen für Blinde an Straßenverkehrs-Signalanlagen (SVA) – Anforderungen; DIN 32 981 Zusatzeinrichtungen für Blinde an Straßenverkehrs-Signalanlagen (SVA) – Anforderungen (1999 – neue Ausgabe in Vorbereitung); DIN 32 983 Fahrzeuggebundene Hubeinrichtung für Rollstuhlbenutzer und andere mobilitätsbehinderte Personen (1994); DIN 32 984 Bodenindikatoren im öffentlichen Verkehrsraum (2000); DIN 32 985 Fahrzeuggebundene Rampen für Rollstuhlbenutzer und andere mobilitätsbehinderte Personen (1998); DIN 33 455, Ausgabe: 2005–05 Produktinformation DIN-Fachbericht 124, Gestaltung barrierefreier Produkte; DIN 33 942, Ausgabe: 2002–08 Barrierefreie Spielplatzgeräte – Sicherheitstechnische Anforderungen und Prüfverfahren (2002); DIN 66 079–5, Ausgabe: 1998–02 Graphische Symbole zur Information der Öffentlichkeit Teil 5: Verkehrstechnische Orientierungshinweise; DIN 66 079–4, Ausgabe: 1998–

02 Graphische Symbole zur Information der Öffentlichkeit Teil 4: Graphische Symbole für Behinderte; DIN 66079–2, Ausgabe: 1998–02 Graphische Symbole zur Information der Öffentlichkeit Teil 2: Entwicklung von graphischen Symbolen und Grundsätze für ihre Anwendung; DIN 75078–2 Behindertentransportkraftwagen (BTW). Rückhaltesysteme, Begriffe, Anforderungen, Prüfung (1999); DIN 75078–1 Behindertentransportkraftwagen (BTW). Begriffe, Anforderungen, Prüfung (1990).

Das Fehlen einer besonderen Erschwernis definiert sich demnach am besten damit, dass der Zugang und die Nutzbarkeit so einfach wie möglich gestaltet sein müssen (also zB fahrzeuggebundene Einstiegshilfen an Bussen und Bahnen anstatt durch den behinderten Menschen selbst gar nicht bedienbare Rampen, die auf Haltepunkten bereitgestellt werden. Piktogramme und einfache Sprache für lernbehinderte Menschen anstatt formale Erläuterungen, denen selbst intellektuell geschulte Menschen häufig nicht folgen können). *Drewes* hebt die im Gesetz geforderte Selbstständigkeit behinderter Menschen in der Definition der Barrierefreiheit besonders hervor. Er definiert sie als die eigenständige, regelmäßig auf fremde Hilfe verzichten könnende Zugänglichkeit und Nutzbarkeit gestalteter Lebensbereiche (Behinderte Menschen wollen regelmäßig keine Treppen hoch- und hinuntergetragen werden, weil sie dies abhängig von der Hilfe anderer macht, sondern den Eingang selbst über Rampen bzw. Aufzüge nutzen können). 5

2. Geltungsbereich der Norm. Individuelle Rechtsansprüche auf Barrierefreiheit ergeben sich erst aus den in § 13 Abs. 1 genannten und dem Verbandsklagerecht unterworfenen Einzelnormen. Damit werden die Ansprüche der behinderten Menschen an die in § 7 Abs. 1 festgelegten Dienststellen und sonstigen Einrichtungen zT nennenswert spezifiziert. Für die wesentlichen Bereiche sind zudem gem. §§ 9 Abs. 2, 10 Abs. 2 und 11 Abs. 2 Rechtsverordnungen des Bundes erlassen worden, die Einzelheiten der Ansprüche regeln (s. Erl. dort). Die Behindertengleichstellungsgesetze der Länder regeln überwiegend sehr ähnlich die Ansprüche gegenüber den dem BGG nicht unterworfenen Teilen der Landesverwaltungen. Die Gerichtsbarkeit bleibt unbetroffen (zu den dort anzuwendenden Regelungen s. Rn 5 der Vorbem.). 6

3. Kontext der Norm im BGG (Zielvereinbarung, Vertretungsbefugnisse in verwaltungs- und sozialrechtlichen Verfahren, Verbandsklage). Die Norm steht in engem rechtlichem Kontext zu speziellen Vorschriften des BGG – §§ 5, 12 und 13 –, die der ganz oder teilweise für die strittige Durchsetzung der Norm bzw. ihrer gesetzlichen Konkretisierungen geschaffen wurden (s. Erl. dort). Es handelt sich um die Rechtsinstitute der Zielvereinbarung, der Vertretungsbefugnisse in verwaltungs- und sozialrechtlichen Verfahren und der Verbandsklage. Daneben hat die/der Beauftragte der Bundesregierung gem. §§ 14f bei der Durchsetzung und Sicherung der Barrierefreiheit besondere Aufgaben. 7

4. Barrierefreiheit im Kontext anderer Vorschriften. Die Barrierefreiheit ist nicht nur in den vorgenannten Vorschriften des BGG, sondern auch in diversen weiteren Gesetzen konkretisiert und bzw. oder gefordert. Die einschlägigen rechtlichen Regelungen finden sich überwiegend in den 8

Art. 2ff des Gesetzes zur Gleichstellung behinderter Menschen und zur Änderung anderer Gesetze vom 27. 4. 2002 (BGBl. I 2002, S. 1467):

9 **a) Wahlordnungen (Art. 2, 3, 4, 5).** Die Art. 2, 3 und 4, 5 ändern die Bundeswahlordnung, die Europawahlordnung und die Wahlordnung für die Sozialversicherung. Die Bundeswahlordnung und die Europawahlordnung werden um Vorschriften zum Einsatz von Stimmschablonen für blinde und sehbehinderte Menschen sowie zur anzustrebenden barrierefreien Zugänglichkeit der Wahllokale ergänzt.

b) Hochschulrecht (Art. 28). Das Hochschulrahmengesetz in der Fassung der Bekanntmachung vom 19. 1. 1999 (BGBl. I S. 18) wird in § 2 Abs. 4 und in § 16 neu gefasst. Die LBGG greifen nur teilweise in das Landeshochschulrecht ein, was zT darin liegt, dass behindertenpolitische Regelungen dort im Landesrecht bereits vor Verabschiedung des LBGG und unabhängig hiervon eingefügt wurden.

c) Gerichte (Art. 29–34). In den Art. 29–34 werden ausschließlich diskriminierende Formulierungen hinsichtlich des Zugangs zu bestimmten Ämtern korrigiert. Regelungen zur Barrierefreiheit in der Justiz finden sich seit 1. 8. 2002 im Gesetz zur Änderung des Rechts der Vertretung durch Rechtsanwälte vor den Oberlandesgerichten (OLG-Vertretungsänderungsgesetz – OLGVertrÄndG) vom 23. 7. 2002, BGBl. I S. 2850. Es wurden entsprechende Regelungen in § 483 Zivilprozessordnung (Eidesleistung sprach- und hörbehinderter Personen), in §§ 66e und 259 Strafprozessordnung (Eidesleistung sprach- und hörbehinderter Personen, Regelung der Gerichtssprache für hör- und sprachbehinderte Menschen) und in §§ 186, 191a Gerichtsverfassungsgesetz (Gerichtssprache, Verständigung mit dem Gericht) getroffen.

d) Gaststättenrecht (Art. 41). Durch die Verpflichtung der Betreiber, ihre Gasträume künftig barrierefrei zu gestalten, wird eine selbstverständliche Teilnahme am öffentlichen Leben für behinderte Menschen deutlich erleichtert. Wesentliche Regelungen im Bereich Gaststätten dürften ab 2005 auch von der bundesweit ersten Zielvereinbarung gem. § 5 BGG ausgehen (Zielvereinbarung: Standardisierte Erfassung, Bewertung und Darstellung barrierefreier Angebote in Hotellerie und Gastronomie vom 12. 3. 2005 (Abschluss Deutscher Hotel- und Gaststättenverband e. V. und Hotelverband (IHA) e. V. mit Sozialverband VdK Deutschland e. V. ua. Behindertenverbänden) als download bei: http://www.vdk.de bzw. www.bmgs.bund.de/datenbanken/zielvereinbarung/dokumente/36.doc). Diese erste Zielvereinbarung ist aufgegliedert in vier Einzelregelungen: Mindeststandards der Zielvereinbarung zur Darstellung barrierefreier Angebote in Hotellerie und Gastronomie, Checkliste – Barrierefreie Beherbergungs- und Gastronomiebetriebe für gehbehinderte Gäste und Rollstuhlnutzer (Kategorien A und B), Checkliste – Barrierefreie Beherbergungs- und Gastronomiebetriebe für blinde und sehbehinderte Gäste (Kategorie C), Checkliste – Barrierefreie Beherbergungs- und Gastronomiebetriebe für gehörlose und schwerhörige Gäste (Kategorie D). Mit der Föderalismusreform I wurde das Gaststättenrecht landesgesetzlicher Zuständigkeit unterstellt. Soweit die Länder von ihrer diesbzgl. Gesetzgebungskompetenz keinen Gebrauch machen, bleibt das bestehende Bundesrecht anwendbar.

e) Gemeindeverkehrsfinanzierungsgesetz – GVFG (Art. 49). Mit dem GVFG gewährte der Bund den Ländern Finanzhilfen für Investitionen zur Verbesserung der Verkehrsverhältnisse in den Gemeinden. Mit der Föderalismusreform I wurde die Regelung mit Übergangsvorschriften aufgehoben (s. Bundeskompetenzzentrum Barrierefreiheit 2010 – www.barrierefreiheit.de –)

f) Personenbeförderungsgesetz (PBefG) (Art. 51). Die Bedeutung des öffentlichen Personennahverkehrs (ÖPNV) für die Erhaltung lebenswerter Städte und Kommunen ist insgesamt unbestritten. Mit dem BGG ist das Personenbeförderungsgesetz (PBefG) durch Art. 51 geändert worden. Die Länder haben demnach in ihren Nahverkehrsplänen nunmehr zwingend die Belange mobilitätseingeschränkter Personen zu berücksichtigen und Aussagen über vorgesehene Maßnahmen und den Zeitrahmen für die Umsetzung möglichst weitreichender Barrierefreiheit zu treffen. Dabei sind die jeweils zuständigen Behindertenbeauftragten oder -beiräte der Aufgabenträger (Städte und Landkreise) – soweit vorhanden – anzuhören.

10 **g) Eisenbahn-Bau- und Betriebsordnung – EBO (Art. 52).** Mit Art. 52 des BGG wurde § 2 Abs. 3 der Eisenbahn-Bau- und Betriebsordnung vom 8. 5. 1967 (BGBl. II S. 1563) geändert: Es soll nun behinderten Menschen ermöglicht werden „ohne besondere Erschwernis“ die Eisenbahnen zu benutzen. Diese Formulierung geht weiter als im Regierungsentwurf vorgesehen. Sie wurde erst in den Ausschussberatungen eingefügt. In der Beschlussempfehlung (BT-Drucks. 14/8331 v. 22. 2. 2002, S. 52) wird dazu ausgeführt: „ISd behindertenpolitischen Grundaussage des Behindertengleichstellungsgesetzes, in der die Herstellung von Barrierefreiheit als „Kernstück“ angesehen wird, muss es zwingend sein, dass die Benutzung der Eisenbahnanlagen und Eisenbahnfahrzeuge nicht nur erleichtert, sondern in der allgemein üblichen Weise ohne besondere Erschwernis ermöglicht wird.“ Die Umsetzung dieses behindertenpolitischen Zieles wird in § 2 Abs. 3 Eisenbahn-Bau- und Betriebsordnung wie folgt geregelt: „Die Eisenbahnen sind verpflichtet, zu diesem Zweck Programme zur Gestaltung von Bahnanlagen und Fahrzeugen zu erstellen, mit dem Ziel, eine möglichst weitreichende Barrierefreiheit für deren Nutzung zu erreichen. Dies schließt die Aufstellung eines Betriebsprogramms mit den entsprechenden Fahrzeugen ein, deren Einstellung in dem jeweiligen Zug bekannt zu machen ist. Die Aufstellung der Programme erfolgt nach Anhörung der Spitzenorganisationen von Verbänden, die nach § 13 Abs. 3 Behindertengleichstellungsgesetz anerkannt sind. Die Eisenbahnen übersenden die Programme über ihre Aufsichtsbehörden an das für das Zielvereinbarungsregister zuständige Bundesministerium. Die zuständigen Aufsichtsbehörden können von den Sätzen 2 und 3 Ausnahmen zulassen.“

Im Programm der DB AG (6/2005, download www.bahn.de Menupunkt: handicap) wird zur Abwägung von Barrierefreiheit und allgemeiner Wirtschaftlichkeit Folgendes ausgeführt (S. 25): „Bei Neubauten und umfassenden Umbauten von Bahnhöfen ab 1000 Reisenden/Tag erfolgen Maßnahmen des barrierefreien Ausbaus, auch dann, wenn der Bau von Aufzügen oder längeren Rampen zusätzlich zu Treppenanlagen notwendig sind.

Eine gemeinsame erste Verbandsklage gem. § 13 BGG des Bundesverbandes Selbsthilfe Körperbehinderter (BSK) und des Bundesverbandes für Körper- und Mehrfachbehinderte richtete sich gegen eine Baumaßnahme am Bahnhof im baden-württembergischen Oberkochen, der unter die zitierte Regelung für gering frequentierte Bahnhöfe fällt (s. ausführlich Erl. § 13).

11 **h) Straßenbahn-Bau- und Betriebsordnung (Art. 52a).** Erst in den Ausschussberatungen wurde – abweichend vom Regierungsentwurf und im Kontext der entsprechenden Änderung in Art. 52 (s. Rn 27) – § 3 Abs. 5 Satz 1 der Straßenbahn-Bau- und Betriebsordnung vom 11. 12. 1987 (BGBl. I S. 2648) geändert. Es wurde das Wort „erleichtern" durch die Wörter „ohne besondere Erschwernis ermöglichen" ersetzt. Die Regelung hat zwingend Eingang in die Nahverkehrspläne zu finden, sofern Straßenbahnen darin geregelt werden.

12 **i) Luftverkehrsgesetz (Art. 53).** Mit den Ergänzungen zu § 19d und § 20b des Luftverkehrsgesetzes wird die Luftverkehrswirtschaft verpflichtet, die Belange behinderter Menschen besonders zu achten. Die Regelungen entsprechen weitestgehend Vereinbarungen auf europäischer Ebene. Zugleich gewährleisten die Formulierungen die erforderliche Flexibilität zur Umsetzung internationaler Bestimmungen bzw. legislativer Maßnahmen der EU einerseits und im Hinblick auf die Zuständigkeiten von Ländern und Gemeinden andererseits. In einer Konferenz der Luftfahrtunternehmen und Flughäfen im Rahmen der „Europäischen Zivilluftfahrtkonferenz – ECAC" am 10. 5. 2001 haben die Verbände der Luftfahrtgesellschaften eine Vereinbarung über die Anforderungen an Dienste für Fluggäste formuliert, die einen ausführlichen Anhang zu dem Umgang mit Personen mit reduzierter Mobilität enthält (siehe ausführlicher: Kossens-*Ritz* Erl. § 4, Rn 34ff).

13 Seit 2006 bzw. 7. 2007 gilt die Verordnung (EG) Nr. 1107/2006 des europäischen Parlaments und des Rates vom 5. 7. 2006 über die Rechte von behinderten Flugreisenden und Flugreisenden mit eingeschränkter Mobilität (Amtsblatt der Europäischen Union vom 26. 7. 2006 (DE) L 204, 1). Am 26. 7. 2007 ist die Verordnung (EG) Nr. 1107/2006 des Europäischen Parlaments und des Rates vom 5. 7. 2006 über die Rechte von behinderten Flugreisenden und Flugreisenden mit eingeschränkter Mobilität in Kraft getreten. Die Verordnung (EG) Nr. 1107/2006 verbietet seit ihrem Inkrafttreten den Luftfahrtunternehmen, behinderten oder mobilitätseingeschränkten Menschen den Zugang zu einer Flugreise – abgesehen von begründeten Ausnahmefällen – zu verweigern. Zudem verpflichtet die Verordnung (EG) Nr. 1107/2006 die Fluggesellschaften – und ab 7. 2008 auch die Flughäfen, eine qualitativ anspruchsvolle nahtlose Assistenz vom Ankunftsort vor dem Flughafen bis zum Sitzplatz im Flugzeug, während des Fluges, vom Sitzplatz im Flugzeug bis zum Verlassen des Terminals bzw. bei Transitpassagieren bis zum Sitzplatz im Flugzeug des Anschlussfluges sicherzustellen. Weiterhin sind die Fluggesellschaften ab 7. 2008 verpflichtet, Hilfsmittel wie Rollstühle oder Blindenhunde gratis mitzunehmen. Die sich hieraus ergebenden Kosten dürfen nicht auf die behinderten Fluggäste umgelegt werden. Sie sollen vielmehr aus einem Fonds beglichen werden, in den die Fluggesellschaften im Verhältnis zur Anzahl der von ihnen beförderten Passagiere einzahlen. Darüber hinaus verpflichtet die Verordnung die 27 EU-Mitgliedsstaaten, angemessene und wirksame Strafen für jene Luftfahrt- und Touristikunternehmen vorzusehen, die sich nicht an die neuen Regeln halten.

j) Schulrecht und Jugendhilferecht. Sowohl das Schulrecht – wo sowieso die Gesetzgebungskompetenz bei den Ländern liegt – wie auch das Jugendhilferecht (SGB VIII) werden vom BGG nicht geändert. Die Länder haben hier in unterschiedlichem Umfang Barrierefreiheit gesetzlich geregelt, teils im Rahmen ihrer Landesgleichstellungsgesetze, teils in davon getrennten Gesetzgebungsverfahren (s. Deutscher Behindertenrat 2007; Deutsche Vereinigung für Rehabilitation 2007; *Körner* 2007; *Ewers-Meyer* 2007; *Graser* 2003; *Becker/Graser* 2003; *Reimann* 2002, 2007). Die dringende Notwendigkeit weiterer, am Ziel der Inklusion orientierter Teilhabeförderung zeigt auch die jüngste Schulstatistik, wonach im Jahr 2006 nur ca. 16% aller Schülerinnen und Schüler mit sonderpädagogischem Förderbedarf eine Regelschule besuchten (Kultusministerkonferenz 2007). Insbesondere besteht idR kein Wahlrecht der Schulform für behinderte Kinder (Anders: Österreich, s. *Dujmovits* 2003). Auf das inzwischen sehr umfassende Engagement von Verbänden behinderter Menschen, Eltern und aus der Fachwelt für eine deutlich bessere schulische Integration behinderter Kinder ist zu verweisen (s. auch Vorbem. Rn 9 ff). 14

k) Sozialgesetzbuch (Art. 47, 47a, 47b, 47c, 48, 48a). Die mit dem BGG geregelten Änderungen des SGB in den Art. 47, 47a, 47b, 47c, 48, 48a sind praktisch ausschließlich rechtstechnisch-redaktioneller Art, dienen jedenfalls so nicht der Herstellung der Barrierefreiheit. Barrierefreiheit findet sich im SGB IX und X für Gutachter (§ 14 Abs. 5 Satz 1 SGB IX), für die Servicestellen (§ 23 Abs. 3 Satz 1 SGB IX), für die Ausführung von Sozialleistungen (§ 17 Abs. 1 u. 2 SGB I) und im Sozialverwaltungsverfahren (§ 19 Abs. 1 und 2 SGB X). Mit der Änderung durch Artikel 2 des Gesetzes zur Änderung des Vierten Buches Sozialgesetzbuch und anderer Gesetze vom 19. 12. 2007 (BGBl. I S. 3024, 3305), die am 1. 11. 2008 in Kraft getreten ist, lautet nun § 17 Abs. 2 SGB I: „Hörbehinderte Menschen haben das Recht, bei der Ausführung von Sozialleistungen, insbes. auch bei ärztlichen Untersuchungen und Behandlungen, Gebärdensprache zu verwenden. Die für die Sozialleistung zuständigen Leistungsträger sind verpflichtet, die durch die Verwendung der Gebärdensprache und anderer Kommunikationshilfen entstehenden Kosten zu tragen; § 19 Abs. 2 Satz 4 des Zehnten Buches gilt entsprechend." Eingefügt wurde der letzte HS, wodurch das JVEG als Kostenregelung geltend wird, auch für den Einsatz nach § 17 SGB I: „Falls die Behörde Dolmetscher oder Übersetzer herangezogen hat, erhalten sie auf Antrag in entsprechender Anwendung des Justizvergütungs- und -entschädigungsgesetzes eine Vergütung; mit Dolmetschern oder Übersetzern kann die Behörde eine Vergütung vereinbaren." 15

l) Baurecht, Mietrecht. Wesentlich für die Gewährleistung von Barrierefreiheit im Baubereich sind allgemein die Landesbauordnungen, für öffentliche Bereiche zT auch Ausführungsgesetze zum SGB. Die Regelungen des Bundes beschränken sich auf die in § 8 Abs. 1 BGG formulierte Selbstbindung des Bundes bei zivilen Neubauten und großen zivilen Um- und Erweiterungsbauten barrierefreie Gestaltung vorzunehmen (s. Erl. dort). In vielen Landesbauordnungen und in der Musterbauordnung § 52 wird der Begriff der Barrierefreiheit verwendet, er ist aber durchaus vom weiteren Begriff des BGG zu unterscheiden. 16

17 Teilweise wird die Berücksichtigung der Belange behinderter Menschen in den Bauordnungen global verlangt (zB § 19 Abs. 1 Landesbauordnung für das Land Schleswig-Holstein). Teilweise wird ausdrücklich auf das Landesgleichstellungsgesetz und seinen Barrierefreiheitsbegriff Bezug genommen (zB § 4 Landesbauordnung Rheinland-Pfalz). Auch die Landesbauordnung in Nordrhein-Westfalen (BauO NRW) schreibt ausdrücklich Barrierefreiheit öffentlich zugänglicher baulicher Anlagen vor (§ 55 Abs. 1 u. 2 BauO NRW), ebenso in Bayern Art. 51 Abs. 1 BayBO. Auch Stellplätze für schwerbehinderte Menschen werden hier geregelt. Die Bayerische Bauordnung schreibt in Gebäuden mit mehr als zwei Wohnungen die barrierefreie Erreichbarkeit mindestens einer Wohnung vor (Art. 46 Abs. 2 BayBO). Diese Wohnung muss rollstuhlgerecht sein. Bei unverhältnismäßigem Aufwand ist diese Verpflichtung aufgehoben.

Im bundesrechtlich geregelten Mietrecht wird in § 554a BGB ein Anspruch eines Mieters auf Zustimmung des Vermieters zur notwendigen barrierefreien Umgestaltung seiner Wohnung. Die Vermieterinteressen sind mit den Mieterinteressen abzuwägen, Rückbaupflicht und Sicherheitsgestellung sind bei Verlangen des Vermieters vorgesehen.

18 **5. Landesgleichstellungsgesetze.** In den meisten Landes-Behindertengleichstellungsgesetzen findet sich eine Legaldefinition des Begriffs der Barrierefreiheit, die mit der des BGG wörtlich übereinstimmt (Bayern (Art. 4 BayBGG), Brandenburg (§ 4 Satz 1 BbgBGG), Bremen (§ 4 BremBGG), Hamburg (§ 4 HmbGGbM), Hessen (§ 3 Abs. 1 HessBGG), Rheinland-Pfalz (§ 2 Abs. 3 LGGBehM), das Saarland (§ 3 Abs. 3 SBGG) und Schleswig-Holstein (§ 2 Abs. 3 LBGG)). Auch in Baden Württemberg wird der Wortlaut des BGG übernommen (§ 3 Satz 1 L-BGG), die Begrifflichkeit der Landesbauordnung aber unberührt gelassen (Satz 2). NRW (§ 4 BGG NRW) übernimmt sinngemäß, variiert aber die sprachliche Formulierung. In Berlin findet sich keine Legaldefinition von Barrierefreiheit im Landesgleichberechtigungsgesetz (LGBG). Sie fehlt auch im Gesetz für Chancengleichheit und gegen Diskriminierung behinderter Menschen im Land Sachsen-Anhalt (BGStG LSA).

19 Materiell-rechtlich wird zumindest teilweise unmittelbar Anspruchsbegründend das Anliegen der Barrierefreiheit in anderen Landesgesetzen placiert, insbes. im Baurecht (Landesbauordnungen), im Recht der Kindertagestätten und im Schulrecht. Derartige Ansprüche sind nur in einem Teil der Bundesländer geregelt.

20 Der Begriff der Barrierefreiheit findet sich nicht in der BRK, dort wird lediglich von Zugänglichkeit an diversen Stellen gesprochen.

§ 5 Zielvereinbarungen

(1) [1]**Soweit nicht besondere gesetzliche oder verordnungsrechtliche Vorschriften entgegenstehen, sollen zur Herstellung der Barrierefreiheit Zielvereinbarungen zwischen Verbänden, die nach § 13 Abs. 3 anerkannt sind, und Unternehmen oder Unternehmensverbänden der verschiedenen Wirtschaftsbranchen für ihren jeweiligen sachlichen und räumlichen**

Organisations- oder Tätigkeitsbereich getroffen werden. [2]Die anerkannten Verbände können die Aufnahme von Verhandlungen über Zielvereinbarungen verlangen.

(2) [1]Zielvereinbarungen zur Herstellung von Barrierefreiheit enthalten insbes.
1. die Bestimmung der Vereinbarungspartner und sonstige Regelungen zum Geltungsbereich und zur Geltungsdauer,
2. die Festlegung von Mindestbedingungen darüber, wie gestaltete Lebensbereiche im Sinne von § 4 künftig zu verändern sind, um dem Anspruch behinderter Menschen auf Zugang und Nutzung zu genügen,
3. den Zeitpunkt oder einen Zeitplan zur Erfüllung der festgelegten Mindestbedingungen.

[2]Sie können ferner eine Vertragsstrafenabrede für den Fall der Nichterfüllung oder des Verzugs enthalten.

(3) [1]Ein Verband nach Absatz 1, der die Aufnahme von Verhandlungen verlangt, hat dies gegenüber dem Zielvereinbarungsregister (Absatz 5) unter Benennung von Verhandlungsparteien und Verhandlungsgegenstand anzuzeigen. [2]Das Bundesministerium für Arbeit und Soziales gibt diese Anzeige auf seiner Internetseite bekannt. [3]Innerhalb von vier Wochen nach der Bekanntgabe haben andere Verbände im Sinne des Absatzes 1 das Recht, den Verhandlungen durch Erklärung gegenüber den bisherigen Verhandlungsparteien beizutreten. [4]Nachdem die beteiligten Verbände behinderter Menschen eine gemeinsame Verhandlungskommission gebildet haben oder feststeht, dass nur ein Verband verhandelt, sind die Verhandlungen innerhalb von vier Wochen aufzunehmen.

(4) Ein Anspruch auf Verhandlungen nach Absatz 1 Satz 3 besteht nicht,
1. während laufender Verhandlungen im Sinne des Absatzes 3 für die nicht beigetretenen Verbände behinderter Menschen,
2. in Bezug auf diejenigen Unternehmen, die ankündigen, einer Zielvereinbarung beizutreten, über die von einem Unternehmensverband Verhandlungen geführt werden,
3. für den Geltungsbereich und die Geltungsdauer einer zustande gekommenen Zielvereinbarung,
4. in Bezug auf diejenigen Unternehmen, die einer zustande gekommenen Zielvereinbarung unter einschränkungsloser Übernahme aller Rechte und Pflichten beigetreten sind.

(5) [1]Das Bundesministerium für Arbeit und Soziales führt ein Zielvereinbarungsregister, in das der Abschluss, die Änderung und die Aufhebung von Zielvereinbarungen nach den Absätzen 1 und 2 eingetragen werden. [2]Der die Zielvereinbarung abschließende Verband behinderter Menschen ist verpflichtet, innerhalb eines Monats nach Abschluss einer Zielvereinbarung dem Bundesministerium für Arbeit und Soziales diese als beglaubigte Abschrift und in informationstechnisch erfassbarer Form zu übersenden sowie eine Änderung oder Aufhebung innerhalb eines Monats mitzuteilen.

1 Der Gesetzgeber schafft mit der Norm vertragliche Möglichkeiten zur Herstellung von Barrierefreiheit auch dort, wo der Bundesgesetzgeber entweder keine eigene Zuständigkeit hat oder sie nicht nutzen will oder kann (s.a. *Majerski-Pahlen,* in Neumann u.a., 2005, Erl. zu § 5 Rn 3). Gegenstand der Zielvereinbarung ist die Herstellung der Barrierefreiheit. Diese erweist sich in vielen Fällen zu vielgestaltig, als dass sie mit relativ starren Vorschriften erfasst werden könnte. Zielvereinbarungen, dh frei vereinbarte Standards zwischen den Beteiligten, ermöglichen die flexible Aufnahme solcher Entwicklungen sowie eine angemessene, den Grundsatz der Verhältnismäßigkeit berücksichtigende Lösungsfindung.

2 Der Begriff Zielvereinbarung stammt aus der Verwaltungsreform. In der Sache muss der Begriff mit Inhalt gefüllt werden, das Gesetz gibt zunächst nur die Vertragsparteien und allgemein den Vertragsgegenstand – die Herstellung von Barrierefreiheit – vor.

3 Bei Zielvereinbarungen handelt es sich um zivilrechtliche Verträge, deren Inhalt von den Vertragspartnern frei verhandelt und ausgestaltet werden kann. Das BGG trifft deshalb keine verbindlichen Regelungen und stellt stattdessen die Verwirklichung der Ziele in das Belieben der Parteien; lediglich § 5 Abs. 2 BGG normiert gewisse Mindestvoraussetzungen. Die Beteiligten sind danach befugt, in eigener Verantwortung Regelungen zu treffen, wie und in welchem Zeitraum Barrierefreiheit vor Ort konkret zu verwirklichen ist, so zB zwischen einem Behindertenverband und einer Kaufhauskette hinsichtlich der künftig barrierefreien Gestaltung der Verkaufsräume. Ob bei Fehlen einer Voraussetzung der Vertrag gem. § 134 BGB nichtig ist, erscheint fraglich, da ein Verstoß gegen den gesetzlichen Zweck dann wohl nicht vorliegt. Nach den allgemeinen Grundsätzen des Vertragsrechts entfaltet die Zielvereinbarung rechtliche Verbindlichkeit nur für die am Abschluss beteiligten Parteien

4 Die Verbindlichkeit der Regelung kann dadurch erzeugt werden, dass Unternehmen den Vereinbarungen beitreten.

5 Zielvereinbarungen können naturgemäß nur im sachlichen und räumlichen Organisations- oder Tätigkeitsbereich der Unternehmen und Unternehmensverbände getroffen werden. Z.B. soll ein Blindenverband keine Vereinbarung für den barrierefreien Zugang für Rollstuhlfahrer schließen. In der Praxis werden voraussichtlich stets Zusammenschlüsse von Behindertenverbänden gemeinsam mit den Unternehmen oder Unternehmensverbänden Vereinbarungen schließen.

6 Absatz 1 Satz 1 legt fest, dass Zielvereinbarungen als Instrument der Herstellung der Barrierefreiheit nur eingesetzt werden können, soweit nicht besondere gesetzliche oder verordnungsrechtliche Vorgaben dem entgegen stehen.

7 Absatz 1 Satz 1 legt zudem abschließend die Verhandlungspartner fest: einerseits Unternehmen und Unternehmensverbände, andererseits die nach § 13 Abs. 3 anerkannten Verbände. Bisher sind 22 Verbände vom Ministerium anerkannt worden. Eine vollständige Liste dieser Verbände findet sich in der über die Internetseiten des BMAS zugängliche Datenbank zu den Zielvereinbarungen. Nach Satz 2 haben die anerkannten Verbände einen Anspruch gegenüber den Unternehmen und Unternehmensverbänden auf Auf-

nahme von Verhandlungen über Zielvereinbarungen. Die Unternehmen und Unternehmensverbänden können jedoch nicht zum Abschluss einer Zielvereinbarung gezwungen werden (gleicher Auffassung: *Wagner/Kaiser,* S. 104; *Majerski-Pahlen,* in Neumann u. a., 2005, § 5 Rn 5).

Absatz 2 konkretisiert die inhaltlichen Mindestanforderungen an eine Zielvereinbarung. Absätze 3 und 4 bezwecken die im allseitigen Interesse liegende Konzentration von Verhandlungen über Zielvereinbarungen auf die entsprechenden Verbände (*Braun* 2003). Verbände, die ihren Anspruch aus Absatz 1 geltend machen, haben die Aufnahme von Verhandlungen gegenüber dem vom BMAS geführten Zielvereinbarungsregister anzuzeigen. 8

Andere anerkannte Verbände haben binnen vier Wochen nach Bekanntgabe einen Anspruch darauf, den Verhandlungen durch Erklärung gegenüber den bisherigen Verhandlungsparteien beizutreten. Verbände behinderter Menschen, die sich innerhalb der Vier-Wochen-Frist nach Bekanntgabe nicht melden, verlieren nach Abs. 4 Nr. 1 den Verhandlungsanspruch gegenüber dem betroffenen Unternehmensverband bzw. Unternehmen in Bezug auf den Verhandlungsgegenstand. Um die Interessenvertretung aller in eine Verhandlung einbezogenen Behindertenverbände und eine einheitliche Verhandlungsführung zu gewährleisten, beginnen die Verhandlungen erst, nachdem eine gemeinsame Verhandlungskommission auf Seiten der Behindertenverbände zustande gekommen und eine angemessene Vorbereitungsfrist, höchstens vier Wochen, verstrichen ist. Eingeschränkt wird der grundsätzlich in Abs. 1 Satz 3 geregelte Verhandlungsanspruch im Rahmen des Abs. 4 (Präklusionswirkung). Absatz 4 Nr. 2 trägt insbes. den Belangen kleinerer Unternehmen Rechnung, die mit der eigenständigen Durchführung der Verhandlungen ggf. in erheblichem Maße belastet werden könnten. Sie sollen auf Verhandlungen mit einem Unternehmensverband verweisen können und sind in diesem Fall für die Dauer der mit dem Unternehmensverband geführten Verhandlungen selber nicht verpflichtet. Diese zeitweise Präklusionswirkung entfällt, wenn mit dem Unternehmensverband eine Zielvereinbarung zustande gekommen ist. Sie lebt wieder auf, wenn das Unternehmen der auf Verbandsebene zustande gekommenen Zielvereinbarung vorbehaltlos beitritt, indem es alle Rechte und Pflichten rechtsverbindlich für das Unternehmen übernimmt (Abs. 4 Nr. 4). Generell gilt für Verbände behinderter Menschen – unabhängig davon, ob sie Verhandlungen innerhalb der Frist nach Abs. 3 Satz 3 beigetreten oder nicht beigetreten sind –, dass sie für den Gegenstand – also den sachlichen und räumlichen Geltungsbereich und die Geltungsdauer – der Zielvereinbarung keinen Anspruch auf (weitere) Verhandlungen nach Abs. 1 Satz 3 mehr haben. 9

Die Berichtspflicht des Abs. 5 stellt sicher, dass das Zustandekommen von Zielvereinbarungen überprüft wird. Auch soll die Position der Behindertenverbände insoweit gestärkt werden, dass sie Verhandlungen über eine Zielvereinbarung verlangen können. Es erscheint gerechtfertigt, die Mitteilungspflicht den Behindertenverbänden aufzuerlegen, weil gerade diese ein Interesse an der Dokumentation der Vereinbarungen haben. Absatz 4 Satz 2 sorgt für den notwendigen Gleichklang im Bereich des Personenbeförderungsgesetzes und der Eisenbahn-Bau- und Betriebsordnung. Das bedeutet, 10 wenn zB ein Programm iSd § 2 Abs. 3 der Eisenbahn-Bau- und Betriebsordnung erstellt worden ist, dass ein Verhandlungsanspruch nach § 5 Abs. 1 ausgeschlossen ist.

11 Verhandlungen über Zielvereinbarungen sind dem beim Bundesministerium für Arbeit und Soziales eingerichteten Zielvereinbarungsregister unter Benennung von Verhandlungsparteien und Verhandlungsgegenstand anzuzeigen. Der Deutsche Behindertenrat hat einen Mustervertragstext für Zielvereinbarungen erarbeitet. Der Mustervertragstext kann den anerkannten Verbänden als Hilfestellung zur juristischen Ausgestaltung einer Zielvereinbarung dienen. Der mit ausführlichen Erläuterungen versehene Mustervertragstext gibt Hinweise auf viele denkbare Gestaltungsmöglichkeiten zu vertraglichen Regelungen zu Mindeststandards, zur Erfüllungszeit und Geltungsdauer, zur Kündigung und zu Vertragsstrafen, zur Zusammenarbeit der Vertragspartner sowie zur außergerichtlichen Streitbeilegung.

12 *Frehe* (2002) bewertet die Zielvereinbarung wie folgt: „Mit dem Instrument der Zielvereinbarungen kann das Spektrum der Schritte zu mehr Barrierefreiheit und weniger Diskriminierung behinderter Menschen erheblich erweitert werden. Es setzt aber auf der einen Seite den aufgeklärten Unternehmer voraus, der bereit ist, an Verbesserung der gesellschaftlichen Teilhabe seiner behinderten Kunden, auch durch die bessere Nutzung seiner Angebote, mitzuwirken. Der Unternehmer muss sich als Bürger dieser Gesellschaft begreifen – eben nicht nur als „Bourgeois", sondern auch als „Citoyen". Behinderten Menschen wird mit diesem Instrumentarium nicht nur die Möglichkeit zur realen Verbesserung ihrer Lebensqualität geboten. Sie werden auch in einem noch nie gekannten Maße gefordert. Sie müssen an der Realisierung der Barrierefreiheit aktiv mitarbeiten. Denn die Gleichstellung behinderter Menschen fällt nicht wie Manna vom Himmel. Sie ist nur mit zäher Nutzung dieses Instrumentariums schrittweise durchzusetzen."

13 In den meisten Bundesländern wird keine eigene landesrechtliche Regelung zur Zielvereinbarung getroffen, da die bundesrechtliche Regelung auch regionale Zielvereinbarungen zulässt. Eigene Zielvereinbarungen finden sich derzeit nur in wenigen Landesgesetzen ua. im Saarland, in Hessen, in NRW und in Thüringen.

14 Das **Saarland** regelt in § 12 SBGG den Abschluss von Zielvereinbarungen auf rein landesrechtlicher Basis zur Herstellung von Barrierefreiheit. Das landesseitige Zielvereinbarungsregister wird beim Landesbeauftragten für die Belange von Menschen mit Behinderungen geführt. Melde- und Mitteilungspflichten bestehen in etwa analog dem Bundesrecht. Die Aufnahme von Verhandlungen wird im Internet veröffentlicht.

15 Für **NRW** findet sich in § 5 BGG NRW die landesrechtliche Regelung einer Zielvereinbarung zur Herstellung von Barrierefreiheit. Das Zielvereinbarungsregister wird beim für die Behindertenpolitik federführenden Landesministerium geführt. Analoge Anzeige-, Mitteilungs- und Veröffentlichungspflichten im Internet sind geregelt. Das Zielvereinbarungsregister NRW wird beim für die Behindertenpolitik federführenden Landesministerium geführt (www.mags.nrw.de/soziales/material/zielvereinbarungen.pdf).

§ 6 Gebärdensprache und andere Kommunikationshilfen

(1) **Die Deutsche Gebärdensprache ist als eigenständige Sprache anerkannt.**

(2) **Lautsprachbegleitende Gebärden sind als Kommunikationsform der deutschen Sprache anerkannt.**

(3) [1]**Hörbehinderte Menschen (Gehörlose, Ertaubte und Schwerhörige) und sprachbehinderte Menschen haben nach Maßgabe der einschlägigen Gesetze das Recht, die Deutsche Gebärdensprache oder lautsprachbegleitende Gebärden zu verwenden.** [2]**Soweit sie sich nicht in Deutscher Gebärdensprache oder mit lautsprachbegleitenden Gebärden verständigen, haben sie nach Maßgabe der einschlägigen Gesetze das Recht, andere geeignete Kommunikationshilfen zu verwenden.**

Die Norm des § 6 ist die letzte Vorschrift im Allgemeinen Teil des BGG, 1
sie ist zwar kein reiner Programmsatz, aber dient vor allem dazu, dass der Gesetzgeber seine grundsätzliche Orientierung zur Erreichung von Barrierefreiheit für den Personenkreis der hör- und sprachbehinderten Menschen festlegt. In Abs. 1 wird die **Deutsche Gebärdensprache** ausdrücklich als eigenständige Sprache anerkannt. Damit wird dem Anliegen des einstimmigen Beschlusses des Deutschen Bundestages vom 19. 5. 2000 Rechnung getragen: Es wird klargestellt, dass die von hör- und sprachbehinderten Menschen verwandte Deutsche Gebärdensprache als eine der deutschen Lautsprache ebenbürtige Form der Verständigung zu respektieren ist (siehe Informationen zur Deutschen Gebärdensprache: www.dgsd.de und www.deutsche-gesellschaft.de). In Abs. 2 werden **lautsprachbegleitende Gebärden** als Kommunikationsform der deutschen Sprache anerkannt. In Abs. 3 Satz 2 werden zusätzlich **„andere geeignete Kommunikationsformen"** genannt. Abs. 1 und 2 knüpfen an fachwissenschaftlich klar definierte Formen der sprachlichen Verständigung an, die auch eine gewisse Verbreitung haben und für die ein Dolmetscherangebot besteht (zB www.dgsd.de, sowie Bundesverwaltungsamt Info 1725, 3/2003, www.bva.bund.de). Die in Abs. 3 Satz 2 genannten anderen geeigneten Kommunikationshilfen sind weniger abschließend definiert, dazu gehört zB das Lormen (die Sprache der taubblinden Menschen) (s. Regierungsbegründung BR-Drucks. 928/01, S. 98). Was unter anderen geeigneten Kommunikationsmitteln zu verstehen ist, muss mit fachlichen Überlegungen unter Heranziehung der KHV (s.u. sowie bei § 9 Rn 2ff) im Einzelfall geprüft werden. Das älteste deutsche Gleichstellungsgesetz, das des Landes Berlin (Gesetz über die Gleichberechtigung von Menschen mit und ohne Behinderung (Landesgleichberechtigungsgesetz – LGBG) vom 17. 5. 1999 zuletzt geändert am 29. 9. 2004, Gesetz- und Verordnungsblatt für Berlin, Nr. 21/1999, S. 178–182; Nr. 42/2004, S. 433) legt noch ausdrücklich fest, dass auch die schriftliche Verständigung in Frage kommt (§ 12 Abs. 2). Es ist jedoch nach heutiger Auffassung unbedingt jeweils im Einzelfall zu klären, ob die deutsche Schriftsprache ausreichend aktiv und passiv beherrscht wird. Für sprach- und hörgeschädigte Menschen ist dies jedenfalls nicht selbstverständlich gegeben, auch ein autis-

tischer Mensch kann zumindest im Einzelfall als sprachbehinderter Mensch gelten und hat dann Anspruch auf geeignete Kommunikationshilfe.

2 Wie weit gefasst diese **Kommunikationshilfen** zu sehen sind, verdeutlicht § 3 der Verordnung zur Verwendung von Gebärdensprache und anderen Kommunikationshilfen im Verwaltungsverfahren nach dem Behindertengleichstellungsgesetz (Kommunikationshilfenverordnung – KHV) BGBl. I S. 2650–2651. Dort wird in Abs. 2 für Anwendung des § 9 Abs. 1 Folgendes festgelegt: Als andere Kommunikationshilfen kommen Kommunikationshelferinnen und Kommunikationshelfer, Kommunikationsmethoden und Kommunikationsmittel in Betracht:

1. Kommunikationshelferinnen und Kommunikationshelfer sind insbes.
   a) Schriftdolmetscherinnen und Schriftdolmetscher;
   b) Simultanschriftdolmetscherinnen und Simultanschriftdolmetscher;
   c) Oraldolmetscherinnen und Oraldolmetscher oder
   d) Kommunikationsassistentinnen und Kommunikationsassistenten.
2. Kommunikationsmethoden sind insbes.
   a) Lormen und taktil wahrnehmbare Gebärden oder
   b) gestützte Kommunikation für Menschen mit autistischer Störung.
3. Kommunikationsmittel sind insbes.
   a) akustisch-technische Hilfen oder
   b) grafische Symbol-Systeme.

Diese anderen geeigneten Kommunikationshilfen sind zu unterscheiden von Hilfsmitteln für hör- und sprachbehinderte Menschen, die generell zum Leistungskanon der Rehabilitationsträger gehören. Sie sind zB in § 9 Eingliederungsverordnung für die Leistungen nach dem SGB XII festgelegt. Auch *Majerski-Pahlen* (§ 9 BGG Rn 4, in Neumann ua. 2005) verweist darauf, dass die im SGB IX geregelten Hilfsmittel nicht unter den Begriff der Kommunikationshilfen fallen.

3 Die Norm bildet noch keine gesetzliche Grundlage für individuelle Ansprüche. **Rechtsansprüche** können nur aus **einschlägigen Gesetzen** abgeleitet werden, wie Abs. 3 Satz 1 ausdrücklich festlegt. Konkret wird das Recht, die Deutsche Gebärdensprache, lautsprachbegleitende Gebärden oder andere geeignete Kommunikationsformen zu verwenden, in den jeweils einschlägigen Gesetzen geregelt. Die einschlägigen Gesetze verpflichten jeweils die dort genannte öffentliche Stelle, grenzen sachlich den Anspruch ein und legen die Kostenübernahme der verpflichteten Stelle fest. Unterschiedlich wird in den Gesetzen gehandhabt, ob die verpflichtete Stelle nur zur Übernahme der Kosten oder auch zur Bereitstellung der Leistung verpflichtet ist. Zu solchen einschlägigen Gesetzen im **Bundesrecht** zählen die Bestimmungen des § 9 BGG für das Verwaltungsverfahren der Bundesbehörden und die hierzu erlassene Kommunikationshilfenverordnung, die Regelungen im Sozialgesetzbuch zum Verwaltungsverfahren (§ 19 SGB X), zu den Ausführungen von Sozialleistungen (§ 17 SGB I) sowie zu den Leistungen zur Teilhabe am Leben in der Gesellschaft (§ 57 SGB IX). Außerdem sind in diesem Zusammenhang Regelungen zum Gerichtsverfahren (s. § 4 Rn 12–14) einschlägig, zu nennen sind § 186 GVG, § 66e StPO, § 483 ZPO. Für den Bereich der Bundesverwaltung wird auf die Broschüre des Bundesverwaltungsamtes Info 1725, 3/2003, www.bva.bund.de verwiesen.

Im **besonderen Arbeitsrecht des SGB IX Teil 2** werden für schwerbehinderte Menschen auch im Arbeitsleben Kosten des Gebärdendolmetschens übernommen. Die Kostenerstattung bzw. der Kostenzuschuss richtet sich bei den Integrationsämtern nach deren Empfehlung zur Bezuschussung von Kosten für Gebärdensprachdolmetscherinnen – Leistungen. Im Übrigen kann im Arbeitsleben, sofern das Gebärdensprachdolmetschen regelmäßig gebraucht wird, die Finanzierung auch als Arbeitsassistenz iSv § 33 Abs. 8 Nr. 3 bzw. § 102 Abs. 4 SGB IX erfolgen (s. Erl. dort). Kostenträger können dann auch die Rehabilitationsträger sein. 4

In allen **Bundesländern** liegen Landesbehindertengleichstellungsgesetze vor, die alle Regelungen für hör- und sprachgeschädigte Menschen umfassen. Die **Anerkennung der Deutschen Gebärdensprache** sowie analoge Regelungen für die **lautbegleitende Gebärde** und die anderen **Kommunikationshilfen** entsprechend § 6 BGG erfolgt im jeweiligen Landesrecht in Baden-Württemberg (§ 8 Abs. 1–3), in Bayern (Art. 6 Abs. 1–3 BayBGG), in Berlin (§ 12 Abs. 1 u. 2), in Brandenburg (§ 5 Abs. 1 BbgBGG), in Bremen (§ 10 Abs. 1–3 BremBGG), in Hamburg (§ 5 HmbGGbM), in Hessen (§ 8 HessBGG), in Schleswig-Holstein (§ 10 LBGG) und in Thüringen (§ 11 ThürGlG). 5

Die **Kostenerstattung und/oder Bereitstellung der Leistung** wird im jeweiligen Landesrecht unterschiedlich festgelegt (s. ausführlich: Kossens-*Ritz* Erl. § 6 Rn 7–15). 6

Abschnitt 2. Verpflichtung zur Gleichstellung und Barrierefreiheit

§ 7 Benachteiligungsverbot für Träger öffentlicher Gewalt

(1) [1]**Die Dienststellen und sonstigen Einrichtungen der Bundesverwaltung, einschließlich der bundesunmittelbaren Körperschaften, Anstalten und Stiftungen des öffentlichen Rechts sollen im Rahmen ihres jeweiligen Aufgabenbereichs die in § 1 genannten Ziele aktiv fördern und bei der Planung von Maßnahmen beachten. [2]Das Gleiche gilt für Landesverwaltungen, einschließlich der landesunmittelbaren Körperschaften, Anstalten und Stiftungen des öffentlichen Rechts, soweit sie Bundesrecht ausführen. [3]In Bereichen bestehender Benachteiligungen behinderter Menschen gegenüber nicht behinderten Menschen sind besondere Maßnahmen zum Abbau und zur Beseitigung dieser Benachteiligung zulässig. [4]Bei der Anwendung von Gesetzen zur tatsächlichen Durchsetzung der Gleichberechtigung von Frauen und Männern ist den besonderen Belangen behinderter Frauen Rechnung zu tragen.**

(2) [1]**Ein Träger öffentlicher Gewalt im Sinne des Absatzes 1 darf behinderte Menschen nicht benachteiligen. [2]Eine Benachteiligung liegt vor, wenn behinderte und nicht behinderte Menschen ohne zwingenden Grund unterschiedlich behandelt werden und dadurch behinderte Menschen in der gleichberechtigten Teilhabe am Leben in der Gesellschaft unmittelbar oder mittelbar beeinträchtigt werden.**

(3) **Besondere Benachteiligungsverbote zu Gunsten von behinderten Menschen in anderen Rechtsvorschriften, insbes. im Neunten Buch Sozialgesetzbuch, bleiben unberührt.**

1 § 7 regelt das Benachteiligungsverbot des Grundgesetzes für Behörden des Bundes und der Länder, soweit sie Bundesrecht ausführen. Träger öffentlicher Gewalt dürfen behinderte und nichtbehinderte Menschen nicht ohne zwingenden Grund unterschiedlich behandeln und dadurch behinderte Menschen in der gleichberechtigten Teilhabe am Leben in der Gesellschaft beeinträchtigen. Zur gleichberechtigten gesellschaftlichen Teilhabe gehört es, keine Sonderlösungen für behinderte Menschen zu schaffen.

2 § 7 Abs. 1 Satz 1 konkretisiert die Zielsetzung des § 1 BGG speziell für den Bereich der öffentlichen Bundesverwaltung und umschreibt mit der Aufzählung der Normadressaten den Anwendungsbereich der Vorschrift. Danach sollen die Dienststellen und sonstige Einrichtungen der Bundesverwaltung einschließlich der bundesunmittelbaren Körperschaften, Anstalten und Stiftungen des öffentlichen Rechts im Rahmen ihres jeweiligen Aufgabenbereiches die in § 1 BGG genannten Ziele aktiv fördern und bei der Planung von Maßnahmen beachten. Satz 2 dehnt dies auf die Länderverwaltungen aus, soweit sie Bundesrecht ausführen.

3 Nicht zum Anwendungsbereich der Norm gehören die Gerichte und Justizbehörden sowie die Staatsanwaltschaften, soweit sie aufgrund der speziellen Verfahrensvorschriften, insbes. der StPO, tätig werden (s.a. *Majerski-Pahlen,* in Neumann u.a., 2005, § 7 Rn 1). Die Ländergleichstellungsgesetze schließen allerdings teilweise die Gerichte und/oder die Staatsanwaltschaften vollständig oder hinsichtlich ihres Handelns als Verwaltungsbehörde im Unterschied zum Bundesrecht in den Anwendungsbereich vergleichbarer Normen mit ein (s. Baden-Württemberg: § 6 L-BGG – Gerichte und Staatsanwaltschaften in Verwaltungsangelegenheiten; NRW § 1 Abs. 2 BGG NRW – Gerichte sowie die Behörden der Staatsanwaltschaften soweit sie Verwaltungsaufgaben wahrnehmen; Saarland: § 4 Abs. 1 SBGG – Gerichte und Staatsanwaltschaften; Rheinland-Pfalz: § 5 LGGBehM – Gerichte des Landes –). Auch für das behördliche Bußgeldverfahren gelten nach § 46 Abs. 1 OWiG grundsätzlich die Vorschriften der StPO und des GVG entsprechend. Absatz 1 Satz 3 macht von der ausdrücklichen Ermächtigung in Art. 7 der RL 2000/78/EG zur Festlegung eines allgemeinen Rahmens für die Verwirklichung der Gleichbehandlung in Beschäftigung und Beruf Gebrauch. Diese stellt es den Mitgliedstaaten ausdrücklich frei, für die in dieser Richtlinie genannten besonderen Personengruppen, dh auch für behinderte Menschen, spezifische Maßnahmen beizubehalten oder einzuführen, mit denen Benachteiligungen ua. wegen der Behinderung ausgeglichen werden. Satz 3 kommt damit unter anderem auch bei dem Vergleich eines behinderten Mannes mit einer nicht behinderten Frau zur Anwendung (s. dazu auch Erl. zu § 2).

4 § 7 Abs. 2 BGG konkretisiert das grundgesetzliche Benachteiligungsverbot des Art. 3 Abs. 3 Satz 2 GG durch eine **Legaldefinition des Begriffs der Benachteiligung** (*Braun* 2003). Dieses Verbot der Ungleichbehandlung ohne zwingenden Grund trägt zugleich der Rechtsprechung des BVerfG

Rechnung, der zufolge eine rechtliche Schlechterstellung behinderter Menschen nur dann zulässig ist, „wenn zwingende Gründe dafür vorliegen" (BVerfGE 99, 341, 357). Verzichtet wird in dieser Definition auf das Erfordernis, dass die unterschiedliche Behandlung gerade „wegen der Behinderung" erfolgte. Insoweit ist diese für den Bereich des öffentlichen Rechtes im Anwendungsbereich dieses Gesetzes konzipierte Definition weiter geschnitten als zB die dem Zivilrecht zuzuordnenden Antidiskriminierungsregelungen (s. Erl. §§ 6ff AGG). Dieses zusätzliche Tatbestandsmerkmal hat Konsequenzen für die Beweissituation: Der diskriminierte Kläger müsste nach den allgemeinen Beweislastregeln eigentlich den vollen Beweis führen, dass der Diskriminierende ihn gerade „wegen der Behinderung/des Geschlechts" schlechter behandelt hat. Ein solcher Beweis der Motivation des Diskriminierenden, also der Beweis einer inneren Tatsache, ist allerdings regelmäßig schwierig zu führen. Da bei der Definition der Benachteiligung im § 7 Abs. 2 Satz 2 jedoch auf das Tatbestandsmerkmal „wegen der Behinderung" verzichtet wurde, bedarf es hier keines Ausgleichs durch eine korrigierende Beweislastregelung zugunsten des Klägers. Im Unterschied zu dieser Regelung finden sich in einigen Landesgleichstellungsgesetzen ausdrückliche Regelungen zur Beweislastumkehrung, die aber nur auf den Anwendungsbereich der jeweiligen Gesetze anzuwenden sind. **Berlin** regelt in § 3 Abs. 2 LGBG ausdrücklich die Beweislastumkehr: „Macht ein Behinderter oder eine Behinderte im Streitfall Tatsachen glaubhaft, die eine Diskriminierung wegen der Behinderung vermuten lassen, so trägt die Gegenseite die Beweislast dafür, dass keine Diskriminierung vorliegt …". **Rheinland-Pfalz** hat eine ähnliche Vorschrift in § 3 Abs. 2 LGGBehM: „(2) Besteht Streit über das Vorliegen einer Benachteiligung und macht der behinderte Mensch Tatsachen glaubhaft, die eine Benachteiligung wegen der Behinderung vermuten lassen, so trägt die Gegenseite die Beweislast dafür, dass keine Benachteiligung vorliegt. Satz 1 findet keine Anwendung, soweit bundesrechtliche Vorschriften abweichende Bestimmungen enthalten." **Sachsen-Anhalt** regelt in § 3 Abs. 3 BGStG LSA eine Beweislastumkehr: „Machen behinderte Menschen eine Diskriminierung durch die öffentliche Verwaltung oder durch juristische Personen des öffentlichen Rechts geltend, so obliegt diesen die Beweislast für das Nichtvorliegen einer Diskriminierung."

Individualklagemöglichkeiten gegen die in § 7 BGG festgelegten Träger 5
der öffentlichen Gewalt des Bundes zur Verwaltungsgerichtsbarkeit ergeben sich aus § 40 Abs. 1 VwGO.

§ 8 Herstellung von Barrierefreiheit in den Bereichen Bau und Verkehr

(1) [1]**Zivile Neubauten sowie große zivile Um- oder Erweiterungsbauten des Bundes einschließlich der bundesunmittelbaren Körperschaften, Anstalten und Stiftungen des öffentlichen Rechts sollen entsprechend den allgemein anerkannten Regeln der Technik barrierefrei gestaltet werden.** [2]**Von diesen Anforderungen kann abgewichen werden, wenn mit einer anderen Lösung in gleichem Maße die Anforderungen an die Barrierefreiheit erfüllt werden. Die landesrechtlichen Bestimmungen, insbes. die Bauordnungen, bleiben unberührt.**

(2) [1]**Sonstige bauliche oder andere Anlagen, öffentliche Wege, Plätze und Straßen sowie öffentlich zugängliche Verkehrsanlagen und Beförderungsmittel im öffentlichen Personenverkehr sind nach Maßgabe der einschlägigen Rechtsvorschriften des Bundes barrierefrei zu gestalten.** [2]**Weitergehende landesrechtliche Vorschriften bleiben unberührt.**

1 Die Norm stellt Barrierefreiheit (s. § 4) im Bereich Bauen und Verkehr her. Sie richtet sich dabei in Abs. 1 an den Bund selbst, in Abs. 2 ist der Normadressat breiter gefasst. In Abs. 1 geht der Bund für sich selbst sowie die bundesunmittelbaren Körperschaften, Anstalten und Stiftungen des öffentlichen Rechts (also Verpflichtete iSd § 7 Abs. 1 Satz 1) eine Verpflichtung zur Barrierefreiheit für alle zivilen Neubauten sowie große zivile Um- und Erweiterungsbauten ein. Es handelt sich insoweit um lex specialis. Der Bestand bei Inkrafttreten des Gesetzes bleibt unberührt.

2 Nach der Verwaltungsvorschrift „Richtlinien für die Durchführung von Bauaufgaben des Bundes im Zuständigkeitsbereich der Finanzverwaltungen (RBBau)" ist ein Neubau bzw. ein Um- und Erweiterungsbau „groß", wenn die baulichen Maßnahmen Kosten von über 1 Mio Euro auslösen. Zur barrierefreien Gestaltung sollen die allgemein anerkannten Regeln der Technik berücksichtigt werden, zB entsprechende DIN-Normen.

3 Die Ausgestaltung der Norm des Abs. 1 als Soll-Vorschrift legt fest, dass im Regelfall die allgemein anerkannten Regeln der Technik anzuwenden, in besonderen Situationen aber Abweichungen zulässig sind, etwa wenn die Herstellung der Barrierefreiheit nur durch einen unzumutbar hohen Aufwand möglich wäre. Durch die Sollvorschrift ist auch klargestellt, dass Sonderbereiche nicht barrierefrei ausgestaltet werden müssen, weil derartige Maßnahmen hinsichtlich der Art der Anlage, der Nutzung der Anlage oder Kosteneffizienz u. zu einem unverhältnismäßigen Aufwand führen können. Satz 2 lässt – klarstellend – auch Abweichungen zu, wenn beispielsweise beim konkreten Bauvorhaben durch eine von den Regeln der Technik abweichende Gestaltung das Ziel der Barrierefreiheit in gleicher Weise oder besser erreicht werden kann.

4 Satz 3 stellt klar, dass die landesrechtlichen (Mindest-)Anforderungen, insbes. des Bauordnungsrechts, durch die Verpflichtung des Bundes durch diese Norm nicht berührt werden.

5 Die hier festgelegten Pflichten des Bundes beziehen sich ausschließlich auf den zivilen Bereich. Militärische Bauten unterliegen der Norm nicht, wohl aber die zivilen Einrichtungen der Bundeswehr, wie etwa Kreiswehrersatzämter, Wehrbereichsverwaltungen, sowie die Hochschulen und Krankenhäuser der Bundeswehr.

6 **Absatz 2** regelt allgemein Barrierefreiheit in den Bereichen Bau und Verkehr. Die Normadressaten sind Betreiber oder Eigentümer solcher Anlagen, Planungsverantwortliche oder auch – insbes. im Nahverkehr – politische Gremien und Beschlussorgane. Die Norm selbst zählt die einbezogenen Bereiche abschließend auf und verweist auf die einschlägigen Rechtsvorschriften des Bundes, die jeweils das Nähere hinsichtlich Barrierefreiheit regeln. Es wird verwiesen auf die bei den Erl. zu § 4 genannten Vorschriften.

Der in Abs. 2 Satz 2 festgelegte Hinweis, dass weitergehende landesrechtliche Regelungen unberührt bleiben, geht zurück auf die nur eingeschränkte Gesetzgebungskompetenz des Bundes im Bereich Bau und Verkehr. Konzeptionell muss an dieser Stelle auch auf die Möglichkeiten der Zielvereinbarungen gem. § 5 BGG verwiesen werden. 7

Unter dem Begriff der **„allgemein anerkannten Regeln"** sind insbes. die **DIN-Normen** zu verstehen. Detailliertere Maßgaben zur Barrierefreiheit finden sich in einigen Fällen auch unmittelbar in den **Bauordnungen.** Alternativ werden die entsprechenden DIN-Normen zum barrierefreien Bauen bzw. zu barrierefreien Wohnungen (DIN 18024–1/2, 18025–1/2) teilweise oder in vollem Umfang bauaufsichtlich eingeführt bzw. als verbindliche Technische Baubestimmung aufgenommen (s. Auflistung auch bei Erl. § 4 Rn 1). 8

Die DIN 18025, „Barrierefreie Wohnungen", Teil 1 mit Planungsgrundlagen für Wohnungen für Rollstuhlbenutzer, gilt für die Planung, Ausführung und Einrichtung von rollstuhlgerechten neuen Wohnungen sowie für deren Modernisierung. Die DIN 18025, „Barrierefreie Wohnungen", Teil 2, hat eine umfassendere Zielsetzung. Sie spricht blinde und andere sehbehinderte, gehörlose und andere hörgeschädigte, gehbehinderte und Menschen mit sonstigen Behinderungen sowie ältere Menschen, Kinder, klein- und großwüchsige Menschen, also alle Menschen in jeder Lebensphase, an. 9

Zwei weitere DIN-Normen befassen sich mit dem barrierefreien Bauen. Die DIN 18024, Teil 1, „Barrierefreies Bauen", gilt als Planungsgrundlage für Straßen, Plätze, Wege, öffentliche Verkehrs- und Grünanlagen sowie Spielplätze. Die DIN 18024, Teil 2, „Barrierefreies Bauen", legt die Planungsgrundlagen für bauliche Maßnahmen für alle Menschen bei öffentlich zugänglichen Gebäuden fest. 10

Die vier genannten DIN-Normen sind in einer neuen DIN 18030 zusammengefasst. Ein Entwurf ist erarbeitet und soll demnächst erscheinen (s. Behindertenbericht 2009, S. 95 (Abschnitt 7.3.1), BR-Drucks. 663/09 vom 20. 7. 09; s. aber auch schon Bericht der Bundesregierung über die Lage behinderter Menschen, BT-Drucks. 5/4547 und BR-Drucks. 993/04 v. 16. 12. 2004, S. 187f). 11

§ 9 Recht auf Verwendung von Gebärdensprache und anderen Kommunikationshilfen

(1) [1]Hör- oder sprachbehinderte Menschen haben nach Maßgabe der Rechtsverordnung nach Absatz 2 das Recht, mit Trägern öffentlicher Gewalt im Sinne des § 7 Abs. 1 Satz 1 in Deutscher Gebärdensprache, mit lautsprachbegleitenden Gebärden oder über andere geeignete Kommunikationshilfen zu kommunizieren, soweit dies zur Wahrnehmung eigener Rechte im Verwaltungsverfahren erforderlich ist. [2]Die Träger öffentlicher Gewalt haben dafür auf Wunsch der Berechtigten im notwendigen Umfang die Übersetzung durch Gebärdensprachdolmetscher oder die Verständigung mit anderen geeigneten Kommunikationshilfen sicherzustellen und die notwendigen Aufwendungen zu tragen.

(2) **Das Bundesministerium für Arbeit und Soziales bestimmt durch Rechtsverordnung, die nicht der Zustimmung des Bundesrates bedarf,**

1. **Anlass und Umfang des Anspruchs auf Bereitstellung eines Gebärdensprachdolmetschers oder anderer geeigneter Kommunikationshilfen,**
2. **Art und Weise der Bereitstellung von Gebärdensprachdolmetschern oder anderen geeigneten Hilfen für die Kommunikation zwischen hör- oder sprachbehinderten Menschen und den Trägern öffentlicher Gewalt,**
3. **die Grundsätze für eine angemessene Vergütung oder eine Erstattung von notwendigen Aufwendungen für die Dolmetscherdienste oder den Einsatz anderer geeigneter Kommunikationshilfen und**
4. **welche Kommunikationsformen als andere geeignete Kommunikationshilfen im Sinne des Absatzes 1 anzusehen sind.**

1 Die Norm des § 9 Abs. 1 begründet individuelle Rechtsansprüche hör- und sprachgeschädigter Menschen. Sie ist im öffentlich-rechtlichen Bereich des Bundes die anspruchsbegründende Norm iSd § 6 Abs. 3 Satz 1 (s. § 6 Rn 7f). Für die Bereiche des Bundes, die auf Grundlage des SGB handeln, steht diese Norm neben den einschlägigen Anspruchsgrundlagen des SGB (s.a. § 4 Rn 16). Auf Bundesebene wird durch diese Norm der noch nicht durch das Sozialgesetzbuch geregelte Ausschnitt der Bundesverwaltung für Menschen mit Hör- oder Sprachbehinderung barrierefrei (s.a. Bericht der Bundesregierung, BT-Drucks. 15/4575 bzw. BR-Drucks. 993/04 v. 16. 12. 2004, S. 176f). Satz 2 ordnet dabei insbes. die erforderliche Kostentragung durch den Bund an. Für den Bereich der Justiz wird auf die Erl. zu § 4 Rn 10 verwiesen.

2 Der Verpflichtung unterliegen nur die Dienststellen und sonstigen Einrichtungen der Bundesverwaltung einschließlich der bundesunmittelbaren Körperschaften, Anstalten und Stiftungen des öffentlichen Rechts iSd § 7 Abs. 1 Satz 1. Die in § 7 Abs. 1 Satz 2 genannten Landesdienststellen usw. unterliegen der Norm des § 9 Abs. 1 nicht, sie werden allerdings überwiegend durch ähnliche Vorschriften des jeweiligen Landesrechts gebunden.

3 Träger öffentlicher Gewalt des Bundes iSd Legaldefinition des § 7 Abs. 1 Satz 1 werden danach grundsätzlich verpflichtet, einem hörbehinderten oder sprachbehinderten Menschen die Verwendung Deutscher Gebärdensprache, lautsprachbegleitender Gebärden bzw. anderer geeigneter Kommunikationshilfen zur **Wahrnehmung eigener Rechte in einem Verwaltungsverfahren** zu ermöglichen. Andere Rechtsbeziehungen werden von der Verpflichtung des Abs. 1 nicht erfasst. So hat zB ein gehörloser Handwerker, der Arbeiten für eine derartige Behörde als Selbstständiger oder Arbeitnehmer ausführt, nach dieser Rechtsgrundlage natürlich keinen Anspruch auf Bereitstellung oder Kostenübernahme eines notwendigen Gebärdensprachdolmetschers.

4 Die **Verordnungsermächtigung des Abs. 2** verpflichtet das Bundesministerium Voraussetzungen und Umfang der Verwendung von Gebärdensprache und anderen Kommunikationshilfen zu regeln. (s.u. Rn 6). Dabei sind als erforderliche Anlässe iSd Nr. 1 insbes. die Stellung von Anträgen und das Einlegen von Rechtsbehelfen zu berücksichtigen. Als andere geeig-

nete Kommunikationshilfe iSd Nr. 4 kommen zB Tageslichtschreiber oder Schriftdolmetscher in Betracht; nicht erfasst sind demgegenüber die im SGB IX geregelten persönlichen Hilfsmittel wie zB Hörgeräte. Nach der Kommunikationshilfenverordnung haben hör- oder sprachbehinderte Menschen das Recht, bei der Wahrnehmung eigener Rechte (beispielsweise dem Stellen von Anträgen oder Einlegen von Rechtsbehelfen) im Verwaltungsverfahren mit allen Bundesbehörden in deutscher Gebärdensprache oder mit lautsprachbegleitenden Gebärden oder über andere geeignete Kommunikationshilfen zu kommunizieren. Der Anspruch richtet sich gegen alle Behörden der Bundesverwaltung, beispielsweise die Bundesministerien, die Bundesagentur für Arbeit, die Deutsche Rentenversicherung – Bund (vormals: BfA) oder das Bundesverwaltungsamt. Ausschlaggebend für den Anspruch ist der behinderungsbedingt notwendige Umfang der Hilfestellung zur Teilhabe des behinderten Menschen. Dabei haben die Berechtigten ein Wahlrecht hinsichtlich der zu benutzenden Kommunikationshilfen. Der Berechtigte kann auch einen Gebärdensprachdolmetscher oder eine andere Kommunikationshilfe selbst bereitstellen, er erhält dann die notwendigen Auslagen auf Antrag erstattet. Erhält die Behörde vorher Kenntnis über eine Hör- oder Sprachbehinderung, dann hat sie den Berechtigten auf das Recht auf barrierefreie Kommunikation und auf sein Wahlrecht hinzuweisen. Als Kommunikationshilfen können Gebärdensprachdolmetscher, Kommunikationshelfer, Kommunikationsmethoden sowie besondere Kommunikationsmittel in Frage kommen. Das Bundesverwaltungsamt (www.bva.bund.de) hat gem. § 4 Abs. 2 KHV für die Bundesbehörden die Funktion einer zentralen Beratungs- und Unterstützungsstelle. Zu diesem Zweck wird hier eine Übersicht von Kommunikationshilfen erstellt und gepflegt. Ferner gibt das Bundesverwaltungsamt Hilfestellung bei Verträgen mit Dolmetschern und Dolmetscherinnen für die Deutsche Gebärdensprache oder für lautsprachbegleitende Gebärden in Verwaltungsverfahren. Auskünfte beziehen sich grundsätzlich nur auf Bundesangelegenheiten, die Länder haben teilweise abweichende Regelungen getroffen (s. u. Rn 8).

Eine Umfrage des Bundesministeriums des Innern und des Bundesministeriums für Gesundheit und Soziale Sicherung bei den Behörden und Ministerien des Bundes im 9. 2004 ergab, dass sich die Zusammenarbeit zwischen den hör- und sprachbehinderten Menschen, den Behörden sowie den Gebärdensprachdolmetschern (Kommunikationshelfern) problemlos gestaltet hat (s. a. Bericht der Bundesregierung, BT-Drucks. 15/4575 bzw. BR-Drucks. 993/04 v. 16. 12. 2004, S. 176 f). 5

Der Anspruch der hör- und sprachbehinderten Menschen gilt in seiner konkreten Ausgestaltung nach Maßgabe der Rechtsverordnung gem. § 9 Abs. 2. Diese wurde mit der Verordnung zur Verwendung von Gebärdensprache und anderen Kommunikationshilfen im Verwaltungsverfahren nach dem Behindertengleichstellungsgesetz **(Kommunikationshilfenverordnung – KHV)** vom 17. 7. 2002 (BGBl. I S. 2650, s. Anlage Nr. 8) erlassen. Die KHV regelt entsprechend der Verordnungsermächtigung den Anlass und Umfang des Anspruchs auf Bereitstellung eines Gebärdensprachdolmetschers oder anderer geeigneter Kommunikationshilfen (§§ 1, 2 KHV), die Art und Weise der Bereitstellung von Gebärdensprachdolmet- 6 schern oder anderen geeigneten Hilfen für die Kommunikation zwischen hör- oder sprachbehinderten Menschen und den Trägern öffentlicher Gewalt (§ 4 KHV), die Grundsätze für eine angemessene Vergütung oder eine Erstattung von notwendigen Aufwendungen für die Dolmetscherdienste oder den Einsatz anderer geeigneter Kommunikationshilfen (§ 5 KHV) und welche Kommunikationsformen als andere geeignete Kommunikationshilfen iSd Abs. 1 anzusehen sind (§ 3 KHV).

7 Im Einzelnen ergehen durch die Kommunikationshilfenverordnung – KHV folgende Maßgaben: Die verpflichteten Stellen haben einen Sicherstellungsauftrag und die Pflicht, die Kosten der Leistung zu tragen. Die **Kostenerstattung und/oder Bereitstellung** der Leistung wird bundesrechtlich in § 2 KHV (Umfang des Anspruchs) festgelegt. Der Anspruch auf Bereitstellung einer Dolmetscherin oder eines Dolmetschers für die Deutsche Gebärdensprache oder für lautbegleitende Gebärden oder anderer geeigneter Kommunikationshilfen besteht, soweit eine solche Kommunikationshilfe zur Wahrnehmung eigener Rechte in einem Verwaltungsverfahren erforderlich ist, in dem dafür notwendigen Umfang. Der notwendige Umfang bestimmt sich insbes. nach dem individuellen Bedarf der Berechtigten. In § 2 Abs. 2 KHV wird den Berechtigten ein **Wahlrecht** hinsichtlich der zu benutzenden Kommunikationshilfe eingeräumt. Die Ausübung des Wahlrechts ist rechtzeitig der Behörde mitzuteilen. Diese Regelung des § 2 Abs. 2 Satz 3 impliziert auch, dass im Falle einer irrtümlichen parallelen Bestellung eines Dolmetschers bei nicht rechtzeitiger Mitteilung der Wahlrechtsausübung der behinderte Mensch idR keinen Anspruch auf Erstattung nach § 5 Abs. 2 KHV hat. Näheres muss im Einzelfall festgestellt werden. Streitigkeiten bei der Bestimmung des Umfangs der notwendigen Leistung für die Erstattung sind im Zweifel sinnvoller Weise, nicht rechtlich verpflichtend anhand der Empfehlungen des Bundesverwaltungsamtes, im Vorfeld gerichtlicher Auseinandersetzungen zu klären. Die Verpflichtung zur Bereitstellung der notwendigen Hilfen unter Einbezug des behinderten Menschen ist weitgehend. Im Gesetz wird in Abs. 1 Satz 1 wird auf das Recht der Hilfe abgestellt, das nach Abs. 1 Satz 2 durch den erklärten Wunsch des behinderten Menschen in Anspruch genommen wird. Die Verordnung gestaltet dies entsprechend Abs. 2 Nr. 2 als Bereitstellungspflicht der Behörde iVm einem Wahlrecht für den behinderten Menschen, das auch eigene Dolmetscher einschließt. Die Hör- oder Sprachbehinderung und die Inanspruchnahme des Wahlrechts ist aktenkundig zu machen und im weiteren Verwaltungsverfahren von Amtswegen zu berücksichtigen (§ 2 Abs. 2 KHV). Dies heißt aber, dass das Wahlrecht für jedes Verwaltungsverfahren erneut durch rechtzeitige Erklärung gegenüber der Behörde auszuüben ist. Wie weit eine „Dauererklärung" durch den behinderten Menschen gegenüber einer bestimmten Behörde für alle zukünftigen Verwaltungsverfahren zulässig und bindend ist, regelt die KHV nicht. Es steht damit im Ermessen der einzelnen Behörde, ob sie ein derartiges Verfahren zulassen will. Sie hat bei Kenntniserhalt einer derartigen Behinderung auf das Recht zur barrierefreien Kommunikation und das Wahlrecht hinzuweisen. Aus praktischen und datenschutzrechtlichen Gründen dürfte es vor allem bei größeren Behörden nicht möglich sein, dass der behinderte Mensch ein für alle mal im Verkehr mit einer bestimmten Behör-

de sich auf einen in einem früheren Verwaltungsverfahren geäußerten Wunsch iSd Abs. 1 Satz 2 beruft. Grundsätzlich steht der behinderte Mensch in jedem neuen Verwaltungsverfahren in der Pflicht, seinen Hilfsbedarf entsprechend Abs. 1 Satz 1 gegenüber der Behörde zu artikulieren und gegebenenfalls sein Wahlrecht auszuüben. Im Übrigen ist festzustellen, dass der Bund grundsätzlich die §§ 6, 9 BGG iVm der KHV sehr inanspruchnahmefreundlich ausgestaltet hat. Dies ist angesichts des Zieles des § 1 BGG auch angemessen. Die Landesgleichstellungsgesetze treffen nicht alle in allen Einzelfragen gleichartige Regelungen.

In den jeweiligen **Landesgleichstellungsgesetzen** werden Kostenerstattung und/oder Bereitstellung der Leistung unterschiedlich festgelegt. In 8
Baden-Württemberg wird in § 8 Abs. 4 L-BGG die Dolmetschervergütung in Anlehnung an das Justizvergütungs- und Entschädigungsgesetz geregelt, der behinderte Mensch hat nur Anspruch auf die Kostenübernahme, nicht auf die behördenseitige Dolmetscherbereitstellung. **Berlin** verpflichtet mit dem Landesgleichberechtigungsgesetz (LGBG) seine öffentlichen Stellen zur Sicherstellung der Leistung (§ 12 Abs. 2 LGBG) und erklärt die §§ 2, 3, 4 Abs. 1 und § 5 Kommunikationshilfenverordnung (KHV) des Bundes in der jeweils gültigen Fassung für anwendbar. **Brandenburg** hat eine eigene Verordnung erlassen und sich dort auf Sicherstellung der Leistung (§ 4 BbgKHV) und Kostenerstattung gem. Justizvergütungs- und Erstattungsgesetz (§ 5 BbgKHV) festgelegt (Verordnung zur Verwendung von Gebärdensprache und anderen Kommunikationshilfen im Verwaltungsverfahren nach dem Brandenburgischen Behindertengleichstellungsgesetz – Brandenburgische Kommunikationshilfenverordnung – BbgKHV vom 24. 5. 2004). **Bremen** regelt in § 10 Abs. 3 BremBGG einen Sicherstellungsauftrag der verpflichteten Dienststellen, am 14. 10. 2005 trat die RV in Kraft (Verordnung zur Verwendung von Gebärdensprache und anderen Kommunikationshilfen im Verwaltungsverfahren nach dem Bremischen Behindertengleichstellungsgesetz (Bremische Kommunikationshilfenverordnung – BremKHV) vom 27. 9. 2005, Gesetzblatt der Freien Hansestadt Bremen vom 13. 10. 2005 Nr. 46, 542). Bei der Kostenerstattung bzw. der Dolmetschervergütung geht Bremen hier einen eigenen Weg. Die bremischen Behörden vergüten nach § 5 Abs. 1 BremKHV Gebärdensprachdolmetscher, Gebärdensprachdolmetscherinnen und Kommunikationshelfer, Kommunikationshelferinnen entsprechend den Regelungen, die zwischen der Bundesarbeitsgemeinschaft der Integrationsämter und Hauptfürsorgestellen, dem Deutschen Gehörlosenbund und dem Bundesverband der Gebärdensprachdolmetscherinnen Deutschlands getroffen wurden. Die „Empfehlung zur Bezuschussung von Kosten für Gebärdensprachdolmetscherinnen-Leistungen“, Stand 1. 7. 2004, ist als Anlage Bestandteil der BremKHV. **Hamburg** beschränkt den Anspruch auf Erstattung der notwendigen Auslagen, deren Umfang in einer noch ausstehenden RV des Senats näher geregelt werden soll (§ 8 HmbGGbM). Eine entsprechende gesetzliche Regelung besteht in **NRW** in § 8 Abs. 2 BGG NRW. Die KHV NRW ist am 1. 7. 2004 in Kraft getreten (Verordnung zur Verwendung von Gebärdensprache und anderen Kommunikationshilfen im Verwaltungsverfahren nach dem Behindertengleichstellungsgesetz Nordrhein-Westfalen (Kommunikationshilfenverord-

nung Nordrhein-Westfalen – KHV NRW) vom 15. 6. 2004, Gesetz- und Verordnungsblatt für das Land Nordrhein-Westfalen, Nr. 21/2004, S. 201 ff). In **Rheinland-Pfalz** haben die verpflichteten Behörden auf Wunsch des behinderten Menschen die Leistung zur Verfügung zu stellen. Eine RV des Landes ist vorgesehen (§ 8 Abs. 2 LGGBehM). In **Sachsen** regelt das Sächsische Integrationsgesetz – SächsIntegrG in § 6 Abs. 1 den Sicherstellungsauftrag der Behörden und verweist i. Ü. auf eine noch zu erlassende RV gem. Ermächtigungsgrundlage, die analog dem BGG formuliert ist. Im Behindertengleichstellungsgesetz des Landes **Sachsen-Anhalt** (BGStG LSA) wird diesbzgl. folgende Regelung getroffen (§ 16 Abs. 1 BGStG LSA): „Gehörlose, Hörbehinderte und Stumme haben das Recht, sich gegenüber den öffentlichen Stellen des Landes Sachsen-Anhalt entsprechend § 186 des Gerichtsverfassungsgesetzes dann der deutschen Gebärdensprache zu bedienen, wenn dies auch mündlich in der deutschen Lautsprache gestattet wäre. Machen sie von diesem Recht Gebrauch, so hat dies dieselben Wirkungen, wie wenn sie sich der deutschen Lautsprache bedienten. Die Behörden haben im Rahmen ihrer Möglichkeiten und des Bedarfs die dafür notwendigen Voraussetzungen zu schaffen.“ **Schleswig-Holstein** legt in seinem Landesbehindertengleichstellungsgesetz (LBGG) die Bereitstellungspflicht der Behörden fest und lehnt die Vergütung ursprünglich an das Gesetz über die Entschädigung von Zeugen und Sachverständigen an (heute: Justizvergütungs- und Erstattungsgesetz). Kommunikationshilfen werden durch gesetzlichen Bezug (§ 10 Abs. 2 LBGG) auf die KHV des Bundes geregelt.

§ 10 Gestaltung von Bescheiden und Vordrucken

(1) [1]**Träger öffentlicher Gewalt im Sinne des § 7 Abs. 1 Satz 1 haben bei der Gestaltung von schriftlichen Bescheiden, Allgemeinverfügungen, öffentlich-rechtlichen Verträgen und Vordrucken eine Behinderung von Menschen zu berücksichtigen.** [2]**Blinde und sehbehinderte Menschen können nach Maßgabe der Rechtsverordnung nach Absatz 2 insbes. verlangen, dass ihnen Bescheide, öffentlich-rechtliche Verträge und Vordrucke ohne zusätzliche Kosten auch in einer für sie wahrnehmbaren Form zugänglich gemacht werden, soweit dies zur Wahrnehmung eigener Rechte im Verwaltungsverfahren erforderlich ist.**

(2) **Das Bundesministerium für Arbeit und Soziales bestimmt durch Rechtsverordnung, die nicht der Zustimmung des Bundesrates bedarf, bei welchen Anlässen und in welcher Art und Weise die in Absatz 1 genannten Dokumente blinden und sehbehinderten Menschen zugänglich gemacht werden.**

1 Bei dem Anspruch aus § 10 geht es um die barrierefreie Wahrnehmbarkeit von Schriftstücken durch blinde und sehbehinderte Menschen, die den Adressaten normalerweise in Schwarzschrift zugänglich gemacht werden. Die moderne elektronische Informationsverarbeitung macht es möglich, die Informationen diesem Personenkreis als elektronische 05.l zuzusenden, sofern

sie einen Internetzugang und einen Computer mit Braille-Zeile oder Sprachausgabe haben, als Diskette, als Braille-Druck oder gegebenenfalls in Großdruck zugänglich zu machen. Für diejenigen blinden und sehbehinderten Menschen, die weder über die technische Ausstattung noch über Kenntnisse der Braille-Schrift verfügen, können die Informationen auch über Hörkassetten übermittelt werden (s. Regierungsbegründung BR-Drucks. 928/01). Angesichts der weiter wachsenden Bedeutung der Verbreitung von Dokumenten etc. durch Träger der öffentlichen Gewalt steht die Norm des § 10 in engem rechtlichem und sachlichem Zusammenhang mit dem Gebot des barrierefreien Internets (s. § 11).

In Abs. 1 Satz 1 werden die Träger der öffentlichen Gewalt iSv § 7 Abs. 1 2
Satz 1 verpflichtet, bei allen wesentlichen Bescheiden, Allgemeinverfügungen, öffentlich-rechtlichen Verträgen und Vordrucken eine Behinderung zu berücksichtigen. Hinsichtlich des ausdrücklich im Gesetzeswortlaut genannten begünstigten Personenkreis – die blinden und sehbehinderten Menschen – findet sich in der Regierungsbegründung eine interpretierende Weiterung (s. BR-Drucks. 928/01, S. 102): „Dieses gilt nicht nur für sehbehinderte Menschen, sondern stellt auch Anforderungen an die Verständlichkeit für Menschen mit kognitiven Einschränkungen. Dass Verwaltungshandeln für die Betroffenen verständlich und nachvollziehbar sein soll, bekommt hier zusätzlich seine behinderungsspezifische Ausprägung; die Behörden sollen den individuellen Wahrnehmungsfähigkeiten behinderter Menschen nach Möglichkeit Rechnung tragen. Mit der generellen Verpflichtung soll jedoch die Verwaltung angeregt werden, bereits bei der Gestaltung solcher Schriftstücke spezifische Einschränkungen von behinderten Menschen zu berücksichtigen."

Absatz 1 Satz 2 konstituiert einen Anspruch für blinde und sehbehinderte 3
Menschen, auf Anforderung die Bescheide, öffentlich-rechtlichen Verträge und Vordrucke auch in einer für sie wahrnehmbaren Form zu erhalten, sofern dies zur Wahrnehmung eigener Rechte in einem Verwaltungsverfahren erforderlich ist. Der Umfang des Anspruchs bestimmt sich dabei nach der individuellen Fähigkeit zur Wahrnehmung. Wenn die in Rede stehenden Dokumente nach den einschlägigen Vorschriften kosten- bzw. gebührenpflichtig sind, gilt dies auch für behinderte Menschen. Es dürfen aber keine zusätzlichen Gebühren und Kostenerstattungen erhoben werden, die nicht auch bei nichtbehinderten Menschen anfallen. Vorschriften über die Form, die Bekanntgabe und die Zustellung von Verwaltungsakten – insbes. auch die entsprechenden Vorschriften des Ordnungswidrigkeitrechts – bleiben unberührt.

In Abs. 2 wird das Bundesministerium verpflichtet die Übermittlung die- 4
ser Dokumente an blinde und sehbehinderte Menschen durch **Rechtsverordnung** zu bestimmen. In den verschiedenen **Landesbehindertengleichstellungsgesetzen** finden sich idR sehr ähnliche, aber nicht immer völlig analoge Rechtsansprüche des in § 10 Abs. 1 BGG begünstigten Personenkreises. Das Unterstützungsverfahren für die verpflichteten Dienststellen ist jeweils landesspezifisch geregelt, teilweise unter gesetzlicher Einbeziehung der Blinden- und Sehbehindertenvereine (s. Ministerium für Arbeit, Soziales, Gesundheit und Familie des Landes Brandenburg 2004). Der Rege-

lungsbereich der Landesgesetze bezieht sich nur auf die diesen Gesetzen unterworfenen Landesverwaltungen und den dort festgelegten sonstigen Anwendungsbereich wie Stiftungen, Anstalten etc. bzw. gegebenenfalls im Landesgesetz festgelegte spezifische Ausweitungen des Normadressatenkreises (zB Justiz, Gemeinden, öffentliche Unternehmen o. Ä.).

5 Die **Verordnung über barrierefreie Dokumente** in der Bundesverwaltung (VBD) – Verordnung zur Zugänglichmachung von Dokumenten für blinde und sehbehinderte Menschen im Verwaltungsverfahren nach dem Behindertengleichstellungsgesetz (Verordnung über barrierefreie Dokumentation in der Bundesverwaltung – VBD) vom 17. 7. 2002 (BGBl. I S. 2652–2653) ist im Juli 2002 in Kraft getreten (download: www.bmgs.bund.de). Erläuterungen finden sich auch in Bundesverwaltungsamt Info 1725 vom Dezember 2002 (download: www.bva.bund.de). Das Bundesverwaltungsamt ist mit der Unterstützung der Dienststellen in dieser Angelegenheit beauftragt und bietet auf seiner Homepage vielfältige Hinweise (www.bva.bund.de).

6 **Analoge Rechtsverordnungen für die Landesgleichstellungsgesetze** sind nur teilweise vorgesehen (s. II. Fundstellen).

7 Für den **Bereich der Justiz** liegt eine eigene Verordnung gem. § 191 a GVG vor, die im Wesentlichen analog der **Verordnung über barrierefreie Dokumente** in der Bundesverwaltung (VBD) nach dem BGG die Zugänglichkeit von Dokumenten regelt. Die Verordnung normiert den Anspruch blinder und sehbehinderter Menschen auf Zugänglichmachung von gerichtlichen Schriftstücken in einer für sie wahrnehmbaren Form (§ 191 a GVG) näher (Verordnung zur barrierefreien Zugänglichkeit von Dokumenten für blinde und sehbehinderte Personen im gerichtlichen Verfahren (Zugänglichmachungsverordnung – ZMV) gem. § 191 Abs. 2 GVG). Der Anspruch blinder und sehbehinderter Menschen auf Zugänglichmachung von gerichtlichen Schriftstücken in einer für sie wahrnehmbaren Form ist unmittelbar in § 191 a Abs. 1 Satz 1 GVG geregelt. Blinde und sehbehinderte Menschen können nach Maßgabe der Rechtsverordnung verlangen, dass ihnen die für sie bestimmten gerichtlichen Schriftstücke auch in einer für sie wahrnehmbaren Form zugänglich gemacht werden, soweit dies zur Wahrnehmung ihrer Rechte im Verfahren erforderlich ist. Nach § 191 a Abs. 1 Satz 1 GVG umfasst der Rechtsanspruch auf Zugänglichmachung diejenigen Schriftstücke, die für die Anspruchsberechtigten bestimmt sind.

8 Eine Verordnung des Bundesministeriums für Gesundheit über die Kennzeichnung von Arzneimitteln in Blindenschrift bei Kleinstmengen (Blindenschrift-Kennzeichnungs-Verordnung) regelt die Beschriftung von Arzneimitteln in Braille-Schrift. Zum Erl. wird von der Ermächtigung nach § 12 Abs. 1 Satz 1 Nr. 2 AMG Gebrauch gemacht.

§ 11 Barrierefreie Informationstechnik

(1) [1] **Träger öffentlicher Gewalt im Sinne des § 7 Abs. 1 Satz 1 gestalten ihre Internetauftritte und -angebote sowie die von ihnen zur Verfügung gestellten grafischen Programmoberflächen, die mit Mitteln der Informationstechnik dargestellt werden, nach Maßgabe der nach Satz 2 zu**

erlassenden Verordnung schrittweise technisch so, dass sie von behinderten Menschen grundsätzlich uneingeschränkt genutzt werden können. [2]Das Bundesministerium für Arbeit und Soziales bestimmt durch Rechtsverordnung, die nicht der Zustimmung des Bundesrates bedarf, nach Maßgabe der technischen, finanziellen und verwaltungsorganisatorischen Möglichkeiten

1. **die in den Geltungsbereich der Verordnung einzubeziehenden Gruppen behinderter Menschen,**
2. **die anzuwendenden technischen Standards sowie den Zeitpunkt ihrer verbindlichen Anwendung,**
3. **die zu gestaltenden Bereiche und Arten amtlicher Informationen.**

(2) **Die Bundesregierung wirkt darauf hin, dass auch gewerbsmäßige Anbieter von Internetseiten sowie von grafischen Programmoberflächen, die mit Mitteln der Informationstechnik dargestellt werden, durch Zielvereinbarungen nach § 5 ihre Produkte entsprechend den technischen Standards nach Absatz 1 gestalten.**

Die Norm des § 11 verpflichtet ausschließlich die in § 7 Abs. 1 Satz 1 genannten Dienststellen und sonstige Einrichtungen der Bundesverwaltung einschließlich der bundesunmittelbaren Körperschaften, Anstalten und Stiftungen des öffentlichen Rechts. Nicht einbezogen werden in die Verpflichtung des § 11 zur barrierefreien Informationstechnik die in § 7 Abs. 1 Satz 2 genannten Landesverwaltungen. Hier gilt ausschließlich Landesrecht. 1

Geregelt wird **sachlich** die Gestaltung der Internetauftritte und -angebote sowie die von ihnen zur Verfügung gestellten grafischen Programmoberflächen, die mit Mitteln der Informationstechnik dargestellt werden, nach Maßgabe der nach Satz 2 zu erlassenden Verordnung technisch so, dass sie von behinderten Menschen grundsätzlich uneingeschränkt genutzt werden können. Näheres regelt die nach § 11 Abs. 1 Satz 2 zu erlassende Verordnung, die Intranetangebote, die öffentlich zugänglich sind, noch zusätzlich mit einbezieht. Die Einbeziehung von durch Behörden ua. zur Verfügung gestellten Programmoberflächen dürfte mit wachsender Bedeutung von eGoverment einen zukünftig sehr wichtigen Teilhabebereich für behinderte Menschen öffnen. Unter dem Begriff der Programmoberflächen sind auch durch Behörden verteilte und damit öffentlich zugängliche CD und DVD zu fassen. Das Gesetz stellt bei der Regelung zur barrierefreien Informationstechnik auf das Kriterium der „öffentlichen Zugänglichkeit" ab. Damit wird die Teilhabe des Bürgers, der mit der Behörde über diese Medien in Kommunikation treten will, stärker unterstützt als zB die berufliche Teilhabe eines einschlägig betroffenen schwerbehinderten Beschäftigten, für den jedenfalls das SGB IX Teil 2 keine vergleichbar verbindliche Verpflichtung des öffentlichen Arbeitgebers vorhält. 2

Die Verpflichtung zur barrierefreien Informationstechnik wird im technischen Detail durch die **Verordnung** zur Schaffung barrierefreier Informationstechnik nach dem Behindertengleichstellungsgesetz (Barrierefreie Informationstechnik-Verordnung – BITV; siehe Anlage 10) vom 17. 7. 2002 3

(BGBl. I S. 2654) geregelt. Die Verordnung legt in § 1 BITV fest, dass sie anzuwenden ist für Internetauftritte und -angebote, Intranetauftritte und -angebote, die öffentlich zugänglich sind, und mittels Informationstechnik realisierte grafische Programmoberflächen, die öffentlich zugänglich sind, der Behörden der Bundesverwaltung. Landesverwaltungen – auch solche die iSd § 7 Abs. 1 Satz 2 Bundesrecht umsetzen – sowie die Justiz sind von der Norm nicht erfasst. Landesverwaltungen unterliegen den überwiegend inzwischen vorhandenen landesrechtlichen Vorschriften (s. Rn 5). Die staatliche Strategie für behinderte Menschen ist eingebettet in die eGoverment-Strategie der Bundesregierung „eGoverment 2.0“ und in die Initiative i2010 der Europäischen Union. Sie wird völkerrechtlich flankiert von Art. 23 BRK, der das Recht behinderter Menschen auf Zugang zu Informationen in allen Kommunikationsformen festlegt (s. a. Behindertenbericht 2009, insbes. Abs. 7.6.6).

4 § 2 BITV legt den **persönlichen Geltungsbereich** gem. der Ermächtigung in § 11 Abs. 1 Satz 2 Nr. 1 sehr weit fest. Danach sind alle behinderten Menschen iSd § 3 BGG, denen ohne die Erfüllung zusätzlicher Bedingungen die Nutzung der Informationstechnik nur eingeschränkt möglich ist, bei der barrierefreien Gestaltung zu berücksichtigen. Landesrechtliche Regelungen folgen diesem Muster der Definition des persönlichen Geltungsbereichs. Damit sind insbes. für Sinnesgeschädigte (vor allem Menschen mit Sehbehinderungen), für motorisch behinderte Menschen, aber dem Anspruch nach auch für Menschen mit kognitiven Einschränkungen Gestaltungsgrundsätze in den technischen Anlagen (s. Rn 6 ff) festzulegen. Behinderten Menschen, denen ohne die Erfüllung zusätzlicher Bedingungen die Nutzung der Informationstechnik nur eingeschränkt möglich ist, soll der Zugang zu diesen Informationen ermöglicht werden. Dabei sind mögliche Barrieren unterschiedlichster Art zu beachten. Blinde Menschen können zB nur die Textinformationen einer Internetseite mit Hilfe eines Screenreaders oder einer Braillezeile erfassen. Informationen, die mit Hilfe von Bildern oder multimedialen Dateien dargestellt werden, sind für sie nur verständlich, wenn diese mit alternativen Texten hinterlegt sind.

5 Einige Webangebote bieten zusätzliche alternative Textversionen an. Einzelergebnisse von Test-Stichprobe sind unter www.bik-online.info im Internet veröffentlicht.

6 Der auf der Tagung des Europäischen Rats von *Feira* im (19./20. 6. 2000) angenommene Aktionsplan der Kommission „**eEurope 2002** – eine Informationsgesellschaft für alle“, der ganz allgemein die Nutzung von Informationstechnologien fördern will, enthält zur Frage des IT-Zugangs von behinderten Menschen in einem eigenen Kapitel die Vorgabe, dass behinderte Menschen die Informationen auf allen Web-Seiten des öffentlichen Sektors der Mitgliedstaaten und der europäischen Institutionen erreichen und voll von den Möglichkeiten der „Regierung am Netz“ profitieren können. Hierfür ist in dem Programm als konkretisierende Maßnahme vorgesehen, dass bereits existierende technische Standards, die Leitlinien der WAI (Web Accessibility Initiative), für die öffentlichen Webseiten übernehmen. Diese politische Selbstverpflichtung der EU-Mitgliedstaaten ist nun mit § 11 Abs. 1 für den Bereich der Bundesverwaltung umgesetzt worden.

Nach Abs. 2 hat die Bundesregierung darauf hinzuwirken, dass **gewerbsmäßige Anbieter von Internetseiten,** dh sowohl Produzenten von Internetsoftware als auch Unternehmen, die ihre Produkte und Dienstleistungen mit Hilfe von Internet darstellen, ihre Produkte im Wege von Zielvereinbarungen nach § 5 entsprechend den Vorgaben von Abs. 1 gestalten. Für behinderte Menschen ist eine möglichst umfassende, selbstbestimmte und uneingeschränkte Nutzung des Internets wünschenswert. 7

Abschnitt 3. Rechtsbehelfe

§ 12 Vertretungsbefugnisse in verwaltungs- oder sozialrechtlichen Verfahren

[1] Werden behinderte Menschen in ihren Rechten aus § 7 Abs. 2, §§ 8, 9 Abs. 1, § 10 Abs. 1 Satz 2 oder § 11 Abs. 1 verletzt, können an ihrer Stelle und mit ihrem Einverständnis Verbände nach § 13 Abs. 3, die nicht selbst am Verfahren beteiligt sind, Rechtsschutz beantragen; Gleiches gilt bei Verstößen gegen Vorschriften des Bundesrechts, die einen Anspruch auf Herstellung von Barrierefreiheit im Sinne des § 4 oder auf Verwendung von Gebärden oder anderen Kommunikationshilfen im Sinne des § 6 Abs. 3 vorsehen. [2] In diesen Fällen müssen alle Verfahrensvoraussetzungen wie bei einem Rechtsschutzersuchen durch den behinderten Menschen selbst vorliegen.

§ 12 ist eines der prozessualen Instrumente des BGG, die die materiellen Regelungen zur Gleichstellung behinderter Menschen und zur Herstellung von Barrierefreiheit fördern. 1

Gemäß § 12 kann verwaltungs- und sozialrechtlicher Rechtsschutz gegen Rechtsverletzungen eines behinderten Menschen nicht nur vom Betroffenen selbst, sondern, sein Einverständnis vorausgesetzt, vertretungsweise auch von Verbänden beantragt werden. Klagebefugt sind die nach § 13 Abs. 3 auf Vorschlag der Mitglieder des Beirates für die Teilhabe behinderter Menschen vom Bundesministerium für Arbeit und Soziales anerkannten Verbände. 2

Die Norm ist angelehnt an § 63 SGB IX, der für den Bereich der Sozialleistungen bereits ein Klagerecht der Verbände in Gestalt einer gesetzlichen Prozessstandschaft eingeführt hat. Da ein Verband im Falle einer Klage nach § 12 BGG lediglich das Recht einer anderen Person geltend macht, müssen die gleichen Verfahrensvoraussetzungen erfüllt sein (zB die Einhaltung von Fristen), wie bei einer Klage der vertretenen Person selbst. 3

Die Regelung trägt dem besonderen Interesse behinderter Menschen an einer sachnahen Prozessführung Rechnung und berücksichtigt die speziellen Kenntnisse der Sach- und Rechtslage bei den entsprechenden Verbänden sowie den in diesem Bereich weit verbreiteten Charakter der Selbsthilfegruppen. Auch die Vertreter dieser Gruppen verfügen über spezielle Kenntnisse der Sach- und Rechtslage. Zudem können sie sich als persönlich Betroffene leichter als andere in die von ihnen vertretenen behinderten Menschen einfühlen und ein besonderes Vertrauensverhältnis aufbauen. 4

§ 13 Verbandsklagerecht

(1) [1]Ein nach Absatz 3 anerkannter Verband kann, ohne in seinen Rechten verletzt zu sein, Klage nach Maßgabe der Verwaltungsgerichtsordnung oder des Sozialgerichtsgesetzes erheben auf Feststellung eines Verstoßes gegen

1. das Benachteiligungsverbot für Träger der öffentlichen Gewalt nach § 7 Abs. 2 und die Verpflichtung des Bundes zur Herstellung der Barrierefreiheit in § 8 Abs. 1, § 9 Abs. 1, § 10 Abs. 1 Satz 2, § 11 Abs. 1
2. die Vorschriften des Bundesrechts zur Herstellung der Barrierefreiheit in § 46 Abs. 1 Satz 3 und 4 der Bundeswahlordnung, § 39 Abs. 1 Satz 3 und 4 der Europawahlordnung, § 43 Abs. 2 Satz 2 der Wahlordnung für die Sozialversicherung, § 54 Satz 2 der Wahlordnung für die Sozialversicherung, § 17 Abs. 1 Nr. 4 des Ersten Buches Sozialgesetzbuch, § 4 Abs. 1 Nr. 2a des Gaststättengesetzes, § 3 Nr. 1 Buchstabe d des Gemeindeverkehrsfinanzierungsgesetzes, § 3 Abs. 1 Satz 2 und § 8 Abs. 1 des Bundesfernstraßengesetzes, § 8 Abs. 3 Satz 3 und 4 sowie § 13 Abs. 2a des Personenbeförderungsgesetzes, § 2 Abs. 3 der Eisenbahn-Bau- und Betriebsordnung, § 3 Abs. 5 Satz 1 der Straßenbahn-Bau- und Betriebsordnung, §§ 19d und 20b des Luftverkehrsgesetzes oder
3. die Vorschriften des Bundesrechts zur Verwendung von Gebärdensprache oder anderer geeigneter Kommunikationshilfen in § 17 Abs. 2 des Ersten Buches Sozialgesetzbuch, § 57 des Neunten Buches Sozialgesetzbuch und § 19 Abs. 1 Satz 2 des Zehnten Buches Sozialgesetzbuch.

[2]Satz 1 gilt nicht, wenn eine Maßnahme aufgrund einer Entscheidung in einem verwaltungs- oder sozialgerichtlichen Streitverfahren erlassen worden ist.

(2) [1]Eine Klage ist nur zulässig, wenn der Verband durch die Maßnahme in seinem satzungsgemäßen Aufgabenbereich berührt wird. [2]Soweit ein behinderter Mensch selbst seine Rechte durch eine Gestaltungs- oder Leistungsklage verfolgen kann oder hätte verfolgen können, kann die Klage nach Absatz 1 nur erhoben werden, wenn der Verband geltend macht, dass es sich bei der Maßnahme um einen Fall von allgemeiner Bedeutung handelt. [3]Dies ist insbes. der Fall, wenn eine Vielzahl gleich gelagerter Fälle vorliegt. [4]Für Klagen nach Absatz 1 Satz 1 gelten die Vorschriften des 8. Abschnitts der Verwaltungsgerichtsordnung entsprechend mit der Maßgabe, dass es eines Vorverfahrens auch dann bedarf, wenn die angegriffene Maßnahme von einer obersten Bundes- oder einer obersten Landesbehörde erlassen worden ist.

(3) [1]Auf Vorschlag der Mitglieder des Beirates für die Teilhabe behinderter Menschen, die nach § 64 Abs. 2 Satz 2, 1., 3. oder 12. Aufzählungspunkt des Neunten Buches Sozialgesetzbuch berufen sind, kann das Bundesministerium für Arbeit und Soziales die Anerkennung erteilen. [2]Es soll die Anerkennung erteilen, wenn der vorgeschlagene Verband

1. nach seiner Satzung ideell und nicht nur vorübergehend die Belange behinderter Menschen fördert,
2. nach der Zusammensetzung seiner Mitglieder oder Mitgliedsverbände dazu berufen ist, Interessen behinderter Menschen auf Bundesebene zu vertreten,
3. zum Zeitpunkt der Anerkennung mindestens drei Jahre besteht und in diesem Zeitraum im Sinne der Nummer 1 tätig gewesen ist,
4. die Gewähr für eine sachgerechte Aufgabenerfüllung bietet; dabei sind Art und Umfang seiner bisherigen Tätigkeit, der Mitgliederkreis sowie die Leistungsfähigkeit des Vereines zu berücksichtigen und wegen Verfolgung gemeinnütziger Zwecke nach § 5 Abs. 1 Nr. 9 des Körperschaftsteuergesetzes von der Körperschaftsteuer befreit ist.

1. Geltungsbereich und Zweck der Norm. Die Vorschrift führt für den Geltungsbereich dieses Gesetzes eine öffentlich-rechtliche originäre altruistische Verbandsklage zugunsten von Verbänden behinderter Menschen ein, dh eine Befugnis für nach Abs. 3 der Norm anerkannte Verbände, ohne subjektive Rechtsverletzung Klage nach Maßgabe der VwGO oder des SGB zu erheben. Zweck der Regelung ist, die behinderten-politischen Anliegen auch durch Verbände befördern zu lassen und sie advokatorisch zu befähigen, Gerichte anzurufen. 1

Das Institut der Verbandsklage findet sich auch zB im UWG. Es wird dadurch das finanzielle Prozessrisiko des einzelnen Betroffenen gemindert. 2

Einklagbar sind die in § 13 Abs. 1 abschließend aufgezählten Rechte. Zu beachten ist jedoch, dass seit der am 1. 9. 2006 in Kraft getretenen Föderalismusreform das Gaststättenrecht nicht länger Gegenstand der konkurrierenden Gesetzgebung ist, vgl. Art. 74 Abs. 1 Nr. 11 GG. Es unterliegt nunmehr der alleinigen Gesetzgebungskompetenz der Länder. Soweit künftig Landesgaststättengesetze erlassen werden, läuft das Verbandsklagerecht des § 13 Abs. 1 Satz 1 BGG damit im Hinblick auf § 4 Abs. 1 Nr. 2a GastG leer. Entsprechendes gilt für die Einklagbarkeit eines Verstoßes gegen § 3 Nr. 1 Buchst d des Gemeindeverkehrsfinanzierungsgesetzes (GVFG). 3

Eine Rechtsverfolgung im Wege einer Verbandsklage wird vor allem in Betracht kommen, um eine mit den Vorschriften des Behindertengleichstellungsgesetzes in Einklang stehende Verwaltungspraxis herbeizuführen. In Abgrenzung zu § 12 ist daher die Verbandsklage als Feststellungsklage ausgestaltet. Die Befugnis zur Verbandsklage steht nur Verbänden zu, die auf Vorschlag der Gruppenvertreter der Arbeitnehmer, der Behindertenverbände oder der Bundesarbeitsgemeinschaft der Freien Wohlfahrtspflege im Beirat nach § 64 SGB IX vom Bundesministerium für Arbeit und Soziales anerkannt worden sind. Ferner setzt die Verbandsklage idR voraus, dass zuvor ein Widerspruchsverfahren erfolglos durchgeführt worden ist, damit die Widerspruchsbehörde die Möglichkeit hat, die Angelegenheit im Vorfeld zu überprüfen. Das Nebeneinander verschiedener klagebefugter Verbände wird für den Bereich der Verbandsklage durch ein besonderes Beiladungsverfahren geordnet, das im SGG bzw. in der VwGO geregelt wird (vgl. Begründung zu den Art. 33 und 34). Macht ein Verband von der ihm eingeräumten Möglichkeit, eine Beiladung zu beantragen, nicht Gebrauch, so ist 4 eine später von ihm in derselben Sache erhobene Klage unzulässig. Mit dieser Präklusionsregelung soll die prozessökonomische Wirkung des Beiladungsverfahrens noch verstärkt werden. Durch die Einführung der Verbandsklage werden die Rechtswegzuständigkeiten, etwa der Verwaltungsgerichtsbarkeit für das Baurecht, nicht berührt.

5 Das Verbandsklagerecht besteht nicht bei Vorliegen der in § 13 Abs. 1 Satz 2 und Abs. 2 genannten Voraussetzungen.

6 **2. Zulässigkeitsvoraussetzungen.** Absatz 2 regelt die Zulässigkeitsvoraussetzungen einer Verbandsklage. Zu beachten ist insbes., dass das Verbandsklagerecht insoweit eingeschränkt ist, als der klagende Verband darlegen muss, dass sein Klagegegenstand von allgemeiner Bedeutung ist, weil zB eine Vielzahl gleich gelagerter Fälle vorliegt. Die Klagemöglichkeit setzt nicht voraus, dass der klagende Verband in eigenen Rechten verletzt ist, sondern ihm wird vielmehr allgemein die Möglichkeit eingeräumt wird, die tatsächliche Anwendung von Vorschriften durchzusetzen, die dem Schutz behinderter Menschen dienen.

7 Das Verbandsklagerecht betrifft gem. § 13 Abs. 3 Verbände, die die fünf gesetzlichen Kriterien (ideelles Satzungsziel der nachhaltigen Förderung der Belange behinderter Menschen, entsprechende Zusammensetzung der Mitglieder, vorangegangenes dreijähriges Tätigwerden auf dem Sektor der Behindertenförderung, Gewähr von sachgerechter Auflagenerfüllung und Leistungsfähigkeit, Gemeinnützigkeit im steuerlichen Sinne) erfüllen. Die Anerkennung erfolgt durch Bescheid des Bundesministeriums. Ablehnende Bescheide sind gerichtlich überprüfbar.

8 **3. Rechtsprechungsüberblick.** Rechtsprechung zur Norm ist bislang lediglich in einem Fall ergangen: mit Urt. v. 5. 4. 2006 wies das BVerwG die Verbandsklagen zweier Bundesbehindertenverbände gegen das Eisenbahn-Bundesamt ab; es bestätigte damit im Ergebnis die erstinstanzlichen Entscheidungen (Az.: 9 C 1/05 sowie 9 C 2/05). Hintergrund der Verbandsklagen war die Neugestaltung eines Bahnhofs, dessen bislang ebenerdig zugänglicher Bahnsteig nach den Umbauplänen des beigeladenen Eisenbahnstrukturunternehmens, der Deutsche Bahn Station- und Service AG, nur noch über zwei Treppen sowie eine Fußgängerunterführung zu erreichen wäre. Mit ihrer Klage begehrten die Behindertenverbände die Feststellung, dass die vom Eisenbahn-Bundesamt erteilte Plangenehmigung zum Stationsumbau gegen § 2 Abs. 3 Eisenbahn-Bau- und Betriebsordnung (EBO) verstoße. Nach § 2 Abs. 3 Satz 1 EBO sind die Vorschriften dieser Verordnung so anzuwenden, dass die Benutzung der Bahnanlagen und Fahrzeuge durch behinderte und alte Menschen sowie Kinder und sonstige Personen mit Nutzungsschwierigkeiten ohne besondere Erschwernis ermöglicht wird. Praktische Bedeutung kommt dem Urteil nicht zu, soweit es sich auf die Auslegung des § 2 Abs. 3 Satz 1 EBO bis zur Erstellung eines Programms iSd § 2 Abs. 3 Satz 2 EBO bezieht. Im 6. 2005 hat die Beigeladene ein solches Programm verabschiedet (download unter www.bahn.de). Nunmehr sind auch Stationen mit weniger als 1000 Reisenden pro Tag bei Neu- und umfassenden Umbauten grundsätzlich barrierefrei zu gestalten. Festzuhalten ist allerdings, dass das Programm keine Angaben darüber enthält, was eine „zumutbare Distanz“ idS ist.

4. Landesrechtliche Verbandsklagevorschriften. Mit Ausnahme von Thüringen haben alle Bundesländer eine eigene landesrechtliche Regelung zur Verbandsklage getroffen – wenn auch mit unterschiedlicher Reichweite: 9

In Baden-Württemberg beschränkt sich der Gegenstand der Verbandsklage auf die Feststellung eines Verstoßes gegen das Recht hör- und sprachbehinderter Menschen mit öffentlichen Stellen in Gebärdensprache zu kommunizieren sowie den Anspruch auf Erstattung der hierfür erforderlichen Aufwendungen, § 12 Abs. 1 LBGG.

Das Hamburger Landesgesetz eröffnet eine nicht näher bestimmte Klagemöglichkeit bei „Verstößen von Trägern öffentlicher Aufgaben gegen das Benachteiligungsverbot und ihre Verpflichtungen zur Gleichstellung behinderter Menschen und zur Schaffung von Barrierefreiheit“, § 12 HmbGGbM.

In Berlin können allein Ausnahmegenehmigungen, die auf Grundlage von Barrierefreiheitsregelungen der Bauordnung, der Gaststättenverordnung, des Straßen- oder des Sportförderungsgesetzes erteilt wurden, im Wege der Verbandsklage angegriffen werden, § 15 LGBG.

In Schleswig-Holstein fehlt die Möglichkeit die mangelnde Barrierefreiheit der Internetauftritte der öffentlichen Verwaltung anzufechten; dafür umfasst das Klagerecht auf einen Verstoß gegen die Verpflichtung zur Unterrichtung gehörloser Schüler/innen in Deutscher Gebärdensprache und lautsprachebegleitenden Gebärden gem. dem Schulgesetz, § 3 LBGG.

Brandenburg und Sachsen ermöglichen die Erhebung der Verbandsklage bei Verstößen gegen das Benachteiligungsverbot, die Verpflichtung barrierefreier Gestaltung von Bescheiden und Internetauftritten öffentlicher Stellen sowie gegen das Recht der Kommunikation in Gebärdensprache, §§ 10 BbgBGG, 9 SächsIntegrG.

Niedersachsen erstreckt das Klagerecht auf Verstöße gegen das Benachteiligungsverbot, die Herstellung der Barrierefreiheit in Bau und Verkehr, das Recht der Kommunikation in Gebärdensprache sowie die barrierefreie Gestaltung von Bescheiden, vgl. § 13 NBGG. Das Gleiche gilt für Mecklenburg-Vorpommern, Nordrhein-Westfalen und das Saarland, die darüber hinaus auch eine Klageerhebung bei Verstößen gegen die Verpflichtung der Herstellung barrierefreier Internetauftritte der öffentlichen Stellen ermöglichen, §§ 15 LBGG M-V, 6 BGG NRW, 14 SBGG.

Weitergehende Klagemöglichkeiten bieten Bayern, Hessen, Rheinland-Pfalz und Bremen, §§ 16 BayBGG, 17 HessBGG, 10 LGGBehM, 10 BremBGG. In Bayern und Hessen ist die Verbandsklage auch statthaft bei Verstößen gegen Barrierefreiheitsregelungen des Landes-Straßen- und Wegegesetzes und des ÖPNV-Gesetzes, in Rheinland-Pfalz im Falle mangelnder Berücksichtigung der Belange behinderter Frauen sowie gegen sonstige landesrechtliche Bestimmungen zur Herstellung von Barrierefreiheit soweit diese auf die Definition von Barrierefreiheit im Landesgleichstellungsgesetz verweisen. Nach dem Bremer Gleichstellungsgesetz besteht die Möglichkeit der Verbandsklage zudem bei Verstößen gegen Barrierefreiheitsregelungen des Bremischen Gesetzes zur Förderung von Kindern in Tageseinrichtungen, der Landeswahlordnung, den Wahlordnungen zum Personalvertretungsgesetz und zur Wahl der Frauenbeauftragten sowie des Landesstraßengesetzes.

Abschnitt 4. Beauftragte oder Beauftragter der Bundesregierung für die Belange behinderter Menschen

§ 14 Amt der oder des Beauftragten für die Belange behinderter Menschen

(1) **Die Bundesregierung bestellt eine Beauftragte oder einen Beauftragten für die Belange behinderter Menschen.**

(2) **Der beauftragten Person ist die für die Erfüllung ihrer Aufgabe notwendige Personal- und Sachausstattung zur Verfügung zu stellen.**

(3) **Das Amt endet, außer im Fall der Entlassung, mit dem Zusammentreten eines neuen Bundestages.**

1 Seit 1980 gibt es einen Beauftragten der Bundesregierung für die Belange der Behinderten. Nach entsprechender Ankündigung in der Regierungserklärung vom 24. 11. 1980 in Zusammenhang mit dem bevorstehenden Internationalen Jahr der Behinderten 1981, wurde das Amt auf Grund einer Kabinettentscheidung vom 16. 12. 1980 eingerichtet. Auch die Bestellungen des zweiten und des dritten Bundesbeauftragten erfolgten ausschließlich per Kabinettentscheidung (1982/1998). Mit dem BGG wurde erstmals eine gesetzliche Grundlage für das Amt geschaffen.

2 Abs. 1 verpflichtet die Bundesregierung, eine Beauftragte oder einen Beauftragten für die Belange behinderter Menschen zu bestellen. Das Amt ist nicht mit hoheitlichen Verwaltungskompetenzen ausgestattet, sondern dient der politischen Geltendmachung der Interessen behinderter Menschen.

3 Abs. 2 regelt, dass die beauftragte Person mit den zur Aufgabenwahrnehmung erforderlichen personellen und sachlichen Mitteln auszustatten ist. Organisatorisch gehörte das Amt nach seiner Errichtung zunächst zum Geschäftsbereich des zuständigen Bundesministeriums für Arbeit und Soziales (BMAS).

4 Absatz 3 betrifft die Beendigung des Amtes. Die Anbindung an das Merkmal „Zusammentreten eines neuen Bundestages“ stellt sicher, dass zu Beginn einer jeden Legislaturperiode erneut ein Beauftragter bzw. eine Beauftragte berufen wird.

5 Beauftragte der Landesregierungen für die Belange behinderter Menschen gibt es nunmehr in sämtlichen Bundesländern, mit Ausnahme von Mecklenburg-Vorpommern, wo wie früher auch in Schleswig-Holstein der Bürgerbeauftragte, der für alle sozialen Angelegenheiten zuständig ist, auch die Aufgaben eines Behindertenbeauftragten miterfüllt (s. für Baden-Württemberg §§ 13, 14 LBGG, für Bayern §§ 17, 18 BayBGG, für Berlin § 5 LGBG, für Brandenburg: §§ 11, 12 BbgBGG, für Hamburg §§ 13, 14 HmbGGbM, für Hessen § 18 HessBGG, für Nordrhein-Westfalen §§ 11, 12 BGG-NRW, für Rheinland-Pfalz §§ 11, 12 LGGBehM, für das Saarland §§ 15, 16 SBGG, für Sachsen § 10 SächsIntegrG, für Sachsen-Anhalt §§ 7ff BGStG LSA, für Schleswig-Holstein §§ 4, 5 LBGG). Teilweise schaffen die LBGG auch die Einrichtung eines Landesbehindertenbeirates (zB für Brandenburg: § 13

BbgBGG, für Hamburg § 14 HmbGGbM, für Sachsen §§ 10, 11 SächsIntegrG). In Mecklenburg-Vorpommern ist ein Rat für Integrationsförderung von Menschen mit Behinderungen und chronischen Erkrankungen normiert (§§ 16ff LBGG).

§ 15 Aufgabe und Befugnisse

(1) [1]**Aufgabe der beauftragten Person ist es, darauf hinzuwirken, dass die Verantwortung des Bundes, für gleichwertige Lebensbedingungen für Menschen mit und ohne Behinderungen zu sorgen, in allen Bereichen des gesellschaftlichen Lebens erfüllt wird.** [2]**Sie setzt sich bei der Wahrnehmung dieser Aufgabe dafür ein, dass unterschiedliche Lebensbedingungen von behinderten Frauen und Männern berücksichtigt und geschlechtsspezifische Benachteiligungen beseitigt werden.**

(2) **Zur Wahrnehmung der Aufgabe nach Absatz 1 beteiligen die Bundesministerien die beauftragte Person bei allen Gesetzes-, Verordnungs- und sonstigen wichtigen Vorhaben, soweit sie Fragen der Integration von behinderten Menschen behandeln oder berühren.**

(3) [1]**Alle Bundesbehörden und sonstigen öffentlichen Stellen im Bereich des Bundes sind verpflichtet, die beauftragte Person bei der Erfüllung der Aufgabe zu unterstützen, insbes. die erforderlichen Auskünfte zu erteilen und Akteneinsicht zu gewähren.** [2]**Die Bestimmungen zum Schutz personenbezogener Daten bleiben unberührt.**

Abs. 1 nimmt Bezug auf die in Art. 3 GG geregelte Verpflichtung des Bundes für gleichwertige Lebensbedingungen von Menschen mit und ohne Behinderungen zu sorgen. Anliegen von behinderten Menschen spiegeln sich in allen Politikbereichen wider. Die/der Beauftragte soll nicht die Verantwortung für die einzelnen Politikbereiche übernehmen, sondern das zentrale Anliegen der Gleichberechtigung im Rahmen einer Gesamtschau auf Bundesebene gewährleisten. Satz 2 weist dabei darauf hin, dass den Anliegen behinderter Frauen besondere Aufmerksamkeit zu widmen ist. Die Bundesregierung hat darüber hinaus die Möglichkeit, ergänzende Regelungen zu Aufgaben und Befugnissen in der Gemeinsamen Geschäftsordnung der Bundesministerien (GGO) zu treffen (§§ 21 und 45 GGO). 1

Abs. 2 und 3 regeln die Zusammenarbeit zwischen den Bundesministerien und den übrigen Behörden und sonstigen öffentlichen Stellen im Bereich des Bundes auf der einen Seite sowie der/dem Beauftragten auf der anderen Seite. Abs. 2 konkretisiert die bereits in § 21 Abs. 1 der Gemeinsamen Geschäftsordnung der Bundesministerien enthaltene Pflicht, die/den Beauftragte/n zu beteiligen. Darüber hinaus schreibt Abs. 3 allen öffentlichen Stellen im Bereich des Bundes vor, die/den Beauftragte/n bei der Erfüllung der Aufgaben zu unterstützen. 2

Die Bundesministerien haben den Behindertenbeauftragten bei allen Gesetzes-, Verordnungs- und sonstigen wichtigen Vorhaben zu beteiligen, soweit sie Fragen der Integration von behinderten Menschen betreffen. Der Beauftragte wirkt somit als Mittler zwischen den behinderten Menschen und 3

Behörden, Rehabilitationsträgern und sonstigen Stellen. Daneben wirkt er daran mit, die Behindertenpolitik der Bundesregierung transparent zu gestalten sowie die Akzeptanz für diese Politik bei Betroffenen wie bei Nichtbehinderten zu erhöhen.

Stichwortverzeichnis

Fette Zahlen = §§, magere Zahlen = Randnummern;
§§ ohne Gesetzesangabe beziehen sich auf das SGB IX

5-Tage-Woche **124** 10

A

Abfindungen **52** 8
Abgrenzungsfragen **12** 7; **13** 10
– Gemeinsame Empfehlungen **13** 11
Abmahnung, verhaltensbedingte Kündigung **89** 15
Abstimmungsverfahren **10** 3 ff., 24; **12** 1 ff.; *s. a. Zusammenarbeit*
Abweichende Regelungen, Vorbehalt **7** 8 f.; **9** 5 f.
Adipositas **69** 20
Agentur für Arbeit **116** 12
Aktivierungsmaßnahmen **45** 22; **113** 8
Aktivitäten **1** 4; **2** 5 f.; **10** 14
– Einschränkung **4** 16
– Lebensbereiche **10** 14
– Leistungsfähigkeit **4** 4
– Pflegebedarf, Person mit **2** 21
Akutbehandlung **3** 1
Akutversorgung **9** 14; **17** 4, 8; **27** 5 f.
– Hilfsmittel **31** 28
– Methodenspektrum **27** 6
– Zulassungsrecht **21** 9 ff.
Alkoholkonsum, Einschränkungen **3** 8
Allgemeiner Teil; *s. SGB I*
Allgemeines Gleichbehandlungsgesetz **81** 3, 6; **BGG Einl.** 8, 19
– Anspruchskonkurrenz **21 AGG** 4
– Anweisung zur Benachteiligung **3 AGG** 1; **16 AGG** 3
– Anwendungsbereich, persönlicher **129** 4; **6 AGG** 1 ff.
– Arbeitnehmer **AGG Einl.** 14
– Arbeitsbedingungen **2 AGG** 1
– Arbeitsplatzdiskriminierung **2 AGG** 1, 4, 10
– Aufstieg, beruflicher **129** 4; **AGG Einl.** 2
– Auskunftsanspruch **22 AGG** 4
– Barrierefreiheit **19 AGG** 1
– Behinderung **1 AGG** 2 ff.; **2 AGG** 2
– Bekanntgabe **AGG Einl.** 2
– Belästigung **3 AGG** 1, 10 ff.
– Belästigung, sexuelle **3 AGG** 1
– Benachteiligung **AGG Einl.** 12; **1 AGG** 1; **2 AGG** 1; **16 AGG** 4 f.
– Benachteiligung, mittelbare **3 AGG** 1, 6 ff.
– Benachteiligung, unmittelbare **3 AGG** 1 ff.
– Benachteiligungsverbot **AGG Einl.** 12; **1 AGG** 6; **6 AGG** 1 ff.
– Benachteiligungsverbot, zivilrechtliches **19 AGG** 1; **20 AGG** 1 f.; **21 AGG** 5
– Beruf **2 AGG** 4, 10
– Berufsausbildung **2 AGG** 1, 10
– Berufsvereinigungen **2 AGG** 1
– Beschäftigtenbegriff **81** 9
– Beschäftigung **2 AGG** 4
– Beschwerderecht **13 AGG** 1 f.
– Beschwerdestellen, betriebliche **13 AGG** 1; **29 AGG** 2
– Beseitigungsanspruch **21 AGG** 1 ff.
– Beweislast **22 AGG** 1 ff.
– Bildung **2 AGG** 1
– Diskriminierungsschutz **AGG Einl.** 1; **1 AGG** 3, 6; **3 AGG** 3 ff.
– Einstellungsanspruch **AGG Einl.** 2
– Einstellungsentscheidungen **2 AGG** 1, 3
– Entschädigungsanspruch **AGG Einl.** 2; **15 AGG** 1 ff., 5; **21 AGG** 3
– Erwerbstätigkeit, Zugang zur **129** 4
– Fördermaßnahmen **5 AGG** 1 ff.
– Geltungsbereich **AGG Einl.** 3
– horizontaler Diskriminierungsschutz **AGG Einl.** 9
– immaterieller Schaden **15 AGG** 2; **21 AGG** 1
– Inanspruchnahme von Rechten **16 AGG** 2
– Kinder, Behinderung **3 AGG** 3
– Klagefrist **15 AGG** 5

Stichwortverzeichnis

– Koalitionen **2 AGG** 1
– kollektivrechtliche Vereinbarungen **15 AGG** 3 f.
– Kündigungsschutz **2 AGG** 6 ff.; **6 AGG** 1 ff.
– Leistungsverweigerungsrecht **14 AGG** 1 ff.; **24 AGG** 1
– Maßnahmen, positive **5 AGG** 1 ff.
– Maßregelungsverbot **16 AGG** 1 ff.
– Mietverhältnis **19 AGG** 1
– Naturalrestitution **15 AGG** 7; **21 AGG** 2
– öffentlicher Dienst **AGG Einl.** 3; **24 AGG** 1
– Prävention **5 AGG** 1 ff.
– Richtlinienumsetzung **AGG Einl.** 3
– Schadensersatzanspruch **AGG Einl.** 1; **15 AGG** 1, 3, 5; **21 AGG** 1, 3
– Schwerbehinderte **AGG Einl.** 4, 8
– Sozialschutz **2 AGG** 1
– Ungleichbehandlung, zulässige **8 AGG** 1 f.; **20 AGG** 1
– Unterlassungsanspruch **21 AGG** 1, 3
– Vergünstigungen, soziale **2 AGG** 1
– Verschulden **15 AGG** 1
– Versicherungsverträge **20 AGG** 3
– Verwaltungsgerichtsweg **AGG Einl.** 3
– Weiterbildungsmaßnahmen **2 AGG** 1, 10
Allgemeinverfügungen **10 BGG** 2
Altengruppen **136** 9 f.
Alter, hohes **2** 14
Altersdiskriminierung **2 AGG** 7
Alterserscheinungen **2** 12 f.
Altersrente wegen Schwerbehinderung, Nachteilsausgleiche **126** 4
Altersrenten für behinderte Menschen,
– Werkstattbeschäftigte **Vor 136 ff.** 13
Altersrenten für schwerbehinderte Menschen **8** 6; **68** 37; **116** 7
– Anrechnungsverbot **123** 5
– Nachteilsausgleich **126** 4
– Schwerbehinderteneigenschaft **116** 7
– Teilrente **81** 38
– Wartezeit **116** 7
– Werkstattbeschäftigte **Vor 136 ff.** 13
Altersrentenbezug **41** 9
Alterssicherung der Landwirte **6** 4
– Leistungsvoraussetzungen **7** 17
– Zuständigkeit **7** 17
Ambulant vor stationär **26** 17
– Krankenversorgung **19** 16
Ambulante soziale Hilfsdienste **17** 8
Ambulantisierungsprogramme **55** 14
Amtssprache **BGG Einl.** 5
– Gebärdensprache **55** 12
Anamnese **12** 10
Änderungskündigung **85** 18, 22
– Vertrauensperson **96** 8
Anerkennungspraktika **33** 62
Angehörige behinderter Menschen **26** 23
– Verbände **13** 32
Anhaltspunkte für die ärztliche Begutachtung **69** 1 ff., 17, 23
Annexleistungen **26** 22
Anpassung, berufliche
– Arbeitsleben, Teilhabeleistungen **33** 31, 33 ff.; **45** 22
– Übergangsgeld **48** 6; **51** 7
Anrechnung Beschäftigter
– Bergmannsversorgungsschein **75** 7
– schwerbehinderte Arbeitnehmer **75** 6
– Teilzeitbeschäftigung **75** 4; **76** 4
– Werkstätten für behinderte Menschen **75** 5; **76** 9
Anrechnungsverbot **123** 4
– Arbeitsentgelt **123** 7
– Arbeitsleistung, wesentlich verminderte **123** 8
– Bundesversorgungsgesetz **123** 3, 5 f.
– Dienstbezüge **123** 7
– Krankengeld **123** 3
– Leistungen, vergleichbare **123** 2, 5
– Rechtsweg **123** 9
– Renten **123** 2, 5
– Übergangsgeld **123** 3
Anschlussheilbehandlung **27** 11
Anschlussrehabilitation nach Krankenhausaufenthalt **61** 10
Anschlussübergangsgeld **49** 1, 4 ff.
– Höhe **51** 22
– Krankengeld **49** 4 ff.
– Rentenversicherung, gesetzliche **49** 7
– Verletztengeld **49** 4 ff.
– Versorgungskrankengeld **49** 4 ff.
Antidiskriminierungsstelle des Bundes **AGG Einl.** 10; **26 AGG** 1 f.
– Beirat **30 AGG** 1 f.
– Zusammenarbeitsauftrag **29 AGG** 1 f.
Antidiskriminierungsverbände **23 AGG** 1 ff.
Antrag, Entscheidung über den **14** 17 ff.
– Dreiwochenfrist **14** 17, 20 f.; **15** 4
Antrag, Weiterleitung **14** 4, 9
Antragsfiktion **14** 21 f.
Apallisches Syndrom **56** 5

Arbeitgeber **71** 9
- Annahmeverzug **81** 22
- Ansprüche gegen Arbeitgeber **1** 6; **81** 11, 20
- Anspruchsberechtigung **1** 5
- Anzeige nach Aufforderung **80** 7
- Anzeigepflicht **80** 5f., 99; **156** 2
- Aufwendungen, unverhältnismäßige **81** 11, 25
- Auskunftspflicht **80** 8
- Beschäftigungspflicht **71** 1ff.; **101** 5
- Beteiligungspflichten **81** 8, 12f.
- Duldungspflichten **80** 2, 11
- Einstellungsfreiheit **81** 15
- Entschließung, freie **101** 5f.; **102** 1
- Erörterungspflichten **81** 12f.
- Fürsorgepflicht **81** 20f., 23; **84** 24
- Fürsorgepflicht, gesteigerte **81** 24ff.
- Handlungspflichten **80** 2
- Informationspflichten **80** 2
- Mitwirkungspflicht **80** 8, 12
- öffentliche Arbeitgeber **71** 9f.; **81** 18; **82** 1ff.
- Ordnungswidrigkeiten **156** 2
- Prävention **84** 1ff.
- Prüfpflichten **81** 8, 12f., 21
- Rücksichtnahmepflicht **81** 26
- Stellenbesetzung **81** 8, 12ff.
- Verzeichnispflicht **80** 2, 4
- Zusammenarbeitsverpflichtung **80** 3; **81** 12f., 17; **99** 3f., 6ff.

Arbeitgeber, Leistungen an
- Arbeitshilfen **34** 5f., 9ff.
- Arbeitsleben, Teilhabeleistungen **34** 1, 4
- Auflagen **34** 18
- Ausbildungszuschüsse **34** 5ff; **102** 98ff.
- außergewöhnliche Belastungen **102** 93, 109ff.; **108** 4, 12; **123** 8
- Bedingungen **34** 18
- begleitende Hilfen im Arbeitsleben **102** 93ff.
- Berufsausbildung **102** 103ff.
- Beteiligung an Gesamtkosten **102** 97
- Beweislast **34** 2
- Eingliederungszuschüsse **34** 5f., 8, 19ff.
- Mitnahmeeffekte **34** 2, 4
- öffentlich-rechtlicher Vertrag **34** 1
- Probebeschäftigung **34** 5f., 17
- Rückerstattungsanspruch des Leistungsträgers **34** 1

Arbeitgeberbeauftragter **98** 1ff.
- Abberufung **98** 11
- Aufgaben **98** 10
- Auswahl **98** 8
- Bestellung **98** 6, 9
- Bildungsveranstaltungen **102** 25
- Personenidentität Beauftragter/Arbeitgeber **98** 7
- Schulungsveranstaltungen **102** 25
- Verbindungsfunktion **99** 8

Arbeitnehmer, unkündbare
- Gleichstellung mit schwerbehinderten Menschen **68** 32

Arbeitnehmer mit besonderem Kündigungsschutz, Gleichstellung mit schwerbehinderten Menschen **68** 32

Arbeitnehmer/Arbeitnehmerinnen **73** 5f.

Arbeitnehmerfreizügigkeit **18** 4

Arbeitnehmer-Sparzulage **52** 8

Arbeitsablauf **41** 11, 16; **102** 94

Arbeitsangebote der Arbeitgeber, qualitative Grundsätze **81** 2

Arbeitsassistenz **33** 5, 77ff.; **72** 6; **101** 11; **102** 7, 12, 41, 44; **108** 1; **Vor 136ff.** 4
- 3-Jahres-Zeitraum **33** 78f.
- Arbeitgebermodell **108** 13f.
- Arbeitsplatzerlangung **108** 3
- Assistenzbedarf **108** 18
- Bedarfsstufen **108** 9, 17
- begleitende Hilfen im Arbeitsleben **108** 3
- Begriff **108** 7, 9, 17
- BIH-Empfehlungen **108** 7ff., 17
- Budgetfähigkeit **17** 26
- Dienstleistungsmodell **108** 13f.
- Erstattungsanspruch der Integrationsämter **33** 79
- Gebärdensprachdolmetscher **6 BGG** 4
- Integrationsprojekte **134** 14f.
- Kostenübernahme **102** 16; **108** 6, 12
- Notwendigkeit **102** 41
- Selbstbestimmung **108** 11
- Verordnungsermächtigung **108** 1ff.
- Wunsch- und Wahlrecht **102** 41

Arbeitsbereich, Budgetfähigkeit **17** 26

Arbeitseinkommen **52** 7

Arbeitsentgelt **52** 6ff.

Arbeitserprobung **33** 59ff.; **51** 14
- Übergangsgeld **45** 23ff.; **51** 14

Arbeitsförderung **6** 4; **104** 4, 8, 11; *s. a. SGB III*
- Arbeitsleben, Teilhabeleistungen **6 a** 1; **33** 8

Stichwortverzeichnis

– Beiträge **44** 16, 18
– Beitragszuschüsse **44** 16, 18
– Bewerbungsunterlagen **33** 29
– Fahrtkosten **33** 29
– Gründungszuschuss **33** 44 ff.
– Vermittlungsaktivitäten **33** 29
– Werkstattbeschäftigte **Vor 136 ff.** 4
Arbeitsförderungsgeld **43** 1 ff.; **Vor 136 ff.** 4; **138** 6
– Anrechnung **43** 5 ff.
– Auszahlung **43** 11
– Bezugsberechtigung **43** 5
– Krankengeldbezug **43** 9
– Kürzung **43** 8
– Rechtsmittel **43** 11
Arbeitsgemeinschaften **6 a** 1, 8 f.; **19** 28
– Anträge, Entscheidung über **12** 13
– Aufgaben, übertragbare **12** 14
– Aufsicht **12** 15
– Auftragsverwaltung **12** 13
– Gemeinsame Empfehlungen, Vorbereitung **13** 33 f.
– Haushaltsplan **12** 13
– Leistungserbringer **19** 3
– regionale Arbeitsgemeinschaften **12** 3, 12 ff.; **19** 10
– Verfassungswidrigkeit **6 a** 9
Arbeitsgerichtsverfahren, Aussetzung **85** 26
Arbeitshilfen **33** 5, 91; **34** 9
– Arbeitgeber **34** 11
– Arbeitsplatzausstattung **34** 13
– Beamte **34** 14
– Betriebsausstattung **34** 9, 13 f.
– Blindheit **34** 10
– Einzelfallbezogenheit **34** 14
– Ermessensausübung **34** 13
– Firmenfahrzeug, Sitzhilfen **Anh. 33** 34; **34** 16
– Integrationsämter **34** 12, 14
– Interessenausgleich **34** 13
– Leistungen an Arbeitgeber **34** 5 f., 9
– Querschnittslähmung **34** 10
– Rechtsanspruch **34** 13
– Rehabilitationsträger **34** 13 f.
– Schreibtischarbeitsplätze **34** 16
– Selbstständige **34** 14
– Zuschüsse **34** 13
Arbeitshilfen, technische; *s. Technische Arbeitshilfen*
Arbeitsleben
– Hilfen, begleitende; *s. Begleitende Hilfen im Arbeitsleben*
– Prävention im Arbeitsleben **3** 4; **13** 23
– Schwerbehinderte, Integration **13** 23
– Sicherung der Teilhabe, dauerhafte **4** 3
Arbeitsleben, Leistungen an Arbeitgeber; *s. Arbeitgeber, Leistungen an*
Arbeitsleben, Teilhabe am **4** 11, 14; **5** 5; **33** 1
– Eingliederungshilfe **6** 7
– einstweiliger Rechtsschutz **26** 26
– Heranwachsende **11** 7
– Jugendliche **11** 7
– Leistungen; *s. Arbeitsleben, Teilhabeleistungen*
– Vereitelung, schuldhafte **117** 1 f.
Arbeitsleben, Teilhabeleistungen **1** 6, 11; **4** 3; **5** 6; **6 a** 8; **33** 1 ff.
– Abschluss der Leistungen **51** 8, 17 f.
– Aktivierungsmaßnahmen **45** 22
– Allgemeinbildung **33** 30
– Anpassung, berufliche **33** 31, 33 ff.; **45** 22
– Arbeitgeber, Leistungen an **34** 1 ff.
– Arbeitsassistenz **33** 5, 77 ff.
– Arbeitserprobung **33** 59 ff.
– Arbeitsförderung **6 a** 1
– Arbeitshilfen, technische **33** 5
– Arbeitsmarktentwicklung **33** 10, 56, 58
– Arbeitsmarktlage **33** 10, 56, 58
– arbeitsmarktliches Gutachten **33** 58
– Arbeitsmittel **33** 5
– Arbeitsplatzerhaltung **33** 18, 26, 92
– Arbeitsplatzerlangung **33** 18, 26, 92
– Arbeitsverhältnis, bestehendes **33** 5
– Aufstieg, beruflicher **33** 37
– Ausbildung, berufliche **33** 43; **45** 22, 29
– Ausbildungsvergütung **33** 39
– Ausbildungszeiten **37** 5
– Ausbildungsziel **51** 18
– Ausland, grenznahes **18** 3, 6, 20
– Auswahl **33** 5, 8, 10, 56 ff.
– Auswahlermessen **33** 56, 59
– Auswirkung auf die Erwerbsfähigkeit **33** 20 f.
– Bearbeitungsfrist **6 a** 1
– Bedürftigkeitsprüfung **6** 7
– Befristung **37** 5
– Benachteiligungsverbote **33** 11
– Beratungsgespräche **33** 59
– Berufsberatung **33** 28 f.
– Berufsfindung **33** 59 f.
– Berufsvorbereitung **33** 30 f.; **45** 22
– Besuchsfahrten von Angehörigen **53** 14

- Betriebshilfe **54** 1 f.
- Beurteilungsspielraum **33** 9
- Bundesagentur für Arbeit, Beteiligung **38** 1
- Eignung des Rehabilitanden **33** 10, 56 ff.
- Eignungsabklärung, berufliche **33** 60 f.
- Eignungsuntersuchungen, psychologische **33** 59
- Eingliederung, berufliche **45** 22
- Eingliederungserfolg **33** 22
- Eltern, behinderte **37** 2
- Entscheidungsfrist **6 a** 1
- Erforderlichkeit **33** 59
- Ermessen, gebundenes **33** 9
- Ermessensfehler **33** 10, 56
- Ermessensspielraum **33** 9 f.
- Familienheimfahrten **53** 13 f.
- Fernunterricht **33** 41
- Fortbildung **33** 33, 36
- Frauen, behinderte **33** 23
- Gesamtverantwortung **33** 22
- Grundanspruch **33** 8 ff.
- Grundausbildung **33** 30 f.
- Grundsicherung für Arbeitsuchende **6 a** 1
- Gründungszuschuss **33** 3, 6, 44 ff.
- Handwerksmeister **33** 37
- Haushaltshilfe **33** 60; **54** 1 f., 5 ff.
- Haushaltsrecht **33** 59
- Hilfen, medizinische **33** 63 f.
- Hilfen, pädagogische **33** 63 f.
- Hilfen, psychologische **33** 63 f.
- Hilfen, sonstige **33** 55
- Hilfsmittel **31** 28, 43 f.; **33** 5, 8, 20, 80 ff.
- Integrationsfachdienste **33** 63
- Integrationsmaßnahmen **33** 42
- Kinderbetreuungskosten **54** 1 f., 10
- kommunikative, Fähigkeiten, Training **33** 3
- Koordination **11** 12
- Kostenübernahme **33** 69
- Kraftfahrzeughilfe **33** 5, 21, 73
- Laptop **33** 20, 72
- Lebensunterhalt, Leistungen zum **45** 17 ff.
- Lehrgangskosten **33** 69
- Leistungen, ergänzende **44** 1
- Leistungsdauer **37** 3, 5 f.
- Leistungserbringung im Ausland **18** 3, 6, 20
- Leistungsgesetze **33** 8
- Leistungsgewährung durch Rehabilitationsträger **102** 45, 116 ff.
- Leistungskatalog **33** 8, 12, 25 ff., 55, 62
- Leistungsträger **6 a** 9
- Leistungsverantwortung **6 a** 3
- Leistungsvermögen, qualitatives **33** 18
- Leistungsvermögen, quantitatives **33** 18
- Lernmittel **33** 20, 69 f., 72
- Maßnahmendauer **33** 27
- medizinische Rehabilitation **26** 21 f.; **33** 15 f.
- Neigung des Rehabilitanden **33** 10, 56, 58 f.
- PC **33** 72
- Praktika **33** 5, 62
- Prognoseentscheidungen **33** 9 f.
- Prüfungsgebühren **33** 69
- Prüfungspflicht **11** 12
- Rechtsbegriffe, unbestimmte **33** 9 f.
- Rechtsschutzbedürfnis **33** 12
- Regelzeit **37** 2 f.
- Rehabilitationsträger, Aufgaben **33** 22
- Reisekosten **33** 60; **53** 1, 5 ff.
- Rentenversicherungsträger **6** 10
- Sachleistungen **33** 64
- soziale Fähigkeiten, Training **33** 3
- Sozialhilfeträger **6** 10
- Sparsamkeitsgrundsatz **33** 59, 69
- Studienfahrten **33** 71
- Tätigkeit, außerberufliche **33** 58
- Tätigkeit, bisherige **33** 10, 56, 58
- technische Arbeitshilfen **33** 91
- Teilhabeziel **37** 5
- Teilzeitbeschäftigung **37** 2
- Trägerschaft, gespaltene **6 a** 1, 8
- Training lebenspraktischer Fähigkeiten **26** 25
- Übergangsgeld **33** 27, 39, 60; **45** 17 ff.; **51** 15
- Umschulung **33** 33, 38
- unechte Rehabilitation **6 a** 13
- Unterbrechung, gesundheitsbedingte **51** 15 f.
- Unterbringung, internatsähnliche **33** 67
- Unterbringung, internatsmäßige **33** 67
- Unterhaltsbeihilfe **51** 15
- Unterkunft **33** 5, 65 ff.
- Unterrichtsmaterialien **33** 5
- unterstützende Hilfen **33** 3, 5, 63 f.
- Unterstützte Beschäftigung **33** 32

– Verdienstausfall, Unvermeidbarkeit **33** 74ff.
– Verfahren **33** 8, 60
– Vermittlungsunterstützung **33** 3, 27f., 69
– Verpflegung **33** 5, 65f.
– Verpflegungsgeld **33** 68
– Verwaltungsabsprache **33** 7, 79
– Vorrang **33** 7
– Wahlrecht **9** 41
– Weiterbildung **33** 31, 33, 36f.; **37** 3, 7ff.; **45** 22
– Weiterbildung, betriebliche **33** 39
– Weiterbildung, überbetriebliche **33** 40
– weitere Leistung **51** 9
– Weiterqualifizierung **33** 36f.
– Weiterzahlung der Leistungen **51** 1
– Werkstätten für behinderte Menschen; *s. dort*
– Wiedereingliederung **33** 1, 42
– Wirtschaftlichkeitsgrundsatz **33** 59, 69
– Wohnungsausstattung **33** 20, 92
– Wohnungskosten **33** 5
– Ziele **33** 5, 14; **39** 3
– Zusammenwirken **11** 1
– Zusatzausbildung **51** 18
– Zuständigkeit **33** 8, 16, 29
– Zuständigkeitserklärung **33** 13
Arbeitslosengeld **8** 6; **49** 4; **51** 19ff.
– Arbeitsunfähigkeit während Arbeitslosengeldbezugs **51** 21
– Ruhen des Anspruchs **51** 11
Arbeitslosengeld II **8** 6; **49** 4
Arbeitslosenversicherung **104** 8
Arbeitslosmeldung **51** 19f.
Arbeitsmarkt, allgemeiner **38a** 1, 3; **132** 1, 3, 9, 14f.
Arbeitsmarktfähigkeit **40** 10; **Vor 136ff.** 4
Arbeitsmarktprogramme **104** 13
Arbeitsorganisation **81** 30; **83** 10
Arbeitsplatz **73** 1ff.; **82** 5; *s.a. Beschäftigungspflicht*
– Achtwochenfrist **73** 8, 14
– im Ausland **73** 7
– Ausnahmekatalog **73** 9ff.
– Befristung des Arbeitsvertrages **73** 8
– behindertengerechter Arbeitsplatz **81** 21; **102** 93ff.
– Gestaltung, behindertengerechte **34** 9; **73** 3; **81** 30f.
– inländische Stellen **73** 7
– ruhende Arbeitsverhältnisse **73** 7, 13
– Schichtarbeit **73** 8
– technische Arbeitshilfen **102** 94; *s.a. dort*
– Teilzeitarbeitsplätze **102** 94
– Wochenarbeitszeit **73** 8, 14
Arbeitsplatzerhaltung **28** 1, 4, 8; **33** 3, 92
Arbeitsplatzgefährdung **11** 11
– Betriebsschließung, bevorstehende **11** 11
Arbeitsplatzsicherung **28** 1, 4
Arbeitsrecht des SGB IX, besonderes **6 BGG** 4
Arbeitsschutz, berufliche Rehabilitation **35** 10; **36** 6
Arbeitsschutz, sozialer **36** 6
Arbeitsschutzausschuss, Teilnahmerecht der Schwerbehindertenvertretung **95** 17ff.
Arbeitssicherheitsschuhe **33** 84, 88
Arbeitsstätten **102** 94
– Barrierefreiheit **4 BGG** 3
– Einrichtung, behinderungsgerechte **34** 11
– Unterhaltung, behinderungsgerechte **34** 11
Arbeitstherapie **26** 18; **28** 7; **33** 61
Arbeitsumfeld, behinderungsgerechte Gestaltung **81** 30; **83** 10; **102** 94
Arbeitsunfähigkeit **28** 1, 3, 5
– Arbeitsplatzerhaltung **84** 20
– Datenschutz **84** 27
– Eingliederungsmanagement, betriebliches **84** 4
– Krankengeld **51** 16
– Sechs-Wochen-Grenze **84** 20f., 25f.
Arbeitsunfähigkeits-Richtlinie **61** 10
Arbeitsunfall **4** 7; **7** 14
– Hilfsmittelversorgung **31** 29
– Prävention **3** 11
Arbeitsverhältnis **3** 8
– Anfechtung **85** 18
– Aufhebungsvertrag **85** 21, 25
– Bedingung, auflösende **85** 18
– Befristung **85** 18
– Gefährdung **84** 4, 12
– Nichtigkeit **85** 18
– Schwierigkeiten, betriebsbedingte **84** 4, 12f.
– Schwierigkeiten, gesundheitliche **84** 19f.
– Schwierigkeiten, personenbedingte **84** 4, 12f.

– Schwierigkeiten, verhaltensbedingte **84** 4, 12f.
Arbeitsvermittlung **104** 1, 3
Arbeitszeit **81** 30; **83** 10; **124** 5ff.
– berufliche Rehabilitation **36** 6
Arbeitszeiterhöhung **81** 37
Arteriosklerose **2** 13
Arthrodesenstühle **33** 87
Arthrose **2** 13
Artikulationsvermögen **57** 3
Arzneimittel **17** 25; **26** 17; **27** 6
– Blindenschrift **10 BGG** 8
Ärzte
– Beratungspflicht **61** 1, 3f., 7, 9, 12, 15
– Beteiligung **13** 21f.
– Qualifikation, rehabilitationsmedizinische **61** 11
Assessmentverfahren **61** 13
Assistenzleistungen **58** 3
Asthma **61** 16
Asylbewerber, Aufenthaltsgestattung **69** 13
Asylbewerber, gewöhnlicher Aufenthalt **2** 23
Atemwegserkrankungen, chronisch obstruktive **61** 16
ATL **31** 33
Aufenthaltserlaubnis **69** 13
Aufenthaltsgestattung **69** 13
Auffahrrampe **31** 11
Aufgaben, trägerspezifische **4** 19
Aufsichtsbehörden **12** 4
Auftragsleistungen **17** 7
Aufzüge **33** 92
Ausbildungsgeld **44** 15; **45** 29
Ausbildungskosten, Zuschuss zu **68** 42
Ausbildungsordnungen **37** 5
Ausbildungsplätze, behindertengerechte Ausgestaltung **34** 9; **102** 93ff.
Ausbildungsplätze, Leistungen an Arbeitgeber **102** 98ff.
Ausbildungsstellenmarkt **160** 7
Ausbildungszuschüsse **34** 7
– Leistungen an Arbeitgeber **34** 5 ff
Ausführungsverfahren **12** 5
Ausgleichsabgabe **62** 1; **71** 5; **77** 1ff.; **101** 6, 9; **102** 4, 11
– Antriebsfunktion **77** 5
– aufschiebende Wirkung **77** 12
– Auftragsanrechnung **140** 1ff.
– Ausgleichsfunktion **77** 5; **102** 3
– Ausschlussfrist **77** 12
– Berechnung **77** 8
– Dynamisierung **77** 9
– Einzug **77** 4
– Erstattungen **77** 12
– Feststellungsbescheid **77** 12, 21; **80** 6
– Höhe **77** 4, 8
– Mittelverteilung **77** 15ff.; **78** 3f.; **102** 26ff.
– Nachforderungen **77** 12
– öffentlicher Dienst **77** 20
– Rechnungslegung **77** 18
– Rechtsmittel **77** 4, 12; **80** 6
– Rechtsweg **77** 21
– REHADAT-Elan **77** 8; **80** 9
– Subsidiarität **77** 14
– Verfassungsmäßigkeit **77** 5ff.
– Verordnungsermächtigung **79** 2, 6
– Verwaltung **77** 18f.
– Verwaltungsverfahren **77** 18ff.
– Verwendung **77** 14
– Widerspruchsbehörde **77** 21
– Zahlungsweise **77** 10
– Zuständigkeit **77** 10
– Zwangsvollstreckung **77** 12
– Zweckbindung **77** 13f., 18
Ausgleichsfonds **78** 2ff.
– Gestaltung **79** 6, 8
– Mittelvergabe **78** 3f., 7; **79** 8
– Verwaltungsverfahren **79** 6ff.
– Wirtschaftsplan **78** 3
Ausgleichsrenten **8** 6
Auskunft **12** 1
Auskunfts- und Beratungsstellen **23** 1, 7
Auskunftserteilungspflicht **22** 25
Ausländer, geduldete **2** 23
Auslandspraktika **33** 62
Auslegung bestimmter Rechtsbegriffe **1** 12
Aussiedler **122** 3
Aussteuerung **49** 6; **51** 12
Auszubildende **73** 5
– Doppelanrechnung **76** 2, 8
Autismus, Kommunikationshilfen **6 BGG** 1f.
Autositz, schwenkbarer **31** 34

B
Baby-Rufanlage **31** 34
Baden-Württemberg **7 BGG** 3
– Barrierefreiheit **4 BGG** 18
– Behindertenbeauftragter **14 BGG** 5
– Dolmetschervergütung **9 BGG** 8
– Gebärden, lautsprachbegleitende **6 BGG** 5f.

– Gebärdensprache **6 BGG** 5f.
– Kommunikationshilfen **6 BGG** 5f.
– Staatsanwälte, Schwerbehindertenvertretung **94** 14
– Verbandsklagerecht **13 BGG** 9
BAG Selbsthilfe **29** 9
Bahn **4 BGG** 5, 10
– Barrierefreiheit **BGG Einl.** 7, 9
Bahnhöfe
– Barrierefreiheit **4 BGG** 10; **13 BGG** 8
– gering frequentierte Bahnhöfe **4 BGG** 10; **13 BGG** 8
– Verbandsklage **4 BGG** 10; **13 BGG** 8
BAR; *s. Bundesarbeitsgemeinschaft für Rehabilitation*
Barrierefreie Informationstechnik-Verordnung **11 BGG** 3f.
Barrierefreiheit **14** 29; **19** 11; **57** 6; **1 AGG** 4; **BGG Einl.** 2f., 5ff.; **1 BGG** 4; **4 BGG** 1ff., 8ff.; **9 BGG** 1f.
– Allgemeines Gleichbehandlungsgesetz **19 AGG** 1
– Anlagen **57** 6
– Arbeitsstätten **4 BGG** 3
– Bauen **4 BGG** 3; **8 BGG** 1, 6
– bauliche Barrieren **23** 19
– Definition **19** 12
– demografische Entwicklung **BGG Einl.** 19
– Dienstleistungsautomaten **4 BGG** 3f.
– DIN-Normen **4 BGG** 4
– Dokumente **10 BGG** 5
– Erschwernis, besondere **4 BGG** 5
– Fahrausweisautomaten **4 BGG** 4
– geistig behinderte Menschen **4 BGG** 1
– Gemeinsame Empfehlungen **20** 4
– gemeinsame Servicestellen **23** 7, 17
– inclusion **4 BGG** 2
– Informationsquellen **57** 6
– Informationsverarbeitung **57** 6; **4 BGG** 3
– Kommunikationsbarrieren **14** 29; **57** 6; **4 BGG** 1
– Kommunikationseinrichtungen **57** 6
– Kosten **19** 12
– Landesrecht **4 BGG** 18
– Legaldefinition **BGG Einl.** 3; **4 BGG** 1, 18
– Lernbehinderte **4 BGG** 1
– Produktgestaltung **4 BGG** 3
– Räume **57** 6
– Rechtsansprüche **4 BGG** 6
– Schriftstücke **10 BGG** 1ff., 5
– seelisch behinderte Menschen **4 BGG** 1
– Signalgebung **4 BGG** 3f.
– Sprach-Barrierefreiheit **55** 12
– technische Standards **4 BGG** 4
– Verbandsklagerecht **BGG Einl.** 3
– Verkehr **4 BGG** 3; **8 BGG** 1, 6
– Verkehrsmittel **57** 6
– Zielvereinbarung **BGG Einl.** 3; **4 BGG** 4; **5 BGG** 1ff.
Barrieren **2** 10, 21
Basisversorgungstheorie **31** 33, 35
Batterien **31** 17
Bauen
– Barrierefreiheit **BGG Einl.** 19; **1 BGG** 1; **4 BGG** 3, 16; **8 BGG** 1ff., 6
– DIN-Normen **4 BGG** 4; **8 BGG** 2, 8ff.
– Erweiterungsbauten **8 BGG** 1f.
– militärische Bauten **8 BGG** 5
– Neubauten **8 BGG** 1f.
– Regeln der Technik, anerkannte **8 BGG** 3, 8
– Umbauten **8 BGG** 1f.
– zivile Bauten **8 BGG** 1, 5
Baugewerbe, Regelentgelt **47** 16
Bauordnungsrecht; *s. Landesbauordnungen*
Bayern
– Barrierefreiheit **4 BGG** 17f.
– Behindertenbeauftragter **14 BGG** 5
– Gebärden, lautsprachbegleitende **6 BGG** 5f.
– Gebärdensprache **6 BGG** 5f.
– Kommunikationshilfen **6 BGG** 5f.
– Staatsanwälte, Schwerbehindertenvertretung **94** 14
– Verbandsklagerecht **13 BGG** 9
Beamte/Beamtinnen **73** 5f.; **128** 1ff.
– Allgemeines Gleichbehandlungsgesetz **128** 6; **8 AGG** 3; **24 AGG** 1f.
– amtsärztliche Untersuchung **84** 50
– Arbeitshilfen **34** 14
– begleitende Hilfen im Arbeitsleben **128** 3
– Beschäftigung **128** 3
– Beschäftigungsanspruch **81** 39
– Dienstunfähigkeit **84** 11
– Eingliederungsmanagement, betriebliches **84** 50
– Gleichstellung mit schwerbehinderten Menschen **68** 32
– Prävention, betriebliche **84** 10f., 18

Beauftragter des Arbeitgebers; *s. Arbeitgeberbeauftragter*
Beauftragter/Beauftragte der Bundesregierung für die Belange behinderter Menschen **BGG Einl.** 2; **4 BGG** 7; **14 BGG** 1
- Aufgaben **15 BGG** 1, 3
- Beendigung des Amtes **14 BGG** 4
- Befugnisse **15 BGG** 1
- Beteiligungsrecht **15 BGG** 1 ff.
- Unterstützungspflicht **15 BGG** 3
- Zusammenarbeit **15 BGG** 2

Bedarf; *s. Leistungsbedarf*
Bedarfserkennung
- Gemeinsame Empfehlung „Frühzeitige Bedarfserkennung" **13** 25

Bedarfsfeststellung **10** 15; **19** 13
- Frist **6 a** 13; **10** 4

Bedarfsgerechtigkeit **4** 8; **9** 13, 19, 42; **10** 18
- Gemeinsame Servicestellen **23** 4, 7; **25** 3
- Hilfsmittel **31** 21, 24 f.

Bedarfsprüfung **21** 6
Bedarfszulassung **19** 8
Beeinträchtigung **10** 15
- Dauer **2** 17
- zu erwartende **2** 18 f.

Beförderung, unentgeltliche; *s. Unentgeltliche Beförderung*
Beförderungsunternehmen
- Ansprüche gegen Beförderungsunternehmen **1** 6
- Leistungsansprüche gegen die Länder **1** 6

Begleitende Hilfen im Arbeitsleben **11** 13; **33** 7; **73** 3; **102** 3, 5, 12, 16 f., 19 f., 26, 33
- Antrag **102** 51
- Arbeitgeber, Leistungen an **102** 93 ff.
- Arbeitsassistenz **108** 3
- Arbeitsplatzbegriff **102** 21 f.
- Aufstockungsverbot **102** 45, 56; **104** 10
- Ausgleichsabgabe **102** 26 ff.; **113** 3
- außergewöhnliche Belastungen **102** 93, 109 ff.; **108** 4, 12; **123** 8
- Beförderungskosten **102** 70
- befristete Beschäftigungsverhältnisse **102** 21
- Budgetfähigkeit **17** 26
- Darlehen **102** 76, 91, 96
- Eingliederungsmanagement, betriebliches **102** 107 f.
- Einkommensverhältnisse **102** 48 f.
- Erreichen des Arbeitsplatzes **102** 60 ff.
- Erstattungsmöglichkeit **102** 127
- Existenzgründung **102** 72 ff.
- Fortbildungsmaßnahmen **102** 82 ff.
- Generalklausel **102** 87 ff.
- individuelle Förderung **102** 29
- Integrationsprojekte **134** 6 f.
- Kraftfahrzeughilfeverordnung, Hilfen nach der **102** 60 ff.
- laufende Leistungen **102** 50
- Lebenslagen, behinderungsbedingte **102** 87 ff.
- Leistungsgewährung **102** 43, 46 ff.
- Leistungsgewährung durch Rehabilitationsträger **102** 45, 116 ff.
- Nachrang **104** 10
- persönliches Budget **102** 128 f.
- Selbständigkeit **102** 77
- Teilzeitbeschäftigung **102** 21
- Vermögensverhältnisse **102** 48 f.
- Verwaltungsvorschriften **102** 33 ff.
- Vorleistung **102** 125 f.
- Weiterbildungsmaßnahmen **102** 82 ff.
- Zinszuschüsse **102** 76
- Zuschüsse **102** 91, 96

Begleitperson, Berechtigung zur Mitnahme
- Beförderung, unentgeltliche **126** 11
- Einkommensteuer **126** 11
- Fahrdienst **126** 11
- Kraftfahrzeugsteuerbefreiung **126** 11
- Parkerleichterungen **126** 11
- Parkplatzreservierung **126** 11
- Wertmarke **126** 11

Begutachtung **12** 9 f.; *s. a. Gutachten*
- Aktivitäten **12** 10
- Gemeinsame Empfehlung „Einheitliche Begutachtung" **13** 25
- Gemeinsame Empfehlungen **13** 11
- Grundsätze, möglichst einheitliche **12** 9; **13** 11
- Mehrfachbegutachtung **14** 35
- Partizipation **12** 10
- Teilhabestörung **12** 10

Begutachtungshilfe „Geriatrische Rehabilitation" **12** 10
Begutachtungsrichtlinie Vorsorge und Rehabilitation **2** 9; **9** 34
Begutachtungs-Richtlinien Vorsorge und Rehabilitation des Medizinischen

Dienstes der Spitzenverbände der Krankenkassen **12** 10
Behinderte **1** 5
Behindertenbeauftragte
– Bundesbeauftragter; *s. Beauftragter/ Beauftragte der Bundesregierung für die Belange behinderter Menschen*
– Landesrecht; *s. dort*
Behindertenbericht 2009 **160** 6f.
behindertenfreundlich **4 BGG** 2
behindertengerecht **4 BGG** 2
Behindertengleichstellungsgesetz **BGG Einl.** 19
– Anwendungsbereich **BGG Einl.** 5
– Auslegung **1 BGG** 7
– Berichtspflicht **66** 3, 6
– Gesetzgebungskompetenz **BGG Einl.** 5, 8, 16
– Inkrafttreten **BGG Einl.** 1
– Vertretungsbefugnis **4 BGG** 7
– Zielsetzung **1 BGG** 2f., 7
Behindertenverbände, Klagerecht; *s. Klagerecht der Verbände*
Behindertenverbände, Prozessvollmacht **63** 6
Behinderung **1** 5; **2** 1, 3f., 12, 21; **BGG Einl.** 4; **1 BGG** 1; **3 BGG** 1
– Abwendung **26** 9; **27** 4
– Aufhebbarkeit **2** 17
– Ausgleich **26** 9; **27** 4; **31** 4, 12, 25, 32, 34ff.
– Beseitigung **2** 17; **4** 3, 9; **26** 9, 17; **27** 4
– chronische Erkrankung **3** 5; **26** 10
– Erwerbsfähigkeit **4** 9
– Feststellung **2** 20; **3 BGG** 1
– Feststellung der Behinderung **69** 1ff.
– Folgen **4** 3
– Gleichstellung mit schwerbehinderten Menschen; *s. dort*
– Grad der Behinderung **69** 1ff., 14ff.
– ICF **2** 6
– Milderung **26** 17
– Minderung **4** 3, 9; **26** 9; **27** 4
– Pflegebedürftigkeit **2** 21
– Prävention **84** 5
– psychische Behinderung **69** 38
– SGB IX **2** 6ff.
– Teilhabebeeinträchtigung **1** 9
– Vermeidung **3** 1, 3, 5f.; **4** 9
– Vermittlungsvertreter **3** 6
– Verschlimmerung, Verhütung **26** 9, 17; **27** 4
– vorübergehende Gesundheitsstörungen **69** 16
– Wechselwirkung, negative **2** 21
– Zeitbezug **2** 7, 12, 17
Behinderung, drohende **1** 5; **2** 3, 17ff.
– Beeinträchtigung, zu erwartende **2** 18f.
– chronische Krankheiten **2** 14
– Feststellung **2** 20
– Pflegebedürftigkeit **2** 21
– Teilhabeberatung **61** 3
– Verhinderung **2** 17; **3** 6
– Vorbeugung **31** 4
– Wahrscheinlichkeit des Eintretens **2** 19
Behinderungsverarbeitung **26** 23
von Behinderung bedrohte Menschen; *s. Behinderung, drohende*
Beiladung, Rehabilitationsträger **8** 13
Beirat für die Teilhabe behinderter Menschen **64** 1ff.
– Abstimmung **65** 5
– Amtsdauer **65** 7
– Arbeitsgemeinschaften **64** 10
– Aufgabe, Niederlegung **64** 12
– Aufgabenstellung **64** 4, 10
– Ausgleichsfonds **64** 5f.; **78** 3
– Auslagenersatz **65** 6
– Ausschussbildung **65** 5
– Behindertenverbände **64** 10
– Beratung des Ministeriums **64** 3ff.
– Berufung, Niederlegung **64** 12
– Berufungsverfahren **64** 11f.
– Beschlussfähigkeit **65** 5
– Beteiligungsrechte der Interessenvertretungen **13** 32
– Bundesagentur für Arbeit **64** 10
– Bundesarbeitsgemeinschaft für unterstützte Beschäftigung **64** 10
– Bundesärztekammer **64** 10
– Ehrenamt **64** 12; **65** 6
– Einladung **65** 5
– Evaluationsmaßnahmen **64** 7f.
– Forschungsbegleitung **64** 9
– Geheimhaltungspflicht **65** 8; **130** 4
– Geschäftsordnung **65** 5; **67** 3; **106** 4, 7
– Integrationsämter **64** 10
– Jugendhilfeträger **64** 10
– Kassenärztliche Bundesvereinigung **64** 10
– kommunale Selbstverwaltungskörperschaften **64** 10
– Koordinierungsaufgaben **64** 3ff.
– Kosten **64** 3a

– Krankenversicherungsvertreter **64** 10
– Länder **64** 10
– Mitgliederzahl **64** 2, 10
– Mitwirkungsrecht **64** 6
– Niederschriften **65** 5
– Rechtsstellung **64** 3 a
– Rehabilitationseinrichtungen, Förderung **64** 5
– Rentenversicherungsträger **64** 10
– Sozialhilfeträger **64** 10
– Sozialpartner **64** 10
– Spitzenverbände **64** 10
– Stellvertreter der Mitglieder **64** 11; **106** 2
– Stellvertreter des Vorsitzenden **65** 2 f.; **106** 2
– Teilnahmerecht **65** 5
– Unfallversicherungsträger **64** 10
– Unterstützung des Ministeriums **64** 5
– Verfahren **65** 2, 5
– Verordnungsermächtigung **67** 1 ff.
– Verwaltungsausschuss **64** 3 a
– vorschlagsberechtigte Institutionen **64** 10 ff.
– Vorschlagsrecht **64** 4 f.
– Vorsitzender **65** 2 f.; **106** 2
– Wählbarkeit der Mitglieder **65** 3
– Wahlberechtigung **65** 4
– Wahlen **65** 3; **106** 2 f.
– Wohlfahrtspflege, freie **64** 10
– Zusammensetzung **64** 10
Beiträge **44** 7, 16 ff., 29 f.
Beitragszuschüsse **44** 7, 16 ff., 29 f.
Belastungserprobung **26** 18; **28** 7; **33** 61
Belegungsgarantie **21** 6
BEM; *s. Eingliederungsmanagement, betriebliches*
BEM-Team **84** 48
Benachteiligung **7 BGG** 4
Benachteiligungsverbot **1** 1, 14; **2** 4; **9** 46; **BGG Einl.** 2; **1 BGG** 2, 4
– Arbeitsleben, Teilhabeleistungen **33** 11
– Beweislast **7 BGG** 4
– Individualklagemöglichkeit **7 BGG** 5
– Klagerecht der Verbände **63** 1
– Sozialleistungen, notwendige **4** 5
– Träger öffentlicher Gewalt **7 BGG** 1 ff.; **9 BGG** 3; **10 BGG** 2
Benachteiligungsvermeidung **1** 14
Beratender Ausschuss bei der Bundesagentur für Arbeit **105** 1 ff.
– Abberufung **106** 8
– Amtsdauer **106** 8
– Aufgaben **105** 4
– Beschlussfähigkeit **106** 7
– Beschlussfassung **106** 7
– Ehrenamtlichkeit **106** 9
– Geheimhaltungspflicht **106** 10; **130** 4
– Geschäftsführung **106** 11
– Geschäftsordnung **106** 1, 4, 7
– Mitglieder **105** 5
– Stellvertretung **106** 2, 5 ff.
– Verfahren **106** 1
– Vorsitz **106** 2, 5 f.
– Wahlverfahren **106** 2 ff.
Beratender Ausschuss bei dem Integrationsamt **103** 2 ff.
– Abberufung **106** 8
– Amtsdauer **106** 8
– Beschlussfähigkeit **106** 7
– Beschlussfassung **106** 7
– Ehrenamtlichkeit **106** 9
– Geheimhaltungspflicht **106** 10; **130** 4
– Geschäftsführung **106** 11
– Geschäftsordnung **106** 1, 4, 7
– Stellvertretung **106** 2, 5 ff.
– Verfahren **106** 1
– Vorsitz **106** 2, 5 f.
– Wahlverfahren **106** 2 ff.
– Zuständigkeit **103** 3
Beratung **12** 1, 8; **22** 1
– Beteiligungsrechte der Interessenvertretungen **13** 32, 34
– Gemeinsame Empfehlungen **13** 11
– Gemeinsame Servicestellen **22** 1 ff.
– trägerübergreifende Beratung **12** 8
Beratungsstellen der Behinderten **22** 7
– Teilhabeberatung **61** 1, 3, 5
Bergleute **90** 10
Bergmannsversorgungsschein **75** 7
Berichte über die Lage behinderter Menschen und die Entwicklung der Rehabilitation **66** 1; **160** 7
Berichte über die Lage behinderter Menschen und die Entwicklung ihrer Teilhabe **3** 13; **160** 7
Berichtspflicht **160** 1 ff.
Berlin
– Barrierefreiheit **4 BGG** 18
– Behindertenbeauftragter **14 BGG** 5
– Behindertengleichstellung **6 BGG** 1; **7 BGG** 4
– Beweislastumkehr **7 BGG** 4
– Gebärden, lautsprachbegleitende **6 BGG** 5 f.
– Gebärdensprache **6 BGG** 5 f.

Stichwortverzeichnis

– Kommunikationshilfen **6 BGG** 5 f.
– Kommunikationshilfenverordnung **9 BGG** 8
– Verbandsklagerecht **13 BGG** 9
Berufliche Anpassung, Budgetfähigkeit **17** 26
Berufliche Rehabilitation **5** 1; **31** 43
– Arbeitnehmerhaftungsbeschränkung **36** 6
– Arbeitsrecht **36** 1, 3
– Arbeitsschutz **35** 10; **36** 6
– Arbeitszeit **36** 6
– Art der Behinderung **35** 8, 10
– Datenschutz **36** 6
– Diskriminierungsschutz **36** 6
– Eingliederungserfolg **35** 8
– Frauen, behinderte **35** 10
– Gemeinsame Empfehlung „Qualitätssicherung“ **35** 9
– Gemeinsame Empfehlungen **35** 1 f.
– Gesamtvereinbarung **18** 12
– Gleichberechtigung **36** 6
– kirchliche Trägerschaft **36** 1
– Leistungsausführung **35** 3
– Leistungsinhalte **35** 2
– Maßnahmendauer **35** 9
– Mitwirkungsmöglichkeiten **35** 2, 11; **36** 4 f.
– Mitwirkungsrechte **35** 2
– Mutterschutz **36** 6
– Recht auf informationelle Selbstbestimmung **36** 6
– Rehabilitationseinrichtungen **19** 6; **35** 1, 3 ff., 9 ff.
– Schwere der Behinderung **35** 8, 10
– sexuelle Belästigung **36** 6
– Teilnahmebedingungen **35** 2, 10
– Teilnehmer, Rechtsstellung **36** 1 ff.
– Teilnehmerschutz **36** 3
– Unfallverhütung **35** 10
– Urlaubsanspruch **36** 6
– Werkstätten für behinderte Menschen **41** 3
– Wirtschaftlichkeitsgrundsätze **35** 2
Berufliche Teilhabe **6 a** 8, 11
– Fristüberschreitung **6 a** 12
– Werkstätten für behinderte Menschen **39** 9
Berufliche Trainingszentren für seelisch erkrankte Menschen **35** 6
Berufsausbildung, Leistungen an Arbeitgeber **102** 103 ff.
Berufsausübung **AGG Einl.** 1
Berufsbegleitung **38 a** 1 ff., 5, 10 f.; **102** 8, 42; **108** 1
– Kostenübernahme **102** 16, 42
– Verordnungsermächtigung **108** 1 ff.
Berufsberatung **33** 28 f.; **104** 8
Berufsbildungsbereich **Anh. 33** 9; **37** 4; **39** 10; **40** 1 ff., 5 ff.; **42** 1; **45** 22, 29; **48** 6
– Übergangsgeld **48** 6; **51** 7
Berufsbildungswerke **9** 40; **17** 8; **19** 6; **35** 4
– Ausgleichsabgabe **62** 1
– berufliche Rehabilitation **33** 43; **35** 1, 3; *s. a. dort*
– Erstausbildung **35** 4
– Jugendliche, behinderte **35** 4
Berufsfindung **33** 59 f.; *s. a. Eignungsabklärung, berufliche*
Berufsfördernde Leistungen **4** 11; **5** 5
Berufsförderungswerke **9** 40; **17** 8; **19** 6; **33** 40; **35** 5
– Anpassungsmaßnahmen **35** 5
– Ausgleichsabgabe **62** 1
– berufliche Rehabilitation **35** 1, 3; *s. a. dort*
– Eignungsabklärung, berufliche **33** 60
– Erwachsene, behinderte **35** 5
– Weiterbildungsmaßnahmen **35** 5
Berufsfreiheit **21** 6; **89** 8
Berufskrankheiten **7** 14
– Hilfsmittelversorgung **31** 29
– Prävention **3** 11
Berufsleben, Teilhabe am **2** 1
Berufsunfähigkeit **8** 6
– Zustimmung des Integrationsamts **92** 1 ff.
Berufsvorbereitung **33** 30 f.; **40** 6; **45** 22
– Budgetfähigkeit **17** 26
– Übergangsgeld **48** 6; **51** 7
Beschädigten-Grundrenten **8** 6
Beschäftigungsanspruch **81** 28
– Beweislast **81** 40
– Rechtsweg **81** 40
Beschäftigungspflicht **71** 6 ff.; **81** 1, 10; **102** 4; **116** 12; **122** 2 f.
– Anrechnung Beschäftigter **75** 3 ff.; **127** 2
– Anzeigepflicht **71** 14; **77** 10
– Ausbildungsplätze **72** 9
– besondere Gruppen schwerbehinderter Menschen **72** 2, 4 f.
– Entschließung, freie **101** 5 f.; **102** 1
– Feststellungsbescheid **77** 10
– Frauen, schwerbehinderte **71** 8

– Gleichgestellte **71** 8
– Heimarbeit **127** 3
– Nachwirkungsfrist **116** 9
– Ordnungswidrigkeiten **71** 6, 14; **80** 5, 8, 12; **156** 2
– Ortsbesichtigung **80** 11
– Pflichtarbeitsplatz **74** 1 ff.; **75** 2 f.; **127** 2
– Pflichtplatzberechnung **71** 7, 11; **74** 2
– Pflichtquote **71** 7, 12 f.; **74** 3; **77** 1; **79** 2, 4 f.
– Rundungsregel **74** 3 f.
– Säumniszuschlag **77** 11
– Schwerbehinderte **71** 8
– Schwerbehindertenvertretung, Beteiligung **95** 12
– Umorganisation **81** 21
– Verfahren **71** 14
– Verfassungsmäßigkeit **71** 6
– Vermittlungsreserve **71** 12 f.
– Verordnungsermächtigung **79** 2 ff.
Beschäftigungssituation **160** 7
Beschäftigungstherapie **27** 6
Bescheide **10 BGG** 2 f.
Beschleunigungsgebot **14** 37
Beschwerderecht der Verbände
– Bundesverfassungsgericht **63** 5
– Landesverfassungsgerichte **63** 5
besondere Bedürfnisse **1 BGG** 1, 3
Besuchsfahrten von Angehörigen **53** 14 f.
Betreuer
– Vorstellung zur Beratung **60** 5 ff.
– Wahrnehmung von Behinderungen **60** 4
Betreuung
– Wünsche der Betreuten **9** 16
– Zustimmungsverweigerung des Betreuten **9** 16
Betreuung, psychosoziale; *s. Psychosoziale Betreuung*
Betrieb **87** 6 f.; **94** 7
Betriebsarzt **13** 21 f.; **28** 5, 7; **84** 31, 37, 45
Betriebsausschuss **95** 17
Betriebsgeheimnisse **130** 1, 4; **155** 4, 8
– Verwertung **155** 11
Betriebshilfe **44** 7, 28
– Alleinerziehende **54** 2
– Arbeitsleben, Teilhabeleistungen **54** 1 f.
– Ehegatten, mitarbeitende **54** 11
– landwirtschaftliche Unternehmer **54** 11
– medizinische Rehabilitation **54** 1 f.
Betriebsleiter **156** 4
Betriebsrat **87** 7; **93** 1, 3 f.; *s. a. Interessenvertretungen, kollektive*
– Förderung der Eingliederung Schwerbehinderter **84** 16
– Gesamtbetriebsrat **93** 11; **97** 6
– Initiativrecht **68** 11
– Kündigung, außerordentliche **91** 12
– Mitbestimmungsrechte **83** 12
– Zusammenarbeitsverpflichtung **99** 3 f., 6 ff.
– Zustimmungsverweigerung **81** 13 f.
Betriebsratsausschüsse **95** 17
Betriebsratsmitglieder **73** 12
Betriebsschließung **11** 11
Betriebsvereinbarung **84** 43
Betriebsversammlung, Teilnahmerecht der Schwerbehindertenvertretung **95** 26
Bettwäsche **31** 12
Beurkundungsverfahren, Kommunikationsbarrieren **57** 7
Bewegungseinschränkungen **2** 13
Bewegungstherapeuten, Hinweispflicht **61** 7 f.
Bewerberauswahl **AGG Einl.** 1
Bewerbervorschlag **82** 6
Bewerbungsunterlagen
– Arbeitsförderung **33** 29
– Einsichtsrecht der Schwerbehindertenvertretung **95** 14
Bewerbungsverfahrensanspruch **82** 2
Bezirksschwerbehindertenvertretung **83** 9; **97** 5, 8, 15, 17
– Dienstortwechsel **97** 8
– stellvertretendes Mitglied **97** 11
– Wahl **97** 15
– Wahlberechtigung **97** 8
– Zuständigkeit **97** 12, 14
Bezirks-Vertrauensperson **97** 16
Bildung **BGG Einl.** 11 ff.
Bleiberecht **14** 1
Blindenführhunde **31** 8, 10
– Budgetfähigkeit **17** 25 f.
– Hilfsmittel **55** 8
– Hundesteuerbefreiung **126** 12
Blindengeld **126** 12
Blindenschrift-Bogenmaschine **55** 11
Blindenschrift-Kennzeichnungs-Verordnung **10 BGG** 8
Blindenwaren **143** 2
Blindenwerkstätten **Vor 136 ff.** 4; **143** 1 ff.
– Ausgleichsabgabe **62** 1

Stichwortverzeichnis

Blindheit **1 BGG** 1; **85** 12; **90** 16
- Arbeitshilfen **34** 10
- Beförderung, unentgeltliche **126** 7, 12; **Vor 145ff.** 4; **145** 7f.
- Begriff **145** 8
- Einkommensteuerpauschbetrag **126** 6, 12
- Hilfsmittel **55** 8
- Kommunikationsbarrieren **23** 21
- Kraftfahrzeugsteuerbefreiung **126** 12; **Vor 145ff.** 3; **145** 9
- Parkerleichterungen **126** 12
- Parkplatzreservierung **126** 12
- Rundfunkgebührenpflicht, Befreiung **126** 12
- Schriftstücke **10 BGG** 1ff.
- Schwerbehinderung **34** 10
- Telefon, Sozialtarif **126** 12

Braille-Schrift **10 BGG** 1

Brandenburg
- Barrierefreiheit **4 BGG** 18
- Behindertenbeauftragter **14 BGG** 5
- Gebärden, lautsprachbegleitende **6 BGG** 5f.
- Gebärdensprache **6 BGG** 5f.; **9 BGG** 8
- Kommunikationshilfen **6 BGG** 5f.; **9 BGG** 8
- Landesbehindertenbeirat **14 BGG** 5
- Verbandsklagerecht **13 BGG** 9

Bremen
- Barrierefreiheit **4 BGG** 18
- Dolmetschervergütung **9 BGG** 8
- Gebärden, lautsprachbegleitende **6 BGG** 5f.
- Gebärdensprache **6 BGG** 5f.; **9 BGG** 8
- Kommunikationshilfen **6 BGG** 5f.; **9 BGG** 8
- Sicherstellungsauftrag **9 BGG** 8
- Verbandsklagerecht **13 BGG** 9

Brillen **31** 12

BRK; *s. UN-Behindertenrechtskonvention*

Brustkrebs **61** 16

Budgetfähigkeit **17** 3, 14, 21; *s.a. Persönliches Budget*
- Arbeitsassistenz **17** 26
- Arbeitsbereich **17** 26
- Arbeitsleben, begleitende Hilfen **17** 26
- Arzneimittel **17** 25
- ärztliche Behandlung **17** 25
- Bedarfe, alltägliche **17** 21f., 24, 28
- Bedarfe, regelmäßig wiederkehrende **17** 21, 24, 28
- berufliche Anpassung **17** 26
- Berufsvorbereitung **17** 26
- Betriebskosten bei Hilfsmitteln **17** 25
- Blindenführhunde **17** 25f.
- Eingliederungshilfen, stationäre **17** 26
- Ergotherapie **17** 25
- Erwerb praktischer Kenntnisse und Fähigkeiten **17** 26
- Fahrtkosten **17** 21, 25f.
- familienentlastende Dienste **17** 26
- Frühförderung **17** 26
- Funktionstraining **17** 25f.
- Gebärdensprachdolmetscher **17** 25f.
- Haushaltshilfe **17** 25f.
- häusliche Krankenpflege **17** 24ff.
- Heilmittel **17** 25
- heilpädagogische Leistungen **17** 26
- Hilfsmittel **17** 25
- Hochschulbesuch **17** 26
- Inkontinenzprodukte **17** 25
- Kfz-Hilfe **17** 26
- Kinderbetreuung **17** 26
- Leben, gemeinschaftliches **17** 26
- Leben, kulturelles **17** 26
- Lebensunterhalt **17** 23
- medizinische Rehabilitationsleistungen **17** 25
- Mehrbedarf **17** 23
- Mobilitätsunterstützung **17** 26
- Pflegegeld **17** 26
- Pflegehilfsmittel **17** 26
- Pflegesachleistungen **17** 26
- Rahmenempfehlung **17** 26
- Rehabilitationseinrichtungen, stationäre **17** 28
- Rehabilitationsleistungen, ambulante **17** 27
- Rehabilitationssport **17** 25f.
- Reisekosten **17** 25f.
- Stromkosten **17** 25
- technische Hilfen **17** 25
- teilstationäre Pflege **17** 26
- Trennungskostenbeihilfe **17** 26
- Weiterbildung **17** 26
- Werkstatt für behinderte Menschen, Leistungen in **40** 8
- Werkstätten für behinderte Menschen **41** 18
- Wohnen, betreutes **17** 26
- Wohnungshilfe **17** 26

– zahnärztliche Behandlung **17** 25
– Zahnersatz **17** 25
Budgets, integrierte **17** 24
Budgetverordnung **17** 38; **21 a**
Bundesagentur für Arbeit **6** 10; **6 a** 1, 13; **101** 10
– Arbeitshilfen **104** 1
– Arbeitsleben, Leistungen an Arbeitgeber **34** 6
– Arbeitsleben, Teilhabeleistungen **38** 1
– arbeitsmarktliche Gutachten **33** 58; **38** 1, 3ff.
– Arbeitsvermittlung **104** 1, 3
– Auffangzuständigkeit **33** 13
– Aufgabenzuweisung **104** 5ff.
– Bedarfsfeststellung **6 a** 13, 15
– Beratender Ausschuss **105** 1ff.; **106** 1ff.
– Beratungspflicht **6 a** 13
– Berichtspflichten **104** 4, 12
– Beteiligung **11** 4, 10; **13** 17
– Einblicksrecht **80** 11
– Entscheidungsfrist **6 a** 13
– Erstattungsverfahren **14** 16
– Geheimhaltungspflicht **130** 4, 7f.
– Gemeinsame Empfehlungen **13** 17
– Grundsicherungsträger **6 a** 9, 15
– Kraftfahrzeughilfe **Anh. 33** 1
– Leistungen, ergänzende **44** 3
– Leistungsausführung **17** 5; **21** 15
– Leistungsvoraussetzungen **7** 17
– Rechtsweg **118** 10
– Rehabilitationsträger **6 a** 3, 6, 9f., 13, 15; **104** 1, 3, 10
– Schwerbehindertenrecht, Durchführung **104** 2f.
– Servicepflichten gegenüber Arbeitgebern **104** 4
– Statistikpflichten **104** 4, 12
– Stellen, besondere **104** 4, 13
– Stellungnahmen **38** 1, 3ff.
– Stellungnahmen während medizinischer Rehabilitation **38** 8
– Teilhabeleistungen, Bewilligung **14** 16
– Teilhabeplan **6 a** 13
– Teilnahmekosten, Übernahme **21** 15
– Unterstützungspflicht **81** 1, 11
– Verfahrensbeschleunigung **14** 16
– Vertragsrecht **21** 15
– Wahlrecht zwischen drei Gutachtern **6 a** 13
– Werkstätten für behinderte Menschen **Vor 136ff.** 4
– Widerspruchsausschuss **106** 2ff.
– Zusammenarbeitsverpflichtung **99** 7; **101** 4; **102** 12; **104** 1
– Zuständigkeit **6 a** 4ff.; **7** 17; **11** 10; **14** 16; **101** 4
– Zuständigkeitserklärung **6 a** 14
Bundesanstalt für Arbeit; *s. Bundesagentur für Arbeit*
Bundesarbeitsgemeinschaft der Integrationsämter und Hauptfürsorgestellen **13** 31
Bundesarbeitsgemeinschaft der Landesjugendämter **13** 30
Bundesarbeitsgemeinschaft der überörtlichen Träger der Sozialhilfe **13** 30
Bundesarbeitsgemeinschaft für Rehabilitation **13** 35; **102** 14
– Berichtsaufgaben **13** 35
– Empfehlungsvorschläge **13** 35, 40f.
– Initiativaufgaben **13** 35
– Neutralität **13** 36
– Steuerungsaufgaben **13** 35
– Unabhängigkeit **13** 36
Bundesbeamte, Rehabilitationsansprüche **84** 11, 50
Bundesbehindertenbericht **66** 3ff.
Bundesfernstraßengesetz, Barrierefreiheit **BGG Einl.** 3
Bundesnachrichtendienst, Beschäftigungspflicht **158** 2
Bundesnachrichtendienst, Schwerbehindertenvertretung **158** 1
Bundesregierung, Berichtspflicht **66** 1ff.; *s. a. Bundesbehindertenbericht*
Bundesstatistik **131** 1
Bundesverbände der Krankenkassen **13** 37
Bundesversorgungsgesetz, Anrechnungsverbot **123** 3, 5f.
Bundesversorgungsgesetz, Kausalitätsprinzip **14** 10
Bundesverwaltung, Benachteiligungsverbot **7 BGG** 1f.
Bundesverwaltungsamt **9 BGG** 4
Bundeswahlordnung **4 BGG** 9
Bundeswehr, Barrierefreiheit **8 BGG** 5
Bundeswehrkrankenhäuser, Barrierefreiheit **8 BGG** 5
Bürgerrechte für behinderte Menschen **1 BGG** 6
Busse, Barrierefreiheit **4 BGG** 5
Bußgeld, Abführungspflicht **156** 2
Bußgeldbescheide **118** 7; **156** 2, 8
Bußgeldrahmen **156** 1, 6

Stichwortverzeichnis

C
Case Management **22** 8, 17
– Gemeinsame Servicestellen **22** 1
Chancengleichheit **1** 1
Chronifizierung, Gemeinsame Empfehlungen **13** 14
Chronische Krankheiten **2** 13f., 20
– Abwendung **26** 9; **27** 4
– Ausgleich **27** 4
– Behinderung **26** 10
– Behinderungsbegriff **3** 5
– Beseitigung **27** 4
– Disease Management Programme; *s. dort*
– Leistungszuständigkeit **14** 1
– medizinische Rehabilitation **26** 10
– Minderung **27** 4
– Prävention **84** 5
– Teilhabebeeinträchtigungen **26** 10
– Vermeidung **3** 1f., 5f.
– Verschlimmerung, Verhütung **27** 4

D
Daseinsvorsorge, garantierende **1** 6
Datenschutz **10** 3, 26f.; **13** 35; **80** 8, 11
– Eingliederungsmanagement, betriebliches **84** 29ff., 37, 44ff., 50, 53
– Entlassungsbericht **10** 27
– gemeinsame Servicestellen **23** 25
– Versorgungsverträge **21** 34
Dauerbegleitung **53** 10
Dauerbeschäftigung, Zusicherung **34** 18
Deutsche Gebärdensprache; *s. Gebärdensprache*
DIA-AM **40** 10; **Vor 136ff.** 4
Diabetes mellitus **69** 17, 23
– Typ 1 **61** 16f.
– Typ 2 **61** 16
Diagnosen **12** 10
Diagnosis Related Groups **20** 5; **27** 13
Dienstanweisung **84** 43
Dienstleistungen **1** 6; **4** 5; **9** 40; **18** 6
– stationäre Leistungen zur medizinischen Rehabilitation **18** 6
Dienstleistungsfreiheit **18** 4
Dienststelle **87** 6; **94** 7, 13
DIN 55350 **4** 18; **20** 5
DIN-Normen
– Barrierefreiheit **4 BGG** 4; **8 BGG** 8ff.
Direktionsrecht des Arbeitgebers **85** 18
Disability Manager **84** 48, 52
Disease Management Programme **8** 6; **61** 16
– Akutversorgung **61** 17
– Behandlungsprogramme **61** 16f.
– Behandlungsverlauf **61** 16
– Beratungspflicht des Arztes **61** 18
– Hinweispflicht des Arztes **61** 18
– medizinische Rehabilitation **61** 17
– Prüfpflichten des Arztes **61** 18
– Rehabilitationsleistungen **61** 17
– Teilhabebeeinträchtigung **61** 18
– Therapieziele **61** 16
– Verordnung **61** 17
– Versorgungsqualität **61** 16
Diskriminierung, positive **2 BGG** 4
Diskriminierungsschutz; *s. Allgemeines Gleichbehandlungsgesetz*
Diskriminierungsverbot **89** 9, 12; **101** 6; **116** 12
Dokumente, barrierefreie **10 BGG** 5ff.
Doppel-Oberschenkelamputierte Personen **Anh. 33** 11
Doppel-Unterschenkelamputierte Personen **Anh. 33** 11
Dreiseitige Verträge **12** 14; **30** 12
DRG **20** 5; **27** 13
Drohende Behinderung; *s. Behinderung, drohende*
Duldung, gewöhnlicher Aufenthalt **2** 23
Durchschnittskosten **9** 20, 35

E
EBHG **13** 15
EBM **13** 15
eEurope 2002 **11 BGG** 6
Effizienz **9** 4
EFQM **18** 16; **20** 12
eGovernment 2.0 **11 BGG** 3
Eidesleistung **BGG Einl.** 6; **4 BGG** 9
Eigeneinrichtungen **21** 3, 43
Eigentumsgarantie **89** 8
Eignung, fachliche **82** 7ff.
Eignungsabklärung, berufliche **51** 14
– Arbeitsleben, Teilhabeleistungen **33** 60f.
– Berufsförderungswerke **33** 60
– Übergangsgeld **45** 6, 23ff.; **51** 14
Eignungsuntersuchungen, psychologische **33** 59
Eilfälle **15** 12
Einarbeitungsplan, Leistungen an Arbeitgeber **34** 18
Einbauküche **31** 11

Eingangsdiagnostik **30** 8, 11
Eingangsverfahren **Anh. 33** 9; **37** 4; **40** 2ff.; **42** 1; **45** 22, 29; **48** 6
– Übergangsgeld **48** 6; **51** 7
Eingliederung **1** 4; **33** 1; **113** 8
Eingliederung, berufliche **6a** 9; **94** 1; **95** 5f., 8f.; **99** 3; **102** 1
– Anregungen **95** 9
– Beschwerden **95** 9
Eingliederungserfolg **33** 22
Eingliederungshilfe **4** 12; **5** 1; **6** 1; **13** 1
– Arbeitsleben, Teilhabe am **6** 7
– Bedürftigkeitsprüfung **55** 7
– frühe Hilfen **56** 1
– medizinische Rehabilitation **6** 7
– Strukturverantwortung **19** 10
– Teilhabe am Leben in der Gemeinschaft **55** 7
– Werkstätten für behinderte Menschen **Vor 136ff.** 4, 16f.
– Zuständigkeit, sachliche **42** 5
Eingliederungshilfen, stationäre **17** 26
Eingliederungshilfe-Verordnung **59** 3f.; **6 BGG** 2
Eingliederungsmanagement, betriebliches **10** 6ff.; **68** 20; **102** 107f.
– Arbeitnehmer, betroffene **84** 34
– Arbeits- und Gesundheitsschutz **84** 42
– Arbeitsgerichtsbarkeit **84** 53
– Arbeitsunfähigkeit **84** 4
– Aufklärung des Beschäftigten **84** 27
– Ausgangssituation **84** 29
– begleitende Hilfen im Arbeitsleben **102** 107f.
– BEM-Team **84** 48
– Betriebsarzt **84** 31, 37, 45
– Betriebsvereinbarung **84** 43
– Beweislast **84** 49
– Boni **84** 52
– Datenschutz **84** 29ff., 37, 44ff., 50, 53
– Dienstanweisung **84** 43
– Disability Manager **84** 48, 52
– Durchführung **84** 53
– Durchführungspflicht **84** 34
– Freiwilligkeitsprinzip **84** 34, 50
– Fürsorgepflicht des Arbeitgebers **84** 24f.
– Geltungsbereich **84** 19
– Hilfsmitteleinsatz **84** 39
– Integrationsvereinbarung **84** 43
– Interessenvertretungen, kollektive **84** 35f.
– Klärungsverfahren **84** 20ff.
– Kündigungsschutz **84** 49, 53
– medizinische Rehabilitation **84** 39
– Mitbestimmung, betriebliche **84** 42f.
– Mitwirkungspflicht des Arbeitnehmers **84** 34
– öffentlicher Dienst **84** 50
– Organisation **84** 22, 41ff.
– Pflicht des Arbeitgebers zum Tätigwerden **84** 24ff.
– Prämien **84** 52
– Richtlinie **84** 43
– Schadensersatzanspruch **84** 51
– Schwerbehindertenvertretung **84** 35f.
– Servicestellen **84** 32, 38
– Suchverfahren, ergebnisoffenes **84** 6, 28
– Teilhabe am Arbeitsleben, Leistungen zur **84** 39
– Umsetzung **84** 53
– Wiedereingliederung, stufenweise **84** 39
– Zumutbarkeit von Maßnahmen **84** 33
Eingliederungsverfahren **2** 19
Eingliederungsversuche **41** 14
Eingliederungsvorschlag **6a** 5, 11, 15
– Entscheidungsfrist **6a** 15
– Gutachtenerstellung **6a** 15
– Teilhabebedarf **6a** 15
– Verwaltungshandeln **6a** 15
Eingliederungszuschüsse **34** 8; **159** 5
– Akkordzuschläge **34** 19
– Arbeitsentgelt **34** 19
– besondere Gruppen schwerbehinderter Menschen **72** 3
– Erfolgsprämien **34** 19
– Fahrkostenerstattungen **34** 19
– Förderungsdauer **72** 3
– Gefahrenzuschläge **34** 19
– Hitzezuschläge **34** 19
– Kündigung des Leistungsberechtigten **34** 23
– Leistungen an Arbeitgeber **34** 5f., 8, 19ff.
– Renteneintrittsalter **34** 23
– Rückforderung **34** 20ff.
– Rückforderungsbetrag **34** 24
– Sachbezüge **34** 19
– Schmutzzulagen **34** 19
– Überstundenvergütungen **34** 19
– Urlaubsgeld **34** 19
– Vereinbarung **34** 19
– vermögenswirksame Leistungen **34** 19
– Weihnachtsgeld **34** 19

– Weiterbeschäftigung, Unzumutbarkeit **34** 23
Einkommensanrechnung **14** 15
Einkommensteuer
– außergewöhnliche Belastungen **126** 11 f.
– Kraftfahrzeugkosten **126** 6, 11
– Nachteilsausgleiche **126** 4 ff.
– Pauschbetrag **126** 5 f., 12
– Schwerbehindertenpauschbetrag **69** 15, 21
Einleitungsverfahren **12** 5
Einrichtungen, gemeinnützige, Anspruchsberechtigung **1** 5
Einstellungsanspruch **122** 2
Einstellungsverfahren **85** 1
Einstweilige Anordnung **6 a** 12
– Prüfpflicht **8** 13
Einvernehmen, Rahmenempfehlungen **13** 4, 26 ff.
Eisenbahn **147** 4 ff.
Eisenbahn-Bau- und Betriebsordnung **BGG Einl.** 7; **4 BGG** 10; **5 BGG** 10; **13 BGG** 8
– Programme **5 BGG** 10
Elektrorollstuhl **31** 33, 45
Eltern
– Vorstellung zur Beratung **60** 5 ff.
– Wahrnehmung von Behinderungen **60** 4
Eltern, behinderte **21** 30
– Arbeitsleben, Teilhabeleistungen **37** 2
Eltern behinderter Kinder
– Beteiligungsrecht **4** 22
– Erziehungsverantwortung **4** 22
– Informationsrecht **4** 22
– Mitentscheidungsrecht **4** 22
Elternzeit **Vor 136 ff.** 4
Empfehlungen, gemeinsame **135** 3; *s. Gemeinsame Empfehlungen*
Entgeltersatzleistungen **13** 20; **53** 1
– Aktualisierung **50** 9
– Anpassung **49** 2; **50** 1, 4, 5 ff.
– Anpassungsfaktor **50** 2 f., 10
– Anpassungsvoraussetzungen **50** 7 ff.
– Anpassungszeitpunkt **50** 7 ff.
– Bemessungszeitraum **50** 7 ff.
– Berechnungsgrundlage **50** 7
– Dynamisierung **50** 9
– Gemeinsame Empfehlung **45** 6
– Kontinuität **49** 1, 5
– Vermeidung **3** 5
Entgeltfortzahlung **52** 7; **Vor 136 ff.** 4
– medizinische Rehabilitation, ambulante Leistungen **45** 6
Entlassungsbericht, Weiterleitung **10** 27
– Zustimmungserklärung der Berechtigten **10** 27
Entschädigungsberechtigte
– Beförderung, unentgeltliche **Vor 145 ff.** 4; **145** 7
– Kraftfahrzeugsteuerbefreiung **Vor 145 ff.** 3; **145** 9
Entschädigungsleistungen **69** 25
Entscheidungsfrist **6 a** 12 f.
– Fristbeginn **6 a** 15
Entwicklung, persönliche
– Förderung **4** 3
– Förderung, ganzheitliche **4** 12, 14
Entwicklungshelfer **73** 11
Entziehung der besonderen Hilfen **102** 11; **117** 1 f.
Epikrise **12** 10
Erfahrungsberichte **13** 42
Erfassungspflichten **15** 3, 15
Erfolgskontrolle **10** 7
Ergänzende Leistungen **1** 6
Ergebnisqualität **4** 18; **20** 5, 7
– gemeinsame Servicestellen **23** 17
Ergotherapeuten, Hinweispflicht **61** 7 f.
Ergotherapie, Budgetfähigkeit **17** 25
Ergotherapie, Frührehabilitation **27** 13
Erholungsräume **81** 30
Ermessen **89** 5
Ermessensausübung **1** 9, 12, 15; **7** 11; **89** 5, 8 ff.
– 3-Stufen-Prüfung **89** 8 ff., 24
– Gemeinsame Empfehlungen **13** 9
Ermessensbindung **7** 6; **10** 5; **89** 5 f.
Ermessensfehlgebrauch **89** 5
Ermessensmangel **89** 5
Ermessensüberprüfung **89** 5
Ermessensüberschreitung **89** 5
Ermessensunterschreitung **89** 5
Ernährung **3** 8
Erstattungsverfahren **14** 16
Ertaubte, besondere Bedürfnisse **1 BGG** 1
Erwerb praktischer Kenntnisse und Fähigkeiten
– Budgetfähigkeit **17** 26
– Teilhabe am Leben in der Gemeinschaft **55** 11
Erwerbsersatzeinkommen **44** 15

Erwerbsfähige Hilfsbedürftige **6a** 1, 4ff.
- Alter **6a** 5
- Aufenthaltsrecht **6a** 5
- Ausländerrecht **6a** 5
- Behinderung **6a** 5
- Behinderung, drohende **6a** 5
- Beschäftigungsförderung **6a** 5, 8
- Eingliederungsleistungen **6a** 5
- gewöhnlicher Aufenthalt **6a** 5
- Leistungsträger **6a** 6
- Rehabilitationsträger **6a** 6
- Zuständigkeit, gespaltene **6a** 6ff.

Erwerbsfähigkeit **33** 18; **41** 9
- Arbeitsleben, Teilhabeleistungen **33** 19f.
- Besserung, wesentliche **11** 5
- Erhaltung **11** 5; **33** 19
- Gefährdung **11** 9, 11
- Minderung **2** 14; **11** 11
- Prüfungspflicht **11** 5ff.
- Verbesserung **33** 19
- Wiederherstellung **11** 5; **33** 19

Erwerbsfähigkeit, Einschränkung
- Minderung **26** 11; **27** 4
- Minderung der Einschränkung der Erwerbsfähigkeit **4** 3
- Überwindung **4** 3; **26** 11; **27** 4
- Vermeidung **4** 3; **26** 11; **27** 4
- Verschlimmerung, Verhütung **26** 11; **27** 4

Erwerbsleben, Teilhabe am **85** 1; *s. a. Arbeitsleben*

Erwerbsminderung, teilweise **8** 6; **41** 9
- Teilzeitbeschäftigung **81** 34
- Zustimmung des Integrationsamts **92** 1ff.

Erwerbsminderung, volle **8** 6; **39** 7f.

Erwerbsminderung auf Zeit, Zustimmung des Integrationsamts **92** 1ff.

Erwerbsminderungsrente **85** 20
- Anrechnungsverbot **123** 5
- Wartezeit, besondere **39** 7

Erwerbstätigkeit **3** 10

Erwerbsunfähigkeit
- Wegeunfähigkeit **Anh. 33** 44
- Werkstätten für behinderte Menschen **39** 8
- Zustimmung des Integrationsamts **92** 1ff.

Europäischer Gerichtshof für Menschenrechte, Beschwerdeverfahren **23 AGG** 7

Europawahlordnung **4 BGG** 9

EU-Vergaberecht **141** 4f.

Existenzerhaltung **102** 72ff.

Existenzgründerseminare **33** 49

Existenzgründung **33** 45f.; **102** 72ff.
- Gründungszuschuss **33** 44ff.
- Tragfähigkeit **33** 47

Extremitäten, fehlende **85** 12; **90** 16

F

Facharzt, Beteiligung **13** 21f.

Fahrausweisautomaten **4 BGG** 4

Fahrerlaubnis; *s. Führerschein*

Fahrgeldausfälle **Vor 145ff.** 1; **145** 10f.; **159** 9
- Erfassungspflichten **153** 1
- Erstattungsverfahren **148** 3f.; **150** 1ff.
- Fernverkehr **149** 1f.
- Härteklausel **148** 4
- Kombiticket **148** 3
- Nahverkehr **148** 1ff.
- Umsatzsteuer **148** 6

Fahrstühle **31** 26

Fahrtkosten, Budgetfähigkeit **17** 21, 25f.

Faktoren, personenbezogene **2** 6, 10

Familienaktivitäten, Integration in **4** 7

Familienentlastende Dienste **19** 15, 18
- Budgetfähigkeit **17** 26

Familienentlastung **4** 6

Familienheimfahrten **45** 12; **53** 13ff.

Familienlastenausgleich, Kinderbegriff **1** 17

Familienunterstützende Dienste **19** 15, 18

Feiertagsarbeit **124** 5

Fernunterricht **33** 41

Fernverkehr **145** 2; **146** 1; **147** 1, 6

Feststellungsbescheid **69** 14; **159** 6

Finalitätsprinzip **4** 7

Firmenfahrzeuge, Sitzhilfen **Anh. 33** 34; **34** 16

Flugreisen; *s. Luftverkehr*

Förder- und Betreuungsgruppen **136** 9f.

Förderfaktoren **2** 10

Förderschul-System **BGG Einl.** 9, 11, 13ff.

Fortbildung **33** 33, 36; **102** 82ff.

Frankreich, berufliche Eingliederung **101** 8

Frauen, behinderte **2 BGG** 1ff.
- Arbeitsleben, Teilhabeleistungen **19** 16; **33** 23f.
- Diskriminierung, positive **2 BGG** 4

– Gleichstellungsförderung **2 BGG** 4
– Versorgungsverträge **21** 35
Frauen, besondere Bedürfnisse **1** 3, 15 f.; **13** 4; **33** 3; **1 BGG** 1, 3
– berufliche Rehabilitation **35** 10
– Eingliederungsziele **1** 16
– Erziehungsaufgaben **1** 16
– Familienpflichten **1** 16
– Interessenvertretungen behinderter Frauen **13** 32, 34; **22** 23
– Leistungen **1** 16
– Leistungsrecht **4** 20
– Rehabilitationssport **44** 23
– Teilzeitmaßnahmen **21** 27
– Verfahrensrecht **4** 20
Frauenförderung **122** 3
Freie Entfaltung der Persönlichkeit **4** 13
Freiheit des Einzelnen **9** 4
Freiheitsrechte **1** 1, 8
Frühe Hilfen **56** 1; *s. a. Frühförderung*
Früherkennung **3** 4, 9; **30** 3
– Beratungsangebot, niedrigschwelliges **30** 11
– einstweilige Anordnung **30** 19
– Gemeinsame Empfehlungen **13** 12; **30** 3, 15; **32** 3
– heilpädagogische Leistungen **56** 1
– Komplexleistung **30** 3, 7 f.; **56** 3, 7, 9
– medizinische Rehabilitation **56** 1
– nichtärztliche Leistungen **30** 7
– Rehabilitation, medizinische **30** 3, 5, 17
– Rehabilitationsleistungen **56** 1
– Vergütungssätze **30** 11
– Verordnungsermächtigung **32** 1
– Zuständigkeit **30** 14
Frühförderstellen **56** 10
Frühförderstellen, interdisziplinäre **19** 6; **30** 4 f., 7 ff., 17 f.
– Zusammenarbeit **30** 8
Frühförderung **3** 4; **17** 6; **26** 12; **30** 1 ff.; **61** 10
– Anordnungsanspruch **30** 19
– Anordnungsgrund **30** 19
– Anspruchsberechtigung **30** 6
– Begleitung der Erziehungsberechtigten **30** 11
– Begriff **30** 4
– Beratung der Erziehungsberechtigten **30** 7, 11
– Beratungsangebot, niedrigschwelliges **30** 11
– Budgetfähigkeit **17** 26
– Eingangsdiagnostik **30** 8, 11
– einstweilige Anordnung **30** 19
– Förder- und Behandlungsplan **30** 12, 17
– Gemeinsame Empfehlungen **13** 12; **30** 3, 15; **32** 3
– Hausfrühförderung **30** 7, 11
– Heilmittel **30** 12
– heilpädagogische Leistungen **56** 1
– Jugendhilfeträger **30** 18
– Kindertagesbetreuung **30** 18
– Komplexleistung **30** 3, 7 ff., 15, 18; **56** 1, 3, 7, 9
– Kostenteilung **30** 17 f.
– Landesrahmenempfehlungen **30** 17 f.
– Leistungen, heilpädagogische **30** 9 f.
– Leistungen, medizinisch-therapeutische **30** 9 f., 12
– medizinische Rehabilitation **56** 1
– Methode Petö **30** 13
– mobil aufsuchende Hilfen **30** 7, 11
– nichtärztliche Leistungen **30** 7; **56** 1
– Rehabilitation, medizinische **30** 3, 5, 13, 17
– Schuleintritt **30** 6, 17
– Sozialhilfeträger **30** 18
– therapeutische Methoden, Zulassung **30** 13
– Unterstützung der Erziehungsberechtigten **30** 11
– Vergütungssätze **30** 11
– Verordnungsermächtigung **30** 15; **32** 1
– Verwaltungsverfahren **30** 17 f.
– Zuständigkeit **30** 14
Frühförderungsverordnung **30** 16 ff.; **32** 3; **56** 7
– Umsetzung **30** 18 f.
Frührehabilitation **21** 14; **27** 5 f., 13
– Behandlungsplan **27** 13
– Bewusstseinslage **27** 13
– Emotion **27** 13
– Ergotherapie **27** 13
– Frührehabilitationspflege **27** 13
– heilpädagogische Leistungen **56** 1
– Kognition **27** 13
– Kommunikation **27** 13
– Kunsttherapie **27** 13
– Logopädie **27** 13
– Mobilität **27** 13
– Neuropsychologie **27** 13
– physikalische Therapie **27** 13
– Physiotherapie **27** 13
– Psychotherapie **27** 13

– Rehabilitationsleistungen **56** 1
– Schlucktherapie **27** 13
– Selbsthilfefähigkeit **27** 13
– Teambesprechung **27** 13
– Vergütung **27** 13
– Verhalten **27** 13
Führerschein **33** 69; **Anh. 33** 3, 5, 37, 39, 45
Funktionsbezogenheit **2** 11; **9** 34; **10** 5, 13 f.
Funktionsfähigkeit **10** 14
– Kontextfaktoren **10** 14
– Wiederherstellung **4** 4
Funktionsstörung **2** 5 f.
Funktionstraining **44** 4, 8, 20 f., 25 f.
– ärztliche Verordnung **44** 26
– Budgetfähigkeit **17** 25 f.
– Rahmenvereinbarung **44** 21
Fürsorge, öffentliche **6** 6
Fürsorgegebot **89** 11 f.
Fürsorgepflicht des Arbeitgebers **84** 24 f.; **124** 9
Fürsorgepflicht der Dienstherren **128** 2

G
Gaststätten
– Barrierefreiheit **4 BGG** 9
– Gesetzgebungskompetenz **4 BGG** 9; **13 BGG** 3
– Verbandsklagerecht **13 BGG** 3
– Zielvereinbarung **4 BGG** 9
Gebärden, lautsprachbegleitende **6 BGG** 1, 3; **9 BGG** 3 f., 7
Gebärdensprachdolmetscher **19** 12; **57** 5; **9 BGG** 6 f.; **21** 29
– Arbeitsassistenz **108** 13; **6 BGG** 4
– Auslagenerstattung **9 BGG** 4
– Bildtelefonie **108** 13
– Budgetfähigkeit **17** 25 f.
– Kostenerstattung **21** 29; **57** 8; **6 BGG** 4
– Kostenzuschuss **6 BGG** 4
– Schwerbehindertenrecht **6 BGG** 4
– Vergütung **21** 29
– Verordnungsermächtigung **9 BGG** 4
Gebärdensprache **4 BGG** 15
– Amtssprache **55** 12
– Deutsche Gebärdensprache **21** 29; **6 BGG** 1, 3
– gemeinsame Servicestellen **23** 22
– Kosten **57** 7
– Rechtsansprüche **6 BGG** 3
– Verwaltungsverfahren **9 BGG** 3 f.
Gehbehinderung
– Beförderung, unentgeltliche **126** 7, 13; **146** 1 ff.
– Einkommensteuer **126** 13
– Einkommensteuerpauschbetrag **126** 6
– Kraftfahrzeugsteuer **126** 7
– Kraftfahrzeugsteuerermäßigung **126** 13
– Sozialhilfe, Mehrbedarfserhöhung **126** 13
– Wertmarke **126** 13
Gehbehinderung, außergewöhnliche
– Beförderung, unentgeltliche **126** 7
– Kraftfahrzeughilfe **Anh. 33** 11, 25, 35
– Kraftfahrzeugsteuerbefreiung **126** 7; **Vor 145 ff.** 3; **145** 9
– Zusatzausstattung, behinderungsbedingte **Anh. 33** 35
Geheimhaltungspflicht **80** 8, 11; **130** 1 ff.
– Nachwirkung **130** 6
– Offenbarungspflicht **130** 8
– Verfahren **130** 9
Geheimnisverrat **155** 1
– Antragserfordernis **155** 5
– Antragsfrist **155** 5
– Antragsrücknahme **155** 5
– in Bereicherungsabsicht **155** 1, 10
– besonders schwerer Fall **155** 1, 10
– Betriebsgeheimnisse **155** 4, 8
– Freiheitsstrafe **155** 5
– fremde Geheimnisse **155** 8
– Geldstrafe **155** 5
– Geschäftsgeheimnisse **155** 4, 8
– Rechtfertigungsgrund **155** 7
– in Schädigungsabsicht **155** 1, 10
– Täterschaft **155** 9
– Unbefugtheit **155** 7
– Verjährungsfrist **155** 5
– Versuch **155** 6
– mit Verwertungserfolg **155** 1, 11
– Vorsatz **155** 6, 9
– Zuständigkeit **155** 5
Gehörlosigkeit **55** 12
– Beförderung, unentgeltliche **126** 7, 14; **Vor 145 ff.** 2
– besondere Bedürfnisse **1 BGG** 1
– Kraftfahrzeugsteuer **126** 7
– Kraftfahrzeugsteuerermäßigung **126** 14; **145** 9
– Nachteilsausgleich „H“ **69** 20
– Rundfunkgebührenpflicht, Befreiung **126** 14

– Telefon, Sozialtarif **126** 14
– Wertmarke **126** 14
Geistigbehinderte
– Barrierefreiheit **4 BGG** 1
– Fördermaßnahmen, pädagogische **56** 5
– Integrationsfachdienste **109** 13
Geistige Fähigkeiten **2** 14, 16, 21
Geistliche **73** 11
Geldleistungen **1** 6; **4** 5; **9** 39
– begleitende Hilfen im Arbeitsleben **102** 56, 58, 93
– Leistungsausführung im Ausland **18** 13
– Persönliches Budget **17** 24, 38
– Teilhabeleistungen **9** 3
– Wahlrecht **9** 39
Gemeinsame Empfehlung „Einheitliche Begutachtung" **4** 19; **12** 10; **13** 25
Gemeinsame Empfehlung „Einheitlichkeit/Nahtlosigkeit" **10** 11; **12** 6; **13** 25
Gemeinsame Empfehlung „Frühzeitige Bedarfserkennung" **13** 25
Gemeinsame Empfehlung „Integrationsfachdienste" **13** 25; **109** 9; **110** 2; **113** 4, 6, 11; **115** 3
Gemeinsame Empfehlung „Prävention nach § 3 SGB IX" **13** 25
Gemeinsame Empfehlung „Qualitätssicherung" **13** 25; **20** 6f.
– Qualitätsmaßstäbe **20** 7
– Rehabilitationsziele **20** 7
– Selbstverpflichtung der Rehabilitationsträger **20** 1
Gemeinsame Empfehlung „Sozialdienste" **13** 25
Gemeinsame Empfehlung „Teilhabeplan" **6 a** 14; **13** 25
Gemeinsame Empfehlung zur Förderung der Selbsthilfe **13** 25
Gemeinsame Empfehlung zur Verbesserung der gegenseitigen Information und Kooperation aller beteiligten Akteure **13** 25
Gemeinsame Empfehlung zur Zuständigkeitsfeststellung **14** 19, 38
Gemeinsame Empfehlungen **3** 4, 13; **12** 5; **13** 25; **102** 120
– Abweichung von Rahmenempfehlungen **13** 27
– Abweichungen von gemeinsamen Empfehlungen **13** 9
– Aufforderung des BMAS **13** 40f.
– Benehmen mit BMAS und den Ländern **13** 38
– Berichtspflichten **13** 4, 42
– Bundesarbeitsgemeinschaft für Rehabilitation **13** 38, 40
– Bundesbeauftragter für den Datenschutz, Beteiligung **13** 39
– Einvernehmen **13** 4
– Einwände von Rehabilitationsträgern **13** 38, 41
– Erfahrungsberichte **13** 42
– Ermessensausübung **13** 9
– Ersatzvornahme durch BMAS **16** 2, 4
– Konvergenz der Leistungen **13** 4
– Kooperation der Rehabilitationsträger **13** 4
– Leistungskoordinierung **13** 4
– öffentlich-rechtlicher Vertrag **13** 8
– Rechtsanwendung, gleichmäßige **13** 9
– regionale Konkretisierung **13** 4, 43
– Selbstbindung der Rehabilitationsträger **13** 9; **21** 39
– Selbstverwaltungsorgane, Beteiligung **13** 7
– Spitzenverbände, Vertretungsrecht **13** 4, 29, 33f., 37
– Unfallversicherung, gesetzliche **13** 39
– Verbände der Betroffenen **13** 32, 34
– Verbände der Leistungserbringer **13** 32, 34
– Verbindlichkeit **13** 8
– Vereinbarung **13** 38ff.
– Verordnungsermächtigung **13** 5; **16** 2f.
– Verpflichtung zur Vereinbarung **13** 5f., 11f., 37; **16** 3
– Versorgungsverträge **21** 38f.
– Verwaltungspraxis **13** 9
– Vorschlag **13** 40
– Zusammenarbeit **13** 10
Gemeinsame Rahmenempfehlung für ambulante und stationäre Vorsorge- und Rehabilitationsleistungen auf der Grundlage des § 111b SGB V **19** 20
Gemeinsame Servicestellen **2** 22; **3** 13; **6 a** 13; **12** 8, 12; **22** 1ff.; **23** 1, 7; **101** 11
– Anforderungslisten **22** 16
– Anträge, Entgegennahme **23** 9
– Antragstellung **22** 14
– Anwalt der Betroffenen **22** 18
– Arbeitsleben, besondere Hilfen im **22** 10ff.
– Ärzte, Beteiligung **23** 11
– Aufgaben **22** 3, 6, 8f.; **23** 11, 13
– Aufgabenkatalog **23** 11
– Barrierefreiheit **23** 7, 17; **4 BGG** 15

- Bedarfsgerechtigkeit **23** 4, 7; **25** 3
- Beratung **22** 9; **23** 12; **61** 3, 5, 12
- Beratungspflicht **22** 4 f., 25; **84** 4
- Bericht **13** 32, 35; **24** 2, 7
- Berichterstattung **24** 3 f.
- Berichtspflicht **24** 2 f.
- Beteiligungsrechte der Interessenvertretungen **13** 32, 34
- Betrieb **23** 3
- Checklisten **22** 16
- Controlling-Instrument **22** 20
- Datenschutz **10** 26; **23** 25; **24** 4
- Dokumentationsbogen **23** 12
- Durchführungshinweise **23** 8
- Entscheidungsaufgaben **22** 9
- Entscheidungsreife, Vorbereitung **22** 16
- Entscheidungsvorbereitung **23** 11
- Erfahrungsberichte; s. *Berichte*
- Ergebnisqualität **23** 17
- Erreichbarkeit **23** 4
- Errichtung **23** 3, 7, 15
- Ersatzvornahme **25** 2
- flächendeckende Einrichtung **23** 4, 7; **25** 2 f.
- Gebärdensprache **23** 22
- Geheimhaltungspflicht **130** 4
- Gemeinsamkeit **23** 6
- Herstellungsanspruch **22** 6
- Hilfebedarf für schwerbehinderte Menschen **22** 21
- Hinwirkungspflicht **23** 14 ff.
- Inanspruchnahme von Leistungen **22** 11 f.
- Informationspflichten **22** 10, 15
- Informationsquellen, visuelle **23** 20
- Informationsverarbeitung **23** 21
- Jugendhilfeträger **23** 8
- Kommunikationsbarrieren **23** 17, 22
- Kommunikationshilfen **23** 22
- Kooperationsmodell **23** 10
- Koordinationspflicht **22** 19 f.
- Kosten **23** 7
- Kostenerstattung **22** 24
- Leistungsvoraussetzungen **22** 10
- Mischverwaltung **23** 5
- Mitteilungen, Aufbereitung **24** 5 ff.
- Mitteilungen der Rehabilitationsträger **24** 3
- Mitwirkungspflichten, Hilfe bei der Erfüllung von **22** 11, 13
- Organisation **23** 3 ff.
- Ortsnähe **23** 4, 7; **25** 3
- Parteifähigkeit **22** 6
- Personalausstattung **23** 23 f.
- Personensorgeberechtigte, Beratungspflicht gegenüber -n **22** 5
- Pflegekassen, Beteiligung **22** 22
- Prozessführungsbefugnis **22** 6
- Prozessqualität **23** 17, 23
- Rahmenempfehlung **13** 25
- Rahmenempfehlung zur Einrichtung trägerübergreifender Servicestellen für Rehabilitation **23** 8 ff.
- Rechtspersönlichkeit **22** 6
- regionale Organisation **22** 8; **23** 4
- Rehabilitationsbedarf, Klärung **22** 11, 15 f.
- Rehabilitations-Management **22** 1
- Rehabilitations-Screening **22** 9
- Sachverständigengutachten, Einholung **22** 9, 15
- Schwerbehindertenvertretung, Einschaltung durch die **22** 5
- Service-Telefone **23** 12
- Sicherstellungsauftrag **23** 4
- Sozialhilfeträger **23** 8
- Standard **23** 3
- Strukturqualität **23** 17
- Teilhabemanagement **22** 20
- Trägerschaft **12** 14
- Unterrichtungspflicht **22** 17
- Unterstützungspflicht **22** 4 f., 17; **23** 12
- Verbände behinderter Menschen **22** 23
- Verfahrensbeschleunigung **22** 18
- Vermittlungspflicht **22** 19 f.
- Verordnungsermächtigung **25** 2 f.
- Vertrauenspersonen, Beratungspflicht gegenüber **22** 4
- Verwaltungsabläufe **22** 10, 14
- Verwaltungsermessen **23** 17
- Wartezeiten, Vermeidung **23** 17, 23
- Wunsch- und Wahlrecht der Berechtigten **9** 17
- Zugangsbarrieren **23** 17 f.
- Zusammenarbeit **23** 6
- Zuständigkeit, örtliche **22** 8
- Zuständigkeiten, Klärung **22** 14
- Zustimmung des Betroffenen **22** 5

Gemeinsamer Bundesausschuss **30** 13
Gemeinschaft; s. *Teilhabe am Leben in der Gemeinschaft*
Gemeinschaftsrecht **2 BGG** 4 ff.
- Behinderungsbegriff **2** 1

Gender Mainstreaming **2 BGG** 6
Geriatrie **17** 6

Stichwortverzeichnis

Gerichte
- Barrierefreiheit **4 BGG** 9
- Schwerbehindertenvertretungen, Zusammenarbeit **95** 25
- Stufenvertretungen **97** 10

Gerichtsgesetze, Barrierefreiheit **BGG Einl.** 3
Gerichtsordnungen, Barrierefreiheit **BGG Einl.** 3
Gerichtssprache **BGG Einl.** 6; **4 BGG** 9
Geruchssinn **2** 15
Gesamtplan **10** 11; **13** 16
Gesamtschwerbehindertenvertretung **83** 9; **97** 5f., 15, 17; **157** 1
- stellvertretendes Mitglied **97** 11
- Wahl **97** 15
- Wählbarkeit **97** 6
- Wahlberechtigung **97** 6
- Zuständigkeit **97** 12f.

Gesamtverantwortung
- Rehabilitationsträger **17** 9f., 32; **33** 22

Gesamtvereinbarung über die Berücksichtigung der Grundsätze der Wirtschaftlichkeit und Sparsamkeit bei der Durchführung der Maßnahmen zur medizinischen Rehabilitation **31** 1
Gesamtvereinbarungen **12** 1; **18** 12
Gesamt-Vertrauensperson **97** 16
Geschäftsführer **156** 4
Geschäftsgeheimnisse **130** 1, 4; **155** 4, 8
- Verwertung **155** 11

Geschmackssinn **2** 15
Gesundheit, funktionale **2** 6; **10** 14f.
Gesundheitsamt **14** 36
Gesundheitschancen **3** 11
Gesundheitserhaltung **31** 40
Gesundheitserziehung **3** 8; **26** 16
Gesundheitsförderung **3** 8; **29** 2
Gesundheitsgefahren, arbeitsbedingte
- Prävention **3** 11

Gesundheitsschäden **7** 17
Gesundheitstraining **26** 16
Gesundheitswiederherstellung **31** 40
Gesundheitszustand, Verbesserung **31** 40
Gewöhnlicher Aufenthalt
- Asylbewerber **2** 23
- Ausländer, geduldete **2** 23

GKV-Spitzenverband **13** 37
GKV-WSG **9** 27ff.; **13** 37
GKV-WSK **31** 37
Glaubhaftmachung **22 AGG** 3
Gleichberechtigung **2 BGG** 2, 4; **122** 3
- berufliche Rehabilitation **36** 6

Gleichheitssatz **1** 1; **89** 8
Gleichstellung mit schwerbehinderten Menschen **2** 3, 23; **68** 1ff., 36ff.; **AGG Einl.** 1
- Anhörung **68** 13
- Arbeitslosigkeit **68** 25
- Arbeitsplatz, geeigneter **68** 17ff., 22ff.
- Arbeitsplatzangebot, konkretes **68** 25, 31
- Arbeitsplatzgefährdung **68** 26f., 29f.
- Behinderungsgrad **68** 21
- Beteiligte **68** 13f.
- Jugendliche **68** 38ff.
- junge Erwachsene **68** 38ff.
- Kündigungsschutz **85** 11
- Nachwirkungsfrist **116** 8
- Prävention **68** 20
- Rechtsanspruch **68** 16
- Rechtsweg **68** 44
- Rücknahme **116** 2f., 8, 11
- SGB II-Bezieher **68** 28
- Verwaltungsakt **2** 24; **68** 7, 14
- Widerruf **116** 2f., 8, 11
- Zusicherung der Gleichstellung **68** 34f.

Gleichstellungsantrag **68** 6ff.
- Antragsberechtigung **68** 9, 11
- Antragseingang **68** 8, 36
- Beratung **68** 12
- Form **68** 10

Gleichstellungsbescheid **68** 14f.
Gleichstellungsvoraussetzungen **68** 17ff.
Grad der Behinderung **69** 1ff., 14ff.
- Absinken unter 50 **116** 2, 6f.
- Alter, hohes **69** 19
- Antragsberechtigung **69** 9
- Feststellung durch andere Stellen **69** 25ff.
- Feststellungsbescheid, Änderung **69** 45
- Feststellungsbescheid, Rücknahme **69** 45
- Feststellungsverfahren **11** 13; **69** 7ff., 45
- Funktionsbeeinträchtigungen **69** 28ff.
- Gesamtgrad **69** 28ff.
- Mitwirkungspflicht **69** 11
- Rechtsweg **69** 46
- Schwerbehinderteneigenschaft **69** 15
- subjektive Komponente **69** 38
- Therapieaufwand **69** 17
- Zuständigkeit, örtliche **69** 10

Grenzgänger **47** 43
Großbetriebe, Gleichstellung mit schwerbehinderten Menschen **68** 33

Großbritannien, Direct Payments **17** 1
Grundausbildung
- Arbeitsleben, Teilhabeleistungen **33** 30f.
- Übergangsgeld **48** 6; **51** 7
Grundbedürfnisse des täglichen Lebens **31** 4, 22, 29, 32ff.
- Ärzte, Aufsuchung **31** 33
- Autofahren **31** 33
- Berufstätigkeit **31** 33
- Bewegungsradius **31** 33
- Freiraum, geistiger **31** 33
- Freiraum, körperlicher **31** 33
- Grundfunktionen, körperliche **31** 33
- Informationsaufnahme **31** 33
- Kommunikation **31** 33
- Körperpflege, elementare **31** 33
- Mobilität **31** 33
- PKW-Besitz **31** 33
- Schulfähigkeit **31** 33
- Schulwissen **31** 33
- Selbsthilfegruppen, Aufsuchung **31** 33
- Therapeuten, Aufsuchung **31** 33
- Verrichtungen des täglichen Lebens, allgemeine **31** 33
- Wohnen, selbstständiges **31** 33
Grundrechte **1** 1
Grundrente **8** 10
Grundsicherung **8** 6
- Arbeitsförderungsgeld, Anrechnung **43** 7
Grundsicherung für Arbeitssuchende **6 a** 1; **104** 4, 8; *s. a. SGB II*
- Arbeitsgemeinschaft **104** 8
- Arbeitsleben, Leistungen zur Teilhabe am **6 a** 1
- Bundesagentur für Arbeit **6 a** 9
- Zuständigkeit **6 a** 8
Grundsicherungsträger **6 a** 1, 3, 9
- Arbeitsleben, Leistungen zur Teilhabe am **6 a** 14
- Begründungslast **6 a** 11
- Eingliederungsvorschlag **6 a** 11
- Entscheidungsfrist **6 a** 12
- Hinwirkungspflicht auf zügige Leistungsgewährung **6 a** 14
- Informationspflichten **6 a** 11
- Pflichten **6 a** 11
- Rehabilitationsträgereigenschaft **6 a** 14
- Weiterleitungspflicht **6 a** 14
Gründungszuschuss **33** 3, 6, 44ff., 47
- Arbeitslosengeld II-Empfänger **33** 50
- Arbeitslosengeldanspruch **33** 47f.
- Aufgabe der selbstständigen Tätigkeit **33** 51
- Fähigkeiten, Nachweis **33** 47, 49
- geringfügige Beschäftigung **33** 53
- hauptberufliche Tätigkeit **33** 46
- Kenntnisse, Nachweis **33** 47, 49
- Leistungsdauer **33** 51
- monatliche Leistungserbringung **33** 51
- Ruhenstatbestände **33** 52
- weiterer Gründungszuschuss **33** 54
Grundurlaub **125** 12
Gruppenfreistellungsverordnung **Vor 136ff.** 7
Gutachten; *s. a. Begutachtung*
- Anforderungsprofile **12** 10
- Erforderlichkeit **14** 31
- Integrationsdienste **14** 35
- Kostenerstattung **14** 31
- Pädagogen **14** 35
- Rehabilitationsbedarf **14** 34f.
- Selbstbeschaffung **14** 31
- Sozialarbeiter **14** 35
- Zweitgutachten **14** 35
Gutachtenerstellung **14** 33
Gutachter, Wahlrecht zwischen drei Gutachtern **6 a** 13; **14** 31f.

H

Hamburg
- Barrierefreiheit **4 BGG** 18
- Behindertenbeauftragter **14 BGG** 5
- Dolmetschervergütung **9 BGG** 8
- Frühförderung **30** 18
- Gebärden, lautsprachbegleitende **6 BGG** 5f.
- Gebärdensprache **6 BGG** 5f.
- Gesamtschwerbehindertenvertretung **97** 6; **157** 1
- Kommunikationshilfen **6 BGG** 5f.
- Landesbehindertenbeirat **14 BGG** 5
- Verbandsklagerecht **13 BGG** 9
Hartz-Gesetze **104** 4
Hauptfürsorgestelle **10** 1f.; **11** 2; **101** 2, 7; **102** 2
Hauptschwerbehindertenvertretung **83** 9; **97** 5, 8f., 15, 17
- stellvertretendes Mitglied **97** 11
- Wahl **97** 15
- Wahlberechtigung **97** 8, 9
- Zuständigkeit **97** 12, 14
Haupt-Vertrauensperson **97** 16
Hausarzt, Beteiligung **13** 21f.
Hausfrühförderung **30** 7, 11

Stichwortverzeichnis

Hausgewerbetreibende **127** 1
– Kündigungsschutz **127** 1
– Sonderurlaub **127** 1
Haushaltshilfe **28** 5 a; **44** 7, 28; **54** 5 f.
– Alleinerziehende **54** 2
– Arbeitsleben, Teilhabeleistungen **33** 60; **54** 1 f.
– Budgetfähigkeit **17** 25 f.
– Ehegatten, mitarbeitende **54** 11
– Höhe **54** 8
– Kinder **54** 7
– Kinder, anderweitige Unterbringung **54** 9
– Kinder, Mitnahme an Rehabilitationsort **54** 9
– landwirtschaftliche Unternehmer **54** 11
– medizinische Rehabilitation **54** 1 f.
Häusliche Krankenpflege, Budgetfähigkeit **17** 21, 24 ff.
Häusliche Pflege, Budgetfähigkeit **17** 21, 24
Hauswirtschaftstraining **55** 11
HBMV **19** 7
Health Care, evidenz-basierte **13** 15
Heilmittel **26** 17; **27** 6
– Antrag **8** 4
– Begriff **31** 7, 10
– Budgetfähigkeit **17** 21, 25
– Dienstleistungen, persönliche **31** 10
– Ergotherapie **17** 25
– Verordnung, ärztliche **31** 10
Heilpädagogik **55** 10
Heilpädagogische Leistungen **55** 10; **56** 1 ff.
– außerschulischer Bereich **56** 4
– Budgetfähigkeit **17** 26
– frühe Hilfen **56** 1
– Früherkennung **56** 1
– Frühförderung **56** 1
– Frührehabilitation **56** 1
– Komplexleistung **56** 1, 3, 7, 9
– nichtärztliche Leistungen **56** 7
– Rahmenregelungen **56** 7
– Teilhabe am Leben in der Gemeinschaft **56** 1
– vorschulischer Bereich **56** 4 f.
– Zuständigkeit **56** 8 f.
Heilungsbewährung **69** 24; **81** 37
Heimarbeit **127** 1
– Allgemeines Gleichbehandlungsgesetz **127** 5
– Anrechnung Beschäftigter **127** 2, 6
– Anzeigepflichten **127** 4
– Auskunftspflichten **127** 4
– Gleichstellungsbegriff **127** 4
– Klageberechtigung **127** 6
– Kündigungsfrist **127** 6
– Kündigungsschutz, besonderer **127** 1, 4
– Meldepflichten **127** 4
– Rechtsweg **127** 6
– Urlaubsgeld **127** 4, 6
– Zusatzurlaub **127** 1, 4, 6
Heime **55** 14
Herzinfarkt, Frühmobilisation **3** 10
Herzinfarkt, Re-Infarkt **3** 10
Herzkrankheiten, koronare **61** 16
Hessen
– Barrierefreiheit **4 BGG** 18
– Behindertenbeauftragter **14 BGG** 5
– Gebärden, lautsprachbegleitende **6 BGG** 5 f.
– Gebärdensprache **6 BGG** 5 f.
– Kommunikationshilfen **6 BGG** 5 f.
– Staatsanwälte, Schwerbehindertenvertretung **94** 14
– Verbandsklagerecht **13 BGG** 9
– Zielvereinbarung **5 BGG** 13
Hilfe zum Lebensunterhalt **8** 6
Hilfegestaltung **9** 9
– Kinder/Jugendliche **9** 9, 15
Hilfeplan **10** 11
Hilfeplanung **9** 9
– Kinder/Jugendliche **9** 9, 15
Hilflosigkeit **69** 20
– Beförderung, unentgeltliche **126** 7, 15; **Vor 145 ff.** 2, 4; **145** 6 f.
– Einkommensteuerpauschbetrag **126** 6, 15
– Hundesteuerbefreiung **126** 15
– Kraftfahrzeugsteuerbefreiung **126** 7, 15; **Vor 145 ff.** 3; **145** 9
Hilfsdienste, ambulante **55** 14
Hilfsdienste, ambulante soziale **19** 6
Hilfskraft **72** 6
Hilfsmittel **1** 11; **27** 6; **31** 3, 34 f.
– Abgabepreis, geringer **31** 18
– Akutversorgung **31** 28
– andere Hilfsmittel **31** 7 f., 10
– Änderung **31** 3, 15
– Anpassung **31** 17, 19
– Anspruch **31** 15, 21, 26
– Antrag **8** 4
– Arbeitgeber, Verpflichtung **33** 84
– Arbeitsleben, Teilhabeleistungen **31** 28, 43 f.; **33** 5, 8, 80 ff.

- Auflagen **31** 19
- aufwändigere Ausführung **31** 21 f.
- Ausbildung im Gebrauch **31** 3, 19
- Ausschreibung **31** 23, 25, 37
- Auswahl **32** 4
- Basisausgleich **31** 33, 35
- Bedarfsfeststellung **31** 23
- Bedarfsgerechtigkeit **31** 21, 24 f.
- Begriff **31** 7 f.
- Begutachtung **31** 6
- Behinderung, Vorbeugung **31** 32
- Behinderungsausgleich **31** 4, 12, 25, 32, 34 ff.
- behinderungsbedingte Veränderungen **31** 15
- Beratung **31** 17
- berufliche Rehabilitation **31** 43 f.
- Berufsausübung **33** 81 f., 86
- Berufsrecht **31** 27
- Berufstätigkeit **31** 43 f.
- Beschädigung, schuldhafte **31** 16
- Betriebskosten **17** 25; **31** 17
- Blindenführhunde **55** 8
- Blindenuhren **55** 8
- Budgetfähigkeit **17** 21, 25
- Defekt **31** 15
- Depots **31** 27
- Dokumentation **32** 4
- drohende Behinderung, Vorbeugung **31** 4
- Eigentum **31** 26
- Eignung **31** 5, 21; **32** 4
- Eignungsprüfung **32** 4
- Eingliederungsmanagement, betriebliches **84** 39
- einstweilige Anordnung **31** 45
- Einzelfallumstände **31** 5
- Entscheidungsverzögerung **31** 46
- Erforderlichkeit **31** 6, 21
- Ersatzbeschaffung **31** 3, 15
- Fernrohrlupenbrillen **55** 8
- Festbetragsfestsetzung **31** 36, 44
- Gebrauch **31** 3, 19
- Gebrauch, vertragsgemäßer **31** 26
- Gebrauchsgegenstände, allgemeine **31** 12 ff.; **33** 82
- Gemeinsame Richtlinien der Verbände der Unfallversicherungsträger über Hilfsmittel **31** 7, 20
- Grundbedürfnisse des täglichen Lebens **31** 4, 22, 29, 32 ff., 43 f.
- Haltevorrichtungen **55** 8
- Heilbehandlung, Sicherung **31** 4
- Hilfsmittelverzeichnis **31** 7, 20, 36
- Individualisierungsanspruch **31** 21
- Instandhaltung **31** 3
- Instandsetzung **31** 15
- Kassenmitgliedschaft **31** 38
- Kausalitätsprinzip **31** 29
- Kontextfaktoren **31** 5 f.
- Körperersatzstücke **31** 7
- Körperfunktionen **31** 6
- Körperstrukturen **31** 6
- Kosten **33** 5
- Kostenanteile **31** 13
- Kostenübernahme **31** 15 f., 36
- Kraftfahrzeuge, Bedienungseinrichtungen **55** 8
- Kraftfahrzeuge, Zusatzgeräte **55** 8
- Krankenbehandlung **31** 24, 31 ff.
- Krankenversicherung **31** 38; **33** 82
- Krankheitsbewältigung **31** 12
- Kriegsopferversorgung **31** 29
- Küchenmaschinen **55** 8
- leihweise Überlassung **31** 3, 23, 26; **32** 4
- Leistungen zur medizinischen Rehabilitation, Notwendigkeit **31** 21
- Leistungsbedarf **31** 6, 23
- Leistungsbescheid **31** 19
- Leistungseinschränkungen **31** 18
- Leistungsgegenstand **31** 3
- Leistungsumfang **31** 3
- Leistungsvorbehalt **31** 19
- Leistungsziele **31** 4 ff.
- medizinische Rehabilitation **31** 28 f., 32, 43 f.; **33** 82
- Mehrkosten **31** 3, 21, 26, 36
- Mindestgebrauchszeiten **31** 16
- Mitführen **31** 11
- Mitnahme **31** 11
- Mitwirkungspflichten **31** 19
- Nebenleistungen **31** 17
- orthopädische Hilfsmittel **26** 17; **31** 7, 18; **33** 82
- Pflege **31** 28
- Pflegeversicherung **31** 31
- Rehabilitationsziele **31** 4 f.
- Reparatur **31** 15 f.
- Rückgabepflicht **31** 26
- Sachen **31** 10
- Sachleistungsanspruch **31** 26
- Schadensersatz **31** 46
- Schalteinrichtungen für elektrische Geräte **55** 8
- Schutzvorrichtung **31** 16

- Selbstbestimmungsrecht **31** 21
- Sitzhilfen **33** 87
- Sorgfaltspflichten **31** 19
- soziale Rehabilitation **31** 43
- Sozialhilfeträger **31** 30
- Strafrecht **31** 27
- Teilhabe am Leben in der Gemeinschaft **31** 28 ff.
- Teilhabe am Leben in der Gesellschaft **33** 82 f.
- Teilhabebeeinträchtigung **31** 1
- therapeutischer Nutzen, geringer **31** 18
- Tonbandgeräte für Blinde **55** 8
- Übergabe **31** 26
- Unfallversicherungsträger **31** 29
- Verordnungsermächtigung **31** 9; **32** 1, 4
- Verschleiß **31** 15
- Wahlrecht **31** 20 f.
- Waschmaschinen **55** 8
- Weckuhren für Hörbehinderte **55** 8
- Wettbewerbsrecht **31** 27
- Wirksamkeit **31** 24 f.
- Wirtschaftlichkeit **31** 21, 24
- Wunschrecht **31** 20 f.
- Zerstörung, schuldhafte **31** 16
- Zielgerichtetheit **31** 24 f.
- Zubehör **31** 17
- Zuständigkeit **31** 39
- Zuständigkeitsabgrenzung **31** 28

Hinwirkungspflicht auf zügige Leistungsgewährung **6 a** 14
Hippotherapie **26** 23
Hirnleistungstraining **26** 23
Hochschulbesuch, Budgetfähigkeit **17** 26
Hochschulen, Barrierefreiheit **BGG Einl.** 3, 9; **4 BGG** 9; **8 BGG** 5
Hörbehinderung **19** 12; **21** 29; **57** 2
- Barrierefreiheit **4 BGG** 15; **6 BGG** 1; **9 BGG** 1 f.
- besondere Bedürfnisse **1 BGG** 1
- Hilfsmittel **6 BGG** 2
- Rechtsansprüche **9 BGG** 1 f., 6
- Wahrnehmung eigener Rechte **9 BGG** 4

Hörfähigkeit, besonders starke Beeinträchtigung **55** 12; **57** 3
Hörgeräte **31** 12, 36; **33** 20, 82, 89 f.; **55** 12; **9 BGG** 4
- analoge Hörgeräte **31** 44
- Arbeitshilfen, technische **102** 56 f.
- digitale Hörgeräte **31** 36, 44; **102** 57
- Energieversorgung **31** 18

Hörgeräteversorgung **1** 12
Hörkassetten **10 BGG** 1
Hörtrainer **55** 12
Hörvermögen **2** 15
Hotels, Barrierefreiheit **4 BGG** 9
Hundesteuerbefreiung **126** 12, 15
Hygiene **3** 8

I

IBRP-Verfahren **19** 7
ICD **2** 6
ICF **1** 1, 4; **2** 5 f., 11; **10** 15; **12** 10; **69** 17
- Aktivitäten **2** 5 f.; **10** 14
- Beeinträchtigungsart **2** 16
- Behindertenbegriff, allgemeiner **2** 6
- Behindertenbegriff, internationaler **2** 6
- Behinderung **2** 6
- Behinderungsbegriff, spezieller **2** 6
- Faktoren, personenbezogene **2** 6
- Funktionsbezogenheit **10** 5, 14
- Funktionsfähigkeit **10** 14
- Funktionsstörung **2** 5 f.
- Gesundheit, funktionale **2** 6; **10** 14 f.
- Kontextfaktoren **2** 6; **10** 14; **31** 5 f.
- Körperfunktionen **1** 4; **2** 6; **10** 14
- Körperstrukturen **1** 4; **2** 6; **10** 14
- Lebensbereiche **2** 16; **3** 6; **4** 4; **10** 14
- Leistungsbedarf **9** 34
- medizinische Rehabilitation **26** 20
- Partizipation **10** 14
- Rehabilitation **2** 6
- seelische Gesundheit **2** 16; **10** 14
- Strukturschaden **2** 5 f.
- Tätigkeiten **1** 4; **2** 6
- Teilhabe **10** 14
- Teilhabebeeinträchtigung **2** 16
- Umweltfaktoren **2** 6
- Wechselwirkung, negative **2** 6
- Zieldefinition **4** 4

ICIDH **1** 1
ICIDH-2; s. *ICF*
IFF; s. *Frühförderstellen, interdisziplinäre*
Impfungen **3** 8
inclusion; s. *Inklusion*
Indikatoren
- Aktivitätenbild **12** 10
- Krankheit **12** 10
- Teilhabebild **12** 10

Individualisierungsgrundsatz **9** 4, 13
- Hilfsmittel **31** 21

Informationsgesellschaft **58** 7
Informationsmedien, Barrierefreiheit **BGG Einl.** 9; **1 BGG** 5; **4 BGG** 3
Informationstechnik, barrierefreie **11 BGG** 1 ff.
– Landesrecht **11 BGG** 1
Informationsverarbeitung, elektronische **10 BGG** 1
Infrastrukturpläne **19** 10, 13
Initiativbewerbung, Beteiligung der Schwerbehindertenvertretung **95** 12
Initiative i2010 **11 BGG** 3
Inklusion **1** 1; **AGG Einl.** 5; **4 BGG** 2, 14
Inklusive Bildung **BGG Einl.** 9, 11 ff.
Insolvenzgeld **52** 7
Integrationsabteilungen **132** 14 f., 20, 22
Integrationsamt **2** 19; **8** 5; **10** 2; **11** 2; **101** 2, 7, 9; **116** 12
– Amtsermittlungspflicht **87** 8
– Antragsweiterleitung **14** 19
– Arbeitshilfen **34** 14
– Aufgabendelegation **107** 2, 5
– Aufgabenzuweisung **102** 15 ff.
– Aufstockungsverbot **102** 7, 45, 56
– Beratender Ausschuss **103** 2 ff.; **106** 1 ff.
– Beteiligung **11** 13
– Einblicksrecht **80** 11
– Entscheidungen, Bindungswirkung **118** 4
– Ermessensausübung **102** 16
– Finanzausgleich **80** 5
– Geheimhaltungspflicht **130** 4, 7 f.
– Gemeinsame Empfehlungen **13** 31
– Gemeinsame Empfehlungen, Vorbereitung **13** 30
– Hilfebedarf für schwerbehinderte Menschen **22** 21
– Initiativrecht **94** 24
– Kooperation **10** 24
– Kraftfahrzeughilfe **Anh. 33** 1
– Leistungen an Arbeitgeber **34** 12
– Leistungsansprüche gegen Arbeitgeber **1** 6
– Leistungsgewährung **102** 16, 18
– medizinische Rehabilitation **11** 3
– Nachrangprinzip **101** 11
– Nebenstellen **107** 5
– Persönliches Budget **17** 19
– Präventionsverfahren **84** 17
– Rechtsweg **118** 10
– Schulungsveranstaltungen, Durchführung **102** 25
– Sozialleistungsträger **101** 9; **102** 1
– Teilhabemanagement **10** 3
– Unterstützungspflicht **81** 1, 11; **83** 11
– Widerspruchsausschuss **106** 2 ff.
– Zusammenarbeitsverpflichtung **10** 3; **99** 7; **101** 4; **102** 12; **104** 1
– Zuständigkeit **4** 5; **6** 11; **83** 11; **87** 5; **101** 4, 11; **102** 7, 44
– Zuständigkeit, örtliche **102** 18
– Zuständigkeitserklärung **102** 7
– Zustimmung zur Kündigung; *s. Zustimmung des Integrationsamts*
Integrationsbetriebe **132** 14 f., 20
Integrationsdienste, Gutachten **14** 35
Integrationsfachdienste **22** 12, 17; **41** 4, 13; **72** 7; **73** 3; **101** 6; **102** 1, 24; **104** 4; **109** 1 ff.; **Vor 136 ff.** 4
– arbeits- und berufsbegleitende Betreuung, besonderer Bedarf **109** 12 f.; **110** 2, 7
– Arbeitsleben, Teilhabeleistungen **33** 63
– Arbeitslosigkeit **110** 2
– Arbeitsplatzerschließung **110** 5
– Aufgaben **110** 2 ff.
– Beauftragung **111** 2 f.
– begleitende Hilfe im Arbeitsleben **109** 10
– Beratung **110** 8
– Berichtspflicht **114** 2 ff.
– Berufsbegleitung **38 a** 1 ff.
– Beschäftigungsstatus **110** 2
– Datenerhebung **114** 2
– Datenschutz **10** 26
– Einrichtung **113** 6
– Ergebnisbeobachtung **114** 1 ff.
– externe Dienste **109** 9
– fachliche Anforderungen **112** 1 ff.
– Fähigkeitsprofil **110** 3
– Förderung **113** 6
– Geheimhaltungspflicht **110** 7; **111** 4; **114** 2; **130** 4
– geistig behinderte Menschen **109** 13
– Gemeinsame Empfehlung „Integrationsfachdienste“ **13** 25; **109** 9; **110** 2; **113** 4, 6, 11; **115** 3
– Hilfebedarf für schwerbehinderte Menschen **22** 21
– Informationspflichten **110** 8
– Interessenprofil **110** 3
– Krisenintervention **110** 9
– Leistungsprofil **110** 3
– Nachbetreuung **110** 9
– Profilmethode **110** 3 f.

– psychosoziale Betreuung **110** 9
– Rechtsanspruch **111** 5
– seelisch behinderte Menschen **109** 12f.
– Teilhabe am Arbeitsleben **109** 10
– Umsatzsteuerbefreiung **109** 14
– Unterstützte Beschäftigung **38a** 12
– Vergütung **113** 2, 5, 11
– Verordnungsermächtigung **115** 1ff.
– Vorbereitung auf vorgesehene Arbeitsplätze **110** 6
– Zielgruppe **109** 11; **111** 5
– Zustimmung des schwerbehinderten Menschen **110** 1, 8
Integrationsfirmen **132** 1
Integrationsmaßnahmen **33** 42
Integrationsplan **83** 2
Integrationsprojekte **35** 7; **41** 4; **72** 7; **73** 3; **116** 12; **132** 1ff.; **134** 2
– Anerkennung **132** 16
– Anspruchsberechtigung **1** 5
– Anteil schwerbehinderter Mitarbeiter **132** 6f., 14, 19
– Arbeitsassistenz **134** 14f.
– Arbeitsmarkt, allgemeiner **132** 1, 3, 9, 14f.
– Arbeitsvertrag **132** 9
– Aufbau **134** 4, 9f.
– Aufgaben **133** 1ff.
– Aufwand, besonderer **134** 13, 15
– Ausbildungsvertrag **132** 9
– Ausgleichsabgabe **134** 1, 4
– Ausstattung **134** 4, 9f.
– befristete Beschäftigungsverhältnisse **134** 6
– begleitende Hilfen im Arbeitsleben **134** 6f.
– Begriff **132** 14f.
– Beratung, betriebswirtschaftliche **134** 12
– Beschäftigungsangebot **133** 2
– Beschäftigungsquote **132** 8
– Betreuung, arbeitsbegleitende **133** 2f.
– Betriebsvereinbarung **132** 4
– Durchschnittsfallkosten **134** 3
– Ermessensleistung **134** 5, 10
– Erweiterung **134** 4, 9f.
– Finanzierung **132** 9, 12; **134** 1ff.
– Förderung, einmalige **134** 4
– Förderung, laufende **134** 4
– Geldleistungen **134** 4
– Gemeinnützigkeit **132** 6f., 14, 16; **134** 16
– Investitionsförderung **134** 4, 9
– Kostenerstattung **132** 11
– Kündigung schwerbehinderter Arbeitnehmer **132** 5
– Landesrecht **135** 3
– Mindestgröße **132** 22
– Modernisierung **134** 4, 9
– Rentenrecht **132** 10f.
– Teilzeitbeschäftigung **134** 6
– Verordnungsermächtigung **135** 1f.
– Vorbereitungsmaßnahmen **132** 9; **133** 4; **134** 7
– Wechsel aus Werkstätten für behinderte Menschen **132** 10f.; **134** 2; **Vor 136ff.** 4
– Weiterbildung, berufliche **133** 2
– Zielgruppe **132** 18, 23
Integrationsunternehmen **132** 2, 4, 14f.
– Höchstanteil schwerbehinderter Menschen **132** 14, 20f.
– Rechtsträger **132** 17
– Teilhabe **132** 21
– Wirtschaftlichkeit **132** 2, 21
Integrationsvereinbarung **28** 8; **68** 33; **71** 5; **83** 1ff.; **89** 11; **101** 6; **116** 12
– Arbeitgeber, öffentliche **82** 12
– Arbeitsgerichtsbarkeit **83** 12
– Arbeitshilfen **83** 13
– Arbeitsorganisation **83** 10
– Arbeitsplatzgestaltung **83** 10
– Arbeitsumfeld, behinderungsgerechte Gestaltung **83** 10
– Arbeitszeit **83** 10
– Betriebsvereinbarung besonderer Art **83** 5
– Eingliederungsmanagement, betriebliches **84** 43
– Einigungsstellenverfahren **83** 5, 12
– einzelbetriebliche Integrationsvereinbarungen **83** 8
– Entbehrlichkeit **82** 13
– Erzwingbarkeit **83** 6f.
– Fragebogen **83** 13
– Öffnungsklausel **83** 8
– Personalplanung **83** 10
– Rahmenintegrationsvereinbarungen **83** 8
– Rechtsanspruch **83** 6
– Unterstützung der Verhandlungen **83** 11
Integrationsvorrang **19** 21
Integrierte Versorgung, Verträge **17** 10
Integrierter Behandlungs- und Rehabilitationsplan **19** 7

Interessenvertreter **73** 12
Interessenvertretungen, kollektive **93** 1 ff.
- Beschlussaussetzung **95** 20
- Bildungsveranstaltungen **102** 25
- Eingliederungsmanagement, betriebliches **84** 35 f.
- Förderpflicht **93** 5 f.
- Geheimhaltungspflicht **130** 7 f.
- Präventionsverfahren **84** 16
- Schulungsveranstaltungen **102** 25
- Schwerbehindertenvertretung, Beteiligung **95** 16 ff.
- Sitzungen **95** 16 f.
- Überwachungspflicht **93** 7
- Zusammenarbeitsverpflichtung **99** 3 f., 6 ff.

Interessenvertretungen behinderter Frauen **13** 32, 34
- Beteiligungsrecht **22** 23 f.
- Sicherstellungsauftrag **19** 14

Interessenvertretungen behinderter Menschen
- Beteiligungsrechte **13** 32

Interkurrente Erkrankungen **45** 16
Internat **33** 67
Internationale Klassifikation der Funktionsfähigkeit, Behinderung und Gesundheit; *s. ICF*
Internationale Klassifikation der Funktionsfähigkeit und Behinderung; *s. ICIDH*
Internationales Jahr der Behinderten **14 BGG** 1
Internetanbieter, Barrierefreiheit **11 BGG** 7
Internetangebote, barrierefreie **11 BGG** 2
Internetauftritte, barrierefreie **11 BGG** 2
Intranetauftritte, barrierefreie **11 BGG** 3
IQMP-Reha **20** 12
ISO 8402 **4** 18; **20** 5

J

Japan, berufliche Eingliederung **101** 8
Jugendhilfe
- Arbeitsleben, Teilhabeleistungen **33** 8
- Barrierefreiheit **4 BGG** 14
- Leistungen von Amts wegen **14** 21 f.

Jugendhilfeträger
- Arbeitsleben, Teilhabeleistungen **33** 45
- Budgetfähigkeit **17** 21
- Gemeinsame Empfehlungen, Vorbereitung **13** 4, 30
- Hilfeplan **10** 11
- Klagebefugnis **63** 1
- Kraftfahrzeughilfe **Anh. 33** 1, 9
- Leistungsvoraussetzungen **7** 17
- Persönliches Budget **17** 19
- Rehabilitationsträger **6** 1, 5 f., 8
- Selbstbeschaffung **15** 13 f.
- Teilhabe am Leben in der Gemeinschaft **6** 10
- Unterrichtungspflicht **15** 13
- Zuständigkeit **7** 17
- Zuständigkeit, örtliche **6** 7
- Zuständigkeit, sachliche **6** 7

Jugendliche **1** 17; **2** 13; **17** 6
- Wunsch- und Wahlrecht **9** 15

Juristische Personen, Ordnungswidrigkeiten **156** 5
Justiz, Barrierefreiheit **BGG Einl.** 6; **4 BGG** 9
- Dokumente **10 BGG** 7

K

Kapitalabfindungen **69** 25
Kassenarztrecht **7** 15
Kausalität, sozialrechtliche **2** 15
Kfz-Hilfe, Budgetfähigkeit **17** 26
Kfz-Hilfe, Fahrerlaubnis **17** 26
Kinder **2** 13; **17** 6; **56** 4
- Begriff **1** 17
- Erstattungsanspruch **19** 19
- Hilfegestaltung **4** 22
- Hilfeplanung **4** 22
- Integration **4** 21
- Integrationsverpflichtung **19** 3
- integrativer Ansatz, Vorrang **19** 19
- Leistungsgewährung **4** 4
- schwerstbehinderte Kinder **56** 5
- schwerstmehrfachbehinderte Kinder **56** 5
- Selbstbeschaffung **19** 19
- Selbstbestimmung **4** 20
- Teilhabeleistungen **4** 3, 20 f.; **19** 19
- Wunsch- und Wahlrecht **9** 15

Kinder, behinderte
- heilpädagogische Leistungen **56** 4, 6

Kinder, von Behinderung bedrohte **13** 4
- heilpädagogische Leistungen **56** 6
- Leistungsgewährung **4** 4

Kinder, besondere Bedürfnisse **1** 3, 15, 17; **13** 4; **21** 30; **1 BGG** 3
- Integrationsvorrang **1** 17

Stichwortverzeichnis

– Leistungen **1** 17
– Leistungsrecht **4** 20
– schulische Inhalte **1** 17
– Verfahrensrecht **4** 20
Kinder, seelisch behinderte **30** 4
Kinder- und Jugendhilfe **4** 20
– Eingliederungshilfe **21** 19, 21
– Kinder, Begriff **1** 17
– Leistungsausführung **17** 5
– Träger der Kinder- und Jugendhilfe; *s. Jugendhilfeträger*
– Werkstattbeschäftigte **Vor 136 ff.** 4
Kinderbetreuungskosten **44** 7, 28; **54** 10
– Alleinerziehende **54** 2
– Arbeitsleben, Teilhabeleistungen **54** 1 f.
– Budgetfähigkeit **17** 26
– Dynamisierung **54** 2, 10
– medizinische Rehabilitation **54** 1 f.
Kindergarten **BGG Einl.** 16
Kindertagesbetreuung **30** 18
Kindertagesstätten, Barrierefreiheit **BGG Einl.** 9
Klagebefugnis **63** 11 ff.; **12 BGG** 2 ff.; **13 BGG** 1
Klagerecht der Verbände; *s. Verbandsklagerecht*
Klärungsverfahren **84** 20 ff.; *s. a. Eingliederungsmanagement, betriebliches*
Klaustrophobie **Anh. 33** 11
Kleidung **3** 8
Kleinbetriebe
– Kündigung **89** 18
– Kündigungsschutz, allgemeiner **85** 7
Kleinwüchsigkeit **85** 12; **90** 16
Kochsalzjodierung **3** 8
Kognitive Einschränkungen, barrierefreie Informationstechnik **11 BGG** 4
Kollegen **26** 23
Kommunale Träger, zugelassene **6 a** 1, 8, 10
– Antragsaufnahme **6 a** 11
– Mitteilungspflichten **6 a** 11
Kommunikation **3** 10; **55** 12
Kommunikationsbarrieren **14** 29; **57** 6
– Rechtsverordnungen **57** 6
Kommunikationshelfer/innen **6 BGG** 2
Kommunikationshilfen **19** 12; **57** 1 ff.; **6 BGG** 1 f.; **9 BGG** 6 f.
– Angehörige **57** 8
– Auslagenerstattung **9 BGG** 4
– Dauererklärung **9 BGG** 7
– Fahrkosten **57** 8
– Kosten, Angemessenheit **57** 8
– Kostenerstattung **57** 7 f.
– Lormen **6 BGG** 1 f.
– Nachbarn **57** 8
– Personen, fremde **57** 8
– schriftliche Verständigung **6 BGG** 1
– Selbstbeschaffung **57** 8
– Verdienstausfall **57** 8
– Verordnungsermächtigung **9 BGG** 4, 6
– Wahlrecht **9 BGG** 4, 7
Kommunikationshilfenverordnung **6 BGG** 2 f.; **9 BGG** 4, 6 f.
– Anspruchsumfang **9 BGG** 7
– Kostenerstattung **9 BGG** 7
– Leistungsbereitstellung **9 BGG** 7
– Sicherstellungsauftrag **9 BGG** 7
Kommunikationsmethoden **6 BGG** 2
Kommunikationsmittel **6 BGG** 2
Komplexleistung **17** 6
– Begriff **30** 9 f.
– Dokumentation **30** 11
– Fortbildung **30** 11
– Früherkennung **30** 3, 7 f.; **56** 3, 7, 9
– Frühförderung **30** 3, 7 ff., 15, 18; **56** 1, 3, 7, 9
– Heilmittel **30** 12
– heilpädagogische Leistungen **56** 1, 3, 7, 9
– interdisziplinäre Leistungen **30** 11
– Leistungen, heilpädagogische **30** 9 f.
– Leistungen, medizinisch-therapeutische **30** 9 f.
– Leistungsbedarf, Umfang **30** 10
– medizinische Rehabilitation **26** 24; **27** 7
– Persönliches Budget **17** 20
– Rahmenregelungen **56** 7
– Supervision **30** 11
– Teambesprechungen **30** 11
Kontaktbarrieren, therapeutische Maßnahmen **58** 4
Kontaktlinsenpflegemittel **31** 18
Kontextfaktoren **2** 6, 21; **10** 14
– Arbeitsplatzbedingungen **31** 44
– Funktionsfähigkeit **10** 14
– personenbezogene Faktoren **10** 14
– Umweltfaktoren **10** 14
Konvergenz der Leistungen **4** 18; **6** 12; **7** 1, 5, 7, 10; **10** 1; **12** 1
– Gemeinsame Empfehlungen **13** 4
– Hilfsmittel **31** 1, 9
– Leistungserbringung **10** 23
– medizinische Rehabilitation **26** 1, 5 f.

Konzernschwerbehindertenvertretung **83** 9; **97** 5, 7, 15, 17
- stellvertretendes Mitglied **97** 11
- Wahl **97** 15
- Zuständigkeit **97** 12, 14

Konzern-Vertrauensperson **97** 16
Kooperation **4** 18; **6** 12; **7** 1, 5, 7, 10; **10** 1, 7, 10; **12** 1; **13** 2
- Gemeinsame Empfehlungen **13** 4
- Integrationsämter **10** 24
- Leistungserbringung **10** 23

Koordination **4** 18; **6** 12; **7** 1, 5, 7, 10; **10** 1, 4ff.; **12** 1, 5; **13** 2; **27** 4
- Arbeitsleben, Leistungen zur Teilhabe am **11** 12
- Gemeinsame Empfehlungen **13** 4, 18
- Leistungsberechtigte, Einbeziehung **10** 12

Koordinationsrechtlicher Verwaltungsvertrag **14** 18
Korea, Republik, berufliche Eingliederung **101** 8
Koronare Herzkrankheiten **61** 16
Körperersatzstücke **31** 7; **33** 82
- Medizinische Rehabilitation **26** 17

Körperfunktionen **2** 14, 16, 21; **10** 14
- Prävention **3** 6

Kostenerstattung
- erstangegangener Rehabilitationsträger **14** 27
- Rehabilitationsträger **14** 5, 23, 25ff.
- Selbstbeschaffung **15** 3
- zweitangegangener Rehabilitationsträger **14** 27

Kraftfahrzeuge im Linienverkehr **147** 2, 6
Kraftfahrzeughilfe **12** 1; **33** 5, 21, 73; **55** 9; **102** 61ff.; *s. a. Kraftfahrzeughilfe-Verordnung*
- 2000-Meter-Grenze **Anh. 33** 11
- Abzahlungskauf, verdeckter **Anh. 33** 23
- Altwagen, Anrechnung des Verkehrswerts **Anh. 33** 6, 26, 28
- Anforderungen der Behinderung **Anh. 33** 20
- Angewiesenheit auf das Kraftfahrzeug **Anh. 33** 9ff.; **102** 64
- Anschaffungspreis **Anh. 33** 19
- Antragstellung, vorherige **Anh. 33** 45ff.
- Arbeitseinkommen **Anh. 33** 30
- Arbeitsleben, Teilhabe am **Anh. 33** 9, 16
- Arbeitsplatzerreichbarkeit **Anh. 33** 10f.
- Arbeitsplatzvermittlung, kurzfristige **Anh. 33** 47
- Arbeitsverhältnisse, befristete **Anh. 33** 13
- Art der Behinderung **Anh. 33** 25, 35
- Ausbildungsplatzerreichbarkeit **Anh. 33** 10f.
- Ausstattung des Kraftfahrzeugs **Anh. 33** 17, 19
- Automatikgetriebe **Anh. 33** 35f.
- Beförderungsdienste **Anh. 33** 3, 12, 41f.
- Beförderungskosten **Anh. 33** 41; **102** 70
- begleitende Hilfen im Arbeitsleben **102** 60ff.
- behindertengerechtes Kraftfahrzeug **Anh. 33** 17ff.
- Bemessungsbetrag **Anh. 33** 24ff.
- Berufsausübung **Anh. 33** 16
- Betriebskosten **Anh. 33** 4, 40
- Bildung, berufliche **Anh. 33** 9
- Blindengeld **Anh. 33** 30
- Darlehen **Anh. 33** 3, 8, 43
- Eigenanteil **Anh. 33** 39, 42
- Eilfälle **Anh. 33** 45f.
- Einkommensermittlung **Anh. 33** 29f.
- Einkommensverhältnisse **Anh. 33** 5, 29f., 33, 37; **102** 64
- Ersatzbeschaffung **Anh. 33** 6, 32
- Erstförderung **Anh. 33** 6, 32
- Erwerbsersatzeinkommen **Anh. 33** 30
- Fahrerlaubnis **Anh. 33** 3, 5, 37, 39, 45; **102** 63
- Fahrzeugkategorie **Anh. 33** 19
- Familienabschlag **Anh. 33** 31
- Ferienfahrschule **Anh. 33** 37
- Führen des Kraftfahrzeugs **Anh. 33** 14
- Führen des Kraftfahrzeugs durch Dritte **Anh. 33** 6, 14
- Fünfjahreszeitraum **Anh. 33** 32
- Gebrauchtwagen **Anh. 33** 22
- Gebrauchtwagen, nachträgliche Umrüstung **Anh. 33** 36
- Gehbehinderung, außergewöhnliche **Anh. 33** 11, 25, 35
- geringfügige Beschäftigung **Anh. 33** 13
- Gleichstellung behinderter Menschen **Anh. 33** 4f., 10

– Größe des Kraftfahrzeugs **Anh. 33** 17, 19
– Haltedauer **Anh. 33** 6, 20
– Härte, besondere **Anh. 33** 3f., 8, 38ff., 45
– Heimarbeit **Anh. 33** 15
– Hinterbliebenenrenten **Anh. 33** 30
– Höchstbetrag **Anh. 33** 24, 28, 43; **102** 64
– Jahreswagen **Anh. 33** 22
– Kaufpreis **Anh. 33** 24f.
– Kaufvertragsschluss **Anh. 33** 45
– Kinderzulagen **Anh. 33** 30
– Kinderzuschüsse **Anh. 33** 30
– Komplettförderung **Anh. 33** 3
– Kostenübernahme durch den Arbeitgeber **Anh. 33** 16
– Kraftfahrzeug **Anh. 33** 6
– Kraftfahrzeugbeschaffung **Anh. 33** 3, 5, 17, 24, 39; **102** 63f.
– Kraftfahrzeugmiete **Anh. 33** 6, 23
– Krafträder **Anh. 33** 6
– laufende Hilfen **Anh. 33** 4
– Leasing **Anh. 33** 6, 23
– Leistungsträger **Anh. 33** 1
– Lohnersatzleistungen **Anh. 33** 30
– Mittelklasse, untere **Anh. 33** 19, 35
– Monatsfrist **Anh. 33** 45f.
– Nachtarbeit **Anh. 33** 11
– Nettoarbeitsentgelt **Anh. 33** 29f., 37
– Nettoeinkommen **Anh. 33** 29f.
– öffentliche Verkehrsmittel **Anh. 33** 10ff.
– Orthopädieverordnung **Anh. 33** 35
– Personenkraftwagen **Anh. 33** 6
– persönliche Voraussetzungen **Anh. 33** 9ff.
– Pflegegeld **Anh. 33** 30
– Preisnachlässe **Anh. 33** 25
– Querschnittsgelähmte **Anh. 33** 25
– Reparaturkosten **Anh. 33** 4, 47
– Rollstuhlfahrer **Anh. 33** 25
– Rollstuhllift **Anh. 33** 35
– Schichtarbeit **Anh. 33** 11
– Schwerbehindertenausweis Merkzeichen „aG“ **Anh. 33** 11, 25, 35
– Schwerbehindertenausweis Merkzeichen „G“ **Anh. 33** 11
– Schwere der Behinderung **Anh. 33** 25, 35
– Sechs-Monats-Zeitraum **Anh. 33** 13
– Selbstständige **Anh. 33** 16
– Sitzhilfen **Anh. 33** 34
– Sonderausstattung, nicht behinderungsbedingte **Anh. 33** 25
– Sparsamkeitsgrundsatz **Anh. 33** 32, 35
– Stellplatzmiete **Anh. 33** 4
– Totalschaden **Anh. 33** 28
– Überführungskosten **Anh. 33** 25
– Umbaukosten **Anh. 33** 7
– Unterhaltszahlungen an Familienangehörige **Anh. 33** 31
– Unterhaltungskosten **Anh. 33** 4, 40
– Untersuchungen, behinderungsbedingte **102** 69
– unvorhergesehene Ereignisse **Anh. 33** 39
– Urlaubsgeld **Anh. 33** 30
– Vollkaskoversicherung **Anh. 33** 6
– Vorführwagen **Anh. 33** 22
– Weihnachtsgeld **Anh. 33** 30
– Wirtschaftlichkeitsgrundsatz **Anh. 33** 32, 35
– Zulassung des Kraftfahrzeugs **Anh. 33** 6
– Zulassungskosten **Anh. 33** 25
– Zusatzausstattung, behinderungsbedingte **17** 26; **Anh. 33** 3, 8, 16f., 21, 24f., 33ff.; **102** 63
– Zusatzausstattung, Einbaukosten **Anh. 33** 25, 33, 36
– Zusatzausstattung, Ersatzbeschaffung **Anh. 33** 21
– Zusatzausstattung, Reparaturkosten **Anh. 33** 4, 21, 33, 36, 40
– Zusatzausstattung, TÜV-Abnahme **Anh. 33** 33, 36
– Zusatzausstattung, Wartung **Anh. 33** 36
– Zusatzausstattung für Dritte **Anh. 33** 35
– Zuschuss **Anh. 33** 3, 5, 8, 29, 43
– Zuschüsse öffentlich-rechtlicher Stellen **Anh. 33** 26f., 36
– Zuschussermittlung **Anh. 33** 24
– Zweijahreswagen **Anh. 33** 22
Kraftfahrzeughilfe-Verordnung **33** 73; **Anh. 33** 1ff.; *s. a. Kraftfahrzeughilfe*
Kraftfahrzeugsteuer **126** 7
Kraftfahrzeugsteuerbefreiung **Anh. 33** 11; **126** 7, 11f., 15; **Vor 145ff.** 3; **145** 9
Kraftfahrzeugsteuerermäßigung **126** 13f.; **145** 9; **146** 1
Krankenbehandlung **8** 6; **27** 1, 4
– Hilfsmittel **31** 24, 31ff.

- Leistungskoordinierung **27** 3
- Rehabilitationsziele **27** 3

Krankengeld **8** 6; **44** 15; **45** 10; **123** 3
- Aktualisierung **50** 9
- Anpassung **50** 7ff.
- Anpassungsfaktor **50** 2f., 10
- Anschlussübergangsgeld **49** 4ff.
- Arbeitsunfähigkeit **51** 12, 16
- Arbeitsunfähigkeit während Arbeitslosengeldbezugs **51** 21
- Aussteuerung **49** 6; **51** 12
- Bemessungszeitraum **47** 2
- Berechnungsgrundlage **50** 7, 9
- Dynamisierung **50** 9
- Leistungsunterbrechung **49** 6
- Übergangsgeld, anschließendes **49** 1
- Verlegungstag **45** 16
- Wiedereingliederung, stufenweise **28** 9
- Zahlungsweise **45** 31f.

Krankengeldzuschuss **52** 8

Krankenhausbehandlung
- ärztliche Behandlung **27** 10
- Rehabilitation im Krankenhaus **27** 8ff.

Krankenhäuser **21** 9

Krankenhauspatient **21** 14

Krankenhausplanung **19** 7, 10

Krankenhaussozialdienste **22** 7

Krankenhausvergütung
- Frührehabilitation **27** 13

Krankenkassen
- Bedarfszulassung **19** 8
- Beratung **61** 12
- Ermessen **10** 20
- Förderung **13** 19
- Kostenerstattung **18** 19
- Krankenbehandlung nach SGB XII **18** 5
- Leistungen, ergänzende **44** 3
- Leistungsvoraussetzungen **7** 17
- Persönliches Budget **17** 19
- Rehabilitationsträger **8** 12
  Selbsthilfeförderung **13** 26
- Versorgungsverträge **21** 8ff., 14
- Zuständigkeit **7** 17

Krankenschwestern/Krankenpfleger
- Hinweispflicht **61** 7f.

Krankenversicherung, freiwillige **44** 12, 29f.
- Arbeitgeberzuschuss **52** 8

Krankenversicherung, gesetzliche **3** 11
- Ausschreibung **31** 37
- Basisversorgung **31** 44
- Beiträge **44** 16, 18
- Beitragszuschüsse **44** 16, 18
- Gesundheitsförderung **29** 2
- heilpädagogische Leistungen **56** 9
- Hilfsmittel **31** 4, 6, 44
- Hilfsmittelversorgung **33** 82
- Leistungen im Ausland **18** 18f.
- Leistungsausführung **17** 5
- Leistungserbringungsrecht **4** 9; **10** 20
- medizinische Rehabilitation **26** 5; **31** 40ff.
- Prävention **29** 2
- Rehabilitationsleistungen, Mehrkosten **9** 27, 29, 32ff.
- Selbsthilfeförderung **29** 2
- Versorgungsvertrag **9** 24
- Verträge mit Leistungserbringern **21** 8
- Werkstattbeschäftigte **Vor 136ff.** 4, 8; **138** 9
- Wirtschaftlichkeitsgrundsatz **9** 25f.
- Wunsch- und Wahlrecht **9** 19, 28, 32
- Wunschrecht **21** 11

Krankenversicherung, private **44** 12, 29f.
- Arbeitslose **44** 4

Krankenversicherungsleistungen **8** 6

Krankenversicherungsträger **6** 4
- Budgetfähigkeit **17** 21
- Leistungsgruppen **6** 10
- Rehabilitationsträger **6** 11

Krankenversorgung, ambulant vor stationär **19** 16

Krankheit **2** 21; **1 AGG** 2; *s. a. Chronische Krankheiten*
- Behandlung **3** 9
- Folgen von Krankheit **10** 15; **31** 40
- Indikatoren **12** 10
- Kündigungsgrund **89** 14
- Prävention **84** 5
- Teilhabebeeinträchtigung **1** 9
- Verhütung **3** 10
- Verlangsamung **3** 10
- WHO-Definition **31** 40

Krankheitsfolgen **1** 9

Krankheitsfolgenbewältigung **26** 23; **31** 40

Krankheitsfrüherkennung **3** 9

Krankheitsverarbeitung **26** 23

Krebsbehandlung **69** 38

Kreiswehrersatzämter, Barrierefreiheit **8 BGG** 5

Kriegsbeschädigte
- Beförderung, unentgeltliche **Vor 145ff.** 4; **126** 7; **145** 7
- Kraftfahrzeugsteuerbefreiung **126** 7

Stichwortverzeichnis

Kriegsopferfürsorge **102** 1 f.; **118** 1
- Arbeitsleben, Leistungen an Arbeitgeber **34** 6
- Arbeitsleben, Teilhabeleistungen **33** 8
- Hauptfürsorgestelle **101** 2
- Kraftfahrzeughilfe **Anh. 33** 1, 9; **55** 9
- Leistungen, ergänzende **44** 3
- Leistungsvoraussetzungen **7** 17
- Selbstbeschaffung **15** 13 f.
- Übergangsgeld **46** 14, 27
- Unterhaltsbeihilfe **45** 29
- Unterrichtungspflicht **15** 13
- Zuständigkeit **7** 17

Kriegsopferversorgung **6** 4
- Arbeitsleben, Leistungen an Arbeitgeber **34** 6
- Hilfsmittelversorgung **31** 29; **32** 4
- Kraftfahrzeughilfe **Anh. 33** 1
- Leistungen, ergänzende **44** 3
- Leistungserbringung im Ausland **18** 4
- Leistungsvoraussetzungen **7** 17
- orthopädische Versorgung **Anh. 33** 27
- Teilhabe am Leben in der Gemeinschaft **6** 10
- Teilhabeleistungen **6** 10
- Zuständigkeit **7** 17

Küche, behindertengerechte **55** 13

Kündigung **85** 18
- Abmahnung **89** 15
- Änderungskündigung **85** 18, 22
- Anzeigepflicht des Arbeitgebers **90** 24
- arbeitgeberseitige Kündigung **85** 17; **86** 4
- Arbeitsverhältnis **85** 16
- außerordentliche Kündigung **85** 18; **89** 13; **91** 1 ff.
- Beendigungskündigung **85** 22
- behinderungsbedingte Kündigung **81** 21
- betriebsbedingte Kündigung **89** 13, 16 ff., 21
- Betriebsrat, Beteiligung **85** 3
- durch den behinderten Menschen **85** 17
- Krankheit **89** 14
- Kündigungsgründe **85** 18; **89** 13 ff.
- Leistungsschwäche **89** 14
- ordentliche Kündigung **85** 18; **89** 13
- personenbedingte Kündigung **89** 13 f.
- Rechtfertigung, soziale **85** 6; **118** 4
- ultima-ratio-Prinzip **84** 9, 49
- Umsetzung **89** 21
- verhaltensbedingte Kündigung **89** 13, 15
- Versetzungsmöglichkeiten **89** 14, 21
- Weiterbeschäftigung zu geänderten Bedingungen **89** 14
- Zustimmung des Integrationsamts; *s. dort*

Kündigungsfrist **85** 2; **86** 1 ff.; **88** 15 f.
- Aushilfsarbeitsverhältnisse **86** 5
- außerordentliche Kündigung **91** 9 ff.
- Berechnung **86** 7
- Kleinbetriebe **86** 5
- Probezeit **86** 5
- Tarifvertrag **86** 6

Kündigungsschutz, allgemeiner **85** 3 ff.
- Allgemeines Gleichbehandlungsgesetz **2 AGG** 6 ff.
- Betriebsgröße **85** 5
- Entschädigung **85** 6
- Sozialauswahl **85** 6
- soziale Rechtfertigung der Kündigung **85** 6; **118** 4

Kündigungsschutz, besonderer **71** 5; **85** 1; **87** 1; **101** 6; **102** 11; **116** 12
- 6-Monatsfrist **90** 4
- Altersgrenze **90** 9, 11 f.
- Arbeitnehmer **85** 10
- arbeitnehmerähnliche Personen **85** 10
- Arbeitsbeschaffungsmaßnahmen **90** 5, 7 f.
- Ausbildungsverhältnis **90** 5
- außerordentliche Kündigung **91** 1 ff.
- Ausstrahlung **85** 9
- Eingliederungsmanagement, betriebliches **84** 49, 53
- Einschränkungen **90** 1 ff.
- Geltungsbereich, persönlicher **85** 10 f.; **91** 3
- Geltungsbereich, räumlicher **85** 9; **91** 3
- Geltungsbereich, sachlicher **85** 16; **91** 3
- Gleichstellung **85** 11
- Heimarbeiter **85** 10
- Integrationsämter, Beteiligung **11** 13; **84** 17, 40
- Prävention, betriebliche **84** 9
- Präventionsverfahren **84** 18
- Probezeit **90** 4
- Schwerbehinderteneigenschaft **85** 11 ff; **87** 17; **90** 14 ff.
- Schwerbehindertenvertretung, Beteiligung **95** 12
- Unabdingbarkeit **85** 19
- Verbot mit Erlaubnisvorbehalt **85** 1

– Vertrauensperson **96** 8
– Verzicht auf die Zustimmung des schwerbehinderten Arbeitnehmers **85** 19
– Wartezeit **90** 4 ff.
– witterungsbedingte Entlassung **90** 13
Kündigungsschutzklage **85** 26; **118** 4
– 3-Wochenfrist **88** 7
Kunsttherapie **27** 13
Kurzarbeitergeld **47** 2, 4, 41
– Geldfaktor **47** 41
– Zeitfaktor **47** 41

L

Ladestrom **31** 17
Länderverwaltung
– Benachteiligungsverbot **7 BGG** 1 f.
Landesärzte **62** 1, 5
– Aufgaben **62** 3, 6 ff.
– Bedarfsanalysen **62** 8
– Beratung **62** 3, 8
– Bestellung **62** 3 f.
– Gesetzgebungsvorhaben **62** 8
– Gutachtenerstellung **62** 3, 7
– Konzeptentwicklung **62** 8
– Landesplanung **62** 8
– Situationsanalysen **62** 8
– Unterrichtungspflicht **62** 3, 9
Landesbauordnungen
– Barrierefreiheit **4 BGG** 16 ff.; **8 BGG** 4, 8
– Belange behinderter Menschen **4 BGG** 17
Landesbeamte **93** 3 f.; *s. a. Interessenvertretungen, kollektive*
Landesrecht
– Barrierefreiheit **4 BGG** 17 ff., 18; **8 BGG** 7
– Beauftragter/Beauftragte für die Belange behinderter Menschen **14 BGG** 5
– Behindertengleichstellung **BGG Einl.** 8, 19; **4 BGG** 14, 17 f.; **6 BGG** 5 f.; **7 BGG** 3; **10 BGG** 4
– Benachteiligungsverbot **7 BGG** 1 ff.
– Blindheit **10 BGG** 4
– Hörbehinderung **6 BGG** 5 f.
– Informationstechnik, barrierefreie **11 BGG** 1 ff.
– Sehbehinderung **10 BGG** 4
– Sprachbehinderung **6 BGG** 5 f.
– Verbandsklagerecht **13 BGG** 9
– Zielvereinbarung **5 BGG** 13
Landwirte, Alterssicherung *s. Alterssicherung der Landwirte*
Laptop **33** 20, 72
Lebensalter, untypischer Zustand **2** 12 ff., 21; **1 AGG** 2
Lebensführung, selbstbestimmte **1** 1; **4** 3, 13 f.; **9** 1
Lebenspartner, Übergangsgeld **46** 4
Lebensqualität **2** 10
Lebensumstände, eigenverantwortliche Gestaltung **9** 3, 9, 46
Lebensunterhalt, laufende Leistungen **Vor 145 ff.** 4; **145** 7
Lebensunterhalt, Leistungen zum **13** 20; **45** 1 ff.; **Vor 136 ff.** 7
– Arbeitsleben, Teilhabeleistungen **45** 17 ff.
– Beschäftigungsaufnahme, Zumutbarkeit **51** 13
– Feiertage **45** 14
– Hauptleistung, Beendigung **51** 1
– Kostenerstattung **45** 30
– Leistungsdauer **45** 12 f.
– Leistungsgesetze **45** 11
– medizinische Rehabilitation **45** 10, 12
– Teilnahmetage **45** 14, 20
– Überbrückungszeit **51** 11, 13
– Weiterzahlung **51** 1, 8 f.
– Wochenenden **45** 14
– Zumutbarkeit von Leistungsangeboten **51** 10
– Zwischenleistung **51** 11
Lebensunterhalt, Leistungen zur Sicherung **Vor 145 ff.** 4; **145** 7
Lebensverhältnisse, einheitliche **10** 1
Lehrgangskosten **33** 69
Leistungen **13** 5
Leistungen, ergänzende **5** 5 f.; **44** 1, 4, 7
– Akzessorietät **44** 9 f., 13
– Amtswegigkeit **44** 14
– Antrag **44** 14
– Kann-Leistungen **44** 12
– Muss-Leistungen **44** 11
– Pflichtversicherung **44** 19
– Rehabilitationsträger **6** 10; **44** 3
– Zuständigkeit **44** 2, 13
Leistungen zur Teilhabe; *s. Teilhabeleistungen*
Leistungs-, Vergütungs- und Prüfungsvereinbarung **19** 22
Leistungsansprüche **31** 38

Stichwortverzeichnis

Leistungsantrag **8** 8; **15** 7
- unter Berücksichtigung einer Behinderung **8** 6
- wegen Behinderung **8** 6

Leistungsausführung **7** 1; **9** 9, 25; **10** 7; **17** 1, 3 ff.
- Alleinausführung **17** 4 f.
- durch andere Leistungsträger **17** 4, 7
- Anpassung **10** 7
- Ausführungsformen **17** 4 ff.
- im Ausland; *s. Leistungsausführung im Ausland*
- eigene Rehabilitationseinrichtungen **17** 4 f.
- freie Rehabilitationsdienste/ -einrichtungen **17** 4, 8
- geeignete Rehabilitationsdienste/ -einrichtungen **17** 4, 8
- gemeinnützige Rehabilitationsdienste/ -einrichtungen **17** 4, 8
- gemeinsame Leistungsausführung **17** 4, 6
- Planung **10** 7
- private Rehabilitationsdienste/ -einrichtungen **17** 4, 8, 11
- Wirksamkeitsgrundsatz **17** 11
- Wirtschaftlichkeitsgrundsatz **17** 11

Leistungsausführung im Ausland **18** 1, 6 ff.
- Arbeitsleben, Leistungen zur Teilhabe am **18** 6, 20
- Auswahlermessen **18** 13
- Diskriminierung **18** 16
- Einzelvertrag mit ausländischer Einrichtung **18** 9
- Europäische Gemeinschaft **18** 6, 14, 21
- Europäischer Wirtschaftsraum **18** 14
- Geldleistungen **18** 13
- Länder außerhalb der Europäischen Gemeinschaft **18** 6, 14
- medizinische Rehabilitation **18** 5, 15
- medizinische Rehabilitation, Genehmigung **18** 15 f.
- Qualitätsmanagement **18** 10, 16
- Qualitätssicherung **18** 21
- Qualitätsvergleich **18** 9 f., 16
- Sachleistungen **18** 6
- stationäre Leistungen zur medizinischen Rehabilitation **18** 6, 17, 22
- Versorgungsvertrag **18** 21
- Wirksamkeitsvergleich **18** 9, 16
- Wirtschaftlichkeitsvergleich **18** 9, 11 f.
- Wunschrechte **18** 13

Leistungsbedarf **2** 8, 17; **4** 7, 16; **6 a** 14; **8** 1; **9** 4; **19** 21
- Erhebung, vollständige **9** 34
- Feststellung **8** 9; **10** 4, 7, 13
- Feststellung, trägerübergreifende **10** 10
- Funktionsbezogenheit **10** 10 f., 13 f.; **12** 10
- Hilfsmittel **31** 6
- Prognose **2** 17

Leistungsberechtigung **1** 5

Leistungsbeschaffungsverträge **21** 4; *s. a. Versorgungsvertrag*
- Normsetzungsverträge **21** 28

Leistungserbringung **5** 5; **7** 12; **10** 20; **12** 3
- Einheitlichkeit **12** 5; **13** 11; **51** 15
- Gesamtvereinbarungen **12** 1
- im Inland **18** 4
- Konvergenz der Leistungen **10** 23
- Kooperation **10** 23
- personenzentrierte Leistungserbringung **9** 10
- Wirksamkeit **10** 18 f.

Leistungserbringung, vollständige und umfassende **4** 3

Leistungserbringungsrecht **21** 1, 13

Leistungsfähigkeit **1** 4; **9** 4
- Aktivitäten **4** 4
- Besserung **2** 10
- Wiederherstellung **2** 10

Leistungsfeststellung **10** 5

Leistungsgesetze **1** 5 f.; **2** 14; **3** 12; **14** 1; **26** 1, 4
- Abweichungen **7** 8 f.; **9** 5 f.
- Arbeitsleben, Teilhabeleistungen **33** 8
- Leistungserbringungsrecht **7** 10
- Leistungsvoraussetzungen **7** 8; **26** 1; **31** 38
- SGB IX **7** 11
- Teilhabeleistungen **7** 4
- Versorgungsvertrag **21** 5
- Zuständigkeit **26** 1

Leistungsgewährung **2** 17; **7** 4, 16

Leistungsgewährung, verspätete
- Dokumentation **15** 3, 15
- Mitteilungspflichten **15** 4 ff.

Leistungsgruppen **4** 18; **5** 1; **7** 16
- Leistungsausführung, gemeinsame **17** 6
- Rangfolge **55** 6
- Rehabilitationsträger **6** 10
- Sozialhilfeträger **6** 9

– Teilhabe am Leben in der Gemeinschaft **55** 3
Leistungspauschalierung **17** 29
Leistungsrecht **2** 13; **4** 9; **7** 8ff., 12; **19** 26; **73** 4
– Einheitlichkeit **7** 7; **26** 4, 6
Leistungsträger, Zuständigkeit **4** 5
Leistungsvermögen, Erhöhung **33** 1
Leistungsversagung **9** 47
Leistungsverwaltung **1** 6
Leistungsvoraussetzungen **7** 8
Leistungsziele, Mehrkosten **9** 34
Leistungszuständigkeit, Feststellung; *s. Zuständigkeitsfeststellung*
Lernbehinderte **41** 9; **68** 38
– Barrierefreiheit **4 BGG** 1
Lernmittel **33** 20, 69f.
– Bedarf, täglicher **33** 72
– Materialkosten **33** 70
– Pauschalbeträge, monatliche **33** 70
– Standardausstattung **33** 70
Liegedreirad **31** 34
Logopädie, Frührehabilitation **27** 13
Lohnkostenförderung **78** 3f.; **104** 4, 12
Lormen **6 BGG** 1f.
LTA; *s. Arbeitsleben, Teilhabeleistungen*
Luftreinigungsgeräte **31** 13
Luftverkehr **147** 6; **BGG Einl.** 3; **4 BGG** 12f.; *s. a. Flugreisen*
– Assistenz **4 BGG** 13
– Hilfsmittel, Mitnahme **4 BGG** 13

M
Masseure, Hinweispflicht **61** 7f.
MDK
– Begutachtungsmonopol, Wegfall **7** 10; **14** 30
– Rehabilitationsleistungen, Eignung **8** 12
– Wiedereingliederung, stufenweise **28** 5
MDS **12** 10
Mecklenburg-Vorpommern
– Bürgerbeauftragter **14 BGG** 5
– Rat für Integrationsförderung **14 BGG** 5
– Verbandsklagerecht **13 BGG** 9
Mediengesellschaft **58** 7
Medizin, evidenzbasierte **13** 15; **61** 16
Medizinalberufe, Beratungspflicht **61** 1, 7
Medizinalberufe, Hinweispflicht **61** 7f.
Medizinisch-berufliche Rehabilitationseinrichtungen **19** 6
Medizinisch-berufliche Rehabilitationseinrichtungen für seelisch erkrankte Menschen **35** 6
Medizinische Dienste; *s. MDK*
Medizinische Rehabilitation **1** 4, 6; **3** 4; **4** 14; **5** 5f.; **31** 43
– Abschluss **11** 5
– ambulante Leistungen **45** 14
– Angehörige, Einbeziehung **26** 23
– Anleitung zur Inanspruchnahme **26** 23f.
– Anreisetag **45** 13
– Arbeitsleben, Teilhabe am **11** 3
– Arbeitstherapie **26** 18; **28** 7; **33** 61
– Arzneimittel **26** 17; **27** 6
– ärztliche Behandlung **27** 6
– Arztvorbehalt **26** 13
– Ausführung **11** 5
– Bedarfsfeststellung **26** 17
– Bedürftigkeitsprüfung **6** 7
– Beginn im Krankenhaus **27** 5
– Behandlung durch Angehörige anderer Heilberufe **26** 13, 19; **27** 6
– Behinderungsverarbeitung **26** 23
– Belastungserprobung **26** 18; **28** 7; **33** 61
– Beratungsmöglichkeiten **26** 23
– Beschäftigungstherapie **27** 6
– Besuchsfahrten von Angehörigen **53** 15
– Betriebshilfe **54** 1f.
– Beurlaubung **45** 12
– Budgetfähigkeit **17** 25
– Bundesagentur für Arbeit, Beteiligung **11** 4, 10
– Compliance **26** 23
– diagnostische Untersuchung **26** 14
– Eingliederungshilfe **6** 7
– Einleitung **11** 5, 8
– Einleitung, frühzeitige **61** 1
– Einrichtungen **17** 8
– einstweilige Anordnung **26** 26
– einstweiliger Rechtsschutz **26** 26
– Entgeltfortzahlung **45** 6
– Entlassungsbericht **10** 27
– Erwerbsfähigkeit, Besserung/Erhaltung **33** 16
– Familienheimfahrten **45** 12
– Familientherapeuten **26** 13
– Funktionsbezogenheit **10** 20
– Gesamtvereinbarung **18** 12
– Gesundheitserziehung **26** 16
– Gesundheitszustand, Verbesserung **33** 16

Stichwortverzeichnis

- Haushaltshilfe **54** 1 f., 5 ff.
- Heilmittel **26** 17; **27** 6
- Hilfen, medizinische **26** 3, 20; **27** 6
- Hilfen, pädagogische **26** 3, 20; **27** 6
- Hilfen, psychologische **26** 3; **27** 6
- Hilfen, psychosoziale **26** 20
- Hilfen zur seelischen Stabilisierung **26** 23
- Hilfsmittel **27** 6; **31** 28 f., 32; **33** 82
- Hilfsmittel, orthopädische **26** 17
- Hirnleistungstraining **26** 23
- ICF **26** 20
- Inanspruchnahme von Leistungen **26** 23 f.
- Integrationsämter, Beteiligung **11** 3
- kieferorthopädische Behandlung **26** 15
- Kinderbetreuungskosten **54** 1 f., 10
- Kollegen, Einbeziehung **26** 23
- Komplexleistung **26** 24; **27** 7
- Konvergenz der Leistungen **26** 1, 5 f.
- Körperersatzstücke **26** 17
- Krankenversicherung, gesetzliche **10** 20; **26** 5
- Krankheitsfolgen **26** 14, 20
- Krankheitsverarbeitung **26** 23
- Lebensunterhalt, Leistungen zum **45** 10, 12
- Leistungen, ergänzende **44** 1
- Leistungsarten **26** 1, 3, 12
- Leistungsausführung **26** 1, 17, 24
- Leistungsentziehung **26** 16
- Leistungsgegenstand **26** 17, 24
- Leistungskatalog **26** 14 ff.
- Leistungsspektrum **27** 5
- Leistungsumfang **26** 1, 3, 17, 24; **27** 6
- Leistungsversagung **26** 16
- Merkfähigkeitstraining **26** 23
- Methodenspektrum **27** 6 f.
- Mitwirkungspflichten **26** 16
- Motivation zur Inanspruchnahme **26** 23 f.
- Orientierungstraining **26** 23
- Partner, Einbeziehung **26** 23
- Persönliches Budget **26** 17
- physikalische Therapie **27** 6
- Prozessqualität **26** 8
- Psychologen **26** 13
- Psychotherapie **26** 13, 19; **27** 6
- Qualitätssicherungsangebote der Leistungserbringerverbände **20** 11 f.
- Qualitätssicherungsprogramm der Krankenversicherung **20** 9 f.
- Qualitätssicherungsprogramm der Rentenversicherungsträger **20** 8
- Rahmenkonzept zur medizinischen Rehabilitation in der gesetzlichen Rentenversicherung **19** 20
- Rechtsweg **26** 26
- Regelbehandlungsdauer **26** 24
- Rehabilitationsbedarf **10** 20; **11** 3
- Rehabilitationseinrichtungen **19** 6
- Rehabilitationspädagogen **26** 13
- Rehabilitationsträger **61** 10
- Rehabilitationsziele **10** 20; **31** 41
- Reisekosten **53** 1, 5 ff.
- Rentenversicherungsträger **6** 10
- Selbsthilfemöglichkeiten **26** 23
- Selbsthilfepotentiale, Aktivierung **26** 23
- Sozialarbeiter **26** 13
- soziale Kompetenz, Förderung **26** 23
- Sozialhilfeträger **6** 10
- Sozialpädagogen **26** 13
- Sprachtherapie **27** 6
- Sprachtraining **26** 23
- Strukturqualität **26** 8
- Teilhabeleistungen **26** 18
- Training lebenspraktischer Fähigkeiten **26** 22 f., 25
- Unaufschiebbarkeit **15** 12
- Verbandmittel **26** 17; **27** 6
- Verordnung zu Lasten der gesetzlichen Krankenversicherung **61** 13
- Verordnungsverfahren **61** 14
- Vorgesetzte, Einbeziehung **26** 23
- Weiterzahlung der Leistungen **51** 1
- Wiederherstellung der aufschiebenden Wirkung **26** 26
- Wirksamkeitsgrundsatz **26** 24
- Wirtschaftlichkeitsgrundsatz **26** 24
- zahnärztliche Behandlung **26** 15
- Zahnersatz **26** 15
- Zielorientierung **4** 16
- Zuständigkeit **33** 16 f.
- Zweckmäßigkeit **10** 20

Mehrarbeit **124** 1
- Freistellung **124** 2 ff.
- Freistellungsverlangen **124** 2, 8, 10
- Leistungsverweigerungsrecht **124** 8
- Teilzeitbeschäftigung **124** 3

Mehrbedarf
- behinderungsunabhängiger Mehrbedarf **17** 23
- Folge der Behinderung **17** 23

Mehrfachanrechnung **71** 7; **72** 5, 8f.; **76** 2ff.
- Auszubildende **76** 8
- Doppelanrechnung **76** 2
- Dreifachanrechnung **76** 2
- Rechtsweg **76** 10
- Schwierigkeiten, besondere **76** 5

Mehrkosten **19** 5
- Durchschnittskosten **9** 20, 35
- Krankenversicherung **9** 27, 29, 32ff.; **10** 20
- Pauschalbeträge **9** 35
- Wunschrecht **9** 18, 20, 27, 29, 32f.; **10** 20

Menschenwürde **1** 1, 7f.; **9** 4; **31** 33; **85** 1; **89** 8, 11
- vorläufiger Rechtsschutz **31** 45

Merkfähigkeitstraining **26** 23
Metzler-Verfahren **19** 7
Mietrecht
- Barrierefreiheit **4 BGG** 17
- Umbau, behinderungsgerechter **126** 9
- Wohnungskündigung **126** 9

Minderleistungsklauseln, tarifliche **123** 3
Mindesturlaub, zusätzlicher **125** 2
Mitgestaltungsrechte **9** 45
Mitteilungspflichten
- Leistungsgewährung, verspätete **15** 4ff.

Mitwirkungspflichten **9** 46f.
Möbel, behindertengerechte **55** 13
Mobilität **3** 10; **5** 5; **31** 33
Mobilitätshilfen **17** 21
- Budgetfähigkeit **17** 26

Mobilitätstraining **55** 11
Motorisch behinderte Menschen **1 BGG** 1
- Informationstechnik, barrierefreie **11 BGG** 4

Multiple Sklerose **69** 38
Musterbauordnung, Barrierefreiheit **4 BGG** 16
Mutterschaftsgeld **45** 26ff.
Mutterschutz
- berufliche Rehabilitation **36** 6
- Werkstätten für behinderte Menschen **Vor 136ff.** 4

N

Nachranggrundsatz **6** 9
Nachtarbeit **124** 5, 10
Nachteilsausgleiche **69** 39, 45; **116** 12; **126** 1ff.
- Altersrente wegen Schwerbehinderung **126** 4
- Beförderung, unentgeltliche **126** 7f.; **Vor 145ff.** 1
- Behinderungsbegriff **126** 3
- Einkommensteuer **126** 4ff.
- Kraftfahrzeugsteuer **126** 7; **Vor 145ff.** 3
- merkzeichenabhängige **126** 11ff.
- Rentenrecht **126** 10
- Wohngeld **126** 9

Nahverkehr **Vor 145ff.** 1; **147** 1ff.; **4 BGG** 9, 11
- Barrierefreiheit **Vor 145ff.** 4; **BGG Einl.** 9; **8 BGG** 6
- DIN-Normen **4 BGG** 4
- Eisenbahn **147** 4f.; **154** 2
- Sonderlinienverkehr **147** 3

Nahverkehrszügeverordnung **Vor 145ff.** 1; **147** 5; **154** 2
Negativattest **90** 25
Neurologie **17** 6
Neuropsychologie, Frührehabilitation **27** 13
Niederlande, personengebundenes Budget **17** 1
Niederlassungserlaubnis **69** 13
Niedersachsen
- Staatsanwälte, Schwerbehindertenvertretung **94** 14
- Verbandsklagerecht **13 BGG** 9

Nordrhein-Westfalen **7 BGG** 3
- Barrierefreiheit **4 BGG** 17f.; **5 BGG** 15
- Behindertenbeauftragter **14 BGG** 5
- Dolmetschervergütung **9 BGG** 8
- Staatsanwälte, Schwerbehindertenvertretung **94** 14
- Verbandsklagerecht **13 BGG** 9
- Zielvereinbarung **5 BGG** 13f.
- Zielvereinbarungsregister **5 BGG** 15

Notebook **31** 33f.

O

Obusse **147** 2
Offenbarungspflicht **130** 8
Öffentliche Hand **141** 6
- Auftragsvergabe an Werkstätten für behinderte Menschen **141** 1ff.; **159** 7

Öffentlicher Dienst **160** 7; **AGG Einl.** 3
- Eingliederungsmanagement, betriebliches **84** 50
- Gleichstellung mit schwerbehinderten Menschen **68** 32f.

– Kündigungsangelegenheiten **119** 5, 10ff.
– Pflichtquote **159** 4
– Prävention, betriebliche **84** 10
Öffentlicher Personennahverkehr **Vor 145ff.** 1; *s. Nahverkehr*
öffentlich-rechtlicher Vertrag
– Barrierefreiheit **10 BGG** 2f.
– Rechtsweg **21** 15
Oraldolmetscher/innen **6 BGG** 2
Ordensschwestern **73** 11
Ordnungswidrigkeiten **156** 1ff.
– Arbeitgeberverstöße **156** 2ff.
– Verfahren **156** 8
– Verfolgungsverjährung **156** 7
– Vollstreckungsverjährung **156** 7
– Zuständigkeit **156** 2, 8
Organisationen, gemeinnützige
– Anspruchsberechtigung **1** 5
Orientierungstraining **26** 23
Orthopädieverordnung **Anh. 33** 35
Orthopädische Versorgungsstellen **32** 2, 4
Österreich
– Eingliederung, berufliche **101** 8

P

Paritätischer Wohlfahrtsverband **29** 9
Parkerleichterungen **Anh. 33** 11; **126** 11f.
Parkplatzreservierung **126** 11f.
Partizipation **1** 4; **2** 5f.; **10** 14
– Einschränkung **4** 16
– Lebensbereiche **4** 4
– Pflegebedarf, Person mit **2** 21
Partner **26** 23
Patientenklassifikationsverfahren **19** 7
Pausenräume **81** 30; **102** 94
PC **31** 12, 14
– Arbeitsleben, Teilhabeleistungen **33** 72
– Ausstattung, behinderungsgerechte **31** 14
– Braillezeile **10 BGG** 1; **11 BGG** 3
– Sprachausgabe **10 BGG** 1
PC-Lese-Sprechgerät **31** 13
Pendelfahrten **53** 16f.
Personalakten, Hinzuziehung der Schwerbehindertenvertretung **95** 15
Personalrat **73** 12; **93** 1, 3f.; *s. a. Interessenvertretungen, kollektive*
– Bezirkspersonalrat **93** 11
– Gesamtpersonalrat **93** 11; **97** 6
– Hauptpersonalrat **93** 11
– Schwerbehindertenvertretung, Teilnahmerecht **95** 17ff.
Personalversammlung
– Schwerbehindertenvertretung, Teilnahmerecht **95** 26
Personenbeförderungsgesetz **5 BGG** 10
– Barrierefreiheit **4 BGG** 9; **BGG Einl.** 3
Personensorgeberechtigte
– Beratung **61** 12
– Pflichten **60** 1ff.
– Vorstellung zur Beratung **60** 5ff.
– Wahrnehmung von Behinderungen **60** 3f.
Personenvereinigungen
– Ordnungswidrigkeiten **156** 5
Personenverkehr, öffentlicher **Vor 145ff.** 1; *s. a. Unentgeltliche Beförderung*
Personenverschiedenheit **144** 5
Persönliches Budget **17** 1, 3, 13ff.; **159** 8; *s. a. Budgetfähigkeit*
– Ablehnung **17** 15
– Anspruch auf Teilhabeleistungen **17** 17
– Antrag **17** 15, 35
– Antragsweiterleitung **17** 35
– Assessmentverfahren **17** 33
– Beauftragter (Träger) **17** 38
– Bedarf, individueller **17** 32f.
– Bedarfsdeckung **17** 32f.
– Bedarfsdeckung, Nachweis **17** 38
– Bedarfsfeststellungsverfahren **17** 32f., 37f.
– Bedarfsfeststellungsverfahren, Wiederholung **17** 38
– begleitende Hilfen im Arbeitsleben **102** 128f.
– Bemessung **17** 31ff.
– Beratung **17** 18, 32, 38
– Berichtspflicht **66** 1, 3, 7; **160** 7
– Beschränkungen **17** 25
– Bestandsschutz **17** 36
– Betreute **17** 18
– Bewilligungszeitrahmen **17** 27, 38
– Budget-Geldleistung **17** 1, 24, 31
– Budgethöhe **17** 37
– Budgetnehmer **17** 17f.
– Budgetverfahren **17** 35, 37
– Eingliederungshilfe **17** 37
– Einkommen **17** 13
– Einzelleistungen **17** 14
– Ermessensentscheidung **17** 37
– Erprobungsphase **17** 16, 33, 36f.
– Förderziele **17** 38
– Geldleistungen **17** 24, 38

– Gesamtbudget **17** 34
– Gesamtverantwortung **17** 9f., 32
– Gutscheine **17** 24, 31, 37, 38
– Hilfeplanverfahren der Sozialhilfeträger **17** 33
– ICF-Checkliste **17** 33
– Kombinationsleistung **17** 24, 31
– Komplexleistung **17** 20
– Kostenübernahme **17** 18
– Kündigung aus wichtigem Grund **17** 38
– Leistungsentscheidung, vorherige **17** 27
– Leistungsträger, beteiligte **17** 19, 28, 38
– Leistungsziele **17** 38
– medizinische Rehabilitation **26** 17
– Minderjährige **17** 18
– monatliche Leistungserbringung **17** 31, 38
– Nachtpflege **17** 24
– Obergrenze **17** 34
– Pflege **17** 37
– Pflegegeld für selbstbeschaffte Pflegehilfen **17** 24
– Pflegehilfsmittel, zum Verbrauch bestimmte **17** 24
– Pflegesachleistung **17** 24
– Pflicht zur Ausführung als persönliches Budget **17** 15
– Qualitätssicherung **17** 38
– Rechtsanspruch **17** 16, 37
– Rechtsbehelfe **17** 38
– Ressourcen-Bedarf **17** 33
– Sechs-Monats-Bindung **17** 30
– Sozialversicherung **40** 9
– Sparsamkeitsgrundsatz **17** 32
– Tagespflege **17** 24
– Teilbudgets **17** 27, 35, 38
– Teilhabebedarf **17** 27
– trägerübergreifende Budgets **17** 37
– Unterstützung **17** 18, 32
– Verwaltungsakt **17** 27, 35, 38
– Verwaltungskosten **17** 18
– Werkstätten für behinderte Menschen **39** 12; **40** 8f.; **41** 18
– Widerspruch **17** 35
– Wirtschaftlichkeitsgrundsatz **17** 32
– Zeitdauer **17** 38
– Zielvereinbarung **17** 38
– Zuständigkeit **17** 35
– Zweckbindung der Mittel **17** 38
– Zweijahresfrist **17** 30, 38

Persönlichkeit, Recht auf freie Entfaltung der **89** 8, 11
Perücke **1** 11; **31** 14
Pflege **3** 1
– Hilfsmittel **31** 28
Pflegebedarf **2** 21
Pflegebedürftigkeit **2** 14, 21
– Begriff **2** 22
– Behinderung **2** 21
– Feststellung **8** 12
– Leistungen zur Pflege **2** 21
– Minderung **4** 3; **8** 12; **26** 11; **27** 4
– Prävention **3** 11
– Prüfpflicht **8** 12
– Rehabilitationsträger **6** 11
– Schwerbehinderung **2** 21
– Teilhabebeeinträchtigung **2** 21
– Teilhabeleistungen, Vorrang **8** 3, 12
– Überwindung **4** 3; **8** 12; **26** 11; **27** 4
– Verhütung **8** 12
– Vermeidung **4** 3; **8** 12; **26** 11; **27** 4
– Verschlimmerung, Verhütung **27** 4
– Verschlimmerung, Vermeidung **26** 11
– Wechselwirkung, negative **2** 21
Pflegeberatung **22** 22
Pflegebudgets **17** 24
Pflegegeld, Budgetfähigkeit **17** 26
Pflegehilfsmittel **31** 31
– Budgetfähigkeit **17** 26
– Persönliches Budget **17** 24
Pflegekassen **6** 11; **8** 5, 12; **22** 22
– Persönliches Budget **17** 19
Pfleger
– Vorstellung zur Beratung **60** 5ff.
– Wahrnehmung von Behinderungen **60** 4
Pflegesachleistungen
– Budgetfähigkeit **17** 26
Pflegestufe III
– Einkommensteuerpauschbetrag **126** 6
Pflegeversicherung, freiwillige **44** 12, 29f.
Pflegeversicherung, private **44** 12, 29f.
Pflegeversicherung, soziale
– ambulanter Bereich **31** 31
– Beiträge **44** 16, 18
– Beitragszuschüsse **44** 16, 18
– Budgetfähigkeit **17** 21, 24, 25
– Hilfsmittelversorgung **31** 31
– Lebensführung, selbstbestimmte **4** 13
– stationärer Bereich **31** 31
– Werkstattbeschäftigte **Vor 136ff.** 4, 8; **138** 9

Pflegeversorgung, Strukturverantwortung **19** 10
Pflichtversicherung **44** 19
Phasenmodell neurologische Rehabilitation der BAR **21** 14
Physikalische Therapie **27** 6
– Frührehabilitation **27** 13
Physiotherapie, Frührehabiliation **27** 13
PKW, DIN-Normen **4 BGG** 4
PKW-Besitz **31** 33
PKW-Umbau **31** 33f.
Praktika **33** 5, 62; **34** 17
– Anerkennungspraktika **33** 62
– Auslandspraktika **33** 62
Präsidialrat **93** 3f.; *s. a. Interessenvertretungen, kollektive*
– Schwerbehindertenvertretung **95** 22
Prävention **3** 1, 5f.; **4** 3; **12** 11; **29** 2; **71** 5; **81** 28; **101** 6; **116** 12
– Arbeitsleben **3** 4
– Arbeitsunfähigkeit **84** 5
– Arbeitsunfall **3** 11
– Begriff im SGB IX **84** 5
– Behinderung **84** 5
– Berufskrankheiten **3** 11
– Beschäftigungsverlust, Vermeidung **84** 4f., 9, 12; **89** 10, 12; **101** 6
– Beteiligung **84** 15f.
– betriebliche Prävention **3** 13; **84** 5ff., 14, 18
– Gemeinsame Empfehlung „Prävention nach § 3 SGB IX“ **13** 25
– Gemeinsame Empfehlungen **13** 11, 13
– gesundheitliche Prävention **84** 5
– Gesundheitsgefahren, arbeitsbedingte **3** 11
– Körperfunktionen **3** 6
– Körperstrukturen **3** 6
– Krankheiten **3** 6
– Krankheiten, chronische **84** 5
– Pflegebedürftigkeit **3** 11
– Primärprävention **3** 7f., 11f.
– sekundäre **3** 9
– Sekundärprävention **3** 7, 12
– sozialrechtliche Definition **3** 11f.
– spezifische primäre Prävention **3** 8
– Statistik **13** 13
– Tätigkeiten **3** 6
– Teilhabeleistungen **3** 13
– tertiäre **3** 10
– Tertiärprävention **3** 7, 12
– unspezifische primäre Prävention **3** 8
– Vorrang **3** 4, 13; **8** 3
Prävention im Arbeitsleben **22** 21; **28** 1
Prävention vor Rehabilitation **3** 13
Präventionsgesetz, Entwurf **3** 1, 6
Präventionsleistungen **3** 4; **12** 3
– Teilhabe am Leben in der Gesellschaft **3** 6
Präventionspflicht des Arbeitgebers **68** 20
Primärprävention **3** 11
Probebeschäftigung **41** 13
– Leistungen an Arbeitgeber **34** 5f., 17
Prozessqualität **9** 28, 33f., 38; **10** 16
– Unterstützte Beschäftigung **38 a** 12
Prozessstandschaft, Verbände **23 AGG** 6
Prüfauftrag nach RehaAnglG **6** 1, 5f.
Prüfpflicht **8** 4ff.
– Akteneinsichtsrecht **8** 9
– Anhörungsrecht **8** 9
– einstweilige Anordnung **8** 13
– Herstellungsanspruch **8** 13
– Leistungsklage **8** 13
– Mitwirkungspflicht **8** 9
Prüfungsgebühren **33** 69; **102** 100, 104
Psychiatrie **17** 6
Psychiatrische Dienste **22** 7
Psychische Erkrankungen **2** 16
Psychologische Begutachtung **14** 33
Psychosoziale Betreuung **102** 23f.; **109** 12f.
– Integrationsfachdienste **110** 9
Psychotherapie **26** 13, 19; **27** 6
– Frührehabilitation **27** 13

Q

QS-GKV **20** 9f.
Qualifizierung, individuelle betriebliche **38 a** 5ff., 11
Qualität **20** 5
Qualitätsanalysen, vergleichende **20** 3, 13f., 19; **21** 41
Qualitätsmanagement **20** 1ff., 11f.
– DIN-ISO **20** 11f.
– EFQM **18** 16; **20** 12
– einrichtungsinternes Qualitätsmanagement **20** 15ff.
– European Foundation Quality Management **18** 16; **20** 12
– IQMP-Reha **20** 12
– Manual für ein einrichtungsinternes Qualitätsmanagement **20** 17
– Resident Assessment Instruments **18** 16
– Total Quality Management **18** 16

– Unterstützte Beschäftigung **38 a** 12
– Vereinbarung zur internen Qualitätsmanagement nach § 20 Abs. 2 a SGB IX **20** 17
– Vereinbarung zur Qualitätssicherung und zum einrichtungsinternen Qualitätsmanagement in der ambulanten und stationären Rehabilitation und der stationären Vorsorge **20** 17
– Zertifizierungsverfahren **20** 3, 11, 14, 16 f.; **21** 42
Qualitätssicherung **9** 42; **20** 1, 5, 17
– Bedarfsplanung **20** 5
– Beteiligungsrechte der Interessenvertretungen **13** 32, 34; **20** 19 f.
– Einvernehmen **20** 3, 18
– Gemeinsame Empfehlung „Qualitätssicherung" **13** 25; **20** 1, 6 f.
– Gemeinsame Empfehlungen **13** 12; **20** 3 ff.
– Gemeinsame Empfehlungen, Vorbereitung **20** 19
– Kooperation der Leistungsträger **20** 5
– Leistungsausführung im Ausland **18** 21
– Leistungskoordinierung **20** 5
– Sicherstellungsauftrag **20** 5
Qualitätssicherungsprogramm der Krankenversicherung **20** 9 f.
Qualitätssicherungsprogramm der Rentenversicherungsträger **20** 8
Querschnittslähmung **Anh. 33** 11
– Arbeitshilfen **34** 10
– Kommunikation, häusliche **55** 12
– Kraftfahrzeughilfe **Anh. 33** 25
– Schwerbehinderung **34** 10

R

Rahmenempfehlung zur Einrichtung trägerübergreifender Servicestellen für Rchabilitation **23** 8 ff.
– Durchführungshinweise **23** 8
– Jugendhilfeträger, Beitrittsrecht **23** 8
– Leistungsberatung **23** 9
– Sozialhilfeträger, Beitrittsrecht **23** 8
Rahmenempfehlungen **19** 20
– Einvernehmen **13** 4, 26 ff.
– Gemeinsame Empfehlungen, abweichende **13** 27
– Servicestellen, trägerübergreifende **13** 25
Rahmenempfehlungen zur ambulanten Rehabilitation **45** 14
Rahmenkonzept zur medizinischen Rehabilitation in der gesetzlichen Rentenversicherung **19** 20
Rahmenverträge mit Arbeitsgemeinschaften **21** 40
Rahmenverträge mit Leistungserbringern **13** 12; **21** 36 ff.
RAI/RUG **18** 16
Rauchen, Einschränkungen **3** 8
Recht auf informationelle Selbstbestimmung **130** 2; **155** 4
Rechtsansprüche **BGG Einl.** 9
Rechtsreferendare **74** 2
Rechtsschutz, Zweigleisigkeit **118** 5
Rechtsstaatsprinzip **89** 5
Rechtszersplitterung **13** 1
Regelaltersgrenze **85** 20
Regelaltersrente **2** 14
Regelentgelt **46** 7 ff., 11; **47** 1 ff., 25, 32
– Akkordlohn **47** 29
– Altersteilzeit **47** 25
– Arbeitgeberanteile **47** 13
– Arbeitnehmeranteil am Sozialversicherungsbeitrag **47** 13
– Arbeitsentgelt **47** 31
– Arbeitsentgelt, einmaliges **47** 5, 13, 36 ff.
– Arbeitsentgelt, laufendes **47** 5, 13, 32
– arbeitsleistungsabhängiges Entgelt **47** 30
– Arbeitsstunden, bezahlte **47** 14
– Arbeitsunfähigkeit **47** 11 f.
– Arbeitszeit, flexible **47** 10
– Arbeitszeit, regelmäßige wöchentliche **47** 9, 15 f.
– Arbeitszeitänderungen **47** 17
– Arbeitszeiten, flexible **47** 35
– Baugewerbe **47** 16
– Beitragsbemessungsgrenzen **47** 25, 42
– Bemessungszeitraum **47** 5, 11 ff., 30
– Berechnung **47** 5 ff.
– Betriebsvereinbarungen **47** 15
– Bezüge, schwankende **47** 33 f.
– Bruttoarbeitsentgelt **47** 31
– Bruttoarbeitsentgelt, laufendes **47** 25
– Durchschnittsarbeitszeit **47** 18 ff.
– Einmalzahlungen **47** 36 ff.
– Entgeltabrechnungszeitraum **47** 5, 11 f.
– Entgeltfortzahlungszeiten **47** 14
– Erhöhungen, rückwirkende **47** 13
– Fehlstunden **47** 14
– Fehltage, unbezahlte **47** 19, 24, 33
– Feiertage, bezahlte **47** 14

Stichwortverzeichnis

– Freistunden, bezahlte **47** 14
– Geburt, Zuwendungen aus Anlass der **47** 37
– Gratifikationen **47** 37
– Heimarbeit **47** 29
– Heirat, Zuwendungen aus Anlass der **47** 37
– Hinzurechnungsbetrag **47** 36 ff.
– im Inland nicht einkommensteuerpflichtige Rehabilitanden **47** 43
– Kurzarbeitergeld **47** 41
– Mehrarbeitsstunden **47** 14, 21 ff., 34
– Mehrfachbeschäftigung **47** 25
– Monatsentgelt **47** 10, 26 f., 30
– Monatsgehälter, zusätzliche **47** 37
– Mutterschaftsgeldbezug **47** 25
– Pensionsrückstellungen **47** 13
– Provision **47** 29, 34
– Sachbezüge **47** 13
– Stücklohn **47** 29
– Stundenlohn **47** 10 f., 34
– Stundenlohn, durchschnittlicher **47** 25
– Stundenlohn, monatliche Auszahlung **47** 28
– Tarifvertrag **47** 15
– Teilarbeitslosigkeit **47** 40
– Todesfall, Zuwendungen bei **47** 37
– Urlaub, bezahlter **47** 14
– Urlaubsgeld **47** 13, 37
– vermögenswirksame Leistungen **47** 13
– Vertragserfüllung, nachträgliche **47** 13
– Wehrdienst **47** 25
– Weihnachtsgeld **47** 13, 37
– Wertguthaben **47** 8, 35
– Zivildienst **47** 25
– Zukunftssicherung **47** 13

Regelschulbesuch **BGG Einl.** 10 f.
Regionalbahn **147** 5
Rehabilitation **1** 4; **3** 1
– Ärzte, Einbindung **23** 11
– Behinderung **3** 10
– Behinderung, drohende **3** 10
– chronische Krankheiten **3** 10
– Definition, internationale **2** 6
– frühestmöglicher Zeitpunkt **27** 1, 4
– Krankenbehandlung **27** 1
– medizinische Rehabilitation; *s. dort*
– Prävention, tertiäre **3** 10
– soziale Sicherung **4** 7
– Vorrang **27** 1

Rehabilitation, berufliche **132** 1; **Vor 136 ff.** 1
Rehabilitation vor Pflege **4** 10
Rehabilitation vor Rente **4** 10; **8** 10
Rehabilitations-Assessment **27** 12
Rehabilitationsbedarf **9** 33; **10** 7; **12** 10
– Anpassung **10** 22
– Bedarf, trägerübergreifender **14** 17
– Begutachtung **12** 9
– Feststellung, unverzügliche **14** 3, 13, 17, 29; **15** 4
– Funktionsbezogenheit **9** 34
– Gemeinsame Servicestellen **22** 11, 15 f.
– Gutachten **14** 20, 34 f.; **15** 4; **22** 15
– Kenntniserlangung **14** 21 f.
– Mitwirkungspflichten **15** 4

Rehabilitationsbedürftigkeit **61** 13
Rehabilitationsdienste **9** 41; **17** 8; **19** 6
– Arbeitsgemeinschaften **19** 28
– Ausbildung, berufliche **33** 43
– Auswahl **17** 9; **19** 3, 9, 20 ff.
– Auswahlermessen **19** 20 ff.
– Auswahlermessen, Reduzierung auf null **17** 12
– Barrierefreiheit **19** 11
– Bedarfsdeckung **19** 10
– berufliche Rehabilitation **35** 1
– Beteiligungsrechte der Interessenvertretungen **13** 32, 34
– Eignung **17** 9; **19** 20 ff.; **21** 3 f., 41 f.
– Förderung **19** 3, 9, 25 ff.
– freie Rehabilitationsdienste **17** 4, 8; **19** 20
– gemeinnützige Rehabilitationsdienste **17** 4, 8; **19** 20
– mobile Rehabilitationsdienste **17** 8; **19** 6
– private Rehabilitationsdienste **17** 4, 8, 11; **19** 20
– Selbstständigkeit **19** 23, 25
– Selbstverständnis **19** 23
– Unabhängigkeit **19** 23

Rehabilitationseinrichtungen **17** 8; **19** 6; **21** 9
– ambulante Einrichtungen **19** 6
– ausländische Rehabilitationseinrichtung **17** 12
– Auswahl **9** 9; **10** 7; **17** 9; **19** 3, 9, 20 ff.
– Auswahlermessen, Reduzierung auf null **17** 12
– Barrierefreiheit **19** 11
– Bedarfsdeckung **19** 10
– berufliche Rehabilitation **19** 6; **35** 1
– Bestimmung **7** 11
– Beteiligungsrechte der Interessenvertretungen **13** 32, 34

– Eigeneinrichtungen **21** 3, 43
– Eignung **9** 19, 21, 30f.; **10** 20; **17** 9; **19** 20; **21** 3f., 41f.
– Förderung **19** 3, 9, 25ff.
– freie Rehabilitationseinrichtungen **17** 4, 8; **19** 20
– Fremdeinrichtungen **21** 3
– gemeinnützige Rehabilitationseinrichtungen **17** 4, 8; **19** 20
– Leistungsausführung **17** 4f.
– Leistungserbringung **9** 40
– medizinisch-berufliche Rehabilitation **19** 6
– medizinische Rehabilitation **19** 6
– Mehrkosten **9** 33f.
– nicht-ärztliches Personal **27** 12
– private Rehabilitationseinrichtungen **17** 4, 8, 11; **19** 20
– Prozessqualität **9** 28, 33, 34, 38
– Qualitätsmanagement **9** 28f.
– Qualitätsmanagement, Zertifizierung **9** 28f.
– Selbstständigkeit **19** 24
– stationäre Einrichtungen **19** 6
– Strukturqualität **9** 28, 33, 34, 38
– teilstationäre Einrichtungen **19** 6
– Unwirtschaftlichkeit **9** 25
– Zulassung **9** 19
Rehabilitationserfolg **9** 1
Rehabilitations-Fachkraft **27** 13
Rehabilitationsfähigkeit **5** 5; **12** 10; **61** 13
Rehabilitationskette **27** 1, 4
Rehabilitations-Kinderwagen **31** 14, 34
Rehabilitationskonzepte **13** 14; **27** 12
Rehabilitationsleistungen **2** 8, 10, 17; **4** 8; **7** 7
– ambulante Rehabilitationsleistungen **9** 41; **17** 27
– Anpassung **10** 16, 22
– Ausführung **13** 14; **17** 1; *s. a. Leistungsausführung*
– ausreichende Rehabilitationsleistungen **4** 8
– Bestimmung, trägerübergreifende **10** 4
– Budgetfähigkeit **17** 27
– chronische Krankheiten **2** 14
– Eignung **8** 12
– Früherkennung **3** 4
– Frühförderung **3** 4
– Funktionsbezogenheit **2** 11; **10** 22
– Gegenstand **13** 14
– Gemeinsame Empfehlungen **13** 11, 14
– Krankenversicherung **10** 20
– Prozessqualität **10** 16
– Strukturqualität **10** 16
– Teilhabeziele **4** 1
– Umfang **13** 14
– Wirksamkeit **4** 8; **9** 7, 10, 33
– Wirtschaftlichkeit **9** 7, 10, 33; **10** 20
– Zielgerichtetheit **10** 17
– Zügigkeit **10** 21
– Zusammenarbeit **12** 4
– Zweckmäßigkeit **4** 8
Rehabilitationsleitlinien **12** 5; **13** 14; **20** 7
Rehabilitationsmanagement **10** 6ff.
Rehabilitationspatient **21** 14
Rehabilitationsprognose **12** 10; **61** 13
Rehabilitations-Richtlinie **12** 10; **61** 1, 9ff.
– Anwendungsbereich **61** 10
– kassenärztliche Versorgung **61** 10
– medizinische Rehabilitationsleistungen **61** 10
Rehabilitations-Screening **22** 9
Rehabilitationssport **44** 4, 8, 20ff.
– ärztliche Verordnung **44** 24
– Budgetfähigkeit **17** 25f.
– Frauen, besondere Bedürfnisse **44** 23
– Rahmenvereinbarung **44** 21
Rehabilitationsträger **6** 1, 6
– Altershilfe für Landwirte **6** 4
– Arbeitsförderung **6** 4
– Aufsicht **13** 38
– Berichtspflichten **13** 4, 42
– Bundesagentur für Arbeit **6** 10; **6a** 3, 9f.; **104** 1, 3, 10
– Eigenverantwortlichkeit **6** 3, 12
– Empfehlungen, gemeinsame **3** 4, 13
– Feststellungspflicht **10** 13f.
– Förderung **13** 19
– Geheimhaltungspflicht **130** 4, 7f.
– Jugendhilfe **6** 1, 5
– Klagebefugnis **63** 1
– Konvergenz der Leistungen **6** 12; **7** 1, 5, 7, 10; **10** 1, 23; **12** 1; **13** 4
– Kooperation **4** 18; **6** 12; **7** 1, 5, 7, 10; **10** 1, 7, 10, 23; **12** 1; **13** 2, 4
– Koordination **6** 12; **7** 1, 5, 7, 10; **10** 1, 4ff., 12; **12** 1, 5; **13** 2, 4
– Koordinationsverantwortung **10** 9
– Kostenerstattung **14** 5, 23, 25ff.
– Krankenversicherung **6** 4, 11; **8** 12
– Kriegsopferversorgung **6** 4
– Leistungsgewährung **7** 4; **102** 12f.
– Leistungsgruppen **6** 10
– Leistungszuständigkeit **6** 10f.

- Mitentscheidungsbefugnisse **6** 12
- Mitplanungsbefugnisse **6** 12
- Mitteilungspflichten **8** 9
- Mitverwaltungsbefugnisse **6** 12
- Persönliches Budget **17** 19
- Prüfpflicht **8** 4ff.
- Rehabilitationspflicht **3** 5
- Rentenversicherungsträger **6** 4
- Selbstständigkeit **6** 3, 12
- Selbstverwaltung **3** 12
- Selbstverwaltungskörperschaften **13** 7
- Sozialhilfeträger **5** 1; **6** 1, 4ff.
- Sozialleistungsträger **6** 3f.
- Tätigkeitspflicht **8** 4f.
- Teilhabeleistungen **6** 6
- Unfallversicherungsträger **6** 4
- Verantwortung, gemeinsame **12** 4
- Verwaltungshandeln **3** 4, 12; **8** 4f.
- Zusammenarbeitsverpflichtung **3** 13; **6** 8; **10** 3, 5; **11** 1; **12** 1, 4, 14; **13** 2, 24; **99** 7; **102** 120ff.
- Zuständigkeit **7** 4; **12** 7; **101** 11; **102** 44
- Zuständigkeitswechsel **10** 9

Rehabilitationsvorbereitungslehrgänge **33** 30
Rehabilitationsvorbereitungstraining **33** 30
Rehabilitations-Zieldefinition **27** 12
Rehabilitationsziele **4** 1, 5; **8** 1; **9** 7f., 10, 19, 33; **10** 20; **12** 10; **19** 20f.; **20** 7; **61** 13
- Anpassung **10** 7, 22
- Begutachtung **12** 9f.
- Bestimmung, trägerübergreifende **10** 4
- Erfolgsprognose **10** 7
- Festlegung **10** 7
- medizinische Rehabilitation **26** 7, 9; **31** 41
- Mehrkosten **9** 34
- trägerspezifische Rehabilitationsziele **4** 19; **12** 10
- Wahlrecht des Betroffenen **4** 5

Re-Infarkt **3** 10
Reisekosten **12** 1; **44** 7, 27
- Arbeitsleben, Teilhabeleistungen **33** 60; **53** 1, 5ff.
- Beförderungsmittel, besondere **53** 5, 9
- Begleitperson **53** 5, 10
- Begleitperson, Verdienstausfall **53** 2, 5, 10
- Besuchsfahrten von Angehörigen **53** 14f.
- Budgetfähigkeit **17** 25f.
- Dauerbegleitung **53** 10
- Fahrkosten **53** 1, 5f., 16
- Fahrpreiserhöhung **53** 16
- Familienheimfahrten **53** 13ff.
- Gepäcktransport **53** 5, 12
- Kinder, Mitnahme an Rehabilitationsort **53** 2, 5, 11
- Krankentransport **53** 5, 9
- medizinische Rehabilitation **53** 1, 5ff.
- öffentliche Verkehrsmittel **53** 6, 9, 16
- Pendelfahrten **53** 16f.
- Pkw, privater **53** 6, 9, 16
- Taxi **53** 5, 9
- Übernachtungskosten **53** 1, 5, 8
- Verdienstausfall **53** 1
- Verpflegungskosten **53** 1, 5, 7
- Wegstreckenentschädigung **53** 2

Rente wegen Erwerbsminderung **8** 6, 10
- Antrag **8** 4

Renten, Anrechnungsverbot **123** 2, 5
Renten, Vermeidung **3** 5
Rentenbescheide **69** 25f.
Rentenleistungen **8** 10f.
- Nachuntersuchung **8** 11
- Teilhabeleistungen, Vorrang **8** 3, 10f.

Rentenversicherung, gesetzliche **3** 12
- Anschlussübergangsgeld **49** 7
- Antragsweiterleitung **14** 24
- Arbeitsleben, Leistungen an Arbeitgeber **34** 6
- Arbeitsleben, Teilhabeleistungen **33** 8, 59
- Beiträge **44** 16, 18
- Beitragszuschüsse **44** 16, 18
- Eingliederungsversuche **41** 14
- Einkommensanrechnung **52** 2, 5
- Entgeltersatzleistungen **49** 7
- Hilfsmittel **33** 85
- Kraftfahrzeughilfe **Anh. 33** 1
- Leistungsantrag **8** 6
- Leistungserbringung im Ausland **18** 1
- Nachteilsausgleiche **126** 10
- persönliche Voraussetzungen **7** 16
- Prüfpflicht **8** 6
- Teilhabeleistungen **4** 9
- Übergangsgeld **52** 2, 5
- Verfahrensbeschleunigung **8** 4
- Vertragsrecht **21** 17, 21
- Werkstattbeschäftigte **138** 9; **Vor 136ff.** 4, 8ff.
- Wunsch- und Wahlrecht **9** 19
- Zuständigkeit **7** 16

Rentenversicherungsträger **6** 4
– Arbeitsleben, Leistungen zur Teilhabe am **6** 10
– Leistungen, ergänzende **6** 10; **44** 3
– Leistungsausgestaltung **7** 16
– Leistungsgruppen **6** 10
– Leistungsvoraussetzungen **7** 17
– medizinische Rehabilitation **6** 10
– medizinische Rehabilitationsleistungen **61** 10
– unterhaltssichernde Leistungen **6** 10
– Zuständigkeit **7** 17
Rezidivbildung **3** 10
Rheinland-Pfalz **7 BGG** 3f.
– Barrierefreiheit **4 BGG** 17f.
– Behindertenbeauftragter **14 BGG** 5
– Beweislastumkehr **7 BGG** 4
– Dolmetschervergütung **9 BGG** 8
– Verbandsklagerecht **13 BGG** 9
Rheuma **2** 13
Richter/Richterinnen **73** 5; **128** 1ff.
– Allgemeines Gleichbehandlungsgesetz **24 AGG** 2
– begleitende Hilfen im Arbeitsleben **128** 3
– Beschäftigung **128** 3
– Beschäftigungsanspruch **81** 39
– Gleichstellung mit schwerbehinderten Menschen **68** 32
Richtervertretung **93** 1, 3f.; *s. a. Interessenvertretungen, kollektive*
– Bezirksschwerbehindertenvertretung **97** 10
– Hauptschwerbehindertenvertretung **97** 10
– Schwerbehindertenvertretung **95** 22
– Schwerbehindertenvertretungen, Zusammenarbeit **95** 25
Richtlinie des Bundesausschusses Ärzte und Krankenkassen über Leistungen zur medizinischen Rehabilitation **12** 10
Rollstuhl **31** 20, 26
– Aktivrollstuhl **31** 34
– DIN-Normen **4 BGG** 4
– Elektrorollstuhl **31** 33f.
Rollstuhlfahrer, Kraftfahrzeughilfe **Anh. 33** 25
Rundfunkgebührenpflicht, Befreiung **69** 20, 22; **126** 16
– Merkzeichen „RF“ **69** 22, 39f.
– Telefon, Sozialtarif **126** 16

S

Saarland **7 BGG** 3
– Barrierefreiheit **4 BGG** 18; **5 BGG** 14
– Behindertenbeauftragter **14 BGG** 5
– Verbandsklagerecht **13 BGG** 9
– Zielvereinbarung **5 BGG** 13f.
– Zielvereinbarungsregister **5 BGG** 14
Sachleistungen **1** 6; **4** 5; **9** 39; **18** 6
– Hilfsmittel **31** 26
– Leistungserbringung im Ausland **18** 3, 6
– Wahlrecht **9** 39
Sachsen
– Behindertenbeauftragter **14 BGG** 5
– Behindertengleichstellung **9 BGG** 8
– Landesbehindertenbeirat **14 BGG** 5
– Sicherstellungsauftrag **9 BGG** 8
– Verbandsklagerecht **13 BGG** 9
Sachsen-Anhalt
– Barrierefreiheit **4 BGG** 18
– Behindertenbeauftragter **14 BGG** 5
– Behindertengleichstellung **9 BGG** 8
– Beweislastumkehr **7 BGG** 4
– Gebärdensprache **9 BGG** 8
Sachverständige, Eignung **14** 29
Sachverständige, Beauftragung **13** 16; **14** 29ff.
– Auftragseingang **14** 33
– Zugangsbarrieren **14** 29
Sachverständigengutachten, Einholung
– Fristen **14** 3
– Verfahren **14** 3
Sachverständigen-Wahlrecht **14** 31f.; **22** 15
Sanitärbereiche **81** 30; **102** 94
Säuglinge, heilpädagogische Leistungen **56** 6
S-Bahn **147** 5
Schlaganfall, Frühmobilisation **3** 10
Schleswig-Holstein
Barrierefreiheit **4 BGG** 17f.
– Behindertenbeauftragter **14 BGG** 5
– Dolmetschervergütung **9 BGG** 8
– Gebärden, lautsprachbegleitende **6 BGG** 5f.
– Gebärdensprache **6 BGG** 5f.; **9 BGG** 8
– Kommunikationshilfen **6 BGG** 5f.; **9 BGG** 8
– Verbandsklagerecht **13 BGG** 9
Schlucktherapie, Frührehabilitation **27** 13
Schmerz **2** 15

Stichwortverzeichnis

Schmerzsyndrom **2** 13
Schnittstellenprobleme **4** 18; **7** 1; **10** 1; **12** 6; **13** 10; **14** 1; **23** 1
Schreibtischarbeitsplätze **34** 16
Schriftdolmetscher/innen **6 BGG** 2; **9 BGG** 4
Schuhe **31** 13
Schulen **BGG Einl.** 16
– Barrierefreiheit **BGG Einl.** 9 ff.; **4 BGG** 14
Schulfähigkeit **31** 33
Schulpflicht **31** 33; **56** 4 f.
Schulvorbereitung, Komplexleistung **56** 3, 7
Schulwissen **31** 33
Schutz von Leben und Gesundheit **1** 1
Schutz vor sexueller Belästigung, berufliche Rehabilitation **36** 6
Schwangerschaftsberatungsstellen **61** 3
– Beratungsanspruch werdender Eltern **61** 6
Schweden, persönliche Budgets **17** 1
Schwerbehinderte
– Arbeitsleben, begleitende Hilfen im **33** 7
– Arbeitsleben, Integration ins **13** 23
– Arbeitslosigkeit **41** 9
– Benachteiligungsverbot **81** 19; **82** 11
– berufliche Bildung **81** 29
– Beschäftigung, persönlichkeitsförderliche **81** 27
– Diskriminierungsverbot **81** 1, 4 ff., 9; **1 AGG** 6
– Feststellungsverfahren **69** 7 ff.
– Fortbildungsmaßnahmen, innerbetriebliche **81** 29
– Gebärdensprachdolmetscher **6 BGG** 4
– Gehbehinderung, außergewöhnliche **Anh. 33** 11
– Hilfebedarf **11** 13
– Teilhabe **11** 11, 13
– Vorrang gegenüber anderen Personenkreisen **122** 2 f.
Schwerbehindertenausgleichsabgabeverordnung **79** 6
Schwerbehindertenausweis **69** 41 ff.
– Aushändigung **107** 4
– Beförderung, unentgeltliche **145** 2
– Erfassungspflichten **153** 1
– Gestaltung **69** 42; **70** 2
– Gültigkeitsdauer **69** 44; **70** 2
– Inhalt **69** 44
– Kraftfahrzeughilfe **Anh. 33** 11, 25, 35
– Merkzeichen „1. Kl." **69** 39
– Merkzeichen „aG" **Anh. 33** 11, 25, 35; **69** 20, 39; **126** 7
– Merkzeichen „B" **69** 20; **126** 11; **146** 5
– Merkzeichen „BI" **69** 39; **126** 6 f., 12
– Merkzeichen „EB" **126** 7
– Merkzeichen „G" **Anh. 33** 11; **69** 20, 39; **126** 6 f., 13; **146** 2 ff.
– Merkzeichen „GI" **69** 39; **126** 7, 14
– Merkzeichen „H" **69** 20, 39; **126** 6 f., 15
– Merkzeichen „RF" **69** 22, 39 f.; **126** 16
– Merkzeichen „VB" **126** 7
– Verlängerung **107** 3
– Verordnungsermächtigung **70** 1 ff.
– Verwaltungsverfahren **70** 2
– Wertmarke **145** 2 f.
– Zuständigkeit **69** 9; **107** 3
Schwerbehindertenausweisverordnung **69** 3, 42; **70** 1 ff.; **154** 2; **Vor 145 ff.** 1
Schwerbehinderteneigenschaft **69** 43
– Anerkennung **90** 14
– Anerkennungsantrag **90** 14
– Dispositionsbefugnis **69** 12 f.
– Feststellungsbescheid **68** 7, 9, 21; **116** 7, 10
– Feststellungsverfahren **69** 7 ff.
– Grad der Behinderung **69** 15
– Gutachten **90** 21 f.
– Kenntnis des Arbeitgebers **85** 15; **90** 23; **91** 6
– Kündigungsschutz, besonderer **85** 11 ff; **87** 17; **90** 14 ff.
– Mitteilungspflicht **91** 4
– Mitwirkungspflicht des Schwerbehinderten **85** 13 f.
– Mitwirkungspflichten **90** 19 f.
– Nachweis **85** 13; **90** 14 ff.
– Offenkundigkeit **85** 12; **90** 14
– Voraussetzungen, behinderungsbezogene **116** 5
– Voraussetzungen, örtliche **116** 5
Schwerbehindertenfürsorge **71** 7
Schwerbehindertenfürsorgeerlasse **128** 2
Schwerbehindertenrecht **68** 1, 4 f.
– Klagverfahren **118** 4
– Widerspruchsverfahren **118** 1 ff.
Schwerbehindertenrichtlinien **128** 2
Schwerbehindertenvertretung **94** 1; **97** 5
– Abordnungsschutz **94** 9, 23; **96** 9, 13
– Amtsniederlegung **94** 25
– Amtszeit **94** 3, 5, 25 ff.

- Anhörungsrecht **95** 11f.
- Antragsbefugnis **68** 11
- Arbeitgeber, schwerbehinderter **94** 16
- Arbeitsplatzberechnung **73** 12
- Aufgaben **95** 1ff.
- Aussetzung der Durchführung getroffener Entscheidungen **95** 13, 20f.
- Beteiligungsrechte **101** 6
- Betriebs-/Dienststellengröße **94** 3, 6, 8, 15
- Eingliederungsförderung **95** 5f., 8
- Eingliederungsmanagement, betriebliches **84** 35f.
- Einsichtsrecht **95** 14
- Freiheitsstrafe **155** 5
- Geheimnisverrat **155** 1ff.
- Geldstrafe **155** 5
- Geschäftsbedarf **96** 28
- Handlungspflicht **95** 8
- Heimarbeit **94** 16
- Informationsrecht **95** 11f.
- Initiativrecht des Integrationsamts **94** 24
- Konsultierungsrechte **101** 6
- Kostentragungspflicht **96** 3, 24ff.
- Kündigungsschutz **94** 9, 23; **96** 8, 13
- Mehrheitswahl **94** 23
- Nachholung der Beteiligung **95** 13
- Nachwahl **94** 11, 22
- Personalakten **95** 15
- Pflichtverletzung, grobe **94** 26; **95** 24
- Präventionsverfahren **84** 16
- Räume, Mitbenutzung **96** 28
- Rechte **95** 4
- Rechtsweg **95** 27; **96** 29
- Rederecht **95** 16
- Sachmittel **96** 28
- Stellungnahmen **95** 11, 14
- stellvertretendes Mitglied **94** 3, 6, 9; **96** 3ff., 13f.
- stellvertretendes Mitglied, Amtszeit **94** 11
- stellvertretendes Mitglied, Arbeitsbefreiungsanspruch **96** 13, 20
- stellvertretendes Mitglied, Heranziehung zur Aufgabenerfüllung **95** 10; **96** 13
- stellvertretendes Mitglied, Nachrücken **94** 9, 11, 25; **96** 20
- stellvertretendes Mitglied, vorübergehende Verhinderung **95** 10
- stellvertretendes Mitglied, vorzeitiges Ausscheiden **94** 11
- Teilnahmerecht an Besprechungen Arbeitgeber/kollektive Interessenvertretung **95** 23
- Teilnahmerecht an Betriebs-/Personalversammlungen **95** 26
- Teilnahmerecht an Sitzungen **95** 16f., 16ff.
- Teilnahmerecht an Vorstellungsgesprächen **95** 14
- Überwachungspflicht **72** 2; **84** 35; **95** 7
- Unabhängigkeit **99** 9
- Unterrichtungsrecht **95** 11f.
- Unterstützungspflicht **95** 10
- Unterstützungspflicht bei Gleichstellungsantrag **68** 12
- Verbindungsfunktion **99** 8
- Verordnungsermächtigung **100** 1f.
- Versetzungsschutz **94** 9, 23; **96** 9, 13
- Vertrauensperson; *s. dort*
- Wahl **93** 8; **94** 3, 5, 27; **100** 2
- Wahl, geheime **94** 23
- Wahl, unmittelbare **94** 23
- Wahl mehrerer stellvertretender Mitglieder **94** 12
- Wahlanfechtung **94** 23
- Wahlanfechtung, Anfechtungsberechtigung **94** 23
- Wahlbeeinflussung **94** 23
- Wahlbehinderungsverbot **94** 23
- Wahlbewerber **94** 23
- Wahlergebnis, Bekanntgabe **94** 25
- Wahlkosten **94** 23
- Wahlordnung **94** 23; **100** 2
- Wahlrecht, aktives **94** 4, 16
- Wahlrecht, passives **94** 4, 17
- Wahlschutz **94** 23
- Wahltag **94** 8
- Wahltermin **94** 19ff.
- Wahlverfahren, förmliches **94** 23
- Wahlverfahren, vereinfachtes **94** 23
- Wahlversammlung **94** 23
- Wahlvorschlag **94** 23
- Wahlvorstand **94** 23
- Zusammenarbeitsverpflichtung **99** 3f., 6ff.; **29 AGG** 2

Schwerbehinderten-Verwaltungsvorschriften **128** 2

Schwerbehinderung **2** 3, 23
- Pflegebedürftigkeit **2** 21
- Schwere der Behinderung, erhebliche **2** 24
- Zustand, regelwidriger **2** 12

Schweregrad **2** 13, 17; **10** 23
Schwerhörige, besondere Bedürfnisse **1 BGG** 1
Schwerstbehinderte
– Arbeitshilfen **34** 10, 15
– Hilfsmittel **34** 15
Schwerstbehindertengruppen **136** 9f.
Seelische Behinderung **10** 3, 25
– Barrierefreiheit **4 BGG** 1
– Integrationsfachdienste **109** 12f.
Seelische Gesundheit **2** 14, 16, 21
Sehbehinderung **19** 12; **1 BGG** 1
– Beförderung, unentgeltliche **145** 8
– Informationstechnik, barrierefreie **11 BGG** 4
– Kommunikationsbarrieren **23** 21
– Schriftstücke **10 BGG** 1ff.
Sehvermögen **2** 15
Selbständige
– Arbeitsassistenz **108** 15
– Kraftfahrzeughilfeverordnung, Hilfen nach der **102** 67f.
– Zulassungserteilung, bevorzugte **129** 1ff.
Selbständigkeit, Förderung **4** 13
Selbstauskunft **12** 10
Selbstbeschaffung **6a** 12; **14** 13; **15** 1
– Erstattungspflicht **15** 3, 10ff.; **19** 5
– Gutachten **14** 31
– Kinder **19** 19
– Kommunikationshilfen **57** 8
– Nachfristsetzung **15** 8ff.
– Unterrichtung, unterlassene **15** 9
Selbstbeschaffungsrecht **14** 12
Selbstbestimmung **1** 1, 3, 7ff.; **2** 10; **4** 13; **9** 11f.; **15** 1; **85** 1; **1 BGG** 6
– Förderung **9** 9, 46
– Kinder **4** 20
– Koordinationsprozess **10** 12
– Krankheitsfolgenbewältigung **31** 40
– während Leistungserbringung **9** 3
– Leistungsvergabe **1 AGG** 4
– Recht auf informationelle Selbstbestimmung **130** 2; **155** 4
– Wunsch- und Wahlrechte **9** 1
Selbsthilfe **1** 7
– Gemeinsame Empfehlung zur Förderung der Selbsthilfe **13** 25
Selbsthilfefirma **41** 13
Selbsthilfeförderung **29** 2ff., 7ff.
– Grundsätze, einheitliche **29** 11ff.
– Verordnungsermächtigung **29** 115
– Zuwendungsrichtlinien **29** 3
Selbsthilfegruppen **29** 8
– Angebote **29** 8
– Anspruchsberechtigung **1** 5
– Beteiligungsrecht **22** 23f.
– Ehrenamtlichkeit **29** 8
– Ertrags-/Gewinnorientierung, fehlende **29** 8
– Förderung **3** 13; **13** 19; **29** 1f., 7
– Gemeinsame Empfehlungen, Vorbereitung **13** 32, 34
– Gleichstellung **29** 8
– Information **29** 8
– Laienhandeln **29** 8
– Rehabilitation **3** 11
– Ziele **29** 8
Selbsthilfekontaktstellen **29** 10
– Anspruchsberechtigung **1** 5
– Förderung **13** 19; **29** 2, 7
– Träger **29** 10
Selbsthilfeorganisationen **22** 7; **29** 9
– Anspruchsberechtigung **1** 5
– Förderung **13** 19; **29** 7
Selbsthilfepotentiale, Aktivierung **26** 23
Selbstständige
– Arbeitshilfen **34** 14
– Einkommensanrechnung **52** 6, 9
– Kraftfahrzeughilfe **Anh. 33** 16
– Übergangsgeld **45** 24; **52** 9
Selbstverantwortung **9** 1
Selbstversorgung **3** 10
Servicestellen; *s. Gemeinsame Servicestellen*
Service-Telefone **23** 12
Sexuelle Belästigung, berufliche Rehabilitation **36** 6
SGB
– Ausführungsgesetze **4 BGG** 16
– Barrierefreiheit **BGG Einl.** 3; **4 BGG** 15
SGB I **6** 3
– Eingliederung Behinderter **6** 11
SGB II; *s. Grundsicherung für Arbeitssuchende*
SGB III; *s. Arbeitsförderung*
SGB V; *s. Krankenversicherung*
SGB IX **BGG Einl.** 19
– Anwendungsbereich **7** 7, 12
– Aufbau **5** 6
– Auslegung **1** 3, 15
– Barrierefreiheit **4 BGG** 15
– Benachteiligungsverbot **1 BGG** 2
– bereichsübergreifende Wirksamkeit **7** 2

– Evaluation **64** 7 f.; **66** 4
– Geltungsbereich, persönlicher **68** 4 f.
– Leistungsgesetze **7** 11
– Rechtsvereinheitlichung **7** 6
– Vorrang **7** 9
– Ziele **1** 1, 3, 14; **7** 6; **19** 20
SGB X, Barrierefreiheit **4 BGG** 15
SGB XII; *s. Sozialhilfe*
Sicherstellungsauftrag **9** 25; **14** 29; **17** 4; **19** 1, 4 f., 20; **21** 4
– Beteiligungsrechte **19** 13, 20
– Bundesregierung, Beteiligung **19** 13
– Gemeinsame Servicestellen **23** 4
– Interessenvertretungen behinderter Frauen, Beteiligung **19** 14
– Kommunen, Beteiligung **19** 13
– Kommunikationshilfen **9 BGG** 7
– Landesärzte, Informationspflicht **62** 9
– Landesregierungen, Beteiligung **19** 13
– Mindestausstattung **19** 8
– Qualität der Dienste/Einrichtungen **19** 4, 7
– Qualitätssicherung **20** 5
– quantitativer Bedarf **19** 4, 7
– regionale Sicherstellung **19** 10
– Selbsthilfegruppen, Beteiligung **19** 14
– Sparsamkeitsgrundsatz **19** 5
– Spitzenverbände, Beteiligung **19** 14
– Verbände behinderter Menschen, Beteiligung **19** 14
– Verbände der freien Wohlfahrtspflege, Beteiligung **19** 14
– Wirtschaftlichkeitsgrundsatz **19** 5
Signalgebung, Barrierefreiheit **4 BGG** 3 f.
Simultanschriftdolmetscher/innen **6 BGG** 2
Sinnesgeschädigte, barrierefreie Informationstechnik **11 BGG** 4
Sinnesstörungen **2** 16
Sitz- und Stehhilfe **31** 14
Sitzhilfen **33** 87
– Firmenfahrzeug **Anh. 33** 34
– Kraftfahrzeughilfe **Anh. 33** 34
Sitzschalenfall **33** 86
Soldaten/Soldatinnen **73** 6; **128** 1 f., 5 f.
– Beschäftigungsanspruch **81** 39
– Gleichbehandlung **AGG Einl.** 3; **24 AGG** 3
Soldatenvertretung, Wahlrecht **94** 18
Sonderlinienverkehr **147** 3
Sonderschulpflicht **31** 33
Sonderschulsystem **BGG Einl.** 13 ff.
Sonntagsarbeit **124** 5
Sowiesokosten **9** 29
Sozialarbeiter, Hinweispflicht **61** 7
Sozialdaten **130** 6
Sozialdatenschutz **130** 2 f.
Sozialdienste **13** 24
– Gemeinsame Empfehlung „Sozialdienste“ **13** 25
Soziale Entschädigung **14** 21 f.
-- Orthopädieverordnung **31** 18
Soziale Kompetenz **26** 23
Soziale Rechte **1** 15
– Teilhabe am Leben in der Gesellschaft **4** 3
Soziale Rehabilitation **5** 1; **31** 43
Soziale Sicherung **4** 7
Sozialgeheimnis **21** 34; **114** 2; **130** 3, 6
– Verletzung **130** 9
Sozialgesetzbuch; *s. SGB*
Sozialhilfe **7** 13
– Amtswegigkeit **6** 9
– Arbeitsleben, Teilhabeleistungen **33** 8
– Bedarfsdeckungsprinzip **6** 9
– Beratungspflicht **22** 25
– Einzelfallorientierung **6** 9
– frühe Hilfen **56** 1
– Hilfe bei Krankheit **18** 5
– Hilfsmittelversorgung **31** 30
– Kraftfahrzeughilfe **55** 9
– Leistungen von Amts wegen **14** 21 f.
– Leistungserbringung im Ausland **18** 4
– Mehrbedarfserhöhung **126** 13
– Nachrang **6** 9; **101** 4
– Vereinbarungen **21** 21
Sozialhilfeträger **5** 1; **6** 1, 4 f.
– Arbeitsleben, Teilhabeleistungen **33** 45
– Budgetfähigkeit **17** 21
– Fürsorge, öffentliche **6** 6 f.
– Gemeinsame Empfehlungen, Vorbereitung **13** 4, 30
– Gesetzgebungskompetenz **6** 9
– heilpädagogische Leistungen **56** 8 ff.
– Klagebefugnis **63** 1
– Kraftfahrzeughilfe **Anh. 33** 1, 9
– Landesrahmenvertrag **19** 7
– Leistungen zur Pflege **17** 21
– Leistungs-, Vergütungs- und Prüfungsvereinbarung **19** 22
– Leistungsausführung **17** 5
– Leistungsgruppen **6** 9, 10
– Leistungsvoraussetzungen **7** 17
– Persönliches Budget **17** 19
– Rehabilitationsträger **6** 6 f.; **8** 12; **18** 5; **56** 10

Stichwortverzeichnis

– Selbstbeschaffung **15** 13 f.
– Teilhabe am Leben in der Gemeinschaft **6** 10; **55** 7
– Unterrichtungspflicht **15** 13
– Vereinbarungen **21** 25
– Zuständigkeit **7** 17
Sozialleistungen **4** 15; **5** 4; **BGG Einl.** 5
– andere Sozialleistungen **4** 10
– Barrierefreiheit **4 BGG** 15
– Bezug, vorzeitiger **4** 10; **26** 11; **27** 4
– Gebärdensprache **6 BGG** 3
– Leistungen zur Teilhabe **4** 5
– Minderung **26** 11
– Minderung laufender Sozialleistungen **4** 10
– notwendige Sozialleistungen **5** 1
– Vermeidung **4** 10; **26** 11; **27** 4
– vorläufige Leistungen **6 a** 12
Sozialleistungen, allgemeine **4** 3
Sozialleistungsträger **6** 3 f.; **8** 5
Sozialmedizinische Beurteilung **12** 10; **14** 33
Sozialpädiatrische Zentren **30** 4 f., 7 ff., 17
– Zusammenarbeit **30** 8
Sozialstaatsprinzip **1** 7; **89** 5, 8 ff
Sozialstationen **17** 8; **19** 6
Sozialversicherung, Wahlordnung **4 BGG** 9
Sozialversicherungsträger **6** 4
– Haushaltsrecht **19** 26
– Rücklagevermögen **19** 26
Sozialverwaltungsverfahren
– Barrierefreiheit **4 BGG** 7, 15; **12 BGG** 1 f.
– Gebärdensprache **6 BGG** 3
Sparsamkeitsgrundsatz **4** 5; **9** 12, 20, 29, 42; **19** 24
– Kraftfahrzeughilfe **Anh. 33** 32, 35
– Persönliches Budget **17** 32
– Selbstbeschaffung **15** 11
– Sicherstellungsauftrag **19** 5
Speedy-Tandem **31** 34
Sperrzeit **85** 17
Spielplätze, Barrierefreiheit **4 BGG** 4
Spitzenverband Bund der Krankenkassen **13** 37
Spitzenverbände, Beteiligungsrecht **13** 4, 33 f.
Spitzenverbände, Vertretungsrecht **13** 4, 29, 37
Spitzenverbände der Krankenkassen, Förderung **13** 19
Sprachbehinderung **19** 12
– Autismus **6 BGG** 1
– Barrierefreiheit **6 BGG** 1; **9 BGG** 1 f.
– besondere Bedürfnisse **1 BGG** 1
– Hilfsmittel **6 BGG** 2
– Rechtsansprüche **9 BGG** 1 f., 6
– Wahrnehmung eigener Rechte **9 BGG** 4
Sprachfähigkeit, besonders starke Beeinträchtigung **55** 12; **57** 2
– Artikulationsvermögen **57** 3
– Wortfindung **57** 3
Sprachtherapie **27** 6
Sprachtraining **26** 23
Sprachübungsgeräte **55** 12
SPZ; *s. Sozialpädiatrische Zentren*
Staatsanwaltschaft, Schwerbehindertenvertretung **94** 3, 14
– Zusammenarbeit **95** 25
Staatsanwaltsrat **93** 1, 3 f.; *s. a. Interessenvertretungen, kollektive*
Stabilisierung, seelische **22** 17; **26** 23
Stadtstaatenklausel **157** 1
Standard Rules on the Equalization of Opportunities for Persons with Disabilities **1** 1
Statistik **13** 13; **131** 1
– Wertmarkenausgabe **Vor 145 ff.** 1
Stellen- und Bewerberbörse **81** 16
Stellenausschreibung **85** 1
Stellenbesetzung **81** 8, 12 ff.; **101** 6
– Schwerbehindertenvertretung, Beteiligung **95** 12
Stellenmitteilung **81** 16
Stellplätze **4 BGG** 17
Stiefkinder, Aufnahme in den Haushalt **46** 5, 15
Stiefkinder, Übergangsgeld **46** 5, 15 f.
Stimmschablonen **4 BGG** 9
Strafverfahren, Kommunikationsbarrieren **57** 7
Straßenbahn **147** 2
Straßenbahn-Bau- und Betriebsordnung **4 BGG** 11
Straßenverkehr, erhebliche Beeinträchtigung der Bewegungsfähigkeit, **Vor 145 ff.** 2; **145** 5, 9; **146** 1 ff.
Strukturplanung **19** 7
Strukturqualität **9** 28, 33, 34, 38; **10** 16
– Unterstützte Beschäftigung **38 a** 12
Strukturschaden **2** 5 ff.
– Prävention **3** 6
– Prävention, tertiäre **3** 10

Strukturverantwortung **19** 3 f., 8; **109** 6; *s. a. Sicherstellungsauftrag*
Studienfahrten **33** 71
Studienreferendare **74** 2
Stufenvertretungen **93** 11; **97** 2 ff.
– Bildungsveranstaltungen **102** 25
– Schulungsveranstaltungen **102** 25
– Wahl **100** 2
– Zuständigkeit **97** 12 f.
Suchtberatungsstellen **22** 7
Suchtkrankheiten **2** 20
– Leistungszuständigkeit **14** 1
Supervision **30** 11
Systemgliederung **7** 1; **13** 2; **14** 28
Systemversagen **19** 5

T
Tagesförderstätten **40** 5; **136** 9 f.
Tageslichtschreiber **9 BGG** 4
Tagespflegestätten **136** 9 f.
Tastsinn **2** 15
Tätigkeiten **1** 4
– Beeinträchtigung **2** 5; **3** 10
– Prävention **3** 6
Taubblinde, Verständigungsgeräte **55** 12
Taubheit **1 BGG** 1
Technische Arbeitshilfen **33** 5, 91; **34** 9 ff.; **81** 31; **84** 53; **102** 54 ff., 94; *s. a. Arbeitshilfen*
– Arbeitsplatzwechsel **102** 59
– Eigenbeteiligung **102** 56
– Eigentum **102** 56
– Einkommensverhältnisse **102** 58
– Ersatzbeschaffung **102** 58
– Förderung **81** 31
– Geldleistungen **102** 56, 58
– Wartung **102** 56
– Zuschüsse **102** 58
Technische Hilfen
– Budgetfähigkeit **17** 25
Teilarbeitslosigkeit **47** 2, 40
Teilberufstätigkeit **28** 5 a
Teilhabe **1** 4; **2** 6; **10** 14
– Beeinträchtigung **2** 5
Teilhabe, berufliche; *s. Berufliche Teilhabe*
Teilhabe, gleichberechtigte **1** 1, 3 f., 7, 12; **1 AGG** 4
Teilhabe am gemeinschaftlichen Leben **17** 26; **55** 15; **58** 1 ff.
Teilhabe am kulturellen Leben **17** 26; **55** 15; **58** 1 ff.
Teilhabe am Leben in der Gemeinschaft **5** 6; **19** 6; **26** 25; **55** 2
– ambulante Leistungsausführung **19** 16
– Assistenzleistungen **58** 3
– Bedürftigkeitserfordernis **55** 7
– Begegnung, Förderung **58** 4 f.
– Begegnungsstätten **58** 7
– Begleitperson **58** 6
– Behinderung, drohende **55** 7
– Behinderung, wesentliche **55** 7
– Berechtigte **55** 5
– Bücher **58** 7
– Budgetfähigkeit **17** 21
– Eingliederungshilfe **55** 7
– einstweiliger Rechtsschutz **26** 26
– Eintrittskarten **58** 6
– Erwerb praktischer Kenntnisse und Fähigkeiten **55** 11
– Ferienlager **58** 4
– Fernsehen **58** 7
– Fürsorgeprinzip **55** 7
– Gemeinwesen **58** 4
– Hilfsmittel **31** 28 ff.
– Hilfsmittelversorgung **55** 8
– Informationsgesellschaft **58** 7
– Internetzugang **58** 7
– Kontakte, Herstellung **58** 4
– Kontaktpersonen, Beratung **58** 4
– Konzerte **58** 6
– Kraftfahrzeughilfe **55** 9
– Leistungserbringung durch Dritte **55** 7
– Leistungsgruppe **55** 3
– Leistungsinhalte **55** 7
– Leistungsrecht **55** 7
– Leistungsziel **55** 4
– Mediengesellschaft **58** 7
– Nachbarschaftsaktionen **58** 4
– Nachrang **55** 3, 7
– Rundfunk **58** 7
– Sportveranstaltungen **58** 6
– tagesstrukturierende Maßnahmen **58** 7
– Tagungsbesuch **58** 7
– Telefonanschluss **58** 4
– Theateraufführungen **58** 6
– Umgang mit nichtbehinderten Menschen, Förderung **58** 4 f.
– Veranstaltungen, Erreichbarkeit **58** 6
– Veranstaltungsbesuch **58** 4, 6
– Vereinbarungserfordernis **55** 7
– Vereine **58** 4
– Verordnungsermächtigung **59** 1 ff.
– Voraussetzungen **55** 7
– Vorlesekraft **58** 7

– Werkstätten **58** 7
– Zeitgeschehen **58** 7
– Zeitschriften **58** 7
– Zeitungen **58** 7
– Zuständigkeit **55** 7
Teilhabe am Leben in der Gesellschaft **1** 4, 9, 11; **2** 21; **4** 12; **6** 6; **7 BGG** 1; **31** 33; **55** 2
– Barrierefreiheit **1 BGG** 5
– Beeinträchtigung **2** 1
– Förderung **4** 3
– Gebärdensprache **6 BGG** 3
– Hilfsmittel **33** 82f.
– Krankheitsfolgenbewältigung **31** 40
– Leistungen **1** 6
– Pflegebedürftigkeit **2** 21
– Präventionsleistungen **3** 6
– soziales Recht **4** 3
– Wunsch- und Wahlrechte **9** 1, 41
Teilhabe schwerbehinderter Menschen **11** 11, 13
Teilhabebedarf **10** 7
Teilhabebeeinträchtigung **1** 9; **2** 13, 16, 21; **10** 7
– Hilfsmittel **31** 1
– Therapie **5** 5
Teilhabeberatung **61** 1
– Medizinalberufe **61** 1, 7
Teilhabeleistungen **1** 3, 6, 8, 11; **2** 8, 10, 13, 19; **4** 1ff.; **26** 25; **31** 38
– ambulante Leistungen **13** 20; **19** 15ff.
– Antrag **14** 8
– Antragstellung beim Rehabilitationsträger **61** 5
– Arbeitsleben; *s. Arbeitsleben, Teilhabeleistungen*
– Ausführung **9** 3; **11** 1; **12** 5; **13** 11; **17** 1; *s. a. Leistungsausführung*
– Auswahl **9** 3
– Bedarfsgerechtigkeit **9** 13, 19, 42; **10** 18
– Beendigung **116** 2f., 11
– Begutachtung **12** 9
– behinderte erwerbsfähige Hilfsbedürftige **6 a** 1, 4ff.
– Behinderung **2** 13
– Beratung **61** 1
– berufliche Rehabilitation **5** 1
– betriebliche Leistungsausführung **19** 15, 17
– Bewilligung **14** 9
– Einleitung, frühzeitige **3** 13; **11** 1; **61** 1
– Entscheidung über den Antrag **14** 17ff.
– Erfolgsaussichten **8** 1, 3, 8f.
– Erwerbsfähigkeit **4** 9
– familiäre Verhältnisse **9** 3
– Frauen **19** 16
– Gegenstand **12** 5; **13** 11
– Geldleistungen **9** 3
– Gemeinsame Empfehlungen **13** 11, 18
– im Inland **18** 4
– Kinder **4** 20f.
– Kinder, behinderte **4** 3
– Koordination **13** 18
– Leistungsarten **5** 4
– Leistungsform, am besten geeignete **19** 20
– Leistungsgesetze **7** 4
– Leistungsgruppen **17** 6
– medizinische Rehabilitation **5** 1; **26** 18
– Nachwirkungsfrist **116** 2, 4
– Nahtlosigkeit **12** 5; **13** 11
– örtliche Verhältnisse **9** 4, 19
– persönliche Umstände, Berücksichtigung **19** 15
– persönliche Verhältnisse **9** 3f., 19
– Pflegebedürftigkeit **2** 21
– Prävention **3** 13
– Qualität **4** 18; **12** 5
– Qualitätssicherung **9** 42
– Regelungen, besondere **116** 2f., 12
– Rehabilitation vor Rente/Pflege **4** 10
– soziale Leistungen **6** 6
– soziale Leistungen der Rehabilitation **5** 1
– Sozialleistungen **1** 3, 6; **4** 15
– Sozialleistungen, notwendige **4** 5
– Teilhabe am Leben in der Gemeinschaft **5** 1
– teilstationäre Leistungsausführung **19** 15, 17
– Umfang **12** 5; **13** 11
– Vermeidung **3** 5
– Vorrang **4** 10; **8** 3, 10f.; **Anh. 33** 44
– Vorrang nichtstationärer Leistungen **19** 15ff.
– Wegfall der Voraussetzungen **116** 2
– Wirksamkeit **4** 8; **9** 13, 19; **10** 23; **12** 5
– Wirtschaftlichkeit **9** 13; **10** 18, 20; **12** 5
– Wünsche der Berechtigten **9** 3f.
– Zielbestimmungen **4** 4, 8ff.; **5** 5
– Ziele **9** 8; **13** 15
– Zielgerichtetheit **9** 13, 19, 42; **12** 5
– Zielorientierung **4** 16; **10** 23
– Zügigkeit **12** 5; **13** 11; **14** 1
– Zusammenarbeit **12** 3f.

– Zuständigkeit **4** 19; **6** 6
– Zustimmung des Berechtigten **9** 3, 12, 47; **11** 11
Teilhabemanagement **4** 18; **7** 6; **10** 3, 6ff.
– Gemeinsame Servicestellen **22** 20
Teilhabeplan **6a** 13ff.; **10** 11f.
– Einsichtsrecht **10** 12
– Gemeinsame Empfehlung „Teilhabeplan“ **13** 25
Teilhabepotenzialermittlung **12** 10
Teilhabeproblem **10** 7
Teilhabeprognose **4** 1
Teilhaberechte **1** 1
Teilhabestörung, Begutachtung **12** 10
Teilhabeziele **4** 1, 3, 8ff.
– medizinische Rehabilitation **26** 7, 9
Teilstätionäre Leistungen **17** 24
Teilstationäre Pflege, Budgetfähigkeit **17** 26
Teilzeitbeschäftigung **81** 11, 30f., 33ff.; **116** 12
– Ablehnungsgründe **81** 35
– Anrechnung Beschäftigter **75** 4; **76** 4
– Erwerbsminderung, teilweise **81** 34
– Förderung **81** 33
– Integrationsprojekte **134** 6
– Mehrarbeit **124** 3
– Nachweispflicht **81** 34, 40
– Übergangsgeld **48** 14
– Werkstätten für behinderte Menschen **43** 8; **Vor 136ff.** 4, 12
– Zusatzurlaub **125** 11
Telefon **31** 12; **58** 4
Telefon, Sozialtarif **126** 12, 14, 16
Temperaturempfinden **2** 15
Terminologie **1** 4
Territorialitätsprinzip **69** 21
Therapie **5** 5
Therapieplan **9** 9
Therapie-Tandem **31** 34
Thüringen
– Gebärden, lautsprachbegleitende **6 BGG** 5f.
– Gebärdensprache **6 BGG** 5f.
– Kommunikationshilfen **6 BGG** 5f.
– Zielvereinbarung **5 BGG** 13
Totes Meer **17** 12
TQM **18** 16
Träger, Zusammenarbeit **4** 18
– Aufgaben, trägerspezifische **4** 19
Trägerschaft **4** 7
Trägerschaft, einheitliche **4** 17f.
Trägervielfalt **19** 23
Training lebenspraktischer Fähigkeiten **26** 22f.
– Arbeitsleben, Leistungen zur Teilhabe am **26** 25
– medizinische Rehabilitation **26** 25
Trainingsmaßnahmen, Übergangsgeld **48** 6; **51** 7
Trennungskostenbeihilfe, Budgetfähigkeit **17** 26
Treppen, Barrierefreiheit **4 BGG** 4f.
Treppenlift **31** 11
Treppenraupe **31** 11
Trinkwasserfluoridierung **3** 8

U

Übergangsfirma **41** 13
Übergangsgeld **12** 1; **44** 15, 29; **45** 6, 10f., 15f.; **48** 1; **123** 3
– Abfindungen **52** 8
– Adoptivkinder **46** 15
– Aktualisierung **50** 9
– Altersrente, Anrechnung **52** 16
– Änderung der Verhältnisse **46** 22, 26
– Anpassung **50** 7ff.
– Anpassung, berufliche **48** 6; **51** 7
– Anpassung, negative **50** 10
– Anpassungsfaktor **50** 2f., 10
– Anschlussübergangsgeld **49** 1, 4ff.; **51** 22
– Arbeitgeberleistungen, Anrechnung **52** 10
– Arbeitgeberzuschuss zur freiwilligen Krankenversicherung **52** 8
– Arbeitnehmer-Sparzulage **52** 8
– Arbeitseinkommen **46** 8; **52** 7, 9
– Arbeitsentgelt **46** 8; **52** 6f.
– Arbeitsentgelt, fiktives **48** 3, 13, 15
– Arbeitsentgelt, ortsübliches **48** 4, 7, 12ff.
– Arbeitsentgelt, tarifliches **48** 4, 7, 12ff.
– Arbeitsleben, Teilhabeleistungen **45** 17ff.
– Arbeitsunfähigkeit **51** 12
– Arbeitsunfähigkeit, Wegfall **51** 21
– Ausbildung, berufliche **48** 6; **51** 7
– ausländische Träger, Anrechnung von Leistungen **52** 18
– Beitragsbemessungsgrenzen **46** 7, 9; **49** 4, 8
– Beitragsberechnung **46** 11
– Beitragstragung **46** 11f.
– Bemessungsgrenzen **47** 2

- Berechnungsgrundlage **46** 1, 3, 7, 13; **47** 2; **48** 2, 4f., 8; **50** 7, 9
- Berechnungsgrundlage, Kontinuität **49** 1, 8
- Berufsvorbereitung **48** 6; **51** 7
- Bruttoarbeitseinkommen **46** 8
- Bruttoarbeitsentgelt **46** 8, 13
- Doppelleistung, unbillige **52** 15
- Dreijahresfrist **48** 8, 10f.
- Dreimonatsfrist **51** 21f.
- Dynamisierung **50** 9
- Ehegatten **46** 14, 23ff.
- einheitlicher Leistungsfall **48** 6
- Einkommensanrechnung **52** 1ff.
- Einmalzahlungen **46** 28; **47** 2
- Enkel **46** 16
- Entgeltfortzahlung **52** 7
- Entlassung **45** 21
- Erwerbseinkommen, Anrechnung **52** 6ff.
- Erwerbsminderungsrente, Anrechnung **52** 12ff.
- Erwerbsminderungsrenten mit Kinderzuschuss, Anrechnung **52** 19
- Feiertagsarbeit **48** 13; **52** 8
- Forderungsübergang, gesetzlicher **52** 20
- Ganztagsbeschäftigung **48** 14
- Geldleistungen öffentlich-rechtlicher Stellen, Anrechnung **52** 11
- Geschwisterkinder **46** 16
- Gleitzonenregelung **46** 5, 11ff.
- Gratifikationen **52** 8
- Grundausbildung **48** 6; **51** 7
- häusliche Gemeinschaft **46** 14, 23f.
- Heimarbeit **52** 8
- Hinzurechnungsbetrag **46** 28
- Höhe **45** 19; **46** 1ff., 14f., 27
- im Inland nicht einkommensteuerpflichtige Rehabilitanden **47** 2
- Insolvenzgeld **52** 7
- Kinder **46** 14f.; **51** 17
- Kinder, behinderte **46** 20
- Kinder, volljährige **46** 17ff.
- Kindergeldanspruch **46** 21
- Krankengeldzuschuss **52** 8
- Kriegsopferfürsorge **46** 14, 27
- Kurzarbeitergeld **47** 2, 4
- Kürzung **52** 8
- Lebenspartner **46** 4, 14, 23ff.
- Leistungsunterbrechung **49** 6f.
- Leistungsunterbrechung, krankheitsbedingte **45** 16
- Mehrarbeitszuschlag **48** 13
- Mehrfachbeschäftigung **52** 8
- Mutterschaftsgeldbezug **45** 26ff.
- Nachtarbeit **48** 13; **52** 8
- Nettoarbeitsentgelt **46** 7, 9f., 11, 28f.; **52** 10
- Nichterzielung von Arbeitsentgelt/Arbeitseinkommen **48** 1, 5, 9
- Niedriglohnbereich **46** 5
- Pflegebedürftigkeit des Ehegatten/Lebenspartners **46** 25; **51** 17
- Pflegebedürftigkeit des Leistungsberechtigten **46** 23ff.; **51** 17
- Prämien **52** 8
- Prüfung **45** 21
- Regelentgelt **46** 7ff., 11; **47** 1ff.; *s. a. dort*
- Rückverlegungstag **45** 16
- Ruhen des Anspruchs **45** 26ff.
- Sondersachverhalte **48** 7ff.
- Sonntagsarbeit **48** 13; **52** 8
- Stiefkinder **46** 5, 15f.
- Teilaltersrente **52** 16
- Teilarbeitslosigkeit **47** 2
- Teilnahmetage **45** 20
- Teilzeitbeschäftigung **48** 14
- Trainingsmaßnahmen **48** 6; **51** 7
- Urlaubsabgeltung **52** 8
- Vergleichsberechnung **48** 8
- Verletztengeld, Anrechnung **52** 17
- Verletztenrenten, Anrechnung **52** 13f.
- Verletztenrenten mit Kinderzulage, Anrechnung **52** 19
- Verzögerung des unmittelbaren Anschlusses, Vertretenmüssen **51** 5, 10
- Weiterbildung **48** 6; **51** 7
- Weiterzahlung **51** 1, 5ff., 15, 17ff.
- Winterausfallgeld **47** 2, 4
- wirtschaftliche Absicherung **51** 11f., 15, 17; **52** 1; **53** 1
- Zahlungsweise **45** 31f.
- Zuschüsse zum Übergangsgeld **52** 10
- Zuständigkeit **46** 8
- Zwischenübergangsgeld **51** 5ff.

Übergangsrecht **159** 1ff.; **159 a** 1
Überprüfungsregelung **160** 1ff.
Übersiedler **122** 3
Überversorgung **4** 7
Umfeld, familiäres **4** 6
Umschulung **33** 33, 38; **41** 9
- innerbetriebliche Rehabilitation durch Umschulung **33** 39

Umsetzung, interne, Beteiligung der Schwerbehindertenvertretung **95** 12
Umweltfaktoren **2** 6, 10; **10** 14
Umzug **102** 79
Unabhängige Tätigkeit **129** 1 ff.
UN-Anti-Rassismus-Ausschuss, Beschwerdeverfahren **23 AGG** 7
UN-Ausschuss für die Rechte von Menschen mit Behinderungen, Beschwerdeverfahren **23 AGG** 7
UN-Behindertenrechtskonvention **1** 1; **4** 1; **19** 1; **81** 3; **AGG Einl.** 5; **BGG Einl.** 8, 19; **1 BGG** 7
– Bildung **BGG Einl.** 11 ff.
– Bildung, inklusive **56** 5
– Einbeziehung in die Gesellschaft **31** 33
– Eingliederung, berufliche **102** 1
– Hilfsmittelversorgung **31** 33, 35
– inclusive education **BGG Einl.** 13, 18
– Informationszugang **11 BGG** 3
– Inklusion **AGG Einl.** 5
– Teilhabe an der Gesellschaft **31** 33
– universal design **4 BGG** 2 f.
– Zugänglichkeit **BGG Einl.** 7; **4 BGG** 3, 20
Unentgeltliche Beförderung **68** 37; **116** 12; **Vor 145 ff.** 1; **145** 1
– Antrag **Vor 145 ff.** 2
– Arbeitsleben, Teilhabeleistungen **126** 15
– Begleitpersonen **145** 2; **146** 1, 5; **148** 1
– Bewegungsfähigkeit im Straßenverkehr, erhebliche Beeinträchtigung **Vor 145 ff.** 2; **145** 5, 9; **146** 1
– Blindheit **126** 7, 12; **Vor 145 ff.** 4; **145** 7 f.
– Eigenbeteiligung **Vor 145 ff.** 4
– Eigenbeteiligung, ohne **145** 7 f.
– Entschädigungsberechtigte **Vor 145 ff.** 4; **145** 7
– Erstattungsanspruch der Unternehmen **145** 1, 10
– Fahrgeldausfälle **Vor 145 ff.** 1; **145** 10; **148** 1 ff.; **149** 1 f.
– Fahrplan **147** 7
– Fernverkehr **145** 2; **146** 1; **147** 1, 6
– Feststellungsverfahren **146** 6
– Gehbehinderung **126** 7
– Gehbehinderung, außergewöhnliche **126** 7
– Gehörlosigkeit **126** 7; **Vor 145 ff.** 2
– Geltungsbereich, persönlicher **145** 4 ff.
– Handgepäck **145** 2; **148** 1
– Hilflosigkeit **126** 7, 15; **Vor 145 ff.** 2, 4; **145** 6 f.
– Informationspflicht **147** 7
– Kostentragung **151** 1 ff.
– Kostenübernahme **Vor 145 ff.** 1
– Kraftfahrzeugsteuerermäßigung **145** 9
– Kriegsbeschädigte **Vor 145 ff.** 4; **145** 7
– Lebensunterhalt, laufende Leistungen **Vor 145 ff.** 4; **145** 7
– Lebensunterhalt, Leistungen zur Sicherung **Vor 145 ff.** 4; **145** 7
– Nahverkehr **145** 2; **146** 1; **147** 1
– Nahverkehrszügeverordnung **Vor 145 ff.** 1
– Rechtswegzuständigkeit **145** 11; **146** 6
– Schwerbehindertenausweis **145** 2; **146** 2 ff.
– Schwerbehindertenausweis, Vorzeigen **145** 2
– Schwerbehindertenausweisverordnung **Vor 145 ff.** 1
– Transportleistungen, persönliche **Vor 145 ff.** 4; **145** 2
– Verordnungsermächtigung **154** 1 ff.
– Verordnungsermächtigungen **Vor 145 ff.** 1
– Wehrdienstbeschädigte **Vor 145 ff.** 4; **145** 7
– Wertmarke **145** 3; **152** 1 ff.
– Wertmarkenerwerb **Vor 145 ff.** 1, 4
– Wertmarkenkauf **Vor 145 ff.** 4
Unfallrente, Anrechnungsverbot **123** 5
Unfallverhütung, berufliche Rehabilitation **35** 10
Unfallversicherung, gesetzliche **3** 12; **8** 4
– Arbeitskraft, Wiederherstellung **9** 5
– Arbeitsleben, Leistungen an Arbeitgeber **34** 6
– Arbeitsleben, Teilhabeleistungen **33** 8
– Beiträge **44** 16, 18
– Beitragszuschüsse **44** 16, 18
– Gesundheit, Wiederherstellung **9** 5
– Kausalitätsprinzip **14** 10
– Kraftfahrzeughilfe **Anh. 33** 1, 9
– Leistungen im Ausland **18** 18
– Leistungen von Amts wegen **14** 21 f.; **15** 7
– Leistungen zur Pflege **17** 21
– Minderung der Erwerbsfähigkeit **69** 25
– orthopädische Versorgung **31** 18; **Anh. 33** 27
– Reisekosten **53** 4

– Schadensersatz **7** 13
– Vertragsrecht **21** 16, 21
– Werkstattbeschäftigte **138** 9
– Wunsch- und Wahlrecht **9** 19
– Wünsche der Berechtigten **9** 5
Unfallversicherungsträger **6** 4
– Leistungen, ergänzende **44** 3
– Leistungsvoraussetzungen **7** 17
– Rehabilitationsträger **8** 12
– Teilhabe am Leben in der Gemeinschaft **6** 10
– Teilhabeleistungen **6** 10
– Zuständigkeit **7** 17
UN-Frauenrechtsausschuss
– Beschwerdeverfahren **23 AGG** 7
UN-Kinderrechtskonvention **1** 17; **4** 3
UN-Menschenrechtsausschuss
– Beschwerdeverfahren **23 AGG** 7
Untätigkeitsklage **88** 14
Unterhaltsbeihilfe **44** 15; **51** 15
– Weiterzahlung **51** 15, 17ff.
Unterhaltssichernde Leistungen **1** 6; **5** 5f.; **44** 7, 15; **45** 1ff.
– Höhe **45** 5
– Rentenversicherungsträger **6** 10
– Versicherungsschutz **44** 17
Unterkunftskosten **55** 13
Unterstützte Beschäftigung **33** 32; **38a** 1ff., 5; **40** 11; **41** 4, 13; **102** 12, 44; **Vor 136ff.** 4
– Arbeitsmarkt, allgemeiner **38a** 1, 3
– Berufsbegleitung **38a** 5, 10f.
– Durchführung **38a** 12
– Gemeinsame Empfehlungen **38a** 13
– Integrationsfachdienste **38a** 12
– Kostenübernahme **102** 16
– Leistungsdauer **38a** 9
– Leistungserbringer **38a** 12
– Prozessqualität **38a** 12
– Qualifizierung, individuelle betriebliche **38a** 5ff., 11
– Qualitätsmanagement **38a** 12
– Schlüsselqualifikationen **38a** 8
– Strukturqualität **38a** 12
– Zuständigkeit **38a** 9f.
Untersuchungsbefunde **12** 10
Untersuchungsgrundsatz **8** 9; **14** 9
Unzuständigkeit, Aufwendungserstattung **14** 3
Unzuständigkeit, Weiterleitung **14** 9, 37
Urlaubsabgeltung **52** 8
Urlaubsanspruch, berufliche Rehabilitation **36** 6

V
Verbände behinderter Menschen
– Beteiligungsrecht **13** 4; **22** 23f.
– Gemeinsame Empfehlungen, Vorbereitung **13** 32, 34
– Sicherstellungsauftrag **19** 14
Verbandmittel **26** 17; **27** 6
Verbandsklagerecht **63** 1ff., 7ff.; **23 AGG** 6; **BGG Einl.** 2f., 19; **4 BGG** 7
– Arbeitsgerichtsbarkeit **63** 5
– Behindertengleichstellungsgesetz **63** 10
– Beiladungsverfahren **13 BGG** 4
– Beschwer des Verbandes **63** 4
– Bundesverfassungsgericht **63** 5
– Einverständnis des Behinderten **63** 4, 11
– Einverständnis des Behinderten, Entziehung **63** 11
– Feststellungsklage **13 BGG** 4
– Interessenkollision **63** 12
– Klagebefugnis **63** 11ff.; **12 BGG** 2ff.; **13 BGG** 1
– Landesverfassungsgerichte **63** 5
– Prozessrisiko **13 BGG** 2
– Prozessstandschaft **63** 3f., 6; **12 BGG** 3
– Prozessvoraussetzungen **63** 11
– Rechtsfähigkeit des klagenden Verbandes **63** 14
– Rechtsverletzung, individuelle **63** 4
– Rechtswegzuständigkeit **13 BGG** 4
– Sozialgerichtsbarkeit **13 BGG** 4; **63** 5
– Verbände, anerkannte **13 BGG** 1, 7
– Verbandsklage, unechte **63** 9
– Verfahrensvoraussetzungen **63** 4
– Verwaltungsgerichtsbarkeit **13 BGG** 4; **63** 5
– Zulässigkeit der Verbandsklage **13 BGG** 6
Vereinbarung '93 **33** 6
Verfahrensabsprache zu § 5 der Gemeinsamen Empfehlung zur Zuständigkeitserklärung
– Zuständigkeitsfeststellung **14** 38
Verfahrensbeschleunigung **6a** 14; **8** 4; **14** 37
Verfahrenseinleitung von Amts wegen **14** 21f.
Vergaberecht
– Auftragsvergabe an Werkstätten für behinderte Menschen **141** 1ff.

- Richtlinie 2001 **141** 10 ff.
- Versorgungsverträge **21** 23

Vergütung, Angemessenheit **19** 24; **21** 29, 32
Vergütungsvereinbarungen **21** 31 f.
Verhältnismäßigkeitsgrundsatz **9** 42
Verkehr
- Barrierefreiheit **BGG Einl.** 19; **1 BGG** 1, 5; **4 BGG** 3, 9; **8 BGG** 6
- DIN-Normen **4 BGG** 4
- Verbandsklagerecht **13 BGG** 3

Verletztengeld **44** 15, 29; **45** 10
- Aktualisierung **50** 9
- Anpassung **50** 7 ff.
- Anpassungsfaktor **50** 2 f., 10
- Anrechnung auf Übergangsgeld **52** 17
- Anschlussübergangsgeld **49** 4 ff.
- Berechnungsgrundlage **50** 7, 9
- Dynamisierung **50** 9
- Mutterschaftsgeldbezug **45** 28
- Übergangsgeld, anschließendes **49** 1
- Verzögerung des unmittelbaren Anschlusses, Vertretenmüssen **51** 5
- Weiterzahlung **51** 1, 5 ff.
- Zahlungsweise **45** 31 f.

Vermittlungsgutschein **113** 7, 9 f.
Vermittlungsunterstützende Leistungen **33** 3, 27 f., 69
Vermögensanrechnung **14** 15
Verordnungsermächtigung **13** 5; **16** 2 ff.
- Früherkennung **32** 1
- Frühförderung **30** 15; **32** 1; *s. a. Frühförderungsverordnung*
- gemeinsame Servicestellen **25** 2 f.
- Hilfsmittel **32** 1, 4
- Persönliches Budget; *s. Budgetverordnung*

Versammlung der schwerbehinderten Menschen **95** 24; **97** 16
Versammlung der Vertrauenspersonen **97** 16
Versehrtenfahrrad **31** 20
Versicherungsvertrag, Ungleichbehandlung wegen Behinderung **20 AGG** 3
Versorgungsamt **101** 3
- Aufgabendelegation **107** 2

Versorgungsangebote, Gewährleistung **19** 3 f.
Versorgungsberechtigte
- Beförderung, unentgeltliche **Vor 145 ff.** 4; **145** 7
- Kraftfahrzeugsteuerbefreiung **Vor 145 ff.** 3; **145** 9

Versorgungskrankengeld **44** 15, 29; **45** 10
- Aktualisierung **50** 9
- Anpassung **50** 7 ff.
- Anpassungsfaktor **50** 2 f., 10
- Anschlussübergangsgeld **49** 4 ff.
- Berechnungsgrundlage **50** 7, 9
- Dynamisierung **50** 9
- Übergangsgeld, anschließendes **49** 1
- Verzögerung des unmittelbaren Anschlusses, Vertretenmüssen **51** 5
- Weiterzahlung **51** 1, 5 ff.
- Zahlungsweise **45** 31 f.

Versorgungsleistungen **69** 25
Versorgungsmedizinische Grundsätze **69** 16 f., 23
Versorgungsstrukturen
- integrativer Ansatz **19** 19
- Zusammenarbeit **12** 14

Versorgungsverträge **7** 10; **9** 21 ff.; **21** 1, 9; *s. a. Leistungsbeschaffungsverträge*
- Ablehnung **21** 14
- Abschluss **19** 9; **21** 14
- Abschlussermessen **21** 6
- Datenschutz **21** 34
- Frauen, Beschäftigung **21** 35
- Gemeinsame Empfehlungen **21** 38 f.
- Gleichbehandlungsgrundsatz **21** 6
- Grundsätze, einheitliche **21** 36
- Inhalt **21** 6, 27 ff.
- Krankenkassen **21** 8 ff., 14
- Kündigung **21** 3, 22
- Kündigung aus wichtigem Grund **21** 41 f.
- Kündigungspflicht **21** 41 f.
- Leistungsausführung im Ausland **18** 21
- Mitwirkungsmöglichkeiten **21** 33
- Normsetzungsverträge **21** 22, 28, 33
- öffentlich-rechtliche Verträge **21** 21 f.
- Qualitätsanforderungen **21** 29 f.
- Rahmenregelungen **21** 36 ff.
- Rechtsweg **21** 8, 16 f., 20
- Rehabilitation im Krankenhaus **27** 8 ff.
- Schriftform **21** 22
- Schuldrechtsreform **21** 22
- Teilnehmerpflichten **21** 33
- Teilnehmerrechte **21** 33
- Vergaberecht **21** 23
- Vergütung, Angemessenheit **21** 29, 32
- Vergütungsvereinbarungen **21** 31 f.
- Verpflichtung zum Vertragsschluss **21** 6

– Versagung **19** 9
– Versorgungsauftrag **21** 32
– Vertragsparteien **21** 25 f.
– Wettbewerbsrecht **21** 24
– Zusammenarbeit der Rehabilitationsträger **12** 14
– Zustimmung der Teilnehmer **21** 33
Versorgungsverwaltung **21** 18
Verständigung mit dem Gericht **BGG Einl.** 6; **4 BGG** 9
Verständigung mit der Umwelt, Hilfen zur Förderung **55** 12; **57** 1 ff.
Vertragsärzte **21** 9
– Fortbildung **61** 11
– Gebietsbezeichnung „Physikalische und Rehabilitative Medizin" **61** 11
– Klinische Geriatrie **61** 11
– medizinische Rehabilitationsleistungen **61** 11
– medizinische Rehabilitationsleistungen, Verordnung zu Lasten der gesetzlichen Krankenversicherung **61** 13
– Rehabilitationsgutachten **61** 11
– Rehabilitationswesen **61** 11
– Sozialmedizin **61** 11
– Tätigkeitsnachweis **61** 11
Vertrauensperson **94** 2, 10
– Abordnungsschutz **96** 9
– Abwahl **94** 26
– Amtspflichtverletzung, grobe **94** 26; **96** 23
– Änderungskündigung **96** 8
– Arbeitsbefreiungsanspruch **96** 15, 22
– Arbeitsentgelt **96** 10, 16
– Aufgaben **96** 3, 15
– Aufwandsentschädigung **96** 11, 17 f.
– Ausscheiden, vorzeitiges **94** 9, 11, 25
– Begünstigungsverbot **96** 6
– Behinderungsverbot **96** 6
– Benachteiligungsverbot **96** 6, 21
– Bildungsveranstaltungen **96** 15, 19, 21, 25 f.; **102** 25
– Eingruppierung **96** 26
– Freistellung **96** 12, 15
– Geheimhaltungspflicht **96** 23
– Geheimnisverrat **155** 9
– Kündigungsschutz **96** 7
– im öffentlichen Dienst des Bundes **96** 11, 17 f., 26
– Rechte **96** 3 ff.
– Rechtsstellung, persönliche **96** 6, 12
– Schulungsveranstaltungen **96** 15, 19, 21, 25 f.; **102** 25
– Tätigkeit, gleichwertige **96** 10
– Unentgeltlichkeit der Amtsausübung **96** 5
– Verbindungsfunktion **99** 8
– Verhinderung **94** 9
– Versetzungsschutz **96** 9
Vertretungsbefugnis **4 BGG** 7
Verwaltungsabsprachen **102** 14
Verwaltungsakt **118** 7
– Arbeitsverwaltung **118** 5
– Bekanntgabe **10 BGG** 3
– Fürsorgestellen, örtliche **118** 5 f.
– Integrationsamt **118** 5 f.
– Zustellung **10 BGG** 3
Verwaltungsermessen **9** 11
Verwaltungspraxis **13** 9
Verwaltungsverfahren **4** 10, 18; **7** 6; **12 BGG** 1
– Barrierefreiheit **12 BGG** 1 f.
– Gebärden, lautsprachbegleitende **9 BGG** 3 f.
– Gebärdensprache **6 BGG** 3; **9 BGG** 3 f.
– Kommunikationshilfen **9 BGG** 3 f.
– Vertretungsbefugnis **4 BGG** 7
Verwaltungsvertrag, koordinationsrechtlicher **14** 18
Verzeichnis der beschäftigten schwerbehinderten und gleichgestellten Menschen **80** 2, 4 f.
Vordrucke **10 BGG** 2 f.
Vorgesetzte **26** 23
Vorläufige Leistungen **6 a** 12
Vorleistungspflicht **14** 1, 13 f.
Vormünder
– Vorstellung zur Beratung **60** 5 ff.
– Wahrnehmung von Behinderungen **60** 4
Vorruhestand **90** 9, 11
Vorsorge- und Rehabilitationseinrichtungen **21** 9, 11
Vorsorgeeinrichtungen **21** 9
Vorsorgeleistungen, medizinische **9** 24; **61** 10
– für Mütter und Väter **9** 24
Vorsorgemaßnahmen, krankheitsspezifische **3** 8
Vorstellung zur Beratung **60** 5 ff.; **61** 1, 4
Vorstellungsgespräch
– Arbeitgeber, öffentliche **82** 7 ff.
– Schwerbehindertenvertretung, Beteiligung **95** 14

W
Wahl zur Schwerbehindertenvertretung; *s. Schwerbehindertenvertretung*
Wahlbeamte **73** 6
Wahllokale **4 BGG** 9
Wahlordnung Schwerbehindertenvertretungen **100** 2
Wahlordnungen, Barrierefreiheit **BGG Einl.** 3; **4 BGG** 9
Wahlrecht **9** 39 ff.
– Anhörung des Berechtigten **9** 45
– Antrag **9** 43
– Antragsbegründung **9** 43
– Arbeitsassistenz **102** 41
– Arbeitsleben, Leistungen zur Teilhabe am **9** 41
– Ausübung **9** 42
– Ermessensentscheidung **9** 43
– Hilfsmittel **31** 20
– Rehabilitationsdienste, Leistungserbringung **9** 41
– Rehabilitationseinrichtungen, Leistungserbringung **9** 40
– Rehabilitationsleistungen, ambulante medizinische **9** 41
– Teilhabe am Leben in der Gesellschaft **9** 41
– Unterlagenvorlage **9** 43
– Wirksamkeit, gleiche **9** 42
Wanderarbeitnehmer, soziale Sicherheit **18** 4
– medizinische Rehabilitation **18** 5
Warenverkehrsfreiheit **18** 4
Web Accessibility Initiative **11 BGG** 6
Wegeassistenz **108** 7
Wegeunfähigkeit **Anh. 33** 44
Wegstreckenentschädigung **53** 2
Wehrbereichsverwaltungen, Barrierefreiheit **8 BGG** 5
Wehrdienstbeschädigte, unentgeltliche Beförderung **Vor 145 ff.** 4; **145** 7
Weiterbildung **33** 31, 33, 36 f.; **102** 82 ff.
– Budgetfähigkeit **17** 26
– Diskriminierungsschutz **AGG Einl.** 1
– Integrationsprojekte **133** 2
– Leistungsdauer **37** 7 ff.
– Regeldauer **37** 8
– Übergangsgeld **48** 6; **51** 7
Weiterbildung, betriebliche **33** 39
Weiterbildung, überbetriebliche **33** 40
Weiterbildungseinrichtungen **35** 7
Weiterleitung
– Rechtsbehelfseinlegung **14** 15
– Verwaltungsakt, zu begründender **14** 15
Weiterleitungspflicht **6 a** 14
Weiterqualifizierung **33** 36 f.
Werksarzt, Beteiligung **13** 21 f.
WerkstattBudget **41** 18
Werkstätten für behinderte Menschen **6** 7; **9** 40; **17** 8; **19** 6; **38 a** 1, 3; **132** 1, 9; **Vor 136 ff.** 1 f.; **BGG Einl.** 10
– Abwesenheitstage **43** 9
– Altersgrenze **137** 4
– Altersrente **Vor 136 ff.** 13
– Altersrentenbezug **41** 9
– Anbieten, bevorzugtes **141** 7 f.
– anerkannte Werkstätten **41** 18; **42** 3
– Anerkennungsverfahren **Vor 136 ff.** 4; **137** 3; **142** 1 ff.
– angegliederte Einrichtungen **136** 9 f.
– Anhörung des behinderten Beschäftigten **137** 5
– Anhörungspflicht **139** 4
– Arbeitsergebnisse **41** 6
– arbeitnehmerähnliches Rechtsverhältnis **Vor 136 ff.** 8; **137** 6; **138** 2 ff., 8
– Arbeitsabläufe **41** 11, 16
– Arbeitsbegleitung **41** 12
– Arbeitsbereich **Anh. 33** 9; **39** 10; **41** 1 ff.; **42** 1, 5; **136** 4, 8; **144** 4
– Arbeitsentgelt **43** 1, 5, 11; **Vor 136 ff.** 11, 13; **138** 2, 5, 8, 12
– Arbeitsentgelt, Grundbetrag **43** 5
– Arbeitsentgelt, Steigerungsbetrag **43** 5
– Arbeitsentgeltbescheinigung **43** 11
– Arbeitsergebnis **138** 5 f.
– Arbeitsergebnisse **41** 17
– Arbeitsförderung **Vor 136 ff.** 4
– Arbeitsförderungsgeld **43** 1 ff.; **Vor 136 ff.** 4; **138** 6
– Arbeitsleben, Teilhabe am **39** 9 f.; **41** 12
– Arbeitsleben, Teilhabeleistungen **39** 2 f.; **41** 11
– Arbeitsleistung **140** 3
– Arbeitsmarkt, erster **39** 11; **41** 4, 13 f.; **Vor 136 ff.** 4, 17
– Arbeitsmarktfähigkeit **40** 10; **Vor 136 ff.** 4
– Arbeitsplatzspektrum **41** 11
– Arbeitsrecht **Vor 136 ff.** 4
– Arbeitstrainingsbereich **40** 1 f.
– Arbeitszeit **138** 8
– Art der Behinderung **41** 8; **43** 8
– ärztliche Betreuung **136** 7
– Aufgaben **136** 1, 3 ff.

Stichwortverzeichnis

– Aufnahmepflicht **137** 2f.
– Aufnahmeverfahren **144** 4
– Aufträge, Anrechnung auf Ausgleichsabgabeschuld **Vor 136ff.** 4; **140** 1ff.
– Aufträge, öffentliche **Vor 136ff.** 4; **141** 1ff.; **159** 7
– Ausgleichsabgabe **62** 1; **78** 7; **142** 1
– Ausstattung **144** 4
– bauliche Gestaltung **144** 4
– Beamte **42** 4
– Beförderungsdienst **Anh. 33** 9
– begleitende Dienste **144** 4
– Begriff **136** 3ff.
– Behinderungsbegriff **39** 7
– Beihilferecht **39** 5; **Vor 136ff.** 7
– Beitragsabführung **138** 9
– Beitragsbemessung **Vor 136ff.** 8, 14
– Beitragserstattung **Vor 136ff.** 8ff.; **138** 9
– Beitragshöhe **138** 9
– Beitragstragung **Vor 136ff.** 8; **138** 9
– Bemessungsgrundlage **Vor 136ff.** 11, 14, 18
– berufliche Rehabilitation **35** 6; **41** 3
– Berufsbildungsbereich **Anh. 33** 9; **37** 4; **39** 10; **40** 1ff., 5ff.; **42** 1; **45** 22, 29; **48** 6; **51** 7; **Vor 136ff.** 17; **136** 6; **144** 4
– Beschäftigungssicherung **39** 11
– Beschäftigungszeit **144** 4
– Beschäftigungszeit, verkürzte **Vor 136ff.** 12
– Bewilligungsverfahren **40** 2
– Budgetfähigkeit **40** 8; **41** 18
– Bundesagentur für Arbeit **Vor 136ff.** 4
– Definition **136** 1, 3ff.
– Dreiecksverhältnis **Vor 136ff.** 3
– Eingangsverfahren **Anh. 33** 9; **37** 4; **40** 2ff.; **42** 1; **45** 22, 29; **48** 6; **51** 7; **136** 8; **137** 5; **144** 4
– Eingliederungshilfe **Vor 136ff.** 4, 16f.
– Eingliederungsplan **40** 4
– einheitliche Werkstatt **144** 4
– Eltern- und Betreuerrat **139** 5
– Eltern- und Betreuerversammlung **139** 4
– Elternzeit **Vor 136ff.** 4
– Entgeltabrechnung **43** 5
– Entgeltfortzahlung **138** 8
– Entgeltfortzahlung an Feiertagen **Vor 136ff.** 4
– Entgeltfortzahlung im Krankheitsfall **Vor 136ff.** 4, 15
– Entlohnung **43** 1, 5
– Erstattungsanspruch der Werkstätten **43** 4
– Ertragsschwankungen **138** 5
– Erwerbsminderung **132** 9
– Erwerbsunfähigkeit **39** 8
– Fachausschuss **40** 5; **43** 8; **137** 5; **144** 4
– Fachkräfteschlüssel **136** 7
– Fachpersonal **41** 12; **136** 7; **144** 4
– Fähigkeiten, Entwicklung/Erhaltung **39** 10
– Fehltage **Vor 136ff.** 14
– Formen **144** 4
– Fortbildung **144** 4
– Größe **144** 4
– Grundbetrag **138** 5
– Grundsicherung **42** 4; **43** 7; **132** 9
– Haftungsbeschränkungen **Vor 136ff.** 4; **138** 8
– Komplexleistung Werkstatt **41** 18
– Kraftfahrzeughilfe **Anh. 33** 9
– Krankenversicherung, gesetzliche **Vor 136ff.** 8
– Krankheitstage **43** 9; **Vor 136ff.** 15
– Leistungen **Vor 136ff.** 4
– Leistungsangebot **142** 7
– Leistungsberechtigung **41** 7ff.
– Leistungsdauer **40** 2
– Leistungserbringung **41** 5; **Vor 136ff.** 5
– Leistungsfähigkeit **39** 10f.; **41** 10, 12
– Leistungsprinzip **39** 9
– Leistungsrecht **39** 2, 4
– Leistungsträger **Vor 136ff.** 4
– Leistungsziele **Vor 136ff.** 5
– Lohnfortzahlung im Krankheitsfall **43** 9
– Markthandeln, wirtschaftliches **41** 15f.
– Mehrkosten **41** 16
– Mindestanforderungen **Vor 136ff.** 6
– Mutterschutz **Vor 136ff.** 4; **138** 8
– Nettoerlös **43** 1, 3
– Nettoerlösrückführung, Verbot **41** 17
– öffentliche Hand, Auftragsvergabe **Vor 136ff.** 4; **141** 1ff.
– persönliche Voraussetzungen **41** 7ff.
– Persönliches Budget **39** 12; **40** 8f.; **41** 18
– Persönlichkeitsförderung **39** 9f.; **41** 3, 12; **Vor 136ff.** 1; **136** 4
– Persönlichkeitsschutz **Vor 136ff.** 4; **138** 8
– Pflegegelder **Vor 136ff.** 20

– Pflegeversicherung, soziale **Vor 136ff.** 8
– Pflichtversicherung **Vor 136ff.** 8; **138** 9
– Probebeschäftigung **41** 13
– Rechtsanspruch **39** 12; **41** 7
– Rechtsstellung der behinderten Menschen **Vor 136ff.** 4
– Rechtswegzuständigkeit **137** 6; **138** 14; **141** 13f.; **142** 8
– Reform **Vor 136ff.** 16f.
– Rehabilitation, berufliche **Vor 136ff.** 1
– Rehabilitationseinrichtung **41** 3
– Renteneintrittsalter **41** 9
– Rentenrecht **39** 7; **132** 9ff.
– Rentenversicherung, gesetzliche **Vor 136ff.** 8ff.
– Rücklagenbildung **138** 5
– Schwere der Behinderung **41** 8; **43** 8
– sozialbetreuerische Aufgaben **39** 9
– Sozialhilfe **42** 4
– sozialpädagogische Aufgaben **39** 9
– Sozialversicherung **39** 7; **43** 8; **Vor 136ff.** 4, 8f.; **138** 9
– Standort **144** 4
– Steigerungsbetrag **138** 5
– Steuerrecht **Vor 136ff.** 18ff.; **136** 11; **138** 7
– Tagesförderstätten **40** 5
– Teilhabe, berufliche **39** 9
– Teilhabe am Leben in der Gemeinschaft **41** 12; **58** 7
– Teilnehmer, Rechtsstellung **36** 4
– Teilzeitbeschäftigung **43** 8; **Vor 136ff.** 4, 12
– Übergangsgeld **45** 22
– Umsatzsteuer **Vor 136ff.** 19f.
– Umsatzsteuerbefreiung **Vor 136ff.** 18f.
– Unterrichtungspflicht **139** 4
– Urlaub **Vor 136ff.** 4; **138** 8
– Urlaubstage **43** 9
– Vergütungsgrundsätze **41** 5f., 15ff.
– Vergütungsübernahme durch Rehabilitationsträger **137** 3
– Verordnungsermächtigung **144** 1ff.
– Versorgungsverträge **21** 25
– Warenverkauf **Vor 136ff.** 18
– Wechsel in Integrationsprojekte **132** 10f.; **134** 2; **Vor 136ff.** 4
– Weiterbeschäftigungsanspruch **137** 2, 4
– Weiterbeschäftigungsfähigkeit **39** 11
– Werkstattbereich **Vor 136ff.** 20
– Werkstattempfehlungen **40** 4
– Werkstattleiter **144** 4
– Werkstattrat; *s. dort*
– Werkstattverbund **144** 4
– Werkstattvertrag; *s. dort*
– Wirtschaftsführung **138** 7; **144** 4
– Zielgruppe **41** 7ff.; **42** 3
– Zugang **136** 8
– Zuständigkeit **42** 1, 3, 5; **Vor 136ff.** 4, 5
– Zuständigkeit, sachliche **42** 5
– Zweckbetrieb **Vor 136ff.** 18f.
Werkstättenmitwirkungsverordnung **Vor 136ff.** 4; **144** 5f.
Werkstättenverordnung **Vor 136ff.** 4
Werkstattrat **138** 13; **139** 2f.; **144** 5
– Aufgaben **139** 6; **144** 5
– Mitwirkungspflichten **139** 6
– Mitwirkungsrechte **139** 7
– Parteifähigkeit **139** 8
– Rechtswegzuständigkeit **139** 9
– Wahlen **139** 3
– Wahlrecht, passives **139** 3
Werkstattverordnung **144** 3f.
Werkstattvertrag **138** 3, 8, 13
– Geschäftsfähigkeit **138** 3, 10
– Geschäftsunfähigkeit **138** 10f.
– Lösungserklärung **138** 12f.
– Regelungsgegenstände **138** 8
– Rückforderungsausschluss **138** 3, 10
– Schriftform **138** 8
Wertmarkenausgabe **145** 3
– Statistik **Vor 145ff.** 1; **153** 1
Wertmarkenverkauf **Vor 145ff.** 4
– Einnahmenabführung **Vor 145ff.** 1; **152** 1ff.
Widerspruchsausschuss bei der Bundesagentur für Arbeit **106** 2; **120** 1ff.
– Abberufung **106** 8
– Akteneinsicht **121** 8
– Amtsdauer **106** 8
– Amtszeit **120** 3, 5, 8
– Anhörung **121** 2f., 8
– Berufung **120** 3, 5, 7
– Beschlussfähigkeit **106** 7; **121** 7
– Beschlussfassung **106** 7; **121** 7
– Besorgnis der Befangenheit **121** 9
– Ehrenamtlichkeit **106** 9
– Entscheidungen, Bindungswirkung **118** 4
– Geheimhaltungspflicht **106** 10; **130** 4
– Geschäftsführung **106** 11
– Geschäftsordnung **106** 4, 7
– Mitglieder **120** 3, 5, 8

– Stellvertretung **106** 2, 5 ff.; **120** 6
– Verfahren **120** 4; **121** 4 ff.
– Vertretung Beteiligter **121** 8
– Vorsitz **106** 2, 5 f.; **121** 6
– Wahlen **121** 6
– Wahlverfahren **106** 2 ff.
– Zusammensetzung **120** 3, 6
– Zuständigkeit **118** 9
Widerspruchsausschuss bei dem Integrationsamt **106** 2; **119** 1 ff.
– Abberufung **106** 8
– Akteneinsicht **121** 8
– Amtsdauer **106** 8
– Amtszeit **119** 3, 5, 13
– Anhörung **121** 2 f., 8
– Berufung **119** 5, 9
– Beschlussfähigkeit **106** 7; **121** 7
– Beschlussfassung **106** 7; **121** 7
– Besorgnis der Befangenheit **121** 9
– Ehrenamtlichkeit **106** 9
– Entscheidungen, Bindungswirkung **118** 4
– Geheimhaltungspflicht **106** 10; **130** 4
– Geschäftsführung **106** 11
– Geschäftsordnung **106** 4, 7
– Kündigungsangelegenheiten schwerbehinderter Menschen im öffentlichen Dienst **119** 5, 10 ff.
– Mitglieder **119** 5, 8, 13
– Stellvertretung **106** 2, 5 ff.; **119** 7
– Unentgeltlichkeit der Tätigkeit **119** 3
– Verfahren **121** 4 ff.
– Vertretung Beteiligter **121** 8
– Vorsitz **106** 2, 5 f.; **121** 6
– Wahlen **121** 6
– Wahlverfahren **106** 2 ff.
– Zusammensetzung **119** 3, 5 f.
– Zuständigkeit **119** 4
Widerspruchsbescheide **118** 6, 9
Widerspruchsverfahren **118** 1 ff.
– Integrationsamt bei oberster Landesbehörde **118** 8
– Zuständigkeit **118** 3, 5
Wiedereingliederung **33** 1, 42
Wiedereingliederung, stufenweise **23** 12; **28** 1, 3 f.; **61** 10; **81** 7, 28
– Anrechnungszeit **28** 9
– Arbeitgeber **28** 7
– Arbeitnehmervertretung **28** 7
– Arbeitslosigkeit **28** 9
– Arbeitsunfähigkeit, fortdauernde **28** 5 f., 8 f.
– Betriebsarzt **28** 5, 7
– Dauer **28** 8
– Eingliederungsmanagement, betriebliches **84** 39
– Fürsorgepflichten **28** 8
– Grundsätze der stufenweisen Wiedereingliederung **28** 4
– Haushaltshilfe **28** 5 a
– Informationspflichten **28** 8
– Kinderbetreuungskosten **28** 5 a
– Krankengeld **28** 9
– Lebensunterhalt, Leistungen zum **28** 5 a, 8
– Leistungen, ergänzende **28** 5 a
– MDK, Stellungnahme **28** 5
– medizinische Leistungen **28** 5 a
– psychisch Kranke **28** 7
– Rechtsverhältnis eigener Art **28** 8
– Reisekosten **28** 5 a
– Rentenversicherung **28** 9
– Rücktrittsrecht **28** 8
– Ruhen des Arbeitsvertrages **28** 8
– Schwerbehinderte **68** 3
– Teilberufstätigkeit **28** 5 a
– Übergangsgeld **28** 5 a, 7 ff.
– Übergangsgeld, Ausschlussfrist **28** 7
– Übergangsgeld, Weiterzahlung **51** 23 f.
– Vereinbarung **28** 8
– Vergütungsanspruch **28** 8
– Wiedereingliederungsplan **28** 8
– Zustimmungserfordernisse **28** 6
Winterausfallgeld **47** 2, 4
Wirbelsäulenveränderungen, degenerative **2** 13
Wirksamkeitsgrundsatz **4** 8; **9** 7, 10, 13, 19, 33, 42
– Leistungsausführung **17** 11
– Leistungserbringung **10** 18 f., 23
– medizinische Rehabilitation **26** 24
– Teilhabeleistungen **12** 5
Wirtschaftlichkeitsgrundsatz **4** 5, 8; **9** 12 f., 20, 29, 33; **19** 24
– berufliche Rehabilitation **35** 2
– Hilfsmittel **31** 21, 24
– Kraftfahrzeughilfe **Anh. 33** 32, 35
– Krankenversicherung **10** 20
– Leistungsausführung **17** 11
– medizinische Rehabilitation **26** 24
– Persönliches Budget **17** 32
– Rehabilitationsleistungen **9** 7; **10** 20
– Selbstbeschaffung **15** 11
– Sicherstellungsauftrag **19** 5
– Teilhabeleistungen **10** 18; **12** 5
– Wunsch- und Wahlrecht **9** 37

Wirtschaftsausschuss **95** 17
Witwen-/Witwerrente wegen Erwerbsminderung **8** 6
Wohlfahrtspflege, freie **22** 7
– Beteiligungsrecht **22** 23f.
– Gemeinsame Empfehlungen, Vorbereitung **13** 32, 34
Wohnen, begleitetes **55** 14
Wohnen, betreutes **55** 14
– Bedarfsfeststellungsverfahren **19** 7
– Budgetfähigkeit **17** 26
Wohngeld **126** 9
Wohngemeinschaften **55** 14
Wohngruppen, stationäre **17** 8; **19** 6
Wohnheimplatz, Suche **55** 13
Wohnortnähe **9** 19
Wohnraum, behinderungsgerechter **102** 78ff.
Wohnungen
– Barrierefreiheit **4 BGG** 4; **8 BGG** 8f.
– DIN-Normen **8 BGG** 8f.
– Kündigung **126** 9
– Umbau, behinderungsgerechter **126** 9
Wohnungsausstattung **55** 13
Wohnungsbeschaffung **55** 13
– behinderungsgerechter Wohnraum **102** 78ff.
Wohnungserhaltung **55** 13
– Anpassung behindertengerechter Wohnungen **55** 13
– sanitäre Anlagen **55** 13
– Schwellenbeseitigung **55** 13
– Türenverbreiterung **55** 13
– Umgestaltung vorhandener Wohnungen **55** 13
Wohnungshilfe
– Arbeitsleben, Teilhabeleistungen **33** 20
– Arbeitsplatzerhaltung **33** 92
– Arbeitsplatzerlangung **33** 92
Aufzüge **33** 92
– Budgetfähigkeit **17** 26
– Garagen **33** 92; **Anh. 33** 7
– Garagentoröffner **33** 92; **Anh. 33** 7
– Hebebühnen **33** 92
– Teilhabeleistungen **55** 13
– Toreinfahrten **33** 92; **Anh. 33** 7
Wohnungskosten **33** 5
Wortfindung **57** 3
Wunschrecht **6 a** 13; **7** 11; **9** 1, 3, 11, 20
– Alter **9** 38
– Angemessenheit **9** 4, 18
– Antrag **9** 43
– Arbeitsassistenz **102** 41
– Ausübung **9** 17, 42
– Bedarfsvorbehalt **9** 20
– Begründungspflicht der Nichtberücksichtigung **9** 2, 44
– Berechtigung von Wünschen **9** 12, 18f., 38
– Familie **9** 38
– Geschlecht **9** 38
– Hilfsmittel **31** 20
– Jugendliche **9** 15
– Kinder **9** 15
– Krankenversicherung **9** 24, 26ff.
– Leistungsausführung **9** 17; **21** 33
– Leistungsberechtigung **9** 14
– Leistungserbringung **9** 17
– Leistungsvoraussetzungen **9** 12
– Mehrkosten **9** 18, 20, 27, 29, 32f., 36; **10** 20
– Nichtberücksichtigung des Wunsches **9** 2, 44
– religiöse Bedürfnisse **9** 38
– weltanschauliche Bedürfnisse **9** 38

Z

Zahnersatz **17** 25
Zeitgeschehen **58** 7
Zertifizierungsverfahren **20** 17; **21** 42
Zielgerechtigkeit **4** 8
Zielgerichtetheit, Hilfsmittel **31** 24f.
Zielgerichtetheit, Leistungen **9** 13, 19, 42; **10** 17
Zielvereinbarung **BGG Einl.** 2f., 19; **4 BGG** 7
– Barrierefreiheit **BGG Einl.** 7; **4 BGG** 4; **5 BGG** 1f., 6, 12; **8 BGG** 7
– Begriff **5 BGG** 3
– Beitritt **5 BGG** 4, 9
– Berichtspflicht **5 BGG** 10
– Gaststätten **4 BGG** 9
– Geltungsbereich, räumlicher **5 BGG** 9
– Geltungsbereich, sachlicher **5 BGG** 9
– Geltungsdauer **5 BGG** 9
– Mindestanforderungen **5 BGG** 8
– Mustervertragstext **5 BGG** 11
– Persönliches Budget **17** 38
– Unternehmen **5 BGG** 5, 7
– Unternehmensverbände **5 BGG** 5, 7
– Verbände, anerkannte **5 BGG** 7ff.
– Verbindlichkeit **5 BGG** 3f.
– Verhältnismäßigkeit **5 BGG** 1
– Verhandlungsanspruch **5 BGG** 7
– Verhandlungsaufnahme, Anzeige **5 BGG** 8, 11

- Vier-Wochen-Frist **5 BGG** 9
- Zielvereinbarungsregister **5 BGG** 8

Zivildienstleistende **73** 6
Zivilgerichtsverfahren, Kommunikationsbarrieren **57** 7
Zuckerkrankheit; *s. Diabetes mellitus*
Zugänglichkeit **BGG Einl.** 7; **4 BGG** 3
- Erschwernis, besondere **4 BGG** 5
- Wahllokale **4 BGG** 9

Zugänglichmachungsverordnung **10 BGG** 7
Zugangsbarrieren **14** 29; **23** 17f.
Zugangsfreiheit **19** 12
Zulassung, bevorzugte **129** 1, 3
Zusammenarbeit **13** 2; **102** 120
- allgemeine Zusammenarbeit **12** 4
- Arbeitgeber **80** 3; **81** 12f., 17; **99** 3f., 6ff.
- Beteiligungsrechte **12** 14
- Betriebsrat **99** 3f., 6ff.
- Bundesagentur für Arbeit **99** 7; **102** 12; **104** 1
- Dokumentation **10** 5
- Gemeinsame Empfehlungen **13** 10
- Gemeinsame Servicestellen **23** 6
- Integrationsamt **102** 12; **104** 1
- Integrationsämter **99** 7; **101** 4
- Interessenvertretungen, kollektive **99** 3f., 6ff.
- Rehabilitationsträger **3** 13; **6** 8; **10** 3, 5; **11** 1; **12** 1; **13** 24; **99** 7; **102** 120ff.
- Schwerbehindertenvertretung **99** 3f., 6ff.; **29 AGG** 2
- Sozialdienste **13** 24
- Versorgungsbedarf **12** 14
- Versorgungsstrukturen **12** 14
- Versorgungsverträge **12** 14

Zusatzurlaub **68** 37; **125** 1f., 5, 13, 20
- Abgeltung **125** 14
- Abrundung **125** 18
- Arbeitszeit, unregelmäßige **125** 10
- Ausscheiden aus dem Arbeitsverhältnis **125** 15
- Beschäftigungsstatus **125** 7
- Kumulation **125** 4
- Minderung **125** 19
- Schwerbehinderteneigenschaft **125** 3, 6, 8, 16
- Schwerbehinderteneigenschaft, rückwirkende Feststellung **125** 21, 23
- Teilzeitbeschäftigung **125** 11
- Übertragung **125** 13, 21f.
- Umfang **125** 9
- Urlaubsentgelt **125** 12f.
- Urlaubsjahr **125** 13
- Verfallklausel **125** 22
- Wartezeit **125** 13, 15
- Zwölftelung **125** 16

Zuständigkeit **7** 4, 8, 16; **26** 1
- Außenverhältnis **14** 5f.
- kraft Gesetzes **14** 13, 15
- Nichtstun **14** 4, 28
- Teilhabeleistungen **4** 19
- Unterlassung **14** 4, 28
- Weiterleitung **14** 4, 9f., 26
- Weiterleitung vom zuerst angegangenen Rehabilitationsträger **14** 13, 15, 17f.

Zuständigkeitserklärung **6a** 14; **14** 1; **101** 11
- Antragsweiterleitung **14** 3
- Fristbeginn **14** 38
- Fristen **14** 3
- Fristüberschreitung **6a** 12; **14** 12, 25
- Verfahren **14** 3ff.
- zuerst angegangener Rehabilitationsträger **14** 7, 18
- zweiter angegangener Rehabilitationsträger **14** 17f.

Zuständigkeitsfeststellung **13** 16; **14** 4ff.
- Antragseingang **14** 8, 20
- Bearbeitungsfristen **14** 21
- Gemeinsame Empfehlung zur Zuständigkeitsfeststellung **14** 19, 38
- Mitteilungspflicht **14** 12
- Verfahrensabsprache zu § 5 der Gemeinsamen Empfehlung zur Zuständigkeitserklärung **14** 38
- Zweiwochenfrist **14** 7f., 10f., 21, 25; **15** 4

Zustimmung des Integrationsamts **85** 2f., 8, 19, 22ff; **88** 1ff.
- 2-Wochen-Frist **91** 9ff., 18
- Anfechtungsklage **88** 17
- Anhörungsrecht **87** 11 ff
- Antrag auf Zustimmung **87** 3ff.; **92** 9
- Antragsfrist **91** 5ff., 9
- Arbeitsplatzangebot, alternatives **89** 22
- Aufhebung durch Rechtsmittel **87** 17
- aufschiebende Wirkung **88** 17
- Berufsunfähigkeit **92** 1ff.
- Bestandskraft **88** 11
- Betriebsauflösung **89** 19
- Betriebseinschränkung **89** 20
- Betriebseinstellung **89** 19
- Diskriminierungsverbot **89** 9, 12

– Entscheidungsfristen **88** 13f.; **91** 13f.
– Ermessensentscheidung **89** 1, 3ff., 24; **91** 15f.; **92** 8
– Erwerbsminderung, teilweise **92** 1ff.
– Erwerbsminderung auf Zeit **92** 1ff.
– Erwerbsunfähigkeit **92** 1ff.
– Förderungsgebot **89** 11f.
– gütliche Einigung **87** 5; **88** 4
– Insolvenzverfahren, Kündigung aus **89** 23
– Kündigung, außerordentliche **91** 2, 5, 13ff.
– Kündigungsfrist, Nichteinhaltung **86** 8
– mündliche Verhandlung **88** 3f.
– Musterantrag **87** 5
– Präventionsgebot **89** 10, 12
– rechtliches Gehör **87** 10ff
– Rechtsbehelfsbelehrung **88** 10
– Rechtsweg **85** 26; **91** 18
– Rücknahme **88** 12
– Stellungnahmen, Einholung **87** 8; **93** 10
– Verfahren **87** 2, 9; **88** 4f.
– Vergleichsabschluss **88** 4
– Verwaltungsakt mit Doppelwirkung **88** 5, 17
– Widerruf **88** 12
– Widerspruchsverfahren **85** 26; **87** 16; **89** 25; **91** 18
– Wiederherstellung der aufschiebenden Wirkung **89** 25
– Zustellung **85** 26
– Zustellung der Entscheidung **88** 6ff
Zuzahlung **14** 15
Zwangseinstellung **77** 1
Zwischenmeister **127** 4